DICIONÁRIO DE FILOSOFIA

JOSÉ FERRATER MORA

DICIONÁRIO DE FILOSOFIA

TOMO IV
(Q-Z)

Edições Loyola

Título original:
Diccionario de Filosofía, tomo IV (Q-Z)
Nueva edición revisada, aumentada y actualizada
por el profesor Josep-Maria Terricabras
(director de la Cátedra Ferrater Mora de Pensamiento
Contemporáneo de la Universitat de Girona).
Supervisión de la profesora Priscilla Cohn Ferrater Mora
(Penn State University).
© 1994: Priscilla Cohn Ferrater Mora
© da revisão atualizada: Josep-Maria Terricabras
Direitos exclusivos:
© 1994, Editorial Ariel, S.A., Barcelona
ISBN 84-344-0500-8 (obra completa)
ISBN 84-344-0504-0 (tomo IV)

A presente edição foi traduzida mediante ajuda da
DIRECCIÓN GENERAL DEL LIBRO, ARCHIVOS Y BIBLIOTECAS DEL
MINISTERIO DE EDUCACIÓN Y CULTURA DE ESPAÑA.

Edição: Marcos Marcionilo
Tradução: Maria Stela Gonçalves
   Adail U. Sobral
   Marcos Bagno
   Nicolás Nyimi Campanário
Preparação: Nicolás Nyimi Campanário
   Luciana Pudenzi
Capa: Manu
Diagramação: Maurélio Barbosa
Revisão: Renato da Rocha Carlos

Edições Loyola Jesuítas
Rua 1822 n° 341 – Ipiranga
04216-000 São Paulo, SP
T 55 11 3385 8500/8501, 2063 4275
editorial@loyola.com.br
vendas@loyola.com.br
www.loyola.com.br

Todos os direitos reservados. Nenhuma parte desta obra pode ser reproduzida ou transmitida por qualquer forma e/ou quaisquer meios (eletrônico ou mecânico, incluindo fotocópia e gravação) ou arquivada em qualquer sistema ou banco de dados sem permissão escrita da Editora.

ISBN 978-85-15-02004-1

2ª edição: 2004

© EDIÇÕES LOYOLA, São Paulo, Brasil, 2001

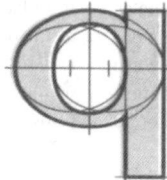

QADARIES. Ver Filosofia árabe.

QUA. Ver Como.

QUACRES. Ver Quakers.

QUADRO DE OPOSIÇÃO. Ver Oposição.

QUADROS SEMÂNTICOS. Ver Tabelas (Método de).

QUAESTIO. No verbete Pergunta nos referimos às interpretações lógica e existencial da pergunta ou interrogação, deixando para o presente verbete a descrição dos vários tipos de perguntas de que usualmente se falou na literatura filosófica.

Desde Aristóteles, falou-se de quatro tipos de pergunta. Pode-se, com efeito, perguntar: 1) se algo é (*an sit*), e especialmente se algo existe; 2) que é (*quid sit*) o que é, ou existe; 3) como é (*qualis sit*) o que é, ou existe; 4) por que é (*cur sit*) o que é. A pergunta 1 se refere à existência do objeto considerado. A pergunta 2 se refere à essência (ver) ou qüididade (ver) do objeto. A pergunta 3 se refere às propriedades do objeto. A pergunta 4 se refere à causa ou causas que produziram o objeto. Cada uma dessas perguntas pode, por seu turno, decompor-se em outras. Assim, a pergunta 1, embora se refira comumente à existência (ver), também pode referir-se ao ser e, de modo mais próprio, à realidade (ver Real, realidade). A pergunta 2 pode decompor-se em tantas perguntas quanto os tipos de essência, qüididade, natureza etc. considerados. A pergunta 3 pode referir-se às propriedades de um objeto nos vários sentidos de 'propriedade'; pode referir-se a certas determinações do objeto, ao modo como o objeto se comporta etc. A pergunta 4 pode, e costuma, referir-se à causa eficiente, mas também pode referir-se a outras espécies de causa (ver).

O interesse predominante por uma das perguntas anteriores revela em grande parte o tipo de pensamento filosófico proposto. Revela-o também o fato de se considerar uma ou várias daquelas perguntas como improcedentes, inúteis, impossíveis de responder etc. Em diversos tipos de pensamento filosófico recusa-se a perguntar se algo é ou existe e que essência, natureza, qüididade etc. tem, e se enfatiza o perguntar como algo é e por que é.

Além disso, em certos tipos de pensamento supõe-se que perguntar por que algo é é ir além dos "fenômenos" e, portanto, todo perguntar deve consistir em um perguntar como o objeto é, ou seja, como se comporta.

Aos tipos de pergunta acima indicados, e às diversas subperguntas aludidas, podem acrescentar-se alguns outros. Assim, por exemplo, pode-se perguntar pelas relações que um objeto mantém com outros. Embora essa pergunta pudesse ser incluída no tipo de pergunta 3, o problema das relações é suficientemente importante para gerar outro tipo de pergunta. Pode-se perguntar também pela classe a que pertence um objeto. Essa pergunta poderia ser incluída no tipo de pergunta 2, mas desde que identificássemos — o que nem sempre é o caso — 'classe' com 'essência' ou 'qüididade'. Pode-se perguntar igualmente pelo sentido que tem um objeto, depois de estabelecer que o objeto tratado se determina mais por seu sentido que por seu ser.

A *quaestio* ("questão") se desenvolveu na filosofia escolástica medieval como conseqüência de uma elaboração da *lectio* ("lição"). No curso da *lectio* se apresentavam problemas ou "questões", inicialmente relativas ao sentido do texto e às interpretações que cabia dar ao mesmo, e depois independentemente do texto. Formaram-se deste modo um grupo de *quaestiones* e um gênero determinado: o das *Quaestiones*.

Muito freqüentemente duas opiniões eram contrapostas, cada uma delas expressa por uma "autoridade". Tratava-se então de ver que razões havia a favor e contra cada uma dessas opiniões contrapostas, seguindo os precedentes da dialética de Abelardo do *Sic et Non*. Em termos atuais caberia dizer que, dadas duas opiniões contrapostas, O_1 e O_2, os argumentos em favor de O_1 e O_2 constituíam provas respectivamente da verdade de O_1 e O_2, mas também, e sobretudo, os argumentos opostos aos argumentos em favor de O_1 constituíam prova em favor de O_2 e os argumentos opostos aos argumentos em favor de O_2 constituíam provas em favor de O_1.

Na *quaestio*, "punha-se em questão" uma opinião que o autor ia defender, e isso só podia ser feito adequadamente refutando as opiniões contrárias. A formalização do gênero da *quaestio* era feita sob a forma do *Utrum...* "se", "consideremos que", "suponhamos que" etc. Assim, sob o "Consideremos se Deus existe" era preciso indicar as razões que abonavam a existência de Deus, mas também as que se haviam dado (ou que podiam ser dar) contra a existência de Deus, e era preciso então refutar essas últimas razões. A refutação de argumentos contra a existência de Deus equivalia a reforçar as provas da existência de Deus.

Para as *quaestiones disputatae* e *quaestiones quodlibetales*, ver DISPUTA.

QUAKERS. Referir-nos-emos brevemente aos quakers e ao quacrismo por causa do interesse que por eles mostraram alguns filósofos deístas do século XVIII, em especial Voltaire em sua *Lettre sur les Anglais*; teólogos chamados "liberais" dos dois últimos séculos; e, em geral, muitos dos que defenderam a completa tolerância em matéria religiosa.

O fundador do quacrismo foi o pregador leigo inglês George Fox (1624-1691), nascido em Drayton (Leicestershire). Fox afirmou ter tido visões místicas nas quais Deus lhe revelou que devia seguir diretamente, e unicamente, a palavra de Cristo. Fox pregou que todos os homens devem guiar-se apenas por uma "luz interior" (*inner light*) e afastar-se de todo dogma e de toda igreja (em seu caso e tempo, especialmente do presbiterianismo). O nome "quakers" foi dado a Fox pelo juiz Gervase Bennet quando o primeiro o advertiu de que devia "tremer" diante da palavra de Deus. Os próprios quakers chamaram-se a si mesmos primeiro "Filhos da Luz" (*Children of Light*), depois "Amigos da Verdade" (*Friends of Truth*) e, por fim, "Amigos" (*Friends*). O nome mais próprio dos quakers é "Sociedade de Amigos" (*Society of Friends*), estabelecida em 1668 por Fox e William Dewsbury com base no escrito de Fox intitulado "Paper of Advice" (1668 [outros escritos de Fox, publicados postumamente, são *Great Journal*, 1694; *A Collection of Epistles*, 1698, e *Gospel Truth*, 1706]). Desde 1669, Fox e seus seguidores — incluindo a mulher de Fox, Margaret Fell (1614-1702) — iniciaram um intenso trabalho de pregação e missão, especialmente nas Índias Ocidentais, nos Países Baixos e nos Estados alemães. O quacrismo difundiu-se principalmente no território que viria a ser os Estados Unidos; um considerável número de quakers ingleses emigrou e estabeleceu-se nesses Estados, particularmente nos de New Jersey e Pensilvânia (a Filadélfia foi denominada "the Quaker City"), desde as últimas décadas do século XVII. Em 1827, ocorreu nos Estados Unidos uma cisão capitaneada por Elias Hicks (1748-1830), nascido em Hempstead, Long Island (Nova York), que negou a autenticidade e a autoridade divina da Bíblia e do Cristo histórico. Opuseram-se aos seguidores de Hicks os que se chamaram "Amigos ortodoxos", mas no âmbito deste grupo se produziu outra cisão: a dos "Amigos ortodoxos conservadores", que pregavam o "retorno às fontes".

A principal obra teológica dos quakers é o escrito intitulado *An Apology for the True Christian Divinity, as the Same is Held Forth and Preached by the People Called in Scorn Quakers* (1678 [em latim, em 1676], de autoria do escocês Robert Barclay (1648-1690). A principal doutrina exposta nessa obra é a da "luz interior". Outras doutrinas são: a oposição à predestinação (VER), a idéia de que o homem pode vencer o pecado se segue por si mesmo a revelação cristã, a idéia de que a crença religiosa quaker é assunto de responsabilidade exclusivamente pessoal. Além disso, os quakers defenderam o valor da palavra empenhada e a completa sinceridade. Ao período de "entusiasmo" e de "tremores" sucedeu-se um período de sinceridade e de vida simples. Depois, sobretudo entre os quakers mais "liberais", o conteúdo teológico foi-se desvanecendo para ser substituído por regras morais e de convivência: os quakers caracterizaram-se por sua seriedade, atividade, espírito de ajuda ao necessitado, pacifismo e interesse pela educação. Essas regras morais e de convivência já foram postas em prática inclusive no período de maior fervor religioso, tendo sido possivelmente por esse, bem como por motivos análogos, que Voltaire e outros pensadores descreveram os quakers como modelos de tolerância contra todo dogmatismo e espírito inquisitorial. As diferenças "teológicas" entre os grupos quakers são, com efeito, insignificantes; além disso, desde 1946, reuniram-se na Filadélfia os "Amigos" dos diversos grupos, apagando-se com isso ainda mais as diferenças em matéria de "doutrina" ou "crença".

⊃ Das numerosas obras sobre os quakers destacamos: T. E. Harvey, *The Rise of the Quakers*, 1905. — Rufus M. Jones, I. Sharpless e A. M. Gummere, *The Quakers in the American Colonies*, 1911. — Rufus M. Jones, *The Later Periods of Quakerism*, 2 vols., 1921. — Elbert Russell, *The History of Quakerism*, 1942. ⊂

QUALIDADE. Consideraremos as seguintes questões: 1) Definições tradicionais da noção de qualidade. 2) Distinção entre vários aspectos da qualidade e especialmente entre a qualidade e a não-qualidade. 3) Posições fundamentais sobre o conceito de qualidade. Acrescentaremos algumas palavras sobre 4) a qualidade no juízo.

Para a questão 1), basear-nos-emos principalmente em Aristóteles, que incluiu a qualidade em suas categorias (ver CATEGORIA). Em *Cat.*, VIII, 8 b 25, Aristóteles afirma que a qualidade é aquilo em virtude do que alguém tem algo, isto é, a qualidade é algo pertencente às "pessoas". Pode-se entender essa concepção considerando que as qualidades são propriedades como 'é branco', 'é alto', 'é estúpido' etc., mas é possível ampliar essa definição de qualidade afirmando-se que a qualidade é aquilo em virtude do que alguma coisa tem alguma propriedade: alto, belo, enrugado, redondo etc. O termo 'qualidade' tem vários sentidos em Aristóteles. Por exemplo, a qualidade pode ser um hábito (VER) ou uma disposição (sempre que se leve em conta que os hábitos são ao mesmo tempo disposições, mas nem todas as disposições são hábitos). Pode ser também uma capacidade (como a de ser bom corredor ou a de ser duro ou flexível). Pode ser algo sensível como a doçura (ou um resultado de uma qualidade afetiva, como o ser branco). Pode ser, por fim, a figura e forma de uma coisa, como a curvatura. Certas propriedades tais como a densidade não são consideradas por Aristóteles qualidades, mas resultado de relações (*ibid.*, 10 a 18). Característico das mencionadas classes de qualidades — às quais poderiam ser acrescentadas outras — é o fato de ter contrários e o de admitir variações de grau, embora haja algumas exceções a esta última regra, como mostra o exemplo da qualidade de triangularidade. De fato, as únicas características verdadeiramente próprias da qualidade são, segundo Aristóteles, a semelhança e a dessemelhança. Em outro lugar (*Met.*, Δ 14, 1020 a 33 ss.), Aristóteles define a qualidade de quatro maneiras: *a*) como a diferença da essência (o homem é um animal que possui certa qualidade, porque é bípede); *b*) como propriedade dos objetos imóveis matemáticos (o que há na essência dos números além da quantidade); *c*) como propriedades das substâncias em movimento (calor e frio, brancura e negror); *d*) como algo com relação à virtude e ao vício, e, em geral, ao bem e ao mal. Estas quatro significações reduzem-se a duas: *x*) a qualidade como diferença da essência (à qual também pertence a qualidade numérica); *y*) a qualidade como modificação das coisas que se movem *enquanto* se movem, e as diferenças dos movimentos.

Podemos dizer que o modo sob o qual a qualidade existe é diferente segundo se trate da própria qualidade ποιότης, *qualitas*, ou daquilo pelo qual algo é concretamente determinada coisa, ποιόν, *quale*. A qualidade é por isso, como dizem os escolásticos, um acidente modificativo do sujeito, mas do sujeito em si mesmo. A classificação de qualidades adotada por muitos escolásticos é sensivelmente parecida, além disso, com a de Aristóteles: a qualidade pode ser entendida como hábito e disposição, potência e impotência, forma e figura. As qualidades podem ser definidas, em suma, como formas acidentais. Como tais, são simples, e por isso se considerou o problema de sua mudança e de seu crescimento.

Discutiremos agora detalhadamente a questão 2). É comum citar como a distinção mais importante e influente a apresentada por Locke entre as qualidades primárias e as secundárias. Referir-nos-emos depois mais extensamente a ela. Por ora, é preciso observar que essa distinção tem uma longa história. Podemos determinar duas origens diferentes para a distinção de Locke. (I) Uma é a tese de Demócrito sobre a distinção entre o que é real (a forma, disposição e situação dos átomos no vazio) e o que é convencional (as cores, sabores, sons etc.). Esta tese influenciou muitas das concepções mecanicistas da Natureza. Mas, além dela, há outras que parecem caminhar numa direção análoga. Mencionaremos várias. *a*) A distinção de Aristóteles entre os sensíveis comuns, αἰσθητὰ κοινά, e os sensíveis particulares, αἰσθητά ἴδια. Como os primeiros constituem a base da percepção de qualidades tais como a forma, a extensão, o movimento e o repouso, temos aqui uma distinção entre qualidades que serão depois consideradas como não-sensíveis, e qualidades sensíveis em sentido estrito. *b*) O conceito de quantidade qualitativa, desenvolvido por John Duns Scot, isto é, a idéia da possibilidade de medição da qualidade. *c*) O conceito de magnitude intensiva abordado por muitos escolásticos do século XIV e que *pode* ser relacionado com o anterior. *d*) A concepção de Roberto Grosseteste de que as sensações subjetivas não podem ser submetidas a tratamento matemático [uma concepção que, se parece opor-se a *b*) e *c*), não deixa de suscitar, como elas, o problema que nos interessa aqui: o da relação entre qualidades ou entre qualidade e quantidade]. (II) A outra origem é a distinção aristotélica entre diversas qualidades e as elaborações escolásticas dessa distinção. Como veremos adiante, Locke e outros filósofos modernos rejeitaram em boa parte as investigações aristotélicas e escolásticas a esse respeito, mas *sem* elas certamente não se teria desenvolvido a concepção moderna e menos ainda se teria adotado uma terminologia muito parecida. Apresentaremos agora a história dessa segunda distinção.

Sua origem se encontra, como observou Clemens Baeumker (ver artigo citado na bibliografia), na distinção aristotélica entre o sentido do tato (VER) e as diversificações operadas sobre ele. No tato aparecem, segundo o Estagirita, diversas qualidades polares (o quente e o frio, o úmido e o seco, o pesado e o leve, o duro e o mole, o rijo e o frágil, o áspero e o liso, o compacto e o frouxo). Dessas qualidades, destacam-se como primárias quatro: duas qualidades ativas (o quente e o frio) e duas qualidades passivas (o úmido e o seco). Estas, que Aristóteles chama *primeiras diferenças*, πρῶται διαφοραί (*De gen. et corr.*, II 229 b 17-18), contrapõem-se às qualidades restantes. Não se trata, contudo, de "diferenças" psicológicas, mas físicas. A elas se reduzem as demais qualidades, produzindo-se com isso uma distinção entre o primário e o secundário nelas. Esta teoria aristotélica foi exposta e discutida por alguns filósofos cristãos medievais (Alberto Magno, Tomás de Aquino, Roger Bacon) e por vários filósofos árabes (por exemplo, Averróis), especialmente em comentários ao *De generatione et corruptione*. Baeumker menciona a esse propósito a expressão *qualitates primae* que aparece em Alberto Magno (*De gen. et corr.*, II tr. c. 7) e que designa o mesmo que as *prima sensibilia*, às quais se reduzem as *secunda sensibilia*. O próprio Alberto Magno, em outros textos (*Phys.*, V tr. 1 c. 4. *Philosophia pauperum sive Isagoge in libros Aristotelis Physicorum, De caelo et mundo, De generatione et corruptione* — numa passagem distinta da mencionada —, *Meteorum, De anima*, III, c. 3), usa não apenas *qualitates primae*, como também *qualitates secundae* e até *qualitates secundariae*. A expressão *qualitates primae* foi utilizada igualmente por Tomás de Aquino (*De gen. et corr.*, II lect. 2 d) e por Roger Bacon (*Opus maius*, V [*Perspectiva*] dist. 1 c. 3). E Boaventura falou de *qualitates primariae* (*Itinerarium mentis ad Deum*, c. 2, n. 3). Ora, a tão célebre expressão *qualitates secundae* apareceu pela primeira vez, de acordo com Baeumker, num autor menos conhecido, Henrique de Hessen († 1397), que a usou num escrito ainda inédito intitulado *De reductione effectuum in causas communes*. Desde então, foi empregada com freqüência para designar as qualidades sensíveis redutíveis às quatro "primeiras diferenças" aristotélicas. As qualidades primárias designam, pois, nestas concepções, as qualidades fundamentais e irredutíveis; as qualidades secundárias, as qualidades acidentais e redutíveis.

Os autores modernos mantiveram duas teses: uma, defendida principalmente por Francis Bacon no *Novum Organum* (I, 66), segundo a qual, de uma maneira semelhante aos escolásticos, há dois tipos de qualidades, ambas reais, porém algumas mais patentes ou visíveis que as outras. A outra, defendida por Gassendi, Galilei, Hobbes e outros, segundo a qual há por um lado uma matéria sem qualidades, ou então uma matéria com propriedades puramente mecânicas, que é objetiva (no sentido moderno dessa expressão), e, por outro lado, certas qualidades — que também podem distribuir-se em primeiras e segundas ou primárias e secundárias na significação aristotélico-escolástica —, que são subjetivas (no sentido moderno dessa expressão). Esta última tese foi a predominante à medida em que se foi estendendo a concepção mecânica da Natureza. Como diz Galileu em *Il Saggiatore*, há por um lado *primi accidenti* e pelo outro *qualità* (*Il Saggiatore. Opere complete*, Florença, 1842 ss., IV, 333 ss.). Em outros termos, o que antes eram formas substanciais é rejeitado para ser substituído pelas propriedades mecânicas, e o que eram qualidades de diversas espécies é recusado para ser substituído por percepções subjetivas. Podemos mencionar a esse respeito Descartes. Nas *Meditações* (II), encontramos o famoso exemplo do pedaço de cera que, ao aproximar-se do fogo, perde todas as suas qualidades menos as fundamentais, flexibilidade, movimento e, sobretudo, extensão. Nos *Princípios*, ele diz que as magnitudes, figuras e outras propriedades semelhantes são conhecidas de modo diferente das cores, sabores etc. (I, 69), e que não há nada nos corpos que possa excitar em nós alguma sensação exceto o movimento, a figura ou situação e a magnitude de suas partes (IV, 198). Podemos mencionar também Malebranche, quando indica em sua *Recherche* (Livro IV, parte II, cap. 2) que "quando os filósofos dizem que o fogo é quente, a relva verde e o açúcar doce etc., entendem, como as crianças e o comum dos homens, que o fogo contém o que experimentam quando se aquecem, que a relva tem sobre si as cores que nela crêem ver, que o açúcar contém a doçura que experimentam ao comê-lo, e assim com todas as coisas que vemos ou sentimos (...). Falam das qualidades sensíveis como se fossem sensações". Mas, a partir de Descartes — acrescenta —, sabemos que os termos sensíveis mediante os quais se descrevem usualmente as qualidades do fogo, da relva etc. são equívocos. Considerações semelhantes, mas com um mecanicismo ainda mais acentuado, são encontradas em Hobbes, *De corpore*, II, 2. Essas teses foram reassumidas de uma maneira particularmente clara e radical por Robert Boyle em suas *Considerations and Experiments Touching the Origin of Forms and Qualities* (1666) e especialmente em sua *History of Particular Qualities* (1671), ao distinguir as *qualidades reais* (que denominou *modos, afecções primárias* ou *atributos mecânicos*) e as *qualidades subjetivas* (que chamou simplesmente de *qualidades* e que considerou suscetíveis de serem divididas em primárias e secundárias). Em resumo, vemos nesse período a tendência a distinguir o primário ou mecânico e o secundário ou sensível. Ora, enquanto os filósofos citados parecem afastar-se cada vez mais da terminologia escolástica, ao reservar o nome 'qualidades' para todas as propriedades redutíveis a outras propriedades mais fundamentais, Locke seguiu uma tendência parecida, embora adotando o vocabulário escolástico. Assim, no *Essay* (II viii, 8-9, cf. também II, viii, 17), ele introduziu a célebre distinção entre *qualidades primárias* ou *originais*, isto é, qualidades dos corpos completamente inseparáveis deles "e tais que em todas as alterações e mudanças que o corpo sofre", mantém-se como é, e *qualidades secundárias*, isto é, qualidades que não se encontram, na verdade, nos próprios objetos, sendo de fato possibilidades (*powers*) de produzir várias sensações em nós mediante suas qualidades primárias. Exemplos das primeiras são: solidez, extensão, figura e mobilidade. Exemplos das segundas: cores, sons e gostos. De acordo com Locke, a esses dois tipos de qualidades pode-se acrescentar um terceiro, que são as meras possibilidades, "embora elas sejam qualidades tão reais na coisa quanto as que denomino, segundo o vocabulário usual, qualidades". Vemos, portanto, que a distinção de Locke é ao mesmo tempo a culminação de uma longa história no estudo do problema da qualidade e uma *mise au point* da doutrina moderna com ajuda do vocabulário escolástico.

A doutrina anterior não se viu isenta de objeções. Entre as mais destacadas, está a de Berkeley. Nos *Três diálogos*, esse pensador indica que "segundo os filósofos", as qualidades primárias são: extensão, figura, solidez, gravidade, movimento e repouso; e as secundárias são "todas as qualidades sensíveis ao lado das primárias". Nos *Princípios* (int. seç. 9-15), assinala que as chamadas qualidades primárias são: extensão, figura, movimento, repouso, solidez, impenetrabilidade e número; e as secundárias: cores, sons etc. Mas a distinção, afirma ele, é inadmissível, como o leitor poderá compreender se se ativer ao que dissemos no verbete sobre Berkeley acerca do qualitativismo radical desse filósofo, para o qual ser é perceber e ser percebido. Em geral, todas as filosofias qualitativistas rejeitam a distinção. Além disso, deve-se observar que ela pode ser entendida ou como uma descrição do real ou como um princípio fundamental da teoria do conhecimento. Os dois sentidos nem sempre aparecem bem claros nos escritos dos filósofos dos séculos XVII e XVIII, ainda que se possa dizer que em grande número de casos a distinção em sentido gnosiológico se baseia numa distinção em sentido ontológico. Em contrapartida, depois do século XVIII, a distinção em sentido gnosiológico foi a que predominou entre os filósofos. Uma exceção notável a esse respeito é representada por Samuel Alexander, quando distingue qualidades primárias, ou qualidades em geral (forma, tamanho, número, movimento de vários tipos), e qualidades secundárias (cor, temperatura, gosto etc.). As qualidades primárias não são, segundo Alexander, propriamente qualidades, mas "determinações das coisas". Quanto às secundárias, podem ser entendidas em dois sentidos: como qualidades secundárias estritas ou como qualidades secundárias em geral. Estas últimas são "objetivas e permanentes", e servem, enquanto "disposições", de vínculo entre as qualidades primárias em geral e as qualidades secundárias estritas.

Passemos agora a discutir brevemente a questão 3). Podemos considerar que as posições possíveis sobre a noção de qualidade são fundamentalmente as seguintes:

a) As qualidades são concebidas como as únicas propriedades específicas das coisas (sofistas, Berkeley etc.).

b) As qualidades são concebidas como propriedades únicas. Podem ser, com efeito, ou propriedades acidentais que modificam o objeto, ou formas acidentais (Aristóteles, muitos escolásticos).

c) As qualidades são concebidas como propriedades redutíveis a outra propriedade ou a outra série de propriedades (mecanicismo). As qualidades são então subjetivas. Se se conserva o nome 'qualidade' também para as qualidades objetivas, introduz-se então a citada distinção entre qualidades primárias e secundárias.

d) As qualidades são concebidas como entidades irredutíveis. Esta posição aproxima-se de *a*) e tem muitas variantes (Bergson e sua doutrina dos dados imediatos; Mach e o fenomenismo; *certas partes da fenomenologia de Husserl; Alexander e vários dos partidários da evolução emergente).

As posições anteriores apresentam-se muitas vezes mescladas entre si. Isso se observa sobretudo quando nos referimos ao caráter redutível ou irredutível das qualidades. Há aqueles que, com efeito, sustentam a redutibilidade (a qualidade é reduzida à quantidade ou à qualidade secundária à primária). Há os que afirmam a irredutibilidade (como o qualitativismo e o fenomenismo). Há aqueles, por fim, que sustentam ao mesmo tempo a redutibilidade e a irredutibilidade (alguns escolásticos, Alexander, Nicolai Hartmann). É típica de muitas destas concepções a afirmação de que as qualidades "emergem" mediante a produção de complexidades novas no processo evolutivo (Lloyd Morgan, Alexander) ou mediante a distribuição da realidade em distintos níveis do ser (N. Hartmann).

4) Na lógica, chama-se "qualidade do juízo" uma das formas em que este pode apresentar-se. Segundo sua qualidade, os juízos dividem-se em afirmativos e negativos; a qualidade refere-se à cópula na qual se exprime 'S é P' ou 'S não é P'. Propriamente não existem segundo a qualidade mais do que estas duas espécies de juízos; contudo, para os efeitos da formação sistemática da tabela de categorias, e, portanto, unicamente em sua referência à lógica transcendental, Kant acrescenta aos juízos afirmativos e negativos os limitativos ou indefinidos. O juízo indefinido consiste simplesmente em excluir um sujeito da classe dos predicados a que a proposição se refere. Assim, deve-se distinguir, de acordo com Kant, "a alma não é mortal" e "a alma é imortal". "Pela proposição 'a alma não é mortal' afirmei realmente, segundo a lógica, pondo a alma na ilimitada circunscrição dos seres imortais. Porque como o mortal constitui uma parte de toda a extensão dos seres possíveis, e o imortal, a outra parte, com minha proposição não se disse outra coisa senão que a alma é uma das muitas coisas que permanecem quando se tirou delas tudo o que é mortal" (*KrV*, A 72, B 97). As categorias correspondentes à qualidade são a realidade, a negação e a limitação. Para Kant, só se pode conhecer *a priori* nas quantidades em geral uma única qualidade, "isto é, a continuidade, e em toda qualidade (no real do fenômeno) só se pode conhecer sua quantidade intensiva, pertencendo todo o demais à experiência".

↪ Ver: Albert Spaier, *La Pensée et la Quantité. Essai sur la signification et la réalité des grandeurs*, 1927. — Anneliese Meier, *Kants Qualitätskategorien*, 1930 (*Kantstudien*, Ergänzungshefte, 65). — Erika Sehl, *Erkenntnisontik in der griechischen Philosophie. Kritische Studien zur Geschichte der Lehre von einer Subjektivität der Sinnesqualitäten*, 1936. — Nelson Goodman, *The Structure of Appearance*, 1951. — G. Bealer, *Quality and Concept*, 1983. — C. McGinn, *The Subjective View: Secondary Qualities and Indexical Thought*, 1983. — J. P. Moreland, *Universals, Qualities, and Quality-Instances: A Defense of Realism*, 1985. — G. Botz, ed., *Qualität und Quantität*, 1988. **C**

QUÂNTICA (TEORIA). Rotula-se com este nome um conjunto de teorias físicas desenvolvidas a partir de 1900 com o trabalho de Max Planck, "Zur Theorie des Gesetzes der Energieverteilung im Normal-Spektrum" ("Para a teoria da lei de distribuição de energia no espectro normal"). Até então, supusera-se que a energia radiante, ou energia emitida por corpos quentes, se comportava em forma de ondas eletromagnéticas, sendo emitida e absorvida continuamente por átomos. A teoria de uma emissão contínua não concordava com os experimentos sobre a relação entre a intensidade e a freqüência da energia. Planck postulou a emissão ou absorção de energia em forma descontínua, segundo certos quanta ou "quantidades". A fórmula $E = hv$, em que 'E' se lê 'energia', 'v' se lê 'freqüência de vibração' e 'h' se lê 'constante de Planck' ou 'quantum', significa que a energia de um quantum é diretamente proporcional à freqüência da onda associada. O valor de h é 6.61×10^{-27} erg./s. Einstein valeu-se da hipótese de Planck para explicar o chamado "efeito fotoelétrico" (1905) e para explicar que a capacidade calórica dos sólidos é muito pequena quando se aproximam do grau 0 de temperatura (1907). Max Born e Niels Bohr (VER) aplicaram a hipótese de Planck, que foi se transformando numa hipótese central da física. Nos anos 1920, Louis de Broglie estendeu às partículas elementares então mais conhecidas, como o elétron e o próton, a concepção do dualismo entre partícula e onda, postulando uma relação entre energia e momento da partícula, por um lado, e freqüência e longitude de onda das ondas associadas, por outro, que correspondia à relação encontrada para a luz. Mais ou menos na mesma época, Erwin Schrödinger (VER) proporcionou o aparato matemático que permite descrever o comportamento ondulatório, dando origem à chamada "mecânica ondulatória". Heisenberg desenvolveu um cálculo de matrizes equivalente ao aparato matemático de Schrödinger. A desde então chamada "mecânica quântica" é a desenvolvida por Schrödinger e Heisenberg, e depois por P. A. M. Dirac e John (Johannes) von Neumann. Heisenberg formulou suas relações de incerteza (ver INCERTEZA [RELAÇÕES DE]) (denominadas também, para abreviar, "princípio de incerteza") ou "relações de indeterminação" (denominadas também, para abreviar, "princípio de indeterminação"). Niels Bohr formulou o princípio de complementaridade (ver COMPLEMENTARIDADE [PRINCÍPIO DE]). De tudo isso surgiu a chamada Escola de Copenhague, encabeçada por Bohr e considerada como a interpretação ortodoxa da mecânica quântica. Na maioria dos casos, quando se fala de teoria dos quanta e interpretações filosóficas dessa teoria, trata-se de mecânica quântica e de suas interpretações filosóficas.

As interpretações filosóficas da mecânica quântica comportam amiúde uma teoria física e vice-versa; não há aqui diferença fundamental entre teoria física e interpretação filosófica da teoria. A Escola de Copenhague baseia-se fundamentalmente numa concepção positivista e operacionalista das realidades físicas tratadas. Essas "realidades" não são, propriamente, realidades, mas observáveis. Isso permite falar de partículas e de ondas; ambas são igualmente observáveis, de maneira que sua dualidade não é, a rigor, uma dualidade real. Permite igualmente aceitar as relações de incerteza e considerar, especialmente por meio do teorema de von Neumann, que é impossível eliminá-las.

Os críticos da Escola de Copenhague podem ser divididos, *grosso modo*, em duas classes. Uns — como Louis de Broglie, Jean Pierre Vigier e David Bohm — afirmam que há uma teoria alternativa à da mecânica quântica. Isso não significa que se rejeitem os "resultados" das pesquisas físicas em mecânica quântica; significa, entretanto, que muitas flutuações que na mecânica quântica são consideradas insuperáveis e, de qualquer modo, não submetidas a leis causais precisas podem ser previstas mais exatamente em outra teoria — numa teoria que admita "parâmetros escondidos" e "níveis subquânticos" — e podem estar submetidas a leis causais. Em geral, os que atacaram o "indeterminismo" da Escola de Copenhague afirmaram a possibilidade de restabelecer um "determinismo", possivelmente diferente do determinismo clássico, ou mais refinado que este.

Outros críticos consideram que as implicações filosóficas admitidas, ou abraçadas, pela Escola de Copenhague são desnecessárias; que se podem propor outras interpretações filosóficas. O problema está em saber se estas alteram ou não as construções da mecânica quântica. Se não as alteram em absoluto, cabe dizer que a crítica à Escola de Copenhague é inútil. Entretanto, é consenso bastante difundido o fato de que a eliminação de inconsistências, dificuldades e até obscuridades na mecânica quântica por meio de uma interpretação filosófica pode pelo menos abrir o caminho a pesquisas que, dentro da Escola de Copenhague, são estritamente vedadas. Assim, por exemplo, se se começa postulando uma interpretação (epistemologicamente) realista da mecânica quântica, altera-se a própria natureza daquilo de que se trata; em lugar de serem observáveis, são entidades físicas, com propriedades físicas determinadas e determináveis. A interpretação realista não significa necessariamente atribuir *designata* a todos os conceitos de que se vale a mecânica quântica; pelo contrário, pode consistir em abster-se de usar conceitos para os quais não haja referentes físicos precisos.

⊃ Para obras de Max Planck, Albert Einstein, Niels Bohr, Erwin Schrödinger, Werner Heisenberg e David Bohm, ver as bibliografias dos verbetes sobre esses autores.

Para Max Born: Max Born e Pascual Jordan, "Zur Quantenmechanik", *Zeitschrift für Physik*, 34 (1925), 858-888; Max Born, Werner Heisenberg, Pascual Jordan, "Zur Quantenmechanik II", *ibid.*, 35 (1926), 557-615. — Para P. A. M. Dirac: "On the Theory of Quantum Mechanics", *Proceedings of the Royal Society A*, 112 (1926), 661-667; "The Physical Interpretation of Quantum Mechanics", *ibid.*, 113 (1926), 621-641; "The Quantum Theory of the Electron", *ibid.*, 117 (1928), 610-624. "The Quantum Theory of the Electron II", *ibid.*, 118 (1928), 351-361; *The Principles of Quantum Mechanics*, 4ª ed., 1958. — Para J. von Neumann, *The Mathematical Foundations of Quantum Mechanics*, 1955.

Ver as bibliografias dos verbetes COMPLEMENTARIDADE (PRINCÍPIO DE); INCERTEZA (RELAÇÕES DE).

Há uma extensa literatura sobre os aspectos filosóficos da teoria dos quanta (ou da mecânica quântica). Destacamos os seguintes trabalhos (alguns deles também mencionados nos dois verbetes antes indicados):

Hans Reichenbach, *Philosophic Foundations of Quantum Mechanics*, 1945. — Karl R. Popper, "Indeterminism in Quantum Physics and in Classical Physics", *British Journal for the Philosophy of Science*, I (1950), 117-133, 173-195. — David Bohm, *Causality and Chance in Modern Physics*, 1957. — P. K. Feyerabend, "The Quantum Theory of Measurement", em S. Körner, ed., *Observation and Interpretation in the Philosophy of Modern Physics, with Special Reference to Quantum Mechanics*, 1962. — Id., "Problems of Microphysics", em R. G. Colodny, ed., *Frontiers of Science and Philosophy*, 1962. — Id., "Explanation, Reduction, and Empiricism", em H. Feigl e G. Maxwell, eds., *Minnesota Studies in the Philosophy of Science*, III, 1962. — Norwood Russell Hanson, *Patterns of Discovery*, 1958. — Id., "Copenhaguen Interpretation of Quantum Theory", *American Journal of Physics*, 27 (1959), 115. — Id., *The Concept of the Positron*, 1963. — Mario Bunge, *Causality: The Place of the Causal Principle in Modern Science*, 1959. — Id., *Foundations of Physics*, 1967. — Id., "Quanta y Filosofia", *Crítica*, I, nº 3 (1967), 41-64. — Id., *Philosophy of Physics*, 1973. — Alfred Landé, "From Duality to Unity in Quantum Mechanics", em *Current Issues in the Philosophy of Science*, 1961. — Id., *New Foundations of Quantum Mechanics*, 1965. — A. B. Pippard, N. Kemmer et al., *Quanta and Reality: A Symposium*, 1962, ed. S. Toulmin. — H. Putnam, "A Philosopher Looks at Quantum Mechanics", em Robert G. Colodny, ed., *Beyond the Edge of Certainty; Essays in Contemporary Science and Philosophy*, 1965; reimp. em H. Putnam, *Philosophical Papers*, vol. I: *Mathematics, Matter, and Method*, 1975, pp. 130-158. — Max Jammer, *The Conceptual Development of Quantum Mechanics*, 1966. — Id., *The Philosophy of Quantum Mechanics: The Interpretation of Quantum Mechanics in Historical Perspective*, 1974. — K. Popper, H. Mehlberg et al., *Quantum Theory and Reality*, 1967, ed. Mario Bunge (cf. verb. M. Bunge *supra*). — D. Blokhintsev, *The Philosophy of Quantum Mechanics*, 1968. — Aage Petersen, *Quantum Physics and the Philosophical Tradition*, 1968. — Ted Bastin, ed., *Quantum Theory and Beyond*, 1971. — T. Bergstein, *Quantum Physics and Ordinary Language*, 1972. — J. M. Jauch, *Are Quanta Real?, A Galilean Dialogue*, 1973. — A. Fine, G. Feinberg et al., *Paradigms and Paradoxes: The Philosophical Challenge of the Quantum Domain*, 1972, ed. R. G. Colodny. — Michael Audi, *The Interpretation of Quantum Mechanics*, 1973. — Jeffrey Bub, L. Cohen et al., *Contemporary Research in the Foundations and Philosophy of Quantum Theory*, 1973, ed. C. A. Hooker. — Jeffrey Bub, *The Interpretation of Quantum Mechanics*, 1973. — Jagdish Mehra, *The Quantum Principle: Its Interpretation and Epistemology*, 1974. — G. Kreisel, R. Fraisse et al., *Logic and Probability in Quantum Mechanics*, 1975, ed. Patrick Suppes. — F. Hund, *Geschichte der Quantentheorie*, 1975. — P. Mittelstaedt, *Quantum Logic*, 1978. — P. Mittelstaedt, J. Pfarr, eds., *Grundlagen der Quantentheorie*, 1980. — H. Neumann, *Interpretation and Foundation of Quantum Theory*, 1981. — H. Mehlberg, *Time, Causality, and the Quantum Theory*, 2 vols., 1981 (I, *Essay on the Causal Theory of Time*; II, *Time in a Quantized Universe*). — K. R. Popper, *Quantum Theory and the Schism in Physics*, 1982, ed. W. W. Bartley. — A. Fine, *The Shaky Game: Einstein Realism and the Quantum Theory*, 1986. — H. H. Von Borzeszkowski, H. J. Treder, *The Meaning of Quantum Gravity*, 1988. — P. Forrest, *Quantum Metaphysics*, 1988. — J. T. Cushing, ed., *Philosophical Consequences of Quantum Theory: Reflections on Bell's Theorem*, 1989. — W. B. Drees, *Beyond the Big Bang: Quantum Cosmologies and God*, 1990. ⊂

QUANTIDADE. Quantidade se diz, segundo Aristóteles, do "que é divisível em dois ou vários elementos integrantes, cada um dos quais é, por natureza, uma coisa única e determinada". De acordo com isso, uma multiplicidade é uma quantidade se é numerável, e uma magnitude se é mensurável. A quantidade é o que responde à pergunta quanto? (*quantum*, πόσος) e constitui, na concepção aristotélica, uma das categorias (*Cat.*, VI 4 b 20 ss., *Met.*, Δ 13, 1020 a 7 ss.). O neoplatonismo e especialmente Plotino também consideram a quantidade como uma categoria, mas uma categoria do mundo sensível (*En.*, VI, i, 4). A análise das diversas formas da quantidade foi feita com grande riqueza de detalhes dentro da escolástica e sobretudo dentro do tomismo. A quantidade é aqui, de imediato, medida da substância, extensão das partes na mesma substância, ou, com maior rigor, acidente extensivo da substância. O que existe propriamente não é a quantidade mas a substância em seu *quantum* ou *substantia quanta*. Assim, a quantidade não é, nessa concepção, *realmente* distinta da essência da substância. Precisamente nas diferentes posições assumidas a esse respeito, serão assinaladas as diversas atitudes radicais filosóficas na baixa Idade Média e alta Idade Média. Não será ocioso, com efeito, para a determinação dessas posições, saber se a quantidade é ou não realmente distinta da essência da substância, saber se se trata ou não de uma medida predominantemente ontológica ou matemática, saber qual é a relação própria estabelecida entre quantidade e qualidade (VER). Além disso, uma análise extensa da noção de quantidade obriga a efetuar uma série de distinções. Assim, como indica Ludwig Schütz (*Thomas-Lexikon*, 1881, pp. 284-285), Santo Tomás fazia distinção apenas entre as seguintes acepções: 1. *Quantitas absoluta* e *quantitas proportionis* (*S. theol.*, I, II, q. CXIII 9 c). 2. *Quantitas continua* e *quantitas discreta* (I, q. III, 5 c e I, q. XLIII). 3. *Quantitas continua intrinseca* e *quantitas continua extrinseca* (I, q. XLII, 1 ob. I). 4. *Quantitas dimensiva* e *quantitas numerata* (I, q. XLII, 3. 2 q.). 5. *Quantitas durationis* (III, q. LXXXI, 2 ob. 1). 6. *Quantitas habitus* (II, q. V, 4 c). 7. *Quantitas mathematica* e *quantitas naturalis* (III, q. VII, 12 ad 1 passim). 8. *Quantitas moles* e *quantitas virtutis seu virtualis* (I q. XLII, 1 ad 1). 9. *Quantitas scientiae* (III, q. X, 2 ad 3).

Afirmou-se amiúde que, ao contrário das épocas antiga e medieval, a noção de quantidade adquire um papel muito destacado na época moderna. Sem esquecer precedentes antigos e sem negligenciar os autores que na Idade Média introduziram considerações quantitativas no estudo dos fenômenos naturais, é certo que houve na época moderna uma crescente tendência a usar procedimentos quantificativos. Com isso, dissociou-se a relação entre as noções de quantidade e substância. A quantidade deixou de ser com isso uma *mensura substantiae* — algo como uma "medida (ou determinação) ontológica da substância" — para transformar-se mais e mais em expressão matemática de relações.

Descartes ainda parecia considerar a quantidade como "algo" realmente igual à substância extensa, embora conceitualmente distinto dela. Desse ponto de vista, pode-se recorrer à noção de quantidade sem necessariamente recorrer à de substância (enquanto substância real). Isso acontece, a partir de diversos pontos de vista, nos empiristas e em Kant.

Para os empiristas, a quantidade é uma medida de "fenômenos". Para Kant, é uma categoria (VER). Há diversos sentidos de 'quantidade' em Kant. Segundo Heinrich Ratze (*Systematisches Lexikon zu Kants Kritik der reinen Vernunft*, 1929), Kant entende a quantidade dos seguintes modos: 1) Quantidade nos juízos; 2) quantidade como categoria; 3) quantidade como magnitude; 4) quantidade como puro esquema da magnitude. Neste último caso, a quantidade, ou *quantum*, pode ser concebida de duas maneiras: a) como *quantum* em geral (equivalente à magnitude extensiva), e b) espaço e tempo como *quanta*. O *quantum* serve não apenas para a magnitude real, mas também para a matemática. A *quantitas* é um puro conceito do entendimento. Este último sentido é o que mais se destaca na *Crítica da razão pura*.

Hegel aborda a noção de quantidade de um ponto de vista "lógico" (que, dentro de seu sistema, é metafísico). É importante em Hegel o princípio segundo o qual uma mudança de quantidade pode produzir uma mudança de qualidade. A quantidade pode ser, segundo Hegel, uma característica do Absoluto na medida em que a consideramos como "quantidade pura". A quantidade é ser puro não determinado, ao contrário da magnitude, que é uma quantidade determinada *(Enzyklopädie*, §§ 99, 100). O que faz da quantidade um *quantum* em Hegel é sua determinabilidade ou indeterminabilidade.

Discutiu-se a origem do conceito de quantidade, tendo sido oferecidas três soluções "clássicas": a quantidade tem uma origem "subjetiva" (é uma idéia que se forma na mente), uma origem "objetiva" (é uma realidade ou relação que "existe" por si mesma), ou uma origem transcendental (é um conceito do entendimento). Correspondendo a essas três posições, houve concepções subjetivistas, objetivistas e transcendentais da noção de quantidade.

Foi freqüente ligar a noção de quantidade à matemática, ou, mais precisamente, a operações matemáticas, a tal ponto que se definiu a matemática, de forma muito geral, como "a ciência da quantidade". Essa definição é não apenas muito vaga mas também duvidosa. Tal como enfatizou Bertrand Russell, há partes da matemática que têm pouca, ou nenhuma, relação com a quantidade, como acontece com a topologia. De acordo com Russell, a noção principal na matemática não é a quantidade, mas a ordem.

Na lógica formal clássica, denomina-se "quantidade do juízo" o fato de que, como assinala Pfänder, "o conceito-sujeito do juízo possa referir-se a um ou a vários objetos e submetê-los a juízo". Neste sentido, a quantidade é apenas a menção que o conceito-sujeito faz dos objetos nele compreendidos. Na lógica clássica, os juízos se dividem, segundo a quantidade, em universais, particulares e singulares. Os primeiros são aqueles nos quais o conceito-sujeito contém em toda a sua extensão seu conceito objetivo (todos os S são P); os segundos são os juízos em que o conceito-sujeito se refere apenas a uma pluralidade parcial de seus objetos (alguns S são P); os últimos são aqueles em que o conceito-sujeito toma um único objeto (um S é P; este S é P).

⊃ Ver QUALIDADE; QUANTIFICAÇÃO, QUANTIFICACIONAL, QUANTIFICADOR; PREDICADO.

Ver também: O. Sickenberger, *Ueber die sogenannte Quantität des Urteils*, 1876. — John M. O'Sullivan,

Vergleich der Methoden Kants und Hegels auf Grund ihrer Behandlung der Kategorie der Quantität (Kantstudien, Ergänzungshefte 8), 1908. — Albert Spaier, *La Pensée et la Quantité. Essai sur la signification et la réalité des grandeurs*, 1927. — Anneliese Maier, *Die Vorläufer Galileis im 14. Jahrhundert*, 1949, pp. 9-215. — Id., *Metaphysische Hintergründe der spätscholastischen Naturphilosophie*, 1955, pp. 141-223.

Análises sobre o problema da quantidade no juízo são encontradas na maioria dos textos mencionados nos verbetes sobre LÓGICA e LOGÍSTICA. ℭ

QUANTIFICAÇÃO DO PREDICADO. Ver PREDICADO.

QUANTIFICAÇÃO, QUANTIFICACIONAL, QUANTIFICADOR. Os enunciados:

Pantagruel come muito	(1),
Hesíodo é um poeta grego	(2),
A Terra gira em torno de si mesma	(3),

podem ser considerados sem levar em conta sua composição. Nesse caso, cada um deles pode ser simbolizado por qualquer uma das letras sentenciais 'p', 'q', 'r' etc. Em contrapartida, quando consideramos sua composição, não podemos simbolizá-los mediante letras sentenciais; temos de averiguar de que elementos se compõem e usar para cada um deles determinada série de símbolos. Ora, qualquer um dos enunciados citados pode ser decomposto em dois elementos: o argumento (o sujeito) e o predicado (o verbo). Em (1), o argumento é 'Pantagruel'; em (2) é 'Hesíodo'; em (3), 'A Terra'. Em (1), o predicado é 'come muito'; em (2), 'é um poeta grego'; em (3), 'gira em torno de si mesma'. Observar-se-á que esta divisão entre argumento e predicado, empregada na lógica simbólica atual, não coincide exatamente com a divisão que se costuma chamar de tradicional. Esta consiste em supor que em todo enunciado há três elementos: o sujeito, o verbo — denominado também "cópula" — e o predicado ou atributo. Assim, os sujeitos de (1), (2) e (3) são respectivamente 'Pantagruel', 'Hesíodo' e 'A Terra'; os verbos são 'come', 'é' e 'gira'; os predicados, 'muito' ('muitas coisas'), 'poeta grego' e 'em torno de si mesma'. Em muitos casos, prefere-se reduzir o verbo à cópula 'é' (ver CÓPULA). Nesse caso, (1) se traduz por 'Pantagruel é um comilão'; (3) por 'A Terra é uma entidade que gira em torno de si mesma'; (2) é deixado tal como está. Se assim é, os predicados de (1) e (3) transformam-se em 'um comilão' e 'uma entidade que gira em torno de si mesma'. Seguiremos o uso atual e lidaremos apenas com os dois mencionados elementos do enunciado: argumento e predicado.

Simbolizaremos os argumentos pelas letras '*w*', '*x*', '*y*', '*z*', '*w''*, '*x''*, '*y''*, '*z''* etc., chamadas "letras argumentos", e os predicados pelas letras '*F*', '*G*', '*H*', '*F''*, '*G''*, '*H''*, etc., denominadas "letras predicados". Antepondo as letras predicados às letras argumentos, simbolizaremos (1) mediante:

$$Fx,$$

se '*x*' é lido 'Pantagruel' e '*F*', 'come muito'. (Embora seja usual colocar a letra — ou letras — argumento entre parênteses, tal como '*F(x)*', nós os suprimimos para maior simplicidade.) De maneira análoga, podemos simbolizar (2) e (3) mediante '*Fx*' se no primeiro caso '*x*' se lê 'Hesíodo' e '*F*', 'é um poeta grego', e no segundo caso '*x*' se lê 'A Terra' e '*F*', 'gira em torno de si mesma'. Observemos que '*Fx*' pode simbolizar enunciados com mais de um predicado gramatical. É o que ocorre em:

Júlio César foi assassinado por Brutus (4),

se 'Júlio César' é simbolizado por '*x*' e 'foi assassinado por Brutus' por '*F*'. Contudo, (4) pode ser simbolizado igualmente por:

$$Fxy$$

se '*x*' se lê 'Júlio César', '*y*', 'Brutus' e '*f*', 'foi assassinado por'. Analogamente,

Miguel percorre lentamente a estrada que vai de São Paulo ao Rio de Janeiro

pode ser simbolizado por '*Fx*' se '*x*' se lê 'Miguel' e '*F*', 'percorre lentamente a estrada que vai de São Paulo ao Rio de Janeiro'; por '*Fxy*' se '*x*' se lê 'Miguel', '*y*', 'a estrada que vai de São Paulo ao Rio de Janeiro' e '*F*', 'percorre lentamente'; por '*Fxyz*' se '*x*' se lê 'Miguel', '*y*', 'a estrada de São Paulo', '*z*', 'ao Rio de Janeiro' e '*F*', 'percorre lentamente'. Observar-se-á que o advérbio 'lentamente' se incorpora ao predicado.

'*Fx*', '*Fxy*', '*Fxyz*' recebem o nome de "esquemas quantificacionais atômicos". Esses esquemas ou outros análogos podem-se unir mediante conectivos e formar esquemas quantificacionais moleculares. É o caso dos seguintes esquemas:

$$Fx \to Gx$$
$$(Fx \wedge Gx) \to Hx$$

cujos exemplos podem ser:

Se Antônio lê, então Desidéria costura,
Se Antônio lê e Desidéria costura, então a casa está silenciosa.

Procedamos agora à quantificação dos enunciados. Essa quantificação pode afetar somente os argumentos ou também os predicados. No primeiro caso, a lógica de que se trata é uma lógica quantificacional elementar. No segundo caso, a lógica de que se trata é uma lógica quantificacional superior.

Consideremos por ora apenas a quantificação de letras argumentos. Tomemos os seguintes enunciados:

Todos os homens são mortais	(5),
Nenhum homem é unicelular	(6),
Alguns gregos são filósofos	(7),
Alguns gregos não são atletas	(8).

No verbete sobre a noção de proposição, vimos que (5), (6), (7) e (8) são respectivamente exemplos das proposições de tipo A (universal afirmativa), E (universal negativa), I (particular afirmativa) e O (particular negativa); (5) e (6) estão quantificados universalmente; (7) e (8) estão quantificados particularmente (ou existencialmente). Explicaremos agora como se formam os esquemas quantificacionais dos quais (5), (6), (7) e (8) são exemplos.

Se tomamos o esquema:

$$Fx \to Gx$$

podemos lê-lo:

Se x é homem, então x é mortal (9).

Substituindo-se 'x' por um termo singular, tal como em:

Se Sócrates é homem, então Sócrates é mortal,

(9) se transformará num enunciado. Mas se não substituímos 'x' por um termo singular, (9) não será um enunciado. Com o fim de transformar (9) num enunciado, será preciso quantificar universalmente 'x'. A quantificação universal dará por resultado:

Para todos os x, se x é homem, então x é mortal (10),

equivalente a:

Todos os homens são mortais.

'Para todos' é simbolizado mediante '$\wedge$' [a notação antes corrente era '( )'], chamado "quantificador universal".

(10) será então simbolizado por:

$$\wedge x (Fx \to Gx),$$

A negação dessa quantificação universal é efetuada afirmando-se que se para todos os x, x é F, então não é o caso que x seja G. Portanto, eis um esquema dessa negação:

$$\wedge x (Fx \to \neg Gx),$$

que pode ser lido:

Nenhum homem é unicelular,

se 'F' se lê 'é um homem' e 'G', 'é unicelular'.

Se agora tomamos o esquema:

$$Fx \wedge Gx$$

podemos lê-lo:

x é grego e x é filósofo (11).

Substituindo 'x' por um termo singular, tal como em:

Sócrates é grego e Sócrates é filósofo,

(11) se transformará num enunciado. Mas se não substituímos 'x' por um termo singular, (11) não será um enunciado. Com a finalidade de transformar (11) num enunciado, será preciso quantificar particularmente 'x'. A quantificação particular terá como resultado:

Para alguns, x, x é grego e x é filósofo (12),

equivalente a:

Alguns gregos são filósofos.

'Para alguns' é simbolizado por '$\vee$' [a notação antes corrente era '($\exists$)'], chamado "quantificador particular".

(12) será então simbolizado por

$$\vee x (Fx \wedge Gx),$$

A negação dessa quantificação particular se efetua afirmando-se que para alguns x, x é F e x não é G. Portanto, eis um esquema dessa negação:

$$\vee x (Fx \wedge \neg Gx),$$

que se pode ler:

Alguns gregos não são atletas,

se 'F' se lê 'é grego' e 'G', 'é atleta'.

Observemos que '$\vee x$' pode ser lido de vários modos: 'Para alguns x', 'Há um x tal que', 'Há pelo menos um x tal que', 'Há no máximo um x tal que' etc. A indicação de 'Há pelo menos n x tais que', 'Há no máximo n x tais que', 'Há exatamente n x tais que' se expressa por meio dos quantificadores numéricos. A análise destes se efetua por meio da introdução do sinal de identidade (VER), '='.

Podem-se quantificar universal ou particularmente quaisquer letras argumentos. Entretanto, não são todas as fórmulas quantificacionais que têm quantificadas em si todas as letras argumentos. As letras argumentos quantificadas denominam-se "ligadas"; as não quantificadas, "livres". Os esquemas que possuem todas as letras argumentos quantificadas se chamam "esquemas fechados"; os que possuem ao menos uma letra argumento não quantificada denominam-se "esquemas abertos".

Podem-se quantificar igualmente não apenas, tal como se fez antes, esquemas quantificacionais moleculares, mas também esquemas quantificacionais atômicos. Assim, por exemplo, 'Fx' em '$\vee x Fx$', que pode ser lido: 'Algo é agradável'.

Consideremos agora brevemente a quantificação também de letras predicados e o uso das letras predicados como argumentos. Estas duas possibilidades, que ficavam excluídas na lógica quantificacional elementar, são admitidas na lógica quantificacional superior. Nesta última lógica, incluem-se, por conseguinte, fórmulas como:

$$\vee F (Fx \wedge Fy)$$
$$F(G)$$

que podem ler-se respectivamente:

O homem e o animal têm uma característica em comum,
Ser racional é uma qualidade desejável.

Em virtude disso, a lógica quantificacional superior permite apresentar em linguagem lógica um número de enunciados consideravelmente maior do que era permitido na lógica quantificacional elementar. Contudo, como a lógica quantificacional superior abriga em seu interior certo número de paradoxos lógicos, é necessário modificá-la com o fim de eliminá-los. Referimo-nos a esse ponto no verbete sobre a noção de paradoxo.

Empregamos até aqui o termo 'quantificador'. Alguns autores, porém, preferem o vocábulo 'operador'. Entre esses autores figura H. Reichenbach, que afirma que não se pode usar 'quantificador' para as operações destinadas à união ou vinculação de variáveis, visto que os enunciados universal ou particularmente quantificados são qualitativos e não quantitativos.

⊃ Ver: J. E. J. Atham, *The Logic of Plurality*, 1971 (sobre quantificação de 'muitos', 'poucos', 'quase todos' etc.). — Jean van Heijenoort, *El desarrollo de la teoría de la cuantificación*, 1976 (conferências na Universidade Nacional Autônoma do México). — H. D. Levin, *Categorical Grammar and the Logical Form of Quantification*, 1982. ⊂

QUANTOR. Ver Juntor.

QUARTA FIGURA. A quarta figura (VER) do silogismo (VER), a figura ou "esquema" seguinte:

P   M
M   S
─────────
S   P

foi objeto de discussão entre os historiadores da filosofia, e especialmente da lógica, no que se refere à sua origem. Em *An. Pr.*, Aristóteles apresenta detalhadamente as figuras primeira, segunda e terceira, tanto para os silogismos categóricos como para os modais. Ele fala igualmente dos modos indiretos das três figuras, e da redução dos silogismos da segunda e terceira figuras à primeira figura, assim como aos modos *Barbara* e *Celarent* da primeira figura. Tradicionalmente, pensou-se que Aristóteles teria admitido apenas as três primeiras figuras, e alguns filósofos "seguiram-no" nisso, considerando qualquer outra figura como "não natural". Depois viu-se que, embora no texto dos *An. Pr.* se fale apenas das três primeiras figuras, se reconhecem modos da que depois se denominou "quarta figura". Assim, em 29 a 19-27, Aristóteles escreve: "É óbvio também que em todas as figuras, quando não se origina um silogismo, nada se segue simplesmente por necessidade se ambos os termos são afirmativos ou negativos. Mas se um termo é afirmativo e outro negativo, e o negativo é universal, então se origina um silogismo que conecta o termo menor com o maior. Assim é se A pertence a todo B ou a algum B, e se B não pertence a nenhum C; por conversão [inversão] de premissas, é necessário que C não pertença a nenhum A". Lendo 'A pertence a B' como 'B é A', e acrescentando os correspondentes quantificadores e o conectivo 'não', temos silogismos esquematizáveis como segue:

Nenhum	C	é	B
Todo	B	é	A
Algum	A	não é	C

e

Nenhum	C	é	B
Algum	B	é	A
Algum	A	não é	C

que correspondem, respectivamente, aos modos *Fesapo* e *Fresison*, da quarta figura. Em 53 a 9-14, Aristóteles prova como válido o silogismo convertido que corresponde ao modo *Bramantip*; ele o chama de "silogismo convertido", ἀντεστραμμένος συλλογισμός, por resultar de uma conversão (inversão) do modo *Barbara*. Os modos *Dimaris* e *Camenes* são igualmente provados como válidos em *An. Pr.*, de maneira que se têm assim provados como válidos os modos *Bramantip, Dimaris, Camenes, Fesapo* e *Fresison*, todos eles da "quarta figura".

Essa "quarta figura" foi denominada durante muito tempo "figura galênica" por ter sido atribuída a Cláudio Galeno (ver GALENO). A atribuição procede de Averróis, tendo-se dado a conhecer pelo escrito de Zabarella, *De quarta syllogismorum figura* (em *Opera*, 1587). Encontra-se uma confirmação dessa atribuição num fragmento grego anônimo publicado por Minoides Mynas em seu prefácio a uma edição de uma "Introdução dialética" ("Introdução à lógica"); o autor de tal fragmento fala a esse respeito de Galeno. Outra confirmação se encontra num escrito de João Ítalo, dado a conhecer por Karl Prantl (II, 302 ss.). Essa tradição e as confirmações indicadas foram rejeitadas por vários autores (Heinrich Scholz, *Geschichte der Logik*, 1931, e, sobretudo, Jan Łukasiewicz, *Aristotle's Syllogistic*, 1951; 2ª ed., 1957. Łukasiewicz enfatiza que Aristóteles não rejeitou os modos da quarta figura; ele os conhece e aceita todos (cf. *supra*). É possível que Aristóteles tivesse composto as partes de *An. Pr.* em que introduz esses modos — e prova sua validade — depois de redigir a maior parte da obra e não tivesse tido tempo de sistematizar sua apresentação completa. Isso fez, segundo Łukasiewicz, com que ele falasse apenas das três primeiras figuras. Por outro lado, Teofrasto, seguido nisso por Alexandre de Afrodísia, parece ter encontrado um lugar para os modos da quarta figura entre os da primeira. (Isto pode explicar que alguns autores tenham distinguido a quarta figura e a primeira figura invertida.) Uma nota grega anônima ao comentário de Amônio Hermeiou aos *An. Pr.* publicado por Maximilian Wallies em sua edição de Amônio (1899) dentro dos *Commentaria in Aristotelem Graeca* (V, 1) parece confirmar a tese de Łukasiewicz. Diz este que a atribuição a Galeno da quarta figura se deve ao fato de este último ter-se ocupado de silogismos compostos ou silogismos com três premissas e quatro termos, e *estes* são os que dividiu em quatro figuras. "A quarta figura dos silogismos aristotélicos foi inventada por outra pessoa, provavelmente em data tardia, talvez não antes do século VI" (J. Łukasiewicz, *Aristotle's Syllogistic*, 1951, p. 41).

Em seu artigo "New Light from Arabic Sources on Galen and the Fourth Figure of the Syllogism" *(Journal of the History of Philosophy*, III, 1965, 27-41), Nicholas Rescher opõe-se à tese de Łukasiewicz e defende a tese tradicional da atribuição galênica em virtude de numerosos indícios probatórios resultantes de um estudo da história da lógica árabe. Segundo Rescher, a Escola de Bagdá de lógica, iniciada por volta do final do século IX — que tem Alfarabi como um de seus mais ilustres representantes —, possuía abundante e fidedigna informação das mudanças introduzidas por Galeno na teoria lógica aristotélica; Alfarabi, além disso, discutiu e rejeitou a crítica de Galeno a Aristóteles no "Grande Comentário aos *An. Pr.*" — infelizmente perdido, mas talvez "recuperável"; de qualquer modo, um comentário desse tipo não podia prescindir de discutir Galeno, se esse autor foi bem conhecido dos membros da Escola de Bagdá. Contra o aristotelismo mais ou menos fiel dessa escola e de Alfarabi se voltou Avicena, constituindo-se duas correntes na lógica árabe: a "oriental", alfarabista, e a "ocidental", avicenista. A "escola oriental" desenvolveu-se na Espanha árabe, e Averróis — justamente a fonte da qual provém a atribuição tradicional da quarta figura a Galeno — representou o ápice da tradição "oriental". Se Averróis seguiu Alfarabi, o mais eminente representante dessa tradição, é razoável supor que sua informação sobre a origem galênica da quarta figura advenha de Alfarabi e da Escola de Bagdá, familiarizada com os escritos de Galeno. Uma série de lógicos árabes, anteriores e posteriores a Averróis, constituem elos de uma cadeia e uma continuação da própria cadeia. Ademais, Abensalah (Ibn al-Salah) *(ca.* 1090-1153), que nasceu na Pérsia e atuou em Bagdá, compôs um tratado "Sobre a quarta figura das figuras assertóricas atribuída a Galeno"; é certo que nesse tratado se diz que Galeno apresentou apenas as três primeiras figuras tradicionais, mas ao mesmo tempo se verifica que um erudito sírio contemporâneo de Alkindi informou Abensalah de que tinha uma versão síria de um tratado de Galeno no qual se discutia a quarta figura. Por outro lado, Abensalah refere-se à discussão e rejeição da quarta figura por Alfarabi. A partir destes e de outros dados, Rescher conclui que a atribuição tradicional da quarta figura a Galeno tem grandes possibilidades de ser verdadeira, e o fato de vários historiadores da lógica não serem dessa opinião se deve ao descuido da rica tradição lógica árabe.

QUATERNIO TERMINORUM. Ver Sofisma.

QUE. Ver Atitude proposicional; Crença.

QUERIGMA. O termo grego κήρυγμα significa "proclamação em voz alta" (por um arauto); daí "mensagem". Na obra *Kérygmes de Socrate. Essai sur la formation du message socratique* (1966), H. Kester indica que κήρυγμα foi empregado por Temístio em seu "Discurso XVII" para designar uma admoestação útil para a humanidade.

Dado que a proclamação antes referida freqüentemente incluía a promessa de alguma recompensa, foi proposto também, como tradução de κήρυγμα, "promessa de uma recompensa".

Querigma tem sido a forma abundantemente usada no sentido proposto por Karl (Rudolf) Bultmann (ver) e nas numerosas disputas em torno da noção de desmitificação (ver) ou desmitologização. As relações, assim como o contraste, entre *kérygma* e *mythos* (mito) constituem um dos pontos ao redor dos quais giraram as mencionadas disputas.

Ver também Mito.

QUESTÃO (QUAESTIO). Ver Disputa.

QUESTÕES DISPUTADAS e QUESTÕES QUODLIBETAIS. Ver Disputa.

QUEVEDO [Y VILLEGAS], FRANCISCO DE (1580-1645). Nascido em Madrid. Interessa-nos aqui somente o que se possa dizer de Quevedo do ponto de vista filosófico (embora toda consideração séria de Quevedo deste ponto de vista devesse levar em conta sua obra literária, na qual se manifesta sua "forma de pensar" e até suas "formas de pensar"). No passado, às vezes se considerou Quevedo como inclinado ao estoicismo por sua versificação do *Manual* de Epicteto, e às vezes como inclinado ao epicurismo por causa da "Apologia de Epicuro" incluída na citada versificação. Depois foi considerado como um "moralista" (do tipo de Gracián, La Rochefoucauld, Vauvenargues etc.). Embora haja algumas razões para defender tais modos de estudar Quevedo filosoficamente, hoje se tende a interpretar Quevedo como um autor a quem interessa sobretudo a vida humana e especialmente a vida humana em conflito consigo mesma. Esse conflito se expressa em parte na constante tensão que há em Quevedo entre o burlesco e o grave, o sarcástico e o angustioso, o picaresco e o meditativo. Mas esse conflito não é, conforme indicou Laín Entralgo, uma "dissociação"; é, antes, o resultado de uma concepção da vida humana como algo vão e inconsistente e como uma constante antecipação de seu próprio fim. Daí a importância que tem em Quevedo a idéia da morte. Por isso é possível descobrir em Quevedo — especialmente em alguns de seus poemas — temas de caráter "existencial", como, por exemplo, e de modo eminente, o tema do cuidado (VER). O cuidado é uma conseqüência da constante consciência do "passar" e essa consciência faz com que o homem se sinta pó, cinza, fumaça e nada. Ora, há em Quevedo uma constante aspiração a superar esse "nada" da existência por meio de pelo menos duas possibilidades: uma, a possibilidade da "vida eterna" que aguarda o homem depois de converter-se em pó; outra, a possibilidade de que dentro do mesmo pó e cinza haja uma "chama" e um "sentido" (ou então ambas as possibilidades ao mesmo tempo, pois pode acontecer que a primeira seja a concreta expressão, em termos de crença religiosa, da segunda, ou que a segunda seja a vivência concreta da crença religiosa). Em todo caso, podem encontrar-se em Quevedo muitos elementos de antropologia filosófica; esses elementos não se articulam num "sistema", nem se expressam na linguagem filosófica acadêmica, mas nem por isso são menos profundamente pensados.

A essa "antropologia filosófica" de Quevedo pode-se acrescentar sua concepção da vida política e da sociedade humana, em particular suas idéias sobre a "política de Deus" como ideal de justiça.

⊃ Todas as obras de Quevedo são pertinentes para um estudo de suas idéias filosóficas no sentido antes apontado, mas podem destacar-se alguns de seus sonetos (especialmente os poemas às vezes chamados "Poemas metafísicos"): *La cuna y la sepultura; La Providencia de Dios; Marco Bruto; Política de Dios y Gobierno de Cristo*. — Edições de obras na Biblioteca de Autores Españoles, XXIII, XLVIII e LXIX; nos Bibliófilos Andaluces, 3 vols., 1897-1907, ed. Fernández Guerra e Menéndez y Pelayo; ed. Luis Astrana Marín, 2 vols., 1932.

Em português: *O buscão*, 1988.

As obras sobre Quevedo são numerosas. Para uma biografia podem-se consultar: Luis Astrana Marín, *La vida turbulenta de Quevedo*, 1945. — Sobre aspectos filosóficos em Quevedo, podem-se recomendar: os livros de René Bouvier, *Quevedo, "homme du diable, homme de Dieu"*, 1929; de Henry Ettinghausen, *F. de Quevedo and Neostoic Movement*, 1973; os artigos de A. Wagner de Reyna em *Realidad*, 6 (1949), 17-18, 154-176; de Pedro Laín Entralgo (em sua obra *Vestigios* [1948], pp. 17-46); de C. Láscaris Comneno (em *Revista de Filosofía* [Madrid, 1950] e em *Crisis* [1955]). — J. Moral Barrio, *La ética en el pensamiento filosófico de Quevedo*, 1981. — A. Ruiz de la Cuesta, *El legado doctrinal de Quevedo: su dimensión política y filosófico-jurídica*, 1984. ⊂

QÜIDIDADE. Vários filósofos árabes usaram o vocábulo *Māhiyya* para traduzir a expressão aristotélica τὸ τί ἦν εἶναι, à qual nos referimos no verbete ESSÊNCIA, pois tal expressão aristotélica significa literalmente "o que era antes de ter sido" ou "o que era um ser", e essa significação é a mesma que a significação de 'essência', ou pelo menos de um dos modos de entender 'essência'. Os árabes introduziram outros termos para o que chamamos de 'essência' ou alguns modos de ser essência; assim, por exemplo, *Huwiyya* (que foi traduzido por "ipseidade", *ipseitas*), *Anniyya* (que corresponde mais ou menos ao que se chamou de heceidade, *haecceitas*), *Sura* (que corresponde a *forma*) etc. De todos os termos usados, os que nos interessam mais aqui são os já citados *Māhiyya* e *Haqiqa*. Ambos foram tomados como equivalentes ao que os escolásticos latinos chamaram de *quidditas*, mas especialmente o primeiro, *Māhiyya*. Como indica A.-M. Goichon num comentário à sua tradução do *Kitāb al-Išārāt wa-l Tanbīhāt (Livre des Directives et Remarques*, 1951, p. 307), de Avicena, este autor árabe — que foi provavelmente o que mais influenciou os escolásticos quanto à questão que nos ocupa — empregou *Huwiyya* (usamos a transcrição espanhola dos termos árabes proposta pela escola arábica espanhola e que é seguida por Miguel Cruz Hernández; cf. sua antologia de Avicena intitulada *Sobre metafísica* [1950], p. 205), correspondente à expressão aristotélica (τὸ) ὄν, na medida em que esta expressão designa a substância individual, a substância-sujeito. Esta substância, quando é designada por meio de um termo abstrato, enquanto se toma por oposição à substância segunda ou substância-atributo, é designada por Avicena pelo termo *Māhiyya*. "A propósito de *Māhiyya*" — escreve Goichon —, "da qual ninguém dá etimologia mais satisfatória do que a que faz vir esta palavra de *mā* e de *huwa*, notemos que Jurjāni, Ta'rifāt, verbete "*Māhiyya*", nega-se, como Sprenger, a admitir que procede de *mā* depois da substituição do 'hamza' por um h" (cf. de Goichon também *Vocabulaires comparés d'Aristote et d'Ibn Sinā*, suplemento ao *Lexique de la langue philosophique d'Ibn Sinā [Avicenne]*).

Em todo caso, *Māhiyya* parece corresponder quase ponto por ponto a τὸ τί ἦν εἶναι, expressão que foi traduzida por *quod quid erat esse*. Esta expressão responde à pergunta *quid est*, ao contrário de qualquer expressão que corresponda à pergunta *an sit*, isto é, à pergunta acerca da existência. Como diz Avicena em *Dāneshnāmé* [em persa] (cf. trad. francesa por Mohammad Achena e Henri Masse, *Le Livre de Science*, tomo I [1955], p. 116), "uma coisa é a existência *(anniyya)* e outra coisa é a essência [qüididade] *(māhiyya)*"; recorde-se que, no pensamento de Avicena, a existência se distingue da essência porque a existência é acidental, de modo que se "agrega", por assim dizer, à essência. Como indicamos antes, os escolásticos usaram, em vez de *Māhiyya*, *quidditas*, como forma sincopada de *quod quid erat esse*. S. Breton *(Essence et existence*, 1962) escreve que o termo *quidditas* oferece grandes vantagens e especialmente a seguinte: "Que a essência, quando apreciada de um ponto de vista fenomenológico, é antes de tudo uma questão". Daí que alguns escolásticos tenham feito com freqüência da questão uma resposta ao substantivar o interrogativo *quid est?*, transformando-o em *quidditas*.

Ora, *quidditas* — ou, como transcrevemos, qüididade — pode ser empregado para referir-se à essência de um modo geral, ou para referir-se a um modo de entender a essência. Este último uso é o mais comum, já que há outros termos empregados ao referir-se à essência (termos como 'forma', 'ipseidade' [para alguns modos de ser essência] e, é claro, o próprio vocábulo 'essência', *essentia*). Entre os diversos modos de entender a essência como *quidditas* há o proposto por Alberto Magno e Santo Tomás, isto é, a essência como forma que, unida à matéria, determina esta última no que é. A *quidditas* não é, pois, ou não é necessariamente, o universal como tal, mas pode ser o universal enquanto determina a coisa no que é, *quid est*. Santo Tomás escreveu *(De ente et essentia*, capítulo 1) que "o que situa uma realidade dentro de seu gênero ou espécie correspondente é o expresso na definição que indica o que é a coisa *(quid est res)*, razão pela qual os filósofos trocaram o termo *essência* pelo de *qüididade*", e isso é o que assinala Aristóteles com a expressão τὸ τί ην εἶναι, *quod quid erat esse*, ou seja, "aquilo por que algo tem um ser, *hoc per quod aliquid habet esse quid*" — se se preferir, aquilo por que uma coisa está constituída em seu próprio gênero ou espécie; em suma, o que a coisa é em seu *quê* ou *quid*—; pois embora haja outros nomes — como *forma* e *natura* — para significar a essência, esta se diz segundo aquilo por que e no que a coisa tem ser. É certo que, uma vez admitido o termo *quidditas* e o que ele significa especialmente, pode-se falar de várias formas de *quidditas*. Santo Tomás introduziu a esse respeito expressões como *quidditas absoluta (separata, pura); quidditas recepta sive materialis; quidditas composita; quidditas simplex; quidditas generis; quidditas speciei; quidditas individui; quidditas subsistens* etc.). Duns Scot, por seu lado, geralmente utilizou para traduzir a tão mencionada expressão aristotélica a fórmula *entitas positiva* (ver HECEIDADE), considerando, em contrapartida, que a *entitas quiddicativa* está mais próxima do predicado (Prantl, III, 219) e que a *entitas individui* se aplica ao "material" e ao sujeito do juízo como primeira substância. E Ockham *(Sent.*, IV, q. 11 e) distingue a essência propriamente dita, enquanto composto *praecise* de matéria e forma, e a forma mesma, que poderia ser uma *quidditas* (cf. C. Arpe, *Das* τὸ τί ἦν εἶναι *bei Aristoteles*, 1938).

Fizemos a resenha do significado e dos usos de *quidditas* para ressaltar que o assunto é complexo caso se deseje esclarecer do que se fala na literatura escolástica quando se usa *quidditas* (e de que falava Avicena quando usava *Māhiyya*). Parece, com efeito, que se fala de "coisas" diferentes: da essência em geral, da espécie ou do gênero, da forma substancial etc. Com o risco de simplificar um pouco a questão, diremos que a expressão *quidditas* pode ser entendida primariamente como o *quê* da coisa, e que o modo de interpretar a *quidditas* depende em grande parte do modo como se entenda semelhante *quê*. Se ela é entendida como a realidade primária da coisa, então a *quidditas* precede a própria existência. Se é entendida como a determinação específica ou genérica da coisa, então pode ainda ser interpretada de dois modos: ou como o que é universal na coisa, ou como o que especifica a coisa em termos de universalidade. Em cada um destes casos, a *quidditas* aparece como mais ou menos inerente à coisa mesma, desde a idéia de que a coisa é constituída pela *quidditas* até a idéia de que é simplesmente determinada universalmente pela *quidditas*. A idéia mais difundida entre os escolásticos é a já indicada da *quidditas* como determinação específica ou genérica da coisa em seu ser o que *(quid)* é.

Para a diferença entre "essência constitutiva" e "essência qüiditativa" no sentido de Zubiri, ver o verbete ESSÊNCIA, *ad finem*.

QUIETISMO. O quietismo é uma doutrina teológica e ao mesmo tempo uma postura metafísica quando entendida — ainda que de maneira unilateral — como disciplina de salvação mais que como caminho de conhecimento (ver SABER). No desenvolvimento que lhe foi dado por Miguel de Molinos (VER), o quietismo alcançou sua máxima exaltação e precisão, mas seus antecedentes são múltiplos: "a genealogia de Molinos" — escreve Menéndez y Pelayo — "é muito mais remota e só pára em Sakya-Muni e nos budistas indianos, e deles descende, passando pela escola de Alexandria e pelos gnósticos, até os Begardos e os Fraticellos e os místicos alemães do século XIV". Mas o molinosismo se aproxima mais da teologia negativa do que da metafísica propriamente dita, mesmo que, em algumas de suas tendências, esta acabe, após os esforços cognoscitivos, num afã de aniquilação, seja para salvar-se da sede inextinguível da vida, seja para rematar com a entrega absoluta da alma o árduo caminho da ação e do conhecimento. Não é lícito, portanto, aproximar demais o quietismo de doutrinas que, como o neoplatonismo, por exemplo, não somente não suprimem o aspecto cognoscitivo da metafísica e da teologia, como inclusive sublinham a necessidade de ater-se a este mundo, embora purificado e espiritualizado. O quietismo sempre dá ênfase à contemplação, à qual se outorga superioridade sobre todos os atos morais e religiosos e à qual se concede a única possibilidade de uma visão extática do ser divino. Neste sentido, o quietismo teológico de Miguel de Molinos, que tem antecedentes mais próximos nas obras e nas pregações de Juan Falconi e de Gregorio López, difere do quietismo entendido num sentido mais geral como doutrina que sustenta a impotência do homem, seja em face da absoluta onipotência de Deus, seja diante da inexorabilidade da razão universal ou do destino, de modo a tornar inútil todo esforço ou atividade de ordem pessoal para escapar de tais poderes superiores. O molinosismo — que foi finalmente condenado pela Inquisição, o que obrigou Miguel de Molinos a abjurar de suas doutrinas e práticas, após uma rápida difusão de seus excessos — procura não afastar-se jamais da ortodoxia e ainda pretende completá-la naqueles pontos em que parece insuficiente. As análises da contemplação contidas no *Guia espiritual* têm este propósito: distinção entre contemplação imperfeita, ativa e adquirida, e contemplação infusa e passiva; distinção entre um silêncio de palavras, um silêncio de desejos e um silêncio de pensamentos, este último superior a todos por ser o único que conduz ao recolhimento interior; afirmação de que a perfeição da alma não consiste em falar nem em pensar muito em Deus, mas em amá-lo muito (tudo contribui a pôr a alma no caminho dessa supressão de si mesma para entregar-se absolutamente a Deus e permitir que Deus faça dela o que seu infinito amor lhe dite). Na difusão do quietismo na França, sobretudo por obra de Mme. Guyon, sublinham-se igualmente estes fatores da renúncia, do absoluto silêncio, da aniquilação das potências e desse amor desinteressado a Deus que exclui todo temor e toda recompensa. Somente então chega a alma a gozar da suma felicidade, pois, como diz Molinos, "aniquilada já a alma e com perfeita nudez renovada, experimenta na parte superior uma profunda paz e uma saborosa quietude que a conduz a uma perpétua união de amor, que em tudo jubila. Já esta alma chegou a tal felicidade que não quer nem deseja outra coisa senão o que seu amado quer; a essa vontade se conforma em todos os acontecimentos, tanto de consolo quanto de pena; e juntamente se goza de fazer em tudo o divino beneplácito" *(Guia* III, xxi). Ver também AMOR A SI MESMO, AMOR PRÓPRIO; AMOR PURO.

➲ Ver: H. Heppe, *Geschichte der quietischen Mystik in der katholischen Kirche*, 1875. — *Geschichte der quietischen Mystik in der reformierten Kirche*, 1879. — M. Menéndez y Pelayo, *Historia de los heterodoxos españoles*, ed. M. Artigas, tomo V, pp. 248-280. — M. Masson, *Fénélon et Mme. Guyon*, 1907. — J. Paquier, *Qu'est-ce que le quiétisme?*, 1910. — Paul Dudon, *Le quiétiste espagnol Michel Molinos*, 1921. — Y. de Montcheuil, *Malebranche et le quiétisme*, 1947. — Emilienne Naert, *Leibniz et la querelle du pur amour*, 1959. — Pietro Zovatto, *Fénélon e il quietismo*, 1968. — A. G.

Widgery, *Interpretations of History from Confucius to Toynbee*, 1961. — C. Crittenden, "Serenity", *Journal of Indian Philosophy*, 12 (1984), 201-214. — N. Zangwill, "Quietism", *Midwest Studies in Philosophy* 17 (1992), 160-176. **c**

QUINE, WILLARD VAN ORMAN (1908). Nascido em Akron, Ohio (EUA), professor da Universidade de Harvard (Cambridge, MA, EUA), realizou diversos trabalhos em lógica matemática; entre eles mencionamos seus "Novos fundamentos de lógica matemática" (apresentados em 1936 e publicados pela primeira vez em 1937), com a formulação de uma linguagem à qual se possa traduzir toda a lógica do sentido dos *Principia Mathematica* e, por conseguinte, toda a matemática; e sua apresentação sistemática da lógica matemática, na qual propõe uma teoria axiomática dos conjuntos que se encontra numa posição intemediária entre o sistema de J. von Neumann e o de Russell. Quine também deu diversas contribuições ao que denomina teoria da referência e ao que qualifica de teoria da significação. Essas duas teorias estão habitualmente (e ambiguamente) incluídas sob o nome 'semântica', mas Quine declara que convém não confundi-las, pois do contrário se torna imprecisa a fundamental distinção, já estabelecida por Frege, entre a significação de uma expressão e aquilo a que a expressão se refere, isto é, o que nomeia. Do ponto de vista filosófico, destacam-se na obra de Quine suas investigações ontológicas (no sentido por ele dado ao vocábulo 'ontologia' [VER]). Segundo Quine, é necessário distinguir a questão "Que há?" da questão "Que *diz* certa teoria ou forma de discurso que há?". Responder à segunda questão equivale a examinar as classes ou tipos de entidade que nos comprometemos a reconhecer numa linguagem dada. A este respeito, Quine chega à conclusão expressa na fórmula semântica "Ser é ser o valor de uma variável", mas não enquanto fórmula que expressa qual ontologia é verdadeira, mas enquanto fórmula por meio da qual se prova a conformidade de uma doutrina dada com um modelo ontológico prévio. Não se trata, na intenção do autor, de examinar questões ontológicas, mas os pressupostos ontológicos de linguagens ("discursos") dados: "o que há não depende em geral no uso que se faz da linguagem, mas o que se diz que há, sim, depende de tal uso". Assim, por meio da quantificação nos comprometemos às vezes a admitir apenas entidades concretas, e às vezes entidades abstratas. O resultado do primeiro é um nominalismo; a consequência do segundo, um platonismo. Quine — que repele todo "universo superpovoado" — se inclina pelo nominalismo, tendo tentando (com N. Goodman) ver até onde pode ser construída uma linguagem que reduza todo enunciado sobre entidades abstratas a um enunciado sobre entidades concretas.

Uma importante e muito discutida teoria de Quine é a que formulou em oposição ao mesmo tempo ao reducionismo e à divisão rígida dos enunciados em analíticos ou sintéticos. Contra as citadas teses, Quine propõe uma concepção epistemológica que A. Hofstädter qualificou de holismo (totalismo) pragmático e que consiste em conceber o conjunto da linguagem do conhecimento como um todo estrutural que responde *como todo* à experiência. Esta afeta diretamente as partes externas do todo e indiretamente as partes internas (compostas de "mitos" e "ficções"). O que se escolhe com intenção pragmática é, pois, não somente a linguagem *a priori*, mas também a linguagem *a posteriori*, que estão em relação contínua. Deste modo, Quine propugna um empirismo antidogmático que permita compreender a estrutura efetiva das teorias científicas (ou de toda linguagem sobre a realidade) enquanto ferramentas que permitem predizer a experiência futura à luz da passada e que experimentam modificações "internas" de caráter estrutural de acordo com tal pretensão.

Esclarecimentos sobre os temas indicados e informações suplementares sobre a obra de Quine, incluindo os mais recentes desenvolvimentos, encontram-se em vários outros verbetes da presente obra; remetemos, entre outros, a ANALÍTICO E SINTÉTICO; COMPROMISSO ONTOLÓGICO; DUHEM-QUINE (TESE DE); OPACO, TRANSPARENTE; REFERÊNCIA; TRADUÇÃO (INDETERMINAÇÃO DA).

➲ Obras: *A System of Logistic*, 1934. — *Mathematical Logic*, 1940; 2ª ed., rev., 1951; reimp., 1962; nova ed., rev., 1982. — *Elementary Logic*, 1941; 2ª ed., rev., 1965. — *O sentido da nova lógica*, 1942. — *Methods of Logic*, 1950; 3ª ed., rev., 1972. — *From a Logical Point of View*, 1953; reed., com um novo prefácio, 1980. — *Word and Object*, 1960. — *Set Theory and Its Logic*, 1963; 2ª ed. rev., 1969. — *Selected Logic Papers*, 1966. — *The Ways of Paradox, and Other Essays*, 1966; 2ª ed., aum., 1976. — *Ontological Relativity and Other Essays*, 1969. — *Philosophy of Logic*, 1970. — *The Roots of Reference*, 1973 [The Paul Carus Lectures, 1971]. — *Theories and Things*, 1981. — *Quiddities*, 1987. — *La Scienza e i dati dei sensi*, 1987. — *Pursuit of Truth*, 1990. — *From Stimulus to Science*, 1998.

Além destas obras, cabe mencionar uma série de artigos. Muitos deles são de caráter lógico; outros, sem deixar de ter um conteúdo lógico, oferecem maior interesse filosófico geral. Alguns destes artigos foram incluídos, com algumas modificações, nos volumes mencionados. Destacamos os seguintes: "Truth by Convention", em O. H. Lee, ed., *Philosophical Essays for A. N. Whitehead*, 1936. — "On the Axiom of Reducibility", *Mind*, N. S., 60 (1936), 498-500. — "New Foundations for Mathematical Logic", *American Mathematical Monthly*, 44 (1937), 70-80. — "Whitehead and the Rise of Modern Logic", em *The Philosophy of A. N. Whitehead*, 1941, ed. P. A. Schilpp, pp. 125-163. — "Notes on Existence and Necessity", *Journal of Philosophy*, 40 (1943), 113-127. — "On Universals", *Journal of Symbolic Logic*, 12 (1947), 74-84. — "Steps Towards a Constructive Nominalism" [em colaboração com Nelson Goodman], ibid., 105-122. — "The Problem of Interpreting Modal Logic", ibid., 43-48. — "On What There Is", *Review of Metaphysics*, 2 (1945), 21-38. — "Two Dogmas of Empiricism", *Philosophical Review*, 60 (1951), 20-41. — "Ontology and Ideology", *Philosophical Studies*, 2 (1951), 11-15. — "On Mental Entities", *Proceedings of the American Academy of Arts and Sciences*, 80 (1953), 198-203. — "Three Grades of Modal Involvement", *Proceeding of the XIth International Congress of Philosophy* (1953), vol. 14, p. 65-81. — "On ω-inconsistency and a so-called Axiom of Infinity", *Journal of Symbolic Logic*, 18 (1953), 119-124. — "On Frege's Way Out", *Mind*, N. S., 64 (1955), 145-159. — "Quantifiers and Propositional Attitudes", *Journal of Philosophy*, 53 (1956), 177-187. — "Unification of Universes in Set Theory", *Journal of Symbolic Logic*, 21 (1956), 267-279. — "Speaking of Objects", *Proceedings and Addresses of the American Philosophical Association*, 31 (1958), 5-22. — "Meaning and Translation", em R. A. Brower, ed., *On Translation*, 1959, pp. 148-172. — "A Basis for Number Theory in Finite Classes", *Bulletin of the American Mathematical Society*, 48 (1961), 391 ss. — "Carnap and Logical Truth", no volume *The Philosophy of Rudolf Carnap*, 1963, ed. P. A. Schilpp [em italiano, em *Rivista di Filosofia*, 48 [1957], 3-29). — "On the Individuation of Attributes", em *The Logical Enterprise*, 1975, ed. A. R. Anderson, R. B. Marcus e R. M. Martin, eds., pp. 3-13. — "Worlds Away", *Journal of Philosophy*, 73 (1976), 856-863. — "Whither Physical Objects?", *Boston Studies in the Philosophy of Science*, 1977. — "Cognitive Meaning", *The Monist*, 62, n. 2 (1979), 129-142.

Biografia: *The Time of My Life: An Autobiography*, 1985. — "Autobiography of W. V. Quine" em *The Philosophy of W. V. Quine*, eds. L. E. Hahn, P. A. Schilpp, 1986, pp. 2-46.

Bibliografia: De trabalhos de Quine, de 1930 a 1969, em: J. J. C. Smart, G. Harman et al., *Words and Objections: Essays on the Work of W. V. Quine*, 1969; 2ª ed., rev., 1975, ed. Donald Davidson e Jaako Hintikka, pp. 353-366. — M. Boffa, "The Point on Quine's NF", *Teoria*, 4 (1984), 3-13. — L. E. Hahn, P. A. Schilpp, eds., "A Bibliography of the Publications of W. V. Quine", em *The Philosophy of W. V. Quine*, 1986, pp. 669-686.

Ver: A. Hofstädter, "The Myth of the Whole: A Consideration of Quine's View of Knowledge", *Journal of Philosophy*, 51 (1954), 397-417. — Gilbert Harman, "Quine on Meaning and Existence", *Review of Metaphysics*, 21 (1967), 124-151 e 343-367. — J. J. C. Smart,

G. Harman et al., *Words and Objections: Essays on the Work of W. v. Quine*, 1969; 2ª ed., rev., 1975, ed. Donald Davidson e Jaakko Hintikka (Respostas de Quine nas pp. 202-252; e a bibliografia indicada *supra*). — Charles S. Chihara, *Ontology and the Vicious-Circle Principle*, 1972. — R. Beneyto, M. Garrido et al., *Aspectos de la filosofía de W. v. Quine*, 1975 (número monográfico de *Teorema*, com Atas do V Simpósio de Lógica e Filosofia da Ciência, Cullera, 28/29-VI-1974). — J. N. Mohanty, M. E. Levin et al., *Essays on the Philosophy of W. V. Quine*, ed. R. Shahan, C. Swoyer, 1979. — D. Markis, *Quine und das Problem der Übersetzung*, 1979. — J. Largeault, *Quine, Questions de mot. Questions de fait*, 1980. — H. Lauener, *W. V. Quine*, 1982. — G. D. Romanos, *Quine and Analytic Philosophy*, 1983. — I. Dilman, *Quine on Ontology. Necessity and Experience: A Philosophical Critique*, 1984. — T. Calvo Martínez, J. J. Acero, eds., *Symposium Quine*, Granada, 1987. — R. F. Gibson, *Enlightened Empiricism: An Examination of Quine's Theory of Knowledge*, 1988. — R. B. Barrett and R. F. Gibson, eds., *Perspectives on Quine*, 1989. ↄ

QUINQUE VIAE. Ver Deus; Tomás de Aquino; Via.

QUINQUE VOCES. Ver Predicáveis.

QUINTANILLA, MIGUEL ÁNGEL. Ver Popper, Karl R[aymund].

QUINTESSÊNCIA. Hoje se entende por 'quintessência' algo extrema e excessivamente refinado e decantado. 'Quintessência' se usa às vezes para reforçar o significado de 'essência' entendida como natureza última e fundamental de algo, em particular de atos e atividades humanos: "A quintessência da política é o aproveitamento de oportunidades", "A quintessência do entusiasmo é a exaltação permanente" etc. Com freqüência se usa 'quintessência' num sentido pejorativo.

Originalmente, 'quintessência', *quinta essentia* ou quinto "elemento", πέμπτον στοιχεῖον, designou uma "substância", "elemento" ou "natureza" distintos dos "quatro": fogo, terra, água, ar. Os quatro elementos sozinhos não pareciam dar a razão de certos fenômenos, especialmente fenômenos celestes, motivo pelo qual alguns admitiram um quinto elemento mais sutil que o fogo. Este elemento era como o éter, αἰθήρ, ou seria porventura o próprio éter, o ar puro das camadas superiores da atmosfera, ao contrário do ar, ἀήρ, ou atmosfera. Este elemento não se agregava aos quatro, mas constituía o elemento de que eram compostos os corpos celestes; pensar o contrário era admitir que esses corpos eram "compostos".

Ao discutir a questão do que se chamou "quintessência" ou o "corpo primeiro", πρῶτον σῶμα, Aristóteles escreveu que ele foi chamado de αἰθήρ (éter) porque "corre sempre", ἀεὶ θεῖν. Anaxágoras, escreve Aristóteles *(De caelo*, 270b 24-26), "se serve impropriamente deste nome por chamar 'éter' ao que deveria chamar 'fogo'".

A noção de quintessência tem uma longa história que chega pelo menos até o Renascimento. À concepção "astronômica" ou "cosmológica" da quintessência se juntam concepções médicas e alquímicas. Um exemplo das últimas é a concepção de Paracelso, ao chamar de *quinta essentia* uma substância tirada de "todas as plantas e de tudo o que tem vida — e depois liberta de todas as impurezas e elementos perecíveis, refinada até sua mais elevada pureza e separada de todos os elementos" *(Sämtliche Werke*, ed. Karl Südhoff e Wilhelm Matthiesen, I, 11, 186 ss.). Deste modo, a quintessência se parece com o "corpo primeiro" de que se falou no parágrafo anterior, mas aqui se enfatiza o caráter de *spiritus vitae*, ou "espírito vital das coisas", da quintessência. Atribuem-se à quintessência poderes curativos.

QUINTILIANO (MARCUS FABIUS QUINTILIANUS) *(ca. 35-ca. 95).* Nascido em Calahorra (a antiga Calagurris), foi, em Roma, discípulo do orador Gnaeus Domitius Afer. Em 59 se transferiu para seu país de origem, até 68, quando o imperador Galba o levou para Roma de novo. Em Roma, abriu uma escola de retórica, na qual teve vários discípulos ilustres, entre eles Plínio Jovem e possivelmente Tácito. Quintiliano foi nomeado pelo imperador Vespasiano o primeiro mestre oficial de retórica, com estipêndio proveniente dos fundos do Estado.

Como indicamos em Retórica (ver), Quintiliano representou em sua célebre *Institutio Oratori* a tendência "técnica" na retórica. Sua *Institutio* se divide em 12 livros e embora dois deles — o primeiro e o último — tratem respectivamente da educação do jovem e das condições morais do orador, o grosso da obra é consagrado a estabelecer minuciosamente as regras da retórica, e no livro X Quintiliano dá uma lista de escritores com crítica de suas obras do ponto de vista "retórico". A *Institutio* não foi conhecida durante a Idade Média, mas, redescoberta no século XV por Giovanni Francesco Poggio Bracciolini, exerceu grande influência durante o século XVI, e representou uma das duas grandes tendências na retórica (a outra foi a de Cícero). Para Quintiliano, a retórica é fundamentalmente a arte de falar e escrever enquanto arte de organizar termos que expressam os pensamentos, não enquanto arte lógica de organizar os pensamentos mesmos. Do ponto de vista filosófico, a obra de Quintiliano é importante entre outras razões porque a ele se deve a introdução de vários vocábulos fundamentais na filosofia, e a discussão do caráter adequado ou inadequado de não poucos termos filosóficos. Exemplo da influência terminológica de Quintiliano na filosofia está na introdução — ou uso — de termos como *substantia* (ver Substância) e *essentia* (ver Essência).

ↄ Edições críticas da *Institutio Oratoria*: C. Halm, 2 vols., 1868-1869 [com aparato crítico]; L. Radermacher, 2 vols., 1907-1935 [Teunner]; F. H. Colson, 1924 [com comentário]; V. d'Agostino, 1933 [com comentário]. — Entre as edições de livros separados mencionamos as do Livro X, por W. Peterson, 1891, e a do Livro XII, por R. G. Austin, 1948.

Ver: I. Loth, *Der pädagogische Gedanke der* Institutio Oratoria *Quintilians*, 1898. — B. Appel, *Das Bildungs- und Erziehungsideal Quintilians nach der* Institutio Oratoria, 1914. — D. Basso, *Quintiliano, maestro*, 1929. — G. Assfahl, *Vergleich und Metapher bei Quintilian*, 1932. — J. Cousin, *Études sur Quintilien*, 2 vols., 1936 *(I. Recherche des sources de l'*Institutio Oratoria; *II. Vocabulaire grec).* — R. R. Rusk, *The Doctrines of the Great Educators*, 1954. — A. C. Baird, *Rhetoric: A Philosophical Inquiry*, 1965. — O. A. Bird, *Cultures in Conflict: An Essay in the Philosophy of the Humanities*, 1976. — A. Brinton, "Quintilian, Plato, and the 'Vir Bonus'", *Philosophy and Rhetoric,* 16 (1983), 167-184. — Ver também bibliografia de RETÓRICA. ⊂

QUOAD NOS. Usamos em várias partes desta obra (ver DEUS; ONTOLÓGICA [PROVA]) a expressão *quoad nos*, que se encontra freqüentemente na literatura escolástica. *Quoad nos* significa literalmente "para nós", e é uma versão da expressão grega πρὸς ἡμᾶς. Distingue-se uma proposição evidente por si mesma *(per se nota* [ver PER SE NOTA]) e uma proposição evidente (evidente somente) para nós *(quoad nos)*. Assim, segundo Santo Tomás, a proposição 'Deus existe' é evidente *per se*, mas não o é *quoad nos*. Algumas vezes se interpreta o *quoad nos* num sentido predominantemente (senão exclusivamente) epistemológico, como se *quoad nos* equivalesse exatamente a *secundum intellectum* (ver A PARTE REI). Essa interpretação é freqüente em autores idealistas e, em geral, em autores modernos. Kant usou a expressão *für uns, Menschen* ("para nós, homens") num sentido que às vezes se aproxima do de *quoad nos* e às vezes do de *secundum intellectum*.

QUODLIBET (Quaestiones de quodlibet, Quaestiones quodlibetales). Ver DISPUTA.

R. Na lógica das relações (ver RELAÇÃO), a letra maiúscula '*R*' serve como notação para os abstratos duplos. Assim, no esquema relacional '*xRy*' a letra '*R*' se lê 'tem relação *R* com' e o esquema completo se lê '*x* tem a relação *R* com *y*'. Outras letras usadas para o mesmo propósito são '*Q*', '*S*'. Diz-se então 'a relação *Q*', 'a relação *R*', 'a relação *S*'.

Para o uso da letra minúscula '*r*' na lógica sentencial, ver P.

RABANO MAURO. Rabanus ou Hrabanus Maurus (784-856). Nascido em Mainz, discípulo de Alcuíno, foi promotor do chamado Renascimento carolíngio, em Tours; foi abade da abadia beneditina de Fulda em 802 e bispo de Mainz a partir de 847. Rabano Mauro é importante sobretudo como transmissor da cultura latina e como enciclopedista e educador (foi chamado *praeceptor Germaniae*). A influência de Rabano Mauro foi considerável durante toda a Idade Média. Especialmente duas obras foram difundidas e comentadas: *De clericorum institutione*, plano de estudos para sacerdotes germânicos seguindo o modelo do Trivium e do Quadrivium, e o *De universo*, originalmente intitulado *De rerum naturis et verborum proprietatibus et de mystica rerum significatione*, enciclopédia na qual são descritas as coisas de acordo com a significação (etimológica) de seus nomes e com as interpretações simbólicas que podem ser dadas aos mesmos. Mediante esta última obra, Rabano Mauro contribuiu para a formação do vocabulário filosófico e teológico latino. Devemos também a Rabano Mauro um tratado gramatical e outro tratado sobre a alma. São-lhe atribuídas algumas glosas sobre a *Isagoge* de Porfírio e sobre o *De interpretatione* de Aristóteles.

➲ Edição de obras: *Opera quotquot reperiri potuerunt omnia*, 4 vols., Colônia, 1626, reimp., 1970 (em *PL*, CVII-CXII).

Bibliografia: H. Spelsberg, *Hrabanus Maurus-Bibliographie*, 1984.

Ver: O. Türnau, *Hrabanus Maurus, der praeceptor Germaniae*, 1900. — E. Bertram, *Hrabanus Maurus*, 1939. — W. Middel, *Hrabanus Maurus, der erste deutsche Naturwisseschaftler*, 1943 (tese). — W. Böhne, ed., *H. M. und seine Schule*, 1980. — R. Kottje, H. Zimmermann, eds., *H. M. Lehrer, Abt und Bischof*, 1982. ➲

RACIOCÍNIO. O termo 'raciocínio' é usado principalmente em dois sentidos: psicológico e lógico.

Do ponto de vista psicológico, o raciocínio é estudado na teoria do pensar (VER). Por conseguinte, colocam-se a respeito os problemas a que aludimos naquele verbete: se os processos intelectuais são ou não acompanhados por imagens, se se trata de uma atividade "interna" ou então "comportamental" etc.

Do ponto de vista lógico, o raciocínio é um processo formal; de fato, o vocábulo 'raciocínio' se aplica a toda classe de processos formais e, portanto, pode designar tanto as operações dedutivas quanto as indutivas. Por este motivo há a tendência de empregar o citado termo num significado, por assim dizer, "neutro", que não prejulga a forma posterior de processo lógico utilizado. Deve-se observar que se qualifica igualmente de raciocínio tanto um processo formal correto como um incorreto. Assim, por exemplo, é usual empregar o termo 'raciocínio' para referir-se ao paralogismo e ao sofisma (VER).

O termo 'raciocínio' é freqüentemente empregado na mesma acepção que a palavra 'argumento'. Tal como ocorre com o argumento (VER), pode-se falar de raciocínio formal (cf. *supra*) e de raciocínio não-formal (ou "informal"). Os raciocínios não-formais são tratados pela retórica (VER) no sentido amplo deste termo.

Ver também ARGUMENTO; RETÓRICA.

➲ Ver bibliografia de PROVA. Além disso: Rupert Crawshay-Williams, *Methods and Criteria of Reasoning*, 1957. — John Passmore, *Philosophical Reasoning*, 1962. — Richard B. Angell, *Reasoning and Logic*, 1964. — P. C. Wason e P. N. Johnson-Laird, *Psychology of Reasoning: Structure and Content*, 1972. — G. Harman, *Change in View: Principles of Reasoning*, 1985. — J. Burbidge, *Within Reason: A Guide to Non-Deductive Reasoning*, 1990. — H. E. Kyburg, ed., *Knowledge Represen-*

tation and Defeasible Reasoning, 1990. — J. Hintikka, *What If...? Toward Excellence in Reasoning*, 1991. C

RACIONAIS. Ver Livres-pensadores.

RACIONALIDADE. Pode-se usar este termo como substituto de 'razão' (VER). As vantagens que seu uso oferece são várias: *a*) A palavra 'razão', por causa de seu amplo emprego, presta-se a confusões. Algumas delas podem ser evitadas especificando-se de que razão, ou tipo de razão, se fala (ver Razão [Tipos de]), mas ainda assim há o perigo de que se abuse do uso de determinado tipo de razão. *b*) Corre-se o risco de hipostasiar o conceito de razão e de tratá-la como se fosse uma espécie de entidade ou de realidade. Recorde-se com que freqüência se tem falado de "a Razão"; com artigo definido e com letra maiúscula inicial, o que não esteve longe da célebre "deusa Razão" que se introduziu em certo momento no curso da Revolução francesa. *c*) Pode-se falar sobre se há ou não, e de quais são, caso os haja, os critérios da razão, qualquer que seja o tipo de razão de que se trate; mas então o que se faz é determinar se há ou não, ou quais são, caso os haja, os critérios de racionalidade, isto é, o sentido ou sentidos em que se pode entender o predicado 'é racional'.

Esse predicado pode ser aplicado de diversos modos: pode-se dizer que o mundo é racional, que o homem é um ser racional, que os meios que se usam são racionais, que os fins que se perseguem são racionais, que uma proposição é racional etc. Algumas destas aplicações ou não são muito claras, ou são demasiado claras no sentido de não conseguirem dizer nada. Dizer que o mundo é racional equivale a dizer que é inteligível, que é suscetível de ser racionalmente entendido etc. Mas não se sabe bem o que se quer dizer com isso, ou se se sabe bem, ou se crê saber bem, é porque se repete o já dito, ou pressuposto. Se definimos 'é racional' por 'é entendido racionalmente', precisaremos definir 'é entendido racionalmente', a menos que com isso queiramos dizer apenas 'é racional', que é o que se tratava de saber. Dizer que o homem é racional, ou é um ser racional, é caracterizar o ser humano mediante um predicado que por sua vez requer explicação.

Um dos usos mais difundidos de 'racionalidade' se deve à introdução por Max Weber ("Soziologische Grundbegriffe", nos *Gesammelte Aufsätze zur Wissenschaftslehre*, 2ª ed., 1951, ed. J. Winckelmann, pp. 527-565) das expressões *Zweckrationalität* (racionalidade dos fins) e *Wertrationalität* (racionalidade do valor). O primeiro tipo de racionalidade se refere a fins que são meios para outros fins; é, pois, uma racionalidade "relativa". O segundo tipo de racionalidade se refere a valores preferidos; é, pois, uma racionalidade que se supõe, ou se declara, "absoluta". Uma distinção que gerou muita polêmica na literatura filosófica e sociológica contemporânea foi a estabelecida entre "racionalidade dos meios" (que pode incluir a racionalidade dos fins que são meios para outros, ou a citada *Zweckrationalität* weberiana) e "racionalidade dos fins" (como tais fins). Nem sempre fica claro o que se entende por 'fins' e menos ainda por que cabe chamar "racionais" certos "fins". Se o fim perseguido é, por exemplo, uma sociedade econômica igualitária ou, se se preferir, economicamente "justa", cabe declarar que tal sociedade é mais racional que uma não igualitária, ou uma injusta, mas então o adjetivo 'racional' se usa como equivalente de 'preferível', 'melhor que', 'tem valor por si mesmo' etc. Uma sociedade economicamente igualitária tem certas características e uma economicamente não igualitária tem também certas características, opostas às da primeira, mas ambas podem ser igualmente racionais (ou não racionais), dependendo da validade ou não validade das razões que se aduzam para preferir uma à outra. São, pois, as razões — razões justificativas principalmente — ou os enunciados que as sustentam que se podem chamar de "racionais" ou "não racionais". Tampouco fica claro o que se deve entender por "meios" e menos ainda por que certos meios podem ser chamados de "racionais". Se para subir ao telhado de uma casa preciso de uma escada, custa pensar que a escada é racional porque permite alcançar o telhado, ao passo que, por exemplo, um tamborete seria irracional por não permitir cumprir o fim proposto. O que é racional (ou não racional) é o uso da escada (ou do tamborete), uso que se justifica como racional (ou não racional) em virtude de corresponder a um método determinado de acesso (ou não acesso), método que, de fato, pode ser qualificado de racional ou de não racional (ou irracional).

A distinção entre a racionalidade dos fins e a racionalidade dos meios tem seu paralelo em outras distinções, tais como a estabelecida por Karl Mannheim entre racionalidade substancial e racionalidade funcional, ou como a proposta por Horkheimer e outros membros da Escola de Frankfurt entre razão e "mera" razão instrumental. Na base destas distinções está a idéia de que somente a racionalidade dos fins ou alguma de tipo similar é verdadeiramente racional; a racionalidade dos meios é considerada subordinada. Alguns consideram que a racionalidade dos fins, a racionalidade dos valores, a racionalidade substancial etc., por um lado, e a "racionalidade dos meios", por outro, são independentes entre si, de modo que se possam pôr em prática meios perfeitamente racionais, ou assim julgados, para alcançar fins não racionais. Em princípio, seria preciso aceitar a possibilidade oposta, isto é, que meios não racionais pudessem levar a cabo ou realizar fins racionais; de fato, a idéia da astúcia da razão (VER) hegeliana é um exemplo dessa possibilidade. Vários autores consideram que a racionalidade de fins ou racionalidade substancial é ou uma série de atos mentais ou um tipo de organização de acordo com certo modelo, ao passo que a racionalidade de meios ou racionalidade instrumental (funcional) é um conjunto de atividades. A racionalidade de fins ou de valores é vista como um conjunto de normas cujo valor é independente da eficácia; a racionalidade de meios é considerada como um conjunto de funções.

O conceito de racionalidade de fins e o de racionalidade de meios é intuitivamente compreensível, mas com o fim de torná-lo claro é preciso traduzir em cada caso os fins ou meios de que se trata aos termos dos quais se pode dizer, de forma menos confusa, que são racionais ou não racionais, isto é, que cumprem ou não com certas condições chamadas "condições de racionalidade". Exemplos desses termos são proposições, crenças, atos etc., e especificamente proposições, crenças, atos etc. manifestados, possuídos, executados etc. por seres humanos. Pode-se debater então sobre que condições são ou não aceitáveis como condições de racionalidade, mas há pouca dúvida de que tem de haver certas condições ou, como se indicou, certos critérios. Estes não determinam o conteúdo das aludidas proposições, crenças, atos etc., mas sim os métodos em virtude dos quais se aceitam ou não, se executam ou não. Os métodos em questão devem consistir em justificar os passos dados para sua aceitação ou não aceitação, execução ou não execução.

Em seu artigo "El concepto de racionalidad" (*Teorema*, 3 [1973], 455-479), Jesús Mosterín propôs vários critérios (condições) para o que chama de "racionalidade teórica" e para o que denomina "racionalidade prática". Alguém crê racionalmente em algo se possuir suficiente evidência para sua crença. No caso de enunciados analíticos há suficiente evidência na estrutura gramatical e semântica da linguagem na qual se formulam os enunciados. No caso de enunciados não analíticos, a evidência suficiente pode consistir em comprovação direta e pessoal do que se enuncia; na pertinência do enunciado, em forma de teorema ou enunciado válido, a uma teoria científica vigente; na possibilidade de apelo a testemunhos confiáveis. Em todo caso, não será racional crer nos enunciados contraditórios. A evidência suficiente pode mudar — e costuma mudar —, pois não se deve confundir uma evidência suficiente com uma absoluta. Por outro lado, alguém é racional em sua conduta se tiver clara consciência de seus fins; se conhecer, na medida do possível, os meios necessários para consegui-los; se puder pôr em ação, na medida em que isso seja possível, os meios adequados para tal efeito; se quando houver conflito entre "fins da mesma linha e de diverso grau de proximidade", der preferência aos "fins posteriores", e se os fins últimos perseguidos pelo sujeito de que se trate forem compatíveis entre si.

Os que cumprem com os citados critérios são, segundo Mosterín, teóricos e não doutrinários no que diz respeito à racionalidade teórica, e seguem programas (ou propostas) e não mandamentos no que diz respeito à racionalidade prática. Mosterín salienta que se pode ser racional teoricamente e não sê-lo na prática, mas que não se pode ser racional praticamente sem sê-lo teoricamente, de modo que "a racionalidade prática supõe a teórica".

Como a apresentação de razões ou de fatos pode não ser suficiente para abonar completamente um enunciado, ou como um enunciado aceitável em virtude de certas razões ou fatos pode ser rejeitado em virtude de outras razões ou fatos, é óbvio que o importante nos aludidos critérios é a disposição constante em mudar os enunciados ou as crenças sustentadas ou em modificar os tipos de comportamento levados a cabo se se apresentam justificativas pertinentes. Em última análise, portanto, a racionalidade é a disposição em adotar os métodos que permitam ter uma suficiente evidência. Para desenvolvimentos das idéias do mesmo autor, ver "La incompleta racionalidad", *Teorema*, 7 (1977), 55-87, em que elabora, entre outras, a idéia de que o perigo (para o homem) não é a racionalização, teórica e prática, mas, antes, as racionalizações incompletas; assim, por exemplo, o racionalizar a produção de certos bens sem racionalizar a eliminação dos dejetos que são conseqüência de tal produção; ou o produzir rupturas de equilíbrios naturais sem introduzir (racionalmente) novos equilíbrios naturais. A solução de muitos problemas graves atuais consiste, segundo Mosterín, em propugnar uma racionalidade completa que corrija os efeitos e os males das racionalidades incompletas. (O livro de J. Mosterín *Racionalidad y acción humana*, 1978, inclui também os dois artigos citados *supra*).

Há vários problemas relativos à racionalidade. Um deles afeta os fins que se adotem. O problema não tem uma solução definitiva porquanto não se pode saber quais são os fins últimos completamente justificáveis. Mas tampouco podem ser conhecidos quais são as proposições absolutamente verdadeiras, caso existam. Trata-se então de admitir a possibilidade de discutir racionalmente sobre fins e, em particular, sobre alternativas de fins.

Autores como Stephen Toulmin (*Human Understanding*, I, 1972, pp. 43 ss.) declararam que a racionalidade puramente "lógica" (ou a equiparação de 'racionalidade' com 'formalidade lógica') é inoperante para muitos campos do conhecimento. Por outro lado, supor que se não é possível um conhecimento último e completo, ao mesmo tempo que absolutamente evidente, de algo, isso indica que não há mais remédio senão tomar uma decisão (em si mesma não racional) da qual se parte, é inaceitável. Em vista disso, é preciso estender os limites da racionalidade e torná-la mais flexível. A racionalidade não tem de excluir a mudança conceitual, mas, ao contrário, tornar possível essa mudança, e isso não necessariamente porque haja uma lei universal e definitiva que regule toda mudança conceitual. Toulmin aponta num dado momento (*op. cit.*, p. 257) que a falta de racionalidade (ou irracionalidade) não consiste num conteúdo proposicional determinado, mas sim na atitude (dogmatismo, preconceito, superstição etc.) que faz com que alguém busque impor uma proposição, uma teoria, uma crença etc. O importante na racionalidade, ou na "razoabilidade", é o que se faz, isto é, o método ou série de métodos que se adotam para manter uma idéia (ou um enunciado), ou tratar de refutar uma idéia (ou um enunciado).

Cabe ver que é possível considerar a racionalidade de três modos: como expressando um conteúdo (proposições, princípios, crenças etc.); como expressando um critério ou série de critérios para formular juízos, e como expressando uma atitude. O primeiro modo é preciso: são racionais tais ou quais proposições, princípios, crenças etc. Ao mesmo tempo, oferece grandes inconvenientes; em particular, o de ser dogmático e, paradoxalmente, irracional, porque não se oferecem critérios mediante os quais se adotam tais ou quais proposições, princípios, crenças etc. O segundo modo é menos taxativo, porque não indica que proposições, princípios, crenças etc. são aceitos, mas que critérios devem ser usados para aceitar tais ou quais proposições, princípios, crenças etc. Este segundo modo evita, na medida do possível, o dogmatismo, especialmente quando se oferece a possibilidade de mudar de critérios em vista de novos fatos, novos contextos etc. Por isso, o segundo modo se enlaça com o terceiro. O inconveniente do último é que é tão meramente regulativo que quase consiste unicamente em propor a adoção dos critérios de racionalidade mais pertinentes em cada caso.

⊃ Ver, além das obras citadas: H. Margain, *Racionalidad, lenguaje y filosofía*, 1978. — J. Watkins, J. Worrall et al., *Progress and Rationality in Science*, 1978, ed. G. Radnitzky e G. Andersson, 1978 [continuação, em parte, de I. Lakatos, A. Musgrave, eds., *Criticism and the Growth of Knowledge*, 1970. — S. Cavell, *The Claim of Reason: Wittgenstein, Skepticism, Morality and Tragedy*, 1979. — J. Elster, *Ulysses and the Sirens: Studies in Rationality and Irrationality*, 1979. — L. Bergström, K. Lambert et al., *Rationality in Science*, 1980, ed. Risto Hilpinen. — J. Agassi, H. Albert et al., *Rationality in Science*, 1983, ed. Gunnar Andersson. — L. H. Davis, J. Watkins et al., *Paradoxes of Rationality and Cooperation: Prisoner's Dilemma and Newcomb Problem*, 1985, ed. R. Campbell e L. Sowden. — E. W. Orth, ed., *Vernunft und Kontingenz: Rationalität und Ethos in der Phänomenologie*, 1986. — P. Lanz, *Menschliches Handeln Zwischen Kausalität und Rationalität*, 1987. — E. F. McClennen, *Rationality and Dynamic Choice: Foundational Explorations*, 1990. —

P. K. Moser, ed., *Rationality in Action: Contemporary Approaches*, 1990. — S. Russell, *Do the Right Thing: Studies in Limited Rationality*, 1991. — K. E. Kaehler, *Leibniz' Position der Rationalität*, 1991. — S. Gosepath, *Aufgeklärtes Eigeninteresse: Eine Theorie theoretischer und praktischer Rationalität*, 1992. — R. C. Koons, *Paradoxes of Belief and Strategic Rationality*, 1992. — C. Schrag, *The Resources of Rationality: A Response to the Postmodern Challenge*. — D. Best, *The Rationality of Feeling: Understanding the Arts in Education*, 1992. — A. C. Graham, *Unreason within Reason: Essays on the Outskirts of Rationality*, 1992. — E. Villanueva, ed., *Rationality in Epistemology*, 1992. — G. Skirbekk, *Rationality and Modernity: Essays in Philosophical Pragmatics*, 1993. ⊂

RACIONALISMO. O vocábulo 'racionalismo' pode ser entendido de três modos:

1) Como designação da teoria segundo a qual a razão (VER), equiparada ao pensar ou à faculdade pensante, é superior à emoção e à vontade; temos então um "racionalismo psicológico". 2) Como nome da doutrina para a qual o único órgão adequado ou completo de conhecimento é a razão, de modo que todo conhecimento (verdadeiro) tem origem racional; fala-se neste caso de "racionalismo epistemológico" ou "racionalismo gnosiológico". 3) Como expressão da teoria que afirma que a realidade é, em última análise, de caráter racional, o que nos leva assim ao "racionalismo metafísico".

O racionalismo psicológico costuma ser contraposto ao emocionalismo e ao voluntarismo e às vezes se identifica com o intelectualismo. O racionalismo gnosiológico se opõe ou contrapõe ao empirismo ou, em ocasiões, ao intuicionismo. O racionalismo metafísico se opõe às vezes ao realismo (entendido como "realismo empírico") e às vezes — com mais freqüência — ao irracionalismo (VER).

As três mencionadas significações de 'racionalismo' combinaram-se freqüentemente: alguns autores admitiram o racionalismo psicológico e gnosiológico por terem sustentado previamente um racionalismo metafísico; outros partiram do racionalismo gnosiológico e deduziram dele o racionalismo metafísico e o psicológico; outros tomaram o racionalismo psicológico como ponto de partida para derivar dele o racionalismo gnosiológico e o metafísico. No entanto, é possível admitir um dos citados sem por conseguinte aderir a qualquer um dos restantes. Ademais, é possível sustentar uma forma de racionalismo sem opor-se a algumas das tendências que *grosso modo* consideramos hostis à tendência (ou tendências) racionalista. Temos um exemplo desta última possibilidade no empirismo moderno. Em grande medida, com efeito, os empiristas modernos — especialmente os grandes empiristas ingleses: Locke, Hume e outros —, embora costumem combater o chamado "racionalismo continental" — de Descartes, Leibniz etc. —, nem por isso deixam de ser racionalistas, ao menos do ponto de vista do método usado em suas respectivas filosofias. Por tal motivo, preferiu-se definir o racionalismo não como o mero e simples uso da razão, mas como o abuso dela. Em particular, e especialmente durante a época moderna, tendeu-se a considerar o racionalismo como uma tendência comum a todas as grandes correntes filosóficas; o que ocorreu foi que algumas destas adotaram certos traços do racionalismo metafísico, ao passo que outras se limitaram ao racionalismo gnosiológico.

O racionalismo — especialmente o metafísico — foi muito influente na filosofia clássica grega. Em alguns casos (como em Parmênides), alcançou aspectos extremos, pois a afirmação da suposta racionalidade completa do real exigiu a negação de tudo o que não seja completamente transparente ao pensamento racional (e ainda ao pensamento racional baseado no princípio ontológico de identidade [VER]). Por isso o movimento foi denunciado como não existente. Para Parmênides, de fato, só é predicável ("dizível", "enunciável") o ser imóvel, indivisível e único, que satisfaz todas as condições da plena racionalidade. Em outros casos (como em Platão), "atenuou-se" essa exigência de completa racionalidade (metafísica e gnosiológica), dando-se lugar no sistema do conhecimento aos "fenômenos" e considerando-se as "opiniões" como legítimos saberes. Mas já que, ainda que legítimas, as "opiniões" são insuficientes do ponto de vista de um saber completo, o racionalismo parmenidiano voltou a surgir como um postulado difícil de evitar. Se a realidade verdadeira é o inteligível, e o inteligível é racional, a verdade, o ser e a racionalidade serão o mesmo, ou pelo menos serão três aspectos de uma mesma maneira de ser. Contra essas tendências racionalistas, extremas ou atenuadas, se erigiram na Antigüidade numerosas doutrinas de caráter empirista. Em algumas delas (como em Aristóteles e muitos peripatéticos), o componente racionalista ainda é muito forte, tendendo-se a um equilíbrio entre racionalismo e empirismo; em outras (como nos empiristas *stricto sensu* e nos céticos, epicuristas da escola de Filodemo de Gadara etc.) o racionalismo desaparece quase por completo. Deve-se observar que em numerosas tendências racionalistas antigas o racionalismo não se opõe ao intuicionismo (na teoria do conhecimento), porquanto se supõe que a razão perfeita é equivalente à perfeita e completa intuição (VER). Em várias correntes, o racionalismo se integra com tendências místicas, que são consideradas como a culminação do processo do conhecimento racional.

As correntes citadas subsistiram durante a Idade Média, mesmo que notavelmente modificadas pela diferente abordagem dos problemas. A contraposição entre a razão e a fé e as freqüentes tentativas de encontrar um equilíbrio entre ambas alteraram substancialmente as características do racionalismo medieval. Ser racionalista não significou forçosamente, durante a Idade Média, admitir que toda a realidade — e particularmente a realidade suprema ou Deus — fosse racional enquanto completamente transparente à razão humana. Podia-se, pois, ser racionalista em cosmologia e não em teologia. Podia-se considerar o racionalismo como a atitude de confiança na razão humana com a ajuda de Deus. Podia-se admitir o racionalismo como tendência suscetível — ou não suscetível — de integrar-se ao sistema das verdades da fé etc. Ao mesmo tempo, podia-se considerar o racionalismo como uma posição na teoria do conhecimento, caso em que se contrapunha ao empirismo. Foi freqüente contrapor o racionalismo platônico ao empirismo aristotélico, e também aceitar este último como ponto de partida para desembocar no primeiro, numa versão modificada do mesmo.

O impulso dado ao conhecimento racional por Descartes e pelo cartesianismo e a grande influência exercida por esta tendência durante a época moderna conduziram alguns historiadores a identificar a filosofia moderna com o racionalismo e a supor que tal filosofia constitui a maior tentativa jamais realizada de racionalizar completamente a realidade. Alguns intérpretes (como Francisco Romero) assinalam que semelhante racionalização corre paralela a uma "imanentização" do real e ao propósito de reduzir a realidade à idealidade. Exemplos disso são, segundo Romero, Descartes, Malebranche, Spinoza, Leibniz e Wolff (e inclusive Hegel). Todavia, há nas citadas filosofias muitos outros elementos junto com o racionalismo. Além disso, não obstante a confiança na razão antes aludida que opera também nos autores usualmente qualificados de empiristas, convém levar em conta o grande trabalho realizado por eles com o fim de examinar a função dos elementos não estritamente racionais no conhecimento (e, por extensão, na realidade conhecida). Por fim, a teoria da razão elaborada por muitos autores modernos — declaradamente racionalistas ou não — é geralmente mais complexa que a desenvolvida pelas filosofias antigas e medievais, de modo que se pode concluir que se o racionalismo imperou foi porque previamente se estenderam as possibilidades da razão. Ademais, devem-se distinguir cuidadosamente várias formas de racionalismo na época moderna. Por um lado, entre os já mencionados racionalismo metafísico e gnosiológico (o último dos quais vai se tornando o predominante). Por outro lado, entre o racionalismo do século XVII e do século XVIII. A este respeito, convém citar a justa observação de Cassirer: "Ainda que coincidamos sistemática e objetivamente com determinadas metas da filosofia 'ilustrada', a palavra 'razão' perdeu para nós sua simplicidade e sua significação unívoca. Mal podemos empregá-la sem que visualizemos vivamente sua *história* e sem que estejamos constantemente dando-nos conta de quão forte foi a *mudança de significado* que experimentou no curso dessa história" (*Filosofía de la Ilustración*, 1943, p. 20). Por isso podemos entender que enquanto no século XVII o racionalismo era a expressão de um pressuposto metafísico e ao mesmo tempo religioso, pelo qual se faz de Deus a suprema garantia das verdades racionais e, por conseguinte, o apoio último de um universo concebido como inteligível, o século XVIII entende a razão como um instrumento mediante o qual o homem poderá dissolver a escuridão que o envolve; a razão do século XVIII é ao mesmo tempo uma atitude epistemológica que integra a experiência e uma norma para a ação moral e social. A esta distinção entre dois tipos de racionalismo moderno pode-se acrescentar a forma que assumiu o racionalismo em Hegel e em várias tendências evolucionistas do século XIX; em todas elas se procura ampliar o racionalismo até incluir a possibilidade de explicação da evolução e até da história.

Durante os séculos XIX e XX produziram-se muitos equívocos em torno do significado de 'racionalismo' por não se esclarecer suficientemente o sentido do termo. Certos autores que se declararam fervorosamente empiristas e positivistas elogiaram igualmente o racionalismo, mas isso ocorreu porque entenderam-no como uma tendência oposta ao irracionalismo, ao "intuicionismo" ou à "mera fé". Outros autores combateram o racionalismo em nome do irracional, do histórico, do "concreto", mas sem por isso abandonar muito do que constituiu a tradição racionalista. Muito comum entre os autores mais conhecedores da história da filosofia foi combater o racionalismo "clássico" (especialmente em sua forma moderna) e tentar integrar a razão com elementos que usualmente se consideram contrapostos a ela (a vida, a história, o concreto etc.). Isso deu origem a diversos modos de entender 'razão', aos quais nos referimos no verbete RAZÃO (TIPOS DE). Os motivos pelos quais se recusou, ou se colocou entre parênteses, o racionalismo "clássico", sem com isso recusar por inteiro o "racionalismo", foram vários. Alguns (como Husserl) indicaram que o racionalismo moderno é naturalista e "objetivista"; esquece o "espírito em si e por si", fundamento inclusive de toda compreensão da natureza, pois o mundo é obra do espírito ou realização espiritual (*geistige Leistung*). Outros assinalaram que o racionalismo clássico moderno é demasiado "estático" ou "estatista" e não leva em conta os fatores "funcionais", "dinâmicos" etc. Com isso foram propostas diversas novas formas de racionalismo, a algumas das quais aludimos no verbete NEO-RACIONALISMO. Em todo caso, há acordo bastante geral em não admitir o racionalismo "simplificado" da tradição racionalista (a suposição, por exemplo, de que toda a realidade pode reduzir-se a certas "naturezas simples" e de que estas são inteiramente acessíveis à análise racional clássica).

Nessa oposição ao racionalismo clássico coincidem várias tendências contemporâneas; assim, não apenas o irracionalismo, existencialismo e outras tendências declaradamente opostas ao racionalismo moderno, mas também o empirismo, positivismo, "analitismo" etc., que se consideram a si mesmas, em última análise, como fiéis à tradição racionalista. Pode-se dizer, portanto, que na época atual surge um novo conceito (ou diversos novos conceitos) de racionalismo. Um dos mais difundidos foi o chamado "racionalismo crítico" de Popper (VER), que foi desenvolvido e sistematizado sobretudo por Hans Albert (VER).

⊃ Ver também RACIONALIDADE.

Ver: Léon Ollé-Laprune, *La raison et le rationalisme*, 1906. — Francis Mangé, *Le rationalisme comme hypothèse méthodologique*, 1909. — Federico Enriques, *Scienza e Razionalismo*, 1912. — E. G. Spaulding, *The New Rationalism. The Development of a Constructive Realism upon the Basis of Modern Logic and Science, and through the Criticism of Opposed Philosophical Systems*, 1918. — Louis Rougier, *Les paralogismes du rationalisme. Essai sur la théorie de la connaissance*, 1920. — José Ortega y Gasset, *El tema de nuestro tiempo*, 1921. — Ángel Vassallo, "Una introducción al tema de la esencia de la razón y del racionalismo", *Cursos y Conferencias* [Buenos Aires], ano 9, n° 16 (1940). — Ludovico Geymonat, *Studi per un nuovo razionalismo*, 1945 [no sentido do neopositivismo]. — Gaston Bachelard, *Le rationalisme appliqué*, 1949. — Julien Benda, *La crise du rationalisme*, 1949. — R. Blanché, *La science actuelle et le rationalisme*, 1967. — Herbert Stachowiak, *Rationalismus im Ursprung. Die Genesis des axiomatischen Denkens*, 1971. — S. Gupta, *Between Scepticism and Rationalism*, 1974. — H. J. Robinson, *Renascent Rationalism*, 1975. — G. Vilar i Roca, *Raó i marxisme. Materials per a una història del racionalisme*, 1979. — P. Strasser, *Wirklichkeitskonstruktion und Rationalismus. Ein Versuch über den Relativismus*, 1980. — P. K. Feyerabend, *Realism, Rationalism and Scientific Method*, 1981 [*Philosophical Papers*, vol. 1]. — D. Pearce, J. Woleński, eds., *Logischer Rationalismus*, 1988 [contém, entre outros arts., K. Ajdukiewicz, "Die wissenschaftliche Welt-Perspektive", inicialmente publicado em *Erkenntnis*, 5 (1935), 22-30]. — Ver também a bibliografia do verbete RAZÃO.

Para o racionalismo crítico, além das obras de Popper, ver: Hans Albert, *Traktat über kritische Vernunft*, 1968, 3ª ed., 1975. — Id., *Pladoyer für kritischen Rationalismus*, 1971. — Id., *Konstruktion und Kritik. Aufsätze zur Philosophie des kritischen Rationalismus*, 1972. — Debate entre racionalistas críticos e frankfurtianos em Th. W. Adorno, R. Dahrendorf et al., *Der Positivismusstreit in der deutschen Soziologie*, 1970. — Ver também: Manuel Garrido, "Metafilosofía del racionalismo", *Teorema*, I (1971), 57-89. — Miguel Ángel Quintanilla, *Idealismo y filosofía de la ciencia. Introducción a la epistemología de K. R. Popper*, 1972. — H. Keuth, *Realität und Wahrheit. Zur Kritik des kritischen Rationalismus*, 1978. — W. Habermehl, *Historizismus und kritischer Rationalismus. Einwände gegen Poppers Kritik an Comte, Marx und Platon*, 1980. — J. R. Wettersten, *The Roots of Critical Rationalism*, 1992.

Para investigações históricas sobre o racionalismo ver: George Boas, *Rationalism in Greek Philosophy*, 1961. — K. Girgensohn, *Der Rationalismus des Abendlandes*, 1926. — W. Dilthey, *Die Autonomie des Denkens, der konstruktive Rationalismus und der pantheistische Monismus* (em *Gesammelte Schriften* II [1923]). — W. E. H. Lecky, *History of the Rise and Influence of the Spirit of Rationalism in Europe*, 2 vols., 1865; 4ª ed., 1869; ed. rev., 1884. — G. Barzelloti, *Il razionalismo nella storia della filosofia moderna fino al Leibniz*, 1886. — Hans Pichler, "Zur Entwicklung des Rationalismus von Descartes bis Kant", *Kantstudien* 18 (1913), 383-418. — P. Kondylis, *Die Aufklärung im Rahmen des neuzeitlichen Rationalismus*, 1981. (Para o racionalismo do ILUMINISMO ver também da bibliografia deste verbete.) — P. Madigan, *The Modern Project to Rigor: Descartes to Nietzsche*, 1986. ⊂

RACIOVITALISMO. Ortega y Gasset (VER) usou às vezes o termo 'raciovitalismo' para caracterizar seu pensamento, particularmente na medida em que se fundamenta na idéia de razão vital. Ortega rejeita tanto o vitalismo (VER) como o racionalismo (VER) quando cada um deles pretende absorver o outro, mas aceita ambos quando se pode integrá-los. Essa integração não é conseqüência de uma atitude meramente eclética, mas o resultado de uma concepção da vida como "realidade radical" e, portanto, de todo "o demais" como "realidade radicada" (entenda-se radicada na vida, "dentro" da qual se dá). Uma vez que a vida consiste, por uma de suas dimensões essenciais, em saber ou, melhor dizendo, consiste primariamente em "saber a que ater-se", a vida mesma exige a razão. Assim, o termo 'raciovitalismo' expressa essa exigência racional da vida. A "razão" de referência, além do mais, não é uma série imutável de princípios que a vida se limita a aceitar e a tentar compreender. A razão tem uma história, e por isso o raciovitalismo é, ao mesmo tempo, o que se poderia chamar um "racio-historicismo", sempre que por 'historicismo' (VER) se entenda a descrição de um modo de ser e não de uma simples sucessão.

Ortega não usou o termo 'raciovitalismo' freqüentemente (um exemplo pode ser encontrado em *Obras completas*, VI, p. 196 [texto de 1934]), seja por desconfiar dos "ismos", seja porque parecia um termo excessivamente abstrato. O que se pode dizer a propósito do mesmo pode também dizer-se em grande parte ao tratar da vida, da razão, da razão vital etc. Mas na medida em que as expressões que designam corpos de doutrina podem ajudar a identificar tais corpos de doutrina, julgamos que se pode manter a aqui introduzida como esclarecedora do pensamento de Ortega.

RADBRUCH, GUSTAV (1878-1949). Nascido em Lübeck, estudou Direito em Heidelberg, sendo professor "extraordinário" em Königsberg (1914-1919) e professor titular em Kiel (1919-1923) e em Heidelberg (de 1923 até sua destituição pelos nacional-socialistas). Foi também Ministro da Justiça da República de Weimar. Radbruch seguiu as orientações de Heinrich Rickert e especialmente de Emil Lask ao estudar o Direito como um fenômeno cultural e a ciência do Direito como uma das ciências da cultura. Não se trata, segundo Radbruch, de pura ciência teórica nem de um conjunto de regras puramente formais, mas de um estudo da função que desempenham as atividades legais dentro de determinadas situações culturais e históricas e em vista de certas valorações. Por isso, Radbruch foi qualificado de relativista, mas é preciso levar em conta que a filosofia do Direito de Radbruch não consiste em admitir toda situação jurídica de fato. Pelo contrário, as situações jurídicas de fato devem ser contrastadas com valorações, e ainda que estas nunca possam ser absolutas e constituir objeto de demonstrações, marcam perspectivas sobre as quais cabem pelo menos o que hoje se chamariam "razões preferenciais". Idéias fundamentais como as de liberdade, nação e civilização estão orientadas para valores juridicamente realizáveis. Em muitos aspectos a filosofia do Direito de Radbruch tem afinidades com a de Georg Jellinek (VER), e suas idéias sobre valores coincidem com muitas das de Max Weber (VER).

⊃ Principais obras: *Einführung in die Rechtswissenschaft*, 1907, 8ª ed., 1929; nova ed., K. Zweigert, 1961 (*Introdução à ciência do Direito*). — *Rechtsphilosophie*, 1914; 3ª ed., 1932; 5ª ed., 1956 (*Filosofia do Direito*). — *Der Mensch im Recht*, 1926 (*O homem no Direito*). — *Elegantiae juris criminalis*, 1938. — *Gestalten und Gedanken*, 1944 (*Figuras e idéias*). — *Der Geist des englischen Rechts*, 1946; 2ª ed., 1947 (*O espírito do Direito inglês*). — *Vorschule der Rechtsphilosophie*, 1947 (*Introdução à filosofia do Direito*).

Depoimento: *Der innere Weg. Aufriss meines Lebens*, 1951.

Ver: Luis Recaséns Siches, *Direcciones contemporáneas del pensamiento jurídico*, 1929. — A. H. Campbell, *G. Radbruchs Rechtsphilosophie*, 1949. — F. Bonsmann, *Die Rechts- und Staatsphilosophie G. R.s*, 1965. — Z. U. Tjong, *Der Weg des rechtsphilosophien Relativismus bei G. R.*, 1967. — A. Kaufmann, *G. R. Rechtsdenker, Philosoph, Sozialdemokrat*, 1987. ⊂

RADHAKRISHNAN, SARVEPALLI (1888-1975). Nascido em Tirutani (no Estado de Madras, Índia), estudou no Madras Christian College, numa atmosfera religiosa cristã, o que influenciou o desenvolvimento de seu pensamento filosófico e fez dele, como às vezes se disse, um elo de ligação filosófica entre Oriente e Ocidente. Foi professor de filosofia e diretor do citado College (1911-1916), professor de filosofia em Myosore (1918-1921), na Universidade de Calcutá (1921-1931 e 1937-1941), vice-reitor da Universidade de Andhra, em Waltair (1931-1936), e na Universidade hindu de Benares (1939-1948). De 1962 a 1967 foi Presidente da Índia. Crítico do que considera a falta de espiritualidade na civilização racionalista, positivista e tecnologista moderna e contemporânea, Radhakrishnan assinalou que os problemas com os quais o homem se enfrenta são em última análise de natureza espiritual e devem ser resolvidos por métodos que revolucionem sua vida espiritual. Esta solução não deve, em seu entender, ser somente individual; o homem está ligado à sua comunidade e à comunidade humana inteira. Daí a pregação de uma "religião do espírito" que ligue o que se dissociou: teoria e prática, Natureza e mundo inteligível, idealidade e realidade. Influenciado, como ele mesmo admite, pelo pensamento de Platão e de Sankara, Radhakrishnan defende uma filosofia idealista, crente no poder da atividade espiritual para elevar o homem acima de sua condição ordinária. Essa filosofia se baseia na crença religiosa e na afirmação de um mundo de valores eternos acessível ao homem já nesta vida por meio do abandono de todo egoísmo e pela purificação do espírito. Como muitos outros pensadores indianos, Radhakrishnan crê que a verdade absoluta pode ser somente experimentada, mas não demonstrada. A intuição está, pois, na raiz da filosofia. Mas a intuição não é uma apreensão arbitrária exceto quando o sujeito intui algo desde o nível da existência ordinária, coberta pelo véu dos próprios interesses. Assim, somente a intuição é um pensamento verdadeiramente criador, tal como se manifesta na religião, na filosofia e na arte. O objeto dessa intuição é a realidade absoluta última que transcende o indivíduo e pode ser qualificada de Deus enquanto espírito eterno que se realiza no temporal. Essa reconciliação do temporal com o eterno é fortemente sublinhada por Radhakrishnan. Isso não significa que Deus seja apenas o coroamento do processo cósmico: Deus transcende todo o finito e até suas manifestações infinitas. Por isso não há nenhum conflito entre imanência e transcendência; ambas estão suspensas no Absoluto último.

➲ Principais obras: *The Philosophy of Rabindranath Tagore*, 1918. — *The Reign of Religion in Contemporary Philosophy*, 1920. — *Indian Philosophy*, 2 vols., 1923; 2ª ed., 1932. — *The Philosophy of the Upanishads*, 1924. — *The Vedanta according to Sankara and Ramanuja*, 1924. — *The Hindu View of Life*, 1927. — *The Religion We Need*, 1928. — *Kalki, or the Future of Civilization*, 1929; nova ed. 1948. — *The Spirit in Man*, 1931. — *An Idealist View of Life*, 1932. — *The Heart of Hindustan*, 1932. — *East and West in Religion*, 1933. — *Freedom and Culture*, 1936. — *The World's Unborn Soul*, 1936. — *Eastern Religions in Western Thought*, 1939. — *Mahatma Gandhi*, 1939. — *India and China*, 1944. — *Education, Politics, and War, 1944*. — *Religion and Society*, 1947. — *The Bhagavadgita*, 1948. — *The Dhammapada*, 1950. — Ed. de *Contemporary Indian Philosophy*, 1950, 2ª ed., rev., 1952. — *East and West: Some Reflections*, 1955 [Beatty Memorial Lectures, 1954]. — *Recovery of Faith*, 1955. — *The Principle Upanishads*, 1958. — *Brahma Sutra: The Philosophy of Spiritual Life*, 1960. — Ed., com P. T. Raju, de *The Concept of Man*, 1960. — *The Creative Life*, 1971.

Ver: W. R. Inge, ed. *et al.*, *R.: Comparative Studies in Philosophy Presented in Honour of His Sixtieth Birthday*, 1951. — VV.AA., *The Philosophy of S. R.*, 1952, ed. P. A. Schilpp. — Volume da revista indiana *Sharsana* em homenagem a S. R., por ocasião de seu 75º aniversário: *75 Essays in Honour of Dr. S. R.*, 1964. — B. L. Atreya, A. J. Bahm *et al.*, *Dr. S. R. Souvenir Volume*, 1964. — J. G. Apura, *R. and Integral Experience: The Philosophy and World Vision of S. R.*, 1966. — S. K. Ray, *The Political Thought of President R.*, 1966. — A. Michael, *R. on Hindu Moral Life and Action*, 1979. — R. N. Minor, *R.: A Religious Biography*, 1987. — T. W. Organ, *R. and the Ways of Oneness of East and West*, 1989. ℭ

RADICAL, RADICALISMO, RAIZ. O vocábulo 'raiz' foi empregado por alguns filósofos gregos (ρίζωμα) como equivalente a "princípio", "fundamento", "causa", "razão" etc., quando "princípio", "fundamento" etc. são verdadeiramente "últimos", o que quer dizer ao mesmo tempo "primeiros", isto é, quando as coisas, atos, efeitos etc., que se trata de explicar estão como que "enraizados" no "princípio", "fundamento" etc. Os escolásticos usaram 'raiz' (*radix*) nesse sentido e falaram da "raiz" de muitas coisas: *radix gratiae, radix habitus, radix peccati* etc., mas tenderam a usar "raiz" em dois sentidos primordiais: como "fundamento real" (*esse radicale*) e como "fundamento conceitual" (que pode ser *radix relationis*, ou fundamento de uma relação [de uma coisa em outra]). No primeiro sentido, o "ser radical" é aquele no qual *algo* está como que em sua "raiz". O que não é "ser radical" é por isso "ser radicado", já que radica ou está enraizado no ser radical. No segundo sentido não há ser radical, mas há fundamento ou "razão de ser". O termo 'raiz' também pode ser empregado como vocábulo mediante o qual se expressa o conceito de fundamento em todos os sentidos possíveis de "ser fundamental" ou "ser principal"; isso ocorre em Schopenhauer ao falar da "raiz (*Wurzel*) do *princípio de razão* [ou fundamento: *Grund*] suficiente". Segundo Schopenhauer, em tal "raiz" radicam as diversas formas do ser razão suficiente: devir, conhecer, ser, agir.

'Radical' pode ser empregado, e foi empregado, para designar ou um modo de ser, ou um modo de entender, ou ambas as coisas ao mesmo tempo, verdadeiramente "último" (e, uma vez mais, "primeiro"). Isso ocorre quando se busca em filosofia um "princípio radical" (do qual é exemplo eminente o *Cogito, ergo sum*). O princípio radical não é necessariamente único, tampouco é necessariamente o "primeiro" no sentido de ser cronologicamente anterior aos outros, ou logicamente prévio a outros, ou metafisicamente fundante de outros. O que caracteriza o "ser radical" é somente que, seja o que for, é algo em que, como observamos anteriormente, está "enraizado" o resto (sejam realidades, conceitos, ou ambos ao mesmo tempo). Esse sentido de 'radical' foi elaborado sobretudo por Ortega y Gasset, que considera que "o filósofo é o especialista em raízes" e que a filosofia é simplesmente "radicalismo". A filosofia consiste em buscar, por assim dizer, "raízes mais radicais que quaisquer raízes dadas (ou supostas)"; a história da filosofia é a história dos diversos níveis que o "radicalismo filosófico" foi alcançando.

Este último sentido de 'radicalismo' é distinto do que tem essa palavra quando foi empregada para designar certa tendência filosófica que é "radical" primariamente no sentido ético e político: o utilitarismo, que freqüentemente foi chamado de "radicalismo filosófico" (ver Filosofia radical; Utilitarismo).

RADISHEV, ALEKSANDR NIKOLAÉVITCH (1749-1802). Nascido em Moscou, estudou em Moscou, São Petersburgo e Leipzig (1766-1771), onde travou conhecimento com o pensamento de Leibniz e com o movimento do Iluminismo francês. Radishev serviu sob Catarina a Grande, Paulo I e Alexandre I, mas a publicação de sua obra *Puteshestvie iz Peterburga v Moskvu*, 1790 (*Viagem de São Petersburgo a Moscou* [trad. inglesa: *A Journey from St. Petersbourg to Moscow*, 1958, ed. R. P. Thaler]), valeu-lhe a condenação à morte, pena que foi substituída pelo exílio na Sibéria — durante a época de Catarina —, onde permaneceu até 1797, quando foi perdoado por Alexandre I. Durante o exílio escreveu sua obra fundamental *O tcheloveke yevo smertnosti i bessmertii*, não publicada até 1809 (*Sobre o homem, sua mortalidade e imortalidade*). A hostilidade demonstrada pelo czar Alexandre I levou-o ao suicídio. Radishev é o mais ilustre dos representantes do Iluminismo russo. Sua crítica das condições políticas e sociais da sociedade russa é feita com amplo espírito liberal, dirigido não à revolução, mas sim a uma considerável reforma das instituições do Estado, bem como dos costumes. Radishev se opôs à escravidão, à censura e a tudo aquilo que era contrário à liberdade e aos direitos naturais do homem.

Em sua obra mais metafísica sobre o homem apresentou com grande detalhe todos os argumentos contra a imortalidade da alma e a favor de uma concepção materialista — razão pela qual é considerado um dos fundadores do "materialismo russo" —, mas depois disso aduziu numerosos argumentos a favor da imortalidade, sem a qual não se pode entender a identidade pessoal. Os argumentos contra a imortalidade, nos dois primeiros dos quatro capítulos da mencionada obra, destinam-se a desbastar o caminho para uma defesa da imortalidade nos dois últimos livros; uma vez percorrido o caminho em uma direção, "reinstalemos o homem em seu verdadeiro esplendor, para o qual parece ter sido criado".

⊃ Edição de obras completas: *Polnoé sobranié sotchinéni*, 3 vols., 1938-1952.

Ver: I. Lapšin, *Filosofskie vzgljady Radišceva*, 1922 (*Concepções filosóficas de R.*). — V. P. Semennikov, *R. Oçerki i zsledovanija*, 1923 (*R. Ensaios e investigações*). — Svetlov, *A. N. R. i politiçeskie prozessy konza XVIII v.*, 1949 (*A. N. R. e os processos políticos no final do século XVIII*). — B. Zenkovsky, *Histoire de la philosophie russe*, I, 1953, pp. 98-105. — G. P. Makogonenko, *R. i ego vremja*, 1956 (*R. e seu tempo*). — *Filosofskaya Enziklopedia*, 1967, pp. 447-451 (*Enciclopédia filosófica*) [contém ampla historiografia e bibliografia]. — Y. F. Kariakin, E. G. Plimak, *Zaprietnaya misl obretaet sbovodu. 175 let borb vokrug ideinogo nasledia Radisheva*, 1966 (*O pensamento proibido consegue a liberdade. 175 anos de luta pela herança ideológica de R.*). — D. M. Lang, *The First Russian Radical. A. N. Radishev*, 1958. — Allen McConnell, *A Russian "Philosophe": A. R. 1749-1802*, 1964. — Jesse V. Clardy, *The Philosophical Ideas of A. R.*, 1964. — J. A. Harvie, "A Russian View of Immortality", *Religious Studies*, 10 (1974), 479-485. ⊂

RADNITZKY, GERARD. Ver Metaciência.

RĂDULESCU-MOTRU, CONSTANTIN (1868-1954). Nascido em Sutoesti (Romênia), estudou filosofia na Romênia e na Alemanha, doutorando-se em Leipzig. Em 1904 foi nomeado professor na Universidade de Bucareste, desenvolvendo grande atividade filosófica no ensino e na fundação de revistas de filosofia e psicologia. Rădulescu-Motru desenvolveu um sistema em grande parte influenciado pelo energetismo de Wilhelm Oswald (ver) e pelo personalismo de William Stern (ver). Segundo Rădulescu-Motru, o universo inteiro encontra-se em uma evolução que representa ao mesmo tempo o desdobramento da energia cósmica, que alcança seu ápice na personalidade humana, que é a forma mais elevada de energia e que pode refletir o processo cósmico inteiro.

⊃ Principais obras: *Elemente de Metafizičă*, 1912; nova ed., 1928. — *Curs de psichologie*, 1924. — *Personalismul Energetic*, 1927. — *Vocatia*, 1932. — *Românismul*, 1936.

Ver: A. Boboc, "Notes sur C. R.-M." (em romeno), *Revista de Filozofie*, 27 (1980), 110-116. — D. Otovescu, "Le concept de culture dans l'oeuvre de C. R.-M."

(em romeno), *ibid.*, 33 (1986), 440-446. — L. Antonesei, "Éléments de critique de la culture: C. R.-M.", *Philosophie et Logique*, 31 (1987), 115-126. ⊂

RADULPHUS STRODE. Ver MERTONIANOS.

RAEYMAEKER, LOUIS DE (1895-1970). Nascido em Rhode-Saint Pierre (Bélgica), estudou na Universidade de Louvain e lecionou (1927-1934) no Seminário de Malines. A partir de 1934, lecionou no Institut Supérieur de Philosophie da Universidade de Louvain. Deve-se a Raeymaeker uma completa reformulação do neotomismo no espírito de Louvain, isto é, no espírito da união de *nova et vetera* e do *novis vetera augere* (integrar o novo com o velho). Enfrentando a necessidade de definir a posição do neotomismo diante de várias tendências contemporâneas, especialmente diante do existencialismo, Raeymaeker destacou o caráter rico e concreto da idéia do ser sem com isso dissolvê-lo numa pura existência contingente. O ser é concreto, mas ao mesmo tempo universal e transcendental. O fundamento dessa idéia do ser está, segundo Raeymaeker, na idéia da participação (VER) como participação ontológica. Todos os entes finitos estão ordenados participativamente no ser, de sorte que, além de estarem enraizados no ser, têm seu modo de ser próprio. O estarem enraizados no ser não faz, portanto, de tais entes simples "modos de ser", pois ao mesmo tempo em que estão enraizados no ser, o ser transcende todos os entes (finitos) como seu fundamento e causa primeira.

◌ Principais obras: *Introductio generalis ad philosophiam thomisticam*, 1931, editio altera com o título: *Introductio generalis ad philosophiam et ad Thomismum*, 1934, em flamengo: *Inleiding tot de wijsbegeerte en tot het thomisme*, 1934. — *Metaphysica generalis*, 1931, editio altera, 1935. — *De philosophie van Scheler*, 1934. — *Introduction à la philosophie*, 1938; 3ª ed., 1947. — *La philosophie de l'Être; essai de synthèse métaphysique*, 1946; 2ª ed., 1947 [em flamengo: *De metaphysiek van het zijn*, 1944; 2ª ed., 1947). — *Le Cardinal Mercier et l'Institut Supérieur de Philosophie de Louvain*, 1952 [em espanhol, o artigo "La actitud del Cardenal Mercier en materia de investigación filosófica", *Sapientia*, 6 (1961), 250-261]. ⊂

RAHNER, KARL (1904-1984). Nascido em Freiburg i.B. Membro da Companhia de Jesus, ensinou nas Universidades de Innsbruck (1937-1938 e 1949-1964), Viena (1939-1944), Pullach (1945-1948), Munique (1964-1967) — como sucessor de Guardini na cátedra de "concepção católica do mundo" — e Münster (1967-1971). Rahner revificou o tomismo para nossa época, não confrontando simplesmente o pensamento de Santo Tomás com tendências do pensamento atual ou procurando pôr esse pensamento "em dia", mas, antes, partindo da situação atual, filosófica e teológica, e vendo em que medida as orientações tomistas básicas continuam presentes nela. Assim, Rahner enfatiza a necessidade de partir da realidade sensível do mundo no conhecimento, mas isso não elimina a realidade transcendental; pelo contrário, permite mostrar como a dimensão transcendental e metafísica se dá na experiência sensível em posição reflexiva. Em teologia, Rahner busca mostrar que as verdades reveladas não são nem completamente transcendentes à razão filosófica nem um objeto que a razão filosófica se limita a conceitualizar. A Revelação é, por um lado, um fato sobrenatural; mas, por outro lado, é um fato que se encontra no próprio âmago da atitude humana. A teologia não é antropologia, mas é antropologicamente orientada.

◌ Principais obras: *Geist in Welt. Zur Metaphysik der endlichen Erkenntnis bei Thomas von Aquin*, 1939; 3ª ed., 1964. — *Hörer des Wortes. Zur Grundlegung einer Religionsphilosophie*, 1941; 2ª ed., 1963. — Para uma crítica da 1ª ed., ver H. Fries, *Die katholische Religionsphilosophie der Gegenwart*, 1949, pp. 257-260. — *Quaestiones disputatae*, 1958. — *Was ist ein Sakrament?*, 1971 [em colaboração com Eberhard Jüngel]. — *Grundkurs des Glaubens*, 1976 (*Curso fundamental sobre a fé*). — *Über die Geduld*, 1983 [em colaboração com E. Jüngel].

Edição de escritos: *Schriften zur Theologie*, 16 vols., 1954 ss.

Ver: E. Simons, *Philosophie der Offenbarung in Auseinandersetzung mit* Hörer des Wortes *von K. R.*, 1966. — D. L. Gelpi, *Life and Light: A Guide to the Theology of K. R.*, 1966. — F. Gaboriau, *Le tournant théologique aujourd'hui selon K. R.*, 1968. — Josef Speck, *K. Rahners theologische Anthropologie. Eine Einführung*, 1968. — Peter Eicher, *Die anthropologische Wende. K. Rahners philosophischer Weg*, 1970. — Vincent P. Branick, *An Ontology of Understanding: K. Rahner's Metaphysics of Knowledge in the Context of Modern German Hermeneutics*, 1974. — X. Zubiri, P. Laín et al., *Teología y mundo contemporáneo: Homenaje a K. R.*, ed. A. Vargas-Machuca, 1975. — R. J. Rolwing, *A Philosophy of Revelation According to K. R.*, 1978. — W. J. Kelly, ed., *Theology and Discovery: Essays in Honor of K. R.*, 1980. — J. A. Bonsor, *R., Heidegger, and Truth*, 1987. ⊂

RAIMUNDO DE SABUNDE. Ver SABUNDE, RAIMUNDO DE.

RAIMUNDO DE TOLEDO [Don Raimundo; Ramón de Sauvetat]. Arcebispo de Toledo de 1126 a 1152, foi o principal incentivador da chamada "Escola de tradutores de Toledo", à qual nos referimos no verbete TRADUTORES DE TOLEDO (ESCOLA DE). É difícil dizer se o próprio Raimundo de Toledo efetuou algumas traduções ou se foi apenas o organizador da "Escola" ou "grupo";

em todo caso, do "grupo" ou, melhor dizendo, dos "grupos de tradutores" de Toledo partiu o primeiro impulso para o melhor conhecimento no Ocidente de obras de Aristóteles, Alkindi, Avicena, Avicebron, Algazel — às quais nos referimos com mais detalhe no verbete citado — e do *Liber de causis* (VER), para nos limitarmos a obras de especial interesse filosófico.

⊃ Ver: Ángel González Palencia, *El Arzobispo Don Raimundo de Toledo (1126-1152)*, 1942. — José M. Millás Vallicrosa, *Las traducciones orientales de la Biblioteca Central de Toledo*, 1943. ℃

RĀMĀJUNA. Ver VEDANTA.

RAMÉE, PIERRE DE LA [Petrus Ramus] (1515-1572). Nascido em Cuts, nas proximidades de Soissons (Vermandois). Suas opiniões violentamente antiaristotélicas, manifestadas em sua dissertação de 1536, intitulada *Quaecumque ab Aristotele dicta essent commentitia esse* — "tudo quanto Aristóteles disse é mentira" —, impediram-no durante certo tempo de dedicar-se ao ensino, mas depois foi nomeado professor no Collège Royal e de sua cátedra arremeteu contra os escolásticos aristotélicos da Sorbonne. Convertido ao partido dos huguenotes, morreu assassinado durante a "Noite de São Bartolomeu".

Tanto em suas *Animadversiones* quanto em suas *Institutiones*, Pierre de la Ramée se opôs a Aristóteles ou, melhor, aos aristotélicos — e especificamente aos que seguiam a lógica aristotélica —, denunciando-os como fúteis e falsos. As regras aristotélicas, proclamou Pierre de la Ramée, são inúteis e inutilmente complicadas. Em vez delas, é preciso seguir o que chamava "a dialética natural", isto é, o raciocínio que os homens praticam quando usam seu senso comum em vez de fiar-se em regras cujo sentido não compreendem e que, em última análise, não têm sentido. Para Pierre de la Ramée, a lógica dos aristotélicos é a coveira das artes e das ciências, pois aspira a dirigi-las; a verdadeira lógica, ou lógica natural, segue as artes e as ciências e se desenvolve naturalmente segundo as verdades descobertas e o modo de obtê-las. A dialética natural é útil e prática; é a empregada pelos pensadores, oradores e poetas que não conhecem, nem têm por que conhecer, o amontoado de regras silogísticas. A dialética se divide em duas partes: uma trata da *inventio* e tem por missão descobrir argumentos; a outra (que foi chamada *Secunda Petri*, "a Segunda de Pedro") trata do *iudicium* ou *dispositio* e tem por missão ordenar o que se descobriu e os argumentos próprios para emitir os juízos. Por sua vez, a *dispositio* se divide em duas partes: o *axioma*, ou relação de um argumento com outro que permite julgar se aquilo de que se trata existe ou não, e é ou não como se diz que é, e a *dianoia*, ou procedimento dedutivo. O silogismo é somente uma parte da *dianoia*.

Embora Pierre de la Ramée se baseasse principalmente na retórica para sua dialética, também prestava grande atenção à matemática, e especialmente à geometria, cujas definições e demonstrações considerava modelares.

No final da vida, Pierre de la Ramée saiu em defesa de Aristóteles, mas se tratava para ele do "verdadeiro Aristóteles", que tinha pouco a ver com muitas partes do *Organon*, que Ramée negava tivessem sido compostas por Aristóteles.

Os ataques de Pierre de la Ramée provocaram grandes debates. Muitos se opuseram a suas violências, mas outros o seguiram com entusiasmo, formando-se uma corrente ramista à qual pertenceu, entre outros, Pedro Núñez Vela (1522-1602: *De constitutione artis dialecticae libellus. Institutionum physicarum quatuor libri priores. Oratio de causis obscuritatis Aristotelis*, 1554), amigo do filósofo francês. A filosofia de Pierre de la Ramée, ademais, exerceu influência considerável na formação da filosofia da Nova Inglaterra, especialmente em virtude de sua adaptação às necessidades da "teologia da aliança" (*Convenant Theology*) dentro das igrejas congregacionistas. Os discípulos de Pierre de la Ramée elaboraram uma síntese lógico-dialética que permitisse substituir o aristotelismo e que se introduziu sobretudo no platonismo da Escola de Cambridge (VER).

⊃ Obras: além da dissertação mencionada no texto: *Animadversiones in dialecticam Aristotelis*, 1543. — *Dialecticae Institutiones*, 1543, da qual se fizeram numerosas edições e que foi traduzida para o francês (*Dialectique*) em 1555. A maior parte das mais de 500 edições da *Dialética* apareceram na Inglaterra e Alemanha até por volta de 1650. — *Scholarum physicarum libri octo*, 1565. — *Scholarum metaphysicarum libri quatuordecim*, 1566. — *Scholae dialecticae*, 1569. — *Defensio pro Aristotele adversus Jacobum Schecium*, 1571. — *Grammaire de Pierre de la Ramée, lecteur du Roi en l'Université de Paris*, 1572.

Ver: Ch. Waddington, *De P. Rami vita, scriptis, philosophia*, 1844. — Id., *Ramus (Pierre de la Ramée). Sa vie, ses écrits et ses opinions*, 1855, reimp. 1962. — Charles Desmaze, *Petrus Ramus, professeur au Collège de France, sa vie, ses écrits, sa mort*, 1864. — B. Chagnard, *Ramus et ses opinions religieuses*, 1869. — P. Lobstein, *P. Ramus als Theologe*, 1878. — Frank P. Graves, *P. Ramus and the Education Reformation of the Sixteenth Century*, 1912. — Walter J. Ong, *Ramus, Method an the Decay of Dialogue. From the Art of Discours to the Art of Reason*, 1958. — Id., *Ramus and Talon Inventary*, 1958 [inventário das obras publicadas de Petrus Ramus (1515-1572) e de Omer Talon (*ca*. 1510-1562), com outros materiais relacionados com o tema]. — N. E. Nelson, *P. Ramus and the Confusion of Logic, Rhetoric and Poetry*, 1947. — J. Moltmann, "Zur Bedeutung des P. Ramus für Philosophie und Theologie im Calvinismus", *Zeitschrift für Kirchengeschichte*, 68 (1957),

295-318. — N. Buyère, *Méthode et dialectique dans l'oeuvre de La Ramée. Renaissance et âge classique*, 1984.

Para Núñez Vela: V. Muñoz Delgado, "La lógica renacentista en P. [Núñez] Vela, protestante abulense do XVI", *Diálogo ecuménico*, 9 (1974), 517-530. ⊂

RAMÍREZ, SANTIAGO. Ver NEOTOMISMO.

RAMÓN LLULL. Ver LÚLIO, RAIMUNDO.

RAMÓN MARTÍ (*ca.* 1220-1284). Nascido em Subirats (Catalunha), foi membro da Ordem dos Pregadores. Por influência de São Raimundo de Peñafort, Ramón Martí se consagrou à atividade missionária. Seu principal trabalho consiste na apologética cristã contra os infiéis, especialmente judeus e muçulmanos. Uma de suas obras, descoberta por Denifle em 1887, é a *Explanatio Symboli Apostolorum ad instructionem fidelium*. Outra obra, mais fundamental, é o *Pugio fidei* (*Defesa da fé*) *contra Judaeos*, às vezes intitulada *Pugio fidei adversus Mauros et Judaeos*; de acordo com o que indicam Joaquín e Tomás Carreras y Artau, o plano do *Pugio fidei* corresponde em suas grandes linhas a um plano traçado por Algazel. Há notáveis semelhanças entre a estrutura e o conteúdo do *Pugio fidei* e a *Summa contra Gentiles* de Santo Tomás, a ponto de Miguel Asín Palacios ter falado de influência da obra de Ramón Martí sobre a do Aquinata. Essa tese geralmente é rejeitada ou em favor de uma influência inversa ou em favor de uma fonte comum a ambos que, entretanto, não foi descoberta. Joaquín e Tomás Carreras y Artau enfatizam as razões aduzidas pelo Dr. Llovera a favor da influência de Santo Tomás sobre Ramón Martí e consideram, em todo caso, o *Pugio fidei* como carente de originalidade. Por outro lado, os mencionados historiadores assinalam a influência do *Pugio fidei* sobre a gestação do plano da "Apologia" de Pascal tal como podemos inferi-la dos *Pensamentos*.

⊃ Obras: a *Explanatio* foi publicada pela primeira vez no *Anuari de l'Institut d'Estudis Catalans*, 1908, pp. 450-496. — A primeira edição do *Pugio fidei* é a de Paris do ano de 1651; há outras edições, em Leipzig (1687) e Londres (1958).

Ver: Joaquín e Tomás Carreras y Artau, *Historia de la filosofía española. Filosofía cristiana de los siglos XIII al XV*, tomo I, 1939, pp. 146-170. — As opiniões de Miguel Asín Palacios, en "El averroísmo teológico de Santo Tomás de Aquino", *Homenaje a Don Francisco Codera*, 1904, pp. 320-323. — Contra a opinião de Asín: Luis G. A. Getino, *La* Summa contra Gentiles *y el* Pugio Fidei (*Carta sin sobre a Don Miguel Asín Palacios*), 1905 (folheto). — Referências a R. M. em M. Menéndez y Pelayo, *Historia de los heterodoxos españoles*, Libro III, cap. iv. — Ver também: P. Ribes y Montané, "¿Conoció Santo Tomás la *Explanatio Symboli* de R. M.?", *Espíritu*, 26 (1977), 93-97. — Id., "San Alberto Magno, maestro y fuente del apologeta medieval R. M.", *Doctor Communis*, 33 (1980), 169-193. ⊂

RAMOS, SAMUEL (1897-1959). Nascido em Morelia (México), estudou medicina durante três anos e depois se consagrou aos estudos filosóficos. Discípulo de Antonio Caso (VER), foi professor de estética e história da filosofia na Universidade Nacional do México, e membro do Colégio Nacional (do México).

Ramos interessou-se pelos problemas com que se enfrenta o homem em geral, e o mexicano em particular, dentro da cultura crescentemente mecanizada de nossa época. Utilizando sugestões de seu mestre Caso, e de autores como Ortega y Gasset e Max Scheler, Ramos desenvolveu uma antropologia filosófica destinada a proporcionar as bases para a afirmação da liberdade, da personalidade e da vida espiritual do homem frente aos resultados de sua própria civilização, que, "contradizendo seu destino original, em vez de favorecer a vida, se converte num instrumento de morte". Ramos tenta reconhecer os valores objetivos, mas sem desprezar os da vitalidade, e vice-versa; ambos devem integrar-se, a seu ver, dentro de uma tabela de valores que dê a cada tipo de valor o lugar que lhe corresponde em vez de sobrepor um tipo de valor aos demais. O ápice de todos os valores encontra-se, segundo Ramos, na personalidade, que é "uma categoria ontológica da existência humana", mas que não deve ser entendida como algo dado, e sim como uma realidade sempre em movimento, movendo-se, num processo infinito, rumo à sua própria realização. A personalidade é para Ramos um dever, na medida que o homem "tem a responsabilidade de ser fiel a si mesmo".

⊃ Obras: *Hipóteses* (*1924-1927*), 1928. — *El perfil del hombre y la cultura en México*, 1934; 2ª ed., 1938; 3ª ed., 1951; 4ª ed., 1963 (todas incluem algum ensaio novo). — *Más allá de la moral de Kant*, 1938. — *Hacia un nuevo humanismo*, 1940; 2ª ed., 1962 [com "Estudio introductorio" de Rafael Moreno]. — *Veinte años de educación en México*, 1941. — *Historia de la filosofía en México*, 1943. — *Filosofía de la vida artística*, 1950. — *El problema del a priori y la experiencia*, 1955. — *Estudios de estética*, 1963.

Ver: Juan Hernández Luna, *S. R.* (*Su filosofar sobre lo mexicano*), 1956. — Agustín Basave Fernández del Valle, *S. R.: Trayectoria filosófica y antología de textos*, 1965. — O. E. Posadas, "Humanismo de S. R.", *Logos*, 12 (1984), 9-56. — J. A. Dacal Alonso, "La estética en S. R.", *ibid.*, I, 16 (1988), 9-32; II, 17 (1989), 9-27. ⊂

RAMSEY, F[RANK] P[UMPTON] (1903-1930). Nascido em Cambridge (Inglaterra). No curso de sua curta vida escreveu vários artigos, recolhidos em volume postumamente, que foram objeto de grande atenção especialmente entre lógicos. Costuma-se apresentar Ramsey como um seguidor de Wittgenstein (do Wittgenstein do *Tractatus*) que tentou refundamentar os *Principia Mathematica*, de Whitehead-Russell, à luz do *Tractatus* e em defesa de uma posição logicista contra as posições axiomática e intuicionista de Hilbert e Brouwer respectivamente. Isso é verdadeiro, mas insuficiente, pois Ramsey nem sempre seguiu Wittgenstein por inteiro. Por exemplo, considerou as proposições matemáticas, e não apenas as lógicas, como tautologias, de sorte que fosse possível derivar a matemática de uma lógica depurada dos axiomas de redutibilidade e infinitude. Além disso, o pensamento de Ramsey evoluiu em vários sentidos. Por um lado, reconheceu logo a impossibilidade, ou pelo menos a extrema dificuldade, de fundar toda a matemática pura na lógica. Por outro lado, ocupou-se de questões de lógica indutiva e de epistemologia. Na lógica indutiva seguiu Peirce em grande parte, rejeitando ser possível fundar a indução de modo puramente formal, mas admitindo ao mesmo tempo as inferências indutivas como pragmaticamente justificadas. Na epistemologia — de resto estreitamente relacionada com a lógica —, Ramsey sustentou que as chamadas "proposições gerais" não são, propriamente falando, proposições, de modo que não se podem estabelecer entre elas distinções entre 'verdadeiro' e 'falso' (como ocorre com as "verdadeiras proposições", que são funções de verdade [ver Função de verdade]), mas podem ser estabelecidas distinções tais como 'razoável' e 'não razoável'. Embora Ramsey tenha seguido em seu pensamento filosófico a tendência de "esclarecer" (e também "classificar", "definir" etc.), reconheceu que os "esclarecimentos" devem ter um limite ou, pelo menos, que nem tudo se resolve mediante um esclarecimento de significações.

◯ Entre os artigos escritos por Ramsey figuram: "The Foundations of Mathematics" (1925); "Truth and Probability" (1926); "Facts and Propositions" (1927); "General Propositions and Causality" (1929).

Edição dos escritos de R. no volume intitulado *The Foundations of Mathematics, and Other Logical Essays*, 1931, ed. R. B. Braithwaite, reimp. 1960; *Foundations: Essays in Philosophy, Logic, Mathematics, and Economics*, 1978 (inclui *The Foundations of Mathematics, and Other Logical Essays*, 1931, e acrescenta novo material [1925-1928], com bibliografia nas pp. 282-283), ed. D. H. Mellor; *Philosophical Papers: F. P. Ramsey*, 1990, ed. D. H. Mellor [nova ed. dos artigos de R., com bibliografia exaustiva de escritos de R., e nova introd. de D. H. Mellor].

Ver: VV.AA., *Prospects for Pragmatism: Essays in Memory of P. F. R.*, 1980, ed. D. H. Mellor. — N.-E. Sahlin, *The Philosophy of F. P. Ramsey*, 1990. ◯

RANDALL, JR., JOHN HERMAN (1899-1980). Nascido em Grand Rapids (Michigan), foi "instrutor" (1920-1925), professor assistente (1925-1931), "professor associado" (1931-1935) e professor titular (1935-1967) ("F. J. Woodbridge Professor") (a partir de 1951) na Universidade Columbia (Nova York). Discípulo de John Dewey e de Frederick Woodbridge, costuma-se filiar Randall à escola do naturalismo (ver), ou melhor, neonaturalismo norte-americano. Randall é naturalista num sentido muito amplo, do qual se pode ter alguma notícia pelas passagens dele citadas no verbete Naturalismo. Além disso, o naturalismo de Randall é de algum modo, por assim dizer, "historicista", ao menos na medida em que considera a história da filosofia como um ingrediente fundamental do pensamento filosófico contra os que pensam que se pode filosofar *ab ovo*, sejam puros metafísicos ou estritos "analistas". As contribuições mais importantes de Randall estão, além disso, em seus trabalhos históricos, principalmente de história da filosofia, mas enquanto relacionada com outros aspectos da cultura humana. Randall trabalhou particularmente na interpretação de Aristóteles, no estudo da chamada "Escola de Pádua" e, em geral, na filosofia moderna, desde suas origens até o final da Idade Média. Essas contribuições de Randall incluem estudos do modo como se apresentam os "modelos históricos". Referimo-nos a este ponto com mais detalhe no verbete Perifilosofia ao falar do que Randall chama "as tradições filosóficas". Randall falou, ao referir-se à história da filosofia moderna, de uma "carreira" (*career*) da filosofia mais do que de uma "história". Embora "a filosofia" em geral não tenha "uma carreira", a "filosofia moderna" a tem por causa de sua integração "em uma só cultura".

A preferência de Randall por autores como Aristóteles e Dewey — que se manifesta numa interpretação "deweyana" do pensamento de Aristóteles, assim como na revalorização em Dewey de elementos aristotélicos — aponta claramente uma forte tendência ao que se poderia chamar de "funcionalismo". Em todo caso, a idéia de função desempenha no pensamento de Randall, e nas interpretações históricas deste autor, um papel importante. O que se chama "substância" é uma especificação de algum processo; de fato, não há substâncias, mas processos especificáveis de algum modo. O funcionalismo de Randall se articula, além disso, num sistema categorial no qual as categorias por ele consideradas básicas estão correlacionadas com funções lingüísticas e modos de experiência. Assim, há uma correlação entre operações, verbos e experiências diretas; entre poderes ou potências, nomes ou substantivos e experiências reflexivas; entre modos de operar, advérbios e estruturas formais na experiência reflexiva; entre classes de poderes ou potências, adjetivos e estruturas formais na experiência reflexiva. Existe também relação entre a categoria dos conectivos e as formas lingüísticas denominadas conjunções, mas essa relação e a estrutura categorial correspondente diferem das anteriores porquanto não aderem a qualquer forma de experiência ou estrutura de experiência determinadas. Trata-se de sistemas formais, de sistemas de símbolos, de códigos, de sistemas legais, de estilos artísticos etc., isto é, de elementos que "penetram" experiências muito diversas.

➲ Obras: *The Problem of Group Responsibility to Society: an Interpretation of the History of American Labor*, 1922 (tese). — *The Making of the Modern Mind*, 1926. — *Our Changing Civilization: How Science and the Machine are Reconstructing Modern Life*, 1930. — *The Role of Knowledge in Western Religion*, 1958 [Mead-Swing Lectures, 1955-1956]. — *Nature and Historical Experience: Essays in Naturalism and in the Theory of History*, 1958. — *Aristotle*, 1960. — *The School of Padua and the Emergence of Modern Science*, 1960. — *The Career of Philosophy*, I: *From the Middle Ages to the Enlightenment*, 1962; II: *From the German Enlightenment to the Age of Darwin*, 1965. — *How Philosophy Uses Its Past*, 1963 [The Matchette Lectures, 1961]. — *Hellenistic Ways of Deliverance and the Making of the Christian Synthesis*, 1969. — *Plato: Dramatist of the Life of Reason*, 1970. — *Chapters for The Career of Philosophy III and Other Essays*, 1977.

Randall é autor, além disso, de inúmeros artigos. Entre os que melhor representam seu pensamento citamos sua contribuição ao volume *Naturalism and the Human Spirit*, 1944, ed. Y. H. Krikorian (ver NATURALISMO) e "The Art of Language and the Linguistic Situation: A Naturalistic Analysis", *Journal of Philosophy*, LX (1963), 29-56. Este último é um suplemento ao cap. IX ("An Empirical and Naturalistic Theory of Signs, Signification, Universals, and Symbols") de *Nature and Historical Experience*, cit. *supra*.

Ver: J. Barzun, J. P. Anton *et al.*, *Naturalism and Historical Understanding: Essays on the Philosophy of J. H. R. Jr.*, 1967, ed. John P. Anton (com bibliografia de R. por J. P. Anton). ℭ

RAPOPORT, ANATOL. Ver OPERACIONALISMO.

RATO [RATUM]. Ver ENS.

RATZENHOFER, GUSTAV. Ver HAECKEL, ERNST.

RAUH, FRÉDÉRIC (1861-1909). Nascido em St. Martin-le-Vinoux (Isère), professor na Universidade de Toulouse e a partir de 1903 na Sorbonne, aderiu em sua primeira fase ao positivismo espiritualista de Ravaisson, Lachelier e Boutroux, e defendeu-o em sua primeira obra, a tese de doutorado sobre o fundamento metafísico da moral (1890). Inclinou-se depois para um positivismo antiespiritualista e antimetafísico, mas tampouco de caráter mecanicista ou simplesmente materialista. A rigor, o que Rauh se propôs fazer, conscientemente ou não, foi fundamentar toda possível moral no campo de uma pura experiência. Daí a clara oposição ao rigorismo e ao formalismo de tipo kantiano e a tendência a sustentar que os chamados "princípios morais" não são normas de caráter absoluto nem muito menos regras dedutíveis a partir de um princípio formal único. Essa negação dos "princípios" não significava, todavia, para Rauh, uma relativização da moral. O moral se dá, de fato, na experiência e, é claro, na experiência histórica das diferentes situações em que efetivamente se encontra o homem. Mas essa experiência é a seu modo uma experiência das "essências morais", pois o que se experimenta não é necessariamente um elemento empírico irredutível, mas também, e muito especialmente, um elemento ideal. A experiência moral é, por conseguinte, a apreensão imediata das evidências morais, que de tal modo não são nem princípios racionais vazios nem determinações subjetivas meramente empíricas. Os diferentes valores morais que se oferecem ao longo da história são para Rauh valores objetivamente válidos; o que Rauh nega neles não é sua objetividade, mas unicamente sua universalidade. A apreensão destes valores morais, simultaneamente locais e objetivos, é resolvida por Rauh, em relação com a filosofia inglesa do sentimento moral, por meio de um ato emocional concreto. A filosofia moral de Rauh chega assim a um "sistema aberto" de valores morais, sistema que implica, no seu entender, um chamamento à ação para o descobrimento e realização do orbe moral.

➲ Obras: *Essai sur le fondement métaphysique de la morale*, 1890 (tese). — *De la méthode dans la psychologie des sentiments*, 1899. — *L'expérience morale*, 1903. — *Études de morale*, 1911.

Ver: Léon Brunschvicg, "L'expérience morale selon Rauh", *Revue Philosophique,* 105 (1928), 5-32. — R. Junod, F. *Rauh: Essai de biographie intelectuelle*, 1932. — A. Berthod, C. Bouglé, L. Brunschvicg, L. Halbwachs, R. Le Senne, *25ᵉ anniversaire de la mort de F. Rauh* [sessão de 24.11.1934 da Société Française de Philosophie, *Bulletin* da Société, março de 1934]. — M. Gillet, "Essai métaphysique sur la méthodologie morale de F. R.", *Archives de Philosophie*, 30 (1967), 344-372, 519-568. — Arturo Deregibus, *F. R., esperienza e moralità*, 1976. ℭ

RAVAISSON, FÉLIX [FÉLIX RAVAISSON-MOLLIEN] (1813-1900). Nascido em Namur (na época, uma cidade francesa, no departamento de Sambre-et-Meuse). Estudou na Sorbonne, com o professor Poret, partidário dos filósofos escoceses do senso comum. Num concurso aberto pela Academia de Ciências Morais e Políticas para premiar o melhor trabalho sobre a *Metafísica* de Aristóteles, Ravaisson obteve o primeiro prêmio, e sua dissertação constituiu a base para seu *Ensaio* (ver bibliografia). Notou-se que Ravaisson seguiu em Munique as aulas de Schelling, mas é assunto sobre o qual há desacordo; alguns enfatizam que Ravaisson possuía notas minuciosas de aulas de Schelling; outros assinalam que, de qualquer modo, Ravaisson conhecia pouco o alemão e que passou apenas algumas semanas em Munique, onde conheceu Schelling e se interessou por seu pensamento. Um ano depois da publicação do primeiro tomo do citado *Ensaio* (em 1838), doutorou-se em filosofia. Pouco depois, foi encarregado de curso na Faculdade de Rennes, mas nunca ocupou o posto. Em 1839 foi nomeado Inspetor de bibliotecas e em 1859, Inspetor geral do ensino universitário.

A obra filosófica de Ravaisson constitui um esforço por superar o dualismo entre Natureza e Espírito. Neste sentido, seu pensamento se orientou em Aristóteles, em Schelling e em Maine de Biran, mas não se pode dizer que resulta simplesmente de um confronto desses pensadores com seu próprio problema. Historicamente, Ravaisson está situado na corrente que vai do idealismo alemão, de um lado, e de Maine de Biran, de outro, até autores como Lachelier, Boutroux e, de certo modo, Bergson. É a corrente que foi chamada "positivismo espiritualista", porque parte da consciência não para deduzir dela a Natureza, mas para integrar-se com a Natureza como modo de ser do espírito. Por isso, o ponto de partida do pensamento de Ravaisson não era o problema gnosiológico nem tampouco, à maneira do "ontologismo", o próprio ser: era a reflexão sobre a própria consciência e seus modos ativos. A redução do ser às combinações mecânicas das sensações não é menos ilegítima, segundo Ravaisson, que a arbitrária redução de toda realidade à idéia ou que a persistência do dualismo entre espírito e matéria. Ravaisson busca também, como Maine de Biran, "fatos primitivos", e os encontra na reflexão sobre a consciência imediata e na consideração do pensar (não puramente intelectual) como algo real, ativo. O ponto de partida é, pois, psicológico, mas de uma psicologia cuja atenção ao descritivo não lhe impede passar logo à região metafísica. A interpretação ativista do ato (VER) aristotélico é um dos elementos com os quais Ravaisson edificou sua filosofia. O outro elemento é a análise do fenômeno do hábito (VER). Neste se dá uma intuição em que se unificam os dois aparentes opostos, o mecânico e o ativo. Mas essa unificação não é de modo algum uma mútua redução arbitrária, nem tampouco um anódino ecletismo. A demonstração de que o hábito aparece no momento em que se constitui o vivente significa, ao mesmo tempo, a demonstração de que no hábito se dá o âmbito dentro do qual o ativo e o passivo se equilibram. Uma atividade absoluta se anularia a si mesma; uma absoluta passividade não chegaria à existência. A mediação se impõe, portanto, mas não se detém aqui. Com efeito, o hábito se interpõe, por assim dizer, em todos os graus do ser, e opera como uma revelação e manifestação da Natureza inteira. Diremos, pois, que o hábito não tem um sentido unívoco, mas analógico. Desde a necessidade cega até a liberdade, o hábito estabelece uma série de vínculos que permitem evitar a dissociação dos elementos do ser em realidades absolutamente descontínuas, que evitam o pluralismo caótico tanto quanto o dualismo irredutível. Sem o hábito não haveria unidade, e sem esta não haveria ser. Por isso o hábito tem uma história que é, no fundo, a história da aproximação entre os elementos dispersos até que se forma a unidade suprema, que é a unidade do espírito. Daí a interpretação final da Natureza e do ser como atividades livres em pleno desenvolvimento, como criações da vontade e do desejo e, em última análise, como produtos do amor universal, que não é uma mera abstração, mas sim a expressão da atividade produtora da harmonia e, portanto, da inteligibilidade que se manifesta na trama mais escondida de todos os processos da Natureza.

⇨ Principais escritos filosóficos: *Essai sur la métaphysique d'Aristote*, 2 vols., 1836-1846, reimp. 1963. Fragmentos do vol. III (*Hellénisme, Judaïsme, Christianisme*) foram publicados por Ch. Devivaise, 1953. — *De l'habitude*, 1838, reimp. em *Revue de Métaphysique et de Morale*, 2 (1894), 1-35. Edição da mesma obra por Jean Baruzi: *De l'habitude*, 1933; 2ª ed., 1957, com introdução de Baruzi. — *Speussipi de primis rerum principiis placita*, 1838 (tese). — "Philosophie contemporaine: Fragments de philosophie de Hamilton", *Revue des Deux Mondes*, 24 (1840), 396-427. — "La philosophie d'Aristote chez les Arabes", em *Séances et Travaux de l'Académie des Sciences morales et politiques*, 1844. — "De la morale des Stoïciens", em *Séances de l'Académie des Inscriptions et Belles Lettres* (16 de agosto de 1850). — "Mémoire sur le Stoïcisme", em *Mémoires de l'Académie des Inscriptions et Belles Lettres* 21, n. 1 (1958). — *La philosophie en France au XIXe siècle. Rapport pour l'exposition universelle*, 1867. — *Rapport sur le prix Victor Cousin, le Scepticisme dans l'antiquité*, 1884 [inclui reimp. do *Rapport* mencionado *supra* de 1867]. — "Métaphysique et Morale", *Revue de Métaphysique et de Morale*, 1 (1893), 6-25. — "Testament philosophique", *ibid.*, 9 (1901), 1-31. Edição do *Testament philosophique et fragments*, 1933, por Ch. Devivaise, com a "comunicação" de Henri Bergson sobre Ravaisson lida em 1904 na Academia de Ciências morais e políticas. Os "Fragments" incluem: "Ébauche d'une philosophie" e "Fragments d'une étude sur les Mystères". — Ravaisson também escreveu vários ensaios sobre temas artísticos: a "Vênus de Milo", "Os monumentos funerários dos gregos", "Leonardo da Vinci e o ensino do desenho" etc.

Ver: Henri Bergson, "Notice sur la vie et les oeuvres de F. Ravaisson-Mollien", em *Séances et Travaux de l'Académie des sciences morales et politiques*, 1 (1904), reimp. na obra de Bergson: *La pensée et le mouvant*, 1934, e na edição do *Testament philosophique* citado *supra*. — Joseph Dopp, *F. R. La formation de sa pensée d'après des documents inédits*, 1933 [com bibliografia]. — Caterina Valerio, *F. R. e l'idealismo romantico in Francia*, 1936. — Jean Cazeneuve, *La philosophie médicale de R.: R. et les médecins animistes et vitalistes*, 1958. — Dominique Janicaud, *Une généalogie du spiritualisme français. Aux sources du spiritualisme fran-*

çais: R. et la métaphysique, 1969. — François Laruelle, *Phénomène et différence: essai sur l'ontologie de R.*, 1971. — R. Bouchard, "La dialectique de l'Hypothèse chez Ravaisson", *Ita Humanidades*, 9 (1973), 183-192. — A. Vinson, "Réflexions sur l'idée de nature dans la philosophie de R.", *Revue de Métaphysique et de Morale*, 92 (1987), 527-531. C

RAWLS, JOHN (1921). Nascido em Baltimore, Maryland (EUA), professor desde 1962 na Universidade de Harvard, elaborou uma ampla, detalhada, e já muito influente e debatida teoria da justiça. Rawls salientou que na filosofia moral — e na correspondente concepção da justiça — predominaram as tendências utilitaristas na época moderna. Essas tendências padecem de falhas que, no entanto, outras teorias, como o intuicionismo na ética, não conseguiram sanar. Justamente em oposição ao utilitarismo e ao intuicionismo, Rawls propôs-se a "generalizar e a levar a uma ordem superior de abstração a teoria tradicional do contrato social tal como foi representada por Locke, Rousseau e Kant" (*A Theory of Justice*, "Prefácio", p. viii). Deste modo, a concepção da justiça diz respeito não só a questões estritamente morais, mas também a uma ampla gama de atividades humanas: sistemas jurídicos, instituições políticas, formas de organização social etc. Ao fim e ao cabo, "a justiça é a primeira virtude das instituições sociais, como a verdade o é dos sistemas de pensamento" (*op. cit.*, p. 3).

A justiça é entendida primariamente em sentido social; trata-se de saber como se distribuem os direitos e deveres nas instituições sociais e de que modo podem ser conseguidas as máximas vantagens que a cooperação social pode oferecer. Rawls fala principalmente, senão exclusivamente, de justiça (VER) distributiva, e examina seus princípios partindo de uma "posição original" ou estado inicial pelo qual se pode assegurar que os acordos básicos a que se chega num contrato social são justos e eqüitativos. A justiça é entendida como eqüidade (*fairness*) por ser eqüitativa a posição original; se não fosse se produziriam injustiças. Na "posição original" adotam-se dois princípios fundamentais: segundo o primeiro destes princípios, é preciso assegurar a cada pessoa numa sociedade direitos iguais numa liberdade compatível com a liberdade dos outros. Segundo o outro princípio, deve haver uma distribuição de bens econômicos e sociais tal que toda desigualdade deve ser vantajosa para cada um, podendo cada um, além disso, ter acesso a qualquer posição ou cargo (*op. cit.*, p. 60). Esses princípios são um caso especial de uma concepção mais geral da justiça que Rawls enuncia como segue: "Todos os valores sociais — liberdade e oportunidade, rendas e riqueza, e as bases do respeito a si mesmo — devem distribuir-se igualmente a menos que uma distribuição desigual de quaisquer e de todos esses bens seja vantajosa para todos" (*op. cit.*, p. 62).

Após um exame minucioso do conteúdo desses princípios, Rawls passa a formular um "enunciado final da justiça para as instituições". De acordo com tal enunciado, o primeiro princípio estabelece que "cada pessoa deve ter um direito igual ao sistema total mais extenso de liberdades básicas iguais compatível com um sistema similar de liberdade para todos". O segundo princípio estabelece: "As desigualdades econômicas e sociais devem estar dispostas de tal modo que ambas *a*) sejam para o maior benefício dos menos favorecidos, coerente com o princípio das poupanças justas, e *b*) estejam agregadas a cargos e posições abertos a todos em condições de eqüitativa igualdade de oportunidade". A primeira regra de prioridade, que é a regra de liberdade, estabelece que "os princípios da justiça têm de estar dispostos em ordem léxica e, portanto, a liberdade pode ser restringida somente mediante a liberdade. Há dois casos: *a*) uma liberdade mais ampla deve reforçar o sistema total de liberdade em que todos participam; *b*) uma liberdade menos que igual deve ser aceitável para os que tenham menos liberdade". A segunda regra de prioridade, que é a prioridade da justiça sobre a eficácia e o bem-estar, sustenta que "o segundo princípio da justiça é lexicamente prévio ao princípio de eficácia e ao da maximização da soma de vantagens; e a oportunidade equitativa é prévia ao princípio de diferença. Há dois casos: *a*) uma desigualdade de oportunidade deve realçar as oportunidades dos que têm menos oportunidade; *b*) uma proporção excessiva de poupança deve ao fim mitigar a carga dos que sofrem essas privações". A concepção geral sustenta que "todos os bens primários sociais — liberdade e oportunidade, rendas e riqueza, e as bases do respeito a si mesmo — devem distribuir-se igualmente a menos que uma distribuição desigual de quaisquer e de todos esses bens seja vantajosa para o menos favorecido" (*op. cit.*, pp. 302-303).

Mesmo com todos os princípios e regras de prioridade do caso, Rawls reconhece que a formulação é incompleta, mas justamente toda a sua teoria da justiça está voltada a dar as definições necessárias e a proporcionar as interpretações que se consideram admissíveis em casos especialmente difíceis. Como todas as teorias de contrato social, a de Rawls não se apresenta como uma descrição de fatos, mas como um modelo — constituído, em seu núcleo, por preferências racionais, ou por preferências estabelecidas por seres racionais e imparciais — do qual possam derivar-se as prescrições a adotar em circunstâncias determinadas. Nesse sentido, ela pode ser considerada como uma teoria transcendental da justiça no sentido kantiano de 'transcendental'. De resto, Rawls reconhece que sua teoria é "altamente kantiana".

◯ Obras: *A Theory of Justice* foi publicada em 1971. O livro foi antecipado por uma série de artigos que logo se incorporaram à obra. Rawls menciona: "Justice as Fairness", *Philosophical Review*, 68 (1958), 164-194; "The

Sense of Justice", *ibid.*, 72 (1963), 281-305; "Distributive Justice", em P. Laslett e W. G. Runciman, eds., *Philosophy, Politics, and Society*, Third Series, 1967, pp. 58-82. — Esclarecimentos de R. em "The Basis Structure as Subject", *American Philosophical Quarterly*, 14 (1977), 159-165. — Ver também: "The Independence of Moral Theory", *Proceedings and Adresses of the American Philosophical Association*, 48 (1978). — "Kantian Constructivism in Moral Theory", *The Journal of Philosophy*, 77 (1980) 515-572 [três conferências, que formam a quarta série das Dewey Lectures, dadas na Columbia University, abril de 1980: "Rational and Full Autonomy", "Freedom and Equality", "Construction and Objectivity"]. — "Justice as Fairness: Political not Metaphysical", *Philosophy and Public Affairs*, 14 (1985). — "The Idea of an Overlapping Consensus", *Oxford Journal of Legal Studies*, 7 (1987). — "The Domain of the Political and Overlapping Consensus", *New York University Law Review*, 64 (1989). — *Political Liberalism*, 1993. *Political Liberalism*, 1996. — *Collected Papers*, 1999. — *Droits des gens*, s.d. — *Law of Peoples*, 1999. — *Lectures on the History of Moral Philosophy*, 2000.

Em português: *Justiça e democracia*, 2000. — *O liberalismo político*, 2000. — *Uma teoria da justiça*, 3ª ed., 2000.

Bibliografia: J. H. Wellbank, D. Snook, D. T. Mason, *J. R. and his Critics: An Annotated Bibliography*, 1982. — Ver também o livro de Koller citado *infra*.

Ver: Brian Barry, *The Liberal Theory of Justice: A Critical Examination of the Principal Doctrines in* A Theory of Justice *by J. R.*, 1973. — E. Nagel, R. M. Hare *et al.*, *Reading R.: Critical Studies of* A Theory of Justice, 1975, ed. Norman Daniels. — Robert Paul Wolff, *Understanding R.: A Reconstruction and Critique of* A Theory of Justice, 1975. — O. Höffe, ed., *Theorie-Diskussion über J. Rawls Theorie der Gerechtigkeit*, 1977. — E. Rapoport, C. F. Delaney *et al.*, *New Essays on Contract Theory*, 1977, ed. K. Nilsen, R. A. Shiner. — D. Lewis Schaefer, *Justice or Tyranny? A Critique of J. R.'s* Theory of Justice, 1979. — L. I. Katzner, G. Corrado *et al.*, *J. R.'s Theory of Social Justice*, 1980, ed. H. G. Blocker e E. H. Smith [com bibliografia]. — A. P. Rao, *Three Lectures on J. R.*, 1981. — M. Introvigne, *I due principi di giustizia nella teoria di R.*, 1983. — H. J. Kühn, *Soziale Gerechtigkeit als moralphilosophische Forderung. Zur Theorie der Gerechtigkeit von J. R.*, 1984. — J. M. Agra Romero, *J. Rawls. El sentido de justicia en una sociedad democrática*, 1985. — J. J. Martínez García, *La teoría de la justicia en J. R.*, 1985. — R. Martin, *Rawls and Rights*, 1985. — P. Koller, *Neue Theorien des Sozialkontrakts*, 1987 (com bibliografia bem ampla). — T. W. Pogge, *Realizing Rawls*, 1989. — C. Kukathas, *Rawls:* A Theory of Justice *and Its Critics*, 1990. — B. De Filippis, *Il problema della giustizia in Rawls*, 1992.

A polêmica de Robert Nozick com R., no livro do primeiro: *Anarchy, State, and Utopia*, 1974. ᴄ

RAZÃO. 1) Chama-se "razão" uma faculdade atribuída ao ser humano e por meio da qual ele se distinguiu dos demais membros da série animal. Essa faculdade é definida usualmente como a capacidade de alcançar conhecimento do universal, ou do universal e necessário, de ascender ao reino das "idéias" (seja como essências, seja como valores, ou ambos). Na definição: "O homem é um animal racional" (ζῷον λόγον ἔχων, "um animal possuidor de razão ou logos"), o ser racional é considerado a diferença específica.

2) Chama-se também "razão" uma norma ou proporção (*ratio*) que pode ser entendida de dois modos. *a*) Como proporção matemática, quantitativa ou topológica. *b*) Como delimitação, como padrão ou modelo por meio do qual se define o ser das coisas e a ordem a que pertencem. Às vezes *a*) se reduz a *b*), caso em que se fala de "medida ontológica", que inclui em si e dá razão da mesma proporção matemática. Às vezes *b*) se reduz a *a*), caso em que se pressupõe a possibilidade de uma quantificação — ou, melhor dizendo, matematização — do real. Neste último sentido escreve Hobbes que "a razão não é senão *cômputo* (isto é, soma e abstração) das conseqüências dos nomes gerais convencionados para a *caracterização* e *significação* de nossos pensamentos".

3) Entende-se a razão como equivalente ao fundamento; a razão explica então por que algo é como é e não de outro modo (ver RAZÃO SUFICIENTE).

4) 'Razão' se define às vezes como um "dizer". Com freqüência se supõe que esse "dizer" (*légein [logos]*) se funda num modo de ser (racional).

Dois dos significados de 'razão' foram predominantes e são considerados por muitos autores como os mais fundamentais: (A) a razão é uma faculdade; (B) a razão é um princípio de explicação das realidades. Ambos os sentidos foram muito usados na literatura filosófica; além disso, ambos foram (consciente ou inconscientemente) confundidos. Cada um deles se decompõe, de resto, em certo número de significações subordinadas. Assim, a razão como faculdade pode ser entendida como capacidade ativa ou como capacidade passiva, como atividade intuitiva ou como capacidade discursiva; a razão como princípio de explicação das realidades pode ser uma razão de ser, uma razão de acontecer, ou até uma razão de agir.

As classificações anteriores dos significados de 'razão' não pretendem excluir outras possíveis. Falou-se, por exemplo (cf. Santo Tomás, *S. theol.*, I, q. LXXIX, a 9), da distinção entre "razão superior" e "razão inferior". A primeira alcança as verdades superiores que são ao mesmo tempo normas de suas ações; a segunda se aplica às coisas temporais. Mas ambas "se referem à nossa inteligência, de tal modo que uma delas é um meio para alcançar a outra". Falou-se também de muitos outros modos de conceber a razão ou, melhor dizendo, de muitos outros tipos de razão. A alguns destes tipos nos referimos no verbete RAZÃO (TIPOS DE), que pode ser considerado um complemento do presente verbete. Acrescentemos aqui duas concepções da razão particularmente importantes, porque explicitamente ou não em cada uma das concepções da razão a que nos referiremos a seguir se supôs um destes tipos, ou em ocasiões os dois ao mesmo tempo: trata-se das concepções da razão resumidas com os nomes de "razão constituinte" e "razão constituída" (e também às vezes com o nome de "razão raciocinante" e "razão raciocinada"). *Grosso modo*, a razão constituinte (e razão raciocinante) é a razão enquanto está se fazendo e se formando, a atividade racional (que pode ser, mas que não é sempre necessariamente, subjetiva, já que a razão pode constituir-se objetivamente). A razão constituída (e razão raciocinada) é a razão já dada e, por assim dizer, "desdobrada", o reino da razão ou das verdades racionais.

Essa elucidação sistemática do significado de 'razão' pode servir de quadro para entender a análise que apresentamos a seguir e que se baseia num esboço da história de nosso conceito.

Uma das primeiras dificuldades que o conceito oferece é o fato de que para expressá-lo foram usados, a partir da filosofia grega, inúmeros termos. Eis alguns: 'noção', 'conceito', 'idéia', 'pensamento', 'palavra', 'visão (inteligível)', 'sentido', 'significação'. Consideremos três vocábulos gregos: φρόνησις, νοῦς e λόγος. Cada um deles expressa um matiz distinto na concepção da razão e no uso que se faz dela. Se preferirmos φρόνησις teremos de nos orientar rumo a uma concepção da razão que sublinha sobretudo a ação mesma do pensar, mas do pensar razoável, segundo uma sabedoria e, sobretudo, segundo um desígnio ou propósito: o de entender as coisas para devidamente "se situar" diante delas. Se nos inclinarmos pelo νοῦς, parece que apreciaremos a razão principalmente como faculdade pensante e sagaz da qual se elimina tudo o que seja absurdo e irrazoável. O que possui νοῦς é, de fato, o ser inteligente, que opera segundo desígnio — como o νοῦς de Anaxágoras —, mas isso é possível porque antes houve o ato de νοεῖν, isto é, a visão mental por meio da qual alcançamos a compreensão de uma realidade enquanto tem um significado ou um sentido. Se entendermos a razão como o λόγος, e este como um substantivo de λέγειν, então a significação principal será, como ocorre em Homero, a de recolher, ou reunir, donde eleger e contar algo como pertencente a uma classe de objetos e donde também enunciar algo ou nomear algo. O λέγειν é então sobretudo o dizer e, é claro, o dizer inteligível dentro do qual se aloja o conceito enquanto voz significativa. Comum a todas essas noções é a suposição de que a realidade tem um fundo inteligível e de que é possível compreender semelhante fundo ou, pelo menos, orientar-se no mesmo. Por esse motivo se nota, através da variedade de sentidos da razão e da multiplicidade dos termos empregados para designá-la na filosofia grega, o intento de ligar a razão como faculdade à razão como substância (ou ordem) da realidade.

Tanto essa suposição quanto os distintos significados do conceito de razão são conservados na filosofia medieval. Todavia, é usual examinar o conceito de razão na filosofia medieval como uma noção que, conforme os casos, se compara, contrasta ou opõe à da crença ou da fé. Por isso, o problema da razão na filosofia medieval é em grande medida o problema da filosofia enquanto possibilidade de compreensão do conteúdo da fé (ou, como se diz às vezes, enquanto prolegômeno à fé). Uma vez que tal fé se dá através da revelação, a qual é conservada num depósito de tradições, é freqüente que ao exame das relações entre razão e fé se justaponha o das relações entre a razão e a revelação, assim como entre a razão e a autoridade. Quando a fé ou a autoridade aparecem como "naturalmente" ligadas à razão, não se levantam graves questões acerca de sua relação mútua. Mas quando por algum motivo a separação se acentua, as tentativas de explicação de sua relação mútua e particularmente de sua mútua integração proliferam. Primado da fé sobre a razão, primado da razão sobre a fé, equilíbrio entre ambas, separação de ambas são algumas das soluções propostas. Deve-se notar que durante a época "clássica" medieval os citados problemas não surgem claramente na superfície. A separação entre fé e razão (ainda que com vistas a seu ulterior acordo) não se manifesta nem sequer quando os textos parecem levá-la em conta. Pode-se aduzir a este efeito a passagem de Scot Erígena, segundo o qual *auctoritas* não aprovada pela *ratio* é *infirma*, mas segundo o qual também *vera ratio, quum virtutibus suis rata et immutabilis munitur, nullius auctoritatis adstipulatione roborari indiget* (*De div. nat.*, I, 69). Com efeito, apesar de falar aqui da relação entre fé ou autoridade e razão, isso não se suscita como um problema de fundo, pois o citado filósofo segue ainda as normas do *Nisi credideritis, non intelligetis*, do *Credo ut intelligam* (VER) e da *Fides quaerens intellectum* que desde Santo Agostinho deram um sentido preciso à *ratio* e à sua função dentro da *auctoritas* e da *fides* (ver CRENÇA). Em compensação, a abundância de tentativas de harmonização entre ambos os elementos prova que houve uma certa "ruptura", que chegou ao ápice quando se propôs a chamada "doutrina da dupla verdade": a da *veritas secundum rationem* e da *veritas secundum fidem*. Para combatê-la torna-se então necessária uma série de doutrinas, desde a que proclama a subordinação completa da razão à fé e à autoridade até a que dá um certo predomínio à razão na medida em que afirma que nada do que esta descobre pode ser falso, passando pelas teses sobre a necessária harmonia entre razão e fé, harmonia que não precisa situá-las num mesmo plano, pois pode-se reconhecer, por exemplo, que a razão é primeira na ordem do conhecimento sem ser primeira na ordem da realidade.

Quando num certo momento se manifestou em alguns autores uma ruptura bastante completa entre a fé e a razão, em virtude de considerar-se que a primeira não devia ser "contaminada" pelo elemento racional, produziu-se um fato tão compreensível quanto paradoxal: desligada do que estava intimamente vinculado a ela, a razão terminou por ganhar uma completa autonomia. Desta autonomia partiu em grande parte a idéia de razão no curso do pensamento moderno. Sem se abandonar o reino dos *credibilia*, a função desempenhada por esse reino no pensamento filosófico ficou consideravelmente restrita. E quando a idéia de razão experimentou um processo de "desteologização" quase completa, a razão não foi comparada, contrastada ou oposta à fé, à autoridade, mas sim a outros elementos; o principal deles foi, no curso da época moderna, a experiência (VER). As discussões entre os partidários do racionalismo (VER) e os que aderiram ao empirismo (VER) puseram em evidência as mudanças sofridas pelo conceito de razão na filosofia moderna. O que importa nesta é, por um lado, o sentido gnosiológico (as possibilidades ou as dificuldades da razão para apreender o que é verdadeiramente real) e, por outro, o sentido metafísico (a possibilidade ou impossibilidade de dizer que a realidade é em última análise de caráter racional). O que se chamou "o primado da razão" na época moderna é, a rigor, o primado do exame e da discussão de tais problemas.

Do ponto de vista gnosiológico, a razão foi contrastada, portanto, com a experiência, mas é preciso levar em conta que, como observamos em outro lugar (ver RACIONALISMO), essa experiência não designa na maior parte das vezes um mero e simples contato afetivo com o exterior (concebido como irracional), mas outro modo de utilizar a razão. É, pois, verdade em grande medida que a razão no sentido apontado foi um dos grandes eixos em torno dos quais girou a filosofia moderna. Isso não significa que toda a filosofia moderna tenha sido dominada pelas exigências do pensamento racional; embora seja verdade que alguns dos grandes filósofos do século XVII ensaiaram uma racionalização completa do real e que várias das escolas do século XVIII tentaram reduzir as estruturas da realidade às da idealidade (mais suscetíveis de serem penetradas racionalmente), é preciso levar em conta que, por um lado, essa racionalização não foi completa, e que, por outro, ainda no interior da mesma se deram significados muito diversos do conceito de razão. Entre esses significados destacam-se os seguintes: a razão como intuição (VER) de certos elementos últimos supostamente constitutivos do real (as "naturezas simples"); a razão como análise (VER) e a razão como síntese especulativa. Esses três significados se combinaram freqüentemente, mas muitos autores tiveram o cuidado de distinguir a razão analítica da razão "meramente especulativa": a primeira era considerada como a própria da parte teórica da filosofia natural (a física matemática principalmente); a segunda era julgada como um (errôneo) prosseguimento das tendências das filosofias "clássicas" (antigas e medievais), especialmente enquanto pretendiam obter um conhecimento da Natureza sem o freio proporcionado pela combinação do experimento e da análise. No entanto, o desvio comum a quase todos os grandes filósofos modernos pela razão especulativa não impediu que esta voltasse pouco a pouco a seus foros e que reaparecesse — na escola de Wolff, por exemplo — o que se considerava como "o dogmatismo da razão".

Kant enfrentou essa situação e procurou solucioná-la ao tentar encontrar uma posição filosófica que evitasse tanto o dogmatismo (às vezes identificado por ele com o racionalismo) como o ceticismo (freqüentemente equiparado ao emprismo). A conversão da metafísica em "crítica da razão" e em exploração de suas possibilidades e limites ou, melhor dizendo, a anteposição de uma crítica da razão à metafísica foram a conseqüência da atitude kantiana. Muitos são os significados que o vocábulo 'razão' (*Vernunft*) tem nos escritos de Kant; pode-se falar não apenas da "razão pura", da "razão prática" e de suas variantes, como também pode-se falar de razão enquanto distinta do entendimento (VER). Aqui nos limitaremos a enumerar alguns dos mais importantes usos kantianos de 'razão'. A razão é "toda faculdade de conhecer superior", caso em que o racional se distingue do empírico. A razão é, por outro lado, "a faculdade que proporciona os princípios do conhecimento *a priori*"; a razão pura é "a que contém os princípios para conhecer algo absolutamente *a priori*". A razão se distingue do entendimento; este é a "faculdade das regras", isto é, a atividade mediante a qual se ordenam os dados da sensibilidade pelas categorias, enquanto aquela é a "faculdade dos princípios", a atividade que unifica os conhecimentos do entendimento nas idéias (ver IDÉIA). A razão é teórica ou especulativa quando se refere aos princípios *a priori* do conhecimento, e é prática quando se refere aos princípios *a priori* da ação. A diferença entre a razão e a razão pura consiste em que a primeira é, como faculdade superior do conhecimento, distinta da mera experiência, enquanto a segunda é, ao mesmo tempo, distinta do entendimento, pois se ocupa de investigar a condição de todo o condicionado. A "crítica da razão pura" é, assim, o exame (para o qual se usa a "razão" em sentido amplo) dos limites do conhecimento puramente racional, único meio de não cair no dogmatismo especulativo.

A noção de razão foi igualmente um dos grandes eixos da filosofia pós-kantiana, particularmente da filosofia do idealismo alemão. Na medida em que ingressaram nesta última elementos "românticos" (ver ROMANTISMO) produziu-se uma reação contra a "razão moderna". Mas ao mesmo tempo se tentou desenvolver um tipo de razão que pudesse dar conta do que até então havia sido considerado ou como irracional ou como unicamente suscetível de descrição empírica (a evolução, a individualidade, a história etc.). Hegel é um exemplo eminente disso. A razão é na filosofia hegeliana algo que se faz e se torna, e pode ser identificada com a Idéia. A fenomenologia da razão se manifesta, pois, paralelamente à fenomenologia do Espírito. O trânsito da volta a si mesma da consciência à razão permite definir primeiramente a razão como "a certeza da consciência de ser toda a realidade", mas essa concepção é apenas um primeiro estádio no desenvolvimento dialético (ver DIALÉTICA), que vai da razão que observa à atualização da consciência de si mesmo por sua própria atividade e que desemboca na "individualidade que se sabe real em si e por si mesma". Num estádio posterior, a razão é "a razão que examina as leis" (suas próprias leis), a completa absorção do real no racional e a conseqüente identificação de razão e realidade.

Seja por retomar em parte a via iniciada por Kant, seja pelas exigências do desenvolvimento da filosofia e das ciências, o pensamento filosófico do século XIX (sobretudo a partir da metade do século) e do século XX se ocupou com freqüência do problema da razão, tanto em sentido gnosiológico como metafísico. Isso se manifestou de muitas maneiras. Por um lado, temos os trabalhos de autores como Lalande, Bruschvicg, Meyerson e outros, que buscaram descrever "o processo da razão" não só do ponto de vista histórico, mas também sistemático. Observou-se, com efeito, que as sucessivas aplicações das exigências da razão à realidade coincidem com certas tendências internas da razão humana, que aspira a reduzir a multiplicidade à unidade, a diversidade à identidade, o tempo ao espaço, a opacidade à transparência. Quando essas exigências foram levadas às suas últimas conseqüências, a razão se converteu em pura razão especulativa, mais ainda, a razão teve de "negar" a realidade por ser incapaz de "encaixá-la" no quadro puramente racional. Por outro lado, há os trabalhos de Husserl e de alguns de seus discípulos acerca do problema e do conceito da razão, trabalhos que conduziram tanto a uma nova delimitação de suas possibilidades como ao reconhecimento de uma ampliação de suas virtualidades e potências. Por fim, há os esforços que podem ser agrupados sob o nome de "razão histórica" e que, iniciados de modo maduro por Dilthey, constituem um novo ataque ao problema das "relações" entre a razão e a realidade. Dentro destes esforços se encontra a filosofia da razão vital ou razão vivente de Ortega y Gasset, da qual se depreende que não basta desdenhar a razão (como fazem os irracionalismos de toda espécie) tampouco manter-se dentro dos veios da razão tradicional: o que se deve fazer é reconhecer — como assinala Julián Marías — que "somente quando a vida mesma funciona como razão conseguimos entender algo humano". Deste modo a razão (vital) é a própria vida na medida em que é capaz de dar conta de si mesma e de suas próprias situações. A razão não é heterogênea à vida (nem tampouco idêntica a ela): é um órgão da vida que pode converter-se no "órgão de toda compreensão". As repetidas lamentações acerca do "fracasso da razão" podem então ser justificáveis somente enquanto "fracasso" de "determinado conceito de razão".

Os diversos sentidos dados ao conceito de razão no curso da história da filosofia ocidental tornam necessário esclarecer o que se entende em cada caso por 'razão'. Para tal efeito é possível distinguir vários tipos de razão (ver RAZÃO [TIPOS DE]). Importantes são, do ponto de vista atual, as distinções entre razão teórica e razão prática, razão analítica e razão dialética. Cada um destes tipos de razão pode apresentar critérios próprios que permitam estabelecer por que tais ou quais proposições, crenças, atos etc. são chamados "racionais". É muito comum, no entanto, que, quando esses critérios se apresentam explicitamente, eles resultem circulares, isto é, é corrente que tais ou quais autores chamem de "racionais" certas proposições, crenças, atos etc. por corresponder ao que em cada caso se entende por 'teórico', 'prático', 'analítico', 'dialético'. Nem sempre fica claro, de fato, em que consiste a racionalidade de cada uma dessas "razões". Por esse motivo o chamado "problema da razão" pode ser tratado sob o aspecto do "problema da racionalidade" ou, mais especificamente, do "problema dos critérios de racionalidade". Disso tratamos no verbete RACIONALIDADE, que suplementa o presente verbete e tem por objetivo, além disso, ver se há ou não critérios que possam valer para todos os tipos de razão, ou ao menos para aqueles de caráter mais amplo, como os que se mencionaram neste parágrafo, ao contrário de usos muito específicos de 'razão' em expressões como 'razão preguiçosa'.

↪ Além dos autores e textos citados no verbete, e das obras mencionadas na bibliografia de RACIONALIDADE e RACIONALISMO, ver: G. Milhaud, *Le rationnel*, 1898. — George Santayana, *The Life of Reason or the Phases of Human Progress*, 5 vols., 1905-1906 (I. *Reason in Common Sense;* II. *Reason in Society;* III. *Reason in Religion;* IV. *Reason in Art;* V. *Reason in Science*). — P. Dubois, *Vernunft und Gefühl*, 1914. — A. Banfi, *Principî di una teoria della ragione*, 1926. — Frank Lorimer, *The Growth of Reason. A Study of the Role of Verbal Activity in the Growth and Structure of the Human*

Mind, 1929. — A. N. Whitehead, *The Function of Reason*, 1929. — León Dujovne, *La filosofía y las teorías científicas. La razón y lo racional*, 1930. — Jean de la Harpe, *L'idée de raison dans les sciences et la philosophie contemporaine*, 1930. — Morris R. Cohen, *Reason and Nature*, 1931. — M. Duportal, *De la raison*, 1932. — Th. Whittaker, *Reason: A Philosophical Essay with Historical Illustrations*, 1934. — Karl Jaspers, *Venunft und Existenz*, 1935. — Id., *Vernunft und Widervernufnt in unserer Zeit*, 1950. — VV.AA., *Reason*, 1941 [University of California Publications in Philosophy, 21]. — A. C. Ewing, *Reason and Intuition*, 1941. — C. Antoni, *La lotta contro la ragione*, 1942. — A. E. Murphy, *The Uses of Reason*, 1943. — D. Roustan, *La raison et la vie*, 1946. — Guido de Ruggiero, *Il ritorno alla ragione*, 1946. — Max Horkheimer, *Eclipse of Reason*, 1947 (ed. al., muito ampliada, com o título *Kritik der instrumentellen Vernunft*, 1967). — Id., *Zum Begriff der Venunft*, 1952. — Morris Ginsberg, *Reason and Unreason in Society: Essays in Sociological and Social Philosophy*, 1947. — W. H. Walsh, *Reason and Experience*, 1947. — André Lalande, *La raison et les normes*, 1948. — G. Lukács, *Die Zerstörung der Vernunft*, 1954. — G. G. Granger, *La raison*, 1955. — P. Thévenaz, *L'homme et sa raison*, 2 vols., 1956 (I. *Raison et conscience de soi*; II. *Raison et histoire*). — E. W. Beth, *La crise de la raison et la logique*, 1957. — Louis Rougier, "L'évolution du concept de raison dans la pensée occidentale", *Dialectica*, 11 (1957), 306-323. — Suzanne Bachelard, *La conscience de rationalité*, 1958. — Jacob Loewenberg, *Reason and the Nature of Things*, 1960 [Paul Carus Lectures]. — E. Barbotin, D. Dubarle et al., *La crise de la raison dans la pensée contemporaine*, 1960. — A. O. Lovejoy, *The Reason, the Understanding and Time*, 1961. — G. Boas, *The Limits of Reason*, 1961. — Pedro García Asensio, *La razón como horizonte: Estudio psicológico sobre las dos vertientes intelectual y sensible del conocer humano*, 1962. — Francisco Miró Quesada, *Apuntes para una teoría de la razón*, 1963. — Jonathan Bennett, *Rationality: An Essay towards an Analysis*, 1964. — Karl-Heinz zur Mühlen, "Ratio", *Archiv für Begriffsgeschichte*, 14 (1970), 192-265. — Hans-Dieter Klein, *Vernunft und Wirklichkeit*, 2 vols., 1973-1975 (I. *Untersuchungen zur Kritik der Vernunft;* II. *Beiträge zur Realphilosophie*). — Iso Kern, *Idee und Methode der Philosophie, Leitgedanken für eine Theorie der Vernunft*, 1975 (tese). — S. Cavell, *The Claim of Reason: Wittgenstein, Skepticism, Morality, and Tragedy*, 1979. — M. A. Quintanilla, *A favor de la razón*, 1981. — G. Colli, *La ragione errabonda. Quaderni postumi*, 1982, ed. E. Colli [Biblioteca Filosofica, 2]. — J. Cruz Cruz, *Intelecto y razón. Las coordenadas del pensamiento clásico*, 1983. — J. Theau, *Certitudes et questions de la raison philosophique*, 1985. — E. Feil, *Antithetik neuzeitliche Vernunft. "Autonomie-Heteronomie' und "rational-irrational"*, 1987. — J.-P. Dubost, *Eros und Vernunft*, 1988. — E. Severino, *Il Giogo: Alle origini della ragione: Eschilo*, 1989. — S. Stich, *The Fragmentation of Reason*, 1990. — J. Macmurray, *Reason and Emotion*, 1992. — R. Feldman, *Reason and Argument*, 1993.

Sobre autoridade e razão na Idade Média: A. J. MacDonald, *Authority and Reason in the Middle Ages*, 1933.

Sobre fé e razão, ver a bibliografia do verbete FÉ.

Sobre a razão na Ilustração, ver a bibliografia deste verbete.

Para a razão como razão dialética, razão histórica, razão vital etc., a que nos referimos no verbete RAZÃO (TIPOS DE), ver bibliografia de DIALÉTICA; HISTORICISMO; VIDA.

Para a razão em relação com o intelecto, ver bibliografia de INTELECTO. ℂ

RAZÃO CONCRETA, DIALÉTICA, ESPECULATIVA, HISTÓRICA, INSTRUMENTAL, PREGUIÇOSA, PRÁTICA, PURA, RETA, TEÓRICA, VITAL. Ver DIALÉTICA; ESPECULAÇÃO, ESPECULATIVO; PRÁTICO; PURO; RAZÃO (TIPOS DE).

RAZÃO CONSTITUINTE, CONSTITUÍDA; RACIOCINANTE, RACIOCINADA. Ver RAZÃO.

RAZÃO INSUFICIENTE. No verbete INDIFERENÇA (9) referimo-nos a um princípio chamado "princípio de indiferença" ou "princípio de razão insuficiente". Completaremos o que foi dito ali com algumas observações.

Em primeiro lugar, o princípio de razão insuficiente é um princípio inverso ao de razão suficiente (VER); indica, pois, que não há razão suficiente para inclinar-se em favor de uma opção mais que de outra ou outras. Em outras palavras, supondo-se que se ignoram os diferentes modos em que pode ter lugar um acontecimento, e não havendo razão suficiente para preferir um a outro, o acontecimento em questão pode ter lugar tanto num modo como em outro.

O princípio de razão insuficiente costuma ter um caráter preciso: ser um princípio da chamada "doutrina da probabilidade como grau de certeza" ou também "doutrina subjetiva da probabilidade" (VER). O princípio em questão não exerce uma função definida numa doutrina não subjetiva da probabilidade, mas pode ser admitido nesta última em forma negativa, a saber, como o princípio segundo o qual não se pode dizer que dois acontecimentos têm o mesmo grau de probabilidade a menos que haja razão suficiente para admitir um mais que o outro.

No citado verbete INDIFERENÇA fizemos referência aos resultados paradoxais a que pode dar lugar o princípio de razão insuficiente quando aplicado indiscriminadamente.

Pode-se relacionar o princípio aqui referido com o problema, ou paradoxo, do Asno de Buridan (VER).

RAZÃO PRÁTICA (POSTULADOS DA). Ver POSTULADOS DA RAZÃO PRÁTICA.

RAZÃO SUFICIENTE. O princípio de razão suficiente (ou razão determinante) enuncia que nada é (ou acontece) sem que haja uma razão para que seja (ou aconteça). É um princípio várias vezes formulado na história da filosofia. Segundo Lovejoy, encontramo-lo em Abelardo (por exemplo, *Introductio ad Theologiam*, III) e em todos os autores para os quais as ações de Deus não são resultado de decisões arbitrárias, mas conseqüência de sua bondade, a qual por sua vez está fundada em razão. Encontramo-lo igualmente em Giordano Bruno (por exemplo, *De l'infinito universo e mondi*, I) quando concebe a expansão da divindade como a expansão ao infinito de uma perfeição. Entretanto, é tradicional (e justificado) atribuir a Leibniz a formulação *madura* de tal princípio. Ele o apresentou repetidas vezes em suas obras, considerando sempre o princípio de razão suficiente como um princípio fundamental. Eis aqui vários (entre os muitos) textos nos quais Leibniz formula o princípio — às vezes chamado de *principium reddendae rationis* (cf. Gerhardt, V, 309). Na *Monadologia* (§ 32) declara que o princípio de razão suficiente é — junto com o de contradição — um dos grandes princípios em que se fundam nossos raciocínios. Em virtude do mesmo "consideramos que nenhum fato pode ser verdadeiro ou existente e nenhuma enunciação verdadeira sem que haja uma razão suficiente para que assim seja e não de outro modo". Essa formulação (provavelmente de 1714) havia sido precedida por outras. Na *Theoria motus abstracti* (seçs. 23-24), de 1671, escreve que "Nada acontece sem razão". Conseqüências desse princípio são: que devemos evitar na medida do possível mudanças instáveis; que entre contrários deve ser escolhido o termo médio; que podemos agregar a outro termo o que nos apraza, desde que isto não cause prejuízo a nenhum outro termo; nada de estranho, pois, que "esse nobilíssimo princípio de razão suficiente" seja "o ápice da racionalidade no movimento". Num texto de 1686 (Gerhardt, 11, 181), escreve Leibniz, depois de ter admitido que "nem todo o possível existe", que "uma vez admitido isto, segue-se que alguns possíveis chegam à existência mais que outros não por absoluta necessidade, mas por alguma outra razão (como o bem, a ordem, a perfeição)". Numa carta a Des Bosses, de 1711, indica que "se não houvesse a melhor série possível, Deus não teria criado nada, pois não pode operar sem uma razão ou preferir o menos perfeito ao mais perfeito". Em outro texto (sem data) escreve que "outro princípio, apenas menos geral em sua aplicação que o princípio de contradição, se aplica à natureza da liberdade. Trata-se do princípio de que nada acontece sem a possibilidade de que uma mente onisciente possa dar alguma razão de por que acontece em vez de não acontecer. Além disso, parece-me que este princípio tem para as coisas contingentes o mesmo uso que para as coisas necessárias". Poderiam aduzir-se outras formulações; as anteriores bastam para comprovar ao menos até que ponto o princípio em questão é essencial no pensamento de Leibniz.

Leibniz oferece três argumentos fundados no princípio de razão suficiente. 1) Há algo em vez de nada, porque há uma razão suficiente: a superioridade do ser sobre o não-ser. 2) Não há vazio na Natureza, porque então seria preciso explicar por que certas partes estão ocupadas e outras não, e a razão disso não se pode encontrar no vazio mesmo. 3) A matéria não pode reduzir-se à extensão, porque não haveria razão que explicasse por que parte da matéria está no lugar x em vez de no lugar y. Mas se o uso não oferece grande dificuldade, a interpretação geral do princípio sim, oferece.

Enfatizou-se que Leibniz nunca foi muito preciso na formulação do princípio. Lovejoy salienta que às vezes o princípio de razão suficiente parece ser equivalente ao postulado científico da uniformidade causal na Natureza, e às vezes está expresso em termos que parecem referir-se à causa final mais que à causa eficiente (*The Great Chain of Being*, 1936, cap. V). B. Russell indica que a expressão 'princípio de razão suficiente' inclui dois princípios. Um é de caráter geral e se aplica a todos os mundos possíveis. O outro é especial e se aplica somente ao mundo atual (no sentido de "atualizado"). Ambos os princípios se referem a existentes, possíveis ou atuais, mas enquanto o primeiro é uma forma da lei de causalidade (final), o segundo consiste na afirmação de que toda produção causal atual é determinada pelo desejo do bem. Por isso o primeiro princípio é metafisicamente necessário (e pode ser considerado como um princípio dos contingentes possíveis), enquanto o último é contingente (e pode ser considerado como um princípio dos contingentes atuais) (*A Critical Exposition of the Philosophy of Leibniz*, nova ed., 1937, cap. III). Mas a despeito das ambigüidades apontadas, há algo que parece claro na intenção de Leibniz: consiste em que Leibniz enuncia seu princípio de uma forma geral (sem a qual não se poderiam entender os diversos *usos* que dele faz), mas restringindo-o no sentido de evitar as conseqüências do monismo ontológico de Spinoza; pois esse autor admite igualmente o princípio, mas como o aplica à não existência tal como à existência, não há então modo de explicar e justificar os entes contingentes: ser é sempre para Spinoza ser *absolutamente* necessário.

O princípio leibniziano de razão suficiente ocupou um lugar proeminente em Wolff, que o definiu assim: *Per rationem sufficientem intelligimus id, unde intelligitur, cur aliquid sit* (aquilo pelo qual entendemos por que algo é [*Ontologia*, § 56]). Não obstante as diversas referências que Wolff faz ao princípio em questão com o fim de esclarecê-lo (*ibid.*, §§ 116-118, 129-130, 157, 189, 298, 300), acentuou-se freqüentemente que há em Wolff uma confusão que reapareceu em muitos autores wolffianos: a confusão da ordem lógica com a ontológica, especialmente quando se tratou de derivar o princípio de razão suficiente do princípio de não-contradição. A esta confusão, ou suposta confusão, pode-se acrescentar outra: a que se manifesta ao conceber-se o princípio de razão suficiente como um princípio "psicológico" (ou "psicognosiológico") quando se entende por ele a impossibilidade de pensar um juízo sem razão suficiente. O normal foi, contudo, destacar o caráter ontológico do princípio de razão suficiente. Isso ocorreu com a maior parte dos autores que, depois de Wolff, deram uma importância básica ao princípio. Entre eles destacam-se muitos neo-escolásticos do século XIX, tendo todos, segundo o indica J. E. Gurr (cf. *op. cit.* bibliografia, p. 160), adotado o contexto do "primado da essência" dentro do qual "o princípio de razão suficiente adquire máxima significação e utilidade". É interessante examinar a este respeito o "lugar" que ocupa o princípio nos diversos manuais, especialmente os manuais neo-escolásticos. Como assinala Gurr (*op. ref.*, p. 171), em alguns deles o princípio é apresentado na ontologia junto com o princípio de não-contradição, enquanto em outros (sobretudo no final do século XIX) aparece no capítulo que trata das causas.

Correspondendo a uma distinção entre quatro tipos de objetos, a saber: 1) objetos físicos ou materiais — ou representações empíricas intuitivas completas no sentido kantiano —; 2) concepções, isto é, idéias abstratas ou universais; 3) espaço e tempo ou objetos de intuição pura — também no sentido kantiano —, e 4) vontades individuais, Schopenhauer distingue em sua obra *Sobre a quádrupla raiz do princípio de razão suficiente* (1813) quatro tipos de razão suficiente ou quatro formas desse princípio: o princípio segundo o qual tudo o que ocorre nos objetos físicos ou materiais pode ser explicado; o princípio segundo o qual há uma razão para que determinada proposição seja verdadeira; o princípio segundo o qual toda propriedade relativa a números ou figuras geométricas é explicável em termos de outras propriedades, e o princípio segundo o qual há sempre uma razão pela qual alguém faz o que faz. Esses princípios ou formas do princípio de razão suficiente são respectivamente os do devir (enquanto devir real), do conhecer do ser (conceitual) e do agir. Correspondem a quatro formas de necessidade, que são, também respectivamente, a necessidade física, a lógica, a matemática e a moral.

Às vezes se fez a distinção entre o princípio de razão suficiente como princípio que afeta o ser real e como princípio que afeta o ser ideal (uma divisão semelhante à que se estabeleceu entre a relação causa-efeito e a relação princípio [ou premissa]-conseqüência). No primeiro caso predomina o aspecto "ontológico" (ou metafísico); no segundo, o aspecto lógico. Contudo, se dentro do ser "real" se inclui o agir por meio da vontade, a relação causa-efeito aparece sob o aspecto de motivo-ato.

Segundo Pfänder, o sentido genuinamente lógico do princípio de razão suficiente repousa na "conexão interna que a verdade de um juízo tem, por um lado, com o juízo; por outro, com a razão suficiente", e é, portanto, um princípio aplicável somente ao juízo e à condição de sua verdade, o que equivale, no fundo, à possibilidade de seu ser verdadeiro.

Heidegger indicou que o "princípio" ladeia as questões centrais da metafísica. Em seu aspecto metafísico, o problema da razão suficiente é conseqüência do mais amplo problema do fundamento (VER) ou *Grund*. Heidegger o referiu à liberdade de fundamentar (*gründen*). O mesmo autor observou que o princípio de razão suficiente tem uma forma negativa (no *nihil est sine ratione*) e uma afirmativa (no *omne ens habet rationem*) e assinalou que a forma negativa é mais reveladora que a afirmativa. O princípio de razão suficiente ou "princípio de razão" (*Satz vom Grund*) trata do fundo (*Grund*), o qual sempre está "debaixo de" — aquilo de que se trata —, portanto, o princípio em questão é um princípio que não adere às coisas das quais se afirma algo, mas ao fundamento das coisas, do qual justamente não se afirma nada. Daí esse predomínio do negativo no princípio e daí estar rodeado de obscuridades. O princípio de razão suficiente, declara Heidegger, foi interpretado distorcidamente porque se confundiu "razão" com "fundo" ou "fundamento". O princípio de razão, ao declarar que nada há sem razão, declara ao mesmo tempo que o próprio princípio não carece de razão. Mas a razão do princípio não está no princípio. Se a razão do "princípio de razão" é a *ratio*, é-o, assinala Heidegger, no sentido originário do *logos*, como o que "faz ver", isto é, como o que abre o âmbito do ser para que se "apresente". O que Heidegger chama "o pequeno princípio de razão" (*der kleine Satz vom Grund*) — que parece ser o princípio tal como entendido pela maioria dos filósofos —, converte-se em "princípio grande", em *grosser Grundsatz*, quando o vemos "falando" como "palavra do Ser" (*als Wort vom Sein*) e chamando a este "Ser" justamente "Razão".

Se levarmos em conta a interpretação de Heidegger, nos encontraremos, pois, agora com as seguintes maneiras de entender o princípio de razão suficiente: a ontológica, a lógica, a psicológica (ou psicognosiológica) e a "metafísica". Com o fim de evitar confusões poderíamos indicar em cada caso em que sentido se entende o princípio em questão. No entanto, os esclarecimentos pertinentes não seriam sempre suficientes, mas há indubitáveis relações entre os mencionados modos de interpretar o princípio: este é, se se quiser, ontológico, mas é ao mesmo tempo lógico, ou logicamente formulável; ao mesmo tempo, é um princípio que se impõe a todo pensar, e, finalmente, todo pensamento como pensamento tem sua origem no princípio de razão.

⊃ Ver: Christian August Crusius, *De usu et limitibus principii determinantis, vulgo sufficientis*, 1743 (trad. al., 1744). — Franz Erhardt, *Der Satz vom Grunde als Prinzip des Schliessens*, 1891. — B. Petronievic, *Der Satz vom Grunde. Eine logische Untersuchung*, 1898. — Wilbur Urban, "The History of the Principle of Sufficient Reason: Its Metaphysical and Logical Foundations", *Princeton Contributions to Philosophy*, I, n° 3 (1900), 1-87. — J. Bergmann, "Über den Satz vom zureichenden Grunde", *Zeitschrift für immanente Philosophie*, 2 (1900). — Martin Heidegger, *Vom Wesen des Grundes*, 1929. — Id., *Der Satz vom Grund*, 1957 [13 lições na Universidade de Friburgo (1955-1956) e uma conferência em Bremen e Viena (1956)]. — Joseph Geyser, *Der Prinzip vom zureichenden Grunde*, 1930. — J. De Vries, "Geschichtliches zum Streit um die metaphysischen Prinzipien", *Scholastik*, 6 (1937), 196-221. — A. Lovejoy, *op. cit. supra*. — Rudolf Laun, *Der Satz vom Grunde. Ein System der Erkenntnistheorie*, 1942; 2ª. ed., 1956. — A. de Coninck, "Le principe de raison d'être, est-il synthétique?", *Revue philosophique de Louvain*, 47 (1949), 71-108. — John Edwin Gurr, "Genesis and Functions of Principles in Philosophy", *Proceedings of the American Catholic Association*, 29 (1955), 121-133. — Id., *The Principle of Sufficient Reason in Some Scholastic Systems, 1750-1900*, 1959. — José Hellín, "El principio de razón suficiente y la libertad", *Pensamiento*, 11 (1955), 303-320. — Id., "Sentido y valor del principio de razón suficiente", *ibid.*, 19 (1963), 415-126. — Marco Paolinelli, *Fisico-teologia e prinzipio di ragione sufficiente: Boyle, Maupertuis, Wolff, Kant*, 1971. — Lydio Machado Bandeira de Mello, *Crítica do princípio de razão suficiente*, 1973. — W. Morriston, "Brute Contingency and the Principle of Sufficient Reason", *Philosophical Research Archives*, 3, n° 1150 (1977). — D. D. Crawford, "The Cosmological Argument, Sufficient Reason, and Why-Questions", *International Journal of Philosophy and Religion*, 11 (1980), 111-122. — C. S. Hill, "On a Revised Version of the Principle of Sufficient Reason", *Pacific Philosophical Quarterly*, 63 (1982), 236-242. — I. Barwell, K. Lennon, "The Principle of Sufficient Reason", *Proceedings. Aristotelian Society*, 83 (1982-1983), 19-34. ⊂

RAZÃO (TIPOS DE). Freqüentemente, quando se falou de razão, ela foi especificada indicando-se de que gênero, classe, forma, modo ou tipo de razão se trata. A lista é longa: "razão universal", "razão particular", "razão natural", "razão adequada", "razão humana", "razão divina" etc. Nem todos os adjetivos agregados a 'razão' pressupõem o mesmo conceito de razão. Em alguns casos se entende 'razão' como uma faculdade; em outros, como um conceito; em outros se equipara 'razão' a 'intelecto'; em outros se fala de 'razão' como equivalente de 'prova', em outros, como se se tratasse de uma explicação, em particular de uma que se pode distinguir da explicação causal.

De alguns tipos de razão falamos em outros verbetes. Assim, por exemplo, da chamada "razão especulativa" em ESPECULAÇÃO, ESPECULATIVO; da chamada "razão pura" em PURO. Trataremos aqui, em ordem alfabética, dos seguintes tipos de razão: razão abstrata, analítica, concreta, crítica, dialética, histórica, instrumental, mecânica, prática (e teórica), preguiçosa, reta, vital. A informação proporcionada deve ser completada com a que figura em outros verbetes; isso ocorre, por exemplo, com ANÁLISE e FILOSOFIA ANALÍTICA para a razão analítica, e DIALÉTICA para a razão dialética. Em vários casos será preciso referir-se, dentro de um conceito de razão, a outro, que alguns consideram contrário e outros complementar.

Em cada um desses tipos de razão se entretecem outras formas. Isso ocorre com o que no verbete RAZÃO foi chamado de "razão constituinte" e "razão constituída" (assim como "razão raciocinante" e "razão raciocinada").

Razão abstrata. Na medida em que toda razão faz uso de abstrações — qualquer que seja o *status* ontológico a elas atribuído —, toda razão é abstrata, mas se qualifica especialmente deste modo um tipo de razão que se vale de modelos constituídos por "objetos abstratos", sejam eles de caráter lógico ou matemático. Uma grande parte da razão analítica é abstrata. Às vezes se critica este tipo de razão por considerar-se que se "afasta" da realidade, que, afirma-se, é "concreta", mas essa crítica tende a confundir a razão abstrata com a especulativa.

Razão analítica. A distinção, a classificação, a dedução, a decomposição de um todo ou conjunto em suas partes e outras operações semelhantes costumam ser consideradas como analíticas. No entanto, costuma-se dar o nome de "razão analítica" não só a uma em virtude da qual se executam tais operações, mas a uma que outorga a elas considerável importância. A razão analítica tende a usar modelos formados por objetos abstratos e neste sentido há estreitas relações entre razão analítica e razão abstrata, a ponto de estas expressões se unirem às vezes indistintamente. Em muitos casos, a razão analítica presta grande atenção à apresentação e formas de prova de caráter lógico e matemático. Em outros casos, não se usam (ou se usam menos) tais modelos, mas se postulam critérios de rigor supostamente característicos de toda "análise", da espécie que seja.

Foi comum destacar na razão analítica a operação de "decomposição" de todos ou conjuntos em partes, mas a operação de "recomposição" — ou "síntese", no sentido atualmente corrente dessa palavra — é igualmente importante. A razão analítica não exclui, portanto, a razão "sintética". Não exclui tampouco o estudo de todos ou conjuntos, sempre que seja em formas de estruturas ou de sistemas. Por isso a razão analítica pode incluir o que se chamou às vezes de "razão estrutural" e "razão sistêmica" (ver Sistêmico).

Razão concreta. Argumenta-se às vezes que não se pode dar conta das realidades, consideradas "concretas" (ver Concreto), de outro modo senão concretamente, e em todo caso não abstratamente. O modo "concreto" de dar conta das realidades foi denominado "razão concreta". Nem sempre o que se entende com isso é claro. Pode consistir em grande parte em descrições, mas as meras descrições de uma coisa não bastam para dar razão dela. Supõe-se então que se trata de descrições de tal índole que remetem uma à outra de forma mais ou menos sistemática. Nesse caso, a razão concreta pode dar lugar ao que também se qualificou de "razão narrativa". De algum modo, a razão histórica e a razão vital são "concretas", mas com elas se dá a entender geralmente mais que com 'razão concreta', ou se proporcionam critérios mais detalhados que os que se mencionam quando se fala pura e simplesmente deste último tipo de razão.

Também se chama às vezes de "razão concreta" a razão dialética com o fim de diferenciá-la da razão abstrata. A expressão 'razão concreta' foi usada já por alguns escolásticos, mas seu emprego mais comum hoje procede de Hegel. Todavia, este não falava de razão concreta como um tipo de razão entre outros; a razão concreta era simplesmente a razão (*Vernunft*), ao contrário do entendimento (*Verstand*) que tem um caráter "abstrato" no sentido de unilateral.

Razão crítica. Chamou-se ocasionalmente de "razão crítica" o tipo de razão de que se valeu Kant justamente para examinar (criticamente) a razão (pura). A razão crítica é a razão que se examina e, portanto, se critica a si mesma, isto é, critica seus supostos. Por isso a atitude filosófica correspondente foi qualificada de "criticismo". Chamou-se também "razão crítica" a razão analítica enquanto esta consiste em boa parte num exame crítico de conceitos, ou de expressões lingüísticas, ou de símbolos, ou as três coisas ao mesmo tempo. Também recebeu o nome de "razão crítica" a forma de razão adotada pelos filósofos que desenvolveram o racionalismo crítico (Popper, Hans Albert etc.). O tipo de razão de que se valeram os pensadores que elaboraram a chamada "teoria crítica" (ver) pode chamar-se também "razão crítica". Pelo que se pode ver, o termo 'crítico' foi empregado de modos tão diversos em associação com a palavra 'razão' que terminou por não ter significado preciso.

Razão dialética. Assim se chamou o tipo de razão desenvolvido por Hegel, Marx e inúmeros autores. Um dos usos mais conhecidos da expressão 'razão dialética' se encontra em Jean-Paul Sartre, que desenvolveu uma "crítica da razão dialética" (*Critique de la raison dialectique. I. Théorie des ensembles pratiques*, 1960) que tem por missão examinar "o limite, a validade e a extensão da razão dialética". Não se trata, porém, de uma crítica da razão dialética por uma razão "supradialética" ou por outro modo de razão, pois "se se diz que esta razão dialética não pode ser *criticada* (no sentido em que Kant empregou o termo) senão pela própria razão dialética, responderemos que isto é verdade, mas que justamente é preciso deixar à razão dialética que se funde e se desenvolva como livre crítica de si mesma ao mesmo tempo que como movimento da história e do conhecimento" (*op. cit.*, p. 120). Segundo Sartre, a razão dialética "não é nem razão constituinte nem razão constituída; é a razão constituindo-se no mundo e por ele, dissolvendo nela as razões constituídas para constituir outras novas que por sua vez supera e dissolve" (*ibid.*, p. 119). A razão dialética não procede, segundo Sartre, da Natureza, nem é uma projeção da pura dialética descoberta na práxis (ver) à Natureza para logo retrotrair-se à práxis como uma "razão universal"; a razão dialética "é um todo e deve fundar-se a si mesma, isto é, dialeticamente" (*op. cit.*, p. 130).

Referindo-se especialmente à razão dialética no sentido de Hegel e Marx, e mais especificamente no sentido de Sartre, Raymond Ruyer ("Le mythe de la raison dialectique", *Revue de Métaphysique et de Morale*, 66 [1961], 1-34) criticou-a considerando que se funda numa idéia "unilateralista" e "horizontalista" dos fatos. Embora os defensores da razão dialética, argumenta Ruyer, acertem em não admitir a separação completa entre sujeito e objeto, esquecem que a "razão clássica" (devidamente reformada e ampliada) explica melhor que a razão dialética as normas às quais se ajustam os fatos dentro de certos modelos ou "matrizes". A razão (não dialética) não é para Ruyer uma "faculdade absoluta"; é a possibilidade de dar conta dos fatos mediante um "sobrevôo" (*survol*) e mediante a formação de "campos matriciais". A razão clássica (enquanto "razão científica") pode, segundo Ruyer, compreender a novidade e o devir históricos melhor do que pode fazê-lo a "razão dialética".

Esta crítica de R. Ruyer afeta o conjunto da razão dialética; não há motivo, conclui o autor, para tratar de introduzir semelhante razão dialética quando a razão "clássica" — freqüentemente chamada de "razão analítica" — basta, sempre que entendida com suficiente amplitude. Outras críticas da razão dialética são menos radicais. Assim, por exemplo, Claude Lévi-Strauss (*La pensée sauvage*, 1962, pp. 324ss.) acentua que a razão dialética no sentido de Sartre é o resultado do exercício de uma razão analítica, na medida em que Sartre procede a distinguir, a classificar etc. Não há, em todo caso, argumenta Lévi-Strauss, motivo para opor a razão dialética à razão analítica, pois "a oposição entre ambas as razões é relativa e não absoluta". Segundo ele, a razão dialética não é senão a razão analítica enquanto se corrige a si mesma; se se quiser, a razão dialética é "a razão analítica em marcha".

Parece, pois, possível apresentar a razão dialética sem para tanto abandonar por completo a "razão analítica". Além disso, não cabe tampouco confinar a razão dialética à forma que adota em Sartre. Inclusive dentro do próprio marxismo, pode haver formas de razão dialética mais "empíricas" que a sartriana (por exemplo, em Henri Lefèbvre). E fora do marxismo há tipos de razão dialética tal como o proposto por Ortega y Gasset ao falar de um pensar "sintético ou dialético", que consiste numa "série dialética de pensamentos", cada um dos quais "complica e impõe pensar o seguinte", de sorte que "o nexo entre eles é (...) mais forte que no pensar analítico" (*Origen y epílogo de la filosofía* [1960], p. 16). Podemos mencionar também o tipo de razão dialética proposto pelo autor da presente obra sob a forma de um "empirismo dialético" (ver *El ser y la muerte* [1962], pp. 20-21) ou a forma de razão dialética desenvolvida pelos filósofos da chamada "Escola de Zurique" (ver Zurique [Escola de]).

Razão histórica. Conceito de razão ligado à noção de consciência histórica e aos esforços realizados com o fim de conceitualizar tal consciência. A idéia da razão como razão histórica está difusa — em vários sentidos de 'difusa' — em Dilthey (ver), que dirigiu sua reflexão para uma "crítica da razão histórica" enquanto razão que, como a dialética (ver), se funda a si mesma, já que a razão histórica é seu próprio desenvolvimento no curso de seu passado e na constituição de seu presente e das possibilidades para seu futuro. Dilthey ocupou-se sobretudo do método da razão histórica como método das ciências do espírito e, portanto, num sentido mais gnosiológico que metafísico. Vários dos autores mais ou menos adequadamente filiados como "historicistas" (ver Historicismo) se ocuparam da razão histórica como "superação histórica do relativismo histórico". Num sentido mais propriamente metafísico, Ortega y Gasset — que durante anos teve o projeto de escrever uma *Aurora de la razón histórica* — trabalhou nos fundamentos de uma "crítica da razão histórica", intimamente ligada ao conceito de "razão vital" de que logo falaremos. As referências à razão histórica são muito numerosas na obra de Ortega. Limitar-nos-emos a salientar que a razão histórica de Ortega não é simplesmente uma especificação da razão vital, já que a própria razão vital é histórica.

Em seu livro *Kritik der historischen Vernunft* (1957), Alois Dempf considera a razão histórica como uma das quatro formas fundamentais da razão, junto com a razão teórica, a razão prática e a razão poética. A razão teórica se ocupa da ordem do universo; a razão prática, da lei eterna (moral); a razão poética, da imagem do mundo; a razão histórica, da lei temporal. A razão histórica vai se desdobrando no curso da evolução temporal, de modo que há uma série de *Weltälter* ou *"idades mundiais"* da *historische Vernunft* (*op. cit.*, pp. 65 ss.). A razão histórica vai se manifestando na "filosofia ingênua do tempo", na concepção simbólica da vida humana etc. Em sua plenitude, a razão histórica compreende, segundo Dempf, uma concepção de Deus, uma do homem e uma do mundo.

Razão instrumental. No verbete Racionalidade falamos da distinção entre racionalidade dos fins e racionalidade dos meios. A racionalidade dos meios é freqüentemente chamada de "razão instrumental". Em geral, a razão instrumental é a que está a serviço de algum outro tipo de razão que se considera principal; de acordo com isso, a razão instrumental é auxiliar e subordinada a uma razão "substantiva" ou "substancial". A razão instrumental também é chamada de "razão funcional". O conceito de razão instrumental é mais sociológico e (em certas ocasiões) ético que ontológico ou epistemológico. Em princípio, parece que a razão instrumental é um "saber como" ao contrário de um "saber o quê" (ver Conhecer), mas, na medida em que um "saber como" é um conhecimento apropriado e não meramente subordinado, não cabe descartar a razão instrumental como insuficiente.

Razão mecânica. Alguns autores distinguiram "razão mecânica" e "razão dialética". Essa distinção é em muitos aspectos semelhante à que se estabeleceu entre "razão analítica" e "razão dialética". No entanto, o conceito de razão mecânica está no modo de pensar mecanicista (ver Mecanicismo), segundo o qual a máquina como objeto e a mecânica como ramo da física constituem o modelo de explicação racional da realidade. A razão mecânica é, de acordo com isso, uma razão que procede por partes componentes que se articulam num conjunto, ao contrário da razão dialética, que parte de um conjunto ou do que se denominou "totalização".

Razão prática (*e razão teórica*). A expressão 'razão prática' deve ser entendida principalmente em contraste com a expressão 'razão teórica'. Às vezes esta última se chama "especulativa", mas esse vocábulo tem sentidos diversos que não estão sempre incluídos no conceito de "teórico", e por isso remetemos ao verbete Especulação, especulativo. Aqui incluímos o sentido de 'especulativo' em 'teórico' apenas dentro de certos critérios de uso por vários dos autores a que nos referimos *infra*.

Aristóteles indicou que o intelecto (ver) prático, νοῦς πρακτικός, difere do intelecto teórico, νοῦς θεωρητικός, pelo caráter de seu fim. O que estimula o intelecto prático é o objeto do apetite (ver) (*De an.*, III, 10, 433 a 15 ss.). Os escolásticos, entre eles Santo Tomás, traduziram νοῦς πρακτικός por *intellectus practicus* e também por *ratio practica* (*S. theol.*, I, q. LXXIX, a 11; II-II^a, q. CLXXIX, a. 2 *et al.*). A *ratio practica* é chamada também *ratio operativa* (como a *ratio speculativa* também é chamada *ratio scientifica*).

Segundo Santo Tomás, a *ratio speculativa* e a *ratio practica* diferem em que a primeira se limita a apreender as coisas, enquanto a segunda não só apreende como também causa — *ratio vero practica est non solum apprehensiva, sed etiam causativa* (*S. theol.*, II-II\ua, q. LXXXIII).

Segundo Lewis White Beck (*A Commentary on Kant's Critique of Practical Reason* [1960], p. 37), os wolffianos não usaram os citados termos escolásticos em suas obras em latim, mas distinguiram *cognitio movens* e *cognitio iners*, reconhecendo os elementos cognoscitivos e conativos (impulsivos) na volição em expressões como *appetitus rationalis* (Baumgarten, *Metaphysica*, §§ 669, 690). A expressão 'razão prática' foi usada, em inglês (*Practical Reason*), por Richard Burthogge (nascido em Plymouth: 1638-1700) em sua obra *Organum vetus et novum* (1678), e por Thomas Reid em *An Essay on the Active Powers of the Mind* (1788), Livro III, parte iii, seç. 2. Anne Martin Schrecker (*A Study of Francis Hutcheson's Two Ethical Theories in Relation to Some Moral Philosophies of the Enlightenment* [tese: mimeo., 1961]) indica que Francis Hutcheson distinguiu *speculative reason* e *practical reason* em suas *Letters Concerning the True Foundation of Virtue and Moral Goodness... between Mr. Gilbert Burnet and Mr. Francis Hutcheson* (1772). Ora, o mais importante e influente uso da expressão 'razão prática' depois de Aristóteles e dos escolásticos é o de Kant, com a expressão *praktische Vernunft*, introduzida, segundo Beck (*loc. cit. supra*), por volta de 1765 (*Nachricht von der Einrichtung seiner Vorlesungen im Winterhalbjahr von* 1765-1766 [Akademie Ausgabe, II, 312]). Seguindo uma informação proporcionada por Paul Schrecker, Beck indica que, segundo Mellin (*Kunstsprache der Kantischen Philosophie* [1798], p. 283), "a expressão *praktische Vernunft* não era usual antes de Kant; falava-se somente de *Verstand* e de *Wille*". No entanto, isso deve ser entendido somente quanto aos predecessores acadêmicos imediatos de Kant e não com respeito à tradição filosófica, pois já vimos que nela se usaram expressões correspondentes aos conceitos de intelecto prático e razão prática em contraposição aos conceitos de intelecto especulativo e razão especulativa. Além disso, o próprio Kant usa as expressões *theoretische Vernunft* e *spekulative Vernunft* em contraste com a expressão *praktische Vernunft*.

Segundo Kant, as duas razões, a teórica e a prática, não são dois tipos distintos de razão, mas a mesma razão, que difere em sua aplicação (*Grundlegung zur Metaphysik der Sitten*. Prefácio). A razão em seu uso prático se ocupa das razões de determinar a vontade. O conceito de liberdade não pode ser apresentado empiricamente, mas é possível provar que pertence efetivamente à vontade humana e, portanto, à vontade de todos os seres racionais; provar-se-á, segundo Kant, "não só que a razão pura pode ser prática, mas que somente ela, e não a razão limitada empiricamente, é indubitavelmente prática". E por isso Kant procede a examinar criticamente não a razão pura prática (*reine praktische Vernunft*) mas a razão prática (*praktische Vernunft*) em geral (*KpV*, Introdução). Mas como o conhecimento da razão pura continua constituindo o fundamento do emprego prático da razão, deve-se esboçar "a classificação de uma crítica da razão prática de acordo com a especulativa" (*loc. cit.*). Por isso Kant segue na *Crítica da razão prática* a ordem da *Crítica da razão pura* (teórica) e divide tal *Crítica* em "Elementos" e numa "Metodologia". Os "Elementos" contêm uma "Analítica" (como regra de verdade) e uma "Dialética" (como exposição e resolução da ilusão que aparece em juízos formulados pela razão prática). Ao contrário, porém, da *Crítica da razão pura*, em que se começava com os conceitos do entendimento para seguir com os princípios do entendimento, na *Crítica da razão prática* Kant começa com os "princípios da razão pura prática" — princípios práticos ou "proposições que contêm uma determinação geral da vontade quando há várias regras práticas que caem sob tal determinação", e que são subjetivos (ou máximas) ou objetivos (ou leis práticas) — e segue logo com os conceitos — ou categorias da liberdade — para passar finalmente, na medida em que seja possível, aos sentidos. Na *Crítica da razão prática*, os princípios são primeiros, e os sentidos (ou sensibilidade), últimos, porque nessa *Crítica* se começa com a "lei de causalidade baseada na liberdade", isto é, com um "princípio prático puro" que determina os objetos aos quais é aplicado.

Razão preguiçosa. Os gregos chamavam ἀργὸς λόγος, e os filósofos de língua latina chamaram *ignava ratio*, a um modo de "razão" que consiste em suspender toda investigação por considerar que ela é inútil e não pode descobrir nada que já não se conheça. A razão preguiçosa na antigüidade se manifestava como um "dizer", ou um raciocínio, λόγος, denunciado freqüentemente como um sofisma. Este tem várias formas, algumas provenientes da sofística clássica e outras dos megáricos. Numa dessas formas se proclama que não vale a pena buscar nada porque ou não se sabe o que se busca, e então não se pode falar de buscá-lo, ou se sabe o que se busca, e então é inútil buscá-lo. Em outra forma proclama-se que, já que todos os acontecimentos estão determinados, não vale a pena nem buscar nada nem sequer fazer nada, pois busque-se o que se buscar, ou faça-se o que se fizer, acontecerá o que tem de acontecer. Em um sentido distinto, mas algo afim aos anteriores, Kant falou de uma "razão preguiçosa" (*Faule Vernunft*) que consiste em assumir um princípio segundo o qual a investigação já está terminada, de modo que a razão, em vez de continuar investigando, fica tranqüila e em repouso (*Ruhe*). Isso ocorre, segundo Kant, quando são usadas as idéias transcendentais como idéias constitutivas (ver CONSTITUIÇÃO, CONSTITUTIVO) em vez de serem usadas como idéias reguladoras. Com isso se propõe uma filosofia que pode ser chamada de "filosofia dos indolentes", *philosophia pigrorum*. De um modo mais geral, pode-se falar de "razão preguiçosa" para referir-se a formas de pensar tais como as seguintes: a que consiste em resolver, ou pretender resolver, os problemas por meio de um princípio que os dá por resolvidos; a que consiste em resolver, ou pretender resolver, certos problemas declarando-os "problemas falsos", "problemas aparentes" ou "pseudoproblemas"; a que consiste em adotar princípios ou teses demasiado *ad hoc*; a que consiste em adotar princípios demasiado gerais, que explicam tudo justamente porque não explicam nada; a que consiste em "fugir da realidade", que é demasiado "resistente" — pois, como escreveu Proust em *Sodome et Gomorrhe* (*À la recherche...* ed. P. Clarac e A. Ferré, t. III, p. 650), *"toute action de l'esprit est aisée si elle n'est pas soumise au réel"*.

Razão reta. A expressão 'razão reta' foi empregada por Aristóteles no sentido de "a regra justa", ὀρθὸς λόγος, que é a que está de acordo com a razão ou sabedoria práticas (*Eth. Nic.*, VI, 12, 1144 b 23). A expressão ὀρθὸς λόγος foi traduzida para o latim por *recta ratio* e empregada por muitos autores medievais. Seu sentido geral é mais amplo que o simplesmente "prático", pois a *recta ratio* se opõe à *ratio corrupta, perversa, etrans, falsa* etc., e ambas as *rationes* (ou *regulae*) podem aparecer tanto em matérias de conhecimento da realidade como em matérias de juízo sobre o que é preciso fazer com o fim de cumprir com determinados fins morais (ou "políticos"). Por isso Santo Tomás introduziu a expressão *recta ratio* em vários contextos com o fim de caracterizar o saber: *scientia est recta ratio speculabilium seu scibilium*; o "fazer": *ars est recta ratio factibilium*; o agir: *prudentia vero est recta ratio agibilium* (*S. theol.*, I-II^a, q. LVI, 3 c e q. LVII, 4 c). A *recta ratio* é, em suma, a que permite exercer todo tipo de virtudes, sejam intelectuais, "artísticas", ou propriamente "morais". Ockham identificava a *recta ratio* com a *prudentia in actu vel in habitu* confirmando deste modo o caráter amplo dessa "razão reta". O conceito de "razão reta" foi muito difundido na época moderna, especialmente no século XVII, quando tal razão foi indentificada amiúde com a "razão natural", o "são juízo", o "senso comum" etc. Alguns autores, no entanto (como, por exemplo, Andreas Rüdiger [VER]), distinguiram "razão natural" e "luz natural", por um lado, e "razão reta" por outro (distinção que está mais de acordo com a "tradição", já que nesta última a razão reta aparece não como algo que os homens possuem naturalmente, mas como algo adquirido por meio de um hábito [de um hábito que por sua vez gera "os bons hábitos" ou os "hábitos retos" ou "justos"]). (Ver Heinrich Schepers, *A. Rüdigers Methodologie und ihre Voraussetzungen*, 1959, secção intitulada "Recta ratio", pp. 31-42).

Razão vital. Do conceito de razão vital empregado por Ortega y Gasset como um dos conceitos capitais — senão o capital — de sua filosofia já nos ocupamos em outros verbetes (por exemplo, ORTEGA Y GASSET, JOSÉ; RACIOVITALISMO; RAZÃO; VIDA etc.). Observaremos aqui somente que a razão vital de Ortega não é propriamente um modo de razão entre outros, mas sim que é a vida *como razão*. Isso ser entendido em dois sentidos. Por um lado, a razão vital é uma realidade, pois é o próprio ser da vida enquanto necessita saber a que ater-se. Por outro lado, a razão vital é um método que permite à vida orientar-se. A expressão 'razão vital' designa o fato de que a razão, longe de ser um "reino inteligível" no qual a vida participa, ou pode participar, ou então algo simplesmente acrescido à vida, é um dos constitutivos da vida, que não pode ser entendido sem razão.

RAZÕES E CAUSAS. Ver AÇÃO.

RAZÕES SEMINAIS. Costuma-se traduzir por "razões seminais" a expressão latina *rationes seminales*, tradução por sua vez da expressão grega λόγοι σπερματικοί, empregada pelos estóicos (outras expressões: σπερματικοὶ γόνοι, ὁρροί). Segundo os estóicos, o pneuma (VER) contém as sementes ou germes, σπέρματα, das coisas, de sorte que tudo o que aconteceu, acontece e acontecerá esteve contido ou estará contido nas razões seminais; o que ocorreu, ocorre ou ocorrerá é, pois, como um desdobramento, manifestação, desenvolvimento ou "florescimento" de tais "sementes". As razões seminais são ao mesmo tempo razões causais (*rationes causales*), como também foram denominadas, pois são causas ou razões de ser (e de acontecer) de tudo que é (e acontece). O universo e tudo quanto passa nele é, pois, determinado causalmente por suas razões de ser e de acontecer. Os estóicos declararam que as coisas possuem uma "ordem seminal" ou "ordem dos germes", σπερμάτικων ἔχειν τάξιν.

A concepção estóica das razões seminais ou razões causais foi qualificada de determinista e fatalista. Isso é adequado sempre que esse determinismo ou fatalismo for entendido como do tipo "orgânico" ou "organicista", isto é, sempre que se pense numa determinação parecida à do organismo que se desenvolve a partir de uma semente que contém em potência o organismo inteiro mais do que uma determinação de tipo mecânico ou mecanicista (ver MECANICISMO).

Plotino recolheu a idéia estóica das razões seminais e declarou estar de acordo com que tudo acontece no universo segundo a razão sempre que isso queira dizer que "a alma governa o universo segundo a razão". Na alma residem as razões seminais, e estas razões "obrigam os seres a ser os melhores possíveis ao moldá-los, mas seus defeitos estão em potência nas razões e em ato nos seres engendrados". A diferença entre Plotino e os estóicos em relação ao conceito que nos ocupa é que, enquanto os últimos supõem que as coisas são exatamente o que eram em potência nas razões seminais, o primeiro afirma que as coisas "derivam ao mesmo tempo da matéria e das razões (seminais)", de modo que as coisas são distintas do que eram nas "razões". A matéria "agita os elementos derivados das razões seminais" como se quisesse adulterar a obra que estas produzem, mas no fim a matéria é dominada pela alma de modo que "de todas as coisas resulta uma ordem única".

Parte do pensamento filosófico e teológico cristão aceitou a doutrina das razões seminais, embora modificando-a pertinentemente. O mais eminente representante cristão dessa doutrina, Santo Agostinho, considera que as razões seminais são as razões segundo as quais certas criaturas foram, por assim dizer, pré-formadas por Deus no ato da criação. As coisas foram, pois, criadas por Deus, de sorte que seus efeitos já estavam implicados em suas "razões". Tentou-se às vezes justificar teologicamente o transformismo ou evolucionismo com base na doutrina agostiniana das razões seminais. No entanto, Gilson escreveu a esse respeito: "Desse ponto de vista, a doutrina agostiniana das razões seminais desempenha um papel completamente distinto do que às vezes se lhe quis atribuir. Longe de serem invocadas para explicar o aparecimento de algo novo, como o seria uma evolução criadora, servem para provar que o que parece ser novo não o é na realidade, e que, não obstante as aparências, continua sendo verdadeiro dizer que Deus *criavit omnia simul*. Por isso em vez de conduzir à hipótese de um transformismo qualquer, as razões seminais são constantemente invocadas por Santo Agostinho para explicar a fixidez das espécies. Os elementos dos quais são feitas as razões seminais possuem sua natureza e sua eficácia própria; por isso um grão de trigo gera trigo e não favas, ou um homem gera um homem e não um animal de outra espécie. As razões seminais são um princípio de estabilidade mais do que de novidade" (cf. *infra*).

Em relação com a doutrina das razões seminais encontram-se várias teorias renascentistas e modernas, algumas das quais fizeram referência específica à doutrina anterior. Mencionamos como exemplos a teoria das naturezas plásticas, que expusemos no verbete PLÁSTICO, e várias teorias vitalistas e pampsiquistas a que aludimos no verbete PAMPSIQUISMO (uma delas, proposta por Marcus Marci von Kronfeld, usa a expressão *ideae seminales* para caracterizar suas "idéias operatrizes").

↪ Referências aos λόγοι σπερματικοί dos estóicos se encontram em Aécio, *Plac.* [que inclui fragmentos de Plutarco, *Epit.*, e Estobeu, *Flor.*]. Indicamos a seguir páginas, colunas e linhas de Hermann Diels, *Doxographi Graeci* (1879), onde se encontram essas referências: 306 a 3, b 3; 390 a 9; 422 a 17; 435 a 2; 531 a 5; 615, 4.7. — Para Plotino, ver *Enn.* II, iii, 16 e 17, também *Enn.*, i, 7. — Para Santo Agostinho, *De gen. ad litt.*, V e VI.

Ver: Hans Meyer, *Geschichte der Lehre von den Keimkräften von der Stoa bis zum Ausgang der Patristik*, 1914. — A. Darmet, *Les notions de raisons séminales et de puissance obédientielle chez St. Augustin et St. Thomas d'Aquin*, 1935. — J. M. Ibero, "Las razones seminales en San Agustín y los genes de la biología", em *Miscelanea Comillas*, I (1935), pp. 527-557. — É. Gilson, *Introduction à l'étude de saint Augustin*, 2ª ed., 1949, pp. 269-274. ↩

READ, CARVETH (1848-1931). Nascido em Falmouth (Grã-Bretanha), ocupou (1903-1911) a cátedra Grote de filosofia no University College, de Londres. Carveth Read elaborou um pensamento que, embora influenciado grandemente pelo empirismo de John Stuart Mill, especialmente no aspecto lógico-metodológico e gnosiológico, se orientou crescentemente rumo a uma metafísica afim ao idealismo. Precisamente por ter encerrado o pensamento metodológico nos limites de um empirismo que chega a ser extremado na lógica (a ponto de sustentar nela um ponto de vista "materialista", isto é, inteiramente orientado pelo "fato material"), Read acreditou poder liberar o pensamento filosófico de sua contínua referência às condições empírico-fenomênicas. Sua identificação de consciência e realidade, tão parecida às concepções monistas e neutralistas, conduziu Read a supor que não pode haver realidade sem sujeito percipiente. Daí que sujeito e objeto sejam, no fundo, o mesmo. Mas a identificação desejada ou, melhor dizendo, a convergência dos dois aspectos numa mesma realidade quer dizer, para Read, que tem de haver uma realidade a cujo ser corresponde não simplesmente a fenomenalidade, mas um caráter absoluto. Essa realidade é o ser como tal, que a consciência acompanha, menos como um epifenômeno que como sua própria substância. Uma metafísica da Natureza é, assim, portanto, não somente possível como também inevitável. Nela aparece o real-fenomênico como manifestação do ser absoluto, e esta por sua vez como o modo concreto sob o qual se dá a consciência. O fenomênico é o objeto da ciência, da experiência cotidiana e da reflexão epistemológica. O consciente real é o objeto da auto-reflexão, que desencadeia a metafísica. O absoluto-real é o objeto da metafísica propriamente dita. Assim, toda realidade se compõe desses elementos, mas ao mesmo tempo cada um deles só é compreensível quando o Absoluto é colocado em sua base; pois se a consciência pode ser entendida, ao mesmo tempo, fenomênica e absolutamente, sua verdadeira realidade somente pode ser dada no Absoluto. Por isso a filosofia de Read termina num pampsiquismo que permite, no seu entender, lançar uma ponte sobre todos os dualismos que a análise da realidade forjara entre o fenomenal e o absoluto, o corporal e o espiritual, o consciente e o material.

➲ Obras: *On the Theory of Logic: An Essay,* 1878. — *Logic, Deductive and Inductive,* 1898; 2ª ed., aumentada, 1901. — *The Metaphysics of Nature,* 1905. — *Natural and Social Morals,* 1909. — *The Origin of Man and His Superstitions,* 1920; 2ª ed., 2 vols., 1925. — Ver também *Contemporary British Philosophers,* ed. J. H. Muirhead, série I, 1924. ☾

REAL-IDEALISMO. Ver IDEAL-REALISMO.

REAL, REALIDADE. Podemos considerar as expressões 'é real' e 'realidade' de vários pontos de vista: 1) Dizer de *x* que é real ou dizer que *x* é uma realidade não é, a rigor, dizer nada de *x*, *x* pode ser azul, redondo (ou aproximadamente redondo), duro, etcétera, mas não tem sentido dizer que é real (ou não real); *x*, no entanto, é quantificável, de modo que se pode dizer que há ou não um *x* tal que tem tal ou qual propriedade. 2) Dizer de *x* que é real se entende somente em relação com expressões como 'autêntico', 'genuíno', 'verdadeiro', 'natural' etc. (como quando se diz que uma maçã é natural; isto quer dizer que é real, mas no sentido de que não é feita de cera ou não é uma imagem holográfica). 3) Dizer de *x* que é real é dizer que não é meramente aparente, ou ilusório, ou que não é "apenas possível". 4) Dizer de *x* que é real ou dizer que é uma realidade equivale a dizer que existe, ou é "atual"; a chamada "realidade" é neste caso o mesmo que a "existência" (VER).

1) e 2) são modos como podemos entender 'é real' e inclusive 'realidade', sem por isso supor que há um predicado especial (e de alguma maneira "mais importante" que outros) que se intitula "real", ou que há algo, seja o que for, que cabe chamar de "a realidade". É possível reinterpretar 'é real' e 'realidade' de qualquer um dos modos indicados. Isso quer dizer que não é estritamente necessário admitir, mas tampouco proscrever, essas expressões.

Classicamente, no entanto, 'é real' e 'realidade' vêm sendo entendidos nos modos 3) e 4), considerando-se o primeiro como um enfoque "negativo" (embora necessário) e o segundo como um enfoque "positivo".

3) e 4) foram empregados por muitos filósofos. A maioria deles considerou que o "problema da realidade" — a questão do que é, propriamente, "a realidade" — é um problema metafísico (ou ontológico). Isso levou a examinar a noção de realidade em estreita relação com noções como as de essência (VER) e de existência (VER). Alguns supuseram que somente a essência é real, outros proclamaram que a realidade corresponde unicamente à existência. Outros, por fim, assinalaram que somente uma Essência que implicasse sua própria existência é verdadeiramente real e que todos os demais entes são formas menos plenas (ou mais imperfeitas) de realidade. Esta última concepção — sobre a qual nos estendemos no verbete sobre o argumento ontológico (ver ONTOLÓGICA [PROVA]) — equipara a idéia de realidade com a de perfeição (ou, mais exatamente, com a de perfeição infinita). Em todos estes casos a idéia acerca do que é real dependeu de prévios supostos metafísicos (ou ontológicos) e tendido ademais a equiparar a realidade (ou "realidade verdadeira") com o que transcende necessariamente a experiência.

Certos filósofos, em contrapartida, fizeram constar que só em relação com a experiência podemos adquirir uma idéia justa acerca do que é a realidade. O real é dado, como sugere Kant, no quadro da experiência possível e por isso "o que concorda com as condições materiais da experiência (da sensação) é *real*". Enquanto noção, a realidade pode converter-se numa das categorias ou conceitos puros do entendimento: "O postulado para o conhecimento da *realidade* das coisas" — escreve a este respeito Kant — "exige uma *percepção*; por conseguinte, uma sensação acompanhada de consciência do objeto mesmo cuja existência há de conhecer-se, mas é preciso também que esse objeto concorde com alguma percepção real segundo as analogias da experiência, as quais manifestam todo enlace real na experiência possível".

Como a noção de experiência nem sempre é suficientemente clara e, além disso, torna-se às vezes difícil distinguir a realidade enquanto dada e a realidade enquanto "posta" (ou categoria da realidade), foram propostas outras concepções do ser real. Uma delas faz do real algo que se apresenta ou pode apresentar-se a uma consciência. Outra muito difundida é a que equipara realidade a "objeto" (no sentido amplo deste termo, como aquilo de que se pode enunciar algo). Todas essas concepções eludem a dificuldade que oferecem as noções referidas no parágrafo anterior, mas lhes é comum o não poderem distinguir as espécies ou formas do real. Com o fim de transpor este último obstáculo, podem ser adotadas várias atitudes, das quais mencionaremos as seguintes:

Uma consiste em declarar que o ser real é o que é comum — seja o que for — a todas as espécies de realidade que se podem descrever e em proceder a classificar essas espécies. Temos então a realidade articulada em realidade subjetiva, objetiva experimentável, ideal etc. Isso equivale substancialmente a erigir uma teoria dos objetos e em encontrar por indução o que é comum a estes enquanto objetos.

Outra se baseia na idéia de que o conceito de realidade não é unívoco e de que há, além disso, uma série de entidades que vão do menos real ao mais real. Usualmente é preciso agregar a esta concepção uma metafísica que comece por adscrever realidade máxima a certas entidades. Estas podem ser o material, o pessoal, o temporal, o transcendente, o espiritual etc.

Outra se fundamenta numa fenomenologia da realidade (uma fenomenologia ontológica ou ontologia fenomenológica). É o que tentou fazer Nicolai Hartmann no livro mencionado na bibliografia. Segundo ele, a realidade é uma das maneiras primárias do ser. Assim, é necessário antes de tudo distinguir essa forma de todas as que se aderem equivocamente a ela. Hartmann distingue deste modo vários conceitos do real que submete a crítica: 1) O real como oposto ao aparente. Esta significação não pode ser admitida, pois o aparente também é real, já que de outra forma "não seria uma aparência real" (*op. cit.*, p. 54). 2) A realidade como atualidade (*Wirklichkeit*) pode se equiparar à realidade como existência (*Realität*). Tal equiparação é duplamente errônea, pois o real (*Reale*) possui em si também os outros modos — possibilidade real, impossibilidade real etc. —; além disso, podemos conceber uma "realidade essencial" tanto quanto uma "realidade lógica ou cognoscitiva". A mencionada equiparação é um exemplo de confusão da esfera do ser com o modo de ser. 3) A realidade como atualidade pode equiparar-se com a efetividade (*Tatsächlichkeit*). Ora, esta última é apenas "atualidade real" e exclui por princípio as demais esferas. 4) A realidade como atualidade pode ser equiparada com a existência. Trata-se de uma confusão difícil de desentranhar pois, como diz Hartmann, "o ser real é o mais essencial na existência". Ora, isso representa uma confusão do modo do ser com o momento do ser. Os modos do ser são do tipo do real e do ideal. Os momentos do ser são do tipo da essência e da existência. E a essência também reclama o ser real. 5) O real pode ser equiparado com o ativo ou efetivo. Mas isso representaria converter um modo de ser numa determinação sua. 6) O real pode ser definido como algo que designa a maior ou menor plenitude do ser (o organismo como algo mais "real" que o inorgânico etc.). Tal conceito de realidade se aproxima ao sustentado pelos escolásticos, já que faz depender a realidade de um ser da soma de seus predicados positivos. Confundir-se-ia nesse caso a *Wirklichkeit* com a *realitas*. Em outros termos, haveria confusão do modo com a determinabilidade. Mas enquanto a determinabilidade varia, o modo permanece, segundo Hartmann, através de todas as suas possíveis determinações. No modo como tal não há gradações. 7) Pode-se equiparar e confundir a realidade com a *actualitas* enquanto ato de ser. Mas isso significa apenas a realização de um *eidos* ou *essentia*. Não afeta o modal e pressupõe um esquema teleológico (o que vai da δύναμις à ἐνέργεια) que não somente não é aplicável a todo o real, mas também exclui o imperfeito. 8) Pode-se confundir realidade com "possibilidade de percepção de algo" e ainda com "o fato de que algo se dê aos sentidos" (como ocorre com o segundo postulado do pensamento empírico em Kant). Neste caso se faz da realidade não uma maneira de ser, mas de conhecer. Por este motivo uma ontologia crítico-descritiva deve estabelecer claras distinções entre os distintos conceitos do real: realidade lógica, realidade cognoscitiva, realidade essencial etc., evitando aplicar a uma forma de realidade categorias que correspondam exclusivamente a outra. A realidade como existência pode ser, deste ponto de vista, um dos momentos do ser, a realidade como algo distinto (ou oposto) à idealidade, uma das formas do ser, a realidade como atualidade, um dos modos do ser.

Outra atitude consiste em destacar certas notas que o real possui como real (notas, portanto, que constituem tudo o que é enquanto é real). Embora essa atitude tenha algumas analogias com a anteriormente resenhada, difere dela por se apoiar numa descrição metafísica do real, ou, se se quiser, numa descrição do real como objeto de uma "filosofia primeira". Mencionaremos dois exemplos. Para Xavier Zubiri, as dimensões da coisa como coisa real são "a riqueza", "a solidez" e o "estar sendo". Trata-se de "três dimensões estruturais" pelas quais se medem diferenças de realidade, isto é, o grau de realidade. Essas dimensões se implicam mutuamente, de modo que devem ser tomadas "a uma", como "unidade estrutural da realidade *simpliciter* de algo: sua constituição física individual". Para Laín Entralgo, os caracteres ou notas da realidade são o ser "ineludível", "resistente", "assombroso", "inteligível" e "possuível".

Todas as análises anteriores do conceito de realidade têm um traço comum: o de admitir que a expressão 'é real' é uma expressão significativa. Os empiristas lógicos e muitos neo-realistas negam esse pressuposto. Em seu entender, não se pode enunciar com sentido se certas entidades (como a matéria, o eu, etcétera) são ou não reais. Portanto, o problema do conceito de realidade é para eles um pseudoproblema; 'realidade' é um termo que não deve ser hipostasiado em uma entidade. Em muitos casos os autores citados entendem 'é real' como equivalente a 'existe', e 'existe' como equivalente a 'está quantificado' (logicamente falando). Esta concepção tem, segundo outros autores, dois inconvenientes. O primeiro é que dentro dela torna-se impossível esclarecer se há ou não distintas formas de realidade. O segundo é que nela não são admissíveis expressões tais como 'o homem está voltado para a realidade', 'o homem está implantado na realidade' etc., que segundo alguns pensadores (por exemplo, Zubiri) permitem entender a estrutura da vida humana e, com ela, a estrutura do conhecimento (objetivo). É difícil, pois, que o problema da realidade possa ser descartado da filosofia. Alguns crêem, pelo contrário, que esse problema é o problema filosófico por excelência. Ora, trata-se de um problema que não se pode elucidar isoladamente. Isso explica que em todas as ocasiões em que foi colocado tenha-se recorrido a outros conceitos para perfilá-lo. Já nos referimos a alguns deles: possibilidade, atualidade, existência, essência, efetividade, ser. Trata-se de conceitos ontológicos (pelo menos num sentido amplo desse adjetivo); por isso não é estranho que a ontologia tenha sido definida às vezes como a ciência da realidade *qua* realidade.

Um dos mais importantes problemas colocados acerca da realidade (seja esta o que for) é o dos modos de expressão da mesma. Esse problema costuma ser conhecido com o nome de "Realidade e linguagem". Trata-se de saber como é possível falar acerca do real e quais são os marcos lingüísticos mais apropriados para esse propósito. Uma elucidação do problema da linguagem (VER) é necessária antes de se poder dar uma resposta à questão de referência. Ligado a este problema está o conhecido com o nome de "Lógica e realidade", sobre o qual nos estendemos no verbete correspondente.

Outro problema importante é o do conhecimento (possibilidades e limites na apreensão do real). Tratamos desse ponto e apresentamos as diversas subquestões implicadas e as várias respostas propostas até agora no verbete sobre a noção de conhecimento (VER).

Indicamos a seguir (simplesmente em ordem cronológica) uma série de obras nas quais se trata da questão da realidade, sua natureza, formas do real etc., embora se deva levar em conta que essa questão é tratada, direta ou indiretamente, em muitas obras filosóficas.

⊃ Ver: Otto Liebmann, *Zur Analyse der Wirklichkeit*, 1876. — Ernest Belfort Bax, *The Problem of Reality*, 1892. — Id., *The Roots of Reality*, 1907. — Id., *The Real, the Rational and the Alogical*, 1920. — E. Meyerson, *Identité et Réalité*, 1908. — Frischeisen-Köhler, *Das Realitätsproblem*, 1912. — Aloys Müller, *Wahrheit und Wirklichkeit. Untersuchunger zum realistischen Wahrheitsproblem*, 1913. — E. Frank, *Das Realitätsproblem in der Erfahrunglehre Kants*, 1919 [*Kantstudien*. Ergänzungshefte, 45]. — E. Grisebach, *Wahrheit und Wirklichkeit*, 1919. — Margarete Merleker, *Humes Begriff der Realität*, 1920. — Hedwig Conrad-Martius, *Realontologie*, 1923. — Bruno Bauch, *Wahrheit, Wert und Wirklichkeit*, 1923. — G. Martius e J. W. Wittmann, *Die Formen der Wirklichkeit*, 1924. — C. L. Musatti, *Analisi del concetto di realtà empirica*, 1926. — Heinrich Meier, *Philosophie der Wirklichkeit*, 3 partes, 1926-1935. — Andries H. D. Mac Leod, *Sur diverses questions se présentant dans l'étude du concept de réalité*, 1927. — G. Jacobi, *Allgemeine Ontologie der Wirklichkeit*, I (4 fasc.), 1928-1932; II, 1955. — E. Jaensch, *Vorfragen der Wirklichkeitsphilosophie*, 1931. — Robert Reininger, *Metaphysik der Wirklichkeit*, 2 vols., 1932; 2ª ed., 2 vols., 1947-1948. — A. Stern, *Die philosophischen Grundlagen von Wahrheit, Wirklichkeit, Wert*, 1932. — Id., *Theorie und Wirklichkeit als metaphysisches Problem*, 1932. — Enno Kaila, *Über das System der Wirklichkeitsbegriffe. Ein Beitrag zum logischen Empirismus*, 1936. — Id., *Über den physikalischen Realitätsbegriff. Zweiter Beitrag zum logischen Empirismus*, 1941. — P. T. Raju, *Thought and Reality*, 1937. — N. Hartmann, *Möglichkeit und Wirklichkeit*, 1938. — W. Burkamp, *Wirklichkeit und Sinn*, 2 vols., 1938. — O. Janssen, *Dasein und Wirklichkeit*, 1938. — Paul Weiss, *Reality*, 1938. — Paul Simon, *Sein und Wirklichkeit. Grundfragen einer Metaphysik*, 1938. — Delfim Santos, *Conhecimento e realidade*, 1940. — Folke Leander, "Analyse des Begriffs der Realität", *Theoria* [Lund], 9 (1943). — William Gerber, *The Domain of Reality*, 1946 (tese). — Gerhart Saenger, *Das Realitätsproblem. Erlebnis und Erkennbarkeit der Realität*, 1948. — Herman Meyer, *Kennis en Realiteit*, 1949. — P. Sondereguer, *Realidad inteligible y realidade pura*, 1949. — Augusto Salazar Bondy, *Irrealidad e idealidad*, 1958. — Walter Schulze-Sölde, *Die Problematik des Physikalisch-Realen. Physik an der Grenze der Metaphysik*, 1962. — Rudolf Jancke, *Ursprung und Arten des realen Seins*, 1963. — H. Klein, *Vernunft und Wirklichkeit*, 2 vols., 1973. — R. Chambon, *Le monde comme perception et réalité*, 1974. — B. P. Helm, *Time and Reality in American Philosophy*, 1985. — S. Kak, *The Nature of Physical Reality*, 1986. — M. A. Arbib, M. B. Hesse, *The Construction of Reality*, 1986. — J. Charon, ed., *The Real and the Imaginary: A New Approach to Physics*, 1987. — R. G. Jahn, B. J. Dunne, *Margins of Reality: the Role of Consciousness in the Physical World*, 1987. — P. M. S. Hacker, *Appearance and Reality*, 1987. — D. Papineau, *Reality and Representation*, 1987. — J. Bigelow, *The Reality of Numbers: A Physicalist's Philosophy of Mathematics*, 1988. — H. Putnam, *Representation and Reality*, 1989. — P. Strasser, *Philosophie als Wirklichkeitssuche*, 1989. — H. Lawson, ed., *Dismantling Truth: Reality in the Post-Modern World*, 1989. — J. Fennema, ed., *Science and Religion: One World-Changing Perspectives on Reality*, 1990. — J. C. Nyiri, ed., *Perspectives on Ideas and Reality*, 1990. — R. Double, *The Non-Reality of Free Will*, 1991. — W. A. DeVries, *Reality, Knowledge, and the Good Life: A Historical Introduction to Philosophy*, 1991. — J. Musson, *Evil. Is it Real? A Theological Analysis*, 1991. — E. M. Zemach, *The Reality of Meaning and the Meaning of Reality*, 1992. — T. Molnar, *God and the Knowledge of Reality*, 1993.

Para as características da realidade segundo X. Zubiri, ver *Sobre la esencia*, 1962, pp. 139 ss.; e, segundo P. Laín Entralgo, *La espera y la esperanza*; 2ª ed., 1958, pp. 504-507.

Ver também a bibliografia dos verbetes APARÊNCIA; EXISTÊNCIA; OBJETO; ONTOLOGIA; SER; VERDADE. ⊂

REAIS chama Herbart (VER) às entidades simples, indestrutíveis, intemporais e inextensas que constituem a realidade verdadeira, o que está absolutamente isento de contradições e, por conseguinte, o que é objeto da metafísica enquanto ciência do real. Como absolutamente simples e imutáveis, os reais não mudam nem se transformam em si mesmos, seu ser é propriamente seu autoconservar-se. O que diferencia os reais herbartianos das mônadas de Leibniz é que enquanto estas possuem percepção e apetição, aqueles estão desprovidos de toda tendência e impulso. Os reais são qualitativamente distintos, são interpenetráveis, mas indestrutíveis, pois sua interpenetração só ocorre quando a homogeneidade de suas qualidades não implica a presença de contradições. Por não serem contraditórios, os reais são desprovidos de alteração e de sucessão; esta se reduz a uma relação das qualidades heterogêneas simples e aos atos de autoconservação que ocorrem como conseqüência das tentativas, sempre fracassadas, de perturbação mútua. Mas a sucessão no tempo, tal com a continuidade no espaço, como fatos fenomênicos requerem um trânsito das "realidades" às "aparências". Esse trânsito é o "espaço inteligível" em que a justaposição dos reais é o fundamento da noção da continuidade.

⇨ Ver: Theodor Lipps, *Zur Herbartschen Ontologie*, 1874 (tese). — R. Martin, *Die letzten Elemente der Materie in den Naturwissenschaften und in Herbarts Metaphysik*, 1875. — Ludwig Strümpell, *Geschichte der Philosophie, Psychologie und Religionsphilosophie in Deutschland seit Leibniz*, 4 fasc., 1896, especialmente fasc. 2 (parte intitulada "J. F. Herbart's Theorie der Storüngen und Selbsterhaltungen der realen Welt dargestellt nach ihrer historischen und systematischen Begründung"). — A. Rimsky-Korsakow, *Herbarts Ontologie*, 1903. ℭ

REALE, MIGUEL. Nascido em 1910, foi professor na Faculdade de Direito de São Paulo e diretor da *Revista Brasileira de Filosofia*, órgão do Instituto Brasileiro de Filosofia. Distinguiu-se por seus trabalhos na filosofia do Direito e na filosofia do Estado, assim como por seus estudos de história das idéias, especialmente em sua relação com a história da cultura e história geral. As doutrinas de Reale sobre o Direito e o Estado fundamentam-se, além disso, num prévio exame das condições sócio-históricas. Sem ser historicista, Reale considera que toda teoria do Direito e do Estado desligada das circunstâncias históricas é puramente formal. Mas sem ser formalista, Reale considera que a ciência do Direito e do Estado possui uma autonomia. Reale esforçou-se justamente por unir o caráter normativo da filosofia do Direito e do Estado com seu caráter sócio-histórico, destacando as diversas dimensões dos conceitos jurídicos e dedicando especial empenho a estudar as dimensões éticas e axiológicas. Daí as relações estabelecidas entre "norma", "valor" e "fato", relações não de subordinação, mas de implicação mútua, no que se denominou doutrina da "tridimensionalidade dinâmica".

⇨ Principais obras: *O Estado moderno*, 1934. — *Formação da política burguesa*, 1935. — *O Capitalismo internacional*, 1935. — *Atualidades de um mundo antigo*, 1936. — *Fundamentos do Direito: contribuição ao estudo da formação da natureza e da validade da ordem jurídica positiva*, 1940 (tese); 2ª ed. rev., 1972. — *Teoria do Direito e do Estado*, 1940; 2ª ed., 1960. — *A doutrina de Kant no Brasil*, 1949. — *Filosofia do Direito*, 2 vols., 1953; 5ª ed., 1969; 7ª ed., 1975. — *Direito e Teoria do Estado*, 1953. — *Horizontes do Direito e da História*, 1956. — *Política e Direito em Roma*, 1956. — *Direito e Moral*, 1956. — *La crisis del normativismo jurídico y la exigencia de una normatividad concreta*, 1957. — *Momentos decisivos do pensamento nacional*, 1958. — *Nos quadrantes do Direito positivo: estudos e pareceres*, 1960. — *Filosofia em São Paulo*, 1962. — *Pluralismo e liberdade*, 1963. — *O Direito como experiência: introdução à epistemologia jurídica*, 1968. — *Teoria tridimensional do Direito: preliminares históricas e sistemáticas*, 1968. — *Problemas de nosso tempo*. — *Experiência e cultura. Para a fundação de uma teoria geral da experiência*, 1977. — *Estudos de filosofia e ciência do direito*, 1978. — *Questões de Direito*, 1981. — *Verdade e conjetura*, 1983.

Ver: A. de Asís Garrote, "La filosofía general del Derecho de M. R.", *Revista de Estudios Americanos*, 32 (1954), 383-403. — T. Cavalcanti Filho, L. Washington Vita *et al.*, arts. sobre M. R. em *Revista Brasileira de Filosofia*, n° 42 (1961), 220-271, com bibliografia, pp. 243-247. — T. S. Ferraz, "Einige Bemerkungen zu M. R.s Begründung der Wissenschaftlichkeit des Rechts", *Archiv für Rechts- und Sozialphilosophie*, 56 (1970), 273-286. — R. C. Czerna, "Esperienza e cultura in M. R.", *Rivista Internazionale di Filosofia del Diritto*, 56 (1979), 529-552. ℭ

REALISMO. 1) 'Realismo' é o nome da atitude que se atém aos fatos "tal como são" sem pretender sobrepor-lhes interpretações que os falseiam ou sem aspirar a violentá-los por meio dos próprios desejos. No primeiro caso o realismo equivale a uma forma de positivismo (VER), já que os fatos de que se fala aqui são concebidos como "fatos positivos" (ao contrário das imaginações, das teorias etc.). No segundo caso temos uma atitude prática, uma norma (ou conjunto de normas) para a ação. O chamado "realismo político" (*Realpolitik*) pertence a esse realismo prático. Alguns julgam que sem esse realismo não se pode conhecer (e, portanto, dominar) nada da realidade, e que conhecer (e dominar) esta última equivale a obedecê-la. Outros argumentam que as idéias e os ideais são pelo menos tão operantes quanto os próprios "fatos", e que um "realismo completo" deveria ser o mesmo que um "positivismo total", isto é, uma posição que não pretendesse ignorar nada do que é em vez de limitar o que é a certos aspectos da realidade.

2) 'Realismo' designa uma das posições adotadas na questão dos universais (VER): a que sustenta que os universais existem *realiter* ou que *universalia sunt realia*. Referimo-nos a essa concepção no verbete citado, no qual, além disso, definimos três formas de realismo:

duas extremas e uma moderada ou atenuada. Completaremos aqui aquela informação com alguns dados históricos relativos à posição realista.

O primeiro autor a adotar uma teoria realista dos universais foi Platão; o realismo foi por isso chamado, às vezes, de "realismo platônico" ou "platonismo". No entanto, a doutrina platônica é complexa e não pode simplesmente ser identificada com uma posição realista e menos ainda com o realismo absoluto ou exagerado. Atribui-se a Aristóteles uma posição realista moderada que coincide em grande parte com o conceitualismo (VER); mas aqui também deve-se levar em conta que se trata de uma simplificação e em boa medida de uma interpretação (principalmente a chamada "aristotélico-tomista") da posição aristotélica. O realismo agostiniano tem muito de platônico, a ponto de ter sido freqüentemente qualificado de "realismo platônico-agostiniano"; sua principal característica consiste em "situar", por assim dizer, os universais (ou idéias) na mente divina em vez de considerá-los como existindo num mundo supraceleste ou inteligível. Realista em sentido muito próximo do agostiniano foi, na Idade Média, Santo Anselmo e costuma considerar-se realista extremo Guilherme de Champeaux. No entanto, este último sustentou uma teoria que também pode ser qualificada de "realismo empírico". Segundo esse autor, os universais não existem por si fora dos indivíduos nem fora da mente divina, mas existem nos próprios indivíduos fora de toda consideração mental deles. Como a posição realista se opunha à nominalista (e à conceitualista), um dos melhores modos de entendê-la é examinar estas duas últimas, especialmente o nominalismo (VER). Análises extensas nesse sentido se encontram em vários autores medievais, especialmente em Abelardo. Ao criticar a posição de Guilherme de Champeaux, Abelardo declarou que os entes universais podem ser entendidos de duas maneiras. Uma delas é a que os concebe *essentialiter* ou em sua essência; a outra, a que os concebe *indifferenter* ou por não-diferença. No primeiro caso, a diferença se une ao gênero para formar a espécie, do mesmo modo que uma forma se une a uma matéria. As formas são neste caso acidentes que se unem à matéria genérica, disposta a recebê-los. No segundo caso, o universal não o é em sua essência, mas em sua indiferença (VER). Como a universalidade consiste então na mera não distinção das coisas singulares, ocorre que as espécies podem ser definidas como a indiferença dos indivíduos. Ao mesmo tempo (como observa Paul Vignaux), a última concepção pode ser entendida de dois modos. Ou se considera a espécie em extensão, e então todos os indivíduos convêm juntamente, ou ela é considerada em compreensão (intenção), e então se concebe cada indivíduo enquanto "convém com os demais". No primeiro caso, todos os indivíduos juntos não formam a espécie. No segundo caso, nenhum indivíduo é a espécie.

As idéias de Abelardo preparam o caminho para o realismo moderado, que aspirava a encontrar um ponto médio entre o realismo extremo e o extremo nominalismo. O realismo moderado é a posição segundo a qual o universal não está fora da mente, como se fosse uma coisa entre outras; mas não está tampouco na mente, como se fosse apenas um processo psíquico. O universal está fora da mente, mas somente como *res concepta*, "coisa concebida", e está na mente, mas apenas como *conceptio mentis*, "concepção mental", isto é, "conceito". Embora não esteja fora da mente, o universal tem um *fundamentum in re*, está fundado na coisa ou na realidade, já que se não fosse assim seria mera "posição" de algo ou mera "imaginação". O problema que se debate aqui é o do caráter "separado" (ou "preciso") dos universais. Seguindo a posição do realismo moderado, Santo Tomás expressou o citado caráter como segue: "As palavras *universal abstrato* significam duas coisas: a natureza de uma coisa e sua abstração ou universalidade. Portanto, a natureza mesma à qual cabe ou ser entendida, ou ser abstraída ou a intenção de universalidade não existe salvo nas coisas singulares (*ipsa natura... cui accidit vel intelligi vel abstrahi vel intentio universalitatis, non est nisi in singularibus*), mas o ser entendido ou o ser abstraído ou a intenção de universalidade [o ser considerado como universal] estão no intelecto (*hoc ipsum quod est intelligi vel abstrahi vel intentio universalitatis, est in intellectu*)" (*S. theol.*, I, q. LXXXV, a 2, ad. 2).

3) 'Realismo' é o nome que se dá a uma posição adotada na teoria do conhecimento ou na metafísica. Em ambos os casos, o realismo não se opõe ao nominalismo, mas ao idealismo (VER).

A contraposição entre realismo e idealismo foi freqüente durante a época moderna. No curso dessa época desenvolveram-se várias correntes idealistas (como ocorre, em parte, em Descartes, de um modo mais acentuado em Kant — ou numa das possíveis interpretações de Kant — e de um modo mais decidido no autores do chamado "idealismo alemão"). O realismo gnosiológico às vezes se confunde com o realismo metafísico, mas essa confusão não é necessária; com efeito, pode-se ser realista gnosiológico e não ser realista metafísico, ou vice-versa. O realismo gnosiológico afirma que o conhecimento é possível sem necessidade de supor (como fazem os idealistas) que a consciência impõe à realidade — em ordem a seu conhecimento — certos conceitos ou categorias *a priori*; o que importa no conhecimento é o dado (VER) e de maneira alguma o posto (pela consciência ou pelo sujeito). O realismo metafísico afirma que as coisas existem fora e independentemente da consciência ou do sujeito. Como se vê, o realismo gnosiológico se ocupa unicamente do modo de conhecer; o metafísico, do modo de ser do real.

O realismo gnosiológico pode por sua vez ser concebido de duas maneiras: como realismo "ingênuo" ou "natural", ou como realismo científico, empírico ou crítico. O realismo ingênuo supõe que o conhecimento é uma reprodução exata (uma "cópia fotográfica") da realidade. O realismo científico, empírico ou crítico adverte que não se pode simplesmente equiparar o percebido com o verdadeiramente conhecido, e que é preciso submeter o dado a exame e ver (para depois levá-lo em conta quando forem formulados juízos definitivos) o que há no conhecer que não é mera reprodução. É fácil perceber que o realismo científico, empírico ou crítico pode receber o nome de "realismo moderado" (em sentido distinto do que tinha essa expressão em [2]) e aproximar-se então ao que se poderia qualificar de "idealismo moderado".

Depois de ter sido combatido (ou desdenhado) durante boa parte da época moderna, o realismo, tanto gnosiológico como metafísico, voltou a ganhar importância no pensamento contemporâneo. A maioria dos filósofos desta época aderem, de fato, explícita ou implicitamente, ao realismo. Isso ocorre inclusive com os autores neokantianos (ver NEOKANTISMO), que transformam seu "idealismo crítico" em posições muito próximas ao que chamamos "realismo crítico". Certos filósofos qualificam a si mesmos explicitamente de realistas críticos, como ocorre, entre outros, com A. Riehl, A. Messer, Johannes Volkelt, O. Külpe e N. Hartmann. Alguns sustentam um "realismo volitivo" baseado na concepção da realidade como resistência (VER); por exemplo, Dilthey, M. Frischeisen-Köhler, M. Scheler e muitos outros. As escolas neoclássicas e neotomistas também revalorizaram o realismo, proclamando que não tiveram de passar, como os autores modernos, pelo "erro idealista". Mas isso não significa que o realismo de todos esses pensadores seja o mesmo. Inclusive entre os neo-escolásticos e neotomistas se deram formas muito diversas de realismo. Assim, enquanto alguns propugnaram a doutrina do realismo-cópia, outros sustentaram o chamado "realismo imediato". Entre os primeiros se destacaram M. D. Roland-Gosselin (VER) e J. de Tonquédec (VER). Entre os segundos encontra-se Léon Noël (nascido em Malines, 1878-1955: *La conscience du libre arbitre*, 1899; nova edição com o título: *Le réalisme immédiat*, 1938). Do realismo imediato também se aproxima Pedro Descoqs (nascido em Plomb, França, 1877-1946: *Essai critique sur l'hylémorphisme*, 1924. — *Éléments d'ontologie*, 1925. — *Cours de théodicée*, 2 vols., 1932-1935), o qual defende uma intuição intelectual concreta e rejeita tanto o intelectualismo extremo como o extremo imanentismo.

Além dessas correntes realistas de diversos matizes há certas escolas que consideraram o realismo como a posição central. Essas escolas abundaram na Inglaterra e nos Estados Unidos, e às principais delas nos referimos no verbete Neo-realismo (VER). Acrescentemos aqui que em época mais recente surgiu nos Estados Unidos outro movimento chamado *filosofia realista* que se difundiu sob a inspiração de John Wild (nascido em 1902), o qual pretende seguir, em seu livro *Introduction to Realistic Philosophy* (1948), a tradição de Platão, Aristóteles, Santo Agostinho e Santo Tomás (entre outros). Com base nas idéias do citado autor se fundou a (já conhecida) Association for Realistic Philosophy, que defendeu as seguintes teses:

Em metafísica: *a*) O ser não pode reduzir-se nem a um ser material nem a um ser imaterial; *b*) a experiência mostra que ambos os modos de ser existem no cosmos; *c*) esse cosmos consiste em entidades substanciais e reais existentes em si mesmas e ordenadas entre si mediante relações reais e extramentais.

Em epistemologia: essas entidades e relações reais, junto com as produções humanas, podem ser conhecidas pelo espírito humano tal como são em si, e podem ser experimentadas esteticamente.

Em filosofia prática: tal conhecimento, especialmente o que se refere à natureza humana, pode nos proporcionar princípios imutáveis e fidedignos para conduzir nossa ação individual e social.

Na história da filosofia: há verdades importantes na tradição clássica da filosofia platônica e aristotélica.

Uma detalhada exposição das mencionadas teses pode ser encontrada não apenas no livro de Wild como também no volume intitulado *The Return to Reason* (1953), redigido por H. M. Chapman, J. Wild, O. Martin, J. De Boer, M. H. Thompson, Jr., F. H. Parker, H. A. Veatch, E. Vivas, W. A. Banner, J. Ladd, R. Jordan, H. S. Broudy, J. A. Martin e Ch. Malik. Merece especial menção a elaboração de uma lógica em sentido realista por Henry A. Veatch (*Intentional Logic*, 1952, e *op. cit.*, pp. 177-198), que criticou do ponto de vista geral de Wild a atual lógica matemática, alegando que ela não leva em conta as formas intencionais.

Certos autores transformaram o realismo num reísmo (VER), do qual encontramos um exemplo no pensamento de T. Kotarbinski (VER). Esse reísmo é uma das conseqüências de um certo positivismo radical que, segundo X. Zubiri, pode ser qualificado de "reísmo sem idéia" e que não passa de uma reação extremada contra a posição do "ideísmo sem realidade". Outros autores partiram de bases realistas para desembocar numa nova forma de idealismo: o "idealismo fenomenológico" de Husserl é o caso mais eminente. Ora, junto com o desenvolvimento do realismo em suas diversas formas houve (inclusive em autores em princípio realistas) uma forte tendência a levar a cabo o que se chamou "a superação do realismo e do idealismo" (entendendo então estes termos tanto no sentido gnoseológico como metafísico). Em parte, a fenomenologia se moveu nesse sentido (não obstante o citado "idealismo fenomenológico"), como mostram muitos escritos do próprio Husserl e as tendências do "realismo fenomenológico" elaboradas por A.

Pfänder. Mas também encontramos esses esforços para situar-se "mais para cá" de tais posições nas tendências "neutralistas" vigentes no começo do século (ver NEUTRALISMO). Essas correntes tendem a considerar sujeito e objeto como dois aspectos de uma mesma realidade em princípio "neutra". Por fim, a idéia da Existência (VER) como Ser-no-mundo, a concepção da vida (VER) ou do homem enquanto aberto à realidade e outras análogas mostram que a controvérsia realismo-idealismo não se resolve sempre por meio da afirmação de uma dessas duas teorias com exclusão completa da outra, ou por meio de uma posição simplesmente ecléctica, mas também pela indicação de que tal controvérsia se funda no desconhecimento de que o realismo e o idealismo podem ser "posições teóricas" sobrepostas a uma descrição pura ou a um aprofundamento prévio das idéias de consciência, sujeito, existência, vida humana etc. Deste modo propõem-se novas concepções sobre o problema do mundo externo (ver EXTERNO) e se tenta "ir além" do realismo e do idealismo (ver IDEALISMO).

4) 'Realismo' também designa uma posição em filosofia da ciência concernente à natureza e função das teorias científicas, assim como dos termos teóricos que essas teorias contêm. Neste sentido, o realismo se contrapõe ao instrumentalismo. Tratamos dessa significação de 'realismo' no verbete INSTRUMENTALISMO.

⊃ Além das obras e autores mencionados no texto, ver as seguintes exposições e críticas de doutrinas realistas, pertencentes a diferentes orientações do realismo contemporâneo (neotomista: Gilson; realismo angloamericano: Pratt; realismo volitivo: Picard; realismo crítico neokantiano: Messer; realismo crítico-fenomenológico: N. Hartmann etc.). Uma bibliografia mais completa do neo-realismo americano e inglês se encontrará, contudo, no verbete NEO-REALISMO. — Thomas Case, *Realism in Morals*, 1877. — Id., *Physical Realism Being an Analytical Philosophy from the Physical Objects of Science to the Physical Data of Senses*, 1888. — G. Dwelshauwers, *Réalisme naïf et réalism critique*, 1896. — Wilhelm Wundt, *Über naiven und kritischen Realismus*, 1896. — Maydorn, *Wesen und Bedeutung des modernen Realismus*, 1899. — G. E. Moore, "The Refutation of Idealism", *Mind*, N. S. XII (1903) 433-453, reimp. em *Philosophical Studies*, 1922. — John Dewey, *Brief Studies in Realism*, 1911. — E. G. Spaulding, *The New Rationalism. The Development of a Constructive Realism upon the Basis of Modern Logic and Science, and through the Criticism of Opposed Philosophical Systems*, 1918. — A. Messer, *Der Kritische Realismus*, 1923. — John Laird, *A Study in Realism*, 1924. — Nicolai Hartmann, "Diesseits von Idealismus und Realismus", *Kantstudien*, 29 (1924) 160-206, reimp. em *Kleinere Schriften*, II (1957), 278-322. — Norman Kemp Smith, *Prolegomena to an Idealist Theory of Knowledge*, 1924 (ponto de vista realista apesar do título). — J. E. Turner, *A Theory of Direct Realism, and the Relation of Realism to Idealism*, 1925. — Syed J. Hasam, *Realism. An Attempt to trace Its Origins and Development in Its Chief Representatives*, 1928. — Roy Wood Sellars, *The Philosophy of Physical Realism*, 1932. — A. Seth (Pringle-Pattison), *The Balfour Lectures on Realism*, ed. G. F. Barbour, 1933. — É. Gilson, *Le réalisme méthodique*, 1936. — Id., *Réalisme thomiste et critique de la connaissance*, 1939. — Francesco Olgiati e Francesco Orestano, *Il realismo*, 1936 [debate]. — Armando Carlini, *Il mito del realismo*, 1936. — J. B. Pratt, *Personal Realism*, 1937. — M. Losacco, *Preludio al nuovo realismo critico*, 1938. — L. Noël, *op. cit.* no texto do verbete. — C. Dawes Hicks, *Critical Realism. Studies in the Philosophy of Mind and Nature*, 1938. — V. La Via, *Dall'idealismo al realismo*, 1941. — Novatus Picard, *De contibutione W. Dilthey ad realismum volitivum*, 1946. — J. Feibleman, *The Revival of Realism. Critical Studies in Contemporary Philosophy*, 1946. — John Wild, *op. cit.*, no texto do verbete. — Wilfrid Sellars, "Realism and the New Way of Words", *Philosophy and Phenomenological Research*, 8 (1947-1948), 601-634 (reimp. na Antologia de H. Feigl e W. Sellars, *Readings in Philosophical Analysis*, 1949). — Wilbur M. Urban, *Beyond Realism and Idealism*, 1949. — P. Schneider, *Kennen und Erkennen. Ein Lehrbuch der Erkenntnistheorie*, 1950. — E. B. McGilvary, *Toward a Perspective Realism*, 1956, ed. A. G. Ramsperger. — Francis H. Parker e Henry B. Veatch, *Logic as Human Instrument*, 1959. — Maurice Mandelbaum, *Philosophy, Science and Sense Perception*, 1964 [realismo crítico]. — D. C. Williams, *Principles of Empirical Realism*, 1966. — R. Trigg, *Reality at Risk: A Defense of Realism in Philosophy and the Sciences*, 1980. — J. F. Rosenberg, *One World and Our Knowledge of It: The Problematic of Realism in Post-Kantian Perspective*, 1980. — Os arts. de *Synthese*, 51 (1982). — M. S. Gram, *Direct Realism: A Study of Perception*, 1983. — H. Putnam, *Realism and Reason*, 1983 [vol. 3 de seus *Philosophical Papers*]. Id., *Many Faces of Realism*, 1987; Id., *Realism with a Human Face*, 1990. — J. Leplin, ed., *Scientific Realism*, 1984. — J. P. Moreland, *Universals, Qualities, and Quality-Instances: A Defense of Realism*, 1985. — A. Fine, *The Shaky Game: Einstein Realism and the Quantum Theory*, 1986. — T. A. Russman, *A Prospectus for the Triumph of Realism*, 1987. — J. Seifert, *Back to Things in Themselves: A Phenomenological Foundation for Classical Realism*, 1987. — J. C. Doig, *In Defense of Cognitive Realism: Cutting the Cartesian Knot*, 1987. — M. Luntley, *Language, Logic and Experience: the Case for Anti-Realism*, 1988. — R. Nola, ed., *Relativism and Realism in Science*, 1988. — G. Vision, *Modern Anti-Realism and Manufactured Truth*,

1988. — H. Field, *Realism, Mathematics and Modality*, 1989. — R. C. S. Walker, *The Coherence Theory of Truth: Realism, Anti-Realism, Idealism*, 1989. — Os arts. de *Dialectica*, 43 (1989). — M. Devitt, *Realism and Truth*, 1984; 2ª ed., 1991. — E. Pols, *Radical Realism: Direct Knowing in Science and Philosophy*, 1992. — M. Williams, *Unnatural Doubts: Epistemological Realism and the Basis of Scepticism*, 1992. — S. W. Blackburn, *Essays in Quasi-Realism*, 1993. — Ver também a bibliografia do verbete Idealismo (especialmente para as tentativas de "superar" o idealismo e o realismo).

Para o realismo medieval, ver: J. Reiners, *Der aristotelische Realismus in der Frühscholastik*, 1907. — H. Dehove, *Qui praecipui fuerint temperari realismi antecessores*, 1908 (tese). — Meyrick H. Carré, *Realists and Nominalists*, 1946.

Sobre a disputa geral realismo-nominalismo: H. Veatch, *Realism and Nominalism*, 1954. — P. A. French, Th. E. Uehling, H. K. Wettstein, eds., *Realism and Anti-Realism*, 1988 [Midwest Studies in Philosophy, 2]. **C**

RECASÉNS SICHES, LUIS (1903-1977). Nascido na Guatemala, foi professor de filosofia do Direito na Universidade Central de Madrid e posteriormente lecionou na Universidade Nacional do México. Discípulo de Ortega y Gasset, Recaséns Siches desenvolveu muitos dos temas da filosofia do Direito e da sociologia à luz da filosofia da razão vital. Segundo Recaséns Siches, é fundamental para o pensamento contemporâneo integrar os resultados básicos da análise da existência humana com as teses capitais da teoria dos valores. Deste modo se evitam as abstrações às quais pode conduzir o racionalismo ao mesmo tempo em que se refuta o relativismo em que pode desembocar o historicismo. A filosofia do Direito se funda para Recaséns Siches na existência humana em sua condicionalidade histórica, mas se orienta para um sistema de valores de validade universal.

⊃ Obras: *La filosofía del Derecho de F. Suárez, con un estudio previo sobre sus antecedentes en la Patrística y en la Escolástica*, 1927; 2ª ed., 1947. — *Direcciones contemporáneas del pensamiento jurídico*, 1929. — *El poder constituyente: Su teoría aplicada al momento español*, 1931. — *La teoría política de F. de Vitoria, con un estudio sobre el desarrollo de la idea de contrato social*, 1931. — *Los temas de la filosofía del Derecho en perspectiva histórica y visión de futuro*, 1934. — *Estudios de filosofía del Derecho*, 1936. — *Vida humana, sociedad y Derecho: Fundamentación de la filosofía del Derecho*, 1940; 2ª ed., 1945; 3ª ed., 1952. — *La filosofía del Derecho en el siglo XX*, 1941. — *Notas de la cátedra de sociología del profesor L. R. S.*, 1943. — *L. von Wiese*, 1943. — *Estudios de filosofía del Derecho* [trad. e comentário da 4ª ed. de G. del Vecchio], 2 vols., 1946. — *Lecciones de sociología*, 1948. — *Tratado general de sociología*, 1956; 5ª ed., 1963. — *Nueva filosofía de la interpretación del Derecho*, 1956. — *Tratado general de filosofía del Derecho*, 1959; 2ª ed., 1961. — *Panorama del pensamiento jurídico en el siglo XX*, 2 vols., 1962. — *La naturaleza del pensamiento jurídico*, 1971. — *Iusnaturalismos actuales comparados*, 2ª ed., 1980.

Depoimento: "La filosofía del derecho de L. R. S.: Autoexposición", *Annales de la Cátedra Francisco Suárez* (1975), 339-377. — Ver também sua obra *Panorama...*, cit. *supra*, vol. I, pp. 487-547.

Ver: José Luis Abellán, "L. R. S.: Filosofía del Derecho", em *Filosofía española en América (1936-1966)*, 1967, pp. 123-138. — Id., "L. R. S.: Un jurista en la escuela de Madrid", em *Historia crítica del pensamiento español*, vol. 5/III, 1991, cap. 44, ap. 2, pp. 262-265. — H.-R. Horn, "'Die Logik des Humanen': Zum Tode von L. R. S.", *Archiv für Rechts- und Sozialphilosophie*, 64 (1978), 443-449. — M. Bueno, *La axiología jurídica de L. R. S.*, 1980. **C**

RECIFE (ESCOLA DO). Dá-se este nome no pensamento filosófico brasileiro à atividade filosófica desenvolvida principalmente de 1880 a 1945 e iniciada pela obra de Tobias Barreto (ver). A introdução da filosofia alemã, especialmente kantiana, deu origem a uma crítica do positivismo clássico e do monismo naturalista. Os membros da Escola do Recife não se opunham ao desenvolvimento das ciências, mas sim ao cientificismo como filosofia dogmática. Seu interesse pelo exame crítico da ciência, contra o mecanicismo, assim como contra o teleologismo, combinava-se com a atenção pelos estudos de sociologia e de filosofia do Direito.

Correspondendo aos diversos ingredientes que constituíam o pensamento de Tobias Barreto, não se pode considerar que a Escola do Recife esteja baseada num número determinado de teses filosóficas fundamentais. Ela representa o trânsito do positivismo e do monismo naturalista às reações mais ou menos espiritualistas do início do século XX, combinando-se por vezes o naturalismo com um certo "espiritualismo".

Entre os pensadores que se costuma mencionar dentro da Escola do Recife figuram o discípulo de Barreto, José da Pereira Graça Aranha, Artur Orlando, Clóvis Beviláqua, Sílvio Romero, Virgílio de Sá Pereira. Alguns desses pensadores difundiram suas doutrinas no Recife; outros em Sergipe e no Rio de Janeiro.

RECIPROCIDADE, RECÍPROCO. No verbete Conversão referimo-nos à chamada "conversão por contraposição". A proposição obtida de uma proposição dada mediante tal conversão é chamada "proposição conversa", mas também às vezes "proposição recíproca". Em geral, pode-se dar o qualificativo de "reciprocidade" a vários tipos de conversão; por exemplo, se um termo é conversível a outro termo (e vice-versa), qualquer um dos termos é recíproco do outro.

A noção de reciprocidade equivale à noção de correspondência mútua (que pode ser correspondência mútua de termos, conceitos, proposições, coisas, pessoas etc.). Essa correspondência mútua equivale a uma comunidade, termo mediante o qual se designa também a reciprocidade, especialmente quando se trata de reciprocidade de ação.

Exemplo de um princípio (ou lei) em que se faz uso da noção de reciprocidade como reciprocidade de ação é a terceira das leis newtonianas do movimento (VER): a lei segundo a qual a toda ação sempre se opõe, ou contrapõe, uma reação. Kant considerou a reciprocidade de ação (*Wechselwirkung*) ou comunidade (*Gemeinschaft*) como uma das categorias (ver CATEGORIA) da relação (VER). Essa categoria corresponde ao juízo disjuntivo. As outras categorias de relação são: a de inerência e subsistência ou substância e acidente (correspondente ao juízo categórico), e a de causalidade e dependência ou causa e efeito (correspondente ao juízo hipotético). Segundo a observação kantiana de que a terceira categoria de cada uma das quatro classes de categorias provém da combinação da segunda com a primeira, pode-se dizer que a categoria de reciprocidade de ação ou comunidade é "a causalidade das substâncias determinando-se reciprocamente uma à outra" (*KrV*, B 111). Kant reconhece que a correspondência da categoria de reciprocidade com o juízo disjuntivo não é tão clara e evidente como as outras correspondências similares de categorias com tipos de juízo, mas tenta de todas as maneiras demonstrar que há um acordo a respeito (*op. cit.*, B 112-13). O esquema (VER) da reciprocidade de ação ou comunidade é, segundo Kant, a coexistência, segundo uma regra universal, das determinações de uma substância com as da outra (*op. cit.*, A 144/B 183). Em relação com a categoria de reciprocidade de ação ou comunidade se encontra a terceira analogia (VER) da experiência, ou "princípio de coexistência segundo a lei de reciprocidade ou comunidade": "Todas as substâncias, enquanto se pode perceber sua coexistência no espaço, encontram-se em completa reciprocidade" (*op. cit.*, B 256). [Em A 211: "Todas as substâncias, enquanto coexistem, encontram-se em completa reciprocidade, isto é, em interação mútua".]

Hegel examina a noção de ação recíproca em sua doutrina da essência (VER) imediatamente depois de seu exame da noção de causalidade. Ao contrário de Kant, Hegel concebe a reciprocidade como comunidade das substâncias encaminhadas para um certo fim ou resultado. "A reciprocidade", escreve Hegel em sua *Logik*, "apresenta-se como uma causalidade recíproca de substâncias pressupostas e autocondicionantes. Cada uma delas está relacionada com a outra enquanto é ao mesmo tempo uma substância ativa e uma substância passiva". A reciprocidade aparece aqui como a identidade na substância do ativo e do passivo, o que dá uma concepção da reciprocidade distinta da kantiana ou, pelo menos, uma concepção da reciprocidade que aspira a transcender as limitações da kantiana.

O conceito de reciprocidade, tanto na forma da reciprocidade de ser como na forma da reciprocidade de ação, está implícito em muitas das doutrinas que fazem uso do conceito de polaridade (VER).

RECTA RATIO. Ver RAZÃO (TIPOS DE).

REDUÇÃO 1) Em lógica chama-se de "redução" diversas operações. Em primeiro lugar, a redução, ἀπαγωγή, das figuras do silogismo à primeira figura, única que Aristóteles considerava como bem fundada. Em segundo lugar, a abdução (VER). Por fim, o método de prova indireta às vezes chamado de raciocínio apagógico e mais freqüentemente redução ao absurdo e redução ao impossível, ἀπαγωγὴ εἰς τὸ ἀδύνατον. Neste último caso, trata-se de um método indireto de demonstração que prova a verdade de uma proposição pela impossibilidade de aceitar as conseqüências que derivam de sua contraditória.

Os escolásticos usaram a noção de "redução" em vários sentidos. Cabe entender por 'redução' a inclusão de uma entidade dentro de um gênero ou classe. Cabe entender também por esse termo a redução de um silogismo à primeira figura (VER). Cabe entender igualmente por 'redução' a operação que chamamos de "redução ao absurdo" ou "redução ao impossível"; neste caso, o que se "reduz" é um enunciado falso ou contraditório.

Alguns supõem que a redução ao absurdo é absolutamente certa e concludente; outros, em compensação, consideram-na menos certa que uma prova direta. Ao referir-se a este ponto, Peirce considerou a redução — com o nome de abdução — como um dos tipos de inferência. No entanto, Peirce declara que não se pode confundir a *apagogē* tal como definida por Aristóteles, e a redução ao impossível ou método de demonstração indireta que afirma a validade de uma conclusão pela assunção de sua contraditoriedade. "Tomemos, por exemplo", escreve Peirce, "a sétima proposição do primeiro livro de Euclides, a que afirma que sobre o mesmo lado da base AB não podem existir dois triângulos ABC e ABD de modo que $AC = AD$ e $BC = BD$. Euclides prova-o mostrando que se esses dois triângulos existissem decorreria disso que os ângulos BDC e BCD teriam de ser iguais, assim como desiguais. Mas justamente o processo de raciocínio mostra que se há dois triângulos ABC e ABD sobre o mesmo lado de AB, e se $AC = AD$, então BC não é igual a BD, o que mostra que não há dois triângulos nos quais $AC = AD$ e $BC = BD$, pois as coisas desiguais não são iguais" (*Collected Papers*, 2.612). Em outro lugar, Peirce define o raciocínio ou forma apagógica dizendo que "se C é verdadeiro quando P o é, então P é falso quando C o é. Daí que sejam sempre possível substituir qualquer premissa pela negação da conclusão, desde que a negação daquela premissa seja substituída ao mesmo tempo pela conclusão. E daí, correspondendo a todo argumento silogístico da forma geral: *S é M, M é P; S é P*. É falso que *S é M*, e *S é M*; é falso que *S é P*. É falso que *M é P*" (*op. cit.* 2.475). Com isso, a inferência está relacionada indubitavelmente com a prova apagógica, e isso de um modo muito parecido a como a terceira figura o está com a segunda (*op. cit.*, 2.516). No entanto, prossegue Peirce, há um modo no qual o silogismo ordinário pode ser invertido, e onde a conclusão e qualquer das premissas podem ser intercambiadas atribuindo-se sinal negativo a cada uma delas: é a forma em que "as figuras indiretas ou apagógicas do silogismo são derivadas da primeira, e na qual o *modus tollens* é derivado do *modus ponens*" (2.718).

A redução é, segundo J. Łukasiewicz e I. M. Bocheński, um método que se contrapõe ao da dedução. Na dedução se derivam umas proposições de outras por meio de regras de inferência. Exemplo:

Pedro fuma
Pedro tosse
Pedro fuma e Pedro tosse

Na redução se deriva o antecedente de um condicional da afirmação do conseqüente. Exemplo:

Se Pedro fuma, Pedro tosse
Pedro tosse
Pedro fuma

Segundo Bocheński, a redução pode ser entendida em quatro sentidos, agrupados em dois fundamentais: *a*) A redução pode ser progressiva (e consiste então na verificação), ou regressiva (e consiste então na aclaração). *b*) A redução pode ser indutiva (e consiste então numa generalização), ou não indutiva (e não consiste então numa generalização).

2) Em psicologia, chama-se redução das imagens ao fato de uma imagem ou outro fenômeno parecer real.

3) A redução tem um significado central na fenomenologia. A redução é aqui o processo pelo qual se isolam entre parênteses todos os dados, convicções etc., aos quais se referem os atos, para voltar sobre os atos mesmos. A redução pode ser eidética ou transcendental. Na redução eidética isolam-se entre parênteses todos os fenômenos ou processos particulares com o fim de alcançar-se a essência (VER). Na redução transcendental (também chamada propriamente de "fenomenológica") isolam-se entre parênteses as essências mesmas para alcançar o resíduo fenomenológico da consciência transcendental. Referimo-nos à redução no sentido da fenomenologia mais detalhadamente nos verbetes FENOMENOLOGIA e HUSSERL (EDMUND). Acrescentaremos aqui que, segundo Husserl, o método da redução fenomenológica permite descobrir "um novo reino da experiência" — e até "criar" uma nova experiência desconhecida aos homens antes da fenomenologia — (cf. *Erste Philosophie, 1923/1924. Zweiter Teil: Theorie der phänomenologischen Reduktion*, 1959, ed. Rudolf Boehm [Husserliana, VIII, p. 163]).

4) A redução também é um método admitido em todas as chamadas "ciências neutras" ou em todas aquelas filosofias que de algum modo tentaram colocar-se "sem pressupostos" frente ao "dado". Por exemplo, Avenarius fala da necessidade de reduzir a introjeção, de suspendê-la ou isolá-la entre parênteses com o fim de restituir o conceito natural do mundo e as coordenações principais empiriocríticas. Por sua vez, Theodor Ziehen, embora negando formalmente as influências de Avenarius e de sua escola, considera as "partes integrantes da redução" (*Reduktionsbestandteile*) como elementos situados além — ou aquém — da oposição entre o material e o psíquico. As partes integrantes da redução são, pois, ao mesmo tempo, partes integrantes do dado regido pelas leis gignomenológicas.

5) Num sentido mais geral, ainda que em vários pontos aparentado às últimas acepções mencionadas, a redução é o ato ou o fato de transformar algo em um objeto considerado como anterior ou mais fundamental. A redução pode referir-se tanto a um objeto real como a um objeto "ideal". No primeiro caso, é uma forma de recorrência pela qual um estado mais desenvolvido se converte em um estado menos desenvolvido. Por isso a redução também é chamada, então, segundo os casos, regressão ou involução. No segundo caso, a redução equivale à passagem do fundamentado a seu fundamento. Dentro deste último conceito podem ser incluídas as múltiplas teorias reducionistas que proliferaram ao longo da história da filosofia. A tese segundo a qual uma realidade determinada "não é senão" outra realidade que supostamente é "mais real" ou "mais fundamental" é a expressão comum de todas as atitudes reducionistas. Estas têm, sem dúvida, uma justificação no postulado da necessidade de simplificação das leis, mas ao mesmo tempo se deparam com dificuldades derivadas não apenas da irredutibilidade ontológica que resulta de uma pura descrição das camadas do real, mas também das próprias exigências teóricas nas ciências. Com efeito, mesmo que algumas vezes a redução possa ser considerada como "teoricamente possível" — por exemplo, a redução da psicologia à fisiologia, desta à química e desta à física —, ocorre que tal possibilidade só se abre pelo fato de que a consideração se situou automaticamente em outro nível distinto, precisamente naquele nível que tende a descartar certos conteúdos das respectivas ciências. A redução, freqüente na filosofia, do real ao ideal, chocou-se, portanto, com obstáculos parecidos aos encontrados na redução inversa, vigente sobretudo no naturalismo. Ora, nem o racionalismo clássico nem o naturalismo moderno e contemporâneo po-

dem ser considerados como reducionistas em princípio. Dentro deles pode-se dar tanto um reducionismo como uma teoria da irredutibilidade (ontológica ou simplesmente descritiva). Assim, o reducionismo materialista é combatido não somente pelas ontologias anti-reducionistas (como a de Boutroux ou a de Nicolai Hartmann), como também pelas novas correntes naturalistas, as quais, como ocorre com J. H. Randall Jr., não consideram incompatível a admissão dos "procedimentos científicos" como os únicos justificados, e a admissão da riqueza, variedade e multiplicidade irredutíveis do real. Segundo indica E. Cannabrava referindo-se a um dos tipos de redução mais insistentemente defendidos pelo velho naturalismo — o dos processos psicológicos a processos fisiológicos —, "nada impede que o pensamento, por exemplo, se desenvolva de acordo com suas próprias leis, que definem as relações entre as diferentes fases do ato de pensar"; o contrário é cair numa pura especulação metafísica com aparência de demonstração rigorosa; é "incorrer no erro lógico grosseiro de confundir as condições necessárias com as condições suficientes de um processo qualquer".

Quando se usa o termo 'redução' é preciso esclarecer sobretudo se com ele se entende a redução de uns objetos a outros (redução ontológica) ou a redução de uns enunciados a outros (redução semântica). Neste último caso, deve-se precisar que tipo de redução se propõe: incompleta, completa, formal, cognoscitiva etc. Nagel distinguiu redução seletiva, característica, constitutiva, completa, formal e epistêmica. Segundo o mesmo autor, o problema da redução nas ciências deve ser considerado sempre "em termos de conexões lógicas entre certos enunciados empiricamente confirmados" de duas ou mais ciências dadas, e por isso não se trata da possibilidade ou impossibilidade de deduzir as propriedades de um sujeito das propriedades de outro, nem tampouco de negar a existência de certos fenômenos declarando-os ilusórios (por exemplo, a temperatura, pelo fato de "reduzir-se" a elementos moleculares). Assim se eliminam, segundo Nagel, vários pseudoproblemas que haviam sido colocados pelo antigo reducionismo, que não levava em conta nem a diferença entre "redução lógica" e "redução ontológica", nem tampouco o fato de que todo problema de redução nas ciências é um problema concreto, que se refere a um estado determinado da ciência considerada. Por esse motivo, Nagel insistiu recentemente em que "a questão de se uma ciência dada é redutível a outra deve tornar-se mais explícita pela introdução de uma data definida". Se tomamos como exemplo a chamada redução da eletrodinâmica à mecânica na física moderna, deparamo-nos — diz Nagel — com o fato de a termodinâmica poder-se reduzir a uma mecânica posterior a 1866, mas não é redutível a uma mecânica tal como essa ciência era concebida por volta de 1700. E, do mesmo modo, certa parte da química é redutível a uma teoria física posterior a 1925, mas não à teoria física vigente em meados do século passado.

⊃ Ver, além dos textos citados no verbete: Ernest Nagel, "The Logic of Reduction in the Sciences", *Erkenntnis*, 5 (1935), 46-52. — Id., "The Meaning of Reduction in the Natural Sciences" (no volume *Science and Civilization*, ed. Robert C. Stauffer, 1949). — J. F. Thomson, R. B. Braithwaite *et al.*, *Symposium: Reductibility,* Aristotelian Society Supp., vol. 26 (1952). — I. M. Bocheński, *Die zeitgenössischen Denkmethoden*, 1954, cap. V. — J. G. Kemeny e P. Oppenheim, "On Reduction", *Philosophical Studies*, 7 (1956), 6-19. — Reinhardt Grossman, *Ontological Reduction*, 1973. — J. Monod, J. Eccles *et al.*, *Studies in the Philosophy of Biology, Reduction and Related Problems*, 1974, eds. F. J. Ayala e T. Dobzhansky. — D. L. Hull, *Informal Aspects of Theory Reduction*, 1976. — R. M. Yoshida, *Reduction in the Physical Sciences*, 1977. — R. L. Causey, *Unity of Science*, 1977 [lógica da "micro-redução" nas teorias dinâmicas, ou teorias que explicam os atributos e comportamento, mais que o desenvolvimento evolucionário, de coisas em algum domínio]. — M. Spector, *Concepts of Reduction in Physical Science*, 1978. — A. Clark, *Psychological Models and Neural Mechanisms: An Examination of Reductionism in Psychology*, 1980. — R. Healey, ed., *Reduction, Time and Reality*, 1981. — D. A. Bonevac, *Reduction in the Abstract Sciences*, 1982 [com prefácio de W. Sellars]. — J. W. Smith, *Reductionism and Cultural Being: A Philosophical Critique of Sociobiological Reductionism and Physicalist Scientific Unification*, 1984. — A. Beckermann, H. Flohr, J. Kim, *Emergence or Reduction?*, 1992. ⊂

REDUPLICAÇÃO, REDUPLICATIVAMENTE, REDUPLICATIVO. Em *An. pr.*, 1, 38, 49 a 26-49 b 2, Aristóteles escreve: "Não é igual a posição dos termos [o que posteriormente foi chamado de *expositio terminorum*] quando se deduz algo silogisticamente de um modo simples [sem a chamada *iteratio*] e quando se deduz algo com uma determinação [modificação], seja essencial, condicional, ou de qualquer outro modo, isto é, quando, por exemplo, se prova que o bem é simplesmente objeto de ciência, e quando se prova que é um objeto de ciência que é bom. Se se demonstrou que é simplesmente objeto de ciência, deve-se pôr *ser* como termo médio, mas se se acrescenta *que é bom*, o termo médio deve ser *tal ser determinado*. Tomemos por exemplo A como significando *saber que é tal coisa determinada*, B como significando *tal coisa determinada*, e C como significando *bem*. Pode-se afirmar A de B, já que se estabeleceu [se 'pôs' na mencionada 'posição dos termos'] que do que é tal coisa determinada se sabia que é tal coisa determinada. Mas também se pode afirmar B de C, porque C representa tal coisa determinada. Portanto, pode-se afirmar A de C... pois se estabeleceu que *tal coisa determinada* significava a realidade própria da coisa. Em compensação, se se estabelece *ser* como médio, e se une *ser*, em sentido simples, ao extremo... não teremos um silogismo [que conclua A de C]... Vê-se, pois, que nos silogismos determinados por uma reduplicação, os termos devem ser estabelecidos do modo supracitado".

Essa passagem de Aristóteles constitui o fundamento da doutrina lógica da reduplicação (ἐπαναδίπλωσις, *reduplicatio*). Como indicamos em Proposição (VER), há um tipo de proposição composta chamado "proposições ocultamente compostas" (ou também "virtualmente hipotéticas"), e dentro deste tipo de proposição há uma classe de proposições chamadas "proposições reduplicativas", nas quais intervêm expressões como 'enquanto' (ou 'como', 'na qualidade de' etc.). Às vezes se emprega essa reduplicação num sentido muito geral, como quando se diz: "O ser enquanto ser é o objeto da filosofia primeira", e nesse caso afirma-se que 'ser' é empregado reduplicativamente, *reduplicative*. Mais exatamente, as proposições reduplicativas são aquelas nas quais as expressões citadas ('enquanto', 'como' etc.) têm uma das duas funções seguintes: 1) Uma função reduplicativa *stricto sensu*, por meio da qual a expressão de referência, ao "reduplicar" o sujeito, indica por que motivo o sujeito possui o predicado (ou o predicado convém ao sujeito), como quando diz: "Os corpos enquanto corpos são visíveis" (exemplo proveniente de Santo Tomás [*S. theol.*, III, q. XVI, 10 ob. 2]: *corpus secundum quod corporale est visibile*). 2) Uma função especificativa por meio da qual a expressão de referência, ao "reduplicar" o sujeito, indica as condições que fazem com que o sujeito possua precisamente o predicado (ou o predicado esteja precisamente contido no sujeito), como quando se diz: "O homem, enquanto ser racional, é capaz de filosofar".

Na atualidade, e exceto nos textos escolásticos ou em autores que seguem a doutrina escolástica da classificação de proposições ou simplesmente levam em conta os dois sentidos da reduplicação, o dizer-se algo *reduplicative* tem o sentido mais geral antes indicado, isto é, o sentido de "enquanto é precisamente tal", como quando se diz "O homem enquanto homem" ou "O homem *qua homem*", isto é, o homem só e precisamente enquanto é homem e não outra coisa.

REDUTIBILIDADE (AXIOMA DA). Ver TIPO.

REFERÊNCIA. O trabalho de Frege (VER), "Über Sinn und Bedeutung", foi traduzido de vários modos: "Sobre o sentido e a denotação", "Sobre sentido e *denotatum*", "Sobre significação e denotação", "Sobre significação e *denotatum*", "Sobre significação e referência", "Sobre sentido e referência". Há acordo em que, embora o vocábulo alemão *Bedeutung* se traduza correntemente por 'significação' ou 'significado' — como em '... *bedeutet*...' '...significa...' —, no caso de Frege isso se prestaria a confusões. Qualquer das palavras indicadas — 'denotação', *denotatum*, 'referência' — é adequada, mas preferimos a última que, além disso, parece ser a que vem circulando mais. Quanto a *Sinn*, poderia ser traduzido por 'significação', 'significado', 'sentido', mas também preferimos a última palavra.

O problema levantado por Frege é o que mencionamos em vários verbetes (como IDENTIDADE, SUBSTITUIBILIDADE DA IDENTIDADE). Trata-se de saber se '=' relaciona objetos ou então nomes ou signos de objetos. Há dificuldades em ambos os casos. Assim, se:

A estrela matutina = A estrela vespertina   (1)

é verdadeiro,

A estrela matutina = A estrela matutina   (2)

deveria significar o mesmo que (1). Mas (2) não proporciona nenhuma informação, ao passo que (1) proporciona informação. A informação proporcionada por (1) é resultado de uma descoberta astronômica. Por outro lado, se:

'A estrela matutina' = 'A estrela vespertina'   (3)

as expressões à direita e esquerda de '=' em (3) devem ser nomes do mesmo objeto. Que sejam tais nomes, sabe-se unicamente em virtude de uma descoberta astronômica.

É necessário fazer a distinção, segundo Frege, entre o sentido e a referência de um signo. "É natural pensar", escreve Frege, "que com um signo (um nome, uma combinação de palavras, um grafismo) está conectado, além do designado por ele, que se pode chamar a referência do signo, o que eu denominaria o sentido do signo, no qual está contido o modo de apresentação". (Usamos a tradução do trabalho de Frege contida na compilação de Thomas Moro Simpson, *Semántica filosófica: problemas y discusiones*, 1973, pp. 4-5, mas substituímos 'denotação' nesta tradução por 'referência' em virtude da convenção precedente). Por 'signo' ou 'nome' Frege entende "qualquer designação que seja um nome próprio, cuja referência é, portanto, determinado objeto (entendendo esta palavra em seu sentido mais amplo) e não um conceito ou uma relação" (*op. cit.*, p. 5). Em outras palavras, "a referência de um nome próprio é o objeto mesmo que designamos por meio dele" (*op. cit.*, p. 8), não a imagem subjetiva que possamos ter do objeto. Em outras palavras: "Um nome próprio (uma palavra, um signo, uma combinação de signos, uma expressão) *expressa* seu sentido e se refere a, ou designa, sua referência. Por meio de um signo expressamos seu sentido e designamos sua referência" (*op. cit.*, p. 9).

Ordinariamente, aquilo de que se fala é a referência da expressão que se usa para falar dele. Às vezes pode-se falar acerca das palavras mesmas, como ocorre com uma citação, isto é, com a descrição do que alguém diz.

Às vezes o que se diz tem como referência o sentido corrente, como ocorre em orações indiretas nas quais intervêm verbos como 'sabe que'. Frege conclui fazendo a distinção entre a referência corrente e a referência indireta, por um lado, e entre o sentido corrente e o sentido indireto, por outro. Assim, a referência indireta de um termo é seu sentido corrente.

O que se pode chamar "problema da referência" foi tratado detalhadamente por Russell em sua teoria das descrições (ver DESCRIÇÕES [TEORIA DAS], onde nos ocupamos também das concepções de Strawson). Russell usou a expressão 'frases denotativas', e também foi usada a expressão 'frases referenciais' (ou 'referentes') — na acepção de "frases que se referem a". Essas frases não são nomes próprios, porque, ao contrário destes, aquelas carecem por si mesmas de significação. A expressão 'frases referenciais' é, segundo Peter Thomas Geach (*Reference and Generality*, 1962, p. 47; ed. corr., 1983), inadequada, mas esse autor indica que a usa porque seria apropriada se as teorias que a expressão busca descrever fossem corretas. Geach especifica 'frase referencial' do seguinte modo: 1) Uma frase tal sempre é formada por um termo geral substantival (não apenas termos gerais, mas também complexos); 2) consiste num termo geral mais um "aplicativo" do tipo de 'um', 'o', 'alguns', 'nenhum', 'cada', 'só', 'todos salvo dois', 'a maior parte de' etc. Para Geach, Russell cometeu várias confusões ao falar de 'frases denotativas' e ao entendê-las do modo como o fez, especialmente ao considerar, por exemplo, 'nenhum homem' como uma frase denotativa. O pior de tudo, opina Geach, é que Russell afirmou que seu próprio uso primitivo de 'denotar' corresponde ao uso por Frege de *bedeuten*. Tudo, em 'denotar', está cheio de confusões; melhor seria, observa ele, deixar de lado esse termo e os modos como foi entendido (por exemplo, 'aplicar-se a', 'ser verdadeiro de'). Geach lembra que o modo de referência de uma frase referencial é o que os medievais chamaram de *suppositio* (ver SUPOSIÇÃO).

Leonard Linsky (*Referring*, 1967, p. 106) fala de "referência pura" e de "referência impura"; pela primeira entende a transparência referencial e pela segunda a opacidade referencial (ver OPACO, TRANSPARENTE). Esse autor indica que o "referir-se" não tem a onipresença que se lhe outorga na literatura filosófica, e que, em todo caso, há multiplicidade de usos de 'referir-se a' e 'referência', assim como de 'deixar de referir-se a' e 'falta de referência'. Logo de saída, há uma distinção entre referir-se a e fazer uma referência, e o que os filósofos chamam 'denotar' ou 'referir-se a'. Referir-se a algo ou fazer uma referência a algo são atividades executadas pelos que usam a linguagem, enquanto o 'denotar' ou o 'referir-se a' — e, portanto, também a referência — em sentido filosófico deve ser entendida como alguma forma de relação entre a linguagem e aquilo que a linguagem diz (*op. cit.*, pp. 116 ss.).

Segundo as teorias referencialistas da significação, a significação de um termo é o objeto ao qual se refere. Essas teorias sofreram objeções: primeiro, que não levam em conta a distinção já apontada entre sentido e referência; segundo, que há termos que não são de modo algum referenciais e, terceiro, que não fica nada clara a natureza do "objeto" ao qual o termo se refere, ou se supõe que se refere.

Quine ocupou-se freqüentemente do problema de como se adquire o mecanismo da referência, isto é, de como se aprende a referir-se a objetos, a falar de objetos (cf. *Word and Object*, especialmente § 12; *Ontological Relativity, and Other Essays*, especialmente cap. I; *The Roots of Reference*, especialmente III). De saída, cabe distinguir referência não dividida — que tem termos-massa como 'água', 'vermelho', que se referem "acumulativamente" e não dividem, ou não dividem muito, sua referência —, e referência dividida (com a qual surge a individuação, mediante termos gerais ou singulares). Esta última é a mais interessante, e ao mesmo tempo a mais difícil de explicar. É a mais interessante porque ao dar conta de como se adquire o aparato lingüístico da referência, no sentido indicado, se pode dar conta do modo como se chega a dominar a linguagem cognoscitiva, que inclui frases observacionais, predicação, quantificação, valores veritativos etc. Quine adota um ponto de vista comportamentalista, *mutatis mutandis*; sua ontologia da referência é ao mesmo tempo uma psicologia do conhecimento. As dificuldades no esclarecimento da noção de referência aparecem em relação com (ou paralelamente a) a indeterminação da tradução. Muitos autores tinham acreditado ser difícil, senão impossível, dar conta da noção de significação (ver SIGNIFICAÇÃO E SIGNIFICAR; SIGNIFICADO). Quine faz ver que é difícil, senão impossível, dar conta da noção de referência. Em seu mais conhecido exemplo: se não conhecemos a língua de uma comunidade e tentamos aprender ostensivamente a que se refere a palavra 'Gavagai' quando se aponta para um coelho — ou para aquilo que, em princípio, supomos ser tal —, se nos apresenta um problema mais básico do que o problema wittgensteiniano de saber a que se refere alguém ao mostrar ostensivamente a cor sépia. Pois 'sépia' é, ao fim e ao cabo, um termo-massa, com referência dividida, ao passo que 'coelho' é um termo com referência não dividida. Mas por 'Gavagai' — o fugidio "coelho" — cabe referir-se a um coelho individual, a uma parte não separada de coelho (onde 'coelho' é aqui algo assim como o coelho total) ou a um estádio ou fase de coelho. A ostensão não basta. Devido a isso, Quine fala da "inescrutabilidade da referência". Com o fim de torná-la mais "escrutável", é preciso pôr em marcha um complexo mecanismo que envolve um sistema de traduções mediante as chamadas "hipóteses analíticas" (ver TRADUÇÃO [INDETERMINAÇÃO DA]). Em consonância com o às vezes chamado "holismo epistemológico" de Quine faz-se menção a um amplo contexto lingüístico e também a um amplo contexto referencial em vez de manter o problema da referência numa estreita relação biunívoca entre um termo e "o" suposto objeto ao qual se refere.

Em seu exame e contraste entre as chamadas "teorias idealistas" e as teorias realistas do significado, Hilary Putnam ("Explanation and Reference", em G. Pearce e P. Maynard, eds., *Conceptual Change*, 1973, pp. 199-221; reimp. em Hilary Putnam, *Mind, Language, and Reality, Philosophical Papers*, vol. 2, 1975, pp. 196-214) mencionou várias posições que cabe adotar ao colocar-se a questão de se, e como, um conceito se refere ou não a algo (ou a alguém). É possível que um conceito — como ocorre freqüentemente com o conceito de uma "classe natural" (por exemplo, a classe natural dos peixes) — não seja estritamente verdadeiro de nada e, contudo, se refira a algo. Também é possível que vários conceitos — como ocorre com conceitos de alguma realidade física (freqüentemente designados pelo mesmo nome) — em teorias distintas se refiram à mesma coisa. Os partidários de uma teoria idealista do significado têm de sustentar que um conceito depende da teoria — no vocabulário já bastante difundido, "está carregado de teoria" —; com isso as noções de referência e de verdade dependem também de uma teoria. Os partidários de uma teoria realista do significado consideram que um conceito é "transteórico" no sentido em que Dudley Shapere falou de 'transteórico', isto é, que tem a mesma referência em várias teorias. Para o realista, verdade e referência são transteóricas. Putnam introduz uma teoria causal do significado segundo a qual, ainda que um conceito (um termo) possa ter, ou ir tendo, várias intensões, estas não são incompatíveis entre si nem dependem da teoria adotada. O conceito (termo) pode ter, através de suas várias intensões, o mesmo referente. Putnam indica que deve parte de suas idéias a esse respeito a uma obra de Kripke (não publicada) sobre nomes próprios. Uma noção capital da mesma é a de que alguém pode usar um nome próprio para referir-se a algo ou a alguém mesmo sem possuir crenças verdadeiras sobre o mesmo. O uso de um nome próprio para "referir-se a" envolve a existência de uma cadeia causal entre o que usa o nome (ou seu uso do nome) e o portador do nome. Quanto a isso, Putnam não parece ir tão longe quanto Kripke, e sustenta que, no mínimo, o que usa o nome próprio para referir-se a algo ou a alguém deve possuir algumas crenças aproximadamente verdadeiras acerca do portador do nome. (Essas crenças, diga-se de passagem, são produzidas por um uso coletivo de uma linguagem e por uma espécie de "atitude coletiva" a respeito das referências).

Kripke deu origem ao que se chamou "nova teoria da referência". Segundo Stephen P. Schwartz (em Keith S. Donnellan, S. Kripke, H. Putnam *et al.*, *Naming,*

Necessity, and Natural Kinds, 1977), os que propuseram essa nova teoria "proclamaram, por exemplo, que os nomes e muitos termos gerais referem [têm referência] sem que mediem descrições; que enunciados de identidade como 'Túlio é Cícero' não são contingentes; que pode haver verdades necessárias sintéticas descobertas *a posteriori*, e que termos como 'ouro' e 'tigre' não têm definições no sentido ordinário [da palavra]".

Mario Bunge (*Treatise on Basic Philosophy*, I, pp. 32 ss.) distingue o conceito semântico de referência — a *suppositio* dos lógicos medievais — e a noção psicológica ou pragmática de referência. Esta última noção não ajuda na compreensão daquele conceito. Ocupamo-nos do conceito semântico de referência quando perguntamos, por exemplo, quais são os referentes dos enunciados ou de uma teoria e como podem identificar-se tais referentes. A referência é, segundo Bunge, uma relação entre o que ele denomina "construtos" (conceitos enunciados e teorias) e objetos de qualquer classe. Não é fácil, mas não é impossível, esclarecer e especificar essa relação. Dentro dos conceitos científicos Bunge distingue conceitos faticamente não referenciais e conceitos faticamente referenciais (estes incluem variáveis como "campo", "célula", "ecossistema", que podem referir-se a variáveis-objetos ou a variáveis-predicados). No que diz respeito à significação, Bunge (*Treatise*, II, XX, pp. 42 ss.) sustenta que ela deve ser entendida como "o sentido mais a referência". Um símbolo designa um construto, o sentido mais a referência são a significação do construto e a "significância" do símbolo. Um exemplo simples é o signo ou termo 'homem', que designa o, ou melhor dizendo, um conceito de homem; o sentido é dado pela antropologia e a classe de referentes é a totalidade dos humanos. Um signo que não consegue designar um construto tem uma significação vazia. Se um signo é significante, é-o pela via de algum construto. Segundo Bunge, estas teses evitam o nominalismo e a variedade de hilemorfismo que consiste em outorgar a simples marcas propriedades semânticas; por outro lado, não aderem ao platonismo, já que não se adota a hipótese de que os construtos têm um ser independente (*op. cit.*, p. 45). É óbvio que tanto em suas idéias sobre a noção de referência como sobre a noção de significado — enquanto sentido mais referência —, a idéia de "construto" desempenha em Bunge um papel central.

Segundo Ferdinand Gonseth (*Le référential, univers obligé de médiatisation*, 1975), é preciso buscar a referência num acordo ou "mediação" entre o sujeito e o mundo. Isso ocorre tanto no ato de conhecimento da realidade quanto na adaptação à (e ação sobre a) realidade. A falta de referência é uma falha no mencionado acordo ou "mediação".

Na opinião do autor da presente obra (cf. "Cuestiones de palabras", em *Las palabras y los hombres*, 1972, pp. 120-121), significado (ou sentido) e referência não são completamente independentes entre si. Isso se deve ao fato de que embora haja termos que não são verdadeiros de nada (ou, melhor dizendo, de algo), podem se referir a algo. Esta é a "teoria refinada do sentido e da referência" que Hilary Putnam deduz de algumas observações no *Anti-Dühring*, de Engels. A esta teoria pode-se acrescentar a exposta em *El ser y el sentido* (VII, 4): há expressões que têm referência direta, outras que têm correferência (VER), outras que têm hetero-referência e outras que têm transreferência. As duas noções mais fundamentais são aqui as de correferência e transreferência. Em virtude da correferência, não há termo absolutamente arreferencial, mesmo se aquilo de que se fala não existe, e que tem, ou pode ter, referência direta e plenária. Para transreferência, ver TRANSREFERÊNCIA.

⇨ Além das obras mencionadas no texto: J. W. Cornman, *Metaphysics, Reference, and Language*, 1966. — Ch. Teil, *Sense and Reference in Frege's Logic*, 1968. — Tyle Burge, Richard Grandy, Jane English, Hatry Field, artigos sobre a noção de referência no volume duplo intitulado "On Reference", de *Journal of Philosophy*, 70 (1973), 425-481. — VV.AA., *Meaning, Reference and Necessity: New Studies in Semantics*, 1975, ed. S. Blackburn. — Leonard Linsky, *Names and Descriptions*, 1977. — J. A. Hawkins, *Definitiness and Indefinitiness: A Study in Reference and Grammaticality Prediction*, 1978. — R. Wimmer, *Referenzsemantik. Untersuchungen zur Festlegung von Bezeichnungsfunktionen sprachlicher Ausdrücke im Beispiel des Deutschen*, 1979. — D. Schwarz, *Naming and Referring: the Semantics and Pragmatics of Singular Terms*, 1979. — C. McGinn, C. Peacocke et al., *Reference, Truth and Reality*, 1980, ed. M. Platts. — M. Dummett, *The Interpretation of Frege's Philosophy*, 1981. — N. U. Salmon, *Reference and Essence*, 1981. — R. Chisholm, *The First Person: An Essay on Reference*, 1983. — G. Evans, *The Varieties of Reference*, 1982, ed. J. McDowell. — C. Z. Elgin, *With Reference to Reference*, 1983 [prólogo de N. Goodman]. — E. Runggaldier, *Zeichen und Bezeichnetes*, 1985. — K. Bach, *Thought and Reference*, 1987. — R. J. Nelson, *Naming and Reference*, 1992. — R. Rashed, *Direct Reference: From Language to Thought*, 1993. ⇦

REFERENTE. Ver REFERÊNCIA; SÍMBOLO, SIMBOLISMO.

REFLEXÃO. A noção psicológica e metafísica de reflexão tem origem na idéia de reflexão de uma substância material (corpo elástico, onda de luz ou de som etc.); quando a substância material cai sobre uma superfície lisa, ricocheteia e muda de direção. Supôs-se que o mesmo pode ocorrer ao sujeito humano e ainda à realidade inteira. Neste último caso, supõe-se que a realidade pode, depois de "estender-se" ou de "emanar", regressar a si mesma. Com isso se produz a "reflexão da realidade". A realidade de que se fala aqui é, em última análise, de caráter espiritual. Embora seja possível que se "multiplique" e se "disperse", sua tendência consiste em voltar para si mesma, em concentrar-se em sua própria unidade, isto é, em "refletir". No caso do sujeito humano, a reflexão é a mudança de direção de um ato mental, e especificamente de um ato intelectual, por meio do qual o ato inverte a direção que o leva rumo ao objeto e volta para si mesmo. Assim considerada, a reflexão é um ato de consciência. Freqüentemente se identifica "consciência" com "reflexão", o que leva a considerar o sujeito humano como um ser fundamentalmente reflexivo.

Os escolásticos distinguiam a reflexão em sentido metafísico (real) e a reflexão em sentido "mental". O produto do primeiro tipo de reflexão é uma idéia direta, o produto do segundo tipo de reflexão é uma idéia reflexa. Trata-se de uma concepção, respectivamente, "ampla" e "restrita" da noção de reflexão. De qualquer modo, os escolásticos tenderam a tratar a questão da reflexão num sentido que posteriormente foi qualificado de "psicológico". Consideraram que os sentidos atendem ao objeto para o qual estão constituídos e não regressam a si mesmos por meio de nenhuma reflexão. Em contrapartida, o senso comum permite apreender os atos de percepção sensível. Na reflexão, portanto, o sujeito não apenas vê, como sente que vê, se dá conta de que vê, reflete sobre seu ver. A reflexão é um conhecimento que o sujeito tem dos próprios atos.

A noção de reflexão desempenha um papel importante em muitos autores modernos, destacando-se seus aspectos epistemológicos e psicológicos. Segundo Locke, todas as idéias vêm da experiência, que tem duas fontes: a sensação (VER) e a reflexão. Pela sensação temos idéias como as de "amarelo", "quente", "branco" etc. A reflexão é um "sentido interno" e é entendida por Locke como "aquela notícia que o espírito adquire de suas próprias operações e do modo de efetuá-las, em virtude do que chega a possuir idéias destas operações no entendimento" (*Essay*, I, i, 4). As operações de que fala Locke — e que não são apenas ações da mente sobre suas idéias, mas "alguma forma de paixão que às vezes emerge delas, como a satisfação ou inquietude que surge de qualquer pensamento" — são operações como "perceber", "pensar", "duvidar", "crer", "raciocinar", "conhecer", "querer". Mediante a reflexão se adquirem as idéias "gerais". Locke indica que as idéias simples podem chegar à mente ou por meio de um só sentido, ou por meio de mais de um sentido, ou por meio de reflexão unicamente, ou por todas as maneiras de sensação e de reflexão (*Essay*, II, iii, 1). As idéias simples de reflexão são a percepção ou pensamento e a volição ou o querer. Há vários modos destas idéias simples de reflexão, tais como a lembrança, o discernimento, o raciocínio, o conhecimento, a fé etc. (*Essay*, II, vi). Outras idéias simples de reflexão são o prazer, a dor, o poder, a existência e a unidade (*Essay*, II, vii, 1). É compreensível que as idéias complexas, que podem ser classificadas em modos, substâncias e relações, ao serem combinações de idéias simples nas quais intervêm a sensação e a reflexão, sejam por sua vez idéias em que intervém a reflexão.

Para Hume, as impressões podem ser classificadas em duas classes: sensações e reflexões. As sensações surgem, segundo ele, originariamente da alma por causas desconhecidas. Quanto às reflexões, "derivam em grande parte de nossas idéias, e isso do seguinte modo: uma impressão golpeia primeiramente os sentidos e nos faz perceber calor ou frio, sede ou fome, prazer ou dor de uma classe ou outra. Desta impressão surge uma cópia tomada pela mente que permanece depois de cessar a impressão. A isto chamamos idéia. Quando volta à alma, esta idéia de prazer ou dor produz as novas impressões de desejo e aversão, esperança e temor, que podem ser chamadas propriamente impressões de reflexão, porque derivaram dela. Estas outras são copiadas pela memória e pela imaginação e se convertem em idéias, que eventualmente dão origem por sua vez a outras impressões e idéias. De modo que as impressões de reflexão são simplesmente antecedentes de suas correspondentes idéias, mas conseqüentes das impressões de sensação e derivadas delas" (*Treatise*, I, 2).

Tanto Locke como Hume concebem a reflexão como uma espécie de operação secundária, não porque não seja importante — já que sem ela ficaria notavelmente reduzido o alcance do conhecimento —, mas porque é sempre subordinada aos dados recebidos mediante os sentidos. A reflexão é uma operação sobre esses dados. Até que ponto a reflexão segue fielmente os dados foi um problema debatido por todos os empiristas e no qual houve opiniões muito diversas. Locke parece reconhecer na reflexão uma certa "espontaneidade". Esta é muito menor em Hume e é praticamente inexistente num empirista sensualista como Condillac. O problema indicado está ligado à questão de se os atos de reflexão estão ou não determinados, e até que ponto o estão, pelos dados dos sentidos, isto é, pelas sensações. Está ligado também à questão de até que ponto a reflexão é uma operação de um sentido interno que se distingue de um sentido externo. Aqui também é de se esperar uma série de respostas que expressam distintos graus e matizes de empirismo. Locke parece inclinar-se a certa "independência" da reflexão, ao passo que Condillac supõe que, se há reflexão, esta é completamente dependente dos sentidos, e Hume ocupa uma posição intermediária. De igual modo, Locke destaca o caráter de sentido interno da reflexão, enquanto Condillac elimina quase completamente tal sentido e Hume ocupa também uma posição intermediária.

A variedade de atitudes resenhadas relativas à natureza da reflexão se reproduz nos autores racionalistas. Embora estes tendam a considerar que a reflexão é uma operação intelectual, racional, interna etc., mediante a qual se presta atenção a tais ou quais dados dos sentidos e se combinam estes de uma ou outra maneira, uma decidida concepção inatista (ver INATISMO) atribui à reflexão um caráter mais "independente", "espontâneo" e "produtor de conhecimento" que uma concepção meramente "disposicional".

Em todos os casos, porém, abre-se caminho a uma idéia da reflexão como uma operação de segundo grau. A reflexão é como uma "atenção (VER) a..." e tem sempre um caráter cognoscitivo. Segundo Kant, "a reflexão (*reflexio*) não se ocupa dos objetos mesmos com o fim de derivar deles diretamente conceitos, mas é um estado da mente no qual nos dispomos a descobrir as condições subjetivas sob as quais podemos chegar aos conceitos. É a consciência da relação de representações dadas a nossas distintas fontes de conhecimento. Somente mediante tal consciência se pode determinar corretamente a relação que mantêm entre si as fontes do conhecimento" (*KrV*, A 260-B 316). Nem sempre é necessária a reflexão, acrescenta Kant, uma vez que em alguns casos o que se afirma é evidente. Mas todos os juízos, assim como todas as comparações, exigem reflexão. É preciso distinguir a reflexão como um ato mediante o qual se comparam representações e a reflexão como um ato mediante o qual posso distinguir se a comparação de representações pertence ao entendimento puro ou à intuição sensível. Este último tipo de reflexão é a "reflexão transcendental". Essa reflexão se ocupa dos "conceitos de reflexão", que são os de "identidade" e "diferença", de "acordo" e "oposição", de "interno" e "externo", e de "determinável" e "determinação" (matéria e forma). Enquanto a "reflexão lógica" é "um mero ato de comparação", a "reflexão transcendental", que opera sobre os próprios objetos, "contém o fundamento da possibilidade da comparação objetiva de representações entre si, e é portanto completamente distinta do tipo anterior lógico de reflexão" (*KrV*, A 262-B 319), a ponto de "não pertencer à mesma faculdade de conhecimento".

Kant insiste em que não se deve confundir o uso empírico do entendimento com seu uso transcendental. Quando se produz essa confusão ocorre a anfibolia (VER) dos conceitos de reflexão. Não se trata de se opor ao uso dos conceitos de reflexão, mas a seu mau uso (e Kant examina criticamente, como exemplo deste último, a doutrina monadológica de Leibniz). Ora, a despeito das precauções adotadas por Kant a esse respeito, a veia "construtivista" de seu pensamento abre passagem, engendrando em parte os modos como os idealistas alemães, especialmente Fichte e Hegel, entenderam a noção de reflexão. Para Fichte, a reflexão é o movimento de "contenção" — mediante a "volta a si mesmo" — do Eu que, em sua incessante atividade, se projeta a si mesmo infinitamente. A reflexão desempenha, portanto, um papel fundamental no que se pode chamar a "dialética entre o Eu e o não-Eu". A reflexão, contudo, não procede de nada distinto do Eu: procede do próprio Eu, que contém, como diz Fichte, sua própria medida de reflexão (*Wissenschaftslehre* [1794]; *Gesamtausgabe*, ed. I. H. Fichte, I, 310). Hegel trata da reflexão em várias de suas obras, considerando-a às vezes como "o instrumento da filosofia". São especialmente importantes as considerações hegelianas sobre a reflexão em *Logik* (Livro II ["Doutrina da essência"]). A reflexão surge quando uma aparência (*Schein*) fica como que alienada de sua própria imediatez. Em vez da imediatez da coisa se dão na reflexão relações não "imediatas". A reflexão apresenta, pois, algo distinto do que transparece diretamente da coisa, e como este "algo distinto", enquanto relaciona e fundamenta a coisa, é a essência, a doutrina da reflexão é, como antes apontamos, parte da doutrina da essência. Reflexão equivale em Hegel em grande parte a "relação" ou a "sistema de relações". As categorias da reflexão são por isso categorias relacionais. A reflexão pode ser "reflexão ponente", "reflexão externa" e "reflexão determinante". A reflexão ponente é a meramente relacional e, por isso, relativa, mas se trata de uma relação "fundante". A reflexão externa é a que constitui o ponto de partida para a determinação da coisa como essência. A reflexão determinante é a síntese das reflexões ponente e externa, e é a base para quaisquer ulteriores determinações da coisa; as chamadas por Hegel "determinações reflexivas", tais como a identidade, a diferença, a oposição etc.

Maine de Biran chamou "reflexão" a "esta faculdade mediante a qual o espírito percebe, num grupo de sensações ou numa combinação qualquer de fenômenos, as relações comuns de todos os elementos com uma unidade fundamental — como as relações de vários modos ou qualidades com a unidade de resistência, de vários efeitos diversos com uma mesma causa, das modificações variáveis com o mesmo eu, sujeito de inerência, e, antes de mais nada, dos movimentos repetidos com a mesma força produtiva ou a mesma vontade *eu* —" (*Essai sur les fondements de la psychologie et sur ses rapports avec l'étude de la nature*, Parte II, seç. ii, cap. I). O que Maine de Biran chama "o sistema reflexivo" é um "sistema psicológico", mas o termo 'psicológico' tem nesse autor implicações epistemológicas, as quais, por sua vez, abarcam não apenas o conhecer como também, e sobretudo, o querer, enquanto "sentimento de esforço". Maine de Biran indica explicitamente que a reflexão se origina na "apercepção interna do esforço ou dos movimentos que a vontade determina; começa com o primeiro esforço querido, isto é, com o fato primitivo de consciência" (*loc. cit.*). Por isso a reflexão, que está ligada aos sentidos, em particular os da audição e da fala, é ao mesmo tempo algo "interno", embora não uma faculdade dada de antemão, mas uma que se constitui justamente num exercício. Curiosamente, embora compreensivelmente, Maine de Biran está a este respeito mais perto de Condillac que de Locke e, obviamente, que dos racionalistas. A reflexão é para ele um "sentimento" (ou "sentimento-sensação") concreto, arraigado num fato básico ou "primitivo". Paradoxalmente, há nas idéias de Maine de Biran sobre a reflexão traços que lembram as concepções de Fichte, mas diferem destas por não serem, ou não aspirarem a ser, especulativas.

Os chamados "ontologistas", como Rosmini (VER), fizeram amplo uso da noção de reflexão, dando-lhe um sentido metafísico-ontológico, ainda que usando um vocabulário psicológico.

A noção de reflexão ocupa um lugar importante na fenomenologia de Husserl, desde a elaboração desta como método até o idealismo fenomenológico. Husserl considera a reflexão como uma "percepção imanente" (*Ideen*, § 35), como o objeto de uma percepção interna por meio da qual se aprova ou desaprova (algo). Trata-se de um traço básico na esfera da experiência (*op. cit.*, § 77). Husserl chega a afirmar que "o método fenomenológico procede inteiramente mediante atos de reflexão" (*loc. cit.*), a ponto de toda variedade de reflexão ter o caráter de uma modificação da consciência. No processo da reflexão aproximamo-nos do próprio percebido — por exemplo, não de uma casa, mas da percepção da casa — (*Cartesianische Meditationen*, § 15). A reflexão pode ser ou natural ou fenomenológico-transcendental. Em ambos os casos se altera o processo subjetivo original, mas a reflexão fenomenológico-transcendental, ao contrário da natural, procede com o mundo "suspenso" (ver EPOCHÉ) (*loc. cit.*). A tarefa da reflexão é considerar, e explicar, o processo subjetivo original. Tanto a reflexão transcendental como a "plenamente psicológica" começam com o *ego cogito*.

Em sua tentativa de restabelecer o puro caráter intencional — "transparente" e "translúcido" — da consciência, de acordo com as primitivas descrições de Husserl e contra sua tendência posterior de fazer dela um "pólo" substancial de atos intencionais, Sartre salientou que a lei de existência da consciência é ser "pura e simplesmente consciência de ser consciência desse objeto [isto é, de um objeto transcendente à consciência]" ("La transcendance de l'Ego", *Recherches philosophiques*, VI [1936-1937]; reimp., ed. Sylvie Le Bon, 1965, p. 24). Esta consciência é, antes de tudo, consciência "irreflexiva" (*irréflechie*), consciência não reflexa ou consciência em que não há "reflexão" (no sentido de não se produzir nela um "reflexo"). É, ademais, consciência não posicional (não tética), porquanto não é seu próprio objeto. A este primeiro grau de consciência se sobrepõe um segundo grau que consiste em ser "refletidora" e não posicional de si mesma ou não tética, embora posicional ou tética da consciência "reflexiva" (refletida). Há outro grau de consciência em que esta se põe a si mesma, isto é, é posicional (ou tética) de si mesma. Sartre destaca o caráter autônomo da consciência "irreflexiva" (*op. cit.*, p. 41, cf. também *L'Être et le Néant*, em que o autor mantém substancialmente a mesma posição sob a análise do *cogito* pré-reflexivo e do *cogito* reflexivo). Os atos de reflexão ocupam um papel importante no pensamento de Sartre, mas sempre no sentido de uma *não* reificação da consciência, por isso não se trata de reflexão como um ato *de* uma consciência, mas antes do estado "reflexivo" ou "não reflexivo", "reflexo" ou "não reflexo", "refletidor" ou "não refletidor" da consciência.

Shadworth Hollway Hodgson sustenta como princípio de uma "filosofia da reflexão" o "modo de autoconsciência", e como método "uma análise repetida dos fenômenos tal como estão *na* consciência, como partes ou estados dela, e não em seu caráter como objetos fora da consciência". Segundo Hodgson, a consciência pode ser considerada sob três aspectos: consciência primária, reflexiva e direta. Ora, somente o "modo reflexivo" constitui o objeto central da reflexão filosófica (cf. *Philosophy of Reflection*, I, ii, § 1). Pois o modo reflexivo é não apenas o único capaz de manter a mencionada distinção entre os modos citados e entre os aspectos objetivo e subjetivo (ou existência e consciência), como também é o único capaz, segundo Hodgson, de distinguir os dois aspectos de seu próprio objeto (*op. cit.*, 11, iv, § 2). Assim, a filosofia da reflexão é o método inteiro da filosofia e não somente um método peculiar de apreensão de uma certa realidade.

Um sistema filosófico fundado na noção de reflexão é o proposto por Hans Wagner (*op. cit.* na bibliografia). A reflexão é, segundo esse autor, o ato original e originário a partir do qual se compreendem as diversas formas reflexivas. As principais formas são "a reflexão noética", "a reflexão noemático-constitutiva" e "a reflexão noemático-axiológica" (ou relativa à validade). Estas formas reflexivas permitem, segundo Wagner, compreender as estruturas fundamentais da realidade. O sistema "reflexivo" de Wagner é essencialmente "construtivista" no sentido de as estruturas da realidade serem construídas como "estruturas da reflexão".

➲ Ver, além dos textos citados no verbete: Marvin Farber, "Modes of Reflection", *Philosophy and Phenomenological Research*, 8 (1947-1948), 588-600. — W. Hoeres, *Sein und Reflexion*, 1956. — Hans Wagner, *Philosophie und Reflexion*, 1961. — Philippe d'Arcy, *La réflexion*, 1972. — J. Heinrichs, *Reflexion als soziales System. Zu einer Reflexions-Systemtheorie der Gesellschaft*, 1976. — R. Hébert, *Mobiles du discours philosophique. Recherche sur le concept de réflexion*, 1978.

— C. O. Schrag, *Radical Reflection and the Origin of the Human Sciences*, 1980. — J. D. Rabb, *John Locke on Reflection: A Phenomenology Lost*, 1985.

Bibliografia: R. Hébert, "Introduction à l'histoire du concept de réflexion: Position d'une recherche et matériaux bibliographiques", *Philosophiques*, 2 (1975), 131-153. ⊂

REFLEXIVIDADE. Ver Reflexão; Relação.

REFLEXO. Chamam-se "atos reflexos", "movimentos reflexos" ou, simplesmente, "reflexos" os atos ou movimentos executados por um organismo como resposta involuntária a um estímulo. Os reflexos são uma classe de respostas no processo "estímulo-resposta", geralmente abreviado E-R.

A noção de reflexo — enquanto ato ou movimento reflexo — é de mecanismo fisiológico mediante o qual ocorrem os reflexos foi desenvolvida nos séculos XVII e XVIII (G. Calguilhem, *op. cit. infra*). Entre as muitas discussões sobre o conceito de reflexo destacamos a que se concentrou em torno da questão de se os reflexos são resíduos automatizados que em algum momento — talvez na história da espécie considerada — haviam sido voluntários, ou encaminhados a um propósito, ou então se se explicam somente por dispositivos fisiológicos. Os partidários da última opinião tendem a considerar que as atividades chamadas "superiores" do organismo, e especificamente do ser humano, se desenvolveram a partir de mecanismos de reflexos.

Freqüentemente, os reflexos foram divididos em elementares e complexos. Os primeiros são os reflexos mais simples, entre os quais se contam as contrações musculares automáticas. Os segundos pertencem à esfera dos instintos e têm uma maior relação com a vida psíquica propriamente dita. Assim, portanto, grande parte das mencionadas discussões em torno da natureza e origem dos movimentos reflexos se deve à atenção exclusiva a um único tipo de reflexo. Ora, adquiriu uma importância especial na psicologia, e também na antropologia, a elaboração da noção de reflexo condicionado. Os reflexos condicionados, chamados também, de modo geral, respostas condicionadas, são aqueles nos quais ocorre, mediante o hábito, uma associação de uma excitação com outra distinta, em virtude do que esta outra excitação produz o mesmo resultado que a primeira. Em outros termos, o reflexo condicionado é o que se produz quando o "sujeito" (no exemplo clássico de Pavlov, o cão) dá a mesma resposta (secreção salivar) a um estímulo original (apresentação de comida) que a um estímulo que foi associado com ele em várias ocasiões (som de uma campainha). A investigação dos reflexos fez surgir a escola psicológica que vê neles o estrato primário e fundamental de toda atividade psíquica e que adota, portanto, uma noção da consciência (se é que esse termo pode continuar tendo então um significado) próxima ou coincidente com o behaviorismo, o qual, aliás, se desenvolveu em grande parte apoiando-se nos resultados da reflexologia. Esta disciplina, fundada por Ivan Pavlov (1849-1936) e W. Bechterev (1857-1927), pretende, além do mais, não só uma investigação dos aspectos fisiológico e psicofisiológico dos reflexos e, em geral, das relações *estímulo-reação*, mas também a aplicação da noção de reflexo e de suas formas à compreensão da vida social. Os movimentos reflexos continuaram sendo estudados sobretudo em relação com o problema das localizações cerebrais e com as emissões elétricas produzidas pela zona encefálica, de forma que as questões relativas ao comportamento, à aprendizagem e outras continuam implicadas no estudo desses movimentos.

⊃ Ver: W. Bechterev, *Obiéctivnaá psikhologiá*, 1907-1912. — Id., *Obtché osnoivirefleksologi*, 1926. — I. P. Pavlov, *El reflejo condicionado*. — Id., *Obras escogidas*.

Ver também: N. Kostyleff, *La réflexologie et les essais d'une psychologie structurale*, 1947. — P. Cassa, *Du réflexe au psychique. Présentation du système nerveux*, 1948. — J. Konorski, *Conditioned Reflexes and Neuron Organisation*, 1948. — E. Rabaud, *L'instinct et le comportement animal*, 2 vols., 1949 (I. *Réflexes et tropisme*. II. *Étude analytique et vue d'ensemble*). — Georges Canguilhem, *La formation du concept de réflexe aux XVIIe et XVIIIe siècles*, 1955. — F. W. Bronisch, *Kleines Lehrbuch der Reflexologie*, 1966. ⊂

REFLEXOLOGIA. Ver REFLEXÃO.

REFUTAÇÃO APARENTE (OU SOFÍSTICA). Ver SOFISMA.

REFUTACIONISMO. Pode-se dar este nome ao que também foi chamado "falseabilismo" (*falsificationism*; ver FALSEABILIDADE), isto é, à tendência, iniciada e desenvolvida por Popper (VER), segundo a qual uma teoria é aceitável somente na medida em que é capaz, em princípio, de ser refutada, isto é, de ser falseada. Tal como pode haver diferentes variedades de falseabilismo, de acordo com o grau de rigor (ou de laxismo) em que se pode entender 'falseável', pode haver também diferentes variedades de refutacionismo, de acordo com o grau de rigor (ou de laxismo) em que se pode entender 'refutável'. Em todos os casos, porém, o refutacionismo se opõe ao verificacionismo (ver VERIFICAÇÃO), e até ao que se poderia chamar "contrastacionismo" (ver CONTRASTAÇÃO).

Os que se opõem ao refutacionismo podem ou adotar um ponto de vista verificacionista, ou então podem apelar aos exemplos abundantes de construção de teorias científicas em que a noção de refutabilidade (ou falseabilidade) desempenha um papel muito menos importante do que supõem os refutacionistas popperianos mais ou menos ortodoxos. Que uma teoria, longe de submeter-se imediatamente a um processo de falseamento, seja, pelo contrário, protegida por diversos meios (cláusulas qualificadoras, teorias *ad hoc* etc.), indica que, no trabalho efetivo científico pelo menos, não se pratica nenhum estrito refutacionismo. Isso não quer dizer que se adote uma teoria só por ser irrefutável; quer dizer unicamente que ela é adotada mesmo que no momento pareça irrefutável; esperando-se que em algum momento posterior possa ser contrastada. A persistência de irrefutabilidade é, obviamente, um sinal indicador de que algo não anda como deveria, mas é muito difícil estabelecer regras estritas que permitam distinguir irrefutabilidade provisória e irrefutabilidade definitiva. É razoável concluir, pois, que o "irrefutacionismo" é inaceitável, mas que o é também o refutacionismo, a menos que se entenda o último como uma espécie de "disposição, em princípio, a oportuna contrastação".

RÉGIS, PIERRE-SYLVAIN (1632-1707). Nascido em Salvetat de Blanquefort, perto de Agen (na época no condado de Agenois; atualmente, no departamento de Lot-et-Garonne). Estudou primeiro em Cahors com os jesuítas e depois na Sorbonne, em Paris, onde seguiu as aulas de Jacques Rouhault (VER), que o converteu ao cartesianismo. Pierre-Sylvain Régis — que não deve ser confundido com outro cartesiano: Henricus Regius, ou Henrik van Roy (1598-1679: *Fundamenta physicae*, 1646; *Philosophia naturalis*, 1661), que abandonou em seguida o cartesianismo — foi um dos mais celebrados, entusiastas e eficazes propagadores da filosofia cartesiana, mesmo quando em alguns pontos (cf. *infra*) se separou dela. Importantes na propagação por Régis do cartesianismo foram as aulas que deu em Toulouse e em seguida — depois de ser secretário do marquês de Vardes em Aigues-Mortes — em Montpellier e em Paris. Devido à perseguição a que estava submetido então o cartesianismo em Paris, Régis foi obrigado a suspender suas aulas por ordem do Arcebispo de Paris, retirando-se então do ensino e consagrando-se à redação de suas obras principais, especialmente de seu *Cours... de philosophie* (cf. *infra*).

Nesse "Curso", Régis dividiu o "sistema da filosofia" em quatro partes: a lógica, a metafísica, a física e a moral. Na física seguiu Descartes quase ponto a ponto. Na lógica utilizou alguns elementos da Lógica de Port-Royal (ver PORT-ROYAL [LÓGICA DE]). Na moral defendeu a tese do "amor próprio ilustrado" como fundamento das leis morais. Na metafísica manifestou tendências empiristas na interpretação dos princípios cartesianos, sobretudo nos princípios que não lhe pareciam suficientemente evidentes por si mesmos. Régis continuou sustentando o inatismo (VER), mas fez das "idéias inatas" simples produtos da alma humana e não *veritates aeternae*. Tais "idéias inatas" estão, segundo Régis, na alma enquanto unida ao corpo, pois Régis sustentava que se pode conhecer o corpo tão direta e evidentemente quanto, segundo Descartes, se conhece a alma. Régis se opôs freqüentemente a Malebranche, mesmo que em sua explicação da comunicação da alma com o corpo tenha proclamado que somente Deus é verdadeira causa suficiente.

➲ Obras: *Cours entier de philosophie, ou Système général de philosophie, contenant la logique, la métaphysique, la physique et la morale selon les principes de Descartes*, 3 vols., 1690 (composto já dez anos antes de sua publicação). — *Réponse au livre qui a pour titre* Censura philosophiae cartesianae, 1691 [contra a obra *Censura philosophiae cartesianae*, 1689, do bispo de Avranches, Pierre-Daniel Huet (VER)]. — *Réponse aux Réflexions critiques de M. Duhamel sur le système cartésien de la philosophie de M. Régis*, 1692 [contra as idéias de Jean-Baptiste Duhamel (1624-1706), autor de: *De corporum affectionibus*, 1670; *De mente humana*, 1672; *De corpore animato*, 1673, e da obra *Philosophia vetus et nova*, ou a chamada *Philosophia Burgundica*, à qual nos referimos no verbete ONTOLOGIA]. — *Usage de la raison et de la foi, ou Accord de la raison et de la foi*, 1704.

As "Cartas" de Descartes a Régis foram publicadas na edição de Descartes de Adam e Tannery, tomos III, IV e VIII; texto latino, trad. francesa, introdução e notas destas "Cartas" por Geneviève Rodis-Lewis em Descartes, *Lettres à Regius et remarques sur l'explication de l'esprit humain*, 1959.

Ver: F. F. Swertfeger, *The Système de Philosophie of P. S. Regis. A Study in the History of Cartesianism*, 1928 (tese). — E. D. Clarke, "P. S. R. A Paradigm of Cartesian Methodology", *Archiv für Geschichte der Philosophie* (1980), 289-310. ◖

REGIUS, HENRICUS. Ver RÉGIS, PIERRE-SYLVAIN.

REGRA. Num sentido muito geral usou-se 'regras' para se referir aos preceitos de que se compõe um método. As regras incluem amiúde instruções para a aplicação de tais preceitos. Um uso clássico de 'regra' pode ser encontrado nas "regras cartesianas" — sejam as "quatro regras" propostas no *Discurso do método*, seja a série de regras contidas nas *Regulae ad directionem ingenii* — e nas *Regulae philosophandi*, de Newton.

Kant fala de "regras práticas", que expressam o que, dado um princípio geral, se deve fazer para agir retamente. Essas regras não são universais no sentido de que não indicam o que se deve fazer em todos os casos e sem exceção. As "regras práticas" requerem bom juízo para sua aplicação. Com efeito, não são deriváveis logicamente dos princípios, estando contidas unicamente na determinação geral da vontade. Por isso duas ou mais regras podem ser iguais com respeito a princípios distintos, ou podem ser distintas com relação a um mesmo princípio.

O uso do termo 'regra' por Kant nem sempre é unívoco, nem sequer quando se restringe o alcance das regras à esfera prática. Tampouco é unívoco quando se refere às regras na esfera teórica (quando, por exemplo, fala do entendimento como "a faculdade das regras" ou quando fala de princípios de razão que devem servir como "regras", isto é, ter caráter "regulativo" [ver CONSTITUIÇÃO, CONSTITUTIVO]).

Hoje se fala de regras de inferência para indicar as operações que devem ser efetuadas a fim de executar inferências corretas. Assim, fala-se de "regra de separação": esta é a regra segundo a qual se se enuncia 'se p, então q', e se enuncia 'p', então pode-se inferir 'q'.

Tem-se prestado grande atenção ao problema das regras, considerando-se o que é uma regra, como se distingue a noção de regra de outras afins a ela, e que tipos de regras pode haver. Num sentido muito geral de 'comportamento', consideraram-se sobretudo comportamentos lingüísticos e comportamentos sociais, isto é, regras para "dizer" e regras para "fazer".

Intuitivamente cabe entender por 'regra' toda formulação que enuncia como se deve proceder dentro de determinada esfera de possíveis ações. Há regras na linguagem, na arte, na ciência, na moral, em comportamentos sociais de toda classe, em jogos. Às vezes se usa 'regra' como sinônimo de 'norma', 'máxima', 'preceito', 'prescrição', 'instrução', 'lei' (especialmente na esfera do Direito) etc. Todavia, distinções nos usos desses termos aparecem já na linguagem corrente. Assim, diz-se (cf. supra) 'regra de inferência', mas não 'norma de inferência' ou 'máxima de inferência'; diz-se que é preciso seguir "as máximas da gente prudente" mais do que "as regras da gente prudente". Fala-se de normas legais, mais que de regras legais. Diz-se comumente "um preceito religioso", não "uma regra religiosa". Em compensação, fala-se de regras gramaticais, regras de um jogo, regras de etiqueta etc. Desde Wittgenstein relaciona-se estreitamente a noção de regra de jogo com a de regra de linguagem em virtude de as linguagens serem consideradas como "jogos de linguagem", nos quais se seguem regras, freqüentemente formuladas de modo muito vago.

De qualquer maneira, uma regra indica o que é admitido e o que não é admitido. Uma regra é uma prescrição, que pode ser infringida (ao contrário de uma lei [uma lei natural] que não o pode). Todavia, embora as regras sejam prescrições, cabe descrevê-las. De alguma forma, as regras descrevem prescritivamente (ou prescrevem descritivamente). Em todo caso, é possível descrever as prescrições em que consistem as regras.

Discutiu-se se, em casos determinados ou inclusive em todos os casos, uma ação determinada contribui para a formação de uma regra — o que ocorre oportunamente quando se descrevem certas uniformidades descobertas nas ações — ou então se uma ação é considerada tão somente em virtude de uma regra. O problema foi debatido sobretudo na esfera da linguagem. Há uma grande diferença entre opinar que as regras de uma linguagem são codificações de proferimentos lingüísticos e sustentar que um proferimento lingüístico é tal somente porque segue certas regras.

Em *Models and Metaphors* (1962, p. 109 ss.), Max Black distingue quatro tipos de regras: regulamentos, instruções, máximas e uniformidades. Alguns autores consideram que uma instrução difere de uma regra por seu caráter minimamente prescritivo. Outros assinalam que as uniformidades não são regras, embora possam dar lugar a regras quando se procede a codificá-las.

John Searle (*Speech Acts*, 1969, pp. 33 ss.) distingue regras constitutivas e regras regulativas. As primeiras regulam formas de comportamento que existem previamente (como a etiqueta). As segundas definem novas formas de comportamentos, como ocorre nos jogos.

Raymond D. Gumb (*Rule-Governed Linguistic Behavior*, 1972, pp. 17 ss.) admite que há um aspecto constitutivo e um aspecto regulativo nas regras. Cabe falar de regras lingüísticas e de regras sociais, mas ao mesmo tempo se reconhece que as regras lingüísticas são sociais. Gumb faz a distinção, seguindo outros autores, entre uma regra e a formulação de uma regra num sentido similar a como se distingue em lógica uma proposição e a sentença que a expressa. Há cinco características das regras sociais — das quais, segundo se indica, participam também as regras lingüísticas —: elas podem ser ensinadas, podem ser mal aplicadas (essas duas características, reconhece Gumb, foram propostas por Peter Winch em *The Idea of a Social Science*, 1958); são refletidas em regularidades comportamentais do grupo social de que se trate; o fato de "os agentes mais maduros" citarem as regras ao justificar e criticar comportamentos; ser possível para os agentes conformar-se às regras (Gumb, op. cit., pp. 37-43).

Em *Indagaciones sobre el lenguaje*, 1970, pp. 75ss., distingo várias classes de atos associáveis a vários tipos de regra. Ainda que se trate de atos encaminhados a jogar jogos (incluindo os lingüísticos), podem ser aplicados a muitos outros tipos de comportamentos. Os atos de referência são três: atos que resultam de regras de constituição, atos que resultam de regras de aplicação, e atos "periféricos". As regras de constituição determinam que um ato é ato do jogo. As regras de aplicação indicam de que distintas maneiras os atos podem ser executados. Não há, propriamente falando, "regras periféricas" no sentido em que há regras de constituição e de aplicação, mas é possível codificar modos de agir que permitam passar de atos periféricos a regras de aplicação. Uma nota a ser levada em conta nas regras é o grau de flexibilidade, que pode ser máximo ou mínimo. Na mesma obra (pp. 84ss.) se distinguem, dentro da linguagem, regras fonológicas, regras sintáticas e regras pragmáticas. O grau de flexibilidade é máximo nas últimas.

REGRESSUS IN INDEFINITUM. Ver Progressus in infinitum.

REGRESSUS IN INFINITUM. Ver Progressus in infinitum.

REGULATIVO. Ver Constituição, constitutivo; Kant, Immanuel.

REHMKE, JOHANNES (1848-1930). Nascido em Elshorn (Schleswig-Holstein), estudou em Kiel e em Zurique, onde se doutorou em 1873. Foi professor na escola cantonal de St. Gallen de 1885 a 1887, "professor extraordinário" (1885-1887) e professor titular (1887-1922) na Universidade de Greifswald.

Rehmke interessou-se desde o começo por questões de epistemologia e especialmente pelo problema da possível certeza do conhecimento do mundo externo. Percebeu, porém, que esse problema é insolúvel na forma como foi formulado tradicionalmente. A formulação tradicional obriga ou a considerar que o objeto está de alguma maneira no sujeito, ou a supor que o sujeito se conforma com o objeto por ser de uma natureza similar à do objeto, ou a sustentar que há uma correspondência, inexplicada e inexplicável, entre sujeito e objeto. Em vista dessa situação é necessário tomar outro ponto de partida: o do que Rehmke chama "ciência fundamental" (*Grundwissenschaft*), uma ciência rigorosa prévia a todas as demais ciências e prévia também à epistemologia. A ciência fundamental não é uma ciência de nenhum aspecto particular da realidade, incluindo o aspecto que se pode chamar "o conhecimento da realidade": é uma ciência do "dado em geral", que procede sem preconceitos e sem pressupostos e que é completamente neutra frente a qualquer hipótese relativa à natureza da realidade. Assim, a "ciência fundamental" se coloca antes de todo possível contraste de opiniões, incluindo as opiniões filosóficas chamadas "materialismo" e "idealismo", "objetivismo" e "subjetivismo". Essas opiniões ou afirmam algo particular sobre a realidade ou supõem que há uma relação entre algo que se chama "realidade" e algo que se chama "sujeito cognoscente".

A ciência fundamental de Rehmke se constitui como resultado de uma dissolução de disciplinas particulares. A lógica e a teoria do conhecimento aspiram a estudar o dado como pensado, mas isso já equivale a interpretar o dado. De fato, falar do dado como se fosse "algo" conduz a um dualismo ontológico e epistemológico e, portanto, a determinada posição que se adota previamente à "ciência fundamental". Rehmke considera que essa ciência não é um conhecimento possuído por uma consciência, porque a consciência não tem, propriamente, conhecimento. Em vez de falar de ter ou possuir conhecimento, é preciso que se fale de uma relação da consciência com seu objeto de tal modo que o conhecimento e o objeto são o mesmo. Por isso Rehmke diz que o dado é consciente, mas com isso não entende que haja uma consciência do dado e menos ainda que o dado tenha, como propriedade sua, o ser consciente.

Assim, a ciência fundamental é uma ontologia geral dentro da qual, e somente dentro da qual, se dão as distinções que foram objeto de várias posições filosóficas. Essas distinções se expressam em pares de conceitos, que resultam de uma análise categorial do dado. Há, segundo Rehmke, cinco pares de conceitos básicos: a matéria e a consciência, o singular e o universal, o simples e o unitário, o mutável e o imutável, e o real e o não real. Com isso a ciência fundamental de Rehmke parece ser prévia inclusive a uma teoria dos objetos, porque o esquema categorial indicado é mais básico que uma "classificação" de "tipos de realidade". A partir dos conceitos básicos obtidos em sua análise, Rehmke procede a uma descrição dos traços ontológicos que tornam possível falar de tal ou qual coisa. Não se descrevem nem coisas nem tipos de coisas, mas relações exprimíveis em conceitos universais. Assim, por exemplo, a consciência não é descrita como uma realidade, ou sequer como um ato ou um conjunto de atos, mas como uma relação com seu próprio objeto. Tampouco são descritos como realidades o singular e o universal. Embora se possam dar exemplos, não são especificações de conceitos, mas são, antes, construídos (ontologicamente falando) por meio de conceitos (ou categorias).

Para Rehmke, a ciência fundamental não é apenas uma ontologia, mas é também o fundamento de uma metodologia. A categorização do "dado" não divide o "dado" em objetos, mas sim em modos de considerá-los. Dos modos de considerar nascem as diversas ciências. Segundo Rehmke, as ciências se agrupam conforme tratem do particular, como a história, ou conforme tratem do geral, como a matemática, a física ou a lógica. Esta última é a mais geral das ciências gerais e pode ser considerada como uma "teoria do saber".

Rehmke se opôs à ética do dever de tipo kantiano, assim como, de resto, a todos os demais tipos de ética, salvo o do "querer não egoísta" (*selbstloses Wollen*); essa é a ética do "amor autêntico" de uma pessoa por outra à qual se considera unida por um laço "essencial".

Rehmke teve vários seguidores, dos quais o mais conhecido é Johannes Erich Heyde (ver). Menciona-se também o filósofo búlgaro Dimitri Michalcev (Michaltschew) (nascido em 1880). Entre as obras deste último figuram: *Istorijata nauka li je?*, 1905 (*A história e a ciência?*); *Philosophischen Studien. Beiträge zur Kritik des modernen Psychologismus*, 1909 (com prólogo de Rehmke); e *Forma i otnošenie*, 1914 (*Forma e relação*). Nesta obra parecem antecipar-se algumas das idéias expostas, um ano depois, pelo próprio Rehmke. Em 1918 se fundou uma "Johannes-Rehmke-Gesellschaft".

◗ Principais obras: *Die Welt als Wahrnehmung und Begriff. Eine Erkenntnistheorie*, 1880 (O mundo como percepção e conceito. Uma teoria do conhecimento). — *Der Pessimismus und die Sittenlehre*, 1882 (O pessimismo e a doutrina dos costumes). — *Unsere Gewissheit von der Aussenwelt. Ein Wort an die Gebildeten unserer Zeit*, 1894 (Nossa certeza do mundo externo. Palavra aos homens cultos de nosso tempo). — *Lehrbuch der allgemeinen Psychologie*, 1894; 3ª ed., 1926 (Manual de psicologia geral). — *Grundriss der Geschichte der Philosophie*, 1896; 3ª ed., 1927; nova ed., 1959, ed. F. Schneider (Esboço de história da filosofia). — *Aussenwelt und Innenwelt. Leib und Seele*, 1898 (Mundo externo e mundo interno. Corpo e alma). — *Die Seele des Mensches*, 1902; 5ª ed., 1918 (A alma do homem). — *Philosophie als Grundwissenschaft*, 1910; 2ª ed., 1929 (Filosofia como ciência fundamental). — *Das Bewusstsein*, 1910 (A consciência). — *Die Willensfreiheit*, 1911 (A liberdade da vontade). — *Anmerkungen zur Grundwissenschaft*, 1913 (Notas acerca da ciência fundamental). — *Logik oder Philosophie als Wissenslehre*, 1918; 2a ed., 1923 (Lógica ou filosofia como teoria do saber). — *Die philosophische Erbsünde und Was bin ich?*, 1924 (O pecado original filosófico, e Que sou eu?). — *Grundlegung der Ethik als Wissenschaft*, 1925 (Fundamentação da ética como ciência). — *Der Mensch*, 1928 (O homem).

Depoimento em *Die Philosophie der Gegenwart in Selbstdarstellungen*, 1, 1921.

Edição de ensaios reunidos: *Gesammelte philosophische Aufsätze*, ed. Kurt Gassen, 1928.

Ver a coleção da revista *Grundwissenschaft*, fundada em 1918, como órgão da "Johannes-Rehmke-Gesellschaft. Vereinigung für grundwissenschaftliche Philosophie", dedicada ao exame dos problemas filosóficos do ponto de vista da "ciência fundamental". — Ver também: S. Hochfeld, *J. Rehmke*, 1923. — J. E. Heyde, *Grundwissenschaftliche Philosophie*, 1924. — Id., *J. Rehmke und seine Zeit*, 1935. — G. Troberg, *Kritik der Grundwissenschaft J. Rehmkes*, 1941 (tese). — E. Palmo, *Inledning til filosofi som grundvidenskab efter J. Rehmke*, 1954. ◖

REICH, WILHELM (1897-1957). Nascido em Dobrzcynica, passou a infância na fazenda do pai, em Jujinetz, parte ucraniana do então Império austro-húngaro. De 1915 a 1918 serviu no exército austríaco. Em 1918 ingressou na Universidade de Viena, na qual estudou medicina, doutorando-se em 1922. Interessou-se pela psicanálise, dirigindo clínicas e seminários psiquiátricos em Viena e Berlim. Ingressou no Partido Comunista, do qual foi expulso em 1933 pelas suspeitas que suscitavam suas idéias sobre sexo e sociedade e por seu livro acerca da psicologia de massas do fascismo. Por outro lado, opuseram-se também a Reich os psicanalistas ortodoxos. Exilado na Dinamarca em conseqüência da tomada do poder por Hitler, passou em seguida à Suécia, à Noruega e, finalmente, aos Estados Unidos (Nova York), onde praticou a psiquiatria e lecionou na New School for Social Research. Por sua promoção da chamada "caixa orgônica" e pela suposição, fundada ou não, de que pretendia obter com ela resultados terapêuticos, foi objeto de acusação em 1954 e de processo em 1956, sendo condenado a dois anos de prisão bem como à destruição das "caixas" e da literatura associada a elas. Faleceu na penitenciária de Lewisburg em 1957.

As atividades e as idéias de Reich sempre foram objeto de acirrados debates, aos quais, por outro lado, Reich se lançou com grande energia. Seus inimigos, nos campos político e psicanalítico, pintavam-no como um sonhador, no melhor dos casos, e como um impostor, no pior deles. Especialmente por causa de suas idéias sobre a energia cósmica orgônica e a promoção das citadas "caixas orgônicas", foi acusado de ser um pseudocientista. Hoje em dia tende-se a revalorizar a figura e as idéias de Reich, particularmente suas idéias sobre a íntima relação entre repressão política e repressão sexual, junto com sua incansável propaganda em favor de uma liberação de energias político-sexuais. Sua obra sobre a psicologia do fascismo converteu-se num clássico. Sua teoria dos impulsos e a teoria do orgasmo foram consideradas conjeturas interessantes e, freqüentemente, importantes conjeturas de grande força explicativa do comportamento dos indivíduos e das sociedades.

Referir-nos-emos aqui brevemente às contribuições de Reich para a teoria do orgasmo, para a interpretação político-sexual e para a filosofia da cultura, com algumas referências às últimas especulações cósmico-orgônicas.

Segundo Reich, a teoria do orgasmo se funda na noção de potência orgásmica — e de seu oposto: a impotência orgásmica —, ligada, por sua vez, à idéia de uma energia psíquica e de uma possível diminuição ou degeneração dessa energia. Nesse sentido, Reich está próximo de algumas das idéias primeiras de Freud, que ligam estreitamente a potência e impotência sexuais com as manifestações de neuroses. É importante em Reich a investigação das bases fisiológicas da neurose (e nisso também está de acordo com o programa de Freud, nunca completamente abandonado por este, embora deixado de lado pela maior parte dos que praticaram os métodos psicanalíticos). Ao contrário de Freud, porém, Reich não considerou que a eliminação dos sintomas neuróticos por meio da manifestação das repressões constituísse nem uma cura do paciente nem uma modificação substancial do caráter do paciente. A rigor, Reich destaca a possibilidade, verificada em numerosos casos, de uma "imunização" do neurótico mediante uma espécie de "autoconstrução" de seu caráter. O que se deve fazer, segundo Reich, é mudar o próprio caráter da pessoa vítima de ansiedade neurótica, e isso só pode ser plenamente realizado restituindo-lhe sua energia sexual, com a concomitante potência orgásmica. Deste modo se destrói o que Reich chama "a armadura do caráter"; como indica David Boadella (op. cit., infra, p. 43), "o alcance das mudanças qualitativas de caráter que se podem conseguir depende da medida em que a técnica da análise do caráter possa penetrar a resistente armadura e liberar os pensamentos e sentimentos patológicos ligados à mesma".

Reich realizou detalhadas investigações concernentes aos movimentos musculares, especialmente à "rigidez" muscular, por meio das quais procurou dar um fundamento biológico a suas teorias. Ora, isso não equivalia a defender um materialismo tradicional, que presta atenção unicamente ao comportamento biológico dos indivíduos. Em última análise, os transtornos do caráter individual, as tendências à "imunização" neurótica e outros aspectos revelados pela "análise" são função de estruturas sociais. É a sociedade, e não os indivíduos, que está enferma; a liberação das inibições sexuais só pode ocorrer por meio de uma liberação radical político-sexual-cultural. Assim, a interpretação sexual de fenômenos políticos de massas, e em particular a conhecida interpretação do fascismo, e de todo tipo de autoritarismo, não é para Reich uma conjetura arbitrária de "política sexual", é resultado de comprovações surgidas do estudo das conseqüências que tiveram, e continuam tendo, os movimentos de massas nos quais as repressões sexuais vão em consonância com as repressões políticas. Uma reinterpretação de Freud vai acompanhada de uma reinterpretação de Marx. O erro dos freudianos e marxistas ortodoxos consistiu, segundo Reich, em esquecer as fecundas intuições originais desses dois autores. Nem a revolução puramente sexual nem a revolução puramente política, ou político-sócio-econômica, bastam segundo Reich. É certo que Reich parece dar a primazia a uma revolução sexual, mas isso porque vinculou previamente os impulsos sexuais aos políticos.

O que às vezes se chama a "última fase" do pensamento de Reich é constituída pelo que, no entender do autor, é uma conseqüência de sua prévia filosofia da revolução político-sexual e, ao mesmo tempo, uma tentativa de fundamentar tal filosofia. Trata-se da parte mais discutida, e a que foi mais freqüentemente declarada como "pseudocientífica" e puramente "visionária" do pensamento de Reich, ou seja, sua elaboração da chamada "física orgônica", com a idéia de uma energia cósmica que pode ser "armazenada" e controlada. Essa "física" é constituída fundamentalmente pela conjetura de que há "efeitos orgônicos" experimentalmente comprováveis. Reich propôs a "orgonomia" como um estudo da energia orgônica de caráter "oceânico", a qual é o fundamento de toda energia. Trata-se de uma energia concebida por analogia com a energia biológica, já conhecida pelos hindus e que pode levar a uma identificação do homem com o cosmos. A despeito da constante oposição de Reich a toda religião organizada, especialmente ao cristianismo, considerou-se que a última fase de seu pensamento tem um caráter místico e, por assim dizer, místico-biológico.

➲ Obras: *Der triebhafte Charakter*, 1925 (O caráter impulsivo). — *Die Funktion des Orgasmus*, 1927. —

Dialektischer Materialismus und Psychoanalyse, 1929. — *Geschlechtsreife, Enthaltsamkeit, Ehemoral*, 1930 (Maturidade sexual, continência, moral do casamento). — *Der sexuelle Kampf der Jugend*, 1932 (A luta sexual da juventude). — *Der Einbruch der Sexualmoral*, 1932; 2ª ed., 1935 (A irrupção da moral sexual). — *Charakteranalyse*, 1933. — *Massenpsychologie des Faschismus*, 1933. — *Der Orgasmus als Elektro-physiologische Entladung*, 1934 (O orgasmo como descarga eletrofisiológica). — *Der Urgensatz des vegetativen Lebens*, 1934 (A antítese básica da vida vegetativa). — *Was ist Klassenbewusstsein?* [Politisch-psychologische Schriftenreihe der Sexpol], 1934. — *Psychischer Kontakt und vegetative Strömung. Abhandlungen zur Sexualökonomie*, 1935 (Contato físico e corrente vegetativa. Escritos de economia sexual). — *Experimentelle Ergebnisse über die elektrische Funktion von Sexualität und Angst*, 1935 (Resultados experimentais da função elétrica da sexualidade e do medo). — *Orgasmusreflex, Muskelhandlung und Körperausdruck*, 1937 (Reflexo de orgasmo, ação muscular e expressão corporal). — *Die natürliche Organisation der Arbeit in der Arbeitsdemokratie*, 1937 (A organização natural do trabalho na democracia trabalhista). — *Die Bione, Klinische und experimentelle Berichte*, 1938 (Os biones. Informes clínicos e experimentais). — *The Discovery of the Orgone, I: The Function of the Orgasm*, 1942; 2ª ed., 1948. — *The Discovery of the Orgone, II: The Cancer Biopathy*, 1948 (trad. do manuscrito alemão). — *Listen, Little Man!*, 1948. — *Ether, God and Devil*, 1949. — *The Orgone Energy Accumulator: Its Scientific and Medical Use*, 1951. — *Cosmic Superimposition*, 1951. — *The Oranur Experiment: First Report*, 1951. — *The Murder of Christ*, 1953. — *People in Trouble*, 1953. — *The Einstein Affair*, 1953. — *Conspiracy: an Emotional Chain Reaction*, 2 vols., 1955. — *Contact with Space: the Second Oranur Report*, 1957. — *Legal Writings*, 1957.

Algumas das obras mencionadas foram reproduzidas em edições piratas; outras foram traduzidas para outras línguas, com modificações. Várias apareceram dentro da série Sexpol (Política Sexual), e outras, a partir de *The Discovery of the Orgone, I*, foram publicadas pelo "Orgone Institute", fundado por R.

Em português: *Análise do caráter*, 1998. — *O assassinato de Cristo*, 1999. — *O combate sexual da juventude*, 1975. — *Escute, zé-ninguém*, 1998. — *A função do orgasmo*, 1995. — *A irrupção da moral sexual repressiva*, s.d. — *Materialismo dialético e psicanálise*, 1983. — *Paixão de juventude*, 1996. — *Psicologia de massas do fascismo*, 1998. — *Psicopatologia e sociologia da vida sexual*, s.d. — *A revolução sexual*, 1988.

Bibliografia, com comentários, ao final do verbete de Paul Edwards sobre R. em *The Encyclopaedia of Philosophy*, ed. P. Edwards, s. v. "Reich, Wilhelm". —

A "Bibliografia" incluída no livro de David Boadella, cit. infra, dá uma lista muito completa de obras, traduções, publicações consagradas à bioenergética e à orgonomia, de bibliografias sobre bioenergética, orgonomia, Reich e temas similares.

Ver: Michel Cattier, *La vie et l'oeuvre de W. R.*, 1969. — Ilse Ollendorff Reuch, *W. R.: a Personal Biography*, 1969. — Jean-Michel Palmier, *W. R.*, 1969. — Constantin Sinelnikoff, *L'oeuvre de W. R.*, 1970. — Chester Raphael et al., *W. R., Misesteemed, Misconstrued*, 1970. — Charles Rycroft, *W. R.*, 1971. — Yves Buin, *L'oeuvre européenne de R.*, 1972. — A. Nicolas, *W. R. ou la révolution radicale*, 1973. — David Boadella, *W. R.: The Evolution of His Work*, 1973. — Ola Raknes, *W. R. and Orgonomy*, 1975. — B. Ollman, *Social and Sexual Revolution: Essays on Marx and R.*, 1979. — C. Wilson, *The Quest for W. R.*, 1981.

Um dos ataques a R. como pseudocientista figura em Martin Gardner, *Fads and Fallacies in the Name of Science*, 1952; 2a ed., 1957, que Paul Edwards considera injusto por ocupar-se unicamente das extravagâncias de R. em seus últimos anos.

D. Boadella edita a revista *Energy and Character: The Journal of Bioenergetic Research*, inspirada nas idéias de W. R. ℭ

REICHENBACH, HANS (1891-1953). Nascido em Hamburgo, estudou na Escola Técnica Superior de Stuttgart e nas Universidades de Berlim, Munique, Göttingen e Erlangen. Foi professor da mencionada Escola Técnica (1920-1926) e na Universidade de Berlim (1926-1933). Exilado em 1933, lecionou (1933-1938) na Universidade de Istambul, Turquia (em alguns textos dá como exemplos lingüísticos expressões em turco). Em 1938 se transferiu para os Estados Unidos e foi professor até o fim de seus dias na Universidade da Califórnia (Los Angeles).

Na Alemanha, Reichenbach foi um dos membros do às vezes chamado "Grupo de Berlim", que mantinha estreitas relações com o Círculo de Viena. Os problemas encarados por Reichenbach e o espírito com que tentou lhes dar soluções estão dentro do quadro do positivismo lógico, mas há diferenças importantes entre os pontos de vista adotados por Reichenbach e os que a maior parte dos positivistas lógicos sustentaram.

Uma dessas diferenças diz respeito ao muito debatido princípio de verificação (ver). Reichenbach julgou, de saída, que não pode haver verificação completa de enunciados de caráter geral e menos ainda de enunciados como as leis naturais, já que seus significados não podem esgotar-se nas verificações. Os enunciados de referência não são somente empíricos no sentido de serem inteiramente verificáveis por observações diretas, mas "supra-empíricos" (cf. *Experience and Prediction*, 1938, § 8). A verificabilidade é uma regra metodológica de caráter "aberto".

Reichenbach insistiu na importância da noção de probabilidade tanto na filosofia da ciência quanto na própria ciência. A verificação de enunciados científicos é probabilitária; o significado destes enunciados está ligado a seu grau de confirmabilidade, que por sua vez está ligada ao índice de probabilidade.

Uma parte substancial da obra de Reichenbach consiste no estudo dos procedimentos de indução com base em teoremas do cálculo de probabilidades. Reichenbach não entende 'provável' como "algo que pode ocorrer"; a probabilidade expressa relações numéricas. A teoria da probabilidade de Reichenbach é uma teoria "freqüencial" (ver Probabilidade).

Reichenbach apresentou uma interpretação da mecânica quântica que tentava solucionar a disputa entre os que consideravam que apenas os "observáveis" podem ser descritos e os que admitiam a possibilidade de falar de fenômenos estritamente não observáveis. Reichenbach concordou com os últimos, mas sob a condição de que as descrições fossem apresentadas dentro de uma lógica trivalente, que admite, entre os valores "verdadeiro" e "falso", o valor "indeterminado".

Entre outras contribuições de Reichenbach à filosofia da ciência, e à ciência, estão suas análises das noções de espaço e tempo. Reichenbach rejeitou considerar espaço e tempo como realidades de alguma maneira "absolutas", que correspondem a nossa experiência dos fenômenos naturais, mas também rejeitou considerá-los como definíveis apenas operacionalmente. Espaço e tempo são analisáveis de um ponto de vista empírico e de um ponto de vista operacional.

O nome que Reichenbach deu à sua própria filosofia é o de "empirismo probabilístico". A filosofia é probabilística pelo papel capital que desempenha, segundo vimos, a noção de probabilidade. É empírica porque não admite nenhuma realidade supra-empírica (o termo 'supra-empírico', que usamos antes, e que Reichenbach usou pelo menos em uma ocasião, tem significado diferente do tradicional). Contra a tendência a considerar os problemas filosóficos e científicos de um ponto de vista puramente "sintático" e "metalingüístico", Reichenbach indicou que não se pode evitar um pensar material nem sequer quando se uma uma metalinguagem (ver). Já vimos em Tautologia que, segundo Reichenbach, o enunciado por meio do qual declaramos que uma proposição dada é tautológica é um enunciado empírico.

⇨ Obras: *Die Bewegunslehre bei Newton, Leibniz und Huyghens*, 1913 [*Kantstudien*. Ergänzungshefte, 29] (A doutrina do movimento em N., L. e H.). — *Relativitätstheorie und Erkenntnis a priori*, 1920 (Teoria da relatividade e conhecimento a priori). — *Axiomatik der relativistischen Raum-Zeit-Lehre*, 1924 (Axiomática da teoria relativista do espaço-tempo). — *Von Kopernikus bis Einstein. Der Wandel unseres Weltbildes*, 1927 (De Copérnico a Einstein. A transformação de nossa imagem do mundo). — *Die Philosophie der Raum-Zeit-Lehre*, 1928 (A filosofia da doutrina do espaço-tempo). — *Atom und Kosmos. Das physikalische Weltbild der Gegenwart*, 1930. — *Ziele und Wege der Naturphilosophie*, 1931. — *Wahrscheinlichkeitslehre*, 1935 (Teoria da probabilidade; trad. ingl., com acréscimos e correções: *Theory of Probability*, 1949). — *Experience and Prediction*, 1938. — *Philosophical Foundations of Quantum Mechanics*, 1944. — *Elements of Symbolic Logic*, 1947. — *The Rise of Scientific Philosophy*, 1951. — Póstumas: *Nomological Statements and Admissible Operations*, 1954; reed. como *Laws, Modalities, and Counterfactuals*, 1976. — *The Direction of Time*, 1956, ed. M. Reichenbach.

Edição de obras: *Gesammelte Werke*, 9 vols., 1977 ss. — *Selected Writings*, 2 vols., 1978, ed. Maria Reichenbach e Robert S. Cohen.

Ver: W. E. McMahon, *H. Reichenbach's Philosophy of Grammar*, 1976. — W. C. Salmon, B. C. van Fraassen, K. Lehrer et al., *H. R., Logical Empiricist*, 1979, ed. W. C. Salmon. — D. Zittlau, *Die Philosophie von H. R.*, 1981 (tese). — G. Neubauer, *Das Wahrscheinlichkeitsproblem in der Philosophie H. R.s*, 1982. ⊂

REID, THOMAS (1710-1796). Nascido em Stracham (Kincardineshire, Escócia), estudou teologia em Aberdeen, ordenando-se ministro da Igreja presbiteriana. De 1752 a 1753 foi professor de filosofia moral em Aberdeen, e de 1764 a 1780 foi professor da mesma disciplina em Glasgow. Em Aberdeen fundou a Sociedade filosófica que constituiu o ponto de partida da chamada "Escola escocesa" (ver) do senso comum (ver).

Reid se opôs, de imediato, à doutrina das idéias tal como havia sido desenvolvida por autores como Berkeley e Hume. Se se entender 'idéia' tanto no sentido de Berkeley como no de Hume, argumentou Reid, o mundo real acaba por dissolver-se; na teoria de Hume, além disso, o próprio "eu" desaparece, sendo substituído por um "feixe de idéias" (ou impressões). É preciso rejeitar, portanto, as idéias; pelo menos é preciso rejeitar a noção de que o fundamento do conhecimento são as "idéias simples". Tal fundamento é o juízo, e as idéias são obtidas por análise do juízo, e não inversamente. O juízo de que fala Reid inclui a apreensão, assim como a crença; é, a rigor, o ato da percepção unido à crença na existência do percebido. Em outros termos, "o mobiliário" do espírito não são, como julgaram os empiristas, as idéias simples, as impressões básicas etc., mas sim os juízos. Estes juízos originais e naturais constituem o senso comum, e os princípios fundamentais do conhecimento são princípios do senso comum. Esse senso comum é o que todos os homens têm, mas é, além disso, a base do conhecimento. Dentro do senso comum se dão os juízos naturais e os princípios do conhecimento. O que é evidente por si mesmo ao senso comum constitui a base que permite executar inferências. Essas inferências não são dadas junto com os princípios do senso comum, mas podem ser obtidas mediante os juízos, tais como juízos de comparação e outros.

Os princípios do senso comum incluem, por um lado, verdades necessárias (como os princípios lógicos, os axiomas matemáticos e os princípios básicos morais e metafísicos), e, por outro lado, verdades contingentes (como os princípios da regularidade na Natureza e da existência das coisas tais como percebidas distintamente pelos sentidos). Os princípios morais são princípios cujos contrários não podem ser considerados morais; assim, por exemplo, o princípio de que se deve conservar a própria vida é um princípio moral do senso comum, pois o princípio contrário não é moral. Os princípios metafísicos são os princípios da substância ou sujeito, da relação causal e do desígnio.

Deve-se observar que a noção de senso comum em Reid — e em outros filósofos "escoceses" — não deve ser confundida com a idéia "vulgar" de senso comum; os princípios do senso comum são, certamente, princípios para todos os homens, e são intuitivamente evidentes, mas nem sempre são percebidos por todos igualmente. O senso comum é possuído potencialmente por todos os homens, mas nem sempre se manifesta em sua maturidade.

◯ Obras: *Inquiry into the Human Mind on the Principles of Common Sense*, 1764. — *On the Intellectual Powers of Man*, 1785. — *On the Active Powers of Man*, 1788 (a duas últimas são conhecidas também sob o título comum de *Essays on the Powers of the Human Mind*). Reed. conjunta de *Inquiry and Essays*, 1983, por R. E. Beanblossom e K. Lehrer. — *The Philosophical Orations of Th. R.: Delivered at Graduation Ceremonies in King's College, Aberdeen*, 1753, 1756, 1759, 1762, 1937, ed. W. R. Humphries; nova ed., 1989, por D. D. Todd. — *Th. R.'s Lectures on Natural Theology*, 1780, 1981, ed. E. H. Duncan [da Birkwood Collection de manuscritos de R., guardados na biblioteca da Universidade de Aberdeen].

Edição de obras por Dugald Stewart, 1804, e por Hamilton, 2 vols., 1846; 6a ed. [com notas de H. L. Mansel], 1863. Tradução francesa de Th. Jouffroy, *Oeuvres complètes*, 6 vols., 1828-1836, com prefácio, notas e comentários.

Ver a bibliografia do verbete Escocesa (Escola) e a bibliografia de Jessop ali mencionada; ademais: J. F. Ferrier, "R. and the Philosophy of Common Sense" (nas *Lectures* de Ferrier, ed. por Grant e Lushington, 1866, t. II). — James F. Latimer, *Immediate Perception as Held by R. and Hamilton Considered as a Refutation on the Scepticism of Hume*, 1880. — L. Dauriac, *Le réalisme de R.*, 1889. — Matthias Kappes, *Der Common Sense als Prinzip der Gewissheit in der Philosophie des Schotten Th. R.*, 1890. — A. Campbell Fraser, *Th. R.*, 1898. — K. Peters, *Th. R. als Kritiker von D. Hume*, 1909 (tese). — Olin McKendree Jones, *Empiricism and Intuitionism in Reid's Common-Sense Philosophy*, 1927. — Michele Federico Sciacca, *La filosofia di T. R. Con un'apendice sui rapporti con Galluppi e Rosmini*, 1935. — Michal Hempolinski, *U zródel jilozofii zdrowego rozsądku; Thomasa Reida teoria spostrzezenia zmysłowege*, 1966 (Nas origens da filosofia do senso comum: a teoria da percepção de Th. R.). — Norman Daniels, *Th. Reid's Inquiry: The Geometry of Visibles and the Case for Realism*, 1974 (com prefácio de Hilary Putnam). — R. Taylor, K. Lehrer et al., *Th. R.: Critical Interpretations*, 1976, ed. S. Barker e Tom L. Beauchamp. — K. Lehrer et al., "The Philosophy of Th. R.", artigos em *The Monist*, 61 (2) (abril 1978), 167-344, com bibliografia por R. A. Legum, pp. 340-344. — W. J. Ellos, *Th. R.'s Newtonian Realism*, 1981. — L. Marcil-Lacoste, *Claude Buffier and Th. R.: Two Common-Sense Philosophers*, 1982. — D. Schulthess, *Philosophie et sens commun chez Th. R. (1710-1796)*, 1983. — W. P. Alston, "Th. R. on Epistemic Principles", *History of Philosophy Quarterly*, 2 (1985), 435-452. — R. D. Gallie, *Th. R. and the 'Way of Ideas'*, 1989. — M. Dalgarno, E. Mattews, eds., *The Philosophy of Th. R.*, 1989. — K. Lehrer, *Th. R.*, 1989. — W. L. Rowe, *Th. R. on Freedom and Morality*, 1992. ◯

REIFICAÇÃO. Encontra-se às vezes na literatura filosófica o vocábulo 'reificação' (de *res* = "coisa"). Pode ser definido em geral como a ação ou efeito de converter algo em coisa, ou de conceber algo por analogia com a natureza e estrutura das "coisas". Às vezes é empregado também o termo 'coisificação'.

O termo 'reificação' foi entendido em vários sentidos:

1) Para alguns, o fisicalismo (ver) é uma reificação das realidades porque consiste em interpretar as realidades como se fossem coisas, e especialmente coisas físicas ou objetos físicos.

2) Para outros, a reificação consiste em não compreender a natureza peculiar do processo (ver), o qual, afirmam, não deve ser "reificado".

3) Várias tendências filosóficas se opuseram ao que chamaram "reificação". Por exemplo, os idealistas se opuseram à reificação da consciência. Os existencialistas se opuseram à reificação da existência humana.

4) Ver os seres humanos como coisas, ou tratá-los como se fossem coisas, é uma reificação e desumanização do humano.

5) Marx usou o termo *Verdinglichung* — traduzível por 'reificação' ou 'coisificação' — para referir-se ao processo por meio do qual se produz a alienação (ver) dos frutos do trabalho. Reificando-se estes produtos

reifica-se também o homem que os produziu mediante o trabalho; o ser humano se converte então numa "coisa" chamada "mercadoria".

REIMARUS, HERMANN SAMUEL (1684-1768). Nascido em Hamburgo, foi *Privatdozent* em Wittenberg a partir de 1723 e professor de hebraico e línguas orientais no Ginásio de Hamburgo a partir de 1728. Reimarus é considerado como um wolffiano e como um filósofo do Iluminismo, embora se tenha oposto decididamente às correntes materialistas da época iluminista com o fim de defender o deísmo. O deísmo de Reimarus é um deísmo racionalista. Segundo Reimarus, o universo e a ordem do Universo vêm de Deus, mas como Deus fez um mundo causalmente ordenado, é preciso rejeitar os milagres e, em geral, todo o sobrenatural. Reimarus defendeu a doutrina da harmonia preestabelecida e considerou que os animais constituem o fim da criação. Reimarus destacou que os instintos dos animais, longe de exprimir a desordem, manifestam a ordem do universo e o fato de que o universo foi criado com uma finalidade. Sem os instintos os animais pereceriam. O homem tem menos instintos que os animais, mas possui, em compensação, uma consciência moral. Reimarus tendeu a unir o causalismo com o finalismo.

A rejeição dos milagres por Reimarus pode ser considerada como uma amostra de sua tentativa de reforçar o caráter racional de Deus e da criação divina. Por outro lado, a racionalidade de Deus parece pôr em dúvida, ou até pôr abaixo, muitas das crenças cristãs tal como eram defendidas por autores teístas. Reimarus submeteu a exame crítico as crenças tradicionais, expressas nas Escrituras, dedicando considerável atenção a trabalhos concretos históricos e sendo um dos iniciadores da "crítica histórica" da Bíblia.

⇒ Obras: *Abhandlungen von den vornehmsten Wahrheiten der natürlichen Religion*, 1754; 6ª ed., 1791, ed. J. A. Reimarus (Ensaios sobre as mais gratas verdades da religião natural). — *Vernunftlehre*, 1756; 5ª ed., 1790 (Doutrina da razão). — *Allgemeine Betrachtungen über die Triebe der Tiere, hauptsächlich über ihren Kunsttrieb*, 1760; 4ª ed., 2 vols., 1798, ed. J. A. Reimarus; reed., 1982, ed. J. von Kempski (Considerações gerais sobre os instintos dos animais, especialmente sobre seu instinto artístico). — *Apologie oder Schutzschrift für die vernünftigen Verehrer Gottes* (Apologia ou defesa dos adoradores racionais de Deus). Esta obra não foi publicada pelo próprio Reimarus; parte dela foi publicada por Lessing (ver) em seus "Wolfenbüttler Fragmente eines Ungenannten", em *Beiträge zur Geschichte und Literatur*, 1774-1778 [Lessing era bibliotecário da Biblioteca Wolfenbüttel, em Brunswick]; outra parte foi publicada por C. A. E. Schmidt (pseudônimo) sob o título "Übrige noch ungedurckte Werke des Wolfenbüttelschen Fragmentisten", em 1787; uma terceira parte foi publicada por W. Klose em *Niedners Zeitschrift für historische Theologie*, 1850-1852. As três partes foram recolhidas por D. F. Strauss em seu *H. S. R. und sein Schutzschrift für die vernünftigen Verehrer Gottes*, 1862; 2a ed., 1877.

Além do citado escrito de D. F. Strauss, ver: K. C. Scherer, *Das Tier in der Philosophie des H. S. R.*, 1898. — W. Büttner, *H. S. R. als Metaphysiker*, 1909 (tese). — H. Köstlin, *Das religiöse Erleben bei R.*, 1919 (tese). — A. C. Lundsteen, *H. S. R. und die Anfänge der Leben-Jesu Forschung*, 1939. — Max Loeser, *Die Kritik des H. S. R. am Alten Testament*, 1941 (tese). — W. Schmidt-Biggemann, *H. S. R.*, 1979 (com bibliografia). — W. Walter, L. Borinski, eds., *Logik im Zeitalter der Aufklärung. Zur Vernunftlehre von H. S. R.*, 1980. — P. Stemmer, *Weissagung und Kritik. Eine Studie zur Hermeneutik bei H. S. Reimarus*, 1983. ⊂

REINACH, ADOLF (1883-1917). Estudou em Munique com Theodor Lipps, mas discordando do "psicologismo" de seu mestre aproximou-se de Husserl, de quem foi um dos discípulos e colaboradores mais próximos na Universidade de Göttingen. Reinach foi um dos inspiradores, senão a figura central, do chamado "Círculo de Göttingen" e alguns dos discípulos de Husserl — como Dietrich von Hildebrand, Edith Stein, Hedwig Conrad-Martius — assimilaram grande parte da fenomenologia por meio de Reinach. O próprio Husserl parece ter desenvolvido certas partes da fenomenologia, depois das *Investigações lógicas*, por incitação de Reinach.

Reinach insistiu no caráter metódico da fenomenologia e na capacidade do método fenomenológico para descobrir os "tipos ideais" independentemente dos "fatos reais", mas como "quadros ideais" de tais fatos. Também destacou a fecundidade das "relações essenciais" não só em realidades propriamente ideais (como as matemáticas), mas em todas as realidades. Segundo Reinach, a fenomenologia permite descobrir o que chamou "o *a priori* fenomenológico" como *a priori* de tudo aquilo de que se pode dizer "É o caso que", isto é, de todas as "objetividades" (*Sachverhalte*). Este *a priori* não é subjetivo; é objeto de uma intuição essencial direta e não de uma extração ou abstração dos fatos mesmos, já que os fatos exibem sua estrutura essencial e suas relações essenciais de modo direto e adequado à intuição.

Embora não tenha limitado em princípio a aplicação do método fenomenológico a nenhuma esfera, Reinach ocupou-se principalmente de questões de filosofia do Direito, procurando encontrar normas jurídicas essenciais dentro do quadro de uma "filosofia do Direito *a priori*". Deve-se levar em conta que a universalidade e necessidade das normas jurídicas em questão não era para Reinach equivalente à sua generalidade; a própria "teoria geral do Direito" tem, em seu entender, seu fundamento na citada "filosofia do Direito *a priori*" e, ademais, têm seu fundamento nela todos os "fatos jurídicos".

➲ Obras: a tese de doutoramento de Reinach se intitula *Über den Ursachenbegriff im geltenden Strafrecht*, 1905 (Sobre o conceito de causa no Direito penal vigente). Edição de obras: Os escritos de R. foram recolhidos em *Gesammelte Schriften*, 1921, com introdução de Hedwig Conrad-Martius. Entre os escritos incluídos nos *Schriften* figuram: "Zur Theorie des negativen Urteils" (1911); "Die Überlegung: ihre ethische und rechtliche Bedeutung" (1912); "Die apriorischen Grundlagen des bürgerlichen Rechts" (1913); "Über Phänomenologie" (1914 [conferência]). — Ed. crítica de *Sämtliche Werke*, 2 vols., 1989, por K. Schuhmann e B. Smith.

Bibliografia: B. Smith, "A. R.: An Annotated Bibliography", em K. Mulligan, cit. infra, pp. 299-332. Ver: Edmund Husserl, "A. R.", *Kantstudien*, 23 (1919), 147-149; reed. em *Husserliana*, XXV, pp. 296-303. — Luis Recaséns Siches, *Direcciones contemporáneas del pensamiento jurídico*, 1929, pp. 213-236. — J. M. Desterreicher, *Walls are Clumbing*, 1952, pp. 99-134. — J. M. Österreicher, *Sept philosophes juifs devant le Christ*, 1955 [Reinach também escreveu vários trabalhos — incompletos — sobre filosofia da religião]. — Herbert Spiegelberger, *The Phenomenological Movement*, tomo I, 1960, pp. 195-205. — K. Mulligan, ed., *Speech Act and Sachverhalt. R. and the Foundations of Realist Phenomenology*. ➲

REINER, HANS (1896-1991). Nascido em Waldkirch (Baden), foi professor em Halle (1939-1946) e em Friburgo (a partir de 1947). Influenciado pela fenomenologia, e especialmente por Max Scheler e Nicolai Hartmann, Reiner desenvolveu uma teoria da existência humana estreitamente relacionada com uma teoria dos valores e uma ética. Segundo Reiner, tudo o que se encontra no mundo, desde as entidades naturais até os objetos e processos culturais, é suscetível de ser desfrutado (*erfreulich*), de não sê-lo ou de ser indiferente. Propriedades do que pode ser desfrutado, não sê-lo ou ser indiferente são a beleza ou a feiúra, o grato e o ingrato, o útil e o pernicioso etc. O desfrutar ou não desfrutar algo não são sentimentos puramente "subjetivos". É certo que os sentimentos do sujeito desempenham um papel importante no desfrutar ou não desfrutar algo, mas isso não seria possível se não se tratasse de qualidades objetivas. O que é objetivo no que se pode desfrutar ou não desfrutar é um valor por meio do qual algo aparece como digno de estima ou um desvalor por meio do qual algo aparece como digno de repulsa. A existência humana está orientada no mundo de acordo com valores, já que tudo o que se pensa, se deseja ou se faz é para realizar, ou afirmar, um valor positivo ou para eliminar ou reduzir um valor negativo (um desvalor). As realidades valiosas podem ser de duas classes. Umas são bens que podemos possuir, como os bens materiais, a saúde, o conhecimento etc. Outras são atividades que podemos exercer ou experiências que podemos ter, como dançar ou ouvir música. A relação dessas realidades valiosas com a existência humana é sublinhada por Reiner ao indicar que embora os valores sejam objetivos, isto é, embora haja no que se desfruta ou não se desfruta uma realidade objetiva que é seu valor ou desvalor, eles não alcançam plena significação a menos que estejam à disposição de seres humanos. Isso não faz dos valores das realidades valiosas em questão valores relativos; torna-os simplesmente valores que satisfazem necessidades humanas. Por outro lado, há outros valores que podem ser chamados absolutos na medida em que são o que são sem ser necessária uma relação determinada com seres humanos, ou, melhor dizendo, sem que tenham de estar à disposição de seres humanos para beneficiá-los. Isso ocorre com valores como a generosidade ou a sinceridade, que se mantêm por si mesmos no que são, e isso ocorre especialmente com a vida como um valor por si mesmo. Um valor absoluto especialmente importante é, segundo Reiner, o valor do justo (*recht*). Reiner observa que a distinção entre 'absoluto' e 'relativo' não pode equiparar-se à distinção entre 'por si mesmo' e 'em função de outro'. Observa também que a distinção entre 'bem e mal moral' não é equiparável com 'reto ou moralmente falso'. Um ato é moralmente falso quando, dado um valor determinado, não se cumpre objetivamente, ou de acordo com sua própria estrutura e fins, o que em muitos casos quer dizer que desobedece a algum valor superior. A distinção entre 'condicionado' e 'absoluto' com respeito aos valores não coincide com a distinção entre 'apenas subjetivamente significante' e 'objetivamente significante'. Os valores condicionados podem ser relativos a nossas necessidades ou ao serviço de nossas necessidades, de um lado, ou relativos a outros ou ao serviço de necessidades de outros, de outro lado, o que corresponde a serem "subjetivos" ou "objetivos", respectivamente. Mas há valores relativos a outros que são os valores absolutos e que são justamente os que possuem significação plenamente objetiva.

➲ Obras: *Freiheit, Wollen und Aktivität*, 1927 (Liberdade, querer e atividade). — *Das Phänomen des Glaubens*, 1934 (O fenômeno da crença). — *Das Prinzip von Gut und Böse*, 1948 (O princípio do bem e do mal). — *Pflicht und Neigung. Die Grundlagen der Sittlichkeit, erörtert und neu bestimmt mit besonderem Bezug auf Kant und Schiller*, 1951; 2ª ed., 1974 (Dever e inclinação. Os fundamentos da moralidade, debatidos e novamente definidos com especial referência a K. e S.). — *Die Ehre*, 1956 (A honra). — *Der Sinn unseres Daseins*, 1960; 2ª ed., 1964; 3ª ed., rev. e ampl., 1987 (O sentido de nosso ser). — *Die philosophische Ethik. Ihre Fragen und Lehren in Geschichte und Gegenwart*, 1964 (Ética filosófica: suas questões e doutrinas na história e no presente). — *Grundlagen, Grundsätze und Einzelnormen des Naturrechts*, 1964 (Fundamentos, traços fundamentais e normas particulares do Direito natural).

— *Gut und Böse. Ursprung und Wesen der sittlichen Grundunterscheidungen*, 1965.

As principais idéias de R. em sua forma madura se expressaram pela primeira vez em espanhol no trabalho "Fundamentos y rasgos fundamentales de la ética", publicado, com outros textos, na antologia *Vieja y nueva ética*, 1964.

Para as idéias de R. sobre a origem do nome 'metafísica', ver METAFÍSICA.

Bibliografia: I. Eberhard, "Bibliographie der Schriften von H. R.", *Zeitschrift für philosophische Forschung*, 25 (1971), 615-618. — N. Huppertz, ed., *Die Wertkrise des Menschen. Philosophische Ethik in der heutigen Welt. Festrschrift für H. R. zum 80. Geburtstag*, 1979. — G. Thamm, "Zu H. R.s Wertethik", ibid., 44(2) (1990), 305-309. — R. Gortzen, "Duty and Obligation: The Phenomenological Value Ethics of H. R.", *Journal of Value Inquiry* (1991), 119-145. — I. Eberhard, "Nachruf auf H. R.", *Archiv für Rechts- und Sozialphilosophie*, 78 (1992), 259-261. C

REINHOLD, KARL LEONHARD (1758-1823). Nascido em Viena. Membro da Companhia de Jesus, ingressou no Colégio dos Barnabitas ao ser dissolvida a Companhia, ensinando filosofia durante alguns anos e desenvolvendo grande atividade literária com colaborações no *Wiener Realzeitung*, de Viena. Abandonando o hábito religioso, mudou-se para Leipzig e Weimar, onde colaborou no *Deutscher Merkur* e contraiu matrimônio com uma filha de Wieland. De 1787 a 1793 foi professor de filosofia em Iena e a partir de 1793, professor em Kiel.

Segundo Klemmt (op. cit. infra), podem-se distinguir três períodos na evolução filosófica de Reinhold: 1) do ano de 1784 até o desenvolvimento de sua teoria da faculdade representativa — período dominado pelas influências recebidas das idéias do Iluminismo e pela reação às mesmas; 2) dos começos da "filosofia elementar" até a "crítica da razão"; 3) dos começos da discussão com Kant, e depois com Fichte, até o momento de elaborar os fundamentos para uma "filosofia da unidade" pós-kantiana. No primeiro período, Reinhold se esforçou por unificar os três planos da sensibilidade, do entendimento e da razão por meio do reconhecimento do que considerava "um fato primário", isto é, a "faculdade representativa" ou "representação". Tal faculdade foi considerada por Reinhold como distinta da sensibilidade, do entendimento e da razão, mas ao mesmo tempo como o fundamento de quaisquer e de todas elas, já que na representação se encontra o que representa — o sujeito — e o representado — o objeto —, assim como a tendência da vontade ao sensível e sua obediência ao imperativo moral. Essas reflexões de Reinhold culminaram em sua "filosofia elementar" e no que chamou "o princípio da consciência", isto é, o princípio segundo o qual "a representação do que representa e o representado se tornam na consciência humana distintos e ao mesmo tempo relativos ao ser consciente". Com tudo isso, e apesar de certas divergências fundamentais, Reinhold seguiu o modo de pensar do criticismo kantiano, mas continuando sua tendência, já iniciada no "primeiro período", à unidade, acentuou cada vez mais a necessidade de encontrar um ponto de partida único do qual pudessem ser deduzidas outras proposições fundamentais da filosofia. Essa exigência de um ponto de partida ao mesmo tempo unificante e fundamentante era compartilhada por outros autores coetâneos, como Fichte e Jacobi. Mas embora possam ser encontradas em Reinhold idéias parecidas às desses autores, e em particular semelhantes a algumas de Jacobi, ele rejeitou o ativismo absoluto da consciência de Fichte e o "primado da fé" (ou "crença") de Jacobi. A filosofia da unidade de Reinhold continuou baseando-se na idéia de representação e não numa intuição intelectual.

⇨ Principais obras: "Briefe über die kantische Philosophie", em *Deutscher Merkur*, 1786-1787, logo publicadas em livro, 2 vols., 1790-1792 ("Cartas sobre a filosofia kantiana"). — *Versuch einer neuen Theorie des menschlichen Vorstellungsvermögens*, 1789, reimp., 1962 (Ensaio de uma nova teoria da faculdade de representação humana). — *Beiträge zur Berichtigung bisheriger Missverständnisse der Philosophen*, 2 vols., 1790-1794 (Contribuições para a correção dos malentendidos havidos até agora entre os filósofos). — *Über das Fundament des philosophisches Wissens*, 1791 (Sobre o fundamento do saber filosófico). — *Auswahl vermischter Schriften*, 1796 (Seleção de escritos vários). — *Beiträge zur leichteren Übersicht des Zustandes der Philosophie*, 1801 (Contribuições para uma visão mais fácil de conjunto do estado da filosofia). — *Grundlegung einer Synonymik für den allgemeinen Sprachgebrauch in den philosophischen Wissenschaften*, 1812 (Fundamentação de uma sinonímia para a terminologia geral nas ciências filosóficas). — *Menschliches Erkenntnisvermögen aus dem Gesichtspunkt des durch die Wortsprache vermittelten Zusammenhangs zwischen der Sinnlichkeit und dem Dekvermögen*, 1816 (A faculdade humana de conhecimento do ponto de vista da conexão entre a sensibilidade e o pensamento proporcionada pela estrutura verbal). — *Die alte Frage, was ist Wahrheit?*, 1820 (O antigo problema: que é a verdade?).

Obra póstuma: *Reinholds Leben und literarisches Wirken nebst einer Auswahl von Briefen Kants, Fichtes, Jacobis und anderer philosophischen Zeitgenossen an ihn*, 1825, ed. E. Reinhold.

Correspondência: *C. G. Bardilis und C. L. Reinhold Briefwechsel über das Wesen der Philosophie und das Unwesen der Spekulation*, 1804, ed. C. L. Reinhold. — *Korrespondenzausgabe*, 6 vols., 1983 ss., eds. R. Lauth, K. Hiller e W. Schrader.

Ver: R. Reicke, *De explicatione, qua Reinhold gravissimum in Kanti Critica Rationis Purae locum epistolis suis illustraverit*, 1856 (tese). — Magnus Selling, *Studien zur Geschichte der Transzendentalphilosophie: I. K. L. Reinholds Elementarphilosophie in ihrem philosophiegeschichtlichen Zusammenhang*, 1938. — Alfred Klemmt, *K. L. Reinholds Elementarphilosophie. Eine Studie über den Ursprung des spekulativen deutschen Idealismus*, 1958. — Id., "Die philosophische Entwicklung K. L. Reinholds nach 1800", *Zeitschrift für philosophische Forschung*, 15 (1961), 78-101. — Angelo Pupi, *La formazione della filosofia di K. L. R., 1784-1794*, 1966. — Hans Giwitzky, Günther Baum et al., *Philosophie aus einem Prinzip. K. L. R.*, 1974, ed. Reinhard Lauth. — W. Teichner, *Rekonstruktion des Grundes. Die Begründung der Philosophie als Wissenschaft durch Kant und R.*, 1976 (tese de "habilitação"). — R. Lauth, "Nouvelles recherches sur Reinhold et l'Aufklärung", *Archives de Philosophie*, 42 (1979), 593-629. — D. Breazeale, "Between Kant and Fichte: K. L. R.'s Elementary Philosophy", *Review of Metaphysics*, 35 (1982), 785-822. — A. P. König, "R.s Modifikation des kantischen analytischen Urteils", *Kant-Studien*, 73 (1982), 63-69. — W. H. Schrader, "Systemphilosophie als Aufklärung: Zum Philosophiebegriff K. L. Reinholds", *Studia Leibnitiana*, 15 (1983), 72-81. ⊃

REININGER, ROBERT (1869-1955). Nascido em Linz, foi "professor extraordinário" (1903-1913) e professor titular (1913-1922) na Universidade de Viena. Reininger tentou solucionar, partindo do positivismo imanentista, o problema da dualidade ente o físico e o psíquico mediante a afirmação de que ambos não são senão aspectos de uma mesma realidade que, se por um lado se oferece como uma vivência pessoal, por outro se apresenta como uma representação objetiva. Esta solução conduziu Reininger posteriormente a tentar a elaboração de uma "metafísica crítica" da realidade, na qual a primazia do psíquico não equivalia a um subjetivismo, mas à necessidade de referir todo o real a um absoluto independente. A união dessa metafísica com as demais esferas da filosofia e especialmente com a teoria dos valores era efetuada por Reininger mediante uma conciliação da subjetividade com todo juízo axiológico, enquanto referência do mesmo a um "eu", com a necessária objetividade do conjunto de todas as personalidades individuais manifestada na unanimidade de suas valorações.

⊃ Principais obras: *Kants Lehre vom inneren Sinn und seine Theorie der Erfahrung*, 1900 (A doutrina kantiana do sentido interno e sua teoria da experiência). — "Das Kausalproblem bei Kant", *Kantstudien*, 6 (1901) ("O problema causal em K."). — *Philosophie des Erkennens. Ein Beitrag zur Geschichte und Fortbildung des Erkenntnisproblems*, 1911 (Filosofia do conhecer. Contribuição à história e ao desenvolvimento do problema do conhecimento). — *Das psychophysische Problem*, 1916 (O problema psicofísico). — *F. Nietzsches Kampf um den Sinn des Lebens. Der Ertrag seiner Philosophie für die Ethik*, 1922; 2ª ed., 1925 (A luta de Nietzsche pelo sentido da vida. Importância de sua filosofia para a ética). — *Metaphysik der Wirklichkeit*, 2 vols., 1932; 3ª ed., 1947-1948 (Metafísica da realidade). — *Wertphilosophie und Ethik: Die Frage nach dem Sinn des Lebens als Grundlage einer Wertordnung*, 1939 (Filosofia dos valores e ética. A questão do sentido da vida como fundamento de uma ordem axiológica). — *Nachgelassene philosophische Aphorismen aus den Jahren 1948-1954*, 1962, ed. Erich Heintel (Aforismos filosóficos póstumos dos anos 1948-1954).

Bibliografia: ver a completa bibliografia contida em *Nachgelassene philosophische Aphorismen*, citado acima.

Ver: P. Knothe, *Kants Lehre vom inneren Sinn und ihre Auffassung bei R.*, 1905. — M. Haubfleisch, *Wege zur Lösung des Leib-Seele-Problems*, 1929. — Erwin Rogler, *Wirklichkeit und Gegenstand. Untersuchungen zur Erkenntnismetaphysik R. Reiningers*, 1970. — W. Mansch, *Die transzendentale Methode*, 1978 [desenvolvimento de *Metaphysik der Wirklichkeit*, de Reininger]. — R. Christensen, *Lebendige Gegenwart und Urerlebnis. Zur Kokretisierung des transzendentalen apriori bei Husserl und R.*, 1981. ⊃

REINKE, JOHANNES. Ver Vitalismo.

REINO. O vocábulo 'reino' foi empregado freqüentemente na expressão 'reino de Deus', que se encontra na versão grega do Antigo Testamento (βασιλεία = "reino", "reinado"), e em expressões similares tais como 'reino dos céus'. O Reino de Deus pode ser entendido em dois sentidos: como o reinado de Deus sobre todas as criaturas e como seu próprio reino ou "Cidade": a "Cidade de Deus" (ver), ou então como ambos a um só tempo. No século XVII, em parte pela tradição bíblica e teológica e em parte também pela idéia da Monarquia como modo ordenado e hierárquico de governo, o termo 'reino' às vezes foi usado para se referir ao "reino dos espíritos" ou "divina cidade dos espíritos", da qual Deus é o monarca; isso ocorre, por exemplo, em Leibniz (cf., entre passagens, *Monadologie*, § 87). Este reino é ao mesmo tempo um "reino moral" (ibid., § 86).

O vocábulo 'reino' também foi usado na literatura filosófica em outros sentidos. Por um lado, na expressão 'reino dos fins', de que falou Kant (*Reich der Zwecke*). Na *Fundamentação para uma metafísica dos costumes*, Kant escreve que "o conceito pelo qual todo ser racional deve ser considerado como um legislador universal por meio de todas as máximas de sua vontade, de sorte que possa julgar-se a si mesmo e a seus atos, conduz a um conceito muito fecundo (...) isto é, ao conceito de um *reino dos fins*". "Entendo por reino dos fins", escreve Kant na mesma obra, "o enlace sistemático de diversos seres racionais por meio de leis comuns [comunitárias]". No reino dos fins, "os seres racionais (as pessoas) alcançam dignidade (*Würde*) por sua participação na legislação universal" (*allgemeine Gesetzgebung*). Trata-se de um "reino ideal" e de um *mundus intelligibilis*, não de um "mundo sensível". Kant também falou do reino da virtude (*Reich der Tugend*), que é uma comunidade que se rege segundo leis virtuosas (*Tugendgesetzen*).

Por outro lado, o termo 'reino' foi usado, e continua a sê-lo, para designar uma "esfera" determinada da realidade, como ocorre com as expressões 'o reino do ser' (ou 'os reinos do ser'), 'o reino ideal'. O vocábulo 'reino' tem uma significação aproximada à de 'mundo' quando esta é empregada para designar uma certa ordem de coisas, ações, pensamentos etc. Também tem uma significação aproximada à de 'plano' em expressões como 'plano da realidade'. Falou-se às vezes de dois "reinos da realidade" que estão em conflito, para cuja solução é necessário outro "reino" — um "terceiro reino" —, ou então diversos "reinos da realidade" agrupados num só reino, que seria "o reino do ser". Falou-se também do "reino do valor" ou "reino dos valores", às vezes em contraposição ao "reino do ser".

REÍSMO é a doutrina segundo a qual só existem coisas, *res*, e segundo a qual, por conseguinte, só se podem formular enunciados acerca de coisas. Tanto o nome 'reísmo' como a doutrina reísta foram propostos pelo filósofo polonês Tadeusz Kotarbiński, um dos discípulos de Twardowski, e foram aceitos, com várias modificações, pelo casal Ossowski (psicólogo, um; esteta, a outra), considerados os mais fiéis discípulos de Kotarbiński, e por A. Ajdukiewicz. Kotarbiński declarou que o reísmo é a única opinião capaz de prescindir radicalmente das entidades inúteis introduzidas por outras doutrinas filosóficas, e especialmente pelas várias formas de idealismo e platonismo; com efeito, o reísmo não admite mais que uma categoria de realidade — a de substância ou a do indivíduo — e aplica a esta realidade predicados que por sua vez não são senão expressões da chamada denotação múltipla. Por exemplo, '*x* é amarelo' é, segundo o reísmo, um enunciado no qual '*x*' denota uma substância ou indivíduo (um cão, um quadro, uma célula etc.) e 'amarelo' denota um predicado aplicável a várias substâncias ou indivíduos amarelos. Isso não significa que 'amarelo' denote a classe dos objetos amarelos, pois justamente o reísmo, em sua luta contra todas as entidades abstratas, nega que o enunciado '*x* é um membro da classe de objetos amarelos' tenha sentido. '*x* é amarelo' é um enunciado perfeitamente bem construído e admissível; o mesmo ocorre com o enunciado '*x* é bom'. Em contrapartida, enunciados como 'O valor é desejável' ou 'A contemplação é superior à ação' não são considerados como admissíveis, pois o 'é' não tem neles a mesma função que nos enunciados anteriores.

O reísmo de Kotarbiński pode ser entendido de dois pontos de vista: semanticamente, como a tentativa de reduzir todas as expressões da linguagem a expressões relativas a coisas; ontologicamente, como a afirmação de que só existem coisas. O próprio Kotarbiński prestou atenção considerável aos dois pontos de vista, mas o aspecto semântico foi desenvolvido por ele com menos detalhe que o aspecto ontológico.

É preciso observar, porém, que o reísmo de Kotarbiński não é equivalente ao fisicalismo (ver), porquanto o citado autor afirma que cada uma das ciências deve expressar-se em sua própria linguagem sem outra condição além da de ater-se aos pressupostos reístas mencionados. De fato, o citado reísmo é uma tentativa não apenas de oferecer um fundamento filosófico nominalista e substancialista às ciências naturais, mas também, e muito especialmente, de dá-lo às ciências humanas. Também é preciso observar que o reísmo não prejulga em princípio de que tipo são as substâncias admitidas. Assim, por exemplo, o reísmo de Kotarbiński é um reísmo quase equivalente ao pansomatismo, porquanto as substâncias admitidas são apenas corpos, mas o citado autor declara que é perfeitamente compreensível um reísmo espiritualista (como o admitido por Leibniz) ou dualista (como o proposto por Descartes). E pode-se afirmar até mesmo que se Aristóteles ou Santo Tomás de Aquino tivessem reduzido suas categorias à única categoria de substância, poderiam ter sido qualificados de autores reístas.

As principais dificuldades que o reísmo apresenta são: 1) as mesmas dificuldades que o nominalismo apresenta; 2) as que apresenta toda teoria que não leva em conta o desenvolvimento temporal das realidades; 3) as que suscita o *status* ontológico dos objetos matemáticos. Kotarbiński considera que a dificuldade 1) não é fundamental, que a dificuldade 2) pode ser resolvida mediante um refinamento da semântica do reísmo, mas que a dificuldade 3) é considerável e somente o futuro poderá permitir ver se é possível vencê-la apenas com as armas intelectuais do reísmo.

RELAÇÃO. A relação é uma das categorias de Aristóteles, que define o relativo (πρὸς τί) como a referência de uma coisa a outra (do dobro ao triplo, do excesso ao defeito, do medido à medida, do conhecimento à consciência, do sensível à sensação). Há, assim, relações numéricas determinadas e indeterminadas, mas também relações não numéricas, relações "segundo a potência" (relação do ativo ao passivo) e também "segundo a privação da potência" (o impossível, o invisível etc.).

Os escolásticos desenvolveram a concepção aristotélica. Na lógica, a relação é examinada sobretudo como um predicamento e, nessa qualidade, é definida como a ordem de uma coisa para com outra. A relação predicamental é, portanto, um acidente real inteiramente referido a outra coisa, e requer a existência de um sujeito real e de um termo real distinto realmente do sujeito para que o "ser" da relação possa advir como uma inserção entre os termos. Na ontologia examina-se a relação por meio de definições sensivelmente parecidas com as da lógica, mas com um sentido muito menos formal. Quando a relação se afirma somente pela mente, trata-se, pois, de uma relação lógica; quando se diz do real trata-se de uma relação ontológica. As divisões estabelecidas para a relação algumas vezes aludem à pertença a uma das duas ordens e outras vezes ao modo de considerar os *tipos* de relação dentro de cada ordem. Assim, os escolásticos distinguem não apenas a relação real e a lógica, mas também, dentro da primeira, relação criada e relação incriada. A relação também é considerada ou como relação transcendental ou como relação predicamental. A relação transcendental é aquela que não constitui a coisa, mas que segue a essência da coisa na qual está incluída. A relação predicamental é a referência do sujeito a algo ou, melhor dizendo, a ordem pura entre os termos. Em todo caso, os escolásticos consideram a relação como algo distinto de uma convenção arbitrária ou de um fenômeno real de índole meramente psicológica. Um exemplo característico é o de Santo Tomás quando julga que a relação está nos entes de razão e nos acidentes, não sendo percebida pelos sentidos (como os acidentes) tampouco pela pura inteligência (como os entes de razão). Segundo o Aquinense, há vários sinônimos da relação; três deles são especialmente importantes: o respeito (*respectus*), o hábito (*habitus*) e a proporção (*proportio*) (cf. obra de A. Krempel citada na bibliografia, pp. 127 e 146).

A relação para Kant também é uma categoria (ainda que num sentido distinto do aristotélico). As categorias da relação, deduzidas dos juízos assim chamados (categóricos, hipotéticos, disjuntivos), são a substância e o acidente, a causalidade e a dependência, e a comunidade ou reciprocidade de ação entre o agente e o paciente. Já nestas definições ou concepções da relação pode-se perceber a implicação dos elementos lógicos, gnosiológicos e ontológicos que é freqüente em toda investigação acerca das relações. A relação é estudada por Kant principalmente num sentido gnosiológico, mas não exclusivamente nesse aspecto. Por um lado, Kant se baseia na idéia de relação tal como havia sido elaborada pela lógica tradicional. Por outro lado, não faltam na "Analítica transcendental" implicações ontológicas. Estas foram tratadas especialmente em várias tendências do pensamento contemporâneo. Por exemplo, para Eduard von Hartmann, se a relação é, propriamente falando, uma categoria do pensamento, trata-se, em última análise, de uma categoria verdadeiramente fundamental, de uma *Urkategorie*. A relação não é, em outros termos, uma categoria como as demais, mas "a categoria κατ' ἐξοχήν, o geral e universal para todas as demais categorias, de tal modo que estas últimas são unicamente formas especiais dessa categoria fundamental" (*Kategorienlehre*, II, p. 22). William James, por seu turno, assinala que "as relações que conectam as experiências devem ser por sua vez relações experimentadas", de modo que "qualquer classe de relação experimentada deve ser considerada algo tão 'real' quanto qualquer outro elemento do sistema" (*Essays in Radical Empiricism*, cap. II). Assim, enquanto o empirismo tradicional deixa as coisas "soltas", introduzindo como elementos de união operações como o hábito, o costume, a crença etc., e o racionalismo une as coisas mediante "ficções metafísicas" (substância, eu, categorias em sentido transcendental etc.), o empirismo radical as une na unidade mesma da coisa e da relação, razão pela qual "conjunções e separações são fenômenos coordenados". Todavia, essa "ontologização" da relação ou, melhor dizendo, essa suposição de que a relação é de algum modo real, não coincide exatamente com a consideração ontológica da relação em várias outras tendências do pensamento contemporâneo, onde, sem ter de reduzir a relação a uma categoria transcendental, ou a uma forma lógica, ou a um ato subjetivo, estudou-se a relação ontologicamente, sobretudo dentro da ontologia do objeto ideal. Um dos exemplos desse tipo de exame encontra-se em Martin Honecker que, seguindo precedentes de Meinong, considera as relações como fatos objetivos adscritos a dois ou mais objetos. Essas relações se classificam, no seu entender, do seguinte modo: 1) Relações fundamentais, que se subdividem em a) relações de qualidade (como: A e B *são iguais, análogos, distintos* etc.) e de união (como: A e B *estão unidos de algum modo*) e b) relações não transformáveis no mesmo sentido, tais como: *A está à direita de B*, ou então as relações *causa-efeito, princípio-conseqüência*, meio-fim etc. 2) Relações mistas, tais como a relação *maior-menor*.

A importância da categoria de relação — como relação real — ganha destaque quando se percebe que muitos problemas filosóficos podem ser enfocados primariamente do ponto de vista das formas de relação. Em sua investigação do "encontro" e das "formas do encontro" a que nos referimos em outro verbete (ver OUTRO [O]), Laín Entralgo indica que a relação chamada "encontro humano" pode ser ordenada dentro de vários tipos de relação ou de "conexão semântica": o *"modo mineral"* de relação (exemplificado na colisão de corpos, fenômenos de atração e repulsão etc.), que se pode chamar *"relação de campo ou energética"* e "cuja forma eminente é o *choque*"; o *"modo vegetal"* de relação (exemplificável na captação pela planta da porção do ambiente que convenha a seus fins vitais), que se pode chamar *"relação aceptiva"*, cuja forma típica é a *"incorporação ou assimilação"*, o *"modo animal"* de relação (exemplificável na busca de alimento, de fêmea etc.), que se pode chamar *"relação apetitiva* e *quesitiva"*; o modo propriamente humano de relação, que dá lugar à *"relação petitiva"* ou *"encontro pessoal"*.

Uma metafísica baseada na noção de relação é a de Enzo Paci (VER), que entende a relação como "processo" e, portanto, como modo de união dinâmica.

Um dos problemas mais debatidos com respeito às relações foi o de saber se elas são, como se disse, "relações externas" ou "relações internas". Quando se concebem as relações como "relações externas", supõe-se que as coisas relacionadas ou relacionáveis possuem uma realidade independente de suas relações. As relações não afetam, pois, fundamentalmente as coisas relacionadas ou relacionáveis. Quando as relações são concebidas como "relações internas", em contrapartida, supõe-se que as coisas relacionadas ou relacionáveis não são independentes de suas relações. Portanto, as relações são "internas" às coisas mesmas. Assim, por exemplo, na teoria das relações externas, as coisas — sejam elas quais forem — são ontologicamente prévias às relações, as quais se "sobrepõem" às coisas ordenando-as de certos modos. Na teoria das relações internas, em compensação, nenhuma coisa é prévia a suas relações, pois as relações constituem justamente a coisa. Exemplos extremos de teoria das relações externas e internas são respectivamente o atomismo lógico e o idealismo absoluto. A tese segundo a qual a realidade é constituída (ontologicamente falando) em forma "atômica" é, com efeito, completamente oposta à tese segundo a qual "a verdade é o todo". Os defensores da teoria das relações internas argumentam que nenhuma realidade é concebível a menos que seja determinada como "esta realidade". Mas ser "esta realidade" equivale a estar relacionada com "esta outra realidade", e assim sucessivamente, até chegar a um "Todo" não relacionado com nada exceto consigo mesmo, e no qual tudo o que há está "internamente relacionado". Os defensores da teoria das relações externas argumentam que nenhuma relação é concebível a menos que seja relação de uma coisa com a outra, ambas prévias justamente à relação.

Os parágrafos anteriores se referiram ao problema da relação num sentido geral, com particular atenção aos aspectos ontológicos e metafísicos. Estudaremos agora a noção de relação na lógica.

Na lógica "tradicional" a relação se refere ao caráter condicionado ou incondicionado dos enunciados (juízos ou proposições). Quando o enunciado é incondicionado temos as proposições categóricas; quando é condicionado temos as proposições hipotéticas e disjuntivas. Na classificação tradicional da proposição (VER), as proposições categóricas são uma classe das proposições simples; as hipotéticas e disjuntivas são classes das proposições manifestamente compostas. Um exemplo de proposição categórica é: 'Zacarias é velho'; um exemplo de proposição hipotética é: 'Se Antônio ler, aprenderá muito'; exemplo de proposição disjuntiva é: 'Susana passa as férias na Grécia ou na Turquia'.

Na lógica atual, as relações se expressam mediante esquemas que possuem mais de uma letra argumento: 'Fxy', '$Fxyz$', '$Gwxyz$' etc. Estes esquemas recebem o nome de esquemas quantificacionais poliádicos. Eis aqui vários exemplos. Para o esquema 'Fxy' temos o exemplo:

Júpiter é maior que Mercúrio

Para '$Fxyz$':

Berlim está entre Paris e Varsóvia

Para '$Fwxyz$':

w é para x o que y é para z

As relações diádicas são as mais simples e contam entre as mais freqüentes nas expressões da linguagem ordinária. Vamos nos referir agora a elas.

Antes de tudo, convém notar que assim como se pode associar um esquema quantificacional monádico com um esquema de classe (VER), pode-se associar um esquema quantificacional diádico com um esquema chamado *esquema relacional*. Usa-se para tal fim um abstrato com duas variáveis ou abstrato duplo. A expressão:

$$\hat{x}\hat{y}(\dots x \dots y \dots),$$

é um abstrato duplo, que se lê:
a relação de todo x com todo y tal, que $x\dots y\dots$
Por exemplo, a expressão:

$$\hat{x}\hat{y}(x \text{ é simultâneo com } y)$$

denota a relação de simultaneidade. Os abstratos duplos são abreviados mediante as letras 'Q', 'R', 'S' etc. Assim,

$$xRy$$

se lê:

x tem a relação R com y,

um de cujos exemplos pode ser:

Pedro é irmão de João

Assim como há uma álgebra de classes, há uma álgebra de relações, chamada, por analogia com a anterior, álgebra booleana de relações. Entre as operações fundamentais desta álgebra figuram a inclusão, a identidade, a soma (lógica), o produto (lógico) e a noção de complemento. Referimo-nos a elas nos verbetes correspondentes. Acrescentemos aqui duas noções essenciais em tal álgebra: a da chamada *relação universal* e a da chamada *relação nula*.

A *relação universal* é a relação que tudo tem com tudo; seu símbolo é $\dot{\vee}$.

$$\dot{\vee} = \text{def. } \hat{x}\hat{y}(x = x \wedge y = y)$$

A *relação nula* é a relação que nada tem com nada; seu símbolo é $\dot{\wedge}$ e sua definição é:

$$\dot{\wedge} = \text{def. } \hat{x}\hat{y}(x \neq x \wedge y \neq y)$$

A analogia da álgebra de relações com a álgebra de classes se mostra também nas leis de tais álgebras, que são paralelas. Eis aqui alguns exemplos de leis da álgebra de relações que correspondem às da álgebra de classes:

$R = R$
$(R \cap \bar{R}) = \Lambda$,
$(R \cup \bar{R}) = V$,
$(R \cup R) = R$,
$(R \cap R) = R$,
$(R \cup S) = (S \cup R)$,
$(R \cap S) = (S \cap R)$,
$(R \cup \Lambda) = R$,
$(R \cup V) = V$.

Usam-se também na lógica das relações as noções de Converso, Produto (relativo) e Imagem (VER).

Entre as propriedades das relações mencionamos:

Reflexividade. Uma relação *R* se chama *reflexiva* quando uma entidade *x* tem a relação R consigo mesma. Exemplo, a relação *idêntico a*.

Irreflexividade. Uma relação *R* se chama *irreflexiva* quando uma entidade *x* não tem a relação *R* consigo mesma. Exemplo, a relação *pai de*.

Não reflexividade. Uma relação *R* se chama *não reflexiva* quando não é nem reflexiva nem irreflexiva. Exemplo, a relação *amigo de*.

Simetria. Uma relação *R* é chamada simétrica quando, se uma entidade *x* tem a relação *R* com *y*, então *y* tem a relação *R* com *x*. Exemplo, a relação *primo de*.

Assimetria. Uma relação *R* é chamada *assimétrica* quando, se uma entidade *x* tem a relação *R* com *y*, então não é o caso que *y* tenha a relação *R* com *x*. Exemplo, a relação *menor que*.

Não simetria. Uma relação *R* é chamada *não simétrica* quando não é nem simétrica nem assimétrica. Exemplo, a relação *incluído em*.

Transitividade. Uma relação *R* é chamada *transitiva* quando, se uma entidade *x* tem a relação *R* com *y*, e a entidade *y* tem a relação *R* com *z*, então *x* tem a relação *R* com *z*. Exemplo, a relação *antepassado de*.

Intransitividade. Uma relação *R* é chamada *intransitiva* quando, se uma entidade *x* tem a relação *R* com *y*, e a entidade *y* tem a relação *R* com *z*, então não é o caso de a entidade *x* ter a relação *R* com *z*. Exemplo, a relação *dobro de*.

Não transitividade. Uma relação *R* é chamada *não transitiva* quando não é nem transitiva nem intransitiva. Exemplo, a relação *diferente de*.

Uma mesma relação pode ter várias propriedades ao mesmo tempo. Assim, a relação *é igual a* é reflexiva, simétrica e transitiva; a relação *maior que* é irreflexiva, assimétrica e transitiva; a relação *mãe de* é irreflexiva, assimétrica e intransitiva.

Observemos que não se devem confundir as relações com os nomes das relações. Por este motivo, as relações são designadas sem colocar suas expressões entre aspas (o que as converteria em nomes). Por razões de comodidade de leitura, podem ser escritas entre aspas teóricas, encabeçando cada relação com letra maiúscula ou (como nós fizemos) escrevendo-as em itálico.

Fala-se também de três classes de relações: de *um com muitos*, de *muitos com um* e de *um com um*. Se chamarmos *x* no esquema *'xRy'* de *relacionante*, e *y* de *relacionado* no mesmo esquema, definiremos as três classes citadas do seguinte modo:

Relações de *um com muitos* são aquelas nas quais todos e cada um dos relacionados de uma relação *R* têm exatamente um relacionante. Exemplo, a relação de *pai com filho*.

Relações de *muitos com um* são aquelas nas quais todos e cada um dos relacionantes de uma relação *R* têm exatamente um relacionado. Exemplo, a relação de *filho com pai*.

Relações de *um com um* são aquelas nas quais todos e cada um dos relacionantes de uma relação *R* têm exatamente um relacionado, e todos e cada um dos relacionados da mesma relação *R* têm exatamente um relacionante. Exemplo, a relação de *nação com capital*.

Para maior informação sobre as relações de um com muitos e de um com um, ver FUNÇÃO.

↪ Além dos textos citados no verbete, ver: A. von Meinong, *Hume-Studien* (tomo II: *Zur Relationstheorie*, 1882). — A. Brunswig, *Dar Vergleichen und die Relationserkenntnis*, 1910. — Ernst Cassirer, *Substanzbegriff und Funktionsbegriff*, 1910. — A. Horvath, *Die Metaphysik der Relationen*, 1914 (tese). — Harald Höffding, *Relation som Kategory*, 1921 (trad. al.: *Der Relationsbegriff*, 1922). — V. Strasser, *Psychologie der Zusammenhänge und Beziehungen*, 1921. — G. Katona, *Psychologie der Relationserfassung und des Vergleichens*, 1924. — Wilhelm Burkamp, *Begriff und Beziehung. Studien zur Grundlegung der Logik*, 1927. — Philipp Schwarz, "Zur Ontologie der Vergleichungsverhälte", *Jahrbuch für Philosophie und phänomenologische Forschung*, 10 (1929). — J. E. Salomaa, *The Category of Relation*, 1929. — VV.AA., *Studies in the Problem of Relations*, 1930 [University of California Publications in Philosophy, 13]. — E. Schojøth, *Gegenstands- und Verhältnislehre*, 1936. — Francisco Romero, "Contribución al estudio de las relaciones de comparación", *Humanidades*, 26 (1938). — Enzo Paci, *Tempo e relazione*, 1954. — Id., *Dall'esistenzialismo al relazionismo*, 1957. — Id., *Relazioni e significati*, 3 vols. (I: *Filosofia e fenomenologia della cultura*, 1965; II: *Kierkegaard e Thomas Mann*, 1965; III: *Critica e dialettica*, 1966). — S. Scime, *Metafisica e relazione*, 1955. — Ludovico Perinetti, *Dialettica della relazione*, 1959. — Pedro Laín Entralgo, *Teoría y realidad del otro*, vol. 2, 1961, pp. 22 ss. — P. Schulthess, *Relation und Funktion*, 1981.

Obras históricas: Constantine Cavarnos, *The Classical Theory of Relations*, 1975. — Julius R. Weinberg, *Abstraction, Relation, and Induction: Three Essays in the History of Thought*, 1965. — A. Krempel, *La doctrine de la relation chez Saint Thomas*, 1952. — A. Hosang, H. *Lotzes Bedeutung für das Problem der Beziehung*, 1967. — A. S. Kohanski, *Martin Buber's Philosophy of Interhuman Relation: A Response to the Human Problematic of Our Time*, 1982. — K. Wall, *Relation in Hegel: The Doctrine of Relation in Hegel*, 1983. — R.-P. Horstmann, *Ontologie und Relationen. Hegel, Bradley, Russell und die Kontroverse über interne und externe Beziehungen*, 1984. — R. Loebl, *Die Relation in der Philosophie der Stoiker*, 1986. — R. Sternfeld, H. Zyskind, *Meaning, Relation and Existence in Plato's Parmenides*, 1987. — M. G. Henninger, *Relations. Medieval Theories 1250-1325*, 1989. C

RELATIVIDADE (TEORIA DA). Apresentaremos algumas das discussões filosóficas sobre a teoria da relatividade, de Einstein. Vamos precedê-las de uma apresentação sumária dos pontos mais destacados da citada teoria.

Na física de Galileu e Newton se afirmava a relatividade dos movimentos; o movimento de um sistema dado, A, era medido em relação com o de outro sistema dado, B, em movimento uniforme com respeito a A. Isso é possível, segundo a mecânica clássica, porque há dois sistemas de referência absolutos dentro dos quais se efetuam as medições: o espaço (sempre "similiar e imóvel") e o tempo ("fluindo uniformemente sem relação com nada externo", para usar as fórmulas de Newton). Análoga concepção se manteve quando se tentou considerar o éter, enquanto substância elástica em completo repouso, como sistema de referência para medir os movimentos dos astros. A confirmação da hipótese do éter teria reafirmado o edifício da mecânica clássica. Mas os experimentos levados a cabo em 1887 por A. A. Michelson e E. W. Morley para medir a velocidade da terra no éter deram um resultado surpreendente; segundo eles, a terra tinha de ter estado em repouso. Para solucionar essa dificuldade, H. A. Lorentz propôs sua célebre fórmula (a "transformação de Lorentz") da qual se depreende que um objeto diminui ao mover-se no éter na direção do movimento. Isso já representou uma primeira importante revolução nos conceitos clássicos do espaço e do tempo. Essa revolução foi continuada por Einstein, que em 1905 apresentou a teoria especial da relatividade ou teoria da relatividade restrita. Einstein não desenvolveu a teoria em vista dos resultados experimentais obtidos por Michelson e Morley. Einstein cita esses resultados em apoio da teoria, mas esta não é conseqüência daqueles, mas de prévias reflexões físicas e epistemológicas de Einstein. A rigor, os resultados experimentais de Michelson e Morley não correspondiam exatamente aos que se deviam deduzir da teoria especial da relatividade.

Segundo a teoria especial, todos os movimentos de corpos (ou de pontos) são relativos a um sistema de referência. Diz-se às vezes que são relativos ao sistema de referência do observador que os mede, mas a introdução do termo 'observador' pode prestar-se a confusões; os movimentos são relativos a um sistema de referência e a medições efetuáveis neste sistema, mas não é preciso um observador humano.

Na teoria especial da relatividade, espaço (VER) e tempo (VER) deixam de ser absolutos, o princípio relativista rege, por exemplo, no que toca à simultaneidade dos acontecimentos. A noção clássica de simultaneidade supõe, com efeito, um tempo absoluto; a noção relativista supõe que o que aparece como simultâneo a um observador pode não aparecer como simultâneo a outro. Assinalemos que, ao contrário do que às vezes se observou em exposições demasiado populares do princípio relativista, este não sustenta a relatividade das leis da Natureza, mas o contrário: as leis da Natureza são as mesmas para todos os sistemas em movimento. Entre os resultados importantes da teoria especial da relatividade destacamos os seguintes: 1) a velocidade da luz é constante e é a velocidade máxima no universo; 2) a massa aumenta com a velocidade; 3) a energia é igual à massa multiplicada pelo quadrado da velocidade da luz; 4) o tempo diminui com a velocidade; 5) o tempo é representável num sistema de quatro coordenadas: uma para o tempo e três para o espaço. Einstein também formulou o princípio da equivalência entre massa e energia, tão fundamental para a física atômica. Na teoria generalizada da relatividade, apresentada em 1916, o princípio relativista foi aplicado por Einstein também a sistemas em movimento não uniformemente acelerado. Conseqüências dessa generalização são: 1ª) a equivalência de gravitação e inércia; 2ª) a afirmação da existência de campos gravitatórios, com eliminação da obscura noção de ação à distância; 3ª) a afirmação da curvatura do espaço, curvatura definida pela massa de matéria. Com essa última proposição se levava a cabo uma fisicalização da geometria paralela a uma geometrização da física. Em 1950, finalmente, a teoria unificada do campo apresentada por Einstein estendeu os citados princípios ao mundo atômico e aos fenômenos eletromagnéticos.

A maior parte das discussões filosóficas até o momento referiu-se à teoria especial da relatividade. Contudo, dada a amplitude dos conceitos usados, muitas destas interpretações também podem ser aplicadas, e foram logo aplicadas, à teoria generalizada. Vejamos algumas das mais conhecidas.

Um grupo de doutrinas conclui que a teoria da relatividade acentua o caráter "subjetivo" dos conceitos físicos. Esse caráter subjetivo não equivale, porém, ao "relativismo" psicofisiológico dos observadores; trata-se do sistema conceitual (ou categorial) empregado por um observador com o fim de dar conta da realidade física. Os autores neokantianos (por exemplo, Cassirer) aderiram a esta última tese. Em seu entender, não há diferença epistemológica fundamental entre o kantismo e a física relativista. Muito pelo contrário, ela o confirma brilhantemente.

Outro grupo de doutrinas sustenta que não há nada subjetivo (nem sequer subjetivo-transcendental) nos conceitos relativistas. Esquecer isso é não levar em conta que (como sustenta Russell) o observador a que se refere a teoria relativista não é forçosamente um sujeito cognoscente, pode ser qualquer instrumento de medida. Esta concepção "objetivista" apresenta muitas variantes. Uma delas é a de Meyerson. Segundo este último autor, espaço e tempo einsteinianos pertencem ao universo concebido com independência de todo sujeito. O subjetivo é, no entender de Meyerson, o espaço euclidiano; o espaço relativista é, em contrapartida, a coisa em si.

Outro grupo de doutrinas interpreta a teoria da relatividade num sentido mais filosófico geral (e ainda mais metafísico) que epistemológico. Alguns autores (por exemplo, S. Alexander) sustentam que é uma confirmação da concepção da continuidade Espaço-Tempo. Outros autores (por exemplo, Whitehead) sustentam que a teoria da relatividade se encontra dentro do quadro de uma filosofia da Natureza de índole dinamicista. Outros (como Bergson) indicam que os famosos paradoxos da teoria se desvanecem tão logo tenhamos o cuidado de distinguir o tempo cósmico e o tempo da consciência. É comum, pois, a estas concepções o tentarem acomodar os resultados da teoria relativista dentro de um quadro filosófico.

Por fim, outro grupo de doutrinas sustenta que a teoria da relatividade (especial e generalizada) apresenta um progresso na concepção dos conceitos físicos como conceitos operacionais (Bridgman e outros). Segundo esta idéia, Einstein compreendeu que o sentido das proposições físicas não era outro senão o das medições efetuadas por um observador. Não tem sentido, portanto, perguntar pela correspondência de tais proposições com a realidade, no sentido tradicional de tal correspondência.

Pode-se perguntar se é justo sobrepor à teoria da relatividade — que é uma teoria física — interpretações filosóficas e, em particular, epistemológicas. Mais ainda: existem, no nosso entender, na teoria relativista, considerações de índole epistemológica — e, num sentido muito amplo da expressão, ontológica — que estão não apenas sobrepostas, mas entretelaçadas com ela. Isso não surpreende. A teoria da relatividade é, para usar o vocabulário de Braithwaite, uma teoria de teorias; por conseguinte, embora deva estar sempre apoiada pelos fatos, possui uma estrutura conceitual própria que é possível submeter a análise filosófica e que, em parte, é determinada por razões de índole epistemológica.

⮑ Para as obras de Einstein, ver o verbete sobre esse autor.

Mencionamos algumas das obras sobre a teoria da relatividade que atraíram particularmente a atenção dos filósofos e físicos com propensão filosófica: A. Müller, *Das Problem des absoluten Raumes*, 1911; 2ª ed., com o título: *Die philosophischen Probleme der Einsteinschen Relativitätstheorie*, 1922. — J. Petzoldt, "Die Relativitätstheorie im erkenntnistheoretischen Zusammenhang der relativischen Positivismus", *Vierteljahrschrift der deutschen physikalischen Gemeinschaft*, 14 (1912). — Lorentz-Einstein-Minkowski, *Das Relativitätsprinzip. Eine Sammlung von Abhandlungen, Fortschritte der mathematischen Wissenschaften*, caderno 8 (1913) (com observações de A. Sommerfeld e prólogo de O. Blumenthal). — M. Palágyie, *Die Relativitätstheorie in der modernen Physik*, 1914. — Id., *Neue Theorie des Raumes und der Zeit. Entwurf einer Metageometrie*, 1901. — Hermann Weyl, *Raum, Zeit, Materie*, 1918; 5ª ed., 1923. — E. Sellien, *Die erkenntnistheoretische Bedeutung der Relativitätstheorie*, 1919. — A. N. Whitehead, *An Enquiry Concerning the Principles of Natural Knowledge*, 1919. — Id., *The Concept of Nature*, 1920 [id., artigos de 1919, 1920, 1922 e 1923 mencionados em sua bibliografia]. — H. W. Carr, *The General Principle of Relativity in Its Philosophical and Historical Aspects*, 1920. — H. Reichenbach, *Axiomatik der relativischen Raum-Zeit-Lehre*, 1920. — E. Cassirer, *Zur Relativitätstheorie. Erkenntnistheoretische Betrachtungen*, 1921. — H. Dingler, *Physik und Hypothesen. Versuch einer induktiven Wissenschaftslehre nebst einer kritischen Analyse der Fundamente der Relativitätstheorie*, 1921. — Id., *Relativitätstheorie und Ökonomieprinzip*, 1932. — A. S. Eddington, *Space, Time and Gravitation*, 1921. — Id., *The Mathematical Theory of Relativity*, 1924. — M. Born, *Die Relativitätstheorie Einsteins*, 1920. — H. Bergson, *Durée et simultanéité*, 1922. — A. Phalén, *Über die Relativität der Raum- und Zeitbestimmungen*, 1922. — A. Wenzl, *Das Verhältnis der Einsteinschen Relativitätstheorie zur Philosophie der Gegenwart*, 1923. — H. Driesch, *Relativitätstheorie und Philosophie*, 1924. — A. C. Elsbach, *Kant und Einstein. Untersuchungen über das Verhältnis der modernen Erkenntnistheorie zur Relativitätstheorie*, 1924. — B. Russell, *The ABC of Relativity*, 1925, ed. rev. 1948. — É. Meyerson, *La déduction relativiste*, 1925. — F. Sandgathe, *Die absolute Zeit in der Relativitätstheorie. Ein raum-zeitlicher Umbau der Relativitätstheorie*, 1928. — G. Bachelard, *La valeur inductive de la relativité*, 1929. — E. Schrödinger, *Spezielle Relativitätstheorie und Quantenmechanik*, 1931. — P. Langevin, *La relativité, conclusion générale*, 1932. — A. P. Ushenko, *The Philosophy of Relativity*, 1935. — VV.AA., *Théories nouvelles de relativité*, 1949 [Problèmes de philosophie des sciences. Premier Symposium (Bruxelas, 1947)]. — A. Sommerfeld, L. de Broglie, H. Reichenbach et al., *A. Einstein: Philosopher-Scientist*, 1949, ed.

P. A. Schilpp. — H. Tornebohm, *A Logical Analysis of the Theory of Relativity*, 1952. — Id., *Concepts and Principles in the Space-Time Theory within Einstein's Special Theory of Relativity*, 1963. — Enrique Loedel, *Física relativista*, 1955. —VV.AA., *Fünfzig Jahre Relativitätstheorie. Cinquantenaire de la Théorie de la Relativité. Jubilee of Relativity Theory*, 1956, ed. A. Mercier e M. Kervaire [reunião em Berna, 11/16-VI-1955]. — J. D. García Bacca, *Filosofía y teoría de la relatividad*, 1956. — P. W. Bridgman, *A Sophisticate's Primer of Relativity*, 1962 [prefácio de A. Grünbaum]. — A. Einstein, A. Grünbaum *et al.*, *Relativity Theory: Its Origins and Impact on Modern Thought*, 1968, ed. L. Pearce Williams. — John Cowperthwaite Graves, *The Conceptual Foundations of Contemporary Relativity Theory*, 1971. —M.-A. Tonnélat, *Histoire du principe de relativité*, 1971. — S. Weinberg, *Gravitation and Cosmology. Principles and Applications of the General Theory of Relativity*, 1972. — M. Sachs, *Ideas of the Theory of Relativity*, 1974. — W. C. Salmon, "Clocks and Simultaneity in Special Relativity, or Which Twin has the Timex", em P. Machamer, R. Turnbull, eds., *Motion and Time*, 1976, pp. 508-545. — R. Angel, *Relativity: The Theory and Its Philosophy*, 1980. — A. I. Miller, *A. Einstein's Special Theory of Relativity. Emergence (1905) and Early Interpretation (1905-1911)*, 1980. — J. M. Sánchez Ron, *El origen y el desarrollo de la relatividad*, 1983. — P. Mittelstaedt, "Über die Bedeutung und Begründung der speziellen Relativitätstheorie", em J. Audretsch, K. Mainzer, eds., *Philosophie und Physik der Raum-Zeit*, 1988. — H. Fritzsch, *Eine Formel verändert die Welt. Newton, Einstein und die Relativitätstheorie*, 1988. — Ver também a bibliografia de EINSTEIN (ALBERT); ESPAÇO; TEMPO. ↻

RELATIVISMO. Por 'relativismo' pode-se entender: 1) Uma tese epistemológica segundo a qual não há verdades absolutas; todas as chamadas "verdades" são relativas, de modo que a verdade ou validade de uma proposição ou de um juízo dependem das circunstâncias ou condições em que são formulados. Essas circunstâncias ou condições podem ser determinada situação, determinado estado de coisas ou determinado momento.

2) Uma tese ética segundo a qual não se pode dizer de nada que é bom ou mau absolutamente. A bondade ou maldade de algo dependem também de circunstâncias, condições ou momentos.

Tanto 1) como 2) podem ser entendidos de duas maneiras:

(A) De um modo radical se afirma que nada é verdadeiro (nem falso) e nada é bom (nem mau), os predicados 'verdadeiro', 'falso', 'bom' e 'mau' devem ser simplesmente proscritos.

(B) De uma forma moderada se afirma que como os juízos ou proposições acompanhadas de predicados dos tipos 'é verdadeiro', 'é falso', 'é bom', 'é mau' se referem a determinadas circunstâncias, condições, situações, momentos do tempo etc., a especificação destas circunstâncias, condições, situações, momentos do tempo etc., permite admitir juízos ou proposições acompanhadas dos mencionados predicados, os quais são então admitidos restritivamente. Assim, embora não se possa dizer que *p* é (absolutamente) verdadeiro, cabe sustentar que *p* é verdadeiro (e o é então absolutamente) dentro de condições especificadas.

As circunstâncias, condições etc., que de acordo com o relativismo, nos sentidos 1) ou 2), condicionam a verdade, falsidade, validade ou não validade de uma proposição ou de um juízo, podem ser "externas" ou "internas". Quando são externas, pode-se falar de relativismo "objetivo"; quando são internas fala-se de subjetivismo.

Segundo Husserl, o conceito primário de relativismo (epistemológico) é definido pela fórmula de Protágoras: "O homem é a medida de todas as coisas", tomando como "medida de todas as coisas" o homem como indivíduo (ver HOMO MENSURA). Se "medida de todas as coisas" é o ser humano como espécie, então o relativismo não é individualista, mas "específico". Esta última forma de relativismo é qualificada amiúde de antropomorfismo. É possível tomar como ponto de referência especificações da espécie humana como uma comunidade, uma raça, uma época histórica. Se se adota a última, o relativismo se converte em historicismo.

Alguns autores julgam que, no nível epistemológico, o relativismo brota de uma atitude cética (ver CETICISMO), e no nível moral brota de uma atitude "cínica".

O relativismo é considerado geralmente como uma atitude. No entanto, apresenta-se, ou pode se apresentar, também como uma doutrina filosófica (geralmente como um ponto de partida filosófico). Exemplo desta última posição é o de Hermann Wein quando, depois de ter analisado diversos aspectos do relativismo (o relativismo na verdade, o relativismo nas ciências, o relativismo na valoração e o relativismo como reducionismo: ao biológico, ao histórico etc.), assinala que há diversas formas de transição (relativismo eclético, sincrético, absolutista) e que tais formas permitem ver que não é indispensável aderir nem a um relativismo nem a um absolutismo completos. Um termo médio entre estes dois aparece quando, após ter aceito o relativismo, se percebe que ele atua como um corretivo, mas não para passar de novo a um absolutismo mas para erigir uma filosofia positiva na qual a relatividade e seu reconhecimento sejam plenamente admitidos. Tal filosofia se baseia no princípio "nem relativismo nem absolutismo"; princípio que não é mera escolha entre dois extremos, mas uma "absorção" deles numa unidade superior.

↻ Ver: José Ortega y Gasset, *El tema de nuestro tiempo*, 1921. — A. Metzger, *Phänomenologie und Metaphysik*,

Das Problem des Relativismus und seiner Überwindung, 1933. — Herbert Spiegelberg, *Antirelativismus. Kritik des Relativismus und Skeptizismus der Werte und des Sollens*, 1935. — E. May, *Am Abgrund des Relativismus*, 1941. — Johannes Thyssen, *Der philosophische Relativismus*, 1947. — E. Wentscher, *Relative oder absolute Wahrheit*, 1941. — H. Ferguson, *A Critical Investigation into Relativism*, 1948. — Hermann Wein, *Das Problem des Relativismus*, 1950. — P. Foot, *Moral Relativism*, 1978. —P. Strasser, *Wirklichkeitskonstruktion und Rationalität. Ein Versuch über den Relativismus*, 1980. — N. Goodman, M. Mandelbaum *et al.*, *Relativism: Cognitive and Moral*, 1982, eds. J. W. Meiland e M. Krausz. — N. L. Giford, *When in Rome: An Introduction to Relativism and Knowledge*, 1983 [três formas de relativismo: ingênuo, contextual e cultural]. — P. Unger, *Philosophical Relativity*, 1984. — L. Hazelrigg, *Social Science and the Challenge of Relativism*, 2 vols., 1989 [I, *A Wilderness of Mirrors;* II, *Claims of Knowledge*]. — L. Laudan, *Science and Relativism: Some Key Controversies in the Philosophy of Science*, 1990. — R. Rorty, *Objectivity, Relativism, and Truth*, 1991. — M. Dascal, ed., *Cultural Relativism and Philosophy*, 1991. — J. Margolis, *The Truth About Relativism*, 1991. — J. F. Harris, *Against Relativism: A Philosophical Defense of Method*, 1992. **C**

RELATIVO. Ver Absoluto.

RELATIVUS. Ver Propriedades dos termos; Relação.

RELEVÂNCIA. Alfred Schutz (ver) desenvolveu pormenorizadamente a noção de relevância *(Relevanz, Relevance)* e de vários tipos e espécies de relevância. Algo é relevante para um indivíduo em determinada situação quando é importante dentro de seu complexo de interesses, obrigações, projetos etc. Assim como no "mundo da vida" há sempre uma multiplicidade de esferas e domínios, também há uma multiplicidade de relevâncias. Estas se articulam num sistema, mas não é um sistema formal. Não é tampouco um sistema estável, muda com as condições e as atitudes e atividades do sujeito. Dentro do sistema de relevâncias há uma variedade de zonas que se organizam de acordo com a relevância ou importância que têm para o sujeito.

O tipo como tipo ideal (ver) é compreensível dentro de um esquema de referência que é o sistema de relevâncias. Schutz indica que o "princípio de relevância" pode ser interpretado como "uma aplicação da teoria de James sobre as orlas dos conceitos". (*Collected Papers*, II, p. 84).

Schutz introduziu vários tipos ou sistemas de relevâncias. Assim, falou de sistemas de relevâncias intrínsecas e extrínsecas (*op. cit.*, p. 126), de relevâncias subjetivas ou objetivas (ou defináveis segundo seu significado subjetivo ou objetivo) (*op. cit.*, p. 243); de relevância motivacional, temática e interpretativa (*Collected Papers*, III, pp. 123 ss.); assim como de relevância voluntária (individual) ou imposta (social).

A noção de relevância também foi desenvolvida por Aron Gurwitsch (ver) em sua obra sobre "o campo de consciência" (*The Field of Consciousness*, 1964, pp. 340ss.). Ao tratar de dados co-presentes com um "tema", Gurwitsch indica que os dados que têm a ver com o tema são "relevantes"; os dados relevantes formam uma unidade ou sistema, de modo que "a unidade do contexto é a unidade por relevância". Segundo Gurwitsch, o "campo temático" (que forma uma das estruturas do campo da consciência) pode ser definido como "um domínio de relevância".

Ao esboçarmos a noção de relevância em Schutz introduzimos o termo 'importância'. Independentemente de Schutz, Ortega y Gasset sublinhou que há na vida humana o que chamou "importâncias". Estas podem ser equiparadas às "relevâncias".

William James usou o termo *momentous*, que se traduz freqüentemente por 'importante', para designar o caráter de certas opções. Estas poderiam ser consideradas como as "verdadeiramente relevantes".

O significado próprio de 'relevante' é "excelente" e corresponde a um dos sentidos de 'relevar' (= 'exaltar'). Em lugar de 'relevância' deveria dizer-se 'pertinência'. Entretanto, usamos aqui 'relevância' e 'relevante' por já se terem imposto na literatura filosófica.

O termo 'relevância' também é usado na lógica. Tradicionalmente, considerou-se que uma condição necessária para a validade de uma inferência de A a B é que A seja relevante para B. A forma mais comum de expressar a relevância é esta: "em um argumento válido a premissa (ou antecedente) é relevante para a conclusão (conseqüente)". Discutiu-se recentemente na lógica se, e até que ponto, a relevância é ou não essencial para um argumento válido. Alguns autores afirmaram que é essencial, outros negam isso. No volume *Entailment: The Logic of Relevance and Necessity* (vol. I, 1975), Alan Ross Anderson e Nuel D. Belnap, Jr. (com a colaboração de vários outros autores) mostraram que para cumprir o requisito segundo o qual a validade de uma inferência lógica é um assunto puramente formal é preciso assentar detalhadamente regras concernentes à necessidade e à relevância, pois ambas são indispensáveis para que uma inferência seja (formalmente) válida. Não é suficiente assentar:

$$A \to B \to C \qquad (1)$$

para estabelecer relevância, já que (1), sem mais nada, dá lugar a falácias de relevância. Em contrapartida:

$$A \to A \qquad (2)$$
$$A \to B \to . B \to C \to . A \to C \qquad (3)$$
$$(A \to . B \to C) \to . B \to . A \to C \qquad (4)$$
$$(A \to . B \to C) \to . A \to B \to . .A \to C \qquad (5)$$

podem ser consideradas como fórmulas que constituem um sistema axiomático que abarca a noção de relevância (*op. cit.*, p. 20); (2) expressa identidade; (3) expressa transitividade; (4) expressa permutação; (5) expressa auto-distribuição.

Usa-se também "relevância" na estatística ("relevância estatística").

↪ Ver, além das obras citadas no texto: A. Schutz, *Reflections on the Problem of Relevance*, 1970, ed. R. M. Zaner. — W. C. Salmon, *Statistical Explanation and Statistical Relevance*, 1971. — Id., "Explanation and Relevance", em R. C. Buck e R. S. Cohen, eds., *Proceedings 1970 Philosophy of Science Association*, 1971, pp. 27-39. — M. M. Postan, *Fact and Relevance: Essays on Historical Method*, 1971. — H. Leblanc, "Matters of Relevance", em M. Bunge, ed., *Exact Philosophy: Problems, Tools, and Goals*, 1973, pp. 3-20. — R. R. Cox, *Schutz's Theory of Relevance: A Phenomenological Critique*, 1978. — M. Richard Díaz, *Topics in the Logic of Relevance*, 1981. — J. D. Wallace, *Moral Relevance and Moral Conflict*, 1988. ⊂

RELIGIÃO. Costuma-se dar duas interpretações etimológicas de 'religião'. Segundo uma delas, 'religião' procede de *religio*, vocábulo relacionado com *religatio*, que é substantivação de *religare* (= "religar", "vincular", "atar"). Segundo outra — baseada numa passagem de Cícero, *De off.*, 11, 3 —, o termo decisivo é *religiosus*, que é o mesmo que *religens* e que significa o contrário de *negligens*. Na primeira interpretação o próprio da religião é a subordinação, e vinculação, à divindade; ser religioso é estar religado a Deus. Na segunda interpretação, ser religioso equivale a ser escrupuloso, isto é, escrupuloso no cumprimento dos deveres que se impõem ao cidadão no culto aos deuses da Cidade-Estado. Na primeira interpretação se acentua a dependência do homem para com a divindade, embora o conceito de religião possa ser entendido de vários modos: como vínculo do homem a Deus ou como união de vários indivíduos para o cumprimento de ritos religiosos. Na segunda interpretação se acentua o motivo ético-jurídico. Segundo J. L. L. Aranguren, pode-se chamar o primeiro sentido propriamente falando de *religião* e o segundo de *justiça* (na ampla acepção que tinha o vocábulo *iustitia* entre os romanos). Quando a religião é interpretada exclusivamente como justiça cai-se no perigo de abandonar o especificamente religioso para prestar atenção somente ao moral; um exemplo disso é o pelagianismo. Quando a moral se sacrifica inteiramente à fé, cai-se no perigo de destruir a universalidade da ordem moral e de separar por completo a moral da fé; exemplo disso é o luteranismo. As polêmicas a esse respeito não ficaram limitadas, contudo, às havidas entre diversas confissões religiosas; filósofos e literatos intervieram freqüentemente neste ponto. Entre os exemplos filosóficos de diversas atitudes contrapostas podemos mencionar os seguintes. Por um lado, temos uma defesa do ético que chega a absorver o religioso em Renan, que nega o caráter sobrenatural da fé cristã, mas quer conservar seu caráter parenético. Por outro lado, temos uma absorção do ético no religioso e na fé em Kierkegaard ou em Chestov, que se baseiam numa interpretação da famosa passagem do Gênesis (22,19) em que Abraão se vê atormentado pelo conflito entre a razão natural (e social), que o leva a não matar o filho Isaac, e o mandato divino, que lhe ordena sacrificá-lo. Uma formulação penetrante desta última posição pode ser encontrada não em um filósofo profissional, mas em um romancista, Dostoiévski, quando faz o Príncipe Mischkin dizer em *O idiota*:

"A essência do sentimento religioso não é afetada por nenhuma espécie de raciocínio ou ateísmo, e não tem nada a ver com crimes ou más ações. Há aqui algo mais e sempre haverá algo mais; algo que os ateus escamotearão sempre, pois sempre estarão falando de algo distinto".

A idéia da religião como religação pode manifestar-se de vários modos. Por um lado, como vínculo produzido por um sentimento de dependência, que pode inclusive alcançar um estado de "temor" (ou até "terror") e fascínio. Por outro lado, como intuição de certos valores considerados supremos: os valores da santidade (ver SANTO). Finalmente, como um reconhecimento racional de uma relação fundamental entre a pessoa e a divindade.

Essas três formas de "religação" não são necessariamente incompatíveis entre si. No entanto, o predomínio de uma delas costuma levar a uma atenuação das demais. Assim, a insistência no sentimento de dependência torna quase desnecessária uma consideração racional; em todo caso, racionalizar o sentimento de dependência é diferente de buscar uma razão da relação entre a pessoa e a divindade, porque essa razão pode se encontrar em outra coisa que não num completo sentimento de dependência: por exemplo, num sentimento de interdependência.

A idéia de vínculo ou religação oferece, além disso, aspectos muito distintos segundo o modo de conceber a realidade com a qual o homem está (religiosamente) vinculado. Há a esse respeito dois modos fundamentais. De acordo com um deles, a realidade em questão se encontra de alguma maneira no próprio homem. Isso dá origem ao tipo de religião chamado "imanente". Segundo o outro, a realidade divina se encontra infinitamente mais além do homem. Isso dá origem ao tipo de religião chamado "transcendente" (e que deveria ser qualificado como "absolutamente transcendente"). Curiosamente, cada um desses tipos de religião, levado às suas últimas conseqüências, tem de negar a idéia de vínculo ou religação. No primeiro caso, porque não há objeto suficientemente distinto daquele que o pensa ou sente ou, em geral, "experimenta". No segundo caso, porque o objeto está a uma distância inatingível, de maneira que é difícil conceber um vínculo com ele.

Há muitas confissões religiosas e mui distintos tipos de religião, mas alguns deles são particularmente interessantes do ponto de vista filosófico. Mencionaremos os seguintes: 1) A religião revelada. Esta pode ser entendida, por seu turno, de vários modos: *a)* A revelação é uma manifestação de Deus ao homem que ocorre num momento determinado, sendo por isso um fato "histórico". Deus pode se revelar a um homem determinado, ou a um povo determinado ("eleito"), que se encarrega oportunamente de difundir a "boa nova". *b)* A revelação é uma manifestação de Deus a cada homem, em seu foro íntimo, e pode ocorrer num determinado momento da vida do homem ou a todo momento. Tanto em seu modo *a)* como em seu modo *b)*, a religião pode ser concebida ou como "institucionalizada" (ou, pelo menos, "institucionalizável") ou como puramente "pessoal", mas *a)* tende a ser mais institucionalizada, ou institucionalizável que *b)*, e *b)* tende a ser mais "pessoal" e mais "interna" que *a)*. 2) A religião natural. Esta consiste em uma série de verdades, princípios ou normas que, em princípio, não são incompatíveis com a religião revelada, embora sobre isso tenham existido numerosas disputas. Alguns autores insistiram na compatibilidade entre religião natural e religião revelada, e outros, em compensação, especialmente os que insistiram na religião natural, julgaram que esta constitui, em todo caso, a base de qualquer revelação possível.

Aos tipos e modos de religião que acabamos de mencionar podemos acrescentar outros que se combinam com eles, mas não se reduzem necessariamente a nenhum deles. Importantes são o politeísmo, que supõe a existência de uma pluralidade (às vezes hierárquica) de deuses, e o monoteísmo, que afirma a existência de um único Deus. Dentro do monoteísmo temos o deísmo (VER) e o teísmo (VER). O panteísmo (VER) às vezes foi excluído como religião, mas esta concepção deu origem a tão numerosos debates de caráter filosófico-religioso que é difícil eliminá-la. É também difícil eliminar, embora por razões diferentes, o ateísmo. Negar que exista Deus parece excluir toda religião. Não obstante, se pela afirmação da existência de Deus se entende um Deus do tipo do judaísmo, do cristianismo ou do islamismo, será preciso concluir que, por exemplo, o budismo, por ser "ateu", não deve ser considerado como uma religião. Além disso, a própria negação da existência de um Deus como o do judaísmo, do cristianismo ou do islamismo pode trazer consigo sentimentos de caráter religioso. Em todo caso, reconheceu-se que há uma distinção entre o ateísmo e a completa indiferença em matéria de religião.

Mencionaremos três modos nos quais a religião — em qualquer de seus tipos, modos e formas — se relacionou com a filosofia.

(I) Filosofia e religião estão muito estreitamente relacionadas, especialmente em duas formas: *a)* O conteúdo da religião é o tema principal de reflexão filosófica. *b)* A filosofia é fundamentalmente religiosa. Tanto *a)* como *b)*, levadas às suas últimas conseqüências, podem desembocar numa eliminação da filosofia (em nome da religião) ou numa supressão da religião (em nome da filosofia).

(II) Filosofia e religião estão em estado de tensão e luta. Por 'filosofia' é preciso entender aqui, sobretudo, 'metafísica especulativa'. Ao citado estado de tensão se refere Scheler quando, na *Sociologia do saber,* escreve: "O fato de que no Ocidente tenham ganho quase sempre o jogo os poderes da religião de revelação e da ciência exata e da técnica em sua secular *luta comum contra o espírito metafísico espontâneo* é o que constitui talvez a característica mais importante da modalidade ocidental do saber".

(III) A filosofia estuda — mediante descrição e também exame crítico — a linguagem da religião ou o conteúdo proposicional da religião, ou ambos. 'A religião' pode ser qualquer religião, ou então uma confissão religiosa determinada. No curso de tal descrição e exame crítico, a filosofia pode ocupar-se, entre outras coisas, dos seguintes temas: *a)* relação (ou falta de relação) entre crenças religiosas e princípios morais; *b)* estrutura e formas dos enunciados religiosos; *c)* estrutura e formas da experiência religiosa; *d)* valores religiosos e sua relação com outros valores; *e)* formas de apreensão do chamado "objeto" da religião, ou da crença religiosa; *f)* natureza e justificação, ou falta de justificação das provas que se apresentam em religião, ou na racionalização filosófica de crenças religiosas.

Normalmente, e na atualidade, o que se chama "filosofia da religião" adota o modo (III). Em razão de alguns dos temas mencionados nesse modo, é óbvio que se requer o auxílio de outras disciplinas como a história comparada das religiões, a sociologia da religião, a psicologia da religião etc.

↪ O termo: Godo Lieberg, "Considerazioni sull'etimologia e sul significato di RELIGIO", *Rivista di filologia e di istruzione classica,* 102 (1974), 34-57. — P. Harrison, *'Religion' and the Religions in the English Enlightenment,* 1991.

Fenomenologia da religião: Max Scheler, *Vom ewigen im Menschen,* 1921. — Otto Gründler, *Elemente zu einer Religionsphilosophie auf phänomenologischer Grundlage,* 1922. — G. van der Leeuw, *Phänomenologie der Religion,* 1933; 2ª ed., 1956. — Geo Widengren, *Religionsphänomenologie,* 1969. — D. Guerriere, ed., *Phenomenology of the Truth Proper to Religion,* 1990.

Experiência religiosa: William James, *The Varieties of Religious Experience,* 1902. — Rudolf Otto, *Das Heilige,* 1917. — M. T. L. Penido, *La conscience religieuse,* 1936. — A. C. Knudson, *The Validity of Religious Expe-*

rience, 1937. — H. Schrödter, *Erfahrung und Transzendenz*, 1987.

Conhecimento religioso: J. H. Leuba, *A Psychological Study of Religion*, 1912. — Wilhelm Keilbach, *Die Problematik der Religionen. Eine religionsphilosophische Studie mit besonderer Berücksichtigung der neuen Religionspsychologie*, 1936. — Léon Brunschvicg, *La raison et la religion*, 1939. — D. C. Macintosh, *The Problem of Religious Knowledge*, 1940. — Georges Berguer, *Traité de psychologie de la religion*, 1946. — Henri Duméry, *Critique et Religion. Problèmes de méthode en philosophie de la religion*, 1957 [bibliografia, pp. 285-352].

Sociologia da religião: Max Weber, *Gesammelte Aufsätze zur Religionssoziologie*, 3 vols., 1930. — Joachim Wach, *Einführung in die Religionssoziologie*, 1931. — Roger Bastide, *Éléments de sociologie religieuse*, 1935. — Glenn M. Vernon, *Sociology of Religion*, 1962. — Ninian Smart, *The Science of Religion and Sociology of Knowledge: Some Methodological Questions*, 1973. — G. Stephenson, ed., *Der Religionswandel unserer Zeit im Spiegel der Religionswissenschaft*, 1976. — G. Küenzeln, *Die Religionssoziologie Max Webers*, 1981. — N. Luhmann, *Funktion der Religion*, 1982. — G. Kehrer, *Einführung in die Religionssoziologie*, 1988.

Filosofia da religião: Otto Pfleiderer, *Philosophy and Development of Religion*, 2 vols., 1894. — A. Sabatier, *Esquisse d'une philosophie de la religion d'après la psychologie et d'après l'histoire*, 1897. — Harald Höffding, *Religionsfilosofi*, 1901. — Rudolf Eucken, *Der Wahrheitsgehalt der Religion*, 1901. — Id., *Die Hauptprobleme der Religionsphilosophie der Gegenwart*, 1907. — Rudolf Otto, *Kantisch-Fries'sche Religionsphilosophie und ihre Anwendung auf die Theologie*, 1909. — R. G. Collingwood, *Religion and Philosophy*, 1916. — Georg Mehlis, *Einführung in ein System der Religionsphilosophie*, 1917. — Heinrich Scholz, *Religionsphilosophie*, 1921; 2ª ed., 1922. — K. Girgensohn, *Der seelische Aufbau des religiösen Erlebens*, 1921. — F. Brunstaed, *Die Idee Religion*, 1922. — J. Wach, *Religionsphilosophie*, 1924. — Paul Tillich, *Religionsphilosophie*, 1926. — Andrew Seth (Pringle-Pattison), *Philosophy of Religion*, 1930. — U. A. Padovani, *Saggio di una filosofia della religione*, 1934. — A. Masnovo, *La filosofia verso la religione*, 1936. — K. Kesseler, *Religionsphilosophie*, 1937. — Alois Dempf, *Religionsphilosophie*, 1937. — Edgar Sheffield Brightman, *A Philosophy of Religion*, 1940. — Maurice Pradines, *L'esprit de la Religion*, 1941. — Filemón Castellano, *Filosofía de la religión*, 1947. — Othmar Spann, *Religionsphilosophie auf geschichtlicher Grundlage*, 1947. — Paul Ortegat, *Philosophie de la religion. Synthèse critique des systèmes contemporains en fonction d'un réalisme personnaliste communautaire*, 2 vols.,

1948. — Johannes Hessen, *Religionsphilosophie*, 2 vols., 1948; 2ª ed., 1950 *(I. Methoden und Gestalten der Religionsphilosophie. II. System der Religionsphilosophie).* — I. Quiles, *Filosofía de la religión*, 1949. — J. Todolí, *Filosofía de la religión*, 1955. — Henri Duméry, *Le problème de Dieu en philosophie de la religion. Examen critique de la catégorie d'Absolu et du schème de transcendence*, 1957. — Id., *Philosophie de la religion*, 2 vols., 1957 *(I. Catégorie de sujet. Catégorie de grâce. II. Catégorie de foi).* — Walter Kaufmann, *Critique of Religion and Philosophy*, 1958. — Geddes MacGregor, *Introduction to Religious Philosophy*, 1959. — Id., *God Beyond Doubt: An Essay in the Philosophy of Religion*, 1966. — John Hick, *Philosophy of Religion*, 1963. — H. D. Lewis, *Philosophy of Religion*, 1965. — Luis Farré, *Filosofía de la religión. Sus problemas fundamentales*, 1969. — Keith E. Yandell, *Basic Issues in the Philosophy of Religion*, 1970. — Henry H. Price, *Essays in the Philosophy of Religion*, 1972. — T. Gómez Caffarena e J. Martín Velasco, *Filosofía de la religión*, 1973. — Brand Blanshard, *Reason and Belief*, 1974. — N. Smart, *The Philosophy of Religion*, 1979. — A. Fierro, *Sobre la religión*, 1979. — H. G. Hubbeling, *Einführung in die Religionsphilosophie*, 1981. — H. Rolston III, *Science and Religion: A Critical Survey*, 1986. — Y. Hudson, *The Philosophy of Religion*, 1991. — J. E. Tomberlin, ed., *Philosophy of Religion*, 1991. — P. Clayton, *Rationalität und Religion*, 1992. — E. Romerales, ed., *Creencia y Racionalidad: Lecturas de filosofía de la religión*, 1992. — M. Warner, ed., *Religion and Philosophy*, 1992. — M. Sterling, *Philosophy of Religion: A Universalist Perspective*, 1993. — J. Hick, *Disputed Questions in Theology and the Philosophy of Religion*, 1993.

Lógica e linguagem religiosos: B. F. Kimpel, *Language and Religion: A Semantic Preface to a Philosophy of Religion*, 1957. — Ian T. Ramsey, *Religious Language*, 1957. — Frederick Ferré, *Language, Logic and God*, 1961. — John Wilson, *Philosophy and Religion: The Logic of Religious Belief*, 1961. — I. M. Bocheński, *The Logic of Religion*, 1965. — C. J. Ping, *Meaningful Nonsense*, 1966. — L. Bejerholm, G. Hornig, *Wort und Handlung. Untersuchung zur analytischen Religionsphilosophie*, 1966. — J. Sádaba Garay, *Lenguaje religioso y filosofía analítica*, 1977.

Moral e religião: H. Bergson, *Les deux sources de la morale et de la religion*, 1932. — Geddes MacGregor, *Les frontières de la morale et de la religion*, 1952. — B. Häring, *Das Heilige und das Gute. Religion und Sittlichkeit in ihrem gegenseitigen Bezug*, 1952. — José Luis L. Aranguren, *El protestantismo y la moral*, 1954. — M. P. Battin, *Ethics in the Sanctuary: Examining the Practices of Organized Religion*, 1990. — A. Pérez Estévez, *Religión, Moral y Política*, 1991.

História da filosofia da religião e história do conceito de religião: Jean Baruzi, *Problèmes d'histoire des religions*, 1935. — E. Durkheim, *Les formes élémentaires de la vie religieuse*, 1912. — O. Gilbert, *Griechische Religionsphilosophie*, 1911. — Erich Heck, *Der Begriff religio bei Thomas von Aquin*, 1970. — O. Pfleiderer, *Geschichte der Religionsphilosophie von Spinoza bis zur Gegenwart*, 1893. — A. Chapelle, *Hegel et la religion*, 3 vols., (I: *La problématique*, 1964; II: *La dialectique, A, Dieu et la création*, 1967; III: *Annexes*, 1967). — Johannes Hessen, *Die Religionsphilosophie des Neukantismus*, 1924. — Erich Przywara, *Religionsphilosophie katholischer Theologie*, 1927. — Emil Brunner, *Religionsphilosophie evangelischer Theologie*, 1927. — Hans Leisegang, *Religionsphilosophie der Gegenwart*, 1930. — M. Maresca, *Il problema della religione nella filosofia contemporanea*, 1932. — P. J. Rossi, M. Wreen, eds., *Kant's Philosophy of Religion Reconsidered*, 1991. — S. A. State, *Thomas Hobbes and the Debate Over Natural Law and Religion*, 1991. — J. Neusner, *The Transformation of Judaism: From Philosophy to Religion*, 1992. — A. Franz, *Philosophische Religion: Eine Auseinandersetzung mit den Grundlegungsproblemen der Spätphilosophie F. W. J. Schellings*, 1992. — J. W. Burbidge, *Hegel on Logic and Religion: The Reasonableness of Christianity*, 1992. ∋

RELIGIONÁRIOS. Ver Livres-pensadores.

REMÍGIO DE AUXERRE (ca. 841-908). Foi discípulo de Henrique de Auxerre (VER), a quem sucedeu no ensino em Auxerre (Borgonha), antes de transferir-se primeiro para Reims e depois para Paris. Remígio de Auxerre escreveu comentários a vários gramáticos (sobretudo Donato e Prisciano), aos poetas Pérsio e Juvenal, ao *De consolatione* e a vários tratados teológicos (*Opuscula sacra*) de Boécio, e a Marciano Capella. Seus comentários sobre este último são fortemente influenciados pelo *De divisione naturae* de John Scot Erígena. Remígio de Auxerre também escreveu *glossae marginales* a um tratado intitulado *Dialectica*, atribuído (erroneamente) a Santo Agostinho. A citada influência de Scot Erígena se manifestou na posição tomada por Remígio de Auxerre na disputa sobre os universais. Essa posição foi determinada e radicalmente realista. Remígio de Auxerre afirmou, com efeito, que inclusive os acidentes dos indivíduos existem previamente como universais.

⊃ Edição do comentário ao *Ars minor* de Donato, por A. Fox, *Remigii Antissiodorensis in artem Donati minorem commentum, ad fidem cod. mss.*, 1902. — Edição crítica do comentário aos *De nuptiis Philologiae et Mercurii et de septem artibus liberalibus libri novem* de Marciano Capella, por Cora E. Lutz: *Remigii Antissiodorensis Commentum in Martianum Capellam*, 2 vols., 1962-1965.

Ver: K. Schulte, *Das Verhältnis von Notkers Nuptiae philologiae et Mercurii zum Commentar des Remigius Antissiodorensis*, 1911. — Ver também artigo de P. Courcelle em *Archives d'histoire doctrinale et littéraire du moyen âge*, 14 (1939), 56-65. — J. P. Elder, "Did R. of A. Comment on Bede's *De schematibus et tropis?*", *Medieval Studies*, 9 (1947), 141-150. — C. E. Lutz, "R.'s Ideas on the Classification of the Seven Liberal Arts", *Traditio*, 12 (1956), 65-86. — "The Commentary of R. of A. on Martianus Capella", *Medieval Studies* (1957), 137-156. ∋

REMINISCÊNCIA (ἀνάμνησις) chamava Platão à lembrança que o homem tem neste mundo da vida anterior em que contemplava as idéias de modo imediato e direto. A reminiscência explica, segundo Platão, a apreensão atual das idéias mediante as sombras dos sentidos e constitui a única fonte de conhecimento verdadeiro. A reminiscência, porém, não é apenas o fundamento do saber verdadeiro, mas uma das provas principais da imortalidade da alma. Pois "se este princípio é exato", escreve Platão no *Fédon*, "é indispensável que tenhamos aprendido em outro tempo as coisas de que nos lembramos neste, o que seria impossível se nossa alma não tivesse existido antes de assumir forma humana". Platão desenvolveu o conceito de reminiscência não somente no *Fédon* (principalmente 72 E-77 A), mas também em outros diálogos; por exemplo, no *Ménon* (80 D-86 D), no *Fedro* (249 C ss.) e nas *Leis* (V, 732 A). Trata-se, a rigor, de uma noção central do platonismo. A este respeito perguntou-se — como acontece com outras noções platônicas — se a reminiscência é no pensamento de Platão um conceito metódico ou uma metáfora que expressa um mito. A resposta a essa questão depende, como de costume, da correspondente interpretação geral da filosofia platônica. Para autores que vêem em Platão sobretudo um teórico do conhecimento, a reminiscência é unicamente um modo de defender a tese do inatismo (VER). Para autores que vêem em Platão sobretudo um metafísico, a reminiscência é um mito, que pode talvez ser rastreado, como diz Ernst Müller, em tradições místico-religiosas anteriores. Em qualquer dos casos, contudo, há algo de comum que toda interpretação deve reconhecer: que a reminiscência é em Platão um princípio ativo da alma, aquele que faz com que a alma desperte do "sonho" no qual se encontra mergulhada quando vive entregue às coisas e à ação e se esquece da contemplação e do ser verdadeiro.

⊃ Ver: Ernst Müller, "Die Anamnesis. Ein Beitrag zum Platonismus", *Archiv für Geschichte der Philosophie*, 25, N. F. 18 (1912), 196-225. — Alister Cameron, *The Pythagorean Background of the Theory of Reminiscence*, 1938. — A. K. Coomaraswamy, *Recollection, Indian* *and Platonic*, 1944. — Bernhard Waldenfels, *Das sokratische Fragen. Aporie, Elenchos, Anamnesis*, 1960. — W. N. A. Klever, 'Ανάμνησις έν άναγωγῆ met Plato en Aristoteles over het menselijk kennen*, 1962. — Carlo E. Huber, *Anamnesis bei Platon*, 1964. — L. Oeing-Hanhoff, "Zur Wirkungsgeschichte der platonischen Anamnesislehre", em *Collegium philosophicum. Stuiden Joachim Ritter zum 60. Geburtstag*, 1965.

Ver também notas de R. S. Bluck a sua edição do *Ménon: Plato's Meno*, 1961. ℂ

RENASCIMENTO. Costuma-se chamar "Renascimento" a um período da história do "Ocidente" caracterizado por vários elementos: ressurreição da Antigüidade clássica; crise de crenças e idéias; desenvolvimento da individualidade — ou, nas palavras de Jakob Burckhardt, "descoberta do homem como homem" —; concepção do Estado como obra de arte; descoberta de novos fatos e novas idéias, ampliação do horizonte geográfico e histórico; fermentação de novas concepções sobre o homem e o mundo; confiança na possibilidade do conhecimento e domínio da Natureza; tendências céticas; exaltação mística; atitude crítica etc. Pode-se ver facilmente que estes e outros elementos que poderíamos acrescentar são tão diversos e em parte tão contraditórios entre si que não permitem caracterizar o período em questão com vigor razoável. Por esse motivo, alguns autores destacam certos elementos — por exemplo, o *ritorno all'antico* mais do que a crise de crenças e idéias, ou vice-versa — e se valem deles para caracterizar o Renascimento. Outros autores assinalam que todos os elementos indicados, e outros mais, caracterizam o Renascimento, justamente porque este período se distingue de outros por seu caráter multiforme e conflitivo. Houve, em suma, muitos debates acerca das características próprias do Renascimento e acerca também de seus limites temporais, embora admitindo que tais limites não podem ser determinados nunca com precisão, e mudam segundo os países. Assim, certos autores consideram que o Renascimento abarca desde finais do século XIV até começos do século XVII. Outros o restringem ao século XV. Outros o confinam ao período que vai de meados do século XV a meados do século XVI. Alguns autores duvidam que haja qualquer unidade histórica e cultural que se possa chamar "Renascimento" e propõem suprimir o termo. Certos historiadores destacam a continuidade entre a Idade Média e o "Renascimento", mas continuam usando o vocábulo "Renascimento" como uma designação cômoda, sobretudo se se entende por "Renascimento" o "Renascimento das letras" e se acentua o caráter "transicional" do período em questão. Hiram Haydn indica que o que se chama "Renascimento" abarca, a rigor, três grandes movimentos: o Renascimento clássico, o Contra-Renascimento e a Reforma científica. O primeiro movimento é o humanismo (VER), ao qual se agregam os esforços com o fim de encontrar uma *pax fidei*. O segundo movimento é constituído pelas tendências que sublinharam a importância da experiência, tanto a experiência "interior" e a experiência religiosa (e mística) como a experiência científica. O terceiro movimento é constituído por todas as tendências que podem ser reunidas sob o nome de "reforma do entendimento".

A complexidade do significado de 'Renascimento' — se se continua a usar o termo, ainda que só por comodidade — se reflete nas tendências filosóficas. Parece impossível destacar qualquer característica da chamada "filosofia renascentista" visto que nela estão alojadas orientações muito diversas, como tendências neo-epicuristas (Valla), neo-estóicas (Guilherme du Vair, Justus Lipsius), neo-platônicas (Academina florentina), neo-aristotélicas (Escola de Pádua, averroísmo, alexandrinismo), místicas (Weigel, Böhme), humanista "realista" (Erasmo, Reuchlin), platônicas de diversas tendências (Nicolau de Cusa, Telésio, Bruno, Campanella), céticas (Montaigne, Charrón, Sánchez), naturalistas e científicas (Leonardo da Vinci, Copérnico, Kepler, Galileu), antidialéticas (Vives) etc. Certos nomes de filósofos parecem mais "renascentistas" que outros (assim, Marsílio Ficino, Pico della Mirandola), mas por que são "renascentistas" é justamente a grande questão.

Em vista disso, às vezes procurou-se estabelecer diferenças entre o pensamento filosófico medieval e o renascentista, inclusive dentro das mesmas tendências filosóficas. Assim, por exemplo, Kristeller assinala que há diferenças entre o aristotelismo medieval (séculos XIII e XIV) e o renascentista. Neste período o aristotelismo se manifesta de dois modos: na "fixação" de Aristóteles no ensino universitário, e no aristotelismo "empirista" (ou "aristotelismo médico") da Escola de Pádua. Tentou-se efetuar também um inventário de correntes e tendências renascentistas. Para Kristeller essas correntes são: o aristotelismo, o humanismo (especialmente como "Renascimento das letras clássicas" e não, exceto ocasionalmente, como tendência filosófica para "o humano"), o platonismo, a filosofia da Natureza. Para o também citado Haydn, as tendências filosóficas renascentistas se articulam de acordo com os três grandes movimentos referidos. Segundo Julián Marías, há no Renascimento dois níveis. No primeiro há: 1) O escolasticismo em duas formas: *a)* a forma tradicional, que persistia no ensino oficial (onde logo foi substituída pelo cartesianismo), e que havia evoluído rumo ao scotismo e ao ockhamismo, e *b)* a forma moderna da filosofia espanhola da Contra-Reforma. 2) A mística em seus diversos ramos: *a)* procedente da tradição mística medieval, com raízes filosóficas neo-platônicas, especialmente do *Corpus Dionysiacum; b)* procedente de uma nova teologia viva (Eckhart, Suso, Tauler, *Theologia deutsch*; em seguida, Weigel, Böhme e a mística protestante; mística católica espanhola). 3) Filosofias renascentistas e humanistas de cunho "literário": Academia florentina etc. No segundo nível há: 1) Especulação natural de tendência panteísta. 2) Filosofia natural (física). 3) Filosofia renascentista pré-moderna (que parte de Ockham ou de Eckhart, e que habitualmente se faz partir de Cusa, Bruno etc.). 4) Exigências metodológicas "empíricas" (Francis Bacon).

Em suma: o Renascimento como período histórico e como fase na história da filosofia está longe da uniformidade; o único acordo entre os autores que tentaram caracterizar o período e fase é o reconhecimento de sua variedade, de seu caráter "transicional" e também de sua menor importância filosófica em comparação com as fases chamadas "medieval" e "moderna".

O conceito de Renascimento anteriormente explicitado é um conceito histórico. Tentou-se também elaborar o conceito de Renascimento de outros modos dos quais destacamos o seguinte.

Émile Bréhier considerou que "Renascimento" é uma forma básica e recorrente na evolução filosófica ocidental. As idéias filosóficas, diz Bréhier, renascem de vez em quando em certos espíritos, mas nem sempre para ser simplesmente reiteradas ou desenvolvidas, mas para ser tomadas como ponto de partida para um novo impulso original. Este último ponto é capital. "Quando falo de renascimento", escreve Bréhier, "não pretendo negar a originalidade de uma filosofia. Um renascimento no sentido pleno é a retomada [*reprise*], não a continuação de um pensamento. O renascimento está muito longe de ser a tradição, que se jacta de ser contínua. No sentido amplo da palavra, um renascimento pode inclusive não se ligar formal e explicitamente a uma fase histórica da corrente de pensamento que ele retoma. Por exemplo, o platonismo de Marsilio Ficino, que é de inspiração tradicional, não tem nada de comum com o que, apesar de tudo, é chamado 'platonismo de Descartes', que retoma uma corrente de idéias que o nível da matemática na época de Platão não lhe tinha permitido levar a termo. Tal como o entendemos, o renascimento não tem nada a ver com uma influência, é a retomada de uma intuição, não de uma tradição". Como em Eugênio d'Ors, mas por razões diferentes, o renascimento é em Bréhier uma espécie de "constante (VER) do espírito humano" (pelo menos no Ocidente), a história da filosofia, considerada, por assim dizer, internamente, é composta de descontinuidades e de renascimentos. Se tal história é um todo orgânico, é-o num sentido diferente do de Hegel, pois está aberta sempre a desenvolvimentos imprevisíveis, dos quais os renascimentos constituem um dos mais notáveis exemplos.

Os escritos sobre o Renascimento são muito numerosos ainda que nos confiemos aos que tratam o conceito de Renascimento como fase histórica, e à filosofia e filosofias do Renascimento. Todas as histórias gerais da filosofia se ocupam da "filosofia do Renascimento"; dela tratam também muitas das obras mencionados em HUMANISMO e outros verbetes deste *Dicionário*. A seguir apresentaremos uma seleção de escritos, respondendo principalmente ao interesse que possam oferecer para discutir as questões levantadas neste verbete.

⊃ Ver: Jakob Burkhardt, *Die Kultur der Renaissance in Italien*, 1860; nova ed., 1890. — Wilhelm Dilthey, "Auffassung und Analyse des Menschen im 15. und 16. Jahrhundert", *Archiv für Geschichte der Philosophie*, IV (1891), 604-651; V (1892), 337-400, reimp. em *Gesammelte Schriften*, II (1921). — K. Burdach, *Von Mittelalter zur Reformation. Forschungen zur Geschichte der deutschen Bildung*, 1893. — Id., *Reformation, Renaissance, Humanismus*, 1918. — B. Wernle, *Renaissance und Reformation*, 1912. — R. Hönigswald, *Philosophische Motive im neuzeitlischen Humanismus*, 1918. — Id., *Die Renaissance in der Philosophie. Ein Vortrag*, 1929. — L. S. Olschki, *Geschichte der neusprachlichen wissenschaftlichen Literatur*, 3 vols., 1919-1922. — Giovanni Gentile, *Studi sul Rinascimento*, 1923. — F. Olgiati, *L'anima dell'Umanesimo e del Rinascimento*, 1924. — August Reikel, *Die Philosophie der Renaissance*, 1925. — Erminio Troilo, *Studi sull'Umanesimo e sul Rinascimento*, 1925. — Ernst Cassirer, *Individuum und Kosmos in der Philosophie der Renaissance*, 1927, reimp. 1962. — G. Hefele, "Zum Begriff der Renaissance", *Historisches Jahrbuch*, 49, n° 3 (1929). — A. von Martin, *Soziologie der Renaissance. Zur Physiognomik und Rhythmik bürgerlicher Kultur*, 1932. — E. Walser, *Gesammelte Studien zur Geistesgeschichte der Renaissance*, 1932. — Étienne Gilson, "Humanisme médiéval et Renaissance", em *Les idées et les lettres*, 1932. — P. O. Kristeller e J. Herman Randall, Jr., "The Study of the Philosophy of the Renaissance", *Journal of the History of Ideas*, 2 (1941), 449-496. — Giuseppe Saitta, *Il pensiero italiano nell'Umanesimo e nel Rinascimento*, 3 vols., 1949-1951. — Rodolfo Mondolfo, *Ensayos sobre el Renascimiento italiano*, 1950. — Id., *Figuras e ideas de la filosofía del Renacimiento*, 1954, 2ª ed., 1968 [inclui sua obra: *Tres filósofos del Renacimiento: Bruno, Galileo y Campanella*, 1947]. — Hiram Haydn, *The Counter-Renaissance*, 1950. — P. O. Kristeller, L. Firpo *et al.*, arts. em *Revue Internationale de Philosophie*, n° 16 (1951) [com bibliografia de 1930 a 1950 por J. Rumens nas pp. 200-228]. — P. O. Kristeller, *The Classics and Renaissance Thought*, 1955; nova ed. rev., com o título: *Renaissance Thought: The Classic, Scholastic, and Humanistic Strains*, 1961. — Id., *Eight Philosophers of the Italian Renaissance*, 1964. — Id., *Renaissance Thought. II: Papers on Humanism and the Arts*, 1964. — Id., *Renaissance Concepts of Man, and Other Essays*, 1972. — Id., *Medieval Aspects of Renais-*

sance Learning: Three Essays, 1974. — José Ortega y Gasset, *En torno a Galileo,* 1956 [já incluído em *O. C.,* V, 449-496, e procedente de lições dadas em 1933]. — E. Garin, *La cultura filosofica del Rinascimento italiano. Ricerche e documenti,* 1961. — Eugenio Battisti, *L'antirinascimento,* 1962. — D. Bush, P. O. Kristeller et al., *The Renaissance Image of Man and the World,* 1966. — August Buck, ed., *Zum Begriff und Problem der Renaissance,* 1969. — Carlos G. Noreña, *Studies in Spanish Renaissance Thought,* 1975. — Richard H. Popkin, Richard Lemay et al., *P. O. Kristeller. Philosophy and Humanism. Renaissance Essays in Honor of P. O. Kristeller,* 1976, ed. Edward P. Mahoney. — P. O. Kristeller, *Renaissance Thought and Its Sources,* 1979, ed. M. Mooney. — R. Waswo, *Language and Meaning in the Renaissance,* 1987. — V. Kahn, *Rhetoric, Prudence, and Skepticism in the Renaissance,* 1985. — D. Summers, *The Judgement of Sense: Renaissance Naturalism and the Rise of Aesthetics,* 1987. — S. A. McKnight, *Sacralizing the Secular: The Renaissance Origins of Modernity,* 1989. — D. R. Kelley, *Renaissance Humanism,* 1991.

Para o conceito de "renascimento" no sentido tratado nos dois últimos parágrafos do verbete: Émile Bréhier, "Comment je comprends l'histoire de la philosophie", *Les Études philosophiques,* 1 (1947), 105-113, reimp. em *Études de philosophie antique,* 1955, pp. 1-16, especialmente 6-7.

Bibliografia: B. Kohl, *Renaissance Humanism, 1300-1550: A Bibliography of Materials in English,* 1985. **C**

RENASCIMENTO ESPIRITUAL. Com esta expressão designamos a idéia de um "voltar a nascer" no curso da vida individual humana e a distinguimos do sentido histórico de 'Renascimento' (VER). Os cristãos consideraram que se renasce quando se recebe o batismo. Os batistas do Sul dos Estados Unidos falam de um "renascer" entendendo-o como um voltar a nascer (em Jesus Cristo) ou como um ter nascido outra vez *(born again).*

De um modo mais amplo, pode-se entender por 'renascimento espiritual' um processo anímico, ou psíquico, que faz com que a pessoa se sinta como se começasse "uma vida nova".

Max Scheler investigou o "fenômeno do renascimento (espiritual)" em relação com o arrependimento (ver M. Scheler, "Reue und Wiedergeburt", em *Vom ewigen in Menschen,* 1920, reimp. em *Gesammelte Werke,* vol. 5, ed. Maria Scheler, 1954, pp. 27-59, especialmente p. 33; do mesmo autor, "Vorbilder und Führer", em *Schriften aus dem Nachlass,* I, 1933, reimp. em *G. S.,* 10, 1957, especialmente pp. 294-295). Scheler fala do arrependimento como um "processo anímico" que se manifesta psicologicamente, mas que não se reduz a um "fenômeno psicológico". O arrependimento não é, pois, como acreditava Nietzsche (e acreditaram muitos autores modernos), um auto-engano interno. Do ponto de vista moral — ou, melhor dizendo, "anímico-moral" —, o arrependimento é "uma forma de *autocura* da alma por meio da qual a alma pode recobrar suas antigas forças". E do ponto de vista religioso, o arrependimento é "o ato natural que Deus outorga à alma com o fim de levá-la até Si". Por meio do arrependimento a alma "renasce", se auto-regenera, se faz outra sem deixar de ser si mesma. Como indicamos em outro lugar: "No arrependimento — ao contrário do mero remorso — se renasce, não porque nada do que foi não tivesse existido, mas porque começa a existir de outro modo. E existir de outro modo é para um fato humano uma alteração da estrutura essencial do fato." Segundo Scheler, o fenômeno chamado "renascimento" é próprio do conteúdo puramente espiritual da cultura (ou expresso sobretudo em obras artísticas e filosóficas). Para os valores técnicos, renascer é retroceder, tais valores têm de manifestar-se em forma de progresso. Nos valores espirituais, em contrapartida, não há progresso histórico; as obras nas quais estes valores se encarnam podem não estar presentes durante certos períodos e reviver durante outros. Não são, pois, manifestações do "espírito da época" (VER); transcendem as épocas e podem justamente por isso ser "renascentes".

RENAN [JOSEPH], ERNEST (1823-1892). Nascido em Tréguier (Bretanha), estudou no Seminário de Saint-Nicolas de Chardonnet, no de Issy, no de Saint-Sulpice e na Escola de Línguas Orientais, de Paris. Destinado primeiro ao sacerdócio, abandonou-o por ter perdido a fé no curso de suas exegeses das Sagradas Escrituras. Dedicado então aos estudos universitários, chegou a ser professor de línguas semíticas no Collège de France de 1861 a 1863 e de 1870 até sua morte. Seu pensamento filosófico seguiu quase sempre a via marcada por seu temperamento e por suas primeiras experiências, das quais deu testemunho em seus *Souvenirs d'enfance et de jeunesse* (1883). Conta neste livro como já desde cedo perdeu "toda sua confiança nessa metafísica abstrata que tem a pretensão de ser uma ciência à parte das outras ciências e de resolver por si mesma os altos problemas da humanidade", razão por que chegou à conclusão de que "a ciência positiva" era "a única fonte de verdade". Embora esse "espírito positivo" (muito diferente do positivismo de Comte, que Renan considerava superficial) se aplicasse logo aos estudos históricos, ele tem suas raízes nos estudos de ciência natural, aos quais Renan pareceu inclinar-se em alguns momentos e que considerou fundamentais, ao declarar que "a química por um lado, a astronomia pelo outro, e sobretudo a fisiologia geral nos permite possuir verdadeiramente o segredo do ser, do mundo, de Deus, como se lhe queira chamar". Ora, a ciência histórica é uma ciência que se faz e desfaz continuamente. Por isso a inclinação de Renan para o positivo, que o afastava do espiritualismo e o aproximava do idealismo. Com efeito, "romântico em protesto contra o romantismo", atraído pela "filosofia do devir", Renan uniu a uma convicção positivista no método e inclusive nos fundamentos um certo idealismo utópico que se manifestou, em primeiro lugar, em sua fé na ciência como substituta da religião, e particularmente da religião cristã, sem necessidade de admitir sua estrutura dogmática. A crítica das origens do cristianismo, crítica que tendia em seu aspecto meramente científico a considerar essa religião como um elemento da história submetido às mesmas leis e condições de todo processo histórico, conduziu Renan, no entanto, a uma plena afirmação de seu valor espiritual, com independência de sua verdade ou falsidade. Mas, por outro lado, o positivismo no método histórico não significava para Renan um dogma; justamente a aplicação conseqüente de um método positivo demonstra, a seu ver, que a história não é o produto de uma série de determinações constantes mas, sim, o produto da livre atuação dos indivíduos superiores num meio dado e a conseqüente modificação do mesmo. Essa influência é, além disso, indispensável se se pretende que o progresso da humanidade seja incessante; os indivíduos superiores devem inclusive, quando necessário, dominar pela força as massas, impor-lhes as formas espirituais, cujo conteúdo é dado pelo progresso da ciência e pelas verdades morais da religião.

⊃ Principais obras filosóficas: *L'Avenir de la Science*, 1848 (publicado em 1890). — *Averroès et l'Averroïsme*, 1852. — *Essais de morale et de critique*, 1859. — *Questions contemporaines*, 1868. — *Dialogues et fragments philosophiques*, 1876. — *Drames philosophiques*, 1878-1886. — "Examen de conscience philosophique", *Revue des Deux Mondes*, LIX (1889), 731-737. — Obras de história e de crítica religiosa: *Études d'histoire religieuse*, 1857. — *Les Origines du Christianisme* (I. *Vie de Jésus*, 1863; II. *Les Apôtres*, 1866; III. *Saint Paul*, 1869; IV. *L'Antéchrist*, 1873; V. *Les Évangiles*, 1877; VI. *L'Église chrétienne*, 1879; VII. *Marc Aurèle et la fin du monde antique*, 1881). — *Histoire du peuple d'Israël*, 5 vols., 1888-1884.

Edição de obras: *Oeuvres complètes*, 10 vols., ed. Henriette Psichari, Paris, 1947-1961 ss. (*I. Oeuvres politiques; II. Oeuvres littéraires; III. Oeuvres philosophiques; IV e V. Les origines du christianisme; VI. Histoire du peuple d'Israël; VII. Histoire et religion; VIII. Oeuvres savantes; IX. Correspondance de jeunesse; X. Correspondance. Études religieuses*). — *Correspondance*, Paris, 1898. — *Travaux de jeunesse (1843-1844)*, Paris, 1931, ed. J. Pommier.

Bibliografia: H. Girard, H. Moncel, eds., *Bibliographie des oeuvres de E. R.*, 1923.

Ver: L. Brunschvicg, "La philosophie d'E. R.", *Revue de Métaphysique et de Morale*, I (1893), 86-97. — G. Séailles, *R.: Essai de biographie psychologique*, 1894. — Stephan Pawlicki, *Leben und Schriften E. Renans*, 1895. — Mary T. Darmsteter, *La vie d'E. R.*, 1898. — E. Platzhoff, *E. R., seine Entwicklung und Weltanschauung*, 1900. — W. Barry, *E. R.*, 1905. — G. Sorel, *Le système historique de R.*, 1906. — G. Strauss, *La politique de R.*, 1909. — H. Parigot, *R.: L'égoïsme intellectuel*, 1910. — P. Michaelis, *Philosophie und Dichtung bei R.*, 1913. — Mariette Soman, *E. R.: sa formation philosophique d'après des documents inédits (1843-1849)*, 1914. — F. L. Mott, *E. R.*, 1921. — J. Pommier, *R. d'après des documents inédits*, 1923. — Id., *La pensée religieuse de R.*, 1925. — P. Lasserre, *La jeunesse d'E. R.*, 2 vols., 1925. — Jean Psichari, *E. R.: Jugements et souvenirs*, 1925. — Marcel Henri Jaspar, *E. R. et sa république*, 1934. — Henriette Psichari, *R. d'après lui-même*, 1937. — M. Weiler, *La pensée de R.*, 1945. — André Cresson, *E. R.: Sa vie, son oeuvre, sa philosophie*, 1949. — R. Dussaud, *L'oeuvre scientifique de R.*, 1951. — J. Chaix-Ruy, *R.*, 1954. — Richard M. Chadbourne, *E. R. as an Essayist*, 1957. — H. W. Wardman, *E. R.: A Critical Biography*, 1964. — Henry Peyre, *Sagesse de R.*, 1967. — B. Blanshard, *Four Reasonable Men: Marcus Aurelius, John Stuart Mill, E. R., H. Sidgwick*, 1984. — D. M. Hoffman, *Renan und das Judentum*, 1988. C

RENOUVIER, CHARLES (1815-1903). Nascido em Montpellier, estudou na École Polytechnique, de Paris. Renouvier não ocupou nenhum cargo acadêmico ou administrativo, dedicando grande parte de sua atividade à elaboração de seus livros, prolixamente redigidos e muitas vezes revisados. Até o fim de seus dias sustentou firmes crenças republicanas, do tipo do "radicalismo" francês do século XIX, com forte acento anticlerical. Em sua *Ucronia* chegou a descrever o que poderia ter acontecido na história se o cristianismo não tivesse triunfado em virtude de vários acasos. O balanço teria sido, como o descreve Renouvier, favorável para a humanidade. Renouvier não se opunha tanto ao cristianismo como à sua transformação em religião oficial. Em todo caso, recomendava que os católicos que tivessem perdido a fé aderissem a alguma igreja protestante em vez de a um ateísmo militante.

Renouvier foi o principal representante na França do chamado "neocriticismo". Em sua obra as influências kantianas se entrelaçam com as recebidas do positivismo de Comte, e ambas estão em oposição a todo absolutismo e, como ele insistia, a todo "infinitismo". O kantismo de Renouvier é de caráter fenomenista, isto é, aceita, como Kant, que o conhecimento é conhecimento do mundo dos fenômenos, mas, ao contrário de Kant, não admite que haja coisas em si por trás dos fenômenos.

A noção capital da filosofia de Renouvier é a de "relação"; a mais insistente e persistente tendência dessa filosofia é o que se pode chamar "relacionismo". De imediato, consiste numa oposição a toda pretensão de conhecer qualquer realidade absoluta ou incondicionada. Na medida em que os problemas da "metafísica pura" escapam a toda investigação por meio de relações, devem ser declarados insolúveis. Mas nem todas as posições metafísicas estão fora do "relacionismo". Segundo Renouvier, houve na história uma série de "dilemas metafísicos" que obrigam a uma opção. Estes são os dilemas do incondicionado e do condicionado, do infinito e do finito, do impersonalismo e do personalismo, do determinismo e da liberdade. O primeiro termo em cada um destes pares de conceitos designa as doutrinas adotadas pelos que abraçaram uma posição (metafísica) realista. Isso ocorre com todas as metafísicas do Absoluto, desde as idéias de Platão até o Incognoscível de Spencer. O segundo termo desses pares de conceitos designa as doutrinas que são aceitáveis de um ponto de vista relacionista e, por isso também, relativista e antiabsolutista. Renouvier optou decididamente pelo condicionado, pelo finito, pelo personalismo e pela liberdade.

Segundo Renouvier, há um princípio lógico que garante a opção indicada: é o princípio de não-contradição, que fica a salvo nela. Em compensação, as opções opostas tendem a admitir o princípio de uma "identidade das oposições", que encontrou um de seus máximos defensores em Hegel.

Uma das mais importantes contribuições de Renouvier a seu relacionismo ou, como também foi chamado, "fenomenismo racionalista", é sua doutrina das categorias; a ela nos referimos no verbete CATEGORIA.

O interesse filosófico de Renouvier não se esgotava na exploração das questões metafísicas (ou ontológicas), e até se pode dizer que, como se supôs de Kant, sua filosofia teórica estava destinada a sustentar sua filosofia prática, e especialmente sua constante defesa da liberdade contra o determinismo. O fundamento da filosofia prática de Renouvier é seu personalismo. O personalismo é, do ponto de vista metafísico, o resultado da opção pelo relativo frente ao absoluto e pelo concreto frente ao abstrato. O abstrato é impessoal. O concreto é pessoal. Do ponto de vista da pessoa concreta, a moral deixa de ser para Renouvier uma mera "hipóstase"; converte-se numa ordem humana, num ideal que pode ser alcançado, embora somente de modo aproximado. Na realização deste ideal intervém a personalidade como "liberdade através da história". A personalidade é a base da história e da moral. Só por ser uma pessoa e, por isso, um agente livre, o homem pode, ao fazer sua própria história, realizar um efetivo progresso e não o mero desdobramento de uma série de momentos predeterminados. A fatalidade da história, assim como o utopismo progressista, são eliminados radicalmente de uma concepção que vê na liberdade pessoal a condição do progresso efetivo e concreto tanto quanto da moralidade. Por isso Renouvier une à sua luta contra o determinismo a tentativa da demonstração da possibilidade de uma história diferente da que foi, de uma ucronia (VER), que mostre, pela irrupção de fatores aleatórios, o possível desvio do curso seguido até agora pela Humanidade.

O pensamento e o método de Renouvier exerceram uma considerável influência na filosofia francesa da última década do século XIX e primeiros anos do atual. Contudo, muitos dos que foram normalmente considerados seus discípulos tiveram nele simplesmente um ponto de partida para sua própria meditação filosófica. Outros, influenciados por Renouvier, também o foram por Hamelin, Lachelier ou Boutroux (VER). O mais fiel discípulo foi Louis Prat, que propagou e defendeu o pensamento do mestre, examinando do ponto de vista neocriticista a noção de substância *(De la notion de substance. Recherches historiques et critiques,* 1905) e defendendo as teses básicas do pensamento religioso e social de Renouvier (*La religion de l'harmonie,* 1922). Colaborador muito próximo de Renouvier foi François Pillon (nascido em Fontainers, 1830-1914: *La psychologie de Hume,* 1878; *La critique de l'infini,* 1890; *L'évolution historique de l'idéalisme,* 1892; *La philosophie de Secrétan,* 1898), que escreveu com assiduidade em *L'Année philosophique,* revista por ele fundada em 1867, suspensa em 1870, retomada em 1878 sob o título de *Critique philosophique,* e em 1891 com o título original. Quanto a outros pensadores influenciados por Renouvier, devemos mencionar Octave Hamelin (VER) e Gaston Milhaud (VER). Victor Brochard (nascido em Quesnoy: 1848-1907) distinguiu-se como historiador da filosofia, e seus estudos sobre a filosofia antiga e moderna, e particularmente sobre os céticos gregos, unem a compreensão histórica com a crítica filosófica. Sua principal contribuição, a teoria do erro (VER), se baseava parcialmente em Renouvier e em parte no voluntarismo já clássico do não menos clássico racionalismo francês moderno: vontade e razão se apresentavam então como as instâncias geradoras da liberdade. François Évellin (nascido em Nantes: 1835-1910) tratou particularmente dos problemas relativos ao infinito e às antinomias (ver ANTINOMIA; INFINITO). Embora se possa qualificar esse filósofo de "finitista", é preciso fazê-lo num sentido não inteiramente igual ao que corresponde a Renouvier, sobretudo se se levar em conta que para Évellin não se apresentavam à razão a tese e a antítese, mas unicamente a primeira. A segunda não pode nem sequer ser rechaçada, porque não pode ser racionalmente apresentada. Na verdade, as teses são, segundo Évellin, verdadeiras porque pertencem ao real, enquanto as antíteses correspondem ao sensível. Temas afins aos de Renouvier foram desenvolvidos por Jean Jacques Gourd (VER). Poderíamos citar outros autores mais ou menos influenciados por Renouvier, mas desde que se levasse em conta que pertencem muitas vezes menos ao círculo específico de idéias suscitadas pelo filósofo que ao correspondente à época. É o caso de Lionel Dauriac (1847-1923), professor em Montpellier e na Sorbonne. Influenciado por Boutroux, Dauriac se inclinou logo às teses de Hamelin, sobretudo em sua teoria das categorias. Em suas principais obras (*Croyance et Réalité*, 1889, *Contingence et Rationalisme*, 1925, obra póstuma), Dauriac se esforçou por fundamentar um racionalismo que não eliminasse, antes apoiasse, a contingência e a liberdade. Sua doutrina das categorias se inclinou, pois, a um empirismo mais acentuado que o de Renouvier, atribuindo à consciência a origem de toda determinação categorial, exceto o princípio de identidade. É o caso também de Émile Boirac (nascido em Guelma [Argélia]: 1851-1917), que foi por sua vez discípulo de Fouillée (VER). Boirac submeteu a uma aguda crítica a idéia de fenômeno (*L'idée de Phénomène*, 1898), mas não para aderir simplesmente à ontologia tradicional do ser, mas para mostrar que só a partir de um "fenomenismo" seria possível fundamentar suficientemente aquela ontologia. Embora esteja relacionado com os temas de Renouvier, é antes um discípulo de Lachelier que de Renouvier o filósofo Louis Liard (nascido em Falaise [Calvados]: 1846-1917), conhecido sobretudo por seus estudos lógicos. Em suas obras *Les définitions géométriques et les définitions empiriques* (1873) e *La Science positive et la Métaphysique* (1879), Liard estabeleceu uma distinção de princípio entre ciência e metafísica, especialmente a chamada metafísica das causas finais. Liard desembocava deste modo numa posição finalista muito semelhante à de Lachelier.

⊃ Obras: *Manuel de Philosophie moderne*, 1842 (é a reelaboração de sua anterior *Mémoire sur le Cartésianisme*). — *Manuel de Philosophie ancienne*, 2 vols., 1844. — *Essais de critique générale* (I. *Analyse générale de la connaissance*, 1851; II. *L'Homme*, 1858; III. *Les Principes de la Nature*, 1864; IV. *Introduction à la philosophie analytique de l'histoire*, 1864). Reelaboração dos *Ensaios* (I, 3 vols., 1875; II, 3 vols., 1875; III, 2 vols. 1892; IV, 1896). — *La Science de la morale*, 2 vols., 1869. — *Uchronie. L'Utopie dans l'histoire*, 1876. — *Esquisse d'une classification systématique des doctrines philosophiques*, 2 vols., I, 1885; II, 1886. — *La Philosophie analytique de l'Histoire*, 4 vols., 1895-1898. — *La nouvelle monadologie*, 1899 (com L. Prat). — *Victor Hugo, le philosophe*, 1900. — *Histoire et solution des problèmes métaphysiques*, 1901. — *Le Personnalisme* (com um *Étude sur la Perception externe et la Force*), 1901. — *Les dilemmes de la métaphysique pure*, 1903. — *Derniers entretiens*, compilados por L. Prat, 1905. — *Critique de la doctrine de Kant*, 1906 (póstuma, ed. L. Prat). — Além disso, numerosas colaborações em *L'Année philosophique* (a partir de 1867) e em *La Critique philosophique* (a partir de 1878).

Correspondência: *Correspondance inédite de R. Secrétan*, 1910.

Ver: E. Bernard, *La critique de R. et l'évolution*, 1890. — M. Ascher, "R. und der französische Neukritizismus", *Berner Studien*, 22 (1900). — H. Miéville, *La philosophie de M. R. et le problème de la connaissance religieuse*, 1902. — VV.AA., *Bulletin de la Société Française de Philosophie*, 1904. — E. Janssens, *Le Néo-criticisme de Ch. R. Théorie de la connaissance et de la certitude*, 1904. — G. Séailles, *La philosophie de Ch. R. Introduction à l'étude du néocriticisme*, 1905. — F. Feigel, *Renouviers Philosophie der praktischen Vernunft*, 1905. — Ph. Bridel, *Ch. R. et sa philosophie*, 1905. — A. Arnal, *La philosophie religieuse de Ch. R.*, 1907. — A. Darlings, *De l'idée de Dieu dans le néocriticisme*, 1910 (tese). — Octave Hamelin, *Le système de R.*, 1927. — P. Mouy, *L'idée de progrès dans la philosophie de R.*, 1927. — L. Foucher, *La jeunesse de R. et sa première philosophie (1815-1854)*, 1927. — Gaston Milhaud, *La philosophie de Ch. R.*, 1927. — W. Platz, *Ch. R. als Kritiker der französischen Kultur*, 1934. — L. Prat, *Ch. R. philosophie*, 1937. — I. Cornwell, *Les principes de droit dans la philosophie de Ch. R.*, 1938. — R. Verneaux, *R. disciple et critique de Kant*, 1945. — Id., *L'idéalisme de R.*, 1945. — Gallo Galli, *Prime linee d'un idealismo critico e due studi su R.*, 1945. — M. Méry, *La critique du christianisme chez R.*, t. I *(1815-1889)*, 1952: t. II *(1890-1903)*, 1952. — Valdemar Hansen, *Ch. R. Hans liv og hans Tanker*, 1962 (*Ch. R. Sua vida e seu pensamento*). — A. Deregibus, *L'ultimo R.*, 1987. ◆

RENSI, GIUSEPPE (1871-1941). Nascido em Villafranca (Verona), foi professor em Ferrara, Florença, Messina e Gênova. Em 1927 foi deposto de sua cátedra por sua oposição ao regime fascista.

Costuma-se falar de vários períodos na evolução filosófica de Rensi. No primeiro período, até 1914 aproximadamente, ele desenvolveu uma filosofia de tipo idealista, com algumas tendências místicas. No segundo período, o mais importante e fecundo e que durou até poucos anos antes de sua morte, Rensi defendeu uma filosofia cética, fundada numa série de experiências tais como a da ausência de uma razão válida para todos os homens. Rensi buscou neste período o que chamou *la verità effetuale della cosa*. Contra todo racionalismo e todo panlogismo, assim como contra o hegelianismo ao qual se inclinara durante seu primeiro período, Rensi salientou que não há nenhuma verdade universal, que a história transcorre entre conflitos insolúveis e que, a rigor, não há história, mas histórias. O ceticismo e o relativismo foram destacados por Rensi em todas as esferas: nos princípios do pensar, na história, nos valores, nas crenças religiosas. Além do ceticismo e do relativismo, Rensi defendeu uma espécie de realismo político ou, melhor dizendo, tratou de buscar por trás das ideologias as "realidades autênticas". Ao mesmo tempo, e já que se havia oposto a todo princípio racional de caráter universal, inclinou-se ao irracionalismo. Em polêmica contra Croce e Gentile, Rensi combateu acerbamente o idealismo e se aproximou de posições positivistas, fenomenistas e materialistas.

A última época do pensamento de Rensi não constitui uma completa ruptura com a fase anterior, mas de alguma maneira consiste em levar às últimas conseqüências certas posições adotadas durante a mesma. O irracionalismo levou Rensi a buscar uma realidade "mais profunda", de caráter religioso, uma espécie de fundamento divino da realidade e, em particular, da personalidade humana.

⮕ Obras: *Gli* anciens régimes *e la democrazia diretta*, 1902; 3ª ed.: *La democrazia diretta*, 1926. — *Le antinomie dello spirito*, 1910. — *Sic et Non. Metafisica e poesia*, 1911. — *Il genio etico e altri saggi*, 1912. — *Il fondamento filosofico del Diritto*, 1912. — *Formalismo e amoralismo giuridico*, 1914. — *La traszendenza. Studio sul problema morale*, 1914. — *Lineamenti di filosofia scettica*, 1919; 2ª ed., 1912. — *L'orma di Protagora*, 1920. — *La filosofia dell'autorità*, 1920. — *La scepsi estetica*, 1920. — *Polemiche antidogmatiche*, 1920. — *Introduzione alla scepsi ettica*, 1921. — *Principî di politica impopolare*, 1921. — *Teoria e pratica della reazione politica*, 1922. — *L'irrazionale, il lavoro, l'amore*, 1923. — *Interiora rerum*, 1924; 2ª ed. com o título: *La filosofia dell'assurdo. Le ragioni dell'irrazionalismo*, 1933. — *Realismo*, 1925. — *Apologia dell'ateismo*, 1925. — *Autorità e libertà*, 1926. — *Apologia dello scetticismo*, 1928. — *Lo scetticismo*, 1928; 2ª ed. com o título: *La mia filosofia*, 1939. — *Spinoza*, 1929; 2ª ed., 1940. — *Schegge*, 1930. — *Cicute*, 1931. — *Impronte*, 1931. — *Le aporie della religione*, 1932. — *Passato, presente e futuro*, 1932. — *Motivi spirituali platonici*, 1933. — *Sguardi*, 1934. — *Il materialismo critico*, 1934. — *Raffigurazioni. Schizzi d'uomini e di dottrine*, 1934. — *Platone e Cicerone*, 1934. — *Frammenti d'una filosofia del dolore e dell'errore, del male e della morte*, 1937. — *Ardigò e Gorgia*, 1938. — *Poemetti in prosa e in verso*, 1939. — *Testamento filosofico*, 1939. Póstumas: *La morale come pazzia*, 1942. — *Lettere spirituali*, 1943. — *Governi d'ieri e di domani*, 1945. — *Trasea contro la tirania*, 1948. — *Sale della vita*, 1951.

Depoimento em *Die Philosophie der Gegenwart in Selbstdarstellungen*, VI (1927).

Ver: E. Buonaiuti, *G. R., lo scettico credente*, 1945. — C. Mignone, *R., Leopardi e Pascal*, 1954. — Piero Nonis, *La scepsi etica di G. R.*, 1957 [com bibliografia]. — Gianfranco Morra, *Scetticismo e misticismo nel pensiero di G. R.*, 1958. — F. Tecchiati, *G. R. alla Mostra Internazionale del libro filosofico*, 1958. — VV.AA., *Atti della "Giornata Rensiana"* [1966], 1967, ed. M. F. Sciacca. — G. de Liguori, "Lo scetticismo giuridico di G. R.", *Rivista Internazionale di Filosofia del Diritto* (1967), 181-224. ⮔

REPETIÇÃO. Em várias obras, mas especialmente numa intitulada *A Repetição*, publicada em 1843 — a mesma data em que apareceu *Temor e Tremor* —, Kierkegaard apresentou e desenvolveu o conceito ou, melhor dizendo, a categoria de repetição *(Gjentagelsen)* como uma *categoria religiosa*. Em tal qualidade, não pode ir mais além: "A primeira forma do interessante", escreve Kierkegaard numa parte da citada obra, "é a mudança; a segunda é a vontade de repetição, mas como algo que se basta a si mesmo, sem intervenção da dor". "A repetição", escreve em outro lugar, "não é simplesmente objeto de contemplação, mas é o afazer da liberdade, a liberdade mesma". Com isso a categoria da repetição transcende sua significação no mundo natural; não é a lei segundo a qual se repetem os fenômenos, mas algo muito diferente da lei ou, se se quiser, é a lei da liberdade mesma; pois enquanto a repetição no natural — e ainda a reminiscência platônica no espiritual — se volta para o passado, a repetição kierkegaardiana se encaminha para o futuro. Assim, a repetição é gerada pelo absurdo, e por isso é um elemento essencial ao cristianismo.

Heidegger reiterou a idéia kierkegaardiana da repetição *(Wiederholung)* dando-lhe um sentido diferente. A repetição é a imitação, ou melhor, a réplica que faz o *Dasein* (VER) a seu próprio passado (especialmente, senão exclusivamente, a seu passado autêntico [VER]). Ao enfrentar-se com seu porvir finito, o *Dasein* ricocheteia, por assim dizer, contra seu passado como "sendo sido" *(gewesend)*. Em sua resolução ("estado de resolvido", na versão de José Gaos de *Sein und Zeit*), o *Dasein* retrocede rumo a si mesmo e se faz tradição de si mesmo. Quando isso ocorre de forma expressa se produz a "repetição". "A repetição", escreve Heidegger, "é a tradição expressa, isto é, o regresso a possibilidades do *Dasein* como sido *(des dagewesen Daseins)*" (*Ser e tempo*, § 74).

José Gaos traduz *Wiederholung* por 'reiteração'. Este termo é adequado na medida em que nele transparece a idéia de "voltar a percorrer o caminho" *(iter)*. Conservamos, porém, o vocábulo 'repetição' por ser o mais correntemente usado e por revelar a referência a Kierkegaard.

Pode-se considerar também como manifestação da idéia de repetição a insistência de Unamuno em "reviver o já vivido".

Para Unamuno, a "beatitude" consiste em desnascer-se para dirigir-se a um "eterno ontem". Unamuno pede que o passado — os "dias de ontem em sucessão de esquecimento" — volte integramente a ele, recuperando assim todo "bem perdido".

As três idéias de repetição resenhadas se aplicam à existência humana (embora o *Dasein* não seja estritamente equivalente a esta existência). Em contrapartida, a idéia de "eterno retorno" (VER) se refere ao universo inteiro. Para referir-se a esse eterno retorno é melhor, portanto, evitar usar o termo 'repetição' em seu significado "existencial" (ou "existenciário").

A noção de repetição é fundamental no pensamento de Gabriel Tarde (VER), tanto para explicar características básicas do comportamento dos indivíduos e das sociedades como para expressar leis universais; a oposição universal, formulada por uma "teoria dos contrários", inclui como um de seus elementos a possibilidade de repetições. Gilles Deleuze, que examinou "a repetição em si mesma", assim como "a diferença (VER) em si mesma" (*Différence et répétition*, 1968), notou a importância da idéia de repetição em Tarde e o papel que desempenham neste autor as três categorias fundamentais de repetição, oposição e adaptação. Deleuze se refere também à tese de Hume em *Treatise*, III, 16, segundo a qual a repetição não muda nada no objeto que se repete, mas muda algo no espírito que o contempla; e à idéia bergsoniana de uma impressão qualitativa interna que "iguala" as repetições na continuidade da duração. Em princípio, parece que a repetição é impensável sem a diferença; do mesmo modo que se diz que há diferença entre duas repetições, caberia dizer que há repetição entre duas diferenças. Mas, segundo Deleuze, a repetição deve ser considerada "em si mesma". A repetição deve ser distinguida da generalidade; há uma diferença de natureza, e não só de grau, entre repetição e semelhança. Kierkegaard, Nietzsche e Péguy já tinham percebido que a repetição se opõe a todas as formas de generalidade: é preciso fazer da repetição algo novo; é preciso opô-la às leis da Natureza, e é preciso opor a repetição à lei moral. O problema que Deleuze coloca é saber "por que a repetição não pode explicar-se mediante a forma de identidade no conceito ou na representação — em que sentido a repetição reclama um princípio 'positivo' superior" (*op. cit.*, p. 31). Ainda que tomemos como base a semelhança, que é uma generalidade, vemos que ao ir-se degradando, em cópias ao infinito, chega um momento em que muda de natureza, em que "a cópia se transforma em simulacro, e em que a semelhança enfim, a imitação espiritual, dá lugar à repetição" (*op. cit.*, p. 168). A repetição, em suma, não procede de nenhuma série de acontecimentos "externos", mas, por assim dizer, de si mesma. De certo modo, Hume tinha razão ao situá-la no nível da mente, mas é preciso ir, segundo parece, mais além e outorgar-lhe uma base ontológica própria, da qual deriva inclusive a própria impressão de repetição.

REPOUSO. Ver CATEGORIA.

REPRESENTAÇÃO. O termo 'representação' é usado como vocábulo geral que pode referir-se a diversos tipos de apreensão de um objeto (intencional). Assim, fala-se de representação para referir-se à fantasia (VER) (intelectual ou sensível) no sentido de Aristóteles; à impressão (direta ou indireta), no sentido dos estóicos; à apresentação (sensível ou intelectual, interna ou externa) de um objeto intencional ou *repraesentatio* no sentido também dos escolásticos; à imaginação no sentido de Descartes; à apreensão sensível, diferente da conceitual, no sentido de Spinoza; à percepção no sentido de Leibniz; à idéia no sentido de Locke, de Hume e de alguns "ideólogos"; à apreensão geral, que pode ser, como em Kant, intuitiva ou conceitual; à forma do mundo dos objetos como manifestações da Vontade no sentido de Schopenhauer etc.

Essa multiplicidade de sentidos e usos de 'representação' faz com que este termo seja quase sempre ambíguo em três formas: dentro da psicologia, na epistemologia e na relação entre a epistemologia e quaisquer elementos "psicológicos" que se aduzam para esclarecer a natureza e formas do conhecimento.

Dentro da psicologia (tradicional) podem-se distinguir as seguintes acepções de 'representação'.

1) A representação como apreensão de um objeto efetivamente presente. É usual equiparar então a representação com a percepção, ou alguma de suas formas.

2) A representação como reprodução na consciência de percepções passadas. Trata-se então das chamadas "representações da memória" ou lembranças.

3) A representação como antecipação de acontecimentos futuros à base de uma combinação de percepções passadas, reprodutiva ou produtiva. É usual equiparar então a representação com a imaginação.

4) A representação como a união na consciência de várias percepções não atuais (mas tampouco passadas nem antecipatórias). Neste caso se fala também de imaginação ou até de alucinação.

Os quatro sentidos indicados se referem ao que se denominou "qualidade da representação". Podemos considerar, além disso, os dois tipos seguintes:

1*a*) Representações baseadas no predomínio de um sentido, falando-se de representações óticas, acústicas etc.

2*a*) Representações baseadas na forma, falando-se de representações eidéticas, conceituais, afetivas, volitivas etc.

Na epistemologia, a representação pode ser entendida em dois sentidos básicos:

1*b*) Representação como conteúdo mental. A representação é entendida então como um ato e no mais das vezes se lhe dá um sentido "subjetivo" e "privado".

2*b*) Representação como aquilo que se representa no ato de representar, isto é, como o objeto intencioanl de semelhante ato.

Os escolásticos já haviam distinguido representações objetivas (na acepção escolástica deste termo) e representações formais. As últimas se aproximam muito de 2*b*). Essa distinção parece ter-se perdido na época moderna. Em todo caso, embora ainda se encontrem vestígios dela em autores como Descartes, é difícil achá-las nos empiristas, especialmente na medida em que se interessam por dar conta da gênese do conhecimento e, em conseqüência, recorrem a noções "psicológicas" com fins epistemológicos. Stephen Toulmin (cf. bibliografia) observa que em seu esforço por escapar à contraposição entre as posições racionalista e empirista em epistemologia, Kant recolocou os problemas epistemológicos em termos de representações, usando para tal fim o vocábulo *Vorstellung*, que costuma ser traduzido por 'representação'. Contudo, Kant usou esse termo ambiguamente, já que, por um lado, parecia tratar-se de atos de experiência — de caráter "mental" —, e, por outro, de certas estruturas que não são, é claro, coisas em si, mas que tampouco são mentais, subjetivas e privadas, mas públicas. A palavra alemã *Darstellung*, que se traduz também por 'representação', mas que não tem um sentido psicológico, mas epistemológico, é, segundo Toulmin, mais adequada para exprimir o que Kant queria dizer. É a palavra usada por autores como Hertz, Karl Bühler e Wittgenstein, e justa e precisamente num sentido análogo ao de 'modelo', 'quadro', 'plano', 'esquema' etc., isto é, num sentido similar a como uma partitura pode servir de ponto de partida para uma "representação", que dá origem então a experiências privadas e a "representações" privadas. Assim, a representação *(Darstellung)* é "objetiva" (ou, na acepção escolástica, "formal"), enquanto a representação *(Vorstellung)* é subjetiva e mental.

A distinção entre 1b) e 2b), embora útil, não elimina todos os problemas, porque possivelmente não pode ser tão precisa como às vezes se desejaria. Há a possibilidade de "intermédios" entre os dois tipos de representação. Um curioso exemplo disso o temos em Octave Hamelin (VER) quando chama "representação" aos atos por meio dos quais o concreto e diverso é pensado sob forma categorial. Trata-se então de uma estrutura conceitual, de uma categoria, de um "esquema" etc., mas Hamelin aspira a dar-lhe um "conteúdo" mental e se opõe a equipará-la a uma forma transcendental em sentido kantiano.

➲ Ver: Kazimierz Twardowski, *Zur Lehre vom Inhalt und Gegenstand der Vorstellungen*, 1894. — Octave Hamelin, *Essai sur les éléments principaux de la représentation*, 1907. — L. Pfeifer, *Über Vorstellungstypen*, 1907. — G. E. Müller, *Zur Analyse der Gedächtnistätigkeit und des Vorstellungsverlaufs*, 3 vols., 1911-1924. — K. Koffka, *Zur Analyse der Vorstellung*, 1912. — Baerwald, *Zur Psychologie des Vorstellungstypus*, 1916. — C. Stumpf, *Empfindung und Vorstellung*, 1918. — Paul Hoffmann, *Empfindung und Vorstellung. Ein Beitrag zur Klärung der psychologischen Grundbegriffe*, 1919. —André Cresson, *La représentation*, 1936. — R. Berneimer, *The Nature of Representation. A Phenomenological Inquiry*, 1961, ed. H. W. Janson. — As observações de S. Toulmin, em *Human Understanding*, I, 1972, pp. 192-199, em em Allan Janik e S. Toulmin, *Wittgenstein's Vienna*, 1973, pp. 183-184. — J. A. Fodor, *Representations: Philosophical Essays on the Foundations of Cognitive Science*, 1980. — I. Hacking, *Representing and Intervening*, 1983. — H. Putnam, *Representation and Reality*, 1988. — S. Silvers, ed., *Representation: Readings in the Philosophy of Mental Representation*, 1989. — R. Cummins, *Meaning and Mental Representation*, 1989. — R. Turner, *Truth and Modality for Knowledge Representation*, 1991. — R. Jackendoff, *Languages of the Mind: Essays on Mental Representation*, 1992. — G. Gillett, *Representation, Meaning, and Thought*, 1992.

História do conceito de representação na filosofia moderna: R. Javelet, L. Hödl et al., *Der Begriff der Repraesentatio im Mittelalter. Stellvertretung, Symbol, Zeichen, Bild*, 1971, ed. Albert Zimmermann. — Carl Knüfer, *Grundzüge der Geschichte des Begriffs "Vorstellung" von Wolff bis Kant. Ein Beitrag zur Geschichte der philosophischen Terminologie*, 1911. — P. Köhler, *Der Begriff der Repräsentation bei Leibniz*, 1913. — H. Naegelsbach, *Das Wesen der Vorstellung bei Schopenhauer*, 1927. — R. E. Aquila, *Representational Mind: Study of Kant's Theory of Knowledge*, 1984. — D. Judovitz, *Subjectivity and Representation in Descartes: the Origins of Modernity*, 1988. ➲

RES. Ver COISA; TRANSCENDENTAL, TRANSCENDENTAIS.

RESCHER, NICHOLAS (1928). Nascido em Hagen, Alemanha, estudou na Universidade de Princeton, onde se doutorou em 1951. Lecionou na Universidade de Lehigh (Pensilvânia) e desde 1961 é professor na Universidade de Pittsburgh. Devemos a Rescher numerosas contribuições à história da lógica, especialmente da silogística modal de Aristóteles e da obra de vários lógicos árabes medievais. Além dessa obra histórica (da qual um exemplo se pode ver no verbete BURIDAN [ASNO DE]), devemos a Rescher muitos trabalhos de investigação sobre diversas áreas filosóficas: lógica (lógica modal, lógica temporal, lógica polivalente, teoria do raciocínio plausível); teoria dos valores e filosofia social (justiça distributiva, bem-estar público), nas quais aplicou técnicas modernas como a teoria dos jogos e a teoria da decisão; teoria do progresso científico, fundamentada nos requisitos tecnológicos da investigação científica; epistemologia e metafísica.

Na lógica, impulsionou o desenvolvimento de lógicas que toleram a inconsistência e, na filosofia da ciência, a teoria do atraso exponencial do progresso científico, baseada no princípio epistemológico segundo o qual o conhecimento só aumenta com o logaritmo do aumento de informação.

Seus trabalhos iniciais sobre lógica e história da lógica foram acompanhados, a partir dos anos sessenta, por um interesse crescente por problemas de teoria do conhecimento, filosofia da ciência e teoria dos valores. Nesses trabalhos tentou reatualizar o idealismo do neo-hegelianismo inglês. Nesse sentido, destacou a importância da sistematização do conhecimento, no qual ocupa um lugar central sua concepção "coerentista" da verdade (verdade enquanto "coerência" [VER]). Contudo, Rescher se distancia do idealismo ao sublinhar a importância de justificações baseadas em argumentos pragmáticos, procedentes estes da tradição americana. Sua obra combina, pois, o interesse pelas grandes sistematizações do século XIX com a tendência da filosofia anglo-americana do século XX de realizar investigações especializadas, para as quais se baseia nos instrumentos próprios da análise filosófica.

Em seu conjunto, a obra de Rescher se caracteriza pela amplidão de suas investigações e pela adoção de pontos de vista equilibrados, baseados em uma análise rigorosa de conceitos.

⊃ Obras: dentre as mais de 60 obras publicadas, destacamos: Na teoria do conhecimento: *The Coherence Theory of Truth*, 1973; *Plausible Reasoning*, 1976; *Methodological Pragmatism*, 1977; *Induction*, 1980; *Empirical Inquiry*, 1982; *Rationality*, 1988; *Cognitive Economy: Economic Perspectives in the Theory of Knowledge*, 1989; *A Useful Inheritance: Evolutionary Epistemology in Philosophical Perspective*, 1989; *Human Knowledge in Idealistic Perspective*, 1991. — Em metafísica: *Conceptual Idealism*, 1973; *A Theory of Possibility*, 1975. — Na filosofia da ciência e em tecnologia: *Scientifica Progress: A Philosophical Essay on the Economics of Research in Natural Science*, 1978; *The Limits of Science*, 1984; *Scientific Realism: A Critical Reappraisal*, 1987. — Em filosofia social: *Distributive Justice*, 1966; *Pluralism: Against the Demand for Consensus*, 1993. — Em ética e teoria do valor: *Ethical Idealism: A Study of the Import of Ideals*, 1987; *Moral Absolutes: An Essay on the Nature and the Rationale of Morality*, 1989; *Human Interests: Reflections on Philosophical Anthropology*, 1990; *The Validity of Values: Human Values in Pragmatic Perspective*, 1992. — Em filosofia da lógica: *Many-Valued Logic*, 1969. — Em metafilosofia: *The Strife of Systems: An Essay on the Grounds and Implications of Philosophical Diversity*, 1985; *Standardism: An Empirical Approach to Philosophical Methodology*, 1993; *Metaphilosophical Inquiries*, 1993.

Entre as obras editadas por N. R. figuram: *The Logic of Decision and Action*, 1967. — *Values and the Future*, 1969. — *Essays in Honor of Carl G. Hempel*, 1970.

Autobiografia: *Mid-Journey: An Unfinished Autobiography*, 1983. — *Ongoing Journey*, 1986.

Ver: E. Sosa, ed., *The Philosophy of N. R.*, 1979. — R. Almeder, ed., *Praxis and Reason: Studies in the Philosophy of N. R.*, 1982. — H. Coomann, *Die Kohärentztheorie der Wahrheit: Eine kritischer Darstellung der Theorie Reschers vor ihrem historischen Hintergrund*, 1984. — L. B. Puntel, *Einführung in N. R.s pragmatische Systemphilosophie*, 1985 (introd. por N. R.: "Die Grenzen der Wissenschaft"). — A. Bottani, *Verità e Coerenza: Saggio sull'epistemologia coerentista di N. R.*, 1989.

Nicholas Rescher fundou, e dirigiu durante três décadas, a revista *American Philosophical Quarterly*. Também fundou *History of Philosophy Quarterly*. ⊂

RESÍDUO FENOMENOLÓGICO. Ao proceder-se à redução fenomenológica — ou série de reduções fenomenológicas (ver REDUÇÃO) —, tudo o que aparece à consciência intencional é posto entre parênteses por meio da *epoché* (VER). No entanto, o próprio ser da consciência não é posto entre parênteses e permanece com isso como um "resíduo fenomenológico". Husserl se refere especificamente a este "resíduo" em *Idéias* (§ 10), ao declarar que a consciência por si mesma, em virtude de seu caráter único, não é afetada pelas reduções. Com isso a consciência se converte em campo de uma nova ciência: a fenomenologia.

O caráter "residual" da consciência após o processo das reduções, tanto a eidética como inclusive a transcendental, isto é, o fato, ou suposto fato, de que a consciência pura não fique suspensa *(eingeklammert)*, é a principal, senão a única, razão da possibilidade de uma passagem ao idealismo fenomenológico. É, em todo caso, o que torna possível que o Ego permaneça como o pólo idêntico de todos os processos subjetivos (cf. *Cartesianische Meditationen*, IV, § 31).

Os adversários da virada rumo ao idealismo destacam que não há nenhuma justificativa para excetuar a consciência do processo de suspensão, já que não há nada que possa ser chamado "consciência", isto é, nada denotado por 'consciência' ou por 'atos intencionais'. A chamada "consciência" é, em suma, um feixe de atos intencionais. Aqueles que, ao contrário, justificam a passagem para o idealismo e defendem, portanto, a idéia de um resíduo fenomenológico e, ademais, um resíduo fenomenológico transcendental, sustentam que a consciência de que se fala não é, com efeito, nenhum ser, mas que é o ser da consciência. Além disso, salientam que sem o "foco" em que o ser da consciência consiste, esta se dissolveria no "intentado" nos atos intencionais, tornando assim impossível toda "fundamentação".

É óbvio que a aceitação ou recusa da noção de resíduo fenomenológico, ou a interpretação que se dá a esta noção, é central para a exegese da posição (a rigor, da série de posições) de Husserl, assim como de algumas das tendências capitais da fenomenologia.

RESÍDUOS. Em seu *Tratado de sociologia geral (Trattato di sociologia generale*, 2 vols., 1916; 3ª ed., 3 vols., 1923), Vilfredo Pareto (VER) distinguiu certos elementos permanentes e, em todo caso, recorrentes e reiteráveis na conduta humana social, e certos elementos variáveis ou cambiantes. Os elementos permanentes são instintos, interesses, sentimentos etc. e são qualificados de "resíduos", no sentido de não serem redutíveis a outros elementos, ou de ficarem como elementos residuais após todas as explicações, ou pseudo-explicações, que se possam dar dos mesmos. Os elementos variáveis ou cambiantes são as teorias e doutrinas que se edificam para dar conta dos resíduos, e justificá-los, e recebem o nome de "derivações", já que derivam dos resíduos. Os resíduos são os fatos, ou aquilo que analogamente corresponde ao que nas ciências se conta como fatos, e as derivações são as teorias, enquanto racionalizações de fatos.

As derivações no sentido de Pareto são similares às ideologias (ver IDEOLOGIA), e parecem cumprir a função reflexa (ao mesmo tempo que encobridora) das ideologias. O problema da relação entre resíduos e derivações no caso de Pareto é o de que se os resíduos são permanentes, as derivações também deveriam ser permanentes. A solução para o problema pode consistir em reconhecer a possibilidade de diversas derivações para os mesmos resíduos, ou então — o que é mais justificado — em admitir que os chamados "resíduos" não são completamente permanentes e estáveis, mas que mudam no curso da história e de acordo com condições sociais e econômicas. Em qualquer destes casos, as derivações operam como super-estruturas dos resíduos.

RESÍDUOS (MÉTODO DE). Aos métodos de concordância (ver CONCORDÂNCIA [MÉTODO DE]), de diferença (ver DIFERENÇA [MÉTODO DE]) e de concordância e diferença juntamente (ver CONCORDÂNCIA E DIFERENÇA [MÉTODO DE]), John Stuart Mill (*Logic*, III, viii § 5) acrescenta o que chama "método de resíduos".

Suponhamos que por meio de outros métodos de indução, tal como o método de diferença, se tenha determinado que o efeito de A é *a* e que o efeito de B é *b*. Se subtraímos a soma desses efeitos do fenômeno total, permanece *c*, que podemos agora estabelecer como sendo o efeito de C. O método de resíduos é, segundo Mill, uma modificação do método de diferença, assim, se o caso A B C, *a b c* pudesse ter sido comparado só com o caso de A B, *a b*, ter-se-ia provado que C é a causa de *c*.

O método de resíduos não oferece completa certeza, já que o testemunho derivado dele não é completo; no entanto, constitui, diz Mill, "o método mais fértil em resultados inesperados, informando-nos de seqüências nas quais nem a causa nem o efeito eram suficientemente conspícuos para atrair por si mesmos a atenção dos observadores".

O princípio regulador do método de resíduos é o quarto cânon, do qual demos uma formulação no verbete CÂNON.

RESISTÊNCIA. No verbete EXTERIOR referimo-nos à tese segundo a qual o sentido de certa resistência oferecida pelo mundo constitui a melhor, senão a única, prova de sua existência. Essa tese foi proposta em diversas épocas e de diferentes modos. A história dela foi investigada por um dos autores que a adotaram: Wilhelm Dilthey, que dedicou ao tema seu trabalho "Beitrag zur Lösung der Frage vom Ursprung unseres Glaubens an die Realität der Aussenwelt und seine Rechte", publicado nas *Sitzungsberichte der Preussischen Akademie der Wissenschaften* (1890). Mas embora devamos a Dilthey muitas informações acerca do conceito de resistência como conceito gnosiológico, e em parte metafísico, há aspectos da história da idéia de resistência que Dilthey não tratou no mencionado trabalho. No presente verbete incorporaremos os resultados de Dilthey a um esquema histórico que consideramos mais completo.

A idéia de resistência num sentido "físico" foi elaborada por muitos filósofos pelo menos desde os estóicos. A esta idéia nos referimos no verbete ANTITIPIA, que foi o vocábulo usado a esse respeito pelos estóicos, e o mesmo que usou Leibniz. Certos aspectos do conceito de antitipia também se encontram na noção de resistência tal como aqui a resenharemos, mas para efeitos de maior clareza distinguiremos o conceito de resistência em sentido físico e o mesmo conceito em sentido gnoseológico, psicológico e metafísico. Por esse motivo, embora se possa falar de "resistência" em autores como Leibniz e Locke, assim como em autores como Wolff — que dava uma *Resistentiae definitio* como segue: *Impedimentum actionis dicitur Resistentia* (*Ontologia*, § 723) —, preferimos tratar principalmente dos autores que introduziram a noção de resistência não só em relação com os corpos físicos, mas também, e especialmente, em relação com possíveis modos de reação ante os corpos físicos.

Assim aconteceu com Destutt de Tracy em seus *Éléments d'Idéologie (Première partie: Idéologie proprement dite*, 3ª ed., 1817, capítulo VIII, p. 154), onde escreve que "... quando um ser organizado para querer e agir sente em si uma vontade e uma ação, e ao mesmo tempo uma resistência a esta ação querida e sentida, assegura-se de sua existência e da existência de algo que não é ele" (cf. também *op. cit.*, caps. IX, XI, XII, XIII, e "Mémoire sur la faculté de penser", em *Mémoires de l'Institut National. Sciences morales et politiques*, t. I, ano VI, 1ª parte, 2ª parte, I-V). A esta idéia de Destutt de Tracy se referiu Cabanis ao escrever: "O cidadão Tracy, meu colega no Senado e meu companheiro no Instituto Nacional, prova, com grande sagacidade, que toda idéia dos corpos exteriores supõe impressões de resistência, e que tais impressões de resistência somente se tornam distintas por meio da sensação [*sentiment*] de movimento. Prova, ademais, que esta mesma sensação de movimento está relacionada com a de vontade que o executa ou que se esforça por executá-lo; que somente existe mediante ela; que, por conseguinte, a impressão ou a consciência do eu experimentado [*sentí*], do eu reconhecido como algo distinto das demais existências, unicamente pode adquirir-se mediante a consciência de um esforço querido; que, em uma palavra, o eu reside exclusivamente na vontade" (*Rapport du physique et du moral de l'homme*, em *Mémoires de l'Institut National* [1802], 2ª ed., 1805, X, § ix, e em *Oeuvres de Cabanis*, ed. C. Lehec e J. Cazeneuve, 1ª parte, XLIV, 1 [1956], p. 546).

Uma idéia parecida, embora baseada numa análise psicológica mais detalhada, encontra-se na noção de "sensação do esforço" ou "sentimento [*sentiment*] do esforço", desenvolvida por Maine de Biran como fundamento de sua análise da consciência da vontade e, em última análise, da liberdade. Mostrou-se (cf. Marguerite Thibaud, *L'Effort chez Maine de Biran et Bergson* [1939]) que a noção de referência ocupa um lugar central no pensamento de Maine de Biran. Trata-se de um "fato primitivo" do sentido íntimo. "Para proceder regularmente [nesta análise]", escreve Maine de Biran, "retomo o princípio de Descartes: *penso, existo*, e descendendo em mi mesmo, tento caracterizar mais expressamente qual é esse pensamento primitivo, substancial, que se supõe constituir toda a minha existência individual, e o acho identificado em sua fonte com a sensação [sentimento] de uma ação ou de um esforço querido. Este esforço será para mim o fato primitivo, ou o modo fundamental que busco e cujos caracteres ou signos tenho de analisar" (*Essai sur les fondements de la psychologie et sur ses rapports avec l'étude de la Nature,* em *Oeuvres de M. de B.*, ed. P. Tisserand, VIII, p. 177). Maine de Biran se refere acerca disso a Schelling, a Fichte, a Destutt de Tracy e a Cabanis, mas, ademais, pode-se relacionar sua idéia de esforço com os modos como certos filósofos (Locke, Hume, os filósofos escoceses do senso comum e outros) analisaram as origens de idéias tais como as de substância, força etc.

Num sentido parecido, Friedrich Bouterwek (VER) analisou as noções de esforço e atividade. Segundo este filósofo, tais noções são conhecidas unicamente por meio da separação entre o sujeito que leva a cabo o esforço e os objetos que resistem a ele. Ora, enquanto Bouterwek e os autores antes mencionados empregam primariamente, senão exclusivamente, uma linguagem psicológica em sua análise da idéia e do sentimento do esforço, outros filósofos, tal como Fichte, tratam da idéia de resistência num sentido ao mesmo tempo metafísico e moral. Em todo caso, há em Fichte uma "demonstração moral" da existência do mundo exterior e também, e sobretudo, a idéia de que o mundo exterior aparece como a resistência oposta à infinita aspiração do Eu. A noção de resistência se encontra também em Schopenhauer. Johannes Müller (VER) — em sua doutrina da "energia específica dos sentidos" — e H. Helmholtz — em suas análises da percepção — fizeram também uso da idéia de resistência, mas, ao contrário da tendência moral e metafísica de Fichte e Schelling, se basearam em considerações científico-naturais.

Dilthey recolheu alguns destes precedentes e lhes deu um fundamento ao mesmo tempo psicológico-descritivo e gnosiológico. Para Dilthey é preciso partir dos fatos de consciência até alcançar a realidade exterior se se pretende fundar uma verdade de validade universal. O supremo ponto de vista na filosofia é, pois, o ponto de vista fenomênico. Mas não se deve permitir, a seu ver, uma degeneração e dissolução intelectualista-associacionista no fenomenismo. Por isso Dilthey explica "a crença no mundo exterior não por uma conexão mental, mas partindo de uma conexão de vida que se dá no impulso, na vontade e no sentimento e que logo é mediada por processos equivalentes aos mentais" (*op. cit.*, p. 160). A distinção entre um eu e um objeto, entre um interior e um exterior, surge da própria vida e de seus impulsos, sentimentos e volições. Sendo o homem antes de tudo um sistema de impulsos, chega logo a uma experiência da resistência, da qual surge uma diferenciação, a princípio imperfeita e insuficiente, entre a vida própria e o outro. Trata-se em última análise de uma impulsão volitiva. Mas tanto a impulsão volitiva como a experiência da resistência estão revestidas, no entender de Dilthey, de determinações qualitativas e espaciais que fazem do mundo exterior não um mero bloco indiferenciado, mas um sistema de diversas qualidades.

Num sentido análogo, A. Riehl desenvolveu a tese da resistência em sua obra, *Der philosophische Kritizismus und seine Bedeutung für die positive Wissenschaft* (1876-1887). Também podemos encontrar, ao menos implicitamente, uma doutrina do eu como resistência na gnosiologia de Ramón Turró. Mas somente em época mais recente a citada doutrina se difundiu até tornar-se comum a muitos filósofos. Citaremos entre eles Max Scheler, M. Frischeisen-Köhler, Ch. S. Peirce, Ortega y Gasset e E. d'Ors. Para Scheler, a existência dos objetos não deve confundir-se (como faz o idealismo) com a objetividade do existente: "dá-se só imediatamente como objeto resistente à relação de impulso e vontade, não a um 'saber' de nenhum gênero" (cf. *El saber y la cultura,* trad. J. Gómez de la Serna y Favre, p. 101; análogas teses em *El puesto del hombre en el cosmos* e na *Sociología del saber*). Para Frischeisen-Köhler (cf. sobretudo *Das Realitätsproblem*, 1912), a apreensão da realidade como resistência precede toda apreensão intelectual. Peirce (*Collected Papers*, 1.431) indica que toda dúvida acerca da realidade do mundo externo se desvanece a partir do instante em que o cético tem de enfrentar alguma situação real que lhe exige intervir no mundo. Como em tantas outras ocasiões, a ação desencadeada pela resistência soluciona um conflito intelectual que a pura razão se vê impotente para decidir: "a resistência mostra ao homem que algo independente dele está aí". Para Ortega y Gasset, "nada aparece ante nós outros como realidade senão na medida em que é indócil" (*O. C.*, VI [1933], 178). Para Eugenio d'Ors (cf. *Religio est libertas*), tanto no trabalho como no jogo — igualmente importantes para o homem — encontra-se o mesmo: "a luta de uma potência interna contra uma resistência externa".

Vimos no citado verbete sobre o conceito do exterior que há em Heidegger uma inversão completa da clássica questão da "prova" do mundo externo. Para mostrá-lo, esse filósofo se refere à tese diltheyana da resistência e à elaboração da mesma por Scheler. Ao contrário destes pensadores, porém, Heidegger interpreta a resistência não como um fenômeno psicológico, gnosiológico ou fenomenológico-vital, mas como algo que tem uma condição prévia: o fato de que a Existência está "aberta ao mundo". Assim, "a experiência da resistência" *(Widerstandserfahrung)* e o impulso e a vontade revelados nela são, como diz em *Ser e Tempo* (§ 43 [b]), modificações do Cuidado (VER), pois somente um ser como a Existência pode se chocar com o resistente como algo intramundano. Este é o motivo pelo qual a consciência da realidade é "um modo de ser do Ser-no-mundo" *(loc. cit.).* Em Sartre e em Merleau-Ponty encontram-se análises da idéia de realidade como resistência que recordam, por um lado, as concepções descritas no parágrafo anterior, e que se aproximam, por outro, das opiniões de Heidegger. Também R. Le Senne se refere — em sentido psicológico e ontológico — à realidade como resistência.

RESOLUÇÃO. Ver ANÁLISE; GALILEI, GALILEU.

RESPONSABILIDADE. Diz-se de uma pessoa que é responsável quando está obrigada a responder por seus próprios atos (ver OBRIGAÇÃO). Embora alguns autores (como Simmel) sustentem que a liberdade é definida pela responsabilidade, a grande maioria dos filósofos está de acordo em que o fundamento da responsabilidade é a liberdade da vontade. Com efeito, dentro de um mundo cujos fenômenos estivessem todos inteiramente determinados, a responsabilidade se desvaneceria. Ora, uma vez admitida a liberdade que fundamenta a responsabilidade surgem, relacionadas a ela, várias questões importantes.

Antes de tudo, trata-se de saber se a responsabilidade afeta somente alguns atos da pessoa ou se afeta todos os atos. Aqueles que destacam o papel desempenhado pelos impulsos naturais costumam aderir à primeira opinião; os que consideram a pessoa como sendo essencialmente uma entidade espiritual se inclinam pela segunda, e até indicam que a pessoa não somente é responsável por todos os seus atos, mas também por todos os efeitos de tais atos. Deve-se observar, contudo, que os partidários da responsabilidade total não ignoram a fraqueza do ser humano, e insistem em que para serem responsáveis os atos devem ser espontâneos e não automáticos. Assim, por exemplo, os "primeiros movimentos" devem ser descontados, segundo os moralistas católicos, se forem meramente automáticos.

Em segundo lugar, coloca-se o problema dos graus de responsabilidade no que se refere à intenção. Assim, perguntou-se se se é responsável pelo mal causado somente quando se quis o mal ou se se é também responsável por tal mal embora não se tenha tentado produzi-lo. As soluções a esse problema variam de acordo com a opinião sustentada sobre a intenção (VER) moral. Assinalemos que mesmo que não haja intenção pode-se admitir a possibilidade de prever o efeito causado pelas ações. Por esse motivo, muitos autores se inclinam a declarar que há responsabilidade inclusive quando, prevendo-se o mal, não se manifesta decidida oposição a ele.

Por fim, coloca-se o problema da entidade ou entidades ante as quais se é responsável. Há acordo geral em que esta entidade ou entidades devem ser de caráter pessoal. Mas enquanto alguns autores sublinham exclusivamente a responsabilidade para com Deus, ou para consigo mesmo, ou para com a sociedade, outros indicam que não se pode excluir nenhuma das três instâncias.

Além de esboçar as diversas posições fundamentais possíveis com respeito a nosso problema, pode-se traçar uma história da noção de responsabilidade que, como a que foi esboçada por Lévy-Bruhl, destaque não somente as variações experimentadas no conceito em questão, mas também a maturação e crescente complexidade do sentimento de responsabilidade. Segundo esse autor, a presença de tal sentimento supõe uma civilização bastante avançada na qual existem a lei e a sanção. A responsabilidade é então bem definida, mesmo que não se possa dizer que seja muito pura, já que está ligada à idéia do castigo. Com mais pureza se destaca a noção do ser responsável quando aparece o sentimento de culpabilidade. Esse sentimento é primeiro de caráter coletivo e pode ser explicado pelos avatares sofridos pela sociedade. Pouco a pouco, porém, se desliga da sociedade — ao menos do que Bergson chamou "sociedade fechada" — para fundar-se em instâncias superiores, tais como a humanidade em geral, o mundo como entidade divina ou a razão universal. Essas instâncias superiores estão, apesar de seu aparente afastamento, mais próximas da pessoa humana que das sociedades particulares. Por esse motivo, é fácil o trânsito de umas para a outra. Nesse caso, o sentimento de responsabilidade é um sentimento pessoal, que compromete cada pessoa e a faz compreender que ela não pode simplesmente se abandonar às suas conveniências individuais. As divergências aparecem então na relação que se estabeleça entre a pessoa e outras instâncias já mencionadas — por exemplo, Deus, a sociedade —, embora se deva observar que alguns autores cortam semelhante relação ao proclamar que não há outra instância senão si mesmo. Segundo alguns filósofos, além disso (por exemplo, J.-P. Sartre), a responsabilidade da pessoa (ou do "para si") é de tal modo total que é esmagadora: o "para si" leva o mundo inteiro sobre seus ombros, e não é somente responsável, mas (assim como ocorre com a liberdade) está condenado a sê-lo.

Wilhelm Weischedel (*op. cit.* em bibliografia) pesquisou as formas da responsabilidade (do *fenômeno* da responsabilidade) e extraiu um *conceito* (geral) de "responsabilidade". Tais formas são: a responsabilidade social, a religiosa e a auto-responsabilidade, ou responsabilidade da pessoa com respeito a si mesma (que parece ser a mais importante). Cada uma dessas três formas tem dois graus, e cada um deles pode ser examinado de dois pontos de vista: o "formal" e o "concreto". O conceito geral de responsabilidade se determina, segundo Weischedel, pela suposição de uma "duplicidade" da existência com respeito a um futuro. Em virtude dessa dimensão temporal — ou, mais exatamente temporal-existencial —, a profunda responsabilidade pessoal finca suas raízes na "liberdade radical dos homens", que é o fundamento último da responsabilidade.

⊃ Ver: L. Lévy-Bruhl, *L'idée de responsabilité*, 1884 (tese). — W. Schuppe, *Das Problem der Verantwortlichkeit*, 1913. — P. Fauconnet, *La responsabilité. Étude de sociologie*, 1920. — W. Weischedel, *Das Wesen der Verantwortung. Ein Versuch*, 1933; 2ª ed., 1958. — J.-P. Sartre, *L'Être et le Néant*, 1943, Parte IV, cap. I, 3. — W. Fales, *Wisdom and Responsibility. An Essay on the Motivation of Thought and Action*, 1946. — L. Husson, *Les transformations de la responsabilité. Étude sur la pensée juridique*, 1947. — J. Amstutz, *Was ist Verantwortung? Das Problem der sitlichen Verantwortung, mit besonderer Berücksichtigung seiner Lösung im Werk Jeremias Gotthenfels*, 1947. — A. Schüler, *Verantwortung. Vom Sein und Ethos der Person*, 1952. — M. Ginsberg, *The Nature of Responsibility*, 1954. — Juan Beneyto, *El sentido de la responsabilidad*, 1955. — R. McKeon, N. Abbagnano et al., artigos sobre o problema da responsabilidade em *Revue Internationale de Philosophie*, n° 39 (1957), 3-133. — Arthur W. H. Adkins, *Merit and Responsibility. A Study in Greek Values*, 1960. — G. Semerari, *Responsabilità e communità umana. Ricerche etiche*, 1960. — M. Stockhammer, *Kants Zurechnungsidee und Freiheitsantinomie*, 1961. — Frederick Vivian, *Human Freedom and Responsibility*, 1965. — Herberl Fingarette, *On Responsibility*, 1967. — H. L. A. Hart, *Punishment and Responsibility: Essays in the Philosophy of Law*, 1968. — Joel Feinberg, *Doing and Deserving: Essays in the Theory of Responsibility*, 1970. — J. Glover, *Responsibility*, 1970. — Roman Ingarden, *Über die Verantwortung. Ihre ontische Fundamente*, 1970. — Alf Ross, *On Guilt, Responsibility, and Punishment*, 1974. — H. Jonas, *Das Prinzip Verantwortung*, 1979. — A. Kenny, *Freewill and Responsibility*, 1979. — E. Bodenheimer, *Philosophy of Responsibility*, 1980. — J. Holl, *Untersuchung zum Bedingungsverhältnis von Freiheit und Verantwortlichkeit*, 1980. — E. Ströker, *Ich und die Anderen. Die Frage der Mitverantwortung*, 1984. — B. Berofsky, *Freedom from Necessity: The Metaphysical Basis of Responsibility*, 1987. — H. B. Tam, *A Philosophical Study of the Criteria for Responsibility Ascriptions*, 1991. — M. Smiley, *Moral Responsibility and the Boundaries of Community*, 1992. — L. May, *Sharing Responsibility*, 1992. — M. Strasser, *Agency, Free Will, and Moral Responsibility*, 1992. — J. Montmarquet, *Epistemic Virtue and Doxastic Responsibility*, 1993. ⊂

RESTRIÇÃO. Ver PROPRIEDADES DOS TERMOS.

RESTRICTIO. Ver PROPRIEDADES DOS TERMOS.

RETIDÃO. A retidão é a característica da chamada "razão reta", ὀρθὸς λόγος, *recta ratio*, à qual nos referimos no verbete RAZÃO (TIPOS DE). Tal como o citado tipo de razão, a retidão pode ser entendida ou num sentido eminentemente "prático" (VER) ou num sentido que engloba tanto os aspectos práticos (ou do agir) como os teóricos. O sentido comum de 'retidão' é o de justiça e de justificação do caminho que se empreende, ou do que se diz, e há nele uma conotação de severidade e firmeza. O sentido mais tradicional de retidão é o de uma razão reta no agir, a qual foi freqüentemente equiparada à prudência (VER). Esta última, por sua vez, é interpretável como virtude moral ou como virtude intelectual, ou ambas ao mesmo tempo.

Ao tratar-se de argumentos ou raciocínios houve, desde há muito, uma tendência a distinguir correção e retidão. A correção tem a ver com o aspecto formal do raciocínio, assim como com o ajuste entre o que se diz e o que se quer dizer. A retidão tem a ver com a finalidade com que se diz o que se diz. No que diz respeito a enunciados declarativos, supõe-se que a finalidade é a verdade, de modo que há retidão quando se diz que x existe, x existe, e quando se diz que x tem a propriedade F, x tem a propriedade F. A idéia de que a verdade é a retidão no sentido apontado, que vai além da correção formal ou do ajuste semântico, se encontra em Santo Anselmo (*De Veritate* II; cf. R. Pouchet, *La Rectitudo chez Saint Anselme: un itinéraire augustinien de l'âme à Dieu*, 1964, cit. por Donald F. Duclow, "Structure and Meaning in Anselm's *De Veritate*", *American Benedictine Review*, 26 [1975], 406-417). Segundo Anselmo, "a verdade é meramente a retidão". É compreensível que a retidão implique a correção; em contrapartida, pode haver correção sem retidão (isto é, verdade).

RETO. Ver RAZÃO (TIPOS DE); RETIDÃO.

RETÓRICA. A história do conceito de retórica no Ocidente começou com os sofistas (VER). Segundo Heinrich Gomperz, havia uma estreita relação entre retórica e sofística, até o ponto de, como o declara em seu livro *Sophistik und Rhetorik* (1921, cap. II), boa parte da chamada "produção filosófica" dos sofistas — por exemplo, o escrito de Górgias sobre o não-ser, mas também as opiniões de Trasímaco de Calcedônia, Antifonte de Atenas, Hípias de Élide, Pródico de Céos, Protágoras de Abdera e outros — não ter um "conteúdo objetivo", mas uma mera "intenção declamatória". A tese de Gomperz não passou sem objeções por parte de outros helenistas e filósofos, mas todos estão de acordo pelo menos em que a linha de separação entre filosofia e retórica nos sofistas nem sempre era clara, de modo que com freqüência passavam de uma para a outra, muitas vezes sem se darem conta da mudança. Segundo Gomperz, a inclinação retórica dos sofistas se manifestava sobretudo em sua constante atenção pela formação oratória do homem com vistas à sua intervenção nos assuntos da Cidade (*op. cit.*, cap. VIII), formação voltada para o ideal do "bem dizer" (ou "bom dizer"), εὖ λέγειν, e conseguida por meio de um intenso estudo dos "lugares comuns" ou tópicos no sentido antigo do vocábulo.

É possível que parte dessa tendência tenha passado a Sócrates e a alguns dos chamados socráticos (VER). Não se pode, contudo, dar resposta *definitiva* a essa questão em vista da disparidade de opiniões que ainda reina na interpretação de Sócrates e do socratismo. Aqueles que aproximam ao máximo Sócrates de Platão negam que haja no primeiro elementos sofísticos e, portanto, sofístico-retóricos. Aqueles, por outro lado, que apresentam Sócrates como muito próximo dos sofistas acentuam a existência em seu pensamento do elemento retórico. De qualquer modo, parece plausível afirmar que havia em Sócrates, e depois em Platão, pelo menos um *interesse* pela retórica e seus problemas. Com efeito, a questão do papel desempenhado pelo homem livre na Cidade, a necessidade de que se preparasse para desenvolver argumentos em defesa de suas próprias teses e motivos similares abonam a suposição de que a questão do "bem dizer", no sentido antes apontado, não era alheia às preocupações dos dois filósofos.

Isso posto, a diferença principal a esse respeito entre os sofistas, por um lado, e Sócrates e Platão, por outro, consistiu em que os dois filósofos realizaram consideráveis esforços para subordinar a retórica à filosofia. Isso é particularmente verdadeiro no que diz respeito ao autor da *República*. Pois embora a retórica tivesse, segundo ele, certa função como *uma* das técnicas necessárias na complexa arte de reger a Cidade, a filosofia constituía algo mais que uma das técnicas: era um saber rigoroso, que aspirava à verdade absoluta, a qual *em princípio* (como se depreende, entre outros escritos, da *Carta VII*) não era suscetível de manipulação retórica e nem sequer de comunicação à maioria. Por isso Platão criticou, principalmente no *Górgias* e no *Fedro*, a retórica dos sofistas, a quem acusou de converter o bem dizer numa mera arte, τέχνη, para a persuasão, com independência do conteúdo do que era enunciado.

As opiniões de Platão a respeito foram seguidas por Aristóteles (ver edição crítica da 'Ρετορική por W. D. Ross, *Aristotelis Ars Rhetorica*, 1959). Mas só em parte. Por um lado, com efeito, o Estagirita combateu a concepção da retórica como uma arte meramente empírica e rotineira. O exercício retórico deve basear-se, a seu ver, no conhecimento da verdade, embora não possa ser considerado como uma pura transmissão dela. Pois enquanto na transmissão pura e simples da verdade não se presta atenção *principal* à pessoa à qual se comunica, na persuasão do verdadeiro por meio da retórica a personalidade do ouvinte é fundamental. Por outro lado, e sem por isso defender a sofística, Aristóteles acentuou o caráter "técnico" da retórica como arte da refutação e da confirmação. A conseqüência das duas concepções foi uma teoria do justo meio, sempre tão cara ao Estagirita. É preciso edificar, com efeito, escrevia ele, uma arte que possa ser igualmente útil ao moralista e ao orador, que têm sua função própria dentro da cidade. A retórica possui por isso uma clara dimensão "política" (isto é, social ou cidadã): a arte retórica deve ser útil para o cidadão.

Por ter tentado unir os diversos aspectos até então separados da retórica, Aristóteles foi, assim, o primeiro a dar uma apresentação sistemática desta arte e em organizar num conjunto os detalhes já tratados por outros autores (por exemplo, por Corax, o primeiro que parece ter escrito sobre a retórica). A retórica é definida pelo Estagirita como a contraparte, ἀντίστροφος, da dialética. Nem uma nem outra são ciências especiais, mas se referem a assuntos conhecidos de todos os homens. Todos, portanto, usam naturalmente a retórica, embora poucos a utilizem como uma arte. Retórica e dialética estão, assim, estreitamente relacionadas com o saber; ambas se fundam em verdades (embora em verdades de opinião comuns). Mas enquanto a segunda expõe, a primeira persuade ou refuta. Por isso a retórica se baseia em grande parte no entimema, que é o "corpo da persuasão" ou "corpo da crença, σῶμα τῆς πίστεως. A retórica pode ser, pois, definida como "a possibilidade de descobrir teoricamente o que a persuasão pode produzir em cada caso" (*Rhet.* I, 2, 1355 b). Aristóteles deu outras definições da arte retórica. Mas todas se baseavam no mencionado primado do persuasivo. A mesma orientação seguiram suas pesquisas sobre os temas tratados pela retórica, sobre a relação entre o orador e o público, sobre os tipos de raciocínio usados, sobre as premissas (prováveis) nas quais se baseiam os mesmos e, finalmente, sobre as divisões da arte retórica. Seguindo outros autores (especialmente o mencionado Corax), o Estagirita dividiu o curso retórico em *exórdio, construção, refutação* e *epílogo* (com a *narração* acrescentada às vezes depois do exórdio). Não estudaremos aqui com detalhe cada uma dessas partes porque nosso problema é apenas o da relação da retórica com outras partes da filosofia.

Depois de Aristóteles houve numerosas elaborações da arte retórica na Antigüidade. Mencionaremos apenas as dos estóicos, as dos filósofos empíricos, a de Cícero e a de Quintiliano.

Segundo os estóicos, a retórica é — junto com a dialética — uma das duas partes em que se divide a lógica (cf. Diógenes Laércio, VII, 73; X, 13, 30). Enquanto a retórica é, com efeito, a ciência do bem falar, a dialética é a ciência do bem raciocinar. A dialética, em suma, se ocupa do verdadeiro e do falso; a retórica, da invenção de argumentos, sua expressão em palavras, a ordenação das mesmas no discurso e a comunicação do discurso ao ouvinte.

Segundo os filósofos empíricos (de várias escolas, entre elas a epicurista de Filodemo de Gadara), a retórica se baseia em argumentos prováveis colhidos dos signos. A retórica emprega assim o método da conjetura. Mais ainda: a retórica é considerada por muitos empíricos como uma das ciências conjeturais, contrapostas às ciências exatas. A *Retórica de Filodemo* (Περὶ 'Ρετορικῆς, ed. Sudhaus, 2 vols., 1892-1896) é muito explícita nesse sentido. A retórica se converte assim para tais filósofos num conjunto de regras, extraídas da experiência, visando um dizer afetado por vários graus de probabilidade. Isso posto, enquanto por um lado a retórica é admitida como uma legítima ciência empírica, por outro lado é rejeitada por vários autores (por exemplo, o citado Filodemo) como uma atividade imprópria do filósofo. Isso ocorre especialmente quando se acentua demasiadamente o aspecto emotivo do dizer, que, no entender desses pensadores, obscurece a exatidão e a simplicidade da expressão.

Cícero define a retórica como uma *ratio dicendi* que exige amplos e sólidos conhecimentos de todas as artes e ciências, e especialmente da filosofia. Portanto, a retórica não é para Cícero uma aplicação mecânica de uma série de regras de eloqüência. A concepção da retórica como virtuosismo verbal é combatida, de fato, por Cícero em todos os seus escritos relativos ao assunto: no *Orator*, no *Brutus*, no *De inventione*, nas *Partitiones Oratoriae* e especialmente no *De Oratore*. Nesta última obra, por exemplo, Cícero afirma que, sem o muito saber, a retórica se converte num vazio e risível verbalismo: *uerborum uolubilitas inanis atque inridenda est (De Oratore*, I, 17). Portanto, não se pode chegar a ser um bom orador a menos que se esteja a par de todos os grandes problemas e de todas as ciências e artes (*ibid.*, I, 20). Em suma, a retórica é para Cícero não somente a arte de falar, mas também, e sobretudo, a arte de pensar (com justeza); não é uma ciência especial, uma técnica, mas uma arte geral guiada pela sabedoria. Esta concepção da retórica — chamada de concepção filosófica — exerceu pouca influência. Os partidários da retórica como arte especial, como conjunto de regras mecanicamente combináveis e aplicáveis, ganharam muito maior ascendência. Assim, foram elaboradas cada vez com maior detalhe os aspectos especiais da retórica, tais como a mencionada divisão da oração ou discurso, que também haviam de ser tratados por Cícero, mas dentro de um conjunto mais amplo. Questões técnicas como a diferença entre narração e confirmação (que expõem os fatos) e exórdio e peroração (que movem os ânimos), assim como a natureza da chamada *questão indeterminada* ou *infinita* (que é uma *consulta* ou *caso geral*) e da chamada *questão determinada* ou *finita* (que é a *causa particular*) alcançaram o primado sobre os problemas "gerais" e "filosóficos". Mostra isso o caso de Quintiliano (VER) (Marcus Fabius Quintilianus). Embora em sua *Institutio Oratoria* esse autor fizesse grandes elogios a Cícero e aderisse, além disso, à tese ciceroniana (e catoniana) segundo a qual o orador é o homem bom que possui habilidade para falar bem, ele influenciou sobretudo durante o resto da Antigüidade e boa parte da Idade Média por sua elaboração técnica das regras teóricas, e foi considerado, portanto, como o representante da concepção "técnica".

Durante a Idade Média, a retórica foi, com a gramática e a dialética, uma das partes em que se dividiu por algum tempo, a partir do século IX, o *Trivium* (VER) das artes liberais. Era, pois, uma das artes do discurso. Mas seu conteúdo *não* era exclusivamente literário. Como arte da persuasão, a retórica abarcava todas as ciências na medida em que eram consideradas como matéria de opinião e ainda na medida em que se considerava necessário apelar a todos os recursos — literários e lógicos — para expô-las e defendê-las. O posto ocupado pela retórica no sistema das artes liberais mudou, porém, já a partir do século XII, em algumas das divisões das artes propostas por vários filósofos e educadores. Assim, por exemplo, no *Didascalion* de Hugo de São Vítor a retórica aparecia — junto com a dialética — como um dos dois ramos da chamada *logica dissertiva* (ver CIÊNCIAS [CLASSIFICAÇÃO DAS]). Acreditou-se durante muito tempo que, apesar do importante lugar ocupado pela retórica no conjunto das artes liberais da Idade Média, o interesse pela retórica foi escasso. Essa opinião — que procede em grande parte dos tratadistas do Renascimento (Vives, Valla, Ramus) — é verdadeira se considerarmos a retórica quase exclusivamente do ponto de vista literário. Mas é mais duvidosa se a estimamos como uma arte que abarca não só as questões do bem dizer, mas também certos problemas tradicionalmente adscritos à lógica. Deste último ponto de vista, a preocupação com a retórica na Idade Média foi considerável, seguindo em boa parte as linhas marcadas não somente por Cícero e Quintiliano, mas também pelos autores que estão nos limites entre o mundo antigo e o medieval (Cassiodoro, Boécio e Marciano Capella principalmente). Segundo R. McKeon há três linhas de desenvolvimento intelectual na Idade Média fortemente influenciadas em seus estádios iniciais pela retórica: a tradição dos retóricos, a tradição dos filósofos e teólogos que encontraram em Santo Agostinho um platonismo reconstruído com base nas filosofias acadêmicas e neoplatônicas e formulado mediante distinções retóricas ciceronianas, e a tradição da lógica chamada aristotélica (que se baseava efetivamente em Aristóteles para a doutrina dos termos e das proposições, mas em Cícero para as definições e os princípios). Estas linhas se fundiram posteriormente quando os problemas lógicos propriamente ditos predominaram sobre as questões retóricas em sentido tradicional.

Durante o Renascimento e primeiros séculos modernos, o aspecto literário da retórica foi consideravelmente sublinhado. Mas salvo raras exceções não se prescindiu nunca das referências à filosofia. Isso ocorreu nos numerosos tratados *de arte dicendi* nos quais eram seguidos comumente os preceitos de Aristóteles, Cícero e Quintiliano, e eram criticadas ao mesmo tempo muitas das regras e algumas das definições propostas por esses autores. Um exemplo disso é o *De arte dicendi*, de Juan Luis Vives, que defendeu energicamente a tese da subordinação da retórica à filosofia. Outros exemplos de uma retórica filosófica se encontram nas obras de Laurentius Valla ou Lorenzo della Valle, sobretudo em suas *Dialecticae disputationes contra Aristotelicos* (1499), e especialmente nos livros de Marius Nizolius ou Mario Nizoli (1488-1566 ou 1498-1576), entre os quais se destacam o célebre *Thesaurus Ciceronianus* (1535) e o *Antibarbarus philosophicus sive de veris principiis et vera ratione philosophandi contra Pseudophilosophos* (1553). Valla se opôs ao aristotelismo, doutrina que declarou lingüisticamente bárbara e apta para gerar toda sorte de sofismas, e proclamou a necessidade de uma nova retórica para forjar uma linguagem apropriada à descrição da realidade. Nizolius assinalou que a retórica, isto é, a retórica filosófica, é o princípio de todos os saberes, pois é ela que analisa a significação dos termos, e sem o conhecimento das significações exatas não é possível nenhuma investigação da natureza das coisas; tal retórica é, pois, equivalente a uma semântica filosófica, e permite, no entender de Nizolius, substituir a obscura noção de "abstração" pela mais clara e mais "natural" de "compreensão" enquanto recompilação mental dos indivíduos de uma classe. Uma enérgica reforma da arte de dizer foi também proclamada por Petrus Ramus. Durante a mesma época, foi freqüente o debate entre a concepção da retórica como conjunto de regras e da retórica como arte do homem livre a que nos referimos antes. A oposição Quintiliano-Cícero foi por isso renovada. E como logo cedo o estudo retórico passou dos filósofos aos humanistas e literatos, a tendência — ou suposta tendência — de Quintiliano alcançou freqüentemente o triunfo. Pouco a pouco, foi-se produzindo um recuo da retórica do campo da filosofia. No entanto, tal recuo nunca foi uma retirada completa. Por um lado, vimos nos exemplos anteriores até que ponto a retórica pôde ser considerada como uma semântica geral e uma lógica superior. Por outro, a inclusão da retórica como uma das partes da filosofia e, sobretudo, a idéia de que há uma certa relação entre ambas se conservou até há relativamente pouco tempo em muitos programas de ensino; por exemplo, na locução "Classe de Rhétorique et Philosophie" usada pelos educadores franceses. Além disso, alguns filósofos se ocuparam de retórica, embora nem sempre sob essa denominação. Particularmente importantes são a este respeito os trabalhos dos pensadores franceses do século XVIII que, como dissemos em outra parte (ver SEMIÓTICA), analisaram muito a fundo os problemas levantados pelo dizer e inauguraram novas formas da *ars dicendi* e *ars disserendi*. É o caso de Condillac, que em sua *Art de Penser* e em sua *Art d'Écrire* tratou de muitos dos temas tradicionalmente estudados pela retórica — por exemplo, a eloqüência —, embora tenha assinalado as diferenças entre as concepções dos antigos e as dos modernos sobre este ponto (*Art d'Écrire*, cáp. IV). Entre os que voltaram a usar o nome 'retórica' como objeto imediato da investigação filosófica figura o filósofo e teólogo escocês George Campbell (1719-1796). Em sua *Philosophy of Rhetoric* (1776, nova ed., 1850), ele examinou sob o nome 'retórica' uma grande quantidade de temas: a piada, o humor, o riso e o ridículo, o problema da eloqüência em sua relação com a lógica e a gramática; as fontes da evidência em diversas ciências e no senso comum, o raciocínio moral, o silogismo; o orador e seu público; a elocução, a crítica verbal e seus cânones; a pureza gramatical, o estilo e seus problemas (obscuridade, clareza, ambigüidade, ininteligibilidade, profundidade, equivocidade, tautologia, pleonasmo etc.), e, por fim, o uso das partículas conectivas na oração. O fundamento último do estudo retórico era o problema da eloqüência ou do bem dizer enquanto adaptado a qualquer um dos seguintes fins: iluminar o entendimento, agradar a imaginação, suscitar as paixões ou influenciar a vontade. A obra de Campbell foi, contudo, uma das últimas em que explicitamente foram relacionadas filosofia e retórica durante a época moderna. No curso do século XIX, com efeito, e salvo o que aparece nos programas de ensino, a poucos filósofos ocorreu incluir a retórica — considerada cada vez mais como uma parte do estudo literário — dentro de sua ciência. Chegou, afinal, um momento em que retórica e filosofia foram consideradas como disciplinas completamente distintas. Ora, nos últimos decênios se manifestou em alguns pensadores um renovado interesse pela retórica. Por um lado, alguns historiadores da filosofia (como o citado Gomperz e F. Solmsen — este último em sua obra sobre a evolução da lógica e da retórica de Aristóteles) incluíram a retórica em seus estudos do pensamento antigo. Por outro lado, vários filósofos voltaram ao problema da finalidade e conteúdo da retórica. Entre eles figuram I. A. Richards, Ch. Perelman e L. Olbrechts-Tyteca. I. A. Richards declara em seu livro *The Philosophy of Rhetoric* (1936) — no qual discute os propósitos do discurso, o que chama a "interanimação dos vocábulos" e, sobretudo, a metáfora (VER) — que convém fazer reviver o antigo tema da retórica, mas que esta já não deve ser entendida no sentido tradicional, mas como um "estudo da má interpretação [má compreensão] e seus remédios". Assim, por exemplo, é preciso estudar más compreensões tais como as que se produzem no que o autor chama "a superstição do significado próprio" (de um vocábulo ou de uma expressão). Para tanto é preciso levar a cabo o que os retóricos anteriores às vezes haviam incluído em seus propósitos, mas não haviam exercido nunca: analisar a linguagem e suas funções. A retórica é, pois, verdadeiramente, um estudo filosófico. Quanto a Chaim Perelman (VER) e L. Olbrechts-Tyteca, eles expressaram seus pontos de vista sobre a retórica em suas obras *Rhétorique et philosophie* [1952], especialmente cap. I, III e VI, e *Traité de l'argumentation. La nouvelle rhétorique*, 2 vols., 3ª ed., 1976, especialmente "Introdução". De acordo com esses autores, o objeto da retórica é "o estudo dos meios de argumentação que não dependem da lógica formal e que permitem obter ou aumentar a adesão de outra pessoa às teses que se propõe para seu assentimento". Não é, pois, justo, segundo eles, usar o termo 'retórica' no sentido depreciativo que tem na linguagem ordinária. Em vez disso, é preciso voltar ao uso de Aristóteles e de muitos autores antigos. Isso parece tanto mais plausível porquanto certas disciplinas (como a ética, a política e boa parte da "filosofia geral") contêm somente opiniões plausíveis que devem ser "demonstradas" mediante argumentos também meramente plausíveis. Tais argumentos são os que têm suas premissas "abertas" e constantemente submetidas a revisão. Com isso se enlaça o mencionado conceito de retórica com a idéia de Perelman sobre a diferença entre filosofias primeiras e filosofias regressivas a que nos referimos no final do verbete Protofilosofia (VER), diferença que constitui um dos temas da filosofia neodialética do grupo de Zurique, partidário, como indicamos, da adoção de princípios continuamente "revisáveis".

⮕ Para léxicos na antiga retórica: J. C. T. Ernesti, *Lexicon technologiae Graecorum rhetoricae*, reimp., 1962. — Id., *Lexicon technologiae Latinorum rhetoricae*, reimp., 1962.

Sobre história da retórica, além das obras citadas no texto do verbete, ver: Samuel I. Ijsseling, *Retoriek en filosofie: wat gebeurt er wanneer er gesproben wort?*, 1975 (trad. ing.: *Rhetoric and Philosophy in Conflict: A Historical Survey*, 1976). — R. Volkmann, *Die Rhetorik der Griechen und Römer in systematischer Übersicht dargestellt*, reimp., 1962. — Alfonso Reyes, *La antigua retórica*, 1942, reimp. em *Obras completas*, XIII (1961). — George A. Kennedy, *A History of Rhetoric*, 3 vols., (I, *The Art of Persuasion in Greece*, 1963; II, *The Art of Rhetoric in the Roman World 300 B.C.-300 A. D.*, 1972; III, *Greek Rhetoric under Christian Emperors*, 1983). — Armando Plebe, *Breve storia della retorica antica*, 1961. — M. Buccellato, *La retorica sofistica negli scritti di Platone*, 1953. — William M. A. Grimaldi, *Studies in the Philosophy of Aristotle's Rhetoric*, 1972. — Antje Hellwig, *Untersuchungen zur Theorie der Rhetorik bei Platon und Aristoteles*, 1972. — S. Robert, "Rhetoric and Dialectic: According to the First Latin Commentary on the *Rhetoric* of Aristotle", *New Scholasticism*, 31 (1957), 484-498. — L. Virginia Holland, *Counterpoint: Kenneth Burke and Aristotle's Theories of Rhetoric*, 1959. — Antonio Russo, *La filosofia della retorica in Aristotele*, 1962. — R. Stark, ed., *Schriften zur aristotelischen Rhetorik*, 1966 [antologia de escritos antigos de O. Angermann, H. Dies et al.]. — Karl Barwick, *Probleme der stoischen Sprachlehre und Rhetorik*, 1957. — George L. Kustas, *Studies in Byzantine Rhetoric*, 1973. — Alain Michel, *Rhétorique et philosophie chez Cicéron: Essai sur les fondements philosophiques de l'art de persuader*, 1961. — Robert Dick Sider, *Ancient Rhetoric and the Art of Tertullian*, 1971. — Richard McKeon, "Rhetoric in the Middle Ages", *Speculum*, 17 (1942), 1-32. — C. S. Baldwin, *Medieval Rhetoric and Poetic*, 1928. — Th. M. Charland, *Artes praedicandi. Contributions à l'histoire de la rhétorique au moyen âge*, 1936. — James J. Murphy, *Rhetoric in the Middle Ages: A History of Rhetorical Theory from St. Augustine to the Renaissance*, 1974. — Jerrold E. Seigel, *Rhetoric and Philosophy in Renaissance Humanism: The Union of Eloquence and Wisdom: Petrarch to Valla*, 1968. — D. L. Clark, *Rhetoric*, 1953. — Wilbur S. Howell, *Logic and Rhetoric in England, 1500-1700*, 1956 [inclui estudo dos "ramistas ingleses" e da lógica e retórica de Descartes e Port-Royal]. — J. de Romilly, *Magic and Rhetoric in Ancient Greece*, 1975. — M. Leff et al., *Medieval Eloquence. Studies in the Theory and Practice of Medieval Rhetoric*, 1978, ed. J. J. Murphy. — R. W. Quimby, J. A. Coulter et al., *Plato: True and Sophistic Rhetoric*, 1979, ed. K. V. Erickson. — E. Grassi, *Die Macht der Phantasie. Zur Geschichte abendländischen Denkens*, 1979. — J. Lindhardt, *Rhetor, Poeta, Historicus. Studien über rhetorische Erkenntnis und Lebensanschauung im italianischen Renaissancehumanismus*, 1979. — G. A. Kennedy, *Classical Rhetoric and Its Christian and Secular Tradition from Ancient to Modern Times*, 1980. — S. A. Tyler, *The Unspeakable: Discourse, Dialogue, and Rhetoric in the Postmodern World*, 1988. — P. Walmsley, *The Rhetoric of Berkeley's Philosophy*, 1990. — M. H. Wörner, *Das Ethische in der Rhetorik des Aristoteles*, 1990. — M. Warner, ed., *The Bible as Rhetoric: Studies in Biblical Persuasion and Credibility*, 1990. — E. Schiappa, *Protagoras and Logos: A Study in Greek Philosophy and Rhetoric*, 1991. — D. A. White, *Rhetoric and Reality in Plato's* Phaedrus, 1992.

Para os estudos atuais, além das obras mencionadas de I. A. Richards e Chaim Perelman-L. Olbrerchts-Tyteca, ver: Stephen E. Toulmin, *The Uses of Argument*, 1958. — Henry W. Johnstone, Jr., *Philosophy and Argument*, 1959. — L. Olbrechts-Tyteca, E. Nicol et al., *La théorie de l'argumentation: Perspectives et applications*, 1963 [volume de *Logique et Analyse*, N. S., 6 (1963), em homenagem a Chaim Perelman]. — H. W. Johnstone, Jr., H. H. Hudson et al., *Philosophy, Rhetoric, and Argumentation*, 1965, ed. Maurice Natanson e Henry W. Johnstone, Jr. — J. Dubois, F. Edeline et al., *Allgemeine Rhetorik*, 1977. — C. Perelman, *L'empire rhétorique. Rhétorique et argumentation*, 1977. — H. W. Johnstone, Jr., *Validity and Rhetoric in Philosophical Argument: An Outlook in Transition*, 1978. — C. Perelman, H. Zyskind et al., "La nouvelle Rhétorique. The New Rhetoric", arts. de homenagem a C. Perelman em *Revue Internationale de Philosophie*, ano 33, n°s 127-128 (1979). — P. Bourdieu, *La distinction*, 1979. — M. Fumaroli, *L'âge de l'éloquence*, 1980. — P. Valesio, *Novantiqua: Rhetorics as a Contemporary Theory*, 1980. — E. E. White, *Rhetoric in Transition: Studies in the Nature and Uses of Rhetoric*, 1980. — E. Grassi, *Rhetoric as Philosophy. The Humanist Tradition*, 1980. — P. Bourdieu, *Ce que parler veut dire. L'économie des échanges linguistiques*, 1982. — O. Reboul, *La rhétorique*, 1984. — A. Smith, *Lectures on Rhetoric and Belles Lettres*, 1985, ed. J. C. Bryce. — M. Meyer, *From Logic to Rhetoric*, 1986. — G. Ueding, B. Steinbrink, *Grundriss der Rhetorik*, 1986. — B. Bauer, *Jesuitische "ars rhetorica" im Zeitalter der Glaubenskämpfe*, 1986. — H. Schanze, J. Kopperschmidt, eds., *Rhetorik und Philosophie*, 1989. — J. Kopperschmidt, ed., *Rhetorik als Texttheorie*, 1990. — Id., *Wirkungsgeschichte der Rhetorik*, 1991.

Revista: *Philosophy and Rhetoric*, desde 1968. ℭ

RETRODICÇÃO. A retrodução (VER) consiste em proceder, ou argumentar, "para trás". O mesmo ocorre com a retrodicção, mas nesta se introduz um sentido temporal que não aparece, ou não aparece necessariamente, na retrodução. Dados dois acontecimentos, ou grupos de acontecimentos, um dos quais é temporalmente anterior ao outro, produz-se uma retrodicção, argumento retrodictivo ou explicação retrodictiva, quando o acontecimento, ou grupo de acontecimentos, a explicar precede temporalmente o acontecimento, ou grupo de acontecimentos, descritos nos enunciados usados para a explicação.

A retrodicção, ou explicação retrodictiva, se distingue da prodicção, ou explicação prodictiva, na qual os enunciados a explicar descrevem acontecimentos posteriores aos descritos pelos enunciados que servem de explicação.

Enquanto se supõe — embora alguns autores o neguem — que há simetria entre explicação e predicção, essa simetria não existe entre retrodicção e prodicção.

Hempel ("The Theoretician's Dilema: A Study in the Logic of Theory Construction", em H. Feigl, M. Scriven, G. Maxwell, eds., *Minnesota Studies in the Philosophy of Science*, II, 1958, reimp. em *Aspects of Scientific Explanation, and Other Essays in the Philosophy of Science*, 1965, p. 173) segue Hans Reichenbach ao falar de leis gerais que podem ser usadas não só para a predição e explicação de fenômenos, mas também para sua pósdicção. Mediante a última se determinam dados do passado em termos de observações dadas. Este sentido de 'pósdicção', indica Hempel, é semelhante ao que tem em alguns autores (por exemplo, em Ryle) 'retrodicção'. Este último vocábulo foi empregado por J. M. Robertson no livro *Buckle and His Critics* (1895), segundo indica Lord Acton numa resenha (*Mind*, 62 [1953], 564-565) de W. H. Walsh, *An Introduction to Philosophy of History* (1951), a que se refere Hempel, *loc. cit.*

RETRODUÇÃO. Peirce chamou às vezes "retrodução" ao que qualificou também de abdução (VER). A razão do vocábulo 'retrodução' seguramente é que deste modo se expressa o movimento de retrocesso do conseqüente ao antecedente, como o atesta a descrição dada por Peirce em *Collected Papers*, VI, 469: "A primeira etapa da investigação é a fórmula de raciocínio que chamo retrodução, isto é, o raciocínio que vai do conseqüente ao antecedente". Como essa descrição poderia prestar-se a confundir a retrodução ou abdução com a indução, é necessário especificar que a retrodução difere da indução por não generalizar com base num número de casos todos os membros de uma classe, mas explicar um fato assumindo que é um caso que cai dentro de uma regra, adotando então a hipótese de que, com efeito, cai dentro da regra.

Entre os filósofos da ciência contemporâneos que seguiram as pegadas de Peirce e elaboraram e refinaram as noções de "retrodução" e de "inferência retrodutiva" figura Norwood Russell Hanson (em numerosos trabalhos; por exemplo: *Patterns of Discovery*, 1958, pp. 85-92; "Retroductive Inference", em B. Baumrin, ed., *Philosophy of Science. The Delaware Seminar 1916-1962*, 1963, pp. 21-37; "Notes Toward a Logic of Discovery", em R. J. Bernstein, ed., *Perspectives on Peirce*, 1965, pp. 42-65). Trata-se de elaborar uma lógica do descobrimento (ver DESCOBRIMENTO) distinta das lógicas dedutiva e indutiva (embora não necessariamente desvinculada delas, como Peirce já havia salientado, ao falar da abdução como um "passo" no processo da investigação). Segundo Hanson, ao contrário do método hipotético-dedutivo, que infere conclusões observacionais ("vulneráveis") a partir de grupos de premissas ("contingentes"), o método da retrodução, método retrodutivo ou explicação retrodutiva, aspira a explicar "anomalias" buscando premissas (hipóteses) que, se confirmadas, dão conta das anomalias. O método hipotético-dedutivo oferece ao cientista uma teoria já feita ou estabelecida e um número considerável de condições iniciais, das quais deduz enunciados observacionais contrastáveis, enquanto o método retrodutivo oferece ao cientista somente condições iniciais e alguma anomalia, e para explicá-la trata de encontrar uma hipótese e estabelecer uma nova teoria. Dito metaforicamente, o método hipotético-dedutivo consiste em argumentar a partir das primeiras linhas de uma página "para baixo", e o método retrodutivo consiste em argumentar a partir das últimas linhas de uma página "para cima". Mais que de deduzir conclusões, trata-se de contrastar hipóteses.

Os que se opõem a um método retrodutivo diferente de (ainda que correlato a) um método hipotético-dedutivo, salientam que o último inclui também o processo de contrastação de hipóteses, especialmente quando o último método citado introduz probabilidades; a isso se responde que não estão incluídas no método as inferências lógicas — numa acepção bastante ampla de 'lógicas' — mediante as quais se encontram, ou "descobrem", hipóteses.

REUCHLIN, JOHANNES (1455-1522). Nascido em Pforzheim (Baden), estudou na Universidade de Basiléia e durante algum tempo foi professor de direito em Tübingen. No curso de duas viagens que fez a Florença (1482, 1490), entrou em contato com alguns dos platônicos da Academia Florentina (VER) — Marsilio Ficino, Pico della Mirandola — e se interessou sobretudo pela tradição cabalística (ver CABALA). Conhecedor do grego e também do hebraico, que começou a estudar em 1492, e do qual publicou uma das primeiras gramáticas, Reuchlin desenvolveu um pensamento cabalístico fundado na crença no poder da palavra. A seu ver, os mistérios divinos se expressam mediante a palavra revelada e, em geral, as palavras e suas combinações — assim como as combinações silábicas — foram consideradas por Reuchlin como reveladoras da essência das coisas. À arte cabalística Reuchlin uniu uma numerologia de caráter pitagórico. O pensamento de Reuchlin tem um forte caráter "sincretista" (ver SINCRETISMO); embora o cabalismo domine, encontram-se nele também elementos pitagóricos, platônicos, órficos, zoroástricos; ele os considera a todos como predecessores da teologia cristã.

Consultado pelo Imperador acerca da proposta do judeu convertido, Johann Pfefferkorn, de queimar todos os livros hebraicos por serem contrários à fé cristã, Reuchlin respondeu defendendo os livros hebraicos que não contivessem ataques ao cristianismo. Ao escrito *Handspiegel*, de Pfefferkorn, Reuchlin respondeu com seu *Augenspiegel* (1511) e depois com vários escritos que suscitaram grandes polêmicas. Os teólogos de Colônia, que se opunham a Reuchlin, foram objeto de um ataque, a *Defensio Reuchlini contra calumniatores suos Colonienses* (1513). Vários humanistas alemães — como Crotus Rubianus e Ulrich von Hutten — saíram em defesa de Reuchlin e publicaram a célebre *Epistola obscurorum virorum*. Com a morte de Reuchlin, Erasmo publicou o diálogo intitulado *Apotheosis Capniosis* [do nome 'Capnio', que Reuchlin usava].

⊃ Principais obras: *De verbo mirifico libri tres*, 1494. — *De arte cabbalistica libri tres*, 1517 (ambos reimp. em um volume, 1963).

Edição de obras: *Sämtliche Werke*, 11 vols., 1975 ss., ed. Hermann Greive.

Correspondência: *Briefwechsel*, ed. L. Geiger, 1876, reimp., 1963.

Ver: L. Geiger, *J. R., Sein Leben und seine Werke*, 1871. — K. Schiffmann, *J. R. in Linz*, 1914; 2ª ed., 1929. — M. Krebs, ed., *J. R., 1455-1522. Festgabe seiner Heimatstadt Pforzheim*, 1955 (com bibliografia). — M. Brod, *J. R., und sein Kampf. Eine historische Monographie*, 1965. — H. P. Becht, ed., *J. R. Phorcensis. Ein humanistischer Gelehrter*, 1986. ℭ

REVELAÇÃO é, em sentido geral, manifestação ou descoberta de algo oculto. Na teologia, chama-se "revelação" a manifestação por Deus ao homem de uma verdade ou de um grupo de verdades. Quando esta revelação se refere ao conteúdo da religião, as religiões que a admitem são chamadas "religiões reveladas". A revelação pode ser natural ou sobrenatural. A primeira diz respeito à manifestação da existência de Deus por meio da criação. A segunda se refere a uma comunicação especial de Deus ao homem por meio da palavra ou por meio de certos signos. O conteúdo do que é revelado na revelação sobrenatural pode ser um conjunto de verdades (ou de mandamentos) que são conhecidas do homem, mas que ficam então reafirmadas por sua procedência divina, ou um conjunto de mistérios inacessíveis à razão humana, mas aceitáveis em virtude de constituírem a palavra divina.

Há vários problemas com respeito à revelação. Uns são de natureza preponderantemente religiosa e teológica, outros, de índole predominantemente filosófica.

Entre os problemas religiosos e teológicos mencionamos os seguintes: 1) como é possível a revelação; 2) quais são as garantias para que uma revelação seja considerada como autêntica; 3) qual é a diferença entre uma revelação dada num momento da história e uma revelação de tipo contínuo.

Entre os problemas filosóficos se destaca um: o da relação entre revelação e razão. Três posições fundamentais podem ser adotadas a respeito: (I) a revelação é oposta à razão, pois o que se revela é inacessível a ela; (II) a revelação coincide com a razão; (III) a revelação é superior à razão. No primeiro caso, podem-se dar duas opiniões: (Ia) a oposição não mostra a falsidade da revelação, mas a debilidade da razão; (Ib) a revelação não pode ser verdadeira por opor-se à razão. No segundo caso se supõe que a racionalidade de Deus, da realidade e do homem são substancialmente as mesmas e as únicas possíveis. No terceiro caso, não se aceita que verdade revelada e verdade racional sejam iguais ou opostas e se declara que elas estão em relação de subordinação da segunda à primeira. A verdade revelada não contradiz então a verdade racional, mas a transcende infinitamente.

⊃ Revelação em sentido religioso: R. Seeberg, *Offenbarung und Inspiration*, 1908. — Friedrich Gogarten, *Von Glauben und Offenbarung*, 1928. — R. Garrigou-Lagrange, *De revelatione per Ecclesiam catholicam proposita*, 1931. — H. Rademaker, *Was besagt die christliche Offenbarung eigentlich?*, 1980. — S. Hackett, *The Reconstruction of the Christian Revelation Claim*, 1984. — J. Schmitz, *Offenbarung*, 1988. — P. K. Jewett, *God, Creation, and Revelation: A Neo-Evangelical Theology*, 1991.

Sobre filosofia e revelação, e filosofia da revelação: H. Bavinck, *Philosophie der Offenbarung*, 1909. — M. Cordovani, *Rivelazione e filosofia*, 1923. — E. Brunner, *Philosophie und Offenbarung*, 1925. — D. Draghicesco, *Vérité et Révélation*, 2 vols., 1934. — H. Roberts, *Wijsbegeerte en Openbaring*, 1948. — A. Marc, *Raison philosophique et religion révélée*, 1955. — Otto Samuel, *Die religiösen und nichtreligiösen Offenbarungsbegriffe. Eine meontologische Untersuchung der holistischen Offenbarung*, 1958. — K. Jaspers, *Der philosophische Glaube angesichts der Offenbarung*, 1962. — Albert C. de Veer, "'Reuelare — reuelatio'. Éléments d'une étude sur l'emploi du mot et sur sa signification chez Saint Augustin", *Recherches augustiniennes*, 2 (1962), 331-357. — W. J. Abraham, *Divine Revelation and the Limits of Historical Criticism*, 1982. — J. V. Schall, *Reason, Revelation, and the Foundations of Political Philosophy*, 1987.

Análise de 'ser revelado': Julian Hartt, *Being Known and Being Revealed*, 1987.

Obras principalmente históricas: Richard Kroner, *Speculation and Revelation in pre-Christian Philosophy*, 1956. — Id., *Speculation and Revelation in the Age of Christian Philosophy*, 1959. — Id., *Speculation and Revelation in Modern Philosophy*, 1961. — H. D. McDonald, *Theories of Revelation: A Historical Study 1860-1960*, 1963. — John Baillie, *The Idea of Revelation in Recent Thought*, 1965. — R. H. Akeroyd, *Reason and Revelation: From Paul to Pascal*, 1992. ⊂

REVERSIBILIDADE, REVERSÍVEL. Ver IRREVERSIBILIDADE, IRREVERSÍVEL.

REVISIONÁRIO. Pode-se usar 'revisionário' com a mesma acepção de 'revisionista' (VER). No entanto, emprega-se freqüentemente 'revisionário' para caracterizar um tipo de metafísica. Segundo Strawson, a "metafísica revisionária" propõe-se a "produzir uma melhor estrutura" de "nosso pensamento acerca do mundo"; nisso ela se distingue da "metafísica descritiva", que "se limita a descrever a estrutura efetiva de nosso pensamento acerca do mundo" (*Individuals: An Essay in Descriptive Metaphysics*, 1959, p. 9). Embora não haja ninguém que tenha sido exclusivamente metafísico revisionário ou metafísico descritivo, podem-se distinguir metafísicos predominantemente revisionários, como Descartes, Leibniz e Berkeley, e metafísicos predominantemente descritivos, como Aristóteles e Kant. Strawson opina que a metafísica revisionária, importante como instrumento de mudança conceitual, está a serviço da metafísica descritiva. O tema central desta — a estrutura última do pensamento humano — não muda.

A distinção proposta por Strawson é paralela a outras que se encontram em numerosas tentativas de estabelecer formas capitais de "análise" filosófica. Stephen Körner ("Description, Analysis, and Metaphysics", em J. Bobik, ed., *The Nature of Philosophical Inquiry*, 1970), distinguiu a análise "apresentativa" ou "exibitiva" e a análise "substitutiva". A primeira codifica usos lingüísticos e pode ser qualificada de descritiva; a segunda propõe, quando é o caso, usos novos, e é, portanto, "revisionária". A distinção clássica entre a filosofia da linguagem comum e a filosofia de uma linguagem ideal corresponde em grande parte (embora não exclusivamente) a uma distinção entre análise, metafísica e, em geral, filosofia descritivas e análise, metafísica e, em geral, filosofia revisionárias. O autor da presente obra propôs uma distinção entre modos de filosofar com propósitos principalmente elucidatórios — equiparáveis a "descritivos" — e modos de filosofar com propósitos de revisão conceitual (*Cambio de marcha en filosofía*, 1974, pp. 151 ss.), mas indicou que entre ambos há um modo de filosofar predominantemente crítico, e que os três modos — elucidatório, crítico e "revisionário" — estão estreitamente relacionados de modo que nenhum está, propriamente, "a serviço" de nenhum outro.

REVISIONISMO. Em um dos sentidos estritos do termo, 'revisionismo' foi usado para caracterizar, e criticar, as posições adotadas por Eduard Bernstein (VER) dentro do marxismo. Como Bernstein advogou uma reforma e revisão do marxismo num sentido favorável à manutenção das instituições democráticas dentro das quais, a seu ver, podia abrir-se caminho, pacífica, evolutiva e legalmente, para o socialismo, um número considerável de autores marxistas, como Karl Kautsky, considerou que Bernstein havia abandonado as teses capitais do marxismo. A palavra 'revisionismo' foi empregada desde então muitas vezes como rótulo condenatório de posições consideradas heterodoxas. 'Revisionismo' foi freqüentemente sinônimo de 'desviacionismo'. De um ponto de vista ortodoxo, uma posição revisionista é uma posição errônea tanto "subjetivamente" como "objetivamente".

O uso mais difundido de 'revisionismo' se encontra na literatura filosófica e política soviética, especialmente durante a época staliniana. Embora o revisionismo possa ser de direita ou de esquerda, o comum é associar o revisionismo com um desvio direitista. A extrema ortodoxia da filosofia oficial soviética fez cair dentro do revisionismo muitas posições de renovação do marxismo (VER) que seus autores consideram justamente mais fiéis às intenções de Marx e aos métodos elaborados por Marx. Daí o paradoxo de os autores marxistas heterodoxos, às vezes chamados "neomarxistas", terem podido considerar por sua vez como "revisionistas" as posições defendidas pela filosofia oficial soviética em nome da ortodoxia, já que essas posições consistiram numa revisão e posterior "congelamento" de uma série de teses mais ou menos simplificadas.

Ao examinar o problema do chamado "revisionismo marxista", George L. Kline ("Kolakowski and the Revision of Marxism", *European Philosophy Today*, 1965, ed. G. L. Kline, pp. 113-156) indicou que a noção de revisionismo pode ser estendida a toda a história da filosofia e que, a rigor, a grande maioria dos filósofos são revisionistas — com a exceção de Platão e Hegel e, até certo ponto, Kant e Peirce, que são tão originais que podem ser considerados "não-ortodoxos", mas também "não-revisionistas", já que constituem pontos de partida para revisões e reformulações de seu pensamento —: "a história da filosofia ocidental pode ser vista como uma série de revisões acumulativas, começando com a revisão platônica de Parmênides e terminando com as revisões contemporâneas de Husserl, Heidegger e Wittgenstein". Entre estes extremos históricos o autor menciona, entre outras, "as revisões aristotélica, plotiniana e agostiniana de Platão; a revisão lucreciana de Demócrito-Epicuro; as revisões escolásticas de Aristóteles; a revisão cartesiana dos escolásticos; as revisões leibniziana, malebranchiana e spinozista de Descartes; as revisões berkeleyana e humiana de Locke; as revisões fichtiana e schellinguiana de Kant; a revisão schopenhaueriana de Platão-Kant; a revisão nietzschiana de Schopenhauer-Hegel; as revisões marxista, royciana, solovieviana e deweyana de Hegel, e a revisão whiteheadiana de Leibniz-Hume". Evidentemente, o que aqui se chama "revisões" poderia chamar-se também "influências". •• Ou seja: falar de revisão filosófica que B faz de A vem a ser o mesmo que falar da influência filosófica de A sobre B. ••

Salientou-se, por outro lado, que, a rigor, não há revisionismo em filosofia. Só em ideologias (por exemplo, em ideologias políticas). A "revisão" da doutrina de um filósofo no sentido indicado no parágrafo anterior não obedece, em todo caso, aos mesmos motivos que levam à revisão de uma ideologia. Além disso, não se aceita (ou se parte de) uma filosofia com a mesma atitude com que se aceita (ou se parte de) uma ideologia. •• A decrescente influência da filosofia e ideologia marxista-leninista, sobretudo a partir de 1991, foi acompanhada por um interesse decrescente pelo revisionismo marxista, tanto filosófico como ideológico. ••

REVIUS, JACOB. Ver ESCOLÁSTICA; SUÁREZ, FRANCISCO.

REVOLUÇÃO. O conceito de mudança política, especificamente a mudança de regime político (oligarquia, tirania, democracia etc.) foi objeto de freqüente tratamento e descrição na filosofia política e na historiografia antigas, tanto grega como romana. É preciso, porém, fazer a distinção entre a idéia de mudança e a de revolução tal como foi desenvolvida a partir do século XVI e especialmente do XVII. Há pelo menos duas fontes no desenvolvimento dessa idéia. Uma é de caráter astronômico e a ela nos referimos no verbete REVOLUÇÃO COPERNICANA. A revolução é entendida aqui como uma rotação (dos corpos celestes). Embora se trate de uma rotação cíclica, considerou-se importante que fossem os corpos celestes, e em particular os planetas, que, junto com a Terra, girassem ou "fizessem revolução" em torno do Sol. Isso representou, ao mesmo tempo, a idéia de uma revolução planetária e a de uma revolução científica. Ambas as idéias influíram sobre o conceito político de revolução. Há outra fonte, porém, para esse conceito, e é a consideração das mudanças políticas mesmas, que foram julgadas suficientemente importantes para merecer o nome de "revolução", enquanto mudança súbita destinada a estabelecer uma nova ordem ou a restabelecer, por meios violentos, uma ordem anterior considerada mais justa ou adequada. Filósofos e historiadores começaram a falar de revolução e de revoluções, e este vocábulo foi usado para descrever também a história política do passado. O termo 'revolução' adquiriu grande difusão no século XVIII, com alguns dos escritos dos enciclopedistas franceses e, sobretudo, com as duas revoluções consideradas arquetípicas: a Revolução Americana e a Revolução Francesa; esta última às vezes descrita simplesmente como "a" Revolução.

À idéia de uma revolução política sucedeu a de uma revolução social, patente nos escritos dos utopistas franceses e nos escritos de Marx. Os últimos foram especialmente influentes em muitas das idéias subseqüentes de revolução, a tal ponto que a partir deles — seja continuando-os, seja situando-se em atitude crítica — se foi formando o que se pode chamar "filosofia da Revolução" enquanto exame da natureza da revolução — especialmente político-sócio-econômica — e das condições necessárias para que se produza uma revolução digna do nome. No século XX aconteceu, como outro arquétipo de revolução, a Revolução russa (soviética). Houve inúmeras discussões sobre se esta foi verdadeiramente uma revolução ou se, ao institucionalizar a revolução, não teve de proceder "contra-revolucionariamente". Os temas "revolução e contra-revolução", "revolução (socialista) em um só país e revolução permanente", "revolução dentro da revolução" foram alguns dos mais freqüentemente tratados por filósofos políticos. O termo 'revolução' também foi, e continua sendo, usado para caracterizar outros tipos de revolução, não necessariamente desvinculados da idéia de revolução política, político-social e econômica. Assim, falou-se a partir do século XIX de "revolução industrial" (primeira, segunda, e até terceira revolução industrial), de "revolução pós-industrial", "revolução científica", "revolução tecnológica", "revolução das esperanças crescentes", "revolução artística" e até — por parte de autores a quem outros consideraram "contra-revolucionários" — da "revolução na filosofia".

Embora não haja, ou não tenha por que haver, nenhuma disciplina filosófica que se ocupe do conceito ou formas de revolução, cabe examinar filosoficamente esse conceito. Isso pode levar a fazer a distinção entre 1) a noção geral de revolução, 2) a noção científica, 3) a noção social, e 4) uma noção que se pode chamar "total".

A noção geral não é senão o uso de 'revolução' para designar um tipo de transformação suficientemente radical e suficientemente abrupta para que não se confunda com a mera mudança ou com alguma forma de evolução. Para tanto, os critérios podem ser dados somente quando se leva em conta algum tipo específico de revolução. A noção geral de revolução é excessivamente vaga para que possa ser de grande utilidade.

A noção científica de revolução está relacionada com a questão de certos tipos de mudança conceitual. Alguns julgam que só há revolução quando determinado paradigma (VER) substitui outro e inclusive é incomparável a outro, mas cabe perguntar se quando há dois paradigmas incomparáveis entre si um pode ser revolucionário em relação a outro. Ao mesmo tempo que uma ruptura, a revolução científica parece pressupor alguma forma de continuidade.

Junto com a revolução de caráter científico, pode-se considerar a de caráter tecnológico e, em certa medida, a de caráter industrial, embora todas essas revoluções estejam ligadas ao mesmo tempo ao conceito de revolução social.

A noção social de revolução vem substituindo a "meramente" política, ainda que se considere que nenhuma revolução social possa ser levada a cabo sem determinada ação política encaminhada justamente a orientá-la e a realizá-la. Desde Marx se considera que não há revolução social se há mera mudança dentro de uma classe social. É mister que uma classe social substitua a outra e que esta substituição não seja "contra-revolucionária", isto é, que a classe substituinte seja tal que represente um progresso histórico em relação à classe substituída. A revolução é concebida aqui, portanto, como progressiva.

A noção total de revolução está em parte relacionada com a social, mas aspira a ir além dela. Em alguns dos tipos de revolução social se tende a criar um "homem novo" ao mesmo tempo que uma "sociedade nova". Na "revolução total" se aspira a introduzir uma mudança no universo. Gajo Petrović, o filósofo iugoslavo que elaborou esta idéia de revolução aqui chamada "total", julga que a revolução é, de imediato, "a criação de um 'modo' de Ser essencialmente diferente, de um Ser criador livre, que difere de todo Ser não humano, anti-humano e ainda não completamente humano" (conferência sobre "A necessidade de um conceito de revolução", 1975, publicada em *La filosofía y las ciencias sociales*, 1977, de um Congresso em Morelia). Combinando Marx com Heidegger (e talvez com Bloch), Petrović chega a afirmar que a Revolução — que chamamos "total" — não é apenas a passagem de uma forma de Ser a outra, ou somente um salto ou "furo" no Ser, mas sim a "mais alta forma de Ser, o próprio Ser em sua plenitude". A Revolução se identifica então com o ser como Liberdade. Petrović propõe então substituir o pensar a revolução pelo "pensar como revolução".

REVOLUÇÃO COPERNICANA. Dá-se este nome a:

1) O sistema introduzido por Copérnico (VER) para explicar os movimentos dos corpos celestes e em particular os movimentos planetários. O termo 'revolução' parece dar a entender que com o sistema heliocêntrico de Copérnico ficou súbita e violentamente desalojado o sistema ptolomaico geocêntrico. Como isso não ocorreu — na verdade a "substituição" de um sistema pelo outro levou muito tempo e provocou numerosíssimos debates, físicos, astronômicos, filosóficos e teológicos —, alguns autores consideram que é impróprio dar-lhe o nome de "revolução". No entanto, pode-se continuar usando este nome porque, levando ou não tempo a aceitação generalizada do sistema de Copérnico, este constituiu uma revolução efetiva nos modos de pensar modernos. Além disso, a expressão 'revolução copernicana' alude à concepção de Copérnico acerca das "revoluções" dos corpos celestes, conforme o título da obra de 1543: *De revolutionibus orbium coelestium Libri IV*. Trata-se, assim, de "revolução" em dois sentidos.

2) Na *Crítica da razão pura* (B, xvi-xvii) Kant indicou que já que fracassaram todas as tentativas para ampliar nosso conhecimento de objetos enunciando algo *a priori* mediante conceitos, será preciso ver se não será melhor supor que os objetos devem conformar-se a nosso conhecimento. Deve-se proceder, assim, de acordo "com a primeira idéia de Copérnico": não havendo sido experimentado progresso satisfatório ao explicar os movimentos dos corpos celestes supondo que giram em torno do espectador, Copérnico "tratou de ver se não teria melhor êxito fazendo com que o espectador

girasse e as estrelas permanecessem estacionárias". Um pouco depois, na mesma obra (B xxii, nota), Kant insiste na semelhança entre a empresa de Copérnico e a sua ao assinalar que o primeiro se atreveu a "buscar os movimentos observados, de um modo contraditório aos sentidos, não nos corpos celestes, mas no observador". Deste modo, Kant empreende sua própria "revolução copernicana"; do mesmo modo que em Copérnico a Terra gira ao redor do Sol, em Kant o espectador (conhecedor) gira em torno do objeto.

A revolução copernicana kantiana foi julgada e interpretada de diversos modos segundo se tenha dedicado maior ou menor atenção a um dos dois aspectos antes indicados (e tratados por Kant). Se se compara a relação "conhecedor-conhecido" com a relação "Terra-Sol", coloca-se o problema de até que ponto é legítimo estabelecer uma analogia entre 'conformar-se a' e 'girar em torno de'. Martin G. Kalin ("A New Look at Copernicus and Kant", *Man and World*, 7 [1974], 271-277) indica que a interpretação mais corrente do paralelo Copérnico-Kant parece inicialmente plausível, mas não resiste a um exame aprofundado. "Suponhamos que *R* (o Sol, a Terra) indica que o Sol se move em torno da Terra, e que *C* (conhecedor, conhecido) indica que o conhecedor se conforma ao conhecido. Copérnico e Kant herdam essas posições da astronomia clássica e do realismo clássico respectivamente, e suas revoluções consistem aparentemente em inverter a ordem dos pares. Daí que o kantiano *C* imite o copernicano *R*. A questão é, porém, saber por que Kant recorre à noção de girar em torno para esclarecer a de conformar-se. Uma chave para entendê-lo pode ser o modo como Kant formula a posição de Copérnico, pois diz que o astrônomo inverte a relação entre o espectador — mais do que a Terra — e o Sol. A observação pode querer dizer que o espectador está na mesma relação com o conhecedor que o Sol com o conhecido. Mas essa interpretação inverte a analogia, porque a revolução kantiana faz do conhecedor o segundo termo da relação, enquanto seu protótipo copernicano coloca o Sol nessa posição. Graficamente, Kant oferece *C* (conhecido, *conhecedor*) e Copérnico oferece *R* (espectador, *Sol*). Por conseguinte, a referência a Copérnico não deve ser interpretada como uma analogia literal na qual os membros individuais de uma relação astronômica e epistemológica se correspondam exatamente" (art. cit., pp. 271-272). Em vista disso, parece mais plausível a interpretação da revolução copernicana kantiana no sentido já assinalado por Kant de uma comum oposição de Kant e Copérnico a admitir doutrinas estabelecidas pela "aparência" do senso comum, e no sentido de que Kant aspira a uma revolução filosófica que se relacione com uma análoga revolução científica. O que poderíamos chamar "interpretação aparencial" é adotada por P. F. Strawson em *The Bounds of Sense*, 1966, p. 271, citado por Kalin, que recorda também a interpretação de Heidegger da revolução copernicana kantiana como uma "revolução metafísica" mais que epistemológica (cf. *Die Frage nach dem Ding,* 1962, p. 43 ss.). Por outro lado, N. R. Hanson, no ensaio "Copernicus' Role in Kant's Revolution", incluído no volume póstumo *What I do not Believe and Other Essays*, 1971, ed. S. Toulmin e Harry Woolf, difere da mencionada "interpretação aparencial" na medida em que, a despeito das próprias palavras de Kant, considera que não havia em Kant uma intenção muito determinada de comparar sua teoria do conhecimento com a teoria astronômica copernicana (ver também John R. Silber, "The Copernican Revolution in Ethics: The Good Reexamined", *Kantstudien*, 51 [1959], 85-101, e Humberto Piñera Llera, "Kant y el problema de la inversión copernicana", *Dianoia*, 7 [1961], 167-194).

REY, ABEL (1873-1940). Nascido em Châlon-sur-Seine, foi professor de história e filosofia da ciência na Sorbonne de 1919 a 1940. Rey foi fiel à corrente científico-racionalista que teve grande influência na França durante as duas primeiras décadas deste século e que foi quase a "filosofia oficial" da Sorbonne pouco antes da segunda guerra mundial. Para Abel Rey, o verdadeiro pensamento é o pensamento científico, que se desenvolve racional e acumulativamente. O pensamento filosófico, sem o acompanhamento da ciência, é meramente especulativo. A filosofia deve limitar-se a tratar de sintetizar as ciências, produzindo diferentes sínteses de acordo com o estado dos conhecimentos científicos, que nunca são absolutos. No entanto, os ideais humanos não podem encaixar-se por completo no âmbito do conhecimento científico, que tem de reconhecer esta insuperável insuficiência. Abel Rey influenciou muito os meios universitários franceses, assim como os Institutos. Sua influência se fez sentir também na Espanha.

◯ Principais obras: *La théorie de la physique chez physiciens contemporains*, 1907; 2ª ed., 1923. — *L'énergétique et le mécanisme au point de vue de la théorie de la connaissance*, 1907. — *La philosophie moderne,* 1908. — *Le retour éternel et la philosophie de la physique,* 1927. — *La science orientale avant les Grecs*, 1930. — *La jeunesse de la science grecque*, 1933. — *La maturité de la pensée scientifique en Grèce*, 1939. — *L'apogée de la science technique grecque*, 2 vols., 1946-1948. ◖

REY Y HEREDIA, JOSÉ MARÍA (1818-1861). Nascido em Córdoba, foi (a partir de 1844) professor de Lógica no Instituto de Ciudad Real e (a partir de 1843) professor de Psicologia e Lógica no Instituto de Madrid. Rey y Heredia é considerado o mais importante kantiano espanhol do século XIX. Todavia, Rey y Heredia diferia de Kant em vários pontos. De imediato, embora considerasse que as matemáticas não procediam da experiência, desligava-as ainda mais da experiência que o próprio Kant. As entidades matemáticas são, segundo Rey y Heredia, o produto da atividade do espírito, especialmente da ordem temporal "subjetiva" e de vários conceitos do entendimento. Por outro lado, Rey y Heredia considerava que as intuições puras do espaço e do tempo e os conceitos fundamentais tais como a força, o infinito etc., são conceitos metafísicos que não devem ser rejeitados e cuja anterioridade à experiência deve ser reconhecida.

➲ A principal obra de Rey y Heredia é *Teoría trascendental de las cantidades imaginarias*, 1865 [póstuma].

— Durante sua vida, Rey y Heredia publicou vários textos para o ensino da filosofia nos Institutos: *Curso de Psicología y Lógica*, 1849; 10ª ed., 1872 [em colaboração com Felipe Monlau]. — *Elementos de Ética o Tratado de Filosofía Moral*, 1853, reimp., 1922. ∁

REYMOND, ARNOLD (1874-1958). Nascido em Pully (Suíça), professor na Universidade de Neuchâtel (1912-1925) e em Lausanne (1925-1947), desenvolveu um tipo de espiritualismo bastante diferente dos expostos no verbete consagrado a esse conceito (ver ESPIRITUALISMO). Reymond interessou-se muito pela lógica, pela matemática e pelas ciências naturais, bem como pelas questões consideradas pela filosofia da ciência e pelo que se poderia chamar "filosofia da razão" na França, representada por autores como Arthur Hannequin, Louis Couturat, Gaston Milhaud e Léon Brunschvicg, assim como pela obra de Charles Renouvier (VER). Atraíram-no especialmente as tendências de crítica da razão e de crítica da razão científica elaboradas por alguns dos citados autores, justamente porque tais tendências não levavam a um puro dogmatismo racionalista e ao mesmo tempo evitavam cair num mero subjetivismo fundado na crença. É indubitável que os interesses teológicos e religiosos, expressos, entre outras formas, em sua constante colaboração na *Revue de théologie et de philosophie*, constituíam um norte nas orientações de Reymond, mas o modo como se desenvolviam essas orientações tendia, por um lado, a dar seu justo valor ao trabalho da lógica formal e ao trabalho científico e, por outro, a reservar para as investigações teológicas um campo especial, com métodos particulares. A rigor, parecem ter existido em Reymond duas tendências contrapostas: a da delimitação de atividades, de modo que não houvesse nenhum tipo de "reducionismo", seja cientificista, seja especulativo (e menos ainda "fideísta"), e a do reconhecimento de uma espécie de unidade da atividade do espírito. Para Reymond, o espírito é, sobretudo, ativo, sendo sua atividade de natureza criadora e constituindo, portanto, a possibilidade de uma fundamentação da razão. A atividade de referência não é a de um sujeito individual pensante, mas a de uma constante transcendência de toda subjetividade. A própria fé é para Reymond matéria de razão, embora de uma razão constituída por uma ampla atividade espiritual que engloba experiências muito diversas. Daí a insistência de Reymond numa espécie de "funcionalismo" da razão (manifestado, na lógica, numa concepção predominantemente "operatória"). A atividade espiritual racional é para Reymond coordenativa e apreciativa e não somente normativa. A variedade e flexibilidade do pensamento espiritualista de Reymond fez com que ele pudesse influenciar autores bastante diferentes entre si como, entre outros, Jean Piaget e Fernand Brunner.

➲ Principais obras: *Essai sur le subjectivisme et le problème de la connaissance religieuse*, 1900. — *Logique et mathématique. Essai historique et critique sur le nombre infini*, 1908. — *Histoires des sciences exactes et naturelles dans l'antiquité gréco-romaine*, 1924. — *Les principes de la raison et la critique contemporaine*, 1932, 2ª ed., 1955. — *Philosophie spiritualiste*, 2 vols., 1942 (coletânea de trabalhos). — Póstuma: *Introduction aux problèmes philosophiques*, 1967.

Ver: R. Blanché, Fernand Brunner *et al.*, *A. R.*, 1956, com uma bibliografia de trabalhos sobre A. R. (1900-1954) por A. Virieux-Reymond. ∁

RIBBING, SIGURD. Ver BOSTRÖM, CHRISTOPHER JACOB.

RIBOT, THÉODULE [ARMAND] (1839-1916). Nascido em Guingamp (Bretanha), foi professor na Sorbonne (1885) e no Collège de France (a partir de 1888). Começou por difundir a psicologia inglesa e alemã contemporâneas, apresentando as tendências experimentais, positivistas e associacionistas que melhor se enquadravam em suas preferências filosóficas. Influenciado por Taine, Spencer, A. Bain e John Stuart Mill, e em oposição à psicologia espiritualista e idealista francesa, Ribot propugnou a investigação filosófica sem pressupostos metafísicos. Estes introduziram unicamente abstrações — como, por exemplo, as "faculdades" — que não têm nenhum papel no estudo experimental psicológico. Ribot se opôs também aos tipos de psicologia introspectiva que não podiam alcançar, a seu ver, um estatuto científico. É preciso, segundo Ribot, ater-se aos dados empíricos e descobrir as leis que possam derivar-se deles. O próprio materialismo é um pressuposto metafísico quando é meramente especulativo e não empírico. Ribot realizou numerosos trabalhos de investigação sobre processos mentais anormais (as "enfermidades" da memória, da vontade e da personalidade) e normais (especialmente a atenção e os sentimentos). Inclinou-se cada vez mais a buscar fundamentos biológicos para os fenômenos mentais, considerando-os como epifenômenos de processos fisiológicos.

Ribot fundou em 1876 a *Revue philosophique de la France et de l'Étranger*, que ainda é publicada, e dirigiu-a até 1916. A revista publicou a princípio muitos artigos de interesse psicológico.

A influência de Ribot foi muito ampla. Sem que possam ser considerados como adeptos estritos de sua "escola", partiram de seus pontos de vista metodológicos autores como Alfred Binet (VER); Frédéric Paulhan (nascido em Nîmes: 1856-1931), que tentou ampliar o quadro do associacionismo mediante uma crítica dos aspectos abstratos do mesmo (*L'activité mentale et les éléments de l'esprit*, 1889) e que se consagrou principalmente a estudos caracterológicos (*Les Caractères*, 1894; *Les mensonges du caractère*, 1905), inclinando-se a um certo ficcionalismo (*Le mensonge du monde*, 1921); Jules Payot (VER); Henry Piéron (VER). Mais independentes de Ribot, mas adotando no fundo os mesmos pressupostos de que emergia a psicologia dele, são autores como Pierre Janet e George Dumas (VER).

⊃ Obras: *Quid David Hartley de consociatione idearum senserit*, 1872 (tese). — *L'hérédité psychologique*, 1873. — *La Psychologie anglaise contemporaine*, 1879. — *La Psychologie allemande contemporaine*, 1879. — *Les maladies de la mémoire*, 1881. — *Les maladies de la volonté*, 1883. — *Les maladies de la personnalité*, 1885. — *Psychologie de l'attention*, 1885. — *La psychologie des sentiments*, 1897. — *Essai sur l'imagination créatrice*, 1900. — *La logique des sentiments*, 1905. — *Essai sur les passions*, 1907. — *Problèmes de psychologie affective*, 1909. — *La vie inconsciente et les mouvements*, 1914.

Correspondência: R. Lenoir, "Lettres de T. R. à Alfred Espinas", *Revue de Philosophie Française*, 95 (1970), 165-173, 339-348; 165 (1975), 157-172.

Ver: S. Krauss, *T. Ribots Psychologie,* 1905. — G. Dumas, *Théodule R.,* 1925. — VV.AA., *Centenaire de T. R. Jubilé de la psychologie scientifique française,* 1939. — H. Baruk, *La psychiatrie française de Pinel à nos jours,* 1967. ⊂

RICARDO DE MIDDLETON ou Ricardus de Mediavilla († entre 1300 e 1309), chamado o *doctor solidus*, um dos mestres franciscanos de Oxford (VER), mestre também em Paris e preceptor, em Nápoles, dos filhos de Carlos II, mostrou, como todos os outros mestres oxonienses, uma decidida inclinação para a experiência — entendida, é claro, no mais amplo sentido, que inclui, como muito importante, a experiência interior — não contraposta de modo algum à especulação. As influências exercidas sobre ele por Santo Agostinho e São Boaventura não parecem, contudo, ser tão importantes como as que se manifestaram, por exemplo, em João Pecham. Com efeito, Ricardo de Middleton admite, sobretudo no problema do conhecimento mediante o intelecto agente e na demonstração da existência de Deus, posições muito próximas das sustentadas pelos dominicanos e particularmente por Santo Tomás de Aquino. É verdade que alguns autores assinalam que não há em Ricardo de Middleton uma "tendência tomista", mas sim o contrário, de modo que em toda a sua especulação se ateve estritamente às diretrizes marcadas pelas condenações de Tempier (1277) e de Roberto Kildwardby.

Isso se mostraria especialmente em sua recusa em admitir a matéria como princípio de individuação e em sua recusa da concepção do universal como algo que existe atualmente nos indivíduos. A distinção real entre a essência e a existência também era negada por Ricardo de Middleton; tal distinção era para ele uma *ditinctio rationis*. Tal como João Pecham e Duns Scot, Ricardo de Middleton considerava como *possível* a criação imediata por Deus de uma matéria sem forma. Isso posto, estas negações, e os interesses científicos que o aproximaram das teses antinecessitárias e voluntaristas que se abriram caminho em todo o século XIV tanto em Oxford como em Paris, não impediram que Ricardo de Middleton tentasse, por sua vez, uma síntese doutrinária na qual os elementos aristotélicos apareceram como que atenuados dentro de uma filosofia de tendência conciliadora. Na teoria do conhecer e na teologia, Ricardo de Middleton parece aproximar-se, pois, do tomismo; na teoria do mundo e dos compostos parece aproximar-se mais da tradição de São Boaventura, tal como foi elaborada pela maior parte dos mestres de Oxford.

⊃ Obras: entre as principais obras filosóficas e teológicas de Ricardo de Middleton figuram as *Quaestiones disputatae, Quodlibeta Tria,* um *Commentantum super IV libros Sententiarum* e um escrito *De Gradu Formarum*. — O *Comentário* apareceu editado em Veneza (1489, 1509), junto com os três *Quodlibeta* (os quais, além disso, foram editados separadamente: Veneza, 1507, 1509; Paris, 1510, 1591). Reimpressão da ed. de 1591, em 4 vols., do *Comentário das Sentenças*, 1963. — Uma das questões disputadas foi incluída na coleção de obras de São Boaventura impressa na edição de Quaracci, 1883.

Edição de textos inéditos: *Richard de Mediavilla et la controverse sur la pluralité des formes*, por R. Zavaloni, 1951, na série *Philosophes médiévaux,* II.

Bibliografia: Para os escritos de Ricardo de Middleton ver A. G. Little, *The Gray Friars in Oxford,* 1892.

Ver: Edg. Hocedez, *R. de M.: sa vie, ses oeuvres, sa doctrine,* 1925. — D. E. Sharp, *Franciscan Philosophy at Oxford in the Thirteenth Century,* 1930, pp. 211-276; reed., 1964. — Palmez Rucker, *Der Ursprung unserer Begriffe nach R. von M. Ein Beitrag zur Erkenntnislehre des Doctor Solidus,* 1934. — J. Resus, *Die theologische Tugend der Liebe nach R. von M.,* 1935. — R. Zavaloni, *op. cit. supra*. — F. A. Cunningham, "R. of M., O. F. M., on *esse* and essence", *Franciscan Studies,* 30 (1970), 49-76. — L. J. Bowman, "The Development of the Doctrine of the Agent Intellect in the Franciscan School of the Thirteenth Century", *Modern Schoolman,* 50 (1973), 251-279. ⊂

RICARDO DE SÃO VÍTOR († 1173), discípulo e seguidor de Hugo, seguiu também a tendência mística que aceitava integrar a si as chamadas ciências profanas e particularmente da meditação teológica. O agostinismo anselmiano ecoa com particular vigor na obra de Ricardo de São Vítor que, tal como Hugo, considera a *contemplatio*, e especialmente o último grau do *raptus mentis* ou *alienatio mentis*, como o termo final de uma escada ascendente cujos degraus inferiores podem ser a *cogitatio* e a *meditatio*. A preparação da alma para seu itinerário rumo a Deus não é, pois, incompatível com a elaboração teológica, inclusive dentro do veio da dialética. Mais ainda: a ascensão se verifica também por meio de uma espécie de analogia do real com o sensível, o qual efetivamente mostra algo, ainda que seja apenas sua carência ontológica. As provas da existência de Deus e dos mistérios utilizam todos esses acessos, elaborados num sentido muito parecido por Santo Tomás de Aquino, e isso a ponto de, pelo menos neste aspecto, o pensamento teológico de Ricardo parecer estar situado num caminho intermediário entre o anselmiano e o tomista, como está situado, em outros aspectos, numa via intermediária entre Santo Anselmo e Duns Scot.

⊃ Obras: os principais escritos teológicos de Ricardo de São Vítor são os seis livros *De Trinitate* e o tratado *De verbo incarnato*. — Os mais importantes escritos místicos são: *De praeparatione animi ad contemplationem seu Liber dictus Benjamin minor*. — *De gratia contemplationis seu Benjamin maior*. — *De statu interioris hominis*. — *De exterminatione mali et promotione boni*. — *De quatuor gradis violentae charitatis*.

Edição de obras em Veneza (1506). Outras edições: Veneza (1592), Paris (1518, 1540), Lião (1534), Colônia (1621), Ruão (1650). A edição de Ruão foi impressa por Migne, *Patrologia latina*, t. CLXXVII. — Edição de *Sermons et Opuscules spirituels inédits*, I, 1951, texto latino, introdução e notas por J. Chatillon e W. J. Tulloch. — Ed. *De quatuor gradis etc., Les quatre degrés de la violente charité*, introdução e notas de G. Dumeige, 1954. — Ed. de *Liber exceptionum*, por J. Chatillon, com introdução e notas, 1958 [Textes philosophiques du moyen âge, 5]. — *De Trinitate*, ed. crítica, introdução e notas por Jean Ribaillier, 1958 [Textes philosophiques du moyen âge, 6]. — *De Trinitate*, texto, tradução e notas por G. Salet, S. J., 1959.

Ver: Wilhelm Kaulich, *Die Lehren des Hugo und Richard von S. Victor*, 1864. — G. Buonamici, *Riccardo di S. Vittore: saggio di studi sulla philosophia mistica del secolo XII*, 1898. — J. Ebner, *Die Erkenntnislehre Richards von St. Victor*, 1907. — E. Kulesza, *La doctrine mystique de Richard de Saint Victor*, 1925. — Carmelo Ottaviano, "Riccardo di S. Vittore. La vita, le opere, il pensiero", em *Memorie della Reale Accademia naz. De Lincei*, 4 (1933). — Marcel Lenglart, *La théorie de la contemplation mystique dans l'oeuvre de Richard de Saint Victor*, 1935. — G. Dumeige, *R. de Saint Victor et l'idée chrétienne de l'amour*, 1952. — R. Roques, *Structure théologique de la Gnose à R. de S. V.*, 1962. — H. Wipfler, *Die Trinitätslehre und die Trinitätsspekulation des R. v. S. V.*, 1965. — J. Chatillon, *Trois opuscles spirituels de R. v. S. V.*, 1986. ⊂

RICHARDS, I. A. Ver Retórica; Signo; Símbolo; Simbolismo; Verdade.

RICHTER, RAOUL. Ver Wundt, Wilhelm.

RICKABY, JOHN. Ver Neo-escolástica.

RICKERT, HEINRICH (1863-1936). Nascido em Danzig, estudou em Estrasburgo e se "habilitou" para o ensino em Friburgo (1891). Foi "professor extraordinário" (1891-1894) e professor titular (1894-1916), como sucessor de Alois Riehl, em Friburgo. A partir de 1916 lecionou em Heidelberg, ocupando a cátedra deixada vaga com a morte de Widelband.

Rickert foi, junto com Windelband, um dos dois grandes representantes da escola neokantiana de Baden (ver Baden [Escola de]). Seu principal interesse foi a fundamentação epistemológica das ciências com base num exame filosófico crítico de sua estrutura e de suas relações mútuas.

Windelband havia distinguido o caráter nomotético das ciências naturais e o caráter idiográfico das ciências históricas. Rickert estabelece uma distinção em alguns aspectos similar e em outros distinta: as ciências se dividem em ciências generalizantes e ciências individualizadoras. Esta divisão não se funda tanto na natureza dos objetos considerados quanto no tipo de pensamento empregado. Em princípio, um mesmo objeto poderia ser considerado de dois pontos de vista: o generalizante e o individuador, no primeiro caso, é um objeto de alguma das ciências naturais, no segundo caso, um objeto de alguma das ciências culturais.

A divisão entre um modo de pensar generalizante e um modo de pensar individualizante está na base da divisão entre ciência natural e ciência cultural. A ciência natural trata seus objetos abstraindo dos casos particulares as leis gerais — ou formulando leis gerais que se aplicam a todos os casos particulares que caem dentro dela. A ciência cultural se ocupa do individual. Isto não quer dizer que a ciência cultural prescinda de relações de causalidade, mas estas relações são particulares e não gerais.

Enquanto a ciência natural se desenvolve com independência de valores e valorações, a ciência cultural está estreitamente relacionada com eles. Os valores não são, porém, o resultado de apreciações ou decisões subjetivas e, portanto, "arbitrárias". Se o fossem, então não se poderia evitar o relativismo tanto individualista como historicista. Rickert defende uma concepção objetiva e universal dos valores, isto é, a idéia, já proposta por Lotze, de que há valores universais que são realizados no curso da história.

A teoria dos valores objetivos e universais permite, segundo Rickert, compreender que há um possível enlace entre ciências culturais e ciências naturais. Com efeito, no reino da ciência natural, a verdade aparece como um "dever ser verdadeiro" e, por conseguinte, como um dos valores universais.

Rickert se opõe ao dogmatismo, por um lado, e ao ceticismo e ao historicismo, por outro. Ao dogmatismo censura a falta de crítica, sem a qual não se podem estabelecer bases epistemológicas firmes. Às outras tendências censura o fato de ignorarem a universalidade dos valores. Rickert se opõe também tanto ao pragmatismo como ao que se chamou "filosofia da vida". O pragmatismo se nega a reconhecer o caráter universal e objetivo dos valores. A filosofia da vida declara arbitrariamente que a vida é o valor supremo. Contra essas tendências, Rickert enfatiza a superioridade da "cultura objetiva" e proclama a necessidade de que os valores vitais "inferiores" se subordinem aos valores espirituais "superiores".

A crescente tendência de Rickert em destacar o caráter universal, objetivo e absoluto dos valores levou-o a uma concepção da filosofia como um "sistema" que permite inclusive esquadrinhar o "sentido da realidade". Rickert deixa manifesto que se trata de um sistema "aberto" e que em nenhum caso aspira a formar um sistema completo de categorias que abarque todas as ciências. Mas um sistema categorial é, segundo Rickert, uma boa defesa contra as névoas das filosofias da vida e da existência, assim como contra o "intuitivismo" da fenomenologia.

⊃ Obras: *Zur Lehre von der Definition*, 1888 *(Teoria da definição).* — *Der Gegenstand der Erkenntnis. Ein Beitrag zum Problem der philosophischen Transzendenz,* 1892; 6ª ed., 1928 *(O objeto do conhecimento. Contribuição ao problema da transcendência filosófica).* — *Die Grenzen der naturwissenschaftlichen Begriffsbildung. Eine logische Einleitung in die historischen Wissenschaften,* 1896-1902; 5ª ed., 1929 *(Os limites da conceituação naturalista. Introdução lógica às ciências históricas).* — *Kulturwissenschaft und Naturwissenschaft,* 1899. *Ciência cultural e ciência natural).* — *Die Probleme der Geschichtsphilosophie,* 1907 [publicado antes em *Festschrift Kuno Fischer,* 1904]; 3ª ed., 1924 *(Os problemas da filosofia da história).* — "Das Eine, die Einheit und die Eins. Bemerkungen zur Logik des Zahlbegriffs", *Logos,* 2 (1911-1912), 26-78; ed. separada, 1924 ("O Uno, a Unidade e o Um. Observações sobre a lógica do conceito de número"). — "Vom System der Werte", *Logos,* 4 (1913), 295-327 ("Do sistema dos valores"). — *System der Philosophie,* I: *Allgemeine Grundlegung der Philosophie,* 1921 *(Sistema da filosofia. Fundamentação geral da filosofia).* — *Die Philosophie des Lebens,* 1920; 2ª ed., 1922 *(A filosofia da vida).* — *Kant als Philosoph der modernen Kultur. Ein geschichtsphilosophischer Versuch,* 1924 *(Kant como filósofo da cultura moderna. Um ensaio histórico-filosófico).* — *Die Logik des Prädikats und das Problem der Ontologie,* 1930 *(A lógica do predicado e o problema da ontologia).* — *Die Heidelberger Tradition in der deutschen Philosophie,* 1931 *(A tradição de Heidelberg na filosofia alemã).* — *Grundprobleme der Philosophie, Methodologie, Ontologie, Anthropologie,* 1934 *(Problemas fundamentais de filosofia, metodologia, ontologia, antropologia).* — *Unmittelbarkeit und Sinndeutung. Aufsätze zur Ausgestaltung des Systems der Philosophie,* 1939 *(Imediatez e interpretação do sentido. Ensaios para a restruturação do sistema da filosofia.* Compilação póstuma de trabalhos publicados em *Logos* de 1925 a 1929).

Depoimento em *Deutsche systematische Philosophie nach ihren Gestaltern,* t. II (1934).

Ver: Fanny Lowtsky, *Studien zur Erkenntnistheorie. Rickerts Lehre über die logische Struktur der Naturwissenschaften und der Geschichte,* 1910 (tese). — O. Schlunke, *H. Rickerts Lehre vom Bewusstein. Eine Kritik,* 1912. — E. Spranger, "Rickerts System", *Logos,* 12 (1923). — W. Schirren, *Rickerts Stellung zum Problem der Realität,* 1923. — A. Dirksen, *Individualität als Kategorie. Ein logischerkenntnistheoritischer Versuch in Form einer Kritik der ausführlichern dargestellten Individualitätslehre Rickerts,* 1926. — A. Faust, *H. R. und seine Stellung innerhalb der Philosophie der Gegenwart,* 1927. — Federico Federici, *La filosofia dei valori di H. R.,* 1933. — Pedro Laín Entralgo, "El problema de la historiografía en R. e em Dilthey" (1942), em *Vestigios* (1948), pp. 201-233. — G. Ramming, *Karl Jaspers und H. R. Existentialismus und Wertphilosophie,* 1948. — A. Miller-Rostowska, *Das Individuelle als Gegenstand der Erkenntnis. Eine Studie zur Geschichtmethodologie H. Rickerts,* 1955. — Hermann Seidel, *Wert und Wirklichkeit in der Philosophie H. Rickerts. Ein kritischer Beitrag zur Theorie der Beziehung,* 1968. — H. Schnädelbach, *Philosophie in Deutschland 1831-1933,* 1983. — L. Kuttig, *Konstitution und Gegebenheit bei H. R.,* 1987. — G. Oakes, *Weber and R.: Concept Formation in the Cultural Sciences,* 1988. ⊂

RICOEUR, PAUL (1913). Nascido em Valence (Drôme), lecionou em vários Liceus (entre eles, Colmar, Nancy e Rennes) e nas Universidades da Sorbonne (1956-1966), Nanterre (1966-1970, da qual era reitor em maio de 1968) e Chicago (a partir de 1970). Embora não se possa situar Ricoeur estritamente dentro do movimento fenomenológico, cabe entender parte considerável de sua obra em relação ao método e temas da fenomenologia, tanto de Husserl como, e sobretudo, de Scheler e também de Pfänder. Pode-se compreendê-la também em relação a muitas idéias de Heidegger, Jaspers, Sartre e Merleau-Ponty. Em muitos casos, os pensamentos desenvolvidos por Ricoeur surgem de um diálogo crítico com os filósofos mencionados. Foi fundamental para Ricoeur, além disso, seu encontro com o pensamento de Gabriel Marcel e sua relação íntima com o grupo personalista de *Esprit* dirigido por Emmanuel Mounier.

É característica do pensamento de Ricoeur uma atitude essencialmente "afirmativa" perante o "negativismo" de alguns filósofos existenciais ou existencialistas. Essa atitude se refere primariamente à afirmação e, por assim dizer, reconciliação do homem inteiro com seu mundo, com o fim de superar o estádio no qual a unidade foi rompida (o estádio do "mundo rompido" nas palavras de Marcel). A reconstituição dessa unidade se efetua com base no reconhecimento do "mistério". Isso, porém, não significa entregar-se a uma filosofia irracionalista e obscura; o mistério não é para Ricoeur incompatível com a clareza, mas é ele que torna possível a clareza como clareza profunda. O emprego do método fenomenológico é indispensável para tal fim, pois apenas mediante o mesmo se pode chegar à compreensão dos fenômenos estudados. Esses fenômenos são para Ricoeur fenômenos humanos (na medida em que o humano está ligado ao mundo e suspenso no transcendente). Deles se ocupou Ricoeur, especialmente da vontade e do problema do mal.

No que diz respeito à vontade, Ricoeur tratou dos vários graus de ação voluntária (decisão, ação, consentimento), indicando em que aspectos cada um destes graus de ação voluntário é descritível e em que aspectos transcende toda descrição. Fundamental no exame de Ricoeur é a relação entre a consciência e o corpo, o que o levou a uma fenomenologia do corpo e a uma análise da distinção entre o subjetivo e o objetivo. O estudo da ação voluntária supõe igualmente um estudo do involuntário, que não é sempre o necessário, mas que enfrenta a questão da conciliação entre a vontade e a natureza. A liberdade é considerada como uma conciliação do voluntário e do involuntário.

No que diz respeito ao mal, Ricoeur retomou a questão da vontade, mas desta vez em relação com "a falta", que alterou as condições ou estruturas do voluntário e do involuntário. Isso equivale a uma análise do homem como "ser falível" (falibilidade que não consiste somente na orientação para o mal mas também na queda no erro). O estudo das estruturas da falibilidade leva a um exame mais fundo da realidade humana com seus diversos poderes "teóricos" (entendimento, imaginação etc.) e "práticos" (decisão, escolha etc.), os quais estão intimamente relacionados entre si. A base do mencionado estudo é uma descrição das diversas dimensões da "falta" (mancha, pecado, culpa), que leva Ricoeur, entre outras coisas, a distinguir "culpa" e "pecado", mas que o leva também a tratar de arraigar estas dimensões no fato fundamental do "servo arbítrio". A explicação deste fato é usualmente mítica, e Ricoeur procede, de acordo com isso, a examinar os diversos mitos, e em particular os quatro mitos fundamentais (o da criação, o do Deus mau, o da queda e o da alma desterrada) que apareceram no âmbito do pensamento cristão ou para-cristão. Esses mitos estão estreitamente relacionados entre si, e cada um deles leva ao outro sem que nenhum possa ser eliminado dentro de sua estrutura "circular".

A primeira "fase" no pensamento de Ricoeur culmina na "filosofia da vontade" acima esboçada. Nessa fase, Ricoeur fez uso de uma fenomenologia eidética, evitando a cada passo todo possível "desvio" rumo a um idealismo como o representado em algumas das obras de Husserl. Em uma segunda "fase", Ricoeur, sem abandonar a fenomenologia, desenvolveu um pensamento fortemente inclinado para uma hermenêutica. Seguindo as pegadas de Heidegger e, sobretudo, de Hans-Georg Gadamer, ainda que separando-se destes autores em muitos pontos, Ricoeur explorou a condição ontológica da compreensão (VER). Contra a pretensão husserliana de uma intuição básica, Ricoeur insistiu na mediação da interpretação. Esta não é somente uma exegese de textos — mesmo que essa exegese represente, no entender do autor, uma espécie de chave para penetrar no processo hermenêutico —; a compreensão é compreensão da existência na forma quase dialética da "pertença" e da "distância". A interpretação não é para Ricoeur a inserção de uma subjetividade num contexto objetivo e não é tampouco uma espécie de "simpatia" que torna possível entender intenções alheias. Trata-se, antes, de recobrar, mediante a interpretação, o mundo mesmo, que é então descoberto. A hermenêutica vai, pois, além da fenomenologia. Mas ao mesmo tempo a fenomenologia se funda numa atitude hermenêutica, de modo que cabe falar de "fenomenologia hermenêutica". A fenomenologia abre o caminho rumo ao "sentido", que a hermenêutica conquista e recupera mediante os movimentos da pertença (similar à "realidade vivida") e da distância (similar ao "isolamento entre parênteses"). Por integrar a experiência histórica, a hermenêutica torna possível não somente a compreensão do sujeito no mundo mas também a chamada "crítica das ideologias". Assim, o debate entre a hermenêutica de Gadamer e a crítica das ideologias de Habermas é vista por Ricoeur como uma reflexão crítica, e possivelmente dialética, no próprio interior da fenomenologia hermenêutica. Longe de rejeitar a crítica, a hermenêutica a acolhe. Ricoeur reconhece que a hermenêutica gadameriana das tradições não é, estritamente falando, compatível com uma crítica das ideologias encaminhada a eliminar os preconceitos. Mais ainda: é preciso, segundo Ricoeur, que cada uma destas duas atividades explore seu próprio terreno sem confundir-se com a outra. Todavia, o fato de a hermenêutica poder ser crítica e de poderem ser descobertos pressupostos hermenêuticos da crítica parece tornar possível, senão uma união, ao menos uma relação dialética entre ambas. A relação hermenêutica — dentro do processo da "interpretação" — se dá, também, segundo Ricoeur, entre a explicação e a compreensão (VER).

•• Na mais recente etapa de seu pensamento, Ricoeur entrou em diálogo com o pensamento analítico —

em boa parte por causa de seus cursos anuais nos Estados Unidos —, interessando-se crescentemente pelos problemas da análise da linguagem. Também seu interesse pela reflexão moral e política se acentuou. ••

⇒ Principais escritos: "L'attention: Étude phénoménologique de l'attention et de ses connexions philosophiques", *Bulletin du Cercle Philosophique de l'Ouest*, 4 (janeiro-março 1940), 1-28. — *K. Jaspers et la philosophie de l'existence*, 1947 [com M. Dufrenne, pp. 173-393 são de P. R.]. — *Gabriel Marcel et Karl Jaspers: Philosophie du mystère et philosophie du paradoxe*, 1948. — "Le renouvellement de la philosophie chrétienne par les philosophies de l'existence", em *Le problème de la philosophie chrétienne*, 1949, pp. 43-67. — "Husserl et le sens de l'histoire", *Revue de Métaphysique et de Morale*, 54 (1949), 280-316. — *Philosophie de la volonté, 1. Le volontaire et l'involontaire*, 1950. — "Analyses et problèmes dans *Idées II* de Husserl", *Revue de Métaphysique et de Morale*, 56 (1951), 357-394, e 57 (1952), 1-16. — "Étude sur les *Méditations Cartésiennes* de Husserl", *Revue Philosophique de Louvain*, 52 (1954), 75-109. — *Histoire et Vérité*, 1955; 3ª ed., 1967 [coletânea de artigos, entre eles: "Objectivité et subjectivité en histoire" (1953), "L'histoire de la philosophie et l'unité du vrai" (1954), "Le christianisme et le sens de l'histoire" (1951), "Vérité et mensonge" (1951), "Travail et Parole" (1953), "Vraie et fausse angoisse" (1953)]. — "Négative et affirmation originaire", em *Aspects de la dialectique*, 1956, pp. 101-124. — *Être, essence et substance, chez Platon et Aristote*, 1957 [Les Cours de la Sorbonne; mimeo.]. — *Philosophie de la volonté, 2. Finitude et Culpabilité:* I. *L'homme faillible*, 1960; II. *Le symbolique du mal*, 1960. — "Histoire de la philosophie et historicité", conferência de P. R. seguida de discussão em *L'histoire et ses interprétations. Entretiens autour de A. Toynbee sous la direction de R. Aron*, 1961 [Congrès et Colloques. III. Centre culturel international de Cerisy-la-Salle, 10/19.VII.1958]. — "Herméneutique des symboles et réflexion philosophique", conferência de P. R. seguida de discussão em *Archivio di Filosofia* [Il problema della Demitizzazione. Atti del Convegno. Roma, 16/21.I.1961], 1961. — "Herméneutique et réflexion", *ibid.*, 11/16.I.1962. — *La pensée sauvage et le structuralisme*, 1963. — *De l'interprétation: Essai sur Freud*, 1965. — *Structuralisme: Idéologie et méthode*, 1967 (coletânea de ensaios). — *Le conflit des interprétations: Essais d'herméneutique*, 1969 (coletânea de trabalhos). — *La métaphore vive*, 1975 (ensaios). — *Le discours de l'action*, 1977. — *La sémantique de l'action*, 1977 (com D. Tifeneau). — *Temps et récit*, 3 vols., I, *Temps et récits*, 1983; II, *La configuration du temps dans le récit de fiction*, 1984; III, *Le temps raconté*, 1985. — *Du texte à l'action. Essais d'herméneutique II*, 1986. — *À l'école de la phénoménologie*, 1986. — *Soi-même comme un autre*, 1990. — *Amour et justice. Liebe und Gerechtigkeit*, 1990. — *Lectures 1. Autour du politique*, 1991 [arts. e prólogos de tema político]. — *Lectures 2. La contrée des philosophes*, 1992 [1ª parte sobre pensadores da existência; 2ª parte sobre autores e temas de poética, semiótica, retórica]. — *Lectures 3. Aux frontières de la philosophie*, 1994 [arts. e trabalhos de 1952 a 1992]. — Também, *Entretiens P. R. — Gabriel Marcel*, 1968.

Há vários livros de R. em inglês que não foram publicados em francês, embora de alguns deles haja antecipações em artigos franceses: *Husserl: An Analysis of His Phenomenology*, 1967 (ensaios, 1949-1957). — *Political and Social Essays*, 1974, ed. David Stewart e Joseph Bien. — *Interpretation Theory: Discourse and the Surplus of Meaning*, 1976 [Centennial Lectures na Texas Christian University, Forth Worth, Texas, 1973]. — *Lectures on Ideology and Utopia*, 1986.

Em português: *O conflito das interpretações*, 1978. — *A crítica e a convicção*, 1997. — *As culturas e o tempo*, 1975. — *Da interpretação*, 1977. — *O discurso da ação*, 1988. — *Do texto à ação*, 1989. — *História e verdade*, 1968. — *Ideologia e utopia*, 1991. — *Indivíduo e poder*, 1988. — *Interpretação e ideologias*, 1990. — *Leituras 1 — Em torno do político*, 1995. — *Leituras 2 — A região dos filósofos*, 1996. — *Leituras 3 — Nas fronteiras da filosofia*, 1996. — *O mal*, 1998. — *A metáfora viva*, 2000. — *Outramente*, 1999. — *O si mesmo como um outro*, 1991. — *Tempo e narrativa 1*, 1994. — *Tempo e narrativa 2*, 1995. — *Tempo e narrativa 3*, 1997. — *Teoria da interpretação*, 1987.

Bibliografia: Dirk F. Vansina, "Bibliographie de P. R.", *Revue philosophique de Louvain*, 60 (1962), 394-413, 66 (1968), 85-101, 72 (1974), 156-181. — François Lapointe, "A Bibliography on P. R.", *Philosophy Today*, 16 (1972) 28-33. — D. F. Vansina, *Paul Ricoeur. Bibliographie systématique de ses écrits et des publications consacrées à sa pensée (1935-1984)*, 1985.

Ver: Herbert Spiegelberg, *The Phenomenological Movement*, vol. II, 1960, pp. 563-570. — Alphonse de Waelhens, "Pensée mythique et philosophie du mal", *Revue philosophique de Louvain*, 62 (1961), 315-347. — Discussão sobre a *Philosophie de la volonté*, I (1960), em "L'unité du volontaire et de l'involontaire", *Bulletin de la Société Française de Philosophie*, 45 (1961). — Francesca Guerrera Brezzi, *Filosofia e interpretazione: Saggio sull'ermeneutica restauratrice di P. R.*, 1969. — Don Ihde, *Hermeneutic Phenomenology: The Philosophy of P. R.*, 1971. — Michel Philibert, *P. R. ou La liberté selon l'espérance*, 1971. — David M. Rasmussen, *Mythic-Symbolic Language and Philosophical Anthropology: A Constructive Interpretation of the Thought of P. R.*, 1971. — L. Asciutto, *Volontà e corpo proprio nella fenomenologia di P. R.*, 1973. — Rosarie Bergeron, *La vocation de la liberté dans la philosophie de P. R.*, 1974. — Patrick L. Bourgeois, *Extension of Ricoeur's Hermeneutic*, 1974. — M. Peñalver Simó,

La búsqueda del sentido en el pensamiento de P. R., 1978. — S. Skousgaard, *Language and the Existence of Freedom: A Study in P. R.'s Philosophy of Will*, 1979. — R. Solomon, R. Zaner et al., *Studies in the Philosophy of P. R.*, 1979, ed. Ch. E. Reagan (com prefácio de P. R. e bibliografia atualizada por F. Lapointe e F. Vansina). — T. M. Van Leeuwen, *The Surplus of Meaning: Ontology and Eschatology in the Philosophy of P. R.*, 1981. — D. E. Klemm, *The Hermeneutical Theory of P. R.: A Constructive Analysis*, 1983. — D. Jervolino, *Il cogito e l'ermeneutica. La questione del soggetto in R.*, 1984. — Os arts. de *Esprit*, 12/7 e 8 (1988) dedicados a P. R. — M. Raden, *Das relative Absolute. Die theologische Hermeneutik P. R.s*, 1988. — K. J. Vanhoozer, *Biblical Narrative in the Philosophy of P. R.: A Study in Hermeneutics and Theology*, 1990. — S. Clark, *P. R.*, 1991. — L. Dornisch, *Faith and Philosophy in the Writings of P. R.*, 1991. — M. A. Villaverde, *El discurso filosófico: Análisis desde la obra de P. R.*, 1993. ⊃

RIEHL, ALOIS (1844-1924). Nascido em Bozen (Tirol), foi "professor extraordinário" de filosofia (1873-1878) e professor titular (1878-1882) em Graz, e também professor em Friburgo (Alemanha) (1882-1896), Kiel (1896-1898), Halle (1898-1905) e Berlim (a partir de 1905). Seu pensamento oscilou entre o kantismo e o positivismo, elementos inseparáveis para Riehl da crítica filosófica das ciências. O kantismo ensina que o conhecimento é uma síntese; o positivismo, que não há outro saber possível senão o saber das relações fenomênicas. A filosofia se reduz, portanto, à teoria do conhecimento e deve eliminar, como infundada, a metafísica. A teoria do conhecimento é "a ciência fundamental". Ora, o tipo de conhecimento do qual deve partir a teoria do conhecimento é o conhecimento empírico (sempre que se entenda por 'empírico' o tipo de saber que inclui as percepções sensíveis e as operações por meio das quais tais percepções se ordenam, comparam etc.). As percepções não são "imanentes" ao sujeito percipiente, porque uma percepção se justifica como tal porque há, ou pode haver, um objeto percebido. Esse objeto não é uma "coisa em si"; é uma realidade cognoscível. Não é tampouco o resultado de uma atividade sintética do sujeito. Riehl recusa todas as interpretações idealistas do kantismo para defender uma interpretação muito próxima do que foi chamado "realismo (VER) crítico".

O tipo exemplar de conhecimento é, segundo Riehl, o conhecimento proporcionado pelas ciências. Estas empregam um método comum, de modo que não se pode aceitar nenhuma divisão das ciências em ciências da Natureza e ciências do espírito. No entanto, isso não significa que para Riehl toda a realidade se reduza ao mundo de objetos conhecidos pelas ciências naturais. Embora o método para o conhecimento do espiritual seja, no fundo, o mesmo que se usa para o conhecimento do natural, o espiritual possui certas características próprias. Uma delas é que no mundo do espírito se levam a cabo valorações. Estas constituem o fundamento de todas as manifestações culturais (fundadas, por outro lado, no mundo natural). Além disso, quando se considera a Natureza em conjunto, pode-se aplicar a ela também a idéia de valor.

A partir de uma crítica das ciências, Riehl desenvolveu, pois, uma filosofia que, negando todo pressuposto metafísico, estava vinculada ao que se chama "concepção do mundo". A "concepção do mundo" defendida por Riehl era um "monismo filosófico", por meio do qual esse autor aspirava a superar todo dualismo, especialmente o dualismo entre o físico e o psíquico.

⊃ Obras: *Realistische Grundzüge*, 1870 *(Traços realistas fundamentais).* — *Moral und Dogma*, 1871. — *Über Begriff und Form der Philosophie*, 1872 *(Sobre o conceito e forma da filosofia).* — *Der philosophische Kritizismus und seine Bedeutung für die positive Wissenschaft. I. Geschichte und Methode des philosophischen Kritizismus*, 1876; II, 1. *Die sinnlichen und logischen Grundlagen der Erkenntnis*, 1879; II, 2. *Zur Wissenschaftslehre und Metaphysik*, 1887; 2ª e 3ª eds., 1924-1926 *(O criticismo filosófico e sua significação para a ciência positiva. I. História e método do criticismo filosófico; II. 1. Os fundamentos sensíveis e lógicos do conhecimento; II. 2. Para a doutrina da ciência e a metafísica).* — *Lessing*, 1882. — *Über wissenschaftliche und nichtwissenschaftliche Philosophie*, 1883 *(Sobre filosofia científica e não-científica).* — *Beiträge zur Logik*, 1892 *(Contribuições à lógica).* — *F. Nietzsche*, 1897; 8ª ed., 1923. — *G. Bruno*, 1900. — *R. Haym*, 1902. — *Zur Einführung in die Philosophie der Gegenwart*, 1903 *(Para a introdução à filosofia contemporânea).* — *I. Kant*, 1904. — *H. von Helmholtz und Kant*, 1904. — *Plato*, 1905. — *Logik und Erkenntnistheorie*, em W. Dilthey e outros, *Systematische Philosophie*, 1907 [Die Kultur der Gegenwart, I, 6] *(Lógica e teoria do conhecimento).* — *Philosophische Studien*, 1925 *(Estudos filosóficos).*

Ver: G. Lehmann, *Die grundwissenschaftliche Kritik des Phänomenalismus erörtert am kritischen Realismus Riehls*, 1913 (tese). — L. Ramlow, *A. R. und Spencer*, 1933 (tese). — M. Jung, *Der neukantianische Realismus von A. R.*, 1973. ⊃

RIEMANN, GEORG FRIEDRICH BERNHARD (1826-1866). Nascido em Breselenz, Hannover, estudou em Göttingen e Berlim. Foi *Privatdozent* (1853-1857), "professor extraordinário" (1857-1859) e professor titular (a partir de 1859) na Universidade de Göttingen, como sucessor de Dirichlet. Desde muito cedo se destacou com sua teoria das funções analíticas de uma variável complexa, que constituiu sua tese de 1851. Por basear-se em idéias de Cauchy, conhecemos as equações resultantes com o nome de "equações de Cauchy-Riemann". A fama principal de Riemann se deve a seu desenvolvimento de uma das geometrias não-euclidianas e à sua teoria do espaço. Riemann supôs que as linhas consideradas "paralelas" coincidem em algum ponto, negando-se com isso que haja linhas paralelas. Negando, junto com o quinto, o segundo postulado de Euclides, Riemann supôs que a linha tem uma longitude finita (como ocorre com a linha de um círculo). A geometria não-euclidiana de Riemann é uma geometria elíptica, em que a soma dos ângulos internos de um triângulo (que na geometria euclidiana seria retângulo) é maior que dois ângulos retos. A teoria do espaço de Riemann é uma teoria não uniforme do espaço, que desempenhou um importante papel na teoria da relatividade de Einstein. Os espaços uniformes são casos particulares dos espaços riemannianos. A geometria do espaço riemanniana é conhecida com o nome de "geometria riemanniana"; um caso especial dessa geometria é a geometria não-euclidiana de Riemann. Por sua vez, a geometria de espaços riemannianos é um caso especial de uma geometria mais geral não-riemanniana (mas não-euclidiana).

↪ As obras matemáticas, *Gesammelte mathematische Werke*, de R., foram publicadas em 1876 e foram reimp. em 1953. A tese de 1851 leva por título: *Grundlagen einer allgemeinen Theorie der Funktionen einer veränderlichen complexen Grösse (Fundamentos de uma teoria geral das funções de uma magnitude variável complexa).* ↩

RIET, GEORGES VAN. Ver Neotomismo.

RIGNANO, EUGENIO (1870-1930). Nascido em Livorno, começou interessando-se por questões sociais e econômicas, que tratou do ponto de vista de um socialismo científico, muito próximo ao de Marx. Distinguiu-se depois por seus trabalhos de filosofia da ciência, especialmente de biologia, e por seus estudos de psicologia do raciocínio. Rignano se orientou rumo a um empirismo biologista e esboçou uma teoria biológica, ou psicobiológica, do conhecimento. Opôs-se ao vitalismo na medida em que negou a existência de forças ocultas ou enteléquias de qualquer espécie, mas também ao mecanicismo na medida em que tratou de explicar os processos vitais nos termos de uma energia caracterizada por ser uma propriedade "mnemônica", isto é, uma propriedade interna aos organismos e que funciona à maneira de um "código vivente" que estabelece as regras de comportamento. A propriedade "mnemônica" procede em última análise do mundo externo, mas se incorporou e se interiorizou no organismo.

Rignano interessou-se muito pela síntese das ciências. Isso o levou a fundar em 1907 a influente revista *Scienza*.

↪ Principais obras: *Di un socialismo in accordo con la dottrina economica liberale*, 1901. — *La sociologia nel corso di filosofia positiva di A. Comte*, 1904. — *Sulla trasmissibilità dei caratteri acquisiti, ipotesi di una centro-epigenesi*, 1907. — *Essais de synthèse scientifique*, 1912. — *Psicologia del ragionamento*, 1920. — *La memoria biologica. Saggio di una nuova concezione filosofica della vita*, 1922. — *La vita nel suo aspetto finalistico*, 1925. — *Che cosa è la vita? Nuovi saggi di sintesi biologica*, 1926. — *Problemi della psiche*, 1928. — *Il fine dell'uomo. Prime linee fondamentali di un sistema di morale fondato sull'armonia della vita*, 1928. ↩

RIG-VEDA. Ver Veda.

RIGORISMO. O rigorismo foi entendido primariamente como designação de uma certa espécie de moral: a moral rigorista se opunha à moral laxa. Em um sentido muito parecido Kant usou o conceito ao referir-se aos *rigoristas (Rigoristen)* e ao opô-los aos *latitudinários (Latitudinarien)*. Em sua obra *Die Religion innerhalb der Grenzen der blossen Vernunft* (1793) — *A religião dentro dos limites da simples razão* —, Kant assinala que embora a experiência mostre que a proposição disjuntiva "O homem é por natureza ou moralmente bom ou moralmente mau" não corresponde à realidade e que esta se encontra, ao que parece, nos extremos, convém de todo modo evitar admitir em ética algo moralmente intermédio, seja nas ações, seja no caráter humano. Convém ser, pois, rigorista e não latitudinário, seja latitudinário da neutralidade (indiferentista) ou da combinação (sincretista). Isso ocorre porque a liberdade da vontade possui uma natureza única, já que um incentivo pode determinar a vontade à ação "só na medida em que o indivíduo a incorporou a sua máxima" (ver Máxima). A disposição a respeito da lei moral jamais pode ser indiferente, nunca se pode dizer moralmente de algo que é "nem bom nem mau". Tampouco se pode dizer de um sujeito que é moralmente bom em alguns aspectos e mau em outros.

Deve-se admitir que se o rigorismo se opõe ao eudemonismo (ver), ele não se opõe menos — na mente de Kant — ao ascetismo e ao espírito simplesmente monástico. Kant contesta a objeção formulada por Schiller, em sua obra sobre a graça e a dignidade contra as concepções rigoristas, indicando que o rigorismo se refere à estrita submissão à lei moral e de modo algum à mortificação ou, melhor dizendo, à automortificação. A majestade da lei moral não inclui, certamente, a graça, mas tampouco o temor, inspira o respeito e desperta o sentido da sublimidade.

RINTELEN, FRITZ-JOACHIM VON (1898-1979). Nascido em Stettin. De 1934 a 1936 foi professor de filosofia em Bonn; de 1936 a 1941, quando teve de abandonar a cátedra por oposição ao regime nacional-socialista, foi professor em Munique. Em 1946 foi nomeado professor em Mainz. Von Rintelen ocupou-se principalmente do problema dos valores, no começo guiado por uma análise do pensamento de Troeltsch e em seguida em estreita relação com toda a teoria axiológica contemporânea. Von Rintelen propõe uma doutrina dos valores na qual a dor é identificada com o conceito do Bem e na qual o valor concreto é considerado como "um conteúdo significativo qualitativo que se fez concreto" e que constitui o objetivo de uma "aspiração consciente ou inconsciente". O conceito de valor possui, segundo von Rintelen, "uma dimensão vertical de profundidade". A esfera do valor pode ser impessoal (Natureza) ou pessoal (espírito, atos psíquicos). Na primeira esfera predomina o ser sobre o valor; na segunda ocorre o inverso. A história é considerada por von Rintelen como o processo de realização de valores até chegar ao valor supremo. À luz de sua axiologia e filosofia da história, von Rintelen submeteu à crítica a filosofia atual, que é considerada por ele como uma filosofia da finitude. Isso é próprio não somente das tendências existencialistas, mas também das cientificistas. Isso posto, a concepção da finitude deve, segundo von Rintelen, ser superada por uma filosofia do espírito, da pessoa e da transcendência baseada na "plenitude do livre espírito vivente", que supere definitivamente todas as artificiosas limitações do pensamento atual.

⊃ Obras: *Pessimistische Religionsphilosophie der Gegenwart,* 1924 *(A atual filosofia pessimista da religião* [sobre E. von Hartmann]). — *Der Versuch einer Überwindung des Historismus bei E. Troeltsch,* 1929 *(O ensaio de uma superação do historicismo por E. T.).* — *Das philosophische Wertproblem: I. Der Wertgedanke in der europäischen Geistesentwicklung, 1. Altertum und Mittelalter,* 1932 *(O problema filosófico do valor: I. A idéia de valor na evolução espiritual européia. 1. Antigüidade e Idade Média).* Há edição inglesa, muito aumentada, com o título *Values in European Thought,* 1972. — *Albert der Deutsche und Wir,* 1935 *(Alberto, o alemão, e nós).* — *Dämonie des Willens,* 1947 *(O demônio da vontade).* — *Von Dionysos zu Apollon. Der Aufstieg im Geiste,* 1948 *(De Dioniso a Apolo. A ascensão no espírito).* — *Philosophie der Endlichkeit als Spiegel der Gegenwart,* 1951; 2ª ed., 1961 *(Filosofia da finitude como espelho do presente).* Na intenção do autor, essas três últimas obras formam uma trilogia. — *Goethe als abendländischer Mensch,* 1948; 2ª ed., 1949 *(Goethe como homem ocidental).* — *Der Rang des Geistes. Goethes Weltverständnis,* 1956 *(O lugar do espírito: a compreensão do mundo por Goethe).* — *Der europäische Mensch,* 1958 *(O homem europeu,* [três conferências]*).* — *Humanidad y espíritu occidental,* 1962 [conferências na Universidade de Nuevo León, México, julho de 1962, mais dois estudos]. — *Philosophie des lebendigen Geistes in der Krise der Gegenwart,* 1977.

Bibliografia em *Zeitschrift für philosophische Forschung,* 22 (1968), 290-298.

Ver: R. Wisser, "Klassische Geistphilosophie und die existenzphilosophische Bewegung. Eine auseinandersetzung im Denken F.-J. von Rintelens", *Giornale di Metafisica,* 10 (1955), 886-902. — Id., "Weltwirklichkeit und Sinnverständnis. Gedanken zur Philosophie von F. J. von R.", *Sinn und Sein. Ein philosophisches Symposion,* 1960, ed. R. Wisser, pp. 611-708. — Abraham Waismann e Jorge Orgaz, eds., *Homenaje a F.-J. von R.,* 1966 (com uma dissertação do homenageado sobre "Homem, valor e realidade"). ⊂

RÍOS [URRUTI], FERNANDO DE LOS. Ver Krausismo.

RITCHIE, DAVID GEORGE. Ver Hegelianismo.

RITSCHL, ALBRECHT (1822-1889). Nascido em Berlim, estudou em Bonn e em Halle. Depois de travar contato com Ferdinand Christian Baul (VER), inclinou-se em favor das idéias teológicas da chamada "Escola de Tübingen", que constituíram, junto com seu ensino, a base para a chamada Escola de Göttingen. Base do pensamento de Ritschl é a separação kantiana entre o saber e a fé. Esta separação permite, segundo Ritschl, dar inteira "liberdade" à ciência para proceder de acordo com seus próprios métodos, mas também à fé para desenvolver-se fora de todo possível ataque da ciência. Com efeito, a fé não completa o que a ciência ou a própria metafísica esboçam. É o produto de uma experiência básica, de um sentimento de impotência e dependência do homem em relação a Deus.

Mas a fé está dentro de um conflito peculiar seu, diferente de todos os demais conflitos. Ele pode ser expresso na questão de como é possível, sendo cristão, levar uma vida moral livre e autônoma e ao mesmo tempo reconhecer a dependência de Deus e de sua graça, liberal e misteriosamente outorgada ao homem. No centro da resposta de Ritschl encontra-se a doutrina da justificação e salvação do homem por Deus. Esta doutrina constitui o fundamento da vida cristã e de todo o desenvolvimento do cristianismo. Mas uma vez reconhecida esta doutrina, surge então outro conflito: o que há entre a vivência cristã da justificação do homem por Deus e os dogmas produzidos com o fim de expressar e explicar tal justificação. Esse conflito é resolvido por Ritschl destacando o caráter opressor e até certo ponto falsificador da dogmática. Os dogmas são o morto em face do vivo da crença e da vivência religiosas. Isso, contudo, não equivale a fazer de tal crença e vivência um fato puramente individual e subjetivo. Ritschl enfatiza que o advento do reino de Deus é um fato que afeta a todos os homens e, portanto, é um fato de algum modo "social".

Entre os discípulos de Ritschl se destacaram Johann Wilhelm Hermann (nascido em Melkow, 1846-1922: *Die Metaphysik in der Theologie,* 1876; *Die Religion in ihrem Verhältnis zum Welterkennen und zur Sittlichkeit,* 1879; *Verkehr der Christen mit Gott,* 1886; *Ethik,* 1901), Julius Wilhelm Kaftan (nascido em Loit, 1848-1926: *Das Wesen der christlichen Religion,* 1881; *Dogmatik,* 1897; *Philosophie des Protestantismus,* 1917) e, sobretudo, Adolf von Harnack (VER) e E. Troeltsch (VER).

◘ Obras: *Das Evangelium Marcions*, 1846 *(O Evangelho de Marcião).* — *Die christliche Lehre von der Rechtfertigung und Versöhnung*, 3 vols., 1870-1874; 4ª ed., 1900-1905 *(A doutrina cristã da justificação e expiação).* — *Schleiermachers Reden über die Religion,* 1874 *(Os discursos sobre a religião, de Schleiermacher).* — *Die christliche Vollkommenheit,* 1874; nova ed. por Fabricius, 1924 *(A perfeição cristã).* — *Geschichte des Pietismus*, 3 vols., 1880-1886 *(História do pietismo).* — *Theologie und Metaphysik,* 1881.
Edição de ensaios reunidos: *Gesammelte Aufsätze,* 1893-1896.

Ver: Fricke, *Metaphysik und Dogmatik in ihrem gegenseitigen Verhältnisse, unter besonderer Beziehung auf die Ritschl'sche Theologie*, 1882. — L. Stählin, *Kant, Lotze, A. R. Eine kritische Studie,* 1888. — R. Esslinger, *Die Erkenntnistheorie Ritschls*, 1891 (tese). — O. Ritschl, *A. Ritschls Leben*, 1892. — E. Pfennigsdorf, *Vergleich der dogmatischen Systeme von R. A. Lipsius und A. R.*, 1896. — G. Ecke, *Die theologische Schule A. Ritschls*, I, 1897; II, 1904. — J. Steinbeck, *Das Verhältnis von Theologie und Erkenntnistheorie erörtert an R. und Sabatier*, 1898. — J. Wendland, *A. R. und seine Schüler im Verhältnis zur Theologie, zur Philosophie, zur Frömmigkeit unserer Zeit*, 1899. — A. T. Swing, *The Theology of A. R.*, 1901. — C. Fabricius, *Die Entwicklung in A. Ritschls Theologie von 1874 bis 1889 nach den verschiedenen Auflagen seiner Hauptwerke dargestellt und beurteilt*, 1909. — W. Weber, *Die Frage der Rechtfertigung in der Theologie A. Ritschls,* 1940 (tese). — Gösta Hök, *Die elliptische Theologie A. Ritschls*, 1942. — Paul Wrzecionko, *Die philosophischen Wurzeln der Theologie A. Ritschls. Ein Beitrag zur Problem des Verhältnisses von Theologie und Philosophie im XIX Jahrhundert*, 1964. — Rolf Schäfer, *R. Grundlinien eines fast verschollenen dogmatischen Systems*, 1968. ◘

RIVA AGÜERO, JOSÉ DE LA. Ver DEÚSTUA, ALEJANDRO OCTAVIO.

RIVERA PASTOR, FRANCISCO. Ver KRAUSISMO.

ROBERTO DE MELUN († ca. 1167). Estudou em Paris com Hugo de São Vítor e talvez com Abelardo, a quem sucedeu na Escola de Artes de Santa Genoveva. Transferiu-se em seguida para Melun, onde ensinou dialética e teologia. Pouco mais de uma década antes de sua morte dirigiu-se para a Inglaterra, onde foi arcediago (em Oxford) e bispo (de Hereford). A principal obra de Roberto de Melun são dois livros de *Sentenças* que constituem uma ampla *Summa* de teologia e fazem do autor um dos principais sentenciários ou sumistas (ver SUMAS) da época. As influências mais visíveis na citada obra de Roberto de Melun são as de Abelardo e de Hugo de São Vítor. Essas influências se refletem principalmente na forma da obra — que foi freqüentemente resumida e citada —, isto é, na organização das questões e nas relações estabelecidas entre os problemas teológicos e as discussões e soluções filosóficas. Devemos, além disso, a Roberto de Melun as seguintes obras teológicas: *Quaestiones de divina pagina* e *Quaestiones de Epistolis Pauli.*

◘ Edição de obras por R. M. Martin: *I. Quaestiones de divina pagina*, 1932; *II. Quaestiones de Epistolis Pauli*, 1938; *III. Sententiae,* 1947. — Edição e comentário da Cristologia em Fr. Anders, *Die Christologie der R. von Melun*, 1926.

Ver: M. Grabmann, *Geschichte der scholastichen Methode*, II, 323-358. — R. M. Martin, "L'immortalité de l'âme d'après R. de M.", *Revue Néoscolastique,* 36 (1934), 128-145. — P. W. Nash, "The Meaning of 'Est' in the Sentences (1152-1160) of R. of M.", *Mediaeval Studies*, 14 (1952), 129-142. — U. Horst, *Die Trinitäts- und Gotteslehre des R. von M.*, 1964. — D. E. Luscombe, *The School of Peter Abelard: The Influence of Abelard's Thought in the Early Scholastic Period*, 1969. ◘

ROBERTO GROSSETESTE ou Lincolnense (ca. 1175-1253). Nascido em Stradbroke, Suffolk, estudou em Lincoln e Oxford, foi professor em Oxford, provavelmente estudou teologia em Paris, e foi de novo (1214) professor em Oxford e *Magister scholarum* ou Chanceler da Universidade (cargo que foi o primeiro, ou um dos primeiros, a ocupar). Em 1229 foi nomeado arcediago de Leicester e em 1235 eleito bispo da sé de Lincoln. Grosseteste ensinou filosofia aos franciscanos e é considerado por isso como um dos "fundadores" da Escola de Oxford (VER) do século XIII. Sua ontologia baseia-se principalmente na tese da composição de potência e ato em todos os seres, exceto no ser absoluto — de quem unicamente o ser pode predicar-se como algo atual absolutamente —, mas considera ao mesmo tempo a potência como algo que pode ser ativo e passivo. Ora, a originalidade do pensamento de Grosseteste se manifesta sobretudo em sua conhecida teoria da luz (VER). As influências platônicas e neoplatônicas se mesclaram em seu pensamento com o conhecimento dos comentadores árabes e ainda de uma extensa parte da obra de Aristóteles, mas é duvidoso pensar que foi tal combinação de elementos o que originou diretamente sua concepção metafísica do luminoso. Segundo ela, a realidade criada depois da criação da matéria sem forma foi a luz, que pode ser considerada como fonte de todas as coisas e de suas formas. Com efeito, pensava Grosseteste, a luz, sendo a forma mais sutil possível dentro da ordem do criado, sendo quase algo incorpóreo, gera-se perpetuamente a si mesma e se propaga ou difunde instantaneamente de forma esférica. Um ponto de luz é, pois, suficiente para gerar uma esfera luminosa. Em outros termos, como o próprio Grosseteste afirma repetidamente, a luz é um princípio unificante e ao mesmo tempo um princípio de atividade. A atividade se produz por meio da formação do âmbito espacial que só a luz é capaz de gerar. A luz é, em última análise, um centro dinâmico que gera uma esfera luminosa e que estende sua matéria em todas as direções. O último limite da extensão é o firmamento ou "corpo perfeito na extremidade da esfera". Deste modo, a luz se converte na "primeira forma corpórea". Ora, esse modo de produção do universo requer ser entendido por meio da geometria, a *philosophia naturalis* será ao mesmo tempo uma *philosophia mathematica*; pois sendo, na verdade, um "campo" que preenche e sustenta o real, as propriedades da luz e do espaço poderão ser medidas por linhas e figuras. Ora, essa luz não é somente algo que tem propriedades geométricas; na ordem do conhecimento a luz é considerada como uma claridade espiritual que permite o acesso ao inteligível. E na ordem do divino se pode dizer, inclusive, como em 1Jo 1,1, que "Deus é luz", luz que ilumina o entendimento e que constitui a fonte da verdade.

➲ Obras: além dos numerosos tratados abaixo citados, segundo a classificação de L. Baur, Grosseteste escreveu comentários sobre os *Analíticos posteriores,* sobre as *Refutações dos sofistas,* sobre o Pseudo-Dionísio (cuja *Teologia mística* e *Dos nomes divinos* traduziu) e sobre São João Damasceno. Durante muito tempo se lhe atribuíram comentários à *Física* de Aristóteles, mas atualmente são considerados inautênticos, considerando-se, por outro lado, como autênticos outros comentários a Aristóteles. A *Summa philosophiae*, que antes também era atribuída a Roberto Grosseteste, foi considerada apócrifa por L. Baur (ver Pseudo-grosseteste). — A edição dos tratados de Grosseteste feita em Veneza em 1514 recebeu grandes correções na edição crítica de L. Baur, *Die philosophischen Werke des Robert Grosseteste, Bischof von Lincoln,* 1912, que demonstrou cabalmente a inautenticidade de vários dos escritos mencionados. Baur divide as obras nas seções seguintes: I, Introdução à filosofia *(De artibus liberalibus, De generatione sonorum).* II, Filosofia natural: astronomia *(De sphaera, De generatione stellarum, De cometis);* meteorologia *(De impressionibus aeris);* cosmogonia *(De luce seu de inchoatione formarum);* óptica *(De lineis angulis et figuris, De natura locorum, De iride, De colore);* física *(De calore solis, De differentiis localibus, De impressionibus elementorum, De motu corporali, De motu supercoelestium, De finitate motus et temporis).* III, Metafísica *(De unica forma omnium, De inteligentiis, De statu causarum, De potentia et actu, De veritate, De veritate propositionis, De scientia Dei, De ordine enucleandi causatorum a Deo).* IV, Psicologia *(De libero arbitrio, De anima).* — Trad. ing. do tratado *De luce* por Clare C. Rield, *On Light,* 1942 (a trad. foi feita com base na edição de Baur). — Ed. de *Commentaria in VIII libros Physicorum Aristotelis e fontibus... scriptis nunc primum in lucemm,* por Richard C. Dales, 1964. — Ed. bilíngüe de *Suma de los ocho libros de la* Física *de Aristóteles (Summa Physicorum)* por J. E. Bolzán e C. Lértora Mendoza, 1972. — Ed. crítica do *Comentario a los Analíticos Posteriores,* 1981, por Pietro Rossi. — Ed. do *Hexaëmeron,* 1982, por Richard Dales e Servus Gieben.

Bibliografia: S. Harrison Thomson, *The Writings of Robert Grosseteste, Bishop of Lincoln, 1175-1253*, 1940. Ver: Reinhold Pauli, *Bischof G. und Adam von Marsh,* 1864. — Gotthard Victor Lechler, *R. G. Bischof von Lincoln,* 1867. — G. G. Perry, *The Life and Times of R. G.,* 1871. — J. Felten, *R. G., Bischof von Lincoln,* 1887. — Fr. S. Stevenson, *R. G., Bishop of Lincoln: A Contribution to the Religious, Political and Intellectual History of the Thirteenth Century,* 1899, reimp., 1962. — L. Baur, *Die Philosophie des Robert G.,* 1917. — F. M. Powicke, *R. G. and the* Nichomachean Ethics*: A Study in His Share in the First Complete Latin Translation of the* Ethics, 1930. — A. G. Little e F. Pelster, *Oxford Theology and Theologians A. D. 1282-1302,* 1934. — A. C. Crombie, *R. G. and the Origins of Experimental Science, 1100-1700,* 1953. — D. A. Callus, D. Smalley, A. C. Crombie, R. W. Hunt, J. H. Strawley, W. A. Pantin et al., *R. G., Scholar and Bishop,* 1956, ed. D. A. Callus e M. Powicke. — J. McEvoy, *The Philosophy of R. G.,* 1982. — S. P. Marrone, *William of Auvergne and R. G.: New Ideas of Truth in the Early Thirteenth Century,* 1983. — R. W. Southern, *R. G.: The Growth of an English Mind in Medieval Europe,* 1986. ◖

ROBERTO KILWARDBY († 1279), da Ordem dos Predicadores, foi mestre de teologia de 1248 a 1261 em Oxford, arcebispo de Canterbury a partir de 1272 e Cardeal a partir de 1278. Ele é conhecido sobretudo como um dos mestres dominicanos da chamada "primeira geração" que defenderam a tradição agostiniana contra as posições tomistas que já começavam a ser introduzidas em Oxford. Pouco após a condenação do averroísmo em Paris por Estêvão Tempier (7 de março de 1277), Roberto Kilwardby condenou em Oxford (18 de março de 1277) trinta proposições tomistas: catorze sobre a gramática e a lógica, e dezesseis relativas à "filosofia natural". Entre as proposições condenadas do primeiro grupo encontra-se a que afirma que toda proposição verdadeira relativa ao futuro é necessária. Entre as proposições condenadas do segundo grupo destacam-se a que afirma que há na matéria potência ativa e a que sustenta que há uma forma simples vegetativa, sensitiva e intelectiva. É de se notar que não se trata de uma condenação dessas proposições como heréticas, mas somente como perigosas e, por conseguinte, impróprias para o ensino. A posição filosófica de Roberto Kilwardby nas famosas querelas da época é especialmente visível na carta que dirigiu a Pedro de Conflans (Petrus de Conflans), na qual eram tomadas várias proposições proibidas e era examinada sua inconsistência filosófica e inaceitabilidade teológica. Nesta carta observa-se que o agostinismo pode ser conciliado com o aristotelismo sempre que se enfatize neste a tese de que há algo de forma na matéria e, portanto, uma potência ativa. Além das citadas opiniões, Roberto Kilwardby desenvolveu teses filosóficas em vários tratados; é especialmente importante o tratado dedicado à classificação dos saberes na linha de Aristóteles, Domingo Gundisalvo e Hugo de São Vítor. A ela nos referimos no verbete Ciências (Classificação das) (VER).

↪ Obras: os tratados citados são: *De ortu scientiarum* (ver D. E. Sharp, "The *De ortu scientiarum* of Robert Kilwardby", *New Scholasticism*, 8 [1934], 1-30); L. S. Schmücker, *An Analysis and Original Research of K.'s Work* De ortu scientiarum, 1963. — *De spiritu imaginativo* (ver M.-D. Chenu, "Le *De spiritu imaginativo* de R. K.", *Revue des Sciences philosophiques et théologiques*, 15 [1926], 507-517). — *De conscientia* (ver *id.*, "Le *De conscientia* de R. K.", *ibid.*, 16 [1927], 318-326). — *De tempore* (ver *id.*, "Le traité *De tempore* de R. K.", *Aus der Geisteswelt des Mittelalters*, Homenagem a Martin Grabmann, 1935, pp. 855-861). — *De imagine et vestigio Trinitatis* (ver F. Stegmüller, "Der Traktat des R. K., O. P. *De imagine et vestigio Trinitatis*", *Archives d'histoire doctrinale et littéraire du moyen âge*, 10 [1935-1936], 324-407). — Ver também: P. O. Lewry, "Thirteenth-Century Teaching on Speech and Accentuation: R. K.'s Commentary on *De Accentibus* of Pseudo-Priscian", *Medieval Studies*, 50 (1988), 96-185. — Roberto Kilwardby também escreveu comentários sobre Porfírio, sobre várias obras de Aristóteles (incluindo o *Organon*) e sobre as *Sentenças*.

Ver: entre os numerosos escritos sobre a condenação de 1277 destacamos: F. Ehrle, "Der Augustinismus und die Scholastik gegen Ende des 13. Jahrhunderts", *Archiv für Literatur und Kirchengeschichte des Mittelalters*, 5 (1889), 614-632. — A. Birkenmajer, *Vermischte Untersuchungen zur Geschichte der mittelalterlichen Philosophie*, 1922 [Beiträge zur Geschichte der Philosophie des Mittelalters, XX, 5, pp. 36-39]. — M.-D. Chenu, "Les réponses de saint Thomas et de K. à la consultation de Jean de Verceil, 1271", *Mélanges Mandonnet*, t. I, 1930, pp. 191-222. — D. E. Sharp, "The 1277 Condemnation of K.", *New Scholasticism*, 8 (1934), 306-318. — L. E. Wilshire, "Where the Oxford Condemnations of 1277 Directed Against Aquinas?", *New Scholasticism*, 48 (1974), 125-132. — Ver, além disso: E. M. F. Sommer-Seckendorff, *Studies in the Life of R. K., O. P.*, 1937. — I. Thomas, "K. on Conversion", *Dominican Studies*, 6 (1953), 56-76. — *Id.*, "Maxims in K.", *ibid.*, 7 (1954), 129-146. — O. Lewry, "Robertus Anglicus and the Italian Kilwardby", em A. Maierù, ed., *English Logic in Italy: 14th and 15th Centuries*, 1982, pp. 33-52. ↩

ROBINET, JEAN-BAPTISTE-RENÉ (1735-1820). Nascido em Rennes, estudou na mesma cidade para ser membro da Companhia de Jesus, mas abandonou seus estudos e foi para a Holanda, onde viveu de sua pena e onde publicou a sua obra capital, *Da Natureza*. Depois foi para a Bélgica e, por fim, para a França, onde foi, até a Revolução, censor real. Ao estourar a Revolução retirou-se para sua cidade natal.

As idéias de Robinet são uma mistura de especulação desenfreada e de interesses científicos. As especulações de Robinet nem sempre são consistentes. Por um lado, sustenta que todas as realidades, incluindo as consideradas inanimadas, como as pedras e os astros, são seres vivos, que se reproduzem com o fim de perpetuar a "espécie". As espécies, uma vez formadas, são fixas, mas o universo inteiro está mudando rumo a um estado de perfeição e de complexidade cada vez maiores. Assim, não há mudanças nas espécies, mas sim uma espécie de desenvolvimento ou "evolução".

Por outro lado, não pode haver desenvolvimento nem progresso, porque o universo inteiro está submetido a um equilíbrio constituído pela contraposição em partes iguais, entre bem e mal — em cada uma das coisas e no universo em conjunto. O mal não pode ser eliminado, pois forma parte da realidade essencialmente e nem sequer Deus tem poder para destruí-lo. Deus parece ser o símbolo do equilíbrio do universo. Robinet sugeriu que o melhor que o homem — que não é superior aos animais — pode fazer é abster-se de mudar o mundo; em vez de lutar pelo progresso é preciso se conformar com as coisas tal como existem e buscar encontrar a felicidade no equilíbrio entre a dor e o prazer.

↪ Obras: *De la Nature*, 4 vols. (I, 1761; II, III, IV, 1765-1766). — *Considérations philosophiques sur la gradation naturelle des formes de l'être, ou les Essais de la Nature qui apprend à former l'homme*, 2 vols., 1768. — *Parallèle de la condition et des facultés de l'homme avec la condition et les facultés des autres animaux*, 1769. — *Les vertus, réflexions morales en vers*, 1814.

Ver: R. Albert, *Die Philosophie Robinets*, 1903. — C. Rosso, *Moralisti del "Bonheur"*, 1954, pp. 49-76 (Rosso é ao autor do verbete sobre Robinet na *Enciclopedia Filosofica* italiana). ↩

ROBLES, OSWALDO (1904-1969). Nascido em Monterrey (México), professor na Universidade Nacional Autônoma do México, foi o mais destacado representante da tendência neotomista naquele país. No entanto, Robles mescla as tendências tomistas com as agostinianas, indicando que o que há de aceitável nas correntes existencialistas pode ser encontrado, mais solidamente fundado, na filosofia agostiniano-tomista. Em seu nome, Robles opõe-se a outras correntes vigentes, embora às vezes com espírito eclético ao reconhecer o que algumas delas (como a fenomenologia ou a epistemologia de N. Hartmann) podem ter de valioso.

↪ Obras: *El alma y el cuerpo*, 1935. — *La teoría de la idea en Malebranche y el la tradición filosófica*,

1937. — *Esquema de antropología filosófica. Ensayo acerca de las relaciones entre el espíritu y el cuerpo*, 1942. — *Propedéutica filosófica*, 1943. — *Introducción a la filosofía científica*, 1948; 4ª ed., 1961. — *Filósofos mexicanos del siglo XVI*, 1950. — *Freud a distancia*, 1955. — *Símbolo y deseo*, 1956. — *El problema de la angustia en la psicopatología de K. Jaspers*, 1958 (tese). — O. Robles traduziu e comentou obras de Fray Alonso de la Veracruz.

Ver: VV.AA., *Homenaje a O. R.*, 1963. — H. P. Domínguez, "Concepto de filosofía en el Dr. O. R.", *Revista de Filosofía* (México), 8 (1975), 73-95. ℭ

RODES (ESCOLA DE). Ver Estóicos.

RÖDER, KARL. Ver Krausismo.

RODRÍGUEZ, CARLOS. Ver Deústua, Alejandro Octavio.

RODRÍGUEZ, GUILLERMO HÉCTOR. Ver Larroyo, Francisco.

RODRÍGUEZ, IGNACIO. Ver Huarte de San Juan, Juan.

ROGER BACON. Ver Bacon, Roger.

ROGERS, ARTHUR KENYON. Ver Neo-realismo.

ROHAULT, JACQUES (1618-1672). Nascido em Amiens, foi um dos mais ardorosos cartesianos da época. Expôs e defendeu a física de Descartes no *Traité de Physique* (1671), que foi traduzido para o inglês por Samuel Clarke, com numerosas notas defendendo a física newtoniana contra a cartesiana. Rohault defendeu o automatismo das bestas (ver), que considerou um importante apoio para a crença na imortalidade da alma. Considerou que a metafísica cartesiana não apenas estava conforme os dogmas da Igreja católica, como também, além disso, que permitia entender racionalmente muitos aspectos que haviam sido até então ininteligíveis.

➲ Obras: além do citado *Traité*, devem-se a R. uns *Entretiens de philosophie*, 1671. — Suas *Oeuvres posthumes*, 1682, foram ed. por Elersehier.
Bibliografia: P. Clair, *J. R. (1618-1672). Bio-bibliographie avec l'édition critique des Entretiens sur la philosophie*, 1978. ℭ

ROLAND-GOSSELIN, M.-D. (1886-1962). Foi professor na Faculdade de Filosofia do Institut Catholique, de Paris (1919-1920), cargo em que substituiu A.-D. Sertillanges (ver). De 1920 a 1956, data de sua aposentadoria, foi professor de Direito natural no citado Institut. Também lecionou no Institut na cátedra de "Morales contemporaines".

Um dos membros do *Studium* do Saulchoir (ver), Roland-Gosselin defendeu o chamado "realismo da inteligência", que consituiu, no neotomismo (ver) contemporâneo, uma das posições características do realismo. Esse realismo da inteligência opõe-se, de imediato, do modo mais incisivo, às posições do realismo imediato e à teoria do sentimento de presença, assim como, e sobretudo, às teses influenciadas pelo blondelismo. O realismo da inteligência é para Roland-Gosselin a verdadeira posição tomista, para a qual o conhecimento intuitivo exigiria uma interpenetração entre sujeito e objeto. O imaterialismo do ato de conhecimento é justamente o que permite a apreensão da essência e a perfeição do conhecer. Uma espécie de "primado da essência sobre a atualidade da existência", ao menos no sentido gnosiológico, torna-se desse modo indispensável. O conhecimento é, em outros termos, essencialmente intencional e não "intuitivo" ou "imediato"; somente a ordem intencional permite, no entender de Roland-Gosselin, projetar uma luz sobre o objeto e até mesmo admitir, como subsumida nessa ordem, a intuição subjetiva do ato. Caso contrário, opina o nosso autor, o realismo tem de ser abandonado em favor do idealismo, e não se pode ver de que modo a negação da inteligibilidade do ser prévia à sua existência pode continuar mantendo unidos os conceitos de realismo e de inteligência que Santo Tomás se empenhara em sustentar e equilibrar.

➲ Obras: *Les habitudes*, 1920 (tese). — *La morale de Saint Augustin*, 1925. — *Aristote*, 1928. — *L'amour a-t-il tous les droits? Peut-il être un péché?*, 1929. — *Essai d'une étude critique de la connaissance. I. Introduction et première partie*, 1932. — Entre os artigos de M.-D. Roland-Gosselin destacam-se: "La révolution cartésienne", *Revue des sciences philosophiques et théologiques*, 4 (1910), 678-693. — "L'évolution de l'intellectualisme grec de Thalès à Aristote", *ibid.*, 7 (1913), 5-25. — "L'intuition bergsonienne et l'intelligence", *ibid.*, 7 (1913), 389-411. — "L'intellectualisme de Leibniz", *ibid.*, 8 (1914), 127-217. — "La perception extérieure d'après M. Bergson", *ibid.*, 8 (1914), 397-422. — "Peut-on parler d'intuition intellectuelle dans la philosophie thomiste?", *Philosophia perennis (Festgabe J. Geyser)*, 1930, tomo II, pp. 709-730.
Crítica em: É. Gilson, *Réalisme thomiste et critique de la connaissance*, 1947, cap. IV. ℭ

ROLANDO DE CREMONA († 1259). Nascido em Cremona, Lombardia. Membro da Ordem dos Pregadores, ocupou de 1229 a 1231 uma cátedra de teologia em Paris a instâncias do arcebispo, Guilherme de Auvergne. Dirigiu-se depois para Toulouse, onde escreveu sua obra mais celebrada: uma *Summa* [*Summa theologica*], também denominada *Liber quaestionum*. Posteriormente mudou-se para Bolonha, onde residiu até falecer.

Rolando de Cremona é considerado como um dos primeiros "aristotélicos" de Paris, isto é, daqueles que Fernand van Steenberghen chamou de "aristotélicos ecléticos".

➲ Obras: além da citada *Summa*, devem-se a Rolando de Cremona os tratados *De incarnatione* e *De virtute*,

e um *Comentário ao livro de Jó*. — *Summae Magistri Rolandi Cremonensis, O. P., liber tertius*, 1962, editio princeps aos cuidados de A. Cortesi.
Ver: E. Filthaut, *R. von C. und die Anfänge der Scholastik in Predigerorden*, 1936. — F. van Steenberghen, *Aristote en Occident: Les origines de l'aristotélisme parisien*, 1946 (trad. ingl. com algumas mudanças importantes introduzidas pelo autor: *Aristotle in the West: The Origins of Latin Aristotelianism*, 1955). — Charles R. Hess., *The Tract on Holy Orders in the Summa of R. of C.*, 1969 (tese). ℭ

ROMAGNOSI, GIOVANNI DOMENICO (1761-1835). Nascido em Salsomaggiore. Estudou no Collegio Alberoni de Piacenza e em Parma. Depois se transferiu para Trento, consagrando-se a atividades políticas em favor das idéias jacobinas. De 1802 a 1807 foi professor de Direito moral em Parma; de 1807 a 1809 lecionou em Pavia, e de 1809 a 1812, em Milão. De 1812 até a morte passou por vicissitudes as mais diversas por causa de suas idéias de reforma jurídica e política.

O principal trabalho de Romagnosi foi o que levou a cabo na jurisprudência, mas aqui nos interessam principalmente suas idéias filosóficas gerais. Estas são as idéias de um grupo de pensadores seus contemporâneos, entre os quais figuram Melchiorre Gioia (nascido em Piacenza; 1767-1829: *Logica della statistica*, 1803; *Elementi di filosofia*, 1813; *Ideologia*, 1822; *Filosofia della statistica*, 1822); Francesco Soave (nascido em Lugano; 1743-1806: *Analisi dell'umano intelletto*, 1775; *Istituzioni di logica, metafisica ed etica*, 1791); Cesare Baldinotti (nascido em Florença, 1747-1821: *De recta humanae mentis institutione*, 1787; *Testaminum metaphysicorum libri tres*, 1817), professor de Rosmini; Pasquale Borelli (1782-1859) e outros. Nem todos eles abraçaram as mesmas idéias, mas todos seguiram tendências empiristas e sensualistas derivadas em parte de Locke e sobretudo de Condillac (que exerceu uma influência direta sobre os pensadores italianos devido à sua temporada [1758-1767] nos ducados do Norte da Itália, quando foi preceptor de Dom Fernando na Corte de Parma). Também influenciaram vários destes pensadores (por exemplo Soave) os ideólogos e especialmente Destutt de Tracy. Romagnosi seguiu tendências sensualistas condillacianas, mas procurou evitar o radicalismo de Condillac. Com efeito, para Romagnosi a "ideologia" (ou estudo das idéias humanas) mostra que embora as sensações sejam base de conhecimento, não são suficientes para explicar todo o conhecimento. De fato, as sensações não se organizam por si mesmas para formar as faculdades superiores; precisa-se do concurso da inteligência. Contudo, a inteligência sozinha também é insuficiente, pois não há inteligência se não há sensação. As idéias se formam, pois, em virtude de uma cooperação da sensação e da razão, assim como em virtude do concurso dos elementos internos e dos que procedem dos objetos mesmos.

As tentativas de mediação acima apontadas se completam com o intento de lançar uma ponte entre a multiplicidade das impressões do mundo externo e a unidade procedente do eu. O eu unifica, mas, se não houvesse no diverso uma certa potência de unificação, permaneceria diverso. Ao mesmo tempo, a unificação do eu é unificação de multiplicidade, de modo que deve haver no eu uma potência de diversificação sem a qual seria incapaz de abarcar a diversidade.

À "filosofia das idéias" de Romagnosi se agrega o que chamou "filosofia civil", um estudo do "homem real" como "homem em sociedade".

⊃ *Principais obras*: *Genesi del diritto penale*, 1791. — *Introduzione allo studio del diritto pubblico universale*, 1805. — *Saggio filosofico-politico sull'istruzione pubblica*, 1807. — *Principî della scienza del diritto naturale*, 1820. — *Che cosa è la mente sana*, 1827. — *Della suprema economia dell'umano sapere*, 1829. — *La morale degli antichi*, 1831. — *Della natura e dei fattori dell'incivilmento*, 1832.

Edição de obras: *Opere*, Florença, 1822-1835, e Milão, 1836-1841. — *Escritos inéditos*, Milão, 1873.

Ver: Luigi Bartolomei, *Del significato e del valore delle dottrine di R. per il criticismo contemporaneo*, 1901. — G. Ferrari, *La mente di G. D. R.*, 1913. — A. Norsa, *Il pensiero filosofico di R.*, 1930. — Lorenzo Caboara, *La filosofia politica di R.*, 1936. — E. di Carlo, *Biblioteca Romagnosiana*, 1936. — G. A. Belloni, *Saggi sul R.*, 1940. — A. Draetta, *Della civile filosofia di G. D. R.*, 1950. — Adriana Dentone, *Il problema morale in R. e Cattaneo*, 1968. ℭ

ROMANES, GEORGE JOHN (1848-1894). Nascido em Kingston (Canadá), é considerado, junto com Clifford, um dos principais representantes do evolucionismo naturalista, mas ao contrário dos que convertiam o evolucionismo darwiniano num substituto para a crença religiosa, Romanes julga que o teísmo, que a princípio rejeitava, constitui um problema que não pode ser resolvido pelos meios de uma ciência natural que hipostasia suas leis em princípios metafísicos. Daí a adoção, para solucionar um problema de caráter religioso, de um ponto de vista cabalmente metafísico; o agnosticismo é, assim, apenas um ponto de partida e de modo algum a culminação do processo de pensamento. Ora, esse ponto de vista metafísico é aparentemente igual ao adotado por Clifford. Como este último, Romanes supõe que o real forma um tecido mental, um *mind-stuff* que, visto por um lado, dá lugar à natureza material e, visto por outro, à realidade psíquica. Mas enquanto Clifford subordina esta última à primeira, Romanes segue o caminho inverso. O mundo é também um *eject* e, como tal, um absoluto que a princípio deveria ser impessoal. No entanto, a tendência de Romanes à justificação metafísica da atitude teísta, que nos começos submeteu a uma crítica agnóstica, conduziu-o depois uma personalização do

Absoluto. Só assim poderá preencher-se, a seu ver, não apenas o vazio produzido entre a concepção materialista-evolucionista e a crença tradicional, mas também o dualismo entre o material e o psíquico, pois a personalização ou, melhor dizendo, a superpersonalização do absoluto "ejetivo" engloba em seu seio todas as formas subordinadas de realidade.

➲ Obras: *A Candid Examination of Theism*, 1878 (publicado sob o pseudônimo "Physicus"). — *Mind and Motion, and Monism*, 1895 (com seu principal ensaio, "The World as an Eject", publicado pela primeira vez em 1886). — *Thoughts on Religion*, 1896 (obra póstuma, que devia ser publicada sob o pseudônimo "Metaphysicus"). — *Essays*, 1897 (póstuma). — A elas devemos acrescentar suas obras biológicas e de história da evolução: *Mental Evolution*, 1878. — *The Scientific Evidences of Organic Evolution*, 1882. — *Darwin's Work in Zoology and Psychology*, 1882. — *Animal Intelligence*, 1883. — *Mental Evolution in Animals*, 1884. — *Mental Evolution in Man*, 1889. — *Darwin and after Darwin*, 3 vols., 1892-1897. — *Shellfish, Starfish and Sea Urchins*, 1893-1894. — *An Examination of Weismannianism*, 1894. ◁

ROMANTISMO. Os termos 'romântico' e 'romantismo', e seus correspondentes em várias línguas, sobretudo em alemão e francês, foram objeto de numerosas e detalhadas investigações por críticos e historiadores das idéias (Logan P. Smith, Julius Petersen, Richard Ullmann, Helene Gotthard, Fernand Baldensperger, René Wellek, Carla Appolonio, François Jost etc.), especialmente a partir dos estudos de Arthur O. Lovejoy em 1916 e 1917 ("The Meaning of 'Romantic' in Early German Idealism", em *Modern Languages Notes*, 21 [1916], 385-396, e 22 [1917], 65-77; esses estudos, unidos a seu trabalho "On the Discrimination of Romanticisms", em *Proceedings of the Modern Language Association*, 39 [1924], 229-253, foram recolhidos no livro de Lovejoy, *Essays in the History of Ideas*, 1948, pp. 228-253, reimp. em 1960, pp. 183-204). Os resultados destes estudos e pesquisas são muito complexos, a tal ponto que é quase impossível usar com propriedade os termos estudados sem situá-los em contextos históricos muito determinados.

Os usos de 'romântico' precederam, em todo caso, o uso de 'romantismo'. Desde aproximadamente meados do século XVII foram às vezes chamadas de "românticas" narrativas ou "romances" de aventuras que supostamente seguiam a linha dos "romances" medievais, por este motivo o "romântico" se equiparava a algo "maravilhoso" ou "fantasioso". Assim ocorreu especialmente na França, Alemanha e Inglaterra, onde alguns críticos e historiadores incluíram vários autores modernos "clássicos", como Shakespeare ou Cervantes, entre os escritores "românticos". Como se costuma agora confinar o "período romântico", principalmente (embora não exclusivamente) na literatura, a datas que oscilam entre 1780 e 1830, quando se fala de "românticos" e de "romantismo" é usual inserir esses termos em um determinado contexto cronológico, e isso mesmo quando se levam em conta os "antecedentes" da literatura elaborada "ao modo dos romances", assim como concepções muito influentes do século XVIII (Rousseau, parte da poesia pastoril, a chamada "moral dos sentimentos" etc.). Ainda assim, porém, os termos de referência adquiriram tão variadas significações que, como indica Lovejoy, não se pode falar de "romantismo", mas, quando muito, de "romantismos", e ainda assim com muito cuidado. Outra coisa não se poderia esperar de um conceito ao qual, como ironicamente escreve Lovejoy ("On the Discrimination...", *Essays*, ed. de 1960, p. 231), se atribui ter gerado coisas tão diversas e incongruentes quanto a Revolução Francesa, o Movimento de Oxford, a Volta a Roma, a filosofia de Hegel, a filosofia de Schopenhauer, a filosofia de Nietzsche e muito mais ainda.

As questões de vocabulário refletem com certa fidelidade a complexidade das noções envolvidas no termo 'romantismo'. Antes de Lovejoy concordava-se geralmente que Friedrich Schlegel, num artigo publicado em *Athenaeum* (1798), havia iniciado, com a idéia da supremacia da "poesia romântica", o movimento — supondo-se que se tenha tratado de "*um*" movimento" — do qual falamos aqui, mas depois da análise de Lovejoy foram desfeitos tanto os equívocos como as simplificações que resultaram da idéia de tal "iniciação". Entre outros resultados, os estudos de Lovejoy tiveram a conseqüência de refutar a equiparação entre a distinção que propôs Schiller ("poesia ingênua e poesia sentimental") e a que propôs Schlegel ("poesia clássica e poesia romântica"), já que autores que, segundo Schiller, seriam "ingênuos", seriam, segundo Schlegel, "românticos" e não "clássicos". As complicações aumentam quando se leva em conta o uso feito por Novalis de "romântica" (*Romantik*, aproximadamente "romantismo") e "românticos" (*Romantiker*, um uso que liga 'romântico' a um certo estilo de narrativas e "romances").

Diante dessas, e de muitas outras, complexidades, parece que o mais razoável seria prescindir do emprego de nossos termos, mas acontece que eles continuam sendo usados, especialmente por vários filósofos da história, para designar certos tipos de pensar, que se exemplificam em algumas produções do "período romântico" propriamente dito. Sejam ou não exatas tais designações, é preciso levá-las em conta para entender certos usos em parte da literatura histórico-filosófica, que amiúde faz caso omisso de distinções demasiado sutis ou de contextos históricos específicos.

Entre os usos aludidos há dois que merecem destaque: um mais geral e outro mais particular — embora nunca tão particular quanto é usual entre críticos literários e historiadores das idéias.

O uso mais geral é o de 'romantismo' para designar uma espécie de constante (VER) histórica. De acordo com isso, o romantismo — cujas "características gerais" se extraem de maneira um tanto forçada das designações mais particulares — esteve presente em várias épocas, pelo menos da história ocidental, e constitui uma das dimensões das chamadas, no vocabulário popularizado por Spengler, "alma fáustica" e "alma dionisíaca", em oposição à "alma apolínea". Assim, por exemplo, enquanto a "constante clássica" *predomina* na cultura grega — se justamente eliminarmos dela os aspectos "dionisíacos" sublinhados por Nietzsche —, a "constante romântica" *predomina* em parte da cultura medieval e na cultura germânica moderna. É óbvio que esse uso geral de 'romantismo' é historicamente indefensável, embora os que o defendem declarem que se trata de uma categoria histórica que permite entender processos históricos que de outro modo seriam demasiado complexos e variados.

O uso mais "particular" de 'romantismo' é o que o confina ao período 1780-1830 aproximadamente e, além disso, destaca nele certas orientações mais ou menos "filosóficas". Como estas são expressas mediante termos de alcance sumamente geral, corre-se o perigo de que se encaixem dentro do "romantismo" tipos de pensamento muito distintos entre si. Aceito (ou, no mais das vezes, ignorado) este perigo, oferecem-se várias características, como a recusa das noções de proporção e de medida e a acentuação do incomensurável e, às vezes, do infinito. Este último também se expressa no barroco — que só torcendo ao extremo o sentido dos termos cabe chamar "romântico", embora isso seja justamente o que fazem aqueles que falam do romantismo como "constante" histórica —; mas enquanto no barroco o infinito é ordenado e "submetido", no romantismo é desordenado e exaltado. A estas características se acrescenta a da aspiração à identificação de contrários, à "fusão", ao rompimento de barreiras e limites. Deste modo chega-se a afirmar, por exemplo, a igualdade, ou "unidade", da filosofia com a ciência, a religião e a arte. Há também um desvio manifesto pelo modo de conhecer (ou ao menos pelo predomínio do modo de conhecer) próprio das ciências naturais quando estas adotam o método mecânico-matemático, e uma preferência indubitável pelas ciências do espírito ou pela concepção da Natureza de acordo com tais ciências. Assim, o mecânico é substituído pelo orgânico, o atomizado e parcial pelo estrutural e total, a análise pela síntese. Não é surpreendente que por causa disso surja um interesse decidido pela história e em particular por certos períodos históricos que, como a Idade Média, apareciam aos românticos como semelhantes ao seu próprio. Predomina nesse interesse a acentuação do velado, do misterioso, do sugestivo e, em geral, do "fundo" contra a "superfície". Mas, além disso, abre-se cada vez mais o caminho para o dinâmico contra o estático. Esta última orientação pode dar lugar a duas atitudes: ou à tradicionalista, oposta ao espírito do Iluminismo e amiga das manifestações de cada comunidade, ou à progressista, que adota certos postulados do Iluminismo, mas os transforma insuflando-lhes o patetismo e a carga emocional de que careciam aos olhos dos românticos. É fácil descobrir em ambas as tendências o elemento religioso, embora num caso se trate da religião tradicional (e até pré-tradicional) e no outro da "religião do futuro". No que se refere ao método, o romantismo freqüentemente sustenta o primado da intuição e do sentimento frente à razão e à análise; o irracional o atrai indubitavelmente mais que o previsível, o multiforme (que continua se mantendo no seio de todo princípio omnicompreensivo) mais que o uniforme, o trágico mais que o cômico (inclusive a ironia [VER] é uma ironia trágica), o oculto mais que o presente, o implícito mais que o explícito, o sublime (VER) mais que o belo, o aristocrático (e o popular) mais que o burguês, o espírito coletivo mais que o individual, o anônimo (ou o genial) mais que o nomeável, o interno mais que o externo e o dramático mais que o aprazível. Dissemos anteriormente que se tratava de "tendências", especificamos agora que estamos a falar de "abstrações". Com isso queremos prevenir contra as fáceis objeções de que, por um lado, encontramos nas obras românticas muitos elementos que segundo a enumeração anterior deveriam estar excluídos delas, e de que, por outro lado, o romantismo tem, conforme os autores, as gerações e os países, caracteres próprios irredutíveis a esquemas demasiado gerais.

⊃ Ver sobre o romantismo, e especialmente sobre o romantismo filosófico alemão: H. Hettner, *Die romantische Schule in ihrem inneren Zusammenhang mit Goethe und Schiller*, 1850. — R. Haym, *Die romantische Schule*, 1870; 5ª. ed., 1928. — Ricarda Huch, *Blütezeit der Romantik*, 1902; 16ª. ed., 1931. — O. Ewald, *Romantik und Gegenwart, I. Die Probleme der Romantik als Grundfragen der Gegenwart*, 1904. — M. Joachimi, *Die Weltanschauung der deutschen Romantik,* 1906. — W. Dilthey, *Das Erlebnis und die Dichtung. Lessing, Goethe, Novalis, Hölderlin,* 1906. — R. M. Waerner, *Romanticism and the Romantic School in Germany*, 1910. — R. Ullmann, H. Gotthard, *Geschichte des Begriffs "Romantisch" in Deutschland*, 1922. — R. Benz, *Die deutsche Romantik,* 1937. — R. Ruprecht, *Der Aufbruch der romantischen Bewegung,* 1948. — F. Baldensperger, "'Romantique', ses analogues et ses équivalents: Tableau synoptique de 1650 à 1810", *Harvard Studies and Notes in Philology and Literature*, 19 (1937), 13-105. — O. Pöggeler, *Hegels Kritik der Romantik*, 1956. — H. Eichner, ed., *Romantic and Its Cognates. The European History of a Word,* 1972. — R. Immerwahr, *Romantisch. Genese und Tradition einer Denkform*, 1972. — B. M. G. Reardon, *Religion in the Age of Romanticism: Studies in Early Nineteenth Century*

Thought, 1985. — E. Behler, *Studien zur Romantik und zur idealistischen Philosophie*, 1988. — P. Lacoue-Labarthe, J.-L. Nancy, *The Literary Absolute: The Theory of Literature in German Romanticism*, 1988. — F. Beiser, *Enlightenment, Revolution, and Romanticism: The Genesis of Modern German Political Thought 1790-1800*, 1992. ℂ

ROMERO, FRANCISCO (1891-1962). Nascido em Sevilha (Espanha), mudou-se muito cedo para a Argentina. Até 1946 foi professor nas Universidades de Buenos Aires e La Plata; nesse ano foi apresentada sua demissão por não conformidade com o governo de Perón; foi reposto em sua cátedra ao cair o governo em 1955. Pertencendo ao círculo de Korn, e interessado pela difusão da filosofia na América hispânica, formou um grupo de discípulos com o fim de impulsionar a produção filosófica hispano-americana e fazer dela algo ao mesmo tempo original e firmemente vinculado à tradição européia. Romero recebeu incitações para sua filosofia de diversos lados; junto com Korn cabe mencionar Ortega y Gasset e um grupo de pensadores alemães contemporâneos, entre os quais se destacam W. Dilthey, Max Scheler e N. Hartmann. Um traço constante de seu pensamento é a idéia da filosofia como problema (VER); contra o dogmatismo e a precipitação de muitos filósofos Romero proclama freqüentemente que a filosofia é uma longa tarefa. Nela colaborou Romero em vários campos: na antropologia filosófica, na teoria da cultura, na metafísica e na interpretação do pensamento atual. Referir-nos-emos principalmente aos três primeiros.

Romero descreveu com detalhe a intencionalidade (ver INTENÇÃO E INTENCIONALIDADE) como característica primária do homem. Essa intencionalidade se baseia num psiquismo original, mas enquanto o animal se confina a ele, o homem monta sobre o mesmo um feixe de intenções projetadas para o objeto. Isto permite estabelecer uma relação entre sujeito e objeto. Embora essa tese tenha um ar intelectualista, é preciso levar em conta que ela não exclui o emotivo e o volitivo, que também estão penetrados de intencionalidade, muito embora se baseiem sempre na constituição cognoscitiva de um mundo de objetividades. Essa constituição alcança a sua maturidade no ato do conhecimento objetivo, baseado no juízo objetivante (VER). No curso do mesmo se produzem signos objetivos, com o que a teoria do homem implica também uma teoria da comunidade humana enquanto comunidade objetivante. Romero elaborou, além disso, sua teoria da comunidade humana e da cultura na esteira de uma filosofia do espírito (VER) na qual descobre o estádio superior do crescimento da intencionalidade. Contra as concepções que fazem da cultura (VER) um obstáculo para o desenvolvimento individual, Romero enfatiza a importância que têm as fixações culturais para o próprio indivíduo. Pode-se dizer que o espírito é o que é próprio ao homem, e o

nível supremo da realidade, junto à realidade inorgânica, orgânica e o psiquismo intencional. Embora o homem participe dos quatro níveis ontológicos, o nível espiritual destaca-o dos demais entes e faz com que o homem seja "mais homem". O espírito possui as propriedades de objetividade absoluta (e, portanto, unidade), universalidade (e, portanto, liberdade como evasão do particularismo animal), historicidade (que não se deve conceber como característica única), interesse desinteressado e absoluta transcendência (VER). Esta última propriedade é particularmente interessante, porque sua elaboração leva à metafísica. Com efeito, o absoluto transcender é, segundo Romero, a característica principal do espírito, mas ao mesmo tempo o transcender espiritual deve ser entendido no quadro de uma metafísica para a qual a transcendência constitui o "elemento positivo" da realidade. Cada nível de realidade se caracteriza pelo menor ou maior ímpeto transcendente, desde a mínima transcendência do inorgânico até a transcendência máxima do espiritual. Com base nisso pode-se inclusive chegar a uma conclusão que é ao mesmo tempo a base de ulteriores meditações: ser é transcender. Segundo Romero, a transcendência não foi até agora objeto de exame adequado, devido ao caráter essencialmente inteligível do imanente, única esfera à qual parece poder ser aplicada sem limites a razão (VER).

➔ Obras: *Lógica y nociones de teoría del conocimiento*, 1938; 17ª ed., 1961 [com E. Pucciarelli]. — *Filosofía contemporánea: Estudios y notas. Primera serie*, 1941; 2ª ed., 1944; 3ª ed., 1953. — *Sobre la historia de la filosofía*, 1943. — *Filosofía de la persona y otros ensayos de filosofía*, 1944. — *Papeles para una filosofía*, 1945. — *Filosofía de ayer y de hoy*, 1947. — *Filósofos y problemas*, 1947. — *Ideas y figuras*, 1949. — *El hombre y la cultura*, 1950. — *Sobre la filosofía en Iberoamérica*, 1952. — *Teoría del hombre*, 1952; 2ª ed., 1958. — *Estudios de historia de las ideas*, 1953. — *Ubicación del hombre*, 1954. — *Relaciones de la filosofía. La filosofía y el filósofo. Las alianzas de la filosofía*, 1959. — *Historia de la filosofía moderna*, 1959. — *Ortega y Gasset y el problema de la jefatura espiritual*, 1960. — *La estructura de la historia de la filosofía y otros ensayos*, 1967 (obra póstuma ed. por J. C. Torchia Estrada).

Ver: Antonio Rodríguez Huéscar, "La idea de la realidad en la *Teoría del hombre*, de F. R.", *La Torre*, ano 6, n° 24 (1958), 81-130. — Hugo Rodríguez de Alcalá, *Misión y pensamiento de F. R.*, 1959. — Marjorie S. Harris, *F. R. on Problems of Philosophy*, 1960. — F. Miró Quesada, J. C. Torchia Estrada *et al.*, *Homenaje a F. R.*, 1964 (com bibliografia por William F. Cooper, pp. 221-288). — Vários autores, *F. R., maestro de la filosofía latinoamericana*, 1983. ℂ

•• **RORTY, RICHARD** (1931). Nascido em Nova York, professor das Universidades de Princeton (1961-1982) e Virginia (desde 1982).

Rorty critica a pretensão que a filosofia teve, desde Descartes, de fundamentar o conhecimento, a ciência e a cultura. Numa primeira fase, Rorty apoiava sua crítica na virada lingüística feita pela filosofia analítica. Posteriormente, abandonou também qualquer discurso sobre "a filosofia" ou "a linguagem", já que não nos podemos referir a elas como a algo "unificado, contínuo ou estruturado". Pelo caminho do anti-representacionismo, Rorty avançou rumo ao pragmatismo. Como já tinham percebido o segundo Wittgenstein e o último Heidegger, e como deixam manifesto Sellars, Quine e, sobretudo, Davidson, é preciso abandonar o esquema representacionista, segundo o qual a linguagem ou a mente são contrastados constantemente com algo "exterior" a elas. Não parece sustentável a Rorty uma visão da objetividade ligada — metafísica ou teologicamente — a algum tipo de transcendência. A objetividade deve ser antes reinterpretada como intersubjetividade e solidariedade. O pragmatismo, portanto, não é uma nova posição que tente fundamentar o caminho para uma política democrática, mas apenas pretende aplainar esse caminho. Porque, na realidade, as grandes questões com que os humanos hoje enfrentam já não são metafísicas ou epistemológicas, mas sim políticas. Neste sentido, Rorty se sente cada vez mais atraído pelo pensamento de Dewey, ao mesmo tempo em que anuncia que uma cultura historicista e nominalista se afastará espontaneamente da teoria e tenderá em contrapartida à narrativa. É a nova cultura que sabe que não se trata de alcançar uma suposta verdade preexistente — verdade é o que mais nos convém crer —, mas que se trata basicamente de ir abrindo o pensamento e a linguagem a novas palavras, novos projetos, novas idéias, para criar assim maiores espaços de liberdade.

➲ Obras: *Philosophy and the Mirror of Nature*, 1979. — *Consequences of Pragmatism*, 1982. — *Contingency, Irony, and Solidarity*, 1988. — *Objectivity, Relativism and Truth: Philosophical Papers I*, 1991. — *Essays on Heidegger and Others: Philosophical Papers II*, 1991.

Em português: *Conseqüências do pragmatismo*, s.d. — *Contingência, ironia e solidariedade*, 1994. — *Ensaios sobre Heidegger e outros*, 1999. — *Escritos filosóficos*, 1996. — *A filosofia e o espelho da natureza*, 1994. — *Objetivismo, relativismo e verdade*, 1997. — *Para realizar a América*, 1999. — *Pragmatismo*, 2000.

Ver: E. Davenport, "The New Politics of Knowledge: R.'s Pragmatism and the Rhetoric of the Human Sciences", *Philosophy of the Social Sciences*, 17 (1987). — K. Kolenda, *Rorty's Humanistic Pragmatism: Philosophy Democratized*, 1990. — A. Malachowski, ed., *Reading Rorty: Critical Responses to* Philosophy and the Mirror of Nature *(and Beyond)*, 1990. — K. Nielsen, *After the Demise of the Tradition: Rorty, Critical Theory, and the Fate of Philosophy*, 1991 [anteriormente publicado em *Inquiry*, 29 (1986)].•• ➲

ROSCELINO DE COMPIÈGNE (Roscelinus de Compendis, de Compêndio ou Compendiensis) (*ca.* 1050-*ca.* 1120). Ensinou na qualidade de cônego, em Compiègnes, Loches (onde foi professor de Abelardo), Besançon e Tours. É conhecido como o principal defensor na Idade Média do nominalismo (VER) na disputa dos universais (VER). Segundo alguns autores, Roscelino foi o primeiro nominalista medieval; segundo outros, as doutrinas de Roscelino tinham sido antecipadas por vários mestres dos quais se tem escassas, e obscuras, notícias, como um certo João, abade de Athelney, no século IX, Roberto de Paros, Arnulfo de Laon e outros que ensinavam a dialética "à maneira dos modernos". Não foram conservados escritos completos de Roscelino, mas tem-se informação sobre suas doutrinas pelas refutações de Abelardo e de Santo Anselmo. Eike-Henner W. Kluge (cf. art. cit. *infra*) recolheu dos textos aquelas que parecem ser doutrinas de Roscelino e as expôs na seguinte série de proposições: *a)* um universal não é uma entidade real, mas *flatus vocis*, *b)* uma cor não é algo distinto do corpo colorido, *c)* a sabedoria de um homem não é algo distinto de sua alma, *d)* homens diferentes não podem ser um homem em espécie, *e)* as três pessoas da Trindade devem ser substâncias distintas, *f)* não há relações entre a Trindade, *g)* se algo é um homem, é um indivíduo, isto é, um particular, *h)* nada consiste em partes. Como comenta o mencionado autor, nem todas estas proposições se implicam mutuamente. É possível defender *a)* sem defender necessariamente *c)* ou *h)*, e é possível abster-se de formular proposições como *e)* ou *f)*. A proposição principal é *a)*; a ela segue-se possivelmente *g)*. Por seu conteúdo teológico, as proposições *e)* e *f)* foram as mais combatidas, acusando-se Roscelino de "triteísmo". Roscelino se viu obrigado a abjurar dos resultados teológicos de seus princípios dialéticos no Concílio de Soissons (1092).

➲ Obras: há uma carta de R. a Abelardo em *P. L.* de Migne, CLXXVIII. As opiniões de R. se encontram nas obras de Abelardo publicadas por Cousin: *Petri Abaelardi Opera*, 2 vols., 1849-1859, especialmente vol. II. Para Abelardo, sobre R., ver também *Petri Abaelardi Dialectica*, ed. L. M. de Rijk, 1954, pp. 554-555. Para Santo Anselmo, sobre R.: *Epistola de Incarnatione Verbi*, em Santo Anselmo, *Opera Omnia*, vol. I.

Referências a R. se encontram em Albert Stöcki, *Geschichte der christlichen Philosophie*, 1891. — Barthélémy Hauréau, *Histoire de la philosophie scolastique*, 1892. — L. Reiners, *Der Nominalismus in der Frühscholastik*, 1910.

Ver: François Picavet, *Roscelin, philosophe et théologien d'après la légende et d'après l'histoire; sa place dans l'histoire générale et comparée des philosophies médiévales*, 1896; 2ª ed., 1911, reimp., 1969-1970. — Luigi Gentile, *R. di C. ed il problema degli universali*, 1975. — O art. de Eike-Henner W. Kluge é: "Roscelin and the Medieval Problem of Universals", *Journal of the History of Philosophy*, 14 (1976), 404-414. — C. J. Mews, "Nominalism and Theology Before Abelard: New Light on Roscelin of Compiegne", *Vivarium*, 30 (1) (1992), 4-33. — J. Jolivet, "Trois variations médiévales sur l'universel et l'individu: Roscelin, Abélard, Gilbert de la Porrée", *Revue de Métaphysique et Morale*, 97 (1) (1992), 111-155. ⊃

ROSENKRANZ, JOHANN KARL FRIEDRICH (1805-1879). Nascido em Magdeburgo, foi "professor extraordinário" em Halle (1831-1833) e professor titular em Königsberg (a partir de 1833) como sucessor na cátedra de Herbart. Rosenkranz considerou a si mesmo como um fiel hegeliano (ver HEGELIANISMO) e polemizou contra os que se opunham a Hegel ou então se desviavam a seu entender das verdadeiras doutrinas hegelianas. No entanto, embora tenha partido de Hegel e conservado grande parte da "metafísica do Espírito" hegeliana, Rosenkranz se afastou, de fato, de seu mestre pelo modo como entendeu a relação entre o temporal e o intemporal, e especialmente por sua elaboração da "lógica" como "ciência das idéias lógicas". No que diz respeito ao primeiro ponto, Rosenkranz tentou superar o dualismo entre o temporal e o intemporal, mas sem utilizar para tal efeito o método dialético hegeliano, tentando antes mostrar o que há de temporal no intemporal e de intemporal no temporal. Quanto ao segundo ponto, Rosenkranz dividiu a "ciência das idéias lógicas" em metafísica, lógica e ideologia (ou doutrina das idéias). A primeira abarca a ontologia, a etiologia (ou doutrina das causas) e a teleologia. A segunda se ocupa do problema da relação entre o ser e o pensar. A última trata do método. Rosenkranz se ocupou também de questões teológicas e estéticas, tentando revalorizar aspectos do pensamento de Hegel que haviam sido mal interpretados ou desenvolver certas idéias hegelianas pouco tratadas por seu mestre.

⊃ Obras: *Ästhetische und poetische Mittheilungen*, 1827 *(Comunicações estéticas e poéticas).* — *Über Calderons Tragödie vom wunderthätigen Magus, ein Beitrag zum Verständnis der Faust'schen Fabel*, 1829 *(Sobre a tragédia de Calderón, acerca do mago prodigioso; contribuição a uma compreensão da fábula fáustica).* — *Der Zweifel am Glauben. Kritik der Schriften de tribus impostoribus*, 1830 *(A dúvida na fé. Crítica dos escritos de tribus impostoribus [dos três impostores]).* — *Die Naturreligion*, 1831. — *Encyklopädie der theologischen Wissenschaften*, 1831; 2ª ed., 1845 *(Enciclopédia de ciências teológicas).* — *Kritik der Schleiermacherschen Glaubenslehre*, 1836 *(Crítica da doutrina da crença de Schleiermacher).* — *Studien*, 1839-1848. Estes *Estudos* se dividem em 5 partes: Parte I *(Reden und Abhandlungen. Zur Philosophie und Literatur)*, 1839; Parte II *(ibid.)*, 1844; Parte III *(Die Modificationen der Logik abgeleitet aus dem Begriff des Denkens)*, 1846; Parte IV *(Gedichte)*, 1847; Parte V *(Reden und Abhandlungen. Zur Philosophie und Literatur)*, 1848. As Partes II e V são "Neue Folge" da Parte I. Filosoficamente, a Parte mais importante é a III *(As modificações da lógica, deduzidas do conceito do pensamento).* — *Geschichte der Kantischen Philosophie*, 1840 [vol. XII da ed. de obras de Kant por Rosenkranz e Schubert] *(História da filosofia kantiana).* — *System der Wissenschaft: ein philosophisches Enchiridion*, 1850 *(Sistema da ciência: epítome filosófico).* — *Meine Reform der Hegel'schen Philosophie. Sendschreiben an J. U. Wirty*, 1852 *(Minha reforma da filosofia hegeliana. Missiva a J. U. Wirty).* — *Die Ästhetik des Hässlischen*, 1853, reimp., 1963 *(Estética do feio).* — *Apologie Hegels gegen R. Haym*, 1858 *(Defesa de Hegel contra R. H.).* — *Wissenschaft der logischen Ideen*, 2 vols., 1858-1859 *(Ciência das idéias lógicas).* — *Epilegomena zur Wissenschaft der logischen Ideen gegen Michelet und Lassalle*, 1862 *(Adendos para uma ciência das idéias lógicas contra M. e L.).* — *Hegels Naturphilosophie und die Bearbeitung derselben durch den italienischen Philosophen A. Vera*, 1868 *(A filosofia da Natureza de Hegel e sua elaboração pelo filósofo italiano A. V.).* — *Hegel als deutscher Nationalphilosoph*, 1870, reimp., 1963 *(H. como filósofo nacional alemão).* — *Neue Studien*, 1875-1878. Estes *Novos Estudos* constam de 4 partes: Parte I *(Studien zur Culturgeschichte)*, 1875; II *(Studien zur Literaturgeschichte)*, 1877; III *(Studien zur Literatur- und Culturgeschichte)*, 1877; IV *(Zur Geschichte der neueren Philosophie, besonders der Hegel'schen)*, 1878.

Correspondência: *Briefwechsel zwischen K. R. und Varnhagen von Ense*, 1926, ed. Arthur Warda.

Ver: Richard Quabicker, *K. R., eine Studie zur Geschichte der Hegel'schen Philosophie*, 1879. — Richard Jonas, *K. R.*, 1906. — Erwin Metzke, *K. R. und Hegel. Ein Beitrag zur Geschichte der Philosophie des sogenanten Hegelianismus im 19. Jahrhundert*, 1929. — Lotte Esau, *K. R., als Politiker. Studien über den Zusammenhang der geistigen und politischen Bewegung im Ostpreussen*, 1935. — Friedhelm Nicolin, *K. R. als Herausgeber und Biograph Hegels. Ein Beitrag zur Überlieferungsgeschichte der Hegelschen Philosophie*, 1973. — G. Gerard, "La fin du droit naturel hégélien d'Iena selon les comptes rendus de K. R. et de Rudolf Hayms", *Revue Philosophique de Louvain*, 84 (1986), 460-501. — I. E. M. Andereggen, "La relación de Hegel com el catolicismo según algunas menciones de K. R.", *Sapientia*, 47 (183) (1992), 67-72. ⊃

ROSENZWEIG, FRANZ (1886-1929). Nascido em Kassel. Estudou medicina em Göttingen, Munique e Friburgo; filosofia em Berlim e Friburgo, e jurisprudência em Leipzig. Embora durante algum tempo tenha vacilado sobre se devia converter-se ao cristianismo, decidiu, em 1913, permanecer na religião judaica. Em 1923 foi-lhe conferido o título de "rabino". Durante os últimos anos de sua vida traduziu Yehudá ha-Levi e, em colaboração com Martin Buber, a Bíblia.

Rosenzweig elaborou um pensamento filosófico — e teológico — que tem o que se poderia chamar "sabor existencial", razão pela qual foi comparado ao de Jaspers, ao de Heidegger — com certas diferenças muito fundamentais com respeito a este último filósofo — e ao de Buber. Trata-se do que o próprio Rosenzweig chamou "o novo modo de pensar" *(das neue Denken)*, do qual já se tinham aproximado vários pensadores depois de Hegel (e, em parte, como conseqüência de Hegel), tais como Feuerbach e Kierkegaard, e que foi proposto pelo meste e amigo de Rosenzweig, Hermann Cohen, em seus últimos escritos de caráter filosófico-religioso, muito diferentes de suas obras neokantianas. O "novo modo de pensar" é, como escreve Rosenzweig, o que "se leva a cabo do ponto de vista pessoal do pensador", que "deve proceder ousadamente desde sua própria situação objetiva" com o fim de "chegar a ser objetivo". Ser objetivo quer dizer abarcar "todo o horizonte", mas isso não pode ser posto em prática de uma posição distinta daquela na qual se encontra o pensador e, é claro, não pode ser posta em prática de uma posição "neutra". Assim, Rosenzweig não parte de uma falsa generalidade, mas de uma realidade concreta, a realidade própria do homem em sua própria situação, a qual não está apenas no tempo, mas *é* o tempo. Ora, ao contrário dos filósofos que encontram na finitude do homem, na realidade da morte, na contingência humana tudo o que há, Rosenzweig, orientado por sua crença judaica, julga que a finitude e temporalidade do homem é compreensível somente quando se leva em conta que o homem não consiste em estar no mundo, mas numa relação entre o ser humano, o mundo e Deus. O homem não se limita a reconhecer verdades temporais, porque a própria verdade temporal depende do Eterno, isto é, de Deus. Mas o Eterno não é um reino inteligível: é a fonte de um começo (a criação), de um acontecimento cardeal (a revelação) e de um final (a redenção). Esta última etapa é a decisiva, e é decisiva não, ou não apenas, para o homem individual, mas para cada homem em sua relação com o próximo: a redenção é redenção de "si mesmo" e do "outro eu" que é o "tu". A este respeito o judeu se encontra, segundo Rosenzweig, numa posição peculiar: não é aquele que nasceu pagão e se fez cristão, mas que nasceu judeu para continuar a sê-lo. Ser judeu é ao mesmo tempo uma bênção e uma condenação: Deus se revela ao homem em seu "povo eleito" mas a revelação situa esse "povo eleito" fora da história "normal". Daí a vida do judeu ser a exacerbação dos paradoxos em que consiste o ser humano. O judeu é "o que é essencialmente errante", mas justamente por seu errar pode orientar-se rumo "à estrela da redenção", que brilha unicamente para o errabundo e não para aquele que está "fixado" (seja na Natureza, seja na história). "O sagrado ensinamento da Lei — pois o nome *Torah* designa ao mesmo tempo o ensinamento e a Lei — eleva o povo acima da temporalidade e historicidade da vida, e o despoja do poder sobre o tempo" (*Der Stern der Erlösung*, III, 51). É por isso que quanto mais arraigado está no tempo, tanto mais imerso está na Eternidade.

⊃ Principais obras: *Hegel und der Staat,* 2 vols., 1920, reimp., 1962 *(Hegel e o Estado).* — *Der Stern der Erlösung,* 1921; 2ª ed., 1930 *(A estrela da redenção).* — *Zweistromland,* 1926 *(Terra de dupla corrente).* — *Jehuda Halevi,* 1927 [tradução de 92 poemas e comentários]. — *Briefe,* 1935, ed. Edith Rosenzweig com a colaboração de Ernst Simon *(Cartas).* — *Die Schrift und ihre Verdeutschung,* 1936 [em colaboração com Martin Buber] *(A Bíblia e sua tradução alemã* [contém os ensaios sobre a Bíblia e sua tradução realizada por F. R. e Martin Buber; esta tradução, que consta de 15 vols., começou a publicar-se em 1925)]. — *Kleinere Schriften,* 1937 *(Escritos menores)* [reúne muitos trabalhos de F. R. a partir de seu escrito "Das älteste Systemprogramm des deutschen Idealismus. 'Schellingianum'", publicado em *Sitzungsberichte der Heidelberg Akademie der Wissenschaften.* Philos.-hist. Kl., 1917.

Ed. de obras reunidas: *Gesammelte Schriften,* 10 vols., 1977 ss. — Ed. de *Obras completas* em 6 vols., 1979-1984, ed. Rachel Rosenzweig e E. Rosenzweig-Scheinmann.

Ver: Gershom Scholem, *F. R. vesifro kokhav ha-geulah,* 1930 [em hebraico]. — *F. R. eine Gedenkschrift,* 1930 [artigos em memória de R., com bibliografia]. — *F. R. ein Buch des Gedenkens,* 1930 [idem]. — Else Freund, *Die Existenzphilosophie Fr. Rosenzweigs. Ein Beitrag zur Analyse seines Werkes* Der Stern der Erlösung, 1933 (tese), reimp., 1959. — Karl Löwith, "M. Heidegger and F. R., or Temporality and Eternity", *Philosophy and Phenomenological Research,* 3 (1942-1943), 53-77. O original alemão, até então inédito, foi incluído, com o título "M. H. und F. R., ein Nachtrag zu *Sein und Zeit*", no volume de ensaios filosóficos de Löwith: *Gesammelte Abhandlungen. Zur Kritik der geschichtlichen Existenz,* 1960. — Nahum N. Glatzer, *F. R., zain leben un zaine idees,* 1945 [em iídiche]. — Id., *F. R.: His Life and Thought,* 1953. — Nathan Rothenstreich, *Hamahshavah hayeudit ba-et hahadashah,* 1951, pp. 164-251 [em hebraico]. — Bernhard Casper, *Das dialogische Denken. Eine Untersuchung der religionsphilosophischen Bedeutung F. Rosenzweigs, Ferdinand Ebners und Martin Bubers,* 1967. — N. Rotenstreich, *Jewish Philosophy in Modern Times: From Mendelssohn to R.,* 1968. — Joseph Tewes, *Zum Existenzbegriff P. Rosenzweigs,* 1970. — Reinhold Mayer, *Eine Philosophie der dialogischen Erfahrung,* 1973. — H. Jürgen-Görtz, *Tod und Erfahrung. Rosenzweigs "erfahrende Philosophie" und Hegels "Wissenschaft der Erfahrung des Bewusstseins",* 1984. — E. T. Charry, *F. R. and the Freedom of God,* 1987. — W. Schmied-Kowarzik, *F. R.: Existentielles Denken und gelebte Bewahrung,* 1991. ⊂

ROSMINI-SERBATI, ANTONIO (1797-1855). Nascido em Rovereto (Trentino), sacerdote católico ordenado em 1831, apresentou sua obra, movida pela vontade de constituir uma nacionalidade italiana e, sobretudo, pelo desejo de fundamentar filosoficamente a teologia católica como uma restauração da *philosophia perennis*; na verdade, Rosmini quis realizar em sua época o mesmo trabalho de assimilação e síntese que Santo Tomás realizara na sua. Daí o constante confronto de suas idéias com as correntes filosóficas modernas, e em particular com o empirismo, a ideologia e o idealismo em suas várias formas. Tratava-se, em suma, de dar ao plano teórico o cimento de que o catolicismo, segundo Rosmini, carecia na época. Isto supunha não somente uma assimilação, mas uma verdadeira "restauração". Tal propósito se revela já em suas primeiras obras, mas se desdobra sobretudo em seu escrito capital, o *Nuovo Saggio*. A rigor, trata-se de um sistema completo de filosofia, que compreende uma teosofia ou teoria do ente (termo que posteriormente Rosmini substituiu por "ser"), a qual abarca a ontologia ou doutrina universal do ser, a teologia como doutrina do ser absoluto e a cosmologia como doutrina do ser finito e relativo. Na verdade, a teoria do ser é o que constitui o princípio de toda a sua especulação. Nesse sentido, mas somente nesse sentido, a filosofia de Rosmini é um ontologismo. Pois o ontologismo de Rosmini não é, como o de Gioberti — a quem sem reservas se pode chamar "ontologista" —, uma derivação do existente a partir do ente. Rosmini interessa-se muito mais que Gioberti pela realidade dentro de cujo âmbito se dá o ser, e por isso seu sistema é considerado muitas vezes como um psicologismo ideológico mais que como um ontologismo *sensu stricto*. Ora, o pensamento do ser *in universale* é, em todo caso, o verdadeiro *fato primitivo*. Daí Rosmini assinalar (*Nuovo Saggio*, ed. Castelli, § 399) que "o fato óbvio e simplicíssimo do qual parto é o fato de que o homem pensa o ser de um modo universal" e que qualquer que seja a explicação que se possa dar do fato, este é indubitável. A idéia do ser está, assim, em todo pensamento do homem, não necessitando de nenhuma fonte sensível. O inatismo da idéia do ser é em toda parte afirmado por Rosmini, mas este inatismo não significa que tal idéia emerja do eu, de um modo completamente imanente, ou que seja criada em nós por Deus no ato da percepção. A idéia do ser é inata no sentido de que "nascemos com a presença e com a visão do ser possível" (*ibid.*, § 468), mesmo que ela não se atualize sempre e imediatamente em nossa consciência. Desta idéia do ser deriva precisamente a forma de todo conhecimento e as formas gerais — como a verdade, a substância, a causalidade — mediante as quais se conhece. Mas estas formas não são, propriamente falando, categorias do entendimento, mas verdadeiras flexões do ente. Rosmini rejeita todo idealismo no sentido estrito da palavra, assim como todo psicologismo que permaneça na região do imanente. O inteligível não é apenas aquilo com que algo se conhece, mas aquilo que *há*. Daí "as aplicações possíveis da idéia do ser" (*ibid.*, § 1137 ss.) e a teoria do Eu como uma substância que se pensa a si mesma, isto é, como algo que revela sua substancialidade em um sentimento fundamental pelo qual se sente permanente e consistente. O mundo das essências não é por isso uma mera hipóstase do sensível nem tampouco algo que se encontre numa região absolutamente transcendente ao homem. Rosmini pensa, com efeito, que as essências são o verdadeiro "mundo" do homem e que, por conseguinte, o pensamento humano se aplica, naturalmente, por um "hábito" — análogo ao dos escolásticos — a esse mundo essencial e inteligível. Pois o mundo inteligível no qual se desdobra a idéia do ser é um mundo "objetivo" (*ibid.*, § 1226 ss.). Por isso se impõe uma espécie de dialética do inteligível, e por isso também, ao aplicar-se à teologia, essa filosofia (que para um psicologismo radical aparece como um ontologismo, mas que para este aparece como algo fundado pelo menos na existência da consciência) sustenta a possibilidade de um conhecimento *a priori* puro de um infinito, isto é, de Deus. O conhecimento negativo de Deus não é eliminado, mas, evidentemente, conduz freqüentemente à idéia de um ser incompreensível. Rosmini não confunde a idéia positiva de um ser infinito com a indeterminação do ser enquanto *ens commune*, mas é indubitável que a ontologia geral prende-se tanto a uma quanto à outra. Assim, pode-se dizer que a contemplação do ser inicial demonstra que este não pode possuir uma subsistência absoluta, porque a compreensão mesma deste ser necessita de sua dependência ou participação num ser absoluto subsistente. Assim, "o ser *necessário* subsistente ou metafísico se identifica com o ser necessário lógico ao qual se agrega seu termo natural, e daí que não existam propriamente por si mesmas duas necessidades — uma lógica e outra metafísica —, mas uma só, que está ao mesmo tempo na mente e em si mesma" (*ibid.*, § 1461). Mas o inteligível não é somente o fundamento de toda ciência, mas é também, para Rosmini, norma da vida moral. Por isso Rosmini termina por sustentar a "conversão" dos transcendentais, pois somente nela e em sua essencial inteligibilidade poderá ser encontrado o caminho para essa restauração e assimilação que, depois de ter passado pela filosofia moderna, deseja encontrar, enriquecido com novas experiências, o caminho da filosofia perene e tradicional.

⊃ Obras: *Saggio sulla felicità*, 1822. — *Dell'educazione cristiana*, 1823. — *Opusculi filosofici*, 1827-1828. — *Nuovo saggio sull'origine delle idee*, 1830. — *Principî della scienza morale e storia comparata dei sistemi morali*, 1831-1837. — *Il rinnovamento della filosofia in Italia, proposto dal co. Terenzio Mamiani della Rovere ed esaminato da A. R.-S.*, 1836. — *L'antro-*

pologia in servizio della morale, 1838. — *Filosofia del diritto*, 1839-1841. — *Opuscoli morali*, 1841. — *Trattato della coscienza morale*, 1844. — *Introduzione alla filosofia*, 1850. — *Logica*, 1854. — Postumamente se publicaram: *Del supremo principio della metodologia e delle sue applicazioni all'educazione*, 1857. — *La filosofia di Aristotele*, 1858. — *Teosofia*, 1859. — *Corrispondenza*, 1875. — "Breve schizzo dei sistemi di filosofia moderna e del proprio sistema", *La Sapienza*, n° 5-6 (1881); em vol.: 3ª ed., 1949, ed. G. Bonafede. *Saggio storico-critico sulle categorie e la dialettica*, 2 vols., 1883. — *Antropologia sopranaturale*, 3 vols., 1884. — *Psicologia*, 1887. — *Carteggio fra Alessandro Manzoni e Antonio Rosmini*, 1901. — *Scritti sul matrimonio*, 1902. — *Epistolario completo*, 1905.

Edição de obras: *Opere edite e inedite di Antonio Rosmini-Serbati*, por Enrico Castelli, 1934 ss.

Bibliografia sobre R.-S., por Dante Morando, no tomo I da *Edizione Nazionale delle Opere Edite e Inedite di A. R.-S.*, 1934, pp. 1-209. — C. Riva, ed., *A. R. nel primo centenario della morte*, 1958, pp. 249-272. — F. Evain, "Bibliographie critique des principaux ouvrages de A. R. de 1816 à 1838", *Rivista Rosminiana* (1966), 285-299. — C. Bergamaschi, "Bibliographia rominiana. Scritti su R.", *ibid.*, 70, n° 3 (1976).

Léxico: Há uma série de "Studi sull Lessico Rosminiano" desde 1978, com obras de G. Imbraguglia e outros. O tomo I é: *Informazioni e Norme per la Redazione delle Voci del Lessico Rosminiano*.

Ver: A. Testa, *Il nuovo saggio sull'origine delle idee del R.*, 1837. — Vicenzo Gioberti, *Degli errori filosofici di A. R.*, 3 vols., 1841-1844. — V. Lilla, *Kant e R.*, 1869. — A. Paoli, *Esposizione ragionata della filosofia di A. R.*, 2 vols., 1879. — Fr. Paoli, *Memorie della vita di A. R.-S.*, I, 1880; II, 1884 (com bibliografia). — T. Davidson, *Rosmini's Philosophical System*, 1882. — G. M. Cornodi, *Il rosminianismo, sintesi dell'ontologismo e del panteismo*, 1883. — K. Werner, *A. R., seine Stellung in der Geschichte der neueren Philosophie der Italiener*, 1884. — Id., *Die italienische Philosophie des 19. Jahrhunderts*, 5 vols., 1884-1886, especialmente vol. I *(R. und seine Schule)*. — L. Zani, *Il filosofo A. R. e i suoi contradditori*, 1885. — R. Benzoni, *Dottrine dell'essere nel sistema rosminiano*, 1888. — T. Pertusati, *Di A. R.-S.*, 1891. — F. de Sarlo, *La logica di A. R. e problemi della logica moderna*, 1892. — Id., *Le basi della biologia e della psicologia secondo il R. considerate in rapporto ai resultati della scienza moderna*, 1893. — G. Gentile, *R. e Gioberti*, 1898. — C. Guastella, *Dottrina di R. sull'essenza della materia*, 1901. — G. Morando, *Esame critico delle XL proposizioni rosminiane condanate dalla S. R. U. Inquisizione*, 1905. — Adolf Dyroff, *R.*, 1906. — Pantaleo Carabellese, *La teoria della percezione intellettiva di A. R.*, 1907. — Francesco Orestano, *R.*, 1908. — F. Palhories, *R.*, 1908. — C. Gavazzi, *Il pensiero lette-* *rario di A. R.*, 1909. — C. Cavaglione, *Il vero R.: Saggio di interpretazione*, 1912. — Gallo Galli, *Kant e R.*, 1914. — G. Capone-Braga, *Saggio su R., il mondo delle idee*, 1914. — F. Pérez Bueno, *R.: Doctrinas ético-jurídicas*, 1919. — Francesca Carassale, *A. R.*, 1936. — G. Ceriani, *L'ideologia rosminiana nei rapporti con la gnoseologia agostiniano-tomista*, 1938. — M. F. Sciacca, *La filosofia morale di A. R.*, 1938; 2ª ed., 1955. — Dante Morando, *R.*, 1945. — A. Luciani, *L'origine dell'anima umana secondo a A. R.*, 1952. — J. J. Ruiz Cuevas, *La filosofia como salvación en R.*, 1952. — G. Bonafede, *La percezione intellettiva in R.*, 1955. — A. Muñoz Alonso, M. Albendea *et al.*, número especial de *Crisis*, ano II, n° 6 (1955), sobre R. — Carlo Giacon, *L'oggetività in A. R.*, 1960. — Pietro Prini, *R. postumo: La conclusione della filosofia dell'essere*, 2ª ed., ver. e aum., 1961. — Giovanni Pusineris, *R.*, 1962. — Giuseppe Beschin, *La comunicazione delle persone nella filosofia di A. R.*, 1964. — Tina Manferdini, *Essere e verità in R.*, 1965. — A. Russo, *La chiesa, comunione di salvezza in A. R.*, 1972. — P. Pfurtscheller, *Von der Einheit des Bewusstseins zur Einheit des Seins. Zur Grundlegung der Ontologie bei R.-S.*, 1977. — M. C. Temperini, *Le implicanze filosofiche e sociali della teodicea di A. R.*, 1978. — E. Berti, *La metafisica di Platone e Aristotele nell'interpretazione di A. R.*, 1980. — K.-H. Menke, *Vernunft und Offenbarung nach A. Rosmini*, 1980. — F. Evain, *Être et personne chez A. R.*, 1981. — M. Manganelli, *Il segno nel pensiero di A. R.*, 1983.

A partir de 1906 apareceu a *Rivista Rosminiana*, com inúmeros artigos sobre R. **C**

ROSS, WILLIAM DAVID (1877-1971). Nascido em Thurso, Caithness (Escócia), estudou na Universidade de Edimburgo e no Balliol College, de Oxford. Ross ocupou vários cargos acadêmicos, entre eles o de professor de filosofia moral e vice-reitor da Universidade de Oxford.

Os numerosos trabalhos de Ross sobre filosofia grega compreendem edições, traduções e extensos comentários de obras de Aristóteles. Os comentários à *Física*, à *Metafísica*, aos *Analíticos*, à *Retórica*, a *Sobre a alma* e à *Ética a Nicômaco* são particularmente minuciosos. Deve-se também a Ross um detalhado estudo e interpretação da teoria das idéias de Platão; referimo-nos a ele nos verbetes IDÉIA-NÚMERO e PARTICIPAÇÃO. Para sua interpretação de Aristóteles, ver CATEGORIA.

Além dos citados trabalhos, devemos a Ross estudos éticos sobre Platão e Kant e uma apresentação de suas próprias idéias em filosofia moral. Influenciado por H. A. Prichard e por G. E. Moore, Ross sustenta na ética a posição denominada "intuicionismo" (VER), segundo a qual o bom e o justo são qualidades irredutíveis e objetivas que correspondem, respectivamente, aos atos e aos motivos. Ross se opõe ao subjetivismo e ao utilitarismo na ética, mas seu intuitivismo é menos radical que o de

Moore e, sobretudo, que o de Prichard. Ele admite que se pode saber de modo intuitivo, isto é, imediato, que classes de ações são justas, mas não se pode saber do mesmo modo intuitivo e imediato que se tem o dever de executá-las. Os deveres não são, segundo Ross, simples e unívocos; há conflitos de deveres, e embora em certos casos se possa dizer que é evidente que devem ser executados certos tipos de ação, de modo que resultam obrigatórias, isso está sujeito à condição de que não apareçam obrigações contrárias. Ross pensa também, contra um "intuicionismo" demasiado extremado, que o justo e o bom não são independentes de outras propriedades, e que há propriedades às quais não são indiferentes a qualidade de ser justo ou a de ser bom.

◗ Obras: além dos comentários às obras de Aristóteles, devemos a Ross as obras seguintes: *Aristotle*, 1923; 5ª ed., 1949. — *The Right and the Good* [Glifford Lectures, 1935-1936]. — *Plato's Theory of Ideas*, 1951. — *Kant's Ethical Theory: a Commentary on the* Grundlegung zur Metaphysik der Sitten, 1954. — *The Development of Aristotle's Thought*, 1958 [Dawes Hicks Lectures on Philosophy, 1957].

Em português: *Aristóteles*, 1987. ◖

ROSSET, CLÉMENT. Ver Tragédia.

ROSSI, AMEDEO. Ver Milão (Escola de).

ROSSI, GIOVANNI FELICE. Ver Neotomismo.

ROSSI, MARIO M. Ver Problematicismo.

ROSSI-LANDI, FERRUCCIO. Ver Neo-racionalismo.

RÖSSLER, CONSTANTIN. Ver Hegelianismo.

ROTHACKER, ERICH (1888-1965). Nascido em Pforzheim, "professor extraordinário" a partir de 1924 em Heidelberg e professor titular a partir de 1928 em Bonn, trabalhou sobretudo nos problemas da filosofia do espírito e da personalidade seguindo em grande parte as orientações de Dilthey. Pertence, pois, como ele mesmo admite, à tendência filosófica baseada na "escola histórica alemã" e destaca, com efeito, em todas as suas pesquisas não somente as questões históricas, mas também o fato de que toda elaboração filosófica é feita dentro de certo nível histórico. É fundamental para suas análises partir do homem (em comunidade) como um ser eminentemente concreto que vive estreitamente vinculado com uma tradição e uma cultura e que não pode ser reduzido nem a um sujeito epistemológico nem a uma entidade biológica. É particularmente importante a vida criadora do homem com base na qual deve ser entendida toda teoria e não o inverso. O estudo dessa vida criadora permite, segundo Rothacker, entender a função que desempenham as concepções do mundo e as mudanças dessas concepções. Mas permite entender, além disso, que a vida do homem é um conjunto de "ações" arraigadas em "situações" determinadas e concretas. Diante de todo abstracionismo, Rothacker (que recebeu também a influência de Nietzsche) proclama que se deve prestar máxima atenção ao sistema dos impulsos humanos, os quais se manifestam não somente em seus atos individuais, mas também nas grandes culturas, que são no fundo grandes estilos de vida . Estes estilos possuem — como os atos humanos — significação, a tal ponto que o "princípio da significação" deve substituir, segundo o mencionado autor, os antigos princípios da consciência ou da objetividade. Em última análise, a realidade — tal como a personalidade — é constituída com base numa trama de significações, que alcançam sua máxima potência no homem, mas que podem perceber-se também no resto dos entes, especialmente nos seres biológicos quando estes são estudados não isoladamente, mas junto com seu peculiar ambiente.

◗ Principais obras: *Über die Möglichkeit und den Ertrag einer genetischen Geschichtsschreibung im Sinne K. Lamprechts*, 1912 (tese) *(Sobre a possibilidade e alcance de uma historiografia genética no sentido de K. Lamprecht)*. — *Einleitung in die Geisteswissenschaften*, 1920 *(Introdução às ciências do espírito)*. — *Logik und Systematik der Geisteswissenschaften*, 1926; 3ª ed., 1948 *(Lógica e sistemática das ciências do espírito)*. — *Geschichtsphilosophie*, 1934, reimp. com base no manuscrito corrigido pelo autor, 1952. — *Die Schichten der Persönlichkeit*, 1938; 7ª ed., 1966 *(As capas da personalidade)*. — *Probleme der Kulturanthropologie*, 1942; 2ª ed., 1948. — *Mensch und Geschichte*, 1944; 2ª ed, 1950 *(Homem e história)*. — *Schelers Durchbruch in die Wirklichkeit*, 1949 *(A irrupção de Scheler na realidade)*. — *Die dogmatische Denkform in den Geistenswissenschaften und das Problem des Historismus*, 1954 *(A forma dogmática do pensar nas ciências do espírito e o problema do historicismo)*. — *Intuition und Begriff. Ein Gespräch*, 1962 [com J. Thyssen] *(Intuição e conceito. Um diálogo)*. — *Heitere Erinnerungen*, 1963 *(Lembranças alegres)*. — *Zur Genealogie des menschlichen Bewusstseins*, 1966, ed. Wilhelm Perpeet *(Para a genealogia da consciência humana)*. — *Gedanken über Martin Heidegger. Ein Vortrag*, 1973, ed. Wilhelm Perpeet *(Pensamentos sobre Martin Heidegger. Uma conferência)*. — *Das "Buch der Natur". Materialien und Grundsätzliches zu Metaphergeschichte*, 1979, ed. W. Perpeet [papéis póstumos].

Depoimento em W. Ziegenfuss e G. Jung, *Philosophen-Lexicon*, tomo II, 1950, pp. 375-382. — Rothacker dirigiu o *Archiv für Begriffsgeschichte* (a partir de 1955).

Ver: Gerhard Funke, ed. *Konkrete Vernunft. Festschrift für E. R.*, 1958 (com bibliografia, pp. 435-444). — Wilhelm Perpeet, *E. R. Philosophie des Geistes aus dem Geist der deutschen historischen Schule*, 1968. — Hans-Walter Nau, *Die systematische Struktur von E. R. Rothackers Kulturbegriff*, 1968. ◖

ROUGÈS, ALBERTO (1880-1945). Nascido em Tucumán (Argentina), foi um dos fundadores da Universidade daquela cidade, nomeado seu reitor pouco antes de morrer. A produção filosófica de Rougès é escassa; embora agora se comece a recolher seus escritos e cursos (ver bibliografia), o seu livro mais importante continua sendo o das hierarquias do ser e da eternidade, no qual há uma arquitetura metafísica completa. A base dela é constituída por uma análise das diferenças entre o mundo físico e a realidade espiritual. O primeiro é de natureza instantânea, de modo que é preciso reduzi-lo a um ser sem devir (mecanicismo) ou a um devir sem ser (fenomenismo). O segundo possui duração, e não somente a do passado que se conserva, mas também a do porvir que se antecipa. O mundo espiritual se orienta para a eternidade (VER), que é um presente espiritual infinitamente rico. Essa orientação é distinta segundo os vários níveis do ser espiritual. De fato, Rougès conclui que os graus de eternidade se manifestam em todos os seres, desde a mínima do ser físico até a máxima do ser espiritual, sobretudo do que se acha mais próximo à "empresa divina" constituída por "todas as hierarquias do ser"

⊃ A obra capital de Rougès é: *Las jerarquías del ser y la eternidad*, 1943. — Ver além disso: "Curso del seminario de metafísica", apresentado por María Teresa Segura em *Humanitas* [Tucumán], nº 8, pp. 205-230.

Edição de obras: *Obras completas,* tomo I: *Las jerarquías del ser y la eternidad,* 1962 [Cuadernos de "Humanitas" (Tucumán), 10].

Ver: Diego F. Pró, *A. R.*, 1957 (com bibliografia). — *Id.*, "Las ideas filosóficas de A. R.", *Cuyo,* 2 (1966), 27-76. — René Gotthelf, "La filosofia de A. R.", *Cuyo,* 3 (1967), 89-155. — M. E. Valentie, "La filosofía de A. R.", *Ensayos y Estudios* (1973), 27-35. ⊂

ROUGIER, LOUIS (1889-1981). Nascido em Lyon, ensinou na Universidade de Besançon (1924-1939); no St. John College, de Annapolis (1941); na New School for Social Research, de Nova York (1941-1943); no Institut Franco-Canadien de Montréal (1945) e na Universidade de Caen (1955). Em seus trabalhos de teoria do conhecimento e da linguagem, Rougier partiu, como ele próprio admite, da necessidade de adaptar a epistemologia à revolução científica contemporânea (axiomática hilbertiana, teoria da relatividade e quântica, progressos na investigação lógica) que rompeu, a seu ver, os quadros do racionalismo clássico, tanto aristotélico-tomista como moderno. Contra a afirmação da existência de verdades *a priori*, incondicionalmente necessárias, obtidas por intuição intelectual ou evidência transcendente, Rougier sustenta que tais supostas evidências aprioristicas são apenas verdades hipoteticamente necessárias ou tautologias vazias ou convenções sugeridas pela experiência. Seguindo, além disso, as orientações do Círculo de Viena (VER), do qual foi um dos principais propagadores na França, e das tendências neopositivistas e analíticas, Rougier mantém a distinção epistemológica entre verdade formal e verdade empírica das proposições, base de um estudo da formação das teorias científicas que contêm proposições cuja verdade é empírica e cuja missão é a coordenação dos dados da experiência, e (com o fim de denunciá-las) das "teorias" que contêm pseudoproposições. A rejeição do apriorismo epistemológico e ontológico, e a tese de que os pensamentos são símbolos de coisas significadas e não cópias de supostos modelos invariáveis, não levam Rougier, porém, a uma renovação da concepção estática da razão, mas a uma concepção evolutiva e funcional para a qual a razão é "a função superior que, ao coordenar todas as nossas informações e nossas reações, nos permite adaptar-nos de modo cada vez mais harmonioso e eficaz ao meio físico e social que nos circunda" (*Traité,* cap. XXV, § V). Em seus estudos sobre história das religiões, Rougier quis mostrar as bases cosmológicas de certas concepções religiosas. Em suas obras de caráter político, social e econômico inclinou-se para um neoliberalismo, liberalismo social ou doutrina do planejamento baseada na competição.

⊃ Obras: *La matérialisation de l'énergie. Essai sur la théorie de la relativité et la théorie des quanta,* 1919 (nova ed. com o título: *La matière et l'énergie, selon la théorie de la relativité et la théorie des quanta,* 1921). — *Les paralogismes du rationalisme. Essai sur la théorie de la connaissance,* 1920 (tese). — *La philosophie géométrique de H. Poincaré,* 1920 (tese). — *En marge de Curie, de Carnot et d'Einstein, étude de philosophie scientifique,* 1920. — *La structure des théories déductives, théorie nouvelle de la déduction,* 1921. — *La Scolastique et le Thomisme,* 1925. — *Celse ou le conflit de la civilisation antique et du christianisme primitif,* 1926. — *La mystique démocratique: ses origines, ses illusions,* 1929. — *Les origines astronomiques de la croyance pythagoricienne en l'immortalité des âmes,* 1932. — *La mystique soviétique,* 1934. — *Les mystiques politiques contemporaines et leurs incidences internationales,* 1935. — *Les mystiques économiques, comment l'on passe des démocraties libérales aux États totalitaires,* 1938. — *La France à la recherche d'une Constitution,* 1952. — *Traité de la connaissance,* 1955. — *La métaphysique et le langage,* 1960.

Ver: R. Pardo, *El carácter evolutivo de la razón en la epistemología del empirismo filosófico,* 1955. ⊂

ROURE, MARIE-LOUISE. Ver METALÓGICA.

ROUSSEAU, JEAN-JACQUES (1712-1778). Nascido em Genebra. Sua vida e seu caráter foram expostos por ele mesmo em suas *Confissões* (publicadas postumamente: 2 vols., 1782; 2ª parte, 2 vols., 1789; 1ª ed. completa, 1789) e nas *Divagações de um passeante solitário* (publicadas postumamente, 1782) como os de "um homem em toda a verdade da natureza". O pensamento de Rousseau não é, com efeito, produto de uma especulação racional, mas resultado de sua própria vida perante todas as resistências, expressão de um pensar ao qual convém, como em pouquíssimos outros filósofos, o nome de existencial. Relacionado primeiramente com os enciclopedistas, separou-se muito cedo deles e sustentou uma penosa e amarga luta com Voltaire. Muito cedo se manifestou sua rebeldia em seu *Discurso sobre as ciências e as artes* (1750), que obteve o primeiro prêmio no concurso aberto pela Academia de Dijon sobre o tema da influência da renovação das artes e das ciências sobre o desenvolvimento e elevação dos costumes. Neste trabalho já transparece sua oposição ao otimismo dos enciclopedistas, que confiavam no poder iluminador da cultura; em sua opinião, as artes e ciências, ao contrário, não somente não depuraram os costumes como também os corromperam. Essa mesma tese é sustentada em seu *Discurso sobre as origens e fundamentos da desigualdade entre os homens* (1758), que apresenta o homem da cultura como o produto das sucessivas impurezas que aderiram ao homem natural. Só neste último se revela do modo mais claro a bondade original do sentimento e a relação direta com a Natureza. Não se trata, na realidade, de uma existência perfeita anterior à constituição da sociedade e do nascimento da civilização. Rousseau não prega a volta ao homem natural como a regressão a um suposto estado primitivo, mas este estado constitui, por assim dizer, o ponto de referência para o qual se volta toda consideração de tipo social e moral. Daí a teoria jurídica do *Contrato social (Du contrat social ou principes du droit politique*, 1762), completada com a pedagogia do *Emílio* (*Émile ou sur l'éducation*, 1762), em que se assinala o método para chegar à pureza do homem natural com a supressão de toda a maldade acumulada pela cultura artificiosa e pela desigualdade humana. O meio para alcançar esse *desideratum* é o desenvolvimento das forças naturalmente boas do homem, expressas em seus sentimentos puros, com vistas à formação de um novo estado social. As paixões e egoísmos nascidos no calor de tal sociedade não-natural são tornados patentes pela hipótese do contrato social em que o indivíduo como tal se desvincula voluntariamente das formas de relação interindividuais para submeter-se por livre consentimento à obediência às leis determinadas por uma vontade geral. Essas leis, que coincidem, além disso, com a forma natural da existência humana, já não representam a coação imposta pelas paixões e pelo egoísmo, mas a forma da igualdade expressa simultaneamente na lei comum e no sentimento. Esse contrato não é, por conseguinte, o produto de uma reflexão intelectual que incita à constituição da sociedade para evitar a destruição do indivíduo; é a manifestação da soberania da vontade geral num Estado democrático puro, respeitoso dos direitos naturais de cada pessoa, cuja renúncia à liberdade não é mais senão a renúncia à liberdade de agir com o egoísmo próprio do estado de falsa civilização. A constituição concreta de semelhante Estado se aproxima, segundo Rousseau, da democracia genebrina de seu tempo, com um número limitado de magistrados que legislam e propõem as leis ao povo inteiro. As teorias do contrato social influenciaram consideravelmente a Revolução Francesa, que adotou o lema "Igualdade, Liberdade, Fraternidade" e que tentou em diversas ocasiões, particularmente na constituição de 1793, copiar as linhas essenciais da doutrina jurídica do *Contrato*.

Culminação do pensamento de Rousseau são sua confissão religiosa e sua concepção do mundo, expostas sobretudo na *Profissão de fé do vigário saboiano*. O que o coração admite como evidente quando é sinceramente consultado é para Rousseau o fundamento de toda posição teórica e de toda atitude prática. O homem se sente como um ser limitado e humilhado, aniquilado ante a imensidão da Natureza e vinculado, por meio de um sentimento de confiança, a um Deus infinitamente poderoso e sábio. Essa relação com a divindade é uma relação imediata hostil aos "intermediários", às autoridades e às tradições que costumam aparecer nas religiões positivas. Toda impureza da razão transtornada pelo egoísmo da cultura deve ser eliminada com o fim de alcançar esse estádio de completa felicidade, em que o íntimo se identifica com o universal.

Compreender adequadamente o pensamento de Rousseau exige entender suficientemente sua personalidade. Mas entender esta última supõe não se deixar desorientar pelos aspectos "contraditórios" que a constituem; ambos são igualmente necessários para poder desenhar um quadro completo do espírito rousseauniano. Assim, encontrar-se-á por igual em Rousseau um impulso para a purificação e outro para a perseguição até o final de todas as experiências, um chamado constante ao coração e o freqüente freio da razão, a manifestação da alegria e do transbordamento vital e a expressão da dor, do pessimismo e da amargura. Na primeira das *Divagações (Rêveries) de um passeante solitário*, Rousseau se apresenta como um "pobre mortal desafortunado" que está "tranqüilo no fundo do abismo". Parece que a amargura predomina. Mas ela é somente uma faceta de sua experiência vital e de seu pensamento; tão logo aparece outra "alma amante", Rousseau se volta para ela e descobre que a verdade do próprio eu pode encontrar-se unicamente na comunidade.

↪ Obras: O *Discours sur les sciences et les arts* respondia ao problema levantado pela Academia de Dijon: *Si le rétablissement des sciences et des arts a contribué à épurer les moeurs*. O título original do outro discurso é: *Discours sur l'origine et les fondements de l'inégalité parmi les hommes*. A estas obras, às *Confissões*, ao *Contrato social*, ao *Emílio* e às *Rêveries du promeneur solitaire* no texto do verbete deve-se acrescentar *Julie ou la nouvelle Héloïse* (1761).

Edição de obras: Paris (1764, 1782). A edição de Musset-Pathey apareceu em 22 volumes, em 1818-1820. A edição de A. de Latour, em 1868. Ed. de obras na coleção "La Pléiade", a partir de 1959 (I, 1959, ed. B. Gagnebin, R. Osmont, M. Raymond; II, 1961, ed. B. Guyon, J. Scherer, C. Guyot).

Correspondência: *Correspondance*, por Théophile Dufour, 20 vols. (1924-1934).

Desde 1905 se publicam em Genebra os *Annales de la Société Jean-Jacques Rousseau*.

Em português: *Carta a d'Alembert*, 1993. — As *confissões*, s.d. — *O Contrato Social e outros escritos*, 1999. — *Os devaneios do caminhante solitário*, 1995. — *Discurso sobre as ciências e as artes e sobre a origem da desigualdade*, s.d. — *Discurso sobre a origem e os fundamentos da desigualdade entre os homens*, 1999. — *Discurso sobre a economia política*, 1995. — *Emile e Sophie ou os solitários*, 1994. — *Emílio ou da educação*, 1999. — *Ensaio sobre a origem das línguas*, 1998. — *Júlia ou a nova Heloísa*, 1994. — *Projeto para a educação do senhor de Sainte-Marie*, 1994. — *Rousseau*, Os Pensadores, 1983.

Bibliografia: J. Sénelier, *Bibliographie générale des oeuvres de J.-J. Rousseau*, 1950. — D. Felice, *J.-J. Rousseau in Italia: Bibliografia (1816-1986)*, 1987. — Também: N. J. H. Dent, *A R. Dictionary*, 1992.

Ver: L. Moreau, *J.-J. R. et le siècle philosophique*, 1870. — John Morley, *R.*, 2 vols., 1873. — R. Mahrenholtz, *J. J. Rousseaus Leben, Geistenswicklung und Hauptwerke*, 1889. — Harald Høffding, *R. und seine Philosophie*, 1897; 4ª ed., 1923. — J. Benrubi, *Rousseaus ethisches Ideal*, 1904 (tese). — E. Rod, *L'affaire J.-J. R.*, 1906. — F. Macdonald, *J.-J. R.*, 2 vols., 1906. — J. Lemaître, *J.-J. R.*, 1907. — G. Chinni, *Le fonti dell'Emile di R.*, 1908. — C. de Girardin, *Iconographie de J.-J. R.: Portraits, scènes, habitations, souvenirs*, 1909. — J. Morel, *Recherches sur les sources du* Discours *de J.-J. R. sur l'origine et les fondements de l'inégalité parmi les hommes*, 1910. — E. Faguet, *Vie de R.*, 1911. — G. Capponi, *Der allgemeine Wille im Gesellschaftsvertrage von J.-J. R. Ein Versuch*, 1912. — Id., *J.-J. R. e la rivoluzione francese*, 1912. — V. Delbos, Parodi, Mornet, Dwelshauvers, C. Bouglé *et al.*, aulas dadas na *École des Hautes Études sociales* sobre Rousseau, 1912. — P. Sakmann, *J.-J. R.*, 1913; 2ª ed., 1923. — Ernst Cassirer, "Das Problem J.-J. R.", *Archiv für Geschichte der Philosophie*, XLI (1932), 177-213, 479-513 (trad. ing., com uma extensa introdução por Peter Hay: *The Question of J.-J. R.*, 1954). — Rodolfo Mondolfo, *Introduzione a R.*, 1934; 2ª ed., aumentada, com o título: *R. e la coscienza moderna*, 1954. — R. Hubert, *R. et l'Encyclopédie: Essai sur la formation des idées politiques de R.*, 1928. — A. Schinz, *La pensée de J.-J. R.*, 1929. — Id., *État présent des travaux sur J.-J. R.*, 1941. — Robert Derathé, *Le rationalisme de J.-J. R.*, 1948. — B. Groethuysen, *J.-J. R.*, 1949. — P. Burgelin, *La philosophie de l'existence de J.-J. R.*, 1952. — G. di Napoli, *Il pensiero di G. G. R.*, 1953. — F. C. Green, *J.-J. R.: A Critical Study of His Life and Writings*, 1955. — Lourival Gomes Machado, *Homem e sociedade na teoria política de J.-J. R.*, 1956. — Jean Starobinski, *J.-J. R.: la transparence et l'obstacle*, 1957. — Id., "J.-J. R. et le péril de la réflexion", no volume do autor: *L'Oeil vivant*, 1961, pp. 91-190. — Giuseppe Agostino Roggerone, *Le idee di G. G. R.*, 1961. — F. Jost, *J.-J. R. Étude sur sa personnalité et sa pensée*, 2 vols., 1961. — Jean Guéhenno, *J.-J. R. Histoire d'une conscience*, nova ed., 2 vols., 1962. — F. Larroyo, J. Gaos et al., *J.-J. R. (Presencia de R.)*, 1962. — J. H. Broome, *R.: A Study of His Thought*, 1963. — Mario Einaudi, *The Early R.*, 1967. — Roger D. Masters, *The Political Philosophy of R.*, 1967. — Lester Crocker, *J.-J. R.: The Quest, 1712-1778*, I, 1968. — Henri Gouthier, *Les méditations métaphysiques de J.-J. R.*, 1970. — Raymond Polin, *La politique de la solitude: Essai sur la philosophie politique de J.-J. R.*, 1971. — Ronald Grimsley, *The Philosophy of R.*, 1973. — Joseph Moreau, *J.-J. R.*, 1973. — Victor Goldschmidt, *Anthropologie et politique: Les principes du système de R.*, 1974. — Christian Jacquet, *La pensée religieuse de J.-J. R.*, 1975. — J.-M. Ansart-Dourlen, *Dénaturation et violence dans la pensée de J.-J. R.*, 1975. — R. Fralin, *R. and Representation: A Study of the Development of His Concept of Political Institutions*, 1978. — M. F. Plattner, *R.'s State of Nature: An Interpretative of the* Discours on Inequality, 1979. — J. E. Dotti, *El mundo de J.-J. R.*, 1980. — M. Cranston, *The Early Life of J.-J. R.*, 1983. — N. J. H. Dent, *R.*, 1988. — E. Cassirer, J. Starobinski, R. Darnton, *Drei Vorschläge, R. zu lesen*, 1988. — A. Burgio, *Eguaglianza, interesse, unanimità: la politica di R.*, 1989. — A. M. Melzer, *The Natural Goodness of Man: On the System of R.'s Thought*, 1990. — M. Cranston, *The Noble Savage: J.-J. R., 1754-1762*, 1991. — R. Noble, *Language, Subjectivity, and Freedom in Rousseau's Moral Philosophy*, 1991. — J. Terasse, *De Mentor à Orphée: Essais sur les écrits pédagogiques de R.*, 1992. — A. Ferrara, *Modernity and Authenticity: A Study of the Social and Ethical Thought of J.-J. R.*, 1992. **C**

ROUSSELOT, PIERRE (1878-1915). Nascido em Nantes. Membro da Companhia de Jesus, ensinou teologia dogmática no Institut Catholique de Paris (a partir de 1909). Rousselot representou dentro do realismo neotomista contemporâneo uma posição análoga à de Joseph Maréchal, influenciada pelo blondelismo. Com efeito, Rousselot afirma a impossibilidade do conhecimento do real, ao menos do real espiritual, por meio de uma ordem puramente intencional e intelectual. O realismo da cópia esquece, de fato, segundo Rousselot, a peculiaridade do espiritual, essa singularidade completa que, em vez de resolver-se em sensações, expressa a pura realidade da forma ou da idéia. Daí o conhecimento e o amor serem, no fundo, a mesma coisa. Esse imanentismo do conhecer não suprime, contudo, segundo Rousselot, a objetividade, antes confirma-a e estabelece-a. A negação da possibilidade de uma intelecção por amor do espiritual representa, no seu entender, o esquecimento da espiritualidade mesma do homem e a excessiva acentuação do que há também no homem de espiritual. Daí a fundamentação última da apreensão do real espiritual mediante um "sentido do divino" sem o qual resultaria ininteligível o próprio amor da alma por si mesma.

➲ Obras: *Pour l'histoire du problème de l'amour au moyen âge*, 1908, reed., 1933 [Beiträge zur Geschichte der Philosophie des Mittelalters, VI, 6]. — *L'intellectualisme de Saint Thomas*, 1908; reed. 1924, 1936. — Além disso, colaborações na *Revue de Philosophie*, *Revue néo-scolastique de Philosophie*.

Em português: *Teoria da inteligência segundo Tomás de Aquino*, 2000.

Ver: M. de Wulf, *La justification de la foi chez Saint Thomas et Pierre Rousselot*, 1946. — G. A. McCool, *From Unity to Pluralism: the Internal Evolution of Thomism*, 1989. ☾

ROY, HENRIK VAN. Ver Régis, Pierre-Sylvain.

ROYCE, JOSIAH (1855-1916). Nascido em Grass Valley (Califórnia), estudou na Johns Hopkins University e aperfeiçoou seus estudos em Göttingen, onde na época ensinava Lotze. A partir de 1882 ensinou na Universidade de Harvard, sendo um dos "quatro grandes" de Harvard, junto com William James, Ch. S. Peirce e Santayana.

Embora o pensamento de Royce tenha diversas facetas, a mais importante e conhecida é a idealista; Royce foi, de fato, o principal representante do idealismo norte-americano e desempenhou nos Estados Unidos um papel análogo ao que teve Bradley na Inglaterra. Contudo, a analogia não chega tão longe como às vezes se supõe. As influências recebidas por Royce, sobretudo depois de seus estudos na Alemanha, giraram particularmente em torno de Kant, Schopenhauer, os idealistas românticos e Lotze. Mas a estas influências se sobrepôs a tentativa de justificar a atividade moral e religiosa do indivíduo, sem a qual para Royce nenhum pensamento pode ser válido. Daí sua orientação religiosa ou, melhor dizendo, ético-religiosa. O materialismo, com seu acompanhamento do dogmatismo fatalista, deve ser superado se se quer situar o homem no centro de sua livre vida pessoal. Mas junto com o materialismo devem ser eliminadas as correntes que, de tanto exagerarem a condição absoluta do Absoluto, recaem em inconvenientes análogos, se não teóricos, práticos. A diferença entre o idealismo de Royce e o de Bradley é evidente. A filosofia de Bradley desembocava numa série de conflitos entre os quais o principal parece ser a discussão metafísica em torno da possibilidade de um universo monadológico; em contrapartida, o pensamento de Royce continha todas as possibilidades que, devidamente desenvolvidas, poderiam dar lugar, por exemplo, a um idealismo pragmatista da ação humana. O absolutismo personalista de Royce encontra-se, assim, num ponto eqüidistante do absolutismo e do personalismo, do "eternismo" e do "pragmatismo". O problema da verdade é resolvido por Royce mediante a redução do externo ao interno. É, sem dúvida, o interno significado do juízo — em que transparece a transição do intelectualismo ao voluntarismo — que prima, afinal, sobre a referência ao externo. Mas isso significa que, em última análise, uma separação ontológica entre significado interno e referência externa é impensável. A separação é resolvida na unidade da idéia. Esta é algo mais que signo mental, mas também algo mais que objeto: é o que condiciona a existência do objeto, do sujeito que o pensa e sua relação mútua. A idéia é ao mesmo tempo realidade e verdade. E a possibilidade de uma aproximação do sujeito ao objeto reside precisamente nessa prévia redução de ambos os elementos à realidade de um indivíduo que inclui em si o fundamento de toda possível cisão ulterior entre o que a coisa é e o fato de ser, entre a essência e a existência. Daí o idealismo de Royce, mesmo sendo de caráter "absoluto", tender cada vez mais a assumir, como ele mesmo reconhece, um traço "personalista". Pessoa e vontade são os elementos de que a realidade há de "compor-se" se se quiser que estas realidades não fiquem absorvidas numa pura noção do ser. Nisto se funda a crítica realizada por Royce das noções de ser tais como as que defendem o realismo, o misticismo e o racionalismo crítico. O ser pode ser o presente imediatamente (realismo), o conteúdo no interior do ser aparentemente dado em realidade (misticismo) e o verdadeiro (racionalismo crítico). Esta última posição tem uma maior justificação que as outras, e por esse motivo deverá ser incorporada à verdade "total" do idealismo. Mas a disjuntiva está sempre presente: ou se desemboca no ceticismo cognoscitivo ou se busca uma superior posição que, sem eliminar a verdade, não elimine tampouco o real nela. Assim, o idealismo aparece como a posição inevitável, pois só ele permite uma união da experiência da atualidade e da idealidade, uma conjunção do intelectual com o volitivo. A experiência absoluta que o idealismo propugna parece conduzir a um monismo absoluto da consciência, mas isso ocorre somente na medida em que o monismo está condicionado pelas exigências unificantes da razão. Quando esta abandona suas pretensões, o monismo pode dar lugar inclusive a um pluralismo, que não suprime o caráter totalista da experiência, mas que permite eludir sua impessoalidade. O primado do voluntarismo sobre o intelectualismo, da ação consciente de si sobre a pura apreensão racional de um objeto supostamente independente, formam, por conseguinte, os elementos essenciais de uma filosofia que aspira continuamente a justificar a existência moral e religiosa do homem mediante um conceito do ser que, orientado para a experiência absoluta, permita deduzir os caracteres concretos dessa experiência. Para tanto deviam contribuir também os estudos lógicos aos quais, particularmente pela influência de Peirce, se consagrou Royce em seus últimos tempos. O mesmo caberia dizer de sua "filosofia da lealdade" à qual nos referimos em outro verbete (ver FIDELIDADE), filosofia que confirma a decidida busca de um fundamento concreto que permita apoiar a ação moral também concreta. Uma vez mais: a "possibilidade" do ser, e ainda o ontologismo subjacente no pensamento de Royce, não são, como poderia sê-lo a idéia puramente racional, algo vazio, mas algo previamente preenchido com uma experiência orientada continuamente para a plenitude de um absoluto que é moralidade e personalidade.

⊃ Obras: *The Religious Aspect of Philosophy*, 1885. — *The Spirit of Modern Philosophy*, 1892. — *The Conceptions of God*, 1897 (com Howison, J. E. Conte e S. E. Mezes). — *Studies of Good and Evil*, 1898. — *The World and the Individual*, 2 vols., 1889-1901; reed., 2 vols., 1959. — *The Conception of Immortality*, 1900. — *The Philosophy of Loyalty*, 1908. — *Sources of Religious Insight*, 1912. — *The Problem of Christianity*, 1913. — *Lectures on Modern Idealism*, 1919. — *Fugitive Essays*, 1920, ed., J. Loewenberg. — *Logical Essays*, 1951, ed. D. S. Robinson. — *J. R.'s Seminar, 1913-1914, as Recorded in the Notebooks of Harry T. Costello*, 1963, ed. Grover Smith. — *The Philosophy of J. R.*, 1982, ed. J. K. Roth.

Correspondência: *The Letters of J. R.*, ed. John Clendenning, 1970.

Bibliografia: Frank M. Oppenheim, "A Critical Annotated Bibliography of the Published Works of J. R.", *Modern Schoolman*, 41 (1964), 339-365.

Ver: Morris R. Cohen, W. E. Hockin et al., *Papers in Honor of J. R. on His Sixtieth Birthday*, 1916, ed. J. E. Creighton (com bibliografia por Benjamin Rand, pp. 287-294). — Francesco Olgiati, *Un pensatore americano: J. R.*, 1917. — Moses J. Aronson, *La philosophie morale de J. R.: essai sur l'idéalisme social aux États-Unis d'Amérique*, 1927 (tese). — Boris Jakovenko, *L'idealismo costruttivo ed assoluto di Josiah R.*, 1937. — Gabriel Marcel, *La philosophie de J. R.*, 1945. — John Edwin Smith, *Royce's Social Infinite. The Community of Interpretation*, 1950. — J. H. Cotton, *R. on the Human Self*, 1954. — W. E. Hocking, J. Loewenberg, H. T. Costello, R. Hocking, J. L. Blau, H. B. White, D. S. Robinson, J. H. Cotton, Ch. Hartshorne, H. M. Kallen, "In Memoriam J. R.", número especial de *The Journal of Philosophy*, 53 (1956), 57-139. — K. T. Humbach, *Das Verhältnis von Einzelperson und Gemeinschaft nach J. R.*, 1962.

— Vincent Buranelli, *J. R.*, 1964. — John E. Skinner, *The Logocentric Predicament: An Essay on the Problem of Error in the Philosophy of J. R.*, 1965. — Peter Fuss, *The Moral Philosophy of J. R.*, 1965. — Bruce Kuklick, *J. R.: An Intellectual Biography*, 1972. — Mary Briody Mahowald, *An Idealistic Pragmatism: The Development of the Pragmatic Element in the Philosophy of J. R.*, 1972. — Bhragwan B. Singh, *The Self and the World in the Philosophy of J. R.*, 1973. — Edward A. Jarvis, *The Conception of God in the Later R.*, 1975. — G. D. Straton, *Theistic Faith for Our Time: An Introduction to the Process Philosophies of Royce and Whitehead*, 1979. — F. M. Oppenheim, *R.'s Voyage Down Under: A Journey of the Mind*, 1980. — H. Falke, *J. Royces Versuche der Annäherung an das Unbedingte. Eine kritische Untersuchung zu einem der Hauptprobleme seines philosophischen Denkens*, 1984. — J. Clendenning, *The Life and Thought of J. R.*, 1985. — F. M. Oppenheim, *Royce's Mature Philosophy of Religion*, 1987. — Id., *Royce's Mature Ethics*, 1993. ⊂

ROYER-COLLARD, PIERRE-PAUL (1763-1845). Nascido em Sompuis (Champagne), distinguiu-se por sua atividade política em várias posições: representante no Conselho da Comuna de Paris, membro do grupo moderado da Convenção, deputado no Conselho dos Quinhentos. Sem abandonar os ideais de liberdade da Revolução, sua tendência à ordem e à legitimidade o converteu em conselheiro do partido monárquico; deputado na Câmara de 1815 a 1839 com escassas interrupções, foi um dos cabeças do partido dos doutrinários, junto com François Guizot (1787-1874). Sua atividade filosófica se desenvolveu sobretudo de 1811 a 1814 nos cursos dados na Faculdade de Letras da Sorbonne. Opositor da filosofia sensualista de Condillac e dos ideólogos, Royer-Collard foi atraído pela refutação que Thomas Reid fizera dos sensualistas ingleses. Para Royer-Collard, tanto Condillac como os ideólogos dissolviam a psicologia numa mera psicognosia. Com isso pretendia restabelecer a grande corrente da filosofia clássica francesa, de Descartes a Pascal, a qual fizera a distinção entre a sensação e a percepção consciente. Somente deste modo era possível, segundo Royer-Collard, encontrar princípios sólidos, tais como os da substancialidade do eu e os da causalidade no mundo externo, princípios que não constituem mais hipóteses racionais indemonstradas, mas o reconhecimento de fatos primários. Um dos discípulos de Royer-Collard em seus cursos foi Victor Cousin, e por isso é comum considerar o primeiro como "restaurador do espiritualismo". Característica de Royer-Collard é a atenção prestada aos aspectos morais e sociais da especulação filosófica e a oposição ao intelectualismo dissolvente em nome de certas crenças não cegas. "A vida intelectual", disse em uma de suas lições, "é uma sucessão ininterrupta não somente de idéias, mas também de crenças explícitas ou implícitas. As crenças do espírito constituem a força da alma e os móveis da vontade. As leis fundamentais da crença constituem a inteligência".

↪ Obras: os fragmentos filosóficos de Royer-Collard (procedentes de suas lições e publicados primeiramente na tradução por Jouffroy de las obras de Reid, vols. III, IV) foram editados por A. Schimberg, *Les fragments philosophiques de Royer-Collard*, 1913.
Ver: A. De Barante, *R.-C.*, 1862. — Eugène Spuller, *R.-C.*, 1895. — George Antonescu, *R.-C. als Philosoph*, 1904. — Obra biográfica: R. Langeron, *R.-C., conseiller secret de Louis XVIII*, 1956. ↩

RUBERT DE VENTÓS, XAVIER. Ver Critério moral; É-deve.

RÜDIGER, ANDREAS (1673-1731). Nascido em Rochlitz, estudou filosofia e teologia em Halle (com Christian Thomasius) e Direito e Medicina em Leipzig; em seguida, exerceu a profissão médica e ensinou também nas duas universidades citadas.

Influenciado por seu mestre Thomasius, e em oposição a várias teses capitais de Wolff — e, em geral, da chamada "escola de Leibniz-Wolff" —, Rüdiger procurou fundar a reflexão filosófica, segundo aponta Schepers (*op. cit. infra*, p. 31 ss.), na *recta ratio* (ver Razão [Tipos de]), na "sã razão humana" *(gesunde Vernunft, gesunder Menschenverstand)*, isto é, numa espécie de "bom senso" ou "senso comum" que faz ver de imediato que o método próprio da filosofia não pode ser o mesmo que o da matemática ou da lógica. Com efeito, o método puramente dedutivo não pode servir de modelo para adquirir as verdades que somente a experiência dos sentidos pode proporcionar. Nenhum conceito puro poderá jamais por si só garantir a existência do que o conceito designa, ou pretende designar. A verdade não é nunca uma correspondência entre o conceito e uma suposta essência da coisa, mas é simplesmente uma adequação entre o conceito e as impressões sensíveis descritas mediante o conceito. No que diz respeito ao conhecimento do real, não há nunca *veritates aeternae* e muito menos *veritates aeternae* das quais possam deduzir-se proposições válidas para a experiência. Com tudo isso Rüdiger parece estabelecer uma separação completa entre matemática e lógica, por uma parte, e filosofia, por outra, e, além disso, fundar a filosofia na experiência. Contudo, quando Rüdiger procura mostrar em que consistem as proposições matemáticas, chega à conclusão de que estas proposições são apreendidas por uma espécie de intuição, fundada em última análise no processo do contar e da numeração. Portanto, somente a lógica — pela qual Rüdiger entende a doutrina silogística — é puramente formal e por isso mesmo "vazia" do ponto de vista do conhecimento.

↪ Principais obras: *Disputatio philosophica de uso et abusu terminorum technicorum in philosophia*, 1700. — *Disputatio philosophica de eo quod omnes ideae oriantur a sensione*, 1704. — *Philosophia syntetica tribus libris de sapientia, justitia et prudentia...*, 1707; nova ed. com o título: *Institutiones eruditiones seu philosophia synthetica tribus libris de sapientia, justitia et prudentia...*, 1711; nova ed., *ibid.*, 1717. — *De sensu veri et falsi libri IV in quibus sapientia ratiotinativa a praejudiciis Aristotelicis et Cartesianis purgatur, multisque novis et ad veram eruditionem necessariis meditationibus mactatur*, 1709; editio altera, 1722, reimp., 1969. — *Physica Divina, recta via, eademque inter superstitionem et atheismum media ad utramque hominis felicitatem, naturalem atque moralem, ducens*, 1716. — *Anweisung zu der Zufriedenheit der menschlichen Seele als dem höchsten Guthe dieses zeitlichen Lebens*, 1721; 2ª ed., 1726 *(Instrução para o contentamento da alma humana, como bem máximo desta vida temporal)*. — *Philosophia pragmatica, methodo apodictica et quoad ejus licuit mathematica conscriptia*, 1723; editio altera, 1729. — *Christian Wolffens Meinung von dem Wesen der Seele und eines Geistes überhaupt, und Andreas Rüdigers Gegenmeinung*, 1727 *(A opinião de Ch. W. sobre a essência da alma e de um espírito qualquer, e a contra-opinião de A. R.)*. — *Commentationes de diaeta eurditorum ad conservandam et prorrogandam vitam...*, 1728; nova ed., 1737.
Ver: W. Carls, *A. Rüdigers Moralphilosophie*, 1894. — K. H. E. de Jong, *R. und ein Anfang! Kant und ein Ende!*, 1931. — Wilhelm Rudolf Jaitner, *Thomasius, R., Hoffmann und Crusius*, 1939. — Heinrich Schepers, *A. Rüdigers Methodologie und ihre Voraussetzungen. Ein Beitrag zur Geschichte der deutschen Schulphilosophie im 18. Jahrhundert*, 1959. ↩

RUGE, ARNOLD (1802-1880). Nascido em Bergen (Saxônia), estudou filologia e filosofia nas Universidades de Iena, Halle e Heidelberg. Ruge se destacou na fundação e direção de publicações periódicas nas quais colaboraram os hegelianos, e sobretudo os hegelianos de esquerda: os *Hallische Jahrbücher für deutsche Wissenschaft und Kunst*, fundados em 1838, em colaboração com Theodor Echtermeyer, e onde escreveram, entre outros, D. F. Strauss, L. Feuerbach, Bruno Bauer, E. Zeller, Heine. Em 1841, Ruge teve de se mudar para Dresden por pressão do governo prussiano e ali continuou sua publicação com o nome de *Deutsche Jahrbücher für Wissenschaft und Kunst*, nos quais começou a colaborar Marx. Por nova pressão do governo prussiano, foi suspensa a publicação. No mesmo ano, Ruge mudou-se para Paris, onde fundou, como continuação dos anteriores *Jahrbücher*, os *Deutschefranzösische Jahrbücher*, em cuja direção Marx colaborou. No entanto, Ruge logo rompeu com Marx e se transferiu primeiro para Zurique e depois para Frankfurt, onde se consagrou a atividades políticas. Em 1848 fundou em Berlim *Die Reform*, que foi suspensa no mesmo ano. Emigrado para a Inglaterra, onde faleceu, continuou dedicando-se a atividades políticas em prol do movimento democrático e liberal europeu, mas pouco depois da ascensão de Bismarck ao poder aderiu à política bismarckiana.

A importância filosófica de Ruge reside em parte no fato de ter sido em várias ocasiões ponto de reunião de grupos hegelianos, de sorte que o nome de Arnold Ruge está ligado ao do desenvolvimento do hegelianismo (especialmente do chamado "hegelianismo de esquerda"). Em parte também reside em suas contribuições filosóficas dentro dos pressupostos hegelianos, que nunca abandonou, mesmo em suas mudanças de posição política. As mais destacadas contribuições filosóficas de Ruge se deram na estética e na filosofia social. Ruge insistiu na necessidade de entender a dialética hegeliana como dialética que se constitui no curso da história e que torna possível a constante aproximação, e ao final a fusão, do racional e do real. Assim, a história não é para Ruge o resultado de uma dialética, mas o contrário: a dialética surge do movimento mesmo da história. A dialética é, assim, o desenvolvimento da história como progressiva racionalidade.

➭ Principais obras: *Die platonische Ästhetik*, 1832 *(A estética platônica)*. — *Neue Vorschule der Ästhetik*, 1837 *(Prolegômenos à estética)*. — *Anekdota zur neuesten deutschen Philosophie und Publizistik*, 1843 [com outros autores] *(Anedotas para a recente filosofia e publicística alemãs)*. — *Zwei Jahre in Paris. Studien und Erinnerungen*, 2 vols., 1846 *(Dois anos em Paris. Estudos e lembranças)*. — *Aus früherer Zeit*, 4 vols., 1862-1867 *(Do tempo passado)*. — *An die deutsche Nation*, 1866 *(À nação alemã)*. — *Reden über die Religion, ihr Ensteben und Verhegen, an die Gebildeten unter ihren Verehrern*, 1868 *(Discursos sobre a religião, sua origem e decadência, aos ilustrados e seus adoradores)*. — *Staat oder Papst*, 1876 *(Estado ou papado)*. — A estas obras devem-se agregar suas colaborações nas revistas fundadas por ele e também: *Briefwechsel und Tagebuchblätter aus den Jahren 1825-1880*, 2 vols., 1855, ed. Paul Nerrlich, reimp., 1971, e *Unser System*, 1903, ed. Clair J. Grece, 1903.

Edição de obras: *Gesammelte Schriften*, 10 vols., 1846-1848 [incompletos].

Ver: W. Bolin, *A. R. und dessen Kritiken*, 1891. — Hans Rosenberg, "A. R. und die hallischen Jahrbücher", *Archiv für Kulturgeschichte*, 20 (1929-1930), 281-308. — Walter Neher, *A. R. als Politiker und politischer Schriftsteller*, 1933. — W. J. Brazil, *The Young Hegelians*, 1970. ➭

RUGGIERO, GUIDO DE (1888-1948). Nascido em Nápoles, foi professor da Universidade de Roma, na cátedra ocupada por Pantaleo Carabellese, e reitor da mesma universidade. Por suas atividades políticas a favor do "partido da Ação" ficou preso durante algum tempo, em 1943, mas em 1944 foi nomeado Ministro da Instrução Pública, e em seguida foi representante da Itália na Unesco.

Guido de Ruggiero é conhecido sobretudo por sua longa *Storia della filosofia*, a mais completa história geral da filosofia publicada em italiano. Embora sem demérito para a objetividade do historiador, manifestam-se nessa obra as tendências idealistas, e especialmente atualistas, que caracterizaram o pensamento filosófico de Guido de Ruggiero, o qual seguiu em grande parte a Croce, mas em sentido atualista (ver A<small>TUALISMO</small>). Importante é em Guido de Ruggiero sua exposição e crítica de muitos aspectos do pensamento filosófico e científico do século atual; opondo-se às correntes irracionais e existencialistas, Guido de Ruggiero proclama a necessidade de desenvolver devidamente refundamentada a tradição racionalista e idealista "clássica". Deve-se observar que em diversos escritos Guido de Ruggiero, embora ainda atualista, rejeitou o imanentismo radical e o historicismo com o fim de salientar o caráter "transcendente" dos produtos culturais.

➭ Principais obras: *La filosofia contemporanea*, 1912, 7ª ed., 1962. — *Storia della filosofia*, 14 vols., 1920-1934 (várias edições posteriores de tomos soltos). — *Il pensiero politico meridionale nei secoli XVIII e XIX*, 1922. — *Storia del liberalismo europeo*, 1925. — *Sommario di storia della filosofia italiana*, 1925. — *Filosofi del novecento*, 1934. — *Il ritorno alla ragione*, 1946.

Ver: C. Gilly Reda, *G. de R.: um ritratto filosofico*. ➭

RUIZ, DIEGO. Ver E<small>NTUSIASMO</small>; S<small>ÍMBOLO</small>, <small>SIMBOLISMO</small>.

RUNZE, GEORG (1852-1922). Nascido em Woltersdorf (Pomerânia), foi "professor extraordinário" de teologia da Universidade de Berlim. Runze ocupou-se sobretudo de problemas de teologia e de filosofia da religião com base num modo de pensar que chamou "filosofia glotológica" (literalmente "filosofia fundada na língua"). Segundo Runze, a língua determina o tipo de problemas que podem ser investigados, o modo como podem ser formulados tais problemas e a proporção em que podem ser entendidos e resolvidos. Só dentro do pensamento "glotológico" se realiza, segundo Runze, o que ele denominou "vontade de verdade" *(Wille zur Wahrheit)*. A "filosofia glotológica", regida por uma "lógica glotológica", chega até o umbral do sentimento religioso, mas não pode, no entender de Runze, transpassá-lo.

➭ Principais obras: *Schleiermachers Glaubenslehre*, 1877 *(A doutrina da fé de Schleiermacher)*. — *Der ontologische Gottesbeweis*, 1882 *(A prova ontológica de Deus)*. — "Die Bedeutung der Sprache für das wissenschaftliche Erkenne", em *Verhandlung der philosophischen Gesellschaft* (1886) ("A significação da língua para o conhecimento científico"). — *Studien zur vergleichenden Religionswissenschaft*, 3 vols., I, 1889; II,

1894; III, 1897 *(Estudos para a ciência comparada das religiões). — Praktische Ethik*, 1891. *— F. Nietzsche als Theologe und als Antichrist*, 1896. *— Katechismus und Religionsphilosophie*, 1901. *— Katechismus der Metaphysik*, 1905. *— Essays zur Religionspsychologie*, 1914. *— Religionspsychologie*, 1920. *— Psychologie der Religion*, 1922. *— Bruno Bauer*, 1931. *— Bruno Bauer redivivus*, 1934. ⊃

RUPTURA EPISTEMOLÓGICA. Ver CORTE EPISTEMOLÓGICO.

RUSSELL, BERTRAND (1872-1970). Nascido em Rovenscreft (Monmouthpiece), estudou no Trinity College (Cambridge), tendo como professores de filosofia Henry Sidgwick, James Ward e G. F. Stout. Seus primeiros interesses foram os matemáticos, mas logo os combinou com outros, filosóficos, históricos e sociais. Russell deu conferências e ensinou em inúmeras instituições e universidades. Em 1950 recebeu o Prêmio Nobel de Literatura.

A evolução filosófica de Russell é bastante complexa. No entanto, essa complexidade não torna totalmente impossível, como alguns críticos supõem, esboçar as linhas principais da filosofia do autor. Por um lado, por baixo das mudanças de posição há uma atitude constante que se reflete em certas preferências e métodos (e, é claro, em certa linguagem). Por outro lado, as mudanças não são devidas, na maior parte dos casos, a reviravoltas bruscas, mas à necessidade de sair de vias mortas ou excessivamente congestionadas. A única mudança radical experimentada na evolução filosófica de Russell é a que o fez passar do idealismo — kantismo e especialmente hegelianismo sob a forma que lhe havia dado Bradley e que lhe haviam inculcado seus mestres cantabrigenses — a uma posição realista (epistemológica) e ao mesmo tempo analítica. Tal mudança não foi provocada, mas sim acelerada, por G. E. Moore, que foi, com Russell, o chefe do movimento antiidealista na Inglaterra. Grande influência exerceu sobre Russell, segundo confissão própria, o contato com Peano e seus discípulos no Congresso Internacional de Filosofia de Paris, no ano de 1900. Começou então a trabalhar em colaboração com Whitehead na fundamentação lógica da matemática. Algumas das descobertas neste sentido já tinham sido realizadas por Gottlob Frege, mas Russell só posteriormente entrou em contato intelectual e pessoal com esse lógico e matemático. É interessante notar o fato, destacado por Russell, de que o trabalho com que contribuiu com Whitehead para a redação dos *Principia Mathematica* se lhe apresentou a princípio como "um parêntese na refutação de Kant". Várias dificuldades se interpuseram neste trabalho; a mais destacada foi a demonstração por Cantor de que não há o maior cardinal. Isso gerou a contradição acerca das classes que não são membros de si mesmas a que nos referimos em Paradoxo (VER). Essa contradição exerceu grande influência sobre o desenvolvimento dos pensamentos lógicos de Russell. Nos princípios esse autor havia aderido ao realismo platônico das entidades matemáticas, pois embora se opusesse ao idealismo nem por isso encontrou satisfação nas teses empiristas de J. S. Mill, segundo as quais as entidades matemáticas são o resultado de generalizações empíricas. Esse realismo lhe havia sido confirmado tanto por seu próprio modo de pensar como pela influência de Meinong. Mas as dificuldades com que este se deparara na explicação de expressões que são verdadeiras, mas nas quais intervém uma entidade que não existe (como 'A montanha de ouro não existe'), obrigaram-no a forjar, em 1905, sua influente teoria das descrições (ver DESCRIÇÃO). E como os símbolos de classes podiam ser tratados como descrições, chegou à conclusão de que as classes podiam ser definidas como símbolos incompletos. A seu ver, isso permitiria abrir o caminho a uma solução da contradição cantoriana. Importante sobre o assunto é a teoria russelliana dos tipos lógicos (ver TIPO). Essa teoria não pode resolver os paradoxos semânticos, mas o próprio Russell insinuou posteriormente uma solução destas últimas baseada na teoria dos níveis de linguagem (ver METALINGUAGEM). Todos esses trabalhos convenceram Russell cada vez mais da necessidade de empregar o princípio de Ockham de não multiplicar os entes mais que o necessário. Tal princípio jamais foi abandonado por Russell, que o formulou freqüentemente mediante a máxima: "Sempre que for possível, devem-se substituir as inferências a entidades desconhecidas pelas construções com base em entidades conhecidas". Uma manifestação da aplicação desta máxima é a teoria russelliana da existência (VER). Em geral, pode-se dizer que a máxima foi aplicada em todos os casos nos quais Russell destacou que certas proposições são exemplos de "má gramática". Ora, a máxima em questão não é um princípio metafísico, mas uma regra metodológica. Por este motivo sua aplicação é universal, e abarca desde as questões filosóficas tradicionais, como o problema dos universais, até os mais recentes problemas da epistemologia.

Estes últimos problemas ocuparam crescentemente a atenção de Russell. A princípio, ele parecia considerar que a análise lógica possuía força suficiente para esclarecer a maior parte das incógnitas na teoria do conhecimento. Sua tese de que a lógica está na base de toda filosofia (que aplicou historicamente ao caso de Leibniz) seguia essa orientação. Contribuía para ela a tendência logicista na fundamentação da matemática. Desse ponto de vista podemos entender certas posições de Russell, tais como o chamado atomismo lógico (VER). Eis aqui como o define o filósofo: "A filosofia que advogo é considerada geralmente como uma espécie de realismo e foi acusada de inconsistência por causa dos elementos que há nela e que parecem contrários a tal doutrina. Por minha parte, não considero a disputa entre realistas e seus opositores como fundamental; poderia alterar meu ponto de vista nela sem mudar minha opinião sobre nenhuma das doutrinas que mais desejo enfatizar. Considero que a lógica é o fundamental na filosofia, e que as escolas deveriam caracterizar-se por sua lógica mais que por sua metafísica. Minha própria lógica é atômica e este é o aspecto que desejo enfatizar. Portanto, prefiro descrever minha filosofia como um 'atomismo lógico' mais que como um 'realismo', com ou sem adjetivo" ("Logical Atomism", em *Contemporary British Philosophy,* ed. J. H. Muirhead, I, 1935, p. 359). Ora, junto à tendência "logicista" abriu caminho em Russell uma forte tendência empirista. Esta se manifestou na análise das questões epistemológicas. Várias posições se sucederam a respeito. Uma delas é determinada pela distinção entre o conhecimento direto (de certos fenômenos dados) e o conhecimento descritivo (de estrutura logicamente construída ou de características de uma entidade dada) (ver DESCRIÇÃO [TEORIA DA]; cf. *Problems of Philosophy,* cap. V). Outra é o chamado "monismo neutro", que Russell admitiu por algum tempo e que mais tarde abandonou. Segundo a mesma, o físico e o psíquico podem ser considerados como duas faces da mesma realidade. Isto obrigava, entre outras coisas, ao abandono da noção de "consciência". Mas as questões suscitadas pelos modos de verificação das proposições sobre a realidade externa tornaram tal posição dificilmente sustentável. Russell buscou por isso primeiro um esclarecimento e em seguida uma solução satisfatória para problemas tais como a "verificação", o "significado" etc. Do monismo neutro pareceu passar a um "subjetivismo". Mas, como indicou o próprio autor, tal "subjetivismo" não é senão a conseqüência da necessidade de *começar* a examinar os processos cognoscitivos do sujeito e de modo algum a adoção de uma posição idealista ou solipsista. Pelo contrário, é sobremaneira importante, no entender de Russell, ver como a experiência subjetiva e as proposições de um sujeito cognoscente podem encaixar-se com a realidade enquanto descrita. Os positivistas lógicos deram a esse problema a solução conhecida com o nome de "teoria da verificação" (VER). Russell declarou mais de uma vez que, ao menos na atitude mental, se sente próximo dessa tendência. Mas não adere a ela. Pelo contrário, combateu a doutrina lógico-positivista da verificação e admitiu certos postulados do conhecimento empírico que podem ser considerados como uma tentativa de mediação entre algumas posições tradicionais e as tendências neopositivistas. Tais postulados não se baseiam, segundo Russell, na experiência, mas são confirmados pela experiência. Não se trata de princípios metafísicos, mas somente de "crenças justificadas". Ora, essas investigações epistemológicas não levaram Russell a abandonar por completo a parte mais legítima de suas posições logicistas anteriores. Na polêmica contra os membros do grupo de Oxford (VER), Russell declarou, com efeito, que a análise da linguagem ordinária não pode ser considerada como uma panacéia que resolva todos os problemas; a análise lógica e o uso das linguagens formalizadas é em muitas ocasiões indispensável para a filosofia.

Russell dedicou também muita atenção às questões históricas e sociais. Sua posição a respeito seguiu os postulados do liberalismo e do individualismo manifestados freqüentemente na tradição da filosofia política inglesa. De certo modo podem ser considerados como uma continuação do "radicalismo filosófico" novecentista. Mas, diferentemente desse radicalismo, Russell não desconhece nem certas exigências da sociedade de massas atual nem as debilidades da fé progressista. Por esse motivo tentou em várias ocasiões encontrar solução para os conflitos entre o individualismo e o socialismo, entre o progressismo e o pessimismo e, sobretudo, entre a exigência da liberdade e a da ordem. Trata-se de uma espécie de "iluminismo para a época presente", oposto ao otimismo utópico e ao pessimismo tradicionalista. Embora as opiniões sociais, políticas e históricas concretas de Russell tenham variado com freqüência, as tendências anteriores permaneceram invariáveis. O mesmo se pode dizer de certas constantes que, como o naturalismo, o empirismo moderado e o senso comum irônico, dominaram quase toda a sua filosofia. Interessante a respeito é a sua tese acerca da relação entre as condições sociais e históricas e as manifestações culturais. Segundo Russell, não há uma relação unívoca de determinação de umas pelas outras. Por um lado, as manifestações culturais são ao mesmo tempo efeito de uma situação histórica e fator para outra situação histórica. Por outro lado, a influência da estrutura histórico-social muda segundo o caráter mais ou menos técnico do produto cultural correspondente: as manifestações culturais mais técnicas (como a lógica ou a matemática) estão menos sujeitas às mudanças históricas e às condições histórico-sociais que as menos técnicas (teorias sociais, metafísicas, religiosas, etc.).

➲ Principais obras: *As Essay on the Foundations of Geometry,* 1897. — *A Critical Exposition of the Philosophy of Leibniz,* 1900; nova ed., 1937. — *The Principles of Mathematics,* I, 1903; 2ª ed., 1938. — *Principa Mathematica* (em colaboração com A. N. Whitehead), I, 1910; II, 1912; III, 1913; 2ª ed, 1925-1927, reimp. parcial (até *56), 1962. — *Philosophical Essays,* 1910. — *The Problems of Philosophy,* 1912. — *Our Knowledge of the External World,* 1914; 2ª ed., 1929. — *Principles of Social Reconstruction,* 1916. — *Road to Freedom: Socialism, Anarchism and Syndicalism,* 1918. — *Mysticism and Logic and Other Essays,* 1918. — *Introduction to Mathematical Philosophy,* 1919. — *The Analysis of Mind,* 1921. — *What I Believe,* 1925. — *The ABC of Relativity,* 1925; ed. rev., 1958. — *The Analysis of Matter,* 1927. — *An Outline of Philosophy,* 1927. — *Scepti-*

cal Essays, 1928. — The Scientific Outlook, 1931. — Education and the Social Order, 1932. — Freedom and Organisation (1814-1914), 1934. — Power: a New Social Analysis, 1938. — An Inquiry into Meaning and Truth, 1940. — A History of Wester Philosophy, 1947. — Human Knowledge: Its Scope and Limits, 1948. — Authority and the Individual, 1949 [The Reith Lectures, 1948-1949]. — Unpopular Essays, 1950. — The Impact of Science on Society, 1951 [Conferências na Franklin J. Matchette Foundation]. — New Hopes for a Changing World, 1952. — Human Society in Ethics and Politics, 1955. — Portraits from Memory and Other Essays, 1956. — Logic and Knowledge. Essays 1901-1950, 1956, ed. R. Ch. Marsh [inclui entre outros trabalhos: "The Logic of Relations" (1901); "On Denoting" (1905); "Mathematical Logic as Based on the Theory of Types" (1908); "On the Nature of Acquaintance" (1914); "The Philosophy of Logical Atomism" (1918); "Logical Positivism" (1950)]. — Why I am not a Christian, 1957 [vários artigos e conferências, assim como o livro What I Believe (1925) e o trabalho "A Free Man's Worship" (1903)]. — The Will to Doubt, 1958 [ensaios]. — Common Sense and Nuclear Warfare, 1959. — My Philosophical Development, 1959. — Wisdom of the West, 1959. — B. R. Speaks His Mind, 1960 [diálogos televisados entre B. R. e Woodrow Wyatt]. — Fact and Fiction, 1962 [artigos e ensaios]. — The Art of Philosophizing and Other Essays, 1968 (ensaios 1941-1944, pela primeira vez recolhidos em livro). — Essays in Analysis, 1973, ed. Douglas Lackey (inclui vários ensaios não recolhidos antes em livros e uma bibliografia de R. com lista de manuscritos inéditos).

Devemos também a R. dois livros de contos: Satan in the Suburbs, 1953, e Nightmares of Eminent Persons, 1954. — Além disso, uma Autobiography, 3 vols., 1968-1970 (I, 1872-1914; II, 1914-1944; III, 1944-1967).

Edição de obras: The Collected Papers of B. R., a partir de 1983.

Em português: ABC da relatividade, 1981. — Análise da matéria, 1978. — A análise da mente, 1986. — Autobiografia de Bertrand Russell, 1967 — A autoridade e o indivíduo, 1977. — Caminhos para a liberdade: socialismo, anarquismo e sindicalismo,1977. — A ciência e a sociedade, 1955. — O conhecimento humano: sua finalidade e limites, 1958. — Crimes de guerra no Vietnã, 1967. — Delineamentos da filosofia, 1954. — Educação e vida perfeita, 1941. — Elogio do lazer, 1977. — Ensaios céticos, 1970. — Ensaios escolhidos, 1985. — Ensaios impopulares, 1956. — Ética e política na sociedade humana, 1977. — A filosofia de Leibniz: uma exposição crítica, 1968. — Fundamentos de filosofia, 1977. — História da filosofia ocidental, 1982. — Ideais políticos, 2001. — O impacto da ciência na sociedade, 1976. — Introdução à filosofia matemática, 1974. — Misticismo e lógica e outros ensaios, 1977. — Nosso conhecimento do mundo exterior: estabelecimento de um campo para estudos sobre o método científico em filosofia, 1966. - O panorama científico, s.d. — Pensamento e comunicação: correspondência, 1950-1968, 1971. — A perspectiva científica, 1969. — Perspectivas da civilização industrial, 1979. — O poder: uma nova análise social, 1990. — Por que não sou cristão e outros ensaios sobre religião e assuntos correlacionados, 1960. — Os problemas da filosofia,1980. — Retratos de memória e outros ensaios, 1958. — Russell, Os Pensadores, 1974. — Significado e verdade, 1978.

Bibliografia: H. Ruja, "Bibliography of R.'s 'Hearst' Articles", 1ª parte, Russell, 18-26; 2ª parte, ibid. 3 (1975), 19-28. — K. Blackwell, "A Secondary Political Bibliography of R.", ibid. (1979), 39-44. — W. Martin, B. R.: A Bibliography of His Writings 1895-1976, 1981.

Ver: R. Thalheimer, A Critical Examination of the Epistemological and Psychological Doctrines of B. R., 1929 (tese). — Morris Weitz, The Method of Analysis in the Philosophy of B. R., 1943 (tese). — H. Reichenbach, Morris Weitz, K. Goödel, James Feibleman, G. E. Moore, Max Black, Ph. P. Wiener, A. Einstein, J. Laird, E. Nagel, W. T. Stace, A. P. Ushenko, R. M. Chrisholm, H. Ch. Brown, J. E. Boodin, J. Buchler, E. S. Brightman, E. C. Lindeman, V. J. McGill, B. H. Bode, S. Hook, The Philosophy of B. R., 1944, ed. P. A. Schilpp, com resposta de Russell às objeções e bibliografia de Lester I. Denonn. — André Darbon, La philosophie des Mathématiques. Étude sur la Logistique de R., publicado por Madeleine Lagarce-Darbon, 1949. — H. W. Leggett, B. R. A Pictorial Biography, 1950. — A. Dorward, B. R., 1951 (folheto). — Ch. A. Fritz, Jr., B. Russell's Construction of the External World, 1952. — Erik Gotlind, B. Russell's Theories of Causation, 1952 (tese). — A. Vasa, G. Preti et al., arts. sobre B. R. em Rivista Critica di storia della filosofia, 8 (1953), 108-335. — E. Riverso, Il pensiero di B. R. Esposizione storico-critica, 1958 [com ampla bibliografia]. — James K. Feibleman, Inside the Great Mirror: A Critical Examination of the Philosophies of Russell, Wittgenstein, and Their Followers, 1958. — A. Wood, B. R. The Passionate Sceptic: A Biography, 1958. — A. Quinton, C. Lejewski et al., arts. sobre B. R. em Philosophy, 25 (1960), 1-50. — L. F. Guerra Martinieri, El logicismo en B. R.: Esbozo de sus consecuencias filosóficas, 1961. — M. Bunge, O. Dodera Lüscher et al., La filosofia en el siglo XX, 1962 [homenagem a B. R., com seleção de textos]. — J. Aomi, B. R., 1962. — Herbert Gottschalk, B. R., 1962. — L. W. Aiken, B. Russell's Philosophy of Morals, 1963. — D. F. Pears, B. R. and the British Tradition in Philosophy, 1967. — Jules Vuillemin, Leçons sur la première philosophie de R., 1968. — Robert J. Clack, B. Russell's Philosophy of Language, 1969. — Elizabeth Ramsden Eames, B. Russell's Theory of Knowledge, 1969. — W. v. O. Quine, P. F. Strawson et al., Essays on B. R., 1970, ed. E. D. Klemke. — A. J. Ayer, R. and Moore: The Analytical

Heritage, 1971. — Id., B. R., 1972. — Carlos París, Alfredo Deaño, Javier Muguerza et al., artigos sobre R. em Revista de Occidente, 2ª fase, n° 101-102 (agosto-setembro 1971), 230-297. — Ronald Jages, The Development of B. Russell's Philosophy, 1972. — Emanuele Riverso, Il pensiero di B. R., 1972. — W. v. O. Quine, A. J. Ayer et al., B. R.: A Collection of Critical Essays, 1972, ed. D. F. Pears. — R. Chrisholm, W. Sellars et al., B. Russell's Philosophy, 1974, ed. George Nakhnikian. — María Rosa Palazón, B. R., empirista (las ideas), 1975. — Ronald W. Clark, The Life of B. R., 1976 (trad. esp., 1985, com prólogo de J. Mosterín). — G. Ryle, A. R. White et al, B. R., 1978. — R. M. Sainsbury, R., 1979. — K. Blackwell, The Spinozistic Ethics of B. R., 1985. — P. G. Kuntz, B. R., 1986. — A. Brink, B. R.: The Psychobiography of a Moralist, 1989. — M. Alcaro, B. R., 1990. — C. O. Hill, Word and Object in Husserl, Frege, and Russell: The Roots of Twentieth-Century Philosophy, 1991. — W. Patterson, B. R.'s Philosophy of Logical Atomism, 1993. — A. D. Irvine, G. A. Wedeking, eds., R. and Analytic Philosophy, 1993.

Há uma "B. R. Society", fundada em 1974. ͻ

RUYER, RAYMOND (1902-1987). Nascido em Plainfaing (Vosges, França). A partir de 1945 foi professor na Faculdade de Letras da Universidade de Nancy. Ruyer trabalhou sobretudo nos problemas filosóficos suscitados pela realidade orgânica. Depois de ter defendido um "mecanicismo integral" baseado numa concepção estrutural da realidade, ao qual nos referimos no verbete Estrutura (VER), Ruyer chegou à concepção, em muitos aspectos oposta à anterior, segundo a qual o reducionismo físico-químico propagado por alguns filósofos e homens de ciência é impotente para explicar as estruturas fundamentais da realidade orgânica e para enfrentar problemas tais como o da formação da realidade, o da evolução, o do modo de relacionamento entre a consciência e o corpo, etc. Em contrapartida, pode-se alcançar uma concepção mais clara, justa e profunda de tais problemas quando são situados no que Ruyer chama "uma dimensão perpendicular ao espaço-tempo". Admitem-se deste modo temais ideais que modelam as formas orgânicas. Quanto à consciência, pode ser concebida como a zona de interação. Ruyer desembocou com isso numa concepção "neofinalista" que evita, em seu entender, os escolhos contra os quais se haviam chocado o vitalismo e o teleologismo clássicos. Referimo-nos com mais detalhe a este neofinalismo no verbete FIM (VER). Entre outras reflexões filosóficas desenvolvidas por Ruyer mencionamos a que ele realizou sobre a noção de trabalho; referimo-nos a ela no verbete sobre este último conceito. Mais informação sobre algumas idéias de Ruyer no verbete RAZÃO (TIPOS DE).

ͻ Principais obras: Esquisse d'une philosophie de la structure, 1930. — L'humanité de l'avenir d'après Cournot, 1930. — La conscience et le corps, 1937. — Éléments de psychobiologie, 1946. — L'utopie et les utopies, 1950. — Néo-finalisme, 1952. — La philosophie de la valeur, 1952. — La cybernétique et l'origine de l'information, 1954. — La genèse des formes vivantes, 1960. — L'animal, l'homme, la fonction symbolique, 1964. — Paradoxes de la conscience et limites de l'automatisme, 1966. — Éloge de la société de consommation, 1969. — Dieu des religions, Dieu de la science, 1970. — Les Nuisances idéologiques, 1972. — La gnose de Princeton: Des savants à la recherche d'une religion, 1974 (embora nunca tenha havido gnósticos em Princeton, R. atribui sua própria filosofia a seus personagens imaginários). — Les Nourritures psychiques, 1975. — Homère au féminin, 1977. — Les Cent prochains siècles, 1977. — L'art d'être toujours content, 1978. — Le Sceptique résolu, 1979.

Autobiografia: Souvenirs I: Ma Famille alsacienne et ma vallée vosgienne, 1987.

Ruyer deixou numerosos escritos inéditos, em particular um volumoso manuscrito sobre Deus. ͻ

RUYSBROEK, JOÃO. Ver JOÃO RUYSBROEK.

RYLE, GILBERT (1900-1976). Nascido em Brighton (East Sussex, Inglaterra), foi "Waynflete Professor of Metaphysical Philosophy" na Universidade de Oxford. Ryle foi uma das figuras mais proeminentes no chamado "grupo de Oxford" (ver OXFORD [ESCOLA DE]). Sem que o possamos considerar como um seguidor de Wittgenstein, Ryle coincide com este último em vários pontos importantes, especialmente na importância dada ao exame do uso (VER) de certas expressões da linguagem ordinária. Esse exame da linguagem não é lógico (ou, melhor dizendo, não é lógico-formal). Não é tampouco nem sociológico nem lexicográfico; é "conceitual" no sentido de que se propõe a "retificar a geografia lógica" de conceitos. A linguagem ordinária não levanta problemas na vida cotidiana, suscita-os todavia quando é empregada para propósitos teóricos. Então são geradas doutrinas absurdas e mal-entendidos que cabe desfazer por meio de um exame paciente dos usos da linguagem. A tarefa do filósofo se parece por este motivo com a do cartógrafo. Como este, o filósofo deve examinar mapas, mas "mapas conceituais". A filosofia pode ser comparada a uma "cartografia conceitual" fundamentada no uso dos termos da linguagem ordinária.

O trabalho mais influente de Ryle foi o que ele realizou sobre a geografia conceitual das operações psíquicas. Ryle procurou desmascarar o "mito oficial" de tipo cartesiano que afirma a existência de um "fantasma na máquina", isto é, de um espírito imaterial "alojado" no corpo. Mas o mental não é, segundo Ryle, um objeto especial distinto dos demais; os chamados "atos mentais" (ou "atos psíquicos") são simplesmente os modos de dispor-se a atuar em vista de tais ou quais circunstâncias. Crer no contrário é, para Ryle, cometer a falácia que chama "erro categorial" *(category-mistake)*, isto é, a atribuição de determinado conceito à categoria que não lhe corresponde. Ryle foi criticado por sustentar um "comportamentalismo" ou, mais exatamente, um "comportamentalismo conceitual", mas negou ser um comportamentalista: sua obra sobre as operações mentais, diz, não é uma obra de psicologia e, portanto, não adere a nenhuma teoria determinada, é somente o erguimento de uma "geografia mental" ou de uma "cartografia conceitual aplicável aos atos mentais". Ryle insistiu numa distinção que considera fundamental: a distinção entre o "saber como" *(knowing how)* e o "saber que" *(knowing that)*. Essa distinção é aplicável a todos os conceitos e não só aos psicológicos. Uma das conseqüências dessa distinção é considerar as regras de inferência no raciocínio como regras de execução *(performance)*. Ryle sustenta que o que importa antes de tudo é o "saber como", isto é, a execução adequada, o que implica uma série de "regras de execução", que não são de caráter imperativo, mas que cabe seguir se se quiser explicar o mapa conceitual.

O exame do uso dos conceitos da linguagem ordinária permitiu a Ryle resolver uma série de problemas que aparecem sob a forma de "dilemas". Um dos problemas mais persistentes é o que surge do que se poderia chamar "conflitos de jurisdição" entre diversas ciências, ou entre uma ciência e o senso comum. Ryle tentou mostrar que tais conflitos se atenuam e, por fim, desaparecem quando se deixa claro que não havia, a rigor, tal conflito e que se trata de uma questão de "modos de ver" ou "modos de pensar" inconciliáveis entre si somente quando cada um deles considera que todos os demais devem "reduzir-se" a ele.

⊃ Obras: *Philosophical Arguments*, 1945 [folheto contendo sua "aula inaugural" na Universidade de Oxford]. — *The Concept of Mind*, 1949. — *Dilemmas*, 1954 [The Tarner Lectures, 1953]. Este livro inclui os seguintes trabalhos: "Dilemmas"; "It Was to Be"; "Achilles and the Tortoise"; "Pleasure"; "The World of Science and the Everyday World"; "Technical and Untechnical Concepts"; "Perception"; "Formal and Informal Logic". — *A Rational Animal*, 1962. — *Plato's Progress*, 1966. — *Collected Papers*, 2 vols., 1971. — Póstumas: *On Thinking*, 1979, ed. K. Kolenda. — *Aspects of Mind*, 1993, ed. R. Meyer.

Em português: *Dilemas*, 1993. — *Ensaios*, Os Pensadores, 1985.

Ver: R. J. Howard, "Ryle's Idea of Philosophy", *New Scholasticism*, 37 (1963), 141-163. — Laird Addis e Douglas Lewis, *Moore and R.: Two Ontologists*, 1965. — G. D. Jha, *A Study of Ryle's Theory of Mind*, 1969. — Ph. Merlan, R. Hathaway et al., *The Progress of Plato's Progress*, 1969, ed. Richard Freis (sobre o livro de R. *Plato's Progress;* inclui o artigo de R. "The Timaeus Locrus", reimp. de *Phronesis*, 10 [1965], 174-190). — S. Hampshire, J. L. Austin et al., *R.: A Collection of Critical Essays*, 1971, ed. Oscar P. Wood e George Pitcher. — L. Angene, V. C. Aldrich et al., *A Symposium on G. R.*, ed. Konstantin Kolenda, com 2 textos de R., em *Rice University Studies in Philosophy*, 58, n° 3 (Summer, 1972). — W. E. Lyons, *G. R. An Introduction to His Philosophy*, 1980. — F. R. Melilli, *Filosofia e analisi in G. R.*, 1983. ⊂

S. Na lógica tradicional, a letra maiúscula 'S' é usada para representar o sujeito no esquema de um juízo ou de uma proposição que serve de conclusão num silogismo. Por exemplo: 'S' em 'Todos os S são P' e em 'Alguns S são P'. A mesma letra serve para representar o predicado no esquema dos juízos ou proposições que servem de premissa maior ou menor num silogismo. Por exemplo, 'S' representa o predicado na premissa maior dos esquemas que correspondem à terceira e à quarta figuras (ver FIGURA).

Para o uso de 'S' na lógica das relações, ver R. Para o uso da letra minúscula 's' na lógica sentencial, ver P.

SAADIA, SAADIA BEN JOSEF AL FAYYUM (892-943). Nascido em Dijaz (Fayyum, Egito), foi um dos mais fiéis defensores do judaísmo tradicional em sua época. Os ataques dos caraítas contra o judaísmo rabínico em nome de um "retorno às Escrituras" encontraram em Saadia um adversário encarniçado. Mas Saadia não se opôs somente aos caraítas, mas também, e cada vez mais, aos céticos e aos críticos racionalistas das Escrituras. Pouco a pouco as necessidades polêmicas o levaram a acolher bom número de idéias gregas e da filosofia árabe que a princípio combatera ou descuidara, de tal modo que seu pensamento é apresentado freqüentemente como uma tentativa de síntese de helenismo, arabismo filosófico e judaísmo rabínico. Deve-se levar em conta, no entanto, que tal uso das idéias gregas não era indiscriminado. Pelo contrário, Saadia considerava necessário "purificá-las" com o fim de ver quais podiam encaixar-se nas crenças hebraicas. Assim, rejeitou as teses neoplatônicas que se opunham a uma demonstração racional do mundo junto com o tempo. Tal demonstração da criação a partir do nada, junto com a da existência e unidade de Deus, são para Saadia as preocupações fundamentais de sua filosofia religiosa. Pode-se, pois, considerar o pensamento de Saadia como uma reafirmação por meio de argumentos racionais das verdades tradicionais e a tentativa de buscar um equilíbrio que é rompido quando se insiste demasiado ou somente na razão ou exclusivamente nas Escrituras sem levar em conta o que sobre elas disse e explicou a tradição.

↪ Obras: Saadia compilou um Dicionário hebraico *(Agron)* considerado o primeiro de seu gênero. Efetuou também uma tradução da Bíblia para o árabe. Sua obra filosófica capital é o *Livro das crenças e das opiniões*, escrito em árabe com o título *Kitāb al'Amanat wal'tikādāt* e traduzido para o hebraico com o nome *Sefer ha-Emunotlt Vedeoth* por Yehudá ibn Tibon (1186). Esta obra foi editada várias vezes na versão hebraica (Constantinopla, 1562; Berlim, 1789; Leipzig, 1859; Varsóvia, 1864; Cracóvia, 1880). Landauer publicou em 1880 uma edição do texto árabe com base em dois manuscritos. Tradução inglesa (com base no árabe e no hebraico) por Samuel Rosenblatt, *The Book of Beliefs and Opinions*, 1948.

Edição de obras (inconclusa): *Oeuvres complètes*, 1893-1899, ed. J. Dérenbourg.

Ver: J. Fürst, *Glaubenslehre und Philosophie des Saadia*, 1845. — S. Munk, *Mélanges de philosophie juive et arabe*, 1859, reed., 1927; nova ed., 1955. — J. Guttmann, *Die Religionsphilosophie des Saadia, dargestellt und erläutert*, 1882. — W. Engelkemper, *Die Saadja Gaons religionsphilosophische Lehre über die heilige Schrift übersetz und erklärt*, 1903 [Beiträge zur Geschichte der Philosophie des Mittelalters, IV, 4]. — M. Ventura, *La philosophie de Saadia Gaon*, 1934. — Leon Thorn, *Das Problem der Eschatologie und der transzendenten Vergeltung bei Saadia bem Josef aus Fayyum. Ein Beitrag zur jüdischen Religionsphilosophie des Mittelalters*, 1935 (tese). — I. Efros, "Saadia's Theory of Knowledge", *Jewish Quarterly Review*, 33 (1942-1943), 133-170. — H. Ben-Shammai, "Saadya's Goal in his Commentary on Sefer Yezira", em *A Straight Path: Studies in Medieval Philosophy and Culture*, 1988. ↩

SABATIER, AUGUSTE (1839-1901). Nascido em Vallon (Ardèche, França). Depois de estudar em Montauban, Lausanne, Tübingen e Heidelberg, ocupou (1867) a cátedra de teologia da Igreja reformada na Universidade de Estrasburgo. Em 1873, depois da ocupação do Sarre pela Alemanha, transferiu-se para Paris, onde fundou a École Libre des Sciences Religieuses e foi nomeado, em 1877, professor de teologia protestante na Sorbonne.

Sabatier desenvolveu a filosofia da religião e a teologia protestante numa tentativa de voltar a interiorizar o fenômeno da fé. Na consciência imediata se dá, segundo Sabatier, não somente a realidade do eu e do mundo ao qual o eu está referido, como também a realidade de Deus. Podemos falar então de uma imanentismo e ainda de um modernismo protestante na medida em que a voz de Deus e sua revelação são "reduzidas" à consciência. Mas essa redução não é para Sabatier, como não o era para Schleiermacher — que influenciou decisivamente este tipo de filosofia religiosa —, uma supressão do transcendente, mas um modo de combater o intelectualismo que, no seu entender, termina por reduzir a realidade divina a um simples conceito ou, em suma, a uma entidade impessoal. A relação e a dependência do finito com respeito ao infinito é o elemento que atravessa toda a vida religiosa, e por isso os conceitos que sobre ele se forjam são de certo modo um conjunto de símbolos. O que Sabatier chama o "simbolismo crítico" é precisamente o elo que poderá unir os dispersos elementos do sentimento e da intelecção religiosa. Sabatier segue, pois, um pensamento que tem, apesar de suas diferenças internas, um caráter unitário; dentro de seu quadro trabalharam Alexandre Vinet (nascido em Louchy [Lausanne]: 1797-1847), professor em Basiléia e Lausanne, chefe da apologia protestante antiintelectualista *(Discours sur quelques sujets religieux,* 1831-1853; *Essais de Philosophie et de Morale religieuse,* 1837); Gaston Frommel (nascido em Altkirch [Alsácia]: 1862-1906), professor em Genebra, também defensor de uma apologia antiintelectualista e centrada numa ordem do coração *(Le danger de l'Évolutionnisme religieux,* 1898); Félix Pécaut (nascido em Salies-de-Béarn: 1827-1898), que propugnou um cristianismo aberto e uma humanização religiosa *(Le Christ et la Conscience,* 1859; *Le Christianisme libéral et le Miracle,* 3ª ed., 1869), assim como, e sobretudo, Edmond Schérer (nascido em Paris: 1815-1889), professor em Genebra, que pretendia substituir a especulação teológica por uma análise reflexiva interna, a única que podia coincidir, no seu entender, com a revelação cristã *(Esquisse d'une théorie de l'Église chrétienne,* 1845; *La Critique et la Foi,* 1850).

◘ Obras: *La vie intime des dogmes,* 1890. — *Essai d'une théorie critique de la connaissance religieuse,* 1893. — *Esquisse d'une philosophie de la religion d'après la Psychologie et d'après l'Histoire,* 1897. — *Religion et Culture moderne,* 1897. — *Les Religions d'autorité et la Religion de l'Esprit,* 1903. — *La doctrine de l'expiation et son évolution historique,* 1903.

Ver: J. Steinbock, *Das Verhältnis von Theologie und Erkenntnistheorie erörtert an Ritschl und S.,* 1898. — E. Ménégroz, *Aperçu de la théologie d'Auguste Sabatier,* 1902. — E. Petavel-Oliff, *La logique de l'expiation et le point de vue de S.,* 1903. — J. Viénot, *A. S.,* I, 1927.

— T. Silkstone, *Religion, Symbolism and Meaning,* 1968. — B. Reymond, *A. S. et le procès théologique de l'autorité,* 1976. ◖

SABEDORIA. O termo grego σοφία, que se traduz usualmente por "sabedoria", significou no começo "habilidade para praticar uma operação determinada". Assim, Homero usou σοφία na *Ilíada* (XV, 412) para designar a habilidade do carpinteiro que constrói um barco. Mais tarde se estendeu o uso do vocábulo σοφία para designar uma "arte" qualquer. No entanto, já em Teógnis, σοφία foi empregado para designar a inteligência ou prudência prática, num sentido parecido ao que lhe deu Heródoto (III, 4). Desde a época desse historiador, a significação de σοφία oscilou — especialmente na linguagem dos filósofos — entre um sentido predominantemente teórico e um sentido predominantemente prático. O primeiro é óbvio em Platão e em Aristóteles. Platão concebia a sabedoria como a virtude superior, paralela à classe superior dentro da Cidade ideal e à parte mais elevada da alma na divisão tripartida desta. No entanto, esse filósofo admitiu também outros significados de sabedoria; por exemplo, a sabedoria como a arte no sentido da habilidade para praticar uma operação. A diferença entre ambos os significados consiste em que enquanto no primeiro caso se trata de uma sabedoria superior, no último caso é uma sabedoria inferior. De fato, no primeiro caso temos apenas *uma* sabedoria entre outras. Além disso, em certa ocasião (como no *Fédon,* 96A), Platão falou da sabedoria como de uma investigação das coisas naturais. O predomínio do significado teórico de sabedoria alcançou sua máxima expressão em Aristóteles, quando considerou a sabedoria como a ciência dos primeiros princípios, περὶ ἀρχὰς ἐπιστήμη *(Met.* K, I, 1059 a 18), e a identificou com a filosofia primeira (metafísica). A sabedoria é — diz o Estagirita em *Eth. Nic.,* VI 7. 1141 a 19 — a união da razão intuitiva com o conhecimento rigoroso do superior ou das primeiras causas e princípios. Por isso o nome σοφία se refere ao teórico ou contemplativo, ao contrário do vocábulo φρόνησις (usualmente traduzido por 'prudência'), que se refere ao prático ou ativo.

Essa orientação para o teórico ou contemplativo se reduziu consideravelmente no período helenístico. Entre as escolas filosóficas pós-aristotélicas dominou a concepção da sabedoria como a atitude de moderação e prudência em todas as coisas; à universalidade se acrescentaram os caracteres de experiência e maturidade. Relacionado com esta concepção se encontra o ideal antigo do sábio, que não é somente o homem que sabe, mas o homem de experiência. O sábio é o que possui todas as condições necessárias para pronunciar juízos reflexivos e maduros, subtraídos tanto à paixão quanto à precipitação. Por isso o sábio é chamado também de homem prudente, o ajuizado por excelência. Assim, a sabedoria do sábio, pelo menos na época à qual nos referimos, não é uma sabedoria meramente intelectual, mas abarca também o saber intelectual como uma de suas características essenciais. O ideal da sabedoria nessa época, em suma, se baseia na fusão do teórico com o prático ou, melhor dizendo, no pressuposto de que o saber e a virtude são uma e a mesma coisa. O intelectualismo penetra assim o ideal do sábio antigo, mas esse intelectualismo está por sua vez penetrado de moralidade, pois se o conhecimento do bem conduz ao bem mesmo, este não pode ser realizado sem seu conhecimento. Daí que o sábio, no sentido apontado, seja o único homem capaz de vencer pelo conhecimento as ciladas que o mal opõe à existência. A rigor, o ideal antigo do sábio oscila continuamente entre um saber da bondade que se identifica pura e simplesmente com a bondade mesma, e uma prática da bondade que se identifica com seu conhecimento. O sábio é o único que desfruta de autêntica liberdade mesmo que se admita que tudo está determinado, pois a liberdade não é a possibilidade de mover-se livremente entre contingências diversas, mas a serena aceitação da fatalidade que o mundo revela. Por isso o sábio vai se retirando cada vez mais para dentro de si mesmo e vai reduzindo o bem, de um bem em si a um bem "para nós". A culminação do ideal do sábio é, por isso, na Antigüidade, o tipo do sábio estóico, que enfrenta o infinito rigor do universo com a serena aceitação de seu destino, com a devolução à Natureza, no instante da morte, de tudo o que legitimamente pertencia a ela.

No entanto, embora a concepção estóica da sabedoria tenha sua fonte na necessidade prática de dominar-se a si mesmo, não se reduz a um mero princípio individual. De fato, a sabedoria individual é para os estóicos um fragmento da Sabedoria cósmica. Por isso a concepção teórica da sabedoria logo ressurge mesmo entre aqueles que pareciam mais interessados em destacar seus traços práticos. Ao identificar a Sabedoria cósmica com o "comportamento do universo", esta Sabedoria se converte em razão do cosmos e, por conseguinte, em logos (VER). Em última análise, a separação entre o teórico e o prático da sabedoria resulta para os estóicos tão inaceitável quanto a separação entre o indivíduo e o cosmos.

A passagem do conceito "técnico" de 'sabedoria' para o conceito teórico, do conceito teórico para o prático e do prático para o prático-teórico é, pois, característica da evolução desta noção desde os primeiros poetas gregos até as escolas filosóficas pós-aristotélicas. Pareciam esgotadas todas as possibilidades, mas logo surgiu um novo conceito da "sabedoria": o religioso. De fato, alguns traços desse novo conceito já se encontravam, por um lado, em Platão, e, por outro, nos estóicos. Mas somente com Fílon de Alexandria, com as religiões de mistérios, com o gnosticismo e — ainda que num sentido bastante distinto — com Plotino e o neoplatonismo, o conceito em questão adquiriu importância suficiente para deslocar e absorver os outros. Diremos umas palavras sobre esta concepção religiosa.

O conceito filônico de sabedoria baseia-se na apresentação dessa noção no Antigo Testamento. Como indica Marguerite Techert, a noção de sabedoria nos vários livros do Antigo Testamento nos quais aparece (*Jó, Provérbios, Eclesiastes, Sabedoria, Sirácida*) tem três sentidos: primeiro, a significação da disciplina, obediência e observância das leis divinas (neste sentido a sabedoria se opõe à loucura); segundo, a realização prática do mencionado conhecimento das leis divinas e, por conseguinte, a vida prudente vivida no temor a Deus (*Provérbios*, LXX, 8); terceiro, um instrumento que desempenhou um papel capital na criação do mundo por Deus (*Provérbios*, 3,19-20). Esta última significação é particularmente interessante para nós. Podemos, com efeito, vinculá-la a especulações ulteriores, sobretudo se prestamos atenção ao papel que desempenhou a sabedoria como entidade de nome feminino, tanto no hebraico חבנה como no grego σοφία, na produção do cosmos. Mesmo que interpretemos as passagens correspondentes do Antigo Testamento num sentido muito distinto do gnóstico-especulativo, e que traduzamos a σοφία do *Eclesiastes* (24) como o Espírito de Deus, é inegável que tais passagens exerceram influência naquele sentido. Vemos isso, com efeito, em Fílon. A Sabedoria é para esse pensador uma noção que se opõe à do Logos, num sentido parecido a como a criação se opõe ao criador, a mãe ao pai, a mulher ao homem, a matéria ao espírito etc. Trata-se, pois, de imediato, de uma noção "negativa". Mas seu posto na hierarquia das noções negativas é tão elevado que de imediato o que é apresentado sob um aspecto receptivo e passivo tende a adquirir traços criadores e ativos. As interpretações que Fílon dá da Sabedoria como Filha eternamente virgem de Deus, a aproximação da noção de Sabedoria à de Luz (VER) e à de um Conhecimento perfeito, confirmam a anterior tendência. Mas esta se acentua ao máximo (perdendo com isso os traços racionalistas que ainda possuía em Fílon) quando a Sabedoria é inteiramente personificada pelos gnósticos. A Sabedoria se converte dentro do gnosticismo — particularmente nos sistemas gnósticos que mais se parecem com um romance metafísico — numa entidade feminina — às vezes a Primeira Mulher — que aspira à luz e que é castigada pelos "arcontes" vingadores a ser submersa na matéria informe. Depois de uma série de vicissitudes que constituem o drama metafísico do universo, a Sabedoria consegue desprender-se da matéria e das trevas e aproximar-se do Primeiro princípio, com o que se restabelece a harmonia.

Ao criticar o gnosticismo nas *Enéadas* (II, xi), Plotino rejeitou essas fantasias. A noção de σοφία foi freqüentemente identificada por esse filósofo não com uma hipóstase, mas com um princípio, ao mesmo tempo teórico e prático, que designa o conhecimento supremo que o sábio possui do Uno e de suas hipóstases, bem como o movimento ascendente da alma individual rumo a sua fonte originária. O que mais se parece, dentro do pensamento de Plotino, com a Sabedoria gnóstica é a Alma (VER) do Mundo. Mesmo assim, as analogias não devem ser exageradas. E, em todo caso, o termo σοφία tem em Plotino um sentido religioso somente quando interpretamos o impulso religioso numa forma parecida a como pode ser interpretado em Platão. Podemos dizer assim que o conceito religioso de sabedoria passou para o conceito teosófico para em seguida, entre os neoplatônicos e filósofos cristãos, regressar a um conceito religioso mais sóbrio, no qual a sabedoria não aparece como uma hipóstase, mas como uma luz superior.

Esta última concepção foi freqüente durante a Idade Média. A palavra σοφία foi traduzida às vezes por *intelligentia*, às vezes por *prudentia*, mas mais freqüentemente por *sapientia*. Segundo Lock *(op. cit. infra)*, esta última palavra aparece na língua latina pela primeira vez, no século III. É uma palavra que adquiriu importância em muitas filosofias e teologias medievais. A maior parte delas aceitou a concepção agostiniana da *sapientia* como um conhecimento superior, tornado possível pela graça divina e ao qual estão subordinados todos os demais conhecimentos. Mas alguns filósofos se preocuparam com o estabelecimento de distinções entre diversos graus de *sapientia*. Aquele que com mais detalhe tratou desse problema foi Santo Tomás. Encontramos no pensamento deste filósofo vários princípios de divisão. Do ponto de vista do conhecimento, Santo Tomás fala de diversos modos de sabedoria: a aparente e a adequada, a particular e a universal, a divina e a humana etc. Do ponto de vista das comparações da sabedoria, oferece-nos, como indicou L. Schütz, várias definições: a *sapientia* é um *habitus* que se opõe à *stultitia*; ou um ato que equivale à *prudentia* (φρόνησις); ou uma forma da *scientia* (a que trata, no sentido de Aristóteles, das primeiras causas); ou uma pessoa (a Segunda Pessoa da Trindade ou *divina sapientia* encarnada). Do ponto de vista da hierarquia, encontramos outras três concepções: a sabedoria superior dada pela graça divina, a sabedoria teológica e a sabedoria metafísica. Esta última divisão foi reavivada e reelaborada na época contemporânea por J. Maritain, que falou, ademais, da necessidade de uma "harmonia entre as sabedorias", e especialmente da necessidade de uma harmonia entre a sabedoria e as ciências particulares, que estenda uma ponte sobre o abismo cavado pelos modernos ao proclamarem primeiro a separação entre a sabedoria e as ciências e depois a vitória destas sobre aquela. Quando tal propósito for alcançado, escreve Maritain, "ver-se-á que um mesmo impulso que se transforma gradualmente, mas que sempre permanece, o impulso do espírito em busca do ser, atravessa essas zonas heterogêneas de conhecimento, desde a mais humilde pesquisa de laboratório até as especulações do metafísico e do teólogo, e ainda até a experiência supra-racional e a sabedoria de graça dos místicos". Isso permite, além disso, no entender do autor, vencer as falsas concepções da sabedoria propostas por alguns autores que poderíamos chamar neognósticos, entre os quais se destacaram vários filósofos russos de tendência teosófica, como Soloviev.

Keyserling fundou no ano de 1920 em Darmstadt uma escola da Sabedoria *(Weisheitsschule)* destinada, em parte, a conseguir uma fusão harmoniosa da ciência do Ocidente e do saber do Oriente, por meio da noção, no seu entender mais ampla, do sentido revelado pela experiência e susceptível de conduzir ao desenvolvimento integral de cada personalidade.

⊃ Além das obras indicadas na bibliografia do verbete SABER, ver: Eisenmann, *Über Begriff und Bedeutung der* σοφία *bis auf Sokrates*, 1859. — M. Techert, "La notion de la sagesse dans les trois premiers siècles de notre ère", *Archiv für Geschichte der Philosophie*, 39 Bd. N. F., 32 Bd. (1930), 1-27. — Francis K. Ballaire, *The Relations between Wisdom and Science: Illustrations of the History of a Distinction*, 1937. — Max Wundt, *Die Sachlichkeit der Wissenschaft. Wissenschaft und Weisheit. Zwei Aufsätze zur Wissenschaftslehre*, 1940. — G. Marcel, *Le déclin de la sagesse*, 1954. — L. Lavelle, *De l'intimité spirituelle*, 1955 (especialmente o artigo: "La Sagesse comme science de la vie spirituelle", originalmente publicado em 1950). — Eugene F. Rice, Jr., *The Renaissance Idea of Wisdom*, 1958 [especialmente na Idade Média, iluminismo e em Pierre Charron]. — James D. Collins, *The Lure of Wisdom*, 1962 (The Aquinas Lectures, 1962) [sabedoria em várias tendências]. — Georg Luck, "Zur Geschichte des Begriffs 'Sapientia'", *Archif für Begriffsgeschichte*, 9 (1964), 203-215. — Burkhard Gladigow, *Sophia und Kosmos. Untersuchungen zur Frühgeschichte von Sophos und Sophie*, 1965. — O. Eberz, *Sophia und Logos*, 1967. — Étienne Gilson, *Les tribulations de Sophie*, 1967. — Fumi Sakaguchi, *Der Begriff der Weisheit in den Hauptwerken Bonaventuras*, 1968. — Ursula Klima, *Untersuchungen zu dem Begriff "sapientia". Von der republikanischen Zeit bis Tacitus*, 1971. — Burton Lee Mack, *Logos und Sophia. Untersuchungen zur Weisheitstheologie im hellenistischen Judentum*, 1972. — Sophia Chung-Hwan Chen, *The Science Aristotle Sought*, 1973. — R. J. Sternberg, *Wisdom: Its Nature, Origins, and Development*, 1990. ⊂

SABER. O vocábulo 'saber' (usado às vezes como verbo e às vezes como substantivo: "o saber") é freqüentemente equiparado ao termo 'conhecimento' (VER). No entanto, é muito comum na literatura filosófica de várias línguas (por exemplo, português, espanhol, francês, alemão) empregar 'saber' num sentido mais amplo que 'conhecimento'. De acordo com isso, enquanto o conhecimento se refere a situações objetivas e dá lugar, uma vez devidamente sistematizado, à ciência (VER), o saber pode se referir a toda sorte de situações, tanto objetivas como subjetivas, tanto teóricas quanto práticas. Neste amplo sentido se usam locuções como 'saber a que ater-se' — que, segundo Ortega y Gasset, constitui a raiz de todo saber —, 'saber como comportar-se' etc.

Entendido num sentido muito amplo, o saber é um "contato com a realidade" com o fim de discriminá-la; o termo 'saber' está relacionado com 'sabor', e este último indica que se trata de "provar" as coisas e ver a que "sabem". Mas esse sentido de 'saber' não é preciso. Além de um "contato com a realidade", o saber requer certos elementos: tendência a uma objetivação e universalização do sabido, tendência a tornar consciente o que se sabe, atitude crítica, interrogação, etc. Esta última atitude — a interrogação — pode desempenhar numa fenomenologia do saber um papel importante. Em seu livro *La pensée interrogative* (1954), Jeanne Delhomme escreveu que o pensamento interrogativo surge como conseqüência da superação de duas atitudes insuficientes e opostas entre si: a "atenção à vida" (no sentido bergsoniano) e o mero "sonho". A "atenção à vida" sublinha a pura presença; o sonho, a simples ausência. A interrogação, em contrapartida, inclui ambos os opostos e ao mesmo tempo os integra. Dentro de seu âmbito se dá — ou pode se dar — o saber.

Isto posto, com o fim de evitar certos equívocos tende-se a reservar o nome 'saber' para uma série de operações mais definidas que as anteriormente mencionadas; o saber é então antes uma apreensão da realidade por meio da qual esta é fixada num sujeito, expressa, transmitida a outros sujeitos, sistematizada e incorporada a uma tradição (por princípio criticável e revisável). Há por isto um desenvolvimento histórico do saber, desenvolvimento que se manifesta especialmente na evolução da filosofia (e da ciência). Tal desenvolvimento parece efetuar-se segundo certos modelos: propõe-se primeiro uma idéia do saber (verdadeiro), descobre-se que é insuficiente, substitui-se por outra mais ampla da qual a anterior seja um caso possível, e assim sucessivamente.

Segundo X. Zubiri (cf. "Filosofía y metafísica", *Cruz y Raya*, n° 29, 1935: ver também o volume *Naturaleza, Historia, Dios*, 1944, cap. Intitulado: "¿Qué es saber?"), o saber aparece primeiro, conforme se percebe em Parmênides, como um discernir. A realidade se oferece como algo que parece ser algo e é outra coisa; o saber-discernir distingue então o parecer e o ser, em virtude dessa experiência ou sentido do ser que é a inteligência, νοῦς. Este saber proporciona um juízo sobre o ser verdadeiro e o enuncia, mediante o λόγος, como a idéia da coisa sabida. Em segundo lugar, o saber é, como se percebe em Platão, um definir; portanto, não consiste apenas em distinguir o que é e o que parece ser, mas é averiguação daquilo em que consiste o que é: a essência. Em terceiro lugar, o saber é, como já indicou Aristóteles, um conhecer por que a coisa examinada é como é: saber é, nesse caso, conhecimento não apenas da idéia, mas da causa formal, isto é, conhecimento da essência não só como conteúdo da definição, mas como o que essencialmente constitui a coisa" (*op. cit.*, p. 29). Saber é, em suma, saber da substância da coisa; é entender e demonstrar. Tal entendimento ou sapiência do saber se efetua em várias etapas: demonstra-se a necessidade da coisa no raciocínio e na argumentação (silogismo, lógica do raciocínio); vai-se mais além do mero discorrer sobre os momentos principais da coisa para aplicar-se aos princípios (lógica dos princípios); descobre-se que o princípio é a simplicidade, o que não oferece duplicidade nem aparência e o que, ao mesmo tempo, permite reconstruir a coisa e efetuar uma completa demonstração de seu ser verdadeiro (Descartes, Leibniz); tende-se a entender não só a idéia ou princípio do real em si mesmo, mas a entendê-los como princípios efetivos da realidade — portanto, mediante uma especulação que apresenta cada coisa como algo em que em princípio está tudo —, de tal sorte que o mero ser é ultrapassado por um chegar a ser e o saber é descobrir como algo chegou a ser o que é, como dialeticamente se constituiu (idealismo alemão). Mas o saber também pode ser, e aspira sobretudo a ser, um ater-se à realidade mesma, uma fuga daquela abstração que dissecca continuamente o saber efetivo e pleno, uma marcha rumo ao concreto. O saber se desvia de sua preocupação pela idéia verdadeira da coisa e se aplica à verdade do real; não importa tanto a verdade como a realidade mesma. Daí o desenvolvimento do saber como um sentir e a conseqüente história do saber entendido como uma afeição ou como uma impressão. Então a mente se torna menos apreensão da idéia que órgão do sentido e da investigação da realidade, se antes era instrumento para o saber da idéia verdadeira agora é instrumento para o saber da verdadeira realidade.

Foram propostas diversas classificações do saber. Assim, por exemplo, Max Scheler falou de três classes de saber que chamou "saber técnico", "saber culto" e "saber de salvação". O saber técnico tem, segundo Scheler, suas raízes na necessidade, que pode ser (e costuma ser) material, e neste caso temos a técnica (VER) no sentido estrito, mas pode ser também "espiritual", e neste caso o saber técnico é um "treinamento espiritual", "treinamento psíquico" (ascese, ascética). O saber culto tem suas raízes na admiração (VER) e na curiosidade (entendendo esta última como "curiosidade nobre", curiosidade de "essências" e não de "insignificâncias"). O saber culto pode ter a sua origem real na necessidade, e ser um instrumento para o domínio da Natureza ou dos homens, mas em sua essência é desinteressado. Os exemplos mais destacados do saber culto são, segundo Scheler, a ciência e a filosofia. Quanto ao saber de salvação, Scheler indica que se trata de um saber cujo fim é a divindade. Exemplos de semelhante saber são as tendências místicas e grande parte do conteúdo das crenças religiosas. Trata-se de um saber que não se refere a este mundo, mas ao "outro mundo", portanto, de um saber extramundano e não intramundano; razão pela qual muitos autores não estariam dispostos a considerá-lo, propriamente falando, como um "saber".

Entre outras propostas de classificação do saber mencionamos a que o divide em um saber "vulgar", ou "comum", um saber científico e um saber filosófico. O saber "vulgar" ou "comum" se fundamenta na "experiência da vida" (ver EXPERIÊNCIA). Em muitas de suas manifestações, esse saber adota um realismo ingênuo segundo o qual as coisas são tal como aparecem. Em todo caso, esse saber possui um mínimo de elementos universais e de leis. Às vezes se disse que esse saber carece de método e organização ou, em todo caso, que se trata de um método e de uma organização não sistemáticos. O saber "vulgar" e "comum" pode e costuma estar mesclado com pré-conceitos de toda classe, mas é freqüente que os saberes mais rigorosos estejam fundados parcialmente em tal saber.

Junto ao saber comum, e amiúde corrigindo-o, encontra-se o saber científico ao qual nos referimos com mais detalhe no verbete CIÊNCIA. Disse-se que o saber científico é uma experiência elaborada pelo método, mas julgamos que isto não esgota a natureza desse saber. Característico do mesmo é o uso de métodos, de hipóteses, regras etc. O saber científico se interessa por leis, hipóteses, causas, estruturas, relações etc.

A dificuldade de caracterizar o saber filosófico fica patente pelo que dissemos no verbete FILOSOFIA, e nos verbetes sobre as diversas disciplinas filosóficas. Alguns o consideram como "superior" ao científico; outros, como completamente distinto do científico. Uns destacam que o saber filosófico carece de pressupostos e é, portanto, "absoluto"; outros, que consiste justamente em possuir pressupostos e até em "proporcionar" pressupostos aos demais saberes. Em alguns casos, o saber filosófico oferece características muito similares às do saber científico; em outros casos se parece com o que chamamos saber "vulgar" ou "comum".

Se se toma 'saber' em sentido muito amplo, pode-se incluir nele não só o conhecer propriamente dito, mas também o "orientar-se", o "comportar-se" etc. Para evitar as imprecisões a que pode dar lugar esse sentido tão amplo, alguns autores propõem entender 'saber' como 'conhecimento' em sentido estrito. Em tal caso, há somente saber científico e filosófico (e, segundo vários autores, somente científico). Se essas restrições forem adotadas, será preciso seguir outras normas na chamada "classificação dos saberes". Em vez de falar de saber comum, técnico, culto etc., deve-se falar das diferentes espécies de conhecimento (em muitos casos idênticas a métodos de conhecimento): saber mediato, saber imediato, saber intuitivo, racional, descritivo, explicativo, etc.

Além da análise do significado (ou significados) de 'saber' e da classificação dos saberes, o saber pode ser considerado também do ponto de vista de sua gênese e particularmente de sua gênese nas comunidades humanas. A elaboração desse ponto de vista deu origem à sociologia do saber (tal como a encontramos em Max Scheler, Max Weber, Karl Mannheim e outros autores). Essa sociologia do saber (ou do conhecimento) está intimamente relacionada com um dos sentidos do conceito de ideologia (VER).

Ver também CONHECER; CONHECIMENTO; CONHECIMENTO (SOCIOLOGIA DO).

⊃ Sobre o saber e suas formas: J. L. Baumann, *Der Wissensbegriff*, 1908 [Synthesis, Sammlung historischer Monographien philosophischer Begriffe, 1]. — Jacques Maritain, *Distinguer pour unir ou les degrés du savoir*, 1932. — Id., *Science et sagesse*, 1935. — José Babini, "El saber y sus siete vertientes", *Cuadernos Americanos* 8, n° 4 (1949), 89-118. — Id., *El saber*, 1957. — Leopoldo Eulogio Palacios, *Filosofía del saber*, 1962. — O. A. Ghirardi, *Hermenéutica del saber*, 1979. — K. Lehrer, *Theory of Knowledge*, 1990. — N. Rescher, *Baffling Phenomena and Other Studies in the Philosophy of Knowledge and Valuation*, 1991. — P. Carruthers, *Human Knowledge and Human Nature: An Introduction to an Ancient Debate*, 1992. — P. K. De, *The Roles of Sense and Thought in Knowledge*, 1992. — A. Musgrave, *Common Sense, Science and Scepticism: A Historical Introduction to the Theory of Knowledge*, 1993. — S. Fuller, *Philosophy, Rhetoric and The End of Knowledge: The Coming of Science and Technology Studies*, 1993. — N. Scheman, *Engenderings: Constructions of Knowledge, Authority, and Privilege*.

Sobre a sociologia do saber, ver bibliografias de CONHECIMENTO (SOCIOLOGIA DO); IDEOLOGIA. ⊂

SÁBIO. Ver SABEDORIA.

SABUCO, MIGUEL († 1588). Foi procurador síndico (1563), boticário (1572) e erudito em Alcaraz, onde faleceu. É chamado "o bacharel Miguel Sabuco". Dos oito filhos que teve, um foi Oliva Sabuco de Nantes (1562-*ca*. 1622), à qual se atribuiu durante muito tempo a *Nueva filosofía* de seu pai, por figurar como autora na primeira edição impressa. Miguel Sabuco aspira a dizer o que, no seu entender, não haviam dito Platão, Aristóteles, Hipócrates e Galeno. Embora cite estes e muitos outros autores, pagãos e cristãos, desenvolve uma "filosofia do homem" e uma "doutrina médica" de acentuados traços "naturalistas". Segundo Sabuco, as paixões produzem efeitos fisiológicos que se manifestam em alterações cerebrais por perda do "suco radical". Com isso afirma uma estreita interdependência entre a "alma" e o "corpo". A hipótese da existência de um "fluido nervoso" fez com que se considerasse Sabuco um precursor da fisiologia moderna e especialmente da fisiologia do sistema nervoso. Sabuco parece, em todo caso, destacar o papel central que ocupa o cérebro na explicação das sensações. No cérebro "habita" a *"anima"*. Sabuco consagra uma parte importante de sua obra ao estudo das enfermidades e das paixões como causas das enfermidades, e dá numerosos conselhos de calma, sobriedade, esperança, alegria, contentamento e outras atitudes a propósito para evitar os achaques. O ponto de vista de Sabuco, ao mesmo tempo experimental e racional, é um ponto de vista médico e terapêutico com abundantes prescrições morais destinadas a "remediar" os males que o homem sofre por efeito das paixões.

➲ O título completo da citada obra de Sabuco é *Nueva Filosofía de la naturaleza del hombre, no conocida, ni alcanzada de los grandes filósofos antiguos, la qual mejora la vida y la salud humana. Escrita y sacada a luz por Doña Oliva Sabuco* (Madrid, 1587; reed., 1992). Está escrita em forma de diálogo.

Edição de *Obras*, 1888, ed. Cuartero.

Ver: Julián Sánchez Ruano, *Doña Oliva Sabuco de Nantes. Su vida, sus obras, sua valor filosófico y su mérito literario*, 1867. — Benjamín Marcos, *Miguel S. (antes Doña Oliva)*, 1923 (com bibliografia). — Para a "verdadeira autoria" da *Nueva Filosofía* e outras obras de M. S. (como os "Coloquios" que a precedem e seguem), ver José Marco Hidalgo, "Doña Oliva Sabuco no fue escritora", *Revista de archivos, bibliotecas y museos* (julio 1903). — Resumo das doutrinas de M. S. em Marcial Solana, *Historia de la filosofía española. Época del Renacimiento (siglo XVI)*, tomo I (1941), pp. 273-288. ➲

SABUNDE, RAMÓN [RAYMOND] DE, conhecido também, entre outros, com os nomes de Sebonde, Sebond, Sebunde, Sibiude (este último, ao que parece, o mais próprio). Nascido em Barcelona, foi professor de 1434 até 1436 na Universidade de Toulouse e faleceu nesta cidade no último ano citado. Sabunde exerceu grande influência durante os séculos XV e XVI por sua obra *Theologia naturalis seu liber creaturam*, concluída pouco antes de sua morte. A principal idéia filosófica contida na obra é a doutrina de que é possível por meio da contemplação da Natureza chegar à aquisição e compreensão das verdades fundamentais incluídas nas Sagradas Escrituras. Trata-se, pois, de uma tentativa de conciliar a razão (natural) com a fé, sustentando que o que afirma esta última é conforme à natureza do homem e com a estrutura da criação. Montaigne traduziu a obra de Sabunde e dedicou a ele a conhecida "Apologie de Raimond Sebond" que figura em seus *Essais* (Livro II, cap. xii). O Concílio de Trento condenou o prólogo da *Theologia naturalis*, por seu excessivo naturalismo em detrimento da revelação.

➲ Edição de obras: entre as muitas edições da obra de Sabunde mencionamos as de 1484, 1487, 1488, 1496, 1501. Uma ed. de 1852 foi reimp. em 1963, ed. J. Sighart. Versões na Espanha: Toledo, 1500, 1504; Valladolid, 1549. A versão de Montaigne é de 1569; uma edição francesa, anterior, de 1519. Edição por F. J. Seidel, 1852. — *El llibre de les criatures*, ed. e trad. catalã, 1992, do prólogo e caps. 1-222 de *Scientia libri creaturarum sive libri naturae et scientia de homine*, por J. de Puig Oliver.

Bibliografia: J. de Puig Oliver, "Deu anys d'estudis sobre R. S.", em *Arxius de Textos Catalans Antics (ATCA)*, 1 (1982), 277-289. — Id., "Valoració crítica del pensament de R. S. al llarg del temps", em *ATCA*, 9 (1990), 275-368. — Id., "Complements a la valoració crítica del pensament de S. al llarg del temps", em *ATCA*, 10 (1991), 358-390.

Ver: D. Matzke, *Die natürliche Theologie des Raymundus von Sabunde*, 1846. — G. Compayré, *De R. Sabundo ac de theologiae naturalis libro*, 1872. — F. Cicchiti-Suriani, *Sopra R. Sabonda, teologo, filosofo e medico del secolo XV*, 1889. — J. Schenderlein, *Die philosophischen Anschauungen R. von Sabunde*, 1898. — M. Menéndez y Pelayo, "La patria de Raimundo Sabunde", em *La Ciencia española*, 1915, parte II, vi, pp. 383 ss. — J. de Puig Oliver, "Escriptura i actitud humanística en el *Liber Creaturarum* de R. S.", em *Revista Catalana de Teologia*, III (1978), 127-151. — A. Comparot, *Amour et vérité: Sebon, Vivès et Michel de Montaigne*, 1983. — Id., *Augustinisme et aristotélisme, de Sebon à Montaigne*, 1984. — E. Colomer, "L'Humanisme als Països Catalans: Sibiuda, Turmeda, Vives", em *Anuari de la Societat Catalana de Filosofia*, II (1988), 23-44. — J. de Puig Oliver, "R. S. i Sant Anselm", em *ATCA* 7-8 (1988-1989), 255-263. — E. Colomer, "R. S. un humaniste avant la lettre", em C. Blum, ed., *Montaigne. Apologie de R. S. De la "Theologia" à la "Théologie"*, 1990, pp. 49-67. — J. de Puig Oliver, "L'impensable rationnel dans le *Liber Creaturarum* de R. S.", em *ibid.*, pp. 69-84. — M. Batllori, "Sebond et Loyola encore", em *ibid.*, pp. 117-135. — J. de Puig Oliver, "El lul·lisme de R. S.", em *ATCA*, 10 (1991), 225-260. — Id., *Les sources de la pensée philosophique de Raimond Sebond (Ramon Sibiuda)*, 1994 [Études montaignistes, 17]. ➲

SACCAS. Ver AMÔNIO SACCAS.

SACCHERI, GIOVANNI GIROLAMO (1667-1733). Nascido em San Remo, ingressou na Companhia de Jesus e lecionou filosofia, teologia e matemática em Turim e em Pavia. Saccheri procurou demonstrar o quinto postulado de Euclides (o postulado das linhas paralelas); para tanto formulou as conseqüências que derivam de cada uma de três hipóteses: que a soma dos ângulos internos de um triângulo reto é igual a dois ângulos retos, maior que dois ângulos retos e menor que dois ângulos retos (o que ocorre também com a soma de ângulos internos formados por uma linha perpendicular a duas linhas supostamente paralelas). Se se houvesse demonstrado, por redução ao absurdo das hipóteses segunda e terceira, a verdade da primeira hipótese, se teria demonstrado o quinto postulado. Mas apesar de Saccheri ter conseguido reduzir a segunda hipótese ao absurdo, não conseguiu semelhante resultado com a terceira hipótese. No entanto, embora continuasse considerando inadmissível toda geometria não-euclidiana, numa atitude de "vingar" Euclides, Saccheri abriu com suas pesquisas a porta para a construção de geometrias não-euclidianas por Gauss, Lobachevsky, Bólyai e Riemann (VER).

➔ Obras: *Logica demonstrativa*, 1697. — *Neo-statica*, 1708. — *Euclides ab omni naevo vindicatus*, 1733.

Edição de obras: *Saccherius, Hieronymus, Logica demonstrativa*, Turim, 1697, reimp., 1979, com introd. por W. Risse.

Ver: L. Allegri, *The Mathematical Works of G. S.*, 1960. ⊂

SACO, GUSTAVO. Ver DEÚSTUA, ALEJANDRO OCTAVIO.

SACRISTÁN, MANUEL (1925-1985). Nascido em Madrid, estudou filosofia e Direito na Universidade de Barcelona, e lógica na Universidade de Münster (1954-1956). A partir de 1956 lecionou lógica, filosofia da ciência, história da filosofia e metodologia nas Faculdades de Filosofia e de Ciências Econômicas da Universidade de Barcelona. Em 1965, foi proibido de lecionar por motivos políticos, mas regressou posteriormente à docência universitária. Desenvolveu intensa atividade política na direção do Partido Socialista Unificado da Catalunha, na ilegalidade até maio de 1977. Devemos a Sacristán numerosas traduções, entre as quais se destacam, além de obras de lógica e filosofia da ciência, as das obras de Lukács e, a partir de 1975, das obras completas de Marx e Engels.

Interessado primeiro em Heidegger, por julgar que o pensamento desse filósofo levava a desfazer as artificiosas compartimentações do saber, submeteu-o a severa crítica em sua tese doutoral. Em Münster interessou-se a fundo pela lógica e pela filosofia da ciência, assim como pelo marxismo. De confissão marxista, Sacristán não considera que o marxismo seja incompatível com os interesses lógicos e científicos. Pelo contrário, considera que a praxeologia marxista permite proporcionar uma fundamentação rigorosa da ciência. Por outro lado, o estudo das ciências naturais e das ciências formais permite elaborar com mais rigor e precisão o marxismo. Assim, pois, o marxismo como filosofia da práxis é compatível com uma forte dose de pensamento racional crítico; a rigor, só com base neste pensamento se poderá elaborar uma adequada filosofia da práxis.

Sacristán não considera a filosofia como um saber substantivo, ao modo das ciências, e por isso recomenda a eliminação das Faculdades de Filosofia e sua substituição por Institutos de caráter interdisciplinar. Isso pode evitar, no seu entender, que a filosofia se converta numa especulação vazia, divorciada das ciências e da prática humana.

Sacristán ocupou-se também de temas literários e artísticos. Interessou-se pela crise do modelo soviético de socialismo, tratando de averiguar suas causas e os fundamentos que poderiam ser dados a um socialismo que, ao mesmo tempo em que institua uma sociedade sem classes, não elimine a liberdade de pensamento e de crítica.

Mesmo nos períodos em que não exerceu atividade docente, Sacristán influenciou muitos universitários e intelectuais. Em geral, a influência de Sacristán, e as idéias por ele disseminadas, são maiores e mais amplas do que se pode depreender de sua obra escrita.

➔ A tese de doutoramento de S. é: *Las ideas gnoseológicas de Heidegger*, 1959. — Sua obra lógica está exposta principalmente em: *Introducción a la lógica e al análisis formal*, 1964. — Sua idéia de filosofia, no opúsculo: *Sobre el lugar de la filosofía en los estudios superiores*, 1968. — São fundamentais para seu pensamento vários ensaios, tais como "La formación del marxismo en Gramsci", *Realidad*, 14 (1967), "Lenin y el filosofar", *ibid.*, 19 (1970) e seu prólogo à trad. espanhola da obra de Engels, *Anti-Dühring*: "La tarea de Engels en el *Anti-Dühring*", 1968. — Entre seus estudos sobre figuras literárias e artísticas mencionamos os consagrados a Goethe (1963), Heine (1964), Brossa (1969) e Raimon (1973).

Edição de escritos: *Panfletos y materiales*, 4 vols., ed. J. R. Capella: I, *Sobre Marx y marxismo*, 1983; II, *Papeles de filosofía*, 1984; III, *Intervenciones políticas*, 1985; IV, *Lecturas*, 1986. — Um quinto volume de escritos de S.: *Pacifismo, ecologismo y política alternativa*, 1987 [com suas últimas intervenções, em geral escritas para a revista *Mientras tanto*].

Bibliografia: J. R. Capella, "Aproximación a la bibliografía de M. S.", *Mientras tanto*, 30-31 (1987), 193-224.

Ver: O número de *Mientras tanto* citado na bibliografia e dedicado monograficamente a S. contém também: J. Sempere: "M. S.: una semblanza personal, intelectual y política", pp. 5-31. — F. Fernández Buey, "Noticia del filósofo marxista español M. S.", agosto 1993 (fotocópia), 15 pp. ⊂

SAHLIN, CARL YNGVE (1824-1917). Nascido em Fröskog (Suécia), foi professor nas Universidades de Lund (1862-1864) e Uppsala (1864-1894). Discípulo de Boström, Sahlin no entanto modificou consideravelmente as doutrinas de seu mestre. De imediato se opôs às tendências "especulativas" idealistas e sublinhou o valor da experiência como ponto de partida de todo conhecimento, incluindo a filosofia. Psicologia (e, em geral, antropologia como ciência do homem), teoria (descritiva) do conhecimento e lógica constituem para Sahlin as três disciplinas básicas sobre as quais se edifica a arquitetura da filosofia e a de todo conhecimento. Além disso, o conhecimento não é absoluto; todo caráter absoluto é um ideal que parte do conteúdo cognoscitivo das consciências individuais. O "individualismo" epistemológico de Sahlin se manifestou não apenas na teoria do conhecimento, mas também em sua concepção do Estado e da sociedade humana. Sahlin negou, com argumentos similares aos usados pelos posteriores "individualistas metodológicos", que nenhuma coletividade humana, ou órgão representativo de coletividade, possua qualquer caráter ou personalidade especial.

⇒ Obras: *Om grundformena i etiken*, 1869 *(As formas fundamentais da ética)*. — *Om grundformena i logiken*, 2 vols., 1883-1884 *(As formas fundamentais da lógica)*. — *Om brytningspunkten i vårtids filosofi*, 1888 *(Pontos críticos da filosofia contemporânea)*. — *Om det inre lifvet*, 1894 *(A vida interior)*. ⊂

SAINT-HILAIRE, ÉTIENNE GEOFFROY. Ver Evolução.

SAINT LOUIS (SOCIEDADE FILOSÓFICA DE). Vários filósofos e escritores — Henry Brokmeyer, William Torrey Harris, Joseph Pulitzer, George H. Howison — agruparam-se em Saint Louis, um pouco depois da metade do século passado, formando um "Kant Club". O interesse desses filósofos e escritores não era apenas kantiano, mas também, e sobretudo, hegeliano e, em geral, favorável ao transcendentalismo e ao idealismo alemão. Os objetivos do Kant Club eram similares aos daquele que em seguida ficou conhecido como "Grupo de Ohio", mas o Kant Club teve conseqüências mais importantes que o efêmero hegelianismo ohioano. Quando Brokmeyer (VER) se encontrou, em 1858, com Harris (VER), deram-se as condições básicas para o começo do desenvolvimento de uma atividade filosófica na qual colaboraram vários autores, mas que repousaram fundamentalmente sobre o duo Brokmeyer-Harris. Esta atividade se institucionalizou com a fundação, em 1866, da Sociedade Filosófica de Saint Louis *(St. Louis Philosophical Society)*, e da revista *Journal of Speculative Philosophy*, que foi publicado de 1867 a 1893, sob a direção de W. T. Harris.

No "Prefácio" do número 1 do *Journal* protesta-se contra a popularidade que, pelo visto, haviam alcançado entre o público (a julgar pelas cifras de venda e pela constante menção em revistas) autores como John Stuart Mill, Spencer, Comte, Hamilton "e outros". Propunha-se, contra eles, "absorver e digerir mais refinados alimentos" em virtude de que "pensar, no mais alto sentido desta palavra, é transcender todos os *limites naturais* — tais como peculiaridades nacionais, defeitos de cultura, distinções de raça, costumes e maneiras de viver —, ser *universal*, de modo que se possa dissolver a cortiça exterior e apropriar-se da verdadeira substância". Na "Introdução" que, tal como no "Prefácio", seguramente havia sido escrita por Harris — que colaborou no *Journal* assídua e abundantemente — enfatiza-se que a revista (que pode ser considerada como o motor e órgão principal do hegelianismo de Saint Louis) fomenta o pensamento especulativo, não no sentido artístico ou religioso, mas no filosófico, que não elimina, mas sim absorve os anteriores: "o especulativo (em sentido filosófico) penetra na constituição do positivo dentro do negativo". O *Journal* publicou muitos artigos traduzidos do alemão: trabalhos de Hegel, Fichte, Kant, Schelling, Baader, Lambert, no começo e logo em seguida, com outros mais destes mesmos autores, de Herbart, Schopenhauer, Rosenkranz, Zeller, Bradley, Th. H. Green, de Morgan e outros. Publicou também trabalhos sobre Shakespeare, Homero e Dante, bem como, naturalmente, numerosos artigos filosóficos de autores de tendência idealista, junto com outros de autores que a seguir não foram considerados estritamente idealistas muito embora se tivessem formado numa atmosfera idealista. Entre os colaboradores do *Journal* figuram proeminentemente Harris e Denton J. Snider. Brokmeyer escreveu alguns artigos. Outros se devem a John Albee, Thomas Davidson, Richard Randolph, Anna C. Brackett, H. K. Jones, A. E. Kroeger, Geo S. Morris, John Watson, Francis A. Henry, J. Burns-Gibson, Alfred G. Langley. Entre os autores de "fora de Saint Louis" (ou "auxiliares") há alguns como Nicholas Murray Butler, George S. Fullerton e William Ellery Channing. Encontram-se autores ingleses como S. S. Laurie, J. H. Stirling e Edward Caird. Finalmente, encontramos artigos de Peirce, William James e Dewey, que figuram seguramente entre suas primeiras produções filosóficas.

(O *Journal* iniciou uma nova fase, a partir de 1987, com os eds. C. R. Hausman, H. W. Johnstone e C. G. Vaught).

⇒ Ver: Charles M. Perry, *The Saint Louis Movement in Philosophy*, 1930. — Harvey Gates Townsend, *Philosophical Ideas in the United States*, 1934, cap. VIII. — Francis B. Harmon, *The Social Philosophy of the Saint Louis Hegelians*, 1943 (tese). — Henry A. Pochmann, *New England Transcendentalism and Saint Louis Hegelianism: Phases in the History of American Idealism*, 1949. — K. F. Leidecker, "William Torrey Harris and the St. Louis Movement", *Personalist*, 32 (1951), 235-250. — Id., *German Culture in America: Philosophical and Literary Influences*, 1957. — Lloyd D. Easton, *Hegel's First American Followers, the Ohio Hegelians: John B. Stallo, Peter Kaufmann, Moncure Conway, and August Willich, with Key Writings*, 1967. — J. W. Dye, "Denton J. Snider's Interpretation of Hegel", *Modern Schoolman*, 47 (1970), 153-167. ⊂

SAINT-MARTIN, LOUIS-CLAUDE DE (1743-1803).

Marquês de Saint-Martin, nascido em Amboise. No curso de uma de suas viagens, encontrou-se com Cagliostro, em Lyon. Viajou pela Inglaterra, França e Alemanha, e esteve preso por algum tempo durante a Revolução Francesa. Discípulo de Martines de Pasqualis, influenciado por Swedenborg e por Boehme, Saint-Martin foi "conhecido" como "o filósofo desconhecido" *(le philosophe inconnu)*. Contrário ao ceticismo e ao materialismo, suas tendências eram teosóficas, com muitos elementos gnósticos e cabalísticos. Para Saint-Martin, o homem é um espelho ou reflexo de Deus que caiu na matéria, que opõe resistência a seu regresso à divindade e à luz. Jesus Cristo representa a mais excelsa encarnação do homem e o modelo a ser seguido no caminho rumo à realidade, fugindo das sombras da matéria. O regresso ao divino se efetua mediante o êxtase. Saint-Martin, muito discutido (tanto insultado como louvado) em sua época, logo caiu no esquecimento. O principal, e quase único, filósofo sobre o qual exerceu influência foi Franz von Baader.

➲ Principais obras: *Des erreurs et de la vérité ou les hommes rappelés au principe de la science universelle*, 1775. — *Tableau naturel des rapports qui existent entre Dieu, l'homme et l'univers*, 1782. — *L'homme du désir*, 2 vols., 1790. — *Ecce homo*, 1792. — *Le crocodile*, 1799 (poema). — *De l'esprit des choses*, 2 vols., 1800. — *Le ministère de l'homme-esprit*, 1802. — *Théorie de la pensée*, 1806. — *Oeuvres posthumes*, 2 vols., 1807, ed. Tournyer.

Edição de *Oeuvres majeures*, 7 vols., 1975 ss., por Robert Amadou.

Ver: E.-M. Caro, *Du mysticisme du XVIIIe siècle. Essai sur la vie et la doctrine de S.-M.*, 1852. — Adolphe Franck, *La philosophie mystique en France à la fin du XVIIIe siècle. Saint Martin et son maître Martines Pasqualis*, 1866. — J. Claassen, *L. v. S.-M. Sein Leben und seine theosophische Werke in geordnetem Auszuge*, 1899. — A. E. Waite, *The Life of L. C. de S.-M.*, 1901. — A. Viatte, *Les sources occultes du romantisme*, 2 vols., 1928. — Reinhard Huth, *L. C. von S.-M., der Mensch, der Mystiker und der Staatsphilosoph*, 1932. — G. Wehr, *Das Abenteuer des "unbekannten Philosophen" auf der Suche nach dem Geist*, 1980. ⊂

SAINT-SIMON, CLAUDE HENRI DE ROUVROY, CONDE DE (1760-1825).

Nascido em Paris, foi um dos pensadores políticos franceses que, incitados pelo progresso da indústria e da ciência, se esforçaram não somente em compreender o desenvolvimento da sociedade e da história, mas também, e muito especialmente, em elaborar programas para uma reorganização social. Muitas das idéias de Saint-Simon influenciaram Comte (VER), que apareceu a princípio como um dos discípulos de Saint-Simon e que, em todo caso, colaborou em Le *Producteur* (tomos I, 289-596; II, 314-348; III, 450 ss.) com artigos nos quais se expunha o que se considerou, na época, como a parte filosófica do saint-simonismo.

Saint-Simon expressou suas idéias e convicções sem dar-lhes uma forma sistemática. Suas obras, especialmente seus folhetos, constituíam um fervedouro de idéias que vários de seus discípulos recolheram, formando-se uma "Escola de Saint-Simon", representante do saint-simonismo (VER). O que às vezes se considera como "a doutrina de Saint-Simon" e que esboçamos a seguir é em parte a exposição da mesma dada por Bazard em 1828-1830.

Saint-Simon considera que há dois tipos de épocas na história: as épocas críticas (necessárias para eliminar as "fossilizações" sociais) e as épocas orgânicas. O homem não é uma entidade passiva dentro do acontecer histórico, mas procura sempre descobrir (e o consegue freqüentemente) modos de alterar o meio social dentro do qual vive. Essas alterações se impõem como indispensáveis para o desenvolvimento da sociedade quando esta funciona segundo normas que não lhe correspondem. Não se pode dizer, portanto, em absoluto, que há normas sociais convenientes para todo agrupamento humano; o que pode ser adequado para uma época pode não sê-lo (e costuma não ser) para outra. Isso ocorre com a moderna sociedade industrial, que precisa mudar a estrutura do *ancien régime* ainda subsistente nela se quiser realmente desenvolver-se. Segundo Saint-Simon, a estrutura que corresponde à nova sociedade é a de uma pirâmide de classes em cujo topo estejam os diretores de indústria e de produção, os engenheiros e artistas, os cientistas. Sob sua direção trabalham os que têm de levar a cabo os projetos dos inventores e diretores. Deste modo poderão ser levadas a um máximo desenvolvimento todas as capacidades produtoras dos homens (o que talvez constitua a única norma ideal possível para todas as sociedades). É um engano, pois, segundo o autor, supor que as classes devem estar niveladas ou que devem manter a estrutura de épocas anteriores, durante as quais se defendia a hierarquia, mas se mantinha — pelo menos no que diz respeito à moral e às crenças religiosas — uma certa igualdade. Saint-Simon proclama que semelhante igualdade é impossível: a moral e os sistemas de idéias têm de ser distintos para cada uma das duas classes fundamentais da nova sociedade industrial moderna. Assim, por exemplo, enquanto os inventores e diretores se regem pela idéia universal da "gravitação" (na ciência e na sociedade), as classes inferiores continuam mantendo a crença num Deus que é uma transcrição "popular" da "gravitação universal". Ora, a atenção crescente que Saint-Simon prestou ao aspecto religioso de suas idéias conduziu-o pouco a pouco a uma concepção que continuava sendo antiigualitária e antidemocrática, mas que colocava os seres humanos sob os mesmos princípios. Trata-se do chamado "novo cristianismo", destinado a substituir o "cristianismo degenerado" e a propugnar um imperativo de caridade que fosse ao mesmo tempo um imperativo de justiça social. O núcleo do "novo cristianismo" era a idéia de fraternidade, que conduzia à concepção de uma sociedade mundial "livre", isto é, uma sociedade universal dedicada continuamente à produção e na qual a "Igreja" pudesse ser substituída pela "oficina".

⊃ Principais obras: *Introduction aux travaux scientifiques du XIVe siècle*, 2 vols., 1801-1808. — *Esquisse d'une nouvelle Encyclopédie*, 1810. — *Mémoire sur la science de l'homme*, 1813. — *Travail sur la gravitation universelle*, 1813. — *De la réorganisation de la société européenne*, 1814 [com A. Thierry]. — *L'industrie ou discussions politiques, morales et philosophiques, dans l'intérêt de tout les hommes livrés à ds travaux utiles et indépendants*, 1817. — *L'Organisateur, publié en livraison* (de novembro de 1819 a fevereiro de 1820). — *Du système industriel*, 1821. — *Catéchisme des industriels*, 1823. — *Le nouveau christianisme*, 1825. — *Opinions littéraires, philosophiques et industrielles*, 1825.

Edição de obras: *Oeuvres choisies*, 3 vols., por Ch. Lemonier, 1859-1861; reimp., 1971. — As obras de Saint-Simon foram editadas com as de Enfantin: *Oeuvres de Saint-Simon et d'Enfantin*, 47 vols., 1865-1878. — Nova ed. de obras com numerosos inéditos: *Oeuvres*, 6 vols., 1966 ss.

Bibliografia: Henri Fournel, *Bibliographie saint-simonienne de 1802 au 31 décembre 1832*, 1833. — S. Charléty, *op. cit. infra*. — Jean Walch, *Bibliographie du Saint-Simonisme avec trois textes inédits*, 1967. — Y. Coirault et al., eds., *S.-S. Corpus bibliographique*, 1988.

Ver: C. Bouglé, E. Halévy, eds., *Doctrine de Saint-Simon. Exposition. Première année: 1828-1829*, 1829; 2ª ed., 1830; 3ª ed., rev. e aum., 1831, reimp., 1924; *Doctrine de Saint-Simon. Exposition. 2me. année: 1829-1830*, 1830 (os dois volumes foram reeditados juntos, sob o título *Doctrine saint-simonienne*, em 1854). — S. Hubbard, *S.-S., sa vie et sa doctrine*, 1857. — A. T. Booth, *S.-S. and Saint-Simonism*, 1871. — Paul Janet, *S.-S. et le Saint-Simonisme*, 1879. — A. Wahrschauer, *S.-S. und die Saint-Simonisten*, 1892. — G. Wiell, *Un précurseur du socialisme. S.-S. et son oeuvre*, 1894; 2ª ed., 1934. — Id., *L'école saint-simonienne, son histoire, son influence jusqu'à nos jours*, 1896. — S. Charléty, *Essai sur l'histoire du Saint-Simonisme*, 1896; 2ª ed., 1930. — F. Muckle, *Henri de S.-S., seine Persönlichkeit und sein Werk*, 1906. — E. Halévy, *La doctrine économique de S.-S.*, 1908. — H. Teÿsandoer, *La critique de l'organisation économique actuelle chez les Saint-Simoniens*, 1911. — W. Spühler, *Der Saint-Simonismus*, 1926. — Maxime Leroy, *La vie véritable du conte Henri de S.-S.*, 1927. — W. Leandertz, *Die industrielle Gesellschaft als Ziel und Grundlage der Sozialreform. Eine systematische Darstellung der Ideen Saint-Simons und seine Schüler*, 1938 (tese). — M. Dondo, *The French Faust, Henri de S.-S.*, 1955. — F. E. Manuel, *The New World of H. S.-S.*, 1956. — Georg G. Iggers, *The Cult of Authority: The Political Philosophy of the Saint-Simonians. A Chapter in the Intellectual History of Totalitarianism*, 1958. — E. Vidal, *S.-S. e la scienza politica. In appendice: Il sistema di politica positiva di Augusto Comte*, 1959. — G. Davy, H. Gouhier, G. Gurvitch et al., arts. sobre S.-S. em *Revue Internationale de Philosophie*, 14, n° 53-54 (1960), 287-444. — Pierre Ansart, *S.-S.*, 1969. — Id., *Sociologie de S.-S.*, 1970. — J. H. van Elden, *Esprits fins et esprits géométriques dans les portraits de S.-S.*, 1975. — V. Martino, *S.-S. tra scienza e utopia*, 1978. — R. Kopffleisch, *Freiheit und Herrschaft bei S.-S.*, 1982. — R. M. Emge, *S.-S. Eine Einführung in Leben und Werk*, 1987.

Fundado por P. Leroux e M. Dubois, editou-se em Paris, de 1824 a 1832, *Le Globe. Journal philosophique et littéraire*, da religião saint-simoniana. A partir de 1830 mudou o subtítulo pelo de *Journal politique, philosophique et littéraire*. Foi reimpresso em 12 vols., 1974-1978. A legenda da revista rezava: "À chacun selon sa capacité, à chaque capacité selon ses oeuvres". ["A cada um segundo sua capacidade, a cada capacidade segundo suas obras"]. ⊂

SAINT-SIMON (ESCOLA DE). Ver S<small>AINT</small>-<small>SIMONISMO</small>.

SAINT-SIMONISMO. Os seguidores de Saint-Simon (VER) formaram o que se chamou "Escola de Saint-Simon" ou "Escola saint-simoniana". Pode-se considerar como o "ano zero" da Escola, ou do saint-simonismo, o ano da morte de Saint-Simon (1825), quando o mais próximo dos discípulos de Saint-Simon, Olinde Rodrigues, fundou *Le Producteur*, em colaboração com Barthélémy-Prosper Enfantin (VER). Era publicado primeiro semanalmente e em seguida mensalmente, formando um total de quatro volumes, mais o começo de um quinto volume. Auguste Comte (VER), que colaborou em *Le Producteur* com vários trabalhos filosóficos, foi considerado pelos saint-simonianos como um deles. Na realidade, não parecia haver na época diferenças substanciais entre a parte filosófica da doutrina de Saint-Simon — o positivismo — e o pensamento de Comte. Além disso, há na interpretação da história dada por Comte elementos saint-simonianos, mesmo que Comte em seguida tenha procurado mostrar que seguia um caminho muito diferente do de seu suposto mestre.

Os três mais destacados saint-simonianos foram Rodrigues, Enfantin e Saint-Armand Bazard (1791-1832). Este último deu, de 1820 a 1830, uma série de conferências que, com notas de alguns dos assistentes, foram publicadas com o título de *Doctrine de Saint-Simon. Exposition* (cf. bibliografia de S<small>AINT</small>-S<small>IMON</small>). Esta "exposição" constitui a principal base doutrinária do saint-simonismo. Este se anuncia ao mesmo tempo como sucessor do catolicismo e da Revolução Francesa. A destruição do "trono e do altar" (das que foram chamadas "as bodas do trono e do altar") é tida como indispensável para construir sobre ela uma nova sociedade e afirmar uma nova autoridade. Considera-se que o gênero humano é um ser coletivo que se desenvolve segundo a lei do progresso. O direito de propriedade é substituído pelo trabalho, único verdadeiro "direito de propriedade". A ciência, a indústria e a religião constituem uma trindade na qual a religião, como o amor, desempenha um papel unificador.

Há no saint-simonismo, tanto nas doutrinas propostas pelo próprio Saint-Simon como na sistematização da *Exposition*, elementos vários que podem entrar em conflito, a despeito da insistência na possibilidade de alcançar uma harmonia suprema. A distinção entre épocas orgânicas e épocas críticas não se conjuga sempre com a idéia da possibilidade de um progresso constante. Pode-se insistir mais nos aspectos científico-positivistas que nos religioso-sentimentais e vice-versa, etc. Esses conflitos internos, unidos à personalidade dos vários chefes do saint-simonismo, explicam a breve mas turbulenta história da Escola saint-simoniana, tanto quanto sua considerável difusão entre espíritos muito diferentes: revolucionários e autoritários. Os primeiros chefes da Escola foram Rodrigues, Enfantin e Bazard (um dos mais ardentes saint-simonianos da primeira hora, Buchez, opôs-se muito cedo aos demais, acusando-os de excessiva religiosidade e "sentimentalismo"). Embora sempre fiel à Escola, Rodrigues cedeu seu posto de "chefe"; Enfantin e Bazard tomaram o "comando" do que logo se tornou a "igreja saint-simoniana". Tratava-se, com efeito, de uma comunidade religiosa hierárquica, com diversos "graus": o grau superior dos "pais", dirigentes do "colégio", e o grau inferior dos "filhos". Uma série de lutas internas não só em torno de questões doutrinárias mas também, e especialmente, relativas às formas de institucionalizar a Escola, ao papel que devia desempenhar a mulher etc., conduziu ao rompimento de Enfantin com Bazard (1831). Enfantin se converteu no verdadeiro "Papa" do saint-simonismo, introduzindo-se ritos, confissões públicas e sessões de alucinação e profecia. Isso ocorreu sobretudo durante o "retiro" de Enfantin com seus seguidores em Ménilmontant. Publicações como *Le Globe* (ver no final do verbete SAINT-SIMON) e *L'Européen* difundiram as doutrinas e práticas do saint-simonismo "enfantiniano". Às vezes se considera que a Escola saint-simoniana termina em 1832, mas Georges Weil observa que ela continuou até a morte de Enfantin em 1864, e "ainda depois" (*L'École saint-simonienne. Son histoire, son influence jusqu'à nos jours*, 1896), difundindo-se não apenas na França, mas também em outros países.

⊃ Ver também: H. Shine, *Carlyle and the Saint-Simonians: The Concept of Historical Periodicity*, 1941. — R. K. P. Pankhurst, *The Saint Simonians, Mill and Carlyle: A Preface to Modern Thought*, 1957. — T. Petermann, *Der Saint-Simonismus in Deutschland*, 1983. — Ver também a bibliografia de SAINT-SIMON. ⊂

SAISSET, ÉMILE-EDMOND (1814-1863). Nascido em Montpellier, ensinou filosofia nos liceus de Cahors e Caen e, a partir de 1856, na Sorbonne. Fiel partidário do espiritualismo de Victor Cousin, distinguiu-se — como outros discípulos e partidários deste último filósofo — por seus estudos de história da filosofia e por suas traduções e edições críticas. Saisset se interessou especialmente pelos aspectos religiosos do pensamento filosófico.

⊃ Obras: *De varia s. Anselmi in Proslogio argumenti fortuna*, 1840 (tese). — *Aenesidème*, 1840 (tese). — *Essai sur la philosophie de la religion au dix-neuvième siècle*, 1843. — *Discours sur la philosophie de Leibniz*, 1857. — *Mélanges d'histoire, de morale et de critique*, 1859. — *Précurseurs et disciples de Descartes*, 1862. — *L'âme et la vie*, 1862. — *Critique et histoire de la philosophie*, 1863. — *Le scepticisme. Aenesidème, Pascal et Kant*, 1865; 2ª ed., 1867. ⊂

SAITTA, GIUSEPPE. Ver GENTILE, GIOVANNI.

SALAMANCA (ESCOLA DE). Em dois sentidos pode-se falar de uma Escola de Salamanca. 1) Como designação de uma parte importante da atividade filosófica e teológica desenvolvida por escolásticos espanhóis do século XVI e começos do século XVII. O nome 'Escola' não tem nesse caso um sentido estrito, mas muito amplo: refere-se a um conjunto de ensinamentos e de escritos que têm um propósito comum (a revivificação da tradição escolástica em diversas vias, e principalmente na tomista) e um centro comum de difusão (Salamanca, sobretudo a Universidade, mas também o Colégio Jesuíta). Deste amplo ponto de vista, pertencem à Escola de Salamanca filósofos e teólogos de diversas ordens religiosas, embora com predomínio da Ordem dos Pregadores; por exemplo, Francisco de Vitoria, Domingo de Soto, Melchor Cano, Domingo Báñez, dominicanos; Francisco Zumel, mercedário; Francisco de Toledo, jesuíta. Tomás de Mercado, dominicano, e Gregorio de Valencia, jesuíta, estudaram também em Salamanca. Francisco Suárez estudou na Universidade de Salamanca e foi professor no Colégio jesuíta da mesma cidade.

2) Como designação da obra coletiva *Collegium Salmanticense*, curso teológico baseado nos ensinamentos dados por carmelitas de Salamanca de 1631 até 1712 e inspirado na *Summa theologica* de Santo Tomás de Aquino (publicação do curso: *Cursus theologicus theologiam Angelici Doctoris Divi Thomae complectens*, 20 vols., Parisiis, 1870-1883). Às vezes o sentido 2) se inclui dentro de 1) quando se amplia o quadro cronológico deste.

⊃ Sobre o sentido 1): Marcial Solana, *Historia de la filosofía española. Época del Renascimiento (siglo XVI)*,

1941, tomo III. — Alain Guy, *Esquisse des progrès de la spéculation philosophique et théologique à Salamanque au cours du XVIᵉ siècle*, 1943 (tese). — Id., *La pensée de Fray Luis de León. Contribution à l'étude de la philosophie espagnole au XVIᵉ siècle*, 1943. — Id., *Fray Luis de León*, 1963.
Sobre o sentido 2): O. Merl, *Theologia Salmanticensis. Untersuchung über Entstehung, Lehrrichtung und Quellen des theologischen Kurses des spanischen Karmeliten*, 1947. — Cándido Pozo, *La teoría del progreso dogmático en los teólogos de la Escuela de Salamanca 1526-1644*, 1960 [Bibliotheca Theologica Hispana. Serie I, tomo 1]. c

SALAZAR BONDY, AUGUSTO S. (1926-1974). Nascido em Lima, foi professor na Universidad Mayor, de San Marcos, em Lima (Peru). Seguindo a inspiração de Nicolai Hartmann, investigou ontologicamente os reinos da idealidade e da irrealidade, contrastando-os com o reino do real e seus diversos modos. Salazar Bondy interessou-se também pela filosofia da ciência, especialmente pelas estruturas teóricas da ciência na medida em que são reveladas pela análise da evolução de teorias. Sua concepção da filosofia é ampla e com propósito integrador: a filosofia tem, e quase se pode dizer que só tem, problemas insolúveis, mas o tratamento desses problemas não leva a um beco sem saída, mas a uma compreensão cada vez maior das razões pelas quais os problemas insolúveis permanecem.
➲ Obras: *La filosofía en el Perú*, 1954. — *Irrealidad e idealidad*, 1958. — *La epistemología de Gaston Bachelard*, 1958. — *Tendencias contemporáneas de la filosofía moral británica*, 1962. — *Iniciación filosófica*, 1964; 3ª ed., 1967. — *En torno a la educación*, 1965. — *Historia de las ideas en el Perú contemporáneo*, 2 vols., 1965. — *Lecturas filosóficas*, 1965. — *Didáctica de la filosofía*, 1967. — *Breve vocabulario filosófico*, 1967. — *Breve antología filosófica*, 1967. — *¿Existe una filosofía de nuestra América?*, 1968. — *Sentido y problemas del pensamiento filosófico hispanoamericano*, 1969. — *Para una filosofía del valor*, 1971. — Póstuma: *Bartolomé o de la dominación*, 1974; 2ª ed., 1976, com prólogo de L. Chiappo.
Ver: *Textual*, Revista do Instituto Nacional de Cultura del Perú, dedicou seu n° 9 (1974) monograficamente a A. S. B. — D. Sobrevilla, "A. S. B.", em Id., *Repensando la tradición nacional. Estudios sobre la filosofía reciente en el Perú*, vol. 2, 1989, cap. 5. Pp. 383-606. c

SALES Y FERRÉ, MANUEL. Ver Krausismo.

SALMERÓN, FERNANDO (1925). Nascido em Córdoba (Veracruz, México), foi professor na Universidade de Veracruz, onde exerceu também o cargo de Reitor (1961-1963). Na Universidade Autônoma Metropolitana, foi Reitor da Unidade Iztapalapa (1978-1979) e Reitor Geral (1979-1981). Na Universidade Nacional Autônoma do México, onde é pesquisador emérito desde 1993, tem exercido diversas funções, entre outras a Direção do Instituto de Investigações Filosóficas (1966-1978). Nesse tempo foi diretor de *Diánoia*, o anuário do Instituto, e contribuiu para a fundação de *Crítica. Revista hispanoamericana de filosofía*. Salmerón se formou sob a orientação de José Gaos, mas não fez parte do grupo Hipérion por ter-se incorporado à filosofia mais tarde que os membros deste grupo. Interessado inicialmente na fenomenologia, assim como no pensamento de autores como Nicolai Hartmann, Heidegger e Ortega y Gasset, em boa parte sob o magistério de Gaos, desde a década de 1960 seus trabalhos revelam um interesse crescente pela filosofia analítica: são uma tentativa de aplicar os procedimentos da análise a temas que, desde suas primeiras publicações, constituíram o centro de sua atenção: a filosofia da educação e a ética. Salmerón defende uma idéia da filosofia como atividade crítica, como uma empresa estritamente intelectual, analítica e teórica, dominada por uma energia propriamente científica. No entanto, isso não o impede de reconhecer que, ao lado da tarefa crítica, há outro aspecto importante na filosofia: é a sabedoria, expressa sobretudo no pensamento dos moralistas, cuja função é a busca de justificação das ações morais. Em seu livro sobre a filosofia e as atitudes morais, Salmerón destacou a conexão entre ambas as atividades — a análise crítica e a sabedoria — e sua possível compatibilidade prática. Devemse também a Salmerón estudos sobre filósofos mexicanos do século XX, além da edição das *Obras Completas* de José Gaos, projetada em 19 volumes.
➲ Obras: *Las mocedades de Ortega y Gasset*, 1959; 4ª ed., 1993. — *Cuestiones educativas y páginas sobre México*, 1962 (prólogo de José Gaos); 2ª ed. aum., 1980. — *La doctrina del "ser ideal" en tres filósofos contemporáneos: Husserl, Hartmann y Heidegger*, 1965 (tese). — *La filosofía y las actitudes morales*, 1971, 4ª ed., 1991. — *Ensayos filosóficos*, 1988. — *Enseñanza y filosofía*, 1991. — Além de várias compilações em colaboração com outros autores: *José Ortega y Gasset*, 1984. — *Ética y análisis*, 1985. — *Philosophie und Rechstheorie in Mexiko*, 1989. — *Concepciones de la ética*, vol. 2 de la *Enciclopedia Iberoamericana de Filosofía*, 1992. — *Epistemología y cultura*, 1993.
Entre seus artigos não reunidos em livros destacamse: "La filosofía en México entre 1950 y 1975. Primera parte", em *Las humanidades en México*, 1975. — "Lenguaje y significado en *El Ser y el Tiempo* de Heidegger", *Diánoia* (1968). — "José Gaos. Su idea de la filosofía", *Cuadernos Americanos* (1969). — "La naturaleza humana y la razón de ser de la filosofía. La estructura de *De la filosofía*, de José Gaos", *Diánoia* (1974). — "La filosofía moral de Einstein", *Naturaleza* (1979). — "Ontología y moral en el pensamiento de

Sartre", *Iztapalapa* (1982). — "Las tesis del empirismo lógico y la convergencia de las disciplinas", *Diánoia* (1983). — "Prólogo" a *La rebelión de las masas* e *El tema de nuestro tiempo*, 1985. — "Nota sobre la recepción del análisis filosófico en América Latina", *Isegoría* (1991). — "Prólogo" ao livro de J. Gaos, *Del hombre*, 1992. ↻

SALMERÓN [Y ALONSO], NICOLÁS. Ver Krausismo.

SALTO. No verbete sobre Kierkegaard fizemos referência à noção de salto *(Springet)*. Trata-se da metáfora por meio da qual Kierkegaard caracteriza o movimento da existência, movimento essencialmente distinto do devir lógico-metafísico propugnado por Hegel. Com efeito, no sistema de Hegel o movimento se efetua por uma transição que, embora não gradual, não chega nunca a uma ruptura: a mediação intervém com o fim de conciliar os opostos. No pensamento de Kierkegaard a ruptura é essencial. Essa ruptura ocorre nos diversos "estádios da vida" e nas modificações que ela experimenta, mas há um ponto no qual se torna eminente: é o salto para religioso (especialmente o salto do ético para o religioso). Segundo Kierkegaard, com efeito, não há possibilidade de considerar o estádio religioso como o último numa série contínua. A plausibilidade do contínuo, a demonstração racional da fé são todo o contrário do ato de liberdade por meio do qual chegamos ao *paradoxo absoluto* (o paradoxo do cristianismo). Deve-se observar que a noção — ou categoria — de salto é algo que corresponde à existência individual e nunca ocorre dentro do universal.

➲ Ver: Christa Kuhnhold, *Der Begriff des Sprunges und der Weg des Sprachdenkens. Eine Einführung in Kierkegaard*, 1975. ↻

SALÚSTIO CÍNICO (século V). Assim chamado para distingui-lo de Salústio Neoplatônico, nasceu na Síria, foi primeiro para Alexandria e em seguida para Atenas, onde entrou em contato com filósofos partidários de Proclo. A rigor, a filosofia de Salústio é uma mescla de cinismo e neoplatonismo, embora uma e outra doutrina tenham sido elaboradas por Salústio num sentido quase exclusivamente prático, dentro do qual se incluía não somente a ética, mas também a mântica. Salústio pode ser qualificado, portanto, de cínico neoplatônico e místico-filósofo.

➲ Artigo sobre Salústio (Sallustios 39 b) por K. Praechter em Pauly-Wissowa. ↻

SALÚSTIO NEOPLATÔNICO (nascido em 370). Assim chamado para distingui-lo de Salústio Cínico, é conhecido por seu tratado *Sobre os deuses e o mundo*, Περὶ θεῶν καὶ κόσμου, *De diis et mundo*. Trata-se de um compêndio de doutrinas neoplatônicas, especialmente das correspondentes à chamada escola de Pérgamo e possivelmente destinadas a servir de base filosófica para as reformas de seu amigo Juliano Apóstata, em favor da restauração do paganismo.

➲ Há várias edições do tratado *De diis et mundo*. Mencionamos entre as mais antigas, as de 1638 (Leo Aliatius, Romae), 1639 (Leyden), 1670 (Cambridge), 1688 (Amsterdam). Outras edições: C. Orellius, 1821; F. W. A. Mullach (em *Fragmenta philosophorum Graecorum*, III, 28-50); D. Nock, 1926; A. J. Festugière, em *Trois dévots païens*, 1944. ↻

SALVA VERITATE. Literalmente, com a verdade salva, com a verdade a salvo, sendo (ainda) verdadeiro. Se consideramos:

O General De Gaulle era alto (1)
O Primeiro Presidente da Quinta República Francesa era alto (2)

e delcaramos (1) verdadeiro, veremos que substituir em (1) 'O General De Gaulle' por 'O Primeiro Presidente da Quinta República Francesa' dá lugar a (2). Se

O General De Gaulle = O Primeiro Presidente da Quinta República Francesa (3)

(2) continua sendo verdadeiro. As expressões que estão à esquerda e à direita de '=' em (3), têm, em (1) e (2), posição puramente referencial, isto é, são referencialmente transparentes (ver Opaco, transparente), obedecendo à lei da substibilidade da identidade *salva veritate*.

No caso dos "enunciados oblíquos", isto é, de enunciados em que há um sentido "oblíquo" de um nome, não fica a verdade a salvo com a substituição. O exemplo clássico é:

Jorge IV ignorava que Walter Scott = o autor de *Waverley* (1)

Walter Scott = o autor de *Waverley* (2)

Jorge IV ignorava que Walter Scott = Walter Scott (3)

Se (1) e (2) são verdadeiros, (3) deveria ser verdadeiro em virtude da substituibilidade da segunda aparição de 'Walter Scott' em (3) por 'o autor de *Waverley*', ficando-se então *salva veritate*. Mas Jorge IV não ignorava que Walter Scott era Walter Scott apesar de ignorar que fosse o autor de *Waverley*. Desde Frege considera-se que a não-substituibilidade da identidade *salva veritate* nestes casos se deve ao fato de haver, nos casos que levantam problemas como o indicado, nomes cuja denotação não é direta, mas indireta ou oblíqua. Exemplos de expressões usadas obliquamente são expressões com verbos de atitude proposicional (ver) e cláusulas modais. Discutiu-se se podem ou não ser eliminados os contextos oblíquos. Se podem, restabelece-se a substituibilidade da identidade *salva veritate*.

A substituibilidade da identidade *salva veritate* se mantém nos casos em que os termos singulares têm posição puramente referencial, isto é, não são opacos, mas transparentes (ver OPACO, TRANSPARENTE); e em algum caso no qual há "não transparência", mas não, estritamente, opacidade referencial.

A origem da expressão *salva veritate* — ou, se se quiser, do uso filosófico dessa expressão — encontra-se em Leibniz quando formula o princípio segundo o qual se dois termos têm o mesmo referente, um deles pode substituir o outro em qualquer enunciado em que apareça, ficando a salvo a verdade: *Eadem sunt, quae sibi mutuo substitui possunt, salva veritate*. Frege seguiu Leibniz neste ponto, citando o princípio (e a expressão) mencionados.

SALVAÇÃO. Ver SABER.

SALVAR AS APARÊNCIAS. A expressão grega σώζειν τὰ φαινόμενα se traduz usualmente por 'salvar as aparências'. Poderia também ser traduzida por 'guardar as aparências', mas seria preciso evitar dar então à expressão um sentido moral ou social. Pode-se usar também a expressão 'salvar os fenômenos', especialmente se for levado em conta o significado filosófico de 'fenômeno' (VER).

A expressão em questão foi usada originalmente por Simplício. Em seu comentário a Aristóteles, *In Physicorum libros*, II, 2, ed. H. Diels, vol. IX de *Commentaria in Aristotelem*, Simplício escreve o seguinte: "É próprio da Teoria Física (τῆς φυσικῆς θεωρίας) examinar o que se refere à essência do céu e dos astros e sua força, sua qualidade, sua geração e corrupção e — por Júpiter! — pode também ela dar demonstrações acerca da magnitude, da figura e da ordem dos corpos. A astronomia, pelo contrário, carece de toda aptidão para falar destas coisas (περὶ τοιούτου μὲν οὐδενὸς ἐπιχειρεῖ λέγειν); mas suas demonstrações têm por objeto a ordem dos corpos celestes, depois que ela declarou que o Céu está verdadeiramente ordenado; discorre acerca das figuras, das magnitudes, das distâncias da Terra, do Sol e da Lua; fala dos eclipses, das conjunções dos astros e das propriedades qualitativas de seus movimentos. E já que depende da teoria que considera as figuras do ponto de vista da qualidade, da magnitude e da quantidade, convém que solicite o auxílio da Aritmética e da Geometria. Além disso, com freqüência, o astrônomo e o físico tomam por objeto de suas demonstrações o mesmo capítulo da Ciência: por exemplo, propõem-se demonstrar que o Sol é grande, ou que a Terra é esférica, mas neste caso não seguem o mesmo caminho (οὐ μὲν κατὰ τὰς αὐτὰς ὁδοῦς βαδιοῦνται); o físico deve demonstrar cada uma de suas proposições deduzindo-a da essência dos corpos, de sua força, do que mais convém a sua perfeição, de sua geração e de sua transformação; o astrônomo, pelo contrário, as estabelece mediante a circunstância que acompanha as magnitudes e as figuras, as particularidades qualitativas do movimento e do tempo que a este movimento corresponde. Com freqüência, o físico se aterá à causa e dirigirá sua atenção à força que produz o efeito que ele estuda, enquanto o astrônomo deduzirá suas demonstrações das circunstâncias exteriores que acompanham este mesmo efeito; ele não é capaz de contemplar a causa e de dizer, por exemplo, que causa produz a forma esférica da Terra e dos Astros (οὐχ ἱκανὸς θεατὴς γίνεται τῆς οἷον ὅτε σφαιροειδῆ τὴν γῆν ἢ τὰ ἄστρα ἀποδίδωσιν). Em certa circunstância, por exemplo, no caso em que raciocina acerca dos eclipses, de nenhuma maneira se propõe uma causa; em outros casos crê dever afirmar certas maneiras de ser, na qualidade de hipóteses, de tal modo que, uma vez admitidas estas maneiras de ser, os fenômenos sejam salvos (ὧν ὑπαρχόντων σωθήσεται τὰ φαινόμενα). Por exemplo, pergunta por que o Sol, a Lua e os outros astros errantes parecem mover-se irregularmente; suponham-se excêntricos ao mundo os círculos descritos pelos astros ou suponha-se cada um dos astros arrastado na revolução de um epiciclo, a irregularidade aparente de sua marcha é igualmente salva. Logo é necessário declarar que as aparências podem igualmente ser produzidas por uma ou por outra destas maneiras de ser, de modo que o estudo prático dos movimentos dos astros errantes seja conforme com a explicação suposta. Por isso, Heráclides Pôntico dizia que é possível salvar a irregularidade aparente do movimento do Sol, admitindo que o Sol permanece imóvel, e que a Terra se move de uma certa maneira. Portanto, de nenhum modo cabe ao astrônomo conhecer que corpo está em repouso por natureza e de que qualidade são os corpos móveis; estabelece na qualidade de hipótese que tais corpos são imóveis e que os outros estão em movimento, e examina quais são as suposições com as quais concordam as aparências celestes. Do físico recebe os princípios de acordo com os quais os movimentos dos astros são regulares, uniformes e constantes; depois, mediante esses princípios, explica as revoluções de todas as estrelas tanto das que descrevem círculos paralelos ao Equador quanto dos astros que percorrem círculos oblíquos".

Ao citado texto pode-se acrescentar outro do mesmo autor no comentário ao *De coelo* aristotélico (*In Aristotelis de coelo, comm.*, ed. J. L. Heiberg, 1894, p. 488, de *Commentaria in Aristotelem Graeca*, VII). Discutiu-se se se encontram precedentes da expressão 'salvar as aparências' ou da concepção que Simplício desenvolve e que tal expressão resume. Alguns encontraram precedentes em Platão, e outros negam que os haja ou que o pensamento de Platão, enquanto focalizado no mundo inteligível, permitisse admitir, como legítimo modo de conhecimento, "salvar as aparências". Vários autores encontraram precedentes em Aristóteles (André Lalande, *Vocabulaire*, s. v., "Sauver les apparences", cita em nota *De gen. et corrup.*, A 8, 325 a 25-26; *Eth. Eud.*, H, 2, 1236 a 25-

26, *Met.,* Λ 8 1073 b 37 e agrega "etc."). Nimio de Anquín, em referência à obra de Mittelstrass, menciona Possidônio, e o Comentário à *Meteorologia* de Gemino, de quem a tomou Simplício. Discutiu-se também que sentido se pode dar à idéia de "salvar as aparências" e se mencionam duas: por um lado, um sentido geral, que é a tentativa de explicar quaisquer aparências ou "fenômenos" mediante uma teoria ou hipótese da qual se podem derivar as aparências ou fenômenos, que deste modo são explicados; por outro lado, um sentido particular que é a tentativa de explicar as aparências celestes, ou fenômenos celestes, ou movimentos dos corpos celestes, especificamente os movimentos dos planetas ou astros "errantes", na forma em que foi proposta pelo astrônomo Eudoxo de Cnido.

A citação de Simplício mostra que se trata primariamente de um modo de explicação usual na astronomia, ao contrário do modo de explicação na "física". Na "física" verificam-se as "verdadeiras causas", enquanto na astronomia pode ser suficiente dar conta dos "fenômenos". No entanto, o texto de Simplício ressaltou um problema freqüentemente tratado de forma "geral": o problema de se o *salvare phaenomena* ou o *salvare apparientias,* como se disse na Idade Média e início da época moderna, é o procedimento próprio de toda ciência, e não só da astronomia.

Pode-se interpretar a regra "salvar as aparências" como rótulo de um procedimento de explicação provisória, até e enquanto não se conheçam as *verae causae*; ou como nome de um procedimento de explicação ou descrição que renuncia a conhecer "causas reais", ou como nome de um procedimento que consiste em formular teorias ou hipóteses sobre "causas reais" de modo que, uma vez verificadas, ou não falseadas, permitam "salvar" (explicar) os fenômenos justa e precisamente por meio das teorias ou hipóteses propostas. A citada passagem de Simplício contém *in nuce* essas possibilidades de interpretação. Na epistemologia e na filosofia da ciência discutiu-se freqüentemente como devem ser concebidas as teorias ou hipóteses: como explicações "reais" ou de "causas verdadeiras"; como modelos representativos; como modelos matemáticos; como convenções; como teorias fenomenológicas, etc. Essas discussões não são alheias ao tipo de problema levantado por Simplício.

O que se chamou na Idade Média *salvare phaenomena* e *salvare apparientias* foi interpretado, em geral, no primeiro dos sentidos indicados. O sistema ptolomaico constituía um modelo de "salvação das aparências". Na época moderna, e dada a importância que adquiriu a hipótese (VER) formulada em termos matemáticos, pôde-se considerar que a missão da ciência natural era justamente "salvar as aparências". Alguns filósofos, como os neokantianos da Escola de Marburgo (VER), fizeram do "salvar as aparências" o princípio fundamental da ciência natural, especialmente da física matemática. Ademais (como aconteceu especialmente com Natorp), interpretaram a filosofica platônica como um esforço por "salvar as aparências". Ora, essa "salvação das aparências" por meio de hipóteses, modelos matemáticos etc. pode por sua vez ser interpretada de dois modos. Por um lado, pode-se considerar que é indiferente à hipótese, ao modelo etc. ser "verdadeiro" ou "falso"; as aparências se "salvam", pois, por meio de "convenções" que são aceitas justamente na medida em que "salvam as aparências". Por outro lado, pode-se considerar que o fato de uma hipótese salvar efetivamente as aparências constitui uma prova da verdade da hipótese. No primeiro caso, tende-se a uma interpretação positivista, convencionalista etc., da "salvação das aparências"; no segundo caso, identifica-se "salvar as aparências" com uma explicação das *verae causae* de tais aparências ou fenômenos.

➔ Ver: Pierre Duhem, Σώζειν τὰ φαινόμενα. *Essai sur la notion de théorie physique de Platon à Galilée,* 1908. — O. Barfield, *Saving the Appearances. A Study in Idolatry,* 1957. — Jürgen Mittelstrass, *Die Rettung der Phänomene. Ursprung und Geschichte eines antiken Forschungsprinzips,* 1962. — B. C. van Fraassen, "To Save the Phenomena", *Journal of Philosophy,* 73 (1976), 623-632. — J. Mittelstrass, "Phaenomena bene fundata: from 'Saving the Appearances' to the Mechanisation of the World-picture", em R. R. Bolgar, ed., *Classical Influences on Western Thought A. D. 1650-1870,* 1978, pp. 39-59. — A. Pérez de Laborda, *¿Salvar lo real? Materiales para una filosofía de la ciencia,* 1983. — Nimio de Anquín cita um memorial de Giovanni Schiaparelli, "Le sfere omocentriche di Eudosso, di Calippo e di Aristotele", lido no Reale Istituto Lombardo em 1874 e publicado em 1877, reimp. em *Scritti sulla storia della astronomia antica,* Parte prima, t. II, 1926, pp. 1-112, comentando *in extenso* a passagem de Simplício. ⊂

SAMA-VEDA. Ver VEDA.

SAMARIN, IURII FEDOROVICH. Ver HEGELIANISMO.

SAMSĀRA. Já nas *Upanishad,* e em seguida em várias escolas da filosofia indiana (VER), apresenta-se a noção chamada *samsāra.* Este termo designa a fluência interminável do viver, que suscita os desejos e as paixões e impede ao homem tornar-se eterno e contemplar sem os véus da aparência o *Brahman* absoluto. *Samsāra* quer dizer, portanto, uma inquietação constante, uma perturbação permanente, geradas pelo apego às coisas e das quais a filosofia pode curar-nos quando a concebemos como um caminho para alcançar a *mokṣa* (VER) ou libertação. Os modos de superar a *samsāra* são vários; entre eles se destaca a purificação, o desprendimento dos bens e o autocontrole. No budismo, *samsāra* designa a ação — própria da vida que continua apegada ao mundo —, da qual também é preciso libertar-se junto com outras paixões ou modos de existência, tais como a ignorância, a consciência, a sensação, o desejo, a reencarnação constante etc.

SANÇÃO. Chama-se "sanção" a confirmação de uma lei ou de uma norma; a aprovação de um ato, de um costume, etc.; a pena ou recompensa que se sucedem à infração ou ao cumprimento de uma lei, de uma norma etc. As sanções podem adotar várias formas retributivas — castigo ou recompensa por um ato independentemente de tal castigo ou recompensa restabelecer uma situação alterada pelo ato — e restitutivas — castigo ou recompensa por um ato com o fim de restabelecer a situação alterada pelo ato.

Na filosofia, usa-se 'sanção' sobretudo em sentido ético. Dentro deste sentido se distinguiu às vezes uma sanção interna e uma sanção externa. A sanção interna é a que ocorre sem necessidade de ser proclamada de fora por uma autoridade. Semelhante sanção interna tem um paralelo na sanção divina na medida em que é, como às vezes foi dito, "um juízo interior do coração", mas é concebida como uma sanção autônoma e não heterônoma. Este tipo de sanção pode afetar não somente os atos, mas também as intenções. A sanção externa é a que resulta de um juízo. Esta sanção se refere aos atos e não às intenções.

A discussão sobre o problema da sanção ocorreu sobretudo em torno do papel desempenhado por ela na ação moral do homem: enquanto uns afirmam que a sanção — seja natural ou normal, interna ou divina — é necessária como explicação ou, de maneira mais geral, como restabelecimento de uma ordem alterada, outros afirmam que a sanção tem de ser apenas um aviso para evitar ulteriores ataques contra a ordem moral estabelecida. A sanção está deste modo na base de toda religião e de toda moral, mas também, sob diversas formas, na base de toda ordem social. Guyau critica, no entanto, a idéia de sanção, e em seu propósito de fundar uma moral sem obrigação nem sanção, isto é, uma moral que no seu entender não esteja contaminada por uma ilegítima transposição da ordem moral à ordem sensível, assinala que o caráter sagrado de uma lei implica precisamente a necessidade de que não se apresente armada com possibilidades de castigo. Assim, diz Guyau, "toda justiça propriamente *penal* é injusta; mais ainda, toda justiça *distributiva* possui um caráter exclusivamente social e não pode justificar-se senão do ponto de vista da sociedade; de maneira geral, o que chamamos *justiça* é uma noção inteiramente humana e relativa; só a *caridade* ou a *piedade* (sem a significação pessimista que lhe atribui Schopenhauer) é uma idéia verdadeiramente universal, que nada pode limitar nem restringir" (*Esquisse d'une morale sans obligation ni sanction*, III, 1).

SANCHES, FRANCISCO (1551-1623). Nascido em Braga (Portugal), ensinou medicina em Montpellier e atuou como médico em Toulouse (onde também ensinou entre 1579 e 1581). Sua orientação filosófica é característica do período em que, encerrada a crise do Renascimento, se inaugura a época moderna: adversário do aristotelismo e de toda autoridade da ciência, Sanches propugna um exame direto das coisas, mas um exame que não admita tampouco tudo o que é dado aos sentidos, mas que procure submeter os dados da experiência à análise e crítica do juízo. A experiência e o juízo são para Sanches as únicas possibilidades de conhecimento e, na realidade, de um conhecimento imperfeito, pois alcançam unicamente os acidentes, não as essências. Mas ainda neste caso não devem ser rejeitados, pois constituem o único acesso à única realidade cognoscível, isto é, ao mundo externo, cuja limitação torna factível precisamente seu conhecimento. Apesar de começar a reflexão com a dúvida, Sanches converte sua crítica do conhecimento em uma tentativa de alcançar, como Descartes, após o processo dubitativo, uma verdade irremovível; a filosofia de Sanches se detém no probabilismo, que supera o ceticismo radical, mas que não chega a um critério de verdade nem sequer para o mundo dos sentidos. A união da experiência com o juízo ou a crítica são assim um recurso momentâneo, mas não um caminho absolutamente seguro. A obra de Sanches talvez não seja uma antecipação da cartesiana, na qual o método é achado, mas sim uma preparação para a mesma; a exigência do método se precisa, com efeito, de um modo terminante após toda redução do conhecimento a uma mera probabilidade. O que dissemos de Sanches foi confirmado por um dos melhores conhecedores do filósofo: Joaquim de Carvalho. Segundo Carvalho, de fato, não se pode considerar Francisco Sanches simplesmente como um cético, pois a oposição às teses escolásticas e, em particular, a hostilidade à doutrina escolástica das *quidditates* deviam servir para a instauração de uma nova filosofia de tendência nominalista e empirista.

➲ Obras: a obra principal (ou mais conhecida) de Francisco Sanches é o tratado intitulado *Quod nihil scitur (Que nada se sabe)*, publicado em Lyon, 1581. Segunda ed. com o título: *De multum nobili et prima universali scientia. Quod nihil scitur*, publicada em Frankfurt, 1618; 3ª ed., Toulouse, 1636; 4ª ed., Rotterdam, 1649; 5ª ed., Stettin, 1665. Para uma 6ª ed. foi preciso esperar até o século XIX. — Outros escritos filosóficos de Sanches: *De longitudine et brevitate vitae: In librum Aristotelis Physiognomicum Commentarius; De divinatione per somnum*.

Edição crítica das obras mencionadas (mais o *Carmen de cometa* e *Ad Clauim Epistola*), por J. de Carvalho, no tomo *Opera philosophica* (Coimbra, 1955), que contém uma extensa "Introdução" do autor. — Ed. crítica de *Quod nihil scitur* (de 1581), 1984, por A. Comparot, com trad. fr. Tradução esp. do *Quod nihil scitur*, com prólogo de M. Menéndez y Pelayo: *Que nada se sabe* (Madrid, 1920), reimp. (Buenos Aires, 1944); nova ed. e trad. de S. Rábade *et al.*, 1984.

Ver: Ludwig Gerkrath, *F. S. Ein Beitrag zur Geschichte der philosophischen Bewegungen im Anfange der neueren Zeit*, 1860. — Cesare Giarretano, *Il pensiero di F. S.*, 1903. — E. Senchet, *Essai sur la méthode de F. S., professeur de philosophie et de médecine à l'Université de Toulouse*, 1904. — Joaquín Iriarte, *Kartesischer oder Sanchezischer Zweifel. Ein kritischer und philosophischer Vergleich zwischen dem Kartesichen* Discours de la méthode *und dem Sanchezischen* Quod nihil scitur, 1935 (tese). — A. da Rocha Brito, *F. S.*, 1940. — João Cruz Costa, *Ensaio sobre a vida e a obra do filósofo F. S.*, 1942. — Artur Moreira de Sá, *F. S., filósofo e matemático*, 2 vols., 1947. — VV.AA., *Revista Portuguesa de Filosofia*, tomo VII, n° 2, 1951, dedicado a F. S. — Joseph Moreau, "Doute et savoir chez F. S.", *Portugiesische Forschungen der Görresgesellschaft*, Erste Reihe, I Band (1960), 24-50. — Salvatore Miccolis, *F. S.*, 1965. — J. Moreau, "S., précartésien", *Revue de Philosophie Française*, 157 (1967), 264-270. — L. C. da Silva, "F. S. nas correntes do pensamento renascentino", *Revista Portuguesa de Filosofia*, 39 (1983), 229-241. — J. Faur, "F. S.'s Theory of Cognition and Vico's verum/factum", *New Vico Studies*, 5 (1987), 131-146. ↺

SÁNCHEZ DE LAS BROZAS, FRANCISCO, chamado "o Brocense" (1523-1601). Nascido em Brozas (Cáceres, Extremadura, Espanha), ensinou retórica no Colegio Trilingüe de Salamanca a partir de 1554. Em 1574 ganhou a cátedra em propriedade, aposentando-se em 1593. Processado pela Inquisição, foi repreendido pelo tribunal de Valladolid. Novamente denunciado, foi considerada herética a doutrina de sua breve obra sobre Porfírio. No final da vida, foi processado outra vez, mas faleceu antes da sentença ser pronunciada.

Sánchez de las Brozas deu testemunho de suas inclinações e conhecimentos enciclopédicos em suas traduções latinas, comentários e edições de poetas espanhóis e latinos, obras filosóficas sobre Epicuro e Porfírio, obras astronômicas e geográficas, escritos lógicos, filológicos, gramaticas e retóricos. Reformador de estudos clássicos e seguidor de Erasmo, reconhece-se hoje em Sánchez de las Brozas um gramático e filósofo da linguagem de idéias originais. O próprio Sánchez de las Brozas considerava a gramática como fundamento racional da dialética (lógica) e da retórica. Trata-se de uma gramática "filosófica", que estabelece os fundamentos racionais da linguagem. Sánchez de las Brozas critica a doutrina aristotélica das categorias e declara que devem ser considerados apenas o sujeito e o predicado. Estas são categorias gramaticais, prévias às (e fundamento das) noções lógicas. É possível, e desejável, segundo Sánchez de las Brozas, assentar regras básicas pensadas para explicar a estrutura das orações. Embora Sánchez de las Brozas leve em conta os usos lingüísticos, não considera que seja preciso admiti-los pelo mero fato de serem usos, isto é, "sem razão". Deste modo Sánchez de las Brozas desenvolve uma "teoria racional" da linguagem, que já se encontrava em gramáticos como Giulio Cesare Scagliero, mas que o Brocense fundamentou e refinou. O interesse de Sánchez de las Brozas em explicar as regras que tornam possíveis as orações "côngruas" ou "congruentes" (ou bem formadas) com base em sujeito e acidente (gramaticalmente, nome e verbo) é um interesse principalmente sintático, não em conflito com a lógica, mas racional e metodologicamente primário. Por isso se afirmou que "a sintaxe do Brocense é antecipação e ponto de partida reconhecido da *Grammaire générale et raisonnée* cartesiana" (Carlos-Peregrín Otero, *Introducción a la lingüística transformacional*, 1970; 2ª ed., 1973, 1.5, p. 32). Noam Chomsky lembra que os que praticaram a gramática filosófica, como os autores da Gramática de Port-Royal, não vacilaram em expressar sua dívida para com "figuras maiores da Gramática renascentista, como o erudito espanhol Sanctius" (*Language and Mind*, 1969, p. 15), que desenvolveu uma teoria da elipse como propriedade fundamental da linguagem. E embora esta teoria da elipse tivesse por objeto, ao que parece, a interpretação de textos, nem por isso é menos notável a semelhança entre os exemplos dados por Sánchez de las Brozas e os que se aduzem para desenvolver "a teoria da estrutura profunda e superficial, tanto na gramática clássica como em suas variantes modernas mais explícitas" (*op. cit.*, p. 16). Pode-se concluir que o racionalismo gramatical de Sánchez de las Brozas se afastava do "descritivismo" e do "taxonomismo" — para empregar o vocabulário atual — que caracterizaram o método de Antonio de Nebrija (1441-1522), criticado pelo Brocense.

↪ As doutrinas gramaticais de S. de las B. foram expostas em seu *Verae brevesque grammatices latinae institutiones, caeterae fallaces et prolixae* (1562) e desenvolvidas na obra fundamental *Minerva seu de causis linguae latinae* (1587), geralmente citada como *"a Minerva"* (reed. 1975). — Devemos também a S. de las B.: *De arte dicendi* (1569), *Organum dialecticum et rhetoricum, cunctis disciplinis utilissimum ac necessarium* (1579), *Grammaticae graecae compendium* (1581), *Paradoxa* (1585), *In dialectica erroribus scholae Dialecticae* (1588), o discutido (e denunciado) *De nonnullis Porphyirii, aliorumque in dialectica erroribus scholae dialecticae* (1588), *Arte para saber latín. Doctrina de Epicteto* (1600). Entre as obras astronômicas e geográficas figuram: *Declaración y uso del relox español* (1549), *Sphaera mundi, ex variis authoribus concinnata* (1579).

Edição de obras: *Francisci de Sanctii Brocensis, in inclyta Salmanticensi Academia emeriti, olim rhetorices et primarii latinae, graecaeque linguae doctoris, Ope-*

ra Omnia, 4 vols., 1766 (não inclui a *Minerva*), ed. Gregorio Mayáns y Siscar. — *S. de las B.: Obras*, vol. I, *Ars dicendi. Organum dialecticum*, 1984; vol. II, *Poesia*, ed. trad. e notas por Avelina Carrera de la Red, 1985. Ver a "Vida de Francisco Sánchez de las Brozas" na ed. de Mayáns y Siscar cit. *supra*, tomo I. — Marquês de Morante, *Biografia del maestro S. el Brocense*, 1859; ed. fac., 1985. — Pedro Urbano de la Calle, *F. S. de las B. Su vida profesional y académica*, 1912. — Miguel de la Pinta Llorente e Antonio Tovar, *El proceso de F. S. de las B.* (s/d).

Existe, em Cáceres, Espanha, a Institución Cultural "El Brocense". Ͽ

SÁNCHEZ DE ZAVALA, VÍCTOR. Ver Praxiologia; Ilocucionário; Locucionário.

SÁNCHEZ MAZAS, MIGUEL (1925). Nascido em Peschiera del Garda (província de Verona, Itália), mudou-se para Madrid por volta de 1928. Seu interesse pela lógica, pela matemática, pela informática e pela filosofia da ciência levou-o a fundar, com Carlos París (ver), em 1952, a revista *Theoria*. Embora poucos números tenham sido publicados, foram suficientes para suscitar na Espanha um interesse considerável por uma filosofia voltada para as ciências. (Sob a direção do próprio Sánchez Mazas, a revista *Theoria* iniciou uma segunda fase em 1985). Por oposição ao regime espanhol, exilou-se na Suíça, onde se especializou em lógica matemática.

Devemos a Sánchez Mazas vários trabalhos de fundamentação da lógica. Sua obra mais importante, sobre o cálculo das normas, visa assentar as bases de um cálculo geral deôntico, que "resulta da combinação e integração de três cálculos parciais distintos" correspondentes a três esferas. Uma é a esfera normativa pura, na qual toda norma é considerada como suscetível de possuir dois valores — "normativamente (ou juridicamente) válido" e "normativamente (ou juridicamente) inválido" e na qual se estudam as relações de dependência, independência, compatibilidade e incompatibilidade normativas. A outra é a esfera fática pura ou esfera das ações. Os valores são: "executado" e "omitido" e se estudam as relações de dependência, independência, compatibilidade e incompatibilidade fáticas entre ações. A outra é a esfera deôntica geral ou "normativo-fáctica", onde se combinam as duas esferas anteriores, e os pertinentes cálculos, mediante fórmulas deônticas específicas do cálculo deôntico geral. As ações neste cálculo são "suscetíveis de adquirir um dos valores de um novo par: *obrigatória* e *proibida*, enquanto, por sua parte, as normas" são "suscetíveis de adquirir um dos valores de um novo par: *observada* (ou *cumprida*) e *violada* (ou *descumprida*)" (*Cálculo de las normas*, pp. 63-64). O cálculo das normas de Sánchez Mazas não é um mero programa, é realizado em detalhe; por outro lado, sua generalidade formal torna várias interpretações possíveis.

Sánchez Mazas julga que há uma analogia estreita entre os diferentes sistemas de modalidades, de modo que um tratamento das modalidades deônticas é útil para modalidades como as aléticas, existenciais, epistêmicas e outras. Sánchez Mazas constrói seus cálculos como sistemas formais que admitem modelos aritméticos. Seu cálculo deôntico, que é "utilizado segundo a interpretação que faz dele um cálculo jurídico", oferece, no seu entender, "a possibilidade de memorizar, numa linguagem universal — matemática —, não só os nomes das normas de qualquer país ou de alcance internacional, mas também da estrutura lógica dos sistemas normativos, o conteúdo essencial de cada norma e, finalmente, os nomes dos fatos e ações que têm uma significação jurídica, assim como suas relações fáticas recíprocas em qualquer caso (universo fático) particular" (*op. cit.*, p. 181).

Ͽ Obras: "La teoría del silogismo desarrollada en forma de álgebra", *Theoria* (1954), 95-109. — *Formalización de la lógica según la perspectiva de la comprehensión*, 1955. — *Fundamentos matemáticos de la lógica formal*, 1963. — "Cálculo aritmético de las proposiciones", *Teorema*, I (1973), 63-92. — *Cálculo de las normas*, 1973. — "Traduction arithmétique des graphes et des relations binaires et applications logiques et informatiques". Curso de fevereiro-março de 1981 na Université de Neuchâtel, publicado na série *Travaux du Centre de Recherches Sémiologiques*, n° 37, junho de 1981. — *El formalismo y el problema de los fundamentos de la ciencia*, 1982. Ͽ

SÁNCHEZ REULET, ANÍBAL (1910). Nascido em Azul (Argentina), foi professor na Universidade de Tucumán. Transferindo-se para os Estados Unidos com uma bolsa Guggenheim, trabalhou na União Pan-americana e foi durante muitos anos professor na Universidade da Califórnia. Sánchez Reulet trabalhou sobre o pensamento filosófico de vários autores — Husserl, Nicolai Hartmann, Emil Lask (cf. sua monografia *E. Lask y el problema de las categorías filosóficas*, 1942) — assim como sobre o problema da natureza da filosofia (*Raíz y destino de la filosofía*, 1942). Seguindo em parte os ensinamentos de Francisco Romero, Sánchez Reulet destacou a importância do movimento de transcendência (ver) da existência humana. Esta se encontra, segundo Sánchez Reulet, arraigada na história, mas ao mesmo tempo aspira a transcender as condições históricas, especialmente por meio da afirmação da liberdade e dos juízos de valor objetivos. A filosofia é essencialmente para Sánchez Reulet história da filosofia, mas uma história concebida filosoficamente, que traz em si mesma as condições de seu desenvolvimento. Isso não ocorre, porém, ao modo de Hegel, como um desdobramento de uma "idéia" previamente dada, mas de um modo "livre". A história tem um sentido e uma estrutura, mas é a sua própria, não a de um esquema lógico-metafísico.

Sánchez Reulet ocupou-se também de filosofia latino-americana (cf. sua antologia anotada: *La filosofía latinoamericana contemporánea*, 1949, e o texto inglês: *Contemporary Latin American Philosophy*, 1954).

◐ Além das obras mencionadas, S. R. é autor de inúmeros artigos; destacamos: "Panorama de las ideas filosóficas en Hispanoamérica", *Tierra Firme* (Madrid), ano 2 (1936), 181-209. — "El pensamiento de Ortega y Gasset", *Cursos y conferencias,* ano VI, n°s 3, 6, 7-8, 9-10 (junho de 1937 a janeiro de 1938), 329-338, 609-617, 775-783, 1007-1018. — "Sobre juicios analíticos y sintéticos", *Humanidades*, 26 (1938), 407-415. — "Emil Lask y el problema de las categorías filosóficas", *Universidad*, 11 (1942). — "Ser, valor y existencia", *Filosofía y Letras* (México), n° 28 (1947). — "Crisis de la idea del hombre en la filosofía contemporánea", *La Torre*, n° 4 (1953), 119-130. — "Unamuno's Other Spain", em José Rubia Barcia, M. A. Zeitlined, eds., *Unamuno: Creator and Creation*, 1967, pp. 188-202. ◐

SÁNCHEZ VÁZQUEZ, ADOLFO (1915). Nascido em Algeciras (Cádiz, Espanha), estudou na Universidade (na época chamada "Central") de Madrid, emigrou em 1939 para o México e estudou na Universidade Nacional Autônoma do México, doutorando-se em 1966. Foi professor titular de filosofia contemporânea, estética e ética nessa Universidade. Sánchez Vázquez chegou à filosofia por uma "prática" — a "prática literária" ou "poética" — e se interessou depois pelo marxismo, ainda que por um marxismo aberto, renovador e crítico e não dogmático. Dentro desse amplo quadro trabalhou sobretudo em questões éticas e estéticas. Contra toda concepção fechada ou normativa da experiência estética e da arte, propugnou uma teoria que permita dar razão de toda relação estética do homem com a realidade. A arte é, segundo Sánchez Vázquez, uma forma específica da *praxis* ou trabalho artístico; o fundamento da relação estética é o trabalho humano. O princípio da socialização da criação artística permite admitir a "obra aberta", em que se rompe a relação tradicional entre "produtor" e "consumidor" de arte. Na ética, Sánchez Vázquez se opõe igualmente ao normativismo, incluindo o de alguns marxistas. A ética é uma teoria ou ciência do comportamento moral dos homens em sociedade. Os juízos morais fazem parte do fato moral. A teoria da moral não deve ser confundida com nenhum código de normas ou com a moral enquanto cai sob a esfera prática do ideológico, mas isso não equivale a sustentar que seja preciso aderir a um impossível neutralismo ideológico. A ética é um tratamento científico de um fato real, prático, no qual estão incluídos elementos ideológicos. Embora não haja moral científica, há um conhecimento científico da moral.

A ampla concepção que Sánchez Vázquez tem do marxismo lhe permite tomar a prática como a dobradiça em que ele se articula em sua tripla dimensão de crítica, projeto de transformação e conhecimento. Sánchez Vázquez rejeita toda interpretação unilateral do marxismo, como o teoreticismo de Althusser, os aspectos puramente "existenciais" ou os meramente político-práticos. Rejeita também o utopismo ou aventureirismo na atividade revolucionária e a teoria do marxismo como saber à parte que tenta impor-se sobre a prática. O marxismo de Sánchez Vázquez pode ser definido, em suas próprias palavras, como "um marxismo vivo, antidogmático, que procura conjugar os três aspectos (...) essenciais que há nele: o marxismo como crítica, projeto de transformação do mundo e conhecimento. Esse marxismo se separa, portanto, de outras interpretações que esquecem ou relegam a um segundo plano um ou outro dos aspectos" assinalados.

◐ Obras: *Las ideas estéticas de Marx,* 1965. — *Filosofía de la praxis*, 1967; 2ª ed., 1972. — *Ética*, 1969; 5ª ed., 1992. — *Rousseau en México (La filosofía de Rousseau y la ideología de la independencia)*, 1969. — *Estética y marxismo,* 2 vols., 1970. — *Antología. Textos de estética y teoría del arte,* 1972. — *Del socialismo científico al socialismo utópico*, 1975.

Entre os ensaios de S. V. mencionamos: "Ideas estéticas en los 'Manuscritos económico-filosóficos' de Marx", *Dianoia* (1961), 236-258. — *Estructuralismo e historia*, 1970 (separata). "Socialisation de la création ou mort de l'art", em *L'homme et la société*, n° 26 (1972), 69-81. — "El teoreticismo de Althusser", *Cuadernos políticos*, n° 3 (1975), 82-99. — "La ideología de la 'neutralidad ideológica' en las ciencias sociales", em Vários autores, *La filosofía y las ciencias sociales,* 1976, pp. 287-313. — *Ciencia y revolución. El marxismo de Althusser,* 1978. — *El pulso ardiendo*, 1980. — *Filosofía y economía en el joven Marx (Los manuscritos de 1844)*, 1982. — *Ensayos marxistas sobre filosofía e ideología*, 1983. — *Escritos de política y filosofía*, 1987. ◐

ŚANKARA. Ver Vedanta.

SĀNKHYA é o nome que recebe um dos seis sistemas (ver Darśana) ortodoxos *(astika)* da filosofia indiana (ver). Sua fundação é atribuída a Kapila, os textos básicos são o *Sānkhya-kārika*, de Īśvarakṛsna, e os chamados *Tattva-samāsa* e *Sānkhya-pravacana-sūtra*, de Kapila, mas o sistema foi elaborado no curso dos séculos por muitos autores: Āsuri, Pañcaśikha, Guaḍapāda, Vācaspati, Vijñanabhiksu, etc. A partir de certa época, o sistema *Sānkhya* foi combinado ecleticamente com o sistema *Yoga* (ver), sendo muito comum apresentá-los conjuntamente sob o nome de *Sānkhya-Yoga*. Nós nos ateremos aqui unicamente ao sistema *Sānkhya*.

O termo *Sānkhya* foi traduzido às vezes por 'número' ou 'enumeração' — por referir-se à enumeração dos diversos graus da realidade — e às vezes por 'raciocínio'; 'conhecimento perfeito'. O ponto de vista do sistema encontra-se próximo ao que na filosofia ocidental se designaria como metafísica cosmológica (uma metafísica dualista e coroada pelo propósito da libertação [ver MOKṢA] característico de quase toda a filosofia indiana). A base do sistema é a distinção entre os elementos designados com os nomes de *prakriti* (VER) (O *prakirti*) e *puruṣa*. Costuma-se traduzir o primeiro por 'matéria' e o segundo por 'alma' ou por 'espírito', mas trata-se de versões apenas aproximadas. *Prakriti* designa um fundamento ou causa última de toda a realidade, com exceção do Eu. O *prakriti* é, pois, uma espécie de absoluto auto-subsistente, independente (e do qual dependem as citadas realidades). O *prakriti* contém, ademais, essas realidades como que em potência, de modo que sua produção é como que um desenvolvimento. O *prakriti* é eterno e inconsciente e, é claro, incausado. Não é, entretanto, totalmente indiferenciado. Três elementos *(guṇas)* o constituem. Todos eles são *prakriti*, o qual pode conceber-se então como a unidade (em perpétuo conflito interno) e o equilíbrio deles. As imagens que permitem compreender esses três elementos são: a luz como princípio da expansão (para cima), a dor, como princípio de atividade, e o peso como princípio da estabilidade e da contenção. Os elementos em questão estão em contínua mudança. Quanto a *puruṣa*, designa o Eu, independente de *prakriti*, não causado por ele e automanifesto. *Puruṣa* é também uma realidade eterna, mas consciente; ao contrário de *prakriti*, por outro lado, *puruṣa* é essencialmente pluralidade. Ora, a independência mútua de *puruṣa* e *prakriti* não significa, segundo o sistema *Sânkhya*, que não haja relação entre eles. De fato, *prakriti* não poderia gerar os objetos do mundo sem *puruṣa*; a realidade é gerada pelo contato do primeiro com a segunda. Ao estabelecer-se este contato com *puruṣa* — que desempenha o papel de elemento ativador mas ele mesmo inativo, à maneira de um primeiro motor (VER) aristotélico —, os três elementos de *prakriti* modificam seu equilíbrio. Começa, então, a produção das coisas mediante uma evolução que se manifesta em múltiplos graus de ser ou manifestações. Não há acordo entre os partidários do sistema acerca do número e ordem seguido por estas manifestações; muito comum, porém, é a opinião que as estabelece em número de vinte e cinco; incluindo, como primeira delas, o *prakriti*.

O sistema *Sânkhya* foi freqüentemente qualificado de sistema evolucionista e até mesmo de evolucionista-materialista, mas é mais que provável que estes epítetos — que têm seu posto dentro do pensamento ocidental moderno — careçam de sentido ao referir-se a uma escola da filosofia indiana. O sistema *Sânkhya* também foi qualificado de sistema ateu. Observemos, no entanto, que os próprios comentadores indianos admitem duas possibilidades: a afirmação de ateísmo ou, melhor, antiteísmo *(Nirîśvara-sânkhya)* e a afirmação de teísmo *(Seśvara-sânkhya)*. De qualquer modo, neste último caso a divindade é concebida mais como uma testemunha do universo que como um princípio de produção do mesmo.

➲ Ver a bibliografia de FILOSOFIA INDIANA. E também: Richard von Garbe, *Die Sâmkya Philosophie. Eine Darstellung des indischen Rationalismus*, 1894; 2ª ed., 1917. — A. B. Keith, *Samkhya System*, 1926. — Arima Sem Gupta, *The Evolution of the Sankhya School of Thought*, 1959. — Id., *Essays on Sankhya and Other Systems of Indian Philosophy*, 1964. — Id., *Classical Sankhya: A Critical Study*, 1969, ed. Mon Chen; 2ª ed., 1982. — G. J. Larson, *Classical Sankhya: An Interpretation of Its History of Meaning*, 1969 (tese). — Id., *Classical S.*, 1979. — Id., R. S. Bhattacharya, eds., *Classical S. A Dualist Tradition of Indian Philosophy*. 1987. ⊂

SANSEVERINO, GAETANO (1811-1865). Nascido em Nápoles. Ordenado sacerdote em 1834, foi nomeado em 1851 professor de filosofia moral na Universidade de Nápoles. Por seus ensinamentos e por meio da revista *Scienza e fede* (fundada em 1840) e pela "Academia di filosofia tomista" (fundada em 1846), Sanseverino prosseguiu a renovação do neotomismo a que nos referimos no verbete NEOTOMISMO, sendo considerado um dos "príncipes" da *rinascita* tomista italiana. Esta *rinascita* não consistia simplesmente numa repetição do pensamento de Santo Tomás, mas num esforço de reformular o pensamento tomista em vista dos desenvolvimentos da filosofia moderna e com base num exame crítico desses desenvolvimentos. Sanseverino teve em Nápoles vários discípulos e colaboradores, que formaram a chamada "escola napolitana neotomista".

➲ Obras: Sanseverino publicou vários artigos na revista *Scienza e fede*, como "Del razionalismo teologico dei più celebri filosofi tedeschi e francesi da Kant insino ai nostri giorni" (1843-1848) e "I principali sistemi della filosofia del criterio discussi colle dottrine dei ss. Padri e dei Dottori del medio evo" (1845-1847). Este último artigo — ou, melhor, série de artigos — foi reimp. em livro, 1853; 2ª ed., 1858. — Além disso, Sanseverino é autor de: *Institutiones logicae et metaphysicae: Logicae, pars I et II*, 1854. — *Philosophia christiana cum antiqua et nova comparata*, 7 vols. [dos 15 projetados], vols. I-V, 1862; vol. VI, 1886, e VII, 1878 [póstumos]. — *Elementa philosophiae christianae*, 3 vols, I e II, 1864-1865; III, parte 1, 1868, e III, parte 2, 1870 [póstumos].

Ver bibliografia de NEOTOMISMO (obras sobre as origens do neotomismo na Itália). Também: P. Naddeo, *Le origini del neo-tomismo e la scuola napoletana di G. S.*, 1940. — VV. AA., *G. S. nel primo centenario della morte*, 1965. — P. Orlando, *Il tomismo a Napoli nel sec. XIX. La scuola del S., I: Fonti e documenti*, 1968 [Studi e ricerche sulla rinascita del tomismo, 5]. — Id., "Problema Critico-Gnoseologico in G. S.", *Aquinas*, 11 (1968). ⊂

SANTAYANA, GEORGE (1863-1952). Nascido em Madrid. Filho de funcionário espanhol destacado nas Filipinas, transferiu-se para Boston aos 9 anos de idade para juntar-se à mãe. Estudou na Universidade de Harvard e em Berlim (com Friedrich Paulsen [VER]), passando também algum tempo na Universidade de Cambridge. De regresso a Boston, ensinou filosofia em Harvard na época de William James e Royce (e ocasionalmente de Peirce), mas se retirou do ensino em 1912, e depois de passar alguns anos em vários países, transferiu-se para Roma, onde viveu até a morte. Santayana visitou periodicamente a Espanha, residindo então quase sempre em Ávila.

Os diversos meios em que viveu e que conheceu — descritos na *Breve história de minhas opiniões* e dos quais também se encontram algumas pinceladas vigorosas em *O último puritano* — transparecem em seu pensamento filosófico, não como influências, mas, como o próprio Santayana sublinhou, como ambientes. A primeira expressão de tal diversidade é a contraposição de sua origem hispânica e de sua educação saxônica, oposição que Santayana quis levar a certo equilíbrio ao assinalar sua intenção de dizer em inglês o maior número possível de coisas não-inglesas. O caráter não-sistemático que a filosofia de Santayana assumiu no começo experimentou a seguir certa transformação, porém mais no sentido da ordenação intelectual que no do sistema propriamente dito. Tal ordenação é, de fato, resultado de uma síntese de opiniões e não derivação conceitual de uma única idéia ou experiência metafísica. Santayana criticou com freqüência o afã de unidade e de identificação que triunfa em quase toda a história da filosofia e contrapôs a ele a maior riqueza do diverso; sua filosofia poderia ser, de certo modo, um pluralismo. O que domina, a rigor, todo o seu pensamento é uma atitude ao mesmo tempo moral e estética que lhe permite contemplar o universo com o único afã de encontrar nele a verdade desnudada e com a convicção de que essa verdade é suficientemente rica e bela para cumular toda nostalgia humana. A não-filiação de Santayana a um dogma filosófico ou religioso não significa, porém, que esteja disposto a atirar-se nos braços da ciência como única interpretação válida do universo. Pelo contrário, a ciência é, como a filosofia e a religião, um repertório de símbolos que nos tornam acessível a realidade sem penetrá-la. É verdade que parece haver um primado da ciência e um certo viés materialista e determinista em seu pensamento, mas essa indubitável preferência não significa negação de outras realidades e sim comprovação da maior firmeza que, no seu entender, o edifício científico parece possuir em relação a outros. Santayana rejeita energicamente toda pretensão filosófica a uma verdade absoluta ou a uma primeira proposição apodítica; seu afastamento do idealismo moderno coincide assim com quase todas as correntes realistas contemporâneas, particularmente com as da filosofia anglo-norte-americana. Mas Santayana não é um mero realista. O que está na base de seu pensamento é uma simples e ao mesmo tempo decidida afirmação pré-lógica do real, uma postura afirmativa ante o mundo que deseja libertar-se de todo ídolo, que anseia desnudar-se, mas não para conseguir uma base conceitual absolutamente firme sobre a qual edificar um sistema. Só a partir desta particular atitude afirmativa se pode falar de uma articulação de verdades parciais num conjunto orgânico. O próprio Santayana, que resumiu freqüentemente suas opiniões, procedeu a sintetizá-las em todas as disciplinas tradicionais da filosofia (ver HIERARQUIA). Continuou sustentando um "materialismo" que não é dogmático, mas que é o único que pode justificar a ação e a ciência, materialismo que não exclui nem o espírito nem o mundo ideal, mas que, ao contrário, os torna, por assim dizer, consistentes. O "reino da essência" não se sobrepõe ao "reino da matéria" como um grau ontológico se instala sobre outro; as essências — que compreendem tanto as formas intelectuais como as sensíveis — constituem uma linguagem que enuncia algo acerca do que é que se reduz, no fundo, a uma experiência do real. As essências — heterogêneas à realidade — não conhecem propriamente, antes ordenam. A unilateral acentuação da essência frente à existência faz brotar o idealismo, mas o desconhecimento da essência faz do universo uma série de existências desarticuladas. A ciência, que parece defender um materialismo inimigo da essência, é, pelo contrário, a mais clara demonstração de que a essência, manifestada no fato da previsão, é um dos elementos fundamentais do reino do ser. Os estudos que Santayana dedicou aos reinos do espírito e da verdade confirmaram essas concepções: o espírito é o mundo da liberdade de expressão, que possibilita a vida livre; a verdade é primariamente verdade absoluta, mas o absoluto da verdade é inatingível, pois a vida permite apenas a descoberta de uma perspectiva parcial. A filosofia última de Santayana, cujo método de acesso à realidade é essa "fé animal" tão parecida com a razão prática, não desmente assim suas primitivas meditações e confirma uma atitude invariável, cujo fundo é ao mesmo tempo estóico e platônico. Seu pensamento está penetrado de ponta a ponta por uma confiada resignação que o faz olhar a verdade face a face, sem ilusão, mas sem fraqueza. Pois, como diz ele, dando ao termo um significado de distância intelectual, de desinteresse contemplativo, "devemos seguir essa batalha, mas com desapego".

➲ Principais obras: *The Sense of Beauty, Being the Outlines of Aesthetic Theory,* 1896; reed. 1988, por W. G. Holzberger e H. J. Saatkamp. — *Interpretations of Poetry and Religion,* 1900. — *The Life of Reason, or the Phases of Human Progress* (I. *Reason in Common Sense*; II. *Reason in Society*; III. *Reason in Religion*; IV. *Reason in Art*; V. *Reason in Science*), 5 vols., 1905-1906. — *Three Philosophical Poets,* 1910. — *Winds of Doctrine,* 1913. — *Egotism in German Philosophy,* 1915. — *Character and Opinion in the United States,* 1920;

reed. 1991. — *Soliloquies in England*, 1922. — *Scepticism and Animal Faith*, 1923. — *Dialogues in Limbo*, 1925; 2ª ed., 1948. — *Platonism and the Spiritual Life*, 1927. — *The Realm of Essence*, 1928. — *The Realm of Matter*, 1930. — *The Realm of Truth*, 1937. — *The Realm of Spirit*, 1940 (publicados em seguida os quatro num só volume: *The Realms of Being*, 1942). — *Some Turns of Thought in Modern Philosophy, Five Essays*, 1943. — *The Idea of Christ in the Gospels: or God in Man*, 1946. — *Dominations and Powers: Reflections on Liberty, Society and Government*, 1951. — *The Poet's Testament*, 1953 (poemas). O primeiro livro de Santayana foi também um livro de poemas: *Sonnets and Other Verses*, 1894.

Autobiografia: I. *Persons and Places; the Background of my Life*, 1942; II. *The Middle Span*, 1946. — Indicações biográficas se acham também em seu romance: *The Last Puritan. A Memoir in Form of a Novel*, 1935.

Obras póstumas: *The Idler and His Works, and Other Essays*, 1957, ed. Daniel Cory [coletânea de artigos publicados entre 1892 e 1955 e três inéditos]. — *Animal Faith and Spiritual Life: Previously Unpublished and Uncollected Writings by G. S. with Critical Essays on His Thought*, 1967, ed. John Lachs. — *The Genteel Tradition*, 1967, ed. Douglas L. Wilson [9 ensaios reunidos pela primeira vez]. — *The Birth of Reason, and Other Essays*, 1968, ed. Daniel Cory [22 ensaios e um poema inédito, 1912-1950]. — *Physical Order and Moral Liberty: Previously Unpublished Essays*, 1969, ed. John e Shirley Lachs. — *Lotze's System of Philosophy*, 1971 [tese de doutoramento de G. S. em 1889, ed., com introdução e bibliografia de Lotze, por G. P. Kuntz].

Correspondência: *The Letters of G. S.*, 1955, ed. Daniel Cory. — Ver também Daniel Cory, S., *The Later Years: A Portrait with Letters*, 1963.

Edição de obras: *The Works of S.*, 15 vols., 1936-1940.

Bibliografia: C. S. Escudero, "Bibliografía general de J. S.", *Miscelánea Comillas*, 75 (1966), 155-310. — H. J. Saatkamp, J. Jones, eds., *G. S.: A Bibliographical Checklist 1880-1980*, 1982.

Ver: Van Meter Ames, *Proust and S.: The Aesthetic Way of Life*, 1937, reimp., 1964. — George Washburne Howgate, *G. S.*, 1939 (tese). — M. K. Munitz, *The Moral Philosophy of S.*, 1939. — B. Brownell, Sullivan Hartshorne, Price, Russell et al., *The Philosophy of G. S.*, 1940, ed. P. A. Schilpp (com bibliografia); 2ª ed., 1953, ed. I. Edman. — Raimundo Lida, *Belleza, arte y poesía en la estética de S.*, 1943. — J. Duron, *La pensée de G. S.*, 1950. — Luis Farré, *Vida y pensamiento de J. S.*, 1954. — N. Bosco, *Il realismo critico de G. S.*, 1955. — W. E. Arnett, *S. and the Sense of Beauty*, 1955. — Id., *G. S.*, 1968. — R. Butler, O. P., *The Mind of S.*, 1955. — Número especial dedicado a S. de *Journal of Philosophy*, 61 (1964), 5-69. — Jerome Ashmore, *S.: Art and Aesthetics*, 1966. — Timothy L. S. Sprigge, *S.: An Examination of His Philosophy*, 1974. — L. Hughson, *Thresholds of Reality: G. S. and Modernist Poetics*, 1977. — G. MacCormick, *G. S.*, 1987. — J. Lachs, *G. S.*, 1988. — A. Woodward, *Living in the Eternal: A Study of G. S.*, 1988. — I. Izuzquiza, *G. S. y la ironía de la materia*, 1989. — K. M. Price, R. C. Leitz, eds., *Critical Essays on G. S.*, 1991. — H. S. Levinson, S., *Pragmatism and the Spiritual Life*, 1991. **C**

SANTO. O termo grego ἄγιος e o vocábulo latino *sanctus*, traduzidos por 'santo', designavam um recinto consagrado aos deuses e ao culto. O reservado aos deuses era chamado ἱερός, *sacrum*, sagrado. O recinto no qual os deuses eram venerados chamava-se *fanum*. Antes dele havia um recinto *profanum*, "profano".

Há uma relação estreita entre santidade e divindade. É certo que se pode entender o santo também como o que está sancionado ("santificado") por alguma lei, e que esta pode ser uma lei humana. Em todo caso, fala-se às vezes da "santidade da lei". Mas ainda assim se supõe que a sanção (ou "santificação") tem sua origem na divindade.

Segundo Kant, a santidade é a completa conformidade com a lei moral. No estado de santidade não há possibilidade de infringir a lei moral pela própria natureza da vontade e não em virtude de qualquer esforço realizado com o fim de ser moralmente bom.

Kant indicava que a santidade de Deus não é igual à santidade da lei moral; nesta, ao contrário daquela, há um dever (VER).

A noção do santo foi investigada por Rudolf Otto como uma categoria especial: a categoria do "numinoso". Trata-se de uma categoria exclusivamente religiosa, distinta de qualquer outra, incluindo as que se apresentam no domínio moral e as que resultam da elevação a uma potência infinita dos valores positivos superiores. O numinoso não pode ser definido, nem sequer mostrado diretamente, mas unicamente suscitado e sugerido. No processo de sua descrição, percebem-se elementos muito diversos que permitem uma elucidação aproximada, embora nunca exaustiva. Assim, a categoria do numinoso, tal como aparece em todas as religiões "como seu fundo e medula", oferece os caracteres do misterioso e do tremendo, do perverso e do majestoso, do venerável e do fascinante, do solene, do enorme, do sublime e do absoluto. O numinoso contém para a compreensão racional estrita contradições evidentes, postas sobretudo em destaque na simultaneidade do horrível e do admirável, mas indubitavelmente existentes nessa categoria que só convém, naturalmente, à divindade (cf. *Das Heilige*, 1917, especialmente capítulos II e III). Na linguagem de Scheler, o santo é o supremo dos valores espirituais, porque "todos os demais valores são dados por sua vez como símbolos seus", mas essa santidade corresponde então não só à suprema pessoa de Deus, mas a toda pessoa *qua* pessoa. O conceito do santo pode cindir-se, por conseguinte, não só num aspecto ético e em outro religioso, mas, além disso, este último assume caracteres distintos quando se refere à santidade de Deus ou à do homem ou de um portador de valores espirituais. A esta última espécie de santidade, mais que à do numinoso propriamente dito, se referiu William James quando indicou que a santidade é o "nome coletivo dos frutos maduros da religião" e que o "caráter santo é o caráter pelo qual as emoções espirituais constituem o centro habitual da energia pessoal". Assim, a santidade universal, própria de todas as religiões, oferece, segundo James, os seguintes traços: 1) sentimento de encontrar-se numa vida mais ampla que a dos egoístas interesses mundanos, e convicção não só intelectual mas de certo modo sensível da existência de um poder ideal; 2) senso da continuidade propícia do poder ideal com nossa vida e submissão a ele; 3) imenso júbilo e liberdade; 4) elevação do centro emotivo rumo ao amor e às afeições harmoniosas (*The Varieties of Religious Experience*, Lect. XI, XII, XIII).

Ͻ Além da obra citada de R. Otto, ver seus *Aufsätze das Numinöse bettreffend*, 1923. — Ver também: A. J. Festugière, *La Sainteté*, 1942; 2ª ed., 1949. — J. Hessen, *Die Werte des Heiligen*, 1938. — H. Ringgren, *The Prophetical Conception of Holiness*, 1948. — B. Häring, *Das Heilige und das Gute. Religion und Sittlichkeit in ihrem gegeseitigen Bezug*, 1952. — P. B. Blanchard, *Sainteté d'aujourd'hui*, 1954 (sobre vários autores a propósito da santidade). — O. R. Jones, *The Concept of Holiness*, 1961. — Jörg Splett, *Die Rede vom Heiligen. Über ein religionsphilosophisches Grundwort*, 1971; 2ª ed., 1985. — F. David Martin, *Art and Religious Experience: The "Language" of the Sacred*, 1973. — H. Schmitz, *Das Göttliche und der Raum*, 1977. — J.-J. Wunenberger, *Le Sacré*, 1981. — L. Versenyi, *Holiness and Justice: An Interpretation of Plato's Euthyphro*, 1982. — J. A. Martin, *Beauty and Holiness: The Dialogue between Aesthetics and Religion*, 1990. C

SANTOS, DELFIM (1907-1966). Nascido no Porto (Portugal), estudou na Universidade do Porto e nas de Viena, Berlim, Londres e Cambridge. Doutorou-se na Universidade de Coimbra. "Leitor" em Oxford, passou ainda algum tempo em Berlim e em seguida retornou a Portugal, sendo encarregado de curso e depois, a partir de 1950, professor titular da Universidade de Lisboa.

Santos introduziu em Portugal as correntes européias contemporâneas, incluindo o positivismo lógico e o existencialismo. Adotou para com estes movimentos uma atitude ao mesmo tempo de aceitação e de crítica, pois os considerou necessários para o desenvolvimento da filosofia em Portugal e também julgou que era necessário corrigir suas falhas e seu caráter unilateral.

Ͻ Obras: *Situação valorativa do positivismo*, 1938. — *Da Filosofia*, 1939. — *Conhecimento e realidade*, 1940. — *Ideário contemporâneo*, 1941. — *Existencialismo*, 1943. — *Fundamentação existencial da pedagogia*, 1946. — *O pensamento filosófico em Portugal*, 1946. C

SANZ DEL RÍO, JULIÁN (1814-1869). Nascido em Torrearévalo (Soria), começou a interessar-se, já na juventude, pela filosofia alemã, especialmente pelo sistema de Krause através dos livros do discípulo deste, Heinrich Ahrens. Em 1841 propôs a criação na Universidade de Madrid de uma cátedra de filosofia do Direito: embora essa cátedra não tenha sido criada, foram criadas, dois anos depois, outras de filosofia, entre elas uma de história da filosofia, atribuída a nosso autor com a obrigação de estudar primeiramente na Alemanha. Sanz del Río se dirigiu àquele país, depois de ter travado conhecimento em Paris com Victor Cousin (cuja filosofia lhe pareceu superficial e excessivamente "política") e em Bruxelas com o já citado Ahrens. Na Alemanha (Heidelberg), propôs-se estudar a fundo o sistema de Krause; com o fim de preparar-se para isso entrou em contato, em Bruxelas, com dois discípulos do filósofo alemão, H. K. Freiherr von Leonhardi e Röder. De regresso à Espanha, em 1844, retirou-se para meditar em Illescas. Em 1854 ocupou a cátedra de história da filosofia em Madrid; em 1867 foi destituído por negar-se a assinar um juramento de fidelidade que considerava ilegal, sendo reposto em 1868, depois da revolução daquele ano.

A influência pessoal de Sanz del Río foi considerável não somente entre os estudantes, mas também entre pessoas maduras que viam em seus cursos, no entusiasmo com que propagava suas idéias e nos altos ideais éticos e intelectuais que difundia, uma oportunidade para a renovação tanto filosófica como moral e política da Espanha. Uma parte considerável da evolução universitária na Espanha até o início do século atual é, com efeito, explicável pela obra de Sanz del Río. No que se refere ao conteúdo de seus ensinamentos e de seus escritos, pode-se dizer que a base quase integral era constituída pelo sistema de Krause, mas com um constante esforço para adaptá-lo às necessidades das mentes espanholas da época. Muito embora Sanz del Río não descuidasse dos aspectos teóricos do sistema e, pelo contrário, considerasse que sem eles não era possível levar a cabo a renovação intelectual projetada, é óbvio que, como vimos no verbete KRAUSISMO, a influência exercida por Sanz del Río se deveu ao fato de que tal sistema foi, por assim dizer, "vivido" e que, por conseguinte, acabou por predominar seu aspecto "prático". Especialmente importante foi o sentido educativo do krausismo, dirigido à formação da personalidade moral e à união dos agrupamentos humanos com vistas à realização dos fins morais supremos, à tendência rumo à unidade suprema representada pela divindade. A idéia krausista da Humanidade como união da Natureza e do Espírito é especialmente enfatizada por Sanz del Río como a fonte que torna possível a visão da Humanidade racional unida na raiz comum do Bem. O órgão principal dessa visão é a filosofia que, ao afirmar a personalidade do homem e ao torná-lo consciente de sua própria atividade, lhe permite passar através de todas as circunstâncias externas rumo à racionalidade pura, que é simultaneamente liberdade e lei.

O pensamento de Sanz del Río foi desenvolvido e divulgado por numerosos discípulos, que trabalharam dentro de seu espírito sem submissão estrita aos princípios filosóficos. O mais significativo deles foi Francisco Galner de los Ríos (VER), que prolongou a influência krausista e a transformou numa filosofia da personalidade.

⊃ Obras: *Lecciones sobre el sistema de filosofía analítica de K. Ch. F. Krause*, 1849. — *Discurso inaugural del curso de 1857-1858*. — *La cuestión de la filosofía novísima*, 1860 (tese de doutorado). — *Lecciones sobre el sistema de la filosofía. Metafísica. Primera parte: Analítica*, 1869 (fragmento publicado no vol. IX da "Biblioteca Econômica Filosófica" com o título de "El idealismo absoluto"). — Ibidem, *Segunda parte. Sintética* (até agora inédita). — *Ideal de Humanidade para la Vida*, 1860; 2ª ed., 1871; 3ª ed., 1904. Esta última edição apareceu na "Biblioteca Econômica Filosófica" dirigida por Antonio Zozaya. Na mesma "Biblioteca" apareceu em 1883 uma seleção de textos de S. del Río, com o título "El Idealismo alemán" [informação proporcionada por Marisa Plaza, que prepara uma tese de doutorado sobre as traduções de obras de Krause por S. del Río]. — *Análisis del pensamiento racional* (editado por J. Caso, com notas tomadas do curso 1862-1863 e do curso de 1867), 1877. — Antologia e comentários por Gervasio Manrique, *Sanz del Río*, 1935. — *Textos escogidos*, 1968.

Ver as obras de P. Jobit e J. López Morillas mencionadas em KRAUSISMO (o volume II de Jobit, com cartas inéditas de Sanz del Río). Também: *Sanz del Río (1814-1869)*, 1969 [Apontamento biográfico por F. Giner de los Ríos: documentos, diários e epistolário eds. Pablo de Azcárate]. — F. Martín Buezas, *La teología de S. del R. y del krausismo español*, 1977. — Id., id., *El krausismo español desde dentro: S. del R. Autobiografía de intimidad*, 1978. — J. L. Abellán, *Historia crítica del pensamiento español*, vol. IV, 1984, espec. caps. 17 e 18, pp. 413-465. **C**

SAPERE AUDE. Em sua *Ars poetica*, Horácio escreve a frase *Sapere aude:* "Atreve-te a saber" ou "Atreve-te a conhecer". Entre os filósofos eminentes que apelaram para esta frase figura Kant, em seu artigo *Was ist Aufklärung [Que é o Iluminismo?]* (1784). Kant define o Iluminismo como a libertação pelo homem da tutela a que ele mesmo se havia submetido. Trata-se da tutela que consiste na incapacidade de usar o próprio entendimento sem seguir as regras de outra pessoa. Kant fala a respeito não de falta de razão, mas de falta de resolução e de coragem para usar o entendimento por si mesmo. *Sapere aude!* ou "Tem a coragem de usar tua própria razão" é para Kant a palavra de ordem do Iluminismo.

A frase de Horácio tinha sido adotada como lema pela Sociedade de Aletófilos, ou "Sociedade de Amigos da Verdade" em 1736. Esta sociedade constituía um dos vários grupos do chamado "Iluminismo alemão".

SAPIR-WHORF (HIPÓTESE DE). Em escritos de Benjamin Lee Whorf (1897-1941), publicados por iniciativa de John B. Carrol: *Language, Thought, and Reality: Selected Writings of B. L. W.* (1956), são apresentadas várias idéias anteriormente formuladas por Edward Sapir (1884-1939), especialmente em sua obra *Language* (1921) e em trabalhos publicados por iniciativa de D. G. Nabdelbaum com o título de *Selected Writings in Language, Culture, and Personality* (1933). Essas idéias são resumidas com o nome de "hipótese de Sapir-Whorf" (e também "tese de Sapir-Whorf"). Especialmente na esteira do estudo das línguas dos índios americanos ou línguas ameríndias, a hipótese consiste fundamentalmente em sustentar que a estrutura de uma língua determina os modos de pensar da comunidade que usa tal língua, em particular, senão exclusivamente, como língua nativa. Como os modos de pensar circunscrevem a concepção que se tem da realidade, a conclusão é que a língua determina a realidade pelo menos no sentido de como a realidade é concebida e possivelmente também do modo como se age diante dela. A hipótese de Sapir-Whorf foi considerada um dos exemplos mais claros de "relativismo lingüístico".

A hipótese havia sido formulada ou, ao menos, antecipada por autores que sustentaram teses convencionalistas, nominalistas, céticas etc., mas seria errôneo equiparar estritamente estas últimas teses com a mencionada hipótese. Em sua obra *Linguistic Relativity versus Innate Ideas: The Origins of the Sapir-Whor Hypothesis in German Thought* (1972), Julia M. Penn se refere a vários antecedentes modernos da hipótese de Sapir-Whorf, entre eles Hamann, Herder e, sobretudo, Wilhelm von Humboldt. Em todo caso, parece óbvio que os autores com tendência "historicista" estão mais dispostos a admitir o relativismo lingüístico da hipótese de Sapir-Whorf que os autores que, sem ser necessariamente inatistas, são a favor da possibilidade de intertraduzibilidade lingüística universal, através, por assim dizer, de períodos históricos e comunidades humanas.

A hipótese de Sapir-Whorf foi amplamente discutida por lingüistas, antropólogos, sociólogos, historiadores e filósofos, produzindo copiosos argumentos e uma grande quantidade de fatos — assim como, inevitavelmente, interpretações destes fatos — a favor e contra. A favor da hipótese aduziu-se, entre outras razões, que uma língua, ou um grupo de línguas determinadas, tem regras sintáticas, distribuição de vocabulário, formações idiomáticas etc. muito distintas de outra língua, ou grupo de línguas, e que isso tem de refletir-se nos modos como se fala acerca das realidades e, portanto, na correspondente "concepção do mundo". Contra a hipótese se aduziu, entre outras razões, que certas diferenças lingüísticas — como a mui freqüentemente citada dos nomes de cores — não implicam necessariamente diferenças perceptuais. Em outros termos, pode-se falar das realidades de maneiras muito distintas sem percebê-las de maneiras distintas e, concomitantemente, sem concebê-las de maneiras distintas. Contra a hipótese de Sapir-Whorf mencionou-se também a possibilidade, que o antropólogo não pode negar porque suas investigações antropológicas dependem dela, de aprender uma língua muito "estranha" e "remota" e poder manejá-la com propósitos cognoscitivos. Um ponto capital nestes debates foi o da possibilidade ou impossibilidade de intertraduzibilidade de línguas.

No livro antes citado, Julia M. Penn enfatizou que boa parte das dificuldades suscitadas pela chamada "hipótese de Sapir-Whorf" se deveu à imprecisão com que foi formulada. De fato, ela pode ser entendida de um modo extremo — afirmando que o pensamento (e, com ele, o conhecimento) depende da linguagem — ou de um modo menos extremo — sustentando que as categorias de uma língua influem sobre o conhecimento dos falantes. Tanto Sapir como Whorf formularam, ou entenderam, a hipótese de ambos os modos, e por isso pode-se argumentar a favor dela ou contra ela, dependendo do alcance que se dê à mesma. É importante estabelecer uma distinção entre uma possível solução racional (mediante argumento) do problema, ou problemas, apresentados pela hipótese de Sapir-Whorf e uma solução empírica. Ao contrário da discussão semelhante entre empirismo e inatismo que ocorreu nos séculos XVII e XVIII, o debate em torno da hipótese de Sapir-Whorf parece que tem de ser realizado como uma questão empírica. No entanto, mesmo dentro das discussões de caráter empírico, o critério que se tenha para determinar o que se entende por 'língua' ou por 'linguagem' — assim como, especialmente, por 'sistema sintático' — pode desempenhar um papel capital para a atitude que se adote acerca da hipótese (ou uma determinada formulação, mais ou menos "forte" ou "fraca", dela).

Os autores que atentam especialmente para as dimensões sintáticas da linguagem costumam opor-se à hipótese de Sapir-Whorf em quaisquer de suas formulações. Os que atentam principalmente para as dimensões pragmáticas da linguagem tendem a manifestar simpatia ao menos pela forma menos extrema da hipótese. Os que se interessam pela dimensão semântica têm dificuldades para adotar uma posição por causa de fatores como a possibilidade de regras semânticas universais e a freqüência de distribuições semânticas particulares.

⊃ Além do livro de Julia M. Penn, ver: Ferrucio Rossi-Landi, *Ideologies of Linguistic Relativity*, 1974. — D. Fielding, "L'Hypothèse Spair", *Petite Revue de Philosophie*, 7 (1986), 17-46. ⊂

SARTRE, JEAN-PAUL (1905-1980). Nascido em Paris. Estudou na École Normale Supérieure, recebendo em 1929 a *agrégation* de filosofia. De 1931 a 1933 foi professor no Liceu de Le Havre. Depois de estudar em Berlim a fenomenologia e Heidegger, ensinou filosofia (1934-1939) nos Liceus de Le Havre, Laon e Neuilly-sur-Seine. De 1940 a 1941 foi prisioneiro dos alemães; ao ser libertado, voltou a ensinar no Liceu de Neuilly e em seguida no Liceu Condorcet, de Paris, até 1945, quando fundou *Les Temps Modernes* e se consagrou por inteiro à atividade literária.

Sartre é, ou melhor, foi (ver *ad finem*) o principal representante do chamado existencialismo (VER) francês, ou pelo menos de uma de suas mais influentes correntes. Para sua formação e desenvolvimento Sartre contribuiu não somente por meio de obras de caráter filosófico, mas também por meio de ensaios, romances, contos e obras teatrais. Alguns de seus pontos de partida encontram-se na fenomenologia de Husserl; outros, em Heidegger; outros, na reação contra a tradição racionalista e "assimilacionista" francesa (de Descartes a Brunschvicg, Lalande e Meyerson); outros, em diversos autores, correntes e experiências. A justaposição desses elementos não é suficiente, porém, para formar a unidade do pensamento de Sartre. Tal unidade procede de um núcleo de intuições originais auxiliadas por um peculiar estilo às vezes analítico e dialético. Apesar de nos referirmos neste verbete principalmente à ontologia fenomenológica desenvolvida pelo autor em sua obra sobre o ser e o nada, deve-se levar em conta que ela é completada por outros trabalhos e, além disso, prefigurada em diversos escritos prévios. Isso ocorre principalmente nas obras sobre a fenomenologia da imagem (VER) e do imaginário. A eliminação da concepção "coisista" das imagens é possível, com efeito, segundo Sartre, porque se admite o caráter intencional (ver INTENÇÃO) da consciência (VER), a qual se projeta não somente sobre o presente, mas também sobre o ausente. Deste modo a consciência não é concebida como um reflexo ou um efeito de uma causa identificada com uma coisa: é "algo" que resulta patente tão logo sublinhamos sua essencial liberdade, que não é nem um desvio ocasional da relação causal nem tampouco o resultado de uma afirmação metafísica arbitrária.

Sartre rejeita, de imediato, os numerosos dualismos modernos, entre os quais se destacam o da potência e do ato, e o da essência e da aparência. Diante deles, deve-se reconhecer, segundo nosso autor, que tudo quanto é, é em ato, e que a aparência não esconde, mas revela a essência, mais ainda, *é* a essência. Mas que a aparência tenha seu ser próprio significa que tem um ser; há, pois, o ser do fenômeno não menos que o fenômeno do ser. O exame deste último nos leva a uma concepção fundamental que, como se percebeu às vezes, resolve os dualismos tradicionais em um novo dualismo que o autor se esforça, nem sempre com sucesso, por evitar. Trata-se da distinção entre o ser em si ou o Em-si *(En-soi)* e o ser para si ou o Para-si *(Pour-soi)*. A distinção é de índole ontológica, mas de uma ontologia fenomenológica. O Em-si carece de toda relação; é uma massa indiferenciada, uma entidade opaca e compacta na qual não pode haver fissuras. O Em-si é, em suma, "o que é". Mas o Em-si não é todo o ser. Há outro ser, o Para-si, do qual não se pode dizer, porém, propriamente que é o que é. O Para-si é inteiramente relação e surge como resultado da aniquilação (ou nadificação) do real produzida pela consciência. Por isso o Para-si é o que não é; surge como liberdade e evasão da consciência com respeito ao que é. O Para-si é, pois, nada (VER). Mas dizer "é nada" é dizer ao mesmo tempo pouco e demasiado. Não se pode dizer, com efeito, que o nada é, nem sequer que o nada nadifica, mas que o nada "é nadificado". Esse nada nos mostra, além disso, "algo": a presença de um "ser" por meio do qual o nada se prende às coisas. É o ser da consciência humana. Sua "nadidade" permite compreender sua essencial liberdade, o fato de não se poder dizer que o homem é livre, mas que seu ser é "ser livre". Note-se, contudo, que com isto não se ressuscita o antigo dualismo entre o espírito e as coisas. A consciência não é uma entidade "espiritual", mas uma intencionalidade que não é nada "em si" mesma, mas que tem de se haver com o mundo (VER) no qual está e que se expressa em um corpo, isto é, numa faticidade. O "ser no mundo" não é um estar de uma coisa em outras, mas um caráter constitutivo da existência humana. Várias conseqüências derivam disso. Uma é capital: é a essencial má fé da consciência. A constituição do Para-si não permite, de fato, dizer que o que este Para-si faz equivale a seu ser: tal identificação é obra da má fé. Mas tampouco permite dizer que o que é equivale a sua transcendência (VER), pois isso equivaleria a negar completamente sua faticidade: tal identificação é, pois, também obra da má fé. Ora, esta má fé aparece desde o instante em que a consciência se expressa e em que se revela o caráter dialético da intencionalidade. Convenhamos, assim, em que o Para-si é o que não é. Mas digamos que esta negação não equivale à negação das estruturas do Para-si. Estas estruturas são várias: a presença do Para-si ante si mesmo, que não é coincidência consigo mesmo, mas "equilíbrio entre a identidade como coesão absoluta e a unidade como síntese de uma multiplicidade" (equilíbrio que faz de tal presença algo inteiramente distinto da plenitude do ser); a faticidade enquanto estar no mundo em certa situação; o ser e não ser ao mesmo tempo suas próprias possibilidades. Algumas das estruturas são negativas; outras, em contrapartida, positivas.

Estas últimas se revelam sobretudo por meio de uma fenomenologia das três dimensões temporais (passado, presente, futuro) e dos êxtases (VER) da temporalidade, já analisados por Heidegger, mas retomados por Sartre com o fim de mostrar que o tempo da consciência enquanto realidade humana que se temporaliza como totalidade é "o próprio nada que desliza numa totalidade como fermento destotalizador", e com o fim de manifestar todas as conseqüências de conceber a realidade humana como uma temporalização da temporalidade original. Mas a fenomenologia da temporalidade é insuficiente. É mister compreendê-la dentro do quadro de uma análise da transcendência do Para-si. Um dos elementos desta é o conhecimento. Para entendê-la e saber como o Para-si pode aproximar-se do mundo deve-se ter presente que se o Para-si da consciência é uma *falta* de ser, não é uma falta de *ser*. Do contrário resultaria ininteligível como o Para-si é capaz de deslizar no Em-si e outorgar-lhe o que este enquanto puro fato não tem: significação. Nisso consiste essencialmente o conhecimento, que não é reflexo da realidade (como sustenta o realista), nem construção da realidade (como defende o idealista extremo), nem menos ainda identificação do sujeito e do objeto por meio de uma realidade através da qual se vêem as coisas: Deus. Deus ou qualquer Absoluto de seu tipo é para Sartre uma entidade contraditória: é a contradição que revela a afirmação conjunta do Em-si e do Para-si ou a construção de uma impossível síntese de ambos. Tal síntese não é para Sartre senão o Para-si que se petrificou no Em-si.

O motivo da transcendência aponta para um dos aspectos do pensamento de Sartre mais acabadamente desenvolvidos por ele: a fenomenologia do Outro e do ser para outro ou Para-outrem *(pour autrui)*. O isolamento do Para-si poderia dar origem a um solipsismo. Mas este não é senão a transposição ao Para-si das categorias que correspondem ao Em-si. Quando submetemos a existência do outro a uma análise ontológico-fenomenológica descobrimos que o solipsismo opera, de fato, apenas com "coisas". Eludida esta dificuldade, podemos conceber a inclusão do outro em mim e, em geral, a inter-relação entre sujeitos como inter-relação entre diversos projetos. Dentro das conseqüências do exame desta inter-relação encontram-se as "objetivações" que se produzem no curso de várias formas de relação: o olhar, o amor, o ódio, a indiferença, a comunicação lingüística. Trata-se de relações que permitem compreender por que e como um sujeito se converte em objeto para os projetos do outro. Fundamental é a este respeito o papel desempenhado pelo corpo (VER) como um objeto ou meio, ao qual nos referimos no correspondente verbete. Isto posto, a objetivação de um sujeito por outro sujeito não converte o primeiro em objeto para si, mas só para o outro. Em pressupostos análogos se baseia a fenomenologia sartriana do "nós". Ora, todas essas análises têm por finalidade fazer compreender a estrutura essencial e fundamental do Para-si e, em particular, o fato de sua necessária liberdade (VER). Pois, de fato, toda "realidade" se organiza em torno do projeto do ser no mundo de um Para-si, projeto que marca a direção ou sentido dos "fatos" que acontecem nele. Aqui está, segundo Sartre, a solução das dificuldades que haviam obcecado o pensamento tradicional e obrigado alguns autores a concluir que há um abismo entre o ser e o fazer. Tal abismo se desvanece quando o ser e o fazer se dão num Para-si. A tarefa do que Sartre chama a psicanálise (VER) existencial consiste justamente em fazer ver que somente uma análise e dialética concretas dos projetos podem decifrar os comportamentos empíricos do homem, concebido como totalidade e, portanto, como uma realidade na qual cada um de seus atos (não só a morte ou certas situações limites) é cifra de seu ser. No curso desta psicanálise existencial se torna patente a estrutura da escolha própria do ser humano e o fato de que cada realidade humana seja "ao mesmo tempo projeto direto de metamorfosear seu próprio Para-si em um Em-si Para-si, e projeto de apropriação do mundo como totalidade de ser-em-si sob as espécies de uma qualidade fundamental". Observemos, porém, que esse projeto termina inevitavelmente no fracasso. O homem é uma paixão, mas uma paixão inútil. Pois ao homem sucede o mesmo que a Deus, mas por razões inversas. Como Sartre declara em várias de suas obras teatrais (por exemplo, *As moscas; O diabo e o bom Deus)*, o homem e Deus estão igualmente sós e sua angústia é parecida; cada um tem apenas sua própria vida, de modo que o homem chega a matar a Deus para não ser separado por ele dos homens. O homem é, em suma, seu próprio fundamento, não no sentido em que Deus o seria se existisse, de acordo com as filosofias e as religiões tradicionais. A paixão do homem, diz Sartre, é inversa à de Cristo, pois o homem se perde enquanto homem para que Deus nasça.

A ontologia de Sartre não pode, segundo ele próprio, dar lugar a prescrições morais. Mas pode deixar entrever o que será uma ética que considere o fato da realidade humana em situação. Esta ética foi antecipada por Sartre em obras literárias e apresentada em parte em sua análise da vida e da obra de Jean Genet. Sartre se ocupou principalmente do problema do mal, polemizando contra as teorias tradicionais que fazem do bem o ser e do mal o não-ser ou que os separam em sentido maniqueísta fazendo do mal o ser do não-ser e o não-ser do ser. O mal não pode ser, segundo Sartre, simplesmente o que faz o outro (como crê o "homem honrado"). Pois embora em seu princípio o mal seja um mal-objeto e represente a parte negativa de nossa liberdade, isso expressa unicamente a peculiar dialética do mal e do homem mau, que não pode ser, mas tampouco pode não ser. A dialética do mal é, assim, análoga à dialética desse "não ser" consciente que é a consciência. O mais explícito de Sartre sobre este ponto é sua tese de que uma moral verdadeira é "uma totalidade concreta que realiza a síntese do bem e do mal": o bem sem mal, diz Sartre, é o ser parmenídeo, isto é, a morte; o mal sem bem, é o não-ser puro. Trata-se de uma síntese objetiva "à qual corresponde como síntese subjetiva a recuperação da liberdade negativa e de sua integração na liberdade absoluta ou liberdade propriamente dita". Sartre observa que com isso não pretende ir, num sentido nietzschiano, "além do bem e do mal". O que se deve fazer é não separar abstratamente os dois conceitos mesmo que se reconheça a impossibilidade da mencionada síntese numa situação histórica concreta. A moral é ao mesmo tempo inevitável e impossível. É inevitável, porque uma imoralidade sistemática não faz senão mascarar uma afirmação última do bem. É impossível, porque somente dentro do clima da impossibilidade pode se dar qualquer norma moral.

Tal como se fala de um "primeiro Heidegger" e de um "último Heidegger" ou de um "primeiro Wittgenstein" e de um "último Wittgenstein", pode-se falar de um "primeiro Sartre" e de um "último Sartre" (a menos que neste caso o "último Sartre" seja, a rigor, o "penúltimo Sartre"). Este "último Sartre" é o "Sartre marxista" da *Critique de la raison dialectique* e de alguns escritos que precederam a publicação da *Critique*, que ainda não está terminada. Segundo Sartre, deve-se distinguir "filosofia" e "ideologia" (VER). Ora, enquanto o existencialismo é uma ideologia, o marxismo é uma filosofia. Mais ainda: é "a totalização do Saber contemporâneo", porque reflete a *praxis* que a engendrou. O marxismo é para Sartre a filosofia insuperável de nosso tempo; é "o clima de nossas idéias, o meio no qual estas se nutrem, o verdadeiro movimento do que Hegel chamava espírito objetivo". "Após a morte do pensamento burguês", o marxismo é por si só "a cultura, pois é o único que permite compreender os homens, as obras e os acontecimentos". Não se trata do "marxismo oficial", embora não se trate também de uma "superação do marxismo", já que, segundo Sartre, não é necessário superar o marxismo, ele se supera a si mesmo. Tampouco se trata de um "revisionismo", pois não é mister "revisar" uma filosofia que se adapta por si mesma ao movimento da sociedade. Em todo caso, não se trata de um materialismo dialético puro e simples. Sartre enfatiza que o materialismo dialético não pode ou, pelo menos, não pôde dar conta da ciência, que permanece no estádio positivista. Mas se dá conta da ciência tratando de forçá-la ou de instalar em sua base pressupostos que não explicam nada do modo como concretamente se produz o pensamento científico. Poder-se-ia concluir que se trata de um materialismo histórico, distinto do materialismo dialético, mas Sartre indica que tampouco se pode estabelecer uma separação entre dois campos do saber; o marxismo, se é algo, é tentativa de "totalização". Esta 'totalização' é a que Sartre busca, incorporando a ela a antropologia filosófica existencialista. Por este motivo se disse que o marxismo de Sartre é ou um marxismo existencialista ou um existencialismo marxista, mas deve-se levar em conta que, no seu modo de ver, não se pode colocar estas duas "filosofias" lado a lado pela razão de uma delas, o existencialismo, por mais valiosa que seja, não ser, segundo apontamos, uma filosofia, mas uma "ideologia".

Em outros verbetes da presente obra referimo-nos a alguns pontos do "último pensamento" de Sartre; por exemplo, em RAZÃO (TIPOS DE) tocamos na questão da concepção sartriana da dialética crítica contra a dialética dogmática. Recordaremos aqui somente que para Sartre a razão dialética é primária, porque ela mesma se funda dialeticamente — embora por enquanto não se encontre senão "a experiência apodítica no mundo concreto da História" e não, ou não ainda, a experiência (ou os resultados) das ciências naturais positivas. Recordaremos também que a dialética em questão é "atividade totalizadora". Com base nela podem ser estabelecidas as diversas categorias de que Sartre trata mediante uma análise da necessidade material: a práxis individual, que é já dialética; as relações humanas; o grupo; a história, etc. Não é este o lugar de dar conta das análises mais concretas de Sartre, que são de natureza sociológica, ainda que expressas numa linguagem filosófica (e na maior parte dos casos em sua anterior "linguagem existencialista"). Diremos unicamente que, do ponto de vista filosófico, o que interessa no "último Sartre" é o modo como dá conta da necessidade marxista por meio da liberdade existencialista (e o modo também como dá conta das relações materiais de produção por meio de uma nova versão do "projeto" existencial). Tudo isso não significa que se trate aqui de um existencialismo tingido de marxismo, já que o existencialismo está simplesmente "encravado" no marxismo. Significa somente que se o "Saber" é marxista, a "linguagem do Saber" pode muito bem ser existencialista. Além do mais, ao dizer que o marxismo é a filosofia insuperável do nosso tempo, Sartre não faz dela uma "filosofia eterna"; a rigor, o marxismo terá de ser superado quando "existir *para todos* uma margem da liberdade *real* para além da produção da vida". Em seu lugar se instalará "uma filosofia da liberdade", para a concepção da qual não possuímos nenhuma experiência concreta.

◯ Obras filosóficas: "La transcendence de l'Ego", *Recherches philosophiques*, 6 (1936-1937), 85-123, reimp. em forma de livro, 1965, ed. Sylvia Le Bon. — *L'imagination*, 1936. — *Esquisse d'une théorie des émotions*, 1939. — *L'imaginaire. Psychologie phénoménologique de l'imagination*, 1940. — *L'Être et le Néant. Essai d'une ontologie phénoménologique*, 1943. — *L'Existentialisme est un humanisme*, 1946. — *Réflexions sur la question juive*, 1946. — *Baudelaire*, 1947. — *Situations*, I, 1947;

II, 1948; III, 1949; IV, 1964; V, 1964; VI, 1964; VII, 1965; VIII, 1972; IX, 1972; X, 1976. — *Saint Genet, comédien et martyr*, 1952. — *Ouragan sur le sucre*, 1960. — *Critique de la raison dialectique (précédé de Questions de méthode). I. Théorie des ensembles pratiques*, 1960 ["Questions de méthode. I. Existentialisme et marxisme" já havia aparecido em *Les Temps Modernes*, 12ᵉ année, nᵒˢ 139 e 140 (1957), 338-417, 658-698. Na revista apareceram também vários ensaios de Sartre, alguns, como o citado anteriormente, incorporados em livros sistemáticos; outros permaneceram sem recolher]. — *Les mots*, 1963 [autobiografia; sua infância]. — *L'idiot de la famille*, 3 vols., 1971-1972 [sobre Flaubert]. — *Plaidoyer pour les intellectuels*, 1972 [3 conferências em Tóquio, 1965]. — *On a raison de se révolter*, 1974 [diálogos entre S., Pierre Victor e Philippe Gavi, de novembro de 1972 a março de 1974]. — Mencionamos também a colaboração de Sartre no volume *Marxisme et existentialisme. Controverse sur la dialectique*, 1962, pp. 1-26 e 81-83 [outros colaboradores do volume: Roger Garaudy, Jean Hyppolite, Jean-Pierre Vigier, J. Orcel].

Teatro: *Les Mouches* (1943); *Huis clos* (1945); *Morts sans sépulture* (1946); *La putain respectueuse* (1946); *Les mais sales* (1948); *Le diable et le bon Dieu* (1951); *Nekrassov* (1956); *Les séquestrés d'Altona* (1960). — *Un théâtre de situations*, 1973, ed. Michel Contat y Michel Rybalka [coletânea de obras teóricas dispersas].

Romances e contos: *La Nausée* (1938); *Le Mur* (1939); *Les Chemins de la liberté*. I. *L'âge de raison* (1944); II. *Le sursis* (1945); III. *La mort dans l'âme* (1949). *Les Chemins de la liberté*. IV. *La dernière chance* apareceram fragmentos em *Les Temps Modernes*, 49-50 (novembro-dezembro 1949), sob o título "Drôle d'amitié".

Escritos póstumos: *Carnet de la drôle de guerre*, 1983 (anotações de 1939-1941). — *Cahiers pour une morale*, 1983 (cadernos de 1947-1948). — *Correspondance*, 1983. — *Sur les écrits posthumes de Sartre*, 1987, ed. G. Hottois.

Em português: *Os caminhos da liberdade*, 1983. — *Com a morte na alma*, 1983. — *Os dados estão lançados*, 1995. — *Diário de uma guerra estranha*, 1983. — *Em defesa dos intelectuais*, 1994. — *Entre quatro paredes*, 1950. — *Esboço de uma teoria das emoções*, 1965. — *O escritor não é político?*, 1971. — *A esperança agora — Entrevistas de 1980*, 1992. — *O existencialismo é um humanismo*, 1978. — *O fantasma de Stalin*, 1967. — *Freud, além da alma*, 1986. — *Furacão sobre Cuba*, 1986. — *A idade da razão*, 2000. — *A imaginação*, s.d. — *O imaginário*, 1996. — *As mãos sujas*, 1997. — *Marxismo e existencialismo (controvérsia sobre a dialética)*, 1966. — *As moscas*, 1997. — *O muro*, 1983. — *A náusea*, 2000. — *As palavras*, 2000. — *Por que a revolta?*, 1974. — *A prostituta respeitosa*, 1992. — *Que é a literatura?*, 1993. — *Questão de método*, 1966. — *A questão judaica*, 1995. — *Reflexões sobre o racismo*, 1968. — *Sartre,*

Os Pensadores, 1984. — *Sartre no Brasil*, s.d. — *Seqüestrados de Altona*, s.d. — *O ser e o nada*, 2001. — *Situações I*, 1997. — *Situações IV*, 1997. — *Situações V*, 1968. — *Situações VI*, 1997. — *Situações VII*, 1997. — *Sursis*, s.d. — *O testamento de Sartre*, 1986. — *Verdade e existência*, 1993.

Bibliografia: Michel Contat e Michel Bybalka, *Les écrits de S.: Bibliographie commentée*, 1970 (ed. ingl. aum.: *The Writings of J.-P. S.*, 2 vols., 1974). — F. H. Lapointe, "Bibliography on J.-P. S.", *Man and World*, 5 (1972), 193-246. — François H. e Claire La Pointe, *J.-P. S. and His Critics: An International Bibliography (1938-1975)*, 1975. — *Id.*, "Supplement to Bibliography on J.-P. S.", *Man and World*, 8 (1975), 82-110. — *Id.*, "A Bibliography on J.-P. S.: 1970-1975", *Philosophy Today*, 19 (1975), 341-357. — R. Wilcocks, *J.-P. S.: A Bibliography of International Criticism*, 1975. — F. Lapointe, "A Selective Bibliography with Notations on S.'s *Nausea* (1938-1980): A Supplement", *Philosophy Today*, 24 (1980), 285-296. — *Id.*, "Supplement to Bibliography on J.-P. S.", *Man and World*, 14 (1981), 77-100. — *Id., J.-P. S. and his Critics: An International Bibliography (1938-1980) with Annotations*, 1981, 2ª ed. — G. U. Gabel: *S.: A Comprehensive Bibliography of International Theses and Dissertations, 1950-1985*, 1992.

Índice: J. G. Adloff, *S. Index du Corpus philosophique*, vol. I: *L'Être et le Néant; Critique de la raison dialectique*, 1981.

Sobre Sartre, além da bibliografia de EXISTENCIALISMO, ver: R. Campbell, *J.-P. S. ou une littérature philosophique*, 1945. — R. Troisfontaines, *Exposé et critique de* L'Être et le Néant, 1945. — A. J. Ayer, "Novelist-Philosophers: J.-P. S.", *Horizon*, 12 (1945), 12-26, 101-110. — Gonzague Truc, *De J.-P. S. à Louis Lavelle*, 1946. — Francis Jeanson, *Le problème moral et la pensée de S.*, 1947 [com prólogo de S.]. — *Id.*, *Sartre par lui-même*, 1955. — *Id.*, *S. dans sa vie*, 1974. — A. de Wahlens, "J.-P. S. *L'Être et le Néant*", *Erasmus*, I (1947), 521-547. — *Id.*, "L'existentialisme de Sartre est-il un humanisme?", *Revue philosophique de Louvain*, 44 (1946), 291-300. — *Id.*, "Heidegger et S.", *Deucalion*, I (1946), 13-37. — Mac Beigbeder, *L'homme S. Essai de dévoilement préexistentiel ou la clé du sartrisme*, 1947. — Régis Jolivet, *Les doctrines existentialistes de Kierkegaard à J.-P. S.*, 1948. — *Id.*, *S. ou la théologie de l'absurde*, 1965. — G. Varet, *L'ontologie de S.*, 1948. — V. Fatone, *El existencialismo y la libertad creadora. Una crítica al existencialismo de J.-P. S.*, 1948. — *Id.*, *La existencia humana y sus filósofos*, 1953. — M. Stefanini, *La libertà esistenziale in J.-P. S.*, 1949. — E. Frutos, *El humanismo y la moral de J.-P. S. (Crítica)*, 1949. — I. Quiles, *J.-P. S. El existencialismo del absurdo*, 1949. — *Id.*, *S. y su existencialismo*, 1952. — B. Pruche, *L'homme de S.*, 1949. — H. Paissac, *Le Dieu de S.*, 1950. — P. L. B. Dempsey, *The Psychology of S.*, 1950. — M. Natanson, *A Critique of J.-P. Sartre's Ontology*, 1951, reimp., 1973. — A. Stern, *La filosofía de S. y el psicoanálisis existencialista*, 1951; 2ª ed., 1962. — H. H. Holz, *J.-P. S. Darstellung und Kritik seiner Philosophie*, 1951. — F. Gentiloni Silverj, *J.-P. S. contro la speranza*, 1952. — R. M. Albérès, *J.-P. S.*, 1953. — R. Carette, *S. et la philosophie du possible*, 1953. — L. Murdoch, *Sartre, Romantic Rationalist*, 1953. — Wilfrid Desan, *The Tragic Finale*, 1954; 2ª ed., ver., 1960. — *Id.*, *The Marxism of J.-P. S.*, 1965. — R. J. Champigny, *Stages on Sartre's Way, 1938-1952*, 1959. — Filiberto Faucitano, *L'Essere e il Nulla di J.-P. S.*, 1959. — Norman E. Greene, *J.-P. S.; The Existentialist Ethic*, 1960. — Philip Tody, *J.-P. S.: A Literary and Political Study*, 1961. — F. Jameson, *S.: The Origins of a Style*, 1961. — Jacques Salvan, *To Be and Not To Be: An Analysis of J.-P. Sartre's Ontology*, 1962. — J. Guicharnaud, C.-E. Magny, H. Peyre *et al.*, *S. A Collection of Critical Essays*, 1962, ed. Edith Kern. — Roberto Figurelli, *J.-P. S. Do ateísmo ao antiteísmo* (1962). — Klaus Hartmann, *Grundzüge der Ontologie Sartres in ihrem Verhältnis zu Hegels Logik: eine Untersuchung zu* L'Être et le Néant, 1963. — *Id.*, *Sartres Sozialphilosophie. Eine Untersuchung zur* Critique de la raison dialectique, I, 1966. — R. D. Laing e David G. Cooper, *Reason and Violence: A Decade of Sartre's Philosophy, 1950-1960*, 1964 (com prólogo de S.). — Mary Warnock, *The Philosophy of S.*, 1965. — Anthony Manser, *S.: A Philosophic Study*, 1966. — Ignacio Sotelo, *S. y la razón dialéctica*, 1967. — Z. Tordai, *Existence et réalité: Polémique avec certaines thèses fondamentales de* L'Être et le Néant *de S.*, 1967. — Jaime Brufau Prats, *Líneas fondamentales de la ontología y antropología de J.-P. S. en* L'Être et le Néant*: Exposición y apreciaciones críticas*, 1971. — J. C. McMahon, *Human Being: The World of J.-P. S.*, 1971. — Raymond Aron, *Histoire et dialectique de la violence*, 1973 [sua *Critique de la raison historique*, I]. — Hazel E. Barnes, *S.*, 1973. — Marjorie Greene, *S.*, 1973. — Joseph S. Catalano, *A Commentary on J.-P. Sartre's* Being and Nothingness, 1974. — Rudolf Gutwirth, *La phénoménologie de J.-P. S.: De* L'Être et le Néant *à la* Critique de la raison dialectique, 1974. — Arthur C. Danto, *J.-P. S.*, 1975. — Mark Poster, *Existential Marxism in Postwar France: From Sartre to Althusser*, 1975. — Ian Craib, *Existentialism and Sociology: A Study of J.-P. S.*, 1976. — J. Lawler, *The Existentialist Marxism of J.-P. S.*, 1976. — G. J. Stack, *S.'s Philosophy of Social Existence*, 1977. — P. Caws, *S.*, 1979. — I. Mészáros, *The Work of S., I: Search for Freedom*, 1979. — M. Poster, *S.'s Marxism*, 1979. — T. W. Busch, Phyllis S. Morris, X. O. Monasterio *et al.*, *J.-P. S.: Contemporary Approaches to His Philosophy*, 1980, ed. H. J. Silverman, F. A. Elliston. — J. Martínez Contreras, *S. La filosofía del hombre*, 1980. — P. Ricoeur, K. Hartmann, H. Barnes *et al.*, *The Philosophy of J.-P. S.*, 1981, ed. P. A. Schilpp, com entrevistas com S. [12 e 19 de maio de

1975, por M. Rybalka, O. F. Pucciani e S. Gruenheck].
— E. Ranch Sales, *El método dialéctico en J.-P. S.*, 1983. — R. Goldthorpe, *S.: Literature and Theory*, 1984. — W. R. Schroeder, *S. and His Predecessors: the Self and the Other*, 1984. — A. Cohen-Solal, *S. 1905-1980*, 1985. — D. Detmer, *Freedom as a Value: A Critique of the Ethical Theory of J.-P. S.*, 1986. — A. Gorri Goñi, *J.-P. S. Un compromiso histórico,* 1986. — R. R. Ellis, *The Tragic Pursuit of Being: Unamuno and Sartre*, 1988. — L. A. Bell, *S.'s Ethics of Authenticity*, 1989. — A. W. Leak, *The Perverted Consciousness: Sexuality and Sartre*, 1989. — J. Hengelbrock, *J.-P. S.,* 1991. — W. L. McBride, *S.'s Political Theory*, 1991. — C. G. Hill, *J.-P. Sartre: Freedom and Commitment*, 1992. — J. M. McLahlan, *The Desire To Be God: Freedom and the Other in Sartre and Berdyaev*, 1992. — T. C. Anderson, *S.'s Two Ethics: From Authenticiy to Integral Humanity*, 1993. — A. Dobson, *J.-P. Sartre and the Politics of Reason: A Theory of History,* 1993. ℭ

SATISFAZER. Dada uma fórmula bem formada que contém variáveis individuais, *x, y...*, se diz que a fórmula é satisfeita pelos correspondentes valores das variáveis se, e somente se, se obtém uma proposição verdadeira quando se atribuem valores às variáveis. Os valores de variáveis são domínios de variáveis; deve haver pelo menos um membro do domínio, e o domínio não deve ser vazio. Assim, se Clarissa e Pamela são vizinhas, satisfazem a fórmula 'x é vizinha de y' (e também 'y é vizinha de x'). Se "Clarissa vive em Madrid e Pamela em Sevilha", não satisfaz a fórmula 'x é vizinha de y' (e tampouco 'y é vizinha de x'). É comum especificar o fato de uma fórmula poder ser satisfeita em dado domínio, isto é, a chamada "satisfação em um domínio".

Alguns autores consideram que para definir a noção de satisfação é preciso definir a de verdade (VER) ou que, em todo caso, há estreitas relações entre ambas as noções. Outros autores consideram que a noção de satisfação é prévia à de verdade no sentido de que as condições por meio das quais se define 'satisfação' são necessárias para definir 'verdade'.

SAULCHOIR (ESCOLA DE). Ver LE SAULCHOIR.

SAUSSURE, FERDINAND DE (1857-1913). Nascido em Genebra, estudou nas Universidades de Genebra, Leipzig e Berlim. De 1881 a 1891 ensinou na École des Hautes Études de Paris e, a partir de 1901, na Universidade de Genebra.

As idéias lingüísticas de Ferdinand de Saussure exerceram grande influência, antes de mais nada na lingüística — Charles Bally, Escola de Praga (N. S. Trubetzkoy, Roman Jakobson), Escola de Copenhague (glossemática de L. Hjemslev) —, mas também na antropologia — com Claude Lévi-Strauss — e na filosofia — com o estruturalismo francês. Várias das idéias e distinções básicas de Saussure figuram de modo proeminente nas disputas a favor de e contra o estruturalismo; embora às vezes de modo não explícito, ocupam o primeiro plano em muitas das atuais pesquisas de filosofia da linguagem, filosofia do espírito (ou da "mente") e antropologia filosófica.

É importante sobretudo a esse respeito a distinção saussuriana entre a fala *(la parole)* e a língua *(la langue)*. Esta distinção está no próprio centro de duas correntes fundamentais nas indagações sobre a linguagem: a que atenta para a linguagem sobretudo como atividade e a que atenta para a linguagem especialmente como estrutura. A distinção chomskyana entre desempenho ou *performance* lingüística e competência lingüística é *mutatis mutandis* paralela à de Saussure. A fala é multilateral e heterogênea, e é ao mesmo tempo individual e social. A língua é social e forma um objeto de estudo bem definido: trata-se de um sistema de normas, regras ou regularidades cuja estrutura o lingüista estuda.

Entre outras distinções básicas introduzidas por Saussure figuram a que se estabelece entre significante e significado como os dois aspectos do signo (VER), e a que há entre a relação sintagmática (ver SINTAGMA, SINTAGMÁTICO) e o que Saussure chamou "relações associativas" *(rapports associatifs)* — em seguida chamadas também "paradigmáticas". A distinção "sintagmático-relação associativa" — como as posteriores distinções "sintagmático-paradigmático" e "metafórico-metonímico" — enfatiza a estrutura respectivamente "linear" e "articulada" (ou "associada") dos elementos lingüísticos, e pode ser ampliada, como fizeram vários autores estruturalistas, para formas e sistemas de comunicação não-verbais.

Ferdinand de Saussure propôs-se a assentar os fundamentos da lingüística como ciência rigorosa da linguagem, que há de constituir-se depois de ter passado pelas fases da gramática, da filosofia e da filologia comparada. Trata-se de uma lingüística sincrônica; em certo sentido, adota o ponto de vista estático da gramática tradicional e deixa de lado os "deslocamentos de perspectivas" que formam a história, mas aprendeu com o método histórico e pode tirar todas as conseqüências da "oposição entre as duas ordens" (a histórica ou diacrônica e a "estática" ou sincrônica). Há relações entre a lingüística e outras ciências, tais como a etnografia, a pré-história, a sociologia e a fisiologia, mas isso não o impede de ter um objeto próprio, que deve ser cuidadosamente distinguido do objeto de outras ciências, assentando-o num conjunto de conceitos básicos. Todas as incursões que se podem fazer em territórios limítrofes acabam por mostrar, como diz Saussure no final de seu *Cours*, que o único e verdadeiro objeto da lingüística é a língua vista em e por si mesma.

Por outro lado, a língua é apenas um entre vários possíveis sistemas de signos, embora seja o mais importante desses sistemas. A este respeito, Saussure esboçou as linhas gerais de uma ciência que estuda "a vida dos signos": trata-se da semiologia (VER).

➲ Durante a vida, F. de S. publicou uma *Mémoire sur le système primitif des voyelles dans les langues indo-européennes*, 1879. — O *Cours de linguistique générale*, de 1911, foi publicado por Charles Bally e Albert Sechehaye com a colaboração de Albert Riedlinger (os três da Universidade de Genebra), em 1916; 2ª ed., 1922. Há também um *Recueil de publications scientifiques*, 1922, ed. Charles Bally e L. Gautier.

Em português: *Curso de lingüística geral*, 1997. — *Textos selecionados*, Os Pensadores, 1975.

Ver: Para o texto do *Cours*, R. Godel ed., *Les sources manuscrites du* Cours de linguistique générale, 1957. — Ver também: G. Mounin, *F. de S. ou le structuralisme sans le savoir*, 1968. — J. Starobinski, *Les mots sous les mots. Les Anagrammes de F. de S.*, 1971. — R. Amacker, *Linguistique saussurienne*, 1975. — T. M. Scherrer, *F. de S. Rezeption und Kritik*, 1980. — R. M. Strozier, *S., Derrida, and the Metaphysics of Subjectivity*, 1988. — D. Holdcroft, *S.: Signs, System, and Arbitrariness*, 1991. ☯

SAUTRÂNTIKA. Ver BUDISMO; FILOSOFIA INDIANA.

SAVATER, FERNANDO. Ver LÚDICO; SOFISTAS.

SAVIGNY, FRIEDRICH KARL VON (1779-1861). Nascido em Frankfurt, estudou em Marburgo e ensinou, de 1810 até 1842, na Universidade de Berlim. De 1842 a 1848 foi Chanceler da Prússia.

Savigny é o fundador da chamada "escola histórica do Direito". Opondo-se a toda concepção considerada "abstrata" das leis, Savigny acentuou fortemente o caráter orgânico e histórico das leis enquanto expressam a vontade de um povo e não as exigências de uma suposta razão universal, válida para todos os homens. As leis são, como os costumes e as línguas, a manifestação da realidade viva de uma comunidade, e uma vez que a comunidade se desenvolve historicamente, o mesmo fazem suas leis. O ponto de vista universalista, adotado pelos partidários do Direito natural e propugnado por todos aqueles que procuram impor uma legislação única a todas as comunidades humanas, é considerado por Savigny como um ponto de vista meramente abstrato, que esvazia o Direito de todo o seu conteúdo. Savigny julgava que a historicidade do Direito não é incompatível com seu tratamento sistemático; a realidade vivente do Direito só pode ser tratada sistematicamente, mas o estudo sistemático tem de ser aplicado às realidades mesmas, isto é, às expressões do povo nas formas das leis.

➲ Obras: *Von Beruf unserer Zeit für Gesetzgebung und Rechtswissenschaft*, 1814; 3ª ed., 1840 *(Da missão de nosso tempo para a legislação e a ciência do Direito)* (contra a obra de A. F. J. Thibaut, *Civilistische Abhandlungen*, 1814). — *Geschichte der römischen Rechts im Mittelalter*, 6 vols., 1815-1831; 2ª ed., 1834-1851 *(História do Direito romano na Idade Média).* — *System des heutigen römischen Rechts*, 8 vols., 1840-1849 *(Sistema do Direito romano atual).* — *Vermischte Schriften*, 5 vols., 1850 *(Escritos vários).* — *Das Obligationsrecht als heutigen römischen Rechts*, 2 vols., 1851-1853 *(O direito de obrigação como Direito romano atual).*

Correspondência: *Briefe*, 2 vols., 1927-1929, ed. A. Stoll.

Ver: E. Müller, *F. K. von S.*, 1907. — M. Gutzwiller, *Der Einfluss Savignys auf die Entwicklung des internationalen Privatrechts*, 1923. — Adolf Stoll, *F. K. von S.*, 3 vols., 1927-1939. — Karl August Wolff, *Kritik der Volksgeistidee von Savingnys*, 1937. — Gertrud Löhlein, *Die Volksanschauung F. C. von Savignys*, 1942 (tese). — W. Flume, "S. und die Lehre von der juristischen Person", *Fetschrift F. Wieacker* (1978), 340-360. — W. Schild, "S. und Hegel", *Anales de la Cátedra Francisco Suárez*, 18/19 (1978-1979), 271 ss. — M. Diesselhorst, "Zur Theorie der Juristischen bei F. C. von S.", *Quaderni Fiorentini. Storia del pensiero giuridico moderno*, 11/12 (1982-1983), 319 ss. — H. Hammen, *Dei Bedeutung F. C. v. S.*, 1983. ☯

SAVONAROLA, GIROLAMO (1452-1498). Nascido em Ferrara, ingressou, em 1474, na Ordem dos Pregadores. Não nos interessa aqui a agitada vida de Savonarola como pregador e reformador religioso, que o levou a ser condenado à morte e executado por heresia e ensinamentos sediciosos. Destacaremos aqui unicamente que os ensinamentos, pregações e escritos de Savonarola foram influenciados primeiro pelo que já era em seu tempo a tradição filosófica dominicana, isto é, o pensamento aristotélico-albertino e aristotélico-tomista, e em seguida por elementos platônicos provenientes da Academia Florentina (VER) e especialmente de Marsilio Ficino, assim como por certas idéias procedentes da tradição agostiniano-bonaventuriana, em particular pela idéia dos "graus da vida espiritual". Tudo isso parece fazer da filosofia de Savonarola um pensamento fundamentalmente eclético, mas deve-se levar em conta que os elementos filosóficos em Savonarola estão subordinados a temas proféticos e escatológicos. O que interessava a Savonarola era a reforma — reforma da fé e dos costumes (tanto individuais como sociais e "políticos") —; a filosofia e, em geral, o saber estavam destinados, no seu entender, a educar o indivíduo e a sociedade para o que concebia como uma vida mais perfeita e mais próxima de Deus.

➲ Entre os escritos de S. mencionamos: *De contemptu mundi. — Opus perutile de divisione, ordine, utilitate omnium scientiarum. — De simplicitate vitae christianae. — Compendium totius philosophiae. — Compendium logices. — Trattato circa il reggimento e il governo della città di Firenze. — Triumphus Crucis.*

Edição de obras: 6 vols., 1633-1640. — *Opere inedite*, 1835. — Sermões e outros escritos: *Prediche e scritti di G. S.*, 1930, ed. M. Ferrara. — Ed. crítica do *Triumphus*

Crucis, 1961, ed. M. Ferrara. — Notas autógrafas de G. S. à Bíblia: *Bibbia Savonaroliana*, 1961, ed. M. Ferrara.

Ver: P. Villari, *La storia di G. S. e dei suoi tempi*, 2 vols., 1859-1861; 4ª ed., 1930. — M. Glossner, *S. als Apologet und Philosoph. Philosophiegeschichtliche Studie*, 1898. — R. Ridolfi, *Studi Savonaroliani*, 1935. — Id., *Vita di G. S.*, 2 vols., 1952. — J. O'Connor, *G. S.*, 1946. — M. Ferrara, *S.*, 2 vols., 1952 [com bibliografia]. — Georges Mounin, *S.*, 1960. — Pierre van Paassen, *A Crown of Fire: The Life and Times of G. S.*, 1960. — G. Soranzo, *Il tempo di Alessandro VI papa e di fra G. S.*, 1960. Defende a tese de que S. se equivocou rebelando-se; a tese contrária é defendida em M. Dezani, *Il vero S.*, 1963. — R. Klein, *Il processo de G. S.*, 1960. ⊃

SCARPELLI, UGO. Ver Neo-racionalismo.

SCHAFF, ADAM (1913). Nascido em Lemberg, estudou em Lwow, Paris e Moscou, onde recebeu o doutorado (1944). Em 1946 foi nomeado professor de marxismo-leninismo na Universidade de Varsóvia. Foi diretor do Instituto de Filosofia e Sociologia da Academia Polonesa de Ciências e diretor da revista *Mysl Filozoficzna (O pensamento filosófico)*.

Schaff renovou o pensamento marxista na Polônia, abrindo-o a outras correntes, e especialmente ao movimento analítico; falou-se no seu caso (Skolimowski) de um "marxismo analítico-lingüístico". A origem do duplo interesse de Schaff pelo marxismo e pela filosofia analítica está no fato de, sendo marxista por convicção filosófica, ter-se deparado com uma tradição na Polônia constituída pela filosofia analítica e pela obra de distintos lógicos poloneses normalmente situados nesta tradição. Schaff critica numerosos aspectos do pensamento analítico, mas também o estuda detalhadamente e incorpora muitas de suas técnicas e vocabulário. Em alguns casos, as diferenças entre as opiniões de Schaff e as de filósofos aos quais se opõe são mínimas; isso ocorre com seu estudo da teoria da verdade do ponto de vista marxista. Embora se oponha à teoria da verdade de Tarski e outros autores, percebem-se analogias entre a mesma e o que Schaff considera como a teoria marxista, a qual não é uma mera teoria de "reflexo", mas de "correspondência" ou "adequação".

O interesse de Schaff pela filosofia analítica se manifesta em seus estudos de semântica filosófica. Neles, Schaff se declara fiel ao marxismo, mas não à letra de uma (aliás até então quase inexistente) semântica marxista. Assim, procede a desenvolver uma teoria semântica de um ponto de vista materialista, com considerável simpatia pelo que se chamou "hipótese de Sapir-Whorf" (ver). Schaff não aceita essa hipótese pelo que tem de relativismo lingüístico, mas porque salienta o caráter concreto e a natureza social e comunitária das estruturas semânticas. É importante em Schaff a estreita conexão entre expressão lingüística e pensamento.

Embora Schaff, enquanto marxista, tenha destacado a importância do fator social nos problemas da comunicação e da linguagem, também enfatizou que o marxismo é uma filosofia do homem (que não é um ente geral, mas uma realidade concreta). Segundo Schaff, Marx — e não só "o jovem Marx" — foi humanista. Enquanto filosofia do homem, o marxismo deve assegurar a libertação do indivíduo. Embora esta só seja possível por meio de uma revolução econômica e social, esta revolução não deve perder de vista o indivíduo humano.

⊃ Obras: *Z zagadnień marksistowskiej teorii prawdy*, 1951; 2ª ed., 1959 *(Alguns problemas da teoria marxista da verdade)*. — *Wstęp do semantyki*, 1960 *(Introdução à semântica)*. — *Marksizm a egzystencjalizm*, 1961 *(Marxismo e existencialismo)*. — *Język a poznanie*, 1964 *(Linguagem e conhecimento)*. — *Marksizm a jednostka ludzka*, 1965 *(O marxismo e o indivíduo humano)*. — *Historia i prawda*, 1970 *(História e verdade)*. — *Gramatyka generatywna a Koncepcja wrodzonych*, 1972 *(A gramática gerativa e a concepção das idéias inatas)*. — *Strukturalismus und Marxismus*, 1974 *(Estruturalismo e marxismo)*. — *Entfremdung als soziales Phänomen*, 1977 *(A alienação como fenômeno social)*. — *Die kommunistische Bewegung am Scheideweg*, 1982 *(O comunismo na encruzilhada)*. — *Wohin führt der Weg?*, 1985 *(Que futuro nos aguarda?)*. — *Problemas de la transición*, 1988 (com S. Carrillo). — *Problemas del Partido. El centralismo democrático*, 1988 (com S. Carrillo). — *Currículum científic d'un marxista*, 1992 [lições na Cátedra Ferrater Mora da Universidade de Girona, 17-28 de junho de 1991].

Para as opiniões de S. sobre a dialética, "Dialektyka marksistowska a zasada sprzeczności", *Myśl Filozoficzna*, 4 (1955) ("A dialética marxista e a lei de contradição").

Em português: *Introdução à semântica*, 1968. — *História e verdade*, 1955. — *O marxismo e o indivíduo*, 1967. — *A sociedade informática*, 1996.

Bibliografia: Para uma bibliografia bem detalhada dos trabalhos de A. S. até 1986, ver: A. Schaff, *Perspectivas del socialismo moderno*, 1988, pp. 422-446.

Ver: Henryk Skolimowski, *Polish Analytical Philosophy: A Survey and a Comparison with British Analytical Philosophy*, 1967, pp. 50-51, 218-219, 223-232. — Em espanhol ver Javier Muguerza, "Semántica y marxismo en la encrucijada filosófica de Polonia", *Boletín del Seminario de Derecho político* (Salamanca, 1962), pp. 159-175, e especialmente Jacobo Muñoz, "A. S. en la filosofía polaca contemporánea", epílogo a los citados *Ensayos sobre filosofía del lenguaje* [Ariel Quincenal, 78]. — VV.AA., *A. S. Festschrift*, 1973 (com bibliografia). — A segunda parte de *Currículum científic d'un marxista*, citado *supra*, intitulada "Aportacions per el debat", contém arts. sobre A. S. de M. Azcárate, A. Fallas-Santana, Juan N. García-Nieto, H. Gipper e J. J. Wiatr. ⊃

SCHAPP, WILHELM. Ver Husserl, Edmund.

SCHEFFLER, JOHANN. Ver Silésio, Ângelo.

SCHEIBLER, CHRISTIAN (1589-1653). Professor em Giessen, foi um dos "protestantes aristotélicos", de confissão luterana, que seguiram as pegadas de Cornelius Martini (VER). Tal como Jacobus Martini e Clemens Timpler (VER), Scheibler incorporou muitas das idéias das *Disputaciones metafísicas* de Suárez à sua síntese filosófica e teológica. Scheibler foi chamado "o Suárez protestante".

➲ Principais obras: *Opus metaphysicum*, 1612. — *Metaphysica duobus libris universum huius scientiae systema comprehendens*, 1636; reimp., 1971.

Ver as obras de P. Petersen, E. Lewalter e M. Wundt citadas na bibliografia de MARTINI, CORNELIUS. ⊂

SCHELER, MAX [FERDINAND] (1874-1928). Nascido em Munique. Estudou na Universidade de Iena, com R. Eucken e Otto Liebmann, "habilitando-se" em 1901. Interessado pela fenomenologia husserliana, transferiu-se para Munique, tomando parte do Círculo de Munique (ver MUNIQUE [ESCOLA DE]). De Munique passou para Göttingen e, depois da guerra, em 1919, para Colônia, onde foi professor até mudar-se, no ano de sua morte, para Frankfurt-am-Main.

O pensamento de Scheler passou por diversas fases, incluindo a "fase crítica" e personalista, e a tendência, até o final da vida, a um certo "panteísmo", mas em todas as suas fases adotou — e transformou — o método fenomenológico, sendo considerado um dos mais eminentes discípulos de Husserl e ao mesmo tempo seguindo caminhos muito diferentes dos de Husserl. Aberto a muitas correntes e alerta aos trabalhos científicos (principalmente biológicos) e de todas as ciências "sociais", Scheler tratou de muitos temas, mas se destacou principalmente em seus trabalhos de teoria dos valores, sociologia do saber, filosofia da religião e da cultura e antropologia filosófica. Sua interpretação e aplicação da fenomenologia nem sempre foi aceita por Husserl, que viu no pensamento de Scheler um desvio da fenomenologia pura. O pensamento de Scheler, de caráter polêmico em grande parte, não se limita, de fato, a uma descrição das essências puras tal como são dadas à intuição essencial, mas sim, insatisfeito com as exigências de cautela excessiva, aplica-se resolutamente à solução dos problemas que surgem a cada passo da análise fenomenológica. Prescindindo momentaneamente do afã sistemático de sua última época, em que, esforçando-se por dar unidade formal à aparente dispersão de seu pensamento, tendeu à constituição definitiva de uma metafísica que apoiasse suas intuições e descobertas; as mais importantes contribuições de Scheler estão em sua teoria dos valores, na filosofia dos sentimentos baseada numa fenomenologia geral dos afetos, na teoria do espírito incluída na antropologia filosófica, na sociologia do saber como parte integrante de uma sociologia da cultura e, por fim, na filosofia religiosa, enlaçada com uma metafísica em que é solucionado o problema do real por meio de um realismo volitivo já entrevisto e formulado por Dilthey. As influências recebidas por Scheler, que não se limitam, é claro, a Eucken e à fenomenologia, podem ser compreendidas em função de um pensamento que pretende seguir uma linha demarcada pelas figuras de Santo Agostinho, Pascal e Nietzsche e ao qual não é alheia a filosofia da vida, tal como foi representada e defendida especialmente por Henri Bergson. Scheler encontra a confirmação dessa linha de pensamento filosófico nos resultados obtidos no curso de suas descrições fenomenológicas, muitas delas dirigidas ao exame da intencionalidade emocional. Sua teoria dos valores é um exemplo característico da fecundidade da fenomenologia, que Scheler considerou que tinha ficado injustificadamente limitada à descrição da intencionalidade intelectual e, como fez Husserl em sua última época, à exploração da consciência. Scheler diferenciou sua fenomenologia da de Husserl, declarando que enquanto esta última se fundamenta em conteúdos sensoriais, a sua própria está situada mais além de tais conteúdos, que ele se propõe a "fundar". A fenomenologia de Scheler descreve fatos puros (ver FATO), fatos fenomenológicos e as relações essenciais que se encontram na base de todas as ciências.

De acordo com Scheler, existem conteúdos intencionais que, embora não suscetíveis de referência a um ato significativo (ver FENOMENOLOGIA), não são por isso menos evidentes, isto é, não deixam de ser objeto de uma intuição essencial. O que é captado nessas intuições essenciais desvinculadas de uma significação são, a rigor, essências, mas essências de tal índole que não se pode predicar delas nem a inteligibilidade racional nem o caráter lógico. Essas essências, chamadas por Scheler de *valores*, se oferecem, por conseguinte, à descrição fenomenológica com o mesmo título de legitimidade das essências husserlianas, e são, por sua vez, como elas, intemporais e absolutamente válidas. A filosofia dos valores, que havia sido objeto de profundos exames em todos os filósofos preocupados com a vida emocional e que foi motivo de especial atenção no pensamento de Brentano, de Lotze e da escola de Baden, recebe deste modo em Scheler uma confirmação decisiva e ingressa no terreno filosófico como um dos problemas de maior alcance. No entanto, embora a descoberta do valor por Scheler e seu enraizamento na intencionalidade emocional coincidam com essas antecipações, não permanecem simplesmente dentro delas. Pela exploração conseqüente do reino dos valores se chega a uma esfera que não somente não pode ser confundida com a do ser, mas que se destaca da totalidade dos objetos por uma peculiaridade irredutível. É apenas por esta peculiar condição que os valores têm, enquanto essências captadas diretamente na intuição essencial dos conteúdos não adscritos a significações, que o mundo do valor pode ser submetido a leis que não são inferiores nem superiores às leis lógicas, mas simplesmente diferentes. Os valores são na teoria de Scheler essências puras e, enquanto tais, intemporais. Mas Scheler não se limita a deixar assentada esta intemporalidade e validez absoluta, antes pretende relacioná-la com a efetiva existência do mundo em que os valores se descobrem e realizam, do mundo do homem e da história. A teoria scheleriana dos valores, desenvolvida em grande parte ao longo de uma crítica do formalismo apriorista de Kant, não desemboca, porém, numa ética imaterial dos bens, num empirismo semelhante ao da filosofia inglesa do sentimento moral. Scheler designa seu ponto de vista axiológico e ético como um "apriorismo moral material". Isso significa, em primeiro lugar, que os valores são, enquanto essências puras, elementos *a priori* e também elementos materiais. A vinculação do *a priori* com o material, já realizada por Husserl na esfera da intencionalidade intelectual, é afirmada por Scheler no terreno da intuição emocional como resultado direto da descrição fenomenológica dos atos intencionais que ocorrem no tecido das vivências afetivas puras. Os resultados dessa síntese do material como o *a priori* no campo emocional conduzem Scheler a um sistema de valores articulados hierarquicamente e em cujo seio o moral consiste justamente na realização de um valor positivo sem sacrifício dos valores superiores, que culminam nos valores religiosos. Nesta vinculação do moral com a realização do valor positivo localiza-se precisamente a superação do relativismo de toda ética material e, ao mesmo tempo, a confirmação da essencial aprioridade dos valores. Os trabalhos de Scheler concernentes à fenomenologia dos afetos como parte de uma teoria geral das leis da vida emocional são, por outro lado, uma confirmação das intuições apontadas; as análises realizadas em nome do método fenomenológico, análises nas quais a fenomenologia é abandonada em muitas ocasiões por um método hermenêutico que rompe os moldes da pura descrição, são, ao lado da axiologia, uma das mais importantes contribuições de Scheler a um território em que toda investigação se havia subordinado quase sempre, exceto nos representantes da "lógica do coração", às exigências da racionalidade.

Além destas contribuições e em relação com elas, Scheler elaborou as bases de uma antropologia (VER) filosófica que, em suas próprias palavras, há de servir de "ponte entre as ciências positivas e a metafísica" e cujo resultado mais importante foi até o momento a teoria scheleriana do espírito (VER) concebido como personalidade. Em oposição a toda concepção estática da pessoa (VER) e em luta contra a restrição do espiritual à esfera psicofísica, Scheler concebe a pessoa como uma entidade dinâmica, como a unidade de seus atos e, em conseqüência, como algo que está fora de toda redução ao material e até mesmo ao psíquico. O material e o psíquico, em que se resolve habitualmente o mundo humano, não são para Scheler suficientes se se pretende edificar uma antropologia filosófica que mostre com precisão o lugar do homem no cosmos, e constituem, enquanto teoria dos impulsos humanos e enquanto teoria do espírito humano, o fundamento da sociologia real e cultural. As descrições de Scheler acerca da personalidade, resumidas em uma doutrina personalista que não equivale de modo algum à identificação da pessoa com uma suposta entidade universal transcendente, se resolvem numa afirmação do "individualismo", mas de um individualismo tal que articula as diferentes individualidades pessoais em uma hierarquia. O personalismo de Scheler dirige-se, pois, tanto contra o impersonalismo abstrato como contra o individualismo empírico que nega o caráter específico da espiritualidade pessoal. A pessoa é o espírito como unidade essencial, como centro dos atos superiores efetivos e possíveis. A desvinculação entre o espírito e o ser psicofísico não significa a separação absoluta de duas entidades irredutíveis, mas unicamente a localização de ambas em uma hierarquia, o fato de que, arraigando certamente o espírito no psíquico, este não possa aspirar a ser o território em que se desenvolvem os atos da espiritualidade. E é justamente nesta descrição e interpretação da pessoa e do espírito que se encontra a resposta de Scheler ao problema da realização concreta dos valores e especialmente dos valores supremos, realização confiada à atividade da pessoa espiritual.

Valor e espírito, unidade e centro dinâmico, autonomia e hierarquia formam os fios com os quais Scheler tece uma filosofia que, como observamos, se encaminha diretamente a uma metafísica. Esta metafísica, esboçada apenas parcialmente por Scheler, se relaciona intimamente com os estudos sociológicos e com sua filosofia da religião. A sociologia, que Scheler divide em cultural e real, e que "analisa todo o imenso conteúdo, subjetivo e objetivo, da vida humana do ponto de vista de sua determinação *efetiva*", implica necessariamente não só uma filosofia da história, mas também uma meta-história que se aplica preferentemente ao estudo da zona em que se relacionam os fatores reais com as determinações ideais. A ampliação do conceito de sociologia dirige-se de modo imediato a uma demonstração efetiva da superação do relativismo historicista tanto quanto do apriorismo relativista. A superação do relativismo encontra sua demonstração mais patente numa investigação sociológica que, baseada na antropologia filosófica, se propõe antes de tudo a estudar em cada um dos tipos humanos sua participação ao mesmo tempo parcial e absoluta no orbe da cultura. E esta demonstração é simultaneamente o caminho que prepara o acesso a uma metafísica na qual encontra seu lugar e assento a investigação do absoluto mesmo. Esse absoluto, que no período católico de Scheler era simplesmente identificado com a personalidade divina, encontra em sua última fase um campo de aplicação diferente, que parece aproximar-se da solução dada ao problema pelo idealismo romântico, e ainda por uma espécie de idealismo panteísta. Solução que de modo algum deve ser confundida com mera identificação e que não abandona, certamente, nenhuma das intuições anteriores. Mas a metafísica de Scheler, na qual cabe incluir sua teoria do real concebido como uma resistência (VER), e que, portanto, está situada no quadro de um realismo metafísico volitivo, é apenas parcialmente um resultado natural de tais intuições e parece oferecer em parte considerável todos os caracteres de uma forçada assimilação.

Scheler não formou propriamente uma "escola" nem sequer, no sentido rigoroso do termo, discípulos, muito embora sua filosofia tenha exercido uma vasta influência no pensamento contemporâneo. Entre os filósofos mais diretamente influenciados por Scheler podemos mencionar Paul Ludwig Landsberg (VER).

⊃ Obras: *Beiträge zur Feststellung der Beziehungen zwischen den logischen und ethischen Prinzipien,* 1899 (tese) *(Contribuições para a determinação das relações entre os princípios lógicos e éticos).* — *Die transzendentale und die psychologische Methode. Eine grundsätzliche Erörterung zur philosophischen Methodik,* 1900 *(O método transcendental e o método psicológico).* — *Über Ressentiment und moralisches Werturteil. Ein Beitrag zur Pathologie der Kultur,* 1912 *(O ressentimento na moral).* — *Der Formalismus in der Ethik und die materiale Wertethik. Mit besonderer Berücksichtigung der Ethik Immanuel Kants (O formalismo na ética e a ética material dos valores. Com considerações particulares da ética de Immanuel Kant) (Jahrbuch für Philosophie und phänomenologische Forschung,* 1913-1916; também ed. separada), 1916; 2ª ed. com o subtítulo *Neuer Versuch der Grundlegung eines ethischen Personalismus,* 1921; 3ª ed., 1927; 4ª ed. ver [que figura nas *Gesammelte Werke* 11]. — *Zur Phänomenologie und Theorie der Sympathiegefühle und von Liebe und Hass. Mit einem Anhang über den Grund zur Annahme der Existenz des fremden Ich,* 1913 *(Sobre a fenomenologia e a teoria do sentimento de simpatia e do amor e ódio. Com um apêndice sobre a hipótese da existência do Eu estranho);* 2ª ed. aum. com o título: *Wesen und Formen der Sympathie,* 1923; 3ª ed., 1927; 4ª ed., 1931; 5ª ed., 1948 (Essência e formas da simpatia). — *Der Genius des Krieges und der deutsche Krieg,* 1915; 2ª ed., 1916; 3ª ed., 1917 *(O gênio da guerra e a guerra alemã)* — *Abhandlungen und Aufsätze (Ensaios e artigos),* 2 vols., 1915; 2ª ed. com o título *Vom Umsturz der Werte (Da inversão dos valores),* 2 vols., 1915; 3ª ed., 1923. — *Krieg und Aufbau,* 1916 *(Guerra e reconstrução).* — *Die Ursachen des Deutschenhasses. Eine nationalpädagogische Erörterung,* 1917; 2ª ed., 1919 *(As causas do ódio aos alemães. Uma discussão nacional pedagógica).* — *Vom Ewigen im Menschen. Religiöse Erneuerung,* 1921; 2ª ed., 2 vols., 1923; 3ª ed., 1933 *(Do eterno no homem. Re-* *novação religiosa).* — *Walter Rathenan. Eine Würdigung,* 1922. — *Schriften zur Soziologie und Weltanschauungslehre: I. Moralia,* 1923; *II. Nation und Weltanschauung,* 1923; *III. Christentum und Gesellschaft. 1. Konfessionen,* 1924; *2. Arbeits- und Bevölkerungsprobleme,* 1924 *(Escritos para a sociologia e teoria da concepção do mundo; I. Moralia. II. Nação e concepção do mundo. III. Cristandade e sociedade. 1. Confissões. 2. Problemas acerca da população e do trabalho).* — *Probleme einer Soziologie des Wissens* (no tomo *Versuche zu einer Soziologie des Wissens,* ed. por M. Scheler, vol. 2, 1924); 2ª ed., aum., com o título *Die Wissensformen und die Gesellschaft,* 1926. — *Die Stellung des Menschen im Kosmos,* 1928; 2ª ed., 1929; 3ª ed., 1931; 4ª ed., 1948; 5ª ed., 1949.

Póstumas: *Philosophische Weltanschauung,* 1929 *(Concepção filosófica do mundo).* — *Die Idee des Ewigen Friedens und der Pazifismus,* 1931 *(A idéia da paz eterna e o pacifismo).* — *Schriften aus dem Nachlass, I,* 1933 *(Escritos póstumos).*

Edição de obras reunidas (incluindo póstumas): *Gesammelte Werke,* 13 vols., 1954 ss., ed. Maria Scheler.

Autobiografia: W. Mader, *M. S. in Selbstzeugnissen und Bilddokumenten,* 1980.

Em português: *Da reviravolta dos valores,* 1994. — *Modelos e líderes,* 1998. — *Morte e sobrevivência,* s.d. — *Visão filosófica do mundo,* 1986.

Bibliografia: Wilfried Hartmann, *M. S. Bibliographie,* 1963 (primária e secundária até 1963). — E. W. Ranly, *Scheler's Phenomenology of Community,* 1965 (primária). — Manfred Frings, *Zur Phänomenologie der Lebensgemeinschaft. Ein Versuch mit M. S.,* 1971 (secundária desde 1963).

Ver: H. Kerler, *M. S. und die impersonalistische Lebensanschauung,* 1917. — W. Wittmann, *M. S. als Ethiker,* 1923. — E. Przywara, *Religionsbegründung. M. S.-J. H. Newman,* 1923. — Joseph Geyser, *M. Schelers Phänomenologie der Religion nach ihren wesentlichsten Lehren allgemeinverständlich dargestellt und beurteilt,* 1924. — P. H. Lennerz, *Schelers Konformitätssystem und die Lehre der katholischen Kirche,* 1924. — K. Weinberg, *The Phenomenological Method in Its Application in M. S.,* 1924. — D. Daniels, *Die Gemeinschaft bei M. S. und Thomas von Aquin,* 1925 (tese). — F. Kreppel, *Die Religionsphilosophie M. Schelers,* 1926 (tese). — H. Hugelmann, *Schelers Persönlichkeitsidee,* 1927 (tese). — J. Heber, *Das Problem der Gotteserkenntnis in der Religionsphilosophie M. Schelers,* 1931. — Alexander Altmann, *Die Grundlagen der Wertethik. Wesen-Wert-Person, M. Schelers Erkenntnis- und Seinslehre in kritischer Anlage,* 1931. — G. Kränzlin, *M. Schelers phänomenologische Systematik,* 1934. — A. Bachus, *Einzelmensch, Familie und Staat in der Philosophie Schelers,* 1936 (tese). — Karl Alphéus, *Kant und S. Phänomenologische Untersuchungen zur Ethik zwecks Entscheidung des Streites zwischen der formalen Ethik Kants und der materialen Wertethik Schelers,* 1936 (tese); reed., 1981, por B. Wolandt. — S. Wilhelm, *Das Bild des Menschen in der Philosophie M. Schelers,* 1937 (tese). — G. N. Shuster, V. J. McGill, A. Schutz et al., arts. sobre M. S. em *Philosophy and Phenomenological Research,* 2 (1941-1942), 267-358. — Ph. Müller, *De la psychologie à l'anthropologie à travers l'oeuvre de M. S.,* 1946. — Hans Nystedt, *M. Schelers, Religionfilosofi,* 1947. — J. Nota, *M. S. Een worstelen om het wezen van de mens,* 1947. — Johannes Hessen, *M. S.: Eine Kritische Einführung in seine Philosophie,* 1948. — E. Rothacker, *M. Schelers Durchbruch in die Wirklichkeit,* 1949. — G. Pedroli, *M. S.: dalla fenomenologia alla sociologia,* 1952. — E. Blessing, *Das Ewige im Menschen. Die Grundkonzeption der Religionsphilosophie M. Schelers,* 1954. — Alfred Schutz, "M. S.: 1874-1928", em *Les Philosophes célèbres,* ed. Maurice Merleau-Ponty, 1956, pp. 330-335. Ed. do original inglês "M. Scheler's Philosophy", em seus *Collected papers,* vol. 3 (1966), pp. 133-144. — *Id.,* "M. Scheler's Epistemology and Ethics", *Review of Metaphysics,* II (1957-1958), 304-314, 486-501, reimp. em seus *Collected Papers,* vol. 3 (1966), pp. 144-154, 163-178. — Bernhard Lorscheid, *M. Schelers Phänomenologie des Psychischen,* 1957. — Id., *Das Leibphänomen. Eine systematische Darbietung der Schelerschen Wesensschau des leiblichen in Gegenüberstellung zu leibontologischen Auffassungen der Gegenwartsphilosophie,* 1962. — Maurice Dupuy, *La philosophie de M. S. Son évolution et son unité,* 2 vols., 1959 (I: *La critique de l'homme moderne et la philosophie théorique;* II: *De l'éthique à la dernière philosophie).* — Id., *La philosophie de la religion chez M. S.,* 1959. — Karol Wojtyla, *Ocena mozliwości zbudowania etyki chrześcijanskiej przy zalozeniach Maksa Schelera?* [com resumo em francês, 1959] *(Pode-se construir a ética cristã a partir dos princípios de M. S.?).* — Manfred S. Frings, *M. S.: A Concise Introduction into the World of a Great Thinker,* 1965. — Id., *Person und Dasein. Zur Frage der Ontologie des Wertseins,* 1969. — Héctor Delfor Mandrioni, *M. S. El concepto de "espíritu" en la antropología scheleriana,* 1965. — Juan Llambías de Azevedo, *M. S.: Exposición sistemática y evolución de su filosofía,* 1966. — Ernest W. Ranly, *Scheler's Phenomenology of Community,* 1967. — John Raphael Staude, *M. S.,* 1967. — Eiichi Shimomisse, *Die Phänomenologie und das Problem der Grundlegung der Ethik. Anhand des Versuchs von M. S.,* 1971. — Giovanni Ferretti, *M. S.,* 2 vols., 1972 (I. *Fenomenologia e antropologia personalistica;* II. *Filosofia della religione).* — Felix Hammer, *Theonome Anthropologie? M. Schelers Menschenbild und seine Grenzen,* 1972. — Arthur R. Luther, R. L. Funk et al., *M. S. (1874-1928): Centennial Essays,* 1974, ed. Manfred S. Frings (com bibliografia, 1963-1974). — B. Brenk, *Metaphysik des einen und absoluten Seins. Mitdenkende Darstellung der metaphysischen Gottesidee des späten M. S.,* 1975. — Heinz Leonardy, *Liebe und Person. M. Schelers Versuch eines "phänomenologischen" Personalismus,* 1976. — A. Lambertino, *M. S. Fondazione fenomenologica dell'etica dei valori,* 1977. — E. Kelly, *M. S.,* 1977. — A. Pintor Ramos, *El humanismo de M. S. Estudio de sua antropología filosófica,* 1978. — M. Schäfer, *Zur Kritik von Schelers Idolenlehre. Ansätze einer Phänomenologie der Wahrnehmungstäuschungen,* 1979. — J. H. Nota, *M. S.: The Man and His Work,* 1983. — S. F. Schneck, *Person and Polis: M. S.'s Personalism as Political Theory,* 1987. — J. Schmuck, *Homo Religiosus. Die religiöse Frage in der Wissenssoziologie M. S.s,* 1987. — E. Haffner, *Der Humanitarismus und die Versuche seiner Überwindung bei Nietzsche, S. und Gehlen,* 1988. — R. Perrin, *M. S.'s Concept of the Person: An Ethics of Humanism,* 1991. ◖

SCHELL, HERMANN (1850-1906). Nascido em Friburgo. Em 1873 ordenou-se sacerdote católico. De 1884 a 1888 foi "professor extraordinário" e a partir de 1888, professor titular de teologia católica em Würzburg. Schell foi um dos principais representantes do chamado *Reformkatholizismus,* estreitamente relacionado com o modernismo (VER) e combatido pela hierarquia católica, que considerou suas doutrinas não simplesmente como uma tentativa de conciliar o catolicismo com os resultados da ciência e da filosofia modernas, mas como dogmaticamente heterodoxas. Schell sustentava que o catolicismo deve ser "princípio de progresso", isto é, deve esforçar-se para que o conteúdo da fé não se oponha às conquistas do espírito moderno. Essa assimilação exige, por outro lado, segundo Schell, que tal espírito compreenda por sua vez o fato de que o catolicismo leva em sua tradição a mais firme orientação para a solução dos problemas metafísicos. Schell defendia, ao mesmo tempo, uma conciliação do mecanicismo e da teleologia, considerando-a no sentido de uma construção estrutural dos elementos e não como a possibilidade de uma intervenção providencial no processo dos fenômenos naturais.

◗ Obras: *Katholische Dogmatik,* I, 1889; II, 1890 *(Dogmática católica).* — *Die Einheit des Seelenlebens aus den Prinzipien der aristotelischen Philosophie entnommen,* 1890 *(A unidade da vida anímica segundo os princípios da filosofia aristotélica).* — *Die göttliche Wahrheit des Christentums.* I. *Gott und Geist,* 1895 *(A verdade divina do cristianismo. Deus e o Espírito).* — *Der Katholizismus als Prinzip des Fortschritts,* 1897 *(O catolicismo como princípio de progresso).* — *Die neue Zeit und der alte Glaube,* 1898 *(O novo tempo e a antiga fé).* — *Apologie des Christentums,* 2 vols. (I. *Religion und Offenbarung;* II. *Jachwe und Christus),* 1901-1905, reimp., 1965 *(Apologia do cristianismo:* I. *Religião e revelação;* II. *Iahweh e Cristo).* — *Der Gottesglaube und die naturwissenschaftliche Welterkenntnis*, 1904 *(A crença em Deus e o conhecimento científico-natural do mundo)*. — *Kleinere Schriften (Escritos breves)*, ed. em 1908.

Ver: R. Stölzle, *H. S.*, 1908. — J. Koch, *Die Erkenntnislehre H. S.*, 1915 (tese). — A. Kálmán, *Die Ontologie bei H. S.*, 1933 (tese). — P. Wacker, *Glauben und Wissen bei H. S. Christliches und modernes Denken in Begegnung*, 1961. — V. Berning, "Der Philosoph und Theologe H. S. im Widerstreit der Meinungen", *Theologie und Philosophie*, 45 (1970), 227-242. **C**

SCHELLING, FRIEDRICH WILHELM JOSEPH (1775-1854). Nascido em Leonberg (Würtemberg), depois de estudar teologia em Tübingen com Hegel e Hölderlin e de ter trabalhado como preceptor, ensinou a partir de 1798 na Universidade de Iena, onde se relacionou com o chamado "círculo romântico", sendo considerado o filósofo do movimento. Em 1803, mudou-se para Würzburg e em 1806 para Munique. Após um longo período de inatividade docente, voltou a ensinar em Erlangen (1820) e em seguida em Munique (1827), onde permaneceu até 1841, ano em que foi chamado a Berlim por Frederico Guilherme IV para combater as conseqüências radicais do sistema de Hegel, sem conseguir alterar o curso que o hegelianismo seguiu durante a primeira metade do século XIX.

A filosofia de Schelling representa, dentro dos grandes sistemas do idealismo alemão, o aspecto estético, ao lado do volitivo e do racional que desenvolveram, respectivamente, Fichte e Hegel, levando às últimas conseqüências o construtivismo romântico. Embora sua filosofia já se encontre pré-formada no essencial na primeira época, é comum distinguir várias fases em seu pensamento. A maior parte dos expositores da filosofia de Schelling concordam em distinguir cinco fases. Entusiasmado primeiramente com o sistema de Fichte, com quem acabou por romper toda relação pessoal, propôs-se completá-lo porque, a seu ver, era insuficiente a consideração da Natureza como mera resistência oposta à atividade infinita do Eu absoluto. A Natureza é para Schelling, seguindo certas descobertas químicas e biológicas de seu tempo, um organismo vivo mais que uma série de relações mecânicas. As *Idéias para uma filosofia da natureza* (1797) e o tratado *Sobre a alma do mundo* (1798) supõem que há na Natureza um princípio vital que Schelling encontra primeiro no oxigênio e depois na oposição dos elementos contrários, tal como se manifesta nos diversos fenômenos elétricos e magnéticos; essa oposição torna possível um equilíbrio nos corpos, ao mesmo tempo em que lhes atribui um princípio de animação constante. Os princípios estabelecidos nos dois escritos mencionados se converteram bem cedo, porém, na preparação de um sistema de filosofia natural menos afeito a um conteúdo concreto; a segunda filosofia da Natureza de Schelling é, por influência da doutrina da ciência de Fichte, uma filosofia formal. O *Primeiro esboço de um sistema de filosofia da Natureza* (1799) já aplica conseqüentemente à Natureza os caracteres gerais que Fichte descobrira no Eu. A Natureza é, como o Eu, uma aspiração infinita, uma tendência à infinita dispersão contida por uma tendência oposta à limitação. A Natureza inteira é explicada mediante um sistema dialético de oposições no qual cada síntese provoca uma nova contradição. Não se trata, por conseguinte, de um elemento passivo e originalmente limitado, mas justamente do fundamento animado de uma série infinita de oposições. No entanto, o mesmo problema suscitado pela atividade infinita do Eu conduziu Schelling imediatamente a considerar a filosofia da Natureza como uma parte do idealismo transcendental, que devia compreender toda a filosofia. Daí o *Sistema do idealismo transcendental* (1800) destinado a expor, em sua parte teórica, o sucessivo autodesdobramento da consciência absoluta em sua relação com a dialética da filosofia natural e, em sua parte prática, o desenvolvimento da consciência no curso da história, a qual já é concebida, de um modo semelhante ao de Hegel, como uma revelação do Absoluto. Schelling introduz em seu sistema do idealismo transcendental a filosofia da arte, que representa, até certo ponto, uma unificação do sujeito e do objeto, do Espírito e da Natureza, que haviam ficado como que cindidos na filosofia natural e na filosofia do Espírito, pois sua correlação mútua ainda não permitia explicar o fundamento de sua união. A introdução da filosofia da arte e a necessidade de unificar em uma concepção mais ampla e harmoniosa as diferentes partes do sistema culminou, finalmente, na fase mais conhecida do pensamento de Schelling, no sistema da identidade apresentado na *Exposição de meu sistema* (1801) e no diálogo *Bruno ou sobre o princípio natural e divino das coisas* (1802). As contradições e oposições que ficavam como um resíduo no sistema do idealismo transcendental foram resolvidas com a noção de Absoluto, compreendido por meio da intuição intelectual. O Absoluto é a completa indiferença de sujeito e objeto, de Natureza e Espírito; é a identidade de certos contrários que, no fundo, não oferecem em sua presença real outra oposição que a de participar de modo diverso no próprio Absoluto. O Absoluto é o absolutamente unitário e idêntico, o que condiciona toda diferença e o que, ao desenvolver-se em uma série de potências, permite chegar ao ponto em que, como na Natureza, o objeto predomina sobre o sujeito ou em que, como no Espírito, esse predomínio se efetua em sentido inverso. Mas o Absoluto não perde, ao manifestar-se, nada de si mesmo; o que caracteriza cada uma das séries ou potências do Absoluto é sua direta participação neste, sua contínua suspensão no âmago de sua infinitude. Não há, portanto, produção do sujeito pelo objeto nem o inverso; não há passagem de um estado a outro com independência do Absoluto: todo o condicionado tem seu fundamento imediato e direto no incondicionado, em um

Absoluto único, indiferente, idêntico. Por isso nem a Natureza nem o Espírito têm uma maneira de ser completamente peculiar a cada um. Natureza e Espírito são ao mesmo tempo sujeito e objeto; na primeira se manifesta sempre um princípio vital que a faz sair de sua passividade; no segundo se revela um princípio natural que o impede de ser um puro ser para si mesmo. A filosofia, como intuição intelectual do Absoluto, deve oferecer o método de acesso à Natureza e ao Espírito em sua essencial identidade, porque conhecer o Absoluto é conhecer a Natureza e o Espírito, intuir a sucessão de suas respectivas potências. Cada uma das potências do Espírito corresponde a cada uma das potências da Natureza. Mas a forma mais perfeita de intuição intelectual é a forma da criação artística, que permite a passagem ao infinito mediante sua expressão no finito. O caráter romântico da filosofia da arte de Schelling se mostra não apenas em sua consideração da obra genial do artista como uma criação inconsciente e, ao mesmo tempo, profundamente reflexiva, como também, sobretudo, porque na arte chega a ser anulada toda aparente oposição e se revela da maneira mais pura e mais completa a identidade dos contrários no âmago do Absoluto. Isso ocorre, por exemplo, no organismo vivo, cujo aspecto objetivo fica englobado no aspecto subjetivo de sua vitalidade; isso também ocorre e muito especialmente na criação artística, que faz do passivo e do morto o que vive eternamente. Por isso a arte não é nada contrária à Natureza nem nada igual a ela; na arte o Absoluto intui-se a si mesmo, porque a arte, assim como o universo criado por Deus, tem igualmente algo de divino.

A fase final do pensamento de Schelling, que ele mesmo caracterizou como "positiva", não é uma negação do sistema da identidade, mas um esforço para inseri-lo em uma doutrina mais ampla que possa compreender também a religião. O panteísmo a que o havia conduzido a identificação do universo com o Absoluto dá lugar a uma concepção na qual o mundo finito é considerado como algo separado do Absoluto, como algo que se desprendeu dele em uma queda no pecado tornada possível por sua liberdade. Sua *Filosofia e religião* (1804) e sua *Investigação sobre a essência da liberdade humana* (1809) constituem a expressão desse pensamento fundamental, que se vincula intimamente com a mística alemã e com as especulações do neoplatonismo. Ao libertar-se do Absoluto, o finito cai no pecado, mas desde aquele momento começa sua aspiração por reincorporar-se ao Absoluto, reincorporação que se efetua mediante o grande ciclo da evolução natural e o processo histórico. Submerso o inteligível no sensível, a filosofia tem por missão narrar a grande epopéia de sua paulatina elevação à divindade. Deste modo a filosofia é transformada em explicação de uma teofania, e o universo em um autodesenvolvimento ou revelação de Deus. *As idades do mundo* (1811) têm de explicar justamente esse autodesdobramento, explicação que somente se tornará possível por meio de uma filosofia da mitologia, que considera a mitologia pagã, o cristianismo e uma nova mitologia como os momentos necessários no retorno do universo a Deus através da história. O próprio Deus é concebido como a evolução de uma oposição na qual ao Absoluto vazio do nada se contrapõe a plenitude do ser e na qual a síntese se opera pela união do ser e do nada na realidade divina.

A filosofia "positiva" era para Schelling uma filosofia empirista, não no sentido de partir dos fatos para induzir deles princípios, mas no sentido de que os princípios assentados como verdadeiros deviam ser confirmados pelos fatos. O mais importante dos "fatos" era para Schelling um fato livre, contingente e histórico: o da livre criação do mundo por Deus. A filosofia "negativa", tal como havia sido exposta pelos racionalistas, de Descartes a Hegel, partia de princípios *a priori* que não davam lugar para, nem razão de, liberdade e espontaneidade. Schelling não descartava por inteiro a filosofia negativa, mas considerava que devia ser incorporada a uma filosofia positiva. O autodesdobramento de Deus a que nos referimos no parágrafo anterior não é lógico, mas "mitológico" e "histórico". Deus tem três dimensões que, vistas filosoficamente, aparecem como a Substância, a Causa e o Espírito, e, vistas teologicamente, aparecem como as três pessoas da Trindade. As dimensões de Deus, uma vez atualizadas, se expressam em suas "potências". Por meio delas Deus cria o mundo, o qual foi eleito e produzido livremente.

Nem todos os intérpretes de Schelling estão de acordo sobre o caráter "positivo" ou "negativo" da "última filosofia" de Schelling. Walter Schulz julgou que Schelling se interessou principalmente pela filosofia negativa. Horst Fuhrmans destacou a importância da filosofia negativa. X. Tilliette enfatizou a constante contraposição entre as duas filosofias.

O pensamento de Schelling influenciou consideravelmente não só os círculos românticos, mas diversos setores da investigação natural. Como mais ou menos dependentes de Schelling se consideram: Henrik Steffens (VER), Lorenz Oken (VER) e Gotthilf Heinrich Schubert (1780-1860: *Abhandlungen einer allgemeinen Geschichte des Lebens,* 3 vols., 1806-1821; *Handbuch der Naturgeschichte,* 1813; *Altes und neues aus dem Gebiete der inneren Seelenkunde,* 1816; 2ª ed., 5 vols., 1817-1844; *Allgemeine Naturgeschichte,* 1826; nova ed. com o título: *Geschichte der Natur,* 3 vols., 1835-1837; *Die Geschichte der Seele,* 2 vols., 1830; 5ª ed., 1878, resumido em *Lehrbuch der Menschen- und Seelenkunde,* 1838; 2ª ed., 1842), que desenvolveu uma "simbólica da alma". Também está relacionado com Schelling o filósofo Franz Xavier von Baader (VER).

Entre os países em que a filosofia de Schelling exerceu considerável influência, além da Alemanha, destaca-se a Rússia. A chamada geração de 1820 (D. Velanski, discípulo do próprio Schelling e de L. Oken; A. I. Galitch, partidário de Solger na estética, e outros) foi grandemente influenciada pelo pensador alemão, em quem os citados filósofos russos viam um "libertador" capaz de voltar a ligar o mundo da Natureza com o da história. Discutiu-se, porém (A. Koyré, *La philosophie et le problème national en Russie au début du XIXe siècle*, 1929, cap. III), a propriedade do termo 'schellingismo' para caracterizar aqueles autores em vista do fato de que, com a exceção de Velanski, todos eles freqüentemente adotaram posições bastante diferentes das tomadas por Schelling ou por Oken. Em todo caso, qualquer que seja a decisão tomada a respeito, não se pode negar que Schelling exerceu influência considerável, ao menos nos inícios, inclusive naqueles que terminaram por negar suas principais teses. Ao fim e ao cabo, algo análogo ocorreu na Rússia com o hegelianismo: foi mais um ponto de partida que uma "escola", mas sua influência foi inegável.

⇒ Obras: títulos originais e datas de primeiras edições de suas principais obras: *Antiquissimi de prima malorum origine philosophematis explicandi tentamen criticum*, 1792 (dissertação de mestrado). — "Über Mythen, historische Sagen und Philosopheme der ältesten Welt" (publicado nos *Memorabilien* de Paulus, Fragmento V, 1793). — *De Marcione Paulinarum epistolarum emendatore*, 1795 (tese). — *Über die Möglichkeit einer Form der Philosophie überhaupt*, 1795 — *Vom Ich als Prinzip der Philosophie oder über das Unbedingte im menschlichen Wissen*, 1795. — "Philosophische Briefen über Dogmatismus und Kritizismus" (no *Philosophisches Journal*, de F. J. Niethammer, 1796). — *Allgemeine Übersicht der neuesten philosophischen Literatur* (*Id.*, 1796 e 1791; reimp. nos *Philosophische Schriften*, de 1809, com o título: *Abhandlungen zur Erläuterung des Idealismus der Wissenschaftslehre*). — *Erster Entwurf eines Systems der Naturphilosophie*, 1797. — *Ideen zu einer Philosophie der Natur*, I, 1797. — *Von der Weltseele. Eine Hypothese der höheren Physik zur Erklärung des allgemeinen Organismus*, 1798 (na ed. de 1806 foi anexado, ao anterior, o escrito *Über die Verhältnisse des Idealen und Realen in der Natur oder Entwicklung der ersten Grundsätze der Naturphilosophie an den Prinzipien der Schwere und des Lichts*). — *Einleitung zu einem Entwurf eines System der Naturphilosophie oder Über den Begriff der spekulativen Physik und die innere Organisation eines Systems dieser Wissenschaft*, 1799. — *System des transzendentalen Idealismus*, 1800. — "Allgemeine Deduktion des dynamischen Prozesses oder die Kategorien der Physik" (no *Zeitschrift für spekulative Physik*, ed. por Schelling, t. I, 1800). — "Darstellung meines Systems" (*Id.*, t. II, 1801). — *Bruno oder über das natürliche und göttliche Prinzip der Dinge*, 1802. — "Über den wahren Begriff der Naturphilosophie" (*Zeitschrift, etc.*, t. II, 1801). — "Fernere Darstellungen aus dem Systeme der Philosophie"

(*Neue Zeitschrift für spekulative Physik*, 1 [o único], 1802). — "Über das Verhältnis der Naturphilosophie zur Philosophie überhaupt" (publicado anonimamente no *Kritisches Journal der Philosophie*, 1802-1803, ed. por Schelling e Hegel). — *Vorlesungen über die Methode des akademischen Studiums*, 1803. — *Philosophie und Religion*, 1804. — *Darlegung des wahren Verhältnisses der Naturphilsophie zu der verbesserten Fichteschen Lehre, eine Erläuterungschrift der ersteren*, 1806. — "Philosophische Untersuchungen über das Wesen der menschlichen Freiheit und die damit zusammenhängenden Gegenstände" (nos *Philosophische Schriften*, 1809). — *Denkmal der Schrift Jacobis von den göttlichen Dingen und der ihm in derseblen gemachten Beschuldigung einer absichtlichen täuschenden Lüge redenden Atheismus*, 1812. — *Über die Gottheiten von Samothrake*, 1815. — *Vorrede zu Hubert Beckers Übersetzung einer Schrift Victor Cousins*, 1834 (este prólogo a uma tradução alemã de V. Cousin é significativo, como reconheceu Meyerson [*De l'explication dans les sciences*, 1921, Livro III, cap. 12], para a compreensão da filosofia de Schelling e do idealismo alemão em geral). — *Erste Vorlesung in Berlin*, 1841.

Correspondência: *Aus Schellings Leben in Briefen*, 3 vols., 1869-1870, ed. G. L. Plitt. — Outra ed. de cartas, 1891, ed. L. Trost e F. Leist. — *Briefe und Dokumente*, 4 vols., 1962 ss., ed. Horst Fuhrmans.

Biografia: X. Tilliette, *S. im Spiegel seiner Zeitgenossen*, 1974. — J. Kirchhoff, *F. W. J. von S. in Selbstzeugnissen und Bilddokumenten*, 1982.

Edição de obras: *Werke, Auswahl*, 3 vols., 1907, ed. Otto Weiss, com introdução de Arthur Drews. — As obras póstumas, incluindo o escrito sobre a origem da linguagem, a Introdução à filosofia da mitologia e à filosofia da revelação — importante para o conhecimento da última fase da "filosofia positiva", exposta nas lições de Berlim —, foram publicadas na edição de obras completas a cargo de seu filho, K. F. A. Schelling (sobretudo na Parte II): *Sämtliche Werke*, Parte I, 10 vols., 1856-1861; Parte II, 4 vols., 1856-1858. — Nova ed. reorganizada por Manfred Schröter, 13 vols. (6 vols. principais e 7 secundários), 1956-1962; 2ª ed., 1966 ss. — Edição das lições de Munique: *Schellings Münchener Vorlesungen zur Geschichte der neuen Philosophie und Darstellung des Empirismus*, 1902, reed. H. Fuhrmans, 4 vols., 1962. — Última ed.: *Historisch-kritische Ausgabe*, 80 vols., desde 1975, ed. Hans Michael Baumgartner, Hermann Krings e Hermann Zeltner (dividida em quatro secções: I. *Werke;* II. *Nachlass;* III. *Briefe;* IV. *Nachschriften*). — *Schellingiana Rariora*, ed. e introd. por Luigi Pareyson, 1977.

Em português: *Escritos filosóficos*, Os Pensadores, 1973. — *A essência da liberdade humana*, 1991. — *Investigações filosóficas sobre a essência da liberdade humana*, 1993. — Obras escolhidas, Os Pensadores, 1979.

Bibliografia por J. Jost (1927), continuada por G. Schneeberger, F. W. J. von Schelling. Eine Bibliographie, 1954. — H. Zeltner, S. — Forschung seit 1954, 1975. — D. Breazeale, "English Translations of Fichte, Schelling, and Hegel: An Annotated Bibliography", Idealistic Studies, 6 (1976), 279-297.

Ver: K. Rosenkranz, S., 1843. — L. Noack, S. und die Philosophie der Romantik, 1859. — Kuno Fischer, Geschichte der neueren Philosophie (vol. Schellings Leben, Werke und Lehre, 1872-1877; 4ª ed., 1923). — Schaper, Schellings Philosophie der Mythologie und der Offenbarung, 2 vols. I, 1893; II, 1894. — E. von Hartmann, Schellings philosophisches System, 1897. — Victor Delbos, De posteriore Schellingii philosophia quatenus Hegelianae doctrinae adversatur, 1902 (tese latina). — O. Braun, Schellingsgeistige Wandlungen in den Jahren 1800-1810, 1906. — W. Metzger, Die Epochen der schellingschen Philosophie von 1795 bis 1802, 1910. — Schertel, Schellings Metaphysik der Persönlichkeit, 1911. — É. Bréhier, S., 1912. — Paul Tillich, Mystik und Schuldbewusstsein in Schellings philosophischer Entwicklung, 1912. — H. Knittenmeyer, S. und die romantische Schule, 1929. — G. Decker, Die Rückwendung zum Mythos, Schellings letzte Wandlung, 1930. — Vladimir Jankélévitch, L'Odysée de la conscience dans la dernière philosophie de S., 1933. — Kurt Schilling, Natur und Wahrheit. Untersuchung über Entstehung und Entwicklung des Schellingschen Systems bis 1800, 1934. — Horst Fuhrmans, Schellings letzte Philosophie. Die negative und positive Philosophie im Einsatz des Spätidealismus, 1940. — Id., Schellings "Philosophie des Weltalters". Schellings Philosophie in den Jahren 1806-1821, zum Problem des Schellingschen Theismus, 1954. — S. dal Boca, La filosofia di S., 1940. — A. Massolo, Il primo S., 1943. — H. Zeltner, S., 1954. — W. Schulz, Die Vollendung des deutschen Idealismus in der Spätphilosophie Schellings, 1955. — K. Jaspers, S. Grösse und Verhängnis, 1955. — W. Heinrich, Schellings Lehre von den letzten Dingen, 1955. — E. Benz, S. Werden und Wirken seines Denkens, 1955. — W. Wielands, Schellings Lehre von der Zeit, 1956. — Giuseppe Semenari, Interpretazioni di S., I, 1958. — Anton Mirko Koktanek, Schellings Seinslehre und Kierkegaard. Mit Erstausgabe der Nachschriften zweier Schellingsvorlesungen von G. M. Mitterman und Søren Kierkegaard, 1962. — Adriano Bausola, Metafisica e rivelazione nella filosofia positiva di S., 1965. — Id., Lo svolgimento del pensiero di S.: Ricerche, 1969. — W. Kasper, Das Absolute in der Geschichte. Philosophie und Theologie der Geschichte in der Spätphilosophie Schellings, 1965. — Frederick O. Kile, Jr., Die theologischen Grundlagen von Schellings Philosophie der Freiheit, 1965. — Judith E. Schlanger, S. et la réalité finie: Essai sur la philosophie de la nature et de l'identité, 1966. — Paul Collins Hayner, Reason and Existence: Schelling's Philosophy of History, 1967. — Claudio Cesa, La filosofia politica di S., 1969. — Hans Czuma, Der philosophische Standpunkt in Schellings Philosophie der Mythologie und Offenbarung, 1969. — H. Holz, Spekulation und Faktizität. Zum Freiheitsbegriff des mittleren und späten S., 1970. — Xavier Tilliette, S.: Une philosophie en devenir, 2 vols., 1970 (I: Le système vivant, 1794-1821; II: La dernière philosophie, 1821-1854). — Arnaldo Petterlini, Esperienza e ragione nel primo S., 1972. — Jean-François Marquet, Étude sur la formation de la philosophie de S., 1973. — Barbara Loer, Das Absolute und die Wirklichkeit in Schellings Philosophie, 1974. — W. Hartkopf, Die Dialektik in Schellings Transzendental- und Identitätsphilosophie. Studien zur Entwicklung der modernen Dialektik, 1975. — A. Bausola, S., 1975. — R. Lauth, Die Entstehung von Schellings Identitätsphilosophie in der Auseinandersetzung mit Fichtes Wisseschaftslehre, 1975. — Harald Holz, Die Idee der Philosophie bei S. Metaphysische Motive in seiner Frühphilosophie, 1977. — Werner Marx, S. The Influence of Boehme on the Works of 1809-1815, 1977. — M. Buhr, V. Verra et al., S. Seine Bedeutung für eine Philosophie der Natur und der Geschichte, 1981, ed. L. Hasler [de um seminário Schelling, Zurique, 1979]. — E. Brito, La création selon S., 1987. — A. Gulyga, S. Leben und Werk, 1989. — H.-J. Sandkühler, ed., Natur und geschichtlicher Prozess, 1984 (com bibliografia). — B. Wanning, Konstruktion und Grundlage der Kunstphilosophie bei F. W. J. von S., 1985. — C. Esposito, Libertà dell'uomo e necessità dell'essere: Heidegger interpreta Schelling, 1988. — I. Falgueras, ed., Los comienzos filosóficos de Schelling, 1988 [Simpósio de Marbella, 30 de setembro a 2 de outubro de 1985]. C

SCHÉRER, EDMOND. Ver SABATIER, AUGUSTE.

SCHILLER, F[ERDINAND] C[ANNING] S[COTT] (1864-1937). Nascido em Altona (Alemanha), mudou-se ainda jovem para a Inglaterra, onde estudou na Universidade de Oxford. Foi professor visitante (1893-1897) na Universidade de Cornell (Ithaca, Nova York), Fellow (1897-1926) no Corpus Christi College, de Oxford, e professor (1929-1937) na Universidade da Califórnia do Sul (Los Angeles). Schiller iniciou sua meditação filosófica com uma concepção do mundo que já anunciava em parte seu posterior "humanismo". Schiller supunha que o universo é composto de existências individuais, de caráter monadológico, mas não chegava a esta conclusão por um exame racional da realidade, mas por um exame da existência humana e pelo estabelecimento de uma analogia entre ela e o resto das existências. O universo era concebido como o processo evolutivo de uma realidade que começou sendo de caráter caótico, sem harmonia e sem tempo, que passou logo a uma fase temporal na qual as mônadas evoluíram rumo à constituição de um cosmos pós-temporal no qual se conseguiu uma harmonia monadológica que, em vez de sacrificar as características das existências individuais, levou à plenitude cada uma delas. A formação do mundo e da matéria era explicada pela intervenção de um Deus que vencia a resistência à harmonia e que se expressava por um ato de vontade limitado pelo obstáculo. Schiller se opunha assim em todos os seus pontos ao absolutismo e ao idealismo clássicos; o mundo não era objeto de exame, mas resistência destinada a ser vencida e plasmada, de tal sorte que a noção de desejo e de postulado substituía por toda parte as supostas categorias do conhecimento. O trânsito desta concepção do mundo para o pragmatismo humanista é dado, sobretudo, pela resoluta acentuação dessa natureza feita na medida do homem. Este não pode dedicar-se a conhecer o que está mais além de sua realidade porque isso é uma pura potencialidade que ultrapassa todos os limites do conhecimento. Daí o pragmatismo e o "humanismo", termo pelo qual Schiller entende uma teoria pragmática da verdade que se aplica a todas as esferas da existência e que faz da verdade uma função do homem, das necessidades e dos desejos humanos, pois o homem trata, segundo Schiller, com um mundo imediatamente referido a ele e que só por ele tem sentido. De acordo com isso, Schiller sustenta a multiplicidade das verdades, conforme a individualidade do homem, e substitui o absolutismo de uma verdade ideal absoluta pelo princípio de Protágoras. O absolutismo desconhece o caráter da vida humana tanto quanto o caráter do próprio mundo, que só possui articulação e forma com relação ao homem. O humanismo de Schiller aparece, pois, como uma radicalização do pragmatismo, mas ao mesmo tempo como uma tentativa de salvar a diversidade e a descontinuidade dos fenômenos mediante a descrição fiel da realidade. Daí a conversão do instrumento que parecia mais apto para responder às exigências do idealismo — a lógica — num instrumento pragmático, próximo à vida e, em certo sentido, identificado com ela. Seguindo precedentes da lógica "prática", "viva" de Alfred Sidgwick (VER), Schiller assinala que, em vez de limitar-se a "reproduzir" as articulações metafísicas do real, a lógica é algo "usado" pelo homem, e o mais formal dela não escapa a esse seu destino ligado ao "uso". Como os "axiomas" foram convertidos por Schiller em "postulados", o instrumental lógico é transformado em expressão do valioso, termo pelo qual se deve entender o que é valioso "para" o homem. É verdade que o pragmatismo humanista de Schiller não significa, tal como o de James, mera relativização da verdade. Em primeiro lugar, se o verdadeiro é útil, nem todo o útil é verdadeiro. Em segundo lugar, a utilidade está vinculada a sua verificabilidade empírica e, portanto, não é mera posição individual arbitrária. Por fim, o que a redução da verdade à utilidade afirma é que não há uma intemporalidade da primeira, mas a submissão da verdade ao verdadeiro. Assim, o pragmatismo humanista de Schiller conduz a uma teoria do real como pura "atualidade", que contém dentro de si, como momentos seus, todas as possibilidades teóricas e, portanto, considera as proposições verdadeiras no sentido tradicional, especialmente do idealismo, como instantes de sua mais completa e radical realidade-verdade. As teorias de Schiller, que manteve uma estreita relação amistosa e filosófica com William James (embora a origem de suas doutrinas, e em grande parte o conteúdo delas, fossem diferentes), foram defendidas sobretudo por Howard V. Knox (nascido em 1868), que em suas obras *The Will to be Free* (1928) e *The Evolution of Truth and other Essays* (1930) radicalizou as concepções pragmatistas até sustentar que a liberdade é possível pelo fato da vontade e do exercício dela.

↪ Obras: *The Riddles of the Sphinx by a Troglodyte*, 1891. — *Humanism: Philosophical Essays*, 1903. — *Studies in Humanism*, 1907. — *Plato or Protagoras?*, 1908. — *Formal Logic*, 1912. — *Problems of Belief*, 1924. — *Tantalus or the Future of Man*, 1924. — *Eugenics and Politics*, 1926. — *Pragmatism* (verbete na *Encyclopaedia Britannica*, 14ª ed., 1929). — *Logic for Use: An Introduction to the Voluntarist Theory of Knowledge*, 1929. — *Social Decay and Eugenical Reform*, 1932. — *Must Philosophers Disagree? And other Essays in Popular Philosophy*, 1934. — *Our Human Truths*, 1939 (póstuma; ed. por Louise S. Schiller). — O primeiro trabalho pragmático-humanista de F. C. S. Schiller é: "Axioms as Postulates", publicado no volume *Personal Idealism*, ed. H. Sturt, 1902.

Depoimento acerca de sua filosofia no ensaio "Why Humanism?", *Contemporary British Philosophy. Personal Statements (First Series)*, 1924, ed. J. H. Muirhead.

Bibliografia: Herbert L. Searles e Allan Shields, *A Bibliography of F. C. S. Schiller*, 1969.

Ver: M. Johnston, *Truth according to Prof. Schiller*, 1934 (tese). — Stephen S. White, *A Comparison of the Philosophies of F. C. S. Schiller and J. Dewey*, 1940 (tese). — R. Abel, *The Pragmatic Humanism of F. C. S. Schiller*, 1955. — Kenneth Winetrout, *F. C. S. Schiller and the Dimensions of Pragmatism*, 1967. ↩

SCHILLER, FRIEDRICH [JOHANN CHRISTOPH] (1759-1805). Nascido em Marbach (Würtemberg). Sua biografia e sua obra pertencem fundamentalmente à história da literatura, mas diremos algumas palavras acerca de suas idéias, porque Schiller se distinguiu não apenas como poeta, mas também como pensador. Influenciado por Shaftesbury, por Leibniz e, sobretudo, por Kant, sustentou em suas reflexões morais e estéticas a doutrina que, sem negar a validade universal e absoluta do imperativo moral, procura integrar a ele o conteúdo sensível dado nas tendências naturais. Situado o homem entre a necessidade da Natureza e a liberdade da vontade, sua missão é, segundo Schiller, submeter a Natureza sem sacrificá-la, fazer da moralidade no homem uma segunda natureza arraigada em sua sensibilidade. Schiller vê no estado estético o estado mais valioso, mas o estético não consiste simplesmente numa possibilidade intermediária entre a necessidade e a liberdade, numa atenuação do rigorismo da lei moral pela liberdade inerente às formas da beleza; o estético é a condição da moralidade, a forma adotada pela conciliação do sensível e do moral. Dissolver o moral no sensível significaria destruir o fundamento da moralidade; querer submeter incondicionalmente o sensível ao moral equivaleria a negar a realidade concreta da tendência sensível; acentuar a oposição entre ambos representaria deixar sem solução o problema. Assim, pois, é necessário considerar o estado estético como um fundamento comum, como a possibilidade de uma conciliação que não exclui os contrários e que faz do homem um ser perfeito que converte o sensível e o limitado em infinito e eterno. Por isso o ideal do homem é o jogo (VER), em que o sensível é conformado pela legalidade dimanante da consciência; na atividade estética chega à culminação a harmonia do homem e da humanidade.

➲ Obras de interesse filosófico: *Versuch über den Zusammenhang der tierischen Natur des Menschen mit seiner geistigen*, 1785 (tese) *(Ensaio sobre a relação entre a natureza animal e a espiritual do homem). — Die Schaubühne als moralische Anstalt*, 1785 *(O teatro como instituição moral). — Philosophische Briefe*, 1786 *(Cartas filosóficas). — Was heisst und zu welchem Ende studiert man Universalgeschichte?*, 1789 [discurso de ingresso na Academia, Iena] *(Que significa a história universal e para que o homem a estuda?). — Über Anmut und Würde*, 1793 *(Da graça e da dignidade). — Über das Erhabene*, 1793 *(Do sublime). — Kallias oder über die Schönheit*, 1793 *(Calias ou da beleza). — Über den moralischen Nutzen ästhetische Erziehung des Menschen in einer Reihe von Briefen*, 1795 *(Cartas [ao Duque de Holstein Augustemburgo] sobre a educação estética do homem). — Über naive und sentimental Dichtung*, 1795-1796 *(Da poesia ingênua e da poesia sentimental).*

Edições de obras completas: Chr. G. Körner (12 vols., 1812-1815); K. Goedeke [ed. histórico-crítica] (15 vols., 1867-1876); L. Bellermann (2ª ed., 15 vols., 1922), reed. B. von Wiese (12 vols., 1936-1937); E. von den Hellen (16 vols., 1904-1905); O. Güntter e G. Witkowski [ed. histórico-crítica] (20 vols., 1909-1911); C. Höfer (22 vols., 1910-1926).

Correspondência com Goethe: H. Gräf e A. Leitzmann (3 vols., 1912); H. Amelung (3 vols., 1913; nova ed., 1934). — *Correspondência com W. von Humboldt*, 1830, 3ª ed., 1900. — *Correspondência com Körner*, 1973, ed. K. Berghahm. — *Gespräche (Conversas)*, ed. F. von Biedermann, 2ª ed., 1927.

Em português: *Cartas sobre a educação estética da humanidade*, 1992. — *A educação estética do homem*, 1995. — *Guilherme Tell*, 1974. — *Maria Stuart*, 1955. — *Poesia ingênua e sentimental*, 1991. — *Teoria da tragédia*, 1992.

Bibliografia: Wolfgang Vupuis, *S. — Bibliographie*, 2 vols. (I, 1893-1958, 1959; II, 1950-1963, 1965). — Herbert Marcuse, *S. — Bibliographie*, 1925.

Estudos biográficos: J. Minor, *S., sein Leben und seine Werke*, 2 vols., 1890. — M. Hecker e J. Petersen, *Schillers Persönlichkeit. Urteile der Zeitgenossen und Dokumente*, 3 vols., 1904-1909. — Richard Müller, *Studien zum heutigen Schillerbild*, 1962. — W. Hoyer, ed., *S. Leben dokumentarisch*, 1967.

Ver: Kuno Fischer, *S. als Philosoph*, 1858. — F. Überweg, *S. als Historiker und Philosoph*, 1884, ed. M. Brasch. — G. Geil, *Schillers Ethik und ihr Verhältnis zu der Kantischen*, 1888. — Id., *System von Schillers Ethik*, 1890. — F. A. Lange, *Einleitung und Kommentar zu Schillers philosophischen Gedichten*, 1897, ed. D. A. Elissen. — F. Volkmann, *Schillers Philosophie*, 1899. — Bruno Bauch, *S. und seine Kunst in ihrer erzieherischen Bedeutung für unsere Zeit*, 1905. — Victor Basch, *La poétique de S. Essai d'esthétique littéraire*, 1911. — E. C. Wilm, *The Philosophy of S. in Its Historical Relation*, 1912. — Rudolf Lehmann, *Die deutschen Klassiker: Herder — Schiller — Goethe*, 1921. — A. Littmann, *Schillers Geschichtsphilosophie*, 1926. — H. Cysarz, *S.*, 1934. — H. Glöckner, *S. als Philosoph*, 1941. — M. Gerhard, *S.*, 1950. — L. Gilde, *Schillers Geschichtsphilosophie*, 2 vols., 1959-1960. — E. Estiú, "S. y la experiencia filosófica del arte", em *Del arte a la historia en la filosofia moderna*, 1962, pp. 187-205. — A. Raabe, *Idealistischer Realismus. Eine genetische Analyse der Gedankenwelt F. Schillers*, 1962. — Deric Regin, *Freedom and Dignity: The Historical and Philosophical Thought of S.*, 1965. — Antimo Negri, *S. e la morale di Kant*, 1968. — Margaret C. Ives, *The Analogue of Harmony: Some Reflections on Schiller's Philosophical Essays*, 1970. — J. D. Simmons, *F. S.*, 1981. — P. J. Kain, *S., Hegel, and Marx: State, Society, and the Aesthetic Ideal of Ancient Greece*, 1982. — L. P. Wessel, *The Philosophical Background to F. S.s Aesthetics of Living Form*, 1982. — H. Reiner, *Duty and Inclination: The Fundamentals of Morality Discussed and Redefined with Special Regard to Kant and Schiller*, 1983. — L. Pareyson, *Etica ed estetica in S.*, 1983. — U. Tschierske, *Vernunftkritik und ästhetische Subjektivität. Studien zur Anthropologie F. S.s*, 1988. — W. Ranke, *Dichtung unter Bedingungen der Reflexion*, 1990. — L. Sharpe, *F. S.: Drama, Thought and Politics*, 1991. ☾

SCHLEGEL, FRIEDRICH VON (1772-1829). Nascido em Hannover, é uma das grandes figuras da literatura romântica alemã, mas também ocupa um lugar importante na história da filosofia, e especialmente das idéias estéticas. Limitar-nos-emos aqui a estes dois últimos aspectos.

Schlegel recebeu múltiplas influências filosóficas; entre elas se destacam as de Spinoza, Leibniz, Fichte, Schelling e Schiller. O último, sobretudo, levou Schlegel a suas reflexões filosóficas sobre a diferença entre o espírito clássico e o espírito romântico e sobre a preeminência do último. Para Schlegel, a consciência estética é a única que pode unir o mundo fenomênico ao mundo noumênico, que haviam sido separados por Kant e que se unificaram sob a égide dos grandes idealistas póskantianos. O artista, e especialmente o poeta, não tem de se submeter aos princípios que supostamente regem o mundo, porque podem transformá-lo. A rigor, o poeta cria mundos e com isso expressa a liberdade máxima. Schlegel desenvolveu o conceito romântico de ironia (VER) como expressão do impulso criador. A ironia romântica é um jogo constante que mescla a zombaria com a seriedade, que trata cada uma do ponto de vista da outra. A ironia é um jogo que não se entrega a nada; por meio dela o poeta se situa naquele ponto em que todas as formas, incluindo as estéticas, se dissolvem, não para desaparecer, mas para transformar-se em outras que se dissolvem por sua vez e assim ao infinito. A ironia poética é, na realidade, uma atividade divina.

Quando, em 1804, Schlegel se converteu ao catolicismo, encontrou nele não uma série de dogmas, mas a expressão da síntese que Schelling buscara entre o finito e o infinito. A concepção da história que Schlegel desenvolveu destaca a revelação de Deus no mundo por meio da Igreja. Esta revelação é católica no sentido especificamente religioso e católica também no sentido de ser universal. Não está confinada a nenhum povo ou a nenhuma cultura determinada. Como outros românticos, Schlegel se interessou grandemente pelos diferentes povos, culturas e línguas, incluindo "a língua e sabedoria dos indianos", sobre a qual escreveu uma de suas obras. Mas todos esses povos e línguas são aspectos de uma única comunidade e de uma única língua. No curso da história, Deus se revela ao homem e com isso se revela ao homem também a Natureza como um conjunto de símbolos. Deste modo se reconciliam o conhecimento e a crença, unidos por uma visão ao mesmo tempo estética e mística.

⊃ Obras filosóficas principais: *Philosophische Vorlesungen aus den Jahren 1803-1806* (1836) *(Lições filosóficas dos anos 1803-1806).* — *Vorlesungen über Philosophie der Geschichte,* 1829. — *Philosophische Vorlesungen, insbesondere über Philosophie der Sprache und des Wortes,* 1830 *(Lições filosóficas, especialmente sobre filosofia da linguagem e da palavra).*

Depoimento: E. Behler, *F. S. in Selbstzeugnissen und Bilddokumenten,* 1966.

Edições de obras completas: 10 vols., 1822-1825; 15 vols., 1845-1846, ed. Feuchtersleben. — Edição de primeiros escritos em prosa por J. Minor, 2 vols., 1882. — Edição de "fragmentos e idéias" por F. Deibel, 1905.

— Edição de novos escritos filosóficos publicados pela primeira vez por Josef Körner, 1935. — Edição crítica de obras: *Kritische F. S. Ausgabe,* 20 vols., ed. E. Behler, com a colaboração de H. Eichner e J.-J. Anstett, 1958 ss.

Em português: *Conversa sobre a poesia e outros fragmentos,* 1994. — *Conversas sobre a poesia,* s.d. — *O dialeto dos fragmentos,* 1997. — *A história do mago Merlim,* com D. Schlegel, 1993.

Ver a bibliografia do verbete ROMANTISMO; além disso: Paul Lerch, *Schlegels philosophische Anschauungen,* 1905 (tese). — F. Lederbogen, *F. Schlegels Geschtsphilosophie. Ein Beitrag zur Genesis der historischen Weltanschauung,* 1908. — Karl Enders, *F. S.,* 1913. — O. Mann, *Der jung F. S.,* 1932. — Rosa Feifel, *Die Lebensphilosophie F. Schlegels und ihr verborgener Sinn,* 1939. — H. Kalthoff, *Glauben und Wissen bei F. S.,* 1939. — J. Tautz, *Schlegels philosophische Anthropologie,* 1941 (tese). — B. Allemann, *Ironie und Dichtung,* 1956. — H. Nüsse, *Die Sprachtheorie F. Schlegels,* 1962. — Hans-Joachim Heiner, *Das Ganzhetsdenken F. Schlegels. Wissenssoziologische Deutung einer Denkform,* 1971. — Klaus Peter, *Idealismus als Kritik. F. Schlegels Philosophie der unvollendeten Welt,* 1973. — H. Reinhardt, *Integrale Sprachtheorie — Zur Aktualität der Sprachphilosophie von Novalis und F. S.,* 1976. — P. Klaus, *F. S.,* 1978. — K. Behrens, *F. S.s Geschtsphilosophie,* 1984. — C. Ciancio, *F. S. Crisi della filosofia e rivelazione,* 1984. — H. Schanze, *F. S. und die Kunsttheorie seiner Zeit,* 1985. C

SCHLEIDEN, MATHIAS JAKOB. Ver FRIES, JAKOB FRIEDRICH.

SCHLEIERMACHER, FRIEDRICH ERNST DANIEL (1768-1834). Nascido em Breslau e educado numa comunidade da seita protestante morávia dos "herrnhutianos", estudou teologia em Halle. Pregador em Berlim de 1796 a 1802, relacionou-se com o círculo romântico, posteriormente foi professor de teologia e filosofia em Halle e a partir de 1809, pregador na igreja da Trindade, de Berlim.

Platão, Spinoza, Jacobi e Kant foram alguns dos filósofos que influenciaram a formação do pensamento de Schleiermacher. Como freqüentemente ocorre na filosofia, a influência consistiu numa reação às teses ou à abordagem dos problemas dos citados filósofos. Assim, Schleiermacher partiu da questão levantada por Kant sobre a natureza da razão prática e a possível diferença entre ela e a teórica, mas se opôs a Kant por considerar que ele não levava suficientemente em conta nem a individualidade do sujeito nem o meio histórico em que o sujeito se move.

Para Schleiermacher, tem-se acesso ao conhecimento mediante a dialética (VER), que ele entendeu, num sentido aproximado ao platônico, como a marcha do pensamento rumo à identificação com o ser (verdadeiro). O conhecimento oferece dois aspectos: o saber em si mesmo, objeto da dialética transcendental, e o saber em formação ou processo, objeto da dialética formal. Sob estas duas formas, a dialética constitui a introdução a um possível sistema total do saber. A especulação e a dedução harmonizam-se neste sistema com a descrição e a indução.

Dentro desse sistema total do saber ocupa um lugar importante, senão privilegiado, o estudo do "fator ideal", isto é, a ética. Ao contrário do formalismo e do rigorismo kantianos, Schleiermacher propõe uma ética que, ao unir a lei natural com a moral, permite harmonizar a universalidade necessária da lei com o caráter individual. Esse caráter individual é, a seu modo, universal, pois sua aparente arbitrariedade é dissolvida no imperativo que ordena a cada indivíduo desenvolver-se plenamente a si mesmo, a esforçar-se pela realização de seu próprio ser. Schleiermacher divide a ética ou, melhor dizendo, a doutrina dos costumes, em teoria dos deveres, da virtude e dos bens. A doutrina dos costumes compreende em seu seio todas as formas das relações sociais e morais, e equivale, por conseguinte, a uma fundamentação ampla dos fatores ideais que concorrem para a formação e desenvolvimento do indivíduo e dos diferentes tipos de sociedade.

O ponto culminante e mais influente da doutrina de Schleiermacher é constituído por sua filosofia da religião. Em oposição ao voluntarismo, que reduz a religião à moral, e ao racionalismo, que a converte em metafísica ou em religião da razão, Schleiermacher acentua a importância do sentimento e da vivência íntima da religiosidade. O religioso constitui uma esfera própria e independente; a filosofia da religião é primordialmente filosofia do religioso, entendendo por esse termo o sentimento particular e íntimo, absolutamente irredutível, da vinculação a um ser infinito e superior. Não é, portanto, uma atividade como a que ocorre nas esferas da vontade e inclusive da razão, mas sim uma passividade, uma participação do ser inteiro do homem na fundamental vivência do religioso, que se converte deste modo em estrato básico da personalidade humana enquanto tal. A religião é propriamente o sentimento de dependência do limitado em relação ao ilimitado, do finito em relação ao infinito. Aquilo de que o homem depende é aquilo a que está vinculado por sua própria raiz: é o que carece absolutamente de contradições, é a identidade dos contrários, a divindade. O religioso é esta vinculação a Deus que nos faz sentir-nos partícipes do infinito e nos permite desta forma, por tal participação ou vinculação, desenvolver nossa individualidade. Por isso a religião não deve ter nada de dogmático; o dogma não é para Schleiermacher senão a periferia da vivência fundamental de dependência, a pura exterioridade a que conduz a pretensão de alcançar o conhecimento da essência e das propriedades de Deus. Mas Deus se torna acessível somente pela via da mística inefável, que é a manifestação superior do sentimento religioso. Entretanto, a impossibilidade do conhecimento racional de Deus não impede de senti-Lo como algo essencialmente ligado ao mundo, como o fundamento das contradições em que se debate o mundo, como síntese não só da pluralidade, mas também da unidade. A vivência religiosa torna inútil todo dogma, mas também todo milagre. O milagre não é mais que um sinal dessa vivência, não é um acontecimento objetivo, pois, na realidade, o milagroso é a própria inexorabilidade do acontecer natural. Schleiermacher, que em sua primeira época chegou até o máximo afastamento do dogma, procurou finalmente relacionar a tese do sentimento individual de dependência com o cristianismo histórico; no entanto, continuou referindo a dogmática de um modo direto a cada uma das vivências religiosas sem admitir que pudesse ficar independente das mesmas.

➲ Principais obras: *Über Offenbarung und Mythologie,* 1799 [ed. crítica, R. Otto, 5ª ed., 1926; O. Braun, 1920; H. Leisegang, 1924] *(Sobre revelação e mitologia).* — *Über die Religion. Reden an die Gebildeten unter ihren Verächtern,* 1799 *(Sobre a religião. Discurso aos homens ilustrados que a desprezam);* as eds. 2ª (1806) e 3ª (1821) contêm numerosas retificações e acréscimos. —*Monologen,* 1800 [ed. crítica, F. Schele, 1914; A. Messer, 1823]. — *Vertraute Briefe über F. Schlegels Lucinde,* 1800 (publicado anonimamente). — *Grundlinien einer Kritik der bisheringen Sittenlehre,* 1803 [ed. crítica, H. Mulert, 1908] *(Fundamentos de uma crítica da moral erigida até o presente).*— *Gelengtliche Gedanken über Universitäten im deutschen Sinn,* 1808 [ed. crítica, E. Spranger, 1910, e O. Braun, 1911] (Pensamentos ocasionais sobre Universidades no sentido alemão).— *Kurze Darstellung des theologischen Studiums zum Behuf einleitender Vorlesungen,* 1811; 2ª ed., ampliada, 1830, reimp., 1960 [ed. crítica, H. Scholz, 1910] *(Breve exposição do estudo da teologia).* — *Der christliche Glaube nach den Grundsätzen der evangelischen Kirche im Zusammenhange dargestellt,* 2 vols., 1821-1822; 2ª ed., refundida, 2 vols., 1830-1831 [ed. crítica, Carl Stange, I, 1910, nova ed. por Martin Redeker, 1960] *(Compêndio da fé cristã segundo os princípios da Igreja evangélica).* — Os *Sermões (Predigten)* apareceram em várias séries (I, 1801; II, 1803; III, 1814-1821; IV, 1820. Sermões dominicais, 1926, 1933). — Muitas obras de Schleiermacher, procedentes de manuscritos ou de suas aulas, só apareceram postumamente, na edição de suas obras completas ou nos escritos inéditos publicados, entre outros, por Dilthey; isso ocorre com *A Vida de Jesus,* com a *Dialética,* com os escritos de exegese e hermenêutica do Novo Testamento, com o escrito sobre os costumes cristãos, a teologia prática, a estética, a doutrina do Estado, da educação etc. — Algumas destas obras também foram editadas separadamente (como a *Dialektik,* ed. J. Halpers, 1903, e a *Hermeneutik,* ed. H. Kimmerle, 1959).

Edição de obras completas reimpressa várias vezes: Jonas e Schweitzer (30 vols., 1836-1864); está dividida em três partes (I. Escritos teológicos; II. Sermões; III. Escritos filosóficos e vários). — Em 1910-1913 apareceu uma edição de obra selecionadas a cargo de Otto Braun e J. Bauer, 4 vols. — Ed. crítica: *Kritische Gesamtausgabe*, a partir de 1981, ed. H.-J. Birkner, G. Ebeling, H. Fischer, H. Kimmerle, K.-V. Selge [5 secções: I, *Schriften und Entwürfe;* II, *Vorlesungen;* III, *Predigten;* IV, *Übersetzungen;* V, *Briefewechsel und biographische Dokumente*].

Correspondência: destaca-se a ed. realizada por L. Jonas e, após a morte deste, por W. Dilthey: *Aus Schleiermachers Lebens in Briefen*, I, 1858; II, 1858; III, 1861; IV, 1863.

Em português: *Hermenêutica*, 1999. — *Sobre a religião*, 2000.

Bibliografia: Terrence N. Tice, *S. Bibliography, with Brief Introductions, Annotations, and Index*, 1966. — G. U. Gabel, *S.: Ein Verzeichnis Westeuropäischer und Nordamerikanischer Hochschulschriften 1880-1980*, 1986.

Ver: J. Schaller, *Vorlesungen über S.*, 1844. — G. Weissenborn, *Vorlesungen über Schleiermachers Dialektik und Dogmatik*, 1847-1849. — R. Baxmann, *S., sein Leben und Wirken*, 1868. — P. Leo, *Schleiermachers philosophische Grundanschauungen nach dem metaphysischen Teil seiner Dialektik*, 1868 (tese). — Th. Hossbach, *S., sein Leben und Wirken*, 1868. — Wilhelm Dilthey, *Leben Schleiermachers*, vol. I, 1870; 2ª ed., aum., 1922; vol. II, ed. Martin Redeker, 1966 (reimpr. *Gesammelte Schriften*, v. 14, ap. I e II). — F. Krumbholz, *Schleiermachers Weltanschauung in den Monologen und die literarischphilosophischen Voraussetzungen dazu*, 1904 (tese). — R. Schütz, *Die Prinzipien der Philosophie Schleiermachers*, 1905 (tese). — E. Craumaussel, *La philosophie religieuse de S.*, 1909. — E. Tröltsch, A. Titius, P. Natorp, P. Hensel, S. Eck e M. Rade, *S., der Philosoph des Glaubens*, 1910. — Wilhelm Loew, *Das Grundproblem der Ethik Schleiermachers in seiner Beziehung zu Kants Ethik*, 1914 [*Kantstudien*. Erganz., 31]. — J. Wendland, *Die religiöse Entwicklung Schleiermachers*, 1915. — H. Mulert, *S.*, 1918. — Gustav Carstensen, *Individualitatstanken hos S.*, 1924. — H. Meiner, *Schleiermachers Lehrjahre*, 1934. — Johannes Neumann, *S. Existenz, Ganzheit, Gefühl als Grundlagen seiner Anthropologie*, 1936. — Richard B. Brandt, *The Philosophy of S.: The Development of His Theory of Scientific and Religious Knowledge*, 1941. — F. Flückiger, *Philosophie und Theologie bei S.*, 1947. — K. M. Beckmann, *Der Begriff der Härasie bei S.*, 1959. — P. H. Jørgensen, *Die Ethik Schleiermachers*, 1959. — Paul Seifert, *Die Theologie des jungen S.*, 1960. — William A. Johnson, *On Religion: A Study of Theological Method in S. and Nygren*, 1964. — Bruno Laist, *Das Problem der Abhängigkeit in Schleiermachers Bildungslehre*, 1965. — Martin Redeker, *F. S. Leben und Werk (1768-1834)*, 2 vols., 1968. — G. Vattimo, *S.: Filosofo dell'interpretazione*, 1968. — Marianna Simon, *La philosophie de la religion dans l'oeuvre de S.*, 1974. — F. Wagner, *Schleiermachers Dialektik. Eine kritische Interpretation*, 1974. — M. Frank, *Das individuelle Allgemeine — Textstrukturierung und Textinterpretation nach S.*, 1977. — H.-R. Reuter, *Die Einheit der Dialektik F. S.s Eine systematische Interpretation*, 1979. — A. L. Blackwell, *S.'s Early Philosophy of Life: Determinism, Freedom and Phantasy*, 1982. — G. Scholtz, *Die Philosophie S.s*, 1984. — Vários autores, *F. S. 1768-1834*, 1985. — K. Nowak, *S. und die Frühromantik*, 1986. — W. H. Pleger, *S.s Philosophie*, 1988. **C**

SCHLICK, MORITZ (1882-1936). Nascido em Berlim, estudou física na Universidade desta cidade, doutorando-se em 1904. Foi "professor extraordinário" (1917-1921) e professor titular (1921-1922) na Universidade de Kiel, e (de 1922 até sua morte) na Universidade de Viena. Morreu assassinado na Universidade por um estudante, sem que até hoje se conheça o motivo.

Schlick reagiu contra as tendências vigentes na filosofia alemã de seu tempo — principalmente o neokantismo e a fenomenologia — e se interessou pelo tipo de análise e filosofia da ciência praticado, entre outros, por Ernst Mach. Influenciado pelos desenvolvimentos da matemática e da física, por Russell, Carnap e pelo *Tractatus* de Wittgenstein, contribuiu de modo muito importante para a formação do Círculo de Viena (ver VIENA [CÍRCULO DE]) e às vezes é até mesmo considerado como seu "fundador".

É costume identificar-se os pontos de vista de Schlick com os do positivismo (ver) lógico ou neopositivismo (ver) em sua época de máximo auge, isto é, em sua forma mais direta e até agressiva. Schlick às vezes foi criticado pela inflexibilidade em seus pontos de vista em comparação com a dose de autocrítica que manifestaram outros membros do Círculo de Viena.

Duas coisas, porém, devem ser levadas em conta. Uma é que a identificação de Schlick com o Círculo de Viena e o positivismo lógico tem a ver com a atitude — e, em seu caso, com efeito, era uma atitude sem compromisso —, mas não necessariamente com os detalhes dos pontos de vista filosóficos adotados. Outra é que, por sua morte prematura, Schlick não pôde submeter as teses positivistas ao escrutínio crítico que levou outros positivistas a modificá-las às vezes substancialmente e, em alguns casos, a abandoná-las.

Schlick defendeu o critério de verificação (VER) na forma chamada "forte". Isso excluía não apenas toda tese metafísica e ainda toda tomada de posição filosófica do tipo do idealismo ou realismo, incluindo o realismo crítico que havia abraçado primitivamente, mas inclusive uma parte considerável das proposições que deviam ser consideradas como legitimamente científicas.

Isso poderia ter conduzido — e de fato conduziu — a mudanças no critério de verificação, mas Schlick não pensava que fossem necessárias mudanças nesse critério, mas sim na interpretação dada às proposições científicas de referência. Estas apresentam problemas somente quando se pretende determinar se se aplicam ou não a fenômenos reais. Mas este problema, ou "pseudoproblema", filosófico é eliminado quando se adota, como fez Schlick, um ponto de vista amplamente convencionalista. O que importa é ater-se às regras da linguagem usada. Poder-se-ia alegar que se for assim não há razão para não introduzir teses metafísicas, mas Schlick julgou que estas teses se expressam numa linguagem que não tem sentido por serem inverificáveis suas proposições, e que, ainda que tivesse sentido, seria inaceitável por pretender falar acerca do que constitui as realidades. A especificação das condições de verdade ou falsidade das proposições usadas em cada caso é fundamental para evitar que as proposições sejam pseudoproposições ou careçam por inteiro de sentido.

Assim, o principal trabalho de Schlick como positivista lógico foi o de uma análise da linguagem. O principal norte dessa análise foi a noção de verificação empírica ou possível contrastabilidade.

Schlick se interessou por questões éticas e axiológicas à luz dos pontos de vista esboçados acima, concluindo que as expressões éticas descrevem atitudes daqueles que as usam. Defendeu uma atitude eudemonista, cujo princípio máximo reza: "Aumenta tua felicidade", considerando que este princípio é um enunciado empírico.

➲ Obras: *Lebensweiheit*, 1908 *(Sabedoria da vida)*. — *Raum und Zeit in der gegenwärtigen Physik*, 1917 *(Espaço e tempo na física atual*, 1931) — *Allgemeine Erkenntnislehre*, 1918; 2ª ed., 1925 *(Teoria geral do conhecimento)*. — "Erleben, Erkennen, Metaphysik", *Kantstudien*, 31 (1926), 146-158 ("Vivência, conhecimento, metafísica"). — "Die Wende der Philosophie", *Erkenntnis*, I (1930-1931), ("A virada da filosofia"). — *Fragen der Ethik*, 1930 *(Questões de ética)*. — "Die Kausalität in der gegenwärtigen Physik", *Die Naturwissenschaften*, 10 (1931) ("A causalidade na física atual"). — "Positivismus und Realismus", *Erkenntnis*, 3 (1932-1933), 1-31 ("Positivismo e realismo"). — "Über das Fundament der Erkenntnis", *Erkenntnis*, 4 (1934), 79-99 ("Sobre o fundamento do conhecimento"). — "Philosophie und Naturwissenschaft", *Erkenntnis*, 4 (1934), 379-390 ("Filosofia e ciência natural"). — Os artigos citados foram compilados no volume *Gesammelte Aufsätze (1926-1936)*, 1938; reed., 1969, ed. por F. Waismann. Também postumamente foram publicados *Gesetz, Kausalität und Wahrscheinlichkeit*, 1938 *(Lei, causalidade e probabilidade)* e o *Grundriss der Naturphilosophie*, 1948, ed. Walter Hollitscher e Josef Rauscher (trad. ingl. do manuscrito, não terminado quando da morte do autor: *Philosophy of Nature*, 1949). — *Philosophical Papers*, 2 vols., 1978-1979 (I, 1909-1922; II, 1925-1936), ed. H. L. Mulder e B. v. de Velde Schlick (com bibliografia).

Ver: Leônidas Hegenberg, "A Realidade para M. S.", *Revista Brasileira de Filosofia*, n° 49 (1963), 71-88. — N. Gonçalves Gomes, *Zur Erkenntnistheorie und Ethik von M. S.*, 1975 (tese). — VV.AA., *S. und Neurath: Ein Symposion*, 1982, ed. R. Haller. — E. T. Gadol, ed., *Rationality and Science*, 1982 [Homenagem a S.]. — *Synthese*, 64 (1985), número especial dedicado a Schlick; reed. Como volume por B. McGuinness, ed., *M. S.*, 1985.

Ver também bibliografia de Viena (Círculo de). C

SCHLIEPHAKE, THEODOR. Ver Krausismo.

SCHMID, HEINRICH JOHANN THEODOR. Ver Fries, Jakob Friedrich.

SCHMID, KARL CHRISTIAN ERHARD. Ver Kantismo.

SCHMIDT, HEINRICH. Ver Haeckel, Ernest.

SCHMIED-KOWARZICK, WALTHER. Ver Dilthey, Wilhelm.

SCHMITT, CARL (1888-1985). Nascido em Plettenburg, foi professor em Greifswald (1921-1922), Bonn (1922-1928), Escola Superior de Comércio de Berlim (1928-1933), Colônia (1933-1934) e na Universidade de Berlim (a partir de 1934). Influenciado pelas doutrinas organicistas do Direito e do Estado, Schmitt desenvolveu uma teoria jurídica e sociológica, considerada como uma das bases ideológicas do nacional-socialismo alemão. São importantes nas doutrinas de Carl Schmitt a distinção entre "amigo" e "inimigo" e o conceito de "decisão". Segundo Schmitt, toda a vida política é determinada pela mencionada distinção; "amigo" e "inimigo" não são simplesmente dois grupos, mas duas "categorias", independentes de quaisquer outras, mas ao mesmo tempo fundamento de todas as outras. Em vista delas se constituem os Estados, cuja soberania é absoluta e independente de quaisquer outros grupos. Fundamento do Estado é a "decisão" enquanto determinação soberana do tipo de unidade política que se adota. O Estado não se funda no Direito, mas ao contrário: o Direito procede do Estado. Contra o liberalismo e o normativismo, Schmitt apregoa, portanto, um "decisionismo político", baseado na vontade de uma comunidade para formar um Estado. A comunidade (ou "povo") e o Estado não são para Schmitt dois agrupamentos distintos, sequer formalmente, mas são o mesmo agrupamento hierarquicamente articulado em diversas ordens concretas, que formam uma pirâmide em cujo vértice se encontra o "chefe" representando a vontade geral e cumprindo no curso da história a "decisão fundamental".

➲ Principais obras: *Über Schuld und Schuldarten, eine terminologische Untersuchung*, 1910 (tese) *(Sobre culpa e formas da culpa: investigação terminológica).* — *Gesetz und Urteil,* 1912 *(Lei e juízo).* — *Der Wert des Staates und die Bedeutung des Einzelnen,* 1914 *(O valor do Estado e a significação do indivíduo).* — *Politische Romantik,* 1919; 2ª ed., 1925. — *Die Diktatur. Von den Anfängen des modernen Souveränitätsgedankens bis zum proletarischen Klassenkampf,* 1921; 2ª ed., 1928 *(A ditadura. Dos inícios do moderno conceito de soberania à luta de classes proletária).* — *Politische Theologie,* 1922; 2ª ed., 1934. — *Römische Katholizismus und politische Form,* 1923; 2ª ed., 1925 *(Catolicismo romano e forma política).* — *Der Begriff des Politischen,* 1927; 2ª ed., 1932; 3ª ed., 1933 *(O conceito do político).* — *Volksentscheid und Volksbegehren,* 1927 *(Decisão popular [nacional] e demanda popular [nacional]).* — *Verfassungslehre,* 1928 *(Teoria da constituição).* — *Legalität und Legimität,* 1932 *(Legalidade e legitimidade).* — *Staat, Bewegung, Volk. Die Dreigliederung der politischen Einheit,* 1933 *(Estado, Movimento, Povo. A tríplice articulação da unidade política).* — *Über die drei Arten des rechtswissenschaftlichen Denkens,* 1934 *(Sobre as três ordens do pensamento científico-jurídico).* — *Der Leviathan in der Staatslehre des Thomas Hobbes,* 1938 *(O Leviatã na teoria de Th. H.).* — *Positionen und Begriffe im Kampf mit Weimar, Genf, Versailles, 1923 bis 1939,* 1940 *(Posições e conceitos na lutra contra Weimar, Genebra, Versalhes).* — *Ex captivitate salus. Erfahrungen der Zeit 1945-1947,* 1950. — *Der Nomos der Erde im Völkerrecht des Jus Publicum Europaeum,* 1950 *(Nomos da Terra no Direito das gentes: o Jus Publicum Europaeum).* — *Theorie des Partisanen. Zwischenbemerkung zum Begriff des Politischen,* 1963. — Além disso, inúmeras colaborações, especialmente no *Archiv für Sozialwissenschaft und Sozialpolitik* [onde apareceu originalmente *Der Begriff des Politischen*].

Ver: E. Forsthoff, *Der totale Staat,* 1933. — Hans Krupa, *C. Schmitts Theorie des "Politischen"*, 1937. — P. Schneider, *Ausnahmezustand und Norm. Eine Studie zur Rechtslehre von C. S.,* 1957. — Ch. Graf v. Krockow, *Die Entscheidung — Eine Untersuchung über Ernst Jünger, C. S., Martin Heidegger,* 1958. — H. Hoffmann, *Legitimität gegen Legalität. Der Weg der politischen Philosophie C. S.s,* 1964. — H. Hansen, H. Lietzmann, eds., *C. S. und die Liberalismuskritik,* 1988. — M. Kaufmann, *Recht oder Regel? Die philosophischen Prinzipien in C. S.s Staats- und Rechtslehre,* 1988. — B. Rüthers, *C. S. im Dritten Reich. Wissenschaft als Zeitgeist-Verstärkung?,* 1989. — V. Holczhauser, *Konsens und Konflikt. Die Begriffe des Politischen bei C. S.,* 1990. **C**

SCHMITZ, HERMANN. Ver SISTEMA.

SCHNEID, MATHIAS. Ver NEO-ESCOLÁSTICA.

SCHOLZ, HEINRICH (1884-1956). Nascido em Berlim, estudou em Berlim e Erlangen. Foi professor de teologia e de filosofia da religião em Breslau (1917-1919), de filosofia em Kiel (1919-1928) e Münster (1928-1943) e de lógica e matemática e teoria dos fundamentos (a partir de 1943) também em Münster.

Scholz se distinguiu primeiro por seus estudos em filosofia da religião, em parte na mesma direção de Rudolf Otto (VER) de descrição de vivências religiosas e análise do significado dessas vivências. Depois se interessou cada vez mais pela lógica, cujo estudo considerou central para a filosofia. Scholz impulsionou muito o estudo da lógica matemática, fundando um centro de estudos dessa lógica em Münster que se transformou num dos principais centros de pesquisa lógica. Scholz se opôs às tendências metafísicas vitalistas e irracionalistas, mas sem por isso considerar que a metafísica devia ser eliminada, como propunham os neopositivistas. Contra irracionalistas e positivistas ao mesmo tempo defendeu a necessidade de fundar uma metafísica como "ciência rigorosa". Essa metafísica se baseia na lógica, mas na medida em que a própria lógica leve em conta as questões fundamentais de ordem ontológica. Essa metafísica como ciência rigorosa é, segundo Scholz, uma continuação do pensamento dos grandes filósofos, como Platão, Aristóteles, Descartes, Leibniz, Bolzano, que entrelaçaram lógica e metafísica numa trama rigorosamente científica. A filosofia como metafísica rigorosa é uma *mathesis universalis* que investiga os mundos possíveis. A ela se sobrepõe uma filosofia real ou do mundo real, uma filosofia do mundo real físico e uma filosofia do espírito humano.

➔ Principais obras: *Christentum und Wissenschaft in Schleiermachers Glaubenslehre. Ein Beitrag zum Verständnis der Schleiermacherschen Theologie,* 1909 (tese); 2ª ed., 1911 *(Cristianismo e ciência na dogmática de S. Contribuição a uma compreensão da teologia schleiermacheriana).* — *Glaube und Unglaube in der Weltgeschichte. Ein Kommentar zu Augustins* De Civitate Dei, *mit einem Excurs:* Fruitio Dei, *ein Beitrag zur Geschichte der Theologie und der Mystik,* 1911 [escrito de "habilitação" em Berlim] *(Fé e falta de fé na história universal. Comentário a* De C. Dei, *de Agostinho... Contribuição à história da teologia e da mística).* — *Das Wesen des deutschen Geistes,* 1917 *(A essência do espírito alemão).* — *Der Unsterblichkeitsgedanke als philosophisches Problem,* 1920; 2ª ed., 1922 *(A idéia de imortalidade como problema filosófico).* — *Religionsphilosophie,* 1921; 2ª ed., 1922; reimp., 1963. — *Die Religion des Als-Ob. Eine Nachprüfung Kants und des idealistischen Positivismus,* 1921 [antes em *Annalen der Philosophie,* 1 (1919), 27-112, e 3 (1921-1923), 1-72] *(A religião do "Como si". Exame de Kant e do positivismo idealista).* — *Eros und Caritas. Die platonische Liebe und die Liebe im Sinne des Christentums,* 1929 *(Eros e Charitas. O amor platônico e o amor no sentido do cristianismo).* — *Geschichte der Logik,* 1931 [Geschichte der Philosophie in Längschnitten], reimp. com o título

Abriss der Geschichte der Logik, 1959; 3ª ed., 1966 *(História da Lógica).* — *Die sogenannten Definitionen durch Abstraktion. Eine Theorie der Definitionen durch Bildung von Gleichheitsverwandtschaften,* 1935 [em colaboração com Hermann Schweitzer] *(As chamadas "definições por abstração". Teoria das definições mediante formação de afinidades).* — *Ein neuer Vollständigkeitsbeweis für das reduzierte Fregesche Axiomensystem des Aussagenkalküs,* 1937 [em colaboração com Hans Hermes] *(Nova prova de completude para o sistema axiológico de Frege do cálculo proposicional).* — *Was ist Philosophie? Der erste und der letzte Schritt auf dem Wege zu ihrer Selbstbestimmung,* 1940 *(Que é a filosofia? Primeiro e último passo no caminho de sua própria determinação).* — *Fragmente eines Platonikers,* 1941 *(Fragmentos de um platônico).* — *Metaphysik als strenge Wissenschaft,* 1941 *(A metafísica como ciência rigorosa).* — *Vorlesungen über die Grundzüge der mathematischen Logik,* 2 vols., 1949; 2ª ed., 1950 [com a colaboração de G. Hasenjaeger et al.] *(Lições sobre as bases da lógica matemática).* — *Mathematische Logik,* I, 1; 2ª ed., Heft 1, 1952 [em colaboração com Hans Hermes]. — *Grundzüge der mathematischen Logik,* 1961 [em colaboração com Gisbert Hasenjaeger] *(Bases da lógica matemática).* — *Mathesis universalis. Abhandlungen zur Philosophie als strenger Wissenschaft,* 1961, ed. H. Hermes, F. Kambartel, J. Ritter [com bibliografia de H. S., pp. 453-462]. **G**

SCHOPENHAUER, ARTHUR (1788-1860). Nascido em Danzig. Dedicado primeiramente ao comércio por insistência do pai, abandonou-o assim que este faleceu e cursou filosofia nas Universidades de Göttingen e Berlim. *Privatdozent* nesta última cidade em 1820, mas sem conseguir o êxito esperado, viajou durante longo tempo pela Alemanha e pela Itália, retirando-se em 1831 para Frankfurt, onde permaneceu até morrer. O caráter pessoal da filosofia de Schopenhauer e sobretudo sua oposição ao hegelianismo então triunfante fizeram com que apenas em meados do século ela tivesse alguma repercussão, especialmente em seus aspectos ético e estético. Schopenhauer rejeita o método e o conteúdo da filosofia romântica, mas se opõe com a mesma energia ao racionalismo entendido no sentido do Iluminismo. A razão como análise intelectual não passa de uma derivação da intuição primária, genial, absoluta. Baseando-se explicitamente em Kant e em Platão, assim como na especulação metafísico-religiosa do budismo, declara que o mundo tal como é dado é somente representação. Mas essa tese ainda não é uma explicação do mundo; significa que os objetos do conhecimento não têm uma realidade subsistente por si mesma, pois são meramente o resultado das condições gerais de sua possibilidade: o espaço, o tempo e a causalidade, e, em última análise, esta última, único resíduo da tábua kantiana das categorias. A causalidade enquanto tal se manifesta como fundamento ou razão suficiente (VER) na relação que encadeia as impressões sensíveis e que, portanto, se refere ao acontecer no reino inorgânico e orgânico da Natureza; na relação lógica com que são encadeados os juízos do entendimento; nas intuições puras da continuidade (espaço) e da sucessão (tempo); nas motivações dos atos voluntários do sujeito. Estes quatro aspectos da causalidade são as quatro raízes do princípio de razão suficiente, a categoria geral que sintetiza todas as formas da intuição e que fundamenta toda diferença pois esta não é mais que uma aparência, uma manifestação da realidade única, da verdadeira coisa em si, do fundamento do mundo: a Vontade (VER).

A representação é, por conseguinte, o mundo tal como é dado, em sua inconsistência, em sua enganosa e aparente multiplicidade. Perguntar-se pela realidade verdadeira e única é perguntar-se pelo que se encontra por trás da aparência, pelo que depende apenas de si mesmo, pelo Absoluto. A primeira resposta a esta pergunta é o resultado de uma intuição de si mesmo, de uma experiência interna na qual o sujeito interrogante se conhece como vontade. A passagem do mundo como representação para o mundo como Vontade é constituída pela intuição da própria vontade do sujeito, primeiro estádio no caminho que conduz à generalização da Vontade única como o ser verdadeiro. O corpo do sujeito se revela como expressão da Vontade, como sua manifestação ou, melhor dizendo, como sua objetividade, pois a Vontade se oferece como essência em seus diferentes órgãos. Essa Vontade é, em princípio, irracional; a interferência da vontade com o entendimento nas motivações não é razão suficiente para ignorar a fundamental irracionalidade e cegueira do impulso volitivo, que é inexplicável porque possui somente em si o fundamento de sua explicação. E, por outro lado, a revelação da Vontade no sujeito é simplesmente um caso da manifestação da Vontade no mundo; a Vontade como princípio independente, irredutível, como ser que possui em si seu princípio de razão suficiente, é ao mesmo tempo a essência de todas as coisas, o que faz com que todas as coisas sejam unicamente suas objetivações. Schopenhauer tenta mostrar em toda parte a presença da Vontade: nas formas inferiores da Natureza inorgânica, em que a individualidade ainda não se formou e nas quais impera o mecanicismo da lei causal; nas formas da Natureza orgânica, que respondem aos estímulos de um modo inconsciente; nas formas superiores da consciência, em que a causa mecânica e o estímulo são substituídos pelo motivo, e nas quais o mundo é dado simultaneamente "como vontade e como representação". A Vontade é única e absoluta; a representação, em contrapartida, é a imagem do mundo como uma pluralidade que tem sua causa no espaço e no tempo, que são, segundo Schopenhauer, os verdadeiros princípios de individuação (VER).

A mencionada pluralidade das aparências se atenua, no entanto, ao se agruparem as coisas em gêneros e ao constituírem uma hierarquia que vai do inorgânico à consciência que o sujeito tem de si mesmo. Os gêneros que compreendem essas agrupações são identificados por Schopenhauer com as idéias de Platão. São, portanto, tipos eternos em meio ao contínuo devir das coisas, são, por assim dizer, seres intermediários entre a absoluta unidade da Vontade e a aparente pluralidade do mundo. Nas idéias se manifesta o que é unitário no conjunto dos grupos de fenômenos da Natureza: são as forças não submetidas nem ao tempo nem ao espaço; são o que resulta quando a Vontade se objetiva nos distintos graus do ser. A contemplação das idéias é o que permite ao homem, como sujeito possuidor de vontade, desligar-se pouco a pouco da irracionalidade desta, da dor que a Vontade produz ao consistir num afã perpétuo jamais satisfeito. A Vontade é a origem de toda dor e de todo mal; querer é primordialmente querer viver, mas a vida não é nunca algo completo e definitivo. O que às vezes apazigua momentaneamente este perpétuo afã de vida é simplesmente a falta de consciência, o desconhecimento do caráter essencialmente insatisfatório e irracional do impulso volitivo. Mas a consciência, que descobre de modo tão claro a dor de viver, é por sua vez o caminho que conduz à sua supressão. Essa supressão se efetua por uma série de fases que vão desde a contemplação das idéias até a negação consciente da vontade de viver. A contemplação desinteressada das idéias é um ato da intuição genial artística. O homem vulgar permanece sempre ante o mundo como um ser inconsciente, que busca, sem conseguir, a satisfação de seus apetites vitais; o artista, em compensação, chega por meio da arte à contemplação das primeiras objetivações da Vontade e, com isso, a seu domínio. A arte revela as idéias eternas mediante de vários graus, que passam sucessivamente pela arquitetura, escultura, pintura, poesia lírica, poesia trágica, música. Esta última já é quase uma revelação da vontade mesma, pois está além de toda representação espacial; é a expressão do sentimento tal como é em si mesmo sem a vinculação aos motivos que o produziram, a pura abstração da dor e da alegria e, por conseguinte, a libertação do mal da Vontade por sua serena visão e seu domínio.

No entanto, a arte é um lenitivo momentâneo. Superior a ele é o que constitui o objeto da ética do pessimismo, o último e superior estádio no caminho da libertação da dor: o conhecimento de si mesmo como conhecimento da identidade essencial de tudo o que é. A vontade no homem é, antes de tudo, um constante afã de viver, um perpétuo desejo de satisfazer os apetites vitais. Este afã converte a vontade individual em egoísmo. Por causa desse egoísmo se torna necessária a proteção de cada qual frente a toda possível injustiça. Nascem então o Direito e o Estado, não como manifestações da justiça, mas como um instrumento contra as conseqüências do egoísmo humano, pois se o medo da punição impede a injustiça, seu móvel não é a defesa do justo. Na vida egoísta subsiste a aparência da pluralidade, mas o egoísmo é superado no conhecimento da realidade verdadeira, da unidade todos os seres. Por ser, no fundo, idêntico cada um a todos os demais, pode cada qual sentir em si mesmo, com a mesma intensidade, a dor alheia, pode padecer *com* o próximo no ato da compaixão (VER). Dor alheia e dor própria são aparências de uma dor única. A compaixão já é quase a supressão da dor do mundo pela vontade de viver. Essa negação é, na realidade, o conhecimento perfeito da servidão da vontade. Só porque a Vontade chegou a adquirir consciência completa de si mesma, pode renunciar a si mesma, cifrar toda a sua aspiração na resignação, no ascetismo, no auto-aniquilamento, na imersão pura no nada. Schopenhauer relaciona essa negação da vontade de viver à noção budista do nirvana, em que cada ser volta finalmente à identificação com o todo e, portanto, à supressão de sua individualidade. Só neste estado de supressão da individualidade podem o sábio e o asceta alcançar a tranqüilidade completa e definitiva. Desde seu fundo obscuro e irracional, a Vontade chega ao nada pelo caminho de sua própria renúncia.

A filosofia de Schopenhauer, com sua consideração da intuição artística e da música, assim como por sua moral do pessimismo, foi influente sobretudo na poesia e na arte. Partidários entusiastas de Schopenhauer foram em seus primeiros tempos Richard Wagner e Friedrich Nietzsche, que o considerou o verdadeiro educador de sua geração. Entre os pensadores mais diretamente influenciados por Schopenhauer encontram-se: Julius Fraeunstädt [1831-1879: *Briefe über die Schopenhauersche Philosophie*, 1854, reimp., 1972 *(Cartas sobre a filosofia de Schopenhauer); Neue Briefe über die Schopenhauersche Philosophie*, 1876, reimp., 1972 *(Novas cartas sobre a filosofia de Schopenhauer)*], Julius Bahnsen (VER), Philipp Mainländer (VER), que transformaram o pensamento de Schopenhauer em diferentes sentidos, radicalizando ou mitigando a tendência à auto-aniquilação do indivíduo. A filosofia de E. von Hartmann (VER) também tem muitos pontos comuns com a de Schopenhauer. Partidário deste foi também o historiador da filosofia e especialmente do pensamento hindu, Paul Deussen (VER).

➲ Obras: *Über die vierfache Wurzel des Satzes vom zureichenden Grunde*, 1813 *(Sobre a raiz quádrupla do princípio da razão suficiente)*. — *Über das Sehen und die Farben,* 1816 *(Sobre a visão e as cores)*. — *Die Welt als Wille und Vorstellung,* publicado no final de 1818, embora a data impressa seja 1819; 2ª ed., aumentada, com um segundo volume, 1844 *(O mundo como vontade e representação)*. — *Über den Willen in der Natur*, 1836 *(Sobre a vontade na Natureza)*. — *Die beiden Grund-*

probleme der Ethik (compreende: *Über die Freiheit des menschlichen Willens*, "premiada pela Real Sociedade Norueguesa de Ciências", e *Über das Fundament der Moral*, "não premiada pela Real Sociedade Dinamarquesa de Ciências"), 1841 *(Os dois problemas fundamentais da ética — Sobre a liberdade da vontade humana* e *Sobre o fundamento da moral)*. — *Parerga und Paralipomena*, 2 vols., 1851 (escritos variados, reeditados com freqüência com outros fragmentos ou separadamente). — Escritos póstumos: *Schopenhauer nachschriftlicher Nachlass*, ed. E. Grisebach, 4 vols., 1890-1893; 2ª ed., 1895-1896.

Edição de obras: *Sämtliche Werke*, ed. J. Frauenstädt (6 vols., 1873-1874), reed. por A. Hübscher (7 vols., 1948-1950); ed. E. Grisebach (6 vols., 1891); ed. P. Deussen [ed. histórico-crítica] (16 vols., 1911-1942); ed. M. Frischeien-Köhler (8 vols., 1913), reed. Weichert (1921); ed. Otto Weiss (1919 ss.); ed. W. Freiherr von Löhneysen (5 vols., 1960 ss.). Nova ed. *(Volks- und Studienausgabe)*, com texto integral, na ortografia original, preparada por Angelika Hübscher, com a colaboração de Arthur Hübscher.

Correspondência: J. K. Becker (1883); L. Schemann (1893); E. Grisebach (1895, 1898); Gruber (1913); cf. também *Schopenhauers Brieftasche* (2 vols., 1922-1923).

Em português: *Aforismos*, 1998. – *Como vencer um debate sem precisar ter razão*, 1998. – *Dores do mundo*, s.d. – *O livre-arbítrio*, s.d. – *O mundo como vontade e representação*, s.d. – *A necessidade metafísica*, 1960. – *A sabedoria da vida*, 1937. – *Schopenhauer*, Os Pensadores, 1985. – *Sobre livros e leitura*, 1994. – *Sobre o fundamento da moral*, 1995. – *A vontade de amar*, s.d.

Biografia: R. Haym, *A. S.*, 1864. — W. Gwinner, *S. aus persönlichem Umgang dargestellt*, 1862; 2ª ed., com o título: *Schopenhauers Leben*, 1878. — Id., *S. und seine Freunde*, 1863. — E. Grisebach, *S. Geschichte seines Lebens*, 1897. — Id., *S. Neue Beiträge zur Geschichte seines Lebens*, 1905. — A. Hübscher, *S. Biographie eines Weltbildes*, 1952.

Léxicos e índices: J. Frauenstädt, *S.-Lexicon*, 1871. — W. C. Hertslet, *S.-Register*, 1891. — Gustav Friedrich Wagner, *S.-Register, Enzyklopädisches Register zu Schopenhauers Werken*, 1909, nova ed. a cargo de A. Hübscher, 1962. — Materiais diversos sobre S. na coleção de *S.-Jahrbuch*, ed. A. Hübscher.

Bibliografia: A. Hübscher, *A. S. — Bibliographie*, 1981. — G. U. Gabel, *S.: Ein Verzeichnis Westeuropäischer und Nordamerikanischer Hochschulschriften, 1885-1985*, 1988.

Ver: R. Seydel, *Schopenhauers System dargestellt und beurteilt*, 1857. — Th. Ribot, *La philosophie de S.*, 1874. — H. Zimmern, *A. S., His Life and His Philosophy*, 1876. — Carl Peters, *A. S. als Philosoph und Schriftsteller*, 1880. — R. Köber, *Die Philosophie Schopenhauers*, 1888. — W. Wallace, *S.*, 1891. — Kuno Fischer, *Geschichte der neueren Philosophie* (vol. IX: *Schopenhauers Leben, Werke und Lehre*, 1893; 3ª ed., Rurge, 1908). — H. Herrig, *Gesammelte Aufsätze über S.*, ed. Grisebach, 1894. — Rudolf Lehmann, *S. Ein Beitrag zur Psychologie der Metaphysik*, 1894. — William Caldwell, *Schopenhauer's System and Its Philosophical Significance*, 1896. — R. Böttger, *Das Grundproblem der Schopenhauerischen Philosophie*, 1897. — P. J. Möbius, *Über S.*, 1899. — Johannes Volkelt, *A. S. Seine Persönlichkeit, seine Lehre, sein Glaube*, 1900. — Giuseppe Melli, *La filosofia di S.*, 1905. — Otto Siebert, *A. S.*, 1906. — G. Simmel, *S. und Nietzsche*, 1906. — H. Freisberg, *Schopenhauers Grundansichten*, 1907. — Vários, *S., seine Persönlichkeit in seinen Werken*, 2 vols., [introdução de S. Friedländer], 1907. — A. Kowalewski, *S. und seine Weltanschauung*, 1908. — A. Covotti, *La vita e il pensiero di S.*, 1909. — Th. Ruyssen, *S.*, 1911. — E. Seillière, *S.*, 1912. — O. F. Damm, *S.*, 1912. — A. Fauconnet, *L'esthétique de S.*, 1913. — Heinrich Hasse, *Schopenhauers Erkenntnislehre als System einer Gemeinschaft des Rationalen und Irrationalen*, 1913. — Alexandre Foucher de Careil, *Hegel et S..: Études sur la philosophie allemande moderne depuis Kant jusqu'à nos jours*, 1862. — Ph. Méditche, *La théorie de l'intelligence chez S.*, 1923. — Adalbert Hamel, *A. S. y la literatura española*, 1925. — Paul Salzsieder, *Die Auffasungen und Weiterbildungen der Schopenhauerschen Philosophie*, 1928. — U. A. Padovani, *A. S., l'ambiente, la vita, le opere*, 1934. — Frederick Copleston, *S. Philosopher of Pessimism*, 1946. — M. Méry, *Essai sur la causalité phénoménale selon S.*, 1948. — G. Faggin, *S. Il mistico senza Dio*, 1951. — K. Brinkmann, *Die Rechts- und Staatslehre Schopenhauers*, 1958. — Hans M. Wolff, *A. S. Hundert Jahre später*, 1960. — Mario Ciudad, *S. oculto: la extrañeza existencial*, 1961. — Patrick Gardiner, *S.*, 1963. — C. Rosset, *S., philosophe de l'absurde*, 1967. — D. W. Hamlyn, *S.*, 1980. — M. Schulz, R. Malter *et al.*, trabalhos sobre S. em *Zeit der Ernte. Studien zum Stand der S.-Forschung, Festschrift für Arthur Hübscher*, 1982, ed. W. Schirmacher. — B. Magee, *The Philosophy of S.*, 1983. — VV.AA., *Materialen zu S.s Die Welt als Wille und Vorstellung*, 1984, ed. V. Spierling. — J. Young, *Willing and Unwilling: A Study in the Philosophy of A. S.*, 1987. — P. Bridgwater, *A. S.'s English Schooling*, 1988. — R. Malter, *Der eine Gedanke. Hinführung zur Philosophie A. S.s*, 1988. — E. v. der Luft, ed., *S.: New Essays in Honour of His 200th Birthday*, 1988. — J. Atwell, *S.: The Human Character*, 1990. — F. C. White, *On S.'s Fourfold Root of the Principle of Sufficient Reason*, 1992. — D. A. Weiner, *Genius and Talent: S.'s Influence on Wittgenstein's Early Philosophy*, 1992.

Existe uma "Schopenhauer-Gesellschaft" fundada em 1911 por P. Deussen, A. v. Gwinner e J. Kohler, com o objetivo de "promover o estudo e a compreensão da filosofia schopenhaueriana". Essa Sociedade tem um Arquivo e organiza congressos internacionais. **C**

SCHRÖDER, ERNST (1841-1902). Nascido em Mannheim, professor de matemática na Universidade Técnica de Darmstadt (1874-1876) e de Karlsruhe (de 1876 até a morte), distinguiu-se na elaboração da lógica matemática na forma da álgebra da lógica incorporada a um programa algébrico universal. A álgebra de Schröder prossegue basicamente os trabalhos de Robert Grassmann e de George Boole. Especialmente importantes são as contribuições de Schröder à álgebra de relações (ver RELAÇÃO), que se conectam com a obra de Charles S. Peirce e A. de Morgan. Além disso, Schröder apresentou de forma sistemática, e mais completa, muitos dos trabalhos de seus predecessores em lógica.

➲ Principais obras: *Der Operationskreis des Logikkalkuls,* 1877 *(O círculo operacional do cálculo lógico).* — *Vorlesungen über die Algebra der Logike (exakte Logik),* I, 1890; II, parte I, 1891; III, 1, 1895; II, 2 (ed. E. Müller, 1905) *(Lições de álgebra da lógica [lógica exata]).* — *Abriss der Algebra der Logik,* ed. E. Müller, Parte 1, 1900; Parte 2, 1910 *(Compêndio de álgebra da lógica).* As duas últimas obras foram publicadas em 1966, em uma ed. reelaborada.

Biografia: J. Lüroth, "E. S. Mitglied der Deutschen Mathematiker-Vereinigung", *Jahresbericht der Deutschen Mathematiker-Vereinigung,* 12 (1903), 249-265; reed. em E. Schröder, *Vorlesungen über die Algebra der Logik,* vol. II.2, ed. E. Müller, 1905, reimp., 1966.

Ver: G. Behrens, *Die Prinzipien der mathematische Logik bei Schröder, Russell und König,* 1918 (tese). — S. Fenyo, "Alle Origini dell'estensionalismo contemporaneo: a logica delle classi di S.", *Rivista di Filosofia,* 64 (1973), 123-173. — A. Church, "S.'s Anticipation of the Simple Theory of Types", *Erkenntnis,* 10 (1976), 407-411. — J. Willer, "S.-Husserl-Scheler: Zur Formalen Logik", *Zeitschrift für philosophische Forschung,* 39 (1985), 110-121. — Arts. de V. Peckhaus, R. R. Dipert, Ch. Thiel, N. Houser e I. H. Anellis no número especial de *Modern Logic* 1, n° 2/2 (1990-1991), ed. por V. Peckhaus, comemorando o primeiro centenário do vol. I das *Vorlesungen* de Schröder. ➲

SCHRÖDINGER, ERWIN (1887-1961). Nascido em Viena, ensinou em Iena, Stuttgart e Breslau. De 1922 a 1927 foi professor de filosofia matemática em Zurique e em 1927 sucedeu a Max Planck em Berlim. Em 1933 passou para Oxford e em seguida para Graz, na Áustria, de onde saiu em 1938, quando os nazistas anexaram a Áustria, aceitando a direção do Instituto de Estudos Superiores de Dublin. Em 1933 recebeu o Prêmio Nobel, com P. A. M. Dirac. Influenciado por Boltzmann e partindo das pesquisas de Louis de Broglie, que demonstrou as propriedades ondulatórias de partículas elementares, Schrödinger desenvolveu uma mecânica quântica comparada à mecânica das matrizes de Heisenberg (VER). A comparação é justificada uma vez que o próprio Schrödinger mostrou a equivalência das duas mecânicas. No entanto, há grandes diferenças entre as concepções de Heisenberg e Schrödinger, especialmente no que diz respeito aos pressupostos e conseqüências epistemológicos e, em geral, filosóficos. Ambos os físicos se opuseram às tendências causalistas da física clássica, mas enquanto Heisenberg se ateve aos chamados "observáveis", Schrödinger propôs uma explicação do comportamento atômico. Para tanto desenvolveu a idéia de função ondulatória expressa por meio da chamada "equação de Schrödinger". Essa equação permite, com efeito, encontrar uma função ondulatória para uma partícula ou para um sistema de partículas. No entanto, o "realismo físico" de Schrödinger difere não só do "observabilismo" de Heisenberg, mas também do realismo físico clássico. A equação de Schrödinger não tem, propriamente falando, "referente" físico, e por isso foi dito que "não tem sentido físico". A última expressão deve ser interpretada como "não tem sentido físico dentro do quadro da concepção realista clássica". O quadrado da função ondulatória, Ψ^2, determina a probabilidade de encontrar o sistema considerado em determinada posição. Houve interpretações muito diferentes da função Ψ, que se desenvolveram sobretudo em conexão com as disputas em torno das interpretações de Bohr (VER) e da Escola de Copenhague. O próprio Schrödinger rejeitou a interpretação que esta última escola fez de sua mecânica.

Devemos a Schrödinger reflexões sobre o papel da ciência, que deve ser entendida em um contexto humano total, que inclui experiências religiosas, éticas e artísticas. A pequena obra de Schrödinger sobre a vida (orgânica) proporcionou idéias que depois foram desenvolvidas na genética, e especialmente nos estudos de biologia molecular.

➲ Obras: *Vier Vorträge über Wellenmechanik,* 1928 *(Quatro conferências sobre mecânica ondulatória).* — *Über Indeterminismus in der Physik. Ist die Naturwissenschaft milieubedingt?: Zwei Vorträge zur Kritik der naturwissenschaftlichen Erkenntnis,* 1932 *(O indeterminismo na física. A ciência natural é condicionada pelo meio? Duas conferências para a crítica do conhecimento científico-natural).* — *What is Life? The Physical Aspects of the Living Cell,* 1945. — *Statistical Thermodynamics,* 1946; 2ª ed., 1952. — *Space-Time Structure,* 1950. — *Science and Humanism,* 1951. — *Nature and the Greeks,* 1954. — *Science, Theory, and Man,* 1957. — *Meine Weltansicht,* 1962 (versão ingl.: *My View of the World,* 1964). — *Was ist ein Naturgesetz? Beiträge zum naturwissenschaftlichen Weltbild,* 1962 *(Que é uma lei natural? Contribuições para a imagem científico-natural do mundo).*

Ver: W. T. Scott, *E. S.: An Introduction to His Writings,* 1967. — D. Hoffmann, *E. S.,* 1984. — J. Moore, *S.: Life and Thought,* 1989. ➲

SCHUBERT, GOTTHILF HEINRICH. Ver SCHELLING, FRIEDRICH WILHELM JOSEPH.

SCHUBERT-SOLDERN, RICHARD VON (1852-1935). Nascido em Praga, foi *Privatdozent* e "professor extraordinário" de filosofia em Leipzig, e em seguida no Ginásio de Görz. Defendeu a chamada "filosofia da imanência" no sentido de Schuppe (VER), que combinou com elementos derivados do empiriocriticismo de Avenarius (VER). O ponto de vista de Schubert-Soldern é um imanentismo radical. Não somente todo objeto existe só enquanto conteúdo da consciência, como também a própria consciência, ou o eu, é unicamente o conjunto de tudo o que lhe é dado como processo de consciência. Isso o conduziu a um solipsismo radical, mas muito peculiar, por que não é o solipsismo de "minha" consciência, mas o dos conteúdos imanentes. A consciência individual ou "minha" consciência é apenas parte ou fragmento de tais conteúdos. Esse solipsismo difere, no seu entender, do solipsismo metafísico tradicional. Em todo caso, Schubert-Soldern considera que a representação dada à consciência — ou ao que se continua chamando deste modo — não é nenhum signo de uma realidade extramental.

◌ Obras: *Über Transzendenz des Objekts und des Subjekts*, 1822 *(Sobre a transcendência do objeto e do sujeito). — Grundlagen einer Erkenntnistheorie*, 1884 *(Fundamentos de uma teoria do conhecimento). — Reproduktion, Gefühl und Wille*, 1887 *(Reprodução, sentimento e vontade). — Grundlagen zu einer Ethik*, 1887 *(Fundamentos para uma ética). — Über den Begriff der allgemeinen Bildung*, 1896 *(Sobre o conceito da cultura geral). — Das menschliche Glück und die soziale Frage*, 1896 *(A felicidade humana e a questão social). — Die menschliche Erziehung*, 1905 *(A educação humana).* — Além disso, diversos trabalhos psicológicos e epistemológicos na *Verteljahrschrift für wissenschaftliche Philosophie*, na *Zeitschrift für immanente Philosophie* e no *Archiv für Sozialwissenschaft*.

Ver: A. Weinstein, *Die Lehre von der Realität nach Schubert-Soldern*, 1909. ◌

SCHULTZ, JOHANNES. Ver KANTISMO.

SCHULZE, GOTTLOB ERNST, chamado Aenesidemus-Schulze (1761-1833). Nascido em Heldrungen (Turíngia). De 1783 a 1788 foi *Privatdozent* em Wittemberg; de 1788 a 1810, professor em Helmstedt e a partir de 1810 professor em Göttingen. Schulze ficou conhecido sobretudo pela obra *Aenesidemus* (ver título completo na bibliografia), daí ele ser citado como Aenesidemus-Schulze. Essa obra é uma crítica dos pressupostos da teoria do conhecimento de Kant e de Reinhold, crítica fundada numa análise interna do pensamento desses autores e particularmente numa análise da idéia de representação. Segundo Schulze, o criticismo não pôde responder adequadamente a Hume, porque não foi capaz de passar, como pretendeu, do fenomênico ao real, ou supostamente real. No fenomênico não há conceitos universais e necessários; se os há no *a priori*, isso não significa grande coisa, pois a grande questão é como se pode passar do *a priori* à realidade. Por outro lado, tanto Kant como Reinhold cometem a falácia de fazer as representações dependerem das afecções produzidas por coisas em si, quando estas coisas não estão justificadas de nenhuma maneira dentro da representação. O *a priori*, em suma, permanece alheio à experiência, a experiência mesma não contém nada *a priori*. A tese de Reinhold de que a representação é a união da experiência e do que transcende a experiência é rejeitada por Schulze alegando que nesse caso não há razão para não aderir ao dogmatismo pré-kantiano. E se a representação não leva a cabo semelhante união, então a crítica de Hume continua sendo válida.

Em escritos posteriores ao *Aenesidemus*, e especialmente em sua "crítica da filosofia teórica", Schulze ampliou sua crítica do kantismo toda filosofia que pretenda ir além da aceitação dos dados sensíveis como tais e propondo o ceticismo diante de a toda aspiração a alcançar um saber "fundamental" imune a toda crítica.

◌ Obras: *Grundriss der philosophischen Wissenschaften*, 2 vols., 1788-1790 *(Compêndio das ciências filosóficas). — Aenesidemus, oder über die Fundamente der von Herrn Professors Reinhold in Jena gelieferten Elementarphilosophie, nebst einer Verteidigung des Skeptizismus gegen die Anmassungen der Vernunftkritik*, 1792 [publicada primeiro anonimamente], reed. por A. Liebert, 1911 *(Enesídemo, ou sobre os fundamentos da filosofia elementar ditada em Jena pelo Sr. Professor Reinhold, junto com uma defesa do ceticismo diante das pretensões da crítica da razão). — Kritik der theoretischen Philosophie*, 2 vols., 1801 *(Crítica da filosofia teórica). — Enzyklopädie der philosophischen Wissenschaften*, 1814 *(Enciclopédia de ciências filosóficas). — Psychische Anthropologie*, 1816 *(Antropologia psíquica). — Über die menschliche Erkenntnis*, 1932 *(Sobre o conhecimento humano).*

Ver: Otto Liebmann, *Kant und die Epigonen*, 1865. — A. Wreschner, *E. Platner und Kants Erkenntnistheorie, mit besonderer Berücksichtigung von Tetens und Aenesidemus*, 1891. — H. J. Delacroix, *Quae Schulze in suo Aenesidemo contra Kantium arguerit*, 1899 (tese doutoral latina). — A. E. Fischer, *Von G. E. Schulze zu A. Schopenhauer*, 1901. — H. Wiegershausen, *Änesidem-Schulze, der Gegner Kants und seine Bedeutung im Neukantianismus*, 1910 [*Kantstudien*, Ergänzungsband 17]. — K. E. Boullart, *G. E. S. (1791-1833). Postivist van het duitse Idealisme*, 1978. ◌

SCHUPPE [ERNST, JULIUS], WILHELM (1836-1913). Nascido em Brieg (Silésia), doutorou-se na Universidade de Berlim e foi professor (1873-1910) na Universidade de Greifswald. Schuppe foi um dos mais destacados representantes do chamado "imanentismo" ou "filosofia da imanência". Segundo Schuppe, é preciso descartar todo pressuposto metafísico acerca de um mundo transcendente ao sujeito, mas também todo pressuposto metafísico relativo à realidade do sujeito. O ponto de partida de toda epistemologia é o fato da completa imanência do "eu". Este não é uma realidade separável de um objeto que o transcende, mas eu, ou sujeito, e objeto, são o mesmo. Com o fim de evitar um solipsismo absoluto e ao mesmo tempo evitar identificar o conteúdo de uma experiência com o processo mediante o qual se tem a experiência, Schuppe postulou um conteúdo comum a diversas experiências subjetivas. Ao mesmo tempo, procurou evitar considerar que efetivamente há uma espécie de "objeto" transcendente, que seria o conteúdo comum, e várias consciências que apreendem o mesmo objeto. Para tanto admitiu a existência de uma "consciência em geral", que constitui não só o fundamento das consciências particulares, mas também o do reconhecimento de uma consciência por outras.

Embora Schuppe tenha usado em sua epistemologia uma linguagem psicológica, aspirava a que o significado dos termos fosse estritamente epistemológico, já que do contrário teria tido de reconhecer que havia formulado hipóteses psicológicas sobre um tipo de realidade normalmente considerado como mental. Assim, para Schuppe a noção de sensação é epistemológica e não psicológica. O mesmo ocorre com a noção de pensamento; este unifica as experiências sensíveis, mas não constitui por si mesmo uma realidade.

Schuppe considerava que sua epistemologia era o fundamento da lógica de quaisquer objetos. Ao afirmar que a consciência "contém" o espaço e o tempo, Schuppe quer dar a entender que espaço e tempo são constituídos a partir da pura consciência em geral; em algum sentido se pode dizer que são "construídos" ao modo como se constrói um sistema fenomenalista. De modo análogo é construído um sistema de conceitos que inclui os conceitos de coisa, gênero e matéria.

Schuppe ocupou-se também de problemas de ética e de filosofia do Direito e propôs tratar os conceitos fundamentais dessa disciplina sem inclinar-se nem por um tratamento puramente formal nem por um material ou concreto.

O pensamento de Schuppe tem alguns pontos de contato com o autores como Mach e Avenarius. Foi desenvolvido por Schubert-Soldern (VER) e também por Max Kaufmann († 1896). Em suas obras *Fundamente der Erkenntnistheorie und Wissenschaftslehre* (1889) e *Immanente Philosophie* (I, 1893), Kaufmann colaborou na "constituição" ou "construção" da "realidade" como conteúdo de consciência, entendendo por esta a "forma" de todo objeto.

⊃ Obras: *Das menschliche Denken,* 1870 *(O pensamento humano).* — *Erkenntnistheoretische Logik,* 1878 *(Lógica gnosiológica).* — *Grundzüge der Ethik und Rechtsphilosophie,* 1881 *(Traços fundamentais da ética e da filosofia do Direito).* — *Das metaphysische Motiv und die Geschichte der Philosophie im Umriss,* 1882 *(O motivo metafísico e a história da filosofia em esboço).* — *Der Begriff des subjektiven Rechts,* 1887 *(O conceito do Direito subjetivo).* — *Grundriss der Erkenntnistheorie und Logik,* 1894; 2ª ed., 1910 *(Esboço de teoria do conhecimento e lógica).* — *Die immanente Philosophie,* 1897. — *Der Solipsismus,* 1898. — *Das System der Wissenschaften und das des Seienden,* 1898 *(O sistema das ciências e o do ser).* — *Was ist Bildung?,* 1900 *(Que é a educação?).* — "Zum Psychologismus und Normcharakter der Logik", *Archiv für systematische Philosophie,* 7 (1901), 1-22 ("Psicologismo e caráter normativo da lógica"). — *Der Zusammenhang von Leib und Seele,* 1902 *(A conexão entre o corpo e a alma).* — *Das Problem der Verantwortlichkeit,* 1913 *(O problema da responsabilidade).* — Escritos póstumos publicados por W. Fuchs: *Allgemeine Rechtslehre. Mit Einschluss der allgemeinen Lehren vom Sein und vom Wissen. Unter Verwendung des handschriftlichen Nachlasses,* 1936. — A *Zeitschrift für immanente Philosophie,* órgão da tendência representada por Schuppe, foi editada de 1895 a 1897 por M. R. Kaufmann, com a colaboração de Schuppe e Schubert-Soldern, e em 1897 por Schuppe.

Ver: B. Herrmann, *Schuppes Lehre vom Denken kritisch beleuchet,* 1894 (tese). — L. Kljubowski, *Das Bewusstein und das Sein bei W. Schuppe,* 1912 (tese). — A. Pelazza, *G. Schuppe e la filosofia dell'immanenza,* 1914. — E. de Negri, *La crise del positivismo nella filosofia dell'immanenza,* 1929. — R. Zocher, *Husserls Phänomenologie und Schuppes Logik,* 1932. — W. Fuchs, *W. S. als Rechtstheoretiker und Rechtsphilosoph,* 1932 [com bibliog., pp. 9-19]. — Renato Treves, *Il problema dell'esperienza giuridica e la filosofia dell'immanenza di G. S.,* 1938. — *Id.,* "El problema de la experiencia en la filosofía de W. S.", *Philosophia* [Mendoza], 23 (1959), 52-63. — E. Schneider e A. E. Biedermann, *W. Schuppe und Johannes Rehmke,* 1939 (tese). ⊂

SCHUTZ [SCHÜTZ], ALFRED (1899-1959). Nascido em Viena, onde estudou Direito, economia e sociologia com Hans Kelsen, Ludwig von Mises e Othmar Spann. Interessado na obra de Max Weber e de Edmund Husserl, manteve com este último uma longa correspondência. Husserl convidou-o a ensinar como seu assistente na Universidade de Friburgo, mas Schutz abriu mão do posto por conta de obrigações já contraídas. Emigrado em Paris devido à ocupação nazista da Áustria, transferiu-se em seguida para os Estados Unidos, onde ensinou na New School for Social Research.

Schutz contribuiu para a difusão da fenomenologia e do pensamento de Husserl nos Estados Unidos, onde manteve estreita relação com outros estudiosos ou seguidores de Husserl, como Dorion Cairns, Felix Kaufmann, Marvin Faber e Aron Gurwitsch. Seu mais importante trabalho filosófico foi o desenvolvimento das bases fenomenológicas das ciências sociais. Seus pontos de partida foram Husserl e Max Weber, mas não se tratou de uma simples elaboração do pensamento destes dois autores tampouco de uma tentativa de síntese de seus resultados. Ao mesmo tempo em que partiu de Weber e Husserl, Schutz desenvolveu o pensamento dos mesmos criticamente. Sem abandonar o ideal weberiano de uma sociologia da ação e da compreensão, e o ideal husserliano de uma filosofia sem pressupostos — no sentido de não admitir teorias e quadros conceituais já formados e não devidamente ancorados na "experiência" —, Schutz elaborou seu pensamento independentemente de seus dois principais mentores, isto é, atentando para os problemas que se apresentam quando são considerados os aspectos sociais da consciência humana, isto é, a estrutura da realidade social como realidade do "mundo da vida".

A obra de Schutz — o que se chamou às vezes sua "sociologia (ou ciência social) fenomenológica" — oferece aspectos e desenvolvimentos muito variados, metodológicos, psicológicos e sociológicos. Schutz havia começado por estudar a estrutura significativa do mundo social, ou seja, o conjunto de significados subjetivos que constituem tal mundo. Esses significados se articulam em várias esferas: mundo circundante, mundo social, mundo da tradição (antepassados), mundo do amanhã (da geração que vem) etc. Fundamental no pensamento de Schutz é a articulação na forma da temporalidade, assim como a multiplicidade de mundos, reinos e domínios. Às idéias de Weber e às regras fenomenológico-metodológicas de Husserl Shutz incorporou idéias de Bergson e de William James, assim como, sobretudo, muitas das descrições e sugestões provenientes da idéia husserliana do mundo da vida ou *Lebenswelt* (VER).

O mundo da vida é o complexo total que se organiza em vários domínios. Isso ocorre, de imediato, subjetivamente, ou seja, na experiência do indivíduo. Mas essa experiência inclui os demais: a subjetividade não pode constituir-se sem a intersubjetividade. Ao mesmo tempo, a intersubjetividade não é uma mera soma de experiência de indivíduos, mas forma uma trama sumamente complexa. Não há nenhuma divisão radical entre as experiências subjetivas, que incluem toda espécie de apreensões cognoscitivas, e a intersubjetividade social e vital: a descrição de uma delas implica, ou co-implica, a da outra. Ambas as descrições revelam as construções por meio das quais as experiências se tipificam. Não se trata somente de construções de índole cognoscitiva, porque a ação contribui, tanto ou mais que o conhecimento, para a formação de tipificações. A rigor, não se pode distinguir estritamente conhecimento de ação, pois esta última se entende como ação planejada, isto é, como série de projetos.

A sociologia fenomenológica de Schutz inclui uma teoria da ação humana que é ao mesmo tempo individual e social. Na concepção de Schutz o indivíduo não é um átomo social, mas a sociedade tampouco é uma soma de indivíduos. Cada uma das ações, razões, preferências, finalidades etc. individuais está socialmente articulada, e cada uma das formas sociais é constituída pela atividade dos indivíduos. Schutz presta grande atenção ao mundo da vida cotidiana, no qual se revela a constante interdependência entre o individual e o social.

O exame das relações interindividuais e sociais levou Schutz a detalhadíssimas descrições de "reinos", "esferas" e "domínios". Estes termos podem ser considerados como palavras-chave no pensamento desse autor, que fez para o mundo social algo semelhante ao que Aron Gurwitsch (VER) fez para o "campo da consciência". O estudo de diversos "mundos" equivale ao das múltiplas "esferas" e "reinos" em que se articulam os processos intersubjetivo-sociais; há um entrecruzamento de mundos (mais que uma série ou hierarquia), como há um entrecruzamento de tipos de experiências, ações, intenções, projetos etc. No entanto, não se trata apenas de descrições fenomenológicas do "mundo da vida", mas também da formulação de procedimentos mediante os quais se pode constituir fenomenologicamente o estudo social. A este respeito vai crescendo em importância dentro do pensamento de Schutz a noção de relevância (VER), que serve de guia para compreender e circunscrever conceitos e tipos ideais.

⊃ Obras: a primeira obra de S. foi publicada na Alemanha sob o título *Der sinnhafte Aufbau der sozialen Welt*, 1932, reimp., 1960. — A partir de sua chegada aos Estados Unidos, S. publicou numerosos artigos que foram compilados em três volumes: *Collected Papers*, I: *The Problem of Social Reality*, 1962, ed. Maurice Natanson; II: *Studies in Social Theory*, 1964, ed. Arvid Brodersen; III: *Studies in Phenomenological Philosophy*, 1966, ed. Ilse Schutz. — Postumamente apareceram também: *Reflections on the Problem of Relevance*, 1970, ed. Richard M. Zaner (de um manuscrito inacabado de 1951), e *The Structures of the Life-World*, I, 1973. De vários destes volumes há também edições alemãs.

Correspondência: R. Grathoff, ed., *The Theory of Social Action: The Correspondence of A. S. and Talcott Parsons*, 1978.

Biografia: H. R. Wagner, *A. S.: An Intellectual Biography*, 1983.

Bibliografia: Helmut R. Wagner, "Bibliography of the Writings of A. S.", na antologia de S., *On Phenomenology and Social Reality: Selected Writings*, 1970, ed. H. R. Wagner, pp. 324-327. — Maurice Natanson, "A. S. Bibliography", em Marvin Faber, Richard M. Zaner et al., *Phenomenology and Social Reality: Essays in Memory of A. S.*, 1970, ed. M. Natanson, pp. 297-306.

Ver: Robert Williame, *Les fondements phénoménologiques de la sociologie compréhensive: A. S. et Max Weber*, 1973 (tese). — Rodman B. Webb, *The Presence of the Past: John Dewey and A. S. on the Genesis and Organization of Experience*, 1976. — R. A. Gorman, *The Dual Vision: A. S. and the Myth of Phenomenological Social Science*, 1976. — B. C. Thomason, *Making Sense of Reification: A. S. and Constructionist Theory*, 1982. — R. R. Cox, *S.'s Theory of Relevance: A Phenomenological Critique*, 1978. — R. Twenhöfel, *Handeln, Verhalten und Verstehen. Eine Kritik der verstehenden Soziologie M. Webers und A. S.'s*, 1985. — M. Natanson, *Anonymity: A Study in the Philosophy of A. S.*, 1986. — M. D. Barber, *Social Typifications and the Elusive Other: The Place of Sociology of Knowledge in A. S.'s Phenomenology*, 1988. ⊃

SCHWARTZMANN, FELIX. Ver MOLINA, ENRIQUE.

SCHWARZ, HERMANN (1864-1951). Nascido em Düren (Renânia), professor desde 1894 em Halle, em 1909 em Marburgo e a partir de 1910 em Greifswald, defendeu em sua primeira época uma forma de realismo crítico baseado numa análise psicológica dos atos transcendentes, e especialmente numa análise dos fenômenos volitivos. A psicologia da vontade é um dos fundamentos da teoria do conhecimento e ainda da metafísica de Schwarz. Essa psicologia apresenta a vontade como um sistema de atos de preferência ou repugnância, distintos da coação necessária, mas também do desejo, como um sistema normativo próximo em alguns pontos da ética material dos valores. Além disso, essa psicologia manifesta o caráter estrutural e, de certo modo, totalista dos fatos anímicos, mas de um totalismo não constituído pela ordenação de elementos, mas por funções dinâmicas. Essa análise representa somente o primeiro estádio para uma concepção filosófica desenvolvida sob o nome da "filosofia do não dado". O princípio dessa concepção é a possibilidade de levantamento de questões relativas a entidades das quais se pode enunciar, de imediato, segundo Schwarz, que não são — ou, melhor dizendo, que não são dadas —; a existência de Deus, sua "evolução" e o "acesso" a sua realidade por parte dos homens constituem uma parte fundamental dessas questões. Todas elas podem ser resolvidas, no entender do autor, por meio de uma forma de dialética do paradoxo que permite situar-se, de imediato, mais além das oposições tradicionais, no seio de um reino de almas e de valores no qual precisamente o que em princípio é "não dado" pode converter-se em algo essencialmente dado e existente. A hipóstase da "comunidade axiológica" parece ser a conseqüência desta atitude, no curso da qual a comunidade humana ou, melhor dito, certas comunidades humanas tornam-se o "órgão" de apreensão e, até certo ponto, de "criação" do primitivamente não dado. Schwarz viu no nacional-socialismo a expressão política dessa filosofia, mas uma expressão política que, no seu entender, devia tornar-se "transcendente" com o fim de evitar os possíveis desvios naturalistas gerados pelo racismo radical.

⊃ Obras: *Ein Beitrag zur Theorie der Ordnungstypen*, 1888 *(Contribuição à teoria dos tipos de ordem).* — *Das Wahrnehmungsproblem vom Standpunkt des Physikers, des Physiologen und des Philosophen. Beitrag zur Erkenntnistheorie und empirischen Psychologie*, 1892 *(O problema da percepção do ponto de vista do físico, do fisiólogo e do filósofo. Contribuição à teoria do conhecimento e à psicologia empírica).* — *Was will der kritische Realismus? Antwort an Herrn Prof. Martius in Bonn*, 1894 *(Que quer o realismo crítico? Resposta ao prof. Martius de Bonn).* — *Die Umwälzung der Wahrnehmungshypothesen durch die mechanistische Methode*, 1895 *(A transformação das hipóteses sobre a percepção pelo método mecanicista).* — *Psychologie des Willens. Zur Grundlegung der Ethik*, 1900 *(Psicologia da vontade. Para a fundamentação da ética).* — *Das sittliche Leben. Eine Ethik auf psychologischer Grundlage*, 1901 *(A vida moral. Uma ética de base psicológica).* — *Glück und Sittlichkeit*, 1902 *(Felicidade e moralidade).* — *Der moderne Materialismus als Weltanschauung und Geschichtsprinzip*, 1904; 2ª ed.: *Die Grundfagen der Weltanschauung*, 1912 *(O materialismo moderno como concepção do mundo e princípio histórico;* 2ª ed.: *As questões fundamentais da concepção do mundo).* — *Der Gottesgedanke in der Geschichte der Philosophie. I. Von Heraklit bis Böhme*, I, 1913 *(A idéia de Deus na história da filosofia. I. De Heráclito a Böhme).* — *Fichte und Wir*, 1917 *(Fichte e nós).* — *Das Ungegebene. Eine Religions- und Wertphilosophie*, 1921 *(O não dado. Uma filosofia da religião e dos valores).* — *Ethik*, 1925. — *Gott. Jenseits von Theismus und Pantheismus*, 1928 *(Deus. Além do teísmo e do panteísmo).* — *Gemeinschaft und Idee*, 1930 *(Comunidade e idéia).* — A partir de 1933, diversos escritos de caráter filosófico-político, entre eles: *Nazionalsozialistische Weltanschauung*, 1933 *(Visão do mundo nacional-socialista).* — *Zur philosophischen Grundlegung des Nationalsozialismus*, 1936 *(Para a fundamentação filosófica do nacional-socialismo).* — *Deutscher Glaube am Scheidewege. Ewiges Sein oder werdende Gottheit?*, 1936 *(A fé alemã na encruzilhada. Eterno ser ou divindade em devir?).* — *Grundzüge einer Geschichte der altdeutschen Philosophie*, 1937 *(Traços fundamentais de uma história da filosofia alemã antiga).* — *Ewigkeit. Ein deutsches Bekenntnis*, 1941 *(Eternidade. Uma confissão alemã).*

Obras reunidas: *Ges. Werke*, I, 1940.

Depoimento em: *Deutsche systematische Philosophie nach ihren Gestaltern*, v. I.

Ver: P. Junker, *Liebe und Gott. Ein Ausschnitt aus der Philosophie des Ungegebenen*, 1923. — O. Kühler, *Wert, Person, Gott. Zur Ethik M. Schelers, N. Hartmanns und der Philosophie des Ungegebenen*, 1932. — H. Heimsoeth, ed., *H. S. als Philosoph der deutschen Erneuerung*, 1935 [no 70° aniversário de S.]. ⊃

SCHWEITZER, ALBERT (1875-1965).

Nascido em Kayserberg, Alsácia. Conhecido sobretudo por suas grandes obras acerca de Bach e da história do cristianismo, e especialmente por sua longa atuação como médico no hospital para leprosos de Lambarene (África Equatorial), trabalhou do ponto de vista filosófico sobretudo nos problemas de filosofia da cultura, que considera central para nossa época. Mas para Schweitzer a filosofia da cultura não é apenas uma reflexão acerca do mundo cultural e dos valores, e sim um instrumento teórico indispensável para alcançar uma finalidade de caráter ético: a afirmação da vida e do mundo. A rigor, é a vida e o conceito da vida o que constitui o eixo da reflexão sobre a cultura, o único que pode dar sentido a um mundo feito de valores culturais. Por isso Schweitzer acentua a todo momento a dependência em que se encontra uma cultura dada de seus pressupostos vitais ou, melhor dizendo, da autoafirmação por parte do sujeito portador de cultura de tais pressupostos. Por isso a cultura não é um mundo unitário, a externa manifestação de um Espírito universal destinado irrevogavelmente a produzir cultura; é um imperativo existencial e ético que se mantém somente enquanto persistir a vontade de continuá-lo e de fomentá-lo. O fomento da vida é, deste modo, o pressuposto último da filosofia cultural de Schweitzer, que pode ser considerada como uma forma de vitalismo cultural e ainda de historicismo, embora mais sob um aspecto biológico que propriamente espiritual.

➲ A principal obra de Schweitzer sobre filosofia da cultura é: *Kulturphilosophie. I: Verfall und Wiederaufbau der Kultur*, 1923 (*Filosofia da civilização. I: Queda e restauração da civilização. II: Civilização e ética*, 1962) — A ela pode-se agregar: *Die Weltanschauung der indischen Denker: Mystik und Ethik*, 1935 (*A cosmovisão do pensador indiano: mística e ética*) — Escreveu também uma obra sobre a filosofia da religião de Kant: *Die Religionsphilosophie Kants von der Kritik der reinen Vernunft bis blossen Vernunft*, 1899. — Entre as obras histórico-religiosas destacam-se: *Von Reimarus zu Wrede*, 1906; 2ª ed.: *Geschichte der Leben-Jesu-Forschung*, 1913. — *Geschichte der Paulinischen Forschung von der Reformation bis auf die Gegenwart*, 1911. — *Das Christentum und die Weltreligionen*, 1924. — A obra principal sobre Bach é: *J. S. Bach, le musicien-poète*, 1905. — Para suas memórias, ver: *Zwischen Wasser und Urwald*, 1921. — *Aus meiner Kindheit und Jugendzeit*, 1924. — *Mitteilungen aus Lambarene*, caderno I, até 1924; II, 1924-1925; III, 1925-1927.

Depoimento em *Die Philosophie der Gegenwart in Selbstdarstellungen*, VII, 1929.

Obras completas: *Gesamtausgabe der Schriften*, 30 vols., a partir de 1975, ed. Hans Walter Bähr, Hermann Baur *et al*.

Em português: *Cultura e ética*, s.d. — *Decadência e regeneração da cultura*, 1964.

Ver: Martin Werner, *Das Weltanschauungsproblem bei Karl Barth und A. S.*, 1924. — Oskar Kraus, *A. S. Sein Werk und seine Weltanschauung*, 1926. — Hans Wegemann, *A. S. als Führer*, 1928. — George Seaver, *A. S.: The Man and His Mind*, 1947. — Emil Lind, *A. S. Aus seinem Leben und Werk*, 1948. — M. Woytt-Secretan, *A. S., der Urwald-Doktor von Lambarene*, 1948. — A. Siegfried, D. Halévy *et al.*, *A. S.: Études et Témoignages*, 1950, ed. R. Amadou. — J. Feschotte, *A. S.*, 1952. — H. A. Babel, *La pensée d'A. S.*, 1955. — Gabriel Langfeld, *A. S.: A Study of His Philosophy of Life*, 1960. — W. Pitch, *A. S. Wesen und Bedeutung*, 1961. — H. W. Bähr, *A. S. Sein Denken und Sein Weg*, 1962. — Henry Clark, *The Ethical Mysticism of A. S.: A Study of the Sources and Significance of Schweitzer's Philosophy of Civilization*, 1962. — Id., *The Philosophy of A. S.*, 1964. — Martin Strege, *Die Religion und Philosophie A. Schweitzers. Eine systematische Quellenstudie*, 1965. — Benedict Winnubst, *Das Friedensdenken A. Schweitzers*, 1974. — James Brabazon, *A. S.: A Biography*, 1975. — E. Jacobi, *A. S. und die Musik*, 1975. — N. S. Griffith, L. Person, eds., *A. S. — An International Biography*, 1981. — L. Watzal, *Ethik, Kultur, Entwicklung. Zur Entwicklungskonzeption A. S.s*, 1985. — K. R. Seufert, *Das Zeichen von Lambarene*, 1988. C

SCIACCA, MICHELE FEDERICO (1908-1975).

Nascido em Giarre (Catânia), estudou em Nápoles com A. Aliotta. De 1938 a 1947 foi professor na Universidade de Pávia e a partir de 1948 foi professor na Universidade de Gênova. Em 1946 fundou a revista *Giornale di Metafisica*. Sciacca passou de um período atualista e idealista a um espiritualismo cristão ou, como o próprio autor o chamou, a uma *filosofia dell'integrità* ou idealismo realista de raiz agostiniano-rosmiana. A inclinação para o pensamento teísta-espiritualista foi confirmada por seus estudos da filosofia, entre os quais se destacam os de história da filosofia italiana moderna e contemporânea. O próprio Sciacca assinalou (cf. art. citado na bibliografia, pp. 371-374) quais os pontos firmes de seu pensamento que estão em harmonia com o teísmo cristão-católico. Primeiro, que toda investigação e toda forma de atividade espiritual é uma profissão de vida moral. Segundo, que a moral é síntese de teoria e prática. Terceiro, que há junto da teoria e da prática da vontade uma teoria ou prática da razão; a razão não deve ser puro formalismo nem um imediato sensualismo. Quarto, que a moral autêntica não deve atender somente à prática da vontade e converter-se em moral material. Quinto, que é preciso rejeitar o egoísmo da razão e da vontade ainda mais que o dos sentidos. Sexto, que é preciso levar em conta a integridade da pessoa humana. Sétimo, que é preciso reconhecer o princípio da criação, do qual deriva a faculdade de conhecer-se como criatura e de reconhecer o Criador. Oitavo, que a filosofia não é conquista da atividade criadora do Eu transcendental, mas conquista do sentido da criação mediante a consciência do ser criado. Nono, que a virtude metafísica da moralidade é a humildade. Décimo, que a vida moral é ser para o Ser. Décimo primeiro, que semelhante metafísica dos princípios do espírito e da moralidade pode dar origem a uma apologética. Destes pontos destacamos o sétimo por referir-se a um dos conceitos fundamentais de Sciacca, o expresso com o nome de "sentido da criatura" *(senso creaturale)* — conceito também usado por Maurice Blondel, mas que Sciacca enfatiza mais que Blondel. Segundo Sciacca, o *senso creaturale* é o que faz com que a criatura conceba sua própria existência como um "dom de existir", o que, no entender do autor, afeta radicalmente não só a concepção ontológica da existência humana, mas também a moralidade. Além disso, o *senso creaturale* aponta para a existência do Ser realíssimo, isto é, envolve tal existência.

➲ Obras: *Studi sulla filosofia antica*, 1934. — *Studi sulla filosofia medioevale e moderna*, 1935; a 3ª ed., rev. e aum., aparece como *Studi sulla filosofia moderna*, 1964. — *La filosofia di Tommaso Reid, com un'appendice sui rapporti con Galluppi e Rosmini*, 1935. — *Linee d'uno spiritualismo critico*, 1936 [incluído em *Dall'attualismo allo spiritualismo critico*, 1961]. — *La filosofia morale di Antonio Rosmini*, 1938. — *La metafisica di Platone, I: Il problema cosmologico*, 1938. — *La dialettica delle idee nel* Parmenide *e nel* Sofista 1938. — *Teoria e pratica della volontà*, 1938. — *Manuale di Storia della Filosofia*, 1938. — *Il Secolo XX*, 2 vols., 1941; 2ª ed., 1947. — *Problemi di filosofia*, 1941; 2ª ed., 1943. — *La filosofia italiana*, 1941. — *Il problema educativo nella storia della pedagogia*, 1941; 2ª ed., 1950. — *Il problema di Dio e della religione nella filosofia contemporanea*, 1944; 3ª ed., 1954. — *Pascal*, 1944; 3ª ed., 1962. — *Il mio itinerario a Cristo*, 1945; 2ª ed., aumentada da obra anterior, com o título: *La Clessidra*, 1959. — *La filosofia oggi*, 1945; 4ª ed., rev. e aum., 2 vols., 1963. — *Lettere dalla Campagna*, 1945. — *La filosofia italiana nell'età del Risorgimento*, 1948. — *La Chiesa e la civiltà moderna*, 1948. — *S. Agostino*, I. *La vita e l'opera. L'itinerario della mente*, 1949. — *Il pensiero moderno*, 1949. — *Filosofia e metafisica*, 1950; 2ª ed., 2 vols., 1962. — *L'interiorità oggetiva*, em *Opere complete. — In spirito e verità*, 1952; 2ª ed., 1960. — *L'ora di Cristo*, 1954. — *L'uomo, questo squilibrato: Saggio sulla condizione umana*, 1956; 2ª ed., 1960. — *Atto e essere*, 1956; 3ª ed., 1960. — *Come si vince a Waterloo*, 3ª ed., 1961. — *Interpretazioni rosminiane*, 1958. — *Morte e immortalità*, 1958; 2ª ed., 1961. — *Dall'attualismo allo spiritualismo critico*, 2 vols., 1961-1965 (I, 1931-1938; II, 1939-1951) [recolhe alguns escritos anteriores]. — *La libertà e il tempo*, 1965. — *Filosofia e antifilosofia*, 1968. — *Gli arieti contro la verticale*, 1969. — *L'oscuramento dell'intelligenza*, 1970. — *Figure e problemi del pensiero contemporaneo*, 1973. — *L'estetismo: Kierkegaard, Pirandello,* 1974. — *Prospettiva sulla metafisica di San Tommaso*, 1975. — *La casa del pane*, 1979.

Algumas das obras mencionadas, especialmente as últimas, apareceram pela primeira vez na ed. de *Opere complete* (cf. *infra*).

Depoimentos: "Il mio spiritualismo cristiano", em *Filosofi italiani contemporanei*, 1944, ed. M. F. Sciacca, pp. 363-374. — "La mia prospettiva filosofica", no volume *La mia prospettiva filosofica*, 1950.

Edição de obras: *Opere complete*, 1958 ss.

Em português: *História da filosofia*, 1968.

Bibliografia: P. P. Ottonello, ed., *Bibliografia di M. F. S. (1969-1978)*, 1979.

Ver: A. Guzzo, R. Crippa e F. Arata, *M. F. S.*, 1951. — Michele Schiavone, *L'idealismo di M. F. S. come sviluppo del rosminianismo*, 1957. — M. T. Antonelli, M. Schiavone et al., *Studi in onore di M. F. S.*, 1959. — Francisca Yoles, A. Caturelli et al., *El pensamiento de M. F. S. (1908-1958)*, 1959. — Alberto Caturello, *Metafísica de la integralidad. La Filosofia de M. F. S.*, 1959 [com bib.]. — Agostino Cantoni, *M. F. S. Trascendenza teistica e filosofia cristiana*, 1960. — Francisca Yoles, Manuel Albendea et al., *El pensamiento de M. F. S.: Homenaje 1908-1958*, ed. Manuel Gonzalo Casas, 1960. — Cesare Valenti, *La fondazione assiologica: fondamento e crisi dell'idealismo (La restaurazione dell'idealismo nel pensiero di M. F. S.)*, 1960. — Francesco Petrini, *Filosofia dell'integralità*, 1962. — Francisca Yoles, *El a priori en la filosofia de M. F. S.*, 1962. — Ivo Hoellhuber, *M. F. S., ein Wegweiser abendländischen Geistes*, 1962. — A. Muñoz-Alonso, F. Arasa et al., artigos em *Crisis*, 15 (1968), 139-318. — Osvaldo Jorge Ruda, *Dalectique de la personnalité: Implications psychologiques dans la philosophie de M. F. S.*, 1973. — J. L. de Alcorta, A. Caturelli et al., *M. F. S.*, 1977, ed. Pier Paolo Ottonello. — VV.AA., *M. F. S. Quaderni della "Cattedra Rosmini"*, 1976. — P. P. Ottonello, *Saggi su S.*, 1978. — G. Giannini, *L'ultimo S.*, 1980. — F. L. Peccorini, *From Gentile's "Actualism" to S.s "Idea"*, 1981. — N. González Caminero, *En diálogo con S.*, 1984. — M. A. Raschini, *La dialettica dell'integrità. Studi sul pensiero di M. F. S.*, 1985. ➲

SCOT ERÍGENA, JOHN. Ver JOÃO SCOT ERÍGENA.

SCOTISMO. O pensamento filosófico e teológico de John Duns Scot foi rapidamente acolhido por um grupo de franciscanos. Já no século XIV destacaram-se entre os scotistas Francisco de Meyronnes (VER), Antônio Andreas († 1320) (chamado de doutor *dulcifluus*, autor de comentários às *Sentenças*, ao *Ars vetus*, à *Metafísica* de Aristóteles, ao *De divisione* de Boécio, e do tratado *De tribus principiis rerum naturalium*, que está tão de acordo com o espírito do mestre que é difícil distinguir os escritos de ambos), Guilherme de Alnwick († 1332) (autor de *Quaestiones disputatae de esse intelligibili et de quolibet* [publicadas em 1937]), João de Bassoles (Aisne

(† 1347) (autor de comentários às *Sentenças* de tendência realista scotista), João de Ripa (VER) ou de Marchia, Walter Burleigh (VER) e Tomás Bradwardine (VER). No século XV distinguiu-se, entre os scotistas, Pedro Tartareto (VER). Geralmente os franciscanos aderiram mais firmemente ao scotismo (propensão até hoje vigente). Não trataremos aqui dos representantes posteriores do scotismo; indicaremos apenas que a influência de Duns Scot não se limita aos autores mais diretamente influenciados por ele. Tanto os temas tratados pelo filósofo como as soluções oferecidas e o método adotado estiveram ligados a pontos vitais do desenvolvimento do pensamento filosófico moderno, de tal modo que não é estranho descobrir na trama deste último, às vezes sob expressões distintas, numerosos "fios scotistas".

No que diz respeito às características fundamentais do scotismo, todos os autores concordam quanto às duas seguintes: a afirmação do ser como unívoco (VER) e a teoria da distinção (VER) formal. A essas características podem ser acrescentadas outras: o intuicionismo psicológico, o voluntarismo, o realismo ou concepção das espécies e gêneros como realidades constitutivas das essências e a doutrina da individuação por heceidade (VER). A oposição entre o scotismo e o tomismo foi muitas vezes enfatizada; em todo caso, as discussões entre scotistas e tomistas foram muito abundantes. Com efeito, parece difícil fazer com que as duas tendências concordem, especialmente quando se leva em conta que elas sustentam pontos de vista muito distintos sobre os citados pontos capitais. No entanto, não é justo equiparar essa oposição à que existe entre a tentativa de transformar filosoficamente a tradição agostiniana e a cristianização do aristotelismo (ou a aristotelização do cristianismo). Com efeito, nem o aristotelismo está ausente em Duns Scot nem o agostinismo o está em Santo Tomás. E, por outro lado, ambos os pensadores coincidem em algo fundamental, já claramente notado no século XIV: ambos são, enquanto *reales*, seguidores da *via antiqua*, ao contrário dos *nominales* ou dos *terministae*, representantes da *via moderna*. Assim, a oposição — ou, melhor, contraste — entre scotismo e tomismo pode ser melhor entendida quando eles são considerados como complexos doutrinais muito completos e possuidores de uma série muito definida de posições filosóficas, tendendo a resolver, em muitas ocasiões, os mesmos problemas, mas com método e espírito diferentes.

➲ Ver: L. Ciganotto, *Scuola francescana. Metodo e sistema scientifico del venerabile G. Duns Scoto*, 1898. — D. Scaramuzzi, *Il pensiero di G. Duns Scoto nel Mezzogiorno d'Italia*, 1927. — Id., *Lo scotismo nell'Università e nei Collegi di Roma*, 1930. — D. E. Sharp, *Franciscan Philosophy at Oxford in the thirteenth Century*, 1930. — P. van de Woestijne, *Scholae franciscanae aptatus cursus philosophicus in breve collectus*, 2ª ed., 3 vols., I, II, 1932-1933. — S. Belmond, "Essai de synthèse philosophique du scotisme", *La France franciscaine*, 16 (1933), 73-131. — B. Jansen, *Zur Philosophie der Skotischen des 17. Jahrhunderts*, 1936. — J. M. Fisher, "Scotism", *Mind*, 94 (1985), 231-243. — A. Muralt, "La causalité aristotélicienne et la structure de pensée scotiste", *Dialectica*, 47(2-3) (1993), 121-141.

Bibliografia: M. Grajewski, "Scotistic Bibliography of the Last Decade (1929-1939)", *Franciscan Studies*, 1 (1941), 55-72. ⊂

SEARLE, JOHN [ROGERS] (1932). Nascido em Denver, Colorado, obteve seu doutorado na Universidade de Oxford, e é professor de filosofia na Universidade da Califórnia em Berkeley. Searle estudou a linguagem, especialmente a fala, como uma forma de comportamento governado por regras. Segundo Searle, a comunicação lingüística comporta atos lingüísticos ou "proferições" (ver PROFERIÇÃO). Os atos lingüísticos são a forma básica, ou mínima, de comunicação. No estudo dos atos lingüísticos são levadas em conta as condições nas quais eles se produzem. Isso parece levar a prestar atenção exclusiva à "fala", no sentido de Saussure, ao contrário da "língua", mas Searle opina que todo estudo adequado da *parole*, ou fala, é um estudo da *langue*. Dentro desse estudo elucidam-se questões lingüísticas, e filosóficas, fundamentais, tais como as do sentido e da referência, da predicação e das relações entre descrições e prescrições. Devemos a Searle, entre outros trabalhos, uma tentativa de derivar o "deve" do "é" (ver 'É'-'DEVE'), uma detalhada taxonomia dos atos ilocucionários (ver ILOCUCIONÁRIO) e um exame das preferências indiretas (ver INDIRETO). Na mencionada taxonomia dos atos ilocucionários Searle mostrou as adequações e inadequações da classificação de tais atos por Austin, e ofereceu uma lista de doze "dimensões de variação" que servem como critérios para distinguir certos atos ilocucionários de outros. Exemplos destas dimensões são: as diferenças no propósito do tipo de ato, as diferenças em estados psicológicos, as diferenças na força ilocucionária, as diferenças acerca do resto do discurso e as diferenças entre atos que requerem instituições lingüísticas para sua execução e atos que não as requerem.

•• Desde 1976 a filosofia da mente ocupa o centro de seu interesse. Com sua obra *Intentionality* (1983) esboçou uma teoria sobre o conteúdo dos estados e acontecimentos mentais. Criticou vigorosamente os enfoques que assimilam a mente humana ao funcionamento de um computador. Também se interessou por problemas morais, particularmente pela análise das obrigações. ••

➲ Escritos: "How to Derive 'Ought' from 'Is'", *Philosophical Review*, 73 (1964), 43-58. — "What is a Speech Act?", em *Philosophy in America*, 1965, pp. 221-239. — *Speech Acts: An Essay in the Philosophy of Language*, 1969 (inclui, no final, o artigo mencionado *supra*, com leves mudanças). — "Chomsky's Revolution in Linguistics", *The New York Review of Books*,

29 de junho de 1972, pp. 16-63, reimp. em Gilbert Harman, ed., *On Noam Chomsky: Critical Essays*, 1974, pp. 2-33. — "A Taxonomy of Illocutionary Acts", *Minnesota Studies in the Philosophy of Science*, vol. VII: *Language, Mind, and Knowledge*, 1975, ed. Keith Gundrrson, pp. 344-369. — "Indirect Speech Acts", em Peter Cole, Jerry Logan, eds., *Syntax and Semantics*, vol. 3: *Speech Acts*, 1975, pp. 59-82. — *Expression and Meaning: Studies in the Theory of Speech Acts*, 1979. — "What is an Intentional State?", *Mind*, 88 (1979). — "Minds, Brains, and Programs", *The Behavioral and Brain Sciences*, 3 (1980). — "Intrinsic Intentionality", ibid. — *Intentionality: An Essay in the Philosophy of Mind*, 1983. — *Minds, Brains and Science*, 1984. — *The Foundations of Illocutionary Logic*, 1985 (com D. Vanderveken). —"Indeterminacy, Empiricism and the First Person", *Journal of Philosophy*, 84 (1987). — *The Rediscovery of the Mind*, 1993. — *The Construction of Social Reality*, 1997. — *Mind, Language and Society*, 1998.

J. S. editou: *The Philosophy of Language*, 1971.

Em português: *Os atos da fala: um ensaio de filosofia da linguagem*, 1981. — *Expressão e significado*, 1995. — *Intencionalidade*, 1995. — *Mente, cérebro e ciência*, 1987. — *Mente, linguagem e sociedade*, 2000. — *O mistério da consciência*, 1998. — *A redescoberta da mente*, 1997.

Ver: R. B. Nolte, *Einführung in die Sprechtakttheorie J. R. Searles. Darstellung und Prüfung am Beispiel der Ethik*, 1978. — E. Lepore, R. van Gulick, eds., *John Searle and His Critics*, 1991. Ͼ

SECRÉTAN, CHARLES (1815-1895). Nascido em Lausanne. Estudou em Lausanne e em Munique (com Schelling e von Bader). De 1838 a 1841 foi "professor extraordinário" e de 1841 a 1850 professor titular na Universidade de Lausanne. Depois de uma longa temporada em Neuenburg (1850-1866), retornou a Lausanne, onde ensinou até o fim de sua vida.

Opondo-se a todas as doutrinas panteístas e deterministas, Secrétan acentua a absoluta liberdade de Deus, a qual implica, a seu ver, que nenhuma de suas ações é suscetível de ser justificada e explicada por outra razão senão a razão cristã. Deus não é um ser necessário; é algo que consiste em ser o que quer: é o que pode dizer "Eu sou o que quero ser". O homem, como ser livre criado por Deus, tem por missão reunir-se à personalidade divina, redimir o pecado de sua desvinculação e rebelião contra a divindade. Secrétan denomina essa especulação sobre o caráter absolutamente contingente de todos os atos divinos e sobre a relação que supõe entre Deus e o homem "uma filosofia da liberdade". Mas a afirmação da liberdade, que de tal sorte passa de Deus para o homem, representa ao mesmo tempo a fundamentação da vida moral, à qual deve dirigir-se toda intuição e toda especulação metafísica. A vida moral "é" liberdade; é a liberdade que se realiza a si mesma e que encontra nesta realização a base do ser e do conhecer.

Ͼ Obras: *De la philosophie de Leibniz*, 1840. — *La philosophie de la liberté*, 2 vols., 1849; 3ª ed., 1879. — *Recherches de la méthode qui conduit à la vérité sur nos plus grands intérêts*, 1857. — *La raison et le christianisme*, 1863. — *Discours laïques*, 1877. — *Le principe de la morale*, 1883; 2ª ed., 1893. — *La civilisation et la croyance*, 1877; 2ª ed., 1893. — *Études sociales*, 1889. — *Les droits de l'humanité*, 1890. — *Mon utopie*, 1892. — *Essais de philosophie et de littérature*, 1896.

Ver: F. Pillon, *La philosophie de Ch. S.*, 1898. — L. Secrétan, *Ch. S., sa vie et son oeuvre*, 1912. — F. Abauzit, *L'énigme du monde et sa solution selon Ch. S.*, 1921. — E. Grin, *Les origines et l'évolution de la pensée de Ch. S.*, 1930. — André Burnier, *La pensée de Ch. S. et le problème du fondement métaphysique des jugements de valeur*, 1934 (tese). — W. Béguin, *Le fondement de la morale chez Ch. S.*, 1942 (tese). — Ugo Perone, *La filosofia della libertà in Ch. S.*, 1968. — Bruno Salmona, *Il pensiero di Ch. S.*, 2 vols. (I. *I temi de* La philosophie de la liberté, 1968; II. *S., filosofo morale*, 1971). Ͼ

SECUNDUM QUID. A expressão latina *secundum quid* (contração de *secundum aliquid*) é usada para indicar que aquilo de que se trata tem de ser entendido em certa relação, com relação a algo *(aliquid)* que não é o mesmo que está sendo considerado. *Secundum quid* se contrapõe a *simpliciter* e a *absolute*, expressões usadas para indicar que aquilo de que se fala tem de ser entendido não relativamente a outra coisa, mas só com respeito a si mesmo, de uma forma desligada *(absoluta)* de outras coisas. Algo é *secundum quid* quando é em razão de outra coisa, quando está "sob condição", *sub conditione*.

A relação a outra coisa a que se refere o *secundum quid* não é a relação com o sujeito cognoscente, pelo qual *secundum quid* deve distinguir-se de *quoad nos* (VER). Exemplo de uso de *secundum quid*, em contraste com o uso de *simpliciter* ou de *absolute*, é: "a perfeição *secundum quid*". Essa perfeição é perfeição com respeito a algo, por exemplo, com respeito ao poder, mas não necessariamente com respeito a tudo, pois nesse caso a perfeição não é *secundum quid*, mas *simpliciter* ou *absolute*.

Quando num raciocínio um termo é usado *secundum quid* e logo se usa o mesmo termo *absolute*, ou vice-versa, comete-se um sofisma, chamado "sofisma do *secundum quid*", ou, mais exatamente, "sofisma do *secundum quid* e do *simpliciter*".

SÉFER YESIRÁ. Ver FILOSOFIA JUDAICA.

SEGUNDIDADE. Ver CATEGORIA; PEIRCE C[HARLES] S[ANDERS]; TIQUISMO.

SEITA. No verbete Filosofia (História da) (VER) fizemos referência ao fato de que, desde a Antiguidade e até bem entrado o século XVIII, foi comum expor a história da filosofia por meio da apresentação das opiniões dos filósofos agrupados nas chamadas *seitas*. O termo 'seita' tem, pois, aqui, um preciso sentido histórico-filosófico e não deve ser confundido com seu significado na linguagem ordinária.

As agrupações em seitas apresentadas desde a Antiguidade são muitas. Uma classificação muito corrente, que se encontra em Diógenes Laércio (I, 16), é a que agrupa os filósofos em dogmáticos e céticos. Outra classificação adotada por Socião e Diógenes Laércio é a das séries dos jônicos (VER) e itálicos (VER). Outra, apresentada por Hipóboto (*apud* D. Laércio), é a dos megáricos, erétricos, cirenaicos, epicuristas, anicéricos, teodorianos, zenonianos ou estóicos, acadêmicos antigos e peripatéticos. Outra é a que diz respeito às principais escolas gregas: acadêmicos, céticos, cirenaicos, neoplatônicos, ecléticos. Entre os filósofos do final do mundo antigo também era corrente falar da seita dos cristãos, da dos gnósticos, maniqueístas etc. Na Idade Média e no Renascimento foi comum falar das seitas dos platônicos, aristotélicos, estóicos, epicuristas e céticos. Na Idade Moderna foram conservadas muitas dessas designações; assim, por exemplo, na *Historia* de Jakob Brucker [ver FILOSOFIA (HISTÓRIA DA)], aparecem seções redigidas com os títulos de: *De secta megarica, De secta cynica, De secta heraclitea, De secta eclectica, De secta peripatetica, De secta stoica, De secta Pythagorica resuscitata*, etc. (mas também *De schola socratica*). Já avançada a Idade Moderna, essas classificações em seitas foram se organizando na forma hoje em dia admitida nas histórias da filosofia, pelo menos para a filosofia antiga. Uma tentativa de interpretar as seitas como formas fundamentais do espírito se deu no século XIX, quando Cousin falou de sensualismo, idealismo, ceticismo e misticismo, seitas conjugadas e superadas pelo ecletismo.

O termo 'seita' no sentido antes apontado caiu hoje em desuso e costuma-se utilizar mais o vocábulo 'Escola'. Assim o fizemos em muitos casos nos quais se tratou de dar conta de um agrupamento filosófico. (Ver no quadro sinótico final a seção sobre escolas e tendências.) Também utilizamos 'Círculo' em Varsóvia (Círculo de), Viena (Círculo de). Em outras ocasiões não utilizamos nem o vocábulo 'seita' nem o vocábulo 'escola', mas indicamos simplesmente o nome comum pelo qual são conhecidos certos grupos de filósofos, por exemplo: Cínicos, Cirenaicos, Estóicos, Jônicos, Milésios, Céticos, Socráticos, Sofistas. Em outros casos, finalmente, certos nomes designam não apenas uma escola ou seita, mas toda uma tendência filosófica, normalmente com uma longa história. É o caso de Agostinismo, Avicenismo, Aristotelismo, Bergsonismo, Cartesianismo, Existencialismo, Fenomenologia, Hegelianismo, Kantismo, Marxismo, Neokantismo, Neoplatonismo, Neo-realismo, Neotomismo, Ocasionalismo, Peripatéticos, Platonismo, Positivismo, Pragmatismo, Problematicismo, Tomismo etc.

SELLARS, ROY WOOD (1880-1973). Nascido em Seaforth (Ontário), foi professor de filosofia, de 1905 até 1950, data de sua aposentadoria, na Universidade de Michigan. Sellars manifestou amplos interesses — epistemologia, filosofia da ciência, filosofia social, filosofia da religião, teoria dos valores. Sua orientação foi consistentemente naturalista e evolucionista, com decidida tendência a uma concepção da evolução como evolução emergente (VER). No que se refere à disputada questão da relação entre atos mentais e processos corporais, Sellars defendeu desde muito cedo o que logo foi chamado "teoria da identidade" do corpo e da mente.

A filosofia de Roy Wood Sellars foi freqüentemente apresentada como um materialismo. Trata-se de um materialismo "reformado", de índole fortemente pragmática, que tem seu fundamento na análise do conhecimento da realidade e das operações que efetuamos com ela, mais que num conjunto de prévias suposições ontológicas. Na teoria do conhecimento, Sellars foi um dos impulsores do realismo crítico norte-americano, baseado numa crítica do neo-realismo (VER), mas ao mesmo tempo baseado em algumas das posições do mesmo. Ao contrário de outros realistas críticos, Sellars adotou uma posição qualificada de realismo físico e que constitui o correlato epistemológico de seu naturalismo.

↪ Obras: *Critical Realism*, 1916, reimp., 1969. — *The Next Step in Democracy*, 1916. — *The Essentials of Logic*, 1917. — *The Essentials of Philosophy*, 1917. — *The Next Step in Religion*, 1918. — *Evolutionary Naturalism*, 1922, reimp., 1969 (com prefácio de T. A. Goudge e apêndice de C. Lloyd Morgan). — *The Principles and Problems of Philosophy*, 1926, ed. rev., com o título *The Principles, Perspectives and Problems of Philosophy*, 1970. — *Religion Coming of Age*, 1928. — *The Philosophy of Physical Realism*, 1932; 2ª ed., aum., 1966. — *Lending a Hand to Hylas*, 1968. — *Reflections on American Philosophy from Within*, 1969. — *Principles of Emergent Realism: Philosophical Essays*, 1970, ed. W. Preston Warren. — *Social Patterns and Political Horizons*, 1970. — *Neglected Alternatives: Critical Essays*, 1973, ed. W. Preston Warren. — Importantes para o conhecimento das posições filosóficas de Sellars são também os trabalhos: "Knowledge and Its Categories", em *Essays in Critical Realism*, 1920, pp. 187-219; "Realism, Naturalism, and Humanism", em *Contemporary American Philosophy*, ed. G. P. Adams e W. P. Montague, vol. II, 1930, pp. 261-285; "Social Philosophy and the American Scene" e "Materialism and Human Knowing", em *Philosophy for the Future*, ed. R. W. Sellars, V. J. McGill e M. Farber, 1949, pp. 61-75 e 75-106.

Ver: A. J. Bahm, W. Sellars, R. M. Chisholm, J. Kuiper, W. Frankena, Marten Hoor, arts. e comentários sobre R. W. S. em *Philosophy and Phenomenological Research*, 15 (1954-1955), 1-97 [com bibliografia por C. E. Myers, pp. 98-103]. Comentários do filósofo a estes comentários em "My Philosophical Position: A Rejoinder", *ibid.*, 72-97. — Normal Paul Melchert, *Realism, Materialism, and the Mind: The Philosophy of R. W. S.*, 1968. — Cornelius F. Delaney, *Mind and Nature: A Study in the Naturalistic Philosophy of Cohen, Woodbridge, and S.*, 1969. — Arthur W. Munk, *R. W. S. as Creative Thinker and Critic*, 1972. — W. Preston Warren, *R. W. S.*, 1975 (com prefácio de S.). ℭ

SELLARS, WILFRID (1921-1989). Nascido em Ann Harbor, Michigan, ensinou, durante a maior parte da sua vida acadêmica, na Universidade de Pittsburgh, Pensilvânia. Dentro do que cabe considerar, em sentido lato, como a tradição analítica, Sellars representa uma posição de "síntese": síntese de questõe epistemológicas, ontológicas e semânticas, por um lado, e síntese de exame detalhado de questões e visão de conjunto, por outro. A semântica pode ser um prefácio à ontologia e a ontologia tem pressuposições semânticas. Sellars rejeitou tanto o fenomenismo clássico como o realismo direto e se aproximou em muitos casos de uma posição kantiana crítica; em todo caso, alguns dos temas kantianos básicos — como a sensibilidade e o entendimento, as aparências e as coisas em si, as tramas conceituais e a realidade — constituem uma parte importante de sua obra. Em um de seus mais conhecidos e influentes escritos sobre "a filosofia e a imagem científica do homem", Sellars comparou e confrontou o que chamou "a imagem manifesta" do homem — a "imagem do homem-no-mundo como trama conceitual nos termos da qual o homem se encontra a si mesmo" — com a "imagem científica". O problema é se essas duas imagens podem ser compatíveis entre si; a resposta é que, de imediato, não parecem sê-lo e é preciso buscar uma alternativa. A alternativa consiste não em reconciliar as duas imagens, mas em unir uma à outra: à imagem científica se une a trama conceitual das "pessoas"; em nossa vida incorporamos, "ainda que só em imaginação", a imagem científica. Sellars tratou em vários outros casos de superar "dualismos". Isso ocorre ao comparar, e também confrontar, o ponto de vista empirista com o exame das estruturas mentais cognoscitivas; os particulares com os universais; o nomear com o dizer; o sintético com o *a priori*; a objetividade com a subjetividade; sobretudo, o conceitual com o real. A superação não é levada a cabo encontrando um ponto de vista no qual os termos confrontados apareçam como simples manifestações, mas, num espírito "kantiano", "sintetizando" esses termos por meio de uma análise de suas funções.

➲ Principais trabalhos: "Realism and the New Way of Words", *Philosophy and Phenomenological Research*, 8 (1947-1948), 601-634, reimp. em H. Feigl, W. Sellars, eds., *Readings in Philosophical Analysis*, 1949. — *Science, Perception, and Reality*, 1963 (contém artigos publicados antes em revistas, salvo o intitulado "Phenomenalism"; inclui "Philosophy and the Scientific Image of Man" [duas conferências de 1960, publicadas em R. G. Colodny, ed., *Frontiers of Science and Philosophy*, 1962] e "Grammar and Existence: A Preface to Ontology" [duas conferências de 1958, publicadas em *Mind*, 69, 1960]. — *Science and Metaphysics: Variations on Kantian Themes*, 1967. — *Form and Theory in Ethical Content*, 1968 [The Lindley Lecture, 1967]. — *Essays in Philosophy and Its History*, 1974. — *Naturalism and Ontology*, 1979 (versão ampliada das John Dewey Lectures, Chicago, 1974 [com um apêndice: "Correspondence with M. Loux]). — *Pure Pragmatics and Possible Worlds. The Early Essays of W. S.*, ed. J. F. Sicha, 1980 [ensaios dos anos 1940, com uma bibliografia de obras de S. até 1980]. — "Foundations for a Metaphysics of Pure Process", *The Monist*, 64 (1981), 3-90 [The Carus Lectures]. — *The Metaphysics of Epistemology: Lectures by W. S.*, 1989, ed. P. Amaral.

Ver: Richard J. Bernstein, "Sellars' Vision of Man-in-the-World", *Review of Metaphysics*, 20 (1966), 113-143, 290-316. — Günther Witschel, *Erkenntnistheoretische Fragen bei W. S.*, 1972. — William S. Robinson, B. Aune, A. Donagan *et al.*, *Action, Knowledge, and Reality: Critical Studies in Honor of W. S.*, 1975, ed. Hector-Neri Castañeda. — C. F. Delaney, Michael J. Loux *et al.*, *The Synoptic Vision: Essays on the Philosophy of W. S.*, 1976. — J. C. Pitt, B. Aune *et al.*, *The Philosophy of W. S.: Queries and Extensions*, 1978, ed. J. C. Pitt (com bibliografia). — J. C. Pitt, *Pictures, Images and Conceptual Change: An Analysis of W. S'. Philosophy of Science*, 1981 [Synthese Library, vol. 151]. — J. C. Evans, *The Metaphysics on Transcendental Subjectivity: Descartes, Kant and W. S.*, 1984. — J. Seibt, *Properties as Processes: A Synoptic Study of W. S'. Nominalism*, 1990. ℭ

SEMÂNTICA. Michel J. A. Bréal cunhou o termo 'semântica' para designar a ciência que se ocupa dos significados das palavras. A semântica é, segundo ele, uma parte da lingüística ou gramática geral. Às vezes o termo 'semasiologia' foi usado no lugar de 'semântica', mas o último deles alcançou o predomínio entre os lingüistas. De um modo mais preciso, a semântica lingüística é definida como a ciência que estuda as diversas relações das palavras com os objetos designados por elas, isto é, que se ocupa de averiguar de que modo e segundo que leis as palavras se aplicam aos objetos. Segundo Américo Castro (cf. "La significación de las palabras", em *Lengua, Enseñanza y Literatura*, 1924, p. 88), "a semântica deve definir-se na realidade como a ciência da *mudança de significado* [grifo nosso] das palavras".

A semântica lingüística é uma ciência empírica; a indução é o método por ela usado para a formulação de suas leis. Diferentes, em contrapartida, são o objeto e os métodos da semântica tal como foi elaborada por filósofos e lógicos. Vimos no verbete sobre a semiótica (VER) que a semântica foi definida por Charles W. Morris como uma parte da ciência geral dos signos: a que estuda as relações entre os signos e os objetos aos quais eles podem ser aplicados. Segundo Carnap, "se fizermos abstração do que usa a linguagem e analisarmos somente as expressões e seus *designata*, achamo-nos no campo da semântica". Por isso a semântica "contém a teoria do que é usualmente chamado o significado das expressões, e daí os estudos que conduzem à construção de um dicionário que traduz a linguagem objeto e a metalinguagem" (ver METALINGUAGEM). O mesmo opina Tarski, que, com Carnap, é um dos mais importantes semanticistas modernos: a semântica é uma disciplina que trata de certas relações entre as expressões de uma linguagem e os objetos aos quais se referem tais expressões. Como a semiótica é uma metalinguagem, diz-se às vezes que a semântica é uma das dimensões da semiótica; o estudo semântico é menos abstrato e formal que o sintático, porém mais abstrato e formal que o pragmático. As noções estudadas pela semântica são noções tais como as de verdade (VER), designação (VER), cumprimento (de condições), definição (VER), nomeação, denotação (VER), significação (VER), sinonímia, aplicabilidade etc. Por exemplo, o enunciado: "'Se a massa da Lua é menor que a massa da Terra, então os corpos sobre a Lua pesam menos que os corpos sobre a Terra' é um enunciado verdadeiro", é uma proposição cujo estudo pertence à semântica. Nem todos os autores estão de acordo, contudo, em considerar a semântica como um estudo unitário que se ocupa das noções mencionadas. Por exemplo, Quine propõe separar a semântica em duas províncias: a teoria da significação e a teoria da referência. Segundo Quine, poder-se-ia chamar à primeira *semântica* se este mesmo nome não fosse dado por Tarski e outros autores àquilo que pertence à teoria da referência. É melhor, portanto, usar o nome de teoria da significação. Esta teoria examina, entre outros, os seguintes conceitos: significação, sinonímia (ou identidade de significação) e analiticidade (ou possessão de significação). Quanto à teoria da referência, ela examina, sempre segundo o mesmo autor, conceitos tais como os de nomeação, verdade e denotação. Desse ponto de vista, os paradoxos semânticos (ver PARADOXO) podem ser considerados como paradoxos da teoria da referência.

O caráter menos abstrato e formal da semântica com respeito à sintaxe é admitido por quase todos os autores que se ocuparam daquela disciplina. No entanto, podemos notar que alguns filósofos, como Léon Chwistek, usam o vocábulo 'semântica' num sentido que se parece muito ao da sintaxe lógica e, por conseguinte, destacam mais que outros os aspectos formais do estudo semântico. Por outro lado, há autores que empregaram o termo 'semântica' (ou, melhor, 'semântica geral') num sentido que não coincide nem com o dos lingüistas nem com o dos citados lógicos. O mais destacado de tais autores é Alfred Korzybski (1879-1950), que definiu a semântica geral como uma ciência empírica que se ocupa da análise das reações vivas experimentadas pelo sistema nervoso humano na produção de um pensamento que implica certas orientações ou valorações e que, no seu entender, não necessitam ser formalizadas. Korzybski defendeu a necessidade de formular um "sistema não-aristotélico", baseado num sistema "extensional e infinitamente valente", ao contrário dos sistemas aristotélicos, intensionais e bivalentes. O movimento iniciado por Korzybski se concretizou na fundação do Instituto de Semântica Geral (1938, em Chicago, a partir de 1946 em Lakeville, Connecticut) e foi popularizado por diversos autores que, a exemplo de Korzybski, quiseram converter a semântica numa concepção geral do mundo e na base de uma reforma da sociedade e do homem. Não é surpreendente que os semanticistas lógicos sublinhem a total ausência de relação entre tal semântica geral e sua própria semântica. Assim, Tarski declarou que "talvez seja conveniente dizer que a semântica tal como é concebida neste artigo [trata-se de 'The Semantic Conception of Truth'; ver bibliografia] é uma disciplina modesta e sóbria, que não tem pretensões de converter-se numa panacéia universal para todos os males, imaginários e reais, da humanidade. Não se achará na semântica nenhum remédio para a queda dos dentes ou para as ilusões de grandeza ou os conflitos de classe. E tampouco é a semântica um artifício destinado a demonstrar que todo o mundo, exceto o que fala e seus amigos, diz bobagens".

Voltemos agora à semântica dos filósofos e lógicos, isto é, à elaborada, entre outros, por Tarski e Carnap, baseando-se em prévias indagações de Lesniewski e Kotarbinski e nos esclarecimentos de Morris. É comum especificar diversos aspectos a partir dos quais podem ser realizados os estudos semânticos. Carnap, por exemplo, indica que a semântica pode ser descritiva (ou, como diz também Morris, aplicada) e pura. A semântica descritiva trata, segundo Carnap, da "descrição e análise das características semânticas, seja de alguma língua historicamente dada, como, por exemplo, o francês, ou de todas as línguas historicamente dadas em geral", razão por que se pode falar, respectivamente, de semântica descritiva especial e semântica descritiva geral. Essa semântica descritiva coincide em grande parte com a semântica dos lingüistas; é uma ciência empírica cujos objetos são fatos. A semância pura, por seu turno, trata da construção de um sistema de regras semânticas, seja em relação a uma língua histórica dada ou então livremente inventada. Por isso, "as regras de um sistema semântico, S, não são senão uma definição de certos conceitos semânticos com respeito a S, como, por exemplo, 'designação em S' ou 'verdade em S'", e por isso também "a semântica pura consiste em definições desta classe e em suas conseqüências e, por conseguinte, é, em contradição com a semântica descritiva, inteiramente analítica e sem conteúdo fáctico" (cf. *Studies in Semantics*, I, § 5). Em geral, considera-se que a semântica se ocupa de sistemas de signos interpretados, ao contrário da sintaxe, que estuda sistemas de signos não interpretados. Ora, discutiu-se quais são as relações entre a semântica e a sintaxe. O próprio Carnap aproximou consideravelmente as duas ciências ao converter a semântica num estudo capaz de verificar interpretações de cálculos ou num instrumento lógico para a sistematização do conhecimento. Embora esta sistematização também tenha sido efetuada por Aristóteles, foi-o somente com respeito à atividade lógica do senso comum e não com respeito à atividade lógica inerente às diferentes linguagens científicas. É possível inclusive uma análise combinada de sistemas semânticos. Carnap termina por definir um sistema semântico como "um sistema de regras, formuladas em uma metalinguagem e referidas a uma linguagem-objeto, de tal classe, que as regras determinam uma *condição de verdade* para cada sentença da linguagem-objeto, isto é, uma condição suficiente e necessária para sua verdade" (*op. cit.*, 1, § 7). Tais regras são as de formação, as de designação e as de verdade. As regras de formação de um sistema, S, definem o termo 'sentença de S'; as regras de designação definem a 'designação em S'; as de verdade definem 'verdade em S': o fator mais fundamental do sistema.

Depois de um intervalo "lógico-filosófico", a semântica se desenvolveu principalmente na esteira dos problemas suscitados pelos lingüistas; sem que se esqueçam as dimensões "lógicas", acentuam-se agora as que podem ser chamadas de "filosófico-lingüísticas". Por exemplo, uma das questões que foram mais amplamente debatidas na lingüística é se a competência lingüística de um falante (na acepção chomskyana de 'competência') é explicável exaustivamente em termos sintáticos (mais propriamente, em termos sintáticos e fonológicos). As dificuldades com que se depararam as explicações de tal competência do ponto de vista exclusivo das regras gramaticais sintáticas levou a pôr em destaque a dimensão semântica. A interpretação das expressões bem formadas produzidas por regras sintáticas e fonológicas passa a ser então encargo da semântica. É discutível se com isso não se vai mais além da noção de "competência", isto é, se com isso não se atenta, ou até elimina, a distinção radical entre "competência" e "desempenho" lingüísticos.

Os lingüistas que trataram com mais amplitude e pormenor os problemas semânticos e semântico-filosóficos são, em geral, os que partiram da situação da lingüística tal como a estabeleceu, ou reafirmou, Chomsky e, portanto, os que seguiram as orientações gerais da gramática transformacional. Isto não significa que todos esses lingüistas sejam partidários de Chomsky; muitos criticam Chomsky, mas sem este não poderiam ter lugar suas pesquisas, as quais não são, como o foram em grande parte antes de Chomsky, de índole principalmente taxonômica.

Um dos problemas enfrentados pela lingüística e que pode ter interesse filosófico é o de se os componentes de base e os componentes semânticos são ou não distintos entre si. Afirmar que não são distintos, como fazem os semanticistas partidários da chamada "semântica gerativa" (seguindo precedentes de Chomsky logo abandonados por este), equivale a concluir que as interpretações semânticas se fundamentam em estruturas sintáticas ou que, em todo caso, estão estreitamente correlacionadas com estruturas sintáticas (e sintático-fonológicas), isto é, equivale a sustentar que tais estruturas proporcionam, ou podem em princípio proporcionar, todas as regras necessárias para as interpretações semânticas. Afirmar que os componentes de base e os componentes semânticos são distintos, como fazem os semanticistas partidários da chamada "semântica interpretativa" (de acordo com indicações do "último Chomsky"), equivale a sustentar que tanto a base como a superfície contribuem para determinar a estrutura semântica. Na semântica gerativa tende-se a sustentar a não-variação de significados nas transformações. Na semântica interpretativa, em compensação, tende-se a supor que os significados mudam com as transformações.

Um dos problemas filosóficos aqui envolvidos é o da variação ou não-variação de significados (problema que já havia sido tratado na lingüística pré-chomskyana taxonômica, mas que na lingüística pós-chomskyana se enriquece com novas questões). Outro problema é se a afirmação de mudanças de significados, ainda dentro das transformações, não obriga a atentar para uma dimensão "clássica" da semiótica a que os lingüistas e filósofos têm prestado menos atenção que às dimensões sintática e semântica ou sintático-semântica, isto é, a dimensão pragmática. Se a dimensão pragmática é acentuada, então a noção de "competência" — ainda que com a adição de interpretações semânticas — se atenua ou debilita um pouco pelo peso de fatores tais como a comunicação, propósitos de comunicação, estrutura social, dentro da qual têm ou podem ter lugar as comunicações etc.

De todo modo, deve-se levar em conta que, mesmo com a introdução de uma dimensão pragmática, nem por isso cessam as investigações semânticas mais estritas. Os esforços levados a cabo para formular regras recursivas com o fim de determinar a estrutura semântica das línguas naturais e de investigar quais são os constituintes semânticos básicos ainda podem ser muito úteis, tanto lingüística quanto filosoficamente.

➲ Ver: Michel J. A. Bréal, *Essai de Sémantique, science des significations*, 1897. — Alfred Tarski, "Grundlegung der wissenschaftlichen Semantik" (*Actes du Congrès International de Philosophie Scientifique*, fasc. 3 [1936], 1-8). — Id., "The Semantic Conception of Truth and the Foundations of Semantics", *Philosophy and Phenomenological Research*, 4 (1943-1944), 341-376, reimp. em antologia de H. Feigl e W. Sellars, *Readings in Philosophical Analysis*, 1949, pp. 52-84. — M. Kokoszyńks, "Syntax, Semantik und Wissenschaftslogik" (*Actes etc.*, fasc. 3 [1936], 9-14). — Charles W. Morris, *Foundations of the Theory of Signs*, 1938. — Id., *Signs, Language and Behavior*, 1946. — Stuart Chase, *The Tyranny of Words*, 1938. — Alfred Korzybski, *Science and Sanity: An Introduction to non-Aristotelian Systems and General Semantics*, 1941. — Irving J. Lee, *Language Habits in Human Affairs. An Introduction to General Semantics*, 1941. — Rudolf Carnap, *Studies in Semantics. I. Introduction to Semantics*, 1942; *II. Formalization of Logic*, 1943; *III. Meaning and Necessity. A Study in Semantics and Modal Logic*, 1947. — C. L. Stevenson, *Ethics and Language*, 1944. — Francis P. Chisholm, *Introductory Lectures on General Semantics*, 1944. — Léon Chwistek, *La méthode générale des sciences positives. L'esprit de la sémantique*, 1947. — G. Calogero, *Estetica, semantica, istorica*, 1947. — Joseph G. Brin, *Introduction to Functional Semantics*, 1948. — A. W. Read, "An Account of the Word 'Semantics'", *Word*, 4 (1948), 78-97. — H. Woodworth, *The Nature and Technique of Understanding*, 1949. — A. Rapoport, *Science and the Goals of Man. A Study in Semantic Orientation*, 1950. — Stephen Ullmann, *The Principles of Semantics*, 1951; 2ª ed., 1957. — Id., *Semantics: An Introduction to the Science of Meaning*, 1962. — P. Filiasi Carcano, E. W. Beth, A. Pap, G. Bergman, M. Lins, C. Perelman, L. Olbrechts-Tyteca, F. H. Heinemann, E. Paci, R. Sabarini, E. Minkowski, J. Wyrsch, F. Barone, artigos em número especial de *Archivio di Filosofia*, 3 (1955) sobre questões semânticas. — Pierre Guiraud, *La sémantique*, 1955. — Joseph G. Kemeny, "Semantics as a Branch of Logic", *Encyclopaedia Britannica*, ed. de 1956, vol. 20, pp. 313-313D; ed. de 1957, ibid. — R. Feys, "Quelques remarques sur la sémantique", *Revue philosophique de Louvain*, 54 (1956) 605-625. — Arthur Pap, *Semantics and Necessary Truth*, 1958. — Wolfgang Stegmüller, *Das Wahrheitsproblem in die Idee der Semantik. Eine Einführung in die Theorien von A. Tarski und R. Carnap*, 1957. — Hans Regnéll, *Semantik. Filosofiska och språkvetenskapliga grundfrågor inom betydelsaläran*, 1958 (*Semântica. Problemas básicos filosóficos e lingüísticos dentro do estudo da significação*). — W. van O. Quine, *Word and Object*, 1960. — Paul Ziff, *Semantic Analysis*, 1960. — Albert Upton, *Design for Thinking*, 1961. — Richard M. Martin, *Intension and Decision*, 1963. — C. J. Fillmore, G. Harman et al., *Semantics of Natural Language*, 1972, ed. Donald Davidson e Gilbert Harman. — Edward L. Keenan, ed., *Formal Semantics of Natural Language: Papers from a Colloquium Sponsored by The King's College Research Centre, Cambridge*, 1975. — D. Lewis, R. Stalnaker et al., *Contemporary Research in Philosophical Logic and Linguistic Semantics*, 1975, ed. Donald Hockney, William Harper e Bruce Feed. — Zeno Vendler, "Semantics", *Encyclopaedia Britannica*, ed. de 1975, vol. 16 da *Macropaedia*, pp. 506-512. — F. von Kutschera, *Einführung in die intensionale Semantik*, 1976. — J. Lyons, *Semantics*, 2 vols., 1977. — O. Sucrot, *Princípios de Semântica Lingüística*, 1977. — D. Nute, *Essential Formal Semantics*, 1981. — G. MacDonald, P. Petit, *Semantics and Social Science*, 1981. — L. Tondl, *Problems of Semantics: A Contribution to the Analysis of the Language of Science*, 1981. — C. A. Kates, *Pragmatics and Semantics: An Empiricist Theory*, 1980. — H.-J. Eikmeyer, H. Rieser, eds., *Words, Worlds, and Contexts: New Approaches in Word Semantics*, 1981. — J. Hintikka, *The Game of Language: Studies in Game Theoretical Semantics and Its Applications*, 1983 (com J. Kulas). — M. J. Cresswell, *Structured Meanings: The Semantics of Propositional Attitudes*, 1985. — J. Vázquez, *Modelo fenomenológico de análisis semántico*, 1986. — J. Wolenski, ed., *Kotarbinski: Logic, Semantics and Ontology*, 1990. — H. Wettstein, *Has Semantics Rested on a Mistake?*, 1991. — R. Vergauwen, *A Metodological Theory of Reference: Realism and Essentialism in Semantics*, 1993.

Antologias de artigos sobre questões semânticas no sentido da lógica e da filosofia da linguagem: L. Linsky, *Semantics and the Philosophy of Language*, 1953. — Danny D. Steinberg e Leon A. Jakobovits, eds., *Semantics: An Interdisciplinary Reader in Philosophy, Linguistics, and Psychology*, 1971. — J. L. Garfield, ed., *Meaning and Truth: the Essential Readings in Modern Semantics*, 1991.

Trabalhos históricos: Norman Kretzmann, verbete "Semantics, History of", em J. E. Edwards, ed., *The Encyclopaedia of Philosophy*, vol. 7, pp. 359-406. — Jan Pinborg, *Logik und Semantik im Mittelalter*. — D. di Cesare, *La semantica nella filosofia greca*, 1980. — N. Kretzmann, ed., *Meaning and Inference in Medieval Philosophy*, 1988 [Estudos em memória de J. Pinborg].

Ver também a bibliografia de LINGUAGEM. **G**

SEMASIOLOGIA. Ver ALETIOLOGIA; SEMÂNTICA; SEMIÓTICA.

SEMELHANÇA (LEI DE). Ver ASSOCIAÇÃO, ASSOCIACIONISMO.

SEMELHANÇA FAMILIAR. Esta noção adquiriu direito de cidadania na filosofia contemporânea a partir de Wittgenstein. Ele notou que quando se aprende a significação de um termo geral — como 'árvore', 'gato', 'jogo' — tende-se a supor que há uma espécie de idéia geral à qual corresponde (ou, a rigor, pode corresponder) uma imagem visual, e que a suposta idéia geral contém o que há de comum em cada um dos indivíduos — árvores, gatos, jogos — que a idéia globalmente "denota". Os filósofos, sobretudo, sucumbiram à tendência — quase se poderia dizer à mania — da "generalidade", e empregaram termos gerais como se designassem (ou fossem) significados, e estes como se fossem caracteres comuns ou "essências".

Por outro lado, na linguagem corrente são empregados termos gerais. Um nominalista conseqüente os eliminaria da linguagem. Wittgenstein procede de outro modo. Considere-se a palavra 'jogo'. Há muitos tipos de jogo: jogos de baralho, jogos de bola, jogos de mãos. Se dizemos que há algo comum a todos estes (e outros muitos) tipos de jogos, concluiremos que há um significado de 'jogo' que corresponde a todos os jogos. Mas não se pode encontrar esse significado comum: certos jogos são divertidos e outros não; em uns se ganha ou se perde, mas não em outros etc. Se sustentarmos que não há nenhuma relação entre os jogos, não teremos realmente "olhado" bem. Quando "olhamos" os jogos, descobrimos que há uma multidão de semelhanças *(Ähnlichkeiten)* e afinidades *(Verwandtschaften)* entre eles: o jogo A se parece em algo com o jogo B e este se parece em algo com o jogo C, embora possa ocorrer que haja algo em C que se exibe em A, mas não em B. O que vemos como resultado desse exame é "uma complexa rede de semelhanças que se sobrepõem e entrecruzam. Semelhanças em grande e em pequeno" (*Philosophische Untersuchungen*, § 66). A melhor expressão que se pode dar a essas semelhanças é a de "semelhanças familiares" *(Familienähnlichkeiten)* (*op. cit.*, § 67); são como as semelhanças entre membros de uma família com relação à estrutura corporal, cor dos olhos etc. E então se pode dizer: "'os jogos' constituem uma família".

Essa noção de Wittgenstein foi criticada de diversos pontos de vista: porque restabelece sub-repticiamente a idéia de "caráter comum"; porque se há as semelhanças de que Wittgenstein fala, haverá, em seguida, algum caráter comum, ou pelo menos certo grupo de caracteres comuns, etc. Renford Bambrough ("Universals and Family Resemblances", *Proceedings of the Aristotelian Society*, LXI [1960-1961], 207-222; reimp. em Wittgenstein: *The Philosophical Investigations*, 1966, ed. George Pitcher, pp. 186-204) defendeu a idéia de Wittgenstein, afirmando que resolve o venerável problema dos universais. Segundo Bambrough, Wittgenstein se opõe ao realista, para o qual há algo comum a todos os jogos, sendo o que há de comum outra "coisa" que não o que sejam os jogos. Opõe-se também ao nominalista, para quem os jogos não têm nada em comum salvo o serem chamados "jogos". Wittgenstein afirma que os jogos não têm nada em comum salvo o serem jogos. Assim, "Wittgenstein não é nem um realista nem um nominalista: sustenta a simples verdade que [o realista e o nominalista] negam e sustenta também as duas simples verdades das quais cada um deles afirma uma e nega a outra". Bambrough reconhece que se pode questionar se as semelhanças familiares são "últimas" ou não, mas descarta esta questão como "perversa". Esta é uma questão que somente o nominalista ou o realista podem levantar; que podem levantar legitimamente, acrescentamos, dentro de seus respectivos "contextos".

SEMELHANÇA, SIMILARIDADE. Estes dois termos pertencem a um grupo de vocábulos por meio dos quais se exprimem relações (vocábulos tais como 'igualdade', 'identidade', 'diferença', 'homogeneidade' etc.). *Grosso modo* pode-se dizer que duas ou mais entidades são semelhantes entre si, ou similares, quando não são idênticas, nem são iguais, nem são diferentes, mas possuem ao mesmo tempo algo igual e algo diferente. Embora duas entidades semelhantes possam ser homogêneas, costuma-se considerar que o homogêneo (VER) não é sempre equiparável ao semelhante. Com efeito, duas entidades podem ser semelhantes sem pertencer à mesma espécie.

A relação de semelhança varia muito segundo as entidades que se considerem. Não é o mesmo dizer, por exemplo, que duas figuras geométricas são semelhantes, ou que o homem é semelhante a Deus no sentido de ter sido criado por Deus, segundo o Gênesis, à sua "imagem e semelhança". Por outro lado, mesmo que se saiba que conceito de semelhança se usa em um caso determinado, é necessário ainda saber em que as entidades consideradas são semelhantes. Sem pretender esgotar as espécies de semelhança, comentaremos alguns tipos de semelhança que podem ajudar a compreender melhor essa noção.

Por um lado, podemos falar de semelhança quando, dada uma entidade, A, a entidade semelhante, B, é uma especificação de A. Em tal caso, B é semelhante a A por possuir certas propriedades subordinadas de A.

Por outro lado, pode-se falar de semelhança no sentido da imagem, isto é, quando uma entidade, A, é considerada o original do qual B é uma cópia identificável por referência a A.

Também se pode falar de semelhança quando há uma correspondência entre duas entidades, A e B, de tal modo que a certos elementos estruturais de A correspondem certos elementos estruturais de B, mesmo que A e B sejam de diferente espécie ou sejam entidades em todo o resto diferentes. Por exemplo, pode-se falar de semelhança ao se referir à relação entre o sujeito cognoscente e o objeto conhecido, a consciência e a realidade, a alma e o mundo, etc.

Por fim, a semelhança pode ser equiparável a uma espécie de simpatia (VER) que uma entidade tem com a outra. A esta noção de semelhante se referiram os antigos, especialmente os estóicos ao proclamar que τὸ ὁμογενὲς πρὸς τὸ ὁμογενές, o semelhante aspira ao semelhante, ou que *simile similibus curantur*, as coisas semelhantes se ocupam de (têm interesse por) coisas semelhantes.

SEMIOGRAFIA. Ver Semiótica.

SEMIOLOGIA. Ferdinand de Saussure (*Cours de linguistique générale* [1916]; 2ª ed., 1922, pp. 33 ss.) declarou que a língua é "um sistema de signos que expressam idéias, sendo por isso comparável à escrita, ao alfabeto dos surdos-mudos, aos ritos simbólicos, às fórmulas de urbanidade, aos sinais militares etc. Trata-se apenas do mais importante desses sistemas". Pode-se conceber, afirmou Saussure, uma ciência que estude "a vida dos signos no seio da vida social" — já que a língua é uma "instituição social". Tal ciência, que seria uma parte da psicologia social e, portanto, da psicologia geral, pode ser chamada de "semiologia". A semiologia tem por objeto examinar em que consistem os signos e as leis que os regem. Quando a semiologia estiver constituída, a lingüística aparecerá como uma parte desta ciência geral, de modo que as leis que a semiologia descobrir serão aplicáveis à lingüística. Segundo Saussure, o lugar exato que a semiologia ocupar deve ser marcado pelo psicólogo, pois "a tarefa lingüística é definir o que faz da língua um sistema especial dentro do conjunto de fatos semiológicos". Por outro lado, dado o caráter arbitrário dos signos lingüísticos, tal como foram definidos por Saussure (ver Signo), e dado que esse caráter pode levar a cabo melhor que os outros "o ideal do procedimento semiológico", resulta que o estudo da língua ocupa um lugar privilegiado na semiologia. Com efeito, a língua é, segundo Saussure, o mais complexo, difundido e característico de todos os sistemas de expressão. "Neste sentido, a lingüística pode converter-se no padrão geral de toda semiologia, muito embora a língua não seja mais que um sistema particular" (*op. cit.*, p. 101).

Várias idéias atuais concernentes à natureza da semiologia não diferem fundamentalmente das de Saussure. Isso ocorre especialmente com os estruturalistas franceses, entre os quais se destacam Lévi-Strauss (VER) e Roland Barthes (VER), ao menos na medida em que fazem uso de conceitos básicos da lingüística saussuriana como a distinção entre sintagmático e paradigmático (associativo), entre sintagma e sistema ou entre metonímia e metáfora. Os semiólogos italianos, como Umberto Eco (VER), opuseram-se aos estruturalistas franceses em vários pontos importantes, mas continua havendo neles vestígios de algumas idéias de Saussure. Em todo caso, persiste a idéia da semiologia como uma teoria geral de (todos) os signos. É importante entre muitos semiólogos a idéia de uma teoria geral da comunicação (ou dos sistemas de comunicação) mediante mensagens reguladas por códigos. Há um número considerável de códigos, os quais podem ser naturais ou não naturais (convencionais), assim como propriamente lingüísticos e não lingüísticos.

Alguns criticaram essa ampliação do campo da semiologia, alegando que então cabem nela todos os tipos de "mensagens" (mensagens verbais, estilos arquitetônicos, esquemas publicitários etc.), sem discriminação entre eles. Mas vários cultores da semiologia indicaram que a amplitude das investigações semiológicas é uma prova de sua utilidade para investigar produções — "sistemas" ou "estruturas", sejam estas abertas ou não — que, como a arquitetura e a música, haviam carecido até agora de um fundamento teórico suficientemente explicativo.

Entre as investigações semiológicas destaca-se a chamada "Poética" (Tzvetan Todorov) como estudo de estruturas significantes definidas independentemente das "significações" que podem ter para o "leitor".

Como se pode depreender pelo que foi dito, enquanto alguns semiólogos insistem em estruturas independentemente de sues produtores ou usuários, outros fazem dos últimos um elemento indispensável da compreensão semiológica.

Em alguns casos se usa 'semiótica' como equivalente de 'semiologia'. Entre os autores modernos, Peirce e Charles Morris realizaram detalhadas investigações semióticas, que também poderiam ser semiológicas. De qualquer modo, há certas diferenças entre os cultores norte-americanos da semiótica, como os indicados, e os semiólogos europeus; os primeiros se interessam mais que os últimos por temas lógicos e de (mais ou menos estrita) filosofia da linguagem. Chegou-se até mesmo a dizer que vários semiólogos europeus cultivam especialmente uma das dimensões — a pragmática — da semiótica.

➲ Entre os textos de semiologia no sentido descrito mencionamos: Roland Barthes, "Éléments de sémiologie", *Communications*, 4 (1953); reimp. em *O grau zero da escrita*, 2000. — Umberto Eco, *A estrutura ausente*, 1991. — Georges Mounin, *Introduction à la sémiologie*, 1970. — Pierre Guiraud, *A semiologia*, 1993. — Jeanne Martinet, *Clefs pour la sémiologie*, 1974. ➲

SEMIOSE. Ver Semiótica.

SEMIÓTICA. Na Antigüidade o vocábulo 'semiótica' foi freqüentemente usado para designar a parte da medicina que se ocupava de interpretar os sintomas das enfermidades e que abarcava a diagnose e a prognose. Assim, por exemplo, encontramos em Galeno a expressão σημειωτική τέχνη. Em algumas ocasiões se usava o termo 'semiose', por exemplo, em Filodemo de Gadara, que empregava σημείωσις no sentido de "inferência de um signo". Em geral, a teoria dos signos ou semiótica teve um grande desenvolvimento na época antiga: nos sofistas, em Platão, em Aristóteles, nos estóicos, nos epicuristas e nos céticos e até uma clara percepção — especialmente visível nos estóicos e céticos — da importância da semiótica dentro da filosofia. Também na Idade Média encontramos um considerável desenvolvimento dos estudos semióticos entre os lógicos gramáticos especulativos e cultores da chamada *scientia sermocinalis*. A semiótica também foi cultivada na época moderna por autores como Leibniz e Locke. Este considerava a σημειωτική como equivalente à lógica enquanto teoria dos signos verbais; é possível que (como propõe L. J. Russell) Locke tomasse o termo de John Wallis (na edição por este autor da *Harmonica* de Ptolomeu, Oxford, 1682, na qual indica que o vocábulo σημειωτική foi usado por alguns gregos no sentido de notação musical). Johann Heinrich Lambert chamou *Semiotik* a um sistema primário (metafísico) de signos que proporcione o fundamento a todo ulterior sistema lingüístico, incluindo os sistemas das línguas naturais; a semiótica constitui uma parte do *Neues Organon*. Em época mais recente, as pesquisas semióticas foram muito abundantes: Peirce, Ogden e Richards (estes últimos baseando-se na doutrina dos signos de Bentham), Charles W. Morris e muitos lógicos contemporâneos não somente desenvolveram os estudos semióticos, como também consideraram o termo 'semiótica' como central em muitas pesquisas lógicas e filosóficas. Referir-nos-emos no resto do verbete principalmente ao uso do vocábulo 'semiótica' em vários autores contemporâneos e às definições hoje em dia mais correntes de 'semiótica'.

'Semiótica' designa, segundo Morris, a ciência geral dos signos (ver Signo). Termos básicos usados na semiótica são, segundo o mesmo autor, os seguintes: 'intérprete' (ou organismo para o qual algo é um signo), 'interpretante' (ou disposição de um intérprete para responder ao estímulo provocado por um signo mediante certas seqüências pertencentes a um complexo behaviorista), *denotatum* [de um signo] (ou o que permite realizar as mencionadas seqüências), 'denotação' (ou fato de um signo denotar um *denotatum*), *significatum* [de um signo] (ou condições tais que o que as cumpre é um *denotatum*), 'significação' (ou fato de um signo significar um *significatum*). Morris considera que há dois tipos de semiótica: a *mentalista* [psicológica] (segundo a qual o intérprete do signo é o espírito e o interpretante é um conceito) e a *comportamentalista* (segundo a qual o intérprete é um organismo e o interpretante é uma seqüência comportamentalista [behaviorista]). O tipo de semiótica propugnado pelo autor é o segundo.

Há acordo em subdividir a semiótica em três partes: a sintaxe (VER), a semântica (VER) e a pragmática (VER). A sintaxe se ocupa dos signos independentemente do que designam e significam; trata-se portanto de um estudo das relações dos signos entre si. A semântica se ocupa dos signos em sua relação com os objetos designados. A pragmática se ocupa dos signos em sua relação com os sujeitos que os usam. Na literatura lógica é comum considerar a semiótica como uma metalinguagem (VER). As três partes ou ramos da semiótica se explicam pelo fato de as metalinguagens terem três dimensões:

a sintática, a semântica e a pragmática. Observaremos, no entanto, que esta divisão não é aceita por todos os lógicos. Alguns argumentam que a linha de separação entre a semântica e a pragmática não está bem definida. Outros (entre eles Haskell B. Curry) indicam que nenhuma das disciplinas antes propostas se encarrega de examinar as propriedades descritivas dos símbolos como tais. Um exemplo de tais propriedades são os sinais diacríticos usados em certas línguas naturais. Para tal fim, Curry propõe uma disciplina chamada "semiografia" (termo empregado também em medicina). Segundo ele, a semiótica teria como ramos a semiografia, a sintaxe, a semântica e a pragmática.

É freqüente a distinção entre a semiótica lógica e a semiótica não lógica, um exemplo desta última pode ser a estética. Morris propõe uma divisão da semiótica em pura (ou semiótica que elabora uma linguagem para falar acerca dos signos) e descritiva (ou semiótica que estuda signos já existentes), mas tal divisão não é aceita por todos os lógicos ou semióticos. O mesmo autor distingue a semiótica como ciência dos signos e a semiose como o processo no qual algo opera como um signo, processo que a semiótica se propõe a elucidar. Trata-se, porém, de uma distinção que só tem sentido dentro de uma concepção behaviorista do estudo semiótico e que não necessita ser adotada pelos semióticos lógicos. Levantou-se o problema de se, além dos problemas próprios dos diferentes ramos da semiótica, há problemas específicos da própria semiótica, as chamadas "questões semióticas". Morris se inclina pela afirmativa, e alguns autores (como Warner Arms Wick) chegam à conclusão de que o estudo de tais questões semióticas gerais pode (e ainda deve) conduzir ao tratamento de problemas que se encontram fora do alcance da análise lógica. No entanto, a maior parte dos autores rejeita que haja questões semióticas gerais (ou adota, como Curry, a opinião de que há outro ramo da semiótica além das já tradicionais); segundo eles, o vocábulo 'semiótica' não passa do vocábulo comum para designar a investigação das questões analisadas na sintaxe, na semântica e na pragmática.

➲ A referência a Filodemo em E. e A. De Lacy, *Philodemus: On Methods of Inference,* 1941.

Para Locke, ver: L. J. Russell, "On the Term Σημειωτική in Locke", *Mind, N. S.,* 48 (1939), 405-406.

Obras contemporâneas: Ch. W. Morris, *Foundations of the Theory of Signs,* 1938. — Id., *Signs, Language, and Behavior,* 1946. — W. A. Wick, *Metaphysics and the New Logic,* 1942. — Norman Kretzmann, *Semiotic and Language Analysis in the Philosophies of the Enlightenment,* 1953 [tese, manuscrito: contém como introdução uma história das pesquisas semióticas desde os gregos]. — Max Bense, *Semiotik. Allgemeine Theorie der Zeichen,* 1967. — G. A. Gutiérrez López, *Estructura de lenguaje y conocimiento: Sobre la epistemología de la semiótica,* 1975. — Umberto Eco, *Tratado geral de semiótica,* 2000 (versão original inglesa publicada como *A Theory of Semiotics,* 1977). — J. Trabant, *Element der Semiotik,* 1976. — M. Bense, *Vermittlung der Realitäten. Semiotische Erkenntnistheorie,* 1976. — C. S. Hardwick, ed., *Semiotics and Significs: The Correspondence between C. S. Peirce and Victory Lady Welby,* 1977. — R. M. Martin, *Semiotics and Linguistic Structure,* 1978. — J. E. Brock, J. Dozoretz et al., *Studies in Peirce's Semiotics: A Symposium,* 1979. — J. N. Deely, *Introducing Semiotic, Its History and Doctrine,* 1982. — E. Baer, D. Böhler et al., *History of Semiotics,* 1982, ed. A. Eschbach e J. Trabant. — U. Eco, *Semiótica e filosofia da linguagem,* 1991. — V. Tejera, *Semiotics from Peirce to Barthes: A Conceptual Introduction to the Study of Communication, Interpretation and the Expression,* 1988.

Obras de terminologia básica: E. Walter, M. Bense, *Wörterbuch der Semiotik,* 1973. — W. Nöth, *Handbuch der Semiotik,* 1985. — J. Deely, *Basics of Semiotics,* 1990. — V. M. Colapietro, *Glossary of Semiotics,* 1993.

Desde 1978 existe a revista *Ars Semeiotica. International Journal of American Semiotic,* ed. L. Romeo.

Outras obras sobre o conceito e definições de semiótica na bibliografia dos verbetes SEMÂNTICA; SINTAXE; SIGNO; SÍMBOLO, SIMBOLISMO, e dos verbetes correspondentes aos autores citados. — Referências às dimensões semióticas das metalinguagens em todos os manuais de lógica simbólica. **C**

SEMIPELAGIANISMO. Ver PELAGIANISMO.

SÊNECA (LÚCIO ANEU) [LUCIUS ANNAEUS SENECA] (*ca.* 4-65). Nascido em Córdoba, viveu em Roma na corte de Calígula e de Cláudio e em seguida na de Nero, de quem foi preceptor e por ordem do qual se suicidou. Figura capital do chamado "neo-estoicismo" ou "estoicismo da época imperial romana", Sêneca seguiu em geral os ensinamentos dos antigos estóicos, sendo, como estes, "determinista" e "corporalista". No entanto, há em Sêneca não só um "tom" próprio, que distingue seu estoicismo do de outros pensadores da mesma escola, como também numerosos pensamentos próprios por meio dos quais qualifica seu estoicismo. De imediato, Sêneca exaltou o conhecimento das "questões naturais" e escreveu sobre elas, mas por um lado as "questões naturais" aparecem como distintas das "questões morais" e por outro aparecem como "separadas" delas. Em todo caso, com acentos religiosos que se aproximam do teísmo e que foram em parte a causa da idéia de um Sêneca ao mesmo tempo estóico e cristão (idéia que se quis justificar mediante uma suposta correspondência entre Sêneca e São Paulo). A filosofia é, pois, para Sêneca fundamentalmente "assunto prático", isto é, assunto dirigido primordialmente ao "bem viver", o que quer dizer não o alcançar gozos ou prazeres, mas a verdadeira felicidade, que é paz e tranqüilidade do ânimo. Esta paz e tranqüilidade têm de ser "permanentes" para que tenham algum valor. Mas para tanto é mister que o homem se contente com o que "tem à mão", *ad manum,* sem buscar o externo. É certo que Sêneca nem sempre rejeita "as coisas externas", mas isso é apenas enquanto essas coisas podem contribuir para o citado "bem viver". Quando isso não ocorre, é melhor prescindir delas e ater-se ao que se tem "em si mesmo". As "coisas externas" neste caso são não somente os bens materiais, mas também os conhecimentos que não contribuam para a paz do ânimo. Conhecer é fundamentalmente conhecer e realizar o bem; o único sentido da filosofia está em sua função docente, em ser, ou poder ser, um ensinamento para a vida humana e através disso um remédio e um consolo.

Quando tais remédio e consolo não se encontram na filosofia estóica, Sêneca parece disposto a buscá-los em outras filosofias: nos epicuristas, nos cínicos, nos platônicos, nos céticos. Por esse motivo, o pensamento de Sêneca oferece freqüentemente um caráter "eclético". Se o saber é saber resignar-se, todo saber que contribua para a resignação e, em última análise, para a tranqüilidade, é aceitável. Mas não só os estóicos, como também filósofos de outras escolas, haviam ensinado que o verdadeiro sábio deve dominar-se a si mesmo, separar-se do vulgo ou viver no vulgo como se não estivesse nele, isto é, sem sentir-se atraído por suas paixões, suas necessidades e suas curiosidades. Isso não quer dizer que o verdadeiro sábio, ao retirar-se, tenha de menosprezar os demais; a rigor, tem de socorrê-los na medida do possível. Isto se faz principalmente mediante a clemência (que ainda não é compaixão ou simpatia). Discutiu-se a respeito de até que ponto houve em Sêneca uma benevolência e até uma caridade de tipo cristão. A nosso ver, não a houve senão minimamente, e não por "dureza de coração", mas pelas exigências da atitude estóica, caracterizada em seu caso pelo desapego.

⊃ Para os fragmentos, ver a edição de F. Haase, 1853 (reimp. em 1902). — Ver também Bertil Axelson, *Neue Senecastudien, Textkritische Beiträge zu Senecas Epistulae Morales,* 1939.

Para o problema da cronologia e autenticidade dos escritos: A. Gercke, *Seneca-Studien,* 1896. — K. Münscher, *Senecas Werke. Untersuchungen zur Abfassungszeit und Echtheit,* 1923 (*Philologus,* Supplbd. 16, n° 1).

Além das tragédias e das *Apokolokyntosis* sobre o imperador Cláudio, devemos a Sêneca os escritos de ciências naturais — *Naturalium quaestionum libri septem* — e os escritos morais — *Dialogorum libri duodecim* — que compreendem: *Ad Lucilium de Providentia, Ad Serenum de constantia sapientis, Ad Novatum de ira, Ad Marciam de consolatione, Ad Gallionem de vita beata, Ad Serenum de otio, Ad Serenum de tranquilitate animi, Ad Paulinum de brevitate vitae, Ad Polybium de consolatione, Ad Helviam matrem de consolatione,* assim como os escritos *Ad Aebutium Liberalem de beneficiis, Ad Neronem Caesarem de clementia* e as 124 *Epistolae morales* a Lucílio. — As edições de Sêneca são muito numerosas, a mais usada hoje — no tocante aos textos filosóficos — é a da Bibliotheca Teubneriana, em 4 vols., 1905 ss.

Em português: *Carta sobre a felicidade*, 1994. — *Cartas consolatórias*, s.d. — *Édipo*, 1982. — *Medéia*, s.d. — *Obras*, 1995. — *Sobre a brevidade da vida*, 1995. — *Sobre a providência divina* e *Sobre a firmeza do homem sábio*, 2000. — *Sobre a tranqüilidade da alma* e *Sobre o ócio*, 1994. — *Tiestes*, 1996. — *Tratado sobre a clemência e Conjuração de Catilina*, 1990. — *Troianas*, 1997. — *A vida feliz*, 1993.

Vocabulário filosófico por A. Pittet, *Lexique de la terminologie philosophique de Sénèque*, fasc. 1, 1935.

Ver: E. Caro, *Quid de beata vita senserit Seneca*, 1852 (tese). — F. L. Böhm, *Annäus Seneca und sein Wert auch für unsere Zeit*, 1856. — E. Goguel, *Sénèque*, 1868. — E. Probst, *L. A. Seneca aus seinen Schriften*, 1879. — J. Pit, *La mort et la vie future dans Sénèque*, 1884 (tese). — K. Praechter, *Die griechisch-römische Popularphilosophie und die Erziehung*, 1884. — P. Hochart, *Études sur la vie de Sénèque*, 1885. — W. Ribbeck, *L. A. Seneca, der Philosoph und sein Verhältnis zu Epikur, Plato und dem Christentum*, 1887. — G. Müller, *De L. A. Seneca quaestionibus naturalibus*, 1888 — F. Becker, *Die sittlichen Grundanschauungen Senecas. Ein Beitrag zur Würdigung der sotischen Ethik*, 1893. — S. Rubin, *Die Ethik Senecas in ihrem Verhältnis zur älteren und mittleren Stoa*, 1901 (tese). — E. Badstübner, *Beiträge zur Erklärung und Kritik der philosophischen Schriften Senecas*, 1901. — F. von Hagen, *Zur Metaphysik des Philosophen L. A. Seneca*, 1905 (tese). — Ch. Burnier, *La morale de Sénèque et le néostoïcisme*, 1909 (tese). — E. Howald, *Die Weltanschauung Senecas*, 1915. — E. Bickel, *Diatribe in Senecae philosophi fragmenta*, 1915. — E. Albertino, *La composition dans les ouvrages philosophiques de Sénèque*, 1923. — E. Gentile, *I fondamenti metafisici della morale di Seneca*, 1932. — U. Knoche, *Der Philosoph Seneca*, 1933. — E. Holler, *Seneca und die Seelenleitungslehre und die Affektenpsychologie der mittleren Stoa*, 1934. — M. Zambrano, *El pensamiento vivo de Séneca*, 1943; reed. 1987. — L. Astrana Marín, *Vida general y trágica de Séneca*, 1947. — J. F. Yela, *Séneca*, 1947. — P. Grimal, *Sénèque, sa vie, son oeuvre, sa philosophie*, 1948. — André de Bovis, *La sagesse de Sénèque*, 1948. — J. Artigas, *Séneca: la filosofía como formación del hombre*, 1952. — Juan Carlos García-Borrón Moral, *Séneca y los estoicos. Una contribución al estudio del senequismo*, 1956 [bibliografia, pp. 277-282]. — Id., "Más de Séneca y de senequismo. Aclaraciones al hilo de una polémica", *Revista de Filosofía* (Madrid), 20 (1961), 217-229. — Eleuterio Elorduy, *Séneca*, I, 1965. — P. Cerezo, "Tiempo y libertad en Séneca", em *Estudios sobre Séneca. VIII Semana de Filosofía*, 1966. — Ilsetraut Hadot, *Seneca und die griechischrömische Tradition der Seelenleitung*, 1969. — Fernando Prieto, *El pensamiento político de Séneca*, 1977. — G. Scarpat, *Il pensiero religioso di S. e l'ambiente ebraico e cristiano*, 1977. — L. A. Sussman, *The Elder Seneca*, 1978. — G. G. Stre, *The Life and Teaching of L. A. S.*, 1981. — I. Lana, *I principi del buon governo secondo Cicerone e S.*, 1981. — P. Leon, *S. el Viejo: vida y obra*, 1982. — V. Sørensen, *S. Ein Humanist an Neros Hof*, 1984. — A. F. Martín Sánchez, *El ideal del sabio en S.*, 1984. — M. J. Criado, *El ideal de perfección del hombre en Séneca*, 1988. — G. Maurach, *S. Leben und Werk*, 1991. ◐

SENSAÇÃO. O termo grego αἴσθησις se entende de vários modos: percepção de certas qualidades dadas aos sentidos, ou formadas pelos sentidos, como quando se fala da sensação das cores, dos sons etc.; as próprias qualidades chamadas "sensíveis"; o fato de sentir, especialmente o sentir globalmente, como ocorre com o sentido que por tal razão se chama "senso [sentido] comum"; o conjunto de operações elementares, ou supostamente elementares, que permitem apreender os "sensíveis" etc. Em todos esses casos, a sensação se distingue do pensamento, o que não significa que se oponha a ele; a rigor, pode-se conceber inclusive o pensamento como uma espécie de "prolongamento" das sensações, ou pelo menos como uma "transformação" das sensações.

A multiplicidade de acepções de 'sensação' — ou, mais exatamente, do termo grego αἴσθησις — nem sempre se deve à ambigüidade deste termo. Em muitos casos ela se deve ao fato de que αἴσθησις tinha um significado mais amplo que 'sensação'. Isso ocorre inclusive em autores que, por diversas razões, consideraram a sensação como um modo inferior de conhecimento, e até negaram que fosse propriamente "conhecimento". Assim, por exemplo, Platão afirmava, contra os sofistas, que a sensação — a "percepção sensível" — não proporciona verdadeiro conhecimento nem sequer das coisas sensíveis. Com efeito, a sensação pode apreender uma cor, mas não pode dizer se a cor apreendida é similar ou não à percepção sensível de outra cor. Mas se a sensação não é conhecimento em Platão, tem um alcance maior do que costumamos dar à sensação, pois abarca o que chamamos "percepção" e, em geral, toda apreensão que não seja de natureza intelectual. Esta amplitude do significado de 'sensação' é ainda mais patente em Aristóteles. Segundo Ortega y Gasset, "defraudamos um pouco o sentido aristotélico deste primeiro contato da mente com a coisa ao traduzirmos αἴσθησις por sensação. A atual terminologia psicológica se nos interpõe. A noção aristotélica de 'sensação' é muito mais ampla que a atual, e temos de sinonimizá-la com toda uma série de termos hoje em uso. Sensação é a *sensação* de cor ou de som; mas é também a *percepção* de uma coisa singular e o é também a *representação* de movimento e repouso, figura e magnitude, número e unidade. Sensação é também a função mental em virtude da qual dizemos diante de um encerado: 'Isso aí é um triângulo'" (*op. cit.*, pp. 167-168). Ortega y Gasset sustenta, além disso, que a noção de sensação em Aristóteles é não somente ampla mas básica como fonte de conhecimento e assinala que o Estagirita entende inclusive a inteligência como uma espécie de "sensação" porquanto tal "suprema faculdade da mente" procede a "tomar contato" ou "tocar", θιγγάνειν, o inteligível (*op. cit.*, p. 173). É o que Ortega y Gasset chama "o sensualismo no modo de pensar aristotélico".

Admita-se ou não esse sensualismo num sentido radical, é certo que Aristóteles e quase todos os autores chamados "empiristas" — e *a fortiori* os que aderem a um sensualismo (VER) — partem da sensação, ao menos na medida em que sustentam o *Nihil est in intellectu quod prius non fuerit in sensu* (VER). Isso não significa que tais autores sem exceção concebam a inteligência como "mero prolongamento" da sensação, inclusive entendendo esta última num sentido muito amplo. A este respeito, encontram-se no curso da história da filosofia posições muito diversas.

Em diversos verbetes (por exemplo, ESPÉCIE; PERCEPÇÃO; SENSÍVEL, "SENSÍVEIS"; SENSO COMUM; SENTIDO [*ad finem*]; SENTIDOS [DADOS DOS]) nos referimos ao problema da natureza e formas da sensação. Recordaremos ou completaremos aqui as informações ali proporcionadas.

Ainda que consideremos que há um significado bastante comum de 'sensação' nos autores gregos — tanto nos que fundam o conhecimento, ou parte importante dele, na sensação, como nos que negam que as sensações gerem conhecimento —, há de todo modo diferenças nos modos como se define o conceito de αἴσθησις. Assim, por exemplo, Diógenes Laércio (VII, 51-53) indica que os estóicos falavam de 'sensação', αἴσθησις, em três sentidos: como uma corrente que vai da parte principal da alma (o ἡγεμονικόν) aos sentidos, αἰσθήσεις; como a apreensão, κατάληψις, por meio dos sentidos ou apreensão sensível; como os órgãos dos sentidos. Além disso, chamam sensação à atividade destes órgãos. Mas o fundamental na noção estóica de sensação é a apreensão mediante "incidência" sensível (contato com as coisas sensíveis), no curso de cuja atividade se apreendem semelhanças, diferenças etc. Em grande medida, a noção estóica e a aristotélica vão em uníssono. Por outro lado, os neoplatônicos, e especialmente Plotino, entendiam por 'sensação' a percepção de coisas externas à alma (*Enn.*, V, iii, 2); as sensações produzem ilusões, mas permitem, com a ajuda da inteligência, o juízo. As sensações, diz Plotino, não são "o guia" de que falam, e que elogiam, os estóicos, pois são, em última análise, "pensamentos obscuros" (*Enn.*, VI, vii, 7). No entanto, há uma forma de sensação que provém do sujeito senciente e do sentido (*Enn.*, VI, i, 9), de tal modo que nem tudo é "indeterminado" e "caótico" na sensação.

Entre as questões suscitadas a respeito da sensação figuram as duas seguintes: a relação entre a sensação — e em geral, as chamadas "potências sensíveis" ou "sensitivas" — e outras operações ou faculdades, e o objeto próprio da sensação.

Estas duas questões foram examinadas por autores antigos e são objeto de debate até o presente. Referimo-nos já antes a algumas das posições adotadas a respeito da primeira questão. Acrescentemos que durante a Idade Média houve pelo menos duas grandes doutrinas sobre essa questão. Uma dessas doutrinas pode ser chamada de "platônico-agostiniana" e consiste, *grosso modo*, em considerar a sensação — conforme já o fizera Platão — como um dos modos pelos quais a alma usa o corpo. Isso não quer dizer que as sensações tenham exclusivamente sua origem na alma, as sensações são apreensões de coisas sensíveis. Mas tais apreensões não seriam possíveis se fossem independentes da alma. Assim, as sensações surgem porque as coisas externas ("sensíveis") atuam sobre os órgãos dos sentidos. Mas as sensações não são simplesmente "sensíveis"; em todo caso, são "sensíveis" enquanto apreendidas e, portanto, "conhecidas". Por esses motivos, na tradição platônico-agostiniana (em muitos aspectos muito mais "agostiniana" que "platônica"), a sensação, embora de origem corporal, ou tornada possível por meio de órgãos corporais, é também "anímica": a sensação é, em última análise, sensação da alma. A outra doutrina pode ser chamada de "aristotélico-tomista" e consiste, *grosso modo*, em incluir na sensação ou "potências sensíveis" todo conhecimento proporcionado tanto pelos sentidos externos (como os dos órgãos dos sentidos, mas também os que experimentam prazer, dor, bem-estar, mal-estar etc.) como pelos sentidos internos (como a imaginação, a memória e o senso comum). A sensação não é aqui um dos modos como a alma usa o corpo, mas é o ponto de partida para o exercício das chamadas "potências intelectuais", as quais procedem às operações da abstração. Fala-se, certamente, de "alma sensitiva", mas trata-se então da alma como uma das "potências".

Quanto à questão do objeto próprio da sensação, tratamos deste problema principalmente no verbete SENTIDOS (DADOS DOS). Acrescentaremos aqui que esse problema foi claramente colocado por Demócrito ao indicar que "as sensações são por convenção". Isto quer dizer, no seu entender, que nos objetos mesmos não há qualidades sensíveis — só há as chamadas "qualidades primárias" —, de modo que são os sentidos que formam as sensações. Outros autores, em compensação, consideraram que os sentidos apreendem diretamente as qualidades sensíveis, e outros, por fim, trataram de encontrar uma forma das qualidades sensíveis, por exemplo: as chamadas "espécies sensíveis", de que tratamos igualmente no verbete ESPÉCIE.

Grande parte dos problemas relativos à sensação tal como foram tratados pelos filósofos modernos partem das questões das quais demos um panorama. Assim, por exemplo, os modos como vários autores definiram a sensação correspondem a uma noção de sensação como uma espécie de "atenuação" das potências intelectuais. Isso ocorre com as concepções de Descartes — a sensação é "um modo confuso de pensar" — e de Leibniz — a sensação é "uma representação confusa". Em geral, foi típico dos "racionalistas" outorgar um lugar subordinado à sensação na estrutura do conhecimento. Os empiristas, ao contrário, destacaram a importância do sensível. Tratamos este ponto nos verbetes dedicados a autores como Hobbes, Locke, Berkeley e Hume, e particularmente no verbete consagrado a estes dois últimos filósofos. Isso não quer dizer que todos eles trataram a sensação — e o sensível — do mesmo modo; basta perceber a considerável diferença que há a respeito entre o idealismo sensualista de Berkeley e o fenomenismo de Hume. Mas percebe-se nas correntes empiristas uma definida tendência ao que se chamou "sensacionismo" e também "sensualismo". Kant acolheu uma parte dessa tendência ao assinalar que, num certo sentido, o real é o que corresponde às condições da sensação. Mas essa correspondência está situada no primeiro plano do conhecimento, quando ainda não interveio a camada transcendental. Para autores como Condillac (VER) e correntes afins, a sensação adquire um significado central. Condillac procurou derivar todas as formas do conhecimento da sensação. O mesmo ocorreu em várias formas do sensacionismo e de fenomenismo contemporâneos, como mostra o exemplo de Ernst Mach (VER). Ora, o sensacionismo ou sensualismo deste último é de caráter "neutralista" (ver NEUTRALISMO). Com efeito, a sensação é aqui um elemento neutro que, embora permita "construir" a realidade, não é ele próprio uma determinada espécie — física ou psíquica — de realidade.

As sensações podem ser ordenadas de acordo com o grau de intensidade. Fala-se correntemente — embora imprecisamente — de "sensações fracas" e "sensações fortes". Psicólogos e psicofisiologistas, bem como os que realizaram investigações na chamada "psicofísica", efetuaram trabalhos de medição de sensações, averiguando quantitativamente sua intensidade e relacionando-a com a intensidade dos estímulos. Conhecida é, a este respeito, a chamada "lei de Weber-Fechner" (VER). As sensações podem ser ordenadas também de acordo com a "qualidade". Neste caso, fala-se de "sensações olfativas", "sensações luminosas" etc. Alguns autores distinguiram "sensações externas" (tais como as da vista, do ouvido, do olfato) e "sensações internas" ou "cenestésicas" (cf. *ad finem*).

Na literatura psicológica faz-se freqüentemente a distinção entre sensação, enquanto excitação produzida por um estímulo, e estímulo, enquanto causa da sensação. Na literatura psicológica e filosófica foi comum a distinção antes apontada entre sensação e percepção, considerando-se esta última com freqüência como "uma consciência de sensação".

Conforme se indicou, os filósofos trataram o problema da sensação não só do ponto de vista psicológico e fisiológico, mas também do ponto de vista epistemológico, mas em muitos casos as doutrinas epistemológicas propostas estiveram estreitamente ligadas a uma concepção prévia, nem sempre expressamente formulada na mente do autor, de caráter psicológico e psicofisiológico. A diferença entre os aspectos psicológico e epistemológico nem sempre foi muito clara. A intromissão da linguagem psicológica na epistemológica, e vice-versa, pode ser observada em quase todos os autores até o século XIX. Um exemplo eminente é o já apontado de Kant, que empregou o termo 'sensação' *(Empfindung)* na "Estética transcendental", da *Crítica da razão pura*, com finalidades epistemológicas, mas com base em descrições ou pressupostos psicológicos. Isso não quer dizer que os aspectos epistemológicos sejam sempre redutíveis aos psicológicos; o tratamento epistemológico das sensações em Kant é em boa parte um tratamento transcendental da noção de sensação.

J.-P. Sartre criticou todas as teorias da sensação elaboradas até sua época. Essas teorias podem ser classificadas em dois grupos: as que supõem que as sensações respondem à natureza objetiva dos estímulos produtores de sensação e as que declaram que as sensações são relativas aos órgãos sensíveis. Aparentemente, cada uma dessas teorias afirma algo bem definido; no entanto, com pouco exame se percebe que uma conduz à outra. De fato, parte-se, segundo Sartre, de um realismo do percebido do exterior; passa-se em seguida a interiorizar as sensações, e termina-se por fazer destas o fundamento do conhecimento do mundo externo. Ou então se parte de sensações para verificar a realidade externa do aparato fisiológico, base da sensação, aparato em que se declara fundar a subjetividade das sensações. A sensação se converte então — o que Sartre critica especialmente — em uma entidade híbrida entre o subjetivo e o objetivo (*op. cit. infra*, p. 377).

Foi comum distinguir sensação e percepção (VER), considerando-se esta última como um complexo de sensações ou então como a consciência da sensação. No entanto, esta distinção oferece muitas dificuldades, pois a sensação pode ser concebida também como uma percepção de qualidades sensíveis. Na época moderna freqüentemente se discutiu a questão da correlação ou falta de correlação entre estímulo e sensação. Uma das doutrinas mais conhecidas é a de que tratamos no verbete ENERGIA ESPECÍFICA DOS SENTIDOS. Segundo alguns autores, como

Johannes Müller, não há correlação estrita entre estímulo e sensação porque vários estímulos distintos podem produzir a mesma sensação, e um mesmo estímulo pode produzir sensações distintas. Segundo Helmholtz, que se baseava na teoria da energia específica dos sentidos, as sensações podem ser consideradas como signos de realidades externas. Entre a sensação (sensação-signo) e o estímulo (estímulo-realidade) existe, segundo Helmholtz, o mesmo tipo de correlação que há entre as letras e os sons que representam.

O problema da natureza e formas das chamadas "sensações corporais" às vezes foi discutido. Alguns indicaram que derivam de estímulos externos, correspondendo sua qualidade à de tais estímulos. Outros assinalam que se trata de impressões de acontecimentos físicos que ocorrem no corpo. Quanto às formas ou tipos de tais sensações, mencionaremos a teoria de D. M. Armstrong *(op. cit. infra)* segundo a qual se pode falar de duas classes de sensações corporais: sensações do tipo de sensação de calor, de pressão, de movimento etc., e sensações do tipo das dores, ardores, sensações eróticas etc. A primeira classe de sensações, que Armstrong chama "transitivas", se caracteriza pela possibilidade de distinção entre a causa da sensação e a sensação. Assim, pode-se distinguir o calor e a sensação de calor. A segunda classe de sensações, que o citado autor chama "intransitivas", se caracteriza pela impossibilidade de tal distinção. Assim, não se pode distinguir uma dor e a sensação da dor: a dor é a sensação da dor. Pode-se perceber que, conscientemente ou não, Armstrong procura aqui resolver a questão do grau (relativo) de intencionalidade das sensações a que se haviam referido autores como Brentano, Stumpf e Scheler. Tratamos mais detalhadamente este ponto no verbete SENTIMENTO, ao falar do que Scheler chamou "sentimentos sensíveis".

➲ Ver: Ernst Mach, *Beiträge zur Analyse der Empfindungen*, 1886 (2ª ed., com o título: *Die Analyse der Empfindungen und das Verhältnis der Physischen zum Psychischen*, 1900). — Gédéon Gory, *L'immanence da la raison dans la connaissance sensible*, 1896. — A. Messer, *Empfindung und Denken*, 1908. — H. Hoffmann, *Untersuchungen über den Empfindungsbegriff*, 1912. — Carl Stumpf, *Empfindung und Verstellung*, 1918. — Id., *Gefühl und Gefühlsempfindung*, 1928. — Paul Hoffman, *Empfindung und Vorstellung. Ein Beitrag zur Klärung psychologischer Grundbegriffe*, 1919 [*Kantstudien*, Ergänzungshefte 47]. — Maurice Pradines, *Philosophie de la sensation*, 2 vols., 1928-1934. — Pierre Salzi, *La sensation. Étude de sa genèse et de son rôle dans la connaissance*, 1934. — Id., *La genèse de la sensation dans ses rapports avec la théorie de la connaissance chez Protagoras, Platon et Aristote*, 1934. — Charles Hartshorne, *The Philosophy and Psychology of Sensation*, 1934. — I. Hedenius, *Sensationism and Theology in Berkeley's Philosophy*, 1936. — Jean Nogué, *La signification du sensible*, 1937. — Id., *Esquisse d'un système des qualités sensibles*, 1943. — Edgard-Maurice Wolff, *La sensation et l'image*, 1943 (tese). — Jean-Paul Sartre, *O ser e o nada*, 2000. — Henri Piéron, *Aux sources de la connaissance. La sensation, guide de vie*, 1944; 3ª ed., 1955. — Id., *La sensation*, 1952; 2ª ed., 1955. — José Ortega y Gasset, *La idea de principio en Leibniz y la evolución de la teoría deductiva*, 1958. — D. W. Hamlyn, *Sensation and Perception: A History of the Philosophy of Perception*, 1961. — D. M. Armstrong, *Perception and the Physical World*, 1961. — Id., *Bodily Sensations*, 1962. — J. L. Austin, *Sense and Sensibilia*, 1962 [segundo reconstrução de G. J. Warnock] (ver SENTIDOS [DADOS DOS]). — Peter Alexander, *Sensationalism and Scientific Explanation*, 1963. — G. M. Wyburn, R. W. Pickford e R. J. Hirst, *Human Senses and Perception*, 1964. — Harmon M. Chapman, *Sensations and Phenomenology*, 1966. — J. W. Cornman, *Materialism and Sensations*, 1971. — B. Rundle, *Perception, Sensation and Verification*, 1972. — J. M. Hinton, "This is Visual Sensation", em R. Bambrough, ed., *Wisdom: Twelve Essays*, 1974, pp. 151-172. — M. P. M. Caimi, *Kants Lehre von der Empfindung in der Kritik der reinen Vernunft. Versuch zur Rekonstruktion einer Hyletik der reinen Erkenntnis*, 1982. — M. Minssen, *Der sinnliche Stoff. Vom Umgang mit Materie*, 1986. — C. S. Hill, *Sensations: A Defense of Type Materialism*, 1991. — Ver também a bibliografia de PERCEPÇÃO. ☾

SENSACIONISMO. Ver MACH, ERNST; SENSAÇÃO; SENSUALISMO.

SENSIBILIA COMMUNA. Ver SENSÍVEL, "SENSÍVEIS".

SENSIBILIDADE. Os significados hoje mais difundidos de 'sensibilidade' são: a capacidade de sentir (por exemplo, de sentir dor, temor, pena, alegria); a disposição à ternura, geralmente para com outro ser humano; a faculdade de perceber, ou dar-se conta de, caracteres, qualidades ou valores em algo, muito comumente em alguma obra de arte, como quando se diz de alguém que tem sensibilidade para a pintura ou a música.

Na filosofia, 'sensibilidade' geralmente foi usado para designar a capacidade de receber sensações. Comparou-se freqüentemente a sensibilidade com o entendimento (VER). Tanto os racionalistas como os empiristas faziam a distinção entre ambos, mas ao mesmo tempo consideravam que havia uma continuidade entre sensibilidade e entendimento, ou razão: para os racionalistas a sensibilidade é uma espécie inferior da razão, enquanto para os empiristas é o fundamento de toda operação intelectual ou racional.

Kant estabeleceu uma distinção entre sensibilidade e entendimento. A sensibilidade, diz Kant, é a "capacidade (receptividade) de receber as representações segundo a maneira como os objetos nos afetam. Os objetos nos são dados mediante a sensibilidade, e ela unicamente é a que nos oferece as intuições, mas só o entendimento os concebe e forma os conceitos. Não obstante, todo pensamento deve referir-se, em última análise, direta ou indiretamente, meidante certos signos, às intuições e, por conseguinte, à sensibilidade, pois nenhum objeto nos pode ser dado de outra maneira" (*KrV,* A 19, B 33). No plano da sensibilidade se efetua a unificação das sensações mediante as formas puras da intuição (espaço e tempo) chamadas por Kant "formas mais puras da sensibilidade".

Em sentido diferente do anterior, Alfred W. Whitehead empregou o termo 'sensibilidade' *(feeling).* Para ele, a sensibilidade não é um simples fenômeno psíquico; é, no sentido mais amplo, a forma de relação entre as "entidades atuais" que constituem o fundo do ser. Portanto, a sensibilidade é como as representações leibnizianas, mas com a diferença que vai da mônada fechada à aberta. Assim, pode-se dizer que toda realidade possui e inclusive é essencialmente sensibilidade. O sentir e o ser sentido ou, como em certas passagens de Bergson sobre a percepção pura, o perceber e o ser percebido, constituem deste modo a atividade de um ser que abarca o físico e o psíquico e que fundamenta uma essencial interdependência "sensível", não só do primeiro em relação ao segundo, mas ainda do físico em relação ao físico. No entanto, tal concepção não deve ser confundida com a de um sujeito ou ser que sinta ou possua sensibilidade; a sensibilidade não é para Whitehead o haver de um ser, mas o que de certo modo contribui para o ato cuja finalidade é o sujeito ou ser sensível.

SENSÍVEL, "SENSÍVEIS". No verbete Inteligível nos referimos à contraposição entre o sensível e o inteligível, descrita de maneiras muito diferentes pelos filósofos. Exemplos disso são o mundo das coisas e o das idéias, objeto respectivamente da opinião (ver) e do saber (Platão); o objeto da percepção sensível ou objeto dos sentidos e o objeto da apreensão inteligível ou objeto da inteligência (Aristóteles); o mundo "físico" e o mundo "meta-físico"; o *mundus sensibilis* e o *mundus intelligibilis* em geral; o conhecimento sensível e o conhecimento intelectual etc. Essas diversas espécies de contraposição entre o sensível e o inteligível podem ser agrupadas em duas principais: a concepção metafísica (ou ontológica) segundo a qual o sensível e o inteligível são dois "mundos" ou dois "modos de ser", e a concepção gnosiológica, segundo a qual se trata de duas formas de conhecimento. Em muitos autores, a contraposição de referência é tanto metafísica como gnosiológica, mas manifestou-se com freqüência a tendência a enfatizar o aspecto metafísico e a subordinar a ele o aspecto gnosiológico. No entanto, alguns filósofos (como Kant, *KrV,* A 256/B 312, nota) indicaram que não se deve falar de dois "mundos", mas apenas de duas formas de conhecimento. Embora Aristóteles (*De anima,* II, 6, 418 a 10 ss.) não faça nenhuma observação semelhante, ele também entende o sensível, ao contrário do intelectual, ou inteligível, como um modo de perceber; ainda que este modo de perceber tenha seus próprios objetos, chamados "sensíveis".

A doutrina aristotélica dos "sensíveis" é importante não só pela influência que exerceu sobre muitos filósofos, mas também pelas diferenças introduzidas nos "sensíveis" e na correspondente terminologia. Segundo Aristóteles (*op. cit.,* 11, 6, 418 a 7 ss.), os "sensíveis" (ou "objetos dos sentidos ou do sentir") podem ser divididos em três classes: duas diretamente perceptíveis e uma perceptível incidentalmente. Os sensíveis diretamente perceptíveis podem ser ou perceptíveis por um único sentido ou perceptíveis por qualquer e todos os sentidos. Os sensíveis perceptíveis por um único sentido são sensíveis tais como os que podem chamar-se "sensíveis visuais" (perceptíveis pela visão). Os sensíveis perceptíveis por qualquer e todos os sentidos são sensíveis tais como os que são chamados "sensíveis comuns" (como o tamanho, que pode ser percebido ao mesmo tempo pela visão e pelo tato). Os sensíveis indiretamente perceptíveis ou sensíveis incidentais são "sensíveis" tais como uma substância individual (assim, diz Aristóteles, o objeto branco que vemos é filho de Diares, o ser filho de Diares é "incidental" — ou "acidental" — à cor branca diretamente perceptível). Apenas os objetos do sentir que são diretos e não incidentais, afirma Aristóteles, podem ser considerados *os* sensíveis em sentido estrito.

A terminologia usada por Aristóteles foi adotada e traduzida por Santo Tomás e por outros escolásticos. O objeto sensível ou "o sensível" direto ou por si mesmo, αἰσθητὸν καθ' αὑτό, é o *sensibile per se;* o objeto sensível ou "o sensível" incidental ou por acidente, αἰσθητὸν κατὰ συμβεβηκός, é o *sensibile per accidens.* O sensível direto, que é sensível próprio, ἴδιον αἰσθητόν, é o *sensibile proprium;* o sensível direto que é sensível comum, κοινὸν αἰσθητόν, é o *sensibile commune.* Aristóteles considerara como *sensibilia communa* o movimento e o repouso, o número e a unidade, a forma e o tamanho; são os mesmos descritos por Santo Tomás com os nomes de *motus, quies, numerus, figura* e *magnitudo.* Os "sensíveis comuns" são percebidos pelo chamado "sentido [senso] comum" (ver).

Embora em princípio se possa estabelecer uma distinção entre o sentir como operação de qualquer um dos sentidos, ou de dois ou mais sentidos, ou de todos eles em conjunto; os sentidos mediante os quais ocorre o sentir; aquilo que se apreende no objeto sensível, ou a espécie (ver) sensível; e o objeto mesmo capaz de suscitar as sensações, as distinções em questão não são, ou não são necessariamente, distinções entre diversos "objetos", ou sequer entre uma série de "operações" e uma série de "objetos". Como os escolásticos enfatizaram, "o sensível em ato" é "o sentido (ou sentir) em ato", isto é, o efetivo sentir ou sensível é igual ao sensível enquanto é sentido.

Fala-se igualmente de "sensível" para referir-se às "qualidades sensíveis". Estas freqüentemente foram concebidas como "qualidades secundárias", também chamadas "qualidades secundárias da sensação". Referimo-nos a elas no verbete Qualidade.

Algumas questões relativas aos "sensíveis" foram tratadas no verbete Sensação. Para o chamado "apetite sensível", ver Apetite.

Na filosofia moderna, discutiu-se com freqüência a questão da natureza e do papel desempenhado pelos chamados "dados sensíveis" ou "dados dos sentidos". Essa questão foi tratada com particular detalhe por autores de tendência empirista e especialmente de tendência fenomenista (ver Fenomenismo). Isso ocorre com autores, ademais, bastante diferentes entre si: Mach, Russell, Carnap, H. H. Price, A. J. Ayer, Nelson Goodman etc. Abordamos esse ponto no verbete Percepção e no já citado Fenomenismo. De um modo muito geral, tendeu-se a interpretar tais dados sensíveis, chamados também "sensações dos sentidos", "dados do sentido" *(Sinnesempfindungen, sense-data, données sensibles)* ou simplesmente "sensíveis", de formas mais ou menos subjetivas, ou mais ou menos objetivas e, amiúde, de formas "neutras", isto é, como "elementos" dos quais não é necessário nem conveniente predicar nada mental ou psíquico ou nada físico. A forma neutra predomina em Mach e em boa parte em Carnap. A forma que denominamos "objetiva" é característica da concepção de Russell. Esse autor considera que um dado sensível ou um "sensível" não é a totalidade de algo dado, mas uma parte destacada pela atenção. Isso parece atribuir ao dado sensível ou ao "sensível" uma característica "subjetiva". No entanto, isso ocorre só quando não se leva em conta que há uma contrapartida objetiva dos "sensíveis": são os que Russell chama *sensibilia*. Não é indispensável supor que todos os *sensibilia* são sensíveis — embora se possa propor uma teoria metafísica segundo a qual isso ocorre —, mas em todo caso deve-se fazer a distinção entre ambos na medida em que — embora, como diz Russell, "um *sensibile* chega a ser um dado sensível quando se estabelece uma relação direta entre ambos", a tal ponto que não há dados sensíveis sem *sensibilia* — a verdade é que pode haver *sensibilia* sem que haja dados sensíveis.

As expressões 'dados sensíveis', 'dados dos sentidos', e às vezes também (convertendo o adjetivo em substantivo) 'sensíveis' — com o singular 'sensível' — foram usadas amiúde por autores modernos, especialmente de tendência empirista, e as noções correspondentes desempenharam um papel capital em autores de tendência fenomenista (ver Fenomenismo). Reservamos o tratamento desses usos para o verbete que acabamos de citar e para o verbete Sentidos (Dados dos), e abordamos o assunto igualmente nos verbetes Percepção e Sensação.

SENSÍVEIS COMUNS. Ver Sensível, "sensíveis".

SENSO COMUM. No verbete Sensível, "sensíveis", referimo-nos brevemente à noção de senso comum. Não é fácil determinar o significado de 'senso comum' nem sequer em Aristóteles, de quem procedem muitos dos problemas suscitadas a respeito. Logo de saída, temos duas expressões: κοινὴ αἴσθσις, que quase sempre se traduziu por "senso comum" *(sensus communis)*, embora coubesse também traduzi-la por "sensação comum"; e κοινὸν αἰσθητήριον, que costuma ser traduzida por "sensório comum" *(sensorium commune)*. No primeiro caso, parece tratar-se — e assim o faremos aqui principalmente — de uma função ou série de funções; no segundo caso, trata-se de uma espécie de "órgão" que poderia em princípio localizar-se no corpo do animal possuidor de tal "sensório". Mas ainda referindo-nos exclusivamente a κοινὴ αἴσθησις como "senso comum", o que diz Aristóteles a respeito em várias passagens (por exemplo, *De anima*, III, 1, 425 a 14 ss.) nem sempre se encaixa com o que nos diz em outras passagens (por exemplo, *De somno et vigilia*, II, 455 a 25 ss.). Eis aqui algumas proposições sobre o "senso comum": não há nenhum órgão especial sensível que seja um "senso [sentido] comum" diferente dos sentidos particulares e "especializados" como o ouvir, o ver, o tocar etc.; há um sentir comum que exerce uma função de unificação relativamente aos demais sentidos, de tal sorte que pode ser considerado como uma espécie de "sensibilidade geral" ou "sentido dos sentidos"; o senso comum é uma sensação comum que tem por missão a apreensão dos chamados "sensíveis comuns" (ver Sensível, "sensíveis"); o senso comum é como a consciência de quaisquer dos diversos "sentires", seja de um "sentir" particular, ou então de um que abarque dois ou mais sentidos.

Pode-se adotar a idéia proposta por Ross de que a noção aristotélica do que foi chamado posteriormente *sensus communis* resume uma vasta "massa de doutrinas", desde que se admita que não se trata de um sentido especial, que possua uma existência específica e determinada por cima dos demais sentidos, mas sim como uma "natureza comum" dos sentidos. Mesmo assim, porém, pode-se interpretar o senso comum de vários modos. Foxe *(op. cit. infra)* propõe os seguintes quatro modos como os mais fundamentais: 1) Poder de discriminar e comparar os dados dos sentidos especiais. 2) Percepção dos "sensíveis comuns". 3) Consciência de toda apreensão ou experiência sensível. 4) Faculdade da imaginação reprodutiva. O problema é se há ou não algo de "comum" nestas diversas interpretações do "senso comum". A nosso ver, há pelo menos dois elementos comuns nas diversas formas indicadas de senso comum: A. Que se trata de uma função e não de um órgão. B. Que essa função opera sempre sobre dois ou mais sentidos, ou então sobre um sentido e o que é "incidental" a ele (como nos chamados "sensíveis incidentais" ou "sensíveis por acidente").

Várias escolas (estóicos, muitos escolásticos) adotaram a doutrina aristotélica do senso comum, ou pelo menos algumas formas da mesma. Particularmente importante foi a discussão acerca do senso comum como apreensão dos "sensíveis comuns" e acerca da natureza de tais "sensíveis" em relação com os "sensíveis próprios".

Seria interessante averiguar em que relação se encontra a mencionada doutrina (ou doutrinas) do senso comum com a concepção do senso comum enquanto *sensus communis naturae* de que falaram também os escolásticos, entre eles Santo Tomás. Por uma parte, parece haver uma relação entre ambas as doutrinas porquanto a segunda pressupõe igualmente alguma espécie de "sentir unificado". Por outro lado, a doutrina do *sensus communis naturae* é diferente da do senso comum em sua forma estrita porquanto se refere não a apreensões de vários sentires por um mesmo indivíduo, mas a apreensões de vários indivíduos, com a idéia de um "acordo universal" a respeito de certos "princípios" ou "verdades" que se supõem aceitáveis para todos junto com a idéia de uma *naturae rationalis inclinatio* que reside em toda natureza racional como tal.

Julgamos que há certa relação entre as duas concepções. Com efeito, em ambos os casos se trata de uma função unitária e unificante e não de uma faculdade especial comparável com as demais "faculdades". Embora o senso comum em sentido mais estrito tenha como objetos os "sensíveis", enquanto o *sensus communis naturae* tem como objetos certos "princípios", pode-se dizer que estes últimos são "sentidos" pelo menos enquanto "sentidos como evidentes". Por fim, em muitas das concepções do senso comum como *sensus communis naturae*, os "princípios" não estão separados dos "sensíveis", mas constituem como que um "prolongamento" destes.

No entanto, convém indicar em todo caso em que sentido se entende 'senso comum'. No segundo sentido de que agora nos ocuparemos, o senso comum é o modo próprio de "sentir" os princípios, isto é, a apreensão da evidência dos princípios. Esses princípios são os "princípios do senso comum", as "noções comuns" (VER), as "verdades evidentes por si mesmas". Podem ser de caráter teórico (como o princípio segundo o qual há um mundo externo; o princípio de que há regularidade ou uniformidade nos processos naturais) ou de caráter prático (como os supremos princípios morais).

A noção de senso comum desempenhou um papel capital na *common sense philosophy* da escola escocesa (VER). Segundo Reid (*Intellectual Powers*, VI, 2), "há certo grau de *sentido* necessário para nos convertermos em seres capazes de leis e de governo próprio". Os "filósofos do senso comum" costumam conceber esse sentido como o *locus principiorum*, como uma faculdade reguladora que nos permite fundar nossos juízos sem cair nem no ceticismo nem no dogmatismo.

Uma filosofia contemporânea na qual se presta grande atenção ao senso comum é a de G. E. Moore (VER), que foi qualificada às vezes de "realismo do senso comum". Embora essa caracterização de modo algum esgote o pensamento de Moore, esse filósofo orientou-se freqüentemente pelo senso comum. Além disso, esforçou-se por determinar os critérios requeridos com o fim de reconhecer que uma proposição dada pertence ao senso comum. Segundo Alan R. White (*op. cit.* em MOORE [G. E.], pp. 11-20), esses critérios são os seguintes: 1) Critério da aceitação universal, relativa às crenças que de um modo comum, geral, universal ou constante se supõe que são verdadeiras (como a crença na existência de objetos materiais, de unidades de espaço e unidades de tempo etc.). Esse critério dá razão para supor que uma crença é verdadeira, mas não constitui sua prova de verdade. 2) Critério da aceitação obrigatória, relativa às crenças que não apenas todos sustentamos, mas que não podemos deixar de sustentar mesmo no caso de abraçar crenças incompatíveis com elas. Esse critério não prova que a crença seja verdadeira, nem que sua contradição seja falsa. 3) Critério segundo o qual várias classes de inconsistências surgem como conseqüência da negação de várias crenças do senso comum. Esse critério não prova que as proposições do senso comum sejam verdadeiras. 4) Critério segundo o qual há uma classe especial de inconsistência que surge ao negar-se algumas das crenças do senso comum. Tampouco este critério prova que as proposições do senso comum sejam verdadeiras.

↪ Ver a bibliografia do verbete ESCOCESA (ESCOLA). Também: F. Harrison, *The Philosophy of Common Sense,* 1907. — R. Garrigou-Lagrange, *Le Sens commun, la Philosophie de l'être et les formules dogmatiques,* 1909; 4ª ed., 1936. — Cyrill E. M. Joad, *Essays in Common-Sense Philosophie,* 1919. — Id., *Common-Sense in Ethics,* 1921. — Id., *Common-Sense Theology,* 1922. — G. E. Moore, *Philosophical Studies,* 1922. — Sentino Caramella, *Senso commune; teoria e pratica,* 1933. — Enrico Castelli, *Commentario al senso comune,* 1940. — Id., *L'esperienza comune,* 1943. — Id., *I paradossi del senso comune,* 1970. — Antônio Serras Pereira, *Filosofia do senso comum,* 1946. — Nathan Isaacs, *The Foundations of Common Sense: A Psychological Preface to the Problems of Knowledge,* 1949. — M. J. Adler, *The Time of Our Lives. The Ethics of Common Sense,* 1970. — R. B. Joynson, *Psychology and Common Sense,* 1974. — J. D. Newell, ed., *Philosophy and Common Sense,* 1980. — M. Slote, *Common-Sense Morality and Consequentialism,* 1985. — H. Lübbe, *Die Wissenschaft und ihre kulturelle Folgen. Über die Zukunft des Common Sense,* 1987. — H. Albersmeyer-Bingen, *Common Sense. Ein Beitrag zur Wissenssoziologie,* 1986. — S. A. Conrad, *Citizenship and Common Sense: The Problem of Authority in the Social Background and*

Social Philosophy of the Wise Club of Aberdeen, 1987 (tese). — L. Forguson, *Common Sense*, 1989.

O senso comum em vários autores e correntes: Manuel Ubeda Purkiss, "El sensus communis en la psicología aristotélica", 1956, *Salmanticensis*, 3, pp. 30-67. — E. J. Ryan, *The Role of the "Sensus communis" in the Psychology of St. Thomas Aquinas*, 1951. — Juan A. Ventosa Aguilar, *El Sentido común en las obras filosóficas de P. Claude Buffier, S. I.: Contribución a la historia de la filosofía del sentido común*, 1957. — S. A. Grave, *The Scottish Philosophy of Common Sense*, 1960; reimp., 1973. — Helga Körver, *Common Sense: Die Entwicklung eines englischen Schlüsselwortes und seine Bedeutung für die englische Geistesgeschichte vornehmlich zur Zeit des Klassizismus und der Romantik*, 1967 (tese). — Luigi dal Turco, *Dal sistema al senso comune*, 1947 [sobre filosofia escocesa]. — M. V. C. Jeffreys, *John Locke, Prophet of Common Sense*, 1967. — R. T. Carroll, *The Common-Sense Philosophy of Religion of Bishop Edward Stillingfleet 1635-1699*, 1975. — L. Marcil-Lacoste, *Claude Buffier and Thomas Reid: Two Common-Sense Philosophers*, 1982. — E. Lobkowicz, *Common Sense und Skeptizismus. Studien zur Philosophie von Th. Reid und D. Hume*, 1986.

História geral da "filosofia do senso comum": Arthur N. Foxe, *The Common Sense from Heraclitus to Peirce: The Sources, Substance and Possibilities of the Common Sense*, 1962. — H. Pust, "Common Sense von der zweiten Hälfte des 17. Jah. bis zum Beginn des 18. Jah.", em J. Knobloch *et al.*, eds., *Europäische Schlüsselwörter*, vol. II, 1, 1964. C

SENSÓRIO (SENSÓRIO COMUM). Ver SENSO COMUM.

SENSUALISMO. Este termo é entendido em dois sentidos: 1) a doutrina segundo a qual todos os conhecimentos têm seu último fundamento nos sentidos, e especificamente nas sensações; 2) a doutrina segundo a qual são considerados acima de tudo os prazeres dos sentidos, ou prazeres "sensuais". 1) e 2) podem se relacionar: se os sentidos são a fonte de todo conhecimento, podem ser também a fonte de todo contato com o mundo. No entanto, pode-se sustentar 1) sem sustentar necessariamente 2).

Na filosofia, o sentido mais habitual de 'sensualismo' é 1). O sensualismo é então uma doutrina epistemológica, e uma forma de empirismo. Nem todo empirismo, contudo, é "sensualista". Os sentidos de que se fala ao propor-se uma doutrina epistemológica sensualista podem ser entendidos num sentido mais "passivo", ou num sentido mais "ativo" ou espontâneo.

Sustentar que os sentidos são o princípio do conhecimento não equivale sempre a sustentar uma doutrina sensualista. A proposição tradicional *Nihil est in intellectu quod prior non fuerit in sensu*, "Não há nada no intelecto que não tenha estado antes nos sentidos", defendida por muitos autores — entre eles Santo Tomás, em *De veritate*, II, 3 —, não é sensualista. O epicurismo, em contrapartida, é sensualista, nos sentidos 1) e 2), embora o sensualismo epicurista em sentido 2) seja "moderado" e o sensualismo em sentido 1) não inclua o que constitui em última análise a realidade, isto é, os átomos, os quais não são apreendidos pela sensação, mas pela razão.

Uma idéia algo "ativa" e "espontânea" da sensação não é incompatível com a doutrina da mente como uma tábula (VER) rasa (*tabula rasa*, ou *white paper*, sobre a qual se inscrevem as sensações). A mente possui certa "espontaneidade", que consiste seja na "forma" da supradita "tábula", seja nos atos de "reflexão" sobre as impressões originárias.

O sensualismo é chamado às vezes "sensacionismo". Este nome tem sobre o primeiro a vantagem de permitir distinguir 1) e 2). Assim, 1) pode ser chamado de "sensacionismo" e 2), "sensualismo". No entanto, o uso mais amplo até agora é o de 'sensualismo'.

Restringe-se freqüentemente o alcance do significado de 'sensualismo' para designar sistemas filosóficos do tipo dos de Condillac, Feuerbach, Czolbe, em parte Avenarius e alguns discípulos deste, como Rudolf Willy. Para o sensualismo de Condillac, ver o verbete sobre este filósofo e ESTÁTUA DE CONDILLAC. Feuerbach é um sensualista com bases materialistas. Czolbe partiu de pontos de vista sensualistas e materialistas, mas desembocou numa espécie de "neo-sensualismo" fundado numa "espiritualização" do corpóreo. O sensualismo de Willy se aproxima do de Czolbe e do de Avenarius, na medida em que desemboca num "monismo primário", para o qual a sensação é a trama com a qual está constituído o real quando o descrevemos "sem preconceitos". Também o pensamento de Mach é sensualista ou sensacionista no mesmo sentido que o monismo neutro. Mas estas últimas formas de sensualismo são distintas das formas que adotou a análise de Condillac. Este parte da sensação e resolve toda relação possível em sensações. Aquele parte da relação e acaba por descobrir que a relação se dá na sensação. Diversas correntes se opuseram aos dois tipos de sensualismo. Contra Condillac se dirigiram Maine de Biran, o ecletismo e posteriormente o relacionismo fenomenista. Contra o monismo neutro e o sensacionismo dos últimos filósofos se opôs o criticismo em todas as suas formas, que sublinhou a irredutibilidade (pelo menos gnoseológica) da relação *sujeito-objeto* e ainda da trama de relações que "constitui" todo pensar categorial.

SENTENÇA. O vocábulo 'sentença' foi usado, e continua sendo usado, na filosofia para desginar 1) uma opinião ou parecer sobre algum problema (fala-se assim, na linguagem dos escolásticos, da "sentença de Santo Tomás a respeito de...", "a verdadeira sentença sobre este ponto é...", etc.); 2) uma opinião de um Padre da Igreja ou escritor eclesiástico sobre algum ponto de dogmática, teologia, moral, etc. Os sentidos 1) e 2) estão, além disso, estreitamente relacionados e pode-se dizer que o primeiro procede do segundo. Usamos 1) várias vezes neste livro em contextos próprios do caso, e nos referimos mais particularmente a 2) em Somas (VER).

Em outro sentido, pode-se usar 'sentença' (3) como um termo do vocabulário da lógica. Designamos com este termo uma série de signos que expressam uma proposição. A sentença é, pois, uma expressão, e a proposição é o sentido ou objeto da sentença. Exemplos de sentenças são:

Hegel é um filósofo alemão

Os corpos se atraem em razão direta de suas massas e inversa ao quadrado das distâncias

$$\sqrt{4} = 2.$$

As sentenças são simbolizadas na lógica mediante as chamadas "letras sentenciais": 'p', 'q', 'r', 's', 'p'', 'q'', 'r'', 's'', 'p''', 'q''', 'r''', 's''', etc. A combinação das letras sentenciais com os conectivos (VER) dá lugar aos chamados "esquemas sentenciais", tais como '$\neg p$', '$p \wedge q$', '$p \rightarrow q$' etc. A lógica sentencial é a que se ocupa das sentenças e de suas leis. A formalização da lógica sentencial dá lugar ao cálculo sentencial.

Os vocábulos 'sentença', 'sentencial' e 'sentencialmente' (este último usado em expressões tais como 'sentencialmente válido') oferecem em português um inconveniente: serem anglicismos derivados de *sentence, sentential* e *sententially*. No entanto, adotamos esses vocábulos no vocabulário da lógica porque nos parecem mais adequados que outros que foram propostos a respeito. Entre eles mencionamos 'frase', 'oração' e 'lexis'. 'Frase' e 'oração' têm uma conotação demasiado gramatical; além disso, 'frase' é pouco apropriado para a formação dos correspondentes adjetivo e advérbio. 'Lexis' resulta demasiado forçado; além disso, pode ser confundido com alguns fragmentos da terminologia semiótica dos estóicos.

Alfredo Deaño (*Introducción a la lógica formal*, 1974, p. 46, nota 43) se opôs ao uso dos termos 'sentença', 'sentencial' e 'sentencialmente' por várias razões: porque não aceita o nominalismo dos que distinguem sentenças (ou orações; cf. *infra*) e proposições, alegando que é desnecessário postular a existência das últimas e que a lógica não trata de proposições, mas de sentenças (ou orações); porque o termo 'sentença' não tem nenhuma acepção lógica; e porque "o emprego desse outro termo, além de não ter nenhuma vantagem sobre os já existentes, apresenta em troca a notável desvantagem de introduzir conotações estranhas e desnecessárias". É melhor, pois, segundo Deaño, falar de lógica de enunciados ou de proposições, e empregar o termo 'oração' quando haja necessidade de traduzir o inglês *sentence*.

SENTENCIÁRIOS. Ver SUMAS.

SENTENTIAE DIVINITATIS. Ver GILBERTO PORRETANO.

SENTIDO. Pode-se usar 'sentido' como equivalente de 'significado' (VER) e de 'significação' (ver SIGNIFICAÇÃO e SIGNIFICAR; ver também REFERÊNCIA). Fala-se em tal caso de sentido de um termo, de uma proposição etc. Pode-se usar 'sentido' como singular de sentidos (VER). Pode-se usar também 'sentido' para designar alguma tendência ou direção que uma coisa ou processo segue.

É comum distinguir o sentido de uma expressão lingüística e o sentido de uma realidade (como "o sentido da história", "o sentido da vida"). Por outro lado, nem sempre é fácil separar esses dois modos de entender 'sentido'. Nos verbetes a que remetemos no início tratamos especialmente do sentido lingüístico. No presente trataremos de conceitos não expressamente lingüísticos, embora ocasionalmente relacionáveis com conceitos lingüísticos.

Francisco Romero indicou que "falar do sentido (significado) de uma palavra, do sentido (orientação da direção) de uma força, do sentido de um ato voluntário ou de uma vida é, a rigor, falar de coisas muito díspares". Por outro lado, observou que há certa afinidade entre diversos significados de 'sentido'. Quando se enfatiza essa afinidade, se procede metafisicamente; quando se salientam as diferenças e matizes, procede-se fenomenologicamente (ou analiticamente).

Do ponto de vista metafísico, temos o problema de se há ou não diferenças entre o conceito de ser e o de sentido. Para a metafísica "tradicional", o que possui ser possui ao mesmo tempo *ipso facto* sentido, e vice-versa, uma realidade é tanto mais "real" quanto mais sentido tem. O pleno sentido é equiparado à perfeição da realidade. Outras tendências metafísicas distinguem os conceitos de ser e de sentido: o fato de algo possuir um ser (de ser real) não implica necessariamente que tenha algum sentido; por outro lado, cabe conceber coisas que não existem e afirmar ou que têm sentido, ou que teriam sentido se existissem, ou que tem sentido o que oportunamente as tenha.

Alguns autores indicaram que não se pode afirmar nada acerca do sentido nem saber de que sentido se trata. O que é preciso fazer antes de tudo é uma fenomenologia do sentido (ou do conceito de sentido). Walter Blumenfeld levou a cabo esta tarefa e opinou que o sentido se dá sob vários aspectos: como sentido semântico, como sentido final ou télico, como sentido estrutural ou éidico, com sentido fundamental ou lógico e como sentido de motivação. Cada um desses sentidos tem por sua vez um "sem sentido". E isso de tal modo que quando se fale do sentido será necessário, segundo Blumenfeld, saber a qual dos mencionados conceitos se refere, e qual é a relação que se estabelece entre um e outro ou entre cada um e todos os demais. Cada um dos diferentes conceitos possui, por outro lado, certas características; o conjunto delas é enumerado por Blumenfeld do seguinte modo: relação, simetria, transitividade, especialidade, temporalidade, tradutibilidade, convencionalidade, não-exclusividade, relação pessoal e propriedades. Assim, por exemplo, a relação se manifesta, nos diferentes conceitos de sentido mencionados, da seguinte forma: para o sentido semântico, a relação se dá entre signo e objeto; para o sentido télico, entre acontecimento e acontecimentos; para o sentido éidico, entre a parte e o todo; para o sentido lógico, entre o enunciado e a fundamentação; para o sentido de motivação, entre o comportamento e a situação. Há características que não se encontram em nenhum dos sentidos, como a simetria; há outras que se encontram em uns e não em outros, como a traduzibilidade, que se encontra no sentido semântico e não nos outros. Algumas, como a espacialidade, não se encontram nos sentidos semântico, télico, lógico e de motivação, mas são possíveis no sentido éidico. A não-exclusividade é possível em todos os sentidos, menos no éidico, que é constitutivo. Quanto às propriedades, são as seguintes: para o sentido semântico, determinabilidade, profundidade, plenitude; para o sentido télico, adequabilidade, alcance; para o sentido éidico, interioridade, clareza; para o sentido lógico, inteligibilidade ou evidência, imediatez; para o sentido da motivação, imediatez; para o sentido da motivação, imediatez e clareza. Também a falta de sentido, ou o contrasenso, se manifesta de modo distinto em cada um dos sentidos. O característico desta investigação é, pois, a determinação das diferentes significações em que se pode dar o sentido, incluindo a própria significação como uma de suas formas. Outras investigações, em compensação, se referem antes ao momento da unificação do sentido, seja de um ponto de vista psicológico ou científico-espiritual. Alguns consideram, por exemplo, o sentido como uma peculiar "direção" que, por sua vez, constitui uma das dimensões essenciais do mundo do espírito em suas duas formas: subjetivo e objetivo. O primeiro possuiria por si mesmo, como totalidade e estrutura, um sentido, mas, além disso, faria referência a suas objetivações, determinadas pelos valores, e teria, em última análise, um sentido em virtude de seus valores. Spranger encontra-se próximo desse ponto de vista. Husserl chama, em contrapartida, sentido enquanto sentido expresso pela expressão à unidade que cobre tanto a significação quanto o cumprimento significativo dela. Emil Lask insiste no aspecto total-axiológico do sentido, o qual corresponderia unicamente a elementos estruturais. Para Cassirer, o sentido pertence em seus primeiros começos míticos à esfera da existência; o sentido seria então algo substancial, um ser ou uma força, e, em vez de limitar-se a apontar um conteúdo, seria o próprio conteúdo. Para Paul Hoffmann (1880-1949), o sentido se compreende sobretudo em função do histórico. Para Wilhelm Burkamp (1879-1939), a realidade enquanto forma estrutural está penetrada de sentido. Segundo Robert Schinzinger, há uma série de sentidos subjetivos e uma série de sentidos objetivos do sentido. Como a essência e a realidade se caracterizam, no seu entender, por meio de sua específica relação significativa, há três conceitos do ser: o ser como referência ao sentido de um ente em geral; o ser vazio como negação do nada e do sentido, e o ser absoluto ou verdadeiro ser como totalidade do ente significativo (o ser do ser). Isto não elimina a possibilidade de uma investigação separada do sentido. Em primeiro lugar, diz Schinzinger, a tendência a isolar o sentido puro conduz a novas determinações metafísicas e ontológicas do ser. Em segundo lugar, a significação e o sentido são *eo ipso* independentes. Por fim, a significação "ser" é com isso também referida a um ser, mas não encontra seu cumprimento em nada do ser "separado", mas no ser de alguma realidade "significante".

Heidegger (VER) indicou que o problema capital da filosofia é o do sentido do ser. Nicolai Hartmann criticou Heidegger a este respeito e insistiu em que o termo 'sentido' é multívoco. Há pelo menos três modos de entender a noção de sentido segundo Hartmann: a significação verdadeira de 'ser'; o significado que resulta de uma definição essencial; a interna determinação (metafísica) de uma realidade. Os dois primeiros significados de 'sentido' são demasiado formais; o último corresponde à noção de *ens* ou ente, não à do ser como ser, ὄν ᾗ ὄν. Todo sentido é, segundo Nicolai Hartmann, um sentido "para nós" ou para um sujeito, pois "um sentido em si seria um contra-senso".

Usei o termo 'sentido' para caracterizar uma das que chamo "disposições ontológicas" das realidades *(El ser y el sentido, cit. infra)*. Não se trata de uma propriedade, mas de uma tendência a comportar-se de vários modos especificáveis. 'Sentido' é o nome de um conceito-limite. O conceito-limite contraposto a, e complementar de, "sentido" é o conceito "ser". Toda realidade tem um sentido, por mínimo que seja. O mínimo nível de sentido para uma realidade dada é o poder ser objeto de descrição, explicação etc. Certas realidades, como os "produtos culturais", são primariamente, embora não exclusivamente, sentidos, isto é, são realidades-sentido. Ao mesmo tempo, tais realidades têm um ser. 'Sentido' e 'ser' são dois nomes de conceitos-limites que servem de pólos ontológicos para caracterizar e "situar" (VER) tipos de realidades.

↳ Ver: Arthur Liebert, *Das Problem der Geltung*, 1906; 2ª ed., 1920. — E. Spranger, *Psychologie des Jugendalters,* 1924, cap. I. — Julius Stenzel, "Sinn, Bedeutung, Begriff, Definition", *Jahrbuch für Philosophie,* I (1926), 160-201. — K. Krüger e F. Sander, "Gestalt und Sinn", *Neue psychologische Studien,* 1 (1928), 443-664. — Heinrich Gomperz, *Über Sinn und Sinngebilde, Verstehen und Erklären,* 1929. — P. Hofmann, *Metaphysik oder verstehende Sinn-Wissenschaft? Gedanken zur Neubegründung der Philosophie in Hinblick auf Heideggers* Sein und Zeit, 1929 [*Kantstudien,* Ergänzungshefte, 64]. — Id., *Sinn und Geschichte. Historisch-*

systematische Einleitung in die Sinnerforschende Philosophie, 1937. — Günter Ralfs, *Sinn und Sein im Gegenstande der Erkenntnis*, 1931. — Ph. Lersch, *Lebensphilosophie*, 1932. — F. X. Höcksmann, *Der Weg zum Sinn des Seins*, 1933. — Walter Blumenfeld, *Sinn und Unsinn. Eine Studie*, 1933. — Paul Feldkeller, *Sinn, Echtheit, Liebe nach Paul Hofmanns Sinn-Analyse und deren Bedeutung für die Weltanschauungskrise der Gegenwart*, 1933. — Robert Schinzinger, *Sinn und Sein. Studie zum Problem der Ontologie*, 1933. — Walter Ehrlich, *Intentionalität und Sinn. Prolegomena zur Normenlehre*, 1934. — J. Hennig, *Lebensbegriff und Lebenskategorie. Studie zur Geschichte und Theorie der geisteswissenschaftlichen Begriffsbildung mit besonderer Berücksichtigung W. Diltheys*, 1934. — Nicolai Hartmann, "Sinngebung und Sinnerfüllung", *Blätter für deutsche Philosophie*, VIII (1934); este trabalho foi recolhido no volume do autor intitulado *Kleinere Schriften*, I, 1955, pp. 245-279. — Id., *Zur Grundlegung der Ontologie*, 1935. — A. Lewkowitz, "Vom Sinn des Seins. Zur Existenzphilosophie Heideggers", *Monatschrift für Geschichte und Wissenschaft des Judentums* (1936), 184-195. — F. Alverdes, *Leben als Sinnverwirklichung*, 1936. — Wilhelm Keller, *Der Sinnbegriff als Kategorie der Geisteswissenschaften*, I, 1937. — W. Burkamp, *Wirklichkeit und Sinn*, 2 vols., 1938. — Heinrich Rickert, *Unmittelbarkeit und Sinndeutung. Aufsätze zur Ausgestaltung des Systems der Philosophie*, 1939. — C. A. Alington, *Sense and Non-Sense*, 1949. — E. Stein, *Endliches und Ewiges Sein*, 1950, ed. L. Gelber e Fr. R. Leuven (vol. II de *E. Steins Werke*). — R. Lauth, *Die Frage nach dem Sinn des Daseins*, 1953 [Parte I]. — Johannes Erich Heyde, "Vom Sinn des Wortes *Sinn*. Prolegomena zu einer Philosophie des Sinnes", no vol. *Sinn und Sein. Ein philosophisches Symposion*, 1960, ed. Richard Wisser, pp. 69-94. — J. Ferrater-Mora, *El ser y el sentido*, 1967. — A. J. Greimas, *Du sens*, 2 vols., 1970-1983. — D. Laptschinsky, *Der Sinn für den Sinn*, 1973. — J. B. Lotz, *Wider den Unsinn. Zur Sinnkrise unserer Zeit*, 1977. — P. Hoffmann, *Metaphysik oder verstehende Sinnwissenschaft*, 1978. — P. Peñalver Gómez, *Crítica de la teoría fenomenológica del sentido*, 1979. — E. D. Klemke, *The Meaning of Life*, 1980. — H. Ebeling, *Die ideale Sinndimension*, 1982. — M. Strauss, *Empfindung, Intention und Zeichen. Typologie des Sinntragens*, 1984. — B.-U. Hergemöller, *Weder-Noch. Traktat über die Sinnfrage*, 1985. — D. Summers, *The Judgment of Sense: Renaissance Naturalism and the Rise of Aesthetics*, 1987. — R. Hitzeler, *Sinnwelten*, 1988. C

SENTIDO ÍNTIMO. A noção de um "sentido íntimo" ou de um "sentido interno" de caráter espiritual mais básico que os sentidos externos se encontra em vários autores e ainda em "complexos doutrinais" inteiros. Assim ocorre com a tradição agostiniana e com autores como Descartes e Malebranche. As concepções a respeito são muito diferentes entre si, mas é comum a todas elas reconhecer o que Descartes chamava "o tesouro de meu espírito" como uma realidade "interior" e ainda "íntima", como um sentido não sensível em cujo fundo se aninha a verdade, seja por iluminação (VER) divina, seja por iluminação "própria". O "sentido interior" está quase sempre ligado à experiência de si mesmo enquanto ser existente e atuante.

No entanto, a expressão "sentido íntimo" é encontrada apenas em alguns filósofos, entre os quais se destaca Maine de Biran. Neste pensador a noção de sentido íntimo *(sens intime)* tem um caráter filosófico "técnico" e, em todo caso, central. Trata-se de um "pensamento primitivo" (de uma "idéia primitiva") que pode expressar-se mediante o *Cogito cartesiano* — isto é, com o *je pense, j'existe* —, mas que não se limita a expressar uma proposição indubitável, a salvo de ataques céticos, pois expressa "o sentimento de uma ação e de um esforço querido". O esforço é "o fato primitivo" e em tal sentido a noção de sentido íntimo de Maine de Biran está estreitamente relacionada com a idéia da resistência (VER). Maine de Biran reconhece que não só Descartes mas também outros autores, como Schelling e Bouterwerk, expressaram "o fato primitivo" como um princípio último, como um pôr-se a si mesmo do eu enquanto livre. Mas em todos esses casos se tratava mais das "vozes do sentido íntimo". Os filósofos em questão, e outros como Cabanis e Destutt de Tracy, fizeram com todas as manifestações do sentido íntimo algo diferente de Maine de Biran: fizeram-nas servir de princípio metafísico para deduzir as categorias da realidade, ou as consideraram como sensações das quais a própria vontade é uma transformação. O sentido íntimo no sentido de Maine de Biran é um "sentido do esforço" *(sens de l'effort)* "cuja causa ou força produtora chega a ser eu pelo simples fato da distinção que se estabelece entre o sujeito deste esforço livre e o termo que resiste imediatamente por sua própria inércia" (*Essai sur les fondements de la psychologie*. Secção 2; *Oeuvres de Maine de Biran*, ed. P. Tisserand, VIII, p. 179). Em outros termos, "o fato primitivo do sentido íntimo não é senão o de um esforço querido inseparável de uma resistência orgânica ou de uma sensação muscular da qual o eu é a causa" (*ibid.*, p. 186). Nenhum dos termos da mencionada relação depende necessariamente, segundo Maine de Biran, das impressões externas; por outro lado, não seria "sentido íntimo", mas manifestação de algum "sentido externo".

Maine de Biran deu numerosas versões de sua idéia do sentido íntimo. Assim, em sua memória *De l'aperception immédiate*, Maine de Biran fala de uma "apercepção interna imediata, ou *consciência* de uma força, que sou eu e que serve de tipo exemplar a todas as noções gerais e universais de causas, de forças das quais admitimos a existência real na Natureza etc.". Esta apercepção imediata não é, diz Maine de Biran, nem o pensamento no sentido de Descartes, nem a idéia na qual está necessariamente implicado o ser no sentido de Leibniz. O sentido íntimo proporciona uma experiência; a experiência de que "toda a atividade real do princípio pensante pode exercer-se em si mesma quando busca reconhecer a própria natureza, quando busca a Deus em si própria" (*Journal*, 12-IV-1815, ed. H. Gouhier, t. I, p. 61).

SENTIDO MORAL. A noção de *sentido moral* (às vezes também chamada de "sensibilidade moral") é muito próxima à de *consciência moral* (VER). O que dissemos desta pode aplicar-se na maior parte dos casos àquela. No entanto, enquanto muitos filósofos que tentaram definir a consciência moral não se ocuparam especificamente do sentido moral, outros insistiram neste último aspecto e ainda definiram a consciência moral a partir dele. É o caso sobretudo dos filósofos que desenvolveram a tese de um sentido moral específico (Hutcheson, Shaftesbury, Adam Smith). A idéia foi desenvolvida também por Kant e pelos filósofos do idealismo alemão. Às vezes se fez a distinção entre consciência moral e sentido moral, indicando-se que enquanto a primeira é a consciência de fazer o bem, o segundo é a consciência da existência do bem.

As teorias sobre o sentido moral podem ser classificadas num sentido análogo às da consciência moral. Apresentamos aqui alguns dos tipos mais correntes.

O sentido moral pode ser concebido:

1) Como determinado *pelo eudemonismo* ou moral dos bens concretos, ou como determinado *pelo dever* (VER) *moral*, de natureza formal e universal.
2) Como de *origem divina* ou como de *origem natural*.
3) Como *inato* ou como *adquirido*.
4) Como *objetivo* ou como *subjetivo*.
5) Como *pessoal* ou como *impessoal*.
6) Como *individual* ou como *social*.
7) Como *natural* ou como *histórico*.
8) Como *racional* ou como *irracional*.
9) Como determinado *pelo amor* ou como determinado *pela vontade*.
10) Como de índole *casuísta* ou como de índole *rigorista*.
11) Como *autêntico* ou como *fictício*.

Várias dessas posições podem ser entendidas por analogia com as que enumeramos no verbete sobre a consciência moral ao descrevermos as diversas teorias sobre as origens de tal consciência. Outras são suficientemente claras por si mesmas. Limitamo-nos a chamar a atenção para as duas posições indicadas em 10). O sentido moral casuísta é o que se baseia num exame concreto dos *casos* e das *decisões* que podem ser adotadas de acordo com eles. O sentido moral rigorista é o que sustenta que a consciência da existência do bem e do mal não depende de circunstâncias, mas é sempre a mesma, única e universal. A primeira posição se combina *geralmente* com as primeiras de 1), 2), 3) e 4).

SENTIDO E REFERÊNCIA. Ver REFERÊNCIA; SIGNIFICADO.

SENTIDOS. Sentir é experimentar sensações. Tradicionalmente, considerou-se que o sentir é a atividade executada pelos chamados "órgãos dos sentidos" ou, simplesmente, "sentidos".

Os modos de sentir foram classificados segundo os órgãos e se falou dos cinco sentidos: visão, audição, olfato, paladar, tato. Esses sentidos às vezes são chamados de "externos". Falou-se também de um sentir interno, como o dos afetos, sensações ou emoções. Por fim, falou-se de um senso [sentido] comum (VER).

Com respeito aos cinco sentidos clássicos, observou-se que não abarcam todos os modos de sentir. Alguns fisiologistas (Wolfgang von Buddenbrock) acrescentaram aos cinco sentidos outros quatro: os de temperatura, dor, equilíbrio e o sentido muscular. Certas percepções sensoriais são difíceis de classificar.

Os filósofos se ocuparam da questão dos sentidos, especialmente dos sentidos "externos", ao tratar das noções de sensação (VER) e percepção (VER). Alguns filósofos trataram especialmente do problema dos sentidos. Mencionaremos dois casos.

Em seus primeiros escritos, Xavier Zubiri se referiu à questão do que chamou "a raiz do sentir". Essa questão foi retomada pelo mesmo filósofo em vários escritos acerca da natureza da realidade biológica. De acordo com eles, o sentir é um modo da vida animal que caracteriza sua especial substantividade. O sentir é comum ao animal e ao homem, mas com a diferença de que, além do sentir, o homem se sente sentir, ou se sente a si mesmo, enquanto o animal se limita à organização do sentir. A inteligência está arraigada, segundo Zubiri, no sentir: é inteligência senciente (ao contrário de 'sentinte'), isto é, um sentir-se em um mundo (não só em um ambiente) constituído primariamente de coisas e ao qual o homem está constitutivamente aberto.

Erwin Strauss considera que apreendemos antes de tudo objetos, de modo que os chamados "estímulos" são unicamente abstrações de nossa apreensão. A apreensão de objetos não é, por outro lado, uma relação entre uma entidade que produz uma imagem e outra que a recebe. Não há "impressões" que sirvam de ponte entre o sujeito percipiente e o percebido. O sujeito não se encontra, em princípio, "isolado" com relação a suas impressões e com relação aos objetos que estas supostamente representam. A experiência dos sentidos é a atividade de um sujeito aberto ao mundo, formando parte dele. Assim, o sentido dos sentidos é um estar no mundo. Não há sensações, mas um sentir; não há mediações, porque o sentir é completamente "mediato".

⮕ Uma obra clássica sobre os sentidos é a de F. Brentano, *Untersuchungen zur Sinnespsychologie*, 1907.

A obra de W. von Buddenbrock é *Die Welt der Sinne*, 1932. — Para Zubiri, ver bibliografia deste autor. —

Para Erwin Strauss: *Vom Sinn der Sinne. Ein Beitrag zur Grundlegung der Psychologie*, 1935; 2ª ed., 1956. Do mesmo autor: *Psychologie der menschlichen Welt*, 1960. Ver também: Helmuth Plessner, *Die Einheit der Sinne*, 1923. — Martin Juritsch, *Sinn und Geist. Ein Beitrag zur Deutung der Sinne in der Einheit des Menschen*, 1961. — F. A. Hayek, *The Sensory Order*, 1964. — J. O. Urmson, *The Objects of the Five Senses*, 1973 [British Academy Lecture 1968]. — E. Horn, *Vergleichende Sinnespsychologie*, 1982. ℭ

SENTIDOS (DADOS DOS). Em vários verbetes (por exemplo: FENOMENISMO; PERCEPÇÃO; SENSÍVEL, "SENSÍVEIS"; SENSAÇÃO) tocamos brevemente a questão do que chamaremos aqui "dados dos sentidos" (às vezes também chamados "dados sensíveis" e, em outras línguas, *Sensa, Sense-data, Empfindungsdata, données de la sensation, species sensibiles* etc.). Para completar as informações proporcionadas nos verbetes citados, trataremos aqui brevemente do problema básico que deu origem à noção de "dados dos sentidos". Entendemos, pois, por 'dados dos sentidos' não simplesmente as sensações ou as percepções, mas aquilo que, segundo alguns autores, constitui a sensação ou a percepção com vistas à apreensão da realidade exterior.

Tanto para o senso comum como para toda a doutrina epistemológica realista, especialmente para toda doutrina epistemológica realista "ingênua", a percepção (sensível) de um objeto (sensível) é a apreensão direta desse objeto. Assim, a percepção do objeto chamado "árvore" equivale à percepção da "árvore mesma".

Em vista das dificuldades suscitadas por uma doutrina epistemológica realista — por exemplo, a dificuldade que suscita a expressão 'percepção da *coisa mesma*' —, tentou-se vencê-las supondo que o que se percebe são qualidades sensíveis, e estas qualidades sensíveis são justamente "os dados dos sentidos".

Há vários modos de entender tais "dados". Pode-se supor, com Berkeley, que *esse est percipi*, caso em que não somente se percebem dados dos sentidos, mas também a realidade está constituída, por assim dizer, por tais dados. Não há, pois, segundo Berkeley, uma "coisa" que esteja "mais além" dos dados dos sentidos. Pode-se supor também que continuem existindo coisas ou objetos, mas que estes são dados à percepção na forma que se chama "aparecer", de modo que o que se percebe de um objeto não é então o objeto mesmo, mas as aparências do objeto. O objeto percebido como aparência é um "dado dos sentidos" ou, melhor, um "conjunto de dados dos sentidos".

Esta última maneira de interpretar a noção "dados dos sentidos" é a mais comum, mas ainda assim pode-se entender que há no sensível "formas" ou "espécies" que são percebidas, de sorte que o que se percebe são as chamadas "espécies sensíveis" das coisas. Por outro lado, pode-se supor que não há no sensível nenhuma "forma" ou "espécie" particular do sensível, mas que na confrontação do sujeito percipiente com as "coisas perceptíveis" surge sempre uma "camada" intermediária, um "objeto" distinto do "objeto mesmo". Esse objeto intermediário é um "dado dos sentidos" ou, mais uma vez, um "conjunto de dados dos sentidos".

Os autores fenomenistas (ver FENOMENISMO) deram considerável importância à noção de "dado dos sentidos" — assim como às noções de sensação (VER) e dos que às vezes foram chamados de "sensíveis" (ver SENSÍVEL, "SENSÍVEIS") —, mas interpretaram essas noções de modos muito variados. A despeito de certas mútuas inclinações "empiristas", há diferenças substanciais nas opiniões a esse respeito de autores como Mach, Russell, Carnap, H. H. Price, A. J. Ayer, Nelson Goodman e outros. Há uma grande variedade de opiniões que vão desde uma interpretação predominantemente "subjetivista" dos dados dos sentidos até uma interpretação quase inteiramente "objetivista", com decididas tendências também rumo a interpretações chamadas "neutras" ou "neutralistas", que insistem em que se deve evitar toda equiparação dos dados dos sentidos com elementos físicos. Além disso, o neutralismo pode ser não apenas ontológico, mas também epistemológico, isto é, pode-se tentar a construção de um sistema fenomenista no qual não somente não se pré-julga o *status* ontológico, mas inclusive sua função epistemológica, pelo menos se se entende esta última como um modo de entender a relação entre sujeito e objeto.

Por haver tratado no verbete Fenomenismo (VER) de vários sistemas nos quais intervém predominantemente a noção de dados dos sentidos, limitamo-nos aqui a resenhar a opinião de Russell, que difere de outras em pontos importantes em virtude de sua inclinação "objetivista" e por sua clara concepção do caráter físico dos dados dos sentidos. Russell considera que um dado sensível (ou um "sensível") não é a totalidade de algo dado, mas somente uma parte destacada pela atenção. Isso parece outorgar ao dado sensível (ou ao "sensível") uma característica "subjetiva". No entanto, isso ocorre somente quando não se leva em conta que há uma contrapartida objetiva dos "sensíveis": os que Russell chama *sensibilia* (o mesmo termo usado por Austin [cfr. *infra*], independentemente do uso específico de Russel e possivelmente pelo paralelo entre o título de J. L. Austin, *Sense and Sensibilia*, e o título do romance de Jane Austen, *Sense and Sensibility* [1811]). Os *sensibilia* têm para Russell o mesmo *status* físico e metafísico que os dados dos sentidos *(sense-data)*, mas "não são necessariamente dados para alguma mente". A relação entre um *sensibile* (singular de *sensibilia*) e um dado do sentido é como o de um homem e um marido; do mesmo modo que um homem se torna um marido pelo casamento, isto é, por entrar em relação de matrimônio, um *sensibile* se torna um dado do sentido por entrar numa relação de conhecimento direto *(acquaintance)*. Não pode haver dados dos sentidos sem serem dados, já que nisso consistem, mas cabe perguntar legitimamente se todos os *sensibilia* são dados dos sentidos. Por isso os *sensibilia* poderiam continuar existindo em relação com um corpo humano sem haver dados sensíveis, os quais apareceriam somente enquanto houvesse uma mente no corpo. Tudo o que não é consciência mental dos *sensibilia* é físico ou fisiológico. Há em Russell certa ambigüidade em sua idéia da relação entre *sensibilia* e dados dos sentidos, já que também afirma que tais dados são físicos, mas isso se deve provavelmente a um interesse em mostrar que os *sensibilia* são constituintes últimos da realidade física, o que leva a pensar que quando são tomados como "dados", eles devem ter também pelo menos uma "referência física". Os *sensibilia* e, em última análise, os "dados", são concebíveis como perspectivas, de sorte que a doutrina russelliana dos dados dos sentidos é uma manifestação de seu perspectivismo (VER).

Para combater a doutrina dos dados dos sentidos em qualquer uma das formas mencionadas, e especialmente na forma fenomenista, foram adotadas, ou reafirmadas, várias doutrinas epistemológicas (ou, em geral, gnosiológicas). Naturalmente, o realismo é uma delas; também o idealismo (ao menos na medida em que não é fenomenista). Parece, pois, que o único modo de rejeitar a doutrina em questão é adotar outra doutrina que torne inúteis os dados dos sentidos tal como aqui os apresentamos. No entanto, J. L. Austin propôs (*Sense and Sensibilia*, 1962 [segundo reconstrução de G. J. Warnock], especialmente pp. 2-6) um modo de ver as coisas que não exige adotar determinada doutrina gnosiológica. Consiste fundamentalmente em fazer notar que as teorias baseadas na noção dos dados dos sentidos, nossas idéias, impressões, percepções sensíveis, "perceptos" etc. estão fundadas num uso de 'perceber' que não leva em conta a riqueza e variedade dos atos de percepção. Com efeito, assinala Austin, não percebemos apenas uma classe de coisas, mas classes muito distintas. Não é o mesmo perceber uma árvore ou um arco-íris, ou uma imagem na tela etc. Em suma, é um erro pensar que se percebem somente objetos materiais — ou aparências de objetos materiais —, já que o modo como se entendem tais aparências já está fundado na idéia de que são aparências de "coisas materiais", de modo que desde o princípio a expressão 'coisa material' funciona como uma base para os "dados dos sentidos". Além disso, e sobretudo, o advérbio 'indiretamente' (portanto, mediante "dados dos sentidos") "tem *diferentes usos* em diferentes casos" (*op. cit.*, p. 15), o que condiciona os usos do advérbio 'diretamente' na expressão 'perceber diretamente'. Assim, por exemplo, não é o mesmo perceber indiretamente um som ou perceber indiretamente um submarino. Austin trata também da questão dos dados dos sentidos em relação com o chamado "argumento fundado na ilusão" (o argumento segundo o qual "os sentidos enganam"), mas o que dissemos até aqui é suficiente para mostrar a direção que seguiu uma análise que, como a de Austin, é diferente da usualmente empreendida por todos os que rejeitaram "a doutrina dos dados dos sentidos".

SENTIMENTO. Se se entende 'sentimento' como "sentir algo" ou como "resultado de sentir algo", o termo 'sentimento' poderá ter tantas acepções quanto as derivadas do verbo 'sentir'. De imediato, 'sentimento' pode ser definido como "a ação e o efeito de experimentar sensações". Essas sensações podem ser, além disso, de vários tipos: sensações dos sentidos corporais, emoções, paixões etc. Se reservamos para as sensações dos sentidos corporais o nome de "sensações", 'sentimento' ainda poderá ser entendido de várias maneiras: como uma afeição, uma emoção, uma aflição etc. Além disso, pode-se entender por 'sentimento' uma opinião, um pressentimento, uma expressão de pêsames etc.

Essa variedade de significados de 'sentimento' se torna patente na literatura filosófica. Às vezes se chamam "sentimentos" todas as ações e efeitos do sentir em geral. Mas então também podem ser chamados de "paixões". Assim, Descartes escreve: "Depois de ter considerado em que diferem as paixões da alma de todos os seus demais pensamentos, parece-me que se pode defini-las geralmente como percepções, ou sentimentos, ou emoções da alma que se referem particularmente a ela e que são causadas, mantidas e fortalecidas por algum movimento dos espíritos" (*Les passions de l'âme*, Parte I, art. 27). Também foram chamadas "sentimentos" as afeições, impulsos, πάθη, enquanto alterações do ânimo e, segundo alguns, perturbações do ânimo que devem ser controladas e até eliminadas por meio da razão. Isso ocorre amiúde quando se fala de "sentimentos" no sentido de muitos autores antigos. Às vezes se chama "sentimento" simplesmente a todas as emoções em conjunto, ou à origem de todas as emoções. Por conseguinte, muito do que dissemos no verbete EMOÇÃO pode corresponder ao que se diga acerca do sentimento. Por exemplo, discutiu-se até que ponto os sentimentos, tal como as emoções, são ou não intencionais; em que relação se encontra o sentimento com a vontade e com a razão; em que medida o sentimento é ou não "inferior" ao entendimento e concebível como uma espécie de percepção obscura e confusa etc. Em vista de tudo isso, parece que o mais razoável seja suprimir o vocábulo 'sentimento' e substituí-lo por outros termos como 'sensação', 'emoção' etc.

Mantemos, contudo, o vocábulo 'sentimento' por ter sido usado com freqüência, especialmente na filosofia moderna, em vários sentidos mais ou menos claramente especificados. Isso ocorre, por exemplo, com a chamada "filosofia do sentimento moral" — que se pode chamar também "filosofia do sentido *(sense)* moral" — de Hutcheson e outros autores. Neste caso, 'sentimento' (ou 'sentido') significa uma vivência capaz de apreender os princípios do comportamento moral humano, sua justificação e suas fontes. Isso também ocorre com o que se chamou "primado do sentimento" em Rousseau e outros autores. Aqui 'sentimento' é o nome que abarca toda a vida das emoções. Isso também ocorre na idéia do sentimento como saber primário e imediato, ao contrário do saber mediato do entendimento, tal como foi proposta por Jacobi. Mas ocorre especialmente quando o nome 'sentimento' foi usado para designar uma das "faculdades" básicas humanas, junto com o pensamento e a vontade. Essa divisão tripartite foi muitas vezes a base para uma doutrina do sentimento como capacidade de experimentar certas realidades (ou certos valores) e de julgar tais realidades (ou tais valores). Durante a época romântica foi freqüente considerar o sentimento ou como idêntico à intuição da realidade última, ou como a única faculdade capaz de expressar a natureza e formas dessa realidade.

Desde aproximadamente meados do século passado discutiu-se com freqüência se os sentimentos podem ser reduzidos, como declarava Condillac, às sensações, ou então se possuem caracteres próprios irredutíveis aos das demais "faculdades", "funções", "modos de sentir", "experiências" etc. Os autores que sustentaram a possibilidade de reduzir o sentimento à sensação tentaram enraizar os sentimentos na esfera orgânica. Os autores que sustentaram a independência (ainda que relativa) dos sentimentos basearam-se em geral no que se pode chamar "fenomenologia dos sentimentos". Essa fenomenologia quase sempre partiu da idéia de que os sentimentos são atividades intencionais. Enquanto certos filósofos, como por exemplo Hamilton, consideraram que somente os atos do pensar e do apetecer são intencionais, mas que não o são os sentimentos — consideraram, pois, que se pensa sempre algo e se deseja sempre algo (existente ou não), enquanto o sentir permanece dentro do sujeito senciente —, outros filósofos, como Brentano, consideraram que o sentimento é intencional no mesmo sentido em que pode sê-lo a representação ou o apetite: a expressão de Hamilton "subjetivamente subjetivo", diz Brentano, "se contradiz a si mesma, pois onde não se pode falar de *objeto* tampouco cabe falar de *sujeito*" (*Psychologie*, II, 1). Os autores que seguiram essas idéias de Brentano se esforçaram por caracterizar os sentimentos ou, como se denominou também, a vida emocional como algo que, sendo completamente diferente da inteligência e da vontade, se acha constituído por uma série de atos intencionais. Foi o reconhecimento da intencionalidade da vida emocional que permitiu a Scheler estabelecer uma série de distinções que vão desde os sentimentos que parecem mais vinculados aos estados afetivos até aqueles que possuem um caráter terminantemente emocional. Assim, pode-se falar dos

1) sentimentos sensíveis ou, como os chamou Stumpf, sentimentos da sensação, que estão localizados ou estendidos em partes determinadas do corpo, tal como acontece com a dor, com os prazeres, com o formigamento. Esses sentimentos sensíveis não devem ser confundidos com a mera sensação ou sensibilidade, todos os sentimentos têm, segundo Stumpf, "uma referência vívida ao eu (ou à pessoa) que os *distingue* de outros conteúdos e funções (sentir sensações, representar etc.), referência em princípio diversa de outra que pode acompanhar um representar, querer e pensar". Pois enquanto em atos como a representação o eu ou a pessoa têm de intervir ativamente para mantê-los dentro de sua esfera, o sentimento está indissoluvelmente ligado a um centro pessoal. De todo modo, essa referência é mínima e muito indireta no sentimento sensível localizado. Esse sentimento se distribui organicamente e parece ter no orgânico sua unidade de medida, de tal sorte que permanece atado ao conteúdo sensível. Daí que na hierarquia que vai do estado à função, o sentimento sensível se aproxime até confundir-se com o primeiro e exclua totalmente a segunda; os sentimentos sensíveis eludem, com efeito, a intencionalidade, que constitui o núcleo dos sentimentos superiores. A referência ao centro pessoal e ainda ao centro corporal se efetua neles indiretamente; todo o peso gravita sobre a parte orgânica afetada. Por isso o sentimento sensível possui, além disso, as características da exclusiva atualidade, da puntiformidade, da ausência de duração e de sentido; não há, de fato, a possibilidade de uma renovação da vivência do próprio sentimento, e sim apenas de suas lembranças, causas, efeitos etc. Tais sentimentos permanecem por isso mais inalteráveis que os demais em face de uma atenção ou da interferência de outros sentimentos. Mais ainda, a atenção parece destacá-los, ao contrário dos sentimentos de espécies superiores, que ficam até certo ponto desvanecidos. Sua dependência da vontade ou da possibilidade de provocação é, por outro lado, muito maior: enquanto o possível pode ser "provocado", o espiritual não pode variar com o simples querer ou não querer, a ponto de os sentimentos radicalmente pessoais estarem fora de toda reação e de toda vontade. Embora seja certo que essa subtração do emocional à vontade provavelmente nunca é tão completa quanto o emocionalismo de Scheler supõe, a verdade é que há pelo menos hierarquia no sentido apontado. Em compensação, 2) os sentimentos chamados vitais, tal como o bem-estar e o mal-estar, o sentimento de saúde ou de enfermidade, os sentimentos de vida ascendente ou descendente, a calma e a tensão, a angústia não espiritual etc., já pertencem ao organismo inteiro e a seu centro vital, estando vagamente estendidos pela unidade somática. Sua ausência de localização precisa não significa, porém, que brotem diretamente da profundeza da pessoa; a relação com ela não é duplamente indireta, como nos sentimen-

tos sensíveis, mas é de qualquer modo indireta. O sentimento vital é distinto do sensível inferior e do psíquico e do espiritual superiores; é um sentimento corporal orgânico e somático, que não é composto de sensibilidades nem tampouco constitui o psíquico e o espiritual. Sua funcionalidade e sua intencionalidade são incomparavelmente superiores às dos sentimentos sensíveis (tão escassas nestes últimos que quase podem ser declaradas inexistentes). Já há neles continuidade e duração. Seguem-se a eles 3) sentimentos psíquicos ou anímicos, que não necessitam dirigir-se indiretamente ao eu ou, melhor dizendo, ser percebidos por este como seus, mas pertencem efetivamente a ele. Tristeza e alegria, melancolia ou alvoroço são neste sentido claramente intencionais, próprios do eu e reveladores do valor que já podia de certo modo ser apreendido nos sentimentos vitais, embora apenas de um modo imperfeito. Sua independência da provocação e da vontade não é absoluta, mas é considerável; os sentimentos psíquicos ou anímicos brotam de algo mais profundo que de uma contingente provocação, mas isso não quer dizer que careçam de motivos. Pelo contrário, a motivação é quase completa e sua continuidade não pode ser interrompida, pelo menos facilmente, com as alterações do estado somático. Por fim, 4) os sentimentos espirituais são puras funções; todo estado do eu desaparece diante de sua funcionalidade, que se confunde com o núcleo da pessoa mesma e brota de sua profundeza última. Esses sentimentos não estão de maneira alguma subordinados aos conteúdos peculiares das vivências. O conteúdo parece esfumar-se diante do caráter absoluto dessa função do sentimento que cumula a pessoa inteira. Trata-se dos sentimentos de si mesmo de ordem religiosa e metafísica, dos sentimentos de salvação que se referem ao núcleo da pessoa espiritual. A beatitude, o desespero, o remorso, a paz e a serenidade da alma etc. são exemplos desta suprema região da vida emocional na qual o ser pessoal não fica entregue a nada alheio, nem sequer a si mesmo enquanto egoísmo, mas à sua autêntica mesmidade espiritual, pois "são precisamente o ser e o valor por si mesmo da pessoa mesma que constituem o 'fundamento' da beatitude e do desespero" (Max Scheler, *Der Formalismus in der Ethik und die materiale Wertethik*, 1913-1916 [do *Jahrbuch für Philosophie und phänomenologische Forschung*, 1]).

A "descrição pura" dos sentimentos muitas vezes levou a julgar que eles têm uma estrutura própria, irredutível à de quaisquer outras atividades mentais, incluindo as sensações. Também levou a sublinhar o caráter intencional dos sentimentos. No que diz respeito àquele caráter, Bergson insistiu em que o sentimento é irredutível à sensação "concomitante", a qual é só como a harmônica para um timbre do qual só uma autêntica criação por parte do sujeito humano permite dar a nota fundamental. Mais ainda: "ao lado da emoção que é efeito da representação" — diz Bergson — "e que se sobrepõe a ela, há outra que precede a representação, que a contém virtualmente e que, até certo ponto, é causa dela" (*Les deux sources de la morale et de la religion*, cap. I). Isto se torna possível em virtude de uma prévia distinção entre dois tipos de emoções ou de "sentimentos": o infra-intelectual e o supra-intelectual. O primeiro parece inteiramente derivado; o segundo, inteiramente antecipador e criador. Isto supõe, no entanto, certa autonomia do sentimento em relação ao objeto e, portanto, a negação da intencionalidade que Max Scheler enfatizou.

É muito comum acrescentar a uma análise da natureza dos sentimentos uma classificação dos sentimentos. Isso ocorre, por exemplo, com Wundt, que distinguiu sentimentos de prazer e desgosto, sentimentos de excitação-depressão e sentimentos de tensão-alívio. Um exemplo mais recente de classificação dos sentimentos é o proporcionado por Alejandro Roldán (*Metafísica del sentimiento. Ensayo de psicología afectiva. Aplicaciones a la ontología y axiología*, 1956). Por sua origem, podem-se distinguir sentimentos por via cognoscitiva (o conhecimento como produtor do sentimento) e sentimentos por via conativa (a tendência como produtora do sentimento). O sentimento não se equipara, porém, à sua origem; por isso os sentimentos não são nem conhecimentos nem tendências. Segundo Roldán, há três tipos de sentimentos: periféricos, centrais e superiores.

Parece característico dos sentimentos percorrer toda uma gama que vai do sensível ao espiritual. Muitas doutrinas sobre os sentimentos são defeituosas ou, melhor, unilaterais, porque acentuam demasiadamente um extremo em detrimento do outro. Também parece característico dos sentimentos o ser difícil localizá-los e seu caráter "polar" (alegria, tristeza; amor, ódio etc.). Uma forma particularmente importante de sentimento é o "sentimento total" (ou "sentimento tonal"), como ocorre com as têmperas de ânimo ou talantes (ver TÊMPERA), embora se possa alegar que então não se trata propriamente de sentimentos, mas de um modo de ser que torna possíveis os sentimentos e que explica por que uns são mais freqüentes que outros.

⊃ Além das obras citadas no texto do verbete (Brentano, Scheler, A. Roldán etc.), ver: F. von Feldegg, *Das Gefühl als Fundament der Weltordnung*, 1890. — Id., *Beiträge zur Philosophie des Gefühls*, 1900. —Theodule Ribot, *La psychologie des sentiments*, 1896; 14ª ed., 1936. — Id., *La logique des sentiments*, 1904. — E. Bauf, *Die Stellung des Gefühls im Seelenleben*, 1910. — A. Lehmann, *Die Hauptgesetze des menschlichen Gefühlslebens*, 1914. — Alexander Pfänder, "Zur Psychologie der Gesinungen", *Jahrbuch für Philosophie und phänomenologische Forschung*, I (1913); 3 (1916). — G. Störring, *Psychologie des Gefühlslebens*, 1916. — J. Segond, *L'esthétique du sentiment*, 1927. — Felix Krüger,

Das Wesen der Gefühle. Entwurf einer systematischen Theorie, 1928. — R. Odebrecht, *Gefühl und Ganzheit*, 1928. — A. Wrescher, *Gefühl*, 1938. — A. Miotto, *Psicología del sentimiento*, 1941. — Jean Maisonneuve, *Les sentiments*, 1948. — Th. Haecker, *Metaphysik des Fühlens*, 1950. — Jean Lacroix, *Les sentiments et la vie morale*, 1953. — Cornelio Fabro, *Sentimenti*, 1956. — A. Roldán, *Metafísica del sentimiento*, 1956. — S. Strasser, *Das Gemüt. Grundgedanken zu einer phänomenologischen Philosophie und Theorie des menschlichen Gefühlslebens*, 1956. — H. Friedmann, *Das Gemüt. Gedanken zu einer Thymologie*, 1956. — J. Bofil Bofill, "Para una metafísica del sentimiento: Dos modos de conocer", *Convivium* [Barcelona], I (1956), 3-35. — Giovanni Giraldi, *La gnoseología del sentimiento*, 1957. — J. D. Gracía Bacca, "Ensayo de catalogación ontológico-fundamental de los sentimientos", *Episteme* [Caracas], 2 (1958), 5-18. — Suzanne K. Langer, *Mind: An Essay on Human Feeling*, 1967; reed., 1988. — Stephan Strasser, *Phenomenology of Feeling: An Essay on the Phenomena of the Heart*, 1977. — C. Gurméndez, *Teoría de los sentimientos*, 1981. — D. Ulrich, *Das Gefühl. Eine Einführung in die Emotionspsychologie*, 1982. — F. B. Simon, *Der Prozess der Individuation: über den Zusammenhang von Vernunft und Gefühl*, 1984. — Q. Smith, *The Felt Meanings of the World: A Metaphysics of Feeling*, 1986. — R. M. Gordon, *The Structure of Emotion*, 1987. — D. Best, *The Rationality of Feeling: Understanding the Arts in Education*, 1992. — C. Wegener, *The Discipline of Taste and Feeling*, 1992. C

SENTROUL, CHARLES. Ver Neotomismo.

SEPARAÇÃO. Aristóteles empregou o conceito de separação ao referir-se às idéias platônicas. Segundo Aristóteles, a idéia platônica está separada, κεχωρισμένος, ou é separável, χωριστός, das coisas sensíveis, τῶν αἰσθητῶν; dos corpos, τῶν σωμάτων; de cada ser individual, τῶν καθ᾿ ἕκαστον. Como assinalamos em Idéia (ver), Aristóteles salienta que em Platão a idéia está simplesmente "justaposta" à coisa. A razão disso é que as idéias existem à parte das coisas sensíveis, e existir à parte quer dizer estar separadas de tais coisas, isto é, existir no estado da "separação".

Do ponto de vista platônico, a interpretação de Aristóteles, que é ao mesmo tempo uma acusação, não é totalmente justa, pois se as coisas participam das idéias, não se pode falar de uma separação, ou pelo menos de uma separação completa. Mas Aristóteles denuncia justamente a vagueza da noção de participação (ver) como havia denunciado a vagueza da noção pitagórica de imitação (ver). Que a noção de participação seja ou não vaga não impede, porém, que seja um esforço realizado por Platão para solucionar o problema imposto por uma separação estrita entre idéias e coisas sensíveis. Mas junto a este esforço platônico deve-se mencionar a concepção de Platão de uma estrutura dialética da realidade, o que poderia estabelecer uma ponte entre coisas sensíveis e idéias.

Ao criticar a noção platônica de separação, Aristóteles tem muito cuidado em não aderir à doutrina de alguns platônicos, segundo os quais as idéias e as coisas sensíveis não estão separadas, porque as primeiras estão *mescladas* com as segundas. O que poderia ser chamado de "união da idéia com a coisa" é em Aristóteles mais complexa e requer, entre outras, as noções de forma e matéria (ver).

Por outro lado, o fato de Aristóteles ter acusado Platão do que poderíamos chamar "separatismo das idéias" não impede que o próprio Aristóteles use a noção de separação. Mas esta se aplica não à idéia mas à substância (ver). Com efeito, a substância está "separada", porque tem realidade "por si mesma", sem inerir em outra coisa. Por isso Aristóteles emprega como sinônimos os termos 'substância' e 'realidade separada', como enfatiza E. de Strycker (cf. art. na bibliografia) referindo-se a vários textos aristotélicos (como *Met.*, Z 13, 1038 b 23-27; M 10, 1087 a 23-24). Essa realidade separada da substância se distingue da realidade não separada das modalidades ou afeições. Com efeito, para Aristóteles, segundo indica E. de Strycker, "a inseparabilidade significa a necessidade de ser inerente a outra coisa para poder existir". Por isso Aristóteles pode dizer que a física estuda "realidades separadas" (embora não imóveis), a matemática estuda realidades imóveis (embora não separadas) e a filosofia primeira estuda realidades ao mesmo tempo "imóveis e separadas" (*Met.*, E 1, 1026 a 13-16).

O problema da separação aparece também ao tratar-se da questão da natureza do intelecto, especialmente do intelecto ativo. É a questão que Aristóteles trata em *De an.*, III, 5, 430 a 10-25, e que examinamos no verbete Intelecto.

Vários autores neoplatônicos se ocuparam do problema da separação em vários sentidos. De imediato, no sentido da separação das idéias em relação às coisas. A solução característica dos neoplatônicos consistiu em admitir uma série de "intermediários". A seguir, no sentido de se a alma está separada do corpo, χωριστὴ τοῦ σώματος. É a questão de que tratam Plotino (por exemplo, *Enn.*, I, iv, 14) e Proclo (*Inst. Theol.*, prop. 16 e 17). O que significa declarar, como faz Proclo, que o incorporal tem sua existência separada de todo o corpo, χωριστὴν οὐσίαν ἔχει παντὸς σώματος.

A questão da separação — entendida em outro sentido — desempenha um papel fundamental em diversas concepções da abstração (ver Abstração, abstrato). A abstração é, com efeito, em alguma medida uma separação. Mas trata-se de saber em que medida, ao abstrair, procede-se efetivamente a "separar" — se é uma separação "real" ou "apenas mental". Por outro lado, a abstração mediante a qual se apreende o ente como ente foi entendida como uma separação que não leva necessariamente a cindir o ente das coisas que são. A metafísica como "ciência do ente" está "separada" das demais "ciências", mas essa separação pela qual a metafísica se converte em "única" também faz dela a "ciência primeira". Os escolásticos, e especialmente os tomistas, se ocuparam freqüentemente deste sentido de 'separação'.

⊃ Ver: Chung-Hwan Chen, *Das Chorismos-Problem bei Aristoteles*, 1940 (tese). — E. de Strycker, "La notion aristotélicienne de séparation dans son application aux idées de Platon", no volume coletivo *Autour d'Aristote. Recueil d'études de philosophie ancienne et médiévale offert à Monseigneur A. Mansion*, 1955, pp. 119-139.

Para o problema da separação *(separatio)*, especialmente no sentido indicado no final do verbete, ver: L.-B. Geiger, *La participation dans la philsophie de saint Thomas d'Aquin*, 1942; 2ª ed., 1953. — *Id.,* "Abstraction et séparation", *Revue des Sciences philosophiques et théologiques,* 47 (1957). ⊂

SEPÚLVEDA, JUAN GINÉS DE. Ver GINÉS DE SEPÚLVEDA, JUAN.

SER. 1) *Nome e conceito.* O conceito de ser, que ocupou um lugar central no pensamento de muitos filósofos, tem aspectos muito diversos, entre outras razões pelos modos como foi expresso lingüisticamente. Alguns falam de 'ser', outros de 'o ser' (ou 'o Ser'), outros de 'é'. Grande parte das análises e especulações em torno do "conceito de (do) ser", desde a Grécia, giram em torno de usos de 'ser' e 'é'. Em grego, εἶναι é o infinitivo do verbo 'ser' e se traduz por 'ser' em português, correspondendo em outras línguas a *essere* (latim), *être* (francês), *sein* (alemão), *to be* (inglês). Os gregos também usaram a substantivação verbal τὸ ὄν (literalmente 'o sendo', 'o que é'), freqüentemente traduzida em português por 'ser' ou 'o ser', correspondendo em outras línguas a *essere* e, segundo os casos, a *ens* (latim), a *être* (francês), a *das Sein* (alemão), a *Being* [literalmente 'sendo'] (inglês). Usou-se ἐστίν, que se traduz por 'é', e, em outras línguas, por *est* (latim), *est* (francês), *es* (espanhol), *ist* (alemão), *is* (inglês).

Desde muito cedo se enfrentou a questão de se é preciso entender 'ser' no sentido da cópula ou no chamado "sentido existencial". Se 'ser' é entendido como cópula, então requer a menção de alguma propriedade, qualidade, relação etc. Em '*x* é branco', 'é' expressa o fato de *x* ser branco (como alguns diriam, "a brancura" de *x*). Não se pode então dizer simplesmente 'é', porque, como às vezes se percebeu, cabe perguntar "é o quê?" (se se diz '*x* é' pode-se perguntar "o que é?", e responder por exemplo 'branco'). Se 'é' é entendido no sentido existencial, então se entende por 'é' algo assim como "existe", '*x é*' quer dizer neste caso '*x* existe'. Mas para dizer que *x* existe não é preciso dizer que é; pode-se dizer, é claro, que existe, e pode-se dizer também que "há *x*", isto é, quantificar *x* existencialmene (ou particularmente). Se se parte do sentido existencial de 'é', então parece que cabe passar para um sentido existencial de 'ser'. É justamente o que ocorre quando se fala de "o ser" (ou até de "o Ser"), representando-se com isso o que existe, o "sendo" ou "ente".

Charles H. Kahn (cf. bibliografia *infra*) expressou a opinião de que, lingüisticamente falando, é inadmissível a dicotomia tradicional entre os usos predicativos (o 'é' da cópula) e existencial de 'ser' (do verbo 'ser'), porque isso equivale a confundir uma distinção sintática legítima (a que se dá entre as construções absoluta e predicativa do verbo) com um contraste semântico entre o significado 'existir' e algum outro significado ou ausência de significado. "Essa fusão do critério sintático e do critério semântico em uma antítese simples poderia justificar-se unicamente se houvesse uma correlação direta entre os dois, isto é, só se 1) o uso absoluto do verbo fosse sempre existencial em significado, e 2) o verbo 'ser' na construção predicativa estivesse sempre desprovido de significado, servindo de recurso meramente formal ou gramatical para ligar o predicado com o sujeito". Isso não ocorre, na opinião de Kahn, e isso é importante especialmente porque nega que a construção predicativa esteja sempre desprovida de significado. Em outros termos, a discussão entre quem afirma que só é admissível empregar 'é' como cópula e quem sustenta que 'é' pode ter um sentido existencial, absolutizado em 'o ser' (ou 'o Ser') parece carecer de base lingüística, pelo menos em grego (e possivelmente em outras línguas). Kahn enfatiza que, em todo caso, os gregos não possuíam nossa noção de existência; por não levar isso em conta cai-se na dicotomia entre o sentido predicativo e o sentido existencial de 'ser'. O autor menciona a respeito o famoso parágrafo no qual Aristóteles afirma que (para usar a versão tradicional) "o ser se diz de muitas maneiras". Isso equivale a distinguir sentidos de 'ser' como "ser por acidente", "ser por si mesmo ou de acordo com as categorias", "ser" como em 'é verdadeiro' e 'é falso' e "ser" como em 'é potência' e 'é em ato'.

Por outro lado, porém, Aristóteles fala da filosofia primeira como aquela que se ocupa de "o ser", e embora isso também possa ser entendido como a ciência que se ocupa dos diversos modos como se pode entender 'é', houve diferentes interpretações do 'ser como ser' ou 'é como é' aristotélico. A estas interpretações nos referiremos logo. Por enquanto, vamos nos limitar a dois pontos. Um é que embora a distinção entre o 'é' predicativo e o 'é' existencial possa não ter sua origem nos usos gregos, boa parte da tradição filosófica partiu desses usos, ou supostos usos, de modo que não há outro remédio senão resenhá-la. O outro é que dentro dessa tradição filosófica houve numerosos modos de entender o que se veio a chamar "o ser": o ser como o ente, o ser como a substância.

Ao tentar traduzir a substantivação verbal grega τὸ ὄν, os autores latinos clássicos se deram conta das dificuldades que isso implicava. Exemplo disso pode ser encontrado em Sêneca. Segundo escreve ele na *Epístola LVIII*, o latim fica impotente para traduzir τὸ ὄν. Pois τὸ ὄν não é simplesmente equivalente a *quod est*; obrigaria, de fato, a traduzir um nome por um verbo. Com isso já se percebe a diferença, destacada por Aristóteles, entre o ser e o fato de algo ser. A este ponto nos referiremos mais adiante. Assinalemos agora somente que isso introduziu no vocabulário medieval a diferença entre o ser, *esse*, e o ente (VER), *ens*; o primeiro foi considerado, de fato, como aquilo (mais precisamente, aquela perfeição) que faz com que o segundo seja. Mas como às vezes se entendia o *esse* no sentido da existência (VER), e às vezes no sentido da essência (VER), o uso mencionado não eliminava todas as dificuldades. Estas aumentaram para os filósofos árabes pelo fato de que, como observa A.-M. Goichon (a quem seguimos neste ponto), não há em árabe termo que corresponda exatamente ao verbo 'ser'. Na linguagem ordinária se omite quase sempre a cópula e, além disso, a idéia de ser é substituída pela menção do estado da coisa ou do lugar no qual se encontra. O termo clássico *kana* (sempre segundo A.-M. Goichon), que exprime a idéia de existência, significa antes *ter lugar* (com a idéia de movimento) do que ser. Assim, *kana* significa mais o "encontrar-se" (em tal ou qual lugar, em repouso ou em movimento) que o *ser sempre* a que aludem o ὄν grego ou o *esse* latino. Por isso os filósofos árabes buscaram um modo de dizer 'ser' mediante a acentuação do passivo *ser encontrado*, usado no sentido reflexivo de *encontrar-se existir* (ou existindo): é o vocábulo *wujud*. Com isso se traduzia o *esse* latino no sentido da existência. Para designar o que é, *quod est*, *ens* (caso em que *ens* traduz τὸ ὄν), os árabes empregaram o particípio passivo *mawjud*, entendido como *o que existe*.

Passemos agora ao conceito de ser. Este conceito está pelo menos implícito no primitivo perguntar grego do qual falaremos na segunda seção do presente artigo. Explicitamente se manifesta na interrogação τί τὸ ὄν, que se traduz por 'que é o ser?', mas que poderia mais justamente traduzir-se neste caso por 'quem é o ser?', isto é, 'qual é a coisa que propriamente é?'. Com isso pensaram que o ser é um atributo que pertence a tudo o que é no mesmo sentido. Disse-se que com isso se confundem proposições do tipo '*x* é *y*', com proposições do tipo '*x* é', mas nem sempre é justo supor que houvesse na mente dos gregos semelhante confusão. De fato, alguns pensaram que o ser de que se falava era algo mais geral que qualquer substância determinada, tão geral, a rigor, que não era possível dizer dele outra coisa senão que 'é'. É o problema de Parmênides. Foi esclarecido por Platão e mais tarde, sobretudo, por Aristóteles quando perceberam que o fato de "ser" ser um conceito geral não significa que seja o mais elevado de todos os gêneros. Aristóteles sobretudo percebeu claramente que conceber o mundo como a classe de todas as classes conduz a contradições (a contradição sobre as classes a que nos referimos em Paradoxo [VER] e que foi ressaltada pela lógica contemporânea). Portanto, parece que se deve adotar sobre o ser um ponto de vista diferente do cosmológico e do lógico: o "ponto de vista metafísico". Com a "filosofia primeira" Aristóteles iniciou a discussão em torno do problema do ser. O "ser como ser", ὄν ἧ ὄν, aristotélico pode ser interpretado de duas maneiras. Na primeira, o ser é o ser mais comum de todos, válido para todos os entes e possuindo, por conseguinte, a extensão máxima. Na segunda, o ser é o ser superior a todos e princípio de todos. Os filósofos posteriores a Aristóteles (comentadores antigos e pensadores escolásticos) debateram essa questão inúmeras vezes: alguns indicaram que o problema do ser pertence ao que se chamou modernamente "ontologia geral"; outros, que é objeto da "teologia". Uma das doutrinas que com mais êxito se impôs é a que foi proposta por Santo Tomás: a de que a noção do ser é *de imediato*, comuníssima, de modo que tal noção de ser (em Santo Tomás, *ens*) é a primeira que cai sob a apreensão (ou o entendimento). Não é, pois, possível confundir o ser — ou, neste caso, o ente — com um gênero superior: o ser é um transcendental (VER), porque está absorvido em todos os seres e ao mesmo tempo acima de todos eles, transcendendo-os. Com isso se evitam os erros em que caem tanto os que se limitam a afirmar a existência do particular sensível enquanto existência única como os que reabsorvem toda particularidade na unidade lógica. Por isso Maritain pôde dizer, explicando esta doutrina, que o ser é "essa imaterialidade mais dura que as coisas". Ora, mesmo admitido que o ser não se reduz nem ao particular nem ao universal meramente lógico, há várias interpretações possíveis. A tomista se baseava na concepção aristotélica segundo a qual "o ser se toma em várias acepções", mas "em cada acepção toda denominação se faz por relação a um princípio único". Esta famosa tese de que "o ser se diz de muitas maneiras" é a tese da analogia (VER) do ser; segundo semelhante tese, pode-se dizer que *são* tanto as substâncias (que existem) como o que não são substâncias, tal como os universais (os quais propriamente falando não existem). Mas outros escolásticos, sem deixar de ser aristotélicos, defendiam a univocidade do ser. Referimo-nos a estas questões nos verbetes Analogia (VER) e Unívoco (VER).

Qualquer que seja a interpretação dada a uma comum doutrina sobre o ser, os escolásticos rejeitariam em bloco algumas idéias modernas sobre nosso conceito. Por exemplo, a idéia kantiana segundo a qual o ser não é um predicado real a que nos referimos em nosso verbete sobre a prova ontológica (VER). Ou a idéia hegeliana segundo a qual a falta de determinação do ser o aproxima e, finalmente, o identifica com o nada (VER). Ou, mais ainda, a idéia comum a vários filósofos contemporâneos segundo a qual o problema tradicional do ser não passa de um pseudoproblema: "o ser" se esfuma ao comprovar-se que se trata simplesmente de um verbo (do qual se diz que se abusou). Em algumas ocasiões pareceu inclusive que esta última idéia predominou nos autores não-escolásticos e que a filosofia contemporânea e a filosofia do ser eram incompatíveis. É fácil ver, porém, que não é este o caso. Heidegger considerou que o problema do ser é o problema central da filosofia e tentou dar-lhe uma resposta diferente da tradicional filosófica, a qual, no seu entender, suscitou o problema, mas não chegou sequer a colocá-lo (não proporcionou o "horizonte" para o mesmo). Por isso o pensamento de Heidegger sobre o ser não é expressável no vocabulário usual de muitos outros filósofos; no verbete sobre esse pensador abordamos a questão com mais detalhe. Muitos filósofos existencialistas continuaram debatendo a questão. Vários filósofos cristãos (embora não escolásticos, como, por exemplo, Marcel, Lavelle etc.) trataram-na como uma questão central. E ainda pensadores que por sua formação tenderam durante muito tempo a considerar o problema do ser como um falso problema consideraram que ele aparece pelo menos como um problema ontológico (ou, se se quiser, semântico, uma das dimensões que também tem a questão do ser em Aristóteles ou nos escolásticos).

2) *A pergunta pelo ser.* Se entendemos por 'ser' algo assim como "o que realmente há", "o que verdadeiramente existe" etc., poderemos afirmar que a chamada "pergunta pelo ser" surgiu na Grécia com os pré-socráticos. Estes perguntaram pelo que posteriormente foi chamado de "o ser das coisas", entendendo por isso a realidade última, ou tipos de realidade última, que constituem as coisas, e qualidades das coisas, que se apresentam aos sentidos.

Fez-se notar que há vários traços dignos de menção em semelhante "pergunta pelo ser". Um deles é que se supõe que o ser das coisas não está imediatamente presente. Como se disse, "o ser" é ocultado, ocultado pela "aparência" (VER). A aparência foi freqüentemente equiparada ao movimento, ao devir ou à mudança. Segundo Bergson, quase todo o pensamento grego é dominado por um pressuposto: o de que o devir não é apenas menos compreensível que o ser, mas que é também "menos real" que o ser. Por esse motivo, o ser pelo qual se pergunta pode ser caracterizado como um "ser sempre", ou um "continuar sendo sempre o que é". É verdade que Heráclito afirmou que a realidade se encontra num constante devir, e inclusive consiste em ser constante mudança. Mas esse devir ou mudança estão também "ocultos" e é preciso descobri-los.

Outro traço é que a pergunta pelo ser na Grécia não se dirige aos deuses, ou aos intérpretes dos deuses, mas ao próprio ser humano, e especificamente à razão humana. Perguntar pelo ser neste sentido equivale a ter confiança de que se pode encontrar uma resposta mediante o exercício da razão.

Fez-se notar igualmente que se algumas pessoas perguntam pelo ser — ou se alguns homens buscam explicações racionais para as coisas e os acontecimentos — é porque estão perdidos no mundo. Isso quer dizer, como sugeriu Ortega y Gasset, que se produziu um vazio no sistema de crenças — religiosas, mitológicas, político-sociais etc. — de uma comunidade humana. Esse sistema de crenças proporcionava à comunidade, e a cada um de seus membros, certa "estabilidade": sabia-se pelo menos a que ater-se em relação ao mundo. Ao se evaporarem as crenças se produz uma instabilidade. Com o fim de fazer frente a essa situação é preciso preencher o vazio produzido mediante algum outro sistema de crenças. Esse sistema pode ser, a rigor, um "sistema de idéias". O "ser das coisas", enquanto é descoberto pela razão, é um desses "sistemas de idéias".

Posteriormente, os filósofos elaboraram diversos conceitos destinados a formular abstratamente os modos como se pode responder à "pergunta pelo ser". Dois desses conceitos se destacaram. Por um lado, pode-se responder à pergunta pelo ser em termos de essência (VER). Por outro lado, pode-se responder em termos de existência (VER). Isso explica que as noções de "essência", "existência" e "ser" tenham estado com freqüência intimamente ligadas entre si.

3) *Os contrastes do ser.* A noção de ser pode ser estudada mediante o *contraste* com outras noções. Sublinhamos 'contraste' porque pretendemos, por assim dizer, *confrontar* a noção do ser com outras, não simplesmente *distingui-la* de outras. Assim, não consideramos que as noções de essência, existência ou substância possam ser propriamente contrastadas com a de ser, uma vez que o ser pode ser dito como essência, existência ou substância. Em alguns casos, é difícil indicar se se trata de um contraste ou de uma diferença: é o caso da relação entre o ser e o ente. Portanto, consideraremos como noções contrastantes só as seguintes: o nada (VER), a aparência (VER), o pensar (ver PENSAMENTO), o devir (VER), o valor (VER), o dever ser (VER), o ter (VER) e o sentido (VER).

O fato de serem noções contrastantes não significa no presente caso que sejam sempre opostas. Em algumas ocasiões — como ocorre com o nada —, este parece ser o caso, mas como alguns filósofos derivam uma noção da outra, a relação de oposição estrita é pouco clara. Em outras ocasiões o contraste não exclui a interpretação ou até — como ocorre com a essência, a existência ou a substância — a possibilidade de falar de uma noção em termos da outra: é o que ocorre com a relação entre ser e aparência. O conceito de contraste deve ser entendido aqui, pois, num sentido amplo e, infelizmente, um tanto vago. Não obstante, é sumamente útil para esclarecer a idéia que muitos filósofos têm do ser. Por conseguinte, procederemos a dizer umas poucas palavras sobre cada um dos contrastes; poucas, já que a questão já foi debatida mais detalhadamente nos correspondentes verbetes citados.

O contraste entre o ser e o nada às vezes foi interpretado como um contraste entre o ser e o não-ser. Em tal caso, um é simplesmente a negação do outro. Às vezes, contudo, o nada foi entendido como fundamento do ser, e por isso a oposição de negação não é tão patente. A primeira dessas teorias tem um sentido predominantemente lógico e é equivalente ao contraste entre a afirmação e a negação; a segunda teoria é principalmente metafísica e se vale, entre outros conceitos, do da liberdade do fundamento (VER).

O contraste entre o ser e a aparência exclui em princípio qualquer identificação; cada um destes elementos o é pela referência ao outro. No entanto, é possível conceber que não há ser escondido por trás da aparência e que esta é todo o ser, concepção que paradoxalmente coincide com a que afirma que o ser está sempre imediatamente presente por si mesmo e, portanto, que é ao mesmo tempo aparente, isto é, evidente.

O contraste entre o ser e o pensar é de natureza distinta dos anteriores: trata-se freqüentemente da correlação de dois elementos que são diferentes em tudo, mas que podem ser isomórficos. Especialmente nas metafísicas racionalistas o mencionado isomorfismo é sublinhado como indispensável para o conhecimento. Alguns filósofos, como Parmênides, declaram que o ser é o mesmo que o pensar, mas este é entendido como a visão direta do que é.

O contraste entre o ser e o devir ocorre quando este último é concebido ao mesmo tempo como um invólucro, e até uma aparência, do ser. Às vezes o contraste se desvanece pela declaração de que o devir é o ser; nesse caso se origina uma concepção análoga à que destacamos no final do parágrafo anterior sobre o contraste entre o ser e o aparecer.

O contraste entre o ser e o valor pode ser real — quando se concebem os valores como entidades que fundamentalmente "não são" —, ou pode ser apenas conceitual — quando ser e valor são considerados como distintos pontos de vista sobre uma mesma realidade. O primeiro é próprio de muitas das filosofias modernas do valor; o segundo, de muitas das filosofias tradicionais baseadas na noção dos transcendentais.

O contraste entre o ser e o dever ser equivale ao contraste entre a realidade efetiva e a realidade que deveria existir segundo certas normas dadas de antemão. Como estas normas são com freqüência de caráter moral, trata-se de um contraste que implica a separação entre o reino físico e o reino moral. Às vezes, porém, o dever ser é entendido metafisicamente, e nesse caso o contraste se dá dentro do campo metafísico, um de cujos aspectos é o físico e o outro pode ser o moral.

O contraste entre o ser e o ter pode ser entendido pelo que dissemos no verbete sobre o conceito de ter. O mesmo ocorre com o contraste entre o ser e o sentido. No entanto, no que diz respeito a este último se colocam vários problemas metafísicos de índole particularmente difícil. Entre tais problemas mencionamos os seguintes: *a)* o ser tem sentido ou carece dele? *b)* o sentido aparece em alguma dimensão do ser? *c)* pode-se reduzir, em última análise, o ser ao sentido? Se se afirma que o ser tem sentido, ou que carece dele, ou que pode ser reduzido a ele, o contraste desaparece. Em compensação, subsiste quando se sustenta que o sentido surge em alguma dimensão do ser. Mesmo assim, porém, pode-se conceber este surgir como a conseqüência de uma prévia potencialidade ou então como um emergente. Propriamente falando, só neste último caso pode-se falar com todo rigor de um contraste entre o ser e o sentido.

4) *As formas do ser*. O estudo das formas do ser é um tema da ontologia enquanto ontologia fenomenológica. Embora esse estudo tenha sido especialmente cultivado na época contemporânea (N. Hartmann, J.-P. Sartre etc.), encontram-se importantíssimas contribuições a ele em todas as grandes filosofias (por exemplo, Aristóteles, Hegel). Diremos aqui umas palavras sobre as formas de ser mais freqüentemente tratadas.

O ser em si é definido usualmente como o ser que permanece dentro de si mesmo, isto é, como o ser perfeitamente imanente. Às vezes se deu como exemplo desse ser a substância. No entanto, a substância é o princípio de suas próprias manifestações e, por conseguinte, não pode ser inteiramente imanente a si mesma. Exemplo do ser em si é antes esse ser compacto e informe, hostil a toda separação e a todo movimento que, segundo Sartre, carece inclusive de toda significação (ou de todo sentido). Semelhante ser não pode ter acidentes nem atributos; não pode tampouco ser encerrado em nenhuma categoria. Alguns autores consideram que um puro ser em si é irracional enquanto completamente opaco e impenetrável. Outros autores, em compensação, sustentam que o traço da completa imanência equivale à posse por tal ser de uma absoluta transparência e, por conseguinte, de uma perfeita racionalidade. Não nos pronunciaremos sobre este ponto. Diremos apenas que, em nossa opinião, o mencionado conceito do ser é um conceito-limite; não designa nenhuma realidade e sim unicamente uma tendência que qualquer realidade pode possuir.

O ser fora de si parece no princípio oposto ao descrito antes; em vez de permanecer sempre em si mesmo, o ser fora de si se caracteriza por sua tendência à alteridade. Ora, essa alteridade pode ser entendida de duas maneiras. Por um lado, é o ser-outro, por conseguinte, a transformação de uma realidade em outra distinta dela. Neste caso pode-se dizer — transpondo à ontologia a linguagem psicológica e moral — que ao ser fora de si o ser é infiel a si mesmo. Por outro lado, porém, a alteridade do ser fora de si pode ser devida ao fato de tal ser se constituir somente na medida em que — empregando novamente o citado vocabulário — amplia o âmbito de sua realidade por meio de novas formas ou, como às vezes se diz, de novas "experiências". Isso ocorre, certamente, na concepção hegeliana do ser fora de si: trata-se, com efeito, de uma alienação do ser, mas de uma alienação necessária.

O ser para si é descrito em muitas ocasiões como a forma estritamente oposta à do ser em si. A razão de tal oposição é clara: enquanto o ser em si se constitui mediante a pura imanência, o ser para si requer a transcendência (e até, segundo alguns autores, a completa transcendência). Em geral, observa-se que o "para si" não deve ser interpretado como um encolhimento do ser sobre si mesmo para desentender-se inteiramente do alheio; se assim fosse, o ser para si e o ser em si se equivaleriam. O "para si" expressa antes — para empregar de novo o vocabulário psicológico — a intimidade (VER) e, por conseguinte, a possibilidade de manifestar-se continuamente a si mesmo e inclusive a de transcender-se incessantemente a si mesmo. Alguns filósofos pensam que o ser para si é o resultado de um movimento determinado pela interna constituição do ser em si; Hegel está neste caso. Outros consideram que o ser para si surge como o completamente indeterminado no ser em si e, por conseguinte, não pode ser considerado como um desdobramento deste. Outros, por fim, equiparam o ser para si com o sentido, ou com a existência real, ao contrário do ser em si, equivalente ao puro e simples fato ou à "mera objetividade".

Falou-se também de ser estático e de ser dinâmico. Embora o chamado "ser estático" tenha sido equiparado freqüentemente ao ser em si e o "ser dinâmico" ao ser para si, é possível considerar que ao menos o chamado "ser em si" pode ser concebido como estático ou dinâmico.

Nicolai Hartmann distinguiu modos de ser (possibilidade e realidade; necessidade e azar; impossibilidade e irrealidade), momentos do ser (existência e acidente), maneiras do ser (realidade e idealidade). Podem-se distinguir também modos de ser (ou de realidade) — tais como coisas, pessoas, processos, campos etc. —, tipos de ser (ou de realidade) — tais como realidades físicas, pessoas e objetivações — etc. Em geral, em muitos destes casos o termo 'ser' foi usado como vocábulo cômodo que permite especificar o que há de diversos modos. Por minha vez, dou a 'ser' um sentido especial, considerando-o como um termo não designativo. 'Ser' expressa somente um dos modos pelos quais podemos situar (VER) ontologicamente diferentes tipos de realidade.

⊃ Indicamos a seguir, por ordem cronológica de publicação e limitando-nos a escritos publicados no curso do presente século, uma série de obras nas quais se trata da noção do ser, do conhecimento do ser, das formas do ser etc., e problemas afins (ser e devir, ser e realidade; ser e pensar etc.). Procuramos ressaltar obras nas quais o chamado "problema do ser" ocupa um lugar destacado, mas há outros escritos não mencionados aqui que podem ser consultados para nosso problema; por exemplo, muitos dos escritos mencionados nas bibliografias de ENTE; ESSÊNCIA; EXISTÊNCIA; METAFÍSICA; NATUREZA; OBJETO E OBJETIVO; ONTOLOGIA; REAL, REALIDADE; SENTIDO; SUBSTÂNCIA; TRANSCENDENTAL, TRANSCENDENTAIS.

Mencionamos na primeira seção obras principalmente "sistemáticas"; na segunda, obras de interesse lingüístico e filológico; na terceira, obras sobre a noção de "ser" em vários autores e correntes.

Oswald Weidenbach, *Das Sein und seine methodologische Bedeutung*, 1900. — Hans Pichler, *Über die Arten des Seins*, 1906. — R. Garrigou-Lagrange, *Le sens commun, la philosophie de l'être et les formules dogmatiques*, 1909. — Joseph Geyser, *Allgemeine Philosophie des Seins und der Natur*, 1915. — M. Heidegger, *Sein und Zeit*, I, 1927. Além dessa, outras obras do mesmo autor como: *Einführung in die Metaphysik*, 1953; *Zur Seinsfrage*, 1956. — Louis Lavelle, *De l'Être*, 1928; 2ª ed. rev., 1947. — G. Söhngen, *Sein und Gegenstand*, 1930. — Robert Schinzinger, *Sinn und Sein. Studie zum Problem der Ontologie*, 1933. — Paul Simon, *Sein und Wirklichkeit. Grundfragen einer Metaphysik*, 1933. — F. X. Höcksmann, *Der Weg zum Sinn des Seins*, 1933. — Jacques Maritain, *Sept leçons sur l'être et les premiers principes de la raison spéculative*, 1934 (trad. bras.: *Sete lições sobre o ser*, 1996) [todos os manuais de filosofia neoclássica tratam da questão do ser]. — Maurice Blondel, *L'Être et les Êtres. Essai d'ontologie concrète et intégrale*, 1935. — Nicolai Hartmann, *Zur Grundlegung der Ontologie*, 1935. — Joseph de Vries, *Sein und Denken. Ein Aufbau der Erkenntnistheorie*, 1937. — Johannes B. Lotz, *Sein und Wert. Eine metaphysische Auslegung des Axioms:* Ens et bonum convertuntur *im Rahmen der scholatischen Transzendentalienlehre*, I, 1938; 2ª ed. com o título *Das Urteil und das Sein. Eine Grundlegung der Metaphysik*, 1957. — Joseph König, *Sein und Denken. Studien im Grenzgebiet von Logik, Ontologie und Sprachphilosophie*, 1939. — Max Müller, *Sein und Geist. Systematische Untersuchung über Grundproblem und Aufbau mittelalterlicher Ontologie*, 1940; 2ª ed., 1981. — Jean-Paul Sartre, *L'Être et le Néant*, 1943. — Gallo Galli, *Dall'idea dell'essere alla forma della coscienza*, 1944. — P. Carabellese, *L'essere e la sua manifestazione*, 1944. — Louis de Raeymaker, *Philosophie de l'Être: Essai de synthèse métaphysique*, 1946; 2ª ed., 1947. — H. Riefstahl, *Sein und Existenz*, 1947. — Oscar Philippe, *Le processus de l'être*, 1947. — S. dal Boca, *Il senso dell'essere,* 1947. — É. Gilson, *L'Être et l'essence*, 1948, nova ed., 1962; nova ed. aum., 1981. — Herbert Cysarz, *Das seiende Sein. Geistes- und gesamtwissenschaftliche Grenzfragen,* 1948. — Salvatore Scimè, *Problemi dell'Essere*, 1949. — Ferdinand Alquié, *La nostalgie de l'être*, 1950. — Edith Stein, *Endliches und ewiges Sein*, 1950, ed. L. Gelber e Fr. R. Leuven. — Béla von Brandenstein, *Der Aufbau des Seins*, 1950. — Gabriel Marcel, *Le mystère de l'être*, 2 vols., 1951. — D. J. B. Hawkins, *Being and Becoming*, 1954. — Julián Marías, *Idea de la metafísica*, 1954. — G. P. Klubertanz, *An Introduction to the Philosophy of Being*, 1955. — E. Trépanier, "Premières distinctions sur le mot être", *Laval théologique et philosophique*, 11 (1955), 25-66. — Caspar Nink, *Zur Grundlegung der Metaphysik. Das Problem der Seins- und Gegenstandtskonstitution,* 1957. — Hedwig Conrad-Martius, *Das Sein*, 1957. — Eugen Fink, *Sein, Wahrheit, Welt. Vor-Fragen zum Problem des Phänomen-Begriffs*, 1958. — Paul Weiss, *Modes of Being,* 1958. — José Ortega y Gasset, *¿Qué es filosofía?*, 1958. — Id., *La idea de principio en Leibniz y la evolución de la teoría deductiva*, 1958. — Luis Cencillo, *La experiencia profunda del ser. Bases para una ontología de la relevancia*, 1958. — Th. Absil, *Annotationes de esse*, 1958. — G. Mainberger, *Die Seinsstufung als Methode der Metaphysik,* 1959. — Stanislas Breton, *Approches phénoménologiques de l'idée de l'être*, 1959. — José Ignacio Alcorta, *El ser, pensar transcendental,* 1961. — G. Siegmund, *Sein oder Nichtsein,* 1961. — E. A. Lévy-Valensi, *Les niveaux de l'être*, 1961. — Herbert W. Schneider, *Ways of Being: Elements of Analytic Ontology*, 1962. — Xavier Zubiri, *Sobre la esencia*, 1962. — Abraham H. Maslow, *Toward a Psychology of Being*, 1962. — Nimio de Anquín, *Ente y ser. Perspectivas para una filosofía del ser naci-ente*, 1962. — Helmut Kuhn, *Das Sein und das Gute,* 1962. — Otto Jansen, *Gesammelte Abhandlungen zur Frage des Seins,* 1962. — P. Butcharov, *Being Qua Being: A Theory of Identity, Existence, and Predication*, 1979. — R. Schönberger, *Die Transformation des klassischen Seinsverständnisses,* 1986. — J. Stallmach, *Ansichsein und Seinsverstehen,* 1987. — A. Badiou, *L'être et l'événement*, 1988.

Do ponto de vista lingüístico e lingüístico-filológico, ver a série "The Verb 'To Be' and Its Synonyms: Philosophical and Grammatical Studies", desde 1967 (I. Classical Chinese / Athapaskan / Mundari; II. Eskimo / Hindi / Zuni / Modern Greek / Malayam / Kurukh; III. Japanese / Kashmiri / Armenian / Hungarian / Sumerian / Shona; IV. Twi / Modern Chinese / Arabic; V. Urdu / Turkish / Bengali / Amharic / Indonesian / Telugu / Estonian). A esta série pertence o volume de Charles H. Kahn, *The Verb 'To Be' in Ancient Greek*, 1973. Sobre este livro ver E. Tugendhat, "Die Seinsfrage und ihre sprachliche Grundlage", *Philosophische Rundschau*, 24 (1977), 161-176. — Ver também: Antiga história do verbo *to be, einai* nas pp. 233-248 de E. A. Havelock, *The Greek Concept of Justice: From Its Shadows in Homer to Its Substance in Plato*, 1978. — Ch. H. Kahn, "Some Philosophical Uses of 'to be' in Plato", *Phronesis*, 26 (1981), 105-134.

Obras históricas: Étienne Gilson, *op. cit. supra.* — Gerhard Huber, *Das Sein und das Absolute. Studien zur Geschichte der ontologischen Problematik in der spätantiken Philosophie*, 1958 [com um apêndice sobre a idéia do ser em vários autores medievais e modernos]. — Uvo Hölscher, *Der Sinn von Sein in der älteren griechischen Philosophie*, 1965. — G. di Napoli, *La concezione dell'essere nella filosofia greca*, 1955. — Julius M. E. Moravcsik, *Being and Meaning in the* Sophist, 1962. — M. Frede, *Prädikation und Existensaussage Platons Gebrauch von '... ist...' und '... ist nicht...' im* Sophistes, 1967. — Franz Brentano, *Von der mannigfachen Bedeutung des Seienden nach Aristoteles*, 1862; reimp., 1960. — Joseph Owens, *The Doctrine of Being in the Aristotelian Metaphysics: A Study in the Greek Background of Medieval Thought*, 1951; 2ª ed., 1963; 3ª ed. rev., 1978. — M. de Rijk, *The Place of the Categories of Being in Aristotle's Philosophy*, 1952 — Ernst Tugendhat, Τί κατὰ τίνος. *Eine Untersuchung zu Struktur und Ursprung aristotelischer Grundbegriffe,* 1968. — Pierre Aubenque, *Le problème de l'être chez Aristote*, 1962. — Emerson Buchanan, *Aristotle's Theory of Being,* 1962. — Rudolf Boehm, *Das Grundlegende und das Wesentliche. Zu Aristoteles' Abhandlung* Über das Sein und das Seiende (Metaphysik Z), 1965. — Philip Merlan, "On the Terms 'Metaphysics' and 'Being *qua* Being' (Aristotle)", *The Monist*, 52 (1968), 174-194. — Gerhard Nebel, "Terminologische Untersuchungen zu ΟΥΣΙΑ und ΟΝ bei Plotin", *Hermes*, 65 (1930), 422-445. — Johannes B. Lotz, *op. cit. supra.* — A. M. Knoll, *De zins in der scholastik*, 1933. — H. J. Brosch, *Der Seinbegriff bei Boethius mit besonderer Berücksichtigung der Beziehung von Sosein und Dasein,* 1931. — Johannes Fuchs, *Die Proprietäten des Seins bei Alexander von Hales,* 1930 (tese). — M. A. Krapiecc, *Struktura Bytu. Caracterystyczne elementy systemu Arystotelesa i Tomasza z Akwinu*, 1963. — André Marc, *L'idée de l'être chez Saint Thomas et dans la scholastique postérieure,* 1933. — Cornelio Fabro, *La nozione metafisica di partecipazione secondo S. Tommaso*, 1939; 2ª ed., continuada em *Participation et causalité selon Saint Thomas d'Aquin,* 1961. — Klaus Kremer, *Die neuplatonische Seinsphilosophie und ihre Wirkung auf Thomas von Aquin,* 1966. — Fernando Inciarte, *Forma formarum. Strukturmomente der thomistischen Seinslehre im Rückgriff auf Aristoteles,* 1970. — Cyrill L. Shircel, *The Univocity of the Concept of Being in the*

Philosophy of Duns Scotus, 1942. — H. Mühlen, *Sein und Person nach J. Duns Scotus*, 1954. — Johannes Hegyi, *Die Bedeutung des Seins bei den klassischen Kommentatoren des heiligen Thomas von Aquin, Capreolus, Silvester von Ferrara, Cajetan*, 1959. — Maria Ritz, *Le problème de l'être dans l'ontologie de M. Blondel*, 1958. — Jean École, *La métaphysique de l'être dans la philosophie de Louis Lavelle*, 1959. — Raúl Echarri, *El ser en la filosofía de Heidegger*, 1964. — John N. Deely, *The Tradition via Heidegger: An Essay on the Meaning of Being in the Philosophy of M. Heidegger*, 1971. — M.-D. Philippe, *Une philosophie de l'être, est-elle encore possible?*, 1975 [De Avicena e Santo Tomás a Heidegger, Merleau-Ponty e outros autores]. — Gerhard Schmitt, *The Concept of Being in Hegel and Heidegger*, 1976. — W. Leszl, *Aristotle's Conception of Ontology*, 1975. — R. A. Gyory, *The Emergence of Being Through Indian and Greek Thought*, 1978. — F. H. Leahy, *Novitas Mundi. Perception of the History of Being*, 1980 [de Aristóteles a Heidegger]. — J. R. Mensch, *The Question of Being in Husserl's Logical Investigations*, 1981. — S. Knuutila, J. Hintikka, eds., *The Logic of Being: Historical Studies*, 1986 [Platão, Aristóteles, Abelardo, T. de Aquino, Duns Escoto, Descartes, Kant e Frege]. **C**

SER ESPÉCIE. Traduzimos deste modo a expressão *Gattungswesen*, que desempenha um papel importante em Feuerbach e que Marx adotou para elaborá-la e submetê-la em seguida à crítica. Usamos 'ser espécie' no sentido de 'ser (o homem consciente de constituir uma) espécie'. O significado de 'ser espécie' coincide em parte com o de 'espécie humana' e de 'natureza humana', mas como estas últimas expressões são usadas em contextos mais "comuns" — embora Marx tenha usado (cf. *infra*) 'a espécie humana' ou 'a natureza humana' em acepções que se referiam ao conceito de Feuerbach —, preferimos o termo mais "técnico", ainda que bastante menos idiomático, 'ser espécie', que poderia igualmente escrever-se com um hífen: 'ser-espécie'. Outra expressão possível é: 'ser genérico'.

No começo de sua obra sobre *A essência do cristianismo* (1841), Feuerbach afirma que a consciência é a característica mais simples e geral que distingue o homem dos animais. Essa consciência deve ser entendida "no sentido forte": não simplesmente como "sentimento de si", de percepção e capacidade de julgar coisas externas "segundo características sensíveis", pois tal sentimento de si os animais também possuem. O animal se faz objeto para si mesmo enquanto indivíduo, mas não enquanto espécie. A ciência, porém, é "ciência de espécies". O animal tem uma vida simples; o homem, uma vida dupla: a exterior e a interior. "A vida interior do homem é a vida em relação com sua espécie" (*Das Wesen des Christentums*, em *Sämtliche Werke*, vol. VI, ed. Wilhelm Bolin, p. 2). Enquanto o animal não leva a cabo nenhuma "função de espécie" (*Gattungsfunktion*) sem outro indivíduo, o homem é capaz de levar a cabo tal função por si mesmo (assumindo, por assim dizer, sua própria espécie inteira). Por isso o homem é ao mesmo tempo "eu e tu", e pode se colocar no lugar do outro. O homem, em suma, tem como objeto sua espécie, sua natureza e não apenas sua individualidade.

As idéias de Feuerbach parecem constituir uma fusão de várias noções capitais hegelianas ou derivadas de Hegel — assim, por exemplo, a noção de consciência como "auto-afirmação" (*Selbstbetätigung* [*op. cit.*, p. 7]) — com idéias difundidas por David Friedrich Strauss em suas obras polêmicas sobre o cristianismo e a figura de Jesus — bem como a própria noção de espécie *(Gattung)*. Feuerbach, além disso, usou essas idéias na formulação de sua filosofia "antropológica", segundo a qual o centro da realidade se desloca de Deus para o homem. Para Feuerbach, a "espécie" não é um mero pensamento, existe nos sentimentos e na "energia do amor" (*op. cit.*, p. 324). "Um coração amante", escreve Feuerbach, "é o coração da espécie". E até o próprio Cristo (é claro, divinizado) "enquanto consciência do amor é a consciência da espécie". Em vez do autodesenvolvimento hegeliano da Idéia, há o autodesenvolvimento do homem como espécie.

Marx tomou primeiro a idéia feuerbachiana do ser espécie como uma idéia básica para caracterizar o homem. Nas páginas sobre o trabalho alienado, dos *Manuscritos econômico-filosóficos (Ökonomisch-philosophische Manuskripte)* de 1844, Marx quase reproduz a definição feuerbachiana do homem como um ser espécie: o homem é *Gattungswesen* "não somente porque na teoria e na prática ele adota a espécie como seu objeto" mas também porque se considera a si mesmo como "um ser *universal* e, portanto, um ser livre". Mas Marx enfatiza que a universalidade do ser homem na Natureza se perde na alienação do trabalho. O trabalhador alienado se vê afastado da Natureza à qual pertence. Em princípio, o homem prova que é um ser espécie consciente pela fabricação de um mundo de objetos. Ao contrário do animal, que "só se produz a si mesmo" e para necessidades imediatas, o homem produz (ou pode produzir) objetos "universalmente". O homem pode, pois, confrontar livremente seu produto. Mas ao alienar seu trabalho, o ser espécie se transforma num ser alheio. "O homem fica alienado do homem", o ser alheio a cujo serviço se faz o trabalho é o próprio homem. Assim, a alienação adquire um caráter social. Isso ocorre porque, ao contrário do que pensava Feuerbach, o homem não é um ser abstrato. Feuerbach se opusera também à "abstração", mas ficara preso na "genericidade". Marx insiste, em contrapartida, em que a realidade do homem não é separável de suas relações (confrontação e alienação) com os demais homens. A abstração da "Idéia" e a do "ser espécie" feuerbachianas são rejeitadas por Marx em favor da consideração do homem no conjunto de suas relações sociais, relações de produção e de trabalho.

Em vista disso, é compreensível a crítica de Marx a Feuerbach. Quando se arrebata ao homem o objeto de sua produção, se lhe arrebata ao mesmo tempo a vida como espécie, isto é, sua objetividade real. Ora, a natureza humana *(das menschliche Wesen)* "não é nenhuma abstração inerente a cada simples indivíduo. É sua realidade no conjunto das relações sociais" ("Teses sobre Feuerbach", 6). Feuerbach, em suma, abstraiu o homem de seu processo histórico ou histórico-social, e fez do homem, entendido como gênero, uma mera generalidade interna, "que une de modo meramente *natural* os diversos indivíduos". Não compreendeu que "o sentimento religioso" é "por si mesmo um *produto social*", de modo que "o indivíduo abstrato por ele analisado pertence a uma forma particular de sociedade" ("Teses (...)", 7).

A crítica marxista de Feuerbach constitui um passo rumo à noção de classe desenvolvida n'*O Capital*. Esta noção substitui por completo a de ser espécie. Com isso a alienação deixa de ser um defeito moral para converter-se numa realidade social objetiva descritível cientificamente. O processo de "desalienação" que ocorre no curso histórico, por meio da ação revolucionária que leva em conta as condições objetivas, não é a conseqüência de um "chamado moral": é uma ação que se executa com vistas à realidade e com o propósito de transformá-la.

SERMO. O termo latino *sermo*, do qual deriva 'sermão', significa "conversação", "discurso", e também "fala", "linguagem" — especialmente "linguagem cotidiana" ou "linguagem corrente". Alguns filósofos medievais empregaram *sermo* como equivalente de 'discurso', ou seqüência de expressões constituindo um significado. Muitas vezes *sermo* equivale a 'oração'. O *sermo* se compõe de palavras *(voces)*. Do termo *sermo* deriva o adjetivo *sermocinalis* — "sermocinal", discursivo —, que se usou sobretudo para caracterizar todos os tipos de estudo cujo objeto são expressões lingüísticas, ao contrário dos estudos que têm por objeto entidades "reais". Assim, distinguiu-se *scientia sermocinalis* — ciência que se ocupa das expressões usadas para falar acerca de algo — e *scientia realis* — ciência que se ocupa de entidades —, mas como toda ciência que se ocupa de entidades o faz mediante o "discurso", ou *sermo*, toda ciência é, estruturalmente, "sermocinal".

SERRA HUNTER, JAUME (1878-1943). Nascido em Manresa, estudou na Universidade de Barcelona na qual foi professor de História da Filosofia de 1913 até seu exílio na França e em seguida no México, onde faleceu.

Serra Hunter se considerava a si mesmo como seguidor da tradição que resumimos com o nome de "Escola de Barcelona" (ver BARCELONA [ESCOLA DE]) e em particular como continuador do pensamento de Llorens i Barba (VER). Segundo Serra Hunter, a filosofia deve começar com uma exploração de caráter psicológico — num sentido muito amplo deste termo — para determinar as bases e condições do conhecimento. A isso deve se seguir uma exploração imanente do uso (ou usos) da razão, exploração que o autor chama "dialética" e que ainda não alcança o nível da ontologia. Só depois deste duplo prolegômeno se pode passar ao "sistema da filosofia", que pode ser articulado em três grandes problemas: o problema inicial gnosiológico ou crítico, o problema central ou metafísico e o problema final ou ético. O problema central metafísico se divide, a rigor, em três problemas: o do ser finito, que dá lugar à cosmologia; o do ser indefinido, que dá lugar à ontologia, e o do ser infinito que dá lugar à teodicéia. O "sistema da filosofia" constitui a base da filosofia como enciclopédia do espírito, a qual compreende toda uma série de disciplinas tais como a filosofia da sociedade, da linguagem, do Direito etc. Em suas investigações filosóficas, Serra Hunter se manteve fiel a uma concepção idealista e espiritualista muito ligada à filosofia tradicional do senso comum e muito interessada em harmonizar os dados da ciência com as crenças religiosas.

⊃ Principais obras: *Idealitat, Metafísica, Espiritualisme*, 1923. — *Filosofia i Cultura*, 2 vols., 1930-1932. — *Spinoza*, 1933. — *Sentit i valor de la nova filosofia*, 1934. — *Figures i perspectives de la història del pensament*, 1935. — *El pensament i la vida. Estímuls per a filosofar*, 1945 (póstuma).

Ver: A. Guy, "J. Serra Hunter, rénovateur du spiritualisme", *Enrahonar*, 10 (1984), 43-52 [núm. especial dedicado aos filósofos catalães no exílio]. ⊂

SERTILLANGES, A[NTOINE]-D[ALMACE] [GILBERT] (1863-1948). Nascido em Clermond-Ferrand, ingressou na Ordem dos Pregadores em Belmonte e prosseguiu seus estudos em Corbara (Córsega). Em 1893 se transferiu para Paris e a partir de 1900 foi professor no Institut Catholique. Em 1918 foi nomeado membro do Institut. De 1893 a 1900 foi secretário da *Revue Thomiste*. Passou vários anos no exterior (Palestina, Holanda, Bélgica) e em 1928 se incorporou ao Studium Generale do Saulchoir (ver LE SAULCHOIR).

Sertillanges foi um dos mais ativos e influentes filósofos neotomistas do século XX. Suas obras de síntese tomista, e de exposição e interpretação de Santo Tomás, alcançaram grande circulação pela clareza da exposição e pela tentativa de mostrar que há um tomismo vivo, aberto às preocupações da época atual. Sertillanges examinou sobretudo questões concernentes à natureza da fé, bem como, de um ponto de vista cristão e tomista, os grandes problemas teológicos e morais do homem, a história, o mal, a morte e a criação. Parte considerável da obra de Sertillanges é de natureza apologética.

⊃ Principais obras: *Les sources de la croyance en Dieu*, 1905. — *Socialisme et christianisme*, 1905. — *Agnosticisme et anthropomorphisme*, 1908. — *S. Thomas d'Aquin*, 2 vols., 1910; 4ª ed. com o título: *La philosophie de S. Thomas d'Aquin*, 1940. — *La philosophie morale de S. Thomas d'Aquin*, 1914. — *Les grandes thèses de la philosophie thomiste*, 1928. — *Catéchisme des incroyants*, 2 vols., 1930. — *Dieu ou rien*, 2 vols., 1933. — *L'incroyance devant la foi*, 1937. — *Le christianisme et les philosophies*, 2 vols., 1939-1941. — *Henri Bergson et le catholicisme*, 1941. — *La philosophie de Claude Bernard*, 1944. — *L'idée de création et ses retentissements en philosophie*. — *Le problème du mal*, 2 vols. (I: *L'Histoire*, 1949; II: *La solution*, 1951). — *De la mort*, 1964. — *De la vie*, 1964. — *L'univers et l'âme*, 1965. ⊂

SERVET, MIGUEL [SERVETUS, SERVETO] (1511-1553). Nascido em Vilanova de Sixena (Lérida) (por esse motivo também era chamado de "Villanovanus"), estudou em Barcelona (segundo alguns em Zaragoza) e Toulouse. Viajou pela Itália e Alemanha (como secretário de Frei Juan de Quintana, confessor de Carlos V) e depois se transferiu para Paris, onde travou relações com Calvino. Passou em seguida a Lyon, outra vez a Paris, onde estudou medicina, que praticou em Vienne (França). Depois de muitas disputas com Calvino, foi preso em Lyon e depois em Genebra, onde foi queimado na fogueira por negar-se a retratar-se de suas doutrinas teológicas, consideradas heréticas pelos calvinistas.

Deve-se a Servet a descoberta e descrição da circulação do sangue nos pulmões. O fato de ter dado a conhecer esta descoberta numa obra teológica (o livro quinto de *De Trinitate*) indica que havia em Servet um complexo de interesses teológicos e científicos (especialmente fisiológicos e médicos), bem como astrológicos. Servet descrevia sua fisiologia em termos de "espíritos" como era comum na época, quando tais "espíritos" descreviam algo assim como "forças" (tal como a força vital e a força animal). Embora Servet se tenha servido do raciocínio para provar sua tese da circulação pulmonar, tratava-se de um raciocínio fundado em observações empíricas. Em teologia, Servet se declarou desde muito cedo antitrinitário. A seu ver, tanto Jesus Cristo ou o Filho como o Espírito Santo são manifestações do único Deus real e substancial. Jesus Cristo como homem real deve ser distinguido de Cristo como Luz de Deus. As doutrinas teológicas de Servet estavam muito próximas das dos anabatistas. Sua teologia culminava numa especulação sobre a Luz divina criadora que se estendia para formar o mundo. Servet se opunha às doutrinas da predestinação estrita difundidas pelos calvinistas assim como por muitas igrejas reformadas; tanto as igrejas reformadas como a católica hão de desaparecer para dar lugar a uma nova igreja verdadeira.

⊃ A obra mais conhecida e discutida de S. é o *De Trinitatibus erroribus* (1531). Publicou igualmente *Dialogorum De Trinitate* (1532), *De iustitia regni Christi* (1532) — as três juntas, reimp., 1965 —, *Christianismi restitutio* (1553; reimp., 1966). E também: *Syruporum universa ratio, ad Galeni censuram diligenter exposita* (1537) e uma edição das *Enarrationis libri VIII*, de Cláudio Ptolomeu. Sua principal obra astrológica é: *Apologetica Disceptatio pro astrologia* (1538). — Existe trad. espanhola de *Restitución del cristianismo*, 1980, com amplo estudo introdutório e abundantes notas, por A. Alcalá Galve.

Ver: Marcial Solana, *Historia de la filosofía española. Época del Renacimiento (siglo XV)*, tomo I, 1941, pp. 629-681. — Roland Bainton, *Hunted Heretic: The Life and Death of Michael Servetus, 1511-1553*, 1953 (com bibliografia). — M. Stanton, *M. S.,* 1954. — A. Alcalá Galve, *El sistema de S.*, 1974. — F. Sánchez-Blanco, *M. S.s Kritik an der Trinitätslehre. Philosophische Implikationen und historische Auswirkungen*, 1977. ⊂

SESVARA-SĀNKHYA. Ver SĀNKHYA.

SETE SÁBIOS. Desde o século VI a.C. se atribuía aos chamados "Sete Sábios" ou "Sete Sábios da Grécia" uma série de máximas, sentenças, prescrições, reflexões morais etc., que, segundo a tradição, tinham sido forjadas pelos "sete sábios" e oferecidas ao Apolo de Delfos como compêndio de sabedoria. Em seguida se considerou que as máximas dos sete sábios eram as máximas mais conhecidas e que melhor representavam o saber gnômico grego. Entre essas máximas figuram as muito repetidas de "Conhece-te a ti mesmo", Γνῶθι σεαυτόν, e "Nada em demasia", Μηδὲν ἄγαν. Em geral, trata-se de máximas do tipo que se pode chamar "moral", mas deve-se levar em conta que certas máximas qualificadas de "morais" o são num sentido muito amplo, pois nelas transparece um modo de ver o mundo e não só uma prescrição para a atualidade humana. Isso ocorre, por exemplo, com o "Nada em demasia", que se refere efetivamente a "assuntos humanos", mas também ao universo inteiro; com efeito, o "Nada em demasia" é uma expressão de uma regra universal: a regra da medida.

Há várias listas dos "sete sábios". A mais conhecida é a que Platão oferece no *Protágoras*: Bias de Priene, Cleóbulo de Lindo, Xílon de Esparta, Mirão, Pitaco de Mitilene, Sólon de Atenas e Tales de Mileto (em outras listas é freqüente que Mirão seja substituído por Periandro de Corinto). O mais famoso historicamente é Sólon; filosoficamente, o mais celebrado é Tales de Mileto (VER), considerado, além disso, como o "pai da filosofia" e o "primeiro dos pré-socráticos" (VER). Uma característica importante dos "sete sábios" é que, além de serem "sábios", são "legisladores" ou, melhor dizendo, são sábios justamente por serem legisladores. Os "sete sábios" foram "reformadores de constituições" e "reguladores da vida social".

⇒ Ver: Bruno Snell, *Leben und Meinungen der Sieben Weisen*, 1938; 4ª ed., 1971 [fontes gregas e latinas, com trad. alemã]. ⊂

SEUSE, HEINRICH. Ver Suso, Henrique.

SEVERINUS, PETER. Ver Paracelso.

SEVERO (século I) defendeu o platonismo — com alguns motivos estóicos, procedentes seguramente de Possidônio —, mas ao contrário de muitos platônicos coetâneos se inclinou para uma concepção monista. O traço mais destacado de seu pensamento é a tendência matematizante, que se manifesta em sua concepção da Alma do Mundo (ver) como uma magnitude geométrica. Muitos dos problemas posteriormente tratados pelos neoplatônicos, especialmente os que fazem referência à dialética do extenso e do inextenso, já podem ser encontrados em Severo. Ora, o monismo desse pensador significa apenas que a totalidade é identificada com o gênero supremo; não quer dizer que haja uma única realidade, pois Severo, correspondendo a uma tendência muito generalizada em sua época, introduziu uma hierarquia de realidades com base no supra-sensível, no matemático e no sensível, cada um dos quais por sua vez é concebido como indivisível e como divisível. Severo também tratou do problema da eternidade ou produção do mundo, inclinando-se a uma opinião intermediária segundo a qual o mundo como tal é eterno, mas o mundo enquanto existe foi formado.

⇒ Informações sobre as doutrinas de Severo se encontram nos escritos de Proclo, Simplício e sobretudo Eusébio (*Praep. Ev.*, XIII). Artigo de K. Praechter sobre Severo (Severus Platoniker) em Pauly-Wissowa. ⊂

SEXTO EMPÍRICO († 200). Nascido na Grécia, viveu em Alexandria e Roma e considerou a si mesmo (*Hyp. Pyr.*, I, 236) como representante da tradição "metódica" — mais que "cética" — da medicina. No entanto, o "metodismo" e o ceticismo médicos eram, como Sexto reconheceu, muito afins. É comum, pois, considerar nosso autor como um dos principais representantes do ceticismo (ver) antigo e como um dos seguidores das doutrinas de Pirro e de Enesídemo. A rigor, conhecemos as opiniões dos céticos principalmente por meio dos resumos, explicações e argumentos em sua defesa proporcionados por Sexto em suas obras, que constituem uma das fontes capitais para o conhecimento do pensamento antigo, pois com o propósito de refutar doutrinas opostas o citado autor as reproduz ou resume com grande freqüência. Alguns historiadores inclusive consideram Sexto principalmente como um compilador; um compilador pouco sistemático, pois em suas obras se encontra toda classe de doutrinas e de argumentos, sem que se preste grande atenção à sua organização lógica ou histórica ou sem que o autor se preocupe muito em distinguir argumentos válidos e argumentos escassamente convincentes.

Entre os argumentos mais conhecidos que Sexto apresenta se encontram os chamados Tropos (ver), os argumentos contra o silogismo, contra a noção de causa e contra a idéia da Providência. Os argumentos contra o silogismo consistem essencialmente em declarar que a conclusão silogística representa um círculo vicioso, pois se considerarmos o "silogismo":

Todos os homens são mortais; (A)
Sócrates é homem;

Sócrates é mortal, (B)

perceberemos, segundo Sexto, que (B) está contido implicitamente em (A), já que do contrário não poderíamos afirmar (A). Os argumentos contra a noção de causa afirmam que se a causa é uma relação ela não pode existir objetivamente, mas apenas subjetivamente; além disso, a causa não pode ser posterior nem simultânea nem anterior ao efeito (neste último caso se suprimiria a relação). Quanto à Providência, Sexto destacava as antinomias cosmológicas (como a impossibilidade de ser Deus finito ou infinito) e as antinomias morais (como a contradição entre a perfeição divina e a existência do mal).

⇒ As obras de Sexto que se conservaram são os *Esboços pirrônicos*, em três livros; a obra *Contra os dogmáticos*, em cinco livros (livros 1 e 2, contra os lógicos; 3 e 4, contra os físicos; 5, contra os éticos); e a obra *Contra os professores (matemáticos)*, em seis livros (contra os gramáticos, oradores, geômetras, aritméticos, astrólogos, músicos). Atribuem-se a Sexto, mas não se conservaram, um tratado *Sobre a alma* e *Notas sobre a medicina*.

Edição crítica das obras de Sexto por H. Mutschmann (vol. I. Πυρρωνείων ὑποτυπώσεων *libri tres continens*, 1812; II. *Adversus mathematicos libri VII-XI continens*, 1914; III. *Adv. math. libri I-VI continens et Indices ad 1-3*, a cargo de K. Janácek, 1954; IV. *Indices ad Vol. I-III iterum*, ed. K. Janácek, 1962 [trad. esp.: *Doctrina del escéptico. Hipotiposis pirrónicas*, 1926]).

Ver a bibliografia do verbete Ceticismo e, sobretudo, Eugen Pappenheim, *De Sexti Empirici librorum numero et ordine*, 1874. — Id., *Erläuterung zu des Sextus Empiricus Pyrronischen Grundzügen*, 1888. — Id., *Lebensverhältnisse des Sextus Empiricus*, 1887. — Victor Brochard, *Les sceptiques grecs*, 1877, cap. IV. — P. Leander Haas, *Leben des Sextus Empiricus*, 1882. — Id., *Über die Schriften des Sextus Empiricus*, 1883. — Mary Mills Patrick, *Sextus Empiricus and Greek Scepti-*

cism, 1899. — W. Heinzt, *Studien zu Sextus Empiricus*, 1932. — K. Janácek, *Prolegomena to Sextus Empiricus*, 1972. — J. Schmucker-Hartmann, *Die Kunst des glücklichen Zweifelns. Antike Skepsis bei S. E.*, 1986. ᴄ

SFERO DO BÓSFORO. Ver Estóicos.

S'GRAVESANDE, WILLEM JACOB VAN [às vezes inserido na legra "G": Gravesande (Willem Jacob van S')] (1688-1742). Nascido em s'Hertogenbosch (Holanda). Por ocasião de uma temporada na Inglaterra (1715-1716) como secretário da Embaixada, travou relação com Newton e ingressou na Royal Society. De regresso à Holanda, foi professor de matemática e posteriormente de matemáticas e filosofia em Leyden. Quase esquecido hoje em dia, S'Gravesande desfrutou de considerável prestígio até começos do século XIX (como ainda se pode ver na *Histoire de la philosophie moderne*, de J. M. Dégérando, cap. XXI). Admirador e seguidor de Newton, S'Gravesande expôs os princípios da "filosofia natural" newtoniana. Inspirando-se em Newton e em Locke, expôs um "curso" ou "sistema" de filosofia que começava com algumas noções metafísicas fundamentais — tais como as de ser, substância e relação — para proceder à questão da natureza e classes de idéias. Segundo S'Gravesande, há três classes de idéias: as das coisas que a alma percebe em si mesma, as adquiridas comparando idéias, e as obtidas mediante os sentidos (entre as quais figuram as idéias de coisas exteriores). S'Gravesande tratou detalhadamente do problema das idéias que a alma possui sem percebê-las, isto é, do que se chama "idéias inatas". Embora fiel a Locke em muitos aspectos, no que toca a esta questão S'Gravesande preferiu deixá-la sem resolver, pois embora não se possa demonstrar que tais idéias procedem de outra fonte que os sentidos, tampouco se pode mostrar que sempre procedem dos sentidos. Em seus capítulos sobre lógica, S'Gravesande se ocupou de questões relativas à probabilidade; os raciocínios baseados na probabilidade são para ele importantes porque permitem ter acesso a proposições que de outra sorte seria preciso excluir por completo; por exemplo certas proposições de caráter teológico.

➲ Principais obras: *Physices elementa mathematica, experimentis confirmata, sive introductio ad philosophiam newtoniana*, 2 vols., 1720. — *Philosophiae newtonianae institutiones, in usus academicos*, 1723. — *Matheseos universalis elementa*, 1727. — *Introductio ad philosophiam, metaphysicam et logicam continens*, 1736.

Escritos reunidos: *Oeuvres philosophiques et mathématiques*, 2 vols., 1774.

Ver: Giambattista Gori, *La fondazione dell'esperienza in s'Gravesande*, 1972. ᴄ

SHAFTESBURY, ANTHONY ASHLEY COOPER, CONDE (1671-1713). Nascido em Londres. Seu pai foi um dos protetores de Locke, preceptor durante um tempo do futuro filósofo. Durante vários anos, Shaftesbury viajou pela Europa, especialmente pela França e Itália. Em 1695 foi nomeado membro do Parlamento como representante do partido *whig*, mas logo abandonou a carreira política e se dirigiu para a Holanda. Ao regressar à Inglaterra foi nomeado membro da Câmara dos Lordes, mas pouco depois se mudou para a Itália, vindo a falecer em Nápoles.

Shaftesbury é considerado o mais destacado representante da chamada moral do sentimento. Em oposição ao pessimismo das concepções de Hobbes, Shaftesbury supunha que o senso moral é inato no homem e que não se baseia na intelecção, mas na vivência interna, anterior e prévia a toda coação exterior. Cada exemplar de uma espécie animal tende naturalmente ao bem da mesma espécie a que pertence, e com isso à felicidade própria e de seus semelhantes. Cada ser possui um amor a si mesmo no qual deve se basear todo ato, porque este amor próprio, ao articular-se com o sentimento da simpatia, determina uma harmonia necessária para a vida social. Às inclinações naturais do homem, que podem ser egoístas, sociais ou naturais, e anti-sociais ou antinaturais, se sobrepõe uma série de afetos reflexivos com os quais podem ser erigidos juízos de valor sobre qualquer ato. O ideal a que deve aspirar o homem e, ao mesmo tempo, o fundamento de todo o seu agir é o ideal helênico "do belo e do bom", da harmonia individual perfeita, que é expressão da harmonia cósmica. O moral não depende do religioso, se se entende por isso a coação jurídica do prêmio ou do castigo, mas todo sentimento moral está vinculado a uma vivência religiosa íntima. É importante na ética de Shaftesbury, afora a noção da "simpatia", a concepção do "entusiasmo", que não equivale ao fanatismo por uma idéia ou um objeto, mas ao sentimento de algo divino, absolutamente íntimo, na consciência do homem moral, do artista e do religioso. As idéias de Shaftesbury foram sistematizadas e difundidas sobretudo por Francis Hutcheson (ᴠᴇʀ). Apesar de a subordinação do religioso ao moral parecer uma atitude "rigorista", a ética do sentimento e da simpatia pode ser considerada como uma ética material oposta ao formalismo. Neste sentido, foi tratada por Scheler, que, no entanto, rejeita os fundamentos dados por Shaftesbury e Hutcheson como insuficientes. A influência de Shaftesbury se estendeu sobre Diderot e sobre o romantismo alemão.

➲ Obras: Em 1711 Shaftesbury publicou uma compilação de seus escritos (ensaios, diálogos, cartas) com o título de *Characteristics of Men, Manners, Opinions, Times* (reimp., 1969-1970), contendo: 1. *A Letter Concerning Enthusiasm to Mylord Sommers;* 2. *Sensus communis, an Essay on the Freedom of Wit and Humour;* 3. *Soliloquy;* 4. *An Inquiry Concerning Virtue and Merit;* 5. *The Moralists;* 6. *Miscellaneous Reflexions on the Preceeding Treatises and Other Critical*

Subjects; 7. *A Notion of the Historical Draught or Tablature of the Judgement of Hercules.*

Edição de obras: *Complete Works, Selected Letters and Posthumous Writings* (inglês/alemão), 1981 ss., ed. G. Hemmerich e W. Benda.

Biografia: B. Rand, *The Life, Unpublished Letters and Philosophical Regimen of S.*, 1900 [vida de S. escrita por seu filho, com cartas e outros documentos].

Ver: G. Spicker, *Die Philosophie des Grafes von Shaftesbury*, 1871. — Georg von Gizycki, *Die Philosophie Shaftesburys*, 1876. — Th. Fowler, *Shaftesbury and Hutcheson*, 1882. — J. J. Martin, *Shaftesburys und Hutchesons Verhältnis zu Hume*, 1905 (tese). — F. Meinecke, *Shaftesbury*, 1934. — A. O. Aldridge, *Shaftesbury and the Deist Manifesto*, 1951. — R. L. Brett, *The Third Earl of S. — A Study in Eighteenth Century Literary Theory,* 1951. — L. Zani, *L'etica di Lord Shaftesbury*, 1954. — D. B. Schlegel, *S. and the French Deists*, 1956 (especialmente sobre S. em relação com Voltaire, Diderot e Rousseau). — Stanley Grean, *Shaftesbury's Philosophy of Religion and Ethics: A Study in Enthusiasm*, 1967. — Friedrich A. Uehlein, *Kosmos und Subjektivität. Lord Shaftesburys Philosophical Regimen*, 1976. — J. A. Bernstein, *Shaftesbury, Rousseau and Kant: An Introduction to the Conflict Between Aesthetic and Moral Values in Modern Thought*, 1980. — R. Voitle, *The Third Earl of Shaftesbury 1671-1713*, 1984 [basicamente biográfico]. — W. H. Schrader, *Ehtik und Anthropologie in der englischen Aufklärung. Der Wandel der Moral-Sense-Theorie von S. bis Hume*, 1984. ⊂

SHEFFER (TRAÇO DE). Em várias ocasiões se tentou reduzir o número de signos primitivos de um cálculo. A tentativa mais conhecida é a do lógico norte-americano H[enry] M[aurice] Sheffer (1883-1964); professor na Universidade de Harvard. Sheffer introduziu '↓', que se conhece com o nome de "traço de Sheffer" (e também se pode chamar "risco de Sheffer" ou "traço-função de Sheffer"). '↓' se lê 'nem... nem' e tem valores tais que uma proposição molecular binária '$p{\downarrow}q$' é verdadeira se, e somente se, seus componentes são ambos falsos. A tabela de valores para '↓' é:

p	q	p↓q
V	V	F
F	V	F
V	F	F
F	F	V

Os outros conectivos (ver CONECTIVO) do cálculo proposicional são definíveis por '↓'. Assim, a negação, simbolizada '⌐', e a disjunção alternativa, simbolizada 'v', são definíveis, respectivamente, como segue:

$$\neg p =_{def} (p \downarrow p)$$
$$p \vee q =_{def} \neg(p \downarrow q)$$

Pode-se também reduzir o número de signos mediante '|', que Jean Nicod (ver NICOD [JEAN]) leu 'não ao mesmo tempo p e q'. '|' ou negação alternativa tem valores tais que uma proposição molecular binária '$p|q$' é falsa se, e somente se, seus componentes são ambos verdadeiros. A tabela de valores para '|':

p	q	p↓q
V	V	F
F	V	V
V	F	V
F	F	V

'⌐' e 'v' são definíveis por '|', respectivamente, como segue:

$$\neg p =_{def} (p | p)$$
$$p \vee q =_{def} (\neg p | q)$$

➲ Ver: H. M. Sheffer, "A Set of Five Independent Postulates for Boolean Algebras, with Application to Logical Constants", *Transactions of the American Mathematical Society*, 14 (1913), 481-488.

Para Nicod, ver o verbete NICOD (JEAN). ⊂

SHELDON, WILMON H[ENRY] (1875-1981). Nascido em Newton Highlands (Massachussetts, EUA), estudou na Universidade de Harvard. De 1909 a 1920 foi professor no Darmouth College e a partir de 1920 foi "Sheldon Clark Professor" de filosofia na Universidade de Yale.

Sheldon interessou-se sobretudo pelo problema que suscitam os vários dualismos encontrados tanto no pensamento humano como na história da filosofia. Estes dualismos são a expressão de conflitos aparentemente irreconciliáveis nos quais só parece ser possível ou uma decisão em favor de um dos termos da oposição ou uma síntese mais ou menos eclética. No entanto, Sheldon considera que os conflitos em questão e os sistemas filosóficos aos quais deram origem — idealismo e materialismo; intelectualismo e voluntarismo etc. — são expressões de uma polaridade que deve ser aceita como ponto de partida. Sheldon elabora, assim, uma filosofia da polaridade (VER) segundo a qual os opostos — que devem ser entendidos tanto como as realidades opostas quanto como as doutrinas que resultam de se destacar cada um dos pólos — são assimétricos. Isso torna possível que se atraiam mutuamente e se complementem mutuamente. Mas a relação entre pólos opostos, ou polaridades, não dá lugar a uma neutralização pela qual se termine um processo. Pelo contrário, embora as polaridades não sejam elas mesmas um processo, "apontam para" o processo (VER). A síntese de opostos não dá lugar, pois, a uma *via média*, mas a uma constante marcha, que é ao mesmo tempo produção e melhoramento do real.

➲ Obras: *Strife of Systems and Productive Duality: An Essay in Philosophy*, 1918. — *America's Progressive Philosophy*, 1942. — *Process and Polarity*, 1944. — *God and Polarity: A Synthesis of Philosophies*, 1954. — *Sex and Salvation*, 1955. — *Agapology: The Rational Love-Philosophy Guide of Life*, 1965. — *Woman's Mission to Humanity*, 1968. — *The Young Offer a New Step: The Hidden Meaning in Today's Youthful Rebelion*, 1970. ⊂

SI FALLOR, SUM. Ver Agostinho (Santo); Cogito, ergo sum.

SIDGWICK, ALFRED (1850-1943). Nascido em Skipton (Yorkshire), criticou as tendências formalistas de muitos filósofos ou, em todo caso, a tendência que têm muitos filósofos a considerar como unicamente válido o raciocínio lógico formal. É preciso ver, segundo Alfred Sidgwick, como se pode aplicar o raciocínio a problemas práticos e como, de fato, ele muitas vezes é aplicado sem consciência das regras usadas. Alfred Sidgwick também criticou a pretensão de dar definições exatas de significados; é importante ver como são usados os termos para averiguar seus significados e não o inverso. A insistência de Alfred Sidgwick no uso de termos e nos contextos dentro dos quais eles são usados fez com que suas investigações de lógica "informal" fossem comparadas às do "último Wittgenstein". Por seu interesse nas conseqüências práticas do raciocínio e por sua inclinação a ligar a verdade de uma proposição aos "resultados" da mesma, Alfred Sidgwick foi considerado um precursor do pragmatismo. Ele influenciou consideravelmente F. C. S. Schiller (ver).

➲ Obras: *Fallacies: A View of Logic from the Practical Side*, 1883. — *Distinction and the Criticism of Beliefs*, 1893. — *The Process of Argument*, 1893. — *The Use of Words in Reasoning*, 1901; reimp., 1970. — *The Applications of Logic*, 1910. — *Elementary Logic*, 1914. ⊂

SIDGWICK, HENRY (1838-1900). Nascido em Skipton (Yorkshire), estudou no Rugby College e no Trinity College, de Cambridge. Foi *Fellow* e leitor de filosofia clássica no Trinity College de 1859 a 1883 e "Knightbridge Professor of Moral Philosophy" na Universidade de Cambridge a partir de 1883.

A mais importante contribuição filosófica de Sidgwick é seu minucioso estudo dos métodos da ética. Esse estudo equivale a um exame dos fundamentos da moralidade e do campo inteiro da filosofia prática. Entre os problemas capitais da ética há dois: o de se as normas morais hão de servir para alcançar a felicidade, seja individual ou coletiva ou então têm de declarar o que é o bem, os valores supremos, a perfeição; e o de se as normas morais são ou não independentes das crenças religiosas. Sidgwick examina esses problemas analisando as principais soluções que foram dadas a eles. Essas soluções se expressam em diversos métodos, dos quais se destacam três: o intuicionismo, segundo o qual se tem um conhecimento direto dos princípios que conduzem ao bem; o hedonismo, ou egoísmo, segundo o qual a felicidade individual serve de norma para determinar o que é moralmente bom, e o utilitarismo, segundo o qual a felicidade coletiva, ou o maior bem para o maior número possível de indivíduos, é o fundamento do conhecimento da bondade moral.

Sidgwick criticou cada um desses métodos porque nenhum deles é suficiente ou convincente e, além disso, cada um deles se baseia numa certa concepção do que é o ser humano e dos fins a que aspira. Ao mesmo tempo descobriu em cada um dos métodos elementos valiosos que considerava como potencialmente incorporáveis a um sistema moral amplo. Os métodos mais dignos de acolhida são o intuicionismo e o utilitarismo. O primeiro proporciona certos critérios para formular juízos morais. O segundo salienta os fins e as conseqüências do agir moral. Sidgwick se inclinou para o utilitarismo, mas, ao contrário do utilitarismo "clássico" de Bentham e dos dois Mill, rejeitou que a idéia de "utilidade", mesmo entendida moralmente e estendida a todos os seres humanos, seja suficiente para determinar o significado dos conceitos morais básicos, como os de bondade e de dever. Seu sistema moral pode ser qualificado de "utilitarismo intuicionista". Há um "axioma ético" segundo o qual a felicidade individual é subordinada à geral, mas esta ao mesmo tempo garante a individual. Em certo modo, portanto, o hedonismo e o "egoísmo" são também incorporados por Sidgwick em seu sistema.

➲ Obras: *The Methods of Ethics*, 1874, edições revisadas: 1877, 1884, 1890, 1901; ed. por E. E. Constance Jones, 1962; reed., 1981. — *Outlines of the History of Ethics for English Readers*, 1879; reed., 1960. — *Principles of Political Economy*, 1883. — *The Scope and Method of Economic Science*, 1885. — *The Elements of Politics*, 1891; 2ª ed., 1897. — *Practical Ethics*, 1898. — Obras póstumas: *Philosophy, Its Scope and Relations*, 1902, ed. J. Ward. — *Lectures on the Ethics of Green, Spencer and Martineau*, 1902, ed. Jones. — *Miscellaneous Essays and Addresses*, 1904. — *The Philosophy of Kant, and other Lectures and Essays*, 1905.

Ver: F. H. Bradley, *Mr. Sidgwick's Hedonism*, 1877. — R. Magill, *Der rationale Utilitarismus Sidgwicks*, 1899 (tese). — F. H. Hayward, *The Ethical Philosophy of Sidgwick*, 1901. — E. Winter, *Sidgwicks Moralphilosophie*, 1905 (tese). — Paul Benays, *Das Moralprinzip bei Sidgwick und bei Kant*, 1910. — William C. Harvard, *H. S. and Later Utilitarian Political Philosophy*, 1959. — D. Gwilyn James, *H. S.: Science and Faith in Victorian England*, 1970, ed. Gwyn Jones. — J. B. Schneewind, *Sidgwick's Ethics and Victorian Moral Philosophy*, 1977. — B. Blanshard, *Four Reasonable Men: Marcus Aurelius, John Stuart Mill, Ernest Renan, H. S.*, 1984. — B. Schultz, ed., *Essays on H. S.*, 1992. ⊂

SIFALIES. Ver Filosofia árabe.

SIGER DE BRABANTE (*ca.* 1235-*ca.* 1284). Mestre de artes na Universidade de Paris, deu-se a conhecer por suas lutas e polêmicas nesse centro docente e muito em particular por sua oposição, em 1270, a Santo Tomás de Aquino, que havia retornado a Paris por essas datas. As doutrinas de Siger foram condenadas em 1270, mas somente depois de uma segunda condenação (a de 1277) se pôs fim a seus ensinamentos. Em conseqüência dessa última condenação, Siger abandonou Paris e se mudou para Orvieto, onde morreu assassinado por seu próprio amanuense.

Siger de Brabante é considerado um dos principais representantes do chamado averroísmo (VER) latino. Isso significa que considerava como mentor filosófico Aristóteles — que era a própria verdade — e como seu mais adequado intérprete, Averróis. A isso devemos acrescentar algumas influências neoplatônicas, especialmente através de Proclo, o que explica o uso da noção de emanação pelo menos na produção dos entes a partir do primeiro criado por Deus e a insistência na hierarquia das inteligências, identificadas com princípios motores das esferas celestes. De todas as doutrinas de Siger destacou-se, porém, a que é considerada como uma idéia tipicamente averroísta: a da unidade do entendimento agente. Tudo isso levava o autor a considerar o conflito entre as verdades obtidas por meio da revelação e as conseguidas por reflexão filosófica. Ora, várias opiniões foram suscitadas a esse respeito. Segundo uma delas, Siger estava a favor das segundas verdades, mas tentava ocultar isso. Segundo outra, aceitava a divergência, mas proclamando que sempre era necessário submeter-se às verdades da revelação. Segundo outra, pensava como filósofo e simultaneamente cria como cristão, mesmo imaginando que tal pensar e tal crença não estavam de acordo. Segundo outra, por fim, tentou freqüentemente retratar-se de suas primeiras opiniões averroístas em conseqüência dos argumentos contra elas apresentados por Santo Tomás. É difícil decidir-se por qualquer uma dessas opiniões, já que nos textos do próprio Siger não se chega a nenhuma conclusão decisiva a esse respeito, e o autor se limita a enfatizar que por meio da reflexão filosófica (isto é, do aristotelismo) se chega a certas conclusões contrárias às verdades da fé. Ora, tais opiniões — como a citada da unidade do entendimento, a da eternidade do mundo, a da concepção de Deus como causa final e até a do eterno retorno — eram inaceitáveis para a escolástica cristã. Santo Tomás sublinhou que não pode haver incompatibilidade de princípio entre a fé e a razão, pois de outra sorte se chega a uma teoria da dupla verdade; que é em si contraditória e que somente pode ser resolvida mediante a conciliação ou o primado de uma das verdades.

◐ Obras: entre as que se atribuem a Siger de Brabante figuram: *De necessitate et contingentia causarum, De aeternitate mundi, De anima intellectiva, Quaestiones naturales, Quaestiones morales, Quaestiones logicales, Quaestiones in Metaphysicam, Quaestiones in Physicam, Quaestiones in libros tres de anima, Compendium de generatione et corruptione, Impossibilia, De intellectu* (do qual só há fragmentos), *Liber de felicitate*.

Edição de obras: C. Baeumker, *Die Impossibilia des Siger von Brabant. Eine philosophische Streitschrift aus dem 13. Jahrhundert zum ersten Male vollständig herausgegeben und besprochen*, 1898 [Beiträge zur Geschichte der Philosophie des Mittelalters, II, 6]. — P. Mandonnet, *Siger de Brabant et l'averroïsme latin. Quaestiones logicales, Quaestio utrum haec sit vera: homo est animal nullo homine existente?, Quaestiones naturales, De aeternitate mundi, Impossibilia, Quaestiones de anima intellectiva*, 1899; 2ª ed., 2 vols., 1908. — M. Grabmann, "Neuaufgefundene *Quaestiones* Sigers von Brabant zu den Werken des Aristoteles", *Miscellanea Ehrle*, 1924, I, pp. 103-147. — F. Stegmüller, "Neuaufgefundene *Quaestiones* des Siger von Brabant", *Recherches de théologie ancienne et médiévale*, III (1931), 158-182. — F. van Steenberghen, *Siger de Brabant d'après ses oeuvres inédites. I. Les oeuvres inédites*, 1931. — *Ibid.*, II. *Siger dans l'histoire de l'aristotélisme*, 1942. — H. Barsotti, *Sigeri de Brabantia. De aeternitate mundi*, 1933. — W. J. Dwyer, *L'opuscule de Siger de Brabant De aeternitate mundi*, 1937. — Ph. Delhaye, *Siger de Brabant. Questions sur la Physique d'Aristote*, 1941. — C. A. Graiff, *Siger de Brabant. Questions sur la Métaphysique*, 1948. — J. J. Duin, *La doctrine de la Providence dans les écrits de S. de Brabant*, 1954 (inclui *De necessitate et contingentia causarum*). — Albert Zimmerman, *Die* Quaestiones *des S. von B. zur Physik des Aristoteles*, 1956 (tese). — Bernardo Bazán, *S. de B. Quaestiones in tertium de anima, De anima intellectiva, De aeternitate mundi*, 1972 [ed. crítica]. — Antonio Marlasca, ed., *Les* Quaestiones super librum de causis *de S. de B.*, 1972. — Bernardo Bazán, ed., *S. de B.: Écrits de logique, de morale et de physique*, 1974.

Ver: Entre outros estudos sobre o filósofo mencionemos os inúmeros trabalhos de Bruno Nardi, sobretudo seu livro *Sigieri di Brabante nel pensiero del Rinascimento italiano*, 1945, e o de G. da Palma Campania, *La dottrina sull'unità dell'inteletto in S. de Brabante*, 1955. — F. van Steenberghen, *Maître S. de B.*, 1977 [leva em conta resultados de P. Mandonnet, cit. *supra*]. — B. E. Bukhovski, *S. Brabantskii*, 1979 (em russo). — A. Maurer, ed., *Questions sur la Métaphysique. Reportations de Cambridge et de Paris*, 1983. — W.-U. Klunker, B. Sandkühler, *Menschliche Seele und kosmischer Geist. S. v. B. in der Auseinandersetzung mit Th. v. Aquin*, 1988. ◓

SIGÉRIO DE COURTRAI (†1341). Mestre de Artes na Universidade de Paris, distinguiu-se por seus estudos lógicos e semânticos. Especialmente importantes foram suas investigações sobre os modos de significação dentro do panorama da chamada gramática especulativa (VER). A base dos estudos filosófico-gramaticais de Sigério de Courtrai foram as regras gramaticais estabelecidas por Donato e Prisciano, mas o que nosso autor sublinhou nelas foram as questões semióticas implicadas nessas regras. Também devemos a Sigério de Courtrai estudos sobre as falácias e os sofismas, estes últimos entendidos quase sempre como paradoxos semânticos.

➲ Obras: às *Fallaciae, Sophismata* (chamados também *Impossibilia*) e à *Summa modorum significandi* deve-se acrescentar um comentário aos primeiros analíticos: *Ars priorum*.

Edição de obras: G. Wallérand, *Les oeuvres de Siger de Courtrai. Étude critique et textes inédits*, 1913.

Ver: A. Niglis, *S. von Courtrai, Beiträge zu seiner Würdigung*, 1913 (tese). — C. Verhaak, *Zeger van Kortrijk commentator van* Perihermeneias, 1964 [estudo e texto do comentário, com biobibliografia]. ᴄ

SIGNÍFICA. A primeira pessoa a usar o termo 'Significa' *(Signifcs)* foi Lady Viola Welby (cf. bibliografia). Uma breve definição da signífica é: "o estudo sistemático dos signos e símbolos de toda classe, incluindo não só as palavras e suas significações, mas também volições, intenções e significados axiológicos (valores)". Um dos propósitos principais da signífica é a classificação das significações.

Durante a guerra de 1914-1918 se constituiu na Holanda um "círculo signífico" impulsionado por Garritt Mannoury (ᴠᴇʀ), segundo quem, a signífica é uma disciplina que estuda os problemas da significação, mas num sentido que ultrapassa o limitado marco da teoria dos signos, da lógica formal e mesmo da semiótica. Algumas das teses da signífica no sentido de Mannoury foram recolhidas por vários matemáticos da tendência intuicionista; outras estão próximas dos conceitos do método dialético propugnado pela chamada escola de Zurique. Mannoury rejeita o logicismo de Couturat e Russell e adere ao convencionalismo de Poincaré. Embora haja um certo "psicologismo" na base da signífica, trata-se de um psicologismo diferente do combatido por Husserl e Frege. Na visão de Mannoury, a signífica estuda principalmente a ciência já feita como fenômeno lingüístico, e a ciência que se faz como fenômeno psicológico. A união de ambos os processos é o objeto do chamado "método psicolingüístico" (que deve ser distinguido do tipo de investigações na lingüística conhecidas com o nome de "psicolingüística"). Segundo A. Pressmann, o emprego do método em questão implica os seguintes pressupostos: "1) Não há teoria do conhecimento anterior ao conhecimento; o estudo dos meios práticos do conhecimento e o próprio conhecimento são nossas únicas fontes de informação. 2) Nenhuma manifestação da atividade científica deve ficar fora das preocupações de uma teoria do conhecimento. 3) Podemos e devemos submeter nossas idéias sobre o conhecimento científico a uma crítica constante pelos mesmos meios que nos permitem julgar do conhecimento". (Esta terceira proposição está mais próxima do "método dialético" que do "método psicolingüístico" propriamente dito.)

A signífica é conhecida em vários países do continente europeu, mas se propagou e cultivou sobretudo na Holanda (cfr. bibliografia).

➲ Os principais livros de Lady Viola Welby são: *What is Meaning?*, 1903, e *Significs and Language*, 1911, que também escreveu o verbete "Significs" na 11ª ed. (1911) da *Encyclopaedia Britannica*. A definição dada no princípio procede da mesma *Encyclopaedia*, ed. de 1946, XX, p. 645.

Correspondência entre C. S. Peirce e Lady Viola Welby (1903-1911): *Semiotic and Significs: The Correspondence Between C. S. P. and Lady W. B.*, 1976, ed. Charles S. Hardwick.

Exposição do significado do método signífico por Mannoury em "Die signifischen Grundlagen der Mathematik", *Erkenntnis*, 4 (1934), 288-309, 317-345; há trad. francesa por L. Roelandt e A. Pressmann com o título *Les fondements psycho-linguistiques des mathématiques*, 1947. — Mannoury antecipara algumas das idéias significas em seu *Methodologisches und Philosophisches zur Elemental-Mathematik* (1909).

O trabalho de Pressmann referido no texto foi publicado em *Dialectica*, I (1947), 190 ss.

Sobre o movimento signífico na Holanda: I. E. J. Brouwer, "Synopsis of the Signific Movement in the Netherlands. Prospects of the Signific Movement", *Synthese*, 5 (1946-1947). Ver também: D. Vuysje, "Überblick auf die 'signifische Bewegung'", *Zeitschrift für philosophische Forschung*, 4 (1950), 427-437. — Arts. de G. Mannoury, S. J. Geursen, C. P. Raven, A. J. J. De Witte e E. W. Beth no n° 10 de *Synthese* (1956-1958). ᴄ

SIGNIFICAÇÃO, SIGNIFICAR. Estes dois termos são multívocos. Na linguagem cotidiana diz-se freqüentemente que 'significar' equivale a 'querer dizer'. Mas quando perguntamos o que 'quer dizer' expressa, nos deparamos com várias respostas. Segundo elas, a significação pode ser:

1) Expressão de um propósito ou intenção subjetiva, como quando se diz: 'O que significo é isto'.
2) Sentido de um vocábulo ou de uma frase, como quando se diz: 'Cavalo' significa 'animal solípede facilmente domesticável'.
3) Representação de uma coisa, de um acontecimento ou de um signo, como quando se declara que a luz vermelha no semáforo de uma rua significa que não se pode passar.
4) Anúncio de uma coisa ou de um acontecimento, como quando se diz que a aparição de um cometa significa grandes catástrofes.
5) Conotação de um termo.
6) Realidade "incorpórea" equivalente ao pensamento "objetivo" visado pelo pensar subjetivo.

7) Núcleo idêntico na multiplicidade de vivências individuais.
8) Conceito ou coisa designados.
9) Entidade ou coisa denotados.
10) Relação com algo significado por uma expressão.

Essas definições de 'significação' são apenas algumas das que foram apresentadas por filósofos, lógicos, semioticistas e filólogos. Figuram, porém, entre as que se acham com mais freqüência na literatura filosófica. Importantes a respeito são especialmente as definições 2), 5), 6), 7), 8), 9) e 10), razão por que procederemos a dar algumas indicações complementares acerca delas.

A definição 2) é muito usada quando se toma 'significar' no sentido de 'definir verbalmente'. Às vezes a significação deste ponto de vista se toma como expressando sinonímia, mas às vezes se prescinde da noção de sinônimo (VER).

A definição 5) pode ser posta em relação com a distinção proposta por Frege entre sentido *(Sinn)* e denotação ou referência *(Bedeutung)* (ver REFERÊNCIA). A terminologia alemã é neste caso um tanto perturbadora porque se costuma traduzir muitas vezes *Bedeutung* por 'significar'. Na idéia de Frege, porém, fica claro que o que chamamos em português 'significação' corresponde antes a *Sinn*, isto é, à conotação de um termo.

A definição 6) foi dada pelos estóicos quando distinguiam o enunciado, λεκτόν, que é uma entidade incorpórea, os pensamentos como atividades psíquicas que contêm o enunciado, e os termos lingüísticos mediante os quais se expressa. Neste caso, o enunciado é equivalente à significação.

A definição 7) é entendida do ponto de vista da teoria da significação proposta por Husserl. Segundo esse autor, a significação é o que é expresso como núcleo idêntico em uma multidão de vivências individuais diferentes. Husserl enfatiza, porém, que a significação pode ser entendida igualmente como o que nomeia uma expressão se se toma a expressão e não a vivência da significação como ponto de partida.

A definição 8) se parece com a dada em 2), mas se sublinha naquela o elemento conceitual da significação, a ponto de a 'coisa significada' querer dizer 'coisa significada mediante um conceito'.

A definição 9) é a que se dá freqüentemente dentro da semântica (VER) (não lingüística); para esclarecer este ponto nos referimos ao conceito de designação (VER).

A definição 10) pode ser entendida quando assinalamos (de acordo com os lógicos que a adotaram) que a significação da expressão '*x*' é a entidade *x* da qual '*x*' é um nome. As diferenças entre 10) e 9) são poucas, mas alguns filósofos argumentam que não podem simplesmente ser consideradas idênticas.

Os sentidos de 'significação' antes resenhados abarcam praticamente todos os que encontramos tanto na literatura filosófica como na não-filosófica. Restringindo-nos agora à literatura filosófica, especialmente a das últimas décadas, podemos esclarecer um pouco mais os sentidos de 'significação'. Eles podem ser reduzidos aos quatro seguintes:

a) Considerando 'X' como um nome, a significação de 'X' é o objeto denotado por 'X'.

b) A significação de 'X' é um processo ou série de processos psíquicos em um sujeito.

c) A significação de 'X' não é nem o objeto denotado por 'X' nem o ato de pensar 'X', mas uma entidade que se chama justamente "a significação de X".

d) A significação de 'X' não se encontra em parte alguma, porque toda significação de 'X' pode ser reduzida a um uso (VER) do termo 'X'.

No sentido de *a*) se diz que 'X' significa algo — por exemplo, A — quando 'X' representa A. Enfatizou-se que embora esse sentido de 'significação' seja adequado, ou pelo menos aceitável, quando 'X' é um nome próprio, não é adequado nem aceitável quando não é um nome próprio. Por outro lado, e sobretudo, pode ocorrer que 'X' não represente nenhum objeto e, no entanto, tenha significação. Por exemplo, 'X' pode se referir a um objeto que existiu no passado e que já não existe, ou referir-se a um objeto (ou a um fato) que pode existir no futuro, mas que ainda não existe. Em ambos os casos, 'X' tem significação embora não haja o objeto. Portanto, não é sempre admissível que a significação de 'X' seja o *denotatum* de X.

No sentido *b*) a significação de 'X' pode ser um ato psíquico traduzível a um comportamento, ou pode ser um ato de natureza espiritual ou supostamente espiritual. Se é o primeiro, deve-se adotar uma posição behaviorista que não é legítimo pôr diante da teoria da significação, seja ou não verdadeira a posição de referência. Se é o segundo, adota-se uma posição espiritual que tampouco é legítimo antepor à teoria da significação.

No sentido *c*) admite-se um universo de significações irredutíveis a objetos, a processos psíquicos, cognoscitivos, espirituais etc. Isso ocorre numa teoria como a de Meinong e em parte a de Husserl. Estas teorias se chocam com dificuldades sublinhadas no verbete DESCRIÇÃO.

No sentido *d*) o problema da significação é resolvido, mas só com base na declaração de que não é um problema. Além disso, é resolvido com base apenas na dissolução das significações em uso dentro de uma língua e em certas circunstâncias. Se se nega que isso ocorre porque os usos de que se trata são usos de conceitos e não de nomes numa língua, então se volta a colocar o problema da significação que se tinha pretendido eliminar. Os partidários do sentido *d*), como os filósofos de Oxford (VER) e muitos neowittgensteinianos, trataram de enfrentar esses inconvenientes elaborando uma "lógica" do funcionamento de expressões dentro de contextos lingüísticos (ver LINGUAGEM [JOGOS DE]).

Às vezes se deu a 'significação' uma acepção que não se compromete em adotar nenhuma das posições indicadas. Isso ocorre, por exemplo, com a definição dada por Christensen: a significação é "a capacidade que tem uma expressão de ser produzida corretamente quando, e onde, e só quando e onde, algo específico de caráter não-lingüístico está presente, seja um objeto, uma propriedade, uma relação, uma situação, ou seja o que for". Assim, a significação de 'chuva' seria sua "capacidade de ser produzível corretamente na forma do termo 'chuva' e quando e só quando chove". Mas isso também oferece um inconveniente (sublinhado por Max Black): o do que ocorre, no caso apontado, quando justamente não chove.

Outro modo de enfrentar o problema consistiu em distinguir vários tipos de significação de um termo. Assim, Bocheński distinguiu dois significados de 'significação'. Um significado, chamado "sintático", é o que temos quando um termo consiste inteiramente na série de regras sintáticas relativas a esse termo, como ocorre numa linguagem formalista não interpretada. Outro significado, chamado "semântico", é o que temos quando uma significação não se esgota com as regras sintáticas. O sentido semântico de 'significação' pode por sua vez ser considerado de dois pontos de vista: se consiste no método de verificação ou comprovação temos a significação operacional semântica; se consiste no correlato semântico à parte do método de verificação temos a significação eidética. Pode-se ver que embora essa classificação de sentidos de 'significação' ajude a compreender alguns pontos que as teorias anteriores tinham deixado obscuros, ela deixa muitos deles ainda sem resolver.

Vários autores tentaram construir uma teoria das categorias da significação. Mencionamos, entre eles, Husserl, S. Leśniewski e Kazimierz Ajdukiewicz. A teoria de Husserl se baseia na idéia de que dentro da invariabilidade de princípio de todo núcleo significativo há diversas oscilações suscetíveis de fixação categorial. As teorias de Leśniewski e Ajdukiewicz são de caráter sintático. Este último autor propõe duas categorias: uma de índole functorial e outra de caráter fundamental. Cada uma delas se define por exclusão da outra (cf. "Die syntatische Konnexität", *Studia philosophica*, 1 [1935], p. 3).

É muito comum hoje considerar que já que (qualquer que seja a teoria sobre o *status* ontológico das significações) uma significação se entende sempre como significando algo para alguém, a doutrina das significações é uma parte do ramo da semiótica chamada Pragmática (VER).

Ver também SIGNIFICADO.

○ Ver: Gottlob Frege, "Über Sinn und Bedeutung", *Zeitschrift für Philosophie und philosophische Kritik*, N. F., 100 (1892), 25-50. — E. Husserl, *Logische Untersuchungen*, 2 vols., 1900; 2ª ed., 1913. — Eduard Martinak, *Psychologische Untersuchungen zur Bedeutungslehre*, 1901. — F. C. S. Schiller, B. Russell, H. H. Joachim, "Meaning of Meaning" [Symposium], *Mind*, N. S., 29 (1920), 385-414. — C. K. Ogden e I. M. Richards, *The Meaning of Meaning*, 1923. — Julius Stenzel, "Sinn, Bedeutung, Begriff, Definition", *Jahrbuch für Philosophie*, I (1926). — P. Matthes, *Sprachform, Wort- und Bedeutungskategorie und Begriff*, 1926. — G. Stearn, "Meaning and Change of Meaning", *Götebogs Högskolas Årskrift*, 38 (1928), 1-456. — K. Ajdukiewicz, "Sprache und Sinn", *Erkenntnis*, 4 (1934), 100-138. — W. T. Stace, "Metaphysics and Meaning", *Mind*, N. S., 44 (1935), 417-438. — G. W. Cunningham, "Perspective and Context in the Meaning-Situation", *University of California Publications in Philosophy*, 16, nº 2 (1935), 29-52. — M. Schlick, "Meaning and Verification", *Philosophical Review*, 45 (1936), 339-369. — R. Carnap, "Testability and Meaning", *Philosophy of Science*, 3 (1936), 419-471; 4 (1937), 1-40 [há separatas]. — Bertrand Russell, *An Inquiry into Meaning and Truth*, 1940. — H. Gomperz, "The Meanings of 'Meaning'", *Philosophy of Science*, 8 (1941), 157-183. — B. E. Jessup, *Relational Value Meanings*, 1943. — C. I. Lewis, C. J. Ducasse, A. Tarski, W. M. Urban et al., "A Symposium on Meaning and Truth", *Philosophy and Phenomenological Research*, 4 (1943-1944), 236-284, 317-419; 5 (1944-1945), 50-107, 320-353. — C. I. Lewis, *An Analysis of Knowledge and Valuation*, 1956. — G. N. M. Tyrrel, *Grades of Significance: The Dependence of Meaning on Current Thought*, 1947. — M. Black, C. L. Stevenson, I. A. Richards, "A Symposium on Emotive Meaning", *Philosophical Review*, 57 (1948), 111-157. — Kali Prasad, *The Psychology of Meaning*, 1949. — S. Halldén, *The Logic of Nonsense*, 1949. — E. Daitz, "The Picture Theory of Meaning", *Mind*, N. S., 62 (1953), 154-201; reimp. em *Essays in Conceptual Analysis*, 1956, ed. A. Flew, pp. 53-74. — J. L. Evans, "On Meaning and Verification", *Mind*, N. S., 62 (1953), 1-19. — W. van Orman Quine, *From a Logical Point of View*, 1953. — Id., *Word and Object*, 1960. — S. Reiss, *The Universe of Meaning*, 1954. — I. M. Bocheński, "The Problem of Universals", em *The Problem of Universals. A Symposium*, 1956 [com Alonzo Church e Nelson Goodman], pp. 35-54. — Ch. E. Osgood, G. J. Suci, P. H. Tannenbaum, *The Measurement of Meaning*, 1957. — A. P. Ushenko, *The Field Theory of Meaning*, 1958. — Ferrucio Rossi-Landi, *Significato, communicazione e parlare comune*, 1961. — Niels Egmont Christensen, *On the Nature of Meanings: A Philosophical Analysis*, 1961; 2ª ed., 1965. — L. Jonathan Cohen, *The Diversity of Meaning*, 1962. — G. Ryle, J. Findlay et al., *Thinking and Meaning*, 1963 [Colóquios do Instituto Internacional de Filosofia em Oxford, 1962]. — Stephen R. Schiffler, *Meaning*, 1972. — Thomas E. Hill, *The Concept of Meaning*, 1974. — Leônidas Hegenberg, *Significado e conhecimento*, 1975. — James M. Edie, *Speaking and*

Meaning: The Phenomenology of Language, 1976. — Bernard E. Rollin, *Natural and Conventional Meaning: An Examination of the Distinction*, 1976. — G. Prodi, *Le basi materiali della significazione*, 1977. — M. Dummett, "What is a Theory of Meaning?", em S. Guttenplan, ed., *Truth and Meaning. Essays in Semantics*, 1977. — M. Platts, *Ways of Meaning: An Introduction to a Philosophy of Language*, 1979. — G. Vaccarino, *Analisi dei significati*, 1981. — T. P. Waldron, *Principles of Language and Mind: An Evolutionary Theory of Meaning*, 1985. — E. Runggaldier, *Zeichen und Bezeichnetes*, 1985. — Z. W. Pylyshyn, W. Demoupolos, eds., *Meaning and Cognitive Structure: Issues in the Computational Theory of Mind*, 1986. — L. Roska-Hardy, *Die 'Bedeutung' in natürlichen Sprachen*, 1987. — E. Moriconi, *Dimostrazioni e Significato*, 1993.

Sobre diferentes autores e correntes: K. Kuypers, *Der Zeichen- und Wortbegriff im Denken Augustins*, 1934. — M. T. Beonio-Brocchieri Fumagalli, *La logica di Abelardo*, 1963. — Rudolf Haller, "Untersuchungen zum Bedeutungsproblem in der antiken und mittelalterlichen Philosophie", *Archiv für Begriffsgeschichte*, 7 (1962), 57-119. — Mihailo Marković, *Dijalektićka teorija znaćenja*, 1961 (trad. ingl.: *Dialectical Theory of Meaning*, 1983). — Christian Thiel, *Sinn und Bedeutung in der Logik G. Freges*, 1966. — J. N. Mohanty, *E. Husserl's Theory of Meaning*, 1964; 2ª ed., 1969; 3ª ed., 1976. — S. Borutti, *Significato. Saggio sulla semantica filosofica del '900*, 1983. — U. Panzer, *Edmund Husserl: Vorlesungen über Bedeutungslehre (Sommersemester 1908)*, 1986. — D. E. Flage, *Berkeley's Doctrine of Notions: A Reconstruction Based on his Theory of Meaning*, 1987.

Ver também a bibliografia dos verbetes LINGUAGEM; SIGNÍFICA; VERIFICAÇÃO. ⊂

SIGNIFICADO. No verbete SIGNIFICAÇÃO, SIGNIFICAR nos estendemos sobre várias acepções, e usos, desses termos. Uma das acepções (e usos) mais extensas — e, segundo alguns autores, a única aceitável — é a lingüística. Lingüisticamente, 'significação' e 'significado' são sinônimos, de modo que em princípio não é necessário dedicar um verbete especial a esse último termo. No entanto, pode-se convir em que quando se examina o problema lingüisticamente e, de modo específico, semanticamente, o vocábulo 'significado' é preferível a 'significação'. Resenharemos aqui, portanto, várias teses básicas sobre os modos como cabe entender 'significado', mesmo que correndo o risco de coincidir com parte do conteúdo do verbete SIGNIFICAÇÃO, SIGNIFICAR, no qual também tratamos do aspecto lingüístico a fim de não mutilar o verbete e dar conta da variedade de aspectos em que essas palavras foram entendidas. O presente verbete é, portanto, uma reiteração e suplementação de SIGNIFICAÇÃO, SIGNIFICAR, e deve ser complementado ao mesmo tempo pelos verbetes SENTIDO e REFERÊNCIA, já que o termo 'sentido' no contexto "sentido e referência" equivale em muitos casos a 'significação' e a 'significado'.

As teses a que nos referimos anteriormente são as seguintes:

1) O significado de 'X' (onde 'X' substitui um nome) é o objeto denotado por 'X'. Os nomes podem ser nomes próprios (como 'Napoleão') ou descrições (como 'o chefe do Exército vencedor na batalha de Valmy'), as quais supostamente funcionam como nomes próprios. Neste caso, 'significado de' equivale a 'está em lugar de' ou 'representa'. Esta é a que foi chamada de "teoria referencial do significado".

Esta teoria se choca com várias objeções. Em primeiro lugar, nem todos os nomes são nomes próprios ou descrições suscetíveis de funcionar como nomes próprios. Expressões como 'y', '6 é um número perfeito' não são nomes próprios. Em vista disso propôs-se que expressões como as citadas não significam propriamente. Em segundo lugar, os nomes próprios e as descrições não são sempre equivalentes. Em terceiro lugar, pode não haver um objeto ao qual se refira a expressão sem que esta deixe de ter significado. Não há (até agora) nenhum objeto denotado por 'o primeiro homem em Saturno' e, no entanto, a expressão 'o primeiro homem em Saturno' tem significado. A expressão 'o primeiro dos filósofos de Mileto' não denota nenhum objeto (atualmente existente), pois Tales já não existe e, contudo, 'o primeiro dos filósofos de Mileto' tem significado. 'O primeiro dos filósofos de Mileto' se refere a Tales, mas não significa um filósofo grego, ou alguém que previu um eclipse, já que não há nenhum significado que seja um filósofo grego ou alguém que haja predito um eclipse. Em quarto lugar, pode haver mais de um significado para um único objeto denotado. 'A cidade do urso e do medronho' e 'a capital da Espanha' se referem a Madrid, mas o significado de 'a cidade do urso e do medronho' e 'a capital da Espanha' não são os mesmos. Dos significados mesmos não se pode coligir que o objeto referido seja por igual Madrid (ver REFERÊNCIA).

Tentou-se responder a algumas dessas objeções refinando as noções de 'denotação', 'referência' e 'objeto'. Por exemplo, indicou-se que 'denotar' e 'referir-se a' não equivalem a 'estar em lugar de', mas algo assim como 'apontar para', 'visar' etc. Indicou-se também que o termo 'objeto' não deve ser entendido como "uma entidade"; o objeto em questão poderia ser um tipo de relação entre um termo significante e aquilo que o termo significa. Não obstante, fica aqui sem esclarecimento o sentido de 'aquilo que o termo significa'.

2) O significado de 'X' é um processo ou série de processos mentais nos quais um sujeito usa 'X' para falar acerca de X. Há vários modos de entender a natureza de tal processo ou processos a fim de conservar "a unidade de significado". Dois desses modos predomi-

naram. Por um lado, podemos reduzir os processos mentais a comportamentos bem definidos ou relativamente bem definidos (no sentido de poderem ser precisamente descritos e comunicados a outro sujeito), de modo que o significado de 'X' são então os comportamentos que se repetem cada vez que se diz 'X'. Por outro lado, tais processos mentais podem ser entendidos como "processos espirituais" e se pode alegar que o significado de 'X' é um determinado "ato espiritual" irredutível a uma expressão lingüística ou a uma entidade.

Essa teoria também se choca com várias objeções, das quais mencionaremos uma para cada um dos dois modos de entender 'processo mental'. Se se adota uma posição comportamentalista, é preciso admitir que cada expressão está ligada a um comportamento definido traduzível por reações corporais, o que é problemático. Se se adota uma posição "espiritualista" (chamada às vezes "mentalista"), admite-se que há atos espirituais ou mentais irredutíveis, o que é possível, mas não é menos problemático.

Tentou-se responder a essas e outras objeções similares refinando as noções de "comportamento" e de "ato mental", respectivamente. No que diz respeito à conduta, não é preciso reduzi-la a descrições determinadas de comportamentos corporais; basta acentuar o aspecto naturalista e pragmático do uso de termos com intenção significante. Quanto aos atos mentais, não é necessário sustentar uma teoria puramente ideacionista do significado, isto é, supor que 'significado' equivale a 'idéia mental que possui um sujeito'; basta estabelecer regras de significado (seja com procedimentos apenas sintáticos, ou com procedimentos sintático-semânticos) que pertencem estruturalmente a uma linguagem e que expressam a competência do falante da língua.

3) O significado de 'X' não é nem um objeto denotado por 'X' nem um processo mental de qualquer espécie, nem uma estrutura de comportamento, mas uma "entidade" que não é nem física nem psíquica. Essa entidade é justa e precisamente "o significado". Assim, pode haver significados de quaisquer expressões desde que elas tenham sentido e não sejam mera sucessão de signos. Dentro do universo de significados cabe toda sorte de "entidades" da índole citada; pode-se falar do significado de 'animal', e 'y', de 'quadrado redondo', da 'primeira vez que houve uma exibição de cinema argentino no Beluquistão' etc.

Essa teoria foi proposta por todos os que combateram o psicologismo (Meinong, Husserl etc.). A objeção mais corrente que se lhe opõe é que parece necessário admitir um universo "platônico" de significados irredutíveis a objetos ou a processos mentais (ou, em geral, cognoscitivos). Alguns autores declararam que não há mais remédio senão aceitar tal universo, pelo menos para algumas "entidades", tais como as classes, pois de outro modo uma expressão que designasse uma classe de objetos (existentes ou não) não se referiria a nada. A classe como tal não existe, mas "subsiste". Por outro lado, isso obrigaria a sustentar que embora certas classes, como a dos quadrados redondos, não têm membros, subsiste um número infinito de tais quadrados.

4) O significado de 'X' não é nada do dito antes, porque não há, no fundo, significado de 'X'; há somente uso, ou usos de 'X'. Isso diz respeito tanto a nomes próprios como a proposições, expressões sincategoremáticas etc. Com efeito, para nenhuma de tais expressões lingüísticas há um universo à parte que sejam os significados; ocorre apenas que tais expressões lingüísticas são usadas em vários contextos.

Essa teoria tem a vantagem de que suprime de uma única penada as questões relativas à referência, à natureza dos processos mentais e às entidades "platônicas" chamadas "significados". Tem, por outro lado, o inconveniente de poder acabar dissolvendo todos os significados em usos lexicográficos, e estes em situações lingüísticas concretas e determinadas. Os defensores da mencionada teoria não ignoram esse inconveniente e sugerem, para evitá-lo, a elaboração de uma "lógica do funcionamento das expressões". O problema é se essa "lógica" requer algo mais que uma classificação de usos, isto é, se requer algum esquema conceitual não derivado dos usos, mas mediante o qual os usos sejam agrupados.

É óbvio que cada uma das teorias resenhadas — a referencial, a ideacionista (seja espiritualista, ou mentalista, ou então comportamentalista), que poderíamos chamar "conceitualista" e a teoria dos significados como usos — funciona bem em certos aspectos e não em outros. Que uma teoria não funcione adequadamente em todos os casos e que seja possível aduzir contra-exemplos não é, em princípio, uma objeção contra a teoria, mas a adoção de uma das indicadas teorias parece excluir a adoção das outras. Uma solução, pouco satisfatória, consiste em aplicar cada uma destas teorias somente aos casos nos quais seja satisfatória, excluindo as outras. Outra solução, tampouco muito satisfatória, é adotar alguma teoria "eclética", que escolha o melhor de cada uma das teorias. Outra solução é adotar uma determinada teoria e refiná-la a ponto de resultar então menos incompatível com uma ou mais das outras. Esta última solução é mais aceitável, já que força a calibrar a teoria correspondente e permite obter então melhores resultados que com qualquer uma de suas versões "originais".

A adoção de qualquer uma das teorias indicadas, ou de outras de caráter similar, não pode resolver, nem sequer esclarecer, todos os problemas relativos à noção de significado. Esses problemas se situam em níveis muito diversos. Como exemplo mencionaremos apenas a inflamada discussão entre lingüistas acerca de se o significado de uma expressão é léxico ou estrutural. O usual durante muito tempo foi sustentar que o significado é léxico. Chomsky (*Syntactic Structures*, 1957; 2ª ed., 1962) destacou a importância do componente sintático ou, em todo caso, não pareceu prestar grande atenção aos componentes semânticos na análise de estruturas sintáticas. Isso podia ser interpretado de dois modos: ou como uma separação muito acentuada entre dimensão sintática e dimensão semântica, ou como uma sugestão para considerar o significado do ponto de vista sintático e sob forma estrutural. De acordo com isso, a estrutura profunda de uma expressão equivaleria (a rigor) ao significado da expressão. No entanto, é justo deixar claro que na mesma obra indicada Chomsky considerou problemática a noção de significado estrutural. Autores como Jerrold J. Katz, Jerry A. Fodor e Paul M. Postal (Katz e Fodor, "The Structure of A Semantic Theory", *Language*, 39 [1963], 170-210; reimp. em Fodor e Katz, eds., *The Structures of Language*, 1964, 479-518; Katz e P. Postal, *An Integrated Theory of Linguistic Descriptions*, 1964; Paul M. Postal, *Crossover Phenomena*, 1971) elaboraram a noção de componente semântico na gramática transformacional. Isso não equivalia a voltar simplesmente à noção tradicional de significado léxico, mas permitia formar expressões com base em componentes léxicos e estabelecer as correspondentes regras de transformação (semântica). De qualquer modo, se, como afirmou Chomsky (*Aspects of the Theory of Syntax*, 1965), a estrutura profunda (sintática) determina a interpretação semântica, as regras de transformação semântica não são independentes das regras sintáticas. Pode-se dizer então que o significado é "semântico-sintático". Em todo caso, para os autores acima mencionados, as transformações conservam o significado. Outros autores, em contrapartida, sustentam que as transformações não conservam o significado. Os primeiros seguem uma semântica gerativa. Os segundos, uma semântica "interpretativa".

SIGNIFICATUM. Empregamos este termo — e seu plural: *significata* — para distingui-lo dos vocábulos 'significação' e 'significações' de que tratamos em outro verbete (ver SIGNIFICAÇÃO, SIGNIFICAR). Com efeito, enquanto a significação é, de modo geral, o que um termo significa, *significatum* é o ente significado por um termo. A única exceção que há na mencionada diferença aparece quando se insiste demasiado na "aderência" da significação à coisa significada, como se a primeira fosse uma propriedade da segunda.

Os escolásticos já tinham tratado dos *significata* dos termos ao estudar os termos sincategoremáticos (ver SINCATEGOREMÁTICO). Com efeito, para aqueles pensadores o fator de ter ou não um *significatum* é o que faz com que um termo seja considerado como um categorema ou como um sincategorema. Na atual semiótica se estuda o conceito de *significatum* sobretudo quando se trata de atribuir *significata* às constantes de um cálculo. Um método muito habitual para isso consiste em empregar expressões da linguagem cotidiana como *significata* dos símbolos mediante os quais se expressam as constantes, assim, por exemplo, 'y' é considerado o *significatum* de '∧'.

SIGNO. Para muitos autores antigos, o signo, σημεῖον, é um sinal, e especialmente um sinal verbal, por meio do qual se representa algo. Assim pensaram os estóicos, que desenvolveram amplamente a teoria dos signos. Os céticos também consideraram como especialmente importante o problema dos signos. Recolhendo as doutrinas de Enesídemo, Sexto Empírico se dá conta, ao deparar as teorias que chama "dogmáticas" acerca dos signos, de que os objetos são para elas pré-evidentes ou não-evidentes. Por seu turno, os não evidentes podem ser divididos em absolutamente não evidentes e naturalmente não evidentes. Ora, apenas os pré-evidentes e apreendidos imediatamente e os absolutamente não evidentes ou não apreendidos em absoluto requerem um signo. Em compensação, requerem signos sugestivos (ὑπομνηστικά) os objetos ocasionalmente não evidentes, e signos indicativos (ἐνδεικτικά) os objetos naturalmente não evidentes. O signo sugestivo é aquele que, estando associado mentalmente com a coisa designada de um modo claro no momento de sua percepção, nos sugere (mesmo quando tal coisa permaneça não evidente) a coisa associada com ele e não percebida no mesmo momento. Exemplo disso é a fumaça quando denota o fogo. O signo indicativo é aquele que não está claramente associado com a coisa significada, mas que representa um signo ou sinal dela por sua própria natureza. Exemplo disso são os movimentos corporais enquanto signos da alma. Por isso o juízo indicativo é um juízo antecedente num silogismo hipotético (*Hyp. pyrr.*, II, 97-103). Esta última é, além disso, a definição mais clássica de signo; tratar-se-ia de uma "proposição antecedente em uma premissa maior hipotética válida que serve para revelar a conseqüente". Embora Sexto rejeite, é claro, essa teoria com base numa crítica cética do juízo e mostrando que o signo não pode ser nem sensível nem inteligível e que, portanto, não existe (*Adv. math.*, II, 275), suas análises proporcionaram uma importante informação para a compreensão de tudo o que chamamos de doutrina clássica. Esta predominou na filosofia medieval, onde o signo era definido geralmente como *vox articulata ad significandum instituta*. Na lógica, o signo era o que se chamava vulgarmente termo (VER), mas o signo podia ser entendido em vários sentidos. Podia ser um signo que representasse a coisa designada. Podia ser um signo que conduzisse ao conhecimento por meio de uma *similitudo*. Podia ser também um signo que conduzisse ao conhecimento de outra coisa mediante outra conexão distinta. A maior ou menor natureza representativa do signo dependia, naturalmente, da correspondente concepção dos universais. Assim, por exemplo, Santo Tomás definia o signo, *signum* do modo já indicado antes, como algo *institutum ad aliquid significandum*, e também como aquilo *per quod aliquis devenit in cognitionem alterius* (cfr. sobretudo, *S. theol.*, III, q. LX, 4 c). Em compensação, Guilherme de Ockham considera o signo como aquilo que sendo apreendido pode fazer pensar em *algo* anteriormente conhecido (como o efeito, que se diz ser signo da causa) e, mais especificamente, como aquilo que pode fazer pensar em algo e pode servir-lhe de substituto em uma proposição, e tudo o que pode estar composto, como na proposição de signos desta classe (cf., sobretudo, *Summa Logicae*, I, c. 1). Estas duas últimas definições do signo são próprias da tendência chamada "nominalista".

Os chamados "racionalistas" modernos se ocuparam dos signos sobretudo como elementos capazes de constituir uma doutrina universal de signos que possam referir-se a todas as idéias que um espírito humano possa abrigar. Isso ocorre com Descartes (Carta a Mersenne de 20-XI-1629; *A. T.*, I, p. 80). Para Leibniz, o signo é um elemento de uma *scientia universalis* ou de uma *mathesis universalis* (Gerhardt, *Mathematische Schriften*, VII, 203 ss.). No mesmo sentido se pronunciaram Wolff, com sua tese de uma *lingua et scriptura universalis* (*Psychologia empirica*, 1732, §§ 302-304), e outros autores. Em muitos casos, os signos eram considerados como símbolos, e estes eram considerados como os elementos conceituais que correspondiam aos elementos reais.

Os pensadores ingleses de tendência empirista e nominalista conceberam o signo de modos parecidos aos indicados antes em Ockham. Assim, Hobbes define o signo como "o antecedente evidente do conseqüente, e por sua vez, o conseqüente do antecedente quando se observaram antes conseqüências parecidas" (*Leviathan*, I, 3), de tal modo que o mais experimentado é "o que possui mais signos". Segundo Berkeley, o objeto imediato das ciências são os signos referidos às coisas (*Alciphron*, VII, 13 ss.), já que o verdadeiro fim da ciência do assentimento e ainda da fé não é mera ou principalmente para este filósofo a aquisição de idéias, mas sim algo de "natureza ativa operativa que tende a um bem concebido". Locke dá tal importância à teoria dos signos que faz da Σημειωτική, junto com a física e a prática, uma das três principais ciências. A semiótica é, a rigor, uma lógica, pois os signos mais usuais são os verbais. O uso instrumental dos signos é claramente defendido por Locke (*Essay*, IV, 21). Na chamada filosofia do senso comum, o signo aparece como algo que não oferece similitude entre si e o significado, limitando-se a sugerir. Isso ocorre em Reid, ao dividir os signos em artificiais — nos quais a sugestão é efeito do hábito — e naturais — nos quais a sugestão se deve à constituição original de nosso espírito — (*Inquiry*, V, vii). Os signos se classificam, segundo Reid, em três tipos principais. 1) Os estabelecidos por natureza, mas descobertos somente por experiência, como as causas naturais. 2) Os estabelecidos por natureza, mas descobertos por um princípio natural situado mais aquém do raciocínio e da experiência, como os signos naturais dos seres humanos pensantes. 3) Os que sugerem a coisa significada sem poder ter noção dela, como a concepção do eu pensante. É compreensível que a teoria dos signos fosse desenvolvida sobretudo quando "a filosofia do espírito humano", que tentou unir em uma única disciplina os problemas da lógica, da gnosiologia e ainda da metafísica, se impôs durante algumas décadas. É o caso dos sensualistas e dos ideólogos, que consideravam a doutrina dos signos como a verdadeira arte de pensar, e a semiótica como a lógica. Assim, um dos autores que mais minuciosamente trataram do problema, I. M. Dégérando (*Des signes et de l'art de penser considérée dans leurs rapports mutuels*, ano VII [1800], 4 v.), converte a doutrina dos signos em doutrina dos conceitos, e divide os signos em excitadores e condutores. Cada um desses tipos se subdivide em várias classes, e quando um signo reúne as duas propriedades da excitação e da condução, podem ser considerados sob quatro formas: 1) como signo natural; 2) como signo análogo; 3) como signo figurado, e 4) como signo arbitrário (*op. cit.*, vol. 1, pp. 203 ss.). É verdade que todos esses autores tendem a distinguir — como já o fazia Berkeley (*New Theory of Vision*, § 144 ss.) — os signos constantes e os signos variáveis, sendo os primeiros da mesma espécie que a coisa representada e, portanto, se inclinam a um realismo moderado continuamente velado por um declarado nominalismo. De fato, a concepção do signo quase sempre vacilou, dentro do nominalismo moderno, entre o predomínio da *vox* e o predomínio do *sermo*. No nominalismo moderado se tratava, naturalmente, de um *sermo*. No extremado, tratou-se quase exclusivamente de uma *vox*. Isso ocorreu, por exemplo, com a teoria instrumentalista dos signos que Taine desenvolve em *De l'Intelligence*.

Os exemplos anteriores estão muito longe de esgotar as opiniões dos filósofos sobre o significado de 'signo'. Rudolf Haller (*op. cit.*, na bibliografia) reproduziu uma série de opiniões, das quais nos limitamos a mencionar, à guisa de exemplo, duas menos conhecidas que as anteriores, mas também interessantes. Uma é a de J. Ch. Gottsched, um discípulo de Wolff, que escreve que "quando se conclui de uma coisa outra coisa, a primeira se chama um signo e a segunda se chama o designado" (*Erste Gründe der gesamten Weltweisheit*, 1734), opinião parecida com algumas das anteriormente descritas, mas que sublinha com precisão o tipo de relação entre o signo e aquilo de que é o signo. J. H. Lambert (VER) escreve que o signo é "toda característica dada facilmente aos sentidos por meio da qual se dá a conhecer a existência, a possibilidade, a realidade ou outra propriedade de uma coisa", de sorte que tal característica nos permita executar logo operações do entendimento tais como a prova e outras (*Logische und philosophische Abhandlungen*, 1782, ed. Bernoulli, I, frag. 404ss.). Trata-se, segundo indica Haller (*op.* ref. p. 128), de um esforço por "reduzir a teoria das coisas à teoria dos signos". O signo é um meio (um *principium cognoscendi*) por meio do qual "um ser pensante conclui uma coisa significada" (*Anlage zur Architektonik oder Theorie des Einfachen und Ersten in der philosophischen und mathematischen Erkenntnis*, 1771, vol. II, 678). Por meio do signo "representamos conceitos e coisas" (*Neues Organon oder Gedanken über die Erforschung und Bezeichnung des Wahren und dessen Unterscheidung von Irrtum und Schein*. III. Semiotik, §§ 23, 40).

De cem anos para cá a noção de signo suscitou o interesse de muitos filósofos, lingüistas, antropólogos e psicólogos. Mencionaremos algumas das inúmeras concepções relativas à natureza e função dos signos.

Para Ferdinand de Saussure (*Cours de linguistique générale* [1916], 2ª ed., 1922, ed. Ch. Bally e A. Sechehaye, pp. 97 ss.), o signo é uma "entidade psíquica" que tem duas faces intimamente unidas: uma é a imagem acústica e a outra é o conceito. Às vezes se usa 'signo' para referir-se apenas à imagem acústica, mas Saussure propõe chamar o conceito de "significado" e a imagem acústica de "significante", reservando o nome 'signo' para designar o total. O laço que une o significante ao significado é, segundo Saussure, arbitrário. A concepção por Saussure do signo e a distinção entre signo, significante e significado tiveram grande influência e se incorporaram, com muitas variantes, nas concepções estruturalistas, em algumas das quais, além disso, se estendeu a idéia de "signo", entendendo-se por "signo" não somente o signo verbal, mas também signos não-verbais. Saussure indica (*op. cit.*, p. 162) que um conceito simboliza a significação.

Peirce dividiu os signos em muitos tipos (em uma ocasião propôs que há 59.049 tipos de Signos, devidos às combinações entre 10 dicotomias e 69 classes; cf. *Collected Papers*, 1.291). Entre as classificações de tipos propostas, destaca-se a que começa por considerar três pontos de vista sobre os signos. Por um lado, os signos podem sê-lo de si mesmos; pelo outro, podem ter relação com o objeto; finalmente, podem ter relação com o sujeito (ou "interpretante"). A ciência que estuda os primeiros é a gramática pura; a que se ocupa dos segundos é a lógica; a que trata dos últimos, a retórica pura (*Collected Papers*, 2.288). Cada uma das classes mencionadas de signos se divide em várias subclasses. Importante é sobretudo a classificação dos signos que se relacionam com o objeto em três tipos: os signos icônicos ou ícones (signos que possuiriam o caráter que os faria significantes mesmo que seu objeto não tivesse existência); os índices (signos que perderiam o caráter que os faz ser tais se seu objeto fosse suprimido, mas não perderiam tal caráter se não houvesse interpretador); e os símbolos (signos que perderiam o caráter que os faz ser tais se não houvesse interpretador) (cf. art. "Sign" em J. M. Baldwin, *Dictionary*). Pode-se perceber que a classificação dos signos segundo o que chamamos "três pontos de vista" é análoga à logo difundida por Morris e outros autores.

Ogden e Richards definiram 'signo' como "um estímulo similar a alguma parte de um estímulo original e suficiente para fazer surgir o engrama impresso por aquele estímulo — entendendo por 'engrama' uma excitação similar à causada pelo estímulo original" (*The Meaning of Meaning*, 1923, cap. III).

Charles W. Morris indicou que o signo pode ser considerado como algo que mantém três tipos de relação: com outros signos; com objetos designados (ou denotados) pelo signo, e com o sujeito que usa o signo. O estudo da primeira forma de relação é objeto da sintaxe (VER); o da segunda forma de relação, objeto da semântica (VER); o da terceira forma de relação, objeto da pragmática (VER). O estudo geral dos signos é a semiótica (VER). Muitos autores falam a esse respeito de semiologia (VER).

Husserl se ocupou dos signos especialmente em suas investigações acerca da expressão e da significação. Deve-se distinguir, segundo Husserl, signo de significação. Essas distinções são fundamentais. Por exemplo, Husserl indica que mesmo que 'expressão' e 'signo' às vezes sejam usados como sinônimos, nem sempre coincidem. Assim, todo signo é signo de algo, mas nem todo signo tem uma significação, um sentido expresso pelo signo. Mais ainda: em muitos casos não se pode dizer sequer que o signo designa aquilo do qual é chamado signo. "E ainda no caso de este modo de falar ser justo", prossegue Husserl, "deve-se observar que designar não vale sempre tanto quanto aquele 'significar' que caracteriza as expressões. Com efeito, os signos, no sentido de *indicações* (sinais, notas, distintivos etc.), *não expressam nada*, a não ser que, *além* da função indicativa, cumpram uma função significativa". Quando observamos as expressões da conversação corrente, percebemos que o conceito de sinal tem maior extensão que o de expressão, mas isso não quer dizer que constitua o gênero no que toca ao conteúdo. *"A significação não é uma espécie da qual seja gênero o signo, no sentido de sinal"* (*Investigaciones lógicas.* Investigación primera, § 1, vol. II, p. 31). 'Signo' e 'significação' diferem, razão pela qual não se pode dizer simplesmente que a significação é o que é representado por um signo, o qual muitas vezes se limita a indicar, mas não a significar. Os signos podem ser indicativos ou assinalativos e significativos. Esses últimos são as expressões, mas a expressão tampouco é a significação; esta confere sentido à expressão e é cumprida por sua vez pela efetuação intuitiva. As significações são os termos para os quais as expressões apontam e, ao mesmo tempo, os termos visados por suas efetuações intuitivas sem que estas últimas sejam sempre possíveis, pois as significações costumam ser muito mais extensas que as efetuações ou cumprimentos. A significação é um dos elementos do ato intencional concebido globalmente, mas não é completamente dissolvido no ato mais do que quando há uma adequação absoluta entre a significação e o significado, o objeto intencional. Daí que o conhecimento se torne possível somente enquanto aparecem significações como algo idêntico através das multiplicidades dos signos, e daí também que através de sua interpretação descritivo-fenomenológica do fenômeno que relaciona um signo com o objeto através da significação, do cumprimento intuitivo e do objeto intencional, Husserl rejeita tanto a idéia de que o signo é arbitrário (nominalismo) como a suposição de que o signo surge da coisa mesma como sua designação expressiva (realismo extremo). Essa doutrina evitaria, portanto, a mesma coisa que muitas correntes contemporâneas se esforçaram por esclarecer: a má simbolização devida a uma "situação significativa ambígua".

Algumas das doutrinas mencionadas sobre a natureza e função dos signos são principalmente lingüísticas — como em Ferdinand de Saussure —, embora extensíveis a esferas não-lingüísticas ou, em todo caso, ampliáveis a todos os processos nos quais haja comunicações, códigos e mensagens. Outras — como as de Peirce e Husserl — têm primariamente um alcance filosófico, estreitamente ligado a investigações lógicas. Outras — como as de Morris e também Peirce — têm um interesse geral semiótico e semiológico. Alguns autores se interessaram especialmente pelos aspectos lógicos e lógico-semióticos. Isso ocorre com Carnap ao propor uma distinção entre signos lógicos (por exemplo, os usados na notação simbólica) e signos descritivos (ou designações de *designata*). Carnap distingue também signos-acontecimentos e signos-idéias. A palavra "letra", diz Carnap, é ambígua. Pode ser usada em dois sentidos: 1) Há duas letras 's' na sexta palavra da frase anterior; a segunda letra 's' nessa palavra é uma terminação plural. 2) A letra 's' está duas vezes na palavra 'sentidos'; a letra 's' é em muitos casos usada como terminação plural. Assim portanto, enquanto em 1) dizemos "muitas letras 's'", em 2) dizemos "a letra 's'", indicando assim que há apenas uma. O primeiro é o signo-acontecimento; o segundo é o signo-idéia. Por seu lado, Reichenbach assinala a existência de três tipos de signos, já reconhecidos por Peirce: os signos-índices, que adquirem sua função mediante uma conexão causal (a fumaça como signo do fogo); os signos icônicos, devidos à similaridade do signo com o significado (como a fotografia enquanto signo do objeto fotografado), e os signos convencionais ou símbolos, nos quais a coordenação do signo com o objeto é determinada mediante regras, as chamadas regras da linguagem.

⊃ Além das obras mencionadas no texto do verbete e das que constam na bibliografia do verbete SÍMBOLO, SIMBOLISMO, ver: R. Gaetschenberger, *Grundzüge einer Psychologie des Zeichens*, 1901. — Id., *Symbola. Anfangsgründe einer Erkenntnistheorie*, 1920. — Id., *Zeichen, die Fundamente des Wissens. Eine Absage an die Philosophie*, 1932. — Ch. W. Morris, *Foundations of the Theory of Signs*, 1938. — Id., *Signs, Langage, and Behavior*, 1946. — Id., *Signification and Significance: A Study of the Relations of Signs and Values*, 1964. — J. Delenglade, H. Schmalenbach *et al.*, *Signe et symbole*, 1946. — Alain Rey, *Théories du Signe et du Sens*, 1976. — W. Steiner, ed., *The Sign in Music and Literature*, 1981. — Ch. B. Daniels, J. B. Freeman, G. W. Charlwood, *Toward an Ontology of Number, Mind and Sign*, 1986. — F. Merrell, *Sign, Textuality, World*, 1992 [a partir de Ch. S. Peirce].

Sobre vários autores e correntes: R. Javelet, M. Kurdzialek *et al.*, *Der Begriff der* repraesentatio *im Mittelalter. Stellvertretung, Symbol, Zeichen, Bild*, 1972, ed. A. Zimmermann. — Douglas Greenlee, *Peirce's Theory of Signs*, 1973. — Jacques Derrida, *La voix et le phénomène: Introduction au problème du signe dans la phénoménologie de Husserl*, 1967. — Rudolf Haller, "Das 'Zeichen' und die 'Zeichenlehre' in der Philosophie der Neuzeit", *Archiv für Begriffsgeschichte*, 4 (1959), 113-157. — M. Dascal, *La semiología de Leibniz*, 1978.

Ver também a bibliografia dos verbetes SEMÂNTICA; SIGNIFICAÇÃO, SIGNIFICAR. ⊂

SIGNOS PRIMITIVOS. Na literatura lógica contemporânea se encontra com freqüência a expressão 'proposições primitivas' e às vezes a expressão 'idéias primitivas'. Estas expressões procedem do uso estabelecido por Whitehead e Russell em *Principia Mathematica* ao apresentarem o cálculo de proposições. Hoje em dia se tende ao uso da expressão 'signos primitivos', que se entende por contraste com a expressão 'signos definidos'. De fato, o estabelecimento de um cálculo (VER) qualquer requer uma lista dos signos que serão usados no mesmo. Se esses signos não são definidos, são chamados de *primitivos*; se são definidos, são chamados de *definidos*. Deve-se observar que não há signos que sejam constitutivamente signos definidos; qualquer signo pode ser primitivo ou definido de acordo com o modo como tenha sido introduzido no cálculo.

Suponhamos, por exemplo, que para erigir o cálculo sentencial adotamos como signos primitivos as letras sentenciais '*p*', '*q*', '*r*', '*s*', '*p*'', '*q*''', '*r*''', '*s*''' etc., os conectivos '⌐' e '∨' e os parênteses '(' e ')'. Os conectivos '∧', '→', '↔', '↮', '↓' e '|' serão então considerados como signos definidos. Deste modo, '$(p \land q)$' se definirá mediante '$(\daleth(\daleth p \lor \daleth q))$' e '$(p \to q)$' mediante '$(\daleth p \lor q)$' etc. Introduzem-se deste modo no *definiens* somente signos que se tenham adotado como signos primitivos, ou então signos que já se tenham definido com auxílio dos signos primitivos. Por exemplo, uma vez definido '$(p \to q)$' mediante '$(\daleth p \lor q)$' se poderá definir '$(p \leftrightarrow q)$', mediante '$((p \to q) \land (q \to p))$'.

O procedimento usado no cálculo sentencial é empregado em outros cálculos. Consideremos o cálculo quantificacional, no qual se adotam como signos primitivos as mencionadas letras sentenciais, as letras predicados 'F', 'G', 'H' etc., as letras argumentos 'w', 'y', 'z' etc., os conectivos '⊤' e '∨' (embora possam ser substituídos por outros, caso em que os citados serão signos definidos e não primitivos). Os conectivos restantes se definirão em função dos conectivos adotados como primitivos. O quantificador particular '$\lor x (Fx)$' que não figurava entre os signos primitivos, pode ser definido mediante '$\daleth \land x (\daleth Fx)$' se '$\land$' funciona como signo primitivo.

SIGWART, CHRISTOPH (1830-1904). Nascido em Tübingen, estudou na Universidade dessa cidade, foi "Repetidor" (1855-1858) no Seminário teológico de Tübingen e professor (1859-1863) no Seminário de Bleubeuren e na Universidade de Tübingen (1865-1903).

Sigwart foi um dos principais defensores da concepção chamada "anormativista" nas duas disciplinas de que se ocupou principalmente: a lógica e a ética. Segundo essa concepção, a tarefa da lógica é proporcionar normas para o pensar reto e a da ética é proporcionar normas para o reto agir. Tanto a lógica como a ética têm de apresentar regras objetivas universalmente válidas.

Pode surpreender que, em vista disso, Husserl reprovasse a Sigwart as propensões "psicologistas" e que Sigwart fosse um dos alvos de sua luta contra o "psicologismo" (VER). Isso se deve ao fato de que, embora lógica e ética sejam para Sigwart normativas, as normas que se descobrem têm de ser evidentes e a evidência é dada por uma intuição básica que o sujeito possui e mais além da qual não se pode apelar. Deve-se também ao fato de que para Sigwart o motor, ou a motivação, dos juízos lógicos e éticos está na vontade livre do sujeito.

A *Lógica* de Sigwart serviu durante algum tempo de modelo para o estudo dessa disciplina em várias Universidades alemãs. Especialmente influente foi a teoria do juízo e a classificação dos juízos em elementares ou imediatos e complexos. Os juízos elementares são juízos de existência; os complexos são predicações.

➲ Obras: *U. Zwingli und der Charakter seiner Theorie*, 1855 (*U. Z. e o caráter de sua teoria*). — *Logik (I. Die Lehre vom Urteil, vom Begriff und vom Schluss; II. Die Methodenlehre)*, 2 vols., 1873-1878; 5ª ed., 1924, ed. Heinrich Maler (*Lógica. I. A doutrina do juízo, do conceito e do raciocínio. II. A doutrina do método*). — *Kleine Schriften*, 2 vols., 1881; 2ª ed., 1889 (*Pequenos escritos*). — *Vorfragen der Ethik*, 1886; 2ª ed., 1907 (*Questões preliminares da ética*). — *Die Impersonalien*, 1888.

Ver: I. Engel, *Sigwarts Lehre vom Wesen des Erkennens*, 1908 (tese). — J. Flaig, *Sigwarts Beiträge zu Grundlegung und Aufbau der Ethik*, 1912 (tese). — K. A. Märtz, *Die Methodik der Geschichtswissenschaft nach Ranke, Sigwart und Wundt*, 1916 (tese). — G. Schilling, *Die Berechtigung der teleologischen Betrachtungsweise der Natur nach Paulsen und Sigwart*, 1919 (tese). — Theodor Häring, *Christoph Sigwart*, 1930. — L. Buchhorn, *Evidenz und Axiome im Aufbau von Sigwarts Logik*, 1931 (tese). — R. B. Levinson, "S.'s *Logik* and William James", *Journal of the History of Ideas*, 8 (1947), 475-483. — B. B. v. Freytag Löringhoff, "C. S. Tübingen 1830-1904: Festvortrag zu seinem 150 Geburstag", *Zeitschrift für philosophische Forschung*, 35 (1981), 247-259. ⊂

SILÉSIO, ÂNGELO [Angelus Silesius] (1624-1677) foi o nome adotado por Johann Scheffler, nascido em Breslau, de pais protestantes, quando se converteu, em 1653, ao catolicismo. Ângelo Silésio seguiu as tendências místicas de Ruysbroeck, Tauler e Böhme e expressou suas intuições místicas e suas experiências religiosas em uma série de obras poéticas. A mais conhecida e celebrada delas é o *Cherubinischer Wandersmann (O peregrino querubínico)*. Escrevemos "intuições místicas" em vez de "tendências místicas", e "experiências religiosas" em vez de "crenças religiosas", porque tanto em *O peregrino querubínico* como em outras obras poéticas de Ângelo Silésio não devemos buscar tendências ou fórmulas, mas sim expressões de um modo de sentir a Deus e a relação entre Deus e o homem. Traduzidas numa linguagem teológica, as expressões poéticas de Ângelo Silésio são em muitos casos panteístas, em outros casos imanentistas etc. Assim, no mais famoso dístico do autor:

Ich weiss, dass ohne mich Gott
   nicht ein Nu kann leben;
Werd'ich zunicht, er muss vor
   Not den Geist aufgeben.
(Sei que sem mim nem um só
   instante pode Deus viver,
Que se pereço eu, também Ele
   deverá morrer)

Deus aparece tão dependente do homem quanto o homem é dependente de Deus. No entanto, isso não significa necessariamente que Ângelo Silésio conceba Deus como produto da imaginação humana; o não poder viver sem o homem é a manifestação de um modo de sentir a Deus como indissoluvelmente ligado à condição humana.

➲ Obras: O *Cherubinischer Wandersmann* foi publicado em 1675. Na mesma data se publicou a *Sinnliche Beschreibung der vier letzten Dinge (Descrição sensível das quatro postrimerias)*. Em 1657 fora publicado *Hei-*

lige Seelenlust, oder geistliche Hirtenlieder der in Jesu verliebten Psyche (Santa alegria da alma, ou canções pastoris da alma enamorada de Jesus). Em 1677 foi publicada uma série de obras apologéticas com o título de *Ecclesiologia*.
Obras poéticas: *Sämtliche poetische Werke*, 3 vols., 1925, ed. Hans Ludwig Held. — Edição de obras poéticas e seleção de escritos polêmicos, 2 vols., 1924, ed. G. Ellinger.
Em português: *O peregrino querubínico*, 1996.
Ver: F. Kern, *J. Schefflers Cherubinischer Wandersmann*, 1866. — C. Seltmann, *A. S. und seine Mystik*, 1896. — Paula König, *Die mystische Lehre des Angelus Silesius in religionsphilosophischer und psychologischer Deutung*, 1942 (tese). — H. Plard, *La mystique d'A. S.*, 1943. — L. Gnädinger, "Die spekulative Mystik im *Cherubinischer Wandersmann* des J. A. S.", *Studi Germanici*, Neue Reihe 4 (1966). — J. L. Sammons, *A. S.*, 1967. — J. Brucker, "A. S. und N. von Kues", *Euphorion*, 64 (1970). **c**

SILOGISMO. Em sua obra sobre o desenvolvimento da lógica e da retórica aristotélicas, Friedrich Solmsen assinalou que a silogística aristotélica não é o resultado de uma criação a partir do nada: tem precedentes na dialética platônica e, por outro lado, experimentou um processo evolutivo dentro do pensamento do próprio Aristóteles (ou, como diria Zurcher, do autor ou autores do *Corpus aristotelicum*). Analogamente, J. Clark destacou que na silogística aristotélica há dois elementos já anteriormente elaborados: a relação *inclusão-exclusão*, de origem platônica; e a técnica da proporção contínua, procedente de Eudoxo, o que torna compreensível que o vocabulário da silogística aristotélica apareça calcado no vocabulário da teoria das proporções (ὅρος, termo; σχῆμα, figura; ἄκρον, extremo; μέσον, meio). Ora, a existência de precedentes não diminui a importância da contribuição de Aristóteles ao assunto. Segundo W. D. Ross, a teoria das proporções, embora tenha influenciado a silogística aristotélica, foi tomada por Aristóteles como um modelo do qual se podiam derivar, por analogia, vários conceitos fundamentais. Quanto aos precedentes platônicos, convém levar em conta que embora sem eles a silogística não pudesse ter sido possível, eles sozinhos não constituem nem sequer um esquema da inferência silogística. O método de divisão (VER) preconizado por Platão não passa, no fundo, como o próprio Aristóteles aponta, de um "silogismo fraco". E no que toca ao vocábulo συλλογισμός, só a partir de Aristóteles ele tem o sentido técnico que conhecemos. Antes do Estagirita, o vocábulo em questão não tinha um significado preciso, uma vez que derivado de συλλέγειν (συλλογίζεσθαι) designava simplesmente reunião, e daí conta, cálculo e às vezes também conjetura.

A doutrina silogística tem uma longa história. No *Corpus aristotelicum* encontramos um estudo muito completo dos *silogismos categóricos (assertóricos)* e dos *silogismos modais*. A Teofrasto, Eudemo e vários comentadores de Aristóteles (especialmente Alexandre de Afrodísia) parece dever-se o desenvolvimento da doutrina dos chamados *silogismos hipotéticos*. Baseando-se provavelmente em estudos anteriores de autores gregos, essa doutrina foi apresentada com notável detalhe e rigor por Boécio. Os escolásticos medievais contribuíram para a elaboração da doutrina silogística em todas as suas partes e para sua apresentação formalizada. No curso da época moderna, em contrapartida, a teoria silogística experimentou graves enfraquecimentos. Por um lado, certos autores (como ocorre com vários "antiescolásticos" renascentistas ou modernos: Francis Bacon, *Novum Organum*, I, 11-14; Descartes, *Discours*, I, e *Regulae*, II; Locke, *Essay*, IV, xvii, 4-8) criticaram o silogismo ou, melhor dizendo, o abuso que em certos meios escolásticos se havia feito da silogística; segundo tais autores, o silogismo carece de valor inventivo e possui no fundo valor expositivo. Por outro lado, muitos lógicos modernos, tanto de tendência escolástica como não escolástica, reduziram a um mínimo o corpo de doutrinas relativas ao silogismo elaboradas durante a Antiguidade e a Idade Média. Os novos historiadores da lógica, em particular a partir de Łukasiewicz, desenterraram muitas das riquezas da teoria silogística clássica e a apresentaram na forma própria da lógica simbólica contemporânea. Isso não significa que a teoria do silogismo tenha voltado a ocupar na lógica um lugar desmedido; os silogismos são estudados como uma parte da lógica quantificacional (por exemplo: silogismos categóricos, que constituem várias leis dessa lógica), da lógica sentencial (por exemplo: silogismos hipotéticos, que constituem várias leis dessa lógica) e da lógica das classes (pois os silogismos categóricos podem ser introduzidos dentro da álgebra de classes). No presente verbete exporemos os traços gerais da doutrina do silogismo e trataremos em seguida dos silogismos *categóricos*, dos *modais* e dos *hipotéticos*, com especial atenção aos primeiros.

Em *An. pr.*, I 24 b 18-23, Aristóteles definiu o silogismo do seguinte modo: "Um silogismo é um argumento no qual, estabelecidas certas coisas, resulta necessariamente delas, por serem o que são, outra coisa distinta das antes estabelecidas". Observou-se com freqüência que essa definição é tão geral que pode ser aplicada não somente à inferência silogística, mas também a muitos outros tipos de inferência (senão à inferência dedutiva em geral). O Estagirita, no entanto, procedeu a exemplificar tal definição mediante inferências de um tipo especial: aquelas nas quais se estabelece um processo de dedução que conduz a estabelecer uma relação de tipo *sujeito-predicado* partindo de enunciados que também apresentam a relação *sujeito-predicado*. Nesse processo dedutivo, além disso, supõe-se que a conclusão — que tem dois termos — é inferida de duas premissas, cada uma das quais tem igualmente dois termos, um dos quais não aparece na conclusão. Apresentaremos depois de um modo formal mais preciso o tipo de inferência silogística. Indiquemos por enquanto apenas que Aristóteles proporciona, como indica Bocheński, uma descrição metalógica do silogismo (categórico), mas que isso não significa reduzi-lo a uma regra metalógica. O silogismo aparece também, e especialmente, como uma lei lógica (ou para uma série de leis lógicas, uma para cada um dos modos válidos). Essas leis lógicas estabelecem relações entre termos universais. Discutiu-se muito acerca de se tais termos devem ser entendidos em compreensão ou em extensão. Essa discussão não é muito iluminadora, já que, como observa Maritain, considerar o silogismo do ponto de vista da extensão é tão legítimo quanto considerá-lo do ponto de vista da compreensão. Além disso, encontramos na obra lógica de Aristóteles textos nos quais prepondera uma orientação "compreensivista" (ou "intensivista") e textos nos quais se destaca uma tendência "extensivista".

Para entender agora mais formalmente o que é um silogismo, procedamos a dar um exemplo de silogismo categórico:

Se todos os homens são mortais e todos os australianos são homens, então todos os australianos são mortais.

Observemos que se trata de um exemplo de condicional e que todos os termos introduzidos ('homens', 'mortais', 'australianos') são universais. Com isso queremos enfatizar que muitos dos exemplos de silogismos dados na literatura lógica tradicional não são propriamente silogismos. Por exemplo:

Todos os homens são mortais
Todos os australianos são homens
Todos os australianos são mortais,

onde o traço horizontal acima da conclusão costuma ser lido 'portanto', não é um exemplo correto de silogismo, pois não aparece nele a forma condicional, nem se vê claro tampouco que as duas primeiras proposições estão ligadas por uma conjunção. Tampouco é exemplo correto de silogismo o raciocínio:

Todos os homens são mortais
Sócrates é homem
Sócrates é mortal,

pois, além de carecer dos conectivos antes assinalados, contém um termo singular ('Sócrates').

O primeiro dos citados exemplos corresponde à forma:

Se todo M é P
e todo S é M,
então todo S é P.

Trata-se de uma forma silogística correta, mas moderna. A correspondente forma silogística usada por Aristóteles é:

Se A é predicado (é verdadeiro) de todo B e B é predicado (é verdadeiro) de todo C, então A é predicado (é verdadeiro) de todo C

onde as variáveis 'A', 'B', 'C' correspondem aqui às letras 'M', 'P', 'S' da forma anterior. 'É predicado de' ou 'é verdadeiro de' são expressos também com freqüência por 'pertence a' (ou 'inere em'). Como indica Łukasiewicz, a quem seguimos nessa tentativa de restabelecer a autêntica forma do silogismo aristotélico, o Estagirita se aproximou em sua teoria silogística muito mais das exposições modernas do que de algumas das chamadas tradicionais. Com efeito, ele concebeu o silogismo como uma proposição composta e não como uma série de proposições; estabeleceu claramente a natureza condicional de tal proposição composta; usou variáveis e, finalmente, entendeu o termo ἀνάγκη ('deve', 'é preciso') como a segunda partícula do conectivo 'se... então' e não como um 'portanto', que é a expressão usada por muitos lógicos ou, como vimos, a forma habitual de ler o traço horizontal colocado antes da conclusão.

Tanto o exemplo como a forma corretos antes indicados correspondem a um silogismo categórico, o tipo de silogismo cuja composição vamos examinar a seguir. Na lógica quantificacional o exemplo em questão corresponde à lei:

$$(\wedge x (Gx \to Hx) \wedge \wedge x (Fx \to Gx))$$
$$\to \wedge x (Fx \to Hx)$$

para cuja leitura o leitor poder recorrer aos verbetes BARBARA; QUANTIFICAÇÃO etc. Vemos claramente que um silogismo categórico é um condicional que se compõe de três esquemas quantificados. O antecedente do condicional se compõe de dois esquemas, chamados *premissas*. A primeira é a *premissa maior*; a segunda, a *premissa menor*. O conseqüente do condicional é outro esquema: a *conclusão*. Cada esquema tem duas letras predicados. Usaremos agora as letras 'S', 'P' e 'M' (às vezes se empregam 'F', 'G' e 'H'). Estas letras designam os chamados *termos* do silogismo. Os nomes que os termos recebem são os seguintes: *termo médio, termo menor, termo maior*. O termo médio (representado por 'M') está nas duas premissas, mas não na conclusão. Assim, em nosso exemplo, 'homens' é o termo médio. O termo menor é o primeiro dos termos da conclusão; o termo maior, o segundo dos termos da conclusão. Assim em nosso exemplo, 'australianos' e 'mortais' são respectivamente os termos menor e maior do silogismo. Os termos menor e maior são chamados também às vezes *termo último* ou *extremo menor* e *termo primeiro* ou *extremo maior*. Os vocábulos 'último' e 'primeiro' podem parecer surpreendentes, já que no esquema 'S P' da conclusão, 'S' não é o último, mas o primeiro, e 'P' não é o primeiro, mas o último. Mas isso se torna compreensível se pensamos na forma dada por Aristóteles e antes assinalada ('A é predicado de todo C'), onde

'A' (na terminologia moderna 'P') aparece efetivamente como o primeiro termo (o termo maior ou extremo maior) é 'C' (na terminologia moderna 'S') aparece como o último termo (o termo menor ou extremo menor). Deve-se levar em conta, por outro lado, que, como indica Ross, os vocábulos 'maior' e 'menor' parecem completamente adequados só quando temos de lidar com modos universais afirmativos da primeira figura; neles, 'P' designa um termo que tem maior extensão que o designado por 'S'.

Devem-se considerar no silogismo categórico a figura e o *modo*. Estendemo-nos sobre o assunto nos verbetes dedicados a cada um desses conceitos. Resumiremos aqui o mais essencial acerca deles.

A figura é a maneira como estão dispostos os termos nas premissas. Como vimos (ver Quarta figura; Figura), há várias maneiras de dispor tais termos e, portanto, várias figuras. Cada uma delas se distingue pela posição do termo médio. Aristóteles admitiu somente três figuras, porque, segundo escreve Ross, o *fundamentum divisionis* do silogismo adotado pelo Estagirita não se refere à posição do termo médio, mas à amplitude de tal termo em comparação com os extremos (mais amplo que um e mais estreito que o outro — primeira figura —, mais amplo que qualquer dos dois — segunda figura —, e mais estreito que qualquer dos dois — terceira figura). A redução das figuras a três não impediu, porém, que Aristóteles se referisse a exemplos de silogismos que consideramos pertencentes à quarta figura. Essa figura também é chamada (erroneamente) *figura galênica*; os motivos que levaram a adotar esse nome são indicados em Quarta figura.

O modo é a forma em que estão dispostas as premissas em razão da quantidade e qualidade e, por conseguinte, em função da maneira como se podem substituir os esquemas das premissas e da conclusão pelos enunciados A, E, I, O (ver Proposição). Referências mais detalhadas sobre este ponto se encontrarão no verbete Modo; além disso, dedicamos verbetes especiais aos modos *Barbara, Celarent, Darii, Ferio, Cesare, Camestres, Festino, Baroco, Datisi, Feriso, Disamis, Bocardo, Calemes, Fresison, Dimatis* (quinze modos que alguns autores consideram ser os únicos válidos) e aos modos *Darapti, Felapton, Bamalip, Fesapo* (que outros autores — entre eles nós — incluem entre os modos válidos). Em cada um dos verbetes sobre esses modos indicamos os símbolos mediante os quais se expressam como tantas outras leis da lógica quantificacional elementar. Também indicamos os correspondentes esquemas quando as letras 'a', 'e', 'i', 'o' (que substituem neste caso 'A', 'E', 'I', 'O') são usadas entre as letras 'MP', 'SM', 'PM', 'MS', 'SP'.

Segundo Aristóteles, há certo número de modos silogísticos cuja validade é evidente e que podem ser considerados, por conseguinte, como axiomas no sistema formal silogístico. São os silogismos chamados *perfeitos*, ou seja os modos válidos da primeira figura: *Barbara, Celarent, Darii* e *Ferio*. Em uma ocasião Aristóteles reduziu os modos perfeitos ou axiomas do sistema a dois: *Barbara* e *Celarent*. Os modos que não são evidentes por si mesmos são modos imperfeitos, e devem ser provados com base nos modos perfeitos. Os métodos usados por Aristóteles a respeito são três: o de conversão, o da *reductio ad impossibile* e o de exposição (ἔκθεσις). Para a aplicação do método de conversão são usados silogismos perfeitos, leis de conversão das proposições A, E, I, O, e três leis da lógica proposicional. Isso permite (como indica Łukasiewicz) provar formalmente todos os silogismos imperfeitos, exceto *Baroco* e *Bocardo*, que necessitam, para serem provados, de outras teses da lógica proposicional. A insuficiência do método de conversão para provar os modos *Baroco* e *Bocardo* leva Aristóteles a empregar o segundo dos citados métodos de prova: o da *reductio ad impossibile*. Este método se baseia nas leis de oposição e em duas leis cujos modelos se encontram em outras tantas leis da lógica proposicional. Quanto ao método de exposição, consiste substancialmente em destacar ou "expor" um indivíduo tirando-o de um termo usado em extensão para operar com ele e aplicar em seguida o resultado a termos que designam classes. Como todos os modos imperfeitos podem ser provados seja por conversão, seja por *reductio ad impossibile*, a prova por exposição não é, estritamente falando, necessária.

Os silogismos categóricos podem ser introduzidos também na álgebra de classes, considerando-se as letras 'S', 'P' e 'M' como símbolos de classes. São suscetíveis de ser representados graficamente com base no método de Euler, ampliando por John Venn. No verbete Venn (Diagrama de) usamos essas representações gráficas para mostrar como se pode comprovar mecanicamente a validade ou não-validade de um silogismo dado.

Notemos que os escolásticos deram várias regras para a formação de silogismos válidos. Essas regras são oito:

1) *Terminus esto triplex: major mediusque minorque.* Os termos de todo silogismo devem ser três: maior, médio e menor.
2) *Latius hos quam praemisae conclusio non vult.* Nenhum termo deve possuir maior extensão na conclusão que nas premissas.
3) *Nequaquam medium capitat conclusio oportet.* A conclusão nunca deve conter o termo médio.
4) *Aut semel aut iterum medius generaliter esto.* O termo médio deve ser tomado ao menos uma vez em forma geral.
5) *Utraque si praemissa neget, nihil inde sequetur.* Nada se segue de duas premissas negativas.
6) *Ambae affirmantes nequeunt generare negantem.* Se as duas premissas são afirmativas, não se pode seguir delas uma conclusão negativa.

7) *Pejorem sempre sequitur conclusio partem.* A conclusão segue sempre a parte mais fraca (parte ou premissa inferior).
8) *Nihil sequitur geminis ex particularibus unquam.* Nada se segue de duas premissas particulares.

As regras mais importantes são a 1), a 3) e a 8). Os escolásticos formularam também o princípio *Dictum de omni et nullo*, que foi muito debatido por autores modernos. Referimo-nos a esse (duplo) princípio no verbete *Dictum de omni, dictum de nullo* (VER).

Entre as várias novas notações que foram propostas para o silogismo, destacaremos a elaborada por H. Reichenbach. Segundo ele, essa notação é mais clara que a tradicional e combina alguns traços tradicionais com alguns traços modernos. Consiste essencialmente no seguinte.

Das quatro vogais 'A', 'I', 'E', 'O' (escritas 'a', 'i', 'e', 'o' quando aparecem entre quaisquer dois termos designados por 'S', 'P', 'M'), podemos eliminar as duas últimas mediante o uso de classes complementares indicadas pelo signo de negação '—' colocado em cima da letra. Assim

$$SeP \leftrightarrow Sa\bar{P}$$
$$SoP \leftrightarrow Si\bar{P}$$

Com isso não só a notação é simplificada como inclusive, no entender de Reichenbach, enriquecida. Relações tais como as expressas mediante '$\bar{S}a\bar{P}$ e $\bar{S}i\bar{P}$', que a teoria tradicional do silogismo desconhecia, podem ser notadas com facilidade. A rigor, alguns modos foram considerados inválidos (apesar de terem uma conclusão válida), porque a conclusão não podia ser escrita na notação tradicional. Além disso, a notação tradicional conduziu à errônea regra de que duas premissas negativas não permitem uma conclusão. A conclusão é legítima, mas não pode ser expressa mediante a notação tradicional.

Os modos antes aludidos foram mencionados por Aristóteles (*De int.*, 10, 20a), mas não incluídos nos *An. Pr.* São os modos tratados modernamente por A. de Morgan, Christine Ladd-Franklin e, recentemente, por H. B. Smith e C. West Churchman.

O uso do signo de negação sobreposto a 'a' e 'i' oferece, segundo Reichenbach, a vantagem de tornar desnecessária a distinção entre figuras silogísticas. Em vez de usar as letras 'a' e 'i' poder-se-ia empregar a notação correspondente à teoria moderna das classes, mas é preferível seguir atendo-se à primeira notação para efeitos do cálculo silogístico. Além disso, os esquemas nos quais intervêm 'a' e 'i' podem ser definidos em termos de lógica das classes, na forma seguinte:

$$SaP = \text{def.} \ S \subset P$$
$$SiP = \text{def.} \ S \cap P \neq \Lambda$$

Para as duas classes tradicionais, S e P, as relações que se obtêm mediante a notação anterior são:

| SaP | Sa$\bar{P}$ | $\bar{S}$aP | $\bar{S}$a$\bar{P}$ |
| SiP | Si$\bar{P}$ | $\bar{S}$iP | $\bar{S}$i$\bar{P}$ |

Essas relações ficam claras no cubo de oposição introduzido no verbete OPOSIÇÃO (I).

O silogismo modal foi tratado por Aristóteles tomando como base sua teoria dos silogismos categóricos. O Estagirita ofereceu, pois, análogos modais dos modos das três figuras consideradas por ele, segundo vimos, como figuras válidas.

Não nos estenderemos aqui sobre as leis silogísticas modais aristotélicas; remeteremos ao quadro muito completo apresentado por Bocheński em sua obra sobre a lógica formal antiga (entre pp. 62 e 63). Ele apresenta oito grupos de leis silogísticas modais para cada um dos 14 modos considerados válidos. Como ocorre com o sistema de silogística categórica, os 4 modos da primeira figura funcionam no sistema como axiomas pelo menos para vários grupos. Segundo indicamos antes, Teofrasto e outros autores ampliaram e afinaram o sistema aristotélico de silogística modal (para as modificações introduzidas por Teofrasto no sistema aristotélico, ver MODALIDADE). O discípulo de Aristóteles modificou, além disso, o quadro de leis mencionadas, considerando algumas como não válidas.

No que diz respeito aos silogismos hipotéticos, apresentados por Aristóteles e desenvolvidos pelos comentadores do Estagirita, Teofrasto, Eudemo, Boécio e outros autores, trata-se de proposições alternativas e condicionais que são assumidas "por hipótese". Considerável desenvolvimento experimentou o estudo dos silogismos analógicos ou "totalmente hipotéticos". Segundo Bocheński, as variáveis usadas neles pelos discípulos de Aristóteles devem ser substituídas por variáveis predicados e não por variáveis proposicionais, as variáveis usadas por Boécio podem ser substituídas, em contrapartida, por variávies proposicionais. Boécio formulou várias leis dos silogismos hipotéticos dentro de um sistema mais amplo que o de Teofrasto e Eudemo, pois incluía nele como um grupo especial os silogismos totalmente hipotéticos antes aludidos. Referimo-nos também a esse respeito às listas de leis dadas por Bocheński em sua obra sobre a lógica formal antiga (especialmente pp. 75-76 e 107-109; ver também de novo o verbete MODALIDADE).

Classificamos até agora os silogismos em três: categóricos, modais e hipotéticos. Observaremos, para terminar, que essa não é a única classificação possível. O próprio Aristóteles se referiu ao silogismo do ponto de vista do valor das premissas, um ponto de vista que podemos qualificar de científico-metodológico. Em *Top.*, VIII, 11 162 a 15-20, Aristóteles fala de quatro tipos de silogismos (raciocínios, ou raciocínios silogísticos): o *filosofema* (VER), o *epiquerema* (VER), o *sofisma* (VER) e o *aporema* (VER). Fundando-se nessa classificação, e atendo-se aos três primeiros tipos, falou-se de silogismos *demonstrativos* (ou *apodíticos*), de silogismos *dialéticos* e de silogismos *sofísticos* (estes chamados também *"erísticos"*). Os silogismos demonstrativos são necessários, isto é, a conclusão se segue necessariamente das premissas. Os silogismos dialéticos são prováveis, isto é, a conclusão só tem algum grau de probabilidade em relação às premissas. Os silogismos sofísticos são falsos.

Alguns escolásticos apresentaram classificações semelhantes. Uma das mais conhecidas é a que divide os silogismos em *demonstrativos* (ou *necessários*), *prováveis* (ou *contingentes*), *errôneos* (ou *impossíveis*) e *sofísticos* (ou *falsos* e incorretos, embora aparentemente verdadeiros e corretos). Também alguns escolásticos propuseram uma divisão (já não simplesmente metodológica, mas formal) do silogismo em *categórico* e *hipotético*. Os silogismos categóricos são silogismos puros e simples. Os silogismos hipotéticos são aqueles nos quais a premissa maior é uma proposição hipotética e a menor afirma ou nega parte da maior. Os silogismos hipotéticos podem por sua vez subdividir-se em *condicionais, disjuntivos* e *conjuntivos* conforme a premissa maior seja um condicional, uma disjunção ou uma conjunção. Todos esses silogismos são considerados *completos*. A eles se agregam os silogismos *incompletos*, nos quais uma das premissas não é explicitamente formulada (exemplo deles é o entimema [VER]), e os silogismos *compostos* (o epiquerema [VER] e o sorites [VER]). Essa classificação escolástica é útil em muitos aspectos, mas tem também vários inconvenientes. Entre eles mencionamos dois: a simplificação que introduz na apresentação de alguns desses tipos de silogismos (por exemplo, o condicional) e a freqüente confusão da formulação lógica com a metalógica.

➲ Todos os tratados de lógica e logística (VER) dão uma apresentação da teoria do silogismo e dos diversos tipos de silogismos. Entre os numerosos trabalhos dedicados especialmente ao problema do silogismo mencionamos os seguintes: A. de Morgan, artigos sobre o silogismo citados na bibiliografia de MORGAN (AUGUSTUS DE). — J. Lachelier, *De natura syllogismi*, 1876. — Id., *Étude sur le syllogisme*, 1907 (ed. desses dois escritos e outros do mesmo autor em 1924). — M. Fonsegrive, "La théorie du syllogisme catégorique d'après Aristote", *Annales de la Faculté des Lettres de Bordeaux*, 3 (1881). — H. Maier, *Die Syllogistik des Aristoteles*, 3 vols., 1896-1906; reed., 1936; reimp., 1969-1970. — L. Brunschvicg, *Qua ratione Aristoteles Metaphysicam vim syllogismo inesse demonstraverit*, 1897 (tese). — G. Rodier, *De vi propria syllogismi*, 1897 (tese) (trad. franc.: "Les fonctions du syllogisme", *L'Année philosophique*, 19 [1908], 1-61). — J. E. Th. Wildschrey, *Die Grundlagen einer vollständigen Syllogistik*, 1907. — A. Pastore, *Sillogismo e Proporzione*, 1910. — W. D. Ross, *Aristotle*, 1923; 5ª ed., rev., 1949 (trad. port.: *Aristóteles*, 1987). — F. Solmsen, *Die Entwicklung der aristotelischen Logik und Rhetorik*, 1929. — Id., "The Discovery of the Syllogism", *Philosophical Review*, 50 (1941), 410-421. — E. de Strycker, "Le syllogisme chez Platon", *Revue Néoscolastique*, 34 (1932), 42-46, 218-239. — J. Łukasiewicz, "O sylogistyce Arystotelesa", *Sprawozdania Polskiej Akademii Umiejetnosci*, 44 (1939). — Id., *Aristotle's Syllogistic from the Standpoint of Modern Formal Logic*, 1951; 2ª ed., 1957. — Id., "On a Controversial Problem of Aristotle's Modal Syllogistic", *Dominican Studies*, 7 (1954), 114-128. — I. M. Bocheński, "Zespól definicji do metalogicznego wykłady sylogistyki tradycyjnej", *Polski przeglad tomistyczny*, 1 (1939), 104-114. — Id., *Ancient Formal Logic*, 1951. — W. D. Ross, "The Discovery of the Syllogism", *Philosophical Review*, 48 (1939), 251-272. — D. Th. Howard, *Analytical Syllogistics. A Pragmatic Interpretation of the Aristotelian Logic*, 1940; reimp., 1946. — J. W. Stakelum, "Why Galenian Figure?", *New Scholasticism*, 16 (1942), 289-296. — P. Hoenen, *La structure du système des syllogismes et des sorites. La logique des notions des "au moins" e "tout au plus"*, 1947. — I. M. Bocheński, "On the Categorial Syllogism", *Dominican Studies*, I (1948), 33-57. — Ivo Thomas, "An Extension of Categorical Syllogism", *ibid.*, 2 (1949), 145-160. — K. Dürr, *Leibniz Forschungen im Gebiete des Syllogismus*, 1949 [Leibniz zu seinem 300. Geburtstage 1646-1946, Lieferung 5]. — G. Lebzeltern, *Der Syllogismus psychologisch betrachtet*, 1949. — R. van den Driessche, "Sur le *'De syllogismo hypothetico'*, de Boèce", *Methodos*, 1 (1949), 293-307. — I. Lindworsky, D. J. Slupecki, "Notes on the Aristotelian Syllogistic", *Annales Universitatis Mariae Curie-Sklodowska*, secção F, I, 3 (1949). — H. Veatch, "In Defence of the Syllogism", *Modern Schoolman*, 27 (1950), 184-202. — J. T. Clark, *Conventional Logic and Modern Logic*, 1952, cap. I. — Hans Reichenbach, "The Syllogism Revised", *Philosophy of Science*, 19 (1952), 1-16. — E. W. Platzeck, *Von der Analogie zum Syllogismus*, 1954, e *La evolución de la lógica griega en el aspecto especial de la analogía*, 1954, especialmente cap. IV. — A. Menne, *Logik und Existenz. Eine logische Analyse der kategorischen Syllogismusfunktoren und das Problem der Nullklasse*, 1954. — D. J. Allan, "The Practical Syllogism", em *Autour d'Aristote*, série de trabalhos em honra de A. Mansion, 1955, pp. 325-340. — Albert Menne, "Implikation und Syllogistik", *Zeitschrift für philosophische Forschung*, 11 (1957), 357-386. — A. Finch, "Validity Rules for Proportionally Quantified Syllogisms", *Philosophy of Science*, 26 (1957), 1-18. — Günther Patzig, *Die aristotelische Syllogistik. Logischphilologische Untersuchungen über das Buch A der Ersten Analytiker*, 1959; 2ª ed., 1963. — A.

N. Prior, "Formalized Syllogistic", *Synthèse*, 11 (1959), 265-273. — Storrs McCall, *Aristotle's Modal Syllogisms*, 1963. — Otto Bird, *Syllogistic and Its Extensions*, 1964. — Nicholas Rescher, "Aristotle's Theory of Mind", em Mario Bunge, ed., *The Critical Approach to Science and Philosophy*, 1964, pp. 152-177. — Id., *Galen and the Syllogism*, 1966 [com texto árabe e trad. inglesa de "Sobre a quarta figura do silogismo", por Ibn al-Salah]. — Lynn E. Rose, *Aristotle's Syllogistic*, 1968. — Wolfgang Albrecht e Angelika Hanish, *Aristoteles' assertorische Syllogistik*, 1970. — M. Clark, *The Place of Syllogistic in Logical Theory*, 1980. — L. Pozzi, *Da Ramus a Kant. Il dibattito sulla sillogistica,* 1981 [com apêndice sobre Lewis Carroll]. — P. Thom, *The Syllogism*, 1981. — J. Barnes, *Terms and Sentences: Theophrastus on Hypothetical Syllogisms,* 1983. — E.-W. Platzeck, *Klassenlogische Syllogistik. Ein geschlossenes Verbandssystem definiter Klassen*, 1984.

Sobre o silogismo na lógica indiana: St. Schayer, "Studien zur indischen Logik, I. Der indische und der aristotelische Syllogismus", *Bulletin International de l'Académie Polonaise des Sciences et des Lettres* (1933), 98-102, e "Über die Methode der Nyaya-Forschung", *Festschrift M. Winternitz*, 1933, pp. 247-257. ⊃

SILOGISMO APARENTE (OU SOFÍSTICO). Ver Silogismo; Sofisma.

SILVA-TAROUCA, AMADEO DE. Ver Ontofenomenologia; Polaridade.

SIMÃO DE FAVERSHAM (*ca.* 1240-1306). Ensinou em Paris e em Oxford e foi um dos defensores do tomismo, embora sem seguir em muitos pontos as doutrinas de Santo Tomás. Em sua obra acerca do *De anima* aristotélico (cfr. *infra*), Simão de Faversham se opôs tenazmente à doutrina averroísta da unidade do intelecto, mas negou ao mesmo tempo que a matéria pudesse constituir o princípio de individuação das almas. Esse princípio se fundamenta, segundo nosso autor, em certa "subsistência" própria do corpo. Inéditos até nosso século, os escritos de Simão de Faversham começaram a se tornar acessíveis com a publicação de suas obras completas. Simão de Faversham se distinguiu também por seus trabalhos sobre as categorias e a "interpretação" aristotélicas.

⊃ Obras: *Quaestiones super tertium* De anima, ed. D. Sharp, em "Archives d'histoire doctrinale et littéraire du moyen âge", 9 (1934), 307-368; *Quaestiones in tres libros* De Anima, em J. Vennebusch, *Ein anonymer Aristoteles Kommentar des XIII. Jah.,* 1963. — *Sophisma 'Universale est intentio'*, em T. Yokoyama, "S. of F.'s 'Sophisma: 'Universale est intentio'"", *Medieval Studies*, 31 (1969), 1-14. — *Quaestiones super libro Elenchorum,* ed. S. Ebbesen, Th. Izbick, J. Longway, F. del Punta, E. Serence, E. Stump, 1984.

Edição de obras: *Opera omnia*. Vol. I, *Opera logica: (1) Quaestiones super libro Porphyrii; (2) Quaestiones super libro praedicamentorum; (3) Quaestiones super libro perihermeneias,* ed. Paschalis Mazzarella, 1957.

Ver também: C. Ottaviano, "Le *Quaestiones super libros Praedicamentorum* di Simone di Faversham", em *Memorie della Reale Accademia del Lincei*, série 6, vol. 3, fascículo 4. — F. M. Powicke, "Master S. of F.", *Mélanges Ferdinand Lot*, 1925, pp. 649-658. — Martin Grabmann, "Die Aristoteles-kommentare des Simon von Favershams handschriftliche Mitteilungen", em *Sitzungsberichte der Bayerischen Akademie der Wissenschaften*, Phil.-hist. Abt., n° 3 (1933). — Joachim Vennebusch, "Die *Quaestiones in tres libros De Anima* des S. von F.", *Archiv für Geschichte der Philosophie*, 47 (1965), 20-39. — F. J. Wolf, *Die Intellektslehre des S. v. F. nach seinen* De Anima *Kommentaren*, 1966 (Disc. inaug.). ⊃

SIMÃO DE TOURNAI (†*ca.* 1203). Mestre de teologia em Paris e um dos sumistas (ver Sumas) medievais, foi um dos primeiros filósofos escolásticos a ter conhecimento da *Física* de Aristóteles. Por causa de sua oposição à concepção da alma como entelequia se supôs que pode ter tido conhecimento do *De anima*, mas este ponto é duvidoso, visto que a teoria da alma como entelequia fora discutida por Calcídio em seu comentário ao *Timeu*. Em sua discussão dos problemas teológicos, Simão de Tournai recebeu a influência de John Scot Erígena e especialmente do Pseudo-Dionísio. O eixo de toda teologia e filosofia é, segundo Simão de Tournai, o "Crê para entender", ao contrário do aristotélico "Entende para crer".

⊃ Obras: *Institutiones in sacram paginam o Sententiae. — Quaestiones quodlibetales. — Summa. — Disputationes. — Expositio symboli S. Athanasii. — De theologis affirmationis et negationis.*

Ver: J. Warichez, *Les* Disputationes *de Simon de Tournai, texte inédit*, 1932. — M. Schmaus, ed., "Die Texte der Trinitätslehre des S. von T.", *Recherches de Théologie Ancienne et Médiévale*, 4 (1932). — H. Weisweiler, *Maître Simon et son groupe* De sacramentis, 1937. — Também: M. de Wulf, *Histoire de la philosophie en Belgique,* 1910, pp. 56 ss. — M. Grabmann, *Geschichte des scholastischen Methode*, II (1911), 535-552. — N. M. Haring, "S. of T. and Gilbert of Poitiers", *Medieval Studies*, 27 (1965), 325-330. ⊃

SIMBIOSE. O termo 'simbiose' é usado na biologia para designar a convivência de dois ou mais organismos de tal sorte que implique para eles recíprocas vantagens. Algumas vezes se admite que a simbiose pode ser perniciosa para um dos organismos afetados; é o caso quando se fala de parasitismo. Do vocabulário biológico o vocábulo 'simbiose' passou para o vocabulário sociológico e histórico, especialmente nas tendências que insistiram no caráter "orgânico" da sociedade. No entanto, nem sempre é possível determinar se o uso do termo na sociologia e na história é mera transferência de um conceito que continua conservando no novo campo todas as conotações fundamentais que tinha no campo original (caso em que se poderia falar, quando muito, de uso metafórico). Essa imprecisão se manifesta nos dois casos que selecionamos aqui à guisa de exemplo: o de Lévy-Bruhl e o de O. Spengler. Lévy-Bruhl falou de uma "simbiose mística" nos povos primitivos, consistindo na união do sujeito como o objeto do culto (um antepassado ou um deus), e de um "sentimento de simbiose" entre os indivíduos de um grupo social e os de outro ou entre um grupo humano e um grupo vegetal ou animal. Spengler falou de uma "simbiose cultural" que ocorre às vezes entre distintas culturas (um conceito às vezes afim ao de "afiliação" proposto por Toynbee).

SÍMBOLO, SIMBOLISMO. Às vezes se usa 'símbolo' como sinônimo de 'signo' (VER). Nesse caso podem ser aplicadas a ambos as mesmas classificações — como, por exemplo, a proposta por Ogden e Richards (*op. cit. infra*): exame gramatical (Aristóteles), metafísico (escolásticos, incluindo os nominalistas, Meinong), filológico (Max Müller), psicológico (Locke), lógico (Leibniz, Russell), sociológico (Steinthal, Wundt), terminológico (Baldwin, Husserl) e "independente" (Marty, Peirce, Mauthner, Taine).

O mais comum, no entanto, é distinguir 'símbolo' e 'signo' como segue: signo é um sinal natural (como a fumaça, quando se considera como um sinal do fogo); símbolo é um sinal não natural, isto é, um sinal convencional (como a cor vermelha, quando se considera como um símbolo do fogo). Como o grau de "naturalidade" ou "convencionalidade" de um sinal pode variar, não é sempre claro quando estamos lidando com um signo ou com um símbolo. Um sinal pode ser declarado, segundo os casos, signo ou símbolo, ou ambos, dependendo do contexto. Assim, se alguém vê no horizonte uma labareda vermelha pode considerar que é signo de algum fogo, mas pode também considerar que esse vermelho, e todo vermelho, simboliza o fogo eterno.

Foi comum definir o símbolo como um signo que representa alguma coisa, direta ou indiretamente. Essa definição é vaga o bastante para abranger praticamente todos os casos: um objeto sensível pode representar (ser símbolo de) uma idéia, e vice-versa; um objeto sensível pode representar (ser símbolo de) outra idéia etc. Quando 'representar' se entende num sentido muito geral, pode incluir outras operações, tais como "suscitar", "evocar" etc. Às vezes se introduziu a noção de analogia em relação com a de símbolo: isso ocorre com Kant, quando fala do símbolo de uma idéia enquanto representação do objeto segundo a analogia (*K. der U.*, 59).

Dá-se o nome de "simbolismo" a toda tendência que destaca a importância que desempenham os símbolos na vida humana individual e, sobretudo, coletiva. O simbolismo pode ser específico (religioso, artístico etc.) ou geral ("filosófico").

O simbolismo religioso salienta a função dos símbolos como signos representativos de realidades não acessíveis por meio da razão teórica. Schleiermacher foi um dos primeiros filósofos da religião a se interessar por esse tipo de simbolismo. As tendências modernistas (ver MODERNISMO) tanto do catolicismo (Le Roy) quando do protestantismo (Sabatier) tenderam ao simbolismo com o fim de evitar o ceticismo que pode causar em alguns a insistência em uma interpretação demasiado "literal" de certos textos.

O simbolismo religioso tem raízes "românticas". O mesmo ocorre com o simbolismo artístico (entendido aqui não como as tendências literárias e poéticas chamadas "simbolistas", mas como uma doutrina estética, aliás freqüentemente subjacente a tais tendências). Exemplos de simbolismo artístico-filosófico no presente século foram o pensamento de Klages, o "Círculo de (Stefan) George" e o chamado "metaforismo radical".

Filosoficamente, o simbolismo foi considerado por S. K. Langer como "a nova chave" da filosofia. A concepção dos "dados dos sentidos" como símbolos, as facilidades prestadas pela manipulação simbólica universal — não limitada exclusivamente, portanto, à lógica e à matemática — do real, permitiram, segundo Langer, que "o edifício inteiro do conhecimento humano se apresente diante de nós, não como uma vasta coleção de informes provenientes dos sentidos, mas como uma estrutura de *fatos que são símbolos* e de *leis que são suas significações*" (*Philosophy in a New Key*, 1942, p. 21). De acordo com isso, "na noção fundamental de simbolização — mística, prática ou matemática, pois isso não introduz nenhuma diferença essencial — teria raiz a classe de todos os problemas humanistas" ou concernentes ao homem *(loc. cit.)* e, portanto, às coisas mesmas que constituem o horizonte do humano. Assim, o característico do homem e o que, ademais, concedeu a ele seu imenso poder é, em conseqüência disso, não uma maior sensibilidade, nem sequer uma maior memória, mas uma capacidade notável de simbolização, que começa com a palavra e que termina numa simbolização geral de todos os modos de tratamento humano das coisas. Segundo Ernst Cassirer, cuja teoria do homem como *animal symbolicum* constitui a base das opiniões citadas, o conceito de símbolo permite "abarcar a totalidade dos fenômenos nos quais se apresenta um 'cumprimento significativo' do sensível", nos quais algo sensível se nos apresentaria como especificação e encarnação, como manifestação do sentido (*Philosophie der symbolischen Formen*, 3 vols., 1923-1929, vol. 3, p. 109). No curioso livro de Diego Ruiz, intitulado *Genealogía de los símbolos* (2 vols., 1905), já se dizia que "a expressão situada em seu lugar é um símbolo", de sorte que o simbolismo é uma técnica do manejo das significações que compreende como uma de suas partes a lógica. E Ogden e Richards, aos quais se deve a elaboração pormenorizada de uma doutrina do simbolismo, declararam que este é "o estudo da parte desempenhada nos assuntos humanos pela linguagem e pelos símbolos de todas as classes, e especialmente da influência exercida sobre o *pensamento*" (grifo nosso: cf. *The Meaning of Meaning*, 1923, cap. I, p. 9).

Isso posto, o simbolismo contemporâneo não chega a um acordo acerca dos diferentes modos sob os quais podem ser tratados os símbolos. Por um lado, quando o símbolo se aproxima do signo, estabelecem-se distinções semelhantes às formuladas para esse último. Por outro lado, fala-se de distintos tipos de símbolos, tais como símbolos expressivos (palavras), sugestivos (formas), substitutivos (usados na lógica e na matemática) [L. S. Stebing, *A Modern Introduction to Logic*, capítulo VIII, pp. 115 ss.]. Alguns consideram os símbolos de um ponto de vista puramente formal, negando os aspectos sugestivo e até expressivo a que antes aludimos. Outros, em contrapartida, sustentam que é impossível dar qualquer significação ao símbolo se não vai carregado com implicações psicológicas ou, pelo menos, "comportamentais". Dewey, por exemplo, combate o simbolismo formalista ao dizer que "a característica que determina o símbolo é precisamente o fato de que a coisa que uma reflexão ulterior qualifica de símbolo não é um símbolo, mas um veículo direto, uma corporificação concreta, uma encarnação vital", de modo que "para achar sua contrapartida não deveríamos recorrer a bandeiras de sinais que proporcionem informação ou direção, mas a uma bandeira nacional em momentos de grande tensão emotiva" (*Experience and Nature*, cap. III, 2ª ed., 1929, p. 82). Vários autores tentaram solucionar esse conflito estabelecendo uma série de distinções entre dois opostos: o símbolo puramente formal e o símbolo puramente representativo ou "corporificador", de natureza essencialmente designativa e ostensiva; em outros termos, entre o signo puramente convencional e o signo puramente natural, com os estádios intermediários existentes entre ambos. Uma contínua oscilação entre os tipos "extremos" de símbolo parece inevitável, de modo que para evitar confusões seria preciso mencionar sempre qual é a significação exata que se dá ao símbolo e à forma de simbolização.

É possível considerar, como fizeram Ogden e Richards, que os símbolos podem conter partes não simbólicas, e que se pode muito bem falar de ciências — como as matemáticas — que reduziram essas partes não simbólicas à sua expressão mínima, operando, portanto, com símbolos que são por sua vez símbolos de símbolos. O problema da relação entre o símbolo e o referente se inclui em semelhante estruturação das formas simbólicas. Os referidos autores crêem poder resolvê-lo por meio de uma série de "cânones do simbolismo", destinados a eliminar as inúmeras pseudoquestões que até o momento haviam impedido a marcha da reflexão gnosiológica. Os cânones do simbolismo são, no entender deles, absolutamente indispensáveis, pois constituem a base de todas as comunicações, sem as quais não se poderia estabelecer nenhum sistema de símbolos e, portanto, nenhuma ciência, nem sequer a lógica (concebida então simplesmente como "a ciência da sistematização dos símbolos"). Eis aqui os seis cânones tal como expostos no cap. V do livro já mencionado de Ogden e Richards:

1. Cânon de singularidade. Um símbolo, e só um, responde a cada referente. Esse referente pode ser — e é usualmente — complexo. Os símbolos contêm termos como "o", "o qual", que não possuem referentes específicos. O estudo desses "elementos estruturais não simbólicos" é tema da gramática. Ora, deve-se observar a esse respeito, no que diz respeito às matemáticas, que uns (1) crêem que suas proposições são pseudoproposições, de modo que seu método é a substituição (Wittgenstein); outros (2) assinalam que a matemática não é uma máquina pensante, mas uma série de normas para o uso e funcionamento dessa máquina. Ante essas opiniões, assinalam Ogden e Richards que a matemática é um composto de tais elementos, é um sistema de símbolos que são símbolos de outros símbolos ou de operações com símbolos. O cânon 1 do simbolismo resolve, pois, no entender dos autores, um problema que de outra sorte pareceria ter de estar condenado a discussões incontáveis e antinômicas.

2. Cânon da definição. Os símbolos que podem ser substituídos entre si simbolizam o mesmo referente. Com isso se eliminam todas as confusões da sinonímia. É necessário, pois, ampliar os "símbolos contraídos" para designar o referente.

3. O referente de um "símbolo contraído" é o "referente deste símbolo expandido". As consequências da infração deste cânon, dizem os autores, "são chamadas algumas vezes de filosofia". É necessário, por conseguinte, "ampliar" ou "expandir" o símbolo em sua forma plena e completa. As contrações e pseudo-expansões de símbolos terminam por povoar o universo com entidades espúrias e fictícias e por confundir os símbolos e a maquinaria simbólica com referentes realmente existentes. Daí uma consequência importante: a recusa da mera contração à linguagem simbólica quando esta é insuficiente e a oposição a um desenfreado "logicismo". A criação de símbolos para além de suas possibilidades referenciais daria origem, pois, a "falsos problemas", como o dos universais, que são "fantasmas devidos ao poder refrativo do meio lingüístico". E isso a tal ponto que a aplicação consequente deste cânon tem como consequência a supressão do próprio problema da "signi-

ficação", que só a efetiva realização simbólica dos referentes pode solucionar.

4. Cânon de atualidade ou efetividade. Segundo este, um símbolo se refere ao que é efetivamente usado para a referência, não necessariamente ao que deveria sê-lo em seu "bom uso" ou ao que propõe um intérprete.

5. Cânon da compatibilidade. Nenhum símbolo complexo pode conter símbolos constituintes que possam ocupar o mesmo lugar. Isto também inclui os princípios lógicos. Com efeito, estes não são para os autores leis a que o espírito obedece, mas às quais as coisas não necessitam obedecer, nem leis às quais as coisas obedecem, mas que o espírito não necessita seguir, tampouco, finalmente, leis que seguem ao mesmo tempo (ou que não seguem ao mesmo tempo) as coisas e o espírito, mas que são "úteis" ou "cômodas". São cânones menores derivados do Cânon maior da compatibilidade. Assim, a lei de identidade equivale a: "um símbolo é o que é" ou "cada símbolo tem um referente". A lei de contradição afirma que "nenhum símbolo se refere ao que não se refere" ou "nenhum referente ocupa mais de um lugar em todo o sistema dos referentes". A lei do terceiro excluído anuncia que "um símbolo deve ter um referente dado ou algum outro" ou "todo referente tem um lugar fixado no sistema completo de referentes".

6. Cânon do sistema ou da estrutura. Segundo ele, todos os referentes possíveis juntos formam um sistema, de modo que cada referente tem um só lugar naquele sistema.

Pode-se ou dar um significado preciso de 'símbolo' e, com isso, sustentar que os símbolos são ou só representativos, ou só emotivos, ou só enunciativos etc., ou entender 'símbolo' de modo que abarque vários significados, ou várias interpretações. O primeiro introduz limitações que alguns consideram indesejáveis. O segundo corre o risco de ser vago. Para evitar ambas as coisas, Wilbur M. Urban desenvolveu uma doutrina do simbolismo que aspira a não ser demasiado estreita (como a que se expressa na interpretação exclusivamente formal dos símbolos) nem tampouco demasiado ampla (como ocorre com a noção tradicional, que aplica o conceito de símbolo a formas não literais de representação). Reduzir a função simbólica a uma função estritamente indicativa ou assinalativa conduz a uma confusão de símbolo com signo. Considerá-la como exatamente representativa conduz a sua confusão com qualquer ato de intuição. Ora, a recusa da noção formal e da noção intuitiva não significa excluí-las totalmente mas integrá-las numa unidade oscilante entre as várias significações. Por isso Urban propõe, seguindo H. Flanders Dunbar, uma classificação dos símbolos em: *a*) extrínsecos ou arbitrários — que incluem muitos dos símbolos da arte e da ciência —; *b*) intrínsecos ou descritivos — de algum modo internos à coisa simbolizada, como ocorre principalmente com os símbolos da arte e da religião —, e *c*) penetrativos — que não só representam, mediante coincidência parcial, caracteres e relações, mas que são ou se supõe que são um veículo ou meio de penetração — (*Language and Reality: The Philosophy of Language and the Principles of Symbolism*, 1939, p. 415). Sobre essa base podemos compreender os "princípios do simbolismo" que Urban enuncia do seguinte modo: 1) Todo símbolo *qua* símbolo "está em lugar de", representa ou aponta algo. 2) Todo símbolo tem uma referência dual. Ao contrário justamente do princípio antes analisado de Ogden e Richards, Urban assinala que o caráter essencial do símbolo primário, ao contrário do mero signo, é o fato de que os caracteres originais do objeto intuível são em certo sentido idênticos à significação que tem como símbolo, com o que o símbolo se refere ao objeto original e ao objeto que representa. 3) Todo símbolo contém ao mesmo tempo verdade e ficção. 4) Princípio da adequação dual, segundo o qual "um símbolo pode ser adequado do ponto de vista da representação do objeto *qua* objeto, ou pode ser adequado do ponto de vista da expressão do objeto para nosso tipo especial de consciência" (*op. cit.*, p. 425).

↪ Além das obras citadas no texto (especialmente as de Langer, Cassirer, Ogden e Richards, Urban) ver, tanto para os aspectos lógico-sistemáticos como para as questões históricas e genético-psicológicas relativas aos símbolos e ao simbolismo: G. Ferrero, *Les lois psychologiques du symbolisme*, 1895. — L. Dugas, *Le Psittacisme et la pensée symbolique*, 1896. — Richard Gatschenberger, *Grundzüge einer Psychologie des Zeichens*, 1901 (tese). — Id., *Symbola. Anfangsgründe einer Erkenntnistheorie*, 1932. — Id., *Zeichen, die Fundamente des Wissens. Eine Absage an die Philosophie*, 1932. — G. Marchesini, *Il simbolismo nella conoscenza e nella morale*, 1901. — M. Schlesinger, "Die Geschichte des Symbolbegriffs in der Philosophie", *Archiv für Geschichte der Philosophie*, 22, N. F. 15 (1909), 49-79. — Id., *Geschichte des Symbols*, 1912. — Paul Häberlin, *Symbol in der Kunst*, 1916. — R. M. Eaton, *Symbolism and Truth: An Introduction to the Theory of Knowledge*, 1925. — A. N. Whitehead, *Symbolism: Its Meaning and Effects*, 1927. — A. Spaier, *La pensée concrète: essai sur le symbolisme intellectuel*, 1927. — Hans Regnéll, *Symbolization and Fictional Reference: A Study in Epistemology*, 1929. — Kurt Plachte, *Symbol und Idol. Über die Bedeutung der symbolischen Form im Sinnvollzug der religiösen Erfahrung*, 1931 [sobre o símbolo na vida religiosa]. — Gustav Stern, *Meaning and Change of Meaning*, 1931. — Louis Weber *et al.*, *Pensée symbolique et pensée opératrice* [Bulletin de la Société Française de Philosophie, sessão de 21-XII-1935]. — U. Saarnio, *Untersuchungen zur symbolischen Logik. Kritik des Nominalismus und Grundlegung der logistis-*

chen Zeichentheorie (Symbologie), 1935. — H. Noack, *Symbol und Existenz der Wissenschaft. Untersuchung zur Grundlegung einer philosophischen Wissenschaftslehre*, 1936. — E. Bevan, *Symbolism and Belief*, 1938. — L. Lévy-Bruhl, *L'expérience mystique et les symboles chez les primitifs*, 1938. — Charles W. Morris, *Foundations of the Theory of Signs*, 1938. — Id., *Signs, Language, and Behavior*, 1946. — Ernst Cassirer, "Zur Logik des Symbolbegriffs", *Theoria*, 4 (1938), 145-175. — Jean Piaget, *La formation du symbole chez l'enfant*, 1945. — J. Delanglade, H. Schmalenbach et al., *Signe et Symbole*, 1946. — S. T. Cargill, *The Philosophy of Analogy and Symbolism*, 1947. — Richard Hertz, *Chance and Symbol*, 1948. — John S. Payne, *Secret and Symbol*, 1949. — Hermann Friedmann, *Wissenschaft und Symbol*, 1949. — Martin Foss, *Symbol and Metaphor in Human Experience*, 1949. — O. Koenig, H. Meyer et al., "Symbol", *Studium generale*, ano 6, cadernos 4, 5, 6 (1953). — Philip Wheelwright, *The Burning Fountain: A Study in the Language of Symbolism*, 1954. — F. Kaulbach, *Philosophische Grundlegung einer wissenschaftlichen Symbolik*, 1955. — Th. W. Adorno, E. Przywara et al., *Filosofia e simbolismo*, 1957 [Archivio di filosofia]. — J. R. Pierce, *Symbols, Signals and Noise*, 1961. — Raymond Ruyer, *L'animal, l'homme, la fonction symbolique*, 1964. — David M. Rasmussen, *Symbol and Interpretation*, 1974. — J. Skorupski, *Symbol and Theory: A Philosophical Study of Theories of Religion in Social Anthropology*, 1976. — R. A. Prier, *Archaic Logic: Symbol and Structure in Heraclitus, Parmenides, and Empedocles*, 1976. — M. Lurker, ed., *Beiträge zu Symbol, Symbolbegriff und Symbolforschung*, 1982. — E. Nicol, *Crítica de la razón simbólica*, 1982. — J. Bretherton, ed., *Symbolic Play*, 1984. — G. Aijmer, *Symbolic Textures*, 1987.

Symbolon. Jahrbuch für Symbolforschung, ed. Julius Schwabe, desde 1960 [estudos diversos, principalmente sobre símbolo e simbolismo]. — Ver também: J. E. Cirlot, *Diccionario de símbolos*, 1969; 7ª ed., 1988. — M. Lurker, ed., *Wörterbuch der Symbolik*, 1979, 5ª ed., 1991.

Ver também a bibliografia de SEMÂNTICA. C

SIMETRIA. Ver RELAÇÃO.

SIMIAND, FRANÇOIS. Ver DURKHEIM, ÉMILE.

SIMMEL, GEORG (1858-1918). Nascido em Berlim. De 1884 a 1898 foi *Privatdozent* na Universidade de Berlim e de 1898 a 1914 foi "professor extraordinário" na mesma Universidade. Somente em 1914 foi nomeado professor titular na Universidade de Estrasburgo.

Levantou-se o problema de por que Simmel não conseguiu ser professor (titular) até quatro anos antes de sua morte, embora fosse um expositor brilhante na cátedra e estivesse, além disso, bem relacionado com várias das mais destacadas e influentes personalidades intelectuais de sua época (Max Weber, Edmund Husserl, Heinrich Rickert, Adolf von Harnack e outros). Uma das razões pode ter sido a ascendência judaica de Simmel, o qual, embora batizado na Igreja evangélica, não foi praticante. Mas como várias outras personalidades judias (embora sempre batizadas no cristianismo) ocuparam na época cátedras na Alemanha, deu-se também como razão da pouca sorte de Simmel em matéria de avanços acadêmicos o fato de seu pensamento ser excessivamente variado e pouco sistemático, parecendo a muitos "apenas acadêmico" e "diletante". Esse aspecto do pensamento de Simmel posteriormente foi reconhecido como importante e por conseguinte valorizado; em vez de censurá-lo por ser pouco sistemático e acadêmico, reconheceu-se que era bastante original e seguia caminhos pouco trilhados. O "ensaio filosófico" de Simmel logo apareceu não como um modo de fazer "literatura" com a filosofia, mas como um modo diferente de fazer filosofia.

As primeiras reflexões filosóficas de Simmel, dominadas por convicções de caráter relativista e pragmatista, levaram o filósofo não só a uma idéia da verdade, mas também, e muito especialmente, a uma idéia acerca do modo como se correlacionam o sujeito e o mundo. A individualidade do sujeito e sua peculiar constituição são, pensou Simmel, norma para a verdade e para a falsidade. Mas a verdade de cada indivíduo, como a verdade de cada espécie, não estão sujeitas à arbitrariedade de suas preferências objetivas; são, antes, o que corresponde à sua maneira de ser enquanto indivíduos que encontram em *suas* representações e precisamente nelas *a* resposta adequada às suas necessidades. Cada uma das verdades subjetivas é, por conseguinte, uma verdade completa, ainda que parcial e limitada. A tese do perspectivismo, que já se encontrava, embora com propósito diferente, em Nietzsche, e que foi posteriormente desenvolvida por Ortega y Gasset, é interpretada por Simmel como a indispensável superação de um subjetivismo e de um relativismo que podem ser mantidos somente quando se sustenta o caráter absoluto de cada uma das representações particulares. O que é determinante para o mundo da Natureza como para o da história e da cultura é, por conseguinte, o tipo humano que se situa em relação a eles. À luz dessa consideração podem ser compreendidas todas as filosofias, concebidas por Simmel quase sempre como intuições totais do mundo e da vida. A história oferece em particular uma possibilidade inesgotável de elucidação desses tipos, elucidação que permite ao mesmo tempo esclarecer as verdadeiras categorias que funcionam na compreensão do mundo moral e da cultura. A moral, que não é uma ciência formalista, mas uma descrição dos fenômenos que se dão concretamente na história, deve converter-se em uma ética material cujo relativismo não significa um ceticismo niilista, mas a necessária compreensão dos diversos tipos humanos e de seu caráter ético. O relativismo de Simmel se converte cada vez mais em um reconhecimento do que há de permanente, de objetivo e, por assim dizer, de categórico no mundo humano. Sua *Sociologia*, ou estudo sobre as "formas de socialização", aspira descobrir, mediante "abstrações de formas", os diversos tipos de relações sociais. Esse estudo leva Simmel a reconhecer um reino objetivo de valores, e com isso um conjunto de requisitos para determinar o caráter da personalidade humana. No entanto, o pensamento de Simmel não consiste num desenvolvimento mais ou menos "mecânico" que partindo de um relativismo desemboca numa espécie de "absolutismo". É característico da filosofia de Simmel o reconhecimento de que, sendo a vida a geradora da cultura e de todas as formas do espírito objetivo, este representa ao mesmo tempo o obstáculo e o resultado de sua existência. Simmel tende a identificar a vida com esse ímpeto que não se satisfaz jamais consigo mesmo, que aspira a ir mais além de si, a transcender-se; a vida é então, como principal entidade metafísica, a verdadeira causa criadora, o rio que acaba por sobrepor-se a todas as acumulações que seu próprio passo contínuo forma na interminável corrente. Mas este sobrepor-se não é simples; pelo contrário, representa o máximo esforço da vida para sobreviver, tanto quanto a consciência da tragédia que implica o fato de ter de transbordar aquilo mesmo que inevitavelmente criou. Daí a permanente tensão de um pensar que não pode se deter em nenhum de seus momentos, porque não pode reconhecer neles nenhuma subsistência, mas ao mesmo tempo tem de passar por esses momentos, porque sem eles não se explicaria sua fluência original. A metafísica de Simmel, cujo desenvolvimento sistemático foi detido pelo caráter fragmentário de sua obra, tentava, com uma supressão definitiva do relativismo, a fundamentação de um absoluto, a instituição de uma filosofia da vida criadora como passagem necessária para chegar a uma concepção total do mundo e a uma interpretação do sentido do ser.

◻ Obras: *Das Wesen der Materie nach Kants physischer Monadologie*, 1881 (tese) *(A essência da matéria segundo a monadologia física de Kant)*. — *Über soziale Differenzierung. Soziologische und psychologische Untersuchungen*, 1890 ["Habilitação"] *(Sobre diferenciação social)*. — *Einleitung in die Moralwissenschaft*, 1892; 3ª ed., 2 vols., 1911 *(Introdução à ciência moral)*. — *Die Probleme der Geschichtsphilosophie*, 1892; 2ª ed., 1905; 3ª ed., 1907 *(Problemas de filosofia da história)*. — *Philosophie des Geldes*, 1900; 2ª ed., 1907 *(Filosofia do dinheiro)*. — *Schopenhauer und Nietzsche*, 1906. — *Soziologie. Untersuchungen über die Formen der Vergesellschaftung*, 1908 *(Sociologia. Estudos sobre as formas de socialização)*. — *Hauptprobleme der Philosophie*, 1910 *(Problemas fundamentais da filosofia)*. — *Philosophische Kultur. Gesammelte Essays*, 1911 *(Cultura filosófica. Ensaios completos)*. — *Goethe*, 1913. — *Rembrandt. Ein Kunstphilosophischer Versuch*, 1916 *(R.: Um ensaio sobre filosofia da arte)*. — *Der Krieg und die geistigen Entscheidungen*, 1917 *(A guerra e as decisões espirituais)*. — *Kant*, 1918. — *Lebensanschauung. Vier metaphysische Kapitel*, 1918; 2ª ed., 1922 *(Concepção da vida. Quatro capítulos de metafísica*, 1950). — *Zur Philosophie der Kunst. Philosophische und kunstphilosophische Aufsätze*, 1922, ed. Gertrud Simmel *(Para a filosofia da arte. Artigos filosóficos e de filosofia da arte)*. — *Schulpädagogik*, 1922, ed. Karl Heuter *(Pedagogia do ensino)*. — *Fragmente und Aufsätze aus dem Nachlass*, 1923, ed. G. Kantorowitz; reed., 1967 *(Fragmentos e artigos procedentes de escritos póstumos)*. — *Brücke und Tor. Versuche des Philosophen zur Geschichte, Religion, Kunst und Gesellschaft*, 1958, ed. M. Susman e M. Landmann [inclui artigos já publicados em revistas, e vários inéditos. Há bibliografia de S.]. — Outros escritos, cartas etc.: Kurt Gassen e Michael Landmann, eds., *Buch des Dankes an G. S.: Briefe, Erinnerungen, Bibliographie*, 1958 [bib. nas pp. 309-365].

Edição de obras: *Gesammelte Werke*, a partir de 1958.

Em português: *O fenômeno urbano*, 1973. — *Filosofia do amor*, 1993. — *Georg Simmel, Sociologia*, 1983.

Ver: A. Mamelet, "La philosophie de G. S.", *Revue de Métaphysique et de Morale*, 21 (1913), 396-435. — M. Frischeisen-Köhler, *S.*, 1919. — M. Adler, *G. Simmels Bedeutung für die Geistesgeschichte*, 1919. — Nicholas J. Spykman, *The Social Theory of G. S.*, 1925 (com bibliografia). — Gerhard Loose, *Die Religionssoziologie G. Simmels*, 1933. — Herwig Müller, *G. S. als Deuter und Fortbilder Kants*, 1935. — Margarete Susman, *Die geistige Gestalt G. Simmels*, 1959. — Horat Müller, *Lebensphilosophie und Religion bei G. S.*, 1960. — Isadora Bauer, *Die Tragik in der Existenz des modernen Menschen bei G. S.*, 1962. — Rudolph H. Weingartner, *Experience and Culture: The Philosophy of G. S.*, 1962. — Peter-Ernst Schnabel, *Die soziologische Gesamtkonzeption G. Simmels*, 1974. — M. Landmann, J. A. Schmoll et al., *Aesthetik und Soziologie um die Jahrhundertwende: G. S.*, 1976, ed. Hannes Böhringer e Karlfried Gründer. — H. J. Becher, *G. S. Die Grundlagen seiner Soziologie*, 1971. — H. J. Helle, *Soziologie und Erkenntnistheorie bei G. S.*, 1977. — S. Magala, *S.*, 1980 (em polonês). — D. Frisby, *Sociological Impressionism: A Reassesment of G. S.'s Social Theory*, 1981. — K. Lichtblau, *Das Pathos der Distanz. Präliminarien zur Nietzsche-Rezeption bei G. Simmel*, 1984. — D. Frisby, *G. S.*, 1984. — Id., H. Böhringer *et al.*, *G. S. und die Moderne. Neue Interpretationen und*

Materialien, 1984, ed. H.-J. Dame e O. Rammstedt. — A. M. Bevers, *Dynamik der Formen bei G. S.*, 1985. — D. Frisby, *Fragments of Modernity: Theories of Modernity in the Work of S., Kracauer and Benjamin*, 1986. — W. Jung, *G. S. zur einführung*, 1990. ∁

SIMON, JULES [JULES FRANÇOIS SIMON SUISSE] (1814-1896). Nascido em Lorient, foi professor na Sorbonne, cargo ao qual renunciou em 1851 em razão de sua oposição ao golpe de Estado do dia 2 de dezembro. Depois disso foi Ministro de Instrução Pública (1851) e Presidente do Conselho de Ministros (1876). Simon foi um fiel seguidor de Cousin e da corrente espiritualista. Sua atitude foi geralmente eclética não somente por procurar conciliar, como já o fizera seu mestre, as principais figuras da história da filosofia em um sistema harmônico, mas também porque se por um lado considerou o dever como fundado na crença em Deus e na alma imortal, por outro, considerou que as normas morais eram independentes de dogmas religiosos positivos. Simon também procurou unir a fé na providência com a crença no progresso humano como desenvolvimento da liberdade. Distinguiu-se por suas obras de caráter cívico-político, assim como por suas pesquisas sobre a história da filosofia, sendo um dos primeiros a estudar detalhadamente a escola neoplatônica de Alexandria.

➭ Principais obras: *Du commentaire de Proclus sur le Timée de Platon*, 1839. — *Histoire de l'école d'Alexandrie*, 2 vols., 1844-1845. — *La mort de Socrate*, 1853. — *Le devoir*, 1854; 17ª ed., 1902. — *La religion naturelle*, 1856; 8ª ed., 1883. — *La liberté de conscience*, 1857; 6ª ed., 1884. — *La liberté*, 2 vols., 1859; 4ª ed., 1872. — *L'ouvrière*, 1861; 9ª ed., 1891. — *L'école*, 1864; 11ª ed., 1886. — *Le travail*, 1866. — *L'ouvrier de huit ans*, 1867. — *La politique radicale*, 1868. — *La peine de mort*, 1869. — *Souvenirs du 8 septembre*, 2 vols., 1874. — *Le livre du petit citoyen*, 1880. — *Victor Cousin*, 1887. — *Mignet, Michelet, Henri Martin*, 1889. — *La femme du vingtième siècle*, 1891; 21ª ed., 1893. — *Quatre portraits*, 1896. — *Premières années*, 1901.

Ver: Jules Séché, *Figures bretonnes. J. S., sa vie, son temps, son oeuvre (1814-1896)*, 1898. — Id., *S., ses dernières années*, 1903. ∁

SIMON, YVES R[ENÉ] (1903-1961). Nascido na França, estudou na Sorbonne e no Institut Catholique, de Paris. De 1930 a 1938 foi encarregado de curso na Faculdade de Letras da Universidade Católica de Lille, de 1938 a 1948 lecionou na Notre Dame University (Indiana, Estados Unidos), e de 1948 até sua morte foi membro do Committee on Social Thought da Universidade de Chicago. Y. R. Simon se orientou para o neotomismo, ocupando-se principalmente dos fundamentos metafísicos do conhecimento e de questões morais, assim como dos problemas provocados pela relação entre a ciência natural e a filosofia. A seu ver, não há conflito entre estas quando se visa aos diversos graus do conhecimento e a sua integração ontológica. Y. R. Simon se ocupou igualmente, sobretudo no final da vida, de questões de filosofia política, tratando de estabelecer as relações entre o pensamento político tomista e as diversas correntes contemporâneas, em particular as de caráter democrático.

➭ Principais obras: *Introduction à l'ontologie du connaître*, 1934. — *Critique de la connaissance morale*, 1934. — *Trois leçons sur le travail*, 1938. — *Nature and Function of Authority*, 1940. — *La grande crise de la République Française*, 1941. — *La marche à la délivrance*, 1942. — *Prévoir et savoir. Études sur l'idée de nécessité dans la pensée scientifique et en philosophie*, 1944. — *Par delà l'expérience du désespoir*, 1946. — *La civilisation américaine*, 1950. — *Philosophy of Democratic Government*, 1951. — *From Disorder to World Order*, 1956.

Obras póstumas: *A General Theory of Authority*, 1962, ed. A. Robert Caponigri. — *The Tradition of Natural Law: A Philosopher's Reflections*, 1965, ed. Vukan Kuic. — *Freedom and Community*, 1968, ed. Charles P. O'Connell. — *Freedom of Choiche*, 1969, ed. Peter Wolff. — *Work, Society, and Culture*, 1971; reed., 1986.

Bibliografia: Anthony O. Simon, "Bibliographie de Y. R. S. (1923-1968)", *Revue philosophique de Louvain*, 67 (1969), 285-305 (complemento, 1969-1974, ibid., 73 [1975], 362-367).

Ver: M. D. Torre, ed., *Freedom in the Modern World: Jacques Maritain, Y. R. Simon, M. J. Adler*, 1989. ∁

SIMONDON, GILBERT. Ver Técnica; Trabalho.

SIMPATIA. A idéia de simpatia como laço de união de todos os elementos do cosmos e como princípio do grande organismo da Natureza foi freqüente em muitas escolas filosóficas. Temos exemplos disso em numerosas tendências da filosofia antiga (alguns peripatéticos como Teofrasto, a maior parte dos estóicos, todos os neoplatônicos) e em várias correntes da filosofia renascentista e moderna (Paracelso, os van Helmont, Leibniz, a Escola de Cambridge, os filósofos românticos alemães da Natureza). Assim, por exemplo, Epicteto escreve em suas *Diatribes* (I, xiv, 1) que todas as realidades estão estreitamente unidas entre si, que os fenômenos terrestres experimentam a influência dos fenômenos celestes, que o olhar de Deus abarca tudo e ninguém escapa dele; Cícero (*De divinatione*, II 34) fala da simpatia como uma conjunção e consenso da Natureza, ou se refere (*De natura deorum*, II 24) às concepções de Possidônio segundo as quais o fogo e o calor são o princípio que tudo une e vivifica. Pode-se dizer que há um conceito cósmico de simpatia que precede o conceito puramente humano de simpatia; segundo Karl Reinhardt (*Kosmos und Sympathie* [1926], pp. 183-184), o conceito humano não existiria sem o conceito cósmico. Tal conceito cósmico chega pelo menos até Schopenhauer, que considera a simpatia, enquanto compaixão (VER), como o sentimento que expressa a unidade vital de cada qual com a realidade inteira.

Diz-se freqüentemente que a noção de simpatia é importante nos "filósofos do sentimento moral", citando-se a respeito Francis Hutcheson, Adam Smith e também Shaftesbury e Hume. Isso é certo na medida em que esses autores admitem que o conhecimento que uma pessoa tem das "paixões" de outra se deve à possibilidade de certa "participação" ou de certo "compadecimento". Mas a noção de simpatia não foi tratada exatamente do mesmo modo nem teve o mesmo caráter central em todos os autores referidos. Em sua *Theory of Moral Sentiments* (publicada em 1759, com base em aulas dadas alguns anos antes em Glasgow), Adam Smith afirma que uma pessoa que se encontra numa certa situação e experimenta uma emoção determinada pode suscitar uma emoção análoga em outra pessoa se esta última pensa na situação em que a primeira se encontra. Este é um caso relativamente simples de participação de uma pessoa na emoção de outra. Há casos menos simples, e talvez mais interessantes, como o que ocorre quando uma pessoa sente dada emoção por causa da idéia de uma situação em que se encontra outra pessoa mesmo se a outra pessoa não experimenta tal emoção, ou a experimenta com menos intensidade. Esses dois últimos casos constituem justamente a base para a idéia segundo a qual podemos formular juízos morais com base na "simpatia". Esses juízos podem ser juízos sobre os demais e também juízos sobre si mesmo. O significado (ou significados) de 'simpatia' em Adam Smith é mais complexo e importante que o sentido que tem a simpatia em Shaftesbury quando este fala dos prazeres suscitados pela simpatia. Hume, que foi amigo de Adam Smith e que seguiu em parte suas doutrinas, se refere à simpatia no *Treatise* (II, i, 11) como uma inclinação que todos os homens possuem a participar dos sentimentos e das inclinações de outros. Por meio da "simpatia" os homens podem comunicar-se suas emoções. Não fica claro se a simpatia é uma faculdade especial ou, antes, o nome que recebe a tendência geral a comunicar-se mutuamente sentimentos e inclinações. O mais provável é o segundo. Em todo caso, Hume deixa claro que graças à simpatia há certa uniformidade nos modos de sentir e pensar de uma comunidade determinada, o que se torna indispensável no momento de formular juízos morais.

Em relação provavelmente com a "tradição" da "filosofia escocesa", A. Bain (VER) tratou da simpatia como resultado de uma imitação inconsciente. No século XX, a noção de simpatia foi analisada em detalhe por Scheler, que começa sua obra sobre a essência e formas da simpatia (cf. *infra*) com uma crítica da "filosofia inglesa do sentimento moral". Segundo Scheler, é um erro reduzir o conceito de simpatia a noções tais como as de atração vital ou contágio afetivo, nas quais não há intencionalidade. Os atos de simpatia são, pelo contrário, a seu ver, atos intencionais que oferecem, até chegar ao ato superior do amor, uma rica gama caracterizada pelo grau maior ou menor de intencionalidade. De menor a maior há, segundo Scheler, os atos seguintes: sentimento em comum com a existência e consciência de uma clara separação entre os sujeitos participantes; autêntica participação em um sentimento único por sujeitos distintos; participação afetiva direta como reprodução emotiva de um sentimento alheio e como compreensão emocional que já não necessita ser reprodutiva. Isso leva Scheler a uma rejeição das teorias metafísicas da simpatia que afirmam a existência de uma identificação vital, pois tais teorias não levam em conta a possibilidade de diferentes classes de simpatia e menos ainda a essencial intencionalidade da mesma. Deste modo é rejeitada não somente a doutrina de Schopenhauer, mas também a de Bergson, que postula a existência da simpatia com o fim de explicar certos fenômenos que parecem constituir o aspecto vital da intuição. Ante toda precipitada identificação e redução devem-se investigar parcimoniosamente as "leis de fundamentação" da simpatia. Dessa investigação resulta que a simpatia é uma função afetiva e não um estado, por isso não pode ser confundida com uma participação ativa simples e menos ainda com uma identificação com o próximo. Isso permite, diga-se de passagem, afastar um erro recorrente: o de que somente se compreende bem o que se experimenta. Isso seria certo se a intuição fosse somente sensível, isto é, se não houvesse a possibilidade de intuições puras que nos permitem penetrar no interior de uma realidade sem que se efetue um "contágio afetivo" com ela. Mas "no simples contágio afetivo", escreve Scheler, "o sentimento-contágio alheio não é experimentado como alheio, mas como próprio, e só se relaciona com a vivência alheia do ponto de vista de sua procedência casual" (*Wesen und Formen der Sympathie*, 1931, p. 40).

A noção de simpatia como uma das formas da semelhança — junto com a "conveniência" (ou acordo), a "emulação" e a analogia — foi estudada por Michel Foucault em *Les mots et les choses. Une archéologie des sciences humaines* (1966, pp. 38-40; trad. bras.: *As palavras e as coisas*, 1992). Foucault considera que as quatro citadas formas da semelhança — ou da similitude — desempenharam um papel importante na *episteme* (ou "campo epistemológico") da cultura ocidental até finais do século XVI, e inclusive começos do século XVII. Trata-se de um modo de organizar, ou de ver "organizadas", as realidades que as torna semelhantes umas a outras de diversos modos. A "conveniência" ou acordo é uma semelhança "ligada ao espaço na forma do 'mais próximo'". A "emulação" é uma espécie de conveniência, mas não está submetida à lei do lugar. A analogia, no sentido que lhe dá Foucault — não necessariamente coincidente com os usos gregos e medievais filosóficos de 'analogia' (VER) —, é como uma sobreposição de conveniência e emulação. Na simpatia não se determinam caminhos por antecipação, não se supõem distâncias nem se prescrevem encadeamentos. "A simpatia joga de forma livre nas profundidades do mundo. Percorre num momento os espaços mais vastos; do planeta ao homem cuja vida rege, a simpatia cai de longe como um raio (...) [A simpatia] é princípio de mobilidade; atrai as coisas pesadas para o pesadume do Sol, e as leves para a leveza do éter sem peso; empurra as raízes para a água e faz girar, com a curva solar, a grande flor amarela do girassol (...), suscita em segredo um movimento interior (...) A simpatia é um exemplo do *Mesmo* tão forte e tão urgente que não se contenta em ser uma das formas do semelhante; tem o perigoso poder de *assimilar*, de tornar as coisas idênticas umas às outras, de misclá-las, de fazê-las desaparecer em sua individualidade — portanto, de fazê-las estranhas ao que eram. A simpatia transforma. A simpatia altera, mas na direção do idêntico, de modo que se seu poder não estivesse contrapesado, o mundo se reduziria a um ponto, a uma massa homogênea, à monótona figura do Mesmo". Os exemplos deste modo de operação da simpatia são numerosos em autores do Renascimento, especialmente os inclinados para a magia (VER) natural. Foucault cita a respeito Porta e Cardano, mas poderia recorrer também a autores que salientaram as outras formas de semelhança: Cesalpino, Campanella, Paracelso.

O conceito de simpatia às vezes foi empregado na teoria estética para explicar o prazer que produzem em nós as obras de arte; segundo alguns autores, esse prazer seria inexplicável se não participássemos afetivamente daquilo que contemplamos (ou ouvimos). O princípio de simpatia foi elaborado na doutrina da endopatia (VER); Victor Basch usou inclusive as expressões 'simbolismo simpático' e 'simpatia simbólica' para traduzir o vocábulo *Einfühlung*.

⊃ Além das obras de autores referidos e da obra mencionada de Karl Reinhardt, ver: C. Konczevski, *La sympathie comme fonction de progrès et de connaissance*, 1951. — Luigi Bagolini, *La simpatia nella morale e nel diritto: aspetti del pensiero di Adam Smith e orientamenti attuali,* 1952; nova ed., 1966. — E. Neumann, L. Massignon, E. Benz, H. Corbin, W. F. Otto *et al., Der Mensch und die Sympathie aller Dinge*, volume especial de *Eranos*, 24 (1955). — Philip Mercer, *Sympathy and Ethics: A Study of the Relationship between Sympathy and Morality with Special Reference to Hume's Treatise,* 1972. — Arthur R. Luther, *Persons in Love: A Study of Max Scheler's* Wesen und Formen der Sympathie, 1972. — J. A. Fischer, "Taking Sympathy Seriously", *Environmental Ethics*, 9 (1987), 197-215. — D. Chismar, "Empathy and Sympathy: The Important Difference", *Journal of Value Inquiry*, 22 (1988), 257-266. — J. Ci, "Conscience, Sympathy and the Foundation of Morality", *American Philosophical Quarterly* (1991), 49-59. ⊂

SIMPLES se diz de algo que não tem ou não pode ter partes; o simples é, pois, indivisível. Algumas vezes se fala do que é qualitativamente simples; outras, do que é essencialmente simples. Este último é mais habitual. A carência de partes e indivisibilidade são, com efeito, mais próprias daquilo que carece de figura e de magnitude. Exemplo de entidade simples é a mônada (VER); nela já vemos dois traços fundamentais do simples ou da simplicidade: a possibilidade de que possua qualidades e a possibilidade de que uma soma ou, como diz Leibniz, um *aggregatum* de entidades simples possa formar um composto.

Alguns filósofos argumentaram que a pobreza de determinações é característica inevitável do simples. No entanto, a maior parte dos pensadores que utilizaram a idéia de simplicidade em sua metafísica (Platão, neoplatônicos, escolásticos etc.) entendeu que o simples pertence a uma dimensão mais elevada do ser que o composto e, por conseguinte, que a simplicidade é ontologicamente mais rica que a não simplicidade. Este é, por exemplo, o sentido que tem a proposição de que a alma é simples, comum a platônicos e a autores cristãos. O mesmo ocorre com a simplicidade de Deus. Assim, Santo Tomás demonstra (*S. theol.* I, q. 3, 7) que Deus é uma realidade simples comprovando: 1) que Deus não é um corpo nem um composto de matéria e forma, mas um ato puro, não possuindo gênero nem diferença nem acidentes; 2) que o composto é posterior aos elementos componentes ou elementos simples, e Deus é o ser primeiro e, por conseguinte, anterior a todos os outros; 3) que todo o composto tem uma causa, enquanto Deus é incausado; 4) que todo composto tem algo que não é seu ser, enquanto Deus não pode conter nada estranho à sua própria natureza.

A noção de "simples", ou de "simplicidade", ocupou alguns lógicos, epistemólogos e filósofos da ciência contemporâneos. Os principais problemas tratados foram os seguintes: em que sentido se diz de algo, especialmente de um enunciado, que "é simples"; que tipos de simplicidade há, ou pode haver; por que entre vários sistemas de proposições ou, em geral, de expressões (sistemas lógicos, sistemas matemáticos, sistemas físicos etc.) se escolhe o que é, ou parece ser, "mais simples", e por que se prefere, em geral, uma lei mais simples a outra menos simples. Entre as investigações contemporâneas sobre o conceito de simplicidade destacaremos aqui a de Mario Bunge (cf. "The Complexity of Simplicity", em *Journal of Philosophy*, 54 [1962], 113-

135), cujas idéias a respeito podem ser resumidas como se segue.

O problema da simplicidade ou, melhor, do significado de 'simplicidade' é complexo. O termo 'simplicidade' pode ser usado de vários modos ou com diferentes significados. Logo de saída, pode-se falar de simplicidade ontológica, como quando se diz que a realidade é simples; e de simplicidade semiótica, como quando se diz que a realidade pode ser descrita (ou explicada, ou analisada) pelos meios mais simples. Por sua vez, a simplicidade semiótica pode ser entendida de vários modos: como simplicidade sintática ou economia de formas (simplicidade de termos, de proposições, de teorias); simplicidade semântica (ou economia de pressupostos — e também de termos, proposições, teorias); simplicidade epistemológica (ou economia de termos transcendentes, como ocorre com o princípio de economia [VER] ou na fórmula *Entia non sunt multiplicanda praeter necessitatem* [VER]); simplicidade pragmática (ou economia de trabalho, como na simplicidade psicológica, algorítmica, experimental, técnica). Cada uma destas maneiras de entender a simplicidade tem características próprias, embora algumas delas estejam relacionadas com outras. Cada maneira de simplicidade se valoriza por motivos próprios; assim, a simplicidade sintática se valoriza por proporcionar a sistematicidade (entre outros resultados); a simplicidade epistemológica se valoriza porque permite obter o máximo do mínimo [possível] etc. Em resumo, diz Bunge, "'simplicidade' é um termo multívoco. Nem todas as classes de simplicidade são desejáveis ou mutuamente compatíveis; a teoria da simplicidade, ainda numa fase muito rudimentar, ameaça converter-se numa teoria sumamente complexa (...) Se desejamos que nosso tema faça progressos, deveremos admitir a complexidade da simplicidade" (art. cit., pp. 134-135; ver do mesmo autor a obra *The Myth of Simplicity. Problems of Scientific Philosophy*, 1963).

➲ Entre outros trabalhos sobre a noção de simplicidade na ciência, e especialmente nas teorias científicas, mencionamos: S. Rudner, M. Bunge, N. Goodman, R. Ackermann, S. Barker, artigos sobre o conceito de simplicidade em *Philosophy of Science*, 28 (1961), 108-171. — Elliott Sober, *Simplicity*, 1975. ℂ

SIMPLÍCIO (*fl.* 527-565). Filósofo neoplatônico da escola de Atenas (VER), recebeu muitas influências de seu mestre, o alexandrino Amônio, de tal sorte que pode ser considerado em grande parte como um pensador ecléti-co dentro do neoplatonismo e não menos inclinado na direção da escola de Atenas que na de Alexandria (VER). Como outros filósofos neoplatônicos (por exemplo, Siriano), realizou consideráveis esforços para estabelecer uma conciliação entre Platão e Aristóteles, para cujo fim sacrificou a interpretação literal destes autores por uma interpretação conceitual-dialética e, em algumas ocasiões, até simbólica. Das obras escritas por Simplício foram conservados seus comentários a Aristóteles (às *Categorias*, à *Física*, ao tratado *Sobre o céu* e ao tratado *Sobre a alma*), nos quais se conservam vários dos fragmentos dos pré-socráticos que possuímos. Influenciado também por Epicteto, escreveu um comentário ao *Manual* que revela um intento de conciliação estóico-neoplatônico.

A *editio princeps* de *Comm. in Epictetos Enchiridion* foi publicado em Veneza em 1528. Edição por J. Schweig-häuser, Lipsiae, 1800, e Von Enk, 1866. Os comentários a Aristóteles, nos vols. VIII-IX dos *Commentaria in Aristotelem Graeca* mencionados em ARISTOTELISMO.

➲ Ver: I. Hadot, *Le problème du néoplatonisme alexandrin. Hiéroclès et S.*, 1978. — P. Hoffmann, "Simplicius' Polemics", em R. Sorabji, ed., *Philoponus*, 1987, pp. 57-83. — VV.AA., *Actes du Colloque International sur Simplicius* (Berlim), 1987. ℂ

SINCATEGOREMÁTICO. Entre os opúsculos lógicos escritos por autores medievais dos séculos XIII e XIV figuram os que versam sobre os termos sincategoremáticos ou sincategoremas. Estes são vocábulos como 'não', 'e', 'ou', 'se... então', 'todos', 'alguns' etc., que são agregados aos termos categoremáticos ou categoremas (vocábulos como 'Pedro', 'romano') e a orações constituídas por estes (como 'Pedro é romano'). A agregação de termos sincategoremáticos a uma oração ou a substituição dentro de uma oração de uns termos sincategoremáticos por outros modifica a oração logicamente. Assim, a citada oração 'Pedro é romano' é modificada logicamente pela introdução de 'não', o que dá a oração 'Pedro não é romano'; a oração 'Pedro e Paulo' é modificada substituindo 'e' por 'ou', o que dá a oração 'Pedro ou Paulo'. Nos tratados neo-escolásticos também há uma seção sobre os termos sincategoremáticos. Mas enquanto modernamente se tendeu a distinguir sincategoremas e categoremas, declarando-se que os primeiros não têm sentido próprio enquanto os segundos têm, os lógicos medievais nem sempre baseiam a mencionada diferença no grau de significação, mas no fato de haver ou não para cada um dos termos um objeto significado ou *significatum*. De acordo com isso, os categoremas têm *significata*, enquanto os sincategoremas carecem deles. Dito mais exatamente: os categoremas ou "predicados" têm *significata* mesmo tomados isoladamente, enquanto os sincategoremas ou "copredicados" só têm *significata* quando agregados aos categoremas. A essa diferença se acrescenta uma distinção na suposição (VER) em que é tomado cada um dos termos.

A definição anterior parece oferecer um inconveniente: esquecer que um termo sincategoremático pode converter-se em sujeito de uma oração, como ocorre com o vocábulo 'todos' quando funciona como sujeito na oração "'Todos' é um vocábulo polissilábico". Deve-se observar, contudo, que no exemplo anterior 'todos' não tem *significatum*, mas se significa a si mesmo e é, no vocabulário da lógica atual, um termo mencionado (ver MENÇÃO) e não um termo usado, razão pela qual é grafado entre aspas.

A noção de termo sincategoremático parece remontar aos estóicos. Mas foi elaborado com pormenor somente durante a Idade Média por vários autores, entre eles Guilherme Shyreswood e Alberto da Saxônia. Considerados do ponto de vista moderno, os termos em questão podem ser comparados com certas constantes (ver CONECTIVO) na lógica sentencial e com os quantificadores (ver QUANTIFICAÇÃO, QUANTIFICACIONAL, QUANTIFICADOR) na lógica quantificacional.

Alguns escolásticos chamaram também "infinito sincategoremático" ao infinito (VER) potencial, ao contrário do infinito categoremático ou infinito atual. Por sua vez, o infinito sincategoremático se subdivide em três tipos segundo sua forma de composição: pode ser infinito aditivo ou substrativo (número), sucessivo (tempo) e divisivo (contínuo).

SINCRETISMO. A união dos cretenses contra um inimigo comum deu origem ao termo συγκρητισμός ("sincretismo"). Originalmente, portanto, 'sincretismo' designa "coalizão dos cretenses". O termo 'sincretismo' foi adotado na época moderna com o fim de referir-se às doutrinas que consistem em fundir diversas opiniões sem que haja aparentemente um critério de "seleção". Por esta razão, contrapõe-se freqüentemente o sincretismo ao ecletismo (VER), que é um "selecionismo". A advertência de que não se deve confundir o sincretismo com o ecletismo foi feita por Jakob Brucker, que dizia que uma coisa é a *philosophia eclectica* e outra muito diferente a *philosophia syncretistica*, a tal ponto que comparar uma com a outra é como "comparar a luz com a escuridão" — "... *et lucem comparemus cum tenebris*" (*Historia critica philosophiae*, tomo IV [1744], p. 5).

Usa-se o vocábulo 'sincretismo' sobretudo para designar o sincretismo filosófico-religioso que se desenvolveu durante os primeiros séculos de nossa era. Esse sincretismo adotou várias formas: o sincretismo judeu-alexandrino (Fílon), o sincretismo platônico-órfico-caldaico (Siriano), o sincretismo gnóstico-helênico-cristão, o sincretismo do *Corpus Hermeticum* (VER) etc. Característico de todas estas formas de sincretismo é a tentativa de fundir elementos religiosos e filosóficos usualmente considerados como heterogêneos.

SINCRÔNICO. Ver DIACRÔNICO.

SINDÉRESE. O verbo grego τηρέω significa, em Homero, "vigiar atentamente". Na forma συντηρέω significa, em Aristóteles *(De Plantis)*, "guardar", "conservar". Atribui-se a São Jerônimo (*Commentarium in Ezechielem*, liv. I, cap. 1 [Migne, PL, XXV, col. 2]) a introdução da forma substantiva συντήρησις, significando a "centelha da consciência", *scintilla conscientiae*, cuja missão é corrigir os erros da razão e dominar os apetites sensíveis. Segundo Joseph W. Yedlicka (art. cit. na bibliografia), a expressão *scintilla conscientiae* foi usada por autores escolásticos antes de aparecer o termo *synderesis*, que parece ter sido usado como sinônimo de 'razão' já nas *Quaestiones* (*ca.* 116-1165) de um certo Udo, no primeiro comentário às *Sentenças* de Pedro Lombardo. "Entre os Decretistas", escreve Yedlicka, "o termo *synderesis* aparece com a obra (1173-1176) de Simão de Bisiniano, que definiu a lei natural como razão, isto é, a parte superior da alma chamada *synderesis*" (Yedlicka segue aqui as indicações oferecidas por O. Lottin, art. cit. na bibliografia [1]). O contemporâneo de Simão de Bisiniano, Pedro de Poitiers, dá ao termo *synderesis* o significado de uma tendência natural no homem que o inclina para o bem e contra o mal.

Às vezes foi dito também que 'sindérese' procede de uma corruptela do vocábulo συνείδησις, que significa literalmente a consciência dos próprios atos, o saber junto com outro (com Deus).

Segundo Yedlicka (cf. *infra*), *syndérèse* (em francês) foi usado pela primeira vez por Jean de Vignay numa tradução do *Speculum Historiale* de Vicente de Beauvais. O mesmo autor indica que Bossuet equiparou *syndérèse* a *remords (de conscience)*.

Em todo caso, foi corrente em muitos autores entender a sindérese como conservação na consciência de um conhecimento da lei moral, como conservação no fundo de si mesmo desta lei à maneira de uma centelha ou fagulha que indica ou sussurra a cada um os desvios em que possa incorrer acerca do cumprimento das leis morais. Segundo Giuseppe Faggin (cf. *op. cit. infra*), a noção de sindérese no sentido apontado se encontra em muitos autores, que usaram diversas expressões. Reproduziremos a seguir, por seu valor informativo, um trecho de Faggin sobre o assunto. Ao falar dos diversos nomes com que Eckhart (VER) denomina "o fundo espiritual que torna a alma idêncía a Deus" — *domus dei, vünkelin grunt der sêle, synteresis* etc. —, Faggin escreve o seguinte: "Agostinho a chama *acies cordis* (agudeza do coração; em *Evang. sec. Joh., sermo* XXXVIII). Ricardo de São Vítor às vezes a denomina *mens* (mente), outras vezes *animi acies* (agudeza da alma), *pura intelligentia* (inteligência absoluta), *sensus intellectualis* (sentido intelectual) *(De praep. Animi ad contempl.,* c. LXXXVII; *De gratia contempl.,* I, III, IX...); Boaventura, *apex mentis* (ápice da mente) e *synteresis scintilla* (centelha da sindérese) (*Itinerarium mentis in Deum,* I). Ao que parece, foi São Jerônimo [como já indicamos *supra*] o primeiro a usar o termo *synteresis* (...) Santo Tomás [cf. *infra*] o definiu mais tarde como *habitus primorum principiorum practicorum*: hábito dos primeiros princípios práticos (*De veritate*, q. 17, a 2, *ad* 3; q. 16, a. 2, *ad* 4) e chamou *scintilla rationis* (centelha da razão) a faculdade intelectual humana enquanto inteligência imediata dos primeiros princípios (II *Sent.* 39,

q. 9, a. 1) e também *'subiectum' cognitiones mysticae* (sujeito do conhecimento místico)".

Embora haja uma estreita relação entre a idéia da "centelha" ou "fagulha" da alma e a de sindérese — a ponto de se falar, como vimos, de *synteresis scintilla* —, pode-se distinguir a "centelha" em sentido moral da "centelha" em sentido místico. O primeiro sentido é o que aqui nos ocupa. É o que a sindérese freqüentemente apresenta em autores como Santo Alberto Magno e Santo Tomás. Deste ponto de vista pode-se dizer que a sindérese continua inclinando-nos ou afastando-nos do mal por meio de uma "indicação" que permite compreender, senão o que é o mal, pelo menos o que o mal é e é algo determinado. Santo Tomás assinala que a sindérese não é uma potência, mas um hábito, *habitus: Synderesis dicitur lex intellectus nostri inquantum est habitus continens praecepta legis naturalis quae sunt prima operarum humanum* (*S. theol.*, I-II^a q. XCIV, 1 *ad* 2). Santo Agostinho, escreve Santo Tomás, já falara (*De libero arbitrio*, II, 10) desses "juízos naturais em que há certas regras e como sementes de virtude verdadeiras e imutáveis". Mas a pertença dessas sementes ou regras à parte superior de nossa razão (*De Trinit.*, XII, 2) não deve fazer supor em nenhum momento que se trata de uma potência. Com efeito, a sindérese não se relaciona (como as potências racionais) com termos opostos, só se relaciona com o bem. Em suma, a sindérese é um *habitus* natural que procede dos princípios práticos impressos pela natureza em nossa alma com a mesma intensidade que os princípios especulativos. Enquanto a razão especulativa raciocina sobre as realidades especulativas, a razão prática raciocina e se aplica ao prático pelo hábito natural da consciência moral, daquilo que São João Damasceno chamava "a lei de nosso espírito" (*De fide orthod.*, IV, 23). Essa concepção da sindérese e seu caráter "intelectual" foi admitida geralmente depois de Santo Tomás inclusive pelo voluntarismo; assim, Duns Scot considerava a sindérese como um *habitus intellectus* e não como um *habitus voluntatis*.

⮕ Ver: H. Appel, *Die Lehre der Scholastiker von der Synderesis*, 1891. — O. Renz, *Die Syneresis nach d. hl. Thomas von Aquin*, 1911 [Beiträge zur Geschichte der Philosophie des Mittelalters, X, 1 e 2]. — Adolf Dyroff, "Über Name und Begriff der Synderesis", *Philosophisches Jahrbuch*, n° 1-3 (1912). — O. Lottin, "Les premiers linéaments du traité de la syndérèse au moyen âge", *Revue néoscolastique de philosophie*, 28 (1926), 425. — *Id.,* "La syndérèse chez Albert le Grand et Saint Thomas", *ibid.,* 30 (1927), 41. — Id., *Psychologie et morale aux XIIe siècle*, t. II, 1942, pp. 111 ss., 344 ss. — Friedrich Zucker, *Syneidesis-Conscientia. Ein Versuch zur Geschichte des sittlichen Bewusstseins im griechischen und im griechisch-römischen Altertum*, 1928. — G. Faggin, *Meister Eckhart e la mistica tedesca preprotestante*, 1946. — Guido Soaje Ramos, "La 'sindéresis' como 'hábito' en la escolástica", *Sapientia*, 17 (1962), 37-43, 252-263. — Joseph W. Yedlicka, "Synderesis as Remorse of Conscience", *New Scholasticum*, 37 (1963), 204-212, especialmente 204-205. — Peter W. Schönlein, "Zur Entstehung eines Gewissensbegriffes bei Griechen und Römern", *Rheinisches Museum für Philologie*, 112 (1969), 289-305. — Antonia Cancrini, *Syneidesis: Il tema semantico della "conscientia" nella Grecia antica*, 1970. — V. J. Bourque, "El principio de la sindéresis", *Sapientia, 35* (1980), 615-626. ⊂

SINECOLOGIA. Em sua obra *Allgemeine Metaphysik nebst den Anfängen der philosophischen Naturlehre* (1828), recolhida em *Sämtliche Werke*, ed. G. Hartenstein, tomos III e IV, Herbart (VER) indica que a "metafísica geral" pode se apresentar como tarefa *(Aufgabe)* e como fato *(Thatsache)*. Como tarefa, podemos distinguir as tarefas (ou temas) internas e as externas (*op. cit.* §§ 120-125). Considerando as tarefas (ou temas) internas, a metafísica geral se divide, segundo Herbart, em quatro ramos: metodologia, ontologia, sinecologia e eidologia. Herbart emprega o vocábulo *Synechologie* (de συνεχές = "contínuo"); nós o traduzimos por 'sinecologia'.

Herbart se ocupa da sinecologia nos §§ 240-301 da mencionada obra. A sinecologia tem por objeto o contínuo *(das Stetige)* ou a continuidade *(die Continuität)*, que é definida como "união *(Vereinigung)* na separação *(Scheidung)* e separação na união" (*All. Met.,* § 242). A sinecologia é uma doutrina das formas contínuas, como o espaço, o número, o tempo, a matéria. Embora em todo contínuo haja um "aqui" e um "ali" *(ein Hier und ein Dort)*, a continuidade não se encontra nem "aqui" nem "ali", porque é uma espécie de fluxo *(Fluss)* ou *fluxio*.

Herbart analisa os problemas que a continuidade suscita (problemas tais como a continuidade ser contraditória e, no entanto, dada à experiência; o haver diversas classes e espécies de continuidade ou, se se quer, "densidades" de continuidade etc.). Embora em princípio pareça que a continuidade se dê em todos os "objetos" aos quais nos referimos antes — espaço, tempo, matéria etc. —, o certo é que, segundo Herbart, a continuidade só pode ser própria de formas vazias *(leere Formen)* e, por conseguinte, unicamente de "realidades" tais como o espaço e o tempo. A continuidade, em suma, não é uma propriedade do "real", mas dos modos de entender o real. Isso ocorre especialmente com o modo de entender o espaço como "espaço inteligível", do qual se ocupa Herbart na citada obra seguindo as indicações dadas já em seus *Hauptpuncte der Metaphysik* (1808). O espaço inteligível é uma construção mental, uma coisa pensante *(ein Gedankending, mera cogitatio)*. Com base nas propriedades de tal construção mental se pode proceder a determinar, na sinecologia, as propriedades da matéria enquanto contínuo — se se preferir, enquanto "contínuo derivado" — e em seguida do movimento, da velocidade, do tempo etc. Deste modo a sinecologia se converte no fundamento da filosofia natural.

SINEQUISMO. Transcrevemos assim o vocábulo *Synechism* usado por Peirce (VER) para designar o princípio que "insiste na idéia de continuidade" (συνεχές = "contínuo"), assim como, e especialmente, na "necessidade de hipóteses que suponham uma continuidade verdadeira" *(Collected Papers,* 6.169).

O sinequismo é a doutrina que resulta de uma das três grandes categorias cosmológicas: a categoria da continuidade. Essa categoria está relacionada com uma das categorias metafísicas de Peirce: a categoria que se refere aos modos de existência (acaso, lei, hábito), particularmente a um destes modos (a lei). Está também relacionada com uma das três categorias fenomenológicas ou faneroscópicas: a categoria (VER) chamada "Terceiridade" ou "o Terceiro" *(Thirdness).* Essa categoria envolve o conceito de mediação, entendida como o modo de pôr em relação algo primeiro com algo segundo. Semelhante mediação não seria possível se não houvesse alguma continuidade entre os elementos relacionados. Mas ao mesmo tempo essa mediação constitui o fundamento de todo modo de entender a realidade inteligivelmente. A realidade se entende se supusermos que há signos que medeiam o objeto significado e o sujeito significante. Esse tipo de mediação proporcionado pelo signo é o esquema geral de todas as formas de mediação que encontramos na Natureza (incluindo as representadas pelas leis naturais). O fundamental em tais leis não é que sejam esquemas segundo os quais se repetem os fenômenos, mas sim esquemas de desenvolvimento, o qual tem que ser contínuo, ou ser concebido como contínuo.

O sinequismo permite deste modo admitir que há contingência e acaso, pois estes não são incompatíveis com a continuidade postulada pelo sinequismo. Daí a compatibilidade entre sinequismo e tiquismo.

SINÉSIO de Cirene *(ca.* 370-415). Foi discípulo de Hipátia (VER) em Alexandria e membro destacado da chamada "Escola de Alexandria" (ver ALEXANDRIA [ESCOLA DE]) do neoplatonismo (VER). Convertido ao cristianismo, Sinésio foi a partir de 410 bispo de Ptolemaida.

Característico do pensamento de Sinésio foi o esforço para assimilar as idéias neoplatônicas — e também herméticas, gnósticas e de várias escolas filosóficas gregas — dentro da dogmática cristã. Sinésio destacou ao máximo o caráter transcendente de Deus, sua pura e absoluta unidade, fundamento de todas as unidades, mas distinta delas. A pura unidade de Deus e o estar Deus além de todas as oposições não são coisas incompatíveis, segundo Sinésio, com a Trindade divina, pois essa Trindade é, por assim dizer, "interna à unidade". A geração intradivina é uma geração do Espírito pelo Pai, e do Filho pelo Pai e pelo Espírito. Dada a absoluta transcendência da Unidade-Trindade divina, parece impossível para o homem ter uma concepção dela. E, com efeito, segundo Sinésio, só o mito pode dar uma idéia do que se opõe absolutamente a Deus, a matéria, na qual está como que submerso o mundo e, dentro dele, a alma desejosa da pátria celeste à qual pertence e da qual foi desterrada. Com o fim de vincular a alma com o reino celeste, Sinésio multiplica, à maneira neoplatônica, os reinos de intermediários, que se articulam e organizam numa hierarquia, que é a hierarquia do ser e da perfeição.

Sinésio também é autor de um discurso (ao imperador Arcádio) sobre o tema "Acerca da realeza", sobre o ideal do "rei-filósofo", já tradicional em sua época.

➲ Edição de obras: *Opera,* 1633, ed. D. Petavio, reimp. em Migne, *PG,* LXVI, 1021-1058. — *Opera omnia,* I, 1850, ed. J. G. Krabinger. — Ed. de *Hymni* e *Opuscula,* 1939 e 1944, ed. N. Terzaghi. — Epistolário: R. Hercher, ed., *Epistolographi Graeci,* 1873.

Ver: E. Malignas, *Essai sur la vie et les idées philosophiques et religieuses de Synesios, évêque de Ptolémais,* 1867 — G. Grützmacher, *Synesios von Kyrene,* 1913. — Ingeborg Hermelin, *Zu den Briefen des Bischofs S.,* 1934 (tese). — W. Theiler, *Die Chaldäischen Orakel und die Hymnen des S.,* 1942. — C. Lacombrade, *S. de Cyrène, hellène et chrétien,* 1951. — A. Garzya, "Osservazioni sull'Epistola 140 di Sinesio", em S. Gersh, ed., *Platonism in Late Antiquity,* 1992. ☻

SINGER, EDGAR ARTHUR, Jr. (1873-1955). Nascido na Filadélfia, foi professor na Universidade de Harvard e a partir de 1909 na da Pennsylvania. Influenciado pela tradição empirista anglo-saxônica e pelo naturalismo — especialmente o naturalismo evolucionista em auge no início do século XX —, Singer considerou, contudo, que tais tendências não eram inconciliáveis com muitos dos postulados do idealismo. Qualificou, assim, sua filosofia de empirismo idealista (ou de idealismo empírico). Um dos fundamentos de semelhante reconciliação era um certo pragmatismo, que se manifestou sobretudo nos estudos de Singer sobre a natureza orgânica e sobre a vida moral.

➲ Obras: *Moderns Thinkers and Present Problems,* 1923. — *Mind as Behavior and Studies in Empirical Idealism,* 1924 — *On the Contented Life,* 1936. — "Mechanism, Vitalism, Naturalism", em *Studies in the History of Science,* 1941. — *In Search of a Way of Life,* 1948.

Edição de textos de S. no volume *Experience and Reflection,* 1959, ed. C. West Churchmann.

Ver: *Philosophical Essays in Honor of E. A. Singer, Jr.,* por A. O. Lovejoy, H. Jaffe, G. H. Clark, F. P. Clarke, J. Husik, J. H. Randall, Jr., W. D. Wallis, ed. F. P. Clarke e M. C. Nahm, 1942. — Y. H. Krikorian, E. F. Flower, M. C. Nahm, arts. sobre S. em *Journal of Philosophy,* 54 (1957), 569-594. — Edward W. Stevens, Jr., "Inquiry and the Good Society: The Experimentalism of E. A. S. Jr.", *Journal of the History of Philosophy*, 15 (1977), 71-81. **C**

SINGER, PETER. Ver ANIMAIS (DIREITOS DOS).

SINGULAR. O termo 'singular' é usado na lógica em vários sentidos. Certas proposições simples (ver PROPOSIÇÃO) são simples em razão da quantidade ou extensão e podem ser universais, particulares ou singulares. O esquema de uma proposição singular é: "Este S é P". A proposição singular se refere a um único objeto, ao contrário da proposição particular, que se refere a alguns sujeitos e à proposição universal que se refere a todos os sujeitos (de uma mesma classe). Falou-se também de juízos singulares e, mais exatamente, de juízos genéricos singulares; referimo-nos a eles no verbete UNIVERSAL. Às vezes se usa 'singular' como equivalente a 'individual'; isso ocorre quando se traduz a expressão aristotélica τὸ καθ'ἕκαστον indiferentemente por "singular" e por "particular", ambos ao contrário do universal, τὸ καθόλου. Em todo caso, o singular se opõe, ou se contrapõe, ao plural.

Em ontologia usa-se freqüentemente 'singular' — e, mais exatamente, 'um ente singular', 'um ser singular' — para referir-se a um indivíduo (VER). Todo ente singular é nomeado pelo que se chama "nome singular", tais como os nomes 'Homero', 'este gato', 'meu avô materno' etc. Os nomes singulares podem ser nomes próprios (como 'Cervantes') ou nomes descritivos (descrições definidas [ver DESCRIÇÃO]) (como 'o homem mais alto do mundo', 'o autor de *Fortunata y Jacinta*'). No entanto, pode-se distinguir ente singular e indivíduo. Por um lado, pode-se considerar que a singularidade é um grau menos desenvolvido de individualidade. Por outro, pode-se considerar que os seres singulares são distintos entre si *apenas em número*, enquanto os indivíduos são distintos entre si por outras características além de serem numericamente diferentes. Por fim, pode-se qualificar de singular todo ente, processo, qualidade etc., particulares, ao contrário do ser individual, que poderia estar limitado a uma entidade.

SINÔNIMO. Nas *Categorias* (I, 1, 1ª ss.), Aristóteles introduziu a distinção entre coisas chamadas "homônimas", ὁμώνυμα; coisas chamadas "sinônimas", συνώνυμα, e coisas chamadas "parônimas", παρώνυμα. Duas coisas são chamados "sinônimas" quando levam o mesmo nome no mesmo sentido. O termo 'sinônimo' designa ao mesmo tempo comunidade de nome e identidade de noção. Assim, o homem e o boi são sinônimos, não só por serem chamadas com o nome comum 'animal', mas também porque a definição de 'animal' em ambos os casos é a mesma. Duas coisas são chamadas "homônimas" quando apenas o nome aplicado a elas é comum, mas o conceito ou termo mental, λόγος, aplicado a elas é diferente. Assim, um homem real e um homem pintado são homônimos, porque, embora se possa aplicar a ambos o termo 'animal', sua natureza é diferente. Duas coisas são chamadas "parônimas" quando sendo diferentes no caso, πτῶσις, recebem sua apelação segundo seu nome. Por exemplo, de 'gramática' procede 'gramático', e de 'valentia', 'homem valente'. Com isso Aristóteles sistematizou uma série de noções que haviam sido investigadas pelos sofistas e por Platão (no *Protágoras* — onde se pergunta [340A] pelas diferenças entre 'querer', βούλεσθαι, e 'desejar', ἐπιθυμεῖν —, no *Crátilo*, no *Parmênides* e no *Timeu*), mas que até aquele momento não haviam sido suficientemente esclarecidas.

O conceito de sinônimo está na origem do conceito de unívoco; o de homônimo, na origem do conceito de equívoco; o de parônimo, na origem do conceito de denominativo. Ora, tal como posteriormente se aplicaram os termos 'unívoco' e 'equívoco' aos vocábulos, e não somente, ou primariamente, às coisas, o termo 'sinônimo' foi sendo entendido cada vez mais como um termo aplicável a outros termos. Assim, disse-se que dois termos são sinônimos quando têm a mesma significação ou, na definição de Leibniz, que dois termos são sinônimos se um pode ser substituído por outro em um enunciado sem alterar a verdade do enunciado. De um modo mais formal se diz que dois termos, '*m*' e '*n*' são sinônimos em uma proposição '*p*' se e somente se a substituição de '*m*' por '*n*' ou de '*n*' por '*m*' em '*p*' dá lugar a uma proposição '*q*' equivalente à proposição '*p*'. Assim, se na proposição 'Todos os homens são mortais' substituímos 'mortal' por seu sinônimo 'perecível', a proposição 'Todos os homens são perecíveis' será equivalente à proposição 'Todos os homens são mortais'. Outro modo de definir 'sinônimo' é: "Duas expressões são sinônimas em uma linguagem L se e somente se podem ser intercambiadas em cada sentença em L sem alterar o valor de verdade de tal sentença" (Benson Mates, "Synonymity", *University of California Publications in Philosophy*, 25 [1950], 201). Observemos que 'sinônimo' pode aplicar-se não somente a termos — termos predicados ou termos singulares —, mas também a enunciados.

Em geral, o predicado 'é sinônimo com' é considerado como um predicado semântico. Entre as numerosas teorias que foram propostas na semântica contemporânea escolheremos três: a de C. I. Lewis, a de R. Carnap e a de N. Goodman.

Tanto Lewis como Carnap propõem-se converter a sinonímia numa relação mais estrita (ou forte) que a equivalência lógica. Há, porém, uma diferença a esse respeito entre os dois autores. Em seu livro *An Analysis of Knowledge and Valuation* (cap. X), Lewis declara que duas expressões não podem ser chamadas "sinônimas" pelo mero fato de terem a mesma intensão. Ele observa que embora se diga habitualmente que duas expressões são sinônimas (ou, se se trata de proposições, eqüipolentes) quando têm a mesma intensão e tal intensão não é nem vazia nem universal, ocorre que sem introduzir qualificações essa definição daria por resultado que *quaisquer* duas proposições analíticas seriam eqüipolentes e *quaisquer* duas proposições contraditórias consigo mesmas seriam eqüipolentes. É necessário, para evitar essa dificuldade, introduzir o conceito de *equivalência de significado analítico*. Resulta então que duas expressões são sinônimas ou eqüipolentes se 1) têm a mesma intensão e esta não é vazia nem universal, e 2) se sendo sua intensão vazia ou universal são equivalentes em significado analítico. Por sua vez, a expressão 'equivalente em significado analítico' é definida como segue: "Duas expressões são equivalentes em significado analítico se 1) pelo menos uma é elementar e têm a mesma intensão, e 2) se sendo as duas complexas, podem ser analisadas em constituintes de modo que *a)* para cada constituinte distinguido em quaisquer delas haja um constituinte correspondente na outra que tenha a mesma intensão; *b)* nenhum constituinte distinguido em qualquer das duas tenha intensão nula ou universal, e *c)* a ordem dos constituintes correspondentes seja a mesma em ambas ou possa ser a mesma sem alteração de intensão". Assim, 'incisão redonda' e 'buraco circular' são equivalentes em significado analítico, enquanto 'triângulo eqüilátero' e 'triângulo eqüiângulo' não o são, embora tenham a mesma intensão.

Em sua *Introduction to Semantics*, § 12, Carnap indica que o termo 'sinônimo' pode ser definido com base no conceito de designação, e que pode ser aplicado de um modo mais ou menos amplo de acordo com o alcance de aplicação escolhido para a designação. Carnap reconhece que o conceito de sinonímia proposto por Lewis é muito próximo de seu próprio conceito do isomorfismo intensional. Segundo Carnap, duas expressões são intensionalmente isomórficas (isomorfas) se têm a mesma estrutura intensional (cf. *Meaning and Necessity*, § 14). Na linguagem de Carnap, 'intensionalmente isomorfo' é definido como 'L-equivalente' ('Logicamente equivalente'). No entanto, há uma diferença entre Lewis e Carnap sobre a qual não podemos estender-nos aqui. Observemos somente que o termo 'sinônimo' pode ser entendido também não no sentido de 'intensionalmente isomorfo', mas no sentido de 'tendo o mesmo *nominatum*'. (De Carnap, ver, também, "Meaning and Synonymity in Natural Languages", *Phil. Studies*, 4 [1955], 33-47). Nelson Goodman ofereceu uma solução ao problema da sinonímia em sua muito discutida teoria sobre a similaridade de significação (cf. "On Likeness of Meaning", *Analysis*, 10 [1949], 1-7). Segundo Goodman, as respostas dadas até o presente para explicar por que dois nomes ou predicados numa linguagem ordinária têm a mesma significação são insatisfatórias. Essas respostas podem ser reduzidas a duas: *a)* dois predicados têm a mesma significação se se referem à mesma essência real ou idéia platônica; *b)* dois termos têm a mesma significação se se referem à mesma idéia ou imagem mental, ou se correspondem ao mesmo conceito. Goodman declara que se deve voltar à teoria de que dois predicados têm a mesma significação — isto é, são sinônimos — se se aplicam às mesmas coisas, isto é, se têm a mesma extensão. Entre as dificuldades que esta teoria oferece encontra-se o fato de que termos como 'centauro' e 'unicórnio', ao terem a mesma extensão (nula), teriam o mesmo significado. Para resolver este ponto, Goodman propõe a noção de extensão secundária (à qual nos referimos no verbete EXTENSÃO). Isso o leva à conclusão de que não há duas palavras diferentes que tenham a mesma significação e, por conseguinte, que jamais existem dois termos em linguagem natural que sejam sinônimos. Goodman respondeu a várias objeções (Richard Rudner, B. L. Robbins, C. D. Rollins, Paul Wienpahl, R. A. Price, J. F. Thomson, Arthur Smullyan), esclarecendo seu ponto de vista em "On Some Differences about Meaning" (*Analysis*, 13 [1953], 90-96). Entre suas observações a respeito merece destaque o desenvolvimento de uma indicação de R. Rudner segundo a qual não somente dois termos não têm nunca a mesma significação, como também nem sequer a têm dois termos repetidos de uma proposição como 'Uma rosa é uma rosa'. Isso não significa, porém, que quaisquer dois vocábulos-acontecimentos (para o significado dessa noção ver SIGNO) diferem em significação, mas apenas que "quaisquer dois vocábulos-acontecimentos que não sejam réplica um do outro diferem em significação".

As doutrinas acima são semânticas. A. J. Ayer opinou que 'é sinônimo com' é um predicado pragmático, de modo que se pode dizer que 'A' e 'B' são sinônimos se e somente se qualquer verificação concebível de 'A' inclui a verificação de 'B' e vice-versa. Como esta doutrina se depara com dificuldades, derivadas da imprecisão dos termos 'verificável' e 'concebível', pode-se concluir que o problema da sinonímia é um problema de igualdade de significação e, portanto, um problema semântico. Segundo Quine, tal problema pertence à teoria da significação (que, no entender de Quine, constitui, junto com a teoria da referência, uma parte da semântica). Está, pois, relacionado com outros problemas pertencentes à primeira das citadas disciplinas, tais como os problemas da significabilidade e da analiticidade. Adotando a distinção antes aludida entre a sinonímia dos termos singulares, a dos predicados e a dos enunciados, Quine indica que os termos singulares são sinônimos se sua identidade é analítica; que os predicados são sinônimos se ao serem aplicados a variáveis seu bicondicional universalmente quantificado é analítico, e que os enunciados são sinônimos se seu bicondicional é analítico. Salienta-se assim a estreita relação entre a noção de sinonímia e outras noções da teoria da significação, incluindo a própria noção de significação. Uma expressão é chamada "significativa" se é sinônima de si mesma, e um enunciado é analítico se é sinônimo de algum exemplo arbitrariamente escolhido tal como '(Λ x) (x = x)' (cf. "Semantics and Abstract Objects", *Proceedings of the American Academy of Arts and Sciences*, 80 [1951], 92). Em "Two Dogmas of Empiricism", *Philosophical Review*, 69 (1951), reimp. em *From a Logical Point of View*, 1953, pp. 20-46, Quine sublinha que há grandes dificuldades em definir 'é analítico', e que essas dificuldades não desaparecem quando se recorre à noção de sinonímia, já que esta é problemática. Certas expressões consideradas analíticas, tais como 'Nenhum homem não casado é casado', são consideradas logicamente verdadeiras. Outras expressões igualmente consideradas analíticas, tais como 'Nenhum solteiro é casado' parecem poder converter-se em expressões logicamente verdadeiras em virtude da sinonímia (se, por exemplo, 'Nenhum solteiro é casado' é transformada em 'Nenhum homem não casado é casado' por sinonímia de 'solteiro' com 'homem não casado'). O problema é que a noção de sinonímia está precisa de esclarecimento tanto quanto a de analiticidade, de modo que é impróprio recorrer àquela para explicar esta. Às vezes se argumenta que duas formas lingüísticas são sinônimas quando podem ser intercambiadas em todos os contextos sem mudar seu valor de verdade ("a intercambiabilidade *salva veritate* [VER] para usar a expressão de Leibniz"). Mas não é verdade, aponta Quine, que os sinônimos 'solteiro' e 'homem não casado' possam ser intercambiados em todos os lugares *salva veritate*. Por exemplo, 'solteiro' tem menos de dez letras, o que não ocorre com 'homem não casado' (ainda que ocorra com 'não casado'). E se descartamos casos com o mencionado, podem ainda perguntar se a intercambiabilidade *salva veritate* é uma condição suficientemente forte para a sinonímia, ainda reduzindo esta a sinonímia "cognoscitiva" e não prestando atenção a outras possíveis formas de sinonímia, como a completa identidade de associações psicológicas. Não cabe admitir que a sinonímia seja explicável pela analiticidade se se estabeler que esta é explicável por aquela, já que então se cai num círculo vicioso. Isso leva a considerar a noção de sinonímia como intercambiabilidade *salva veritate* dentro de alguma linguagem perfeitamente especificada. Exemplo de tal linguagem é uma linguagem extensional, mas nesse caso não alcançamos a sinonímia cognoscitiva requerida para que em uma expressão como 'Todos e só os solteiros são homens não casados', a sinonímia entre 'solteiro' e 'homem não casado' nos diga outra coisa salvo que tal expressão é verdadeira, e nos diga, além disso (que é o que buscávamos), que o é enquanto expressão analítica.

⇒ Para um estudo dos debates filosóficos e lingüísticos em torno da noção de sinonímia, ver Roy Harris, *Synonymy and Linguistic Analysis*, 1973. — Os dois arts. de N. Goodman citados *supra* foram republicados em M. Macdonald ed., *Philosophy and Analysis*, 1954, pp. 54-62 e 63-69, respectivamente.

Ver: B. Mates, "Synonymity", em L. Linsky, ed., *Semantics and the Philosophy of Language*, 1952, pp. 111-136. — John P. Anton, "Ancient Interpretations of Aristotle's Doctrine of 'Homonyma'", em J. P. Anton e G. L. Kustas, eds., *Essays in Ancient Greek Philosophy*, 1971; reimp., 1972, pp. 569-592. — Ernst Heitsche, *Die Entdeckung der Homonymie*, 1972. — Matthias Schirn, *Identität und Synonimie. Logisch-semantische Untersuchungen unter Berücksichtigung der sprachlichen Verständigungspraxis*, 1975. ⊂

SINTAGMA, SINTAGMÁTICO. Em seu *Cours de linguistique générale* ([1916], 2ª ed., 1922, pp. 170 ss.), Ferdinand de Saussure afirmou que as relações e as diferenças entre termos lingüísticos se desenvolvem em duas esferas. Por um lado, há relações entre palavras que estão fundamentadas no caráter linear da língua. As combinações de palavras em sucessão linear são os "sintagmas". Por outro lado, as palavras que oferecem algo comum "fora do dizer" se associam na memória formando grupos com relações muito diversas. Estas relações são denominadas por Saussure de "relações associativas". Enquanto a relação sintagmática está *in praesentia*, a relação associativa está *in absentia*.

Saussure deu como exemplos de sintagmas "reler", "contra todos", "a vida humana", "Deus é bom", "faz bom tempo", "(nós) sairemos". O valor de um termo em um sintagma consiste em sua oposição, ou contraposição, ao termo precedente, ou ao seguinte, ou a ambos. Como exemplos de relações associativas, Saussure mencionou que 'ensinamento' faz surgir na mente palavras como 'armamento', 'rebento' (em francês: *enseignement, armement, changement*) ou também palavras como 'ensinar', 'assinar' (em francês: *renseigner*, "informar"), ou também palavras como 'educação', 'aprendizagem'. O fato de termos sido obrigados a modificar alguns exemplos de Saussure, ao passá-los ao português, indica que uma língua constitui determinada estrutura, em que cada um dos termos está relacionado estruturalmente (incluindo-se com isso o significado) com outros termos da mesma língua, sem que haja relação estrita de traduzibilidade entre um termo *m* de uma língua *L* e um termo *n* de uma língua *La*. Esta é uma das idéias centrais da lingüística estrutural de Saussure e outros autores.

Outros exemplos que poderíamos mencionar da distinção entre sintagmas ou séries sintagmáticas e relações associativas (ou paradigmáticas; cf. *infra*) são as seguintes. Em

$$\text{A mesa à direita da lâmpada} \tag{1}$$

a palavra 'mesa' está em relação sintagmática com 'a' e com 'à direita da lâmpada'; as palavras 'à direita de' estão em relação sintagmática com as palavras 'a mesa' e 'a lâmpada', e a palavra 'lâmpada' está em relação sintagmática com as palavras 'a mesa à direita da'. Em

A maca à direita da lâmpada (2)

a palavra 'maca' está em relação associativa (paradigmática) como 'mesa' em (1). Em

A cadeira à esquerda da lâmpada (3)

a palavra 'cadeira' está em relação associativa (paradigmática) com a palavra 'mesa' em (1) e com a palavra 'maca' em (2); 'à esquerda de' está em relação associativa (paradigmática) com 'à direita de' em (1) e em (2).

Ferdinand de Saussure indicou que a oposição entre os dois tipos de relação citados faz compreender melhor a natureza de cada um deles, opinando que "correspondem a duas formas de nossa atividade mental, ambas indispensáveis à vida da língua".

Enfatizou-se que a relação sintagmática é complexa e que pode haver tipos e formas muito diferentes de sintagmas. O mesmo ocorre com a relação associativa. Em todo caso, a distinção de Saussure entre sintagma e relação associativa exerceu grande influência, não só na lingüística, mas também na antropologia e na filosofia das atividades mentais. Com maiores ou menores modificações e refinamentos, foi adotada por lingüistas como Roman Jakobson e L. Hjelmslev, assim como por antropólogos como Lévi-Strauss e críticos como Roland Barthes. A distinção desempenha um papel importante no pensamento da maior parte dos autores que costumam ser agrupados sob o rótulo "estruturalismo" (VER).

A terminologia de Saussure sofreu várias modificações. Com elas também sofreram mudanças as conotações dos termos. Desde Hjelmslev a dimensão associativa tem sido chamada de "paradigmática". Muitos lingüistas distinguem "sintagmático" (série, ou tipos de série, sintagmática) e "paradigmático" (agrupação, ou tipos de agrupação, paradigmática). Jakobson e sobretudo Lévi-Strauss falaram de "série sintagmática" e de "cadeia paradigmática". Lévi-Strauss considera que a primeira é típica da metonímia e a segunda é típica da metáfora; daí a relação, e contraposição, entre metonímia (contigüidade) e metáfora (similaridade), que desempenha um papel tão central nas análises de antropologia cultural, e em particular nas análises de mitos, de Lévi-Strauss. Roland Barthes falou, correlativamente, de "sintagma" e "sistema"; no primeiro temos justaposição e seqüências, no segundo temos conjuntos nos quais se revelam similaridades, afinidades (que incluem certos tipos de diferenças) e variedades ou variações.

O sintagma e o paradigma, o sintagma e o sistema, a metonímia e a metáfora permitem articular, segundo Lévi-Strauss, Roland Barthes e outros autores, signos não verbais tanto como signos verbais. Todos os fatos vagamente chamados "culturais" constituem linguagens que têm seu código, seu sistema (de regras). As noções de sintagma e paradigma são aplicáveis, portanto, a relações de parentesco, a formas de habitáculos, a modos de vestirse, a regras de comportamento, a tipos de preparação de alimentos, a línguas etc.

SINTAXE. No verbete sobre a semiótica (VER), indicamos que a sintaxe é considerada como um ramo da semiótica: o que se ocupa dos signos com independência do que designam e significam, ou também, como é definida às vezes, o que se ocupa das relações dos signos entre si. Trata-se, pois, de uma disciplina formal cuja principal missão é a elaboração da teoria geral da construção de linguagens. Essas linguagens podem ser de diversa índole: verbais, lógicas, matemáticas etc. "A sintaxe de uma linguagem, ou de qualquer outro cálculo", escreve Carnap, "se refere, em geral, às estruturas de *possíveis ordens seriais* (de qualquer espécie definida) *compostos de quaisquer elementos*". Quando a linguagem é uma linguagem lógica, a sintaxe recebe em geral o nome de *sintaxe lógica*. A sintaxe lógica é uma parte fundamental da metalógica, que estuda sistemas de linguagem despojados de significação; trata-se, pois, de uma teoria dos cálculos abstratos. A sintaxe lógica estuda noções tais como a expressão (VER) ou fórmula (de cálculo), o teorema (de um cálculo), o axioma (VER), a regra de inferência (VER) e a prova (VER). Estuda também conceitos como os de consistência (ver CONSISTENTE), completude (ver COMPLETO), decidibilidade (ver DECIDÍVEL) e independência.

Tal como a semântica (VER), a sintaxe pode ser pura ou descritiva. A sintaxe pura é equivalente à sintaxe lógica; às vezes recebe o nome de "metassintaxe". Segundo Carnap, ela estuda "as disposições possíveis sem nenhuma referência ou à ordem das coisas que constituem os vários elementos, ou à questão acerca de qual das disposições possíveis destes elementos está efetivamente realizada em alguma parte"; é, por conseguinte, uma "geometria de estruturas finitas, discretas e seriais". A sintaxe descritiva se ocupa, por outro lado, de estruturas sintáticas dadas. Durante algum tempo (especialmente por influência de Carnap) alguns autores consideraram que a filosofia podia ser reduzida a uma sintaxe lógica da linguagem. E como a linguagem de que se ocupa tal sintaxe era principalmente a linguagem da ciência, chegou-se a definir filosofia como a sintaxe lógica da linguagem (ou linguagens) da ciência. Percebeu-se posteriormente que essa definição era restrita demais; o citado Carnap declarou, com efeito, que sendo as proposições filosóficas de índole suficientemente ampla para abarcar muitas espécies de signos e de *designata*, a tarefa da filosofia não podia se reduzir a uma análise sintática, mas devia incluir também um estudo semântico e, em geral, semiótico (incluindo, portanto, o ramo pragmático).

Ao mesmo tempo, a sintaxe pode ser não aritmética e aritmética. A sintaxe não aritmética é usualmente apresentada nos tratados de lógica e foi objeto das considerações acima. A sintaxe aritmética é uma lógica baseada na correlação dos signos primitivos do cálculo sentencial com a aritmética natural. A sintaxe aritmética foi estabelecida por Gödel em 1930 e permitiu a esse autor provar seus metateoremas relativos à completude e à consistência. A eles nos referimos no verbete GÖDEL (TEOREMA DE) (ver também CONSISTENTE), no qual indicamos como se efetua a correlação mencionada e o uso da mesma. Na sintaxe aritmética os predicados sintáticos podem ser definidos como predicados numéricos e os metateoremas da sintaxe são traduzidos a metateoremas da aritmética.

Falou-se também de sintaxe inscricional; a este ponto nos referimos no verbete INSCRIÇÃO (VER).

O significado de 'sintaxe' apresentado nos parágrafos acima não coincide inteiramente com o que tem o termo em Husserl. Há, porém, algo comum em ambas as significações: a tendência à formalidade. Husserl teria falado, com efeito, já da idéia de uma doutrina formal das proposições apofânticas (ver APOFÂNTICA) que também podia receber o nome de "sintática" (*Ideen*, § 134). Essa sintática está relacionada com a idéia das "posições" *(Setzungen)* e em particular com a doutrina das sínteses doxais e das modalidades doxais. Com efeito, a consideração das operações analítico-sintáticas para todas as significações pode dar lugar a uma sintaxe apofântica. E a possibilidade de sínteses doxais permite ver como se podem incluir nelas as formas gramaticais sintáticas. Ora, tão logo examinamos a forma total pura da unidade apofântica na medida em que abarca, além disso, as formas puras especiais que lhe pertencem ou correspondem, nós nos deparamos com o que Husserl chama a "unidade da sintaxe", pela qual as matérias que permanecem idênticas através do processo da abstração são formadas sintaticamente. Essas "matérias" não são apenas os universais clássicos, mas podem ser determinações de caráter individual (como "este papel" ou "branco" etc.). Daí a possibilidade de um "material sintático", e daí também a possibilidade de considerar de um ponto de vista sintático tanto as "formas" como os próprios "conteúdos" idênticos (*Formale und transzendentale Logik*, 1929, Beilage, I, § 7). Husserl assinala que a relação entre matéria e forma sintática é, em todo caso, uma relação de menor a maior limitação, pois é evidente que "diante da infinidade de matérias sintáticas idênticas, é limitado o número de formas sintáticas", tais como sujeito, predicado, objeto, atributo e outras "formas totais" (*op. cit.*, I, § 10). Assim, a matéria sintática pode assumir graus e formas, o que afasta a consideração da sintaxe e das formações sintáticas por parte de Husserl da significação que as mesmas possuem na lógica matemática contemporânea.

➲ Além das obras de Husserl citadas, ver: Ludwig Wittgenstein, *Tractatus logico-philosophicus*, 1922; 2ª ed.,
1933, 3.325. — Rudolf Carnap, *Logische Syntax der Sprache*, 1934 (trad. ingl. ampl.: *The Logical Syntax of Language*, 1937). — Id., *Studies in Semantics*, I, 1942. — Alfred Tarski, Olaf Helmer e Eugeniu Sparantia, "Syntaxe logique", em *Actes du Congrès International de Philosophie Scientifique*, vol. VII, 1936, pp. 1-28. — Daniel J. Bronstein, "What Is Logical Syntax?", *Analysis*, 3 (1935-1936), 49-56. — Charles Morris, *Foundations of the Theory of Signs*, 1938. — Id., *Signs, Language, and Behavior*, 1946. — Franz Schmidt, *Logik der Syntax*, 1957; 3ª ed., 1961. — N. Chomsky, *Aspects of the Theory of Syntax*, 1965. — P. J. Tedeschi, A. Zaenen, eds., *Syntax and Semantics*, 1981. — J. Haiman, *Natural Syntax: Iconicity and Erosion*, 1985. — S. Kuno, *Functional Syntax: Anaphora, Discourse and Empathy*, 1987. — U. Wybraniec-Skardowska, O. A. Wojtasiewicz, *Theory of Language Syntax: Categorial Approach*, 1991. ⊂

SÍNTESE. O termo 'síntese' deriva do grego σύνθεσις, que significa "composição" ("com-posição", *compositio*), isto é, "posição de" (uma coisa com outra, um conceito com outro etc.). Portanto, 'síntese' equivale primariamente a união ou unificação, integração etc. Como o resultado de uma união, integração etc. é mais complexo que qualquer dos elementos unidos, integrados etc., pode-se dizer que em geral a síntese é a ação ou o efeito, ou ambos ao mesmo tempo, de passar do mais simples ao mais complexo. Isso pode ser entendido fundamentalmente de dois modos, a cada um dos quais corresponde um conceito básico de 'síntese': 1) A síntese como método; 2) a síntese como o que chamaremos "operação".

1) A síntese como método é o chamado "método idêntico", que se distingue do chamado "método analítico". No verbete ANÁLISE tratamos com algum detalhe desses dois métodos, assim como da análise diferenciada da síntese, da "regra da síntese" diferenciada da "regra da análise" etc. Remetemos, pois, ao citado verbete para o primeiro significado de 'síntese'. Recordaremos somente alguns pontos importantes. Antes de tudo, que em muitos casos se entendeu "a passagem do simples ao complexo" como "passagem do universal (ou do mais universal) ao particular (ou ao menos universal)". Por esta razão, considerou-se o silogismo (VER) como uma síntese, ao contrário da indução (VER), considerada como uma análise. Depois — especialmente a partir dos inícios da época moderna — tendeu-se a considerar o método sintético ou "método compositivo" como um método em que se procede de umas quantas premissas para uma série de conclusões, ou então de uns quantos pensamentos ou "objetos" simples para uma série de pensamentos ou "objetos" compostos. A síntese é composição porque "compõe" o complexo a partir do simples.

2) A síntese como operação consiste primariamente em unir dois ou mais elementos em um composto. Há aqui também, como no caso anterior, uma composição,

mas esta oferece um aspecto distinto, e às vezes contrário, ao resenhado anteriormente. O termo 'síntese' foi empregado para referir-se à composição ou integração de elementos (como ocorre na síntese química), mas na literatura filosófica se fala sobretudo de síntese como união ou integração de sujeito e predicado. O resultado desta síntese é uma proposição que, como tal, é mais complexa que seus elementos componentes, mas, por outro lado, pode-se dizer que ao "sintetizar-se" o sujeito e o predicado obtém-se algo mais "simples". Este último modo de ver a síntese é que prevalece num autor como Kant, em quem a noção de síntese desempenha um papel fundamental. De imediato, Kant entende a síntese como unificação: "Por *síntese*, em seu sentido mais geral, entendo o ato de reunir as diferentes representações umas com as outras, e de apreender o diverso delas em um só ato de conhecimento" (*KrV*, A 77/B 103). A síntese é chamada "pura" quando a diversidade em questão não é empírica, mas *a priori*. Sem a síntese, sustenta Kant, não haveria possibilidade de conhecimento, tanto no plano da sensibilidade como no do entendimento, e ainda no da razão. No primeiro se produz a síntese de representações mediante as formas puras da intuição do espaço e do tempo; no segundo, a síntese é a unificação dos elementos da representação por meio das formas puras do entendimento ou categorias; no último pode-se praticar a síntese (pelo menos reguladoramente) pela unificação com base nas idéias da razão. Especialmente importante é a noção kantiana de síntese no plano do entendimento; toda a "dedução (justificação) transcendental das categorias" está fundamentada na síntese. Pode-se dizer inclusive que para Kant conhecer é fundamentalmente sintetizar (e especialmente "sintetizar representações"). O papel do *a priori* é, pois, um papel "sintético". Fundamentais no processo sintético do conhecimento são as três sínteses de que fala Kant em *KrV*, A 98-110: a "síntese da apreensão na intuição", aplicada diretamente à intuição, "a qual oferece uma diversidade, mas uma diversidade que não pode ser nunca representada como tal e como contida *em uma simples representação* exceto em virtude de semelhante síntese"; a "síntese da reprodução na imaginação", que é um dos atos transcendentais do espírito, e a "síntese do reconhecimento em um conceito", fundamento da "apercepção (VER) transcendental". Em suma, como "síntese" e "conhecimento" são em Kant praticamente a mesma coisa, pode-se conceber o progresso do conhecimento como um progresso nas diversas sínteses possíveis. Só uma condição se impõe: que a síntese efetivamente "sintetize", isto é, que haja elementos sobre os quais a síntese realmente opere.

A noção de síntese também foi desenvolvida pelos idealistas alemães, que destacaram o caráter "criador" e "produtor" da síntese. Isso ocorre em Fichte. Os elementos contraditórios que a análise descobre em cada proposição são unidos, segundo Fichte, por uma síntese. Tanto a análise — que, a rigor, é uma "antítese" — como a síntese pressupõem uma "tese". A síntese une e, ao unir, "produz" o unido. Mas o caráter "produtor" e "criador" da síntese depende, em última análise, do caráter "produtor" e "criador" da tese — ou das chamadas "proposições téticas", nas quais a auto-afirmação (como a auto-afirmação do eu) é absoluta (cf. *Grundlegung der gesamten Wissenschaftslehre*, § 3). Esse aspecto criador da síntese foi mantido a seguir na maior parte das correntes filosóficas que, de um modo ou de outro, seja do ponto de vista do idealismo ou do ângulo do positivismo espiritualista, procuraram ver o que havia de transcendente nos fatos. Essa realidade transcendente pode residir nos fatos mesmos ou no espírito que os concebe. Em todos os casos se poderá falar de um traço criador na síntese. Assim ocorre na concepção da síntese por parte do neokantismo e em particular por parte de Hermann Cohen. Isso também ocorre no positivismo espiritualista. Ravaisson já havia mostrado até que ponto o hábito unifica o mecânico e o ativo: é uma síntese em que mecanicismo e atividade não aparecem simplesmente justapostos, mas mutuamente engendráveis. Lachelier chegou a mostrar que a síntese não é uma simples operação mental que deixa a realidade tal como está, mas que é a forma pela qual a própria realidade, por assim dizer, opera. E Boutroux demonstrou que se não houvesse sempre um momento de síntese criadora em cada grau do real a respeito do imediatamente inferior, não se poderia nem sequer falar de realidade. Algo análogo ocorre na filosofia de Hamelin, que se propôs, como expressou literalmente, "construir mediante sínteses a representação". Por isso pôde-se falar em seu caso de um "método sintético", que é a pedra angular de sua filosofia. Mas esse aspecto criador da síntese também foi sublinhado por alguns filósofos que, mesmo influenciados pelo idealismo, não podem ser afiliados formalmente a tal tendência. Assim vemos por exemplo em Wundt, que fala da síntese criadora ou da síntese aperceptiva sem a qual não pode existir conhecimento, e sem a qual, portanto, não tem *sentido* referir-se à realidade. Por isso a própria lógica é, no fundo, para esse filósofo, uma teoria das formas do pensar sintético. Vemos isso também em Eduard von Hartmann, que não só edifica seu pensamento com base na síntese filosófico-natural, mas que inclusive faz radicar no caráter ultimamente sintético do real, engendrado pelo Inconsciente, a possibilidade de toda síntese de conhecimento.

Às vezes se considera a noção de síntese em Hegel como distinta de todas as anteriores. De alguma maneira isso é correto em virtude do papel que desempenha a síntese no método dialético hegeliano a que nos referimos nos verbetes HEGEL e DIALÉTICA. Mas em certa medida a noção hegeliana de síntese é parecida com a que encontramos em Fichte (cf. *supra*). Além disso, em alguns autores anteriormente tratados — como Hamelin — a síntese também é concebida como conexão de noções opostas e não simplesmente como integração de elementos diversos. Podemos, pois, incluir a noção hegeliana de síntese dentro de nosso segundo conceito, agregando que se trata de uma síntese dialética que em vez de integrar simplesmente a diversidade aspira a "superá-la".

➔ Ver a bibliografia de MÉTODO. Além disso: Jean Lechat, *Analyse et synthèse*, 1962. ⊂

SINTÉTICO. Ver ANALÍTICO E SINTÉTICO; MONOTÉTICO; SÍNTESE.

SÍRIA (ESCOLA DA). Dentro do neoplatonismo (VER) se chama Escola da Síria ou escola síria à representada por Jâmblico, Teodoro de Ásine, Dexipo e Sópatro de Apaméia. Nos verbetes dedicados aos primeiros filósofos citados podemos ver com mais detalhe as doutrinas mais significativas da escola: tendência à formação de sistemas metafísicos nos quais rege o princípio tricotômico, emprego abundante da dialética (VER), insistência no caráter absolutamente transcendente da Unidade suprema, introdução da aritmetologia e de conceitos derivados da tradição religiosa grega, e emprego do método alegórico na interpretação dos diálogos platônicos. A escola da Síria tendeu por isso fortemente à metafísica especulativa, mas não se pode dizer, como alguns autores fazem, que abandonara por inteiro a inclinação mistagógica. Nesta última exerceram influência sobretudo os chamados mistérios egípcios. Por este motivo, houve em alguns dos membros da escola uma tendência à teurgia (VER), o que os aproximou dos pensadores neoplatônicos da escola de Pérgamo.

Em relação aos dois membros da escola síria aos quais não foram dedicados verbetes especiais — os dois discípulos de Jâmblico, Dexipo e Sópatro de Apaméia —, os dados que sobre eles possuímos são escassos. Dexipo escreveu, segundo indica Simplício, um comentário ao tratado aristotélico sobre as categorias, que foi editado em um dos tomos (IV, 2, 1888) dos *Commentaria in Aristotelem Graeca: Dexippi in Aristotelem categorias, dubitationes et solutiones*, a cargo de A. Busse. Com a morte de Jâmblico, Sópatro de Apaméia se transferiu para Constantinopla e parece ter influenciado o círculo imediato do imperador Constantino. Segundo Suidas, Sópatro escreveu um tratado sobre a Providência, Περὶ προνοίας.

➔ Bibliografia nos verbetes JÂMBLICO; NEOPLATONISMO. ⊂

SIRIANO de Alexandria *(fl. ca.* 450). Um dos membros da chamada Escola de Atenas (VER) do neoplatonismo (VER), foi discípulo de Plutarco de Atenas (que deve ser diferenciado de Plutarco de Queronéia) e mestre de Proclo. Em seus comentários a escritos de Platão e de Aristóteles, Siriano apresentou o Estagirita como o pórtico necessário para o entendimento das doutrinas de Platão. O platonismo de Siriano é uma mescla das doutrinas de Platão com elementos órficos e com concepções derivadas dos Oráculos (VER) caldeus. Atribui-se a Siriano a elaboração de uma doutrina — que, ao que parece, influenciou grandemente Proclo — segundo a qual no processo da emanação de um grau superior a um grau inferior de realidade se passa por diversas fases, tais como as da permanência, saída e regresso.

➔ Comentário de Siriano aos livros III, XIII e XIV da *Metaphysica* publicados por H. Usener na edição de Aristóteles da Academia de Berlim (V, 1870) e por E. Kroll em *Commentaria*, ed. H. Rabe, 2 vols., VI, I, 1902. — *Syr. in Hermogenem commentaria*, ed. H. Rabe, 2 vols., 1892.

Ver: Th. Bach, *De Syriano philosopho neoplatonico*, I, 1862. ⊂

SISTEMA. Uma definição muito geral de 'sistema' é: "Conjunto de elementos relacionados entre si funcionalmente, de modo que cada elemento do sistema é função de algum outro elemento, não havendo nenhum elemento isolado". O termo 'elemento' é tomado num sentido neutro; pode-se entender por ele uma entidade, uma coisa, um processo etc. (caso em que cabe falar de "sistema real") ou pode-se entender por ele algum conceito, termo, enunciado etc. (caso em que cabe falar de "sistema conceitual", "sistema lingüístico" etc.). Em alguns casos, o elemento de que se fala tem um aspecto "real" e um aspecto "conceitual"; isso ocorre quando, como acontece amiúde, o sistema de que se fala é composto de regras ou normas.

Fora dessas considerações muito gerais, é difícil elaborar uma definição de 'sistema' capaz de satisfazer os numerosos empregos do conceito de sistema, seja em acepções correntes (como quando se fala de "sistema político", de "sistema econômico", de "sistema educacional" etc.), seja em acepções mais "técnicas" ou especializadas (como quando se fala de "sistema ecológico", "sistema bio-retroativo" etc.). Por outro lado, parece que há características muito gerais de todos os sistemas cuja investigação compete às chamadas "análises de sistemas" e "teoria geral dos sistemas" de que falaremos ao final do presente verbete.

Trataremos aqui, primeiro, de certas idéias gerais sobre a noção de sistema adotadas por vários filósofos desde a introdução do termo 'sistema' — ou algum de seus análogos — no vocabulário filosófico; segundo, de várias concepções filosóficas da noção de sistema, e particularmente da questão do chamado "sistema filosófico" e das chamadas "orientações sistemáticas" da filosofia; terceiro, de algumas das idéias de Condillac sobre a noção de sistema, e, por fim, da concepção de "sistema" na lógica e na metalógica contemporâneas, por um lado, e na "teoria geral dos sistemas", pelo outro. Neste último caso se trata de noções que se convencionou qualificar de "sistêmicas" (ver SISTÊMICO), ao contrário de noções "sistemáticas".

Na significação que os estóicos lhe davam, o vocábulo grego σύστημα designava primariamente uma "ordem" (VER), especialmente uma "ordem do mundo" ou "ordem cósmica". Considerou-se freqüentemente que não só todo o real está submetido a uma lei, mas também que o pensamento deve seguir a ordem "sistemática". Em muitos casos, o sistema conceitual foi visto, implícita ou explicitamente, como tradução do sistema real; na formulação de Spinoza, a "ordem das idéias" foi julgada como equivalente à "ordem das coisas".

Três formas de relação entre sistema real e sistema conceitual se destacaram: 1) o sistema conceitual deriva do real, de modo que o primeiro é um reflexo do segundo, 2) o sistema real é "produto" de uma ordem imposta pelo sistema conceitual, 3) sistema real e sistema conceitual são paralelos (sendo isomórficos se a cada determinado "ponto" de um corresponde um determinado "ponto" do outro). A forma de relação 1) é admitida geralmente por autores de orientação realista em epistemologia. A forma de relação 2) é admitida por autores de tendência kantiana. A forma de relação 3) pode ser ontologicamente neutra, mas também pode ser interpretada como derivada do pressuposto de que se o conhecimento é possível, só o é em virtude da correspondência necessária entre sistema real e sistema conceitual.

O conceito de sistema foi tratado com freqüência desde Kant e especialmente no curso do idealismo alemão (por Fichte, Schelling e Hegel, que apresentavam seus pensamentos, inclusive as diversas fases dos mesmos, como "sistemas"). Na "Dialética transcendental" da *Crítica da razão pura*, Kant retomava sua antiga idéia de sistema como um todo do conhecimento ordenado segundo princípios, e definia a arquitetônica (VER) como a arte de construir sistemas. Mas como justamente a razão humana é arquitetônica, ela pode converter em sistema o que era mero agregado de conhecimentos. Daí a definição precisa: "Por sistema entendo a unidade das formas diversas do conhecimento sob uma única idéia" (*KrV*, A 832/B 860), em que a idéia é o conceito dado pela razão. Por isso, segundo Kant, o conceito determina *a priori* não apenas o alcance do conteúdo, mas as posições recíprocas das partes, de sorte que podemos chegar a uma unidade organizada *(articulatio)* e não a mero agregado *(coacervatio)*, a uma ordem que cresce desde dentro *(per intus susceptionem)* e não mediante sucessivas agregações *(per appositionem)*. No entanto, o sistema da razão era somente, em última análise, resultado de uma tarefa infinita. Com maior radicalismo, em contrapartida, Hegel sustenta a idéia — real e conceitual — do sistema. Já que somente o total é verdadeiro, e uma vez que o parcial é não-verdadeiro ou, melhor dizendo, momento "falso" da verdade, esta última será essencialmente sistemática, e a realidade e verdade de cada parte somente terão sentido em virtude de sua referência e inserção no todo. Daí que, como diz Hegel no prefácio à *Fenomenologia do Espírito*, "a verdadeira figura dentro da qual existe a verdade não pode ser senão o sistema científico desta verdade". A verdade seria, pois, de acordo com isso, somente a articulação de cada coisa com o todo, e o todo mesmo que expressa o sistema desta articulação. Já na chamada filosofia da realidade, de Iena (cf. *Jenenser Realphilosophie*, 1803-1804, ed. J. Hoffmeister, 1932, p. 264), Hegel insistia em que a organização (da filosofia) como sistema não é senão a expressão da idéia segundo a qual a filosofia se contém inteiramente a si mesma e cresce desde dentro, como um ponto que se converte em círculo. Desde Hegel se pode falar, pois, com pleno sentido, de "sistema de filosofia", não porque esses sistemas não tivessem existido antes, mas porque somente *desde* Hegel, e como que por efeitos retroativos, sobressai e adquire maturidade a "sistematicidade" dos sistemas. Boa parte da produção filosófica pode aparecer então como plenamente sistemática, e os nomes de Plotino, de Scot Erígena, de Santo Tomás, de Spinoza, de Wolff, de Suárez confirmam uma tendência à qual parece contrapor-se a atitude que Nicolai Hartmann chamou aporética, a que caracteriza o modo de pensar de Aristóteles, de Santo Agostinho, de Ockham, de Hume, de Nietzsche. E isso a tal ponto que até há pouco se considerava um pensamento tanto mais filosófico quanto mais sistemático era, e se pôde ver a história da filosofia como uma sucessão de sistemas. No entanto, diante de um tipo de pensamento como, por exemplo, o de Eduard von Hartmann, destacou-se já um pensamento como o de Nietzsche (e antes o de Kierkegaard), nos quais não somente se quebrou o sistema como também, o que é mais importante para o caso, se chegou à plena consciência de um novo modo não sistemático, essencialmente fragmentário, inclusive aforístico, adotado pela filosofia. Esse modo foi considerado por muitos autores como propriamente não filosófico; outros viram nele, em compensação, o anúncio de um novo modo possível de fazer filosofia, que deixaria de ser sistemática na medida precisamente em que deixaria de ater-se aos pressupostos racionalistas que, mediante múltiplas e díspares formulações, persistiram ao longo da história da filosofia no Ocidente. Esta idéia conduziu a uma discussão profunda do problema do sistema. Essa discussão seguiu dois caminhos. Por um lado, a análise do sistema como sistema formal a que nos referiremos mais adiante com mais detalhe. Por outro lado, o exame da questão da relação entre pensamento filosófico e sistema. Várias posições foram adotadas neste último problema. Uma delas, a de J. Stikers (ver bibliografia), consiste em proclamar a possibilidade de um renascimento da filosofia sistemática com base numa depuração e simplificação da terminologia, cuja variedade histórica seria justamente, segundo aquele autor, a causa de o aspecto sistemático não ter podido triunfar decisivamente. Outra delas, a de Nicolai Hartmann, que examina a história da filosofia em virtude de duas tendências principais: a problemática e a sistemática. A primeira abarca os esforços encaminhados à elucidação, esclarecimento e aprofundamento dos problemas; a segunda, à edificação de grandes construções unitárias, que são ao mesmo tempo aprofundamento de problemas, mas que pretendem principalmente uma solução global, quase sempre a partir de princípios considerados "verdadeiramente últimos" (que é o mesmo que dizer "verdadeiramente primeiros"). Entre as posições de Stikers e de N. Hartmann há a de N. Petruzzellis. Segundo esse autor, um sistema não deve reproduzir fotograficamente a realidade inteira (com sua indefinida extensão e multiplicidade); um sistema é somente "um organismo de conceitos e leis universais". O sistema é "a *fórmula* filosófica do real" (*Sistema e problema* [1954], p. 26 [grifado por nós]; há 3ª edição revista, 2 vols., 1975-1976]). O sistema é um "símbolo indicativo útil para as possíveis operações mentais posteriores". Por isso não há oposição de princípio entre problema e sistema. O sistema é a estática do pensar; o problema, a dinâmica do pensar.

É conveniente distinguir a atitude e a intenção no desenvolvimento da filosofia. Assim, enquanto a atitude adotada pode ser problemática, a intenção pode ser sistemática, e vice-versa. Segundo N. Hartmann, é freqüente que em autores com intenção sistemática apareçam atitudes problemáticas. Além disso, é comum que dentro de estruturas sistemáticas apareçam numerosas indagações "problemáticas", isto é, interessadas no exame e análise dos problemas filosóficos com independência de sua articulação em um sistema. Pode-se até sublinhar este último aspecto na obra dos pensadores do passado e obter deste modo uma imagem da história da filosofia muito diferente da usual. Por exemplo, Geulincx pode ser estudado não tanto como um partidário do ocasionalismo (que seria apenas a "casca" sistemática de seu pensamento, a solução "forçada" de seus verdadeiros problemas), mas como um autor que trouxe em seu *axioma inconcussae veritatis* — destinado a mostrar a impossibilidade de salvar o hiato aberto por Descartes entre extensão e pensamento — um esclarecimento de interesse permanente sobre determinado problema. Também Francesco Orestano propugnou uma visão similar da história da filosofia.

Alguns autores indicam que a propensão sistemática não é em si mesma nociva; o perigoso é, a seu ver, aderir a um sistema fechado (como o de Hegel) em vez de propugnar um "sistema aberto" que, sem perder nenhuma das vantagens da ordenação sistemática, seja capaz de acolher novos problemas e de modificar-se continuamente. A isso se chama às vezes "sistema aberto" em oposição ao "sistema fechado".

Durante muito tempo a noção de sistema em filosofia — enquanto "sistema filosófico" — foi vista com suspeita. Nos últimos tempos, e contra todo "anti-sistematismo", foram propostos novos "sistemas filosóficos". Isso ocorre com autores como Hermann Schmitz, que desenvolveu um "sistema completo de filosofia" em vários volumes (I: *Die Gegenwart*, 1964; II, 1: *Der Leib*, 1965; II, 2: *Der Leib im Spiegel der Kunst*, 1966; III, 1: *Der leibliche Raum*, 1967; III, 2: *Der Gefühlsraum*, 1969; III, 3: *Der Rechtsraum [Praktische Philosophie]*, 1973; III, 4: *Das Göttliche und der Raum*, 1977; III, 5: *Die Wahrnehmung*, 1978; IV: *Die Person*, 1980; V: *Die Aufhebung der Gegenwart*, 1980). Mas *este* tipo de sistema não parece prosperar. Diferente é o caso de uma reação contra a filosofia "de minúcias", típica de boa parte da reviravolta analítica, em favor — inclusive dentro da mesma reviravolta — de uma concepção mais sintética e ampla da filosofia. Se se quiser, pode-se falar então de uma tendência ao sistema, mas o tom deste respeito aos sistemas "clássicos" — especialmente dos sistemas do idealismo alemão — é muito outro. Também difere da idéia clássica — a despeito da insistência na síntese e na interdisciplinaridade — o desenvolvimento da noção de sistema na teoria geral dos sistemas de que falamos ao final do presente verbete.

Condillac (*Traité des systèmes*, 1749 [Introdução]) definiu o sistema como "a disposição das diferentes partes de uma arte ou ciência em uma ordem em que todas as partes se sustentam mutuamente e em que as últimas se explicam pelas primeiras". As partes que dão razão de outras são os princípios, os quais devem ser reduzidos a um mínimo. Condillac indica que há nas obras dos filósofos três classes de princípios e que cada uma destas classes dá origem a uma classe de sistema.

1) Princípios enquanto máximas gerais ou abstratas, supostamente evidentes (tais como "É impossível que a mesma coisa seja e não seja", "O nada não é causa de nada" etc.);

2) Princípios enquanto suposições ou hipóteses, ulteriormente comprováveis por meio da experiência;

3) Princípios extraídos da consulta à experiência e do exame de fatos bem comprovados.

Segundo Condillac, somente os sistemas baseados em 3) são fecundos para as ciências e para as artes. Os partidários da construção de sistemas baseados em 2) esquecem que as suposições ou hipóteses podem ser aumentadas e mudadas a bel-prazer, e os que aderem a uma idéia dos princípios no sentido de 1) não levam em conta que as noções abstratas podem ser uma base para pôr em ordem os pensamentos, mas que não servem para levar a cabo descobrimentos.

A partir daquela noção de sistema e da classificação correspondente dos sistemas, Condillac procede a criticar os sistemas abstratos e hipotéticos do passado, especialmente os construídos pelos filósofos racionalistas do século XVII (sobretudo Malebranche, Spinoza e Leibniz), alegando que ou são vazios ou são vagos. Tais sistemas são, pois, vãos porque não conseguem — a não ser de um modo artificial — ligar umas partes com outras. Somente a posse de um número suficiente de observações nos permite, segundo Condillac, compreender o encadeamento dos fenômenos (*op. cit.*, Parte II, cap. xiv). Assim, embora todos os sistemas se construam do mesmo modo (*op. cit.*, Parte II, cap. xviii) e todos eles se componham de uma série de princípios e de uma série de conseqüências, os bons sistemas se distinguem dos maus por construírem bem a linguagem de que são feitos, isto é, por serem fiéis à conhecida definição de Condillac: "Uma ciência bem tratada é uma linguagem que está bem feita". Para entender a noção de "bom sistema" é, pois, necessário compreender a noção de "linguagem bem feita". Referências a estas noções poderão ser encontradas nos verbetes sobre Condillac (VER) e linguagem (VER).

Admite-se hoje que um sistema formal é uma série de proposições dispostas de tal forma que de algumas destas proposições, chamadas "axiomas" (ou "postulados"), se derivam outras proposições com ajuda de certas regras de inferência. A especificação destas regras é indispensável se se quer que o sistema seja verdadeiramente formal, pois a antiga concepção de que um sistema consiste numa série de postulados e suas conseqüências lógicas está baseada numa idéia meramente "intuitiva" da derivação, idéia pouco recomendável, já que a "intuição" não nos permite eliminar os paradoxos. A investigação da noção de sistema formal é indispensável para a compreensão da estrutura formal de qualquer cálculo lógico e matemático e, em geral, de toda ciência formalizada.

O que *não* é um sistema formal é assunto em que estão de acordo hoje a maior parte dos lógicos. O que é um sistema formal continua sendo, em compensação, objeto de variadas controvérsias. Alguns autores (como S. C. Kleene em sua *Introduction to Metamathematics*, 1952, cap. IV) falam simplesmente de um sistema formal no sentido de um cálculo. O que dissemos a propósito da ereção de um cálculo (VER) pode, pois, ser aplicado ao sistema formal. Este constitui então uma linguagem-objeto. Outros autores (como Carnap em sua *Introduction to Semantics*, 1948, § 4, § 37) consideram o sistema formal como a linguagem-objeto mais a metalinguagem em que se fala dela. Segundo Carnap, a teoria dos sistemas é o estudo de sistemas semânticos e sintáticos. Esse estudo abarca a pura semântica e a pura sintaxe e, além disso, o estudo das relações entre sistemas sintáticos e semânticos (que não pertencem a nenhuma das duas disciplinas citadas). Outros termos empregados para o estudo em questão são: sistemática; sistêmica (K. R. Symon); gramática [lógica] (Wittgenstein). Outros autores (como H. B. Curry em sua *A Theory of Formal Deductibility*, 1950 [Notre Dame Mathematical Series, 6]; outras indicações a respeito no livro do mesmo autor intitulado *Outlines of a Formalist System of Metamathematics*, publicado em 1951, mas escrito em 1939 e com apenas alguns acréscimos de 1942 e 1947) procuram apresentar um quando mais complexo. Segundo Curry, um sistema formal é definido mediante uma série de convenções chamadas seu *marco primitivo*, o qual especifica:

I. Uma série de objetos de que trata o sistema: os *termos*;

II. Um conjunto de proposições chamadas *proposições elementares* relativas a esses termos;

III. As proposições elementares que são consideradas como *teoremas*.

Dentro de [I] figuram *termos primitivos* (ver SIGNOS PRIMITIVOS) e *regras de formação dos termos;* dentro de [II], regras para formar estes termos primitivos mediante *predicados* específicos; dentro de [III], axiomas ou conjuntos de proposições declaradas verdadeiras e regras de derivação que especificam o modo como os teoremas elementares se derivam dos axiomas.

[I] e [II] constituem a morfologia do sistema; [III], a teoria. Outras classificações dos elementos especificados pelo marco primitivo são possíveis. Por exemplo, a que inclui dentro deste marco as idéias primitivas e os postulados.

O estudo de um sistema formal por meios distintos dos do sistema pode ser chamado "metateoria". Não pode ser chamado simplesmente "metalógica", porque só uma parte desta (a sintaxe) se ocupa dos sistemas formais. Não pode tampouco ser chamado "metamatemática", porque esta se refere somente ao estudo dos sistemas formais matemáticos.

Seguindo Carnap e Church, N. L. Wilson e R. M. Martin distinguem um *sistema logístico formalizado* (cálculo) e um *sistema de linguagem formalizada* (ou linguagem interpretada). O primeiro é determinado por regras que se referem apenas a símbolos e a expressões; o segundo é um sistema logístico que possui uma interpretação determinada de *denotata* dados a suas expressões. O sistema logístico é determinado apenas por regras sintáticas, razão pela qual às vezes é chamado de "sistema sintático" (qualificando-se de "metalinguagem sintática" a linguagem na qual é formulado). O sistema de linguagem às vezes é chamado "sistema semântico" por ser determinado tanto por regras sintáticas como por regras semânticas (qualificando-se de "metalinguagem semântica" a metalinguagem na qual é formulado). Todos os sistemas formalizados, sejam sintáticos ou semânticos, sejam linguagens-objeto ou metalinguagens, compõem-se de uma série de elementos: 1) a especificação de um vocabulário primitivo; 2) a definição explícita do que é uma fórmula (e possivelmente um termo) do sistema; 3) uma lista finita de fórmulas que servem de axiomas ou sentenças primitivas; 4) as regras de inferência; 5) uma lista de fórmulas chamadas teoremas; 6) uma lista de enunciados que permitem introduzir abreviaturas, e 7) uma lista de enunciados que indicam explicitamente as propriedades da denotação. Embora esta lista de elementos não constitua uma definição exata de sistema formalizado, ela permite entender as características principais do mesmo (cf. Wilson e Martin, "What is a Rule of Language?", *Proceedings of the American Philosophical Association* [1952], 105-125).

Na atualidade, a idéia de sistema entrou no vocabulário de muitas disciplinas por meio da chamada "teoria geral dos sistemas". Encontram-se elementos desta teoria no estruturalismo lingüístico do tipo iniciado por Ferdinand de Saussure, na teoria psicológica da forma *(Gestaltpsychologie)* ou da estrutura (VER), nas investigações biológicas de Paul A. Weiss e outros. A teoria se desenvolveu sobretudo a partir da chamada "biologia organísmica" cultivada por Ludwig von Bertalanffy (VER), discípulo de Paul A. Weiss, como estudo de sistemas biológicos. Tanto a teoria geral dos sistemas como as concepções organísmicas se opuseram a todo "atomismo" e a todo "reducionismo" e prestaram atenção à noção de "todo" (VER) e às idéias de totalidade, estrutura de funções e finalidade, especialmente sob a forma da auto-regulação.

Ludwig von Bertalanffy fundou a "Sociedade para a Investigação de Sistemas Gerais", que publica dese 1956 um anuário (*General Systems: Yearbook of the Society for General Systems*, ed. L. von Bertalanffy e Anatol Rapoport). A metodologia da teoria geral dos sistemas foi adotada por vários autores, como I. V. Blauberg, E. G. Judin e Ervin Laszlo (VER). Este último elaborou e propugnou a chamada "filosofia fundada na teoria geral dos sistemas" *(General Systems Philosophy)*, sob a inspiração de Ludwig von Bertalanffy.

Logo se considerou que a cibernética de Norbert Winer e, em geral, a "teoria da informação" proporcionavam um instrumento valioso para o desenvolvimento da teoria geral dos sistemas. Os sistemas são de muitas classes. De imediato, pode-se distinguir, como fez Bertalanffy, "sistemas naturais" ('sistema' em sentido "real" ou ontológico) e "sistemas cognoscitivos" ('sistema' em sentido metodológico e conceitual). Em seguida cabe distinguir múltiplos tipos de sistemas, já que, de fato, se pensa que tudo na realidade — natural ou social — se apresenta na forma de sistema: sistemas físicos, sistemas orgânicos, ecossistemas, sistemas sociais etc. O conceito de sistema constitui deste modo um novo "paradigma", destinado a substituir outros conceitos, e especialmente o conceito de estruturas organizadas em forma tal que a soma ou o composto seja analisável em certo número de elementos simples, eles mesmos não analisáveis. Por isso a teoria geral dos sistemas ou, como também foi chamada, o "sistemismo" ou "perspectiva sistêmica" (ver SISTÊMICO) se apresenta, na mente de muitos autores, e em particular de Bertalanffy e Laszlo,

como uma tendência ao "globalismo" e como uma oposição a toda filosofia de tipo "analítico", a todo "mecanicismo" e a todo "reducionismo".

Na medida em que a teoria dos sistemas gerais segue inspirações organísmicas de caráter ontológico, as citadas tendências são fortes nela. No entanto, há razões para pensar que em muitos casos se trata de interpretações particulares da teoria de referência. Embora seja evidente que nesta freqüentemente operam os motivos indicados, não é legítimo reduzi-la aos mesmos. Como vimos no verbete SISTÊMICO, a teoria geral dos sistemas se ocupa de mui diversos tipos de sistemas e o faz seguindo modelos que consistem em conexões de índole funcional, não só dentro de cada modelo, mas também entre modelos diversos, ou tipos de modelos aplicáveis a várias formas de sistemas e a várias disciplinas. Não é impossível, em vista disso, abster-se de aderir a um ponto de vista "globalista", tal como a um ponto de vista "atomista" ou "descontinuísta", para continuar operando dentro do quadro conceitual da teoria dos sistemas. Tampouco é impossível adotar um ponto de vista analítico — e, a rigor, esse parece ser o caso da chamada "análise de sistemas". O importante na concepção de "sistemas" propugnada pela teoria geral dos sistemas é reconhecer que em vez de reduzir um dado número de elementos, em princípio indefinido, a um número finito de elementos simples, cada elemento do sistema pode estar relacionado diversamente com cada um dos demais elementos, inclusive de forma recorrente (e recursiva). Assim, destaca-se a noção de interdependência (funcional) de elementos. Dentro de uma teoria geral dos sistemas se pode estabelecer uma hierarquia de sistemas, ou se podem considerar todos os sistemas possíveis como em princípio relacionáveis entre si funcionalmente, ou inclusive pode-se procurar descobrir um modelo de sistema aplicável a todos os sistemas. Em todo caso, as características de uma teoria geral dos sistemas devem ser características de qualquer teoria particular de sistemas particulares.

Discutiu-se o *status* epistemológico das teorias de sistemas gerais. Alguns as consideram como teorias matemáticas. Outros julgam que se trata de teorias científicas muito gerais que podem (ou até devem) ter forma matemática, mas que não são contrastáveis. Outros julgam que não são teorias científicas, mas esquemas ontológicos não contrastáveis. Mario Bunge ("The GST Challenge to the Classical Philosophies of Science", *International Journal of General Systems*, 4 [1977], 29-37) propôs a tese de que as teorias de sistemas gerais são ao mesmo tempo científicas e ontológicas, formando um elo no contínuo que vai das ciências à ontologia. Essas teorias são científicas em uma definição suficientemente ampla de 'teoria científica', isto é, uma na qual se admita a compatibilidade com o grosso do conhecimento científico e sua contrastabilidade indireta ou por meio de hipóteses subsidiárias de várias classes. Deste ponto de vista as teorias de sistemas gerais ocupam um lugar entre teorias científicas hiperespecíficas e teorias científicas super-hipergerais. As teorias científicas hipergerais e as super-hipergerais são ao mesmo tempo científicas e filosóficas.

A aplicabilidade das noções derivadas da teoria geral dos sistemas, e em particular das técnicas matemáticas usadas nessa teoria, a todas as disciplinas é aceita, ou suposta, pelos autores antes mencionados (von Bertalanffy, Laszlo, Rapoport). O êxito alcançado por modelos sistêmicos não só em muitos desenvolvimentos tecnológicos, mas também em explicações de comportamentos biológicos e econômicos, confirmou as expectativas aludidas. Por outro lado, David Berlinski (*On Systems Analysis: An Essay Concerning the Limitations of Some Mathematical Methods in the Social, Political, and Biological Sciences*, 1976) argumentou que a teoria dos sistemas carece de conteúdo e que os modelos matemáticos usados nela não são aplicáveis a certas disciplinas. Cabe observar a esse respeito duas coisas: 1) Se a "ausência de conteúdo" da teoria geral dos sistemas indica unicamente que são possíveis nela várias interpretações — por exemplo, "atomista" ou "globalista" (ver SISTÊMICO) —, então, tal "ausência de conteúdo" é simplesmente a condição de toda estrutura formal; 2) Se os modelos matemáticos sistêmicos elaborados até a data para certas porções da biologia ou das ciências sociais são insuficientes, cabe ainda refinar tais modelos ou propor outros. As limitações apontadas por Berlinski podem ser limitações de modelos específicos, não de todo modelo sistêmico.

➲ Além das obras citadas no texto, ver: O. Ritschl, *System und systematische Methode*, 1906. — Hermann von Keyserling, "Zur Psychologie der Systeme", *Logos*, 1 (1910-1911), 405-411. — Nicolai Hartmann, "Systematische Methode", *Logos*, 3 (1912), 121-163, reimp. em *Kleinere Schriften*, III, 1958, pp. 22-60. — *Id.,* "Systembildung und Idealismus", em *Philosophische Abhandlungen H. Cohens zum 70sten. Geburtstag*, 1912, reimp. em *Kleinere Schriften*, III, 1958, pp. 60-78. — Id., *Der philosophische Gedanke und seine Geschichte*, 1936. — Emil Kraus, *Der Systemgedanke bei Kant und Fichte*, 1916 [*Kantstudien*. Ergänzungshefte, 37]. — J. Stikers, *Die Wiedergeburt der systematischen Philosophie aus der Vereindeulichung der Terminologie und des Abstraktionsproblems. Prolegomenon zu jedem Realismus und Rationalismus*, 1927. — Paul Weiss, "The Nature of Systems", *The Monist*, 39 (1929), 281-319, 440-472. — F. Kröner, *Die Anarchie der philosophischen Systeme*, 1929. — Hugo Dingler, *Das Systems. Das philosophische-rationale Grundproblem und die exakte Methode der Philosophie*, 1930. — Étienne Souriau, *L'instauration philosophique*, 1939. — J. Pucelle, "Note sur l'idée de système", *Les Études Philosophiques*, N. S., 3 (1948), 254-267. — Nelson Goodman, "Some Reflections on the Theory of Sistems", *Philosophy and Phenomenological Research*, 9 (1948-1949), 620-625. — N. Petruzzellis, *op. cit. supra*. — Skolem, Hassenjaeger, Kresel, Robinson, Hao Wang, Henkin, Loss, *Mathematical Interpretation of Formal Systems: A Symposium*, 1955. — Martial Guéroult, "Logique, architectonique et structures constitutives des systèmes philosophiques", em *Encyclopédie française*, XIX. *Philosophie-religion*, 1957, pp. 19.24-15 a 19.26-4. — H. Blumenberger, H. Jonas *et al.*, "System", *Studium generale*, caderno 2, ano 10 (1957). — Everett W. Hall, *Philosophical Systems: A Categorical Analysis*, 1960. — Francesco Barone, *Interpretazione e interpretabilità dei sistemi formali*, 1962. — Nathan Rotenstreich, *Experience and Its Systematization: Studies in Kant*, 1965. — E. Laszlo, *System, Structure, and Experience: Toward a Scientific Theory of Mind*, 1969. — N. S. Sutherland, "Is the Brain a Physical System?", em R. Borger, F. Cioffi, eds., *Explanation in the Behavioral Sciences*, 1970, pp. 97-122. — J. Raz, *The Concept of a Legal System: An Introduction to the Theory of Legal System*, 1970. — J.-L. Vieillard-Baron, "Le concept de système de Leibniz à Condillac", *Studia Leibnitiana*, Suppl. Bd. 15, 1975, pp. 97-103. — N. Rescher, *The Strife of Systems: An Essay on the Grounds and Implications of Philosophical Diversity*, 1985.

Para teoria geral dos sistemas, ver a bibliografia de BERTALANFFY, LUDWIG VON; LASZLO, ERVIN. Também: E. Laszlo, L. van Bertalanffy, "Systems Philosophy: A Symposium", *Metaphilosophy*, 3 (1972), 123-155. — John Sutherland, *A General Systems Philosophy for the Social and Behavioral Science*, 1973. — Manuel García-Pelayo, "La teoría general de sistemas", *Revista de Occidente*, Tercera época, 2 (1976), 52-59. — N. Rescher, *Cognitive Systematization: A Systems-Theoretic Approach to a Coherentist Theory of Knowledge*, 1978. — R. García Cotarelo, *Crítica de la teoría de sistemas*, 1979. — C. West Churchman, *The Systems Approach and its Enemies*, 1979. — N. Luhmann, *Soziale Systeme. Grundriss einer allgemeinen Theorie*, 1984.

Há uma "International Library of Systems Theory and Philosophy", dirigida por Ervin Laszlo com obras de E. Laszlo, L. von Bertalanffy, Howard H. Pattee *et al.* Há também um *International Journal of General Systems*, ed. George J. Klir. ➲

SISTEMAS (TEORIA GERAL DOS). Ver BERTALANFFY, LUDWIG VON; LASZLO, ERVIN; SISTEMA; SISTÊMICO.

SISTÊMICO. O termo 'sistêmico' — e vocábulos aparentados a ele, como 'sistemismo', 'sistêmica', 'sistemicidade' — pode ser empregado para referir-se a qualquer sistema (VER) ou a qualquer estudo relativo a sistemas. No entanto, fez-se a distinção entre 'sistêmico' e 'sistemático' (assim como entre 'sistemismo' e 'sistematismo';

'sistêmica' e 'sistemática'; 'sistemidade' e 'sistematicidade'). A última série de vocábulos, e em particular 'sistemático', é empregada quando se trata ou da noção de sistema de um modo muito geral ou desta noção tal como foi empregada e estudada no passado, particularmente no tratamento de questões relativas à natureza dos "sistemas filosóficos". A primeira série de vocábulos, e em particular 'sistêmico', se emprega em todo tratamento de sistemas dentro da chamada "teoria geral dos sistemas". Pode ser igualmente empregado nas análises das características de sistemas formas, mas, salvo algumas exceções, os lógicos, matemáticos e filósofos que desenvolveram a metateoria dos sistemas formais não usam muito o adjetivo "sistêmico".

Uma vez que a teoria geral dos sistemas se ocupa de toda classe de sistemas, o termo 'sistêmico' é de aplicação geral: todo sistema tem um caráter sistêmico e toda consideração de sistemas do ponto de vista da teoria geral dos sistemas é sistêmica. No entanto, tende-se a empregar 'sistêmico' especialmente no caso de certos tipos de sistemas. Um dos mais freqüentemente mencionados a respeito é o sistema constituído por elementos que se acham entre si em uma relação funcional tal que se produz uma interdependência de acordo com um conjunto de regras. Exemplo de estrutura sistêmica no sentido apontado é a temperatura em um recinto controlado por um artifício termostático (e, em geral, todos os sistemas cibernéticos de equilíbrio estável). O caráter principal de tais estruturas sistêmicas é possuírem um mecanismo de retroação ou, como também é chamado, um mecanismo de *feed-back*. O estudo geral das condições estruturais de tais mecanismos é objeto da teoria da informação (VER).

Mas embora o estudo dos sistemas cibernéticos em equilíbrio estável tenha contribuído grandemente para a difusão do termo 'sistêmico', ao contrário de 'sistemático', o primeiro destes termos também foi usado com relação ao estudo de outros sistemas, tais como os organismos vivos, as estruturas ecológicas — ecossistemas ou estruturas sistêmicas que implicam séries de reações entre organismos e seu ambiente natural, incluídas as chamadas "cadeias alimentares" — e os sistemas sociais, tanto humanos como animais. Alguns autores observaram que esse uso generalizado se presta a confusões e que seria melhor restringir o emprego de 'sistêmico' ao estudo de estruturas que, embora altamente organizadas, não se regulam a si mesmas. O fato é, no entanto, que as tendências a usar sistêmico em todos os estudos de sistemas e tipos de sistemas, especialmente dentro da teoria geral dos sistemas, se generalizou, o que torna mais prático aceitar esse uso generalizado embora se continue considerando necessário em cada caso um esclarecimento do significado de 'sistêmico' à luz da classe de sistemas estudada.

O ponto de vista sistêmico foi proposto por autores que partiram da biologia, como Ludwig von Bertalanffy (VER), ou da economia, como K. E. Boulding; foi desenvolvido, portanto, em diversos campos, servindo de comparação e contraste, mediante transferência de modelos, de um campo científico para outro. O desenvolvimento da cibernética e da informática contribuiu muito para a conseqüente aplicação do ponto de vista sistêmico. Ludwig von Bertalanffy se ocupou do amplo desenvolvimento deste ponto de vista dentro da chamada "teoria geral dos sistemas". Uma forma muito generalizada desta teoria — ou uma aplicação filosófica dela — se encontra em Ervin Laszlo (VER), que adota o "sistemismo" como a melhor filosofia sintética possível no estado atual dos conhecimentos. Trata-se então de uma generalização tanto quanto de uma fundamentação da "teoria geral dos sistemas" e da "análise de sistemas".

O significado de 'sistêmico' varia segundo se acentue um ou outro aspecto do "sistema". Freqüentemente se trata de caracterizar um método de estudo de realidades, ou tipos de realidades; neste caso cabe falar de um "sistemismo metodológico" ou também (quando se enfatiza o "vocabulário" usado) de "sistemismo conceitual". Às vezes se supõe que a realidade estudada tem um caráter "sistêmico", e por isso pode ser estudada sistemicamente; neste caso cabe falar de um "sistemismo real", de um "sistemismo ontológico" ou inclusive de um "sistemismo metafísico". Em ocasiões se combinam, explicitamente ou não, os dois aspectos mencionados do sistemismo.

Quando se destaca o caráter metodológico, ou o caráter conceitual, do sistemismo pode-se ainda caracterizá-lo de vários modos. Alguns autores consideraram que a insistência no estudo sistêmico de estruturas corre lado a lado com seu caráter "estrutural", de modo que o sistemismo é, segundo os casos, ou uma variante do estruturalismo (VER) ou uma base do estruturalismo. Em todo caso, procura-se então destacar a diferença entre o "sistêmico-estrutural" e o "evolutivo". Em certas ocasiões, indica-se que o estudo sistêmico é um estudo "global" ou "globalista", em favor de um "totalismo" e contra todo "atomismo" (VER) — no sentido mais amplo desta expressão. Tem-se dito às vezes também que o sistemismo se opõe a todo "analitismo", de modo que uma "filosofia sistêmica" ou uma "filosofia de sistemas gerais" é o oposto de uma "filosofia analítica" (VER).

No entanto, as mencionadas contraposições têm sido freqüentemente atenuadas. Em primeiro lugar, não parece necessário identificar 'sistemismo' com 'globalismo' contra um "atomismo" (ou, em caso do estudo de estruturas sociais, de um "individualismo"). É possível conceber o ponto de vista sistêmico como uma perspectiva de índole relativamente "neutra", capaz de estabelecer uma conexão entre dados de caráter "atômico" e dados de caráter "global". De acordo com isso, o ponto de vista sistêmico é prévio a — ou em todo caso se nega a seguir — uma definitiva posição "atomista" ou "globalista" ("totalista"). Em segundo lugar, não parece que a tendência a usar um "método de análise" seja necessariamente incompatível com um ponto de visto sistêmico. A chamada "filosofia analítica" incluiu, especialmente em seus inícios, bom número de tendências de caráter "atomista" e, além disso, reducionista (ver REDUÇÃO), mas supor que uma estrutura — real ou conceitual, ou ambas — tem necessariamente que decompor-se em elementos últimos independentes entre si representa apenas uma das possíveis concepções do procedimento analítico em geral. Em princípio, não há inconveniente em adotar uma posição analítica de caráter estruturalista ou até de caráter globalista; *a fortiori*, é mais plausível ainda adotar uma posição analítica de caráter sistemista. Nesta última não se procede de elementos últimos a elementos compostos de tais elementos últimos, mas de elementos, pontos ou posições do sistema a elementos, pontos ou posições de outros sistemas. Destacam-se em tal caso não os "elementos" ou as reduções de uns "elementos" a outros, mas as conexões e, desde logo, as interconexões estruturais.

SITUAÇÃO. Segundo Renato Lazzarini ("'Status' e 'situazione'", *Giornale di Metafisica*, 3, n° 3 [1947]), o conceito moderno de situação tem um antecedente no conceito medieval de *status*. Este é entendido como um *status viae* ou como um *status termini*. O primeiro designa "nossa situação", a de cada qual e ao mesmo tempo a de todos os homens, situação caracterizada pela forma da *passagem*, da *transição*, do *status* ou posição entre dois mundos. O segundo designa a situação final, que não é detenção de um movimento, mas ponto onde se foi concentrar todo movimento, isto é, todo movimento positivo ou de aproximação à fonte do ser. O conceito atual de situação, embora não derivado diretamente do anterior, denota, no entanto, uma realidade afim à conotada por ele. Tal conceito foi elaborado por diversas tendências filosóficas, mas especialmente por aquelas que, desde a reação anti-hegeliana, tentaram considerar o real como algo diferente de uma "objetividade" que não se decide a incluir o sujeito mesmo como elemento seu ou como âmbito dentro do qual se dá — sem prejuízo de sua "verdade" — a realidade objetiva. A noção de situação está, assim, intimamente aparentada com a filosofia da existência, tomando esta expressão em seu mais amplo sentido. Kierkegaard já havia elaborado, com efeito, uma filosofia "situacionista" na qual o homem aparece, enquanto existente, como um "ser em situação". Essa situação pode ser autêntica — como ocorre no "estádio religioso" ou "decisionista" — ou inautêntica — como ocorre no "estádio estético" ou "contemplativo". Em todo caso, o conceito de situação parece fundamental para uma filosofia que — como o fez sem paliativos a de Ortega y Gasset — considera necessário retrotrair-se à realidade radical da vida, mais aquém de toda interpretação — verdadeira ou falsa — dela e do mundo no qual a vida está alojada por uma de suas dimensões fundamentais. Embora se fale, pois, de situação sob diferentes aspectos — situação moral, religiosa, social, histórica etc. —, o conceito autêntico de situação parece ter de ser sempre o de uma situação total ou vital. Assim o entendeu Karl Jaspers. Este indica que o conceito de situação é compreensível a partir da imagem da posição das coisas dentro de uma ordenação espacial-topográfica, mas que não pode ser identificado com ela. O pensamento da situação da existência surge antes como o de uma "realidade para um sujeito interessado nela enquanto existência", e por isso a situação espacial ou temporal do sujeito existencial é apenas um modo da radical situação em que a existência se acha e também que a existência mesma *é*. Tal situação pode ser geral ou típica, e historicamente condicionada. De todo modo, a existência será sempre um ser em situação, que não pode sair de uma sem entrar em outra. Ora, nem todas as situações são para Jaspers iguais: há simples situações e situações-limite. Estas últimas são as que *constituem* a existência mesma: o fato de ela viver em situação, de não poder viver sem luta nem dor, de dever assumir responsabilidades últimas, são exemplos característicos deste tipo de situação. Isto dá lugar a uma "sistemática das situações-limite" para cuja ordenação podem servir as anteriormente mencionadas, pois, é claro, o primeiro estádio de toda sistemática é formado pelo fato de que "eu, *como existência, estou sempre em uma situação determinada*" (*Philosophie*, II, 109). Jaspers estudou em detalhe essas situações-limite *(Grenzsituationen)*, que incluem a consciência que se tem delas. Com elas chegamos a ser, diz Jaspers, "a possível existência que há em nós". As situações-limite são possibilidades que afetam a existência em sua essência mesma. O "estar-no-mundo", de Heidegger, também pode ser considerado como exemplo de uma situação. E a situação como um "estar" radical é justamente o que caracteriza o *Dasein* (VER) em seu *Da*, a ponto de o *Da* ter podido ser vertido por 'situação'. A diferença entre o estar em seu lugar das coisas e o estar em situação do homem aparece então claramente. Como diz Eduardo Nicol, ao passo que a mudança de lugar não afeta as coisas em si mesmas, ao homem ela afeta fundamentalmente. O caráter único de cada situação para o homem está religado, no entanto, pelo fato mais fundamental de o homem estar "na situação de um ser que vive uma vida única" (*Psicología de las situaciones vitales*, 1941, p. 125 [2ª ed., 1963]). Estar em situação — o característico da existência humana — não é, portanto, somente ocupar um lugar — embora seja um lugar "histórico" —, mas viver *a partir* uma situação, que pode ser ao mesmo tempo única ou aleatória, dada pelo ambiente ou autenticamente forjada. Gabriel Marcel é pródigo em opiniões parecidas, sobretudo quando ao distinguir entre existência e objetividade considera a primeira como o âmbito de toda "posição" que a segunda possa ocupar. Segundo Zubiri, "a situação não é algo acrescentado ao homem e às coisas, mas a radical condição para que possa haver coisas para o homem, e para que elas lhe revelem suas potências e lhe ofereçam suas possibilidades" ("El acontecer humano. Grecia e la pervivencia del pasado filosófico", 1942, em *Naturaleza, Historia, Dios*, 1944, p. 404).

Foi proposta uma distinção entre "situação", "circunstância" (VER) e "horizonte" (VER). Julián Marías afirma que o termo 'situação' alude a uma realidade mais restrita — e, ao mesmo tempo, mais precisa — que 'circunstância', pois "leva em conta apenas aqueles elementos da circunstância cuja variação define cada fase da história, que nos *situam* em um nível histórico determinado", razão por que pertence à situação também um ingrediente não circunstancial, que pertence ao ser "eu mesmo" e que pode ser chamado "a *pretensão* que me constitui e que me faz, primeiro, estar efetivamente em uma situação e, depois, sair dela para passar a outra" (*Introducción a la filosofía*, 1947, pp. 33-34).

Luis Cencillo (*La experiencia profunda del ser*, 1948) distingue "situação" (que é o "estar" do homem na realidade, considerada como conjunto de possíveis valorações), "supra-situação" (dada em forma transpessoal), "subsituação" (ou situação individual específica) e "transituação" (ou possibilidade da passagem de uma situações a outras em vista do caráter precário ou insatisfatório das primeiras).

A maior parte dos conceitos de "situação" até aqui apresentados procedem de filosofias de tipo "existencial", "vital" etc., ou, em todo caso, de filosofias que destacaram os aspectos "ontológicos" do conceito de situação. Este conceito aparece, no entanto, em outros tipos de pensamento. Interessante a este respeito é John Dewey. Em sua *Logic Theory of Inquiry* (1938), que, como o próprio autor indica, é um desenvolvimento de idéias já apresentadas em seus *Studies in Logical Theory* (1903), em *How to Think* (1910) e em *Essays in Experimental Logic* (1916), Dewey sublinha que, negativamente falando, o termo 'situação' não designa um só objeto ou acontecimento ou série de objetos e acontecimentos, já que nunca experimentamos ou formamos juízos sobre objetos ou acontecimentos isolados, mas unicamente dentro de um contexto. Ora, esse contexto ou "todo contextual" *(contextual whole)* é o que se chama "situação" (*Logic etc.*, p. 66). A situação, prossegue Dewey, é um todo em virtude uma certa qualidade imediata que o penetra por inteiro. A qualidade une todos os elementos constitutivos em um todo, mas, além disso, dá a este todo seu caráter "único" formando uma situação individual, "indivisível e induplicável" (*op. cit.*, p. 68). Dewey reconhece que não se pode demonstrar a existência de situações como "universos de experiência"

mas pode-se "convidar" a livrar-se delas. Com base no conceito de situação pode-se, além disso, deixar clara a série de condições necessárias para a "investigação" ou "pesquisa". Com efeito, a "investigação" ou "pesquisa" *(inquiry)* pode ser definida como "a transformação dirigida de uma situação indeterminada em outra tão determinada em suas distinções e relações constituintes que converta os elementos da situação original em um todo unificado" (*op. cit.*, p. 105). Pode-se ver com tudo isso que embora formalmente Dewey não apresente o conceito de uma situação dentro de uma filosofia "existencial" ou "vital", leva em conta o caráter pelo menos "vital" da situação; segundo Dewey, nenhum problema pode ser colocado, ou sequer adquirir sentido, a não ser de forma "situacional".

Falou-se igualmente de "situação" em sentido "social" e até como um conceito sociológico básico (E. Tierno Galván, S. Mañero Mañero, cf. bibliografia). Neste caso, a situação é considerada como o que constitui a realidade do indivíduo enquanto ser social. A dimensão social da situação não foi sempre descartada em algumas das concepções de "situação" antes apresentadas, mas não adquiriu a importância central que tem em uma noção especificamente sociológica da situação.

⊃ Além dos escritos mencionados no texto do verbete, ver acerca de Jaspers: Ludger Jaspers, *Der Begriff des menschlichen Situation in der Existenzphilosophie von Karl Jaspers*, 1936 (tese). — Cesare Luporini, *Situazione e libertà nella esistenza umana*, 1942. — G. Díaz Díaz, *Begriff und Problem der Situation. Eine Untersuchung im Rahmen des Jasper'schen Denkens*, 1961 (tese). — Outros escritos de Renato Lazzarini: "La dottrina degli 'status' nella filosofia medioevale e il concetto di situazione dell'esistenzialismo", no volume coletivo *Filosofia e Cristianesimo*, 1955, pp. 232-239, e *Situazione umana e il senso della storia e del tempo*, 1961.

Sobre conhecimento e situação: Carl August Emge, "Über den Unterschied zwischen 'tugendhaftem', 'fortschrittlichem' und 'situationsgemässem' Denken, ein Trilemma der 'praktischen Vernunft'", em *Abhandlungen des Verlags der Akademie der Wissenschaften und der Literatur*, t. II, 5, pp. 445-500. — S. Mañero Mañero, "Situación y conocimiento", *Revista de Filosofía* [Madrid], 16 (1953), 489-524. — *Id.*, "Situaciones-límites y crisis", *Las Ciencias*, 19, n° 1. — Pietro Prini, *Discorso e situazione*, 1961. — H. W. F. Stellwag, *"Situatie" en "Relatie"*, 1970 (*"Situação" e "Relação"*). — B.-E. Benkston, *Gränssituationerna. Frågor om livets mening i existens filosofisk belysning*, 1976 (*As situações-limite. Questões sobre o sentido da vida do ponto de vista existencial*). — J. Barwise, J. Berry, *Situations and Attitudes*, 1983.

Sobre a situação em sentido social: E. Tierno Galván, *Sociología y situación*, 1955. — S. Mañero Mañero, "Del concepto de 'situación' a la definición de 'lo social'", *Crisis*, 5 91958), 219-228. ⊂

SITUAÇÃO (ÉTICA DA). O problema de se as prescrições, preceitos, normas, regras ou leis éticas devem levar em conta ou não as situações humanas concretas nas quais são formuláveis ou aplicáveis, e a importância que têm, ou podem ter, tais situações humanas concretas na formulação e aplicação das citadas prescrições, preceitos, normas, regras ou leis éticas, são assuntos debatidos há muito tempo e de formas muito diversas. Duas posições extremas se contrapuseram a respeito: a de uma ética de caráter absolutista e a de uma de caráter relativista.

Pode-se pensar que a ética relativista é justa e precisamente uma ética da situação, já que faz com que os preceitos morais sejam formulados e tenham sentido, e aplicabilidade, somente dentro de situações determinadas. No entanto, o assunto não é tão simples como parece. A ética qualificada de "relativista" tende a ser meramente "subjetiva" e "arbitrária"; a ética da situação, em contrapartida — às vezes também chamada "ética da escolha" e "ética concreta" — não tem por que ser "subjetiva" e menos ainda "arbitrária". Se, por exemplo, alguém pergunta que decisão moral deve adotar, ou é melhor que adote, em tal ou qual determinada situação, não se lhe poderá dar, do ponto de vista da ética da situação, uma lei perfeitamente bem definida e concretamente aplicável, ou não se poderá remetê-lo a um caso anterior idêntico àquele em que a pessoa se encontra para que se possa reger moralmente segundo tal caso. Cada situação é única e intransferível, e a pessoa em questão deverá forjar ou inventar sua própria norma moral. Isso, no entanto, não quer dizer que tal norma moral seja "arbitrária" — é "arbitrária" apenas no sentido de que *não* é absoluta —, isto é, não pode forjar ou inventar qualquer preceito moral, mas justa e precisamente o que corresponde à sua situação.

A ética da situação, escapando da mera "arbitrariedade", pode coincidir, pelo menos em parte, com certos modos de aplicação de éticas supostamente "absolutas" (pelas quais são entendidas aqui doutrinas morais que afirmam a possibilidade, e necessidade, de leis morais objetivas e universais, aplicáveis, ainda que diversamente, a todos os casos similares). A expressão 'ainda que diversamente' sublinha que uma ética "absoluta" semelhante, a não ser que desemboque num mero formalismo vazio, pode reconhecer a importância da situação concreta. Para tal efeito oferece certas regras de aplicação, a mais importante das quais é a "prudência". A acentuação da importância da prudência — o chamado "prudencialismo" — se aproxima muito do "situacionismo moral".

Isso não quer dizer que o citado "prudencialismo" equivalha simplesmente a um situacionismo ético. José L. A. Aranguren (*Ética*, 1958, pp. 278-281) deixou claro que a ética da situação, tal como se originou em Kierkegaard e, sobretudo, tal como foi desenvolvida por autores como Sartre, rejeita "toda norma anterior à situação", no mesmo sentido em que rejeita toda essência anterior a uma existência. Por outro lado, uma ética pura e simplesmente "absolutista" tende a excluir a existência (com seu caráter concreto e situacional). Em compensação, uma ética segundo a qual o homem é uma "essência aberta" é capaz de fazer justiça à situação, seja por meio da prudência ou de algum outro "sistema" de regras de aplicação (aplicação, de resto, que não deve ser entendida de um modo meramente mecânico). A aplicação mecânica é própria, indica Aranguren, do casuísmo, que não é um situacionismo ético, mas seu oposto. Com efeito, o casuísmo supõe que pode haver, o que se pode ter informação acerca de, um número considerável de casos que então podem ser aplicados a uma situação dada. A importância do casuísmo é que chama a atenção para a multiplicidade das situações morais. A importância do prudencialismo é que chama a atenção para a necessidade de aplicar a lei moral em formas diversas correspondentes às situações concretas.

A ética da situação deve sua origem a Eberhard Grisebach (VER) em seu livro *Gegenwart. Eine kritische Ethik* (1928) e constitui originalmente um esforço para inserir a perspectiva religiosa nos princípios e juízos morais, abandonando-se com isso todo pretenso "abstracionismo" e autonomismo. A ética da situação foi discutida sobretudo em meios luteranos, mas interessou igualmente a certo número de filósofos católicos, como Theodor Steinbüchel (VER). Entendida de um modo geral, a ética da situação, na medida em que introduz a perspectiva religiosa, foi elaborada igualmente por Martin Buber (VER).

Vários existencialistas foram considerados como defensores de uma ética da situação, mas neste caso deve-se ampliar consideravelmente o sentido dessa expressão. O mesmo ocorre, e mais abundantemente, quando se atribui um "situacionismo" ético a certos filósofos, em particular filósofos sociais, que se ocuparam dos problemas colocados pela superpopulação e escassez de alimentos, e chamaram a atenção para os resultados contraproducentes causados por atos em princípio "bem intencionados" de ajuda ao próximo em nome de um igualitarismo abstrato e um não menos abstrato humanitarismo. Alguns autores chegaram à conclusão de que é mister revisar a fundo as prescrições éticas "tradicionais" de índole liberal, humanitária e "justiceira" ou "justicialista", para que se estabeleçam prescrições com vistas a situações concretas. Neste caso se trata de situações concretas sociais e econômicas, diferentemente das situações concretas religiosas ou das situações concretas pessoais.

↪ Além das obras mencionadas no texto: Antonio Poppi, *La "morale di situazione". Esposizione e critica*, 1957. — Angelo Parergo, *L'etica delle situazioni*, 1958. — Manuel Alcalá, *La ética de la situación y Theodor Steinbüchel*, 1963. — Joseph Fletcher, *Situation Ethics: The New Morality*, 1966. — VV.AA., *The

Situation Ethics Debate, 1968, ed. Harvey Cox. — A. C. Ewing, J. Bennett *et al.*, *Situationism and the New Morality*, 1970, ed. Robert L. Cunningham. **C**

SITUAR. Propus a idéia de que uma das tarefas mais fundamentais da ontologia, senão a principal, é o que chamei "situar" realidades ou, melhor dizendo, tipos de realidades. Isso quer dizer averiguar que posição ocupam tais ou quais tipos de realidades dentro de uma espécie de "contínuo". Esse contínuo é especificável de vários modos. Em *El ser y la muerte* (1960), especifico-o mediante a propriedade "deixar de ser" — que, no caso dos organismos biológicos e do homem, aparece como a propriedade "ser mortal". Assim, um tipo de realidade é ontologicamente situada pelo modo como deixa de ser, é perecível, é mortal etc. Em *El ser y el sentido* (1967), especifico-o mediante as direções ontológicas chamadas "ser" e "sentido": um tipo de realidade dada é ontologicamente situada pelo modo como é e pelo sentido que tem, de tal sorte que certas realidades têm mais ser que sentido e outras têm mais sentido que ser.

Esses dois modos de especificar realidades para averiguar sua situação ontológica não são os únicos possíveis. Cada um, além disso, é diferente do outro. No primeiro caso se introduz uma propriedade real. No segundo se introduzem conceitos-limite.

A operação de situar tem analogias com a de classificar, porquanto situar tipos de realidades é classificá-las — ou classificar realidades em tipos —, e ao mesmo tempo ao classificar as realidades em tipos elas se situam ontologicamente. O situar no sentido proposto é, obviamente, um modo de compreender. O compreender não é incompatível com o descrever, o explicar etc.; pelo contrário, requer numerosas descrições e explicações, incluindo sobretudo as proporcionadas pelas ciências, tanto naturais como sociais. Deste ponto de vista, a análise ontológica é de algum modo contínua com o conhecimento científico. Essa análise não é, contudo, uma superciência, ou uma síntese de ciências. É um modo de enfocar diferente das ciências, mas compatível com elas, ou, melhor dizendo, com o estado das ciências em cada caso.

Nem o uso de um conceito de propriedade real nem a introdução de conceitos-limite, como o ser e o sentido, devem levar a pensar que com eles se constituem as realidades ou tipos de realidades. Em outras palavras, nenhuma realidade consiste em ter tal ou qual propriedade, por mais geral que seja, ou em ocupar este ou aquele lugar no contínuo real que, para expressá-lo metaforicamente, vai do ser ao sentido e do sentido ao ser. As realidades já estão, por assim dizer, "constituídas", isto é, são o que são, têm o sentido que têm e possuem as propriedades que possuem. A análise ontológica não proporciona informação sobre as realidades no sentido corrente de 'informação', isto é, não descobre novas propriedades ou características do real. A mesma propriedade chamada "deixar de ser", embora "real", não é uma propriedade como ter este ou aquele grau de dureza na escala de Mohs ou servir de norma para o comportamento em determinado grupo animal ou humano. Por outro lado, a análise ontológica é uma teoria sobre realidades e neste sentido diz algo acerca de sua estrutura. Por exemplo, diz, ou aspira a dizer, em que consiste ter uma propriedade física ou servir de norma.

SKINNER, B[URRHUS] F[REDERICK] (1904-1990). Nascido em Susquehanna (Pensilvânia, EUA), professor de psicologia na Universidade de Harvard a partir de 1948, é o mais conhecido representante do comportamentalismo (VER). Seguindo as linhas gerais do programa de investigação psicológica estabelecido por J. B. Watson (VER), o fundador do comportamentalismo, Skinner considera que só esta orientação é rigorosamente científica e é fiel ao método indutivo, único considerado válido porque não pressupõe nenhuma teoria prévia. Skinner sustenta que a psicologia como ciência do comportamento adota o mesmo procedimento das ciências naturais, como a física e a biologia, substituindo, em seu entender, toda entidade inferida — como os suspeitos "atos mentais" ou as "entidades mentais" — por dados observáveis. O ser humano não é nenhuma entidade supostamente autônoma; é função de condições, sejam ambientais ou genéticas. O comportamento não é nenhum processo "interno", é a ação do organismo ante o mundo externo. Essa ação é completamente determinada pelas condições ambientais — que incluem os fatores orgânicos —; como diz Skinner, escrever um poema é como ter um filho: portanto, não se escreve, nem muito menos se "cria", um poema, "tem-se" um poema. Não há — como chama Skinner — "o homem autônomo".

Skinner sustenta que seu comportamentalismo não é simplesmente metodológico, mas radical. Em ambos os casos se usa a noção básica de "reforço"; mas enquanto o comportamentalismo metodológico leva em conta apenas as contingências do reforço (condicionamento), o comportamentalismo radical leva também em conta as contingências da sobrevivência em sentido próximo do darwiniano. Isso permite, segundo Skinner, considerar fatores genéticos, mas não ao modo como estes são introduzidos por "mentalistas" ou pelos que consideram que os fatores genéticos são causas últimas, independentemente dos condicionamentos que os produziram. A tese do "estímulo-resposta", fundamental no comportamentalismo, é sustentada sem reservas por Skinner. Se é verdade, em seu modo de ver, que os processos do comportamento podem ser explicados fisiologicamente (ou organicamente), ao mesmo tempo as explicações fisiológicas não podem prescindir, se querem ser cientificamente válidas, da observação dos estímulos e respostas. Os estados orgânicos são efeitos de condicionamentos ambientais, tanto presentes como passados.

Discutiu-se até que ponto os trabalhos experimentais de Skinner podem ou não ser separados das generalizações que Skinner formulou. Tais trabalhos consistem principalmente em alterar as condições do ambiente a fim de determinar, por vários modos e tempos de "reforço", a reação do operante, isto é, a operação do organismo sobre as condições do meio. Muitos autores consideram que os resultados desses trabalhos podem ser aceitos sem que as conseqüentes generalizações sejam admitidas. Skinner considera que não há semelhantes "generalizações", mas simplesmente descrição de procedimentos científicos. No entanto, insistiu em que o estudo do comportamento é o fundamento para o controle do comportamento, ou seja, para a possibilidade de conformar o ser humano a uma vida social e harmônica capaz de proporcionar a cada indivíduo segurança e felicidade. A chamada "liberdade" não é para Skinner uma vantagem, sim uma ameaça.

As idéias de Skinner desencadearam muitas polêmicas. A que teve mais ressonância foi a mantida com Chomsky, que atacou a fundo a obra de Skinner sobre o comportamento verbal e também toda a série de noções usadas por Skinner relativas aos estímulos, condicionamentos e reforços. Skinner considerou que os ataques de Chomsky podiam ser descartados como manifestação de um "mentalismo" característico dos "estruturalistas", que querem explicar o comportamento humano sem prestar atenção às circunstâncias dentro das quais ela acontece.

⊃ Obras: *The Behavior or Organisms: An Experimental Analysis*, 1938. — *Walden Two*, 1948; ed. com novo prefácio, 1969. — *Science and Human Behavior*, 1953. — *Verbal Behavior*, 1957. — *Schedules of Reinforcement*, 1957 (com Charles B. Ferster). — *Cumulative Record*, 1959; ed. rev., 1961; 3ª ed., 1972. — *The Analysis of Behavior: A Program for Self-Instruction*, 1961 (com James G. Holland). — *The Technology of Teaching*, 1968. — *Contingencies of Reinforcement: A Theoretical Analysis*, 1969. — *Beyond Freedom and Dignity*, 1971. — *About Behaviorism*, 1974. — *Notebooks*, 1980, ed. com intr. de Robert Epstein.

Autobiografia: *Autobiography*, 3 vols.: I, *Particulars of my Life*, 1976; II, *The Shaping of a Behaviorist*, 1979; III, *A Matter of Consequences*, 1984.

Em português: *A análise do comportamento*, s.d. — *Ciência e comportamento humano*, 1998. — *O comportamento verbal*, s.d. — *O mito da liberdade*, 1983. — *Questões recentes na análise comportamental*, 1995. — *Skinner*, Os Pensadores, 1985. — *Sobre o behaviorismo*, 1995. — *Textos escolhidos*, 1980. — *Viva bem a velhice*, 1985. — *Walden II*, 1978.

Bibliografia em P. B. Dews, ed., *Festschrift for B. F. S.*, 1970.

Ver: Richard Isadore Evans, *B. F. S.: The Man and His Ideas*, 1968. — Anne Freedman, *The Planned Society: An Analysis of Skinner's Proposals*, 1972. — Isidor Chein, *The Science of Behavior and the Image of Man*, 1972. — John Harvey Wheeler, ed., *Beyond the Punitive Society; Operant Conditions; Social and Political Aspects*, 1973. — R. Piligandla, *Fact and Fiction in B. F. Skinner's Science and Utopia (An Essay on Philosophy of Psychology)*, 1974. — F. Carpenter, *The S. Primer: Behind Freedom and Dignitiy*, 1974. — T. R. Machan, *The Pseudo-Science of B. F. S.*, 1974. — P. T. Sagal, *S.'s Philosophy*, 1981.

A crítica de Chomsky em *Language*, 35, I (1959), reimp. em Fodor e Katz, eds., *The Structure of Language*, 1964. Este e outros textos de Chomsky em seu *The Case Against B. F. S.*, 1972. ⊂

SKOLEM, THORALF (1887-1963). Nascido na Noruega, foi professor em Oslo e "professor visitante" na Universidade de Notre Dame. É autor de vários trabalhos fundamentais em metalógica e metamatemática. Sua contribuição mais conhecida é uma reelaboração, e uma prova mais simplificada, de um teorema de Löwenheim (VER), de 1915. Para tanto, Skolem apresentou a chamada "forma normal" em proposições do cálculo de predicados de primeira ordem (cálculo quantificacional elementar). Tal forma normal consiste em colocar todos os quantificadores no começo de uma expressão, de tal modo que os quantificadores existenciais precedam uma expressão livre de quantificadores, e de tal modo também que se há só quantificadores existenciais ou só universais eles se encontram no princípio e seguindo-se um ao outro na ordem indicada. Skolem provou o teorema segundo o qual, dada uma proposição do cálculo de primeira ordem, U, há uma proposição do mesmo cálculo, U', em forma normal, com a propriedade de que U pode ser satisfeita em um domínio dado sempre que U' o possa ser, e vice-versa. A este teorema seguiu-se o que se chama "teorema de Skolem-Löwenheim" (ver SKOLEM-LÖWENHEIM [TEOREMA DE]). Skolem pôde provar então vários teoremas relativos a proposições tomadas como produto de conjuntos numeráveis de proposições de primeira ordem, assim como relativos a proposições tomadas como produto de uma infinidade de proposições, cada uma das quais é uma soma de um número infinito de proposições de primeira ordem. Os trabalhos de Skolem levaram ao chamado "teorema fundamental de Herbrand" (ver HERBRAND [JACQUES]), assim como ao teorema e prova de Gödel de 1930 (ver GÖDEL [KURT]) concernente à completude dos axiomas do cálculo funcional lógico (cálculo de predicados de primeira ordem). Entre outros trabalhos de Skolem destacam-se as provas de que as séries numéricas não são caracterizáveis mediante proposições com variáveis numéricas, sejam elas finitas ou numeravelmente infinitas, e vários trabalhos na teoria das funções recursivas. A pro-

va a que se alude na frase anterior é importante no sentido de parecer pôr limites (formais) à axiomatização.
⊃ Escritos: "Untersuchungen über die Axiome des Klassenkalküls und über Produktations und Summationsprobleme, welche gewisse Klassen von Aussagen betreffen", *Videnskapsselskapets skrifter, I. Matematisknaturvidenskabelig klasse*, n° 3 (1919) ("Investigações sobre os axiomas do cálculo de classes e sobre os problemas de produtos e somas que concernem a certas classes de enunciados"). — "Logisch-kombinatorische Untersuchungen über die Erfüllbarkeit oder Beweisbarkeit mathematischer Sätze nebst einem Theorem über dichte Mengen", *ibid.*, n° 4 (1920) ("Investigações lógico-combinatórias sobre a satisfatibilidade ou demonstrabilidade de proposições matemáticas, junto com um teorema sobre conjuntos compactos"). — "Einige Bemerkungen zur axiomatischen Begründung der Mengenlehre", *Matematikerkongressen i Helsingfors den 4-7 Juli 1922, Den femte skandinaviska matematikerkongressen, Redogörelse* (1922), 217-232 ("Algumas observações para a fundamentação axiomática da teoria dos conjuntos"). — "Über die mathematische Logik", *Norsk matematisk tidsskrift*, 10 (1928), 125-142 ("Sobre a lógica matemática"). — "Über einige Grundlagen der Mathematik", *Skrifter utgitt av Det Norske Videnskaps-Akademi i Oslo. I. Matematisk-naturvidenskapelig classe*, n° 4 (1929) ("Sobre alguns fundamentos da matemática"). — "Über die Grundlagendiskussionen in der Mathematik", *Den syvende skandinaviske matematikerkongress i Oslo 19-22 August 1929* ("Sobre as discussões de fundamentos na matemática"). — "Über die Unmöglichkeit einer vollständigen Charakterisierung der Zahlenreihe mittels eines endliche Axiomensystems", *Norks matematisk forenings skrifter*, ser. 2, n° 10 (1933), 73-82 ("Sobre a impossibilidade de uma caracterização completa da série numérica mediante um sistema axiomático finito"). — "Über die Nichtcharakterisierbarkeit der Zahlenreihe mittels endlich oder abzählbar unendlich vieler Aussagen mit auschliesslich Zahlenvariablen", *Fundamenta mathematicae*, 23 (1934), 150-161 ("Sobre a não-caracterizabilidade da série numérica mediante proposições finitas ou numeravelmente infinitas exclusivamente compostas de variáveis numéricas"). — "Über die Erfüllbarkeit gewisser Zahlausdrücke", *Skrifter utgitt av Det Norske Videnskaps-Akademi i Oslo. I. Matematisknaturvidenskapelig klasse*, n° 6 (1935) ("Sobre a satisfatibilidade de certas expressões numéricas"). — "Utvalgte kapitler av den matematiske logikk", *Chr. Michelsens Institut for Videnskap of Åndsfrihet, Beretninger*, 6, n° 6 (1936) ("Vários capítulos de lógica matemática"). — "Sur la portée du théorème de Löwenheim-Skolem", em Ferdinand Gonseth, ed., *Les entretiens de Zürich sur les fondements et la méthode des sciences mathématiques, 6-9 décembre 1938*, 1938. — "Den rekursive aritmetik", *Norsk matematisk tidsskrift*, 28 (1946), 1-12 ("A aritmética recursiva"). — "The Development of Recursive Arithmetic", *Den 10. skandinaviske matematiker-kongress i København 26-30 August 1946* (1946), 1-46. — "Some Remarks on the Foundation of Set Theory", *Proceedings of the International Congress of Mathematicians, Cambridge, Mass., USA, August 30-September 6, 1950*, vol. I (1950), 695-704. — *Abstract Set Theory*, 1962. — "Proof of Some Theorems on Recursively Enumerable Sets", *Notre Dame Journal of Formal Logic*, 3 (1962), 65-74. — "Addendum to my Article 'Proof of Some Theorems on Recursively Enumerable Sets'", *ibid.*, 4 (1963), 44-47. — "Studies on the Axiom of Comprehension", *ibid.*, pp. 162-170.

Dos trabalhos citados *supra*, 1920, 1922, 1923 e 1928 há trad. ingl. em J. van Heijenoort, ed., *From Frege to Gödel: A Source Book in Mathematical Logic, 1879-1931*, 1967, pp. 252-263, 290-301, 302-333 e 508-524 respectivamente. Há trad. ingl. de trabalhos seletos: *Selected Works in Logic*, 1970, ed. Jens Erik Fenstad.

Ver: H. R. Jervell, *Skolem and Herbrand Theorems in First Order Logic*, 1973. — B. Drebem, W. D. Goldfarb, *The Decision Problem: Solvable Classes of Quantificational Formulas*, 1979. ⊂

SKOLEM-LÖWENHEIM (TEOREMA DE). O matemático alemão Leopold Löwenheim (VER) apresentou, e provou, um teorema de importância na esfera da validade de fórmulas do cálculo de predicados de primeira ordem (cálculo quantificacional elementar). É também importante no desenvolvimento da teoria redutiva da prova (VER) e no problema da decisão (ver DECIDÍVEL). O teorema, chamado "teorema de Löwenheim", reza como segue: "Se o domínio é pelo menos numeravelmente infinito, não ocorre que uma equação fugaz de primeira ordem seja satisfeita para valores arbitrários dos coeficientes relativos" (onde 'domínio' equivale a 'domínio de indivíduos' ou 'universo do discurso' e onde 'equação fugaz' traduz a expressão alemã *Fluchtgleichung*). Assim, pois, se uma fórmula bem formada de alcance finito não é válida, não o é para um domínio numeravelmente infinito. Ao mesmo tempo: se uma fórmula bem formada é válida para um domínio numeravelmente infinito, então se pode provar que é universalmente válida. Dado um domínio numerável, a validade de uma fórmula no domínio se aplica a domínios cujo número cardinal é maior que o conjunto dos números naturais.

O matemático norueguês Thoralf Skolem (VER) apresentou antes de tudo a chamada "forma normal" de que falamos no verbete dedicado ao autor. Considerou necessária essa fórmula para que fique satisfeita qualquer fórmula bem formada do cálculo de predicados de primeira ordem. Procedeu então a dar uma prova mais simples do teorema de Löwenheim, isto é, uma prova que, no seu entender, "está mais conforme com os métodos da lógica matemática". O teorema de Skolem, conhecido com o nome de "teorema de Skolem-Löwenheim" reza o seguinte: "Toda proposição em forma normal é ou uma contradição ou se já está satisfeita em um domínio finito ou numeravelmente infinito".

↪ Os textos pertinentes são: de Leopold Löwenheim: "Über Möglichkeiten im Relativkalkül", *Mathematische Annalen*, 76 (1915), 447-470. De Thoralf Skolem: "Logischkombinatorische Untersuchungen über die Erfüllbarkeit oder Beweisbarkeit mathematischer Sätze nebst einem Theorem über dichte Mengen", *Videnskapsselkapets skrifter. I. Matematisknaturvidenskabelig klasse*, n° 4 (1920). Há trad. ingl. destes textos, com notas de Jean van Heijenoort, ed., *From Frege to Russell: A Source Book in Mathematical Logic, 1879-1931*: Leopold Löwenheim, "On Possibilities in the Calculus of Relatives", pp. 228-251 e Thoralf Skolem, "Logico-combinatorial Investigations in the Satisfiability or Probability of Mathematical Propositions: A Simplified Proof of a Theorem by L. Löwenheim, and Generalizations of the Theorem", pp. 252-263. ◖

SKOLIMOWSKI, HENRYK. Ver Praxiologia; Varsóvia (Círculo de).

SKOVORODA, GREGORI SAVVICH (1722-1794). Nascido em Tchernukhi (Poltava, Ucrânia), estudou na Academia teológica de Kiev e ensinou em Kharkov. Em suas viagens a São Petersburgo e Moscou, assim como pela Europa, travou conhecimento com algumas das idéias do Iluminismo, mas Skovoroda é um eslavófilo *avant la lettre:* ele desenvolve seu pensamento dentro da tradição russa, especialmente em relação com o pensamento cristão e neoplatônico. Pela forma de seus escritos, em diálogos e conversações, e pela direção de seu pensamento, Skovoroda — às vezes chamado o "primeiro filósofo russo" — foi um socrático, que aspirou a preparar o caminho para um "Platão russo". Opondo-se ao materialismo e ao empirismo sensacionista, Skovoroda defendeu um dualismo metafísico, com tendências panteístas.

↪ Obras em dois volumes, *Tvori v dvoj tomaj*, 1961, ed. O. I. Biletski, D. K. Ostrianin e P. M. Popov. — Obras sobre S. por V. Ern (1912) e D. Oljanccyn (1928). ◖

SLOTE, MICHAEL A. Ver Essencialismo; Necessidade.

SMART, J[OHN] J[AMIESON] C[ARSWELL] (1920). Nascido em Cambridge, Inglaterra, foi "Hughes Professor" na Universidade de Adelaide, na Austrália. Smart opôs-se a toda filosofia de tipo especulativo e critica toda forma de "existencialismo", considerando-o como puramente verbal, senão verboso, e meramente patético. Opôs-se também a toda interpretação fenomenista ou instrumentalista da realidade em nome do que chama "realismo científico". Segundo Smart, somente os objetos físicos (materiais) são reais; todos os processos físicos estão sujeitos a leis de caráter determinista.

Deve-se recusar todo mentalismo e todo dualismo da mente e do corpo. Na ética, Smart declarou-se partidário do utilitarismo (ver), mas do "utilitarismo dos atos", não do das "regras".

↪ Obras: *An Outline of a System of Utilitarian Ethics*, 1961. — *Philosophy and Scientific Realism*, 1963. — *Between Science and Philosophy: An Introduction to the Philosophy of Science*, 1968. — *Utilitarianism: For and Against*, 1973 (com Bernard Williams). — *Ethics, Persuasion and Truth*, 1984. — *Essays Metaphysical and Moral: Selected Philosophical Papers*, 1987.
S. editou: *Problems of Space and Time*, 1964.
Ver: P. Pettit, R. Sylvan e J. Norman, eds., *Metaphysics and Morality: Essays in Honour fo J. J. C. Smart*, 1987 [com comentários de S. aos diferentes artigos]. ◖

SMETANA, AUGUSTIN (1814-1851). Nascido em Praga, ingressou numa ordem religiosa católica, que depois abandonou, junto com o catolicismo. Isso coincidiu com sua renúncia à docência na Universidade de Praga. Smetana partiu de Hegel, de Schelling, de Feuerbach e de Herbart e procurou desenvolver uma "filosofia da consciência libertada", que era simultaneamente uma filosofia da libertação de toda a humanidade. Segundo Smetana, deve-se combater a alienação do homem, que produz a religião e a desigualdade social. A religião falseia a relação entre o homem e seu ideal. A desigualdade humana é conseqüência da consciência corrompida. Smetana pregou vigorosamente a liberdade contra o despotismo, o amor contra o ódio, a igualdade contra a desigualdade e a arte contra a religião. Para Smetana, a nação eslava há de ser o órgão da libertação humana, primeiramente por um socialismo democrático eslavo e depois por um socialismo democrático universal.

↪ Obras: *Die Bestimmung unseres Vaterlandes Böhmen*, 1848 (*O destino da nossa pátria, a Boêmia*). — *Die Bestimmung des gegenwärtigen Zeitalters*, 1848 (*O destino da idade contemporânea*). — *Die Katastrophe und der Ausgang der Geschichte der Philosophie*, 1840 (*A catástrofe e o fim da história da filosofia*). — *Geschichte eines Exkommunizierten*, 1863, ed. A. Meissner (*História de um excomungado*). — *Der Geist, sein Entstehen und Vergehen*, 1865 (*O espírito, sua origem e morte*). ◖

SMITH, ADAM (1723-1790). Nascido em Kirkcaldy (Fifeshire, Escócia), estudou em Glasgow e no Balliol College, de Oxford. Em 1748 se dirigiu a Edimburgo, onde deu conferências e travou estreita amizade com Hume. Em 1751 foi nomeado professor de lógica na Universidade de Glasgow, e em 1752 professor também de filosofia moral na mesma Universidade. Demitiu-se desses cargos em 1763 para acompanhar, na qualidade de preceptor, o jovem Duque de Buccleugh numa viagem de um ano e meio pela França e pela Suíça. Conheceu então vários economistas importantes: François Quesnay (1694-1774), Jacques Necker (1732-1804), Anne Robert

Jacques Turgot (1727-1781). De 1766 a 1776 residiu em Kirkcaldy, trabalhando em sua obra sobre "a riqueza das nações". Em 1778 foi nomeado delegado da alfândega em Edimburgo, e em 1787 foi nomeado reitor da Universidade de Glasgow.

O pensamento de Adam Smith, tanto em economia como em filosofia moral, se caracteriza por um constante esforço de unir a doutrina com a "prática", isto é, com a experiência. Adam Smith é conhecido sobretudo como economista e considerado como um dos mais destacados representantes da chamada "economia liberal". Isso é verdade na medida em que Smith advoga pela liberdade de comércio, mas mais importantes em Smith que suas conclusões são as bases de sua doutrina econômica, que contribuiu grandemente para a formação do que se chamou "a economia clássica", muito influente em praticamente todos os economistas do século XIX, incluindo Marx (ver MARXISMO). Smith investigou o desenvolvimento do comércio e da indústria em várias nações européias, estudando a formação do capital, seu investimento e sua distribuição.

Do ponto de vista filosófico, interessa o pensamento ético de Adam Smith, um dos filósofos do "senso moral" ou "sentimento moral", e um dos que mais sistematicamente desenvolveram a chamada "moral da simpatia" (VER). A simpatia é, segundo Adam Smith, o que determina a aprovação das ações alheias, pois "a questão mais importante na filosofia moral, depois da indagação acerca da natureza da virtude, é a relativa ao princípio aprobatório, ao poder ou faculdade mentais que fazem com que certos caracteres nos sejam agradáveis ou desagradáveis, nos obriguem a preferir determinada maneira de comportamento a outra maneira distinta, nos conduzem a qualificar de boa uma e de má a outra e nos levam a considerar: a primeira como um objeto digno de aprovação, de honra e recompensa; a segunda, de culpa, censura e castigo" (*Teoria de los sentimientos morales*, 1941, p. 137). Mas a simpatia, pelo menos em sua acepção moral, não é para ele um movimento de reação instintiva dominada pela utilidade e pelo egoísmo, mas o fato de uma comunidade de sentimento com o próximo, por meio da qual se outorga a seu ato um juízo totalmente imparcial e desinteressado. Em sua teoria econômica, Smith defende a liberdade completa de comércio; só a não intervenção do Estado na vida econômica pode, segundo ele, aumentar a riqueza das nações. As teorias econômico-políticas de Smith constituem o fundamento do liberalismo econômico que tão grande influência exerceu, principalmente na Inglaterra, no curso dos séculos XVIII e XIX.

➲ Principais obras: *Theory of Moral Sentiments*, 1759; ed. aum., 1790. — *Inquiry into the Nature and into the Causes of the Wealth of Nations*, 1776. — *Essays on Philosophical Subjects, to Which Is Prefixed Account of the Life and Writings of the Author*, 1795, ed. Dugald Stewart. — *Posthumous Essays*, 1795, ed. Black e Hutton. — *Lectures on Jurisprudence*, 1896, ed. Cannan.
Edição de obras: *Works*, 5 vols., 1811-1812, ed. Dugald Stewart, reimp., 1962. — Nova ed. de obras e correspondência, 7 vols., com motivo do bicentenário da publicação de *The Wealth of Nations*, 1976 ss., conhecida como a "Glasgow Edition".

Em português: *Adam Smith*, Os Pensadores, 1984. — *Inquérito sobre a natureza e as causas da riqueza das nações*, 1987. — *A riqueza das nações*, 1988. — *Teoria dos sentimentos morais*, 1999.

Ver: M. Chevalier, *Étude sur A. S. et sur la fondation de la science économique*, 1874. — W. Paszkowksy, *A. S. als Moralphilosoph*, 1890. — A. Mayer, *Ein Beitrag zur Geschichte der Smithschen Schule*, 1907 (tese). — A. W. Small, *A. S. and Modern Sociology*, 1909. — F. W. Koch, *Über den Zusammenhang von Philosophie und Theorie der Wirtschaft bei A. S.*, 1932. — W. A. Scott, *A. S. as Student and Professor*, 1937. — Luigi Bagolini, *La simpatia nella morale e nel diritto: Aspetti del pensiero di A. S. e orientamenti attuali*, 1952; nova ed., 1966. — Josep Cropsey, *Polity and Economy: An Interpretation of the Principles of A. S.*, 1958. — Pascuale Salvucci, *La filosofia politica di A. S.*, 1966. — T. D. Campbell, *A. Smith's Science of Morals*, 1971. — J. Ralph Lindgren, *The Social Philosophy of A. S.*, 1973. — Andrew S. Skinner e Thomas Wilson, eds., *Essays on A. S.*, 1975. — H. C. Recktenwald, *A. S. Leben und Werk*, 1976. — V. Foley, *The Social Physics of Adam Smith*, 1976. — R. L. Meck, ed., *Smith, Marx and After*, 1977. — J. Olivera, J. Villanueva et al., *Ensayos actuales sobre A. S. y David Hume*, 1978, ed. Raul Orayen [Jornadas A. S., D. H. e su época, Buenos Aires, dezembro de 1976]. — A. S. Skinner, R. H. Campbell, *A. S.*, 1982. — M. L. Myers, *The Soul of Modern Economic Man: Ideas of Self-Interest: Thomas Hobbes to A. S.*, 1983. — D. D. Raphael, *A. S.*, 1985. — M. Trapp, *A. S. — Politische Philosophie und politische Ökonomie*, 1987. — G. Streminger, *A. S.*, 1989. — P. H. Werhane, *A. S. and his Legacy for Modern Capitalism*, 1991. ☾

SMUTS, JAN CHRISTIAN. Ver EVOLUÇÃO, EVOLUCIONISMO; HOLISMO.

SNEED, JOSEPH D. (1938). Professor na Universidade de Stanford, Califórnia, e, a partir de 1979, na State University of New York, desenvolveu em sua obra, *The Logical Structure of Mathematical Physics* (1971), uma metateoria da teoria física (das teorias físico-matemáticas) que entronca com a tradição da epistemologia da ciência derivada do positivismo lógico, mas que se apresenta de forma consideravelmente refinada em relação àquela epistemologia, aspirando a eliminar as dificuldades que se haveriam acumulado contra a mesma, incluindo a dificuldade de não parecer poder dar conta da dinâmica — do processo dinâmico "histórico" — das teorias físicas. De certo ponto de vista, o trabalho de Sneed representa um refinamento de algumas das análises introduzidas por Hempel (VER) em seus últimos trabalhos, mas completa, e freqüentemente modifica, Hempel em pontos importantes. Segundo Sneed, uma teoria física matemática é uma estrutura formalizada que pode ser aplicada a sistemas físicos. A teoria não é em si mesma um sistema de proposições. Só no curso de sua aplicação dá origem a enunciados empíricos. Ao contrário das concepções segundo as quais as teorias físicas contêm dois tipos de termos — observacionais e teóricos — que é preciso ligar por meio de algum sistema de regras de correspondência, Sneed entende a teoria (física) como uma estrutura matemática acompanhada de uma série de aplicações possíveis, isto é, "apontadas" (ou "apontáveis") por essa estrutura. O sistema físico-matemático é um produto que consiste em objetos matematizados. Com o fim de dar "sentido físico" a tais objetos é necessária uma série de operações tais como a metrificação, regras de experimentação etc. Importante é em Sneed o conceito de "sistema físico" como sistema ao qual se podem aplicar os objetos matematizados. As indagações de Sneed, fundamentadas sobretudo no exame detalhado do modelo da mecânica clássica de partículas, permitem enfrentar os problemas da equivalência de teorias e da redutibilidade de uma teoria a outra. Sua investigação inclui igualmente o exame das mudanças que podem ser suscetíveis de explicação e reconstrução lógica.

Investigações no sentido de Sneed foram realizadas por, entre outros, Wolfgang Stegmüller e por C. Ulises Moulines (VER). Stegmüller aplicou as propostas metateóricas de Sneed a seu próprio exame da estrutura e da dinâmica de teorias (cf. *Probleme und Resultate der Wissenschaftstheorie und Analytischen Philosophie;* vol. II: *Theorie und Erfahrung*; 2ª parte: *Theorienstruktur und Theoriendynamik*, 1973), chegando a resultados semelhantes aos obtidos por Lakatos (VER), embora este último esteja mais próximo que Stegmüller dos pontos de partida de Kuhn (VER). C. Ulises Moulines aplicou a metateoria de teorias físicas de Sneed à reconstrução lógica de uma teoria termodinâmica — a termodinâmica do equilíbrio de sistemas simples — (cf. "A Logical Reconstruction of Simple Equilibrium Thermodynamics", *Erkenntnis*, 9 [1975], 101-130). Expôs também as idéias de Sneed: "Hacia un nuevo concepto de teoría empírica", *Convivium* (1973), e publicou com ele, em com W. Balzer, *An Architectonic for Science*, cit. *infra*.

➲ Obras: *The Logical Structure of Mathematical Physics*, 1971. — "Philosophical Problems in the Empirical Science of Science: A Formal Approach", *Erkenntnis*, 10 (1976), 115-146. — *An Architectonic for Science: The Structuralist Program*, 1987 (com W. Balzer, C. U. Moulines).

Ver: Th. S. Kuhn, "Theory-Change as Structure-Change: Comments on the Sneed Formalism", *Erkenntnis*, 10 (1976), 179-199. — W. Stegmüller, "J. D. Sneed u. a.: Das strukturalistische Theorienkonzept", em *id., Hauptströmungen der Gegenwartsphilosophie*, vol. II, 6ª ed. ampl., 1979, cap. III.4, pp. 468-494. — A. Rivadulla Rodríguez, *Filosofía actual de la ciencia*, 1986, cap. VII: "Estructura lógica de teorías y progreso científico. Análisis de la concepción 'No-lingüística' de Sneed", pp. 241-277.

Para textos de S. e de Kuhn relativos a S., cf. trads. espanholas em *Teorema* (1977), 141-165 e 315-322. ℭ

SOBERANO (ARGUMENTO). Ver DOMINANTE (ARGUMENTO).

SOBOCIŃSKI, BOLESLAW. Ver VARSÓVIA (CÍRCULO DE).

SOBRE-SER. Se existe algo que seja mais além de quanto é, ἐπέκεινα τῆς οὐσίας, como dizia Platão do Bem (*Rep.*, VI), não será propriamente um "algo" nem tampouco uma substância ou um ser, mas um sobre-ser, sobre-ente, ὑπερούσιος. Isso ocorre, segundo Plotino, com o Uno (VER), que não é nenhum dos seres e é anterior a todos os seres (*Enn.*, III, viii, 9). O Uno transcende todo ser, pois não é nenhum dos seres, nem tampouco os seres em conjunto. Graças a isso, o Uno pode ser princípio de todos os seres; não poderia sê-lo se fosse algo do principiado. A anterioridade radical do Uno faz com que não haja nenhuma unidade anterior a ele. O Uno não é sequer "plenitude de ser", κόρος; é anterior a essa plenitude e a transcende, estando acima dela.

Analogamente, o Pseudo-Dionísio declarava que o nome do "Ser" transcende todo ser (*De div. nom.*, 816 B), e que a Causa transcendente de todo o inteligível não tem ela mesma nada de inteligível (*Theol. myst.*, 1045 D). O Supremo Ser, o Uno perfeito, Deus, é, em suma, "sobressente" e "sobressencial".

A idéia do Ser absoluto, do Uno, de Deus etc., como transcendendo todo ser, é própria não somente da mística e da chamada "teologia negativa", mas inclusive de toda concepção de Deus como um verdadeiro absoluto (ver ABSOLUTO). Só àquilo que está de algum modo religado a outra coisa, ou depende de outra coisa, corresponde o "ser". No entanto, nem todas as filosofias nas quais intervém a noção de absoluto estão de acordo em que o Absoluto transcende todo ser. Somente as filosofias, ou as teologias, para as quais o Absoluto é um princípio distinto do principiado podem afirmar que há um "sobre-ser". O idealismo absoluto, que também admite um Absoluto, não pode concebê-lo como um "sobre-ser", justamente porque o Absoluto, longe de estar desligado de tudo, é a relação de tudo com tudo.

SOBREESTRUTURA. Ver SUPERESTRUTURA.

SOBRENATURAL. Segundo H. de Lubac (cf. obra na bibliografia, especialmente Parte III, caps. i e ii), o termo *supernaturalis* foi usado como termo teológico somente nas traduções do Pseudo-Dionísio efetuadas por Hilduíno e John Duns Scot; estendeu-se durante o século XIII, em particular a partir de Santo Tomás, e ingressou nos textos eclesiásticos durante o século XVI (Bula de Pio V condenando Baio). Isso não significa que os problemas suscitados pela noção do sobrenatural não tivessem sido elucidados antes de tais datas, nem que não existisse uma espécie de "pré-história" tanto do conceito como do vocábulo. H. de Lubac estudou cuidadosamente tal pré-história e notou que nos começos dela se encontra o uso dos termos ὑπερουράνιος e ὑπερκόσμιος como termos possuidores de um significado predominantemente cosmológico (ou, se se preferir, supracosmológico). Tanto os neoplatônicos como os escritores cristãos dos primeiros séculos empregaram abundantemente os citados vocábulos. Com eles se designava um lugar supraceleste — com as correspondentes distintas concepções de tal lugar segundo os autores. A esses vocábulos deve-se acrescentar outros: o adjetivo ὑπερφυής e as expressões ὑπὲρ φύσιν (às vezes vertida por *supra naturam*) e παρὰ φύσιν (às vezes vertida por *praeter naturam*). Especialmente ὑπὲρ φύσιν parece ser a expressão mais próxima do que posteriormente será o conceito teológico de "sobrenatural".

É opinião disseminada entre os teólogos que o vocábulo 'sobrenatural' designa uma ordem de realidade não só diferente da ordem da natureza — como pode ser o reino da lei —, mas também superior à ordem da natureza. Não designa, porém, exclusivamente uma ordem divina, pois deve-se ter presente que dentro da ordem humana se concebe a coexistência das faculdades naturais com a graça sobrenatural. Mas designa algo que tem uma fonte divina, algo — escreve Maurice Blondel — que "procedendo de uma condescendência gratuita de Deus, eleva a criatura inteligente a um estado que não pode ser nem realizado, nem merecido, nem sequer concebido expressamente por nenhuma outra força *natural*, pois se trata da comunicação da íntima vida divina, *secretum Regis*, de uma verdade impenetrável a toda visão filosófica, de um bem superior a toda aspiração da vontade" (cf. A. Lalande, *Vocabulaire, s. v.*, "Surnaturel", 8ª ed., 1960, p. 1075, nota). As dificuldades surgidas em conseqüência da radicação ou implantação do sobrenatural no divino e no humano são resolvidas mediante uma série de distinções. Entre elas destaca-se a que se propõe entre dom relativamente sobrenatural e dom absolutamente sobrenatural. O primeiro é considerado como algo que embora não seja, ao contrário do natural, derivado necessariamente de uma essência, não vai além da ordem do conjunto da natureza. O segundo é o que está acima de toda natureza criada e supõe uma participação especial na própria bondade divina. O dom relativamente sobrenatural é chamado também dom preternatural.

No verbete "Surnaturel", do *Dictionnaire de théologie catholique*, de Vacant-Mangenot-Amann (tomo XIV, 2, col. 2849-2859), A. Michel propõe a seguinte definição formal de 'sobrenatural': é "o que com relação à natureza transcende de seus elementos essenciais, de suas atividades e passividades naturais, de suas exigências, de seu mérito natural, mas não de sua capacidade obediencial e perfectível". Por isso o sobrenatural pode aperfeiçoar o natural. As divisões que podem ser estabelecidas no conceito de sobrenatural são (segundo Garrigou-Lagrange) as seguintes: I. O sobrenatural substancial (incriado, absoluto). II. O sobrenatural acidental (criado, participado). Dentro desse último se distinguem: 1) O sobrenatural *simpliciter* (ou absoluto propriamente dito) e 2) O sobrenatural *secundum quid*, isto é, por comparação, preternatural ou sobrenatural relativo (como os dons da justiça original: imortalidade condicionada do corpo, o maravilhoso diabólico etc.). Por sua vez, o sobrenatural *secundum quid* se subdivide em 1*a*) sobrenatural *quoad substantiam* (influência da causa formal, como a graça, os sacramentos etc.) e 2*a*) sobrenatural *quoad modum* (influência das causas extrínsecas, que podem ser: influência da causa final, *como* nos atos naturais produzidos pela caridade; influência da causa eficiente, como nos milagres e profecias etc.) (A. Michel, *loc. cit.*, col. 2853).

Muitos racionalistas e todos os naturalistas repelem a noção de sobrenatural que, no seu entender, não designa realidade alguma. Outros autores entendem 'sobrenatural' num sentido muito amplo, mais próximo do sentido antigo do supracósmico que do sentido teológico de *supernaturalis*. Entre os últimos figura Santayana, ao usar o conceito de sobrenaturalismo como designando uma certa concepção do mundo distinta da naturalista e da romântica.

Alguns autores, como P. L. Berger (*Rumor de anjos — a sociedade moderna e a redescoberta do sobrenatural*, 1997), consideram que a rejeição do sobrenatural pelos pensadores modernos — incluindo não poucos pensadores religiosos — é conseqüência da estrutura da sociedade moderna. Esta sociedade é de tal índole que não produz — ou não tende a produzir — conhecimento salvo dentro do quadro de um anti-sobrenaturalismo. O citado autor declara que o sobrenatural reaparece tão logo se examinam certas experiências humanas — como a esperança ou o "jogo" — sob o aspecto de uma espécie de "fé indutiva". O sobrenatural não é, segundo Berger, resultado de cega fé nem de razão especulativa, mas de "fé empírica".

➲ Ver: J. V. Bainvel, *Naturel e surnaturel*, 1904. — H. Ligeard, *La théologie scolastique et la transcendance du surnaturel*, 1908. — A. Landgraf, "Studien zur Erkenntnis des Übernatürlichen in der Frühscholastik", *Scholastik*, 4 (1929). — L. Lévy-Bruhl, *Le surnaturel et la nature dans la mentalité primitive*, 1931. — J. Oman, *The Natural and the Supernatural*, 1932. — A. Verrière, *Le Surnaturel en nous et le péché originel*, 1934. — J. B. S. Haldane e Arnold Lunn, *Science and the Supernatural*, 1935. — Shirley Jackson Case, *The Origins of Christian Supernaturalism*, 1946. — H. de Lubac, *Le surnaturel, Études historiques*, 1942. — Id., *Le mystère du surnaturel*, 1965. — J. Alfaro, *Lo natural y lo sobrenatural. Estudio histórico desde Santo Tomás hasta Cayetano (1274-1554)*, 1952. — Giovanni de Crescenzo, *Naturalismo e ipotesi metafisica. Il ritorno del sovvranaturale*, 1962. — T. F. McMahon, *Imperfect Supernatural Happiness of this Life: A Definition*, 1962. — C. H. D. Clark, *The Scientist and the Supernatural: A Systematic Examination of the Relation between Christianity and Humanism*, 1966.

Um artigo e vasto tratado sobre o sobrenatural é o de Juan Martínez de Ripalda, SJ (nasc. em Pamplona: 1594-1648), *De ente supernaturali*, 3 vols. (I. 1643; II. 1645; III. 1648), nova ed., 6 vols., 1871-1872. ℂ

SOCIALISMO. Ver MARXISMO.

SOCINIANISMO. O fato de muitos deístas, livres-pensadores (VER) e racionalistas terem sido acusados, durante os séculos XVII e XVIII, de socinianismo, especialmente na França e na Inglaterra, nos leva a dizer algumas palavras sobre as doutrinas fundamentais dessa tendência.

Trata-se de uma tendência religiosa fundada por dois reformadores italianos: Lelio Sozzini [Laelius Socinus] (1525-1562) e seu sobrinho Fausto Sozzini [Faustus Socinus] (1539-1604). No início, essa tendência se difundiu especialmente na Polônia, mas com a expulsão dos socinianos daquele país (1638) ela passou ao Ocidente. Depois de atravessar uma série de etapas e modificações, o socinianismo ofereceu várias características definidas, que se expressam principalmente no chamado Catecismo de Racow, publicado em polonês em 1605 e em latim em 1609. Os socinianos admitiam a revelação bíblica e também interpretavam a Bíblia literalmente. Mas como consideravam que essa interpretação era matéria de juízo privado e não da autoridade, não tardaram a surgir entre eles traços racionalistas que fizeram do socinianismo uma peculiar combinação de reformismo luterano e humanismo renascentista e moderno. Do ponto de vista dogmático, as teses capitais dos socinianos eram as seguintes: negação do dogma da Trindade (portanto, unitarismo); conseqüente negação da divindade de Jesus (considerado como um homem deificado que serviu de mediador para Deus), concepção do homem como ser "naturalmente bom". Esta última concepção e a rejeição da interpretação da Bíblia pela autoridade eclesiástica influenciaram os traços otimistas e naturalistas do deísmo (VER) e do livre-pensar inglês do século XVII.

⊃ Obras dos socinianos em *Bibliotheca Fratrum polonorum quos unitarios vocant*, 5 vols., 1656 ss., ed. A. Wiazowaty.

Ver: O. Fock, *Der Socinianismus nach seiner Stellung in der Gesamtentwicklung des christlichen Geistes*, 2 vols., 1847. — H. J. McLachlam, *Socinianism in Seventeenth Century England*, 1951. — G. Pioli, *Fausto Socino*, 1952. — F. Pintacuda de Michelis, *Socinianesimo e tolleranza nell'età del razionalismo*, 1975. ℂ

SOCINUS, FAUSTUS. Ver SOCINIANISMO.

SOCINUS, LAELIUS. Ver SOCINIANISMO.

SOCIOLOGIA. Na hierarquia das ciências propostas por Comte (VER; ver também CIÊNCIAS [CLASSIFICAÇÃO DAS]), a sociologia — termo introduzido e propagado por Comte — ocupa o topo (da "pirâmide"), o que equivale a dizer que é ao mesmo tempo a ciência superior e a menos perfeita, isto é, na opinião de Comte, a que, por serem mais concretos seus objetos, chegou com mais atraso que as outras a alcançar o grau da "positividade". A fase positiva da Humanidade começa com a conversão da sociologia em ciência positiva, e nesta conversão está expresso o grau culminante da evolução intelectual. Mas a sociologia não é, segundo Comte, mais que uma física social, o que não equivale a uma redução da sociologia a outras ciências mais fundamentais, pois a sociologia considera seus objetos de um modo distinto, como totalidades orgânicas e não como elementos arbitrariamente desintegráveis. O naturalismo da sociologia de Comte não impede o reconhecimento da peculiaridade de uma ciência que tem em comum com as outras o seu caráter positivo, mas que se diferencia delas pelo método tanto quanto por constituir a passagem para a religião da Humanidade, fundada em uma teoria da ordem, numa estática social que investiga os fenômenos da sociedade em sua coexistência e não, como a dinâmica social, em seu progresso, desenvolvimento ou sucessão. No propósito de Comte, a sociologia abarca, por conseguinte e em última análise, o conjunto das ciências do espírito e implica, enquanto dinâmica, uma filosofia da história, que explica a progressiva positivação do saber e com ele da Humanidade.

A fundação da sociologia por Comte não supõe que não houvesse considerações sociológicas em filósofos anteriores, mas representa o reconhecimento da peculiaridade de um objeto — a sociedade — que exige ser tratado segundo métodos apropriados. Essas considerações se referem sobretudo às teorias do Direito, do Estado e da sociedade que se sucederam principalmente a partir do Renascimento e que atentaram para os fatos sociais em sua origem, causas, formas e desenvolvimento. Simmel escreveu que "as exigências que a ciência da sociologia costuma formular não são senão o prolongamento e o reflexo teórico do poder prático que as massas alcançaram no século XIX no que diz respeito aos interesses do indivíduo", e por isso a sociologia, enquanto tal, existe somente desde a época em que Comte forjou seu nome e seus postulados essenciais. O predomínio da natureza social sobre a individual tornou possível o afã de compreender essa natureza, tanto presente quanto passada, do ponto de vista deste predomínio e, portanto, tornou possível a sociologia mesma enquanto ciência.

A sociologia foi definida freqüentemente como "a ciência da sociedade". Entendeu-se quase sempre por 'sociedade' a sociedade humana, mas os numerosos estudos realizados sobre sociedades animais, e as relações que se podem estabelecer entre certos traços das sociedades animais e as sociedades humanas, fazem com que a idéia de "sociologia como ciência da sociedade" seja ao mesmo tempo demasiadamente restrita e demasiadamente vaga. É demasiadamente restrita porque deve ser completada por um estudo de etologia (animal e humana) e de sociobiologia. É demasiadamente vaga porque diz pouco, ou nada, sobre a natureza da sociedade que afirma ser seu objeto de estudo.

Existiram orientações sociológicas muito diferentes e combinações entre elas. Apresentaremos algumas.

Falou-se dessas orientações: 1) A naturalista, que concebe a sociedade como um fato natural e que freqüentemente aspira a tratá-la com métodos que mostraram sua fecundidade nas ciências naturais. 2) A chamada "científico-espiritual", que considera a sociedade como uma forma do "espírito objetivo" e que a estuda por métodos das chamadas "ciências do espírito", "ciências culturais" ou "ciências humanas". 3) A "material", que estuda aspectos concretos das formações sociais, particularmente em seus desenvolvimentos históricos. 4) A "formal", que atenta para as "formas de socialização", extraindo dos conteúdos dos fatos sociais "formas de relação" dos indivíduos entre si, de grupos sociais entre si e de indivíduos em relação a grupos.

Alguns autores se encaixam melhor que outros dentro de uma dessas orientações. Assim, por exemplo, Simmel seguiu a orientação formal. A sociologia é para esse autor "um estudo das formas de socialização", de modo que as diferenças entre a sociologia e as demais ciências histórico-sociais não consistem em seu objeto, mas no modo de considerá-lo. Segundo Simmel, a sociologia é para a sociedade o que a geometria é para os corpos; enquanto "teoria do ser social na humanidade" determina o que é realmente sociedade, "como a geometria determina o que constitui a espacialidade das coisas espaciais". Por este caminho seguiram autores como Leopold von Wiese e Alfred Vierkandt. Autores como Spencer, Marx, Émile Durkheim e Max Weber — de resto, muito diferentes entre si — seguiram orientações naturalistas, mas ao mesmo tempo uma orientação

"material" (em todo caso, nem formal nem "científico-espiritual"). Autores como Max Scheler procuraram apresentar uma síntese de orientações, mas excluindo quase sempre as tendências naturalistas. Segundo Scheler, a sociologia pode ser dividida em dois estudos distintos, mas complementares: a sociologia cultural — que se ocupa de fatos humanos nos quais a intenção se encaminha para um fim ideal — e a sociologia real — que se ocupa de fatos encaminhados para um fim real. A primeira tem como base uma teoria do espírito humano; a segunda, uma teoria dos impulsos humanos.

Outras orientações são: 1ª) o individualismo e 2ª) o holismo ou organicismo. Em muitos casos estas orientações estão ligadas à adoção de um método, falando-se de individualismo metodológico (VER) e de holismo metodológico e também "organicismo".

Cabe falar também de: 1^b) uma orientação positivista e 2^b) uma orientação prático-ativa. A sociologia marxista foi freqüentemente apresentada como um exemplo de 2^b), mas na medida em que tratou de constituir-se cientificamente ela aproveitou também certos elementos de 1^b). Deste ponto de vista não é fácil ver a que orientação podem pertencer autores como Max Weber ou Georges Gurvitch.

Em época mais recente se falou também de: 1^c) uma orientação "positivista" ou "cientificista", de tendência naturalista; 2^c) uma orientação fenomenológica; 3^c) uma orientação hermenêutica, e 4^c) uma orientação crítica, como a representada pelos sociólogos da Escola de Frankfurt.

Além das diversas orientações anteriores, falou-se de: 1^d) uma orientação macrossociológica e 2^d) uma microssociológica. A orientação macrossociológica tem fortes componentes teóricos. A orientação microssociológica — muitas vezes vinculada a orientações positivistas — atenta para o estudo de grupos sociais determinados e limitados.

Falou-se também de: 1e) uma orientação funcionalista e 2e) uma orientação estruturalista, podendo combinar-se cada uma delas com uma ou várias das orientações indicadas nos parágrafos precedentes.

Em vista da multiplicidade de tendências sociológicas e da diversidade de metodologias, não faltaram alguns esforços de síntese. Os esforços que são meramente conciliadores e ecléticos nunca chegam muito longe. Por outro lado, pode haver esforços que, mesmo inscrevendo-se dentro de uma tradição — de resto, ampla —, ajudam a estabelecer uma plataforma para os estudos sociológicos. Mencionaremos a este respeito os trabalhos de Salvador Giner (que reconheceu como seus antecessores autores, tendências e também "vocabulários" variados, tais como, entre outros, Marx, Weber, Durkheim, Tönnies, Popper, Gerhard Lenski, Randall Collins, Friedrich von Hayek). Giner apresentou um programa (cf. "Para hacer sociología", *Teorema*, 6 [1976],

343-357) formulado em três séries de postulados sobre o método da sociologia; postulados sociológicos sobre a natureza humana, e postulados sobre a sociedade. Entre esses postulados destacamos os seguintes. Dos postulados sobre o método da sociologia: "I. A sociologia é uma ciência social cujo fim é explicar causalmente o comportamento dos homens em sua interação, ou vida social"; "II. A sociologia é uma disciplina teórica, racional e crítica que se refere a dados empíricos"; "XI. A prática da sociologia carece de técnica específica"; "XII. A indagação pelos determinantes sociais do comportamento é uma prática da liberdade". Dos postulados sociológicos sobre a natureza humana: "I. Os seres humanos são animais, e seus traços animais são em grande medida a base da vida social da espécie, que se expressa segundo as tendências biológicas de resposta emocional e instintiva inata a ela"; "III. Os seres humanos são dotados de uma forte tendência a maximizar sua satisfação física, segundo lho permitam os recursos disponíveis"; "XIII. O esforço por ser livre mediante a inovação é específico dos membros da raça humana". Dos postulados sobre a natureza da sociedade: "I. A sociedade é o conjunto das relações inter-humanas que ocorrem num território assim como as realidades subjetivas referidas a elas"; "III. A estrutura social é composta exclusivamente por seres humanos concretos"; "IV. A sociedade é heterogênea e é plasmação da liga perene de interesses entre seus membros em sua contenda pelo controle dos recursos escassos, satisfações biológicas e bens sociais ambicionados também escassos como o privilégio, o poder, a reputação e a posse erótica"; "XII. A liberdade possui uma estrutura social". Há outros postulados importantes nesta série relativos a "conteúdos de consciência" e à noção de "*status*" e bem-estar subjetivos".

➲ Natureza da sociologia: Celestin Bouglé, *Qu'est-ce que la Sociologie?*, 1970. — H. Oppenheimer, *Die Logik der soziologischen Begriffsbildung mit besonderer Berücksichtigung von Max Weber*, 1925. — Alfredo Poviña, *Carácter de la sociología*, 1930 — L. von Wiese, *Philosophie und Soziologie*, 1959. — Peter L. Berger, *Invitation to Sociology: A Humanistic Perspective*, 1963. — M. Bock, *Soziologie als Grundlage des Wirklichkeitsverständnisses*, 1980. — J. Kuzynski, *Bemühungen um die Soziologie*, 1986. — T. J. Fararo, *The Meaning of General Theoretical Sociology: Tradition and Formalization*, 1989. — Sobre o problema da natureza da sociologia tratam também, naturalmente, a maior parte das exposições gerais abaixo mencionadas.

Método sociológico: É. Durkheim, *As regras do método sociológico*, 1975. — Felix Kaufmann, *Methodenlehre der Sozialwissenschaften*, 1936. — William P. McEvan, *The Problem of Social-Scientific Knowledge*, 1963. — Stephan Nowak, *Methodology of Sociological Research*, 2 vols., 1976-1977. — J. C. Alexander, *Theoretical Logic in Sociobiology*, 4 vols., 1982 (I, *Positivism, Presuppositions and Current Controversies*). — N. Konegen, K. Sonderfeld, *Wissenschaftstheorie für Sozialwissenschaftler*, 1985. — J. Ibáñez, *Del agoritmo al sujeto*, 1985. — Tratam também do método ou métodos na sociologia e nas ciências sociais alguns dos escritos da seção seguinte.

Tratados e exposições gerais de sociologia pertencentes a diversas tendências (os textos de Comte e Spencer encontram-se nas correspondentes bibliografias): Lester F. Ward, *Dynamic Sociology*, 2 vols., 1883. — Émile Durkheim, *Éléments de sociologie*, 1889. — Id., *Sociologie et philosophie*, 1925. — René Worms, *Philosophie des sciences sociales* (I. *Object des sciences sociales*. II. *Méthode des sciences sociales*. III. *Conclusions des sciences sociales*), 1903-1907; 2ª ed., 1913-1920 (deste autor também: *La sociologie*, 1893). — Georg Simmel, *Soziologie. Untersuchungen über die Formen der Vergellschaftung*, 1908. — Vilfredo Pareto, *Trattato di Sociologia generale*, 1916. — Id., *Compendio di Sociologia generale*, 1920. — Max Weber, *Gesammelte Aufsätze zur Wissenschaftslehre; Gesammelte Aufsätze zur Sozial- und Wirtschaftslehre; Gesammelte Aufsätze zur Soziologie und Sozialpolitik*, 1921-1924. — Franz Oppenheimer, *System der Soziologie* (I. *Allgemeine Soziologie*. II. *Der Staat*. III. *Theorie der reinen und politischen Ökonomie*. IV. *Abriss einer Sozial- und Wirtschaftsgeschichte Europas*), 7 vols., 1922-1925. — Leopold von Wiese, *Allgemeine Soziologie*, I, 1924; II, 1929. — Id., *System der allgemeinen Soziologie als Lehre von den sozialen Prozessen und sozialen Gebilden der Menschen*, 1933 (do mesmo autor, *Soziologie. Geschichte und Hauptprobleme*, s.d.). — C. Bouglé e J. Raffault, *Éléments de sociologie*, 1926; 2ª ed., 1929. — Adolfo G. Posada, *Principios de sociología. Introducción*, 1908; 2ª ed., 1929. — Hans Freyer, *Soziologie als Wirklichkeitswissenschaft*, 1930. — Id., *Einleitung in die Soziologie*, 1931. — Otto Neurath, *Empirische Soziologie. Der wissenschaftliche Gehalt der Geschichte und Nationalökonomie*, 1931. — Marcel Mauss, *Fragment d'un plan de sociologie générale descriptive*, 1934. — Morris Ginsberg, *Sociology*, 1934. — Armand Cuvillier, *Introduction à la sociologie*, 1937. — Id., *Manuel de Sociologie*, 2 vols., 1950. — Georges Gurvitch, *Essais de sociologie*, 1939. — R. M. MacIver, *Foundations of Sociology*, 1939. — P. J. Bouman, *Sociologie. Begrippen en problemen*, 1940. — José Medina Echavarría, *Sociología: teoría y técnica*, 1941. — Renato Treves, *Sociología y filosofía social*, 1941. — Gilberto Freyre, *Sociologia*, 2 vols., 1945. — Alfredo Poviña, *Curso de sociología*, 1945. — Francisco Ayala, *Tratado de sociología*, 3 vols., 1947 (I. *Historia de la sociología*. II. *Sistema de la sociología*. III. *Nomenclator bio-bibliográfico de la sociología*), reimp. em 1 vol. [sem o "Nomenclator"], 1959. — Id., *Introducción a las ciencias sociales*, 1952. — Pitirim

Sorokin, *Society, Culture and Personality. Their Structure and Dynamic. A System of General Sociology*, 1947. — Eugène Dupréel, *Sociologie générale*, 1948. — G. Berthoul, *Traité de sociologie*, 3 vols., 1949-1954. — J. Leclerc, *Introduction à la Sociologie*, 1950. — Georges Gurvitch, *La vocation actuelle de la sociologie. Vers une sociologie différentielle*, 1950; 2ª ed., 1957; 3ª ed., I, 1963. — T. de Athayde, *Introducción a la sociología*, 1951. — G. Gurvitch, G. Friedmann et al., *Traité de sociologie*, ed. Georges Gurvitch, 2 vols., 1958-1960; 3ª ed., rev., 1967. — E. Tierno Galván, *Introducción a la sociología*, 1960. — Luis Recaséns Siches, *Tratado general de sociología*, 1963. — Salvador Giner, *Sociología*, 1968; 4ª ed., 1973. — Id., *El progreso de la conciencia sociológica*, 1974. — Carlos Moya, *Teoría sociológica: Una introducción crítica*, 1971. — Luis González Seara, *La sociología, aventura dialéctica*, 1971. — Amando de Miguel, *Sociología o subversión*, 1974. — Ver também o *Handwörterbuch der Soziologie*, ed. A. Vierkandt, 1931; *A Dictionary of Sociology*, 1944, ed. H. P. Fairchild; o *Wörterbuch der Soziologie*, ed. W. Bersdorf e F. Bülow, 1955; o *Handbuch der Soziologie*, I, 1955, ed. W. Hellpach, H. Maus et al.; e *A Modern Dictionary of Sociology*, por George A. e Achilles G. Theodorson, 1969. — W. L. Bühl, *Einführung in die Wissenschaftssoziologie*, 1974.

Para a sociologia da história e da cultura: P. Barth, *Die Philosophie der Geschichte als Soziologie*. I. *Einleitung und kritische Übersicht*, 1897; 4ª ed., 1922. — Alfred Weber, *Kulturgeschichte als Kultursoziologie*, 1925; 2ª ed., ampl., 1950. — Ver também as bibliografias de SPENGLER e TOYNBEE.

Para a sociologia do saber ver a bibliografia dos verbetes CONHECIMENTO (SOCIOLOGIA DO) e IDEOLOGIA.

História da sociologia, e especialmente sociologia contemporânea: Leopold von Wiese, *Soziologie. Geschichte und Hauptprobleme*, 1926; 9ª ed., com o título *Geschichte der Soziologie*, 1971. — Pitirim A. Sorokin, *Contemporary Sociological Theories*, 1928. — Id., *Sociological Theories of Today*, 1966. — Harry Elmer Barnes e Howard Becker, *Social Thought from Lore to Science*, 2 vols., 1938; 3ª ed., 1961. — José Medina Echavarría, *Panorama de la sociología contemporánea*, 1960. — Harry Elmer Barnes, Howard Becker e Frances Bennett Becker, *Contemporary Social Theory*, 1940. — Alfredo Poviña, *Historia y lógica de la sociología*, 1941. — VV.AA., *La sociologie au XXe siècle*, 2 vols., 1948, ed. G. Gurvitch e W. E. Moore (I. *Les grands problèmes de la sociologie*. II. *Les études sociologiques dans les différents pays*). — Don Martindale, *The Nature and Types of Sociological Theory*, 1960. — Franco Ferrarotti, *Il pensiero sociologico da Auguste Comte a Max Horkheimer*, 1974. — R. Bannister, *Sociology and Scientism: The American Quest for Objectivity, 1880-1940*, 1987. — H. Liebersohn, *Fate and Utopia in German Sociology, 1870-1923*, 1988. — G. Mikl-Horke, *Soziologie. Historischer Kontext und soziologische Theorienentwürfe*, 1989.

Sobre a sociedade e a doutrina e filosofia da sociedade ver: S. Jankélévitch, *Nature et Société*, 1906. — O. Spann, *Gesellschaftslehre*, 1923. — A. Vierkandt, *Gesellschaftslehre*, 1923. — R. Michels, *Soziologie als Gesellschaftswissenschaft*, 1926. — Henri Bergson, *Les deux sources de la morale et de la religion*, 1932. — G. H. Mead, *Mind, Self and Society*, 1934. — Werner Ziegenfuss, *Versuch über das Wesen der Gesellschaft*, 1935. — José Ortega y Gasset, *El hombre y la gente*, 1957, reimp. em *O. C.*, VII. — Hans Kelsen, *Society and Nature*, 1943. — K. R. Popper, *The Open Society and Its Enemies*. I. *The Age of Plato*. II. *The High Tide of Prophecy, Hegel and Marx*, 1945; 3ª ed., 1957 (trad. bras., 2 vols., 1974). — P. Chauchard, *Sociétés animales, société humaine*, 1956 — B. de Jouvenel, M. García Pelayo et al., arts. sobre a noção de sociedade nas tradições francesa, anglo-americana, italiana, espanhola em *Revue Internationale de Philosophie*, 15 (1961), 17-41. — Richard Rudner, *Philosophy of Social Science*, 1964. — W. Skidmore, *Theoretical Thinking in Sociology*, 1975. — K. Acham, *Philosophie der Sozialwissenschaften*, 1983. — S. J. Hekman, *Hermeneutics and the Sociology of Knowledge*, 1986.

Conceito de sociedade em diferentes autores: Jacob Baxa, *Gesellschaftslehre von Plato bis Nietzsche. Eine dogmengeschichtliche Einführung in die gesellschaftswissenschaftlichen Theorien*, 1927. — Paul Vogel, *Hegels Gesellschaftslehre und seine geschichtliche Fortbildung durch Lorenz Stein, Marx, Engels und Lasalle*, 1925 (*Kantstudien*. Ergünzungshefte, 59-63). — J. D. Hunter, S. C. Ainlay, eds., *Making Sense of Modern Times: P. L. Berger and the Vision of Interpretive Sociology*, 1986. — R. T. Hall, *Émile Durkheim: Ethics and the Sociology of Morals*, 1987. — Para sociologia marxista, ver MARXISMO. ℂ

SOCIOLOGIA DO CONHECIMENTO. Ver CONHECIMENTO (SOCIOLOGIA DO).

SÓCION. Ver PERIPATÉTICOS.

SÓCRATES (470/469-399 a.C.). Nascido em Atenas, filho de um escultor, Sofronisco, e de uma parteira, Faenarete (cf. Diógenes Laércio, II, 18ss.). Este último fato foi mencionado por Sócrates, segundo parece, inúmeras vezes, relacionando-o com sua pretensão de ser o parteiro das idéias, o especialista na maiêutica, μαιευτική τέχνη, intelectual. Serviu em várias guerras e se distinguiu nas batalhas de Potidéia (432), Délio (424) e Anfípolis (422). Amigo de Aritias e de Alcibíades (amizade que foi muito criticada), depois reuniu boa quantidade de fiéis discípulos, entre os quais se distinguiram Platão, Xenofonte, Antístenes, Aristipo e Euclides de Megara, vários deles fundadores das chamadas escolas socráticas. Outros discípulos e ouvintes são mencionados no verbete Socráticos (VER). Considerado freqüentemente como um dos sofistas (VER), e especialmente como interessado em substituir os antigos deuses oficiais por novos deuses, logo atraiu contra si numerosos inimigos. Aristófanes o caricaturou em várias de suas comédias, em particular em *As Nuvens*, mas o poeta não foi nem de longe o mais encarniçado de seus adversários. Destacaram-se mais a esse respeito os que prestaram queixa oficial das acusações contra Sócrates de corrupção da juventude e de impiedade, ἀσέβεια — a grave, e freqüente, acusação que se fazia na época —, Melito, Anito e Licão. Em 399 Sócrates foi condenado a tomar cicuta. Embora lhe tenham proposto fugir da prisão, não aceitou a oferta e preferiu fazer culminar com uma morte livremente aceita uma vida que fora constantemente dirigida a dar a entender aos homens que a filosofia não é uma especulação sobre o mundo *acrescentada* às outras atividades humanas, mas sim um modo de ser da vida pelo qual é preciso, quando convier, sacrificá-la. Sócrates não escreveu nada e, ao contrário de outros filósofos (como diz Diógenes Laércio), não se afastou de sua cidade natal, exceto para servir como soldado. Sua atividade constante consistiu em conversas nas praças de Atenas com quantos quisessem buscar-se a si mesmos e encontrar a fonte da virtude. Sua habilidade consistia em persuadir e dissuadir (Dióg. L., II, 29); seu método não era a exposição, mas o diálogo e, sobretudo, a interrogação.

A figura de Sócrates é muito complexa; tanto ela como suas doutrinas foram objeto de numerosos debates. As fontes diretas pelas quais conhecemos a ambas (a comédia ática, Platão e Xenofonte) não permitem formar uma imagem completamente clara do filósofo. O que lhe foi acrescentado (especialmente por Platão) e o que lhe foi subtraído são assuntos ainda muito discutidos; a figura de Sócrates continua sendo, portanto, como indica Olof Gigon, um problema para nós. Com a finalidade de não deixar escapar nada essencial procederemos primeiro a apresentar a personalidade e a obra de Sócrates na forma mais tradicional e que maior influência exerceu nas posteriores doutrinas e ideais de vida, e daremos em seguida uma informação esquemática sobre o que foi chamado de *questão socrática*. Nesta última seção nos referiremos às *muitas* figuras de Sócrates. O propósito não é apenas trazer maior informação histórica sobre Sócrates, mas também equilibrar pela menção dos aspectos questionáveis o inevitável dogmatismo da primeira apresentação.

Sócrates aparece antes de tudo não como um homem que oferece uma nova doutrina cosmológica ao modo dos pensadores da Jônia, de Heráclito ou dos pluralistas, ou que se presta a debater todas as matérias, como os sofistas, mas como um homem que ataca por todos os lados qualquer doutrina que não tenha por objeto único o bem e o mal. As controvérsias com os cosmólogos e com os sofistas não constituem, porém, um desprezo pela filosofia; representam uma oposição a continuar filosofando dentro do envaidecimento, da satisfação e da suficiência. A sabedoria se resume, antes de tudo, em uma limitação; Sócrates se descobre, pela boca do oráculo de Delfos, o mais sábio de todos os homens justamente porque é o único que sabe que nada sabe. Os cosmólogos e os sofistas tinham pretendido possuir muitos saberes. Esqueciam, segundo Sócrates, que o único saber fundamental é o que segue o imperativo: "Conhece-te a ti mesmo". Desse ponto de vista é fácil estabelecer uma clara linha divisória entre o subjetivismo sofístico e o subjetivismo socrático. Segundo os sofistas, o sujeito humano é um espelho da realidade, sendo esta multiforme, o espelho o é do mesmo modo. Segundo Sócrates, o sujeito humano é o centro de toda inquisição, como esta se reduz a uma única ingente questão — "conhecer o bem" —, o sujeito tem uma única realidade. Se se segue falando de saber, será preciso, portanto, entender este saber em outro *sentido*; com Sócrates muda, de fato, a *direção* do pensamento. Trata-se de conhecer antes de tudo o que o homem deve conhecer para conseguir a felicidade, que é primordialmente felicidade interior, não gozo das coisas externas, que não são em princípio eliminadas, mas, por assim dizer, suspensas. Em última análise, pode-se perguntar pela Natureza sempre que se tenha presente que esse saber é vão se não for dirigido à iluminação da realidade do homem. E como a realidade do homem é para Sócrates de caráter moral, a questão moral, e não a cosmológica ou a epistemológica, se situa no centro da filosofia.

A irritação causada por Sócrates em muitos homens de seu tempo podia ser porque viam nele o destruidor de certas crenças tradicionais. Mas deveu-se sobretudo ao fato de Sócrates intervir naquela zona em que os homens mais resistem à intervenção: em sua própria vida. Por meio de suas constantes interrogações Sócrates fazia surgir por toda parte o que antes parecia não existir: um problema. De fato, toda a sua obra se dirigiu mais à descoberta de problemas que à busca de soluções. O problema fazia com que os falsos saberes, as ignorâncias encobertas se desvanecessem. Mas para descobrir problemas é preciso fazer funcionar continuamente o raciocínio. Sócrates aceitou essa necessidade; mais ainda, converteu-a em uma de suas máximas virtudes. Por este motivo a virtude e a razão não são para Sócrates contraditórias. Muito pelo contrário, um dos traços mais destacados de sua doutrina é a equiparação do saber e da virtude. A única condição que se pode impor ao primeiro é que seja autêntico; tão logo esta condição seja satisfeita se descobrirá que o conhecimento conduz à vida virtuosa e, vice-versa, que esta não é possível sem conhecimento. Certamente essa racionalização socrática da virtude e do bem não deixa de oferecer algumas dificuldades. Em alguns momentos decisivos da vida de Sócrates não foi a razão que o guiou, mas seu demônio interior, que lhe indicava, ao modo de uma consciência moral (VER), os limites de suas ações. Mas em termos gerais, pode-se dizer que sem o constante raciocinar a descoberta do que é justo, bom e virtuoso será impossível. Daí o papel fundamental que desempenha em Sócrates a definição (VER), da qual é considerado o inventor. É um procedimento que às vezes consegue seu objetivo: o de definir o que é aquilo de que se trata. Mas também é um procedimento que freqüentemente mostra o difícil que é chegar a produzir definições. Portanto, mais que de definição, trata-se muitas vezes em Sócrates de emprego da dialética (VER). Sem esta não se poderia confundir o adversário, mas sem confundir o adversário não se poderia fazer com ele o que Sócrates antes de tudo se propunha: iluminá-lo, extrair de sua alma, por meio de perguntas, o que a alma já sabia, embora com um saber obscuro e incerto. Deste modo se pode verdadeiramente ensinar a virtude; impor a virtude mediante a lei, mostrá-la mediante o exemplo são coisas recomendáveis, e ainda necessárias, mas não suficientes: a virtude deve aparecer como o resultado de uma busca racional infatigável no curso da qual o homem se vai adentrando em si mesmo à medida que vai descartando toda vã curiosidade.

Indicamos no começo que a imagem de Sócrates apresentada nem sempre é clara. É o momento agora de nos referirmos às mais importantes interpretações que foram feitas de sua pessoa e de sua obra.

Já as três fontes mais diretas que temos de Sócrates diferem em muitos aspectos. A imagem que Platão oferece em seus diálogos (especialmente nos primeiros, nos quais parece ter reproduzido com maior fidelidade as conversas socráticas) é considerada por muitos como a mais justa, mas se sublinhou que em certas ocasiões é excessivamente idealizada. A imagem que Xenofonte oferece (especialmente nos *Memorabilia*) contém muitos elementos coincidentes com os de Platão, mas muitos outros diferentes. Tal imagem continua sendo a de um sábio inteiramente debruçado sobre a identificação da virtude com o saber. Mas a figura de Sócrates que se desprende dela é consideravelmente menos atraente que a platônica, há nela bastantes traços que podem ser considerados até vulgares. A imagem de Aristófanes é caricaturesca, mas notou-se que deve haver alguma verdade nela, pois do contrário os espectadores das representações de *As Nuvens* não teriam sequer reconhecido Sócrates nela. Surge, pois, um problema relativo ao grau de veracidade que cabe atribuir a cada uma dessas fontes.

As discussões a esse respeito entre historiadores e filósofos giraram na maior parte dos casos em torno das imagens de Platão e Xenofonte. As opiniões são muito variadas. Alguns autores (como A. Doring e em parte V. Brochard) se inclinaram pelo Sócrates xenofôntico.

Outros (como A. E. Taylor e J. Burnet) se manifestaram decididos partidários do Sócrates platônico e declararam que a imagem aristofânica é a caricatura de algo nobre que somente Platão captou adequadamente. Com isso se desfaz, no entender daqueles autores, a freqüente objeção de que nem Aristófanes nem Platão podiam descrever uma completa falsidade sem correr o risco de perder sua reputação literária. Outros (como K. Joël) declaram que a imagem xenofôntica é de origem cínica, e que o ideal do sábio socrático pintado por Xenofonte é quase equivalente ao ideal do sábio dado por Antístenes. Outros (como Antonio Tovar) assinalam que há verdade tanto na imagem platônica como na xenofôntica: Sócrates foi um gênio no qual se deram as mais violentas contradições. Outros (como A.-H. Chroust) consideram que o Sócrates literário (platônico e xenofôntico) é uma figura lendária criada no curso de abundantes discussões, especialmente de caráter político. É difícil decidir-se por uma interpretação determinada. Contribui para a confusão, além disso, o fato de Sócrates ter podido dar origem a tão diversas formas de pensamento como o platônico, o cínico e o megárico (para não falar das posteriores escolas que reclamaram Sócrates como seu antecessor). Uma das grandes questões debatidas é a maior ou menor proporção de intelectualismo e de racionalismo na figura e na doutrina de Sócrates. Essa proporção é escassa na interpretação xenofôntica (na qual Sócrates se aproxima do tipo de homem prático e prudente) e máxima na interpretação platônica (em que Sócrates aparece como um "intelectualista"). Observemos que alguns ataques modernos contra Sócrates se basearam na segunda interpretação. Assim, Nietzsche (que, de resto, sentia por Sócrates uma inegável fascinação) considerou o filósofo como o "sepultador" de uma grande metafísica empreendida pelos pré-socráticos, especialmente por Anaximandro e Anaxágoras. Com isso se converteu Sócrates, segundo Nietzsche, no racionalizador e, por conseguinte, no destruidor: o destruidor do mito em favor da razão.

Vários autores defenderam opiniões ecléticas: é o caso de H. Maier. Outros sustentaram teses sugestivas, mas de defesa muito difícil. Ente eles mencionaremos, a modo de exemplo, A. D. Winspear e T. Silverberg. Segundo esses autores há um "Sócrates humano e real" que nenhuma das fontes clássicas reproduz exatamente. Tal "Sócrates autêntico" foi em seus primeiros tempos um partidário da escola de Anaxágoras e, portanto, um amigo do "saber experimental". Pobre artesão pertencente às classes menos distintas da sociedade ateniense, esse Sócrates se foi elevando até tornar-se amigo dos principais membros da oligarquia (casou-se com uma mulher da família patrícia de Aristides; serviu no regimento hoplita de Alcibíades, regimento cujo ingresso era limitado às três ordens mais ricas do Estado). Com isso se modificaram suas opiniões, de um ceticismo completo acerca da sociedade tradicional passou a um completo otimismo de que tal sociedade podia ser regenerada mediante a acentuação do valor de seus principais elementos. Daí as tendências antidemocráticas, sua relação com a ditadura dos Trinta (um dos quais foi Crítias, parente de Platão), sua defesa do "idealismo". Sua condenação poderia então ser explicada como uma conseqüência de tais relações políticas. Essas teses, embora toquem alguns aspectos reais da questão socrática, têm, no entanto, o inconveniente anteriormente citado de oferecerem o flanco a vários ataques previsíveis; por exemplo, o que consiste em perguntar que conexão se poderia estabelecer entre o "Sócrates real e humano" e a influência intelectual exercida pelo filósofo sobre tipos tão *diversos* de homens.

Além das interpretações indicadas há outras que se referem às atividades filosóficas de Sócrates. Segundo R. C. Lodge, essas atividades foram três, e cada uma delas deu lugar a uma diferente interpretação: a atividade crítica, segundo a qual Sócrates se limitou a perguntar e a analisar, sem pretender dar soluções; a atividade ética segundo a qual Sócrates se interessou primordialmente pela virtude; e a atividade epistemológica ou metafísica, segundo a qual Sócrates foi o inventor da definição e "o apóstolo do conhecimento racional *a priori*". Nos primeiros diálogos de Platão, predomina a descrição das duas primeiras atividades, nos últimos, a da terceira. Mas todas elas parecem estar presentes em todos os diálogos, revelando com isso em Platão a tripla intenção de descrever o Sócrates histórico, idealizá-lo e prolongá-lo.

◐ Ver: A. E. Chaignet, *La vie de Socrate*, 1868. — Antonio Labriola, *La dottrina di Socrate secondo Senofonte, Platone, Aristotele.* — Alfred Fouillée, *La philosophie de Socrate*, 2 vols., 1874. — Georges Sorel, *Le procès de Socrate*, 1889. — Karl Joël, *Der echte und der xenophontische Sokrates*, 2 vols., 1893-1901. — C. Piat, *Socrate*, 1900. — P. Landormy, *Socrate*, 1900. — Giuseppe Zuccante, *Intorno alle fonti della dottrina di Socrate*, 1902. — Id., *Intorno al principio informatore e al metodo della filosofia di Socrate*, 1902. — R. von Pöhlmann, "Sokratische Studien", *Sitzungsberichte der bayer Ak. der Wiss.*, 1906. — G. Chantillon, *Socrate*, 1907. — J. Geffcken, *Sokrates und das alte Christentum*, 1908. — F. Lettich, *Cenni sulla filosofia di Socrate*, 1908. — A. Lasson, *Sokrates und die Sophisten*, 1909. — R. Richter, *Sokrates und die Sophisten* (na coleção *Grosse Denker*, ed. E. von Aster, t. I, 1911). — A. E. Taylor, *Varia Socratica. First series*, 1911. — Victor Brochard, "L'oeuvre de Socrate", em *Études de philosophie ancienne et de philosophie moderne*, 1912, ed. Delbos. — H. Maier, *Sokrates, sein Werk und seine geschichtliche Stellung*, 1913. — A. Busse, *Sokrates*, 1914. — Eugène Dupréel, *La légende socratique et les sources de Platon*, 1922. — A. E. Taylor, *Socrates*, 1933. — Arthur Kenyon Rogers, *The Socratic Problem*, 1933. — Helmut Kuhn, *Sokrates. Ein Versuch über den Ursprung der Metaphysik*, 1934. — A.-J. Festugière, *Socrate*, 1934. — E. Edelstein, *Xenophontisches und Platonisches Bild des Sokrates*, 1935. — A. D. Winspear e T. Silverberg, *Who Was Socrates?*, 1939. — G. Bastide, *Le moment historique de Socrate*, 1939. — Th. Deman, *Le témoignage d'Aristote sur Socrate*, 1942. — Romano Guardini, *Der Tod des Sokrates. Eine Interpretation der platonischen Schriften* Eutyphron, Apologie, Kriton und Phaidon, 1945. — Olof Gigon, *Sokrates. Sein Bild in Dichtung und Geschichte*, 1947. — Antonio Tovar, *Vida de Sócrates*, 1947; 2ª ed., 1955. — Nik Almber, *King Socrates' Personlighet. En psychologisk Studie*, 1948. — V. de Magalhães-Vilhena, *Le problème de Socrate. Le Socrate historique et le Socrate de Platon*, 1952. — Id., *Socrate et la légende platonicienne*, 1952 [ambos com abundante bibliografia]. — Jean Luccioni, *Xénophon et le socratisme*, 1953. — G. Librizzi, *La morale di Socrate*, 1954. — R. Mondolfo, *Sócrates*, 1957; 2ª ed., 1959. — Anton-Hermann Chroust, *Socrates: Man and Myth*, 1957. — Micheline Sauvage, *Socrate et la conscience de l'homme*, 1957. — B. Waldenfels, *Das sokratische Fragen (Aporia, Elenchos, Anamnesis)*, 1961. — A. Vloemans, *Sokrates*, 1963. — Laszlo Versényi, *Socratic Humanism*, 1963. — Antonio Gómez Robledo, *Sócrates y el socratismo*, 1966. — Norman Gulley, *The Philosophy of Socrates*, 1968. — Leo Strauss, *Xenophon's Socrates*, 1972 (vol. 3 de uma trilogia sobre Xenofonte [VER]). — Émile Callot, *La doctrine de Socrate*, 1970. — L. F. Alarco, *S. ante la muerte*, 1972. — P. A. Meijer, *Socratisch Schimmenspel*, 1974 (em holandês). — Francesco Sarri, *Socrate e la genesi dell'idea occidentale di anima*, 2 vols., 1975. — Alan F. Blum, *S.: The Original Image and Its Images*, 1978. — G. X. Santas, *S.: Philosophy in Plato's Early Dialogues*, 1979. — K. Döring, *Exemplum Socratis. Studien zur Sokratesnachwirkung in der kynisch-stoischen Popularphilosophie der frühen Kaiserzeit und im frühen Christentum*, 1979. — J. Eckstein, *The Deathday of Socrates*, 1981. — R. Kraut, *S. and the State*, 1984. — H. J. Pemberton, *Plato's Parmenides: The Critical Moment for Socrates*, 1984. — M. P. Nichols, *S. and the Political Community: An Ancient Debate*, 1987. — C. D. C. Reeve, *S. in the Apology: An Essay on Plato's Apology of Socrates*, 1989. — Th. C. Brickhouse, N. D. Smith, *S. on Trial*, 1989. — G. Vlastos, *S.: Ironist and Moral Philosopher*, 1991. — H. H. Benson, ed., *Essays on the Philosophy of Socrates*, 1992.

Artigo de J. Stenzel sobre Sócrates (Sokrates) em Pauly-Wissowa.

Seleção de textos sobre o "problema socrático" por H. Spiegelberg e B. Q. Morgan no volume intitulado *The Socratic Enigma*, 1962.

Bibliografia: R. D. McKirahan, *Plato and Socrates: A Comprehensive Bibliography*, 1978 [de 1958 a 1973;

continuação da bibliografia de H. Cherniss em *Lustrum*, 1959-1960]. — A. Patzer, *Bibliographia socratica. Die wissenschaftliche Literatur über Sokrates von den Anfängen bis auf die neueste Zeit in systematisch-chronologischer Anordnung*, 1985. — L. E. Navia, *S.: An Annotated Bibliography*, 1988 [mais de 1.900 títulos]. **C**

SOCRÁTICOS. Num sentido muito amplo são considerados como socráticos os discípulos e muitos dos ouvintes de Sócrates. Na lista oferecida por H. Maier (*Sokrates*, 1913, pp. 499-628), os socráticos nesse sentido amplo são: Platão, Antístenes, Ésquines, Xenofonte, Euclides, Aristipo, Fédon, Críton, Cristóbulo, Símias, Xerefonte, Cármides, Eutidemo, Menexeno, Teeteto, Gláucon, Apolodoro, Xerécrates, Aristodemo, Hermógenes, Teages, Ctesipo, Teodato, Epigeno, Diodoro, Sócrates Jovem, Alcibíades, Crítias e Isócrates (alguns desses socráticos, como é sabido, dão títulos a diálogos de Platão). Num sentido mais estrito são chamados socráticos os mais fiéis e mais conhecidos discípulos de Sócrates: Platão, Antístenes, Xenofonte, Euclides, Aristipo, Fédon, Críton, Cármides, Eutidemo, Teeteto, Crítias (agregando-se Alcibíades se considerarmos a fascinação exercida sobre ele pelo mestre a que Platão se refere no *Banquete*). Num sentido ainda mais estrito são chamados socráticos os que, baseando-se nos ensinamentos de Sócrates, e especialmente na doutrina da identificação da virtude e do conhecimento, fundaram escolas de filosofia, as chamadas "escolas socráticas". Neste último sentido é usado geralmente o termo 'socráticos' pelos historiadores da filosofia quando falam das seguintes escolas socráticas: os megáricos (VER) (incluindo os élico-eréticos), os cínicos (VER) (pelo menos o antigo cinismo), e os cirenaicos (VER). Esta última acepção tem o inconveniente de deixar fora do socratismo filósofos que não pertenceram a nenhuma das citadas escolas: por exemplo, Platão ou Xenofonte. Isso se resolve em geral considerando a Platão como socrático na primeira fase de seu pensamento e como um "pensador independente" nas fases posteriores, e a Xenofonte como um dos chamados "socráticos em geral" (Überweg). Alguns autores (O. Dittrich) agregam às escolas socráticas citadas a chamada "escola popular filosófica", representada por Xenofonte, Críton, Cristóbulo, Xerefonte, Xerécrates, Eutidemo, Teages e outros. O problema da extensão que caiba dar ao vocábulo 'socratismo' (mesmo referido exclusivamente ao mundo grego clássico e aos princípios do helenístico, e prescindindo de expressões tais como 'o socratismo de Kierkegaard', 'o socratismo cristão de Gabriel Marcel') é sumamente complexo não só porque não temos ainda uma imagem precisa do chamado Sócrates histórico, mas também porque não é fácil encontrar — exceto na citada base da identificação da virtude com o conhecimento — muitos elementos comuns nas opiniões dos "socráticos". Por este motivo é mais plausível considerar o socratismo como uma "atitude" que implica tomar a Sócrates como modelo de sábio mais que como autor de certas doutrinas filosóficas.

SOFISMA ou falácia se chama a uma refutação aparente, φαινομενὸς ἔλεγχος, refutação sofística, σοφιστικὸς ἔλεγχος, e também a um silogismo aparente, φαινομενὸς συλλογισμός, ou silogismo sofístico, ou σοφιστικὸς συλλογισμός, mediante os quais se quer defender algo falso e confundir o contraditor. Às vezes se distingue sofisma e paralogismo; no verbete sobre o paralogismo, referimo-nos a várias distinções propostas. O usual, contudo, é usar os termos 'sofisma', 'paralogismo' e 'falácia' no mesmo sentido. Seguindo esta última tendência incluímos no presente verbete todos os gêneros de "argumentos aparentes".

Aristóteles foi o primeiro a apresentar uma lista de sofismas em seu escrito *Sobre as refutações sofísticas* (Περὶ σοφιστικῶν ἐλέγχων, *De sophisticis elenchis*), considerado um apêndice aos *Tópicos*. O Estagirita indica que há duas classes de argumentos: uns verdadeiros e outros que não o são embora o pareçam. Estes últimos são os sofismas ou refutações sofísticas. Por sua vez estas se dividem em duas classes: as refutações sofísticas que dependem da linguagem usada, οἱ παρὰ τὴν λέξιν, *fallaciae in dictione*, e as refutações sofísticas que não dependem da linguagem usada, οἱ ἔξω τῆς λέξεως, ou *fallaciae extra dictionem* (*De soph. el.*, 4, 165 b 23). As primeiras também podem ser chamadas *lingüísticas;* as segundas, *extralingüísticas*.

Os sofismas lingüísticos têm as seguintes causas: a homonímia ou equívoco, ὁμωνυμία, a anfibolia, ἀμφιβολία, a falsa conjunção, σύνθεσις, a falsa disjunção ou separação, διαίρεσις, a falsa acentuação, προσῳδία, e a falsa forma de expressão, σχῆμα λέξεως. Vamos defini-las rapidamente. A *homonímia* ou *equívoco* equivale à ambigüidade de um termo. Por exemplo: "Os males são bens, pois as coisas que devem ser são bens, e os males devem ser", onde há ambigüidade no uso de 'deve ser'. Da *anfibolia* já tratamos em outro lugar. A *falsa conjunção (composição)* é a reunião errônea de termos, que às vezes depende dos sinais de pontuação. Exemplo: "Um homem pode andar quando está sentado" em vez de "Um homem pode andar, quando está sentado". A *falsa disjunção (divisão ou separação)* é a separação errônea de termos. Exemplo: "Cinco é dois e é três" em vez de "Cinco é dois e três". A *falsa acentuação* é a errônea acentuação de termos. Exemplo: "Pode beber" em vez de "Pôde beber" ou vice-versa. A *falsa forma de expressão* (ou *figura de dicção*) é a expressão de algo diferente pela mesma forma. Exemplo: "cortante" usado como substantivo por analogia com "amante", que *pode* ser usado como substantivo.

Os sofismas extralingüísticos têm as seguintes causas: falsa equação do sujeito e do acidente; confusão do relativo com o absoluto; ignorância do argumento, ignorância do consequente; petição de princípio; confusão da causa com o que não é causa, e reunião de várias questões em uma. Vamos defini-las também brevemente. A *falsa equação*, também chamada *sofisma do acidente*, é a adscrição do atributo de uma coisa a cada um dos acidentes dessa coisa. Exemplo: "Se Corisco é outra coisa que não um homem, é outra coisa que não ele mesmo, pois é um homem". A *confusão do relativo com o absoluto*, chamada usualmente A dicto secundum quid ad dictum simpliciter, é o emprego de uma expressão em sentido absoluto a partir de um sentido relativo. Exemplo: "Se o não-ser é objeto de opinião, o não-ser é". A *ignorância do argumento* ou *Ignoratio elenchi* se produz quando não se define o que é a prova ou a refutação e se deixa escapar algo em sua definição. Exemplo: "A mesma coisa é a um só tempo dupla e não dupla, porque dois é o dobro de um e não é o dobro de três". A *ignorância do conseqüente* é a conversão falsa do conseqüente. Exemplo: dado que se supõe "Se A é, B necessariamente é", afirma-se "Se B é, A necessariamente é". Este sofisma surge, com freqüência, por causa de inferências errôneas da percepção sensível. A *petição de princípio* ou *petitio principii* tem várias formas, estudadas por Aristóteles em outras partes do *Organon*. Assim, em *An. Pr.*, II 16, 64 b 28 segs., indica-se que tal sofisma surge quando se quer provar o que não é evidente por si mesmo mediante ele mesmo; deve-se distinguir, pois, a petição de princípio e a construção de silogismos nos quais a premissa é menos conhecida ou igualmente desconhecida que a conclusão e nos quais se estabelece o antecedente por meio do conseqüente. Em *Top.*, VIII 13, 162 b e 31 ss., Aristóteles considera os cinco casos seguintes de petição de princípio: 1) a postulação do mesmo que se quer demonstrar; 2) a postulação universalmente do que se deve demonstrar particularmente; 3) a postulação particularmente do que se quer demonstrar universalmente; 4) a postulação de um problema depois de tê-lo dividido em partes e 5) a postulação de uma de duas proposições que se implicam mutuamente. Todas estas formas são correntes e consistem em tratar de provar uma proposição mediante um argumento que usa como premissa a mesma proposição que se trata de provar. A *confusão da causa com o que não é causa*, mais conhecida com os nomes de *Non causa pro causa* e *Post hoc, ergo propter hoc* (VER).

Aristóteles assinala que muitos dos sofismas apontados podem ser reduzidos à *ignorantia elenchi* (*De Soph. El.*, 6, 168 a 18). Por outro lado, a classificação acima não é — nem pretende ser — exaustiva, pois o próprio Aristóteles mencionou outros argumentos aparentados em diversas pares de suas obras. Para completar a informação sobre este ponto, mencionaremos a seguir outros cinco sofismas muito usuais.

A *mudança de noção* ou *transposição a outro gênero*, mais conhecido sob a transcrição grega *metabasis eis allo genos*, μετάβασις εἰς ἄλλο γένος. Consiste fundamentalmente no que na linguagem ordinária se chama "falar de outra coisa", e se produz quando, consciente ou inconscientemente, se toma um termo em um significado distinto por pertencer a uma classe diferente daquela em que havia sido entendido primeiramente.

O *sofisma do quarto termo* ou *quaternio terminorum*, que consiste em usar o termo médio na premissa maior de um silogismo com uma significação diferente da que tem o mesmo termo na premissa menor, ou vice-versa. Neste silogismo se desobedece, pois, à regra de que deve haver um único termo médio.

O *sorites*, de que já falamos no verbete a ele dedicado.

O *sofisma de negar o antecedente de um condicional*. Exemplo: "Se Ivan é russo, então Ivan é inteligente. Ivan não é russo. Ivan não é inteligente".

O *sofisma de afirmar o conseqüente de um condicional*. Exemplo: "Se Ivan é russo então Ivan é inteligente. Ivan é inteligente. Ivan é russo".

Como se indicou em falácia, podemos usar indistintamente os nomes 'falácia' e 'sofisma'. Embora o primeiro vá prevalecendo, apresentamos aqui, a fim de concentrar o mais possível toda a informação que possa razoavelmente ser incluída sob um mesmo conceito, a lista de falácias dada por John Stuart Mill no livro V intitulado "On Fallacies", de seu *A System of Logic Raciocinative and Inductive* (pp. 733-830, do t. VIII, de obras de Mill, a cargo de J. M. Robson e R. F. McRae).

Segundo Mill, uma lista de falácias equivale a "um catálogo de variedades de evidência aparente que não são evidência real" (por isso as falácias excluem erros cometidos por acaso). Há dois grandes gêneros de falácias: falácias de simples inspeção e falácias de inferência. As falácias de simples inspeção são as falácias *a priori*. As falácias de inferência podem ser ou de evidência distintamente concebida ou de evidência indistintamente concebida. As falácias de evidência distintamente concebida podem ser indutivas ou dedutivas. As falácias indutivas são ou falácias de observação ou falácias de generalização. As falácias dedutivas são falácias de raciocínio. As falácias de inferência por evidência indistintamente concebida são falácias de confusão. Em resumo, há cinco classes de falácias: *a priori*, de observação, de generalização, de raciocínio e de confusão. Não é fácil saber quando uma classe de falácia pode se referir a outra, o provável é que nenhuma possa referir-se a qualquer das outras classes. No entanto, Mill observa que quase todas as falácias podem cair sob o rótulo de "falácias de confusão".

Mill proporciona numerosos exemplos de cada uma das citadas classes de falácias, e investiga também as mais prováveis origens das mesmas. Entre as falácias *a priori* cabe considerar as que constituem simplesmente erros crassos e as que são cometidas por muitos pensadores ao dar-lhes um caráter de princípio absolutamente evidente, como a falácia de que as coisas que só podem ser pensadas juntas devem existir juntas. Outras falácias *a priori* de caráter filosófico são o preconceito de atribuir existência objetiva a abstrações e a falácia da razão suficiente. Entre as falácias de observação contam-se a não-observação de exemplos ou de circunstâncias de um exemplo dado e a má observação. As falácias de generalização incluem as tentativas de reduzir fenômenos radicalmente distintos a uma única classe (o que poderia ser chamado, em termos mais recentes, "falácia reducionista"), a falácia de confundir leis empíricas com leis causais, a falácia da falsa analogia, o uso de metáforas e as conseqüências de más classificações. As falácias de raciocínio são do tipo que ocorre no raciocínio silogístico e a falácia de mudar as premissas. As falácias de confusão são numerosas: usos de termos ambíguos, petição de princípio, ignorância do argumento etc. (com a falácia da ambigüidade dando origem a muitos tipos). Observar-se-á que uma parte dos sofismas apresentados por Aristóteles correspondem a falácias de confusão no sentido de Mill.

⊃ Para o sofisma chamado "sofisma da razão preguiçosa", ver Razão (Tipos de).

Quase todos os textos da lógica tratam da noção de sofisma (ou falácia) e de diversas classes de sofismas.

Ver os verbetes Argumento e Raciocínio.

Para o uso e significado de 'sofisma' em Platão: Rosamond K. Sprague, *Plato's Use of Fallacy: A Study of the* Euthydemus *and Some Other Dialogues*, 1962. ℭ

SOFISTAS. *I. Conceito e problema.* A sofística pode ser entendida de dois modos: como um movimento intelectual particular que surgiu primeiramente na Grécia no século V a.C., e como uma constante possível na história e na vida humanas. No primeiro caso, a sofística tem características bem precisas: os sofistas eram os sábios, os "mestres do saber" que, em virtude de uma crise do espírito grego — a primeira crise da filosofia —, apareceram e proliferam na Grécia, convertendo, segundo o clássico esquema de Windelband, o período cosmológico em antropológico. É verdade que, como reconhece o próprio Windelband, "a investigação da filosofia natural havia preparado essa virada, uma vez que ela em parte abandonou, depois de sua evolução inicial e criadora, os temas gerais da cosmologia para desembocar numa série de problemas de caráter especial". Mas o surgimento dos sofistas tem outras causas além da evolução interna do pensamento helênico. Antes de tudo, "causas históricas": descobre-se um novo mundo no Oriente, forma-se uma consciência "nacional" ou "comum", irrompem as massas na vida pública. Essa irrupção condiciona o predomínio de certos saberes — estudo do homem, da sociedade, da educação — que de vagas intuições se transformam em ciências exatas. Daí a necessidade de convencer e especialmente de refutar, necessidade que acaba sobrepondo-se ao afã de verdade e ao desejo de forjar racionalmente um universo harmônico. Antes da sofística, a filosofia era especulação solitária e inclusive desdenhosa; o intelectual era o homem na solidão, que monologava ou quando muito dialogava. Com a sofística aparece o filósofo como homem em sociedade que, em vez de meditar ou de dialogar, discute. Isso de modo algum quer dizer que se deva dar à sofística um caráter exclusivamente pejorativo; a sofística descobre realidades que sem a crise teriam permanecido ocultas. O que o homem encontra à sua frente não é tanto o universo como a realidade humana, mas uma realidade instável e por isso problemática. Essa seriedade da sofística vale sobretudo para os sofistas autenticamente "criadores" — Protágoras, Pródico, Hípias, talvez Górgias. Se não tivesse havido gravidade em sua discussão não teria sido possível a contínua polêmica que Sócrates e Platão sustentaram contra eles. A sofística coincidiu assim pelo menos com os demais caracteres dessa crise histórica e espiritual: o desvio do heróico e a tendência ao humano que a evolução da tragédia nos conserva; o aparecimento da comédia e do realismo anti-heróico; um conservadorismo oposto a toda novidade e, ao mesmo tempo, um desmedido afã de utopia. A ciência e a filosofia se tornaram então o que nunca tinham sido até aquele momento: populares. Mas essa popularidade era muito diferente da que a filosofia adquiriu quando em outra crise histórica — a do final do mundo grego — ela se tornou paulatinamente — nos estóicos e nos neoplatônicos sobretudo — uma espécie de concepção global do mundo e até uma "religião". A popularidade da sofística era, mais que a popularidade da própria ciência, a de quem a possuía: o intelectual se converteu deste modo numa força social. Daí deriva o uso e o abuso da retórica, da eloqüência e do ensino dessas artes por sobre os saberes propriamente ditos. O sofista, além disso, fazia algo escandaloso para sua época: ensinar por dinheiro. O fato de a sofística ser a expressão de uma crise mais que o resultado da evolução interna de um pensamento se revela quando se considera que, mais que o problema da essência do ser, havia o problema de um conhecimento válido da Natureza, de uma verdade na qual o homem pudesse confiar. E esse problema logo se transformou: à pergunta por um saber universalmente válido se sobrepôs imediatamente a pergunta por uma lei universalmente válida. O homem desconfiava da eternidade da lei; percebia que a lei é coisa humana, portanto precária e transitória. A sofística nasceu, em suma, de uma desconfiança moral.

Se a sofística não tardou em degenerar, se dela derivou inclusive a acepção do sofisma como um raciocínio incorreto, formulado *com consciência de sua falsidade*, é porque se esqueceu a crise pela qual surgiu e o fato de ser uma das tentativas de superá-la. Do ponto de vista da história da filosofia, a sofística pertence à época mencionada; de retóricos como Díon de Prusa e Flávio Filostrato, do século II d.C., que se limitaram a mostrar uma preocupação retórica e a defender o "aticismo" contra o "orientalismo", não se pode dizer, sem muitas reservas, que pertencem ao movimento sofístico. Com isso destacamos que os termos 'sofistas' e 'sofística' devem ser empregados primariamente num sentido "histórico", isto é, deve circunscrever-se sua significação a momentos determinados na história intelectual do Ocidente e em particular a um momento determinado na história da cultura grega.

Secundariamente, porém, os termos em questão podem ser empregados — desde que se avise previamente o leitor acerca de tal uso — como designação de uma "constante" (VER) no curso do pensamento humano. Este é o significado que Spengler deu a 'sofística' ao propor uma comparação entre os sofistas gregos do século V a.C. e os enciclopedistas franceses do século XVIII. Além disso, não é preciso adotar a morfologia cultural específica que Spengler propõe com o fim de tratar a sofística como uma constante cultural. Basta evocar outros exemplos na história (e não só do "Ocidente") nos quais se manifesta uma tendência marcada a antepor argumentos às doutrinas sobre as quais se argumenta. Nesse sentido, 'sofística' designa a atitude dos que buscam antes de tudo o triunfo dialético sobre o interlocutor, ou adversário, sem preocupar-se se, ao alcançar semelhante triunfo, defendeu ou não uma tese que se supõe "verdadeira" ou "plausível". Um de tais exemplos pode ser encontrado na história da filosofia chinesa, com a escola às vezes chamada de "os dialéticos" (Hui Shi e Kung-Sun Lung em particular) ou também "a escola das Formas e dos Nomes" *(Hsing Ming chia)*. Desta escola temos conhecimento principalmente pelo conteúdo do capítulo 33 de Chuang-tsé (VER). Os seus membros apresentavam teses como "há plumas no ovo", "o olho não vê", "a sombra de um pássaro que voa não voa" etc. São especialmente interessantes teses como "um cão poderia ser chamado 'um cordeiro'" (na qual se manifesta um nominalismo lingüístico) e "se se tira a metade de um bastão a cada dia, ele não desaparecerá em uma miríade de anos" (que lembra os paradoxos de Zenão). Conforme indicado em Chuang-tsé, era característico dos "dialéticos" considerar como a maior vitória a derrota do adversário, ganhando-lhe a partida por meio de argúcias. Naturalmente, Chuang-tsé (o autor do citado cap. 33) se opunha a esse modo de pensar, dizendo que é comparável à incessante atividade do mosquito, mas que não leva a parte alguma. "É como silenciar um eco por meio de um grito, ou apostar corrida com a sombra" (ver lista de "paradoxos" e "sofismas" da "Escola dos Nomes" em Fung Yu-lan, *A History of Chinese Philosophy*, trad. D. Bodge, t. I, 1952, pp. 192-220).

II. O nome 'sofista'. Ainda na época considerada como clássica da sofística, o vocábulo 'sofista' (σοφιστής) nem sempre foi usado com o significado que hoje lhe atribuímos. Isso se depreende dos textos que se referem aos sofistas (cf. Platão, *Ap.*, 19-29; *Meno*, 76 A ss.; *Prot.*, 317 B-328 B; *Górgias*, 482 ss.; *Rep.*, I 336 B ss.; *Theat.*, 151 S-152 A — 166 D ss.; *Soph.*, 231 D; *Leg.*, 889 E; Aristóteles, *Met.*, Γ 1007 b 18; *Rhet.*, III 24, 1402 a 23; *Soph. El.*, 34, 183 b 36; Dióg. Laércio, IX, 50 ss.; Aristides, *Orat.*, 46; Plutarco, *Tem.*, 2; Xenofonte, *Men.*, I, 1, 11; Filostrato, *Vita Soph.*, V, 19; Sexto Emp., *Pyrr. Hyp.*, I, 216 ss. e *Adv. Math.*, VII, 65, 69, 389, entre outros). Em Aristides se diz explicitamente que Sólon, Pitágoras, Sócrates, os erísticos, os dialéticos e até o próprio Platão foram chamados *sofistas*, sem contar que Androcião, discípulo de Isócrates, é autor de um escrito intitulado *Sócrates, sofista*. Por isso Aristides analisou o problema de como deveriam ser chamados os sofistas se Sócrates é qualificado de sofista. Isso se deve — diz ele — ao fato de que 'sofista' foi durante muito tempo um "nome comum" ou "genérico". Só em Platão parece ter sido dado, portanto, um sentido claramente pejorativo ao termo, sentido reforçado por Aristóteles ao escrever que a sofística é uma sabedoria aparente, φαινομενή σοφία. Ora, essa significação é mais "filosófica" que "geral". Do ponto de vista "geral" parece razoável ater-se ao significado que Plutarco deu a 'sofista' ao afirmar que foram chamados *sofistas* os que mesclaram a doutrina da habilidade política com a arte da eloqüência, e transferiram sua profissão — ou "práxis" — do exercício para o discurso.

Ora, tanto o ponto de vista geral como o estritamente filosófico constituem dois extremos entre os quais ocorre uma efetiva evolução histórica dos significados de 'sofista'. Isso foi reconhecido por Mario Untersteiner na "Nota sulla parola 'sofista'", publicada como introdução a sua edição e tradução de textos sofísticos (cf. bibliografia). Seguiremos neste parágrafo o mencionado autor, que proporcionou a este respeito dados muito ilustrativos. Segundo ele, os principais momentos na evolução da significação de 'sofistas' dentro da história da cultura grega são os seguintes quatro: 1) Surge antes de tudo o conceito de sábio ou "sapiente" como uma afirmação da individualidade, especialmente acusada na época da colonização. 2) Ocorre em seguida a mudança do conceito de sábio como homem de experiência e recursos para o conceito de sábio como personalidade dotada de riqueza espiritual e não apenas de capacidades determinadas para resolver certas situações. Daí decorre o caráter excepcional do saber propriamente dito a que se referiu W. Jaeger em *Paideia* (tomo I). 3) Dentro deste contexto se insere o termo σοφιστής enquanto homem que σοφίζεσθαι, isto é, que exerce a atividade de um σοφιστής. A voz média (usada em forma passiva por Hesíodo, 649, pois a forma ativa — diz Untersteiner — foi usada apenas na época helenística) encontra-se em Teógnis, 19, significando tanto comunicação como posse da sabedoria (conforme fez observar oportunamente Bertini em seu artigo "Della varia fortuna della parola 'sofista'", em *Atti della R. Accademia delle Scienze di*

Torino, IX [1873-1874], pp. 850-866). Em todo caso, o termo adquire cada vez mais o significado de 'possuidor de um saber universal', e é aplicado com particular justeza a Pitágoras e aos pitagóricos. 4) Em *Simp.*, 208 C, de Platão, σοφιστής designa literalmente o sábio, o conhecedor do universal (cf., em contrapartida, além dos textos antes citados, *Rep.*, VI, para um significado claramente pejorativo). Constitui um problema a um só tempo histórico, filosófico e semântico determinar de que modo o significado laudatório de 'sofista' passou para um significado pejorativo, especialmente na obra de Platão. Untersteiner observa que a evolução de 'sofista' rumo a um significado claramente pejorativo tem várias causas e não somente a que é aduzida em geral nas histórias da filosofia (a reação socrático-platônica contra o movimento sofístico). Entre essas causas podem ser mencionadas distinções que de início tinham um aspecto aparentemente literário — como a distinção, proposta por Damásio (um contemporâneo de Górgias), entre o poeta e o sofista, em sua obra Περὶ ποιητῶν καὶ σοφιστῶν, equivalente a uma distinção entre o poeta e o prosador. Por volta da mesma época, Diógenes de Apolônia chamava os jônicos de σοφισταί, ao contrário dos φιλόσοφοι. A isso se acrescentou a contraposição entre o sadio senso comum e a artificialidade, entre a busca séria da verdade e o jogo intelectual. Os primeiros traços foram considerados próprios dos sábios; os segundos, dos sofistas.

Não obstante o sentido pejorativo do nome 'sofista' derivado de Platão e Aristóteles, o sentido desse termo como mestre ou sábio persistiu até o final da Antiguidade, especialmente dentro das escolas filosóficas organizadas para o ensino. Segundo F. Henry (*apud* Ernst Robert Curtius, *Europäische Literatur und Lateinisches Mittelalter*, 1948, XI, 3), no século IV de nossa era se dava o título de σοφιστής ao chefe de uma escola, dando-se o nome de ῥήτωρ *(orator)* aos que seguiam o chefe.

III. Grupos de sofistas e tipos de sofística. A maior parte das definições de [I] se refere aos sofistas que hoje são considerados como os principais representantes da tendência: Protágoras, Pródico, Hípias, Górgias, Trasímaco, Cálicles, Antifonte, Polo, Crítias, dos quais costumam ser destacados sempre os quatro primeiros. No entanto, nem sempre os historiadores e filósofos listaram os sofistas conhecidos num grupo único. Schleiermacher (*Geschichte der Philosophie*, 1839, ed. Ritter, pp. 71 ss.) falou de dois tipos de sofística: a heraclitiana e a pitagórica. Ritter (*Geschichte*, Livro IV) incluiu entre os sofistas Leucipo e Demócrito; ambos — argumentava o historiador — se opuseram — como o resto dos sofistas — ao "verdadeiro espírito da filosofia". Roller (*apud* Zeller, I, 2ª ed., 799) distribuiu a sofística em três grupos: a eleática, a heraclítea e a abderita. Os historiadores de princípios do século XIX tenderam, em geral, a considerar a sofística num sentido muito amplo. Essa tendência não foi aceita por Zeller *(loc. cit.)*, que considerou os sofistas como formando um grupo único bem determinado e excluiu deles (como fazemos nós) o resto dos pré-socráticos. A orientação de Zeller foi continuada pela maior parte dos historiadores. Mas dentro dessa concepção mais restrita da sofística foram propostas várias agrupações. Assim, Überweg fala das diferenças entre "sofistas anteriores" (Protágoras, Górgias, Hípias, Pródico e os chamados "sofistas criadores") e os "sofistas posteriores" (que compreendem as figuras menores: Polo, Trasímaco, Cálicles, Antifonte). Th. Gomperz (*Geschichte*, I, cap. V) não estabelece propriamente uma classificação, mas trata Protágoras e Górgias separadamente, como "figuras principais", de modo que o resto pode ser considerado como "grupo secundário". M. C. Nahm (*Selections from Early Greek Philosophy*, 1950; 3ª ed., pp. 220 ss.) divide os sofistas em "sofistas da cultura" (Protágoras, Górgias) e "sofistas da erística" (Trasímaco, Cálicles, Crítias). Alguns autores distinguem "sofistas educadores" e "sofistas retóricos". Eugène Dupréel (cf. livro citado na bilbiografia) negou que os quatro grandes sofistas (Protágoras, Górgias, Pródico, Hípias) possam ser tratados como um grupo único; no entender desse autor, cada um deles possui uma doutrina original, irredutível à dos demais sofistas.

IV. Avaliação e reavaliação dos sofistas e da sofística. Seguindo Platão, muitos filósofos, e inclusive historiadores da filosofia, julgaram os sofistas negativamente. A acepção usual de 'sofista' — aquele que produz argumentos aparentes (e geralmente intrincados) para defender uma proposição falsa, e também aquele que está disposto a defender qualquer proposição, seja verdadeira ou falsa — testemunha a longa influência platônica. Juízos menos negativos sobre os sofistas e a sofística começaram a ser formulados quando foram estudados historicamente e quando se percebeu qual era seu contexto histórico (cf. seção I deste verbete). Alguns historiadores da filosofia grega sublinharam que nem Sócrates nem Platão seriam possíveis sem os sofistas, e isso não só por constituírem um horizonte histórico dentro do qual se desenvolveu seu pensamento, como também por terem feito uso abundante de recursos sofísticos.

Ortega y Gasset enfatizou em algumas ocasiões a "modernidade" dos sofistas. De muitos outros pontos de vista, vários autores consideraram os sofistas como "libertadores" (cf. Fernando Savater, *Apología del sofista*, 1974). Em certo sentido, os sofistas fizeram para seu tempo o que Nietzsche fez para o seu — e, segundo alguns, para todo tempo: desmascarar as pretensões de chegar a verdades absolutas e mostrar que toda suposta "verdade" é uma construção humana com o fim de promover interesses vitais.

⮕ Ver: Hermann Roller, *Die griechischen Sophisten zu Sokrates' und Platons' Zeit und ihr Einfluss auf Beredsamkeit und Philosophie*, 1832. — W. G. F. Roscher,

De historicae doctrinae apud sophistas majores vestigiis, 1838. — Valat, "Essai historique sur les sophistes grecs", *L'investigateur*, setembro, novembro, dezembro de 1859. — Theodor Gomperz, "Die griechischen Sophisten", *Deutsches Jahrbuch*, 7 (1863). — H. Sidwick, "The Sophists", *Journal of Philology*, 4 (1872), 288-307; 5 (1873), 66-80. — W. Bethe, *Versuch einer sittlichen Würdigung der sophistischen Redekunst*, 1873. — E. Schnippel, *Die Hauptepochen in der Entwicklung des Erkenntnisproblems. I. Die Widerlegung der sophistischen Ernkenntnistheorie im Platonischen Theätet*, 1874. — Th. Funk-Brentano, *Les sophistes grecs et les sophistes contemporains*, 1879. — A. Chiapelli, "Per la storia della sofistica greca", *Archiv für Geschichte der Philosophie*, 3 (1890), 1-21. — A. Lasson, *Sokrates und die Sophisten*, 1909. — Heinrich Gomperz, *Sophistik und Rhetorik, das Bildungsideal des* εὐλέγειν *in seinem Verhältnis zur Philosophie des V. Jahrhunderts*, 1912. — G. Saitta, *L'illuminismo della sofistica greca*, 1938. — Felix Heinimann, *Nomos und Physis. Herkunft und Bedeutung einer Antithese im griechischen Denken des 5. Jahrhunderts*, 1945. — Laszlo Versényi, *Socratic Humanism*, 1963 (1ª parte). — Hans-Georg Gadamer, *Dialektik und Sophistik im siebenten platonischen Brief*, 1964. — José Cavalcante de Souza, *A caracterização dos sofistas nos primeiros diálogos de Platão*, 1966 (tese). — Adolfo Levi, *Storia della sofistica*, 1966. — G. W. Bowersock, *Greek Sophists in the Roman Empire*, 1969. — S. Zeppi, *Studi sul pensiero etico-politico dei Sofisti*, 1974. — Olivier-René Bloch, "Aristote appelle sophistes les sept sages", *Revue philosophique de la France et de l'étranger*, 102 91976), 129-164. — Gérard Defaux, *Pantagruel et les sophistes: Contribution à l'histoire de l'humanisme chrétien au XVIe siècle*, 1973. — C. Joachim Classen, *Sophistik*, 1976. — G. B. Kerferd, *The Sophistic Movement*, 1981. — Id., *The Sophists and Their Legacy*, 1981. — H. D. Rankin, *Sophists, Socratics and Cynics*, 1983. — O. A. Baumbauer, *Die sophistische Rhetorik*, 1986. — T. Buchheim, *Die Sophistik als Avantgarde normalen Lebens*, 1986. — J. de Romilly, *Les grands sophistes dans l'Athène de Périclès*, 1988.

Ver também a bibliografia dos verbetes GÓRGIAS; HÍPIAS; PRÓDICO; PROTÁGORAS.

Para edições críticas de textos (à parte Diels-Kranz), ver Eugène Dupréel, *Les sophistes (Protagoras, Gorgias, Prodicus, Hippias)*, 1947. — Mario Untersteiner, *I sofisti: Testimonianze e Frammenti*, 8 vols., 1949. — Jean Paul Dumont, *Les sophistes: Fragments et témoignages*, 1969. — Stelio Zeppi, *Studi sul pensiero etico-politico dei sofisti*, 1974.

Bibliografia: C. J. Classen, "Bibliographie zur Sophistik", *Elenchos*, 6 (1985), 75-140. ເ

SÖHNGEN, GOTTLIEB. Ver NEOTOMISMO.

SOLGER, KARL WILHELM FERDINAND (1780-1819). Nascido em Schwedt (Uckermart), professor a partir de 1809 na Universidade de Frankfurt (Oder) e a partir de 1811 na Universidade de Berlim (da qual foi reitor durante os anos 1814-1815), representou em sua estética as concepções fundamentais do idealismo pós-kantiano. Perante a insistência de alguns autores idealistas na unidade de tudo no seio do Absoluto, Solger destacou continuamente o incessante jogo entre o limitado e o ilimitado, entre as formas visíveis e o mundo inteligível. Esse jogo produz vários resultados. Por um lado, salienta a insuficiência e insignificância do visível em face da inteligível. Por outro lado, destaca que a contemplação estética, embora permita uma visão da Idéia, é ilusória. Daí a necessidade de compreender dois conceitos que desempenham um papel fundamental na estética de Solger: o de tragédia e o de ironia. A tragédia se torna patente no reconhecimento do dualismo dos dois reinos; a ironia (que é ironia trágica) se manifesta desde o instante em que o homem reconhece que a compreensão de tudo é equivalente à destruição de tudo. A ironia não é, porém, para Solger, o fundamento da imaginação: é a base do reconhecimento da realidade.

➲ Obras: *Sophokles'Tragödien*, 1808. — *De explicatione ellipsium in lingua graeca*, 1811. — *Erwin. Vier Gespräche über das Schöne und die Kunst*, 2 vols., 1815, reed. R. Kurt, 1907 *(Erwin. Quatro conversações sobre o belo e a arte).* — *Philosophische Gespräche*, 1817 *(Conversações filosóficas).* — Obras póstumas: *Nachgelassene Schriften und Briefwechsel*, ed. L. Tieck e F. von Raumer, 2 vols., 1826. — *Vorlesungen über Aesthetik*, ed. K. W. L. Heyse, 1829; reimp., 1969 *(Lições sobre estética).* — *Correspondência com Tieck*, ed. Matenko, 1932.

Ver: J. Heller, *Solgers Philosophie der ironischen Dialektik*, 1928 (tese). — W. Linden, *S. und Hegel*, 1938 (tese). ເ

SOLIPSISMO. O idealismo subjetivo epistemológico, que reduz todos os objetos, como objetos de conhecimento, a conteúdos de consciência, e o idealismo metafísico, que nega a existência ou, como às vezes se diz, a "subsistência" ("existência independente") do mundo externo, conduzem ao solipsismo, que pode ser definido como a radicalização do subjetivismo, como a teoria — ao mesmo tempo gnosiológica e metafísica — segundo a qual a consciência à qual se reduz todo o existente é a consciência própria, meu "eu só" *(solus ipse)*. Contudo, é usual distinguir o solipsismo gnosiológico, chamado às vezes metodológico, e o solipsismo metafísico. O primeiro é simplesmente um momento — lógico — num processo que tem por finalidade principal assentar num solo seguro as verdades que devem ser consideradas como princípios. Neste sentido, diz-se que a dúvida metódica de Descartes e, em geral, todo o idealismo gnosiológico moderno, estão fundados num solipsismo. O significado mais comum de 'solipsismo' se refere ao solipsismo metafísico, derivado ou não do gnosiológico. Este solipsismo pode dar-se, além disso, sob duas formas: ou o *ipse* de que se trata é estritamente individual ou é interindividual ou, melhor dizendo, universal. Isto posto, como a interindividualidade ou a universalidade do eu não destacam de modo suficiente esse *solus ipse* em que o solipsismo se sabe, uma nova redução de seu significado para chegar a um conceito mais próprio obriga a enquadrar todo solipsismo no solipsismo metafísico baseado na individualidade do eu. Deve-se notar, contudo, que não se pode de modo algum considerar como solipsista a radicação de toda realidade em "minha vida" no sentido de Ortega ou no "eu mesmo" no sentido de Heidegger, que são precisamente tentativas de absorver, superando-as, as duas posições "insuficientes" do realismo e do idealismo. Assim, o solipsismo *stricto sensu* é aquele que fica encerrado nos limites do *solus ipse* sem possibilidade de "saída" para o exterior. Por isso o solipsismo é uma doutrina ainda mais radical que o idealismo berkeleyano, o qual salva a existência das consciências singulares em sua singularidade e é, no fundo, um imaterialismo. O solipsismo extremo e conseqüente pode, portanto, ser encontrado naqueles que, como Schuppe e, sobretudo, Schubert-Soldern, pretendem ater-se de tal modo à positividade do dado, que o dado só pode sê-lo a uma consciência, isto é, à própria. Além disso, Schubert-Soldern defendeu explicitamente a posição solipsista, na medida em que ela era, a seu ver, a única forma de evitar a afirmação metafísica da transcendência.

Falou-se de solipsismo em outros dois sentidos no pensamento contemporâneo. Em primeiro lugar, considerou-se solipsista um momento da filosofia de Husserl. Embora ele tente precisamente superar essa posição, parece que ela é pelo menos um instante necessário na redução à consciência transcendental. Como assinala Joaquín Xirau, embora "não seja possível dizer *esse est percipi*, dando à percepção o sentido da sensação", resulta que "continuamos encerrados em nós mesmos", e que "a ciência absoluta constituída em mim e por mim vale só para mim" (*La filosofía de Husserl*, 1941, p. 199). Ora, Husserl soluciona esse primeiro encerramento da consciência por meio de sua teoria da intersubjetividade monadológica, segundo a qual a consciência aparece como algo essencialmente "aberto", e, por conseguinte, como algo essencialmente conectado com os demais eus e com o mundo numa "comunidade transcendental" (ver INTERSUBJETIVISMO). Em segundo lugar, qualificou-se também de solipsista a posição adotada por vários positivistas lógicos quando afirmaram que todo enunciado é verificável e objeto de prova somente por sujeitos e especificamente por um sujeito. Isso quer dizer que quando um sujeito submete à prova empírica um enunciado, o que faz é praticar um certo número de observações, não admitir como certas as observações praticadas por outros sujeitos. Esse tipo de solipsismo pode ser chamado "solipsismo metodológico" (Schlick, Carnap). Segundo Carnap, constitui um fato trivial admitido por todos os cientistas e não suscita, portanto, problemas filosóficos. No entanto, por causa de freqüentes más interpretações dadas à expressão 'solipsismo metodológico', Carnap concluiu que era preferível prescindir da mesma, ou de termos como 'base psíquica própria' *(eigenpsychische Basis)* (ver R. Carnap, "Testability and Meaning", *Philosophy of Science*, 3 [1936] e IV [1937]; ed. separada, 1950, p. 424). De modo geral, as objeções a que deu lugar o efetivo ou suposto solipsismo de vários positivistas lógicos induziu alguns deles a reconsiderar o *status* dos chamados "enunciados protocolares", que podem ser considerados como "intersubjetivos" (mas, uma vez mais, só no sentido de que qualquer sujeito pode submetê-los a prova e confirmação). A adoção de uma linguagem fisicalista (ver FISICALISMO) também pode contribuir para provocar mal-entendidos relativos ao solipsismo, incluindo o solipsismo metodológico. Falou-se também de "solipsismo lingüístico" em relação ao "primeiro Wittgenstein"; em todo caso, o "último Wittgenstein", ao reagir contra algumas das posições básicas adotadas no *Tractatus*, também reagiu vivamente contra todo solipsismo. Nas *Investigações filosóficas* e vários escritos preparatórios das mesmas, Wittgenstein salienta as dificuldades em que se emaranha todo aquele que admita que há experiências privadas e linguagem privada (VER). A crítica de Wittgenstein a todo solipsismo se baseia numa descrição do que ocorre quando são usadas certas expressões como 'Minha dor', 'Me dói' etc.; em geral, Wittgenstein insiste em que a expressão por alguém de que sente uma dor não é equivalente a dar uma informação sobre a dor. Se houve em Wittgenstein em alguma ocasião "solipsismo lingüístico", deve-se admitir que ele procurou superá-lo "desde dentro", mediante um exame dos usos de linguagem.

O solipsismo às vezes também é entendido, no sentido moral, como manifestação de egoísmo (e por isso o solipsismo às vezes é qualificado de egoísmo metafísico). Kant assinala que "todas as inclinações (que podem ser reunidas num sistema tolerável, e cujo apaziguamento recebe o nome de felicidade própria) constituem o amor a si mesmo *(Selbstsucht: solipsismus)*". Este se manifesta num amor a si mesmo que adota a forma da suficiência *(philautia)* ou então a forma da arrogância *(arrogantia)* (cf. *KpV,* 129).

➲ Ver: Wilhelm Schuppe, *Der Solipsismus*, 1898. — Annibale Pastore, *Il solipsismo*, 1924. — A. Krezesiński, *Une nouvelle philosophie de l'immanence: Exposé et critique de ses postulats*, 1931 [sobre Schuppe e H. Rickert]. — Enrico Castelli, *Idealismo e solipsismo. Saggi critici*, 1933. — E. Castelli, L. Lavelle *et al., Il solipsismo. Alterità e comunicazione*, 1950 [de Archivio di filosofia]. — Andreas Konrad, *Der erkenntnistheoretische Subjektivismus. Geschichte und Kritik. Vol. I: Über die Grenzen der erkenntnistheoretischen Subjektivierung*, 1962. — S. Coval, *Scepticism and the First Person*, 1966. — W. Halbfass, *Descartes methodischer Solipsismus*, 1967. — E. Teensma, *Solipsism and Induction*, 1974. — C. Dore, *God, Suffering and Solipsism*, 1989. — A. A. Johnstone, *Rationalized Epistemology: Taking Solipsism Seriously*, 1991.

Sobre o chamado solipsismo lingüístico: J. R. Weinberg, *An Examination of Logical Positivism*, 1936. — William Todd, *Analytical Solipsism*, 1968. C

SOLMSEN, FRIEDRICH. Ver SILOGISMO; VARIÁVEL.

SOLOVIOV, VLADIMIR SERGUEEVICH (1853-1900). Filho do famoso historiador russo S. M. Soloviov, nasceu em Moscou. •• Permaneceu mais de três anos na Faculdade de Física e Matemática da Universidade; em 1873 abandona os estudos, mas nesse mesmo ano faz com êxito os exames dos cinco cursos que compõem os estudos na Faculdade de História e Filologia. Simultaneamente estuda teologia e filosofia na Academia de Teologia de Moscou. Em 1874 defende em São Petersburgo sua tese de licenciatura *A crise da filosofia ocidental*. Pouco depois é nomeado professor da Universidade de Moscou. Suas conferências alcançam grande repercussão, sendo considerado um homem inspirado e profético. Realiza viagens de estudo a Londres e ao Egito. Em 1877 abandona a Universidade, alegando não querer participar das lutas internas dos "partidos políticos" do professorado. Transfere-se para São Petersburgo e trabalha no Ministério da Educação, enquanto prossegue seu trabalho docente. Em 1880 apresenta sua tese de doutorado *Crítica dos princípios abstratos*. No ano seguinte, interrompe-se sua carreira acadêmica: depois do atentado que custara a vida do czar Alexandre II, pronuncia um discurso contra a pena de morte, o que o obriga a abandonar São Petersburgo. Solicita aposentadoria e inicia um período de atividade literária e científica em que as questões religiosas têm papel predominante.

Em sua formação como filósofo, Soloviov evolui do materialismo (de Buchner) e do positivismo (Mill) rumo a um idealismo radical (Schopenhauer, Hartmann, Schelling, Hegel), que culmina numa filosofia própria de marcado caráter religioso. Seu filósofo preferido era Spinoza. ••

Situado na encruzilhada do grande debate entre o eslavofilismo e o ocidentalismo, Soloviov passou por quatro períodos no curso de sua evolução vital e filosófica. O primeiro período, que poderia ser chamado de *crítico*, se caracteriza por uma análise do empirismo e do racionalismo do Ocidente, que ele rejeita em nome de uma tradição que tem raízes no eslavofilismo, mas não simplesmente para aniquilá-los, e sim para integrá-los numa unidade superior, de acordo com um esquema dialético tripartido que, análogo ao de Hegel, é aplicado por Soloviov a toda realidade histórica. O segundo período, considerado *teosófico*, aspira a uma realização da Sofia ou Sabedoria que integre em seu seio todos os elementos das tradições anteriores e que substitua a orientação primitiva para as forças personificadas e a orientação racionalista atomizadora por uma tendência mística "unitotalista". O terceiro período, o *teocrático*, essencialmente prático, é o consagrado à união das duas Igrejas, a ortodoxa e a católica — assim como do judaísmo — com vistas a uma teocracia universal e livre que seja ao mesmo tempo a síntese dos momentos opostos da história do Ocidente. Essa teocracia pode ser organizada sob a égide do povo russo, mas a "terceira Roma" a que daria lugar semelhante organização não deve ser considerada, segundo Soloviov, como um imperialismo pan-eslavo, mas simplesmente como a injeção de sangue novo na história do Ocidente que, por sua vez, contribuiria para a união com toda a sua tradição histórica. O quarto período, chamado *apocalíptico*, se caracteriza por uma acentuação da aspiração mística à unitotalidade, por um esforço destinado a mostrar que chegou a época em que a Sofia vai encarnar na humanidade divinizada. Do ponto de vista mais propriamente filosófico, o pensamento de Soloviov se opõe, em todo caso, continuamente tanto ao empirismo como ao racionalismo do Ocidente, aos quais acusa de dissolverem, em última análise, toda verdade. A verdade está, segundo Soloviov, na realidade absoluta, que condiciona a verdade do objeto tal como se oferece ao pensamento e, por conseguinte, a verdade do pensamento mesmo. Mas a captação de semelhante verdade não deve ser buscada na abstração, como o racionalismo propugna, nem na experiência externa, como propugnam o positivismo e o empirismo, mas na experiência interna, que revela ao mesmo tempo o absoluto e o concreto do ser verdadeiramente existente. Somente a apreensão desta verdade absoluta pode justificar e fundamentar ao mesmo tempo a especulação ideal e a ciência da realidade do mundo externo. A filosofia de Soloviov, que em muitos pontos se aproxima do último período de Schelling, tendia, no fundo, a uma conciliação das verdades particulares não só da ciência e da metafísica, como também do panteísmo e do teísmo especulativo. Assim, Soloviov chegou a considerar a realidade total como um organismo que evolui também segundo um esquema dialético que vai da unidade sem conteúdo nem contradição à unidade que supera as contradições após um período de diferenciação e de decomposição. Esse esquema também pode ser aplicado à história e ao indivíduo, pois na primeira aparece a sucessão do paganismo antigo, sucedido pelo cristianismo que se vai dissolvendo até a Revolução Francesa e que se supera pela nova teocracia livre do futuro, e no segundo surge como a ingenuidade da vida, superada pela contradição e esta por sua vez pela maturidade integral do ser humano. Por fim, a verdade total é conseguida quando o conhecimento integral ou absoluto, isto é, a teosofia livre, substitui, integrando-os, os conhecimentos unilaterais proporcionados pela religião, pela filosofia e pela ciência, do mesmo modo como a ética é o que pode unir os termos parciais da lógica e da metafísica num Absoluto ao qual se pode chamar propriamente a Humanidade divina.

•• A partir de 1891, seu interesse pelos temas teórico-filosóficos passou outra vez para o primeiro plano. A este período pertencem importantes trabalhos sobre Platão, Protágoras, Comte etc., ao mesmo tempo em que prepara uma série de obras nas quais se propõe expor, de forma sistemática, suas idéias filosófico-religiosas. A mais importante destas obras é *A justificação do Bem*, que não chegou a concluir. ••

⊃ Principais obras: *Krisis zapadnoy filosofii*, 1874 *(A crise da filosofia ocidental).* — *Filosofskié nachala zelnogo znania*, 1877 *(Os princípios filosóficos do conhecimento integral).* — *Kritika otvléchénnij nachal,* 1877 *(Crítica dos princípios abstratos).* — *Istoriá i byduchtschnost' téokratii*, I, 1877 *(História e futuro da teocracia).* — Chtenia o bogochelovechestre, 1877-1881 *(Conferências sobre a humanidade divina — ou de Deus).* — *Tzi zechi v pamiat Dostoevskogo,* 1881-1883 *(Três discursos em memória de Dostoiévski).* — *Dujovnie osnovi zisny*, 1882-1884 *(Os fundamentos espirituais da vida).* — *Velikii spoz y jziztianskaya politika,* 1883 *(A grande controvérsia e a política cristã).* — *Russkaá idéá*, 1909 (publicada antes em francês: *L'idée russe*, 1888). — *Smisl liubvi*, 1892-1895 *(O sentido do amor).* — *Opravdanié dobra*, 1897 *(A justificação do bem).* — *Osnovy teoreticheskaya filosofia*, 1897-1899 *(Fundamentos de filosofia teórica).* — *Tri razgovora. Povést' ob Antikhristé*, 1900 *(Três diálogos. História do Anticristo).*

Edição de obras: *Sobranie sochinenia V. S. Soloviova*, 10 vols., 1901-1903; 2ª ed., 1911-1913 *(Obras de V. S. Soloviov);* vols. 11 e 12, 1966. — *Pisma V. S. Soloviova*, 3 vols., 1908-1911 *(Cartas de V. S. Soloviov).* — Existe também uma ed. das obras de V. Soloviov em 14 t., Bruxelas, 1970. — *Schriften zur Philosophie und Theologie*, 1991, com introd. biográfica e anotações textuais de L. Müller. — Durante o poder soviético as obras de V. S. Soloviov foram proibidas. A partir de 1985 iniciou-se uma intensa e variada publicação de seus livros: V. S. Soloviov, *Sochinenia*, 2 vols., 1988-1989 *(Obras)*. — No ano de 1991 se publicaram: *O sentido do amor, O drama da vida de Platão, O eros russo ou a filosofia do amor na Rússia;* em 1992: *A idéia russa* etc.

Traduções mais conhecidas de suas obras: *La crise de la philosophie occidentale*, 1947; *Lectures on God-Manhood*, 1944; *The Meaning of Love*, 1948; *Les fondements spirituels de la vie*, 1932; *La grande controverse et la politique chrétienne*, 1953; *La Russie et l'Église universelle,* 1889 e 1906; *Le sens de l'amour*, 1946; *The Justification of the Good,* 1918; *La justification du bien,* 1939; *Three Conversations (War on Christianity)*, 1915.

Ver: A. Tumarkin, *W. Solowjew als Philosoph*, 1905. — L. Apostolow, *W. Solovieff*, 1909. — F. Steppuhn, *W. Solovief*, 1910 (tese). — Mgr. Michel d'Herbigny, *Un Newman Russe, W. Solovief*, 1911. — J. B. Séverac, *W. Solovief*, 1911 (introdução e antologia). — E. Trubetskoy, *Mirosozertsanié, V. Solov'éva*, 2 vols., 1913. — E. Radlow, *Solovief*, 1913. — S. Lukianov, *O. V. S. Soloviove v ego molodie goolie*, 1916 *(Sobre V. S. em sua juventude).* — G. Sacke, *Solowjews Geschichtsphilosophie*, 1929. — W. Szylkarski, *Solwjews Philosophie der All-Einheit*, 1932. — D. Strémoukhoff, *V. Solovieff et son oeuvre messianique*, 1935. — K. Mochulskii, *V. S. Soloviov, Jijn i utchénié*, 1936; 2ª ed., 1951. — Peter P. Zouboff, *Godmanhood as the Main Idea of the Philosophy of V. Solovyev*, 1944 (tese). — P. Muckermann, S. J., *W. S., Zur Begegnung zwischen Russland und Abendland*, 1945. — R. Müller, *Solowjew und der Protestantismus*, 1951. — E. Munzer, *Solovyev: Prophet of Russian-Western Unity*, 1956. — Rudolf Müller, *Das religionsphilosophische System V. Solovjevs*, 1956. — Hans Friedrich Fulda, *W. Solowjows Rechtsphilosophie auf der Grundlage der Sittlichkeit*, 1968. — Helmut Dahm, *Solowjew und Scheler. Ein Beitrag zur Geschichte der Phänomenologie*, 1970. — Ninfa Bosco, *V. S. Esperienza religiosa e ricerca filosofica*, 1976. — L. Wenzler, *Die Freiheit und das Böse nach V. S.*, 1977. — A. Walicki, *A History of Russian Thought: From the Enlightenment to Marxism*, 1979. — W. F. Asmus, "Teoreticheskaya filosofia Soloviova" ("A filosofia teórica de Soloviov"), *Rev. Filosofskie Nauki,* 2 (1982). — Id., "V. S. Soloviov, Opit filosofskoy biografii" ("Ensaio de biografia filosófica"), *Voprosy Filosofii*, 6 (1988). — P. Waage, *Der unsichtbare Kontinent — W. S. der Denker Europas*, 1988. — F. C. Copleston, *Russian Religious Philosophy: Selected Aspects*, 1988. — A. F. Losev, *V. S. i évo vrémá*, 1990. — Ampla documentação sobre S. em *Rev. Voprosy Filosofii*, 2 (1991), 136-150. — N. F. Utkina, "Filosofia V. S. Soloviova", *Anuario de Filosofia* (1992), 115-140 e (1993). — N. O. Losskiy, *Istoria russkoy filosofii*, 1994, pp. 90-146 *(História da filosofia russa).*

A revista *Voprosy Filosofii*, 2 (1991), 136-150 dá uma ampla documentação biográfica sobre V. S. Soloviov. Ↄ

SOMA. O termo 'soma' é usado em lógica principalmente em dois sentidos.

Na álgebra de classes, se diz que uma classe C é a soma lógica das classes A e B quando C é a classe composta de todas as entidades que pertencem a A ou a B ou a ambas. O símbolo da soma de classes é '∪', de modo que '$A \cup B$' se lê: "A soma lógica das classes A e B". Exemplo da soma de classes é a classe dos ricos, que é a soma dos proprietários e das proprietárias. A soma lógica de classes se define do modo seguinte:

$$A \cup B = \text{def.}\ \hat{x}\,(x \in A \vee x \in B)$$

Diferentemente do que ocorre na lógica aritmética, na soma de classes não há coeficientes. Por isso, é válida a lei:

$$(A \cup A) = A$$

Na álgebra de relações se diz que uma relação Q é a soma das relações R e S quando Q é a relação de todas as entidades x com todas as entidades de y, tal que R relaciona x com y ou S relaciona x com y ou ambas. O símbolo da soma de relações também é ∪. Exemplo de soma lógica de relações é a relação *tio de*, que é a soma das relações *tio paterno de* e *tio materno de*. A soma lógica de relações se define deste modo:

$$R \cup S = \text{def.}\ \hat{x}\hat{y}\,(x\,R\,y \vee x\,S\,y)$$

SOMBART, WERNER (1863-1941). Nascido em Ermsleben (Harz, Saxônia). De 1890 a 1906 foi "professor extraordinário" em Berlim, de 1906 a 1917 professor na Escola Superior de Comércio de Berlim, e de 1917 a 1931, professor da Universidade de Berlim.

Sombart destacou-se por seus trabalhos sociológicos e históricos, especialmente por seus estudos sobre a evolução do capitalismo. Embora partisse do marxismo, submeteu-o logo à crítica do ponto de vista da idéia da função econômica como "disposição econômica". Essa "disposição" é de índole cultural e espiritual, de modo que os desenvolvimentos econômicos são fases na história de disposições espirituais de caráter social. Para Sombart, a sociedade é a unidade de seus próprios produtos espirituais, manifestados no Estado, no Direito, na economia, nas crenças religiosas etc. O estudo da sociedade é realizado mediante um método que Sombart chamou "noo-sociológico", semelhante ao "método científico-espiritual".

Os trabalhos sociológicos e "noo-sociológicos" de Sombart culminaram numa antropologia filosófica como ciência do espírito. Segundo Sombart, o homem é um produtor espiritual *sui generis*. O homem não se esgota no instintivo e no natural; sua característica é a ação livre enquanto ser social. Sombart elaborou uma série de tipologias com o fim de determinar as condições gerais dentro das quais se pode proceder ao estudo dos fatos históricos e como fundamento histórico-cultural.

➲ Principais escritos: *Römische Campagna*, 1888 *(A campina romana)*. — F. Engels, 1895. — *Sozialismus und soziale Bewegung im 19. Jahrhundert*, 1896; 9ª ed., 1920; 10ª ed. com o título: *Der proletarische Sozialismus ('Marxismus')*, 2 vols., 1924 *(Socialismo e movimento social no século XIX — O socialismo proletário [Marxismo])*. — *Technik und Wirtschaft*, 1901 *(Técnica e economia)*. — *Der moderne Kapitalismus*, 1902; 7ª ed., 1928. — *Wirtschaft und Mode*, 1902 *(Economia e moda)*. — *Das Lebenswerk von K. Marx*, 1909. — *Die Juden und das Wirtschaftsleben*, 1911; 15ª ed., 1924 *(Os judeus e a vida econômica)*. — *Der Bourgeois*, 1913. — *Luxus und Kapitalismus*, 1913; 2ª ed., 1922. — *Die Ordnung des Wirtschaftslebens*, 1924; 2ª ed., 1928 *(A ordem da vida econômica)*. — *Die drei Nationalökonomien. Geschichte und System der Lehre von der Wirtschaft*, 1930 *(As três economias nacionais. História e sistema da teoria da economia)*. — *Die Zukunft des Kapitalismus*, 1932 *(O futuro do capitalismo)*. — *Deutscher Sozialismus*, 1934. — *Weltanschauung, Wissenschaft und Wirtschaft*, 1938 *(Concepção do mundo, da ciência e da economia)*. — *Vom Menschen. Versuch einer geisteswissenchaftlichen Anthropologie*, 1938 *(Do homem. Ensaio de antropologia filosófica)*. — *Noosoziologie*, 1956 [cinco estudos de 1923 a 1936].

Ver: Arthur Nitsch, *Sombarts Stellung zum Sozialismus*, 1931. — G. A. Gross, *Die wirtschaftstheoretischen Grundlagen des "Modernen Kapitalismus" von S.*, 1931. — W. Engel, *Max Webers und W. Sombarts Lehre von den Wirtschaftsgesetzen*, 1933. — A. Sapori, *W. S. (1863-1941)*, 1944. — A. L. Harris, *Economics and Social Reform*, 1958 [examina a obra de cinco defensores da reforma econômica: Mill, Marx, Veblen, Commons, Sombart]. **C**

SOMNIUM SCIPIONIS. Ver MACRÓBIO; SONHO DE CIPIÃO.

SONHAR, SONHO. Entendendo o sonhar e o sonho como ter sonhos enquanto se dorme, consideraremos vários modos de conceber e interpretar o sonhar, na medida em que a noção de sonho apresentou problemas para a filosofia.

O sonhar foi freqüentemente considerado como uma "segunda vida", distinta da vida em estado de vigília, mas relacionada com esta de vários modos: como revelação do que não se alcança fora do sonho, como prenúncio de acontecimentos futuros etc. Daí a "interpretação dos sonhos" enquanto sonhos proféticos. Deste ponto de vista pode-se considerar, por exemplo, o famoso Sonho de Cipião (VER) ou *Somnium Scipionis*.

Às vezes se tomou o sonho como argumento para a dúvida (VER). O caso mais conhecido é o de Descartes, quando utiliza o sonho para enfatizar que nada pode ser aceito como absolutamente certo exceto o *Cogito* (ver COGITO, ERGO SUM). Com efeito, o que podemos pensar que é real, poderia ser simplesmente sonhado. Descartes reconhece que as imagens que temos durante o sonho são menos vívidas que as que temos durante o estado de vigília. Isso poderia estabelecer uma distinção entre a "realidade" e o "mero sonho", mas Descartes declara que não há indícios suficientes para estabelecer uma clara separação entre o "real" e o "sonhado", já que posso ter sido enganado durante o sonho não menos que durante a vigília. Em compensação, alguns autores, como Hume, que destacam a diferença no caráter vívido entre diferentes classes de impressões, não podem aceitar que as impressões "meramente sonhadas" não possam ser distinguidas das recebidas no estado de vigília.

Em algumas ocasiões o sonho foi considerado como expressão da própria vida (é o famoso tema da "vida é sonho" de Calderón, que tem muitas manifestações na literatura, tal como o "ser nossa vida feita da substância dos sonhos", de Shakespeare etc.). Isso pode ser entendido de vários modos. Por um lado, como afirmação de que o que consideramos real poderia muito bem ser um sonho. Por outro lado, como intuição de que a brevidade da vida faz dela uma sombra, um sonho, uma ficção, em contraste com a realidade plena da "vida perdurável". Em seguida, como idéia de que os homens são os sonhos de Deus num sentido parecido a como os personagens de ficção são "sonhos dos homens" (Unamuno).

Um dos "problemas" suscitados a respeito do sonho em sua relação com o estado de vigília é o de se é possível que haja no sonho (ou nos sonhos) uma continuidade semelhante à que existe, ou parece existir, na vida real. Em tal caso, haveria "duas vidas" na mesma pessoa: a da vigília e a do sonho, sendo impossível distinguir qual é a vida "real". O citado "problema" foi tratado por H. G. Wells em um conto.

O sonho foi investigado por psicólogos e filósofos. Entre as modernas teorias sobre o sonho teve grande difusão a psicanalítica, segundo a qual, *grosso modo*, o sonho é um modo de nos descarregarmos de pensamentos e emoções inconscientes reprimidos durante o estado de vigília. Por isso, pode-se proceder a uma "interpretação dos sonhos" como a proposta e praticada por Freud.

Uma das teorias psicológico-filosóficas sobre o sonho é a de que no curso do sonhar a consciência fica livre do que Bergson (que propôs uma de tais teorias) chamava "a atenção à vida". Por isso, no estado do sonho as atividades psíquicas não estão, por assim dizer, "canalizadas" e podem manifestar-se com uma liberdade que permite combinações inconcebíveis durante o estado de vigília.

No curso de numerosas investigações psicológicas e fisiológicas sobre os processos do sonho — experimentos relativos a ondas cerebrais, movimentos oculares, tônus muscular e mudanças de postura —, foram propostas hipóteses muito diversas. Segundo uma delas, o sonho é uma atividade executada pelo corpo com o fim de serem eliminadas certas substâncias tóxicas. Segundo outra, o hemisfério cerebral direito processa durante o sonho informação acumulada pelo hemisfério cerebral esquerdo durante o estado de vigília. Esta última hipótese parece concordar com outras investigações sobre a atividade do cérebro.

Investigou-se também a noção de sonho por meio de uma análise lingüística do que se quer dizer ao usar expressões como "eu sonho", "sei que sonho" etc. Norman Malcolm, que consagrou uma obra especial ao sonhar, manifestou que não se pode saber que alguém está sonhando: só se pode saber que alguém "sonhou". Ninguém, em suma, pode saber que sonha enquanto está sonhando, de modo que o recordar que alguém teve um sonho não pode ser reduzido a saber que alguém teve um sonho, porque previamente sabia que o teve. Em suma, enunciados como "sonhei isso ou aquilo" são sempre, diz Malcolm, "de natureza inferencial" (*Dreaming*, 1959, p. 65; para uma crítica a Malcolm, ver H. Putnam, "Dreaming and 'Depth Grammar'", em R. J. Butler, ed., *Analytical Philosophy*, 1966, pp. 211-235).

⊃ História: L. Binswanger, *Wandlungen in der Auffassung und der Deutung des Traumes von den Griechen bis zur Gegenwart*, 1928. — C. von König-Fachsenfeld, *Wandlungen des Traumproblems von der Romantik bis zur Gegenwart*, 1935. — Pedro Meseguer, *El secreto de los sueños*, 1956. — T. Gregory, "I sogni e gli astri", em *I sogni nel Medioevo*, 1985. — S. Parman, *Dream and Culture: An Anthropological Study of the Western Intellectual Tradition*, 1990.

Obras diversas: Sigmund Freud, *A interpretação dos sonhos*, 1900. — W. Steckel, *Die Sprache des Traumes*, 1922. — G. Schmied, *Die seelische Innenwelt des Traumlebens*, 1937. — Albert Béguin, *L'âme romantique et le rêve*, 1939. — A. Teillard, *Traumsymbolik. Ein Traumbuch auf tiefenpsychologischer Grundlage*, 1944. — E. Canciellieri, *Psicoanalisi del sogno*, 1948. — *Problèmes du rêve*, 1958 (*Bulletin de la Société Française de Philosophie*, 51 [1958]: Exposição de Roger Caillois. Discussão de G. Berger, J. d'Ormesson *et al.*). — Norman Malcolm, *op. cit. supra*. — Detlev von Uslar, *Der Traum als Welt. Zur Ontologie und Phänomenologie des Traums*, 1964. — M. Malcolm, Charles S. Chiara e J. A. Fodor *et al.*, *Philosophical Essays on Dreaming*, 1977, ed. Ch. E. M. Dunlop. — R. A. Watson, G. Sebba, eds., *The Dream of Descartes*, 1987. — K. L. Lynch, *The High Medieval Dream Vision: Poetry, Philosophy, and Literary Form*, 1988. ⊂

SONHO DE CIPIÃO. Entre os textos de Cícero destaca-se como único por seu alcance religioso ou, melhor dizendo, filosófico-religioso, o chamado *Somnium Scipionis (O sonho de Cipião)* que se encontra no livro VI do tratado *De re publica*. Trata-se da narrativa — posta na boca de Cipião Emiliano — de um sonho no qual aparece a Cipião a figura de seu pai, Cipião Africano. O pai mostra ao filho Cartago vista do alto e prediz a vitória do filho sobre a cidade dentro de dois anos (e a vitória sobre Numância posteriormente). Cipião Africano anuncia ao filho que regressará ao Capitólio em triunfo e que encontrará uma Cidade completamente sublevada. Será necessário então acender a luz da alma, da inteligência e da prudência. Para animá-lo a isso, Africano mostra a Cipião Emiliano o destino das almas que serviram bem à pátria e praticaram a piedade e a justiça. Essas almas habitam a Via Láctea presididas pelo *princeps deus* ou deus soberano. É um universo magnífico e admirável dividido em nove esferas, que produzem com seus movimentos uma harmonia divina. Na esfera celeste — a mais externa, a que cinge todas as demais e onde estão fixadas as estrelas — vive o deus soberano. Sob esta esfera há outras sete que se movem em sentido inverso ao do céu. No círculo inferior gira a Lua; debaixo dela há o mundo sublunar, onde não existe nada que não seja mortal e caduco, exceto as almas dos homens. Estas vivem na última e nona esfera, a Terra, que não se move e é concêntrica às outras. Ora, para alcançar a piedade e a justiça é preciso dirigir a vista para o superior, para as esferas supralunares, onde nada é caduco nem mortal. A alma está ligada por sua parte superior a essas esferas e somente poderá regressar efetivamente a elas, como a sua verdadeira pátria, quando esquecer a caducidade dos bens e das falsas glórias terrenas, isto é, quando se dê conta de que estar encerrada num corpo mortal não significa que ela mesma seja mortal. A alma imortal move o corpo mortal como Deus move um mundo em certos aspectos destinados à morte. É preciso, pois, exercitar a alma nas mais nobres ocupações, e as mais nobres de todas são as encaminhadas à salvação da pátria. As almas que cumprirem essa sublime missão serão recompensadas com a ascensão às esferas celestes, enquanto as que se entregarem aos prazeres sensíveis permanecerão ao rés do chão e não ascenderão senão depois de serem atormentadas durante séculos.

Discutiu-se muito a origem destas idéias. Alguns autores (E. Norden) assinalam que procedem de Possidônio. Outros (K. Reinhardt, R. Harder e sobretudo P. Boyancé) negam semelhante procedência. Não nos interessa aqui relatar detalhadamente esses debates. O importante em nosso caso é apenas destacar que o mencionado quadro de Cícero (talvez com a única exceção do motivo cívico do serviço à Cidade) corresponde a muitas das idéias que em sua época foram ganhando terreno e que por um lado têm pontos de contato com as religiões astrais, por outro com a tendência a elaborar as concepções platônicas da imortalidade e simplicidade da alma, e por outro, finalmente, com uma visão do cosmos como uma grande harmonia, como um templo no qual habitam como cidadãos as almas virtuosas. Semelhantes idéias exerceram bastante influência em autores posteriores, entre eles destaca-se Macróbio (*Commentum ad Ciceronis* Somnium Scipionis, ed. J. Willis, 1970).

Deve-se observar que um dos temas do *Sonho* é a concepção da insignificância da vida individual neste mundo comparada com a imensidão do cosmos. Esse tema também é desenvolvido no Livro IV da *Eneida*, de Virgílio (revelação de Enéias a Anquises), e em alguns escritos estóicos (por exemplo, em Sêneca, *Ad Marciam de consolatione*, XXI, I).

➲ Ver: P. Boyancé, *Études sur le songe de Scipion (Essais d'histoire et de psychologie religieuses)*, 1936. — A.-J. Festugière, "Les thèmes du Songe de Scipion", *Eranos*, 44 (1946), 372 ss. — Georg Luck, "Studia divina in vita humana. On Cicero's Dream of Scipio and its Place in Graeco-Roman Philosophy", *Harvard Theological Review*, 49 (1956), 107-118. **C**

SOPHROSYNE. Ver Temperança; Virtude.

SORBIÈRE, SAMUEL. Ver Libertinos.

SOREL, GEORGES (1847-1922). Nascido em Cherbourg (Mancha, Normandia), fez o curso de engenheiro de pontes e estradas, na École Polytechnique, e exerceu sua profissão durante vários anos. Também foi empregado na École des Hautes Études, de Paris. Em 1895 fundou a revista *Le devenir social*, que circulou até 1897.

A evolução ideológica de Sorel é complexa e quase labiríntica. Interessou-se primeiro pelo marxismo, que tratou de difundir na revista citada. Em seguida, submeteu-o a revisão e a crítica para abandoná-lo em prol do anarco-sindicalismo. Pôs-se em relação em seguida com grupos de extrema direita, mas com o advento da revolução soviética celebrou-a com entusiasmo, vendo nela uma grande promessa para a realização de ideais federalistas e sindicalistas. Correspondendo em parte a essa complicada evolução ideológica, Sorel influenciou grupos políticos muito distintos: marxistas insatisfeitos com a ortodoxia e próximos do bakuninismo, anarquistas e anarco-sindicalistas, grupos de extrema direita opostos ao estado de coisas existentes, revolucionários de várias classes e fascistas. Há em Sorel ecos do pensamento de Proudhon, Nietzsche e também de Bergson e do pragmatismo.

Sorel considerou que tanto a natureza como a sociedade tendem à desintegração, à perda de energia e à desordem. As ciências naturais se esforçam por introduzir a ordem nessa desordem. As ciências sociais ou, melhor dizendo, a teoria social, pode fazer algo semelhante, mas então não se trata de descrever e explicar uma realidade, mas, e sobretudo, de transformá-la. Isso só pode ser feito pelos verdadeiros "produtores" num sentido proudhoniano e ao mesmo tempo nietzschiano do termo. Sorel tendia a ver a sociedade cindida entre uma elite, disciplinada e forte, e uma massa que só busca o bem-estar. A burguesia, na época do auge do capitalismo, tinha sido uma dessas elites, mas agora se encontra frouxa e languescente; o afã de bem-estar, o jogo do parlamentarismo e os ideais da justiça (ou pseudojustiça) introduziram nela a decadência. A burguesia tem um mito: o mito do intelectualismo burguês.

Perante esse afrouxamento, Sorel acalenta o movimento dos trabalhadores, especialmente na forma do anarco-sindicalismo, com os instrumentos da greve e da ação direta. A rigor, greve e ação direta são também mitos, porque, em última análise, não há verdades; o que se chama "verdade" é um instrumento para levar a cabo uma ação proposta. Isto ocorre inclusive na ciência, mas pode ser visto mais claramente na história. As verdades são, no fundo, mitos, mas os mitos podem ser de duas classes: mitos inautênticos, como o do parlamentarismo e o do intelectualismo burguês, e mitos autênticos como o mito do sindicalismo revolucionário, o mito da greve, o mito da ação direta, o mito da violência. Os mitos autênticos deixam o futuro aberto enquanto os inautênticos enclausuram o futuro; de fato, não chegam sequer a ser mitos porque não têm a força destes.

Sorel é conhecido sobretudo por suas "reflexões sobre a violência", estritamente relacionadas com as idéias antes resenhadas. A violência como mito autêntico é necessária para mover a história e sair de todo estado de estancamento. Todas as grandes mudanças históricas aconteceram pela violência. Muitos dos que se opõem, ou dizem opor-se, à violência em nome da ordem e da justiça, empregam a violência, ou a aceitam, para assegurar tal "ordem" e tal "justiça". Com isso manifestam sua incurável hipocrisia. Sorel opina que a violência deve ser exercida sem hipocrisia e para purgar o corpo social de qualquer tipo de decadentismo; neste sentido a violência é garantia do progresso e da liberdade. Nem sempre fica claro quando Sorel fala da violência fisicamente ou quando fala dela "moralmente", isto é, quando a violência consiste na expressão sem compromissos das próprias opiniões. Sorel leva em conta ambos os tipos de violência; de fato, a distinção básica não é entre a violência física e a violência não física, mas entre a violência nobre (que pode, em ocasiões, ser física), que é sempre progressista e em favor da liberdade, e a violência ignóbil e bruta, que é opressiva.

◯ Obras: *Contribution à l'étude profane de la Bible*, 1889. — *Le procès de Socrate*, 1889. — *La ruine du monde antique*, 1901. — *Essai sur l'Église et l'État*, 1902. — *Saggi di critica del marxismo*, 1902. — *Introduction à l'économie moderne*, 1903. — *Le système historique de Renan*, 4 vols., 1905-1906. — *Insegnamenti sociali della economia contemporanea*, 1907. — *Réflexions sur la violence*, 1908. — *Les illusions du progrès*, 1908. — *La décomposition du marxisme*, 1908. — *La révolution dreyfusienne*, 1909. — *Matériaux d'une théorie du prolétariat*, 1919. — *Les préoccupations métaphysiques des physiciens modernes*, 1921. — *De l'utilité du pragmatisme*, 1921. — *D'Aristote à Marx*, 1935.

Edição de *Propos de G. S.*, 1935, por Jean Variot.

Em português: *Reflexões sobre a violência*, 1992.
Bibliografia: V. Delesalle, *Bibliographie sorélienne*, 1939 (a ser completada com a que figura na obra de J. H. Meisel, cit. *infra*).
Ver: M. Ascoli, *G. S.*, 1921. — M. Perrin, *Les idées sociales de G. S.*, 1925. — M. Gaëtan Pirou, *G. S. (1847-1922)*, 1927. — Michael Freund, *G. S. Der revolutionäre Konservatismus*, 1932; 2ª ed., aum., 1972. — G. Santonastaso, *G. S.*, 1932. — Pierre Angel, *Essais sur G. S. De la notion de classe à la doctrine de la violence*, 1936. — F. Rossignol, *La pensée de G. S.*, 1948. — R. Humphrey, *G. S. Prophet without Honor: A Study in Anti-Intellectualism*, 1951. — J. H. Meisel, *The Genesis of G. S.: An Account of His Formative Period Followed by a Study of His Influence*, 1951. — Irving Louis Horowitz, *Radicalism and the Revolt against Reason: The Social Theories of G. S.*, 1961, reimp. 1968. — Georges Goriely, *Le pluralisme dramatique de G. S.*, 1962. — R. Vernon, *Commitment and Change: G. S. and the Idea of Revolution*, 1978. — J. L. Stanley, *The Sociology of Virtue: The Political and Social Theories of G. S.*, 1981. — A. L. Greil, *G. S. and the Sociology of Virtue*, 1981. — J. R. Jennings, *G. S. The Character and Development of his Thought*, 1985. ◯

SORITES. Em grego σωρός significa "um amontoado" (por exemplo, um amontoado de trigo); trata-se de uma quantidade indeterminada. Usa-se igualmente σωρός no sentido de "justaposição" (justaposição de elementos, como terra e água). A palavra σωρείτης significa "posto num amontoado", "formado por acumulação". Esse termo aparece na expressão σωρείτης συλλογισμός — literalmente, "silogismo formado por acúmulo (de premissas)". Uma vez substantivado, temos ὁ σωρείτης, *ho soreites*, "o sorites" e, simplesmente, "sorites".

Fala-se do "sorites do amontoado" ou "sofisma do amontoado" para designar dois tipos de argumentos atribuídos a Zenão de Eléia e a Eubúlides de Megara (ambos destinados a demonstrar a impossibilidade da multiplicidade, ou pelo menos a dificuldade de se falar de nada múltiplo ou plural). Supõe-se que Zenão de Eléia argumentou que se um amontoado de trigo faz ruído ao cair, deve fazer ruído cada um dos grãos de que se compõe o amontoado, mas nenhum grão faz ruído ao cair ao solo. Quanto a Eubúlides de Megara, argumentou que não se pode saber em que consiste um amontoado — por exemplo, um amontoado de trigo —, já que um grão não faz um amontoado, dois não fazem um amontoado, três não fazem um amontoado, e parece absurdo afirmar que há um número determinado de grãos que formam um amontoado (cf. Cícero, *Acad.*, II, 28). O "sofisma do amontoado" é do mesmo gênero que o chamado "sofisma do calvo" ou *phalakrós* (de φαλακρός, "calvo") de que fala Diógenes Laércio (VII, 82). Segundo este sofisma ou raciocínio, não se pode saber quando um homem é calvo; não chega a ser calvo se lhe arrancamos um fio de cabelo, se lhe arrancamos dois, três etc., mas chega um momento em que *já* se pode dizer que o homem é calvo; e isso apesar de não se poder precisar que número mínimo de fios deve perder o homem com cabelo para poder ser considerado, com razão, um homem calvo.

O raciocínio ou argumento do amontoado, σωρείτης λόγος, afeta a todo discurso no qual são empregados termos com sentidos imprecisos, tais como 'curto', 'longo', 'estreito', 'largo' etc.

Dá-se também o nome de "sorites" a um silogismo formado por uma pluralidade de premissas. Este sentido de "sorites" não é alheio aos anteriores, pois em muitos casos o sofisma do amontoado é expresso por esse tipo de silogismo, como ocorre com:

Toda pessoa que tem apenas cem centavos no bolso é pobre.

Se lhe acrescentarmos um centavo a mais no bolso, continuará sendo pobre.

Todo centavo que vá sendo acrescentando à quantidade que tenha tal pessoa e em virtude da qual se diga que é pobre, seguirá deixando esta pessoa pobre.

Portanto, toda pessoa pobre continuará sendo pobre.

Mais formalmente, porém, se dá o nome de "sorites" a qualquer um dos seguintes polissilogismos:

1) Um polissilogismo em que o predicado de cada proposição é o sujeito da proposição seguinte, sendo idênticos os sujeitos da premissa maior e da conclusão, como ocorre (de forma abreviada) com A é B; B é C; C é D; D é E; logo, A é D.

2) Um polissilogismo no qual está subentendida a conclusão de cada silogismo, salvo a última, que se torna explícita, como ocorre com D é E; C é D; B é C; A é B; logo, A é E.

O polissilogismo de tipo 1) às vezes é chamado "regressivo" e a sua origem foi atribuída a Galeno, assim como (o que parece mais confiável) a Mário Vitorino. O polissilogismo de tipo 2) às vezes é chamado "progressivo" e é denominado "goclênico" por se atribuir sua primeira apresentação a Goclênio (VER) em sua *Introdução* ao *Organon* de Aristóteles.

⊃ Uma análise contemporânea dos problemas suscitados pelo sorites na acepção de "sofisma do amontoado" se encontra em Max Black, "Reasoning with Loose Concepts", *Dialogue*, 2 (1963), 1-12, reimp. na obra do mesmo autor, *Margins of Precision: Essays in Logic and Language*, 1970, pp. 1-13. Black se refere a seu próprio tratamento anterior do problema em "Vagueness: An Exercise in Logical Analysis", em *Language and Philosophy*, 1949, pp. 23-58 (ver o artigo deste Dicionário, VAGUIDADE), assim como aos estudos lógicos dos chamados *fuzzy sets* ("conjuntos imprecisos") por L. A. Zadeh, "Fuzzy Sets", *Information and Control*, 8 (1965), 338-353; J. A. Guguen, "L-fuzzy Sets", *Journal of Mathematical Analysis and Applications*, 18 (1967), 145-174. — Referências clássicas em Prantl, I, 663, e C. Sigwart, *Logik*, 1924. — Ver também P. Hoenen, *Recherches de logique formelle. La structure du système des syllogismes et de celui des sorites*, 1947. ⊃

SORLEY, WILLIAM RITCHIE. Ver HEGELIANISMO.

SOTO, DOMINGO DE (1494-1560). Nascido em Segóvia, estudou nas Universidades de Alcalá e Paris, e ensinou durante algum tempo na primeira delas. Em 1524 ingressou na Ordem dos Pregadores e em 1532 obteve a cátedra de *vésperas* de teologia na Universidade de Salamanca. De 1545 até 1547 interveio nas deliberações do Concílio de Trento. Depois de ter sido confessor de Carlos V, regressou a Salamanca em 1550, onde ocupou a cátedra de *prima* de teologia. Domingo de Soto escreveu numerosas obras: de exegese bíblica, de teologia, de filosofia e de Direito. A mais influente dessas obras foi seu tratado sobre a justiça e o Direito, composto sob a inspiração de Santo Tomás de Aquino e alentado por um espírito análogo ao que se encontra nas conferências sobre Direito de Francisco de Vitoria (VER). Entre as obras filosóficas figuram comentários às *Summulae* de Pedro Hispano e a escritos lógicos e físicos de Aristóteles. Embora a orientação geral desses comentários seja tomista, Domingo de Soto se afasta em diversas ocasiões da doutrina de Santo Tomás, em particular acerca da posição que ocupam certos problemas metafísicos. Isso ocorre, por exemplo, com a questão da distinção (VER) real entre a essência e a existência, distinção que Soto não considera, como outros tomistas, a base ontológica fundamental do pensamento do autor das *Summas*. Entre seus trabalhos teológicos destacam-se as doutrinas sobre a natureza e a graça; como outros tomistas, Soto afirma a necessidade de que as causas segundas sejam movidas por Deus para atuarem, pois do contrário seria necessário aceitar a existência de movimentos surgidos de outras fontes que não a divina, mas isso não quer dizer que Deus seja o autor do mal.

Destaca-se hoje a contribuição de Domingo de Soto às questões físicas. Em seus comentários à *Physica* aristotélica, Domingo de Soto mostrou possuir um conhecimento amplo da cinemática dos mertonianos (VER), e em particular dos trabalhos de Tomás Bradwardine, Guilherme de Heytesbury e dos trabalhos de Paulo de Veneza e de Alberto da Saxônia. Segundo M. Clagett (ver obra citada na bibliografia), encontra-se nas *Quaestiones* de Domingo de Soto "o primeiro enunciado da queda livre [dos corpos], com ampliação explícita das implicações infinitesimais das discussões dos mertonianos". De fato, Domingo de Soto estabeleceu, seguindo os mertonianos, que um movimento uniformemente acelerado se mede em relação ao espaço atravessado em um tempo dado por sua velocidade média. Exemplo disso é um corpo que cai durante uma hora acelerando uniformemente sua velocidade de 0 a 8. Esse corpo atravessa o mesmo espaço que outro corpo que se mova uniformemente durante uma hora à velocidade 4. Clagett indica que Domingo de Soto provavelmente não foi o primeiro a aplicar a regra dada pelos mertonianos para determinar a distância em um movimento uniformemente acelerado, mas "sua obra continua sendo a primeira referência a tal aplicação de que temos notícia, e, é claro, antecipa em mais de um século o uso por Galileu da fórmula medieval".

Os resultados obtidos por Domingo de Soto se encontram particularmente nas páginas das *Quaestiones* dedicadas ao exame de "se a velocidade de movimento com relação ao efeito é medida pela quantidade de espaço atravessado" *(Utrum velocitas motus ab effectu attendatur penes quantitatem spatii, quod transitur).*

➲ Obras: *Ad Sanctum Concilium Tridentinum De natura et gratia libri tres*, 1549, reimp., 1964. — Comentários às *Summulae* (1529, reimp. com prólogo de W. Risse, 1979), às *Sentenças* [IV] (1561-1572), aos escritos lógicos (1544) de Aristóteles (*In dialecticam Aristotelis commentaria*, 1548, reimp. com prólogo de W. Risse, 1975). — As *Quaestiones* físicas a que nos referimos no texto são as *Quaestiones super octo libros Physicorum Aristotelis* (1955). — *De iustitia et iure, libri decem* (1953).

Ver: V. D. Carro, *Los colaboradores de Vitoria: D. de S. y el Derecho de gentes*, 1930. — Id., *D. de S. y su doctrina jurídica: Estudio teológico jurídico e histórico*, 1944. — M. Solana, *Historia de la filosofía española. Época del Renacimiento (Siglo XVI)*, 1941, pp. 91-130. — A. Z. Vergara, *La filosofía de la ley según D. de S.*, 1946. — M. Clagett, *The Science of Mechanics in the Middle Ages*, 1959, especialmente pp. 555, 658 ss. — Jaime Brufau Prats, *El pensamiento político de D. de S. y su concepción del poder*, 1960. — A. del Cura, "D. de S., maestro de filosofía", *Estudios filosóficos*, 9 (1961), 391-440. — Bernice Hamilton, *Political Thought in Sixteenth Century Spain: A Study of the Political Ideas of Vitoria, D. de S., Suárez, and Molina*, 1964. — Vicente Muñoz Delgado, *Lógica formal y filosofía en D. de S. (1494-1560)*, 1964. — W. Daniel, *The Purely Penal Law Theory in the Spanish Theologians from Vitoria to Suárez*, 1968. — W. A. Wallace, "Mechanics from Bradwardine to Galileo", *Journal of the History of Ideas*, 32 (1971), 15-28. — M. Beuchot, "La doctrina tomistas clásica sobre el signo: D. de S., Francisco Araujo y Juan de Santo Tomás", *Crítica*, 12 (1980), 39-60. ⊂

SOURIAU, ÉTIENNE. Ver GÊNIO.

SOZZINI, FAUSTO. Ver SOCINIANISMO.

SOZZINI, LELIO. Ver SOCINIANISMO.

SPAIER, ALBERT (1883-1934). Submeteu à crítica o conceito meyersoniano da razão como operação identificadora. Esse conceito conduz, segundo Spaier, a uma paralela e não menos extrema concepção da sensibilidade como algo pura e absolutamente irracional, como uma pura presença à qual nem sequer corresponde o nome de "dada". A rigor, pensa Spaier, a pura identidade e a sensação são meros esquemas; melhor ainda, simples limites inalcançáveis. O que na realidade ocorre é a apreensão de algo por meio das operações judicativas, nas quais se forma um pensamento que cabe qualificar de "pensamento concreto". Trata-se, em outros termos, de um pensar não oposto nem à razão nem à intuição, de um pensar para o qual raciocinar e intuir são operações igualmente indispensáveis. Uma unidade do racional e do sensível não efetuada por meio de uma síntese, mas determinada pelo exame de suas condições prévias é, pois, o traço principal da doutrina de Spaier. Nela se baseia o exame que Spaier efetua do pensamento e da quantidade, ou, melhor dizendo, das relações entre quantidade e qualidade à luz do "pensar concreto". Ao inverso da concepção habitual, Spaier não admite a dissolução da qualidade pela quantidade: não supõe que quantificar equivalha a desqualificar e a desrealizar. E isso não porque tenha identificado previamente realidade com quantidade, mas ao contrário: porque Spaier não admite que a quantidade, e a medição mediante a quantidade, consiga jamais suprimir a qualidade. Ora, irredutibilidade de qualidade a quantidade não quer dizer impossibilidade ontológica de medir. De fato, a medida também é uma determinação do real, mas uma determinação que nos conduz de novo à qualidade em vez de suprimi-la, pois a medida assinala o grau de magnitude, o valor numérico dentro do qual se dá cada forma de qualidade.

➲ Principais obras: *La Pensée concrète. Essai sur le symbolisme intellectuel*, 1927. — *La Pensée et la Quantité. Essai sur la signification et la réalité des grandeurs*, 1927. ⊂

SPANN, OTHMAR (1878-1950). Nascido em Viena, estudou em Viena, Zurique e Tübingen. De 1908 a 1909 foi *Privatdozent*, de 1909 a 1911 "professor extraordinário" e de 1911 a 1919, professor titular na Escola Superior Técnica alemã de Brünn. De 1919 a 1949 foi professor titular da Universidade de Viena.

Othmar Spann defendeu uma doutrina chamada "universalista" que, embora partisse de considerações sociológicas, abarcava o conjunto da filosofia. A influência do aristotelismo e da mística alemã, assim como do idealismo pós-kantiano, contribuíram, em diversos graus, para perfilar seus principais traços. Em todo caso, já desde muito cedo Spann se opôs ao mecanicismo, atomismo e matematicismo sociológicos e pareceu aderir a um organicismo como o propugnado sobretudo por Albert Schäffle, cuja *Estrutura e vida do corpo social*

(*Bau und Leben des sozialen Körpers*, 4 vols., 1875-1878) seguia uma tendência declaradamente antiatomista. Ora, o organicismo de Spann, inclusive o sociológico, era muito mais radical que o de Schäffle. De fato, Spann procurou antes de tudo construir as categorias próprias de todo o orgânico-social, categorias segundo ele funcionais e não genéticas. Unicamente com base nelas é possível, segundo o autor, fundar filosoficamente o organicismo sociológico e o universalismo metafísico. Assim, uma teoria categorial é a primeira coisa que impõe a consideração da realidade do ponto de vista universalista. Esta teoria é, propriamente, uma ontologia na qual aparece o todo não apenas como distinto de seus elementos e não apenas como contraposto a eles, mas como o único verdadeiramente real e ontologicamente subsistente. Na verdade, o todo é o único que há, e o todo exclui como tal toda causalidade em sentido genérico, toda relação no sentido de combinação e enlace de coisas entre si, todo ser em si estático e imutável. A noção de totalidade que constitui o fundamento da doutrina universalista não parece, pois, poder ser traduzida intelectualmente senão com uma forma tautológica: a totalidade é, em última análise, apenas e exclusivamente a totalidade. No entanto, uma derivação a partir dela das categorias do ser — incluindo os modos aparentes do ser — não é impossível, mas sim, segundo Spann, necessária. Isso foi o que ele tentou realizar por meio de uma espécie de dialética da relação entre o todo e suas partes ou, melhor dizendo, entre o todo e seus membros. Na verdade, o todo mesmo não possui realidade — em sentido existencial —, mas "somente" ser em sentido ontológico; por isso os membros surgem no curso de um processo que o todo realiza, isto é, que o todo produz e que, ao mesmo tempo, leva este todo da potência ao ato. Uma dialética das espécies de articulação do ser está, segundo Spann, ligada a essa ontologia. Com isso o todo aparece como a possibilidade ontológica de todo ente como tal ente. Uma doutrina dos graus do ser e da sociedade coroa esse universalismo, que, além disso, é, segundo Spann, a doutrina própria das épocas de ascensão vital e de plenitude, tal como se manifestam nos períodos criadores da história: na época clássica grega, na Idade Média, no romantismo idealista moderno. O universalismo se opõe, pois, sempre radicalmente ao individualismo atomista, surgido nas épocas de decadência vital, de depressão e envelhecimento, no curso das quais se adota o empirismo na ciência, o utilitarismo na ética, o ateísmo na religião, o ceticismo, o determinismo e o racionalismo mecanicista na concepção do mundo. O individualismo é, pois, para Spann, uma desrealização enquanto o universalismo é a expressão do espírito criador que se manifesta em todo o verdadeiramente real e que culmina nessa pura atualidade fundamentante de organismos que chamamos "Deus".

⊃ Principais obras: *Zur Logik der sozialwissenschaftlichen Begriffsbildung*, 1905 *(Para a lógica da concepção científico-social)*. — *Zur Kritik des Gesellschaftsbegriffes der modernen Soziologie*, 1905 *(Para a crítica do conceito de sociedade da sociologia moderna)*. — *Untersuchungen über den Gesellschaftsbegriff zur Einleitung in die Gesellschaftslehre. I. Wirtschaft und Gesellschaft*, 1907 *(Investigações sobre o conceito de sociedade com vistas a uma introdução à teoria da sociedade. I. Economia e sociedade)*. — *Die Haupttheorien der Volkswirtschaftslehre auf dogmengeschichtlicher Grundlage*, 1911 *(As teorias capitais da economia política sobre base histórico-dogmática)*. — *Kurzgefasstes System der Gesellschaftslehre*, 1914 *(Breve sistema de teoria da sociedade)*. — *Fundament der Volkswirtschaftslehre*, 1918 *(Fundamento de economia política)*. — *Der wahre Staat. Vorlesungen über Abbruch und Neubau der Gesellschaft*, 1921 *(O verdadeiro Estado. Lições sobre a desintegração e a reconstrução da sociedade)*. — *Tote und lebendige Wissenschaft. Abhandlungen zur Auseinandersetzung mit Individualismus und Marxismus*, 1921 *(Ciência morta e ciência viva. Ensaios com vistas a uma discussão com o individualismo e o marxismo)*. — *Kategorienlehre*, 1924 *(Teoria das categorias)*. — *Der Schöpfungsgang des Geistes. Die Wiederherstellung des Idealismus auf allen Gebieten der Philosophie*, 1928 *(A marcha criadora do espírito. Restabelecimento do idealismo em todas as esferas da filosofia)*. — *Gesellschaftsphilosophie*, 1928 *(Filosofia da sociedade)*. — *Die Krisis in der Volkswirtschaftslehre*, 1930 *(A crise na ciência da economia política)*. — *Geschichtsphilosophie*, 1932 *(Filosofia da história)*. — *Philosophenspiegel. Die Hauptlehren der Philosophie begrifflich und lehrgeschichtlich dargestellt*, 1933 *(Espelho dos filósofos. As principais doutrinas da filosofia expostas em seus conceitos e doutrinas)*. — *Kämpfende Wissenschaft. Gesammelte Abhandlungen zur Volkswirtschaftslehre, Gesellschaftslehre und Philosophie*, 1934 *(Ciência em luta. Ensaios reunidos sobre economia política, teoria da sociedade e filosofia)*. — *Erkenne Dich selbst! Eine Geistesphilosophie als Lehre vom Menschen und seiner Weltstellung*, 1935 *(Conhece-te a ti mesmo! Uma filosofia do espírito como doutrina do homem de seu lugar no mundo)*. — *Naturphilosophie*, 1937 *(Filosofia da natureza)*. — *Religionsphilosophie auf geschichtlicher Grundlage*, 1947 *(Filosofia da religião sobre base histórica)*. — *Meister Eckharts mystische Philosophie*, 1949 *(A filosofia mística de Mestre Eckhart)*.

Edição de obras: *Ganzheitliche Logik (Lógica totalista)*, ed. de obras póstumas por Walter Heinrich, 1958; também em 5 tomos: I *(Grundlegung)*, 1957; II *(Die Lehre vom Begriffe)*, 1957; III *(Die Lehre vom Urteil)*, 1958; IV *(Die Lehre vom Schlusse)*, 1958; V *(Verfahrenlehre)*, 1958. — *Gesamtausgabe*, 22 vols., ed. W. Heinrich, H. Riehl, R. Spann, U. Schöndorfer, F. A. Westphalen, 1963-1977.

Ver: K. Dunkmann, *Der Kampf um O. Spann*, 1928. — G. Baron Wrangel, *Das universalistische System von O. Spann*, 1929. — Gottlieb Leibbrand, *Umbruch durch O. Spann*, 1933; 2ª ed., 1934. — Karl Gerber, *Der Universalismus bei O. Spann in Hinblick auf seiner Religionsphilosophie*, 1934 (tese). — H. Räber, *O. Spanns Philosophie des Universalismus. Darstellung und Kritik*, 1937, reimp., 1962. — H. Riehl, Introdução a sua seleção de trabalhos de Spann, *Das philosophische Gesamtwerk im Auswahl*, 1950. — R. Amtmann, *Die Geisteslehre O. Spanns*, 1960. — A. Rieber, *Vom Positivismus zum Universalismus — Kritik des Ganzheitsbegriffs von O. S.*, 1971. — W. Becher, *Der Blick aufs Ganze. Das Weltbild O. Ss.*, 1985. — J. H. Pichler, ed., *O. S. oder die Welt als Ganzen*, 1988. ⊂

SPAULDING, EDWARD GLEASON. Ver Neo-realismo.

SPAVENTA, BERTRANDO (1817-1883). Nascido em Bomba (Chieti, Itália). Ordenado sacerdote, viveu durante alguns anos em Nápoles, mudou-se para Florença e Turim, onde abandonou o hábito e se consagrou ao estudo da filosofia e à atividade jornalística política. Posteriormente, foi professor de história da filosofia em Bolonha e, finalmente, em Nápoles.

Spaventa considerou que a filosofia de Hegel — pela qual entendia fundamentalmente a *Fenomenologia do Espírito* — era a filosofia italiana do século XVI que voltava, através da Alemanha, para fixar-se de novo na Itália. Tal filosofia era para Spaventa a filosofia que toma seu ponto de partida no espírito absoluto, que, além disso, foi concebido por Spaventa como idêntico à síntese kantiana *a priori*. O sujeito absoluto é a unidade sintética fundamental. A filosofia não começa, pois, com algo contraditório que logo será "sintetizado", mas com a unidade da síntese. Esta unidade não é, porém, a unidade puramente abstrata, mas uma unidade ativa e incessantemente produtiva. O ponto de partida da filosofia ou, melhor dizendo, da metafísica é a unidade da consciência concreta como autoconsciência, que inclui o objeto, pois a consciência em questão é ao mesmo tempo consciência de si e do outro. O ser não se contrapõe ao pensar, mas é enquanto é pensado. O ponto de partida é, pois, o pensar enquanto pensa o ser, não o próprio ser, que é uma simples abstração. O processo dialético é um processo da consciência concreta pensante, que não se afirma e fica detida no pensar-se a si mesma e por isso tem de constituir-se mediante um devir.

➲ Principais obras: *Frammenti di studi sulla filosofia italiana del secolo XVI*, 1852. — *La filosofia de Kant e la sua relazione con la filosofia italiana*, 1856. — *La filosofia del Gioberti*, I, 1863; 2ª ed., 1886. — "Le prime categorie della Logica di Hegel", em *Atti della Reale Accademia di scienze morali e politiche*, de Nápoles (1864). — *Saggi di critica filosofica, politica e religiosa*, 1867; nova ed. com o título *Rinascimento, Riforma e Contro-riforma*, 1928 [inclui artigos publicados desde aproximadamente 1854]. — *Principî di filosofia*, 1867; nova ed. com o título: *Logica e metafisica*, 1911, ed. G. Gentile. — "Studi sull'etica di Hegel", em *Atti etc.* (1869), reimp.: *Principî di etica*, 1904, ed. G. Gentile. — *Kant e l'empirismo*, 1880. — *Esperienza e metafisica*, 1888, ed. D. Jaja. — *Scritti filosofici*, 1900, ed. G. Gentile. — *Da Socrate ad Hegel*, 1905. — *La filosofia italiana nelle sue relazioni con la filosofia europea*, 1908; 2ª ed., 1926; nova ed., 1955.

Ver: G. Gentile, *Le origini della filosofia contemporanea in Italia*, t. III, 1923. — C. Curcio, *Il pensiero politico di B. S.*, 1924. — Enrico Vigorita, *B. S.*, 1938. — S. Pellegrini, *Nazionalità della filosofia nel pensiero di B. S.*, 1939. — Italo Cubeddu, *B. S.*, 1964. — R. Bortot, *L'hegelismo di B. S.*, 1968. ⊂

SPEARMAN, CHARLES. Ver Faculdade.

SPECIES. Ver Espécie.

SPENCE, KENNETH W[ARTENBEE]. Ver Comportamentalismo.

SPENCER, HERBERT (1820-1903). Nascido em Derby. Spencer não freqüentou escolas, públicas ou privadas, e recebeu a educação em sua casa paterna. Interessado na mecânica, trabalhou como engenheiro nas ferrovias (London and Birmingham Railway) de 1837 a 1846. Em seguida se dedicou ao estudo da geologia e da biologia. De 1848 a 1853 trabalhou como assistente do diretor de *The Economist*, de Londres, começando a seguir sua longa série de trabalhos e publicações.

Um ano depois de abandonar seu posto no *Economist*, Spencer começou a publicar os *Princípios de Psicologia*, posteriormente incorporados a seu sistema, nos quais, com antecipação à formulação da doutrina da seleção natural por Darwin (1859), concebeu a idéia de uma interpretação geral da realidade com base no princípio de evolução. Essa idéia tomou corpo em um programa de 1860, que Spencer realizou quase integralmente nos trinta anos seguintes de sua vida com extraordinária tenacidade. O conjunto da doutrina foi chamado por seu autor *Sistema de filosofia sintética* e compreendeu, além dos *Primeiros princípios* (1862), os *Princípios de biologia* (1864-1867), os *Princípios de psicologia* (1876-1896) e os *Princípios de ética* (1879-1892). Suas idéias sobre a evolução na natureza inorgânica, assim como sobre política, educação e particularmente sobre a classificação das ciências — onde combateu Comte resolutamente — foram publicadas numa série de trabalhos menores: *A classificação das ciências* (1864), *O estudo da sociologia* (1873), *A educação intelectual, moral e física* (1861) etc. Segundo Spencer, a filosofia tem por missão o conhecimento da evolução em todos os aspectos da realidade dada, que de nenhuma maneira é igual à realidade absoluta. O dado é a sucessão dos fenômenos, a evolução universal como manifestação de um Ser inconcebível, de um absoluto último que Spencer designa alternadamente com os nomes de Incognoscível ou Força. Nesse reconhecimento de um Absoluto, mas ao mesmo tempo nessa limitação da ciência ao relativo, que é o único positivo, estabelece-se a possibilidade de uma conciliação entre a religião e a ciência. A evolução é a lei universal que rege todos os fenômenos enquanto manifestações do Incognoscível. Não é apenas uma lei da Natureza, mas também uma lei do espírito, pois este não é senão a parte interna da mesma realidade e justamente a parte cuja evolução consiste em adaptar-se ao externo, em ser formado por ele. O Incognoscível, comparado com o *númeno* de Kant, não é, por conseguinte, uma realidade material ou uma realidade espiritual; é algo do qual não se pode enunciar nada além de sua inconcebilidade e o fato de ser o fundo último da realidade universal. Limitada a esta tarefa, a ciência, como conhecimento parcial da evolução, e a filosofia, como conhecimento total e sintético da mesma, devem ser inteiramente positivas; o que a ciência e a filosofia pretendem é apenas o exame de uma realidade não transcendente, mas de uma realidade submetida a uma lei universal que proporciona os primeiros princípios do saber científico. Essa lei é a evolução, definida como "a integração da matéria e a dissipação concomitante do movimento pelo qual a matéria passa de um estado de homogeneidade indeterminada e incoerente a um estado de heterogeneidade determinada e coerente". O pressuposto implícito da evolução é, por conseguinte, a conservação da matéria e a conservação da energia. Só porque a força e a energia se conservam pode o aspecto interno, isto é, o espírito, entrar na órbita da ciência e ser regido pela evolução. Spencer aplica conseqüentemente a lei fundamental a todos os domínios da realidade, e particularmente à biologia, psicologia e sociologia, as partes mais amplamente elaboradas de seu sistema. A evolução se mostra sobretudo ao considerar a formação do sistema solar, onde a fórmula mencionada aparece realizada clara e inequivocamente. Na biologia, a evolução se manifesta no processo de adaptação do interno ao externo, na progressiva diferenciação dos seres vivos que conduz da homogeneidade à heterogeneidade. Com esta concepção se enlaça a integração do darwinismo como doutrina biológica no sistema spenceriano: a sobrevivência do mais apto é um exemplo da mencionada adaptação, no curso da qual aparecem formas vivas cada vez mais complexas e perfeitas. Essa evolução se realiza, por outro lado, de uma maneira puramente mecânica; toda noção de finalidade é descartada pelo princípio da conservação da energia, que não somente implica a passagem do homogêneo ao heterogêneo, mas o processo inverso, a passagem do heterogêneo ao homogêneo, a desagregação da matéria com a absorção da energia. Na evolução não há nenhum ponto final; todo equilíbrio é apenas o ponto de partida de uma nova desintegração e por isso o universo inteiro está submetido a um ritmo constante e eterno, a uma perpétua mudança, à dissolução de todo suposto finalismo num simples movimento de compensação e equilíbrio. A psicologia, que se divide em objetiva e subjetiva, trata em sua primeira parte da adaptação da consciência (como aspecto interno) aos processos fisiológicos (como aspecto externo da mesma realidade), enquanto em sua segunda parte se examina "a ciência subjetiva do espírito" que, em oposição a Comte, é considerada como possível, pois o que a psicologia analisa não é uma realidade incognoscível, mas uma série de elementos primários, um conjunto de fatos mentais cuja integração e desintegração, submetidas à mesma lei de evolução que rege todas as esferas, permitem compreender a formação das chamadas faculdades superiores como conjuntos heterogêneos dos elementos primitivos. E, por fim, a evolução é a lei fundamental da sociologia e da ética. Também aqui se mostra a progressiva adaptação do homem ao meio com a conseqüente diferenciação das funções e capacidades visando uma melhor adequação às necessidades do ambiente. Por isso a evolução culmina num individualismo que, defendido vigorosamente por Spencer em suas concepções políticas, mostra o ser humano na maior perfeição possível de suas reações ao meio que o rodeia até chegar à adequação justa, definida como a verdadeira qualidade moral. Mas a perfeição absoluta não é possível, porque representaria o final da evolução e com isso a aniquilação da consciência humana, a qual adquire seu sentido no perpétuo esforço de adaptação ao meio. Por isso a moralidade é sempre, em última análise, uma aspiração e um esforço, a tentativa de servir à coletividade humana e a justificação do indivíduo por esta tendência ao aperfeiçoamento da sociedade.

➲ Obras: *The Proper Sphere of Government*, 1843 (publicado antes em *The Nonconformist*, 1842). — *Social Statics, or the Conditions Essential to Human Happiness, Specified and the First of them Developed*, 1850 (edição refundida, 1892). — *Essays. Scientific, Political and Speculative*, 2 vols., 1858-1863 (compreendem diversos artigos, publicados antes em revistas, tais como "The Development Hypothesis" [1852]; "Manners and Fashion" [1854]; "The Genesis of Science" [1854]; "Progress: Its Law and Cause" [1857]). — *A System of Synthetic Philosophy* (segundo o programa publicado em 1860): I. *Firts Principles*, 1862; II e III. *Principles of Biology*, 1864-1867 (ed. refundida, 1898); IV e V. *Principles of Psychology* 1855 (2ª ed., 2 vols., 1870-1872); VI, VII e VIII. *Principles of Sociology* (VI, 1876; VII, *Ceremonial Institutions*, 1882; VIII, *Ecclesiastical Institutions*, parte I do volume aparecida em 1885; o vol. Completo, em 1896); IX e X. *Principles of Morali-*

ty, 1892-1893 (Parte I, *Data of Ethics*, 1879; Parte IV, *Justice*, 1891; Partes II e III, 1892; Parte V, 1893). — *Essays Intellectual, Moral, and Physical*, 1861. — *The Classification of the Sciences; to which are added Reasons for Dissenting from the Philosophy of M. Comte*, 1864. — *The Study of Sociology*, 1873. — *The Man Versus the State*, 1884. — *The Factors of Organic Evolution*, 1887. — *The Inadequacy of Natural Selection*, 1893. — *A Rejoinder to Professor Weismann*, 1893. — *Weismannism Once More*, 1894. — *Various Fragments*, 1897. — *Facts and Comments*, 1902. — *An Autobiography*, 2 vols., 1904. — *Essays on Education and Kindred Subjects*, 1911. — Epítome da filosofia sintética por F. Howard Collins, *An Epitome of the Synthetic Philosophy*, 1889.

Biografia: Ver especialmente D. Duncan, *The Life and Letters of H. S.*, 1912.

Em português: *Do progresso: sua lei e sua causa*, 1939. — *A justiça*, 1891.

Ver: B. P. Bowne, *The Philosophy of H. S.*, 1874. — W. D. Ground, *An Examination of the Structural Principles of Mr. H. Spencer's Philosophy*, 1884. — W. H. Hudson, *The Philosophy of H. S.*, 1894. — Id., *An Introduction to the Philosophy of H. S.*, 1895. — John Watson, *Mill, Comte, and S.: An Outline of Philosophy*, 1895. — F. H. Collins, *Philosophy of H. S.*, 1897. — Otto Gaup, *S.*, 1897 (trad. esp., 1930). — J. Royce, *H. S.: An Estimate and Review, with a Chapter on Personal Reminiscences by J. Collier*, 1904. — J. Dillari, *Il pensiero filosofico di S.*, 1905. — E. Thouverez, *H. S.*, 1905. — A. Stadler, *H. S.*, 1907. — P. Häberlin, *H. Spencers Grundlagen der Philosophie*, 1908. — K. Schwarze, *H. S.*, 1909. — E. Parisot, *H. S.*, 1911. — C. Lloyd Morgan, *H. Spencer's Philosophy of Science*, 1913. — Hugh Elliot, *H. S.*, 1917. — J. Rumney, *Herbert Spencer's Sociology*, 1934. — E. Diaconide, *Étude critique sur la sociologie de H. S.*, 1938. — R. C. Ensor, *Some Reflections on H. Spencer's Philosophy*, 1946. — J. Rumney, *H. S.'s Sociology: A Study in the History of Social Theory*, 1965. — J. G. Kennedy, *H. S.*, 1978. — J. G. Muhri, *Normen von Erziehung. Analyse und Kritik von H. S. evolutionistischer Pädagogik*, 1982. — J. H. Turner, *H. S.: A Renewed Appreciation*, 1985. ℭ

SPENGLER, OSWALD (1880-1936). Nascido em Blankenburg (Harz), estudou em Munique e Berlim, onde apresentou sua tese sobre Heráclito. Depois de ensinar matemática no Ginásio de Munique, retirou-se para consagrar-se inteiramente à atividade literária.

Influenciado sobretudo, como ele próprio reconhece, por Nietzsche e Goethe; seguidor das correntes irracionalistas, biologistas, pragmatistas e naturalistas, Spengler concebeu a história ou, melhor dizendo, as diferentes culturas nela inseridas, como organismos biológicos, submetidos por próprio desgaste interno a uma consumação e decadência. As bases do que Spengler chamou "uma filosofia alemã" se encontram no que concebeu como a única filosofia possível naquela época decadente: a filosofia que, ao separar radicalmente o que se faz do feito, o devir do devindo, encontra na intuição o órgão apropriado para o conhecimento do vivente, em oposição à inteligência, confinada à análise do rígido e do morto, das cinzas que deixa, depois de arder, a chama da vitalidade. Essa filosofia, que deve ser aplicada exclusivamente a uma morfologia da história universal destinada a "abarcar uma segunda vez todas as formas e todos os movimentos do universo em sua última e mais íntima significação" é, na realidade, uma interpretação naturalista e relativista da história da cultura. Segundo Spengler, o Ocidente chegou a seu período de decadência, à fase da "civilização" como última e caduca etapa da cultura. Esta decadência equivale morfologicamente a outras decadências análogas havidas no passado, pois cada fase histórica tem com outras homólogas uma correspondência formal. Daí a criação de uma teoria das "quatro idades da cultura" examinadas por Spengler no Oriente, na Antigüidade, no mundo árabe e no Ocidente. Estas fases compreendem sucessivamente o mito, o período mítico-místico (primavera); a reforma ou rebeldia contra as formas do passado, os princípios de uma consideração filosófica, a formação de uma nova matemática, o empobrecimento racionalista-místico do religioso (verão); a época das luzes ou a confiança na onipotência da razão (outono), e, por fim, as concepções materialistas, céticas, pragmáticas, alexandrinistas (inverno). A independência mútua de cada cultura, independência que Spengler estudou com particular detalhe no caso das chamadas alma apolínea ou grega, mágica ou árabe e fáustica ou ocidental, não impede em nenhum caso o reconhecimento de sua identidade morfológica, do fato de que, por serem todas no fundo organismos análogos, tenham de passar pelas mesmas fases. Esses "universos-histórias" estão, pois, submetidos a um destino ineludível; daí a possibilidade de predizer o futuro, possibilidade que Spengler aproveita para anunciar a decadência do Ocidente. Mas sua "filosofia alemã", em contradição parcial com suas próprias teses políticas, induziu posteriormente Spengler a atenuar sua predição e a anunciar para o futuro um *Imperium mundi* regido pela Alemanha. Este império mundial deve ser, no seu entender, o produto necessário de um triunfo do "realismo cético" sobre o racionalismo otimista e o romantismo. A vitória final desse império mundial, consciente do destino do mundo e de seu próprio povo, se propõe, por sua visão fria e cética do futuro, sua salvação.

◐ Obras: *Heraklitische Studie über die energetischen Grundgedanken seiner Philosophie,* 1904 (tese). — *Der Untergang des Abendlandes. Umriss einer Morphologie der Weltgeschichte*, 2 vols., 1918-1922 (I. *Gestalt und Wirklichkeit*; II. *Welthistorische Perspektiven*). — *Preussentum und Sozialismus*, 1920 *(Prussianismo e socialismo)*. — *Pressimismus?*, 1921. — *Der Mensch und die Technik*, 1931. — *Politische Schriften*, 1933. — *Jahre der Etnscheidung, I,* 1933. — *Reden und Aufsätze*, 1937 *(Discursos e artigos)*: compreende o primeiro trabalho sobre Heráclito e um esboço do que em seguida foi *A decadência do Ocidente.* — Obra póstuma: *Urfragen,* 1965 *(Questões básicas)*, e *Frühzeit der Weltgeschichte,* 1966 *(Primeira época da história do mundo)*, ambas eds. por A. M. Koktanek e M. Schröter.

Correspondência: *Briefe 1913-1936*, 1963, ed. M. Schröter e A. M. Koktanek.

Depoimento: J. Naeher, *O. S. Mit Selbstzeugnissen und Bilddokumenten*, 1984.

Em português: *A decadência do Ocidente*, 1964.

Ver: G. Briefs, *Untergang des Abendlandes, Christentum und Sozialismus. Eine Auseinandersetzung mit O. S.*, 1920; 2ª ed., 1921. — August Messer, *O. S.*, 1924. — M. Schröter, *Der Streit um S. Kritik seiner Kritiker*, 1922; 2ª ed.: *Metaphysik des Untergangs. Eine kulturkritische Studie über O. S.*, 1949. — A. Fauconnet, *O. S.*, 1925. — L. Giusso, *S.*, 1936. — E. Gauhe, *S. und die Romantik*, 1937. — H. S. Hughes, *O. S.: A Critical Estimate*, 1952. — Ernst Stutz, *O. S. als politischer Denker*, 1958 (tese). — Armando González Rodríguez, *Filosofía política de S.*, 1960. — Anton Mirko Koktanek, *O. S. und seine Zeit*, 1969. — P. C. Ludz, ed., *S. heute*, 1980. — D. Felken, *O. S. Konservativer Denker zwischen Kaiserreich und Diktatur*, 1988. **C**

SPIEGELBERG, HERBERT (1904-1990). Nascido em Estrasburgo, estudou nas Universidades de Heidelberg, Freiburg e Munique. Em 1938 emigrou para os Estados Unidos, ensinando no Swathmore College (1938-1941), Lawrence College (1941-1963), Washington University de St. Louis, Missouri (1963 até sua aposentadoria em 1971). Spiegelberg tomou como ponto de partida para seu trabalho filosófico a obra de Pfänder (VER) e a tendência fenomenológica do chamado "Grupo de Munique", chefiado por Pfänder. Separou-se, porém, de Pfänder em vários pontos importantes, especialmente no que diz respeito ao realismo fenomenológico, que submeteu à crítica. Spiegelberg deu a conhecer a fenomenologia em suas várias tendências e múltiplas ramificações, não só em sua obra sobre "o movimento fenomenológico", mas também em estudos em que examinou similaridades e diferenças entre Husserl, Heidegger, Wittgenstein e outros autores, situando a fenomenologia num amplo contexto filosófico contemporâneo. Segundo declaração própria, e a despeito da diversidade de interesses em ontologia, epistemologia, axiologia e filosofia do Direito, "ainda não abandonou a meta unificadora de uma filosofia prática sobre fundamentos fenomenológicos, destinada a combinar as melhores clarividências de uma fenomenologia dos valores com uma concepção aprofundada da existência humana".

➲ Escritos: "Über das Wesen der Idee", *Jahrbuch für Philosophie und phänomenologische Forschung*, XI (1930), 1-238 ("Sobre a essência da idéia"). — "Sinn und Recht der Begründung in der axiologischen und praktischen Philosophie", *Neue Münchener philosophische Abhandlungen* (1933), pp. 100-142 (Homenagem a Pfänder) ("Sentido e direito da fundamentação na filosofia axiológica e prática"). — *Antirelativismus. Kritik des Relativismus und Skeptizismus der Werte und des Sollens*, 1935 *(Antirrelativismo. Crítica do relativismo e ceticismo dos valores e do dever ser)*. — *Gesetz und Sittengesetz. Strukturanalytische und historische Studie zu einer gesetzfreien Ethik*, 1935 *(Lei e lei moral. Estudos analítico-estruturais e históricos para uma ética livre de leis)*. — "The 'Reality-Phenomenon' and Reality", em *Philosophical Essays in Memory of E. Husserl*, 1939, pp. 84-105. — "Critical Phenomenological Realism", *Philosophy and Phenomenological Research, I* (1940), 154-176. — "How Subjective is Phenomenology?", *Proceedings of the American Catholic Association*, 38 (1959), 28-53. — *The Phenomenological Movement: A Historical Introduction*, 2 vols., 1960; 2ª ed., 1965; 3ª ed., rev. e amp., 1982. — [Phaenomenologica, 5-6]. — *Phenomenology in Psychology and Psychiatry: A Historical Introduction*, 1972. — *Doing Phenomenology: Essays on and in Phenomenology*, 1975 [Phaenomenologica, 63] (inclui alguns dos estudos mencionados acima). — *The Context of the Phenomenological Movement*, 1981 [complementar da 3ª ed. de *The Phenomenological Movement*]. — *Steppingstones Toward and Ethics for Fellow Existers: Essays 1944-1983*, 1986 [16 ensaios, 4 deles inéditos].

Ver: A. Gurwitsch, R. Zaner et al., *Phenomenological Perspectives: Historical and Systematic Essays in Honor of H. S.*, 1975 [Phaenomenologica, 62] (com bibliografia de obras publicadas de H. S., 1930-1974, e uma "Apologia pro bibliographia mea" pelo próprio S.). — W. Mays, K. Schuhmann et al., *Phenomenology in Practice and Theory: Essays for H. S.*, 1984, ed. W. S. Hamrick [com um "Epilogue" por H. S.]. — K. Schuhmann, "H. S., 1904-1990", *Husserl Studies* (1990), 123-127. **C**

SPINOZA, BENEDICTUS, BENTO OU BARUCH DE (1632-1677). Nascido em Amsterdam, de uma família judia, procedente de Espinosa de los Monteros, na região castelhana de Burgos, que se mudou para Portugal e em seguida emigrou para a Holanda por causa da perseguição religiosa. Educado na comunidade hebraica de Amsterdam, Spinoza seguiu os ensinamentos tradicionais do talmudismo e adquiriu amplo conhecimento da Cabala e da filosofia judaica medieval, assim como da escolástica cristã, das tendências platônicas renascentistas e das novas ciências, inclusive do cartesianismo. Mas acusado por seus correligionários de blasfêmia, foi expulso da sinagoga em 1656, residindo desde então em diversos pontos da Holanda em contato com o círculo dos colegiantes e com notáveis personalidades da época, entre elas o estadista João de Witt.

O sistema de Spinoza tem um caráter peculiar na linha do pensamento moderno depois de Descartes. Spinoza propõe-se, antes de tudo, a buscar na filosofia o bem supremo que tempere o ânimo e proporcione uma serena e eterna bem-aventurança. Esse bem supremo é produto do conhecimento de Deus como unidade do conjunto do universo. Não se trata, porém, de uma identificação mística com um princípio supremo ao modo neoplatônico ou místico, mas de um conhecimento racional, que deve começar por eliminar todo motivo de erro, toda representação confusa e vaga. Daí o ponto de partida cartesiano no método e a primazia do pensar matemático. Spinoza descreve quatro tipos de representações: as que são produzidas por mera transmissão verbal; as que nascem por experiência vaga; as originadas pela relação de um efeito com sua causa, e as que proporcionam um conhecimento intuitivo e direto da natureza simples examinada, tais como se realizam no conhecimento das verdades matemáticas. Este último tipo de representação é, segundo Spinoza, o único conhecimento certo e autêntico. O método deve, portanto, basear-se na definição enquanto construção das características constitutivas do objeto, de um modo análogo à definição das figuras geométricas. Ora, a efetividade de um conhecimento desta índole é possibilitada pelo pressuposto de que, dada a correspondência dos atributos, a ordem e conexão das idéias, entendidas como elementos simples e irredutíveis, é igual à ordem e conexão das coisas. Assim, conhecer é contemplar direta e intuitivamente essas idéias simples. Por este motivo deve-se começar com as definições fundamentais que, ao assinalar as características constitutivas dos princípios supremos, nos permitirão passar por dedução rigorosa ao conhecimento dos princípios subordinados. De acordo com isso, as proposições dos *Princípios da filosofia cartesiana* e da *Ética* são *more geometrico demonstratae*, demonstradas de modo geométrico. Parte-se das definições (algumas das quais podem requerer uma "Explicação"), segue-se com axiomas, e procede-se a proposições. Estas proposições são demonstradas de várias maneiras: algumas são patentes em virtude das definições; outras se deduzem de axiomas — ou então se demonstram *ad absurdum*, isto é, porque uma proposição contraditória a outra proposição é contraditória de uma a vários axiomas —; outras derivam de proposições já admitidas como verdadeiras e provadas, seja das únicas proposições já admitidas ou delas mais um a vários axiomas. Das proposições podem ser deduzidos corolários que, em determinados casos, servem também para a demonstração. A algumas das demonstrações de proposições seguem-se escólios — e às vezes se disse que neles se encontra o mais interessante da doutrina de Spinoza, o que pode muito bem ser certo, mas em todo caso os escólios não seriam possíveis senão como escólios de *demonstrações*. Em suma, a demonstração ao modo geométrico procede segundo o sistema dedutivo. A filosofia de Spinoza pode ter sido gerada no ânimo do autor por meio da experiência, mas não é uma filosofia racionalmente fundada na experiência, nem, ademais, necessita sê-lo.

Nas definições da Parte I da *Ética*, introduzem-se algumas noções tais como "causa de si mesmo", "substância", "atributo", "modo" etc. Nos verbetes correspondentes nos referimos às opiniões de Spinoza a respeito. Recordemos que a primeira definição se refere à Realidade mesma, que é a única Realidade: a causa de si mesma, que é aquela cuja essência envolve sua existência, isto é, aquilo que não pode conceber-se senão existindo. Essa Realidade é Substância, e só ela o é (e só a Substância como Substância infinita é a Realidade). Spinoza chama essa Realidade de Deus e Natureza ou, mais exatamente, "Deus ou Natureza", *Deus sive Natura* (a pedra de escândalo do sistema de Spinoza, tantas vezes denunciado como panteísta). Trata-se de um ser absolutamente infinito, que contém infinitos atributos, cada um dos quais expressando uma essência eterna e infinita. A Realidade de que fala Spinoza é, assim, uma realidade eminentemente positiva: é essência necessariamente existente, é infinita, é eterna etc. O fato de que às vezes se precise usar termos de índole negativa (como 'in-finito', o que não é finito) para caracterizar a Realidade se deve, como apontou Spinoza já no *Tratado*, à insuficiência da linguagem. Mas, fale-se ou não dela "negativamente", a Realidade é positiva. É, além disso, "plena", e isso pelo menos em dois sentidos: por "ocupar" tudo o que é, e por não poder estar limitada (o primeiro sentido, como sentido positivo, é o fundamento do segundo). Por isso os atributos da Substância são infinitos. Não é preciso dizer que tal Realidade é perfeita, porque dizer 'Realidade' — Substância infinita, Deus ou Natureza — é o mesmo que dizer 'Perfeição'.

Dos atributos da Realidade somente conhecemos dois: o pensamento e a extensão. São os dois únicos atributos que podemos conhecer de um modo perfeitamente claro e distinto. Os atributos se expressam, por assim dizer (e ao dizê-lo assim já falseamos o pensamento de Spinoza), por meio de modos. Os modos podem ser infinitos ou finitos. Os modos infinitos podem ser imediatos ou mediatos. Os modos infinitos imediatos são aqueles que caem imediatamente sob os atributos da Substância. Assim, para os dois atributos conhecidos, pensamento e extensão, temos dois modos infinitos e imediatos: o modo "material" e o modo "mental" (ou "pensante"). O modo infinito imediato material pode ser descrito como a extensão em seu modo de ser extensão. O modo infinito imediato mental ou pensante pode ser descrito como o pensamento em seu modo de ser pensamento. Isso posto, a cada modo infinito imediato corresponde um modo infinito mediato; trata-se então do conjunto das realidades correspondentes vistas unidas. Assim, o mundo físico é o modo infinito mediato extenso, e o mundo pensante é o modo infinito mediato pensante. Pode-se ver que em cada caso o que se vai "expressando" ou "manifestando" é uma unidade menos completa e perfeita que a unidade que a precede lógica e metafisicamente. Assim, por exemplo, a Natureza considerada como um sistema de corpos é uma unidade — o modo infinito mediato da extensão —, mas é uma unidade fundada em outra: a do modo infinito imediato extenso, ou a do extenso *qua* extenso.

Quando do infinito passamos ao finito, temos os modos finitos. Uma vez que só conhecemos os atributos da extensão e do pensamento, conhecemos aqui também somente modos finitos tais como os corpos finitos e as mentes finitas. Não se deve pensar, porém, que esses corpos e mentes sejam ontologicamente independentes; são "modos" e, portanto, dependem, lógica, causal e metafisicamente, dos atributos infinitos da única Substância ou Realidade. Surgiu a esse respeito o problema de até que ponto o sistema de Spinoza é um emanatismo. Comparado com um sistema segundo o qual o finito é criado pelo Infinito, o de Spinoza é mais emanatista que qualquer outra coisa. Mas não se trata de um emanatismo completo, porquanto, a rigor, nada "emana" da Substância (tudo fica, por assim dizer, *nela*). Por isso não é necessária nenhuma processão (VER) e nenhuma conversão (VER). A *Natura naturans* não se manifesta na *Natura naturata* (ver NATURA NATURANS, NATURA NATURATA), porque esta última existe na primeira como uma de suas "faces".

Com base no que foi dito, é possível compreender alguns dos traços mais característicos do sistema de Spinoza. De imediato, pode-se compreender que esse sistema é dominado pela idéia da necessidade (uma necessidade que é, além disso, liberdade, pois a liberdade consiste para Spinoza em ser justamente o que se é e não outra coisa). É, pois, um sistema determinista. Em segundo lugar, pode-se compreender que os entes finitos possam ser contingentes e ao mesmo tempo determinados. Com efeito, são contingentes, porque se não o fossem sua essência envolveria sua existência, e isso ocorre unicamente com a Substância. Mas são determinados, porque nenhum ser finito subsiste por si mesmo. Por fim, e sobretudo, pode-se entender a solução dada por Spinoza para o famoso problema de como o corpo e a alma (ou o pensamento) estão relacionados. A solução consiste, em última análise, em não admitir que haja, propriamente falando, nenhuma relação. Descartes, e sobretudo todos os ocasionalistas, tiveram de postular uma realidade que interviesse "por ocasião" dos movimentos do corpo ou da alma. Para Spinoza, nenhuma realidade externa ao corpo ou à alma intervém, pois se isso ocorresse seria preciso admitir que há uma realidade que transcende as almas e os corpos. Mas se não há, a rigor, relação entre corpos e almas — entre modos finitos de extensão e modos finitos de pensamento —, é simplesmente porque o que chamamos um pensamento é a idéia de um corpo. Assim, o homem é o corpo humano e é a alma humana na medida em que corpo e alma são dois modos finitos. Mas nem o corpo nem a alma são, é claro, substâncias; por isso não existe o problema de como uma atua sobre a outra. E o que se diz dos corpos e almas humanas pode ser dito *a fortiori* de quaisquer dos citados modos: um ente dado é um corpo e a idéia do corpo, sendo a idéia do corpo o corpo como idéia. Por isso também não há problema na questão de como as "idéias" se relacionam com as "coisas": a ordem das primeiras é a mesma das segundas, e a conexão das primeiras é a mesma das segundas.

Em suma: o objeto da idéia que constitui a alma humana — ou o espírito humano — é o corpo (ou modo da extensão). Por isso o homem consiste em espírito e corpo enquanto dois modos (finitos) dos modos infinitos do pensamento e da extensão. Por sua vez, o corpo humano se compõe de um número muito grande de indivíduos distintos, que contribuem para a constante regeneração do corpo. O espírito humano conhece o corpo humano por meio das idéias das afecções que afetam este corpo, de modo que o espírito humano não percebe somente as afecções do corpo. Isso significa que a "composição" do homem mediante corpo e espírito não equivale à "união externa" de dois modos da substância, mas à sua articulação "interna", que faz de corpo e espírito dois lados da mesma realidade modal.

A doutrina spinozana sobre o homem inclui uma teoria do conhecimento segundo a qual todas as idéias, enquanto referidas a Deus, são idéias verdadeiras. A verdade das idéias é sua adequação e perfeição, a falsidade das idéias é sua mutilação e sua confusão. Se a ordem e conexão das idéias é a mesma que a ordem e conexão das coisas, é porque não há separação estrita entre uma coisa e a idéia perfeita e adequada dela, isto é, porque a coisa não se concebe sem sua idéia perfeita e adequada e a idéia perfeita e adequada é a coisa mesma enquanto conhecida perfeitamente. Enquanto a imaginação concebe as coisas como contingentes, a razão deve concebê-las como necessárias. Daí a famosa afirmação de que cabe à natureza da razão perceber as coisas sob certa espécie de eternidade (*sub quaedam aeternitatis specie*). Isso não significa contrapor o entendimento à vontade, pelo contrário, entendimento e vontade são a mesma coisa. Mas considerar o homem do ponto de vista de sua posse de idéias adequadas é insuficiente, o homem tem paixões que dependem das idéias inadequadas (e somente delas), e por isso as paixões se referem ao espírito "na medida em que possui algo que envolve uma negação", isto é, na medida em que é uma parte da Natureza "que não pode ser percebida clara e distintamente por si mesma e feita abstração das demais".

Assim pode-se formular uma doutrina das paixões baseada no princípio de que, sendo próprio de toda coisa o perseverar em seu ser, é preciso considerar como afeto principal do homem o do apetite ou desejo *(cupiditas)*. Dele nascem a alegria *(laetitia)* como idéia do aumento de perfeição, e a tristeza *(tristitia)* como idéia de diminuição da mesma. Por uma combinação desses afetos surgem os restantes: o amor como "alegria unida à idéia da causa externa"; o ódio como "tristeza unida à idéia da causa externa"; a esperança como representação de algo futuro unido à alegria; o temor como representação de algo futuro unido à tristeza etc. O bem é o que favorece a tendência a perseverar em seu ser, o mal é, pelo contrário, o que se opõe a essa tendência. Assim, não há outra virtude senão a de conformar-se com a natureza, o que equivale a conformar-se com a razão. O rigoroso determinismo do sistema de Spinoza, o encadeamento causal de todas as coisas no seio da substância infinita, encontra, porém, sua porta de escape na idéia do aumento da potência do entendimento como ideal próprio do sábio e do homem livre, "que pensa em tudo menos na morte" e cuja sabedoria "é uma meditação da vida". Na contemplação da substância infinita nasce o afeto ativo no qual se perfila a autonomia do homem livre, uma autonomia que é, por outro lado, uma coincidência com o curso eterno das coisas. Porquanto a razão conhece o determinismo necessário de tudo e contempla as causas das paixões, pode desligar-se destas e ser, dentro de sua submissão, independente. Quando isso acontece, a alma consegue a serena alegria eterna, o conhecimento de Deus que é amor intelectual a Deus *(amor Dei intellectualis)*, culminação da metafísica e da ética spinozanas.

Derivada do ideal expresso na *Ética*, a filosofia política de Spinoza é uma defesa da tolerância religiosa e ideológica dentro do Estado, cuja missão é a realização da justiça e a proteção de seus membros contra as próprias paixões de acordo com os ditados racionais. As opiniões políticas e político-religiosas de Spinoza, assim como sua defesa da livre interpretação e crítica das Escrituras, foram violentamente combatidas, juntamente com seu sistema, que freqüentemente foi qualificado de ateu e ímpio. Além das críticas de Bayle, Spinoza foi atacado por Leibniz e pelos cartesianos. Suas doutrinas se mantiveram em parte como seita religiosa na Holanda até que com a polêmica despertada com a obra de Jacobi, *Sobre a doutrina de Spinoza em cartas a Moisés Mendelssohn* (1785), e com o auge do romantismo alemão, sua figura voltou a ser estimada e elogiada por, entre outros, Goethe, Herder, Schelling, Hegel e Schleiermacher. A filosofia de Spinoza vale, em parte, como a expressão de um racionalismo e determinismo absolutos, como a maior construção sistemática na época dos sistemas, mas é também a manifestação de uma atitude intelectual e moral que se enraíza em fundamentos mais profundos que os do unilateral intelectualismo.

⊃ Obras: durante a vida de Spinoza só foram publicadas duas obras suas: a exposição dos *Princípios da filosofia cartesiana* (junto com os *Pensamentos metafísicos*) e o *Tratado teológico-político*. A exposição apareceu com o seguinte título: *Renati des Cartes Principiorum philosophiae pars I et II, more geometrico demonstratae, per Benedictum de Spinoza Amstelodamensen, accesserunt ejusdem Cogitata metaphysica, in quibus difficiliores, quae Metaphysices tam parte generali quam speciali circa ens eiusque affectiones, Deum eiusque attributa et mentem humanam occurrunt, quaestiones breviter explicantur* (1663). O *Tratado* apareceu com o título: *Tractatus theologico-politicus, continens dissertationes aliquot, quibus ostenditur libertatem philosophandi non tantum salva pietate et Reipublicae pace posse concedi, sed eandem nisi cum pace Reipublicae ipsaque pietate tolli non posse* (1670). — Depois da morte de Spinoza, apareceu um volume de *Opera posthuma* (1677), que continha a *Ética*, o *Tratado político*, o *Tratado sobre a reforma do entendimento*, várias *Cartas* ao autor com respostas, e um *Compêndio de gramática da língua hebraica*, com os respectivos títulos: *Ethica ordine geometrica demonstrata, et in quinque partes distincta, in quibus agitur I. de Deo; II. de natura et origine mentis; III. de origine et natura affectum; IV. de servitute humana; V. de potentia intellectus, seu de libertate humana. — Tractatus politicus, in quo demonstratur quomodo societas, ubi imperium monarchicum locum habet, sicut et ea, ubi Optimi imperant, debeat institui, ne in tyrannidem labatur, et ut pax libertasque civium inviolata maneat. — Tractatus de intellectus emendatione, et de via qua optime in veram rerum cognitionem dirigitur. — Epistolae doctorum quorundam virorum ad B. de Spinoza et auctoris responsiones, ad aliorum ejus operum elucidationem non parum facientes. — Compendium grammaticae linguae Hebreae*. — No século XIX se publicou pela primeira vez o *Tractatus de Deo et homine ejusque felicitate* (anotações ao *Tratado teológico-político*), descoberto por Böhmer (1852), e J. van Vloten (1862).

Edição de obras: das edições de obras completas do filósofo mencionamos: a edição de H. S. G. Paulus (Iena, 2 vols., 1802-1803); a de A. Gförer (Stuttgart, 1830); a de C. H. Bruder (Leipzig, 1843-1846, *editio stereotypica* freqüentemente reimpressa); a de Hugo Ginsberg (Heidelberg, 1875-1882) e, sobretudo, as de J. van Vloten e J. P. N. Land, 2 vols., (Haia I, 1882; II, 1883), 3 vols., 1895, e 4 vols., 1914; ed. crítica, C. Gebhardt (4 vols., 1925; reimp. 1973).

Bibliografia: Adolph S. Oko, *The Spinoza-Bibliography*, 1964, ed. Dorothy Oko. — Jon Wetlesen, *A Spinoza Bibliography, Particularly on the Period 1940-1967*, 1968. — Jean Preposiet, *Bibliographie spinoziste*, 1974. — A. Domínguez, "Primer ensayo de una bibliografia hispanoamericana sobre S.", em *Anales del Seminario de Metafísica*, n° 10 (1975). — J. Kingma, A. K. Offenberg, *Bibliography of S. up to 1800*, 1977. — A. Garoux, *S. Bibliographie 1917-1977 [suivi du document anonyme 'Rencontre de Bayle et de S. dans l'autre monde' (1711)]*, 1981. — Th. van der Werf, H. Siebrand, C. Westerveen, eds., *A Spinoza Bibliography 1971-1983*, 1984.

Léxico: Emilia Giancotti-Boscherini, *Lexicon Spinozanum*, 2 vols., 1970. — M. Gueret, A. Robinet, P. Tombeur, S., *Ethica. Concordances, index, listes de fréquences, tables comparatives*, 1977.

Em português: *Correspondência*, Os Pensadores, 1983. — *Ética*, Os Pensadores, 1989. — *Pensamentos metafísicos*, Os Pensadores, 1983. — *Tratado da correção do intelecto*, Os Pensadores, 1983. — *Tratado da reforma do entendimento e do caminho para chegar ao verdadeiro conhecimento das coisas*, 1987. — *Tratado político*, 1994 — *Tratado político*, Os Pensadores, 1983. — *Tratado teológico-político*, 1988.

Biografia: as duas mais antigas biografias de Spinoza são a de J. Colerus (em holandês, 1705) e a obra *La vie et l'esprit de M. Benoît de Spinoza* (1719) cujo provável autor é o médico Lucas, de Haia. Os escritos a favor e, sobretudo, contra Spinoza foram muito numerosos nos finais do século XVII e começos do XVIII (cf., por exemplo, o *Dictionnaire* de Bayle e o *De tribus impostoribus* [Herbert de Cherbury, Hobbes e Spinoza] de Ch. Kortholt. Ver no texto do verbete alguns dados sobre a polêmica suscitada por Jacobi em 1785). — Outras biografias: J. van Vloten, *B. de Spinoza, zijn leven en schriften in verband met zijnen en onzen tijd*, 1862; 2ª ed., 1871. — J. Segond, *La vie de B. Spinoza*, 1933. — Dan Levin, *Spinoza*, 1970. — T. de Vries, *B. de S. in Selbstzeugnissen und Bilddokumenten*, 1970.

Ver: M. Joël, *Spinozas Theologischpolitischer Tractatus auf seinen Quellen geprüft*, 1870. — Id., *Zur Genesis der Lehre Spinozas mit besonderer Berücksichtigung des kurzen Traktats Von Gott des Menschen und dessen Glückseligkeit*, 1871. — Johannes Volket, *Pantheismus und Individualismus im System Spinozas*, 1872. — J. P. N. Land, *Ter gedachtenis van Spinoza*, 1877. — B. Worms, *La morale de Spinoza*, 1891. — S. Schmalz, *Die Grundbegriffe der Ethik Spinozas*, 1892 (tese). — L. Brunschvicg, *Spinoza, sa philosophie*, 1894; 3ª ed., com o título: *Spinoza et ses contemporains*, 1923. — R. Wrzecionko, *Der Grundgedanke der Ethik des Spinoza*, 1894. — G. S. Fullerton, *Spinoza*, 1894. — Elmer E. Powell, *Spinozas Gottesbegriff*, 1899. — R. Wahle, *Kurze Erklärung der Ethik von Spinoza und Darstellung der definitiven Philosophie*, 1899. — J. Freudenthal, *Die Lebensgeschichte Spinozas in Quellenschriften, Urkunden etc.*, 1899. — Id., *Spinoza, sein Leben und seine Lehre*, I, 1904. — Erich Becher, *Der Begriff des Attributs bei Spinoza in seiner Entwicklung und seinen Beziehungen zu den Begriffen des Substanz und des Modus*, 1905. —Carl Gebhardt, *Spinozas Abhandlung über die Verbesserung des Verstandes. Eine entwicklungsgeschichtiliche Untersuchung*, I, 1905 (Gebhardt, que teve a seu cargo o *Chronicum Spinozanum*, cujo primeiro volume foi publicado em 1921 e foi um dos melhores pesquisadores de Spinoza, é autor de muitos outros escritos sobre o filósofo; um deles é a exposição breve de sua vida e filosofia, *Spinoza*, 1932). — Fritz Mauthner, *Spinoza*, 1906. — A. Rivaud, *Les notions d'essence et d'existence dans la philosophie de Spinoza*, 1906. — J. A. Picton, *A Handbook to the Ethics*, 1907. — A. Wenzl, *Die Weltanschauung Spinozas. I. Spinozas Lehre von Gott, von der menschlichen Erkenntnis und von dem Wesen der Dinge*, 1907. — Anna Tumarkin, *Spinoza*, 1908. — A. Léon, *Les éléments cartésiens de la doctrine spinoziste*, 1909. — H. Alberti, *Die Grundlagen des Systems Spinozas im Lichte der kritischen Philosophie und der modernen Mathematik*, 1910 (tese). — Stanislaus von Dunin-Borkowski, *Spinoza, I. Der junge De Spinoza*, 1910; 2ª ed., 1933; II-IV. *Aus den Tagen Spinozas*, 1933-1936. — Ph. Borrell, *Spinoza*, 1911. — F. Pollock, *Spinoza: His Life and Philosophy*, 1925. — G. Th. Richter, *Spinozas philosophische Terminologie*, 1913. — J. Alexander Gunn, *Spinoza*, 1925. — V. Delbos, *Spinoza et le spinozisme*, 1926 [de um curso de 1912-1913]. — L. Robinson, *Kommentar zu Spinozas Ethik*, 1928. — H. F. Harlett, *Aeternitas: A Spinozistic Study*, 1930. — Id., *Creation, Emanation, and Salvation: A Spinozistic Study*, 1962. — Paul Siwek, *L'âme et le corps d'après Spinoza*, 1930. — Id., *Spinoza et le panthéisme religieux*, 1933; nova ed., 1950. — Id., *La religion sans dogmes dans la philosophie spinoziste*, 1935. — Id., *Au coeur du spinozisme*, 1952. — Harry Austryn Wolfson, *The Philosophy of Spinoza Unfolding the Latent Processes of His Reasoning*, 2 vols., 1934. — H. H. Joachim, *Spinoza's Tractatus de Intellectus emendatione: A Commentary*, ed. E. Joachim, 1940. — León Dujovne, *Spinoza: su vida, su época, su obra, su influencia*, 4 vols., (I, 1941; II, 1942; III, 1943; IV, 1945). — André Darbon, *Études spinozistes*, 1946. — Stuart Hampshire, *Spinoza*, 1951. — Ruth Lydia Saw, *The Vindication of Metaphysics: A Study in the Philosophy of Spinoza*, 1951. — C. Semerari, *I problemi dello spinozismo*, 1952. — Piero di Vona, *Studi sull'ontologia di Spinoza*, 2 vols., 1960-1969. — Joaquín Ruíz, *Lecture de S.*, 1962. — Robert Misrahi, *S.*, 1964. — Martial Guéroult, *S.*, 3 vols. (I: *Dieu [Ethique, 1]*, 1968; II: *L'âme [Ethique, 2]*, 1974; III. *Servitude et libération*, em prep.). — Robert J. McShea, *The Political Philosophy of S.*, 1968. — E. M. Curley, *Spinoza's Metaphysics: An Essay in Interpreta-*

tion, 1969. — Vidal I. Peña García, *El materialismo de S.*, 1975. — I. F. Salinas, *La "Res Cogitans" en S.*, 1976. — W. Bernard, L. Bickel *et al., Speculum Spinozanum (1677-1977)*, 1977, ed. Siegfried Hessing. — P.-F. Moreau, *Marx und Spinoza*, 1978. — S. Zac, A. Matheron *et al., Lo Spinozismo ieri e oggi*, 1978, introd. por M. Olivetti. — C. Tejedor Campomanes, *Una antropología del conocimiento. Estudio sobre S.*, 1981. — G. di Luca, *Critica della religione in S.*, 1982. — J. Bennett, *A Study of Spinoza's Ethics*, 1984. — R. J. Delahunty, *S.*, 1985. — M. Grene, D. Nails, eds., *S. and the Sciences*, 1986. — G. Deleuze, *S.*, 1987. — S. P. Kashap, *S. and Moral Freedom*, 1987. — R. McKeon, *The Philosophy of S.: The Unity of His Thought*, 1987. — M. E. Scribano, *Da Descartes a S.: Percorsi della teologia razionale nel seicento*, 1988. — Y. Yovel, *S. and Other Heretics*, 2 vols., 1989. — Z. Levy, *Baruch or Benedict: On Some Jewish Aspects of S.'s Philosophy*, 1989. — A. Negri, *The Savage Anomaly: The Power of Spinoza's Metaphysics and Politics*, 1991. — E. E. Harris, *S.'s Philosophy: An Outline*, 1992. — L. Schipper, *S.'s Ethics: The View from Within*, 1993. — R. S. Woolhouse, *Descartes, S., Leibniz: The Concept of Substance in Seventeenth-Century Metaphysics*, 1993. ℭ

SPIR, AFRICAN [Afrikan Aleksandrovitch] (1837-1890). Nascido em Elisabetgrado (Ucrânia), oficial da Marinha, residiu longos anos na Alemanha e na Suíça. Propôs de um modo parecido ao de Herbart buscar sob o aspecto do contraditório o que está isento de contradições. Somente pela aquisição do conhecimento não contraditório das coisas e da ação destinada a suprimir e a aniquilar toda oposição e toda multiplicidade pode o homem avançar pelo caminho que conduz a um verdadeiro saber do mundo, a uma fundamentação não apenas da ciência como também da moral. A tendência ao pensar livre de contradições não significa uma negação da efetiva existência do contraditório, mas sustenta que este é anormal; o pensamento deve, pois, operar sobre a realidade por meio de uma eliminação dessas anormalidades, das características contraditórias que as coisas possuem. De um modo análogo, a vida moral e religiosa deve tender à eliminação do aparente e ilusório, à renúncia da individualidade até chegar à identificação com o verdadeiramente real, com o Uno idêntico a si mesmo, com o que constitui a raiz do mundo e seu único valor.

➲ Obras: *Die Wahrheit*, 1867 *(A verdade)*. — *Andeutungen zu einem widerspruchlosen Denken*, 1868 *(Indicações para um pensar sem contradições)*. — *Forschungen nach der Gewissheit in der Erkenntnis der Wirklichkeit*, 1868 *(Investigações em torno da certeza no conhecimento da realidade)*. — *Kurze Darstellung der Grundzüge einer philosophischen Anschauungsweise*, 1869 *(Breve exposição dos fundamentos de um modo de intuição filosófica)*. — *Erörterung einer philosophischen Grundansicht*, 1869 *(Discussão de uma concepção fundamental filosófica)*. — *Denken un Wirklichkeit. Versuch einer Erneuerung der kritischen Philosophie*, 1873 *(Pensamento e realidade. Ensaio de uma renovação da filosofia crítica)*. — *Moralität und Religion*, 1874. — *Empire und Philosophie*, 1876. — *Vier Grundfragen*, 1880 *(Quatro questões fundamentais)*. — *Studien*, 1883. — Em francês: *Esquisses de philosophie critique*, 1877. — *Nouvelles esquisses de philosophie critique*, 1899.

Edição de obras: *Gesammelte Schriften*, 4 vols., 1883-1885; reed., *Gesammelte Werke*, 2 vols., 1908. — Ver também *Lettres inédites d'African Spir au professeur Penjon*, com introd. de É. Bréhier, 1948.

Ver: Th. Lessing, *African Spirs Erkenntnistheorie*, 1901 (tese). — Andreas Zacharoff, *Spirs theoretische Philosophie dargestellt und erlautert*, 1910 (tese). — G. Huan, *Essai sur le dualisme de Spir*, 1913. — H. Claparède-Spir, *Un précurseur: A. Spir*, 1920. — J. Lapchine, "African Spir, sa vie, sa doctrine", *Bulletin Ass. Russe pour recherches scientifiques*, Praga, 7 (1938), 37-116. — K.-H. Dickopp, "Zum Wandel von Nietzsches Seinsverständnis — African Spir und Gustav Teichmüller", *Zeitschrift für philosophische Forschung*, 24 (1970), 50-71. ℭ

SPIRITO, UGO (1896-1979). Nascido em Arezzo (Itália). Foi professor de economia na Universidade de Pisa (1932-1935), de filosofia na Universidade de Messina (1935-1936), Gênova (1936-1938) e Roma (a partir de 1938).

Spirito partiu do atualismo de Gentile, que considera como a culminação de uma longa e dramática dialética do pensamento. Com efeito, este se caracteriza por buscar no infinito uma superação das limitações do finito, mas ao mesmo tempo por encontrar, depois desta busca, uma dualidade que também precisa ser superada. Boa parte da história do pensamento filosófico não é, em última análise, segundo Spirito, mais que a solução desse conflito. Ater-se apenas ao finito ou exclusivamente ao infinito deixa o pensamento sem termo de comparação, mas duplicar o mundo também torna o pensamento impossível. Por isso é necessário superar a contraposição mediante uma concepção dinâmica do finito e do infinito, por meio da qual ambos apareçam como realizando-se por seu contrário. As antinomias entre a consciência empírica e a consciência religiosa podem ser apaziguadas somente por meio dessa dialética. O mesmo ocorre com as antinomias entre a imanência e a transcendência. Ora, o atualismo gentiliano, que pôde, segundo Spirito, "conceber a relação entre o finito e o infinito sem finitá-lo e, por tal motivo, sem sair dele e defini-lo objetivamente", e que, por conseguinte, conseguiu introduzir dentro do devir a própria definição do devir, não conseguiu "dar um conteúdo não ilusório à passagem da lógica do abstrato à do concreto". Spirito propôs por isso reafirmar a problematicidade completa do mesmo pensamento atualista e, com isso, de toda a experiência. Daí a nova doutrina que expusemos no verbete problematicismo (VER) e que descreve uma das principais fases da filosofia de Ugo Spirito e, com ela, uma das situações típicas do pensamento filosófico contemporâneo.

Embora o citado "problematicismo" caracterize uma fase importante do pensamento de Spirito, deve-se levar em conta que ele foi experimentando uma constante evolução, que o fez reabordar os problemas tratados. Assim, o próprio problematicismo foi "problematizado", seja para alcançar uma nova formulação ou para encontrar uma saída para situações que levaram à estagnação. Importante é a esse respeito o reenfrentar por Spirito a questão das relações entre filosofia e ciência. Uma vez que a filosofia não pode aspirar a ser uma síntese de ciências e uma vez que a ciência (ou as ciências) tampouco pode alcançar um conhecimento "sintético" ou "total", parece que, por um lado, filosofia e ciência devem ser distinguidas apenas pelos respectivos tipos de conhecimento por seus respectivos métodos. Por outro lado, há tanto na filosofia como na ciência um ingrediente social e antropológico que não é alheio a suas estruturas. Isso não quer dizer que a antropologia, as ciências sociais ou outras disciplinas semelhantes possam funcionar como ponte. A única coisa que parece poder ser dita por enquanto é que a questão está aberta e que se há um "problematicismo", este é mais radical, e de certo modo "dubitativo", que a mera problematicidade do pensamento atualista e da experiência que Spirito propusera anteriormente.

⊃ Principais obras: *Il pragmatismo nella filosofia contemporanea*, 1921. — *Storia del diritto penale italiano*, 1925; 2ª ed., 1932; 3ª ed., 1974. — *Il nuovo diritto penale*, 1929. — *L'idealismo italiano e i suoi critici*, 1930. — *La critica dell'economia liberale*, 1930. — *I fondamenti dell'economia corporativa*, 1932. — *Scienza e filosofia*, 1933; 2ª ed. ampl., 1950. — *Capitalismo e corporativismo nacionalsocialistas*, 1933; 3ª ed. ampl., 1934. — *Il piano De Man a l'economia mista*, 1935. — *La vita come arte*, 1941; 3ª ed., 1948. — *Il problematicismo*, 1948. — *La vita come amore*, 1953. — *Note sul pensiero di Giovanni Gentile*, 1954 (três ensaios). — *Significato del nostro tempo*, 1955. — *La riforma della scuola*, 1957. — *Inizio di una nuova epoca*, 1961. — *Critica alla democrazia*, 1963. — *Critica dell'estetica*, 1964. — *Dal mito alla scienza*, 1966 (artigos e conferências). — *Giovanni Gentile*, 1969. — *Tramonto o eclissi dei valori tradizionali*, 1970 (com Augusto del Noce). — *Storia della mia ricerca*, 1971. — *Cattolicesimo e comunismo*, 1975. — *Dall'attualismo al problematicismo*, 1976. — *Che cosa sarà il futuro*, 1977.

Ver: Gustavo Bontadini, *Dall'attualismo al problematicismo*, 1946. — Id., *Il tramonto della civiltà cristiana nel pensiero di U. S.*, 1953. — R. Giordani, *La vita come amore di U. S.*, 1953. — Onorio Conti, *Polemica sull'immanenza in U. S.*, 1963. — Lino Zamuner, *Il problema di Dio in U. S.: Implicanze psicologiche e gnoseologiche*, 1970. — P.-P. Druet, "U. S. et ses commentateurs", *Revue philosophique de Louvain*, 74 (1976), 256-262. — A. M. J. Isoldi, "Teoreticità e vita nel pensiero di U. S.", *Giornale Critico della Filosofia Italiana*, 62 (1983), 360-379. ¢

SPRANGER, EDUARD (1882-1963). Nascido em Gross-Lichterfelde, nas proximidades de Berlim, foi professor a partir de 1912 em Leipzig, de 1919 em Berlim e de 1946 na Universidade de Tübingen. Discípulo de Dilthey e adepto da corrente da filosofia da vida e da psicologia científico-espiritual, Spranger completou e sistematizou os trabalhos de Dilthey, especialmente no que se refere ao estudo da noção de compreensão e à determinação das relações existentes entre espírito subjetivo e espírito objetivo, o que o levou a uma elucidação do problema das concepções do mundo baseada no estabelecimento de uma tipologia. Para Spranger, comopreender é descobrir o sentido das formas do espírito objetivo, formas tanto mais reveladoras da individualidade porquanto existe entre esta e aquele uma relação que de modo algum pode ser comparada à existente entre o espírito subjetivo e o mundo físico. Mas a compreensão só é objetiva quando se refere a valores objetivos, quando a objetividade do valor fundamenta a objetividade da compreensão. A psicologia científico-espiritual não deve limitar-se, portanto, a uma análise dos atos espirituais, mas deve compreender em uma unidade indissolúvel os atos e o mundo envolto neles, a inevitável referência em que os atos estão com respeito ao mundo ao qual apontam. A compreensão é possível porque o compreendido tem um sentido, uma direção para uma totalidade estrutural cuja suprema expressão reside no sistema dos valores objetivos. O sentido se encontra simultaneamente nos atos espirituais e nos conteúdos espirituais, mas a psicologia, convertida em hermenêutica do espírito, não se limita a uma dessas esferas, mas busca justamente a ligação que as vincula mediante uma tipologia que, ao determinar os tipos ideais possíveis permita compreender melhor os tipos mistos efetivamente existentes. Esses tipos são as formas de vida representativas de um setor cultural que não exclui o resto, mas que atua sobre ele em sentido predominante. As formas de vida estudadas por Spranger compreendem o homem teórico, o homem econômico, o homem estético, o homem social, o homem político ou do poder *(Machtmensch)* e o homem religioso. Esses tipos puros representam a tensão levada ao extremo do predomínio de um conjunto de atos espirituais e, conseqüentemente, do predomínio de um valor. Desse modo, a tipologia pura deve ser completada com uma tipologia aplicada, com um estudo das formas mistas e intermediárias que aparecem na vida humana e que explicam não só a estrutura interna de cada um dos tipos, mas também a estrutura do espírito objetivo que cada um deles representa. A tipologia científico-espiritual se converte assim no prolegômeno indispensável para uma investigação das concepções do mundo que, sem negar a absoluta objetividade dos valores, mostre nos atos de preferência e no resultado deles as diferentes formas culturais que ocorreram no curso da história humana.

➲ Principais obras: *Die Grundlagen der Geschichtswissenschaft*, 1905 (tese) *(Os fundamentos da ciência histórica)*. — *Rousseaus Kulturideale*, 1908 *(Os ideais culturais de Rousseau)*. — *Wilhelm von Humboldt und die Humanitätsidee*, 1909; 2ª ed., 1928 *(Wilhelm von Humboldt e a idéia da humanidade)*. — *Wilhelm von Humboldt und die Reform des Bildungswesens*, 1910 *(W. v. H. e a reforma da educação)*. — *Philosophie und Weltanschauung*, 1910 *(Filosofia e concepção do mundo)*. — *Lebensformen. Geisteswissenschaftliche Psychologie und Ethik der Persönlichkeit*, 1914; 8ª ed., 1950 *(Formas de vida. Psicologia e ética da personalidade)*. — *Kultur und Erziehung. Gesammelte pädagogische Aufsätze*, 1919 *(Cultura e educação)*. — *Der gegenwärtige Stand der Geisteswissenschaften und die Schule*, 1922 (As *ciências do espírito e a escola)*. — *Psychologie des Jugendalters*, 1924 *(Psicologia da juventude)*. — "Die wissenschaftlichen Grundlagen der Schulverfassungslehre und Schulpolitik", em *Sitzungsberichte der Preussischen Akademie der Wissenschaften* (1928) *(Fundamentos científicos da teoria da constituição e da política escolares)*. — *Das deutsche Bildungsideal der Gegenwart in geschichtsphilosophischer Beleuchtung*, 1928 *(O ideal educativo alemão do presente à luz da história da filosofia)*. — *Volk, Staat und Erziehung. Gesammelte Reden und Aufsätze*, 1932 *(Povo, Estado e educação. Discursos e artigos reunidos)*. — *Die Probleme der Kulturmorphologie*, 1936 (O problema da morfologia da cultura). — *Weltfrömmigkeit. Ein Vortrag*, 1941 *(A religiosidade do mundo. Uma exposição)*. — *Der Philosoph von Sans Souci*, 1942; 2ª ed., 1962. — *Lebenserfahrung*, 1945 *(A experiência da vida)*. — *Goethes Weltanschauung*, 1946. — *Pestalozzis Denkformen*, 1947. — *Die Magie der Seele. Religionsphilosophische Vorspiele*, 1947 *(A magia da alma. Preâmbulos filosófico-religiosos)*. — *Pädagogische Perspektiven. Beiträge zu Erziehungsfragen der Gegenwart*, 1951; 3ª ed., aum., 1955 *(Perspectivas pedagógicas: Ensaios sobre questões educativas de nosso tempo)*. — *Gedanken zur Daseinsgestaltung*, 1954, ed. Hans Walter Bähr *(Pensamentos sobre a formação do homem autêntico)*. — *Der geborene Erzieher*, 1958; 2ª ed., 1960 *(O educador nato)*. — *Menschenleben und Menschheitsfragen. Gesammelte Rundfunkreden*, 1963 *(A vida dos homens e a questão da humanidade: Conferências radiofônicas)*.

Edição de obras: *Gesammelte Schriften*, 11 vols., 1969-1971, ed. Hans Walter Bähr, Otto Friedrich Bolnow et al.

Bibliografia: Theodor Neu, *Bibliographie E. S.*, 1958.

Ver: E. Croner, *E. Spranger, Persönlichkeit und Werk*, 1933. — Emile Bosshart, *Die systematischen Grundlagen der Pädagogik E. Sprangers*, 1935 [com bibliografia de Spranger por Adolf Weser]. — J. Roura-Parella, *Educación y Ciencia*, 1940. — Id., *S. y las ciencias del espíritu*, 1944. — F. Patka, *O estructuralismo de E. Spranger*, 1953. — *Erziehung zur Menschlichkeit. Die Bildung im umbruch der Zeit. Festschrift für E. Spranger zum 75. Geburtstag*, 1957, ed. H. W. Bähr, T. Litt, N. Louvaris, H. Wenke. — M. Löffelholz, *Philosophie, Politik und Pädagogik im Frühwerk E. Sprangers 1900-1918*, 1977. — B. Huschke-Rhein, *Das Wissenschaftsverständnis in der geisteswissenschaftlichen Pädagogik. Dilthey, Litt, Nohl, Spranger*, 1979. — W. Sacher, *E. S.*, 1988. ᴄ

STAHL, FRIEDRICH JULIUS (1802-1861). Nascido em Munique, foi professor a partir de 1832 em Würzburg, de 1835 em Erlangen e de 1840 em Berlim. Concebeu o Direito natural como algo que conduz necessariamente à revolução e opôs a ele o Direito positivo, tal como representado nas instituições históricas. Mas essas instituições são para Stahl as estabelecidas pelo conservadorismo prussiano, considerado o verdadeiro representante do poder divino, fundamento do Estado e de seu poder universal perante o indivíduo e os agrupamentos particulares. O Estado se justifica por ser órgão de Deus e instrumento da manutenção da ordem moral; de um modo semelhante a De Bonald, mas de um ponto de vista protestante, Stahl sustenta que todas as teorias opostas a essa penetração religioso-conservadora no Estado constituem um conjunto indivisível, no qual estão incluídas como características mais destacadas o liberalismo político, o racionalismo filosófico e o livre exame religioso. O pensamento jurídico e filosófico de Stahl se edificava deste modo na esteira de uma constante polêmica contra a "vacuidade" do racionalismo hegeliano, contra o panteísmo romântico, aos quais opunha a experiência, mas uma experiência de caráter, por assim dizer, "tradicional", como a aceitação inevitável das instituições que a tradição legou.

➲ Obras: *Die Philosophie des Rechts nach geschichtlicher Ansicht (I. Geschichte der Rechtsphilosophie*, 1830; *II. Rechts- und Staatslehre auf der Grundlage christlicher Weltanschauung*, 1837; 4ª ed., 2 vols., 1870-1890, reimp., 1962) *(A filosofia do Direito em perspectiva histórica. I. História da filosofia do Direito. II. Doutrina do Direito e do Estado fundada na concepção cristã do mundo)*. — *Das monarchische Prinzip*, 1845 *(O princípio monárquico)*. — *Der christliche Staat*, 1847 *(O Estado cristão)*. — *Reden*, 1850 *(Discursos)*. — *Was ist die Revolution?*, 1852 *(Que é a revolução?)*. — *Der Protestantismus als politisches Prinzip*, 1853 *(O Protestantismo como princípio político)*. — Póstumas: *Siebzehn parlamentarische Reden und drei Vorträge*, 1862 *(Dezessete discursos parlamentares e três conferên-

cias). — Die gegenwärtigen Parteien in Staat und Kirche, 1863 *(Os partidos atuais no Estado e na Igreja).* Ver: H. Schmidt, *S. über die deutsche Nationalstaatsidee*, 1914. — G. Masur, *F. J. S. Geschichte seines Lebens. Aufstieg und Entfaltung: 1802-1840*, 1930. — P. Drucker, *F. J. S.: Konservative Staatslehre und geschichtliche Entwicklung*, 1933. — O. Volz, *Christentum und Positivismus. Die Grundlage der Rechts- und Staatsauffassung F. J. Stahls*, 1951. ᑕ

STAHL, GEROLD. Ver PERGUNTA.

STALINISMO. Ver DIALÉTICA; FILOSOFIA SOVIÉTICA; MARXISMO; MATERIALISMO DIALÉTICO.

STALLO, JOHN BERNHARD (1823-1900). Nascido em Damme, Oldenburg (Alemanha), aos dezesseis anos emigrou para os Estados Unidos, vivendo durante muito tempo em Cincinnati. No princípio seguiu as tendências do idealismo alemão e elaborou uma "filosofia da Natureza" em sentido idealista, e, especialmente, hegeliano. Por isso ele pode ser considerado um dos membros do Grupo (hegeliano) de Ohio e um dos membros "auxiliares" da Sociedade Filosófica de Saint Louis. No entanto, não tardou muito em repudiar completamente essas tendências hegelianas. Seu principal trabalho se deu na epistemologia e na filosofia da ciência, especialmente da física. Destacou-se nestes campos a ponto de antecipar resultados de pesquisas posteriores realizadas por físicos e filósofos com vistas a uma renovação dos quadros conceituais científicos.

Stallo procurou sobretudo revelar preconceitos em teorias físicas que, a seu ver, permaneceram ocultas a seus próprios autores por razões análogas a como os que usam uma língua não se dão conta dos pressupostos conceituais que se encontram em sua base. Segundo Stallo, o mecanicismo e o atomismo materialista "clássicos" se fundam na idéia de que espaço e tempo são absolutos e de que há uma multiplicidade de elementos materiais últimos, absolutamente rígidos e iguais entre si. Isso leva a separar a matéria do movimento e a manter teorias incompatíveis com os fatos observados na física e na astronomia. Não há para Stallo nenhum Absoluto na realidade física nem nenhum sistema absoluto de coordenadas e não há, portanto, nenhuma constante física absoluta.

A teoria do conhecimento de Stallo é "relativista" em dois sentidos, nenhum deles comparável com o relativismo na acepção habitual. Por um lado, Stallo sustenta que o conhecimento (físico) é relativo ao sistema conceitual empregado, se bem que então tal conhecimento pode ser considerado "absoluto" ou, em todo caso, como certo. Por outro lado, sustenta que há o que se tem chamado, desde a teoria especial da relatividade de Einstein, sistemas de referência. Em alguns aspectos há grandes similaridades entre o pensamento de Stallo e o de Mach.

ᑐ Obras: sua obra hegeliana apareceu sob o título *General Principles of the Philosophy of Nature*, 1848. — Quatro trabalhos publicados em *Popular Science Monthly*, em 1873-1874, foram a base do principal livro de Stallo: *The Concepts and Theories of Modern Physics*, 1882. Este livro suscitou críticas às quais respondeu Stallo na 2ª ed., 1885. Edição com introdução por P. W. Bridgman, 1960. — Deve-se também a Stallo uma série de trabalhos publicados em alemão: *Reden, Abhandlungen und Briefe*, 1893.

Ver o estudo de Bridgman citado *supra*; e também: H. A. Ratterman, *Johann Bernhard Stallo, deutschamerikanischer Philosoph, Jurist und Staatsmann*, 1902. — L. D. Easton, *Hegel's First American Followers. The Ohio Hegelians: J. B. Stallo, P. Kaufmann, M. Conway, A. Willich*, 1966. — Entre os trabalhos mais breves: H. Kleinpeter, "J. B. S. als Erkenntniskritiker", *Vierteljahrschrift für wissenschaftliche Philosophie*, 25 (1901), 401-440 e, sobretudo, S. Drake, "J. B. S. and the Critique of Classical Physics", em H. M. Evans, ed., *Men and Moments in the History of Science*, 1959. — L. D. Easton, "Hegelianism in Nineteenth-Century Ohio", *Journal of the History of Ideas*, 23 (1962), 355-378. — A. Pengam, "L'hégélianisme aux États-Unis au XIXe siècle", *Archives de Philosophie*, 47 (1984), 3-32. ᑕ

STAMMLER, RUDOLF (1856-1938). Nascido em Alsfeld (Hessen), foi professor a partir de 1882 em Marburgo, de 1884 em Giessen, de 1885 em Halle e de 1916 a 1923 em Berlim. Partidário do neokantismo da Escola de Marburgo, Stammler desenvolveu uma filosofia do Direito de tendência formalista. A seu ver, o Direito não pode ser vinculado a conteúdos empíricos determinados, pois então suas normas careceriam de validade universal. Isso não significa que o Direito seja independente da sociedade. Mas sua relação com ela é análoga à relação que a matemática mantém com a realidade empírica: o Direito é, para Stammler, a condição lógica da ciência social. Essa universalidade e formalidade do Direito se torna patente especialmente no que Stammler chama "o Direito justo", isto é, o Direito que possui propriedades objetivas não baseadas em condições históricas dadas ou em propósitos que uma comunidade tem com respeito ao futuro. Segundo Stammler, essa idéia do Direito é a única que pode tornar possível a unidade jurídica de uma comunidade e ainda a visão de todas as comunidades sociais como um todo submetido a normas objetivamente válidas.

ᑐ Obras: *Wirtschaft und Recht nach der materialistischer Geschichtsauffassung*, 1896; 5ª ed., 1921 *(A economia e o Direito segundo a concepção materialista da história).* — *Die Lehre vom richtigen Recht*, 1902; 2ª ed., 1926 *(A teoria do Direito justo).* — *Theorie der Rechtswissenschaft*, 1911 *(Teoria da ciência do Direito).* — *Die Gerechtigkeit in der Geschichte*, 1915 *(A justiça na história).* — *Rechts- und Staatstheorien der Neuzeit,*

1917; 2ª ed., 1925 *(Teorias do Direito e do Estado na época moderna)*. — *Die materialistische Geschichtsauffassung*, 1921 *(A concepção materialista da história)*. — *Lehrbuch der Rechtsphilosophie*, 1922; 2ª ed., 1928 *(Manual de filosofia do Direito)*. — *Rechtsphilosophische Abhandlungen und Vorträge*, 2 vols., 1925 *(Conferências e ensaios sobre filosofia do Direito)*. Stammler dirigiu a partir de 1913 a *Zeitschrift für Rechtsphilosophie*.
Ver: J. Binder, *Rechtsbegriff und Rechtsidee. Bemerkungen zur Rechtsphilosophie Rudolf Stammlers*, 1915. — E. Kränzlein, *Die Naturrechtsphilosophie Stammlers*, 1935 (tese). — W. Gornickel, *Der Rechtsbegriff bei R. S.*, 1943 (tese). ¢

STANDARD. Este termo ganhou importância em trabalhos de filosofia da lógica e de semântica, tanto lingüística como filosófica. Seu sentido geral deriva do que tem na linguagem corrente: chama-se "standard" um elemento, uma peça, um sistema etc., suficientemente extensos para se constituírem em "típicos" e "universais"; qualquer elemento, peça, sistema etc., não standard é considerado como um desvio de um standard ou simplesmente como não ajustado ao que se declara standard. Na lógica e na semântica fala-se de sistemas standard, mas nem sempre é fácil determinar as razões pelas quais são qualificados desse modo. Às vezes é porque se trata de um sistema clássico — ou "o" sistema clássico — com respeito ao qual todos os outros sistemas são não standard; às vezes porque se trata do sistema mais extenso ou mais geral aceito; às vezes por ser ambas as coisas ao mesmo tempo. Pode-se discutir se há mais de um sistema standard, mas geralmente se admite que há apenas um, e que é justamente esse caráter único — e ao mesmo tempo "universal" (ou "universalmente admitido") — o que confere seu caráter standard. Pode-se discutir também se um sistema se chama "standard" ou se declara que há "o" sistema standard por simples convenção, ou porque o sistema responde a requisitos fundados de alguma maneira na "realidade" (entendendo por isso algo parecido ao clássico *fundamentum in re*, onde *res* não é, necessariamente, traduzível por "assunto" ou "tema"). Os sistemas não standard são sistemas alternativos (ver ALTERNATIVO), mas pode-se considerar toda série de sistemas como alternativos com respeito a algum sistema privilegiado, que é então declarado standard "por definição" (e às vezes "por escolha"). Quando se insiste no caráter de "padrão" ou "modelo" do suposto sistema standard, os outros sistemas são julgados como desvios do sistema standard (ver DESVIO; DESVIADO). Às vezes há algum juízo (pelo menos implícito) de valor na declaração de que um sistema é standard, especialmente quando se defende tal sistema diante de sistemas não standard, mas não é preciso que haja semelhante juízo de valor, nem sequer que se dê qualquer sentido mais ou menos pejorativo a termos que — como 'desviado' — o têm correntemente.

STANKEVICH, NICOLAI VLADIMIROVICH. Ver HEGELIANISMO.

STATUS. Ver SITUAÇÃO.

STAUDINGER, FRANZ. Ver NEOKANTISMO.

STAVENHAGEN, KURT. Ver HUSSERL, EDMUND.

STEBBING, L[IZZIE] S[USAN] (1885-1943). Nascida em Londres. De 1913 a 1915 ensinou no King's College da Universidade de Londres; a partir de 1915, no Bedford College da mesma Universidade, sendo nomeada professora titular em 1933. L. S. Stebbing foi durante longo tempo uma das animadoras do movimento analítico na Inglaterra (ver ANÁLISE), aproximando-se em alguns pontos do positivismo lógico, que ela divulgou em seu país. Stebbing difundiu igualmente a nova lógica (ver LOGÍSTICA), embora em suas exposições da lógica tendesse a incluir não só os problemas formais, mas algumas questões metodológicas e epistemológicas. Stebbing se distinguiu também por sua análise dos conceitos usados por certos físicos de tendência filosófica (especialmente Eddington), mostrando que em muitos casos tais conceitos padecem de ambigüidades e que não é legítimo empregá-los sem uma prévia purificação de seus significados.

➲ Obras: *Pragmatism and French Voluntarism with Special Reference to the Notion of Truth in the Development of French Philosophy from Maine de Biran to Professor Bergson*, 1914 (dissertação de mestrado). — *A Modern Introduction to Logic*, 1931; 2ª ed., rev., 1933. — *Logical Positivism and Analysis*, 1933. — *Logic in Practice*, 1934. — *Philosophy and the Physicists*, 1941. — *A Modern Elementary Logic*, 1943. — *Ideals and Illusions*, 1948.
Ver: H. B. Acton et al., *Philosophical Studies: Essays in Memory of L. S. Stebbing*, 1948. ¢

STEFANINI, LUIGI (1891-1956). Nascido em Treviso, foi professor na Universidade de Messina (1936-1940) e na de Pádua (1940-1956). Em 1956, ano de sua morte, fundou a *Rivista di Estetica*.
Além de seus escritos históricos (nos quais se destaca sua interpretação de Platão) e de seus estudos críticos de vários aspectos do pensamento contemporâneo (em particular Blondel e o existencialismo), Stefanini desenvolveu um pensamento filosófico sistemático orientado por aquilo que ele mesmo chamou "idealismo cristão". Trata-se de um espiritualismo e de um personalismo fortemente arraigados na tradição agostiniana e boaventuriana. Stefanini destaca o caráter ativo e, como ele indica, "recriador" do espírito humano, o qual se recria a si mesmo depois de ter sido criado e como conseqüência de ter sido criado como espírito. Na "recriação", o espírito se conhece a si mesmo como atividade. Isso não quer dizer que o espírito se baste a si mesmo. O espírito cria o objeto ao recriar-se, mas cria o objeto na medida

em que reconhece a realidade de um ser transcendente. Pensar essa realidade é pensar o absoluto e só neste pensamento se torna o espírito algo por sua vez absoluto. É fundamental no pensamento de Stefanini a noção de imaginação. A imagem expressa algo distinto de si mesmo, de modo que imaginar não é produzir arbitrariamente realidade: é, antes, abrir o espírito às possibilidades reais. A imaginação salienta o caráter *in fieri* da atividade espiritual, e esse caráter é por sua vez expressão da realidade da pessoa. Também é fundamental no pensamento de Stefanini a idéia de relação como processo que permite afirmar a transcendência sem por isso sustentar que há um abismo entre a transcendência absoluta e a atividade pessoal finita.

➲ Principais obras: *L'azione. Saggio sulla filosofia de M. Blondel*, 1913. — *L'idealismo cristiano*, 1930. — *Platone*, 2 vols., 1932-1935; 2ª ed., 1949. — *L'immaginismo come problema filosofico*, 1936. — *Inquietudine e tranquillità metafisica*, 1937. — *Il momento dell'educazione. Giudizio sull'esistenzialismo*, 1938; reed. com o título: *Il dramma filosofico della Germania*, 1948. — *Problemi attuali d'arte*, 1939. — *Arte e critica*, 1942. — *La Chiesa cattolica*, 1944; 2ª ed., 1951. — *Metafisica della forma*, 1949. — *Metafisica della persona*, 1950. — *Esistenzialismo ateo ed esistenzialismo teistico*, 1952. — *Il problema della storia*, 1953. — *Estetica*, 1953. — *Personalismo educativo*, 1954. — *Trattato di estetica*, 1955; 2ª ed., 1960.

Depoimento: "Spiritualismo cristiano", em *Filosofi italiani contemporanei*, 1944, ed. M. F. Sciacca, pp. 385-393, e também artigo em *La mia prospettiva filosofica*, 1950, pp. 205-226.

Ver: A. Caracciolo, L. Pareyson et al., *Ommagio a L. S. Studi e testimonianze*, 1956 [de *Rivista di Estetica*, I, n° 2 (1956)]. — F. Battaglia, E. Paci et al., *Scritti in onore di L. S.*, 1960 [com bibliografia de e sobre S. por G. Santinello, pp. 181-203]. — O. Rossi, "Profilo filosofico di L. S.", *Sapienza*, 30 (1977), 419-438. ➲

STEFFENS, HENRIK (1773-1845). Nasceu em Stavenger (Noruega), estudou teologia e ciências naturais em Copenhague e em Kiel e se dirigiu em 1798 a Iena, travando relação com Goethe, Schelling e A. W. Schlegel. Dois anos depois foi a Berlim, onde entrou em contato com Friedrich Schlegel, Tieck e Schleiermacher. De 1802 a 1804 deu conferências em Copenhague; de 1804 a 1811 foi professor de mineralogia e filosofia natural em Halle; de 1811 a 1813 foi professor de física em Breslau. Em 1817 se dirigiu a Munique, onde conheceu von Baader e Jacobi. Finalmente, em 1832 foi nomeado professor em Berlim.

A amizade de Steffens com as personalidades acima citadas determinou em grande parte seu ponto de vista filosófico. Influenciado sobretudo por Jacobi e por Schelling, Steffens foi um dos mais ativos *Naturphilosophen* românticos, desenvolvendo uma filosofia na qual a Natureza surgia como um grande todo orgânico que se desenvolvia à maneira de um Deus que ia produzindo suas criações na ordem do tempo. Essas criações são ao mesmo tempo gradações da Natureza e aperfeiçoamentos da Natureza, cuja atividade culmina na produção do homem. O homem é a unidade suprema que dá sentido à unidade criadora da Natureza inteira. A rigor, depois de ter mostrado o aparecimento do homem como resultado do desenvolvimento da Natureza, Steffens considerou o homem e sua história como o modelo de todo desenvolvimento, pois "a história é o modelo eterno da Natureza".

A filosofia da Natureza de Steffens foi criticada por Herbart, por considerar que Steffens se baseara exageradamente em analogias e simbolismos. No entanto, o próprio Steffens considerava que sua filosofia natural, embora fizesse uso de analogias, estava fundada num conhecimento dos fatos, que constituíam, no seu entender, o cimento de toda especulação.

➲ Obras: "Zu Schellings naturphilosophischen Schriften", *Zeitschrift für spekulative Physik*, I (1800), 1-48, 88-121 ("Sobre os escritos filosófico-naturais de Schelling"). — *Beiträge zur inneren Naturgeschichte der Erde*, 1801 *(Contribuições para uma história natural interna da Terra)*. — *Grundzüge der philosophischen Naturwissenschaft*, 1806 *(Traços fundamentais da ciência filosófica da Natureza)*. — *Über die Idee der Universitäten*, 1809; reed., 1910, ed. E. Spranger *(Sobre a idéia das Universidades)*. — *Die gegenwärtige Zeit und wie sie geworden*, 2 vols., 1817 *(O tempo presente e como se fez)*. — *Karikaturen des Heiligsten*, 2 vols., 1819-1822 *(Caricaturas do mais santo)*. — *Schriften alt und neu*, 2 vols., 1821 *(Escritos velhos e novos)*. — *Anthropologie*, 2 vols., 1823; reed., 1922. — *Von der falschen Theologie und dem wahren Glauben*, 1823; 2ª ed., 1831 *(Da falsa teologia e da crença verdadeira)*. — *Polemische Blätter zur Beförderung der spekulativen Physik*, 2 partes, 1829-1835 *(Folhas polêmicas para o fomento da física especulativa)*. — *Christliche Religionsphilosophie*, 2 vols., 1839 *(Filosofia cristã da religião)*. — *Nachgelassene Schriften*, 1846 [com prólogo de Schelling] *(Escritos póstumos)*. — São também póstumos os escritos reunidos por R. Eucken com o título *Zur Philosophie der Geschichte*, 1894 *(Para a filosofia da história)*, e a série de conferências e artigos publicados sob o título *Gesammelte Reden und Aufsätze*, 1890.

Autobiografia: Steffens também escreveu uma longa autobiografia: *Was ich erlebte*, 10 vols., 1840-1844; 2ª ed., 1844-1846, da qual é uma seleção o tomo intitulado *Lebenserinnerungen*, 1908. — Devemos-lhe também: *Novellen*, 16 vols., 1837-1838.

Ver: R. Petersen, *H. St.*, 1881 [em dinamarquês]. — W. Rudloff, *Steffens pädagogische Anschauungen*, 1914 (tese). — Martin Meissner, *H. St. Als Religionsphilosoph*, 1936. — Elisabeth Achterberg, *H. St. und die Idee des Volkes*, 1938. — Viktor Waschnitius, *H. St.*, 1939. — I. Moeller, *H. S.*, 1962. ⊃

STEGMÜLLER, WOLFGANG (1923-1991). Nascido em Natters (Tirol), foi "leitor" em Innsbruck (1949-1956), professor titular na mesma cidade (1956-1957), professor visitante em Kiel (1957-1958) e em Bonn (1958). De 1958 até se aposentar em 1990 foi professor na Universidade de Munique. Seus principais trabalhos versaram sobre epistemologia e filosofia da ciência. Stegmüller examinou detalhadamente as dificuldades postas por um empirismo conseqüente, isto é, a admissão de que há um núcleo de "dados" irremovíveis com os quais as teorias podem ser contrastadas. Embora admita que esse empirismo conseqüente é indemonstrável, já que toda referência a dados depende de marcos lingüísticos, ressalta ao mesmo tempo que admitir um núcleo de dados constitui um pressuposto primário que se justifica pelos resultados que se obtêm na pesquisa científica.

Stegmüller aceitou a distinção feita por Carnap entre probabilidade objetiva (estatística) e probabilidade subjetiva (ou probabilidade nas decisões racionais), elaborando esta última e inspirando-se nas idéias de Carnap, tendo-as reelaborado detalhadamente.

O espírito da investigação filosófica de Stegmüller consiste em estar aberto a diversas correntes contemporâneas, que considera convergentes sempre presididas pelo imperativo de racionalidade e pelo respeito por uma visão científica do mundo. Stegmüller se opõe a todo irracionalismo e a toda conversão da filosofia em expressão ideológica. Entre 1971 e 1973 se produziu uma reviravolta na obra de Stegmüller, que passou a participar do espírito dos trabalhos de Joseph Sneed (VER), examinando minuciosamente como, e em que medida, a filosofia da ciência de Sneed pode dar lugar ao tratamento dos problemas da troca de paradigma científico no sentido de Kuhn. Deste modo elaborou uma teoria da estrutura e dinâmica das teorias científicas livre de todo psicologismo, sociologismo e, em geral, irracionalismo.

•• Porque as teorias já não são consideradas agora como classes de enunciados mas como estruturas complexas de um tipo especial, essa concepção tenha sido chamada, primeiro, "visão Não-Enunciado", e depois "concepção estruturalista" e, finalmente, "novo estruturalismo".

A contribuição de Stegmüller à filosofia da ciência foi extraordinária. Seus quatro volumes sobre *Problemas e resultados da teoria da ciência e da filosofia analítica* constituem a mais completa elaboração que existe sobre a problemática da teoria clássica da ciência. ••

⊃ Obras: *Hauptströmungen der Gegenwartsphilosophie*, 1952; 5ª ed. em dois volumes, 1975; 7ª ed. em 3 vols., 1985; 9ª ed. em 4 vols., 1989. — *Metaphysik, Wissenschaft, Skepsis*, 1954; ed. aum., 1969, com o título modificado: *Metaphysik, Skepsis, Wissenschaft (Metafísica, ceticismo, ciência)*. — *Das Wahrheitsproblem und die Idee der Semantik. Eine Einführung in die Theorien von A. Tarski und R. Carnap*, 1957 *(O problema da verdade e a idéia da semântica. Introdução às teorias de A. T. e R. C.)*. — *Unvollständigkeit und Unentsscheidbarkeit. Die mathematischen Resultate von Gödel, Church, Kleene, Rosser und ihre erkenntnistheoretische Bedeutung*, 1959 *(Incompletude e indizibilidade. Os resultados matemáticos de G., Ch., K., R. e seu significado epistemológico)*. — *Glauben, Wissen und Erkennen. Das Universalienproblem einst und jetzt*, 1965 [publicado previamente em *Archiv für Philosophie*, 6 (3-4) (1956); 7 (1-2), 1957] *(Crer, saber e conhecer. O problema dos universais antes e agora)*. — *Der Phänomenalismus und seine Schwierigkeiten. Sprache und Logik*, 1962 *(O fenomenalismo e suas dificuldades. Linguagem e lógica)*. — *Probleme und Resultate der Wissenschaftstheorie und Analytischen Philosophie (Problemas e resultados da teoria da ciência e da filosofia analítica*, 4 vols., em 7 tomos: I, *Wissenschaftliche Erklärung und Begründung*, 1969, 2ª ed. aum., 1983 com o título *Erklärung Begründung, Kausalität (Explicação, fundamentação, causalidade);* II.1, *Theorie und Erfahrung*, 1970 *(Teoria e experiência);* II.2, *Theorie und Erfahrung. Theorienstrukturen und Theoriendynamik*, 1973 *(Estrutura e dinâmica das teorias);* II.3, *Theorie und Erfahrung. Die Entwicklung des neuen Strukturalismus seit 1973*, 1986 *(Teoria e experiência. A evolução do novo estruturalismo desde 1973);* III. *Strukturtypen der Logik*, 1984 (com M. Varga von Kibéd) *(Tipos de estrutura da lógica);* IV.1, *Personelle und statistische Wahrscheinlichkeit. Personelle Wahrscheinlichkeit und rationale Entscheidung*, 1973 *(Probabilidade pessoal e estatística. Probabilidade pessoal e decisão racional);* IV.2 *Personelle und statistische Wahrscheinlichkeit. Statistisches Schliessen — Statistische Begründung — Statistische Analyse*, 1973 *(Probabilidade pessoal e estatística. Conclusão estatística — Fundamentação estatística — Análise estatística)*. — *Das Problem der Induktion: Humes Herausforderung und moderne Antworten. Der sogenannte Zirkel des Verstehens*, 1975 *(O problema da indução: o desafio de Hume e respostas modernas. O chamado círculo compreensivo)*. — *Collected Papers on Epistemology, Philosophy of Science and History of Philosophy*, 2 vols., 1977. — *Rationale Rekonstruktion von Wissenschaft und ihrem Wandel*, 1979 *(Reconstrução racional da ciência e sua mudança)*. — *The Structuralist View of Theories. A Possible Analogue of the Bourbaki Programme in Physical Science*, 1979. — *Neue Wege der Wissenschaftsphilosophie*, 1980 *(Novos caminhos da filosofia da ciência)*. — *Kripkes Deutung der Spätphilosophie Wittgensteins*, 1986 *(A interpretação de Kripke da filosofia do segundo Wittgenstein)*.

O trabalho de Stegmüller "Theoriendynamik und logisches Verständnis", em W. Diederich, *Beiträge zur diachronischen Wissenschaftstheorie*, 1974 (trad. esp.: "Dinámica de teorías y comprensión lógica", *Teorema*, IV/ 4 [1974], 513-553), pode servir de resumo para as idéias de S., especialmente as relativas à reconciliação entre a tese da acumulabilidade de conhecimentos e a tese da não acumulabilidade (e "ruptura") em fases revolucionárias e críticas da história da ciência.

Bibliografia: A. Müller-Ponzholzer, "Verzeichnis der Schriften von W. S.", *Zeitschrift für philosophische Forschung*, 45 (4) (1991), 599-609.

Em português: *A filosofia contemporânea*, vol. 1, 1976. — *A filosofia contemporânea*, vol. 2, 1976.

Ver: T. S. Kuhn, "Theory-Change as Structure-Change: Comments on the Sneed Formalims", *Erkenntnis*, 10 (1976), 179-199. — P. K. Feyerabend, "Changing Patterns of Reconstruction", *The British Journal for the Philosophy of Science*, 28 (1977). — C. U. Moulines, "Le rôle de W. S. dans l'épistémologie allemande contemporaine", *Archives de Philosophie*, 50 (1987), 3-22. **C**

STEIN, EDITH (1891-1942). Nascida em Breslau, foi assistente de Husserl em Friburgo e colaborou no *Jahrbuch* da escola fenomenológica. Convertida ao catolicismo em 1922, ensinou no Instituto Alemão de Pedagogia Científica de Münster, até que em 1933 foi destituída por causa de sua ascendência judaica, ingressando na Ordem Carmelita em 1934 sob o nome de irmã Teresia Benedicta a Cruce. Em 1938 fugiu para a Holanda, mas por volta de 1942 foi capturada pela polícia secreta nazista e enviada ao campo alemão de Auschwitz, onde morreu numa câmara de gás.

A filosofia de E. Stein é uma combinação original de fenomenologia e pensamento escolástico. Da primeira tomou principalmente o método e os aspectos realistas, não só de Husserl como também de A. Pfänder e de Hedwig Conrad-Martius. Do segundo tomou principalmente o tomismo, mas em alguns pontos importantes — por exemplo, a questão do princípio de individuação e a existência de uma matéria espiritual — aderiu a outras tendências escolásticas, em particular ao scotismo. Outro importante ingrediente do pensamento filosófico de E. Stein é a mística, sobretudo a de três autores: o Pseudo-Dionísio, São João da Cruz e Santa Teresa de Ávila. A relação com Heidegger tampouco deve ser esquecida, embora E. Stein tenha rejeitado energicamente o "finitismo" temporalista desse filósofo. O interesse principal de E. Stein consistiu na edificação de uma metafísica completa, novo elo da *philosophia perennis*, que sem deixar de ser estritamente filosófica não descuidasse das riquezas proporcionadas pela experiência imediata e sua análise fenomenológica. Pode-se dizer inclusive que seu ponto de partida era fenomenológico-imanente, mas que sua conclusão era realista-transcendente. Com efeito, a dialética entre o ser finito e o ser eterno (objeto de seu livro sobre o sentido do ser) permitia, segundo E. Stein, evitar o dogmatismo a que conduziria a adesão pura e simples a qualquer uma das duas posições. A síntese fenomenológico-escolástica era assim, ao mesmo tempo, uma síntese de razão e experiência, de temporalidade e eternidade, de finitude e infinitude, de existência e essência.

⊃ Obras: durante a vida da autora foram publicados: *Zum Problem der Einfühlung*, 1917 [*Jahrbuch für Phänomenologie und phänomenologische Forschung*, V (1922), 1-284] *(Sobre o problema da endopatia)*. — *Beiträge zur philosophischen Begrüdung der Psychologie und der Geisteswissenschaften. I. Psychische Kausalität. II. Individuum und Gemeinschaft*, 1922 *(Contribuição à fundamentação filosófica da psicologia e das ciências do espírito. I. Causalidade psíquica. II. Indivíduo e comunidade)*. — *Eine Untersuchung über den Staat*, 1925 *(Uma investigação sobre o Estado)*. — *Husserls Phänomenologie und die Philosophie des hl. Th. von Aquino*, 1929 *(A fenomenologia de H. e a filosofia de Sto. T. de A.)*. — *Das Ethos der Frauenberufe*, 1931 *(O "ethos" dos ofícios das mulheres)*. — E. Stein traduziu, além disso, obral do Cardeal Newman e de Santo Tomás de Aquino.

Correspondência: *Briefe an Hedwig Conrad-Martius*, 1960, ed. H. Conrad-Martius. — *Briefausslese 1917-1942*, 1967, ed. Maria von Frieden. A ed. de suas *Obras Completas* inclui vários vols. de cartas.

Edição de obras: *Werke*, vols. 1-9, 1950-1977, ed. L. Gelber, R. Leuven; vols. 11-12 e 14, 1987-1991, ed. L. Gelber e M. Linssen.

Em português: *A ciência da cruz*, 1999. *O mistério do Natal*, 2000. — *A mulher*, 1999.

Ver: James Collins, "E. S. and the Advance of Phenomenology", *Thought*, 17 (1942), 685-708 (nota suplementar: "The Fate of E. S. [Correspondence]", *ibid.*, 18 [1943], 384). — Teresia Renata de Spiritu Sancto (T. R. Posselt), *E. S., Schwester Teresia Benedicta a Cruce, Philosophin und Karmelitin. Ein Lebensbild gewonnen aus Erinnerungen und Briefen*, 1948 (várias edições). — Elisabeth Kawa, *E. S., "Die vom Kreuz Gesegnete"*, 1953. — E. de Miribel, *E. S.*, 1954. — A.-A. Dévaux, P. Lenz-Médoc, E. Przywara, artigos sobre E. S. na revista *Les Études Philosophiques*, N. S., 11 (1956), 423-472. — Martha Paulus, *E. S., S. Teresia Benedicta a Cruce. Aus Leben und Werke*, 1960. — Aloisius Bajsic, *Begriff einer christlichen Philosophie bei E. S.*, 1961. — Anton Höflinger, *Das Universalienproblem in E. Steins Werk Endliches und ewiges Sein*, 1968. — Reuben Guilead, *De la phénoménologie à la science de la Croix: L'itinéraire d'E. S.*, 1974. — W. Herbstrith, *E. S.: A Biography*, 1985. — A. C. Fidalgo, *Der Übergang zur objektiven Welt. Eine kritische Erörterung der Einfühlung bei E. S.*, 1987 (tese). — A. Béjas, *E. S. Von der Phänomenologie zur Mystik*, 1987 (com bibliografia muito completa). — A. Lamacchia, *E. S.: Filosofia e senso dell'essere*, 1989. **C**

STEIN, KARL HEINRICH VON (1857-1887). Nascido em Berlim, estudou na Universidade de Berlim sob a influência de Dühring (VER). Membro do Círculo wagneriano de Bayreuth, levou à defesa do wagnerismo e do que considerava como a filosofia do wagnerismo idéias provenientes de seus estudos de filosofia natural e de teologia. Segundo Stein, a intuição estética permite compreender tanto a obra de arte como o princípio divino da Natureza: arte e Natureza são criações espirituais e embora haja diferença entre ambas as criações em virtude do caráter absolutamente criador do ato divino em contraste com o caráter simultaneamente criador e plasmador da produção estética, o exame desta última constitui um caminho para apreender a natureza da criação espiritual radical. O mundo tem, segundo Stein, um sentido que somente a criação estética pode penetrar. Nessa criação se manifestam dois aspectos: o subjetivo, ou a força criadora, e o objetivo ou a obra criada. Ambos os aspectos se encontram também nas coisas naturais, cujo último sentido só pode ser compreendido "esteticamente". Por isso Stein desenvolveu uma "teoria do conhecimento" na qual o conhecimento em sentido estrito constitui unicamente um primeiro passo rumo à apreensão do "sentido". Essa apreensão requer uma endopatia (VER), a qual, por outro lado, pode ser cultivada e refinada. Stein conclui fazendo da estética o órgão da "concepção do mundo".

➲ Principais obras: *Helden und Welt. Dramatische Bilder*, 1883 [com introdução por Wagner] *(Heróis e mundo. Quadros dramáticos)*. — *Die Beziehungen der Sprache zum philosophischen Erkennen*, 1883 *(As relações da linguagem com o conhecimento filosófico)*. — *Die Entstehung der neueren Ästhetik*, 1886 *(A origem da estética moderna)*. — *Goethe und Schiller. Vorlesungen über Ästhetik der deutschen Klassiker*, 1893 *(G. e S. Lições sobre a estética dos clássicos alemães)*. — *Giordano Bruno*, 1900, ed. F. Poske. — *Zur Kultur der Seele. Gesammelte Aufsätze*, 1906, ed. F. Poske *(Para a cultura da alma. Ensaios)*. — Stein também é autor, em colaboração com C. F. Glasenapp, de um *Wagner-Lexikon*.

Ver: Houston Stewart Chamberlain, E. Poske, *H. von S. und seine Weltanschauung*, 1903; 2ª ed., 1905. — W. Martin, *Die Grundzüge der Ästhetik H. von Steins*, 1909 (tese). — Günter H. Wahnes, *H. von S. und sein Verhältnis zu R. Wagner und F. Nietzsche*, 1927 (tese). — Friedrich Meller, *Der Volksgedanke bei H. von S.*, 1940 (tese). — K. Epstein, "Stein in German Historiography", *History and Theory*, 5 (1966), 241-274. ℂ

STEIN, LORENZ JACOB VON (1815-1890). Nascido em Eckernförde (Silésia), estudou em Kiel e em Iena. De 1846 a 1852 foi "professor extraordinário" em Kiel e de 1855 a 1888, professor em Viena. Muito de seu tempo foi consagrado a atividades políticas e colaborações em jornais sobre questões políticas, sociais e administrativas.

Lorenz Stein se destacou por sua filosofia política e especialmente por sua teoria do Estado. Influenciado por Hegel, e muito interessado pelas doutrinas socialistas de seu tempo, especialmente as propostas na França, Lorenz Stein às vezes é considerado um precursor de Marx na medida em que explicou os processos históricos como processos econômico-sociais e elaborou a noção de classe como classe econômica. No entanto, há notórias diferenças entre Lorenz Stein e Marx a esse respeito, especialmente porque Stein elaborou uma idéia da sociedade que, embora dominada por relações econômicas, destacava outras relações e interações entre os diferentes grupos. Fundamental na filosofia política de Stein é sua oposição entre "sociedade" e "Estado". Stein considera a história como uma perpétua tensão entre a sociedade e o Estado: a primeira se caracteriza pelo domínio de um grupo sobre outros; o segundo, pelo restabelecimento do equilíbrio e o fomento da igualdade jurídica, política e econômica. A dialética da sociedade e do Estado terminará, segundo Stein, quando se constituir um regime socialista no qual o Estado represente a forma da sociedade sem domínio de uma classe sobre outras.

➲ Obras: *Der Sozialismus und Kommunismus des heutigen Frankreichs. Ein Beitrag zur Zeitgeschichte*, 1842; 2ª ed., 2 vols., 1847 *(Socialismo e comunismo da França atual. Contribuição à história da época)*. — *Die sozialistischen und kommunistischen Bewegungen seit der 3. französischen Revolution*, 1848 *(Os movimentos socialistas e comunistas desde a terceira revolução francesa)*. — *Geschichte der sozialen Bewegung in Frankreich von 1789 bis auf unsere Tage*, 3 vols., 1850; 2ª ed., 1855; nova ed., 3 vols., Ed. Gottfried Salomon, 1921 *(História do movimento social na França de 1789 a nossos dias)*. Esta obra se divide nas seguintes partes: I. *Der Begriff der Gesellschaft und die soziale Geschichte der französischen Revolution bis zum Jahr 1830 (O conceito de sociedade e a história social da revolução francesa até 1830);* II. *Die industrielle Gesellschaft der Sozialismus und Kommunismus Frankreichs von 1830 bis 1848 (A sociedade industrial, o socialismo e o comunismo da França de 1830 a 1848);* III. *Das Königtum, die Republik und die Souveränität der französischen Gesellschaft seit der Februar-Revolution 1848 (A monarquia, a República e a soberania da sociedade francesa desde a revolução de fevereiro de 1848)*. — *System der Staatswissenschaft*, 2 vols., 1852-1856 *(Sistema de ciência do Estado)*. Esta obra se divide nas seguintes partes: I. *System der Statistik, Populationistik und der Volkswirtschaftslehre (Sistema de estatística, populacionística e de economia política)*. II. *Die Gesellschaftslehre (A teoria da sociedade)*. — *Lehrbuch der Volkswirtschaft*, 1860 ss. *(Manual de economia política)*. — *Verwaltungslehre*, 8 vols., 1865-1884 *(Teoria da administração)*. — *Die Frau auf dem sozialen Gebiete*, 1880 *(A mulher no terreno social)*.

Ver: Ernst Grünfeld, *L. von S. und seine Gesellschaftslehre*, 1910. — Gertrud Scholl, *Die wichtigsten nationalökonomischtheoretischen Lehren bei L. von S.*, 1926 (tese). — Heinrich Künne, *L. von S. und die arbeitende Klasse*, 1928 (tese). — Heinz Nitschke, *Die Geschichtsphilosophie L. von Steins*, 1931 (tese). — Karl

Günzel, *Der Begriff der Freiheit bei Hegel und L. von S.*, 1934 (tese). — M. E. Kamp, *Die Theorie der Epochen der öffentlichen Wirtschaft bei L. von S.*, 1950. — K. Mengelberg, "L. von S. and his Contribution to Historical Sociology", *Journal of the History of Ideas*, 22 (1961), 267-274. — R. Horburger, "L. v. S. et Karl Marx", *Archives de Philosophie*, 37 (1974), 377-405. ◖

STEINBÜCHEL, THEODOR (1888-1949). Nascido em Colônia, foi *Privatdozent* em Bonn (1922-1926), professor titular de filosofia em Giessen (1926-1934), de teologia moral em Münster (1934-1941) e da mesma disciplina em Tübingen (a partir de 1941). É considerado um filósofo neotomista, mas, a rigor, seu pensamento se orientou mais na direção de um tratamento dos conflitos entre concepções impersonalistas e concepções personalistas desenvolvidas sobretudo a partir do idealismo alemão. Influenciado por Grisebach (VER), desenvolveu a ética da situação, procurando ver de que modo essa ética expressa uma atitude personalista cristã. Steinbüchel se opôs tanto ao impersonalismo como ao individualismo abstrato. A ética da situação pode encontrar-se, como escreve Steinbüchel, com uma ética essencialista sempre que a primeira não seja um mero relativismo e a segunda não seja um abstrato universalismo. Ética situacional, ética essencialista e ética axiológica podem relacionar-se entre si desde que o conteúdo dos valores se realize concretamente no ser essencial do homem.

⊃ Obras: *Der Zweckgedanke in der Philosophie des Thomas von Aquin*, 1912 *(A idéia de finalidade na filosofia de T. de A.)*. — *Der Sozialismus als sittliche Idee*, 1921 *(O socialismo como idéia moral)*. — *I. Kant*, 2 vols., 1931. — *Das Grundproblem der Hegelschen Philosophie*, I, 1933 *(O problema fundamental da filosofia hegeliana)*. — *Der Umbruch des Denkens*, 1936, reimp., 1966 *(A ruptura do pensamento)*. — *Die philosophische Grundlegung der katholischen Sittenlehre*, 1938; 3ª ed., 1947 *(A fundamentação filosófica da ética católica)*. — *F. Nietzsche*, 1947. — *K. Marx*, 1947. — *Christliche Lebenshaltungen und die Krisis der Zeit und des Menschen*, 1949 *(Atitudes cristãs ante a vida e a crise da época e do homem)*. — *Zerfall des christlichen Ethos im 19. Jahrhunderte*, 1951 *(Decadência do ethos cristão no século XIX)*. — *Religion und Moral im Lichte personaler christlicher Existenz*, 1951 *(Religião e Moral à luz da existência pessoal cristã)*. — *Mensch und Gott in Frömmigkeit und Ethos der deutschen Mystik*, 1952 *(O homem e Deus na piedade e o etos da mística alemã)*.

Ver: Manuel Alcalá, *La ética de la situación y Th. S.*, 1963. ◖

STEINER, RUDOLF (1861-1925). Nascido em Kraljevic (Croácia). Destacado estudioso de Goethe, Steiner é mais conhecido por seu papel dentro do movimento teosófico. Secretário do grupo alemão da "Sociedade Teosófica", separou-se desta em 1912 para fundar em Dornac a "Anthroposophischer Bund" ("Liga Antroposófica"), chamada a partir de 1913 "Anthroposophische Gesellschaft" ("Sociedade Antroposófica"), convertendo deste modo a teosofia (VER) em antroposofia. Influenciado por, entre outros, Haeckel e Nietzsche, Steiner desenvolveu uma doutrina do homem segundo a qual este se compõe de uma série de princípios, de ordem crescentemente espiritual: junto ao corpo físico há o corpo etéreo, o astral, o eu, o eu espiritual, o espírito vital e o homem espiritual. O princípio etéreo e o princípio astral permanecem ao morrer o homem e contribuem para o desenvolvimento do eu, o qual se reencarna. Steiner propôs uma série de normas de iniciação e uma série de práticas que deviam levar o seguidor à percepção das realidades ocultas às pessoas comuns, e especialmente ao conhecimento da natureza espiritual do universo e dos diversos espíritos astrais.

⊃ Entre os escritos de S. sobre Goethe figuram: *Grundlinien einer Erkenntnistheorie der Goetheschen Weltanschauung*, 1886 *(Linhas fundamentais de uma teoria do conhecimento da concepção goethiana do mundo)*. — *Goethes Weltanschauung*, 1897. — *Geisteswissenschaftliche Erläuterungen zu Goethes Faust*, 2 vols., 1931 *(Explicações científico-espiritualistas sobre o Fausto de Goethe)*. — *Goethe-Studien und goetheanistische Denkmethoden*, 1932 *(Estudos sobre Goethe e métodos de pensar goethianos)*. — S. colaborou na edição de Weimar das obras de Goethe: *Goethes naturwissenschaftliche Schriften*, 6 vols.

Entre os escritos teosóficos e antroposóficos de S. destacam-se: *Teosophie*, 1904. — *Wie erlangt man Erkenntnisse der höheren Welten*, 1909. — *Die Geheimwissenschaft im Umriss*, 1910. — *Vom Menschenrätsel*, 1916 *(Do enigma humano)*. — *Von Seelenrätseln*, 1917 *(Dos enigmas da alma)*. — *Licht-Lehre*, 1925 *(Doutrina da luz)*. — *Eurhytimie als sichtbare Sprache*, 1927. — *Philosophie und Anthroposophie. Gesammelte Aufsätze, 1904-1918*, 1965.

Outros trabalhos de S. incluem: *Die Philosophie der Freiheit*, 1894. — *Welt- und Lebensanschauungen im 19. Jahr.*, 2 vols., 1900-1901; 2ª ed. com o título: *Die Rätsel der Philosophie*, 1914. — *Die Kernpunkte der sozialen Frage*, 1919. — E também: obras sobre Nietzsche (1895), Haeckel (1900) e Santo Tomás (1930).

Autobiografia: *Mein Lebensgang*, 1925, 2ª ed., 1949.

Edição de obras: *Gesamtausgabe*, 1954-1960.

Bibliografia: Günther Wachsmuth, *Bibliographie der Werke R. Steiners*, 1942.

Em português: *Andar, falar, pensar*, 1994. — *O anjo em nosso corpo astral*, 1996. — *Antropologia meditativa*, s.d. — *A arte da educação*, vol. 1, s.d. — *A arte da educação*, vol. 2, s.d. — *A arte da educação*, vol. 3, s.d. — *Arte e estética segundo Goethe*, 1994. — *Carências da alma em nossa época*, 1993. — *Ciência espiritual e questão social*, 1983. — *A ciência oculta*, s.d. — *Como atua o carma*, s.d. — *O conhecimento dos mundos superiores*, 1996. — *O conhecimento iniciático*, 1996. — *O cristianismo como fato místico*, s.d. — *A crônica do Akasha*, s.d. — *De Jesus a Cristo*, s.d. — *Direção espiritual do homem e da humanidade*, s.d. — *Os doze sentidos*, 1997. — *Economia viva*, s.d. — *A educação da criança segundo a ciência espiritual*, 1998. — *Educação na puberdade*, 1996. — *A educação prática do pensamento*, 1996. — *A eterização do sangue*, 1991. — *O evangelho segundo Lucas*, s.d. — *O evangelho segundo Marcos*, s.d. — *O evangelho segundo Mateus*, s.d. — *O evangelho segundo João*, s.d. — *A fisiologia oculta*, s.d. — *Fundamentos da agricultura biodinâmica*, 1993. — *O futuro social*, s.d. — *O limiar do mundo espiritual*, s.d. — *Manifestações do carma*, s.d. — *Matéria, forma e essência*, s.d. — *O methodo scientifico de Goethe: linhas-gerundo de uma theoria de reconhecença da aspecção de mundo de Goethe com particular respecção a Schiller, ou A unica critica possivel dos conceitos*,1962. — *A missão das almas dos povos*, 1986. — *O mistério dos temperamentos*, 1994. — *A moral teosófica*, s.d. — *Nervosismo e auto-educação*, s.d. — *A obra científica de Goethe*, s.d. — *As origens do pai-nosso*, 1994. — *O portal da iniciação*, s.d. — *O quinto evangelho*, 1996. — *Reencarnação e carma*, 1996. — *Seres elementares e seres espirituais*, s.d. — *Temperamentos e alimentação*, 1996. — *Verdade e ciência*, s.d.

Ver: Otto Fränkl, *Die Anthroposophie Steiners*, 1930. — G. Wachsmuth, *Die Geburt der Geistenswissenschaft. R. Steiners Lebensgang*, 1941. — I. Krause, *R. S.*, 1943. — S. Rihouët-Coroze, *R. S., épopée de l'esprit au XXe siècle*, I, 1950. — Owen Barfield, *Romanticism Comes of Age*, 1967. — Walter Abendroth, *R. S. und die heutige Welt*, 1969. — L. Hadjetlaché, *S. et la pensée du XXe siècle*, 2 vols., 1972-1974 (I: *La méthode;* II: *Introduction à l'anthropologie de S.*). — M. C. Richards, *Toward Wholeness: R. S. Education in America*, 1980. — G. Wehr, *R. S. Wirklichkeit, Erkenntnis und Kulturimpuls*, 1982. — W. Klingler, *R. S. Menschenbild im Spannungsfeld zwischen Philosophie und Okkultismus*, 1986. — C. Rudolph, *Waldorf-Erziehung — Wege zur Versteinerung*, 1987. — C. Lindenberg, *R. S. — Eine Chronik*, 1988. **C**

STEINTHAL, HEYMANN [HEINRICH] (1823-1899). Nascido em Gröbzig (Anhalt), estudou história e filologia com Böckh, Bopp, Lipsius e Wilhelm Grimm. De 1861 a 1872 foi "professor extraordinário" de lingüística em Berlim, e a partir de 1872 ensinou na Escola Superior para o Conhecimento (ou Ciência) do Judaísmo (Hochschule für die Wissenschaft des Judentums). Discípulo de Herbart (VER) em psicologia, fundou, com Lazarus (VER), o *Zeitschrift für Völkerpsychologie und Sprachwissenschaft* (1860-1890). Lazarus e Steinthal são geralmente citados como os "fundadores da psicologia dos povos" *(Völkerpsychologie)*. Trata-se, em parte, de uma pesquisa de psicologia comparada de diversos povos com base na noção de "espírito do povo" *(Volksgeist)* como núcleo interno unificador das diversas manifestações das comunidades humanas. Por outra parte, trata-se de uma série de pesquisas antropológico-culturais com base lingüística. A noção de "espírito do povo", embora finalmente derivada de concepções "românticas", tem em Steinthal um tom menos especulativo que o que fora corrente desde Herder e Hegel. Steinthal se interessou especialmente pelas características lingüísticas de diferentes comunidades, considerando às vezes que a linguagem está fundamentada no espírito do povo e às vezes que o espírito de cada povo dá lugar a uma linguagem determinada, com possibilidade de criações e de mitos distintos dos produzidos por outras linguagens. As línguas são estudadas por Steinthal psicologicamente (e antropologicamente) e não de um ponto de vista gramatical e lógico supostamente válido para todas as línguas.

➲ Principais obras: *Die Sprachwissenschaft Wilhelm von Humboldts und die Hegelsche Philosophie*, 1848 (*A ciência da linguagem de W. von H. e a filosofia hegeliana*). — *Die Classification der Sprachen, dargestellt als die Etwicklung der Sprachidee*, 1850 (*A classificação das líguas exposta como desenvolvimento da idéia de língua*). — *Der Ursprung der Sprache im Zusammenhange der letzten Fragen alles Wissens*, 1861; 4ª ed., 1888 (*A origem da língua em relação com as últimas questões de todo saber*). — *Die Entwicklung der Schrift*, 1851 (*A evolução da escrita*). — *Die Wurzeln der verschiedenen chinesischen Dialekte*, 1854 (*As raízes dos diferentes dialetos chineses*). — *Grammatik, Logik und Psychologie: ihre Principien und ihr Verhältnis zueinander*, 1855; reimp., 1968 (*Gramática, lógica e psicologia. Seus princípios e sua relação mútua*). — *Charakteristik der hauptsächlichsten Typen des Sprachbaues*, 1860 (*Característica dos principais tipos de construção da linguagem*). — *Philologie, Geschichte und Psychologie in ihren gegenseitigen Beziehungen*, 1864 (*Filologia, história e psicologia em suas relações mútuas*). — *Geschichte der Sprachwissenschaft bei den Griechen und Römern mit besonderer Rücksicht auf die Logik*, 1864; 2ª ed., 2 vols., 1890 (*História da ciência da linguagem nos gregos e romanos, com especial referência à lógica*). — *Mythos und Religion*, 1870. — *Einleitungen die Psychologie und Sprachwissenschaft*, 1871; 2ª ed., 1881 (*Introdução à psicologia e à ciência da linguagem*). — *Abriss der Sprachwissenschaft*, 2 vols., 1871-1873 (*Esboço da ciência da linguagem*). — *Allgemeine Ethik*, 1885 (*Ética geral*). — *Zu Bibel und Religionsphilosophie*, 1890, 1895 (*Sobre a Bíblia e filosofia da religião*).

Deve-se a S. a publicação de obras de W. von Humboldt: *Die sprachphilosophischen Werke W. von Humboldts*, 1884.

Edição de obras: *Gesammelte kleine Schriften*, 1880.

Ver: G. Glogau, *Steinthals psychologische Formeln zusammenhängend entwickelt*, 1876. — Th. Achelis, *H.*

S., 1898. — Marie Goglau, *G. Goglau, sein Leben und sein Briefwechsel mit H. S.*, 1906. — Waltraud Bumann, *Die Sprachtheorie Heymann Steinthals. Dargestellt im Zusammenhang mit seiner Theorie der Geisteswissenschaften*, 1965. — I. Belke, "Die Begründung der Völkerpsychologie in Deutschland", *Rivista di Filosofia*, 73 (1983), 192-233. — G. Cavallo, "Psicologia dei Popoli, Storia e Idee in Lazarus e S.", *Filosofia*, 37 (1986), 205-221. C

STEPHEN, LESLIE (1832-1904). Nascido em Londres. Estudou no King's College, da Universidade de Londres e em Cambridge, onde foi "tutor". Em 1859 ordenou-se ministro da Igreja anglicana, mas abandonou-a em 1875. A partir de 1864 ele se consagrou, em Londres, a uma intensa atividade literária, publicando numerosos ensaios em revistas, dirigindo de 1871 a 1882 o *Cornhill Magazine*, e dirigindo, a partir de 1882, o *Dictionary of National Biography*. A filha caçula de Leslie Stephen foi Virginia Woolf.

Desde seu abandono da Igreja anglicana, causado em parte por seu crescente interesse pelo utilitarismo de Bentham e dos Mill e pelo evolucionismo de Darwin, Leslie Stephen desenvolveu um pensamento de caráter naturalista e agnóstico. Stephen rejeitou toda teoria segundo a qual os princípios éticos são reconhecidos mediante uma intuição especial, assim como toda doutrina segundo a qual há um reino de valores transcendentes. Toda realidade moral é para ele uma questão de fato. Mas os fatos éticos não eram para Stephen, apesar do evolucionismo mediante o qual os interpretou, de índole histórica. O caráter evolutivo do fato ético era antes de índole biológico-antropológica e por esse motivo a ética de Stephen em nenhum momento passou do evolucionismo para o historicismo. A mesma idéia da realidade social como organismo ou, melhor, a concepção do humano como um "tecido social" abona o mencionado biologismo; os conceitos de corpo social doente ou são, vital ou deprimido, desequilibrado ou equilibrado, estão, além disso, orientados em um sentido análogo. Daí que a moral de Stephen se baseasse mais no fato que na norma, mais no ser que no dever ser. A lei ética suprema, que manda "ser algo" e não simplesmente "fazer algo", é, com efeito, o reconhecimento de que nenhum princípio moral transcende a sociedade. Mas a imanência desses princípios tampouco é a do dado mas a do "devindo"; somente no curso da evolução são forjadas as "normas" éticas, na mesma proporção e medida em que se desenvolve a sociedade.

⊃ Obras: *Choice of Representatives*, 1867. — *Essays on Free Thinking and Plain Speaking*, 1873. — *Hours in a Library*, 3 vols., 1874-1876-1879. — *The Science of Ethics*, 1882. — *An Agnostic's Apology*, 1893 [já publicado, em 1876, na revista *Fortnightly*]. — *Social Rights and Duties*, 2 vols., 1896. — Entre suas obras históricas devemos mencionar: *History of the English Thought in the XVIIIth Century*, 2 vols., 1876. — *The English Utilitarians*, 3 vols., 1900. — Em relação com sua coordenação do *Dictionary of National Biography*, publicou os *Studies of a Biographer*, 2 vols., 1898.

Ver: F. W. Maitland, *Life and Letters of L. Stephen*, 1925. — N. G. Annan, *L. Stephen. His Thought and Character in Relation to His Time*, 1951. C

STERN, GÜNTHER. Ver TER.

STERN, WILHELM (1871-1938). Nascido em Berlim. Foi "professor extraordinário" em Breslau (1907-1909), em Hamburgo (1909-1919) e professor titular em Hamburgo. Em 1933 emigrou para os Estados Unidos, sendo nomeado professor no Vassar College (Poughkeepsie, Nova York).

Stern dedicou grande parte de suas investigações à psicologia, particularmente à chamada psicologia diferencial. Sua mais importante contribuição no terreno filosófico está em sua doutrina do "personalismo crítico", baseada numa distinção entre "pessoa" e "coisa", distinção que considerava mais fundamental que qualquer outra cisão da realidade, inclusive a divisão entre o físico e o psíquico. Pessoa e coisa podem dar-se tanto no mundo físico como no psíquico, pois a pessoa é uma unidade orgânica, uma atividade própria, uma finalidade, enquanto a coisa é mero conjunto de elementos suscetíveis de aumento ou diminuição sem destruição de seu ser, passividade e atividade mecânica. O mudo psíquico possui em maior medida que o físico as características da pessoa, mas nele também estão inseridas a causalidade mecânica e as determinações da coisa, do mesmo modo como o mundo físico possui em diversas partes, e sobretudo em seu conjunto, um sentido que o converte, ou pode convertê-lo, em pessoa. Justamente essa totalidade pessoal em que se cifra, segundo Stern, o universo, demonstra a necessidade desse personalismo crítico, um personalismo, pois, que sem admitir a fantástica personalização de todos os aconteceres, reconheça a subordinação em que todo elemento mecânico e causal se encontra em relação à unidade orgânica de sentido.

Ora, essa teoria metafísica da personalidade sempre está arraigada tanto na investigação psicológica individual e diferencial como numa teoria do conhecimento muito próxima do realismo crítico. As implicações idealistas contidas na idéia da pessoa como unidade última dos atos ultrapassam, segundo Stern, continuamente o plano transcendental, e ainda ocorre ser este último plano o que, em última análise, pode ser justificado pela realidade concreta da pessoa. Daí que a metafísica de Stern pressuponha por sua vez uma teoria dos valores de caráter objetivista. Se os valores também podem ser subjetivos, isso ocorre apenas na medida em que se incorporam ao lado psíquico-individual da personalidade, mas não na medida em que resultem epifenomenicamente dela. O personalismo crítico de Stern se combina, portanto, com um objetivismo axiológico e com um idealismo concreto, ficando tudo isso unido por uma metafísica como ciência das pressuposições últimas de todo pensamento do real. Essas pressuposições abarcam, segundo Stern, não só o campo do real tal como é dado à consciência imediata, mas o campo de todo o "posto". Mas, por sua vez, a realidade "posta" não é uma realidade engendrada por um sujeito mas é, de certo modo, a trama ontológica dentro da qual se dá toda realidade. Em todas as suas partes Stern rejeita, assim, tanto o subjetivismo como o objetivismo das essências, inclinando-se para uma forma de real-idealismo que supõe a objetividade e, ao mesmo tempo, o caráter concreto de todo valor e de todo ser.

⊃ Obras: *Die Analogien im volkstümlichen Denken*, 1893 *(As analogias no pensar popular)*. — *Über die Psychologie der Veränderungsauffassung*, 1898 *(Sobre a psicologia da concepção da mudança)*. — *Ideen zu einer Psychologie der individuellen Differenzen*, 1900; nova ed. com o título: *Die differentielle Psychologie in ihren methodischen Grundlagen*, 1911 *(A psicologia diferencial em seus fundamentos metódicos)*. — "Zur Psychologie der Aussage", *Zeitschrift für die gesamte Strafrechtswissenschaft* (1902) ("Para a psicologia do testemunho"). — *Helen Keller*, 1905. — *Person und Sache. System der philosophischen Weltanschauung*, 3 vols., I, 1906 (2ª ed., 1923); II, 1918 (2ª ed., 1923); III, 1924 *(I. Ableitung und Grundlehre; II. Die menschliche Persönlichkeit; III. Wertphilosophie) (Pessoa e coisa. Sistema da concepção filosófica do mundo. I. Derivação e fundamento; II. A personalidade humana; III. Filosofia del valor)*. Na 2ª ed., o subtítulo da obra é: *System des kritischen Personalismus (Sistema do personalismo crítico)*. — *Psychologie der frühen Kindheit*, 1914 *(Psicologia da primeira infância)*. — *Die Intelligenz der Kinder und Jugendlichen*, 1920 *(A inteligência das crianças e dos jovens)*. — *Psychologie und Schülerauslese*, 1920. — *Allgemeine Psychologie auf personalistischer Grundlage*, 1935; 2ª ed., 1950. — Além disso, uma série de trabalhos em colaboração com Clara Stern na série "Monographien über die seelische Entwicklung des Kindes".
Depoimento em *Die Philosophie der Gegenwart in Selbstdarstellungen*, VI, 1927.
Ver: Eugen Seiterich, *Die logische Struktur des Typusbegriffs bei W. Stern, E. Spranger und Max Weber*, 1930 (tese). — A. Adler, ed., *Festschrift für W. S.*, 1931. — Siegfried Casper, *Die personalistische Weltanschauung W. Sterns*, 1933. — H. Sanborn, H. Werner *et al.*, arts. no volume *Character and Personality*, 1939. — L. W. Beck, "W. S.'s Philosophy of Value", *Personalist*, 22 (1941), 353-363. — H. L. Searles, "The Personalistic Movement in Psychology", *ibid.*, 25 (1944), 243-255. ⊂

STEVENSON, C[HARLES] L[ESLIE] (1908-1979). Nascido em Cincinnati (Ohio, EUA), ensinou em Yale e (a partir de 1946) na Universidade de Michigan. Stevenson é conhecido sobretudo como o principal defensor do chamado "emotivismo" (VER) ou teoria emotivista na significação dos termos éticos. Dentro da tradição de Hume, e com várias influências — tais como o positivismo lógico, o "primeiro" e o "último" Wittgenstein, Dewey e R. B. Perry —, Stevenson foi elaborando uma teoria ética ou, melhor dizendo, um estudo reflexivo sobre o vocabulário ético que o levou a uma série de conclusões. Destacaremos as seguintes: o termo 'bom' como termo ético expressa um interesse por parte das pessoas que o usam; este termo não tem um uso descritivo, mas dinâmico e, dentro do uso dinâmico, um uso emotivo; o uso emotivo não indica tanto que uma pessoa prefira algo porque o ache bom, mas que o recomenda como bom; 'bom' pode, portanto, ser objeto do que o autor chama "definição persuasiva"; 'emotivo' significa, pois, aqui, 'que induz a', 'que produz', 'que suscita' mais que 'que expressa'. Desse modo, Stevenson procede a um complexo estudo que, segundo indica, se relaciona com a ética normativa de um modo parecido a como a análise conceitual e o método científico se relacionam com as ciências. O estudo reflexivo dos termos éticos não é, pois, o mesmo que foi denominado de "a ética". Stevenson reconhece que as questões normativas são importantes, mas aspira unicamente a afiar os instrumentos empregados pelos que se ocupam diretamente de tais questões.

⊃ Principais escritos: "The Emotive Theory of Ethical Terms", *Mind*, N. S., 46 (1937), 14-31. — "Ethical Judgements and Avoidability", *ibid.*, 47 (1938), 45-57. — "Persuasive Definitions", *ibid.*, 331-350. — *Ethics and Language*, 1944. — *Facts and Values: Studies in Ethical Analysis*, 1963 (inclui os três ensaios citados *supra*). — Póstuma: *The Metaphysics of Experience*, 1982.
Ver: George C. Kerner, *The Revolution in Ethical Theory*, 1966 (sobre Moore, S., Toulmin e Hare). — R. W. Beard, "Is S. an Emotivist?", *Philosophical Quarterly of India*, 39 (1966), 141-145. — B. K. Sinha, "S.'s Working Models", *Indian Philosophical Quarterly*, 15 (1988), 341-347. — S. Darwall, "Moore to Stevenson", em R. J. Cavalier, ed., *Ethics in the History of Western Philosophy*, 1989, pp. 366.398. ⊂

STEWART, DUGALD (1753-1828). Nascido em Edimburgo, estudou na Universidade da mesma cidade. Também nela ensinou matemática até 1778, quando assumiu a cátedra de Adam Ferguson (1723-1816: *Institutes of Moral Philosophy*, 1769; *Principles of Moral and Political Science*, 1792) durante a ausência deste e depois, em 1785, definitivamente.
É considerado como sucessor de Reid (VER) na chefia da chamada "Escola escocesa" (ver ESCOCESA [ESCOLA]) do "senso comum" (VER). Dugald Stewart seguiu em grande parte seu mestre na idéia de que há certos princípios do senso comum aceitáveis por todos por serem dados

a uma intuição comum. Tais princípios são de três tipos: axiomas matemáticos e físicos; princípios relativos à consciência, à percepção e à memória, e princípios sobre a realidade em geral (como, por exemplo, o princípio de que há um mundo exterior e de que há uniformidade na Natureza). Isso não quer dizer que tais princípios sejam "metafísicos" ou "especulativos" e que possam ser derivados deles juízos sobre fenômenos particulares. Esses juízos sempre são juízos de experiência, que possuem um grau maior ou menor de probabilidade. A relação entre os princípios do senso comum e os juízos é uma relação condicional: os primeiros são condição racional dos segundos. Por outro lado, os princípios em questão, embora intuitivamente evidentes, não nos dão acesso a uma realidade transcendente à experiência (por exemplo, a algo assim como "um objeto em si" ou "a consciência mesma" independentemente de suas operações). Os princípios do senso comum não são princípios metafísicos: são "leis de crença" *(laws of belief)*, e pressuposições da experiência.

A faculdade do senso comum está ligada à faculdade moral, a qual dá origem a um "senso moral" que é o fundamento da compreensão dos deveres morais, mas que não produz automaticamente máximas para comportar-se em casos específicos, já que também aqui a experiência é a única coisa que permite saber como orientar-se moralmente.

➲ Obras: *Elements of the Philosophy of the Human Mind*, 3 vols. (I. 1792; II. 1813; III. 1827). Esta obra exerceu grande influência tanto na Inglaterra quanto em outros países, especialmente na França, onde foi traduzida por J. Paisse com o título *Éléments de la philosophie de l'esprit humain* (vol. I, 1842; vol. II, 1843; III, 1845). — *Outlines of Moral Philosophy*, 1793, nova ed. por J. McCosh, 1863 (trad. franc. por T. Jouffroy [VER], *Esquisses de philosophie morale*, 1826). — *Philosophical Essays*, 1810. — *Philosophy of the Active and Moral Powers of Man*, 1928.

Edição de obras: *Collected Works*, 11 vols., 1854-1858, ed. William Hamilton.

Ver: W. J. Hipple, "The Aesthetics of D. S.: Culmination of a Tradition", *Journal of Aesthetics and Art Criticism*, 14 (1955), 77-96. — R. S. Woolhouse, "Reid and S. on Lockean Creation", *Journal of the History of Philosophy*, 20 (1982), 84-90. — S. Rashid, "D. S.: 'Baconian' Methodology and Political Economy", *Journal of the History of Ideas*, 46 (1985), 245-258. — E. H. Madden, "S.'s Enrichment of the Commonsense Tradition", *History and Philosophy Quarterly*, 3 (1986), 45-63. — D. N. Robinson, "Th. Reid's Critique of D. S.", *Journal of History and Philosophy*, 27 (1989), 405-422. — Ver também a bibliografia do verbete ESCOCESA (ESCOLA) (obras de J. McCosh, H. Laurie, S. A. Grave *et al.*). ➲

STIRLING, JAMES HUTCHINSON (1820-1909). Nascido em Glasgow. Depois de estudar medicina, viajou pela Escócia e Alemanha e regressou a seu país, consagrando-se à introdução na Inglaterra do pensamento de Kant e Hegel, e à interpretação de ambos, especialmente de Hegel, à luz do qual examinou a filosofia de Kant, contra a interpretação kantiana de Hamilton.

"O segredo de Hegel" — segredo que, segundo os adversários de Stirling e do idealismo, continuou, apesar de tudo, muito bem guardado — consistia para Stirling sobretudo em ter alcançando o universal pela negação do particular; em suma, em ter descoberto "o universal concreto". Por outro lado, "o segredo de Stirling" consistia nos motivos teológicos que o levavam a defender a filosofia hegeliana, assim como o que ele considerava ser a essência da filosofia kantiana. Para Stirling, Kant e Hegel restauraram a fé em Deus, na imortalidade da alma, na liberdade e, em geral, nos dogmas cristãos. O idealismo de Hegel servia, pois, a Stirling para defender o cristianismo e para atacar o ateísmo, o naturalismo, o tradicionalismo antiteológico e o evolucionismo naturalista.

➲ Obras: *The Secret of Hegel*, 2 vols., 1865. — *Sir William Hamilton, Being the Philosophy of Perception*, 1865. — *As Regards Protoplasma*, 1870 [contra Huxley]. — *Lectures on the Philosophy of Law*, 1873. — *Textbook to Kant, with Commentary*, 1881. — *Philosophy and Theology*, 1890 [Gifford Lectures]. — *Darwinism, Workmen and Work*, 1894. — *What is Thought?*, 1900.

Ver: Amelia H. Stirling, *J. H. S., His Life and Work*, 1912. ➲

STIRNER (MAX) (1806-1856) [pseudônimo de JOHANN KASPAR SCHMIDT]. Nascido em Bayreuth. Estudou filosofia e teologia em Berlim, onde foi ouvinte nos cursos de Hegel e Schleiermacher. Durante alguns anos, deu aulas particulares em Berlim e depois se dedicou, em meio a grandes dificuldades econômicas, à atividade literária.

Influenciado pelo hegelianismo (VER) de esquerda em geral, e especialmente por Feuerbach e Bruno Bauer, Stirner começou afirmando que o centro de toda reflexão, e também de toda realidade, é o homem. No entanto, não se trata do homem em geral, nem do representante de uma Humanidade abstrata, mas do indivíduo, de "mim mesmo" enquanto "eu" único. Conforme sublinhamos no verbete UNICIDADE, ÚNICO, Stirner concebe o "mim mesmo" como o "único", *der Einzige*, num sentido absoluto. O "Único" é único não porque não esteja relacionado com nada, mas, antes, porque ele, e só ele, é o fundamento de toda relação possível. O "Único" existe absolutamente e é prévio a toda exterioridade, tanto da formada pelas criações do espírito objetivo como da constituída pelos "eus" alheios. As doutrinas conservadoras absolutistas, o liberalismo burguês que defende a liberdade individual e o socialismo são para Stirner expressões de uma mesma tendência a afogar o unicamente valioso: a original e irredutível vontade de auto-afirmação do eu. O Único não é nenhuma idéia abstrata; é uma entidade real, não sujeita a nenhuma categoria, nem sequer biológica. Submeter o Único a uma categoria é convertê-lo em função de uma espécie, e o Único, isto é, "meu Único", é absolutamente independente de toda categoria, de toda submissão ao que seja externo a ele em sua concreta realidade. Por isso é preciso descartar todas as pretensões de coação; não só o Estado, mas qualquer idéia, qualquer noção destinada a subsumir o Único numa espécie superior, numa sociedade ou numa Humanidade. Sociedade e Humanidade são meras formas evolutivas das religiões, transformações das antigas idolatrias. Mas justamente nesta absoluta independência do Único se encontra a possibilidade de unir-se livremente com os Únicos alheios. Sem a independência do Único não há liberdade, porque não há separação; pelo Único pode a sociedade atingiu a liberdade autêntica, converter a união forçada em união livre e a universalidade da idéia em universalidade da unicidade.

•• Stirner foi duramente criticado, entre outros, por Marx e Engels *(A ideologia alemã*, I parte: *Crítica da filosofia alemã mais recente em seus representantes Feuerbach, B. Bauer e Stirner*, seção III: "São Max"), que após examinarem com detalhe a pretensão quase-salvífica do egoísmo de Stirner, acabaram por desmascará-lo como "banal". ••

⊃ Obras: *Der Einzige und sein Eingentum*, 1845; 3ª ed., 1901. (O único e sua propriedade.) — *Die Geschichte der Reaktion*, 2 vols., 1852 *(A história da reação).* — *Kleinere Schriften und seine Entgegnungen auf die Kritik seines Werkes* Der Einzige und sein Eingentum, ed. J. H. Mackay, 1898; 2ª ed., 1914; reimp., 1964. — *Das unwahre Prinzip unserer Erziehung*, 1927 *(O falso princípio da nossa educação*, 1979).
Ver: J. H. Mackay, *M. S.*, 1848. — V. Basch, *L'individualisme anarchiste: M. S.*, 1904. — Hermann Schultheiss, *S., Grundlegung zum Verständnis des Werkes* Der Einzige und sein Eingentum, 1906 (tese). — Anselm Ruest, *M. S. Leben, Weltanschauung, Vermächtnis*; 2ª ed., 1906. — A. Messer, *M. S.*, 1907. — Ewarl Horn, *M. Stirners ethischer Egoismus*, 1907. — G. Palagero, *M. S. et le problème de la vie*, 1909. — Hornst Enger, *Das historische Denken M. Stirners*, 1911 [com bibliografia]. — A. von Winterfeld, *M. S.*, 1911. — Kurt Adolf Mautz, *Die Philosophie M. Stirners im Gegesatz zum Hegelschen Idealismus*, 1936. — W. Cuypers, *M. S. als Philosoph*, 1937. — H. Arvon, *Aux sources de l'existentialisme: M. S.*, 1954. — Id., *M. S. ou l'expérience du néant*, 1973. — R. W. K. Paterson, *The Nihilistic Egoist: M. S.*, 1971. — C. Díaz, *Por y contra S. Notas sobre un breviario egoísta*, 1974. — Id., *Por y contra S.*, 1975. — Tohn P. Clark, *M. Stirner's Egoism*, 1976. — B. Kast, *Die Thematik des "Eigners" in der Philosophie M. Stirners. Sein Beitrag zur Radikalisierung der anthropologischen Fragestellung*, 1979. — H.-M. Forest, *Marx au miroir de S.*, 1979. — U. Simon, *Zur Kritik der Philosophie M. S.s*, 1982. ⊂

STÖCKL, ALBERT. Ver Neo-escolástica.

STOEZLING, FREDERICUS. Ver Mertonianos.

STÖLZLE, REMIGIUS. Ver Neo-escolástica.

STORER, THOMAS. Ver Isomorfismo.

STÖRRING, GUSTAV. Ver Külpe, Oswald; Wundt, Wilhelm.

STOUT, GEORGE FREDERICK (1860-1944). Nascido em South Shields (Durham). Depois de estudar em Cambridge, com Henry Sidwick e James Ward, foi "leitor" em Cambridge e em Aberdeen. A partir de 1903 foi professor em St. Andrews. De 1891 a 1920 dirigiu *Mind*.

Stout se interessou sobretudo por questões psicológicas ou, melhor dizendo, por questões de psicologia filosófica. Um de seus conceitos fundamentais é o de "atitude da consciência". Essa "atitude da consciência" é o modo como a consciência se refere ao objeto. Embora se trate, como em Brentano, de um ato intencional, Stout difere de Brentano ao admitir uma diferença entre o objeto intencional e o conteúdo; o objeto intencional é o objeto ao qual se refere a atitude da consciência, enquanto o conteúdo é a representação por meio da qual se leva a cabo essa referência. Isso não significa, porém, que Stout reduzisse o ter consciência a "mera representação"; a consciência, pelo menos na atitude chamada "pensamento", refere-se, em última análise, ao objeto mesmo, embora de maneira mediata. Stout examinou detalhadamente os diferentes modos de "representação" — na percepção sensível, na memória etc. — e percebeu que em todos eles se chega ao objeto por meio da representação ou "conteúdo". As dificuldades encontradas neste exame foram solucionadas por Stout mediante uma teoria dos *sensa* (ver Sentidos [Dados dos]), que não são para Stout nem realidades físicas nem realidades psíquicas. No entanto, são realidades "materiais" na medida em que formam corpo com o objeto "sentido" ou "representado".

Com o fim de apoiar sua teoria dos *sensa*, Stout desenvolveu uma doutrina de caráter fundamentalmente idealista segundo a qual cada *sensum* é apenas uma parte integrante de um todo. Para tanto Stout propôs a categoria do que chamou "unidade distributiva". Segundo ela, não há propriamente duas "realidades" — a representação e o representado —, mas uma única realidade "distributiva" em vários "aspectos" ou "apresentações". A idéa da distribuição no sentido apontado permitia, segundo Stout, continuar diferenciando a representação e o representado e ao mesmo tempo pressupor sua unidade.

Além dessa teoria, Stout desenvolveu a doutrina segundo a qual as qualidades de uma coisa não são "universais" — caso em que não seriam qualidades que a coisa particular possui —, mas realidades particulares. Mas como se fossem absolutamente particulares não haveria possibilidade de predicação, Stout sustenta que há unidades de qualidades. Essas "unidades" são também "distributivas", de modo que não estão "mais além" ou "debaixo" da coisa particular, mas estão "distribuídas" nas coisas particulares. Por outro lado, as unidades distributivas das qualidades estão agrupadas numa unidade, que é a do "Todo".

➔ Obras: *Analytic Psychology*, 2 vols., 1896. — *A Manual of Psychology*, 1898. — *The Groundwork of Psychology*, 1903. — *Studies in Philosophy and Psychology*, 1930. — *Mind and Matter*, 1931. — *God and Nature*, 1952, ed. A. K. Stout [baseado em Gifford Lectures, 1919 e 1921].

Ver: D. A. J. Sargent, *Plurality and Continuity: An Essay in G. F. Stout's Theory of Universals*, 1985. c

STRASSER, STEPHAN. Ver DIÁLOGO; HUSSERL, EDMUND.

STRAUSS, DAVID FRIEDRICH (1808-1874). Nascido em Ludwigsburg (Würtemberg). Estudou na "Escola monacal" de Blaubeuren e depois em Tübingen, com Ferdinand Christian Baur (VER). Em 1831 se dirigiu a Berlim para ouvir as lições de Hegel, mas, falecido este antes de sua chegada, acompanhou as lições de Schleiermacher. Um ano depois, em Tübingen, foi "leitor" de teologia, mas a publicação, em 1835, da *Vida de Jesus*, na qual se manifestavam as tendências radicais do hegelianismo de esquerda, obrigou-o a demitir-se. Foi-lhe oferecida uma cátedra em Zurique, para onde se mudou, mas não pôde manter-se nela por oposição popular. Residiu a partir de então em vários lugares da Alemanha, consagrando-se à política e à atividade literária.

Strauss aplicou o ponto de vista do hegelianismo de esquerda "radical" à questão das origens do cristianismo, que concebeu como uma mitologia de invenção humana, como o espírito da Humanidade, encarnado na figura de Jesus. A crítica de Strauss não afetava inicialmente o conteúdo espiritual do cristianismo, que pretendia conservar como a mais alta expressão moral da Humanidade. Mas logo se inclinou ao materialismo e a uma crítica do próprio conteúdo da religião cristã, que tentou substituir por um panteísmo naturalista, por uma concepção monista do universo como conjunto idêntico à divindade. As obras de Strauss produziram grande sensação em sua época e constituíram a base de numerosas polêmicas na escola hegeliana e em diversas tendências, particularmente na teologia protestante. O otimismo revelado por Strauss em sua última fase foi violentamente combatido por Nietzsche nas *Considerações Intempestivas*. Ele via em Strauss o representante típico do filisteísmo cultural.

➔ Principais obras: *Das Leben Jesu kritisch bearbeitet*, 2 vols., 1835; 2ª ed., 1836; 3ª ed., 1838; 4ª ed., 1840 [todas com revisões e ampliações] *(A vida de Jesus criticamente elaborada)*. — *Streitschriften zur Vertheidigung meiner Schrift über das Leben Jesu*, 1838 *(Polêmicas para a defesa de minha obra sobre a vida de Jesus)*. — *Charakteristiken und Kritiken*, 1839 *(Características e críticas)*. — *Die christliche Glaubenslehre in ihrer geschichtlichen Entwicklung und im Kampfe mit der modernen Wissenschaft*, 2 vols., 1840-1841; reimp., 1971 *(A dogmática cristã em seu desenvolvimento histórico e em luta com a ciência moderna)*. — *Der Romantiker auf dem Throne der Cäsaren oder Julian der Abtrünnige*, 1847 *(O romântico no trono dos Césares, ou Juliano, o Apóstata)*. — *Der politische und der theologische Liberalismus*, 1848 *(O liberalismo político e o teológico)*. — *Kleinere Schriften*, 2 vols., 1862-1866 *(Escritos breves)*. — *Das Leben Jesu für das deutsche Volk bearbeitet*, 1863 *(A vida de Jesus elaborada para o povo alemão)*. — *Der Christus des Glaubens und der Christus der Geschichte*, 1865 [contra Schleiermacher] *(O Cristo da fé e o Cristo da história)*. — *Der alte und der neue Glaube. Ein Bekenntnis*, 1872; 4ª ed., 1873; 16ª ed., 1904 [com revisões] *(A antiga e a nova fé)*. — Além destas, obras sobre vários autores: *Schubart*, 2 vols., 1849; *Christian Märklin*, 1850; *Leben und Schriften des Dichters und Philologen Nicodemus Frischlin*, 1855; *Ulrich von Hutten*, 2 vols., 1858; 2ª ed. em 1 vol., 1871; *H. S. Reimarus*, 1861; *Voltaire, Sechs Vorträge*, 1870.

Epistolário: *Ausgewählte Briefe*, 1895, ed. E. Zeller. — *Briefwechsel zwischen S. und F. T. Vischer, 1836-1851*, 2 vols., 1952-1953, ed. A. Rapp.

Edição de obras: *Gesammelte Schriften*, 12 vols., 1876-1878, ed. E. Zeller. — *Sämtliche Schriften unter Berücksichtigung des Nachlasses*, 26 vols., ed. W. Sachs, em 5 seções: 1. *Theologische und philosophische Schriften;* 2. *Schriften zur Literatur und Kunst;* 3. *Politische Schriften;* 4. *Poetisches;* 5. *Briefe. Bibliographie. Gesamtregister etc.*, a partir de 1963.

Ver: F. Nietzsche, *Unzeitgemässe Betrachtungen. I. D. S. Der Bekenner und der Schriftsteller*, 1873. — A. Hausrath, *D. F. S. und die Theologie seiner Zeit*, 2 vols., 1876-1878. — E. Zeller, *D. F. S. in seinen Leben und seinen Schriften geschildert*, 1894. — K. Harräus, *D. F. S., sein Leben und seine Schriften, unter Heranziehung seiner Briefe*, 1901. — A. Wundt, *D. F. Strauss' philosophischer Entwicklungsgang und Stellung zum Materialismus*, 1902 (tese). — Theobald Ziegler, *D. F. S.*, 2 vols., 1908. — A. Kohut, *D. F. S. als Denker und Erzieher*, 1908. — Albert Lévy, *S., sa vie et son oeuvre*, 1910. — Ake Petzäll, *Straussdebaten i Sverige*, 1936. — K. Barth, *D. F. S. als Theologe, 1839-1939*, 1939. — G. Müller, *Identität und Immanenz. Zur Genese der Theologie D. F. S.s*, 1968. — J. F. Sandberger, *D. F. S. als theologischer Hegelianer*, 1972. — J.-M. Paul, *D. F. S. et son époque*, 1982. — P. Schrembs, *D. F. S. Der alte und der neue Glaube in der zeitgenössischen Kritik*, 1987. — F. L. Jackson, "The

New Faith: Strauss, Kierkegaard and the Theological Revolution", *Dionysius*, 12 (1988), 111-142. ⊂

STRAUSS, ERWIN. Ver Existencialismo; Sentidos.

STRAWSON, P[ETER] F[REDERICK] (1919). Nascido em Londres, estudou no Christ's College e no St. John's College, de Oxford, foi *Fellow* do University College de Oxford (1948-1968), e em 1968 sucedeu a G. Ryle (ver) como *Waynflete Professor* de filosofia metafísica no Magdalen College de Oxford, até sua aposentadoria em 1987. É um dos mais destacados e influentes "membros" do chamado "grupo de Oxford" (ver Oxford), isto é, dos cultores da chamada "filosofia da linguagem comum". É fundamental a este respeito a noção de uso (ver), e Strawson recorreu a ela em sua crítica da teoria russelliana das descrições (ver Descrições [Teoria das] *ad finem*) e em sua análise da noção de verdade (ver) conhecida sob o nome de "conceito executivo ('performativo') da verdade".

Em seu estudo sobre a teoria lógica, Strawson mostrou as diferenças fundamentais entre a linguagem lógica formal e as expressões de caráter lógico na linguagem comum (ou "lógica informal") e procurou ver em que medida a consideração puramente formal das expressões lógicas deixa escapar usos que a "lógica informal" exibe. Strawson desenvolveu também vários elementos do que chamou "metafísica descritiva" ao contrário da "metafísica revisionária" (ver Metafísica) — a qual, aliás, está a serviço da "metafísica descritiva". Para tanto estudou os modos de identificar e distinguir indivíduos por meio da localização espácio-temporal. Strawson examinou criticamente quatro tipos de "particulares": os corpos, os sons, as pessoas e as mônadas. Segundo Strawson, sendo os nomes próprios (deixando de lado os demonstrativos) os pontos em torno dos quais giram frases descritivas, devem-se considerar sobretudo pessoas e lugares. "É uma verdade conceitual (...) que os lugares são definidos por relações de corpos materiais; e é também uma verdade conceitual (...) que as pessoas têm corpos materiais" (*Individuals*, p. 58).

Devemos também a Strawson pesquisas que ele mesmo qualificou de "lógico-gramaticais". No verbete Pressuposição tratamos de uma das contribuições mais importantes de Strawson neste campo.

⊃ Obras: *Introduction to Logical Theory*, 1952. — *Individuals: An Essay in Descriptive Metaphysics*, 1959; reimp., 1963. — *The Bounds of Sense: An Essay on Kant's* Critique of Pure Reason, 1966. — *Logico-Linguistic Papers*, 1966. [O vol. contém, entre outros trabalhos: "On Referring", 1950; "Truth", 1950; "Propositions, Concepts, and Logical Truths", 1957]. — *Meaning and Truth*, 1970. — *Freedom and Resentment, and Other Essays*, 1974. — *Subject and Predicate in Logic and Grammar*, 1974. — *Skepticism and Naturalism: Some Varieties*, 1985 [The Woodbridge Lectures]. — *Analyse et métaphysique*, 1985 [conferências no Collège de France, em março de 1985]. — *Analysis and Metaphysics: An Introduction to Philosophy*, 1992.

Ver: E. Riverso, *Riferimento e struttura. Il problema logico-analitico e l'opera di S.*, 1977. — R. Corvi, *La filosofia di P. F. S.*, 1977. — A. J. Ayer, J. Bennett *et al., Philosophical Subjects: Essays Presented to P. F. S.*, 1980, ed. Zak van Straaten. — J. E. Tiles, *Things that Happen*, 1981 [discussão de tese de S.]. — J. C. León Sánchez, *Análisis proposicional y ontología. Estudio a través de S. y Geach*, 1984. — H. Wiesendanger, *S.s Ontologie. Eine Kritik*, 1984. — W. J. González, *La teoría de la referencia: Strawson y la filosofía analítica*, 1987. — C. Brown, *Leibniz and Strawson: A New Essay in Descriptive Metaphysics*, 1990. ⊂

STRODE, RADULPHUS. Ver Mertonianos.

STRONG, CHARLES AUGUSTUS. Ver Neo-realismo.

STRÜMPELL, LUDWIG (1812-1899). Nascido em Schöppenstedt, ensinou em Dorpat e em Leipzig. Discípulo de Herbart (ver), Strümpell trabalhou na fundamentação e desenvolvimento de uma "pedagogia psicológica" orientada para a formação da individualidade. Strümpell admitiu a existência de dois tipos de causalidade na vida psíquica: a causalidade física e mecânica e o que chamou "causalidade que opera livremente". Este último tipo de causalidade consiste na interação de representações imediatamente conscientes, de modo que determinados conteúdos de consciência dão lugar a outros conteúdos. Os conteúdos de consciência estão ligados a valores (ou valorações). Há tantas espécies de causalidades psíquicas que operam livremente quanto há valores: a causalidade da vida afetiva; a causalidade lógica ou dos fundamentos (ou razões); a causalidade estética; a causalidade da consciência moral e, por fim, a causalidade da determinação de Si mesmo, isto é, a liberdade da vontade. A causalidade psíquico-mecânica está submetida a várias leis, tais como as de continuidade e exclusão.

Strümpell desenvolveu também o que chamou "patologia pedagógica", que devia servir de auxílio à psicologia infantil e a suas aplicações educativas.

⊃ Principais obras: *Erläuterungen zu Herbarts Philosophie*, 1834 (*Explicações da filosofia de Herbart*). — *Die Hauptpunkte der Herbartschen Metaphysik, kritisch belechtet*, 1840 (*Explicação crítica dos pontos principais da metafísica de H.*). — *Der Begriff vom Individuum*, 1845 (*O conceito de indivíduo*). — *Geschichte der griechischen Philosophie*, 2 vols., (*História da filosofia grega*). — *Erziehungsfragen*, 1869 (*Questões educativas*). — *Der Kausalitätsbegriff und sein metaphysicher Gebrauch in der Naturwissenschaft*, 1871 (*O conceito de causalidade e seu uso metafísico na ciência natural*). — *Die zeitliche Aufeinanderfolge der Gedanken*, 1872 (*A sucessão temporal dos pensamentos*). —

Die Natur und Entstehung der Träume, 1874 *(A natureza e origem dos sonhos)*. — *Die Geisteskräfte der Menschen, verglichen mit denen der Tiere*, 1878 *(As forças espirituais dos homens comparadas com as dos animais)*. — *Psychologische Pädagogik*, 1880; 2ª ed., 1909 *(Pedagogia psicológica)*. — *Grundriss der Logik*, 1881 *(Esboço de lógica)*. — *Grundriss der Psychologie*, 1884 *(Esboço de psicologia)*. — *Einleitung in die Philosophie vom Standpunkte der Geschichte der Philosophie*, 1886 *(Introdução à filosofia do ponto de vista da história da filosofia)*. — *Gedanken über Religion und religiöse Probleme*, 1888 *(Idéias sobre a religião e os problemas religiosos)*. — *Die pädagogische Pathologie oder die Lehre von den Fehlern der Kinder*, 1890; 4ª ed., 1910 *(A patologia pedagógica ou teoria dos erros das crianças)*. — *Pädagogische Abhandlungen*, 1894 *(Estudos pedagógicos)*. — *Abhandlungen aus dem Gebiete der Ethik, der Staatswissenschaft, der Aesthetik und der Theologie*, 1895 *(Estudos de ética, ciência do Estado, estética e teologia)*. — *Vermischte Abhandlungen aus der theoretischen und praktischen Philosophie*, 1897 *(Estudos vários sobre filosofia teórica e prática)*. — *Die Unterschiede der Wahrheiten und Irrtümer*, 1897 *(As distinções entre as verdades e os erros)*.

Ver: Rudolf Anger, *Die kinderphyschologische Bestrebungen L. Strümpells*, 1912 (tese). ⊂

STUMPF (CARL) (1848-1936). Nascido em Wiesentheid (Baviera). Estudou em Würzburg (com Brentano) e em Göttingen (com Lotze). Em 1869 ingressou no Seminário de Würzburg, mas um ano depois abandonou a carreira sacerdotal, "habilitando-se" em Göttingen. Foi professor titular em Würzburg (1873-1879); em Praga (1879-1884) onde colaborou com A. Marty; em Halle (1884-1889) onde teve Husserl entre seus ouvintes, em Munique (1889-1894) como sucessor de Karl Prantl, e em Berlim (a partir de 1894).

Stumpf se consagrou principalmente a pesquisas de psicologia da música e a questões de fonética e acústica, mas dedicou também muitas pesquisas a diversos aspectos da psicologia, desde a análise da linguagem e da representação do espaço até a psicologia animal e dos povos. Ora, essas pesquisas parciais já estavam fundadas desde o princípio num pressuposto ou, melhor dizendo, numa atitude filosófica, à qual não foram alheias as influências recebidas de Lotze e, sobretudo, de Brentano, e que exerceu por sua vez influência sobre a primeira fase da fenomenologia de Husserl. O fato de Stumpf ter submetido esta última a uma severa crítica, considerando-a uma disciplina vazia ou, para ser mais exato, um instrumento que opera no vazio, não anula as relações existentes entre as duas atitudes. De fato, Stumpf também considera indispensável colocar na base de toda indagação filosófica uma fenomenologia "com conteúdo", isto é, uma fenomenologia dos "fenômenos" psíquicos como tais, como "puros conteúdos da experiência sensível", como "conteúdos significativos". Uma psicologia do conhecimento que não seja a simples redução de todo conteúdo a uma base psicológica, mas uma análise dos atos mesmos, deve, pois, segundo Stumpf, fazer parte dessa fenomenologia. Dentro dela se dão inevitavelmente todos os problemas tradicionais da filosofia, particularmente os problemas de índole lógica e gnosiológica. Mas essa fenomenologia e essa psicologia do conhecer devem atentar sempre para o objeto nos caracteres concretos que ele tem; por isso a tentativa de constituição de um sistema de ciências naturais não significa de modo algum que Stumpf deixe de permanecer apegado, por assim dizer, à análise psicológica. Pelo contrário, tal como Meinong, e por razões parecidas, o fundamento de toda possível objetividade consiste na radicalização e purificação da subjetividade. A isto obedece a tendência à descrição e à classificação tanto dos atos como das ciências (VER). Com efeito, Stumpf distingue os "fenômenos" e as "funções psíquicas". Os fenômenos são representações (que compreendem, entre outras, as sensações). As funções são atos (que compreendem o sentir e o representar). Ora, a análise deles obriga não somente a descrevê-los, mas também e muito especialmente a justificá-los. A teoria do conhecimento é, pois, ao mesmo tempo, um complemento e um fundamento da psicologia e da fenomenologia. Assim o mostra pelo menos a obra póstuma de Stumpf; nela se confirma a possibilidade de estabelecer um conhecimento apriórico do dado, mas não no sentido de que possa ser ordenado e menos ainda gerado o dado por meio de um sistema transcendental de categorias, mas unicamente no sentido de que todo dado é forçosamente enquadrado numa ontologia baseada por sua vez em uma axiomática do conhecimento. Esta axiomática compreende por princípio dois tipos de axiomas: os universais ou formais, e os regionais ou materiais. Os primeiros são o objeto de uma ontologia formal; os segundos, de uma ontologia regional. A formalidade ontológica não é, porém, meramente vazia. Quanto à axiomática regional, compreende os axiomas que podem refundamentar a já mencionada classificação de Stumpf; com efeito, junto aos axiomas de estruturas ou axiomas eidológicos, Stumpf estabelece uma série de axiomas funcionais ou propriamente psicológicos. Ora, em nenhum momento deve-se considerar que esta axiomática ontológica prescinde das evidências proporcionadas pela análise fenomenológica das experiências. Pelo contrário, é típico da gnosiologia e da ontologia de Stumpf o oscilar continuamente entre o subjetivo e o objetivo, entre o dado e o "suposto". Uma espécie de fenomenismo realista e de ontologismo psicologista poderia ser, assim, o que melhor caracterizaria sua doutrina filosófica do real.

➲ Obras: *Das Verhältnis des platonischen Gottes zur Idee des Guten*, 1869 (tese) *(A relação entre o Deus pla-*

tônico e a idéia do bem). — Über den psychologischen Ursprung der Raumvorstellung, 1873 (Sobre a origem psicológica da representação do espaço). — Tonpsychologie, 2 vols., 1883-1890 (Psicologia do tom). — Psychologie und Erkenntnislehre, 1891 [Abhandlungen der bay. Ak. der Wiss.] (Psicologia e teoria do conhecimento). — Der Begriff der mathematischen Wahrscheinlichkeit, 1893 [Sitzungsber. der bay. Ak. der Wiss.] (O conceito da probabilidade matemática). — Geschichte des Konsonanzbegriffes, I. 1897 (História do conceito de consoante). — Die pseudoaristotelischen Probleme über Musik, 1897 (Os problemas pseudoaristotélicos sobre a música). — Beiträge zur Akustik und Musikwissenschaft, 1898 (Contribuições à acústica e à ciência da música). — "Über den Begriff der Gemütsbewegung", Zeitschrift für Psychologie, 21 (1899) ("Sobre o conceito de emoção"). — Tafeln zur Geschichte der Philosophie, 1900 (Tabelas para a história da filosofia) (em colaboração com Paul Menzer). — Leib und Seele: Der Entwicklungsgedanke, 1901 (Corpo e alma: a idéia do desenvolvimento). — Über Gefühlsempfindungen, 1906 (Sobre as sensações sensíveis). — Erscheinungen und psychische Funktionen, 1907 (Fenômenos e funções psíquicas). — Zur Einteilung der Wissenschaften, 1907 (Para a classificação das ciências). — Die Wiedergeburt der Philosophie, 1908 (O renascimento da filosofia). — Vom ethischen Skeptizismus, 1909 (Do ceticismo ético). — Philosophische Reden und Vorträge, 1910 (Discursos e conferências filosóficas). — Die Anfänge der Musik, 1911 (Os começos da música). — Empfindung und Vorstellung, 1918 [Abhandlungen Berliner Ak. der Wiss.] (Sensação e representação). — William James nach seinen Briefen, 1928 (W. J. segundo suas cartas). — Gefühl und Gefühlsempfindung, 1928 (Sensibilidade e sensação sensível). — Erkenntnislehre, 2 vols., 1939-1940 [póstuma], ed. Felix Stumpf (Teoria do conhecimento).

Depoimento em Die Philosophie der Gegenwart in Selbstdarstellung, t. V, 1924.

Ver: VV.AA., "Festschrift C. S. zum 75 Geburtstag", Psychologische Forschung, 4 (1923). — Nicolai Hartmann, "Gedächtnisrede auf C. S.", Sitzungs-Berichte der Pr. Ak. der Wiss. (1937), 116-120. — R. Schilling, "C. S., sein Leben und Wirken", Archives für Sprach- und Stimmphysiologie (1940), 1-14. ℂ

SUÁREZ, FRANCISCO (1548-1617). Chamado doctor eximius, nasceu em Granada. Estudou em Salamanca, ingressou como noviço na Companhia de Jesus em Medina del Campo, e em seguida estudou no Colégio da Ordem em Salamanca. De 1572 a 1574 ensinou filosofia nos Colégios jesuítas de Salamanca e Segóvia; de 1575 a 1597 foi leitor de teologia em vários Colégios jesuítas (Segóvia, Ávila, Valladolid, Colégio Romano em Roma, Alcalá, Salamanca) e de 1597 a 1615 ocupou a cátedra de "Prima" na Universidade de Coimbra.

Suárez é o representante mais destacado da escolástica do século XVI. Embora suas contribuições teológicas e filosóficas sejam muito amplas e afetem quase todos os problemas tratados pelos escolásticos da época, destacam-se sua sistematização da metafísica e sua filosofia jurídica e política. Logo nos referiremos à influência exercida pela primeira no desenvolvimento de importantes segmentos da filosofia moderna. Dentro de seu próprio campo não foi menos influente a segunda; com efeito, há elementos "suaristas" em Grotius como, dentro da metafísica, os há em Leibniz. Aqui nos interessa principalmente a metafísica de Suárez, mas diremos umas palavras sobre a tendência geral de sua filosofia política e jurídica.

Sua filosofia, fundada em grande parte em Santo Tomás, vai mais longe que o Aquinate e, é claro, leva em conta situações políticas que não podiam entrar no horizonte de seu predecessor. Tal como Santo Tomás, Suárez fala de questões jurídicas — das leis — como teólogo. Isso se deve a que toda lei deriva ultimamente de Deus. Mas a subordinação última de todas as leis humanas a Deus não quer dizer que as leis humanas sejam as mesmas que as divinas; as leis humanas dirigem-se à prescrição dos fins próprios da comunidade humana como sociedade de seres racionais que, como tais, podem agir de diversos modos: antes de tudo, justa ou injustamente. A rigor, apenas com relação às comunidades humanas pode-se falar de leis. Essas leis são promulgadas pelo legislador, e um dos problemas que se colocam a respeito é justamente o de determinar quem é o legislador. O legislador supremo é, obviamente, Deus, mas embora a legislação humana participe da divina, não é idêntica a esta. É importante precisamente na obra jurídica e política de Suárez a atenção prestada tanto ao que poderia ser chamado de hierarquia das leis como à autonomia de cada uma das diversas classes de leis. Assim, por exemplo, Suárez desenvolve o conceito de lei natural, o da "lei das nações", *ius gentium*, e o da lei civil. Trata-se em cada caso de um tipo de lei que dá lugar a um Direito próprio. Nenhum desses Direitos tem de ser incompatível com o outro, mas nenhum se confunde com o outro. A lei natural, embora não divina, parece ter em comum com esta sua universalidade e sua eternidade. A "lei das nações" não é divina nem natural, porém positiva e humana, mas possui a universalidade que lhe dão os costumes. A lei civil é humana e positiva, possui uma certa universalidade, mas está voltada para o bem comum de cada comunidade. Suárez desenvolve a este respeito a idéia do consentimento dos membros de uma comunidade, idéia similar à do "contrato social", mas nega que o consentimento em questão seja uma mera convenção. Suárez desenvolve também a questão da origem e legitimidade do poder civil. O monarca detém o poder não de um modo absoluto e arbitrário, mas por uma delegação baseada no consentimento;

a revolta é justificada quando o monarca abusa do poder que legalmente detém e se converte em tirano, isto é, usa seu poder para seu próprio fim e não para o bem comum.

A metafísica de Suárez, mais importante para nosso propósito, oferece, de imediato, uma característica importante: é o primeiro ensaio bem-sucedido de constituir um corpo de doutrina metafísica independente, no sentido de não seguir o curso dos "livros metafísicos" de Aristóteles. O modo como Suárez concebe a metafísica pode coligir-se da ordem de suas *Disputaciones*. Estas consistem numa análise do objeto próprio da metafísica (*disp.* 1), do conceito do ente (2), das propriedades e princípios do ente em geral (3), da unidade transcendental em geral (4), da unidade individual e do princípio de individuação (5), da unidade formal e universal (6), das várias classes de diferença (7), da verdade (8), da falsidade e suas formas (9), do bem (10) e do mal (11). Vêm em seguida o exame da causalidade metafísica (12), da causa material (13 e 14), da causa formal (15 e 16), da causa eficiente, com especial consideração da causa primeira (17 a 23), da causa final (24), da causa exemplar (25), da relação da causa com o efeito (26) e da relação entre as causas (27). As divisões do ser constituem o objeto das disputações seguintes, onde se trata de sua divisão no ser infinito e ser finito (28), da intelecção da existência de Deus (29) e da essência e propriedades do ser divino (30), do exame do ser finito, com a análise do ser finito criado em geral (31), da separação deste ser em substância e acidente (32), da doutrina metafísica da substância (33 a 36), dos acidentes em geral (37), da comparação entre o acidente e a substância (38), da divisão do acidente em nove gêneros supremos (39), da quantidade (40 e 41), da qualidade (42 a 46), das relações (47), da ação (48), da paixão (49), do tempo e do espaço (50 e 51), do lugar e do hábito (52 e 53) e, finalmente (*disp.* 54) dos entes de razão.

Referimo-nos a algumas das idéias de Suárez em vários verbetes desta obra (por exemplo, INDIVIDUAÇÃO [PRINCÍPIO DE]; METAFÍSICA; SUBSTÂNCIA). Indicaremos agora que embora o pensamento de Suárez esteja mais próximo do de Santo Tomás que de qualquer outro dos grandes teólogos e filósofos escolásticos, ele não pode ser considerado simplesmente como uma reiteração e sequer como um mero desdobramento do tomismo. De imediato, Suárez caracteriza-se pelo exame detalhado de várias opiniões sobre cada questão fundamental antes de proceder a dar sua própria solução. Em muitos casos, a solução concorda com o espírito da escola tomista, mas em não poucas ocasiões modifica a solução ou se aproxima de outra escola. Assim, por exemplo, na elucidação do conceito de ente sublinha a unidade de tal conceito de um modo que se aproxima de Duns Scot. Apesar disso, evita a tese da completa univocidade do ente para admitir uma analogia. Pode parecer de saída que se trata simplesmente de uma atitude eclética, mas deve-se observar que a conclusão a que se chega em cada caso é resultado do esforço de eliminar as dificuldades suscitadas pelas teses examinadas, de modo que não se trata tanto de uma "composição" quanto de uma "análise". Em outros casos, a conclusão a que chega Suárez, embora comparável à de Santo Tomás, e em ocasiões à de Scot, difere consideravelmente de qualquer uma delas por situar o problema num plano distinto. Isso ocorre com a questão do princípio de individuação. A opinião de Suárez a respeito difere fundamentalmente da tomista e é muito semelhante à de outros autores, como Durando de Saint Pourçain, mas deve-se levar em conta, nestes como em outros casos, não somente a opinião sustentada, mas as razões pelas quais é sustentada. Suárez indica que há duas classes de unidades indivisíveis: uma, propriamente material, e outra específica, pertencente a todos os indivíduos da mesma espécie. Não se pode, portanto, falar do universal univocamente, mas é preciso referir-se a ele como algo que está potencialmente nas coisas e em ato no intelecto. A verdadeira realidade da coisa é o composto, a própria realidade do espiritual não consiste em sua especificidade, mas em sua individuação própria e intransferível. A individuação se encontra no composto mesmo em virtude de seu modo ou forma de união da matéria e da forma.

As análises metafísicas de Suárez têm alcance teológico; a rigor, Suárez constrói seu corpo de doutrina metafísica como teólogo. Isso pode ser visto em muitos casos, mas mencionaremos somente três à guisa de exemplos. Ponto capital da elucidação metafísica é a questão das provas da existência de Deus. Suárez rejeita grande parte das provas propostas, especialmente a prova física, que passa do ser que se move à sua causa, pois isso conduz, no seu entender, apenas a uma causa primeira material. Em vez da passagem do movimento à sua causa deve-se afirmar a passagem do criado ao Criador, tal como se pressupõe na distinção entre o ente infinito criado e o ente finito criado. Eis aqui um ponto em que a metafísica está enfocada na teologia. Outro ponto capital da elucidação metafísica é a questão da relação entre essência e existência. Neste caso Suárez discorda da opinião tomista de que há uma distinção real nos entes criados. A distinção é uma distinção de razão com fundamento na coisa. Isso não equivale a modificar substancialmente a idéia de que as criaturas são contingentes, mas indica de que modo o são; portanto, estabelece um critério acerca da relação entre a criatura e o Criador. Por fim, pode-se considerar como ponto capital metafísico o problema do modo como uma existência possui seu ser. Suárez desenvolve a este respeito uma de suas teorias mais originais e completas, a teoria modal que resenhamos brevemente no verbete MODO. Bastará indicar aqui que mediante tal teoria modal Suárez elucida um número considerável de problemas de índole teológica.

É impossível resumir sequer apressadamente as principais teses de Suárez, sobretudo levando em conta que, como apontamos antes, as teses em questão dizem muito pouco sem os argumentos que as acompanham. A abundante argumentação e discussão *(disputatio)* de Suárez não é alheia a sua própria tendência filosófica; é, na verdade, um de seus traços mais importantes. Podemos destacar apenas que há no pensamento de Suárez um constante espírito de "formalização" que levou alguns a pensar que a metafísica de Suárez é uma metafísica "essencialista" mais que "existencial". Isso é duvidoso se nos atemos ao modo como Suárez entende conceitos tais como os de realidade, existência etc.; é mais plausível sustentar que a tendência à "formalização" é conseqüência de um espírito filosófico ao mesmo tempo formal e sistemático. O *semper formaliter loquitur* pode ser atibuído a Suárez tanto ou mais que a Santo Tomás, mas trata-se de um "falar formalmente" do real.

O trabalho de Suárez representa o mais alto ponto da chamada "escolástica do Barroco". A ela nos referimos nos verbetes ARISTOTELISMO e ESCOLÁSTICA. Neste último verbete referimo-nos também à influência exercida por esta escolástica em universidades européias, e especialmente centro-européias. Suárez foi um dos autores mais influentes, senão o mais influente a este respeito. O exemplo mais eminente é o de Leibniz, mas podemos mencionar outros, dos quais destacamos: Franco Burgerdijk, em Leyden, cujos *Institutionum metaphysicorum libri duo* (1640) são um *Compendium* de Suárez; Jacobus Martini (VER); Clemens Timpler (VER); Christian Scheibler (VER); Jacob Revius, autor de um *Suarez repurgatus* (1649); Adrian Heereboord (VER). Importantes são as pegadas de Suárez na formação da chamada "Escola de Leibniz-Wolff" (ver LEIBNIZ-WOLFF [ESCOLA DE]). Considerável foi a influência de Suárez sobre escolásticos espnahóis; mencionamos à guisa de exemplo Miguel Viñas (1642-1718), cuja *Philosophia scholastica* (3 vols., 1709) é em grande parte uma reformulação de Suárez (com elementos de Santo Tomás e Duns Scot).

➲ Obras: a obra capital de Suárez são as *Disputationes Metaphysicae* (abreviadas: *Disp. met.* e também *Met. disp.*). Seu título completo é: *Metaphysicarum Disputationum in quibus et universa naturalis theologia ordinate traditur et quaestiones ad omnes duodecim Aristotelis libros pertinentes accurate disputantur, pars prima et pars secunda*. Publicadas em Salamanca em 1597, foram reimpressas várias vezes (à parte das reimpressões em obras completas): 1600, 1605, 1614, 1690. A ed. de 1861 (Berton, 2 vols., Paris) foi reimpressa em 1963. Trad. esp. da *Meditación I: Introducción a la metafísica* (1943) e da *Meditación II: Sobre el concepto del ente* (1945). Trad. esp. das *Disputaciones metafísicas*, 7 vols., 1960-1966, texto latino e versão esp.; ed. e trad. de Sergio Rábade Romeo, Salvador Caballero Sánchez e Antonio Puigcerver Zanón.

Outra obra filosófica importante de Suárez é o *Tractatus de legibus ac Deo legislatore in X libros distributus*, cuja primeira edição é de 1612. Trad. esp.: *Tratado de las leyes y del Dios legislador*, 11 vols., 1918-1921. Ed. crítica bilíngüe (latim e esp.) por Luciano Pereña *et al.*, 5 vols., 1972-1975. — De questões de filosofia jurídica e política se ocupa também sua *Defensio fidei catholicae et apostolicae adversus Anglicanae sectae errores, cum responsione ad apologiam pro iure fidelitatis et praefationem monitoriam Serenissimi Jacobi Angliae Regis*, de 1613. Texto latino e trad. esp. do *De juramento fidelitatis*, 2 vols., 1979.

Além das obras citadas, Suárez compôs: *Commentariorum ac Disputationum in tertiam partem divi Thomae. Tomus primus*, seu primeiro escrito, publicado em 1590; o tratado filosófico *De anima*, publicado em 1621; vários tratados teológicos e teológico-filosóficos, dos quais mencionamos: *Opus de virtute et statu religionis; Opus de triplici virtute theologica; De Deo uno et trino; De angelis; De voluntario et involuntario; De vera intelligentia auxilii efficacis eiusque concordia cum libero arbitrio; De ultimo fine; De opere sex dierum* [alguns se publicaram em vida do autor (*De Deo uno et trino*, 1606); outros, postumamente (*De opere sex dierum*, 1621)].

Edições de obras: Lyon e Mainz, 23 vols., 1632 ss.; Veneza, 23 vols., 1740-1751, reimp. a cargo de C. Berton, 26 vols., mais 2 de "Índices", Paris, 1856-1861, 1878 (a "edição Vivès"). Edição de obras em "Biblioteca de Autores Cristãos": 1948 ss. (I. *Mistério da vida de Cristo*, 1948).

Bibliografias: *Bibliografía suareciana (Reseña de lo principal publicado en libros y revistas acerca de Suárez desde el centenario de su muerte, 1917, hasta 1947)*, 1948 [Estudios eclesiásticos, 22]. — Jesús Iturrioz, "Bibliografía suareciana", em *Pensamiento*, IV (1948). — Francisco de P. Solá, *S. y las ediciones de sus obras*, 1948. — Ramón Ceñal, *Filosofía española y portuguesa de 1500 a 1650*, 1948. — P. Múgica, *Monografía bibliográfica con ocasión del centenario de su nacimiento*, 1948.

Ver: Karl Werner, *F. S. und die Scholastik des letzten Jahrhunderts*, 2 vols., 1861; 2ª ed., 1963. — E. Conde y Luque, *Vida y doctrinas de S.*, 1909. — R. de Scoraille, *S. d'après ses lettres, ses écrits et un grand nombre de documents nouveaux*, 2 vols., 1911-1913. — Joaquín Carreras y Artau, *Ética Hispana: Apuntes sobre la* Filosofía de las Leyes *del Padre F. S.*, 1912. — Id., *Doctrinas de S. acerca del Derecho de gentes y su relación con el Derecho natural*, 1921. — VV.AA., *F. S. Gedankenblätter zu seinem dreihundertjährigen Todestag*, 1917. — R. de Scoraille e E. M. Rivière, *S. et son oeuvre à l'occasion du troisième centenaire de sa mort, 1617-1917*, 2 vols., 1918 [vol. I con bibliografia]. — VV.AA., *Scritti vari, pubblicati in occasione del terzo centenario della morte di F. S.*, 1918. — V. A. Cordeiro, *Doutor Exímio. Esboço de sua vida e obras*, 1918. — A. Bonilla y San Martín, *F. S.: El escolasticismo tomista y el Derecho internacional,* 1918. — E. Cantera, *El inmanentismo y la filosofía suarista,* 1919. — L. Mahieu, *F. S.: Sa philosophie et les rapports qu'elle a avec sa théologie,* 1921. — Luis Recaséns Siches, *La filosofía del Derecho en F. S.,* 1927. — H. Rommen, *Die Staatslehre des F. S.,* 1927. — Alberto Bonet, *Doctrina de S. sobre la libertad,* 1927. — R. E. Conze, *Der Begriff der Metaphysik bei F. S.,* 1929. — Julius Seiler, *Der Zweck in der Philosophie des F. S.,* 1936. — Paul Dumont, *Liberté humaine et concours divin d'après S.,* 1936. — J. H. Fichter, S. *Man of Spain: S.,* 1940. — Juan Zaragüeta, *La filosofía de S. y el pensamiento actual,* 1941. — Marcial Solana, *Historia de la filosofía española. Época del Renacimiento (Siglo XVI),* 3 vols., 1941 (t. III). — Alain Guy, *Esquisse des progrès de la spéculation philosophique et théologique à Salamanque au cours du XVIe siècle,* 1943. — Manuel Calvillo, *F. S.,* 1945. — C. Giacon, *S.,* 1945. — Enrique Gómez Arboleya, *F. S., S. J. Situación espiritual, vida y obra. Metafísica,* 2 vols., 1946. — José Hellín, *La analogía del ser y el conocimiento de Dios en S.,* 1947. — Roberto Massi, *Il movimento assoluto e la posizione assoluta secondo il S.,* 1947. — José María Gallegos Rocafull, *La doctrina política del P. S.,* 1948. — José María Alejandro, *La gnoseología del Doctor Eximio y la acusación nominalista,* 1948. — Jesús Iturrioz, *Estudios sobre la metafísica de F. S.,* 1949. — P. Mesnard *et al., S.: Modernité traditionnelle de sa philosophie,* 1949. — P. Mateo Lanseros, *La autoridad civil en S.,* 1949. — C. Fernández, *Metafísica del conocimiento en S.,* 1954. — José Gustavo Baena, *Fundamentos metafísicos de la potencia obediencial en S.,* 1957. — Salvador Castellote Cubells, *Die Anthropologie des Suarez. Beiträge zur spanischen Anthropologie des XVI. und XVII. Jahrh.,* 1962; reimp., 1980. — Reijo Wilenius, *The Social and Political Theory of F. S.,* 1963. — Walter M. Neidl, *Der Realitätsbegriff des F. S. nach den Disputationes Metaphysicae,* 1966. — Hans Seigfried, *Wahrheit und Metaphysik. Die Lehre von der Wahrheit und ihrer Funktion in den metaphysischen Untersuchungen des F. S.,* 1966. — Angelo Gnemmi, *Il fondamento metafisico: Analisi di struttura sulle* Disputationes Metaphysicae *di F. S.,* 1969. — J. Soder, *F. S. und das Völkerrecht,* 1973. — C. Larraizar, *Una introducción a F. S.,* 1977. — A. Robinet *et al.,* arts. sobre S. em *Archives de Philosophie,* 42, cad. 2 (abril-junho, 1979). — J. J. E. Gracia, *S. on Individuation,* 1983. — L. Honnefelder, *Scientia transcendens. Die formale Bestimmung der Seiendheit und Realität in der Metaphysik des Mittelalters und der Neuzeit,* 1988 [Duns Scotus-Suárez-Wolff-Kant-Peirce]. — J. J. E. Gracia, *The Metaphysics of Good and Evil According to Suárez,* 1989 [a 1ª trad. em inglês das 2 disputações dedicadas ao bem e ao mal, com introd., situação histórica, índices e bibliografia]. — J. F. Courtine, *S. et le système de la métaphysique,* 1990.

Entre os volumes e números especiais de revistas dedicados a S. por motivo do quarto centenário de seu nascimento (1948), mencionamos: *Actas del IV Centenario del nacimiento de F. S., 1548-1948,* 2 vols., 1949-1950; *Pensamiento* (4 [1948]); *Razón y Fe* (138 [1948]); *Archives de philosophie* (18 [1949]); *Revista de Filosofía* (7 [1948]); *Estudios eclesiásticos* (9 [1948]); *Miscelánea Comillas* (22 [1948]).

Na Universidade de Granada há uma Cátedra F. S. que publica desde 1961 os *Anales de la Cátedra F. S.*

Para o estudo da influência de S. e, em geral, dos jesuítas sobre o pensamento moderno (muito embora um estudo global devesse incluir os trabalhos filosóficos de outras ordens, especialmente dos dominicanos), ver o livro de Petersen mencionado na bibliografia do verbete ARISTOTELISMO. Além disso, os livros de Werner e de Mahieu citados na presente bibliografia, os escritos sobre a relação entre vários filósofos modernos (Descartes, Leibniz, Spinoza, Guelincx) e a escolástica — embora alguns deles, como os de Rintelen, não se refiram suficientemente à escolástica do século XVII —, assim como os trabalhos seguintes: Martin Grabmann, "Die *Disputationes metaphysicae* des Franz Suarez in ihrer methodischen Eigenart und Fortwicklung", *Mittelalterliches Geistesleben,* 1926, t. I, pp. 525-560. — Karl Eschweiler, "Die Philosophie der spanischen Spätscholastik auf den deutschen Universitäten des siebzehnten Jahrhunderts", *Spanische Forschungen der Görresgesellschaft,* Erste Reihe, I (1928), pp. 251-326. — *Id.,* "Roderigo de Arriaga, Ein Beitrag zur Geschichte der Barockscholastik", *Id.,* 3 (1931), pp. 253-285. — J. Jugnet, "Essai sur les rapports entre la philosophie suarézienne de la matière et la pensée de Leibniz", *Revue d'Histoire de la Philosophie et d'Histoire Générale de la Civilisation,* ano 3, (1935), 120-136. — E. Lewalter, *Spanisch-jesuitische und deutsch-lutherische Metaphysik des XVII. Jahrhunderts,* 1935. — B. Tiemann, *Das spanische Schriftum in Deutschland von der Renaissance bis zur Romantik,* 1936. — B. Jansen, *Die scholastische Philosophie des XVII Jahrhunderts,* 1937. — *Id., Die Pflege der Philosophie im Jesuitenorden des XVII-XVIII Jahrhunderts,* 1938. — Hermann J. Vleerschauver, "Un paralelo protestante a la obra de Suárez", *Revista de Filosofía,* Madrid, 8, 30 (1949), 365-400. — José Ferrater Mora, "Suárez and Modern Philosophy", *Journal of the History of Ideas,* 14 (1935), 528-548; trad. esp. pelo autor: "Suárez y la filosofía moderna", *Notas y Estudios de filosofía,* 2 (1951), 269-294; reimp. em *Cuestiones disputadas,* 1955, pp. 151-177. — B. Hamilton, *Political Thought in Sixteenth-Century Spain: A Study of the Political Ideas of Victoria, De Soto, Suárez and Molina,* 1963. — T. J. Cronin, *Objective Being in Descartes and in Suárez,* 1966. — W. Daniel, *The Purely Penal Law Theory in the Spanish*

Theologians from Vitoria to S., 1968. — H. Seigfried, "Kant's Thesis about Being Anticipated by Suárez", em L. W. Beck, ed., *Proceedings of the 3rd. International Kant Congress*, 1972, pp. 510-520. ⊂

SUBALTERNO. A relação entre as proposições A–I e E–O (ver PROPOSIÇÃO) é uma relação subalterna, e as citadas proposições são chamadas "subalternas" na ordem de subordinação que figura no quadro de oposição (VER). Segundo vimos, não se trata de oposição lógica, mas de relação entre uma proposição mais universal e uma proposição menos universal.

Segundo as leis clássicas de oposição, as relações completas entre proposições subalternas são estas:

Se A é verdadeiro, I é verdadeiro;
Se A é falso, I pode ser verdadeiro;
Se I é verdadeiro, A pode ser falso (ou não é necessariamente verdadeiro);
Se I é falso, A é falso;
Se E é verdadeiro, O é verdadeiro;
Se E é falso, O pode ser falso (ou não é necessariamente verdadeiro);
Se O é verdadeiro, E pode ser falso (ou não é necessariamente verdadeiro);
Se O é falso, E é falso.

Para os lógicos modernos, as inferências derivadas da subalternação não regem quando se rejeita a interpretação existencial de A e E, a menos que se introduza uma cláusula existencial. Para os lógicos clássicos, a vigência da subalternação é independente da citada interpretação. Expusemos as razões que os lógicos clássicos (e alguns pensadores contemporâneos) dão às objeções modernas em Proposição (VER). Acrescentemos aqui que, segundo os lógicos citados, podemos abstrair ou não existência de uma proposição A tal como 'Todo S é P', sem que isso equivalha a suprimir a relação de subalternação entre 'Todo S é P' e 'Alguns S são P'. A única diferença resultante da abstração ou não abstração de existência é, segundo esses lógicos, a seguinte: se abstraímos existência, a proposição 'Alguns S são P' não implica 'Alguns S existem', se não abstraímos existência, a proposição 'Alguns S são P' implica a proposição 'Alguns S existem (e são P)'.

A relação de subalternação se dá também dentro das proposições modais, segundo vimos em OPOSIÇÃO. No mesmo verbete nos referimos aos dois tipos de proposições subalternas (subalternas simples e subalternas oblíquas) resultantes do cubo de oposição apresentado por H. Reichenbach.

Os lógicos modernos também estudam a relação de subalternação nos esquemas sentenciais. Se tomamos os esquemas '$\neg p \vee q$' e '$\neg p$' e examinamos sua dependência no que diz respeito aos valores de verdade V (verdadeiro), F (falso) e I (indeterminado), obteremos o quadro seguinte:

$\neg p \vee q$	$\neg p$
V	I
F	F

onde o esquema da esquerda é chamado "subalterno" e o esquema da direita é chamado "superimplicante". A relação de dependência é tal que, sendo a subalterna verdadeira, a superimplicante é indeterminada (para que seja verdadeira são necessárias condições que não estão especificadas), e sendo a subalterna falsa a superimplicante é falsa. Se tomamos os mesmos esquemas e os dispomos em relação inversa, temos o quadro seguinte:

$\neg p$	$\neg p \vee q$
V	V
F	I

onde o esquema da esquerda é chamado "superimplicante" e o esquema da direita é chamado "subalterno". A relação de dependência é tal que, sendo a superimplicante verdadeira, a subalterna é verdadeira, e sendo a superimplicante falsa a subalterna é indeterminada (para que seja falsa são necessárias condições que não estão especificadas).

A relação de dependência entre a subalterna e a superimplicante, tal como figura no primeiro quadro, é chamada "subalternação", enquanto a relação de dependência entre a superimplicante e a subalterna, tal como figura no segundo quadro, é chamada "superimplicação".

SUBCONSCIENTE. O conceito de subconsciente foi elaborado sobretudo pela psicanálise (VER). Trata-se da "zona" da psique intermediária entre a consciência e o inconsciente em que são despejados todos os fenômenos "desagradáveis" e na qual permanecem vestígios suscetíveis de serem reavivados. É comum entre os tratadistas da psicanálise comparar o subconsciente com uma região sombria, ao contrário da região clara da consciência e da região inteiramente escura do inconsciente.

Dois problemas de caráter geral se apresentam quando se propõe uma definição do subconsciente.

O primeiro problema diz respeito à diferença entre o subconsciente e o inconsciente. Segundo alguns autores, essa diferença é apenas gradual. O subconsciente é então o menos inconsciente dentro do inconsciente e o mais inconsciente dentro da consciência. O subconsciente pode ser considerado como inconsciente (ou, melhor, semi-inconsciente) ou como consciente (ou melhor, semi-consciente) segundo se acentue nele uma ou outra das mencionadas "zonas" que o limitam. Segundo outros autores, a diferença entre o subconsciente e o inconsciente é essencial. O subconsciente constitui então um modo de ser — ou um modo de atuar — *sui generis* da psique, irredutível à consciência ou ao inconsciente.

O segundo problema se refere à "extensão" do subconsciente. Certos autores consideram o subconsciente mais "extenso" que a consciência e menos que o inconsciente. Outros autores julgam que o subconsciente é a zona mais ampla da psique, onde ocorre a maior parte dos fenômenos psíquicos.

⊃ Ver: J. Jastrow, *La subconscience*, 1908. — L. Waldstein, *The Subconscious Self*, 1926. — O. Kankeleit, *Das Unterbewusstein als Keimstätte des Schöpferischen*, 1959. — A. Arnold, *Unterbewusstein und Unbewusstes*, 1985. — Ver também a bibliografia dos verbetes CONSCIÊNCIA; INCONSCIENTE. ⊂

SUBCONTRÁRIO. A relação de oposição entre as proposições I–O (ver PROPOSIÇÃO), tal como foi exposta em Oposição (VER), se chama "relação de contrariedade", e tais proposições são, portanto, chamadas "subcontrárias". A relação de contrariedade afirma que duas proposições subcontrárias podem ser ao mesmo tempo verdadeiras, mas as duas não podem ser ao mesmo tempo falsas. Assim,

Se I é falso, O é verdadeiro;
Se I é verdadeiro, O pode ser verdadeiro;
Se O é falso, I é verdadeiro;
Se O é verdadeiro, I pode ser verdadeiro.

Na lógica clássica, a distinção da matéria da proposição em matéria necessária e matéria contingente introduz uma restrição na afirmação de que duas proposições subcontrárias podem ser ao mesmo tempo verdadeiras. Com efeito, considera-se que quando a matéria é necessária, ou seja, quando P pertence à essência de S, pode-se concluir da verdade de uma subcontrária a falsidade da outra.

A relação de subcontrariedade se manifesta também nas proposições modais, como vimos em Oposição (VER). No mesmo verbete referimo-nos aos dois tipos de proposições subcontrárias (subcontrárias simples e subcontrárias oblíquas) resultantes do cubo de oposição proposto por H. Reichenbach.

Os lógicos modernos também estudam a relação de subcontrariedade nos esquemas sentenciais. Trata-se de uma relação de dependência segundo a qual dois esquemas sentenciais subcontrários não podem ser ambos falsos, mas podem ser ambos verdadeiros. Se tomamos os esquemas '$p \vee q$' e '$\neg p \vee \neg q$' e examinamos suas dependências no que diz respeito aos valores de verdade V (verdadeiro), F (falso) e I (indeterminado), obteremos o seguinte quadro:

$p \vee q$	$\neg p \vee \neg q$
V	I
F	V

onde se mostra que não podem correlacionar-se dois F, mas que o primeiro V pode correlacionar-se com outro V se se especificam as condições necessárias.

SUBIMPLICAÇÃO. Ver OPOSIÇÃO; SUBALTERNO.

SUBJETIVISMO. A definição mais geral que se pode dar de 'subjetivismo' é: a ação e efeito de tomar o ponto de vista do sujeito. O sujeito pode ser entendido como um sujeito individual, como o sujeito humano em geral ou como o sujeito transcendental em sentido kantiano. Neste último caso não se pode falar de subjetivismo, porque o sujeito transcendental é o conjunto de condições que tornam possível o conhecimento para qualquer sujeito cognoscente e, em última análise, o conjunto de condições que tornam possível todo conhecimento, ainda que não seja formulado por um sujeito concreto.

Se se toma o sujeito como sujeito humano em geral, o subjetivismo resultante pode ser um antropocentrismo e também o que foi denominado "especieísmo" (VER). Se se reconhece que há outros pontos de vista possíveis, além do do sujeito humano, o subjetivismo é, julgado pejorativamente, um relativismo, e julgado como uma legítima posição epistemológica, uma forma de perspectivismo (VER).

Em geral, quando se fala de subjetivismo, o sujeito que se tem em mente é algum sujeito humano individual. O ponto de vista desse sujeito é um ponto de vista particular. Em princípio, esse ponto de vista pode ser correto (ao fim e ao cabo, um único sujeito particular pode acertar e todos os demais podem errar). Mas supõe-se que o ponto de vista do sujeito particular está condicionado *somente* por suas condições particulares e que estas determinam os juízos formulados. Se as condições particulares de um sujeito não coincidem com as de outros sujeitos, não se desemboca num ponto de vista intersubjetivo (VER), sem o qual supõe-se que não se pode alcançar objetividade.

O subjetivismo é por isso equiparado ao relativismo, e especialmente ao relativismo individualista. O subjetivismo pode afetar juízos de valor tanto quanto juízos de existência, mas o mais comum é ligar o subjetivismo a juízos de valor.

Costuma-se denunciar o subjetivismo como manifestação da arbitrariedade do sujeito ou indivíduo que formula opiniões. Um juízo formulado em virtude de interesses subjetivos ("pessoais", "individuais") e mediante racionalização destes interesses é considerado como um juízo inadmissível se se quiser alcançar "a verdade"; como indicamos no parágrafo anterior, equipara-se freqüentemente o subjetivismo com o relativismo. Diz-se, por conseguinte, que uma opinião subjetiva é uma opinião "parcial". Ao subjetivismo se contrapõe então o objetivismo como a atitude corretora; em todo caso, epistemologicamente correta.

Deve-se levar em conta, porém, que o subjetivismo no sentido indicado acima diz respeito unicamente à origem dos juízos formulados. Estes podem ser corretos ou verdadeiros mesmo que tenham sido formulados em virtude de desejos, interesses ou conveniências subjetivas. Por outro lado, um juízo pode ser falso ou inadequado embora tenha sido formulado de um ponto de vista "objetivo" ou com pleno "objetivismo". Por conseguinte, é possível em princípio formular opiniões, assentar princípios, produzir teorias etc. de um modo subjetivo, ou com subjetivismo, e sem grande objetividade sem por isso cair necessariamente no relativismo com que o subjetivismo é equiparado. Isso vale especialmente no caso de propostas de caráter moral, artístico, político etc. Ocorre inclusive que o chamado "subjetivismo" seja acompanhado por uma maior dose de imaginação criadora sem a qual é difícil conceber a formulação de juízos, teorias ou princípios interessantes ou fecundos. As únicas restrições que podem ser invocadas contra este tipo de subjetivismo é que os juízos, opiniões, princípios ou teorias propostos sejam acessíveis, compreendidos e ainda seguidos por outros sujeitos, e que o subjetivismo se converta, portanto, numa espécie de intersubjetivismo. A rigor, estas duas restrições são duas formas de uma única restrição.

SUBJETIVO, SUBJETUAL etc. Em relação ao vocábulo 'sujeito' (VER) podem ser usados em filosofia adjetivos como 'subjetivo' e 'subjetual' e substantivos como 'subjetividade', 'subjetualidade' e 'subjetidade'.

No tocante a 'subjetivo', remetemos de imediato ao que foi dito no verbete OBJETO E OBJETIVO. Recordaremos aqui duas significações básicas. Por um lado, 'subjetivo' foi usado, especialmente na literatura escolástica, para designar o ser do sujeito numa proposição. O ser de S na proposição 'S é P' é, portanto, um *esse subjectivum*. Quando S se referir a uma substância, 'subjetivo' significará o mesmo que 'substancial'. O "ser subjetivo" foi, portanto, o ser "real" em oposição ao ser simplesmente representado, ou *esse objectivum*. Por outro lado, 'subjetivo' foi usado, e ainda é usado, para designar o que se encontra no sujeito como sujeito cognoscente. Neste caso, o subjetivo é o representado e não o real ou substancial.

O termo 'subjetividade' pode ter analogamente dois sentidos: segundo um deles, a subjetividade é a característica do ser do qual se afirma algo; segundo o outro, é a característica do ser que afirma algo. Como em 'subjetivo', portanto, a diferença de significado obedece ao fato de que num caso a relação considerada é a relação *sujeito-predicado* e no outro caso é a relação *sujeito cognoscente-objeto de conhecimento*.

Xavier Zubiri introduziu os termos 'subjetual' e 'subjetualidade'. 'Subjetual' e 'subjetualidade' não se distinguem aqui de 'subjetivo' e 'subjetividade', mas de 'substantivo' e 'substantividade' (VER). Zubiri considera que 'subjetual' é equiparável a 'substancial'. Com efeito, uma realidade é substancial porque emergem dela certas propriedades que lhe são inerentes. Por isso a realidade substancial é sujeito, e sua característica é a "subjetividade". Heidegger falou de "subjetidade" *(Subjektität)* como diferente de "subjetividade" *(Subjektivität)*. A subjetidade é para Heidegger "o fundamento da objetividade de todo *subiectum* (de todo ser presente, *Anwesenden)*" *(Zur Seinsfrage* [1956], p. 17).

SUBJUNTIVO. Enunciados como:

Quero que comas mais;
Não creio que haja mais tiros por hoje;
Ficarei aqui a menos que me obriguem a sair;
Quando ela voltar, discutiremos;
Se usasse nanquim, mancharia minha camisa;
Se hoje fosse amanhã, seria preciso mudar nossa idéia do tempo ou nossa linguagem,

têm em comum o uso do verbo no modo subjuntivo. Esse modo tem interesse lógico e lingüístico porque coloca problemas de conexões — sejam conexões entre proposições, ou entre estados de coisas, ou ambos — que parecem ser ao mesmo tempo contingentes e necessárias. Exemplos desses problemas aparecem ao discutirmos noções como a de condicional (VER) — especialmente, senão exclusivamente, os chamados "condicionais contrafáticos" — e a de disposição (ver DISPOSIÇÃO, DISPOSICIONAL). Podem aparecer também na formulação de alguns enunciados de probabilidade e de alguns enunciados causais.

Alguns autores consideram que os conceitos subjuntivos podem ser analisados em termos de conceitos indicativos. Outros consideram que essa análise é inadmissível e que o "modo subjuntivo" é ontologicamente irredutível mesmo quando seja lingüisticamente redutível. Tal como a questão do condicional, e por motivos análogos, esta parece ser uma "questão aberta"; ou solúvel unicamente dentro de um prévio marco lingüístico defendido como plausível, mas não inteiramente "demonstrável".

⊃ Ver: John L. Pollock, *Subjunctive Reasoning*, 1976. ⊂

SUBLIMAÇÃO é, na teoria e na prática da psicanálise (VER), a transformação dos impulsos sexuais reprimidos em atos espirituais superiores. A sublimação ocorre, segundo muitos psicanalistas, quando a energia psíquica é demasiado intensa para que possa permanecer continuamente na zona consciente ou para que possa ser rechaçada definitivamente para o inconsciente. Deste modo, o espiritual se converte, para a psicanálise, em sublimação do instintivo por obra da prévia repressão. No entanto, Freud não concebe essa transformação como injustificada, mas lhe outorga em seu sistema um alto valor moral e a considera como o princípio que diferencia o animal, que segue os impulsos, do homem, que os nega e desvia. Scheler chama essa doutrina de teoria negativa do homem, compreendendo nela não só a psicanálise como também a doutrina da salvação budista e a tese schopenhaueriana da negação da vontade de viver. Para esta teoria, a vida espiritual nasce justamente pela negação ou repressão que os desvia para o superior. A sublimação é, portanto, uma das possíveis conseqüências da negação dos impulsos, mas não sua conseqüência inevitável, pois o desvio também pode se efetuar num sentido inverso.

SUBLIME. O tratado intitulado *Do sublime*, atribuído a Longino (ver PSEUDO-LONGINO), é um dos primeiros escritos sobre este conceito. O autor define nele a sublimidade como uma eminência e excelência da linguagem. No entanto, a sublimidade não está fora das regras; mesmo no mais apaixonado cabe encontrar normas. Isso ocorre com a suma excelência da linguagem; uma vez produzida, é possível descobrir suas diversas fontes e com isso estabelecer as regras correspondentes. Tais fontes são cinco: duas de caráter natural e três de caráter artificial. As de caráter natural são 1) apreensão de grandes pensamentos e 2) paixão; as de caráter artificial são 3) figuras de pensamento ou de linguagem, 4) dicção e 5) composição.

O escrito em questão exerceu considerável influência em todas as épocas. Em 1674 foi traduzido por Boileau, que lhe acrescentou várias observações, que não se afastam fundamentalmente da mencionada concepção da sublimidade. Somente no século XVIII parece ter-se introduzido uma mudança radical na interpretação de nosso conceito. Segundo Menéndez y Pelayo (*Historia de las ideas estéticas*, ed. E. Sánchez Reyes, IV, p. 17), o primeiro autor em quem se manifestou tal mudança foi um certo Silvain, que rejeitou as idéias do Pseudo-Longino e de Boileau e sustentou — antecipando algumas concepções de Kant — que o sublime não pode ser definido em função da grandeza ou do patético, mas em função de algo infinito. As idéias de Silvain a respeito não parecem ter exercido grande influência. Esse não foi o caso com as de Edmund Burke (1729-1797), que foram repetidamente comentadas. Estão contidas no livro do autor, *Philosophical Enquiry into the Origin of Our Ideas of the Sublime and Beautiful* (1756). Segundo Burke, enquanto o belo produz deleite, o sublime provoca um terror deleitável ao qual se entrega a alma sem poder evitá-lo, pois com isso fica completamente saturada sem deixar lugar para nenhuma outra emoção. A alma fica, pois, "embargada" por terror do sublime. "Os objetos sublimes", escreve Burke, "são vastos (...); os objetos formosos são relativamente pequenos. A beleza deve ser leve e delicada; o grande deve ser sólido, e até maciço".

Próximas de Burke são as idéias de Kant sobre o sublime, apresentadas em suas *Beobachtungen über das Gefühl des Schönen und Erhabenen* (1764). Kant destaca a diferença entre o caráter finito, acabado e mensurável do belo, em contraste com o caráter infinito, inacabado e incomensurável do sublime. O sublime oferece dois aspectos: o sublime matemático e o sublime dinâmico. O sublime matemático é gerado pela experiência do que "não se pode medir" (as pirâmides do Egito, a igreja de São Pedro em Roma, a Via Láctea), isto é, do que medimos só antropomorficamente com o fim de nos dar conta da impotência da medida. O sublime dinâmico é gerado pela presença da força e do poder incomensuráveis.

Há analogias entre as concepções de Burke e Kant. Elas se tornam óbvias quando atentamos para as seguintes declarações de Kant: "O sublime deve ser sempre grande; o belo, pequeno. O sublime deve ser simples; o belo pode ser decorado e adornado (...) A solidão profunda é sublime (...) Uma grande altura é sublime, tanto quanto uma grande profundidade (...) Uma longa duração é sublime" etc. Tudo isso é paralelo ao que proclamou Burke acerca da diferença entre o sublime e o belo. No entanto, a doutrina do sublime em Kant é mais destacada que a de Burke. Entre as teses fundamentais kantianas sobre o sublime podemos mencionar as seguintes: 1) A satisfação no belo surge da representação da qualidade; a satisfação no sublime, da quantidade. 2) A contemplação do sublime não é necessariamente incompatível com o encanto e com o jogo da imaginação. 3) O sublime proporciona apenas um prazer indireto, e não intervém, como no belo, o sentimento de um propósito. 4) O belo é coincidência de forma e conteúdo; o sublime surge por divergência entre forma e conteúdo, ficando abolida a harmonia entre a imaginação e o entendimento que funcionava ainda no sentimento do belo. 5) O sublime não o é em si mesmo, mas no modo como se reflete no espírito. Nossa imaginação não pode compreender o sublime (cf. sobre este ponto as importantes seções 26 e 27 da *Crítica do juízo* intituladas "Analítica do sublime"). 6) Sendo o sublime grande sem comparação possível, o homem se eleva por sobre o reino dos sentidos na contemplação do sublime. Além disso, Kant difere de Burke ao não considerar o sentimento do terror (ou temor) como próprio de nenhuma experiência estética e, portanto, como próprio do sublime. Assim como o indivíduo seduzido pelos apetites não pode julgar o belo, o indivíduo subjugado pelo temor não pode julgar o sublime.

Não é fácil reduzir a um denominador comum opiniões tão díspares. Mas é possível destacar alguns traços do sentimento do sublime que podem ser aceitos pela maioria dos pensadores. Contamos entre esses traços certas negações: o sublime se opõe ao vulgar, ao excessivamente sutil, ao simplesmente agradável e interessante, ao meramente irônico ou ao amável. Ao contrário desses traços se destaca o elevado, o nobre, o incomensurável, o grandioso. Não é necessário que produza terror — embora seja um "terror deleitável" —, mas somente "suspensão" do ânimo. Por isso, embora o sublime também possa ser objeto de juízo, é-o num grau incomparavelmente menor que o belo: os juízos sobre o sublime são em geral de caráter "total".

↪ A maior parte das obras sobre estética ou de história da estética se ocupam da questão do sublime.

Ver também: Samuel H. Monk, *The Sublime. A Study of Critical Theories in Eighteenth Century England*,

1935, reimp., 1960 [sobre a "tradição longiniana" na Inglaterra: Burke e outros autores]. — Walter J. Hipple, *The Beautiful, the Sublime and the Picturesque in Eighteenth-Century British Aesthetic Theory*, 1957. — T. Weiskel, *The Romantic Sublime: Studies in the Structure and Psychology of Transcendence*, 1976. — W. R. Roberts, *Longinus on the Sublime*, 1987. — P. Crowther, *The Kantian Sublime: from Morality to Art*, 1989. — J.-F. Lyotard, *Du Sublime*, 1988. — Id., *Leçons sur l'Analytique du Sublime*, 1991. — F. Ferguson, *Solitude and the Sublime: Romanticism and the Aesthetics of Individuation*, 1992. ᗉ

SUB-REPÇÃO significa o ato ou o efeito de captar algo por surpresa, de modo oculto ou dissimulado. Na lógica, chama-se sub-repção o sofisma que consiste na introdução dissimulada de uma proposição falsa ou de uma mudança de sentido. Kant chama sub-repções as qualidades que, como as cores e os sons, não devem ser confundidas com o espaço e o tempo apesar de todos serem dependentes das condições subjetivas da sensibilidade. A idealidade do espaço e do tempo, diz Kant, "não deve ser comparada com as sub-repções das sensações, porque aqui se supõe que o próprio fenômeno ao qual se unem estes atributos tem uma realidade objetiva".

SUBSISTÊNCIA, SUBSISTENTE, SUBSISTIR. Em seu *Liber de persona et duabus naturis* (cap. 3), Boécio dizia que os gêneros e as espécies subsistem *(subsistunt)* apenas na medida em que os indivíduos não só subsistem, mas também em que são substantes *(substant)*. O subsistir no sentido apontado é característico da subsistência *(Subsistentia)*; o "ser substante" ou "substar" é característico da substância *(substantia)*. O mesmo autor, em seu comentário às *Categorias*, indica que a *subsistentia* ou ὑπόστασις é equivalente à forma. De acordo com isso, a subsistência pode ser considerada como uma das características dos sujeitos que são "suportes" ou "supostos" *(supposita)* e, por conseguinte, como uma das características das substâncias. Esta característica assinala o existir por si e não em outro (que é o que se chama "subsistir"). Como as substâncias têm esta característica, podem ser chamadas "subsistências" *(subsistentiae)* contanto que não se creia que com isso se descreveram todos os aspectos do ser substância. Em outros termos, à substância convém o subsistir, mas convém de modo eminente o "substar" ou "ser substante", enquanto aos gêneros e espécies convém o subsistir.

Por outro lado, como, segundo Santo Tomás (*S. theol.* I, q. XXIX a 2), o termo *substantia* equivale literalmente a *hypostasis* (ver HIPÓSTASE), mas como *substantia* pode significar às vezes *essentia* e às vezes *hypostasis*, pareceu melhor traduzir *hypóstasis* por *subsistentia*. De acordo com isso, as hipostases são *subsistentiae*. Como se usou o nome *persona* para traduzir o grego ὑπόστασις *(hypóstasis)*, pôde-se dizer que as pessoas são subsistências.

Como se pode ver, o termo 'subsistência' (assim como os vocábulos 'subsistente', 'subsistir') está longe de ter um sentido perfeitamente unívoco. Parte da dificuldade procede de se ter usado o nome 'subsistência' como se designasse algo ao qual corresponde o "subsistir" em vez de limitar-se a usar o verbo (ou o adjetivo 'subsistente'). Tentou-se evitar essa dificuldade estabelecendo-se uma clara distinção entre *substantia* e *subsistentia*. Assim, É. Gilson (*History of the Christian Philosophy in the Middle Ages*, 1955, p. 141) indica que Gilberto Porretano distinguia *substantia* e *subsistentia*. A substância é uma entidade individual existente, a subsistência é a característica de toda entidade que não necessita de acidente para ser o que é. Por não necessitar de acidentes, as substâncias são subsistências, mas como há algumas subsistências que não são suportes de acidentes não se pode dizer delas que sejam substâncias.

As três doutrinas escolásticas mais conhecidas acerca da subsistência são a tomista, a scotista e a suarista. No tomismo, a substância é definida segundo o subsistir; a substância consiste em ser uma *quidditas* naturalmente apta para a subsistência. A subsistência é considerada, pois, como a independência em relação a um sujeito de inesão. Dada uma essência finita realmente distinta da existência, a subsistência é o modo substancial que termina tal essência finita. Essa "terminação" é necessária para que a existência não possa unir-se a qualquer outra essência substancial para receber a existência; a subsistência limita, pois, a existência segundo sua própria finitude: "Esta subsistência não é por um lado um dos constituintes qüiditativos da essência e por outro não é ainda a existência. Sua missão própria é a de terminar a essência substancial, de fazer com que seja incomunicável, isto é, que não possa se comunicar com outra essência substancial na existência que a atua; é a de fazer que seja distinta de qualquer outra não só quanto ao que ela é (como substância individual), mas também dividida de qualquer outra para existir". Por esta razão dizem os tomistas que a subsistência não é algo negativo, mas algo positivo (uma perfeição positiva distinta da individuação e agregada à natureza substancial singular). Não é um ser *em* outro, ao modo do acidente, nem tampouco um ser *com outro*, sob a forma de uma dependência de um princípio — ou co-princípio — substancial. O subsistente pode ser imperfeitamente subsistente ou perfeitamente subsistente segundo esteja ou não ordenado por sua própria natureza a ser com outra coisa. Assim, a substância incompleta na razão da espécie, ainda que completa na razão da substancialidade, é imperfeitamente subsistente, como ocorre com a alma humana, a qual, separada do corpo, possui um certo ser por si, mas está ao mesmo tempo, por sua natureza, ordenada a incorporar-se ou a unir-se a uma matéria. A substância completa na razão da espécie é, em contrapartida, perfeitamente subsistente, e então se chama "suposto" ou ὑπόστασις. A substância subsistente é *sui juris*.

No scotismo, em compensação (ou pelo menos entre alguns scotistas), a subsistência é de índole negativa. A negação em questão é dupla: por um lado, aptitudinal; por outro, atual. Isso faz com que a alma humana não seja um suposto, por carecer de independência aptitudinal.

Para Suárez a subsistência é, como para os tomistas, positiva, já que denota um modo de existir: o existir como substância e não inerindo em uma substância. Mas, ao contrário dos tomistas, Suárez indica que a subsistência não agrega a existência, mas um modo de existir. A subsistência acrescenta um modo *(modus)* a uma essência atual, havendo diferença modal entre a subsistência e a natureza da qual é subsistência. Enquanto Cajetano distinguia realmente a essência, a existência e a subsistência, Suárez assinala que "existir só expressa, de seu, ter entidade fora das causas ou na realidade; por conseguinte, de seu é indiferente ao modo de existir apoiando-se em outro como sustentante e ao modo de existir por si sem dependência de nenhum sustentante; por outro lado, 'subsistir' expressa determinado modo de existir por si e sem dependência de um sustentante; por isso tem como oposto o 'existir-em' ou 'estar-em', e expressa um determinado modo de existir em outro" (*Disp. met.*, XXXIV, iv, 23 [trad. esp. de S. Rábade Romeo, S. Caballero Sánchez, A. Puigcerver Zanón]).

Na época moderna, usou-se o termo 'subsistência' geralmente no sentido de "existir em uma coisa como em um sujeito", que é o sentido que tem em Ockham. Um exemplo de uso moderno de 'subsistência' é o de Kant. Ele denomina "subsistência" a existência da substância, perante a inerência, que é a existência dos acidentes, quando se atribui aos acidentes um modo de ser especial como algo real na substância. Assim, por exemplo, quando se concebe o movimento como acidente da matéria, o modo de ser chamado de "movimento" inere à matéria, a qual é subsistência. Inerência e subsistência *(substantia et accidens)* são uma das categorias de relação (*KrV*, A 186/B 230). Kant emprega também o termo 'subsistência' para referir-se à "lei de ação e reação" *(Gesetz der Gegenwirkung)* da matéria; é a *lex subsistentiae* ou *lex antagonismi* (*Anfangsgründe der Naturwissenschaft*, III, 4, obs. 2). A partir de Kant usou-se 'subsistência' no sentido geral, e nem sempre muito preciso, de "existir debaixo dos acidentes" ou existir na forma da substância. Usou-se também 'subsistência' para referir-se à existência de algo, ao contrário da "consistência" (VER). Às vezes também se usou 'subsistência' como sinônimo de 'persistência'; algo subsiste somente porque permanece (em seu próprio modo de ser, qualquer que seja este) através de todas as mudanças. No entanto, alguns autores chamaram "subsistência" ao fato da existência de um universal enquanto não está separado dos particulares. Assim, Samuel Alexander indica que embora o universal possua essa realidade existencial chamada "subsistência", ela "não deve ser entendida como algo que implique um ser neutro pelo qual se distingue do mundo da existência espaço-temporal" (*Space, Time, and Deity*, 1920, t. I, p. 222). Na verdade, esta última acepção, esvaziada da particular interpretação que lhe dá posteriormente o autor citado, é uma das mais habituais no pensamento contemporâneo. Com efeito, tende-se freqüentemente a chamar "subsistência" a um modo peculiar de certas realidades — as ideais —, com o fim de distingui-las das existências. Deste modo se quis solucionar a questão que coloca o ser de realidades não existentes e, todavia, pertencentes a uma certa ordem de realidade expressa por um certo "universo do discurso". Para esta corrente, representada sobretudo por Meinong e pela teoria dos objetos, a subsistência é o caráter do ideal (que não existe, mas que "é", e que, em todo caso, é "não contraditório"). Não obstante, esta distinção foi repelida por B. Russell e outros autores. Russell enfatizou que a idéia de que há entidades que não existem mas subsistem constitui uma ilegítima hipóstase devida a uma insuficiente análise lógica de certos enunciados, tais como "o rei da França é calvo", "o quadrado redondo não existe" etc. Referimo-nos a este ponto com mais detalhe no verbete DESCRIÇÕES (TEORIA DAS).

SUBSTÂNCIA. O vocábulo latino *substantia* (= "substância") corresponde ao verbo *substo* (infinitivo, *substare*) e significa literalmente "a permanência debaixo de" no sentido de "o estar debaixo de" e de "o que está debaixo de". Supõe-se que uma substância está debaixo de qualidades ou acidentes, servindo-lhes de suporte, de modo que as qualidades ou acidentes podem mudar, ao passo que a substância permanece; uma mudança de qualidades ou acidentes não equivale necessariamente a que a substância passe a ser outra, enquanto uma mudança de substância é uma mudança para *outra* substância.

Por estar debaixo de qualidades ou acidentes a substância subsiste, de modo que, em princípio, a substância poderia ser denominada "subsistência" *(subsistentia)*. No entanto, embora se possa dizer que as substâncias são "subsistências", foi freqüentemente destacado que nem todas as subsistências são substâncias. Além disso, o termo 'subsistência' adquiriu outras significações que não coincidem com a de 'substância', razão pela qual dedicamos ao primeiro termo um verbete específico. Tampouco coincide sempre o significado de 'substância' com o de termos que apontam para algo "substante": princípio, essência, matéria, substrato (VER) etc.

Prantl (*Geschichte der Logik im Abendlande*, I, 514), Rudolf Eucken (*Geschichte der philosophischen Terminologie*, p. 53) e outros autores indicaram que Quintiliano foi o primeiro a usar o vocábulo *substantia*, mas Curt Arpe ("Substantia", *Philologus*, 94 [1941], 65 ss.) revela que, antes de Quintiliano, Sêneca usou *substantia* (*Ep.*, 58, 15; *Nat. quaest.*, I, 6, 5 e I, 15, 5). O significado original de tal termo era "ser corporal" ou "realidade", ao contrário de "ser imaginário" *(imago, mendacium)*, assim como "presença (de algo) em geral", ao contrário de "ausência (de algo)" ou "não existência". *Substantia* aparece aqui como tradução do grego ὑπόστασις (ver HIPÓSTASE), de modo que a contraposição *substantia-mendacium* corresponde à de ὑπόστασις - ἔμφασις. Em Quintiliano *(apud* Curt Arpe) aparece *substantia* como versão de σῶμα, "corpo", e de πρᾶγμα, "coisa", "assunto" (esta última ao contrário, por um lado, do nome, ὄνομα, e, por outro, do adjetivo, *adiectivum*). Todas essas significações, primariamente gramaticais, adquiriram um aspecto mais filosófico quando se introduziu *substantia* para referir-se às categorias (ver CATEGORIA) ou predicamentos aristotélicos. O vocábulo usado por Aristóteles é οὐσία, interpretado e traduzido de diversos modos (ver OUSIA), cujo paralelo lingüístico se encontra em *essentia* (ver ESSÊNCIA), mas que, com Marco Vitorino, Santo Agostinho e Boécio foi traduzido por *substantia* para designar a "substância primeira" de Aristóteles (cf. *infra*). Durante algum tempo usou-se *substantia* para traduzir não somente οὐσία, mas também ὑπόστασις, mas depois se reservou *substantia* para οὐσία, e *persona* (VER) para ὑπόστασις. Poder-se-ia traduzir οὐσία por *essentia*, mas como levou algum tempo para *essentia* ser adotada, adotou-se *substantia*. Teria sido possível usar também *substantia* para traduzir ὑποκείμενον, mas é melhor reservar para este último o vocábulo 'sujeito' *(subiectum)*.

O interesse pela noção de substância no pensamento grego se explica em boa parte pelo tipo de questão que surgiu desde os pré-socráticos (especialmente a questão acerca de *o que* constitui "verdadeiramente" a realidade, ou o mundo). Ao mesmo tempo, pode estar culturalmente condicionado. Segundo Thorleif Boman *(Das hebräische Denken im Vergleich mit dem Griechischen*, 2ª ed., 1954), a concepção fundamentalmente "substancialista" da realidade entre a maior parte dos filósofos gregos se deve à forma de pensar — "o pensar estático" — dos gregos, ao contrário da, e em contraposição à, forma de pensar — "o pensar dinâmico" — dos hebreus. Segundo o autor, os gregos, assim como os povos indo-europeus em geral, tendem a conceber o "ser", ou a "realidade", como "presença", enquanto os hebreus, e talvez todos os povos semíticos, tendem a concebê-lo como um "devir real" *(hayah)*. Conceber o "ser" como "presença" equivale a concebê-lo como "substância". Argumentou-se que isso pode se dever às correspondentes estruturas lingüísticas — sujeito-predicado nas línguas indo-européias; formas verbais nas línguas semíticas —, mas também que essas estruturas lingüísticas se conformam com certas formas culturais e sociais.

Aristóteles indica (*Cat.*, 5, 2 a 11 ss.) que em seu sentido próprio a substância é o que não é afirmado de um sujeito nem está em um sujeito como o homem e o cavalo individuais. Essa substância é a chamada "substância primeira", οὐσία πρώτη, *substantia prima*, porque para Aristóteles o primeiro é o ser individual do qual se predica algo; o ser individual existe (ou pode existir) enquanto o que não é um ser individual é somente, de imediato, o que se pode dizer *dele*. Assim, do homem individual pode-se dizer que é homem, isto é, aplicar-lhe o nome 'homem', com o que esse homem é algo afirmado do homem individual. O homem individual é uma substância (primeira), mas o nome 'homem' não o é. Do homem individual pode-se dizer também que é um animal racional, que é branco, que possui a ciência etc.; ser um animal racional, ser branco, possuir a ciência são coisas ditas do homem individual como predicados (essenciais ou acidentais) e, portanto, não são substâncias (primeiras). As substâncias (primeiras) são o substrato de tudo o mais, razão pela qual são substâncias por excelência, κατ'ἐξοχήν. As substâncias primeiras não diferem entre si no grau de substancialidade, pois um homem é tão substância primeira quanto um boi, uma árvore etc. As substâncias primeiras não têm contrários (como ocorre com as qualidades: branco-preto), mas admitem qualificações contrárias δεκτικὸν τῶν ἐναντίων (como quando se diz que tal homem é branco ou que tal homem é negro).

O primado da substância (primeira) em Aristóteles pode ser compreendido em razão do significado de οὐσία. A substância primeira é οὐσία porque possui sua própria riqueza ou, melhor dizendo, porque o subsistir independentemente de quaisquer qualificações que lhe caibam é "seu". Neste sentido, a substância (primeira) possui as características a que se referiu Wolfgang Cramer (*Das Absolute und das Kontingente. Untersuchungen zum Substanzbegriff*, 1958; 2ª ed., 1976): é algo individual, irredutível, único, que não está em outra coisa, é algo que se determina a si mesmo e se basta (ontologicamente) a si mesmo, é algo que poderia existir ainda que não existisse outra coisa (o que Aristóteles indica ao destacar que como tudo o que não é substância primeira se afirma das substâncias primeiras como sujeitos, nada poderia existir se não existissem as substâncias primeiras [*Cat.*, 5, 2 b 5]). Por ser seu próprio "haver", "riqueza" ou "propriedade", a substância primeira é, pois, formalmente falando, "entidade".

O que se diz, ou se pode dizer, da substância primeira é uma "substância segunda", οὐσία δεύτερα, *substantia secunda* (ou "substância secundária" ou, se se preferir, "substância em sentido secundário e não próprio"). Por que Aristóteles continua usando o termo 'substância' para referir-se a entidades que não são, propriamente falando, substâncias, é uma questão interessante, mas não fácil de resolver. Em parte se deve a que Aristóteles não nega que o que se diz, ou pode dizer, das substâncias primeiras tem também uma certa entidade, embora não seja uma entidade própria e independente da das substâncias primeiras. As substâncias segundas são substâncias impropriamente, mas continuam sendo substâncias de algum modo. Além disso, Aristóteles afirma que entre as substâncias segundas a espécie é "mais substância que o gênero"; parece, pois, que uma substância segunda é "menos substância segunda" e "mais substância primeira" (sem coincidir, porém, com esta última) quanto mais se "aproxima" da substância primeira (como quando se diz que Pedro é um homem; o ser homem torna Pedro mais "preciso" que o ser simplesmente animal, de modo que o ser homem está mais "próximo" de Pedro que o ser animal). No entanto, as espécies mesmas que não são gêneros não são umas "mais substâncias" (nem sequer impropriamente falando) que outras, de modo que não temos graus de substancialidade (primeira) nos indivíduos nem graus de substancialidade (segunda) nas espécies, mas temos graus de substancialidades nos gêneros. Deve-se notar que as substâncias segundas não são, como se poderia ter interpretado pelo que se diz *supra*, tudo o que se possa dizer de um sujeito como substância primeira. Com efeito, somente o que de algum modo se parece com a substância primeira é substância segunda. Isso ocorre com os gêneros e as espécies, porque, como as substâncias primeiras, podem ser "suportes". Não ocorre com os acidentes — que são sempre "suportados" — e, na concepção que nos ocupa, não ocorre tampouco com as relações. O que as substâncias, primeiras ou segundas, "suportam" é questão disputada. Alguns autores indicaram que tanto as substâncias primeiras como as segundas podem ser suportes de acidentes, e inclusive dos mesmos acidentes. Argumentam para tal efeito que tudo o que se diz do indivíduo se diz também da espécie do indivíduo. Mas, a rigor, só o que se diz do indivíduo para determiná-lo, defini-lo etc., como membro de uma espécie pode ser dito também da espécie. Assim, diz-se de Pedro que é animal e da espécie "homem" que é animal, pois "este homem" é animal e "todos os homens" são animais. Mas se se diz de Pedro que é gordo, nem por isso se dirá que todos os homens são gordos. Por conseguinte, o "suportar" ou o "ser substrato" se verifica de modo diferente nos indivíduos, e nos gêneros e espécies. E, no entanto, ambos têm em comum "suportar" e por isso ambos são chamados "substâncias". Por outro lado, os acidentes (e as relações) são excluídos da substancialidade; não são "substâncias terceiras" porque não são substâncias de classe alguma.

Tanto as substâncias primeiras como as segundas têm em comum o não estarem em um sujeito. Isso parece óbvio no caso das substâncias primeiras, pois se estivessem num sujeito, poderiam ser afirmadas de um sujeito, o que não ocorre: o sujeito é o sujeito e, por conseguinte, é o "este", τόδε, que está "separado", isto é, "subsiste por si mesmo". Parece menos evidente no caso das substâncias segundas, mas deve-se admitir também, segundo Aristóteles, já que dizer de Pedro que é um homem não quer dizer que *homem* seja uma parte de Pedro, como seria o ser branco, capaz de tocar violão etc. A diferença entre substâncias primeiras e segundas não reside no "não estar" ou "estar" num sujeito, mas em as substâncias segundas determinarem o que as substâncias primeiras são. Quanto a "estar em", poder-se-ia dizer que as substâncias primeiras "estão nas" substâncias segundas, mas deve-se ter cuidado ao interpretar este 'estar em': não é o estar contido como um acidente está contido num sujeito, mas estar contido como os indivíduos estão contidos nos universais, isto é, de modo diferente do ser "partes de".

A doutrina anteriormente assinalada é a doutrina aristotélica da substância como categoria ou predicamento. Isto não é tudo. Em *Met.* 8, 1017 b 10-25, Aristóteles diz que substâncias são entidades tais como os elementos (terra, fogo, água, ar), os corpos e os compostos, e as partes desses corpos. Em outro sentido, chama-se "substância" à causa imanente da existência das coisas naturais. Em outro sentido, ainda (e este é o que nos vai ocupar principalmente agora), diz-se que são substâncias as "essências" expressas na definição. De todos esses sentidos destacam-se dois: a substância é o "sujeito último" que não se afirma em nenhum outro, e é o que, sendo um indivíduo em sua essência, é "separável" (ver SEPARAÇÃO), de modo que a forma de cada ser é sua substância. Em *Met.*, Z, 1-17, 1028 a 10-1041 b 35, Aristóteles examina longamente a noção de substância como primeira categoria do ser e como "primeiro sujeito", e diz a este respeito que tal sujeito é em um sentido a matéria, em outro sentido a forma e em um terceiro sentido o composto de matéria e forma, o "todo concreto", σύνολον (*op. cit.*, 3, 1029 a 3-5). Aristóteles nega que os universais e as idéias sejam substâncias, mas indica que a substância é de duas classes: "todo composto" e forma. A primeira classe de substâncias são corruptíveis; as segundas, incorruptíveis (*op. cit.*, 15, 1039 b 20-25). Como todo concreto, a substância é uma coisa determinada, τόδε; como forma, a substância de cada ser é a essência. Em *Met.*, Λ, 1068 a 13, Aristóteles fala de três espécies de substâncias. De imediato, há a substância sensível, que é móvel, e a substância não sensível, que é imóvel. A substância sensível, objeto da "física", pode ser corruptível (como os animais e as plantas) ou eterna (como os astros). A substância não sensível, objeto da "metafísica", é incorruptível. A substância não sensível não tem nenhum princípio comum com as demais classes de substâncias (*op. cit.*, 1, 1069 b 40) (ver PRIMEIRO MOTOR).

Em vista de tudo isso, pode-se concluir que Aristóteles usa a noção de substância ou de um modo ambíguo e confuso ou de um modo analógico. Mas pode-se buscar a razão dessa variedade de sentidos de 'substância'. Se adotamos esta última atitude, podemos ainda tomar pelo menos dois pontos de vista. Por um lado, podemos falar, como fez Ernst Tugendhat (*Ti kata tinos. Eine Untersuchung zu Struktur und Ursprung Aristotelischer*

Grundbegriffe, 1958, pp. 38 ss., e 67 ss.) de uma "duplicidade" *(Zwiefältigkeit)* na significação da concepção aristotélica de οὐσία, primeiro com respeito às demais categorias e em seguida dentro da própria noção de οὐσία. O primeiro, diz Tugendhat, foi reconhecido pelo próprio Aristóteles ao salientar o caráter "irredutível" da substância (como substância primeira), única entidade da qual se pode predicar algo. O segundo se deve, prossegue ele, ao fato de Aristóteles ter tomado diferentes pontos de vista sobre a noção de substância: "aspectos" como "a presença enquanto tal", a "matéria", ὕλη, o composto, σύνολον. Estes diversos aspectos são determinações diversas que completam a idéia de substância (desta vez, em toda a sua generalidade). Por outro lado, podemos adotar uma atitude similar à anterior, mas sem pressupor nenhuma "duplicidade". Esta atitude consiste em procurar encontrar a unidade das diversas significações de 'substância' em um modo "comum" de conceber todo "ser substância" e em uma integração de todas as questões relativas à noção de substância.

O modo comum de conceber o ser substância pode ser chamado "a positividade". Em virtude de sua riqueza própria, a substância é constituída positivamente; determinar uma substância não é limitá-la, mas apenas "encaixá-la" dentro de um sistema conceitual. O ser substância de uma substância não lhe vem, por assim dizer, "de fora", mas "de dentro"; algo é substância porque possui um *haver* próprio e pode ser, portanto, princípio ou de seus modos de ser ou de suas manifestações. A integração das questões relativas à noção de substância, por outro lado, se leva a cabo com base em articular as diversas maneiras como se pode perguntar acerca de "algo": se se pode perguntar se é e, caso seja, se é "por si mesmo" (não no sentido de ser uma realidade absoluta, mas no sentido de ter "de que" existir); se se pode perguntar em que consiste seu ser; e se se pode perguntar o que o faz ser o que é. Em qualquer um destes casos, temos uma resposta relativa a algo "substancial", seja concreto, seja abstrato. A substância é um "algo" que tem uma realidade essencial residente em si mesmo e não em outra coisa. A substância é, pois, essência no sentido de que lhe compete ser substante; a definição da substância — não sua simples demonstração — requer uma essência: a "essência da substância".

Outra questão é se todo ser, enquanto é, é ou não substância. Sobre este ponto houve opiniões muito diferentes, começando com a aristotélica em Met., Z 1, 1028 b 3: o objeto constante de nossa investigação, a questão que sempre se apresenta é: "Que é o ser?" (τὸ ὄν), e isso equivale a perguntar: "Que é a substância?". É essa substância, diz Aristóteles, da qual uns afirmam a unidade, outros a pluralidade, seja limitada, seja infinita. De acordo com isso, as doutrinas conhecidas com os nomes de 'monismo', 'dualismo', 'pluralismo' etc. são respostas à pergunta pela realidade da substância, ou substâncias, unida à pergunta pelo número de substâncias. Ao tratar das diversas traduções que se propuseram para o conceito aristotélico de substância, adiantamos já algo acerca do modo como depois de Aristóteles se entendeu, ou se expressou, a idéia de substância. Essa idéia teve muitos desenvolvimentos na história da filosofia até o presente; seria excessivo pretender sequer traçar seus principais desdobramentos. No entanto, trataremos de examinar diversas noções da substância depois de Aristóteles, observando que o que aqui se diz deve ser empregado com informações proporcionadas em outros verbetes, tais como Ente; Essência; Existência; Forma; Hipóstase; Matéria; Ousia; Pessoa; Qüididade; Ser; Subsistência; Vínculo.

Daremos por resolvidas as questões de vocabulário, isto é, suporemos que no vocabulário latino já se chegou a certa estabilidade no uso de termos como *substantia, essentia, persona, natura, hypostasis, subsistentia, suppositum* etc. Isso não é certo, porque durante muito tempo o vocabulário filosófico latino foi ou complexo, ou incerto, ou ambas as coisas a um só tempo; usou-se, por exemplo, *substantia* como correspondente a *hypostasis*, antes de usar-se *subsistentia* como correspondente a *hypostasis* (usou-se também *persona*); usou-se *substantia* para referir-se à *ousia*, mas também se usou *essentia* etc. Mas não temos outro remédio, por motivos de espaço, senão eliminar por enquanto as questões terminológicas. Ao mesmo tempo, simplificaremos nosso problema concentrando-nos na própria noção de substância e não tratando, exceto incidentalmente, de noções nas quais intervém a noção de substância ou de algo substancial (noções como as de substâncias materiais, corporais, separadas, formas substanciais, Deus como substância etc.). Além disso, destacaremos somente algumas concepções medievais da substância, e especialmente a tomista.

Assim como aquilo que "é ser" é chamado de *essentia*, aquilo que "é subsistir" pode ser chamado de *substantia*. Mas também são de algum modo substantes a subsistência, o suposto, a hipóstase, a pessoa etc., de modo que cabe esclarecer um pouco mais a idéia de substância. Uma dessas explicações pode consistir em ver de que modos se pode dizer que algo "subsiste". Por um lado, há um modo de subsistir que é o "subestar" *(substare)*, que corresponde aos indivíduos. Por outro lado, há um modo de subsistir propriamente dito *(subsistere)* e este corresponde aos gêneros e espécies. Os autores de tendência realista destacavam o subsistir dos gêneros e espécies; os de tendência conceitualista ou realista moderada consideravam que o subsistir das espécies e gêneros não é um existir à parte, mas em última análise um subsistir dos indivíduos como sujeitos de gêneros e espécies. Parece, pois, que temos aqui de novo duas idéias de substância: a *substantia concreta* e a *substantia abstracta*. Sendo esta última o εἶδος ou a essência, o τὸ τί ἦν εἶναι, pode-se perguntar em que medida ela "subestá". A resposta também depende em grande medida da correspondente doutrina dos universais. Mas não só dela. Com efeito, o que se disser da substância depende em grande parte da substância de que se fala. A substância incriada e as substâncias criadas não são o mesmo; a *substantia prima*, o indivíduo ou o sujeito das predicações, e a *substantia secunda*, a essência ou a *quidditas* não são o mesmo; a substância corporal e a substância separada não são o mesmo etc. Parece, pois, que se deve concluir que não há apenas uma, mas muitas noções de 'substância', e que é um erro pretender falar da substância em geral em vez de falar em cada caso de um tipo de substância.

No entanto, deve haver uma noção comum para toda substância *qua* substância. Essa noção comum não pode ser extraída, ou não pode ser extraída exclusivamente, da *existentia* e da *essentia*. Com efeito, alguns autores proclamaram que a substância primeira possui *existentia* enquanto a segunda possui *essentia*. Mas essa tese depende da admissão de uma distinção real entre a essência e a existência. Quando não se admite tal distinção real não se pode efetuar tal equiparação. E ainda admitida a distinção real, a equiparação de referência parece aplicável somente às substâncias naturais. Tampouco pode-se extrair uma noção comum das várias classes de substância por serem mais ou menos completas. Isto foi admitido por alguns autores, por exemplo Santo Tomás. Segundo ele, há substâncias completas e substâncias incompletas, e cada uma delas se subdivide em razão apenas da espécie e em razão da substancialidade. As substâncias completas em razão da espécie são os anjos; as substâncias incompletas em razão da espécie são as almas humanas. As substâncias completas em razão da substancialidade são as que não apenas não existem em outras coisas, mas que podem existir sem outra coisa, ao contrário do que ocorre com as substâncias incompletas em razão da substancialidade, pois elas só podem existir com outra coisa em uma "comunidade substancial". Continua de pé o problema da noção de substância como tal.

Pode-se dizer que o nome *substantia* significa somente aquilo que tem ser por si *(quod est per se esse)*. Mas, como observa Santo Tomás (cf. *Cont. Gen.*, I, 25, e *S. theol.*, I, q. III, a 5), dizer da substância que é um ser por si *(ens per se)* não é *definir* a substância. Do mesmo modo que "o que é" o ente *(ens)* não pode ser um gênero, já que não se encontra nenhuma diferença específica que o divida em espécies, o que tem ser por si não pode ser tampouco um gênero; assim é chamado unicamente porque não está em outro, disso resulta então que o gênero não indica o que a coisa é, mas o que não é. Portanto, a substância é definível somente quando se indica qual é sua natureza ou razão de ser *(ratio)*, e essa razão é o ser uma coisa à qual compete o ser sem estar em um sujeito, e também uma essência à qual compete o subsistir ou o não estar recebida num sujeito. Pode-se, pois, dizer que a substância se constitui como uma essência que possui certas características ou propriedades, de modo que ao falar da substância de modo algum eliminamos a noção de essência.

Isso não quer dizer que a substância em sentido próprio, como a primeira das categorias — que pode ser forma, matéria ou composto —, e a substância como essência são o mesmo, como quando se diz que a definição significa a substância de uma coisa. Mas em ambos os casos compete à substância o ser substante no sentido de consistir em ser substante. Santo Alberto Magno escreveu que entre todas as coisas que são "por essência *(per essentiam)* a primeira é a substância". Este ser "por essência", outorgam-lho os "essenciais" *(essentialia)* (*Met.*, II, I, em *S. Alberti Magni Operam omnia*, t. XVI, parte 1, ed. B. Geyer [1960], p. 237 e 10 ss.). A substância tem, portanto, uma razão de ser, e esta razão é uma "razão essencial". Esta razão não consiste meramente na razão de ser algo que "subtende" os acidentes; consiste na razão de ser ou estar por si não inerindo a um sujeito. A substância é por isso sujeito, ser substância significa "independência". A razão formal da substância é uma perfeição positiva: a independência *no* ser. Essa independência não é absoluta para a substância predicamental criada; é-o apenas para Deus. Mas merece de todo modo chamar-se "independente", pois nem tudo que é independente é absoluto.

Muitos escolásticos usaram *substantia* para referir-se à *essentia*. Alguns, porque pensaram que a substância ao fim e ao cabo é *essentia*, como, por exemplo, nos escolásticos de tendência "avicenista"; outros, porque usavam *substantia* em sentido muito lato, como, por exemplo, nos tomistas. Estes últimos, porém, distinguiram o sentido lato e o sentido estrito ou próprio de *substantia*; segundo este sentido estrito, e segundo o que foi dito acima, a substância é aquilo a cuja essência compete ser por si *(per esse)* e não ser em outra coisa *(in alio)*. Mas a substância também é suporte ou fundamento. Por isso a substância consiste em subsistir *(subsistere)* enquanto ser por si *(esse per se)* e consiste também em "estar debaixo" *(substare)* dos acidentes.

Algumas das dificuldades suscitadas pela noção de substância podem ser eliminadas procurando-se ver em que sentido se toma em cada caso a substância. Com efeito, ela pode ser tomada como substância predicamental (na "lógica"), e como substância real (na "física" e na "metafísica"). Mas não se deve pensar, segundo a mente dos escolásticos, que cada um destes modos de falar da substância significa substâncias diferentes. No caso da relação entre substância predicamental e substância metafísica, isso é óbvio, porque, nas concepções de que estamos falando agora, o plano predicamental e o plano metafísico são paralelos: o ser sujeito de predicações é paralelo ao ser sujeito de inesão, e em ambos os casos há na idéia de substância o momento positivo da independência no ser *(independentia in essendo)*.

Os escolásticos fizeram uso abundante da noção de substância. Às vezes parece que essa noção perdeu seu peso na época moderna, mas isso não ocorre. O que aconteceu foi que o problema da substância foi abordado segundo pressupostos diferentes. Um dos mais importantes é o que podemos chamar "pressuposto gnosiológico"; com efeito, não só se tratou na época moderna de elucidar a natureza da substância, mas também de averiguar o modo de conhecimento da substância. O modo de conhecimento foi tratado igualmente pelos escolásticos. Uma opinião muito difundida foi a de declarar que a substância é inacessível aos sentidos, e que se obtém somente mediante abstração das coisas sensíveis, mesmo quando os autores que tratavam da substância mais na linha da essência não compartilhavam de semelhante opinião. Em todo caso, o problema gnosiológico foi na Idade Média menos importante que na época moderna. Pode-se dizer que durante a Idade Média a concepção foi primariamente "lógico-metafísica" e que na época moderna foi principalmente "metafísico-gnosiológica".

Dentro da época moderna também há concepções escolásticas da substância e algumas delas influenciaram vários filósofos modernos. O caso mais destacado é o de Suárez. Este autor declara *(Met. Disp.,* XXXII, i, 15) que, uma vez dividido o ente criado em substância e acidente, divisão a seu entender completa e satisfatória, deve-se saber quando um modo do ente é substância. Segundo Suárez, "é substancial o modo que pertence à constituição da substância mesma". Tudo o que pertence à substância há de ser, pois, substância, embora seja incompleta. Só uma vez constituída plenamente a substância, o que se lhe agrega é acidente *(op. cit.,* XXXII, i, 16). Suárez indica também que a substância (primeira) e o suposto *(suppositum)* são "convertíveis"; substância primeira e suposto, portanto, são o mesmo *(op. cit.,* XXXIV, i, 9). O que se chama "subsistência", por outro lado, é um modo de existir: o modo de existir como substância *(op. cit.,* XXXIV, iv, 24). Assim, pois, a substância (fechada e primeira pelo menos) é ser suposto na forma de existir chamada "subsistência".

Em autores como Descartes e Leibniz há ressonâncias importantes da concepção escolástica da substância e algumas especificamente da concepção suarista. Descartes define a substância destacando o momento da independência. Mas destaca-o de um modo, por assim dizer, "negativo": substância é, diz Descartes, *ea res quae ita existit ut nulla alia re indigeat ad existendum,* aquilo que existe de tal modo que não necessita de nenhuma outra coisa para existir *(Princ. Phil.,* I, 51). Eis aqui o lado "metafísico"; quanto ao lado "gnosiológico", nós o temos na idéia de que "toda coisa na qual se encontra imediatamente, como no sujeito, ou pela qual existe algo que percebemos, isto é, qualquer propriedade, qualidade ou atributo cuja idéia real está em nós, se chama substância" *(IIª Resposta,* Def. 5). Só Deus é verdadeiramente substância; não necessita real e verdadeiramente de nada mais para existir, já que sua essência implica sua existência. Mas são também substâncias (finitas) a substância extensa e a substância pensante, as quais recebem de Deus a causa última de sua existência. Embora definida na forma "negativa" apontada, há algo de eminentemente positivo na concepção cartesiana da substância: é que, como diria Suárez, tudo o que constitui a substância é substancial. Como as substâncias pensante e extensa são dependentes (de Deus), parecem ser antes atributos substancializados do que substâncias. Descartes se aproxima com isso, mas sem alcançá-lo, de Spinoza. Para este último autor a substância é *id quod in se est per se concipitur; hoc est id, cuius conceptus non indiget conceptu alterius rei, a quo formari debeat,* aquilo que é em si e se concebe por si mesmo, isto é aquilo cujo conceito não necessita para ser formado do conceito de nenhuma outra coisa *(Eth.,* I, def. iii). A substância é aqui, pois, *a* Substância: o *Deus sive Natura.* Do dualismo (ou trialismo) de Descartes se passou ao monismo. Em alguns momentos não parece ser um monismo completo, pois junto à *Natura naturans* há a *Natura naturata* (ver NATURA NATURANS, NATURA NATURATA). Mas a última depende, substancialmente falando, da primeira; se é substância é, em todo caso, algo assim como "substância emanada".

Tanto Descartes como Spinoza mantêm a independência da substância e recusam chamar "substâncias" aos indivíduos. Além disso, parecem tender a uma concepção "estática" da substância. Leibniz, em contrapartida, destaca a pluralidade de substâncias e sua atividade: a substância é *ens vi agendi praeditum:* "ente dotado da força (ou poder) de operar". O ser que subsiste em si mesmo, escreve Leibniz num breve tratado sobre a transubstanciação (provavelmente de 1668), é "o que tem um princípio de *ação* em si mesmo" [sublinhado por nós]. Como o indivíduo substancial é um *suppositum,* pode-se dizer que o *suppositum* tem em si mesmo seu princípio de ação (o que permite entender melhor que *actiones sunt suppositorum;* a rigor não só "são de", mas "são os"). Leibniz admite muitas das definições escolásticas de *substantia,* mas declara que elas não destacam suficientemente o caráter eminentemente ativo das substâncias individuais. Dizer que quando se atribui certo número de predicados a um único sujeito, enquanto não se atribui este sujeito a nenhum outro, tem-se uma substância individual, é dizer pouco; trata-se, afinal, de uma definição nominal *(Discours de Métaphysique,* 8). Deve-se dizer também que os predicados têm de estar incluídos no sujeito, de modo que a natureza de uma substância completa é possuir um conceito tão completo que possamos atribuir-lhe todos os predicados aos quais se atribui o conceito. A substância tem de ser, pois, para Leibniz, individual, ativa e, por assim dizer, "rica". Cada substância tem de ser distinta e "distinguível" de qualquer outra substância, e todas as substâncias devem estar relacionadas por uma harmonia pré-estabelecida. As substâncias são "formas substanciais" — um conceito que Leibniz aspira a "reabilitar" — (*Nouveau système* etc., 3); são "entelequias primeiras" ou, melhor, "forças primitivas" que contêm uma atividade original. Trata-se de "pontos metafísicos" (*op. cit.*, 11); as substâncias não são "entidades lógicas", mas "entidades reais" — as "entidades mais reais" — (Carta a De Volder de 23 de junho de 1699; Gerhardt, II, 182). Não consideramos necessário estendermo-nos mais sobre o assunto, porque o abordamos em outros verbetes (por exemplo, LEIBNIZ; MÔNADA; MONADOLOGIA; VÍNCULO SUBSTANCIAL); baste agregar que Leibniz procurou "restabelecer" a noção de substância fazendo dela não tanto um ser que subsiste por si quanto um "centro simples de atividade" (cf. também *Nouveaux Essais*, II, xxiii).

Um dos problemas capitais suscitados durante a época moderna foi o da chamada "comunicação das substâncias" enquanto questão de como substâncias diversas podem comunicar-se entre si em geral, e sobretudo enquanto questão de como se comunicam as substâncias "extensas" ou substâncias "corporais" com as substâncias "espirituais". Deste ponto tratamos em vários verbetes, um resumo das posições adotadas poderá ser encontrado no início do verbete OCASIONALISMO.

Os chamados autores "empiristas" em geral demonstraram desconfiança em relação à noção de substância e em alguns casos completa hostilidade a ela. Referimo-nos à noção que Locke proporcionou da substância nos verbetes IDÉIA e LOCKE; recordaremos aqui somente que para Locke a substância é uma das idéias complexas, junto às idéias complexas de modos (simples e compostos) e de relações. Aqui aparece o problema da substância tratado gnosiologicamente; com efeito, Locke aspira a mostrar como se origina a idéia complexa de substância individual. É preciso distinguir tal idéia complexa e o que se pode chamar "a idéia geral de substância". Esta última não é uma idéia obtida mediante combinação ou "complicação" de idéias simples, mas é uma espécie de pressuposição: pressupõe-se a idéia geral de substância simplesmente porque é difícil, se não impossível, conceber que haja fenômenos existentes, por assim dizer, "no ar", sem "residir" numa substância. Isso não quer dizer que Locke afirme a existência de substâncias do ponto de vista "metafísico". Deste ponto de vista, a opinião de Locke é negativa. Em todo caso, não sabemos o que é esse "substrato" (VER) que chamamos "substância". "Se alguém se puser a examinar-se a si mesmo com respeito à sua noção de uma substância pura em geral, descobrirá que não tem outra idéia dela exceto unicamente uma suposição de não sabe que *suporte* dessas qualidades capazes de produzir idéias simples em nós, qualidades que são comumente chamadas acidentes" (*Essay*, II, xxiii, 2). Mas embora não saibamos o que é esse "não sabemos quê", de algum modo partimos dele e desembocamos nas idéias de "classes particulares de substâncias" recolhendo as combinações de "idéias simples que se nos manifestam na experiência" (*op. cit.*, II, xxiii, 3 e 6). A idéia de substância pura em geral é obscura, a de substância individual é mais clara, mas só quando levamos em conta não a pura idéia mesma, mas os modos de comportamento das "substâncias".

Locke supunha, pois, que existe algo assim como um substrato material, do qual nada sabemos. Berkeley rejeitou tal substrato por desnecessário. Se ser é "perceber o ser percebido", não existem senão "percepções" e sujeitos percipientes. "Sob" as percepções não há nenhum substrato ou substância. Não há, a rigor, substâncias materiais. Mas há uma causa das percepções ou idéias percebidas, e é a substância espiritual ou "substância ativa incorpórea" (*Principles*, I, 26). 'Substância' significa, pois, o mesmo que 'alma' e 'espírito' (*op. cit.*, I, 139). O espírito é uma substância que suporta ou percebe idéias, mas não é ele mesmo uma idéia (*op. cit.*, I, 135). Em suma não há nada do que os filósofos chamam "substância material" (*Three Dialogues*, I), mas há substâncias espirituais, ou espíritos como substâncias, não há substratos materiais, mas há sujeitos das potências do espírito que correspondem às idéias que nos afetam (*op. cit.*, III).

As doutrinas segundo as quais existem substâncias podem ser chamadas, em geral, "substancialistas" (ver SUBSTANCIALISMO), inclusive quando, como em Locke, fazem da substância uma idéia muito geral ou quando, como em Berkeley, reduzem as substâncias a substâncias espirituais. As doutrinas segundo as quais a idéia de substância não tem nenhum fundamento podem ser chamadas "fenomenistas" (ver FENOMENISMO). Hume foi um dos mais destacados representantes desta última tendência. No verbete sobre esse autor abordamos este ponto; assinalemos agora somente que Hume rejeita a idéia de substância por não encontrar nenhuma impressão (de sensação ou de reflexão) que constitua seu fundamento. As substâncias, ou supostas tais, não são percebidas pelos sentidos, pois as substâncias não são visíveis, nem cheiram, nem produzem sons. Por outro lado, não são derivadas das impressões de reflexão, pois estas se resolvem em nossas paixões e emoções, nenhuma das quais pode representar qualquer substância. "Por conseguinte, não temos nenhuma idéia de substância distinta da de uma série de qualidades particulares (...) A idéia de substância (...) não é senão uma série de idéias simples unidas pela imaginação e às quais se atribui um nome particular por meio do qual podemos recordar a nós mesmos, ou recordar a outros, tal série" (*Treatise*, I, 6). Em suma, a substância é uma ficção, e o nome 'substância' um mero nome que não denota nada. Poder-se-ia acrescentar — e alguns o fizeram — que se não denota nada, não significa (ou conota) nada, mas já sabemos que não é legítimo basear completamente na denotação a significação dos nomes mediante os quais se designam substâncias (ver SIGNIFICAÇÃO E SIGNIFICAR).

Em vista do que se disse até aqui, parece que existem somente duas atitudes possíveis acerca da noção de substância: aceitá-la ou rejeitá-la. Existe, contudo, outra atitude: "deduzi-la" no sentido de Kant, isto é, "justificá-la". É o que faz Kant na "dedução transcendental das categorias". Kant não aceita a idéia metafísica de substância. Por outro lado, não admite que a idéia de substância se resolva em uma coleção de impressões. Pode-se aceitar, se se quiser, uma definição como a dada por Wolff: a substância é *subjectum perdurabile & modificabile* (*Ontologia*, § 768). Mas isso diz da substância ou demasiado ou demasiado pouco: demasiado, se se supõe que há uma "realidade" que é por si substância; demasiado pouco, porque é uma mera definição verbal. Kant "deduz" o conceito ou categoria de substância dos juízos de relação chamados categóricos, a eles corresponde a categoria de relação chamada "inerência e subsistência" *(substantia et accidens)* (*KrV*, A 80/B 106). O conceito de substância se "sobrepõe" a uma multiplicidade, ordenando-a de forma que seja possível formular juízos sobre "algos", isto é, sobre entidades que possuem tais ou quais propriedades. A primeira analogia (VER) é "o princípio de permanência da substância". "As substâncias na aparência são os substratos de toda determinação no tempo" (*op. cit.*, A 188/B 231). Quanto ao esquema (VER) da substância, é a "permanência do real no tempo" (*op. cit.*, A 143/B 183). Em suma, Kant admite a noção de substância no plano transcendental (VER); o conceito de substância é um dos que tornam possível o conhecimento dos objetos naturais. É, portanto, equivocado rejeitar totalmente este conceito. Mas é igualmente equivocado transferi-lo ao plano metafísico, pois então surge um dos "paralogismos" (ver PARALOGISMO) da "razão pura", o chamado "paralogismo da substancialidade", segundo o qual há um "sujeito absoluto" de todos os meus possíveis juizos, que é uma substância.

Hegel também tratou da noção de substância como uma categoria, mas com intenção distinta da de Kant. As categorias de substância e acidente são para Hegel modos da Essência (VER) absoluta manifestar-se. São, pois, manifestações da "necessidade". Neste sentido parece haver uma analogia entre a concepção hegeliana e a concepção spinoziana da substância. No entanto, há pelo menos uma diferença fundamental: em Spinoza a manifestação da substância — se se puder falar de "manifestação" — é "eterna", em Hegel, por seu turno, é uma manifestação real dialética. Tal como a descreve na *Enciclopédia*, a Substância é para Hegel a Permanência que se manifesta em acidentes, os quais levam dentro de si a Substancialidade. Assim, há algo nos acidentes que permanece, porque os acidentes são, a rigor, "a Substância como acidentes". Mas a Substância é uma manifestação parcial da Essência, tem de ser superada pela causa e pelo efeito e, no final, pela ação recíproca.

Fenomenalistas, positivistas, sensualistas (ou sensacionistas), neutralistas etc., evitaram, em geral, falar em termos de substâncias. Às vezes se propôs substituir o conceito de substância pelos de força, energia ou função. As chamadas "substâncias" foram concebidas como complexos de funções ou de relações funcionais. As estruturas não se compõem de elementos que caiba qualificar de "substâncias", mas dos modos como os elementos funcionam. Whitehead buscou a noção de substância em "acontecimentos que são em algum sentido a última substância da Natureza" (*The Concept of Nature*, 1920, p. 19). Propôs-se também a idéia de processo (VER) em substituição à de substância, propugnando-se filosofias "processualistas" em vez das filosofias "substancialistas".

Por outro lado, a análise do conceito de indivíduo levado a cabo por alguns filósofos, como Strawson, parece conduzir a um requestionamento do significado de 'substância'. Um dos problemas discutidos é o da relação entre a noção de indivíduo (substância) e a de sujeito (gramatical). Alguns críticos afirmaram que as análises referidas tendem a destacar, ou a esquecer, noções como as de "processo" e "função" e que, em última análise, se inserem dentro de um quadro mais ou menos "substancialista".

⊃ Conceito de substância: Louis Prat, *De la notion de substance. Recherches historiques et critiques,* 1905 (tese complementar). — G. Bozzetti, *Il concetto di sostanza e la sua situazione nel reale. Saggio di gnoseologia e metafisica,* 1908. — Ernst Cassirer, *Substanzbegriff und Funktionsbegriff,* 1910. — J. Loewenberg, D. W. Prall et al., *The Problem of Substance,* 1927 [The University of California Pub. in Philosophy, 9]. — Hélène Konczewska, *Le problème de la substance,* 1937. — H. de Witt Parker, *Experience and Substance,* 1941. — R. E. McCall, *The Reality of Substance,* 1956 (tese). — Wolfgang Cramer, *op. cit. Supra.* — M. J. Loux, *Substance and Attribute: A Study in Ontology,* 1978. — D. Wiggins, *Sameness and Substance,* 1980 [reelaboração de *Identity and Spatio-Temporal Continuity,* 1967, com 5 novos caps.]. — A. Escohotado, *Realidad y substancia,* 1986. — R. J. Connell, *Substance and Modern Science,* 1988.

Obras históricas. Gerais: Régis Jolivet, *La notion de substance: Essai historique et critique sur le développement des doctrines d'Aristote à nos jours,* 1929. — Albert L. Hammond, *Ideas about Substance,* 1969. — Na filosofia grega: Bruno Bauch, *Das Substanzproblem in der griechischen Philosophie bis zur Blütezeit,* 1910. — Joachim Klowski, "Das Enstéhen der Begriffe Substanz und Materie", *Archiv für Geschichte der Philosophie,* 48 (1966) 1-42. — Em Aristóteles: B. Weber,

SUBSTANCIAL (FORMA).

De οὐσία *apud Aristotele notione eiusque cognoscendae ratione*, 1887 (tese). — H. Simmler, *Aristoteles Metaphysik auf Grund der Usia-Lehre entwicklungsgeschichtlich dargestellt*, 1904. — Josef Vogelbacher, *Begriff und Erkenntnis der Substanz bei Aristoteles*, 1932. — D. R. Cousin, "Aristotle's Doctrine of Substance", *Mind*, N. S., 42 (1933), 319-337, 44 (1935), 168-185. — G. della Volpe, *Il principio di sostanza prima in Aristotele*, 1938. — C. Arpe, art. cit. *supra*. — Raphael Demos, "The Structure of Substance according to Aristotle", *Philosophy and Phenomenological Research*, 5 (1944-1945), 255-268. — Diego F. Pró, "La substancia primera en la filosofía de Aristóteles", *Estudios de historia de la filosofía. Homenaje ao Prof. R. Mondolfo*, Fasc. I, 1957, ed. J. A. Vázquez, pp. 235-335. — Ernst Tugendhat, *op. cit. supra*. — M. L. O'Hara, ed., *Substances and Things: Aristotle's Doctrine of Physical Substance in Recent Essays*, 1982. — W. Viertel, *Der Begriff der Substanz bei Aristoteles*, 1982. — M. Furth, *Substance, Form and Psyche: An Aristotelean Metaphysics*, 1988. — Ch. Witt, *Substance and Essence in Aristotle: An Interpretation of* Metaphysics, VII-IX, 1989. — M. L. Gill, *Aristotle on Substance: The Paradox of Unity*, 1989. — F. A. Lewis, *Substance and Predication in Aristotle*, 1991. — Em Plotino: Casimir Dreas, *Die Usia bei Plotin*, 1912 (Disc.). — Gerhard Nebel, "Terminologische Untersuchungen zu ΟΥΣΙΑ und ΟΝ bei Plotin", *Hermes*, 65 (1930), 422-445. — Em Avicena e Santo Tomás: Wilhelm Kleine, *Die Substanzlehre Avicennas bei Thomas von Aquin auf Grund der ihm zugänglichen lateinischen Übersetzungen*, 1933. — Em Santo Tomás: Stanislaus Adamczyk, *De existentia substantiali in doctrina S. Thomas Aquinatis*, 1962 (tese). — De Abelardo a Spinoza: K. Heidmann, *Der Substanzbegriff von Abälard bis Spinoza*, 1890 (tese). — Na filosofia moderna: Johannes Hessen, *Das Substanzproblem in der Philosophie der Neuezeit*, 1932. — De Descartes a Kant: A. Leschbrand, *Der Substanzbegriff in der neueren Philosophie von Cartesius bis Kant*, 1898. — R. S. Woolhouse, *Descartes, Spinoza, Leibniz: The Concept of Substance in Seventeenth-Century Metaphysics*, 1993. — Em Locke, Hume e Berkeley: Edmund König, *Über den Substanzbegriff bei Locke und Hume*, 1881. — F. Zitscher, *Der Substanzbegriff. Ein Beitrag zur Geschichte und Kritik der philosophischen Grundvorstellungen. I Heft. Der Substanzbegriff bei Locke*, 1889. — Willy Freitag, *Die Substanzlehre Lockes*, 1890. — W. J. Long, *Über Humes Lehre von den Ideen und der Substanz in ihrem Zusammenhang mit derjenigen Lockes und Berkeleys*, 1897 (tese). — Risieri Frondizi, *Substancia y función en el problema del yo*, 1952; 2ª ed.: *El yo como estructura dinámica*, 1970 [ver 1ª parte: "Origen y desintegración de la doctrina moderna del yo como substancia"]. — B. Barger, *Locke on Substance*, 1976. — Em Leibniz: J. Ohse, *Untersuchung über den Substanzbegriff bei Leibniz*, 1888. — H. F. Rall, *Der leibnizsche Substanzbegriff mit besonderer Berücksichtigung auf seine Entstehung und sein Verhältnis zur Körperlehre*, 1899 (tese). — W. Werckmeister, *Der leibnizsche Substanzbegriff*, 1899. — J. Jalabert, *La théorie leibnizienne de la substance*, 1947. — K. E. Kaehler, *Leibniz — Der methodische Zwiespalt der Metaphysik der Substanz*, 1979. — Em Spinoza: M. Friedrichs, *Der Substanzbegriff Spinozas neu und gegen den herrschenden Ansichten zugunsten des Philosophen erläutert*, 1890 (tese). — Erich Becher, *Die Begriffe des Attributs bei Spinoza und seine Beziehung zu den Begriffen der Substanz und des Modus*, 1905. — Em Rosmini: P. Giuseppe Bozetti, *op. cit. supra* (entre as obras que tratam igualmente do conceito de substância em geral).ʼ — Em Oswald: W. Burkamp, *Die Entwicklung des Substanzbegriffs bei Oswald*, 1913. — Em Hegel: N. Rotenstreich, *From Substance to Subject: Studies in Hegel*, 1974. — Todas as obras importantes sobre os autores mencionados — especialmente no caso de autores como Aristóteles, Leibniz, Hume etc. — se referem às correspondentes concepções da substância. **C**

SUBSTANCIAL (FORMA). Ver FORMA; SUBSTANCIAL, SUBSTANCIALIDADE.

SUBSTANCIAL, SUBSTANCIALIDADE.

Chama-se "substancial" tudo o que pertence à substância (VER), ou tudo o que constitui a substância, ou tudo o que se reduz à categoria de substância. Costuma-se opor o substancial ao acidental (ver ACIDENTE) e também ao supersubstancial, que é, segundo Santo Tomás de Aquino, uma característica da essência divina, já que se supõe que tal essência excede toda substancialidade propriamente dita.

O adjetivo 'substancial' se usa, especialmente na literatura escolástica, em certo número de expressões, que podem ser divididas em dois grupos, conforme o modo de entender a substância a que se refere o substancial. 1) Se 'substancial' é o que pertence à *substantia*, temos expressões tais como 'forma substancial', 'mudança substancial', 'geração substancial', 'união substancial' ou 'vínculo substancial' e outros semelhantes. Tratamos delas em vários verbetes (por exemplo, ALMA; DEVIR; FORMA; GERAÇÃO; VÍNCULO). Entre estas expressões se distingue, pelo abundante uso que se fez dela, 'forma substancial' *(forma substantialis)*. Esta costuma ser definida de vários modos, tais como: "o princípio que atualiza em uma substância as potências da matéria e forma com a matéria de um corpo natural"; "o princípio real e efetivo que faz com que uma substância natural seja o que é, isto é, a causa formal". Considerada como causa, a forma substancial pode ser, segundo muitos autores escolásticos, subsistente, informante, forma do todo, e (segundo alguns) forma da corporeidade. A forma substancial informante pode ao mesmo tempo ser inanimada ou anímica (vital). Fala-se também de forma substancial genérica e de forma substancial específica (ver também FORMA). 2) Se 'substancial' é o que pertence à *essentia*, então as expressões mais comuns nas quais intervém esse adjetivo são expressões como 'bondade substancial', 'diferença substancial', 'princípio substancial', 'perfeição substancial'.

Pode-se chamar "substancialidade" (ao contrário de acidentalidade e de supersubstancialidade) o que faz com que uma substância possa ser chamada efetivamente "substância". Kant usou o termo 'substancialidade' *(Substanzialität)* na expressão 'paralogismo da substancialidade', do qual falamos no verbete PARALOGISMO.

Para a diferença entre 'substancial' e 'substantivo' e entre 'substancialidade' e substantividade, ver SUBSTANTIVIDADE, SUBSTANTIVO.

SUBSTANCIALISMO. Pode-se chamar deste modo toda doutrina segundo a qual tudo o que é real é de caráter substancial, isto é, é substância; toda doutrina segundo a qual há entidades que podem ser consideradas como substâncias; toda doutrina segundo a qual a noção de substância é indispensável para entender a realidade, ou parte da realidade. As doutrinas substancialistas costumam usar conceitos correlacionados com o de substância, tais como o conceito de acidente, e em muitos casos o de forma, matéria etc., mas não se deve supor que somente as doutrinas escolásticas são substancialistas. Boa parte da filosofia moderna é de caráter substancialista e admite inclusive que há uma correlação entre a relação substância e acidentes, e a relação sujeito e predicados. Há, pois, tipos muito diversos de doutrinas substancialistas, como se pode ver pelas que foram apresentadas no verbete SUBSTÂNCIA. Por outro lado, o substancialismo se diversifica segundo o número de substâncias admitidas: uma única substância (monismo [VER]), duas substâncias (dualismo [VER]), três substâncias (trialismo [ver TRÊS]), um número indefinido ou até infinito de substâncias (pluralismo [VER]).

Ao substancialismo em geral costuma-se opor diversas doutrinas que prescindem da noção de substância ou que procuram reduzir essa noção a outras consideradas mais fundamentais. Isso ocorre principalmente com o fenomenismo (VER) e com o que se poderia chamar relacionismo (ver RELAÇÃO). Em alguns casos estas últimas doutrinas se opõem não ao substancialismo em sentido clássico, mas a doutrinas substancialistas diversas, tais como a que se pode chamar "coisismo" e também (num certo sentido deste termo pelo menos) 'fisicalismo'.

SUBSTANTIVIDADE, SUBSTANTIVO. Diz-se que algo é substantivo quando tem uma existência real e própria. Como se pode também dizer, de uma substância, que é algo que tem existência real e própria, parece que 'substantivo' e 'substancial' são termos intercambiáveis. O substancial é substantivo porque é, com efeito, "substante", isto é, está "debaixo de" como um suporte de qualidades, atributos, acidentes etc.

Contudo, pode-se distinguir 'substantivo' e 'substancial' de vários modos. Mencionaremos alguns.

Em geral, pode-se dizer que 'substantivo' é mais amplo (e também mais vago) que 'substancial', sobretudo se nos ativermos a uma definição estrita de 'substancial' (VER). Nesse caso, embora se possa dizer que algo substancial é substante e, portanto, substantivo, não se pode dizer que todo substantivo é substancial, já que pode muito bem não possuir as características próprias da substância *stricto sensu*.

Leibniz indicou uma vez que havia provado que "a figura é uma substância, ou, melhor, que o espaço é uma substância e a figura é algo *substantivo*, porque toda ciência trata de substâncias, e não se pode negar que a geometria é uma ciência" (de uma Carta a Jacob Thomasius de abril de 1669, Gerhardt, I, 20).

William James (*The Principles of Psychology*, cap. XVI) introduziu o vocábulo *substantive*, que pode ser traduzido por 'substantivo', na expressão *substantive state* (= 'estado substantivo'). Trata-se do estado em que se encontra um *state of mind*, ou fenômeno psíquico, quando durou certo tempo. Um exemplo de tal estado é a memória.

Xavier Zubiri (*Sobre la esencia*, Parte III, cap. 8) distingue 'substantivo' e 'substancial', e 'substantividade' e 'substancialidade'. Segundo esse autor, as características constitucionais de um indivíduo formam um sistema no qual as características estão internamente concatenadas e são interdependentes. Esse sistema é, além disso, "enclausurado", formando uma unidade: a "unidade de sistema". Ora, "o que a constituição constitui é uma substantividade e a realidade assim constituída é uma realidade substancial". As substantividades podem ser complexas (as que a experiência nos oferece) ou simples (que podemos inferir da experiência). Exemplo de substantividade é um organismo, que é uma unidade funcional, mas não necessariamente uma substância. Por outro lado, o organismo é composto de substâncias que perdem, ao entrar no organismo, sua substantividade. Pode-se distinguir, portanto, "substantividade" de "substancialidade". "Substantividade e substancialidade ou subjetividade são (...) dois momentos distintos de toda realidade *simpliciter*. Substancialidade é o caráter segundo o qual brotam ou emergem de toda realidade determinadas características ou propriedades ativas ou passivas, que de uma ou outra forma lhe são inerentes; precisamente por isso são sujeitos. Digo ativas ou passivas porque a índole da substância determina também o tipo de passividades de que é suscetível. Substantividade é, em contrapartida, suficiência na ordem constitucional. Ambos os momentos são tão distintos que cabe perfeitamente uma substância insubstantiva: todos os elementos de um composto enquanto fazem parte dele estão neste caso" (*op. cit.*, p. 157).

No vocabulário de alguns escolásticos (por exemplo, Santo Tomás), encontramos os termos *substantivus, substantiva, substantivum*. No entanto, nesse vocabulário não há distinção entre algo "substantivo" e algo "substancial". *Substantivus* (substantivo) significa *per modum substantiae*. Além disso, *substantivus* é usado em oposição a *adiectivus*, como, por exemplo, em *nomen substantivum*. Esse uso é o que tem 'substantivo' ('nome substantivo') na gramática tradicional. Leibniz dizia que um "substantivo" é aquilo que inclui um ser ou coisa, isto é, o nome que inclui o nome de um ser ou coisa (Gerhardt, VII, 221).

SUBSTITUBILIDADE DA IDENTIDADE. Ver IDENTIDADE; INDISCERNÍVEIS (PRINCÍPIO DOS); OPACO, TRANSPARENTE; SALVA VERITATE.

SUBSTRATO. Literalmente, 'substrato' significa "o que está debaixo de *(sub)* um estrato" (uma camada, uma massa etc.). O substrato é, portanto, um suporte, algo que consiste em suportar *(sub-portare)* outra coisa. Há vários "suportes" que podem ser considerados como formas ou variedades de "substrato": a substância *(substantia)*, o sujeito *(sub-iectum)*, o suposto *(sub-positum)*. A cada um deles se pode dar o nome de 'substrato', de sorte que este nome pode ser usado para designar qualquer um deles. 'Substrato' pode ser usado, portanto, como nome comum de tudo o que está "debaixo de".

O vocábulo latino *substratum* traduz o termo grego τὸ ὑποκείμενον, usado para designar o sujeito (VER) nos vários sentidos de 'sujeito'. Alguns desses sentidos aparecem em Aristóteles, que elucidou uma série de questões que podem ser chamadas "questões acerca do substrato".

O que chamamos aqui "substrato" é uma certa realidade acerca da qual se pode dizer algo. A realidade da qual se diz algo é, no caso que nos ocupa, uma realidade natural, que se caracteriza por ser "tal" ou ser "qual" e por mudar de "ser tal" a "ser qual". A mudança em questão é passar de uma privação de forma à posse dela (por exemplo, a passagem de X, que é frio e, portanto, não quente, a X quente e não frio). Ao falar de semelhante passagem não falamos propriamente dos contrários, mas dizemos que os contrários o são de "algo". Este "algo" é precisamente o "substrato". Logicamente, o substrato é aquilo do qual se predica algo, e "materialmente" é o X predicado.

Esse X foi examinado antes de Aristóteles de vários pontos de vista, que o Estagirita examina detalhadamente em *Phys*. Alguns consideram que o X é um, outros, que há mais de um. Alguns pensaram que o X é um e imóvel; outros, que é um e móvel; outros, que é mais de um e muda no sentido da mudança local ou o que chamamos movimento (VER).

Aristóteles rejeitou que X seja um e imóvel, pois então não se poderia explicar por que há, na realidade, mudanças. Rejeitou também que fosse um e mutante, pois se é um deverá ser contínuo e não poderá mudar; se é contínuo, é imóvel, e se não é contínuo é mais de um. De tudo isso decorre que o substrato não pode ser uma única matéria ou substância, tem de ser mais de uma. Pode-se então concluir que a mudança é o que ocorre quando um substrato dado passa de "ser tal" a "ser qual". No entanto, o "ser tal" e o "ser qual" por si mesmos não explicam tampouco a mudança, se são "tal" ou "qual" deverão sê-lo em algo com qual tenham inerência. Este algo é o substrato, de modo que temos agora três elementos: o substrato, o ser "tal" e o ser "qual" (que são "contrários").

Tudo isso leva Aristóteles a conceber, em última análise, o substrato como substância. É substância porque os contrários (as qualidades) inerem nela e pode ser identificada como "o homem (músico, não músico)", "a madeira (branca, não branca)" etc. Mas isso oferece também certas dificuldades. Com efeito, a substância não pode reduzir-se a ser "matéria" somente. Assim, o substrato não é tampouco, estritamente falando, substância, porque é o indestrutível e imperecível em toda mudança. Daí poder-se-ia concluir que o substrato é uma espécie de *matriz* da realidade natural.

Pelo indicado acima, vê-se que as "questões acerca do substrato" não são fáceis de resolver. Podem ser enfrentadas declarando-se que o substrato é sempre substrato singular, isto é, indivíduo real. Tal foi o significado que se deu ao vocábulo *substratum* quando foi introduzido por alguns escolásticos. Mas então não parece que o conceito de substrato seja de grande utilidade, já que ou pode ser substituído pelo conceito de substância, ou é preciso dar-lhe o sentido de algo sempre "indeterminado", ou o sentido de "suporte (real) em geral". Podem também ser enfrentadas recorrendo-se ao uso referido no começo deste verbete, isto é, ao uso de 'substrato' como palavra que pode referir-se a diversos tipos de "suporte" e especialmente aos seguintes: à substância como suporte de acidentes, à substância como lugar em que ocorrem as mudanças; à causa material ou potência subjetiva (no sentido escolástico de 'subjetiva') passiva; à matéria-prima, à matéria em relação à forma; ao sujeito lógico em relação a seus predicados etc. Mas então temos apenas um termo comum a vários modos de "suporte", mas que não designa nenhuma realidade específica. Isto foi o que concluíram vários autores modernos, entre os quais se destaca Locke, que ao introduzir o termo 'substrato' enfatizou que se o entendemos como "substância pura" ou suporte de qualidades capazes de produzir em nós idéias simples (ou seja, os acidentes), não podemos dizer senão que se trata de "algo que não se sabe o que é" (*Essay*, II, xxiii, 2). Com modificações pertinentes, opiniões semelhantes foram expressas na época contemporânea. Assim, Morris Lazerowitz escreve ("Substratum" em Max Black, *Philosophical Analy-*

sis: a Collection of Essays, 1950, reimp. 1963, pp. 166-182) que "a idéia de substância como um ser que permanece depois que se despojou uma coisa de todas as suas qualidades — em outros termos, a idéia de uma 'substância nua' ou de um 'puro e simples particular' — acaba por ser uma expressão disfarçada de um fato lingüístico". *A fortiori*, tem de acontecer isto com a idéia de substrato. Pode-se alegar, porém, que 'substância' tem um sentido mais "forte" que 'substrato' e que embora se possa falar de "puro substrato" ou "substrato nu", nem sempre é possível, ou fácil, falar de "pura substância" ou "substância nua".

SUCESSÃO. Ver Categoria.

SUFIS, SUFISMO. Ver Filosofia árabe.

SUGESTÃO. Os termos 'sugerir', 'sugestionar' e 'sugestão' são empregados principalmente em dois sentidos. 1) Diz-se que uma idéia sugere outra quando a primeira leva a pensar na segunda. 2) Diz-se que uma pessoa sugestiona outra, ou exerce sugestão sobre outra, quando influi nela de modo tão intenso que a pessoa sugestionada fica incapaz de "pensar por si mesma" ou de "agir por si mesma". A sugestão neste sentido tem um caráter de irresistibilidade, que a diferença da influência. Às vezes se entende sugestão como uma influência total.

Há vários tipos de sugestão no sentido 2). A sugestão pode ser individual (uma pessoa sugestiona outra) ou coletiva (uma pessoa sugestiona um grupo de pessoas). A sugestão coletiva também pode ser entendida como sugestão de um grupo sobre outro grupo. A sugestão pode ser externa ou interna. A sugestão externa (heterossugestão) é a mais corrente. A sugestão interna (auto-sugestão) é a que uma pessoa exerce sobre si mesma. Fala-se também de sugestão hipnótica, patológica, em estado de vigília etc.

A noção de sugestão desempenhou um papel importante em muitas investigações psicológicas. Também foi usada na psiquiatria como meio de induzir crenças ou atitudes difíceis de adotar em estado de não sugestão. Pode-se examinar também a sugestão sociologicamente, sobretudo no fenômeno da sugestão de massas por certos indivíduos (carisma). Deve-se considerar igualmente a sugestão que podem exercer certas idéias, certas atitudes etc.

⊃ Ver: W. V. Bechterew, *Die Suggestion und ihre soziale Bedeutung*, 1899. — Paul Häberlin, *Die Suggestion*, 1927. — Charles Badouin, *Suggestion et autosuggestion*, 1938. — Berthold Stokvis, *Psychologie der Suggestie en Autosuggestie. Een signifisch-psychologishe Uiteenzetting voor psychologen en arsten*, 1947. ⊂

SUICÍDIO. Muitos filósofos se ocuparam dos problemas, especialmente morais, que o suicídio levanta. Um grupo de filósofos tendeu a apoiar a proibição legal do suicídio, certas sanções religiosas contra o suicídio ou, pelo menos, a muito difundida atitude crítica, e aversão social, em relação ao suicídio. Outro grupo de filósofos buscou justificativas para o suicídio. Dentro de cada um destes dois grupos variou a intensidade da oposição ou da aquiescência à idéia de suicídio, manifestando-se, de uma parte e de outra, reservas ou citando-se possíveis casos excepcionais. Variou também o tipo de argumentos apresentados. Mas, em geral, há uma linha bem marcada entre filósofos hostis e filósofos favoráveis à idéia de suicídio.

No *Fédon*, Cebes estranha que Sócrates descreva o filósofo, por um lado, como alguém que não somente aceita de modo sereno a morte, como inclusive manifesta a esperança de que, com a morte, a alma fique definitivamente liberta do obstáculo e da tumba do corpo; e, por outro lado, como alguém que declara que não se deve fazer violência a si mesmo, isto é, não se deve sair da vida voluntariamente mediante o suicídio (cf. sobretudo 61 D ss.). Sócrates responde que os homens se encontram no mundo como num lugar "guardado", uma espécie de cárcere, e que não é permitido evadir-se dele. Estamos sob a guarda dos deuses e somos propriedade deles, portanto, não nos é permitido dar-nos a morte num sentido parecido a como não consideramos permitido que um dos seres que são propriedade nossa se dê à morte sem nossa anuência. Nas *Leis*, IX, 873 C, Platão volta ao assunto, de um ponto de vista legal, ou político-religioso-legal: o que mata o mais familiar e querido, o que se mata a si mesmo, o que se despoja violentamente da vida que o destino lhe fixou sem que seja forçado a isso, o que por covardia se inflige a si mesmo um castigo injusto, deverá ser enterrado em um lugar isolado e deserto, sem glória, sem estelas e sem nome. No entanto, nesta lista consta uma reserva digna de atenção: Platão fala do que se suicida *sem* que o destino lhe haja imposto uma vergonha completa que torne a vida impossível; para evitar semelhante vergonha, a violência contra si mesmo é admissível. Aristóteles denuncia o suicida como um covarde que foge da pobreza ou da dor (*Eth. Nic.*, III, 7, 1116 a 10-14). Aquele que voluntariamente se mata procede de um modo oposto à justa lei da vida e age, portanto, injustamente; não se trata, porém, de uma injustiça contra si mesmo, mas contra a *pólis*. Isto explica e justifica que o suicida perca alguns de seus direitos civis. As razões religiosas, ou "religioso-metafísicas", mais que as razões sociais, políticas e legais aduzidas por Aristóteles, reaparecem em Plotino. O suicídio produz dano à alma: na medida em que possamos continuar nossa progressão (rumo ao Bem), não se deve permitir que a alma saia do corpo: o tempo de cada um de nós foi fixado pelo destino e é perigoso querer antecipar-se ao que foi prefixado (*Enn.*, I, 9). No entanto, Plotino admite a possibilidade de que haja, em casos extremos, "necessidade" de sair desta vida; além disso, e sobretudo, vê o suicídio como resultado de uma paixão; em vez de "deixar partir a alma", o corpo, cegado pela paixão, comete violência contra si mesmo. Ecoam aqui (e também, e sobretudo, em *Enn.*, I, iv, 8) idéias de Epicteto, especialmente quando Plotino afirma que o sábio tem de aceitar os males, por exemplo, a loucura, como um acontecimento necessário, mas que em certos casos, quando a dor e o sofrimento se prolongam, o sábio decidirá o que vai fazer, já que não lhe foi arrebatada a liberdade. A incompatibilidade que se observou às vezes entre *Enn.*, I, 9 e *Enn.*, I, iv, 8, acerca da admissibilidade ou não admissibilidade do suicídio, se atenua um pouco quando se leva em conta a frase ὥσπερ φαμέν, ἀναγκαῖον, a menos que, "como dizemos, seja necessário".

Nenhuma razão atenuante se encontra em teólogos e filósofos cristãos: o suicídio é um pecado imperdoável, porque o ato de subtrair a própria vida é contrário à vontade de Deus. Santo Agostinho escreve (*De civ. Dei*, I, 17) que "aquele que se mata a si mesmo é um homicida", *qui se ipsum occidit homicida est*; matar-se a si mesmo é um ato tão culpável como matar o próximo e não deve ser permitido mais do que a lei permite ao indivíduo privado tirar a vida de um criminoso. Santo Agostinho se interessa especialmente pela questão de se é permitido a um ser humano cometer violência a si mesmo para evitar uma afronta. Deverá, por exemplo, uma virgem suicidar-se para evitar perder a castidade ao ser violentada? Não, responde Santo Agostinho, porque cometeria então um atentado pessoal para evitar que se cometesse outro. A concupiscência alheia não mancha se é alheia, mas se mancha já não é alheia (*op. cit.*, I, 18). Para muitos teólogos, ao "pecar contra si mesmo" atentando contra a própria vida, o ser humano perde a oportunidade de salvar-se; não é totalmente impossível que no ultimíssimo momento haja um ato de arrependimento, mas é sumamente improvável. Santo Tomás (*S. theol.*, II-II a, LXIV, a 3, 5; LXV, I; *In V. Ethic.*, 17) se baseia nas razões contra o suicídio alegadas por Aristóteles, mas agrega a elas outras várias: o suicídio é um ato contra a Natureza, e vai contra o amor natural que cada um sente por si mesmo, assim como contra o impulso de conservação. É, como dissera Aristóteles, um ato contra a sociedade, a comunidade, ou o "Estado", pois são privados de um de seus membros e dos possíveis benefícios que possam advir dele. Mas é também, e sobretudo, um ato contra Deus, que deu a vida ao homem. Tirar a própria vida é uma injustiça para com Deus.

De várias formas foram reiterados estes argumentos na época moderna, mas em muitos casos as razões estritamente morais predominaram sobre as religiosas. Assim, por exemplo, Kant se opõe ao suicídio em virtude de sua idéia da dignidade suprema da pessoa como um fim em si e uma fonte de atos morais. Suicidar-se é, segundo Kant, ofender a dignidade da pessoa, a qual, como escreve ele na *Metafísica dos costumes* (I, 1, § 6), está obrigada, enquanto pessoa, a conservar sua própria vida.

Uma opinião mais audaciosa contra o suicídio, do ponto de vista de um cristão cuja crença é vivida e não só pensada, se encontra nas páginas sobre "o problema moral do suicídio" (publicadas junto com a tradução de *Experiencia de la muerte* [1940]) que devemos a Paul Ludwig Landsberg (VER). Landsberg sublinha que o ato do suicídio tem uma "explicação" muito digna de ser levada a sério e que não é de modo algum frívola; é o desejo — não menos profundo por ser, no fundo, uma manifestação de "infantilismo" — de regressar a um Paraíso perdido. O suicídio é o resultado de uma experiência de impotência que pode arrastar as almas mais nobres, e justamente em virtude de sua própria nobreza. Almas menos nobres e mais superficiais não seriam nunca arrastadas ao suicídio. Segundo Landsberg, os doutores cristãos compreenderam esta verdade, mas não a expressaram porque não cabia fazê-lo numa época "heróica". Nada disto justifica o suicídio, mesmo numa época medíocre; segundo Landsberg, é preciso resistir à tentação do suicídio porque a nobreza superior da moral cristã exibe um "heroísmo mais profundo", "mais absurdo" e "mais intransigente" que o de qualquer outra moral.

Entre os filósofos antigos que consideraram o suicídio como um ato justificado em certas condições e circunstâncias figuram antes de todos os epicuristas e os estóicos (também Plotino, na medida em que refletiu idéias de Epicteto a respeito). Epicuro e os epicuristas consideraram que se o prazer — no sentido em que o entenderam, especialmente como eliminação de sofrimentos — é o bem supremo, nada mais natural que suicidar-se se a existência, em vez de ser uma causa de contentamento, é uma causa de aflição. De qualquer modo, não é qualquer aflição que justifica o suicídio; o "sábio" deve saber "calcular", isto é, julgar retamente. Os temas Περὶ τῆς εὐλόγου ἐξαγωγῆς, "Sobre a 'saída' razoável", *De morte voluntaria*, são temas graves, que exigem grande circunspecção. Assim o pensaram os estóicos. Só quando a virtude ou a dignidade são seriamente ameaçadas, quando não se vê nenhuma possibilidade de acalmar uma dor intolerável, quando se padece uma enfermidade realmente incurável, é permitido suicidar-se. Nunca se deve perder o domínio de si, não se deve perder as estribeiras. Por isso se rejeita o suicídio se é resultado de uma paixão ou de uma cegueira; admite-se, em compensação, quando o recomenda a razão. Só aquele que, como dizia Epicteto, tem sempre "a porta aberta" poderá continuar mantendo sua imperturbabilidade. Nas *Dissertações* I, 29, 23 e III, 26, 3, Epicteto declara que já que tudo o que ocorre independentemente da própria pessoa é indiferente, e já que a vida é uma das "coisas indiferentes", é permitido ao sábio, isto é, àquele que conduz sua existência segundo a razão, permanecer apegado ao corpo todo o tempo que a razão o julgue conveniente, e "sair" quando a razão o julgue "inconveniente". É claro que não se deve agir levianamente, ou covardemente. Deus, ὁ θεός, não o quer, mas quando dá o sinal de retirada, como o deu a Sócrates, deve-se obedecer como a um "estratega". A *Epístola 70*, a Lucílio, de Sêneca, desenvolve estas idéias lapidarmente: "Não há por que conservar sempre a vida, porque o bom não é viver, mas bem viver" (*non enim uiuere bonum est, sed bene uiuere*; traduzimos *bene uiuere* por 'bem viver' para evitar a usual conotação de 'viver bem'). E isto explica por que "o sábio viva o que deva, não o que possa" *(quantum debet, non quantum potest)*. O "bem viver" corresponde ao "bem morrer": ambos são faces da mesma moeda. "Não se trata de morrer mais tarde ou mais cedo, mas de bem ou mal morrer" *(bene mori aut male)*. E "o bem morrer consiste em escapar do perigo do mal viver". Sêneca não defende o suicídio pelo suicídio; mesmo quando um homem seja condenado à morte, não tem por que antecipar-se ao carrasco. O suicídio de que fala Sêneca é todo o contrário de um ato de frivolidade, de temor, vingança ou desespero, é um ato de razão. É, ou deve ser, um ato livre; os que sustentam que se deve aguardar sempre e necessariamente o momento "natural" da morte não compreendem, afirma Sêneca, que isso é fechar o caminho da liberdade, *libertatis uiam claudere*. Há um único modo de entrar na vida; muitos modos de sair dela. Portanto, "se te agrada, vive; se não, livre és para regressar ao lugar de onde vieste".

A proibição legal do suicídio e as sanções religiosas contra os suicidas (ou seus restos mortais) em vários países europeus durante a época moderna suscitaram vários debates sobre a justificação de tais proibições e sanções. Um dos primeiros autores que se opuseram aos argumentos contra o suicídio foi o poeta inglês John Donne (1572-1631), cuja obra *Biathanatos*, escrita por volta de 1608, foi publicada só postumamente em 1644 (embora tenha sido registrada só em 1646). O título da obra é: ΒΙΑΘΑΝΑΤΟΣ: *A Declaration of that Paradoxe, or Thesis, that Self-homicide is not so naturally Sin, that it may never be otherwise, wherein The Nature, and the extent of all those Lawes, which seeme to be violated by this Act, are diligently surveyed.* (Ed. atual, "transcrita e editada para leitores modernos", por W. A. Clebsch, 1983). Disse-se que Donne atribuiu a proibição do suicídio ao desejo de continuar explorando os trabalhadores, que por não poderem suicidar-se tinham de continuar trabalhando para seus senhores, mas não encontramos no *Biathanatos* nenhum traço dessa idéia — e se ele existe, e por descuido não a descobrimos, tem de ser uma parte muito pequena das idéias e argumentos de Donne. Ele se estende também sobre autores gregos e cristãos, antigos e modernos, filósofos, profetas, juristas, passagens bíblicas etc., sobre leis, cânones e disposições, casos históricos e toda classe de dados relativos ao "auto-homicídio", como o chama, e vê que há numerosas divergências de opinião a respeito; tantas que não se podem encontrar razões convincentes, quer baseadas na lei divina ou na lei natural, ou em doutrinas da história, para declarar ilegal o "auto-homicídio". Donne percebe apenas, nas leis e nos exemplos históricos, que não há linhas de separação estrita: nada é tão mau que não seja nunca bom, escreve na parte I, dist. 1, sec. vii de seu livro. E o mais importante é que há "casos": o caso de um tirano que força alguém a cometer um ato de idolatria, que para ser evitado "digo, talvez, que seria melhor que se matasse a si mesmo" (parte III, dist. 2, sec. 8), ou o caso de um homem que deva entregar seu corpo e só possa fazê-lo por auto-homicídio (parte III, dist. 4, sec. 2). Embora a conclusão geral de Donne seja "favorável" ao suicídio, isso deve ser entendido antes como um conjunto de reservas feitas àqueles que o proíbem terminantemente. Mesmo assim, a obra de Donne suscitou apaixonadas respostas contrárias.

Razões de maior alcance que justificam o suicídio se encontram em Montesquieu. Na carta LXXXVI das *Cartas persas*, Usbek (que exprime as opiniões do autor) escreve a Ibben, em Esmirna, informando-lhe das "furiosas leis" que vigoram na Europa contra os suicidas, a quem se faz "sofrer uma segunda morte", negando-lhes todos os direitos e confiscando-lhes os bens. Estas leis, diz Usbek, são injustas: por que obrigar alguém a trabalhar por uma sociedade à qual não se sente ligado, e manter uma convenção estabelecida sem sua anuência? "A vida me foi dada como um favor; posso, portanto, devolvê-la quando já não há tal favor. A causa cessa; o efeito deve cessar também". Usbek argumenta contra os que afirmam que com o suicídio se perturba a ordem da Providência. Afirmação absurda: "Perturbo a ordem da Providência quando altero as modificações da matéria e torno quadrada uma bola que as primeiras leis do movimento, isto é, as leis da criação, haviam feito redonda?" De nenhum modo: "Só faço uso do direito que me foi dado, e neste sentido posso perturbar segundo minha fantasia toda a Natureza sem que se possa dizer que me oponho à Providência". Quando minha alma se separe do corpo, não haverá por isso menos ordem e menos harmonia no Universo; "a nova combinação resultante não será menos perfeita ou menos dependente das leis gerais".

Havia-se observado que, como diz S. E. Sprott (*op. cit. infra*, p. 21), "o suicídio não estava necessariamente ligado à filosofia libertina". Assim, Jean Duvergier de Hauranne, abade de Saint-Cyran, destacara em sua *Question royalle et sa decision* (1609), que em certos casos "Um súdito pode ver-se obrigado a salvar a vida de seu príncipe às custas da sua própria". Voltaire se baseia nessa opinião no breve capítulo (XIX) sobre o suicídio incluído em um "Comentário sobre o livro dos delitos e das penas, por um advogado de província" (1766). Voltaire afirma que o que se pode fazer por outros — por

Deus, pela pátria, pela família — pode fazer-se também por si mesmo, embora sustente — com toda probabilidade, ironicamente — que não pretende "fazer a apologia de uma ação que as leis condenam", mas indica que nem o Antigo Testamento nem o Novo Testamento jamais proibiram ao homem abandonar sua vida quando já não pode suportá-la.

Rousseau, na *Nova Heloísa* (III, 21), opusera-se ao suicídio. Em seus "Ensaios sobre o suicídio" (*The Philosophical Works of D. H.*, 4 vols., 1854, pp. 535-547, este "Ensaio" foi publicado [póstumo] junto com o "Ensaio sobre a imortalidade da alma", em 1783, "Com observações para servir de antídoto ao veneno contido nestas obras", pelo editor, e justamente com duas cartas sobre o suicídio, da *Nova Heloísa* de Rousseau), Hume reafirmou os argumentos de Montesquieu: "A vida humana depende das leis gerais da matéria e do movimento, e perturbar ou alterar estas leis gerais não é usurpar os poderes da Providência". Seria se o homem fosse um ser tão extremamente importante que seria presunção dispor dele. "Mas a vida de um homem não tem maior importância que a de uma ostra", e mesmo que tivesse grande importância, a ordem da natureza humana a submeteu aos ditados da prudência. Contra os que alegam que o suicídio é um rompimento de nosso dever para com o próximo ou para com a sociedade, Hume indica que "um homem que se retira da vida não faz nenhum dano à sociedade; só deixa de fazer algo bom, coisa que, se é um prejuízo, é de ordem ínfima". Seria absurdo, conclui Hume, dispor da própria vida quando vale ainda a pena conservá-la. Mas se não vale a pena conservá-la, é absurdo empenhar-se em continuar vivendo.

No século XIX se destacam, entre as opiniões filosóficas sobre o suicídio, as de Schopenhauer. Em *Welt* (IV, 69), Schopenhauer afirma que o suicídio não é negação da vontade de viver, mas afirmação desta vontade. Negar a vontade de viver é afastar-se dos gozos da vida, não de suas dores. O suicida, em contrapartida, quer a vida; o que ocorre é que não lhe satisfazem as condições em que ela se lhe dá. Por isso, "a relação entre o suicida e a negação da Vontade é a mesma que há entre a coisa individual e a Idéia. O suicida nega só o individual, não a espécie". Em vista disso, Schopenhauer se opõe ao suicídio. No entanto, por um lado indica que há um tipo de suicídio, o deixar-se morrer de fome, que não é resultado da vontade de viver, já que se cessou de querer algo. Por outro lado, em seu breve ensaio sobre o suicídio ("Über den Selbstmord", em *Parerga und Paralipomena*, II, cap. 13), Schopenhauer afirma que não há razão para que a lei criminal proíba o suicídio nem para considerar, como fazem as religiões monoteístas, o suicídio como um crime. "A nada neste mundo cada um tem tão indisputável direito como à sua própria pessoa e vida". A liberdade de morrer é enfatizada por Nietzsche no capítulo "Da morte livre", de *Assim falou Zarastustra*. Nietzsche não se refere ao suicídio, mas faz Zaratustra dizer que elogia sua morte, "a morte livre, que vem a mim porque eu quero". Como Zaratustra, assim como qualquer homem realmente livre, quer a morte a tempo, "no momento justo para a meta e o herdeiro", pode-se concluir que é possível dar-se a morte se esta não vier "naturalmente", quando o momento "chegar". Empreenderam-se numerosas investigações psicológicas e sociológicas sobre o suicídio, especialmente a partir do já clássico livro de Émile Durkheim (*Le suicide. Étude de sociologie*, 1897; 2ª ed., 1912). Durkheim investigou, servindo-se em grande parte de dados estatísticos comparativos, os fatores extra-sociais (estados psicopáticos, raça, herança), os fatores cósmicos (geográficos), os fatores psicológicos individuais (especialmente o fenômeno da imitação) e as causas sociais. As últimas dominam no sentido de que os fatores antes indicados operam dentro de tais causas. Cabe estudar empiricamente a relação entre diversas estruturas sociais e o número (assim como os tipos) de suicídios. Durkheim conclui que "não há um suicida, mas suicidas" (*op. cit.*, 2ª ed., p. 312). A classificação etnológica dá apoio para uma classificação morfológica. Durkheim não deixa de tirar conclusões "morais" de suas investigações, mas essas conclusões se entendem dentro do quadro de uma investigação empírica. O trabalho de Durkheim foi prosseguido por vários de seus discípulos, especialmente por Maurice Halbwachs em *Les causes du suicide*, 1930, extensa obra publicada dentro da série de "Travaux de l'Année Sociologique", dirigida por Marcel Mauss e fundada por Durkheim. Halbwachs afirma, como seu mestre, que "os suicídios são explicados sempre por causas sociais", as quais podem apresentar-se "ora como forças coletivas propriamente ditas, como os costumes familiares e religiosos ou as grandes correntes políticas e nacionais, ora sob forma de motivos individuais, mais ou menos numerosos e repartidos de maneira diferente segundo a maior ou menor complexidade da sociedade" (*Les causes*, p. 13). As investigações de Durkheim foram, em todo caso, tão fundamentais que se fez a distinção entre as concepções durkheimianas e as teorias sociológicas pós-durkheimianas, como a teoria da integração do estado (social) de J. P. Gibbs e W. T. Martin, a teoria da anomia, as teorias ecológicas e outras. A elas se acrescentaram inúmeros outros tipos de investigações com base nas quais se tenta esboçar uma definição formal do conceito de suicídio (para um sumário das concepções e investigações aludidas e tentativas de definição formal, ver Jack D. Douglas, *The Social Meanings of Suicide*, 1967).

⇨ Obras filosóficas sobre o suicídio: T. G. Masaryk, *Der Selbstmord*, 1881. — James Gurnhill, *The Morals of Suicide*, 2 vols., 1904-1906. — E. Bayet, *Le suicide et la morale*, 1922. — H. Romilly Feden, *Suicide*, 1938.

— S. E. Sprott, *The English Debate on Suicide from Donne to Hume*, 1961. — J. H. de Vleerschauwer, *Le problème du suicide dans la morale d'Arnold Geulincx*, 1965. — Eike Henner, W. Kluge, *The Practice of Death*, 1975. — David Novak, *Suicide and Morality: The Theories of Plato, Aquinas and Kant, and Their Relevance for Suicidology*, 1975. — Pierre Moron, *Le Suicide*, 1975. — W. Pope, *Durkheim's Suicide: A Classic Analyzed*, 1976. — J. Woods, *Engineered Death: Abortion, Suicide, Euthanasia and Senecide*, 1978. — W. V. Rauscher, *The Case against Suicide*, 1981. — T. G. Masaryk, *Der Selbstmord als soziale Massenerscheinung der modernen Civilization*, 1981, reimp., 1982. — J. Jacobs, *The Moral Justification of Suicide*, 1982. — M. Pabst Battin, *Ethical Issues in Suicide*, 1982. — Y. Grisé, *Le suicide dans la Rome antique*, 1982. — B. A. Brody, ed., *Suicide and Euthanasia: Historical and Contemporary Themes*, 1989. — J. Donnelly, ed., *Suicide: Right or Wrong?*, 1990. — C. G. Prado, *The Last Choice: Preemptive Suicide in Advanced Age*, 1990.

Bibliografia na obra de Jack D. Douglas *cit. supra* e em A. E. Prentice, *Suicide: A Selective Bibliography*, 1976. ☙

SUJEITO é: 1) Do ponto de vista lógico, aquilo de que se afirma ou nega algo. O sujeito é chamado então "conceito-sujeito" e se refere a um objeto que é 2) do ponto de vista ontológico, o objeto-sujeito. Este objeto-sujeito também é freqüentemente chamado de objeto, pois constitui tudo o que pode ser sujeito de um juízo. As confusões habituais entre 'sujeito' e 'objeto', os equívocos a que deu lugar o emprego desses termos podem ser eliminados mediante a compreensão de que ontologicamente todo objeto pode ser sujeito de juízo, isto é, mediante a percepção de que 'sujeito' e 'objeto' podem designar dois aspectos do "objeto-sujeito". Com efeito, este último pode não ser exclusivamente (ao contrário do que ocorre na ontologia "tradicional") a primeira substância (VER), o ser individual, senão que pode ser qualquer uma das realidades classificadas pela teoria do objeto (um ser real, um ser ideal, uma entidade metafísica, um valor). 3) Do ponto de vista gnosiológico, o sujeito é o sujeito cognoscente, o que é definido como "sujeito para um objeto" em virtude da correlação *sujeito-objeto* que se dá em todo fenômeno do conhecimento e que, sem negar sua mútua autonomia, torna impossível a exclusão de um dos elementos. 4) Do ponto de vista psicológico, o sujeito psicofísico, confundido às vezes com o gnosiológico quando o plano transcendental em que se desenvolve o conhecimento foi reduzido ao plano psicológico e ainda biológico. Poderíamos acrescentar a estas diferentes acepções de 'sujeito' 5) o sujeito gramatical, diferente do conceito-sujeito, porque é a expressão, mas não o conceito-sujeito mesmo, o qual é exclusivamente lógico e não gramatical, gnosiológico ou ontológico.

Em toda investigação acerca do conceito de sujeito deve-se diferenciar assim o sentido em que o termo é empregado e em particular deve-se distinguir as acepções lógica, gnoseológica e ontológica, que pertencem a planos distintos e que são confundidas com grande freqüência. Talvez o emprego das expressões 'conceito-sujeito', 'objeto-sujeito' e 'sujeito cognoscente' pudesse evitar alguns dos equívocos mencionados, aos quais se acrescenta a confusão, já combatida por Kant, entre o sujeito psicológico e o sujeito transcendental.

➲ Ver: J. E. Walter, *Subject and Object*, 1915. — L. Perego, *La Natura e il Soggetto. Contributo ad una concezione neorealistica del Soggetto*, 1953. — M. Sandmann, *Subject and Predicate: A Contribution to the Theory of Syntax*, 1954. — N. Rotenstreich, *On the Human Subject*, 1966. — B. Lonergan, *The Subject*, 1968. — H. Köchler, *Die Subjekt-Objekt Dialektik*, 1974. — M. Wetzel, *Erkenntnistheorie: Die Gegenstandsbeziehung und Tätigkeit des erkennenden Subjekts als Gegenstand der Erkenntnistheorie*, 1978. — V. A. Lektorsky, *Subject-Object Cognition*, 1984 (trad. do russo). — M. Frank, *Die Frage nach dem Subjekt*, 1988. — O. Balaban, *Subject and Consciousness: A Philosophical Inquiry Into Self-Consciousness*, 1990. ☙

SULZER, JOHANN GEORG (1720-1779). Nascido em Winterthur (cantão de Zurique, Suíça). Depois de estudar teologia, filosofia, matemática e ciências naturais em Zurique, foi durante algum tempo preceptor em Mandeburgo. Mudou-se em seguida para Berlim, travando conhecimento com Euler e Maupertius e ensinando matemática num ginásio. Em 1750 foi eleito membro da Academia de Ciências de Berlim, cuja seção de filosofia dirigiu. Sulzer é considerado um dos "filósofos ilustrados alemães" e um dos seguidores da chamada "Escola de Leibniz-Wolff". Interessado na relação entre os fenômenos anímicos e os processos naturais, consagrou parte importante de suas reflexões filosóficas a estudar a analogia entre o moral e o físico. O estudo dos fenômenos anímicos, e em particular da apercepção (VER) em sentido leibniziano, conduziu-o a investigar as diversas operações da alma como graus da apercepção. Sulzer interessou-se particularmente pelo problema da natureza dos sentimentos, procurando descrever as diversas formas dos chamados "sentimentos agradáveis" ou "gratos". Os sentimentos abarcam para Sulzer não só as sensações, mas também os chamados "sentimentos morais" e "sentimentos estéticos". Sulzer se distinguiu por sua teoria das belas artes e por sua investigação do sentimento da beleza como sentimento da unidade harmônica de diversas impressões sensíveis.

➲ Principais obras: *Versuch einiger moralischer Betrachtungen über die Werke der Natur*, 1741; 2ª ed., 1750, ed. A. F. W. Sack *(Ensaio de algumas considerações morais sobre as obras da Natureza)*. — *Gedanken über den Ursprung der Wissenschaften und schönen*

Künste, 1762 *(Idéias sobre a origem das ciências e das belas artes)*. — *Theorie der angenehmen Empfindungen*, 1762 *(Teoria dos sentimentos [sensações] agradáveis)*. — *Vorübungen zur Erweckung der Aufmerksamkeit und des Nachdenkens*, 3 vols., 1768; 4ª ed., 4 vols., 1816-1825 *(Exercícios para o estímulo da atenção e da reflexão)*. — *Allgemeine Theorie der schönen Künste:* Parte 1. *Allgemeine Theorie der schönen Künste*, 4 vols., 1792-1794, reimp., 1963 *(Teoria geral das belas artes)*. Parte 2: F. von Blankenburg, *Literarische Zusätze zu J. G. Sulzers* Allgemeine Theorie der schönen Künste, 3 vols., 1796-1799, reimp., 1971. Parte 3: *Nachträge zu Sulzers* Allgemeine Theorie der schönen Künste, 8 vols., 1792-1806, reimp., 1963. — *Vermischte philosophische Schriften*, 2 vols., 1773-1781, reimp., ed. Chr. Fr. von Blankenburg, 1791 *(Escritos filosóficos vários)*.

Autobiografia com observações de J. B. Merian e Friedrich Nicolai, 1809.

Ver: L. Heym, *Darstellung und Kritik der ästhetischen Ansichten Sulzers*, 1894 (tese). — K. Gross, *Sulzers* Allgemeine Theorie der schönen Künste, 1905. — J. Leo, *J. G. S. und die Entstehung seiner allgemeinen Theorie der schönen Künste*, 1907. — Anna Tumarkin, *Der Ästhetiker J. G. S.*, 1933. — I. Angelelli, "La jerarquía de clases de J. C. S. (1755)", *Cuadernos de Filosofía*, 14 (1974), 90-94. ⊂

SUMAS. O vocábulo *Summa* foi usado no século XII para designar uma coleção de sentenças. Exemplo disso é a *Summa sententiarum* atribuída a Hugo de São Vítor. Não se tratava de uma mera justaposição de sentenças. Tal justaposição, anterior à *Summa*, foi conhecida com os nomes de *Sententiae* e de *Florilegia*. Carecia de plano de exposição, ao passo que a *Summa* de sentenças tinha um plano próprio e constituía uma das formas de expressão (VER) sistemática das principais proposições teológicas e dos problemas implicados nelas. Os autores de Sumas de sentenças recebem freqüentemente o nome de *sentenciários*, e entre eles se destacaram Honório de Autun, Anselmo de Laon, Alexandre de Hales, Roberto de Melun, Roberto Pullus, Pedro Cantor e, sobretudo, o *magister sententiarum* Pedro Lombardo. Ora, as Sumas em sentido próprio foram inclusive mais que coleções ordenadas e sistematizadas de sentenças e discussões sobre elas. Embora seja difícil estabelecer uma distinção radical entre sentenciários e sumistas, costuma-se considerar que estes últimos são os que levaram à maturidade os comentários sistemáticos sobre os problemas suscitados pelas Sumas ordenadas em sentenças. Entre os exemplos que podemos dar de tais Sumas figura a *Summa philosophiae* atribuída a Roberto Grosseteste. Mas o mais ilustre autor de Sumas foi, como se sabe, Santo Tomás, tanto em sua *Summa contra gentiles* como, e sobretudo, em sua *Summa theologica*. Esta última é uma exposição sistemática da teologia destinada ao uso dos estudantes, ao contrário das questões disputadas, que eram preparadas para os mestres. Mas a amplitude de tal *Summa* permite considerá-la como algo mais que um texto de estudo: trata-se de uma exposição completa segundo um plano sistemático. Segundo M.-D. Chenu, esse plano é dominado pelo tema platônico da emanação e do retorno: "Uma vez que a teologia é ciência de Deus", escreve o mencionado autor, "estudar-se-ão todas as coisas em sua relação com Deus, seja em sua produção, seja em sua finalidade: *exitus* e *reditus*" (*Introduction à l'étude de Saint Thomas d'Aquin*, 1950, p. 261). Isso pode ser visto na distribuição das partes. A primeira trata da emanação, Deus princípio; a segunda, do retorno, Deus fim; a terceira, das condições cristãs de tal retorno, isto é, da encarnação. Disse-se alguma vez (H. Focillon, E. Panofsky) que há uma relação íntima entre o plano intelectual das Sumas e os planos da arquitetura da época em que foram produzidas. Essa relação pode ser admitida desde que não suponhamos que se trate de uma relação causal, mas do paralelismo na manifestação de diferentes aspectos culturais de uma época. Segundo Panofsky, esse plano é determinado por várias idéias centrais; entre elas figura a de manifestação ou elucidação.

⊃ As obras de Pedro Lombrado e de Alexandre de Hales foram assinaladas nos verbetes correspondentes. Para as *Quaestiones* ou *Sententiae* de Anselmo de Laon (edição da *Glosa interlinearis*: Basiléia, 1502, 1508; Antuérpia, 1634), ver obras em Migne, *Patrologia latina*, CLXII, e extratos das sentenças em G. Lefèvre, *Anselmi Laudunensis et Radulfi fratris eius sententias exceptas nunc primum in lucem edidit, Mediolani Aulercorum*, 1894.

Edição de fragmentos das sentenças de Roberto de Melun em Du Boulay, *His. Univers.*, Paris, II, 1665 (cf. também Migne, *P. L.* CLXXXVI).

Edição das sentenças de Roberto Pullus em H. Mathoud, 1665, e reimp. em Migne, *P. L.*, XLXXXVI.

Edição de parte das obras de Pedro Cantor em Migne, *id.*, CCV.

Ver: Martin Grabmann, *Die Geschichte der scholastischen Methode*, t. II, 1911, e J. Simmler, *Des sommes de théologie*, 1871. — A. Dempf, *Die Hauptform der mittelalterlichen Weltauschauung. Eine geisteswissenschaftliche Studie über die* Summa, 1928.

Sobre a arte e as Sumas: H. Focillon, *L'Art d'Occident*, 1947. — E. Panofsky, *Gothic Architecture and Scholasticism*, 1951 [Wimmer Lecture, 1948]. ⊂

SUMMA. Ver SUMAS.

SUMNER, WILLIAM GRAHAM. Ver DARWINISMO SOCIAL.

SUPERAR. Empregamos este termo como tradução (aproximada) do verbo alemão *aufheben*. Como o verbo grego ἀναιρέω (ἀναιρεῖν) e o latino *tollere*, *aufheben* significa ao mesmo tempo "levantar", "levar" ou "levar-se" algo (por exemplo, um prêmio) e "apagar", "cancelar", "destruir". Classicamente, considerava-se que o bem era completamente cancelado, ou apagado, *sublatum*, pelo mal, ou que a existência era completamente apagada, ou cancelada, pela não-existência. O duplo sentido de 'destruir' ou 'apagar' e 'conservar' se encontra em Fichte quando considera que a realidade é "superada", *aufgebohen*, pela negação, o que, no seu entender, significa que algo permanece da realidade assim "negada". Mas foi Hegel — seguido por todos os que adotaram o chamado "método dialético" — quem deu às noções de "superar" e "superação" um lugar central. No "prefácio" à *Fenomenologia do espírito*, Hegel escreve que "excluir a reflexão do verdadeiro e não concebê-la como um momento positivo do Absoluto é desconhecer a razão. A reflexão faz do verdadeiro um resultado, mas supera *(aufhebt)* também esta oposição com respeito a *(gegen)* seu devir". De um modo mais preciso, na mesma obra, ao tratar da percepção, e ao salientar que a certeza imediata, contra o que se costuma supor (o que supõem os "empiristas" ou imagina "o senso comum"), não alcança o verdadeiro, já que sua verdade é o geral, Hegel desenvolve a idéia de que "o isto" *(das Dieses)* "está posto como *não isto* ou como superado *(aufgehoben)*", de modo que o sensível, em lugar de ser tal determinado particular, é algo geral. O "superar" de que aqui se trata apaga e mantém: "O superar *(das Aufheben)* expressa sua verdadeira significação dupla, que já vimos no negativo: é ao mesmo tempo um negar *(Negieren)* e um conservar *(Aufbewahren)*."

Na *Ciência da lógica*, livro I, cap. 1, seção 1, C 3, Hegel fala da "superação do devir" e acrescenta uma nota sobre a expressão 'superar' *(Aufheben)*, indicando que *superar* e *o superado* ou "o que existe idealmente como um momento" é uma das noções básicas em filosofia. Deve ser distinguido de *nada*, pois enquanto "o Nada" é algo "imediato", o que é superado é o resultado da "mediação": "É um não ser, mas como *resultado* que teve origem num ser. Por conseguinte, possui ainda *em si mesmo* a *determinação daquilo do qual se origina*". Hegel se refere ao antes mencionado sentido de 'superar', *tollere*, como termo que tem duas acepções, patentes no jogo de palavras de Cícero: *tollendum est Octavium*. Mas este jogo de palavras não esclarece muito, acrescenta Hegel, porque não permite ver que algo é superado "somente na medida em que entrou em unidade com seu oposto".

Discutiu-se as diferenças que há entre a concepção de "superar" na *Fenomenologia do Espírito* e na *Ciência da Lógica*. Geralmente se admite que há diferenças no sentido pelo menos de que na última obra a noção de "superação" ocupa um lugar mais central e sistemático. Discutiu-se também se há diferenças entre os modos como funciona a superação no processo dialético ou na razão especulativa (que, a rigor, "supera" tal processo). Em todo caso, parece haver algo comum em todos os sentidos hegelianos de 'superar': o fato de que a função básica desempenhada pela superação seja a de desarticular e desfazer a rigidez dos conceitos que o entendimento tende a considerar de um ponto de vista "estático".

Num sentido mais comum — mas não completamente desligado do hegeliano — usou-se freqüentemente 'superar' para caracterizar o que se faz quando se propõe uma doutrina, tese, idéia etc. em vez de outra, que se julga "ultrapassada". De algum modo se supõe que a doutrina substituída era "verdadeira" para "seu tempo", mas deixou de sê-lo. Isto quer dizer no mais das vezes que a doutrina "ultrapassada" é "insuficiente"; a doutrina que a substitui é, em contrapartida, "suficiente". Não fica claro, porém, o que se quer dizer com termos como 'ultrapassado', 'insuficiente', 'suficiente' etc. Não fica claro tampouco se a nova doutrina proposta é considerada, por seu turno, 'superável'. O único que parece claro é que por 'superada' se entende 'antiquada'.

SUPERESTRUTURA. Uma das mais conhecidas doutrinas do marxismo, começando com o próprio Marx (ver Marxismo [i]), é a diferença estabelecida entre a base e a superestrutura. A base é constituída pelo conjunto das forças e relações de produção e expressa a estrutura "econômica" da sociedade. A superestrutura é constituída por formas legais, políticas, intelectuais etc.

Debateram-se freqüentemente dois problemas: 1) o que pertence à base e o que pertence à superestrutura; 2) que relações podem ser estabelecidas entre base e superestrutura.

O primeiro problema foi tratado de uma forma muito geral até formas muito particulares. A forma mais geral é a que, como já fez Marx, fala de "ser" (base) e "consciência" (superestrutura). Formas mais particulares são as introduzidas pelo próprio Marx ao falar respectivamente de relações de produção e de estruturas legais e políticas. Em alguns casos, restringem-se as relações de produção às dominantes num tipo de sociedade determinada; em outros, inclui-se todas as formas de produção, pois se supõe que todas elas pertencem à estrutura sócio-econômica da sociedade correspondente.

O segundo problema originou inúmeras disputas e múltiplas posições. Limitamo-nos a assinalar alguns dos pontos de vista básicos a respeito. Deve-se levar em conta que cada um deles pode ficar consideravelmente matizado pela resposta que se dê ao primeiro problema.

1) A base determina causalmente a superestrutura, a qual se limita a "refletir" a base. Como esta opinião, levada às suas últimas conseqüências, tornaria impossíveis, ou ininteligíveis, as mudanças sociais, ou econômico-sociais, supõe-se que ou bem há oportunamente mudanças na base, que repercutem sobre a superestrutura, ou bem que na própria superestrutura aparecem problemas de ajuste que requerem alterações na base.

2) A base determina a superestrutura mas não univocamente e, é claro, não na forma de uma relação biuní-

voca. A base constitui um conjunto que opera sobre o conjunto das superestruturas. Pode haver então certas mudanças na base que não se refletem, ou que, em todo caso, não se refletem imediatamente, na superestrutura. Ao mesmo tempo, pode haver certas mudanças superestruturais autônomas que não tenham correspondência biunívoca com a base.

3) A base está de algum modo presente em todas as superestruturas. A relação entre a base e superestrutura não é causal, mas, antes, "significativa". Determinada superestrutura não se explica e, é claro, não se explica causalmente, por referência à base, mas não pode ser explicada totalmente sem levar em conta a significação que nela tem a base.

4) Há mudanças na superestrutura que acompanham mudanças na base quando estas são fundamentais. Posteriormente, a superestrutura pode exibir elementos autônomos até que sobrevém uma nova mudança fundamental na base.

5) Seguindo o próprio Marx, pode-se distinguir, mais do que Marx o fez, "forças de produção" e "relações de produção". As primeiras constituem a estrutura ou o mais básico da estrutura. As segundas constituem, ou podem constituir, a superestrutura. Deste modo, a noção de "produção" pode representar um elo de ligação entre estrutura e superestrutura.

SUPER-HOMEM. Walter A. Kaufmann (*Nietzsche: Philosopher, Psychologist, Antichrist*, 1950, pp. 270 ss.) indica que Nietzsche não cunhou o termo *Übermensch* (super-homem). "Pode-se encontrar *hyperanthropos* [ὑπεράνθρωπος] nos escritos de Luciano no século II d.C. [em *Kataplous*, 16] (e Nietzsche, em sua qualidade de filósofo clássico, havia estudado Luciano e fez freqüentes referências a ele em seus *philologica*). Em alemão, a palavra fora usada por Heinrich Müller (*Geistliche Erquickungsstunden*, 1664), por Herder, por Jean Paul e por Goethe, num poema *(Zueignung)* e no *Fausto* (Parte I, verso 490), onde um espírito manifesta seu desprezo pelo atemorizado Fausto que o conjurou e que o chama *Übermenschen*. Portanto, é característico que o jovem Nietzsche aplicasse primeiro o termo ao Manfredo de Byron (...) e que o chamasse um *Übermenschen* que controla os espíritos". (O verso, ou melhor, os dois versos dentro dos quais se encontra, em Goethe, a expressão *Übermenschen*, rezam:

Welch erbärmlich Grauen
Fasst Übermenschen dich! Wo ist der Seele Ruf?

Mas mesmo que Nietzsche não tenha cunhado a palavra em questão, o fato é que ela se tornou famosa pelo sentido, ou sentidos, que ele lhe deu. Assinalaremos primeiro alguns dos significados que 'super-homem' *não* tem em Nietzsche, com o fim de aplainar o caminho para compreender o significado, ou significados, propriamente nietzschianos.

Antes de tudo, Nietzsche não entende por 'super-homem' o "grande homem" enquanto personalidade historicamente célebre. Embora alguns personagens históricos célebres (Napoleão, César etc.) fossem super-homens à maneira nietzschiana, foram-no por muitas razões diferentes das que lhes deram celebridade. Tampouco entende por 'super-homem' um homem biologicamente superior, descendente evolutivo do homem. O super-homem tampouco é o herói, o santo e, em geral, qualquer um dos tipos "idealistas"; não pode sê-lo porque justamente esses tipos representam os valores que o super-homem derrubou e superou.

Se é relativamente fácil determinar o que o super-homem não é em Nietzsche, é mais difícil circunscrever o que é. Em primeiro lugar, porque, propriamente falando, o super-homem não existe (ou melhor, "ainda" não existe). O super-homem é anunciado por Zaratustra como "o sentido da terra". Nem os grandes nem os pequenos homens que Zaratustra viu são super-homens; todos são "demasiado humanos". Parece, pois, que o super-homem é para Nietzsche um "ideal". E em alguma medida o é, uma vez que é "coisa do futuro". Mas trata-se de um ideal distinto de todos os ideais, porque consiste em ser "o ser mais real de todos". O super-homem é, em relação ao homem, o que ele é em relação ao macaco; o super-homem é o outro cabo da corda sobre a qual o homem anda, como um funâmbulo. Entre o super-homem e o animal anda, sobre o abismo, o homem. O super-homem é, pois, algo que, por assim dizer, "arranca do homem". O super-homem é exatamente o contrário da mediocridade, da conformidade ao estabelecido, porque aspira a erigir uma nova escala de valores. O super-homem é como "a mais alta espécie humana" ou "o mais alto na espécie humana"; ao fim e ao cabo, o super-homem é "super" mas é também "homem", está "além" do homem, mas o homem é seu ponto de partida. O super-homem é uma transfiguração do homem.

Kaufmann (*op. cit.*, p. 278) declara que o super-homem nietzschiano é o "homem dionisíaco" (no sentido que tem 'dionisíaco' quando se refere ao homem que se disciplinou a si mesmo). Isso pode ser admitido, mas sempre que se sublinhe que essa disciplina de si mesmo é uma conseqüência da suprema liberdade, de sorte que "liberdade" e "disciplina de si" são então o mesmo. Em todo caso, a idéia nietzschiana de super-homem é a idéia de algo "completo", de algo que se "culmina", não como um final, mas como o pivô do eterno retorno (VER). O super-homem é o "forte", o "nobre", o "senhor"; é também o "legislador", e por isso o super-homem pode ser considerado como o "autêntico filósofo". O super-homem, não a humanidade, escrever Nietzsche em *Der Wille zur Macht* (5V, 1001, na ordem admitida antes da edição de Karl Schlechta [ver NIETZSCHE]), é a meta do homem. Pode-se dizer que o super-homem é o que diz "Eu sou", que é superior ao "Eu quero" (*ibid.*, IV, 940).

Por isso o super-homem não se caracteriza por nenhuma crença, nenhum ato; caracteriza-se unicamente por *ser*.
➲ Ver: Jules Chaix-Ruy, *Le surhomme de Nietzsche à Teilhard de Chardin*, 1965. — W. Müller-Lauter, "Das Willenswesen und der Übermensch. Ein Beitrag zu Heideggers Nietzsche-Interpretation", *Nietzsche-Studien*, 10/11 (1981-1982). ⊂

SUPERIMPLICAÇÃO. Ver OPOSIÇÃO; SUBALTERNO.

SUPERSUBSTANCIAL. Ver SUBSTANCIAL, SUBSTANCIALIDADE.

SUPOSIÇÃO. Às vezes usamos 'suposição' no mesmo sentido em que falamos de suposto (VER; sentido III). Na maior parte dos casos, porém, empregamos 'suposição' como versão do termo latino *suppositio*, que muitos escolásticos propuseram na parte que hoje chamaríamos *semânticas* de suas doutrinas. A suposição é uma das propriedades fundamentais dos termos (ver TERMO). É aquilo a que se supõe que pode responder um nome. E como um mesmo nome pode responder a vários modos significativos, pode ter diversas suposições. Diz-se também que é a forma que assume uma relação — a relação chamada *supponere pro* — entre a significação dos termos e as entidades que esses termos designam. Considerações sobre as diferentes suposições dos termos podem ser encontradas já antes do século XIII, mas somente a partir dele encontramos escritos especiais sobre a teoria das suposições. Importantes contribuições a respeito se encontram especialmente em três autores: Pedro Hispano, Guilherme de Ockham e Walter Burleigh. O estudo das suposições nos termos nestes autores visa averiguar as diversas funções lógicas dos categoremas, e por esse motivo a teoria da suposição está intimamente relacionada com a teoria da significação (VER). Segundo Philotheus Boehmer (a quem seguiremos em grande parte sobre este assunto), a suposição se refere *principalmente* (embora não exclusivamente) à quantidade dos termos, e trata com particular atenção o alcance dos predicados em relação com os indivíduos. Neste sentido pode-se dizer que a teoria das suposições faz parte do que hoje se considera como a lógica quantificacional. No entanto, isso não descreve por inteiro a doutrina escolástica das suposições, entre outros motivos porque a linguagem usada pelos escolásticos é a linguagem natural. Por isso Ivo Thomas disse que a teoria medieval das suposições pertence a *vários* ramos da lógica atual.

Seguindo as informações proporcionadas por Boehmer, procederemos a resenhar brevemente os diferentes tipos de suposições admitidas pelos três citados filósofos medievais.

Pedro Hispano divide as suposições em discretas *(suppositio discreta)* e comuns *(suppositio communis)*. A suposição discreta é aquela na qual o sujeito representa somente um indivíduo (como em 'Sócrates é um animal'). A suposição comum é aquela na qual os termos a que se refere são universais. As suposições mais importantes são as comuns. Estas se dividem em naturais *(suppositio naturalis)* e acidentais *(suppositio accidentalis)*. A suposição natural é a que se refere à capacidade que tem um termo para a suposição. A suposição acidental é aquela na qual a suposição de um termo é determinada pelo que se agrega a ele. A suposição acidental se subdivide por sua vez em simples *(suppositio simplex)* e pessoal *(suppositio personalis)*. A simples é aquela na qual o termo comum designa uma entidade universal. A pessoal é aquela na qual o termo designa seus inferiores lógicos. A suposição pessoal pode ser determinada *(suppositio determinata)* e confusa *(suppositio confusa)*. Esta última é aquela na qual o termo é determinado pelo signo de universalidade, o qual não ocorre na outra.

Guilherme de Ockham dividiu as suposições em impróprias *(suppositio impropria)* e próprias *(suppositio propria)*. A suposição imprópria (que pode ser *antonomastica, synecdochica* e *metaphorica*) é aquela na qual o termo é usado num sentido impróprio; essa suposição deve ser evitada. A suposição própria é aquela na qual o termo é usado propriamente. A suposição própria se subdivide em pessoal, simples e material *(suppositio materialis)*. Trata-se de três modos de entender um termo: como entidade mental (pessoal), como termo falado (simples) e como termo escrito (material). A suposição pessoal é subdividida por Ockham em discreta e comum (cf. *supra*). A comum pode ser determinada e confusa (cf. também *supra*) e esta última pode ser só confusa ou confusa e distributiva ao mesmo tempo.

Walter Burleigh oferece uma classificação muito completa. No entanto, como a maior parte dos conceitos de suposição que são importantes já foram definidos nos parágrafos anteriores, limitar-nos-emos a dar um esquema dessa classificação. Segundo Burleigh, as suposições se dividem em impróprias e próprias. As suposições próprias se subdividem em materiais e formais. As suposições materiais podem ser reflexivas ou transitivas. As formais podem ser simples ou pessoais. As suposições simples se subdividem em absolutas, comparadas e relativas. As suposições pessoais se subdividem em discretas e comuns. As comuns podem ser determinadas ou confusas. As confusas, puras ou distributivas. E as distributivas, móveis ou imóveis.

Entre as suposições descritas pelos escolásticos há duas que têm um particular interesse, porque constituem um claro antecedente da atual distinção entre linguagem e metalinguagem (VER) e, por conseguinte, destacam a diferença entre o uso e a menção (VER) dos termos: são as suposições formal e material. A suposição formal é a que se refere a uma entidade, como no exemplo *Socrates currit*, que se refere à entidade cujo nome é 'Sócrates'. A suposição material é a que se refere ao nome da entidade no exemplo *Socrates est trisyllabus*, que não se refere à entidade cujo nome é 'Sócrates', mas ao nome 'Sócrates', no segundo exemplo entre aspas, o que significa que no primeiro exemplo o signo 'Sócrates' é usado e no segundo é mencionado.

➲ Ver: Ph. Boehmer, *Medieval Logic*, 1951. — E. Arnold, "Zur Geschichte der Suppositionstheorie", *Symposion*, 3 (1952), 1-134. — L. N. Roberts, "Classification of Suppositions in Medieval Logic", *Tulane Studies in Philosophy*, 5 (1956), 79-86. — *Id.*, "Supposition: A Modern Application", *Journal of Philosophy*, 57 (1960), 173-182. — D. P. Henry, "The Early History of *Suppositio*", *Franciscan Studies*, 23 (1963), 205-212. — M. Prieto del Rey, "Significación y sentido ultimado. La noción de 'suppositio' en la lógica de Juan de Santo Tomás", *Convivium*, nºs 15-16 (1963), 33-73; 19-20 (1965), 45-72. — G. B. Matthews, "Ockham's Supposition Theory and Modern Logic", *Philosophical Review*, 73 (1964), 91-99. — D. P. Henry, "Ockham's *Suppositio*, and Modern Logic", *Notre Dame Journal of Formal Logic*, 5 (1964), 290-292. — Norman Kretzmann, em J. E. Edwards, ed., *The Encyclopedia of Philosophy*, vol. 7, 1967, pp. 371(2)-373(1), s. v., "Semantics, History of". — L. M. de Rijk, *Logica Modernorum: A Contribution to the History of Early Terminist Logic*, vol. II, parte 1 *(The Origin and Early Development of the Theory of Supposition)* e parte 2 (textos e índices), 1968. — C. Giacon, "La *suppositio* in Guglielmo di Occam e il valore reale delle scienze", *Arts libéraux et philosophie du moyen âge*, 1969, pp. 939-947. — E. J. Ashworth, "The Doctrine of Supposition in the Sixteenth and Seventeenth Centuries", *Archiv für Geschichte der Philosophie*, 51 (1969), 260-285, reimp. em E. J. Ashworth, *Language and Logic in the Post-Medieval Period*, 1974, caps. 2 (III) e 4 (II). — L. M. de Rijk, "The Development of *suppositio naturalis* in Medieval Logic", *Vivarium*, 9 (1971), 71-107; 11 (1973), 43-79. — A. R. Perreiah, "Approaches to Supposition-Theory", *The New Scholasticism*, 45 (1971), 381-408. — G. B. Matthews, "*Suppositio* and Qualification in Ockham", *Nous*, 7 (1973), 13-24. — M. M. Adams, "What Does Ockham Mean by 'Supposition'?", *Notre Dame Journal of Formal Logic*, 17 (1976), 373-391. — G. Priest, S. Read, "The Formalization of Ockham's Theory of Supposition", *Mind*, 86 (1977), 109-113. — J. Corcoran, J. Swiniarski, *Logical Structures of Ockham's Theory of Supposition*, 1978. — B. C. Bazan, "La signification des termes communs et la doctrine de la supposition chez Maître Siger de Brabant", *Revue Philosophique de Louvain*, 77 (1979), 345-372. — S. Read, "Thomas of Cleves and Collective Supposition", *Vivarium* (1991), 50-84. ➲

SUPOSTO. Este vocábulo pode ser entendido em pelo menos três sentidos.

I. No sentido de *suppositum* tal como foi proposto por Boécio e elaborado ao longo da história do pensamento escolástico. De acordo com isso, o *suppositum* ou suposto é a substância perfeitamente subsistente, *sui juris* e incomunicável, ou, como já dizia Boécio, em seu *Liber de duabus naturis*, a substância individual de natureza completa. O suposto recebe também o nome de *hypostasis*, que já em Aristóteles designava o sujeito individual em seu último complemento. Daí a diferença entre suposto, subsistência, natureza e pessoa. A subsistência (VER) é, como dissemos, um modo substancial que termina uma essência finita realmente distinta da existência e que pode ser de índole positiva, como afirma o tomismo, ou de caráter negativo, como sustenta o scotismo. A subsistência é, em suma, na tradição central da escolástica, aquilo pelo quê formalmente a subsistência singular se torna independente e incomunicável. A subsistência singular mesma subsistente e incomunicável é o suposto. Por isso o suposto se diz *esse ut quod* ou também, referido à natureza, *natura ut quod*, isto é, aquilo pelo quê se é. O suposto é, assim, o que *tem* natureza. A natureza, em contrapartida, é aquilo pelo quê o suposto se constitui em espécie; a natureza é aquilo que a coisa é, o *quê* da coisa. Em outras palavras, enquanto a natureza é aquilo em que o suposto age, este último é aquilo que é e, por tal motivo, age. Daí a sentença escolástica: *actiones sunt suppositorum*, as ações são dos supostos. Enquanto *positum sub attributis*, o *suppositum* não pode ser atribuído a nada; é, pelo contrário, o sujeito ao qual se atribui existência e, por força disso, atividade. Na compreensão do suposto deve-se, portanto, ter sempre bastante cuidado em fazer a distinção entre ele e a essência substancial. Esta última é "somente" uma das partes constitutivas do suposto; a existência deste requer, com efeito, uma essência substancial completa e perfeitamente individuada. Ao contrário do suposto, a natureza é, em contrapartida, algo que tem o suposto e aquilo pelo que o suposto se constitui em sua espécie. E, finalmente, a pessoa, enquanto *suppositum ut quod* é, no homem, o suposto racional; como já a definia Boécio, é a substância individual de natureza racional, e como assinala Santo Tomás (*De un. Verbi inc.*, a, 1), é um *suppositum rationalis naturae*.

II. 'Suposto' pode traduzir igualmente o vocábulo *suppositio*, empregado por muitos autores escolásticos. Consideramos, porém, mais próprio usar 'suposição', e por isso remetemos ao verbete sobre este último conceito.

III. Em outro sentido, muito diferente, se emprega 'suposto' (e às vezes também 'suposição', 'pressuposição' e 'pressuposto') no pensamento moderno e contemporâneo. Ele aparece sobretudo nas frases "pensamento sem supostos" ou "os supostos de um pensamento". O ideal da ausência de supostos da filosofia e especialmente da epistemologia expressa exatamente o significado do termo. Mas uma elaboração mais rigorosa dele se torna necessária. O ideal da filosofia sem supostos foi expresso por Hegel. Mas também pela fenomenologia de Husserl. Ora, como assinala Marvin Farber, o termo 'suposto' é muito ambíguo. Literalmente, diz Farber, significa "posto, como algo que se mantém ou que existe por antecipação". O suposto pode referir-se, porém, ou à existência ou ao pensamento (e, em geral, pode referir-se a qualquer forma de realidade incluindo os sistemas formais). Daí a necessidade de precisar vários tipos de pressuposições que Farber classifica do seguinte modo: 1) pressuposições ou supostos materiais ou físicos em sua referência ou relação com esferas de coisas abstratas, tais como a uniformidade causal; 2) pressuposições ou supostos cognoscitivos acerca da validade do conhecimento; 3) supostos formais em sistemas especiais com um método postulativo, distinto de 4) os princípios da lógica que, mesmo podendo ser definidos de diferentes maneiras, não admitem as alternativas e a perfeita "neutralidade" não assertiva dos postulados nos sistemas dedutivo-formais. Em Ortega y Gasset 'suposto' tem uma significação mais metafísica. Para ele, o suposto de um pensamento é aquilo com que se conta e dentro do qual precisamente uma proposição adquire sentido. O suposto é entendido, pois, num sentido semelhante à "crença" (VER); não é propriamente um "pensar em", mas um "estar em" (onde o "estar" deve ser entendido num sentido ainda mais radical que o que pertence usualmente às "condições" históricas e sociais em que se vive). Deste ponto de vista pode-se compreender os supostos de uma filosofia. Segundo Zubiri, estes supostos são constituídos por uma certa experiência, a qual por sua vez tem três fatores: o conteúdo, a situação e o horizonte (VER), que são "três dimensões da experiência de distinta mobilidade, desde a máxima labilidade do conteúdo até a lenta mobilidade do horizonte".

Em várias tendências do pensamento contemporâneo se insistiu na noção de "suposto" e até na necessidade de supostos. Assim, segundo R. G. Collingwood, o que se diz no pensar, isto é, o enunciado, se diz para responder a uma pergunta. Esta resposta, chamada proposição, pode ser verdadeira ou falsa. Mas toda questão implica uma pressuposição, e isso de tal modo que, como assinala S. K. Langer, a forma da pergunta determina decisivamente o sentido da resposta. Ora, segundo Collingwood, há pressuposições relativas e pressuposições absolutas; estas últimas — que *não* são proposições — constituem precisamente o objeto da metafísica. Daí que ainda a antimetafísica tenha um suposto; por exemplo, o suposto de que todo pensar é de índole elementar. Por isso a metafísica é "a tentativa de descobrir que pressuposições absolutas foram feitas" e daí também que as proposições metafísicas sejam proposições históricas. Enquanto o cientista monta sua ciência sobre supostos, o metafísico averigua quais são as pressuposições que jazem no fundo das proposições e responde, por conseguinte, a perguntas de natureza ultimamente histórica. O suposto é histórico, porque, como assinalou Ortega, a idéia de uma realidade já é uma interpretação dessa realidade, e essa interpretação se dá no curso da história. Ver também PERIFILOSOFIA; PRESSUPOSIÇÃO; PROTOFILOSOFIA.

⊃ Além dos correspondentes *loci classici* e dos outros autores citados no texto do verbete, ver: W. Schuppe, "Zur 'voraustezungslosen' Erkenntnistheorie", *Philosophische Monatshefte*, 18 (1882). — A. von Meinong, *Über Annahmen*, 1910. — E. Spranger, "Der Sinn der Voraustezungslosigkeit in den Geisteswissenschaften" *(Sitzungsberichte der Preussischen Akademie der Wissenschaften)*, 1920. — H. Hirning, N. *Hartmanns Lehre vom objektiven Geist und seine These von der Voraussetzungslosigkeit der Philosophie*, 1937 (tese). — Marvin Farber, "The ideal of a presuppositionless Philosophy", em *Philosophical Essays in Memory of E. Husserl*, ed. Farber, 1940. — G. Hennemann, *Zum Problem der Voraussetzungslosigkeit und Objektivität der Wissenschaften*, 1947. — Roland Hall, "Assuming: One Set of Positing Words", *Philosophical Review*, 67 (1958) [sobre 'assumir', 'presumir', 'supor', 'esperar' e 'hipótese', 'premissa', 'conjectura' etc.]. — D. Emmett, *Presuppositions and Finite Truths*, 1950. — D. Cruz Vélez, *Filosofía sin supuestos*, 1970. — M. Krausz, "The Logic of Absolute Presuppositions", em *Id., id.*, ed., *Critical Essays on the Philosophy of R. G. Collingwood*, 1972, pp. 222-239. — D. E. Cooper, *Presupposition*, 1974. — G. Radnitzky, *Preconceptions in Research*, 1974 (publicado originalmente em *The Human Context*, VI, 1, 1974). — C. Weinberger, *Zur Logik der Annahmen*, 1976 (tese). — G. Gazdar, *Pragmatics: Implicature, Presupposition, and Logical Form*, 1979. ⊂

SUPPOSITIO. Ver SUPOSIÇÃO.

SUSO, HENRIQUE [Heinrich Seuse] (*ca.* 1295-1366). Nascido em Überlingen, perto de Constança. Depois de ingressar na Ordem dos Pregadores e estudar em Constança, continuou seus estudos em Colônia, onde conheceu Mestre Eckhart, cujas inspirações seguiu durante toda sua vida. Regressou em seguida ao convento de Constança e depois de vários anos de pregação pela zona do Reno transferiu-se para o convento de Ulm. Em 1391 foi beatificado pelo papa Gregório XVI.

A mística de Suso é um desenvolvimento da mística de Eckhart, a quem defendeu contra a acusação de panteísmo, procurando deixar claro que dizer que as criaturas sejam por si mesmas divinas quer dizer unicamente que a idéia das criaturas está no espírito de Deus, fazendo parte da essência divina. Assim, pois, as criaturas são Deus como criações divinas. O problema que isso coloca — que, em tal caso, ao serem criadas, as criaturas são menos divinas que fazendo parte, como idéias, da essência de Deus — é resolvido por Suso indicando que Deus outorga às criaturas, ao criá-las, uma dignidade que não tinham antes de serem criadas. Essa criação se deve à superabundância de Deus, mas não é uma conseqüência necessária da realidade divina, como se afirma nos sistemas emanatistas, pois Deus cria por decisão absoluta sua: a criação não é, portanto, nem emanação nem processão.

Suso se interessava mais pelo modo de levar a alma a Deus que pela teologia *stricto sensu*. Por conseguinte, embora o anteriormente dito sobre Suso seja parte de sua doutrina, não é a parte mais fundamental de seu pensamento. Este consiste sobretudo em desenvolver a idéia eckhartiana da união mística da "centelha" da alma com Deus e em destacar "o nascimento de Deus"; entenda-se: o nascimento de Deus na centelha da alma, que é ao mesmo tempo uma "fusão" da alma em Deus, sem por isso confundir-se com Deus ou identificar-se completamente com Ele.

➲ Obras: devemos a Suso, entre outros escritos, o *Büchlein der Wahrheit (O livrinho da verdade)*, o *Büchlein der ewigen Wahrheit (O livrinho da verdade eterna)*, o *Horologium sapientiae* [um desenvolvimento do *Büchlein der ewigen Wahrheit*], um *Büchlein der Liebe (Livrinho do amor)* [descoberto por Preger em 1896; cf. *infra*], vários *Sermões* e *Cartas*.

Edição de obras: Felix Fabri (Aachen, 1482, reimp. em Augsburgo, 1512); Diepenbrock (*H. Susos Leben und Schriften*, Regensburg, 1829); Strange (Colônia, 1861); Denifle (Munique, 1876-1880); K. Biehlmeyer (ed. crítica, Stuttgart, 1907; reimp., 1961); W. Lehmann (Jena, 1923); Hiller (Ratisbona, 1926). — Ver W. Preger, "Eine noch unbekannte Schrift Suso's", *Abhandlungen der bayerischen Akademie der Wissenschaften*, 1896. — Ed. do *Horologium Sapientiae* por Denifle-Richstaetter, 1929. — Trads. latinas: 1555, 1558, 1615.

Cartas: W. Preger, *Die Briefe H. Suso's*, 1867.

Ver: R. Seeberg, *Ein Kampf um jenseitiges Leben. H. S.*, 1889. — A. Lang, *H. S.*, 1911. — A. Micklas, *Die Terminologie des Mystikers H. S. besonders die psychologischen, logisch-metaphysichen und mystichen Ausdrücke*, 1914 (tese). — Ludwig Heieck, *Das Verhältnis des ästhetischen zum Mystischen, dargestellt an H. S.*, 1936 (tese). — Konrad Gröber, *Der Mystiker H. S.*, 1941. — Joseph Buhlmann, *Christuslehre und Christusmystik des H. S.*, 1942. — J. A. Bizet, *Suso et le déclin de la scholastique*, 1946. — Id., *Suso et le Minnesang*, 1947. — Giuseppe Faggin, *Meister Eckhart e la mistica tedesca preprotestante*, 1946. — E. Filthaut, ed., *H. S. Studien zum 600. Todestag*, 1966. — H. Stirnimann, "Mystik und Metaphorik: Zu Seuses Dialog", *Freie Zeitschrift für Philosophie und Theologie*, 25 (1978), 233-303. — W. Nigg, *Das mystische Dreigestirn: Meister Eckhart, J. Tauler, H. S.*, 1988. ○

SUSPENSÃO DO JUÍZO. Ver Epoché; Ceticismo, céticos; Fenomenologia.

SWEDENBORG, EMANUEL (1688-1772). Nascido em Estocolmo, filho de Jesper Swedenborg e da rainha Ulrica Eleonor da Suécia. Durante muitos anos se dedicou à pesquisa científica e técnica, ocupando vários cargos, entre eles o de assessor do Real Colégio de Minas, que abandonou em 1747. No curso de numerosas viagens ao continente e à Inglaterra, entrou em relação com várias personalidades científicas e filosóficas. No entanto, por volta de 1743 começou a duvidar da ciência e da técnica e já em 1747 se consagrou por inteiro a suas especulações místico-religiosas, que exerceram considerável influência, a tal ponto que seus partidários (Thomas Hartley, John Clowes, Robert Hindmarsh e outros) fundaram, com base nos ensinamentos de Swedenborg, uma nova Igreja, a chamada "Igreja da Nova Jerusalém", que tem membros em vários países, principalmente na Inglaterra, Estados Unidos, Suíça, Suécia e Alemanha. O próprio Swedenborg não tinha intenção de fundar uma nova seita religiosa, mas pretendia abarcar com suas doutrinas os membros de todas as igrejas cristãs, mas seu anúncio de que com seus ensinamentos advinha a segunda chegada do Senhor deu impulso sobretudo ao aspecto religioso dos mesmos. Swedenborg acreditava, com efeito, que o próprio Deus lhe revelava, mediante visões, um novo sentido das Escrituras e uma nova visão do mundo dos espíritos. Este mundo estava, a seu ver, em estreita relação com o mundo terrestre, pois este último refletia o mundo espiritual e podia entrar em contato com ele. Segundo Swedenborg, o homem consiste fundamentalmente em amor e vontade, que devem abrir caminho durante a vida nesta terra, de tal sorte que o destino ultraterreno do homem depende do que tenha feito aqui com sua autêntica natureza espiritual. Quando o homem chega a espiritualizar-se na máxima proporção possível nesta terra compreende então a realidade do outro mundo inteligível, cujo centro é Deus, que não é uma trindade de pessoas, mas uma trindade de essência (amor, sabedoria divina e ação divina).

Swedenborg é conhecido na história da filosofia principalmente pela atitude hostil de Kant para com suas doutrinas. Na obra *Träume eines Geistersehens, erläutet durch Träume der Metaphysik (Sonhos de um visionário explicados pelos sonhos da metafísica)*, publicada anonimamente em 1766, o filósofo alemão combateu as fantasias metafísico-espiritualistas de Swedenborg e fez notar que o uso de uma lógica na apresentação das pretensas visões espirituais não constitui nenhuma garantia de que correspondam à realidade, por não estarem fundadas em nenhuma experiência. Salientou-se, porém, que, em data posterior, Kant não rejeitou por inteiro pelo menos uma das idéias swedenborgianas: a possibilidade de um mundo inteligível no qual os espíritos estejam em contato e relação mútuos.

➲ Obras: *Opera philosophica et mineralia*, 3 vols., 1734. — *De cultu et amore Dei*, 1744-1745. — *Arcana coelestica*, 8 vols., 1749-1765. — *De Coelo et eius mirabilibus, et de Inferno, ex Auditis et Visis*, 1758. — O

Swedenborg Institut de Basiléia publica reedições de obras de Swedenborg; por exemplo, em 1953 apareceu o primeito tomo da edição de 1734 de *Opera philosophica et mineralia*.
Bibliografia: J. Hyde, *A. Bibliography of the Works of E. Swedenborg*, 1906.
Ver: R. A. Hoffmann, *Kant und S.*, 1909. — H. Maltzahn, *E. S., sein Werk, sein Weg, sein Weltbild*, 1939. — E. Benz, *S. in Deutschland. F. C. Oetingers und I. Kants Auseinandersetzung mit der Person und Lehre Swedenborgs*, 1947. — Signe Toksvig, *E. S. Scientist and Mystic*, 1948. — C. S. Sigstedt, *The Swedenborg Epic: The Life and Works of E. S.*, 1952. — K. W. Cameron, *Emerson the Essayist*, 1972. — V. MacDermot, *E. S.'s Philosophy of the Human Organism*, 1974. — A. Ç. Ferber, *We Are Immortal: An Introduction to the Philosophy of E. S.*, 1975. — C. Garrett, "S. and the Mystical Enlightenment in Eighteenth-Century England", *Journal of the History of Ideas*, 45 (1984), 67-82. — J. A. A. Pacheco, "S. y Unamuno", *Pensamiento*, 43 (1987), 53-57. — H. Bergmann, ed., *E. S., 1688-1772*, 1988. ᴄ

SWINESHEAD, RICARDO, foi *Fellow* no Merton College, Oxford (seu nome ainda aparece nos registros correspondentes a 1355). Swineshead é um dos mais destacados mertonianos (ᴠᴇʀ), junto com Tomás Bradwardine, Guilherme Heytesbury e João Dumbleton. Por suas contribuições à mecânica e, sobretudo, à cinemática dos mertonianos e especialmente por seu *Liber calculationum*, foi chamado *Calculator* (parece que pela primeira vez por Angelo de Fossambruno). Discípulo de Tomás Bradwardine, Swineshead criticou a fundo a teoria do ímpeto (ᴠᴇʀ) de João Buridan. Swineshead ocupou-se dos problemas relativos ao movimento dos corpos, estudando sobretudo os processos da aceleração *(intensio)* e "deceleração" *(remissio)* e os dois tipos de aceleração: uniforme e não uniforme (ou "diforme").

Examinou também o movimento dos corpos rotatórios, as questões relativas à densidade dos corpos (como relação entre quantidade ou volume e massa) e outras questões a que nos referimos no verbete Mᴇʀᴛᴏɴɪᴀɴᴏs. As opiniões de Swineshead foram, como indica Anneliese Meier, "muito influentes sobre a orientação inteira da filosofia natural da escolástica última" e constituem um dos precedentes da física moderna. Entre os "cálculos" de Swineshead destacam-se os referentes à relação entre aceleração e velocidade, e entre velocidade e distância. Seguindo outros mertonianos, e especialmente Heytesbury, Swineshead distinguiu quantidade de força e intensidade e estabeleceu uma divisão das intensidades.

➲ Obras: devemos a Swineshead o *Liber calculationum* (Pádua, *ca.* 1477; Pavia, 1498; Veneza, 1520); um tratado *De motibus naturalibus (De primo motore)* [embora às vezes se atribua este tratado a um tal Rogério Swinehead], do qual se conservam vários manuscritos; e possivelmente um tratado *De motu* (do qual só se conservam dois fragmentos).

Ver: P. Duhen, *Études*, III, 413-420, 451-460. — Anneliese Meier, *Die Vorläufer etc.*, pp. 4, 49 ss., 75, 96 ss., 109, 114, 117, 128, 139, 194. — Id., *Zwischen etc.*, pp. 133-149, 264. — Id., *Hintergründe etc.*, 21, 43, 191, 249, 268 ss., 272, 275, 281 ss., 284, 299, 337, 355, 360 (ver títulos completos de todas estas obras na bibliografia de Mᴇʀᴛᴏɴɪᴀɴᴏs). — Ver também Marshall Clagett, *The Science of Mechanics in the Middle Ages*, 1959 [The University of Wisconsin Publications in Medieval Science, 4], pp. 96-97, 201-204, 208-209, 215, 218, 243-246, 252, 256, 263, 266, 274, 287, 297, 290-304, 403, 440-441, 443, 631, 646, 649, 651-652, 654-655, 657, 659, 676-677. — J. Coleman, "Jean de Ripa O. F. M. and the Oxford Calculators", *Medieval Studies*, 37 (1975), 130-189. ᴄ

SWITALSKI, WLADISLAUS. Ver Gᴇʏsᴇʀ, Jᴏsᴇᴘʜ.

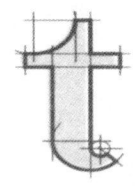

TABELA PITAGÓRICA. Ver Pitágoras; Pitagóricos.

TABELAS ANALÍTICAS. Ver Tabelas (Método de).

TABELAS DE VERDADE. Chamam-se "tabelas de verdade" as que podem ser formadas para determinar "mecanicamente" a verdade ou falsidade de uma fórmula sentencial (ou de um enunciado sentencial) uma vez conhecidos os valores de verdade das fórmulas componentes. Um dos usos mais freqüentes das tabelas de verdade na lógica consiste na identificação de tautologias (ver Tautologia).

Podem ser formadas tabelas de verdade para qualquer fórmula sentencial. Convém, todavia, para fins de simplicidade, começar com a formação de tabelas de verdade correspondentes aos conectivos '⏋', '∧', '∨', '→', '↔', e '↮'.

Para tanto, coloca-se à esquerda da tabela a coluna ou colunas contendo na ordem de aparição as letras de que se compõe a fórmula sentencial e debaixo delas todas as suas possibilidades de verdade e falsidade. À esquerda da tabela se coloca a coluna com os valores de verdade da fórmula sentencial. Quando só se tem uma letra sentencial, a coluna se compõe de duas linhas, por haver somente dois valores possíveis; assim, para 'p' a coluna é:

p
V
F

onde 'V' se lê 'verdade' ou 'é verdadeiro' e 'F' se lê 'falsidade' ou 'é falso'.

Quando se tem duas letras sentenciais, as duas colunas se compõem de quatro linhas por haver quatro possibilidades de valores de verdade; assim, para 'p', 'q' são:

p	q
V	V
F	V
V	F
F	F

Construamos agora as tabelas de verdade correspondentes aos seis mencionados conectivos.

Para '⏋' temos:

p	⏋q
V	F
F	V

Para '∧' temos:

p	q	$p \wedge q$
V	V	V
F	V	F
V	F	F
F	F	F

Para '∨' temos:

p	q	$p \vee q$
V	V	V
F	V	V
V	F	V
F	F	F

Para '→' temos:

p	q	$p \rightarrow q$
V	V	V
F	V	V
V	F	F
F	F	V

Para '↔' temos:

p	q	$p \leftrightarrow q$
V	V	V
F	V	F
V	F	F
F	F	V

Para '↔' temos:

p	q	p ↔ q
V	V	F
F	V	V
V	F	V
F	F	F

Como vimos no verbete SHEFFER (TRAÇO DE), podem ser formadas tabelas de verdade para os conectivos '↓' e '|'.

Para '↓' temos:

p	q	p ↓ q
V	V	F
F	V	F
V	F	F
F	F	V

Para '|' temos:

p	q	p | q
V	V	F
F	V	V
V	F	V
F	F	F

Suponhamos agora que nos propomos averiguar os valores de verdade para as seguintes fórmulas:

$(p \wedge q) \to p$
$\neg (p \to (p \vee q))$
$\neg (p \wedge q)$

Para '$(p \wedge q) \to p$' temos:

p	q	p ∧ q	(p ∧ q) → p
V	V	V	V
F	V	F	V
V	F	F	V
F	F	F	V

o que mostra que cada fórmula citada é uma tautologia, já que em todos os casos o resultado é V.

Para '$\neg (p \to (p \vee q))$' temos:

p	q	p ∨ q	p → (p ∨ q)	¬ (p → (p ∨ q))
V	V	V	V	F
F	V	V	V	F
V	F	V	V	F
F	F	F	V	F

o que mostra que a citada fórmula é uma contradição, já que em todos os casos o resultado é F.

Para '$\neg (p \wedge q)$' temos:

p	q	p ∧ q	¬ (p ∧ q)
V	V	V	F
F	V	F	V
V	F	F	V
F	F	F	V

o que mostra que a citada fórmula é uma fórmula indeterminada, já que o resultado é F e V.

A construção de tabelas de verdade para fórmulas com mais de duas letras sentenciais se faz de acordo com o mesmo método. Tomemos como exemplo as letras sentenciais 'p', 'q', 'r'. As colunas de V e F para as mesmas são:

p	q	r
V	V	V
F	V	V
V	F	V
F	F	V
V	V	F
F	V	F
V	F	F
F	F	F

Consideremos a fórmula:

$(p \to q) \to ((r \vee p) \to (r \vee q))$

A tabela de valores de verdade para a mesma é:

p	q	r	p → q	r ∨ p
V	V	V	V	V
F	V	V	V	V
V	F	V	F	V
F	F	V	V	V
V	V	F	V	V
F	V	F	V	F
V	F	F	F	V
F	F	F	V	F

r ∨ p	(r ∨ p) → (r ∨ p)	(p → q) → ((r ∨ p) → (r ∨ p))
V	V	V
V	V	V
V	V	V
V	V	V
V	V	V
V	V	V
F	F	V
F	V	V

o que mostra que a citada fórmula é uma tautologia.

As tabelas anteriores compreendem somente dois valores de verdade, pertencem à lógica bivalente. Podem ser formadas tabelas de verdade para lógicas polivalentes (ver POLIVALENTE). Tomemos como exemplo uma lógica trivalente, com valores de verdade designáveis mediante '1', '2', '3', que podem ser lidos respectivamente 'é verdadeiro', 'não é nem verdadeiro nem falso', 'é falso'. A coluna para uma letra sentencial, 'p', é:

p
1
2
3

As colunas para duas letras sentenciais, 'p', 'q', são:

p	q
1	1
2	1
3	1
1	2
2	2
3	2
1	3
2	3
3	3

A tabela de verdade para '⏋' é:

p	⏋p
1	3
2	2
3	1

A tabela de verdade para '∧' é:

p	q	p ∧ q
1	1	1
2	1	2
3	1	3
1	2	2
2	2	2
3	2	3
1	3	3
2	3	3
3	3	3

A tabela de verdade para '∨' é:

p	q	p ∨ q
1	1	1
2	1	1
3	1	1
1	2	1
2	2	2
3	2	2
1	3	1
2	3	2
3	3	3

A tabela de verdade para '→' é:

p	q	p → q
1	1	1
2	1	1
3	1	1
1	2	2
2	2	1
3	2	1
1	3	3
2	3	2
3	3	1

A tabela de verdade para '↔' é:

p	q	p ↔ q
1	1	1
2	1	2
3	1	3
1	2	2
2	2	1
3	2	2
1	3	3
2	3	2
3	3	1

A tabela de verdade para '↮' é:

p	q	p ↮ q
1	1	3
2	1	2
3	1	1
1	2	2
2	2	3
3	2	2
1	3	1
2	3	2
3	3	3

As tabelas de verdade foram usadas para demonstrar que as fórmulas do cálculo sentencial de Whitehead-Russell são decidíveis. Uma fórmula de tal cálculo sentencial pode ser provada se, e somente se, for uma tautologia.

O método das tabelas de verdade constitui um aspecto do chamado "método de tabelas" (ver TABELAS [MÉTODO DE]). Por outro lado, chamou-se "método de tabelas" um método menos fastidioso que o das tabelas de verdade.

Não faltam indícios de que a idéia subjacente às tabelas de verdade era conhecida na Antigüidade. Isso ocorre com o condicional 'se... então', '→'. Sexto Empírico (*Adv. math.* II, 112-14) afirmou que todos os "dialéticos" estão de acordo em que uma proposição hipotética é válida "quando seu conseqüente segue-se [logicamente] a seu antecedente, mas há desacordo acerca de quando e como isso ocorre e foram propostos critérios opostos sobre este 'seguir-se'". Segundo Sexto Empírico, Fílon de Megara declarou que todas as proposições hipotéticas são verdadeiras salvo para as que começam com o que é verdadeiro e terminam com o que é falso. Portanto, para Fílon de Megara uma proposição hipotética é verdadeira em três modos (τριχῶς) e falsa só em um modo. Assim, se começa com o verdadeiro e termina com o verdadeiro, é verdadeira, como em "Se é de dia, há luz". Se começa com o que é falso e termina com o que é falso, é também verdadeira, como em "Se a Terra voa, tem asas". Se começa com o falso e termina no verdadeiro, é também verdadeira, como em "Se a Terra voa, existe". Só as proposições que começam com o verdadeiro e terminam com o falso são falsas, como em "Se é de dia, é de noite". Em *Hyp. Pyrr.*, II, 110, Sexto Empírico reproduz argumentos análogos aos dados por Fílon de Megara. Em ambos os escritos, Sexto Empírico se refere ao desacordo entre Fílon de Megara e Diodoro Cronos, o qual afirmou que "uma proposição hipotética é verdadeira se nem admitiu nem admite que começa com a verdade e termina na falsidade" (*Adv. Math.*, II, 110). É claro, pois, que alguns filósofos antigos estavam familiarizados com o que se chamou "implicação material" — a que seguimos ao apresentar a tabela de verdade para '→' — e que também tinham idéia do que se chamou "implicação estrita". Fílon de Megara defendia a primeira, Diodoro Cronos, a segunda. Foi Peirce, ao que sabemos, o primeiro a chamar (em 1885) a atenção para este fato. Em seus *Collected Papers* (3.375), deu o seguinte exemplo: '*a* —< *b*' (onde '—<' é o signo usado para nosso '→' e que outros autores escrevem '⊃'). Mostrou que essa proposição é verdadeira "se *a* é falso ou se *b* é verdadeiro, mas que é falsa se *a* é verdadeiro enquanto *b* é falso". Em *Collected Papers* (3.441), Peirce se referiu à antiga disputa entre Fílon de Megara e Diodoro Cronos. Segundo Peirce, o ponto de vista de Diodoro Cronos é o natural nos que falam "os idiomas europeus"; o ponto de vista de Fílon "teve a preferência da maior parte dos lógicos. Sua vantagem é que é perfeitamente inteligível e simples. Sua desvantagem é que produz resultados que parecem ofender o senso comum".

As tabelas de verdade foram dadas — ainda que sem adotar a forma tabular — por Whitehead-Russell em *PM*, I 6, não só para o condicional, mas para todos os outros conectivos. No entanto, em I, 8 assinalaram que a verdade "não pode ser formalmente provada em cada caso particular", deixando assim de reconhecer uma lei geral que permite identificar verdades sentenciais e tautologias. O último foi reconhecido só por Łukasiewicz, E. Post e Wittgenstein.

TABELAS (MÉTODO DE). Um dos métodos de tabelas é o das chamadas "tabelas de verdade" (VER) ou tabelas veritativo-funcionais (ver VERITATIVO-FUNCIONAL). No entanto, chama-se especificamente de "métodos de tabelas" os que, seguindo os procedimentos de Gerhard Gentzen (VER) em seu sistema de dedução natural (VER), fazem uso das chamadas "árvores" (VER). Podemos fazer remontar a Gentzen ("Untersuchungen über das logische Schliessen", *Mathematische Schriften*, 39 [1034-1935], 176-201, 405-431) os vários métodos das tabelas hoje empregados. O método de prova de "seqüências" de Gentzen, junto com o das tabelas de verdade, está nas origens da formação por Evert W. Beth (*Les fondements logiques des mathématiques*, 1950, sobretudo, *The Foundations of Mathematics*, 1959) do que chamou "tabelas semânticas" *(tableaux sémantiques)*. Jaakko Hintikka (*Two Papers on Symbolic Logic*, em *Acta Philosophica Fennica*, 8 [1955]) propôs um método similar ao de Beth para construir conjuntos-modelos. Raymond M. Smullyan (*First-Order Logic*, 1968) desenvolveu umas tabelas analíticas *(analytic tableaux)* fundadas nas tabelas semânticas de Beth. Richard C. Jeffrey (*Formal Logic: Its Scope and Its Limits*, 1967) deu pela primeira vez ampla circulação ao método de tabelas sob a forma difundida de um "método de árvores". Esse método, que vem se estendendo, é adotado, entre outros, por Hugues Leblanc e Wiliam Wisdom em *Deductive Logic* (1972). A primeira apresentação em espanhol se deve a R. Beneyto ("Árboles, lógica y mecanismos de decisión", *Teorema*, 3 [1973], 189-313), que se refere a Smullyan e a Beth.

Dado que o método de tabelas de verdade figura entre os métodos de tabelas, pode ficar confuso dar este último nome geral (ou abreviado) apenas aos métodos de tabelas de verdade semânticas e tabelas de verdade analíticas de Beth e Smullyan respectivamente. Pelo uso que se faz das árvores nessas tabelas, fala-se às vezes de "método de árvores". Sendo eles, além disso, métodos para provas de inconsistência, as árvores de referência são também chamadas "árvores de consistência", de modo que os métodos de tabelas semânticas e analíticas ou versões dos mesmos podem ser caracterizados como métodos que usam árvores de consistência. No entanto, como a expressão 'tabelas de verdade' foi empregada para as que apresentamos no verbete correspondente, não há inconveniente em adotar o simples (geral ou abreviado) nome de 'método de tabelas' para os métodos que usam árvores de consistência.

O uso do método de tabelas tem três vantagens sobre o método das tabelas de verdade. Primeiro, este último quase sempre acaba sendo um estorvo. Segundo, o método das tabelas de verdade não segue os modos como se produzem naturalmente os raciocínios que validam conseqüências a partir de premissas (o que explica que se tenha adotado a expressão 'dedução natural' para o sistema seqüencial de Gentzen, que reflete tais modos "naturais"). Terceiro, as tabelas de verdade só se aplicam à lógica sentencial (proposicional) e são inoperantes na lógica (quantificacional) de primeira ordem. Com efeito, uma série de enunciados pode ser consistente em relação à sua dimensão veritativo-funcional e não sê-lo em relação à sua composição quantificacional, e vice-versa. Em contrapartida, o método de tabelas proporciona provas de consistência-inconsistência na ordem veritativo-funcional e na ordem quantificacional.

Há várias versões do método de tabelas, mas em todas elas se faz uso de árvores. Podem-se empregar (como Beth) duas árvores ou (como Hintikka e Smullyan) uma árvore. Ou empregando-se apenas uma árvore pode-se fazer de modo que cada ponto da árvore seja (como em Hintikka) um conjunto finito de fórmulas ou (como em Smullyan) uma única fórmula. A tendência parece ser a do uso de uma única árvore com uma única fórmula em cada ponto (Smullyan e Jeffrey).

Na versão que parece ser a mais difundida hoje, seguem-se duas regras básicas: decomposição de compostos e encerramento ou fechamento do ramo da árvore no qual se observe uma inconsistência. Um ramo que fica aberto, mas que não continua e no curso do qual não há contradição indica (em princípio) não inconsistência. O fechamento do ramo é indicado mediante o signo 'X'.

Exemplo de árvores para simples conectivos são:

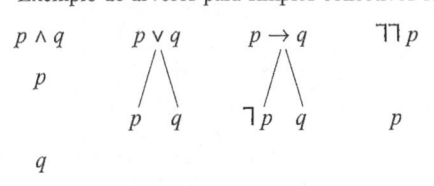

$p \wedge q$ $p \vee q$ $p \to q$ $\neg\neg p$
p
q $p \quad q$ $\neg p \quad q$ p

Estes exemplos são suficientemente claros. Observemos que para '→' se adota a regra de ramificar o antecedente e o conseqüente de modo a negar o antecedente. Podem-se formar facilmente árvores para outros conectivos. Assim:

$p \leftrightarrow q$
$p \quad \neg p$
$q \quad \neg q$

Comparemos uma simples tabela de verdade com uma tabela analítica. A fórmula '$p \wedge \neg p$' é inconsistente, isto é, falsa para quaisquer valores de 'p' como se vê em:

p	$\neg p$	$p \wedge \neg p$
V	F	F
F	V	F

Na correspondente tabela analítica temos:

$p \wedge \neg p$
―――――
p
$\neg p$
X

O ramo simples aparece fechado por inconsistência de 'p' com '$\neg p$'. A inconsistência se mostra "remontando" o ramo correspondente, que neste caso é um só.

Consideremos agora as seguintes expressões:
João não corre e não é verdade que não fuma,
João corre ou não dorme,
Se João fuma, então não é verdade que não fuma.
Traduzidas no simbolismo da lógica sentencial (proposicional) essas expressões são escritas respectivamente:

$\neg p \wedge \qquad \neg\neg q,$
$p \vee \qquad \neg r,$
$q \qquad \to \neg\neg r.$

Para formar uma tabela (analítica), escrevem-se primeiro as fórmulas em linhas separadas, procedendo-se a seguir à sua decomposição em ramos:

$\neg p \wedge$	$\neg\neg q$	1
$p \vee$	$\neg r,$	2
q	$\to \neg\neg r$	3
$\neg p$		4
$\neg\neg q$		5
q		6

$p \quad \neg r$ 7
X
$\neg \quad \neg\neg r$ 8
X   X

Pode-se ver que os três ramos terminais ficam fechados porque, seguindo em cada caso o ramo correspondente a partir de 4, observam-se inconsistências: 'p' (7) é inconsistente com 4, '$\neg q$' (8) é inconsistente com 6, e 'r' (9) é inconsistente com 7.

O uso de tabelas com árvores na lógica quantificacional segue os mesmos princípios gerais de formação de tabelas da lógica sentencial (proposicional). No entanto, há regras especiais para os quantificadores. Uma regra geral é a eliminação do maior número possível de quantificadores. Um caso simples é o de:

$\wedge x \, Fx,$

que é exemplificado por

$Fa.$

Entre as regras de exemplificação mencionamos a de que a exemplificação de quantificadores particulares e de negações de quantificadores universais deve preceder à de quantificadores universais e negações de quantificadores particulares.

Consideremos os seguintes enunciados:
Todos os alemães são europeus
Todos os europeus são responsáveis
Otto é alemão
Nem todos os alemães são irresponsáveis

Podemos traduzi-los no simbolismo da lógica quantificacional e ao mesmo tempo aplicar a regra de eliminação de quantificadores mediante as exemplificações mencionadas antes. Uma vez escritas as fórmulas (e negando a conclusão), introduzem-se as ramificações pertinentes. O resultado é o seguinte (prescindimos, por serem desnecessários, dos parênteses):

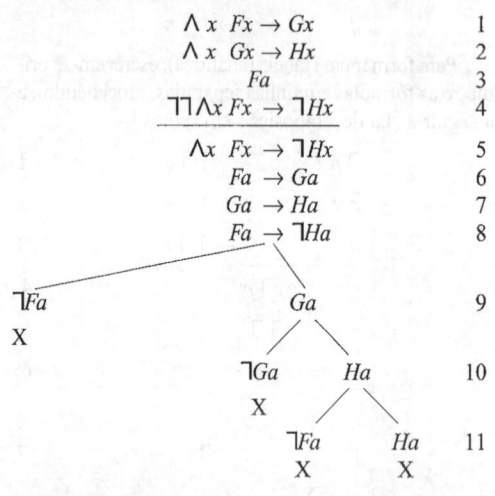

$$\bigwedge x\ Fx \to Gx \quad 1$$
$$\bigwedge x\ Gx \to Hx \quad 2$$
$$Fa \quad 3$$
$$\neg \bigwedge x\ Fx \to \neg Hx \quad 4$$
$$\overline{}$$
$$\bigwedge x\ Fx \to \neg Hx \quad 5$$
$$Fa \to Ga \quad 6$$
$$Ga \to Ha \quad 7$$
$$Fa \to \neg Ha \quad 8$$

```
    ┌──────────┴──────────┐
   ¬Fa                    Ga          9
    X                  ┌──┴──┐
                      ¬Ga    Ha       10
                       X   ┌─┴─┐
                          ¬Fa  Ha     11
                           X    X
```

Os ramos terminais ficam fechados. Sendo inconsistentes 1-4, *e sendo 4 a negação da conclusão dada no exemplo,* esta conclusão está implicada pelas premissas (por 1, 2 e 3).

O fato de um ramo das citadas árvores se fechar antes que se tenham decomposto todas as suas partes componentes indica que não é necessário desdobrar toda a informação (lógica) contida no ramo. O fato de um ramo ficar aberto quando se desdobrou toda a informação (lógica) correspondente ao mesmo indica apenas que o terminal é consistente com todos os níveis de que se compõe o ramo, mas pode ser inconsistente com alguns pontos de outro ramo. O fato de as árvores ficarem completamente fechadas indica inconsistência, mas como pode haver árvores que não fiquem fechadas mesmo sendo inconsistentes, é mister seguir regras, nas quais não entraremos aqui, para construir em todos os casos uma tabela com árvores que fique fechada se o conjunto de fórmulas correspondentes for inconsistente. Há vários sistemas de regras para tal efeito, que diferem segundo os autores, mas que têm a mesma finalidade de evitar concluir que há inconsistência só por haver completo fechamento.

Embora possam diferir em detalhes, há outros métodos similares ao apontado, chamados às vezes "métodos de árvores para a determinação dos valores de verdade". Por exemplo, e para nos limitarmos à lógica sentencial (proposicional), o mencionado Jeffrey — seguido, entre outros, por Albert E. Blumberg (*Logic: A First Course,* 1976, §§ 27-28) — procede igualmente à negação da conclusão que se supõe derivar-se das premissas. Tal negação, junto com as premissas, formam um "tronco", do qual se forma a árvore, remontando-se então pelo "tronco". Se os ramos ficam fechados, o argumento é válido porquanto o pressuposto de que a conclusão era válida leva a uma contradição. Assim, por exemplo, com as premissas:

$$p \to q \quad 1$$
$$p \to r \quad 2$$

e a conclusão: $\quad p \to r \quad 3$

se procede a formar o "tronco":

$$p \to q \quad 1$$
$$p \to r \quad 2$$
$$\neg(p \to r) \quad 3$$

onde o segundo (3) é a negação do primeiro (3). A árvore resultante é:

$$p \to q \quad 1$$
$$p \to r \quad 2$$
$$\neg(p \to r) \quad 3$$
$$\overline{}$$
$$p \quad 4$$
$$\neg r \quad 5$$

```
      ┌───┴───┐
     ¬q       r          6
   ┌──┴──┐    X
  ¬p     q                7
   X     X
```

O fechamento dos ramos prova que a conclusão se segue das premissas e é válida. Seguindo a versão anterior, os ramos teriam ficado abertos e se teria concluído igualmente que a conclusão é válida.

TABELAS SEMÂNTICAS. Ver Tabelas (Método de).

TABLEAUX SÉMANTIQUES. Ver Tabelas (Métodos de).

TÁBULA. O espírito, a mente etc. foram freqüentemente descritos como se fossem uma "tábula rasa", isto é, como se fossem uma laje, uma superfície, uma prancha, uma tabuinha para escrever *(tabula)* completamente plana, lisa, desocupada *(rasa).* Segundo esta descrição, o espírito, a mente etc. não possuem em princípio nenhuma noção, nenhuma idéia; noções e idéias são adquiridas pelo espírito, pela mente etc. à medida que a realidade — a "realidade exterior" — vai "escrevendo" ou "inscrevendo" suas "impressões" ou "signos" na tábula. O que "a realidade" imprime ou inscreve na tábula são primariamente impressões sensíveis, e com base nelas se formam as noções ou idéias. Na idéia do espírito, da mente etc. como "tábula rasa" pressupõe-se que o espírito é, pelo menos em princípio, antes de entrar em contato com a realidade, algo fundamentalmente "recipiente".

A concepção do espírito ou da mente como se fossem uma tábula rasa oferece numerosas variantes. 'Tábula rasa' pode significar que em princípio não há "nada" e que o que vai "constituindo" o espírito ou a mente são as impressões sensíveis. Esta é a interpretação própria ao sensacionismo ou sensualismo (VER) radicais. 'Tábula rasa' pode significar também que o espírito ou a mente não possuem em princípio nenhuma noção, mas que há, de qualquer modo, uma capacidade receptora de impressões sem a qual estas não poderiam "inscrever-se" na "tábula". Esta é a interpretação própria de muitas formas de empirismo (VER) moderado. Segundo esta tendência, nada há no espírito (no intelecto) que não tenha estado antes nos sentidos: *Nihil est in intellectu quod prius non fuerit in sensu* (VER), mas 'nada' quer dizer "nenhuma noção" ou "nenhuma idéia". Alguns autores não somente admitem que o espírito, a mente, o intelecto etc. é "receptor", mas admitem inclusive que é "transformador". Continua-se admitindo a idéia da "tábula rasa", mas se acrescenta que ela corresponde ao intelecto (VER) em potência. Este possui potencialmente as noções ou idéias (o inteligível), mas somente o intelecto real ou atual as possui efetivamente ou pelo menos as elabora (com base nos "dados dos sentidos"). Os que se opõem à idéia do intelecto como tábula rasa admitem que o intelecto possui noções ou idéias inatas (ver INATISMO), mas esta concepção também adota diversas formas. Para alguns autores as próprias impressões sensíveis estão "contidas" originalmente na alma; para outros, em contrapartida, o que está "contido" na alma são certos princípios ou noções básicos, por meio dos quais se "absorvem", comparam etc. as impressões sensíveis.

Na filosofia antiga costuma-se contrapor Aristóteles a Platão como exemplos de contraposição entre uma concepção do intelecto como tábula rasa e uma concepção "inatista". Deve-se observar que, ainda que esta contraposição seja *grosso modo* adequada, não se deve simplificá-la em excesso. O próprio Platão concebe pelo menos a memória — ou, se se quiser, as "inscrições" de acontecimentos na memória — com base na comparação com uma tábula de cera (*Theat.*, 191 D). Por outro lado, Aristóteles não adota, ou não adota sempre, uma atitude radicalmente "sensualista". É certo que em *De an.*, III, 4, 430 a, ele introduz a famosa comparação da mente com uma tabuinha para escrever na qual nada há efetivamente escrito; a mente é γραμματεῖον. Mas esta descrição da mente é somente uma parte da "psicologia" de Aristóteles. Os comentadores de Aristóteles que acentuaram os motivos sensacionistas deram grande ênfase à idéia da mente como tábula rasa. Isso aconteceu sobretudo com Alexandre de Afrodísia pelas razões aduzidas no verbete INTELECTO. Na verdade, grande parte das idéias acerca da mente como tábula rasa procedem de Alexandre de Afrodísia. Isso se deve em boa medida ao fato de Alexandre ter usado pela primeira vez a expressão que se tornou famosa: πίναξ ἄγραφος, traduzida em latim por *tabula rasa* (comentário ao *De anima*, I, p. 84, 25; ed. Bruns). Os estóicos compararam o intelecto com um papiro e usaram a expressão χάρτης (*charta*, folha feita das camadas separadas do papiro).

A posição dos escolásticos acerca da idéia da tábula rasa dependeu de sua concepção da relação entre o intelecto e as impressões sensíveis. Embora não seja legítimo generalizar demasiado, pode-se dizer que durante a Idade Média houve duas grandes tradições: a agostiniana, de caráter "inatista" (em formas muito diversas), e a que posteriormente se concretizou na tomista, de caráter não inatista e, em certo nível de conhecimento, empirista moderada. No que toca à expressão *tabula rasa*, indicou-se (Überweg-Heinze, *Geschichte*, II) que já se acha em Egídio Romano (Gil de Roma) como versão do vocábulo aristotélico γραμματεῖον. Mas Clemens Baeumker ("Zur Vorgeschichte zweier Lockescher Begriffe", *Achiv für Geschichte der Philosophie*, 21, N. F., 14 [1908], 296-298) assinala que os termos *tabula rasa* se encontram em outros escolásticos, além de Egídio Romano. Exemplos são: Alberto Magno (*De an.*, III), ao conceber o intelecto passivo como uma *tabula rasa planata et polita*, disposta a receber os caracteres sem a intervenção do movimento (ao contrário do que ocorre na matéria); Santo Tomás (*S. theol.*, I, q. LXXIX, a 2), ao dizer que o intelecto humano está em potência em relação aos inteligíveis, isto é, que é em princípio *sicut tabula rasa in qua nihil est scriptum*. Encontra-se a expressão também em autores nos quais, por suas tendências agostinianas ou platônico-agostinianas, não se esperaria encontrá-la; isso ocorre com São Boaventura, que usa uma expressão análoga em *II Sent.*, dist. 1, pars 2, ad 2, 3 (ed. Claras Aquas, 1885, 42 b). A rigor, a expressão *tabula rasa* aparece nas primeiras versões latinas de Aristóteles. Num apêndice ao mencionado artigo (*ibid.*, pp. 516-517), Bauemker cita outra passagem de São Boaventura (*Sent.*, dist. 3, p. 2 a 2, q. 1) e outro de Alberto Magno (*Summa de creaturis*, L. q. XXIV, a 2) para o assunto que nos ocupa.

Na época moderna a idéia do intelecto, espírito, mente etc. como tábula rasa foi difundida sobretudo por Locke. No *Essay* (II, i, 2) Locke fala da mente como se fosse "um papel branco, vazio de letras" *(a white paper, void of all characters)*. Num resumo do *Essay* redigido para a tradução francesa, Locke emprega a mesma expressão *tabula rasa* ao indicar que tentou provar que a mente é "em princípio" — *at first* — uma *tabula rasa*. No verbete LOCKE e no verbete INATISMO — no qual resumimos as objeções de Locke à teoria das idéias inatas — estendemo-nos mais sobre o assunto. Agregaremos aqui que se pode interpretar o "raso" da mente em Locke de vários modos, conforme tomemos Locke como um empirista moderado ou como um sensualista radical. O primeiro modo de ver a teoria lockiana da mente como tábula rasa parece corresponder melhor à realidade, pois Locke não foi sensualista na forma extrema em que o foram autores como Condillac. Naturalmente, Leibniz, entre outros autores, se opôs à concepção da mente como tábula rasa, indicando que esta concepção — que, segundo Leibniz, é a de Locke e Aristóteles — se opõe à idéia de que nem tudo o que há na alma procede da experiência, pois a alma, diz Leibniz — de acordo com Platão e "até com a Escola" —, "contém originalmente os princípios de várias noções e doutrinas que os objetos externos se limitam a suscitar em ocasiões dadas". Estes princípios são comparados por Leibniz com as noções comuns (VER) e até com as *semina aeternitatis* (análogas às razões seminais [VER]) (*Nouveaux Essais*. Prefácio). Em alguma medida, Leibniz foi mais "antilockiano" a este respeito que outros "platônicos" pois, longe de conceber o espírito como uma tábula rasa, concebia-o como uma "tábula cheia"; cheia de todas as percepções, incluindo as futuras em virtude de "estar impregnada de futuro", que constitui uma das característica da alma como mônada.

A expressão 'tábula rasa', ou suas análogas, foi usada ainda com relativa freqüência na época de Condillac. Em geral, os autores chamados "empiristas", moderados ou não, usaram essa expressão como a mais adequada para dar conta da origem do conhecimento. Kant abordou a questão do conhecimento destacando o problema de sua validade mais que o de sua origem, razão por que era possível, em termos kantianos, admitir que a mente é geneticamente uma tábula rasa, mas que não o é em outras ordens distintas do puramente genético-psicológico. Depois de Kant, a expressão 'tábula rasa' foi menos usada, mas nem por isso desapareceu o problema que suscita o conceito designado pela expressão.

TACIANO, chamado "Taciano Assírio" (*ca.* 120). Nascido na Assíria (Assíria Eufratesiana), é um dos apologistas (VER) cristãos. Educado na tradição grega, converteu-se ao cristianismo em Roma, aparentemente por influência de São Justino. A partir de então atacou a filosofia grega em defesa da "filosofia bárbara", isto é, da sabedoria dos livros santos dos judeus e dos cristãos. Taciano considerou que esta sabedoria é imensamente superior à grega, e anterior a ela. É santa, moral, bela, perfeita em comparação com o caráter pecaminoso, imoral e defeituoso do pensamento de todos os filósofos e escritores gregos. Na elaboração de suas doutrinas teológicas, Taciano destacou a "solidão" do Pai, do qual o Filho ou o Verbo é a primeira manifestação (mesmo quando se acha intimamente unido, isto é, unido "por natureza", ao Pai). O Filho ou Verbo é o instrumento da criação. Taciano distinguiu dois espíritos: um, inferior, que anima os astros, anjos, animais e homens, e outro, superior, identificado com "a Luz". Por suas doutrinas ideológicas e por seu extremismo moral — que o levou a rejeitar a salvação de Adão, a condenar o matrimônio e a defender um ascetismo radical ou, como é chamado, o "encratismo" — Taciano chegou a ser considerado um herético.

➲ T. escreveu um *Discurso dos gregos*, Λόγος πρὸς Ἕλληνας (do qual fala Eusébio, *Hist. Ecc.* IV, xxix), o chamado *Diatessaron*, διὰ τεσσάρων ἐυαγγέλιον, ou harmonia sobre "os quatro Evangelhos" (únicos escritos conservados). Entre outros escritos de T. mencionados por vários autores figuram "Sobre a perfeição segundo o Senhor" (cf. São Clemente, *Strom.*, III, 13), "Sobre os seres vivos", "Sobre a natureza dos demônios", "Contra os que trataram as coisas de Deus", "Livro dos Problemas".

O *Discurso* em Migne, *PG*, VI; em *Corpus Apologetarum*, 1867-1872, ed. Th. Otto; em E. Schwartz, ed., *Texte und Untersuchungen*, VI, 1, 1888; em E.-J. Goodspeed, *Die ältesten Apologeten*, 1914.

Do *Diatessaron* se conservam versões árabe e latina. Para esta última, cf. Migne, *PL*, LXVIII, 251-358. Ver também Th. Zahn, "Tatians Diatessaron", em *Forschungen zur Geschichte des neutestament. Kanons* I (1871), 112-219.

Ver a bibliografia de APOLOGISTAS; e também: M. Elze, *T. und seine Theologie*, 1960. ◈

TAINE, HYPPOLITE [ADOLPHE] (1828-1893). Nascido em Vouziers (Ardennes), estudou na École Normale Supérieure de Paris. Depois de ensinar nos liceus de Nevers e Poitiers, completou seus estudos de doutorado na Sorbonne e foi nomeado em 1864 professor da Escola de Belas Artes, de Paris.

As tendências positivistas de Taine se mostram sobretudo em sua teoria do meio ambiente *(milieu)*, que é, no seu entender, o fator determinante de todo processo histórico, o qual está submetido por conseguinte às mesmas leis e pode ser objeto em princípio das mesmas previsões para os fenômenos da ciência natural. A identificação ontológica e metodológica da ciência moral com a ciência natural não impede, contudo, que Taine realize de fato um trabalho de crítica histórica não inteiramente compatível com este radical positivismo determinista. Por um lado, o fundo de sua concepção histórica é dominado por uma morfologia da cultura, na qual o estudo das condições externas está a serviço de uma imagem histórica em que cada um dos fatos de uma esfera cultural em um período determinado se encontra em estrita correspondência formal com os fatos das demais esferas na mesma época. Por outro lado, a necessidade de decompor os fatos complexos em elementos simples para sua ulterior reconstrução e comprovação, de acordo com as tendências da psicologia associacionista, é integrada numa metafísica em que se reconhece a estes elementos simples uma força e um poder criador. Daí o "axioma eterno que se pronuncia por sobre as coisas", o princípio, a um só tempo spinozano e hegeliano, que, representando a suma abstração, a fórmula mais geral de todos os processos do universo, é ao mesmo tempo seu criador e produtor, pois o "axioma eterno" é a seu modo um Absoluto, a substância ativa cujas modificações, submetidas a determinação e a lei, se sustentam em sua livre e incausada atividade.

⊃ Obras filosóficas principais: *De personis Platonicis*, 1853 (tese latina). — *Les philosophes français du XIXe siècle*, 1856. — *Le positivisme anglais. Étude sur J. Stuart Mill*, 1864. — *Philosophie de l'art*, 1865-1869. — *De l'intelligence*, 2 vols., 1870. — Obras históricas e literárias: *Essais sur les fables de La Fontaine*, 1853 (tese). — *Essai sur Tite-Live*, 1856. — *Essais de critique et d'histoire*, 1858-1894. — *Histoire de la littérature anglaise*, 1863. — *Nouveaux essais de critique et d'histoire*, 1865. — *Voyage en Italie*, 1866. — *Notes sur l'Angleterre*, 1872. — *Les origines de la France contemporaine*, 5 vols., 1876-1893 (I. *L'Ancien régime*, 1876; II. *La révolution. L'anarchie*, 1878; III. *La conquête jacobine*, 1881; IV. *Le gouvernement révolutionnaire*, 1884; V. 1. *Le régime moderne*, 1891; V. 2 [póstumo], *id., id.*, 1893).

Em português: *Do ideal na arte*, 1939. — *Filosofia da arte na Itália*, 1992.

Ver: A. Mollière, *Essai sur la philosophie de l'art de M. T.*, 1866. — A. de Marguerie, *M. T.*, 1894. — G. Barzellotti, *Ippolito T.*, 1895. — V. Giraud, *Essai sur T., son oeuvre et son influence*, 1901. — P. Lacombe, *La psychologie des individus et des sociétés chez T.*, 1906. — Ch. Picard, *Discours sur H. T.*, 1909. — K. Macard, *Taines Milieutheorie im Zusammenhang mit ihren erkenntnistheoretischen Grundlagen*, 1910 (tese). — D. D. Rosca, *L'influence de Hegel sur T., théoricien de la connaissance et de l'art*, 1928. — Victor Giraud, *H. T. Études et documents*, 1928. — A. Chevrillon, *T., formation de sa pensée*, 1932. — M. Leroy, *T.*, 1933. — C. A. Schmidt, *H. Taines. Theorie des Verstehens im Zusammenhang mit seiner Weltanschauung*, 1936. — G. Castigione, *T.*, 1946. — A. Cresson, *H. T. Sa vie, son oeuvre, avec un exposé de sa philosophie*, 1951. — S. J. Kahn, *Science and Aesthetic Judgment: A Study in Taine's Critical Method*, 1953. — L. Weinstein, *Taine*, 1972. — C. Evans, *T. Essai de biographie intérieure*, 1975 [particularmente o problema do uno e do múltiplo em T.]. — F. Léger, *Biographie de H. T.*, 1981. ⊂

TAL, TALIDADE. O adjetivo 'tal' é usado na lógica como um pronome indeterminado, como ocorre nas descrições (ver Descrição). 'O tal' designa o ente do qual se diz que é "tal e qual" como, por exemplo, em "O autor do *Quixote* esteve na prisão". Aqui, 'o autor do *Quixote*' é "O tal" que esteve na prisão. De acordo com as normas estabelecidas na teoria das descrições (ver), o tal de que se fala é um tal do qual deve haver pelo menos um e no máximo um, e do qual se possa dizer que é "tal e qual".

O que caracteriza todo "ser tal" pode ser chamado "talidade". Zubiri indicou que se "a essência é aquilo que faz com que o real seja 'tal' como é", a essência será essência de imediato "na ordem da talidade" (*Sobre la esencia*, 1962, p. 357). Ora, a talidade não é, segundo Zubiri, uma determinação categorial no sentido corrente. Não pode sê-lo porque o que caracteriza formalmente a essência de uma coisa são suas características enquanto "características-de", e estas "características-de" são ao mesmo tempo o "conteúdo-de". Este "conteúdo-de" é, diz Zubiri, "a talidade das características". As características "talificam", o que não quer dizer determinar um sujeito por tal característica, mas "conferir tal conteúdo a um sistema *por ser 'característica-de'*" (*ibid.*, p. 359). Por serem as características em questão características de um sistema, a talificação afeta não apenas as características mas o próprio sistema. Daí que a talidade seja mais rica, e mais precisa, que a mera determinação. E daí também que, inclusive quando se trata de um ente singular, a talidade seja também singular. "A realidade física da essência na ordem da talidade", escreve Zubiri, "é aquilo segundo o qual a coisa é 'isto' e não o 'outro', ou seja, é a maneira de estar 'construída' a coisa real como 'tal'" (*ibid.*, p. 371). Mas, além disso, "por sua própria talidade, a essência (ver) tem uma função transcendental" (*ibid.*, p. 475), já que faz com que a coisa seja "de seu", isto é, que tenha realidade.

TALANTE. Ver Aranguren, José Luis L.; Têmpera.

TALES DE MILETO (*ca.* 640/639-546/545 a.C.). Foi, como diz Diógenes Laércio, "o primeiro que teve o nome de sábio quando se nomearam assim os sete". Na realidade não se sabe se nasceu em Mileto ou ser era, como diz Heródoto, de origem fenícia. Legislador de Mileto, matemático e astrônomo, é tradicionalmente o "pai da filosofia grega", "o fundador", diz Aristóteles, "deste tipo de filosofia", isto é, da filosofia jônica que considerava como princípios das coisas os que procedem, acrescenta o Estagirita, "da natureza da matéria". Ao perguntar-se por que as coisas são, ao indagar pelo princípio da mudança, Tales efetivamente localizou o problema capital da filosofia e, com isso, teve começo histórico a maturidade da filosofia. Tales responde a essa pergunta assinalando a água como princípio das coisas ou, melhor dizendo, o úmido, do qual as coisas são alterações, condensações ou dilatações. Mas esse princípio é não apenas o fundamento das coisas, aquilo em que as coisas consistem, mas o princípio da vitalidade de todo o vivente, tal resposta parece ser a conseqüência da observação de que o sêmen é líquido e de que o mar rodeia e cerca tudo. A isso se juntava a consideração de que todas as coisas são animadas e que, portanto, a matéria se reduz, em última análise, à alma, que é imperecível e imortal.

🔿 Fragmentos: Diels-Kranz, 11 (1) e Dióg. Laér., I, 22-4.

Ver: F. Decker, *De Thaleto Milesio*, 1865. — Paul Tannery, "Thalès de Milet ce qu'il a emprunté à l'Égypte", *Revue philosophique*, 9-10 (1880). — A. Doring, "Thales", *Zeitschrift für Philosophie und philosophische Kritik*, 117 (1909), 179-195. — J. Dörfler, "Die kosmogonischen Elemente in der Naturphilosophie des Thales", *Archiv für Geschichte der Philosophie*, 25 (1912), 305-331. — C. Ritter, "Kleinigkeiten zu Thales, Herakkleitos, Gorgias", *Philologus*, 73 (1914), 237-243. — C. H. van Os, "Alles is wasser", *De Gids*, I, 3 (1937). — Antonio Maddalena, *Sulla Cosmologia ionea da Talete a Eraclito*, 1940. — Stanley H. Rosen, "Thales: The Beginning of Philosophy", em *Essays in Philosophy by Members of the Philosophy Department of Pennsylvania State University*, 1962; versão revisada em *Arion*, vol. I (n° 1, September 1962), pp. 23-43. — G. E. R. Lloyd, *Early Greek Science: Thales to Aristotle*, 1970.

Ver também as bibliografias dos verbetes FILOSOFIA GREGA; PRÉ-SOCRÁTICOS. ⊂

TALMUDE. Ver FILOSOFIA JUDAICA.

TANABE HAJIME (1885-1962). Nascido em Tóquio, estudou ciência e depois filosofia na universidade da mesma cidade. De 1913 a 1918 ensinou na Universidade Tohoku de Sendai e a partir de 1918 na Universidade de Kyoto, formando com seu mestre Nishida Kitaro (VER) a chamada *Kyoto-ha* ou escola de Kyoto (e também escola de Nishida-Tanabe). Foi importante a temporada de Tanabe Hajime na Alemanha, de 1922 a 1924, onde se familiarizou com o neokantismo da Escola de Marburgo e com Husserl.

Tanabe Hajime é considerado discípulo de Nishida Kitaro, a quem seguiu em várias obras, especialmente em vários trabalhos de filosofia da ciência, que aspiravam a completar o pensamento de seu mestre. No entanto, especialmente a partir de 1930, Tanabe Hajime manifestou opiniões muito diferentes de (e até diametralmente opostas a) Nishida Kitaro. O pensamento de Tanabe Hajime, especialmente o que se desenvolveu depois de seus primeiros trabalhos em filosofia da matemática e da ciência, se compreende em grande parte em função da situação histórica do Japão no trânsito da guerra ao pós-guerra e com respeito à ameaça de destruição nuclear global.

Alguns consideram que os trabalhos mais consideráveis de Tanabe Hajime são os consagrados à filosofia da matemática e da ciência, tanto os anteriores à sua estada na Alemanha como os produzidos depois de 1924, especialmente pela influência de Hermann Cohen e da escola de Marburgo. Um dos aspectos capitais nestes trabalhos é a tentativa de Tanabe Hajime de dar um fundamento intuitivo (no sentido kantiano de 'intuitivo') à formação do conceito de número e de série matemática.

O interesse de Tanabe Hajime por Husserl, e também por Heidegger, cedeu vez a um interesse crescente por Hegel e pela dialética. Tanabe Hajime desenvolveu o que considerou uma dialética absoluta. Isso o levou a considerar questões sociais e nacionais, descuidadas, a seu ver, por Nishida Kitaro, e a formular a chamada "lógica das espécies". Correspondente à articulação do indivíduo com a espécie e o gênero, há uma articulação do indivíduo humano com a nação e o gênero humano; assim como a espécie faz a mediação entre o indivíduo e o gênero, a nação faz a mediação entre o indivíduo humano e o gênero humano. Isto pareceu levar Tanabe Hajime a um pensamento "nacionalista", mas às acusações que se lhe formularam a respeito ele respondeu com uma reformulação da dialética absoluta, mediante a qual se nega que mesmo o elemento mediador (a espécie) subsista por si mesmo.

O pensamento de Tanabe Hajime culminou numa "filosofia do arrependimento", que representava uma tentativa de eliminar e superar todas as filosofias em um movimento crítico absoluto cuja finalidade era o "nada absoluto". Esse "nada" não é, porém, uma completa eliminação, mas uma espécie de purificação, que se manifestou em Tanabe Hajime com a insistência em temas religiosos e religioso-existenciais. Quanto a isso, esboçou uma integração de certas correntes do pensamento ocidental com o budismo Zen.

🔿 Obras: *Saikin no shizenkagaku*, 1915 *(Ciência natural recente).* — *Kagaku gairon*, 1918 *(Esboço de ciência).* — *Kanto no mokutekiron*, 1924 *(A teleologia de Kant).* — *Suri tetsugaku kenkyu*, 1925 *(Estudo de filosofia da matemática).* — *Tetsugaku tsuron*, 1933 *(Elementos de filosofia).* — *Shakai sonzai no ronri*, 1934 *(A lógica do ser social).* — "Shu no ronri", *Tetsugaku kankyu*, 1934 ("A lógica das espécies"). — *Zangedo toshite no tetsugaku*, 1946 *(Filosofia como arrependimento).* — *Shu no ronri no benshoho*, 1947 *(A dialética da lógica das espécies).* — *Jitsuzon no ai to jissen*, 1947 *(Existência, amor e práxis).* — *Kirisutokyo no benshoho*, 1948 *(A dialética do cristianismo).*

Ed. de obras completas: *Tanabe Hajime zenshu*, 15 vols., 1964.

Ver: Gino K. Piovesana, *Recent Japanese Philosophical Thought 1862-1962*, 1963, pp. 145-158. — J. Laube, *Dialektik der absoluten Vermittlung. H. T.s Religionsphilosophie als Beitrag zum "Wettsreit der Liebe" zwischen Buddhismus und Christentum*, 1984. ⊂

TANATOLOGIA. Algumas vezes esse nome foi usado para designar uma "ciência da morte", no sentido de um conjunto de regras e técnicas destinadas a produzir a morte, sobretudo a morte em massa por meio da guerra, do terror etc. Falou-se, assim, de "tanatólogos" para designar os "especialistas em (produzir) mortes". Esse uso, contudo, é excepcional. Mais correntemente se dá o nome de tanatologia a todo estudo ou grupo de estudos relativos à morte (VER), θάνατος, especialmente à morte humana. Assim concebida, a tanatologia — cultivada por médicos, biólogos, sociólogos, historiadores etc. — se ocupa de vários problemas como os seguintes: a situação do moribundo diante de outras pessoas e da sociedade em que vive; a atenção médica, psicológica e psiquiátrica ao moribundo; a relação entre a estrutura social e os modos como é concebida a morte; o problema da morte voluntária ou suicídio (VER) e sua aceitação ou não-aceitação segundo convicções religiosas, convenções sociais, atitudes pessoais etc.; a questão da eutanásia ou possibilidade de interromper a vida de pessoas que sofram enfermidades incuráveis ou que experimentem dores insuportáveis; a interrupção dos meios (geralmente, médicos) que contribuem para que uma pessoa continue estando viva e a legitimidade ou ilegitimidade de tal interrupção ("morte por misericórdia") em casos extremos, especificamente em casos considerados incuráveis etc.

Uma vez que os problemas concretos relativos à morte humana estão ligados, por um lado, a questões biológicas e sociais e, pelo outro, a questões morais, o que se poderia chamar "filosofia da morte", sempre que não seja meramente especulativa, isto é, sempre que proporcione reflexões e análises críticas das citadas questões, está estreitamente ligada à tanatologia na segunda das acepções acima mencionadas, podendo-se dizer que não há diferença entre uma e outra, ou que a filosofia da morte é a parte mais filosófica, reflexiva e, sobretudo, crítica da tanatologia.

Sob a direção de Austin H. Kutscher, constituiu-se em Nova York uma "Fundação de Tanatologia" *(The Foundation of Thanatology)*, que oferece seminários e cursos sobre o envelhecimento e a morte, realiza conferências regulares e publica um boletim: *The Thanatology News*. Boa parte das atividades da citada "Fundação" estão relacionadas com serviços médicos e psiquiátricos. Os estudos propostos e realizados pela "Fundação" também estão ligados a questões relativas aos que sobrevivem e sua atitude ante a morte de pessoas conhecidas ou de familiares.

TAOÍSMO. Limitar-nos-emos a destacar as principais idéias taoístas de interesse filosófico. Dada a índole de nossa obra, não nos compete debater o problema das origens e desenvolvimentos do taoísmo como uma das três grandes religiões chinesas — junto com o budismo e o confucionismo —, mas destacaremos que, segundo as pesquisas de Henri Maspero e outros autores, constitui uma simplificação a opinião comum vigente até há relativamente pouco tempo segundo a qual o taoísmo é um conjunto de idéias metafísicas e místicas propostas por Lao-tsé no século VI ou V a.C., e rapidamente transformadas numa série de práticas religiosas corrompidas gradualmente até dar lugar ao conjunto de superstições que, sob o nome de neotaoísmo, persistiram até nossos dias.

As doutrinas cuja breve exposição nos interessa são as que estão contidas no livro chamado *Lao-tsé*, e também *Tao Te King*. Este livro não foi escrito, como se supôs quase sempre, por Lao-tsé, coetâneo de Confúcio, mas numa época posterior à de Confúcio, talvez no século III a.C. Essas doutrinas deram origem à escola taoísta que é, no entanto, como o afirma Fung Yu-lan, uma escola baseada tanto nas doutrinas de Lao-tsé como nas de Chuang-tsé (Chuang-tsé agrupa, além disso, segundo indica o citado Fung Yu-lan, as doutrinas de todos os pensadores que sustentaram opiniões similares, tais como Sung K'eng e Yin Wen). É comum chamar a Lao-tsé e Chuang-tsé "pais do sistema taoísta" (Léon Wieger). Aderimos à tese de Fung Yu-lan, segundo a qual "a filosofia de Lao-tsé é a de Yang-chu num grau ulterior de desenvolvimento, e a de Chuang-tsé é a de Yang-chu ainda em outro grau ulterior de desenvolvimento". As doutrinas de Yang-chu constituíram um desenvolvimento — uma das chamadas "cem escolas" — das idéias confucionistas de Mêncio.

O termo 'tao', central no taoísmo e em outras especulações filosóficas e religiosas chinesas, significa originalmente 'caminho'. Dessa significação se passa freqüentemente à de 'caminho do homem', isto é, conduta humana. No *Tao Te King* o Tao é, porém, algo mais que isto: constitui um princípio cujo nome é ignorado mas é chamado *Tao*. Trata-se, segundo Wieger, de um princípio mais material que espiritual, de um princípio fatal e não inteligente, imóvel e não movente. No entanto, deve-se observar que tais características representam em muitos casos uma inadmissível aplicação de categorias extraídas do pensamento ocidental ao pensamento oriental. A rigor, o Tao que abarca tudo não pode ser considerado, segundo indica Fung Yu-lan, como uma "coisa", muito embora, sendo o que produziu o universo, possa ser *também* chamado, de certo modo, coisa. O Tao parece ser ao mesmo tempo o ser e o não-ser: o não-ser se refere à essência, e o ser à função. Desse Tao deriva sua própria virtude, *pei*, que atua de dois modos alternativos, o *yin* e o *yang*, gerando o céu, a terra e, entre eles, o ar. No *Tao Te King* se indica que o Tao existiu antes dos tempos e que somente pôde ser chamado *Tao* uma vez surgidos o céu e a terra. Portanto, algo pode ser dito com toda firmeza do Tao: que não se trata do tao (caminho) habitual. Alguns autores insistiram em que, uma vez que "o Tao imita a Natureza", o Tao é idêntico à Natureza. Mas é possível que essa "imitação" seja o modo de sublinhar o fato de que o Tao é uma ordem segundo a qual se produzem não somente as coisas existentes, mas também o próprio nada. Essa ordem se revela por meio das propriedades já citadas: o *yin* ou concentração, e o *yang*, ou expansão.

Ora, a compreensão do Tao determina a conduta do homem ou, melhor dizendo, do sábio que chegou a proclamar a subsunção de todo indivíduo e de toda opinião particular ao todo. Em Chuang-tsé se vê isto com particular clareza. Segundo ele, o sábio (taoísta) deve referir-se sempre ao princípio, para o que é necessário antes libertar-se de todo o sensível. O sábio deve contemplar a harmonia universal e esquecer, portanto, as diferenças. Já que tudo é um, as distinções são expressões da mentira. Há apenas uma única norma: não há verdade nem erro; não há afirmação nem negação. A unidade primordial, ainda indiferenciada, na qual não há oposição nem variedade de opiniões pode, pois, ser comparada com o centro do círculo (ou da Esfera [VER]) no qual se dissipa toda contrariedade, inclusive os próprios contrários. Deste modo o sábio se situa, por assim dizer, no interior da realidade. Uma vez nela, saberá ver o universo e atuar nele de acordo com suas articulações naturais. Aquele que não alcançou o estádio da sabedoria crê que deve forçar a realidade; o sábio entende, em contrapartida, que uma vez que a energia vital é limitada, deve-se fazer durar a vida em vez de desperdiçá-la: a colocação no princípio de tudo, ou se sequer, a orientação rumo ao Tao pelo "caminho" de Tao, é o que permite levar a cabo esse ato supremo de sabedoria: *durar*.

Em português: *Tao Te King*, 1997.

◯ Ver: G. Tucci, *Apologia del Taoismo*, 1924. — Richard Wilhelm, *Lao-tse und der Taoismus*, 1925. — A. Waley, *The Way and Its Power: A Study of the Tao-Te Ching and Its Place in Chinese Thought*, 1934. — B. Peroni, *Lao-tse e il Taoismo*, 1949. — André Eckardt, "El concepto del Tao en Lao Tse", *Notas y Estudios de Filosofia*, 2 (1951), 131-142. — Fung Yu-lan, *A History of Chinese Philosophy*, 2ª. ed., t. I, 1952, cap. viii. — Holmes Welch, *The Parting of the Way. Lao Tzu and the Taoist Movement*, 1958. — Akira Ohama, *Lao-tzu no Tetsugaku*, 1962 *(A filosofia de Lao-tsé)*. — Géllert Béky, *Die Welt des Tao*, 1972. — J. C. Cooper, *Taoism — The Way of the Mystic,* 1972. — N. J. Girardot, *Myth and Meaning in Early Taoism: The Theme of Chaos (Hun-Tun)*, 1983. — J. Blofeld, *Der Taoismus*, 1986. ◯

TAPARELLI D'AZEGLIO, LUIGI (1793-1862). Nascido em Turim. Em 1814 ingressou na Companhia de Jesus, mudando para "Luigi" seu nome de "Prospero". De 1824 a 1829 foi Reitor do Colégio Romano dos jesuítas, e de 1833 a 1840 ensinou Direito natural em Palermo.

Taparelli D'Azeglio foi um dos principais renovadores da neo-escolástica e em particular do neotomismo (VER), colaborando freqüentemente na revista *La Civiltà Cattolica* desde sua fundação em 1850. Entre suas principais contribuições à renovação tomista figura sua obra sobre o direito natural na qual, seguindos princípios tomistas, mas sem rejeitar outros autores, expôs sistematicamente os problemas da constituição da sociedade humana e os fundamentos da convivência não só dos indivíduos na sociedade, mas também das diferentes sociedades entre si numa sociedade internacional regida por princípios cristãos, que são a um só tempo, segundo o autor, princípios universais da razão. Numa retumbante polêmica contra Spaventa (VER), que acusara Taparelli D'Azeglio de não seguir o pensamento político dos grandes mestres jesuítas, como Suárez, Mariana e outros, nosso autor enfatizou que seguia a maior parte de tais princípios e que se tal não parecia era porque muitos deles haviam sido mal interpretados por autores modernos, que equipararam a doutrina da soberania nacional dos mestres jesuítas a idéias de tipo rousseauniano.

◯ Principais obras: *Saggio teoretico di diritto naturale appoggiato sul fatto*, 5 vols., 1840-1843; nova ed., 1855; 8ª ed., 2 vols., 1949. — *Sintesi di diritto naturale*, 1840. — *Corso elementare del natural diritto ad uso delle scuole*, 1843. — *Della razionalità*, 1847. — Ver também: *Carteggi del p. T. D'A.*, 1932, ed. P. Pirri [contra as idéias de Spaventa em *La politica dei Gesuiti nel secolo XVI e XIX*, 1911, ed. G. Gentile (publicadas a partir de 1854 na revista *Il Cimento*, de Turim)].

Ver: E. di Carlo, *Diritto e morale secondo L. T. D'A.*, 1921. — G. Nicosia, *La "nazionalità" e il pensiero politico di L. T. D'A.*, 1939. — R. Sacquin, *Le père T. D'A., sa vie, son action, son oeuvre*, 1943. — A. Perego, *Forma statale e politica finanziaria nel pensiero di L. T. D'A.*, 1956. — G. Ambrosetti, A. Brucculeri et al., *Miscellanea T.*, 1964. — T. Mirabella, *Il sistema politico-economico-sociale di p. L. T. D'A.*, 1965. ◯

TARDE, GABRIEL (1843-1904). Nascido em Sarlat, professor a partir de 1899 no Collège de France, dedicou-se predominantemente a uma investigação sociológica centrada nas noções de invenção e imitação como fatores que caracterizam respectivamente o indivíduo e a sociedade. Mas esta característica é insuficiente: se é certo, segundo Tarde, que só o indivíduo é capaz de invenção, esta perde toda efetividade sem a capacidade imitativa, que não é, por outro lado, senão a manifestação no mundo humano de uma repetição que constitui o fundamento dinâmico da Natureza inteira. Pois a repetição se manifesta em diferentes ordens: como repetição estrita, como herança, como costume, como imitação (VER), como tradição, como moda. A imitação não é, em última análise, senão uma resposta que o homem dá às exigências de seu meio, resposta que teria de ter caráter inventivo, que o teve sem dúvida nos primeiros momentos, mas que logo se torna suficiente em seu aspecto imitativo. Assim, a noção de imitação e sua correlata, a invenção, constituem para Tarde tanto as bases a partir das quais se pode construir uma sociologia verdadeiramente positiva como uma explicação total da Natureza.

⊃ Obras: *La criminalité comparée*, 1888. — *La philosophie pénale*, 1890. — *Les lois de l'imitation*, 1890, 3ª ed., rev. e aum., 1900. — *Les transformations du Droit*, 1892. — *Études pénales et sociales*, 1892. — *Les foules et les sectes criminelles*, 1893. — *La logique sociale*, 1894. — *Sur l'idée de l'organisme social*, 1896. — *La criminalité professionnelle*, 1897. — *L'opposition universelle, essai d'une théorie des contraires*, 1897. — *Études de psychologie sociale*, 1898. — *Les lois sociales, esquisse d'une sociologie*, 1898. — *La sociologie*, 1898. — *Sociologie élémentaire*, 1898. — *Études de psychologie sociales*, 1898. — *Les transformations du pouvoir*, 1899. — *Essais et mélanges sociologiques*, 1900. — *L'opinion et la foule*, 1901. — *Psychologie économique*, 2 vols., 1902. — *La psychologie et la sociologie*, 1903.

Ver: L. Dauriac, "La philosophie de G. T.", *L'Année philosophique*, 16 (1905), 149-169. — Juan Zaragüeta, *La sociología de G. T.*, 1909. — Amédée Matagrin, *La psychologie sociale de G. T.*, 1910. — G. Dupont, *T. et l'économie politique*, 1911. — M. Roche-Agussol, *T. et l'économie psychologie*, 1926. — Jean Millet, *G. T. et la philosophie de l'histoire*, 1970. — J. Milet, "G. T. et la philosophie", *Bulletin. Société Française de Philosophie*, 68 (1974), 3-35. ℂ

TAROZZI, GIUSEPPE (1866-1958). Nascido em Turim, foi professor de filosofia moral na Universidade de Palermo (1902-1906) e na de Bolonha (1906-1910), e professor de filosofia teórica nesta última universidade (1910-1936). Discípulo de Ardigò (VER), submeteu o positivismo de seu mestre a um exame crítico. De saída, Tarozzi encontrou na mesma noção de experiência, da qual, como Ardigò, partiu em suas meditações filosóficas, um certo número de conceitos que não estão justificados ou não estão suficientemente esclarecidos. Isso ocorre, por exemplo, com o conceito de "fato". Um "fato" não é necessariamente um "fenômeno". Mas, além disso, um "fato", considerado num amplo sentido, não é apenas um "fato material". Devem-se incluir entre os "fatos", por exemplo, os atos de vontade. E como estes podem ser livres, resulta que se o positivismo é determinista, então deve-se rejeitar pelo menos uma parte do positivismo. Daí Tarozzi passou a um exame e defesa do indeterminismo que o levou ao que às vezes se denominou "realismo espiritualista". Em todo caso, Tarozzi se interessou cada vez mais pela estrutura do mundo moral como mundo que escapa à fatalidade e que se constitui justamente como concreta indeterminação.

Como dentro desta concreta indeterminação encontram-se também os fatos naturais, enquanto componentes seus, Tarozzi acabou por considerar os "fatos" como "momentos da consciência" e a própria consciência como um constitutivo da alma como ser espiritual.

⊃ Obras: *Lezioni di filosofia. Ricerche intorno ai fondamenti della certezza nazionale*, 3 vols., 1898. — *La verità infinita dei fatti e la libertà morale*, 1906. — *Apologia del positivismo*, 1928. — *R. Ardigò, profilo*, 1928. — *L'esistenza e l'anima*, 1930. — *La ricerca filosofica*, 1936. — *La libertà umana e la critica al determinismo*, 1936. — *Sulla razionalità del reale cosmico*, 1939. — *L'infinito e il divino*, 1951.

Ver: Elide Guastalla, *G. T.*, 1952 (com bibliografia). — D. Fiorensoli, *Il pensiero filosofico di G. T.*, 1964. ℂ

TARSKI, ALFRED (Alfred Tajtelbaum) (1902-1983). Nascido em Varsóvia, ensinou na Universidade de Varsóvia (1926-1939). Mudando-se para os Estados Unidos em 1939, ensinou matemática na Universidade da Califórnia (Berkeley) de 1942 até sua aposentadoria em 1973.

Devemos a Tarski numerosos trabalhos em matemática — teoria numérica, teoria dos conjuntos, álgebra —, na fundamentação da matemática, em lógica, metalógica e semântica. Especialmente importantes, e influentes, foram suas investigações metamatemáticas e semânticas, ou semântico-formais. O estudo e a axiomatização de sistemas formais se desenvolveram grandemente por obra dos trabalhos de Tarski.

⊃ Entre lógicos e filósofos, Tarski é conhecido (e exerceu influência) por sua elaboração da semântica, suas investigações sobre as noções de modelo, decidibilidade, definibilidade e verdade. A exposição de idéias de Tarski nestes campos se encontra em vários verbetes da presente obra. Particularmente importante, filosófica e logicamente, é sua concepção semântica da verdade (VER). Referimo-nos a Tarski, entre outros verbetes, em DIZÍVEL; METALINGUAGEM; POLIVALENTE; SEMÂNTICA.

Entre os escritos de Tarski destacamos: "Przyczynek do aksjomatyki zbioru dobrze uporzadkowanego", *Przeglad filozoficzny*, 24 (1921), 83-94 ("Contribuição à axiomática de conjuntos bem ordenados"). — "Sur les ensembles finis", *Fundamenta mathematica*, 6 (1924), 45-95. — "Communication sur les recherches de la théorie des ensembles", *Comptes rendus de la Société des Lettres et Sciences de Varsovie*, Classe III, vol. 19 (1926), 299-330 [em colaboração com Adolf Lindenbaum]. — "Untersuchungen über den Aussagenkalkül", *ibid.*, 23 (1930), 1-21 ("Investigações sobre o cálculo proposicional") [em colaboração com J. Łukasiewicz]. — "Fundamentale Begriffe der Methodologie der deduktiven Wissenschaften. I", *Monatshefte Math. und Physik*, 37 (1930), 361-404 ("Conceitos fundamentais da metodologia das ciências dedutivas"). — "Les opérations logiques et les ensembles projectifs", *Fund. Math.* 17 (1931), 240-248 [em col. com K. Kuratowski]. — *Projecie prawdy w jezybach nauk dedukcyjnych*, 1933 (trad. alemã: "Der Wahrheitsbegriff in den formalisierten Sprachen", *Studia philosophica*, 1, 1936), 261-405 ("O conceito de verdade nas linguagens formalizadas"; há edição separada, datada de 1935, com um *Nachwort*). Exposição menos técnica em "The Semantic Conception of Truth and the Foundations of Semantics", *Philosophy and Phenomenological Research*, 4 (1943-1944), 341-376, reimp. em antologia de H. Feigl e W. Sellars, *Readings in Philosophical Analysis*, 1949, pp. 52-84. — "Grundzüge des Systemenkalküls. Erster Teil", *Fund. Math.*, 25 (1935), 503-526 ("Traços básicos do cálculo de sistemas"). — "Einige methodologische Untersuchungen über die Definierbarkeit der Begriffe", *Erkenntnis*, 5 (1935-1936), 80-100 ("Algumas investigações metodológicas sobre a definibilidade dos conceitos"). — "Grundlegung der wissenschaftlichen Semantik", *Actes du Congrès Int. de Phil. Scientifique*, 1936, Parte III, pp. 1-8 ("Fundamentação da semântica científica"). — *O logice matemayczneji metodzie dedukcyjnej*, 1936 (trad. alemã, 1937; trad. ingl. rev.: *Introduction to Logic and to the Metholdogy of Deductive Sciences*, 1941; 2ª ed., com correções, 1946; 3ª ed., rev., 1965). — "On Undecidable Statements in Enlarged Systems of Logic, and the Concept of Truth", *Journal of Symbolic Logic* [citado doravante *JSL*], 4 (1939), 105-112. — "On the Calculus of Relations", *JSL*, 6 (1941) 73-89. — *Direct Decomposition of Finite Algebraic Systems*, 1947 [em colaboração com B. Jónsson]. — "Some Theorems about the Sentential Calculus of Lewis and Heyting", *JSL*, 13 (1948) 1-18 [em col. com J. C. C. McKinsey]. — "On Essential Undecidability", *JSL*, 14 (1949), 75-76 [resumo]. — *Cardinal Algebras*, 1949 [com apêndice de B. Jónsson e Tarski]. — *A Decision Method for Elementary Algebra and Geometry*, 1948; 2ª ed., 1951. — "Two General Theorems on Undefinability and Undecidability", *Bull. of American Math. Society*, 59 (1953), 365-366. — *Undecidable Theories*, 1953 [em colaboração com A. Mostowsky e R. M. Robinson]. — *Ordinal Algebras*, 1956 [em colaboração com Chen-Chung Chang e B. Jónsson]. — *Logic, Semantics, Metamathematics*, 1956 [estudos de 1923 a 1938], ed. e trad. de J. H. Woodger; 2ª ed., 1983, com intr. e índice analítico de John Corcoran. — "What is Elementary Geometry?", em *The Axiomatic Method with Special Reference to Geometry and Physics. [Proceedings of an International Symposium held at the University of California, Berkeley, Dec. 26, 1957-Jan. 4, 1958]*, 1959.

Ver: Wolfgang Stegmüller, *Das Wahrheitsproblem und die Idee der Semantik. Eine Einführung in die Theorien von A. Tarski und R. Carnap*, 1957. — B. Jónsson, H. Gaifman et al., *Proceedings of the Tarski Symposium*, 1975, ed.

L. Henkin, em colaboração com J. Addison et al. — J. Barwise, J. Etchemendy, *Tarski's World*, 1986. ᑕ

TARTARETO, PEDRO [PETRUS TARTARETUS]. Professor na Universidade de Paris por volta de 1480-1490. Tartareto se distinguiu por seus comentários a Aristóteles (ao *Organon*, 1494; à *Physica* e à *Metaphysica*, 1503, à *Eth. Nic.*, 1513), a Porfírio *(Isagoge)*, a Pedro Hispano (às *Summulae logicales*, 1494) e a Duns Scot (comentário aos *Quodlibeta*, 1519; *Elucidationes in Comm. Setentiarum Scoti*, 1583). Os comentários mais influentes foram os relativos a problemas lógicos. Discípulo de Duns Scot e adversário, em nome do realismo scotista, do ockhamismo, do nominalismo e de doutrinas tais como a do *complexum significabile* proposta por Gregório de Rimini, Tartareto elaborou detalhadamente a lógica modal e a lógica das conseqüências, a teoria das suposições e a das propriedades dos termos. A ele se devem também contribuições à semiótica no espírito de seu mestre. Entre as mais conhecidas doutrinas lógicas de Tartareto mencionamos sua admissão da quarta figura silogística e sua apresentação do diagrama do *pons asinorum* (VER) para o descobrimento do termo médio, diagrama do qual parece ser o inventor.

ᑐ Edição de obras: *In universam philosophiam Opera omnia*, 4 partes.

Ver: K. Prantl, *Geschichte der Logik im Abendlande*, IV, 204-209. ᑕ

TATHANDLUNG. Este vocábulo alemão, traduzido freqüentemente por "ação", é central no pensamento de Fichte. Outras versões de *Tathandlung* podem ser: "ação absoluta", "ação atuada", "ato puro" (a expressão usada por Giovanni Gentile [VER]). Fichte entendia por *Tathandlung* a pura e absoluta ação do Eu que se põe a si mesmo e, ao fazer isso, põe seus próprios "obstáculos" através de cuja constante superação se vai constituindo. A rigor, em vez de falar de uma ação *do* Eu, dever-se-ia falar do Eu enquanto ação pura. A *Tathandlung* no sentido de Fichte é uma ação *(Handlung)* que é ao mesmo tempo fato *(Tat)* na medida em que é produto de um fazer *(tun)* e é o fazer mesmo como produto. Embora a idéia fichtiana de *Tathandlung* tenha seu modelo na ação moral como ação absoluta, é também, e talvez primordialmente, uma ação metafísica, ou "lógico"-metafísica. Em todo caso, não parece haver no pensamento de Fichte nenhuma distinção cortante entre a ordem "lógico"-metafísica e a moral.

Em seu ensaio "Meditación del Escorial" (*El Espectador*, VI, 1927, *O. C.*, p. 551), Ortega, depois de falar da noção de "esforço puro", recordou que seu mestre em Marburgo, Hermann Cohen, ao ler a versão alemã do *Quixote* por Tieck, reparou no termo *Tathandlung* — com que Tieck traduzia 'hazaña' ("façanha"). "'Mas, homem! Este Sancho emprega sempre a mesma palavra que Fichte tornou o fundamento de sua filosofia'.

Com efeito, Sancho usa muito, e ao usá-la enche-se-lhe a boca, esta palavra: 'hazaña', que Tieck traduziu *Tathandlung*, ato de vontade, de decisão (...) em Fichte a balança se vence do lado do querer, e antes da lógica põe a façanha. Antes da reflexão, um ato de coragem, uma *Tathandlung*; este é o princípio de sua filosofia".

O filósofo japonês Nishida Kitaro (VER) desenvolveu uma noção semelhante à de *Tathandlung* no sentido de Fichte — e referindo-se, além disso, explicitamente a este autor — em sua idéia de *jikaku* (consciência de si mesmo). Com efeito, não se trata para Nishida Kitaro de uma consciência psicológica, mas de uma consciência transcendental absoluta que, além disso, consiste em absoluta vontade e liberdade de ser. Trata-se, como em Fichte — diz Nishida Kitaro em sua obra *Intuição e reflexão na consciência de si* — de uma vontade supremamente criadora.

TATO. Aristóteles considera as qualidades do tato, ou tangíveis, ἁπταί, qualidades do corpo enquanto corpo, σώματος ἢ σῶμα (*De an.*, II, 11, 423 b 27). O sentido do tato, ἁφή, proporciona, no seu entender, um contato imediato com os objetos percebidos. Daí o tato poder ser considerado um sentido primário, sentido fundamental (*op. cit.*, III, 13, 435 a 14-18), isto é, como um dos "sensíveis" básicos (ver SENSÍVEL, "SENSÍVEIS"; ver também SENSO COMUM). Ora, a concepção aristotélica do tato também permite explicar uma das origens da distinção logo tão difundida entre as qualidades primárias e as secundárias. Estendemo-nos mais detalhadamente sobre este assunto no verbete Qualidade (VER), no qual falamos do processo de diversificação dos sentidos particulares, αἰσθητὰ ἴδια, sobre a trama do "sentido [senso] comum".

Admite-se que as sensações tácteis são unicamente sensações de superfície e que, portanto, as sensações térmicas, cinestéticas etc., não podem reduzir-se a tácteis. Em contrapartida, as sensações de cócegas podem ser tácteis quando se enfatiza o aspecto do contato, mas são consideradas por alguns autores como não tácteis e às vezes inclusive de índole análoga às cinestéticas.

Num sentido diferente fala H. Friedmann (1873-1957: *Die Welt der Formen*, 1926; 2ª. ed., 1930) da forma háptica ou táctil do pensar, ao contrário da forma visual ou ótica. Ambas concorrem, segundo o autor, para a formação dos conceitos, mas somente a forma ótica é perfeita porquanto representa o grau último de um processo que parte necessariamente dos conceitos adquiridos hapticamente e permite uma apreensão da realidade mais conforme com sua estrutura total. Essa diferença entre a ótica e a háptica foi elaborada com mais detalhe em outro livro do mesmo autor (*Wissenschaft und Symbol*, 1949). Segundo Friedmann, a diferença em questão corresponde à existência entre espaço euclidiano (métrico) e espaço não-euclidiano (topológico). Assim, por exemplo, a física moderna foi háptica e não ótica. Ora, seria um erro, segundo Friedmann, considerar que o háptico e o ótico encontram-se *completamente* separados. Do mesmo modo que os conceitos obtidos oticamente têm sua raiz em conceitos adquiridos hapticamente, toda proposição háptica pode transformar-se em ótica. Friedmann propugna a elaboração de uma conceituação háptica que supere as "dificuldades" das concepções métricas — essencialmente visuais (ou acústicas) — por meio de uma morfologia geral, uma doutrina de orientação estruturalista e totalista. O autor em questão chega inclusive a propor semelhante reforma no terreno da matemática (onde o topológico deveria, no seu entender, fundamentar o métrico). O pensamento de Friedmann — definido pelo autor como um "idealismo morfológico" — está inteiramente na linha da defesa do sinóptico frente ao analítico, do qualitativo frente ao quantitativo, que se manifestou em algumas tendências da filosofia contemporânea, seja como uma continuação do pensamento idealista, seja como uma interpretação metafísica de certos dados das ciências particulares, especialmente a biologia e a psicologia.

➲ Ver: David Katz, *Der Aufbau der Tastwelt*, 1925.
— G. Révész, *Die Formenwelt des Tastsinnes*, 2 vols., 1938 (I. *Grundlegung der Haptik und der Blindenpsychologie*. II. *Formästhetik und Plastik der Blinden*). — D. Appelbaum, *The Interpenetrating Reality: Bringing the Body to Touch*, 1988. ☾

TAULER, JOÃO (*ca.* 1300-1361). Nascido em Estrasburgo. Por volta de 1315 ingressou no convento dominicano de Estrasburgo. Em seguida passou para o *Studium generale* de Colônia, onde estudou possivelmente com Mestre Eckhart. Novamente em Estrasburgo por volta de 1326, teve de se refugiar na Basiléia por causa do conflito entre João XXII e o Imperador, que obrigou muitos sacerdotes a emigrar. No entanto, voltou em 1347 a Estrasburgo, onde se consagrou à pregação.

Junto com Henrique Suso (VER), João Tauler foi um dos místicos alemães que seguiram as tendências eckhartianas. A elas uniu fortes elementos platônicos e neoplatônicos (Proclo e Porfírio especialmente). São importantes também em Tauler elementos procedentes de Alberto Magno e Santo Tomás de Aquino. No entanto, o sentido orientador do pensamento de João Tauler não é a filosofia, mas a vida mística. Segundo Tauler, o homem é, a rigor, três homens: um homem exterior, um racional e um "volitivo" (caracterizado pela *Gemüt*). Esses "três homens" estão em conflito, mas esse conflito se apazigua quando o homem entra em si mesmo e descobre, no fundo de seu ser "volitivo", a raiz da alma, isto é, a "centelha" eckhartiana. Esta "centelha" é um fundo abismal, é o *grunt der seele,* onde a alma se encontra, por fim, com Deus. A alma pode então entregar-se completa e confiadamente a Deus, mas isso não quer dizer nem que se torne divina nem que esteja absolutamente à mercê do arbítrio divino. A alma não é divina, mesmo que nela se reproduza a imagem da Trindade. Não está absolutamente à mercê do arbítrio divino, porque não consiste em estar "quieta". Se o "quietismo" (VER) é uma das interpretações possíveis da mística de Tauler, deve-se levar em conta que há nesta mística também importantes elementos "volitivos". O "desapego" ou "desapegar-se" a alma de si mesma para entregar-se a Deus significa, antes, renunciar a tudo o que não seja seu "fundo último", mas na mesma renúncia há um esforço que não deve ceder um único instante.

◯ Obras: Os *Sermões* de Tauler foram publicados pela primeira vez em Leipzig (1498); outras edições: Augsburgo (1508); Basiléia (1521); Colônia (1543). Edições modernas: F. Vetter, 1910 [Deutsche Texte des Mittelalters, 11]; L. Naumann, 1922; Hugheny, Téry, Corin, 3 vols., 1927-1935. — Edição de H. Denifle de *Das Buch von der geistigen Armut*, 1927. — Traduções latinas: *Opera omnia* (Colônia, 1548, 1603; reed. 1985 ss.].

Em português: *Sermões*, 1998.

Ver: H. Denifle, *Taulers Bekehrung*, 1879 [Quellen und Forschungen zur Sprach- und Kulturgeschichte der germanischen Völker, 36]. — D. Helander, *J. T. als Prediger*, 1923 (tese). — Kirmsse, *Die Terminologie des Mystikers J. T.*, 1930. — E. Filthaut, D. Schlüter et al., *J. T. ein deutscher Mystiker. Gedenkschrift zum 600. Todestag*, 1961, ed. Ephrem Filthaut. — Christine Pleuser, *Die Benennungen und der Begriff des Leides bei J. T.*, 1967 (tese). — S. Dussant-Debèfve, *Die Sprache der Predigten J. T.s*, 1969. — A. M. Haas, *Nim din selbes war — Studien zur Lehre von der Selbsterkenntnis bei Meister Eckhart, J. T. und H. Seuse*, 1971. — M. Egerding, "J. T.s Auffassung vom Menschen", *Freie Zeitschrift für Philosophie und Theologie*, 39 (1-2) (1992), 105-129.

Ver também Giuseppe Faggin, *Eckhart e la mistica tedesca preprotestante*, 1948. ◯

TAURELLUS, NICOLAUS (1547-1606). Nascido em Mömpelgard. Depois de estudar filosofia e medicina em Göttingen e em Basiléia, exerceu a medicina em Basiléia. Foi nomeado em seguida professor de medicina em Altdorf, onde morreu.

Taurellus se opôs a toda "autoridade" em filosofia, e particularmente à autoridade aristotélica, em nome do pressuposto de que o homem possui uma força racional inata que lhe permite uma pura filosofia racional baseada no conhecimento direto das coisas. Isso posto, esta filosofia racional não é por inteiro uma filosofia racionalista. Taurellus admite que o pecado introduziu na razão um elemento de perturbação, uma ofuscação que em certas questões obriga a admitir os dados revelados. O mundo pode ser compreendido, mas o destino do mundo e, sobretudo, o da alma humana estão inteiramente nas mãos de Deus, cujas "intenções" permanecem ocultas. Daí a necessidade de completar o conhecimento racional pelo amor a Deus, único que, no seu entender, permite alcançar a salvação.

◯ Obras: O título completo de *O triunfo da filosofia* (o triunfo sobre o aristotelismo) é *Philosophiae triumphus, hoc est metaphysica philosophandi methodus, qua dvinitus inditis menti notitiis humanae rationes eo deducuntur, ut firmissimis inde constructis demonstrationibus aperte rei veritas elucescat et quae diu philosophorum sepulta fuit auctoritate philosophia victrix erumpat; quaestionibus enim vel sexcentis ea, quibus cum revelata nobis veritate philosophia pugnare videbatur, adeo vere conciliantur, ut non fidei solum service dicenda sit, sed ejus esse fundamentum*, Basiléia, 1573. — Outras obras de Taurellus são: *De mutatione rerum naturalium theses physicae*, 1585. — *De vita et morte libellus in quo primum ex Aristotelis sententia vitae mortisque causae disquiruntur*, 1586. — *Synopsis Aristotelis Metaphysicae ad normam Christianae religiones explicatae, emendatae et completae*, 1596. — *Alpes caesae, hoc est Andreae Cesalpini Itali monstrosa et superba dogmata discussa et excussa*, 1597. — *De mundo*, 1603. — *Uranologia*, 1603. — *De rerum aeternitate. Metaphysicae universalis partes quatour in quibus placita Aristotelis, Valesii, Piccolominei, Caesalpini, societatis Conimbricensis aliorumque discutiuntur, examinantur et refutantur*, 1604.

Ver: F. X. Schmidt, *N. Taurellus, der erste deutsche Philosoph, aus den Quellen dargestellt*, 1860. — Peter Petersen, *Geschichte der aristotelischen Philosophie im protestanischen Deutschland*, 1921. ◯

TAUTOLOGIA. O significado habitual do vocábulo 'tautologia' é de índole retórica: 'tautologia' é o nome que recebe a repetição de um mesmo pensamento em diversas formas. Na lógica se chama "tautologia" uma fórmula sentencialmente válida. São tautologias as fórmulas da lógica sentencial, que quando provadas por meio do método das tabelas (VER) de verdade, dão sempre como resultado V (V = 'é verdadeiro'). Por exemplo, o chamado, na lógica tradicional, "princípio de contradição", isto é, a fórmula '$\neg(p \wedge \neg p)$' da lógica sentencial é uma tautologia. A tabela de verdade que corresponde a ela é:

p	$\neg(p \wedge \neg p)$
V	V
F	V

Por isso as tautologias também costumam ser definidas como fórmulas que são sempre verdadeiras qualquer que seja o valor de verdade dos elementos componentes. As tautologias se distinguem das fórmulas indeterminadas, em cujas tabelas de verdade aparecem V e F, e das contradições, nas quais só aparecem F.

Em parte da literatura lógica baseada nos *Principia Mathematica* se dava o nome de "tautologias" somente a algumas fórmulas, e às vezes unicamente a '$(p \lor p) \to p$'. Hoje em dia se considera esse uso como pouco recomendável.

O número de tautologias é infinito. Algumas das tautologias mais importantes são consideradas como leis da lógica sentencial. Damos a seguir várias delas:

T1a: $p \to p$,
T1b: $p \leftrightarrow p$,
T2: $\neg(p \land \neg p)$,
T3: $p \lor \neg p$,

são as *leis de identidade* (T1a, T1b), de *contradição* (T2) e de *terceiro excluído* (T3).

T4: $p \leftrightarrow \neg \neg p$

é a *lei de dupla negação*.

T5: $(p \land q) \leftrightarrow (q \land p)$

é *uma das leis de comutação*.

T6: $(p \land (q \lor r)) \leftrightarrow ((p \land q) \lor (p \land r))$

é *uma das leis de distribuição*.

T7: $((p \to q) \land (q \to r)) \to (p \to r)$

é *uma das leis de transitividade* (isto é, uma das fórmulas simbólicas para os *silogismos hipotéticos*).

T8: $(p \leftrightarrow q) \leftrightarrow ((p \to q) \land (q \to p))$

é o chamado *bicondicional*.

T9a: $\neg(p \land q) \leftrightarrow (\neg p \lor \neg q)$,
T9b: $\neg(p \lor q) \leftrightarrow (\neg p \land \neg q)$

são as leis de De Morgan (VER).

T10a: $((p \to q) \land p) \to q$,
T10b: $((p \to q) \land \neg q) \to \neg p$

são respectivamente o *modus ponens* e o *modus tollens* (para a diferença entre tautologia e regra de inferência a este respeito, ver MODUS PONENS, TOLLENS).

Para a formação do cálculo sentencial se escolhe certo número de tautologias como axiomas. As outras tautologias são provadas no cálculo como teoremas.

Às vezes se chamam também de "tautologias" as fórmulas da lógica quantificacional quando as tabelas de verdade correspondentes dão sempre V, quaisquer que sejam os valores de verdade de seus componentes. No entanto, como há fórmulas de tal lógica que são quantificacionalmente válidas, mas não sentencialmente válidas, é melhor evitar para as fórmulas da lógica quantificacional (que são consideradas como leis dessa lógica) o nome de tautologias; muitos autores as chamam "esquemas válidos" ou (quando se trata de negações de esquemas válidos) "esquemas contraválidos".

Houve várias discussões acerca das tautologias. Uma das posições mais discutidas (e também freqüentemente rejeitada) é a de Wittgenstein. Segundo ele, enquanto a proposição mostra o que diz, a tautologia — e a contradição — mostram que não dizem nada. Por isso a tautologia não possui "condições de verdade" e é "incondicionalmente verdadeira", ao contrário da contradição, que é "incondicionalmente falsa". Todavia, o fato de a tautologia carecer de sentido (ser *sinnlos*) não quer dizer que seja absurda *(unsinning)*. Tal como a contradição, a tautologia pertence, segundo Wittgenstein, ao simbolismo, em uma forma análoga a como 0 pertence ao simbolismo da aritmética. Daí que nem a tautologia nem a contradição sejam descrições, quadros, imagens, representações, "pinturas" *(Bilder)* da realidade: a primeira, uma representação de todas as possíveis situações; a segunda, de nenhuma das situações. A tautologia cede à realidade todo o "espaço lógico" — infinito — enquanto a contradição enche todo o espaço lógico e não deixa nenhum ponto para a realidade. Por isso a verdade da tautologia é certa, enquanto a das proposições é possível e a da contradição, impossível. E por isso "tautologia e contradição são os casos-limite das combinações simbólicas, isto é, de sua dissolução" (cf. *Tractatus*, 4.46, 4.4611, 4.462, 4.463, 4.464, 4.465, 4.466; cf. também do mesmo autor *Notebooks 1914-1916*, 1961, ed. G. H. von Wright e G. E. M. Anscombe, p. 2, nota de 3.X.1914, onde Wittgenstein já indicava que "as tautologias não dizem nada [não expressam nada: *sagen nicht aus*]; não são imagens ('pinturas', 'figuras') [*Bilder*] de estados de coisas [*Sachverhalten*]; são elas mesmas completamente neutras do ponto de vista lógico").

A posição de Wittgenstein levava a julgar toda a lógica como uma série de tautologias. Na medida em que se considerava que a matemática se fundava na lógica, podia-se afirmar que a matemática também era uma série de tautologias. Como esta última afirmação se chocava com certas dificuldades, e em particular com a presença dos axiomas de redutibilidade e de infinitude, Ramsey (VER) eliminou tais axiomas e concluiu que a matemática, e não apenas a lógica, era tautológica. No entanto, depois se percebeu que a equiparação da lógica — e não, digamos, da lógica e da matemática — à séries de tautologias reduzia consideravelmente o número de fórmulas de que se podia dispor. Por isso se limitou a admitir como tautologias somente as fórmulas lógicas identificáveis mediante as tabelas de verdade (VER). Tal identificação é possível com as fórmulas do cálculo quantificacional, já que algumas destas são quantificacionalmente válidas, mas não sentencialmente válidas e, portanto, não são tautologias.

Por outro lado, levantou-se a questão de "o que se diz quando se afirma que uma fórmula dada é uma tautologia". Segundo Reichenbach (antecipado, ao que parece, por Fries), embora uma tautologia seja vazia, o enunciado de que uma certa fórmula é uma tautologia não é vazio. Tal enunciado é um enunciado empírico. Seguindo Reichenbach (*Elements of Symbolic Logic*, § 34), vejamos o que ocorre com os enunciados:

$$p \vee \neg p \tag{1}$$

O enunciado '(1)' é uma tautologia (2)

(2) é um enunciado empírico acerca das propriedades estruturais dos símbolos que intervêm em (1). A referência a (1) se leva a cabo, em (2), mediante '(1)' introduzido como símbolo que caracteriza o enunciado. É verdade que podemos evitar '(1)' e substituir (2) por:

Um enunciado consistente em uma letra sentencial, um conectivo em forma de gancho e a mesma letra sentencial precedida [na notação de R.] de um risco horizontal é uma tautologia (3)

Com isso teremos uma descrição sintática de (1). Poderemos então dizer:

O enunciado '(3)' é uma tautologia (4)

Mas então (4) já não será uma tautologia, mas sim um enunciado empírico. E assim sucessivamente. Por outro lado, Reichenbach destaca que (3) não pode ser usado para substituir (2); isso seria possível unicamente se soubéssemos que (1) tem as propriedades descritas em (3).

Terminaremos com algumas observações sobre a possível relação entre tautologia e contradição.

Como indicamos acima, o fato de a tautologia e a contradição não dizerem nada não significa que sejam logicamente o mesmo. Isso se deve a várias razões.

Primeira, que mesmo quando se admite que nem a tautologia nem a contradição dizem nada, não é preciso aceitar que não dizem nada do mesmo modo. A tautologia não diz nada porque não diz nada (digamos, com aparente redundância, "nada de nada"). A contradição não diz nada porque nada pode ser dito contraditoriamente (se se diz algo, p, e se nega p, então não se diz p nem tampouco não-p; nem p, nem q, nem r etc., e tampouco não-p, não-q, não-r etc.).

Segunda, que a tautologia não proporciona nenhuma informação no sentido de 'nenhuma em absoluto'. Em compensação, a contradição não proporciona nenhuma informação no sentido de 'nenhuma determinada'. Pode-se alegar que se não é "nenhuma informação determinada" é porque é "qualquer informação" e, portanto, que longe de não proporcionar (como a tautologia) nenhuma informação, a contradição proporciona uma informação infinita. No entanto, 'infinita' não significa aqui 'completa', mas 'absolutamente indeterminada'.

As considerações acima podem ser aplicadas à contraposição hegeliana entre o Ser e o Nada. Se se diz (com Hegel) que o Ser e o Nada são "o mesmo" (*das-selbe*), deve-se acrescentar que são "o mesmo" de diferentes maneiras; o que de algum modo Hegel reconheceu, pois do contrário não lhe teria ocorrido fazer intervir o Devir como "síntese" do Nada e do Ser.

TAYLOR, A[LFRED] E[DWARD] (1869-1945). Nascido em Oundle (Northamptonshire, Inglaterra), estudou em Oxford e foi *Fellow* do Merton College. Em seguida ensinou em Manchester, Montreal (McGill University), St. Andrews e Edimburgo. Taylor se distinguiu por seus estudos de filosofia grega, especialmente por seu extenso comentário ao *Timeu* de Platão, e por seus estudos de ética com orientação metafísica. Seus precursores neste último campo foram, como ele próprio admitiu, T. H. Green, Bosanquet e Bradley entre outros (embora, em oposição a Bradley, considerasse que o problema fundamental na ética é o problema da liberdade). O exame a fundo deste problema levou Taylor a uma concepção da personalidade humana como personalidade livre, mas tal liberdade era concebida como a liberdade de orientar-se para o bem. Este foi considerado por Taylor, influenciado a este respeito pelo neoplatonismo ou, melhor, pela tradição neoplatônico-cristã, como transcendente. No entanto, a transcendência do Bem não impede, no seu entender, que a pessoa humana não possa participar dele. Nesta participação de cada pessoa no Bem consiste, pelo menos do ponto de vista ético, a imortalidade da pessoa, que Taylor defendeu contra toda tentativa de absorver a personalidade num Absoluto.

⊃ Obras: *The Problem of Conduct*, 1901. — *Elements of Metaphysics*, 1903. — *Varia Socratica*, 1911. — *Platonism and Its Influence*, 1924. — *Plato. The Man and His Work*, 1926. — *A Commentary on Plato's Timaeus*, 1928. — *The Problem of Evil*, 1929. — *The Faith of a Moralist*, 2 vols., 1930 [Gifford Lectures]. — *Socrates*, 1932. — *Philosophical Studies*, 1934. — *Does God Exist?*, 1945. — *Christian Hope of Immortality*, 1947. — Importante também é seu artigo "The Freedom of Man", em *Contemporary British Philosophy*, tomo II (1925).

Ver: G. Galea, *Il pensiero morale di A. E. T.*, 1965. — C. W. Mason, *The Value-Philosophy of A. E. T.: A Study in Theistic Implication*, 1979. ⊂

TAYLOUR, THOMAS. Ver MALEBRANCHE, NICOLAS.

TÉCNICA. A distinção entre técnica e arte é escassa quando o que hoje chamamos "técnica" está pouco desenvolvida. Os gregos usavam o termo τέχνη (freqüentemente traduzido por *ars*, "arte", e que é raiz etimológica de "técnica"), para designar uma habilidade mediante a qual se faz algo (geralmente, transforma-se uma realidade natural em uma realidade "artificial"). A *techné* não é, contudo, uma habilidade qualquer, porque segue certas regras. Por isso *techné* significa também "ofício". Em geral, *techné* é toda série de regras por meio das quais se consegue algo. Por isso há uma *techné* da navegação ("arte da navegação"), uma *techné* de caça ("arte da caça"), uma *techné* do governo ("a arte de governar") etc.

Pela boca de Sócrates, Platão se refere com muita freqüência à *techné*. Segundo Aristóteles, a *techné* é superior à experiência, mas inferior ao raciocínio (no sentido de um "puro pensar", mesmo que o pensar também requeira regras). Na Idade Média era freqüente usar o termo *ars* no sentido da τέχνη grega. Mas pouco a pouco se destacou a chamada *ars mechanica* como o que será logo propriamente a "técnica". Segundo Kant, o "modo técnico" pode ser aplicado não somente à arte, mas também à Natureza. Kant diz que a beleza da Natureza revela uma técnica dela como sistema realizado de acordo com leis. Kant distingue uma *technica intentionalis* e uma *technica naturalis* e chama "técnica da Natureza" à causalidade própria da Natureza em relação com a forma de seus produtos enquanto fins (*Erste Einleitung in die Kritik der Urteilskraft*, em *Werke*, ed. E. Cassirer, tomo V, pp. 199-200). Essa técnica da Natureza se contrapõe à mecânica da Natureza, e por isso pode-se dizer que a faculdade do juízo é de caráter "técnico".

A "meditação sobre a técnica" no sentido atual de 'técnica' é própria da Idade Moderna, especialmente desde que, com a *Encyclopédie* francesa (ver ENCICLOPÉDIA), se prestou grande atenção a todas as técnicas, e particular atenção às técnicas mecânicas, incorporando-se as técnicas ao "saber" (a ciência). Esta incorporação foi tão completa que num dado momento se considerou não tanto que a técnica é um saber, mas, antes, que o saber é fundamentalmente técnico. Por outro lado, as técnicas — e não só as mecânicas como também as "técnicas humanas" — se desenvolveram em tal proporção que se levantou o problema de até que ponto o homem é capaz de dominar as mesmas técnicas que criou. Esse problema está relacionado com o que se poderia chamar "a alienação (VER) do homem pela técnica". Muitas das doutrinas sociais propugnadas desde começos do século passado até o atual tiveram como um de seus objetivos mostrar de que modo o homem pode assimilar as técnicas, isto é, de que modo as técnicas podem chegar a ser "humanas".

O estudo filosófico da técnica ainda está em seus começos. Embora os filósofos atuais, especialmente nos países altamente industrializados, vivam num "mundo técnico", a natureza de seu trabalho os leva freqüentemente a ignorar (intelectualmente) esse mundo. Não há razão, porém, para que não se possa analisar filosoficamente a técnica (ou as técnicas) com o rigor conceitual com que freqüentemente as ciências foram analisadas. O que, antes de tudo, a filosofia da técnica precisa é de um sistema de conceitos dentro dos quais possam ser abordados os problemas básicos de toda tecnologia. Entre esses conceitos podem ser incluídos os de trabalho, aplicação, transformação e eficiência ou rendimento.

Por enquanto, a maior parte de "filosofias da técnica" consistiu em especulações sobre esta última. Isso ocorre com Spengler ao definir a técnica como "a tática da vida". Spengler propõe essa definição com base na idéia do homem como "animal de presa".

Alguns filósofos se ocuparam em distinguir várias formas de técnica ou várias etapas na evolução da tecnologia. Assim, Ortega y Gasset indica que se devem distinguir na evolução histórica da técnica três estádios: a técnica do acaso, própria do homem primitivo, acessível a todos os membros da comunidade e quase confundida com o repertório de atos naturais, a técnica do artesanato, própria da Antigüidade e da Idade Média, a técnica do técnico, tal como aparece na época moderna, e especialmente na Idade Contemporânea, com a importância adquirida pela "máquina" e a diferença não apenas entre o técnico e o não-técnico, mas também entre o técnico, o artesão e o operário. Neste último estádio, a própria técnica predomina sobre as técnicas especiais. As técnicas também podem ser classificadas em uma técnica da produção de bens, uma técnica das diferentes "artes", uma técnica do saber etc.

Para Gilbert Simondon, a idéia segundo a qual a máquina é alheia ao homem provém de um desconhecimento da máquina e de suas potencialidades, mais que da estrutura da máquina e do maquinismo. Certos autores distinguiram a técnica do trabalho, e consideraram que o segundo é mais fundamental que a primeira, de tal sorte que, como escreve Simondon, "o objeto técnico foi apreendido mediante o trabalho humano, pensado e julgado como instrumento, auxílio ou produto do trabalho" (*op. cit.* na bibliografia, p. 241). Diante disso, ele propugna a idéia de uma apreensão direta do que há de humano na própria técnica. O trabalho (VER) poderá ser considerado em tal caso como "um aspecto da operação técnica". A importância outorgada à técnica foi reconhecida por Pierre Ducassé, que chegou a escrever que "uma educação da liberdade filosófica é possível no mundo — e pelo mundo — dos técnicos" (*op. cit.* na bibliografia, p. 2), por isso deve-se reagir contra um *détachement spéculatif* que não teria hoje nem fundamento nem sentido (*ibid.*, p. 136).

Encontramos em Heidegger considerações sobre a técnica e o mundo técnico que são notoriamente hostis a ambos. No entanto, Heidegger manifesta hostilidade à técnica somente na medida em que esta "trai" por assim dizer sua relação com a ἀλήθεια. A técnica é um modo de ἀλήθεια de desvelação. Mas enquanto a técnica como saber técnico, επιστήμη τέχνη, era entre os gregos a produção do verdadeiro no belo, de modo que a técnica era "poiética", na época moderna a técnica foi uma "provocação" *(Herausfordern)*. A técnica moderna não nasce da ciência, mas surge de uma "exigência" à Natureza de entregar ao homem sua energia acumulada. O homem interpela *(stellt)* a Natureza pela técnica, provocando-a. Heidegger chama isso de *Gestell* — termo que designa um objeto útil, mas que Heidegger entende como "detenção e rebusca" (e que está relacionado com *her-stellen, dar-stellen* etc.). O *Gestell* oculta e mascara a ἀλήθεια e por isso, enquanto a antiga ἐπιστήμη τέχνη era um des-velamento que se prostrava humilde e piedosamente ante o des-velamento, a técnica moderna o força e, com isso, o oculta.

⊃ Ver: E. Kapp, *Philosophie der Technik*, 1877. — J. Goldstein, *La técnica*, 1913. — Eberhard Zschimmer, *Philosophie der Technik*, 1914, 3ª ed., 1933. — F. Dessauer, *Philosophie der Technik. Das Problem des Realisierung*, 1927. — Oswald Spengler, *Der Mensch und die Technik*, 1931. — J. Pacotte, *La pensée technique*, 1931. — Paul Krannhals, *Der Weltsinn der Technik als Schlüssel zu ihrer Kulturbedeutung*, 1932. — H. Zbinden, *Technik und Geisteskultur*, 1933. — M. Schröter, *Philosophie und Technik*, 1934. — Lewis Mumford, *Technics and Civilization*, 1934. — *Id., Art and Technics*, 1952. — José Ortega y Gasset, "Meditación de la técnica", em *Ensimismamiento y alteración. Meditación de la técnica*, 1939, reimp. em *O. C.*, V (de um curso dado na Universidade de Verão de Santander em 1933). — A. Ras, *Reflexiones sobre la técnica*, 1945. — Joseph Bernhardt, *Der technisierte Mensch*, 1946. — Aloys Wenzl, *Die Technik als philosophisches Problem*, 1946. — G. Friedmann, *Essai sur la civilisation technicienne* (t. III de *Machine et Humanisme*, 1946 ss.). — Donald Brinkmann, *Mensch und Technik. Grundzüge einer Philosophie der Technik*, 1945. — *Id., Philosophie der Technik*, 1948. — H. van Riessen, *Filosofie en Technick*, 1949 (tese). — F. G. Juenger, *Die Perfektion der Technik*, 1949. — M. Bense, *Technische Existenz. Essays*, 1949. — Luís Washington Vita, *La técnica como problema filosófico*, 1950. — H. Glockner, *Philosophie und Technik*, 1953. — G. Heberer, W. Fucks, G. Steiner et al., "Technik", ano 4, caderno I (1951) de *Studium generale*. — Martin Heidegger, "Die Frage nach der Technik" [conferência dada em 1953], em *Vorträge und Aufsätze*, 1954, pp. 11-44. — E. Boirel, *Science et technique*, 1955. — Theodor Litt, *Technisches Denken und menschliche Bildung*, 1957; 2ª ed., 1961. — Gabriel Veraldi, *L'humanisme technique*, 1958. — Gilbert Simondon, *Du mode d'existence des objets techniques*, 1958 (tese). — Pierre Ducassé, *Les techniques et le philosophe*, 1958. — Francisco Ayala, *Tecnología y libertad*, 1959. — Carlos París, *Mundo técnico y existencia auténtica*, 1959; 2ª ed., 1973. — Simon Moser, *Metaphysik einst und jetzt. Kritische Untersuchungen zu Begriff und Ansatz der Ontologie*, 1959 (cap. VIII: "Zur Metaphysik der Technik"). — Wolfgang Schadewaldt, *Natur, Technik, Kunst. Drei Beiträge zum Selbstverständnis der Technik in unserer Zeit*, 1960. — Kostas Axelos, *Marx, penseur de la technique: De l'aliénation de l'homme à la conquête du monde*, 1961. — Jean Brun, *Les conquêtes de l'homme et la séparation ontologique*, 1961. — Andrew G. van Melsen, *Science and Technology*, 1961. — Jean-Marie Auzias, *La philosophie et les techniques*, 1964. — Kurt Schilling, *Philosophie der Technik. Die geistige Entwicklung der Menschheit von den Anfängen bis zur Gegenwart*, 1968. — V. Ferkiss, *Techological Man: The Myth and the Reality*, 1970. — L. Tondi, M. Bunge et al., *Contributions to a Philosophy of Technology: Studies in the Structure of Thinking in the Technological Sciences*, 1974, ed. F. Rapp. — Ernesto Mayz Vallenilla, *Esbozo de una crítica de la razón técnica*, 1974. — G. Bastide, A. Canivez et al., artigos em *Les Études Philosophiques* (1976), 131-222. — Mario Bunge, *Tecnología y filosofía*, 1976. — H. Sachsse, *Technik und Gesellschaft*, 2 vols, 1976. — S. Müller, *Vernunft und Technik bei Husserl*, 1976. — H. Stork, *Einführung in die Philosophie der Technik*, 1977; 3ª ed., 1991. — W. Barrett, *The Illusion of Technique: A Search for Meaning in a Technological Civilization*, 1978. — G. Ropohl, *Eine Systemtheorie der Technik*, 1979. — N. Rescher, *Unpopular Essays on Technological Progress*, 1980. — M. García de la Huerta, *La técnica y el Estado moderno, Heidegger y el problema de la historia*, 1980. — F. Rapp, *Analytical Philosophy of Technology*, 1981. — J. K. Feibleman, *Technology and Reality*, 1982. — W. Ong, *Orality and Literacy. The Technologizing of the Word*, 1982. — E. Mayz Vallenilla, *Ratio technica*, 1983. — R. Schubert, *Zur Möglichkeit von Technikphilosophie*, 1989.

Ver também a bibliografia de TRABALHO.

As obras sobre história da técnica, tanto gerais como sobre vários períodos, são muito numerosas. Limitamo-nos a citar: R. J. Forjes e L. J. Dijksterhuis, *A History of Science and Technology*, 2 vols., 1963.

Bibliografia: Carl Mitcham e Robert Mackey, *Bibliography of the Philosophy of Technology*, 1973. ⊂

TECTOLOGIA. Em sua *Ciência geral da Organização* e especialmente em sua obra intitulada *Tectologia*, o filósofo russo Bogdanov (VER) introduziu o termo que dá título à mencionada obra — 'tectologia' — para designar uma ciência distinta da filosofia, mas em alguns aspectos complementar a ela (e em outros aspectos mais fundamental que ela). A tectologia — nome derivado do grego τεκταίνομαι ("fazer", "construir", "edificar") — tem por missão, segundo Bogdanov, construir e organizar o mundo com base nos elementos neutros e ainda não ordenados que constituem a experiência. Assim, ao contrário da filosofia, que se limita a contemplar e descrever a realidade, a tectologia a molda e organiza. Essa organização ou construção da realidade se manifesta de dois modos. Por um lado, trata-se de uma construção dos elementos neutros com vistas à sua organização no complexo da Natureza, da história etc.

Por outro lado, trata-se de uma organização da atividade humana em diversas esferas de atividade e em uma "prática" omnicompreensiva. Os citados modos não são, contudo, independentes. A rigor, a tectologia como ciência da organização abarca todas as formas de organização, desde a natural até a social. A idéia fundamental da tectologia de Bogdanov é o equilíbrio dinâmico enquanto perpetuamente perturbado e restaurado.

A tectologia pode ser considerada como uma ciência de estruturas — ciência que também poderia receber o nome de "tectônica" e, quando se refere ao princípio fundamental da organização estrutural, arquitectônica (VER).

TEGEN, CARL EINAR ZAKARIAS JOHANSSON (1884-1965). Nascido em Gryta, Uppsala (Suécia), foi professor em Lund e em Estocolmo (1937-1952). Discípulo de Hägerström e de Phalén, Tegen trabalhou na análise de conceitos psicológicos. Rejeitou o emotivismo epistemológico de Hägerström em prol de um ponto de vista mais atento à estrutura lógica dos fenômenos volitivos. Principalmente pela influência da psicologia norte-americana, que estudou durante uma temporada nos Estados Unidos, de 1940 a 1942, Tegen abandonou em grande parte os trabalhos de análise lógica de conceitos psicológicos para investigar processos comportamentais psicológicos e sociológicos.

⮕ Obras: *Moderne Willentheorie*, 2 vols., 1924-1928 *(Teorias modernas da vontade)*. — *Viljandet i dess förhällande till jaget och aktiviteten*, 1928 *(A vontade em sua relação com o eu e a atividade)*. — *Amerikansk psykologi. Utvecklingslinjer och grundsym*, 1949 *(A psicologia americana. Linhas de desenvolvimento e sentido geral)*. C

TEICHMÜLLER, GUSTAV (1832-1888). Nascido em Braunschweig. De 1851 a 1855 estudou filosofia em Tübingen e em Berlim, onde travou amizade com Dilthey. De 1860 a 1867 foi *Privatdozent* em Göttingen; de 1867 a 1868, "professor extraordinário" na mesma universidade; de 1868 a 1871, professor titular em Basiléia, e a partir de 1871 em Dorpat (Estônia).

Teichmüller inclinou-se no princípio a uma concepção tangente à de Lotze e que tem seus mais claros antecedentes em Leibniz, mas sem tomar essas doutrinas como simples pontos de partida para a elaboração de sua doutrina própria. A rigor, Teichmüller fez mais que partir de uns pressupostos filosóficos, porque justamente pretendeu analisar o caráter meramente "parcial" e "perspectivista" (ver PERSPECTIVISMO) dos pressupostos metafísicos clássicos (sobretudo, os de três posições designadas com os nomes de positivismo-materialismo, spinozismo e platonismo). Os motivos deste ponto de partida não são arbitrários. Como discípulo de Trendelenburg, Teichmüller tinha bem presente que o propósito de seu mestre era edificar uma concepção orgânica do mundo. Mas supor que a filosofia, embora não menos rigorosa que a ciência, tem em sua base uma "concepção do mundo" significa enfrentar o problema das diversas concepções que se deram ao longo da história. A averiguação de tais pressupostos representava, pois, primariamente mergulhar nos fundamentos do próprio filosofar e, por acréscimo, examinar a estrutura histórica de todos os sistemas e pensamentos filosóficos, um exame que, além disso, apenas Dilthey estabeleceu como tema fundamental da filosofia. Isso posto, os três pressupostos citados representam para Teichmüller uma tendência comum objetivista — rumo à objetividade material ou a ideal — que não pode explicar sua relação com o que nos é imediatamente dado: com nosso eu ou nossa consciência. Na verdade, tais pressupostos são projeções ao exterior de certas exigências internas de nossa subjetividade e, portanto, constituem o fundamento de um mundo aparente ao qual se contrapõe sempre o mundo real da consciência por meio de suas manifestações ativas, pensantes e volitivas. Assim, a objetivação do mundo exterior com base nos conceitos de substância e de causa é uma simples projeção de quanto de substancial e causal encontramos em nosso eu, a única realidade que se nos manifesta efetivamente como substante. Mas para que isto seja possível, é necessário que a consciência e o eu não sejam identificados sem mais nem menos com o conhecimento e com a relação intencional que o conhecimento desencadeia: "consciência" ou "eu" significam o conjunto de tudo o que é subjetividade e, por conseguinte, algo que implica dentro de si o que não é propriamente consciência, mas, por exemplo, e entre outros elementos, o subconsciente. Deste modo Teichmüller procedeu a uma reconstrução das esferas ontológicas por meio de uma análise da consciência que lhe permite chegar a uma articulação do ser em: 1) um ser ideal, que não compreende tanto os "objetos ideais" quanto as "significações"; 2) um ser real, que abarca tudo o que, além de constituir o objeto de uma intenção mental, está realmente presente na consciência e, portanto, compreende também objetos ideais propriamente ditos, junto com os seres matemáticos ou as relações, e, finalmente, 3) o ser substancial, isto é, a consciência, ou, melhor dizendo, o "eu". O "eu" representa o ponto de união e de convergência de todo ser, e é o que confere a qualquer ser sua entidade, o que não equivale a uma consideração "relativista", mas unicamente a uma dessubstancialização da realidade. A separação entre a consciência imediata de algo e o conhecimento deste algo permitiu, ademais, a Teichmüller sustentar sua "prova crítica" da existência de Deus, enquanto torna possível mostrar uma consciência de Deus na qual deverá estar também incluída a existência, pois a consciência é fundamento e fonte de toda realidade.

A filosofia de Teichmüller teve influência sobretudo nos países eslavos. Entre outros pensadores influenciados por Teichmüller mencionamos o russo A. A. Kozlov, o polonês Wincenty Ltoslawski (VER) e o lituano Wladimir Szylkarski, que tentou formar uma "escola" para o desenvolvimento do pensamento de Teichmüller.

◐ Obras: *Aristotelische Forschungen,* 3 vols., 1867, 1869, 1873 (I. *Beiträge zur Poetik des Aristoteles;* II. *Aristoteles' Philosophie der Kunst;* III. *Geschichte des Begriffs der Parousie) (Investigações aristotélicas. I. Contribuições para a poética de A.; II. A filosofia da arte de A.; III. História do conceito de parusia).* — *Studien zur Geschichte der Begriffe,* 1874, reimp. 1962 *(Estudos para a história dos conceitos).* — *Über die Unsterblichkeit der Seele,* 1874; 2ª ed., 1879 *(Sobre a imortalidade da alma).* — *Die platonische Frage. Eine Streitschrift gegen Zeller,* 1876, reimp. 1972 *(A questão platônica. Polêmica contra Zeller).* — *Neue Studien zur Geschichte der Begriffe,* 3 vols., 1876-1879, reimp. 1963 *(Novos estudos para a história dos conceitos).* — *Darwinismus und Philosophie,* 1877. — *Über das Wesen der Liebe,* 1879 *(Sobre a natureza do amor).* — *Literarische Fehden im 4. Jahrh. vor Christus,* 2 vols., 1881-1884 *(Lutas literárias no século IV a.C.).* — *Die wirkliche und die scheinbare Welt. Neue Grundlegung der Metaphysik,* 1882 *(O mundo real e o mundo aparente. Nova fundamentação da metafísica).* — *Religionsphilosophie,* 1886. — *Neue Grundlegung der Psychologie und Logik,* 1889, ed. J. Ohse *(Nova fundamentação da psicologia e da lógica).* — *Philosophie des Christentums,* 1931, ed. E. Tennemann *(Filosofia do cristianismo).* — T. escreveu também uma obra burlesca sobre Kant, intitulada: *Wahrheitsgetreuer Bericht über meine Reise in das Himmel, von I. Kant,* 1877 *(Informe fidedigno sobre minha viagem ao céu, de I. K.).*

Ver: Filippo Masci, *Un metafisico antievoluzionista: G. T.,* 1887. — V. Adolf Müller, "Die Metaphysik Teichmüllers", *Archiv für systematische Philosophie,* 6 (1900), 1-27, 156-175, 341-343. — M. Radovanovic, *Menschengeist und Gottheit. Darstellung von Teichmüllers Religionsphilosophie auf Grund von dessen Metaphysik,* 1903. — Tennemann, *Gustav Teichmüllers* Philosophie des Christentums, 1931. — M. Schabad, *Die Wiederentdeckung des Ich in der Metaphysik Teichmüllers,* 1940. — Sobre a "prova crítica", ver E. Pfenningsdorf, *Der kritische Gottesbeweis,* 1938. ◐

TEILHARD DE CHARDIN, PIERRE (1881-1955). Nascido em Sarcenat (Auvergne). Membro da Companhia de Jesus, Teilhard de Chardin dedicou-se a estudos geológicos e paleontológicos, participando de várias expedições ao Extremo Oriente e dos trabalhos que levaram à descoberta do "sinantropo". Além de seus trabalhos em paleontologia humana, Teilhard de Chardin se distinguiu por suas investigações em paleontologia dos vertebrados do período cenozóico e em geologia do período pleistoceno. Do ponto de vista filosófico, interessa sobretudo seu esforço de formular uma síntese que inclui a evolução inteira do universo e a do homem e que tem por eixo a redenção. Por conseguinte, uma síntese que abarca o natural e o sobrenatural. Teilhard de Chardin nega que tenha pretendido erigir um sistema metafísico de sua síntese; trata-se, em suas próprias palavras, de uma "visão" tornada possível pela ciência. Os pontos capitais da síntese ou visão de Teilhard de Chardin são os seguintes: o universo se desenvolve organicamente até formar, no curso da evolução, as condições necessárias para que apareça a vida. Esse estádio da "pré-vida" se desenvolve formando a biosfera, que evolui até chegar à "noosfera". O processo de evolução do universo é um processo de "hominização" e ao mesmo tempo um processo de interiorização; a rigor, o homem aparece quando o universo, no curso de sua evolução, se interioriza até dar lugar à reflexão. Com o surgimento do homem, o universo passa a ser um "centro", exteriormente não parece ter havido grandes mudanças, mas é que as mudanças ocorrem então "em profundidade". A Terra passa então a encontrar sua alma com o homem, que representa, individual e coletivamente, "o estado mais sintetizado possível do universo". O homem representa assim "a mais matizada das camadas sucessivas da Vida". O homem é como uma flecha ascendente, pois com o homem aparece "a noogênese que ascende irreversivelmente para x, Ômega, através do ciclo estreitamente limitado de uma geogênese". Culminação do "fenômeno humano" é o "fenômeno cristão". O "ponto Ômega", ponto final da evolução e plenitude da realização do homem dentro da redenção cristã, não é, contudo, um "ponto" que aparece subitamente como conseqüência das fases anteriores; a rigor, "Ômega já existia" (o que significa que toda a evolução do homem em sua marcha rumo a Deus já estava em "Deus-Providência" que se tornou "Deus-Revelação"). "O Centro Universal de unificação (...) deve ser concebido como preexistente e transcendente". Se isso equivale a um panteísmo, será então — diz Teilhard de Chardin — "um panteísmo absolutamente legítimo, porque se, no fim das contas, os centros de reflexão do Mundo já não são mais que 'um com Deus', este estado se obtém não por identificação (como se Deus passasse a ser tudo), mas por ação diferenciante e comungante do amor (Deus tudo *em todos*); o que é essencialmente ortodoxo e cristão".

O esquema acima — baseado na obra de Teilhard de Chardin, *O fenômeno humano* — não faz justiça a importantes pormenores na explicação da evolução oferecida pelo autor; além disso, ele tratou de outros aspectos de sua "visão" em diferentes escritos. Mas tal esquema basta, do ponto de vista filosófico, para caracterizar as idéias mais importantes no chamado "evolucionismo cristão" de Teilhard de Chardin.

As idéias de Teilhard de Chardin suscitaram muitos debates. Suas obras filosóficas, publicadas apenas postumamente, não receberam o *imprimatur*, e muitos católicos consideram que certas idéias nelas expressas estão longe de ser ortodoxas. Outros católicos, entretanto, consideram-nas como um rejuvenescimento das crenças. Fora dos meios católicos, a obra de Teilhard de Chardin também foi recebida pelo menos de duas maneiras diferentes: alguns a celebraram como uma importante contribuição de um crente a certas convicções científicas, ou filosóficas, ou ambas a um só tempo; outros, em contrapartida, destacaram que ou as idéias de Teilhard de Chardin carecem de originalidade ou então são extremamente confusas e carecem do rigor que deveria possuir todo estudo de caráter filosófico.

⊃ Obras: mencionaremos aqui somente os livros póstumos de Teilhard de Chardin nos quais o autor expôs sua "visão". Figuram numa edição de *Oeuvres* como segue: 1. *Le phénomène humain*, 1955. — 2. *L'apparition de l'homme*, 1956. — 3. *La vision du passé*, 1957. — 4. *Le milieu divin*, 1957. — 5. *L'avenir de l'homme*, 1960. — 6. *L'énergie humaine*, 1962. — 7. *L'activation de l'énergie*, 1963. — 8. *La place de l'homme dans la nature: Le groupe zoologique humain*, 1964. — 9. *Science et Christ*, 1965. — Ver também: *Réflexions sur le bonheur. Inédits et témoignages*, 1960. — *Hymne de l'Univers*, 1961.

Correspondência: *Genèse d'une pensée. Lettres (1914-1919)*, 1961. — *Lettres de voyage, 1923-1955*, 1961. — *Correspondance entre Blondel e T. de Ch.*, 1965, ed. Henri de Lubac. — *Accomplir l'homme. Lettres inédites (1926-1952)*, 1968. — *Letters to Two Friends*, 1968 (original em inglês). — *Des Sinanthropes. Lettres inédites (1926-1934)*, 1971. — *Lettres intimes à V. Valension etc., 1919-1955*, últ. ed. ampl., 1974. — *Lettres familières de P. T. de Ch., mon ami (1948-1955)*, 1976 (apresentadas por P. Leroy).

Em português: *O fenômeno humano*, 1995. — *Hino do universo*, s.d. — *Lugar do homem na natureza*, s.d. — *O meio divino*, s.d.

Bibliografia: Ladislaus Polgár, *Internationale T.-Bibliographie, 1955-1965*, 1965. — John E. Jarque, *Bibliographie générale des oeuvres et articles sur P. T. de Ch. parus jusqu'à fin décembre 1969*, 1970 — G.-H. Baudry, *P. T. de Ch. Bibliographie (1881-1972)*, 1972. — J. M. McCarthy, ed., *P. T. de Ch.: A Comprehensive Bibliography*, 1981.

Léxicos e índices: Claude Cuénot, *Lexique de T. de Ch.*, 1963. — *Id., Nouveau lexique de T. de Ch.*, 1968. — Paul L'Archevêque, *Nouvel index analytique*, 1972.

Ver: Claude Tresmontant, *Introduction à la pensée de T. de Ch.*, 1955. — F. A. Viallet, *L'univers personnel de T. de Ch.*, 2 vols., 1955-1961. — Nicolás Corte, *La vie et l'âme de T. de Ch.*, 1957. — Claude Cuénot, *P. T. de Ch., les grandes étapes de son évolution*, 1958; 2ª ed., 1959. — Paul Chauchard, *L'être humain selon T. de Ch. Phénoménologie scientifique et pensée chrétienne*, 1959. — Paul-Bernard Grenet, *P. T. de Ch. ou le philosophe malgré lui*, 1960. — *Id., T. de Ch. un évolutionniste chrétien*, 1961. — J.-P. Bianchard, *Méthode et principes de T. de Ch.*, 1961. — Eusebi Colomer, *P. T. de Ch., un evolucionisme cristià?*, 1961. — *Id., Hombre y Dios al encuentro: Antropología y teología en T. de Ch.*, 1974. — Georges Crespy, *La pensée théologique de T. de Ch.*, 1962. — Henri de Lubac, *La pensée religieuse du Père T. de Ch.*, 1962. — Igance Lepp, *Die neue Erde. T. de Ch. und das Christentum in der modernen Welt*, 1962. — Bernard Charbonneau, *T. de Ch., prophète d'un âge totalitaire*, 1963. — Ch. E. Raven, *T. de Ch., Scientist and Seer*, 1963. — Julio Meinvielle, *T. de Ch. o la religión de la evolución*, 1965. — G. de Solages, *T. de Ch.*, 1967. — Rupert Feneberg, *Die Phänomenologie bei T. de Ch. Eine Untersuchung der hermeneutischen Voraussetzungen ihrer Interpretation*, 1968. — Condesa de Campo Alange et al., *En torno a T.*, 1969. — René d'Ouince, *Un prophète en procès*, 2 vols., 1970 (I: *T. de Ch. dans l'Église de son temps;* II: *T. de Ch. et l'avenir de la pensée chrétienne*). — H. James Birx, *P. T. de Chardin's Philosophy of Evolution*, 1972. — Juan Sahagún Lucas, *Persona y evolución: El desarrollo del ser personal en el pensamiento de T. de Ch.*, 1974. — Joseph A. Grau, *Morality and the Human Future in the Thought of T. de Ch.*, 1976. — T. Broch, *Das Problem der Freiheit bei T. de Ch.*, 1977. — M. y E. Lukas, *T.*, 1977. — J. H. Morgan, *In Search of Meaning: From Freud to T. de Ch.*, 1978. — R. Lischer, *Marx und T. de Ch.: Two Ways to the New Humanity*, 1979. — G. Schiwy, *T. de Ch. — Sein Leben und seine Zeit*, 2 vols., 1981. — Th. M. King, *T.'s Mysticism of Knowing*, 1981. — R. J. O'Connell, *T.'s Vision of the Past: The Making of a Method*, 1982. — Th. M. King, J. F. Salmon, eds., *T. and the Unity of Knowledge*, 1983. — H. Dolch, *P. T. de Ch. — Grenzgänge zwischen Naturwissenschaft und Theologie*, 1986. — N. Bonnet, *Immanence et Transcendance chez T. de Ch.*, 1987. — H. J. Birx, *Interpreting Evolution: Darwin and T. de Ch.*, 1991.

Há várias sociedades e revistas dedicadas a T. de Ch.: em Munique, *Acta Teilhardiana* da Sociedade T. de Ch.; em Bruxelas, *Études Teilhardiennes* (anuário internacional publicado pela Associação de Amigos de T. de Ch.), e a revista *Teilhard de Chardin*; em Londres, *The Teilhard Review*, ed. por "The P. T. de Ch. Association of Great Britain and Ireland". — Em Paris, a Fundação T. de Ch. possui os documentos e arquivos relacionados com T. e publica *Les Cahiers de la Fondation et Association T. de Ch.* ⊂

TEÍSMO. Os que se chamaram a si mesmos "teístas", nos séculos XVII e XVIII — principalmente neste último —, consideravam que o teísmo é a doutrina que afirma a existência de Deus. O teísmo se opõe, portanto, ao ateísmo (VER), que nega tal existência. De modo geral, teísmo é mesmo que deísmo (VER). No entanto, o teísmo se opôs também ao deísmo. O deísmo tende a equiparar a lei divina com a lei natural. Com isso, segundo os teístas, ele desembocou numa negação do caráter pessoal de Deus. Mas a negação desse caráter pessoal equivale, no entender dos teístas, à negação da própria existência de Deus. Por isso os deístas foram denunciados pelos teístas como ateus. Essa denúncia se baseou no fato de que os deístas mais radicais se aproximavam dos livres-pensadores (VER) e estes eram freqüentemente chamados "ateus".

O teísmo sustenta que Deus é uma pessoa. Sustenta, além disso, que Deus governa o mundo. Admite com isso a providência e a revelação. Para os teístas, a verdade revelada não pode ser reduzida a uma verdade racional, conhecida em princípio por todos os seres humanos.

No século XIX e parte do século XX, o teísmo foi defendido por autores que seguiram, na filosofia, o personalismo (VER). Isso ocorreu sobretudo nos países anglo-saxões, onde foi mais viva a polêmica entre teístas, de um lado, e deístas e ateus, do outro. A bibliografia *infra* constitui um testemunho do interesse que suscitou o teísmo naqueles países desde meados do século passado.

➲ Ver: James Croll, *Philosophy of Theism*, 1857. — Robert Flint, *Theism*, 1877. — Borden P. Bowne, *Studies in Theism*, 1886. — Id., *Philosophy of Theism*, 1887. — Id., *Theism*, 1902. — William George Ward, *Essays on the Philosophy of Theism*, 1884. — A. C. Fraser, *Philosophy of Theism*, 1895-1896 [Gifford Lectures, 1894-1895]. — Andrew Seh (Pringle-Pattison), *Two Lectures on Theism*, 1897. — A. J. Balfour, *Theism and Humanism*, 1915 [Gifford Lectures, 1914]. — Clement Charles Julian Webb, *Religion and Theism*, 1934. — Hubert Stanley Box, *The World and God. The Scholastic Approach to Theism*, 1934. — G. Dawes Hicks, *The Philosophical Basis of Theism*, 1937. — John Laird, *Theism and Cosmology*, 1940. — Charles Hartshorne, *Man's Vision of God and the Logic of Theism*, 1941. — E. L. Mascall, *He Who Is: A Study in Traditional Theism*, 1943. — D. J. B. Hawkins, *The Essentials of Theism*, 1949. — A. B. Gibson, *Theism and Empiricism*, 1970. — R. Swinburne, *The Coherence of Theism*, 1977. — J. A. C. Fagginger, *Humanism versus Theism*, 1981. — J. L. Mackie, *The Miracle of Theism: Arguments for and Against the Existence of God*, 1982. — C. Dore, *Theism*, 1984. — C. P. Henderson, *God and Science: The Death and Rebirth of Theism*, 1986. — P. H. Wiebe, *Theism in an Age of Science*, 1988. — M. D. Beaty, ed., *Christian Theism and the Problems of Philosophy*, 1990. ☚

TELEOLOGIA. O termo 'teleologia' foi empregado por Wolff (*Philosophia rationalis sive logica*, III, § 85) para designar a parte da filosofia natural que explica os fins (τέλος = fim) das coisas, ao contrário da parte da filosofia natural que se ocupa das causas das coisas. Só o nome é novo. A idéia de uma explicação por meio de fins é antiga; entre os filósofos gregos, pode ser encontrada em Anaxágoras, Platão e Aristóteles.

O *Nous* (VER) no sentido de Anaxágoras (VER) é um fim, mas um fim em virtude do qual se produzem as separações e mesclas de acordo com uma ordem. Anaxágoras parece recorrer, pois, ao que depois se chamou "explicação teleológica". No entanto, numa passagem do *Fédon*, Platão faz Sócrates dizer que embora Anaxágoras falasse do *Nous* como de um fim, quando chegava o momento de tratar de explicar algo — por exemplo, algo parecido a por que Sócrates se encontrava no cárcere esperando o momento de beber a cicuta — acudia a causas tais como os tendões, a textura dos músculos etc., e, portanto, prescindia de fins ou, no vocabulário posterior, de explicações teleológicas. Esse procedimento não mereceu a aprovação de Sócrates (Platão). A introdução por Platão de "formas", "idéias", "paradigmas" etc., expressou uma forte tendência teleológica, já que as formas, idéias, paradigmas etc., não são, propriamente, causas mas modelos.

Uma das quatro espécies de causa (VER) é, segundo Aristóteles, o que se chama "causa final". Esta se distingue da causa eficiente, embora não seja em Aristóteles oposta a, ou incompatível com, ela. Todas as espécies de "causa" colaboram na produção de uma realidade. Se reservamos para a causa eficiente o adjetivo 'causal' e para a casua final nos limitamos a usar o adjetivo 'final', podemos recorrer aos vocábulos 'causalismo' e 'finalismo' para nos referirmos respectivamente às explicações causais e finais. Depois da introdução do termo 'teleologia', falou-se freqüentemente de "teleologismo" em vez de "finalismo".

Aristóteles freqüentemente tomou como modelo de explicação o comportamento de organismos. Isso o levou a prestar grande atenção a considerações do tipo "aquilo em vista do qual...". Essas considerações são de índole teleológica. Por esta razão o aristotelismo muitas vezes foi equiparado ao "teleologismo".

Demócrito recorreu a uma única noção de causalidade — coisa que Aristóteles justamente criticou: a chamada "causalidade eficiente". Sobretudo a partir de Galileu, tendeu-se a eliminar as "causas finais", a mencionada "causalidade eficiente" foi a única que se conservou naquele autor e, em geral, na física e boa parte da filosofia modernas. Por esta razão, o atomismo democritiano e a física moderna muitas vezes foram equiparados ao "causalismo".

Pode-se falar, como o fez Georg Henrik von Wright (*Explanation and Understanding*, 1971, pp. 2 ss.) de "duas grandes tradições na história das idéias, tradições que diferem entre si no que toca às condições que tem de satisfazer uma explicação com o fim de ser cientificamente respeitável. Uma tradição às vezes é chamada aristotélica; a outra, galileana". Podem-se chamar também respectivamente "tradição teleológica" e "tradição causalista" (e muito freqüentemente mecanicista). Isso não quer dizer — e o citado autor salienta isso (*op. cit.*, p. 170) — que historicamente as coisas tenham sido tão simples como se descreve. Aristóteles não descuidou do papel das causas eficientes; em inúmeros casos, só o que funciona como tal causa permite que se leve a cabo um processo. Não descuidou tampouco do papel das "potências" ou "faculdades". Em Galileu e na ciência natural moderna em geral há explicações que, como indica von Wright, são feitas "em termos de leis que conectam fenômenos que são determinados, numericamente mensuráveis, de diferentes determináveis genéricos" *(loc. cit.)*. A contraposição entre "teleologismo" e "causalismo" pode servir apenas de orientação geral. O mesmo (e mais freqüentemente) ocorre com a contraposição entre "teleologismo" e "mecanicismo", em vista do fato de que há explicações mecanicistas que fazem uso da noção de "orientação para um fim". No entanto, costuma-se apelar a estas contraposições para caracterizar superficialmente certos tipos de sistemas filosóficos ou de formas de pensar. Assim, fala-se de teleologismo em Anaxágoras, Platão, Aristóteles, nos escolásticos; e de causalismo (ou até mecanicismo) em Demócrito, Galileu, Descartes, Spinoza. Certos autores, como Leibniz e Lotze, são caracterizados como tendo tentado combinar o teleologismo e o causalismo, especialmente na medida em que admitiram "teleologias internas", isto é, finalidades residentes no mesmo encadeamento causal.

As disputas em torno da adequação das explicações teleológicas, assim como em torno de se a realidade em geral, ou certos tipos de realidades, possuem estrutura teleológica e hão de ser portanto explicadas teleologicamente, foram particularmente vivas na filosofia do orgânico, e na filosofia das ciências biológicas. Tratamos desse ponto no verbete FINALIDADE. Alguns autores como os vitalistas e neovitalistas indicaram que não se pode prescindir de explicações teleológicas. Outros tentaram reduzir as explicações teleológicas a outras fundadas na noção de causalidade eficiente. Essa redução foi proposta de diferentes modos. Alguns, por exemplo, assinalaram que a chamada "explicação teleológica" não é senão uma explicação causal que usa as noções de "direção para um fim", de "propósito", "função", "intenção" etc. Outros declararam que a conduta teleológica nos seres orgânicos é sinônima da conduta dirigida pelo que se chamou "mecanismos de retroação negativa" *(negative feedback)*. Esta é a opinião da maior parte dos cultores da cibernética e de autores que se servem da teoria geral de sistemas (ver SISTEMA). Vários indicaram que a noção de teleologia é puramente metodológica ou que seu interesse é meramente heurístico. Alguns indicaram que noções teleológicas são usadas apenas temporariamente e até que se descubram as pertinentes noções causais.

Essa última afirmação foi negada por uma série de filósofos de propensão analítica que encontraram falhas nas concepções causalistas tradicionais e no positivismo de ascendência humiana. No exame da noção de ação e de "agência" — que pode ser animal e não somente humana — Charles Taylor (especialmente em *The Explanation of Behaviour*, 1964) deixou claro que a noção de propósito e a explicação teleológica não são de modo algum incompatíveis com um ponto de vista empírico e não necessitam postular entidades inobserváveis ou potências supostamente "ocultas". Trata-se simplesmente de admitir a possibilidade de um princípio de assimetria, ao contrário do princípio de simetria para todos os movimentos, que é (ou foi) o princípio característico da ciência natural moderna. Que o princípio de simetria seja ou não válido é, segundo Taylor, uma questão empírica; como o é a de se se aceita ou não uma explicação teleológica.

Além disso, a usual oposição entre "teleologismo" e "causalismo" se torna menos aguda — ou desaparece de todo — quando se leva em conta que a ação de um agente com propósito não é incompatível com a causalidade.

Há dois usos importantes de 'teleologia' e 'teleológico' na época moderna que tratamos em dois verbetes especiais: TELEOLÓGICO (JUÍZO) e TELEOLÓGICA (PROVA). O primeiro diz respeito a Kant; o segundo, a diversas tentativas de demonstrar a existência de Deus.

Autores como Lotze (VER) — cuja doutrina foi qualificada de "idealismo teleológico" —, Paul Nicolaus Cossmann (nascido em 1869 em Baden-Baden: *Elemente der empirischen Teleologie*, 1899) e Anton Oelzelt-Newin (nascido em em Viena, 1854-1925: *Weshalb das Problem der Willensfreiheit nicht zu lösen ist,* 1900; *Die Hypothese eines Seelenlebens der Pflanzen*, 1907, e sobretudo *Teleologie als empirische Disziplin*, 1918) procuraram evitar toda identificação de 'teleologismo' com 'determinismo', e em particular trataram de desenvolver uma "teleologia empírica" que consiste em descobrir nos próprios fenômenos relações de finalidade. Concomitantemente, não há nesses autores a muito comum tendência a equiparar 'teleológico' com 'livre' (ou 'possivelmente livre') e 'causal' com 'determinado'. A esta tendência se refere Bergson quando afirma que persistem na idéia de teleologia ressonâncias das concepções deterministas. Segundo Bergson, o determinismo (ou causalismo) afirma que todas as coisas estão determinadas "desde o começo". O teleologismo se limita a sustentar que estão determinadas "desde o fim". Em ambos os casos são concebidas, na opinião de Bergson, como determinadas, de modo que tanto para o teleologista como para o determinista, "tudo já está dado".

Fez-se a distinção entre várias formas de teleologia. O citado von Wright considera que há duas províncias nas quais cabe dividir o domínio tradicionalmente atribuído à teleologia: em uma dessas províncias usam-se as noções de função, propósito e totalidade orgânica (sistema); na outra, as noções de "tendência" (ou "aspiração") e "intencionalidade". Distinguiu-se também a teleologia aplicada ao estudo de fenômenos naturais e a teleologia aplicada ao exame de atos de agentes humanos: no primeiro caso se maneja o conceito de direção para um fim, geralmente "programado"; no segundo, os conceitos de intenção e propósito.

Cabe usar, porém, termos como 'propósito' e 'direção para um fim' para caracterizar os critérios que todo sistema teleológico deve cumprir, seja um organismo biológico, um ser humano, um mecanismo cibernético etc. Os termos indicados se definem então como tipos de funções. Alguns autores, contudo, distinguem propósito e função porque cada um deles pode operar como variável independente em uma explicação teleológica.

Em sua obra *Teleologisches Denken* (1955), Nicolai Hartmann sustenta que a forma de pensar teleológica é uma categoria — se bem que uma categoria "híbrida" — que, de modo similar à idéia de substância, pode (ou tende a) penetrar por toda parte num sistema ontológico. Não sendo unívoca a categoria do pensar teleológico, convém distinguir, afirma Hartmann, três formas.

1) A *teleologia dos processos*, tal como se manifesta em Aristóteles. Tal teleologia tenta responder à pergunta: "Para quê?" — um "para quê" interno, que se supõe pertencer à "essência".
2) A *teleologia das formas* ou *tipos* (formas orgânicas ou inorgânicas). Tal teleologia considera que há uma hierarquia de formas e que umas formas são superiores às outras.
3) A *teleologia do todo*, que concebe o mundo como um Absoluto, como uma unidade informante, criadora; em suma, como um princípio de todo movimento.

A primeira é a forma fundamental, pois se refere à estrutura causal do mundo; a segunda e a terceira são muitas vezes mero produto da fantasia.

N. Hartmann pretendeu averiguar, além disso, que motivos impulsionam a consciência a adotar um pensar teleológico. São quatro: *a)* A condicionalidade histórica de nosso pensar (a tradição teleológica); *b)* os pressupostos do pensar ingênuo (o interesse pelo "para quê"); *c)* os pressupostos do pensar científico (regularidade dos fenômenos e especialmente dos organismos, exigências ocasionais do método); *d)* os pressupostos metafísico-populares (ordem divina, panteísmo, teodicéia) e filosófico-especulativos (idealismo, doutrina da relação potência-ato, predomínio do valor, dos motivos éticos etc.).

Todos esses motivos se entrecruzam e às vezes se apóiam mutuamente. Na história da filosofia *d)* aparece como o motivo predominante; referimo-nos também a este ponto ao examinar no verbete Perifilosofia (VER) várias concepções chamadas organicistas.

Seguindo as sugestões do sistema do idealismo empírico esboçado por E. A. Singer, Jr., Milton C. Nahm (nascido em 1903) aplicou a distinção entre o teleológico e o ateleológico à sua doutrina da experiência estética. Há, segundo Nahm, dois grupos básicos de teorias estéticas. O primeiro grupo é o das teorias ateleológicas, baseadas no pressuposto de que os objetos ou acontecimentos selecionados são absolutamente belos, sem referência ao propósito perseguido ou ao fim pelo qual possam ser definidos. O segundo grupo é o das teorias teleológicas, baseadas no pressuposto de que os objetos ou acontecimentos selecionados possuem um valor estético em virtude do propósito ou propósitos perseguidos e do fim ou fins que os definam. Entre as teorias estéticas ateleológicas figuram: a teoria da forma ateleológica transcendental; a teoria da forma ateleológica na arte e na Natureza, e a teoria ateleológica da forma "concreta" na arte e na Natureza. Não se pode dar exemplos bem delimitados dos representantes de cada uma dessas teorias, pois alguns dos grandes filósofos (como Platão) têm em suas obras teses que correspondem a várias delas. No entanto, pode-se indicar que a primeira teoria se encontra nas passagens mais realistas de Platão, Plotino, Santo Agostinho e Santo Tomás; a segunda, nas passagens mais formais de Platão e na hipótese não matemática da forma abstrata de Kant; a terceira, nas passagens menos formais de Platão e na hipótese kantiana e pós-kantiana da forma não matemática. Entre as teorias estéticas teleológicas figuram: a teoria baseada nas intenções (e interesses) do artista; a teoria que explica a gênese da arte como uma atitude fundamental humana e a teoria que explica a gênese da arte como um jogo. O entrecruzamento dos exemplos é o mesmo que no caso das teorias ateleológicas, mas pode-se indicar que a primeira teoria se encontra em algumas passagens da *República* de Platão; a segunda, em Aristóteles; a terceira, em Schiller. Como as teorias estéticas estão dominadas pela experiência estética, a distinção entre o ateleológico e o teleológico se aplica também — e muito especialmente — a esta última. É o que ocorre com o sentimento, que Nahm analisou, partindo do citado ponto de vista, como imaginação reprodutiva (ateleológica) e como imaginação produtiva (teleológica).

⊃ Ver, além das obras citadas no texto: F. Erhardt, *Mechanismus und Teleologie*, 1890. — Gustav Wolff, *Mechanismus und Vitalismus*, 1902. — M. Adler, *Kausalität und Teleologie im Streite um die wissenschaften*, 1904. — E. Bünning, *Mechanismus, Vitalismus und Teleologie*, 1932. — F. Dessauer, *Die Teleologie in der Natur*, 1949. — R. B. Braithwaite, *Scientific Explanation*, 1953. — H. Ertel, *Kausalität, Teleologie und Willensfreiheit als Problemkomplex der Naturphilosophie*, 1954. — N. Hartmann, *Teleologisches Denken*, 1955. — Béla von Brandenstein, *Teleologisnahmigen Buche N. Hartmanns*, 1960. — Hans Voigt, *Das Gesetz der Finalität*, 1961. — Andrew Woodfield, *Teleology*, 1976. — Larry Wright, *Teleological Explanations: An Etiological Analysis of*

Goals and Functions, 1976. — Ernest Nagel, "Teleology Revisited: The Dewey Lectures 1977", *Journal of Philosophy*, 74 (1977), 261-301; reed. em *Id., Teleology Revisited and Other Essays in the Philosophy and History of Science*, 1979. — K. Düsing, D. von Egelhardt et al., *Teleologie*, 1981. — N. Rescher, ed., *Current Issues in Teleology*, 1986.
Ver também a bibliografia de Fim.
Sobre história da teleologia: P. Ragnisco, *La teleologia nella filosofia greca e moderna*, 1884. — W. Theiler, *Zur Geschichte der teleologischen Naturbetrachtung bis auf Aristoteles*, 1924 (tese). — A. M. Issigonis, 'Η τελεολογική κατ' 'Αριστοτέλους ἐνδοχὴν τοῦ ψυχικοῦ, 1951. — Peter Brunner, *Probleme der Teleologie bei Maimonides, Thomas von Aquin und Spinoza*, 1928. — C. Pekelharing, *Kants Teleologie*, 1916. — Klaus Düsing, *Die Teleologie in Kants Weltbegriff*, 1968. — J. D. McFarland, *Kant's Concept of Teleology*, 1970. — I. Hermann, *Kants Teleologie*, 1972. — Silvestro Marcucci, *Aspetti epistemologici della finalità in Kant*, 1972. — Guillermo Hoyos Vásquez, *Intentionalität als Verantwortung. Geschichts-Teleologie der Intentionalität bei Husserl*, 1976. — W. Baumann, *Das Problem der Finalität im Organischen bei Nicolai Hartmann*, 1955. — A. Capecci, *Struttura e fine. La logica della teleologia aristotelica*, 1978. — T. Auxter, *Kant's Moral Teleology*, 1982. — E.-M. Engels, *Die Teleologie des Lebendigen. Kritische Überlegungen zur Neuformulierung des Teleologieproblems in der angloamerikanischen Wissenschaftstheorie. Eine historischsystematische Untersuchung*, 1984.
Para o teleologismo (e ateleologismo) na arte: M. C. Nahm, *Aesthetic Experience and Its Presuppositions*, 1946. ᴄ

TELEOLÓGICA (PROVA). Uma das "cinco vias" *(quinque viae)* propostas por Santo Tomás de Aquino (ver Tomás de Aquino [Santo]) para demonstrar, ou provar a existência de Deus é a que se baseia na noção de finalidade. Esta prova (a que figura como a "quinta via") consiste fundamentalmente na idéia de que todo ser tende a um fim, a uma finalidade. Este fim não pode residir imanentemente no ser mesmo, já que então não se poderia nem sequer falar de fim ou finalidade. O cosmo inteiro tem uma finalidade que não reside nele, mas numa inteligência suprema, isto é, Deus. Deus como finalidade de todo o criado regula as operações dos entes criados.
A prova da existência de Deus por razão de finalidade última foi chamada desde o século XVIII "prova teleológica" (ou "argumento teleológico"), em razão do uso do termo 'teleologia' (ver) como termo técnico cunhado por Wolff. Foi identificada às vezes com a prova cosmológica (ver Cosmológica [Prova]), mas como esta tem geralmente um caráter mais amplo, considerou-se também a prova teleológica como uma parte da prova cosmológica. Em todo caso nem toda prova teleológica apela às noções de que se vale a prova cosmológica, mas esta última tende a incluir a primeira. Não há apenas diferença entre a prova teleológica e a chamada "prova físico-teleológica", isto é, a baseada em noções procedentes da cognominada "Fisicoteologia" (ver). No século XVIII a maior parte de argumentos aduzidos em prol de uma prova teleológica eram argumentos de caráter "físico-teleológico".
Freqüentemente se distinguiu na prova teleológica um aspecto físico e um metafísico. Fisicamente (ou "cosmologicamente"), a prova se baseia na ordem e na harmonia do mundo, a qual, além disso, é considerada difícil, ou impossível, de explicar, a menos que se recorra à noção de uma finalidade. Metafisicamente, a prova insiste na passagem necessária do contingente (que não parece ter em si mesmo nenhuma finalidade) ao necessário. No entanto, ainda que o aspecto metafísico da prova pareça ser o predominante, isso não ocorre na maioria das vezes, já que as demonstrações dadas na ordem metafísica não implicam necessariamente a introdução da noção de finalidade. Por isso, muitos autores examinaram a prova teleológica no sentido já indicado antes de uma físico-teleologia. Um exemplo destacado é o de Kant. Ao criticar na Dialética transcendental da *Crítica da razão pura* a demonstração da finalidade da Natureza, Kant se refere aos argumentos dados pelos partidários da físico-teleologia e quer mostrar que tais argumentos fracassam pela impossibilidade de passar do mundo fenomênico ao mundo numênico. O Deus em que desembocariam tais argumentos, assinala Kant, seria em suma uma espécie de demiurgo, não o Deus criador onipotente a que se referem os que usaram a prova. Kant, porém, reconhece que tal prova tem muita força de convicção. Não é surpreendente que tenha sido usada com tanta freqüência. Uma de suas bases é a idéia de que o mundo visível é um signo ou cifra do mundo invisível e, em última análise, do Criador do mundo visível.
⊃ Ver: Ph. J. Mayer, *Der teleologische Gottesbeweis*, 1901. — A. Kaesterner, *Geschichte des teleologischen Gottesbeweises von der Renaissance bis zur Aufklärung*, 1907. — R. E. D. Clark, *The Universe and God*, 1939. — G. Siegmund, *Naturordnung als Quelle der Gotteserkenntnis. Neubegründung des teleologischen Gottesbeweises*, 2ª ed., 1950. ᴄ

TELEOLÓGICO (JUÍZO). Na "crítica do juízo teleológico" que constitui a segunda parte da *Crítica do juízo*, Kant procura lançar uma ponte entre as considerações de tipo mecânico-causal, próprias da ciência da Natureza, e as considerações éticas, nas quais a noção de liberdade da vontade desempenha um papel fundamental.
Para tal fim, Kant submete a análise a noção de "finalidade", ou noção de "propósito", com o fim de descobrir o princípio do juízo teleológico da Natureza em geral enquanto sistema de propósitos, e sobretudo com

o fim de chegar ao conhecimento do propósito *(scopus)* final da Natureza. A afirmação de tal propósito final não significa que abandonemos a idéia do mecanismo das causas; significa que podemos tomar um ponto de vista "interno" sobre a Natureza ao qual não nos conduz a simples observação física de seus fenômenos. Por isso se pode falar de um princípio teleológico como princípio interno da ciência natural. Isso posto, o problema do juízo teleológico não é esgotado com o exame anterior (que constitui a analítica do juízo teleológico). Há, além disso, os problemas suscitados pela dialética do juízo teleológico. Nesta dialética aparece a antinomia surgida da afirmação de que todas as coisas materiais foram produzidas por leis meramente mecânicas e a afirmação contrária de que não é possível nenhuma produção de coisas materiais por leis meramente mecânicas. A antinomia não pode ser resolvida, segundo Kant, nem pelo idealismo do propósito objetivo (uma de cujas manifestações é o fatalismo) nem pelo realismo do propósito objetivo (uma de cujas manifestações é o teísmo). Poderíamos concluir, pois, que um propósito natural é inexplicável. Mas tão logo analisamos o entendimento humano e sua compreensão da realidade, percebemos que é possível unir nele o princípio do mecanismo universal da Natureza com o princípio teleológico na "técnica" da Natureza, desde que admitamos que o princípio unificador é de caráter transcendente e não pretendamos unir os dois princípios citados para a explicação da mesma produção da Natureza. O juízo teleológico não pertence, pois, segundo Kant, nem à ciência natural nem à teleologia: a teleologia é somente um tema da crítica (da crítica do juízo). Por isso a síntese supradita é possível, no entender de Kant, somente dentro do quadro do juízo reflexivo, no qual podem ser formuladas proposições que implicam finalidade e propósito, tais como a de declarar que o homem não somente tem um propósito natural, como todos os seres orgânicos, mas que é o propósito último da Natureza no mundo fenomênico e ainda servir de enlace entre este e o da liberdade.

TELEONOMIA. No verbete TELEOLOGIA referimo-nos a alguns debates sobre se (e até que ponto) são admissíveis as explicações teleológicas, tanto em geral como em algumas áreas determinadas. Muitos biólogos e filósofos tentaram eliminar toda explicação teleológica enquanto baseada na noção de finalidade (VER). Por outro lado, tanto na biologia teórica como nas ciências do comportamento humano, continuam sendo usadas expressões de caráter teleológico, tais como "propósito", "função" etc. Alguns autores declararam que não só o uso de tais expressões, mas inclusive a própria noção de finalidade, é admissível quando se trata de ações executadas por agentes, e que isso não significa que se excluam as relações causais. No entanto, como o termo 'teleologia' acarreta conotações que procedem da idéia de causa final tal como se supõe ter sido estabelecida por Aristóteles, propôs-se um novo termo: 'teleonomia', com o correspondente adjetivo: 'teleonômico'. Segundo Ernst Mayr ("Teleological and Teleonomic: A New Analysis", em *Methodological and Historical Essays in the Natural and Social Sciences,* ed. Robert S. Cohen e Marx W. Wartofsky [1974], pp. 91-117), o primeiro autor que usou 'teleonômico' foi Colin S. Pittendrigh ("Adaptation, Natural Selection and Behavior", *Behavior and Evolution,* ed. A. Roe G. C. Simpson, p. 394), no seguinte parágrafo: "O conceito de adaptação começa a gozar hoje de maior respeitabilidade por várias razões: é considerado como menos que perfeito; a seleção natural se entende melhor, e o físico-engenheiro que constrói autômatos que buscam um fim santificou o uso do jargão teleológico. Parece infeliz ressuscitar o termo 'teleologia', e creio que se abusou dele. A confusão em que permaneceram os biólogos durante longo tempo seria mais completamente eliminada se todos os sistemas dirigidos para um fim fossem descritos mediante algum outro termo, como 'teleonômico', com o fim de enfatizar que o reconhecimento e a descrição de uma direção para um fim não implica uma aceitação da teleologia como um princípio causal eficiente".

Desde Pittendrigh, 'teleonômico' e 'teleonomia' foram usados por um número crescente de biólogos, especialistas em teoria da evolução e filósofos da ciência (especialmente da biologia e das ciências do comportamento). Foi usado também na literatura sobre autômatos e sistemas que se regulam a si mesmos. O citado Mayr propôs em 1961 a seguinte definição: "Seria útil restringir o termo teleonômico rigidamente a sistemas que operam com base num programa, um código de informação" ("Cause and Effect in Biology", *Science,* 134 [1961], 1501-1506), que logo modificou: "Um comportamento ou processo teleonômico é aquele que deve sua direção para um fim à operação de um programa" ("Teleological and Teleonomic etc.", p. 98).

Discutiu-se se cabe falar de processos (ou comportamentos) teleonômicos apenas com respeito a determinada espécie biológica — ou a determinado sistema autoregulador — ou também com respeito à evolução inteira das espécies. Discutiu-se também se é preciso considerar as noções de "teleonomia" e "processo teleonômico" como noções heurísticas somente, ou como noções capazes de descrever as realidades às quais se aplicam. Debateu-se também a questão de se (e até que ponto) há diferenças apreciáveis, ou importantes entre o conceito atual de teleonomia e o clássico conceito aristotélico de "teleologia", levando-se em conta sobretudo que cabe interpretar este último conceito numa forma similar à dos recentes "teleonomistas". Com efeito, não é preciso supor que a "direção para um fim" se acha fora do sistema, como uma "forma" à qual o sistema "aspira"; pode ser uma característica interna do sistema. Não há então incompatibilidade entre teleonomia e causalidade.

Jacques Monod (*Le hasard et la nécessité. Essai sur la philosophie naturelle de la biologie moderne*, 1970) usou a noção de teleonomia do ponto de vista da invariância dos elementos genéticos. Estes elementos tornam possível o desenvolvimento do organismo segundo projetos, considerando-se como teleonômica a atividade fundada na mencionada invariância. A teleonomia não é, pois, uma teleologia do ser vivo, mas o resultado de núcleos de invariância capazes de manter o acaso no desenvolvimento evolutivo. O chamado "acaso" *(hasard)* é, em última análise, uma necessidade, já que é o resultado de atividades fundadas em invariâncias.

TELÉSIO, BERNARDINO (1509-1588). Nascido em Cosenza. Estudou em Milão, em Roma e (de 1527 a 1535) em Pádua, onde completou sua carreira de medicina e recebeu lições aristotélicas alexandrinistas. Passou alguns anos num mosteiro beneditino e se transferiu em seguida para Nápoles, onde viveu alternando estadas em Cosenza e em Roma. Fundador da chamada "Academia telesiana" e também "Academia cosentina", adversário do aristotelismo (alexandrinista ou averroísta) e influenciado pelo platonismo, pelo estoicismo e, sobretudo, pelo naturalismo renascentista, Telésio defendeu o "empirismo" na física, mas um empirismo destinado não só ao conhecimento, mas particularmente ao domínio das forças da Natureza. Os princípios da mudança e da diferença são para Telésio o calor e o frio, a expansão e a contração ou, de modo mais geral, o movimento e o repouso. Esses princípios explicam também as almas dos seres vivos, compostas, em seu entender, de uma matéria fina e sutil, que é o princípio de todo movimento, o calor que anima e penetra tudo. Destas almas se distingue a alma humana, que é imortal, mas sua diferença não chega a desvinculá-la inteiramente do corpo, pois a alma tem também uma espécie de forma corporal. O naturalismo corporalista de Telésio, característico de sua época, invade também sua ética, na qual sustenta como supremo princípio o da conservação de si mesmo, fundamento de toda moral.

➲ A principal obra de Telésio é: *De rerum natura iuxta propria principia*. A primeira edição, em 2 livros, é de 1565 e foi reimpressa em 1570. A obra completa, em 9 livros, foi publicada pela primeira vez em 1586; reimp., 1971. — Outros escritos: *De his, quae in aere fiunt, et de terrae motibus*, 1570. — *De colorum generatione*, 1570. — *De mari*, 1570.

Ver: C. Bartholomès, *De B. T.*, 1850. — Francesco Fiorentino, *B. T., ossia studi storici sull'idea della natura nel Risorgimento italiano*, 2 vols., 1872-1874. — L. Ferri, *La filosofia della natura e le dottrine di B. T.*, 1873. — K. Heiland, *Erkenntnistheorie und Ethik des B. T.*, 1891 (tese). — G. Gentile, *B. T.*, 1911 (com bibliografia). — Erminio Troilo, *B. T.*, 1911. — Neil Van Deusen, *T. the First of the Moderns*, 1932. — N. Abbagnano, *T. (I. T., II. T. e la filosofia del Rinascimento)*, 1941. — G. Soleri, *T.*, 1944 [ao mesmo autor devemos numerosos artigos sobre Telésio em várias revistas: *Rivista di filosofia neoscolastica; Rinascimento* etc.]. — I. Bolletti-Censi, "T.-Bruno-Campanella", *Scientia*, 106 (1971), 673-680. — K. Schuhmann, "Zur Entstehung des neuzeitlichen Zeitbegriffs: Telesio, Patrizi, Gassendi", *Philosophia Naturalis*, 25 (1988), 37-64. — *Id.*, "Hobbes and T.", *Hobbes Studies*, 1 (1988), 109-133. — R. Sturlese, "T. e la cultura napoletana", *Giornale Critico della Filosofia Italiana* (1990), 124-129.

Ver também a bibliografia de RENASCIMENTO. ᴄ

TEMÍSTIO (*ca.* 317-*ca.* 387). Nascido na Panflagônia, estudou e ensinou em Constantinopla e em Roma, onde desenvolveu grande atividade como comentador de Platão e, sobretudo, de Aristóteles. Isso fez com que fosse freqüentemente considerado como um peripatético. No entanto, Temístio mostra em suas obras (que incluem não somente os comentários, mas os chamados *Discursos*) influências platônicas, e até estóicas e cínicas — estas últimas procedentes de Díon Crisóstomo —, junto às aristotélicas. Pode-se, pois, considerar Temístio como um filósofo eclético, com tendência a unir o platonismo com o aristotelismo — freqüentemente com predomínio do primeiro — na metafísica e inclinação a unir várias teorias platônico-aristotélicas e estóico-cínicas na ética. Os comentários de Temístio influenciaram muito outros comentários medievais, incluindo alguns de filósofos bizantinos, como Psellos, pela clareza que introduziu em muitas passagens obscuras de Aristóteles e pela divisão e subdivisão dos temas aristotélicos.

•• Contudo, a atribuição a Temístio de uma "coleção de comentários" sobre Platão e Aristóteles foi discutida e desqualificada, inclusive, como um erro. Uma vez que Temístio estava em contato com a nova biblioteca de Constantinopla, pôde simplesmente ter colecionado uma série de comentários de outros autores para a biblioteca (ver J. Vanderspoel, "The 'Themistius Collection' of Commentaries on Plato and Aristotle", *Phoenix*, 43 [1989], 162-164). Se tal hipótese for verdadeira, só ficaria questionada a autoria de Temístio, mas não o inegável valor dos escritos reunidos por ele. ••

➲ Edição de obras completas: *Opera omnia*, incluindo *Paraphrases in Arist.* e *Orationes* por V. Trincavellus, Veneza, 1534 (além disso, há nesta edição os tratados de Alexandre de Afrodísia sobre a alma e sobre o destino). — Edição dos comentários: *Themistii paraphrases Aristotelis librorum quae supersunt*, por L. Spengel, 1866, e nos *Commentaria* citados em ARISTOTELISMO, V, 1 (1900); V, 2 (1900); V, 3 (1899); V, 4 (1902); V, 5 (1903). Cf. também V, 6 (1903) e XXIII 3 (1884). — Há muitas edições separadas das *Orationes*: 1613, 1618, 1684, 1832; ed. crítica, Huber Kesters, 1959. — Edição do discurso intitulado *Sobre a virtude*, Περὶ ἀρετῆς, por J. Gildemeister e F. Bucheler, *Rheinisches Museum*, 27 (1872), 438-462. — Ed. crítica da trad. latina por Guilherme de Moerbeke, do comentário de Temístio sobre o tratado da alma de Aristóteles, por G. Verbeke, 1957.

Ver: E. Baret, *De Themistio philosophista et apud imperatores oratore*, 1853. — L. Méridier, *Le philosophe Thémistius devant l'opinion de ses contemporains*, 1906 (tese). — G. Pohlschmidt, *Quaestiones Themistianae*, 1908 (tese). — H. Scholz, *De temporibus librorum Themistii*, 1911 (tese). — E. de Strycker, "Themistios' getuigenis over de exoterische en akroamatische werken van Aristoteles", *Philologische Studien*, 7 (1935-1936), 100-121. — O. Balleriaux, *Thémistius. Son interprétation de la noétique aristotélicienne* (tese manuscrita na Biblioteca da Universidade de Liège, 1941). — *Id.*, *D'Aristote à Thémistius. Contribution à une histoire de la noétique d'après Aristote* (tese inédita, Liège, 1943). — R. B. Todd, "T. and the Traditional Interpretation of Aristotle's Theory of Phantasia", *Acta Classica*, 24 (1982), 49-60. — L. J. Daly, "T". Concept of Philanthropia", *Byzantion*, 45 (1975). ¢

TEMPERAMENTO. O temperamento equivale ao estado afetivo ou emotivo pelo qual um indivíduo se sente de uma forma determinada em relação a si mesmo e em relação ao mundo. Embora o temperamento se altere com freqüência, podem existir determinadas disposições fisiológicas ou espirituais pelas quais ocorra certa constância de um temperamento e, com isso, uma modificação da forma individual da concepção do mundo. Para Heidegger, o temperamento ou tonalidade afetiva *(Stimmung)* é o estado anterior ao fisiológico e ao psicológico, em que a Existência se encontra "em determinado estado" em meio das coisas, de tal maneira que o temperamento imprime em todas as afeições certa "tonalidade". O temperamento é o "modo de ser" da Existência em que nos é revelado o ente (por exemplo, no aborrecimento profundo) ou o próprio nada (por exemplo, na angústia). Por isso Heidegger fala da Existência como têmpera, indicando que "o que *ontologicamente* queremos indicar com o nome de têmpera é *onticamente* o mais conhecido e cotidiano: o temperamento" (*Sein und Zeit*, 1927, § 29). Mas o exame desse temperamento é anterior a toda psicologia dos temperamentos, pois antes de toda psicologia deve-se examinar a têmpera, segundo aquele autor, do ponto de vista existencial e em sua própria estrutura.

Pelo dito acima se vê que a noção de temperamento pode ser interpretada de diversas maneiras. Uma — a mais naturalista — num sentido fisiológico, como resultante das mudanças de constituição combinados na maior parte dos casos com condições externas de caráter físico (clima, posição corporal etc.). Outra — de caráter mais propriamente psicológico — como resultante de disposições anímicas de índole "total", suscetíveis de dar certa tonalidade a quaisquer atividades psíquicas, desde as sensoriais até as intelectuais e volitivas. Outra — de natureza existencial — cujo exemplo mais patente encontramos na citada concepção de Heidegger. Para evitar confusões, é conveniente indicar sempre em que sentido se emprega 'temperamento', e escolher ocasionalmente várias expressões que possam definir seu significado. Entre estas expressões estão 'tonalidade afetiva', 'estado de ânimo' e 'talante'. Este último termo é muito apropriado para indicar uma disposição total (que afeta a todas as esferas citadas e que pode, portanto, ser entendido como uma noção mais completa daquilo que chamamos *temperamento*). O vocábulo 'talante' foi proposto por José Luis L. Aranguren que elaborou uma teoria geral do talante como prefácio a uma investigação sobre o talante religioso, e em particular sobre a diferença entre o talante religioso católico e o protestante. Segundo Aranguren (cf. *Catolicismo y protestantismo como formas de existencia*, 1952), o talante pode figurar — ou desfigurar — as coisas. Cada exercitação determinada na vida humana, e ainda cada um dos modos de exercitação, necessita de um adequado talante. Não apenas isso. Segundo o citado autor, há uma hierarquia gnosiológica dos estados de ânimo ou disposições anímicas que revela as diversas possibilidades que têm os vários talantes de nos revelar faces da realidade. O talante não é, porém, um horizonte que encerra hermeticamente o sujeito por ele possuído. Quase se poderia dizer o contrário: por meio do talante é possível uma penetração (do sujeito na realidade e de um sujeito em outros) que sem ele se tornaria, se não impossível, muito mais difícil. Não se deve crer, porém, que essa penetração seja suficiente: ao "talante puro", equiparável a um mero estado de ânimo espontâneo e pré-racional, se sobrepõe (como indica Aranguren aproveitando nesse ponto indicações oferecidas por O. F. Bollnow em sua obra *Das Wesen der Stimmungen*, 1941; 2ª ed., 1943 [3ª, 1956]) um "talante informado e ordenado, penetrado de logos". Esse talante informado é a atitude. Mas além da distinção entre talante e atitude deve-se introduzir a distinção entre ambos e um estado de ânimo profundo e fundamental. "Existe, portanto, e logo de imediato", escreve Aranguren, "uma hierarquia de estados de ânimo que se deixa reduzir à *autenticidade* e à *profundidade*, meu temperamento anímico fundamental, aquele pelo qual eu vivo e *do qual* vivo — ou me desvivo — é o que, por baixo dos passageiros humores, importa e decide". Esse temperamento — ou "talante fundamental" — é positivamente, segundo Aranguren, o religioso (ou, negativamente, o irreligioso) (*op. cit.*, p. 22). Isto não significa — segundo esclarecimentos posteriores do mesmo autor (cf. *El protestantismo y la moral*, 1954, II, i) — que o talante seja o mesmo que estar fundamentalmente na realidade; trata-se, antes, do modo de enfrentar-se com a realidade. "Este hábito emocional de caráter entitativo ou quase-entitativo, este *qualis est unusquisque* que determina ou ao menos condiciona seu modo de enfrentar-se com a realidade, é o que chamo *talante*". Ou então: "E provavelmente o talante não é fundamentalmente senão a abertura *inteligível* [grifo nosso] à própria realidade interior, ao 'tom vital' e a seu temperamento peculiar à realidade exterior (...) O que biologicamente aparece como tom vital ou, se se preferir, temperamento, é, enquanto animicamente vivido, talante".

O vocábulo 'temperamento' também pode ser usado com o significado de 'harmonia', especialmente como "harmonia cósmica"; neste caso o temperamento é a disposição harmônica das partes entre si. Para um estudo desta significação, e outras similares, ver Leo Spitzer, *Classical and Christian Ideas of World Harmony: Prolegomena to an Interpretation of the Word 'Stimmung'*, 1963.

Pode-se usar também "temperamento" para traduzir o termo alemão *Gesinnung* no sentido que lhe deu Max Scheler desde seu primeiro livro (*Beiträge zur Feststellung der Beziehungen zwischen den logischen und ethischen Prinzipien*, 1899 [tese]) até *Der Formalismus in der Ethik und die materiale Wertethik* (1916). Comumente se traduz *Gesinnung* por "intenção", mas em Scheler *Gesinnung* designa não somente a decisão voluntária e consciente de executar uma ação com sentido moral, mas também a escolha (preferência ou repugnância) de valores e conhecimento destes por meio de uma intuição emocional. Todos estes componentes constituem a *Gesinnung* ou temperamento, que resulta ser então uma disposição que se manifesta por meio de características psicológicas, mas que não se reduz a dados psicológicos ou psicofisiológicos. O temperamento é neste caso o foco pessoal de que deriva a conduta moral, foco que pode modificar-se no curso da vida e que pode alterar-se às vezes radicalmente por meio de uma conversão (VER). O temperamento no sentido scheleriano possui alguns traços "existenciais", mas não equivale ao *Stimmung* heideggeriano. Como indica Maurice Dupuy (*La philosophie de Max Scheler* [1959], vol. I, p. 22), o temperamento vai se revelando no curso da "história" da pessoa. É algo constante e permanente, mas ao mesmo tempo algo que se constitui criadoramente.

TEMPERANÇA. Uma das quatro virtudes "cardeais" ou "principais" (ver VIRTUDE) é a chamada "temperança". Costuma-se usar este termo, derivado do latim *temperantia*, para traduzir o vocábulo grego σωφροσύνη *(sophrosyne)*. No entanto, como há certas diferenças importantes entre a *sophrosyne* e a *temperantia*, às vezes se propôs usar a simples transliteração *sophrosyne* — ou também "temperança-sophrosyne" — para referir-se ao uso grego e 'temperança' para outros usos, especificamente o cristão.

É característico da temperança enquanto *sophrosyne* reunir um conjunto de disposições — neste sentido, "virtudes" — todas as quais tendem a encontrar e acentuar os limites que fazem das coisas realidades desejáveis e belas. O que se opõe à *sophrosyne* é a arrogância, a falta de limite e de moderação, o excesso. O "Nada em demasia" expressa a *sophrosyne*, que se torna possível por meio do conhecimento de si mesmo. Quando são ultrapassados os limites — o que ocorre freqüentemente quando alguém não se conhece a si mesmo —, produz-se uma cegueira que dá origem à loucura. Como a tragédia (VER) procede do excesso, ὕβρις, pode-se perguntar se a *sophrosyne* não será incompatível com a tragédia e, por isso, com a heroicidade que a tragédia supõe. Em algum sentido, assim é, mas deve-se levar em conta que não haveria, propriamente falando, tragédia e, por conseguinte, heroicidade, sem o constante diálogo entre o excesso e a *sophrosyne*.

A *sophrosyne*, entendida num sentido individual e pessoal, torna possível a conduta reta e bela na comunidade, mas nesta, por sua vez, pode operar a *sophrosyne* como justo meio entre os excessos da tirania e da anarquia. A *sophrosyne* individual corre assim lado a lado com a estatal ou comunitária.

Quando se destaca o aspecto de conduta pessoal da *sophrosyne* aparecem às vezes elementos de controle de si mesmo, ἐγκράτεια, e de frugalidade, εὐτέλεια, que se enlaçam com muitas concepções posteriores, especificamente cristãs, da *temperantia*. Seria um erro equiparar a temperança com o ascetismo. Hume dizia (*Inquiry into the Principles of Morals*, IX, 1) que a temperança não é "uma virtude monástica" *(monkish)*, embora não possa haver vida monástica sem temperança. Pode-se acentuar os aspectos "negativos" da temperança, isto é, tudo o que faz referência à abstinência, mas pode-se também destacar que tais aspectos "negativos" têm sentido somente em relação com a oposição a excessos. Deste ponto de vista, há certas conexões entre a *sophrosyne* e a *temperantia*.

TEMPIER, ESTÊVÃO. Ver AVERROÍSMO.

TEMPO. Os gregos tinham dois termos para designar o tempo: αἰών e χρόνος. Em geral, αἰών significava "época da vida", "tempo da vida", "duração da vida" e, daí, "vida" ou "destino" (de uma existência individual). Segundo J. Benveniste, o significado mais primitivo de αἰών é "força de vida" ou "fonte de vitalidade", pois é derivado do tema *ayu* ou *yu* (donde *iuvenis*). Ora, mesmo supondo este significado original de αἰών como "força de vida", é fácil passar (como notou A.-T. Festugière [art. cit. na bibliografia]) do conceito de "força de vida" para o de "vida", e da noção de "vida" à "tempo da vida". Em todo caso, αἰών designava em muitos autores gregos o tempo de duração de uma vida individual, talvez por se supor que este tempo está ligado à persistência da força vital que faz o indivíduo ser. Por seu lado, χρόνος significava "duração do tempo", e daí "tempo em todo o seu conjunto" e inclusive "tempo infinito". Por conseguinte, em seus sentidos primários αἰών e χρόνος designavam, respectivamente, uma época ou parte do tempo e o tempo em geral. No entanto, o vocábulo αἰών foi usado posteriormente para significar "eternidade", de tal sorte que chegou um momento em que o significado de αἰών foi mais amplo que o de χρόνος. Os motivos de tal mudança foram explicados por A.-J. Festugière ao indicar que já no século V a.C. se produziu (entre alguns trágicos gregos) uma extensão do conceito "período da vida" ao conceito "de um extremo a outro da vida". Ao ser concebida num sentido suficientemente amplo, a vida se converteu em "vida sem fim", e daí em "eternidade". Por isso é compreensível que Platão usasse para este último conceito o termo αἰών ao escrever (*Tim.*, 37 D) que o tempo, χρόνος, é a imagem móvel da eternidade, αἰών; que Aristóteles tivesse mudado (*De caelo*, I 9, 279 a 22-30) o conceito de "idade" para o de "idade do céu inteiro" e, por conseguinte, para o de "eternidade", e que, desde então, αἰών tivesse tido o sentido de "tempo imortal e divino, sem princípio nem fim", "totalidade do tempo" e ainda "modelo do tempo".

O exame do conceito de tempo na Idade Antiga deve, pois, ser realizado levando-se em conta a noção de eternidade (VER). Foi dito com freqüência que na filosofia antiga (e também na medieval) o conceito de tempo foi relegado ou, pelo menos, posto entre parênteses em favor do tema do ser. Isso em grande medida é certo. Ernst von Dobschütz (*op. cit.* na bibliografia) salientou a diferença entre o modo hebraico e o modo grego de pensar. O hebraico é fundamentalmente temporal; o grego, fundamentalmente intemporal. O hebraico destaca o "passar"; o grego, o "estar" (a "presença"). Mas ainda que consideremos (como Thorleif Boman [*op. cit.* na bibliografia]) que a diferença acima de maneira alguma significa que os gregos carecessem da noção de tempo, parece que enquanto os hebreus concebiam o tempo primariamente em função do futuro, os gregos o conceberam primariamente em função de um presente (ou então de um passado que era ou muito remoto ou muito próximo e, portanto, em ambos os casos relativamente "quieto"). Os hebreus "conheceram" o tempo e determinaram, ou mediram, as grandes unidades de tempo (as épocas do ano) mediante a posição do Sol no espaço; e as "pequenas" unidades de tempo (o dia e a noite, as diversas horas do dia e da noite) pela quantidade de "luz" ou "escuridão". Mas, junto a isso, conceberam o tempo como uma série de "percepções temporais" na forma de "latejos" *(reghá)* "interiorizando" deste modo o tempo e convertendo-o no que se chama "duração" e "temporalidade". Os gregos "conheceram" o tempo com base nos movimentos dos corpos celestes, e tenderam a considerar o caráter cíclico — e, portanto, "repetível" — de tais movimentos. Junto a isso, conceberam o tempo como uma série linear dentro de cada ciclo, e tal série linear como um conjunto de "presentes". O contraste entre as concepções hebraica e grega se manifesta nas línguas e especialmente nas maneiras de conjugar. No hebraico os tempos do verbo expressam ações completas ou incompletas. No grego (e em muitas línguas indo-européias) eles expressam "aspectos". Tudo isso parece estar em contradição com a idéia de que o verbo hebraico é "intemporal", mas, segundo Thorleif Boman, esta "intemporalidade" se relaciona com a vivência interna do tempo, não com os modos de "presença" das coisas. Em todo caso — e isto é o que, por enquanto, nos interessa aqui —, os gregos tenderam freqüentemente a ver o temporal ou do ponto de vista da presença (num "agora"), ou do ponto de vista de uma série repetível em ciclos, ou do ponto de vista de uma eternidade superior à "mera" temporalidade. As concepções filosóficas não permaneceram sempre dentro deste quadro em virtude da *poliedricità* da mente grega à qual se referiu Rodolfo Mondolfo e de que falamos no verbete INFINITO. Mas muitas destas concepções se enraizaram na visão do tempo como alguma forma de "presença". Muitos filósofos consideraram que o tempo pertence à realidade fenomênica. Essa realidade é, obviamente, uma realidade "presente", mas não é *a* presença. *A* presença está *sempre* presente, e por isso é, enquanto a realidade fenomênica está sempre a ponto de ausentar-se, e por isso *devém*.

Consideremos agora as concepções de alguns filósofos. O que podemos dizer da concepção platônica do tempo corresponde melhor ao que já dissemos em ETERNIDADE. Podemos dizer, portanto, que em Platão se confirma a idéia do tempo que passa como manifestação ou imagem móvel de uma Presença que não passa. A idéia de tempo pode muito bem desempenhar na filosofia de Platão um papel mais importante do que até agora se supôs, seria preciso examinar com algum detalhe, por exemplo, o modo como Platão concebe certos "passados remotos" (como possíveis modelos de um presente), assim como a maneira como tal filósofo entende a evolução da sociedade, antes de pronunciar-se definitivamente sobre o assunto e concluir se ou não há em Platão uma idéia suficientemente desenvolvida do tempo ou se quando ela existe o filósofo tende a "reduzi-la" a algo que é intemporal. Deve-se levar em conta, entre outras coisas, que a eternidade de que Platão falava como o "original" do tempo é, se se quiser, uma idéia, mas é uma idéia da qual há uma cópia muito "imediata": é o perpétuo movimento circular das esferas celestes. É possível inclusive que Platão considerasse esse movimento circular como "a eternidade mesma", mas este é assunto que seria demorado debater. De qualquer modo, comparado com Aristóteles, Platão diz relativamente muito pouco acerca do tempo. Em contrapartida, Aristóteles se esforça por analisar o conceito de tempo sem fazer dele uma cópia, imagem ou sombra de uma "realidade verdadeira". Para tanto se vale do movimento ou, melhor, do conceito de movimento. Aristóteles observa que o tempo e o movimento se percebem juntos. É verdade que podemos estar na escuridão e não perceber nenhum movimento por não perceber nenhum corpo que se mova. Mas basta um movimento na mente para dar-se conta de que o tempo passa. Por conseguinte, o tempo tem de ser o movimento ou algo relacionado com o movimento. Como não é movimento, tem de ser o outro, isto é, o relacionado com o movimento (*Phys.*, IV, II, 219 a). Dito isso, no conceito de tempo ou, se se preferir, de sucessão temporal, estão incluídos conceitos como os de "agora" (instante [VER]), "antes" e "depois". Estes dois últimos conceitos são fundamentais, pois não haveria nenhum tempo sem um "antes" e um "depois". Daí que o tempo possa ser definido do seguinte modo: ὁ χρόνος ἀριθμός ἐστι κινήσεως κατὰ τὸ πρότερον καὶ ὕστερον, "o tempo é o número [a medida] do movimento segundo o antes e o depois [o anterior e o posterior]" (*ibid.*, 220 a). O tempo não é um número, mas é uma espécie de número, já que se mede, e só pode ser medido numericamente. Tão estreitamente relacionados estão os conceitos de tempo e de movimento que, a rigor, são interdefiníveis: medimos o tempo pelo movimento, mas também o movimento pelo tempo (*ibid.*, 220 b).

Isso não conclui, como supõem alguns autores, a concepção aristotélica do tempo. Ao fim e ao cabo, a idéia do "agora", νῦν, ou instante, também é importante na análise aristotélica, e essa idéia não parece encaixar-se completamente na definição antes apresentada. Além disso, se o tempo é número ou medida do movimento, parece supor-se que há uma realidade "numerante" sem a qual não haveria tempo (a menos que supuséssemos que o movimento se numera ou se mede a si mesmo). Finalmente, não se deve esquecer que Aristóteles também considera como "modelo" o que se move com o movimento mais perfeito — o movimento local circular —, e este é menos "mensurável" que os demais movimentos menos perfeitos, justamente porque é "totalmente mensurável": é perfeitamente cíclico e está já "medido" desde sempre.

Mas embora haja seguramente nas idéias aristotélicas acerca do tempo mais do que indica a definição apresentada, esta foi a que exerceu maior influência, pois quase todos os filósofos posteriores consideraram que deviam dizer algo acerca dela. Alguns filósofos pareceram refinar a definição aristotélica. Isso ocorreu com os velhos estóicos quando fizeram intervir na medida do movimento as noções de intervalo e velocidade. Segundo Estobeu (*Eclog.*, I, 106), Crisipo definiu o tempo como "o intervalo do movimento em relação ao qual se determina sempre a medida da velocidade maior ou menor". A noção de "intervalo" colocava problemas consideráveis, pois se tratava de saber o que se entendia por 'intervalo': se uma medida fixa, se uma quantidade convencional, se um "ponto de tempo", um aparentemente instantâneo "agora", uma quantidade de tempo ultimamente indivisível, um "corte" num contínuo etc. Mas os estóicos não resolveram esses problemas, pelo menos em grande detalhe. Limitaram-se a propor — especialmente como solução dos paradoxos de Zenão de Eléia — que o tempo é formado de algo assim como "partículas temporais indivisíveis"; uma concepção bastante curiosa em filósofos que defendiam tão encarniçadamente a idéia do "contínuo".

Observou-se que as teorias antigas acerca do tempo, especialmente as formuladas a partir de Aristóteles — aristotélicos, platônicos e neoplatônicos e estóicos principalmente —, podem ser divididas (tal como as teorias modernas) em dois grandes grupos: as dos "absolutistas" e as dos "relacionistas". Os "absolutistas" concebem que o tempo é uma realidade completa em si mesma. Assim pensou Estratão (*apud* Simplício, Comentário a *Phys.*). Os "relacionistas" consideraram que o tempo não é uma realidade por si mesma, mas uma relação. Aristóteles parece ter defendido esta concepção (se simplificarmos sua análise do tempo e esquecermos que o Estagirita vacila muito e usa amiúde expressões como 'uma espécie de', 'se não é movimento será o *outro*' [grifo nosso]). Mas, como costuma acontecer, os defensores de tais teorias em forma pura são escassos; a maior parte dos filósofos combinaram uma com a outra. Uma destas "combinações", e porventura a mais influente de todas em séculos imediatamente posteriores, foi a dos neoplatônicos, e especificamente a de Plotino. Aristóteles já havia pelo menos aludido à possibilidade de determinar o conceito do tempo mediante a "realidade numerante". Esta é a "alma" ou, se se preferir, a "consciência interna do tempo". Plotino se valeu desta idéia — ou insinuação —, por meio da qual, e para usar de novo os termos antes introduzidos, se podia elaborar uma teoria "absolutista" do tempo (o tempo é algo "real" na alma) e uma teoria "relacionista" (a alma mede, numera, relaciona). Segundo Plotino, o tempo não pode ser, ou não pode ser apenas, número ou medida do movimento, porque tem de ter uma realidade própria com respeito ao movimento. Isso se deve a ele não ser uma categoria do sensível perante a eternidade do inteligível; é o que se poderia chamar — embora o próprio Plotino não tenha utilizado essa expressão — uma "categoria íntima". Isso não quer dizer que o tempo seja "subjetivo", entre outras razões porque não há em Plotino nenhuma idéia, ao menos no sentido moderno, do subjetivo. A rigor, Plotino adere à tese platônica de que o tempo é imagem móvel da eternidade (*Enn.*, I, v, 7) e é, portanto, inferior à eternidade (*ibid.*, III, vii, 11). A alma "abandona" o tempo quando se recolhe no inteligível, mas enquanto isso não ocorre a alma vive no tempo e até como tempo. O tempo da alma surge do fundo dela e, portanto, da Inteligência. O tempo, diz Plotino, "repousava no ser", "guardava sua completa imobilidade no ser" (*ibid.*,

III, vii, 9), estava, pois, por assim dizer, "em alguma parte" e não era somente "medida". O tempo é "prolongamento sucessivo da vida da alma".

Deste modo, Plotino e os neoplatônicos evitavam várias das dificuldades que Aristóteles criara ao referir-se ao tempo. Em *Phys.*, IV, 11, 217 b 33, Aristóteles escrevera umas palavras que se assemelham ao que séculos depois escreveria Santo Agostinho (cf. *infra*): "O que se segue pode fazer pensar que o tempo não existe em absoluto ou que existe apenas de um modo muito obscuro. Parte do mesmo é passado, e já não existe, e a outra parte é futuro, e não existe ainda; e, no entanto, o tempo, seja que consideremos um tempo infinito ou qualquer outro, é feito daqueles. É difícil conceber que participa da realidade algo que é feito de coisas que não existem". Mas se o tempo é real como parte (ou talvez como fundo) da vida da alma, já não há por que se preocupar com sua "inexistência". A alma garante a realidade do tempo mediando entre a realidade e o puro devir feito de incapturáveis "agoras". Mas, além disso, a alma faz com que o tempo seja uma continuidade real e não uma série incompreensível de "saltos" de um instante ao outro.

O que podemos chamar "concepção cristã do tempo" alcança sua primeira formulação teológico-filosófica madura em Santo Agostinho. Pode-se pensar que há em Santo Agostinho dois modos de ver o tempo, mas são de fato dois problemas relativos ao tempo: o tempo como "momento da criação" e o tempo como "realidade". Esses dois problemas estão estreitamente relacionados entre si. É habitual, ao se falar da concepção agostiniana do tempo, referir-se à sua perplexidade perante o tempo. Pois o tempo é, como já vira Aristóteles (cf. *supra*), um grande paradoxo. O tempo é um "foi" que já não é. É um "agora", que não é; o "agora" não se pode deter, pois se isso ocorresse não seria tempo. É um "será" que ainda não é. O tempo não tem dimensão, quando vamos aprisioná-lo ele se esvai. E, todavia, eu sei o que é o tempo, mas só o sei quando não tenho de dizê-lo, "quando não mo perguntam, eu o sei; quando mo perguntam, não o sei". Não vale refugiar-se na idéia de que o tempo é "agora", o que agora mesmo passo, o ou que agora mesmo estou vivendo. Pois como vimos, não "há" justamente tal "agora". Não há presente; não há já passado; não há ainda futuro: portanto, não há tempo. Mas essas dificuldades acerca do tempo se esvaem, ou se atenuam, quando, em vez de nos empenharmos em fazer do tempo algo "externo", que pode "estar aí" como estão as coisas, o radicamos na alma: a alma e não os corpos é a verdadeira "medida" do tempo. O futuro é o que se espera; o passado é o que se recorda, o presente é aquilo a que se está atento; futuro, passado e presente aparecem como espera, memória e atenção. Quem pode negar que as coisas futuras ainda não são? E no entanto a espera delas se encontra em nosso espírito. "Quem pode negar que as coisas passadas já não são? E, no entanto, a memória do passado permanece em nosso espírito. Quem pode negar que o presente não tem extensão, já que passa num instante? E, no entanto, nossa atenção permanece e por ela o que ainda não é se apressa a chegar para esvair-se. Assim, o futuro não pode ser qualificado de longo, pois um longo tempo futuro não é senão uma longa espera do tempo futuro. Tampouco há longo tempo passado, pois este já não é, mas um longo tempo passado não é senão uma longa recordação do tempo que passou" (Conf., XI, 28).

Dizíamos antes que é habitual, ao se falar da "concepção agostiniana do tempo", insistir nas passagens das *Confissões*. Nelas se expressa não só — como em Aristóteles — uma perplexidade acerca dessa escorregadia "realidade" chamada "tempo", como também, e sobretudo, a idéia do tempo como realidade vivida ou, melhor dizendo, "vivível" (que se vive, se viveu ou se viverá). Mas não se deve esquecer que o que se pode chamar "a concepção intimista ('psicológica') do tempo" está ligada em Santo Agostinho a uma concepção que se poderia chamar teológica, e até se baseia nesta. Com efeito, Santo Agostinho se preocupou não apenas com como podemos apreender o tempo, mas também de que tipo de realidade é o tempo como realidade criada. Não se pode pensar que o tempo preexistia a Deus, que é anterior a tudo por ser causa suprema de tudo. Deve-se admitir, portanto, que o tempo foi criado por Deus. No entanto, não se pode pensar que Deus, que é eterno, tenha criado o tempo e com isso tenha surgido a duração temporal da eternidade como uma espécie de prolongamento dela. O tipo de duração chamado "eternidade" e o tipo de duração chamado "tempo" são heterogêneos. Decerto que há certas analogias entre a eternidade e o tempo: ambos são fundamentalmente "presentes". Mas a eternidade é uma presença "simultânea", enquanto o tempo não o é. A eternidade é heterogênea inclusive ao tempo infinito, pois o tempo infinito não constitui a eternidade, que está acima de todo tempo.

Durante a Idade Média, preocupou os filósofos o problema "teológico" do tempo em relação com a eternidade. Os filósofos que, como Santo Tomás, seguiram Aristóteles em conceber o tempo como estreitamente relacionado com o movimento, adotaram fórmulas que se limitavam a transcrever a já mencionada definição aristotélica: *tempus est numerus motus secundum prius et posterius*. Mas isso se referia ao tempo "natural" e não resolvia ainda a questão "teológica" do tempo. Para tratar devidamente desta última questão, os filósofos medievais, incluindo é claro Santo Tomás, examinaram sobretudo o problema da eternidade. Assim, grande parte do que se pode dizer acerca das concepções medievais escolásticas do tempo se acha sob a epígrafe "Eternidade". Remetemos, pois, a este verbete, suplementado pelos verbetes DURAÇÃO e INFINITO. Deve-se observar, contudo, que isso não esgota nem sequer as idéias mais fundamentais dos autores medievais sobre o tempo. Deve-se levar em conta que não poucos autores enfocavam igualmente a questão do tempo do ponto de vista da *distentio animi* de que falara Agostinho e trataram de ver em que relação se encontrava esta concepção do tempo como algo "interior" e "anímico" com a concepção do tempo como algo "exterior". Temos assim, ao que parece, várias questões relativas ao tempo: se é ou não medida do movimento; se a medida está "fora" ou "dentro" da alma; se há um tempo cósmico diferente do tempo vivido etc. Temos igualmente várias concepções do tempo, tais como a "concepção teológica", a "concepção física" (no sentido da *Physica* aristotélica), a "concepção psicológica". Limitar-nos-emos aqui a destacar um problema tratado por muitos autores medievais: o da realidade própria do "antes" e do "depois". Alguns autores, seguindo Avicena, indicaram que o "antes" e o "depois" estão na inteligência, mas este "estar na inteligência" pode ser interpretado de diferentes modos, dependendo em grande parte do que se entenda por 'inteligência'. Certos autores procuraram conciliar a concepção "exterior" com a concepção "interior" do tempo, considerando, conforme fez Duns Scot, que o "material" do tempo, isto é, o movimento, está fora da alma no "exterior", mas que o "formal" do tempo, isto é, a medida do movimento, vem da alma. Em relação com o problema do tempo, discutiram-se questões como a do instante (VER) e a do *ubi* (VER).

Na época moderna, os problemas teológicos, físicos e psicológicos relativos ao tempo continuaram sendo discutidos. Referimo-nos a algumas concepções modernas (de Descartes, Spinoza, Locke etc.) em vários verbetes (por exemplo: DURAÇÃO; INFINITO; INSTANTE). Aqui nos ocuparemos de certas concepções modernas do tempo que giraram em torno do problema de como se pode entender o tempo em relação com as "coisas", os "fenômenos naturais" etc. A história destas concepções, e dos debates que suscitaram, é complexa, mas pode ser simplificada indicando que as idéias fundamentais modernas acerca do tempo, especialmente durante os séculos XVII e XVIII, e mais especificamente entre 1650 e 1750, seguiram *grosso modo* o modelo das idéias acerca do espaço (VER). Assim como se podia conceber o espaço pelo menos de três modos — como uma realidade em si mesma, independente das coisas; como uma propriedade das coisas, e especialmente das substâncias, e como uma relação ou uma ordem —, assim também pôde-se conceber o tempo destes três modos: como realidade absoluta; como propriedade, como relação.

Destes três modos, o que mereceu menos atenção foi o segundo. De fato, era difícil conceber o tempo como uma propriedade das coisas (quer entendendo-se esta propriedade como algo real, residente nas coisas mesmas, ou como uma idéia: a idéia de uma distância entre várias partes de uma sucessão). Em todo caso, o tempo como propriedade das coisas podia ser chamado, mais propriamente, duração (VER). O modo como uma coisa existe temporalmente é a duração desta coisa. Mas como parecia que se necessitava de uma realidade universal que servisse de medida da duração (pois do contrário haveria tantos "tempos" como "durações" ou pelo menos "modos de durar"), a atenção se concentrou sobre os outros dois modos de conceber o tempo: como realidade em si, independente das coisas, e como relação. A primeira concepção é a chamada "absoluta" ou "absolutista" do tempo; a segunda concepção é a chamada "relacional" ou "relacionista" do tempo. Estudaremos brevemente estas duas concepções, mas observaremos que aderir a uma delas não equivalia a sustentar que o tempo — como tempo "físico" ou tempo "cósmico" — tinha em cada caso traços distintos. A rigor, tanto os absolutistas como os relacionistas tendiam a considerar que o tempo é contínuo, ilimitado, não isotrópico (isto é, tem uma única direção e uma única dimensão), homogêneo e fluindo sempre do mesmo modo sem que haja outros; o que, aliás, parece evidente, pois 'mais depressa' ou 'mais devagar' só têm sentido em relação com o tempo.

Embora as concepções acerca do tempo propostas por Newton e Leibniz sejam mais matizadas do que parece à primeira vista, teremos de simplificar e declarar que esses autores representaram respectivamente a concepção absolutista e a relacionista acerca do tempo. A concepção absolutista está expressa em um dos escólios dos *Principia* do seguinte modo: "O tempo absoluto, verdadeiro e matemático, por si mesmo e por sua própria natureza, flui uniformemente sem relação com nada externo, e também é chamado duração". Além deste "tempo absoluto" há o "tempo relativo", que é descrito do seguinte modo, no mesmo escólio, e em seguida à descrição do "tempo absoluto": "o tempo relativo aparente e comum é uma medida sensível e externa (...) da duração por meio do movimento, que é comumente usada em vez do tempo verdadeiro". Notou-se que Newton fala de um "tempo absoluto", mas a rigor faz uso de um conceito de tempo que não é absoluto, mas "operacional" (Toulmin). Mas o certo é que Newton tende a fundar qualquer idéia do tempo num conceito absoluto do tempo como o antes apresentado. Nesta concepção se supõe que o tempo é independente das coisas, isto é, enquanto as coisas mudam, o tempo não muda. As mudanças das coisas são, pois, mudanças em relação com o tempo uniforme que lhes serve de quadro "vazio". Em outros termos, as mudanças estão *no* tempo num sentido análogo a como se supunha que os corpos estão no espaço. E, como sucedia com o espaço, se supunha que o tempo é indiferente às coisas que contém e às mudanças que ocorrem nas coisas (ou, se se quiser, às coisas mutantes). O tempo era concebido como "algo" perfeitamente homogêneo; nenhum instante do tempo difere qualitativamente de qualquer outro instante do tempo. É certo que o tempo difere do espaço em alguns aspectos importantes e sobretudo no seguinte: que "flui" e se move unidimensionalmente numa única direção. Parece, pois, que há uma diferença intrínseca entre momentos do tempo; por exemplo, um momento dado é um "antes" e outro momento dado pode ser um "depois". Mas o "antes" e o "depois" são tais com relação ao tempo absoluto. Assim, pois, o tempo absoluto é prévio não só às coisas, mas a quaisquer medidas temporais. O tempo, além disso, não exerce nenhuma ação causal sobre as coisas; melhor dizendo, o tempo é concebido do modo antes indicado em grande parte com o fim de explicar que ele não exerce nenhuma ação causal sobre as coisas.

É certo que o próprio Newton não insistiu demais nas implicações teológicas e metafísicas desta concepção do tempo, mas os newtonianos, e em particular Clarke (VER), levaram esta concepção a suas últimas conseqüências teológicas e metafísicas. É certo que, especialmente em sua discussão com Leibniz, Clarke pareceu interessar-se mais pela questão do espaço que pela questão do tempo. O espaço — o "espaço absoluto" — havia sido descrito por Newton como *sensorium Dei*. A este respeito, Clarke indica que dizer, como fez Newton, que o espaço é o "sensório de Deus" não quer dizer que seja um "órgão dos sentidos", já que o olho, o ouvido etc. não são *sensoria* (ao que Leibniz replicou que *sensorium* não significa "órgão de sensação", o que alguns "bárbaros escolásticos", de acordo com o testemunho de Goclenius em seu *Lexicon*, chamaram *sensitorium: Ex quo illi facerunt sensitorium pro sensorio, id est organo sensationis*). Mas muito do que Clarke diz acerca do espaço pode ser relacionado ao que ele diz, ou supõe, acerca do tempo. Em todo caso, tanto o espaço como o tempo são, diz Clarke, "quantidades reais"; em suma, são "absolutos".

Contra isso Leibniz sustentou a mencionada concepção relacional ou relacionista do tempo. Em seu escrito sobre "Os fundamentos metafísicos da matemática", um dos últimos escritos de Leibniz, indicou que o tempo é "a ordem de existência das coisas que não são simultâneas. Assim, o tempo é a ordem universal das mudanças quando não levamos em conta as classes particulares de mudança". O que chamamos "magnitude de tempo" é a duração. Em sua terceira comunicação a Clarke, Leibniz insistiu em que assim como o espaço é uma ordem de coexistências, o tempo é "uma ordem de sucessões". "Supondo que alguém perguntasse por que Deus não criou todas as coisas um ano antes e a mesma pessoa inferisse disso que Deus fez algo acerca do qual não é possível que houvesse uma razão pela qual o fez assim e não de outro modo, a resposta a isso é que sua inferência seria correta se o tempo fosse algo distinto das coisas que existem no tempo. Pois seria impossível que houvesse alguma razão pela qual certas coisas deveriam aplicar-se a tais ou quais instantes particulares mais que a outros, no sentido de que sua sucessão continuasse sendo a mesma. Mas então o mesmo argumento prova que os instantes, considerados sem as coisas, não são nada em absoluto, e que consiste apenas na ordem sucessiva das coisas. E dado que essa ordem seja a mesma, um dos estados, isto é, o da antecipação suposta, não diferiria nem poderia ser distinguido [discernido] do outro, que é o estado atual". Do ponto de vista teológico, Leibniz afirma que sua doutrina relacional é a única aceitável, pois torna possível que a imensidão de Deus seja independente do espaço e a eternidade de Deus seja independente do tempo, o que não ocorre com a doutrina do espaço e do tempo absolutos.

Observou-se que enquanto a concepção aristotélica do tempo pareceu corresponder ao "senso comum", tanto as concepções newtoniana como a leibniziana não correspondem a ele. No entanto, o chamado "senso comum" é menos "comum" e "universal" do que às vezes se supõe, e é provável que mude no curso da história. Chegou um momento, de fato, em que as últimas concepções mencionadas pareceram conformar-se com o "senso comum". Não sendo o tempo uma "coisa" perceptível pelos sentidos, parece "natural" que seja uma espécie de "continente vazio" ou que seja uma relação ou uma ordem de existências de coisas não simultâneas. Cabe perguntar se algo semelhante não ocorre, ou ocorrerá, com idéias mais recentes, e por enquanto pouco "intuitivas", do tempo.

Na mecânica newtoniana, a idéia de um "tempo relativo" parece depender da de um "tempo absoluto". Mas como não há nenhum instrumento com que se possa medir este último, é razoável concluir que todas as medidas temporais terão de ser efetuadas em relação com algum sistema de referência. Pode-se falar, assim, também, no caso newtoniano, de uma "relatividade" do tempo (em sentido físico); em todo caso, se a definição newtoniana do tempo como "absoluto" não serve de base para nenhuma cronometria, cabe perguntar se tem significação (física).

Quanto ao tempo como "relação", perguntou-se freqüentemente que significação (física) tem. Uma relação pode ser entendida de vários modos: relação "objetiva" que "subsiste por si mesma" (como os números) e relação "subjetiva". Neste último caso, pode-se tratar de uma relação subjetiva "humana" ou de uma condição relacional em geral.

Kant tratou de apresentar uma teoria do tempo que, a rigor, consiste num grupo de teorias. Temos a concepção (intuição) do tempo na "Estética transcendental"; a concepção do tempo na "Analítica transcendental" e, dentro dela, a concepção do tempo nas diversas sínteses e no esquematismo das categorias. Na "Estética transcendental" Kant adota uma posição que aspira a justificar a concepção newtoniana do tempo, mas que em vez de fundar esta concepção numa idéia do tempo como coisa em si, funda-a numa idéia do tempo como condição de fenômenos. Kant nega que o tempo seja um conceito empírico derivado da experiência; tem de ser, pois, uma representação necessária que subjaz em todas as nossas intuições. Em outros termos, o tempo é uma forma de intuição *a priori*. Com isso Kant parece aproximar-se de Leibniz. Mas nega que o tempo seja uma relação ou uma ordem, já que em tal caso seria um conceito intelectual e não uma intuição. Por outro lado, o tempo não é "subjetivo" no sentido de ser experiência vivida de um sujeito humano. Assim, pois, o tempo não é real (se por ser real entendemos "ser uma coisa em si"), mas não é tampouco meramente subjetivo, convencional ou arbitrário. Dizer que o tempo é uma representação *a priori* é dizer que o tempo é transcendentalmente ideal e empiricamente real (num sentido particular de 'empírico' em que não podemos entrar aqui). Em todo caso, esta concepção do tempo se refere à ordem das percepções, mas não ainda à ordem dos juízos. Quando estes aparecem, o tempo exerce outra função, a função sintética. De fato, nenhum juízo seria possível se não estivesse fundado numa síntese, que por sua vez está baseada no uso de um ou vários conceitos do entendimento ou categorias. Mas estes conceitos do entendimento ou categorias se aplicam à experiência somente por meio dos esquemas (ver ESQUEMA), e o esquema é justamente possível pela "mediação" do tempo.

Se algo resulta claro de tudo isso é que a noção de tempo ocupa um lugar central no pensamento de Kant. Para reconhecer este fato não é preciso aderir à interpretação que Heidegger dá da primeira *Crítica* — ou de parte da primeira *Crítica* — kantiana, basta perceber que as operações fundamentais do sujeito cognoscente requerem sempre o tempo, e que o modo como se procede a "temporalizar" o dado é "constituí-lo" objetivamente. Pode-se concluir, pois, que em alguma medida a temporalidade é em Kant fundamento da objetividade. Pode-se discutir se algo análogo ocorre no pensamento de Hegel. Por um lado, parece que há em Hegel um "primado do tempo" na medida em que há um "primado do devir". Por outro lado, este tempo é somente o Espírito enquanto se desdobra, pois o Espírito em si mesmo é intemporal ou, melhor, eterno. Assim, a temporalidade é uma manifestação da idéia. É curioso observar que esta peculiar coexistência do temporal com o intemporal é própria de várias correntes filosóficas no século XIX. Trata-se principalmente das correntes evolucionistas (ver EVOLUCIONISMO), nas quais se afirma, ou pressupõe, que o que há existe enquanto se desenvolve temporalmente, mas que este desenvolvimento segue um plano (não necessariamente um plano "teleológico") que tem de ser por si mesmo "intemporal".

Ainda é obscura a origem do que se chamou "temporalismo", isto é, o primado da noção de tempo em diversas tendências filosóficas contemporâneas (a partir das últimas décadas do século XIX). Por um lado, parece haver um fundo de temporalismo nas chamadas "filosofias românticas", especialmente na medida em que estas insistiram no temporal e no histórico. Por outro lado, parece que pelo menos uma parte do temporalismo contemporâneo surgiu de uma reação contra certas formas de evolucionismo oitocentista. Em todo caso, há desde as últimas décadas do século passado uma série de filósofos nos quais o tempo, a temporalidade, o temporal etc. se encontram no centro de seu pensamento em formas muito diversas. Como exemplos podemos mencionar Dilthey (VER) e Bergson (VER). O "temporalismo" em questão resulta muito claro e insistente em quem, como Bergson, se perguntou "que fazia" o tempo num sistema que, como o de Spencer, parecia fundar-se no desenvolvimento temporal e, no entanto, não fazia nenhum uso do tempo, ou reduzia — como, por outro lado, fizeram, segundo Bergson, todos os filósofos do passado — o tempo a espaço. A insistência de Bergson na noção de duração como "duração real", como pura qualidade, como objeto da intuição (senão a intuição mesma) etc. conduziu-o a uma metafísica temporalista na qual se estabelecia uma distinção entre tempo verdadeiro e tempo falsificado e espacializado. Também resulta claro o temporalismo em Dilthey, embora neste caso se trate de um temporalismo "histórico", pois o tempo diltheyano é fundamentalmente o tempo como história.

Alguns filósofos que se destacaram por sua insistência nas "idealidades" terminaram, se é que não começaram sub-repticiamente, por destacar a importância do tempo. No caso de Husserl aparece uma distinção entre o tempo fenomenológico, descrito como a forma unitária das vivências num fluxo do vivido, e o tempo objetivo ou cósmico. Segundo Husserl, este tempo se comporta para com o fenomenológico "de um modo análogo a como a extensão pertencente à essência imanente de um conteúdo sensível concreto se comporta relativamente à extensão objetiva". Daí que a propriedade essencial que expressa a temporalidade para as vivências não designe somente para Husserl "algo pertencente em geral a cada vivência particular, mas uma forma necessária de união das vivências com as vivências". A vivência real é temporalidade, mas uma temporalidade que se confunde com uma espécie de "duração real" (em sentido às vezes parecido com o bergsoniano).

O motivo do tempo aparece em outros autores contemporâneos, dos quais podemos citar Simmel, mas destaca-se no pensador que às vezes foi apresentado como aquele que tentou buscar (sem encontrar) o horizonte do ser no tempo, isto é, Heidegger ou, mais exatamente, o "primeiro Heidegger" (VER; ver também CUIDADO; DASEIN). Isso não quer dizer que Heidegger seja, como às vezes se disse, "o filósofo do tempo"; certamente não o é o "último Heidegger". Mas indica pelo menos que uma fase importante do pensamento de Heidegger está estreitamente relacionada com o que chamamos anteriormente de "temporalismo contemporâneo".

Além dos "autores maiores" a que nos referimos, poderíamos citar numerosos "filósofos menores" contemporâneos que se ocuparam do problema, e dos problemas, do tempo no sentido que se denominou "temporalista". Relativamente abundantes foram a este respeito as fenomenologias e ontologias do tempo. Não poucas vezes tais filósofos, especialmente na Alemanha, puseram em estreita relação "o tempo" e "o ser". Isso ocorre, por exemplo, com Anton Neuhäusler, para quem toda questão acerca do tempo deve seguir o seguinte caminho: antes de tudo, uma fenomenologia do tempo; depois, um estudo da relação entre "tempo imanente" e "tempo transcendente" — à consciência —; finalmente, uma análise do "ser" do tempo. A fenomenologia do tempo se ocupa de fenômenos temporais tais como a "sucessão", o "agora", a "duração" etc. O estudo da relação entre as duas citadas espécies de tempo se propõe averiguar em que medida tais espécies de tempo possuem estruturas semelhantes, único modo de a relação ter sentido. A análise do "ser" do tempo permite sair do conceito de tempo como sucessão e averiguar a relação que o tempo mantém com a eternidade. Neuhäusler cunha a este respeito uma fórmula que tem uma ressonância platônica, ou neoplatônica: "O tempo é a inquietude do ser" *(Die Zeit ist die Unruhe des Seins) (op. cit.* bibliografia, p. 284).

O "temporalismo" de que falamos é principalmente o interesse pela noção do tempo como noção central filosófica. McTaggart se interessa igualmente por esta noção, mas com o fim de mostrar que é contraditória e deve ser, portanto, eliminada. Esse filósofo raciocina como segue: as posições no tempo formam duas séries: a série A, constituída pelo passado, pelo presente e pelo futuro; e a série B, constituída pelo "antes" e pelo "depois". As distinções na série B são permanentes. Qualquer acontecimento, M, estará sempre na mesma relação de anterioridade ou posterioridade com respeito a outro acontecimento, O. Se O aconteceu antes de M, estará sempre com respeito a M na relação "antes de"; se O aconteceu depois de M, estará sempre com respeito a M na relação "depois de". A distinção entre passado, presente e futuro é essencial à noção de tempo, mas resulta que são mutuamente incompatíveis; se um acontecimento determinado é passado, então não é nem presente nem futuro. Apesar disso, "todas as três determinações pertencem a cada acontecimento" (*The Nature of Existence*, II, 305 ss.). A série A leva, pois, segundo McTaggart, a uma contradição, e tem de ser rejeitada. Mas como a série B é baseada na noção de tempo desdobrada pela noção A, também deverá ser rejeitada. Rejeita-se assim o presente, o passado, o futuro, o antes e o depois. "Nada é realmente presente, passado ou futuro. Nada é realmente anterior ou posterior a outra coisa ou temporalmente simultâneo a ela. Nada realmente muda. E nada está realmente no tempo. Em toda ocasião em que percebemos algo no tempo — que é o único modo como, em nossa experiência presente, percebemos as coisas — estamos percebendo-o mais ou menos como realmente não é" (*op. cit.*, II, 333).

Muitos dos filósofos "temporalistas" contemporâneos entenderam o tempo ou como "experiência vivida" ou como "duração pura" ou como manifestação de uma mais básica "temporalidade" etc. Em todos estes casos, o problema do tempo é comumente tratado de um ponto de vista metafísico. Mas o ponto de vista que poderíamos chamar "físico" — ou, se se preferir, o modo como a física tratou o tempo — é também importante para o pensamento filosófico (como, segundo vimos, o foi na época moderna). Não podemos a este respeito fazer muito mais do que mencionar algumas concepções e alguns dos problemas que foram provocados por elas. Em primeiro lugar, é importante na concepção física do tempo a série de conceitos que se originaram na teoria da relatividade, tanto especial como geral. Segundo vimos oportunamente, há em Newton também um conceito "relativo" do tempo, mas este conceito está — na interpretação "clássica" do pensamento físico newtoniano pelo menos — encaixado em um conceito "absoluto": as medições temporais são relativas com respeito a um tempo absoluto que "flui uniformemente sem relação com nada externo". Na teoria especial da relatividade, o tempo se "relativiza" por inteiro ao fazer-se função de um sistema de referência, desde o qual se efetuam todas as observações e medidas. Por isso não há uma "simultaneidade absoluta": um acontecimento pode ser simultâneo com respeito a um observador, mas não com respeito a outro observador. Isso não significa uma "relativização" do tempo nem no sentido de um "subjetivismo" nem tampouco no sentido de um transcendentalismo kantiano (não obstante as opiniões de Cassirer a respeito). A "relatividade do tempo", unida às demais "relatividades" da teoria especial, torna possível justamente que as leis do universo sejam as mesmas para todos os observadores. O que tal teoria faz é descartar um hipotético "observador cósmico" para o qual o tempo seria absoluto. Além disso, o tempo se relaciona com a velocidade, diminuindo com ela (em contraste com a massa, que aumenta com a velocidade). Na teoria da relatividade generalizada se procede ao que se chamou "fusão do tempo com o espaço": o tempo é uma quarta coordenada ou, melhor dizendo, espaço e tempo são coordenadas num universo tetradimensional. Disse-se que isso representa uma "espacialização do tempo", mas deve-se levar em conta que a "fusão do tempo com o espaço" não significou em tal teoria que o tempo seja concebido como se fosse espaço; a rigor, o universo tetradimensional é, antes, um universo de três *mais* uma dimensões. Por isso se disse que mais do que espacializar o tempo o que se fez com tal teoria foi temporalizar o espaço. Mas, em todo caso, é certo que a função do tempo na teoria generalizada da relatividade é distinta da que tem na mecânica clássica. Por exemplo, e como escreveu M. Capek, "na teoria geral da relatividade *todo* movimento, acelerado ou não, resulta naturalmente da estrutura local do espaço-tempo", de modo que "a lei de inércia é um caso especial da lei de gravitação ou, o que é o mesmo, a lei de gravitação é uma lei generalizada de inércia".

Junto às concepções do tempo elaboradas ou suscitadas pela teoria da relatividade, houve na física contemporânea concepções diversas do tempo elaboradas ou suscitadas pelos problemas suscitados pela medição de processos físicos em "pequena escala" (por exemplo, processos físicos intranucleares). Estudou-se, por exemplo, a possibilidade de que se observem em tais processos séries temporais distintas das que aparecem ou na macrofísica, ou no que poderíamos chamar "megafísica" (a astrofísica). Em todo caso, na física intranuclear, ou simplesmente intra-atômica, deve-se operar com o tempo de maneira diferente da macrofísica. Isso pode ocorrer de diferentes maneiras, mas nos limitaremos a mencionar uma delas: no estudo das medições temporais. A este respeito voltou-se a levantar a questão do caráter contínuo ou discreto do tempo. Na física atual — ou partes dela — conseguiram-se medições de tempo cada vez mais precisas (com base na produção de vibrações: 24.000.000.000 de vibrações por segundo). Isso deu margem a alguns autores para formularem a hipótese de que pode haver "irregularidades" na estrutura do tempo, o qual poderia aparecer como contínuo e "fluente" na escala macrofísica, mas descontínuo, "granular" e, além disso, "irregular" (em períodos de diferentes proporções) na escala microfísica. Se isso ocorresse, seria preciso conceber o tempo como uma realidade similar à das "partículas elementares".

Todas essas concepções e hipóteses físicas acerca do tempo deram lugar a numerosos debates filosóficos. Alguns autores pensaram que o "tempo" é apenas uma "notação cômoda" e que o que se possa tratar de "estrutura granular e descontínua do tempo" ou de "diversas dimensões temporais" ou de "várias direções temporais" é simplesmente um *modus dicendi*, mas sem referir-se a nenhuma realidade. Esta concepção "convencionalista" encontrou, porém, pouco favor tanto entre os físicos como entre os filósofos. Mais corrente foi uma concepção "realista" do tempo, seja qual for a realidade, ou o tipo de realidade, que se quer designar. Houve uma ressurreição da chamada "teoria causal do tempo", combinada, freqüentemente, com uma "teoria relacional". Esta foi defendida já por Leibniz, e foi elaborada por autores como Lachelas, Robb, Carnap, Reichenbach e Henryk Mehlberg, ainda que de formas muito diferentes. Mehlberg assinala que "a ordem temporal da sucessão" não é "o esquema mais simples da relação causal", mas que a ordem dinâmica, causal, do devir é "o fato fundamental do qual a ordem temporal da sucessão, da simultaneidade e da duração deriva como simples conseqüência sua" (art. cit. na bibliografia, I, p. 121). Em seu estudo sobre o espaço e o tempo, Lachelas já propusera uma "identidade da relação temporal e da relação de causalidade ocasional". Carnap definiu igualmente o tempo em função da ação causal. Reichenbach desenvolveu uma axiomática do espaço-tempo segundo a qual tempo e espaço são particularidades de estrutura da ação causal. Além disso, Reichenbach procurou deduzir a ordem da simultaneidade de considerações causais, e a da sucessão de considerações estatísticas etc. Todas essas "teorias causais do tempo" têm algo em comum: nelas tenta-se derivar propriedades (topológicas) do espaço de certas propriedades do tempo. Certos autores desenvolveram uma concepção do tempo (e do espaço; melhor, do espaço-tempo) como "matriz" de toda realidade. Isso ocorreu com Samuel Alexander, para quem não só tempo (e espaço) não são "indiferentes" aos processos reais como também são o fundamento de tais processos, o que os "engendra" realmente. Isso levou a pensar que o tempo é algo "substancial", ao contrário da concepção do tempo como mera "relação" (cf. Zygmunt Zawirski, *op. cit.*, bibliografia, § 1). Discutiu-se muito também o significado de uma das relações de incerteza (VER) de Heisenberg: a que indica que quanto mais precisa é a determinação do valor de energia tanto menos precisa é a determinação da coordenada temporal, e inversamente, segundo a relação: $\Delta E \cdot \Delta t \geq h/4\pi$. Por exemplo, pensou-se que a "relação de Heisenberg" em questão prova que não há "estados instantâneos", e prova também que se deve aceitar uma concepção "discreta" do tempo.

Tratamos de concepções e investigações concernentes ao tempo dos pontos de vista metafísico, ontológico, histórico, epistemológico, psicológico, físico e também o que às vezes foi chamado ponto de vista "comum", "vulgar" ou "intuitivo". Há outras concepções e investigações que devem ser levadas em conta.

Uma delas é a biológica. Falou-se ocasionalmente de "tempo biológico" como o tempo "próprio" dos organismos. Isto quer dizer às vezes o tempo de desenvolvimento de um organismo dentro de uma espécie, o tempo de duração "normal" do organismo desde seu nascimento até sua morte; e às vezes os "ritmos" nos processos orgânicos. Falou-se também de "relógios internos" dos organismos. Estes "relógios" não "marcam" tempos distintos do tempo físico, mas sim marcam "ritmos" na vida e desenvolvimento do organismo. É provável que tais "relógios" internos estejam ligados a condições genéticas e programados em códigos genéticos.

Outra é a lógica. Trata-se da chamada "lógica temporal" ou "lógica dos tempos" (no sentido de "tempos verbais"), assim como, embora menos freqüentemente, "lógica cronológica". Bocheński, Benson Mates, Jakko

Hintikka, Nicholas Rescher e outros autores declararam que Aristóteles, os megáricos e os estóicos já se haviam ocupado do problema das modalidades temporais, especialmente em relação com as noções de atual, possível e necessário. Levantaram a respeito problemas como o expresso no chamado "argumento dominante" (ver Dominante [Argumento]) ou "argumento soberano". Na época atual manifestou-se interesse pela lógica temporal em duas formas. Uma delas consiste na possibilidade de atribuir índices temporais a expressões usadas nos cálculos proposicional e quantificacional. A outra consiste na elaboração de lógicas temporais nas quais se possam formalizar expressões com tempos verbais, como 'X está escrevendo', 'Y quebrou uma perna ontem', 'Amanhã sairá o sol', 'Está sempre nublado em La Coruña' etc. Nicholas Rescher e Alasdair Urquhart (*op. cit. infra*, p. 12) indicaram que houve várias tentativas de elaborar sistemas de lógicas temporais: A. N. Prior, Hans Reichenbach, Jerzy Los, Nicholas Rescher e, numa direção diferente, a lógica cronológica da mudança de G. H. von Wright. Rescher e Urquhart apresentaram a lógica temporal como um caso especial de uma "lógica genética de posições", isto é, de uma "lógica posicional" ou "lógica topológica". Um sistema suficiente de lógica temporal tem de formalizar expressões como as antes citadas assim como termos aos quais se atribuam índices temporais. A lógica temporal inclui as interpretações temporais da modalidade.

Não é fácil — caso seja possível — agrupar sistematicamente as concepções e investigações sobre o tempo e alcançar uma "concepção unificada" que valha igualmente para as intuições do senso comum, a experiência comum do tempo, os experimentos biológicos e psicológicos, as concepções físicas, as análises epistemológicas e ontológicas, as especulações metafísicas, os cálculos lógicos etc. Parece especialmente difícil "unificar" aspectos da noção de tempo tão diversos como a experiência (psicológica) da sucessão temporal e os conceitos físicos. Por outro lado, parece desejável não admitir que haja diversos "tempos", como se, por exemplo, o "tempo físico", o chamado "tempo biológico" e o chamado "tempo psicológico" fossem completamente distintos, e irredutíveis, entre si. A tarefa da filosofia neste sentido pode consistir em averiguar que relações pode haver entre diversas noções de tempo, assim como em pesquisar se há alguma noção de tempo que tenha maior alcance que outras, embora estas outras não sejam simplesmente deriváveis daquela noção supostamente mais "universal". É plausível supor que a lógica pode proporcionar os quadros conceituais para tratar todas as noções temporais — e ao mesmo tempo para colocar questões filosóficas relativas à noção do tempo — e que a noção física de tempo se estende a todas as realidades. É plausível igualmente supor que o "tempo biológico", o "tempo psicológico" e até o "tempo histórico" sejam distintos modos de "usar" e "articular" o tempo físico.

•• Ilya Prigogine abordou, precisamente, com grande força, aquilo que ele chama o "paradoxo do tempo". De um lado, a ciência moderna — desde a dinâmica clássica até a teoria da relatividade e a física quântica — não inclui em suas leis físicas nenhuma distinção entre passado, presente e futuro. (Einstein expressava-o claramente ao dizer que a distinção entre esses momentos temporais "é tão somente uma ilusão"). De outro lado, a experiência cotidiana mais elementar nos leva a aceitar que há um transcurso irreversível do tempo numa direção. Como é possível, pois, que o tempo realmente vivido e experimentado, isto é, o tempo *real*, venha do não-tempo presente nas equações básicas da dinâmica? Eis o paradoxo.

Prigogine dedicou-se a refletir sobre ele reivindicando a existência de uma "flecha do tempo", à maneira como, a partir da filosofia, fora colocado por Bergson. O mundo físico apresentado pela mecânica clássica é um mundo estável, em equilíbrio, cujas leis têm uma validade atemporal ou supratemporal. Prigogine, em compensação, associa a flecha do tempo com a instabilidade dinâmica. Não parece aceitável dizer simplesmente que no nível microscópico o tempo é reversível, enquanto no macroscópico não. O que Prigogine tenta é interpretar o nível microscópico de modo que nele apareça rompida a simetria temporal e, portanto, mostre seu caráter ultimamente instável. Na realidade, a ordem macroscópica (as estruturas coerentes) é apenas o resultado de um caos dinâmico no nível microscópico. Daí poder-se dizer que a ordem surge do caos. (A atividade elétrica do cérebro, por exemplo, é basicamente caótica. As enfermidades cerebrais são devidas, precisamente, a demasiada "regularidade"). Com sua obra, Prigogine anuncia a aparição de uma "nova física" que incorpora a dinâmica e a irreversibilidade. Na realidade, nosso mundo é muito mais complexo do que conseguimos a supor e inclui caos e instabilidades. É preciso, portanto, recolocar alguns dos conceitos básicos da física aceitos até agora como firmes. Uma destas noções é a de tempo, que já não pode ser passivo, mas que é dinamicamente criador. O tempo é "nossa dimensão existencial fundamental", de modo que fatos aparentemente insignificantes podem mudar realmente o curso da evolução histórica. O tempo é, pois, a dimensão criadora, surpreendente e cambiante de toda realidade. ••

Indicamos a seguir em ordem cronológica uma série de escritos nos quais se trata do problema do tempo de diversos pontos de vista, com predomínio dos pontos de vista filosófico e físico. Algumas destas obras tratam do conceito, natureza e problema do tempo; outras contêm análises filosóficas e lógicas do conceito de tempo. Alguns autores se referem principalmente à "consciência interna do tempo" (Husserl, Guiton etc.); outros, à "ontologia do tempo" (Volkelt, Jacoby, Fink etc.); outros, ao tempo em sentido estritamente físico (Robb, Reichenbach etc.). Não incluímos obras de alguns autores (contemporâneos) nas quais o conceito de tempo desempenha um papel capital, por termo-nos referido a algumas de suas doutrinas no corpo do verbete, ou por serem sobejamente conhecidas e ser possível consultar as bibliografias nos verbetes pertinentes; tal é o caso de Dilthey, Bergson, Whitehead, Heidegger e alguns outros. A presente bibliografia deve ser completada com a de outros verbetes como ETERNIDADE; INSTANTE.

➲ Ver: G. Lachelas, *Étude sur l'espace et le temps*, 1896. — Melchior Palágyi, *Neue Theorie des Raumes und der Zeit. Entwurf einer Metageometrie*, 1901. — John Elof Boodin, *Time: a Reality*, 1904. — Désiré Nys, *La notion du temps*, 1904. — Nicolai von Bobnoff, *Zeit und Zeitlosigkeit*, 1911. — Max Friescheisen-Köhler, "Das Zeitproblem", *Jahrbücher der Philosophie*, I (1913). — A. A. Robb, *A Theory of Time and Space*, 1914; 2ª ed., 1936. — Id., *The Absolute Relations of Time and Space*, 1921. — M. Wartenberg, *La notion du temps*, 1916. — E. Borel, *L'Espace et le Temps*, 1922. — Ernst von Aster, *Raum und Zeit*, 1922. — Johannes Volkelt, *Phänomenologie und Metaphysik der Zeit*, 1925. — E. Husserl, *Phänomenologie des inneren Zeitbewusstseins*, 1927 [do *Jahrbuch etc.*, 9]. — Shuzo Kuki, *Propos sur le temps*, 1928. — Hans Reichenbach, *Die Philosophie der Raum-Zeit-Lehre*, 1928. — Id., *The Direction of Time*, 1956. — G. Jacoby, *Allgemeine Ontologie der Wirklichkeit*, I (4 fasc.), 1928-1932; II, 1955 [especialmente II]. — J. A. Gunn, *The Problem of Time*, 1929. — VV.AA., *The Problem of Time*, 1935 [University of California Publications in Philosophy, 18]. — R. Poirier, R. Ruyer, G. Dumézil, X. Zubiri, E. Lévinas et al., "Méditations sur le temps", *Recherches philosophiques*, 5 (1935-1936), 1-404. — Henryk Mehlberg, "Essai sur la théorie causale du temps", *Studia philosophica*, 1 (1935), 119-160; 2 (1937), 111-231. — L. R. Heath, *The Concept of Time*, 1936. — M. Souriau, *Le temps*, 6 vols., 1938 (I e II. *Le problème métaphysique;* III. *Le problème psychologique;* IV. *Le problème physique;* V. *Le problème physiologique;* VI. *Le problème du subconscient*). — Jean de la Harpe, *Genèse et mesure du temps. Essai d'analyse du temps et d'axiomatisation du temps métrique*, 1941. — Carlo Mazzantini, *Il tempo. Studio filosofico*, 1942. — Carlos Astrada, *Temporalidad*, 1943. — José Gaos, *Dos exclusivas del hombre: la mano y el tiempo*, 1945. — Louis Lavelle, *Du temps et de l'éternité*, 1945. — Jean Guitton, *L'existence temporelle*, 1949. — K. Kuypers, H.-J. Post et al., *Aspecten van de tijd*, 1950. — E. Paci, *Tempo e relazione*, 1953. — Hedwig Conrad-Martius, *Die Zeit*, 1954. — G. J. B. Bremer, *Wijsgerige aspecten van het natuurkundig tijdsbegrip*, 1955. — A. Caracciolo, *La persona e il tempo*, 1955. — F. Hund, K. Jung, A. Wenzl et al., "Begriff der Zeit", em *Studium generale*, ano 8, cad. 8, 9, 10 (1955). — J. M. Estrada, *Filosofia del tiempo*, 1955 [e da identidade]. — A. N. Prior, *Time and Modality*, 1957 [John Locke Lectures, 1955-1956]. — Eugen Fink, *Zur ontologischen Frühgeschichte von Raum, Zeit, Bewegung*, 1957. — Anton Neuhäuser, *Zeit und Sein*, 1957. — Herko Groot, *Het mysterie van de tijd*, 1958. — V. Jankélévitch, E. Paci, R. Lazzarini et al., *Il tempo*, 1958 [de *Archivio di filosofia*, ed. E. Castelli]. — G. J. Whithrow, *The Natural Philosophy of Time*, 1961. — Richard Schlegel, *Time and the Physical World*, 1961. — G. L. S. Shackle, *Decision, Order and Time in Human Affairs*, 1961. — H. Feigl e G. Maxwell, eds., *Scientific Explanation, Space, and Time*, 1962 [Minnesota Studies in the Philosophy of Science, 3, especialmente o trabalho de Wilfrid Sellars intitulado "Time and the World Order"]. — H. A. Slaate, *Time and Its End: A Comparative Existential Interpretation of Time and Eschatology*, 1962. — Jean Mouroux, *Le mystère du temps. Approche théologique*, 1962. — Friedrich Kümmel, *Über den Begriff der Zeit*, 1962. — O. Costa de Beauregard, *La notion du temps. Equivalence avec l'espace*, 1963. — Id., *Le second principe de la science du temps*, 1963. — Adolf Grünbaum, *Philosophical Problems of Space and Time*, 1963; 2ª ed., 1973. — Gaston Berger, *Phénoménologie du temps et prospective*, 1964. — Ferdinand Gonseth, *Le probleme du temps: Essai sur la méthodologie de la recherche*, 1964. — Stephen Toulmin e June Goodfield, *The Discovery of Time*, 1965. — Saul A. Basri, *A Deductive Theory of Space and Time*, 1966. — Yrjö Reenpää, *Über die Zeit. Darstellung und Kommentar einiger Interpretationen des Zeitlichen in der Philosophie. Über die Zeit in den Naturwissenschaften*, 1966. — Jean-Blaise Grize, Kathleyn Henry et al., *L'épistémologie du temps*, 1966 [Études d'épistémologie génétique, 20]. — André Jacob, *Temps et langage*, 1967. — Richard M. Gale, *The Language of Time*, 1968. — Richard Swinburne, *Space and Time*, 1968. — Michael Whiteman, *Philosophy of Space and Time and the Inner Constitution of Nature: A Phenomenological Study*, 1968. — Bas C. van Fraassen, *An Introduction to the Philosophy of Time and Space*, 1970. — Peter Bieri, *Zeit und Zeiterfahrung*, 1971 (tese) (com extensa bibliografia). — Augusto Guzzo, *Il tempo e i tempi*, 1971. — M. Bunge, A. N. Prior et al., *The Study of Time*, 1972, ed. J. T. Fraser, F. C. Haber e G. H. Müller (Proceedings of the First Conference of the International Society for the Study of Time). — J. R. Lucas, *A Treatise on Time and Space*, 1973. — Lawrence Sklar, *Space, Time and Spacetime*, 1974. — Charles M. Sherover, *The Human Experience of Time: The Development of Its Philosophic Meaning*, 1975. — Ian Hinckfuss, *The Existence of Space and Time*, 1975. — H. B. Green, C. P. Richter et al., *The Study of Time*, 1975, ed. J. T. Fraser e N. Lawrence. — Wesley C.

Salmon, *Sapce, Time and Motion: A Philosophical Introduction*, 1975. — W. Gent, *Das Problem der Zeit*, 1965. — VV.AA., *The Study of Time*, 4 vols., 1972-1981 (I, eds. J. T. Fraser, F. C. Haber, G. H. Muller, 1972; II, eds. J. T. Fraser, N. Lawrence, 1975; III, eds., J. T. Fraser, N. Lawrence, D. Park, 1978; IV, eds., *Id.,* 1981) [Atas das reuniões da "Sociedade Internacional para o estudo do tempo"]. — P. J. Zwart, *About Time*, 1975. — P. C. W. Davies, *Space and Time in the Modern Universe*, 1977. — J. T. Fraser, *Time as Conflict: A Scientific and Humanistic Study*, 1978. — H.-G. Gadamer, T. Honderich et al., *Le temps et les philosophes*, 1978 [prefácio de Paul Ricoeur; estudos preparados pela UNESCO]. — D. Park, *The Image of Eternity. Roots of Time in the Physical World*, 1979. — J. Molero Cruz, *Tiempo y temporalidad*, 1979. — E. Riverso, *Filosofia analitica del tempo*, 1979. — G. J. Withrow, *The Natural Philosophy of Time*, 2ª ed., muito rev., 1980. — H. Mehlberg, *Time, Causality, and the Quantum Theory*, 2 vols., 1980 (I, *Essay on the Causal Theory of Time* [reed. com modificações, da obra de 1935-1937, em francês]; II, *Time in a Quantized Universe*). — J. T. Fraser, *The Genesis and Evolution of Time: A Critique of Interpretation in Physics*, 1982. — E. Jacques, *The Form of Time*, 1982. — O. Costa de Beauregard, *La notion du temps. Équivalences avec l'espace*, 2ª ed., aum., 1983. — R. S. Brumbaugh, *Unreality and Time*, 1984. — P. Kroes, *Time: Its Structure and Role in Physical Theories*, 1985. — M. Dummett et al., *The Nature of Time*, 1986, eds. R. Flood e M. Lockwood. — Z. Augustynek, S. Semczuk, W. Strawinski, *Time: Past, Present, Future*, 1991. — C. Ray, *TiÉèÙ Space and Philosophy*, 1991. — I. C. Lieb, *Past, Present, and Future: A Philosophical Essay About Time*, 1992. — B. Leftow, *Time and Eternity*, 1992. — D. A. Harris, *The Manifestation of Analogous Being in the Dialectic of the Space-Time Continuum: A Philosophical Study in Freedom*, 1992. — R. C. Neville, *Eternity and Time's Flow*, 1993. — F. M. Christensen, *Space-Like Time: Consequences of Alternatives to, and Arguments Regarding the Theory That Time is Like Space*, 1993.

Lógica temporal: Jerzy Los, "Analizy Metodologicznej Kanonov Milla", *Annales Universitatis Mariae Curie-Sklodovvska*, Seção F, vol. 2 (1948), 269-311 ("Fundamentos da análise metodológica dos Cânones de Mill"). — A. N. Prior, *Past, Present, and Future*, 1967. — *Id., Papers on Time and Tense*, 1958 (estes livros de Prior incluem artigos publicados a partir de 1955). — Nicholas Rescher e Alasdair Urquhart, *Temporal Logic*, 1970. — John E. Clifford, *Tense and Tense Logic*, 1975. — Jean-Louis Gardies, *La logique du temps*, 1975. — Dov M. Gabbay, *Investigations in Modal and Tense Logics with Applications to Problems in Philosophy and Linguistics*, 1976. — Robert P. McArthur, *Tense Logic*, 1975. — A. Polakow, *Tense and Performance: An Essay on the Uses of Tensed and Tenseless Language*, 1981. — J. F. A. K. van Benthem, *The Logic of Time*, 1983. — R. Le Poidevin, *Change, Cause and Contradiction: A Defence of the Tenseless Theory of Time*, 1991. — Q. Smith, *Language and Time*, 1993.

Várias das obras acima indicadas também tratam da questão da medida e do desenvolvimento do tempo, mas destacamos a respeito o volume coletivo intitulado *Time and Its Mysteries*, em três séries (1. R. A. Millikan, J. C. Meriam, H. Shapley, J. H. Breasted; 2. D. W. Haring, W. F. Fray Swann, J. Dewey, A. H. Compton; 3. H. N. Russell, A. Knopf, J. T. Shotwell, G. P. Luckey), 1936-1949 (séries 1 e 2 reimp. em 1 vol., 1962).

Ao "tempo histórico" referem-se várias das obras citadas na bibliografia de HISTÓRIA. Recordemos que Heidegger se ocupou bem cedo do assunto em "Der Zeitbegriff in der Geschichtswissenschaft", *Zeitschrift für Philosophie und philosophische Kritik*, 156 (1916), 173 ss. Também se ocupou desta questão Georg Simmel em "Das Problem der historischen Zeit", *Zur Philosophie der Kunst. Philosophische und Kunstphilosophische Aufsätze*, 1922, ed. Gertrud Simmel, pp. 152-169, e *Brücke und Tor*, 1957, pp. 43-58. Ver também: R. Bernet, K. Rainer et al., *Zeit und Zeitlichkeit bei Husserl und Heidegger*, 1983, ed. E. W. Orth. — G. Marramao, *Macht und Säkularisierung. Die Kategorie der Zeit*, 1989. — H. Busche et al., eds., *Bewusstsein und Zeitlichkeit. Ein Problemschnitt durch die Philosophie der Neuzeit*, 1990.

Algumas das obras anteriores se referem ao chamado "conceito psicológico do tempo", mas destacamos a respeito: Filippo Masci, *Sul senso del tempo*, 1890. — J.-M. Guyau, *Genèse de l'idée du temps*, 1890. — V. Benussi, *Die Psychologie der Zeitauffassung*, 1913. — M. Sturt, *The Psychology of Time*, 1925. — Pierre Janet, *L'évolution de la mémoire et de la notion de temps*, 1928. — E. Minkowski, *Le temps vécu. Études phénoménologiques et psychologiques*, 1935. — Jean Piaget, *Le développement de la notion du temps chez l'enfant*, 1946. — Ph. Malrieu, *Les origines de la conscience du temps: les attitudes temporelles de l'enfant*, 1953. — J. Pucelle, *Le temps*, 1955; 3ª ed., 1962. — Paul Fraisse, *Psychologie du temps*, 1957. — E. Henke, *Zeit und Erfahrung. Eine konstitutive Interpretation des Zeitbegriffs der* Kritik der reinen Vernunft, 1978. — R. W. Meyer, E. W. Orth et al., *Studien zum Zeitproblem in der Philosophie des 20. Jahrhunderts*, 1982., ed. E. W. Orth. — W. J. Friedman, *About Time: Inventing the Fourth Dimension*, 1990. — M. Sommer, *Lebenswelt und Zeibewusstsein*, 1990. — P. K. McInerney, *Time and Experience*, 1991.

Para o problema do tempo na evolução: H. F. Blum, *Time's Arrow and Evolution*, 1955.

Para a visão da nova física de Prigogine e, em particular, sua concepção do tempo, ver: *Self-Organization in Nonequilibrium Systems. From Dissipative Structures to Order Through Fluctuations*, 1977 (com G. Nicolis). — *La Nouvelle Alliance. Métamorphose de la Science*, 1979; 2ª ed., aum., 1986 (com I. Stengers). — *¿Tan sólo una ilusión? Una exploración del caos al orden*, 1983; 2ª ed., 1988 [trad. de 10 ensaios, escritos entre 1972 e 1982]. — *Entre le temps et l'éternité*, 1988 (com I. Stengers). — *Exploring Complexity*, 1989 (com G. Nicolis). Para a história da noção de tempo, remetemos de imediato para a bibliografia de INFINITO (especialmente as obras de Jonas Cohn, Heinz Heimsoeth, R. Mondolfo); além delas: Werner Gent, *Die Philosophie des Raumes und der Zeit. Historische, kritische und analytische Untersuchungen*, 2 vols., 1926-1930, reimp., 1963. — Zygmunt Zawirski, *L'évolution de la notion du temps*, 1936. — A.-J. Festugière, "Le sens philosophique du mot αἰών", *La Parola del Passato. Rivista di Studi Classici*, 11 (1949), 172-189. — Enzo Degani, ΑΙΩΝ. *Da Omero ad Aristotele*, 1961. — Adolfo Levi, *Il concetto del tempo nei suoi rapporti coi problemi del divenire e dell'essere nella filosofia di Platone*, 1920. — John F. Callahan, *Four Views of Time in Ancient Philosophy*, 1948 [Platão, Aristóteles, Plotino, Santo Agostinho]. — Gernot Böhme, *Zeit und Zahl. Studien zur Zeittheorie bei Platon, Aristoteles, Leibniz und Kant*, 1974. — N. Abbagnano, *La nozione di tempo in Aristotele*, 1933. — Paul Conen, *Die Zeittheorie des Aristoteles*, 1964. — Joseph Moreau, *L'espace et le temps selon Aristote*, 1965. — Jacques-Marcel Dubois, *Le temps et l'instant selon Aristote (Phys. IV, 10-14)*, 1967. — Hubert Meyer, *Dar Corollarium des Simplikios und die Aporien des Aristoteles zur Zeit*, 1969. — Adolfo Levi, "Il concetto del tempo nelle filosofie dell'età romana", *Rivista critica di storia della filosofia*, 3 (1952), 173-200. — V. Goldschmidt, *Le système stoïcien et l'idée de temps*, 1953. — Jean Guitton, *Le temps et l'éternité chez Plotin et Saint Augustin*, 1933; 3ª ed., 1959. — J. Chaix-Ruy, "Le problème du temps dans les *Confessions* et dans la *Cité de Dieu*", *Giornale di Metafisica* (1954), 464-477. — Erich Lampey, *Das Zeitproblem nach den Bekenntnissen Augustins*, 1960. — Odilo Lechner, *Idee und Zeit in der Metaphysik Augustins*, 1964. — E. Bernheim, *Mittelalterliche Zeitanschauungen in ihrem Einfluss auf Politik und Geschichtsschreibung*, 1918. — A. Mansion, "La théorie aristotélicienne du temps chez les péripatéticiens médiévaux: Averroës, Albert le Grand, Thomas d'Aquin", *Revue néoscolastique de philosophie*, 37 (1934), 275-307. — Nicholas Rescher, *Temporal Modalities in Arabic Logic*, 1967. — H. Shapiro, *Motion, Time, and Place According to William Ockham*, 1957. — Samuel Sambursky, *The Concept of Time in Late Neoplatonism*, 1966. — J. F. Yela Utrillo, "Espacio y tiempo en Suárez", *Actas del Congreso de filosofía de Barcelona*, 2 (1948), pp. 145-181. — M. F. Cleugh, *Time and Its Importance in Modern Thought*, 1938. — Stephen Toulmin, "Criticism in the History of Science: Newton on Absolute Space, Time, and Motion", *Philosophical Review*, 68 (1959), 1-29, 203-227. — A. O. Lovejoy, *The Reason, the Understanding, and Time*, 1961. — E. van Biema, *L'espace et le temps chez Leibniz et chez Kant*, 1908. — Fritz Heinemann, *Der Aufbau von Kants* Kritik der reinen Vernunft, 1913. — Jacques Haret, *Kant et le problème du temps*, 1947. — Sadik J. Al-Azm, *Kant's Theory of Time*, 1967. — Jürgen Heinrichs, *Das Problem der Zeit in der praktischen Philosophie Kants*, 1968. — Walter Cerf, *On Space and Time*, 1975 [Kant, Heidegger, Strawson]. — Charles Sherover, *Heidegger, Kant, and Time*, 1971. — Werner Gent, "Die Kategorien des Raumes und der Zeit bei F. W. J. Schelling", *Zeitschrift für philosophische Forschung*, 8 (1954), 353-377. — Wolfgang Wieland, *Schellings Lehre von der Zeit. Grundlagen und Voraussetzungen der Weltalterphilosophie*, 1956. — Joan Stambauch, *Untersuchungen zum Problem der Zeit bei Nietzsche*, 1959. — W. Keller, W. Heitler et al., *Das Zeitproblem im 20. Jahrhundert*, 1964, ed. R. W. Meyer. — Enzo Paci, *Il problema del tempo nella fenomenologia di Husserl: Corso di filosofia teoretica*, 1960. — Günther Eigler, *Metaphysische Voraussetzungen in Husserls Zeitanalysen*, 1961. — K. Held, *Lebendige Gegenwart. Die Frage nach der Seinsweise der transzendentalen Ich bei E. Husserl, entwickelt am Leitfaden der Zeitproblematik*, 1966. — William W. Hammerschmidt, *Whitehead's Philosophy of Time*, 1947. — Moritz Schlick, *Raum und Zeit in der gegenwärtigen Physik*, 1917. — G. Böhme, *Studien zur Zeittheorie bei Platon, Aristoteles, Leibniz und Kant*, 1974. — H. A. Slaate, *Time and Its End: A Comparative Existential Interpretation of Time and Eschatology*, 1980. — F. Schumacher, *Der Begriff der Zeit bei Franz von Baader*, 1983. — D. J. Framer, *Being in Time: The Nature in Light of McTaggart's Paradox*, 1990. — P. Tzamalikos, *The Concept of Time in Origen*, 1991. — P. Yourgrau, *The Disappearance of Time: Kurt Gödel and the Idealistic Tradition in Philosophy*, 1991. — W. Ch. Zimmerli, M. Sandbothe, eds., *Klassiker der modernen Zeitphilosophie*, 1993 [seleção de textos]. — Para outras obras sobre o conceito de tempo na física atual, ver sobretudo os escritos de Hans Reichenbach, Richard Schlegel, Wilfrid Sellars e Adolf Grünbaum cit. supra. — Francisco Romero, "Temporalismo" no volume do autor *Filosofía contemporánea*, 1941 [sobre as tendências temporalistas de Bergson, Heidegger etc.]. — Georges Poulet, *Études des sur le temps humain*, 1949 [de Montaigne a Proust].

Sobre o contraste entre as concepções hebraica e grega do tempo, ver os seguintes escritos, aos quais aludimos no texto do verbete: Ernst von Dobschütz, "Zeit und Raum im Denken der Urchristentums", *Journal of Biblical Literature*, 41 (1922), 212 ss. — Thorleif Boman, *Das hebräische Denken im Vergleich mit dem Griechischen*, 1954, especialmente cap. III. ↩

TENDENCIAL (CONCEPÇÃO). Ver Probabilidade.

TENSÃO. A noção de tensão (τόνος) era fundamental no estoicismo, especialmente no estoicismo antigo. De modo geral se concebia a tensão como um princípio de unificação do disperso, por analogia com o "princípio" que mantém a vida dos seres orgânicos, que ao morrer perdem sua "tensão" particular. Com base nesta concepção geral, a interpretação do significado de τόνος diferia segundo os autores. Zenão, por exemplo, insistia no caráter unificante da tensão, que se convertia na unidade das distintas partes de que se compõe uma realidade. Crisipo considerava a tensão como uma forma especial de movimento (um duplo movimento, do centro para a periferia, por meio do qual se manifestava a vida, e da periferia para o centro, por meio do qual se equilibrava a tendência à dispersão). Cleantes julgava que a tensão era a força propulsora do fogo. A tensão podia ser particular de uma entidade, ou geral e correspondente ao universo inteiro. Neste último caso, a tensão às vezes foi equiparada (por exemplo, por Possidônio) à simpatia (ver) universal.

➲ Ver: R. H. Hack, "La sintesi stoica. I. Tonos", *Ricerche religiose* (1925), pp. 503-513. — A. Faj, "The Neo-Stoic Principle of Tension", *Philosophy Today*, 4 (1960), 80-94.

Textos relativos ao conceito de tensão compilados em von Arnim, *Stoicorum vetera fragmenta* II, 439-462. — Cleto Carbonara, *L'irrazionale in filosofia*, 1958 (mimeo.), cap. IV ("Il concetto di 'tensione'"). ↩

TEODICÉIA. Em 1710 Leibniz publicou uma obra — parte da qual parece ter sido escrita quatorze anos antes — intitulada *Essais de théodicée sur la bonté de Dieu, la liberté de l'homme et l'origine du mal*. Esta obra se compõe de um "Discours préliminaire de la conformité de la foi avec la raison", de três longos capítulos contendo uma exposição sistemática das idéias e dos argumentos do autor e de vários apêndices: "Abrégé de la controverse réduite à des arguments en forme", "Réflexions sur l'ouvrage que M. Hobbes a publié en anglais, de la liberté, de la nécessité et du hasard" e "Remarques sur le livre de l'origine du mal publié depuis peu en Angleterre". Este último livro é o de King intitulado *De origine mali* e publicado em Londres em 1702. Junto com a teodicéia, Leibniz publicou um resumo latino intitulado *Causa Dei asserta per iustitiam eius perfectionibus cunctisque actionibus conciliatum* (Amsterdam, 1710). As idéias de Leibniz a respeito foram desenvolvidas posteriormente na correspondência que manteve com Nicolas Remond (1713-1716) e com o padre jesuíta des Bosses.

Com a obra em questão, Leibniz propôs o nome *théodicée (teodicéia)* para designar toda pesquisa destinada a explicar a existência do mal e a justificar a bondade de Deus. Esse tipo de pesquisa é muito antigo, pois — como vimos com detalhe no verbete sobre a noção do mal — muitos filósofos se esforçaram desde a Antigüidade por levar a cabo o que Leibniz entendia por 'teodicéia'. Mas enquanto antes de Leibniz se tratou da análise — e tentativa de solução — de um problema, com ele a pesquisa tendeu a converter-se numa disciplina filosófica. Alguns autores consideraram que esta disciplina constitui uma parte da teologia: a chamada *teologia natural*. Isso ocorreu com Wolff, que inclui os temas da teodicéia em sua *Theologia naturalis methodo scientia pertracta* (2 vols., 1736-1737), seguindo em parte o já tratado nos *Vernünftliche Gedanken von Gott, der Welt, und der Seele des Menschen, auch aller Dingen überhaupt* (1719; 5ª ed., 1732). Outros autores se opuseram às opiniões da chamada "escola de Leibniz-Wolff" sobre o problema, utilizando o vocábulo 'teodicéia' em suas refutações. Isso ocorre com o escrito de Kant "sobre o fracasso de todos os ensaios filosóficos de teodicéia" ("Über das Misslingen aller philosophischen Versuche in der Theodicee"), publicado no número de setembro de 1791 do *Berliner Monatschrift*. Nos séculos XIX e XX o nome 'teodicéia' foi adotado como designação de uma disciplina especial dentro da teologia (natural) por muitos autores de tendência neo-escolástica.

Na bibliografia indicaremos várias obras sobre os problemas abordados pela teodicéia, mas deve-se ter em mente que a maior parte delas se refere também (ou exclusivamente) ao problema do mal e não apenas à questão do uso de um nome para designar as tentativas de justificação de (da bondade de) Deus.

➲ Sobre o problema da teodicéia: E. L. Fischer, *Das Problem des Übels und die Theodizee*, 1883. — G. Kathov, *Untersuchungen zur Werttheorie und Theodizee*, 1937. — R. W. Kropf, *Evil and Evolution: A Theodicy*, 1984.

Sociologia e teodicéia: G. Richard, *Sociologie et théodicée. Leur conflict et leur accord*, 1949. — Estas obras também se referem a problemas históricos, mas indicamos a seguir alguns trabalhos que tratam mais particularmente do problema da teodicéia em vários períodos, autores e correntes; esses trabalhos devem ser completados com alguns dos mencionados na bibliografia de Mal (parte dos quais também reproduzimos aqui).

Obra histórico-geral-sistemática: J. J. Poortman, *De theodicee, het continuïteitsbeginsel en de Grondparadox*, 1951. — Obra histórica geral: F. Billichsich, *Das Problem des Übels in der Philosophie des Abendlandes*, 1936. T. 1 (intitulado *Das Problem der Theodizee im philosophischen Denken des Abendlandes*, 1936; 2ª ed.,

1955, que abarca de Platão a Santo Tomás); T. II (com o título geral, vai de Eckhart a Hegel, 1952); T. III (com o título geral, vai de Schopenhauer à época atual, 1959). — Teodicéia e conceito do mal em autores gregos: J. Simon, *Études sur la théodicée de Platon et d'Aristote*, 1839. — P. R. E. Günther, *Das Problem der Theodizee im Neuplatonismus*, 1906 (tese). — Na teologia judaica medieval: H. Goitein, *Der Optimismus und Pessimismus in der jüdischen Religionsphilosophie. Eine Studie über die Behandlungen der Theodizee in derselben bis auf Maimonides*, 1890. — Jehuda Ehrlich, *Das Problem der Theodizee in der jüdischen Philosophie des Mittelalters*, 1936 (tese). — Na filosofia árabe medieval: E. L. Ormsby, *Theodicy in Islamic Thought: The Dispute over Al-Ghazāli's Best of all Possible Worlds*, 1984. — Nos séculos XVII e XVIII (com particular referência a Leibniz na maior parte das obras): A. Thönes, *Die philosophischen Lehren in Leibnizens Theodizee*, 1908. — J. Kremer, *Das Problem der Theodizee in der Philosophie und Literatur des 18. Jahrhunderts, mit besonderer Rücksicht auf Kant und Schiller*, 1909 (*Kantstudien*, Ergänzungshefte 13). — R. Wegener, *Das Problem der Theodizee in der Philosophie und Literatur des 18. Jahrh.*, 1909. — K. Wolff, *Das Theodizee-Problem in der Philosophie und Literatur des 18. Jahrh.*, 1909. — *Id., Schillers Theodizee*, 1909. — O. Lempp, *Das Problem der Theodizee in der Philosophie und Literatur des XVIII Jahrhunderts*, 1910. — Hans Lindau, *Die Theodizee im 18. Jahrh. Entwicklungsstufen des Problems vom theoretischen Dogma zum praktischen Idealismus*, 1911. — G. Stieler, *Leibniz und Malebranche und das Theodizeeproblem*, 1930. — Roger Labrousse, *En torno a la teodicea*, 1945. — G. Grua, *Jurisprudence universelle et théodicée selon Leibniz*, 1953. — *Id., La justice humaine selon Leibniz*, 1956. — Richard A. Brooks, *Voltaire and Leibniz*, 1964. — Leif Nedergaard-Hansen, *Bayle's & Leibniz's drøftelse af Theidice-problemet*, 2 vols., 1965 (I: *Bayle;* II: *Leibniz*) (tese; com resumo em francês). — Albert Heinekamps, *Das Problem des Guten bei Leibniz*, 1969 [*Kantstudien*, Egänzungshefte 98]. — D. Allen, "The Theological Relevance of Leibniz's Theodicy", em *Akten des II. Internationalen Leibniz-Kongress*, vol. III, 1972, pp. 83-90. — M. Paradis, *Pierre Bayle et la Théodicée de Leibniz*, 1979. — H.-G. Janssen, *Gott-Freiheit-Leid. Das Theodizeeproblem in der Philosophie der Neuzeit*, 1989; 2ª ed., 1993. — Informação sobre o assunto se acha também em A. O. Lovejoy, *The Great Chain of Being: A Study of the History of an Idea*, 1936. ⊃

TEODORICO DE CHARTRES. Ver THIERRY DE CHARTRES.

TEODORICO DE FREIBERG. Ver DIETRICH DE FREIBERG.

TEODORO DE ASINE (*fl.* 300). Neoplatônico da Escola da Síria (VER), foi discípulo de Porfírio, mas tendeu posteriormente para o sistema de Jâmblico, cujo método tricotômico desenvolveu consideravelmente por meio da dialética, com o que se aproximou em parte do sistema posteriormente elaborado por Proclo. Este dá conta das opiniões de Teodoro em seu comentário ao *Timeu* e à *República*, bem como na *Teologia de Platão*. Teodoro de Asine dividiu a Inteligência em uma tríade de sub-hipóstases: o Inteligível, o Intelectual e o Demiúrgico, e cada uma destas sub-hipóstases em outras tríades. Os elementos de cada tríade, além disso, se correspondem, segundo Teodoro, com os das tríades subordinadas. Teodoro desenvolveu estas doutrinas por meio de comentários a Platão — especialmente ao *Timeu* —, comentários aproveitados por Proclo.

⊃ Além de Proclo, as doutrinas de Teodoro foram resenhadas por Amônio e Olimpiodoro. Ver a edição de E. Diehl, *In Proclii Diadochi in Platonis Timaeum commentaria*, 3 vols., 1903-1906. ⊂

TEODORO ATEU (século IV a.C.). Discípulo de Aniceris e um dos mais destacados cirenaicos (VER), escreveu um livro intitulado *Sobre os deuses* que, segundo Diógenes Laércio (II, 97), proporcionou muito material ao que Epicuro escreveu sobre o mesmo tema e foi a causa de seu desterro de Atenas. Com efeito, Teodoro não somente negava a existência dos deuses da Cidade como também, segundo indica Cícero (*De nat. deorum*, I, 1, 2), toda noção de divindade. Como a maior parte dos cirenaicos, Teodoro considerou a alegria (produzida pela sabedoria) como o maior dos bens, e a tristeza (gerada pela loucura) como o maior dos males. Tal alegria, porém, não devia ser considerada, a seu ver, como uma sensação momentânea mas como uma sensação duradoura. Teodoro declarou que o prazer e a dor são indiferentes, que o mundo é a pátria do homem e que, por conseguinte, ninguém deve sacrificar-se por sua Cidade.

TEÓFILO DE ANTIOQUIA. Ver APOLOGISTAS.

TEOFRASTO (*ca.* 372-288 a.C.). Nascido em Ereso (Lesbos), discípulo de Aristóteles, foi escolarca do Liceu (VER) como sucessor do Estagirita de 322/321 até sua morte. Teofrasto foi considerado durante muitos séculos como um simples discípulo de Aristóteles (um discípulo que discordou do mestre em alguns pontos, principalmente na metafísica, e que prosseguiu a tradição investigadora e compiladora do Liceu em um sentido predominantemente naturalista). Era conhecido especialmente por sua obra intitulada *Caracteres éticos*, que influenciou muito posteriores classificações de caracteres e tipos psicológicos (VER), e que foi renovada por La Bruyère em *Les caractères de Théophraste* e *Les caractères ou moeurs de ce siècle* (1688). Esta imagem simples se complicou consideravelmente, de modo que toda exposição da obra de Teofrasto no momento atual deve ser considerada como provisória. Com efeito, por um lado se mostrou que na esfera da lógica sua contribuição foi muito maior que o que se costumava imaginar. I. M. Bocheński mostrou que Teofrasto deve ser considerado como um dos grandes lógicos da época, não só pela composição de um "vasto sistema de lógica", baseado nas idéias aristotélicas, mas também por várias descobertas. Entre elas está a introdução da dupla quantificação, o desenvolvimento de vários teoremas para a lógica proposicional, o desenvolvimento da lógica modal (com mudanças importantes em relação à teoria modal aristotélica), o desenvolvimento da doutrina dos silogismos hipotéticos e, em geral, toda uma série de análises nas quais a lógica toma uma direção formalista e permite considerar Teofrasto como um elo entre a lógica aristotélica e a estóica. Por outro lado, indicou-se que a contribuição de Teofrasto ao *Corpus aristotelicum* pode ser muito maior do que se pensava. Sem aderir à tese de Zürcher, que atribui a Teofrasto a composição direta de parte substancial do citado *Corpus*, há motivos para supor que o discípulo de Aristóteles foi algo mais que um compilador. Em vista disso, não se pode nem sequer afirmar que Teofrasto "naturalizou" e "imanentizou" Aristóteles, já que o "naturalismo" do último Aristóteles pode muito bem dever-se diretamente a Teofrasto. Mas não se pode tampouco declarar que ele se separou consideravelmente de Aristóteles, em vista da imprecisa linha divisória entre ambos.

Na lista de títulos de obras de Teofrasto oferecida por Diógenes Laércio aparece a multiplicidade de interesses do filósofo: lógica, moral, política, botânica, geologia, física, história das opiniões (dos físicos), caracterologia, metafísica, psicologia. Desta extensa obra só nos restam dois escritos de botânica sobre as causas das plantas, Περί φυτῶν αἰτιῶν, e descrição das plantas, vários breves tratados de ciência natural, os mencionados 'Ηθικοί χαρακτῆρες, uma parte da metafísica, fragmentos de suas Opiniões sobre os físicos, Φυσικῶν δοξα, fragmentos de meteorologia, fragmentos de um tratado sobre a sensação, fragmentos de um tratado sobre os animais e alguns outros. Em certos casos é difícil distinguir o que corresponde a Teofrasto do que foi trazido por Eudemo. Merece particular menção a análise realizada por Teofrasto sobre o conceito de *Nous* (VER), como parte superior e divina do homem, e sua crítica de vários pontos da metafísica aristotélica, a qual mostra, segundo Teofrasto, algumas contradições. Parte da obra de Teofrasto é dedicada a polemizar contra as concepções cosmológicas estóicas em defesa das peripatéticas. Teofrasto defendeu a doutrina peripatética da eternidade do mundo contra a teoria estóica dos ciclos cósmicos ou eterno (VER) retorno.

→ A primeira edição de obras de Teofrasto foi a incluída na edição de Aristóteles de Veneza, 1495-1498. — Outras edições: J. Gottlob Schneider (Leipzig, 1818-1821) e a ainda usada edição de F. Wimmel (*Theophrasti Eresii opera quae supersunt omnia*: Breslau, 1842; Leipzig, 1854; Paris, 1866 etc.). — Há edições separadas de vários escritos; entre elas figura a da metafísica (ou seja, da parte da metafísica conservada que contém as aporias metafísicas) por W. D. Ross e F. H. Fobes (Oxford, 1929); a da *Historia plantarum, de odoribus, de signis,* etcetera, por A. F. Hort (Londres, 1916), e a do *De igne*, por A. Gercke (Greifswald, 1896). — Das edições dos *Caracteres* mencionamos as de Dübner (Paris, 1840), Sociedade Filológica de Leipzig (Leipzig, 1897), J. M. Fraenkel e P. Groeneboom, Jr. (Gröningen, 1901), J. M. Edmonds e G. E. Austen (Londres, 1904), G. Pasquali (1919), O. Immisch (1923), O. Navarre (1924) e, sobretudo, a de H. Diels, com índice (Oxford, 1910). Ed. bilíngüe dos *Caracteres,* com trad. e notas por M. Fernández Galiano, 1956.

Além das pesquisas filológicas e histórico-filológicas de Diels, Usener, Dümmler, H. von Arnim, O. Regenbogen, F. Firlmeier e outros autores, assim como do livro de E. Reitzenstein, *Theophrast bei Epikur und Lukrez* (1924), ver, para o aspecto mais propriamente filosófico: G. M. Stratton, *Theophrastus and the Greek Physiological Psychology before Aristotle*, 1917, reimp., 1962. — O. Regenbogen, *Theophrastus von Eresos,* 1940. — E. Barbotin, *La théorie aristotélicienne de l'intellect d'après Théophraste,* 1954. — Giovanni Reale, *Teofrasto e la sua aporetica metafísica: Saggio di ricostruzione e di interpretazione storico-filosofica, con traduzione e commento della* Metafisica, 1964. — I. Düring, ed., *Naturphilosophie bei Aristoteles und T.,* 1969. — K. Gaiser, *T. in Assos — Zur Entwicklung der Naturwissenschaft zwischen Akademie und Peripatos,* 1985. — G. Wöhrle, *T.'s Methode in seinen botanischen Schriften,* 1985. — W. W. Fortenbaugh, P. M. Huby, R. W. Sharples, eds., *T. of E. Sources for His Life, Writings, Thought and Influence,* 1985. — Para a lógica ver: J. M. Bocheński, *La logique de Théophraste,* 1947. — L. Repici, *La logica di T. Studio critico e raccolta dei frammenti e delle testimonianze,* 1977. — J. Barnes, *Terms and Sentences: T. on Hypothetical Syllogismus,* 1983. ↺

TEOLOGIA. A ciência absolutamente primeira, diz Aristóteles, tem por objeto os seres ao mesmo tempo separados e imóveis, e como o divino, se estiver presente em alguma parte, o está, segundo Aristóteles, nestas naturezas, a teologia ou filosofia teológica é a mais elevada entre todas as ciências elevadas, isto é, entre todas as ciências teóricas. A teologia trata, segundo a definição tradicional, de Deus, de sua existência, natureza e atributos, assim como de sua relação com o mundo: é, em suma, um *sermo de Deo*. Isto posto, a teologia não é entendida, nem sequer dentro do que poderíamos chamar tradição, de uma mesma e única maneira. Em outros termos, a expressão *sermo de Deo* possui um significado diferente segundo as bases de tal *sermo*. Já bem cedo se distinguiu, para usar os conhecidos termos do Pseudo-Dionísio, uma teologia afirmativa, καταφατική, e uma teologia negativa, ἀποφατική. Enquanto a primeira é um efetivo dizer, a segunda, em contrapartida, se torna possível por meio de um silenciar. Com efeito, a teologia negativa sublinha sempre o fato da inefabilidade em princípio de Deus enquanto "ser", que está além de todo ser. Em vista disso, muitos autores enfatizam que a teologia negativa esquece o sentido analógico em que se pode falar acerca de Deus e se atém a um conceito demasiado "remoto" d'Ele. Por isso alguns consideraram que o nome próprio da teologia negativa é a teologia mística, a qual, segundo Frei Francisco de Osuna, "não tem conversação em conhecimento de letras, nem tem necessidade de tal escola, que pode ser dita de entendimento", mas que se busca "na escola da afeição por veemente exercício de virtudes", razão pela qual "a teologia mística, embora seja suprema e perfeitíssima notícia, pode, porém, ser havida de qualquer fiel, mesmo que seja mulherzinha". Não obstante a presença do termo 'notícia', que supõe algum modo de saber, a teologia negativa e a teologia mística se parecem, como é óbvio, menos com o saber que com a atividade, ou melhor dizendo: são o resultado de uma entrega completa da alma a Deus por meio da qual se supõe que Deus se faz presente ao homem. A teologia positiva, em contrapartida, é sempre um *sermo* e se compõe de proposições acerca de Deus. Isso não significa que a expressão 'teologia positiva' seja sempre entendida da mesma maneira. É habitual distinguir duas classes: a teologia natural e a teologia revelada. A teologia revelada é dirigida pela "luz da fé", que constitui o supremo critério de qualquer esclarecimento racional ulterior. A teologia natural, em compensação, mais própria do filósofo que do teólogo, tem como critério a "luz da razão". Em última análise, a teologia natural é um saber de Deus com base no conhecimento do mundo; por isso às vezes se diz que a teologia natural pode conhecer "sem fé", ao passo que se considera impossível tal conhecimento sem fé no caso da teologia revelada.

A questão acerca da natureza do saber teológico deu lugar em todas as épocas a acirrados debates não apenas entre os teólogos e os antiteólogos, mas também dentro do próprio campo da teologia. Esses debates se desenvolveram sobretudo no curso da Idade Média quando, após a hegemonia da teologia natural da última época grega, a teologia revelada do cristianismo levantou o problema da "oposição" entre a verdade transmitida e o saber racional-natural sobre Deus. Muitas posições foram adotadas na época e se transmitiram até nossos dias. Mencionaremos algumas das mais significativas.

Certos autores consideram que não se pode falar simplesmente de teologia, sem qualificações, e que certos problemas suscitados na teologia natural não aparecem na teologia revelada ou vice-versa. Outros indicam que há uma certa "hierarquia" no saber teológico, que vai desde a teologia natural, baseada no conhecimento e dependendo em grande parte das condições da existência humana, até a teologia mística, que subordina o conhecimento à "eficácia" e escapa às citadas condições de dependência. Outros tomam o vocábulo 'teologia' num sentido geral de *sermo* sobre Deus e se propõem examinar suas relações (ou falta de relações) com o conhecimento puramente racional — ou que se supõe puramente racional — próprio da filosofia. Dentro deste último quadro há varias possibilidades: fazer a filosofia depender inteiramente da teologia, sublinhar que o que se diga na teologia deve subordinar-se ao que se descobre na filosofia ou então declarar que teologia e filosofia não são incompatíveis desde que esta última siga o reto caminho. Esta posição é própria do tomismo — e de boa parte do pensamento católico. Nele se segue a norma de que a fé realmente viva exige a inteligência e de que a teologia é efetivamente uma *scientia* (a *scientia fidei*). A fé sem razão carece de plenitude; a razão sem fé e abandonada às suas próprias forças se extravia. Teologia e filosofia se mantêm, pois, em equilíbrio, mesmo que seja um equilíbrio dinâmico no curso do qual a teologia suscita problemas que a filosofia se vê obrigada a resolver e esta última suscita questões que obrigam a teologia a cobrar consciência de seus próprios temas.

Precedida por posições anteriores, apareceu em nossa época como uma nova tentativa de solução a chamada teologia dialética ou teologia da crise, esboçada por Kierkegaard e elaborada, entre outros, por Barth, Gogarten e Brunner. Essa teologia defende a separação absoluta entre o mundo e Deus, entre o finito e o infinito, a religião do "afastamento", da distância, intransponível pelo homem, entre o temporal e o eterno. Semelhante distância pode ser transposta unicamente com o auxílio de Deus e por isso a teologia dialética não recusa no fundo a razão quando reconhece que esta procede de Deus mesmo, o qual, como realidade superior e infinita, pode também fazer do homem um ser que tem a faculdade de teologizar, de "dizer da divindade". Daí que a hipótese essencial, o "axioma" desta teologia seja, como diz Karl Barth, a revelação, e daí também que a teologia não possa "justificar-se a si mesma" ou limitar seu "campo em um sentido análogo ao de outras ciências". A teologia teria então, segundo Barth, as seguintes características: 1) Não poderia selecionar por si mesma a verdade que deve imperar na Igreja, mas o contrário: a verdade seria eleita por ser já válida. 2) Não seria um ramo e uma aplicação de uma ciência histórica, dominada pelo positivismo, pelo idealismo ou por qualquer outra teoria filosófica, mesmo que suas fontes originais e seus documentos fossem monumentos da história humana. 3) Não poderia aparecer como uma exigência de verdade ou uma filosofia de verdade geral, já que a verdade "mundana" é por princípio limitada. 4) Não seria reconciliação do homem com Deus nem nenhuma das vias — eclesiásticas ou sacramentais — de tal "reconciliação", mas serviço à Palavra de Deus. Características cuja negatividade sublinha ainda mais a tendência crítica e dialética do saber teológico e o fato de que este saber seja concebido, em última análise, como uma "prática" mais que como uma "dogmática".

Uma das últimas manifestações da especulação teológica é a chamada "teologia sem Deus" e também "teologia radical"; referimo-nos à mesma no verbete DEUS (MORTE DE), que pode servir de complemento ao presente verbete.

⮕ Para o sentido da *prisca theologia* ou "antiga doutrina teológica", ver CORPUS HERMETICUM.

Para a linha de teologia política empreendida pela chamada "teologia da libertação", ver EMANCIPAÇÃO.

Introdução à teologia: F. A. M. Horvath, *Synthesis theologiae fundamentalis*, 1947. — Charles Journet, *Introduction à la théologie*, 1947. — A. M. Henri, A.-D. Sertillanges et al., *Initiation théologique*, 4 vols., (I, 3ª ed., 1955; II, 3ª ed., 1955; III, 2ª ed., 1955; IV, 2ª ed., 1956). — J. C. C. Smart, J. N. Findlay et al., *New Essays in Philosophical Theology*, 1955, ed. A. Flew e A. MacIntyre. — James F. Ross, *Philosophical Theology*, 1969. — R. M. Adams, *The Virtue of Faith and Other Essays in Philosophical Theology*, 1987. — R. P. Scharlemann, *Inscriptions and Reflections: Essays in Philosophical Theology*, 1989. — K. Surin, *The Turnings of Darkness and Light: Essays in Philosophical and Systematic Theology*, 1989. — T. V. Morris, *Our Idea of God: An Introduction to Philosophical Theology*, 1991.

Crise da teologia: C. Kuhlmann, *Die Theologie am Scheidewege*, 1935.

Relação entre teologia e filosofia: F. Picavet, *Histoire des rapports de la théologie et de la philosophie*, 1889. — J. H. Stirling, *Philosophy and Theology*, 1890 [Gifford Lectures]. — É. Gilson, *La philosophie et la théologie*, 1960. (Ver também a bibliografia do verbete FÉ).

Teologia dialética: W. Koepp, *Die gegenwärtige Geisteslage und die dialektische Theologie*, 1930. — Theodor Siegfried, *Das Wort und die Existenz* (I. *Eine Auseinandersetzung mit der dialektischen Theologie*; II. *Die Theologie der Existenz bei F. Gogarten und Rudolf Bultmann*; III. *Autorität und Freiheit*), 1933. — Heinrich Emil Brunner, *The Theology of Crisis*, 1935. — L. F. Wheat, *Paul Tillich's Dialectical Humanism: Unmasking the God Above God*, 1970. — J. Macquarrie, *In Search of Deity: An Essay in Dialectical Theism*, 1985. — Ver também a bibliografia do verbete BARTH [KARL].

Teologia natural: Ángel González Álvarez, *Teología natural: Tratado metafísico de la primera causa del ser*, 1949. — E. T. Long, ed., *Prospects for Natural Theology*, 1992.

Método em teologia: Georges Berguer, *L'application de la méthode scientifique à la théologie*, 1903 (tese). — G. D. Kaufman, *An Essay on Theological Method*, 1990.

Linguagem teológica: John Macquarrie, *God-Talk: An Examination of the Language and Logic of Theology*, 1967. — Raeburne Seeley Heinbeck, *Theology and Meaning*, 1969. — F. B. Brown, *Religious Aesthetics: A Theological Study of Making and Meaning*, 1990. — W. P. Alston, *Divine Nature and Human Language: Essays in Philosophical Theology*, 1990.

História da teologia. Geral: F. Cayré, *Précis de Patrologie et d'Histoire de la Théologie*, 3 vols., 1947. — Martin Grabmann, *Geschichte der katholischen Theologie seit dem Ausgang der Väterzeit*, 1933. — Teologia grega: E. Caird, *Evolution of Theology in the Greek Philosophers* [Gifford Lectures, 1900-1901 e 1901-1902], 2 vols., 1904. — Werner Jaeger, *The Theology of the Early Greek Philosophers*, 1947 [Gifford Lectures, 1936]. — Teologia muçulmana: Max Horten, *Die philosophischen Probleme der spekulativen Theologen im Islam*, 1910. — Id., *Die philosophischen Systeme der spekulativen Theologen im Islam*, 1912. — Louis Gardet e M. M. Anawati, *Introduction à la théologie musulmane. Essai de théologie comparée*, 1948. — Teologia antiga e medieval: Clement C. J. Webb, *Studies in the History of Natural Theology*, 1915. — M.-D. Chenu, "La théologie comme science au XIIIe siècle", *Archives d'histoire doctrinale et littéraire du moyen âge*, 2 (1927), 31-71; 2ª ed. em vol., 1942; 3ª ed., rev. e aum., 1957. Id., *La théologie au XIIe siècle*, 1957. — A. M. Landgraf, *Einführung in die Geschichte der theologischen Literatur der Frühscholastik*, 1948. — F. J. Clemens, *De Scholasticorum sententia "philosophiam esse theologiae ancillam" commentatio*, s.d. — H. A. Oberman, *The Harvest of Medieval Theology: Gabriel Biel and Late Medieval Nominalism*, 1963; reed., 1983. — Teologia em Santo Tomás: J. Bonnefoy, *La nature de la théologie selon Saint Thomas d'Aquin*, 1939. — K. Conley, *A Theology of Wisdom: A Study in St. Thomas*, 1963. — R. L. Robert, *The Problem of an Apologetical Perspective in the Trinitarian Theology of St. Thomas Aquinas*, 1963. — L. J. Elders, *The Philosophical Theology of St. Thomas Aquinas*, 1990. — Teologia moderna e contemporânea: Fr. H. Frank, *Geschichte und Kritik der neueren Theologie seit Schleiermacher*, 1898. — E. Hocédez, *Histoire de la théologie au XIXe siècle. I. Decadence et réveil de la théologie 1800-1831; II. Épanouissement de la théologie 1831-1870*, 1949. — G. Spiegler, *The Eternal Covenant: Schleiermacher's Experiment in Cultural Theology*, 1967. — M. E. Scribano, *Da Descartes a Spinoza: percorsi della teologia razionale nel seicento*, 1988.

Para a doutrina da dupla verdade acerca da relação entre filosofia e teologia ver a bibliografia do verbete AVERROÍSMO.

Uma história dos conflitos entre a ciência e a teologia de um ponto de vista cientificista e antiteológico se acha em Andrew Dickson White, *A History of the Warfare of Science and Theology in Christendom*, 2 vols., 1920. Dicionários e enciclopédias de teologia: A. Vacant e E. Mangenot, eds., (continuado por E. Amann), *Dictionnaire de théologie catholique contenant l'exposé des doctrines de la théologie catholique, leurs preuves et leur histoire*, 15 vols., 1903-1950. — J. J. Herzog *et al.*, *Realenzyklopädie für protestantische Theologie und Kirche*, 24 vols., 1896-1909. — Michael Buchberger, *Lexikon für Theologie und Kirche*, nova ed., L. Höfer e K. Rahner, ed., 11 vols., 1957-1967. — VV.AA., *Sacramentum Mundi. An Encyclopaedia of Theology*, 6 vols., 1968-1970. — VV.AA., *Theologisches Wörterbuch zum Neuen Testament*, 1933-1975.

Bibliografia: *A General Bibliography of Christian Theology, History and Apologetic*, 1948. C

TEOLOGIA DE ARISTÓTELES. Ver THEOLOGIA ARISTOTELIS.

TÉON DE ESMIRNA (século II, época do imperador Adriano). Foi, como Eudoro de Alexandria, um platônico eclético, que mesclou doutrinas de Platão (especialmente do último Platão e, sobretudo, do *Timeu*) com doutrinas neopitagóricas (provavelmente procedentes de Moderato de Gades). Téon se consagrou à matemática e à especulação matemático-metafísica, considerando as várias ciências que então faziam parte do conhecimento matemático — aritmética, geometria, estereometria, astronomia e música — como uma das cinco etapas num processo catártico que devia conduzir a uma espécie de união mística com Deus. As outras quatro etapas em sentido ascendente eram: o conhecimento dos princípios filosóficos, o estudo dos inteligíveis, a compreensão das últimas bases do saber e, finalmente, a identificação com Deus, equivalente àquela "vida semelhante à dos deuses" de que falara Platão e que constituiu um dos traços essenciais de várias formas de neoplatonismo.

⇒ Edição de textos: *Liber de astronomia*, ed. Th. M. Martin, Parisiis, 1849. — *Theonis Smirnae philosophi Platonici expositio rerum mathematicarum ad legendum Platonem utilium*, rec. E. Hiller, Lipsiae, 1878 (outra ed., com trad. fr., por J. Dupuis, Paris, 1892).

Ver: Ch. E. Ruelle, "Rapport sur une mission littéraire et philosophique en Espagne", *Archives des missions scientifiques et littéraires*, 3ª série, tomo 2 (1875), 497-627. — P. Tannery, "Sur Théon de Smyrne", *Revue de philologie*, 18 (1894), 145-152. C

TEONOMIA. Literalmente: "Lei de Deus". Fala-se de teonomia especialmente na moral, quando se sustenta que o fundamento ou princípio da moral — ou os fundamentos ou princípios de todos os atos morais — reside em Deus. Isso quer dizer que os mandamentos ou decretos de Deus fazem com que um ato seja moral (ou imoral). A teonomia, ou moral teônoma, é uma das espécies da heteronomia, ou moral heterônoma, e se contrapõe à autonomia (VER). Na classificação dos tipos de morais heterônomas — ou, melhor dizendo, dos princípios morais heterônomos — apresentada por Kant, a moral teônoma é uma moral cujo princípio é racional e não empírico. A ampla acepção que tem aqui o termo 'racional' em Kant permite que se possa continuar considerando como princípio racional, ou teônomo-racional, o que se funda na "arbitrariedade" do decreto de Deus. No entanto, pode-se considerar que os princípios morais teônomos podem ser racionais (se há uma coincidência, ou concordância, entre o decreto de Deus e a razão) ou então irracionais (se não há semelhante coincidência ou concordância).

TEORIA. O verbo grego θεωρέω [θεωρεῖν] significa "olhar", "observar" (o que fazia o espectador nos jogos e festivais públicos). Esse espectador não intervinha em tais jogos e festivais, sua atividade era "teórica". Os gregos chamavam θεωρός o "observador", ou embaixador que uma Cidade-Estado enviava aos jogos, ou ao oráculo. A θεωρία é a ação de olhar, ver, observar. É também a função do θεωρός, assim como o conjunto dos θεωροί. Os θεωροί formavam uma "procissão".

Quando o olhar, ver ou observar eram entendidos "mentalmente", o verbo θεωρέω significava "considerar" ou "contemplar" (cf. o latim *contemplari*); a θεωρία, *theoria*, equivalia a contemplação (VER) (cf. o latim *contemplatio*).

O sentido filosófico original de 'teoria' é o de contemplação, especulação, o resultado da "vida contemplativa" ou "vida teórica", βίος θεωρητικός. Platão falara de "teoria" neste sentido em vários diálogos (*Symp.* 210 B-212 A; *Rep.* 540 A-C; *Theat.* 173 C-175 D). Aristóteles falou da θεωρία como a atividade do primeiro motor (VER); a mais alta teoria é o pensar do pensar. A "vida teórica" ou a contemplação é a finalidade do homem virtuoso; por ela se alcança a felicidade de acordo com a virtude (*Eth. Nic.* X, 7, 1177 a 10 ss.). Aristóteles fala da ciência teórica, θεωρητικὴ ἐπιστήμη, ao contrário da ciência prática, ou da ação, e da ciência "poética", ou da produção. No verbete AÇÃO referimo-nos à tendência de muitos pensadores antigos de afirmar a superioridade da "teoria" sobre a ação ou "prática".

Continua-se discutindo na atualidade o problema da relação — seja como contraposição, equilíbrio ou harmonia, fusão ou primado de uma sobre outra — entre teoria e prática, teoria e práxis, e teoria e ação. Neste caso se dá à 'teoria' o sentido muito geral de "conhecimento", em particular de "conhecimento objetivo".

Na teoria do conhecimento e na filosofia da ciência discutiu-se freqüentemente o sentido que se pode dar a 'teoria'; a relação entre a noção de teoria e as noções de princípio, lei, hipótese etc.; a natureza e estrutura das teorias científicas; a relação entre teoria e fatos; as interpretações (realista, convencionalista, instrumentalista) que podem ser dadas das teorias; as relações (seja de oposição, de subordinação, de redução de uma a outra etc.) entre teorias nas ciências naturais e teorias nas ciências sociais etc. Na maior parte dos casos usa-se 'teoria' sem se definir o que se entende por esse termo e confiando-se numa compreensão intuitiva do uso do vocábulo. Diz-se, por exemplo, que a teoria dos *quanta* é uma teoria física; fala-se da teoria da evolução; usa-se a expressão 'teoria dos conjuntos'; discutem-se teorias econômicas, psicológicas, históricas etc. Às vezes faz-se a distinção entre teorias e leis; por exemplo, fala-se da lei de inércia e não da teoria da inércia, das leis de Mendel ou da de Gay-Lussac e não das teorias de Mendel ou da teoria de Gay-Lussac. Indica-se a respeito disso que enquanto as leis — na acepção científica de 'leis' — são leis experimentais, cujo propósito é a explicação de fatos, as teorias não são diretamente experimentáveis, mas apenas indiretamente, já que o propósito de uma teoria é explicar as leis. No entanto, nem sempre é fácil distinguir 'teoria' e 'lei', e já ocorreu que um dado conjunto de proposições, que foi chamado em algum momento "teoria", tenha sido chamado em outro momento "lei", e vice-versa. Em vista dessa dificuldade, propôs-se em algumas ocasiões dar a 'teoria' um sentido flexível: teoria é um corpo coerente de conhecimentos sobre um campo de objetos; quando esse corpo de conhecimento é formalizado, origina-se uma teoria axiomática.

A dificuldade de definir o sentido de 'teoria' se deve ao fato de a noção de teoria estar implicada em quase todos os problemas suscitados na epistemologia e, em particular, na filosofia da ciência. Além disso, toda posição relativamente bem definida na filosofia da ciência comporta alguma noção de teoria. Se considerarmos, por exemplo, a definição de 'teoria' oferecida por R. B. Braithwaite — "Uma teoria científica é um sistema dedutivo no qual certas conseqüências observáveis se seguem da conjunção de fatos observados com a série das hipóteses fundamentais do sistema" (*Scientific Explanation* 1953, p. 22) —, percebemos que essa definição está vinculada a uma interpretação dada aos termos teóricos ao contrário dos termos observacionais. Tratamos de várias interpretações possíveis a este respeito nos verbetes TERMOS OBSERVACIONAIS e TERMOS TEÓRICOS, que podem servir de complemento ao presente verbete.

O sentido, ou sentidos, em que se entende 'teoria' depende em boa parte de que gênero de teoria se tem em mente, assim como do domínio de objetos que uma teoria supostamente abarca. O primeiro depende geralmente do segundo, mas ainda dentro de um domínio de objetos especificados pode haver diferentes gêneros de teorias. Assim, na matemática pode haver teorias "particulares" (como a teoria numérica, a teoria de conjuntos) e teorias "abstratas" (como vários tipos de álgebras e a topologia). Nas ciências, tanto naturais como sociais, os gêneros de teorias consideradas são freqüentemente função do tipo de explicação (VER) que se aspira a oferecer. Isso, porém, não esgota os tipos de teorias. Certos autores se inclinam por teorias consistentes em termos não interpretados; outros consideram que toda teoria inclui interpretação de seus termos básicos. Além disso, pode-se falar em todos os domínios de teorias mais ou menos básicas. Um determinado domínio, por fim, pode ser abarcado por uma pluralidade de teorias.

Um problema importante, e muito debatido, é o da interpretação epistemológica das teorias. *Grosso modo*, há duas grandes opiniões a respeito. Segundo a concepção chamada "realista", uma teoria proporciona ou, se se preferir, aspira a proporcionar uma descrição do mundo, de tal sorte que se afirma que existem as entidades postuladas pela teoria. Segundo a concepção chamada "convencionalista", uma teoria é uma ferramenta conceitual útil e não há por que perguntar se existem as entidades que a teoria postula. Cada uma destas opiniões tem muitos matizes, desde o realismo extremo até o convencionalismo extremo. Alguns realistas sustentam que uma teoria correta é verdadeira; outros que pode não ser verdadeira, mas não é meramente convencional. Alguns convencionalistas se inclinam para uma concepção "simbolista" e outros para uma concepção "operacionalista" das teorias.

Discutiu-se sobre se há uma diferença de natureza, e não apenas de grau, entre teorias nas ciências naturais e teorias nas ciências sociais e históricas. Os que sustentam que não há diferença de natureza costumam ser reducionistas, mas o reducionismo pode manifestar-se em duas formas muito distintas: para uns, todas as teorias nas ciências sociais se reduzem ao tipo de teoria que consideram exemplar nas ciências naturais; para outros, as próprias teorias nas ciências naturais são fenômenos sociais e históricos e são explicáveis por estes (ou, melhor, por alguma teoria acerca de tais fenômenos). Os que sustentam que há diferença de natureza entre teorias nas ciências naturais e nas ciências sociais e históricas sublinham que nas últimas o que produz, ou abraça, uma teoria é ao mesmo tempo o objeto da teoria, de modo que o tipo de teoria que produz ou abraça incide sobre os resultados que cabe esperar da teoria.

↪ Ver: Otto Liebmann, *Die Klimax der Theorien*, 1884. — Pierre Duhem, *La théorie physique, son objet et sa structure*, 1906. — Herbert Feigl, *Theorie und Erfahrung in der Physik*, 1929. — V. F. Lenzen, *The Nature of Physical Theory*, 1931. — W. Stern, *Theorie und Wirklichkeit als metaphysisches Problem*, 1931. —G. Bouligand, *Structure des théories: Problèmes infinis*, 1937. — J. H. Woodger, *The Technique of Theory Cons-*

truction, 1939. — Max Born, *Experiment and Theory in Physics,* 1944. — R. B. Braithwaite, *op. cit. supra.* — H. Feigl, M. Scriven, G. Maxwell *et al., Concepts, Theories and the Mind-Body Problem,* 1958 [Minnesota Studies in the Philosophy of Science, 2] [especialmente arts. de C. G. Hempel e M. Scriven]. — Norwood Russell Hanson, *Patterns of Discovery. An Inquiry into the Conceptual Foundations of Science,* 1958. — Stephan Körner, *Experience and Theory: An Essay in the Philosophy of Science,* 1966. — M. Przelecki, *The Logic of Empirical Theories,* 1969. — R. Tuomela, *Theoretical Concepts,* 1973 (coletânea de trabalhos). — W. Stegmüller, *Probleme und Resultate der Wissenschaftstheorie und Analytischen Philosophie,* 4 vols., 1969 ss. (esp. vol. I, *Wissenschaftliche Erklärung und Begründung,* 1969; II.1, *Theorie und Erfahrung,* 1970; e II.2, *Theorienstrukturen und Theoriendynamik,* 1973). — F. Suppe, ed., *The Structure of Scientific Theories,* 1974; 2ª ed., 1977. — F. Kambartel, *Theorie und Begründung,* 1976. — W. Stegmüller, *The Structuralist View of Theories,* 1979.

Ver também a bibliografia de EXPLICAÇÃO; OBSERVAÇÃO.

Sobre teorias filosóficas: H. W. Arndt, *Methodo scientifica pertractatum. Mos geometricus und Kalkülbegriff in der philosophischen Theorienbilding des 17. und 18. Jahr.,* 1971. — Morris Lazerowitz e Alice Ambrose, *Philosophical Theories,* 1976.

Sobre a "vida teórica" em sentido aristotélico: Trond Berg Eriksen, *Bios Theoretikós. Notes on Aristotle's* Ethica Nicomachea, X, 6-8, 1977. — O. Gigon, *La teoria e i suoi problemi in Platone e Aristotele,* 1987. **C**

TEORIA CRÍTICA. Em seu trabalho "Traditionelle und kritische Theorie" ("Teoria tradicional e teoria crítica"), publicado no *Zeitschrift für Sozialforschung,* VI, 2 (1937), pp. 245 ss., e recolhido a seguir em *Kritische Theorie,* 2 vols. (1968), vol. II, pp. 137-191, Max Horkheimer (VER) formula e elabora o que foi chamado de "teoria crítica", como uma das teorias principais, senão a principal, da Escola de Frankfurt (ver FRANKFURT [ESCOLA DE]), pelo menos dos "membros" da primeira geração dessa escola: o próprio Horkheimer, Theodor W. Adorno (VER) e Herbert Marcuse (VER). Há outras apresentações da teoria crítica, tanto por Horkheimer (cf., entre outros trabalhos, "Philosophie und kritische Theorie", *Zeitschrift für Sozialforschung,* 3, 1937) como por outros autores (no mesmo número do citado *Zeitschrift* há um artigo de Marcuse, igualmente intitulado "Philosophie und kritische Theorie" e recolhido, em trad. inglesa, no volume *Negations: Essays in Critical Theory,* 1968). Por outro lado, os precedentes da teoria crítica se remontam a várias interpretações e reinterpretações do marxismo (VER).

Substancialmente, e seguindo aqui principalmente Horkheimer, a teoria crítica se opõe à "teoria tradicional" que, desde Descartes até os positivistas lógicos, pressupõe que uma teoria é um conjunto de enunciados unidos entre si de tal modo que certos enunciados, considerados básicos (e em número o mais reduzido possível), dêem lugar, por derivação lógica, a outros enunciados que, para ser aceitos, devem ser comprovados pelos fatos. Há várias formas de teoria tradicional; umas, calcadas sobre um modelo matemático, partem de certos axiomas, que podem ser declarados evidentes ou então funcionar como postulados primitivos do sistema; e outras, mais empiricamente inclinadas, consideram que as proposições básicas e mais universais são juízos de experiência. Por conseguinte, tanto o racionalismo como o empirismo coincidem no modo tradicional de conceber a teoria. Além disso, é característico da teoria tradicional, segundo Horkheimer, o poder aplicar-se, ao menos em princípio, a todos os ramos do conhecimento; embora o citado tipo de teoria pareça funcionar melhor nas ciências naturais, procurou-se estendê-la também às ciências do espírito *(Geisteswissenschaften).* As divergências a respeito não significaram, para Horkheimer, nenhuma "diferença de estrutura nos modos de pensar". A idéia tradicional de teoria se desenvolveu numa sociedade "dominada pelas técnicas de produção industrial". Por isso a passagem para outro tipo de teoria — neste caso, a "teoria crítica" — não é um mero passo teórico ou uma simples reestruturação intelectual. É necessária para tanto uma mudança histórica, que é por sua vez uma mudança no processo social. A aspiração à objetividade característica da "teoria tradicional" está ligada a condições tecnológicas, que estão vinculadas aos processos materiais de produção. Estes determinam o tipo de teoria porque determinam inclusive o modo como se usam os órgãos perceptivos. "A proposição segundo a qual os instrumentos são prolongamentos dos órgãos humanos pode ser invertida", escreve Horkheimer, "dizendo que os órgãos também são prolongamentos dos instrumentos".

Kant se deu conta do papel desempenhado pela atividade do sujeito na constituição do conhecimento (ou do objeto enquanto objeto de conhecimento). Hegel viu a astúcia ou ardil da razão (ver ASTÚCIA DA RAZÃO), mas considerou esta razão como histórico-universal e objetiva, não como o instrumento da forja da realidade por meio do trabalho da sociedade. Marx, por outro lado, entendeu que a "crítica", e especificamente a "crítica da razão", é ao mesmo tempo crítica da sociedade. A sociedade se constitui ela mesma em objeto da atividade humana; a crítica idealista da razão pura cede o passo à crítica da economia política.

O espírito crítico, longe de se harmonizar com o estado da sociedade e com os produtos e ideais por ela gerados, está em tensão com respeito à sociedade. Mas isso não há de conduzir simplesmente, segundo Horkheimer, a uma sociologia do conhecimento, que termina por se encaixar nos cânones da teoria tradicional. No espírito da teoria crítica não há apenas uma mudança de objetos, mas também de sujeitos. A teoria crítica é uma manifestação do espírito crítico, que aspira a ir além da tensão antes aludida e a suprimir "a oposição entre os propósitos, a espontaneidade e a racionalidade do indivíduo e as relações que afetam os processos de trabalho sobre as quais a sociedade está edificada". A teoria tradicional, mesmo em suas formas mais "empiristas", tende à abstração; a rigor, toda teoria tradicional deixa de lado o fato básico no qual insiste a teoria crítica, isto é, que seu sujeito é um indivíduo real relacionado com outros indivíduos, membro de uma classe e em conflito com outras. Isso não quer dizer que a teoria crítica se limite a ser a formulação das idéias e sentimentos de uma classe social num determinado momento da história; se isso ocorresse, a teoria crítica não diferiria de qualquer outro ramo científico fundado no modelo da teoria tradicional. Poder-se-ia concluir então que a teoria crítica não é, propriamente, teoria, mas isso equivaleria, segundo Horkheimer, a esquecer duas coisas: uma é que a teoria crítica não é arbitrária e casual; outra, que a teoria crítica é construtiva. Este último aspecto é particularmente importante para Horkheimer e os frankfurtianos em geral, já que explica porque enquanto, a seu ver, a teoria crítica é uma expressão de racionalidade, e inclusive de uma racionalidade mais alta e ampla que a "tradicional", ela aparece diante de toda teoria tradicional "científica" como meramente especulativa e até subjetiva. Horkheimer escreve explicitamente que na teoria crítica "o pensamento construtivo desempenha um papel mais importante que a verificação empírica". Indica ao mesmo tempo que esse pensamento construtivo não consiste na formulação de hipóteses oportunamente verificáveis. Assinala, por fim, que, no que diz respeito à estrutura lógica, a teoria crítica não é diferente da teoria tradicional. Tudo isso parece dar a entender que a teoria crítica se constitui justamente numa relação dialética com a teoria tradicional. O que importa, em última análise, é a não-aceitação de um *status quo* social (ou histórico-social) e a conseqüente possível formulação de uma espécie de esquema dentro do qual se podem inserir ao mesmo tempo um pensamento acerca do futuro e o pensamento futuro. Assim, a teoria crítica é a expressão no presente de uma atitude que se projeta para o porvir. "O futuro da humanidade", escreve Horkheimer, "depende da existência atual da atitude crítica, que, é claro, contém em si elementos de teorias tradicionais e de nossa cultura decadente em geral".

➲ Ver: J. E. Rodríguez-Ibáñez, *Teoría crítica y sociología*, 1979. — D. Held, *Introduction to Critical Theory: Horkheimer to Habermas*, 1980. — M. Theunissen, *Kritische Theorie der Gesellschaft. Zwei Studien*, 1981. — A. Feenberg, *Lukács, Marx and the Sources of Critical Theory*, 1981. — C.-F. Geyer, *Kritische Theorie.*

Max Horkheimer und Theodor W. Adorno, 1982. — M. Boladeras Cucurella, *Razón crítica y sociedad. De Max Weber a la escuela de Frankfurt*, 1985.

Ver a bibliografia de FRANKFURT (ESCOLA DE). ⊂

TEORIA GERAL DE SISTEMAS. Ver BERTALANFFY, LUDWIG VON; LASZLO, ERVIN; SISTEMA; SISTÊMICO.

TEORIAS FENOMENOLÓGICAS. Ver FENOMENOLÓGICO.

TEOSOFIA. O termo θεοσοφία (*theosophia* = sabedoria de Deus) foi usado por alguns platônicos. Na Idade Média o termo 'teósofo' teve às vezes o sentido de "autor inspirado (por Deus)". Exemplo disso é seu uso na *Summa philosophiae*, chamada "Pseudo-Grosseteste" (VER).

Em duas obras de Jakob Boehme se usa 'teosófico': *Sex puncta theosophica, oder von sechs theosophischen Punkten*, de 1620 *(Seis pontos teosóficos, ou sobre seis pontos teosóficos)* e *Quaestiones theosophicae, oder Betrachtung göttlicher Offenbarung*, de 1624 *(Questões teosóficas, ou consideração da revelação divina)*. Tanto na tradição neoplatônica como em Boehme, a teosofia parece distinguir-se da teologia pelo caráter "místico" e "intuitivo" da primeira, ao contrário do caráter racional e argumentativo da segunda. A teosofia é, pois, uma sabedoria de Deus, mas somente porque Deus a insufla no espírito do teósofo. Daí a relação entre teosofia e o que se chamou de "teologia mística".

Foram considerados como "teósofos" não apenas Boehme, mas também vários filósofos renascentistas, como Agrippa de Nettesheim e Paracelso. Os termos 'teósofo' e 'teosofia' foram usados para caracterizar vários filósofos ou várias tendências também consideradas "românticas". Exemplos disso são Baader, o último período da filosofia de Schelling e o "saint-martinismo" ou a filosofia de Louis-Claude de Saint-Martin (VER).

Rosmini usou a palavra 'teosofia' como equivalente a "teoria geral do Ente" (ou "do Ser") e deu o título de *Teosofia* a uma de suas obras (publicada, postumamente, em 1859).

A palavra 'teosofia' é conhecida hoje sobretudo pela "Sociedade Teosófica", fundada em 1875 por Henry Steel Olcott (1832-1907), em colaboração com Madame Blavatsky (Helene Petrovna Blavatsky, 1831-1891). A eles se juntou, em 1889, Annie Besant (1847-1937). A teosofia da citada "Sociedade" é uma mistura de doutrinas de procedência hindu e de doutrinas de "mistério". À parte teórica da teosofia se une a parte prática, voltada a conseguir reformas com base numa reunião fraterna de todos os seres humanos.

Rudolf Steiner (VER), que começou como teósofo, converteu a teosofia numa antroposofia, com profecias sobre a Natureza e a história, e teses para a reorganização hierárquica da sociedade.

⊃ As obras mais conhecidas da "Sociedade Teosófica" são as de Madame Blavatsky, *Ísis sem véu* (1887) e *A doutrina secreta* (1888).
Ver: L. J. Frohnmeyer, *Die theosophische Bewegung, ihre Geschichte, Darstellung und Beurteilung*, 1920. — W. Bruhn, *Theosophie und Anthroposophie*, 1921. — A. Tanon, *Théosophie et science*, 1948. — J. J. Poortman, *Philosophy, Theosophy, Parapsychology*, 1965. — D. Wa Said, *Theosophies of Plato, Aristotle and Plotinus*, 1970. ⊂

TER. Aristóteles estuda o termo 'ter' (ἔχειν) em *Cat.*, 15, 15 b 16-32 e em *Met.* 23, 1023 a 8-25. Em *Cat.* Aristóteles estuda ἔχειν como um dos posteriormente chamados "pós-predicamentos" (VER). Diz a este respeito que o "ter" se toma em diferentes acepções: 1) como estado ou disposição (ver HÁBITO), no sentido de ter ou possuir uma ciência ou uma virtude; 2) como quantidade, no sentido de dizer que se tem tal ou qual magnitude; 3) como o que rodeia ou contém um corpo; 4) como o que está numa parte do corpo (o anel na mão); 5) como uma parte mesma do corpo (por exemplo, a mão ou o pé); 6) como o que está tido ou contido num vaso. Ter se diz também no sentido da posse de algo, como quando um homem "tem uma mulher". Em *Met.* Aristóteles enuncia os diferentes sentidos de ἔχειν de acordo com a seguinte tabela: *a)* ter é conduzir algo de acordo com sua própria natureza; *b)* é aquilo em que se encontra uma coisa, do modo como o corpo "tem" uma doença; *c)* ter se entende também como o continente com relação ao conteúdo: o recipiente "tem" ou "contém" o líquido; o todo "tem" ou "contém" as partes. O ter também é para Aristóteles o reter ou o suster, do modo como se impede que algo caia ou desmorone. Poder-se-ia dizer que o ter se distingue do ser enquanto ato no qual o ser é captado. Esta captura do ser requer que algo que é, o sujeito, chegue a ser consciente de si mesmo e de sua contraposição aos objetos; somente deste modo poderá esse "algo que é" e que é objeto converter-se em sujeito, isto é, um sujeito que "tem" todos os demais objetos e que se "tem" a si mesmo. Em tal caso, o ter seria inclusive uma forma consciente do ser. Os escolásticos estudaram igualmente o ter como pós-predicamento sob a expressão do *modus habendi*. Sua mais precisa definição é a de uma razão determinada por meio da qual uma coisa está ou inere em outra. Este *modus* do ter pode ser por inerência, por continência ou maneira de conter, por possessão, por relação e por justaposição.

A noção do "ter" também foi investigada na filosofia contemporânea. Isso ocorreu sobretudo explicitamente nos seguintes sentidos. De um ponto de vista metafísico, Günther Stern considerou que o "ter" é aquele único modo de "existir" que permite fundar uma metafísica completa, isto é, uma metafísica que não pode ser detida no ser do mundo interior nem limitada ao puro ser do mundo exterior, ao não ser que permita passar do primeiro ao segundo, da Natureza ao espírito (cf. *Über das Haben. Sieben Kapitel zur Ontologie der Erkenntnis*, 1928, cap. IV). O ter se manifesta, por exemplo, em nosso "ter um corpo", grau primário de uma possessão que se vai estendendo até a realidade da "Natureza", numa espécie de desenvolvimento do conceito da "analogia do ter" da qual a analogia do ser seria unicamente uma de suas manifestações. Também de um ponto de vista metafísico Gabriel Marcel faz a distinção entre o que tenho e o que sou. É muito difícil, diz Marcel, expressar essa distinção de forma conceitual. Em princípio não se pode ter senão o que é exterior a alguém. De modo que, também em princípio, parece que o único que se pode ter são coisas ou algo entendido por analogia com as coisas. No entanto, a exterioridade da coisa tida não é absoluta, pois o que tenho se agrega a mim. O ter seria neste caso o aspecto transmissível do ser. Marcel passou deste a uma análise na qual o ter aparece sob dois modos — a possessão e a implicação — e a um conceito ontológico-constitutivo do ter como o "ter para si, o guardar para si, o dissimular" (*Recherches philosophiques*, III [1933-1934], p. 63). Jean-Paul Sartre, por sua vez, elaborou uma fenomenologia do ter na qual são examinadas as diferentes formas de "minhas possessões" em relação ao ser e ao fazer; por exemplo, as questões que se relacionam com "meu lugar", "meu corpo", "meu passado", "minha posição", "minha relação fundamental com o outro" (cf. *L'Être et le Néant* [1943], pp. 570 ss.). Do ponto de vista gnosiológico, em contrapartida, Nicolai Hartmann assinala a conveniência de distinguir o ter e o apreender. Aquilo que os distingue não é precisamente a transcendência entendia como uma camada distinta dos estados do "eu", pois neste caso o tido e o apreendido seriam inseparáveis por nenhum deles ser tais estados. Mas se se entende a transcendência gnosiologicamente, o "tido" não é transcendente, isto é, não é nenhum "ser em si apreendido". O ter não é para Hartmann uma imagem que corresponda à relação cognoscitiva, pois tem-se representações e pensamentos, mas não objetos. Por outro lado, "apreendem"-se objetos, mas não representações de objetos. "A diferença entre o ter *(Haben)* e o apreender *(Erfassen)*", conclui Hartmann, "designa plasticamente o limite fronteiriço do autêntico ato cognoscitivo com respeito aos atos intencionais de outra espécie. A intenção cognoscitiva transcende não só a esfera dos estados do eu, mas também a do objeto meramente intencional, isto é, do que é somente para mim e penetra no em si, o que não corresponde a toda intenção do tipo do ter" (*Grundzüge einer Metaphysik der Erkenntnis*, 2ª ed., 1925, p. 115).

TERCEIRO HOMEM. Em várias passagens (*Met.*, A 9, 990 b 17; Z, 13, 1039 a 2; *Soph. El.* 22, 178 b 36) Aristóteles introduz a expressão "o terceiro homem", τρίτος ἄνθρωπος. Trata-se do "argumento do terceiro homem" ou "argumento que menciona o terceiro homem". Em seu comentário à *Metafísica* (*In Aristotelis Metaphysica commentaria*, ed. M. Hayduch, 1891, 79, 3 ss.), Alexandre de Afrodísia indica que há vários "argumentos do terceiro homem" ou, melhor dizendo, várias formas do "argumento do terceiro homem". Duas delas procedem dos sofistas e são as seguintes: 1) Se se diz "O homem anda", esta expressão não descreve a idéia do homem, pois as idéias não andam; tampouco descreve qualquer homem determinado, já que então se diria, por exemplo, "Pedro anda". Por conseguinte, há "um terceiro homem" ao qual se refere a expressão 'O homem anda'. 2) Se o homem existe enquanto participa na idéia do homem, deve haver um "terceiro homem" que participa na idéia do homem que não seja nem a idéia do homem, a qual não participa evidentemente da idéia do homem, nem nenhum homem determinado, o qual não possui seu ser em relação com a idéia do homem. O segundo argumento é atribuído ao sofista Polixeno, discípulo de Bríson de Heráclia; o primeiro é atribuído a Fânias de Ereso, discípulo de Aristóteles, num livro contra Diodoro Cronos (VER).

A forma do argumento do terceiro homem a que Aristóteles se refere está relacionada com as duas mencionadas, mas está mais especificamente formulada com respeito à doutrina platônica das idéias e aponta para o que o próprio Platão já indicou no *Parmênides* (132 A), quando Parmênides objeta a Sócrates que se há comunidade do múltiplo com a unidade da idéia, deve haver uma terceira idéia que relacione o múltiplo com o uno. Platão não usa a expressão 'terceiro homem', mas é possível que esta fosse empregada pelos membros da Academia platônica e que o "argumento do terceiro homem" fosse um argumento muito corrente na escola. Por isso Aristóteles diz que o argumento "menciona o terceiro homem" ("fala do terceiro homem"), possivelmente no sentido de que "implica o (argumento do) terceiro homem".

O argumento em questão, especialmente tal como é formulado em *Soph. El.* (cf. *supra*), consiste no seguinte: se tudo o que é comum a vários indivíduos é uma idéia, que é por sua vez uma substância separada, o que é comum ao homem particular (sensível) e à idéia do homem dará lugar a outra (terceira) substância separada, que será "o terceiro homem". Alexandre de Afrodísia acrescenta que o argumento não se detém no "terceiro homem", pois uma vez obtido o "terceiro homem", cabe perguntar-se pelo que é comum a ele e a aos dois primeiros, o que engendra o "quarto homem", e assim sucessivamente, de modo que temos aqui um *regressus in infinitum*, ou melhor, um *regressus in indefinitum*.

Aristóteles não se interessa tanto pelo *regressus* quanto pela dificuldade intrínseca que aparece no multiplicar-se desnecessariamente as entidades. Para evitar essa multiplicação, basta adotar a doutrina segundo a qual não há nenhuma idéia que seja uma substância separada: a idéia do homem não é uma entidade, mas um universal — a humanidade — que se encontra — ou se manifesta, ou se especifica — nas entidades particulares. Pode-se observar que a força do argumento depende em grande parte do pressuposto da "separabilidade substancial" que se atribui à idéia do homem (homem ideal ou homem em si). Esta "separabilidade" não está necessariamente incluída na doutrina platônica.

TERCEIRIDADE. Ver CATEGORIA; PEIRCE, C[HARLES] S[ANDERS]; SINEQUISMO.

TERCEIRO EXCLUÍDO (PRINCÍPIO DO). O princípio do terceiro excluído ou do terceiro excluso enuncia que quando duas proposições estão opostas contraditoriamente não podem ser ambas falsas. Na formulação tradicional, diz-se que se S é P é verdadeiro, S não é P é falso, e vice-versa. Na formulação moderna, nos termos da lógica sentencial, o princípio do terceiro excluído constitui a tautologia 'p ∨ ⌐p'. Alguns autores consideram que este princípio é uma forma especial de contradição; outros, em contrapartida, sustentam sua mútua autonomia. Assim, Pfänder declara que o princípio do terceiro excluído não apenas é distinto do de contradição como também do de identidade, pois se funda respectivamente nos princípios formal-ontológicos: "todo objeto é idêntico a si mesmo" e "nenhum objeto pode ser, ao mesmo tempo, P e não P". Na lógica tradicional, o princípio de contradição enuncia que dois juízos opostos contraditoriamente não podem ser ambos verdadeiros; o do terceiro excluído sustenta a verdade de um e a falsidade de outro, sem indicar, é claro, a qual corresponde ser verdadeiro ou falso. Não se deve confundir, porém, a contradição de dois juízos com falsas contradições dos termos e alegar a insuficiência do princípio baseando-se nelas; a oposição contraditória se refere sempre, segundo tal lógica, à forma geral S é P e S não é P, com independência dos possíveis matizes existentes entre ambos. Ao juízo "S é bom" se contrapõe "S não é bom" (ou, mais rigorosamente: "Não é o caso que S seja bom"), mas não necessariamente "S é mau". A verdade do princípio do terceiro excluído, diz Pfänder, "descansa na essência da oposição contraditória dos juízos e na essência do objeto, que se manifesta em que todo objeto tem de ser necessariamente P ou não P" (*Lógica*, III, cap. 3).

O princípio do terceiro excluído foi objeto de numerosos debates na lógica e na matemática contemporâneas. Alguns consideram impossível prescindir dele; outros, em compensação, argumentam que em certas condições o princípio pode ser eliminado (ou ser posto entre parênteses). Os que excluem o princípio costumam apresentar um dos dois seguintes tipos de argumentos: 1) O argumento segundo o qual certas proposições são mais verdadeiras ou mais falsas, ou mais verdadeiras que falsas etc. Como tais tipos de proposição ocorrem nas lógicas polivalentes (ver POLIVALENTE), diz-se que a construção de uma de tais lógicas equivale à exclusão do princípio do terceiro excluído. 2) O argumento segundo o qual certas proposições não podem ser provadas nem como verdadeiras nem como falsas. Sendo estas proposições indeterminadas, resulta inadmissível atribuir-lhes qualquer valor de verdade ou de falsidade e, por conseguinte, é inaplicável o princípio do terceiro excluído. Os que se opõem a 1) declaram que toda decisão acerca de uma lógica polivalente requer uma lógica bivalente na qual é válido o *tertium non datur*. Os que se opõem a 2) assinalam que as proposições indeterminadas carecem de significação e, por conseguinte, embora não lhes seja aplicável o princípio, tampouco se pode dizer nada acerca delas.

Em geral, admite-se que a negação (ou exclusão) do princípio do terceiro excluído tem lugar próprio somente na lógica intuicionista (ver INTUICIONISMO) e em particular na construção de uma lógica sem negação (VER). Deve-se observar, porém, que na lógica de Brouwer ou Heyting se trata de uma restrição ou limitação do princípio mais que de uma oposição a ele.

Observou-se que em autores do passado — como em Leibniz — há o reconhecimento de que o princípio do terceiro excluído tem validade ou aplicação restrita em certos casos. Assim, Paul Schrecker indica (cf. "Leibniz et le principe du tiers exclu", *Actes du Congrès International de Philosophie scientifique*, tomo VI, 1935) que quando Leibniz examina as implicações lógicas do "labirinto da composição do contínuo" descobre certos tipos de relação — como a que existe entre o contínuo e seu limite — nos quais não se pode assinalar contradição e, portanto, nos quais o *tertium non datur* não se aplica como nos casos "ordinários".

➲ Além dos trabalhos citados no texto do verbete: J. F. Herbart, *De principio logico exclusi medii inter contradictoria non negligendo commentatio*, 1883. — L. E. T. Brouwer, "Über die Bedeutung des Satzes vom geschlossenen Dritten in der Mathematik, insbesondere in der Funktionentheorie", *Journal für die reine und angew. Math.*, 154 (1925), 1-7 (trad. de "Ower de rol van het principium tertii exclusi...", *Wis- en naturkundig tijdschrift*, 2 [1923], 1-7). — W. Ackermann, "Begründung des 'tertium non datur' mittels der Hilbertschen Theorie der Widerspruchfreiheit", *Mathematische Annalen*, 93 (1924-5), 1-36. — Paul Hoffman, *Das Problem des Satzes vom ausgeschlossenen Dritten*, 1931. — V. J. McGill, "Concerning the Laws of Contradiction and Excluded Middle", *Philosophy of Science*, 6 (1939), 196-211. — W. F. Bednarowski, P. T. Geach, arts. em *Proceedings of the Aristotelian Society* (1956), pp. 59-73 e 74-90, respectivamente. — Hermann Vetter, *Die Stellung des dialektischen Materialismus zum Prinzip des augeschlossenen Widerspruchs*, 1962. — F. v. Kutschera, *Der Satz vom ausgeschlossenen Dritten. Untersuchungen über die Grundlagen der Logik*, 1985.

Ver também a bibliografia dos verbetes MODALIDADE e POLIVALENTE. ⊂

TERMINISMO. Nos verbetes sobre as noções de Nominalismo e Universais (VER), já nos referimos à posição chamada *terminismo*. Resumiremos aqui algumas das opiniões já mantidas a respeito e ofereceremos várias informações complementares.

O terminismo é definido como a posição na questão dos universais segundo a qual os universais são termos, *termini*. Os termos podem ser falados ou escritos; em ambos os casos se trata de signos. Isso quer dizer que o terminismo não somente rejeita a existência dos universais ou entidades abstratas em qualquer das formas (realistas ou conceitualistas), mas que nega também a existência de conceitos abstratos. Os que denominamos assim são somente nomes ou *vozes* por meio dos quais se designam as entidades concretas, únicas das quais se pode dizer que existem. O terminismo é considerado, pois, como uma forma de nominalismo e às vezes foi chamado "nominalismo exagerado". Alguns autores declaram que o terminismo aceita que os universais estão no espírito; isso parece aproximar a posição terminista da nominalista moderada e até da conceitualista. No entanto, como depois se afirma que a "existência" dos universais na mente não significa que sejam substantes nela, volta-se a cortar toda relação entre nominalismo e conceitualismo. Quando o terminismo é absoluto, pode ser chamado "inscricionismo" (ver INSCRIÇÃO).

Do ponto de vista histórico, torna-se muito difícil distinguir tendências terministas e tendências nominalistas. Assim, por exemplo, chama-se Ockham tanto de terminista como de nominalista. O mesmo ocorre com autores tais como Pedro Auriol e com lógicos como Guilherme de Shyreswood, Pedro Hispano, Walter Burleigh e Alberto da Saxônia. É usual falar de uma lógica terminista que se ocupou sobretudo das diferentes propriedades do termo (VER). Mas como às vezes este foi entendido não como uma entidade particular, mas como um *terminus conceptus* ou universal, a lógica terminista não equivale sempre a uma lógica inscricionista. Comum a muitos autores terministas é a idéia de que somente as proposições analíticas são absolutamente certas; as proposições sintéticas, em contrapartida, são apenas prováveis. Como entre estas últimas figuram proposições tais como as que afirmam a existência de Deus, parece que se considera a demonstração de tal existência por parte de tais autores como meramente provável. Isso não equivale, porém, pelo menos entre os filósofos terministas do século XIV, a duvidar de tal existência; significa que deve ser aceita como dado de revelação e não como resultado do trabalho da razão.

➲ Ver a bibliografia de NOMINALISMO; UNIVERSAIS. ⊂

TERMINUS A QUO, TERMINUS AD QUEM. Literalmente: "o termo desde o qual, o termo até o qual".

TERMO

Estas expressões foram usadas para caracterizar a direção do movimento de corpos no espaço: o *terminus a quo* indica o "termo" ou "lugar" do qual parte um corpo ou se inicia o movimento de um corpo; o *terminus ad quem* indica o "termo" ou "lugar" ao qual chega um corpo uma vez descrita a trajetória que se lhe confere ou que se descreve. Também foram usadas para referir-se a quaisquer processos, indicando respectivamente o início e o fim do processo. Finalmente, foram usadas para indicar o ponto de partida e o ponto de conclusão de um raciocínio. Como o ponto de partida é algo *a quo*, ou "desde o qual", pôde-se entender por *terminus a quo* uma pressuposição, mas uma de caráter explícito; o que a converte em suposição.

TERMO. 1) Aristóteles usou o vocábulo ὅρος (que se traduz por 'termo', em latim *'terminus'*) na apresentação de sua teoria do silogismo (VER). ''Ορος (no plural, ὅροι) significa literalmente 'limite'. Os termos — de uma premissa (VER) — num silogismo são considerados como seus "limites": o limite do começo (sujeito) e o limite do final (predicado). A premissa se decompõe, portanto, em dois termos. Cada um deles costuma ser representado nos esquemas silogísticos por uma letra. Assim, as letras 'S', 'P', 'M' (ou, em outras notações, 'F', 'G', 'H') representam termos. Como duas das citadas letras reaparecem na conclusão, diz-se também que há na conclusão dois termos. O termo que aparece nas duas premissas e não aparece na conclusão recebe o nome de "termo médio" (usualmente representado por 'M'). O termo que aparece primeiro na conclusão é chamado "termo menor" ou "termo último". O termo que aparece em segundo na conclusão é chamado "termo maior" ou "termo primeiro". Assim, se o esquema da conclusão é 'S P', 'S' representa o termo menor ou último, e 'P' o termo maior ou primeiro. Como vimos no verbete SILOGISMO, os vocábulos 'último' e 'primeiro' se prestam a confusão, pois o que chamamos "termo último" aparece primeiro e vice-versa. A confusão desaparece quando nos atemos à forma dada por Aristóteles — 'A é predicado (é verdadeiro) de todo C' — onde, efetivamente, o termo primeiro aparece no princípio e o último no final e, por conseguinte, o predicado aparece antes que o sujeito. Assim, os nomes de tais termos foram conservados nos esquemas modernos, mas não sua posição.

Os termos no sentido anterior às vezes foram identificados com idéias, noções ou conceitos. J. Łukasiewicz alertou energicamente contra tal identificação.

2) 'Termo' também é usado correntemente como substituto de 'vocábulo'. Em tal caso, 'termo' significa *palavra escrita* (ou *palavras escritas*). Seguimos este uso ao escrever 'termo' no começo deste verbete e em numerosas outras partes deste Dicionário.

3) De um modo mais formal, usa-se 'termo' para designar o nome de uma entidade, o nome do nome de tal entidade e assim sucessivamente. Em tal caso, 'termo' equivale a 'nome' no sentido que este vocábulo tem em seu uso metalógico.

4) 'Termo' é usado em expressões como 'termo singular', 'termo abstrato', 'termo concreto', 'termo geral', 'termo universal', 'termo categoremático', 'termo sincategoremático' etc. Os significados de 'termo' em tais contextos variam de acordo com as teorias lógicas (e às vezes ontológicas) subjacentes. Para alguns autores, 'termo' equivale a 'idéia'; para outros, a 'conceito'; para outros, a 'conceito significado imediatamente e coisa significada mediatamente'; para outros, a 'vocábulo que não se combina com outros' (e, portanto, a 'categoria', na interpretação predominantemente semântica desta); para outros, a 'inscrição' etc. Podemos dizer que uma história um pouco detalhada dos usos de 'termo' equivaleria a boa parte da história da lógica (e da ontologia). Limitar-nos-emos a indicar que em grande parte dos casos se admite que uma classe de termos se distingue de outras pelo que se propõe nomear; neste caso, o uso de 'termo' se aproxima, até confundir-se, com o mencionado em 3). Mas, além disso, deve-se levar em conta que importa saber, para cada tipo de termo, de que entidade, ou entidades (ou não entidades), tal termo é verdadeiro. A teoria dos termos pertence então à semântica (tanto à semântica propriamente dita ou — no vocabulário de Quine — teoria da significação, como à — chamada pelo mesmo autor — teoria da referência).

5) 'Termo' é usado freqüentemente como equivalente a 'expressão' (no sentido lógico deste vocábulo mencionado em Expressão [VER]). Há grandes afinidades entre o sentido 5) e o sentido 2). Um termo não se compõe forçosamente de um único vocábulo (ou precisamente de um vocábulo da linguagem quotidiana). Assim, 'S', 'P', 'Homem de grande coração' podem ser igualmente chamados "termos".

6) Tomando 'termo' principalmente nos sentidos 2) e 4), podemos estudar e classificar tipos de termos. Na maior parte dos casos, as classificações adotadas dependem do tipo de investigação realizado e do campo de investigação. Certas classificações de termos têm um caráter muito geral. Isso ocorre com a classificação de termos em lógicos e não lógicos. Outras classificações, embora de caráter bastante geral, são mais específicas. Isso ocorre quando na filosofia da ciência, depois de se admitir a divisão entre termos lógicos e não lógicos, se subdividem os últimos em teóricos e observacionais. Dentro de um sistema de termos (às vezes chamados "signos") se distingue termos primitivos e termos definidos (em função dos primitivos). Em qualquer sistema, seja formal, seja empírico, é importante o modo pelo qual se introduzem novos termos, o que está ligado à definição de termos (ver DEFINIÇÃO) e aos vários tipos possíveis da mesma.

➲ Em vários verbetes desta obra foram estudadas classes diversas de termos. Para um estudo da relação entre termos e definições e introduções de termos em diversos contextos, e com especial consideração da lógica e filosofia da ciência, ver Leônidas Hegenberg, *Definições. Termos teóricos e significado*, 1974. — Para a doutrina dos termos na lógica medieval, ver: C. A. Dufour, *Die Lehre der "proprietates terminorum". Sinn und Referenz in mittelalterlicher Logik*, 1987. ➭

TERMOS OBSERVACIONAIS. Numa teoria científica axiomatizada, chama-se de "termos observacionais" uma de três classes de termos que figuram na axiomatização da teoria; as outras duas classes são os termos formais ou do cálculo (lógicos ou matemáticos) e os termos teóricos (VER).

Um termo observacional, abreviado Ox, é simplesmente um termo que tem como referente uma entidade ou fenômeno observado ou observável. Em OBSERVAÇÃO tratamos de várias questões relativas aos modos de entender "o que se observa" ou "o que se diz observar"; completaremos esse tratamento com a menção de alguns problemas relativos aos possíveis referentes dos termos observacionais.

Um termo observacional pode designar propriedades fenomenais, qualidades — especificamente qualidades perceptíveis pelos sentidos, seja sós ou ajudados por instrumentos —, entidades expressáveis em uma linguagem fisicalista etc. Assim, 'vermelho' é um Ox, mas também o é 'madeira'. Debateu-se se uma relação é um Ox, e concluiu-se que em muitos casos assim é. Em geral as opiniões acerca dos referentes de termos observacionais flutuaram entre dois extremos: os fenomenistas, que insistem no caráter de propriedade fenomenal de qualquer Ox, e os fisicalistas, que tratam qualquer Ox em termos de alguma entidade expressável em linguagem física. Em ambos os casos, supõe-se que Ox é verificável, e que por isso tem conteúdo cognoscitivo (ou tem semelhante conteúdo por ser verificável). Sublinhou-se igualmente, sobretudo da parte de autores de tendência lógico-positivista, que um Ox qualquer é expressável por meio de enunciados protocolares (VER).

Deve-se observar que a admissão do caráter fenômenico de Ox não implica necessariamente que tenha de se conferir a Ox um estado ontológico determinado, ou certas características epistemológicas. Conforme vimos em FENOMENISMO, é possível admitir o caráter de propriedade fenomenal de Ox sem aderir a uma ontologia ou inclusive a uma epistemologia fenomenista; em tal caso, manifesta-se o caráter ontológica e epistemologicamente neutro de Ox.

Supondo agora que se chegue a um acordo acerca dos tipos de fenômenos ou "entidades" que cabe chamar "observados" ou "observáveis", e até que se recuse considerar que se trata, propriamente falando, de tipos de entidades ou de fenômenos, coloca-se ainda assim a questão da relação entre os termos que têm, ou que supostamente têm, referentes observáveis, e os termos que, dentro de uma teoria dada, não os têm. As opiniões a respeito podem ser classificadas *grosso modo* como se segue.

Certos autores consideram que um termo teórico, abreviado Tx, é sempre redutível a Ox, ou explicável em termos de Ox, de modo que qualquer Tx que não seja de semelhante modo reduzível ou explicável tem de ser eliminado (ou se não o é de momento, deve aspirar-se à sua oportuna eliminação). Tal eliminação pode ser levada a cabo prescindindo-se simplesmente de todo Tx não redutível a, ou explicável por, algum Ox, ou, mais refinadamente, aplicando para tanto o teorema de Craig (VER).

Outros autores consideram que há uma dicotomia entre Ox e Tx. Como uma dicotomia *sensu stricto* seria impraticável, e não poderia fazer parte do corpo de uma teoria científica, concluiu-se que se deve estabelecer alguma conexão entre Ox e Tx por meio de regras de correspondência (VER).

Outros autores, por fim, sustentam que não há dicotomia entre Ox e Tx pela razão de que Ox é tal em virtude de algum sistema que incorpore algum tipo de Tx ou segundo a expressão corrente, em virtude de que toda observação está carregada de teoria. Deste ponto de vista, todo Ox o é com respeito a um complexo teórico que faz com que x seja, de fato, um Ox.

Note-se que a idéia de uma não-dicotomia entre Ox e Tx não é incompatível com a idéia, de que falamos em OBSERVAÇÃO, segundo a qual um determinado Tx pode chegar a ser um Ox dentro de outro complexo teórico ou em condições e circunstâncias distintas. Não é tampouco incompatível com a idéia de que há uma certa continuidade entre Ox e Tx em virtude da qual não se pode encontrar um critério de decisão definitivo para declarar que um Tx não é, dado o caso, um Ox.

TERMOS (PROPRIEDADES DOS). Ver PROPRIEDADES DOS TERMOS.

TERMOS TEÓRICOS. Numa teoria científica axiomatizada, chama-se de "termos teóricos" uma de três classes de termos que figuram na axiomatixação da teoria; as outras duas classes são os termos formais do cálculo (lógico ou matemático) e os termos observacionais (VER).

Definiu-se às vezes 'termo teórico' como "termo que designa, ou aspira a designar, uma entidade teórica". Essa definição pressupõe a existência de entidades teóricas; e embora não se pronuncie sobre tal modo de existência, resulta suspeita para muitos autores. Outra definição é "termo que não designa nenhuma entidade ou fenômeno observável". Esta definição tem a vantagem de eliminar a expressão 'entidade teórica'; limita-se a negar que os termos teóricos designem entidades ou fenômenos observáveis. Se se supõe, além disso, que somente os termos observacionais têm *designata*, afirma-se que os termos teóricos não têm *designata*.

Levantou-se a seguinte questão: se, dado um termo teórico, abreviado Tx, este termo é por si mesmo e em princípio teórico e é, portanto, sempre teórico, ou se Tx pode chegar a ser observacional. Poucos autores hoje estariam inclinados a pronunciar-se pela primeira alternativa. Uma breve lista de termos geralmente qualificados de teóricos permite compreender as razões que assistem a esta opinião; exemplos correntes de termos teóricos são 'massa', 'gravidade', 'força', 'entropia', 'eléctron', 'bactéria'. Enquanto alguns desses termos foram considerados, e continuam sendo considerados, como teóricos, outros que poderiam ter sido considerados como tais foram julgados como observacionais numa fase distinta de desenvolvimento da ciência na qual foram usados.

⊃ As diferentes opiniões básicas sobre as relações entre termos teóricos e termos observacionais foram resenhandas em TERMOS OBSERVACIONAIS e esclarecidas em CORRESPONDÊNCIA (REGRAS DE). ⊂

TERRASSON, JEAN. Ver CARTESIANISMO.

TERRE, TERRENA. Ver GUY TERRENA.

TERRICABRAS, JOSEP-MARIA. Ver AMORAL; DEONTOLOGIA, DEONTOLÓGICO.

TERTULIANO [QUINTUS SEPTIMIUS FLORENS TERTULLIANUS] (ca. 155-222). Nascido em Cartago, foi primeiramente jurista em Roma até que, convertido por volta de 195 ao cristianismo, regressou à cidade natal. Apologista do cristianismo, não pretendeu, porém, como São Justino, incorporar ao dogma cristão os achados da tradição intelectual grega. Pelo contrário, essa tradição era para Tertuliano uma verdadeira loucura, a maior ignorância, a origem das heresias. Adversário sobretudo dos platônicos e dos gnósticos, Tertuliano assinalava constantemente a contradição entre a razão e a revelação, contradição que não é senão a imensa e infinita superioridade da última em relação à primeira, diante do caráter limitado do conhecimento humano. Toda filosofia se converte assim, para Tertuliano, em inútil e perniciosa, pois nada tem a ver com o cristianismo. Filósofo e cristão, filho da terra e filho do céu, discípulo do erro e amigo da verdade estão completamente separados e nada têm a ver entre si. Os ataques de Tertuliano contra a filosofia ou, melhor dizendo, contra tudo o que não fosse o que ele entendia por cristianismo verdadeiro e puro culminaram em sua exaltação da verdade cristã como verdade incompreensível e absurda, pois a morte do filho de Deus é crível porque é contraditória, e sua ressurreição é certa porque é impossível (o que se costuma resumir na célebre fórmula *Credo quia absurdum* [VER], que em Tertuliano era *Credo quia ineptum*). Daí a constante pregação da vinda próxima de Cristo, da necessidade de purificação e fuga do mundo que converteu o próprio Tertuliano num adepto do montanismo, num herege para a ortodoxia. A luta de Tertuliano contra a Antigüidade, que Scheler considerava como uma manifestação de seu ressentimento perante os valores antigos, não foi levada a cabo, porém, sem uma influência de alguns desses valores e em particular do estoicismo, do qual adotou seu materialismo espiritualista, sua concepção de toda realidade como realidade corporal, incluindo a Deus e a alma, o que era para ele a única solução do problema da relação entre Deus e o mundo, e entre a alma e o corpo em que está encerrada.

⊃ As principais obras de Tertuliano antes de sua adesão ao montanismo são: *Ad martyres, De spectaculis, De idolatria, Ad nationes, Apologeticum, De testimonio animae, De patientia, De oratione, De baptismo, De paenitentia, Ad uxorem, De cultu feminarum, De praescriptione haereticorum.* — Depois de sua adesão ao montanismo: *De corona militis, De fuga in persecutione, Contra Gnosticos, Scorpiace, Ad Scapulam, De exhortatione castitatis, De monogamia, De pudicitia, De ieiuniis, De virginibus velandis, De pallio, Adversus Marcionem, Adversus Hermogenem, Adversus Valentinianos, De carne Christi, De resurrectione carnis, De anima, Adversus Praxean.*

Edição de obras por Rhenanus (Basiléia, 1539), J. Pamelius (Antuérpia, 1579), Rigaltius (Paris, 1634, 1666), Semler e Schütz (Hal., 1769-76), E. F. Leopold (na *Bibliotheca patr. lat.*, IV-VII de Gersdorf, Leipzig, 1839-1841), F. Oehler (Leipzig, 1851-1854, ed. minor, 1854). Na *Patrologia latina* de Migne figuram nos tomos I e II (1844). Nova edição crítica no *Corpus scriptorum ecclesiasticorum latinorum*, de Viena, por A. Reifferscheid, G. Wissowa e E. Kroymann (1890-1906). Outra ed. no *Corpus christianorum. Series Latina*, 1953 ss., por E. Dekkers, J. G. Ph. Vorleffs e outros.

Ver: A. Hauck, *Tertullians Leben und Schriften*, 1875. — G. Esser, *Die Seelenlehre Tertullians*, 1893. — J. Turmel, *Tertullien*, 1904. — A. d'Alès, *La théologie de Tertullien*, 1905. — P. de Labriolle, *Tertullien, jurisconsulte*, 1906. — Charles Guignebert, *Tertullien, étude sur ses sentiments à l'égard de l'empire et de la société civile*, 1907. — J. Lortz, *Tertullianus als Apologet*, 2 vols., 1927-1928. — Th. Brandt, *Tertullians Ethik*, 1929. — C. J. de Vries, *Bijdrag tot de psychologie van Tertullian*, 1929. — C. De Lisle Shortt, *The Influence of Philosophy on the Mind of Tertullian*, 1933. — H. Karpp, *Schrift und Geist bei Tertullian*, 1955. — Stephan Otto, *"Natura" und "dispositio". Untersuchung zum Naturbegriff und zur Denkform Tertullians*, 1960. — Giovanna Calloni Cerretti, *Tertuliano. Vita, opere, pensiero*, 1957. — Raniero Cantalamessa, *La cristologia di Tertuliano*, 1962. — Joseph Moingt, *Théologie trinitaire de Tertullien*, 2 vols., 1966 (I. *Histoire, doctrine, méthodes*; II. *Substantialité et individualité*). — T. P. O'Malley, *Tertullian and the Bible*, 1967. — Icilio Vecchiotti, *La filosofia di Tertuliano: un colpo di sonda nella storia del cristianesimo primitivo*, 1970. — Robert Dick Sider, *Ancient Rhetoric and the Art of Tertullian*,

1971. — J.-C. Fredouille, *Tertullien et la conversion de la culture antique*, 1972. — H. B. Timothy, *The Early Christian Apologists and Greek Philosophy, Exemplified by Irenaeus, T. and Clement of Alexandria*, 1973. — L. Stäger, *Das Leben im römischen Afrika im Spiegel der Schriften T.s*, 1973. — C. Rambaux, *T. face aux morales des trois premiers siècles*, 1979 (tese). — B. J. Hilberath, *Der Personbegriff der Trinitätstheologie in Rückfrage von Karl Rahner zu T. Adversus Praxean*, 1968.

Sobre Tertuliano e o montanismo ver: P. Monceaux, *Histoire littéraire de l'Afrique chrétienne*, vol. I, 1901. — P. de Labriolle, *La crise montaniste*, 1913. **C**

TESE. Como substantivo correspondente ao verbo τίθημι, *pôr*, 'tese' significava, literalmente, em grego, "ação de pôr". O que se punha podia ser qualquer coisa: uma pedra num edifício, um verso num poema. A tese era também para os gregos a ação de instituir ou estabelecer (leis, impostos, prêmios etc.). Em sentido mais específico, tese era a ação de "pôr" uma doutrina, um princípio, uma proposta. Como isso equivale a afirmar uma doutrina, um princípio etc., compreende-se a tradução ainda hoje habitual de θέσις por 'afirmação'. Tal sentido se acha em Platão (*Rep.* 335 A) (embora alguns traduzam nesse texto θέσις por 'definição'). Outros autores tomaram o termo 'tese' num sentido mais específico. Assim, Aristóteles concebe a tese como um princípio imediato do silogismo que serve de base para a demonstração (*An. Post.*, I 2, 72 a). A tese parece estar, pois, no mesmo plano que o axioma (VER). Todavia, ao contrário deste, a tese não é um princípio evidente e indemonstrável; é — diz Aristóteles em outro lugar — "um juízo contrário à opinião corrente dado por um filósofo importante" (*Top.*, I 11, 104 b 19). Exemplo de tese é o princípio de Heráclito: "Tudo flui". A tese não é indispensável para aprender algo, mas o axioma sim. Segundo Aristóteles, toda tese é um problema, mas nem todo problema é uma tese, pois há problemas acerca dos quais não possuímos nenhuma opinião em nenhum sentido (*op. cit.*, I 11, 104 b 30). As teses podem ser de duas classes: definições como esclarecimentos semânticos de um termo, e definições como posições da existência de uma realidade. Neste último caso, as teses são chamadas mais propriamente "hipóteses" (*An. Post.*, I 2, 72 a. Cf. também em *ibid.*, II 3, 90 b e 92 b).

Embora com modificações quanto à significação anterior, posteriormente predominou o sentido técnico do vocábulo 'tese'. Entre os gregos, alguns opuseram a θέσις como afirmação à ἀπόφασις como negação. Entre os latinos, Quintiliano em suas *Institutiones Oratoriae* (III 5) partiu da tradução dada por Cícero (θέσις = *propositum*, tema a debater) e identificou a tese com a chamada "questão infinita" (tema geral), ao contrário da ἄρσις, que se chama "questão finita" (tema especial) [ver também RETÓRICA]. Quintiliano escreve, com efeito: *"Infinitae [quaestiones] sunt, quae remotis personis et temporibus et locis ceterisque similibus in utramque partem tractantur, quas Graeci* θέσις *dicunt, Cicero propositum alii quaestiones philosopho convenientes, Atenaeus partem causae appellat."* Diferentemente do sentido lógico dado por Aristóteles a 'tese', o sentido de Quintiliano (como ocorre também em Sexto Empírico) é retórico. Os dois sentidos influenciaram, de fato, a literatura posterior, e o sentido adotado dependeu quase sempre do uso que se pretendia fazer do vocábulo 'tese': se o uso era demonstrativo o sentido adotado era o de Aristóteles; se persuasivo, o de Quintiliano.

O termo 'tese' é usado também num sentido técnico, mas dentro de um diferente quadro conceitual, em Kant e Fichte, assim como em algumas formas da dialética (VER). Em Antinomia (VER) vimos a função que desempenha a tese na dialética transcendental de Kant. Considerou-se importante o que se chamou a "triplicidade" na estrutura dos quatro grupos de conceitos do entendimento ou categorias, de Kant, e se viu nela um dos antecedentes da série tese-antítese-síntese (VER).

Relacionada com o termo 'tese' se encontra a expressão 'tética'. Ela se refere em geral a um conjunto de proposições afirmadas teoricamente. Daí que se fale de proposição tética ou juízo tético como aquele em que se afirma um sujeito-objeto enquanto idêntico a si mesmo e com independência de sua referência a outro. Além disso, a expressão 'tética' foi usada por vários filósofos em diferentes sentidos. Assim, por exemplo, Ralph Cudworth assinala que, segundo a doutrina do fatalismo teísta e providencialista radical, o bem e o mal morais são meras coisas téticas ou positivas (*The True Intellectual System of the Universe*, Prefácio). Na Antitética da razão pura que figura na *Dialética transcendental*, Kant fala de Tética e de Antitética; a Tética é todo conjunto de doutrinas dogmáticas (*KrV*, A 420-B 448). Em sua *Fundamentalphilosophie*, Krug (VER) indicava que há três métodos de filosofar: o método tético (dogmatismo), o método antitético (ceticismo) e o método sintético (criticismo). A cada um destes três métodos correspondem três sistemas de filosofia: o sistema tético (realismo), o sistema antitético (idealismo) e o sistema sintético (sintetismo). O próprio Krug declara abraçar o método sintético e o sistema sintético, isto é, o criticismo e o sintetismo. Charles Renouvier usou o termo 'tética' para designar uma das formas em que se manifesta, dentro da classificação das ciências (ver CIÊNCIAS [CLASSIFICAÇÃO DAS]), a chamada "Crítica", isto é, o conjunto das ciências "imperfeitas" ou morais, diferentes das ciências lógicas e físicas. A "Crítica" se divide, segundo Renouvier, em "Crítica tética" (que compreende a "Tética do conhecimento em geral" ou "Análise das categorias das funções humanas e dos elementos da síntese cósmica"; a "Tética das ciências" ou "Tética das noções morais", ou Ética, Estética, Economia e Política) e "Crítica histórica" (*Essais de Critique générale. III. Les principes de la Nature* [1864]).

Leśniewski chamou "prototética" o cálculo proposicional (ver ONTOLOGIA; PROTOTÉTICA).

No verbete PÔR, POSIÇÃO — que pode ser considerado como um complemento do presente — tratamos do sentido de 'tético', enquanto "ponente" ou "posicional", em vários autores, especialmente em Kant, Fichte, Husserl, Sartre e Ortega y Gasset.

TESE-ANTÍTESE-SÍNTESE. Nos verbetes TRÊS e TRINDADE fizemos referência a várias estruturas triádicas. Uma delas é a da chamada "tese-antítese-síntese".

Atribui-se freqüentemente a Hegel ter elaborado e desenvolvido esta estrutura, considerada como a estrutura básica do método dialético. A verdade é que Hegel emprega raramente as expressões 'tese', 'antítese' e 'síntese'. Estas foram, por outro lado, abundamentemente usadas por Fichte. Kant organizara os quatro grupos de conceitos do entendimento ou categorias de tal forma que o segundo conceito de cada grupo parecia ser uma negação do primeiro, e o terceiro parecia ser uma síntese do primeiro e do segundo. Assim, o conceito de pluralidade parecia negar o de unidade, e o de totalidade parecia sintetizar a unidade com a pluralidade. A triplicidade *(Triplizität)* foi elevada à sua "absoluta importância" por Fichte, segundo diz Hegel no prefácio à *Fenomenologia do Espírito*. E, com efeito, encontram-se em Fichte (*Grundlage der gesamten Wissenschaftslehre*, 1794; 2ª ed., 1802; *Darstellung der Wissenschaftslehre*, de 1801; *Die Wissenschaftslehre*, de 1804) constantes referências a (e uso de) "triplicidades". Fichte fala de "procedimento antitético" *(antithetisches Verfahren)* e de "procedimento sintético" *(synthetisches Verfahren)* *(Grundlage*, Erster Teil, § 3), de "unificação de opostos" *(Vereinigung Entgegengesetzter)*, de "atividade antitética" *(antithetische Handlung)* *(Grundlage*, Erster Teil, § 3) e, em geral, de "síntese de opostos" *(Synthesis der... Gegensätze)*, os quais foram, por sua vez, "postos" e "contrapostos", sendo a posição a tese e a contraposição a antítese. A idéia da tríade "tese-antítese-síntese" que passa por típica do hegelianismo parece ser, pois, muito mais fichtiana que hegeliana. Parece ser também schellinguiana, já que Schelling adotou, modificou e prolongou a estrutura triádica tanto nas *Ideen zu einer Philosophie der Natur*, de 1797, como (e sobretudo) no *System des transzendentalen Idealismus*, de 1800: a insistência na oposição de "elementos contrários" na Natureza e sua subseqüente "reconciliação" e "equilíbrio", assim como o desenvolvimento triádico da consciência são outras tantas manifestações do procedimento "tese-antítese-síntese".

No indicado "Prefácio", Hegel não se opõe, a rigor, à "triplicidade". Opõe-se, porém, a uma triplicidade "morta e ainda não compreendida", reduzida a um "esquema sem vida". Esta é a triplicidade kantiana. Quanto à de Fichte e à de Schelling, discutiu-se até que ponto Hegel as aprova, e viu-se nas passagens de Hegel a respeito, e em outros escritos (especialmente na "Correspondência"), manifestações de aprovação a Fichte somente, ou somente a Schelling, ou a ambos, assim como as correspondentes reprovações. O que parece depreender-se do texto de Hegel é o seguinte: a triplicidade — o esquema "tese-antítese-síntese" — deve ser rejeitada na medida em que expressa um modo de proceder "sem vida" e representa um instrumento de "formalismo monótono" *(gleichtöniger Formalismus)*. Tanto Fichte como Schelling — e há exemplos tirados de sua "filosofia da Natureza" — são acusados de falta de "cientificidade" (no sentido hegeliano desta palavra); Fichte, e possivelmente mais ainda Schelling, procedem, aponta Hegel, à maneira do pintor que pinta com duas cores, vermelho e verde, um para cenas históricas e outro para paisagens. Ambos os filósofos, portanto, negligenciaram "a vida interna" e o "automovimento" do "Conceito" (no sentido igualmente hegeliano deste último termo). Trata-se, em suma, de uma pintura absolutamente monocromática, de uma representação esquálida *(leblos)*: nela não há nada da "vida do Conceito".

Assim, pois, Hegel se opõe ao tipo de "triplicidade" manifestado na série "tese-antítese-síntese" que com freqüência lhe foi atribuída e que com menor freqüência lhe foi criticada. Por outro lado, há uma forma de triplicidade hegeliana na qual já não se deixa de fora *das lebendige Wesen der Sache*, a vívida realidade do assunto. Se se quiser dar a isso o nome "tese-antítese-síntese", será então preciso qualificá-lo consideravelmente, e será preciso sobretudo flexibilizar ao máximo o movimento, ou "automovimento", a tal ponto que já não se poderá considerar que "a vida do Conceito" jamais tenha ficado detida em qualquer dos pontos desta tríade. Mas então a expressão 'tese-antítese-síntese' representará, antes, um obstáculo para a compreensão de tal movimento e será melhor pô-la de quarentena.

Foi dito às vezes que Marx e Engels tomaram de Hegel o procedimento da tese-antítese-síntese e que fizeram com ele justamente o que Hegel criticava em seus predecessores ou em seus contemporâneos. A este respeito cabe notar uma importante diferença entre Engels e Marx. Enquanto o primeiro tende a fazer funcionar uma "triplicidade" que, a despeito de seu declarado caráter dialético, parece proceder numa forma "automática" e, em todo caso, a fazer funcionar semelhante triplicidade de acordo com as "três leis dialéticas", o segundo se inclina a "flexibilizar" a triplicidade de referência num sentido similar ao que Hegel se propõe — mesmo que, é claro, numa forma não idealista —, e ainda a "flexibiliza" mais se se leva em conta que não há para Marx nenhuma "necessidade" nem sequer "interna", de que o desenvolvimento humano e social siga desde o princípio até o fim um determinado esquema. Este desenvolvimento é, obviamente, "contraditório" e "conflituoso" e, além disso, procede segundo negações e superações de negações, mas isso é diferente de supor que há um esquema conceitual triádico explicativo que se pode manipular mais ou menos "mecanicamente".

TESE DE EXTENSIONALIDADE. Ver EXTENSIONALIDADE.

TESTA, ALFONSO (1784-1860). Nascido em Borgonovo Valtidone (Piacenza). Estudou no Collegio Alberoni (ver NEOTOMISMO), ordenando-se sacerdote em 1807. Testa seguiu primeiro as inspirações do chamado "sensualismo" ou "sensacionismo", especialmente o de Condillac e Destutt de Tracy, que ele opôs ao racionalismo de Descartes e Leibniz. No curso de suas críticas a diversos filósofos, como Rosmini, Maine de Biran e Galluppi, Testa deu-se conta de que, embora não se possa partir de um princípio ontológico supremo nem da experiência do "eu interior" com o fim de assegurar a validade e universalidade dos princípios do conhecimento, tampouco o empirismo sensualista é satisfatório. Deste modo chegou a uma posição que se reafirmou e desenvolveu com seu conhecimento da filosofia kantiana. Desde então foi um dos principais kantianos italianos. No entanto, Testa rejeitava parte considerável dos ensinamentos da "Estética transcendental" por supor que as formas da sensibilidade — espaço e tempo — residiam de algum modo no objeto e eram percebidas por uma disposição da consciência. Em geral, Testa tendeu a destacar os elementos "objetivistas" e "realistas" no kantismo contra todos os possíveis desenvolvimentos idealistas e fenomenistas.

➲ Principais obras: *Introduzione alla filosofia dell'afetto*, 1829. — *Della filosofia dell'affetto*, 2 vols., 1830-1834. — *Il Nuovo Saggio dell'origine delle idee dell'abbate Antonio Rosmini esaminato dall'abbate Alfonso Testa*, 1837. — *Del male dello scetticismo transcendentale e del suo rimedio*, 1840. — *Della Critica della ragion pura di Kant esaminata e discussa dall'abbate A. T.*, 3 partes (I, 1843; II, 1846; III, 1849).

Ver: L. Credaro, *A. T. e i primordi del kantismo in Italia*, 1913 [reimp. de artigos publicados em *Rendiconti della Reale Acc. dei Lincei*. Cl. Sc. Moral. Stor. e Filos., 1886-1887]. — A. Cervini, *Il pensiero filosofico di A. T.*, 1935. ℂ

TESTA, ANGELO. Ver NEOTOMISMO.

TETENS, JOHANN NIKOLAUS (1736-1807). Nascido em Tetenbull (Silésia). Depois de estudar em Copenhague e em Rostock, foi professor na Academia de Bützower. De 1776 a 1779 foi professor de filosofia e matemática em Kiel. Em 1789 ingressou no serviço administrativo em Copenhague como conselheiro de finanças.

Em oposição à psicologia racional dos wolffianos, e seguindo em parte as orientações de Lambert (VER), Tetens desenvolveu uma psicologia como "análise da alma fundada na experiência". Tetens expôs e popularizou nos círculos filosóficos a doutrina da classificação das funções psíquicas em representações, volições e sentimentos. Isso não quer dizer que Tetens considerasse essas funções como resultado de "faculdades" prévias, mas seu exame de cada uma dessas funções em suas manifestações peculiares contribuiu para manter a idéia das "faculdades".

Importante foi a análise dada por Tetens das representações e seu estudo da duração das representações produzidas pelos estímulos. Tetens dividiu as impressões em passivas (incluindo as sensações e os sentimentos) e ativas (incluindo os pensamentos e as volições). As impressões ativas se caracterizam por certa espontaneidade. Como estas impressões abarcam, no seu entender, tanto a representação como o pensamento, Tetens concluiu que as impressões ativas constituem a função sintética por meio da qual se elabora o conhecimento.

Tetens rejeitou a redução dos processos psíquicos a fenômenos cerebrais, assim como a psicologia associacionista.

A psicologia de Tetens, e em particular seu estudo das representações, influenciou Kant, que viu em sua obra um estímulo para elaborar a doutrina segundo a qual pode-se alcançar, mediante operações sintéticas, um conhecimento universal e consistindo ao mesmo tempo em ordenar os dados da sensibilidade.

➲ Obras: *Gedanken über einige Ursachen warum in der Metaphysik nur wenige ausgemachte Wahrheiten sind*, 1760 *(Pensamentos sobre algumas razões pelas quais na metafísica há poucas verdades aceitas).* — *Abhandlung von den vorzüglichsten Beweisen des Dasei Gottes*, 1761 *(Tratado das principais demonstrações da existência de Deus).* — *Abhandlung über den Ursprung der Sprache und der Schrift*, 1772 *(Tratado sobre a origem da linguagem e da escrita).* — *Über die allgemeine spekulative Philosophie*, 1775 *(Sobre a filosofia especulativa geral).* — *Philosophische Versuche über die menschliche Natur und ihre Entwicklung*, 1776-1777, reimp., 1963 *(Ensaios filosóficos sobre a natureza humana e seu desenvolvimento).*

Edição de obras: *Die philosophischen Werke*, 4 vols., 1777; a partir desta, ed. de Giorgio Tonelli, 1979 ss.

Ver: G. Störring, *Die Erkenntnistheorie von Tetens*, 1901. — Max Schinz, *Die Moralphilosophie von Tetens*, 1906. — Wilhelm Uebele, *Johann Nicolaus Tetens nach seiner Gesamtentwicklung betrachtet mit besonderer Berücksichtigung des Verhältnisses zu Kant*, 1911 (*Kantstudien*. Ergänzungshefte, 24). — A. Seidel, *Tetens Einfluss auf die kritische Philosophie Kants*, 1932 (tese). — O. Hintze, *Die Eiderstedter Ahnen und der Lehrer der Philosophie J. N. T.*, 1936. — J. Barnouw, "Psychologie empirique et épistémologie dans les *Philosophische Versuche* de Tetens", *Archives de Philosophie*, 46 (1983), 271-290. — M. Puech, "Tetens et la crise de la métaphysique allemande en 1775", *Revue de Philosophie Française*, 1 (1992), 3-29. ↻

TÉTICA, TÉTICO. Ver PÔR, POSIÇÃO; TESE.

TEURGIA é a crença na possibilidade de os deuses ou demônios influírem nos fenômenos naturais, assim como o conjunto de práticas destinadas a fazer com que tal influência se exerça em sentido favorável para o homem que a invoque.

O primeiro que foi descrito como teurgo, θεουργός, foi um tal Juliano, do tempo de Marco Aurélio. No seu entender, a teurgia se distinguia da teologia, pois enquanto esta fala de Deus aquela age sobre os deuses. Durante um tempo, foram atribuídos a Juliano os *Oráculos caldeus* (VER) comentados por Proclo, mas na atualidade se considera que ele se teria limitado a pôr em hexâmetros certas "revelações" transmitidas por meio de algum visionário. Tal idéia é confirmada pelas manifestações de Psellos (*Script. Min.*, I, 241.29). Segundo indica E. R. Dodds, as práticas teúrgicas — coincidentes em grande parte com as práticas mágicas — consistiam em duas operações: por um lado, a magia que dependia exclusivamente do uso de "símbolos"; pelo outro, a que implicava o uso de um "médium". A primeira era chamada τελεστική e consistia principalmente na "animação" de estátuas (fabricadas especialmente) para obter oráculos delas. A segunda se baseava na suposta "presença" ou "encarnação" temporal de um deus no homem. Por isso, segundo Dodds, a primeira está relacionada com o uso de talismãs, e ainda pode ter conexão com muitas práticas alquimistas medievais, enquanto a segunda oferece conexões com o espiritismo.

Do ponto de vista filosófico, interessa-nos o fato de a teurgia ter sido defendida e divulgada por alguns neoplatônicos. O próprio vocábulo θεουργός foi difundido por Porfírio (*Epist. Aneb.*, 36). Em sua *Filosofia dos oráculos*, Περὶ τῆς ἐκ λογίων φιλοσοφίας, Porfírio explicava as práticas teúrgicas para o uso dos sacerdotes dos mistérios pagãos. No entanto, a adesão de Porfírio à teurgia ocorreu somente antes de seu encontro com Plotino, que desconfiava de tais práticas, como se vê em seu tratado *Contra os gnósticos* (*Enn.*, II, ix), embora afirmasse ao mesmo tempo a "simpatia" universal de todos os entes, base intelectual da teurgia. Segundo J. Bidez, tomando o vocábulo 'filosofia' num sentido especial e muito característico, "Porfírio desenvolve a teoria das práticas religiosas próprias para assegurar a saúde das almas, e entre tais práticas coloca em primeiro plano as superstições mais atrasadas e os ritos mais extraordinários dos cultos do Oriente". Proclo considerou a teurgia como "um poder mais elevado que toda sabedoria humana" (*Theol. Plat.*). Quanto a Jâmblico, redigiu um comentário aos *Oráculos caldeus* e um tratado *De mysteriis*. A teurgia alcançou um certo prestígio durante a época de Juliano, o Apóstata, que favoreceu, entre outros, o teurgo e mago Máximo. No entanto, parece que os últimos neoplatônicos rejeitaram a teurgia, provavelmente por causa de sua "degeneração" e por haver-se convertido em monopólio de toda classe de "falsários"; por exemplo, um discípulo de Jâmblico preveniu o imperador Juliano contra Máximo.

Os filósofos defensores da teurgia insistiam na diferença entre teurgia e magia. Como indica Franz Cumont (*Lux Perpetua*, 1949, p. 362), pensavam que podiam fazer os *mesmos* milagres que os magos, mas mediante práticas piedosas. Tal distinção entre teurgia e magia não era aceita pelos autores cristãos, que consideravam ambas como formas das mesmas práticas. Assim, Santo Agostinho diz em *Civ. Dei*, X, ix, que a única distinção que se deve introduzir é uma distinção entre os milagres realizados pela simplicidade da fé visando estabelecer o culto do verdadeiro Deus, e os falsos milagres realizados por essa "curiosidade criminosa" que às vezes se chama *magia*, outras vezes com um nome mais detestável, *goetia*, e outras com um vocábulo mais honroso: *teurgia*. Segundo Santo Agostinho, não há diferença entre magia e teurgia, e não se pode considerar que as práticas dos magos sejam ilícitas e as dos teurgos, louváveis. Santo Agostinho ressalta as vacilações de Porfírio que, diz ele, às vezes promete uma purificação da alma pela teurgia e outras vezes parece envergonhar-se disso. O seguro é que nega que tal arte possa ser uma via de retorno a Deus; Porfírio flutua, portanto, caprichosamente — alega Santo Agostinho — entre os princípios da filosofia e os escolhos de uma curiosidade sacrílega.

"Questões teúrgicas" foram tratadas durante o Renascimento por uma série de autores, dentre os quais mencionamos Marsílio Ficino, Agrippa de Nettesheim, Paracelso, Pomponazzi, Campanella, Telésio (e "telesianos") — os autores estudados por D. P. Walker (*op. cit.* na bibliografia). A teurgia e a magia nestes e em outros autores renascentistas estavam estreitamente relacionadas com as crenças nas influências astrais. Um exemplo disso pode ser encontrado em Marsílio Ficino, que trata amplamente das influências astrais, e do modo como estas influências repercutem "teurgicamente", no livro III de sua obra *De Triplici Vita* (1489).

↪ Edição da *Filosofia dos Oráculos*, de Porfírio, por W. Kroll, *Porphyrii de Philosophia ex Oraculis Haurienda* (Berlim, 1856).

Além das obras citadas no texto, ver: E. R. Dodds, "Theurgy", *Journal of Roman Studies* (1947), reimp., com algumas mudanças em *The Greeks and the Irrational*, 1951, pp. 283-311. — J. Bidez e F. Cumont, *Les Mages hellénisés*, 1938. — S. Eitrem, "La théurgie chez les néoplatoniciens et dans les papyrus magiques", *Symbol. Osloenses*, 22 (1949), 48 ss. (Eitrem defende a existência de inclinações teúrgicas em Plotino, o que parece pouco provável em vista das manifestações do próprio filósofo). — D. P. Walker, *Spiritual and Demonic Magic from Ficino to Campanella*, 1958, reimp., 1975. ↺

THEOLOGIA ARISTOTELIS. Em *Liber de causis* (VER) referimo-nos a outro texto neoplatônico atribuído freqüentemente a Aristóteles: a chamada *Theologia Aristotelis*. Trata-se de uma compilação com base nas três últimas *Enéadas* (IV-VI) de Plotino e contém as especulações plotinianas sobre a primeira causa, a inteligência e a alma do mundo, sobre o movimento ascendente e descendente da alma, sobre os conceitos de emanação e perfeição, sobre a noção de matéria inteligível, de forma universal etc. Foi redigida em grego por um neoplatônico (segundo alguns, por Porfírio) e constitui um dos escritos filosóficos gregos traduzidos para o siríaco (referências a este ponto em FILOSOFIA ÁRABE). Posteriormente foi traduzido para o árabe com o título *KitEb UtklkchPyya* ou *Livro da teologia*, exercendo notável influência sobre vários filósofos árabes (Alkindi, Alfarabi, Algazel, Avicena) e sobre alguns pensadores judeus (principalmente Avicebron). A versão árabe é atribuída ao cristão de Emesa, Naima, mas enquanto em textos antigos se indica que ele teria traduzido a obra do grego para o árabe, A. Baumstark (1902) observa que uma análise filológica permite concluir que a tradução para o árabe foi feita a partir do siríaco, e que o texto siríaco se deve a João de Apaméia ou a algum outro monofisita sírio que estudou em Alexandria a filosofia neoplatônica.

Em muitos textos de história da filosofia (por exemplo, Geyer no Ueberbeg, 115), indica-se que a *Theologia Aristotelis* foi vertida para o latim já no final do século XII. Alguns medievalistas (Grabmann) assinalam que o texto dessa tradução foi conhecido por Santo Tomás e influenciou as tendências panteístas de Amalrico de Bene e David de Dinant. Outros autores (D. Mahnke) assinalam que este ponto é sobremaneira duvidoso; que as referências que Santo Tomás faz aos problemas tratados pela *Theologia* em *De unitate intellectus contra Averroistas* (cap. 1) procedem de uma fonte aristotélica autêntica (talvez do Livro XII da *Metafísica*) e que outras são também as fontes de Amalrico de Bene e David de Dinant. De acordo com isto, a *Theologia Aristotelis* não teria exercido nenhuma influência *direta* sobre a escolástica cristã medieval. Isso posto, suas doutrinas foram conhecidas pelas traduções latinas feitas dos filósofos árabes antes citados e de Avicebron, de tal modo que seriam então as versões de Gerardo de Cremona (que traduziu, além disso, o *Liber de causis*), Domingo Gundisalvo e João Hispalense que permitiriam explicar os vestígios das doutrinas da *Theologia*, especialmente nas questões pesquisadas mais a fundo pelos ditos filósofos — entre outros por Avicebron na *Fons Vitae* —, isto é, a doutrina da matéria inteligível e a da forma universal.

↺ A *Theologia Aristotelis* foi impressa em Roma em 1519 com o título *Sapientissimi philosophi Aristotelis stagiritae Theologia siue mystica Phylosophia Secundum Aegyptios, nouiter Reperta et in Latinum Castigatissime redacta*. Seu editor, F. Roseus, achou o manuscrito árabe em Damasco três anos antes e o fez traduzir para o italiano pelo médico cipriota judeu Moisés Rovas, e para o latim por P. N. ex Castellanis. O texto foi reeditado em Ferrara no ano de 1591 por F. Patritius. — Sobre a *Theologia Aristotelis* ver S. Munk, *Mélanges de philosophie juive et arabe*, 1859, reimp., 1927, pp. 248-258 (nova reimp., 1955). — Edição crítica do texto árabe por F. Dieterici, Leipzig, 1882, e tradução para o alemão pelo mesmo, Leipzig, 1883 (Dieterici considera pouco fidedigna a versão latina de Roma). ↺

THEOLOGIA DEUTSCH. Este é o título pelo qual se conhece um escrito místico publicado pela primeira vez (parcialmente) por Lutero em 1516. O próprio Lutero publicou, em 1518, uma segunda edição mais extensa com o título *Eyn theologia deutsch (Uma teologia alemã)*. Lutero acreditava que este escrito era um resumo de sermões de João Tauler (VER). A *Theologia deutsch* foi reeditada muitas vezes e foi objeto de numerosas traduções para o latim e vários idiomas modernos. Em 1854 Reuss descobriu na biblioteca do príncipe de Löwenstein, em Bronbach, um manuscrito da *Theologia deutsch* procedente de 1497 e que levava o título original: *Büchlein von dem vollkommen Leben (Livrinho da vida perfeita)*.

A *Theologia deutsch* — como continua a ser chamada — é um escrito místico de tendência eckhartiana e com elementos procedentes de João Tauler. O autor do escrito insiste em sua ortodoxia em comparação à heterodoxia de vários grupos (por exemplo, o dos chamados "Irmãos do livre espírito"). Seu conteúdo teológico, ou místico-teológico, é constituído principalmente por uma série de afirmações relativas à contraposição entre o Criador, que é o Perfeito, Uno e, por isso, fonte de todo ser, e as criaturas, imperfeitas, múltiplas, mutáveis, fragmentárias. Nenhuma criatura é a Suma Perfeição, a qual é equiparável ao Nada, já que dela nada se pode dizer; a Suma Perfeição não tem nem sequer essência, pois está acima de toda essência, e é o verdadeiramente absoluto (ver ABSOLUTO). Com isso parece abrir-se um abismo insondável entre o Criador e as criaturas. No entanto, por um lado, o Criador, como princípio e fonte de todo ser, é-o também do criado. Por outro lado, o criado, sendo pura dependência, fica suspenso do ser de Deus. Daí que o homem possa "receber" Deus, não certamente por seu mérito, mas apenas pela graça liberalmente outorgada por Deus. Isso não quer dizer que a alma seja uma realidade absolutamente passiva: justamente para "receber" Deus, a alma tem de entrar em si mesma e aspirar a conhecer Deus, que é o mesmo que amar a Deus. Para tanto a alma tem de "exercitar-se" e "treinar", pois só assim poderá superar os níveis que vão da "purificação", passando pela "iluminação", até a "união".

◻ Entre as edições modernas críticas da *Theologia deutsch* se destaca a de W. Uhl, 1926.

Ver: L. Keller, *Johann von Staupitz und die Anfänge der Reformation*, 1888. — B. M. Mauff, *Der religionsphilosophie Standpunkt der sogenannten deutsch Theologie dargestellt unter vorh. Berücksichtigung von M. Eckhart*, 1890. — M. Windstosser, *Étude sur la "Théologie germanique" suivie d'une traduction française faite sur les éditions originales de 1516 et 1518*, 1912. — Giuseppe Faggin, *Meister Eckhart e la mistica tedesca preprotestante*, 1946. ◻

THÉRY, GABRIEL. Ver LE SAULCHOIR.

THÉVENAZ, PIERRE (1913-1955). Nascido em Neuchâtel (Suíça). Adepto da fenomenologia de Husserl, a cuja exposição e interpretação dedicou vários escritos, Thévenaz se opôs, contudo, ao idealismo e ao transcendentalismo husserlianos. Segundo Thévenaz, essa orientação da fenomenologia trai seu espírito original, que se opõe ao idealismo moderno e a toda pretensão de encontrar um princípio, ou um fato, ou uma experiência tão fundamentais que deles se possa ou deduzir o mundo ou projetar a consciência sobre o mundo. A fenomenologia é para Thévenaz fundamentalmente a atitude que mostra à consciência seu "estar aberta ao mundo". A própria razão fenomenológica, sustenta Thévenaz, deve evitar toda tendência a converter-se em um "absoluto". Thévenaz se interessou especialmente por questões de antropologia filosófica (ou fenomenológica) e de filosofia da religião, mas sua morte prematura lhe impediu desenvolver os germes brotados em vários de seus ensaios. Ver também PROTOLOGIA.

◻ Obras: os escritos mais importantes de Thévenaz foram recolhidos nos 2 vols. da obra intitulada *L'homme et sa raison*, 1956, ed. Paul Ricoeur (I. *Raison et conscience de soi*; II. *Raison et histoire*). — Para sua idéia da fenomenologia ver seu artigo "Qu'est-ce que la phénoménologie?", *Reuve de théologie et de philosophie*, 1952, pp. 7-30, 126-140, 294-316.

Ver: D. Jervolino, *P. Th. e la filosofia senza assoluto. Razione, storia, linguaggio*, 1984. ◻

THIENE, CAETANO DE. Ver CAETANO DE THIENE.

THIERRY DE CHARTRES [Teodorico de Chartres] († ca. 1152). Foi nomeado Chanceler de Chartres (ver CHARTRES [ESCOLA DE]) em 1142, sucedendo a Gilberto (VER) Porretano, quando este foi nomeado bispo de Poitiers. Seguindo as orientações de Chartres, Thierry fomentou o conhecimento da cultura antiga e em particular da aritmética, da geometria, da astronomia e da música (o *Quadrivium* [ver TRIVIUM E QUADRIVIUM]), ciências cujo conhecimento considerava indispensável para melhor penetrar nas questões teológicas (sobretudo as questões relativas à criação do mundo e à estrutura do universo). Seguindo Platão (especialmente o *Timeu* platônico no comentário de Calcídio), bem como algumas das definições oferecidas por Boécio, Thierry insistiu na identificação entre a unidade e o ser *(esse)*, assim como no fundamento de toda multiplicidade na unidade. A relação entre a unidade perfeita, que é Deus, e a multiplicidade é dada por meio das idéias exemplares residentes no seio da unidade divina. As criaturas existem, em sua multiplicidade, na medida em que participam da unidade. Com isso parece ter-se estabelecido uma distinção entre Deus e as criaturas, mas ao mesmo tempo essa distinção está baseada no ser destas últimas na unidade. Por ser Deus "todas as coisas" e por estarem todas as coisas em Deus, parece que se afirma um panteísmo. Mas Thierry tratou de evitá-lo mediante uma dialética do Uno e do múltiplo, segundo a qual o estar o múltiplo fundado no Uno não significa nem que o múltiplo seja o Uno, nem o Uno o múltiplo. Segundo Thierry, Deus é *forma essendi* com respeito às criaturas, que são e se conservam por participarem de tal "forma", ainda que a unidade suprema, que é *apex* do *esse*, seja sempre transcendente à multiplicidade.

◻ Obras: devemos a Thierry de Chartres uma obra intitulada *De sex dierum operibus*, da qual se conservam fragmentos publicados por B. Hauréau, *Notices et extraits de quelques manuscrits latins de la Bibliothèque Nationale*, 6 vols., 1890-1893, vol. I, pp. 52-68, e por W. Jansen, *Der Kommentar des Clarenbaldus von Arras zu Boethius de Trinitate*, 1926, pp. 106-112. — Ver N. M. Häring, ed., *Commentarium on Boethius by T. de Ch. and His School*, 1971. — Também é autor de uma enciclopédia das artes liberais intitulada *Heptateuchon*, e possivelmente de um escrito intitulado *Librum hunc* (cf. Jansen, *op. cit.*, pp. 3 ss.).

Ver: E. Jauneau, "Un représentant du platonisme au XIIe siècle: Maître Thierry de Chartres", *Mémoires de la Société archéologique d'Eure-et-Loire*, 20 (1954), pp. 1-10. — *Id.*, "Simples notes sur la cosmologie de Thierry de Chartres", *Sophia*, 23 (1955), 172-183. — Ver também J. M. Parent, *La doctrine de la création dans l'école de Chartres*, 1939, e Tullio Gregory, *Anima Mundi. La filosofia di Giuglielmo di Conches e la scuola di Chartres*, 1955 [Pubblicazioni dell'Istituto di Filosofia dell'Università di Roma, 3]. — N. M. Häring, "Die Erschaffung der Welt und ihr Schöpfer nach T. v. C. und Clarebaldus von Arras", em W. Beierwaltes, ed., *Platonismus in der Philosophie der Mittelalters*, 1969, pp. 161-267. — P. Dronke, "T. of Ch.", em *Id.*, *id.*, *A History of Twelfth-Century Western Philsophy*, 1988, pp. 358-385. ◻

THIERRY DE FREIBERG. Ver DIETRICH DE FREIBERG.

THOMASIUS, CHRISTIAN (1655-1728). Nascido em Leipzig. Estudou em Frankfurt (Oder) e em Leipzig. Em 1681 foi nomeado *Dozent* em Leipzig, mas teve de abandonar a cidade por sua oposição à Igreja luterana oficial, e se transferiu para Halle, onde, em 1690, começou a ensinar Direito, contribuindo deste modo para a fundação da Faculdade de Direito de Halle. Thomasius se interessou muito pela corrente pietista, por influência direta de Spener e Francke.

Thomasius se distinguiu por seus estudos de filosofia do Direito, que levou a cabo dentro do espírito do Iluminismo alemão, ao qual uniu uma forte inclinação religiosa de orientação pietista. Influenciado na concepção do Direito por Pufendorf e nas idéias filosóficas gerais por Locke, Thomasius considerou que não se podia separar a ação e a prática da teoria filosófica. Isso o levou a combater sem trégua todo intelectualismo e abstracionismo, representados, a seu ver, pela tradição escolástica. Mas o intelectualismo não é para Thomasius o cultivo da razão. Pelo contrário, somente este último pode permitir, na sua opinião, compreender o homem e, sobretudo, livrá-lo dos temores e superstições que o assediam por toda parte. Para Thomasius, a missão do filósofo é proclamar a verdade mesmo quando esta contradiga as opiniões tradicionais. Em sua filosofia do Direito e do Estado, Thomasius defendeu o Direito alemão contra o romano, e considerou que se devia acatar o chefe do Estado, que para ele representava a liberdade da comunidade em face das ingerências da autoridade religiosa. Na filosofia da religião, Thomasius proclamou a necessidade de distinguir claramente revelação e razão.

O pai de Christian Thomasius foi Jakob Thomasius (1622-1684), também nascido em Leipzig, professor na mesma cidade, onde teve Leibniz como ouvinte de 1661 a 1663. Jakob Thomasius se inclinou, na ética, para o aristotelismo, combateu Spinoza e desenvolveu um sistema metafísico em seus *Erotemata metaphysica* (1705, póstumo); sua maior influência consistiu, porém, em seu interesse pela história da filosofia, interesse que possivelmente influenciou Leibniz.

⊃ Obras: *Institutionum jurisprudentiae divinae libri tres, in quibus fundamenta juris naturalis secundum hypotheses Pufendorfii perspicue demonstrantur*, 1688; 7ª ed., 1730. — *Introductio ad philosophiam aulicam sive primae lineae libri de prudentia cogitandi atque ratiocinandi*, 1688. — *Einleitung zur Vernunftlehre*, 1691, reed., 1968 *(Introdução à doutrina da razão). — Ausübung der Vernunftlehre*, 1691, reed., 1968 *(Prática da doutrina da razão). — Einleitung zur Sittenlehre*, 1692, reimp., 1968 (em latim: *Introductio in philosophiam moralem, sive de arte rationaliter amandi*, 1706). — *De jure principis circa haereticos ex hypothesi juris clericalis*, 1697. — *Versuch vom Wesen des menschlichen Geistes*, 1699 *(Ensaio sobre a essência do espírito humano). — Introductio in philosophiam rationalem*, 1701. — *Fundamenta juris naturae et gentium*, 1705. — *Vernünftige und christliche, aber nicht scheinheilige Thomasiche Erwägungen über allerhand auserlesene philosophische und juristiche Händel*, 3 vols. (coletânea de escritos aos quais se deve acrescentar: *Anhang zu den Thomasichen Händeln*, 1726). — *Programmata Thomasiana*, 1724.

Bibliografia: R. Lieberwirth, *Ch. Thomasius. Sein wissenschaftliches Lebenswerk. Eine Bibliographie*, 1955.

Ver: M. Fleischmann, *Ch. T.*, 1920. — *Id., Thomasius Leben und Lebenswerk*, 1931. — F. Battaglia, *Ch. T. filosofo e giurista*, 1935 [com bibliografia]. — Ernst Bloch, *Ch. T. Ein deutscher Gelehrter ohne Misere*, 1953, reimp., 1967. — Rolf Lieberwirth, *Ch. T.*, 1955. — Werner Schneiders, *Recht, Moral und Liebe. Untersuchungen zur Entwicklung der Moralphilosophie und Naturrechtslehre des 17. Jahrhunderts bei Ch. T.*, 1961 (tese), ed. rev., com o título *Naturrecht und Liebesethik. Zur Geschichte der praktischen Philosophie im Hinblick auf Ch. T.*, 1971. — Heinrich Rüping, *Die Naturrechtslehre des Ch. T. und ihre Fortbildung in der T.-Schule*, 1968. — H. Herrmann, *Das Verhältnis von Recht und pietistischer Thelogie bei C. T.*, 1971. — F. Jarras, *Ch. Th., un précurseur des Lumières*, 1975 (tese mimeografada). — W. Schneiders, ed., *C. T.*, 1989 (com bibliografia). ⊂

THOMASIUS, JAKOB. Ver THOMASIUS, CHRISTIAN.

THOMASSIN, LOUIS (1619-1695). Nascido em Aix-en-Provence, ingressou na Congregação do Oratório. Muito influenciado pela tradição agostiniana — que muitos oratorianos seguiam — e, ao mesmo tempo, pelo cartesianismo, Thomassin tentou harmonizar ambas as tendências em seus trabalhos de teologia especulativa e de história dos conceitos teológicos. Suas idéias estiveram próximas do jansenismo de Port-Royal, mas Thomassin se afastou dele em sua interpretação da graça, encontrando elementos aproveitáveis no molinismo. Foi partidário resoluto do inatismo, nos termos do qual reafirmou a validade da prova ontológica da existência de Deus.

⊃ Principais obras: *Mémoires sur la grâce*, 3 vols., 1668. — *Dogmata theologica*, 3 vols., 1680-1689; reed., 7 vols., 1867-1870.

Ver: J. Martin, *Th.*, 1911. — Pierre Claire, *L. Th. (1619-1695). Étude biographique et bibliographique, avec 20 lettres et 2 textes inédits*, 1964. — P. Clair, *Introduction à la pensée de L. Th.*, 1973. — D. Bosco, "Rigorismo e perfezione: Appunti sull'etica di L. Th", *Rivista di Filosofia Neo-Scolastica*, 80 (1988), 22-62. ⊂

THOMSON, WILLIAM. Ver HAMILTON, WILLIAM.

THÜMMIG, LUDWIG PHILIPP (1697-1728). Nascido em Culmbach. Fiel discípulo de Wolff (VER), foi nomeado professor adjunto na Faculdade de Filosofia da Universidade de Halle, mas em 1723 teve de abandonar o posto, juntamente com Wolff, por causa da polêmica deste último com vários teólogos, como Joachim Lange e Daniel Strahler, polêmica na qual Thümmig defendeu sem reservas o seu mestre. Transferiu-se então para Cassel, em cujo Collegium Carolinum foi professor de filosofia e matemática. Thümmig se distinguiu por sua apresentação da filosofia wolffiana, especialmente dos princípios metafísicos (ou ontológicos) dessa filosofia. Ocupou-se igualmente da questão da imortalidade da alma, usando argumentos extraídos de Wolff com o fim de demonstrar não só que a alma é imortal, mas que a imortalidade da alma inclui a consciência de sua própria identidade e a memória de sua vida anterior.

➲ Obras: *De immortalitate animae ex intima ejus natura demonstrata*, 1721. — *De principio juris naturalis wolfiano*, 1724. — *Institutiones philosophiae wolfianae*, 2 vols., 1725-1726; reimp., 1982. — *Meletemata varii et rarioris argumenti*, 1727.

Referências amplas aos escritos de Thümmig encontram-se em C. G. Ludovici, *Ausführlicher Entwurf einer vollstandigen Historie der Wolffschen Philosophie*, 3 vols., 1736-1737 e *Sammlung und Auszüge der sämtlichen Streitschriften wegen der Wolffschen Philosophie*, 2 vols., 1737-1738. ℭ

THURNEYSER, LEONARD. Ver PARACELSO.

TIBERGHIEN, GUILLAUME (1819-1901). Nascido em Bruxelas, foi professor de filosofia na mesma cidade. Tiberghien foi, com Ahrens (VER), um dos mais ardentes e influentes propagadores das doutrinas de Krause (ver KRAUSISMO), tendo desenvolvido especialmente os aspectos éticos e metafísicos das mesmas. Característico das doutrinas de Tiberghien foi uma espécie de humanismo espiritualista concordante com o chamado "panenteísmo" (VER) krausista.

➲ Principais obras: *Essai théorique et historique sur la génération des connaissances humaines dans ses rapports avec la morale, la politique et la religion*, 1844. — *Exposition du système philosophique de Krause*, 1844. — *Théorie de l'infini*, 1846. — *Esquisse de philosophie morale, précédée d'une introduction à la métaphysique*, 1854. — *Études sur la religion*, 1857. — *Psychologie, la science de l'âme dans les limites de l'observation*, 1862; 3ª ed., 1879. — *Logique, la science de la connaissance*, 1864. — *Introduction à la philosophie et préparation à la métaphysique*, 1869; 2ª ed., 1880. — *Éléments de la morale universelle*, 1879. — *Les commandements de l'humanité*, 1872 (trad. da obra de Krause: *Gebote der Menschheit*). — *Krause et Spencer*, 1882.

Ver: L. du Roussaux, "T., philosophe", *Revue néoscolastique de philosophie* (1902), 236-259. — F. Sassen, *J. Nieuwenhuis (1777-1857) et het krausisme in Nederland*, 1954 [Mededelingen der Kon. Ned. v. Wet. Afd. Petter- kunde, N. R., XVII, 4]. ℭ

TILLICH, PAUL (1886-1965). Nascido em Stardezzel (Guben, Lausácia inferior). Foi *Privatdozent* em Halle (1916-1919), em Berlim (1919-1924), "professor extraordinário" em Marburgo (1924-1925), professor titular em Dresden (1925-1929), em Frankfurt (1929-1933), no Union Theological Seminary de Nova York (1933-1955); a partir de 1955 é professor na Universidade de Harvard. Inicialmente influenciado pelo que se chamou "formalismo teológico", próximo do manifestado dentro da Escola de Marburgo (VER), Tillich se ocupou das formas religiosas como formas culturais. Interessado grandemente nos problemas sociais e nas doutrinas socialistas, Tillich procurou estabelecer relações entre os princípios teológicos protestantes básicos e a situação social de nossa época. Sem deixar de interessar-se pelos "problemas de nosso tempo" e, em geral, pelo que se chamou "a situação", Tillich procedeu logo a elaborar uma teologia sistemática na qual encontram seu lugar todos os grandes temas teológicos da época; trata-se em grande medida de uma "teologia situacional", mas deve-se entender 'situacional' de dois modos: como algo que se refere ao momento atual histórico e como algo que se refere à "situação humana" como tal. Tillich busca destacar o conteúdo da fé religiosa tal como imediatamente vivida pelo indivíduo, mas sem por isso reduzir a teologia à "teologia da experiência". A teologia é "existencial" no sentido de que toda experiência religiosa é ao fim e ao cabo existencial, mas é ao mesmo tempo filosófica e sistemática. "O que nos diz respeito em última instância", escreve Tillich, "é o que determina nosso ser ou não ser. Só são teológicos os enunciados que tratam de seu objeto enquanto pode-se converter em assunto de ser ou não ser para nós". Mas ao mesmo tempo o que determina nosso ser ou não ser é o que nos diz respeito em última instância. Portanto, a teologia é reflexão sistemática sobre o Absoluto enquanto *nos* diz respeito e sobre o que nos diz respeito *enquanto* isso é o Absoluto. Em geral, Tillich busca uma "integração teológica" que é ao mesmo tempo integração de essência e existência, de Absoluto infinito e do finito, de eternidade e temporalidade.

➲ Principais obras: *Die religionsgeschichtliche Konstruktion in Schellings positiver Philosophie*, 1910 (tese) *(A construção religioso-histórica na filosofia positiva de Schelling)*. — *Mystik und Schuldbewusstsein in Schellings philosophischer Entwicklung*, 1912 *(Mística e consciência de culpa na evolução filosófica de S.)*. — *Masse und Geist. Studien Zur Philosophie der Massen*, 1920 *(Massa e espírito. Estudos para uma filosofia das massas)*. — *Das System der Wissenschaften nach Gegenständen und Methoden*, 1923 *(O sistema das ciências segundo os objetos e os métodos)*. — *Ideen zu einer Theologie der Kultur*, 1923; 2ª ed., 1924 *(Idéias para uma teologia da cultura)*. — *Kirche und Kultur*, 1925 *(Igreja e cultura)*. — *Kairos. Zur Geisteslage und Gesteswerdung*, 2 vols., 1926 *(K. Situação e devenir espirituais)*. — *Das Dämonische*, 1926. — *Protestantismus als Kritik und Gestaltung*, 1929 *(Protestantismo como crítica e estrutura)*. — *Religiöse Verwirklichung*, 1929, 2ª ed., 1931 *(Realização religiosa)*. — *Protestantisches Prinzip und proletarische Situation*, 1931 *(Prin-*

cípio protestante e situação proletária). — *Hegel und Goethe*, 1932. — *Die sozialistische Entscheidung*, 1933 (*A decisão socialista*). — *The Shaking of the Foundations*, 1948. — *Systematic Theology*, 3 vols., 1951-1957. — *Love, Power, and Justice: Ontological Analysis and Ethical Applications*, 1954. — *Biblical Religion and the Search for Ultimate Reality*, 1955. — *The New Being*, 1956 (em al.: *Das neue Sein*, 1957). — *Dynamics of Faith*, 1957. — *The Courage To Be*, 1958 (em al.: *Der Mut zum Sein*, 1958). — *The Eternal Now*, 1963. — *Christianity and the Encounter of World Religions*, 1963. — *My Search for Absolutes*, 1965. — Obra póstuma: *The Future of Religions*, 1966, ed. J. C. Brauer.

Edição de obras: *Gesammelte Werke*, 13 vols., 1959 ss., ed. R. Albrecht.

Em português: *A coragem de ser*, 1992. — *Dinâmica da fé*, 1996.

Bibliografia: R. C. Crossman, *P. T.: A Comprehensive Bibliography and Keyword Index of Primary and Secondary Writings in English*, 1983.

Ver: Kurt Herberger, *Historismus und Kairos*, 1935 (tese). — R. A. Killen, *The Ontological Theology of P. T.*, 1956. — Christoph Rhein, *P. T., Philosoph und Theologe. Eine Einführung in sein Denken*, 1957. — Alexander J. McKelway, *The Systematic Theology of P. T.: A Review and Analysis*, 1964. — James Luther Adams, *P. Tillich's Philosophy of Culture, Science, and Religion*, 1966. — J. R. Lyons, J. H. Randall, Jr. et al., *The Intellectual Legacy of P. T.*, 1966, ed. J. R. Lyons. — David H. Kelsey, *The Fabric of P. Tillich's Theology*, 1967. — William L. Rowe, *Religious Symbols and God: A Philosophical Study of P. Tillich's Theology*, 1968. — Alastair M. MacLeod, *P. T.: An Essay on the Role of Ontology in His Philosophical Theology*, 1973. — Ninfa Bosco, *P. T. tra filosofia e teologia*, 1974. — Wayne W. Mahan, *Tillich's System*, 1974. — John P. Dourley, *P. T. and Bonaventure: An Evaluation of Tillich's Claim to Stand in the Augustinian-Franciscan Tradition*, 1975. — Wilhelm e Marion Pauck, *P. T., sein Leben und Denken. I. Leben*, 1977. — J. Dunphy, *P. T. et le symbole religieux*, 1977. — A. Thatcher, *The Ontology of P. T.*, 1978. — G. Wenz, *Subjekt und Sein. Die Theologie P. T.s*, 1979. — R. H. Stone, *P. T.'s Radical Social Thought*, 1980. — J. L. Adams, *P. T.'s Philosophy of Culture, Science and Religion*, 1982. — J. J. Carey, ed., *Theonomy and Autonomy: Studies in P. T.'s Engagement with Modern Culture*, 1984. — *Id.*, *Kairos and Logos: Studies in Roots and Implications of T.'s Theology*, 1984. — M. F. Palmer, *P. T.'s Philosophy of Art*, 1984. — J. A. K. Kegley, *P. T. on Creativity*, 1989. — A. C. Irwin, *Eros Toward the World: P. T. and the Theology of the Erotic*, 1991. ∁

TÍMON de Fliunte (*ca.* 320-235 a. C.), também chamado Tímon Silógrafo, por seu poema em três cantos intitulado Σίλλοι, isto é, *As olhadas de soslaio* (às vezes se traduz por *Burlas, Libelos*). Estabeleceu-se por volta de 300 em Mégara, onde escutou Estilpon. Voltou em seguida para Fliunte, passou para Elis, onde ouviu Pirro e se converteu no mais fiel e entusiasta dos discípulos deste. Na Bitínia e na Calcedônia se dedicou ao ensino da retórica. Por fim, mudou-se para Atenas, onde teve vários discípulos (segundo Hipóboto e Sócion [*apud* Diógenes Laércio, IX, 115], são os seguintes: Dioscórides de Chipre, Nicóloco de Rodes, Eufranor da Selêucia e Prailo de Trôade). O elo entre o ceticismo pirrônico de Fílon e o de Enesídemo parece encontrar-se numa série de discípulos do discípulo de Tímon, Eufranor de Selêucia.

No poema burlesco citado em outro escrito intitulado 'Ινδαλμοί ou *Aparências* (às vezes traduzido por *Imagens, Falsas semelhanças*), Tímon atacou sarcasticamente os filósofos de outras escolas (com exceção de Xenófanes e dos eleatas) em defesa do pirronismo. Tal atitude resulta mais patente no que resta do segundo canto do Σίλλοι, no qual Tímon apresentou uma batalha entre filósofos, presidida por Éris, a deusa da discórdia. Os dogmáticos (conduzidos por Zenão e Cleantes) lutam contra os antidogmáticos (dirigidos por Arcesilau). Os últimos triunfam, mas o triunfo é efêmero: o vencedor não é Arcesilau, mas Pirro.

∋ Fragmentos de Tímon (que escreveu, também, alguns livros *Sobre as sensações*, Περὶ αἰσθήσεων, e um diálogo em prosa intitulado Πύθων) em H. Diels, *Poetarum philosophorum fragmenta*, 1901, pp. 182 ss., e F. W. A. Mullach, *Fragmenta philosophorum graecorum*, I, 84-98 [1860]. Também em *De Timone Phliasio ceterisque Sillographis graecis*, 1859, de C. Wachsmuth (suplemento a sua memória) e no volume do mesmo autor intitulado *Corpusculum poeseos epicae graecae ludibundae, fasc. II continens Sillographos Graecos a Curtio Wachsmuth iterum editos. Praecedit commentatio de Timone Phliasio ceterisque sillographis*, Lipsiae, 1885, e em J. F. Langheinrich, *Dissertationes tres de Timone Sillographo, accedunt eius fragmenta*, Lipsiae, 1720-1724.

Ver: D. Zimmermann, *Commentatio qua Timonis Phliasii Sillorum reliquiae a Sexto Empirico traditae explanantur*, 1865. — A. Ludwich *De quibusdam Timonis Phliasii fragmentis*, 1903. — G. Voghera, *Timone di Fliunte e la poesia sillografica*, 1904. — L. Robin, *Pyrrhon et le scepticisme grec*, 1944, Parte I, cap. ii. ∁

TIMPLER, CLEMENS (1567/8-1624). Professor em Heidelberg e Steinfurt, foi um dos "protestantes aristotélicos" que seguiram as pegadas de Cornelius Martini (VER). Assim como Jacobus Martini e Christian Scheibler (VER), Timpler incorporou muitas das idéias das *Disputaciones metafísicas*, de Suárez, à sua síntese filosófica e teológica. Ao contrário dos autores citados antes, que eram luteranos, Timpler foi calvinista, o mais importante dos "suarezianos calvinistas".

∋ Principal obra: *Metaphysicae systema methodicum*, 1604; reimp., 1971.

Ver obras de P. Peterson, E. Lewalter e M. Wundt citadas na bibliografia de MARTINI (CORNELIUS). ↰

TINDAL, MATTHEW (*ca.* 1656-1733). Nascido em Ferrers (Devonshire, Inglaterra). Foi *Fellow* do All Souls College, Oxford. De religião anglicana, converteu-se ao catolicismo em 1685, mas pouco depois abjurou sua conversão. Tindal foi um dos mais destacados deístas ingleses (ver DEÍSMO). Hostil aos dogmas e ao espírito de intolerância teológica, expôs e defendeu um conceito de Deus no qual pudessem coincidir as diversas crenças cristãs. Para tanto sublinhou o caráter racional e razoável das leis divinas, que equiparou às leis da razão. A verdadeira religião é, para Tindal, a "religião natural", que é ao mesmo tempo a "religião da razão"; o conteúdo dessa religião é primariamente ético e de nenhuma maneira teológico ou dogmático.

Tindal não chegou em suas idéias deístas a tão radicais conseqüências como John Toland (VER), mas foi objeto de crítica pelos autores antideístas e teístas, entre os quais se destacaram Joseph Butler (VER) e John Conybeare (*Defence of Revealed Religion*, 1732).

↰ Obras: *Essay of Obedience to the Supreme Powers*, 1694. — *Essay of the Power of the Magistrate, and the Rights of Mankind in Matters of Religion*, 1697. — *The Liberty of the Press*, 1698. — *The Rights of the Christian Church Asserted against the Romish and all Other Priests who Claim an Independent Power over It*, 1706. — *Christianity as Old as Creation, or the Gospel a Republication of the Religion of Nature*, 1730, reimp., 1967, com introdução por G. Gawlick [esta é a obra principal de Tindal e a que suscitou maiores discussões entre deístas e antideístas].

Ver a bibliografia de DEÍSMO e LIVRES-PENSADORES. ↰

TIPITAKA. Ver BUDISMO.

TIPO. *1. Conceito geral e conceito psicológico.* O vocábulo grego τύπος (*typus*, 'tipo') significa "golpe", e daí "marca deixada pelo golpe", "selo", "figura", "molde", "impressão". Rudolf Eucken (*Geistige Strömungen der Gegenwart*, D, 5) indica que em sua acepção atual os termos 'tipo' e 'típico' procedem da medicina. Eucken remete a Dilthey (*Sitzungsberichte der König. Preuss. Ak. der Wissenschaften*, 13 [1896], p. 18), que escreve que "no [sentido anterior] o primeiro uso técnico do termo ['tipo'] encontra-se no médico Coelius, que viveu provavelmente no século II da era cristã, quando, ao referir-se ao tipo da febre intermitente, entendia por ela a regra ou norma de desenvolvimento da enfermidade. Neste mesmo sentido falamos nós em geral de desenvolvimento típico".

Com base nesses significados, entendeu-se 'tipo' como modelo que permite produzir um número indeterminado de indivíduos que se reconhecem como pertencentes à mesma classe. Os indivíduos em questão são exemplos de um tipo e todos eles têm "um ar de família". A noção de tipo se aplica às vezes a um dos exemplares, ou a um número muito reduzido dos exemplares, na medida em que manifesta, ou manifestam, com maior clareza e radicalismo que outros, a classe à qual pertencem. Fala-se então de "caso típico". Quando um exemplar representa maximamente "o" tipo, pode ser chamado de "arquétipo". Às vezes se usa 'tipo' para referir-se a um conjunto de determinações ou traços que não aparecem em nenhum dos indivíduos de uma classe dada, mas dos quais se aproxima mais ou menos qualquer indivíduo de uma classe dada; fala-se então de "protótipo" ou de "tipo ideal" (VER) — um esquema representativo — como uma forma que oferece a imagem de acordo com a qual é possível discernir e conhecer os demais exemplares de uma classe.

Na ciência natural descritiva e especialmente na psicologia se utiliza a noção de tipo para classificar as variedades existentes. O uso consistente e sistemático desta noção dá lugar ao chamado "pensar tipológico", que utiliza, além disso, as noções de classe, modelo e essência. Fala-se então de uma tipologia biológica e de uma tipologia psicológica. Em psicologia a noção de tipo foi usada especialmente dentro da tendência científico-espiritual. Ora, embora o pensar tipológico tenha se estendido sobretudo na época contemporânea, ele não carece de antecedentes. O mais conhecido deles é o de Teofrasto. Referimo-nos a este ponto no verbete CARÁTER (VER), onde, também, fizemos referência à clássica doutrina hipocrática dos humores. Agregaremos aqui que Teofrasto tomou como base de sua teoria dos caracteres as manifestações externas humanas. Assim, apresentou e descreveu tipos tais como o bajulador, o complacente, o arrogante, o irônico, o jactante, o oficioso, o ofensivo, o estúpido, o desavergonhado, o gárrulo ou loquaz, o ávido de notícias, o descarado, o desconfiado, o avaro, o covarde, o supersticioso etc. Vimos também no verbete Caráter que essa apresentação tipológica foi reelaborada por La Bruyère, que a precedeu de uma doutrina do homem e da sociedade (principalmente, a sociedade cortesã) e baseou seus tipos especialmente em atitudes sociais. Muitos autores modernos, além de La Bruyère, seguiram os precedentes de Teofrasto. Entre eles se encontram: Hall em seus *Characterismes of Vertues and Vices* (1608), Thomas Oberbury em seus *Characters or Witty Descriptions of the Properties of Sundry Persons* (1614), Francis Lenton em seus *Essayes of Persons, Trades, and Places, Offered to the City and Country* (1629), Richard Braithwaite, em seus *Whimzies: Or, a New Cast of Characters* (1631). Além deles, podemos mencionar os autores que se propuseram descrever *in extenso* certos tipos determinados: basta para tanto citar os nomes de Castiglione, Gracián, Salvador Jacinto Polo de Medina. Ora, todas essas tipologias não constituem um precedente suficiente da moderna tipologia caracterológica. De fato, o único autor que tomou tal tipologia com suficiente amplitude e, sobretudo, procurou dar-lhe uma base científica, foi Juan Huarte de San Juan (VER). Teofrasto e seus imitadores, assim como os moralistas-psicólogos mencionados, certamente utilizaram a noção de tipo psicológico. Huarte de San Juan fez mais que isto; por tal motivo é um precursor das mais modernas investigações sobre os tipos de "engenhos".

Entre estas investigações mencionaremos várias à guisa de exemplos. Em sua obra *Grosse Männer*, Ostwald distinguia sábios clássicos e sábios românticos. Os primeiros são os analíticos, impessoais e "egoístas"; os segundos são os sintéticos, expansivos e "influentes". Ao primeiro grupo pertencem Newton, Gauss, Cuvier; ao segundo, Kepler, Geoffroy Saint-Hilaire. Esta classificação foi admitida e completada por Maurice Gex (ver "Caractérologie, Science et Philosophie", em *Dialectica* 3 [1949], 219-235), que assinala que enquanto o tipo clássico é dominado (como já assinalara Bessonet-Favre) pela categoria do "ter", o tipo romântico é dominado pela categoria do ser. Segundo Gex, a mencionada classificação pode ser comparada, e em parte assimilada, à estabelecida, com propósitos mais gerais e filosóficos, por outros autores, modernos e contemporâneos, pelo menos na medida em que suas classificações podem ser aplicadas ao que denominamos "tipos intelectuais", isto é, seguindo a terminologia de Huarte, os "engenhos". Entre eles cabe mencionar Pascal (com sua divisão entre o espírito de geometria e o espírito de fineza), Nietzsche (espírito apolíneo e espírito dionisíaco), P. Duhem (espíritos fortes e estreitos e espíritos amplos e fracos), William James (espíritos delicados ou ternos e espíritos "bárbaros" ou fortes), A. Binet (espíritos objetivos e espíritos subjetivos), F. Paulhan e F. Rignano (espíritos analíticos e espíritos sintéticos), Kretschmer (esquizotímicos e ciclotímicos), Jung (introvertidos e extrovertidos etc.). Os primeiros termos podem ser reduzidos ao tipo "clássico"; os segundos, ao tipo "romântico". Em contrapartida, R. Le Senne, em seu *Traité de Caractérologie*, baseia de novo os tipos intelectuais numa doutrina (ainda que ampliada) dos temperamentos; assim encontramos tipols fleumáticos (Kant), apaixonados (Comte), sentimentais (Maine de Biran), nervosos (J.-P. Sartre), sangüíneos (Francis Bacon, Léon Brunschvicg) etc. Estas classificações, e outras análogas, não são alheias à questão das formas do pensar (VER) ou das "hipóteses cósmicas" a que aludimos em outra parte (ver PERIFILOSOFIA).

Esta relação entre tipologia psicológica e forma geral de pensamento aparece mais destacada em outras classificações de tipos (como as de Dilthey, Spranger, Jaensch, Weber, Kretschmer, Jung etc.). Quase todas elas se constituíram seja tomando como ponto de partida o indivíduo humano, seja determinando o mesmo segundo os valores, ou tentando sintetizar ambas as realidades mediante uma tipologia mista. Dilthey se refere antes de tudo às formas da concepção do mundo (naturalismo ou materialismo, idealismo objetivo, idealismo da liberdade). Spranger toma como critério, para reduzir a tipos a indefinida multiplicidade e variedade dos indivíduos, as formas ideais referidas aos valores, e estabelece, segundo elas, seis tipos humanos: teórico, econômico, estético, religioso, social e político. Erich Jaensch constrói uma tipologia baseada na Eidética (ver EIDÉTICA) e, portanto, baseada sobretudo na distinção entre as duas formas primárias de imagens eidéticas segundo sua maior ou menor aproximação aos processos representativos. As imagens menos representativas correspondem ao chamado estado telanóide (tipo T); as mais representativas correspondem ao chamado tipo de Basedow (tipo B). Ora, a generalização destes tipos produz, segundo Jaensch, uma tipologia mais ampla baseada na distinção entre o chamado tipo da integração (artístico, sintético) e o tipo da desintegração (científico, intelectualista, analítico). Cada um destes tipos se divide em subtipos que vão tendo na elaboração de Jaensch cada vez menos um significado psicológico e cada vez mais um significado político-valorativo. Isso ocorre sobretudo em sua idéia do "contratipo" (cf. *Der Gegentypus der deutschen Volksbewegung*, 1934), que representa o estado máximo de desintegração do chamado tipo S em virtude de pressupostos já muito afastados das bases psicológico-descritivas que ainda constituíam o fundamento de suas investigações acerca das formas do ser humano (cf. *Grundformen menschlischen Seins*, 1929). Por seu lado, Weber aplica o conceito do tipo ideal (VER) à sociologia. Kretschmer estabelece considerações tipológicas baseadas na teoria do temperamento e na doutrina da relação entre a estrutura corporal e o caráter: leptossomático, atlético, pícnico, com tendência dos dois primeiros à esquizotimia e do último à ciclotimia. Jung faz os tipos dependerem da extroversão ou introversão em que se manifesta respectivamente a preponderância do objetivo ou do psiquismo subjetivo. Todas essas tipologias constituídas com base num critério diferente tendem, porém, a uma finalidade comum: a de tornar possível a compreensão das individualidades humanas e de suas relações com o espírito objetivo e os valores, sem que isso equivalha a supor que na realidade existem os tipos puros.

II. Conceito teológico. Na literatura patrística usou-se freqüentemente o conceito de tipo. Baseia-se na suposição de que há dados no Antigo Testamento que podem ser considerados como "prefigurações" de acontecimentos posteriores. Os dados são chamados "tipos"; os acontecimentos prefigurados, "antitipos". O antitipo completa, portanto, o tipo, o que supõe que há certos acontecimentos históricos que podem ser completados por outros fatos, nos quais culminam os acontecimentos prefigurados. Com grande freqüência as figuras do Antigo Testamento são consideradas pelos Padres da Igreja como "sombras", σκιαί, ou tipos das do Novo Testamento. Assim, por exemplo, Moisés pode ser entendido como "tipo" de Cristo (cf. 1Cor 10,6; Gl 4,24). Um exemplo deste uso o temos na obra de São Basílio sobre o Espírito Santo, Περὶ τοῦ 'Αγιου πνεύματος, 31, 25 e-28 b, ed. Benoît Pruche (também em Migne, *PG*, XXXII, col. 121 b-128 b). Ora, como diz São Basílio, essa tipologia não confere divindade às coisas humanas, pois o tipo manifesta como *por imitação* o que se *vislumbra inteligivelmente* do que há de suceder.

III. Conceito lógico. Para a solução dos paradoxos lógicos descritos no verbete sobre a noção de paradoxo (VER), foram propostas, entre outras teorias, as chamadas "teorias dos tipos". Usamos esta expressão no plural e não, como se costuma fazer, no singular porque há várias formas da teoria dos tipos. A primeira é a proposta por B. Russell em 1908 (cf. Whitehead-Russell, *Principia Mathematica*, tomo 1, 1910). Trata-se de uma teoria simples dos tipos completada com uma teoria ramificada. A segunda é a teoria simples dos tipos proposta por L. Chwistek (1921) e F. P. Ramsey (1926). A terceira é a teoria simplificada dos tipos resultante da possibilidade de definição dos predicados poliádicos em termos de predicados monádicos. Nesta seção começaremos por expor os principais argumentos dados em defesa de suas respectivas teorias dos tipos por Russell, Chwistek e Ramsey, procederemos em seguida a dar um resumo da versão simplificada da teoria e assinalaremos, por fim, alguns dos argumentos que foram propostos contra a teoria dos tipos em geral.

A solução russelliana dos paradoxos lógicos consistiu fundamentalmente em demonstrar que as expressões nas quais eles se formulam carecem de significação e devem ser eliminadas por meio de novas regras. Assim, por exemplo, o paradoxo das classes desaparece tão logo reconhecemos que uma classe é de tipo mais elevado que os membros da classe, ou que a subclasse de uma classe é de tipo menos elevado que a classe. Em geral, pode-se dizer que o princípio fundamental da teoria dos tipos é que *"qualquer expressão que contém uma variável aparente é de tipo mais elevado que aquela variável"* (*PM.* I, 41). Há, pois, segundo Russell, um número infinito de níveis de tipos lógicos, com um nível ínfimo de objetos lógicos que são as proposições elementares relativas a objetos individuais.

Na forma apresentada por Russell, a teoria dos tipos oferecia vários inconvenientes. Em primeiro lugar, não estabelecia uma distinção clara entre os paradoxos lógicos e os paradoxos semânticos, do que resultava grande número de confusões. Em segundo lugar, o uso indiscriminado da teoria obrigava a amputar importantes seções da matemática. Para solucionar esta última dificuldade, Russell introduziu um axioma muito discutido: o axioma de redutibilidade. Este axioma, pertencente à teoria ramificada, consistia em afirmar que toda função proposicional de um ou mais argumentos é formalmente equivalente a uma função predicativa do mesmo argumento ou argumentos. Sendo o axioma arbitrário, Chwistek considerou que uma teoria simples dos tipos era suficiente para solucionar os paradoxos lógicos. Tal teoria simples dos tipos "depende da distinção entre indivíduos, funções destas funções etc.", e por isso "o conceito de uma função pode ser considerado como equivalente ao conceito de uma classe" (cf. Chwistek, *The Limits of Science*, 1948, p. 152). Por seu lado, Ramsey indicou que bastava definir um "âmbito" de funções predicativas que evitasse os paradoxos e permitisse a eliminação do axioma de redutibilidade. Com efeito, argumentava Ramsey, não se pode confundir o tipo e a ordem: "O tipo de uma função é uma característica dela que depende dos argumentos que pode tomar; mas a ordem de uma proposição ou função não é uma característica real, mas o que Peano chamava uma pseudo função" (cf. *The Foundations of Mathematics*, 1931, p. 47). Para Ramsey, as proposições em si mesmas não têm ordens: "são simplesmente distintas funções de verdade de proposições atômicas — uma totalidade definida, que depende apenas das proposições atômicas de que se trate" (*op. cit.*, p. 48-9). Assim, a teoria simples dos tipos resolve os paradoxos lógicos; para os paradoxos semânticos é necessário introduzir a teoria dos níveis de linguagem (ver METALINGUAGEM).

A versão simplificada dos tipos se baseia na idéia fundamental de Russel, e especifica que as propriedades dos indivíduos e os indivíduos aos quais se atribuem tais propriedades não formam um nível único no universo do discurso, mas estão distribuídos num número infinito de tipos. O tipo ínfimo é o tipo dos indivíduos; o imediatamente superior a este é o tipo das propriedades de indivíduos; o tipo superior a este último tipo é o tipo das propriedades de propriedades de indivíduos e assim até o infinito. Uma vez suposto isto, modifica-se a regra de formação das fórmulas bem formadas na lógica quantificacional superior, no sentido de que somente se consideram como bem formadas as fórmulas nas quais as propriedades de uma entidade dada sejam do tipo superior próximo. Como as fórmulas que davam origem aos paradoxos lógicos violavam esta regra, resulta que tais fórmulas não são consideradas como bem formadas. A teoria simplificada dos tipos pode continuar mantendo uma diferença entre propriedades monádicas e classes, caso em que se trata de uma teoria intensional, ou pode considerar as propriedades extensionalmente, caso em que se trata de uma teoria extensional. A teoria extensional dos tipos propõe a hierarquia que começa com os indivíduos, passa a classes de indivíduos, logo a classes de classes de indivíduos e assim sucessivamente.

Indicamos antes que resenharíamos brevemente várias objeções contra a teoria dos tipos. A mais habitual

— a que alega não haver-se estabelecido uma distinção entre paradoxos lógicos e paradoxos semânticos — é solucionada, como vimos, por meio de versões diferentes da original russelliana. Outra objeção consiste em indicar que se presta às vezes demasiada atenção à teoria dos tipos, como se fosse a única que soluciona os paradoxos lógicos, quando é sabido que há outro procedimento para solucioná-los: as teorias axiomáticas dos conjuntos. Terminaremos com uma objeção que foi muito discutida em seu tempo, e que embora hoje em dia deva ser considerada como uma curiosidade histórica dá idéia do modo como se reagia frente às teorias dos tipos (em sua versão original russelliana) do ponto de vista filosófico. Trata-se da objeção, ou série de objeções, apresentadas por Paul Weiss em seu artigo "The Theory of Types" (*Mind*, N. S., 37 [1928], 338-448). Indica o mencionado autor que a teoria dos tipos deve ser limitada em sua aplicação, já que nem todos os problemas que se apresentaram e para os quais ela tentou ser uma solução a exigem indiscriminadamente. Essa teoria, diz Weiss, não pode ser uma proposição irrestrita sobre todas as proposições restritas. Como proposição irrestrita deve tomar-se a si mesma como argumento. Mas resulta que "seus argumentos são somente aquelas proposições que *não* são argumentos para si mesmas". Daí que a teoria dos tipos não possa ser restringida sobre todas as proposições restritas. Tampouco pode ser, continua dizendo Weiss, uma proposição restrita sobre todas as proposições restritas. Em tal caso, seria uma das proposições restritas e deveria tomar-se a si mesma como argumento. E neste caso seria por sua vez não restrita. Parece, pois, que a própria formulação da teoria dos tipos topa com dificuldades de caráter antinômico, pelo menos quando é tomada — como, no fundo, faz Weiss — no sentido de uma "regra de verdade", e não no sentido de uma "regra de formação" de linguagens. Segundo Weiss, há três soluções possíveis para evitar as mencionadas dificuldades. A primeira consiste em supor que a teoria dos tipos é restrita e não se aplica a *todas* as proposições, mas apenas a *algumas* proposições, isto é, que não é um argumento para si mesma, mas para alguma outra proposição sobre proposições restritas. A dificuldade desta solução está em que conduz a um *regressus ad infinitum* que aumenta indefinidamente as teorias dos tipos sobre as teorias dos tipos. A segunda solução consiste em afirmar as limitações de enumerações finitas (tais como "todas as verdades são somente parcialmente verdadeiras"), com o que "toda condição que impõe limitações universais é limitada nos termos do que limita, mas limitada por sua vez por alguma outra condição". Com isto, a teoria dos tipos é não restrita com relação a proposições restritas, e restrita com relação a todas as proposições, pois se refere a um princípio superior que a limita. A terceira solução consiste em considerar a teoria dos tipos como uma proposição intensiva (entendendo com isso uma forma de proposições que não são nem restritas nem não restritas por serem incapazes de assumir qualquer argumento). Os "argumentos" de tal proposição são meramente "conformes" com ela. Esta solução obriga a abandonar o chamado ideal de uma lógica completamente extensional e ainda a subordinar a lógica extensional a uma intensional.

➲ Sobre tipo em sentido psicológico, ver, além das obras citadas no texto e das que constam na bibliografia do verbete CARÁTER: Wilhelm Dilthey, *Die Typen der Weltanschauungen*, 1911 [*Gesammelte Schriften*, VII, 1931]. — Eduard Spranger, *Lebensformen. Ein Entwurf*, 1914. — Karl Jaspers, *Psychologie der Weltanschauungen*, 1919. — Ernst Kretschmer, *Körperbau und Charakter. Untersuchungen zum Konstitutionsproblem und zur Lehre von den Temperamenten*, 1921; 23^a e 24^a ed., 1961. — C. G. Jung, *Psychologische Typen*, 1921. — R. Müller-Freienfels, *Persönlichkeit und Weltanschauung. Die psychologischen Grundtypen in Religion, Kunst und Philosophie*, 1923. — Joachim Wach, *Die Typenlehre Trendelenburgs und ihr Einfluss bei Dilthey*, 1926. — Bernhard Pfister, *Die Entwicklung zum Idealtypus*, 1928. — G. Pfahler, *System der Typenlehre*, 1929. — O. Kroh, *Experimentelle Beiträge zur Typenkunde*, I, 1929. — E. R. Jaensch, *Studien zur Psychologie menschlicher Typen*, 1930 (em colaboração). — Werner Bergfeld, *Der Begriff des Typus. Eine systematische und problemgeschichtliche Untersuchung*, 1933. — Th. Lersch, *Charakterologische Typologie*, 1934. — K. L. Wolf, K. Strunz *et al.*, "Typusbegriff", ano 4, cad. 7 (1951) e ano 5, cad. 4 (1952) de *Studium generale*. — José Ramírez, *Tipología: Una nueva clasificación de los tipos psicológicos sobre una base filosófica*, 1964.

Sobre tipo em sentido teológico: L. Goppelt, *Typos. Die typologische Deutung des Alten Testaments*, 1939. — J. Daniélou, *Sacramentum futuri. Études sur les origines de la typologie biblique,* 1950 (até o século I). — H. G. Fritzsche, *Die Strukturtypen der Theologie. Eine kritische Einführung in die Theologie*, 1961.

Sobre tipo em sentido lógico, ver, além das obras citadas no texto: C. G. Hempel e P. Oppenheim, *Der Typusbegriff im Lichte der neuen Logik*, 1936. — W. V. Quine, "On the Theory of Types", *Journal of Symbolic Logic*, 3 (1938), 125-139. — A. Church, "A Formulation of the Simple Theory of Types", *ibid.* 5 (1940), 56-68. — Jaakko Hintikka, *Two Papers on Symbolic Logic*, 1955 [em parte sobre a teoria dos tipos]. — Richard M. Martin, *Intension and Decision*, 1963 [seção intitulada "Intensions and the Theory of Types"]. — T. Drange, *Type Crossings, Sentential Meaninglessness in the Border Area of Linguistics and Philosophy*, 1966. — M. K. Rennie, *Some Uses of Type Theory in the Analysis of Language*, 1974. — P. B. Andrews, *An Introduction to Mathematical Logic and Type Theory: To Truth Through Proof*, 1986.

Sobre conceito de tipo em diversos campos e tentativa de classificar os "tipos de tipos": A. Seifert, *Die kategoriale Stellung des Typus*, 1953. — W. Ruttkowski, *Typen und Schichten*, 1978. ⊂

TIPO IDEAL. A noção de "tipo ideal" foi proposta e desenvolvida por Max Weber (VER) para uso em pesquisas históricas e sociológicas. Um exemplo de tipo ideal é uma perfeita burocracia racionalizada, ou uma burocracia que procede inteiramente segundo regras racionais.

O tipo ideal não é obtido por meio de uma indução a partir de exemplos concretos. Trata-se de uma conjetura à qual se chega mediante o exame de acontecimentos e entidades concretos, mas que não se induz (ou tampouco "deduz", ou infere) deles. O tipo ideal está, antes, destinado a mostrar de que modo funcionam as realidades concretas de que se ocupam historiadores e sociólogos, especialmente estes últimos. Um tipo ideal se caracteriza por ser uma espécie de "conceito-limite"; dado um exemplo determinado de ação, especialmente de ação social, o tipo ideal expressa o que seria esta ação se estivesse completamente racionalizada.

Uma das objeções correntes contra a noção de tipo ideal é que ela não tem exemplos (como não os tem "o cidadão médio", "o pagador de impostos médio" etc.). Deve-se levar em conta, todavia, que Max Weber tinha consciência dessa situação; mais ainda: é uma condição necessária para um tipo ideal o não haver exemplos dele. Outra objeção, ligada à anterior, é que se não tem exemplos, não pode haver nem explicações nem predições. A isso se responde, segundo Weber, que a função do tipo ideal não é, naturalmente, predizer. Quanto a "explicar", trata-se de uma explicação em termos de "compreensão" (ver VERSTEHEN) e não em termos causais.

Alfred Schutz (VER) distinguiu "tipo ideal caracterológico" e "tipo ideal habitual". O primeiro diz respeito aos traços pessoais, motivações etc.; o segundo, às funções exercidas. Dentro da doutrina tradicional dos temperamentos, por exemplo, o "tipo linfático" é um tipo caracterológico. Ser carteiro, funcionário de um Ministério, garçom etc., são tipos ideais habituais. Estes tipos ideais são todos individuais. Há também, segundo Schutz, tipos ideais coletivos, como "o comitê de Partido", "a nação" etc.

⊃ Ver: Judith Janoska-Bendl, *Methodologische Aspekte des Idealtypus. Max Weber und die Soziologie der Geschichte*, 1965. — Thomas Burger, *Max Weber's Theory of Concept Formation: History, Laws, and Ideal Types*, 1976. — S. J. Hekman, *Weber, The Ideal Type, and Contemporary Social Theory*, 1983. ⊂

TIQUISMO. Transcrevemos assim o vocábulo que, nos ativéssemos mais à sua raiz grega, deveríamos transcrever 'tychismo' (o mesmo fizemos com outros termos tais como 'Sinequismo' e 'Sinecologia' [VER]). "Tiquismo" traduz o termo *Tychism*, usado por Peirce (VER) para designar o princípio segundo o qual há contingência e acaso (VER) (de τύχη = "acaso" [às vezes, "causa oculta à razão humana", como em Crisipo; cf. von Armin, II, 967]).

O tiquismo é a doutrina que resulta de uma das três grandes categorias cosmológicas: a categoria do acaso. Esta categoria está relacionada com a categoria metafísica que se refere aos modos de existência, particularmente ao modo chamado justamente "acaso". Está também relacionada com uma das três categorias fenomenológicas ou faneroscópicas: a categoria chamada "Segundidade" ou "o Segundo" *(Secondness)*. Esta categoria corresponde à existência, "faticidade" ou "atualidade" (no sentido orignal de 'atualidade'). Peirce admite, ou postula, um "puro acaso"; o acaso gera, a seu ver, hábitos e regularidades. Isso se deve provavelmente ao fato de haver continuidade, pelo menos "continuidade evolutiva". Por isso Peirce considera que o tiquismo não é de modo algum incompatível com o sinequismo (VER); antes, está estritamente relacionado com ele.

Num sentido mais geral, o tiquismo é a doutrina ou, mais amplamente, a atitude filosófica que prefere um mundo "espontâneo" e em constante "crescimento" a um mundo "determinado" e "terminado". É a atitude que, junto a Peirce, mantiveram, entre outros autores, Bergson e William James. Este o declarou numa carta a Bergson de 13 de junho de 1907 (*The Selected Letters of William James*, ed. Elizabeth Hardwick, 1961, pp. 237-238), na qual figuram estas linhas: "Tenho a impressão de que estamos ambos lutando pelo mesmo, você como chefe, e eu nas fileiras. A posição que estamos salvado é o 'tiquismo' [*Tychism*], e um mundo realmente em crescimento. Mas enquanto eu não encontrei até agora melhor modo de defender o tiquismo senão afirmando a adição espontânea de elementos *discretos* do ser (ou sua subtração), usando, pois, armas intelectuais no jogo, você põe as coisas em seu ponto de uma penada mediante a idéia da natureza continuamente criadora da realidade".

TITCHENER, E[DUARD] B[RADFORD] (1867-1927). Nascido em Chichester, Inglaterra, estudou em Leipzig com Wilhelm Wundt. Tendo-se mudado para os Estados Unidos, foi professor na Cornell University, exercendo grande influência não só na psicologia norte-americana da época como também em muitos filósofos, especialmente os que se formaram em Cornell, que na época era sede do movimento idealista. Titchener foi um cultor do método experimental na psicologia, mas embora tenha aproveitado alguns dos métodos do comportamentalismo, considerou que o comportamentalismo do tipo defendido por J. B. Watson era insuficiente para obter resultados eficazes sobre os processos do pensar, do imaginar e do sentir. Titchener fundava grande parte de suas investigações em estudos experimentais introspectivos e em estudos de empatia (termo que Titchener introduziu como versão da palavra alemã *Einfühlung*). O exame da associação de idéias desempenha um papel de importância considerável no método de Titchener, que seguia nisso seu mestre Wundt. Embora neste aspecto Titchener estivesse em conflito com as posições funcionalistas e dinamicistas de James, ele se inclinou mesmo a um certo funcionalismo, que o levou a simpatizar grandemente com os métodos adotados pela psicologia da estrutura *(Gestaltpsychologie)*. Embora a tenha considerado como um simples método descritivo, julgou que seus resultados não deviam ser descartados, mas que era preciso sim proceder-se a uma reinterpretação dos mesmos.

➲ Obras: *Outlines of Psychology*, 1896. — *Primer of Psychology*, 1898. — *Experimental Psychology*, 4 vols., 1901-1905 (I, II: *Quantitative Experiments*; III, IV: *Qualitative Experiments*). — *The Elementary Psychology of Feeling and Attention*, 1908. — *Lectures on the Experimental Psychology of the Thought-Processes*, 1909. — *A Textbook of Psychology*, 1910. — *A Beginner's Psychology*, 1915. — *Experimental Psychology: A Manual of Laboratory Practice*, 1927.

Titchener dirigiu o *American Journal of Psychology* e compôs (em colaboração com L. R. Geissler) uma bibliografia de Wundt, publicada nessa revista, nº 20-22. ◄

TODO. Aristóteles chama "todo" (ou "um todo"), em primeiro lugar, aquilo em que não falta nenhuma de suas partes constitutivas e, em segundo lugar, aquilo que contém suas partes componentes de maneira que formem uma unidade. Esta unidade pode ser de duas classes: 1) As partes componentes são, por sua vez, unidades. 2) A unidade é resultante do conjunto das partes. Por fim, seguindo Platão, Aristóteles faz a distinção entre o todo, ὅλον e a totalidade, ou melhor dizendo, a soma, πᾶν. O todo é o conjunto no qual a posição das partes não é indiferente; a soma é o conjunto no qual é indiferente a situação das partes. Esta distinção é análoga à que existe entre os termos latinos *totum* e *compositum*. Os primeiros se referem, por exemplo, a totalidades orgânicas, a estruturas; os segundos, a simples adições de partes, a meros agregados. A distinção e ainda a antítese assinalada por Platão no *Theat.* entre o "todo composto de partes", ὅλον ἐκ τῶν μερῶν, e o "todo antes das partes", ὅλον πρὸ τῶν μερῶν, está indubitavelmente na base das considerações anteriores: em um caso se trata, com efeito, de um conjunto feito ou "gerado", γεγονός, de partes, e no outro de uma unidade sem partes separáveis, ἀμέριστος. Também os velhos estóicos distinguiam τὸ πᾶν e τό ὅλον (ver von Armin, II, 522-525, onde recolhe textos de Aécio, *Plac.*, II, 1, 7; Aquiles, *Isagoge*, 5, p. 129; Petav, *Uran.*; Sexto, *Adv. math.* IX, 322, e Plutarco, *De comm. not.*, c 30 p. 1073 d). A totalidade, πᾶν, se refere ao cosmos, enquanto o todo, ὅλον se refere ao infinito enquanto vazio infinito ou receptáculo. A distinção não só foi mantida no neoplatonismo, especialmente entre os sucessores de Plotino, como também foi elaborada mediante novas distinções. Assim, Proclo estabelece uma diferença entre um todo enquanto "todo antes das partes", πρὸ τῶν μερῶν, "um todo composto de partes", ἐκ τῶν μερῶν e um todo na parte, ἐν τῷ μέρει (*Institutio Theologica*, prop. 67). O primeiro é o todo em sua causa; o segundo, o todo como existência; o terceiro, o todo como participação.

As dificuldades suscitadas pela noção de 'todo' deram origem bem cedo a diversos exercícios retóricos ou céticos. Sexto Empírico, aceitava, de fato, que um todo pode existir ou fora de suas partes ou constituído por elas (*Hyp. Pyrr.*, III, 98). Mas o problema que isso levantava era considerável. Por um lado, um todo não é mais que suas partes, já que sem elas o todo desaparece. Por outro, se as partes mesmas formam um todo, este será um simples nome ao qual não corresponde existência individual. Disto se deduz que o todo não existe. Não é preciso dizer que isto ocorre não só quando se considera a questão do todo e suas partes de um ponto de vista cético, mas também, e muito especialmente, quando este ceticismo se baseia num nominalismo. Mas neste caso é preciso negar, como os céticos faziam, não somente o todo, mas a própria parte. Pois, se existem partes, ou são partes do todo, ou uma de outra, ou cada uma por si mesma. Mas não pode haver partes do todo, pois este não é nada mais senão suas partes (e neste caso, além disso, as partes serão partes de si mesmas, já que se diz que cada uma das partes é complementar do todo). Não pode haver partes uma de outra, pois se diz que a parte está incluída naquilo de que é parte, e é absurdo afirmar que, por exemplo, a mão está incluída no pé. Nem, por fim, ser cada parte parte de si mesma, pois, por causa da inclusão, seria ao mesmo tempo maior e menor do que ela mesma (*ibid.*, III, 100-101).

Alguns autores medievais reiteraram os argumentos destinados a provar que as partes não têm existência real. Isso ocorreu com Roscelino. Segundo a transcrição dada por Abelardo (*Dialectica* V: "Liber divisionum et definitionum") dos argumentos do mencionado autor, dizer que uma parte de uma coisa é tão real quanto a coisa equivale a dizer que é uma parte de si mesma, pois uma coisa não é o que é se não é com todas as suas partes. Além disso, a parte de um todo deveria preceder a este todo, pois os componentes devem preceder ao composto. Mas como a parte de um todo forma parte do todo, a parte deveria preceder-se a si mesma, o que é absurdo. A maior parte dos autores escolásticos, porém, tomaram as idéias aristotélicas como base de suas análises da noção de totalidade. Propunham-se a respeito vários tipos de totalidade: o todo contínuo, o todo homogêneo, o todo potencial, o todo essencial, o todo integral etc. Destes tipos foram considerados especialmente importantes os dois últimos mencionados (*totum essentiale* e *totum integrale*). Um dos problemas mais freqüentemente levantados com respeito ao todo era o seguinte: "Deve o todo distinguir-se das partes componentes real ou racionalmente?" *(An totum realiter vel ratione tantum distinguatur a partibus unitis)*. A distinção real foi sustentada, entre outros, por John Duns Scot, João Capreolo, Cajetano, o Ferrariense, João de Jandun (Averróis, que a discutira, não dera uma solução definitiva). Segundo Fonseca, a distinção real tem seu fundamento último na doutrina de Aristóteles. A distinção racional foi defendida por Durando de Saint-Pourçain, Gregório de Rimini e outros. A ela aderiram também muitos escolásticos de finais do século XVI e começos do século XVII (por exemplo, Suárez). *Grosso modo*, podem-se agrupar as opiniões sustentadas a respeito em três respostas: 1) há uma distinção real ou absoluta, segundo a qual o todo é um composto cuja natureza não pode ser reduzida à natureza das partes componentes; 2) há uma distinção modal, segundo a qual não há uma terceira entidade distinta, mas o todo é um modo de ser das partes não incluído nestas; 3) há uma distinção racional, segundo a qual somente a mente pode fundamentar a diferença entre o todo e as partes. É fácil perceber que esta questão se relacionou logo com a levantada pela noção de vínculo (VER).

Em sua investigação sobre a teoria dos todos e das partes, Husserl chama "todo" a "um conjunto de conteúdos envoltos *numa fundamentação unitária* e sem auxílio de outros conteúdos. Os conteúdos de semelhante conjunto se chamam *partes*. Os termos de *fundamentação unitária* significam que *todo conteúdo está, por fundamentação, em conexão direta ou indireta com todo outro conteúdo*". Ampliando a noção de "todo" à mesma "soma", podem-se estabelecer diversos tipos de totalidades: os agregados, os organismos, as totalidades funcionais, as estruturas. Não se deve supor, contudo, que os agregados são sempre meras somas, mas que podem ter também qualidades de forma, perfis estruturais. Os todos se compõem de partes, mas as partes são distintas de acordo com a função que desempenham no todo. As partes podem ser, por sua vez, todos, isto é, podem dar-se todos compostos de totalidades. Podem ser pedaços, isto é, "partes independentes relativamente a um todo", e momentos ou partes abstratas, isto é, partes não-independentes relativamente a um todo. Com a teoria dos todos e das partes se enlaça a teoria do concreto e do abstrato. O primeiro é definido como "o independente relativamente a um todo"; o segundo, como "o não-independente", o que não pode subsistir por si mesmo, o que está em um todo, mas não se pode manter fora e independentemente dele. Ao mesmo tempo, tal teoria constitui o fundamento ontológico-formal de toda investigação acerca da estrutura. Em sua teoria das categorias (*Kategorienslehre*, 1924; 2ª ed., revista, 1939),

Othmar Spann assinala que a categoria da totalidade se baseia em dois princípios. O primeiro deles sustenta que o todo se manifesta em suas partes e, portanto, que o todo é, propriamente falando, uma soma. O segundo indica que o todo não é esgotado ou está compreendido em suas partes. O princípio primeiro ou princípio da particularização orgânica se subdivide em outras dez categorias; o princípio segundo ou princípio da dependência orgânica se subdivide em oito categorias subordinadas. A última categoria desta hierarquia é a personalidade, onde a noção do todo se manifesta com a máxima pureza, pois nela não há jamais um desprendimento de partes nem agregado ou soma; pelo contrário, cada uma das chamadas partes se compreende exclusivamente em função do todo. A totalidade é nesta categoria suprema o fundamento de toda particularidade.

O modo de conceber um todo e a relação entre o todo e as partes depende em grande medida de se adotarem certos pressupostos últimos acerca da natureza dos todos. Entre os pressupostos adotados a respeito destacam-se os que se conhecem com os nomes de "organicismo" e "atomismo". A concepção organicista sustenta o primado do todo sobre a parte e declara que esta se funda no todo e somente pode ser entendida a partir do todo. Exemplos desta concepção são numerosos: surgem nos autores para quem "tudo influi sobre tudo" e "tudo está relacionado com tudo", isto é, os autores cujas idéias podem ser resumidas nestes dois versos do *Fausto* de Goethe:

Wie alles sich zum Ganzen webt,
Eins in dem andern wirkt und lebt!
("Como se entretece tudo no todo,
e cada um opera e age no outro!")

Isso ocorre com muitos autores renascentistas, com filósofos de tendência panteísta e também — por razões diferentes — com autores de tendência idealista absoluta. Neste último caso, o primado do todo sobre as partes se deve à consideração de que qualquer juízo particular é incompleto e, por conseguinte, parcialmente falso. Dizer de um ente particular que está num ponto particular é um juízo incompleto pois, a menos que tal ente particular seja um Absoluto (e em tal caso seria "tudo"), estará relacionado (internamente) com outro ente particular, e o lugar no qual tal ente se encontra estará também relacionado (internamente) com outro lugar. Nenhum juízo é, pois, completo a menos que se refira ao Todo, que é o Absoluto. Mas o que ocorre no juízo reflete o que ocorre na realidade: somente o Todo é verdadeiro.

Não é preciso, contudo, sustentar uma doutrina inteiramente metafísica acerca do primado do todo sobre as partes. Certas doutrinas de caráter "totalista" se baseiam numa análise do organismo (assim, por exemplo, em Hans Driesch com sua idéia da causalidade como "causalidade total"; em Kurt Goldstein, e até no holismo

[VER] de Jan Christian Smuts). Outras doutrinas de caráter "totalista" se baseiam numa "fenomenologia da totalidade", como ocorre com Eugen Frank (*op. cit.* bibliografia), que indica que houve três modos de "orientar-se no conceito do todo": o lógico (o todo como soma indeterminada ou como *logos* da totalidade, capaz de articulá-la em suas diversas partes e de entender as relações entre estas), o teológico (o todo como uma "trama" de tipo arquitetônico que tem em Deus o seu vértice); o ontológico (o todo como algo limitado pelo nada).

Quanto à concepção chamada "atomista", consiste fundamentalmente em supor que o todo é uma soma de partes e que, portanto, qualquer todo pode ser analisado nas partes componentes.

Tanto a concepção organicista (chamada também "totalista") como a atomista costumam fundar-se em certos pressupostos básicos sem proceder, na maior parte dos casos, a uma prévia análise do significado ou significado de termos tais como 'todo', 'conjunto', 'parte', 'componente', 'soma' etc. Uma análise deste tipo, de caráter ontológico-formal, foi a que Husserl levou a cabo e que resumimos mais acima. Husserl não chegou a conclusões que pudessem classificar-se de maneira definida em uma concepção organicista ou em uma atomista, mas diante da necessidade de uma conclusão, a de tipo organicista parece predominar em Husserl sobre a de tipo atomista.

Uma análise ontologicamente "neutra", mas crítica, das tendências "totalistas" e "organicistas" é a de Ernest Nagel (cf. bibliografia, *infra*). Nagel começa com um exame de diversos signficados de 'todo', em sua relação com os significados de 'parte'. Entre estes significados destacamos os seguintes: 'Todo' e 'parte' podem ser termos usados correlativamente, de sorte que X pode ser chamado "todo" em relação com Y, que se chama "parte" ou "componente". 'Todo' pode designar uma quantidade extensa, composta de partes extensas (embora não necessariamente contínuas entre si). 'Todo' pode designar uma propriedade não espacial de uma coisa estendida espacialmente. 'Todo' pode designar uma classe, série ou agregado de elementos, sendo qualquer parte desse todo um elemento ou subclasse, subsérie ou subagregado. 'Todo' pode referir-se a uma trama de relações entre objetos ou acontecimentos, e 'parte' (de tal todo) pode referir-se então a diferentes coisas em distintos contextos. 'Todo' pode designar um objeto concreto, e 'parte' uma de suas propriedades. 'Todo' pode designar um sistema cujas partes estão relacionadas entre si em relações várias de dependência dinâmica (ou funcional). Esta simples enumeração dos diversos significados de 'todo' — e 'parte' — aponta para uma primeira conclusão: a complexidade do conceito de "todo" e a necessidade de saber em cada caso de que "todo" se está falando. Mas uma análise de 'todo' deve ser completada com uma de 'soma' e de operações tais como 'adição'. Quando se empreende esta análise, pode-se perceber que tampouco o vocábulo 'soma' é tão unívoco quanto parece à primeira vista. Com efeito, ainda que nos limitemos a 'soma' no sentido em que este termo é usado na lógica e na matemática, podemos fazer a distinção entre somas que são séries e somas que não são séries, entre séries ordenadas e séries não ordenadas, entre séries ordenadas comutativas e associativas, e séries ordenadas não comutativas, ou não uniformemente comutativas, mas associativas. O primeiro resultado desta análise de 'soma' é que não se pode simplesmente correlacionar qualquer sentido dado de 'todo' com outro sentido correspondente de 'soma', e vice-versa. Em outros termos, certos sentidos de 'todo' parecem poder correlacionar-se com certos outros sentidos de 'soma', mas não com todos os sentidos. Os autores que aderem à concepção chamada "organicista" cometem o erro de reduzir sempre 'soma' a 'todo', e este a 'conjunto cujas propriedades são distintas das propriedades das partes'. Os autores que aderem à concepção chamada "atomista" cometem o erro inverso. Portanto, diz Nagel, "à questão de se as unidades orgânicas podem ser analisadas de um ponto de vista aditivo [como somas], não se pode dar uma resposta geral [válida para todos os casos]". Na medida em que "um todo" possa ser analisado em termos de uma "soma" (supondo que tenhamos uma definição precisa ou, em todo caso, claramente especificada de 'soma'), será melhor proceder a esta análise ainda que cheguemos à conclusão de que o que parecia possuir propriedades distintas de qualquer das propriedades das partes, tem propriedades que são somas das partes. Mas se esta análise resulta impossível, é razoável concluir que por enquanto um "todo" não é analisável em termos que chamamos "atomistas". O que não quer dizer que em um momento determinado não seja possível empreender tal análise. A conclusão a este respeito é, pois, a mesma a que chegou Nagel e à qual nos referimos no verbete REDUÇÃO; o que não deve surpreender, pois Nagel examina a questão da natureza dos 'todos' dentro da rubrica "A redução das teorias".

Em sua obra sobre o todo e as partes (cf. bibliografia, *infra*), Florencio González Asenjo desenvolve uma ampla e, ao mesmo tempo, detalhada teoria que se opõe à concepção conjuntista da relação entre "todo" e "parte". Esta concepção é, segundo González Asenjo, demasiado abstrata. Segundo o resumo que o próprio autor fez de suas idéias, a parte é, na realidade, mais que um elemento ou um subconjunto do todo. A concepção alternativa proposta supõe um "princípio de localização múltipla", isto é, um princípio que concebe as partes de um todo como internamente relacionadas entre si, de modo que não só a parte do todo como também o todo chega a ser parte da parte, e isso de um modo concreto e, além disso, suscetível de ser formalizado. Exemplos típicos de "todos" nos quais se cumprem as condições indicadas são as noções de organismo biológico e, em particular, a de campo físico. González Asenjo afirma que um campo não é um conjunto; suas partes possuem efetiva ubiqüidade, e a distribuição global de forças afeta os mais insignificantes efeitos locais do campo. A universalidade da concepção alternativa proposta pelo citado autor se mostra em sua aplicabilidade a campos muito diversos, não só à biologia e à física, mas também à sociologia, à psicologia, à gramática e à arte.

➢ A teoria husserliana dos todos e das partes, em *Logische Untersuchungen*, vol. II. — As análises de Ernest Nagel encontram-se em seu artigo intitulado "Wholes, Sums, and Organic Unities", originalmente publicado em *Philosophical Studies*, 3, 2 (1952), em seguida reimpresso em D. Lerner, E. Purcell, E. Nagel *et al.*, *Parts and Wholes*, 1963, ed. D. Lerner [The Hayden Colloquium on Scientific Method and Concept], pp. 135-155, e incorporado, com algumas mudanças, ao volume de E. Nagel, *The Structure of Science. Problems in the Logic of Scientific Explanation*, 1961, pp. 380-397. — Para a teoria de Eugen Fink, ver seu livro *Alles und Nichts. Ein Unweg zur Philosophie*, 1959.

Para o conceito de "todo" em sentido psicológico e psicocósmico, ver a bibliografia do verbete ESTRUTURA, e especialmente: R. Odebrecht, *Gefühl und Ganzheit*, 1929. — VV.AA., *Ganzheit und Form*, ed. F. Krüger, 1932. — Félix Krüger, *Lehre von dem Ganzen: Seele, Gemeinschaft und das Göttliche*, 1948. — Th. Hermann, *Problem und Begriff der Ganzheit in der Psychologie*, 1957. — F. Sander, H. Volkelt, *Ganzheitpsychologie*, 1962.

Para o estudo da natureza da totalidade e da realidade como totalidade, ver: Harald Höffding, *Totalitet son Kategori*, 1917. — Hans Driesch, *Das Ganze und die Summe*, 1921. — W. Burkamp, *Die Struktur der Ganzheiten*, 1929. — Franz Hlucka, *Das Problem der Realität vom Standpunkte der Idee der Ganzheit*, 1935. — Knut Erik Tranöy, *Wholes and Structures, an Attempt at a Philosophical Analysis*, 1959. — Maximiliam Riedel, *Die Ganzheitslehre*, 2 vols., 1961-1963. — Florencio González Asenjo, *El todo y las partes. Estudios de ontología formal*, 1962. — J. Madiran, *Le principe de totalité*, 1963. — Daniel Lerner, Edward Purcell e Simon Kuznets, *Part and Wholes*, 1963, ed. Daniel Lerner. — A. Müller, *Das Problem der Ganzheit in der Biologie*, 1967. — C. G. Vaught, *The Quest for Wholeness*, 1982.

Sobre o "holismo", ver: Adolf Meyer-Abich, "El holismo como idea, teoría e ideología", *Episteme* [Caracas], I (1957), 345-418. — Para o holismo semântico (ou do significado), ver o final do verbete HOLISMO.

Sobre a totalidade em vários autores: Hans Schickling, *Sinn und Geist des aristotelischen Satzes "Das Ganze ist vor dem Teil"*, 1936. — Albert Johannes Dietrich, *Kants Begriff des Ganzen in seiner Raum-Zeitlehre und das Verhältnis zu Leibniz*, 1910. — Hans Heyse, *Der Begriff der Ganzheit und die kantische Philosophie. Ideen zu einer regionalen Logik und Kategorienlehre*, 1927. — M. Jay, *Marxism and Totality: The Adventures of a Concept from Lukács to Habermas*, 1984. ⊂

TODOLÍ, J. Ver TRABALHO.

TODOROV, TZVETAN. Ver SEMIOLOGIA.

TOLAND, JOHN (1670-1722). Nascido em Redcastle (Irlanda). Pouco antes de ingressar na Universidade de Glasgow, abandonou o catolicismo para abraçar o anglicanismo. Estudou na Universidade de Edimburgo e na Holanda, onde entrou em relação com círculos arminianos. Por volta de 1692 se transferiu para Oxford, onde escreveu sua obra capital (ver bibliografia), que foi condenada em 1697 pelo Parlamento irlandês. Nos começos do século XVIII se transferiu para Hannover como secretário da embaixada inglesa. Em viagens pela Alemanha conheceu Leibniz e Sofia Carlota, rainha da Prússia, a quem dedicou as *Letters to Serena*. Finalmente, regressou à Inglaterra, falecendo em Putney.

Um dos mais destacados deístas de sua época, Toland foi chamado pela primeira vez "livre-pensador" por causa de sua oposição a todo o sobrenatural na religião e especialmente no cristianismo. Perante os mistérios e o incompreensível, Toland sublinha os caracteres racionais da religião natural, que pode ser, a seu ver, adotada por todos e que por sua própria universalidade pode constituir a síntese de todas religiões em conflito. O racionalismo naturalista de Toland não se deteve, porém, nos limites da religião natural e do deísmo; em sua última época e com o fim de resolver o problema do movimento da matéria, negou que este fosse devido a uma causa externa e o considerou como uma propriedade inerente à própria matéria. Mas sendo a matéria móvel por si mesma, isso significava para Toland que era a realidade última, desembocando assim suas especulações num materialismo panteísta que eliminava todo caráter positivo da religião e propunha um culto novo baseado na fraternidade humana e na adoração do natural.

➢ Obras: *Christianity not Mysterious*, 1696 (publicado anonimamente na primeira edição). — *Letters to Serena*, 1704. Estas duas obras foram reed. (1963), com introdução de G. Gawlick. — *Nazarenus, or Jewish, Gentile and Mahometan Christianty*, 1718. — *Pantheisticon, sive formula celebrandae sodalitatis socraticae*, 1720; repr. Fotográfica e trad. italiana, 1984, por M. Iofrida e O. Nicastro.

Bibliografia: G. Carabelli, *Tolandiana. Materiale bibliografici per lo studio dell'opera e della fortuna di J. T. (1670-1722). Errata, adenda e indici*, 1978.

Ver: G. Berthold, *J. T. und der Monismus der Gegenwart*, 1876. — A. Seeber, *J. T. als politischer Schriftsteller*, 1933 (tese). — F. H. Heinemann, "J. T. and the Age of Reason", *Archiv für Philosophie*, 4, nº 1 (1950). — Paolo Casini, "T. e l'attività della materia",

Rivista critica di storia della filosofia, 22 (1967), 24-53. — R. E. Sullivan, *J. T. and the Deist Controversy,* 1981. — S. H. Daniel, *J. T.: His Method, Manners, and Mind,* 1984. — G. Cherchi, *Satira ed enigma. Due saggi sul* Pantheisticon *di J. T.,* 1985. ⊂

TOLEDO (ESCOLA DE TRADUTORES DE). Ver TRADUTORES DE TOLEDO (ESCOLA DE).

TOLEDO, FRANCISCO DE (1553-1596). Nascido em Segóvia, estudou em Salamanca e em Saragoça. Por volta de 1559 ingressou na Companhia de Jesus. Mais tarde ensinou em Roma, e em 1594 foi nomeado Cardeal. Sua orientação era aristotélico-escolástica, com tendência ao uso da maior quantidade possível de fontes: comentários de Aristóteles, filósofos medievais e autores árabes. Em alguns pontos — como na natureza do corpóreo — Francisco de Toledo se aproximava das sentenças dos tomistas, em outros — como no problema da criação do mundo desde a eternidade — nosso autor se afastava da opinião sustentada pela maior parte dos autores escolásticos e sustentava que não se pode conceber semelhante criação; em outros, finalmente — como na questão do verbo mental —, aproximava-se do scotismo. Dentro da mencionada orientação havia, pois, em Francisco de Toledo uma forte propensão eclética, embora sempre procurando que as diversas opiniões sustentadas se encaixassem harmoniosamente num sistema metafísico-teológico.

⊃ Principais obras: *Introductio in dialecticam Aristotelis,* 1560. — *Commentaria una cum quaestionibus im universam Aristotelis logicam,* 1572. — *Commentaria una cum quaestionibus in octo libros de Physica auscultatione,* 1573. — *Commentaria una cum quaestionibus in tres libros Aristotelis de anima,* 1575. — *Instructio sacerdotum ac de septem peccatis mortalibus,* publicada postumamente em 1601. — *In Summam Theologiae Sancti Thomae Aquinatis Enarratio, ibid.,* de 1869 a 1870.

Edição de obras: *Opera omnia philosophica,* 5 partes em 2 vols., Colônia, 1615-1616; reimp. em 2 vols., 1984.

Ver: M. Solana, *Historia de la filosofía española. Época del Renacimiento (siglo XVI),* tomo II, 1951, pp. 311-337. ⊂

TOLERÂNCIA. Muitos filósofos consideraram que perseverar na própria opinião a despeito de razões contra ela é uma manifestação de dureza e rigidez. Assim, Santo Tomás escreve que aquele que persiste em seu próprio juízo é chamado metaforicamente "rígido" e "duro": *Ille autem qui in suo sensu perseverat, rigidus et durus per similitudinem vocatur* (*S. theol.* III, Supp. q. 1, a 1, resp.: citado por Charles S. Singleton em seu comentário à *Divina Commedia,* "Purgatorio", canto XXVII, em relação ao uso por Dante de *duro,* assim como de *durezza* em "Inferno", Canto XXVII, 56). Essa atitude pode ser chamada "intolerância", e a contrária, "tolerância".

Um uso mais circunscrito de 'tolerância' é o que surgiu ao chamar-se deste modo a atitude adotada por alguns autores durante as guerras religiosas dos séculos XVI e XVII com vistas a conseguir uma convivência entre os católicos e os protestantes. Posteriormente, o termo 'tolerância' adquiriu diversos sentidos: por uma parte, significa indulgência para com certas doutrinas ou obras (sentido teológico); por outra, respeito aos enunciados e práticas políticas desde que se achem dentro da ordem prescrita e aceita livremente pela comunidade (sentido político); finalmente, atitude de compreensão frente às opiniões contrárias nas relações interindividuais, atitude sem a qual se tornam impossíveis essas relações (sentido social). De acordo com sua acepção original, porém, a tolerância se refere à margem de liberdade concedida a diversas seitas religiosas com vistas a tornar viável a vida de seus adeptos em uma mesma comunidade. A tolerância é considerada então por alguns como um princípio de dissolução; outros, em contrapartida, consideram-na como o único meio de convivência e, portanto, de possível eliminação das violências provocadas pela atitude intolerante.

Uma defesa clássica da tolerância pode ser encontrada em Locke, que escreveu uma influente e discutida *Carta sobre a tolerância (A Letter concerning Toleration,* 1685). A tolerância de que Locke fala principalmente é a tolerância dos governos: o termo usado por Locke foi *toleration,* não *tolerance.* No entanto, seria pedante, como escreve Glenn Tinder (*op. cit.* na bibliografia, pp. 9-10), não levar em conta que, ao considerar que os governos devem ser tolerantes, Locke abriu a porta para formas mais amplas de tolerância.

Foram muito acaloradas as discussões sobre a tolerância no século XVIII. Os *Philosophes* (VER) da Ilustração (VER) defenderam a necessidade de tolerância (sobretudo em matéria religiosa, mas em muitos casos também em matéria política e nas relações interpessoais). Voltaire escreveu um tratado sobre (e defendendo) a tolerância.

No século XIX vários autores defenderam a tolerância, e nisso se distinguiram os utilitaristas, especialmente Jeremy Bentham e John Stuart Mill. Este último é autor de outra obra clássica em defesa da tolerância, o escrito intitulado *Sobre a liberdade (On Liberty,* 1859). J. S. Mill sustenta que há uma esfera de ação que interessa primariamente ao indivíduo humano e na qual ele deve poder se mover com toda liberdade sem interferências da sociedade e sem mais limites de parte de outros indivíduos senão seu livre consentimento.

A tolerância no sentido de Mill é a liberdade do indivíduo em face de coações. Também Proudhon se opôs às coações, mas por considerar que deste modo, e com base numa tolerância completa, podem ser destruídas todas as opiniões falsas e instaurado o ideal da justiça universal. Comte proclamou a necessidade da tolerância como momento necessário durante o "processo crítico", mas não se opôs à intolerância para quando se chegue a uma nova idade ou a uma nova fase da história, que deve ser estável e evitar, portanto, a dissolução a que pode conduzir uma tolerância completa.

As teses de Bentham (que influenciou alguns constitucionalistas espanhóis de 1812) e de Comte (que exerceu grande influência em políticos e escritores no Brasil, México, Chile e outros países ibero-americanos) podem ser deduzidas das doutrinas gerais desses autores expostas nos correspondentes verbetes. Na época dos autores citados se discutiu muito sobre se a tolerância ou a intolerância haviam sido benéficas ou prejudiciais para o desenvolvimento da civilização européia. Os progressistas sustentaram que a intolerância foi sempre daninha, porque impediu o florescimento das artes e das ciências e, ao limitar as condições do exercício do pensamento, afogou a originalidade e, com isso, as possibilidades de descobrir a verdade. Os tradicionalistas sustentaram que a tolerância para com o erro contribui para a difusão do mesmo, por isso é necessário ser intolerante com o que não comunga com a verdade. Entre os autores que no século XIX escreveram sobre a questão da tolerância (e da intolerância) figuram François Guizot, Balmes e Donoso Cortés.

Segundo Guizot (*Histoire de la civilisation en Europe*, Paris, 1828), a tolerância foi um dos motores da civilização européia. Ao tornar possível a coexistência de princípios diversos, gerou um equilíbrio dinâmico que impeliu o progresso e evitou a estagnação, o que é próprio das sociedades regidas por um princípio absoluto, seja secular seja teocrático. Ora, essa tolerância não foi, na opinião de Guizot, um produto da reação contra a Igreja; o próprio cristianismo a levou em seu seio e sem ele teria sido inconcebível. Se houve explosões de intolerância, foram devidas à caricatura de si mesmo que todo princípio leva em seu seio. A sociedade oscila sempre entre o despotismo e a anarquia, e somente a tolerância pode representar o ponto central, eqüidistante, mas ao mesmo tempo alimentado pelos dois extremos que constantemente o ameaçam e impelem.

Segundo Balmes (*El protestantismo comparado con el catolicismo en sus relaciones con la civilización europea*, Barcelona, 4 vols., [1842-1844], especialmente capítulo XXXIV, numerosas edições), a idéia de tolerância sempre é acompanhada pela idéia do mal: toleram-se maus costumes porque não há por enquanto remédio adequado contra eles. "Quando a tolerância é na ordem das idéias, ela pressupõe também", escreve Balmes, "um mal do entendimento: o erro. Ninguém dirá jamais que *tolere a verdade*". Ora, este uso de 'tolerância' supõe que a verdade é conhecida. Quando isso não ocorre, pode-se admitir como possibilidade de expressão de várias opiniões, todas as quais podem ser verdadeiras. Assim, a solução é simples. Diante do erro, não pode haver tolerância. A tolerância universal (capítulo XXXV) é impossível porque supõe a inexistência da verdade ou a equiparação de todas as opiniões a verdades. Mas como há uma verdade, quando se apresentam diversas opiniões é preciso reconhecer que uma delas deve ser verdadeira e a outra (ou outras) falsa. Balmes nega, assim, o que ele considera a típica tese "protestante" ou "irreligiosa": a de que todos os erros são inocentes.

Quanto a Donoso Cortés, aborda o problema sob a questão de saber se a natureza humana é falível ou infalível, questão que se resolve em saber se a natureza do homem é sadia ou está enferma. Como o autor deu a seus argumentos sobre este problema a maior concisão possível (exceção quase única dentro do caráter oratório-apologético de seu *Ensayo*), reproduzimos os mesmos tal como constam no livro I, cap. iii, do citado livro:

"No primeiro caso", escreve Donoso, "a infalibilidade, atributo essencial do entendimento sadio, é o primeiro e o maior de todos os seus atributos; de cujo princípio se seguem naturalmente as seguintes conseqüências: se o entendimento do homem é infalível, porque é sadio, não pode errar porque é infalível; se não pode errar porque é infalível, a verdade está em todos os homens, quer os consideremos juntos, quer os consideremos isolados; se a verdade está em todos os homens isolados ou juntos, todas as suas afirmações e todas as suas negações hão de ser forçosamente idênticas; se todas as suas afirmações e todas as suas negações são idênticas, a discussão é inconcebível e absurda.

No segundo caso, a falibilidade, enfermidade do entendimento enfermo, é a primeira e a maior das doenças humanas; de cujo princípio se seguem as conseqüências seguintes: se o entendimento do homem é falível porque está enfermo, não pode estar nunca certo da verdade, porque é falível; se não pode estar nunca certo da verdade porque é falível, essa incerteza está de uma maneira essencial em todos os homens, quer os consideremos juntos, quer os consideremos isolados, se essa incerteza está de uma maneira essencial em todos os homens, isolados ou juntos, todas as suas afirmações e todas as suas negações são uma contradição nos termos, porque hão de ser forçosamente incertas; se todas as suas afirmações e todas as suas negações são incertas, a discussão é inconcebível e absurda".

Assim, conclui Donoso, apenas a doutrina católica de que a ignorância e o erro, como a dor e a morte, vêm do pecado; a falibilidade, da ignorância; e da infalibilidade, o absurdo de todas as discussões, é capaz de centrar de novo o homem numa crença que afirme e negue a única coisa que se pode respectivamente afirmar e negar: a verdade e o erro.

Vários autores e especialmente Herbert Marcuse (VER) elaboraram a noção de "tolerância repressiva". Esta consiste substancialmente em que numa sociedade capitalista-industrial se manifesta formalmente o ideal da tolerância — por exemplo, a tolerância de diversas opiniões contrapostas — e inclusive se admite o exercício da tolerância. No entanto, tanto a expressão do ideal de tolerância como o exercício da tolerância em semelhante tipo de sociedade, em lugar de servir para a libertação ou emancipação dos grupos explorados dentro do sistema social-econômico vigente, serve para adormecer os impulsos de libertação. Neste caso, a tolerância tem a função de reprimir semelhantes impulsos e é, portanto, repressiva em vez de libertadora.

⊃ Sobre o conceito de tolerância: F. Puaux, *Les précurseurs français de la tolérance au XVIIIe siècle*, 1881 [sobre os debates em torno de Bayle em finais do século XVII]. — F. Lezius, *Der Toleranzbegriff Lockes und Pufendorfs*, 1900. — A. Matagrin, *Histoire de la tolérance religieuse*, 1905. — A. A. Seaton, *The Theory of Tolerance under the Later Stuarts*, 1911. — A. Wulfius, *Études sur l'histoire de la tolérance et de la liberté religieuse au dix-huitième siècle*, 1911. — Karl Völker, *Toleranz und Intoleranz im Zeitalter der Reformation*, 1912. — A. Wolff, *Der Toleranzgedanke in der deutschen Literatur zur Zeit Mendelssohns*, 1915. — R. H. Murray, *Erasmus and Luther: Their Attitude to Toleration*, 1920. — Johannes Kühn, *Toleranz und Offenbarung*, 1923. — M. Freud, *Die Idee der Toleranz in England der grossen Revolution*, 1927. — W. K. Jordan, *The Development of Religious Toleration in England*, 4 vols., 1932-1940. — A. Chérel, "Histoire de l'idée de tolérance", *Revue de l'Histoire de l'Église de France*, 1941-1942. — J. Leclercq, *Histoire de la tolérance au siècle de la Réforme*, 2 vols., 1955. — Albert Hartmann, *Toleranz und christlicher Glaube*, 1955. — C. Krusé, G. Calogero, J. Ferrater-Mora, Richard McKeon et al., *Tolerance: Its Foundations and Limits in Theory and Practice*, 1963 [vol. 2, número especial de *Pacific Philosophy Forum* (Stockton, Califórnia), com resenha dos debates em Santa Bárbara (1961) patrocinados pelo Instituto Internacional de Filosofia]. — Robert Paul Wolff, Barrington Moore, Jr., e Herbert Marcuse, *A Critique of Pure Tolerance*, 1965; 2ª ed., 1969. — Henry Kamen, *The Rise of Toleration*, 1967. — N. Bellu, L. de Cononck et al., *Tolerance and Revolution*, 1970, ed. Paul Kurtz e Svetozar Stojanovic (do "Segundo diálogo humanista marxista-não-marxista" celebrado em Herceg-Novi, Iugoslávia, 1969). — Glenn Tinder, *Tolerance: Toward a New Civility*, 1976. — Preston King, *Toleration*, 1976. — H. Lutz, ed., *Zur Geschichte der Toleranz und Religionsfreiheit*, 1977. — R. A. Leigh, *Rousseau and the Problem of Tolerance in the Eighteenth Century*, 1979. — R. Saage, *Herrschaft, Toleranz, Widerstand*, 1981. — J. Newman, *Foundations of Religious Tolerance*, 1982. — J. Blattner, *Toleranz als Strukturprinzip. Ethische und psychologische Studien zu einer christlicher Kultur der Beziehung*, 1985. — S. Mendus, *Toleration and the Limits of Liberty*, 1987. ⊂

TOLERÂNCIA (PRINCÍPIO DE). Carnap (VER) falou do "princípio de tolerância na sintaxe", e também do "princípio de convencionalidade". Se supomos que só podem ser aceitos como significativos enunciados científicos, ficam excluídas como significativas expressões filosóficas. Estas, contudo, podem ser introduzidas 1) como constituintes da linguagem, ou linguagens, das ciências, e 2) como enunciados para cujo uso se formulam certas regras lógicas. O princípio de tolerância na sintaxe permite estabelecer condições para a semanticidade de grupos de expressões que haviam sido descartados em virtude de restrições sintáticas severas.

O princípio carnapiano de tolerância não afeta somente a possibilidade de introduzir certas expressões não estritamente científicas. Esse princípio, em vez de introduzir restrições, fixa os usos de termos, ou estabelece bases para admitir determinados tipos de expressões. Em alguns casos, diz Carnap, isso ocorre de tal modo que as formas linguísticas de diferentes espécies podem ser investigadas simultaneamente (como os sistemas das geometrias euclidiana e não-euclidianas). Isso ocorre com uma linguagem definida e uma linguagem indefinida, uma linguagem com o princípio do terceiro excluído e uma linguagem sem ele etc. Isto tem uma importância particular na tão debatida questão da divisão de proposições com sentido e sem ele, tal como resultou do exame da noção de verificação (VER). Se tomamos o sentido forte da verificabilidade teremos de fazer inevitavelmente exclusões linguísticas radicais. Mas, no rigor dos termos, tais questões se referem ao fim e ao cabo à escolha da linguagem e, portanto, podemos usar expressões que, do contrário, ficariam excluídas. Por isso diz Carnap que na lógica não há nenhuma moral e que "cada um pode construir sua lógica, isto é, sua forma linguística, como queira" (*Logische Syntax der Sprache*, § 17). A única coisa exigida é que cada qual indique suas determinações sintáticas em vez de lançar-se em discussões filosóficas. Essas determinações sintáticas (que evitam, na opinião de Carnap, os obstáculos causados na filosofia pelo modo material de falar ou, melhor dizendo, pela transposição a este modo dos modos formais) se referem geralmente a diversos pontos (*op. cit.*, § 78), que se não forem assinalados o enunciado proferido ficará incompleto e resultará multívoco. Em outros termos, todo aquele que use uma expressão deverá determinar previamente em qual dos seguintes modos a emprega, isto é, em qual dos seguintes contextos sintáticos há de possuir significação: 1) para todas as linguagens; 2) para todas as linguagens de uma classe determinada; 3) para a linguagem usada na ciência (num setor da ciência ou de uma determinada ciência); 4) para uma linguagem determinada cujas determinações ou regras sintáticas foram previamente estabelecidas; 5) para ao menos uma linguagem de uma classe determinada; 6) para ao menos uma linguagem geral; 7) para uma linguagem (não previamente indicada) que tenha sido estabelecida como linguagem da ciência (ou de um de seus setores); 8) para uma linguagem (não previamente indicada) que se proponha estabelecer, independentemente da questão de se há de ser utilizada como linguagem científica.

TOLSTOI, CONDE LEV NIKOLAIEVITCH (1828-1910). Nascido na propriedade rural de Yasnaia Polyana, na Rússia Central, tem seu posto principal na história da literatura, e especialmente na do romance moderno, mas expressou opiniões filosóficas relativas ao homem, à sociedade, à história e à arte freqüentemente analisadas e discutidas. *Guerra e paz* é um romance filosófico, não só pelas discussões filosóficas que Tolstoi põe na boca de seus personagens, como também pelo longo "Epílogo" (particularmente o capítulo VIII do mesmo onde Tolstoi manifesta sua concepção da história). Tolstoi se opõe aos historiadores para os quais a história é feita conscientemente pelos homens, e sobretudo por alguns homens que exerceram o poder político. A história humana é para Tolstoi um "oceano" que se move independentemente das vontades particulares dos homens, por mais poderosos que estes sejam ou pareçam ser. A história, por outro lado, não transcorre de acordo com leis ou causas parecidas às naturais, nem é um conjunto de acasos. A história é feita de um número praticamente infinito ou, em todo caso, muito numeroso de ações e acontecimentos que se integram (diferencialmente) numa espécie de contínuo.

Tolstoi considerou que a civilização, ou o que assim se chama, tende a destruir as primitivas disposições naturais do homem. Essas disposições são boas e devem ser deixadas em liberdade. Os homens que melhor compreendem as verdades fundamentais não são os que seguem teorias e doutrinas, mas os que não foram pervertidos pela civilização. Isso ocorre especialmente com os camponeses, nos quais Tolstoi viu os depositários da lealdade à verdade, sem complicações inúteis. Tolstoi defendeu o cristianismo primitivo, um cristianismo fraternal e social, não pervertido por teólogos e políticos. Defendeu igualmente a "volta à terra" e a não-violência. Este último ponto de vista influenciou Gandhi.

⊃ Obras em português: *Ana Karenina*, s.d — *Os cossacos*, 1957. — *O diabo branco*, 1969. — *O diabo e outras histórias*, 2000. — *Guerra e paz*, 1983. — *Khadji-Murat*, 1987. — *A morte de Ivan Ilitch*, 1997. — *O que é a arte?*, 1994. — *O reino de Deus está em vós*, 1994. — *Ressurreição*, s.d. — *Salada russa*, 1988. ⊂

TOMÁS ÁLVARO. Ver MERTONIANOS.

TOMÁS BRADWARDINE (*ca.* 1290-1349). Nascido em Chichester (Grã-Bretanha), foi a partir de 1325 procurador da Universidade de Oxford e em 1348, Arcebispo de Cantuária. Distinguiu-se por seus trabalhos científicos, matemáticos, físicos e astronômicos, sendo um dos autores que colaboraram no labor científico do século XIV e que, como vimos em outro lugar (ver FUNÇÃO), anteciparam algumas das noções fundamentais da matemática e física modernas. Especialmente importante foi a este respeito o trabalho de Tomás Bradwardine na chamada teoria das proporções das velocidades. Referimo-nos a este ponto principalmente no verbete MERTONIANOS.

Em sua teologia, Tomás Bradwardine seguiu Santo Agostinho (embora Gordon Leff [cf. bibliografia] indique que, contrariamente à opinião de H. Oberman [*id.*], Tomás Bradwardine não pode ser considerado propriamente um "agostiniano") e Santo Anselmo, mas recebendo também influências de Santo Tomás, Duns Scot e Roberto Grosseteste. Essas influências foram combinadas pelo filósofo numa série de concepções teológicas nas quais tentou introduzir o espírito matemático. A mais importante dessas concepções é a de Deus como ser perfeito, livre de toda impossibilidade e contradição e tal que não pode ser melhor do que é. A esta concepção se une a idéia de que não se pode admitir inteligivelmente uma série causal infinita. Estas duas concepções (ou, a seu ver, evidências) constituíram a base para uma doutrina voluntarista de Deus segundo a qual a vontade divina é a causa eficiente de toda coisa feita. Isto equivale, ao que parece, a suprimir o livre-arbítrio humano. Mas Tomás Bradwardine entende este arbítrio somente como algo resultante da indeterminação frente às causas segundas e não como algo que escapa à determinação (aliás, inevitável) da causa primeira.

⊃ Os tratados científicos mais importantes de Tomás Bradwardine são: *Tractatus de proportionibus velocitatum* (publicado em 1495, 1505 e 1515, ed. crítica por H. Lamar Crosby, Jr., *Thomas of Bradwardine: His* Tractatus de proportionibus: *Its Significance for the Development of Mathematical Physics*, 1955 [texto e comentário]). — *De arithmetica speculativa*, 1516. — *De geometria speculativa*, 1615. — *Tractatus de continuo* (ver E. Stamm, "Tractatus de continuo von Thomas Bradwardine", *Isis* [1936], 13-32, e M. Curtze em *Zeitschrift für Mathematik und Physik*, 13 [1868], Supp. 85-91). — M. L. Roure, "La problématique des propositions insolubles au XIIIe siècle et au début du XIVe, suivie de l'édition des Traités de W. Shyreswood, W. Burleigh et Th. B.", *Archives d'Histoire Doctrinale et Littéraire du Moyen-Âge,* 37 (1970), 205-326. — A principal obra teológica é *De causa Dei adversus Pelagium et de virtute causarum ad suos Mertonenses libri tres* (publicado em 1618, ed. H. Saville).

Ver: K. Werner, *Die Scholastik des späteren Mittelalters*, III, 1883, pp. 234-306. — S. Hahn, *Thomas Bradwardine und seine Lehre von der meschlichen Willensfreiheit*, 1905. — J. F. Laun, "Recherches sur Thomas de Bradwardine, précurseur de Wiclif", *Revue d'histoire et de philosophie religieuses*, 9 (1929), 217-233. — B. M. Xiberta, "Fragments d'una qüestió inèdita de

Tomàs Bradwardin", *Aus der Geistewelt des Mittelalters*, Homenagem a M. Grabmann, 1935, pp. 1169-1180. — A. Maier, *Die Vorläufer Galileis im 14. Jahrhundert*, 1949, II, 4, pp. 81-110. — Gordon Leff, *Bradwardine and the Pelagians: A Study of His De causa Dei and Its Opponents*, 1957. — Heiko Augustinus Oberman, *Archbishop Th. B. A Fourteenth Century Augustinian. A Study of His Theology in Its Historical Context*, 1957. — M. Clagett, *The Science of Mechanics in the Middle Ages*, 1959. — A. G. Molland, Geometria speculativa *of T. B.*, 1967 (tese). — W. A. Wallace, "Mechanics from Bradwardine to Galileo", *Journal of the History of Ideas*, 32 (1971), 15-28. — Ver também a bibliografia de Mertonianos. C

TOMÁS BUCKINGHAM. Ver Buckingham, Tomás.

TOMÁS DE AQUINO (1125-1274). De família lombarda, nasceu no castelo de Roccasecca, nas proximidades de Aquino, ao norte de Nápoles. Depois de cursar os primeiros estudos na abadia de Monte Cassino, matriculou-se na Universidade de Nápoles. Nesta cidade ingressou, em 1243, na Ordem Dominicana. Em 1245 se transferiu para Paris, estudando até 1248 sob o magistério de Alberto Magno. Com o mesmo mestre estudou em Colônia de 1248 a 1252. Em 1252 se dirigiu de novo a Paris, sendo "leitor" das Escrituras e em seguida das *Sentenças* de Pedro Lombardo no *Studium generale* dominicano de Saint-Jacques, na época incorporado à universidade. Depois de receber o título de *magister theologiae*, retornou, em 1259, à Itália, ensinando em Agnani, Orvieto e Roma. Em Paris de novo em 1269, ensinou até 1272, quando se dirigiu a Nápoles para organizar os estudos teológicos no *Studium* dominicano dessa cidade. Chamado pelo papa Gregório X para assistir ao Concílio de Lion, faleceu, enquanto se encontrava a caminho, no convento de cistercienses de Fossanova.

No final de 1273, Tomás teve uma experiência mística que o fez suspender seu trabalho na Parte III da *Summa theologica*. Foi canonizado em 18 de julho de 1323. Santo Tomás é chamado *doctor angelicus* e *doctor communis*, assim como *Divus (Divus Thomas)* e "o anjo das Escolas". Grande parte da neo-escolástica (ver) consistiu numa renovação do tomismo (ver Neotomismo).

A amplitude e detalhamento com que Santo Tomás expôs seu pensamento teológico e filosófico — apesar de ter deixado incompleta a *Summa theologica* —, e a multidão de temas e tradições que se entrecruzam em tal pensamento, tornam impossível dar aqui um resumo adequado. No entanto, pode-se compensar em parte essa insuficiência do modo como tentamos compensá-la no caso de todos os filósofos importantes: remetendo a outros verbetes nos quais se oferecem mais detalhes sobre aspectos diversos da doutrina do autor. Todos os verbetes nos quais se deu conta de opiniões escolásticas contêm uma ou mais referências às idéias de Santo Tomás de Aquino, mas podem-se destacar vários verbetes como: Ato e atualidade; Analogia; Deus; Essência; Eternidade; Existência; Ser; Substância etc.

É característico do pensamento de Santo Tomás que, embora ele tenha sido primordialmente teólogo, há em sua obra grande quantidade de temas e argumentos filosóficos com respeito aos quais — como ocorre, aliás, com muitos autores escolásticos — *semper formaliter loquitur*. Em todo caso, há uma diferença importante entre o modo como Santo Tomás se expressa e o modo como se expressa Santo Agostinho. Naturalmente, Santo Tomás segue em muitos pontos importantes o pensamento de Santo Agostinho, de modo que — embora se possa falar, como se fez com freqüência, do "tomismo" como de uma *via* (ver) em numerosos aspectos distinta do "agostinianismo" — isso não significa que Santo Tomás não fosse igualmente em grande medida um "agostiniano". Mas em todo caso o "modo de pensar" — que inclui o "modo de falar" — tomista é notoriamente diferente do "modo de pensar" agostiniano. Em Santo Agostinho predomina a "ordem do coração"; em Santo Tomás, pelo menos enquanto filosofa como teólogo, predomina a "ordem intelectual".

Foi dito às vezes que com Santo Tomás culminou o movimento de aristotelização iniciado entre os comentadores árabes (especialmente Averróis) e judeus (especialmente Maimônides) e já consideravelmente desenvolvido, entre outros, por Alberto Magno, a ponto até de se costumar equiparar 'tomismo' a 'filosofia aristotélico-tomista'. Ora, apesar de ser certo que o pensamento de Santo Tomás consiste em grande parte numa assimilação do pensamento de Aristóteles — tanto na forma de comentários às obras do Estagirita quanto na articulação do pensamento do Estagirita em opúsculos diversos e até nas "sumas" —, não se deve esquecer que há também em Santo Tomás uma assimilação de outros materiais filosóficos e teológicos (dos Padres da Igreja, do Pseudo-Dionísio, de Boécio, dos comentários árabes e judeus). Com respeito aos últimos deve-se fazer constar que a chamada "aristotelização" tomista deve muito aos trabalhos anteriores de Averróis e de Maimônides (aos quais, por outro lado, se opôs em pontos decisivos). Em outros termos, embora certos "materiais", especialmente materiais filosóficos, com os quais se edifica o pensamento de Santo Tomás sejam mais óbvios ou mais volumosos que outros, esse pensamento consiste em boa parte numa assimilação "própria" mais que numa combinação eclética.

Sendo Santo Tomás primordialmente teólogo, levantam-se pelo menos dois problemas na exposição de seu pensamento: o problema da ordem a seguir na exposição, e o da relação entre teologia e filosofia.

No que diz respeito ao primeiro ponto, mesmo podendo-se expor o pensamento de Santo Tomás seguindo uma ordem filosófica — tal como a seguinte: concepção do conhecimento, idéia da realidade, idéia da Natureza, concepção do homem etc. —, é-se mais fiel ao espírito de Santo Tomás quando se segue uma ordem teológica tal como a que se encontra na *Summa theologica*: Deus (demonstração de sua existência, natureza e atributos etc.), a criação (os anjos; o mundo; o homem; e dentro deste último tema: a alma, a união da alma com o corpo; as potências humanas etc.), o governo divino (Providência, destino etc.). É certo que o tratamento de temas teológicos pressupõe (ao menos para o filósofo) o tratamento de certos conceitos filosóficos básicos; além disso, mesmo que se siga uma "ordem teológica", ela terá de se fazer, pelo menos aqui, atendendo principalmente às questões filosóficas, e deixando de lado alguns temas teológicos fundamentais. Mas, em todo caso, é preciso ter como base o "plano" da *Summa* na forma proposta por M.-D. Chenu: emanação e retorno (*exitus* e *reditus*) por um lado, e a Encarnação como centro da "economia" divina, por outro. Este "plano" está articulado do seguinte modo: a emanação, Deus princípio; o retorno, Deus fim; as condições cristãs do retorno.

Quanto ao segundo ponto, Santo Tomás não funde a filosofia com a teologia nem tampouco as mantém separadas. Sua tendência constante é estabelecer um equilíbrio que não resulta de uma mera distribuição de temas, já que em muitos casos os temas teológicos e filosóficos são para ele os mesmos. O equilíbrio se funda em grande parte no modo como são concebidas as "verdades". Segundo Santo Tomás, há verdades estritamente teológicas que são conhecidas apenas por revelação; verdades filosóficas que não foram reveladas, e verdades a um só tempo teológicas e filosóficas que foram reveladas, mas que são também acessíveis racionalmente. As verdades comuns à teologia e à filosofia não são verdades distintas entre si quanto a seu conteúdo; são declaradas "teológicas" ou "filosóficas" em virtude dos diferentes modos de se falar acerca delas. Qualquer diferença entre elas, em suma, não é "material", mas somente "formal". As verdades estritamente teológicas ou, se se preferir, as verdades apenas reveladas, devem ser aceitas pelo filósofo como "artigos de fé", mas, ao contrário daqueles que sublinham o caráter "paradoxal" e até "absurdo" de tais verdades, Santo Tomás se inclina a estender ao máximo as possibilidades da razão filosófica. Não pode haver, segundo Santo Tomás, incompatibilidade entre a fé e a razão. A razão pode, e deve, mover-se com toda liberdade, sem temor de encontrar (desde que proceda retamente) nada contrário à fé; em suma, a razão poderá topar com verdades que lhe são inacessíveis e impenetráveis. Por isso, as verdades filosóficas não são nem contrárias à fé nem tampouco indiferentes à fé. Quanto às verdades ao mesmo tempo teológicas e filosóficas, sendo assunto de crença, e também de compreensão racional, podem ser consideradas como *preambula fidei*, preâmbulos ou prolegômenos para a fé. Além do mais, ocorre freqüentemente, como acima ressaltamos, que, não obstante seu ponto de partida teológico, a compreensão do pensamento de Santo Tomás requeira uma prévia incursão filosófica.

A questão da relação entre teologia e filosofia em Santo Tomás está estreitamente relacionada com a questão da relação entre as ordens sobrenatural e natural. Disse-se às vezes que, talvez por influência de Aristóteles, Santo Tomás inclinou-se, conscientemente ou não, para uma posição "naturalista". Na medida em que Santo Tomás trata de compreender racionalmente os fins naturais do homem e a estrutura e movimentos dos corpos naturais, isso tem um quê de verdade. Também tem um quê de verdade a idéia segundo a qual, sendo Santo Tomás um "filósofo do concreto", há nele uma "tendência para a existência" mais que uma "tendência para a essência" (ou, como também foi dito, um tanto anacronicamente e, é claro, ambigüamente, que há em Santo Tomás uma tendência "existencialista" mais que uma tendência "essencialista", tal como a que se encontra nos escolásticos avicenianos). Mas destacar em demasia a importância do "natural" no pensamento de Santo Tomás pode levar a esquecer que o natural está para ele integrado e subordinado harmoniosamente ao sobrenatural. O natural tem uma autonomia, mas não uma independência. Dentro "deste mundo" as coisas são o que são "naturalmente", mas o são enquanto um "momento" no processo da criação e no movimento da criação rumo a seu criador. Quanto ao "primado da existência", é aceitável sempre que se tenha presente que para Santo Tomás o existir *(esse)* é o ato pelo qual uma substância (finita) é justamente aquilo que é, isto é, o ato pelo qual uma essência tem ser.

O que foi dito permite que se tenha uma primeira idéia do pensamento de Santo Tomás como um pensamento de tipo equilibrado, mas isso não significa que haja em Santo Tomás uma série de posições filosóficas muito definidas. A algumas das mais capitais nos referiremos no restante deste verbete, mas antes destacaremos o que se pode chamar o ponto de vista "concreto" e "objetivo" na filosofia tomista. Este ponto de vista significa que tal filosofia é orientada para o "objeto" e não para o "sujeito". Com efeito, ela não parte, como em muitos autores que seguiram a via agostiniana, de uma vivência da subjetividade, inclusive levando em conta que semelhante vivência não é na via em questão um "subjetivismo" de tipo moderno, mas um movimento radical de transcendência do "sujeito" — da "alma" — rumo a Deus. Tampouco parte a filosofia tomista de um ponto de vista "axiomático" — no sentido tradicional de 'axioma' —, isto é, de uma série de princípios últimos dos quais se possa proceder a derivar conseqüências nas quais se encontrem verdades relativas ao mundo natural. Por supor que o homem é um ser finito, Santo Tomás considera que não tem mais remédio senão começar com uma reflexão sobre o que lhe é dado na experiência sensível. Não se trata de uma limitação aos dados dos sentidos, como se neles se achasse o princípio e o fim de todo conhecimento. Tratava-se da idéia de que todo conhecimento começa com a experiência sensível e de que só assentando-se nela se pode proceder a remontar os "graus da abstração" (ver ABSTRAÇÃO, ABSTRATO), pois as espécies, as idéias etc. são abstraídas do sensível. O sujeito cognoscente colabora ativamente no conhecimento, já que, como escreve Santo Tomás, *quidquid recipitur, recipitur per modum recipientis* (literalmente, "quando se recebe, recebe-se por meio do recipiente"). Mas o sujeito começa com o que lhe é dado. Não se pode admitir, portanto, uma visão direta e imediata da Verdade, nem sequer das verdades. Uma e outras só são acessíveis lenta e penosamente (e também sistemática e metodicamente). Supor o contrário é imaginar que o homem não é um homem, mas um anjo, um espírito puro, isto é, que não está limitado pela experiência e pelo que possa racionalmente extrair ou abstrair dela. Por estas razões se disse que Santo Tomás é, gnosiologicamente falando, um "empirista" (como é na doutrina dos universais [VER] um "realista moderado"). Ora, dizer que o cognoscível o é enquanto conhecido por um sujeito limitado não equivale a sustentar que, para além do cognoscível por experiência e observação racional, há um mundo irracional. Santo Tomás enfatiza freqüentemente o caráter inteligível da realidade. Esse caráter inteligível transparece quando se considera que a realidade está, por assim dizer, racionalmente articulada por um mundo de formas sem as quais seria impossível o conhecimento. As formas não são — nos entes criados — entidades que se bastem por si mesmas, seja porque impliquem as correspondentes existências, ou porque estas sejam acidentes meramente agregados a elas. Ocupar-nos-emos a seguir, brevemente, da opinião de Santo Tomás sobre a debatida questão da relação entre essência e existência. Aqui bastará indicar que o modo como Santo Tomás concebe esta relação está estreitamente ligado a suas idéias sobre o fundamento e a possibilidade do conhecimento.

Embora a maior parte do que foi dito acima pertença à ordem filosófica, é conveniente levar isso em conta quando se procede segundo a ordem teológica. Como indicamos antes, essa ordem supõe que o primeiro de que se fala é do ser criador e incriado, isto é, de Deus. Mas falar de Deus ao modo de Santo Tomás é ao mesmo tempo pressupor que se deve, e se pode, provar a existência de Deus não com a idéia de Deus diretamente presente à mente, mas como resultado de um *processo de prova*. É muito possível que para Santo Tomás a prova, ou melhor, as provas da existência de Deus resultassem, ao fim e ao cabo, impossíveis sem que Deus auxiliasse o homem, mas isso é muito diferente de aceitar a doutrina da iluminação (VER) como "iluminação divina" ao modo agostiniano. Em todo caso, se se admite que o homem conhece a Deus naturalmente, é preciso agregar que o conhece de um modo confuso, pelo menos enquanto se acha neste mundo. Em vários verbetes (DEUS; ONTOLÓGICA [PROVA]) referimo-nos à doutrina tomista a esse respeito, ao contrário da doutrina anselmiana, e em contraste com ela. Recordaremos aqui apenas que, para Santo Tomás, embora a existência de Deus seja o conteúdo de um enunciado *per se notum secundum se*, evidente por si enquanto si mesmo, não é *per se notum quoad nos*, evidente com respeito a nós outros. Por isso justamente deve-se provar tal existência. E isso deve ser feito partindo do que se pode observar por experiência e pela reflexão racional sobre essa experiência. Deus não é conhecido, de imediato, por seus efeitos; portanto, sua prova, ou provas, têm de proceder *a posteriori*. Somente deste modo se poderá ter uma noção suficiente de Deus, mais clara que a imagem de Deus gravada na alma como expressão do desejo de beatitude inato em todos os homens. As provas que Santo Tomás oferece são as famosas "cinco vias", *quinque viae*. A primeira se baseia na observação do movimento e no princípio de que tudo o que se move é movido por algo. Se se rejeita proceder *ad infinitum*, será preciso admitir que há algo que move sem ser movido por nada, um "primeiro motor", que é Deus. A segunda está baseada na observação da relação causal. Se não se aceita proceder *ad infinitum* será preciso admitir que há uma causa que não é efeito, uma causa não causada, ou primeira causa, que é Deus. A terceira está baseada na observação das coisas contingentes e no princípio de que o contingente depende do necessário. Deve haver, pois, uma realidade que seja absolutamente necessária, e é Deus. A quarta está baseada na idéia dos graus de perfeição. Se se diz de algo que é mais ou menos perfeito, será preciso supor que há algo absolutamente perfeito por meio do qual se mede o "mais ou menos", e esta realidade absolutamente perfeita é Deus. A quinta se baseia na idéia de finalidade; se tudo tende para um fim, deverá haver um fim absoluto para o qual tudo tenda, e este fim absoluto é Deus. Destas provas a primeira parece gozar de uma certa preeminência, por ser a mais "manifesta", e é por isso que Santo Tomás a chama *via manifestior*.

O Deus cuja existência ficou assim demonstrada não pode ser conhecido por inteiro ou, pelo menos, não pode ser conhecido do modo como se conhecem os entes criados. Por isso, Santo Tomás admite que o conhecimento do que Deus é pode ser obtido mediante a *via negativa* proposta e desenvolvida pela "teologia negativa", tal como se encontra, entre outros autores, no Pseudo-Dionísio. No entanto, embora não totalmente cognoscível, Deus não é cognoscível apenas negativamente. Há um modo positivo, por incompleto que seja, de conhecer a natureza de Deus, e é mediante a analogia. Certos predicados atribuíveis às coisas, tais como os predicados 'é bom', 'é sábio', são também atribuíveis a Deus. Mais ainda: são atribuíveis a Deus de um modo eminente, porquanto Deus é o "analogado principal". Mas ao serem atribuídos a Deus, os predicados em questão não descrevem a natureza de Deus senão "analogicamente". Isso levanta o problema do tipo de analogia que se requer para tal efeito. Estendemo-nos sobre este ponto no verbete ANALOGIA, especialmente ao falar da analogia de proporcionalidade e da de atribuição (correspondentes respectivamente ao que Santo Tomás estuda sob os nomes de analogia, ou conveniência, e proporção e de proporcionalidade). Indicaremos aqui unicamente que Santo Tomás destaca, no tocante ao conhecimento da natureza divina, a analogia na qual há um analogado principal. Portanto, que certos entes sejam "análogos" a outro se deve ao modo como é este "outro". Observemos aqui, além disso, que a doutrina teológica em Santo Tomás está em relação estreita com a doutrina chamada da "analogia do ente", embora nem sempre se deva confundir as duas. Com efeito, a doutrina da analogia do ente supõe, segundo Aristóteles, que "o ser se diz de várias maneiras". Há, portanto, um conceito do ser que é "comuníssimo" e que se aplica a todos os entes, seja o ente criador e incriado ou os entes criados, mas neste conceito do ser "comuníssimo" não está incluído ainda, como analogado principal, o ser criador, isto é, o ser em sentido eminente, isto é, aquele que disse de si mesmo: "Sou o que é"; em outros termos "O que É". Assim, pode-se falar de um conceito teológico de analogia diferente do conceito metafísico, mas não necessariamente incompatível com ele. Neste caso, trata-se dos dois tipos de verdades a que antes nos referíamos, e deve reger para o mesmo caso a harmonia entre fé e razão que constitui um dos eixos capitais da doutrina de Santo Tomás.

Não nos estenderemos aqui sobre a criação propriamente dita por termos abordado este problema em vários verbetes (por exemplo, CRIAÇÃO e ETERNIDADE — este último no que se refere à questão da eternidade do mundo). Santo Tomás sublinha que a criação "a partir de nada", *ex nihilo*, é concebível, porque não se trata de uma produção com base numa combinação de causa material e de causa eficiente, já que Deus é a única causa — isto é, a única causa eficiente — do mundo. Enfatiza também que a criação do nada se deve à infinita bondade de Deus, que "comunica" mediante criação sua perfeição. Isso não quer dizer que a criação seja necessária, e menos ainda que seja necessária a Deus. Deus é absolutamente livre. Mas é também absolutamente bom e absolutamente inteligente. Já se disse a esse respeito que na teologia de Santo Tomás predomina o "intelectualismo", como se disse que na de Duns Scot predomina o "voluntarismo". No entanto, deve-se levar em conta que para Santo Tomás nenhum dos atributos divinos é realmente distinto da essência divina, e que o "intelectualismo" tomista aparece mais como um "modo de pensar" em seu autor que como um conteúdo doutrinal específico. Evidentemente, Santo Tomás não advoga uma doutrina de *potentia absoluta* na medida em que semelhante doutrina tende a cercear o atributo da absoluta inteligência de Deus, mas isso não significa que Santo Tomás negue a *potentia divina*, o que ocorre é que ele tende a considerar esta *potentia* como "ordenada", sem por isso menoscabar a absoluta liberdade de Deus.

Os "motivos aristotélicos" no pensamento de Santo Tomás aparecem mais claramente que em qualquer outra parte em sua doutrina da estrutura dos entes criados. Fundamental nesta doutrina é a concepção das realidades criadas como substâncias. Neste sentido, Santo Tomás é "substancialista" e não, portanto, "fenomenista". Além disso, seu "substancialismo" é abonado, no seu entender, pelo senso comum ou, se se prefere, pela experiência e pela observação das coisas. Com efeito, o que se vê na realidade criada são substâncias que têm acidentes (os quais, além disso, se articulam de acordo com as categorias aristotélicas). Muitas mudanças nos entes criados são de caráter acidental. Há, contudo, mudanças de caráter substancial, quando uma substância passa a ser outra através de um processo no qual intervêm diversos agentes causais, de acordo com as quatro causas aristotélicas (ver CAUSA). Mas as mudanças substanciais requerem um substrato da mudança que não é nenhuma substância particular. Este substrato último da mudança é a chamada "matéria-prima". Sem "matéria-prima" não há nenhuma substância (criada), mas apenas com "matéria-prima" não há tampouco nenhuma substância (criada). É preciso uma forma substancial que faça de uma substância determinada o tipo de substância que é. Isso quer dizer que toda substância se compõe de matéria e forma. É o que se chamou doutrina hilemórfica da realidade natural ou hilemorfismo (VER).

A "matéria-prima" é pura potencialidade. A forma substancial não é, porém, pura atualidade, mas uma "informação" da matéria ou, como diz Santo Tomás, o primeiro ato do corpo físico. Isso não significa que haja "primeiro" uma "matéria" à qual se impõe "a seguir" uma forma: matéria e forma se implicam reciprocamente nos entes naturais; o que existe na Natureza é, pois, o que Aristóteles chamava "compostos". Ora, como a forma é o universal, isto é, o que "especifica" uma realidade, a forma não pode ser o princípio de individuação. Daí a tese tomista a respeito: o princípio de individuação dos entes naturais é a matéria. No entanto, como não pode ser a matéria como tal, que é potencialidade, Santo Tomás considera que o princípio de individuação é "a matéria determinada pela quantidade", *materia signata quantitate*; a qual, diga-se de passagem, é já de algum modo "forma" ou, pelo menos, está "formada".

Importante na doutrina tomista é a tese de que cada substância composta é determinada por uma única forma substancial e, por conseguinte, a recusa da doutrina da chamada "pluralidade de formas". Isso ocorre não somente nos corpos naturais desprovidos de racionalidade, mas no próprio homem: a alma — ou, mais exatamente, a alma humana, pois num sentido muito amplo de 'alma' se pode falar de "alma vegetativa", "alma sensitiva" etc. — é para Santo Tomás a única forma substancial do corpo humano que faz com que o homem seja o que é, e que funda, além disso, a unidade do homem como unidade do corpo e da alma. Santo Tomás se opôs à doutrina segundo a qual os anjos são compostos de matéria e forma; não pode ser assim porque os anjos são puros espíritos e, portanto, imateriais. Mas a limitação do hilemorfismo a "este mundo" não levou Santo Tomás a considerar que todos os espíritos puros fossem puros atos. Só Deus é ato puro; os anjos possuem alguma potencialidade. Isso significa que a composição com base em potência e ato não coincide completamente com a composição hilemórfica; a primeira tem maior alcance que a segunda. Pode-se perguntar agora qual é o alcance do que se poderia chamar "composição de essência e existência". Em princípio parece que esta "composição" tem maior alcance que qualquer outra, porque enquanto os anjos carecem de matéria e Deus carece de potencialidade — no sentido de ser ato puro —, de modo que há duas "esferas" nas quais se exclui por princípio respectivamente a matéria e a potencialidade, não há nenhuma "esfera" na qual não tenha uma função a relação entre essência e existência. Mas ainda que, num sentido, a relação em questão tenha um alcance (metafísico) maior que qualquer outra, em outro sentido ocorre que a "composição de essência e existência" — enquanto a primeira implica necessariamente a segunda — é válida somente para Deus. É a tese da distinção real de essência e existência nos seres criados, tão característica do tomismo. Trata-se de uma distinção de ordem metafísica e não física, pois essência e existência não são dois elementos ou realidades que possam "juntar-se" ou "compor-se". Deus não se compõe de essência e existência; ocorre apenas que em Deus elas não se distinguem. Nos seres criados não se requer necessariamente a existência; a única causa última de toda existência é Deus. No entanto, um ser criado existente não é concebível como uma essência à qual se "agregue" uma existência, de tal sorte que a essência poderia "existir" sem a essência e vice-versa. A essência não é uma "coisa" que exista. Tampouco a existência é um "acidente" extrínseco à essência. Essência e existência são separáveis nos entes criados como princípios metafísicos constitutivos.

Da concepção tomista do homem falamos em vários verbetes. Indiquemos aqui apenas que Santo Tomás se opõe tanto ao dualismo platônico, ou chamado "platônico", do corpo e da alma, quanto a toda redução "espiritualista" do corpo à alma e a toda redução "materialista" da alma ao corpo. Sendo a alma a forma substancial primeira e única do corpo humano, corpo e alma formam uma unidade. Isso não quer dizer que as faculdades da alma e as do corpo sejam idênticas; há, com efeito, segundo Santo Tomás, certas faculdades próprias unicamente da alma. Por isso a alma pode subsistir sem o corpo, mas a plena beatitude se alcança unicamente quando, com a ressurreição dos corpos, estes se "transfiguram" e se restabelece, numa ordem superior, a unidade do corpo e da alma. O que se pode chamar, *grosso modo*, a "psicologia" de Santo Tomás possui, portanto, um forte componente teológico (além de possuir um importante componente "natural"). Possui também um forte componente moral. Com efeito, em sua concepção do ser humano, Santo Tomás leva em conta "o fim do homem". Este fim é, como em Aristóteles, a felicidade, mas enquanto o Estagirita fazia culminar essa felicidade na "vida teórica" ou "contemplativa" (com os matizes que resenhamos no verbete PERFEIÇÃO, PERFEITO), Santo Tomás considera que inclusive a vida contemplativa é insuficiente a menos que seja entendida como contemplação e fruição, *fruitio*, de Deus. Isso não significa descartar outras espécies de felicidade e outros modos (ou, melhor, graus) de perfeição, mas significa subordiná-los a um fim último de caráter "teológico" que não entrava nos desígnios de Aristóteles. A rigor, esta aspiração do homem a seu próprio bem último é em grande parte o que faz do homem o que é, ao contrário dos demais entes criados que se encontram numa escala inferior à dos espíritos puros. O fim da atividade moral é para Santo Tomás o bem, mas este bem está fundado em Deus, único ser que é absolutamente o Bem. A essência última da felicidade como beatitude é a visão da essência divina, a qual é a essência do Bem (ou da Bondade ou do Bom). Por isso a reta vontade tende ao Bem, como a reta inteligência tende à Verdade (Bem e Verdade são transcendentais [ver TRANSCENDÊNCIA; TRANSCENDENTAL, TRANSCENDENTAIS] objetos diretos da vontade e da inteligência). Todos os demais bens não são fins últimos, mas não são descartados, porque são fins subordinados ao fim último e meios para alcançar este fim.

A tendência do pensamento de Santo Tomás ao equilíbrio se manifesta também em sua doutrina política e social. Parte dessa doutrina pode ser considerada como uma resposta aos problemas políticos, jurídicos e sociais da época de Santo Tomás. Assim, por exemplo, a idéia de que o Estado é uma instituição natural encaminhada a promover e proteger o bem comum — ao contrário dos que consideram que o Estado resulta da maldade dos homens, cujas tendência anárquicas o Estado vem a corrigir ou a suprimir, e dos que consideram que o Estado é a suprema instituição coletiva humana —, e que a Igreja é uma instituição que tem fins sobrenaturais, de sorte que o Estado não deve subordinar-se à Igreja como a um "Estado superior", mas sim subordinar-se a ela na medida em que a ordem natural está subordinada à ordem sobrenatural e na medida também em que a ordem sobrenatural aperfeiçoa a ordem natural. Mas parte considerável das doutrinas tomistas a respeito são também conseqüência de seu pensamento total teológico e filosófico, no qual cada ordem de realidade ocupa seu lugar numa hierarquia cujo primeiro princípio e último fim é Deus.

Muitas são as interpretações que foram dadas do pensamento de Santo Tomás. Destacamos dois grupos delas.

Por um lado, há as interpretações intelectualista e realista (em sentido amplo). A intelectualista, proposta por Pierre Rousselot (cf. obra citada na bibliografia), sustenta que "a inteligência é para Santo Tomás o sentido do real, mas que não é o sentido do real senão porque é o sentido do divino". O intelectualismo não é, pois, equivalente ao abstracionismo; pelo contrário, segundo Rousselot, o intelectualismo metafísico de Santo Tomás realça o valor daquilo que certos antiintelectualistas contemporâneos consideram como meras abstrações. Isto se deve ao fato de a inteligência ser uma vida e de a intelecção não ser um simples epifenômeno na superfície da "verdadeira vida". Por isso, Santo Tomás é fiel à tese constitutiva do intelectualismo ontológico e moral, a saber que *"há uma operação intelectual de eficácia infinita, e é o que chamamos Deus"*. A tese realista, em contrapartida, nega que esta interpretação do pensamento de Santo Tomás seja justa. Segundo J. Bofill y Bofill, defensor desta outra interpretação (cf. obra citada na bibliografia), a tese de Rousselot se baseia em uma restrição inadmissível do sentido dos termos 'inteligência' e 'contemplação' nos textos de Santo Tomás, com desconhecimento do papel central que desempenha o amor em sua filosofia. A escala dos seres fica centrada, segundo aquele autor, na perfeição que inclui a inteligência sem desagregação da Pessoa. Amor e inteligência não se contrapõem nem se impugnam; ambos brotam de uma raiz comum, que é o serem "dois momentos ou aspectos complementares *de um único dinamismo* (primeiro natural, depois consciente) pelo qual a Pessoa há de alcançar em Deus sua última e simplicíssima atualidade e perfeição".

Por outro lado, e especialmente no curso do presente século, sucederam-se uma série de interpretações fundadas na importância concedida em cada caso a um aspecto chave. Certos autores basearam sua interpretação nas noções de ato e potência; outros, na analogia de proporcionalidade; outros, na noção de participação; outros, na função que desempenham as expressões *esse* (enquanto "existência") e *actus essendi* (enquanto "ato de existir").

↪ Obras: aos primeiros escritos: *De ente et essentia,* 1242-1243, e comentário aos quatro livros de sentenças de Pedro Lombardo, 1253-1255, seguiram-se a *Quaestio disputata de veritate,* 1256-1259, e o tratado *Contra impugnantem Dei cultum et religionem,* 1256-1257. De 1259 a 1272 redigiu os comentários a Aristóteles (ao *De interpretatione,* aos *Analytica posteriora,* à *Physica,* à *Metaphysica,* à *Ethica,* ao *De anima,* aos *Parva naturalia,* ao *De coelo et mundo,* ao *De generatione et corruptione,* à *Politica*), assim como os comentários ao pseudoaristotélico *Liber de Causis,* aos tratados de Boécio *(De Trinitate, Liber de hebdomadibus)* e ao Pseudo-Dionísio *(De divinis nominibus).* Na mesma época escreveu, além do *Compendium theologiae ad Reginaldum* (1260), a *Summa contra Gentiles* ou *Summa de veritate fidei catholicae contra Gentiles,* em 1259-1260 e a *Summa theologica,* iniciada em 1265 e na qual trabalhou até muito depois. A tudo isso devem-se acrescentar muitas obras polêmicas e apologéticas: *De substantiis separatis,* 1260; *De rationibus fidei contra Sarracenos, Graecos et Armenos,* 1261; *Contra errores Graecorum,* 1261-1264; *De unitate intellectus contra Averroistas,* 1270; *De perfectione vitae spiritualis,* 1269-1270; *Contra retrahentes a religioso ingressu,* 1270; assim como os escritos menores: *De principiis naturae; De occultis operationibus; De mixtione elementorum; De motu cordis; De iudiciis astrorum; De aeternitate mundi contra murmurantes; De regime principium;* e, finalmente, as *Quaestiones disputatae* e *Quaestiones quodlibetales,* redigidas em diversos períodos.

Edição de obras: as principais edições de obras completas de Santo Tomás são: 18 vols., Roma 1570-1571, a mandado do papa Pio V; 18 vols., Veneza, 1594-1598, reimp. da anterior; 18 vols., Antuérpia, 1612, ed. C. Morelles; 23 vols., Veneza, 1745-1788, ed. B. M. de Rubeis; 25 vols., Parma, 1852-1873 (reimpressa em Nova York, 1948 ss.); 34 vols., Paris, 1872-1880, ed. E. Fretté e P. Maré. A edição encomendada por Leão XIII, chamada por isso *Editio Leonina,* começou a publicar-se em 1882. Desta edição crítica (que compreende também os comentários do Cardeal Cajetano e do Ferrariense) se imprimem também textos manuais com apenas o texto crítico leonino e sem o aparato crítico e os comentários, na chamada *Editio leonina manualis.* Ed. de *Opera omnia,* incluindo reimpressão das edições leoninas (Turim, 1939 ss.). — Há numerosas edições de textos separados, especialmente das duas Sumas. Edições da *Summa theologica* apareceram em 3 volumes, Roma, 1570-1571; Paris, 1663, ed. J. Nicolai; Pádua, 1698, 1712; Paris, 1846, ed. Migne; Roma, 1886; Paris, 1887-1889; Turim, 1894; Paris, 1895. Entre as do século XX figuram a edição em 5 vols., Paris, Blot, 1926 e seguintes; a edição da *Revue des Jeunes,* 1925 e seguintes; a edição feita pelos dominicanos e beneditinos da Alemanha e Áustria, 1933 e seguintes. Ademais, a edição da *Suma teológica,* na Biblioteca de Autores Cristãos (texto latino e espanhol, com introdução geral por Santiago Ramírez, tradução de Raimundo Suárez e introduções particulares, notas e apêndices de Francisco Muñiz, 1947ss.). A maior parte das edições separadas da *Summa theologica* (entre elas a *Editio leonina*) incluem os comentários do Cardeal Cajetano a que a seguir nos referiremos. — Das edições separadas da *Summa contra Gentiles* mencionamos: Veneza, 1476, 1480, 1524; Colônia,

1497, 1499, 1501; Paris, 1519; Antuérpia, 1567; Lião, 1587; a de Petri Ucelli em Roma, 1878 *ex codice autographo*; a de Desclée, Roma, 1904. Muito numerosas são também as edições de opúsculos separados, algumas delas, como a edição do *De ente et essentia*, por M.-D. Roland-Gosselin, 1926, contêm notas e comentários muito valiosos, tanto históricos quanto sistemáticos (mencionamos também a edição crítica [*Sermo seu tractatus de ente et essentia*] por J. Koch, com variantes de 24 manuscritos, 1963). — O mesmo ocorre com a edição do *Liber de causis* (com o texto do *Liber*) por H. D. Saffrey, *Sancti Thomae de Aquino Super librum de causis expositio*, 1954; com a ed. de *Tractatus de substantiis separatis*, por Francis J. Lescoe, 1963; com os comentários a *Peri hermeneias* e *An. Post.*, por Raymund M. Spiazzi, 1955; com a *Expositio super librum Boëthii de Trinitate*, por Brune Decker, 1955, e outras. — Os mais importantes comentários à *Summa theologica* incluem: Joannes Capreolus *(Defensiones theologiae divi Thomae)*, Veneza, 1483, reed. de C. Paban e Th. Pegues, 7 vols., Tours, 1900-1908; Tomás de Vio (Cardeal Cajetano) *(Commentaria in Summan theologicam S. Thomae Aquin.)*, Lião, 1540-1551, especialmente importante; B. de Medina *(In primam secundae Summae S. Thomae)*, Salamanca, 1577 [o mesmo autor comentou as questões 1-60 da parte terceira]; D. Báñez *(Scholastica commentaria in primam partem angelici Doct.)*, Salamanca, 1584-1588; Gabriel Vázquez *(Commentaria et disputationes* etc.), Lião, 1598 ss.; J. Medices *(Summae theologiae S. T. A. formalis explicatio)*, Veneza, 1614-1621; F. Suárez *(Commentaria et disputationes* etc.), Veneza, 1740-1751; F. Toletus *(In Summam th. S. Th. enarratio)*, ed. J. Paris, Roma, 1869-1870; Prosper *(Expositio littérale et doctrinale de la S. théol. de S. Th. d'A.)*, 1894; L. A. Paquet *(Disputationes theologicae seu Commentaria in S. th. S. Th.)*, 1899; L. Janssens *(S. theol. ad Modum Comm. in Aq. Summam)*, 1899 e seguintes; Th. Peguès *(Commentaire français littéral de la S. théol. de S. Th. d'A.)*, 1906-1913. Importantes a respeito são também as interpretações dos Conimbricenses e de João de Santo Tomás, hoje em dia considerado por alguns como o melhor exegeta de Santo Tomás. Trad. esp. com texto latino da *Editio critica leonina* de F. Barbado Viejo, com introdução geral de Santiago Ramírez.

Para comentários à *Summa contra Gentiles*, o texto clássico é o do Ferrariense *(In libros S. Thomae de Aquino contra Gentes Commentaria)*, Paris, 1552, reed. com o texto da *Summa*, por J. Sestili, Roma, 1898.

Bibliografia: P. Mandonnet e J. Destrez, *Bibliographie thomiste*, 1921; 2ª ed., rev., 1960. — Vernon J. Bourke, *Thomistic Bibliography 1920-1940*, 1945. — T. L. Miethe, V. J. Bourke, *Thomistic Bibliography, 1940-1978*, 1980. — E. Andujar, "La loi et le droit naturel chez S. T.: Une Bibliographie", *De Philosophie*, 3 (1982), 10-32. — R. Ingardia, *T. A.: International Bibliography, 1977-1990*, 1993. — Ver também a este respeito a bibliografia de NEOTOMISMO.

O léxico clássico é o de L. Schütz, *Thomas-Lexikon. Sammlung, Nebensetzung und Erklärung der in sämtlichen Werken des heiligen Thomas von Aquin vorkommenden Kunstausdrücke und wissenschaftlichen Aussprüche*, 1881; 2ª ed., 1895, reimp., 1957. — Um léxico posterior é: R. J. Deferrari, Sister M. Inviolata Barry, *A Complete Index of the Summa Theologica of St. Aquinas*, 1956.

Índice: Roberto Busa, *Index thomisticus*, 56 vols. (31 vols., 1974-1976; 25 vols., 1979-1980) [também em 300 fitas magnéticas; recolhe 10.600.000 palavras]: 4 seções: I, *Índices* (S. T. e outros autores), 10 vols.; II, *Concordâncias de S. T.*, 31 vols.; III, *Concordâncias de outros autores*, 8 vols.; IV, *Suplemento*, 4 tomos divididos em 7 vols. O índice e as concordâncias foram preparados por computador. Sobre a importância e características desta inovação técnica, ver: R. Busa, "L'*Index Thomisticus* e l'informatica filosofica", *Revue Internationale de Philosophie*, 27 (1973), 31-36. — A. G. Judy, "The *Index Thomisticus*: S. T. and IBM", *Listening*, 9 (1974), 105-118. — I. Biffi, "Il computer a servizio di S. T.: L'*Index Thomisticus*", *Rivista di Filosofia Neo-Scolastica*, 67 (1975), 777-782. — M. C. D. M. De Gandolfi, "El *Index Thomisticus* y la semántica lingüística", *Sapientia*, 47 (185) (1992), 229-234. — P. Guietti, "Hermeneutic of Aquina's Texts: Notes on the *Index Thomisticus*", *Thomist*, 57 (4) (1993), 667-686.

Biografia: A. Walz, *Th. von Aquin. Lebensgang und Lebenswerk des Fürsten der Scholastik*, 1953.

Em português: *Comentário ao* Tratado da Trindade de Boécio, 1999. — *Do governo dos príncipes ao rei de Chipre / Do governo dos judeus a duquesa de Brabante*, 1946. — *Escritos políticos*, 1997. — *Exposição sobre o Credo*, 1997. — *O ente e a essência*, 1995. — *Seleção de textos*, Os Pensadores, 1973. — *Sobre a diferença entre a palavra divina e a humana*, 1993. — *Sobre o ensino — Os sete pecados capitais*, 2001. — *Suma contra gentios*, vol. 1, s.d. — *Suma contra gentios*, vol. 2, s.d. — *Suma teológica*, 2001. — *Unidade do intelecto contra os averroístas*, 1999. — *Verdade e conhecimento*, 1999.

Para o problema dos manuscritos, cronologia e autenticidade dos escritos: R. J. Carle, *Histoire de la vie et des ouvrages de S. Thomas*, 1846. — Karl Werner, *Der heilige Thomas von Aquin*, 3 vols., 1858 ss. (o tomo I trata da vida e escritos; o tomo II, da doutrina; o tomo III, da "historia do tomismo"). — F. M. Cicognani, *Sulla vita e sulle opere di S. Tommaso di Aquino*, 1874. — H. Denifle, "Quellen zur Gelehrtengeschichte des Predigerordens im 13. und 14. Jahrhundert", *Archiv für Literatur- und Kirchengeschichte des Mittelalters*, II (1886) 165-248. — U. Chevalier, *Catalogue critique des oeuvres de S. Thomas d'Aquin*, 1886. — Antonio Berjón y Vázquez,

Estudios críticos acerca de las obras de Santo Tomás de Aquino, 1899. — Pierre Mandonnet, *Des écrits authentiques de St. Thomas d'Aquin*, 1910; 2ª ed., rev., 1910 (do mesmo autor ver seu trabalho em *Revue des sciences philosophiques et théologiques*, 9 [1920], 142-152). — A. Michelitsch, *Thomasschriften. Untersuchungen über die Schriften Thomas von Aquin. I. Bibliographisches*, 1913. — Martin Grabmann, *Die echten Schriften des hl. Thomas von Aquin*, 1920; 2ª ed., 1931; 3ª ed., 1952 (esta última com o título: *Die Werke des hl. Thomas von Aquin*). — J. Destrez, *Études critiques sur les oeuvres de Saint Thomas d'Aquin d'après la tradition manuscrite*, I, 1933.

Para a estrutura da obra de Santo Tomás (língua, procedimentos de exposição etc.): M.-D. Chenu, *Introduction à l'étude de saint Thomas d'Aquin*, 1950; 2ª ed., 1954.

As obras sobre as doutrinas de Santo Tomás são muito numerosas. Entre as obras gerais citamos (além da de K. Werner mencionada *supra*): Charles Jourdain, *La philosophie de Saint Thomas d'Aquin*, 2 vols., 1858, reimp., 1963. — P. Rousselot, *A teoria da inteligência segundo Tomás de Aquino*, 2000. — A.-D. Sertillanges, *Saint Thomas d'Aquin*, 2 vols.; nova ed., 1940-1941. — Martin Grabmann, *Thomas von Aquin. Eine Einführung in seine Persönlichkeit und Gedankenwelt*, 1912. — E. Rolfes, *Die Philosophie von Thomas von Aquin*, 1920. — É. Gilson, *Le Thomisme. Introduction à la philosophie de Saint Thomas d'Aquin*, 1920; 5ª ed., 1944. — *Id.*, *Saint Thomas d'Aquin*, 1927. — E. Peillaube, *Introduction à la philosophie de S. Thomas*, 1926. — Jacques Maritain, *Le docteur angélique*, 1929. — G. M. Manser, *Das Wesen des Thomismus*, 1931; 2ª ed., 1935; 3ª ed., atualizada por P. Wyser, 1953. — M. C. d'Arcy, *Thomas Aquinas*, 1931. — A. Masnovo, *Introduzione alla filosofia di S. Tommaso*, 1946. — L. Jugnet, *La pensée de Saint Thomas d'Aquin*, 1949. — J. Bofill y Bofill, *La escala de los seres o el dinamismo de la perfección*, 1950. — H. D. Gardeil, *Initiation à la philosophie de Saint Thomas d'Aquin*, 4 vols., 1951 ss. — P. Grenet, *Le thomisme*, 1953. — F. C. Copleston, *Aquinas*, 1955. — Armand A. Maurer et al., eds., *St. Thomas Aquinas 1274-1974: Commemorative Studies*, 2 vols., 1974. — J. A. Weisheipl, *Friar Th. d'A., His Life, Thought and Works*, 1974. — A. Hufnagel, ed., *Atti del Congresso Internazionale T. d'A. nel suo settimo centenario*, 1978. — A. Zimmermann, ed., *T. v. A. Werk und Wirkung im Lichte neuerer Forschungen*, 1987.

— Além dessas obras devem ser levados em conta os capítulos dedicados a Santo Tomás em obras sobre a filosofia medieval ou alguns de seus aspectos (É. Gilson, M. Grabmann, O. Lottin etc.).

Entre as obras dedicadas a diversos aspectos capitais no pensamento de Santo Tomás, mencionaremos as seguintes. Para a teologia, ver algumas das obras sobre as provas tomistas na bibliografia do verbete DEUS (E. Rolfes *et al.*).

Para a metafísica: M. Grabmann, *Doctrina S. Thomae de distinctione reali inter essentiam et esse ex documentis ineditis saeculi XIII illustrata*, 1924. — A. Forest, *La structure métaphysique du concret selon Saint Thomas d'Aquin*, 1931. — A. Marc, *L'idée de l'être chez Saint Thomas et dans la scolastique postérieure*, 1931. — J. de Finance, *Être et agir dans la philosophie de Saint Thomas*, 1945. — B. F. Brown, *Accidental Being: A Study in the Metaphysics of S. Th. A.*, 1985. — M. Lu, *Critical Theoretical Inquiry on the Notion of Act in the Metaphysics of Aristotle and S. Th. A.*, 1992. — Ver também algumas das obras citadas na bibliografia do verbete PARTICIPAÇÃO, especialmente C. Fabro e L. B. Geiger.

Para a cosmologia: F. Beemelmanns, *Zeit und Ewigkeit nach Thomas von Aquin*, 1914 [Beiträge zur Geschichte der Philosophie des Mittelalters, XVII, 1]. — J. M. Marling, *The Order of Nature in the Philosophy of St. Thomas Aquinas*, 1934. — J. Legrand, *L'homme et l'univers dans la philosophie de Saint Thomas d'Aquin*, 2 vols., 1946. — O. Blanchette, *The Perfection of the Universe According to A.: A Teleological Cosmology*, 1992.

Para a idéia do conhecimento: M. Grabmann, *Der göttliche Grund menschlicher Wahrheitserkenntnis nach Augustinus und Thomas von Aquin*, 1924. — A. Hufnagel, *Intuition und Erkenntnis nach Thomas von Aquin*, 1924. — L. Noël, *Notes d'épistémologie thomiste*, 1925. — B. S. Romeyer, *Saint Thomas et notre conaissance de l'esprit humain*, 1928. — J. de Tonquédec, *Les principes de la philosophie thomiste. La critique de la connaissance*, 1929. — Paul Wilpert, *Das Problem der Wahrheitssicherung bei Thomas von Aquin*, 1931 [Beiträge zur Geschichte der Philosophie des Mittelalters, XXX, 3]. — J. Péghaire, *Intellectus et Ratio selon S. Thomas d'Aquin*, 1936. — K. Rahner, *Geist in Welt. Zur Metaphysik der endlichen Erkenntnis bei Thomas von Aquin*, 1939. — José de Ercilla, *De la imagen a la idea. Estudio crítico del pensamiento tomista*, 1960. — J. Moreau, *De la connaissance selon S. Th. d'A.*, 1976. — M. D. Jordan, *Ordering Wisdom: The Hierarchy of Philosophical Discourses in A.*, 1986. — E. Arroyabe, *Das reflektierende Subjekt. Zur Erkenntnistheorie des T. v. A.*, 1988. — A. A. Maurer, *Being and Knowing: Studies in Th. A. and Later Medieval Philosophers*, 1991. — R. McInerny, *A. Against the Averroists: On There Being Only One Intellect*, 1993. — A. Kenny, *A. on Mind*, 1993. — Ver também P. Rousselot, *op. cit. supra*.

Para a concepção do homem e a relação entre Deus e o homem: J. Durantel, *Le retour à Dieu par l'intelligence et la volonté dans la philosophie de Saint Thomas d'Aquin*, 1920. — L. E. O'Mahoney, *The Desire of God in the Philosophy of St. Thomas Aquinas*, 1929. — A. C. Pegis, *St. Thomas and the Problem of the Soul in the Thirteenth Century*, 1934. — L. J. Elders, *The Philosophical Theology of St. Th. A.*, 1990. — J. Barad, *Consent: The Means to an Active Faith According to S. T. A.*, 1992.

Para as doutrinas políticas e morais: P. Rousselot, *Pour l'histoire du problème de l'amour au moyen âge*, 1908. — Martin Grabmann, *Die Kulturphilosophie des heiligen Thomas von Aquin*, 1925. — O. Lottin, *Le droit naturel chez S. Thomas et ses prédécesseurs*, 1926. — Josef Pieper, *Die ontische Grundlage des Sittlichen nach Thomas von Aquin*, 1929. — L. Lehu, *La raison, règle de la moralité d'après Saint Thomas d'Aquin*, 1930. — E. Kurz, *Individuum und Gemeischaft beim heiligen Thomas von Aquin*, 1932. — G. Michel, *La notion thomiste du bien commun*, 1932. — M. P. Malloy, *Civil Authority in Medieval Philosophy: Lombard, Aquinas and Bonaventure*, 1985. — J. F. Keenan, *Goodness and Rightness in Th. A.'s* Summa Theologiae, 1992. — R. McInerny, *A. on Human Action: A Theory of Practice*, 1992.

Sobre vários outros aspectos ou temas: T. de Régnon, *La métaphysique des causes d'après Saint Thomas et Albert le Grand*, 1906. — M. de Wulf, *Études historiques sur l'esthétique de saint Thomas d'Aquin*, 1896. — M.-D. Chenu, *Saint Thomas et la théologie*, 1959. — G. Pöltner, *Schönheit. Eine Untersuchung zum Ursprung des Denkens bei Th. v. A.*, 1978.

Entre os verbetes enciclopédicos sobre a filosofia de Santo Tomás destaca-se o de R. Garrigou-Lagrange, "Thomisme", no *Dictionnaire de théologie catholique*, ed. Vacant-Mangenot-Amman, vol. XV, col. 823-1022. **c**

TOMÁS DE ARGENTINA. Ver Egídio Romano.

TOMÁS DE ERFURT (*fl.* 1325). Foi um dos autores medievais que contribuíram para o desenvolvimento da gramática especulativa (ver). É autor do tratado *De modis significandi* ou *Grammatica speculativa*, que durante muito tempo foi atribuído a outros autores — Alberto da Saxônia, Duns Scot (a este último por ter-se incluído o escrito na edição de Wadding de 1619) etc. — até que em 1922 Martin Grabmann demonstrou ter sido escrito por Tomás. Utilizando como base os estudos gramaticais de Donato e Prisciano e as investigações semânticas sobre a "Interpretação" de Aristóteles, Porfírio e Boécio, Tomás de Erfurt levou a cabo uma análise dos modos de significar ativos e passivos, de suas origens, da distinção entre modos de significar e modos de entender e de ser. Esses modos são examinados detalhadamente em cada uma das partes da oração com especial consideração do nome (ver). O tratado inclui também um estudo dos problemas semânticos que o discurso (ver) coloca.

➲ *Gramática especulativa*, 1947.

Ver: M. Grabmann, "De Thoma Erfordiensi auctore Grammaticae, quae Joanni Scoto adscribitur speculativae", *Archivum Franciscanum Historicum*, 15 (1922), 273-277. — *Id.*, "Thomas von Erfurt und die Sprachlogik des mittelalterlichen Aristotelismus", *Sitzungsberichte*, Munique, 1943. — S. Buchanan, "An Introduction to the *De modis significandi* of Thomas of Erfurt", *Philosophical Essays for A. N. Whitehead*, 1936, pp. 67-89. — O livro de M. Heidegger, *Die Kategorien- und Bedeutungslehre des Duns Scotus*, 1916, se refere à obra de T. de Erfurt embora atribuindo-a a Duns Scot. **c**

TOMÁS DE SUTTON, Thomas de Shutona (*ca.* 1250, Cambridge-*ca.* 1315/1320, Oxford). Da Ordem dos Pregadores, mestre em Oxford aproximadamente a partir de 1300, foi um dos mais fervorosos defensores das doutrinas de Santo Tomás de Aquino. Defendeu-as primeiro contra os agostinianos (especialmente contra Henrique de Gand) e em seguida contra Duns Scot e os scotistas. Com efeito, encontramos em Tomás de Sutton uma polêmica contra os que negam a distinção real entre a essência e a existência e contra os que afirmam a tese da pluralidade das formas. Embora adversário, entre outros, de Egídio Romano, fez-se notar que no curso da polêmica em favor das posições tomistas Tomás de Sutton recolheu também alguns motivos das teorias de seus oponentes.

➲ Obras: *De pluralitate formarum, De productione formae substantialis*, dois *Quodlibeta* contra os agostinianos e dois contra os scotistas, várias *Quaestiones disputatae* e o *Liber propugnatorius*. — O *De pluralitate* é incluído em muitas edições dos *Opuscula* de Santo Tomás.

Edição de obras: Edição de *Quaestiones de reali distinctione inter essentiam et esse*, por F. Pelster, 1929. — Edição de *Liber propugnatorius* por M. Schmaus, 1930. — Edição de *Quodlibeta*, por M. Schmaus, em colaboração com María González-Hara, 1969. **c**

TOMÁS DE VIO. Ver Cajetano (Cardeal).

TOMÁS DE YORK († *ca.* 1260). Um dos amigos e seguidores de Adão de Marsh e um dos franciscanos da chamada escola de Oxford (ver) do século XIII, desenvolveu em sua *Sapientiale*, chamada às vezes *Metaphysica*, uma *"summa"* de metafísica na qual o aristotelismo, os comentadores árabes e judeus aristotélicos e neoplatônicos e a tradição patrística se fundem numa exposição sistemática que trata de Deus (Livro I), da origem do ser e do começo do mundo (II), do ente como ente (III), das divisões ou articulações do ente (IV), de suas propriedades transcendentais e especialmente da verdade (V), e do ente especial ou objeto da *Metaphysica specialis* (VI). Tomás de York defende uma universalidade da matéria em todos os entes criados, e considera que a privação tem algum modo de ser, mas a matéria não é concebida do mesmo modo em todos os seres: a matéria dos entes corruptíveis, determinada pela privação, não é a mesma que a dos corpos celestes, que possui dimensões, e que a matéria universal. As influências de Avicebron são, portanto, patentes nesta doutrina da composição de matéria e forma de todos os entes, incluindo os espirituais. Matéria e forma, ou potência e ato, coexistem sempre, pois, em todos os entes criados. Ora, dado que a união de matéria e forma é uma composição, e dado que nenhuma delas pode por si mesma causar o composto, Tomás de York sustenta que é necessária a intervenção de um agente que o produza, agente que, quando se trata da união da primeira forma e da primeira matéria, tem de ser o Criador. A influência de Avicebron se mostra, por outro lado, não apenas na doutrina da composição hilemórfica, mas também na das inteligências, que têm uma matéria, e na do modo de conhecimento do inteligível, que não se reduz a uma abstração do sensível, pois a alma também possui conhecimentos que são "causados" de certo modo pelo mesmo Deus.

➲ Além do *Sapientiale*, Tomás de York escreveu o *Manus quae contra Omnipotentem tenditur*.

Ver: M. Grabmann, *Die Metaphysik des Thomas von York*, 1913 [Beiträge zur Geschichte der Philosophie des Mittelalters, Supp. I]. — E. Longpré, "Thomas d'York O. F. M., a première Somme métaphysique du XIIIe siècle", *Archivum Franciscanum Historicum*, 19 (1926), 875-920. — D. E. Sharp, *Franciscan Philosophy at Oxford in the Thirteenth Century*, 1920, pp. 40-114. — J. P. Reilly, "Th. de York on the Efficacy of Secondary Causes", *Medieval Studies*, 15 (1953), 225-232. — C. A. Lertora Mendoza, "El método filosófico según *Sapientiale* de T. de Y.", *Revista de Filosofia* (México), 23 (67) (1990), 53-62. ℭ

TOMISMO. Designamos com este nome a influência exercida pela filosofia de Santo Tomás de Aquino. Essa influência se manifestou de modos muito diversos, e com maior ou menor intensidade, desde o século XIII até o presente. Durante três períodos, contudo, ela se destacou particularmente. O primeiro deles, nos séculos XIII e XIV (e começos do XV). O segundo, na segunda metade do século XVI e começos do XVII. O terceiro, de meados do século XIX até o presente. Tratamos deste último período no verbete sobre o Neotomismo. O termo 'tomismo' — que em várias ocasiões é usado como designação do pensamento de Santo Tomás e dos desenvolvimentos gerais dados ao mesmo — é tomado, pois, no presente verbete como abarcando os dois primeiros períodos citados. Nós nos limitaremos aqui, de resto, a descrever brevemente as discussões ocorridas em torno da filosofia de Santo Tomás em sua própria época e imediatamente depois de sua morte, e a mencionar alguns dos representantes das chamadas escolas tomistas posteriores.

A filosofia de Santo Tomás suscitou desde o começo grande interesse e numerosas polêmicas. Por um lado, parecia consistir em uma aristotelização conseqüente, e neste sentido era vista com pouca simpatia pelos que seguiam as vias então tradicionais do agostinismo (VER). Por outro lado, afastava-se em pontos muito capitais de Aristóteles, e neste sentido não era acolhida com grande entusiasmo pelos mais fiéis seguidores do Estagirita e dos grandes comentadores do mesmo. Era de se esperar que ela ficasse comprimida e, por fim, aniquilada entre tendências opostas. E contudo o caráter original e, sobretudo, completo da "síntese tomista", centrada na concepção de Deus como puro ato de ser, fê-la estender-se prontamente por círculos amplos. Isso não ocorreu sem resistências. A primeira surgiu dentro da própria Ordem dos Pregadores à qual pertencia o filósofo. O agostinismo parecia ter se entrincheirado definitivamente nela, de modo que a oposição ao tomismo adotou a forma de uma defesa da tradição agostiniana (ou do que se considerava ser tal tradição) e como uma tentativa de opor-se às teses averroístas que, segundo vários autores, se haviam infiltrado excessivamente no pensamento metafísico e teológico de Santo Tomás. Fatos significativos a respeito são a condenação pelo Chanceler da Universidade de Paris, Estêvão Tempier, em 7 de março de 1277, de uma série de proposições defendidas por teólogos que haviam "aristotelizado" demasiadamente a teologia. Em 18 de março do mesmo ano, o arcebispo de Cantuária, Roberto Kilwardby, se opôs a outra série de proposições, considerando-as não como heréticas, mas sim como errôneas. Embora a famosa condenação parisiense de 1277 se dirigisse contra o chamado averroísmo (VER) latino, o que Gilson chamou "a reação teológica" abarcava também o tomismo.

Na oposição a este se destacou o franciscano João Pecham, sucessor de Roberto Kilwardby no arcebispado de Cantuária. Não obstante, na mesma época em que se manifestava tal oposição, numerosos teólogos e filósofos já se sentiam inclinados para as doutrinas de Santo Tomás. Em finais do século XIII, mais fortalecido que debilitado pelas numerosas controvérsias filosóficas que ocorreram entre 1277 e 1300, particularmente sobre o problema da pluralidade de formas na alma humana e sobre a questão da relação entre a essência e a existência nos entes criados, o tomismo tinha ganhado posições muito fortes. A partir desse momento começaram as chamadas escolas tomistas. Estas se enfrentaram primeiro com o scotismo (VER), a seguir com o ockhamismo (VER), finalmente com outras correntes bem variadas. Mas a continuidade do que já deste então se pode chamar a tradição tomista não se interrompeu. Em vários momentos o tomismo pareceu retroceder consideravelmente mesmo dentro dos que permaneciam fiéis aos modos escolásticos. Mas em outros — como os que citamos no começo deste verbete — ele experimentou uma renovação considerável. Referimo-nos a alguns dos mais destacados representantes das escolas tomistas até o século XVII.

É usual entre os historiadores da filosofia agrupar os representantes do tomismo por nações. Seguindo a classificação apresentada no estudo bibiliográfico de P. Wyser, nos referiremos a vários tomistas — quase todos eles dominicanos — dos séculos XIII e XIV na Itália, Espanha, França e Inglaterra. Entre os tomistas italianos se destacaram Durandellus (*fl. ca.* 1300), Remigius di Chiari de' Girolami, de Florença († 1319), Gratia Dei de Ascoli († 1341) e João Regina de Nápoles († depois de 1350). Entre os tomistas na Espanha se destacaram Ramón Martí (*ca.* 1320-1386), que em seu *Pugio fidei* se opôs muito decididamente ao lulismo, e Nicolás Eymerich (*ca.* 1320-1399). Dos tomistas franceses mencionamos Bernardo de Trilia (*ca.* 1240-1292), Hugo de Billon (1230/1240-1297), Pedro de Auvérnia ou Pierre du Croc († 1304), Egídio de Lessines, Herveu Natalis ou Hervé Nédéllec († 1423), Durando de Aureliaco († 1332), Guilherme Petri de Godino (*ca.* 1260-1336) e Pedro de Palude ou de la Palu (*ca.* 1280-1342). Dos tomistas ingleses, Ricardo de Knapwell ou Clapwell († depois de 1288), Roberto de Oxford ou Erfort (fins do século XIII) e, sobretudo, Tomás de Sutton. A obra destes tomistas foi continuada no século XV por vários autores — também quase todos dominicanos — dos mesmos países e também da Bélgica e da Alemanha. Ora, no século XV não somente houve um desenvolvimento das doutrinas tomistas — patentes em autores como Pedro de Bérgamo († 1482) e Paulo Soncinas († 1494), da Itália; Herveu de Cauda († 1360), da França; Domingo de Flandern [Balduin Lottin] (*ca.* 1425-1479), da Bélgica, e Henrique de Herford († 1370), João Krosbein e Gerardo de Monte ou van den Berge († 1480), da Alemanha —, como também houve os primeiros esforços para um comentário e restauração do pensamento de Santo Tomás representados na obra de João Capreolo.

O segundo período ao qual nos referimos no começo deste verbete é o da chamada segunda escolástica. O florescimento do tomismo durante essa época foi notável. Com efeito, consideram-se tomistas, por um lado, alguns dos maiores comentadores de Santo Tomás, tais como o Cardeal Cajetano e Francisco de Ferrara, e pelo outro alguns dos mais destacados filósofos escolásticos da época, como os espanhóis Francisco de Vitoria, Domingo de Soto, Domingo Báñez e outros a quem dedicamos verbetes específicos. Destaca-se também entre os tomistas da época João de Santo Tomás. E é preciso incluir nesta corrente algumas importantes obras coletivas tais como as coleções do *Collegium Complutenses philosophicum* (dos carmelitas de Alcalá de Henares), do *Collegium Salmanticenses* (dos carmelitas de Salamanca) e do *Collegium Conimbricensis* (da Universidade de Coimbra). A importância adquirida durante o período pelos tomistas ibéricos não significa, porém, que o tomismo tivesse ficado confinado a Portugal e Espanha; encontramos tomistas em outros países, tais como Silvestre Mauro (1619-1687), Salvador Roselli († 1784) na Itália; Pedro Crockart († 1514) na Bélgica; Antonio Réginald (1605-1676), Antonio Goudin (1640-1695),

C. R. Billaurt (1685-1757), na França, e Agostinho Refling († 1650) e L. Babenstuber (1660-1726), na Alemanha. A maior parte desses tomistas pertenceram também à Ordem dos Pregadores. Durante o século XVIII o tomismo não desapareceu por inteiro: há ainda notáveis exposições sistemáticas da doutrina tomista. Mas a vitalidade da doutrina foi consideravelmente menor que nos séculos anteriores, no curso dos quais os tomistas tiveram parte muito ativa nas grandes controvérsias teológicas e teológico-filosóficas da época.

⊃ Bibliografia em *Der Thomismus*, por Paul Wyser, 1951 [Bibliographische Einführungen in das Studium der Philosophie, 15-16, ed. I. M. Bocheński]. — Ver também "Bibliografia" e "Índice" no verbete Tomás de Aquino.

Ver: K. Werner, *Thomas von Aquino. III. Geschichte des Thomismus*, 1859. — F. Ehrle, "Der Kampf um die Lehre des heiligen Thomas von Aquin in den ersten fünfzig Jahren nach seinem Tod", *Zeitschrift für katholische Theologie* (1913), 266-318. — Martin Grabmann, "Die italienische Thomistenschule des XIII und beginnen den XIV. Jahrhunders", em *Rivista di filosofia neo-scolastica* (1923), 97-155, reed. em *Mittelalterliches Geistesleben*, III, 1956, pp. 332-390. — *Id.*, "Forschungen zur Geschichte der ältesten deutschen Thomistenschule des Dominikanerordens", *Xenia Thomistica*, III (1925), 189-231, ampliado em *Mitt. Geist.*, III, pp. 391-431. — D. A. Callus, *The Condemnation of St. Thomas at Oxford*, reimp., 1955. — Frederick J. Roensch, *Early Thomistic School*, 1964. — Giuseppe Muzio, *Il tomismo oggi: Note e discussioni*, 1966. — Paul Oskar Kristeller, *Le thomisme et la pensée italienne de la Renaissance*, 1967 (Conférence Albert-le-Grand, 1965). — N. Bathen, *Thomistische Ontologie und Sprachanalyse*, 1988. — V. B. Brezik, ed., *One Hundred Years of Thomism*, 1981. — M. M. Spangler, *Principles of Education: A Study of Aristotelian Thomism Contrasted with Other Philosophies*, 1983. — G. A. McCool, *From Unity to Pluralism: The Internal Evolution of Thomism*, 1989.

Algumas das obras mencionadas na bibliografia do verbete sobre Santo Tomás também podem ser usadas para o estudo das correntes tomistas e, evidentemente, para o estudo do complexo doutrinal tomista.

Sobre as chamadas "teses tomistas" ver especialmente: G. Mattiussi, *Le XXIV Tesi della filosofia di S. T. d'Aquino approvate dalla s. Congregazione degli studi*, 1917. — E. Hugon, *Les vingt-quatre thèses thomistes*, 1927. — M. D. Sertillanges, *Les grandes thèses de la philosophie thomiste*, 1928. — Carlo Giacon, *Le grandi tesi del tomismo*, 1948; 3ª ed., 1967. — Gustav Siewerth, *Der Thomismus als Indentitätsystem*, 2ª ed., rev., 1961. — Ver também a bibliografia de Neotomismo. ⊂

TOMMASI, SALVATORE (1813-1888). Nascido em Nápoles, estudou medicina. Ensinou fisiologia em Pavia e em Nápoles. Tommasi se opôs às tendências hegelianas e idealistas, defendendo uma concepção naturalista e positivista da ciência e especialmente da medicina. O naturalismo de Tommasi não foi, contudo, um materialismo completo; em todo caso, considerou que embora os processos mentais estejam ligados a fenômenos corporais, eles têm uma organização própria que pode ser estudada independentemente e de um modo experimental.

⊃ A obra mais importante de S. T. são suas *Istituzioni di fisiologia*, 1847. — Seleção de escritos no volume *Il naturalismo moderno*, 1913, ed. A. Anile.

Ver: M. di Giandomenico, *S. T., medico e filosofo*, 1965. ⊂

TOMS, ERIC. Ver Negação.

TONGIORGI, SALVATORE. Ver Neo-escolástica.

TÖNNIES, FERDINAND (1855-1936). Nascido em Oldensworth (Schleswig-Holstein), estudou em Iena, Leipzig, Bonn, Berlim e Tübingen, doutorando-se nesta última universidade em 1877. Foi "professor extraordinário" (1908-1909) e professor titular (1909-1933) na Universidade de Kiel.

Influenciado pelo "voluntarismo" de Friedrich Paulsen e Wilhelm Wundt e interessado na filosofia política e social, especialmente a de autores como Hobbes e Marx, Tönnies se dedicou a investigações sociológicas. Sua mais importante e conhecida contribuição à sociologia e à filosofia social é sua tentativa de análise e, ao mesmo tempo, de síntese de dois tipos básicos de organização social: uma é a organização social natural, descrita por Aristóteles com base na sociabilidade do homem; outra é a organização social "artificial" ou contratual, descrita por Hobbes com base na necessidade de que os homens cheguem a um acordo acerca dos modos de se associarem. A primeira forma de organização social é chamada por Tönnies "comunidade" *(Gemeinschaft)*; a segunda é chamada "sociedade" *(Gesellschaft)*. Nenhuma das duas existe em seu estado puro: 'comunidade' e 'sociedade' são nomes que designam conceitos-limites ou tipos ideais de organização. A contraposição entre comunidade e sociedade é a contraposição entre o originado naturalmente e o contratual, o orgânico e o "mecânico". A comunidade possui uma estrutura cuja unidade não é o produto de uma adição ou soma de elementos, mas um conjunto que, ao surgir espontaneamente, possui todos os caracteres de uma totalidade orgânica, uma vez que a sociedade é o resultado do predomínio dos elementos mecânicos, artificiais e racionais que substituem as unidades originárias da família, da tribo e da aldeia pelos conjuntos construídos mediante uma reflexão consciente sobre os fins, como a grande cidade ou o Estado. Cada uma destas entidades possui não somente uma estrutura psicológica própria como também uma forma social e econômica determinada por seu modo de vida e suas relações.

Tönnies se distinguiu, além disso, por seus estudos sobre Hobbes e por suas análises de diversos fenômenos sociais (como o da opinião pública). Em todos estes trabalhos procurou manter-se fiel à sua idéia da filosofia como "fundamentação de um ideal de vida", os aspectos práticos e valorativos foram acentuados por Tönnies acima dos especulativos e teóricos.

⊃ Obras: *Gemeinschaft und Gesellschaft*, 1887. — *Hobbes' Elements of Law*, 1889. — *Ethische Kultur und ihre Geleite*, 1892 *(A cultura ética e seus diretores)*. — *Hobbes Leben und Lehre*, 1896; 2ª ed., aum., 1912; 3ª ed. por G. Mehlis, 1925; nova ed. por Karl-Heinz Ilting, 1970-1971. — *L'évolution sociale en Allemagne*, 1896. — *Nietzsche-Kultus*, 1897. — *Grundtatsachen des sozialen Lebens*, 1897 *(Fatos fundamentais da vida social)*. — *Politik und Moral*, 1901. — *Philosophische Terminologie in psychologisch-soziologischer Ansicht*, 1906 *(Terminologia filosófica em sentido psicológico-sociológico)*. — *Die Entwicklung der sozialen Frage*, 1907. — *Das Wesen der Soziologie. Neue Zeit- und Streitfragen*, 1907 *(A essência da sociologia. Novas questões atuais e polêmicas)*. — *Die Entwicklung der Soziologie in Deutschland im 19. Jahrhundert*, 1908 *(A evolução da sociologia na Alemanha no século XIX)*. — *Die Sitte*, 1909 *(O costume)*. — *Weltkrieg und Völkerrecht*, 1917 *(Guerra mundial e direito das gentes)*. — *Marx' Leben und Lehre*, 1921 *(Vida e doutrina de Marx)*. — *Dioskuren*, 1922. — *Kritik der öffentlichen Meinung*, 1922 *(Crítica da opinião pública)*. — *Soziologische Studien und Kritiken*, 3 vols., 1925-1929 *(Estudos e críticas sociológicas)*. — *Fortschrift und soziale Entwicklung*, 1926 *(Progresso e evolução social)*. — *Einführung in die Soziologie*, 1931. — *Der Geist der Neuzeit*, 1935 *(O espírito da época moderna)*. — *F. T. e F. Paulsen, Briefwechsel 1876-1908*, 1961, ed. O. Klose et al.

Depoimento em *Die Philosophie der Gegenwart im Selbstdarstellungen*, III (1922).

Bibliografia: R. Fechner, *F. T. — Bibliographie*, 1985.

Ver: Victor Leemanns, *T. et la sociologie contemporaine en Allemagne*, 1923. — Josef Leif, *Les catégories fondamentales de la sociologie de T.*, 1946. — Fritz Pappenheim, *The Alienation of Modern Man: An Interpretation Based on Marx and T.*, 1959, reimp., 1968. — Alfred Bellebaum, *Das soziologische System von F. T. unter besonderer Berücksichtigung seiner soziographischer Untersuchungen*, 1966. — E. G. Jacoby, *Die moderne Gesellschaft im sozialwissenschaftlichen Denken von F. T. Eine biographische Einführung*, 1971. — H. Libersohn, *Fate and Utopia in German Sociology, 1870-1923*, 1988. ⊂

TONQUÉDEC, JOSEPH DE (1868-1962). Nascido em Morlaix (Finistère), ingressou na Companhia de Jesus. Joseph de Tonquédec representa, dentro do neotomismo (ver) contemporâneo, a posição comumente chamada intelectualista e resolutamente adversária da filosofia de Blondel, assim como do pensamento de Bergson e de E. Le Roy. O imanentismo é, com efeito, a seu ver, uma falsa interpretação do ato do conhecimento. Este não exige tampouco a "ação", pois a "ação" conduz à subjetividade e ao idealismo. A manutenção da objetividade do conhecimento requer, portanto, uma transcendência do sujeito e da consciência, os quais, encerrados em si, são incapazes de toda representação. Ora, o conhecimento representativo está mais aquém ou, se se quiser, mais além de toda fabricação ou imposição de formas, de qualquer índole que estas sejam concebidas. O aspecto "passivo" da apreensão é, portanto, energicamente sublinhado por Joseph de Tonquédec. Mas esta passividade não é nunca subjetividade no sentido do imanentismo ou da filosofia transcendental: a validade da abstração intuitiva é suficiente para explicar a apreensão mencionada. Mas isto é possível porque há previamente uma concordância da inteligência com seu objeto e porque a inteligência é capaz, objetiva e extrinsecamente, de capturar pelo menos o aspecto formal do ser.

⊃ Obras: *La notion de vérité dans la "Philosophie nouvelle"*, 1908 [coletânea de artigos publicados antes em *Études* (1907) sobre Édouard Le Roy e outros "bergsonianos"]. — *Immanence. Essai critique sur la doctrine de M. M. Blondel*, 1913; 4ª ed., 1953. Esta obra foi reelaborada no volume: *Deux études sur* La Pensée *de M. M. Blondel. La doctrine de la connaissance, la question du surnaturel. Avec un appendice sur le désir naturel de Dieu*, 1936. — *Introduction à l'étude du merveilleux et du miracle*, 1916; 3ª ed., 1923. — *L'oeuvre de Paul Claudel*, 1917. — *Comment interpréter l'ordre du monde? À propos du dernier ouvrage de M. Bergson. Une preuve facile de l'existence de Dieu: l'ordre du monde*, 1918. — *C. K. Chesterton: ses idées et son caractère*, 1920. — *Les principes de la philosophie thomiste. I. La critique de la connaissance*, 1929; 3ª ed., 1961. *II. La philosophie de la nature.* Part 1: *La Nature en général*, 3 fasc., 1956, 1957, 1959. Part 2: *La nature vivante et connaissante*, 1962. — *Sur la philosophie bergsonienne*, 1936 [reimp. de estudos, 1912-1933]. — *Les maladies nerveuses ou mentales et les manifestations diaboliques*, 1937. — *La théosophie et l'anthroposophie*, 1939 [em colaboração com o P. Léonce de Grandmaison]. — *Une philosophie nouvelle: l'existence d'après K. Jaspers*, 1945. — *Questions de cosmologie et de physique chez Aristote et saint Thomas*, 1950. — *Merveilleux métapsychique et miracle chrétien*, 1955. ⊂

TÓPICO. Ver LUGAR; TÓPICOS.

TÓPICOS. Os *Tópicos*, de Aristóteles, freqüentemente citados sob os nomes de *Topica* e também *Libri Topicorum* (a abreviatura comumente aceita é: *Top.*), foram chamados por vários comentadores gregos (João Filoponos, Alexandre de Afrodísia) οἱ Τόποι e também (Amônio, o citado Alexandre) ἡ τοπικὴ πραγματεία, mas em sua edição e comentário do *Organon*, Theodorus Waitz faz observar que o próprio Aristóteles costumava chamá-los τὰ Τοπικά. Hamelin indicou que na Antigüidade se fazia a distinção entre os *Tópicos* e outra obra chamada μεθοδικά ou μεθοδικόν e que, de fato, Aristóteles (*Rhet.*, I, 2, 1356 b 19) empregou este título numa chamada a outro texto. Ora, o outro texto se encontra precisamente nos *Tópicos*, e como estes são — diz Hamelin — um conjunto doutrinal sobre o provável, e as primeiras linhas do mesmo indicam que se trata de μέθοδον εὑρεῖν, de descobrir um método para fazer silogismos entre todos os ἔνδοξα (proposições conformes à opinião comum), resulta que os μεθοδικά e os *Tópicos* são uma e a mesma obra.

Discutiu-se muito sobre o papel que os oitos livros dos *Tópicos* (os *Soph. El.* são considerados hoje como o livro IX) desempenham dentro do *Organon* (VER) aristotélico. Seu conteúdo é a dialética (VER) como ciência do raciocínio sobre o provável; seu tema principal é o chamado silogismo dialético ou silogismo que conclui partindo de premissas prováveis. Assim, os *Tópicos* podem ter várias funções: ser um complemento da doutrina lógica exposta nos *Analíticos* — nos quais se trata do conhecimento sobre o certo —, ser uma aplicação a temas retóricos da teoria do raciocínio correto; ser uma parte do *Organon* "superada" pelos *Analíticos* (VER) etc. A decisão sobre estes pontos depende do resultado de uma dupla investigação: o estudo da idéia da lógica em Aristóteles e a data — ou datas — de composição dos *Tópicos*. No tocante ao primeiro ponto, não parece duvidoso que os *Tópicos* sejam uma parte do *Organon* se se pensa que Aristóteles — ao contrário dos estóicos — não considerava a lógica como uma parte, mas como uma propedêutica, da filosofia. No que se refere ao segundo ponto, há maiores dificuldades. Einrich Maier sustentou que os *Tópicos* parecem ter sido redigidos antes dos *Analíticos* e que os livros II a VII daqueles são provavelmente os mais antigos, pois a ciência demonstrativa é completamente ignorada neles, e os termos são empregados sem nenhum rigor técnico. J. Tricot adere a esta opinião e assinala o caso dos vocábulos συλλογισμός e συλλογίζεσθαι, usados por Aristóteles nos *Tópicos* para significar *raciocínio em geral*, ao contrário do raciocínio dedutivo estrito que propõe nos *Analíticos*. Os livros I e VIII seriam, por outro lado, mais recentes, por haver neles uma tentativa de situar a doutrina do raciocínio no conjunto do *Organon*. Tais opiniões não são compartilhadas por Friedrich Solmsen, que, seguindo seu mestre Werner Jaeger, investigou a evolução do pensamento lógico e retórico de Aristóteles. Com efeito, segundo Solmsen, os *Tópicos* não ignoram o sentido rigoroso do silogismo que se expõe nos *Analíticos*; limitam-se a fazer uso dele somente na medida em que seja necessário para os conhecimentos prováveis. Ora, esta opinião, que deveria levar Solmsen a uma reavaliação dos *Tópicos* como elementos integrantes do *Organon*, leva-o (por motivos derivados das datas supostas de redação) a separá-los excessivamente do resto da obra lógica não obstante reconheça, junto com Maier, que os *Tópicos* contêm adendos posteriores à redação dos *Analíticos* e que, portanto, Aristóteles devia conceder a eles uma considerável importância. Contra tal separação dentro do sistema do *Organon* aristotélico entre *Tópicos* e *Analíticos* se declarou E. Weil ao assinalar que as duas partes se implicam mutuamente e são igualmente necessárias dentro da economia do sistema aristotélico. As provas oferecidas a respeito por E. Weil são, contudo, exclusivamente lógico-filosóficas e não histórico-filológicas, e pertencem, portanto, à chamada "evidência interna", que os filólogos e historiadores consideram insuficiente.

➲ A edição e comentário citados de Waitz é o *Aristotelis Organon Graece*, Pars Posterior, Lipsiae, 1846 (ver especialmente p. 435). — Para Hamelin, ver *Le système d'Aristote*, 1931, p. 30. — Para H. Maier, *Die Syllogistik des Aristoteles*, 3 vols., 1896-1900, vol. II. — A opinião de J. Tricot está exposta na Introdução à sua tradução francesa do *Organon*: V. *Les Topiques*, 2ª ed., 1950. — Para Friedrich Solmsen, *Die Entwicklung der aristotelischen Logik und Rhetorik*, 1929. — A tese de Weil, em seu artigo "La place de la logique dans la pensée aristotélicienne", *Revue de Métaphysique et de Morale*, 56 (1951), 283-315. — Os *Tópicos* figuram nas pp. 100-164 da edição de Bekker (ver Aristóteles).

As melhores edições críticas são as de I. Strache e M. Wallies (Teubner, 1923) e a de W. D. Ross (Scrip. Class. Bib. Oxford, 1958).

Os mais importantes comentários gregos e latinos à obra (além dos citados de Waitz) são: Alexandre de Afrodísia, *In Aristotelis Topicorum libros octo Commentaria*, ed. M. Wallies, Berolini, 1891; J. Pacius, 'Αριστοτέλους, *Aristotelis Organum*, Morgiis, 1584. — *Id.*, *In Porphyrii Isagogen et Aristotelis Organum Commentarium*, Aureliae Allobrogum, 1605. — Sysvester Maurus, *Aristotelis Opera...* tomus I, Romae, 1668. — Ver também: N. J. Green-Pedersen, *The Tradition of the Topics in the Middle Ages: The Commentaries on Aristotle's and Boethius' Topics*, 1984.

São clássicos os comentários de A. Trendelenburg em seus *Elementa logices Aristotelae*, 1892. Muito detalhados são os comentários de W. D. Ross em sua ed. de *Topica et Sophistici Elenchi*, cit. *supra*. ⊂

TOPITSCH, ERNST. Ver Perifilosofia; Viena (Círculo de).

TORNIO, BERNARDO. Ver Mertonianos.

TORVELINHO. A idéia do movimento em torvelinho ou redemoinho já atraía os pré-socráticos e se manifestou repetidamente no curso da história da filosofia da Natureza. Em grande parte, esta idéia surgiu da observação dos vórtices produzidos no ar (revelados, por exemplo, nos redemoinhos de poeira) e na água (quando é aspirada ou sugada por um orifício central), e possivelmente dos resultados obtidos em várias técnicas de centrifugação. Observou-se o que ocorre quando um corpo é arrastado por um redemoinho de água. Quando o corpo é menos denso que a água, ele se desloca rumo ao centro do redemoinho; quando é mais denso que a água, pode adquirir a velocidade do redemoinho e deslocar-se para a parte exterior pela força centrífuga ou não adquirir a velocidade do redemoinho e deslocar-se para o centro ou permanecer em movimento rotatório. O uso da idéia do movimento em torvelinho por vários filósofos pré-socráticos levava em conta as possibilidades descritas. Com base nelas podemos entender o que diz Anaximandro (Diels-Kranz, D 12 A 9; *apud* Simplício, *Phys.*, 24, 13) ao referir-se ao movimento rotatório da matéria primordial, que gira em um torvelinho, δίνη [δῖνος], análogo ao movimento circular do ar ou da água. Também podemos entender o que diz Anaxágoras ao propor a idéia de que o cosmos se move, ou melhor, é movido num movimento cíclico ou rotatório no curso do qual surgem as diversas coisas que constituem o universo em diversos graus de densidade. Mas junto às mencionadas observações de fenômenos naturais, preocupou também a vários filósofos gregos a questão da possibilidade do movimento de um *plenum*, ou de uma massa contínua. Em princípio, parece que não pode haver nenhum movimento em tal *plenum*, e esta é uma das razões pelas quais os eleatas negavam a realidade do movimento. É por outro lado uma das razões pelas quais Demócrito e os atomistas negavam que houvesse um *plenum* e postulavam a "existência" do vazio. Ora, a causa do movimento das partículas no vazio era, segundo Demócrito, um movimento em torvelinho. "Sendo o torvelinho a causa de todo o gerado, esta causa [e, por conseguinte, o torvelinho] é o que se chama 'necessidade'" (Dióg. L., IX, 45). De acordo com isso, parece que para admitir o vórtice é preciso aceitar a teoria atomística da matéria, e que em caso contrário é preciso aderir ao eleatismo.

No entanto, isso nem sempre foi assim. Aristóteles se referiu em várias passagens (por exemplo, em *De Caelo*, 295 A) ao que se poderia chamar "explicação pelo torvelinho". Mas embora tenha rejeitado as cosmogonias de seus precursores e, é claro, o atomismo, nem por isso descartou a noção de torvelinho, redemoinho ou vórtice como explicação física. No livro VII da *Physica*, Aristóteles admite a possibilidade de torvelinhos nos fluidos não obstante serem estes "contínuos". Para tanto adota uma teoria que já parecia ter sido admitida por Empédocles e por Platão: a teoria da *antiperístase* (que Platão [*Tim.*, 79 C] chama *periose*) e que consiste, *grosso modo*, em sustentar que em um *plenum* pode haver movimento circular, já que cada corpo, ou melhor, "parte" do *plenum* se desloca rumo a um lugar ocupado por outro corpo ou "parte" sem deixar nenhum interstício ou "vazio". A *antiperístase* explica, pois, o movimento rotatório, embora não possa explicar o movimento de um projétil (*Phys.*, 266 b). Mas, além disso, a teoria em questão explica os fenômenos de compressão e rarefação; a "matéria" pode dilatar-se e concentrar-se em diversos graus de intensidade de sua densidade sem necessidade de admitir "interstícios".

De Aristóteles em diante abundaram discussões como as mencionadas, mas estas adquiriram novo vigor na época moderna no debate entre "atomistas" e "antiatomistas" (ou "continuístas"). Os atomistas insistiram em que sem "vazio" nenhum movimento é explicável, incluindo o movimento de torvelinho. O que parece ser um *plenum*, como um fluido, não o é na realidade; o "todo" é, ou parece ser, um fluido pleno, mas as partes do fluido não são "fluidas". Em contrapartida, os "continuístas", entre os quais se destacou Descartes, não somente insistiram na idéia da matéria como um *plenum* e, por conseguinte, como realidade contínua, como também fizeram abundante uso da idéia de torvelinho. Segundo Descartes, não pode haver nenhum vazio, "no sentido em que tomam esta palavra os filósofos" (*Princ. Phil.*, II, 16). O universo é um sistema de torvelinhos *(tourbillons, vortices)*. Além disso, o movimento em torvelinho explica os movimentos dos corpos celestes. "Em cada movimento tem de haver um círculo, ou anel, de corpos que se movem juntos" (*op. cit.*, II, 33). "Depois do que se demonstrou antes, isto é, que todos os lugares estão cheios de corpos e que cada parte da matéria se acha de tal modo proporcionada à magnitude do lugar que ocupa que não é possível que encha um lugar maior nem que se concentre em um menor, nem que outro corpo se instale no lugar de tal parte enquanto ela se encontra ali, será preciso concluir que é necessário que tenha havido sempre todo um círculo de matéria ou anel de corpos que se movem juntos ao mesmo tempo, de modo que quando um corpo abandona seu lugar a qualquer outro que o alcança, entre no do outro, e este outro no do outro, e assim sucessivamente até o último, que ocupa no mesmo instante o lugar abandonado pelo primeiro" *(loc. cit.)*. Pode-se ver com isso que não há similaridade entre estas noções cartesianas e algumas das idéias antigas antes resenhadas. Deve-se observar, porém, que ao falar do "continuísmo" de Descartes e de sua defesa do *plenum*, isso não significa que Descartes não admita "partes" de matéria e "corpos'; o que ele faz é explicar os movimentos de tais "partes" de forma que não seja necessário postular nenhum "vazio".

A teoria cartesiana dos torvelinhos é uma das chamadas "teorias dos meios contínuos" nas quais se faz uso, entre outras, da noção de "campo". Em várias ocasiões foram reavivadas "teorias fluidas" da matéria em sentido não muito afastado do cartesiano. Isso ocorreu com a chamada "teoria picnótica [= 'densa'] da matéria" de Johann Gustav Vogt (nascido em 1843: *Estehen und Vergehen der Welt auf Grund eines einheitlichen Substanzbegriffes*, 1889; 2ª ed., 1901, e, sobretudo, *Der absolute Monismus, eine mechanistische Weltanschauung auf Grund des pyknotischen Substanzbegriffes*, 1912). Também ocorreu em uma teoria como a dos "átomos em torvelinho" proposta por William Thomson (Lord Kelvin) em seu trabalho "On Vortex Atoms" (*Proceedings of the Royal Society of Edinburgh*, 1867).

Na atualidade, tende-se a não insistir demasiado na oposição entre "molecular" ou "atômico" e "contínuo" ou *plenum*, porque estes conceitos parecem demasiado simplificados. Além disso, alguns autores consideram que não é impossível correlacionar "atômico" e "contínuo" como aspectos diversos (e, como diria Bohr, "complementares") da mesma realidade.

TOSCA, TOMÁS VICENTE (1651-1723). Nascido em Valencia, representou na Espanha de sua época as tendências antidogmáticas e ecléticas que se manifestaram como reação ao que se considerava degeneração "logomáquica" da escolástica. Tal como Isaac Cardoso, Tosca indica que não se deve seguir na filosofia nenhum sistema determinado, mas combiná-los todos para encontrar o que é verdadeiro de cada um contanto que não contradiga nem a fé católica nem a experiência. Esta última é sublinhada por Tosca como a fonte principal de conhecimento físico. Tosca segue na física principalmente o atomismo de Maignan e se opõe à doutrina hilemórfica aristotélica. Isso não significa que se rejeite a metafísica. Esta continua sendo a rainha das ciências, mas deve-se ter muito cuidado para que as disputas metafísicas não obscureçam a experiência física. Segundo Tosca, a verdadeira filosofia surge da liberdade de filosofar e do ideal da verossimilhança contra o dogmatismo de muitos dos sistemas tradicionais.

➲ Principal obra filosófica: *Compendium philosophicum praecipuas philosophias, partes complectens, nempe, rationalem, naturalem et transnaturalem; sive Logicam, Physicam, et Metaphysicam*, Valentia Hadetanorum, 1721; 2ª ed., 1754, 7 vols. ᘒ

TOTALIZAÇÃO, TOTALIZAR. Estes termos são usados com matizes de significação muito diversos por vários autores contemporâneos que seguem, ou levam em conta, as linhas de pensamento que passam por Hegel e Marx. Sartre, na *Critique de la raison dialectique*, é o mais conhecido, mas não o único desses autores.

Esquematizando os vários significados, e usos desses termos, cabe admitir que por 'totalizar' se entende, num primeiro nível, juntar dois ou mais elementos que aparecem separados num conjunto, ou todo, que os engloba, mas que não faz deles uma mera soma. A totalização resultante não é simplesmente "algo mais que a soma das partes", porque de alguma maneira condiciona ou molda as que, por uma posterior operação analítica, se consideram como partes. Totalizar é integrar não tanto elementos quanto relações.

A totalização a que se referem os autores aludidos ocorre por "mediações". Isso parece dar a entender que se totaliza "desde fora", por meio de um "terceiro". Mas embora isso ocorra na descrição dos processos totalizantes (ou totalizadores), na realidade mesma o "terceiro" está incluído na totalização. Isso faz com que as totalizações de referência sejam quase sempre — senão sempre — de natureza dialética.

A totalização não parece ser nem constituinte nem constituída. Não é constituinte porque não é como um movimento que vai deixando resíduos. Não é constituída porque é sempre movimento. Esse movimento é, contudo, movimento de superação.

As totalizações costumam ser entendidas como totalizações concretas — embora ao mesmo tempo "universais" — e não abstratas. Por isso não parece haver nenhum modelo abstrato — por exemplo, nenhum modelo matemático — para as totalizações. Mas se porventura se buscasse um, poderia ser o modelo de uma álgebra de matrizes.

Sartre (*op. cit.*, pp. 138 ss.) insiste no caráter dialético da totalização ao contrário da totalidade. Num sentido, totalidade e totalização têm o mesmo *status*, mas a totalidade "é somente um princípio regulador da totalização (e se reduz, simultaneamente, ao conjunto inerte de suas criações provisórias)". Deste modo, Sartre parece atribuir a totalidade à *praxis*, mas no sentido do "prático-inerte". Uma casa é um produto humano e forma uma totalidade, mas a "unificação sintética de um habitáculo", que é o ato de habitá-la, é uma operação dialética e, como tal, é "uma atividade totalizante". Assim, há uma relação estreita entre totalização, dialética e ato sintético e unificador.

TOULMIN, S[TEPHEN] E[DELSTON] (1922). Nascido em Londres, estudou na Universidade de Cambridge. Foi *Fellow* no King's College, de Cambridge (1947-1951), leitor na Universidade de Oxford (1949-1955), professor na Universidade de Leeds, na Inglaterra (1955-1959) e professor em diversas universidades norte-americanas.

Em seus primeiros tempos, Toulmin manifestou simpatias pela renovação introduzida na filosofia analítica pelo "último Wittgenstein". Estudou a estrutura das teorias científicas, especialmente das teorias físicas, comparando-as com mapas que permitem ao físico orientar-se na realidade de que trata. Embora isso seja apenas, como reconhece Toulmin, uma analogia permite evitar os erros em que caíram os que trataram a física segundo o modelo da história natural. Também permite evitar os erros em que caíram os positivistas lógicos, especialmente em suas tentativas de reconstrução lógica. Em todo caso, "os problemas de método que enfrentam o físico e o cartógrafo são logicamente similares em vários aspectos importantes" (*The Philosophy of Science*, p. 105). Segundo Toulmin, há uma diferença fundamental entre "leis físicas" e "generalizações empíricas". Esta diferença foi reconhecida pelos positivistas, mas Toulmin a trata adotando o ponto de vista consistente em averiguar que tarefa *(job)* ou função desempenham as teorias e as generalizações no corpo do conhecimento físico. Embora partindo de bases diferentes, Toulmin fez frente comum com os filósofos que desenvolveram a chamada "nova filosofia da ciência", em todo caso, é freqüentemente mencionado junto a eles. Mas esta "nova filosofia da ciência" é usada por Toulmin como um dos ingredientes em sua teoria das "empresas racionais" e sua evolução (cf. *infra*).

Além dos problemas de filosofia da ciência, Toulmin se ocupou de questões éticas e em particular do problema do "acordo" e "desacordo" em assuntos morais. Segundo Toulmin, nem a dedução nem a indução são métodos apropriados para a ética. Esta se vale de modos de argumentação que mesmo deixando de serem lógicos em sentido formal nem por isso são menos racionais e, é claro, razoáveis. O chamado método das "boas razões" (VER) é a "lógica do raciocínio moral".

Em suas obras mais recentes, e especialmente em sua obra fundamental sobre o entendimento humano, Toulmin desenvolve uma ampla e detalhada teoria da razão, entendida como o conjunto das empresas racionais. Trata-se de explicar a mudança conceitual sem por isso cair num historicisimo, psicologismo ou sociologismo, mas ao mesmo tempo sem aderir a nenhum gênero de "platonismo". A noção de evolução desempenha um papel fundamental nestes trabalhos de Toulmin, nos quais se examina, entre outros temas, o problema dos aparentes invariantes do pensamento e da linguagem. Não há, segundo Toulmin, nenhum sistema conceitual universal, mas a diversidade conceitual não é arbitrária: é uma manifestação da racionalidade. Os diferentes sistemas conceituais podem ser comparados e julgados dentro do contexto de uma espécie de "ecologia intelectual". Em vez do modelo dos "sistemas" Toulmin usa o modelo das "populações", que permite compreender as variedades e as mudanças. Não há, ao que parece, conflito entre a evolução histórica e a evolução racional.

➲ Obras: *An Examination of the Place of Reason in Ethics*, 1950. — *The Philosophy of Science: An Introduction*, 1953. — *Metaphysical Beliefs*, 1957 (com Ronald W. Hepburn e Alasdair MacIntyre), ed. A. MacIntyre. — *The Uses of Argument*, 1958. — *Foresight and Understanding: An Inquiry into the Aims of Science*, 1961 [Mahlon Powell Lectures]. — *The Ancestry of Science* (com J. Goodfield), 3 vols.: I, *The Fabric of the Hea-*

vens: The Development of Astronomy and Dynamics, 1961; II, *The Architecture of Matter*, 1962; III, *The Discovery of Time*, 1965. — "Conceptual Revolutions in Science", em R. S. Cohen, M. W. Wartofsky, eds., *Proceedings of the Boston Colloquium for the Philosophy of Science 1964-1966*, 1964 [Boston Studies in the Philosophy of Science, vol. 3]. — "From Logical Systems to Conceptual Populations", em R. C. Buck, R. S. Cohen, eds., *PSA (Philosophy of Science Association) 1970. In Memory of Rudolf Carnap*, 1971 [Boston Studies in the Philosophy of Science, vol. 8]. — "Rediscovering History: New Directions in Philosophy of Science", *Encounter*, 36 (1971). — *Human Understanding, vol. I: The Collective Use and Development of Concepts*, 1972. — *Wittgenstein's Vienna*, 1973 (com A. Janik). — "Die evolutionäre Entwicklung der Naturwissenschaft", em W. Diederich, ed., *Theorien der Wissenschaftsgeschichte*, 1974. — "Ist die Unterscheidung zwischen Normalwissenschaft und revolutionärer Wissenschaft stichhaltig?", em I. Lakatos, A. Musgrave, eds., *Kritik und Erkenntnisfortschrift*, 1974. — *Knowing and Acting: An Introduction to Philosophy*, 1976. — "From Form to Function", *Dedalus*, 106 (1977). — *An Introduction to Reasoning*, 1979 (com A. Janik e R. Rieke). — *The Return to Cosmology: Postmodern Science and the Theology of Nature*, 1982. — "The Construal of Reality: Criticism in Modern and Postmodern Science", em *Critical Inquiry*, 9 (1982). — "Die Verleumdung der Rhetorik", *Neue Hefte für Philosophie*, 16 (1986). — "The Recovery of Practical Philosophy", *The American Scholar*, 57 (1988). — *The Abuse of Casuistry. A History of Modal Reasoning*, 1988 (com A. R. Jonsen).

Ver: George C. Kerner, *The Revolution in Ethical Theory*, 1966 (também sobre G. E. Moore, C. L. Stevenson e R. M. Hare). — Modesto Sánchez Camacho, *Ética y filosofía analítica*, 1975 (sobre Wittgenstein e T.). — T. Nilstun, *Moral Reasoning: A Study in the Moral Philosophy of S. T.*, 1979. — J. P. Sterba, "Toulmin to Rawls", em R. J. Cavalier, ed., *Ethics in the History of Western Philosophy*, 1989, pp. 399-420. — S. Jacobs, "S. T.'s Theory of Conceptual Evolution", em K. Hahlweg, ed., *Issues in Evolutionary Epistemology*, 1989, pp. 510-523. ℭ

TOWIANSKI, ANDRZEJ. Ver Messianismo.

TOYNBEE, ARNOLD J[OSEPH] (1899-1975). Nascido em Londres, estudou no Winchester College, de 1902 a 1907, e no Balliol College, de Oxford, de 1907 a 1911. Durante um tempo ensinou em Oxford e depois na London School of Economics. A partir de 1952 assumiu a direção do Royal Institute of International Affairs.

O trabalho mais conhecido de Toynbee é seu "estudo da história", destinado a mostrar quais são os "campos inteligíveis" da compreensão histórica. Estes campos não são as nações no sentido moderno, mas tampouco o suposto curso unitário e contínuo de uma progressiva "história universal", mas sim as "sociedades", gênero que compreende duas espécies: as sociedades primitivas e as civilizadas ou "civilizações", das quais existem até agora 23 a partir do momento em que em alguns momentos do globo se reabriu o processo que ficara estabilizado nos povos primitivos. Estas civilizações têm, aparentemente, traços semelhantes às culturas de Spengler (ver), e com efeito na filosofia histórica de Toynbee o curso universal *parece* ficar cindido em diversos grupos culturais, submetidos a um análogo processo de nascimento, crescimento, decadência e morte. No entanto, tanto a própria descrição do processo como os pressupostos filosóficos de Toynbee são diferentes dos de Spengler. Em primeiro lugar, e antes de tudo, não há um biologismo fundamental que obrigue a proclamar o primado do "destino" (ver). Em segundo lugar, não intervém uma fisiognômica e uma simbólica como únicos órgãos capazes de apreender a realidade histórica. Finalmente, apenas numa mínima proporção é válida a doutrina do caráter rígido e mecanizado dos conceitos. Com efeito, Toynbee se inclina mais a fazer a distinção entre impulso e detenção, entre o aberto e o fechado no sentido bergsoniano. O mecanismo do estímulo e resposta *(challenge and response)* facilita, assim, uma das chaves da compreensão histórica. Com base nela se pode estudar a desintegração das sociedades, que é exemplar no caso da sociedade helênico-romana, com a formação de um Estado universal e de uma Religião universal, dominadora dos "proletariados" interno e externo. Esta desintegração não reduz sempre a pó uma sociedade, pelo contrário, pode dar lugar a sociedades afiliadas e aparentadas, tipicamente distintas as sociedades isoladas. Ora, o fato das religiões universais é de tal modo decisivo que elas podem permitir, no entender de Toynbee, fechar a brecha aberta entre as civilizações. E isso a tal ponto que as grandes religiões — máximas aberturas da alma humana — transcendem as limitações das sociedades e possibilitam compreender a história como "uma empresa com propósito", como um veículo que pode marchar ciclicamente pelo movimento de suas rodas, mas sempre de alguma maneira para "adiante", seguindo algum "plano divino". Esta é a "significação da história para a alma", significação que a princípio Toynbee considerou como encarnada muito especialmente no cristianismo, mas que logo considerou encarnada igualmente, e com os mesmos títulos, em outras grandes religiões: judaísmo, islamismo, budismo, hinduísmo. O mundo como "província do reino de Deus" torna possível, assim, compreender que os diversos tipos de sociedades possam ser outros tantos movimentos da alma humana rumo à realização da sociedade divina. Pelo impulso fundamental de toda história poderiam ser preenchidas, assim, novamente as fendas que esboçam as articulações das diferentes sociedades, e colocar-se de novo o problema de uma não unívoca, contínua e sucessiva, mas não menos inteligível, "história universal".

No último tomo (XII) de seu *Study*, Toynbee "reconsidera" sua visão da história por meio de uma série de *Retractationes*. Entre as mais importantes filosoficamente mencionamos: o reconhecimento de que nos apoiamos demasiadamente na civilização helênica como modelo ou chave para a compreensão do processo da origem, desenvolvimento e fim das demais civilizações; a modificação da idéia da "religião universal" como surgida primariamente do choque ("encontro") das civilizações; a revisão da lista das civilizações "completamente desenvolvidas". Toynbee indicou também que todo estudo histórico da amplitude do seu é forçosamente relativo, e tratou de esclarecer algumas das causas de tal relatividade, incluindo causas ou motivos de caráter pessoal.

➲ Principal obra: *A Study of History*, I-III, 1934; IV-VI, 1939; VII-X, 1954; XI [Atlas histórico], 1959; XII [*Reconsiderations*], 1961. — Compêndio dos vols. I-VI por D. C. Somervell, 2 vols., 1947.

Outras obras de Toynbee: *Nationality and War*, 1915. — *The New Europe*, 1915. — *The Western Question in Greece and Turkey*, 1922. — *Greek Historical Thought*, 1924. — *A Survey of International Affairs for 1920-23*, 1924. — *The War after the Peace Conference*, 1925. — *Nations of the Modern World*, 1926. — *A Journey to China*, 1931. — *Civilization on Trial*, 1948. — *The Prospects of Western Civilization*, 1949. — *War and Civilization*, 1950. — *The World and the West*, 1953. — *México y el Occidente*, 1955 [Conferências dadas no México]. — *An Historian's Approach to Religion*, 1956 [baseada nas Gifford Lectures 1952-1953]. — *Christianity among the Religions of the World*, 1958. — *Hellenism: The History of a Civilization*, 1959. — *East to West: A Journey Round the World*, 1958. — *Between Oxus and Jumma*, 1961. — *America in the World Revolution*, 1962. — *Between Niger and Nile*, 1965. — *Hannibal's Legacy*, 1965. — *Change and Habit: The Challenge of Our Time*, 1966. — *Acquaintances*, 1967. — *Between Maule and Amazon*, 1967. — *Experiences*, 1969. — *Some Problems of Greek History*, 1969. — *Cities on the Move*, 1970. — *Mankind and Mother Earth: A Narrative History of the World*, 1976 (póstuma).

Diálogos: *T. on T.: A Conversation between A. J. T. and G. R. Urban*, 1974. — *The T.-Ikeda Dialogue: Man Himself Must Choose*, 1976 (com Daisaku Ikeda).

Bibliografia: M. Popper, *Bibliography of the Works in English of A. J. T. 1910-1954*, 1955.

Em português: *A América e a revolução mundial*, 1963. — *De leste a oeste: uma viagem ao redor do mundo*, 1959. — *O Desafio de nosso tempo*, 1975. — *Escolha a vida: um diálogo sobre o futuro*, 1976. — *Estudos de história contemporânea: A civilização posta a prova* [e] *O mundo e o ocidente*, 1976. — *Helenismo: história de uma civilização*, 1963. — *A História e a religião*, 1961. — *A Humanidade e a mãe terra*, 1979. — *A Sociedade do futuro*, 1976. — *Toynbee por ele mesmo*, 1981. — *Um estudo da história*, 1987.

Ver: Howard Becker e Philip Froehlich, *T. y la sociología sistemática*, 1945. — E. Fr. J. Zhan, *T. und die Geschichte*, 1954. — A. J. Toynbee, L. Mumford et al., artigos em *Diógenes*, nº 13 (1955). — O. Anderle, *Das universalhistorische System A. J. Toynbees*, 1955. — Pieter Geyl, "Toynbee's System of Civilizations", "Prophets of Doom (Sorokin and Toynbee)", "Toynbee Onde More: Empiricism or Apriorism?", "Toynbee, the Prophet (the last Four Volumes)", no livro de Geyl, *Debates With Historians*, 1955, reed., 1958, pp. 109-202. — T. Lean, P. Sorokin et al., *T. and History: Critical Essays and Reviews*, 1956, ed. F. Ashley Montague. — M. Samuel, *The Professor and the Fossil*, 1956. — Francisco Álvarez González, *A. J. T. y su filosofía de la historia*, 1956. — Víctor Raúl Haya de la Torre, *T. frente a los panoramas de la Historia. Espacio-Tiempo histórico americano*, 1957. — J. L. Horowitz e C. B. Joynt, *T., sociedad y conocimiento*, 1958 [crítica do volume IX de *A Study of History*]. — León Dujovne, *La filosofía de la historia, de Nietzsche a T.*, 1958. — José Ortega y Gasset, *Una interpretación de la historia universal. En torno a T.*, 1960 [resposta de T.: "Sobre una interpretación de O.", *Revista de Occidente*, 2ª época, nº 15 (junho 1964), 356-357]. — J. Betancourt Díaz, *La filosofía de la historia de A. J. T.*, 1961. — Edward T. Gargan, ed., *The Intent of Toynbee's History*, 1961. — VV.AA., *L'Histoire et ses interprétations: Entretiens autour de A. T.*, 1961, ed. Raymond Aron. — Valentí Fabrega, *T. i el problema del pluralisme religiós de la història*, 1962. — M. Henningsen, *Menschheit und Geschichte. Untersuchungen zu A. J. T.s A Study of History*, 1967. — P. Hablützel, *Bürgerliches Krisenbewusstein und historische Perspektive — Zur Dialektik von Geschichtsbild und politische Erfahrung bei A. J. T.*, 1980. — M. Perry, *A. T. and the Crisis of the West*, 1982. — R. W. Thompson, ed., *T.'s Philosophy of World History and Politics*, 1986. ➲

TRABALHO. Freqüentemente se contrapõe a filosofia do trabalho sustentada durante a Antigüidade clássica e em parte durante a Idade Média à que veio predominando pouco a pouco nos tempos modernos. Segundo esta contraposição, enquanto os antigos e muitos medievais consideravam o trabalho — no sentido do trabalho manual, βαναυσία, ou *ars mechanica* — como algo degradante para o homem, e inferior à σχολή, ao *otium*, à vida contemplativa por um lado, e à atividade militar, pelo outro, os modernos chegaram inclusive a uma divinização do trabalho que se expressou em alguns povos (como na Alemanha, segundo Scheler) por uma verdadeira "mania de trabalhar por trabalhar", sem consideração dos fins. Tal contraposição é em grande parte justa. Nós a comprovamos em múltiplas manifestações de filósofos e escritores, por exemplo, em Aristóteles, quando declara (*Pol.*, 1328 b e outros textos) que o trabalho manual é uma atividade ignóbil ou também em muitos textos medievais, onde a *ars mechanica* é apresentada como uma *ars inferior*. Uma das razões do menosprezo pela atividade manual, e mais especificamente da atividade manual que se serve de utensílios, pode ter sido que durante certas épocas o uso de utensílios produziu certas deformações somáticas e psíquicas (as mãos grandes e calosas; a estatura pequena ou encurvada etc.). A este respeito Gilbert Simondon (*Du mode d'existence des objets techniques*, 1958, p. 103 ss.) faz observar que para Platão o βάναυσος — o "mecânico", especialmente o ferreiro — era "calvo e anão". Assim, o trabalhador manual, o "operário", o "mecânico" apareciam como seres "disformes"; como escreve Simondon, "durante os séculos passados, uma causa importante de alienação consistia no fato de que o ser humano emprestava sua individualidade biológica à organização técnica. Era portador de utensílios, e os conjuntos técnicos não podiam constituir-se a menos que incorporassem o homem como portador de utensílios" (*loc. cit.*).

No entanto, a oposição entre a "antiga filosofia do trabalho" e a atual não deve ser exagerada. Em algumas comunidades (por exemplo, entre os hebreus) se menosprezava o trabalho agrícola, considerado uma condenação, mas não o trabalho pastoril. Por outro lado, e com respeito aos gregos, Rodolfo Mondolfo destacou em sua obra *La comprensión del sujeto humano en la cultura antigua* (1955) que há no próprio Aristóteles uma clara percepção de que todas as artes necessitam de instrumentos e de que, portanto, não se pode descartar a atividade manual e mecânica do conjunto das atividades humanas. O que ocorre é que tal atividade está, segundo Aristóteles, subordinada à contemplativa, pois o executor manual deve guiar-se pelas indicações do construtor ou "arquiteto" (ver ARQUITETÔNICA). Por outro lado, há outros textos, como um fragmento de Anaxágoras e um escrito hipocrático *Acerca do regime*, nos quais se sustenta a importância da atividade manual, a posição preeminente da mão e a revelação que a atividade mecânica proporciona como imitação consciente dos processos da Natureza. O que provavelmente ocorreu foi que a grande extensão do mercado de escravos — em torno do qual girou, como assinalou Max Weber, boa parte da economia antiga — fez dos escravos (quase os únicos que realizavam trabalhos manuais) objeto de desprezo por parte dos círculos dirigentes da sociedade, sem que valessem para contrapor-se a tal atitude as teses anteriores e o frequente respeito mostrado por Sócrates e outros socráticos para com os ofícios manuais.

Quanto à Idade Média, a posição ocupada pelo trabalho manual foi regida, em geral, pela divisão tripartite dos "estados" — oradores (eclesiásticos), defensores (guerreiros), lavradores (agricultores). É a "fórmula dos três estados" que, segundo María Rosa Lida de Malkiel ("Tres notas sobre Don Juan Manuel", *Romance Philology*, 4 [1950-1951], 158-159), foi dada já por Adalberto de Laon († 1030) nos versos:

*Triplex Dei ergo domus est, quae creditur una;
nunc orant, alii pugnant, aliique laborant,*

que encontramos a seguir nas *Partidas* (II, 21) e no *Livro dos Estados*, de Dom João Manuel, bem como na *Crônica de Don Pero Nuño* ("oradores, defensores e lavradores"). No entanto, a condição subordinada do trabalho que resulta dessa fórmula deve ser compreendida em função dos "lavradores" mais que dos "artesãos". Embora estes últimos pudessem não ocupar um posto importante na sociedade, comparados com os "oradores" e os "defensores", a crescente importância adquirida pelo artesanato, e o fato de que em muitas comunidades monásticas cada um dos membros estivesse encarregado de seu trabalho manual, fez com que se fosse manifestando quanto a esse trabalho um respeito maior que o que existia em geral na Antiguidade.

Assim, uma vez que apenas na época moderna houve um crescente interesse pelas artes mecânicas e pelo trabalho em geral, somente durante essa época surgiram as que podemos chamar "filosofias do trabalho". Particularmente abundantes foram elas nos últimos cem anos, quando o conceito de trabalho se introduziu cada vez com maior frequência na literatura filosófica. Os significados que ele teve são, porém, tão diversos que parece impossível reduzi-los a um denominador comum. Por um lado, o conceito científico de trabalho foi examinado na filosofia dos métodos e das noções das ciências (especialmente, embora não exclusivamente, da física). Por outro lado, desenvolveu-se o conceito de "trabalho" no marxismo (VER) a ponto de alguns autores chegarem inclusive a considerar o marxismo como uma "filosofia do trabalho" (pelo qual naturalmente se entende o "trabalho humano" e especificamente o "trabalho econômico", considerado como suscetível de "liberar-se" de suas travas numa sociedade sem classes). Outros autores não marxistas examinaram o conceito de trabalho dentro do quadro dos problemas sociológicos, especialmente na medida em que a função do trabalho humano, sobretudo do trabalho manual, na sociedade pôde explicar em grande parte traços muito característicos de diversos tipos de sociedades e culturas. Desenvolveu-se, assim, o estudo da função exercida pelo conceito de trabalho na época moderna. Dentro deste conceito cabe incluir as investigações de Max Scheler (relacionadas por sua vez com os estudos de Werner

Sombart e de Max Weber sobre o "tipo burguês"). Nelas aparece o trabalho (ou, para sermos mais exatos, a supervalorização do mesmo) como um dos modos nos quais se manifesta o ressentimento do homem moderno contra o gratuitamente concedido e dado, contra os valores vitais e espirituais. Se só tem valor o que é feito e adquirido pela própria pessoa (o esforço, o cumprimento do dever etc.) então a noção de trabalho adquirirá uma importância central e ainda poderá chegar a manchar muitas das outras valorações. A redução do valor econômico dos bens ao trabalho humano suposto neles é, de acordo com isto, uma das conseqüências de semelhante atitude, ao fim e ao cabo redutível a uma teoria geral dos valores. Em todo caso, tanto a teoria que atribui ao trabalho um valor supremo como a que o desvaloriza se encaixam na concepção que chamamos sociológica, ou histórico-sociológica, do trabalho, concepção vinculada ao estudo de outras questões diferentes, entre elas a da função da técnica na vida humana. Assim o continua considerando, entre outros, Karl Jaspers em seu livro *Vom Ursprung und Ziel der Geschichte*. Jaspers relaciona o problema do trabalho com o problema da técnica, de tal modo que a técnica surge quando o homem se prepara para realizar qualquer trabalho. Ora, isto pode ser considerado de três ângulos: como trabalho corporal; como ação de acordo com um plano, e como uma característica essencial do homem ao contrário do animal. Esta última característica é, para Jaspers, a mais importante, pois é a que torna possível a existência de um mundo humano. Assim, a consideração do trabalho como "comportamento fundamental do ser humano" está ligada ao processo da humanização não só do mundo ao redor, como do próprio homem.

A noção do trabalho do ponto de vista metafísico foi elaborada por Raymond Ruyer em sua "Métaphysique du travail" (*Revue de Métaphysique et de Morale*, 53 [1948], 26-54, 190-215). Ruyer chega a identificar o trabalho com a liberdade. As razões disso são múltiplas; entre elas a derivada da necessidade de escolha contínua de meios com vistas a um fim (o que, diga-se de passagem, distingue radicalmente o trabalho humano do "trabalho" realizado por uma máquina). Liberdade e trabalho seguem, pois, o mesmo rumo. Ora, assim como o trabalho não se reduz à pura produção, tampouco pode ser identificado com o simples esforço penoso e obrigado. Na verdade, o tipo perfeito de trabalho é o trabalho não parcelado nem mecanizado, o trabalho orientado para valores (que, por outro lado, permitem distinguir os diferentes tipos de trabalho). Assim, todo trabalho propriamente dito é um "trabalho axiológico", e o próprio trabalho físico não escapa a essa regra, embora esteja alienado ao máximo do "verdadeiro trabalho". O trabalho sem nenhuma tendência ao valor seria uma mera "explosão". Todo valor dá sentido e ainda realidade ao trabalho, mas nem todo trabalho produz automaticamente valor. O trabalho concreto humano oscila entre o físico e o axiológico (com o econômico como ordem intermediária), mas tende para o axiológico como *optimum*. Ruyer percebe o caráter existencial de tal noção de trabalho (ao contrário do puro funcionamento e da pura contemplação) e reconhece que sua descrição do trabalho coincide em parte com a descrição heideggeriana da Existência (VER) *(Dasein)*, por ser o trabalho o que decidiu ser, isto é, por ser sua própria transcendência, de tal modo que pode se dizer também do trabalho que nele a existência precede a essência. O exame do trabalho poderia inclusive esclarecer a fenomenologia da Existência em virtude do caráter intercambiável de "Existência", "liberdade" e "trabalho", e ainda poderia corrigir a concepção pejorativa do "utensílio" tornada possível somente pelo desconhecimento do "caráter fundamental do trabalho axiológico". Ruyer termina sua análise com uma teologia do trabalho na qual a polaridade do trabalho humano reflete a polaridade divina. Assim, o trabalho (o trabalho verdadeiro, isto é, axiológico) não é uma condenação para o homem, mas o que lhe permite escapar da angústia: é a salvação contra a angústia da contemplação do nada. Mas esse trabalho não deve ser confundido com o orgulho da "obra" que conduz à "embriaguez da potência" e da vontade de poder.

Também é, em grande parte, uma "metafísica do trabalho" a apresentada por Jules Vuillemin em *L'être et le travail: les conditions dialectiques de la psychologie et de la sociologie*, 1949. Vuillemin não insiste menos que Ruyer no caráter humanizador do trabalho (o qual não só humaniza o homem como também a Natureza inteira). O trabalho é, a rigor, o fundamento concreto de uma filosofia concreta que escapa, segundo o autor, da abstração e do niilismo, e que é capaz de iluminar aspectos do real que as tradições filosóficas, especialmente o espiritualismo, haviam desconsiderado.

Outro sentido tem o conceito de trabalho na obra de Paul Schrecker, *Work and History*, 1948. Schrecker opina que o fundamento da mudança histórica se encontra na noção de trabalho como "alteração infinitesimal cuja integração produz a mudança contínua em todas as províncias da civilização" (*op. cit.*, cap. II). A história não é, pois, uma sucessão de "grandes acontecimentos", ou a produção de superestruturas por uma estrutura fundamental e única, ou a direção transcendente das atividades humanas, mas o conjunto das ações humanas como gastos de energia destinados a vencer a resistência que o objeto "trabalhado" opõe a toda mudança, e que efetivamente produzem uma mudança, pelo menos implícita, em alguma província da civilização. Para dar um exemplo: as mudanças de linguagem se verificam mediante o fato de que a linguagem é falada, escrita e entendida continuamente; toda atividade desta índole, desde que esteja dentro de uma "norma" (não, portanto, quando é jogo ou quando não exerce a menor influência por estar na intenção de um único indivíduo ou quando é uma infração de uma norma válida *sem ser requerida por outras normas*), é um trabalho. Por isso os critérios suficientes do trabalho humano são, segundo Schrecker: 1) O trabalho é um gasto de energia destinado a vencer a resistência que o objeto oferece à mudança. 2) O trabalho tem como fim produzir uma mudança, que pode ser infinitesimal, dentro da província da civilização onde pretende ser trabalho. 3) Todo trabalho é exigido por uma ou várias províncias da civilização (províncias da civilização que têm uma estrutura isomorfa: Estado, Ciência, Religião, província estética, Economia e linguagem). 4) Todo trabalho implica que o objeto é de algum modo aperfeiçoável mediante um gasto de energia em cumprimento de uma norma (cap. II; cf. também cap. XI para o problema da "função sintética do trabalho").

O problema do trabalho interessou igualmente, na época contemporânea, a alguns teólogos, que se propuseram elaborar uma "teologia do trabalho". Para a formação desta teologia se encontram certos germes na literatura teológica do passado — de alguns Padres gregos e latinos —, especialmente na medida em que o homem é apresentado como um *artifex* que, à imagem e semelhança de Deus, realiza uma obra. Mas somente a partir do momento em que, com os problemas sociais, econômicos e humanos suscitados pela aceleração da industrialização, a questão do trabalho se tornou o centro das preocupações, houve tentativas explícitas de elaborar a mencionada teologia. Segundo M. D. Chenu (*Pour une théologie du travail*, 1955, especialmente pp. 29 e 31), a situação do homem como trabalhador pode ser entendida em função de seu posto na economia do universo e do plano divino. O homem é um "colaborador da criação" e um "demiurgo de sua evolução na descoberta, exploração, espiritualização da Natureza". Também no trabalho — e não só na "vida interior" — pode se encontrar, segundo o citado autor, a espiritualidade.

Concluiremos indicando que um dos problemas prioritários acerca do trabalho é o da classificação dos diversos tipos de trabalho. Uma das possíveis — e ao mesmo tempo das mais simples — classificações é a classificação em trabalho intelectual e trabalho manual. Outra é a classificação em trabalho produtivo e trabalho distributivo. O assunto foi examinado recentemente do ponto de vista católico por J. Todolí, em sua obra *Filosofía del trabajo* (1954), na qual adota alguns dos princípios estabelecidos para tanto pelos tomistas, mas lhes agrega outras bases que, no seu entender, estão mais em consonância com as questões atuais; trata-se, pois, também de uma teologia do trabalho com aplicação aos problemas sociológicos. Entre os tipos de trabalho destacados pelo mencionado autor figuram os trabalhos de coleta e os chamados trabalhos civilizadores (aos quais pertencem tanto os intelectuais quanto os econômicos).

⊃ Além das obras citadas no texto, ver: A. Tilghe, *Work: What It has Meant to Man through the Ages*, 1930. — W. Zimmermann, *Arbeit als Weltanschauung. Eine kulturpolitische Grundlegung*, 1937. — Yves R. Simon, *Trois leçons sur le travail*, 1938. — Georges Friedmann, *Où va le travail humain?*, 1950. — *Id.*, *Le travail en miettes*, 1956. — G. Acetti, "Filosofia del lavoro", *Rivista di Filosofia Neo-scolastica*, 45 (1953), 57-75. — F. Battaglia, *Filosofia del Lavoro*, 1955. — H. Dubreuil, *Le travail et la civilisation. Esquisse de l'histoire et de la philosophie du travail*, 1953. — J. Vialatoux, *Signification humaine du travail*, 1953. — Theodor Caplow, *The Sociology of Work*, 1954. — Ombredane e Faverge, *L'analyse du travail*, 1955. — P. Naville, *Essai sur la qualification du travail*, 1956. — *Id.*, *De l'aliénation à la jouissance. Essai sur le développement de la sociologie du travail chez Marx et Engels*, 1958. — Tristão de Athayde, *Filosofia del trabajo*, 1956. — A. Oldendorff, H. Plessner et al., *Mens en arbeid*, 1956, ed. A. Odendorff. — Fausto M. Bongioanni, *Evidenza dell'uomo nel lavoro*, 1958. — Henri Arvon, *La philosophie du travail*, 1960. — Pedro Laín Entralgo, *Ocio y trabajo*, 1960. — Remy C. Kwant, *Philosophy of Labor*, 1960. — Georges Friedmann e Pierre Naville, *Traité de sociologie du travail*, 2 vols., 1961 [com a colaboração de Jean-René Tréanton]. — R. Jolivet, *Les activités de l'homme et la sagesse*, 1963. — Luigi Bagolini, *Filosofia del lavoro*, 1971. — Alexander Barzel, *Der Begriff "Arbeit" in der Philosophie der Gegenwart*, 1973. — P. D. Anthony, *The Ideology of Work*, 1977. — VV.AA., arts. sobre a noção de trabalho (direito ao trabalho, alienação etc.), "Work", *The Philosophical Forum*, 10 (2-4) (1980), ed. especial tripla. — V. Schubert, ed., *Der Mensch und seine Arbeit*, 1986. — V. Kuic, ed., Y. R. Simon, *Work, Society and Culture*, 1986. — E. F. Byrne, *Work, Inc.: A Philosophical Inquiry*, 1990.

Obras principalmente históricas: Carlos Astrada, *Trabajo y alienación en la Fenomenología y en los Manuscritos*, 1958; 2ª ed., 1966. — Pierre Jaccard, *Histoire sociale du travail de l'antiquité à nos jours*, 1961. — Sok-Zin Lim, *Der Begriff der Arbeit bei Hegel. Versuch einer Interpretation der Phänomenologie des Geistes*, 1963 — Helmut Klages, *Technischer Humanismus. Philosophie und Soziologie der Arbeit bei Karl Marx*, 1964. — P. Coulmas, *Fichtes Idee der Arbeit*, 1939. — M. Fornaro, *Il lavoro negli scritti jenesi di Hegel*, 1978. — P. J. Chmielewski, *Bettering our Condition: Work, Workers and Ethics in British and German Economic Thought*, 1992. ⊂

TRADIÇÃO. Uma tradição é um conjunto de normas, crenças etc., freqüentemente incorporadas em instituições. Quando as normas, crenças e, em as havendo, instituições são tomadas num sentido geral e global, fala-se de "a tradição". Em relação a ela cabe adotar uma atitude de submissão e respeito, que costuma ser justificada de vários modos. Um deles consiste em afirmar, ou simplesmente em dar por estabelecido, que "a tradição é a tradição" e que não se precisa de justificativas ulteriores. Outro consiste em sustentar que a tradição se justifica por haverem persistido as normas, crenças e, em as havendo, as instituições que a formam. Outra consiste em supor que a tradição incorpora as experiências e decisões dos antepassados, os quais, por sua vez, são identificados com os "anciãos" que, por sê-lo, são julgados mais "sábios" e "prudentes". A todas essas atitudes ante a tradição cabe chamar "tradicionalismo" (ver), mas costuma-se reservar este nome para certas tendências filosóficas e políticas, assim como político-religiosas, desenvolvidas por vários autores no século XIX.

Contra a mencionada atitude de submissão e respeito à tradição se levanta a atitude oposta, que também está orientada diversamente: dúvidas sobre a "verdade" do tradicionalmente estabelecido, perspectiva crítica, postura revolucionária etc. Francis Bacon indicava que não há razão para considerar que os autores do passado, por serem mais "antigos", sejam mais experimentados; pelo contrário, representam, no seu entender, um estádio de adolescência, ou até de infância, em face do caráter adulto da época moderna, tal como as primeiras fases na evolução do homem são fases de inexperiência e de falta de saber. As atitudes críticas à tradição proliferaram, no século XVIII, entre os autores iluministas, alguns dos quais viam na chamada "tradição" e, em geral, no passado, uma trama de ignorâncias e disparates. À crítica dos iluministas se opôs no século XVIII o "tradicionalismo" dos chamados "religionários", mas este era em boa parte "racionalista" e, em todo caso, inclinado ao argumento em favor da tradição.

A revalorização da tradição por parte de alguns autores românticos não é em muitos casos uma tentativa de justificação racional, mas a expressão de um "estilo": o estilo da "saudade do passado", e especialmente de certas épocas do passado que se consideraram suscetíveis de recriação artística. No entanto, seria precipitado reduzir o "tradicionalismo" romântico a saudade "irracionalista" e "estetizante". Também há nele, como se vê em vários dos autores especificamente chamados "tradicionalistas", uma concepção organicista e globalista, assim como autoritária, da sociedade e da história, unida a uma teoria da verdade como "persistência"; "persistência no tempo histórico".

Na época atual, os problemas acerca da tradição do ponto de vista filosófico foram levantados dentro de algumas correntes do chamado "historicismo" (VER). Levou-se em conta para tanto a chamada "historicidade" (VER), concebida não só como o caráter de todo passado humano, mas também, e sobretudo, como um dos ingredientes básicos da existência humana. Destacam-se a respeito as investigações ontológicas da historicidade e, com isso, da tradição, por parte de autores como Max Scheler e Martin Heidegger. Apoiando-se principalmente no último, Hans-Georg Gadamer (VER) desenvolveu uma teoria hermenêutica (VER) na qual a tradição — com o correspondente movimento de "apropriação" e de "pertença" *(Zugehörigkeit)* —, a autoridade e o preconceito (na acepção heideggeriana de uma "antecipação") desempenham um papel importante. Gadamer se opôs às críticas "iluministas" à tradição, considerando que estas deixam de lado o elemento da historicidade, mas não se deve considerar a crítica gadameriana das idéias do Iluminismo como uma defesa do irracionalismo contra o racionalismo iluminista. Não há, segundo Gadamer, conflito entre tradição e razão. A rigor, o antirracionalismo dos românticos é tão abstrato quanto o racionalismo dos iluministas. A tradição não é uma mera "persistência", como pode sê-lo a de um fenômeno natural, porque requer cultivo, justificação e cuidado. "A tradição é sempre um momento da liberdade e da história mesmas" (*Wahrheit und Methode*, 2ª ed., 1965, p. 265; trad. br.: *Verdade e método*, 1998). Conservar e apresentar uma tradição é um ato tão livre e racional quanto tentar eliminá-la. Sem a tradição não há, segundo Gadamer, "consciência da eficácia histórica" *(Wirkungsgeschichtliches Bewusstein)*, que constitui o fundamento categorial último das ciências do espírito (*op. cit.*, pp. 324 ss.).

A hermenêutica gadameriana da tradição entrou com isso em conflito com a crítica das ideologias (ver IDEOLOGIA) feita por Habermas (VER), de modo que o problema filosófico da natureza, condições e justificação ou falta de justificação da tradição se desenvolveu no quadro de um debate entre hemenêuticos e "frankfurtianos". Gadamer e Habermas coincidem em seu desejo de superar o antigo conflito entre iluministas e românticos, mas diferem no modo de fazê-lo. Habermas se opõe a Gadamer em nome da noção de interesse (VER) e de seu próprio desenvolvimento da noção de ideologia e de crítica das ideologias. Para Habermas, Gadamer não pode dar conta adequada da incompreensão (VER) e da distorção; além disso, é vítima do subjetivismo e de uma espécie de particularismo histórico. Gadamer, por outro lado, julga que estas críticas não são fundadas. A consciência histórica na qual a tradição desempenha um papel fundamental não é para Gadamer nenhuma expressão de subjetivismo; é, antes, a condição necessária para alcançar uma "universalidade hermenêutica", isto é, uma universalidade que não se emaranhe em meras abstrações.

Ortega y Gasset considerou a tradição como o fato de que em certos momentos o indivíduo está limitado "a um repertório único e inquestionado de opiniões" ("Filosofia y época de libertad", em *Origen y epílogo de la filosofía*, 1960, p. 104). Quando se vive na tradição não se escolhe, ou se escolhe apenas minimamente entre umas quantas alternativas. A ruptura da tradição é o advento de uma época na qual se produz um "aumento de vida", que é aumento de possibilidades. Diante da tradição, que é limitação, a liberdade é abundância. Isso não quer dizer que quando vive na tradição, o homem se encontre completamente seguro. A vida humana, indicou Ortega (entre outros lugares, em *op. cit.*, pp. 105-106), é constitutivamente insegurança, ocorre apenas que a insegurança da abundância, que engendra as dúvidas e as incertezas, é diferente da insegurança da tradição.

TRADIÇÃO DOXOGRÁFICA. Ver Doxógrafos.

TRADICIONALISMO. Por este termo pode-se entender: 1) a atitude segundo a qual é desejável seguir o que se chama "a tradição", pela qual se costuma entender o conjunto de normas, regras, crenças, costumes etc., vigentes numa comunidade humana; 2) a tendência a superestimar a tradição (ou o que também se chama "tradições"). 2) tem em geral um sentido pejorativo, o que não ocorre necessariamente com 1). Os que entendem 'tradicionalismo' no sentido 1) consideram freqüentemente que seguir a tradição ou as tradições torna possível a continuidade de uma cultura, e que todo antitradicionalismo constitui uma indesejável ruptura de tal continuidade.

Chama-se também "tradicionalismo" a concepção da história defendida por de Bonald e de Maistre, na França, e por Juan Donoso Cortés, na Espanha. Esta concepção também foi chamada "ultramontanismo" (de *ultra montes* = para além das montanhas). Consiste na afirmação de que toda ordem social e histórica deve estar submetida à autoridade da Roma católica e articular-se numa hierarquia de origem divina. Os motivos históricos imediatos do tradicionalismo são, antes de tudo, de índole político-religiosa, mas há nele um pressuposto filosófico que interessa ressaltar e que consiste numa certa solução dada ao problema da relação entre a verdade e a história. Para o tradicionalismo, a verdade é um organismo que contém o erro como "momento". Neste sentido coincide com a teoria da verdade sustentada pelo idealismo alemão, particularmente por Hegel. Mas enquanto neste a verdade é algo que se manifesta — pela necessidade que a Idéia ou o Espírito absoluto têm de auto-revelar-se mediante um processo —, o tradicionalismo faz da verdade simplesmente a revelação da Providência. Portanto, o erro não é aqui apenas um momento parcial da verdade, mas um castigo. Mas então a verdade não será mais assunto da razão que se automanifesta, mas algo transmitido pela tradição e, conseqüentemente, pela autoridade. A verdade está, em suma, *depositada* numa instituição, e por isso a própria história constitui a prova de que tal instituição a possui. Uma das provas da verdade é, assim, a persistência. Daí que o tradicionalismo ofereça uma prova histórica e inclusive historicista da verdade. A história se converte, em certo modo, no *depositum* da verdade. Embora a Igreja, ou as hierarquias eclesiásticas, tenham apoiado algumas vezes no passado o tradicionalismo ultramontano, pelo menos enquanto tendência político-religiosa, elas freqüentemente rejeitaram, por outro lado, o tradicionalismo como tese geral filosófica e em particular como tese destinada a provar tanto a própria verdade depositada na Igreja como a existência de Deus e de outras verdades supremas. O tradicionalismo é contado então entre as teses próximas à afirmação exclusivista da intuição e do sentimento, como um dos extremos de uma linha em cujo extremo oposto se encontra o ontologismo, e que termina por negar a natureza mesma da inteligência. Em outros termos, o tradicionalismo costuma ser aceito pela Igreja somente quando é muito estritamente qualificado. Pois quando é mantido "sem condições" chega a declarar que a inteligência, mesmo considerada como ato transcendente, atomiza o homem e torna impossível a descoberta de qualquer verdade básica. A verdade está depositada para ele na sociedade, embora não consista na sociedade senão na medida em que esta conserva algo que lhe foi revelado por Deus. O conceito de verdade para o tradicionalismo está, assim, baseado na revelação e na transmissão, e não na transcendência, no descobrimento e na invenção.

TRADUÇÃO (INDETERMINAÇÃO DA). Em *Word and Object* (§§ 1-14), Quine examina os modos pelos quais se adquire o aparato lingüístico (especificamente, os mecanismos lingüísticos que permitem falar de objetos). As noções de estímulo e resposta desempenham em Quine um papel importante; são as mesmas noções usadas pelos comportamentalistas, mas Quine recorre a elas introduzindo vários refinamentos epistemológicos. Problemas básicos na elucidação da aquisição do aparato da linguagem são os da significação, da sinonímia, da analiticidade, da referência e da tradução.

Nenhum destes problemas pode ser desvinculado dos outros. O problema da tradução, além disso, está à frente de todos os demais. Pode-se falar de tradução corrente — a que, por exemplo, ocorre quando se traduz de uma língua para outra com auxílio de formas verbais similares — ou de tradução radical, quando se trata da tradução da língua usada por uma comunidade até o momento completamente desconhecida. Os problemas suscitados pela tradução radical são interessantes porque de alguma maneira se projetam sobre problemas de tradução normal. Vistos do ponto de vista da tradução radical, até os casos que parecem mais normais chegam a ser problemáticos.

Uma tese fundamental em Quine relativa à tradução é o que ele chama "indeterminação [ou indeterminabilidade: *indeterminacy*] da tradução". Na mesma obra acima citada (§ 15), Quine introduz a noção de "hipóteses analíticas" como série de hipóteses que o lingüista formula, ou poderia, em princípio, formular, com o fim de ver de que modo se pode proceder a várias operações tais como a tradução de enunciados de observação e de funções de verdade, o reconhecimento de frases analíticas do ponto de vista do estímulo suscitado etc.

As hipóteses analíticas têm por função encaixar-se com as disposições verbais. Parece que se se produz tal encaixe, então não há problemas relativos à tradução de frases (sentenças). No entanto, isso não ocorre. Quine mostra a possibilidade de um completo encaixe de dois sistemas de hipóteses analíticas e, *ao mesmo tempo*, a possibilidade de que haja conflito em algumas traduções. Como, além disso, dois sistemas de hipóteses são equivalentes se não houver nenhuma conduta verbal que estabeleça distinção entre elas, deve-se concluir que há uma indeterminação da tradução de um sistema lingüístico para outro.

Isso tem várias conseqüências. Uma delas é a atribuição de significação de uma sentença intrateoreticamente. Outra delas (que pode ser, ou segundo alguns autores é, um pressuposto mais que uma conseqüência) é que não há universais lingüísticos nem tampouco mecanismos inatos de nenhuma espécie que tornem possível a tradutibilidade pura e simples. Outra conseqüência é que a tese da indeterminação da tradução afeta não somente os significados, mas também as referências.

Em outros termos, junto à (seja acrescida à, sobreposta à, ou sotoposta à) indeterminação da tradução há o que Quine chamou "a inescrutabilidade da referência" (cf. *Word and Object*, §§ 27-32; *Ontological Relativity and Other Essays*, 1969, especialmente cap. I ["Speaking of Objects"]; e *The Roots of Reference*, 1973, *passim*). Mas se a referência é, em última análise, "inescrutável" — se não há nenhum princípio nem nenhuma série de disposições mentais nem nenhum modelo indubitável de hábito verbal que torne possível precisar perfeitamente a que se refere um termo numa língua até agora desconhecida e que não proporciona por enquanto chaves para traduções —, então é preciso modificar a fundo muitas idéias relativas ao *status* de certas expressões. Isso ocorre, por exemplo, com sentenças analíticas, que são declaradas tais em virtude do modo como uma comunidade lingüística aprende o uso de certos termos.

Na medida em que a tese da indeterminação da tradução sugere a possibilidade de uma variedade de interpretações de uma expressão dada, cabe perguntar se não há nelas alguns traços de alguns dos problemas abordados pela tradição hermenêutica. Literalmente, não parece havê-las, mas a tese de Quine introduz, em todo caso, possibilidades de "flexibilidade" e "gradualismo" que não estão completamente afastadas do espírito de algumas das tendências hermenêuticas.

TRADUCIANISMO. Como indicamos no verbete Criacionismo (VER), o traducianismo se opõe à doutrina criacionista por afirmar que as almas humanas não são criadas de um modo imediato por Deus quando há as condições requeridas para tanto, mas que a alma espiritual se transmite aos filhos pelos pais no processo da geração. As dificuldades que o traducianismo oferece foram destacadas pelos criacionistas quando abordaram o problema da "transmissão". Com efeito, eles assinalaram que se se transmitisse uma alma, esta teria de ter preexistido de algum modo, com o que os traducianistas deveriam aderir, para serem consistentes com sua própria doutrina, à teoria da preexistência e eternidade das almas espirituais no sentido em que fora defendida por Platão e, sobretudo, pelos platônicos ecléticos. Mas como os traducianistas rejeitavam a tese da preexistência e não podiam inclinar-se à doutrina da emanação, deviam logicamente defender uma teoria análoga à do emergentismo (ver EMERGENTE) ou então deixar inexplicado o uso de seus termos. Como o emergentismo é uma doutrina surgida unicamente na época moderna e com propósito diverso, não pode ser considerada como própria do traducianismo, pelo menos numa forma explícita. Mas pode-se dizer que um tipo de "emergentismo estava implícito em algumas das afirmações dos traducianistas, especialmente enquanto concebiam as almas mais num sentido corporal que espiritual. Além disso, rapidamente se revelou a existência de duas doutrinas traducianistas: uma — traducianista *stricto sensu* — que adotava a teoria da transmissão dando-lhe uma significação corporalista, outra — chamada "geracionista" — que sustentava essencialmente o mesmo que o traducianismo *stricto sensu*, mas acentuando a espiritualidade das almas.

TRADUTORES DE TOLEDO (ESCOLA DE). A irradiação dos escritos árabes e judeus e, com eles, da tradição grega, aristotélica e neoplatônica sobre a Europa, se intensificou — e às vezes se supõe inclusive que começou propriamente — na Espanha a partir de finais do século XI, depois de Toledo ter sido tomada por Alfonso VI (1096). O impulso foi dado principalmente pelo Arcebispo Dom Raimundo ou Ramón de Sauvetat, bispo de Toledo (1126-1152), assim como pelo bispo Michael (em Tarazona), e ainda que Toledo fosse o centro principal, formaram-se núcleos de tradutores ou "centros de tradução" em vários pontos, entre eles Barcelona. Os nomes "Escola de Tradutores de Toledo" ou "Escola de Toledo" — este, proposto por Valentín Rose ("Ptolomaeus und die Schule von Toledo", *Hermes*, VIII [1874], 327-348), que foi o primeiro a chamar a atenção para os tradutores toledanos — não são, contudo, muito adequados. Como assinala José María Millás y Vallicrosa (*Las traducciones orientales de los manuscritos de la Biblioteca Central de Toledo*, 1942, p. 9), juntaram-se ao lado do bispo Michael "vários tradutores que lhe dedicavam, às vezes, suas traduções, e daí que se tenha falado de Colégios ou Escolas de Tradutores, o que, segundo parece, só de um modo impróprio pode ser aplicado". Os textos vertidos compreendiam obras de Aristóteles segundo textos árabes, obras atribuídas a Aristóteles de conteúdo neoplatônico, obras de filósofos árabes e judeus e obras e compilações científicas de diversas procedências. Entre os escritos traduzidos de interesse filosófico figuram os *Analytica posteriora*, o *De coelo et mundo* e o *De generatione et corruptione*, de Aristóteles, o influente *Liber de causis* (VER), bom número de obras de Avicena (tais como a *Lógica*, a *Física*, a obra sobre o céu e o mundo, os livros sobre a alma e a *Metafísica*), de Algazel (a *Lógica*, a *Física* e a *Metafísica*), de Alkindi e de Avicebron (a *Fons vitae*). Esta simples lista permite ver que a obra dos tradutores foi decisiva para o desenvolvimento filosófico dos dois séculos seguintes; trata-se de algumas das obras sobre as quais girou o mais substancial da especulação filosófica medieval cristã.

Assinalaremos alguns nomes de tradutores: Juan Hispalense, Domingo González ou Dominicus Gundissalinus (mais freqüentemente conhecido com o nome de Dominico Gundissalvo), Gerardo de Cremona, Marcos de Toledo, contam-se entre os principais tradutores de Toledo. A eles devemos acrescentar Miguel Escoto (que depois se transferiu para a corte de Frederico II, na Sicília) e Hermann Alemão (transferido em seguida para a corte de Manfredo). Plato Tiburtinus traduziu em Barcelona, em colaboração com Abraham bar Hiyya. Hugo Sanctallensis dedicou traduções ao bispo Michael de Tarazona. Pedro Alfonso de Huesca (provavelmente relacionado com Adelardo de Bath) também foi um tradutor destacado. Finalmente, no vale do Ebro se encontravam, dedicados à mesma atividade, Hermann o Dálmata, seu discípulo Rodolfo de Brouges, e Roberto de Retines.

⊃ Sobre as traduções latinas de Aristóteles: A. Jourdain, *Recherches critiques sur l'âge et l'origine des traductions latines d'Aristote et sur les commentaires grecs ou arabes employés par les auteurs scolastiques*, ed. C. Jourdain, 1843. — Sobre as traduções das obras árabes para o latim: F. Wüstenfeld, "Die Übersetzungen arabischer Werke ins Lateinische" [Abhandlungen der Gesellschaft der Wiss. zu Göttingen, 22 (1877)]. — Sobre Gundissalvo e a escola de tradutores de Toledo, ver (além dos trabalhos de Valentin Rose e de José María Millás y Vallicrosa citados no texto do verbete): Manuel Alonso, "Notas sobre los traductores toledanos Domingo Gundisalvo y Juan Hispano", *Al-Andalus*, 8 (1943),

155-188. — G. Théry, *Tolède, grande ville de la renaissance médiévale*, 1944. — Ver também Ángel González Palencia, *El Arzobispo Don Raimundo de Toledo (1126-1152)*, 1942 (com informação sobre traduções e tradutores). ⊂

TRAGÉDIA. Na *Poética* de Aristóteles há três passagens importantes relativas à noção de tragédia. Numa delas (1450 a 15) se indica que "a tragédia é uma imitação, não de pessoas, mas de ação, de vida e de felicidade e miséria". Por isso a tragédia é possível sem personagens mas não sem ação. Em outra passagem (1450 b 30), é dito que na tragédia devem ser imitadas ações "que suscitem a piedade e o temor". Em outra passagem, por fim (1449 b 27), afirma-se que a excitação da piedade e do temor é a purgação, κάθαρσις, de tais emoções, uma purgação que Aristóteles descobrira já na música (*Pol.*, 1341 b 32-1342 b 17). Todas estas passagens — analisadas e, ao fim e ao cabo, aceitas por centenas de comentadores — podem ser interpretadas ou como uma reflexão sobre a forma literária "tragédia" ou como uma análise da tragédia e do sentimento trágico. Esta última análise é a que aqui nos interessa. Referir-nos-emos para tanto a três grupos de filosofias: as especulativas de começos do século XIX; as antiespeculativas de finais do século XIX, e as mais ou menos "existenciais" dos últimos cento e vinte anos.

Entre os filósofos do primeiro grupo destacam-se Schelling, Solger e Hegel. Schelling examinou o problema do trágico especialmente em *Filosofia da arte*, mas sua concepção da tragédia deriva de sua metafísica. O trágico se baseia, com efeito, segundo esse filósofo, na identidade do real e do ideal, sem a qual não se poderia entender a luta e, com ela, a tensão contínua entre a necessidade e a liberdade. Solger dedicou à análise do trágico numerosas páginas de suas *Lições sobre a estética* (ed. 1829). O trágico é também para este filósofo o resultado de uma tensão e de uma contradição, mas não entre a necessidade e a liberdade, mas entre a idéia e a realidade. Ao penetrar na realidade e tornar-se perecedoura, a idéia entra em conflito consigo mesma. Quanto a Hegel, ele consagrou numerosas páginas de diversas obras à noção do trágico; as referências na *Fenomenologia do Espírito*, nas *Lições sobre a estética* e em outras obras mostram que se trata de um problema que muitas vezes preocupou Hegel. Muitas são por isso as definições que encontramos do trágico neste filósofo. Às vezes ele se refere ao aspecto propriamente literário-filosófico e assinala que as concepções aristotélicas a respeito merecem ser consideradas com atenção e simpatia. Às vezes se refere ao aspecto moral e considera o trágico como o resultado da tensão entre a idéia da justiça eterna e os atos contingentes e particulares dos homens (tensão que se resolve mediante o estabelecimento do universal no particular). Às vezes destaca o aspecto religioso e examina o trágico com o divino em sua penetração no mundo. Mas em todos os casos insiste no elemento da tensão, do conflito e da contradição inerentes à noção do trágico; tensão, conflito e contradição, por outro lado, que o trágico resolve por meio do desaparecimento das "contingências da individualidade imediata".

Entre os que se ocuparam do trágico de um ponto de vista antiespeculativo destaca-se Johannes Volkelt. Em sua obra sobre a estética do trágico (*Aesthetik des Tragischen*, 1897; 2ª ed., 1906; 4ª ed., 1923), este autor se opõe a toda especulação abstrata sobre o conceito de tragédia e declara que sua base se encontra num exame dos diferentes tipos (psicológicos) do sentimento do trágico. Pois embora a noção do trágico possa ser "ampliada" à vida em geral, à Natureza, à arte e até à concepção do mundo, seus fundamentos residem sempre no estudo analítico-psicológico e especialmente no estudo da projeção ou endopatia (VER).

Entre os filósofos do terceiro grupo nos referiremos sobretudo a Nietzsche. Ele dedicou à questão da tragédia seu primeiro livro: *A origem da tragédia no espírito da música*. A ela se referiu também em vários outros pontos de suas demais obras (por exemplo, em *A vontade de poder* [851, 853], em *Ecce Homo* [parte intitulada "Por que escrevo livros tão bons", 4], na *Transmutação de todos os valores* [I: "O Anticristo"]). No quadro de sua investigação se encontra a famosa oposição entre o apolíneo e o dionisíaco a que nos referimos no verbete sobre Nietzsche. A esta contraposição estão subordinadas duas séries de oposições: luz e profundidade; sonho e embriaguez, aparência e realidade, decisão e paralisia da ação. A segunda série é a propriamente trágica. Com efeito, enquanto a primeira é a manifestada na arte plástica, que revela o indivíduo, a beleza, o particular, a eternidade do fenômeno, a segunda é a manifestada na música, que volta a nos situar no universal, na Natureza (no sentido grego deste conceito), que nos abarca por inteiro e que é profunda e misteriosa. A música não é, de fato, uma cópia da realidade (como a pintura): é a própria realidade, a expressão da Vontade (no sentido de Schopenhauer). Por isso a música equivale aos *universalia ante rem*, como a arte plástica equivale aos *universalia in re*, e a ciência aos *universalia post rem*. Na música (e o coro trágico — escreve Nietzsche — nasceu da música), o individual é absorvido: "por breves momentos", escreve o filósofo, "estamos no próprio ser primordial".

A música, arte de Dioniso, nos reinstala no real após ter compreendido as limitações da ciência (e de Sócrates, o fundador dela). Assim, o sentido trágico dos gregos pode ser definido como a fome de submergir-se de novo nas fontes originárias do real e de purgar-se desse pecado que, segundo alguns pré-socráticos, é o grande pecado da existência: a individualidade. Então o homem aceita o destino trágico e abandona a sorte, com o que atinge algo superior a esta: a sensação da plenitude da vida. É certo que esta arte de Dioniso não é, segundo Nietzsche, o único representante do trágico: de fato, Apolo *já* fala a linguagem trágica (como Sócrates falava de seu demônio e queria, em seu cárcere, tocar a flauta), de modo que a tragédia propriamente dita é a reunião de Apolo com Dioniso.

Por isso, segundo Nietzsche, Aristóteles compreendeu mal a tragédia. Pensou que as emoções trágicas eram emoções deprimentes. Se fosse este o caso, a tragédia seria efetivamente estranha à vida e seria necessário, como Aristóteles propunha, exaltar as emoções trágicas *para libertar-se* delas. A resignação em vez da aceitação valorosa do destino, o *amor fati* (VER), orgulhoso de sua própria coragem, seriam a conseqüência disso. Mas a tragédia não é para Nietzsche uma purgação: é um tônico, que todas as épocas fortes e todos os caracteres fortes bebem e amam. Pois só assim, proclama o filósofo, serão capazes de sentir a dor como um prazer. "Uma das provas da consciência de poder no homem", escreve Nietzsche, "é o fato de poder reconhecer o caráter horrível das coisas sem uma fé final".

Ora, seria um erro — cometido por vários intérpretes de Nietzsche — supor que o filósofo se contenta em opor a guerra à paz, a crueldade à bondade, o sofrimento à alegria. De fato, Nietzsche não prega Dioniso, mas Apolo: *um Apolo que foi capaz de dominar Dioniso*. É característico de Nietzsche não querer extirpar as paixões (como, segundo ele, faz o cristianismo), mas domá-las. A noção de tragédia em Nietzsche é, assim, uma conseqüência de sua filosofia geral enquanto reação aos problemas coetâneos. Vivendo, na opinião de Nietzsche, numa época asfixiante na qual dominam a lei da maioria, da hipocrisia, do farisaísmo e do otimismo superficial da ciência, é preciso aprender a liberar nossas energias para melhor dominá-las. Nietzsche profetiza um futuro no qual haja superabundância de vida e no qual a vida seja uma arte. É óbvio que esquece que a tragédia pode ser também sórdida e dar origem não ao Super-homem, mas ao infra-homem. Sua noção de tragédia é neste sentido completamente oitocentista e envolta num otimismo que se mascara mediante um pessimismo criador.

Outros filósofos que trataram da noção de tragédia, como Unamuno, Chéstov e Jaspers, fizeram-no, por sua vez, do ponto de vista do século XX. Embora partilhando um espírito similar ao de Nietzsche no que diz respeito à necessidade de desmascarar o otimismo superficial, Unamuno desconfia da Vida nietzschiana, a qual qualificaria de abstração, e aplica a noção de tragédia à vida concreta e individual. Por outro lado, enquanto Nietzsche partira da tensão entre Apolo e Dioniso, Unamuno partiu da tensão entre a razão e a fé (ou melhor, a esperança). Desenvolvemos este ponto no verbete sobre Unamuno; limitemo-nos agora a sublinhar que neste autor a tragéida aparece justamente quando, em vez de destruir um desses extremos em favor de outro, aceitamos lealmente os dois e compreendemos que seu conflito trágico é justamente o que nos permite viver. Por isso a tragédia em Unamuno é uma tragédia *pessoal*; não é o mundo, mas a existência concreta o que se revela como trágico. Comum a Nietzsche e a Unamuno, porém, frente à noção antiga de tragédia, é que enquanto esta desembocava na forma (na arte), a desses filósofos desemboca na destruição das formas, único modo de recuperar ou a Vida universal ou a vida pessoal.

Chéstov chegou a considerar que a filosofia é essencialmente "filosofia da tragédia" (*Dostoievskii i Nitsché. Filosofiá tragédii*, 1922 [há trad. espanhola: *Filosofía de la tragedia*, 1949]). Os que não a compreenderam assim, segundo este autor, consideraram que não é missão da filosofia ocupar-se do que está mais além ou mais aquém da "normalidade". Somente alguns espíritos singularmente profundos viram na "anormalidade" um problema. Não, certamente, ao modo de Lombroso e dos psicólogos positivistas, que fazem do anormal objeto da ciência, mas ao modo de Dostoiévksi e Nietzsche, que fazem do anormal (da genialidade ou da loucura, *bezymnié*) um modo de penetrar na região igualmente vedada à ciência e à moralidade convencional. A filosofia da tragédia surge justamente quando as esperanças depositadas na ciência e na moral se desvaneceram e em lugar da satisfação irrompe a inquietude; essa inquietude que faz alguns homens se perguntarem (como Baudelaire) se amam os condenados e se conhecem o irremissível.

Jaspers tratou o problema da tragédia em uma parte — depois publicada separadamente — do primeiro volume de sua obra *Sobre a verdade* (também publicada em separata: *Über das Tragische*). Contra o conceito niilista da tragédia que predomina na idade contemporânea e que ele não atribui a nenhum filósofo particular, Jaspers prega a necessidade de adquirir um sentido trágico *profundo*. Suas considerações a respeito estão, infelizmente, envoltas em excessiva obscuridade — ou em alusões até agora insuficientemente esclarecidas — para que possamos extrair delas as correspondentes conseqüências ou implicações. Por um lado, Jaspers parece lutar contra o niilismo, pelo outro, contra a superficialidade. É provável que sua noção de tragédia fique esclarecida quando se desenvolverem mais os fundamentos do Compreensivo (VER).

Baseando-se em algumas das idéias expressas por György Lukács (especialmente em *Die Seele und die Formen*, 1911 [cf. também "Metaphysik der Tragödie", *Logos*, 2 (1911-1912), 79-91]), Lucien Goldmann desenvolveu detalhadamente os problemas despertados pelo que ele chama "a visão trágica do mundo" (cf. *Le Dieu caché. Étude sur la vision tragique dans les* Pensées *de Pascal et dans le théâtre de Racine*, 1956). Lukács havia declarado que a tragédia é um jogo que tem Deus como espectador, de modo que o homem trágico vive continuamente sob o olhar divino. Goldmann considera que "a visão trágica" é uma das concepções do mundo (ver MUNDO [CONCEPÇÕES DO]) fundamentais. Pode-se falar de uma tragédia da rejeição. Esta última (que se manifestou durante os séculos XVII e XVIII, sobretudo em Pascal e Kant) se dá por meio de uma visão a-histórica na qual a voz de Deus fala imediatamente aos homens mesmo que, paradoxalmente, Deus esteja sempre ausente. O pensador trágico expressa a existência de uma crise profunda entre os homens e o mundo social e cósmico, de modo que a consciência trágica pode ser descrita mediante a fórmula "rejeição intramundana do mundo", o que comporta o desejo de realizar valores irrealizáveis. Goldmann considera que a visão trágica moderna integra a visão racionalista, superando suas limitações, e que constitui um prelúdio para a superação que oferece o materialismo dialético, considerado como um "novo classicismo".

Para Simmel ("Der Begriff und die Tragödie der Kultur", *Logos*, 2 [1911-1912], 1-25; reimp. em *Philosophische Kultur*, 1911; 2ª ed., 1919, pp. 223-253) a tragédia, como "tragédia da cultura", consiste sobretudo no permanente conflito entre a espontaneidade individual, que tende a ultrapassar todos os limites, e as fixações culturais, nas quais se estabelecem limites. Não há cultura sem atividade individual espontânea, mas a atividade individual espontânea dissolve esta mesma cultura que havia produzido. Por isso a cultura é ao mesmo tempo produto da espontaneidade e obstáculo à espontaneidade.

Max Scheler também se ocupou da tragédia — do fenômeno do trágico — em seu trabalho "Zum Phänomen des Tragischen", publicado primeiramente em *Die Weissen Blätter*, 1, nº 8 (abril 1914), com o título "Über das Tragische", e em seguida no volume *Abhandlungen und Aufsätze* (1915) com o título "Bemerkungen zum Phänomen des Tragischen" (incluído depois, com modificações, em *Vom Umsturz der Werte*, 1915 [outras edições, 1919, 1923] e no volume 3 de *Gesammelte Werke*, ed. Maria Scheler, 1955, pp. 149-169. Scheler examina o trágico do ponto de vista da atitude em relação aos valores. Os portadores de valores são "trágicos" porque sua visão ultrapassa os limites da visão comum e não podem viver simplesmente em estado de satisfação e contentamento.

Em seu livro *La philosophie tragique* (1960), Clément Rosset define o trágico como uma aliança das idéias de "irreconciliável" e "irresponsável" e julga que a moral consiste em rejeitar o trágico.

Deixamos para o final o filósofo que, cronologicamente, é o primeiro do terceiro grupo: Kierkegaard.

Ele abordou o conceito de tragédia em várias obras, mas especialmente num escrito que publicou sob o pseudônimo de Victor Eremita e que foi recolhido em *Ou um ou outro*, assim como algumas páginas de *Temor e tremor*. Kierkegaard encontra várias diferenças fundamentais entre a tragédia antiga e a moderna, mas não as suficientes (nem sequer no gênero literário *tragédia* ou no que o substitua) para que se possam esquecer as raízes que a segunda tem na primeira. As diferenças básicas estão sobretudo na noção de culpa do herói trágico, em sua relação diferente com a coletividade e na particular dialética (concreta, não abstrata) que há entre a dor e o sofrimento no herói trágico antigo e moderno. A diferença fundamental consiste talvez no fato de que enquanto na tragédia antiga o importante é a ação e os personagens se subordinam a ela, na moderna importantes são os personagens, e a ação se subordina a eles. Situação e caráter, mais que ação, são os determinantes da tragédia moderna. Em *Temor e tremor*, além disso, Kierkegaard apresenta o herói trágico como diferente do criminoso ou do crente. No exemplo tantas vezes citado por Kierkegaard, o de Abraão, aparece isto bem claramente: Abraão *não* pode ser um herói trágico, pois o herói trágico o é por seus próprios poderes e jamais tem a possibilidade de dar o salto (VER) que o converte de criminoso em "cavaleiro da fé". "O herói trágico", escreve Kierkegaard, "renuncia a si mesmo para expressar o universal; o cavaleiro da fé renuncia ao universal para chegar a ser o individual". Ou, o que é o mesmo: "O herói trágico não conhece a terrível responsabilidade da solidão".

⊃ Ocuparam-se também do trágico do ponto de vista filosófico: Theodor Lipps, *Das Ich und das Tragische*, 1892. — Leopold Ziegler, *Zur Metaphysik des Tragischen*, 1935. — Joachim Pohl, *Philosophie der tragischen Strukturen. Beiträge zur Grundlegung einer metaphysischen Weltanschauung*, 1935. — Peter Wessen Zapffle, *On det tragiske*, 1941. — José María de Quinto, *La tragedia y el hombre*, 1962. — Charles I. Glicksberg, *The Tragic Vision in Twentieth Century Literature*, 1963. — Léopold Flam, *L'homme et la conscience tragique: Problèmes du temps présent*, 1965. — M. Foss, *Death, Sacrifice, and Tragedy*, 1966. — W. Kaufmann, *Tragedy and Philosophy*, 1968. — Clément Rosset, *Logique du pire: Éléments pour une philosophie tragique*, 1971. — Id., *L'Antinature: Éléments pour une philosophie tragique*, 1973. — Alain Houziaux, *Le désir, l'arbitraire, le consentement: Pour une éthique du tragique*, 1973. — Eugenio Trías, *Drama e identidad bajo el signo de interrogación*, 1974. — S. Cavell, *The Claim of Reason: Wittgenstein, Skepticism, Morality, and Tragedy*, 1979. — T. J. Reiss, *Tragedy and Truth: Studies in the Development of a Renaissance and Neoclassical Discourse*, 1980. — J. Söring, *Tragödie. Notwendigkeit und Zufall im Spannungsfeld tragischer Prozesse*, 1982.

Entre os numerosos escritos sobre a tragédia na expressão literária, em particular sobre a tragédia grega, e também sobre o conceito aristotélico de tragédia, destacamos: Henry Alonzo Myers, *Tragedy: A View of Life*, 1956. — Annibale Pastore, *Dionisio. Saggi critici sul teatro tragico*, 1957. — Otto Mann, *Poetik der Tragödie*, 1958. — D. D. Raphael, *The Paradox of Tragedy*, 1960 [The Mahlon Powell Lectures, 1959]. — S. M. Engel, *The Problem of Tragedy*, 1960. — K. von Fritz, *Antique und moderne Tragödie. 9 Abhandlungen*, 1962. — F. L. Lucas, *Tragedy: Serious Drama in Relation to Aristotle's Poetics*, 1962. — Oscar Mandel, *A Definition of Tragedy*, 1962. — John Jones, *On Aristotle and Greek Tragedy*, 1962. — Mitchell A. Leaska, *The Voice of Tragedy*, 1964. — M. Fernández Galiano, F. Rodríguez Adrados et al., *Estudios sobre la tragedia griega*, 1966. — Joseph Calarco, *Tragic Being: Apollo and Dionysus in Western Drama*, 1969. — O. Mandel, *A Definition of Tragedy*, 1982. — A Ničev, *La catharsis tragique d'Aristote. Nouvelles contributions*, 1982. — P. Vellacott, *The Logic of Tragedy: Morals and Integrity in Aeschylus' Oresteia*, 1984. — J. D. Barbour, *Tragedy as a Critique of Virtue: The Novel and Ethical Reflection*, 1984. — D. Lenson, *The Birth of Tragedy: A Commentary*, 1987. — R. Kuhns, *Tragedy: Contradiction and Repression*, 1991.

Para o conceito de tragédia em Nietzsche: M. S. Silk, J. P. Stern, *Nietzsche on Tragedy*, 1981. — H. Schmid, *Nietzsches Gedanke der tragischen Erkenntnis*, 1984. — J. Sallis, *Crossings: Nietzsche and the Space of Tragedy*, 1991.

Para o conceito de tragédia em Simmel: Isadora Bauer, *Die Tragik in der Existenz des modernen Menschen bei G. Simmel*, 1962.

Para uma análise do conceito de tragédia à luz dos usos de expressões nas quais intervêm motivos "trágicos", ver: A. M. Quinton e R. Meager, "Tragedy", em *Proceedings of the Aristotelian Society*, Supp. 34 (1960), 145-186. — R. Breuer, *Tragische Handlungsstrukturen*, 1988. ⊂

TRANSCENDÊNCIA, TRANSCENDENTE, TRANSCENDER. Os termos 'transcendência', 'transcendente' e 'transcender' foram usados com vários significados e dentro de diversos contextos. Trataremos no presente verbete dos significados principais na filosofia, mas excluiremos um dos mais importantes de 'transcendente' e 'transcendentes': o que se dá a estes vocábulos quando se fala do ente enquanto transcendente *(transcendens)*, dos transcendentes *(transcendentes)*, das propriedades transcendentais do ente, das paixões do ente etc. A razão de excluirmos aqui este significado capital é a seguinte: embora os escolásticos medievais, até o século XIV aproximadamente, tenham usado os termos *transcendens* e *transcendentes* para se referirem às citadas propriedades ou paixões do ente, acostumou-se em seguida a empregar para tal efeito os vocábulos 'transcendental' *(transcendentale)* e 'transcendentais' *(transcendentalia)*. O significado em questão será tratado, pois, no verbete TRANSCENDENTAL, TRANSCENDENTAIS.

Um dos significados de 'transcender' é o espacial, o baseado numa imagem de caráter espacial. De acordo com isso, 'transcender' significa "ir de um lugar a outro, atravessando ou ultrapassando certo limite". A realidade que ultrapassa o limite é chamada "transcendente" e a ação e efeito de ultrapassar, ou simplesmente de estar mais além de um limite dado, é a "transcendência". Este significado espacial não é, contudo, muito corrente na literatura filosófica. Mais freqüente é o significado de 'transcender' aplicado a uma ação ou operação. No verbete ATO, ATUALIDADE referimo-nos a dois tipos de atos descritos por Aristóteles. Por um lado, há atos (ou ações) como o cortar ou o disparar. Por outro lado, há atos (ou ações) como o sentir e o pensar. Os primeiros não são propriamente atos, mas movimentos; com efeito, há diferença entre o ato e o resultado do ato, como se vê no exemplo "não é o mesmo cortar e ter cortado". Os segundos são atos em sentido próprio, e atos completos; com efeito, é o mesmo o ato e o resultado do ato, como se vê no exemplo "é o mesmo pensar e ter pensado" (no sentido pelo menos de que não há "pensar" sem estar "já pensado"). Ora, os atos ou ações da primeira espécie são de caráter "transiente"; a ação de que se fala neles é uma *actio transiens*, que sai do "sujeito". Os atos ou ações da segunda espécie são, em contrapartida, formas da *actio manens* ou *permanens*; trata-se de uma ação imanente *(immanens)* porque permanece no mesmo "sujeito" que a executa. Diz-se também que a primeira ação é "transitiva" e a segunda é "intransitiva".

Neste sentido, o imanente (VER) é mais "completo" e "perfeito" que o transcendente. No entanto, admitiu-se freqüentemente que algo "transcendente" é superior a algo "imanente", a tal ponto que quando se quis destacar a superioridade infinita de Deus em relação ao criado disse-se que Deus transcende o criado e inclusive que Deus *é* "transcendência". A razão deste último significado é que se entendeu 'transcendente' no sentido de "estar mais além" de algo; 'transcender' é neste caso "sobressair", e o que sobressai é obviamente superior ao que não "sobressai", ao que é "limitado" e está "confinado". Por isso também se disse que o ente é "transcendente" e se falou das "propriedades transcendentes do ente". Este é o significado que, conforme apontamos antes, se dá aos vocábulos mais usados 'transcendental' e 'transcendentais'. A "superioridade" e "importância" do transcendente e transcendental se percebe no uso corrente, no qual algo "transcendental" é algo realmente importante e capital.

Deve-se distinguir, pois, entre o significado de 'transcendente' no sentido da *actio transiens* de que falamos *supra* e o significado de 'transcendente' no sentido da *actio transiens* como "sobressair", "ultrapassar" etc. Este último significado é o que se dá comumente a 'transcendente', e especialmente a 'transcendência' quando se fala da transcendência de Deus em relação ao mundo, e quando se fala em geral da transcendência metafísica. No que diz respeito à questão da transcendência de Deus, foram propostas várias teses que aqui nos limitaremos a esboçar. Segundo certos autores, Deus é absolutamente transcendente ao mundo, havendo como que um abismo entre Deus e o mundo que somente Deus pode, se quiser, transpor. Segundo outros autores, a tese da absoluta transcendência de Deus com relação ao mundo põe em perigo a relação entre Deus e o mundo (ou, em geral, entre um princípio supremo: o Absoluto, o Uno etc., e as demais realidades). Por este motivo tratou-se de lançar uma ponte entre Deus (ou o Absoluto, ou o Uno) e o mundo. Esta "ponte" é de caráter distinto conforme a relação em questão seja entendida como relação entre o Criador e o criado ou como relação entre o Princípio primeiro e o supostamente emanado dele. Mas dentro de cada um destes dois modos de entender a relação entre Deus (ou o Absoluto, ou o Uno) e o mundo foram oferecidas diversas concepções de acordo com o grau de maior ou menor transcendência do "Transcendente", e também de acordo com o modo como "o Transcendente" se volta para aquilo do qual é transcendente. Há um grupo de teses a respeito que podem ser qualificadas de "moderadas" e que consistem em sustentar que "o Transcendente" é, com efeito, transcendente e o é de um modo absoluto, por tratar-se de uma realidade absoluta e infinita, mas que nem por isso há um abismo entre o Transcendente e aquilo de que transcende, pois o último se orienta para o primeiro, ou participa dele numa série de graus de menor a maior perfeição etc. Segundo outros autores, Deus não é transcendente ao mundo, mas é, como dizia Spinoza, "causa imanente de todas as coisas", de modo que se chega desta maneira a uma identificação de Deus com o mundo, tal como é defendida no panteísmo (VER) em suas várias formas.

A noção de transcendência a que acabamos de nos referir pode ser chamada "teológica" e ao mesmo tempo "metafísica". Há outros modos de entender a transcendência (além da transcendência dos transcendentais de que falamos em TRANSCENDENTAL, TRANSCENDENTAIS). Por exemplo, usa-se o termo 'transcendentes' para exprimir um conceito matemático em expressões tais como 'quantidades transcendentes' e 'funções transcendentes'. Conforme indica Wundt, "o ponto de partida [do conceito matemático] de transcendência está relacionado com o fato de que os precursores de Leibniz chamavam 'transcendentes' as entidades e funções que não se podem expressar mediante as usuais operações aritméticas"; "toda magnitude transcendente", continua Wundt (*System der Philosophie*, I § 14), "pode ser considerada gerada por um número infinito de operações aritméticas". Ora, mesmo que historicamente o conceito matemático de transcendência não seja alheio a certas considerações filosóficas de caráter mais geral, nos referiremos a seguir principalmente a duas concepções de transcendência muito freqüente e intimamente relacionadas entre si: a concepção "gnosiológica" (ou primordialmente gnosiológica) e a concepção "metafísica" (ou primordialmente metafísica).

Do ponto de vista primordialmente gnosiológico, o conceito de transcendência desempenha um papel importante em determinado modo de conceber a relação *sujeito-objeto*. Na concepção da alma como "intimidade", no sentido, por exemplo, de Santo Agostinho, fala-se que a alma "se transcende a si mesma". Este modo de transcender se refere também de algum modo ao conhecimento, mas se trata do conhecimento de Deus que se obtém quando a alma deixa de estar exclusivamente "em si mesma". Segundo a concepção gnosiológica da transcendência, há também um transcender do sujeito, mas é na direção do objeto enquanto objeto "exterior" cognoscível. Diz-se então que o objeto é transcendente ao sujeito e que o sujeito pode alcançá-lo somente quando for "rumo ao objeto". Assim, a transcendência gnosiológica do objeto pressupõe transcender o objeto rumo ao sujeito. Quando a transcendência em questão do objeto é completa se sustenta uma concepção realista do conhecimento. Em compensação, quando se nega haver transcendência do objeto se sustenta uma concepção realista (moderada) do conhecimento. Há formas muito variadas desta última concepção. Alguns autores sustentam que o objeto continua sendo (parcialmente) transcendente na medida em que não há nenhuma "similaridade" possível entre sujeito e a parte supostamente transcendente do objeto. Outros autores, como Nicolai Hartmann, não usam a noção de "similaridade", mas indicam que pode haver no objeto, ou pelo menos em certos objetos, uma "parte" que escapa necessariamente ao sujeito: é o transcendente puro e simples, o transinteligível e talvez o irracional.

As diversas concepções gnosiológicas da transcendência — incluindo as que negam que a haja — estão freqüentemente ligadas a concepções metafísicas, quase sempre relativas à função e poder da razão. Indicou-se que a razão é essencialmente "imanentizada" no sentido de que consiste em reduzir a realidade — "o objeto" — a condições racionais. Se estas condições se encontram no sujeito — seja o sujeito individual cognoscente, seja um sujeito racional universal —, a racionalização da realidade consistirá então em reduzir o objeto ao sujeito, ou explicar o objetivo pelo subjetivo. Parece, pois, que toda metafísica imanentista seja ao mesmo tempo necessariamente racionalista. No entanto, isso não ocorre. Reduzir o objeto a seu "ser pensado", a "ser conteúdo de consciência" etc., equivale na maior parte dos casos a fazer do imanente algo "absoluto": ser é então "ser pensado", "ser conteúdo de consciência", "ser percebido" etc. Mas a metafísica imanentista é racionalista somente quando concebe o sujeito como razão, ou como atividade racional, categorizante etc. Pode-se conceber o sujeito como realidade "percipiente" e não categorizante. Por outro lado, o sujeito pode ser "mediador" sem ser pura imanência. Com efeito, quando se concebe o sujeito como realidade que se transcende a si mesma, propõe-se uma idéia do sujeito que é capaz ao mesmo tempo de "mediar" no processo do conhecimento e de ser transcendente.

Em todo caso, as discussões gnosiológicas sobre a transcendência ou não transcendência do objeto em relação ao sujeito — de que demos conta com mais detalhe em vários verbetes, tais como FENOMENISMO, IDEALISMO, REALISMO — foram acompanhadas amiúde de discussões de caráter metafísico. Isso ocorre, por exemplo, em Kant ao falar de "princípios imanentes" e "princípios transcendentes", mas remetemos para tanto ao verbete TRANSCENDENTAL, TRANSCENDENTAIS, já que o uso kantiano de 'transcendente' (e 'imanente') se entende melhor no contexto do uso de 'transcendental'. Abandonaremos agora, pois, as questões gnosiológicas para nos referir a algumas concepções da transcendência na filosofia contemporânea.

Em vários de seus escritos (por exemplo, em "Programa de una filosofía" [1940], recolhido em *Papeles para una filosofía* [1945], e em *Teoría del hombre* [1952], Parte II, cap. VI, § 3), Francisco Romero advogou em favor de uma concepção de toda realidade como transcendente. Com isso se evitam, segundo esse autor, as dificuldades que suscita a concepção imanentizadora da razão a que fizemos referência antes. Segundo Romero, há que se afirmar a transcendência de toda a realidade e não só, como às vezes se faz, da realidade espiritual. O que distingue as diversas espécies de realidade é seu correspondente grau e nível de transcendência, desde a matéria, que é apenas minimamente transcendente, até o espírito, que é transcender puro. "A transcendência é como um ímpeto que se difunde em todos os sentidos, que talvez se realize em longos trajetos de maneira seguida e contínua, mas sem que esta continuidade constitua para ela a lei". Estas idéias podem se resumir na fórmula proposta por Romero: "ser é transcender". O impulso rumo à transcendência é libertação, mas ao mesmo tempo constituição da objetividade. "O transcender chega a sua pureza e perfeição", escreve também Romero, "enquanto transcender rumo aos valores, enquanto limpo e veraz conhecimento e execução do que deve ser. Toda imanência é, ao fim e ao cabo, escravizadora, e na realidade o transcender as supera uma após outra, vai marcando metas novas, até aquela que não pode ser superada porque, ao alcançá-la, a transcendência chegou a seu cumprimento e plenitude: o ponto em que espírito, valor e liberdade coincidem". Romero entende o puro transcender como uma realidade que se dá, por assim dizer, "desde o princípio". Esta idéia do transcender e da transcendência, a idéia de uma transcendência como resultado de um transcender, aparece em várias formas no pensamento contemporâneo. Por exemplo, Karl Jaspers assinala que a ordenação do filosofar numa "orientação rumo ao mundo", numa "elucidação da existência" e numa "metafísica" se origina metodicamente na idéia do transcender. Isso significa que todo filosofar é um ato de transcendência. Mas, ao contrário de Romero, para quem "transcendência" e "objetividade" (esta última no sentido de reconhecimento do que é e vale como tal) são equiparáveis, Jaspers supõe que todo ato de transcendência deixa para trás a objetividade. Segundo Gabriel Marcel, "a objetividade é transcendida pela existência". Jaspers admite três ordens de transcendência, uma para cada uma das citadas "ordenações" do filosofar. Na primeira, o transcender trata de distinguir limites correntes de limites fundamentais; na segunda, distingue a consciência transcendental ou psicológica da existência; na terceira busca o transcender absoluto. Por isso o transcender metafísico "conjura" ou "evoca" o ser para a existência (*Philosophie*, I, p. 52). Segundo Jaspers, os métodos do transcender são a base de todo filosofar, porque em todo filosofar se pressupõe um horizonte que transcende todo objeto em particular. Por isso a noção de transcendência em Jaspers está intimamente ligada ao conceito do Compreensivo (VER) — e também ao de horizonte (VER). A transcendência é insondável, mas todo filosofar se encaminha para ela. Jaspers mostra que a pergunta "Que é a transcendência?" não pode ser respondida mediante um conhecimento da transcendência, seu conhecimento é indireto e se dá por meio de um esclarecimento do caráter incompleto do mundo, da imperfeição do homem, do "fracasso universal" (*Vernunft und Existenz*, III, 5). Em suma: a transcendência é o que completa o incompleto e o que lhe outorga sentido. A transcendência é o Compreensivo absoluto.

Fundamental é a noção de transcendência em Heidegger, e isso pelo menos em dois sentidos: no "estar-mais-além-de-si" do *Dasein*, e no ser enquanto "ontologicamente diferente" do ente (ver DIFERENÇA). O primeiro tipo de transcendência parece ser "o que permanece ao mesmo tempo que ultrapassa", segundo indica Heidegger em *Vom Wesen des Grundes* (1929, p. 9). O segundo tipo de transcendência é a transcendência como tal. Esta transcendência parece coincidir por um lado com a idéia do "transcendente" (transcendental) medieval — no sentido da expressão *omne ens qua ens* —, e por outro lado com a idéia kantiana do transcendental enquanto "objetividade" ou possibilidade de todo objeto enquanto objeto. No entanto, a transcendência do ser no sentido de Heidegger é mais radical que quaisquer dos dois citados tipos de transcendência, já que nestes dois tipos de transcendência o que transcende não é o ser, mas sempre o ente (*Der Satz vom Grund*, 1957, especialmente cap. 10). E, contudo, a transcendência heideggeriana não é "o remoto", mas de alguma maneira "o mais próximo", pois é o próprio ser transcendente o que "se abre" à compreensão e "se comporta" em sua verdade. Ora, estes dois conceitos de transcendência em Heidegger não esgotam a diversidade de significados heideggerianos de 'transcendente'. Mesmo confinando-se à concepção de transcendência expressa em *Sein un Zeit*, podem-se distinguir nesse autor vários tipos de transcendência. Segundo Jean Wahl, são eles: 1) a transcendência da existência sobre o nada, 2) a transcendência do existente em relação ao mundo, 3) a transcendência do mundo em relação ao existente e 4) a transcendência do existente com relação a si mesmo, no movimento pelo qual se projeta para o futuro. Wahl distinguiu também a transcendência como "trans-ascendência" e a transcendência como "trans-descendência", considerando a primeira como a transcendência propriamente dita.

Distinções entre várias noções de transcendência ou vários tipos de transcendência na filosofia atual, especialmente a de caráter "existencial" ou "existencialista", foram propostas por vários autores, além de Jean Wahl. Por exemplo, E. Mounier (*Introduction aux existentialismes*, 1947, pp. 148-149) distingue três noções de transcendência que considera irredutíveis entre si: *a*) a noção estática de "corte" ontológico (como em Sartre); *b*) a noção prospectiva de projeto ou de "transprocedência" (como a transcendência do ser humano de Sartre ou Heidegger), e *c*) a transcendência como experiência de um movimento infinito, ou pelo menos indefinido, rumo a um "ser mais". Segundo Mounier, as duas primeiras noções de transcendência são comuns a todo existencialismo, ao contrário do que ocorre com as filosofias "totalistas" (Spinoza, Hegel), mas a transcendência no último sentido só se acha em um dos "ramos" (o ramo cristão e personalista) do existencialismo. Fritz Heinemann ("Auf der Suche nach Sinn in einer zerbrochenen Welt", *Die Neue Rundschau* [1949], p. 109) distingue, seguindo Jaspers, três tipos de transcender: *a*) um transcender rumo à generalidade na esfera do objeto (por exemplo, rumo à idéia da unidade da ciência); *b*) um transcender rumo à particularidade e ao caráter concreto do "eu mesmo" da existência, e *c*) um transcender rumo ao Absoluto numa metafísica que, contudo, não está fundada na "consciência em geral", mas na alma individual histórica. M. Piclin (cf. bibliografia *infra*) distinguiu quatro tipos de transcendência, cada uma das quais oferece duas formas: a transcendência absoluta e a relativa; a transascendência e a transdescendência, a transcendência estática e a dinâmica; e a transcendência de face a face e de retrocesso *(vis a tergo)*. Em cada um destes tipos de transcendência se apresentam problemas que se tentou resolver, segundo Piclin, mediante a idéia de autotranscendência heideggeriana ou mediante a transcendência das essências husserliana. Piclin considera possível integrar várias destas formas de transcendência mediante um tipo que articule níveis sucessivos tais como o fluxo do vivido, o universo das essências e o Eu.

Na maior parte dos casos nos quais, dentro das correntes mais ou menos adequadamente qualificadas de "existencialistas" ou, pelo menos, de "existenciais", foram usados os vocábulos 'transcendência', 'transcendente' e 'transcender', supôs-se que a "experiência", a "vida humana", a "consciência" etc., consistem em não ser "em si", mas em estarem voltadas para algo fora de si, seja o "mundo", seja um "horizonte" ou qualquer outra "transcendência". Deste ponto de vista, as mencionadas concepções da transcendência estão ligadas à idéia de intencionalidade (ver INTENÇÃO, INTENCIONAL, INTENCIONALIDADE), e se contrapõem, em geral, a toda concepção "idealista". Em contrapartida, a concepção teológica da transcendência e algumas das concepções metafísicas "tradicionais" entendem a transcendência primariamente como a característica d'"o Transcendente". Parece difícil encontrar, pois, uma concepção comum de 'transcendência' válida para todos os casos — afora o sentido geral de 'transcendência' como um 'ir (ou estar) além de certo limite'. Por estas razões é conveniente que cada vez que se usem os termos 'transcendência', 'transcendente' e 'transcender' se especifique o que é que se supõe que "transcende" (uma realidade, um ato, uma intenção etc.), que tipo de "limites" são os que se supõe serão ser "ultrapassados" ou que foram "ultrapassados" e em que relação está o transcendente com o que continua sendo "imanente".

➲ Sobre a transcendência filosófica em vários sentidos: M. Keibel, *Wert und Ursprung der philosophischen Transzendenz*, 1886. — Heinrich Rickert, *Der Gegenstand der Erkenntnis. Ein Beitrag zum Problem der Transzendenz*, 1895. — E. Koch, *Das Bewusstsein der Transzendenz*, 1895. — Willy Freytag, *Der Realismus und das Transzendenzproblem*, 1902. — Giuseppe Rensi, *La Trascendenza (Studio morale)*, 1914. — E. Landmann, *Die Transzendenz des Erkennens*, 1923. — A. Banfi, *Immanenza e trascendenza come antinomia filosofica*, 1924. — Bent Schultzer, *Transcendence and the Logical Difficulties of Transcendence. A Logical Analysis*, 1935. — Erminio Troilo, *La ragione della trascendenza e il realismo assoluto*, 1936. — Jean Wahl, Gabriel Marcel *et al.*, ensaios sobre a noção de transcendência em *Travaux IXᵉ Congrès Phil.*, Paris, Fasc. VIII, 1937. Contém: Jean Wahl, "Sur l'idée de transcendence" (pp. 56-59); G. Bénézé, "L'illusion de la transcendence" (3-9); L. Brunschvicg, "Transcendence et immanence" (18-23); G. Tarozzi, "La trascendenza e l'infinito" (220-222); O. Becker, "Transzendenz und Paratranszendenz" (97-104); M. Souriau, "Transcendence pratique et transcendence sensible" (75-79); M. Blondel, "Aspects actuels du problème de la transcendence" (10-17); M. Duval, "Le principe de la transcendence et la théorie de la raison" (39-43); H. Corbin, "Transcendental et existential" (24-31); A. Etchéverry, "Personne humaine et transcendence" (44-49); U. Florentino, "Trascendenza e immanenza nella politica" (90-92); C. Giacon, "La transcendence de Dieu dans l'idéalisme contemporaine" (230-238); G. Marcel, "Le transcendental comme métaproblématique" (50-55); A. Metzger, "F. Nietzsche und das Problem der Transzendenz in der Philosophie der Gegenwart" (60-67). — Francisco Romero, obras citadas *supra*. — H. Voos, *Transzendenz und Raumanschauung*, 1940. — Carlo Giacon, *Il problema della trascendenza. Saggi e studi di filosofia contemporanea*, 1942. — Jean Wahl, *Existence humaine et transcendence*, 1944. — G. Amato, *Il problema della trascendenza nella filosofia dello Spirito*, 1950. — G. Belzer, *Das Problem der Transzendenz in der Geschichte der neueren Philosophie*, 1952. — Emmanuel Levinas, "Transcendence et hauteur", em *Bulletin de la Société Française de Philosophie*, 56, nº 3 (1962), com discussão por H. Gouhier, J. Wahl et al. — Michel Piclin, *La notion de transcendence, son sens, son évolution*, 1969. — A. Kee, *The Way of Transcendence, Christian Faith Without Belief in God*, 1971. — D. Cairns, *God up There: A Study in Divine Transcendence*, 1976. — A. M. Olson, ed., L. S. Rouner, *Transcendence and the Sacred*, 2 vols., 1981. — J. L. Esposito, *The Transcendence of History: Essays on the Evolution of Historical Consciousness*, 1984. — H.-P. Dürr, ed., *Physik und Transzendenz*, 1986. — D. Chidester, *Patterns of Transcendence: Religion, Death and Dying*, 1990. — G. Motzkin, *Time and Transcendence: Secular History, the Catholic Reaction and the Rediscovery of the Future*, 1992. — Ver também a bibliografia de TRANSCENDENTAL, TRANSCENDENTAIS. ➲

TRANSCENDENTAL, TRANSCENDENTAIS. No verbete TRANSCENDÊNCIA, TRANSCENDENTE, TRANSCENDER indicamos que foram usados os termos 'transcendente' e 'transcendentes' antes de se usar os agora mais comuns 'transcendental' e 'transcendentais', para se referir às chamadas, entre outros modos, "propriedades do ente". Assim, por exemplo, Santo Tomás usa a expressão *transcendentium ordo* (*De veritate*, XXI, 3) — a ordem dos "transcendentes" — e Duns Scot usa a expressão *transcendens ut transcendens* (*Opus ox.*, I, dist. VIII, q. iii) — "os transcendentes como transcendentes". Por volta do século XIV, aparentemente introduzidos por Francisco de Meyronnes, começaram a ser usados os termos *transcendentale* e *transcendentalia*, e a isso se seguiram expressões como *conceptus transcendentalis* e *ordo transcendentalis* que fizeram fortuna e que resultam sobremaneira convenientes para fazer a distinção entre 'transcendental' referido a uma propriedade do ente e 'transcendente' nos vários sentidos que tem este último vocábulo. Isso não quer dizer que se deixou de usar "transcendente" no sentido de "transcendental". Temos muitos exemplos disso na literatura escolástica posterior ao século XVI, mas também exemplos na literatura não-escolástica. Um destes últimos encontra-se em Lambert (*Neues Organon*. "Alethiologie", § 48) quando fala de um conceito mais geral, *ein allgemeinerer Begriff*, que podemos chamar "transcendente", *den wir transzendent nennen können*, na medida em que "representa coisas análogas no mundo dos corpos e no mundo intelectual", como ocorre, diz Lambert, com o conceito de "força" (*Kraft*), que é transcendente, porque representa diversos tipos de força. Pode-se alegar que aqui o sentido de 'transcendente' não é o próprio, e já veremos mais abaixo que isso ocorre, mas há poucas dúvidas de que o uso impróprio de 'transcendente' por parte de Lambert procede de um uso próprio de 'transcendente' (e depois, 'transcendental') por autores escolásticos. Isso mostra, diga-se de passagem, que embora convenha distinguir 'transcendental' e 'transcendente', estes dois conceitos tampouco estão inteiramente desligados um do outro. A rigor, os "transcendentais" são de algum modo "transcendentes" enquanto transcendem quaisquer entes particulares. Mas aqui manteremos a distinção para maior clareza dos termos 'transcendental' e 'transcendentais' e usaremos estes termos com preferência a 'transcendente' e 'transcendentes'.

A idéia de uma propriedade do ente como propriedade transcendental aparece em Aristóteles (*Met.*, Γ, 2, 1004b 15) quando diz que assim como certos entes, e certas propriedades, possuem atributos particulares (como o número possui atributos como ser ímpar e par, ser comensurável, ser igual a etc., e o sólido, o imóvel etc., possuem atributos particulares), o ente como ente possui também certos atributos próprios. Em princípio parece que tais atributos próprios do ente como ente sejam os que Platão considerava como gêneros que "penetram por toda parte", que são mutuamente "comuns": o que se chamou "primeiros gêneros", πρῶτα γένη, "grandes gêneros", μέγιστα γένη, isto é, os "gêneros supremos das coisas", *suprema rerum genera* (ser, igualdade, diferença [alteridade], repouso, movimento em *Soph.*, 254 D; e igualdade, não-igualdade, ser, não-ser, ímpar, par, unidade, número em *Theait.*, 185 A). Contudo, isso não ocorre — como não ocorre com outras listas de *suprema rerum genera*, tais a substância, a qualidade, o modo e a relação nos estóicos; ou o ser, o movimento (inteligível), o repouso, a identidade (ou "o mesmo") e a diferença (ou "o outro") em Plotino e alguns neoplatônicos. Com efeito, as "propriedades" que acabamos de citar são, antes, categorias (ver CATEGORIAS) e, em todo caso, são "gêneros", sem que os salve de serem gêneros o fato de os chamarmos "gêneros supremos". Por outro lado, os atributos próprios do ente enquanto ente não são nem categorias nem gêneros, por mais supremos que sejam. Aristóteles esclarece este ponto em *Met.*, B, 3, 998b 22 ss., quando, ao falar do Uno e do Ser, sublinha que não são gêneros. As razões que Aristóteles dá para tanto, em tal passagem e em outros lugares (*Met.*, K, 1, 1059 b 30; *Top.*, VI, 6, 144 a 31 b 11), e que foram reiteradas pelos escolásticos (por exemplo, Santo Tomás, *S. theol.*, I, q. III, a 5, e comentários às passagens pertinentes de Aristóteles), podem ser formalizadas tal como propôs I. M. Bocheński (*Ancient Formal Logic*, p. 34) do seguinte modo:

1) Para todo *A*, se *A* é um gênero, então há um *B* que é sua diferença (exemplo: Se *A* é "animal", então há *B* que é "racional").
2) Para todo *A* e todo *B*, se *B* é a diferença de *A*, então *A* não é o gênero de *B* (exemplo: se "racional" é a diferença de "animal", então "animal" não pode ser a diferença de "racional". O gênero possui maior extensão [VER] que a diferença, de modo que a diferença deve possuir menos extensão que o gênero).
3) Suponha-se agora um gênero que abarque tudo, *V*.
4) Para todo *A*, *V* seria o gênero de *A* (ou, traduzido para a linguagem da lógica das classes, para a classe universal, esta classe é o gênero de qualquer classe).
5) Se *V* é um gênero, deve ter uma diferença — digamos, *B* [de acordo com 1].
6) Mas *V* não pode ser o gênero de *B* [de acordo com 2].
7) Por conseguinte, *V* não é o gênero que abarca tudo, porque há pelo menos um caso no qual não é um gênero.

Em outros termos, quaisquer propriedades do ente enquanto ente não poderão ser "gêneros supremos do ente", mas serão modos diferentes de se falar do ente, todos os quais serão, como logo perceberemos, "convertíveis". Esta doutrina de Aristóteles, e em particular o raciocínio que a sustenta, pode ser interpretada como uma "doutrina metafísica", e assim se fez com freqüência. Deve-se reparar, contudo, que esta "metafísica" é, como aparece em muitos tratados escolásticos, ou neo-escolásticos, uma *Metaphysica generalis* (ou também uma *Ontologia*). Não se trata, de fato, de uma doutrina acerca de uma realidade determinada, por elevada que seja, senão justamente de toda realidade como realidade — ou, se se quiser, de toda entidade como entidade. É uma doutrina formal que expressa, na ordem ontológica, o que se pode expressar na ordem lógica. Por este motivo, pode-se falar dela também como uma "doutrina lógica". Neste último caso é possível ver que Aristóteles manifestou em linguagem "metafísica", ou suposta tal, o que ocorre quando se fala de uma classe que não pertence a outra por ser a classe de todas as classes. Não pretendemos que Aristóteles tenha descoberto o chamado "paradoxo (VER) da classe de todas as classes". Mas ele notou pelo menos que há uma "classe" na qual a noção de gênero não se encaixa. Esta "classe" se encontra, pois, "mais além" de todos os gêneros, e é por isso "transcendente" ou "transcendental".

Em seu *In Isagogen Porphyrii Commenta*, livro 10, Boécio se referiu a esta questão, demonstrando que os gêneros e espécies não podem ser "um" e, portanto, que não podem ser. Este comentário de Boécio, e comentários subseqüentes, passaram à filosofia medieval, na qual se formulou detalhadamente o que se chamou "doutrina dos transcendentais". Trata-se da doutrina relativa aos às vezes chamados "modos comuns do ente" ou "atributos da realidade comuns a todos os entes". Essas propriedades, atributos ou modos são "transcendentais" ("transcendentes") porque transcendem todo "ser de um modo determinado". O ser de um modo determinado é o "ser tal" e a propriedade de "ser tal" pode ser chamada "talidade" (ver TAL, TALIDADE). Pois bem, o ser transcendental é justamente transcendental porque transcende toda "talidade". Por isso um transcendental não é uma realidade, mas o modo de ser de qualquer realidade.

A doutrina dos transcendentais mais conhecida (mas não a única) é a de Santo Tomás. Em *De verit.*, I, 1, Santo Tomás indica que o que o intelecto apreende sobretudo é o ente — o ente como ente; portanto, nenhum ente em particular, mas o ente em geral, como a todos os entes: o conceito de ente. Agregar algo ao conceito de ente para formar outro conceito não pode significar agregar ao ente algo que não é ente; tudo o que se agrega ao ente é ente. Pode-se argumentar que então o único que se pode dizer é "o ente é ente" — como Parmênides dizia "só o ser é". Mas pode-se tornar explícito o ente sem lhe agregar nada distinto do ente, dizendo, por exemplo, que se trata de um ente por si mesmo, *ens per se* — caso em que o *per se* não agrega nenhuma realidade ao ente, como agregaria a cor "amarelo" a uma "coisa", fazendo dela uma "coisa amarela". E pode também tornar-se explícito o ente expressando algo que corresponde a todo ente como ente: suas "propriedades". Isso pode ser feito da seguinte maneira: expressa-se algo do ente considerado absolutamente; isso ocorre quando se diz do ente (afirmativamente) que é uma coisa, *res*, e quando se diz do ente (negativamente) que é um, *unum*, isto é, quando se diz de qualquer ente que é um (o que significa que não está dividido, pois se o estivesse teríamos, por exemplo, dois entes, mas de cada um deles se pode dizer que é um, pois se não o fosse etc.). Isso também pode ser feito da seguinte maneira: expressa-se algo do ente considerado relativamente, isso ocorre quando se expressa de qualquer ente que é uma "coisa outra", isto é, distinto de qualquer outro ente, caso em que todo ente é "algo", *aliquid*, e isso também ocorre quando se expressa o ente em relação com a mente, caso em que pode ser a relação com o intelecto, e então todo ente é conforme com o pensar e é verdadeiro, *verum*, ou a relação do ente com a vontade e então todo ente é apetecível e, por conseguinte, bom, *bonum*. Com isso temos a célebre lista dos "transcendentais": *ens* (quando se diz do ente que é ente), *res, unum, aliquid, verum, bonum*. Os transcendentais podiam ser aplicados a Deus, e podia-se dizer que Deus é *ens* (Deus uno e trino), *unum* (o Pai), *verum* (o Filho), *bonum* (o Espírito Santo) — caso em que, de resto, temos só quatro e não seis transcendentais —, mas aqui prescindiremos de considerações teológicas para nos concentrar no aspecto metafísico-geral (ontológico) e lógico da doutrina das propriedades transcendentais do ente. Alguns neo-escolásticos (por exemplo, Joseph Gredt, em *Elementa philosophiae aristotelico-thomisticae*, § 621) dão espaço para esta última consideração ao assinalarem que o termo 'transcendental' pode significar: 1) o que está fora dos *praedicamenta* (como Deus); 2) o que convém a vários predicamentos (como o movimento); 3) o que tem lugar em todo predicamento (como ocorre com a pluralidade, o mau etc.) e 4) o ente e aquilo que se diz de todo ente ou o que se segue do ente enquanto ente. Somente a última significação é a própria de 'transcendental'.

Destacou-se freqüentemente que *ens, res* e *aliquid* são termos sinônimos. Por este motivo, afirma-se às vezes que não são propriamente atributos transcendentais do ente, já que não acrescentam nada ao ente. Em contrapartida, *unum, verum* e *bonum* acrescentam algo ao ente (num sentido, claro, "transcendental" de 'acrescentar'), e por isso são os atributos transcendentais próprios do ente. Dizer que são "atributos" pode se prestar a confusão, já que parece que atribuímos ao ente uma propriedade similar a outras propriedades atribuíveis a uma realidade que é tal e qual. Mas esta atribuição é de caráter especial, o ser um não é uma propriedade do ente no sentido de ser uma realidade distinta do ente. A unidade e o ente são "o mesmo", por isso são "convertíveis", isto é, afirmar o ente é afirmar que é uno, e afirmar o uno é afirmar o ente. Mas o mesmo ocorre com as propriedades chamadas "verdadeiro" e "bom"; não são realidades distintas do ente. Em conseqüência, são também convertíveis. Daí a célebre fórmula escolástica: *unum, verum et bonum convertuntur*. As fórmulas *unum et verum convertuntur, unum et bonum convertuntur* são especificações da anterior. Ao contrário do que ocorre com *ens, res* e *aliquid*, a convertibilidade em questão não é mera sinonímia de termos. Mas não é tampouco diferença de denotação, pois cada um dos transcendentais denota "tudo", isto é, o ente. Poderíamos dizer que as diferenças entre os transcendentais são conotativas, e ainda usar a este respeito a famosa distinção de Frege entre o denotado e a conotação; *verum* não diria então o mesmo que *bonum*, mas ambos denotariam o mesmo. Sobre este e outros pontos há diferenças entre os escolásticos. Alguns autores indicam que os últimos cinco transcendentais dos seis nomeados podem ser considerados como propriedades do ente e o primeiro como conotando o ente mesmo. Esta é a razão pela qual às vezes se disse que o conceito de ente não é transcendental, mas supertranscendental. Mas neste caso o ente não é apenas o ente real, mas o ente real e o ente de razão.

O belo, *pulchrum*, geralmente não é incluído entre os transcendentais, indicando-se que é redutível ao bom. Mas se houvesse diferença nocional entre o belo e o bom, e ambos expressassem propriedades do ente como ente, seria preciso incluir o belo. Alguns neo-escolásticos, como Maritain, procuram solucionar o problema indicando que o belo é "o esplendor de todos os transcendentais juntos". Parece haver nesta idéia um reflexo da concepção platônica segundo a qual não há, por um lado, distinção entre o bom e o belo, e, pelo outro, este último é como uma espécie de halo que rodeia toda bondade (e toda verdade). Ocasionalmente se abordou o problema de se o grato, *gratum*, deveria ser incluído entre os transcendentais, mas consideramos que com isso se complica demasiado uma já complexa questão.

A doutrina scotista dos transcendentais difere da tomista em alguns aspectos importantes. Os transcendentais do ente são as "paixões do ente", *passiones entis*, e estas são de duas classes: as "paixões convertíveis", *passiones convertibiles*, e as "paixões disjuntas", *passiones disiunctae*. Característica das primeiras é o se expressarem num único nome e não serem disjuntas; isso ocorre com *unum, verum, bonum*. Essas "paixões" são convertíveis porque não há distinção real entre elas — embora haja uma distinção (VER) formal. Característica das segundas é o se expressarem em pares disjuntos; isso ocorre com *necessarium-contingens, actus-potentia*. Essas "paixões" não são convertíveis, assim um ente necessário não é convertível em um ente contingente, mas ocorre aqui algo similar ao que se passa com as proposições que expressam futuros condicionados. Assim como não se pode dizer que "Choverá amanhã" é verdadeiro (pelo menos se não chover amanhã), mas pode-se dizer que "Ou choverá amanhã ou não choverá amanhã" é verdadeiro, assim também se pode dizer que todo ente é ou necessário ou contingente. A disjunção em questão é o que chamamos em outro lugar "disjunção (VER) exclusiva". Duns Scot considera que as "paixões disjuntas" são transcendentais porque dizer de um ente que ele tem tal ou qual "paixão disjunta" não é incluir um ente numa classe: "ambos os membros da disjunção são transcendentais", escreve Duns Scot *(loc. cit.)*, "porque nenhum dos dois determina seu elemento determinável para um gênero definido", *neutrum determinat suum determinabile ad certum genus*. Observemos que na mesma passagem Duns Scot declara que um transcendental pode ser predicado somente de Deus, ou de Deus e alguma criatura, e que por esse motivo "não é necessário que um transcendental como transcendental *(transcendens ut transcendens)* seja predicado de todo ser, a menos que seja convertível com o primeiro transcendental, isto é, o ente".

Tomaria muito espaço resenhar, ainda que brevemente, as principais opiniões escolásticas (e neo-escolásticas) sobre os transcendentais. Indicaremos somente que Suárez falou de três transcendentais ou *passiones entis in communi: unum, verum* e *bonum (Disp. met., III, ii 3)*.

Na época moderna a doutrina escolástica dos transcendentais foi ou simplesmente prosseguida, em suas diversas formas, pelos autores pertencentes à Escola, ou modificada de modos diversos, ou ridicularizada como uma abstração inútil. Logo nos referiremos às "modificações". Quanto às chacotas, mencionamos como exemplo curioso (ou divertido) a seguinte passagem de Swift em *A Voyage to Brobdingnag*: "Os conhecimentos que têm essas gentes são muito defeituosos, pois consistem unicamente em preceitos morais, história, poesia e matemáticas (...) Mas as últimas se aplicam ao que pode ser útil na vida: ao progresso e a todas as artes mecânicas, de modo que entre nós seria pouco apreciado. E quanto a idéias, entidades, abstração e transcendentais *(transcendentals)*, jamais pude extrair a menor coisa de suas cabeças" *(op. cit.,* cap. VII).

'Transcendental' às vezes foi usado na expressão 'máximas transcendentais', e neste caso equivale a "princípios básicos das ciências". Isso ocorre numa passagem de Berkeley *(Principles*, I, § 118; *Works*, II, ed. Jessop, pp. 94-95) quando escreve que "tais máximas influem em todas as ciências particulares, cada uma de cujas partes, sem excetuar as matemáticas, deve participar em consequência nos erros envolvidos nelas". Já vimos um uso de 'transcendental' ('transcendente') em Lambert. Wolff se refere aos "transcendentais" sob o nome de "atributos comuns". Sendo os atributos determinados por propriedades essenciais, *essentialia*, os atributos determinados *per omnia essentialia simul* serão os atributos comuns, ao contrário dos próprios (*On-

tologia, § 146). Mas aqui nos importa sobretudo o uso kantiano de 'transcendental', porque nele se manifestam dois aspectos: por um lado, um uso novo, diferente dos anteriores; pelo outro, uma transformação do uso tradicional, ou usos tradicionais.

"O termo 'transcendental'" — escreve Kant — "se aplica ao conhecimento enquanto se refere à possibilidade de conhecimento *a priori*, ou a seu emprego *a priori*. Nem o espaço nem nenhuma determinação geométrica *a priori* do espaço é uma representação transcendental. Só pode ser qualificado de transcendental o conhecimento de que estas representações não têm origem empírica e a possibilidade de que, apesar disso, possam referir-se *a priori* a objetos da experiência. A aplicação do espaço a objetos em geral poderia ser também transcendental, mas quando se confina unicamente a objetos dos sentidos é empírica. A distinção entre o transcendental e o empírico pertence, pois, somente à crítica do conhecimento, não às relações entre este conhecimento e seus objetos" (*KrV*, A 565/B 81). 'Transcendental' aparece aqui, pois, como determinado pelo conceito de possibilidade de conhecimento; todo exame de tal possibilidade é de caráter transcendental: "Chamo *transcendental* todo conhecimento que se ocupa não tanto dos objetos quanto do modo de conhecê-los enquanto este modo é possível *a priori*. O sistema de tais conceitos pode ser chamado filosofia transcendental" (*ibid.*, A 12/B 25). A filosofia transcendental, contudo, é apenas "a idéia de uma ciência" para a edificação da qual "a Crítica da razão pura traça o plano arquitetônico completo" (*ibid.*, A 13/B 27). Daí o sentido de 'Analítica transcendental' (VER), de 'dedução transcendental' (VER) etc. Dentro dessa concepção pode-se entender também a idéia da unidade transcendental da apercepção (VER), os conceitos da idealidade transcendental (e realidade empírica) do espaço e do tempo, a idéia da reflexão transcendental, da lógica transcendental, a doutrina do "idealismo (VER) transcendental" ou "doutrina segundo a qual as aparências devem ser consideradas unicamente como representações, não como coisas em si" (*ibid.*, A 369), em contraposição ao "realismo (VER) transcendental" etc. Kant distingue 'transcendental' e 'transcendente'; o primeiro se refere ao que torna possível o conhecimento da experiência e não vai além da experiência; o segundo alude ao que está mais além de toda experiência. Portanto, devem ser rejeitadas as idéias transcendentes já que é preciso admitir os princípios transcendentais (cf. por exemplo *ibid.*, A 565/B 593).

Tudo isso parece suficientemente claro se não fosse por várias dificuldades. Primeiro, Kant parece não ser muito consistente em sua linguagem. Por exemplo, ele fala de "ilusão (VER) transcendental" (*ibid.*, A 295/B 351). Naturalmente, o ser transcendental é uma característica da ilusão e não da coisa, mas alguém pode perguntar como é possível que algo "transcendental" (em algum dos sentidos indicados no parágrafo anterior) possa produzir uma ilusão de algo transcendente. Fala também de "idéia transcendental" (*ibid.*, A 409/B 436 ss.), mas se fosse realmente transcendental "constituiria" o conhecimento e não se encontraria mais além de sua possibilidade. Logo, embora 'transcendental' seja primariamente 'constitutivo', não constitui apenas o conhecimento de algo, mas constitui também algo para o conhecimento. A teoria kantiana do conhecimento não é um mero "imanentismo"; trata-se, nela, de justificar como é possível o conhecimento da "realidade". Esta realidade se nos dá como "aparências", mas não no sentido de que seja somente "percepções" (daí Kant rejeitar o idealismo de Berkeley). Em suma, o que se constitui como objeto é de algum modo "real". Mais ainda: seu ser real é o que faz dele algo cognoscível.

A série de dificuldades apontadas pode ser resolvida de vários modos. Um deles consiste em dar uma lista de usos de 'transcendental', e concluir que o uso deste termo não é unívoco. Assim, Norman Kemp Smith (*A Commentary to Kant's Critique of Pure Reason*, 1918, pp. 73-76) assinala que Kant usa 'transcendental' pelo menos em três sentidos: 1) como nome que designa um certo tipo de conhecimento (conhecimento da natureza e condições de nossa apreensão *a priori* dos objetos). Nesse caso, 'transcendental' se refere ao conhecimento que constitui uma teoria ou ciência do *a priori*. 2) Como nome que designa os fatores *a priori* do conhecimento. Assim, são transcendentais todas as representações que, ainda que *a priori*, são aplicáveis aos objetos. 3) Como nome que designa as condições que tornam possível a experiência (nas "sínteses transcendentais" e nas "faculdades transcendentais da imaginação e do entendimento"). Segundo o citado autor, a diferença entre 'transcendental' e 'transcendente' torna-se particularmente clara quando se refere às idéias da razão; essas idéias são transcendentais quando interpretadas como idéias reguladoras; são transcendentes quando interpretadas como idéias constitutivas (ver CONSTITUIÇÃO E CONSTITUTIVO). Estas observações de Norman Kemp Smith pressupõem que o uso de 'transcendental' *poderia* ser unívoco se Kant tivesse sido mais cuidadoso em seu vocabulário. Embora isso seja certo até certo ponto, consideramos que não é suficiente. Mais perto do justo chega Gottfried Martin quando indica (*Immanuel Kant. Ontologie und Wissenschaftstheorie*, 1951, § 6) que na *Crítica da razão pura* Kant usa 'transcendental' no sentido que supomos especificamente kantiano, isto é, como o que se refere a nosso conhecimento de objetos, e *também* no sentido "tradicional". O primeiro sentido transparece em várias das citações anteriores de Kant. O segundo fica óbvio quando Kant fala da "filosofia transcendental dos antigos" (*KrV*, B 113) — onde se refere à fórmula escolástica *quodlibet ens est unum, verum, bonum* — e ainda quando se refere à diferença entre realidade absoluta e realidade transcendental (*ibid.*, A 36/B 53). Martin supõe que o primeiro significado só é possível com base no segundo. Não estamos inteiramente de acordo com os argumentos que Martin oferece em apoio de sua tese. Mas nos parece que há uma relação mais estreita que a que pareceu a muitos comentadores entre os dois sentidos — digamos, o "gnosiológico" e o "metafísico" — de 'transcendental' em Kant. Sem se propor estudar este aspecto do pensamento kantiano, Xavier Zubiri indicou que o idealismo não carece de uma "ordem transcendental". Em princípio, parece haver no idealismo uma inversão completa: em vez de uma ordem transcendental "objetiva" se admite uma ordem transcendental "subjetiva". Mas o "eu transcendental" consiste em ir rumo ao não-eu, e ademais "constitui" a transcendentalidade do não-eu (*Sobre la esencia*, 1962, pp. 377 ss.). Por isso Zubiri chama o idealismo transcendental de um "transcendentalismo idealista". Parece, pois, que se há em Kant um uso mais ou menos coerente de 'transcendental' — e não meramente uma falta de cuidado na linguagem — é porque, a seu ver, a realidade não deixa de ser transcendental (enquanto transcende de toda particularidade) pelo fato de se constituir transcendentalmente (enquanto se constitui como objeto de conhecimento). Em Kant — e em muitos autores idealistas — há dois aspectos no conceito de "transcendental": o "objetivo" e o "subjetivo". Ao fim e ao cabo, ambos pertencem à mesma "ordem". Mas isso ocorre, na nossa opinião, como segue:

A ordem transcendental kantiana é determinada primariamente pelo "sujeito que transcende" (rumo ao não-eu) e pelo "objeto transcendido" (que é transcendido enquanto transcendentalmente "constituído"); não, pois, por um dos dois termos, nem pelos dois juntamente, mas pela relação entre ambos. Esta relação é tal que o sujeito é enquanto constitui o objeto, e o objeto é enquanto é constituído pelo sujeito. Portanto, o primeiro "transcendental" kantiano poderia ser este: "ser é ser relacionado" (um "transcendental" que já aparecia em Leibniz). O segundo "transcendental" poderia ser: "ser é constituir e ser constituído, ou constituir e ser constituído". Ora, como constituir e ser constituído é (em Kant) similar a "objetivar" e "ser objetivado", o terceiro "transcendental" kantiano poderia ser este: "ser é ser um objeto". Em outras palavras: ser relacionado; ser constituído; ser objetivado. O ser relacionado poderia ser comparado (não necessariamente identificado) com o verdadeiro e o bom. O ser constituído poderia ser comparado (não necessariamente identificado) com o ser uma coisa. O ser um objeto poderia ser comparado (não necessariamente identificado) com o ser uno, e com o ser algo.

Muito do que dissemos sobre o ser transcendental kantiano poderia ser aplicado à concepção do transcendental em Husserl. Remetemos ao verbete sobre este autor para tal efeito. Concluiremos mencionando que Xavier Zubiri na obra citada, após declarar "incomovível" a idéia de que "é transcendental aquilo em que tudo convém independentemente de sua talidade" (*op. cit.*, p. 388), propõe uma ordem de transcendentais na qual não entraremos aqui, mas da qual diremos: primeiro, que é uma "ordem das coisas reais enquanto reais, isto é, como algo de seu" (*op. cit.*, p. 432); que sendo as coisas reais "de seu" em e por si mesmas lhes correspondem como transcendentais (simples) a coisa e o uno; que sendo as coisas reais "de seu" também respectivamente, lhes correspondem os transcendentais (complexos) em duas formas: transcendentais complexos disjuntivos (realidade, mundo) e transcendentais complexos conjuntos (uno, verdadeiro, bom) (*op. cit.*, p. 432). Os transcendentais complexos e conjuntos se fundam nos disjuntos, e por isso o mundo (a totalidade das coisas reais em sua realidade), ao contrário do cosmo (as coisas reais em sua respectividade talitativa), "é o primeiro transcendental complexo, o transcendental fundante de todos os demais transcendentais complexos: *aliquid, verum, bonum*" (*op. cit.*, p. 432). De acordo com isso, a ordem transcendental aparece como ordem da realidade, não da entidade (escolástica), não da objetualidade (idealismo), não do ser (Heidegger).

⊃ Conceito clássico de transcendental: Karl Bärthlein, *Die Transzendentalienlehre der alten Ontologie*, I: *Die Transzendentalienlehre im Corpus Aristotelicum*, 1972. — Schulemann, *Die Lehre von den Transzendentalien in der scholastischen Philosophie*, 1929. — Johannes B. Lotz, *Sein und Wert. Eine metaphysische Auslegung des Axioms* Ens et bonum convenruntur *im Rahme der scholastischen Transzendentalienlehre*, I, 1938, 2ª ed. com o título: *Das Urteil und das Sein. Eine Grundlegung der Metaphysik*, 1957. — *Id., Transzendentale Erfahrung*, 1977. — Allan B. Wolter, *The Transcendentals and Their Function in the Metaphysics of Duns Scotus*, 1946. — L. Oeing-Hanhoff, *Ens et unum convertuntur. Stellung und Gehalt des Grundsatzes in der Philosophie des hl. Thomas von Aquin*, 1953. — O. Muck, *Die transzendentale Methode in der scholastischen Philosophie der Gegenwart*, 1964.

Conceito de "transcendental" na filosofia pré-crítica: F. Schmidt, *De origine termini kantiani transcendens*, 1890 (tese). — H. Knittermeyer, *Der terminus transzendental in seiner historischen Entwicklung bis zu Kant*, 1920 (tese). — *Id.*, "Transzendent und transzendental", em *Festschrift für Paul Natorp*, 1924, pp. 195-214. — Francisco Barone, *Logica formale e logica trascendentale. I. Da Leibniz a Kant*, 1957. — R. Lauth, *Zur Idee der Transzendentalphilosophie*, 1965 [sobre Descartes e Fichte especialmente]. — F. Bader, *Die Ursprünge der Transzendentalphilosophie bei Descartes, II, 1. Descartes' Erste Philosophie. Die Systematik des methodischen Zweifels*, 1982.

Conceito de "transcendental" na filosofia crítica em geral, incluindo precedentes de Kant e pós-kantianos: Gideon Abram, *Der Begriff Transzendental in Kant's Kritik der reinen Vernunft*, 1903. — Max von Zynda, *Kant-Rheinold-Fichte. Studien zur Geschichte des Transzendentalbegriffs*, 1910 (*Kantstudien*. Ergänzgunshefte, 20). — Fritz Munch, *Erlebnis und Geltung. Eine systematische Untersuchung zur Transcendentalphilosophie als Weltanschauung*, 1913 (*ibid.*, 30). — Martin Heidegger, *Kant und das Problem der Metaphysik*, 1929. — *Id., Die Frage nach dem Ding. Zu Kants Lehre von den transzendentalen Grundsätzen*, 1962 [de um curso de 1935-1936]. — H. J. De Vleeschauwer, *La déduction transcendentale dans l'oeuvre de Kant*, 3 vols., 1934-1937; edição abreviada: *L'évolution de la pensée kantienne*, 1939. — G. Morpurgo Tagliabue, *Le strutture del trascendentale*, 1951 [Kant, Hegel e alguns autores contemporâneos]. — A. de Coninck, *L'Analytique transcendentale de Kant*, 1955; suplemento a esta obra em: *L'Analytique transcendentale de Kant est-elle cohérente?*, 1956. — S. Caramella, *Commentarii alla ragion pura*. Tomo II. *Il mondo trascendentale*, 1957. — Giovanni Emmanuele Barié, *Il concetto trascendentale*, 1957. — Norbert Hinske, "Die historische Vorlagen der kantischen Transzendentalphilosophie", *Archiv für Begriffsgeschichte*, 12 (1958), 86-113. — *Id., Kants Weg zur Transzendentalphilosophie*, 1970. — André de Muralt, *La conscience transcendentale dans le criticisme kantien*, 1958. — Vittorio Mathieu, *La filosofia trascendentale e l'*Opus postumum *di Kant*, 1958. — Fritz Meier, *Die Idee der Transzendentalphilosophie bei Schelling*, 1961. — Thomas Seebohm, *Die Bedingungen der Möglichkeit der Transzendentalphilosophie. Edmund Husserls transzendentalphänomenologischer Ansatz dargestellt im Aschluss an seine Kant-Kritik*, 1962. — Mario Casula, *Studi Kantiani sul trascendente*, 1963. — Armando Rigobello, *I limiti del trascendentale in Kant*, 1963. — H. Seidl, F. Cagianelli *et al., Ricerche sul trascendentale kantiano*, 1973, ed. A. Rigobello. — Ernst Topitsch, *Die Voraussetzungen der Transzendentalphilosophie. Kant in weltanschauungsanalytischer Beleuchtung*, 1975. — M. J. Siemek, *Idea transcendentalizmu u Fichtego i Kanta. Studim z dziejów filozoficznej problematyki wiedzy*, 1977 *(A idéia do transcendentalismo em Fichte e Kant. Estudo de história dos problemas filosóficos do saber)* (trad. alemã: *Die Idee des Transzendentalismus bei F. und K.*, 1984). — R. J. Benton, *Kant's* Second Critique *and the Problem of Transcendental Arguments*, 1977. — N. Fischer, *Die Transzendenz in der Transzendentalphilosophie. Untersuchungen zur speziellen Metaphysik an kants* Kritik der reinen Vernunft, 1979. — J. N. Findlay, *Kant and the Transcendental Object: A Hermeneutic Study*, 1981. — M. Gram, *The Transcendental Turn: The Foundations of Kant's Idealism*, 1985. — P. Kitcher, *Kant's Transcendental Psychology*, 1990. — W. Waxman, *Kant's Model of the Mind: A New Interpretation of Transcendental Idealism*, 1991.

Obras diversas sobre a idéia de "transcendental", pensamento transcendental, lógica transcendental etc.: A. Ganser, *Das Weltprinzip und die transzendentale Logik*, 1897. — Max Scheler, *Die transzendentale und die psychologische Methode*, 1900 (tese). — Edmund Husserl, *Formale und transzendentale Logik*, 1929. — Arnold Wilmson, *Zur Kritik des logischen Transzendentalismus*, 1935. — Georges Bénézé, *Allure du transcendental*, 1936. — Andrea Fieschi, *Saggio sul trascendente e sul trascendentale, ovvero contro il solipsismo*, 1958. — J. Kopper, *Transzendentales und dialektisches Denken*, 1961. — Paolo Polizzi, *Il fondamento del trascendentale: Critica del principio e problemi del fondamento*, 1966. — P. Bachmaier, *Wittgenstein und Kant. Versuch zum Begriff des Transzendentalen*, 1978. — N. Fischer, *Die Transzendenz in der Transzendentalphilosophie*, 1979. — W. Vosenkuhl, E. Schaper, eds., *Bedingungen der Möglichkeit. 'Transcendental Arguments' und transzendentales Denken*, 1984. — R. Aschenberg, *Sprachanalyse und Transzendentalphilosophie*, 1985. — W. Kulhmann, *Reflexive Letzbegründung. Untersuchungen zur Transzendentalphilosophie*, 1985. — E. E. Harris, *Formal, Transcendental, and Dialectical Thinking: Logic and Reality*, 1987. ◓

TRANSCENDENTALISMO. A corrente transcendentalista norte-americana foi representada sobretudo por William Ellery Channing (1780-1842), Theodore Parker (1810-1860), Henry David Thoreau (1817-1862), Ralph Waldo Emerson (VER). Era tanto um movimento filosófico quanto religioso e político, nascido de uma reação ao materialismo e ao tradicionalismo: contra o primeiro sustentavam os transcendentalistas, agrupados no chamado *Transcendental Club*, fundado em Boston em 1836, a superioridade do espírito; contra o segundo, a necessidade de uma origem imediatamente evidente das verdades religiosas. A verdade suprema se encontrava, com efeito, para eles, na alma e podia ser descoberta mediante a luz interna. O transcendentalismo não é uma simples afirmação do transcendente, mas não equivale tampouco a uma total imanentização da idéia e do espírito, porquanto converte cada coisa em reflexo ou espelho de uma realidade superior a ela mesma. Tudo o que aparece como terreno, todo o inferior e toda a matéria estão submetidos ao poder da razão, superior ao entendimento e compêndio de quanto caracteriza o espírito, desde o saber teórico até a criação poética e a vontade moral. Daí as afirmações de Theodore Parker: na física, o transcendentalismo parte do máximo que os sentidos proporcionam efetivamente ao corpo e de onde o espírito proporciona uma idéia da substância, respondendo a uma realidade objetiva. Na política, o transcendentalismo não parte apenas da experiência, mas da consciência; não tem como único ponto de partida a história humana, mas também a natureza humana. Na ética, o transcendentalismo afirma que o homem possui faculdades morais que o conduzem ao Direito e à justiça. Na religião, o transcendentalismo admite uma faculdade religiosa análoga à moral, intelectual e sensível, isto é, possuída pela própria natureza do homem. Por isso "o problema da filosofia transcendental não é inferior a este: revisar a experiência da humanidade; testificar a ética pela consciência moral, a ciência pela razão; provar os credos das Igrejas, as constituições dos Estados por meio da constituição do universo; derrubar o falso, facilitar o necessário e ordenar o justo".

Em outro sentido muito diferente pode-se chamar transcendentalismo a doutrina de Kant enquanto filosofia transcendental. O transcendentalismo se distingue assim do transcendentismo, que se refere ao não transcendental, mas ao transcendente.

➲ Ver: Octavius B. Frothingham, *History of Transcendentalism in New England*, 1876, reimp., 1959 [a análise do transcendentalismo norte-americano, especialmente em Emerson, é precedida por um exame do transcendentalismo na Alemanha: Kant, Schelling, Fichte etc.; na França: Cousin, Jouffroy etc.; e na Inglaterra: Coleridge, Carlyle etc.]. — H. C. Goddard, *Studies in New England Transcendentalism*, 1909. — Henry A. Pochmann, *New England Transcendentalism and Saint Louis Hegelianism: Phases in the History of American Idealism*, 1949. — George F. Whicher, *The Transcendentalist Revolt Against Materialism*, 1949. — M. Simon, T. H. Parsons, eds., *Transcendentalism and Its Legacy*, 1966. — P. Boller, *American Transcendentalism, 1830-1860: An Intellectual Inquiry*, 1974. — Donald N. Koster, *Transcendentalism in America*, 1975. — A. C. Rose, *Transcendentalism as a Social Movement, 1830-1850*, 1981.

Para o transcendentalismo em sentido kantiano, ver a bibliografia do verbete Transcendental, transcendentais. ℭ

TRANSEXISTENCIALISMO. Ver Existencialismo *(ad finem).*

TRANSFERÊNCIA (ALIENATIO). Ver Co-referência; Propriedades dos termos.

TRANSFINITO. Ver Conjunto; Infinito.

TRANSFORMAÇÃO, TRANSFORMACIONAL [TRANSFORMATIVO]. A noção de transformação é usada em várias esferas.

1) Regras de transformação numa metalinguagem mediante as quais cabe inferir, de fórmulas de um certo tipo em um sistema lógico, fórmulas de outro tipo.

2) Regras de transformação gramatical. De um modo geral, trata-se de regras mediante as quais se passa de certas expressões a uma ou várias estruturas subjacentes. Especificamente, na lingüística gerativo-transformacional, as regras transformacionais constituem o subcomponente transformacional do componente sintático.

3) Regras de transformação na teoria matemática dos grupos e em estruturas algébricas.

4) Transformações topológicas.

5) Transformações de configurações perceptivas a atos de percepção segundo regras "gestaltistas".

6) Transformações de estruturas sociais — seja de uma sociedade inteira, ou de determinadas "formações sociais" — que permitem explicar a natureza e desenvolvimentos de tais estruturas no tempo.

Cada uma das citadas formas e tipos de regras de transformação tem características próprias, embora algumas sejam muito semelhantes a outras. Algumas, além disso, são de caráter mais abstrato que outras. Colocou-se a questão de se há ou não um significado de 'transformação' comum a todas as transformações e ainda a todas as regras de transformação.

O "gestaltismo" — a psicologia da estrutura (ver) ou da "forma" —, a lingüística gerativo-transformacional (ou gerativo-transformativa) e o estruturalismo (ver) foram os tipos de investigação e as tendências que mais influenciaram em chamar a atenção para o possível interesse filosófico da noção de transformação. Alguns estruturalistas, tanto na lingüística como na psicologia, se preocuparam mais com os caracteres estruturais (estáticos) que com os transformacionais, mas mesmo eles tenderam a investigar como as estruturas ou os sistemas sincrônicos se transformam um no outro, explicando inclusive os processos diacrônicos (ver Diacrônico). Outros estruturalistas se interessaram muito especialmente pelas transformações, mesmo com o risco de introduzir considerações "genéticas" (as quais, de resto, são explicadas em virtude de regras de transformação estrutural). Estes últimos são os que mais interesse suscitaram entre os filósofos e os que sugeriram a idéia de uma possível generalização de todos os processos de transformação.

Não é seguro que as regras de transformação em domínios abstratos, tais como as esferas metalógica e metamatemática, sejam aplicáveis sem mais a explicações estruturalistas transformacionais de outra índole (por exemplo, as que afetam a estruturas sociais). No entanto, foram levadas a cabo tentativas de estender ao máximo a idéia de transformação, convertendo-a pelo menos em modelo de explicação, diferente das explicações genéticas ou causais. Deste ponto de vista, a noção de transformação, em seu sentido mais geral, serve, estruturalisticamente, para sublinhar que os aspectos diacrônicos podem ser explicados por (e até reduzir-se a) aspectos sincrônicos. Assim, por exemplo, dado um estado de uma sociedade, E, e outro estado posterior da mesma sociedade, E_1, o estruturalismo trata de derivar E_1 de E mediante regras de transformação. Estas regras de transformação estão inseridas na estrutura da sociedade de referência; melhor ainda, constituem a própria natureza de tal estrutura. Com efeito, supõe-se que os elementos da estrutura que se trata de explicar estão relacionados entre si funcionalmente em virtude da própria estrutura. O sistema funcional depende neste caso do sistema estrutural, e este é acessível somente mediante o estudo, e descobrimento, das correspondentes regras transformacionais.

TRANSFORMISMO. Num sentido muito geral pode-se dar este nome a toda doutrina segundo a qual umas coisas se mudam em outras e umas formas se convertem (transformam) em outras. Num sentido menos geral deu-se este nome a toda doutrina que nega que as espécies orgânicas sejam fixas e que afirma que umas espécies dão lugar a outras, isto é, se transformam em outras.

Não há diferença entre este segundo sentido de 'transformismo' e o sentido geral que tem 'evolucionismo', do qual falamos no verbete EVOLUÇÃO, EVOLUCIONISMO. A única diferença é de uso. Muitos autores no século XIX e alguns no século XX — entre os últimos, por exemplo, Bergson — empregaram 'transformismo' (assim como 'evolucionismo'). Em geral, 'transformismo' foi usado preferencialmente, no passado, por autores de língua francesa (já no século XVIII, com Buffon, Maupertuis, Diderot). Autores de outras línguas usaram preferencialmente 'evolucionismo'. Na atualidade, o termo 'transformismo' caiu em desuso. Poderia ser ressuscitado se o empregassem como termo geral para todas as doutrinas que afirmam que há mudanças ou transformações no mundo orgânico, sejam estas doutrinas metafísicas ou biológicas, mas cabe notar que esse emprego se prestaria a confusões.

TRANS-HISTÓRICO. Pode-se dar este nome a tudo o que "transcende" a história no sentido de estar "mais além" ou "mais aquém" daquilo que se julga como "limitações históricas".

Tomado num sentido muito geral, pode-se aplicar o citado termo a fatores geológicos ou geográficos; estes são "prévios" à história e, por isso, estão "mais aquém" da história. Também pode ser aplicado a Deus na medida em que se supõe que ele se encontra "mais além" da história, embora também "mais aquém", isto é, como fim e princípio respectivamente da história. Pode-se também chamar "trans-históricas" "coisas" tais como números, classes, conceitos etc., a menos que se suponha que, sendo "concepções" ou, em geral, "produtos culturais", elas se encontram "dentro" da história e estão submetidas a vicissitudes e mudanças históricas.

São mais comumente denominadas "trans-históricas" certas "manifestações espirituais", particularmente religiões. Isso ocorre pelo menos com aqueles que consideram que determinada religião é absolutamente verdadeira e não depende, por conseguinte, de mudanças, vicissitudes e processos históricos. Pelo contrário, quem julga uma religião do modo indicado tende a considerar que a própria história é algo assim como uma manifestação da religião. Estabeleceu-se para tanto uma distinção entre *positum* e *depositum* da história. *Positum* da história é tudo o que se encontra "na" história, isto é, tudo o que tem um aspecto histórico. *Depositum* da história é tudo o que serve de "continente" da história. Deste ponto de vista, e para os que adotam a posição antes resenhada, a religião é como um "depósito" no qual se encontra, e se desenvolve, a história humana. Neste sentido se fala dela como "trans-histórica".

Por extensão, podem-se qualificar de "trans-históricos" todos os ideais últimos parcialmente realizáveis na história humana. Por exemplo, poderia se qualificar a esperança (VER) no sentido de Ernst Bloch como "trans-histórica".

TRANSINTELIGÍVEL. Ver HARTMANN, NICOLAI; TRANSCENDÊNCIA.

TRANSITIVIDADE, TRANSITIVO. Ver IMANENTE; RELAÇÃO; TAUTOLOGIA.

TRANSMIGRAÇÃO. Ver FILOSOFIA INDIANA; IMORTALIDADE; ORFISMO; PALINGENESIA.

TRANSOBJETIVO. Ver HARTMANN, NICOLAI.

TRANSPOSIÇÃO A OUTRO TERMO (OU GÊNERO). Ver SOFISMA.

TRANSREFERÊNCIA. Em *El ser y el sentido* (VII, 4), introduziu a noção de transreferência junto com as de referência (VER), correferência (VER) e heterorreferência. Os termos transreferenciais são os que designam conceitos ontológicos e, em geral, conceitos categoriais. Ainda que estes conceitos não se refiram ou sequer correfiram ou heterorrefiram a entidades, eles não estão totalmente carentes de modo referencial. "Cabe falar de indivíduos, de propriedades, do que há etc., numa linguagem ontológica, de tal sorte que o que se faça então seja categorizar tudo quanto possa ser objeto de referências, correferências e heterorreferências. A este modo de categorizar chamo 'falar transreferencialmente', e o objeto de tal modo de falar são as transreferências ou, se se quiser, os transreferentes. Assim são chamados porque os termos que manifestam noções transreferenciais possuem uma referência ou, melhor dizendo, um modo de referência através de referências, correferências e heterorreferências. Assim, 'o que há' expressa uma noção relativa a, ou um conceito de, realidades referíveis, correferíveis ou heterorreferíveis, ou as três coisas a um só tempo. Dado que toda correferência ou heterorreferência se torna possível em virtude do que se poderia chamar 'um campo referencial' (...) as referências plenárias e diretas são primárias na questão das referências em geral, isto é, dos vários modos de referência (...) As noções transreferenciais são basicamente contextuais, porque afetam o contexto de tudo quanto possa haver, que resulta deste modo sujeito a revisão constante".

TRANSTEÓRICO. Ver Referência.

TRANSUBSTANCIAÇÃO. Em sentido geral se chama "transubstanciação" a transformação de uma substância em outra completamente diferente da primeira. Em sentido estrito se chama "transubstanciação" a doutrina exposta pelos teólogos católicos da conversão do pão e do vinho em corpo e sangue de Cristo na consagração durante o Sacrifício da Missa.

O sentido estrito de 'transubstanciação' é o mais importante e nos referiremos principalmente a ele, pois embora não seja um tema filosófico, para tratar dele foram usados conceitos provenientes da tradição filosófica.

Segundo o dogma católico, o pão e o vinho ao serem consagrados não perdem seus acidentes, mas sua substância muda, já que o que está realmente — substancialmente — presente no pão e no vinho é o corpo e o sangue de Cristo. Muitos teólogos não católicos que admitem a consagração do pão e do vinho sustentam que a presença de Cristo neles é apenas simbólica, mas os teólogos católicos seguem a rejeição da "interpretação simbólica" — segundo a qual Cristo se encontra no pão e no vinho somente como um signo ou uma figura —, rejeição pronunciada no Concílio de Trento, e sustentam, de acordo com o pronunciamento do Concílio, que "no sacramento da santíssima Eucaristia se encontram contidos verdadeira, real e substancialmente o corpo e o sangue, assim como a alma e a divindade de Jesus Cristo inteiro".

Não nos estenderemos sobre diversos pontos teológicos e nos limitaremos a destacar que, segundo os teólogos católicos, Jesus Cristo está por inteiro em cada uma das espécies consagradas e não somente em carne no pão e em sangue no vinho. Esta observação é necessária, porque estar "todo ele por inteiro" elimina a possibilidade de que esteja unicamente em "signo e figura", já que neste caso seria forçoso admitir uma diversificação e, portanto, mistérios distintos. Destacaremos assim que a rejeição da chamada "interpretação simbólica" não equivale necessariamente à adesão a um "realismo ingênuo". A rigor, muitos teólogos admitem que Jesus Cristo está por inteiro no pão e no vinho *também* como símbolo de uma realidade sagrada, mas não só como tal símbolo.

O conceito de transubstanciação é usado pelos teólogos com o fim de explicar, na medida do possível, o "mistério da Eucaristia". Em última análise, não é a única explicação possível, nem é tampouco possivelmente uma explicação absolutamente necessária, mas é aceita pela grande maioria de teólogos católicos como a mais própria. Tal conceito se baseia, naturalmente, na idéia de substância e na idéia da relação entre substância e acidentes. "Normalmente", uma substância determinada não é concebível sem seus acidentes, e, ao mesmo tempo, os acidentes são concebidos como inerindo na substância. Portanto, "normalmente", se admite que embora possam mudar os acidentes sem mudar a substância, não pode mudar a substância se permanecem os acidentes, já que em tal caso os acidentes estariam, por assim dizer, "no ar", sem sua substância.

Ora, isso é o que se afirma no conceito teológico de transubstanciação. Para que a transubstanciação seja possível é mister admitir uma intervenção especial de Deus: só Deus, escreve Santo Tomás (cf. *S. theol.*, III, q. LXXVII, a 1), pode produzir efeitos de causas naturais sem que intervenham as causas naturais. Isso parece excluir a noção de transubstanciação de toda compreensão racional. Contudo, muitos teólogos destacam que, embora em última análise o sacramento da Eucaristia seja um "milagre" — ou, como alguns preferem, um "prodígio" — e, portanto, escape em grande parte à razão, ou pelo menos à limitada razão humana, a razão pode realizar ainda um esforço para compreender na medida do possível tal "milagre" ou "prodígio". Isso ocorre quando se assinala que os acidentes do pão e do vinho continuam sendo tais acidentes, e continuam sendo percebidos com as qualidades que lhes correspondem, porque há uma realidade que continua "suportando-os". Essa realidade já não é sua anterior substância, que se transformou por inteiro, mas é o Ser mesmo, que é fundamento de toda realidade e, por conseguinte, de toda substância.

É comum alegar a respeito que uma das dificuldades levantadas na interpretação real e não simbólica a que antes nos referimos se deve em grande parte à tendência a continuar pensando em termos de realidade sensível em vez de proceder em termos de pura abstração metafísica. Os autores que negam a possibilidade que procura explicar o conceito de transubstanciação — ou que rejeitam tal conceito — indicam, em contrapartida, que a raiz da dificuldade se encontra na própria noção de substância e da relação entre substância e acidentes.

A questão da transubstanciação foi muito debatida durante a época da Reforma protestante. Entre as posições adotadas sobre o assunto figuram a de Lutero, que advogou em favor da chamada "consubstanciação" ou "empanação" (corpo e sangue de Cristo estão unidos na substância inalterada do pão e do vinho), a de Calvino (a presença de Cristo na Eucaristia é puramente espiritual), a de Zuwnglio (o pão e o vinho representam o corpo e sangue de Cristo). Contra estas e outras posições se voltaram os teólogos católicos contra-reformistas que trataram com detalhe da doutrina da transubstanciação na forma apresentada *supra*.

TRANSVALORAÇÃO. O termo alemão *Umwertung* desempenha um papel capital no pensamento de Nietzsche, que fala freqüentemente de *die Umvertung aller Werte*, que foi traduzido de maneiras muito diversas: 'inversão', 'derrubada', 'subversão', 'transformação' e (mais freqüentemente) 'transmutação' (de todos os valores). O tradutor espanhol de muitas obras de Nietzsche, Andrés Sánchez Pascual, propõe o vocábulo 'transvaloração' *(transvaloración)*. Afirma ele que este é mais fiel ao original e menos "estridente" que os vocábulos citados, especialmente 'subversão', 'inversão' e 'derrubada' (ver nota 24 à tradução de *Genealogía de la moral*, quase idêntica à nota 13 da tradução de *Ecce Homo*), que sugerem a idéia de anarquia e não de "mudança" e "substituição" de valores.

O termo 'transvaloração' é aceitável, mesmo se com isso se torna um tanto redundante a expressão 'transvaloração de todos os valores', sobretudo se se entende que transvaloração tem de afetar a todos os valores e não só a alguns deles. De acordo com isso, *Umwertung aller Werte*, e não só *Umwertung*, poderia ser traduzido por 'transvaloração'. Por outro lado, é preciso observar que embora a intenção de Nietzsche seja estabelecer uma nova "tabela de valores" e os princípios de uma nova valoração *(Wertsetzung)*, "a crítica de todos os valores supremos" admitidos até o presente tem uma importância considerável em seus esforços de "desmascaramento" — por exemplo, o desmascaramento dos "valores morais" como "valores aparentes" —, de modo que no processo da "transvaloração" se produzem as numerosas "inversões" e "subversões", assim como as "transmutações" de valores a que aludiram as outras versões da palavra *Umwertung*.

TRASÍMACO *(fl.* 450 a. C.). Nascido na Calcedônia, Bitínia, é um dos mais conhecidos sofistas (VER) por causa do debate com Sócrates de que fala Platão no primeiro livro da *República* — que parece em si mesmo tão completo ou "terminado" que permitiu que se falasse de um diálogo platônico completo, *Trasímaco* (Ferdinand Dümmler). O debate versa sobre o que é a justiça (VER) e a opinião de Trasímaco é que o justo não era outra coisa senão o que é mais conveniente ou útil ao mais forte, isto é, ao interesse do mais forte, do poderoso. Deste modo Trasímaco quer destacar que o que se chama "justo" ou "justiça" é relativo e não absoluto, isto é, depende dos "interesses". O que governa chama "justo" aquilo que satisfaz seu interesse; se o interesse do governado é obedecer, terá de chamar "justo" aquilo

que o governante ordena. Trasímaco sustenta, portanto, que o direito se funda na força. Formula, assim, o que parece ter constituído a prática política dos Estados gregos. Neste sentido, Trasímaco se declara como um "realista" na política, tanto quanto na "psicologia"; esse realismo às vezes é a manifestação de um pessimismo sobre a natureza humana, que pratica freqüentemente a injustiça proclamando, além disso, que se trata da justiça.

➲ A Trasímaco se devem várias obras oratórias das quais se conservam fragmentos em Diels-Kranz, 85. A tese capital de Trasímaco em Platão, *Rep.* I, 338 C.

Ver: A. Levi, *Un retore semi-sofista: T. di C.*, 1940; reed. em *Storia della Sofística*, 1966, cap. 3 [questiona a inclusão de T. na sofística]. — Ralf Dahrendorf, *In Praise of Thrasymachus*, 1966 (reimpressão em seus *Essays in the Theory of Society*, 1968, pp. 129-150, 286-287). — E. I. Shargel, "Socrates and T.", *Proceedings. Philosophy of Education*, 43 (1987), 327-337. — R. M. Stolick, "Sweeping the Thought of T. under the Machiavellian Rug", *Dialogue* (1991), 15-21. — T. D. J. Chappell, "The Virtues of T.", *Phronesis*, 38 (1) (1993), 1-17. ✦

TREDICI, GIACINTO. Ver MILÃO (ESCOLA DE).

TRENDELENBURG, FRIEDRICH ADOLF (1802-1872). Nascido em Eutin. Depois de estudar em Kiel (com Reinhold) e em Leipzig, mudou-se para Berlim, onde foi ouvinte de Schleiermacher e de Hegel — contra o qual reagiu bem cedo. De 1826, data em que apresentou sua dissertação, até 1833 deu aulas particulares; de 1833 a 1837 foi "professor extraordinário" e, a partir de 1837, professor titular na Universidade de Berlim. Membro da "Berliner Akademie der Wissenschaften", exerceu de 1847 a 1871 o cargo de secretário da "classe filosófico-histórica".

Interessado na filosofia clássica grega, e especialmente em Aristóteles, Trendelenburg se opôs firmemente ao hegelianismo. Em oposição ao "método dialético" Trendelenburg aspirava à constituição de uma filosofia de caráter rigoroso e científico, à precisão no emprego dos conceitos que o conduzia a assinalar o valor do método e do conteúdo da filosofia aristotélica, à qual dedicou, por outro lado, estudos que o converteram, com Franz Brentano, no mais importante aristotelista do século. A "volta a Aristóteles" não era assim, para Trendelenburg, como algumas vezes se supôs, a manifestação de uma incapacidade criadora ou o desejo de renovação eclética de uma filosofia passada, mas a expressão de um afã científico que, a seu ver, não podia se satisfazer com as especulações românticas. Do ponto de vista metafísico, Trendelenburg defendeu uma "concepção organicista do mundo", baseada na idéia de finalidade como força eficaz e plasmadora da realidade. Segundo Trendelenburg, a realidade é como um organismo, como um ser impulsionado por um "movimento" que, em oposição ao esquema dialético hegeliano, é considerado como o fator real de toda transformação. O processo do movimento é regido, segundo Trendelenburg, por uma finalidade que se desdobra em finalidades particulares no seio de cada organismo e que permite explicar não só o mundo natural, mas também o mundo da moral, da sociedade e do Direito, baseado na ética e no cumprimento do próprio fim do homem, da realização do moral.

➲ Obras: *Platonis de ideis et numeris doctrina ex Aristotele illustrata*, 1826. — *De Aristotelis categoriis*, 1833. — *Elementa logices Aristotelicae*, 1836; 9ª ed., 1892. — *Logische Untersuchungen*, 2 vols., 1840; 2ª ed., 1862; 3ª ed., 1870; reimp. em 1 vol., 1964 *(Investigações lógicas)*. — *Die logische Frage in Hegels System*, 1843 *(A questão lógica no sistema de Hegel)*. — *Historische Beiträge zur Philosophie*. I. *Geschichte der Kategorienlehre*, 1846, reimp., 1963; II, III. *Abhandlungen*, 1855, 1867 *(Contribuições históricas à filosofia*. I. *História da doutrina das categorias*. II, III. *Tratados)*. — *Die sittliche Idee des Rechts*, 1849 *(A idéia moral do Direito)*. — *Über Herbarts Metaphysik*, 1853 *(Sobre a metafísica de H.)*. — *Naturrecht auf dem Grund der Ethik*, 1860 *(O Direito natural baseado na ética)*. — *Kleine Schriften*, 1871 *(Escritos breves)*. Ver: H. Bonitz, *Zur Erinnerung an T.*, 1872. — B. Liebermann, *Der Zweckbegriff bei T.*, 1889. — G. Buchholz, *Die ethischen Grundgedanken Trendelenburgs*, 1904. — F. Aeri, *Moto e Fine secondo A. T.*, 1911. — P. Petersen, *Die Philosophie A. Trendelenburgs. Ein Beitrag zur Geschichte des Aristoteles im 19. Jahrhundert*, 1913. — J. Wach, *Die Typenlehre Trendelenburgs und ihr Einfluss bei Diltheys*, 1926. — A. R. Weiss, *F. A. T. und das Naturrecht im 19. Jahrhundert*, 1960. — Gershon George Rosenstock, *F. A. T., Forerunner to John Dewey*, 1964. — J. Schmidt, *Hegels* Wissenschaft er Logik *und ihre Kritik durch F. A. T.*, 1977. — M. Mangiagalli, *Logica e metafisica nel pensiero di F. A. T.*, 1983. — Contra Trendelenburg escreveu Kuno Fischer: *Anti-Trendelenburg*, 1870. ⊂

TRÊS. Referimo-nos neste verbete a diversos conceitos nos quais o número três desempenha um papel capital: Tríade, trialismo, tricotomia e trilema. Outro conceito importante dentro deste grupo é o de Trindade, mas reservaremos para ele um verbete especial.

Chama-se "tríade" todo grupo de três entidades, conceitos, nomes etc., sempre que haja entre eles alguma relação que permita passar de um ao outro, de tal sorte que cada um suponha ou envolva os outros. Uma simples relação entre três, mesmo tendo um fundamento comum, não é suficiente para constituir uma tríade em sentido "forte". Assim, por exemplo, não podemos considerar como uma tríade o grupo de três disciplinas conhecidas como o *Trivium* (ver TRIVIUM, QUADRIVIUM). Temos exemplos de tríades no pensamento grego nas três hipóstases de Plotino (o Uno – a Inteligência – a Alma do Mundo) e na série de Proclo (Essência – Processo – Retorno). Em Santo Agostinho há várias tríades. A mais conhecida é a de Medida – Número – Peso *(Mensura – Numerus – Pondus)* de que ele fala em *De genesi ad Litteram*, IV, 3, 7-4, 9 ao referir-se justamente à frase das Escrituras na qual se diz que Deus dispôs todas as coisas segundo medida, número e peso. Há outras tríades em Santo Agostinho, como a de Modo – Espécie – Ordem *(Modus – Species – Ordo)* — que parece calcada na anterior — e a do divino, do psíquico e do corporal. Na época moderna temos, entre outras, as "tríades" de Kant — ou, se se preferir, as freqüentes classificações triádicas de Kant — e a série de tríades hegelianas (ver HEGEL). Podemos mencionar igualmente as séries de tríades de Peirce, começando com a mais básica, expressa mediante os três primeiros números ordinais em forma abstrata: a Primeiridade – a Segundidade – a Terceiridade (ver CATEGORIA).

O grupo constituído por uma tríade se chama triádico — nome que também recebe todo agrupamento dentro de um mesmo esquema de três elementos, como ocorre quando se fala de relações triádicas (x está entre y e z) ou quando se fala de árvores (VER) triádicas. Com respeito a Hegel, fala-se com freqüência de "dialética triádica". Encontramos na filosofia numerosos exemplos de articulação triádica. Como em muitas ocasiões a estrutura triádica se baseia na divisão de "algo" em três, a tríade supõe a tricotomia (ver *infra*), mas nem toda tricotomia é necessariamente uma tríade. Às vezes é difícil saber se uma tricotomia é propriamente triádica; alguns dos exemplos que daremos abaixo de tricotomias poderiam ser concebidos também como constituindo grupos triádicos. Tampouco é fácil distinguir a doutrina triádica ou "triadismo" e o trialismo de que falaremos a seguir.

Chama-se "trialismo" toda doutrina segundo a qual algo, seja a realidade inteira, seja parte da realidade, está dividido, ou organizado, segundo três princípios. Isso ocorre quando se concebe o homem como formado por três elementos (por exemplo: corpo, princípio vital, alma; vitalidade, alma, espírito etc.). A divisão seja do homem como tal, ou dos homens, em "corporais", "psíquicos" e "pneumáticos" é um caso muito conhecido de trialismo. Também o é a doutrina platônica da divisão do homem (ou da alma) em três elementos (o impulso ou instinto, a coragem ou valor, a inteligência ou razão) e, em geral, as numerosas doutrinas triádicas de várias classes relativas às faculdades ou às funções psíquicas (memória, inteligência, vontade; pensamento, sentimento, vontade). Como estas doutrinas trialistas partem de uma visão tricotômica, o trialismo é por sua vez uma tricotomia. Por isso caberia chamar mais propriamente "trialismo" toda doutrina segundo a qual a realidade não está "dividida" tricotomicamente, nem tampouco constitui uma tríade no sentido "forte" deste vocábulo, mas se compõe, de qualquer maneira, de três elementos fundamentais. Isso ocorre com Descartes. Em certo sentido, Descartes é dualista (ver DUALISMO) por sua doutrina de oposição das substâncias pensante e extensa, mas é também trialista na medida em que admite uma substância infinita, Deus, a qual, de resto, não está simplesmente junto às outras duas nem resulta de uma divisão prévia; sendo distinta das outras duas, é por sua vez seu fundamento como criador.

No parágrafo anterior demos vários exemplos de doutrinas trialistas que se baseiam em tricotomias. Uma tricotomia em sentido próprio consiste numa "divisão" de algo em três partes. Logicamente, a tricotomia consiste em dividir um conceito em três subconceitos, ou uma classe em três subclasses. Também se chama "tricotomia" uma divisão de um conceito ou uma classe em dois, e logo um deles em outros dois. A tricotomia vai, pois, um passo além da dicotomia.

Um trilema é um processo de raciocínio que parte de uma tricotomia — ao contrário do dilema (VER), que parte de uma dicotomia. A premissa maior do raciocínio é, portanto, constituída por três termos unidos por disjunções exclusivas. A premissa menor afirma que o sujeito é um dos termos, excluindo os outros dois; de modo que a conclusão tem de ser o termo restante. Exemplo de trilema é: "Todos os homens são ou mortais ou angélicos ou divinos. Os homens não são nem angélicos nem divinos. Portanto, os homens são mortais". Pode-se falar também de tetralema e, em geral, de polinema quando os termos predicados unidos por disjunção exclusiva são quatro ou mais de quatro.

⮕ Ver: M. Piclin, *Les philosophies de la triade ou l'histoire de la structure ternaire*, 1980. ⮕

TRÊS IMPOSTORES. Atribuiu-se a Frederico II (1194-1250), rei da Sicília (1197-1250), imperador (1220-1250) e "rei de Jerusalém" (1229-1250), um tratado intitulado *De tribus impostoribus (Dos três impostores)*. Em 1719 publicou-se um tratado com o nome *Traité des trois imposteurs* como parte da obra de Henri, conde de Boulainvilliers (1658-1722), intitulada *Essai de métaphysique*. Não é seguro se Boulainvilliers escreveu sozinho esse "Ensaio", que se compõe de duas partes: uma, a "vida de Spinoza", e outra, "O espírito de Spinoza", às vezes publicadas sob o título *La vie et l'esprit de Spinoza*, mas é provável que tenha redigido parte dele, justamente a segunda. É igualmente provável, mas não completamente seguro, que Boulainvilliers tenha escrito o mencionado *Traité des trois imposteurs*. Os "impostores" de que fala são Moisés, Jesus Cristo e Maomé; o tratado representa um ataque virulento contra eles e contra o judaísmo, o cristianismo e o islamismo, assim como contra todas as idéias religiosas e teológicas, incluindo a existência da alma. O tratado foi mencionado por Voltaire em suas polêmicas contra *l'Infâme*, isto é, a Igreja, e foi muito apreciado entre os que formavam o "grupo de Boulainvilliers", como Nicolas Féret (1688-1761), Jean-Baptiste de Mirabaud (1675-1760) e César Chesneau Dumarsais (1676-1756), considerados às vezes como os continuadores dos "libertinos", ou de alguns grupos de "libertinos". O *Traité* coincidia com as idéias de autores ateus, que se consideravam seguidores das doutrinas de Spinoza; entre estes pode se contar Jean Meslier (VER).

⮕ Edição de obras de Boulainvilliers, *Oeuvres philosophiques*, 2 vols., 1973-1974. ⮕

TRESCHOW, NIELS (1751-1833). Nascido em Drammen (Noruega), mudou-se para a Dinamarca e ensinou em Copenhague de 1803 a 1813, elaborou e propagou primeiramente uma filosofia influenciada pelo empirismo inglês e pelo iluminismo francês. As posteriores influências do idealismo alemão e particularmente das tendências do evolucionismo pós-kantiano encaminharam-no, porém, cada vez mais para uma metafísica do processo cósmico na qual o universo aparece como ordenado numa série de gradações determinadas pelo grau de perfeição da individualidade de seus componentes. A concepção do individual se converteu deste modo no centro do pensamento de Treschow, que identificou inclusive indivíduo e conceito ou, melhor dizendo, indivíduo e "idéia", desde que se entenda por idéia algo mais que a mera fixação conceitual de uma realidade e se amplie seu significado até expressar o fundamento da objetividade, do ser, isto é — já que estas expressões eram para Treschow intercambiáveis —, da perfeição "própria". O continuísmo, evolucionismo e individualismo metafísico de Treschow se transformaram depois sob a influência do idealismo alemão e desembocaram numa doutrina da identidade, de raiz schellinguiana, que acabou por afirmar que a individualidade se dissolve na maior realidade do todo, da suma perfeição e infinitude de Deus.

⮕ Principais obras: *Foreslänninger over den Kantiske philosophie*, 1798 (*Lições sobre a filosofia kantiana*). — *Elementer til historiens philosophie*, 2 vols., 1811 (*Elementos para a história da filosofia*). — *Moral for volk og stat*, 2 vols., 1811 (*Moral para o povo e para o Estado*). — *Om den nenneskelige natur i almindelighed*, 1812 (*Sobre a natureza humana em geral*). — *Almindelig logik*, 1813 (*Lógica geral*). — *Lovgivningsprincipier*, 3 vols., 1820-1823 (*Princípios de legislação*). — *Om gud, idee og sandseverdenen et philosophisk testament*, 3 vols., 1831 (*Sobre Deus, a idéia e o mundo sensível: testamento filosófico*).

Ver: A. Aall, "N. Treschow, hans laere om utviklingen og om menneskeslegtens ophav", *Naturen*, 12 (1911). — S. E. Stybe, "N. T. (1751-1833), A Danish Neoplatonist", *Danish Yearbook of Philosophy*, 13 (1976), 29-47. ℂ

TRÊS ESTADOS (LEI DOS). Ver Comte (Auguste).

TRÍADE. Ver Três.

TRIÁDICO. Ver Poliádico.

TRIALISMO. Ver Três.

TRÍAS, EUGENIO. Ver Dispersão; Ideologia; Lúdico.

TRICOTOMIA. Ver Três.

TRILEMA. Ver Três.

TRINDADE. No verbete Três abordamos várias noções nas quais intervêm diversos modos de agrupamento de três elementos. Entre tais noções figura a de tríade. Esta é a mais próxima à idéia de Trindade de que nos ocuparemos aqui, mas não se identifica com ela. Por isso trataremos da "trindade" separadamente.

Vamos nos referir exclusivamente à "Trindade cristã" e a alguns conceitos filosóficos implicados na chamada "teologia da Trindade". Trindades divinas se encontram em outras religiões: a trindade brahmânica de Vishna, Shiva e Trimurti e as numerosas "tríades" que Georges Dumézil investigou (Júpiter, Marte, Quirino; Mitra-Varuna, Indra, Nasatya; Odin, Thor, Freyr) são outros tantos exemplos de "trindades" ou, se se preferir, de "tríades". No entanto, não há nelas os problemas que a trindade cristã suscita, isto é, a crença no "Deus uno e trino". Maiores são as analogias entre a trindade cristã e as trindades neoplatônicas, especialmente na medida em que nestas estão implicados conceitos tais como os de "processão". Mas tampouco se pode confundir a metafísica triádica neoplatônica com a teologia trinitária cristã.

Daremos por suposto o conhecimento dos pontos capitais teológicos do dogma trinitário. Recordaremos somente que neste dogma se rejeita tanto o triteísmo (afirmação de que há três deuses) quanto o unitarismo (afirmação de que Deus é um, não três). Recordemos também que entre as concepções rejeitadas pelos teólogos trinitários (Santo Atanásio, os Capadócios, Santo Ambrósio, Santo Agostinho, São João Damasceno, Santo Anselmo, os Vitorinos, Santo Tomás de Aquino etc.) e pelos diversos Concílios (Nicéia, 325; Constantinopla, 381; Toledo, 675; Lião, 1274; Florença, 1439) figuram doutrinas como o modalismo (as três pessoas divinas são "modos" da divindade), o subordinacionismo (o Espírito Santo e o Filho são subordinados ao Pai), o arianismo (o Verbo foi gerado por Deus para servir de instrumento da criação), o pneumatomaquismo (que se declara "contra" o Espírito Santo). Ora, mesmo considerando o dogma trinitário puro dos citados desvios teológicos, houve consideráveis discussões para sua fixação definitiva. Não nos ocuparemos tampouco de várias discussões, como as havidas em torno da noção da consubstancialidade ou o "ser consubstancial", ὁμοούσιος, e em torno do *Filioque*, rejeitado por Fócio e origem de grande parte do cisma ortodoxo. Nosso problema é simplesmente indicar que conceitos filosóficos fundamentais estão envolvidos na teologia da Trindade: trata-se de conceitos como hipóstase (ver) e ousia (ver) — em "três hipóstases da mesma ousia" —, como pessoa (ver) e substância (ver) ou essência (ver) — em "três pessoas da mesma substância ou essência" —, e como "processão", "relação" etc.

Estes e outros conceitos são usados na teologia trinitária porque, embora o dogma da Trindade seja um dogma de fé, procedeu-se a respeito, já antes de Santo Anselmo, segundo a divisa anselmiana *fides quaerens intellectum*. Mas o *intellectum* em questão foi principalmente, senão exclusivamente, o filosófico. Tratou-se, pois, de dar do dogma em questão uma versão inteligível ao máximo.

O problema fundamental é o seguinte: como se pode conceber que Deus, sendo uno, seja também trino. Vamos nos restringir a dois aspectos da questão: o modo de "procedência" e a natureza da "procedência". Este último aspecto é primário, mas descreveremos antes o outro com o fim de entender melhor que tipo de conceitos estão implicados na questão da "procedência" como tal.

Antes de tudo, supõe-se que a processão trinitária opera de tal forma que o Filho procede do Pai e o Espírito Santo procede *também* do Filho *(Filioque)*; portanto, não há por um lado procedência do Filho do Pai e por outro lado procedência do Espírito Santo do Pai, caso em que não haveria propriamente "trindade" e, em todo caso, não haveria "processão trinitária". Como dizer que o Filho procede do Pai e o Espírito Santo do Filho aproximaria a processão trinitária de uma processão do tipo da neoplatônica, propôs-se que o Filho procede do Pai e que o Espírito Santo procede do Pai e do Filho. Deste modo se acentuou a comunidade trinitária.

Mas além de se acentuar tal comunidade, elaborou-se filosoficamente a questão da processão com base na chamada "relação de origem". Esta relação se expressa na afirmação da procedência do Espírito Santo *também* do Filho, o que equivale à procedência do Pai pelo Filho e de ambos como de um mesmo princípio. Com efeito, na elaboração da natureza da relação de origem deve-se levar em conta que nenhum dos termos da processão tem de permanecer independente, sequer minimamente, da comunidade trinitária, e ao mesmo tempo que há uma distinção entre os elementos da Trindade. Esta distinção é uma distinção de Pessoas. Se se supõe que há uma única

Pessoa divina, então não se pode falar nem do Filho nem do Espírito Santo, exceto, talvez, como "modos" do Pai. Por outro lado, se se supõe simplesmente que há três Pessoas sem levar em conta a comunidade trinitária e a "procedência" eterna, a trindade desaparece em favor da unidade. O problema é, pois, uma vez mais, como manter ao mesmo tempo unidade e trindade.

A "procedência" da qual se fala não pode ser uma procedência causal, porque em tal caso haveria diferenças tais entre as três Pessoas que se desvaneceria a comunidade trinitária. Não pode ser uma procedência em razão das obras divinas por motivos similares ao anterior. Em ambos os casos se entende a procedência por analogia com os processos físicos, isto é, se supõe que há um princípio e um fim ou "termo". Em vista disso, propôs-se entender a Trindade, analogicamente, em relação com processos de índole espiritual. Dois destes processos são fundamentais, e ambos foram destacados por teólogos diversos (Santo Tomás, por exemplo, em um caso; Ricardo de São Vítor, em outro): são o processo pensante e o processo "amante". No processo pensante o pensado não é — a rigor — um "termo" do pensar, mas faz, por assim dizer, "corpo" com ele; a perfeição do processo pensante consiste justamente em haver uma unidade do pensar com o pensado, sem que por isso deixe de haver distinção entre o pensar e o pensado. No processo "amante" ocorre algo similar, mas esta vez na relação entre o amado e o amar. Tudo isso não quer dizer que a processão trinitária seja uma processão ou pensante ou "amante"; pensar e amar são aqui exemplos extraídos da experiência e especialmente da experiência espiritual, que são levados ao limite.

Além do esquema pensante e "amante" se propôs também o que se pode chamar "o esquema paterno". Este se funda ao fim e ao cabo na relação de modelo. No último esquema mencionado, há uma realidade que procede de outra de tal sorte que a primeira é o modelo da segunda e esta reflete a primeira. Isso também ocorre na emanação (VER), razão pela qual na teologia da Trindade se destaca que embora o modelo oferecido pelo "esquema paterno" seja admissível, é-o numa forma distinta. Com efeito, enquanto nos processos de emanação cada uma das hipóstases é de algum modo uma "diminuição" do Uno, no processo trinitário as três Pessoas são consubstanciais. Possuem, pois, a mesma essência divina e sua distinção mútua não está fundada na "redução" ou "subordinação" de uma à outra. Os teólogos trinitários costumam insistir em que a distinção entre as três Pessoas é uma distinção "relacional"; trata-se de "recíprocas relações de oposição" segundo relações pessoais.

Na teologia trinitária se usa, pois, um conjunto de conceitos filosóficos dos quais nos limitamos a dar alguns exemplos. O anteriormente dito está longe de esgotar a complexidade filosófica da teologia trinitária. Menos ainda pode dar conta de refinamentos conceituais muito diversos na formulação de tal teologia, assim como dos múltiplos argumentos que se dirigiram contra ela. É interessante observar, em todo caso, que tanto a teologia trinitária como os argumentos contra ela usam conceitos como os já mencionados, procedentes em sua maior parte da tradição filosófica grega clássica e pós-clássica e do modo como se elaborou tal tradição no Ocidente; dentro da teologia trinitária oriental e da ocidental prosseguem também certas grandes tendências filosóficas: na primeira predomina a visão "metafísica"; na segunda, a visão "pessoal". Também, e por idênticas razões, se usam conceitos filosóficos derivados dessas tradições no problema da pessoa de Jesus Cristo; a concepção de que Cristo é uma única pessoa com duas naturezas, divina e humana, suscita problemas relativos à relação entre natureza e pessoa.

Observemos quanto à questão trinitária que alguns autores estenderam a idéia da Trindade sob a forma dos chamados *Vestigia Dei*. Referimo-nos a este ponto no verbete VESTÍGIOS.

◯ Mesmo limitando-nos aos teólogos trinitários mais importantes, os escritos sobre a Trindade de interesse filosófico são demasiado numerosos para citá-los todos aqui. Limitamo-nos a mencionar: São Basílio, *De Spiritu Sancto* e *Adversus Eunomium*; São Gregório de Nissa, *Contra Eunomium*; São João Damasceno, *De fide orthodoxa* [indicamos, conforme o hábito, o título latino]; Santo Agostinho, *De Trinitate*; Ricardo de São Vítor, *De Trinitate*; Santo Anselmo, *De processione Spiritus Sancti contra Graecos* e *De fide Trinitatis*; Santo Tomás, *De veritate*, IV; *De potentia*, 8-10; *Cont. Gent.*, IV; *S. theol.*, I, 22. XXVII-XLIII (e comentários a estas *quaestiones* pelo Cardeal Cajetano e João de Santo Tomás); São Boaventura, *In Hexaëmeron*, I-III; *In Boet. de Trinitate; I Sent.*; Duns Scot, *Opus Ox., Prol.* q. 1; Suárez, *De Deo uno et trino*. ◯

TRIVIUM, QUADRIVIUM. Em várias partes deste livro se faz referência ao *Trivium* e *Quadrivium* medievais. Convém ilustrar brevemente sua procedência, conteúdo e evolução histórica.

O *Trivium* e o *Quadrivium* constituíram durante muito tempo na Idade Média as chamadas "sete artes liberais", isto é, as artes do homem livre, diferentes das artes do homem servil, chamadas "artes mecânicas" (ver TRABALHO). Sua origem se encontra nos escritores antigos, principalmente em Varrão (VER [*Disciplinarum libri* IX]). Mas foi a obra de Marciano Capella, *Satyricon. De nuptiis Philologiae et Mercurii et de septem artibus liberalibus libri novem*, que influiu decisivamente neste ponto. Em Capella, e depois em Santo Isidoro, aparecem as artes liberais na seguinte ordem: gramática (objeto do livro iii de Capella), dialética (livro iv), retórica (livro v), geometria (livro vi), aritmética (livro vii), astrologia (livro viii) e música (livro ix). A partir do século IX, e especialmente a partir da reforma do ensino propiciada por Alcuíno, estas artes foram divididas em dois grupos: o *Trivium* (gramática, dialética, retórica) e o *Quadrivium* (aritmética, geometria, astronomia e música). Esta divisão já se encontra em Santo Isidoro e também em Boécio, mas somente no citado século chegou a ter importância e eficácia suficientes. Desde então se apresentaram com freqüência as artes liberais como o instrumento mediante o qual o espírito se ilustra na filosofia e é capaz de expressá-la. É o caso de Thierry de Chartres com seu *Heptateuchon* (o nome que os gregos deram às sete artes). Thierry mostra em que consiste a diferença entre o *Trivium* e o *Quadrivium*. O primeiro compreende as artes do dizer ou *artes sermocinales*; o segundo, as artes do dito ou *artes reales*. Esta divisão não se manteve rigidamente em todos os períodos, pelo menos na mente dos filósofos. A dificuldade de encaixar dentro de cada uma destas artes as novas descobertas — e redescobertas — tornava muito difícil manter o *Heptateuchon*, exceto para os fins do ensino. Já no século XII se percebeu claramente quão difícil era inserir na chamada *dialética* toda a "nova lógica" *(logica nova)* de Aristóteles. Novas divisões — como a de Hugo de São Vítor na *Didascalion* (ver CIÊNCIAS [CLASSIFICAÇÃO DAS]) — começaram a ser propostas, sinal de que o esquema pedagógico já não era adequado para o crescimento, desenvolvimento e novas subdivisões das artes.

➲ Ver: P. Abelson, *The Seven Liberal Arts: A Study in Medieval Culture*, 1906. — J. E. Wise, *The Nature of the Liberal Arts*, 1947. — P. O. Kristeller, Ph. Delhaye et al., *Artes Liberales. Von der antiken Bildung zur Wissenschaft des Mittelalters*, 1959, ed. Josef Koch. — VV.AA., *Arts libéraux et philosophie au moyen âge*, 1969 [Actes du IVᵉ Congrès International de Philosophie Médiévale, 27/VIII-2/IX/1967]. — A obra coletiva: *Martianus Capella and the Seven Liberal Arts*, vol. I: W. H. Stahl, *The Quadrivium of M. C.: Latin Tradition in the Mathematical Sciences 50 BC-AD 1250*, 1971 (com um estudo da alegoria e das "disciplinas verbais" por R. Johnson, com a colaboração de E. L. Burge).

Para os antecedentes em Varrão: Sergio Álvarez Campos, "La primera enciclopedia de la cultura occidental", *Augustinus*, 2 (1957), 529-574. ☙

TROELTSCH, ERNST (1865-1923). Nascido em Augsburgo, foi professor em Göttingen (1891), em Bonn (1892), Heidelberg (1894) e, a partir de 1915, como sucessor de Dilthey, em Berlim. Influenciado, entre outros, por Kant, por Schleiermacher e, em parte, pela escola de Baden, seu primeiro e principal interesse girou em torno do problema da evolução do espírito religioso e da relação entre a parte histórica deste espírito e a pretensão do conteúdo de verdade religioso a um caráter absoluto. Os pensamentos a que as análises destes problemas o conduziram, e as influências contemporaneamente recebidas de Eucken, de Ritschl e ainda da pneumatologia de G. Class, fizeram-no abordar-se formalmente a questão dos elementos *a priori* existentes em toda consciência religiosa. Segundo Troeltsch, a averiguação destes elementos não pode realizar-se mediante uma pura análise transcendental da consciência. Não só a averiguação da estrutura histórico-evolutiva da consciência é necessária como também esta averiguação tem de ser feita mediante uma descrição das formas sociais. O que não significa, naturalmente, a "redução" da consciência religiosa — e, sobretudo, da consciência cristã — a elementos históricos e menos ainda sociológicos; na verdade, o conteúdo da consciência religiosa só poderá ser descoberto por meio da dialética incessante entre a idéia e a realidade histórica, entre a atitude pessoal e a formação social. Assim, uma "idéia sociológica" do cristianismo é para Troeltsch o resultado da averiguação das grandes formas sociológicas da idéia cristã. Ora, a preocupação com esta questão conduziu Troeltsch a uma reflexão sobre o próprio problema da história. Por um lado, como problema das formas possíveis de relação entre o processo evolutivo da vida histórica e a idéia religiosa. Por outro lado, e sobretudo, como um problema que não pode ser resolvido se a própria "lógica da história" não constituir o eixo principal de qualquer filosofia do processo evolutivo humano. No caso da relação entre história e cristianismo, não se tratava, em sua opinião, de relativizar este último, mas tampouco de convertê-lo em *depositum* único, absoluto e invariável da história. No caso da relação entre o histórico e o não histórico, acontece algo parecido. Troeltsch submete a crítica as filosofias da história que, sem negar, antes bem afirmando, a existência de uma lógica interna do acontecer histórico, supõem que se trata de um processo dialético; o resultado destas filosofias é, a seu ver, um historicismo. Ora, o anti-historicismo não equivale para Troeltsch a um retorno ao absolutismo e menos ainda à redução da História a uma constante do tipo da Natureza ou do Espírito. O que Troeltsch pretende é mostrar no processo histórico a atuação de uma realidade livre e criadora, tão inapreensível por meio da pura descrição como por meio da análise. Essa realidade é a que produz o sentido do acontecer histórico e a que, por sua vez, somente pode ser entendida por meio do sentido. Mas justamente em virtude de sua essencial liberdade, a realidade produtora de história não pode fazer com que esta seja um processo único, sucessivo, constante; não há, pois, unidade histórica e, por conseguinte, "história universal": há somente "totalidades culturais" não inteiramente desgarradas e independentes, como se fossem frutos de um processo de índole histórico-biológica ao modo spengleriano, mas unidas por uma trama e entrecruzamento de sentidos. Somente assim é possível compreender, segundo Troeltsch, o peculiar humanismo do cristão e ainda o caráter irredutível e eminente desse humanismo. O interesse pela compreensão e análise da época atual resulta ser, assim, a culminação do pensamento teológico e histórico-cultural de Troeltsch, e de certa forma o motor de todos os seus pensamentos, pois se trata, afinal de contas, de compreender o sentido do humano em sua peculiaridade, mas ao mesmo tempo de superar o historicismo por meio do descobrimento do que haja de absoluto no sentido e no valor.

◐ Obras: *Geschichte und Metaphysik,* 1888 *(História e metafísica).* — *Vernunft und Offenbarung bei Johann Gerhard und Melanchton. Untersuchungen zur Geschichte der altprotestantischen Theologie,* 1891 *(Razão e revelação em J. G. e M. Investigações para a história da teologia protestante antiga).* — *Die wissenschaftliche Lage und ihre Anforderungen an die Theologie,* 1900 *(A situação científica e suas exigências para com a teologia).* — *Die Absolutheit des Christentums und die Religionsgeschichte,* 1901 *(Absolutidade do cristianismo e história da religião).* — *Das Historische in Kants Religionsphilosophie. Zugleich ein Beitrag zu den Untersuchungen über Kants Philosophie der Geschichte,* 1904 *(O histórico na filosofia da religião de Kant. Com uma contribuição às investigações sobre a filosofia kantiana da história).* — *Die Bedeutung des Protestantismus für die Entstehung der modernen Welt,* 1906 *(A significação do protestantismo para a origem do mundo moderno).* — *Die Dynamik der Geschichte nach der Geschichtsphilosophie des Positivismus,* 1919 *(A dinâmica da história segundo a filosofia da história do positivismo).* — *Deutsche Bildung,* 1919 *(Formação cultural alemã).* — *Die Sozialphilosophie des Chistentums,* 1922 *(A filosofia social do cristianismo).* — *Der Historismus und seine Überwindung,* 1924 *(O historicismo e sua superação).* — *Spektator-Briefe. Aufsätze über die deutsche Revolution und die Weltpolitik, 1918-1922,* 1924 *(Cartas de um espectador. Ensaios sobre a revolução alemã e a política mundial).* — *Glaubenslehre,* 1925 [edição de aulas dadas em 1911-1912] *(Doutrina de fé).*

Edição de obras: *Gesammelte Schriften,* 4 vols., 1922-1925: *I. Die Sozialllehren der christlichen Kirchen und Gruppen. II. Zur religiösen Lage, Religionsphilosophie und Ethik. III. Der Historismus und seine Probleme. IV. Aufsätze zur Geistesgeschichte und Religionssoziologie.*

Depoimento em *Die Philosophie der Gegenwart in Selbstdarstellungen,* II, 1921.

Bibliografia: F. W. Graf, H. Ruddies, *E. T. Bibliographie,* 1982.

Ver: Theodor Kaftan, *E. T.,* 1912. — F. Parpent, *Die Aufgabe der geschichtlichen Abstraktion. Eine Auseinandersetzung mit E. Troeltschs Geschichtsmethodologie,* 1919. — K. Fellner, *Das überweltliche Gut und die innerweltlichen Güter. Eine Auseinandersetzung mit E. Troeltschs Theorie über das Verhältnis von Religion und Kultur,* 1927. — E. Spiess, *Die Religionstheorie von E. T.,* 1927. — F. Wienecke, *Die Entwicklung des philosophischen Gottesbegriffs bei T.,* 1929 (tese). — K. Heussi, *Die Krisis des Historismus,* 1932. — G. Spaleck, *Religionssoziologische Grundbegriffe bei T.,* 1937 (tese). — Walther Köhler, *E. T.,* 1941. — Julius Jakob Schaaf, *Geschichte und Begriff. Eine kritische Studie zur Geschichtsmethodologie von E. T. und Max Weber,* 1946 (tese). — A. Waismann, *E. T. o el drama del historicismo,* 1955. — Wilhelm F. Kasch, *Die Sozialphilosophie von E. T. (1865-1923),* 1963. — Eckhard Lessing, *Die Geschichtsphilosophie E. Troeltschs,* 1965. — H. Bosse, *Marx, Weber, T. Religionssoziologie und marxistische Ideologiekritik,* 1970. — J. Gabriel, *Christlichkeit oder Gesellschaft? Eine kritische Darstellung der Kulturphilosophie von E. T.,* 1975. — K. E. Apfelbacher, *Frömmigkeit und Wissenschaft. E. Troeltsch und sein theologisches Programm,* 1978. — H. Renz, F. W. Graf, eds., *T.-Studien,* 3 vols., 1982 ss. — R. J. Rubanowice, *Crisis in Consciousness: The Thought of E. T.,* 1982. ◑

TROILO, ERMINIO (1874-1968). Nascido em Archi (Chieti, Itália), foi professor nas Universidades de Palermo (1915-1920) e Pádua (a partir de 1920). Discípulo de Ardigò (VER), elaborou criticamente o positivismo de seu mestre e foi se aproximando de um tipo de metafísica, ao mesmo tempo monista e realista, similar à de Giordano Bruno e com fortes ressonâncias spinozianas e neoplatonistas. Troilo negou que houvesse alguma realidade transcendente à experiência, mas ao mesmo tempo outorgou às formas imanentes da experiência um caráter de transcendência, com o que imanência e transcendência foram perdendo seu sentido, ou sendo consideradas como dois aspectos de uma só realidade. Segundo Troilo, portanto, o pensamento, ou experiência pensante, expressa o ser, o qual se manifesta no pensamento. A relação entre pensamento e ser é uma relação interna. Troilo argumentou que com isso não caía no idealismo, mas que, antes, proporcionava a base para rejeitar todo idealismo. Este se baseia no pensar. O realismo corrente se apóia no ser. O realismo monista (ou monista-relacionista) de Troilo se funda no ser como pensar e no pensar como ser, os quais podem ser, por sua vez, identificados com a "Natureza", que inclui o reino dos valores e se funde com eles.

◐ Principais obras: *Necessità d'integrazione del positivismo,* 1908. — *Il momento critico del positivismo,* 1910. — *Il positivismo e i diritti dello spirito,* 1912. — *Lo spirito della filosofia,* 1925. — *Corso di filosofia teoretica e morale,* 1946. O último livro resume as principais posições de Trolio, que escreveu numerosas obras de história da filosofia, distinguindo-se especialmente por seus estudos sobre Giordano Bruno e Spinoza. Mencionamos: *La filosofia de G. Bruno*, 2 vols., 1907-1913 (I. *La filosofia oggetiva;* II. *La filosofia soggetiva*). — *Figure e studi di storia della filosofia*, 1918. — *Roberto Ardigò*, 1926. — *Studi su Benedetto Spinoza*, 2 vols., 1927-1932. — *Ripensando la logica di Hegel*, 1932. — *Interpretazione di Erasmo*, 1937. — *Figure e dottrine di pensatori*, 1937. — *Prospetto, sintesi, commentario della filosofia di G. Bruno*, 1951. — *Ricostruzione ed interpretazione del pensiero filosofico di Leonardo da Vinci*, 1954. — *Lineamenti e interpretazione del sistema filosofico di Avicenna*, 1956. ⊂

TROPISMO. Na biologia são chamadas de "tropismos" as reações manifestadas por animais ou plantas sem a intervenção de qualquer fator de tipo nervoso. Os tropismos se classificam segundo a natureza do estímulo (geotropismo, fototropismo, heliotropismo, hidrotropismo, reotropismo, quemotropismo, galvanotropismo etc.), segundo os seres que sejam afetados (tropismo dos animais em geral, das plantas, dos insetos, das amebas etc.), ou segundo a forma da reação (positiva ou negativa). No tropismo se manifesta, por assim dizer, uma "orientação" do ser excitado, mas esta não deve ser entendida sempre como uma adequação a uma nova situação mais favorável, mas como um conjunto de reações automáticas que podem inclusive ser prejudiciais para o que as executa. J. Loeb estudou pela primeira vez o fato dos tropismos no comportamento dos animais; desde então se tentou fazer dos tropismos a base de todas as formas possíveis de comportamento até chegar às formas superiores da vida psíquica. Assim, o comportamentalismo, tal como a chamada psicologia objetiva ou reflexologia, operam algumas vezes com a noção de tropismo em seu sentido mais amplo.

TROPOS. São os argumentos aduzidos pelos céticos gregos para concluir a necessidade da suspensão do juízo. Os dez tropos mais conhecidos expostos por Enesídemo se referem às mudanças e modificações a que estão submetidos todos os juízos, em virtude: 1) das diferentes espécies existentes entre os seres animais; 2) das diferentes classes de homens; 3) dos diferentes estados segundo os tempos; 4) das condições orgânicas; 5) das distintas posições que podem ser adotadas diante do objeto observado; 6) do meio interposto entre os sentidos e o objeto; 7) dos diferentes estados dos objetos mesmos; 8) dos costumes, usos e crenças do sujeito; 9) de seu estado de desenvolvimento; com tudo isso 10) se torna impossível o conhecimento seguro de uma coisa, pois não podem ser eliminadas as contradições nem discriminados os múltiplos fatores que intervêm no juízo. Agripa reduziu os tropos céticos a cinco, contando:

1°) a relatividade das opiniões que torna discutível todo princípio; 2°) a necessidade de uma regressão ao infinito para encontrar o primeiro princípio em que os demais se sustentam; 3°) a relatividade das percepções, que faz com que um juízo seja verdadeiro somente para alguém, mas não de um modo absoluto; 4°) o caráter necessariamente hipotético das premissas adotadas, e 5°) o chamado dialelo ou círculo vicioso, que supõe a admissão do que deve ser demonstrado, pois demonstrar algo equivale a supor no homem a faculdade de demonstração e sua validade. Sexto Empírico, depois de oferecer a exposição dos tropos que conduzem à suspensão do juízo, assinala que todos eles são subordinados a três: o que se baseia no sujeito que julga, o que se baseia no objeto julgado e o que se funda em ambos. Assim, os quatro primeiros tropos são subordinados ao argumento baseado no sujeito, os tropos 6 e 7 se referem ao objeto julgado, e os 5, 6, 7 e 9 concernem aos dois. E, por sua vez, todos os tropos se subordinam ou referem-se ao mais geral da relação, de modo que a relação constitui, dentro dos tropos, o gênero supremo, do qual os três mencionados são espécies, e os dez usuais ou tradicionais, as subespécies.

Além dos tropos mencionados relativos à possibilidade (ou, melhor, impossibilidade) do conhecimento, há os tropos relativos às causas. Os mais importantes desses tropos também foram expostos por Enesídemo, e consistem essencialmente em destacar que é ilegítimo derivar "coisas invisíveis" das "coisas visíveis" — supondo que tais "coisas visíveis" sejam cognoscíveis. Assim, por exemplo, Enesídemo argumenta (contra os "dogmáticos") que estes explicam *obscurum per obscurius*, "o obscuro pelo mais obscuro", ao pretender encontrar coisas obscuras (as causas) por meio de coisas igualmente, senão mais, obscuras (as aparências).

⊃ Exposição de tropos por Sexto Empírico, em *Hyp. pyrr.,* I e *Adv. math.,* IX. — Ver a bibliografia do verbete CETICISMO, e especialmente: Eugen Pappenheim, *Die Tropen der griechischen Skeptiker*, 1855. — Émile Bréhier, "Pour l'histoire du scepticisme antique: les tropes d'Énésidème contre la logique inductive", *Revue des Études anciennes,* 20 (1918) 69-76, reimp. em *Études de philosophie antique,* 1955, pp. 185-192. — Athenodoros Euripides Chatzilysandros, *Geschichte der skeptischen Tropen, ausgehend von Diogenes Laertius und Sextus Empiricus*, 1970. ⊂

TROUILLER, JOSEPH. Ver LIBERTINOS.

TSANOFF, RADOSLAV A. Ver PERSPECTIVISMO.

TSCHIRNHAUSEN (Tschirnhaus), EHRENFRIED WALTER (Conde de) (1651-1708). Nascido no Castelo de Kiesslingswalde (Obserlausitz), elaborou uma teoria do conhecimento e uma metodologia em estreito contato com as doutrinas de Leibniz, Spinoza e Huygens. Tschirnhausen propunha-se sobretudo a descobrir um método de invenção que conduzisse a um conhecimento real e não meramente formal. Esse conhecimento real é o próprio das ciências enquanto diferentes partes da "filosofia real", ao contrário da "filosofia verbal" na qual nos são dadas apenas proposições. Daí a tendência de Tschirnhausen ao empirismo, mas a um empirismo não meramente natural-descritivo, pois sua fundamentação última requer, a seu ver, a evidência de vários "fatos fundamentais" que só nos são dados na experiência interna. Ao mesmo tempo, Tschirnhausen, seja por influência de Spinoza ou por convicção própria, defendia o emprego de um método matemático-dedutivo em virtude da prévia redução do verdadeiro ao conceitualmente inteligível. A rigor, a própria conceituação do objeto, desde que seja completa, era para Tschirnhausen o objeto mesmo ou, se se quiser, o conjunto de suas condições. Uma espécie de "materialismo conceitual-matemático" se unia deste modo neste pensador a um empirismo de caráter "genético", antecipando com isso alguns dos problemas com os quais Kant se enfrentou durante a chamada fase "pré-crítica".

⊃ Principal obra: *Medicina mentis sive Tentamen genuinae logica, in qua disseritur de methodo detegendi incognitas veritates*, 3 partes, 1657; editio nova: *Medicina mentis sive Artis inveniendi praecepta generalia*, 2 partes, 1695; ed. nova, 1733, reimp., 1964.

Ver: H. Weissenborn, *Lebensbeschreibung des E. W. von Tschirnhausen*, 1866. — Johannes Verweyen, *E. W. von Tschirnhausen als Philosoph*, 1906. — N. A. Figurovskiy, G. Farig, B. Kafengaux, A. Klima, eds., *E. W. v. T. und die Frühaufklärung in Mittel- und Osteuropa*, 1960. — E. Winter, *E. W. v. T. Der Freund Spinozas*, 1977. ⊂

•• **TUGENDHAT, ERNST** (1930). Nascido em Brünn (atual República Tcheca), mudou-se com a família primeiro para a Suíça (1938) e depois para a Venezuela (1941). Após estudos de filologia clássica (Stanford, 1945-1949) e filosofia (Freiburg, 1949-1956; Münster, 1956-1958), foi professor auxiliar de Karl Ulmer em Tübingen. Foi professor de filosofia em Heidelberg (1966-1975), colaborador no Instituto Max Planck de Starnberg (1975-1980), professor da Universidade Livre de Berlim (1980-1992) e desde então na Universidade de Santigo do Chile.

Após uma formação filosófica européia (com uma tese de doutorado sobre Aristóteles [ver verbete Presença] e um trabalho de habilitação docente sobre Husserl e Heidegger; ver na bibliografia *infra*), seu interesse voltou-se para a filosofia analítica, que o levou a considerar os problemas tradicionais da filosofia como problemas da compreensão de seus modos de expressão.

Inspirando-se fortemente na obra de Wittgenstein, Tugendhat mostrou não só a relevância da abordagem analítica para a reflexão filosófica, como também a importância de reabordar os fundamentos de algumas questões e métodos que deixaram de ser problematizados. Tugendhat mostra, pois, a fecundidade de um diálogo filosófico permanente entre as tradições continental e anglo-saxônica.

Numa etapa posterior, Tugendhat ampliou sua área de interesse, passando de questões ontológicas e epistemológicas para perguntas de filosofia prática, particularmente as relacionadas com a existência autônoma e responsável e, por conseguinte, com a ética. Também aqui se sentiu particularmente atraído pela fundamentação da racionalidade prática.

⊃ Obras: *TI KATA TINOS: Eine Untersuchung zu Struktur und Ursprung aristotelischer Gundbegriffe*, 1958 *(TI KATA TINOS. Pesquisa sobre a estrutura e a origem dos conceitos aristotélicos fundamentais)*. — *Der Wahrheitsbegriff bei Husserl und Heidegger*, 1967 *(O conceito de verdade em H. e H.)*. — *Vorlesungen zur Einführung in die sprachanalytische Philosophie*, 1976 *(Lições introdutórias à filosofia analítica da linguagem)*. — *Selbstbewusstsein und Selbstbestimmung*, 1979 *(Autoconsciência e autodeterminação, 1993)* — *Logisch-semantische Propädeutik*, 1983 (com U. Wolf) *(Propedêutica lógico-semântica)*. — *Probleme der Ethik*, 1984 *(Problemas da ética)*. — *Nachdenken über die Atomkriegsgefahr*, 1986 *(Meditações sobre o perigo da guerra atômica)*. — *Philosophische Aufsätze*, 1992 *(Artigos filosóficos)*. — *Ethik und Politik*, 1992. — *Vorlesungen über Ethik*, 1993 *(Lições sobre ética)*.

Em português: *Lições sobre ética*, 1997. — *Propedêutica lógico-semântica*, 1996.

Ver: J. V. Bonet Sánchez, "Ser, verdad y referencia en la filosofía teórica de Tugendhat", 1992 (tese). •• ⊂

TÜBINGEN (ESCOLA DE). Ver Baur, Ferdinand Christian; Hegelianismo.

TURING (MÁQUINAS DE). Durante as pesquisas realizadas a partir de 1936, quando estudava em Princeton, o matemático inglês A. M. Turing (1912-1954) apresentou um modelo de computabilidade que ainda serve de padrão para as operações realizadas por todos os computadores digitais ou de estado discreto. Esse modelo é conhecido com o nome de "máquina de Turing". Não se trata propriamente de uma máquina, mas de um modelo para construir máquinas computadoras. Estas últimas podem ser consideradas, de um modo ou de outro, como "máquinas de Turing". A "máquina de Turing" é uma máquina universal.

A idéia de Turing ("On Computable Numbers, with an Application to the Entscheidungsproblem", *Proceedings of the London Mathematical Society*, 42 [1937],

230-265) para o modelo referido consiste substancialmente em um número de instruções proporcionadas para dar certos passos em seqüência. Os passos constituem, assim, uma seqüência de instruções, e o conjunto de passos forma um programa. A máquina é programada para executar uma tarefa específica, que é cumprida quando foram dados todos os passos, ou levadas a cabo todas as instruções.

Há diversos modos de apresentar o processo de programação, idêntico a uma máquina de Turing. Um dos mais extensos consiste em supor que há uma fita infinitamente longa dividida em seções quadradas, todas exatamente do mesmo tamanho. Cada seção quadrada (ou quadro) está ou em branco ou contém uma marca — que pode ser um ponto, um raio diagonal, uma cruz etc.; em todos os casos as marcas devem ser todas iguais e tem de haver unicamente quadros em branco ou quadros marcados. Quadro branco e quadro marcado são normalmente equiparados a sinais como '—' e '+', ou '0' e '1', respectivamente. Dado um estado da fita, com um certo número de quadros marcados e um certo número de quadros em branco ou sem marcar, o programa contém uma série de instruções em ordem seqüencial cujo conteúdo são operações como transferir uma marca para a direita ou para a esquerda, fazer uma marca, apagar uma marca etc. É fundamental que a seqüência de instruções seja de tal índole que uma instrução seja obedecida cada vez que se encontrem condições especificadas na instrução. Não é necessário especificar cada um dos passos; os passos dados continuam de acordo com uma instrução até que haja uma nova instrução. Em seu artigo "Computing Machinery and Intelligence" (*Mind*, N. S., 59, 1950), Turing oferece uma analogia que permite compreender intuitivamente a natureza das instruções a que aludimos antes. "Suponhamos que mamãe quer que Jaiminho passe pelo sapateiro todas as manhãs, a caminho da escola, para ver se seus sapatos estão prontos. Pode dizer isso a ele cada manhã. Mas também pode, alternativamente, pregar, de uma vez por todas, um aviso na sala de estar que Jaiminho verá quando for à escola e no qual lhe é dito que vá saber dos sapatos, e também que rasgue o aviso se voltar trazendo-os".

No citado artigo, Turing trata de um problema que foi objeto de numerosos debates entre filósofos, cibernéticos e especialistas em informática: o problema de se uma máquina do tipo da máquina universal de Turing pode pensar. Geralmente, discutiu-se o problema com referência a diversos modos de entender 'pensar', ou à possibilidade ou impossibilidade de atribuir "estados internos" a uma máquina. Turing trata o problema considerando máquinas como computadores digitais (em estado discreto) e perguntar se tais máquinas podem jogar um jogo de imitação no qual intervêm três pessoas: um "homem", uma mulher e um indivíduo de sexo não especificado, que atua como interrogador. O interrogador procura determinar mediante perguntas quem é o "homem" e quem é a mulher. O problema é saber se, caso seja o "homem" uma máquina que responda às perguntas, o interrogador poderá jogar o jogo do mesmo modo que se o "homem" fosse um homem. Turing responde afirmativamente e rebate, de passagem, várias objeções possíveis, incluindo três que alguns autores, opostos a comparar e, mais ainda, a identificar um ser humano com uma máquina, consideram conclusivas: a objeção de que as máquinas, uma vez programadas, não podem se equivocar, isto é, não podem se desviar, quanto ao programa; a objeção de que o sistema nervoso de um ser humano não é uma máquina em estado discreto; e a objeção de que o comportamento humano é "informal", enquanto o da máquina é formal. Turing reconhece a dificuldade de responder adequadamente a todas essas objeções. Por exemplo, não se descobriram leis completas de comportamento. Isso não obsta, porém, na opinião de Turing, para que não possam ser descobertas; o que quer dizer, entendemos, que não se pode oferecer uma prova de que não possam ser descobertas.

Turing entende por pensamento (inteligência) um conjunto de tarefas definidas. Se se alega que para uma tarefa definida, *T*, se requer consciência, então se uma máquina, *M*, executa a tarefa, pode-se dizer que *M* tem consciência. Assim, o ter consciência, ou o ser consciente, ou o ser sujeito de atos intencionais — que para muitos filósofos constitui o núcleo irredutível do ser humano —, é definido por Turing em função da execução de uma tarefa, e das condições requeridas para sua execução. A oposição às idéias de Turing neste sentido se funda em não admitir a equiparação de pensamento (inteligência) com execução de tarefa definida. Funda-se também em: *a*) propor que há tarefas definidas que só podem ser executadas por um ser consciente, ou (inversamente), *b*) afirmar que ser consciente não é executar nenhuma tarefa definida.

TURMEDA, ANSELM (*ca.* 1352-entre 1425 e 1430). Nascido em Mallorca, estudou em Lérida; aos vinte anos de idade ingressou na Ordem dos Franciscanos. Em Bolonha, por volta de 1370, estudou teologia; em 1387 se dirigiu à Tunísia, onde se converteu ao islamismo, mudando seu nome para Abdahla. Em várias ocasiões interveio em missões políticas ligadas à coroa catalano-aragonesa.

Turmeda escreveu, em árabe, uma obra combatendo os "partidários da Cruz". Escreveu em catalão suas demais obras, a mais importante das quais é a *Disputa de l'ase contra Fra Anselm Turmeda*, da qual resta apenas o texto francês, *La dispute d'un asne contre Frère Anselme Turmeda, touchant la dignité, noblesse & preeminence de l'homme par devant les autres animaux* (publicado em Pamplona em 1606); o texto catalão, desaparecido, parece ter sido publicado em Barcelona em 1509. O asno representa, segundo indica Agustín Calvet (*op. cit.*, *infra*, p. 179), o próprio Anselmo Turmeda em seu espírito irônico e astuto. O asno, ajudado por alguns outros animais — todos eles "inferiores", como o piolho e a pulga —, desfaz os argumentos de frei Turmeda sobre a preeminente dignidade do homem no mundo; os animais, afirma o asno, são superiores ao homem por sua sensatez e falta de vaidade. O livro de Turmeda, com suas historietas e apólogos, tem um caráter malicioso e crítico, com uma forte veia de ceticismo acerca de dogmas tais como a imortalidade da alma. A alma não passa de um princípio vital, que o homem possui tanto quanto os animais, e que desaparece ao destruir-se o corpo. O caráter cético e incrédulo da obra de Turmeda explica a perseguição de que foi objeto. O ceticismo e materialismo de Turmeda se combinavam com crenças astrológicas e com uma posição política de defesa dos regimes aristocráticos ou autoritários.

➪ Além da *Disputa*, devem-se a Turmeda duas *Profecies*, umas *Cobles a la divisió del regne de Mallorques* e um *Libre de bons amonestaments*.

Edição de obras: edição da obra árabe em tradução francesa: *Le présent de l'homme docte pour refuter les partisans de la Croix*, 1866. — Edição do *Libre de bons amonestaments*, em Bernat Metge e A. Turmeda, *Obres menors*, 1927, ed. Marçal Olivar [Els Nostres Clàssics, 10]. *Cobles* na mesma obra. — *La disputa de los animales contra el hombre* (trad. do original árabe da *Disputa* por E. Tornero Poveda, 1984. Versão catalã de *Disputa de l'ase*, 1928 [Els Nostres Clàssics, 18]. — Antologia de textos por Joan Lluís Marfany, *Ideari d'Anselm Turmeda*, 1965 [Antología catalana, 8].

Ver: Livro de conjunto por Agustín Calvet, *Fray Anselmo Turmeda. Heterodoxo español (1352-1423-32?)*, 1914 (tese de doutorado). — Ver também: introdução de Marçal Olivar a *Disputa*, *supra*. — R. d'Alos, "Les Profecies d'en T.", *Revue Hispanique*, 24 (1911), 480-496. — M. Asín Placios, "El original árabe de la *Disputa del asno contra fray A. T.*", *Revista de Filología española*, I (1914), 151, reimp. em Huellas del Islam, 1914, pp. 115-160. — P. Bohigas Balaguer, "Profecies de Fra A. T.", *Estudis Universitaris Catalans*, 9 (1915-1916), 173-181. — J. H. Probst, "Fra A. T. et sa conversion à l'islamisme", *Revue Hispanique*, 38 (1916), 464-496. ⊜

TURQUETTE, ATWELL R[UFUS]. Ver POLIVALENTE.

TURRÓ, RAMÓN (1854-1926). Nascido em Malgrat (Barcelona), distinguiu-se por seus estudos de microbiologia, imunologia e higiene no Laboratório Municipal de Barcelona. Turró desenvolveu suas meditações filosóficas em estreita relação com suas pesquisas biológicas. Isto se confirma sobretudo em sua teoria do conhecimento, que baseia o conhecer em um "fenômeno primordial": a fome. A especificidade das sensações tróficas mostra, segundo Turró, não que todo ato de conhecimento seja redutível a elas, mas que elas são o estrato básico ou condição *sine qua non* do conhecimento. Pois a fome não é uma "impulsão amorfa", mas "uma soma de tendências eletivas". Ao necessitar de algo *diferenciado*, a sensação trófica efetua um ato de eleição; a fome sente algo, mas, além disso, sente — conhece — o elemento com que há de se satisfazer. As impressões sensoriais, que permitem reconhecer as propriedades nutricionais, são diferentes das imagens sensoriais, que reconhecem os objetos. Mas sua distinção é meramente lógica e não real. Se a sensação e a representação são diferentes, isso não impede que a primeira seja condição da segunda. Por isso a coisa que nutre, ao ser percebida como coisa exterior, já não é, diz Turró, "como o foi num momento mais obscuro da intelecção, uma coisa que ingressa e determina um efeito benéfico, mas o que há de ingressar para produzi-lo; já não é o que extingue a fome, mas o que há de extingui-la" (*La base trófica etc.*, p. 107; *La fam*, t. II, cap. IX, p. 159).

Assim, a representação varia efetivamente com a coisa representada, e o primeiro subjetivismo da teoria trófica pode converter-se num objetivismo. Podemos dizer inclusive que a gnosiologia de Turró pretende corrigir, mediante um declarado empirismo, o subjetivismo idealista da epistemologia kantiana. Daí que a doutrina trófica de Turró seja, de certo modo, uma das interpretações naturalistas do kantismo, embora de um kantismo que não exclui o idealismo ético, mas só as formas subjetivistas, arbitrárias e "mal fundadas" do idealismo transcendental.

➪ Principais obras: *Els origens del coneixement: la fam*, 1912 (publicada em alemão em 1911; em francês, 1912; em castelhano, 1914). — "La méthode objective", *Revue philosophique*, 82 (1916), 297-315, 463-488. — *La base trófica de la inteligencia*, 1918. — *Filosofía crítica*, 1920 (trad. Gabriel Miró). — *La disciplina mental*, 1924 (Discurso no IX Congresso da Associação Espanhola para o Progresso das Ciências). — *Diàlegs sobre filosofia de l'estètica i de la ciència*, 1925. — Entre as obras biológicas e médicas de Turró mencionamos: *La circulation du sang*, 1883. — *Los fermentos defensivos en la inmunidad natural y adquirida*, 1916 (em colaboração com A. Pi i Sunyer).

Uma introdução à filosofia escrita segundo o espírito da filosofia de Turró é: *Servidumbre y grandeza de la filosofía*, 1949, p. R. Llorens y Jordana. — Sobre Turró ver: A. Guy, "L'intuition trophique selon R. Turró", VII Congrès des Sociétés de Philosophie de Langue Française (Grenoble, 13/16-VII-1954), *Actes*, pp. 119-124. — J. Sempere, *Ideari de R. Turró*, 1965 [com introd., antologia e cronologia]. — J. Roig Gironella, "Unas cartas inéditas de dos filósofos: R. Turró y Darder (1854-1926) y Fernando M. Palmés Viella (1879-1963)", *Espíritu,* 27 (1978), 77-79. ☉

TWARDOWSKI, KAZIMIERZ (1866-1938). Nascido em Viena, em cuja universidade cursou seus estudos. De 1895 a 1898 foi "professor extraordinário" e de 1898 a 1930, professor titular na Universidade de Lwów (Lemberg). Twardowski fundou e inspirou uma "Escola de Lwów" ou "Escola de Lemberg", cujos trabalhos foram afins aos realizados pela escola de Brentano, de que Twardowski foi discípulo, e ulteriormente pela fenomenologia e pelo empirismo lógico. A descrição dos fenômenos psíquicos, a distinção entre ato e conteúdo, a constituição descritiva e fenomenológica do objeto e ainda a idéia de intencionalidade são colocados por Twardowski no centro da investigação filosófica. Esta compreende igualmente, por um lado, uma análise do conceito formal de verdade como distinto do material, e por outro, um conceito formal de verdade enquanto redutível ao conceito material, desde que por 'material' se entenda o conteúdo dos atos, isto é, a determinação das variáveis incluídas nas funções que os atos representam. O característico do trabalho de Twardowski e de sua escola foi um esforço constante para definir os conceitos e para analisar os modos de conceituação. Algumas das inspirações de Twardowski e de sua escola influenciaram muito os trabalhos do chamado "Círculo de Varsóvia", que se constituiu quase inteiramente de discípulos de Twardowski, a ponto de se poder considerar o Círculo de Varsóvia como um prolongamento da Escola de Lwów (e às vezes como uma fusão com ela).

↪ Obras: *Idee und Perzeption. Eine erkenntnistheoretische Studie aus Descartes,* 1892 *(Idéia e percepção. Um estudo epistemológico a partir de Descartes). — Zur Lehre vom Inhalt und Gegenstand der Vorstellung,* 1894 *(Para a teoria do conteúdo e objeto da representação). — Psychologja wobec filosofji i fizjiologji,* 1897 *(A psicologia frente à filosofia e à fisiologia). — Wyobrażęnia i pojecia,* 1898 *(Representações e conceitos). — O tak zwanych prawdach względnych,* 1900 *(Sobre as chamadas verdades relativas). — Zasandnicze pojecia dydaktyki i logiki,* 1901 *(Conceitos fundamentais de diática e lógica). — O filoz. średniowiecznej,* 1910 *(Sobre a filosofia e a lógica medievais). — O metodzie psychologji,* 1910 *(Sobre o método da psicologia). — O czynnościach i wytworach,* 1911 *(Sobre atos e produtos). — Artykuły i rozprawy filoz.,* 1927 *(Artigos e dissertações filosóficas).*

Ver: W. Witwicki, "Kazimierz Twardowski", *Przgl. Fil.* (1920). — J. Wolenski, *Logic and Philosophy in the Lvov-Warsaw School,* 1988. — Twardowski fundou em 1911 a revista trimestral *Ruch Filozoficzny (O movimento filosófico),* que foi publicada em Lwów até 1939 e foi suspensa até ser retomada em 1948 em Torun (Thorn), sob a direção de T. Czezowski. ☉

TWESTEN, AUGUST DETLEV (1789-1876), nascido em Glückstadt (Schleswig-Holstein) e estudou em Kiel (1808-1809) com Reinhold e em Berlim (1810-1811) com Fichte e Schleiermacher, que o levou aos estudos de teologia e filosofia da religião e a quem sucedeu em sua cátedra de Berlim em 1835.

Twesten partiu de Schleiermacher para desenvolver uma filosofia da religião na qual, ao contrário de seu mestre, o "sentimento" desempenhava um papel menos importante que a "lógica". Segundo Twesten, a "lógica" é a ciência fundamental de todo conhecimento. Twesten entende por 'lógica' não somente o que entendiam por ela muitos filósofos alemães de sua época — uma "doutrina do pensar" —, mas algo mais "amplo": uma doutrina da gênese dos pensamentos. Por isso a "lógica" inclui de algum modo a "história". As idéias de Twesten sobre a "lógica" respondiam à sua crença de que há um paralelismo entre o processo lógico e o processo "real" da evolução do pensamento. Twesten diferia também de Schleiermacher pelo modo de conceber a relação entre crença religiosa, teologia e filosofia. Segundo Twesten, há uma influência de cada uma delas sobre as demais e não uma subordinação completa de umas a outra. A filosofia exerce influência sobre as crenças religiosas; sem filosofia não há teologia possível; finalmente, as crenças religiosas determinam em parte o tipo de pensamento filosófico.

Twesten se ocupou também de questões pedagógicas, seguindo em grande parte a Pestalozzi (VER).

↪ Obras: *Logik, insbesondere die Analytik,* 1825 *(Lógica, especialmente a analítica). — Vorlesungen über die Dogmatik der evangelisch-lutherischen Kirche,* 2 vols., 1826-1837; 4ª ed., 1878 (I. *Prinzipienlehre.* II. *Gottlehre)* (*Lições sobre a dogmática da igreja evangélico-luterana. I. Teoria dos princípios. II. Teologia). — Grundriss der analytischen Logik,* 1834 *(Esboço de lógica analítica). — Matthias Flacius Illyricus,* 1844.

Ver: Georg Henrici, *A. T. nach Tagebüchern und Briefen,* 1889. ☉

TYMIENIECKA, ANNA-TERESA. Ver FENOMENOLOGIA.

TYNDALL, JOHN (1820-1893). Nascido em Leighlin Bridge (Irlanda), estudou matemática e ciências naturais em Hamburgo, ensinou na Royal Institution a partir de 1853 e sucedeu a Faraday (VER) como superintendente na mesma instituição em 1867. Devemos a Tyndall investigações sobre a luz, som e calor radiante, assim como experimentos de esterilização que o levaram a afirmar a existência de germes extremamente resistentes e a necessidade de uma esterilização completa se se quiser provar que não há geração espontânea. Em filosofia, Tyndall é conhecido por sua defesa de uma filosofia naturalista e determinista e por sua insistência na necessidade de uma completa liberdade na investigação científica, sem interferência de crenças religiosas. Comentou a este respeito as idéias de Joseph Butler (VER), especialmente as expostas na obra deste sobre "a analogia da religião, natural e revelada, com a constituição e o curso da Natureza", mas embora Tyndall não admitisse a "analogia" de Butler, reconhecia a dificuldade de uma explicação do pensamento e, em geral, das atividades mentais com base nas combinações de átomos. Tyndall se declarou agnóstico, mas ao mesmo tempo considerou que o sentimento religioso desempenha um papel importante na vida humana — um papel afetivo, que não deve intervir no conhecimento científico. Ao mesmo tempo, o agnosticismo não o impediu de especular sobre o caráter latente da vida orgânica e do espírito na matéria inorgânica.

O escrito mais conhecido de T. é sua muito discutida comunicação de 1874 à Associação Britânica para o Progresso da Ciência; é citado como "o discurso de Belfast" *(Belfast Address)*, onde foi pronunciado.

⊃ Escritos: *Selected Works of J. T.*, 6 vols., 1872.

Ver: A. S. Eve e C. H. Creasey, *Life and Work of J. T.*, 1945. ⊂

TYRRELL, GEORGE (1861-1909). Nascido em Dublin, converteu-se do anglicanismo ao catolicismo, ingressando na Companhia de Jesus. Influenciado pelo Barão de Hügel, declarou-se ardente partidário do modernismo (VER), sendo expulso da Ordem três anos antes de sua morte. Tyrrell se opôs ao que considerava uma intelectualização da vida religiosa por parte do tomismo, e destacou a importância dos fatores afetivos e volitivos, que se encontram, a seu ver, no agostinismo. A religião, e o próprio homem enquanto ser religioso, é fundamentalmente vontade, mediante a qual nos aproximamos de Deus. Os teólogos racionalizaram o movimento religioso de vontade rumo a Deus. Não se trata, segundo Tyrrell, de que as proposições teológicas sejam falsas; ocorre somente que são relativas e cambiantes. A menos que se refundamentem continuamente nos dados religiosos primários, as proposições teológicas podem separar-se inclusive da crença religiosa autência, esvaziando-se de todo conteúdo religioso. Assim, as proposições e fórmulas teológicas devem se justificar "pragmaticamente", isto é, responder ao movimento da vida da fé, o que é expresso pela comunidade dos fiéis.

⊃ Principais escritos: *Nova et Vetera: Informed Meditations*, 1897; 4ª ed., 1905. — *Hard Sayings: A Selection of Meditations and Studies*, 1898. — *External Religion: Its Use and Abuse*, 1899. — *Oil and Wine*, 1901; nova ed., 1907. — *Religion as a Factor of Life*, 1902 (com o pseudônimo Ernest Engels). — *The Church and the Future*, 1903 (com o pseudônimo Hilaire Bourdon). — *Letter to a Professor*, 1903. — *Lex orandi, or Prayer and Creed*, 1907. — *Lex credendi, a Sequel to Lex orandi*, 1906; nova ed., 1907. — *Through Scylla and Charybdis, or the Old Theology and the New*, 1907. — *Medievalism: a Reply to Cardinal Mercier*, 1908. — *Christianity at the Crossroads*, 1910. — *Essays on Faith and Immortality*, 1914 (póstumo).

Biografia: M. D. Petre, *Autobiography and Life of G. T.*, 2 vols., 1912. — *Id., G. Tyrrell's Letters*, 1920.

Ver: M. D. Petre, *Von Hügel and T.: the Story of a Friendship*, 1937. — M. J. Kerlin, *Historical Religion in the Thought of F. v. Hügel and G. T.*, 1966. — D. Rolando, *Cristianesimo e religione dell'avvenire nel pensiero di G. T.*, 1978. — N. Sagovsky, *"Between Two Worlds": G. Tyrrell's Relationship to the Thought of Matthew Arnold*, 1983. ⊂

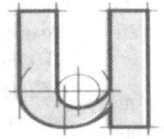

U. Nas exposições clássicas da doutrina modal costuma-se simbolizar as proposições modais com *modus* negativo e *dictum* negativo (ver MODALIDADE) por meio da letra 'U' (e às vezes também por meio da letra 'O'). 'U' representa, pois, proposições do tipo:

É possível que não *p*,

em que '*p*' simboliza um enunciado declarativo.

UBI, UBIQÜIDADE. O advérbio latino *ubi* (= "onde") traduz o advérbio grego ποῦ que Aristóteles usou para denominar uma das categorias (ver CATEGORIA) ou predicamentos. Usa-se com freqüência o nome 'lugar' para referir-se ao ποῦ aristotélico, e assim o fizemos no verbete antes referido, mas seria mais próprio usar o advérbio 'onde', já que a categoria em questão consiste em determinar primariamente "onde" se encontra aquilo de que se fala, o sujeito da correspondente predicação.

No verbete LUGAR tratamos do significado do que Aristóteles chamou τόπος, isto é, do que às vezes se chama "a teoria aristotélica do espaço" (ver ESPAÇO). Aqui trataremos do significado de *ubi* especialmente na filosofia escolástica, mas levaremos em conta também os conceitos de *locus* (= "lugar") e *situs* (= "posição" ou "situação") uma vez que estão estreitamente relacionados com *ubi*.

Define-se *ubi* em geral como "a presença [de algo] no lugar". Sendo o lugar *(locus)* "o limite, o termo, do corpo continente (ou circundante)", o *ubi* será então a presença do corpo em semelhante "termo" ou "limite". O *situs* é a categoria (VER) que Aristóteles chama κεῖσθαι e que traduzimos por "situação" ou "postura"; é, por assim dizer, o "como está situado o corpo" (sentado, de pé) e se define "a disposição das partes do corpo no lugar", "a ordem das partes no lugar" e, mais exatamente, como "o acidente que dispõe as partes do corpo no lugar" *(accidens disponens partes corporis in loco)*. Houve entre os escolásticos muitas discussões sobre a significação do *situs* enquanto "disposição" ou *positio*. Assim, por exemplo, Duns Scot sustenta que há uma disposição das partes do corpo que é a ordem de tais partes no todo, e uma disposição das partes do corpo que é a ordem de tais partes no todo e no lugar. A primeira disposição é um "achar-se disposto" inseparável da quantidade. A segunda disposição é um "achar-se disposto" separado da quantidade. Em contrapartida, Guilherme de Ockham sustenta que a ordem das partes no todo supõe uma ordem das partes no lugar; o contrário seria "multiplicar os entes mais que o necessário", pelo menos uma vez que se multiplicaria incessantemente a ordem das partes sem se saber que partes teriam em cada caso prioridade sobre outras.

É comum considerar que *situs* e *ubi* são duas maneiras do *locus*. Ora, segundo muitos autores, especialmente os de tendência tomista, o *ubi*, transcendentalmente falando, pode ser circunscritivo e não circunscritivo. Entende-se o *ubi* não circunscritivo como um estar no lugar segundo um modo não extenso, ou inextenso. O *ubi* circunscritivo é o *ubi* propriamente predicamental, e não pode ser subdividido formalmente em outros modos de *ubi*, já que a única diferença entre dois ou mais *ubi* em sentido predicamental é uma diferença material ou individual. O *ubi* predicamental pode ser definido como "a presença [de um corpo] no lugar circunscritivamente", e também como "a circunscrição passiva do corpo mediante a circunscrição ativa procedente do lugar". O *ubi* se distingue realmente do *situs* na medida em que o segundo pode não mudar enquanto pode mudar o primeiro, e vice-versa.

A respeito da noção de ubiqüidade, seu significado provém do significado de *ubi* como "presença". Com efeito, define-se a ubiqüidade como a "onipresença" no sentido da presença em todos os *ubi* ou em todos os entes que têm um *ubi*. Como se diz que Deus é onipresente e isso parece levar à idéia de que ele está "localmente" em todas as partes, distinguiu-se uma ubiqüidade circunscritiva (cf. *supra*) e uma ubiqüidade não circunscritiva. A primeira é a ubiqüidade "local" ou segundo o *locus*; a segunda é uma ubiqüidade "total" ou segundo o *totum*. A presença não circunscritiva é a própria dos espíritos, e consiste em "operar" no lugar mais que no estar (espacialmente) no lugar. Além disso, foram admitidos vários modos de ubiqüidade não circunscritiva. Uma delas é "definitiva"; esta pode ser a da alma no corpo (caso em que é, ademais, "informativa") ou a dos espíritos puros. Quanto à onipresença de Deus, terá de ser não definitiva e, além disso, "repletiva" ("preenchedora").

UCRONIA. Literalmente, o que não tem tempo, o que não está alojado no tempo e, em particular, no tempo histórico, passado ou futuro. A ucronia equivale neste sentido, do ponto de vista histórico, à utopia (VER), àquilo que não está em "nenhum lugar".

Para Renouvier (VER), 'ucronia' designa um tipo de consideração histórico-filosófica relativa a um passado suposto, não totalmente inventado, mas desviado de seu curso efetivo por alguns acontecimentos não transcorridos, mas que "poderiam ter acontecido". A ucronia é, portanto, "o que teria acontecido se..." e supõe a possibilidade de uma mudança radical da história pelo mais ligeiro desvio de seu curso conhecido num momento determinado. Assim, o próprio Renouvier tratou do ponto de vista "ucrônico" a história da Europa e do Oriente Próximo, caso o cristianismo, por uma série de disposições romanas, não tivesse podido penetrar no Ocidente, ficando confinado ao Oriente e seguindo ali sua evolução interna. A crítica do cristianismo orientalizado se supõe em sua obra um elogio da moral do Ocidente, tal como prefigurada na Antiguidade pagã, principalmente no estoicismo, e tal como se supõe que se desenvolveu numa zona territorial não submetida à influência da teocracia. Na *Ucronia* se opõe "a lei moral, fundamento da lei civil" à antimoral ou à ultramoral próprias do Oriente, que é suposto teocratizado ou tiranizado.

➲ Ver: Charles Renouvier, *Uchronie. L'Utopie dans l'Histoire*, 1876. ⊂

UEBERWEG, FRIEDRICH (1826-1871). Nascido em Leichlingen (Solingen). Estudou em Göttingen (com Lotze), em Berlim (com Trendelenburg e Beneke) e em Halle. De 1852 a 1862 foi docente em Bonn, de 1862 a 1868 professor extaordinário, e a partir de 1868 professor titular em Königsberg. Influenciado primeiro por Beneke, devem-se a Ueberweg duas importantes contribuições. Em primeiro lugar, sua exposição da história da filosofia, refundida e ampliada mais tarde por diversos autores (Rudolf Reicke, Max Heinze, Karl Praechter, Matthias Baumgartner, B. Geyer, Konstantin T. Oesterreich, M. Fischeisen-Köhler, Willy Moog), e da qual se publicou uma nova edição, completamente refundida em 7 volumes, 1983 ss. Essa "História" foi durante algum tempo o tratado clássico da disciplina. Em segundo lugar, sua exposição da lógica, mantida na tradição aristotélica e influenciada por Beneke e Trendelenburg. Mas Ueberweg se afasta tanto da lógica puramente formal quanto da lógica metafísica e sustenta que o pensar não é algo independente do ser nem idêntico a ele, mas uma forma que reproduz o ser, que corresponde a ele. Em sua última fase, Ueberweg se inclinou, influenciado sobretudo por Czolbe, a uma concepção sensualista.

➲ Obras: *De elementis animae mundi Platonicae*, 1852 (tese). — *Die Entwicklung des Bewusstseins durch den Lehrer und Erzieher*, 1853 (*O desenvolvimento da consciência pela obra do mestre e do educador*). — *System der Logik*, 1857; 5ª ed., 1882, ed. J. B. Meyer. — *Untersuchungen über die Echtheit und Zeitfolge platonischer Schriften und über die Hauptmomente aus Platons Leben*, 1861; reimp., 1969-1970 (*Pesquisas sobre a autenticidade e cronologia dos escritos platônicos, e sobre os momentos principais da vida de Platão*). — *Grundriss der Geschichte der Philosophie*, 1863-1866 (3 vols.); 11ª e 12ª ed., 1923-1928 (2 vols.); reed., 1956-1957; o chamado "novo Ueberweg", dirigido por H. Flashar, J.-P. Schobinger e H. Holzhey, começa a ser publicado em 1983.

Ver: F. A. Lange, *F. Ueberweg*, 1871. — Mortiz Brasch, "F. Ueberweg, sein Leben, seine Schriften und seine philosophische Bedeutung", em *Ueberweg, Gesammelte philosophischkritische Abhandlungen*, 1889, ed. M. Brasch. — H. Berger, *Wege zum Realismus*, 1959. — R. Torretti, "Tres filósofos de la geometría", *Revista Latinoamericana de Filosofía*, 3 (1977), 3-21 (trata-se de F. Ueberweg, J. Delboeuf e A. Calinon). ⊂

UEXKÜLL, JAKOB VON (1864-1944). Nascido em Keblas (Estônia), estudou na Universidade de Tartu (chamada Dorpat em alemão e sueco), fundada na Estônia por Gustavo II da Suécia. Em 1903 se transferiu para Heidelberg e em 1925 foi nomeado diretor do Instituto de Pesquisa Ambiental *(Institut für Umweltforschung)*. Apoiando-se em dados recolhidos no curso de observações realizadas em diversas regiões do globo, Von Uexküll desenvolveu uma tese que considerou oposta ao darwinismo — pelo menos ao darwinismo clássico —: a de que cada animal, ou cada espécie animal, tem seu "ambiente" ou "mundo circundante" *(Umwelt)* constituído por sua própria organização biológica, que seleciona e determina os estímulos provenientes do "exterior". As coisas adquirem "significação" — ou adquirem uma nova "significação" — para o ser orgânico, incluindo o homem, a partir do momento em que têm um certo "tom", isto é, entram em relação com um sujeito, o qual, por outro lado, se encontra estrutural e funcionalmente disposto para recolher tal "significação". "Tanto os animais como as plantas constroem em seu corpo habitáculos viventes, graças aos quais administram sua existência" (*Meditaciones biológicas*, 1942, p. 33). Há, pelo menos no animal, um mundo interno, diretor da série de ações possíveis sobre o mundo, que se constitui deste modo em mundo circundante. Como o homem também é regido pelo complexo de relações que abarcam a série de estímulos possíveis para sua organização biológica e as reações a tais estímulos, o homem tem também seu mundo circundante. De algum modo, a tese de von Uexküll reformula a epistemologia kantiana da constituição da realidade de acordo com a organização do sujeito, mas muda-a fundamentalmente num sentido biológico ou, melhor dizendo, biológico-"significativo". Contrariamente ao darwinismo, ou ao que considerava ser a teoria evolutiva darwiniana, von Uexküll insistia em que há um plano regulador das diversas espécies orgânicas com seus correspondentes mundos circundantes. "A nova biologia volta a acentuar principalmente que todo organismo é uma produção na qual as diversas partes se encontram reunidas segundo um *plano permanente*, e que não representa um informe e fermentante acúmulo de elementos que só obedeça às leis físicas e químicas" (*Ideas para una concepción biológica del mundo*, 1934, p. 5). Trata-se de uma nova teleologia que postula a existência de forças não "mecânicas", forças ou "energias" vitais. Essas forças são, para von Uexküll, naturais e não anímicas.

As idéias de von Uexküll tiveram considerável repercussão entre alguns filósofos cujo pensamento se inclinava, embora de modos diferentes dos biológicos, para a idéia de "realidade circundante". Entre eles se destaca Ortega y Gasset, que fez traduzir para o espanhol várias obras de von Uexküll. É possível que haja conexões entre as idéias de von Uexküll e noções relativas aos modos como alguns pensadores — o último Husserl, Heidegger — conceberam a relação entre o sujeito humano e outros sujeitos, assim como entre sujeitos e mundo.

A partir de 1979, a Fundação J. von Uexküll concede distinções (conhecidas como "Prêmio Nobel alternativo") às contribuições para a solução de problemas prementes da humanidade, como alimentação, paz, tolerância, meio ambiente etc.

➲ Principais obras: *Umwelt und Innenwelt der Tiere*, 1909; 2ª ed., 1921 *(Mundo circundante e mundo interno dos animais).* — *Theoretische Biologie*, 1920; 2ª ed., 1928. — *Lebenslehre*, 1930 *(Teoria da vida).* — *Streifzüge durch die Umwelten von Tieren und Menschen*, 1934 (em colaboração com G. Kriszat) *(Viagens pelos mundos circundantes dos animais e dos homens).* — *Bedeutungslehre*, 1940 *(Teoria da significação).* — *Der Sinn des Lebens*, 1947 *(O sentido da vida).*

Em português: *Dos animais e dos homens*, 1982.

Ver: L. von Bertalanffy, "An Essay on the Relativity of Categories", *Philosophy of Science*, 22 (1955), 243-263. — R. von Schubert-Soldern, *Mechanism and Vitalism*, 1962. ➲

ULRICH, AUGUST HEINRICH. Ver ELEUTERONOMIA.

ULRICI, HERMANN (1806-1884). Nascido em Pförten (Lausácia Inferior), estudou em Halle e em Berlim, e foi a partir de 1843 "professor extraordinário" na Universidade de Halle. Em 1847 se encarregou da direção da *Zeitschrift für Philosophie und philosophische Kritik*, fundada por Immanuel Hermann Fichte em 1837 com o nome de *Zeitschrift für Philosophie und spekulative Theologie*.

Como I. H. Fichte (filho de J. G. Fichte) e Christian Hermann Weise (VER), Ulrici foi um dos defensores da corrente denominada "teísmo especulativo". Em oposição a Hegel — tanto a sua dialética quanto ao que considerava sua orientação panteísta —, Ulrici parte do que chama "a experiência", que ele entende num sentido muito amplo, pois inclui, e ainda destaca, a "experiência" dos fenômenos "metapsíquicos", e afirma que esta experiência é elaborada por meio do pensamento, o qual opera uma diferença ou, melhor dizendo, uma série de diferenciações — diferença entre sujeito e objeto, entre objetos entre si. O pensamento diferencia e determina a experiência por meio de duas leis: a lei de identidade e a de não-contradição, por um lado, e a lei de causalidade, por outro. Organizada mediante essas leis, a experiência é, além disso, elaborada mediante uma série de categorias. Estas se dividem em categorias primárias e categorias derivadas. A categoria primária suprema é a do "pensável", e a ela se seguem categorias como as de conceito e de juízo. Embora tanto as leis do pensar como as categorias sejam *a priori*, isso não quer dizer que gerem a experiência, pois esta permanece sempre como uma realidade de fato.

Do ponto de vista metafísico, a realidade é, segundo Ulrici, formada e determinada por uma força a um só tempo primária e suprema de caráter divino: é uma força espiritual e auto-suficiente. Essa força criou o mundo de acordo com certos fins e mantém o mundo dentro de si mesma. Com isso Ulrici pensa que pode evitar o panteísmo, e ao mesmo tempo uma concepção de Deus excessivamente "transcendente" à realidade criada.

➲ Principais obras: *Charakteristik der antiken Historiographie*, 1833 *(Característica da historiografia antiga).* — *Geschichte der hellenistischen Dichtkunst*, 2 vols., 1835 *(História da poesia helenística).* — *Über Shakespeare dramatische Kunst*, 1839. — *Über Prinzip und Methode der Hegelschen Philosophie*, 1841 *(Sobre o princípio e o método da filosofia hegeliana).* — *Das Grundprinzip der Philosophie*, 2 vols., 1845-1846 *(O princípio fundamental da filosofia).* — *System der Logik*, 1852. — *Glauben und Wissen. Spekulation und exakte Wissenschaft. Zur Versöhnung des Zwiespalts zwischen Religion, Philosophie und naturwissenschaftliche Empirie*, 1858 *(Fé e saber. Especulação e ciência exata. Para a conciliação do cisma entre religião, filosofia e empiria científico-natural).* — *Kompendium der Logik*, 1860; 2ª ed., 1872. — *Gott und die Natur*, 1862;

3ª ed., 1875. — *Historische Beiträge zur Philosophie*, 1864 *(Contribuições históricas à filosofia)*. — *Gott und der Mensch. Grundzüge einer Psychologie des Menschen*, 2 vols., 1866-1878 (I. *Leib und Seele*; II. *Grundzüge der praktischen Philosophie*) *(Deus e o homem. Traços fundamentais de uma psicologia do homem* [I. Corpo e alma. II. *Traços fundamentais da filosofia prática*]). — *Abhandlungen zur Kunstgeschichte als angewandte Ästhetik*, 1877 *(Ensaios para a história da arte como estética aplicada). — Der sogenannte Spiritismus; eine wissenschaftliche Frage*, 1879 *(O assim chamado espiritismo. Uma questão científica)*.

Ver: Ernest Melzer, *Erkenntnistheoretische Erörterungen über die Systeme von U. und Günther*, 1886. — J. E. Schweicker, *Ulricis Gotteslehre*, 1905 (tese). — Erich Bammel, *H. Ulricis Anschauung von der Religion*, 1927 (tese). C

ULRICO DE ESTRASBURGO [Ulrich Engelbrecht, Ulricus Engelberti] (*ca.* 1220/1125-1270). Da Ordem dos Pregadores, foi discípulo de Alberto Magno e ensinou durante alguns anos no Convento dominicano de Estrasburgo. Inspirando-se em seu mestre, muito influenciado por tendências neoplatônicas e agostinianas, Ulrico de Estrasburgo concebeu a teologia como a ciência encarregada de entender, na medida do possível, as verdades da fé. O primeiro princípio da teologia é a afirmação de que Deus é a verdade suprema e a causa de todas as verdades. Essa afirmação é evidente e não necessita de demonstração. Mas se Deus é a verdade suprema e a causa de todas as verdades, tudo o que Deus ensina é verdadeiro, e assim são verdadeiras as Escrituras. Estes princípios ou regras *(regulae)* permitem, segundo Ulrico, provar as verdades da fé, que se convertem em objeto da teologia.

Ulrico de Estrasburgo elaborou a doutrina da hierarquia das formas, paralela à doutrina da iluminação (VER) divina, a qual ilumina tanto o intelecto como os seres criados por Deus. Segundo Ulrico, Deus criou antes de tudo o ser como Forma. Esta Forma se distingue de Deus porque não é, como Deus, um puro ser, mas está mesclada de alguma maneira com o não-ser. Essa Forma primeira ou Inteligência é o princípio de todas as demais formas, as quais estão penetradas pela luz divina — luz que se difunde por todo o criado, já que não há nada do qual se possa dizer que "é" sem receber de algum modo a luz de Deus.

⊃ Devem-se a Ulrico de Estrasburgo comentários (perdidos) aos *Meteoros* e ao *De anima* de Aristóteles, assim como às *Sentenças*. A principal obra de Ulrico é a *Summa de bono*, que ficou incompleta (dos 7 livros que devia conter foram completados apenas os livros I a V e parte do livro VI). Edição de partes da *Summa*: Jeanne Daguillon, *Ulrich de Strasbourg. La "Summa de bono". I. Introduction et édition critique*, 1930 [Bibliothèque thomiste, 12] [outras partes, publicadas pela mesma autora, em *La Vie spirituelle* (1926)]. — M. Grabmann, "Des Ulrich Engelberti von Strassburg, O. P. († 1277) Abhandlung De pulchro. Untersuchungen und Texte", em *Sitzungsberichte der bay. Ak. der Wissenschaften*, 1926 [parte do livro II da *Summa*, que leva o título *De pulchro*]. — Nova ed. de *De summo bono* na coleção "Corpus philosophorum Teutonicorum medii aevi": vols. I, 1; I, 2; I, 4 (1987). — Ver também G. Théry, "Originalité du plan de la *Summa de Bono* d'Ulrich de Strasbourg", *Revue Thomiste*, 27 (1922), 376-397.

Ver: Martin Grabmann, "Studien über Ulrich von Strassburg", em seu livro *Mittelalterliches Geistesleben*, vol. I, 1926, pp. 147-221. — A. Stohr, *Die Trinitätslehre Ulrichs von Strassburg mit besonderer Berücksichtigung ihres Verhältnisses zu Albert dem Grossen und Thomas Aquinas*, 1928. — H. Weisweiler, "Eine neue Überlieferung der *Summa de Bono* Ulrichs von Strassburg", *Zeitschrift für katholische Theologie*, 59 (1935), 442-446. — A. Fries, "Die Abhandlung De anima des Ulrich Engelberti, O. P.", *Recherches de théologie ancienne et médiévale*, 17 (1950), 328-331. — *Id.,* "Johannes von Freiburg, Schüler Ulrichs von Strassburg", *ibid.*, 18 (1951), 332-340. — L. Thomas, "Ulrich of Strassbourg: His Doctrine of the Divine Ideas", *Modern Schoolman*, 30 (1952-1953), 21-32. — C. Putnam, "Ulrich of Strasbourg and the Aristotelian Causes", *Studies in Philosophy and the History of Philosophy*, 1 (1961), 139-159. — J. Gründel, *Die Lehre von den Umständen der menschlichen Handlung im M. A.*, 1963. — F. J. Lescol, *God as First Principle in U. of S.*, 1979. — A. De Libera, "Ulrich de Strasbourg, lecteur d'Albert le Grand", *Freiburger Zeitschrift für Philosophie und Theologie*, 32 (1985), 105-136. C

ULTRAMONTANISMO. Ver TRADICIONALISMO.

UM (UNO, UNIDADE). Os termos 'um', 'uno' (e também 'o Uno') e 'unidade' nem sempre têm o mesmo significado. Por exemplo, 'um' pode significar "o número 1"; pode significar também "um de tais ou quais", "um de tantos" e, mais exatamente, "um membro de uma classe (como quando se diz 'Pedro é um músico')", assim como "uma subclasse de uma classe (como quando se diz 'O animal é um ser vivo')". "O Uno" costuma ser empregado para referir-se à hipóstase (VER) suprema, à realidade divina etc. Usa-se também 'o Uno' para referir-se ao chamado "uno transcendental". Unidade designa o caráter de ser um/uno, seja do número um, de um membro de uma classe, do Uno, mas também o ser um do "número um". Certos modos de entender o ser têm nomes especiais, como ocorre com os nomes 'mônada' (ver MÔNADA, MONADOLOGIA) e hênada (VER). Cada um destes termos tem um significado próprio. Ao mesmo tempo, parece haver um significado comum a todos os conceitos de um, do Uno, de unidade etc.

No que se refere ao número 1, desde as origens do que podemos chamar "especulação numerológica" ou "numerologia", enfatizou-se que há uma diferença fundamental entre o número 1 e os demais números (excetuando-se o 0): qualquer dos outros números naturais diferente do 1 tem a característica de ser mais de 1. O "um" se contrapõe, portanto, aos "vários". Essa contraposição foi expressa muitas vezes como contraposição entre a unidade e a pluralidade (ou a diversidade). Sublinhou-se também que qualquer número (inteiro) é composto de uns; o número 1 "gera", assim, todos e qualquer um dos números (inteiros). Como a definição de qualquer número exceto o número 1 se fez com base no número 1, considerou-se que o número 1 é indefinível enquanto número, e até que o número 1 não é propriamente um número. É verdade que o número 1 é ímpar, e é o primeiro dos números ímpares, mas por causa do caráter primário e fundamental do número 1 começou-se às vezes a série dos ímpares, não com o 1, mas com o 3. O número 1 é Par-Ímpar, porque acrescentado a um número ímpar produz um número par, e acrescentado a um número par produz um ímpar. Se se leva em conta o 0 (desde os indianos e os árabes), a numerologia costuma considerar o 0 e o 1 como preeminentes; de fato, o 0 é a negação de todo número, e o 1 é a base de todos os números. Além disso, o 0 se opõe radicalmente ao 1: o 1 divide todos e qualquer um dos números ao passo que o 0 não divide nenhum número, o 1 não é dividido por nenhum número, ao passo que o 0 é dividido por todos os números etc.

Os pitagóricos desenvolveram uma complicada numerologia, atribuindo certos conceitos aos primeiros números. Ao número 1 se atribuiu a Inteligência, por se supor que é sempre igual a si mesma.

A idéia do um como "o uno" ou "unidade primordial" foi desenvolvida por alguns filósofos pré-socráticos, que consideraram "o Uno" como a propriedade de tudo o que é, do universo em conjunto, isto é, do universo enquanto um/uno ou unidade. O Uno foi equiparado ao Todo, ἕν καὶ πᾶν, por Xenófanes. Parmênides fundamentou grande parte de sua doutrina da Verdade no conceito do Uno. Com efeito, o que é Uno não pode ser múltiplo, pois justamente o Uno se opõe ao Múltiplo, que é o reino da Ilusão e da Opinião. O Uno é a identidade pura, a pura simplicidade e a pura uniformidade. O característico do Uno é o ser, como disse Platão, "monóide", μονοειδής. A especulação parmenídea sobre o Uno e a unidade foi recolhida por Platão, que concebeu toda idéia como unidade. A idéia é unidade do múltiplo no sentido de que na unidade da idéia "se recolhe" e "concentra" a multiplicidade. Assim, toda ação generosa é porque participa do "ser generoso", que é uno: a idéia do ser generoso ou da Generosidade é a unidade de muitos atos generosos. Pode-se dizer inclusive que em Platão aparece pela primeira vez em plena maturidade uma das questões filosóficas fundamentais: a questão "do Uno e do Múltiplo", que tem diversos aspectos. Por exemplo, a idéia é una, mas pode-se perguntar se é una porque participa da idéia do uno (caso em que temos duas unidades) ou se é una sem participar da idéia do uno (caso em que não só temos duas unidades, mas duas unidades separadas). Por outro lado, embora cada idéia seja una, há uma multiplicidade de idéias, de modo que a idéia deve participar também da diversidade, e ser ao mesmo tempo una e múltipla. Nos chamados "últimos diálogos", especialmente no *Parmênides*, Platão procurou resolver o problema do uno e da unidade desenvolvendo uma "dialética da unidade". Esta começa com as hipóteses "Se o Uno é", "Se o Uno não é". Se o Uno é, ou bem o Uno é uno e só uno, ou o Uno é, ou o Uno é e não é. Se o Uno é uno e só uno, o Uno não é nada mais, nem sequer "ser". Se o Uno é, o Uno inclui o múltiplo, do qual é unidade. Se o Uno é e não é, o Uno é também o Outro, e então não é Uno (isto é, o Mesmo) etc. A principal intenção de Platão nesta dialética da unidade talvez seja a de mostrar que a hipótese do Uno em suas diversas formas leva a excluir o ser ou a negar o Uno, de modo que não se pode prescindir do Uno. Deve-se observar que essa dialética da unidade não exclui a unidade numérica, mas baseia-a no que se chamou "unidade metafísica". Com efeito, metafisicamente falando, o que importa é, como diz Platão em *Phil.*, não que um ente seja um ente, mas que seja uno: não "um boi", mas "o boi uno".

A questão de como é possível conceber o Uno como absolutamente uno, sem nenhuma pluralidade, e ao mesmo tempo conceber a possibilidade de que do Uno emana a pluralidade foi um dos grandes problemas que, levantados por Platão, ocuparam os neoplatônicos. Dos neoplatônicos falaremos depois. Quanto aos platônicos, ou assim chamados, como Espeusipo e Xenócrates, o Uno representa ora o princípio do qual tudo deriva, inclusive a própria idéia do Bem, ora a expressão mais adequada do próprio Bem, que é então como culminação da hierarquia das idéias e topo da pirâmide dos conceitos, a perfeita unidade do real — ou, se se quiser, o real como unidade —, o ponto fundamental e essencial em que toda realidade se recolhe para concentrar-se.

Aristóteles se ocupou do uno (ou "o um"), τὸ ἕν, em *Met.* Δ, 6, 1015 b e 16 ss., distinguindo o uno por acidente e o uno por si mesmo. "Corisco músico", por exemplo, é uma unidade por acidente. Quanto ao uno por si mesmo, podem ser oferecidos como exemplos uma realidade contínua qualquer, e também o ser algo indivisível pela espécie (como a água, que é água e é una; ou a água e o vinho e o óleo, que são líquidos e como tais são "líquido uno"). Nesses últimos casos percebemos que o princípio do conhecimento em cada gênero é o Uno — que é pura e simplesmente a unidade do conceito. Em *Met.* A, 1, 1052 ss., Aristóteles distingue o uno como algo contínuo (VER), o uno enquanto um todo ou conjunto, e o uno enquanto numericamente um, e o uno enquanto espécie. Nestas análises de Aristóteles transparecem diversos modos de se dizer 'uno' que fazem com que "uno" seja um conceito analógico. Com efeito, diz-se que algo é uno porque é indivisível na medida em que carece de partes; neste caso, a unidade equivale à simplicidade. Diz-se, por outro lado, que algo é uno porque, embora esteja composto de partes, a soma das partes constitui a unidade. Em ambos os casos se trata de "unos", mas a primeira unidade é diferente da segunda. Estas duas espécies fundamentais do "ser uno" são similares, senão idênticas, a outras duas espécies de que se ocuparam os comentadores: uma, indivisível e simples, como "um espírito"; outra, composta e divisível, mas deixando de ser unidade quando é efetivamente dividida. Como dirão mais tarde os escolásticos, todo ente enquanto ente é uno, não porque um ente não possa ser dividido, mas porque quando é dividido não se converte em coisa diferente de "um": converte-se em vários "uns".

Para o neoplatonismo, e particularmente para Plotino, o Uno é a hipóstase (VER) original, a primeira e superior realidade, o que possui em si mesmo seu haver e, por conseguinte, pode ser chamado com toda propriedade uma substância. Mas seria errôneo confundir o Uno, como se faz algumas vezes, com a expressão lógica do conjunto das realidades ou com este conjunto mesmo enquanto unidade orgânica. A noção plotiniana do Uno se baseia freqüentemente na idéia (ou no pressuposto) de que o princípio é diferente dos principiados. O ser não é nenhum dos seres, é anterior a todos no duplo sentido de ser começo e fundamento. É revelador que os parágrafos que Plotino escreve visando à elucidação desta noção tenham um caráter predominantemente metafórico: "É potência de tudo; se ele não existe, nada existe, nem os seres nem a inteligência nem a vida primeira nem nenhuma outra. Encontra-se por sobre a vida e é sua causa; a atividade da vida em que consiste todo ser não é primeira; brota do Uno como de um manancial. Imaginai um manancial que não tenha ponto de origem, ele dá sua água a todos os rios, mas nem por isso se esgota. Permanece, tranqüilo, no mesmo nível de sempre. Os rios dele brotados logo confundem suas águas antes de cada um seguir seu próprio curso. Mas cada um já sabe aonde os arrastará o fluxo. Imaginai também a vida de uma árvore imensa; a vida circula através da árvore inteira. Mas o princípio da vida permanece imóvel; não se dissipa em toda a árvore, mas continua nas raízes. Este princípio proporciona à planta a vida em suas múltiplas manifestações, mas ele mesmo permanece imóvel, e sem ser múltiplo é princípio desta multiplicidade" (*Enn.*, III, viii, 10). O Uno é, portanto, fonte de toda emanação, origem da Inteligência e da Alma, mas seu originar-se não é um perpétuo fazer-se,

mas um ser já feito, que representa ao mesmo tempo o princípio e a recapitulação das coisas. Deste germe nasce tudo, mas os seres distintos a que ele dá origem não são desenvolvimentos inesperados de uma semente, mas derivações de um princípio que já contém tudo quanto há de ser no curso de seu desenvolvimento. Pois os seres são, a rigor, imagens desta unidade que é ao mesmo tempo culminação e base, origem e finalidade, ponto em que tudo se recolhe e ao qual tudo remonta, mas com uma espécie de recolhimento mediato, pois não há uma derivação direta de qualquer ser ao Uno, mas o encaixe de cada coisa em sua unidade superior. O recolhimento do real é, por conseguinte, o recolhimento do Uno por um processo que não se pode qualificar de exclusivamente lógico nem de exclusivamente temporal, porque é como a absorção em uma eternidade de um tempo que é imagem do eterno e que, portanto, se acha no eterno no sentido em que o principiado se encontra em seu absoluto princípio. Daí a dificuldade, sublinhada sobretudo no curso posterior da história filosófica, de atribuir ao Uno qualquer determinação positiva e a tendência a considerá-lo como "tudo e nada". Pois falar do Uno dizendo que é isto ou aquilo é recorrer à metáfora. E daí também a característica vacilação nas especulações sobre o Uno entre um conceito de unidade como identidade e um conceito de unidade como harmonia. A primeira tendência acaba por suprimir o real e aniquilar a própria noção de hipóstase; a segunda não nega a limitada subsistência do particular e quer precisamente salvá-la. Ambas as noções se misturam inevitavelmente em todo sistema emanatista: uma predomina quando se fala do princípio primeiro; a outra, quando se fala daquilo que o princípio contém e reflete em si mesmo como sua "imagem".

Os escolásticos se ocuparam freqüentemente do problema da natureza do uno e da unidade. Consideremos Santo Tomás. Ele investiga o problema do uno, *unum*, e da unidade, *unitas*, em *S. theol.*, I, q., XI, a 1 (também em *De veritate*, 1, e em *De potentia*, IX, 7). Começa por perguntar-se se a unidade agrega algo ao ser *(ens)* e declara que isso parece ocorrer, pois 1) tudo o que pertence a um gênero determinado se agrega ao ser (e o uno é um gênero determinado); 2) o ser pode se dividir em uno e múltiplo, e 3) dizer "Este ser é uno" não é uma tautologia, como seria se o uno não agregasse nada ao ser. Mas levando em conta que, como indicou o Pseudo-Dionísio, nada há do que existe que não participe da unidade, pode-se concluir que a unidade não agrega ao ser nada real, mas separa dele somente a idéia de divisão. O uno é o ser não dividido, de modo que o uno e o ser são convertíveis *(unum convertitur cum ente)*. Como o ser de uma coisa comporta sua indivisão, seu ser e sua unidade são o mesmo (implicam-se mutuamente). Deve-se distinguir, contudo, a unidade numérica e o uno como idêntico ao ser; somente o uno numérico agrega algo ao ser, isto é, um atributo pertencente ao gênero da quantidade. O conceito metafísico de uno é o que compete a Deus quando se diz que Deus é uno *(Deus est unum)*. Deus é uno por sua simplicidade, por sua infinita perfeição e pela unidade do mundo. Além disso, Deus é soberana ou maximamente *(maxime)* uno e maximamente indivíduo, não estando dividido nem em ato nem em potência. Nisto se distingue a unidade de Deus da de outras substâncias, pois embora "todo ser seja uno em razão de sua essência ou de sua substância, a substância de qualquer ser [exceto Deus] não pode produzir a unidade em igual grau".

Uma elucidação do conceito de "uno" (o Uno, a unidade, o ser um etc.) à luz do pensamento tomista se encontra em todos os manuais neo-escolásticos que seguem a citada "via". Como exemplo resumiremos o que diz sobre o assunto Joseph Gredt em seus *Elementa philosophiae aristotelico thomisticae*, § 185.

Distingue-se antes de tudo a unidade transcendental (ver TRANSCENDENTAL, TRANSCENDENTAIS) (que é unidade do ente, negação da divisão no ente ou indivisão do ente enquanto ente) e a unidade não transcendental (ou indivisão do ente enquanto ente determinado). A unidade transcendental se divide por sua vez em: (I) Unidade de simplicidade (ou unidade do ente que carece de partes); (II) Unidade de composição (ou unidade do ente composto de partes). Esta última pode ser: (A) do ente por si, (B) do ente por acidente (extrínseca ou intrínseca). A unidade não transcendental pode ser por seu turno: 1) de razão (ou unidade do ente, enquanto determinado ente por abstração, que pode ser genérica ou específica) ou 2) real (ou unidade do ente enquanto determinado ente na natureza das coisas). Esta última pode ser: *a)* formal (ou unidade do ente como determinado ente formal ou qüidditativamente) ou *b)* material ou numérica (ou unidade do ente como tal ente material ou individualmente). A unidade real formal se subdivide em genérica e específica. A unidade material ou numérica pode ser substancial ou acidental. A unidade material acidental é ou unidade dos acidentes enquanto são indivíduos da substância ou unidade da quantidade enquanto é individuada por si mesma. Ora, esta unidade da quantidade é o que se chama "unidade predicamental", que assim se distingue da unidade transcendental, que equivale à indivisão do ente.

As opiniões acima acerca do uno e da unidade não são compartilhadas por todos os escolásticos. Por exemplo, os que seguiam Avicena afirmavam que o uno transcendental acrescenta algo à substância do ente. Assim, Duns Scot afirmava que o uno é extrínseco ao ente. O mesmo autor distinguia unidade formal e unidade real etc. O que se disse até aqui está, portanto, muito longe de esgotar as posições escolásticas sobre o uno e a unidade.

Durante a época moderna discutiu-se freqüentemente se a identidade se funda na unidade substancial ou se esta é uma idéia vazia. Os empiristas tendiam a excluir a idéia de unidade substancial, mas Leibniz procurou restabelecer tal idéia em sua teoria monadológica. Em geral, as discussões modernas em torno do conceito do uno e da unidade se fundavam em considerações gnosiológicas, em vez de partirem do conceito do uno e da unidade partiam da questão de como se pode reconhecer que algo é uno. As opiniões a respeito variavam de acordo com a tendência mais ou menos empirista ou mais ou menos racionalista dos respectivos autores. Também neste ponto Kant procurou superar a oposição entre uma concepção puramente empírica e "genérica" da unidade e uma concepção exclusivamente racional e "metafísica". O conceito de unidade é, segundo Kant, um dos conceitos do entendimento ou categorias; é o conceito que corresponde ao juízo universal, pois neste se toma um conjunto ("Todos") como um "uno" do qual se predica algo. A idéia de unidade pode, pois, proceder da experiência, mas não é justificada pela experiência. Por outro lado, a idéia de unidade como a unidade do *ens realissimum* transcende toda experiência possível. Assim, em vez de ser um predicado transcendental das coisas, a unidade é requisito lógico de todo conhecimento. Kant assinala que em todo conhecimento de um objeto há unidade de conceito: a unidade qualitativa (*KrV*, B. 114). Mas, como ocorre com outros conceitos kantianos, o de unidade parece desempenhar uma função mais complexa que a de uma categoria. Com efeito, como o conhecimento se caracteriza por ser uma síntese — ou uma série de sínteses — e esta não é possível sem a unidade, o conhecimento está fundado na unidade ou, se se quiser, na unificação. Que Kant dê o nome de "unidade transcendental da apercepção" (VER) à síntese suprema do conhecimento dentro do quadro da experiência possível é algo que mostra o papel central que desempenha a idéia kantiana de unidade.

O papel do conceito de unidade é fundamental no pensamento de Hegel. A dialética hegeliana da unidade é a da unidade em si, que é negada pela pluralidade. Mas a negação da pluralidade dá lugar a uma síntese que é a unidade dos opostos. A idéia deste tipo de unidade se encontra em vários autores antes de Hegel. Referimo-nos a este ponto no verbete OPOSIÇÃO (II). Com efeito, em todas as ocasiões em que se tentou encontrar um ponto de contato e conciliação de opostos surgiu uma idéia de unidade que já fora antecipada por Platão, mas que somente Hegel desenvolveu sistematicamente, fazendo dela o princípio de toda realidade.

➲ Sobre o uno e a unidade em sentido propriamente numérico, ver a bibliografia do verbete NÚMERO.

Sobre unidade, multiplicidade e inteligibilidade, ver: Heinrich Rickert, "Das Eine, die Einheit und die Eins. Bemerkungen zur Logik des Zahlbegriffs", *Logos*, 2 (1911-1912), 26-78; ed. separada, 1924. — Émile

Fiszer, *Unité et Intelligibilité*, 1936. — Gallo Galli, *L'Uno e i molti*, 1939; 2ª ed., 1944. — A. M. Moschetti, *L'unità come categoria*, 2 vols., 1952-1959. — J. Jalabert, *L'Un et le multiple. De la critique à l'ontologie*, 1955. — Gottfried Martin, *Einleitung in die allgemeine Metaphysik*, 1957, especialmente caps. II e III. — Raphaël Lévêque, *Unité et diversité*, 1963. — C. Singevin, *Essai sur l'un*, 1969. — M. Axel, *Many and One: Essays Around Metaphysics*, 1975. — W. Beierwaltes, *Identität und Differenz*, 1980. — V. Mathieu, "L'identità del diverso", *Giornale di Metafisica*, 10 (1988), 441-451.

Sobre o conceito da unidade e do uno nos gregos, especialmente em Platão, Aristóteles e Plotino: Wegener, *De uno sive unitate apud graecorum philosophorum*, 1863. — R. Padellaro, *Il problema cosmologico e l'antinomia uno-molteplice: Dai presocratici ad Aristotele*, 1963. — Michael C. Stokes, *One and Many in Presocratic Philosophy*, 1971. — E. R. Dodds, "The Parmenides of Plato and the Origins of the Neoplatonic 'One'", *Classical Quarterly*, 22 (1928), 129-142. — Robert S. Brumbaugh, ed., *Plato on the One: The Hypothesis in the "Parmenides"*, 1961. — Jacques Rolland de Renéville, *L'un multiple et l'attribution chez Platon et les sophistes*, 1962. — G. von Hertling, *De Aristotelis notione Unius commentaria*, 1864 (tese). — Leo Elders, *Aristotle's Theory of the One: A Commentary on Book X of the Metaphysics*, 1961. — G. Nebel, "Terminologische Untersuchungen zu ΟΥΣΙΑ und ON bei Plotin", *Hermes*, 65 (130), 422-445. — F. M. Sladeczek, "Die spekulative Auffassung vom Wesen der Einheit in ihrer Auswirkung auf Philosophie und Theologie (mit besonderer Berüchsichtigung der aristotelischen Auffassung)", *Scholastik* (1950), 361-388. — R. Demos, "Types of Unity According to Plato und Aristotle", *Philosophy and Phenomenological Research*, 6 (1946), 534-546. — H. C. Baldry, *The Unity of Mankind in Greek Thought*, 1965. — J. N. J. Deck, *Nature, Contemplation and the One: A Study in the Philosophy of Plotinus*, 1967. — F. Solmsen, *The "Eleatic One" in Melissus*, 1969. — W. J. Prior, *Unity and Development in Plato's Metaphysics*, 1985. — G. M. Gurtler, *Plotinus: The Experience of Unity*, 1988.

Evolução do conceito neoplatônico do uno: K. P. Hasse, *Von Plotin zu Goethe. Die Entwicklung des neuplatonischen Einheitsgedankens zur Weltanschauung der Neuzeit*, 1909. — W. Beierwaltes, *Denken des Einen. Stuiden zur neuplatonischen Philosophie und ihrer Wirkungsgeschichte*, 1984.

O Uno em N. de Cusa: Schneidereit, *Die Einheit in dem System des N. von Kues*, 1902. — Kurt Flasch, *Die Metaphysik des Einen bei N. von Kues. Problemgeschichtliche Stellung und systematische Bedeutung*, 1973. G

UMBRAL DIFERENCIAL. Ver Weber-Fechner (Lei de).

UMBRAL EPISTEMOLÓGICO. Ver Paradigma, paradigmático.

UNAMUNO, MIGUEL DE (1864-1936). Nascido em Bilbao. Estudou no Instituto Vizcaíno de Bilbao (1875-1880) e na Universidade de Madrid (1880-1884). Em 1891 assumiu a cátedra de grego em Salamanca, à qual em seguida acrescentou a de filologia comparada de latim e espanhol. Foi professor (e reitor) em Salamanca até sua aposentadoria, em 1934, quando foi nomeado "Reitor perpétuo", com exceção dos anos passados no exílio (1924-1930), em Fuerteventura, Paris e Hendaya.

A vida e o pensamento de Unamuno, intimamente ligados às circunstâncias espanholas e à grande luta travada desde finais do século passado entre os europeizantes e os hispanizantes, luta resolvida por Unamuno com sua tese da hispanização da Europa, podem ser compreendidos em função das intuições centrais de sua filosofia, que consiste numa meditação sobre três temas fundamentais: a doutrina do homem de carne e osso, a doutrina da imortalidade e a doutrina do Verbo. A primeira, que é talvez seu problema capital e o fundamento de todo seu pensamento, é exposta por Unamuno ao longo de uma polêmica contra o homem abstrato, contra o homem tal como concebido pelos filósofos na medida em que faziam filosofia em vez de vivê-la. O homem, que é objeto e sujeito da filosofia, não pode ser, segundo Unamuno, nenhum "ser pensante"; pelo contrário, seguindo uma tradição que remonta a São Paulo e que conta entre seus defensores com Tertuliano, Santo Agostinho, Pascal, Rousseau e Kierkegaard, Unamuno concebe o homem como um ser de carne e osso, como uma realidade verdadeiramente existente, como "um princípio de unidade e um princípio de continuidade". A proximidade de Unamuno com o existencialismo, já sublinhada em diversas ocasiões, não impede certamente que sua intuição e sentimento do homem sejam, no fundo, de uma radicalidade muito maior que a expressa em qualquer filosofia existencial. Em sua luta contra a filosofia profissional e contra o império da lógica, em sua decidida tendência ao concreto humano representado pelo indivíduo e não por uma vaga e inexistente "humanidade", Unamuno faz da doutrina do homem de carne e osso o fundamento de uma oposição ao cientificismo racionalista, insuficiente para preencher a vida humana concreta e, portanto, também impotente para confirmar ou refutar o que constitui o verdadeiro ser deste indivíduo real e atual proclamado em sua filosofia: a fome de sobrevivência e o afã de imortalidade. Toda demonstração que conduz a demonstrar ou a refutar esses sentimentos radicais é para Unamuno a expressão de uma atitude assumida pelos que "só têm razão", pelos que vêem no homem um ente de razão e não um feixe de contradições. Feixe de contradições que se revela sobretudo quando se percebe que o homem tampouco pode viver sem a razão, a qual "exerce represálias" e coloca o homem numa insegurança que é, ao mesmo tempo, o próprio fundamento de sua vida. Pois se Unamuno combateu sobretudo o cientificismo e o racionalismo foi porque eles adquiriam em certo momento um ar de ilegítimo triunfo, um peso que ao fim das contas teria achatado o homem. O cientificismo e o racionalismo são um dos caminhos que conduzem ao suicídio, a atitude adotada por aqueles que, em seu afã de teologia, "isto é, de advocacia", ou em seu invencível ódio antiteológico, não percebem na contradição o verdadeiro modo de pensar e de sentir do homem existencial. O fundamento da crença na imortalidade não se encontra em nenhuma construção silogística nem indução científica: encontra-se simplesmente na esperança. Mas a imortalidade não consiste, por sua vez, para Unamuno, numa pálida e desbotada sobrevivência das almas. Vinculando-se à concepção católica, que anuncia a ressurreição dos corpos, Unamuno espera e proclama "a imortalidade de corpo e alma" e precisamente do próprio corpo, do que se conhece e sofre na vida cotidiana. Não se trata, portanto, de uma justificação ética da passagem do homem pela terra, mas simplesmente da esperança de que a morte não seja a definitiva aniquilação do corpo e da alma de cada um. Esta esperança, velada na maior parte das concepções filosóficas por nebulosas místicas e por sutis sistemas, é rastreada por Unamuno nos numerosos exemplos da sede de imortalidade, desde os mitos e as teorias do eterno retorno até o afã de glória e, em última análise, até a voz constante de uma dúvida que se insinua no coração do homem quando este afasta como incômoda a idéia de uma sobrevivência. Demonstração ou refutação, confirmação ou negação são apenas, por conseguinte, duas formas únicas de racionalismo suicida, às quais é alheia a esperança, pois esta representa simultaneamente, como Unamuno sublinhou explicitamente, uma dúvida e uma convicção.

Aos temas da doutrina do homem de carne e osso e da esperança na imortalidade, com os quais vai implicada sua idéia da agonia ou luta do cristianismo, Unamuno acrescenta sua doutrina do Verbo, considerado como sangue do espírito e flor de toda sabedoria. Unamuno nega a tese goethiana que faz da ação o princípio de todo ser para chegar à confirmação, sustentada já no começo do Evangelho de São João, segundo a qual o princípio é o Verbo. Mas o Verbo tampouco é para Unamuno um *logos* abstrato ou sem conteúdo: o Verbo é, antes, para ele, a qualidade concreta e presente do gesto e da linguagem humanos. Deste Verbo, desta visão do que as coisas são na imediata presença de seu perfil, deriva para Unamuno o fundamento e o término de toda filosofia. A filosofia, definida por Unamuno como o desenvolvimento de uma língua, é, pois, relativizada, mas ao mesmo tempo adquire um caráter concreto absoluto. A identificação da filosofia com a filologia não é a identificação do pensamento lógico com a estrutura gramatical, é o fato de o Verbo, como expressão direta e imediata do homem de carne e osso, ser o instrumento e o conteúdo de seu próprio pensamento. Por isso Unamuno vê a filosofia espanhola não nos textos dos escolásticos, mas nas obras dos místicos, nas grandes figuras da literatura. A essência do pensamento espanhol, e também, naturalmente, a essência de sua vida, é assim, como a do senequismo, esta tendência que antepõe à originalidade da análise "a grandiosidade do acento e do tom". O problema da verdade, problema fundamental de toda filosofia, é resolvido, pois, por Unamuno, mediante esta articulação interna que liga o homem concreto com sua expressão verbal, mediante a concepção que vê no que o homem diz ao expressar-se e no que dizem as coisas ao se oferecerem ao homem a revelação de sua verdade.

⊃ Obras: *En torno al casticismo,* 1895 e 1902 (recolhido em *Ensayos,* I, 1916). — *Paz en la guerra,* 1897. — *De la enseñanza superior en España,* 1899. — *Tres ensayos,* 1900 (compreende: *¡Adentro!, La Ideocracia* e *La fe,* recolhidos em *Ensayos,* II, 1916). — *Amor y Pedagogía,* 1902. — *Paisajes,* 1902. — *De mi país. Descripciones, relatos y artículos de costumbres,* 1903. — *Vida de Don Quijote y Sancho, según Miguel de Cervantes Saavedra, explicada y comentada,* 1905; 2ª edição, com um novo ensaio, 1914. — *Poesías,* 1907. — *Recuerdos de niñez y de mocedad,* 1908. — *Mi religión y otros ensayos,* 1910. — *Rosario de sonetos líricos,* 1911. — *Por tierras de Portugal y de España,* 1911. — *Soliloquios y conversaciones,* 1911. — *Contra esto y aquello,* 1912. — *El porvenir de España,* 1912 (cartas trocadas entre Unamuno e Ganivet, publicadas em *El Defensor de Granada,* 1897). — *Del sentimiento trágico de la vida en los hombres y en los pueblos,* 1913. — *El espejo de la muerte,* 1913. — *Niebla (Nivola),* 1914. — *Ensayos,* tomos I, II, III, 1916; tomos IV, V, 1917; tomos VI, VII, 1918. — *Abel Sánchez (Una historia de pasión),* 1917. — *El Cristo de Velázquez. Poema,* 1920. — *Tres novelas ejemplares y un prólogo,* 1920. — *La tía Tula,* 1921. — *Andanzas y visiones españolas,* 1922. — *Rimas de dentro,* 1923. — *Teresa: rimas de un poeta desconocido,* 1923. — *Fedra. Ensayo dramático,* 1924. — *Todo un hombre* (adaptação teatral do romance dramático intitulado: *Nada menos que todo un hombre*), 1925. — *De Fuerteventura a París. Diario íntimo de confinamiento y destierro vertido en sonetos,* 1925. — *Cómo se hace una novela,* 1927 (a trad. franc. é de 1926). — *Romancero del destierro,* 1928. — *Dos artículos y dos discursos,* 1930. — *La agonía del cristianismo,* 1931 (tr. fr. publicada em 1925). — *El otro. Misterio en tres jornadas y un epílogo,* 1932. — *San Manuel Bueno, mártir, y tres historias más,* 1933 (ed. anotada por Mario J. Valdés, 1979). — *El hermano Juan o El mundo es teatro,* 1934. — Compilações póstumas: *La Ciudad de Henoc. Comentario 1933*, 1941. — *Cuenca ibérica (Lenguaje y paisaje)*, 1943. — *La enormidad de España*, 1944. — *Paisajes del alma*, 1944. — *Cancionero: diario poético*, 1953, ed. F. de Onís. — Série de artigos recolhidos por M. García Blanco e publicados sob o título *De esto y aquello*, I, 1950; II, 1951; III, 1953; IV, 1954. — *En el destierro (Recuerdos y esperanzas)*, 1957, ed. M. García Blanco [45 artigos]. — *Inquietudes y meditaciones*, 1957, ed. M. García Blanco. — *Cincuenta poesías inéditas (1899-1927)*, 1958, ed. M. García Blanco. — *Mi vida y otros recuerdos personales*, 2 vols., (I: 1889-1916; II: 1917-1936), 1959, ed. M. García Blanco. — *Cuentos*, 2 vols., 1961, ed. Eleanor Krane Paucker.

Edição de *Obras completas*, 16 vols., ed. M. García Blanco, 1950-1964. — *Epistolario entre Unamuno y Maragall*, 1951 (com escritos complementares de ambos os autores). — *Cuadernos de la Cátedra Miguel de Unamuno*, publicados sob a direção de M. García Blanco, 28 tomos, 1948-1983.

Bibliografia: Federico de Onís, "Bibliografía de Miguel de Unamuno", *La Torre*, 9 (1961), 601-636. — David William Foster, "Acotaciones y suplemento a la bibliografía de Unamuno", *ibid.*, nº 48 (outubro-dezembro 1964), 165-172. — Pelayo H. Fernández, *Bibliografía crítica de M. de U.*, 1976 (até setembro de 1975). Em português: *A agonia do cristianismo*, s.d. — *Do sentimento trágico da vida; nos homens e nos povos*, 1996. — *Névoa*, 1989.— *São Manuel Bueno, mártir*, 2000. — *Três novelas e um prólogo*, s.d.

Escritos sobre a vida, a obra e o pensamento de Unamuno: M. Romera Navarro, *Miguel de Unamuno, novelista, poeta, ensayista*, 1928. — C. González Ruano, *Vida, pensamiento y aventura de Miguel de Unamuno*, 1930. — J. Kessel, *Die Grundstimmung in Miguel de Unamunos Lebensphilosophie*, 1937 (tese). — Arthur Wills, *España y Unamuno*, 1938. — Julián Marías, *Miguel de Unamuno*, 1943. — Id., *La filosofía española actual: Unamuno, Ortega, Morente, Zubiri*, 1948. — Miguel Oromí, *El pensamiento filosófico de Miguel de Unamuno. Filosofía existencial de la inmortalidad*, 1943. — José Ferrater Mora, *Unamuno: bosquejo de una filosofía*, 1944; 2ª ed., 1957 e em *Obras selectas*, I, 1967. Trad. ingl. reimp. com revisões do autor: *Unamuno: a Philosophy of Tragedy*, 1962. — J. D. García Bacca, *Nueve grandes filósofos contemporáneos y sus temas*, t. I, 1947. — Nemesio González Caminero, *Unamuno*, t. I, *Trayectoria de su ideología y de su crisis religiosa*, 1948. — Agustín Esclasans, *Miguel de Unamuno*, 1948. — Hernán Benítez, *El drama religioso de Unamuno*, 1949 (inclui correspondência de Unamuno). — A. Sánchez Barbudo, "La formación del pensamiento de Unamuno. Una experiencia decisiva: la crisis de 1897", *Hispanic Review*, 18 (1950), 218-243. — Id., "El misterio de la personalidad de Unamuno", *Revista de la Universidad de Buenos Aires*, 7, nº 1 (julho-setembro, 1952), 202-254.— Id., "Los últimos años de Unamuno, 'San Manuel Bueno' y el Vicario saboyano de Rousseau", *Hispanic Review*, 19 (1951), 281-322; todos recolhidos no livro do mesmo autor: *Estudios sobre Unamuno y Machado*, 1959. — A. Benito y Durán, *Introducción al estudio del pensamiento filosófico de Unamuno*, 1953. — M. Ramis Alonso, *Don Miguel de Unamuno. Crisis y crítica*, 1953. — S. Serrano Poncela, *El pensamiento de Unamuno*, 1953. — C. Clavería, *Temas de Unamuno*, 1953. — Carlos Blanco Aguinaga, *Unamuno, teórico del lenguaje*, 1954. — Id., *El Unamuno contemplativo*, 1959; 2ª ed., 1975. — Manuel García Blanco, *D. Miguel de Unamuno y sus poesías*, 1954. — F. Meyer, *L'ontologie de M. de Unamuno*, 1955. — C. Calvetti, *La fenomenologia della credenza in Miguel de Unamuno*, 1955. — René Maril Albères, *Unamuno*, 1957. — Luis S. Granjel, *Retrato de Unamuno*, 1958. — Bernardo Villarrazo, *Miguel de Unamuno. Glosa de una vida*, 1959. — Armando F. Zubizarreta, *Tras las huellas de Unamuno*, 1960. — F. de Onís, A. Castro, Jean Cassou *et al.*, "Homenaje a Don Miguel de Unamuno", em número especial de *La Torre*, ano 9 (1961), 13-638 [bibliografia por F. Onís, pp. 601-636]. — Theo G. Sinnige, *Miguel de Unamuno*, 1962. — Jesús-Antonio Collado, *Kierkegaard y Unamuno: La existencia religiosa*, 1962. — Friedrich Schürr, *Miguel de Unamuno*, 1962. — José Huertas-Jourda, *The Existentialism of M. de Unamuno*, 1963. — Ezequiel de Olaso, *Los nombres de Unamuno*, 1963. — Margaret Thomas Rudd, *The Lone Heretic: A Biography of M. de Unamuno y Jugo*, 1963. — Iris M. Zavala, *Unamuno y su teatro de conciencia*, 1963. — Alain Guy, *Miguel de Unamuno*, 1964. — José Luis Abellán, *Miguel de Unamuno a la luz de la psicología*, 1964 (tese). — Ricardo Gullón, *Autobiografías de Unamuno*, 1964 (com bibliografia, pp. 357-376). — Milagro Laín, *La palabra de Unamuno*, 1964. — Eleanor Krane Paucker, *Los cuentos de Unamuno, clave de su obra*, 1965. — Antonio Gómez-Moriana, *Über den Sinn von "Congoja" bei Unamuno*, 1966. — Allen Lacy, *Miguel de Unamuno: The Rhetoric of Existence*, 1967. — Paul Illie, *Unamuno: An Existential View of Self and Society*, 1967. — Carlos París, *Unamuno: Estructura de su mundo intelectual*, 1968. — Elías Díaz, *Revisión de Unamuno: Análisis crítico de su pensamiento político*, 1969. — Martin Nozick, *Miguel de Unamuno*, 1971. — Victor Ouimette, *Reason Aflame: Unamuno and the Heroic Will*, 1974. — A. Regalado García, *El siervo y el señor. La dialéctica agónica de M. de U.*, 1968 [especialmente sobre U. e Kierkegaard]. — D. E. Denton, ed., *Existentialism and Phenomenology in Education*, 1974. — O. Gómez Molleda, *Unamuno socialista*, 1978. — E. Tollinchi, *La ontología de U.*, 1978. — J.-G. Renart, *El Cristo de Velázquez de U. Estructura, estilo, sentido*, 1982. — A. Cecilia Lafuente, *Antropología filosófica de M. de Unamuno*, 1983. — Víctor Ouimette, *Ensueño de una patria. Periodismo republicano 1931-1936*, 1984 [artigos em *El Sol, Ahora* e um em *El Norte de Castilla*]. — N. R. Orringer, *U. y los protestantes liberales (1912). Sobre las fuentes de "Del sentimiento trágico de la vida"*, 1985. — P. Cerezo Galán, "En torno a M. de U.", em L. Geymonat, *Historia del pensamiento filosófico y científico*, vol. século XX (III), 1985, cap. 7, pp. 464-485. — R. R. Ellis, *The Tragic Pursuit of Being: Unamuno and Sartre*, 1988. ⊂

UNIÃO. Enquanto ação e efeito de unir, relacionar, vincular etc., a noção de "união" é entendida de várias maneiras, dependendo dos modos de união — chamados às vezes "modos de unidade" — e também dos elementos que se procede a unir.

Mencionaremos aqui vários modos de união sem nos estender acerca do que caracteriza cada modo, em parte porque já nos referimos a alguns deles em vários verbetes desta obra (por exemplo: CÓPULA; MESCLA; ORDEM; RELAÇÃO; SOMA; TODO; VÍNCULO), e em parte porque na maior parte dos casos se entende facilmente, por seu mero enunciado, o tipo de união referido.

Pode-se falar de dois tipos de união que correspondem a dois tipos de unidade: a união "lógica" e a união "real". A unidão lógica é a que ocorre quando os elementos a unir não são "reais" ou "físicos", mas "lógicos" — aqui entendidos os propriamente lógicos, e às vezes também os gramaticais ou, em geral, os chamados "elementos ideais". Isso ocorre com a união de sujeito e predicado mediante a cópula, a união de membros com classes e de classes com classes, de elementos em diversas relações, de entidades matemáticas etc. A união real é a que ocorre em objetos físicos ou reais, podendo ser então união de fenômenos por relação de causa e efeito, de substância e acidente etc., ou então união de objetos por soma, acréscimo, justaposição etc.

Aos dois tipos mencionados de união pode-se acrescentar o que se poderia chamar "união epistemológica", isto é, a união, ou os diversos tipos de união, de sujeito cognoscente e objeto conhecido ou cognoscível, consciência e realidade, alma e mundo etc.

Cada um dos tipos indicados de união pode se manifestar de diversos modos. Exemplos são a simples justaposição, a mescla (seja simples mescla ou fusão), a coordenação, a série ordenada, a estrutura topológica e a união orgânica.

No que diz respeito aos elementos unidos, pode-se falar, como antes se fez, de elementos lógicos, reais e epistemológicos, mas mais especificamente pode-se falar de distintos elementos como os seguintes: causa e efeito, acidente e substância, substâncias para formar uma substância composta ou vínculo substancial, união substancial de forma e de matéria, união de meios e fins, de pensamento ou vontade e objeto intencional, de partes com todos, de pedaços com todos, de elementos com conjuntos ou estruturas etc. Na teologia se usa a expressão 'união hipostática' (ver HIPÓSTASE) para referir-se à união de duas naturezas em uma hipóstase ou pessoa (como a união da natureza humana de Cristo na pessoa do Filho de Deus).

Notemos que se fala também de "união mística" (ver MÍSTICA) e de "união metafísica", esta última como um tipo de união que transcende todas as formas de união mencionadas e que permite constituir uma unidade "em si mesma".

Para outros tipos ou modos de união como modos de unidade, ver o verbete UM (UNO, UNIDADE).

UNICIDADE, ÚNICO. Chama-se algo de "único" quando é (pelo menos) numericamente um. Neste sentido todo ser singular, seja ele individual ou não, é único. Chama-se também algo de "único" quando não existe outro exatamente igual em sua classe. Neste sentido todo indivíduo é único. Chama-se também algo de "único" quando é o membro solitário (real ou positivo) de sua classe. Neste sentido se disse que os espíritos puros (os anjos) são únicos; como escreve Santo Tomás, "é impossível que dois anjos pertençam à mesma espécie, como seria impossível dizer que há diversas brancuras, separadas, ou diversas humanidades, já que as brancuras não são várias exceto enquanto se encontram em várias substâncias" (*S. theol.* I, q. L, a 4). Chama-se algo de "único" também quando não está em nenhum gênero e quando não só não há nenhum outro igual, mas não pode por princípio haver outro igual. Neste sentido se diz que Deus é único; Santo Tomás indica, com efeito, que Deus não pode estar contido em nenhum gênero — razão pela qual, agrega ele, não pode ser definido (já que toda definição se acha formada pelo gênero e pelas diferenças) e não pode ser demonstrado exceto por meio de um efeito (já que o princípio da demonstração é a definição daquilo do qual está feita a demonstração — (*Cont. Gent.*, I, 25, 1-8, especialmente 7-8). Do ser, considerado como "o ato de existir", pode-se dizer também que é único; e, a rigor, Santo Tomás *(loc. cit.)* usa a demonstração aristotélica de que o ser não pode ser um gênero para provar que Deus é único.

Os diferentes modos de entender a unicidade a que nos referimos se fundam no que poderíamos chamar diversos graus de unicidade, desde a meramente numérica dos entes singulares até a absoluta de Deus. Pode-se levantar o problema de como estão ligadas estas diversas formas de unicidade e de se há ou não o que se poderia chamar "a analogia da unicidade". Pode-se levantar também o problema de se, admitida semelhante analogia, há algum "análogo principal". E se se aceita que o há, pode-se então responder ou que o análogo principal é Deus, como modelo supremo de qualquer forma de unicidade, ou que é a unicidade puramente singular que por extensão dá lugar a diversas formas de unicidade.

Alguns dos problemas que se levantam a respeito da noção aqui tratada estão relacionados com as questões que se referem à unidade e ao Uno, a que nos referimos em outro verbete (ver UM [UNO, UNIDADE]).

O tema do "único" *(der Einzige)* foi desenvolvido por Max Stirner (VER). Segundo ele, "eu" sou sempre e radicalmente único, pois tudo o que me une a outros, ou tudo o que tenho em comum com outros, é apenas relativo diante do caráter absoluto de "minha" unicidade. "Meu" ser único é, pois, semelhante, senão idêntico, ao que se considera como o ser absolutamente único de Deus. Stirner parece admitir que a unicidade não é o resultado de destacar maximamente a ausência de relação, de modo que a unicidade fosse máxima redução da relação, mas o contrário: toda relação poderia ser considerada como uma redução máxima da unicidade. Em suma, a unicidade não parece ser em Stirner ausência de relação, mas a relação é ausência de unicidade.

ÚNICO (O). Ver STIRNER, MAX; UNICIDADE, ÚNICO.

UNIDADE. Ver NÚMERO; UM (UNO, UNIDADE).

UNIDADE DE FORMAS. Ver FORMA; TOMISMO.

UNIFORMISMO. Ver EVOLUÇÃO, EVOLUCIONISMO.

UNIVERSAL. O universal (τὸ καθόλου) se distingue em Aristóteles, enquanto geral, do individual (τὸ καθ' ἕκαστον). O universal se refere a uma totalidade plural de objetos, com o que o universal se opõe ao particular. Os juízos universais são os juízos de quantidade nos quais o conceito-sujeito compreende a quantidade de objetos-sujeitos mentados (todos os S são P), enquanto os particulares compreendem um número parcial plural de objetos-sujeitos (alguns S são P) e os singulares se referem de um modo total a um objeto singular (este S é P). Os juízos universais são definidos na lógica clássica como aqueles em que o sujeito é tomado em toda a sua extensão; no entanto, o sujeito é tomado em toda a sua extensão em todos os casos, pois não se refere à classe de objetos em mente, mas à mesma quantidade em que é tomada esta classe (S; alguns S; este S, onde a extensão corresponde a cada uma destas formas em sua integridade e não somente a S). Os juízos universais podem ser não apenas plurais e totais, mas também podem adotar a forma singular quando, como diz Pfänder, "os conceitos-sujeitos correspondentes não põem diretamente como objetos-sujeitos uma totalidade de objetos delimitados de um ou outro modo". Então são chamados mais propriamente de juízos genéricos singulares, mas sua universalidade é patente pelo fato de a singularidade do conceito-sujeito se referir a um gênero ou a uma espécie. Ver também GÊNERO.

O termo 'universal' também é usado na teoria do conhecimento ao se falar dos "juízos universais e necessários". Kant se referiu freqüentemente à universalidade e necessidade dos juízos que fazem parte das ciências naturais (especialmente da física) e indicou que, a menos que se possa fundamentar tal universalidade (e necessidade), se cai no ceticismo e no relativismo.

UNIVERSAL CONCRETO. É comum considerar que o universal (VER) — e também o geral — é abstrato, ao passo que o particular é concreto (VER). Isso não diz todavia grande coisa acerca do que é o universal; de fato, a natureza do universal muda de acordo com o que se entenda por 'entidade abstrata' e também de acordo com o tipo de relação que se postule entre o universal e o particular. No entanto, qualquer que seja a interpretação dada ao universal e a tese mantida quanto à sua relação com o particular, o corrente é conceber a contraposição entre o universal e o particular como idêntica, ou pelo menos paralela, à contraposição entre o abstrato e o concreto.

Em contrapartida, Hegel propôs a idéia de que o universal pode ser ou abstrato ou concreto e, portanto, admitiu que se pode falar de um "universal concreto". Assim, o universal abstrato (ou universalidade abstrata) se contrapõe em Hegel ao universal concreto (ou universalidade concreta). O universal abstrato é o simplesmente comum a vários particulares. Em tal caso, o universal é negado pelo particular. Mas se negamos por sua vez o particular obtemos um universal que em vez de estar separado do particular é a realidade mesma do particular em sua rica concreção. Este universal representa, como diz Hegel na *Logik*, III, seç. 1, cap. 1, "a totalidade do conceito". A universalidade concreta é "precisão absoluta"; por conseguinte, "longe de estar vazia, ela possui, graças a seu conceito, um conteúdo no qual não só se conserva, mas que lhe é próprio e imanente". Quando se faz abstração do conteúdo, obtém-se, com efeito, o conceito abstrato. Este é "um momento isolado e imperfeito do conceito, e não corresponde à verdade". Mas quando se inclui o conteúdo no conceito, já não é um momento isolado, mas a verdade mesma.

O universal abstrato é o produto do pensamento, o universal concreto é o pensamento mesmo em sua marcha rumo à realidade. O universal concreto é, portanto, "o universal verdadeiro" — que é o universal da razão (VER) e não do mero entendimento (VER).

Argumentou-se com freqüência que a tese hegeliana implica que há um universal que inclui todas as características dos particulares. Neste caso, os particulares seriam dedutíveis do universal concreto. No entanto, deve-se levar em conta que ao falar de um universal concreto, Hegel já se desprendeu das noções que correspondem a todo universal abstrato, de modo que o universal concreto é concebível de modo muito diferente do universal abstrato. Ora, há distintos modos de conceber o universal concreto hegeliano. Pode ser entendido como o modo no qual o universal se realiza efetivamente em cada um dos particulares, de sorte que o universal é distinto em cada um deles. Pode ser entendido também como a atividade pensante que, como tal, pensa o particular e concreto em sua "riqueza" e não em sua "pobreza ontológica". Em qualquer destes casos o universal concreto aparece como a síntese do geral e do particular. Sendo síntese, supera o geral em seu caráter abstrato e o particular em seu caráter concreto.

A idéia do universal concreto foi adotada pela maior parte dos autores mais ou menos influenciados por Hegel. Especialmente importante é o uso da noção de universal concreto em Croce e em Gentile. Para ambos os autores, a universalidade unida ao caráter concreto transcende as representações particulares como particulares; o universal concreto é a síntese que permite passar dos particulares e do que eles têm em comum à sua realidade verdadeira; uma realidade "total" e não simplesmente "parcial" como a que têm os particulares em sua particularidade e em sua abstrata generalidade.

UNIVERSAIS. A palavra 'Hugo' é um nome próprio. Supõe-se que mediante este nome nos referimos a uma pessoa determinada, a uma entidade concreta e singular cujo nome é 'Hugo'. Da entidade concreta e singular, ou da pessoa, cujo nome é 'Hugo' podemos dizer que é um homem, que é alto, que é ruivo. Os termos 'homem', 'alto', 'ruivo' são usados para qualificar Hugo. São nomes comuns usados não para nomear uma entidade singular, mas de um modo universal. 'Homem', 'alto', 'ruivo' são nomes chamados "universais".

Tradicionalmente, os universais, *universalia*, foram chamados "noções genéricas", "idéias" e "entidades abstratas". Outros exemplos de universais são "o leão", "o triângulo", "4" (o número quatro, escrito mediante o algarismo '4'). Foi costume opor os universais aos "particulares" e estes foram equiparados com entidades concretas ou singulares.

Um problema capital acerca dos chamados "universais" é o de seu *status* ontológico. Trata-se de determinar que classe de entidades são os universais, isto é, qual é sua forma peculiar de "existência". Embora, pelo que se disse, se trate primordialmente de uma questão ontológica, ela teve importantes implicações e ramificações em outras disciplinas: na lógica, na teoria do conhecimento e até na teologia. A questão foi freqüentemente debatida na história da filosofia, especialmente a partir de Platão e Aristóteles, mas como foi discutida muito intensamente durante a Idade Média costuma-se situar nesse período a origem *explícita* da chamada *questão dos universais*. Esta questão reviveu, com efeito, com particular agudeza a partir do momento em que se considerou como capital o problema levantado na tradução que Boécio fez da *Isagoge* de Porfírio. O filósofo neoplatônico escreveu o seguinte: "Como é necessário, Crisaoro, para compreender a doutrina das categorias de Aristóteles, saber o que é o gênero, a diferença, a espécie, o próprio e o acidente, e como este conhecimento é útil para a definição e, em geral, para tudo o que se refere à divisão e à demonstração, cuja doutrina é muito proveitosa, tentarei num compêndio e à guisa de instrução resumir o que nossos antecessores disseram a respeito, abstendo-me de questões demasiado profundas e também detendo-me pouco nas mais simples. Não tentarei enunciar se os gêneros e as espécies existem por si mesmos ou em sua compreensão, nem, no caso de subsistir, se são corporais ou incorporais, nem se existem separados dos objetos sensíveis ou nestes objetos, fazendo parte dos mesmos. Este problema é excessivo e requeriria indagações mais amplas. Limitar-me-ei a indicar o mais plausível que os antigos e, sobretudo, os peripatéticos disseram razoavelmente sobre este ponto e os anteriores" (*Isagoge*, I, 1-16; Boécio se refere a estas palavras de Porfírio e as comenta na chamada "Secunda editio" de seus comentários às *Categorias: Commentarii in librum Aristotelis* ΠΕΡΙ ΕΡΜΗΝΕΙΑΣ, Livro I).

Muitos autores medievais se referiram à análise do problema feita por Porfírio e transmitida por Boécio, e adotaram alguma das posições "clássicas", especialmente com referência às idéias de Platão, de Aristóteles e dos comentadores de Aristóteles sobre o assunto.

Richard Hönigswald (*op. cit.* na bibliografia, pp. 13 ss.) indica que o chamado "problema dos universais", já desde Platão, mas sobretudo durante a Idade Média, ofereceu uma multiplicidade de temas e questões. As principais questões, segundo esse autor, são as seguintes: 1) a questão do conceito (natureza e funções do conceito; natureza do individual e de suas relações com o geral); 2) a questão da verdade (critério ou critérios de verdade e da correspondência do enunciado com a coisa); 3) a questão da linguagem (natureza dos signos e de suas relações com as entidades significadas). Todas essas questões surgiram, e em grande parte se resolveram, em função de vários problemas teológicos. Em princípio, o problema dos universais parece abarcar todas as questões básicas filosóficas, ontológicas, gnosiológicas e lógicas. Além disso, no final da Idade Média e durante o Renascimento, o problema dos universais incluiu a questão da natureza do indivíduo como ser pensante.

Propomo-nos no resto deste verbete a resenhar as principais posições adotadas pelos autores de tendência escolástica, especialmente os da Idade Média; indicaremos a seguir a forma em que foi revivido o problema na época contemporânea, e concluiremos com um esquema de todas as posições que, a nosso ver, podem ser adotadas com respeito a ele — posições nas quais estarão incluídas tanto as antigas e medievais como as mais modernas. Advertiremos antes que o interesse mostrado na atualidade pelo problema dos universais não é simplesmente o resultado de uma curiosidade histórica, mas a conseqüência do fato de que se trata de uma questão filosófica capital, que afeta desde a índole das entidades matemáticas até o *status* ontológico dos valores.

No problema dos universais, as principais posições sustentadas durante a Idade Média são:

1) O *realismo* (VER), nome que se dá em geral ao realismo extremo. De acordo com ele, os universais existem realmente; sua existência é, além disso, prévia e anterior à das coisas ou, segundo a fórmula tradicional, *universalia ante rem*. Se assim não fosse, argumentam os defensores desta posição, seria impossível entender qualquer das coisas particulares. Com efeito, essas coisas particulares estão fundadas (metafisicamente) nos universais. O modo de fundamentação é muito discutido.

Referimo-nos a este ponto no verbete sobre o realismo (concepção [2]). Indicaremos, além disso, a seguir, que há duas formas de realismo extremo. Nós nos limitaremos aqui a declarar que quando a maior parte dos realistas afirmam que *universalia sunt realia* eles não querem dizer, contudo, que os universais sejam reais ao modo das coisas corporais ou dos entes "situados" no espaço e no tempo. Se assim fosse, tais universais estariam submetidos à mesma contingência que os seres empíricos e, por conseguinte, não seriam universais.

2) O *nominalismo* (VER). O pressuposto comum a todos os nominalistas é que os universais não são reais, mas estão depois das coisas: *universalia post rem*. Pode-se dizer, portanto, que se trata de abstrações (totais) da inteligência. Às vezes se considera que o nominalismo pode adotar a forma do *conceitualismo* (VER) ou a do *terminismo* (VER), mas com freqüência se julga que nominalismo e terminismo são substancialmente as mesmas posições e que, em contrapartida, o conceitualismo se aproxima do realismo moderado.

3) O *realismo moderado*, para o qual os universais existem realmente, embora apenas enquanto formas das coisas particulares, isto é, tendo seu fundamento na coisa: *universalia in re*. Os realistas moderados podem não negar que há universais em Deus enquanto arquétipos das coisas, e por isso é freqüente encontrar o realismo moderado mesclado com o chamado realismo agostiniano.

Conforme indica H. Collin (*Curso de filosofia*, II, 499), é conveniente considerar os universais em três esferas: como arquétipos na mente de Deus, como essências nas coisas e como conceitos mediante os quais falamos das coisas. As posições adotadas então na questão dos universais dependem das afirmações ou negações que se formulem com respeito a cada uma de tais esferas. Assim, se se nega que os universais estejam em nossa mente como conceitos e se declara que são apenas "imagens" ou "vocábulos comuns", temos a posição nominalista (ou, melhor, terminista). Se se afirma que estão em nossa mente, pode-se perguntar então se existe ou não na realidade algo denotado por eles. Quando se sustenta que não, a posição adotada é a conceitualista. Quando se sustenta que sim, três opiniões podem ser adotadas: o universal existe realmente (realismo extremo); o universal existe formalmente em nosso espírito (realismo moderado); o universal existe fundamentalmente quanto à sua compreensão (realismo moderado de viés conceitualista).

O modo habitual de considerar a questão dos universais é o ontológico. Alguns autores, porém, indicam que é preciso distinguir vários aspectos sob os quais se pode estudar os universais. Assim, T. Zigliara (*Summa philosophica*, I, i-vii) destaca cinco de tais aspectos: (I) o universal tal como existe no singular; (II) o universal lógico, isto é, o universal considerado formalmente ou estabelecido *formaliter*; em outros termos, o universal como relativo, essencialmente ideal ou como segunda intenção, cujos modos são os gêneros e as espécies; (III) o universal metafísico ou considerado em si mesmo, também chamado *universal direto*, isto é, o universal sob o modo fundamental; (IV) o universal em relação ao modo de conceber as coisas (diferente do universal em relação à coisa concebida ou universal metafísico), isto é, o chamado *universal precisivo*; (V) o universal considerado concreta e abstratamente; universal também enquanto objeto da metafísica, mas sob um conceito diferente.

Indicamos antes que o problema dos universais foi reavivado durante o século atual. Daremos conta de três diferentes maneiras de examinar o problema: a de alguns lógicos contemporâneos, a de E. Cassirer e a de R. I. Aaron.

A questão dos universais reapareceu na lógica contemporânea principalmente quando se procurou decidir o *status* existencial das classes. Já desde Frege estava claro que era difícil evitar tomar posição a respeito. O próprio Frege foi considerado defensor da posição realista ou, como prefere chamar-se hoje, *platônica*. Essa posição foi sustentada por Russell, pelo menos durante a primeira década deste século; muitos lógicos aderiram a ela ou trabalharam, sem sabê-lo, dentro de seus pressupostos. Vinte anos depois, autores como Chwistek, Quine, Goodman (e depois, entre outros, R. M. Martin) defenderam posição nominalista contra a posição platônica (defendida, por exemplo, por Alonzo Church). A diferença entre platonismo e nominalismo nesta questão pode ser resumida, *grosso modo*, como segue: os platônicos reconhecem as entidades abstratas; os nominalistas não as reconhecem. As discussões entre ambos os grupos foram muito fecundas, não só porque lançaram viva luz sobre o problema, mas também porque, mediante uma série de etapas (que aqui não poderemos detalhar), tornou-se possível uma aproximação das duas posições. É corrente hoje que tanto os platônicos como os nominalistas reconheçam as entidades abstratas, mesmo quando seja diferente o sentido que cada um deles dá a tal reconhecimento.

Cassirer procurou mostrar que o problema dos universais é um problema aparente ou "pseudoproblema" surgido pelo predomínio da noção de substância e pela tese da relação *sujeito-predicado* que ela implica. Com efeito, não parece haver modo de escapar ao problema gerado pelo *status* existencial da propriedade que denota um predicado. Mas se substituímos, segundo Cassirer, a noção de substância pela de função, já não nos será forçoso resolver a questão. Os principais inconvenientes que a opinião de Cassirer oferece são: *a)* seu conceito de função é pouco rigoroso e está baseado principalmente na noção matemática de função tal como foi elaborada pelos matemáticos anteriores ao século XX; *b)* mesmo definindo o conceito de função, tal como o fizemos no verbete correspondente deste *Dicionário*, é necessário dar uma interpretação da noção de função. Esta interpretação, diga-se de passagem, é dada implicitamente por Cassirer; como resultado dela o citado autor adere à posição conceitualista.

Aaron tentou resolver o problema dos universais mostrando que um universal não é senão um *princípio de classificação*, determinado pelo uso e pelos interesses do sujeito que classifica, mas apoiado no fato da "recorrência" dos fenômenos. O principal inconveniente desta tese é que ela retrotrai a discussão acerca dos universais a uma fase pré-kantiana e que, apesar de suas correções "objetivistas" (a "recorrência"), funda-se ao fim e ao cabo em disposições psicológicas.

Conforme indicamos, para concluir, daremos um esquema das posições possíveis que podem ser adotadas na disputa dos universais:

1) *Realismo absoluto*, ou tese segundo a qual somente os universais (que chamaremos agora *entidades abstratas*) existem, sendo os indivíduos (que chamaremos agora *entidades concretas*) cópias ou exemplos das entidades abstratas.

2) *Realismo exagerado*, ou tese segundo a qual as entidades abstratas existem formalmente e constituem a essência das entidades concretas, as quais existem numa série de graus de aproximação às entidades abstratas.

3) *Realismo moderado*, ou tese segundo a qual existem as entidades abstratas e as entidades concretas: as primeiras existem fundamentalmente quanto à sua compreensão; as segundas existem fundamentalmente quanto a seu ser.

4) *Conceitualismo*, ou tese segundo a qual não existem as entidades abstratas na realidade, mas apenas como conceitos de nossa mente, isto é, como idéias abstratas.

5) *Nominalismo moderado*, ou tese segundo a qual não existem as entidades abstratas e só existem as entidades concretas.

6) *Nominalismo exagerado*, ou tese segundo a qual não existem nem as entidades abstratas nem os conceitos abstratos, sendo estes conceitos abstratos apenas nomes ou termos comuns para designar as entidades concretas.

7) *Nominalismo absoluto*, ou tese que afirma o mesmo que o nominalismo exagerado, acrescentando que os termos usados para designar as entidades concretas são ao mesmo tempo entidades concretas.

1) e 2) também foram chamados *platônicos*; 2) e, às vezes, 3) foram chamados também *aristotelismo*; 6) foi chamado também *terminismo*; 7) pode ser qualificado de inscricionismo (ver INSCRIÇÃO). Cada uma destas posições se apresentou freqüentemente mesclada com alguma outra na história da filosofia; é difícil, portanto, encontrar representantes puros de qualquer uma delas. Em particular, posições como 3) e 4), e como 4) e 5), estão tão próximas entre si que se pode duvidar se é possível estabelecer entre elas uma distinção rigorosa. Por isso costuma-se adotar muitas vezes a classificação antes citada de realismo exagerado, nominalismo e realismo moderado (às vezes chamadas respectivamente realismo, nominalismo e conceitualismo), cada uma das quais compreende diversas variantes.

➲ Sobre a *Isagoge* de Porfírio, ver a bibliografia dedicada a esse filósofo, assim como A. Busse, *Die neuplatonischen Ausleger der Isagoge des Porphyrios*, 1892. A. Smith, *Porphyry's Place in the Neoplatonic Tradition: A Study in Post-Plotinian Neoplatonism*, 1974.

Indicamos a seguir, por simples ordem cronológica de publicação, uma série de escritos, tanto históricos quanto sistemáticos, sobre o problema dos universais. A esta bibliografia devem ser acrescentados os títulos mencionados nas bibliografias dos verbetes NOMINALISMO e REALISMO: G. Lefèbre, *Les variations de Guillaume de Champeaux sur la question des universaux. Étude suivie de documents originaux*, 1898. — J. Reiners, *Der aristotelische Realismus in der Frühscholastik*, 1907. — Id., *Der Nominalismus in der Frühscholastik*, 1910. — R. Dreiling, *Der Konzeptualismus in der Universalienlehre des Franziskanerbischofs Petrus Aureli (Pierre d'Auriole)*, 1913 [Beiträge zur Geschichte der Philosphie des Mittelalters, X, 6]. — J. Krause, *Die Lehre des Johannes Duns Skotus, O.F.M. von der Natura Communis. Ein Beitrag zum Universalienproblem in der Scholastik*, 1927. — Norman Kemp Smith, "The Nature of Universals", *Mind*, N. S., 36 (1927), 137-157, 205-280, 393-422. — María Ostmann, *Die Problematik der Universalien seit Kant*, 1930 (tese). — J. Carreras y Artau, *La doctrina de los universales en Juan Duns Scoto. (Una contribución a la historia de la lógica en el siglo XIII)*, 1931. — G. N. Lawande, *The Problem of Universals: a Metaphysical Essay*, 1943. — Meyrick H. Carré, *Realists and Nominalists*, 1946. — M. Lazerowitz, "The Existence of Universals", *Mind*, N. S., 55 (1946), 1-24. — W. v. Quine, "On Universals", *Journal of Symbolic Logic*, 12 (1947), 74-84. — R. I. Aaron, *The Theory of Universals*, 1952. — Alonzo Church, Nelson Goodman, I. M. Bocheński, *The Problems of Universals: A Symposium*, 1956. — Wolfgang Stegmüller, "Das Universalienproblem einst und jetzt", *Archiv für Philosophie*, 6 (1957), 192-225, e 7 (1957), 45-81 (reed. como monografia, 1965). — Jean-Pierre Schobinger, *Vom Sein der Universalien. Ein Beitrag zur Deutung des Universalienstreites*, 1958. [Santo Tomás, Cajetano, Pedro Hispano, Sigério de Brabante, Sigério de Courtrai, Guilherme de Shyreswood]. — D. S. Shwayder, *Models of Referring and the Problem of Universals*, 1961 [University of California, Publications in Philosophy, 35]. — Guido Küng, *Ontologie und logistische Analyse der Sprache. Eine Untersuchungen zur zeitgenössischen Universaliendiskussion*, 1963. — Panayot Butchvarov, *Resemblance and Identity: An Examination of the Problem of Universals*, 1966. — Farhang Zabeeh, *Universals: A New Look at an Old Problem*, 1966. — Joseph Lebacqz, *De l'identique au multiple: Le problème des universaux reconsidéré à la lumière du bergsonisme et des philosophies existentialistes*, 1968. — Jack W. Meiland, *Talking about Particulars*, 1970. — Richard J. Van Iten, *The Problem of Universals*, 1970. — Nicholas Wolterstorff, *On Universals: An Essay in Ontology*, 1970. — Bruno Maioli, *Gli universali: Alle origini del problema*, 1973. — M. M. Tweedale, *Abailard on Universals*, 1976. — Yogini Nighoskar, *Universals and Particulars: An Essay in Contextual Analysis*, 1978. — D. M. Armstrong, *Universals and Scientific Realism*, 2 vols. *(I. Nominalism and Realism; II. A Theory of Universals)*, 1978. — W. Stegmüller, ed., *Das Universalien-Problem*, 1978. — J.-A. Casaubon, *Palabras, ideas, cosas. El problema de los universales*, 1984. — J. P. Moreland, *Universals, Qualities, and Quality-Instances: A Defense of Realism*, 1985. — R. Fahrnkopf, *Wittgenstein on Universals*, 1988. — G. Brakas, *Aristotle's Concept of the Universal*, 1988. — J. Sharpe, ed., *Quaestiones super universalia*, 1900. — A. B. Schoedinger, ed., *The Problem of Universals*, 1991.

A teoria de Cassirer, em várias de suas obras, especialmente em *Substanzbegriff und Funktionsbegriff*, 1910.

As observações de Hönigswald em *Abstraktion und Analyse. Ein Beitrag zur Problemgeschichte des Universalienstreites in der Philosophie des Mittelalters*, 1960 [vol. III de *Schriften aus dem Nachlass* a cargo do Hönigswald-Archiv. dir. por H. Wagner]. ᑕ

UNIVERSAIS LINGÜÍSTICOS. Esta expressão foi e continua a ser entendida pelo menos de dois modos: 1) como uma série de características que supostamente pertencem às línguas humanas, isto é, à chamada "linguagem humana", ao contrário de outros tipos de linguagem, ou de sistemas de comunicação, em particular as chamadas "linguagens animais"; 2) como uma série de elementos, especificamente regras, de uma gramática universal que subjaz em quaisquer gramáticas particulares e, portanto, em quaisquer línguas humanas.

Tanto 1) como 2) podem ser entendidos de duas maneiras: *a)* as características, elementos ou regras de referência estão todas presentes em qualquer língua; *b)* qualquer língua tem algumas mas não necessariamente todas as características, elementos ou regras de referência.

1) e 2) não implicam necessariamente um ao outro, mas pelo menos alguns dos aspectos de 1) ou de 2) estão freqüentemente relacionados com alguns dos aspectos de 2) ou de 1). A maior parte das características de 1) são afirmáveis independentemente de 2), mas a afirmação de 2) implica várias das características de 1).

1) e 2) podem ser entendidos ou como resultado de uma generalização indutiva resultante do exame das línguas ou como resultado de uma hipótese segundo a qual há universais inatos na mente humana. Charles F. Hockett ("The Problem of Universals in Language", em Joseph H. Greenberg, ed., *Universals of Language*, 1963 [2ª ed., rev., 1966], pp. 1-22) se inclina pelo primeiro. Chomsky (cf. *infra* para bibliografia, ver CHOMSKY [NOAM]) se inclina pelo segundo, convenientemente especificado em forma, por uma parte, de regras, e, por outra, de descrições.

A concepção generalizada não exclui, portanto, nem 1) nem 2), mas tende principalmente para 1). Hockett chega inclusive a equiparar universais com generalizações. Em contrapartida, Hansjakob Seiler ("Universals of Language", em *Proceedings of the Eleventh International Congress of Linguists*, Bologna-Firenze, 18-8/2-9 de 1972, tomo I, ed. Luigi Heilmann, 1974, pp. 75-96) considera que se deve estabelecer uma distinção nítida entre universais e generalizações, de acordo com o já estabelecido por E. Coseriu em "Über Leistung und Grenzen der Kontrastiven Grammatik", em *Sprache der Gegenwart*, 1969, pp. 9-30, e declara que embora não se deva "inventar" os universais, não é suficiente uma "descoberta". A concepção inatista não exclui tampouco nem 1) nem 2), mas tende principalmente para 2), com especificações como as indicadas no final do parágrafo anterior.

Tanto 1) como 2) podem ser concebidos no nível sintático, no semântico ou no fonológico; ou em pelo menos dois destes níveis, ou nos três juntamente.

A idéia geral dos universais lingüísticos se encontra na concepção racionalista da linguagem promulgada por Descartes e pelos "cartesianos", assim como pelos cultores (nos séculos XVII e XVIII, principalmente no último) da chamada "gramática filosófica". Na época atual ela foi proposta e desenvolvida por Chomsky, especialmente sob a forma 2). Os universais lingüísticos fazem parte do aparato de aquisição da linguagem e são função da chamada "competência", ao contrário do "desempenho" *(performance)*.

Chomsky distinguiu universais lingüísticos formais e universais lingüísticos substantivos. Os primeiros são propriedades abstratas e têm a forma de regras; os segundos são descrições concernentes a traços que se encontram em todas as línguas, de modo que, dada uma língua, as expressões da mesma possuirão traços determinados que figuram na descrição dos universais lingüísticos.

A tese dos universais lingüísticos em qualquer de suas formas, mas especialmente na forma do inatismo (VER) lingüístico que lhe deu Chomsky, foi objeto de muitas discussões. Alguns argumentam que, embora se observem universais lingüísticos — especialmente no modo 1) — em todas as línguas, isso não faz com que os universais lingüísticos sejam necessários, em qualquer sentido de 'necessário' — lógico, mental ou biológico. Outros assinalam que a presença de universais lingüísticos indica meramente que toda língua humana cai dentro de uma área relativamente limitada de possibilidades estruturais: um traço estrutural comum a todas as línguas recebe o nome de "universal lingüístico". Outros (incluindo o próprio Chomsky) indicam que os universais lingüísticos são elementos de um modelo ideal de aquisição da linguagem. A este respeito, José Hierro S. Pescador se pergunta se essa idealização não "idealiza demais" (*La teoría de las ideas innatas en Chomsky*, 1976, p. 59). Além disso, segundo escreve o mesmo autor, ao comparar o conjunto de "traços definitórios" da linguagem humana oferecidos por C. F. Hockett com a teoria (ou teorias) dos universais lingüísticos de Chomsky, "é preciso sublinhar que admitir a existência de universais lingüísticos não compromete necessariamente nem com uma posição mentalista (ver MENTALISMO) nem com uma posição inatista, pois é compatível com uma explicação não inatista da aquisição da linguagem e com uma metodologia não mentalista na investigação dos processos lingüísticos" (*op. cit.*, p. 54).

UNIVERSALISMO. Em teologia, é a doutrina segundo a qual Deus confere a todos os homens, sem exceção, a graça para sua salvação final. Em filosofia se chama de universalista toda teoria que sustente o caráter totalitário orgânico, seja do conjunto das coisas (universalismo metafísico), seja de todos os homens (universalismo sociológico), pelo qual cada coisa ou cada homem adquire consistência em virtude de sua referência ao conjunto. O universalismo se opõe assim, no primeiro caso, ao atomismo ou ao pluralismo, e no segundo ao individualismo.

O "universalismo" foi defendido por Othmar Spann — que qualifica deste modo a sua doutrina — não só na filosofia como predomínio do orgânico sobre o mecânico, da totalidade sobre a soma atomista, mas também e muito particularmente na esfera da sociologia.

As teorias sociológicas e políticas de Othmar Spann e de seus discípulos destacam com toda clareza e conseqüência os objetivos perseguidos. Assim, Heinrich, um dos discípulos da escola universalista de Viena, assinala que o Estado deve se organizar corporativamente, de acordo com um esquema que responde a uma estrutura dos graus do espírito na camada mais elementar e profunda, a chamada "espiritualidade sensível-vital",

constituída pelos trabalhadores; na camada seguinte, a "espiritualidade superior", constituída pelos artesãos, pelos intelectuais de menor categoria, pelos empresários e organizadores econômicos; na terceira e última camada, os "espíritos criadores" — funcionários superiores, artistas de maior capacidade, inventores, chefes de Estado, do Exército e da Igreja, e, como coroamento, os "autênticos criadores". As organizações deste tipo se opõem, pois, de modo mais radical, a toda concepção moderna da sociedade e a toda teoria que sustente, seja como um simples fato ou como uma aspiração, as possibilidades de "circulação das elites".

⊃ Ver: O. Dittrich, *Individualismus, Universalismus, Personalismus,* 1917 (*Kantstudien.* Ergänzungshefte 14). — Karl Gerber, *Der Universalismus bei O. Spann in Hinblick auf seine Religionsphilosophie,* 1934 (tese). — H. Räber, *O. Spanns Philosophie des Universalismus,* 1937. — W. Heinrich, ed., *O. Spann zum 70. Geburtstag. — Die Ganzheit in Philosophie und Wissenschaft,* 1950. — P. K. Crosser, *Economic Fictions: A Critique of Subjectivistic Economic Theory,* 1957. — A. Rieber, *Vom Positivismus zum Universalismus,* 1971. — K. Hammacher, ed., *Universalismus im Werk der Brüder Humboldt,* 1976. — M. Vereno, "Wiederbesinnung auf die Metaphysik", *Zeitschrift für Philosophische Forschung,* 30 (1976), 122-135. — E. Kittel, "Kritischer Realismus und Wiener Ganzheitslehre", *Conceptus,* 12 (1978), 70-79. — V. Pittioni, "Othmar Spanns Ganzheitslehre in neuer Interpretation", *Conceptus,* 18 (1984), 3-32. ⊂

UNIVERSO DO DISCURSO. Costuma-se traduzir por "universo do discurso" a expressão *Universe of Discourse* introduzida por Augustus de Morgan em 1847 *(Formal Logic: or the Calculus of Inference, Necessary and Probable)* e conhecida sobretudo a partir do uso que dela fez George Boole em 1854 *(An Investigation of the Laws of Thought).* De Morgan escreveu o seguinte: "Se lembrarmos que em muitas proposições, talvez na maior parte delas, o pensamento alcança menos do que o que chamamos comumente o universo inteiro, descobrimos que todo o alcance de um tema a debater é, para os propósitos do debate, o que chamei um *universo,* isto é, um orbe de idéias que se expressa ou se entende como se contivesse todo o assunto em discussão".

De Morgan se referia com isso ao significado de termos negativos com o fim de limitar sua aplicação ao universo do discurso determinado pelos correspondentes termos positivos. Assim, por exemplo, o termo 'não mortal' pertence, de acordo com isso, ao universo do discurso determinado pelo termo 'mortal'.

Boole, por sua parte, considerou como universo do discurso a chamada "classe (VER) universal", isto é, a classe simbolizada por 'V' à qual pertence tudo. O universo do discurso se define como a classe de todos os

x tais que $x = x$. A noção de universo do discurso pode ser transferida da lógica das classes para a das relações.

Posteriormente tendeu-se a considerar, de um modo mais geral, o universo do discurso como um universo lingüístico, ou conceitual, ou ambos ao mesmo tempo, que corresponde a um universo caracterizado por certo modo de ser. Em outras palavras, tendeu-se a considerar que todo termo que possui uma conotação possui também uma denotação mesmo quando o "objeto" apontado pelo termo não seja "real". Assim, por exemplo, pensou-se que (em um de seus usos) o termo 'Vênus' denota um modo de ser que se pode chamar "mitológico" ou, mais geralmente, "irreal". 'Vênus' não denota nenhum ser real, mas denota, de acordo com isso, um modo de ser "não real"; o que não deixa de ser "um modo de ser" pelo fato de não possuir realidade "física".

A doutrina assim produzida é a que afirma que há tantos universos do discurso quanto modos de ser, e vice-versa. Exemplo de tal doutrina é a teoria de Meinong (VER). Com efeito, nesta teoria se admite que certas entidades não existem, mas não deixam de "ser" de algum modo, pois a existência é apenas um modo de ser entre outros (tais como o modo de ser chamado "subsistir").

A esta doutrina, ou outras doutrinas semelhantes, foram feitas várias objeções. Uma delas consiste em afirmar que toda expressão que não descreva uma entidade real carece de significação. Outra consiste em sustentar que a expressão em questão continua tendo significação, mas não se refere a uma entidade pertencente a um universo especial não real (por exemplo, a um "universo de entidades fictícias"), mas a um pensamento, a uma idéia, a uma crença que, como tais, são reais. Outra consiste em destacar a ambigüidade do predicado 'existe'. No que diz respeito a nomes que se referem a entidades fictícias, argumenta-se que se trata de frases descritivas (ver DESCRIÇÕES [TEORIA DAS]; EXISTÊNCIA), que podem ser usadas sem necessidade de supor que há "uma entidade fictícia" ou, em geral, "uma entidade irreal" correspondente a tais frases. Quanto às classes, pode-se adotar a tese de que se trata de construções lógicas. Se não se admite a idéia de que a significação de uma frase descritiva (ou "descrição definida") reside na referência a uma entidade, pode-se aceitar a tese de que uma frase descritiva é analisável em termos de seu uso (VER) (ver DESCRIÇÃO, *ad finem*). Em todos esses casos, porém, rejeita-se que haja um "universo ontológico" descritível mediante um "universo do discurso".

⊃ C. Joja, "Le sens moderne de la 'dianoia', ou 'l'univers du discours' chez Platon", *Philosophie et Logique*, 17 (1973), 359-370. — J. L. Hudson, "The Universe of Discourse", *Critica*, 7 (1975), 41-68. — T. G. Nedzynski, "Quantification, Domains of Discourse, and Existence", *Notre Dame Journal of Formal Logic*, 20 (1979), 130-140. — B. B. Wavell, "Scientific and Religious Universes of Discourse", *Zygon*, 17 (1982), 327-342. ⊂

UNÍVOCO. Em Analogia (VER) referimo-nos aos termos unívocos. Completamos a informação com alguns esclarecimentos, em particular sobre a doutrina da univocidade do ser em John Duns Scot. Gilson chama a atenção (cf. *Jean Duns Scot*, 1952, pp. 87 ss.) para o fato de que na origem da noção "unívoco" está a noção de "sinônimo" (VER). Assim como se pode falar de coisas sinônimas, pode-se falar de coisas unívocas. Ora, como as coisas chamadas "unívocas" são aquelas às quais se pode aplicar um mesmo termo com uma significação completamente semelhante, passou-se a chamar "unívoco" o termo que se pode aplicar a duas ou mais coisas no mencionado sentido. Segundo os escolásticos, os termos específicos e genéricos são unívocos. Um exemplo muito comum é constituído pelo termo 'animal', que se aplica no mesmo sentido a todos e a cada um dos membros da classe dos animais. A objeção possível a este emprego — por exemplo, que 'animal' se aplica em outro sentido em francês como 'Fulano de Tal é um animal', onde 'animal' equivale a 'grosseiro', 'bruto' etc. — pode ser contestada dizendo-se que em tal caso 'animal' tem outra significação que não a do *termo específico* 'animal' como ser biológico e que, portanto, se viola com isso a regra segundo a qual o termo deve se aplicar, para um ser unívoco, *em um sentido completamente semelhante*. Assim, a possibilidade de univocidade de um termo depende essencialmente do significado em que ele é empregado. Não há, de fato, termos unívocos entre si.

Como vimos no citado verbete sobre a noção de analogia, alguns escolásticos distinguem *termos unívocos universais* e *termos unívocos transcendentais*. Os primeiros são os citados termos genéricos e específicos e não levantam graves problemas. Os segundos são termos como 'ser', aplicados a uma classe de coisas ou à classe de todas as coisas. Quando isto ocorre, coloca-se um problema: É o ser, como ser, unívoco? A maior parte dos escolásticos responderam negativamente à pergunta. Entre os que responderam a ela afirmativamente destaca-se Duns Scot. Assim, é comum afirmar que esse filósofo defendeu a univocidade *do* ser contra a doutrina de Santo Tomás e outros autores, que sustentaram a doutrina da analogia *do* ser. Ora, o citado Gilson sublinhou que o ser de que falava o *doctor subtilis* ao declará-lo unívoco era o ser no sentido de Avicena, isto é, o ser concebido como uma essência (VER) tomada em si mesma e da qual somente se pode predicar que é. Em contrapartida, o ser de que falava Santo Tomás ao declará-lo análogo era o ser no sentido de Aristóteles, isto é, um ser que não é inteiramente indiferente às determinações lógicas do pensamento, mesmo que ainda não tenha sido determinado por este. Por esse motivo, não se pode dizer que John Duns Scot tenha rejeitado por inteiro a idéia de analogia; o que fez foi declarar que o ser da essência nos seres singulares pode ser análogo, mas que o ser da essência *como* tal é unívoco. A univocidade é, pois, a seu ver, um estado metafísico *do ser*.

➲ Ver: T. Barth, *De fundamento univocitatis apud Joannem Duns Scotum*, 1939. — *Id.,* "Zum Problem der Eindeutigkeit. Ein Beitrag zum Verständnis ihrer Entwicklung von Aristoteles über Porphyrius, Boethius, Thomas von Aquin nach Duns Skotus", *Philosophisches Jahrbuch,* 55 (1942), 300-321. — C. L. Shircel, *The Univocity of the Concept of Being in the Philosophy of Duns Scotus*, 1942. — M. C. Menges, *The Concept of Univocity regarding the Predication of God and Creature according to W. Ockham*, 1952. — Michael Schmaus, *Zur Discussion über das Problem der Univozität im Umkreis des Johannes Duns Skotus*, 1957 [Sitzungsb. d. Bayer. Ak. d. Wiss., Phil. hist. Klasse, H. 4]. — H. T. Schwartz, "Plato, Aristotle, St. Thomas, and Univocity", *New Scholasticism*, 27 (1953), 373-403. — S. Y. Watson, "Univocity and Analogy of Being in the Philosophy of Duns Scotus", *Proceedings. American Catholic Philosophical Association*, 32 (1958), 189-205. — T. A. Barth, "Being, Univocity, and Analogy According to Duns Scotus", *Studies in Philosophy and the History of Philosophy*, 3 (1965), 210-262. — D. B. Burrell, "John Duns Scotus: The Univocity of Analogous Terms", *Monist*, 49 (1965), 639-658. — S. P. Marrone, "The Notion of Univocity in Duns Scotus's Early Works", *Franciscan Studien*, 43 (1983), 347-395. — S. F. Brown, "Univocity of the Concept of Being in the Fourteenth Century, III: An Early Scotist", *Mediaeval Studies*, 51 (1989), 1-129. €

UNOLD, JOHANNES. Ver Haeckel, Ernst.

UNUM. Ver Transcendental, transcendentais; Um (Uno, unidade).

UPANISHAD. As *Upanishad* (não os *Upanishad* ou os *Upanishadas*, pois, como assinala S. Bucca, *Upanishad* é termo feminino, e em sânscrito não parece haver plural no substantivo) são consideradas tradicionalmente como a parte final das *brāmanas* e, por conseguinte, como o que se chama também *Vedānta*, entendido este termo no sentido de 'fim *(anta)* do *Veda*' e não como designando a escola ou sistema de filosofia indiana do mesmo nome (ver Vedānta). A expressão 'fim do *Veda*' pode ser entendida de dois modos, ambos admitidos pelos comentadores: um literal, segundo o qual designa a posição dos correspondentes escritos dentro das *brāmanas* (num sentido análogo a como 'metafísica' [VER] designou literalmente os escritos que, em sua edição do *Corpus aristotelicum*, Andrônico de Rodes posicionou depois da *Física*), e outro interpretativo, segundo o qual designa a posição espiritual de tais escritos como culminação da tradição védica, da qual são em grande parte um esclarecimento e comentário.

A tradição hindu considera que as *Upanishad* fazem parte dos escritos revelados. O vocábulo *Upanishad* significa etimologicamente 'sentar-se *(ṣad)* com devoção *(ni)* junto a *(apa)*' — junto a um mestre —, e alude provavelmente às explicações dadas no curso do ensinamento e transmissão de doutrinas sagradas. Como estas eram secretas, *Upanishad* também foi identificada com 'segredo'. Ora, ao contrário do caráter predominantemente ritual da literatura védica, as *Upanishad* oferecem freqüentemente um caráter especulativo — e até anti-ritualista. Mais que os "começos das *bramanas*", os "fins das *brāmanas*" ou *Upanishad* são, pois, o fundamento de muitos dos posteriores desenvolvimentos filosóficos (especialmente os das escolas ortodoxas). A considerável quantidade de *Upanishad* transmitidas — desde a época védica até datas relativamente muito mais recentes — e o enorme volume de máximas, opiniões, explicações e interpretações que contêm, explicam, de resto, a possibilidade — sublinhada por vários tratadistas — de que as próprias escolas heterodoxas *(nāstika)* no tocante ao *Veda* (por exemplo, o budismo) tivessem encontrado nas *Upanishad* vários de seus próprios pontos de vista. Característico do tipo de doutrinas que se acham nas *Upanishad* é a série de especulações sobre a Realidade Suprema ou Causa Verdadeira, às quais fizemos referência no verbete Brahman Aman (VER). Estas especulações podem dar origem não só a concepções metafísico-cosmológicas como também a interpretações tradutíveis numa linguagem filosófica mais estrita (como ocorre com os conceitos de imanência e transcendência). Além dessas especulações há nas *Upanishad* desenvolvimentos relativos aos diferentes modos de educação ou "adestramento" para conseguir o desprendimento dos sentidos, para levantar o véu que cobre a realidade e conhecer esta realidade tal como verdadeiramente é, para alcançar a contemplação do Absoluto-divino etc. Muitas dessas especulações também foram incorporadas ao hinduísmo tal como foi transmitido até nossos dias.

➲ Ver a observação de S. Bucca em *Notas y Estudios de Filosofía*, 2 (1951), 44, nota 1. — Bucca publicou uma tradução da *Kena Upaniṣad* em *Notas y Estudios* etc., 2 (1951), da *Isa Upaniṣad* em *ibid.*, 3 (1952), 47-55, e da *Kata Upaniṣad*, em *Humanitas*, nº 2 (1953), 229-301.

Ver as bibliografias de Filosofia oriental e de Filosofia indiana. Cf. especialmente: W. Ruben, *Die Philosophie der Upanishaden*, 2 vols., 1947 *(I. Vorphilosophische Philosophie; II. Philosophie und Mystik der Upanishaden).* — Também: H. Oldenberg, *Die Lehre der Upanishaden und die Anfange des Buddhismus*, 1915. — M. P. Pandit, *The Upanishads: Gateways of Knowledge*, 1960. — S. Ramgashar, *Early Indian Thought: The Philosophy of Vedas, Upanishads and Post-Vedic Literature*, 1966. — N. Smart, *The Yogi and the Devotee, the Interplay Between the Upanishads and Catholic Theology*, 1968. — N. A. Nikam, *Ten Principal Upani-*

shads: Some Fundamental Ideas. Dialectical and Analytical Study, 1974. — E. Hanefeld, *Philosophische Haupttexte der älteren Upanishaden,* 1976. — B. Singh, *The Philosophy of Upanishads*, 1983. ¢

UPPSALA (ESCOLA DE). Na medida em que Boström (VER), que ensinou em Uppsala, foi o ponto de partida de uma tradição idealista, tanto quanto personalista, que persistiu até finais do século XIX, poderíamos dar, por convenção, o nome de "Escola de Uppsala", e especificamente "primeira Escola de Uppsala", à tradição boströmiana. Esta termina com Sahlin e Liljequist (VER), que também ensinaram em Uppsala e que modificaram grandemente as idéias de Boström favorecendo tendências empiristas e até "relativistas".

É usual, contudo, reservar o nome de "Escola de Uppsala" — embora não se trate formalmente de nenhuma "escola" — a uma tradição que, começando com Hägeström (VER), rompeu com o idealismo e praticou um tipo de filosofia similar ao que se desenvolvia em Cambridge com Moore e Russell, e depois em Viena com os positivistas lógicos. Os "membros" da chamada "Escola de Uppsala", Hägeström e Phalén (VER) principalmente, adotaram atitudes antimetafísicas e antiidealistas, analisaram a linguagem com o fim de distinguir expressões descritivas e expressões emotivas, negando às últimas valores de verdade e desenvolvendo com isso o chamado "emotivismo". Os filósofos de Uppsala trabalharam também em questões relativas à percepção. Às vezes são mencionados como filósofos uppsalenses Tegen (VER), Karl Hedvall (nascido em 1892), Carl Hellström (nascido em 1892) e Harald Nordenson (nascido em 1886), mas nem todos eles realizaram o tipo de trabalho filosófico característico de Hägeström e Phalén.

As pesquisas destes dois autores foram levadas a cabo originalmente com independência da filosofia analítica de Cambridge e do positivismo lógico. Os "continuadores" da Escola de Uppsala, como Marc-Wogau (VER) e Hedenius (VER), seguiram a tradição de Hägeström-Phalén, mas receberam consideráveis influências de filósofos analíticos contemporâneos, com especial inclinação pelos que destacaram a importância da lógica na análise filosófica, a tal ponto que em muitos aspectos se opuseram às posições dos mestres suecos.

➲ Para a formação e desenvolvimento da Escola de Uppsala, especialmente no sentido dos trabalhos de Hägerström e seus discípulos imediatos, ver Robert T. Sandin, "The Founding of the Uppsala School", *Journal of the History of Ideas*, 23 (1962), 496-512. — Ver também K. Marc-Wogau, "Uppsalafilosofien och den logiska empirismen", *Ord och bild*, 53 (1944), 30-38, e G. Oxenstierna, *Vad är Uppsala-filosofien*, 1938. — J. Bjarup, *Skandinavischer Realismus. Hägeström, Lundstedt, Olivecrona, Ross*, 1978. — K. Kruger, "Philosophische Strömungen in Schweden zu Beginn des 20. Jahrhunderts", *Deutsche Zeitschrift für Philosophie*, 26 (1978), 250-256. ¢

UPTON, CHARLES BARNES. Ver MARTINEAU, JAMES.

UPTON, EDUARDO. Ver MERTONIANOS.

UR. A partícula alemã *Ur* entra na composição de vários termos que tiveram certa circulação na literatura filosófica e que costumam ser citados em sua forma original. Mencionaremos alguns.

Falou-se de *Urphänomenon* — que às vezes se traduz por 'protofenômeno' e às vezes por 'fenômeno originário'. Goethe introduziu esse termo em sua *Teoria das cores (Farbenlehre*, 1808) e em vários outros escritos. Segundo Goethe, há certos fenômenos que se dão à intuição e que expressam certos modos de ser básicos. O *Urphänomenon* é um "modelo" ou "regra" fundamental de que deriva, ou pode derivar, uma multiplicidade de formas. O *Urphänomenon* é por isso uma *Urform*, ou "protoforma", que é o modelo de todas as formas orgânicas. O estudo da *Urform* e das formas deriváveis é a morfologia (VER).

Em *A decadência do Ocidente* (*Der Untergang des Abendlandes*, 2 vols., 1918-1922, especialmente vol. 1), Oswald Spengler (VER) acolheu as idéias goethianas do *Urphänomenon* e da *Urform*, assim como a noção da correspondente "intuição". O protofenômeno ou protoforma de que fala Spengler desempenha, no tocante à história, o papel que o protofenômeno goethiano desempenha no tocante à Natureza. Trata-se de estabelecer uma morfologia geral das estruturas históricas.

Husserl também falou de uma proto-opinião ou protocrença *(Urdoxa, Urglaube).* Referimo-nos a esta noção no verbete DOXA, DOXAL, DOXÉSTICO, DÓXICO. O mesmo autor, ao falar de *Wahrnehmung* (percepção), equipara-a a uma *Ur-impression* (proto-impressão) (cf. *Vorlesungen zur Phänomenologie des inneren Zeitbewusstseins*, ed. M. Heidegger, § 13).

Podemos citar muitos outros usos da partícula *Ur* na literatura filosófica alemã. Assim, por exemplo, em Max Scheler, que fala de um "protofenômeno psíquico da vida" *(psychisches Urphänomen des Lebens)* e de um "protofenômeno da expressão" *(Urphänomen des Ausdrucks)*, que se encontra, a seu ver, já nas plantas (cf. *Die Stellung des Menschen im Kosmos*, 1928; reed. crítica do texto alemão em *Gesammelte Werke*, 9: *Späte Schriften*, 1976, ed. Manfred S. Frings, pp. 9-71).

URBAN, WILBUR MARSHALL (1873-1952). Nascido em Mount Joy, Pennsylvania (EUA), professor de filosofia na Universidade de Yale, defendeu uma *philosophia perennis* (VER) no sentido de manter viva a grande tradição da ontologia ocidental, com sua afirmação da existência (VER) de um mundo inteligível e de um orbe objetivo de valores. Urban, porém, sustenta que sua posição filosófica não é realista (em sentido metafísico) nem idealista (em sentido metafísico ou epistemológico). Pelo contrário, todo o seu esforço se concentra na constituição de uma filosofia que esteja mais além do realismo e do idealismo. Somente enquanto oposta ao naturalismo pode a filosofia de Urban ser qualificada de idealista; e somente enquanto oposta ao nominalismo pode ser qualificada de realista. O pensamento de Urban é, pois, "uma filosofia idealista seguindo a direção realista", o que significa, no seu entender, o uso simultâneo das duas tendências com o fim de superar o exclusivismo de cada uma em particular. Com isto se opera, além disso, uma síntese do idealismo e do naturalismo que pode admitir o que este último tem de justificado. Deste modo Urban concebe sua *philosophia perennis* como mais ampla que a assim chamada pela tradição escolástica; com efeito, a tradição idealista e racionalista moderna tem uma parte essencial, segundo Urban, em tal *philosophia*. Como assinalou numa ocasião, "tanto os postulados realistas como os idealistas são necessários para uma teoria do conhecimento inteligível; tanto o realismo como o idealismo são partes necessárias da metafísica natural do espírito humano e, portanto, da *philosophia perennis*". Ver também METÁFORA; SÍMBOLO, SIMBOLISMO.

➲ Obras: "The History of the Principle of Sufficient Reason: Its Metaphysical and Logical Foundations", *Princeton Contributions to Philosophy* I, 3 (1900), 1-87. — *Valuation: Its Nature and Laws*, 1909. — *The Intelligible World: Metaphysics and Value*, 1929. — *Language and Reality*, 1929. — *Fundamentals of Ethics*, 1930. — *Beyond Realism and Idealism*, 1949. — *Humanity and Deity*, 1951. — Ver, também: "Metaphysics and Value", em *Contemporary American Philosophy*, II, 1930, pp. 355-381, e "Axiology", em *Twenty Century Philosophy*, ed. D. D. Runes, 1943, pp. 51-73. — "Science and Value", *Ethics*, 51 (1941), 291-306. — "The Dialectic of Meaning and Truth: Truth as Immanent in Discourse", *Philosophy and Phenomenological Research*, 4 (1944), 377-400. — "Metaphysics and History", *Review of Metaphysics*, 3 (1950), 263-300.

Ver: G. A. DeLaguna, "Professor Urban on Language", *Philosophical Review*, 50 (1941), 422-430. — L. J. Eslick, "Is a Science of Value 'Qua' Value Possible?", *New Scholasticism*, 17 (1943), 156-172. — J. E. Smith, "Beyond Realism and Idealism: An Appreciation of W. M. Urban", *Review of Metaphysics*, 6 (1953), 337-350. — J. P. Johnson, "The Axiological Theims of W. M. Urban", *International Philosophical Quarterly*, 5 (1965), 335-360. — Warren Shibles, *An Analysis of Metaphor in the Light of W. M. Urban's Theories*, 1971. ➲

URRÁBURU, JUAN JOSÉ (1844-1904). Nascido em Ceánuri (Vizcaya, Espanha). Membro da Companhia de Jesus, ensinou de 1878 a 1886 na Universidade Gregoriana de Roma. O resultado de seu ensino é um dos mais extensos manuais de filosofia neo-escolástica escritos por um único autor: as *Institutiones philosophicae*, em 8 vols., 1890-1900. Urráburu expõe em suas *Institutiones* todas as disciplinas filosóficas tratadas pelos neo-escolásticos com base fundamentalmente em Santo Tomás e, em medida muito relevante, em Suárez, sempre com o ânimo de encontrar pontos de conciliação entre o tomismo e o suarismo. Urráburu fez um compêndio das *Institutiones*, o *Compendium philosophiae scholasticae*, em 5 vols., 1902-1904. Também publicou *Theodicea, prima pars et secunda pars,* 1899; *Ontología*, 1891, bem como uma série de 7 artigos, sob o título "El principio vital y el materialismo ante la ciencia y la filosofía", em *Razón y fe*, vols. 8-13 (1904-1905).

USENER, HERMANN (1834-1905). Nascido em Weilburg, foi professor de Gymnasium em Berlim (1858-1861), professor "extraordinário" em Bonn (1861-1863) e professor titular em Greifswald (1863-1866) e em Bonn (1866-1902). Usener é conhecido sobretudo por seus trabalhos sobre os epicuristas, mas também devemos a ele numerosas pesquisas sobre as origens da filosofia grega e sobre a origem e desenvolvimento da religião. Neste último aspecto deve-se mencionar sua ampla pesquisa sobre os "nomes dos deuses" como estudo da formação de conceitos religiosos.

➲ Obras: *Quaestiones Anaximeneae*, 1856. — *Analecta Theophrastae*, 1858. — *Alexandri Aphrodisiensis problematorum libri III et IV*, 1859. — *De Stephano Alexandrino*, 1880. — *Philologie und Geschichtswissenschaft*, 1882 *(Filologia e ciência histórica)*. — *Epicurea*, 1887. — *Religionsgeschichtliche Untersuchungen*, 2 partes, 1889 *(Pesquisas de história da religião)*. — *Dionysii Halicarnassensis librorum de imitatione reliquiae*, 1889. — *Der heilige Theodosius. Schriften des Theodoros und Kyrillos*, 1890 *(São Teodósio. Escritos de Teodoro e Cirilo)*. — *Götternamen. Versuch einer Lehre der religiösen Begriffsbildung*, 1895; 2ª ed., 1929 *(Os nomes dos deuses. Ensaio de uma teoria da formação de conceitos religiosos)*. — *Vorträge und Aufsätze*, 1907; 2ª ed., 1914 *(Conferências e artigos)*. — *Kleine Schriften*, 4 vols., 1912-1914 (escritos breves).

Ver: A. Momigliano, "New Paths of Classicism in the Nineteenth Century", *History and Theory*, 21 (1982), 1-67. ➲

USHENKO, ANDREW PAUL. Ver PERSPECTIVISMO; POTÊNCIA.

USO. O termo 'uso' é empregado na literatura filosófica principalmente nas seguintes acepções:

1) No significado que lhe dão os lógicos quando distinguem o "uso" e a "menção" (VER) dos signos.

2) No significado que se estendeu entre diversos filósofos: G. Ryle, J. L. Austin e, em geral, o "grupo" de Oxford (VER). Todos eles têm como orientação a recomendação de Wittgenstein: "Não indagar pela signi-

ficação; indagar pelo uso". Trata-se de averiguar quais são os usos de termos como 'sei', 'sabe', 'verdade', 'posso', 'causa', 'parece' etc., que desempenham papel central nas discussões filosóficas e que, segundo tais pensadores, são geralmente mal entendidos porque não se examinam seus usos, isto é, sua "lógica". Pode haver três tipos de pergunta na filosofia: *a)* a pergunta "Que é *x*?" ou "Qual é a essência de *x*?"; *b)* a pergunta: "Que significa o termo '*x*'"?, e *c)* a pergunta "Qual é o uso ou quais são os usos do termo '*x*'"? O tipo *a)* é o "metafísico"; o tipo *b)*, o "analítico"; o tipo *c)* poderia se chamar "pragmático", contanto que este termo seja entendido num sentido diferente do que tem no habitual e já tradicional pragmatismo. Ora, para entender bem o sentido *c)* de 'uso' é preciso evitar várias falácias. Antes de tudo, deve-se evitar a falácia, denunciada por G. Ryle em seu artigo "Ordinary Language" (*The Philosophical Review*, LXII [1953], 166-186), de confundir o estudo do uso de um vocábulo dado '*x*' numa língua dada, L, com uma questão lexicográfica. Por exemplo, a análise de Hume sobre a causa foi um exame sobre o uso de *cause*, mas não um exame sobre o uso do termo inglês *cause*. Tanto quanto um exame do uso de *cause* foi um exame do uso de *Ursache*, de 'causa' etc. Estudar os usos de um termo não equivale, por conseguinte, a estudar as características linguísticas de tal termo, exatamente no mesmo sentido em que estudar os usos que se faz de uma moeda não é o mesmo que estudar a forma, tamanho ou data de cunhagem de tal moeda. Uma moeda se usa para comprar ou vender algo, para gastá-la ou poupá-la. Um termo se usa para descrever tais ou quais coisas de tal modo ou de outro, para indicar, pedir, imprecar, rejeitar etc. Com isso a filosofia da análise do uso parece voltar à noção tradicional dos conceitos. Com efeito, G. Ryle reconhece que está mais próximo deles que das entidades linguísticas tão em voga "nos últimos decênios". Mas não importa a origem nem o *status* ontológico desses termos. Para os filósofos em questão, a realidade do conceito é a soma de seus *usos* no sentido apontado. Outra falácia que se deve evitar é a de confundir os usos *(uses)* de um termo com seus usos sociais *(usages)*. Não se trata, de fato, de saber qual é o significado predominante de um termo dentro de uma sociedade, de uma classe social, de uma profissão, ou de uma época determinada. Por isso os filósofos do uso, embora próximos em muitos aspectos da moderna filosofia do senso comum (VER), não se preocupam com problemas tais como o de se o termo '*x*' está ou não muito difundido, se é urbano ou rural, acadêmico ou vulgar. Esses problemas são de índole filológica e sociológica, não filosófica.

3) No pensamento de Ortega y Gasset, 'uso' é um termo que designa o modo fundamental de a sociedade humana se manifestar. Os usos são atos humanos que podem ser caracterizados por sua impessoalidade: uso é, com efeito, o que *se* faz. O indivíduo vive dentro de um sistema de usos aos quais ele se atém ou contra os quais protesta, mas que não pode deixar de levar em conta. Como todo o social, os usos têm dois aspectos: um, sua inevitabilidade; o outro, sua inautenticidade (do ponto de vista da radical vocação [VER] da pessoa). Sem usos seria impossível viver, porque o indivíduo não pode fazer tudo por si mesmo. Mas ao mesmo tempo em que facilitam a vida individual, os usos a oprimem. Essa opressão alcança proporções máximas quando os usos já não são vigentes. Os usos são, pois, também de caráter histórico (cf. *O. C.*, IV, 297; V, 296; VI, 38, 43, 53, 400; *El hombre y la gente*, 1957, cap. X, pp. 229-258).

4) F. C. Schiller considera que "toda verdade deve ter um uso, porque tem um significado" (*Logic for Use*, 1929, VIII, § 10). O uso é "a *ratio essendi* da verdade"; determina o significado, nossas operações mentais, as crenças, os vocábulos, e os símbolos (*op. cit.*, XX, § 2).

UTENSÍLIO. Podemos chamar "utensílio" e também "ferramenta" e "instrumento" tudo aquilo de que o homem (e algumas espécies de vertebrados superiores) se serve para fazer, produzir, plasmar etc., algo. Em seu sentido mais imediato, o utensílio é um artefato manual ou algo que serve de artefato manual; o utensílio está, portanto, "à mão" e é como uma prolongação da mão. Num sentido amplo, o utensílio pode não estar "à mão" imediatamente, mas estar mediatamente. Também num sentido amplo o utensílio pode ser uma prolongação de outro órgão corporal como, por exemplo, o olho.

Em todos estes casos o utensílio é, imediata ou mediatamente, algo "corporal". Pode-se falar também de utensílio ou instrumento num sentido "mental" ou "conceitual", como ocorre com o significado de *Organon* (VER) e, em geral, de toda série de regras para o raciocínio, o cálculo etc.

A noção de utensílio (ou de instrumento) desempenha um papel importante em várias tendências filosóficas. Isso acontece especialmente no instrumentalismo de Dewey (VER), em muitas formas de pragmatismo, no marxismo, em filosofias que deram atenção particular aos problemas suscitados pelo trabalho (VER), às concepções segundo as quais alguns produtos culturais, ou inclusive a cultura em conjunto, é de caráter "instrumental" e, em geral, em todos os sistemas filosóficos nos quais se destaca a chamada "relação de instrumentalidade" entre o homem e as coisas. Dentro dessas tendências a noção de utensílio, ou de instrumento, pode ter um aspecto mais ou menos "técnico" conforme seja o detalhamento com que se elaborou tal noção. Com particular detalhe foi elaborada por Dewey e por Heidegger, embora com pressupostos muito diferentes.

Como para Dewey tudo o que se chama "uma coisa" é mais bem "um assunto", o que se deve fazer não é "contemplá-lo", mas "resolvê-lo". Ora, com o fim de "resolver um assunto" deve-se atacá-lo mediante uma hipótese que é, a rigor, um "diagnóstico". As proposições que se formulem para tal efeito são como utensílios ou instrumentos *(tools)*, de sorte que o conhecimento é, antes de tudo, de caráter "instrumental" (cf. sobretudo *Essays in Experimental Logic*, 1916; *The Quest for Certainty*, 1929, e *Experience and Nature*, 1935).

Dewey entende a proposição como "instrumento". Heidegger sustenta uma idéia do instrumento *(Zeug)* como aquilo com que topamos em nossas "ocupações". O instrumento (ou utensílio) não é uma "coisa isolada", mas um complexo *(Zeugganze)*. O utensílio é fundamentalmente "algo para..." e as diferentes formas do "ser para" *(Um-zu)* são diferentes formas de "instrumentalidade". O utensílio é, assim, algo que se usa, se aplica, se toma, se maneja. O modo de ser do ente que chamamos "utensílio" é o "estar à mão" ou, como às vezes se chamou, a "manualidade" *(Zuhandenheit)* (*Sein und Zeit*, § 15). Ora, a noção de "estar à mão" é básica na medida em que é uma determinação ontológica categorial dos entes tais como "estão presentes" *(vorhanden)*. Temos, assim, duas determinações dos "entes": o "estarem à mão" ou serem utensílios — *Zuhandenes* — e o estarem presentes — *Vorhandenes*. A noção de utensílio adquire em Heidegger, portanto, significação ontológica na medida em que a "instrumentalidade" constitui uma das estruturas que revela a analítica do *Dasein* (VER).

ÚTIL, UTILIDADE. Nos verbetes UTILITARISMO e VALOR nos referimos à noção do útil ou utilidade. Precisaremos aqui que essa noção pode ser entendida de vários modos.

Em geral se chama "útil" a tudo o que pode servir para algo. Neste sentido, algo útil é algo "instrumental" e por isso se chama "útil" (aqui como substantivo, usado especialmente no plural: "os úteis") um instrumento ou um utensílio (VER). Mais especificamente, chama-se "útil" tudo o que serve para satisfazer necessidades humanas, tanto individuais como coletivas. Acrescentam-se às vezes às "necessidades humanas" os "desejos humanos", considerando-se então como útil o que possa satisfazer a estes e àquelas, ou a ambos ao mesmo tempo.

Embora a idéia de utilidade remeta sempre de um modo ou de outro a seres humanos para os quais algo é considerado útil ou inútil, não se deve concluir que se deu sempre à utilidade um sentido inteiramente pragmático, ou pragmático-humano. Assim, há em Leibniz dois sentidos de *utile* (cf. Couturat, ed., *Opuscules*, 475): por um lado, há a utilidade que os homens obtêm da investigação de fins divinos; pelo outro, há a utilidade que envolve as coisas mesmas que Deus se propôs. A primeira classe de utilidade é mais pragmática; a segunda é de caráter moral.

Úteis podem ser certas coisas, mas também certas ações. O tipo de utilidade depende em grande parte da esfera à qual se aplique o conceito do útil. Este desempenha um papel importante na economia (VER), a tal ponto que alguns autores consideram que o conceito de utilidade é primariamente um conceito econômico e apenas secundariamente um conceito não econômico. Também desempenha um papel importante na ética, de sorte que certas tendências na ética (tendências eudemonistas antigas [ver FELICIDADE], Hobbes, materialismo francês do século XVIII e, sobretudo, o chamado "utilitarismo" [VER]) podem ser estudadas como girando em torno da noção de utilidade. Em muitos casos se considerou que o útil é sempre prazeroso, já que tudo o que satisfaz uma necessidade, ou um desejo, ou ambos, tem forçosamente de produzir algum prazer, mas alguns autores alegam que algo pode ser útil sem ser necessariamente prazeroso. Assim, por exemplo, pode ser uma necessidade, e uma necessidade vital porque contribui para a própria conservação, o submeter-se a uma operação cirúrgica, que não é prazerosa. Contudo, pode-se afirmar que em grande número de casos o conceito de utilidade e o de prazer, ou pelo menos o de bem-estar, andam juntos.

É muito comum considerar o útil como um valor e distingui-lo então de outros valores, como o do agradável, o do belo etc. Os autores que estabelecem uma hierarquia de valores costumam colocar o útil na escala ínfima ou numa escala inferior. Deve-se levar em conta, porém, que mesmo no caso de considerar o útil como um valor, este não se acha necessariamente separado de outros valores. Na medida em que "serve para algo", o útil pode servir para fomentar valores considerados como "superiores". Por este motivo pode-se considerar também o útil como um valor puramente instrumental ao contrário de valores não instrumentais, que seriam fins para os quais o útil seria um meio.

UTILITARISMO. John Stuart Mill (*Autobiography*, ed. J. S. Cross [1924], p. 56) — um dos mais destacados defensores do utilitarismo — indicou que ele foi o primeiro a utilizar o termo *Utilitarianism* em relação com a "Sociedade" que se havia proposto fundar: a Utilitarian Society. Contudo, David Baumgardt (cf. *Archiv für Begriffsgeschichte*, ed. Erich Rothacker, Bd. 4 [1959], p. 228) descobriu que Jeremy Bentham — considerado o fundador do utilitarismo — já usara o termo *utilitarian* num texto escrito por volta de 1870 e publicado apenas postumamente (cf. David Baumgardt, *Bentham and the Ethics of Today, with Bentham Manuscripts hitherto Unpublished* [1952]). O uso de *utilitarian* por Bentham lhe foi sugerido quando projetou fundar uma seita chamada "The Sect of Utilitarians".

De modo geral, o termo 'utilitarismo' designa a doutrina segundo a qual o valor supremo é o da utilidade, isto é, a doutrina segundo a qual a proposição 'x é valioso' é considerada como sinônima da proposição 'x é útil'. O utilitarismo pode ser uma tendência prática ou uma elaboração teórica, ou ambas as coisas a um só tempo. Como tendência prática pode ser o resultado do instinto (em particular do instinto da espécie), ou conseqüência de um certo sistema de crenças orientadas para as convivências de uma comunidade dada ou manifestação de uma reflexão intelectual. Como elaboração teórica pode ser o resultado da justificação intelectual de uma prévia atitude utilitária, ou a conseqüência de uma pura teorização sobre os conceitos fundamentais éticos e axiológicos, ou as duas coisas ao mesmo tempo. A última combinação é a habitual nas doutrinas filosóficas utilitárias. Por um lado, é corrente que o filósofo utilitarista possua certas vivências orientadas para o predomínio da utilidade. Pelo outro, é necessário que sua doutrina utilitária não seja simplesmente uma tentativa de justificação de suas experiências. Esta última restrição é necessária se se quer que o utilitarismo não seja equiparado (como às vezes, erroneamente, se faz) com uma teoria do egoísmo. A maior parte dos utilitaristas destacam justamente a diferença entre o utilitarismo vulgar e o filosófico. O primeiro é muito corrente; o segundo, excepcional. Bergson escreveu que são necessários muitos séculos de cultura para forjar um utilitarista como John Stuart Mill.

É comum — e conveniente — reservar o nome de 'utilitarismo' para um certo grupo de teorias filosóficas e éticas surgidas na época moderna. Em particular é recomendável restringir a aplicação do termo 'utilitarismo' à corrente que apareceu na Inglaterra em finais do século XVIII e se desenvolveu durante o século XIX, corrente representada por Jeremy Bentham, James Mill e John Stuart Mill. O utilitarismo inglês tem seus precedentes. Um deles é Helvécio. Este pensador considerava que toda a vida do homem era dominada por dois impulsos: o desejo de felicidade e a vontade de evitar a dor, e isso a tal ponto que reger a sociedade consiste fundamentalmente em levar em conta tais impulsos.

O utilitarismo inglês foi chamado freqüentemente "radicalismo filosófico" *(Philosophical Radicalism)*. Para promover essa tendência Jeremy Bentham fundou, em 1824, a revista *Westminster Review*. Bentham considerou que o utilitarismo está a serviço de uma reforma da sociedade humana: de sua estrutura política — que devia ser basicamente liberal e democrática — e de seus costumes. A base da reforma da sociedade é o reconhecimento de que — como escreveu Bentham — "a Natureza nos colocou sob o domínio de dois mestres soberanos: o *prazer* e a *dor*" (*An Introduction to the Principles of Morals and Legislation*, cap. 1, seç. 1). Segundo Bentham, o princípio de utilidade, ou princípio de máxima felicidade, admite essa "sujeição" e oferece uma norma do que é justo e injusto, correto e incorreto: "aprova ou desaprova qualquer ação de acordo com a tendência que parece tender a aumentar ou diminuir a felicidade daquele *(party)* cujo interesse está em questão" (*ibid.*, seç. 3). O elemento afetado *(party)* pode ser um indivíduo ou uma comunidade. O interesse da comunidade é o dos indivíduos que a constituem e o interesse do indivíduo abarca a "soma total" de seus prazeres e dores. Em outros termos, o princípio de utilidade, segundo Bentham, afirma que devemos promover o prazer, o bem ou a felicidade (que são uma e a mesma coisa) e evitar a dor, o mal e o infortúnio (*ibid.*, seç. 3). Com o fim de escolher o que é bom, é necessário estabelecer um cálculo de prazeres e dores. Prazeres e dores são julgados segundo os seguintes critérios: intensidade, duração, certeza ou incerteza, proximidade ou distanciamento, fecundidade e alcance, isto é, o número de gente afetada (*ibid.*, seç. 4).

John Stuart Mill enfatizou o caráter qualitativo (e não apenas quantitativo) dos afetos. "É inteiramente compatível com o princípio de utilidade", escreveu ele, "reconhecer o fato de que algumas *classes* de prazer são mais desejáveis e mais valiosas que outras. Seria absurdo que enquanto em todas as demais coisas a qualidade fosse levada em conta tanto quanto a quantidade, na avaliação do prazer só se levasse em conta a última" (*Utilitarianism*, cap. 2). Deste modo, John Stuart Mill proclamou a superioridade dos prazeres do intelecto, da imaginação, dos sentimentos morais etc., por cima dos prazeres da sensação e se opôs a todo mal-entendido do utilitarismo como ligado unicamente a prazeres "baixos".

Há fortes tendências utilitárias em outros autores, como, por exemplo, em Henry Sidwick (VER). Em época recente houve novas disputas em torno do utilitarismo, assim como esforços para fundamentar e desenvolver uma ética utilitária, desligada de pressupostos que, inconscientemente, Bentham, James Mill e John S. Mill haviam admitido. É o que ocorre, entre outros, com J. J. C. Smart. É comum distinguir hoje o "utilitarismo dos atos" *(act-utilitarianism)* e o "utilitarismo das regras" *(rule-utilitarianism)*. Tal como os define o citado autor, "o utilitarismo dos atos é a opinião de que o justo ou o equivocado de uma ação deve ser julgado pelas conseqüências, boas ou más, da própria ação. O utilitarismo das regras é a opinião de que o justo ou o equivocado de uma ação deve ser julgado pela bondade ou maldade das conseqüências de uma regra de acordo com a qual todo o mundo deveria executar a ação em circunstâncias análogas" (*op. cit.* em bibliografia, *infra*, p. 9). Smart afirma que há duas subvariedades do utilitarismo das regras: uma defendida por Toulmin e a outra por Kant (se se interpreta a máxima de Kant: "Opera somente segundo a máxima pela qual possas querer ao mesmo tempo que se converta em lei universal", como segue: "Opera somente segundo a máxima que, como pessoa humana e benévola, gostarias de ver estabelecida como lei universal"). Mas nenhuma destas subvariedades é para Smart satisfatória já que ambas representam uma espécie de "idolatria das regras" ou normas. Por isso Smart defende o utilitarismo dos atos, único que pode prescindir de considerações metaéticas. Pode-se falar também, segundo Smart, de um utilitarismo hedonista e de um utilitarismo não hedonista, de um utilitarismo negativo (redução do sofrimento ao mínimo) e de um utilitarismo positivo (aumento da felicidade ao máximo). O utilitarismo proposto por Smart é extremo, hedonista e positivo, e se funda num princípio moral último que expressa o sentimento de benevolência mais que o de altruísmo; pois enquanto o altruísmo puro poderia levar a diversas gentes a diferentes atos incompatíveis entre si, a benevolência permite que o agente moral não se considere a si mesmo nem mais nem menos importante que qualquer outro agente moral.

⊃ Ver: Leslie Stephen, *The English Utilitarians*, 3 vols., 1900 (*I. Jeremy Bentham; II. James Mill; III. John Stuart Mill*). — Elie Halévy, *La formation du radicalisme philosophique en Angleterre*, 3 vols., 1901-1904. — Ernest Albee, *A History of English Utilitarism*, 1901; reimp. 1957. — Rodolfo Mondolfo, *Saggi per la storia della morale utilitaria*, 2 vols., 1903-1904 (I. *La morale di Hobbes*, 1903; II. *Le teorie morale e politiche di C. A. Helvétius*). — William L. Davidson, *Political Thought in England; the Utilitarians, from Bentham to J. S. Mill*, 1915. — John Plamenatz, *The English Utilitarians*, 1949 (incluindo a edição do *Utilitarianism*, de John S. Mill). — S. G. Castellato, *G. S. Mill e l'Utilitarismo inglese*, 1951. — Ph. Devaux, *L'utilitarisme*, 1955. — C. F. Hourani, *Ethical Value*, 1956. — J. J. C. Smart, "Extreme and Restricted Utilitarianism", *Philosophical Quarterly*, 6 (1956), 344-354. — Id., *An Outline of a System of Utilitarian Ethics*, 1961. — Richard Brandt, *Ethical Theory*, 1959. — David Lyons, *Forms and Limits of Utilitarianism*, 1965. — Nicholas Rescher, *Distributive Justice: A Constructive Critique of the Utilitarian Theory of Distribution*, 1966. — D. H. Hodgson, *Consequences of Utilitarianism: A Study in Normative Ethics and Legal Theory*, 1967. — Anthony Quinton, *Utilitarian Ethics*, 1973. — J. J. C. Smart e Bernard Williams, *Utilitarianism For and Against*, 1973 (inclui a segunda obra de Smart cit. supra e "A Critique of Utilitarianism" por Williams). — R. E. Sartorius, *Individual Conduct and Social Norms: A Utilitarian Account of Social Union and the Rule of Law*, 1975. — W. E. Cooper, K. Nielsen, S. C. Patten, eds., *New Essays on J. S. Mill and Utilitarianism*, 1979. — W. R. Köhler, *Zur Geschichte und Struktur der utilitarischen Ethik*, 1979. — D. H. Regan, *Utilitarianism and Co-operation*, 1980. — H. B. Miller, W. H. Williams, eds., *The Limits of Utilitarianism*, 1982. — A. Sem, B. Williams, eds., *Utilitarianism and Beyond*, 1982. — E. Guisán, *Cómo ser un buen empirista en ética*, 1986. — J. Raz, *The Morality of Freedom*, 1986. — J.-M. Colomer, *El utilitarismo*, 1987. — D. Holbrook, *Qualitative Utilitarianism*, 1988. — R. Trapp, *'Nicht-Klassicher' Utilitarismus. Eine Theorie der Gerechtigkeit*, 1988. — C. Rodríguez Braun, *La cuestión colonial y la economía clásica*, 1989. — M. Strasser, *The Moral Philosophy of J. S. Mill: Toward Modifications of Contemporary Utilitarianism*, 1991. — A. O. Ebenstein, *The Greatest Happiness Principle: An Examination of Utilitarianism*, 1991. — R. B. Brandt, *Morality, Utilitarianism, and Rights*, 1992.

Ver também as bibliografias de BENTHAM, JEREMY; MILL, JAMES; MILL, JOHN STUART. ●

UTOPIA. Literalmente, "utópico" significa "o que não está em nenhum lugar" (do grego τόπος). Chama-se (desde Tomás Morus, que cunhou a palavra) "utopia" toda descrição de uma sociedade que se supõe perfeita em todos os sentidos. A própria sociedade descrita é qualificada de "utopia". Chama-se "utópico" todo ideal — especialmente todo ideal de sociedade humana — que se supõe maximamente desejável, mas que muitas vezes se considera inalcançável. 'Utópico' equivale em muitos casos a 'modelar' e a 'perfeito'.

Há muitos exemplos de utopias. Entre os mais destacados figuram: a *República (Politeia)* de Platão, a *Utopia (De optimo reipublicae statu... nova insula utopia)*, de Santo Tomás Morus; a *Cidade do Sol (Città del Sole, Civitas solis)*, de Campanella; a *Nova Atlântida (New Atlantis)*, de Francis Bacon; o *Erewhom*, de Samuel Butler; as falanges e os falanstérios *(Théorie de l'unité universelle)*, de Charles Fourier (1772-1837); a *Viagem a Icária (Voyage en Icarie)*, de Étienne Cabet (1788-1856); as *Notícias de lugar algum (News from Nowhere)* e o *Paraíso Terrestre (The Earthly Paradise)*, de William Morris (1834-1896); *Uma Utopia moderna (A Modern Utopia)*, de H. G. Wells (1866-1946).

Estas "Utopias" são muito diferentes entre si, mas têm em comum o fato de descreverem não só uma sociedade ideal e perfeita, mas a descreverem também com todo detalhe.

Nem todos os autores citados acreditaram que a sociedade utópica descrita em cada caso é realizável; alguns sublinharam sua irrealizabilidade. Mas foram movidos freqüentemente pelo desejo de criticar a sociedade de sua época e de propor reformas, que são cumpridas na sociedade utópica. Deste ponto de vista, as utopias são revolucionárias.

Criticou-se às vezes toda utopia desta índole como expressão de uma atitude cega para as "realidades humanas" — cega para a compreensão das "realidades concretas", tais como os impulsos de domínio, as ambições etc. A utopia é todo o contrário da *Realpolitik*, a "política realista". Alegou-se que é fácil pensar numa sociedade ideal quando não se leva em conta as "realidades", que oferecem sempre "resistência". Uma sociedade utópica, foi dito, funciona perfeitamente só porque funciona no vazio. Sublinhou-se, além disso, que o espírito revolucionário utópico se aniquila a si mesmo; numa sociedade perfeita já não cabem revoluções nem, portanto, mudanças e progresso.

Por outro lado, argumentou-se que os ideais utópicos não são inoperantes. Graças ao pensamento utópico podem-se criar condições para a reforma social, de modo que o que num momento pode ser utópico oportunamente se converte em "real". Deste ponto de vista, o pensamento utópico não é sempre utópico. Como uma teoria sobre a sociedade humana pode modificar a realidade social existente no momento em que é formulada, uma utopia pode também, e sobretudo, exercer influência sobre o curso dos acontecimentos. Os defensores do pensamento e da atitude utópicas indicam que a utopia é uma expressão da esperança (VER).

"O que não está em nenhuma parte" é utópico. "O que não está em nenhum tempo" pode ser chamado de "ucrônico". Renouvier (VER) chamou ucronia *(Uchronie)* sua descrição de um passado que poderia ter sido diferente do que foi.

↪ Ver as edições em português de: Tomás Morus, *Utopia*, 1997. — Tomás Campanella, *A cidade do sol*, s.d. — Francis Bacon, *Nova Atlântida*, s.d.

Sobre o pensamento utópico e sua história: Moritz Kaufmann, *Utopias, Or Schemas of Social Improvement from sir Thomas More to Karl Marx*, 1879. — Andreas Voigt, *Die Sozialen Utopien*, 1906. — Ernst Bloch, *Geist der Utopie*, 1918 (especialmente os ensaios 6 e 7). — José Ortega y Gasset, *El tema de nuestro tiempo*, 1921; reimp. em *Obras completas*, III (parte sobre "El ocaso de las revoluciones" e "El sentido histórico de la teoría de Einstein"). — Lewis Mumford, *The Story of Utopias*, 1922. — Joyce Oramel Hertzler, *The History of Utopian Thought*, 1923. — A. Doren, *Wunschräume und Wunschzeiten*, 1927. — Karl Mannheim, *Ideologie und Utopie*, 1929. — Hans Freyer, *Die politische Insel. Eine Geschichte der Utopien von Platon bis zur Gegenwart*, 1936. — Gerhard Ritter, *Machstaat und Utopie. Vom Streit um die Dämonie der Macht seit Macchiavelli und Morus*, 1940; 5ª ed. com o título: *Die Dämonie der Macht. Betrachtungen über Geschichte und Wesen des Machtproblem im politischen Denken der Neuzeit*, 1947. — Eugenio Imaz, *Topía y utopía*, 1947. — Ernest Lee Tuveson, *Millenium and Utopia. A Study in the Background of the Idea of Progress*, 1949. — R. Ruyer, *L'Utopie et les utopies*, 1950. — P. Tillich, *Politische Bedeutung der Utopie im Leben der Völker*, 1951. — J. H. Hexter, *More's Utopia. The Biography of an Idea*, 1952. — Ernst Bloch, *Das Prinzip Hoffnung*, 5 partes, 2 vols., 1959. — Roger Mucchielli, *Le mythe de la cité idéale*, 1960. — G. Duveau, *Sociologie de l'Utopie et autres "Essais"*, 1961. — María Luisa Berneri, *Viaje a través de la Utopía*, 1962 [ponto de vista anarquista. História de Platão ao presente]. — George Kateb, *Utopia and its Enemies*, 1963 [especialmente sobre as utopias modernas e contemporâneas].

Simpósio sobre este livro por Harry Neumann, George L. Kline e o autor em *Philosophy Forum*, 10, nº 3-4 (dezembro 1971), 317-335. — George Uscatescu, *Utopía y plenitud histórica*, 1963. — J. Lameere, M. de Gandillac *et al., Les utopies à la Renaissance*, 1963 [Colóquio, abril 1961]. — Jean Servier, *Histoire de l'utopie*, 1967. — F. E. Manuel, ed., *Utopias and Utopian Thought*, 1967 (coletânea de artigos, parte deles publicados primeiro em *Daedalus*, primavera 1965). — Arnhelm Neusüss, *Utopie*, 1968. — R. J. Schoeck, *Utopia and Humanism*, 1969. — Martin G. Plattel, *Utopian and Critical Thinking*, 1972. — Ferdinand Seibt, *Utopica. Modelle totaler Sozialplanung*, 1972. — Elizabeth Hansot, *Perfection and Progress: Two Modes of Utopian Thought*, 1974. — Peyton E. Richter, Preston N. Williams *et al., Utopia/Dystopia?*, 1975, ed. P. E. Richter. — Z. Bauman, *Socialism: The Active Utopia*, 1975. — R. Spaemann, *Zur Kritik der politischen Utopie*, 1977 (artigos 1965-1975). — F. E. Manuel, F. P. Manuel, *Utopian Thought in the Western World*, 1979, com bibliografia por Glenn Negley (trad. esp., 1984, 3 vols.: I. *Antecedentes y nacimiento de la utopía* [até o século XVI]; II. *El auge de la utopía: La utopía cristiana* [séculos XVII-XIX]; III. *La utopía revolucionaria y el crepúsculo de las utopías* [séculos XIX-XX]). — P. Noutsos, Οὐτοπία καὶ Ἱστορία, 1979 *(Utopia e história)*. — H. Wiegmann, *Utopie als Kategorie der Ästhetik*, 1980. — J. C. Davis, *Utopia and the Ideal Society: A Study of English Utopian Writing 1516-1700*, 1981. — M. Eliav-Feldon, *Realistic Utopias: The Ideal Imaginary Societies of the Renaissance 1516-1630*, 1982. — T. Olson, *Millennialism, Utopianism and Progress*, 1982. — E. Hansot, *Perfection and Progress: Two Modes of Utopian Thought*, 1982. — W. Vosskamp, ed., *Utopieforschung*, 3 vols., 1982. — M.-L. Berneri, *Utopías. Viaje a través de la utopía*, 1983 [de Platão a Orwell]. — X. Rubert de Ventós, *Las metopías. Metodologías y utopías de nuestro tiempo*, 1983. — G. M. Logan, *The Meaning of More's "Utopia"*, 1983. — T. Nagel, *The View from Nowhere*, 1985. — S. Vilar, *El viaje y la utopía. Iniciación a la teoría y a la práctica anticipadoras*, 1985. — K. Kumar, *Utopia and Anti-Utopia in Modern Times*, 1987. — A. Colombo, *Utopia e Distopia*, 1987. — V. Geoghegan, *Utopianism and Marxism*, 1987. — H. Liebersohn, *Fate and Utopia in German Sociology, 1870-1923*, 1988. — B. Schmidt, *Kritik der reinen Utopie*, 1988. — L. Bossle, *Zur Soziologie utopischen Denkens in Europa*, 1988. — K. Kumar, *Utopianism*, 1991. — L. Tundo, *L'Utopia di Fourier*, 1992. — T. Moro, *Una reinterpretazione dell'Utopia*, 1992. ↩

UTTARA-MĪMĀṂSĀ. Ver FILOSOFIA INDIANA; MĪMĀṂSĀ; VEDĀNTA.

VACHEROT, ÉTIENNE (1809-1897). Nascido em Torcenay (Haute-Marne). Em 1838 foi nomeado diretor da École Normale Supérieure em Paris, mas foi destituído de seu cargo em 1852 por sua oposição ao golpe de Estado de Luís Napoleão Bonaparte (Napoleão III). Depois de 1870 foi eleito deputado da Assembléia Nacional.

Vacherot é considerado um filósofo eclético, influenciado por Cousin, sem no entanto aderir ao espiritualismo deste, e por Taine, sem adotar seu empirismo. Segundo Vacherot, os diferentes tipos de filosofia são a conseqüência do predomínio em sua elaboração das diferentes faculdades psicológicas. Toda conciliação entre esses tipos é impossível, pois o materialismo, o espiritualismo ativo e o infinitismo passivo e estático não são mais que os modos de manifestar-se filosoficamente a imaginação, a consciência e a razão. Vacherot adota, contudo, uma posição à qual chama "novo espiritualismo", que se não representa uma completa síntese, está destinada, pelo menos, a conciliar na medida do possível as variedades apontadas. Toda reflexão filosófica deve, segundo ele, basear-se numa clara distinção entre o existente e o ideal. O existente é o real e, como tal, o imperfeito e finito; o ideal, em contrapartida, é o perfeito e infinito, mas também o inexistente. A relação entre o real e o ideal consiste numa simples relação de determinação. Todo fator real é independente de um fator ideal; contudo, este determina formalmente e lhe outorga seu valor e seu sentido. A interpretação do mundo moral e do mundo histórico deve-se ater a esta relação peculiar entre as realidades e as idealidades, e daí que os atos humanos, que são elementos do existente, possam ganhar valor e significado por sua submissão a uma determinação ideal.

◯ Obras: *Histoire critique de l'École d'Alexandrie*, 3 vols., I, 1846; II, 1851; III, 1851 [esta obra originou uma violenta controvérsia com Gratry (VER)]. — *La métaphysique et la science. Principes de métaphysique positive*, 2 vols., 1858; 2ª ed., 3 vols., 1863. — *Essais de philosophie critique*, 1864. — *La religion*, 1868. — *La science et la conscience*, 1870. — *Le nouveau spiritualisme*, 1884.

Ver: E. Blanc, *Un spiritualisme sans Dieu. Examen de la philosophie de M. Vacherot*, 1885. — L. Ollé-Laprune, *É. Vacherot*, 1898. — S. Cavaciuti, *Il pensiero di E. V.*, 1976. ◖

VAGUIDADE. No verbete CLARO (VER) analisamos o conceito de clareza (especialmente de clareza das proposições) e as diversas opiniões sustentadas acerca do mesmo. A noção — oposta — de "vaguidade" (ou "vagueza") também foi objeto de análise e discussão filosófica.

Max Black distingue vaguidade e generalidade (ou ambigüidade). A vaguidade de um símbolo (única à qual se refere o autor) se caracteriza, diz ele, pela "existência de objetos aos quais é intrinsecamente impossível dizer se o símbolo é ou não aplicável". Deste modo, a vaguidade de uma palavra é indicada por meio de algum enunciado do qual se concebem situações em que sua aplicação é "duvidosa" ou "mal definida". Black refere, por conseguinte, a vaguidade a variações na aplicação do termo pelos que usam a linguagem. Daí ser possível determinar, no seu entender, numericamente a vaguidade de um termo por meio do que ele chama "a consistência de aplicação, C (T, x) de um termo T a algum objeto x". Para dar o mesmo exemplo de Black, suponhamos que o símbolo seja o termo 'planta', e o objeto um organismo que pertença à zona limítrofe entre plantas e animais. Alguns observadores dirão que o termo se aplica ao objeto; outros o negarão. A "consistência de aplicação" do termo ao objeto será então definida como o limite da razão $\frac{m}{n}$ quando o grupo de observadores for cada vez mais extenso, e o número de decisões tomadas por seus membros indefinidamente aumentado. Em outras palavras, se são dados vários objetos a cada um dos quais se pode aplicar um símbolo vago T, então os objetos poderão ser colocados numa ordem linear na qual a consistência de aplicação de T vá diminuindo cada vez mais. O gráfico resultante das observações será chamado o "perfil de consistência para a aplicação do símbolo vago, T, à série dada de objetos".

Carl G. Hempel adere em princípio à análise de Black, mas observa que há nela uma falha. Esta consiste em supor que se pode dar uma medida numérica da inclinação do perfil de consistência de um símbolo. Ora, segundo Hempel, tal definição pressuporia a existência de uma escala métrica tanto no eixo horizontal como no eixo vertical do sistema de coordenadas. Tal condição não é cumprida para o eixo horizontal, pois os objetos da série foram dispostos no que se pode chamar uma ordem topológica (de acordo com a precedência e sem determinação numérica exata). Hempel propõe corrigir essa falha (que, adverte, não afeta a idéia básica de Black sobre a noção de vaguidade) por meio de vários recursos técnicos nos quais não podemos aqui nos deter. A conclusão de sua análise é que nenhum termo de uma linguagem interpretada (ao contrário das linguagens puramente formalizadas) está inteira e definitivamente livre de vaguidade. O estudo da noção de vaguidade pertence então à semiótica, e até o próprio termo 'vaguidade' é um termo estritamente semiótico; a vaguidade poderia ser definida, diz Hempel, como "uma relação semiótica trimembre que pode assumir diferentes graus", isto é, como "uma função estritamente semiótica de três argumentos". Portanto, o estudo da vaguidade há de referir-se a *todos* os termos, tanto lógicos como descritivos, de todas as linguagens interpretadas.

I. M. Copi (Copilowish) dá um exemplo que permite compreender as diversas posições adotadas no problema da vaguidade. Suponhamos, diz ele, que se tenta aplicar a simples dinâmica racional a uma máquina muito imperfeita, cujas rodas sejam aparentemente circulares e cujos eixos não sejam muito rígidos. Pode-se fazer três coisas: 1) aperfeiçoar a máquina; 2) complicar nossas matemáticas; 3) dizer que as matemáticas usadas são "falsas". Este último procedimento implica a busca de novas lógicas (lógicas polivalentes ou probabilísticas ou que renunciam à lei do terceiro excluído). O segundo procedimento é o usado por Black (e Hempel). Copilowish propõe, em contrapartida, utilizar o primeiro procedimento, isto é, o de uma "redefinição" para que os termos se conformem cada vez mais às "leis da lógica". Para isso deve-se supor que a vaguidade é um caso especial da ambigüidade e não uma propriedade distinta e independente da linguagem.

Por outro lado, A. Cornelius Benjamin se preocupou sobretudo em mostrar os fatores que contribuem para a vaguidade, único modo, assinala ele, de evitá-la. Pois justamente por ser inevitável é que a vaguidade pode ser reduzida, e isso sem necessidade de adotar posições tais como o construcionismo, o convencionalismo ou o operacionalismo, que resolvem o problema simplesmente eliminando seus dados. A distinção entre os diversos fatores que contribuem para a vaguidade dos símbolos (vaguidade do gesto de apontar, complexidade no referente do símbolo; necessidade de assegurar que os símbolos se aplicarão a casos não incluídos na classe finita de mostras nas quais se baseia uma definição ostensiva) contribui mais que outra coisa, segundo Benjamin, para solucionar o problema sem necessidade de negar que as idéias vagas "fazem parte da ciência".

G. Watts Cunningham se preocupou em saber antes de tudo se uma linguagem vaga enquanto tal possui ou não significação e em que condições pode possuí-la. A questão se acentua sobretudo quando nos colocamos o problema da aplicação de uma linguagem cuja "significação" é por si mesma problemática. Ora, uma análise da questão nos mostra, segundo Cunningham, que a linguagem comum é sempre constitutivamente vaga; mais ainda, que todo problema relativo à "significação" de uma linguagem implica a relativa vaguidade desta. Não se trata de partir deste reconhecimento para buscar uma linguagem perfeita e desprovida de vaguidade; trata-se de observar que uma linguagem vaga (ou um termo vago em uma linguagem) não deixa por isso de possuir uma significação.

Um conceito vago, um significado vago, são um conceito ou um significado que não têm arestas bem definidas e perfiladas, que não estão bem "circunscritos". Às vezes ocorre que parte do conceito ou do significado (ou do significado do conceito) coincide com uma parte de outro conceito ou significado (ou de outro significado de um conceito). Às vezes ocorre que em torno do conceito ou do significado há como que "manchas" que tornam a "imagem" indefinida. A noção de "indefinido", como uma das especificações da noção de "vago", pode ser formalizada logicamente. Produz-se então o que se chamou "lógica do ambíguo" à qual nos referimos no verbete AMBÍGUO.

➲ Ver: Max Black, "Vagueness: An Exercise in Logical Analysis", *Philosophy of Science*, 4 (1937), 427-455. — Id., *Margins of Precision: Essays in Logic and Language*, 1970. — C. G. Hempel, "Vagueness and Logic", *Philosophy of Science*, 6 (1939), 163-180. — I. M. Copilowish, "Border-Line Cases: Vagueness and Ambiguity", *Philosophy of Science*, 6 (1939), 181-195. — A. Cornelius Benjamin, "Science and Vagueness", *Philosophy of Science*, 6 (1939), 422-431. — G. Watts Cunningham, "On the Meaningfulness of Vague Language", *The Philosophical Review*, 58 (1949), 541-562. — Arne Naess, *Interpretation and Preciseness. I. Survey of Basic Concepts*, 1949 [mimeo.], especialmente a parte III. — C. K. Ogden, *Precision: A Linguistic and Psychological Analysis*, 1968. — I. Scheffler, *Beyond the Letter: A Philosophical Inquiry into Ambiguity, Vagueness and Metaphor in Language*, 1979. — W. Lenzen, "Unbestimmte Begriffe bei Leibniz", *Studia Leibnitiana*, 16 (1984), 1-26. — H. J. Skala, S. Termini, E. Trillas, eds., *Aspects of Vagueness*, 1984. — J.-M. Terricabras, "El análisis lógico de la vaguedad", em E. Trillas e J. G. Ríos, eds., *Aplicaciones de la lógica borrosa*, 1992, pp. 15-22. — A. Sobrino, "El análisis lógico de la vaguedad", em E. Trillas, comp., *Razonar como*

la gente: la lógica borrosa, 1993, pp. 57-82 [*Arbor*, set.-out., 1993].
Bibliografia: N. Fries, *Ambiguität und Vagheit. Einführung und kommentierte Bibliographie*, 1980 [sobre trabalhos basicamente lingüísticos]. c

VAIBHASICA. Ver Budismo; Filosofia indiana.

VAIHINGER, HANS (1852-1933). Nascido em Nehren, perto de Tübingen. Estudou em Tübingen, Leipzig, Berlim e Estrasburgo, onde se "habilitou", com Ernst Laas, em 1877. De 1884 a 1894 foi "professor extraordinário" e de 1894 a 1906 — data em que teve de renunciar à cátedra por motivos de saúde — professor titular na Universidade de Halle. Em 1897 Vaihinger fundou os *Kantstudien* (para os *Annalen*, ver *infra*) e em 1905 a "Kant-Gesellschaft".

Filiado em seus primeiros tempos ao movimento crítico, tal como era representado por Friedrich Albert Lange, Vaihinger desenvolveu posteriormente suas próprias concepções num sistema que ele mesmo qualificou de "positivismo idealista" e que se reconhece geralmente com o nome de "ficcionalismo" (ver Ficção). Como o próprio Vaihinger deixa claro na Introdução à sua principal obra, *A filosofia do como se*, toda a sua obra tentou responder à pergunta de como podemos formular pensamentos corretos sobre a realidade com base em representações conscientemente falsas. Embora independente, a seu ver, de toda influência contemporânea, o trabalho filosófico de Vaihinger coincide com várias das correntes vigentes da época, e isso a tal ponto que o próprio autor atribui a inteligibilidade e mesmo o êxito de sua obra, no momento de ser publicada, ao fato de apresentar, bem assimilados, diversos momentos da história filosófica recente. Esses momentos ou motivos são, no seu entender, quatro: o voluntarismo, que começou a abrir seu caminho entre 1880 e 1890, sobretudo a partir de Wundt e Paulsen, do fichtianismo de Eucken, e de Windelband e Rickert; a teoria biológica do conhecimento, de Mach e Avenarius; a filosofia de Nietzsche; o pragmatismo, não no sentido vulgar, que converte a filosofia numa espécie de *ancilla theologiae*, e até de *meretrix theologiae*, mas sim no sentido elevado, antiintelectualista e antiirracionalista, que aspira a situar o pensar em sua situação concreta. Essas correntes são, de certo modo, antecipações da "filosofia do como se", antecipações latentes, aliás, em muitos outros autores tais como Laas, Dilthey, Cornelius, Baldwin, Croce, Bergson, Spir, Simmel, Cassirer, Mauthner, Poincaré, Sabatier, LeRoy, Tyrrell etc. Com efeito, Vaihinger explica, de saída, o conhecimento com base na utilidade biológica; o conhecimento se forma no esforço da adaptação do indivíduo ao meio e é, por conseguinte — e em seu momento inicial —, uma forma criada pela espécie para sua conservação. A atitude pragmática desta tese não deve, contudo, ser mal interpretada.

Não só porque, como dissemos, se trata de um pragmatismo que aspira apenas a restabelecer a situação concreta do pensar, mas também porque reconhece o que se chamou "lei da heterogonia dos fins" (ver Heterogonia dos fins [Lei da]), e o que Vaihinger qualifica de "proliferação dos meios com respeito aos fins". A ela deve se agregar como motivo central a tese das ficções conscientes. A heterogênese admite que, tendendo todo meio a tornar-se independente de seu fim, o conhecimento chega, finalmente, a constituir-se numa finalidade independente, a pretender descobrir por si e em si a realidade. Esta pretensão é, não obstante, injustificada quando levada às suas últimas conseqüências; o que o conhecimento faz é somente, respondendo à sua finalidade biológica, criar ficções para a compreensão e o domínio das situações problemáticas. Semelhantes ficções, que se estendem desde a teoria científica até à ética e a religião, recebem sua justificação por seu caráter de "como se..." *(als ob)*. O "como se" (ver) é a expressão figurada que representa as construções do conhecimento, o qual concebe a matéria "como se" fosse composta de átomos, o eu "como se" fosse uma substância. As ficções podem ser conscientes ou inconscientes; num e noutro caso uma característica comum as une: sua aspiração a serem úteis. Por isso devem ser admitidas não só as ficções da ciência, mas também as ficções da religião, da moral, da economia. Justamente nestes últimos territórios adquirem as ficções sua maior importância. E isso a tal ponto que quando se sublinha seu caráter consciente se chega inclusive a abrir a porta para o reconhecimento de realidades não fictícias e, por conseguinte, para a elaboração de uma teoria da verdade na qual o pragmatismo e o biologismo constituem somente dois dos estádios preparatórios.

A filosofia do "como se" e, como indica Vaihinger freqüentemente, um positivismo idealista que mantém estreito contato com a renovação do idealismo e que não pode ser confundido sem mais nem menos com o cientificismo e o utilitarismo vigentes em muitas das tendências da época. Por isso o lema de toda esta filosofia é a união dos fatos com os ideais. "É positivismo", escreve Vaihinger, "na medida em que faz finca-pé, com toda decisão e clareza, exclusivamente no dado, nos conteúdos empíricos da sensação, e não duvida consciente e diretamente de tudo (razão por que também não é ceticismo), mas nega apenas o que costuma se admitir como 'real' com base em supostas necessidades intelectuais e éticas", sem por isso hipostasiá-las em entidades, antes justificando-as como "ficções úteis e valiosas, sem cuja 'aceitação' se dissolveriam o pensar, o sentir e o agir humanos". Com isso Vaihinger pretende unir estreitamente as correntes que haviam ficado cindidas no kantismo e que obrigaram Kant a sustentar — pelo menos na parte mais conhecida de sua obra — uma forma pouco plausível de dualismo. Por isso a filosofia do "como se" é, segundo seu autor, não só uma lógica operativa e uma norma para o pensar, mas também uma regra para operar.

O pensamento de Vaihinger tendia a formar uma escola, mas, de fato, se difundiu sobretudo sob o aspecto de investigações "relacionadas com problemas do como se", sem que, de resto, muitos dos consagrados a elas pudessem ser considerados como discípulos de Vaihinger. É o caso de Gunter Jacoby (VER), de Erich Adickes (VER), que se distinguiu na interpretação de Kant e que defendeu, no final, um ponto de vista radicalmente oposto ao de Vaihinger. É também o caso de Adolf Lapp, W. Pollack e outros. O órgão que devia difundir tais investigações eram os *Annalen der Philosophie. Mit besonderer Rücksicht auf die Probleme der Als Ob Betrachtung*, fundados em 1919 por Vaihinger e R. Schmidt (nascido em 1890), junto com Konrad Lange (1855-1921), Erich Becher (1882-1929), Ernst Bergmann (nascido em 1881), Hans Cornelius (VER), Karl Groos (VER), Kurt Koffka (VER), Arnold Kokalewski (nascido em 1873) e outros autores, que já defendiam pontos de vista muito diferentes, mas que estavam especialmente interessados no estudo da função das formas de pensamento.

➲ Obras: *Goethe als Ideal universeller Bildung*, 1875 *(Goethe como ideal da cultura universal)*. — Hartmann, Dühring und Lange, 1876. — *Kommentar zu Kants Kritik der reinen Vernunft*, 2 vols., 1881-1892; 2ª ed., 1922 *(Comentário à Crítica da razão pura de Kant)*. — *Kants Wiederlengung des Idealismus*, 1883 *(A refutação do idealismo por Kant)*. — *Naturforschung und Schule*, 1889 *(Pesquisa natural e escola)*. — *Kant: ein Metaphysiker?*, 1899 *(Kant: um metafísico?)*. — *Die transzendentale Deduktion der Kategorien*, 1902 *(A dedução transcendental das categorias)*. — *Nietzsche als Philosoph*, 1902; 4ª ed., 1916. — *Die Philosophie des Als Ob. System der theoretischen, praktischen und religiösen Fiktionen der Menschheit auf Grund eines idealistischen Positivismus*, 1911 *(A filosofia do como se. Sistema das ficções teóricas, práticas e religiosas da humanidade com base num positivismo idealista)*. Esta última obra já estava preparada, na primeira parte fundamental, em 1876-1877. — *Pessimismus und Optimismus vom Kantschen Standpunkt aus*, 1924 *(Pessimismo e otimismo do ponto de vista kantiano)*.

Depoimento em *Die Philosophie der Gegenwart in Selbstdarstellungen*, II, 1923.

Além dos extensos comentários a Kant, deve-se a Vaihinger um constante trabalho de esclarecimento e aprofundamento do kantismo; para tanto, fundou os *Kantstudien* em 1896, e a *Kant-Gesellschaft* em 1904.

Ver a *Zeitschrift für Philosophie*, vol. 147, 1972, dedicada a Vaihinger. — Também: H. Hegenwald, *Gegenwartsphilosophie und christliche Religion. Eine kurze Erörterung der philosophischen und religionsphilosophischen Hauptprobleme der Gegenwart, besonders im Anschluss an Vaihinger, Rehmke, Eucken*, 1913. — L. Fischer, *Das Vollwirkliche und das Als Ob*, 1921. — Heinrich Scholz, *Die Religionsphilosophie des Als-Ob. Eine Nachprüfung Kants und des idealistischen Positivismus*, 1921 [antes em *Annalen der Philosophie*, I (1919), 27-112 e 3 (1921-1923), 1-73]. — B. Fliess, *Einführung in die Philosophie des Als Ob*, 1923. — Christian Betsch, *Fiktionen in der Mathematik*, 1926. — Stephanie Willrod, *Semifiktionen und Vollfiktionen in Vaihingers Philosophie des Als Ob*, 1934. — Willy Freytag, *Irrational oder Rational?*, 1935. — Hans Richtscheid, *Das Problem des philosophischen Skeptizismus erörtet in Auseinandersetzung mit Vaihingers Philosophie des Als Ob*, 1935 (tese). — H. V. Noorden, "Der Wahrheitsbegriff in Vaihingers Philosophie des Als Ob", *Zeitschrift für philosophische Forschung*, 8 (1953), 99-113. — P. S. Frey, "Vaihinger's Law and Existential Inquiry", *Journal of Existentialism*, 4 (1964), 237-244. ◖

VAILATI, GIOVANNI (1863-1909). Nascido em Crema (Itália), estudou engenharia e matemática na Universidade de Turim, na qual foi professor auxiliar de Vito Volterra. Depois ensinou em vários institutos de ensino médio. Colaborador do grupo que publicou a revista *Leonardo* (ver PRAGMATISMO), Vailati foi um dos pragmatistas italianos do início do século XX. Conhecedor do pragmatismo norte-americano, especialmente de Peirce e James, inclinou-se a favor do primeiro por considerar que o "pragmaticismo" de Peirce constituía uma base mais sólida para a elaboração de uma metodologia científica. Vailati se interessou especialmente pela análise da linguagem e adotou a respeito uma posição fundamentalmente nominalista, e em grande medida instrumentalista. Um dos temas centrais da epistemologia de Vailati é o da verificação, que ele entendeu primariamente como antecipação do futuro. Vailati dedicou grande atenção à estrutura dedutiva das teorias científicas, e procurou mostrar as possibilidades de descoberta que há na dedução contra o mero "descricionismo" de muitos autores positivistas. A epistemologia de Vailati abarca não só as ciências naturais, mas também as sociais, que Vailati não considerava, pelo menos do ponto de vista metodológico, essencialmente diferentes das primeiras. A teoria da ciência de Vailati pode ser descrita como um "experimentalismo instrumentalista e dedutivista".

➲ Os escritos filosóficos de V. foram compilados no volume intitulado *Scritti*, 1911, ed. M. Calderoni, U. Ricci e G. Vacca. Neste volume figuram, entre outros, os seguintes trabalhos: "Sull'importanza delle ricerche relative alla storia della scienza" (1897); "Il metodo deduttivo come strumento di ricerca" (1898); "Alcune osservazioni sulle questioni di parole nella storia della

scienza e della cultura" (1899); "Per un'analisi pragmatistica della nomenclatura filosofica" (1906); "Il pragmatismo e i vari modi di non dir niente" (1909).
Correspondência: P. Guarnieri, "Un carteggio tra storici della scienza: lettere di G. Vailati a A. Favaro", *Giornale Critico della Filosofia Italiana*, 60 (1981), 238-250. — R. M. Chisholm, M. Corrado, "The Bretano-Vailati Correspondence", *Topoi*, 1-2 (1982), 3-30.
Bibliografia: M. Corrado, "The Bibliography of Italian Logical Pragmatism I: G. V.", *Philosophical Research Archives*, 6, nº 1382 (1980).
Ver: Silvestro Marcucci, *Il pensiero di G. V.*, 1958. — E. Garin, N. Bobbio et al., artigos sobre G. V. em *Rivista critica di storia della filosofia*, 18 (1963), fasc. 3. — H. S. Harris, "G. V. 1863-1963", *Dialogue*, 2 (1963), 328-336. — M. T. Candalese, "Sulla 'non' fortuna di G. Vailati", *Rivista di Filosofia*, 70 (1979), 281-298. — V. Milanesi, *Un intellettuale non "organico". V. e la filosofia della prassi*, 1979. ⊂

VAISESICA é o nome de um dos seis sistemas (ver DARSANA) ortodoxos *astika*) da filosofia indiana (VER). A sua fundação é atribuída a Kanada, sendo o texto básico da escola o *Vaisesica-sutra*, mas foi elaborado e modificado no curso dos séculos por muitos autores: Prasastrapada, Ravana, Sridhara etc. A partir de uma certa época, o sistema *Vaisesica* foi combinado ecleticamente com o sistema *Niaia* (VER), sendo muito comum apresentá-los conjuntamente sob o nome *Niaia-Vaisesica*. Sivadita, Laugaksi, Bhaskara e outros autores são conhecidos por suas exposições de tal doutrina sincrética. Nós nos ateremos à forma isolada da escola *Vaisesica*.

O termo *Vaisesica* procede de *visesa*, que se traduz por "particularidade", "individualidade", "caráter peculiar", "diferença" — diferença de cada coisa com respeito a outras. O sistema *Vaisesica* é por isso um ponto de vista *(darsana)* adotado sobre a realidade enquanto constituída por coisas individuais ou "diferentes". Mas essas coisas estão distribuídas em diversos grupos, cada um dos quais possui características comuns. O sistema *Vaisesica* usa para tanto um método de divisão (VER) parecido com o platônico e também, como este, de base realista (no sentido do realismo da teoria dos universais). Todos os objetos, por exemplo, podem ser classificados em grupos: (I) objetos que existem; (II) objetos que não existem. Os objetos que existem são de seis tipos: 1) substância, 2) qualidade, 3) ação, 4) generalidade, 5) particularidade, 6) inerência. Os objetos que não existem formam um único grupo: 7) não existência. Esses sete tipos de objetos podem ser equiparados a categorias segundo as quais se articula o real. Como se pode ver, a doutrina categorial e a ontologia, já anunciadas na escola *Niaia*, precisam-se e aperfeiçoam-se no sistema *Vaisesica*, e se fundem num complexo doutrinal lógico-ontológico, na escola eclética *Niaia-Vaisesica*.

Cada uma das citadas categorias se subdivide por sua vez em várias classes. Assim, há nove classes de substâncias (cinco físicas ou perceptíveis pelos sentidos: terra, água, luz, ar, éter ou elemento transmissor de sons) e quatro não físicas ou não perceptíveis pelos sentidos (tempo, espaço, alma e mente). As substâncias físicas especialmente (mas com freqüência também as não físicas) são compostas de partículas elementares; fala-se em vista disso do atomismo (VER) do sistema *Vaisesica* ou do atomismo de Kanada. As subdivisões prosseguem para os demais tipos de objetos (vinte e quatro classes de qualidades, entre elas a cor, o número, a distância — remota ou próxima, cada uma com uma qualidade determinada—, o prazer, a dor, o peso, a fluidez, o mérito ou o justo [*dharma*], a falta de mérito ou o não justo [*adharma*] etc.; cinco classes de ações; três classes de objetos gerais ou de universais etc.). Observemos, porém, que no tocante à quinta categoria, a subdivisão resulta ou impossível ou infinita, já que há um número indeterminado de peculiaridades. De fato, a particularidade, *visesa*, é um elemento último que explica por que as coisas são diferentes entre si. O sistema *Vaisesica* é por isso não só realista, como também pluralista. A isso se une uma cosmologia de caráter cíclico e uma teologia, substancialmente parecida com a da escola *Niaia* e com forte insistência no caráter transcendente da divindade suprema.

➲ Ver bibliografia de FILOSOFIA INDIANA. Também: B. Faddegon, *The Vaisesika System*, 1918. — H. Narain, *Evolution of the Nyaya-Vaisesika Categoriology*, 1976. — L. V. Arena, *Il Vaisesika Sutra di Kanada: introduzione, texto, traduzione, commento, lessico*, 1988. ⊂

VAKRADZÉ, KONSTANTIN SPIRIDONOVITCH (1898-1970). Estudou na Universidade de Tbilissi (Tiflis), na Geórgia soviética, e também na Alemanha, com Husserl. A partir de 1940 ensinou lógica e foi chefe da Secção de Lógica na Universidade de Tbilissi. Seus principais interesses filosóficos são a lógica e a história da filosofia moderna, com especial atenção a Hegel e ao idealismo alemão. Além das obras mencionadas na bibliografia, colaborou em manuais sobre o materialismo dialético (1955) e sobre o materialismo histórico (1957) em língua georgiana, mas em suas investigações históricas procura destacar o significado dos sistemas do passado com relativa independência das teses do materialismo histórico.

➲ Obras: *Logika*, 1951. — *Sistéma i métod filosofii Gegéla*, 1958 *(Sistema e método na filosofia de Hegel)*. — *Ochérki po istorii novéyshéy i sovrémennoy burzuaznoy filosofii*, vol. I, 1960 *(Ensaios sobre a história da filosofia burguesa recente e contemporânea)*. ⊂

VALENCIA, GREGORIO DE (1549-1603). Nascido em Medina del Campo, estudou na Universidade de Salamanca, ingressou em 1565 na Companhia de Jesus, e ensinou no Colégio Romano de Roma e nas Universidades de Dilinga e Ingolstadt. A maior parte da atividade intelectual de Gregorio de Valencia foi de índole apologética e teológica, destacando-se nela suas polêmicas contra luteranos e calvinistas. No curso de suas obras apologéticas e teológicas, contudo, especialmente em seus comentários à *Summa* teológica de Santo Tomás de Aquino, Gregorio de Valencia desenvolveu numerosas questões filosóficas. Na maior parte das ocasiões, o ponto de vista adotado pelo autor é o tomista, razão pela qual foi considerado um dos mais fiéis tomistas entre os pensadores jesuítas. Em algumas ocasiões, porém, se afasta das sentenças tomistas. Isso ocorre, por exemplo, na doutrina sobre o poder de Deus, na qual tenta fazer a mediação entre tomismo e scotismo. O mesmo ocorre no problema dos futuros contingentes, no qual procura fazer a mediação entre a doutrina da premoção física e a da ciência média.

➲ Principal obra filosófica: *Commentariorum theologicorum tomi quatuor, in quibus omnes quaestiones quae continentur in Summa Theologica O. Thomae Aquinatis, ordine explicantur, ac suis etiam in locis controversiae omnes fidei elucidantur*, 1951. — Entre os escritos apologéticos, citamos a coleção *De rebus fidei hoc tempore controversis libri*, 1591. ➲

VALENTE. Ver VALOR.

VALENTIM (*ca.* 100-*ca.* 165). Nascido em Alexandria, onde ensinou até 135, transferiu-se para Roma, onde viveu propagando sua doutrina até 160, e faleceu em Chipre. Valentim foi um dos principais representantes do gnosticismo (VER) especulativo e o que introduziu nesta tendência mais abundantes elementos filosóficos, com ajuda dos quais edificou um complexo sistema. Influenciado por Platão — ou, melhor, pelo platonismo eclético pitagorizante — e por algumas doutrinas estóicas, Valentim mesclou as teses filosóficas com uma parte da gnose mitológica, em particular a dos ofitas. No verbete sobre o gnosticismo já indicamos vários dos traços do sistema de Valentim. Acrescentaremos aqui algumas informações complementares a respeito, destacando onde residem principalmente os traços filosóficos e os mitológicos. Os primeiros se encontram na concepção do *Pai* ou *Abismo* como ser absolutamente uno, espiritual, inominável, fora do tempo e do espaço; no uso dos conceitos de *Nous (Inteligência)* e *Aletheia (Verdade, Descoberta)* — fontes do *Logos* e da *Vida* e por sua vez origem do *Primeiro Homem* e da *Igreja* —, na possibilidade — sugerida por Tertuliano — de comparar os *éons* formados pelo *Abismo* e engendrados pela união de outros *éons* — por exemplo, o *Verbo* e a *Vida*, e o *Primeiro Homem* e a *Igreja* — com as idéias platônicas; no uso do conceito de emanação (VER) com o fim de explicar a produção dos *éons*. Os motivos mitológicos se encontram na descrição da queda, redenção e ascensão de *Sofia* — descrição parecida com a que se encontra na obra *Pistis Sofia* —, assim como na introdução do momento dramático na explicação do universo. Jesus aparece no sistema de Valentim como o Purificador, como um *éon* que desce à terra e redime os capazes de regressar ao mundo dos espíritos, o único mundo que poderá subsistir no *Pleroma* perfeito, pois todo o resto — o irredimível, a matéria — perecerá numa imensa conflagração.

Segundo Hans Leisegang, a escola dos valentinianos se dividiu em dois ramos: a oriental, que se estendeu especialmente pelo Egito e pela Síria, e contou entre seus membros com Bardesanes (nascido em Edessa, *ca.* 154), Axiônico e Marco, e a ocidental, que contou entre seus membros com Secundo, Ptolomeu Gnóstico e Heracleon.

➲ Ver bibliografia de GNOSTICISMO. — Também (ou especialmente): G. Henrici, *Die valentinianische Gnosis und die heilige Schrift*, 1871. — R. A. Lipsius, "Valentinus und seine Schule", *Jahrbuch für protestantische Theologie*, 1887, pp. 585-658. — Carola Barth, *Die Interpretation des Neuen Testaments in der valentinianischen Gnosis*, 1911. — W. Foerster, *Von Valentinus zu Herakleon*, 1928. — G. Sagnard, *La gnose valentinienne et le témoignage de Saint Irénée*, 1947. — A. Orbe, *En los albores de la exégesis Iohannea (Ioh., 1, 3)*, 1955. — A. Orbe, *Estudios valentinianos*, I, 1 e 2: *Hacila la primera teologia de la procesión del Verbo*, 2 vols., 1958; II: *La unción del Verbo*, 1961. — *The Rediscovery of Gnosticism. Proceedings of the International Conference on Gnosticism*, vol. I: *The School of Valentinus*, 1980, ed. B. Layton (Yale, 28-32 março, 1978). ➲

VALERA, JUAN. Ver KRAUSISMO.

VALIDADE. Pode-se distinguir a validade e o valor (VER). 'Validade' é um termo lógico e epistemológico; 'valor' é um termo ético e, em geral, axiológico. Como vocábulo epistemológico, 'validade' se refere ao fato de uma proposição ser aceita como verdadeira. Pode-se distinguir (como já propôs Kant) a validade de um conhecimento e a origem deste conhecimento. Assim, mesmo que se admita que todos os conhecimentos procedem da experiência, pode-se aceitar que nem todos os conhecimentos são válidos em virtude de sua origem na experiência.

Como vocábulo lógico, 'validade' equivale às vezes a 'verdade', mas às vezes se indica que os dois vocábulos não são equiparáveis. O predicado metalógico 'é válido' é freqüentemente considerado como tendo um sentido mais "neutro" que o predicado metalógico 'é verdadeiro'. Alguns autores propõem que 'é válido' seja equivalente a 'é aplicável'. Outros indicam que enquanto 'é verdadeiro' é um predicado que se refere a esquemas quantificacionais e, portanto, é usado *preferencialmente* na lógica quantificacional, 'é válido' é um predicado que se refere a esquemas sentenciais e, portanto, é usado *preferencialmente* na lógica sentencial.

A noção de validade também foi usada em sentido metafísico como equiparável ao conceito de sentido. Isso ocorre sobretudo com Arthur Liebert, que fala de validade *(Geltung)* como de uma noção que abarca por igual a validade das proposições e (sobretudo) o sentido delas. A validade resulta neste caso não um modo do ser enquanto mero *factum*, mas o fundamento da justificação (enquanto sentido) de todo ser.

VALIOSO. Ver VALOR.

VALLA, LORENZO [LAURENTIUS] (1405-1457). Nascido em Roma, onde estudou retórica. Entrou em seguida a serviço de Afonso de Aragão e, depois de intensa atividade política e administrativa, regressou a Roma, onde faleceu. Valla foi um dos mais importantes e influentes humanistas do Renascimento italiano. Seguidor de Cícero e de Quintiliano, interessado pelos problemas retóricos e pela questão da elegância da língua latina (questão à qual dedicou um de seus tratados), Valla se opôs ao aristotelismo e a todas as tentativas de integrar a tradição escolástica e o movimento humanista. Também se opôs aos movimentos de renovação de várias antigas escolas gregas, sobretudo a estóica, mas manifestou certa inclinação para algumas teses do epicurismo. Segundo Valla não pode haver conciliação entre os dados da revelação e os da razão; tanto o racionalismo integrador medieval como o renascentista são considerados por ele como iniciativas destinadas ao fracasso. Ora, se na intenção do autor isso devia sublinhar a verdade da revelação e pôr em destaque o conteúdo do ensinamento cristão nos Padres da Igreja — Santo Agostinho, Santo Ambrósio, São Gregório e São Jerônimo, aos quais exaltou contra Santo Tomás —, os resultados obtidos foram em muitas ocasiões de caráter "secularizador". A negação da livre vontade ante a predeterminação divina o aproximou de teses que mais tarde Lutero tornou suas (citando, aliás, esta procedência) e que contrastavam violentamente com a posição de Erasmo, mas isso abriu ao mesmo tempo o caminho para uma "ruptura entre Deus e o mundo" que favoreceu a consideração do mundo com independência da intervenção de Deus.

➲ Obras: o diálogo *De voluptate*, escrito em 1431; nova redação de 1432 com o título *De voluptate ac de bono libri tres*; com o título *De vero bono* foi publicado em Louvain em 1493. — *Historiarum Ferdinandis regis Aragoniae libri tres*, escritos por volta de 1445 e 1446, publicados em Paris em 1521. — *Elegantiarum latinae linguae libri sex*, escritos entre 1435 e 1444 e publicados em Roma em 1471. — *Dialecticarum disputationum libri tres*, escritos por volta de 1439; com o título *Dialecticae Laurentii Vallae libri tres seu ejusdem Reconciliatio totius dialecticae et fundamentorum universalis philosophiae, ubi multa adversus Aristotelem, Boetium, Porphyrium etc. disputantur* etc., foram publicados em 1499. — *De libero arbitrio*, escrito por volta de 1440 e publicado em 1482. — *De falso credita et ementita Constantini donatione declamatio*, escrito por volta de 1440 e publicado em 1517. — *Antidotum primum*, 1452 (Contra Poggio Bracciolini). — *Apologia adversus calumnatiores quando super fidem suam requisitus fuerat*, publicado em 1518.

Houve várias reimpressões de obras de V. no século XVI. Edição de obras, *Opera omnia*, em Basiléia, 1540, reimp. com alguns textos não incluídos na citada edição: 2 vols., 1962, ed. Eugenio Garin. Entre edições modernas de obras de V. mencionaremos: J. Vahlen, ed., *Laurentii Vallae opuscula tria*, em *Sitzungsberichte der Kaiserlichen Akademie der Wissenschaften*, Phil.-histo. Klasse, LXI-LXII, 1869. — Maria Anfossi, ed., *De libero arbitrio*, 1934. — M. de Panizza Lorch, ed., *De vero bono*, 1962. — A. Wesseling, ed., *Antidotum primum*, 1978. — G. Zippel, ed., *Repastinatio Dialecticae et Philosophiae*, 2 vols., 1982.

Biografia: Girolamo Mancini, *Vita di L. V.*, 1891.

Ver C. Vasoli, "Le *Dialecticae Disputationes* del V. e la critica umanistica della logica aristotelica", *Rivista critica di storia della filosofia*, 12 (1957), 412-434; 13 (1958), 27-46.

Ver: L. Barozzi e R. Sabbadini, *Studi sul Panormita e sul Valla*, 1891. — M. von Wolff, *L. Valla, sein Leben und seine Werke*, 1893. — J. Freudenthal, "L. Valla als Philosoph", *Neue Jahrbücher für das klassische Alterturm*, 23 (1909), 724-736. — E. Maier, *Die Willensfreiheit bei L. Valla*, 1911 (tese). — F. Gaeta, *L. Valla. Filologia e storia nell'Umanesimo italiano*, 1955. — J. E. Seigel, *Rhetoric and Philosophy in Renaissance Humanism. The Union of Eloquence and Wisdom: Petrach to Valla*, 1968. — S. I. Camporeale, *L. V. Umanesimo e teologia*, 1972. — Hanna-Barbara Gerl, *Rhetorik als Philosophie. L. Valla*, 1974. — L. Jardine, "L. Valla and the Intellectual Origins of Humanist Dialectic", *Journal of the History of Ideas*, 15 (1977), 143-164. — G. Cappello, "Umanesimo e scolastica: il Valla, gli Umanisti e Tommaso d'Aquino", *Rivista di Filosofia Neo-Scolastica*, 69 (1977), 423-442. — L. J. Johnson, "The 'Linguistic Imperialism' of L. V. and the Renaissance Humanists", *Interpretation*, 7 (1978), 29-49. — L. Jardine: "L. V.: Academic Skepticism and the New Humanist Dialectic", em M. Burnyeat, ed., *The Skeptical Tradition*, 1983, pp. 253-286. — P. Mack, "V.'s Dialectic in the North: A Commentary on Peter of Spain by Gerardus Listrius", *Vivarium*, 21 (1983), 58-72. — *Id.*, "Valla's Dialectic in the North: Further Commentaries", *ibid.*, 30 (2) (1992), 256-275. — M. Panizza Lorch, *A Defense of Life. L. V.'s Theory of Pleasure*, 1985. — J. Monfasani, "Was L. V. an Ordinary Language Philosopher?", *Journal of the History of Ideas*, 50 (1989), 309-

323. — *Id.*, "L. V. and Rudolph Agricola", *Journal of History of Philosophy,* 28 (2) (1990), 181-200. — M. Laffranchi, "Il rinnovamento della filosofia nella *Dialectica* di L. V.", *Rivista di Filosofia Neo-Scolastica,* 84 (1) (1992), 13-60. — E. A. Synan, "Boethius, Valla, and Gibbon", *Modern Schoolman,* 69 (3-4) (1992), 475-491. ⊃

VALLÉS, FRANCISCO (1524-1592). Nascido em Covarrubias (Burgos). Doutor em Medicina pela Universidade Complutense (Alcalá de Henares), foi nomeado médico de câmara por Filipe II; por ter sido chamado pelo rei de "divino", costuma-se falar de Francisco Vallés, "o Divino". Vallés escreveu numerosas obras médicas, quase todas elas comentários a Hipócrates e Galeno, comentários a Aristóteles, e uma obra filosófica conhecida pelo nome de *Sacra Philosophia* (ver o título completo *infra*) na qual expõe suas idéias filosóficas, que podem ser descritas como "ecléticas", com predomínio de Aristóteles e da escolástica e com alguns elementos de caráter cético. Segundo Vallés, todos os conhecimentos se dividem em ciências intelectuais principais, como a teologia, a jurisprudência e a medicina; ciências sobre a palavra (o *Trivium*), e ciências propriamente ditas (matemática, filosofia natural e filosofia moral). Em alguns pontos Vallés recorre a noções platônicas e pitagóricas; isso ocorre ao afirmar que os números são os elementos mais universais das coisas, porque estão entremeados em todas elas e em suas relações. Em sua psicologia, Vallés afirma que os animais possuem alguma espécie de razão. No que se poderia chamar sua "teoria do conhecimento", Vallés admite que há certos princípios evidentes por si mesmos, mas que no que toca ao conhecimento dos objetos naturais, sendo a apreensão de acidentes a base do saber, não se pode chegar nunca a verdades indubitáveis, e é preciso conformar-se com a verossimilhança.

⊃ Entre os comentários médicos destacam-se: *Claudii Galeni Pergameni de locis patientibus, libri sex, cum scholis,* 1551. — *Commentaria in prognosticum Hippocratis,* 1567. — *Galeni Ars medicinalis commentariis,* 1567. — *Commentaria illustria in Cl. Galeni Pergameni, libros subsequentes,* 1592. — Entre os comentários filosóficos destacam-se: *In Schola Complutensi professoris commentaria in quartum librum Meteoron Aristotelis,* 1558. — *Ibid. Octo Librorum Aristotelis de physica doctrina versio recens et commentaria,* 1562. — O título completo da *Sacra Philosophia* é: *De iis quae scripta sunt physice in libris sacris, sive de Sacra Philosophia, liber singularis,* 1587.

Ver: Eusebio Ortega e Benjamín Marcos, *Francisco de Vallés (el divino),* 1914. — Marcial Solana, *Historia de la filosofía española. Época del Renacimiento (Siglo XVI),* t. II, 1941, pp. 297-347. ⊃

VALOR. O termo 'valor' foi usado — e continua a sê-lo — em referência ao preço de uma mercadoria ou produto; falou-se, e fala-se, do que uma mercadoria ou produto vale, isto é, do valor que têm. Neste caso, o termo 'valor' tem um significado fundamentalmente econômico — é o sentido em que usamos 'valor' no verbete MAIS-VALIA. Mas também se usou, e se usa, o termo 'valor' num sentido não econômico, ou não primariamente econômico, como quando se diz que uma obra de arte tem grande valor ou é valiosa, ou que certas ações têm valor ou são valiosas, ou que uma pessoa tem grande valia. A noção de valor num sentido geral está ligada a noções tais como as de seleção e preferência, mas isso não quer dizer ainda que algo tem valor porque é preferido, ou preferível, ou que algo é preferido, ou preferível, porque tem valor.

O conceito de valor foi freqüentemente usado num sentido moral; melhor dizendo, foi usado com freqüência o termo 'valor' com a qualificação de 'moral'. Isso ocorre em Kant quando fala, em *Grundlegung zur Metaphysik der Sitten*, de um "valor moral" e, mais exatamente, de um "valor autenticamente moral" — *echt moralischer Wert*. No presente verbete trataremos do conceito de valor num sentido filosófico geral, como conceito capital na chamada "teoria dos valores", e também "axiologia" e "estimativa".

Característica desta teoria é que não somente se usa o conceito de valor, mas se procede a refletir sobre ele, isto é, procede-se a determinar a natureza e o caráter do valor e dos chamados "juízos de valor". Isso distingue a teoria dos valores de um sistema qualquer de juízos de valor. Tais sistemas são muito anteriores à teoria dos valores propriamente dita, já que muitas doutrinas filosóficas, desde a Antigüidade, contêm juízos de valor tanto quanto juízos de existência, e ainda às vezes estes últimos juízos estão fundados, conscientemente ou não, nos primeiros. Muito comum foi em certas doutrinas filosóficas antigas equiparar "o ser" com "o valor" e, mais especialmente, "o ser verdadeiro" com "o valor". Em Platão, por exemplo, "o ser verdadeiro", isto é, as Idéias, possuem a máxima dignidade e são por isso eminentemente valiosas; dizer que algo é e que algo vale é, pois, neste caso, dizer aproximadamente o mesmo. Isso levou a equiparar o não-ser com a ausência de valor e a estabelecer uma escala axiológica. Ora, mesmo supondo-se que uma equiparação assim fosse admissível, ela tornava difícil uma reflexão autônoma sobre o valor. Com efeito, se tudo o que é, enquanto é, vale — e vice-versa —, não parecerá necessário averiguar em que consiste o valor, o ser será suficiente. Por conseguinte, a equiparação do ser com o valor (ou o valer) é um juízo de valor, mas ainda não é uma teoria dos valores.

Esta teoria tem várias origens. Por exemplo, Nietzsche, quando interpretou as atitudes filosóficas não como posições do pensamento diante da realidade, mas como a expressão de atos de preferir e preterir, deu grande impulso ao que mais tarde se chamou "teoria dos valores". O próprio Nietzsche tinha consciência da importância da noção de valor como tal, já que falava de "valores" e de "inversão de todos os valores". Deste modo se descobria o valor como fundamento das concepções do mundo e da vida, que consistiam na preferência por um valor mais que na preferência por uma realidade. São importantes também para a formação da teoria dos valores uma série de doutrinas morais, entre as quais cabe mencionar o utilitarismo (VER). Mas a teoria dos valores como disciplina filosófica relativamente autônoma surgiu somente com as obras de alguns filósofos dos séculos XIX e XX. Destacaram-se sobretudo Lotze, Brentano, Meinong, Ehrefenls, Rickert, Orestano, Münsterberg, Bosanquet, Theodor Lessing, Müller-Freienfels. Seguindo as orientações de alguns destes filósofos ou com independência deles, distinguiram-nos no cultivo da teoria dos valores pensadores como John Dewey, R. B. Perry, Max Scheler, Nicolai Hartmann, J. N. Findlay, Raymond Polin, Jean Pucelle, Louis Lavelle, Risieri Frondizi, Robert S. Hartman, S. C. Pepper e outros. Em alguns casos foram investigados problemas concernentes aos valores e às valorações sem por isso formar, ou aspirar a formar, nenhuma disciplina especial. Isso ocorre com Georg Henrik von Wright e com várias tendências éticas e metaéticas, como o intuicionismo e o emotivismo. Foram adotados numerosos pontos de vista: os valores são irredutíveis a outras formas, ou modos, de "realidade", são qualidades especiais; são produtos de valorações humanas e, portanto, relativos; subsistem de algum modo independentemente das valorações e as tornam possíveis ou, pelo menos, permitem que certos juízos sejam chamados "juízos de valor"; são ou estão relacionados com normas, ou com imperativos; são independentes de normas ou de imperativos; formam uma hierarquia; não formam nenhuma hierarquia etc. A questão acerca da natureza dos valores ou, em todo caso, das valorações e juízos de valor, e o caráter relativo ou absoluto dos valores ou das valorações ou juízos de valor foram os dois temas mais abundantemente tratados.

Foram muito influentes as pesquisas axiológicas de Scheler e Hartmann, e começaremos com elas, tanto mais porque nelas se encontram traços derivados dos modos como autores como Lotze, Brentano, Ehrenfels, Meinong e Rickert levantaram problemas na teoria dos valores.

Scheler indicou que todas as teorias dos valores podem ser divididas em três tipos:

1) O que se poderia chamar "teoria platônica do valor", com seus vários matizes e interpretações. Nesta teoria se sustenta que o valor é algo absolutamente independente das coisas; melhor ainda, que é algo em que as coisas valiosas estão fundadas, de tal sorte que um bem o é somente pelo fato de participar de um valor situado numa esfera metafísica e também mitológica. Os valores seriam em tal caso entidades ideais, mas de uma idealidade "existente", seres em si, perfeições absolutas e, como tais, absolutas existências. A confusão da irrealidade do valor com a idealidade dos objetos ideais baseia-se numa atitude intelectualista para a qual o espírito, a razão são aquilo que, ante a sensibilidade, descobrem os valores e efetuam a identificação do ser com o valor. Essa posição levanta os mais espinhosos problemas quanto tem de se enfrentar com a efetividade do mal e do desvalor, pois este tem de ser considerado forçosamente como uma diminuição do ser e também como um nada.

2) O nominalismo dos valores, para o qual o valor é relativo ao homem ou a qualquer portador de valores. O valor é fundado então na subjetividade, no agrado ou desagrado, no desejo ou repugnância, na atração ou repulsão, atitudes necessariamente vinculadas ao valor, mas que não podem constituir a essência última do valor. Os valores consistem em tal caso no fato de a coisa considerada valiosa produzir agrado, desejo, atração etc., e não no fato, mais significativo, de o agrado, o desejo etc., sobrevirem por causa do caráter valioso da coisa. O motivo fundamental desse nominalismo dos valores está na redução de todos os valores de ordem superior aos valores de ordem inferior, nos quais há efetivamente coincidência do valor com o agrado. O nominalismo dos valores ou nominalismo ético se corresponde exatamente com o nominalismo gnosiológico e metafísico e ainda pode ser considerado como uma transposição dos pressupostos do nominalismo gnosiológico para a questão ética e o problema geral do valor. Este nominalismo parece resultar justificado, em compensação, quando o absolutismo dos valores chega a negar a necessidade de que haja uma conexão entre o valor e o depositário dos valores e sobretudo quando chega a aniquilar a pessoa, concebendo-a como um meio e não como um fim.

3) O que Scheler chama "teoria da apreciação", intimamente aparentada com o nominalismo ético por sua negação da independência dos fenômenos estimativos éticos, mas distinta dele pelo fato de afirmar "que a apreciação de um querer, de um agir etc. não encontra nos atos um valor que esteja posto por si mesmo neles, tampouco tem de se reger aquela apreciação por esse valor, mas o valor moral está dado tão só *em* ou *mediante* aquela apreciação, quando não é *produzido* por ela" (M. Scheler, *Ética*, trad. esp., tomo 1, 1941, p. 235).

Scheler não admite nenhuma dessas teorias, porque considera que nenhuma é capaz de desenvolver uma "teoria pura dos valores" ou "axiologia pura", que seja paralela à "lógica pura". Isso só pode ser feito, na opinião de Scheler, por uma concepção que não confunda a axiologia com um sistema de preferências estimativas.

Os valores são, segundo Scheler, apreendidos por uma intuição emotiva, diferente de uma mera apreensão psicológica. Dentro de uma teoria pura dos valores, podem-se distinguir também "uma teoria pura dos valores mesmos" e uma das "posturas valorativas", o que corresponde respectivamente a uma "teoria lógica do objeto" e a uma "teoria do pensamento" (*op. cit.*, I, p. 123).

Durante algum tempo foi comum indagar se os valores têm características próprias, e quais são. Uma resposta que circulou muito foi a que se expressa nos seis pontos seguintes:

1. *O valer*. Na classificação dada pela teoria dos objetos, há um grupo deles que não pode se caracterizar pelo ser, como os objetos reais e os ideais. Destes objetos se diz, segundo a expressão de Lotze, que valem e, portanto, que não têm ser, mas valer. De acordo com isso, a característica do valor é o ser *valente*, ao contrário do ser *ente* e do ser *válido*, que se refere ao que tem validade (VER). A bondade, a beleza, a santidade não são coisas reais, mas tampouco entes ideais. Os objetos reais são determinados segundo suas classes pelas notas de espacialidade, temporalidade, causalidade etc. Os objetos ideais são intemporais. Os valores também são intemporais e por isso às vezes foram confundidos com as idealidades, mas sua forma de realidade não é o ser ideal nem o ser real, mas o ser valioso. A realidade do valor é, pois, o valer. Embora essa tese tenha um aspecto excessivamente formal e até apareça como resultado de uma definição circular, alguns autores tentaram sublinhar que na definição do valor como forma substantiva do valer há um conteúdo preciso. Isso ocorre, por exemplo, com Louis Lavelle quando diz que em tal forma substantiva do valer se supõe que uma consciência aprova ou não algo. Por isso o valor de algo supõe uma diferença entre o possível e o real. Deste ponto de vista, o valor não reside tanto nas coisas quanto na atividade de uma consciência, mas isso não equivale a fazer o valor depender das representações. O valor *se refere* à existência (cf. obra citada na bibliografia, pp. 24 ss.), pois "o que vale não pode ser senão a existência mesma enquanto se quer e quer suas próprias determinações". Por isso, no entender do citado autor, a teoria dos valores é um aprofundamento — não uma substituição — da metafísica, na medida em que (como disse Aimé Forest) é "uma aptidão para apreender valores".

2. *Objetividade*. Os valores são objetivos, isto é, não dependem das preferências individuais, mas mantêm sua forma de realidade para além de toda apreciação e valoração. A teoria relativista dos valores sustenta que os atos de agrado e desagrado são o fundamento de todos os atos. A primeira afirma que tem valor o desejável. A segunda sustenta que é desejável o valioso. Os relativistas desconhecem a forma peculiar e irredutível de realidade dos valores. Os absolutistas chegam em alguns casos à eliminação dos problemas levantados pela relação efetiva entre os valores e a realidade humana e histórica. Os valores são, segundo alguns autores, objetivos e absolutos, mas não são hipóstases metafísicas das idéias do valioso. A objetividade do valor é apenas a indicação de sua autonomia com respeito a toda apreciação subjetiva e arbitrária. A região ontológica "valor" não é um sistema de preferências subjetivas às quais se dá o título de "coisas preferíveis", mas não é tampouco uma região metafísica de seres absolutamente transcendentes.

3. *Não independência*. Os valores não são independentes, mas essa dependência não deve ser entendida como uma subordinação do valor a instâncias alheias, mas como uma não independência ontológica, como a necessária aderência do valor às coisas. Por isso os valores fazem sempre referência ao ser e são expressos como predicações do ser.

4. *Polaridade*. Os valores se apresentam sempre polarmente, porque não são entidades indiferentes como as outras realidades. Ao valor da beleza se opõe sempre o da feiúra; ao da bondade, o da maldade; ao do santo, o do profano. A polaridade dos valores é o desdobramento de cada coisa valente num aspecto positivo e num aspecto negativo. O aspecto negativo é freqüentemente chamado desvalor.

5. *Qualidade*. Os valores são totalmente independentes da quantidade e por isso não se podem estabelecer relações quantitativas entre as coisas valiosas. O característico dos valores é a qualidade pura.

6. *Hierarquia*. Os valores são não indiferentes não só no que se refere à sua polaridade, mas também nas relações mútuas das espécies de valor. O conjunto de valores se oferece numa tabela geral hierarquicamente ordenada.

Supôs-se às vezes que as mencionadas características resultam de uma análise "formal" dos valores e que são, portanto, independentes de (ou prévias a) posições específicas assumidas com respeito ao valor e às valorações, mas a verdade é que já expressam o que se poderia chamar, por analogia com o compromisso ontológico (VER), um "compromisso axiológico". Admitido este compromisso, pode-se proceder, segundo os autores que o adotaram, a uma "teoria material" (não formal) que se ocupa de questões tais como a relação entre valores e sujeitos valorantes, ou então o que se chamou "classificação dos valores", freqüentemente unida a uma "hierarquia dos valores". Foram expressas a este respeito várias opiniões, que resenhamos a seguir.

A classificação mais habitual dos valores compreende os valores lógicos, os éticos e os estéticos. Münsterberg erigiu uma tabela de valores com base nas mencionadas esferas, mas determinou em cada valor duas origens diferentes: o espontâneo e o consciente. O conjunto dos valores está fundado, segundo esse autor, num mundo metafísico absoluto. Rickert acrescentou a este sistema de valores os da mística, da erótica e da religião. Para Scheler, os valores se organizam numa hierarquia cujo grau inferior compreende os valores do agradável e desagradável, e cujos graus superiores são, de menor a maior, os valores vitais, os espirituais (valores do belo e do feio; do justo e do injusto; do conhecimento) e os religiosos (valores do sagrado e do profano). Cada uma das regiões de valores compreende espécies subordinadas. Os valores morais não são então mais que a realização de um valor positivo qualquer sem sacrifício de um valor inferior. A preferência pelos valores determina deste modo a moralidade dos atos, sem que esta moralidade deva ser reduzida ao cumprimento de uma norma ou de um imperativo categórico que o valor não pode proporcionar por si mesmo. N. Hartmann propôs uma tabela que abarca os seguintes valores: valores bens (instrumentais); valores de prazer (como o agradável); valores vitais; valores morais (como o bom); valores estéticos (como o belo); valores de conhecimento (como a verdade). As últimas três classes são consideradas como valores espirituais.

A maior parte das teorias a que aludimos até agora são ao mesmo tempo normativas e metanormativas. Isto ocorre especialmente com as teorias que aspiram a desentranhar a natureza dos valores e, ao mesmo tempo, a classificar os valores e dispô-los numa hierarquia. Há outras pesquisas sobre os valores que continuam a se ocupar da questão da natureza dos valores, ou das valorações ou juízos de valor, mas que se abstêm de apresentar classificações e menos ainda de oferecer hierarquias de valores. Isso ocorre com os trabalhos de autores, de resto bastante diferentes entre si, como G. H. von Wright, C. L. Stevenson, R. M. Hare, S. Toulmin. Muitas destas investigações têm um aspecto metanormativo, mas nem sempre consistem exclusivamente numa análise lógica de termos de caráter axiológico. Entre os problemas levantados nesses trabalhos destacam-se dois: um é o da relação, ou falta de relação, entre valores e fatos, ou entre valorações e enunciados de fatos; outro é o da relação, ou falta de relação, entre valores, normas e imperativos.

A afirmação de que não há relação entre fatos e valores, ou a de que não há uma relação tal que possa dar lugar a uma derivação dos segundos a partir dos primeiros, é paralela à afirmação de um abismo entre o 'é' e o 'deve'. A afirmação de que há relação entre fatos e valores é também paralela à afirmação de que há alguma conexão entre o 'é' e o 'deve' (ver 'É'-'DEVE'). Essa relação pode ocorrer de dois modos: ou como uma relação de implicação lógica — o que quase todos os autores rejeitam — ou como uma relação de justificação — o que vários autores admitem.

No entanto, o paralelismo entre essas afirmações (ou negações) não tem por que levar à conclusão de que expressões que contêm 'deve' são equiparáveis a expressões que contêm 'vale'. Alguns autores sustentam que se se julga que algo é valioso, é natural, senão inevitável, torná-lo objeto de um imperativo ou de um mandato, pois seria absurdo, segundo eles, sustentar que algo é valioso mas que nem por isso tem de ser ordenado, ou sequer recomendado. Inversamente, se se ordena ou manda algo é porque, segundo tais autores, se julga que é valioso. Outros, contudo, pensam que há uma diferença entre valores e imperativos, e que há também uma diferença entre valores e normas, mesmo se na maior parte dos casos concretos se julga que as normas concernem a algo valioso e que por ser valioso se conclui que deve ser obtido, ou que se deve fazer tudo para que seja obtido.

⊃ Assinalamos, em ordem cronológica, alguns dos escritos publicados acerca do problema do valor a partir de finais do século XIX [devem-se levar em conta os antecedentes de Lotze, especialmente no tomo I *(Logik)* do *System der Philosophie* (1874), e sobretudo de Nietzsche, especialmente os contidos no cap. I de *Zur Genealogie der Moral* (1887) e nos pensamentos dispersos em *Der Wille zur Macht. Versuch einer Umwertung aller Werte* (1888ss.)]: Wilhelm Windelband, *Präludien. Aufsätze und Reden zur Einleitung in die Philosophie*, 1884; 4ª ed., 2 vols., 1911. — Franz Brentano, *Vom Ursprung sittlicher Erkenntnis*, 1887. — Heinrich Rickert, *Vom Gegenstand der Erkenntnis. Ein Beitrag zum Problem der philosophischen Transzendenz*, 1892; 6ª ed., 1928. — Christian von Ehrenfels, "Werttheorie und Ethik", *Vierteljahrschrift für wissenschaftliche Philosophie*, 17 (1893). — Alexius von Meinong, *Psychologisch-ethische Untersuchungen zur Werttheorie*, 1894. — *Id.*, "Über Werthaltung und Wert", *Archiv für systematische Philosophie*, 1 (1895) 327-346. — O. Ritschl, *Über Werturteile*, 1895. — Eduard von Hartmann, "Der Wertbegriff und der Lustwert", *Zeitschrift für Philosophie*, 106 (1895). — Christian von Ehrenfels, "Von der Wertdefinition zum Motivationsgesetz", *Archiv für systematische Philosophie*, 2 (1896) 103-122. — Heinrich Rickert, *Die Grenzen der naturwissenschaftlichen Begriffsbildung. Eine logische Einleitung in die historischen Wissenschaften*, 1896-1902; 5ª ed., 1929. — Alexius von Meinong, *Zur Grundlegung der allgemeinen Werttheorie*, 1897. — Jonan Cohn, "Beiträge zur Lehre von den Wertungen", *Zeitschrift für Philosophie*, 110 (1897). — Christian von Ehrenfels, *System der Werttheorie*, 1898. — F. Krüger, *Der Begriff des absolut Wertvollen als Grundbegriff der Moralphilosophie*, 1898. — Hugo Münsterberg, *The Eternal Values*, 1900. — M. Reischle, *Werturteile und Glaubensurteile*, 1900. — Oskar Kraus, *Zur Theorie des Wertes. Eine Bentham-Studie*, 1901. — Joseph Klemens Kreibig, *Psychologische Grundlegung eines Systems der Werttheorie*, 1902. — Rudolf

Eisler, *Studien zur Werttheorie*, 1902. — A. Grotenfeld, *Die Wertschätzung in der Geschichte*, 1903. — Alexius von Meinong, "Über Urteilsgefühle: was sie sind und was sie nicht sind", *Archiv für die gesamte Psychologie*, 6 (1905) 22-58. — Karl Böhm, *Der Mensch und seine Welt*, 6 vols., 1883-1911 (tomo III). — Francesco Orestano, *I valori umani*, 1907). — C. Berguer, *La notion de valeur, sa nature psychique et son importance en théologie*, 1908. — Hugo Münsterberg, *Philosophie der Werte. Grundzüge einer Weltanschauung*, 1908; 2ª ed., 1921. — R. Goldscheid, *Entwicklungswerttheorie*, 1908. — Walter Strich, *Das Wertproblem in der Philosophie der Gegenwart*, 1909 (tese). — Wilbur M. Urban, *Valuation, its Nature and Laws*, 1909. — H. Ludemann, *Das Erkennen und die Werturteile*, 1910. — E. Durkheim, "Jugements de réalité et jugements de valeur", *Revue de Métaphysique et de Morale*, 18 (1911) 437-453. — Heinrich Rickert, "Lebenswerte und Kulturwerte", *Logos*, 2 (1911-1912) 131-166. — Alexius von Meinong, "Für die Psychologie und gegen den Psychologismus in der allgemeinen Werttheorie", *Logos* 3 (1912), 1-14. — F. Ackenheil, *Sollen, Werten und Wollen*, 1912. — Hans Driesch, *Ordnungslehre*, 1912. — B. Bosanquet, *The Principle of Individuality and Value*, 1912. — Wilhelm Metzger, "Objektwert und Subjektwert", *Logos* 4 (1913), 85-99. — Wilhelm Ostwald, *Die Philosophie der Werte*, 1913. — Heinrich Rickert, "Vom System der Werte", *Logos* 4 (1913), 295-327. — Max Scheler, "Der Formalismus in der Ethik und die materiale Wertethik", *Jahrbuch für Philosophie und phänomenologiesche Forschung*, 1 (1913), 2 (1916). — Karl Friedrich Weiss, *Studien zur allgemeinen Theorie des Wertes*, 1913. — Theodor Lessing, *Studien zur Wertaxiomatik. Untersuchungen über reine Ethik und reines Recht*, 1914 (reimp. do *Archiv für systematische Philosophie*, 1908). — E. Spranger, *Über die Stellung der Werturteile in der Nationalökonomie*, 1914. — Jonas Cohn, *Religion und Kulturwerte*, 1914. — W. Windelband, *Einführung in die Philosophie*, 1914; 3ª ed., 1923. — Johannes Erich Heyde, *Grundlegung der Wertlehre*, 1916. — G. della Valle, *Teoria generale del valore come fondamento di una pedagogia filosofica*, 1916. — Felix M. Gatz, *Die Begriffe der Geltung bei Lotze*, 1918, reimp. 1929 (tese). — Georg Mehlis, "Über Lebenswerte", *Logos* 7 (1918). — Theodor Litt, *Individuum und Gemeinschaft. Grundlagen der sozialen Theorie und Ethik*, 1919. — H. Baratono, *Critica e pedagogia dei valori*, 1919. — Richard Müller-Freienfels, "Grundzüge einer neuen Wertlehre", *Annalen der Philosophie*, 1 (1919). — Samuel Alexander, *Space, Time and Deity*, 2 vols., 1920 (tomo II). — Maurice Picard, *Values, Immediate and Contributory and Their Interpretation*, 1920. — Antonio Renda, *Teoria psicologica del valore*, 1920. — K. Wiederhold, *Wertbegriff und Wertphilosophie*, 1920. — Juan Zaragüeta, *Contribución del lenguaje a la filosofía de los valores*, 1920. — Heinrich Rickert, *System der Philosophie*, I: *Allgemeine Grundlegung der Philosophie*, 1921. — David W. Prall, "A Study in the Theory of Value", *University of California Publications in Philosophy*, 3 (n° 2, September 1921), 171-290. — Arthur Hoffmann, *Das Systemprogram der Philosophie der Werte. Eine Würdigung der Axiologie W. Windelbands*, 1922. — C. Bouglé, *Leçons de sociologie sur l'évolution des valeurs*, 1922. — José Ortega y Gasset, "¿Qué son los valores?", *Revista de Occidente*, 1 (1923), 39-70; reimp., *O. C.*, VI, 315-335. — Bruno Bauch, *Wahrheit, Wert und Wirklichkeit*, 1923. — F. Bamberger, *Untersuchungen zur Entstehung des Wertproblems in der Philosophie des 19. Jahrhunderts*, I, 1924. — W. Stern, *Wertphilosophie* (t. III de *Person und Sache*), 1924. — L. Werner Grühm, *Das Werterlebnis*, 1924. — Folkert Wilken, *Grundzüge einer personalistischen Werttheorie*, 1924. — Maximilian Beck, *Wesen und Wert. Grundlegung einer Philosophie des Daseins*, 2 vols., 1925. — Helmut Finscher, "Das Problem der Existenz objektiver Werte", *Kantstudien*, 30 (1925), 357-380. — H. Kerler, *Weltwille und Wertwille*, 1925. — Nicolai Hartmann, *Ethik*, 1926. — Johannes Erich Heyde, *Wert, eine philosophische Grundlegung*, 1926. — W. G. Schuwerak, "Das Wesen des Wertes und seine Begründung", em *Philosophisches Jahrbuch der Görresgesellschaft*, 1926. — Ralph Barton Perry, *General Theory of Value: Its Meaning and Basic Principles Construed in Terms of Interest*, 1926, reimp., 1950. — Johannes Thyssen, "Vom Ort der Werte", *Logos* 15 (1926). — A. Messer, *Deutsche Wertphilosophie der Gegenwart*, 1926. — Luis Juan Guerrero, *Die Entstehung einer allgemeinen Wertlehre in der Philosophie der Gegenwart*, 1927 (tese). — Edmond Globot, *La logique des jugements de valeur*, 1927. — Aurel Kolnai, *Der ethische Wert und die Wirklichkeit*, 1927. — R. Odebrecht, *Grundlegung einer ästhetischen Werttheorie*, 1927. — Mary E. Clarke, *A Study in the Logic of Value*, 1929. — A. Lalande, *La psychologie des jugements de valeur*, 1929. — Eduard Meyer, "Sein und Sollen in der Wertphilosophie", *Kantstudien* 34 (1929), 97-124. — John Laird, *The Idea of Value*, 1929. — Erich W. Jaensch, *Wirklichkeit und Wert in der Philosophie und Kultur der Neuzeit*, 1929. — S. Behn, *Philosophie der Werte*, 1930. — A. Messer, *Wertphilosophie der Gegenwart*, 1930. — H. O. Eaton, *The Austrian Philosophy of Values*, 1930. — Fritz Joachim von Rintelen, *Die Bedeutung des philosophischen Wertproblems*, 1930; ed. ingl. muito ampliada: *Value in European Thought*, 1972. — Orlie A. H. Pell, *Value-Theory and Criticism*, 1930 (sobre Perry, Prall e Dewey). — Dewitt H. Parker, *Human Values: An Interpretation of Ethics Based on a Study of Values*, 1931. — A. Altmann, *Die Grundlagen der Wertethik*, 1931. — Leonore Kühn, *Die Autonomie der Werte*, 2 vols., 1931. — J. Cohn, *Wertwissenschaft*, 3 vols., 1932. — Karl Groos, *Zur Psychologie und Meta-*

physik des Wertlebens, 1932. — Fritz Joachim von Rintelen, *Der Wertgedanke in der europäischen Geistesentwicklung,* 1932 (*I. Altertum und Mittelalter*). — Alfred Stern, *Die philosophischen Grundlagen von Wahrheit, Wirklichkeit und Wert,* 1932. — Otto Kühler, *Wert, Person, Gut. Zur Ethik M. Schelers, N. Hartmanns und der Philosophie des Ungegebenen,* 1932. — S. Alexander, *Beauty and Other Forms of Value,* 1933. — H. Osborne, *Foundations of the Theory of Value: An Examination of Value and Value Theories,* 1933. — Manuel García Morente, *Ensayos sobre el progreso,* 1934 (reed. en *Ensayos,* 1941). — Karl Menger, *Moral, Wille, Weltgestaltung,* 1934. — Ernst Schwarz, *Über den Wert, das Soll und das richtige Werterhalten,* 1934. — René Le Senne, *Obstacle et Valeur,* 1934. — Aaron Cohn, *Hauptprobleme der Wertphilosophie,* 1934. — Alfred Stern, *La philosophie des valeurs: Regards sur ses tendances actuelles en Allemagne,* 1936. — G. Bénézé, *Valeur. Essai d'une théorie générale,* 1936. — G. S. Jury, *Value and Ethical Objectivity,* 1936. — VV.AA., *Travaux du IXe Congrès International de Philosophie* (Congrès Descartes), tomos X e XI, 1937. — Dorothea Thielen, *Kritik der Werttheorien,* 1937. — A. Campbell Garnett, *Reality and Value: An Introduction to Metaphysics and an Essay on the Theory of Value,* 1937. — Georg Kathov, *Untersuchungen zur Werttheorie und Theodizee,* 1937. — Johannes Hessen, *Wertphilosophie,* 1937. — Oskar Kraus, *Die Werttheorien. Geschichte und Kritik,* 1937. — Viktor Kraft, *Die Grundlagen einer wissenschaftlichen Wertlehre,* 1937; 2ª ed., 1951. — Manuel García Morente, *Lecciones preliminares de filosofía,* 1937 (Lección XXIV). — C. A. Sacheli, *Atto e valore,* 1938. — John J. Reid, *A Theory of Value,* 1938. — Carlos Astrada, *La ética formal y los valores,* 1938. — Wolfgang Köhler, *The Place of Value in a World of Facts,* 1938. — Johannes B. Lotz, *Sein und Wert. Eine metaphysische Auslegung des Axioms* Ens et unum convertuntur *im Rahmen der scholastischen Transzendentalienlehre,* I, 1938; 2ª ed., c om o título: *Das Urteil und das Sein. Eine Grundlegung der Metaphysik,* 1957. — John Dewey, *Theory of Valuation,* 1939, reimp., 1966 [International Encyclopaedia of Unified Sciences, II, 4]. — Eugène Dupréel, *Esquisse d'une philosophie des valeurs,* 1939. — Robert Reininger, *Wertphilosophie und Ethik. Die Frage nach dem Sinn des Lebens als Grundlage einer Wertordnung,* 1939. — Dominique Parodi, *La conduite humaine et les valeurs idéales,* 1939. — Juan José Arévalo, *La filosofía de los valores en la pedagogía,* 1939. — Francisco Larroyo, *La filosofía de los valores,* 1942. — E. B. Jessup, *Relational Value Meanings,* 1943. — Wilbur M. Urban, "Axiology", em *Twentieth Century Philosophy,* ed. D. D. Runes, 1943, pp. 51-73. — VV.AA., *Verifiability of Value,* 1944, ed. Ray Lepley. — Raymond Polin, *La création des valeurs: Recherches sur le fondement de l'objectivité axiologique,* 1945 (tese). — Id., *La compréhension des valeurs,* 1945 (tese complementar). — E. S. Brightman, *Nature and Values,* 1945. — C. I. Lewis, *An Analysis of Knowledge and Valuation,* 1946. — Johannes Hessen, *Lehrbuch der Philosophie,* vol. 2: *Wertlehre,* 1948. — VV.AA., *Les valeurs* (Actes du IIIe Congrès des Sociétés de Philosophie de langue française, Louvain), 1948. — Raymond Ruyer, *Le monde des valeurs,* 1948. — VV.AA., *Value: A Cooperative Inquiry,* ed. Ray Lepley, 1949. — Pietro Romano, *Ontologia del valore. Studio storico-critico sulla filosofia dei valori,* 1949. — Albrecht C. Bettermann, *Psychologie und Psychopathologie des Wertens,* 1949. — Samuel L. Hart, *Treatise on Value,* 1949. — Rafael Virasoro, *Vocación y moralidad: Contribución al estudio de los valores morales,* 1949. — D. J. McCracken, *Thinking and Valuing,* 1950. — A. L. Hilliard, *The Forms of Value: The Extension of a Hedonistic Axiology,* 1950. — Corrado Rosso, *Figure e dottrine della filosofia dei valori,* 1950. — Louis Lavelle, *Traité des valeurs,* 2 vols., 1951-1955. — Raymond Ruyer, *Philosophie de la valeur,* 1952. — Everett W. Hall, *What is Value? An Essay in Philosophical Analysis,* 1952. — E. Gutwenger, *Wertphilosophie,* 1952. — Maxime Glandorf, *Théorie générale de la valeur et ses applications en esthétique et en économie,* 1954. — S. Halldén, *Emotive Propositions: A Study of Value,* 1954. — R. B. Perry, *Realms of Value: A Critique of Human Civilization,* 1954. — D. Davidson, J. C. McKinsey, P. Suppes, *Outlines of a Formalist Theory of Value,* I, 1954. — W. D. Lamont, *The Value Judgement,* 1955. — Ch. Morris, *Varieties of Human Value,* 1956. — Paul Césari, *La valeur,* 1957. — De Witt H. Parker, *The Philosophy of Value,* 1957, ed. William Frankena. — F. Battaglia, *I valori fra la metafisica e la storia,* 1957, nova ed., 1967. — R. B. Brandt, C. L. Stevenson et al., *The Language of Value,* 1957, ed. R. Lepley. — Jean Pucelle, *Études sur la valeur,* 2 vols., 1957-1959 (I. *La source des valeurs. Les relations intersubjectives;* II. *Le règne des fins*). — Stephen C. Pepper, *The Sources of Value,* 1958. — Risieri Frondizi, *¿Qué son los valores?,* 1958; 5ª ed., rev. e aum., 1972. — Paul Césari, *La valeur,* 1959. — León Dujovne, *Teoría de los valores y filosofía de la historia,* 1959. — Robert S. Hartman, *La estructura del valor: Fundamentos de la axiología científica,* 1959. — J. N. Findlay, *Values and Intentions: A Study on Value-Theory and Philosophy of Mind,* 1961. — David Pole, *Conditions of Rational Inquiry: A Study in the Philosophy of Value,* 1961. — Everett W. Hall, *Our Knowledge of Fact and Value,* 1961 [especialmente Parte II: "Our Knowledge of Value"]. — Paul W. Taylor, *Normative Discourse,* 1961. — Johan Fredrik Bjelke, *Zur Begründung der Werterkenntnis,* 1962. — Charles L. Stevenson, *Facts and Values: Studies in Ethical Analysis,* 1963 (coletânea de trabalhos, 1939-1962). — Daniel Christoff, José Luis Curiel, A. C. Ewing, Risieri Frondizi, Robert S. Hartman,

F.-J. v. Rintelen, *Symposium sobre valor in genere y valores específicos*, 1963 [do XIII Congresso Internacional de Filosofia. Centro de Estudos Filosóficos. Universidade Nacional do México]. — Georges Bénézé, *L'ordre des pensées*, I: *Les valeurs*, 1965. — L. M. Loring, *Two Kinds of Values*, 1966. — Ricardo Maliandi, *Wertobjektivität und Realitätserfahrung*, 1966. — Nicholas Rescher, *Introduction to Value Theory*, 1968. — Eduardo García Máynez, *El problema de la objectividad de los valores*, 1969. — W. H. Werkmeister, *Historical Spectrum of Value Theories*, I: *The German-Language Group*, 1970; II: *The Anglo-American Group*, 1973. — Karl Aschenbrenner, *The Concepts of Value: Foundations of Value Theory*, 1971. — Joseph Margolis, *Values and Conduct*, 1971. — Augusto Salazar Bondy, *Para una filosofía del valor*, 1971. — VV.AA., *Human Sciences and the Problem of Values / Les sciences humaines et le problème des valeurs*, 1972, ed. K. Kuypers [Entretiens de Amsterdam do Instituto Internacional de Filosofia, 8/11-IX-1971]. — Yvan Gobry, *De la valeur*, 1975. — Charles Taylor, *The Values*, 1977. — H. Drexler, *Begegnung mit der Werthethik*, 1978. — M. Riedel, *Norm und Werturteil*, 1979. — J. J. Pandelis, *Value*, 1980. — E. H. Gombrich, *Die Krise der Kulturgeschichte: Gedanken zum Wertproblem in den Geisteswissenschaften*, 1983. — VV.AA., *Values: A Symposium*, 1987, ed. B. Almond, B. Wilson. — B. H. Smith, *Contingencies of Value. Alternative Perspectives for Critical Theory*, 1988. — N. Rescher, *Baffling Phenomena And Other Studies in the Philosophy of Knowledge and Valuation*, 1991. — P. Grice, *The Conception of Value*, 1991. — S. A. Drakopoulos, *Values and Economic Theory: The Case of Hedonism*, 1991. — F. Turner, *Rebirth of Value: Meditations on Beauty, Ecology, Religion, and Education*, 1991. — A. M. Olson, C. Parr, D. Parr, eds., *Video Icons and Values*, 1991. — G. F. McLean, J. Kromkowski, eds., *Urbanization and Values*, 1991. — I. Singer, *Meaning in Life: The Creation of Value*, 1992. — J. G. Harrell, *Profundity: A Universal Value*, 1992. — G. B. Peterson, ed., *The Tanner Lectures on Human Values*, vol. 13, 1992. — U. J. Jensen, G. Mooney, eds., *Changing Values in Medical and Health Care Decision Making*, 1992. — F. C. Power, D. K. Lapsley, eds., *The Challenge of Pluralism: Education, Politics, and Values*, 1992. — P. Unger, *Identity, Consciousness and Value*, 1992. — S. Connor, *Theory and Cultural Value*, 1992. — A. García de la Sierra, *The Logical Foundations of the Marxian Theory of Value*, 1992. — R. T. Allen, *The Structure of Value*, 1993. — D. Weissman, *Truth's Debt to Value*, 1993. — E. Anderson, *Value in Ethics and Economics*, 1993. — A. Bahm, *Axiology: The Science of Values*, 1993. — R. G. Frey, C. W. Morris, eds., *Value, Welfare, and Morality*, 1993. — S. Kemal, I. Gaskell, eds., *Explanation and Value in the Arts*, 1993.

Houve uma série de reuniões, "Conferences on Value Inquiry", cujas Atas, editadas por Ervin Laszlo e J. B. Wilbur, foram publicadas com os seguintes títulos: *Human Values and Natural Science*, 1970; *Human Values and the Human Mind*, 1971; *Value Theory in Philosophy and Social Science*, 1973.

Bibliografia: J. E. Heyde, "Gesamtbibliographie des Wertbegriffs", *Literarische Berichte aus dem Gebiete der Philosophie*, 1928. — Ethel M. Albert e Clyde Kluckhohn, *A Selected Bibliography on Values, Ethics, and Esthetics in the Behavioral Sciences and Philosophy, 1920-1958*, 1959. — Nicholas Rescher, *op. cit. supra*, pp. 151-186.

Revista: *Journal of Value Inquiry*, a partir de 1967. **c**

VANINI, LUCILIO, que passou a se chamar **GIUGLIO CESARE**, Julius Caesar (*ca.* 1585-1619). Nascido em Taurisano (Lecce, Itália), estudou Direito em Nápoles e teologia em Pádua. Após um período de viagens pela Itália e Alemanha, morou dois anos (1612-1614) na Inglaterra. Em 1614 regressou à Itália e um ano depois se dirigiu à França. Suspeito de heresia, foi processado e condenado pela Inquisição, morrendo na fogueira, na "Place du Salin", em Toulouse.

Vanini defendeu a idéia de uma religião natural igual em todos os homens. Tratava-se de uma religião de tipo panteísta, baseada na idéia de que Deus está por inteiro na Natureza, de tal modo que a própria Natureza é Deus. Filosoficamente, as idéias averroístas da Escola de Pádua se juntavam com elementos naturalistas e panteístas encontrados em autores como Telésio e Cardano.

Segundo L. Corvaglia (cf. bibliografia *infra*), a obra de Vanini é uma série de plágios decorrentes do desejo do autor de polemizar contra o livro do jesuíta Ley, *La Providence divine et l'immoralité de l'âme contre les athées et les politiques* (1613), dirigido contra Pomponazzi, Cardano e outros pensadores. Vanini usou textos e argumentos das obras criticadas para responder às objeções de Ley. Por outro lado, A. Nowicki defendeu a originalidade do pensamento de Vanini, assinalando sua contribuição à crítica da metafísica "tradicional". Embora influenciado por Pomponazzi e vários autores da Escola de Pádua, Vanini é, segundo o citado comentador, um pensador cujo espírito crítico não deve muito a predecessores ou a coetâneos.

⊃ Obras: *Amphyteatrum aeternae providentiae*, 1611. — *De admirandis naturae reginae deaeque mortalium arcanis*, 1616. — Ver os estudos publicados nas trads. italianas e eds. das obras de Vanini de G. Porzio, *Le opere di G. C. V.*, 2 vols., 1913, e L. Corvaglia, *Le opere de G. C. V. e le loro fonti*, 2 vols., 1933-1934. Ver também: A. Corsano, "G. C. V.", *Giornale critico della filosofia italiana*, 2 (1958) 201-244. — Émile Namer, *Documents sur la vie de J.-C. V. de T.*, 1964. — A. Antonaci, "G. C. V. e la sua formazione padovana", *Annali*

Facoltà di Lettere e Filosofia, 13 (1968). — A. Corsano, "Vanini e Baconthorp", *Giornale Critico della Filosofia Italiana*, 49 (1970), 335-343. — É. Namer, "Introduction à l'étude de V. de Taurisano", *Revue de Métaphysique et de Morale*, 75 (1970), 332-338. — G. Papuli, *Le interpretazioni di G. C. V.*, 1975. — F. de Paola, *V. e il primo '600 angloveneto*, 1979. — E. Namer, *La vie et l'oeuvre de J.-C. V., Prince des Libertins, mort à Toulouse sur le bûcher em 1619*, 1980. — H. Dethier, "Introduction à l'étude de l'oeuvre de Pietro Pomponazzi (1462-1525) et de Giulio Cesare Vanini (1585-1619)", *Tijdschrift voor Studie. Verlichting Denken*, 14-15 (1986-1987), 103-140. ⊂

VARELA [Y MORALES], FÉLIX (1788-1853). Nascido em Havana, ordenou-se sacerdote e foi eleito deputado às Cortes espanholas durante o segundo período constitucional, destacando-se por sua defesa em favor da autonomia de Cuba. Discípulo, no seminário de San Carlos, de José Agustín Caballero, cuja *Philosophia electiva* (1796; reed. em 1944) representou uma considerável renovação dos estudos filosóficos — até então estritamente situados no quadro do escolasticismo tomista —, Varela prosseguiu, na cátedra de filosofia do citado seminário e da Universidade e no periódico, a corrente renovadora antiescolástica e afeita principalmente ao sensualismo de Locke e Condillac, mas também a outras influências modernas, sobretudo o cartesianismo. Seu propósito se encaminhou para a fundamentação de uma "filosofia eclética", entendida como uma filosofia depurada de todo erro especulativo e arraigada na razão e na experiência como únicas fontes válidas do conhecimento filosófico. Varela não considerava semelhante renovação como atentatória à verdade do dogma católico, mas como expressão da necessidade de separar o que pertence ao dogma e o que não necessita, por natureza, estar fundado na autoridade, que mesmo sendo "fonte da verdade e o que se submete a ela procede de acordo com a justa razão", não deve ser objeto de abuso "fazendo-a servir às idéias humanas com prejuízo das ciências e ultraje da revelação".

⊃ Obras: *Institutiones philosophiae eclecticae*, I e II, 1812. — *Instituciones de filosofía ecléctica*, III e IV, 1813-1814. — *Lecciones de filosofía*, 3 vols., 1818. — *Apuntes filosóficos para la dirección del espíritu humano*, 1818. — *Miscelánea filosófica*, 1818. — Reed. parcial das *Lecciones de filosofía* segundo a edição de Filadélfia de 1824: Havana, 1940; 5ª ed., correg. e aum., 1961. — Da edição das obras completas de Varela publicada na Biblioteca de Autores Cubanos da Universidade de Havana: *Miscelánea filosófica*, 1944. — *Observaciones sobre la constitución política de la monarquía española y otros textos políticos*, 1944. — *Cartas a Elpido*, 2 vols., 1945. — *El Habanero*, 1945.

Ver: José Ignacio Rodríguez, *Vida del Presbítero Don Félix Varela*, 1878. — Francisco González del Valle y Ramírez, *El Padre Varela y la independencia de la América Hispana*, 1936. — A. Hernández Travieso, *Félix Varela y la reforma filosófica en Cuba*, 1942. — *Id.*, "Historia del pensamiento cubano hasta Félix Varela", *Philosophy and Phenomenological Research*, 4 (1943), 141-144. — C. Kruse, "Comments on Dr. Travieso's Paper on Félix Varela", *ibid.*, 145-146. — Rosario Rexach, *El pensamiento de F. Varela*, 1950.

Ver também: Roberto Agramonte, *José Agustín Caballero y los orígenes de la filosofía en Cuba*, 1949. ⊂

VARIAÇÕES CONCOMITANTES (MÉTODO DE). John Stuart Mill indica (*Logic*, III, viii, § 6) que não se pode usar nenhum dos três métodos de investigação experimental que ele propusera (ver CONCORDÂNCIA [MÉTODO DE]; DIFERENÇA [MÉTODO DE]; RESÍDUOS [MÉTODO DE]) nem a combinação dos dois primeiros (ver CONCORDÂNCIA E DIFERENÇA [MÉTODO DE]) quando se trata de determinar as leis de certas "causas permanentes" ou "agentes naturais indestrutíveis", já que não há possibilidade de isolar tais agentes dos efeitos que supostamente produzem. Assim, por exemplo, mesmo quando se consideram as oscilações que a proximidade de uma montanha produz num pêndulo, pode-se determinar o papel que a montanha desempenha ou não na produção de tais oscilações afastando o pêndulo da montanha quando se consideram as perturbações que a terra pode produzir num pêndulo, não se pode (ou não se podia no tempo de Mill) afastar o pêndulo da terra para saber se continuaria vibrando uma vez afastado. Não se pode tampouco, por nenhum dos métodos propostos, determinar que relações causais pode haver entre um corpo e o calor, já que não se pode isolar um do outro. Em geral, os métodos propostos não servem quando resulta impossível observar ou experimentar fora de "limites locais".

O chamado "método de variações concomitantes" está destinado a resolver o citado problema. "Ainda que não possamos excluir por completo um antecedente", escreve Mill, "podemos produzir, ou a Natureza pode produzir, alguma modificação nele. Por modificação se entende aqui uma mudança, que não equivale à sua supressão completa. Se alguma modificação no antecedente, A, é sempre seguida por uma mudança no conseqüente, *a*, enquanto os outros conseqüentes, *b* e *c*, permanecem iguais, ou, vice-versa, se se descobre que toda mudança em *a* foi precedida por alguma modificação em A, sem que se tenha observado modificação em nenhum dos demais antecedentes, poder-se-á concluir com segurança que *a* é, em todo ou em parte, um efeito que se pode fazer remontar a A, ou que de algum modo está conectado com A mediante causação". Assim, com o calor, embora ele não possa ser suprimido por inteiro, pode-se modificá-lo em sua quantidade, aumentá-lo ou diminuí-lo, e observar as relações em que o aumento e diminuição se encontram com respeito a expansões ou contrações do corpo.

O princípio regulador do método de variações concomitantes pode ser encontrado no quinto cânon, do qual demos uma formulação no verbete CÂNON.

VARIÁVEL. Segundo Whitehead e Russell (*Principia Mathematica*, I, 4-5), a idéia lógica de variável é mais geral que a idéia matemática. Na matemática uma variável ocupa o lugar de uma quantidade ou número indeterminados. Na lógica a variável é "um símbolo cujo significado não é determinado". As diversas atribuições (de significado) que se pode dar a ela são chamadas "valores da variável". Estes valores podem ser qualquer conjunto de entidades, proposições, funções, classes ou relações. O termo 'variável' pode ser tomado em dois sentidos: restrito e não restrito. No primeiro sentido, os valores da variável se limitam apenas a alguns dos que ela é capaz de tomar. No segundo sentido, os valores da variável não se limitam a alguns dos que é capaz de tomar. A noção de variável tem, assim, várias características. Primeira, uma variável é ambígua em sua denotação e é definida de acordo com isso. Segunda, uma variável conserva uma identidade reconhecida por intermédio de um contexto. Terceira, admite-se que o alcance das determinações possíveis de duas variáveis pode ser o mesmo ou diferente.

Os signos usados em *Principia* para as variáveis são os seguintes: 1) 'a', 'b', 'c' etc. (exceto 'p', 's' desde *40 e seguintes); 2) 'p', 'q', 'r' (letras proposicionais ou proposições variáveis, exceto desde *40 e seguintes); 3) 'f', 'g', 'Φ', 'Ψ', 'χ' e (até *33) 'F'. Estas últimas são chamadas "letras funcionais" e são usadas para funções variáveis. Os autores dos *Principia* assinalam explicitamente que algumas letras gregas minúsculas são usadas para variáveis cujos valores são classes; que algumas letras latinas maiúsculas são usadas para variáveis cujos valores são relações, e que várias letras minúsculas latinas ('w', 'x', 'y', 'z') são usadas para indivíduos.

Embora os *Principia* constituam a base para a maior parte das definições e usos posteriores da noção de variável, a amplitude que essa noção tinha em tal obra foi considerada uma fonte de ambigüidades. Para evitá-las foram propostas outras definições. Daremos duas: uma, ainda muito ampla, e outra, mais estrita, que é a que adotamos.

A definição mais ampla concebe a variável como nomeando qualquer "elemento" de uma classe. A classe se chama "alcance" da variável. Os membros da classe formam os valores da variável. A estrutura de uma expressão mostra que classe de variáveis ela contém. Em 'x é branco', 'x' só pode designar um objeto extenso; em 'x é falso', 'x' só pode designar uma proposição; em '$x < 3$', 'x' só pode designar um número. Em geral costuma-se admitir dois tipos de variáveis: um no qual as variáveis são termos; outro no qual são proposições. Ainda hoje alguns lógicos admitem os dois tipos. Mas numa definição mais restrita da noção de variável só são consideradas como variáveis as letras argumentos 'w', 'x', 'y', 'z' e suas continuadoras (as mesmas letras seguidas de acentos) e — na lógica quantificacional superior — as letras predicados 'F', 'G', 'H' e suas continuadoras (as mesmas letras seguidas de acentos), mas não as letras sentenciais 'p', 'q', 'r', 's'. O critério que se dá para saber se uma letra é ou não variável é o seguinte: é variável quando é quantificável. Na lógica quantificacional superior as letras argumentos são chamadas "variáveis individuais" e as letras predicados são chamadas "variáveis predicados".

As variáveis se dividem em "reais" e "aparentes". Esta terminologia foi adotada por Russell seguindo Peano. Hoje em dia se chamam, de preferência, "variáveis livres" as reais e "variáveis ligadas" as aparentes. Uma variável é real ou livre quando não está quantificada (embora possa está-lo); aparente ou ligada quando está quantificada. Assim, em 'x é um livro', 'x' é uma variável livre. Em '$\Lambda x (x$ é um livro)', 'x' é uma variável aparente ou ligada.

Embora a noção de variável na lógica tenha se imposto sobretudo na lógica formal moderna, ela não carece de antecedentes, sobretudo se tomamos a noção em seu sentido mais amplo. O primeiro antecedente é, segundo Łukasiewicz, o de Aristóteles. Com efeito, Aristóteles não deu em sua silogística exemplos de silogismos válidos com termos concretos; os termos eram representados por letras, isto é, variáveis para cuja substituição só termos universais eram permitidos. Łukasiewicz (*Aristotle's Syllogistic*, 1951, § 4) indica que nem os historiadores modernos da filosofia ou da lógica nem os filólogos modernos, com exceção de Ross, que mencionou o fato em sua edição dos *Analíticos* (1951, p. 29), se deram conta desta importante invenção aristotélica. Contudo, F. Solmsen, em sua obra *Die Entwicklung der aristotelischen Logik und Rhetorik* (1929) e H. Scholz em sua *Geschichte der Logik* (1931) já haviam apresentado as letras usadas por Aristóteles no mencionado contexto como variáveis. De resto, alguns comentadores de Aristóteles, tais como Alexandre de Afrodísia e João Filoponos, já haviam notado o fato do uso de variáveis por Aristóteles e também sua importante significação para a lógica formal. Observemos, finalmente, que os estóicos usavam números para as variáveis que introduziam em sua lógica proposicional. As variáveis aristotélicas representavam termos; as estóicas, proposições.

➲ Ver também CONSTANTE; FUNÇÃO. ➲

VARISCO, BERNARDINO (1850-1933). Nascido em Chiari (Brescia). De 1906 a 1925 foi professor na Universidade de Roma. Varisco se filiou primeiro ao positivismo; em seguida passou, tanto pela influência de Gentile quanto pela própria evolução interna, a um idealismo que já fora insinuado por alguns discípulos de Ardigò e que, sem negar o que a filosofia positiva tem de justificado, não se limitou à imanência da consciência, mas se transformou progressivamente numa metafísica das consciências particulares e, em última análise, numa nova monadologia. O imanentismo da consciência representava, efetivamente, para Varisco, um simples momento de trânsito entre a positividade total e a idealidade completa. Ele revelava somente a necessidade de um método positivo levado a suas últimas conseqüências, sem amedrontar-se diante da possibilidade do solipsismo. Mas o solipsismo era, por sua vez, unicamente o ponto extremo a que levava a positividade na descrição do dado; para além dele, fundando-o por inteiro, está a "realidade", isto é, o pensamento do eu e do espírito. Parece, pois, que Varisco teria sustentado uma metafísica do eu como absoluto, ao modo do idealismo romântico. No entanto, isto não corresponde estritamente a seu pensamento. Por um lado, deve-se levar em conta as condições da formação da realidade monadológica, que implica relação. Pelo outro lado, a descrição do eu mostra sempre nele uma espécie de inconsciente primitivo, que se desenvolve e diversifica, se cumpre e culmina na tese de Deus como centro das consciências individuais e ao mesmo tempo como unidade destas consciências, pois Deus é, em última análise, uma consciência, o sujeito criador por excelência, isto é, o "sujeito universal". O "idealismo crítico" de Varisco desembocou deste modo numa teologia e se confirmou a si mesmo na medida em que, ao contrário do realismo e do positivismo, sua exposição era ao mesmo tempo a crítica de seus próprios pressupostos. A especulação de Varisco foi continuada por vários discípulos, a maior parte dos quais chegou a conclusões muito distintas, mas em todo caso ligadas às de seu mestre pelo caráter comum de considerar o idealismo como algo passível apenas de uma crítica interna. Entre esses discípulos se destacam Pantaleo Carabellese e Gallo Galli, cujas doutrinas expusemos em verbetes específicos dedicados a eles.

➲ Principais obras: *Verità di fatto e verità di ragione*, 1893. — *Scienza e opinioni*, 1901. — *Introduzione alla filosofia naturale*, 1903. — *Studi di filosofia naturale*, 1903. — *La conoscenza*, 1904. — *Dottrine e fatti*, 1905. — *I massimi problemi*, 1910. — *Conosci te stesso*, 1912. — *Linee di filosofia critica*, 1925. — *Discorsi politici*, 1926. — *Dall'uomo e Dio*, 1934. — *Il pensiero vissuto*, 1940.

Depoimento em *Die Philosophie der Gegenwart in Selbstdarstellungen*, t. VI, 1927.

Antologia com introdução e bibliografia por Giulio Alliney (1943).

Ver: Enrico de Negri, *La metafisica di B. V.*, 1929. — Carmelo Librizzi, *La filosofia di B. V. I. La prima fasi del suo pensiero speculativo*, 1936. — Id., *Il pensiero di B. V.*, 1953. — Pietro Cristiano Drago, *La filosofia di B. V.*, 1944. — G. Calogero, *La filosofia di B. V.*, 1950. — O. D'Andrea, *B. V. e il problema teologico*, 1951.

— F. M. Volpati, *Il concetto della persona. Colloqui con B. V.*, 1963. — Id., "Appunti sul concetto di ontologia", *Sapienza*, 32 (1979), 201-210. — Id., "L'ontologia verso l'assoluto: Note critiche sul pensiero filosofico dell'ultimo Varisco", *ibid.*, 46 (2) (1993), 181-190. **C**

VARONA, ENRIQUE JOSÉ (1849-1933). Nascido em Puerto Príncipe (Cuba), foi professor de filosofia na Universidade de Havana. Filiado ao positivismo, adversário de toda metafísica transcendente, Varona seguiu principalmente as orientações do empirismo inglês. Toda disciplina filosófica devia constituir-se, no seu entender, seguindo o modelo das ciências naturais; mesmo reconhecendo a distância que as separa da filosofia propriamente dita, ele excluía tudo o que não se ativesse aos fenômenos, tudo o que não se encaixasse no campo da experiência possível. Varona admitiu igualmente as orientações de Comte e de Spencer, mas rejeitou do primeiro a fase da religião, da Humanidade, e do segundo a metafísica do Incognoscível. Na lógica, seguiu rigorosamente a tendência indutiva que culminou em Stuart Mill e concebeu a investigação lógica como uma metodologia das ciências particulares. Na psicologia, aderiu ao psicofisiologismo experimental, particularmente à doutrina de Bain. Na ética, tendeu a converter toda moral teórica em ciência dos costumes, mas, se fundou a moralidade na sociabilidade, admitiu que a liberdade é algo possível como conquista do homem, que pode chegar por um esforço a uma parcial desvinculação das determinações naturais. Varona representou, portanto, tudo o que era considerado em sua época como rigorosamente positivista: o determinismo, o mecanicismo, o evolucionismo, o naturalismo, a negação da metafísica e, no caminho do conhecimento, de toda dedução e de toda intuição, mas suas tendências últimas já implicavam a superação do positivismo e o esboço de um ceticismo não sistemático que podia ser resultado tanto de uma experiência vital como de uma análise conceitual.

➲ Obras filosóficas: *Conferencias filosóficas*: I, *Lógica*, 1880; II, *Psicología*, 1888; III, *Moral*, 1888. — *Estudios literarios y filosóficos*, 1883. — *Lecciones de psicología*, 1901. — *Nociones de lógica*, 1902; 2ª ed., 1926. — *Curso de psicología*, 1905; 2ª ed., 1921.

Edição de *Obras* em 4 vols., Havana, 1937-1938.

— *El pensamiento vivo de Varona*, 1949, antologia e introdução de Félix Lizaso.

Bibliografia: Fermín Peraza Sarausa, *Bibliografía de Varona*, 1932.

Ver: VV.AA., *Homenaje a Enrique José Varona*, 1935. — Medardo Vitier, *Varona*, 1937. — Id., *La lección de Varona*, 1945. — Elías Entralgo, *El ideario de Varona en la filosofía social*, 1937. — José Zequeira, *La figura de Varona*. — Roberto Agramonte, *Varona. El filósofo del esceptcisimo creador*, 1949. —VV.AA., *Homenaje a E. J. Varona en el centenario de su nacimiento*, 2 vols., 1951 (Publicações do Ministério da Educação,

Havana). — Fernando Betancourt y Godoy, *El método en el sistema de lógica de Varona*, 1959. — P. Guadarrama, "Varonas soziale und ethische Ansichten", *Deutsche Zeitschrift für Philosophie*, 31 (1983), 354-362. ⊃

VARRÃO, MARCUS TERENTIUS VARRO (116-27 a.C.). Nascido em Reate, foi discípulo de Antíoco de Ascalona e seguiu em grande parte as doutrinas ecléticas deste, mesclando-as, além disso, com elementos pitagóricos e cínicos. Assim, admitiu o dogmatismo moderado do último período da Academia platônica (VER), a doutrina estóica do pneuma (VER), a teologia de Panécio, os traços pitagorizantes de Possidônio. Além disso, manifestou uma tendência enciclopédica e um "universalismo" (no sentido dado por K. Reinhardt a este termo) análogo ao do último filósofo estóico citado. A amplitude de seus escritos e interesses fizeram de Varrão uma figura sumamente influente na Antiguidade e em grande parte da Idade Média (a doutrina das sete artes liberais remonta a seus nove livros *Disciplinae [Disciplinarum libri IX]*). São valiosos em particular seus estudos históricos, lingüísticos, geográficos e meteorológicos. Pelos fragmentos conservados neles (por exemplo, os de suas *Sátiras Menipéias*, que tratavam de questões éticas com ilustrações históricas e mitológicas) temos notícias que de outra sorte se teriam perdido acerca de muitas doutrinas filosóficas e teológicas da Antiguidade.

⊃ Das muitas obras de Varrão só se conservaram 5 dos 25 livros sobre a língua latina, e os 3 livros de seu diálogo sobre a economia agrária. Conhecemos, porém, algo do que continham os 41 livros das *Antiquitates*, e algumas importantes passagens dos livros I, XIV, XV e XVI da segunda parte dos *Rerum divinarum libri*, pelo que dizem de tais obras alguns autores antigos (especialmente Santo Agostinho em *Civ. Dei*, VI, 3). Agostinho também se refere (*Civ. Dei*, VII, 9; VII, 34, 35) a um livro de Varrão intitulado *Liber de cultu deorum*. É a mesma obra de que se falou como o "Logistoricus" *Curio de deorum cultu*. Ver a este respeito Ettore Bolisani, *I Logistorici Varroniani*, 1937.

A primeira edição das obras transmitidas de Varrão foi a de Scaliger (Paris, 1581-1591). Edições críticas: *Saturarum Menippearum reliquae*, rec. A. Riese (1865); "M. Terenti Varronis Antiquitatum rerum divinarum libri I, XIV, XV, XVI", ed. R. Agahd (*Jahrbuch für klassische Philologie*, Supp. 24 [1898], I, 220, 367-368); *Varros Logistoricus über Kindererziehung*, ed. R. Müller, 1938; reimp., 1966; *Varros Logistoricus über die Götterverehrung (Curio de cultu deorum)*, ed. Burkhart Cardanus, 1960.

Bibliografia: B. Cardanus, *Stand und Aufgaben der V-Forschung*, 1982.

Ver: G. Boissier, *Étude sur la vie et les ouvrages de M. T. V.*, 1861. — H. Kettner, *Varronische Studien*, 1865. — Artigos de E. Norden (*Jahrbuch für klassische Philologie*, 1892 e 1893), E. Wendling (*Hermes*, 1893), K. Mras (*Neue Jahrbücher für das klassische Altertum*, 1914). — Ver também A. Schmekel, *Die Philosophie der mittleren Sota*, 1892. — B. Riposati, "V. e Cicerone maestri d'umanità", *Aevum*, 2-3 (1949). — F. Della Corte, *V. Il terzo gran lume romano*, 1954. — I. Marten, "Ein unbeachtetes Zeugnis von V.s Gotteslehre", *Archiv für Geschichte der Philosophie* (1961), 41-51. — W. Hübner, *V.* instrumentum vocale *im Kontext der antiken Fachwissenschaften*, 1984. ⊃

VARSÓVIA (CÍRCULO DE). O chamado Círculo de Varsóvia ou Escola de Varsóvia e, de um modo mais preciso, Círculo ou Escola de Varsóvia-Lwów, compreende sobretudo diversos lógicos (quase todos eles discípulos de Kazimierz Twardowski e, portanto, provenientes de sua escola), cujo trabalho é afim ao de vários representantes do Círculo de Viena, da Escola analítica de Cambridge e, é claro, da tradição da nova lógica tanto na linha de Frege-Peano-Russell-Whitehead quanto na de Couturat e Hilbert. No entanto, isso não significa adesão formal da maior parte dos membros do Círculo a quaisquer das citadas tendências se as considerarmos por sua vez como Escolas. É verdade que as relações entre eles e os que, dentro das tendências mencionadas, desenvolveram um importante trabalho no sentido da formalização da lógica são muito estreitas; uns e outros participam, de resto, das pesquisas de caráter sintático e, sobretudo, semântico. Portanto, uma "cisão" do Círculo de Varsóvia-Lwów em dois grupos, análoga à produzida pelo Círculo de Viena, é pelo menos problemática. Isso não impediu, contudo, que se tenha falado num sentido semelhante. Assim, alguns consideraram que enquanto vários membros do Círculo (tais como Jan Łukasiewicz, Stanislaw Leśniewski, Zygmunt Zawirski [1882-1948], e, em parte, Alfred Tarski, discípulo de Łukasiewicz) se inclinaram para um dedutivismo extremo e tentaram uma derivação das significações com base em considerações de índole puramente lógica e sintática, outros (como Tadeusz Kotarbiński) trabalharam sobretudo nos problemas de teoria do conhecimento e de metodologia das ciências no sentido de um realismo radical ou "reísmo" muito semelhante ao fisicalismo. Mas a "divisão" parece obedecer, antes, na opinião de Z. Jordan, a uma divisão do trabalho: enquanto uns se inclinaram ao trabalho exclusivamente lógico, outros se aproximaram de posições sensivelmente parecidas às do positivismo lógico ou do empirismo científico. Assim, Łukasiewicz, Leśniewski, Tarski, Bolesław Sobociński, Mordechaj Wajsberg, e também Leon Chwistek (de Cracóvia), se preocuparam especialmente com os problemas da nova lógica e da semântica, não sem edificar — como ocorre especialmente com Leśniewski, Chwistek e em parte Tarski — certos "sistemas" dedutivos. A concepção da semântica (VER) por Chwistek pertence a eles. O mesmo ocorre com o sistema de

Leśniewski e com sua idéia de ontologia (VER). O conceito semântico de verdade nas linguagens formalizadas exposto por Tarski, com o correspondente desenvolvimento da teoria das metalinguagens, as provas de Wajsberg sobre a irredutibilidade do sistema da implicação (VER) formal ao da implicação material, e, sobretudo, a formação da lógica trivalente e, em geral, o desenvolvimento da lógica polivalente (VER) proposta e elaborada por Łukasiewicz, podem ser considerados como algumas das mais importantes contribuições deste grupo de lógicos. Por outro lado, alguns membros derivaram rumo a concepções muito afins ao positivismo lógico, de modo que suas relações com o Círculo de Viena e com o empirismo científico são ainda mais estreitas que as detectáveis nos lógicos mencionados. Isso ocorre especialmente com Tadeusz Kotarbiński (VER) e com Kazimierz Ajdukiewicz (VER). Kotarbiński designou seu sistema com o nome de reísmo, segundo o qual só há coisas como objetos físicos. Ajdukiewicz trabalhou nos problemas da significação e outros conceitos semânticos, especialmente na questão da "conexão sintática", tentando estabelecer um sistema de regras que determinem a correspondência entre as expressões e as significações. Muitos dos estudos de todos estes pensadores apareceram na revista *Studia Philosophica, Comentarii Societatis Philosophicae Polonarum* (que voltou a ser publicada depois de terminada a guerra), na qual colaboraram, também, outros autores que não pertenciam ao círculo (Roman Ingarden, Bogumil Jasinowski etc.).

Depois da guerra mundial, continuaram na Polônia os trabalhos de lógica e metodologia, com alguns autores já conhecidos do período anterior (como T. Kotarbiński, K. Ajdukiewicz) e outros que ou se haviam dado a conhecer apenas nos últimos anos antes da segunda guerra mundial, ou se deram a conhecer exclusivamente depois dela (T. Czeiowksi, M. Mokoszyńska, Z. Czerwiński, J. Giedymin, A. Grzegorczyk, J. Kmita, J. Łos, L. Nowak, T. Pawłowski, R. Wójcincki, W. Mejbaum e outros).

Já não se pode falar neste caso de "Círculo de Varsóvia", "Escola de Varsóvia", "Círculo de Varsóvia-Lwów" etc. por causa da variedade de lugares geográficos e também da diversidade de trabalhos e orientações que caracterizaram as novas gerações de filósofos poloneses, mas oferecemos aqui alguma informação sobre os últimos, porque o primitivo Círculo de Varsóvia constituiu a origem de uma considerável difusão do pensamento polonês.

Vários trabalhos importantes em lógica, metodologia e metaciência, de 1945 a 1970 aproximadamente, foram publicados, em tradução inglesa, no volume citado ao final da bibliografia *infra*. Entre 1945 e 1953 a difusão de trabalhos estritamente lógicos e metodológicos encontrou algumas dificuldades na Polônia, mas a morte de Stalin (1953) permitiu mudanças quanto a isso. Seja pelas circunstâncias políticas em que a Polônia se desenvolveu, ou pela evolução do pensamento filosófico, ou ambas as coisas, alguns autores de tendência "analítica" ou, em todo caso, com interesses primordialmente lógicos e metodológicos, manifestaram interesse pelo marxismo; por sua vez, autores marxistas se interessaram pelas tendências "analíticas". Produziu-se assim o que Henryk Skolimowski (cf. bibliografia *infra*) chamou "marxismo analítico-lingüístico". Representantes do mesmo são Adam Schaff (VER), Leszek Kolakowski (VER) — que evoluiu depois em outro rumo —, Wladyslav Krajewski e, em parte, Z. Cacowski e S. Morawski.

◐ Os trabalhos em lógica, metodologia e metaciência, de 1945 a 1970, referidos no texto se encontram no volume *Twenty-Five Years of Logical Methodology in Poland*, 1976, ed. Marian Prezlecki e Ryszard Wójcicki. A obra de Henryk Skolimowksi é: *Polish Analytical Philosophy: A Survey and a Comparison with British Analytical Philosophy*, 1967, especialmente pp. 213-235.

Ver "Bibliographische Notizen über den Wahrschauer Kreis und verwandte Gruppen in Polen", *Erkenntnis*, 1 (1930-1931), 335-339. — K. Ajdukiewicz, "Der logistische Antirrationalismus in Polen", *Erkenntnis*, 5 (1935), 151-161. — Z. Jordan, "The Development of Mathematical Logic and of Logical Positivism in Poland between the Two Wars", *Polish Science and Learning*, 6 (April 1945). — Id., *Philosophy and Ideology: The Development of Philosophy and Marxism-Leninism in Poland since the Second World War*, 1963. — Giuseppe Vaccarino, "La scuola polaca di logica", *Sigma* [Roma], 2 (1948). — W. Krajewski, ed., *Polish Essays in Philosophy of Natural Sciences*, 1982. — B. Walentynowicz, *Polish Contributions to the Science of Science*, 1982. — W. Gasparski, T. Pszczolowski, eds., *Praxiological Studies: Polish Contributions to the Science of Efficient Action*, 1983. — V. F. Rickey, J. T. J. Srzednicki, eds., *Lesniewski's Systems: Ontology and Mereology*, 1984. — J. Woleenski, *Logic and Philosophy in the Lwow-Warsaw School*, 1989. ◖

VASALLO, ÁNGEL (1902-1978). Nascido em Buenos Aires, foi professor nas universidades do Litoral, La Plata e Buenos Aires, e professor de teoria do conhecimento no Instituto del Profesorado Secundario, na capital argentina. Influenciado sobretudo pelo idealismo clássico alemão, pela mística cristã e pela metafísica francesa contemporânea, em particular por Blondel, encontrou neste último pensador uma grande afinidade com suas próprias teses. Seu trabalho filosófico parte da evidência da essencial finitude que se revela em toda a vida espiritual ou humana das pessoas. Esta finitude não impede, contudo, que toda essa vida seja aspiração ao transcendente, participação no ser transcendente e infinito. Nesta participação, que converte a vida num afastamento e, ao mesmo tempo, numa aproximação ao que transcende, se realiza a própria vida na medida em que é autêntica. A conversão da metafísica em ética que exige semelhante coincidência da transcendência e da vida autêntica abre caminho a uma investigação metafísica do ser finito e insuficiente, mas esta metafísica é ao mesmo tempo a preparação para uma conversão da vida espiritual numa sabedoria plena e completa, num saber que engloba o pensar filosófico em seu seio como um de seus momentos particulares.

➲ Obras: *Cuatro lecciones sobre metafísica*, 1938. — *Nuevos prolegómenos a la metafísica*, 1938; 2ª ed., 1945. — *Elogio de la vigilia*, 1939; 2ª ed., 1950. — *Alejandro Korn*, 1940 (em colaboração com F. Romero e L. Aznar). — *Ensayo sobre la ética de Kant y la metafísica de Hegel*, 1945. — *¿Qué es filosofía? o De una sabiduría heroica*, 1945; 2ª ed., 1954. — *El problema moral*, 1957. — *Retablo de la filosofía moderna: Figuras y fervores*, 1968.

Ver: Manuel Gonzalo Casas, *Tres irrupciones metafísicas en el pensamiento de A. V.*, 1942. ◖

VASCONCELOS, JOSÉ (1882-1959). Nascido em Oaxaca (México), realizou em sua cátedra da Universidade Nacional, no reitorado desta última e na Secretaria de Educação (que dirigiu de 1921 até 1923) esforços consideráveis para a reorganização do ensino universitário, da cultura popular e da difusão dos autores clássicos (incluindo os filósofos) no México. O pensamento filosófico de Vasconcelos é inspirado por uma reação contra o intelectualismo e um intento de revalorizar as possibilidades da intuição emocional, com vistas à constituição de um sistema metafísico que, como ele mesmo admitiu, possa ser qualificado de "monismo fundado na estética". Este sistema foi apresentado em germe já em sua interpretação da teoria pitagórica como teoria rítmica, na qual as categorias estético-metafísicas predominam sobre as puramente numéricas e matemáticas. Mas foi desenvolvido depois numa construção cujas influências plotinianas foram repetidamente reconhecidas pelo autor. O monismo estético de Vasconcelos não é, porém, somente uma revivificação do emanatismo monista plotiniano. Por um lado, Vasconcelos introduziu em seus conceitos a noção moderna de energia, que desempenha em seu sistema um papel análogo ao desempenhado nas antigas concepções emanatistas pela idéia de substância. Por outro lado, concebeu a evolução do universo num sentido emergentista, encaminhado para a transformação da energia cósmica em beleza, a qual é o estádio supremo e mais perfeito da energia primitiva. Isto não significa que Vasconcelos seja adepto de um impersonalismo monista; pelo contrário, sublinhou cada vez mais os fortes motivos de índole personalista que subjaziam em sua filosofia, motivos que, no seu entender, são coincidentes com as idéias fundamentais cristãs e especialmente católicas.

➲ Obras: *Teoría dinámica del Derecho*, 1907. — *Pitágoras: una teoría del ritmo*, 1916; 2ª ed., 1921. — *El monismo estético. Ensayos*, 1918. — *Estudios indostá-* *nicos*, 1920; 3ª ed., 1938. — *Ideario de acción*, 1924. — *La revolución de la energía, los ciclos de la fuerza, el cambio y la existencia*, 1924. — *La raza cósmica: misión de la raza iberoamericana*, 1925; nova ed., 1966. — *Indología: una interpretación de la cultura iberoamericana*, 1926. — *Tratado de metafísica*, 1929. — *Pesimismo alegre*, 1931. — *Ética*, 1932; 2ª ed., 1939. — *La cultura en Hispanoamérica*, 1934. — *De Robinsón a Odiseo: pedagogía estructurativa*, 1935. — *Bolivarismo y monroísmo: temas iberoamericanos*, 1935; 3ª ed., 1937. — *Estética*, 1935; 3ª ed., 1945. — *Historia del pensamiento filosófico*, 1937. — *Manual de filosofía*, 1940. — *El realismo científico*, 1943. — *Lógica orgánica*, 1945. — *Filosofía estética según el método de la coordinación*, 1952.

Edição de obras: *Obras completas*, 4 vols., 1957-1961.
Bibliografia: David N. Arce, *Bibliografía de J. V.*, 1958.
Ver: Herminio Ahumada, *J. V.*, 1937. — Alejandro O. Deústua, *La estética de J. V.*, 1939. — José Sánchez Villaseñor, *El sistema filosófico de V.: Ensayo de crítica filosófica*, 1939. — Agustín Basave Fernández del Valle, *La filosofía de J. V.: El hombre y su sistema*, 1958. — Margarita Ponce Torres, *La metafísica de J. V.*, 1962. — Luis Garrido, *J. V.*, 1963. — Ithzak Bar-Lewaw Mulstock, *Introducción crítico-biográfica a J. V., 1882-1959*, 1965. — Id., *J. S.: Su vida y su obra*, 1965. — Gabriella de Beer, *J. V. and His World*, 1966. — John H. Haddox, *V. of Mexico, Philosopher and Prophet*, 1968. — Francisco J. Carreras Murriente, *J. V.: Filosofía de la coordinación*, 1970. — J. S. Guandique, "Perfiles sobre Caso y V.", *Humanitas* (México), 17 (1976), 215-266. — S. Mijares, *La filosofía de V. como filosofía latinoamericana*, 1977. — M. Vera y Cuspinera, *El pensamiento filosófico de V.*, 1979. — J. R. Patino, "La cultura en J. V.", *Logos* (México), 9 (1981), 33-78. — Id., "J. V., salvar la metafísica a partir de la física", *ibid.*, 10 (1982), 35-46. — Id., "El economicismo visto por V.", *ibid.*, 11 (1983), 37-56. — Id., "Los valores en J. V.", *ibid.*, 11 (1983), 11-56. — Id., "Axiología de J. V.", *ibid.*, 12 (1984), 87-102. — R. F. Betancourt, "La filosofía de J. V.: exposición y valoración", *ibid.*, 14 (1986), 27-81. — J. R. Patino, "J. V. y el sentido de la historia", *ibid.*, 16 (1988), 99-117. — Id., "El sentido del universo en J. V.", *ibid.*: I (19[56] 1991, 9-16), II (19[56] 1991, 51-100) e III (19[57] 1991, 9-14). — Id., "El encuentro de dos mundos en J. V.", *ibid.* 21(61) (1993), 49-62. ◖

VASILÉV, N. N. Ver Polivalente.

VAUVENARGUES, LUC DE CLAPIERS, MARQUÊS DE (1715-1747). Nascido em Aix, perseguiu em toda a sua obra, como ele mesmo assinala, a "razão das variedades" do espírito humano, variedades que fazem supô-lo essencialmente contraditório e inexplicável. Mas tal contradição se deve à usual redução de um princípio do espírito ao outro, à incompreensão de que, por exemplo, a vivacidade de ânimo possa implicar a compreensão profunda. Todas são para Vauvenargues contradições imaginárias; no homem há uma variedade aparentemente inexplicável, porque há uma desigualdade: "Os que querem que os homens sejam inteiramente bons ou inteiramente maus, absolutamente grandes ou pequenos, não conhecem a natureza. Tudo está mesclado nos homens, tudo está neles limitado, e o próprio vício tem seus limites" (*Comm. de l'esp. humain*, III). O único que pode efetuar uma unificação é, a rigor, o gênio, o homem capaz de combinar princípios tão opostos quanto a fineza com o sistema, a imaginação com o juízo. Então pode-se praticar uma unificação que não destrói a diversidade dos caracteres; o apotegma de Vauvenargues: "O espírito do homem é mais penetrante que conseqüente e abarca mais do que pode ligar" (*Ref. et Max.*, II) não teria de vigorar para um gênio que chegasse a compreender o fundamento da diversidade mesma. Tal diversidade é ao mesmo tempo moral e intelectual; do mesmo modo que as boas ações podem ser utilizadas para o mal e as más para o bem, as verdades podem ser utilizadas para o erro e os erros para a verdade: "Não há talvez nenhuma verdade", escreve numa ocasião Vauvenargues, "que não seja para algum espírito matéria de erro" (*ibid.*, XXXII). Eis a impossibilidade de uma compreensão de tipo universal tanto quanto uma moral de tipo universal; esta última é radicalmente falsa, porque nem a todo mundo é dada a faculdade de realizar na mesma medida sua paixão e sua força. Por isso não há para Vauvenargues uma moral racional que deva ditar ao homem em geral o que ele tem de fazer, mas, pelo contrário, o caráter mesmo do homem, sua maior ou menor força, sua genialidade mais ou menos profunda, é o que está mais aquém e ao mesmo tempo mais além de toda moral. Não é de estranhar que Vauvenargues tenha sido considerado um precursor de Nietzsche; qualificar de mediocridade a moderação dos fracos é, de fato, com outros análogos pensamentos, tender a uma espécie de primado do sentimento de poder.

⊃ Obra capital: *Introduction à la connaissance de l'esprit humain* (1746), publicada em 1747 junto com *Réflexions et Maximes*.

Edições de obras: Paris, 1747, 1797, 1857, 1874. Edição por Varillon, 3 vols., 1929. — Ed. de 1747 com inclusão de textos póstumos e textos suprimidos, por J. Dayen, 1981.

Em português: *Reflexões e máximas*, s.d.

Ver: M. Paléologue, *V.*, 1890. — R. C. Hafferberg, *Die Philosophie V. Ein Beitrag zur Geschichte der Ethik*, 1898 (tese). — C. Nebel, *V. Moralphilosophie in besonderer Berücksichtigung seiner Stellung zur französischen Philosophie seiner Zeit*, 1901. — E. Heilmann, *V. als moralphilosoph und Kritiker*, 1906 (tese). — A. Borel, *Essai sur V.*, 1913. — May Wallas, *Luc de Clapiers, marquis de V.*, 1928. — Th. Rabow, *Die 10 Schaffensjahre des V., 1737-47*, 1932. — H. Gaillard de Champrio, "*V.*", *Revue de Cours et Conférences*, 38, 6, pp. 48-97, 620-636; 9, pp. 51-56; 10, 749-762. — G. Saintville, *Stendhal et V.*, 1938. — F. Vial, *Une philosophie et une morale du sentiment: Luc de Clapiers, marquis de Vauvenargues*, 1938. — P. Souchon, *V., philosophe de la gloire*, 1947. — Peter Martin Fine, *V. and La Rochefoucauld*, 1974. — Y. Lainey, *Les valeurs morales dans les écrits de V.*, 1975. — L. Bove, "Amour de l'être et ambition de gloire: le spinozisme de V.", *Philosophie et Théologie* (1991), 187-220. ⊂

VAUX, ROLAND DE. Ver LE SAULCHOIR.

VAZ FERREIRA, CARLOS (1871-1958). Nascido em Montevidéu (Uruguai), foi professor (e reitor) da Universidade de Montevidéu. Influenciado pelo positivismo e particularmente por Stuart Mill, assim como pelas orientações vitalistas e intuicionistas, sua posição pode ser caracterizada como a de um positivismo total e, por conseguinte, como a de uma superação das tendências positivistas pelo caminho de sua completa assimilação. O postulado capital do empirismo positivista é levado por Vaz Ferreira às suas últimas conseqüências, sem exclusão de nenhum dos fatos suscetíveis de serem experimentados. Essa posição implica, em seu entender, uma reforma da lógica, cujo caráter puramente racionalista, não percebido nem sequer pelos maiores representantes do empirismo, urge substituir por uma tendência experimental, por uma "lógica viva" destinada a evitar o verbalismo a que todo racionalismo conduz. No domínio sociológico, Vaz Ferreira trabalhou sobretudo na fundamentação e desenvolvimento de sua doutrina do "direito de habitação" na terra, direito anterior aos de propriedade e produção, sobre os quais disputam e se contrapõem as teorias individualistas e coletivistas ignorando o pressuposto que lhes dá origem e sem o qual nem sequer existiriam. O pensamento de Vaz Ferreira se desenvolve em todos os casos seguindo uma forte tendência ao concreto, único meio de evitar as falácias e os erros a que dá lugar uma aplicação da lógica pura ao território concreto, o qual resiste a toda solução meramente teórica. A lógica viva e sua conseqüente aplicação, para além de todo raciocínio puro e de todo verbalismo, é o único instrumento apropriado para não confundir os problemas explicativos ou problemas de conhecimento com os problemas normativos, isto é, com os problemas nos quais toda pretensa solução deve dar passagem à escolha, a uma "solução imperfeita" em virtude de seu caráter prático, concreto e, por assim dizer, "impuro" do ponto de vista lógico-ideal. A filosofia de Vaz Ferreira é, portanto, algo mais que um simples programa para uma lógica concreta e viva e representa um vigoroso esforço para a realização de semelhante propósito. Pois uma lógica viva só pode alcançar pleno sentido na aplicação à realidade e, por conseguinte, na estruturação do real segundo esquemas muito diferentes dos habituais. A preocupação com os problemas concretos é, portanto, em Vaz Ferreira, o resultado de um interesse pelo real e o desejo de que esta realidade não escape às malhas da lógica concreta. O caráter fragmentário de sua obra não é deste modo um defeito, mas a virtude necessária para que a lógica viva tenha efetivamente um sentido.

Vaz Ferreira impulsionou o pensamento filosófico no Uruguai. Nem todos os filósofos uruguaios receberam suas influências ou seguiram suas pegadas, mas quase todos devem a Vaz Ferreira a abertura de horizontes filosóficos no país. Entre os filósofos uruguaios de gerações posteriores à de Vaz Ferreira mencionamos: Emilio Oribe (1893-1975, nascido em Melo), que defende em sua *Teoría del Nous* uma doutrina "intelectualista", reforçada e refinada em suas obras *Trascendencia y platonismo en la poesía* (1948), *El mito y el logos* (1945) e *La dinámica del verbo* (1953); Núñez Regueiro, nascido no Uruguai, foi professor na Argentina, e deu um matiz religioso cristão a uma especulação metafísica fundada na questão central da moral humana; Luis E. Salguero e Carlos Benvenuto, que seguiram uma tendência personalista. Distinguiram-se na filosofia Juan Llambías de Azevedo (VER) e Arturo Ardao (VER). O interesse pela história das idéias e da filosofia na América foi, e é, muito vivo no Uruguai; junto à Ardao cabe mencionar Mario Sambarino (nascido em 1918: *Investigaciones sobre la estructura aporético-dialéctica de la eticidad*, 1959; *La cultura nacional como problema*, 1970), que se interessou por questões de ética e filosofia social, assim como pelo exame das noções de alienação e libertação em Marx e no marxismo. Mario H. Otero distinguiu por seus estudos de epistemologia e de filosofia e sociologia da ciência. A Julio Paladino se deve uma monografia intitulada *La lógica viva y la teoría de los sofistas*. Autores de gerações posteriores são Manuel A. Claps e Mario Silva García.

➲ Obras: *Curso expositivo de psicología elemental*, 1897. — *Ideas y observaciones*, 1905. — *Los problemas de la libertad* (Fascículo 1), 1907. — *Moral para intelectuales*, 1908; 2ª ed., 1920; 3ª ed., 1957; nova ed., com *Lógica viva*, 1979. — *El pragmatismo. Exposición y crítica*, 1908. — *Conocimiento y acción*, 1908. — *Lógica viva*, 1920; nova ed., com *Moral para intelectuales*, 1979. — *Sobre los problemas sociales*, 1922. — *Sobre feminismo*, 1933; 2ª ed., 1945. — *Fermentario*, 1938. — *La actual crisis del mundo desde el punto de vista racional*, 1940. — *Trascendentalizaciones matemáticas ilegítimas y falacias correlacionadas*, 1940. — *Sobre interferencias de ideales*, 1941. — *Racionalidad y genialidad*, 1947. — *Algunas conferencias sobre temas científicos, artísticos y sociales*, 1956. — *Sobre la percepción métrica*, 1956.

Edição de obras: *Obras*, 25 vols., 1957-1963 (vols. 20-25 são "Inéditos"), ed. de E. Oribe. — *Estudios filosóficos*, 1961 (antologia, com prólogo de E. Oribe).

Bibliografia: Norah Albanell MacColl, "Bibliografia de V. F.", *Revista interamericana de bibliografía*, 8 (1958) 245-255. — *Bibliografía de C. V. F.*, preparada pelo Seminário de História das Idéias na América (Montevidéu), sob a direção de Arturo Ardao, 1963.

Ver: Agustín Álvarez Villablanca, *C. V. F. Ein führender Pädagoge Sudamerikas*, 1938. — Pedro Ceruti Crosa, *Crítica de V. F.: Su ideología social y económica*, 1946. — Alejandro Arias, *V. F.*, 1949. — Aníbal del Campo, *El problema de la creencia y el intelectualismo de V. F.*, 1959. — Arturo Ardao, *Introducción a V. F.*, 1961. — Diana Castro e Mauricio Langón, *Pensamiento y acción en V. F.*, 1969. ➲

VÁZQUEZ, GABRIEL (1549-1604). Nascido em Villaescusa de Haro (Castilla la Nueva), estudou em Belmonte del Tajo e em Alcalá, ingressou em 1569 na Companhia de Jesus e ensinou em Madrid, Alcalá e no Colégio Romano de Roma. Dentro da orientação geral aristotélico-escolástica, era característico do pensamento filosófico de Gabriel Vázquez considerar detidamente as diferentes sentenças dos grandes autores escolásticos sobre cada problema fundamental e propor a que no seu entender era a mais verdadeira ou plausível. Em bom número de casos a sentença adotada era a de Santo Tomás. Mas em outras ocasiões ele se inclinava por uma certa interpretação da doutrina tomista (por exemplo, a de Cajetano), e em outras ocasiões se inclinava pela opinião scotista. Sua independência de critério acerca das sentenças mais comumente aceitas dentro de sua Ordem se manifestou em pontos tão essenciais quanto o do problema do conceito do ente, pois Vázquez rejeitava que houvesse um conceito do ente válido para todas as espécies de entes. Entre as doutrinas originais filosóficas de Vázquez figuram, conforme indica M. Solana, as seguintes: doutrina da "instabilidade do fundamento da distinção de razão raciocinada e raciocinante, de ser a natureza e não o pressuposto o verdadeiro princípio *ut quod* da operação, da composição essencial relativa do juízo, do constitutivo da liberdade divina, da essência da lei natural".

➲ Obras: *De cultu adorationis libri tres*, 1594. — *Commentariorum ac Disputationum in primam, secundam vel tertiam partem S. Thomae*, 7 tomos, 1598 ss. — *Paraphrasis et compendiaria explicatio ad nonnullas Pauli Epistolas*, 1612. — *Opuscula moralia. De eleemosyna, scandalo, restitutione, pignoribus et hypothesis, testamentis, beneficiis, redditibus, ecclesiasticis*, 1617. — *Disputationes metaphysicae* (compiladas das obras de Vázquez por F. Murcia de la Llana), 1617.

Ver: M. Solana, *Historia de la filosofía española. Época del Renacimiento (siglo XVI)*, t. III, 1941, pp. 425-451. — L. Vereecke, *Conscience morale et loi humaine selon G. V.*, 1958. — B. Arnaldo, *God's Foreknowledge to the Philosophical Teaching of G. V.*, 1964. ➲

VEBLEN, THORNSTEIN [BUNDE] (1857-1929). Nascido em Cato, Wisconsin, estudou nas universidades de Yale e Cornell. Veblen ensinou economia nas universidades de Chicago e Stanford (Califórnia). Sua oposição às autoridades acadêmicas levou-o a uma crítica severa das universidades norte-americanas e das relações mantidas entre elas e as empresas comerciais. Ensinou também na Universidade de Missouri e na New School for Social Research, de Nova York.

Veblen foi ao mesmo tempo um seguidor e um crítico de Marx. Muitas de suas idéias são influenciadas pelo evolucionismo darwiniano. O propósito capital de Veblen foi a elaboração de uma teoria da mudança social para cujo efeito considerou fundamentais os estudos históricos e a pesquisa das relações entre os grupos sociais no curso da história. Preocupou-se com a diferença, no sistema moderno capitalista, entre os preços dos produtos e seus valores reais. Fundamentais em sua teoria foram os conceitos de escassez e de eficácia tecnológica, ligados aos conceitos de classe parasitária e classe produtiva respectivamente. As classes parasitárias, ociosas e não produtivas tendem a reforçar o regime de escassez. Opõem-se com isso às classes produtivas, assim como aos desenvolvimentos tecnológicos, que propiciam a abundância, com a qual perdem sua base social as classes parasitárias ou ociosas.

Embora suas investigações se centrem em torno do problema da mudança social e da formulação de uma teoria da mudança, Veblen acreditou que não há nenhuma teoria simples a ponto de se poder formular leis estritas segundo ela. Veblen levava em conta não só as condições econômicas e a estrutura das classes sociais, mas também os fatores nacionais e culturais, de modo que considerava possível uma grande diversidade de regimes econômico-sociais dentro de determinado modo de produção; capitalista ou socialista, por exemplo.

⊃ Principais obras: *The Theory of Leisure Classes*, 1899. — *The Theory of Business Enterprise*, 1904. — *The Instinct of Workmanship and the State of the Industrial Arts*, 1914. — *Imperial Germany and the Industrial Revolution*, 1915. — *The Higher Learning in America: A Memorandum on the Conduct of Universities by Businessmen*, 1918. — *The Place of Science in Modern Civilization*, 1919. — *Absentee Ownership and Business Enterprise in Recent Times*, 1923.

Biografia: Joseph Dorfman, *T. V. and His America*, 1934.

Ver: Douglas F. Dowd, *T. V.*, 1964. — David Seckler, *Th. V. and the Institutionalists: A Study in the Social Philosophy of Economics*, 1975. — J. P. Diggins, *The Bard of Savagery: T. V. and Modern Social Theory*, 1978. ⊂

VECCHIO, GIORGIO DEL (1878-1970). Nascido em Bolonha, foi professor de filosofia do Direito em Ferrara (1903-1906), Sassari (1906-1909), Messina (1909-1910), Bolonha (1910-1920) e Roma (1920-1953). Del Vecchio propôs uma filosofia qualificada por ele mesmo de "paralelismo transcendental". Segundo a profissão de fé filosófica feita em seu artigo sobre "O homem e a natureza", de 1961 (cf. *infra*), Del Vecchio abriga as seguintes convicções filosóficas: 1) O homem é parte da Natureza, mas também a Natureza é parte do homem enquanto representação. 2) Há dois pontos de vista opostos, mas ambos aceitáveis: o do objeto e o do sujeito (que outros chamam respectivamente: o do "não-eu" e o do "eu"; o de "espírito" e o da "matéria"). Com efeito, há um certo equilíbrio (ou equipolaridade) entre os dois pontos de vista na ordem teórica, embora cada um deles comporte diferenças importantes na ordem prática. 3) Não se deve confundir "objeto" e "sujeito" com "coisas" ou "realidades", pois são "critérios tanscendentais" ou "princípios reguladores necessários". 4) A realidade tem um aspecto bipolar, de tal sorte que nenhum aspecto dela pode ser reduzido ao aspecto oposto, e nenhum termo da antítese pode eliminar o outro.

Essas convicções filosóficas não foram desenvolvidas por Del Vecchio em nenhum sistema, mas algumas delas subjazem a seus numerosos trabalhos de filosofia do Direito. Por exemplo, os fatos e as normas jurídicas são estudados por Del Vecchio como manifestação de uma duplicidade necessária; as ações humanas são atos naturais que apontam para a subjetividade universal, mas esta ao mesmo tempo aponta para atos naturais; ética e Direito são formas que possuem cada uma suas próprias categorias, respectivamente "subjetivas" e "objetivas", não havendo nenhuma forma intermediária tampouco nenhuma distinta. Todas se relacionam entre si como modos interdependentes etc.

Limitamo-nos aqui aos aspectos mais propriamente filosóficos do pensamento de Del Vecchio; a ele devemos, também, numerosas pesquisas sobre o Direito e o Estado, assim como sobre os aspectos históricos da evolução do Direito. Neste último campo é importante destacar a simultânea afirmação da "mutabilidade" e da "eternidade" do Direito feita por Del Vecchio.

⊃ Principais obras: *Il sentimento giuridico*, 1902; 2ª ed., 1908. — *Diritto e personalità umana nella storia del pensiero*, 1904; 3ª ed., 1917. — *I presupposti filosofici della nozione del diritto*, 1905. — *Il concetto del diritto*, 1906; 2ª ed., 1912. — *Il concetto della natura e il principio del diritto*, 1908; 2ª ed., 1922. — *Sull'idea di una scienza del diritto universale comparato*, 1908; 2ª ed., 1909. — *Sui principî generali del diritto*, 1921. — *La giustizia*, 1922; 5ª ed., 1951. — *L'homo iuridicus e l'insufficienza del diritto come regola della vita*, 1936. — *Lo Stato*, 1953. — *La verità nella morale e nel diritto*, 3ª ed., 1954. — *Mutabilità ed eternità del diritto*, 1954. — *Corso di filosofia del diritto internazionale*, 1955. — *Studi sul diritto*, 2 vols., 1958. — *Studi sullo Stato*,

1958. — *Presupposti concetto e principio del diritto*, 1959. — *Contributi alla storia del pensiero giuridico e filosofico*, 1963. — *Nuovo silloge di temi giuridici e filosofici*, 1967. — A obra mais conhecida de Del Vecchio são suas *Lezioni di filosofia del diritto*, 13ª ed., 1967. O artigo a que nos referimos no texto do verbete é: "L'homme et la nature", *Revue Philosophique de Louvain*, 64 (1961), 683-692 [Comunicação ao XII Congresso Internacional de Filosofia em Veneza. Setembro de 1958]. Estas idéias já haviam sido expostas em várias obras do autor como, por exemplo, em: *I presupposti etc.* (1905) e num ensaio intitulado "Ética, Diritto e Stato", publicado na *Rivista Internazionale di filosofia del diritto* (VI, 1934), dirigida por Del Vecchio.

Bibliografia: Rinaldo Orecchia, *Bibliografia di G. del V.*, 1941, 2ª ed., 1949.

Dos numerosos escritos sobre Del Vecchio mencionamos: V. Viglietti, *L'insegnamento di un maestro: Soluzioni filosofico-giuridiche nella dottrina di G. D. V.*, 1934. — Id., *Le premesse metafisiche della dottrina di G. D. V.*, 1938. — E. Galán y Gutiérrez, "El pensamiento filosófico-jurídico del profesor G. D. V.", *Revista de Ciencias Jurídicas y Sociales*, 75 (1936), 267-317. — José de la Riva Agüero, "Sobre dos recientes opúsculos de J. d. V.", em *Dos estudios sobre la Italia contemporánea*, 1937, p. 5-30. — E. Vidal, *La filosofia giuridica di G. d. V.*, 1951. — Ismael Ramírez Gasca, *El pensamiento jurídico-político de J. d. V.*, 1962. — R. H. A. Glaeys, *De rechtstheorie en het natuurrecht bij G. d. V.*, 1963 (com bibliografia). — Luis Vela, *El Derecho natural em G. d. V.*, 1965. **C**

VEDA. Nome que recebe uma coleção de escritos que constituem o fundamento da tradição religiosa na Índia (bramanismo, depois budismo) e, em boa parte (através de explicações e comentários [ver UPANISHAD]), o das posteriores escolas filosóficas daquele país. Tal coleção se divide em quatro partes, que recebem os nomes de *Rig-Veda (Rk-Veda), Yajur-Veda, Sāma-Veda* e *Athārva-Veda*. O conteúdo do Veda é uma série de hinos métricos em louvor das divindades; agregam-se a isso máximas rituais para os sacrifícios, melodias para o canto e receitas mágicas. Do ponto de vista da forma, a literatura védica se compõe de séries de *mantras* ou hinos, e séries, posteriores, de *brāmanas*, escritas em prosa e de caráter principalmente litúrgico. O conteúdo da literatura védica parece, pois, de escasso valor filosófico. No entanto, afora o fato indicado de constituir uma base para ulteriores especulações filosóficas dentro da tradição religiosa ortodoxa, fez-se observar que em algumas de suas passagens se encontram referências a uma única divindade suprema à qual se aplicam nomes de vários deuses. Segundo alguns autores, isso conduziria não somente a um monoteísmo, mas também a uma especulação de índice monista.

O *Veda* é considerado como sagrado e revelado. Alguns sistemas ortodoxos, como o *Mīmāṁsā* (VER), consideram-no, ademais, como eterno. É interessante fazer constar que já na literatura védica há referências a correntes "livre-pensadoras". Essas correntes são combatidas como produzidas por "gente sem princípios e sem fé". Vários tratadistas se inclinam a pensar que o jainismo e o budismo e outras tendências qualificadas de heterodoxas partem das concepções ali referidas.

➲ Ver bibliografia de FILOSOFIA ORIENTAL e de FILOSOFIA INDIANA. Também: H. Oldenberg, *Die Religion des Veda*, 1894. — Id., *Die Weltanschauung der Brahmana-Texte*, 1919. — J. Gonda, *Some Observations on the Relations Between "Gods" and "Powers" in the Veda. A Propos of the Phrase Sunuh Sahasah*, 1957. — Id., *Four Studies in the Language of the Veda*, 1959. — R. Reyna, *The Concept of Maya from the Vedas to the 20th Century*, 1962. — S. Rangashar, *Early Indian Thought: The Philosophy of Vedas, Upanishads and Post-Vedic Literature*, 1966. — A. Ghose, *The Secrets of the Veda*, 1971. — K. Gilbert, *The Wisdom of the Veda in the Light of Sri Aurobindo's Thought*, 1973. — W. Rau, *Zur vedanischen Altertumskunde*, 1983. — S. Aurobindo, *Das Geheimnis des Veda*, 1987. — A. Rambachan, *Accomplishing the Accomplished: The "Vedas" as a Source of Valid Knowledge in Sankara*, 1991. **C**

VEDĀNTA. O termo *Vedānta* é entendido em dois sentidos: 1) Como designação do final do *Veda* (VER) e, portanto, como um dos modos de referir-se às *Upanishad* (VER), e 2) como uma das seis escolas ortodoxas (*astika*) da filosofia indiana (VER). No presente verbete nos referiremos primariamente ao sentido 2).

Como indicamos no verbete *Mīmāṁsā* (VER), o sistema *Vedānta* é considerado também como uma das duas formas da *Mīmāṁsā*: a *Uttara- mīmāṁsā* (ou também *Brahma-mīmāṁsā*), baseada nas *Upanishad* ou parte posterior do *Veda*. Está, pois, muito relacionado com a escola *Pūrva-mīmāṁsā* ou *Mīmāṁsā* propriamente dita. Aqui, porém, vamos apresentá-lo isoladamente.

O sistema *Vedānta* é o mais influente dos sistemas ortodoxos e o mais conhecido também fora da Índia. Por seu caráter especulativo, suscitou, além disso, um considerável interesse no Ocidente. Na atualidade, ele deu lugar a um amplo movimento filosófico (e filosófico-religioso) que recebe o nome de *Neo-Vedānta*. Há várias escolas do *Vedānta*, todas baseadas no chamado *Brahma-sūtra* (ou também *Vedānta-sūtra*) devido a Bādārayana. Cada um dos grandes comentários ao *Brahma-sūtra* deu lugar, a rigor, a uma escola do *Vedānta*; destacam-se entre elas as de Sāṅkara (ou escola *Advaita*), de Rāmānuja (ou escola *Viśiṣtādvaita*) de Madhva e de Nimbārka; particularmente importantes e influentes são as duas primeiras, às quais exclusivamente nos referiremos aqui.

O sistema *Vedānta* em suas várias manifestações se apóia nas *Upanishad*. Opondo-se tanto ao dualismo da escola *Sānkhya* como à excessiva insistência no ritualismo proclamada pelo sistema *Pūrvamīmāāṁsā*, o *Vedānta* sublinha a unidade de tudo quanto existe. Recebeu por isso a qualificação de sistema monista, embora se deva observar que nem sempre é possível identificar a concepção monista do *Vedānta* com as doutrinas monistas próprias de algumas das filosofias do Ocidente; o alcance da libertação (ver MOKṢA) como dissociação da alma em relação ao corpo constitui no *Vedānta* um motivo mais fundamental que o propriamente teórico. Ora, bom número de afirmações de índole teórica e especulativa acompanham a doutrina da unidade essencial de quanto é. Por exemplo, a produção do mundo por Deus *(Brahma)*, ou Alma e Pessoa universais, enquanto extraído de si mesmo; a existência de almas (encerradas nos corpos e perdidas na multiplicidade) que necessitam libertar-se destas ataduras; a idéia de que estas almas são, em última análise, partes do Todo-Deus, ainda que não o Todo-Deus propriamente etc. Estas afirmações levantam vários problemas de índole filosófico-teológica: o problema da natureza da realidade unitária de *Brahma*; o problema do modo como o mundo visível surgiu do princípio *(Brahman, Ātman, Brahman-Ātman)*; o problema do modo de vinculação de cada alma com tal princípio. As respostas a esses problemas dadas pela escola de Śankara e Rāmānuja diferente entre si em alguns aspectos fundamentais. Śankara, por exemplo, insiste na natureza absolutamente transcendente de Deus; Deus é, considerado em sua essência, tão absoluto que é difícil enunciar qualquer coisa acerca dele. Dizemos que é completa consciência e completa realidade e infinitude, mas devemos considerar estas qualificações como aproximativas. A teologia de Śankara se aproxima com isso de uma teologia negativa. Ora, Deus pode ser visto também desde um ângulo menos absoluto, como objeto de adoração e como criador do mundo — uma criação que é efetuada por meio de seu poder mágico: *māyā* (VER) —, mas em tal caso se trata menos da essência de Deus que de sua aparência. O espírito deve, portanto, identificar-se com *Brahma* e entender que seu ser é o próprio ser da realidade suprema; só deste modo se produz a libertação que se baseia, é claro, no reconhecimento da aparência. Isso não significa, contudo, suspensão de toda ação; o que Śankara pretende é que toda ação e todo pensamento sejam levados a cabo com perfeito desprendimento do que não é real. Em contrapartida, Rāmānuja tenta conciliar a concepção de Deus e das almas. Por isso em Rāmānuja as almas e a matéria se destacam, mais claramente do que em Śankara, do seio da realidade suprema: não há distinção entre a essência e a aparência de Deus, pois Deus é ao mesmo tempo causa e efeito. De modo muito próximo ao de um pensamento dialético, Rāmānuja alega que há ao mesmo tempo identidade e diferença entre Deus e as almas: tudo depende do motivo que se acentue. De resto, enquanto Śankara se opõe ao ritualismo excessivo, Rāmānuja considera que há no ritualismo da *Mīmāṁsā* muitos elementos aproveitáveis: os ritos são necessários para conseguir a libertação buscada.

⇨ Ver a bibliografia de FILOSOFIA INDIANA. Também: E. Wood, *Vedanta-Dictionary*, 1964.

Ver: K. C. Bhattacharya, *Studies in Vedantism*, 1919. — V. S. Ghate, *Le Védânta, étude sur les Brahmasûtras et leurs cinq commentaires*, 1918. — M. N. Sircas, *The System of Vedantic Thought and Culture*, 1925. — V. S. Ghate, *The Védânta: A Study of the Brahmasutras with the Bhâshyas of Sankara, Ramanuja, Nimbarka, Madhara and Vallabha*, 1926. — S. Radhakrishnan, *The Vedânta according to Sankara and Ramanuja*, 1928. — N. K. Dutt, *The Vedanta and Its Place as a System of Metaphysics*, 1931. — Olivier Lacombe, *L'absolu selon le Védânta*, 1938 (Sankara e Ramanuja). — S. K. Das, *A Study of the Vedanta*, 1938. — R. Guénon, *L'homme et son devenir selon le Védânta*, 1951. — G. R. Malkani, *Vedantic Epistemology*, 1953. — A. K. R. Chandhuri, *Self and Falsity in Advaita Vedanta*, 1955. — D. M. Datta, *The Six Ways of Knowing: A Critical Study of the Vedanta Theory of Knowledge*, 1960. — B. N. K. Sharma, *A History of the Dvaita School of Vedanta and Its Literature*, 2 vols., 1960-1962. — Y. Keshava e Richard F. Allen, *The Pure Principle: An Introduction to the Philosophy of Shankara*, 1960. — S. M. Srinivasachari, *Advaita and Visishtadvaita*, 1961. — N. K. Devaraja, *An Introduction to Sankara's Theory of Knowledge*, 1963. — M. K. Venkatarama Iyer, *Advaita Vedanta*, 1964. — Debabrata Sinha, *The Idealist Standpoint: A Study in the Vedantic Metaphysic of Experience*, 1965. — Shadi Lal Malhotra, *Social and Political Orientations of Neo-Vedantism: Study of the Social Philosophy of Vivekananda, Aurobindo, Bipin Chandra Pal, Tagore, Gandhi, Vinoba and Radhakrishnan*, 1970. — T. P. Ramachandran, *Dvaita Vedanta*, 1976. — J. Damrell, *Seeking Spiritual Meaning: The World of Vedanta*, 1977. — R. S. Srivastava et al., eds., *New Dimensions in Vedanta Philosophy*, 2 vols., 1981. — H. Torwesten, *Vedanta: Kern des Hinduismus*, 1985. ⊂

VEITCH, JOHN. Ver ESCOCESA (ESCOLA).

VENEZA, PAULO DE. Ver PAULO DE VENEZA.

VENN (DIAGRAMAS DE). No verbete Classe (VER) introduzimos vários diagramas que representam graficamente classes e relações entre classes. A idéia de tal representação gráfica é atribuída a Leonhard Euler (VER), mas, como assinalamos em outro lugar (ver DIAGRAMAS), foi provavelmente antecipada por diversos autores. Com base na mesma, John Venn (VER) propôs representações gráficas das proposições A, E, I, O (ver

VENN (DIAGRAMAS DE)

Proposição) e de silogismos. Essas representações permitem comprovar se um raciocínio silogístico dado é válido ou não. O método de comprovação recebe por isso o nome de "método de Venn".

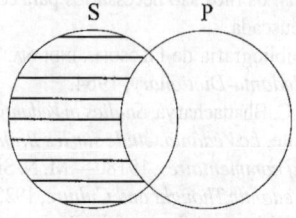

A: Todos os S são P

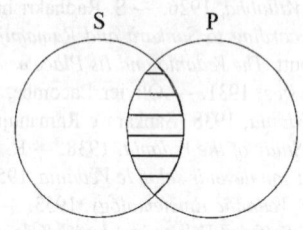

E: Nenhum S é P

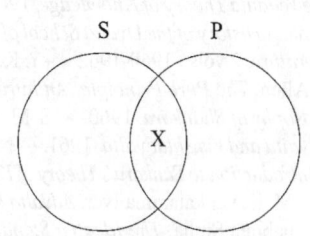

I: Alguns S são P

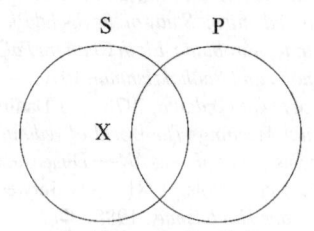

O: Alguns S não são P

Apresentamos antes de tudo os diagramas das proposições A, E, I, O:

As partes sombreadas indicam inexistência de uma classe; as partes marcadas com um 'x', existência de uma classe; as partes em branco, ausência de informação sobre uma classe.

Ora, como os silogismos têm três termos, é preciso introduzir um terceiro círculo. Suponhamos que temos as premissas:

Todos os M são P
Todos os S são M.

A figura resultante, seguindo as indicações anteriores, é:

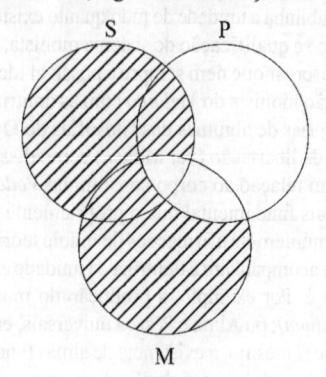

Nesta figura fica graficamente indicado 'Todos os S são P', o que, dadas as premissas anteriores, é a conclusão do modo *Barbara* (primeira figura). Se considerarmos agora as premissas:

Nenhum P é M
Todos os S são M,

construiremos a figura seguinte:

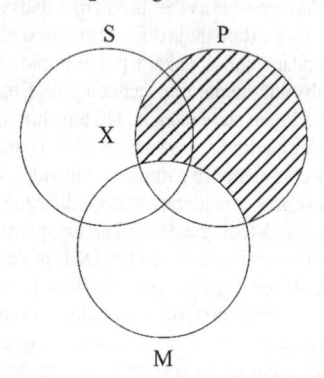

Nesta figura fica graficamente indicado 'Nenhum S é P' que, dadas as premissas anteriores, é a conclusão do modo *Cesare* (segunda figura).

Comprovação de três silogismos para ver se são ou não válidos:

Silogismo 1

Todos os pescadores de vara são tranqüilos	Todos os P são M
Alguns jornalistas não são tranqüilos	Alguns S não são M
Alguns jornalistas não são pescadores de vara	Alguns S não são P

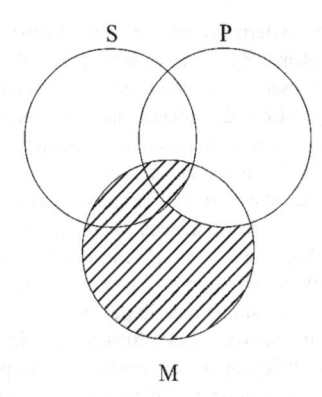

O silogismo é válido (*Baroco*, segunda figura).

Silogismo 2

Todos os dinamarqueses são democratas	Todos os M são P
Nenhum patagão é dinamarquês	Nenhum S é M
Nenhum patagão é democrata	Nenhum S é P

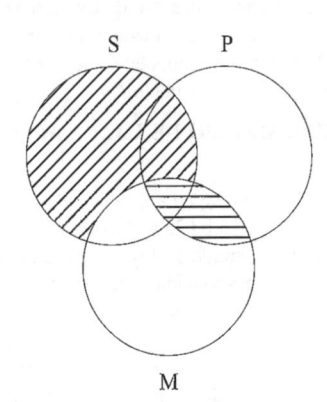

O silogismo não é válido.

Silogismo 3

Todos os pescadores de vara são tranqüilos	Todos os M são P
Alguns leões são animais africanos	Alguns M são S
Alguns animais africanos são carnívoros	Alguns S são P

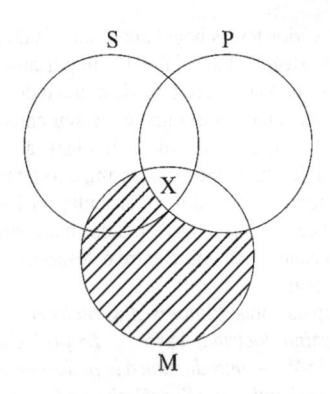

O silogismo (3) é válido (*Datisi*, terceira figura)

➲ Ver: J. Venn, *Symbolic Logic*, 1881; 2ª ed., 1894. — K. Dürr, "Les diagrammes logiques de L. Euler et de J. Venn", *Proceedings of the Xth International Congress of Philosophy*, Amsterdam, 1948. — Victor J. Cieutat, Leonard I. Krimerman e S. Thomas Elder, em colaboração com Lemont P. Miremont, *Traditional Logic and the Venn Diagram: A Programmed Introduction*, 1969. — W. Grennan, "Testing Syllogisms with Venn-Equivalent Truth-Table Methods", *Teaching Philosophy*, 8 (1985), 237-239. — R. L. Armstrong, L. W. Howe, "An Euler Test for Syllogisms", *ibid.*, 13 (1) (1990), 39-46. ⊂

VENN, JOHN (1834-1923). Nascido em Drypool (Huil), foi professor na Universidade de Cambridge. Influenciado por Hamilton e John Stuart Mill, Venn se destacou por seus trabalhos em lógica indutiva. Como Hamilton, além disso, proporcionou no curso de suas investigações lógicas sistemáticas muitos dados para o estudo da história da lógica. Venn é conhecido hoje sobretudo pelos diagramas chamados *diagramas de Venn* aos quais nos referimos no verbete anterior.

➲ Obras: *Logic of Chance*, 1886; 3ª ed., 1888. — *Some of the Characteristics of Belief*, 1870. — *Symbolic Logic*, 1881; 2ª ed., 1894. — *The Principles of Empirical or Inductive Logic*, 1889; 2ª ed., 1907. ⊂

VERA, AUGUSTO (1813-1885). Nascido em Amelia (Umbria, Itália), Vera estudou em Roma e depois morou muito tempo fora da Itália (Suíça, França, Inglaterra) até ser nomeado, em 1860, professor da Universidade de Nápoles.

Vera foi um dos mais destacados e ativos neo-hegelianos da Itália no século XIX (ver NEO-HEGELIANISMO). Suas traduções e comentários de várias obras de Hegel, especialmente da *Lógica* e da *Enciclopédia*, exerceram considerável influência na difusão de Hegel na Itália. Vera representou um hegelianismo que se poderia chamar "puro", ao contrário do hegelianismo mais ou menos kantiano de outros neo-hegelianos, como Spaventa (VER), mas essa "pureza" não o impediu de tentar desenvolver vários temas hegelianos capitais de forma a ir "além de Hegel". Especialmente importantes foram os trabalhos de Vera sobre o modo como o desenvolvimento da Idéia na história não é, no seu entender, incompatível com a autonomia individual: a liberdade da Idéia e a dos indivíduos vão, assim, em consonância. Vera se interessou também em articular a filosofia da Natureza hegeliana com os resultados das ciências positivas, lançando uma ponte entre o "especulativo" e o "experimental".

➲ Principais obras: *Platonis, Aristotelis et Hegelii de medio termino doctrina*, 1845. — *Le problème de la certitude*, 1845. — *Introduction à la philosophie de Hegel*, 1855. — *Inquiry into Speculative and Experimental Science*, 1856. — *Prolusioni alla storia della filosofia e alla filosofia della storia*, 1862. — *Il problema dell'assoluto*, 1882. — *Dio secondo Platone, Aristotele ed Hegel*, 1886.

Ver: Karl Rosenkranz, *Hegels Naturphilosophie und die Bearbeitung derselben durch den italienischen Philosophen A. V.*, 1858. — A. Plebe, *Spaventa e V.*, 1954. — Guido Oldrini, *Gli hegeliani di Napoli: A. V. e la corrente ortodossa*, 1964. — G. Vacca, *Nuove testimonianze dell'hegelismo napoletano*, 1965. ➲

VERACIDADE. Faz-se a distinção entre verdade (VER) e veracidade, considerando-se que enquanto a primeira é a realidade mesma da coisa, ou a correspondência da coisa com o intelecto, ou do enunciado com aquilo de que se fala etc., a segunda é uma espécie de correspondência do que se diz com quem o diz. Por isso, enquanto o contrário da verdade, ou dos diversos tipos de verdade, é o erro, o contrário da veracidade é a mentira ou o engano.

Considerou-se freqüentemente que a veracidade é equivalente à "verdade moral", ao contrário da "verdade ontológica", "verdade metafísica", "verdade gnosiológica", "verdade lógica", "verdade semântica" ou quaisquer outras formas de "verdade". "A verdade moral", escreveu Leibniz, "é chamada por alguns *veracidade*" (*Nouveaux Essais*, IV, v, 11). Em todo caso, a veracidade é o tipo de verdade que compromete a quem a propõe, seja (como se disse no passado) moralmente, seja (como se disse em tempos mais recentes) "existencialmente". Por esse motivo se equiparou também a veracidade com a sinceridade. Isso parece indicar que é possível ser veraz e não dizer a verdade. Mas não parece possível ser veraz sem vontade de dizer a verdade e, além disso, de fazer todo o possível para dizê-la. Por isso não se pode ser veraz mentindo, e tampouco se pode sê-lo mantendo uma atitude de indiferença, ou despreocupação, pela verdade.

A veracidade pode ser concebida como "veracidade para consigo mesmo", mas é mais adequado pressupor na veracidade a existência de dois ou mais sujeitos. Neste último caso, a veracidade se dá primariamente na relação com o outro (ver OUTRO [O]), na relação entre "eu" e "tu"

— para falar nos termos de Buber. Karl Löwith (cf. artigo sobre F. Rosenzweig citado na bibliografia do verbete sobre este pensador) chamou a atenção para o que Rosenzweig qualificou de "um novo modo de pensar", que começou com a tese de Feuerbach segundo a qual "a base da verdade não é a autoconsciência do Eu, mas a relação mútua entre o tu e o eu", e que se desenvolveu em vários autores contemporâneos (o citado Rosenzweig, Heidegger, Jaspers etc.). Ora, a "veracidade" adquire sentido dentro deste "novo modo de pensar", já que seu fundamento se encontra na relação pessoal.

Discutiu-se às vezes qual seria a relação da verdade com a veracidade. Alguns autores antepõem a primeira à segunda; só porque se pode dizer a verdade, argumentam eles, se pode ser veraz. Outros, em contrapartida, antepõem a segunda à primeira, isto é, consideram que a veracidade é a fonte da verdade. Isso ocorre, por exemplo, com Nietzsche, para quem a verdade *(Wahrheit)* é uma abstração se comparada com o caráter concreto da veracidade *(Wahrhaftigkeit)*. Em alguns casos, antepôs-se completamente a veracidade à verdade; isso ocorre com Unamuno, para quem ser veraz é muito mais fundamental que dizer a verdade. Em certas ocasiões "veracidade" e "verdade" parecem ser o mesmo; exemplo disso o temos em Descartes quando indica repetidamente que Deus não nos pode enganar — ou, como escreve amiúde (por exemplo, *Meditações metafísicas*, IV e VI), *Dieu n'est point trompeur*. Este último tipo de veracidade é chamada às vezes "veracidade divina" e é a que constitui o fundamento das "verdades eternas" (VER). Para alguns autores, a veracidade é a seu modo uma correspondência: a correspondência do afirmado (verdade) com a prova do afirmado.

VERACRUZ, ALONSO DE LA. Ver ALONSO DE LA VERACRUZ.

VERBO. *I. Conceito lógico e ontológico.* No *Peri Hermeneias* (*De int.*, 3, 16 b 626 a 1), Aristóteles analisa o verbo, ῥῆμα, num sentido análogo ao que esse conceito tem na gramática, mas com implicações lógicas. O verbo — diz Aristóteles — é um nome que tem uma determinação temporal (ou de tempo) em seu significado. Se dizemos 'saúde', enunciamos um nome; só quando dizemos 'goza de boa saúde' empregamos um verbo, pois incluímos uma significação num tempo — o presente — dentro do qual se dá a saúde para alguém. Contudo, Aristóteles indica que algumas expressões, como 'não está doente', não incluem termos verbais, mesmo acrescentando à significação a de tempo, e confessa que essa variedade de expressão — que, no seu entender, não é verbo nem nome (VER) — não possui um nome próprio e, no máximo, pode ser chamada "verbo indefinido" por aplicar-se indiferentemente a não importa quem, ao ser e ao não-ser. Embora pareça estranho, isso não se deve, assinala Aristóteles, à ausência do sujeito, pois em expressões tais como 'ele esteve enfermo', embora haja sujeito não temos verbo, mas apenas um caso do verbo (um tempo de índole gramatical, πτῶσις).

Na literatura filosófica medieval essas indicações de Aristóteles foram seguidas em grande parte. Embora *verbum* pudesse significar "vocábulo em geral" (incluindo o nome), tendia-se a considerar o verbo como significando algo temporal. Na *Gramática especulativa*, de Tomás de Erfurt (1947, cap. XXV), define-se o verbo como "uma parte da oração que significa por um modo de ser distante da substância". Esta definição corresponde ao modo generalíssimo essencial de "significar" o verbo: com efeito, o verbo "indica a coisa por seu ser e *distância da substância*" *(loc. cit.)*. Junto a ele, e seguindo as mesmas normas estabelecidas para outras partes da oração (ver NOME), os gramáticos especulativos analisavam outros modos de significar: modos de significar essenciais, subalternos e especialíssimos, assim como modos de significar acidentais de diversas índoles. As definições correspondentes não interessam para nosso propósito. Faremos constar apenas que a doutrina do verbo na Idade Média, tanto entre os gramáticos especulativos como entre outros filósofos, mesclava elementos lógicos com elementos gramaticais (procedentes sobretudo da Gramática de Donato). Quanto aos elementos ontológicos, estavam mais ou menos presentes segundo a maior ou menor tendência realista das correspondentes doutrinas. Isto posto, essas significações de 'verbo' devem ser diferenciadas dos usos do vocábulo *verbum* unido a adjetivos, como *verbum expressivum, verbum mentale, verbum essentiale, verbum relativum* etc. Nestes últimos casos se trata simplesmente de diversas qualificações dadas a um *vocábulo* que não tem forçosamente uma denotação.

A lógica moderna não se separou no essencial das concepções aristotélicas (ou pseudo-aristotélicas) acerca do verbo (entendido como parte da oração). Somente na lógica contemporânea se deu ao assunto um aspecto diferente. Já não se considera que os enunciados se compõem de sujeito, verbo e atributo, ou que o verbo possa sempre ser reduzido à cópula (VER) sem nada mais além de uma tradução de qualquer ação ao 'é' seguido de um adjetivo (como em 'José é mau', tradução de 'José faz maldades', ou 'João é fumante', tradução de 'João fuma'). Tal tradução, ainda que não difícil lingüisticamente, é inoperante logicamente. A lógica atual declara, com efeito, que os enunciados se compõem de argumentos (que são sujeitos ou objetos dos enunciados) e predicados (ou verbos). Certos predicados podem funcionar como argumentos; assim, em 'Goethe é um poeta alemão' há o predicado 'ser um poeta alemão' que pode funcionar como argumento em 'Ser um poeta alemão é algo importante'. Estes predicados são chamados então argumentos-predicados. Em contrapartida, outros argumentos (os argumentos individuais, que expressam sujeitos singulares) não podem ser considerados como predicados.

II. Conceito teológico. Referimo-nos a este conceito no verbete sobre o Logos. O versículo inicial do Evangelho de João — Ἐν ἀρχῇ ἦν ὁ λόγος, καὶ ὁ λόγος ἦν πρὸς τὸν Θεόν, καὶ Θεὸς ἦν ὁ λόγος — foi traduzido em latim por: *In principio erat Verbum et Verbum erat apud Deum et Deus erat Verbum*. Por outro lado, na versão dos *Setenta*, os vocábulos λόγος e ῥῆμα aparecem como tradução do hebraico דבר, que significa voz, *palavra* e, com freqüência, *palavra de Deus*. Assim, o termo דבר *(dabar)* é o que aparece em expressões como a do Salmo 33,6: "Pela palavra de Deus se fizeram os céus". A tendência a interpretar דבר como "palavra de Deus" se acentua nos livros proféticos, nos quais é usado no sentido de uma mensagem de Deus revelada ao profeta para que este fale ao povo em Seu nome. Nos *Setenta* aparece este termo traduzido sempre como λόγος, enquanto expressões freqüentes em textos anteriores, tais como "A palavra do Senhor veio" às vezes são traduzidas escrevendo por 'palavra' λόγος e em outras ocasiões ῥῆμα. Fílon (*Leg. All.* III 61) diz, por exemplo, que a boca, στόμα, é símbolo da palavra, λόγος, mas que o verbo ῥῆμα, é parte daquela. Alguns historiadores julgam por isso que a introdução de λόγος na literatura neotestamentária não é sempre, como antes se supunha, o resultado da "influência da filosofia grega sobre o cristianismo", mas que vem do sentido dado a דבר como mensagem de Deus ao profeta nos textos hebraicos. No entanto, depois de ter sublinhado as semelhanças, convém destacar as diferenças: o Verbo como Filho de Deus em João não é estritamente equiparável, como enfatizamos no verbete acerca do logos, ao λόγος grego, mas tampouco ao דבר hebraico. O *Verbum* como *proprium nomen Filii*, segundo diz Santo Tomás em *S. theol.* I, q. XXXVII, 1 c, é uma noção cristã cuja originalidade não parece facilmente redutível a seus antecedentes, não obstante reconhecer-se a importância deles.

VERDADE. O vocábulo 'verdade' é usado em dois sentidos: para referir-se a uma proposição e para referir-se a uma realidade. No primeiro caso se diz de uma proposição que é verdadeira em oposição a "falsa". No segundo caso se diz de uma realidade que é verdadeira em oposição a "aparente", "ilusória", "irreal", "inexistente" etc.

Nem sempre se faz a distinção entre esses dois sentidos de 'verdade' na linguagem corrente. Mas pode-se destacar um aspecto da verdade sobre o outro. Isso ocorreu na idéia de verdade que predominou nos começos da filosofia. Os filósofos gregos começaram por buscar a verdade, o verdadeiro, em oposição à falsidade, à ilusão, à aparência etc. A verdade era neste caso idêntica à realidade, e esta última era considerada como idêntica à permanência, ao que é, no sentido de "ser sempre" — fosse uma substância material, números, qualidades primárias, átomos, idéias etc. O permanente era, pois, concebido como verdadeiro em oposição ao mutante — que não era considerado necessariamente falso, mas só como aparentemente verdadeiro sem sê-lo "de verdade". Como a verdade da realidade — que era ao mesmo tempo realidade verdadeira — era concebida freqüentemente como algo acessível unicamente ao pensamento e não aos sentidos, tendeu-se a fazer da chamada "visão inteligível" um elemento necessário da verdade.

Esse sentido grego da verdade não é historicamente o único possível. Segundo von Soden, seguido, entre outros, por Zubiri e Ortega y Gasset, há uma diferença importante entre o que o grego e o hebreu entendiam por verdade. Para o hebreu, em sua época "clássica" pelo menos, a verdade ('emunah) é primariamente a segurança, ou melhor dizendo, a confiança. A verdade das coisas não é então sua realidade em oposição à sua aparência, mas sua fidelidade em oposição à sua infidelidade. Verdadeiro é, portanto, para o hebreu, o que é fiel, o que cumpre ou cumprirá sua promessa, e por isso Deus é o único verdadeiro, porque é o único realmente fiel. Isto quer dizer que a verdade não é estática, que não se encontra tanto no presente quanto no futuro, e por isso, assinala Zubiri, enquanto para manifestar a verdade o grego diz que algo é, que possui um ser que é, o hebreu diz "assim seja", isto é, *amém*. Em outros termos, enquanto para o hebreu a verdade é a vontade fiel à promessa, para o grego a verdade é a descoberta do que a coisa é, ou melhor ainda, daquilo que "é antes de haver sido", de sua essência. O grego concebe, assim, a verdade como ἀλήθεια ou descoberta do ser, como a visão da forma ou perfil do que é verdadeiramente, mas que é ocultado pelo véu da aparência. Para o hebreu, o contrário da verdade é a decepção; o contrário dela para o grego é a desilusão. Mas o verdadeiro como "o que haverá de se cumprir" é essencialmente distinto do verdadeiro "como o que é" e como o que está sempre presente — mesmo sob a forma da latência — em um ser. O sentido *primário* da verdade como ἀλήθεια, diz Zubiri, não é, porém, meramente descoberta ou patência, mas, antes de tudo, a patência da recordação. Mas "a idéia mesma de verdade tem sua expressão *primária* em outras vozes" dentro de algumas línguas indo-européias: é o caso de *verus* como expressão de uma confiança. Portanto, há pelo menos uma possibilidade de conexão semântica entre os citados conceitos de verdade, aparentemente tão distanciados. Julián Marías considera que, metodicamente, deve-se distinguir a verdade como ἀλήθεια, como *'emunah* e como *veritas*. A primeira é patência; a segunda, confiança; a terceira, veracidade.

Os gregos não se ocuparam somente com a verdade como realidade. Ocuparam-se também (e até sobretudo) da verdade como propriedade de certos enunciados, dos quais se diz que são verdadeiros. Embora antes de Aristóteles a verdade já tivesse sido concebida como propriedade de certos enunciados, a mais conhecida fórmula é a que se encontra em Aristóteles: "Dizer do que é que não é, ou do que não é que é, é o falso; dizer do que é que é, e do que não é que não é, é o verdadeiro" (*Met.*, Γ, 7, 1011 b 26-8). Com isso Aristóteles definia o que já afirmara Platão (*Crat.*, 385 B; *Soph*. 240 D-241 A, 263 B). Mas se atribui primordialmente a Aristóteles o que depois se chamará "concepção semântica da verdade", assim como "verdade como adequação", "correspondência" ou "conveniência". Um enunciado é verdadeiro se há correspondência entre o que se diz e aquilo de que se fala.

Há autores para os quais a proposição é uma série de signos. Para eles, a verdade é a conjunção ou separação de signos — por exemplo, a conjunção do signo 'ouro' com o signo 'amarelo' ou a separação do signo 'ouro' do signo 'verde', o que dá as proposições consideradas verdadeiras: "o ouro é amarelo", "o ouro não é verde". Essa concepção da verdade pode estar fundada em pressupostos nominalistas (ver NOMINALISMO) e até "inscricionistas" (ver INSCRIÇÃO). Neste caso se sustenta uma concepção da verdade que pode ser chamada, segundo os casos, "nominal" ou "literal"; se a verdade reside pura e simplesmente no modo como estão unidos ou separados certos signos, o fato de uma série de signos ser declarada verdadeira e outra falsa dependerá unicamente dos próprios signos. Ora, o signo pode ser considerado como expressão física de um conceito mental, o qual pode ser considerado como manifestação de um conceito formal, o qual pode ser considerado como apontando para uma coisa, uma situação, um fato etc. Se assim é, a concepção "nominal" da verdade não é incompatível com a concepção "semântica" e esta não é incompatível com o que se pode chamar "concepção real". Com efeito, o signo 'ouro' se une ao signo 'amarelo' no enunciado 'o ouro é amarelo' (ou melhor ainda, o signo 'ouro' se une ao signo 'é amarelo') porque se pensa que o ouro é amarelo na união do conceito "ouro" com o conceito "ser amarelo", e essa conjunção de signos é verdadeira se e somente se o ouro é amarelo. Pode-se, pois, conceber a verdade como uma série de correspondências e uma série de adequações e "conveniências"; o signo 'ouro' convém ao signo 'amarelo' porque se pensa que o conceito "ser amarelo" convém ao conceito "ouro" em conseqüência da conveniência na realidade do ouro com a cor amarela. A série de "conveniências" de "ouro" com "amarelo" no signo, na mente e no conceito está por sua vez adequada com a conveniência real do ouro com a cor amarela. Em suma, a verdade aparece então como conveniência de signos com signos, de pensamentos com pensamentos, de conceitos com conceitos e de realidades com realidades, e por sua vez como adequação de uma série dada de signos, pensamentos e conceitos com um fato real.

Os escolásticos procuraram conjugar esses diversos modos de entender a verdade. A verdade ou, melhor dizendo, o verdadeiro, *verum*, é uma "propriedade transcendental" (ver TRANSCENDENTAL, TRANSCENDENTAIS) do ente e é convertível com o ente. A verdade como verdade transcendental, às vezes também chamada "verdade metafísica" e depois "verdade ontológica", é definida como a conformidade ou conveniência do ente com a mente, pois o *verum* como um dos transcendentais é a relação do ente com o intelecto. Isso pressupõe que o ente é inteligível, já que do contrário não poderia haver a citada conformidade. Mas a verdade também pode ser entendida como a conformidade ou conveniência da mente com a coisa, ou adequação da mente com a coisa, *adaequatio rei et intellectus*. Este tipo de verdade às vezes foi chamado, nem sempre muito apropriadamente, de "verdade lógica".

Às vezes se fez a distinção entre as seguintes concepções da verdade: 1) verdade metafísica (ou ontológica); 2) verdade lógica (ou semântica); 3) verdade epistemológica, 4) verdade nominal (ou oracional): *veritas sermonis*. 1) equivale à verdade da coisa, ou à realidade como verdade; 2) expressa a correspondência, ou adequação, do enunciado com a coisa ou a realidade; 3) se refere à verdade enquanto é concebida por um intelecto e formulada, num juízo, por um sujeito cognoscente; 4) é a verdade como conformidade entre signos.

Todos esses conceitos de verdade podem ser admitidos sustentando que cada um deles representa um aspecto da noção de "verdade", ou pode-se sustentar apenas um deles. Isto se faz quando se concebe a verdade em função da idéia que se tem da natureza dos universais (VER).

Os nominalistas tendem a considerar a verdade como *veritas sermonis*. Os realistas — especialmente os realistas extremos — tendem a conceber a verdade como verdade metafísica ou ontológica. Os conceitualistas e os realistas moderados tendem a entendê-la como "verdade lógica" ou "verdade semântica", e também como "verdade epistemológica".

Em outro sentido, porém, a maior parte dos escolásticos, independentemente de sua teoria dos universais, sustentaram, seguindo Santo Agostinho, que há uma fonte para todas as verdades: esta fonte é Deus, ou "a verdade". Santo Anselmo afirmava que todo juízo de existência requer, para poder ser formulado, a existência do Ser supremo do qual todo outro ser participa.

Os escolásticos introduziram outras distinções no conceito de verdade. Por exemplo, a chamada "verdade transcendental" — o *verum* — pode ser concebida como estritamente transcendental (o ente, enquanto é) ou como latamente transcendental (o ente enquanto entre criado ou incriado). A verdade latamente transcendental, por sua vez, foi entendida ou como verdade medida pelo intelecto ou como verdade identificada com o intelecto. A verdade do intelecto foi entendida ou como verdade medida ou causada pelo objeto ou como verdade identificada com o objeto. Há, portanto, na escolástica, concepções muito diversas da noção de verdade, embora a mais conhecida, e influente, tenha sido a verdade como correspondência segundo a fórmula *adaequatio rei et intellectus*.

Na época moderna persistiram as concepções anteriores da verdade, incluindo a concepção transcendental do *Omne ens est verum* que Wolff formula deste mesmo modo em *Philosophia prima sive Ontologia*, § 497. Mas a maior novidade nas concepções modernas da verdade foi o desenvolvimento do que se pode chamar "concepção idealista". Às vezes se disse que esta concepção se caracteriza por entender a verdade como "verdade lógica", e se aduziu que ao reduzir-se todo ser a conteúdo de pensamento, a verdade terá de fundar-se no pensamento mesmo e portanto em suas leis formais. Mas isso não corresponde necessariamente às concepções idealistas, mas, antes, às chamadas "racionalistas" — sejam ou não, propriamente, idealistas, ou semiidealistas. Além disso, deve-se levar em conta que semelhante concepção da verdade é "lógica" somente porque é "ontológica", e vice-versa; se o pensamento é pensamento da realidade, a verdade do pensamento será a mesma que a verdade da realidade, mas também a verdade da realidade será a mesma que a do pensamento — a ordem e conexão das idéias serão, como dizia Spinoza, as mesmas que a ordem e conexão das coisas. Ora, quando não se sustenta com completo radicalismo esta concepção ao mesmo tempo "lógica" e "ontológica", o problema para os autores racionalistas é como conjugar as "verdades racionais" com as "verdades empíricas" (ver VERDADES DE RAZÃO, VERDADES DE FATO).

O que chamamos de "concepções idealistas" modernas diferem das estritamente racionalistas, e também das predominantemente empiristas, para as quais as verdades são fundamentalmente "verdades de fato". Para entender a concepção idealista da verdade podemos nos referir antes de tudo a Kant, quando fala da verdade como "verdade transcendental" — no sentido kantiano de 'transcendental'. Se o objeto do conhecimento é a matéria da experiência ordenada pelas categorias, a adequação entre o entendimento e a coisa se encontrará na conformidade entre o entendimento e as categorias do entendimento. A verdade é então primordialmente verdade do conhecimento, coincidente com a verdade do ser conhecido. Pois se há efetivamente coisas em si, estas são inacessíveis e, portanto, não se pode falar de outro conhecimento verdadeiro senão do conhecimento dessa conformidade transcendental. A dependência em que se encontra a verdade com respeito à síntese categorial é o que permite passar da lógica geral à lógica transcendental ou lógica da verdade.

Hegel tenta, dentro de um quadro "idealista", chegar até a verdade absoluta, chamada por ele "verdade filosófica". A verdade é matemática ou formal quando se reduz ao princípio de contradição; é histórica ou concreta quando diz respeito à existência singular, isto é, "às determinações não necessárias do conteúdo desta existência". Mas é verdade filosófica ou absoluta quando se opera uma síntese do formal com o concreto, do matemático com o histórico. Assim, falso e negativo existem não como uma "parte" da verdade, mas como um "momento" num desenvolvimento; sua "realidade" é anulada e absorvida quando, com o devir do verdadeiro, se alcança a idéia absoluta da verdade em e para si mesma. A fenomenologia do espírito é deste modo a preparação para a lógica como ciência do verdadeiro na forma do verdadeiro. A verdade absoluta é a filosofia mesma, o sistema da filosofia. Hegel efetua assim uma primeira aproximação de uma noção de verdade que transcende todo formalismo e todo intelectualismo. Sua oposição a considerar como verdade uma parte dela, o resultado do verdadeiro, o faz buscar o verdadeiro numa totalidade que compreende não só o principiado, mas também seu princípio. A verdade é deste modo a unidade absoluta e radical do princípio com o que ele gera. Daí o caráter plenamente sistemático da verdade filosófica que exige, sem dúvida, os caracteres formais do matemático e os concretos do histórico, mas que somente pela união do universal com o concreto realizada pela filosofia pode converter-se em absoluta. Ou o que é o mesmo: "A verdadeira figura na qual existe a verdade não pode ser mais que o sistema científico desta verdade" (*Phän. des Geistes*, I § 1). Concepção que será acolhida em grande parte pelas tendências neo-hegelianas contemporâneas, mas, como veremos a seguir no caso de Bradley, com um abandono do panlogismo e uma aproximação do organologismo que se manifesta também nas tendências do atualismo italiano. Em todo caso, porém, permanece como algo próprio do conceito de verdade sustentado por Hegel o fato de a verdade não ser jamais a expressão de um "fato atômico", o fato de a verdade ser, enquanto ontológica, uma totalidade indivisível sobre a qual se destaca qualquer enunciado parcial do verdadeiro ou de sua negação: o fato, em suma, de "o verdadeiro ser o todo". Em seu livro *The Nature of Truth* (1906), Harold Henry Joachim (1868-1938) define e desenvolve essa tese. Joachim assinala, de fato, que a verdade não é mera correspondência do pensamento com a realidade, tampouco mera propriedade do objeto independentemente da consciência nem, finalmente, apreensão intuitiva de objetos, mas proposição racionalmente ordenada dentro de seu sistema, isto é, juízo que extrai sua "significação" do significado do "Todo". Nem sempre é claro o que se entende por semelhante "Todo": se é a totalidade dos objetos, ou os objetos enquanto formam uma totalidade, ou a totalidade dos juízos sobre a totalidade dos objetos ou um único juízo (absoluto) sobre um objeto (também absoluto). Em todo caso, numa concepção idealista um juízo particular dado deve concordar com todos os demais juízos. Falou-se por isso da noção da verdade como "coerência". Em suas versões mais extremas, o idealismo sustenta que todo juízo particular é sempre, por assim dizer, "absorvido" por um juízo total.

Em suas *Investigações lógicas* (Investigação sexta, cap. V, §§ 36-39), Husserl considerou a noção de verdade em relação com as noções de adequação e evidência. Segundo Husserl, tanto a percepção como a intenção significativa têm diversos graus de cumprimento. O cumprimento máximo é a adequação entre a coisa e o intelecto. Especialmente importante é o cumprimento total da intenção significativa. Quando este cumprimento ocorre, há uma perfeita adequação entre a intenção significativa e o que ela significa. Pode-se entender 'verdade' de quatro modos: 1) A plena concordância entre o que é indicado (significado) e o dado; 2) a forma de um "ato" de conhecimento — ato empírico e contingente de evidência; 3) o objeto dado enquanto é indicado (significado); 4) a justeza da intenção, especialmente como justeza do juízo (*Investigaciones*, tomo IV, pp. 131-133). Em 1) se leva em conta uma situação objetiva ou estado de fato; em 2) se leva em conta o processo cognoscitivo; em 3) se leva em conta o objeto que torna possível a evidência; em 4) se leva em conta a intenção (significativa). O teor geral destas idéias de Husserl sobre a noção de verdade é o da verdade como correspondência, mas trata-se de uma correspondência entre o que se significa (ou o que se "tenta" significar) e o significado. Como o ato de significar não é, ou não é necessariamente, um ato empírico, e o significado não é necessariamente uma coisa, a correspondência em questão fica confinada a uma região "pura". Trata-se de uma relação "ideal" e — como diria Husserl, em seu mais forte *(pragnant)* sentido — "essencial". Não parece impossível passar da noção de verdade como correspondência à noção de verdade como coerência ou consistência. Esta passagem aparece nas *Idéias* e nas *Meditações cartesianas*.

Heidegger nega que a verdade seja primariamente a adequação entre o intelecto e a coisa e sustenta, de acordo com o primitivo significado grego, que a verdade é o desvelamento. A verdade é convertida num elemento da existência, a qual encobre o ser em seu estado de degradação *(Verfall)* e o descobre em seu estado de autenticidade. A verdade como desvelamento só se pode dar, por conseguinte, no fenômeno de "estar no mundo" próprio da Existência e nele está o fundamento do "fenômeno original da verdade". O desvelamento do velado é assim uma das formas de ser do estar no mundo. Mas o desvelamento não é apenas o desvelar, mas o desvelado. A verdade é, num sentido original, a revelação da Existência à qual pertence primitivamente tanto a verdade como a falsidade. Por isso a verdade somente é descoberta quando a Existência se revela a si mesma enquanto maneira de ser própria. E toda verdade não é verdadeira enquanto não tiver sido descoberta. O ser da verdade está, de acordo com isso, numa relação direta e imediata com a existência. "E só porque se constituiu a Existência mediante a compreensão de si mesma, é possível a compreensão do ser". Por isso há verdade apenas enquanto há Existência, e ser unicamente enquanto há verdade. Ora, essa doutrina da verdade, contida em *Ser e tempo* (§ 44), foi por um lado precisada e pelo outro refundamentada na conferência *Da essência da verdade* (*Vom Wesen der Wahrheit*, 1943). Aqui se apresenta a essência da verdade como algo muito diferente das diversas maneiras possíveis de adequação (VER) ou *convenientia*; a verdade se torna patente somente na medida em que o juízo mediante o qual se enuncia a verdade de uma coisa se refira a ela, na medida em que a faça presente e permita expressá-la tal como é. A coisa deve, pois, estar "aberta" ou, melhor dizendo, a coisa deve aparecer dentro de um âmbito de "abertura" que inclui a "direção rumo à coisa". Ao referir-se à coisa, o enunciado que a deixa ver se "comporta" *(verhält sich)* de um certo modo, possibilitado pela abertura. O que houver de adequação, conveniência ou conformidade entre o juízo e o real não estará, pois, fundado somente no fato de que só no juízo reside a possibilidade de verdade, mas na situação mais radical de uma conformidade com o modo de estar aberto seu "comportamento". Isto equivale a uma certa "libertação", tornada possível pela entrega prévia à essência da verdade, "libertação" factível apenas no caso de ser livre de antemão com respeito ao que se manifesta na "abertura". Por isso "a essência da verdade é a liberdade", mas uma liberdade que não é expressão de decisões arbitrárias ou cômodas — não uma liberdade que o homem possui, mas uma liberdade que, ela sim, possui o homem e que torna possível a verdade como desvelamento do ente por meio do qual ocorre uma "abertura".

Há um grupo considerável de concepções sobre a verdade que exibem certas semelhanças familiares. Kierkegaard havia proclamado que a verdade é a subjetividade, mas isto não quer dizer que a verdade seja arbitrária: a subjetividade deve ser entendida como a existência (VER). Nietzsche sustentou que é verdadeiro tudo o que contribui para fomentar a vida da espécie, e falso tudo o que é um obstáculo para o desenvolvimento da espécie. Falou-se a este respeito de uma concepção "biologista", e às vezes até "darwiniana", da verdade. Em ambos os casos se subtrai a noção de verdade da esfera intelectual tradicional. Isso ocorre também com o ficcionalismo de Vaihinger (ver FICÇÃO) e com o "humanismo" de F. C. S. Schiller. Este último autor considera que se pode chamar "verdade" a "uma função última de nossa atividade intelectual". "Com relação a objetos considerados como 'verdadeiros'", escreveu Schiller, "Verdade é a manipulação dos mesmos que, com base em experimentos, demonstra ser útil, primariamente para qualquer fim humano, mas em última análise para aquela perfeita harmonia de nossa vida que forma nossa aspiração final" (capítulo "Truth" em *Humanism: Philosophical Essays*, 1903, p. 61).

Para William James é verdadeiro o que mostra ser bom na ordem da crença; é verdadeiro o que é "expeditivo" em nosso modo de pensar. Como James também fala da verdade em relação às "conseqüências práticas", argumentou-se, contra James, e, em geral, contra o pragmatismo, que sua teoria da verdade é ou absurda ou contraditória consigo mesma. Deve-se levar em conta, porém, que James refinou consideravelmente suas propostas. Como em Peirce, em James a verdade está ligada à investigação. Peirce sustentara que não se pode falar de verdade nem numa investigação que não chega a nenhuma parte nem numa investigação que conduz a vários resultados, nenhum dos quais faz qualquer diferença em nossas afirmações. Isto quer dizer que a verdade deve ser "verificada". Não há nada verdadeiro que não seja "satisfatório". James seguiu Peirce neste último ponto. Isso permite dizer que o verdadeiro é o útil, mas deve-se entender a utilidade como o que introduz um "benefício vital" (não necessariamente "subjetivo") que merece ser conservado. A única diferença entre um pragmatista e um antipragmatista no problema da verdade está apenas, diz James, no fato de que "quando os pragmatistas falam de verdade se referem exclusivamente a algo acerca das idéias, isto é, à sua praticabilidade ou possibilidade de funcionamento *(workableness)*, ao passo que quando os antipragmatistas falam da verdade querem dizer freqüentemente algo acerca dos objetos" (*The Meaning of Truth*, 1909, Prefácio).

Ao contrário do pragmatismo de James, do humanismo da verdade de F. C. S. Schiller ou do instrumentalismo ou pragmatismo de Dewey, Bradley sustenta uma concepção chamada "absoluta" da verdade. Este absolutismo não é um panlogismo, mas, antes, um organicismo. Segundo Bradley, "a verdade é o objeto do pensamento, e o propósito da verdade é qualificar idealmente a existência", mas, ao mesmo tempo, "a verdade é a predicação de um conteúdo tal que, quando predicado, resulte harmônico e suprima a inconsistência e com ela a inquietude" (*Appearance and Reality*, 1893, p. 165). Observa-se aqui uma certa "tendência ao concreto". Algo similar ocorre com a noção bergsoniana da verdade. Para Bergson, o absoluto da verdade não significa que a proposição que a expressa tenha existido virtualmente sempre; significa que o juízo de verdade é verdadeiro sem restrições. O absoluto se opõe aqui meramente ao relativo, e de maneira alguma quer dizer o eterno, o que foi desde sempre ou será assim sempre. A verdade depende da "realidade". É certo que a noção "tradicional" da verdade destacava também essa "dependência", mas o pensamento atual buscou amiúde uma noção de verdade que, superando o relativismo e o utilitarismo manifestados nas primeiras reações contra toda "abstração", valesse de certo modo como "absoluta".

Ortega y Gasset definiu a verdade como "a coincidência do homem consigo mesmo". Ortega examina por que se dá por suposto que há um ser ou verdade das coisas que o homem parece ter de averiguar, a tal ponto que o homem foi definido como o ser que se ocupa de conhecer o ser das coisas ou, em outros termos, como o animal racional, ente que faz funcionar sua razão pelo mero fato de possuí-la. Tal definição e suas implicações necessitam de uma justificação de fundo. O homem precisa justificar por que em algumas ocasiões se dedica a averiguar o ser das coisas. Tal averiguação não pode provir simplesmente de uma curiosidade; pelo contrário, enquanto a filosofia tradicional afirmava que o homem é curioso e rebaixava assim a ciência ao nível de uma inclinação, o pensamento atual, que nega a suposta intelectualidade essencial do homem, sustenta que este se vê obrigado a conhecer porque o conhecimento é o ato que o salva do naufrágio da existência. O saber se converte deste modo em saber a que ater-se. Daí ser errôneo, segundo Ortega, supor sem mais nem menos que as coisas não têm por si mesmas um ser e por isso, para não se ver perdido, o homem tem de inventá-lo. Ser é, por conseguinte, o que se deve fazer. Mas então a verdade não será simplesmente a tradicional adequação entre um ser que há e um pensar que o homem tem desse ser; será a idéia que o sustentará no naufrágio de sua vida. Em suma, verdade será aquilo sobre o que o homem saberá a que ater-se, o pôr-se em claro consigo mesmo com respeito ao que crê das coisas.

Muitos filósofos analíticos defenderam o que se chamou "a teoria da verdade como correspondência" — embora alguns, implícita ou explicitamente, tenham se inclinado (sem por isso necessariamente serem idealistas) para uma teoria da verdade como coerência (VER). Os que defenderam a teoria da verdade como correspondência seguiram linhas parecidas às de Aristóteles e às das idéias escolásticas sobre a "adequação entre o intelecto e a coisa" (ver ADEQUADO), mas discutiram em detalhe muitos aspectos nem sempre tratados por Aristóteles e autores medievais. Ao desenvolverem suas respectivas teorias, e diferentes versões de suas teorias, sobre a verdade como correspondência, Russell e Moore observaram as dificuldades que suscita dizer que um enunciado é verdadeiro se há correspondência entre o enunciado e o fato ou fatos que ele enuncia. O caso mais simples seria o de um enunciado no qual houvesse uma relação isomórfica entre os elementos do enunciado e os supostos "objetos" que o enunciado descreve — e seria especialmente simples se todos os enunciados de que se tratasse descrevessem, com efeito, isomorficamente fatos na mesma ordem em que aparecem no enunciado. Contudo, há casos mais complexos em que não há semelhante relação isomórfica. Há, além disso, casos nos quais se nega que haja tais ou quais fatos, falando-se então — o que suscitou torrentes de comentários — sobre "fatos negativos". Como se as dificuldades já não fossem muitas, nem sempre ficou claro se aquilo que se supõe corresponder aos fatos é uma expressão lingüística ou o que esta expressão significa — supondo que a expressão pode significar uma proposição. Para complicar as coisas, não é claro se aquilo de que se diz que é verdadeiro é um enunciado ou é a crença expressa no mesmo.

Uma forma em que se elaborou a verdade como correspondência é o chamado "conceito semântico de verdade" apresentado por Alfred Tarski. Neste conceito de verdade as expressões 'é verdadeiro' e 'é falso' são expressões metalógicas. Uma definição adequada de 'verdade' tem de se dar numa metalinguagem (VER). Segundo Tarski, deve-se "construir uma definição objetivamente justificada, concludente e formalmente correta da expressão 'enunciado verdadeiro'" ("Der Wahrheitsbegriff...", cit. *infra*, p. 261). Tarski procura primeiro ver se se pode dar semelhante definição na linguagem coloquial ou corrente *(Umgangssprache)*, mas vê que todos os métodos falham. A universalidade da linguagem coloquial — que inclui enunciados e outras expressões, assim como os nomes dos enunciados e de outras expressões — é a fonte das antinomias semânticas do tipo das de "O Mentiroso" (ver MENTIROSO [O]) e dos termos heterológicos (ver HETEROLÓGICO). É questionável, portanto, um uso consistente da expressão 'enunciado verdadeiro' que concorde com as leis da lógica e o espírito da linguagem coloquial. E é igualmente questionável a possibilidade de construir uma definição correta de 'enunciado verdadeiro' na mencionada linguagem. Tarski recorre, em vista disso, a linguagens formalizadas, nas quais o sentido de cada expressão é determinado sem a menor ambigüidade por sua forma, e constrói uma definição formalmente correta em tais linguagens: na linguagem do cálculo de classes, em linguagens de ordem finita e em linguagens de ordem infinita. Um dos mais conhecidos, ou difundidos, resultados de Tarski aparece nas teses relativas à relação entre a ordem da linguagem e a ordem da metalinguagem (VER): numa metalinguagem se pode oferecer "uma definição formalmente correta e objetivamente justificada" de 'enunciado verdadeiro' desde que a metalinguagem seja "de ordem superior à linguagem objeto de investigação"; se "a ordem da metalinguagem é, em suma, igual à ordem da linguagem, não se pode constituir tal definição" — numa versão extensível a outros conceitos semânticos, Tarski assinala que se pode estabelecer a semântica de qualquer linguagem formalizada como parte da morfologia da linguagem desde que a linguagem na qual se estabeleça a morfologia seja de ordem superior à da linguagem cuja morfologia é objeto de exame; se a ordem da linguagem usada para tanto é pelo menos igual à da linguagem mesma, não se pode estabelecer a semântica da linguagem (*op. cit.*, pp. 399-400).

É usual apresentar de forma muito simplificada — a rigor, muito próxima da linguagem coloquial cujas ambigüidades se tratava justamente de evitar — a "concepção semântica da verdade" proposta por Tarski. Usando o artifício descrito no verbete MENÇÃO, se quisermos dizer que um enunciado — por exemplo 'Dante é um poeta italiano' — é um enunciado verdadeiro, escreveremos:

'Dante é um poeta italiano' é verdadeiro (1),

com o que 'é verdadeiro' aparecerá como um predicado metalógico (semântico). E se quisermos dizer que o enunciado (1) é um enunciado verdadeiro, escreveremos:

"Dante é um poeta italiano' é verdadeiro' é verdadeiro'.

Em geral, será conveniente indicar em que linguagem se diz que um enunciado é verdadeiro, com a condição, antes apontada, de que tal linguagem (ou melhor, metalinguagem) não seja da mesma ordem que a linguagem da qual se diz que é verdadeiro, mas de ordem imediatamente superior. O conceito semântico de verdade está, assim, baseado no bicondicional:

$'p'$ é verdadeiro $\leftrightarrow p$

que se lê:

$'p'$ é verdadeiro se e somente se p,

um de cujos exemplos pode ser o mesmo indicado por Tarski:

'A neve é branca' é verdadeiro se e somente se a neve é branca.

Os predicados metalógicos 'é verdadeiro' e 'é falso' são os usados na lógica bivalente. Numa lógica polivalente (ver POLIVALENTE) o número de predicados metalógicos aumenta; há tantos quanto valores de verdade. Assim, aos predicados 'é verdadeiro' e 'é falso' se agrega na lógica trivalente o predicado 'não é verdadeiro nem falso'. Outros predicados possíveis em lógicas polivalentes são: 'é mais verdadeiro que falso', 'é mais falso que verdadeiro'. Mas como nas lógicas polivalentes são usados números para expressar os valores de verdade, os predicados mencionados são considerados como interpretações (semânticas) dadas a tais valores.

Segundo Tarski, os resultados obtidos podem ser estendidos, mediante mudanças apropriadas, a outras noções semânticas, tais como a noção de "satisfação" (cf. *infra*) e as de "designação" e "definição". "Cada uma destas noções", escreveu Tarski, "pode ser analisada de acordo com o estabelecido na análise da verdade. Assim, podem ser estabelecidos critérios para um uso adequado de tais noções; pode-se mostrar que cada uma destas noções, quando usada numa linguagem semanticamente fechada de acordo com aqueles critérios, leva necessariamente a uma contradição; torna-se então indispensável de novo uma distinção entre a linguagem-objeto e a metalinguagem, e a 'riqueza essencial' da metalinguagem prova ser em cada caso uma condição necessária e suficiente para uma definição satisfatória da noção de que se trate". Assim, resultados obtidos numa noção semântica particular são aplicáveis ao problema geral dos fundamentos da semântica teórica.

Tarski definiu (cf. *supra*) a verdade em termos de 'satisfação' ('X satisfaz'). Dentro de uma linguagem dada se atribuem entidades às variáveis individuais livres de uma sentença dada (assim, 'x é amarelo' é satisfeito pela atribuição da entidade ouro a 'x' se e somente se 'o ouro é amarelo' é verdadeiro). Ao mesmo tempo, atribui-se, ou pode-se atribuir, *designata* às constantes individuais que haja, e extensões às constantes predicados (por exemplo, indicando que cada uma das constantes individuais designa algum membro do universo do discurso da linguagem escolhida, e que cada uma das constantes predicados tem como extensão algum subconjunto do próprio universo do discurso). Uma vez executadas estas operações, ou a parte executável delas, pode-se provar que *toda* definição da verdade — desde que cumpra os requisitos de adequação — é extensionalmente equivalente à definição de Tarski.

A concepção semântica da verdade, especialmente no modo como foi formulada por Tarski antes dos esclarecimentos introduzidos nos três últimos parágrafos, foi objeto de variadas críticas. Estas podem ser classificadas em dois grupos: filosóficas e analíticas. As primeiras argumentam que a concepção semântica da verdade não resolve o problema filosófico da verdade no sentido em que foi tradicionalmente entendido, ou não leva em conta os pressupostos que subjazem em toda concepção semântica. A isso se pode responder que a concepção semântica não tenta dar tal solução nem averiguar tais pressupostos; trata-se somente de chegar a uma definição do já citado predicado metalógico. As segundas proclamam que o conceito semântico de verdade, ainda que muito útil para a construção de linguagens artificiais, oferece graves dificuldades ao ser aplicado às linguagens naturais. Entre os que apresentaram objeções do ponto de vista analítico figuram Max Black e P. F. Strawson.

Black assinalou que o exame dos passos necessários para adaptar o procedimento de Tarski a uma linguagem comum (em seu exemplo, o inglês comum) criou condições realmente paradoxais. Pois a definição, argumenta Black, seria antiquada em todos aqueles lugares em que se introduziram novos nomes na linguagem. Trata-se, portanto, de uma dificuldade que surge quando se tenta aplicar a definição semântica ao quadro de uma linguagem natural. A exposição de Tarski é, segundo Black, a conseqüência de uma "teoria da não verdade" (ou neutralismo completo), mas nem isto nem nenhuma definição formal da verdade pode alcançar o coração do problema filosófico.

P. F. Strawson indica que houve nas discussões sobre o problema da verdade duas diferentes teses: uma (sustentada por F. P. Ramsey) segundo a qual qualquer enunciado que começa com 'É verdade que...' não muda seu sentido assertivo quando a expressão 'é verdade que' é omitida; a outra segundo a qual dizer que uma sentença é verdadeira equivale a formular um enunciado sobre um enunciado de uma linguagem na qual se expressou a primeira sentença. A primeira tese é certa, mas inadequada; a segunda é falsa, mas é importante. A primeira é certa no que afirma e equivocada no que sugere. A segunda é falsa no que afirma e certa no que implica. Com o fim de esclarecer este problema, Strawson propõe examinar os usos de 'verdade', 'é verdadeiro' etc. em frases nas quais aparecem essas expressões. O resultado de tal exame é a descoberta de um grande número de usos que os lógicos negligenciam. Por exemplo, o uso confirmativo na resposta 'É verdade' a uma frase como 'João é inteligente'; o uso admissivo, parecido com o anterior, quando 'É verdade' pode ser traduzido por 'Admito-o'; o uso concessivo etc. Esses — e outros que se poderia citar — mostram que é inadmissível transformar todo enunciado em que intervém a noção de verdade num enunciado anterior. Os partidários da teoria semântica da verdade chegam às suas conclusões por terem desconsiderado os citados múltiplos usos e por haverem tornado sinônimos, dentro de uma lógica extensional, 'condição de verdade' e 'significação'. 'É verdade' é ampliado por tais partidários a 'é verdade se e somente se', e 'é verdade se e somente se' é interpretado como 'significa que'. Assim, a frase "O monarca faleceu" significa (em português) que o rei morreu' é transformada em "O monarca faleceu' é verdadeiro (em português) se e somente se o monarca faleceu'. A objeção que pode ocorrer ao defensor da teoria semântica — a de que tal teoria é necessária para evitar os paradoxos semânticos (ver Paradoxo) — é obviada por Strawson ao indicar que tanto o paradoxo como sua solução são desnecessários se prestarmos atenção ao fato de que a "lógica" de 'é verdade' no paradoxo é parecida com a "lógica" de 'digo o mesmo' quando não se formulou antes nenhum enunciado. Assim, como 'digo o mesmo' em semelhante caso é uma frase que não vai nem vem, a expressão 'o que digo é falso' é uma frase que não vai nem vem se não se disse nada anteriormente. Trata-se, segundo Strawson, de uma manifestação lingüística espúria.

A teoria da verdade elaborada por Strawson foi chamada "teoria executiva ('performativa' = *performative*) da verdade" porque se baseia em considerar que 'verdadeiro' é uma expressão executiva (ver Executivo) e não descritiva. Vários filósofos, especialmente de propensão lógica, argumentaram que o conceito semântico de verdade foi construído para linguagens formalizadas, de modo que as objeções contra o mesmo com base numa "filosofia da linguagem corrente" não são válidas — ou, em todo caso, não são aplicáveis. Segundo Ayer, não importa que a concepção semântica da verdade não proporcione nenhuma definição geral da verdade e se limite a proporcionar um critério de validade.

Alguns lógicos não consideram que a teoria semântica da verdade seja um requisito indispensável para referir-se à verdade ou falsidade de todos os sistemas logísticos. Pode-se construir, com efeito, certos sistemas logísticos capazes de definir sua própria verdade. Exemplos deles se encontram em Alonzo Church, *The Calculi of Lambda-Conversion* (1941) e em John Myhill, "A System which can define Its Own Truth", *Fundamenta mathematica*, 37 (1950), 190-192. Parece impossível reduzir a um denominador comum todos os conceitos de verdade até aqui apresentados. Em vista disso alguns autores declararam que não há, a rigor, *um* conceito de verdade. Isso opinam Ogden e Richards quando dizem que a expressão 'verdade de uma proposição' é apenas "um exame exaustivo da situação dos signos por meio de cada uma das ciências especiais". O problema da verdade é, de acordo com isto, um "falso problema" devido ao fato de "poder se usar uma única palavra como signo taquigráfico que se refere a todos os signos".

Os diferentes conceitos da verdade podem ser agrupados em vários tipos fundamentais. Isto se faz quando se fala de "verdade lógica", "verdade semântica", "verdade existencial" etc. Convém, todavia, que tais agrupamentos sejam feitos de modo sistemático. Um dos apresentados é o já clássico da verdade lógica (não contradição), verdade epistemológica (adequação entre o entendimento e realidade) e verdade ontológica (realidade como algo diferente da aparência). Outro é o que distingue verdade semântica e verdade filosófica. Outro é o proposto por Russell quando distingue quatro conceitos de verdade: teoria que substitui 'verdade' por 'asserção garantida' (Dewey); teoria que substitui 'verdade' por 'probabilidade' (Reichenbach); teoria que entende 'verdade' como 'coerência' (idealistas e, com pressupostos diferentes, alguns lógicos); teoria que entende 'verdade' como 'adequação' (com a realidade). Outro é o indicado por Felix Kaufmann quando distingue três conceitos de verdade: verdade como propriedade temporal das proposições (verdade lógica aplicável a proposições analíticas); verdade garantida pela assertabilidade (processo de "validação") de proposições sintéticas; verdade como ideal de última e completa coerência numa experiência total (verdade como princípio regulador). Outro é o que se limita a distinguir dois tipos de verdade: verdade fática e verdade lógica. Outro é o que classifica as principais teorias da verdade sob expressões como "teoria da verdade como correspondência (ou adequação)", "teoria da verdade como coerência", "teoria pragmatista da verdade", "teoria existencial da verdade", "teoria executiva [performativa] da verdade". A estas expressões deveriam ser acrescentadas as de "teoria relativista da verdade" e "teoria historicista da verdade", que não é costume expor na literatura filosófica sobre a noção de verdade, mas que foram sumamente importantes e influentes. Cabe fazer a distinção entre teoria relativista (não há verdades absolutas) e teoria historicista (as verdades estão na história, isto é, toda verdade é relativa ao tempo ou época em que é formulada), mas ambas têm em comum supor, segundo a consagrada fórmula, que *veritas filia temporis*, que "a verdade é filha do tempo".

⊃ Conceito de verdade, análise das significações de 'verdade': H. W. Carr, *The Problem of Truth*, 1913. — Joseph Geyser, *Über Wahrheit und Evidenz*, 1918. — Johannes Wolkelt, *Gewissheit und Wahrheit*, 1918. — George Boas, *An Analysis of Certain Theories of Truth*, 1921. — Bruno Bauch, *Wahrheit, Wert und Wirklichkeit*, 1923. — J. H. Muirhead, S. C. Pepper et al., *The Problem of Truth*, 1928 [University of California Publications in Philosophy, 10]. — Franz Brentano, *Wahrheit und Evidenz*, 1930 (póstumo). — Felix Kaufmann, "Three Meanings of Truth", *Journal of Philosophy*, 55 (1948), 337-350. — J. H. Vrielink, *Het waarheidsbegrip*, 1956. — E. F. X. Raab, *Die Wahrheit als metaphysisches Problem. Das Grundanliegen philosophischen Fragens*, 1959. — René Mugnier, *Le problème de la vérité*, 1959; 2ª ed., 1962. — E. Souriau, M. Guéroult et al., *La vérité*, 1965 [Actes du XIIe Congrès des Sociétés de Philosophie de Langue Française, Bruxelas-Louvain, 22/24-VIII-1965]. — E. G. Ballard, S. Du Bose et al., *The Problem of Truth*, 1965 [Tulane Studies in Philosophy, 14]. — Alan R. White, *Truth*, 1970. — VV.AA., *Truth and Historicity / Vérité et Historicité*, ed. Hans-Georg Gadamer, 1972 [Entretiens de Heidelberg, do Instituto Internacional de Filosofia, 12-16 de novembro de 1969]. — C. J. F. Williams, *What is Truth?*, 1976. — M. Benedikt, R. Burger, *Bewusstsein, Sprache und die Kunst. Metamorphosen der Wahrheit*, 1989. — P. Engel, M. Kochan, *The Norm of Truth: An Introduction to the Philosophy of Logic*, 1991. — L. E. Johnson, *Focusing on Truth*, 1992. — B. G. Allen, *Truth in Philosophy*, 1993.

Análise da noção de verdade, especialmente no sentido lógico e epistemológico: Moritz Schlick, "Das Wesen der Wahrheit nach der modernen Logik", *Vierteljahrschrift*, 34 (1910), 386-447. — A. J. Ayer, *Language, Truth, and Logic*, 1936; 2ª ed., 1946. — Bertrand Russell, *An Inquiry into Meaning and Truth*, 1940. — C. I. Lewis, C. J. Ducasse, A. Tarski, W. M. Urban et al., "Symposium on Meaning and Truth", *Philosophy and Phenomenological Research*, 4 (1943-1944), 234-284, 317-419; 5 (1944-1945), 50-107, 320-353. — Haig Khatchadourian, *The Coherence Theory of Truth: A Critical Evaluation*, 1961. — Wilfrid Sellars, "Truth and 'Correspondence'", *Journal of Philosophy*, 59 (1962), 29-56. — Nicholas Rescher, *The Coherence Theory of Truth*, 1972. — D. J. O'Connor, *The Correspondence Theory of Truth*, 1975.

— M. Dummett, *Truth and other Enigmas*, 1978. — L. B. Puntel, *Wahrheitstheorien in der neueren Philosophie. Eine kritisch-systematische Darstellung*, 1978; 3ª ed. ampliada com um epílogo, 1993. — W. Franzen, *Die Bedeutung von "wahr" und "Wahrheit". Analysen zum Wahrheitsbegriff und zu einigen neueren Wahrheitstheorien*, 1982. — H. Leblanc, *Existence, Truth, and Provability*, 1982. — P. Ziff, *Epistemic Analysis: A Coherence Theory of Truth*, 1984. — G. Oddie, *Likeness to Truth*, 1986. — L. B. Puntel, ed., *Der Wahrheitsbegriff. Neue Explikationsversuche*, 1987. — H. E. M. Hofmeister, *Truth and Belief: Interpretation and Critique of the Analytical Theory of Religion*, 1990. — W. V. Quine, *Pursuit of Truth*, 1990. — R. Kirkham, *Theories of Truth: A Critical Introduction*, 1992.

Ver também as bibliografias dos verbetes POLIVALENTE; PROBABILIDADE.

Análise semântica da verdade: A. Tarski, *Projecie prawdy w jezykach nauk dedukcyjnych*, 1933 [Prace Towarzystwa Naukowego Warzawskiego Wydzial III nauk matematyczno-fizycznych, 34]. Trad. alemã: "Der Wahrheitsbegriff in den formalisierten Sprachen", *Studia philosophica*, 1 (1936), 261-405. Trad. inglesa: "The Concept of Truth in the Formalized Languages", no volume *Logic, Semantics, Metamathematics*, 1956, de Tarski, a cargo de J. H. Woodger, pp. 152-278. — Exposição menos técnica da teoria semântica da verdade elaborada por Tarski em seu artigo "The Semantic Conception of Truth and the Foundations of Semantics", *Philosophy and Phenomenological Research*, 4 (1943-1944), 341-376, reimpressão em antologia de H. Feigl e W. Sellars, *Readings in Philosophical Analysis*, 1949, pp. 52-84. — M. Kokoszynska, "Über den absoluten Wahrheitsbegriff und einige andere semantische Begriffe", *Erkenntnis*, 6 (1936), 143-165. — R. M. Martin, *Truth and Denotation. A Study in Semantical Theory*, 1958. — Id., *The Notion of Analytic Truth*, 1958. — Arthur Pap, *Semantics and Necessary Truth: An Inquiry into the Foundations of Analytic Philosophy*, 1958. — J. L. Garfield, ed., *Meaning and Truth: The Essential Readings in Modern Semantics*, 1991. — K. Simmons, *Universality and the Liar: An Essay on Truth and the Diagonal Argument*, 1993. — A. Gupta, N. Belnap, *The Revision Theory of Truth*, 1993.

Verdade em sentido existencial e segundo a razão vital: José Ortega y Gasset, "La verdad como coincidencia del hombre consigo mismo", Lección VII de *En torno a Galileo* (curso de 1933 em Madrid), rec. em *Obras Completas*, V, 81-92. — Karl Jaspers, *Philosophische Logik* (I *Von der Wahrheit*), 1974. — O texto de Heidegger, ao qual se deve acrescentar como já assinalamos *Ser e tempo* I, 1927, § 44, está mencionado no verbete. Cf. também, *Platons Lehre von der Wahrheit*, 1947. — H. U. von Balthasar, *Wahrheit. Ein Versuch*, 1947. — A. de Waelhens, *Phénoménologie et vérité. Essai sur l'évo-*

lution de l'idée de vérité chez Husserl et Heidegger, 1953; 2ª ed., 1965. — P. Ricoeur, *Histoire et vérité*, 1955; 2ª ed., aum., 1964; 3ª ed. aum., 1967; reimp., 1978. — D. Guerriere, ed., *Phenomenology of the Truth Proper to Religion*, 1990.

Verdade e realidade: Aloys Müller, *Wahrheit und Wirklichkeit. Untersuchungen zum realistischen Wahrheitsproblem*, 1913. — A. Stern, *Die philosophischen Grundlagen von Wahrheit, Wirklichkeit, Wert*, 1932. — M. Fleischer, *Wahrheit und Wahrheitsgrund*, 1984.

Verdade e probabilidade: R. von Mises, *Wahrscheinlichkeit, Statistik und Wahrheit*, 1928. Ver também a bibliografia dos verbetes POLIVALENTE e PROBABILIDADE.

Simbolismo e verdade: R. M. Eaton, *Symbolism and Truth. An Introduction to the Theory of Knowledge*, 1925 (cf. também o livro de Ogden e Richards, *The Meaning of Meaning* ao qual se fez referência neste verbete e que foi citado no verbete SÍMBOLO, SIMBOLISMO).

Verdade histórica: W. Erxleben, *Erlebnis, Verstehen und geschichtliche Wahrheit*, 1937 (e obras de Dilthey, passim). — O. N. Guariglia, *Ideología, verdad y legitimación*, 1986. — H. Scheit, *Wahrheit, Diskurs, Demokratie: Studien zur "Konsensustheorie der Wahrheit"*, 1987. — T. J. Oberdan, *Protocols, Truth and Convention*, 1993.

Verdade e ciência: Martin Johnson, *Science and the Meaning of Truth*, 1946. — Bernard Bavink, *Was ist Wahrheit in den Naturwissenschaften?*, 1947. — J. Thyssen, *Die wissenschaftliche Wahrheit in der Philosophie*, 1950 (contra Jaspers). — E. Henke, *Wahrheit. Ein philosophischer Versuch zum naturwissenschaftlichen Wahrheitsbegriff*, 1984.

Verdade em sentido neo-idealista: cf. os livros de Bradley e Joachim mencionados no texto do verbete; também: Haig Khatchadourian, *The Coherence Theory of Truth: A Critical Evaluation*, 1961.

Verdade em sentido realista: Arthur Kenyon Rogers, *What is Truth? An Essay in the Theory of Knowledge*, 1923. — E. Deutsch, *On Truth: An Ontological Theory*, 1979. — K. Mulligan, ed., *Language, Truth and Ontology*, 1992.

Verdade em sentido transcendental: H. Plessner, *Krisis der transzendentalen Wahrheit*, 1918. — J. M. Palacios, *El idealismo trascendental. Teoría de la verdad*, 1980. — T. Nenon, *Objektivität und endliche Erkenntnis: Kants transzendentalphilosophische Korrespondenztheorie der Wahrheit*, 1986.

Verdade como pressuposto: Eduard May, *Die Wahrheit als Voraussetzung und Vorurteil*, 1949.

Crise da verdade: Eberhard Grisebach, *Was ist Wahrheit in Wirklichkeit? Eine Rede über die gegenwärtige Krise des Wahrheitsbegriffs und 10 Thesen zu europäischen Grundlagenproblemen*, 19141. — Jorge E. Saltor, *La crisis de la noción de verdad: A propósito de algunas investigaciones del empirismo lógico*, 1972.

Sentido da verdade: B. W. Switalski, *Der Wahrheitssinn*, 1917. — Joaquín Xirau, *El sentido de la verdad*, 1927.

Sondagem sobre opiniões acerca da verdade: Arne Naess, "*Truth*" *as Conceived by Those who are not Professional Philosophers*, 1939. — Id., *An Empirical Study of the Expressions 'True', 'Perfectly certain', and 'Extremely probable'*, 1953.

A noção de verdade em diferentes épocas, correntes e autores: S. Behn, *Die Wahrheit im Wandel der Weltanschauung*, 1924. — Walter E. Heistermann, *Erkenntnis und Sein. Untersuchungen zur Einführung in das Wahrheitsproblem und seine geschichtliche Ursprünge*, 1951. — Hans Freiherr von Soden, *Was ist Wahrheit*, 1927. — R. Herbertz, *Das Wahrheitsproblem in der griechischen Philosophie*, 1913. — Rudolf Engel, *Die "Wahrheit" des Protagoras*, 1910. — F. Büchsel, "Der Begriff der Wahrheit in dem Evangelium und in den Briefen des Johannes", *Beiträge zur Förderung christlicher Theologie*, 15, nº 3 (1911). — Ch. Boyer, *L'idée de vérité dans la philosophie de saint Augustin*, 1920; 2ª ed., 1941. — Francis Ruello, *La notion de vérité chez saint Albert le Grand et saint Thomas de 1243 à 1254*, 1969. — Fumi Sakaguchi, *Der Begriff der Wahrheit bei Bonaventura*, 1968. — M. Baumgartner, "Zum thomistischen Wahrheitsbegriff" (*Festschrift für El. Baeumker: Beiträge zur Ges. der Phil. des Mittelalters*, Supplementband), 1913. — M. Grabmann, *Der göttliche Grund der menschlichen Wahrheitserkenntnis nach Augustin und Thomas von Aquin*, 1924. — S. Contri, *Il problema della verità in S. Tommaso d'Aquino*, 1925. — Hans Seigfried, *Wahrheit und Metaphysik. Die Lehre von der Wahrheit und ihrer Funktion in den metaphysischen Untersuchungen des Franz Suarez*, 1966. — José Manzana Martínez de Marañón, *Objektivität und Wahrheit. Versuch einer transzendentalen Begründung der objektiven Wahrheitssetzung*, 1962 (ver também a bibliografia de ILUMINAÇÃO; VERDADES ETERNAS). — Rudolf Heiler, "Das 'Zeichen' und die 'Zeichenlehre' in der Philosophie der Neuzeit", *Archiv für Begriffsgeschichte*, ed. Erich Rothacker, 4, 1959, pp. 113-157. — Vicenzo de Ruvo, *Il problema della verità agli inizi dell'età moderna*, 1946. — Raphaël Lévêque, *Le problème de la vérité dans la philosophie de Spinoza*, 1923. — Thomas Carson Mark, *Spinoza's Theory of Truth*, 1972. — I. Pape, *Leibniz. Zugang und Deutung aus dem Wahrheitsproblem*, 1949. — V. de Ruvo, *Il problema della verità de Spinoza a Hume*, 1950. — E. Emmerich, *Wahrheit und Wahrhaftigkeit in der Philosophie Nietzsches*, 1935 (tese). — Jean Grenier, *Le problème de la vérité dans la philosophie de Nietzsche*, 1966. — Jean Srzednicki, *F. Brentano's Analysis of Truth*, 1965. — W. Schiltze, *Die Probleme der Wahrheitserkenntnis bei W. James und H. Bergson*, 1911 (tese). — C. Znamierowski, *Der Wahrheitsbegriff im Pragmatismus*, 1932 (tese). — Joseph de Tonquédec, *La notion de vérité dans la "philosophie nouvelle"*, 1908 (sobre E. Le Roy). — Carl G. Hempel, "On the Logical Positivist's Theory of Truth", *Analysis*, 2 (1934-1035), 49-59. — D. R. Cousin, "Carnap's Theories of Truth", *Mind*, N. S., 64 (1950), 1-22. — Wolfgang Stegmüller, *Das Wahrheitsproblem und die Idee der Semantik. Eine Einführung in die Theorien von A. Tarski und R. Carnap*, 1957. — Ernst Tugendhat, *Über den Wahrheitsbegriff bei Husserl und Heidegger*, 1967. — F. Wiplinger, *Wahrheit und Geschichtlichkeit. Eine Untersuchung über die Frage nach dem Wesen der Wahrheit im Denken M. Heideggers*, 1961. — Bertrand Rioux, *L'être et la vérité chez Heidegger et Saint Thomas d'Aquin*, 1963. — Laszlo Versényi, *Heidegger, Being and Truth*, 1965. — W. B. Macomber, *The Anatomy of Disillusion: M. Heidegger's Notion of Truth*, 1967. — S. J. N. Rigali, *Geshcichte und Wahrheit bei Karl Jaspers*, 1967. — Antonio Rodríguez Huéscar, *Perspectiva y verdad: El problema de la verdad en Ortega*, 1966. — Bo Peterson, *A. Hägerstroms värdeteori*, 1973. — Adam Schaff, *Zu einigen Fragen der marxistischen Theorie der Wahrheit*, 1954. — J. Grondin, *Hermeneutische Wahrheit? Zum Wahrheitsbegriff H.-G. Gadamers*, 1982. — S. P. Marrone, *W. of Auvergne and Robert Grosseteste: New Ideas of Truth in the Early Thirteen Century*, 1983. — M. Westphal, *History and Truth in Hegel's Phenomenology*, 1990. — C. Misak, *Truth and the End of Inquiry: A Peircean Account of Truth*, 1991. — S. Houlgate, *Freedom, Truth and History: An Introduction to Hegel's Philosophy*, 1991. — J. Rajchman, *Truth and Eros: Foucault, Lacan, and the Question of Ethics*, 1991. — H. Sebba, A. A. Bueno, H. Boers, eds., *The Collected Essays of Gregor Sebba: Truth, History and the Imagination*, 1991. — M. Clark, *Nietzsche on Truth and Philosophy*, 1991. — P. Lawton, *The Kernel of Truth in Freud*, 1991. — S. Besoli, *Il valore della verità: studio sulla "logica della validità" nel pensiero di Lotze*, 1992. — C. Hanly, P. Gray, *The Problem of Truth in Applied Psychoanalysis*, 1992.

Bibliografia: J. Seibt, *Bibliographie* (seleção de publicações de 1970-1985), em L. Bruno Puntel, *Der Wahrheitsbegriff. Neue Erklärungsversuche*, 1987, pp. 369-385. — *Id., id.*, *Wahrheitstheorien in der neueren Philosophie*, 3ª ed., ampl. espec. "Literaturnachtrag (1993)", pp. 291-295, com especial indicação de publicações a partir de 1985. C

VERDADE DUPLA. Dados dois corpos de doutrina que se refiram, ao menos em parte, ao mesmo objeto, ou aos mesmos objetos, se algumas das afirmações de um desses dois corpos de doutrina estão em conflito com algumas das afirmações do outro corpo de doutrina, e, apesar disso, se sustenta que todas estas afirmações são verdadeiras, obtém-se uma doutrina que foi chamada "doutrina da dupla verdade". Em geral, essa doutrina pode ser aplicada a dois corpos de doutrina quaisquer que cumpram com as condições resenhadas, mas é comum aplicá-la a dois corpos de doutrina, um dos quais contém dogmas religiosos, formulados teologicamente, e outro dos quais contém enunciados filosóficos demonstrados racionalmente. Mais especificamente usou-se a expressão 'doutrina da dupla verdade' para descrever uma série de posições adotadas, ou supostamente adotadas, por alguns teólogos e filósofos medievais e renascentistas. Como essas posições derivam quase sempre do averroísmo, disse-se que o averroísmo se caracteriza, entre outros traços, por sustentar a doutrina da dupla verdade.

No verbete AVERROÍSMO referimo-nos às discussões em torno da doutrina da dupla verdade. Acrescentaremos, ou recordaremos, aqui que essa doutrina, na forma chamada "averroísmo latino", foi condenada como contrária aos ensinamentos da Igreja. É comum considerar que autores como Siger de Brabante, João de Jandún e Pietro Pomponazzi abraçaram a doutrina da dupla verdade, mas quando se examina os textos destes autores se vê que ou não abraçaram tal doutrina na forma que se lhes atribuiu, ou se a abraçaram em seu foro íntimo procuraram demonstrar que não sustentavam que houvesse a rigor uma "verdade dupla" — a "verdade revelada" e a "verdade filosófica". O próprio Averróis, ao fazer a distinção entre os "poucos" capazes de compreender os argumentos racionais em favor das verdades religiosas, e os "muitos" que se satisfazem com a pura e simples aceitação de tais verdades, não advogava propriamente uma doutrina da dupla verdade; as "duas verdades" eram dois distintos aspectos de uma mesma Verdade. Quanto aos averroístas latinos, Pomponazzi e alguns dos filósofos da chamada "Escola de Pádua", e em particular quanto a Siger de Brabante e João de Jandún, mais que defender a doutrina da dupla verdade, sublinharam que em alguns casos a verdade racional ou verdade filosófica — o que poderíamos também chamar "verdade aristotélica" — estava em conflito com a verdade teológica — ou, antes, com a "verdade revelada". Fechar os olhos a estas evidências e empenhar-se em fazer concordar sempre Aristóteles com a fé, alegaram eles, é falsear o aristotelismo. Mas isso não queria dizer que Siger de Brabante ou João de Jandún defendessem a doutrina da dupla verdade. O certo é que, em caso de conflito, propugnavam seguir a verdade revelada. Assim, seu "dualismo da verdade" era antes um fideísmo — a afirmação do "primado da fé", isto é, da verdade da fé. A doutrina dos supostos defensores da doutrina da dupla verdade se aproximava mais da atitude daqueles que, como Ockham, sustentavam que a teologia não era propriamente *scientia*. Mas embora não houvesse em tais autores uma doutrina explícita da dupla verdade, havia um dualismo da teologia e da filosofia que se opunha aos esforços de vários teólogos, por exemplo os tomistas, para edificar o que se chamou "sistema da concordância". Por outro lado, é possível que alguns filósofos, como Pietro Pomponazzi (e até João de Jandún) "ocultassem" sua "verdadeira crença", que podia ser a "doutrina da dupla verdade", mediante o mencionado fideísmo. Que é difícil saber qual era sua "verdadeira opinião" mostra-o o fato de os historiadores da filosofia do referido período discutirem ainda sobre "o verdadeiro significado" de tais ou quais textos (ver SIGER DE BRABANTE).

➭ Ver: Max Maywald, *Die Lehre von der zweifachen Wahrheit. Ein Versuch der Trennung von Theologie und Philosophie im Mittelalter*, 1871. — French, *The Doctrine of Twofold Truth*, 1901. — A. Chiapelli, *La dottrina della doppia verità*, 1902. — P. Mandonnet, *Siger de Brabant. Siger de Brabant et l'averroïsme latin au XIIIe siècle*, 2 vols., 1908-1911 [especialmente vol. 1]. — W. Betzendörfer, *Die Lehre von der zweifachen Wahrheit des Petrus Pomponatius*, 1919. — Id., *Die Lehre von der doppelten Wahrheit im Abendlande*, 1924. — E. Gilson, "La doctrine de la double vérité", em *Études de philosophie médiévale*, 1921. — F. van Steenberghen, *Siger de Brabant d'après ses oeuvres inédites*. I. *Les oeuvres inédites*, 1931. — *Id., ibid.*, II. *Siger dans l'histoire de l'aristotélisme*, 1942. — Bruno Nardi, *Sigieri di Brabante nel pensiero del Rinascimento italiano*, 1945. — P. O. Kristeller, "El mito del ateísmo renacentista y la tradición francesa del libre pensamiento", *Notas y Estudios de Filosofía*, 4 (1953), 1-14. — E. Troilo, *Averroismo o aristotelismo "alessandrino" padovano*, 1954. — Anneliese Maier, "Das Prinzip der doppelten Wahrheit", em sua obra *Metaphysische Hintergründe der spätscholastischen Naturphilosophie*, 1955, pp. 1-44. — A. Maurer, "Boetius of Dacia and the Double Truth", *Medieval Studies*, 17 (1955), 233-239. — A. Hufnagel, "Zur Lehre von der doppelten Wahrheit", *Tübingen Theologische Quartalschrift*, 136 (1956). — A. N. Woznicki, "The Challenge of the Medieval Double Truth Doctrine in the Astronomy by Nicholas Copernicus", *Studia Philosophiae Christiane*, 18 (1982), 161-176. ➭

VERDADE (TABELAS DE). Ver TABELAS DE VERDADE.

VERDADES DE RAZÃO, VERDADES DE FATO. Em diversas partes de suas obras Leibniz estabeleceu uma diferença entre estes dois tipos de verdades. O texto mais conhecido se encontra na *Monadologia*, § 33: "Também há duas classes de verdades: as de *razão* e as de *fato*. As verdades de *razão* são necessárias e seu oposto é impossível, as de *fato* são contingentes e seu oposto é possível". Esta doutrina é desenvolvida com detalhe na *Teodicéia* (§§ 170, 174, 189, 280-282, 376, citados pelo próprio Leibniz). Duas questões se levantam a respeito. Uma é histórica e consiste essencialmente em saber quais são os precedentes da distinção leibniziana e quais são as formas que Leibniz adotou depois. A outra é sistemática e consiste em esclarecer a natureza da distinção e as diversas soluções dadas à relação entre os dois tipos de verdades. As duas questões se entrelaçam, aliás, com freqüência, já que, como veremos, na análise sistemática das soluções possíveis se encaixam, como exemplos, diversas posições adotadas no curso da história.

O primeiro, talvez o mais fundamental, dos precedentes da distinção leibniziana é o platônico. As verdades de razão podem ser equiparadas, com efeito, às conseguidas por meio do saber rigoroso: seu método é a dialética e seu modelo, a matemática. As verdades de fato são as verdades conseguidas por meio da opinião, que não se refere ao que é (ao que é sempre) mas ao que muda, isto é, ao que oscila entre o ser e o não-ser. Como conseqüência disso se pode afirmar que as verdades de razão são necessárias; as de fato, contingentes. A diferença entre o necessário e o contingente estabelecida por Aristóteles, e especialmente a definição do primeiro destes conceitos pela exclusão do segundo, e vice-versa, permite perfilar a distinção platônica. Vários filósofos durante a Idade Média foram pródigos em distinções parecidas; entre eles destaca-se Duns Scot, especialmente por meio da doutrina da contingência do mundo criado. Por seu lado, Suárez desenvolveu a doutrina da identidade do sujeito e do predicado em juízos que expressam verdades eternas e, portanto, a analiticidade de tais juízos — uma concepção que está na base da teoria leibniziana. Entre os filósofos modernos podemos citar como precedentes de Leibniz — conforme indicou F. H. Heinemann — Descartes e Hobbes. O primeiro, por sua formulação da diferença entre juízos sobre coisas e suas afeições, e juízos que expressam verdades eternas; sem considerar ainda os segundos como analíticos — como fez explicitamente Leibniz —, Descartes tendeu a equiparar as verdades de razão a verdades conseguidas mediante um processo calculatório. Hobbes, por sua diferença entre o conhecimento de fatos e o conhecimento da conseqüência de uma afirmação com respeito a outra. Nem todos estes filósofos situaram, de resto, suas distinções no mesmo quadro ontológico. Descartes, por exemplo, fiel ao racionalismo e ao realismo, considerou os dois tipos de juízos como redutíveis, em seu mais alto estado de perfeição, a proposições evidentes. Hobbes, em contrapartida, fiel ao empirismo e ao nominalismo, considerou toda proposição, em última instância, como uma proposição de experiência, pois as que se referem à conseqüência de uma afirmação com respeito a outra são, a rigor, proposições relativas ao uso de nomes na linguagem.

No que diz respeito à evolução posterior da distinção leibniziana, encontramos, naturalmente, reflexos dela em Hume e Kant. O primeiro, por sua distinção entre fatos e relações de idéias. O segundo por sua distinção entre juízos *a priori* e juízos *a posteriori*. As diferenças entre as ontologias respectivas permitem explicar em que sentidos distintos cada um toma a distinção leibniziana. Com algumas variantes, a distinção foi adotada por muitos pensadores, tanto racionalistas como empiristas. J. Stuart Mill se serviu dela, ainda que para declarar imediatamente que toda verdade de razão podia ser reduzida a verdade de fato. Os positivistas lógicos contemporâneos e pensadores de tendências afins usaram-na para mostrar que na grande maioria dos casos é possível combinar o empirismo com o formalismo, desde que as verdades de razão sejam consideradas como puramente analíticas e, por conseguinte, como regras.

No entanto, a distinção, tal como Leibniz a propôs, está embebida numa metafísica própria, que não é fácil ser aceita pelos demais filósofos. É típico de Leibniz considerar que a distinção, válida para uma mente finita, se desvanece numa mente infinita, a qual pode reduzir a série infinita de verdades de fato a verdades de razão e, por conseguinte, pode fazer das verdades empíricas verdades analíticas.

Quanto ao aspecto sistemático da questão, nos limitaremos a esboçar duas posições básicas: (I) as verdades de razão e as verdades de fato estão separadas completamente e não há nem possibilidade de reduzir umas às outras nem possibilidade de encontrar um *tertium* que as una; (II) as verdades de razão e as verdades de fato estão relacionadas entre si de algum modo. As relações principais que se pode estabelecer entre elas são: *a)* As verdades de razão são redutíveis às de fato; *b)* as verdades de fato são redutíveis às de razão; *c)* há entre as verdades de razão e as verdades de fato um tipo de verdade que permite uni-las e que não se reduz a nenhuma das duas; é comum considerar que este tipo de verdade é dado por uma intuição que pode ser ao mesmo tempo empírica e racional; *d)* há entre as verdades de razão e as verdades de fato uma gradação contínua, que faz de quaisquer de tais tipos de verdade conceitos limites metodologicamente úteis, mas jamais encontrados na realidade. Toda proposição seria, de acordo com isso, ao mesmo tempo verdade de razão e verdade de fato, mas cada proposição tenderia a ser ou mais verdade de razão que verdade de fato, ou mais verdade de fato que verdade de razão. Pela descrição histórica anterior é fácil encontrar exemplos, especialmente das concepções *a)-c)*. A concepção *d)* é a sustentada pelo autor da presente obra.

➲ Ver: F. H. Heinemann, "Truths of Reason and Truths of Facts", *Philosophical Review*, 57 (1948), 458-480. — *Id.,* "Vérités de raison et vérités de fait", *Proceedings of the Tenth International Congress of Philosophy*, vol. I (1948) [resumo da comunicação do autor]. — *Id.,* "Are There Only Two Kinds of Truth?", *Philosophy and Phenomenological Research*, 16 (1955-1956), 367-379. ⊂

VERDADES ETERNAS. A noção de "verdades eternas", tal como admitida e usada por vários pensadores, pode ser remontada a Platão, mas é mais apropriado começar com Fílon e, ainda mais propriamente, com Santo Agostinho. Com efeito, podem-se distinguir a noção de "verdades eternas" e outras noções afins como as de "noções comuns" (VER), "idéias inatas" (ver INATISMO), "axiomas" (ver AXIOMA), "fatos primitivos", "princípios evidentes" etc. — todas as quais, além disso, se distinguem entre si, como vimos em parte do verbete NOÇÕES COMUNS ao fazer a distinção entre estas e as idéias inatas. Todas estas noções, incluindo portanto a de "verdades eternas", têm em comum pressuporem que existe uma série de proposições, princípios, "verdades" etc., inabaláveis, absolutamente certos, "universais" etc. Mas a noção de "verdades eternas", pelo menos tal como usada e formulada na expressão latina *veritates aeternae*, tem, além disso, uma conotação que não se encontra, ou não se encontra sempre, nas outras: a de referir-se a proposições ou princípios imutáveis, necessários, e sempre (ou melhor, eternamente) certos não só porque são evidentes por si mesmos, como também, e sobretudo, porque sua verdade é garantida pela Verdade, ou pela fonte de toda verdade, isto é, Deus. A noção de "verdades eternas" se parece, pois, mais com a de "razões seminais" (VER), muito embora nem sempre coincida exatamente com esta última.

Este sentido de 'verdades eternas' é o que têm tais verdades em Fílon quando faz do Logos o que se poderia chamar "o lugar" ou "a sede" das Idéias. Mas é sobretudo o sentido que tais verdades têm em Santo Agostinho. Para este autor (cf., por exemplo, *De lib. arb.*, II; *De trin.*, XII, xiv, 22; XII, xv, 24; *De vera religione*, XXXIX, 72) toda verdade, enquanto verdade, é eterna; não há verdades "temporais" e mutáveis. Mas a fonte de toda verdade é Deus, sem o qual não haveria verdades de nenhuma espécie. Portanto, as verdades eternas por si sós não seriam nem eternas nem verdades; é mister que procedam de um foco que as gera e as mantém. As verdades eternas não podem ser apreendidas por meio dos sentidos, mas tampouco mediante a razão somente; são apreendidas pela alma quando esta se orienta para Deus e vê as verdades enquanto são iluminadas por Deus. A noção de verdades eternas neste sentido está estreitamente relacionada com a noção de "iluminação divina" e suscita os mesmos problemas que esta última. Com efeito, se supomos que as verdades eternas estão em Deus ou "residem" em Deus, parece que será preciso concluir que formam parte de Deus, de modo que se a alma, ao "transcender-se a si mesma", apreende as verdades eternas, não haverá nenhum motivo para negar que apreende ao mesmo tempo a essência de Deus. Ora, como isso é negado por todas as posições que não sejam um ontologismo (VER) extremo, costuma-se indicar — e assim aparece em muitos autores que se enquadram na tradição agostiniana, por exemplo, São Boaventura — que o que a alma vê são as verdades eternas enquanto iluminadas por Deus e, portanto, de algum modo seu "reflexo".

A história da noção de verdades eternas no sentido indicado é, assim, paralela à história da noção de iluminação divina, e em grande parte paralela à história da tradição agostiniana nas múltiplas formas que esta adotou. Poderíamos mencionar, portanto, como um de seus principais representantes, São Boaventura. Entre outros textos deste autor, nos referimos ao *Itinerarium mentis ad Deum* (III, 2), no qual ele escreve que a memória retém os princípios e axiomas das ciências, *scientiarum principia et dignitates*, como princípios sempiternos, *sempiternalia*, e sempiternamente, *sempiternaliter*.

Como tanto Santo Agostinho como São Boaventura e outros autores de tendência similar se referem às vezes às "proposições necessárias" (como as proposições lógicas e matemáticas), enquanto proposições que não podem ser verdadeiras, ao falar das "verdades eternas" pôde-se argumentar que as verdades eternas em geral são verdadeiras apenas porque são logicamente necessárias. Contudo, os textos dos citados autores indicam claramente que 'verdade eterna' não se reduz a 'proposição logicamente necessária' (ou a 'proposição molecular logicamente necessária'), já que se isso ocorresse não teria nenhum sentido a doutrina da iluminação divina e a idéia de Deus como fonte da verdade.

Não se deve supor que a doutrina das verdades eternas no sentido indicado seja própria unicamente de autores pertencentes à tradição agostiniana. Em última análise, também Santo Tomás admite as "verdades eternas" — o que não deve supreender, porque há coincidências bastante consideráveis entre São Boaventura e Santo Tomás e, naturalmente, entre Santo Tomas e Santo Agostinho — na medida em que indica que "a verdade tem eternidade no intelecto divino porque somente o intelecto divino é eterno" (*S. theol.*, I, q. XVI, a 8). Contudo, o modo como se apreendem as verdades eternas segundo Santo Tomás é diferente do agostiniano e boaventuriano, o que torna a doutrina tomista das verdades eternas diferente das anteriores em alguns aspectos importantes.

A doutrina das verdades eternas como verdades que "estão" em Deus está estreitamente relacionada com as teorias sobre os modos como estão as essências, e em particular as chamadas "essências possíveis", na divindade. Referimo-nos a este ponto nos verbetes ESSÊNCIA e POSSIBILIDADE; destacaremos apenas a este respeito as doutrinas chamadas, *grosso modo*, "intelectualismo" e "voluntarismo", cujos nomes já indicam em que direção se move a doutrina correspondente; com efeito, podem-se admitir as verdades eternas "no seio de Deus" e ainda assim sublinhar uma das potências divinas de preferência à outra, sem por isso necessariamente afirmar que nenhuma potência divina está separada de Deus. As posições voluntarista e intelectualista já adotadas pelos escolásticos medievais se reiteraram na época moderna respectivamente em Descartes e Leibniz. Estes dois autores falam também de verdades eternas: Descartes, por exemplo, em *Princ. Phil.*, I, 49; Leibniz, em grande número de seus escritos — tantos que estamos diante do *embarras du choix*, mas se se quer um muito definido citaremos o opúsculo *De originatione rerum radicale (Da originação [não origem] radical das coisas)*. Mas nem sempre estes autores dão à noção de verdades eternas o mesmo sentido que ela teve nos autores medievais. Embora a noção em questão continue sendo, nos autores mencionados, metafísica, ela se encontra apresentada freqüentemente dentro de um quadro gnosiológico e está mais próxima das noções que mencionamos no princípio. Assim, em seu texto antes referido, Descartes escreve que "quando pensamos que não se pode extrair algo de nada, não cremos que esta proposição seja uma coisa que existe ou a propriedade de qualquer coisa, mas que a tomamos como uma certa verdade eterna *(vérité éternelle)* que tem sua sede em nosso pensamento, e que se chama uma noção comum ou uma máxima" (ver MÁXIMA). Isso não significa que as verdades eternas não se encontrem ultimamente "em Deus", mas aparecem, naturalmente, como estando "em nosso pensamento". Mais "metafísica" é a idéia de Leibniz das verdades eternas; estas são as "verdades de razão", e seu fundamento se encontra no entendimento de Deus. Para Spinoza, a eternidade é "a existência mesma enquanto se concebe seguindo-se necessariamente da única definição de uma coisa eterna" (*Eth.*, I, def. viii), tal existência é concebida como verdade eterna, *ut aeterna veritas (ibid. Explicatio)*. A rigor, não há para Spinoza verdades eternas, mas apenas Verdade — como Verdade eterna. Os motivos agostinianos na doutrina das verdades eternas surgem sobretudo em Malebranche; ver "todas as coisas em Deus" é ver em Deus as verdades e as leis eternas *(Recherche. Xe Éclaircissement)*, o que não significa aqui tampouco que a visão das verdades eternas em Deus seja uma visão "direta de Deus", embora se possa interpretar, e às vezes se interpretou, esta tese de Malebranche num sentido ontologista.

⊃ Ver a bibliografia de ILUMINAÇÃO. Também: É. Boutroux, *De veritatibus aeternis apud Cartesium*, 1874 (trad. fr.: *Des vérités éternelles chez Descartes*, 1927). — Augustin Le Moine, *Des vérités éternelles selon Malebranche*, 1936 (tese). — T. J. Cronin, "Eternal Truths in theThought of Suárez and Descartes", *Modern Schoolman*, 39 (1961), 23-38. — A. Kenny, "The Cartesian Circle and the Eternal Truths", *Journal of Philosophy*, 67 (1970), 91-107. — H. Frankfurt, "Descartes on the Creation of the Eternal Truths", *Philosophical Review*, 86 (1977), 36-57. — N. J. Wells, "Suárez on the Eternal Truths", *Modern Schoolman*, 58 (1981), I (pp. 73-106) e II (pp. 159-174). — *Id.*, "Descartes. Uncreated Eternal Truths", *New Scholasticism*, 56 (1982), 185-199. — E. M. Curley, "Descartes on the Creation of the Eternal Truths", *Philosophical Review*, 93 (1984), 569-597. — W. Doney, ed., *Eternal Truths and the Cartesian Circle: A Collection of Studies*, 1987. — S. M. Nadler, "Scientific Certainty and the Creation of the Eternal Truths: A Problem in Descartes", *Southern Journal of Philosophy*, 25 (1987), 175-192. ↩

VERIFICAÇÃO. Diz-se comumente que verificar uma coisa é comprovar se ela é verdadeira. O que se comprova, contudo, não é uma coisa, mas algo que se diz acerca dela, isto é, um enunciado. A verificação é a ação e efeito de comprovar se algum enunciado é verdadeiro ou falso. Mais especialmente se entende por 'verificação' o procedimento mediante o qual se comprova a verdade ou falsidade de algum enunciado. Se alguém afirma que há um exemplar do *Quixote* na Biblioteca Nacional de Madrid, verifica-se esta afirmação visitando a biblioteca e vendo tudo o que há nela. Se alguém afirma que a Terra gira ao redor do Sol, a verificação deste enunciado é muito mais complexa, pois inclui não só observações como também teorias. De um modo muito geral, verificação é o mesmo que comprovação, confirmação e corroboração, mas há usos técnicos de 'confirmação' (VER) e 'corroboração' (VER) que não são equiparáveis simplesmente a 'verificação'.

Em toda teoria do conhecimento o problema da verificação de enunciados ocupa um lugar proeminente. Alguns autores trataram o problema da verificação dentro do que se chamou "criteriologia", por considerarem que verificar requer adotar critérios de verdade.

A questão da natureza e modos de levar a cabo a verificação de enunciados ocupou quase todos os filósofos interessados em problemas do conhecimento. No entanto, num sentido próprio, ou mais direto, ela ocupou sobretudo dois grupos de filósofos: os pragmatistas e os pensadores do Círculo de Viena; os positivistas lógicos e, em geral, os neopositivistas.

Para os pragmatistas, tratou-se sobretudo de "*tornar verdadeiras*" as proposições no sentido de que nenhuma proposição deve ser admitida como verdadeira se não puder, ao menos em princípio, ser verificada. Se todo enunciado tem uma "pretensão" de verdade, esta "pretensão" não será cumprida senão quando tiver sido verificada. Assim, William James escrevia (*Pragmatism*, cap. VI) que "as verdadeiras idéias são as que podemos assimilar, validar, corroborar e verificar", explicando — contra possíveis objeções próximas às dirigidas em seguida contra alguns positivistas lógicos — que a verificabilidade é tão boa quanto a verificação, já que "para cada processo-verdade completo há em nossas vidas milhões destes processos que funcionam em 'estado de nascimento'". F. C. S. Schiller escrevia ("Why Humanism?", em *Contemporary British Philosophy. Personal Statements (First Series)*, 1924, ed. J. H. Muirhead, p. 400) que "o valor das verdades é *provado* por seu *funcionamento*, que para sobreviver terão que ser *verificadas*". Algo similar poderia ser dito da doutrina de John Dewey sobre os modos de "garantir" a verdade: a "garantia" é aqui a "verificação".

Os positivistas lógicos ou neopositivistas, liderados no começo por Moritz Schlick, propuseram o que se chamou "princípio de verificação", ou também "princípio de verificabilidade". A formulação chamada "forte" do princípio de referência é a seguinte: "O significado cognoscitivo de uma sentença (proposição) é determinado pelas experiências que permitem determinar de um modo conclusivo se a sentença (proposição) é verdadeira ou falsa". Se não se podem levar a cabo experiências que permitam determinar a verdade ou falsidade da sentença (proposição), esta última carece de significação. O princípio é aplicável a enunciados que têm (ou aspiram a ter) um conteúdo, não a fórmulas lógicas e matemáticas, consideradas tautológicas. De acordo com o princípio de verificação, ou verificabilidade, os enunciados metafísicos, teológicos, axiológicos etc., não sendo verificáveis empiricamente, carecem de significado. Assim, o princípio de verificação, ou verificabilidade, é um critério de demarcação (VER).

Na citada forma "forte", o princípio de verificação, ou verificabilidade, foi logo denunciado por alguns dos próprios neopositivistas como insustentável. Dizer que só têm significação as proposições empiricamente verificáveis equivale a excluir proposições empíricas que podem não ser (ao menos até onde possamos sabê-lo) efetivamente verificáveis. Por isso se propôs um princípio de verificação mais "liberal" — ou como se chamou também, "mais fraco" —, que consiste em dizer que somente têm sentido as proposições verificáveis em princípio, seja ou não possível efetiva e atualmente sua verificação. Em sua edição revista de *Language, Truth, and Logic*, A. J. Ayer propõe o seguinte princípio, que no seu entender elimina as dificuldades que se apresentaram nas primeiras formulações: "Proponho que um enunciado é diretamente verificável se ou bem é ele mesmo um enunciado de observação, ou é tal que em conjunção com um ou mais enunciados de observação acarreta pelo menos um enunciado de observação não dedutível destas outras premissas somente. E proponho que um enunciado é indiretamente verificável se satisfizer as seguintes condições: primeiro, que em conjunção com certas outras premissas acarrete um ou mais enunciados diretamente verificáveis que não sejam dedutíveis somente destas outras premissas; e segundo, que estas outras premissas não incluam nenhum enunciado que não seja ou analítico, ou diretamente verificável, ou então capaz de ser estabelecido independentemente como verificável" (*op. cit.*, p. 13).

O princípio positivista de verificação foi objeto de numerosos debates. Em nossa obra *La filosofía en el mundo de hoy* (2ª ed., 1963, pp. 74-75; nova ed.: *La filosofía actual*, 1969; 4ª ed., 1977, pp. 87-88), enunciamos algumas das questões a este respeito suscitadas mediante as seguintes interrogações: "Baseia-se a verificação em última análise em impressões sensíveis? Como se podem verificar acontecimentos passados? Pode-se admitir uma verificação intersubjetiva? A verificação é idêntica à significação?". Referimo-nos ao modo como foram tratadas algumas destas questões em outros verbetes da presente obra (por exemplo: INTERSUBJETIVO; PROTOCOLARES [ENUNCIADOS]). Aqui trataremos de dois tipos de reação ao princípio de verificação neopositivista: a daqueles que rejeitam o princípio e a daqueles que tentaram modificá-lo de modo a ser aceitável. Entre os segundos incluiremos algum tipo de crítica formulada do ponto de vista lógico ou alguma tentativa de substituir o princípio de verificação por algum outro de caráter mais aceitável ou mais fundamental.

Os que rejeitaram pura e simplesmente o princípio deram vários tipos de razões. Vamos nos limitar a algumas delas. A. C. Ewing e outros autores destacaram que o princípio de verificação é uma proposição segundo a qual somente podem possuir significação os enunciados empíricos. Mas o enunciado mediante o qual se formula o princípio não é um enunciado empírico (ao que alguns neopositivistas responderam que, de fato, não é um enunciado empírico — e tampouco uma tautologia —, porque é uma recomendação de usar a linguagem de certo modo). R. Frondizi (*El punto de partida del filosofar* [1945], p. 33) indicou que os empiristas lógicos reduziram toda linguagem aceitável a linguagem científica, prescindindo não somente de outras linguagens, mas também das questões levantadas pela relação entre sujeito e objeto.

Com respeito ao outro "grupo" de filósofos (que inclui, segundo apontamos, alguns que rejeitaram o princípio de verificação neopositivista, mas que propuseram argumentos formulados numa linguagem mais aceitável ou, pelo menos, "compreensível"), mencionaremos também alguns exemplos. R. von Mises incluiu os diversos modos de verificabilidade dentro do que ele considerava como o mais amplo conceito de "conectabilidade" ou "conexionabilidade" *(Verbindbarkeit)*, segundo o qual uma sentença qualquer, verdadeira ou falsa, é "conectável" quando está em concordância com uma série determinada de proposições que regulam o uso dos termos numa linguagem e as agrupações verbais que intervêm nelas (*Kleines Lehrbuch des Positivismus* [1939], pp. 66 ss.). Carnap propôs que uma sentença é significativa se e somente se é em princípio confirmável. Com isso o conceito de verificação é deslocado pelo de confirmação; por nos havermos estendido a respeito no verbete CONFIRMAÇÃO não trataremos aqui do assunto, mas indicaremos que grande parte das questões suscitadas pelo conceito de confirmação — ou de questões para cujo tratamento se elaborou o conceito de confirmação — são diferentes das questões que aqui tratamos quanto ao princípio de verificação; o conceito de confirmação está muito estreitamente relacionado com o chamado "problema da indução" (não o problema da "justificação da indução", que justamente o conceito de confirmação veio deslocar). Reichenbach admitiu a possibilidade de proposições significativas que descreviam estados de coisas inverificáveis. Quine e outros autores declararam que a diferença entre "analítico" e "sintético" (ver ANALÍTICO E SINTÉTICO) não é tão radical quanto parece à primeira vista, ou como pareceu a muitos neopositivistas. Ora, tornar "difusa" a linha divisória entre o analítico e o sintético equivale a admitir dentro do corpo de uma teoria, incluindo as teorias científicas, certas proposições que são verificáveis somente com relação a outras proposições da teoria; a verificação inclui aqui, portanto, um "ajuste" entre algumas proposições e outras — embora se admita que, em última análise, deve haver certas proposições "básicas" verificáveis. Russell assinalou que inclusive a doutrina ampliada da verificação — ou princípio "fraco" de verificação — suscita dificuldades graves, especialmente na medida em que se vê forçada a introduzir termos disposicionais (ver DISPOSIÇÃO, DISPOSICIONAL). Além disso, Russell declara que um completo agnosticismo metafísico, como o que pressupõe o princípio de verificação em qualquer de suas versões, "não é compatível com a manutenção de proposições lingüísticas". Os autores que sustentam que há "padrões ontológicos" ou "pressupostos ontológicos" (ver ONTOLOGIA) pressupõem também uma atitude crítica à doutrina do princípio de verificação. Certos autores sustentaram que um dos objetivos de certo tipo de hipótese consiste em referir-se a fatos inverificáveis, pois, se fossem verificáveis, muitas das hipóteses científicas — e talvez todas elas — deveriam ser eliminadas. As próprias leis científicas são inverificáveis como tais; o que ocorre é que elas podem em princípio ser "confirmadas" mediante casos observados. G. Ryle propôs que o significado de um enunciado é, antes, o método de sua aplicação, ou o modelo de inferências concretas que autoriza a executar. Com efeito, diz Ryle, não é o mesmo: 1) "o que nos diz uma receita de cozinha que devemos fazer na cozinha para descobrir se a receita é boa ou má", 2) "o que nos diz uma receita de cozinha que devemos fazer na cozinha para elaborar pratos de uma certa classe", e 3) "o fato de que para descobrir se uma receita de cozinha é boa ou má é preciso elaborar alguns pratos segundo a receita e ver se são gostosos ou comestíveis". Só 2) e 3) são, no seu entender, aceitáveis. Quanto a 1) — que é uma expressão gráfica da noção extremista de verificação — não diz grande coisa: diz apenas o modo de descobrir se o que nos é dito é aceitável ou inaceitável. Isso não quer dizer, conclui Ryle, que as discussões sobre o princípio de verificação tenham sido inúteis: elas nos mostraram que podemos falar significativamente de muitas maneiras diferentes. Especialmente importante dentro das críticas do princípio de verificação foi a elaboração por Popper do critério de falseamento de que falamos no verbete FALSEABILIDADE. As questões relativas à verificação estão em estreita relação com os problemas suscitados pela noção de "demarcação" (VER). Ver também FALSEABILISMO; JUSTIFICACIONISMO; CONFIRMAÇÃO; CORROBORAÇÃO.

Terminaremos com algumas observações críticas, e respostas a estas observações, formuladas do ponto de vista lógico.

Ao resenhar a formulação do princípio de verificação por Ayer (cf. *supra*), Alonzo Church (*Journal of Symbolic Logic*, 14 [1949], p. 53) propôs a seguinte crítica: "Suponhamos que O_1, O_2 e O_3 sejam três 'enunciados de observação'..., tais que nenhum dos três por si só implica nenhum dos outros. Mediante o uso destes podemos mostrar de qualquer enunciado, S, que ou o enunciado ou sua negação é verificável, do seguinte modo. Suponhamos que $\bar{O}_1$ e $\bar{S}$ sejam respectivamente negações de O_1 e de S. Então (de acordo com a definição de Ayer), $\bar{O}_1, O_2 \vee O_3$ S é diretamente verificável porque com O_1 implica O_3. Além disso, S e $\bar{O}_1, O_2 \vee O_3$ $\bar{S}$ juntamente implicam O_2. Portanto (segundo a definição de Ayer), S é indiretamente verificável".

Em seu artigo "A Defence of Ayer's Verifiability Principle against Church's Criticism" (*Mind*, N. S., 70 [1961], pp. 88-89), Peter Nidditch escreve que Church cometeu um erro. Nidditch recorda as formulações de Ayer: "Proponho dizer que um enunciado é diretamente verificável se é ou ele mesmo um enunciado de observação, ou é tal que em conjunção com um ou mais enunciados de observação implica pelo menos um enunciado de observação não dedutível somente dessas outras premissas; e proponho dizer que um enunciado é indiretamente verificável se satisfizer as condições seguintes: primeiro, que em conjunção com certas outras premissas implique um ou mais enunciados diretamente verificáveis não dedutíveis somente dessas outras premissas, e segundo, que essas premissas não incluam nenhum enunciado que não seja ou analítico ou diretamente verificável ou capaz de ser independentemente estabelecido como indiretamente verificável". Segundo Church, dados três enunciados de observação tais que nenhum por si só implique qualquer um dos outros, e um enunciado qualquer, então se deriva de Ayer que este último ou sua negação é sempre verificável. Isso põe por terra o princípio de verificação. Mas isso ocorre somente se o último '... incluem...' no texto de Ayer é entendido como '... incluem *intra se*...' e nunca como '... incluem *inter se*...' Entendido desse modo, o princípio de verificação segue de pé.

➲ Além dos escritos mencionados no texto do verbete, e das obras de alguns dos autores a que nos referimos, ver: M. MacDonald, "Verification and Understanding", *Aristotelian Soc. Proc.* 34 (1933-1934), 143-156. — R. Carnap, "Testability and Meaning", *Philosophy of Science*, 3 (1936), 419-471; 4 (1937), 1-40. — C. J. Ducasse, "Verification, Verifiability, and Meaningfulness", *Mind*, N. S., 46 (1937), 347-364. — A. J. Ayer, "Verification and Experience", *Aristotelian Soc. Proc.*, 37 (1936-1937), 137-156. — John Wisdom, "Metaphysics and Verification", *Mind*, N. S., 47 (1938), 452-498. — D. M. MacKinnon, F. Waismann, W. C. Kneale, "Verifiability", *Arist. Soc. Supp.*, vol. 19: *Analysis and Metaphysics* (1945), 101-164. — O. Helmer e P. Oppenheim, "A Syntactical Definition of Probability and of Degree of Confirmation", *Journal of Symbolic Logic*, 10 (1945), 25-60. — C. G. Hempel, "Studies in the Logic of Confirmation", *Mind*, N. S., 54 (1945), 1-26, 97-121 e 55 (1946), 79-82. — C. G. Hempel e P. Oppenheim, "A Definition of 'Degree of Confirmation'", *Philosophy of Science*, 12 (1945), 98-115. — N. Goodman, "A Query on Confirmation", *Journal of Philosophy*, 43 (1946), 383-385. — H. Mehlberg, "Positivisme et science. I. Analyse logique du postulat de vérificabilité", *Studia Philosophica*, 43 (1936-1946). — R. Carnap, *Testability and Meaning,* 1950. — G. Ryle, R. M. Chisholm, H. Feigl, A. Pap, G. J. Warnock, V. F. Lenzen, T. Czezowski, R. Aron, J. M. Faverge, "La notion de vérification", *Revue internationale de Philosophie*, 17-18 (1951). — B. Rundle, *Perception, Sensation and Verification*, 1972. — M. Paskell, "The Verification Principle", *Gnosis*, 1 (1977), 17-30. — L. J. Cohen, "Is a Criterion of Verifiability Possible?", *Midwest Studies in Philosophy*, 5 (1980), 347-352. — J. Schlanger, "Esquisse d'une théorie de la vérification", *Logique et Analyse*, 23 (1980), 107-144. — S. J. Odell, J. F. Zartman, "A Defensible Formulation of the Verification Principle", *Metaphilosophy*, 13 (1982), 65-74. — M. Luntley, "Verification, Perception and Theoretical Entities", *Philosophical Quarterly*, 32 (1982), 245-261. — M. Black, "Verification Revisited. A Conversation", *Grazer Philosophical Studies*, 16-17 (1982), 35-48. — N. Shanks, "Indeterminacy and Verification", *Southern Journal of Philosophy*, 21 (1983), 301-312. — D. Holdcroft, "Schlick and the Verification Theory of Meaning", *Revue internationale de Philosophie*, 37 (1983), 47-68. — A. J. Ayer, "Reflections on *Language, Truth and Logic*", em B. Gower, ed., *Logical Positivism in Perspective*, 1987, pp. 23-24 (com seis novos artigos sobre o livro de Ayer, aos cinqüenta anos de sua publicação). — C. B. Daniels, "Privacy and Verification", *Analysis*, 48 (1988), 100-102. — P. T. Sagal, "Meaning, Privacy and the Ghost of Verifiability", *Metaphilosophy*, 20 (1989), 127-133. — C. Wright, "The Verification Principle: Another Puncture, Another Patch", *Mind*, 98 (1989), 611-622.

Sobre o problema da verificabilidade do valor, ver especialmente: R. Lepley, ed., *Verifiability of Value*, 1944. — A. Pap, "The Verifiability of Value Judgments", *Ethics*, 56 (1945-1946), 178-185. — Henryk Mehlberg, *The Reach of Science*, 1958. — Normal Malcolm, "The Verification Argument", em seu livro *Knowledge and Certainty. Essays and Lecture*, 1963. — D. F. Sullivan, "Vagueness and the Verifiability of Ordinary Faith", *Religious Studies*, 14 (1978), 459-467. — Ver as bibliografias de CONFIRMAÇÃO; SIGNIFICAÇÃO. C

VERITATIVO-FUNCIONAL. Traduzimos com este adjetivo composto a expressão inglesa *truth-functional*, de uso corrente em textos de lógica naquela língua. 'Veritativo-funcional' é o adjetivo que corresponde à função de verdade (VER). Fala-se de conectivos veritativo-funcionais (ver CONECTIVOS), a saber, os conectivos que geram os compostos proposicionais, ou sentenciais, tais que o valor de verdade do composto é determinado pelo valor de verdade dos elementos (proposições ou sentenças) constituintes. Tais compostos também são freqüentemente chamados de veritativo-funcionais. Assim, 'não' e 'não *p*' são respectivamente um conectivo veritativo-funcional e um composto veritativo-funcional; composto proposicional se 'não *p*' é apresentada como uma proposição, ou um enunciado, e composto sentencial se 'não *p*' é apresentado como uma sentença ou oração.

A noção de veritativo-funcional originou dois gêneros de debates, aliás relacionados entre si: 1) como se pode definir tal noção; 2) como ela pode, e até que ponto, aplicar-se a enunciados nos quais se empregam cláusulas modais ou que expressam atitudes proposicionais.

Alguns autores afirmaram que a noção de conectivo veritativo-funcional é aplicável a todo gênero de compostos (sentenciais, oracionais, enunciativos, proposicionais) em virtude da completa universalidade da "tese de extensionalidade". Outros sustentaram que a tese de extensionalidade não é universal, ou não é universalmente aplicável, e que compostos de enunciados modais (por exemplo) não são veritativo-funcionais nem são traduzíveis por compostos veritativo-funcionais. Outros sustentaram que a posição que se adota a respeito depende da definição da noção de veritativo-funcional: uma definição muito estrita a tornaria inaplicável a certos grupos de compostos, ao passo que uma definição muito ampla permitiria aplicá-la a todos os grupos de enunciados. Certas definições poderiam ser estritas mas, se seguirmos as regras de tradução, caberia traduzir os compostos com conectivos veritativo-funcionais. Vários autores, por outro lado, indicaram que qualquer definição de 'veritativo-funcional' choca-se com tantos obstáculos, ou suscita tantos contra-exemplos, que nenhuma definição jamais resultará adequada, a menos que se construa previamente uma linguagem dentro da qual a definição seja aplicável; mas isso equivale a determinar previamente as condições de sua aplicabilidade e, portanto, o caráter da definição.

A lógica na qual desempenha um papel importante a noção de verdade ou "lógica veritativo-funcional" é eminentemente a lógica clássica, ou alguma versão da lógica clássica, entendendo assim todas as variedades das chamadas lógicas "normais" ou "standard". Há lógicas desviadas (ver DESVIO, DESVIADO) que também são veritativo-funcinais, mas há algumas delas nas quais não se atribuem valores de verdade a proposições (ou sentenças), ou pelo menos a alguma classe de proposições (ou sentenças). Isso ocorre com a lógica de B. C. van Fraassen, na qual há "lacunas veritativo-funcionais" (cf. B. C. van Fraasen, "Singular-Terms, Truth-value Gaps, and Free Logic", *Journal of Philosophy*, 58 [1966] e "Presuppositions, Supervaluations, and Free Logic", em *The Logical Way of Doing Things*, 1969, ed. K. Lambert). Esta lógica também é chamada de "lógica livre". Há outras lógicas nas quais se atribuem a proposições (ou a sentenças) valores de verdade que não são nem a verdade nem a falsidade tampouco predicados como 'é verdadeiro' e 'é falso', de modo que as expressões 'valores de verdade' e 'veritativo-funcional' representam em tais lógicas não os valores de verdade de acordo com o princípio de bivalência (VER), mas alguma outra classe de "valores de verdade". Embora estes últimos tipos de lógica pareçam ser mais "radicais" com respeito à lógica clássica veritativo-funcional que outras espécies de lógicas, elas são mais próximas da lógica clássica, porquanto os novos valores de verdade atribuídos são formados por escalas (finitas ou infinitas) de maior a menor verdade e, por conseguinte, também de maior a menor falsidade. As mencionadas lógicas com lacunas de valores de verdade, ou lógicas livres, representam neste sentido um desvio mais completo com relação à lógica clássica veritativo-funcional. Com efeito, nelas aparecem proposições (ou sentenças) que, por não serem denotativas, carecem de valores de verdade.

Além disso, o fato de uma expressão (especificamente, um termo) não ser denotativa ou, melhor dizendo, designativa, não impede que ela possua valor de verdade. Exemplo disso temos nas lógicas com termos singulares não designativos (cf. T. Hailperin e H. Leblanc, "Nondesignating Singular Terms", *Philosophical Review*, 68 [1959]). Deste modo, não se deve confundir uma semântica desviada com certas lógicas desviadas. O caráter veritativo-funcional aparece também em sistemas lógicos que contêm predicados como 'aproximadamente verdadeiro', 'verdadeiro em parte' etc.

Uma "semântica veritativo-funcional" foi apresentada por Hugues Leblanc (*Truth-Value Semantics*, 1976). Nesta semântica se usam atribuições veritativo-funcionais para definições das noções metassemânticas básicas, como as noções de validade e conseqüência semântica.

VERNIA, NICOLETTO [Nicolò Vernia, que, por sua reduzida estatura, era chamado "Nicoletto", nome com que o próprio Vernia assinava] (*ca.* 1420-1499). Nascido em Chieti, estudou em Veneza, tendo como mestre Paulo de Pergola, e em Pádua, sob o magistério de Caetano de Thiene, doutorando-se nesta cidade primeiro em filosofia natural (1458) e depois em medicina (1496). Vernia sucedeu em 1468 a Caetano de Thiene em sua cátedra de filosofia natural de Pádua, e foi sucedido, ao morrer, por Pietro Pomponazzi. Entre seus discípulos estão Agostino Nifo e Pico della Mirandola (VER).

Vernia foi um dos mais destacados averroístas da chamada "Escola de Pádua" (ver PÁDUA [ESCOLA DE]), seguindo no princípio as doutrinas de Siger de Brabante (VER), e na qualidade de averroísta é citado comumente por terem seus escritos suscitado nesta tendência algumas acirradas polêmicas. Contudo, parece ter-se inclinado depois para a interpretação aristotélica de Alexandre de Afrodísia, e ter-se oposto ao averroísmo, especialmente à "perversa opinião" *de unitate intellectus*. Fez-se observar que mesmo depois desta mudança de atitude persistem em Vernia vestígios averroístas, mas tudo isso está ainda em disputa, porque, como observa Bruno Nardi, "é muito difícil reconstruir, em seu conjunto, sua doutrina sobre os diversos problemas suscitados nas escolas de sua época, já que não sabemos onde foram parar seus escritos, se foram destruídos pelo autor antes de morrer ou se foram legados à sua biblioteca no mosteiro de São Bartolomeu, em Vicenza, ou entregues a seu filho adotivo, Nicoletto della Scrofa, ou a outras pessoas" (*op. cit.*, p. 102). A citada mudança de opinião de Vernia parece ter sido causada pelo edito do bispo de Pádua, Pietro Barozzi (4 de maio de 1489), *Contra disputantes de unitate intellectus*, mas se debate ainda se se trata de uma mudança sincera ou de mera conveniência. Característicos, em todo caso, do pensamento de Vernia são seus intentos de estudar a filosofia natural com independência da matemática e seus esforços por elaborar um método de estudo das "coisas naturais" diferente da lógica "tradicional".

⊃ Devem-se a Vernia alguns comentários a Aristóteles (*Commentationes in omnes Aristotelis libros*) inéditos. Mais importantes (e conhecidos) são seus escritos de filosofia natural: *Quaestio an ens mobile sit totius philosophiae naturalis subiectum* (1480); *De divisione philosophiae* [prólogo à *Physica*]; *Quaestio an gravibus sit animatum* [1491]; *Quaestio de gravibus et levibus* [s.d.]; *An celum sit ex materia et forma constitutum vel non.* — A eles devemos acrescentar: *Quaestio an medicina nobilior ac praestantior sit iure civili* [1482] e *Quaestio an dentur universalia realia* [1492] (todas estas datas são as de composição, ou conclusão, do respectivo escrito: alguns foram publicados com outras obras, como, por exemplo a *Quaestio an ens mobile*, que apareceu no volume de comentários de Egídio Romano [Gil de Roma], Marsílio de Inghen e Alberto da Saxônia ao *De generatione et corruptione*, 1480, reimp., 1521). O escrito de "retratação" de Vernia se intitula: *Quaestiones de pluralitate intellectus contra falsam et ab omni veritate remotam opinionem Averroys*, concluído em 1492 e publicado em 1504, junto com as *Quaestiones* de Alberto da Saxônia sobre a *Physica*.

Ver a bibliografia do verbete PÁDUA (ESCOLA DE). Também, ou sobretudo: P. Ragnisco, *Studi storici sulla filosofia padovana nella seconda metà del secolo XVI*, 1891 [em *Atti del Reale Istituto Veneto*, XXXVIII]. — Id., "Documenti inediti e rari intorno alla vita ed agli scritti di N. V. e di Elia del Medigo", em *Atti e Memorie dell'Academia di Scienze, Lettere ed Arti di Padova*, Anno 292 (1890-1891), N. S., vol. 7, disp. 3ª, pp. 275-302. — Bruno Nardi, "La miscredenza e il carattere morale di N. V." e "Ancora qualque notizia e aneddoto su N. V.", no livro de Nardi: *Saggi sull'aristotelismo padovano del secolo XIV al XVI*, 1958, pp. 95-126. — E. P. Mahoney, "Saint Thomas and the School of Padua at the End of the Fifteenth Century", *Proceedings. American Catholic Philosophical Association*, 48 (1974), 277-285. — M. Messina, "Una quaestio inedita di Vernia sul *De Anima* di Aristotele", em J.-C. Margolin *et al.*, eds., *Ragione e "Civilitas"*, 1986, pp. 231-236.

Sobre o edito do bispo Barozzi, ver: Franco Gaeta: *Il Vescovo di Padova P. Barozzi e il trattato "De factionibus extinguendis"*, 1958. ⊂

VERSTEHEN. O termo alemão *Verstehen* é habitualmente traduzido por 'compreensão'. Como se deu a *Verstehen* um sentido "técnico" que aparece em Dilthey e depois, em diversas outras acepções, em autores como Heidegger e Hans-Georg Gadamer, considera-se às vezes que é apropriado deixar *Verstehen* sem tradução.

Em português há dois vocábulos que podem traduzir o verbo alemão *verstehen*: 'entender' e 'compreender'. Embora esses vocábulos possam ser usados em contextos parecidos, o último parece especialmente adequado para verter os vários sentidos "técnicos" de *verstehen*. Em sua forma substantiva, os vocábulos mais adequados para traduzir *das Verstehen* são 'o compreender' e 'a compreensão', com preferência pelo último. Além do sentido lógico de "compreensão" de um conceito, há um sentido "hermenêutico" de compreensão (VER).

As dificuldades que podem oferecer as várias acepções de 'compreensão' — a que concerne à interpretação de um texto, a que se refere a modos específicos de acesso aos objetos das ciências do espírito, a que afeta a dimensão ontológica e histórico-ontológica da existência humana etc. — não são diferentes das que oferecem as várias acepções de *Verstehen*, a maior parte destas dificuldades podem ser resolvidas adjetivando-se 'compreensão'.

A vantagem que tem podermos dispor dos vocábulos 'entender' e 'compreender' em vez de um único vocábulo, como *verstehen*, fica patente quando consideramos os substantivos 'entendimento' e 'compreensão'.

No que toca à sua forma substantivada, o alemão dispõe dos termos *Verstand* e *Verstehen*, e embora o primeiro, traduzido comumente por 'entendimento', tenha acepções "clássicas" — como, por exemplo, as que há em Kant e Hegel —, é possível contrapô-lo ao segundo. Com efeito, *Verstand* aparece mais ligado a uma explicação (VER), ao contrário da compreensão de caráter "interpretativo" e "hermenêutico".

Tratamos das questões básicas suscitadas pela noção de compreensão (como tradução de *Verstehen*) no verbete COMPREENSÃO, considerando nele as várias acepções fundamentais em Dilthey, Heidegger e Hans-Georg Gadamer.

VERUM. Ver TRANSCENDENTAL, TRANSCENDENTAIS; VERDADE; VERUM IPSUM FACTUM.

VERUM IPSUM FACTUM. Descartes e, em geral, o racionalismo moderno, particularmente o racionalismo continental de teor mais ou menos idealista, poderiam se subscrever à fórmula *verum ipsum cogitum*, isto é, o verdadeiro é o pensado enquanto pensável segundo certos critérios — por exemplo, a clareza e a distinção. Isso não quer dizer que o verdadeiro sejam unicamente os pensamentos, mas quer dizer pelo menos que a verdade só é alcançada por meio do pensar as coisas como verdadeiras. Em contrapartida, Vico (VER) propõe a fórmula *verum ipsum factum*, já usada em sua *De antiquissima italorum sapientia* e depois desenvolvida nos *Principî di una nuova scienza*. Para Vico, com efeito, só se pode conhecer o que se faz, isto é, "o feito", "o fato", *factum*. Daí que, enquanto Deus pode conhecer a Natureza, o homem não possa conhecer senão a matemática e a história, que são as coisas "feitas por ele". O *factum* de Vico se refere primariamente ao fato enquanto se desenvolveu geneticamente, e por isso o modelo do conhecimento possível é a história, que é *factum* porque o homem a foi fazendo e consiste, além disso, em ter-se ido fazendo.

Em geral, o princípio *verum ipsum factum* pode ser admitido por todos os que afirmam que o conhecimento da realidade é conhecimento de sua gênese. Por isso se se concebe a própria Natureza geneticamente, seria possível aplicar a ela o princípio em questão.

⊃ Ver: F. Fellmann, *Das Vico-Axiom: Der Mensch nacht die Geschichte*, 1976. ⊂

VERWORN, MAX (1863-1921). Nascido em Berlim. De 1906 a 1910 foi professor de filosofia em Göttingen e de 1910 até morrer, professor da mesma matéria em Bonn. Verworn elaborou uma concepção do mundo "condicionista" afim ao empiriocriticismo de Avenarius e destinada, no seu entender, a eliminar todas as noções metafísicas: noções como a de substância, mas também a de causa. Em vez de se falar de "causa", deve-se falar de "condição". A noção de condição não é facilmente definível, mas pode-se determinar com precisão o seu uso.

"Um estado ou processo", escreve a respeito Verworn em *Kausale und konditionale Weltanschauung*, "se determina univocamente pela totalidade de suas condições".

Por haver-se empenhado em introduzir noções de tipo metafísico, argumentou Verworn, chegou-se a distinguir tipos de realidades, tais como a realidade física e a psíquica. O condicionismo não requer semelhante distinção, pois é suficiente determinar a totalidade de condições de um fenômeno ou estado; que o fenômeno seja "físico" ou "psíquico" não acrescenta nada à sua descrição científica. Com isso Verworn adere a um fenomenalismo neutralista, mas destaca que esta não é uma tendência metafísica, pois não se pronuncia acerca do que "é" a realidade.

⊃ Principais obras: *Psycho-physiologische Protistenstudien*, 1889 (*Estudos psicofisiológicos acerca dos protistas*). — *Die Bewegung der lebendigen Substanz*, 1892 (*O movimento da substância vivente*). — *Allgemeine Physiologie*, 1895 (*Fisiologia geral*). — *Die Biogenhypothese*, 1903 (*A hipótese biogênica*). — *Naturwissenschaft und Weltanschauung*, 1904 (*Ciência natural e concepção do mundo*). — *Prinzipienfragen in der Naturwissenschaft*, 1905 (*Questões fundamentais na ciência natural*). — *Die Erforschung des Lebens*, 1907 (*A investigação da vida*). — *Die Mechanik des Geisteslebens*, 1907 (*A mecânica da vida espiritual*). — *Zur Psychologie der primitiven Kunts*, 1907 (*Para a psicologia da arte primitiva*). — *Die Frage nach den Grenzen der Erkenntnis*, 1908 (*A pergunta pelos limites do conhecimento*). — *Die Entwicklung des menschlichen Geistes*, 1910 (*A evolução do espírito humano*). — *Kausale und konditionale Weltanschauung*, 1912; 3ª, 1928 (*Concepção do mundo causal e condicional*). — *Irritability: a Physiological Analysis of the General Effect of Stimuli in Living Substance*, 1913 (texto alemão, com ampliações: *Erregung und Lähmung: eine allgemeine Physiologie der Reizwirkungen*, 1914). — *Die biologischen Grundlagen der Kulturpolitik: eine Betrachtung zum Weltkriege*, 1915 (*Os fundamentos biológicos da política cultural: consideração sobre a guerra mundial*).

Ver: R. Wichert, *Die philosophischen Grundlagen und Folgerungen der Psychologie von M. Verworn*, 1943. — K. Fichtel, "Max Verworns Konditionismus: Ein Versuch zur Überwindung des mechanischen Materialismus in Biologie und Medizin", *Deutsche Zeitschrift für Philosophie*, 18 (1970), 559-573. — G. Kroeber, "Vom Konditionalismus zum dialektischen Determinismus?", *ibid.*, 1405-1411. ⊂

VESTIGIA DEI. Ver VESTÍGIOS.

VESTÍGIOS. No pensamento de Santo Agostinho, e de toda a tradição agostiniana, desempenham um papel importante as noções de "semelhança", "imagem", "vestígio" e outras similares. Isso se deve a dois motivos. Por um lado, à concepção cristã de Deus como criador de tudo o que há, e da divindade como Trindade. Por outro lado, aos elementos platônicos do agostinismo, graças aos quais adquirem um sentido determinado as idéias de "imagem", "participação", "semelhança" etc. Destas noções destacamos agora a das pegadas, rastros ou vestígios *(vestigia)* de Deus que se encontram no universo. Os vestígios de Deus — *vestigia Dei* — no mundo testemunham a Trindade. Em algum sentido, pois, o que há participa da Trindade, sendo uma imagem dela. Gilson deu uma lista desses "vestígios", isto é, de séries triádicas que se encontram na Natureza: *mensura, numerus, pondus — unitas, species, ordo — esse, forma, manentia — modus, species, ordo*. Uma estrutura "trinitária" também se encontra em certas classificações; por exemplo, das partes da filosofia: *physica, logica, ethica — naturalis, rationalis, moralis*, correspondente às três excelências de Deus como *causa subsistendi, ratio intelligendi, ordo vivendi*, ou das faculdades: *memoria sensibilis, interna visio, voluntas quae utrumque copulat* (ver É. Gilson, *Introduction à l'étude de Saint Augustin*, 3ª ed., 1949, p. 282, nota 2).

Deve-se distinguir "vestígio" de "imagem". Esta última é uma semelhança próxima, enquanto o vestígio é uma semelhança longínqua. Por isso ao dizer que há no mundo *vestigia Dei* não se diz que as coisas do mundo são imagens da Trindade, já que então seria preciso supor que as coisas do mundo são emanações diretas de Deus.

A idéia dos *vestigia Dei* se encontra em outros autores. Por exemplo, em São Boaventura, que distingue, aliás, "sombra", *umbra*, "vestígio", *vestigium*, e "imagem", *imago*. A imagem é a "pegada" mais próxima e distinta; o vestígio é a pegada distante, mas ainda distinta; a sombra, em contrapartida, é uma imagem muito distante e confusa.

Alguns filósofos renascentistas, como Marsílio Ficino, adotaram a idéia dos *vestigia Dei* como *vestigia Trinitatis*. Entre os filósofos modernos que fizeram uso desta idéia se destaca Leibniz, para o qual os *vestigia Dei* são o caminho para alcançar a noção de Natureza. Leibniz usou também o termo 'vestígio' *(vestigium)* como nome do "lugar *(locus)* de uma coisa movível que ela ocupa em algum momento".

↪ Entre os textos pertinentes de Santo Agostinho sobre o assunto considerado figuram: *De Trinitate*, VI, IX, XI, V; *De vera religione*, VII; *De div. quaest.*, LXXXIII, 18. — Entre os textos de São Boaventura destacamos: *Itinerarium mentis ad Deum*, 1 e 2; *Breviloquium*, 55, 12; *I Sent.*, 3, 2, 1. (Para a distinção tomista entre *imago* e *vestigium* ver *S. Theol.*, I, q. XLV, 7 c). — Para Leibniz, ver *De ipsa natura*, 6. ↩

VIA. O termo latino *via* (= "via", "caminho", "rota", "direção", "marcha", "curso" etc.) foi usado em várias expressões. As mais comuns podem ser distribuídas nos seguintes grupos.

Por um lado, usou-se *via* para se referir a um método ou modo de levar algo a cabo. Assim, por exemplo, quando se diz *via fidei* (= "mediante a fé"), *via rationis* (= "mediante a razão"), *via meriti* (= "por mérito"), *via remotionis* (= "método da eliminação"), *via affirmationis* (= "método da afirmação"). Podemos mencionar outros exemplos que não é preciso traduzir: *via definitionis, via demonstrationis, via inquisitionis, via inventionis, via speculativa* etc.

Enquanto método de prova ou demonstração, cada *via* pode ser considerada como um modo de provar. Importante a este respeito é o uso de *via* por Santo Tomás de Aquino em suas cinco provas da existência de Deus (VER): as *quinque viae*.

Todas as "cinco vias" de Santo Tomás foram objeto de estudo detalhado. Historicamente, é interessante o desenvolvimento da "terceira via" — a que passa do contingente ao necessário. Em *El problema de las fuentes de la "tercera vía" de Santo Tomás de Aquino*, 1961 (ed. definitiva de uma tese originalmente publicada em *Studium*), Manuel González, se refere a um artigo de Paul Gény (1924) que originou vários estudos sobre as fontes da *tertia via*, que se relacionou às vezes com Avicena, Maimônides, Averróis, Ricardo de São Vítor e, finalmente, Aristóteles.

Via também foi usado para se referir ao modo como uma coisa, ou conjunto de coisas, procede segundo seu próprio ser. Assim, por exemplo, quando se diz *viae naturae* (o curso natural das coisas), *via corporalis* (o curso que seguem as coisas do corpo), *via spiritualis* (o curso que seguem as coisas do espírito) etc.

Falou-se na escolástica de "vias" *(viae)* ou "caminhos", admitindo-se que, dentro de um giro ou orientação gerais, podem-se admitir diversas vias. Às vezes se fala da "via tomista", às vezes da "via nominal". Realismo (VER) e nominalismo (VER) são considerados freqüentemente como diferentes "vias". Ver FILOSOFIA MEDIEVAL.

Muito especialmente as vias, *viae*, foram qualificadas de dois modos: a *via antiqua* e a *via moderna*. A *via moderna* é representada por autores de tendência nominalista, sobretudo pelo "venerável iniciador", *venerabilis inceptor*, de tal *via*, Guilherme de Ockham. Muitos autores, como Jean Buridan, seguiram semelhante *via*. A *via* em questão é expressa em várias esferas — na teologia tanto quanto na física e na lógica —, mas como se articula fundamentalmente em pressupostos lógicos, identifica-se a *via moderna* ou *via modernorum* com a *logica moderna* ou *logica modernorum*. Tanto os autores que precederam tal *via* quanto, e sobretudo, os que reagiram contra ela, são considerados como seguidores da *via antiqua* e da correspondente, ou concomitante, *logica antiqua*. Os partidários da *via moderna* e da *via antiqua* se chamaram respectivamente os *moderni* e os *antiqui*. Como se pode esperar, há em cada caso "desvios" com respeito às citadas vias, assim como casos de ecletismo. É freqüente ligar os que seguiram a *via moderna* a idéias que se desenvolveram durante o Renascimento e também nos começos da era moderna, especialmente no que diz respeito às origens da ciência moderna (principalmente a física).

➲ Numerosas análises das *viae* mencionadas estão no volume de J. Leclerq, W. Hartmann et al., *Antiqui und Moderni. Traditionsbewusstsein und Fortschrittsbewusstsein im späten Mittelalter*, 1974, ed. Albert Zimmermann, em colaboração com Gudrun Vuillemin-Diem. — Ver também: W. von Leyden, "Antiquity and Authority: A Paradox in Renaissance Theory of History", *Journal of the History of Ideas*, 19 (1958), 473-492. — H. Baron, "The 'Querelle' of Ancients and Moderns as a Problem for Renaissance Scholarship", *ibid.*, 20 (1959), 3-22. — L. Steiger, R. Steiger, "Antiqui und Moderni", *Philosophische Rundschau*, 24 (1977), 225-254. — R. Black, "Ancients and Moderns in the Renaissance: Rhetoric and History in Accolti's *Dialogue* on the Preeminence of Men of His Own Times", *Journal of the History of Ideas*, 43 (1982), 3-32. ⊂

VIALLETON, LOUIS. Ver Evolução, evolucionismo.

VICENTE DE BEAUVAIS [Vicente Bellovacensis] (*ca*. 1190-*ca*. 1264). Entrou na Ordem dos Pregadores. Chamado por São Luís (Luís IX) a Royaumont, residiu durante muitos anos perto da família real como pregador, conselheiro e confessor. Entre 1247 e 1249 compôs um tratado, *De eruditione filiorum*, a pedido da rainha. Por volta de 1260 terminou seu vasto *Speculum maius* (só a parte chamada *Speculum doctrinale* tem 2.374 "capítulos"). O *Speculum maius* se divide num *Speculum historiale* (história universal até 1244) e num *Speculum naturale*. Deste último se destacou uma terceira seção chamada *Speculum doctrinale*. Considerado como dividido nestas três seções, o *Speculum maius* recebeu o nome de *Speculum triplex*. Posteriormente a Vicente de Beauvais, possivelmente por volta do começo do século XIV, acrescentou-se outra seção, o *Speculum morale*; a obra inteira foi chamada então *Speculum quadruplex*. Entre 1260-1263, Vicente de Beauvais compôs um *De moralis principii institutione*, para a formação e educação de príncipes.

Para a compilação de seu imenso *Speculum maius*, Vicente de Beauvais usou numerosas fontes, tanto gregas (Aristóteles, Plínio, Hipócrates etc.) como árabes (Avicena), judaicas (Avicebron, Isaac Israeli) e, é claro, cristãs (entre elas, Alberto Magno). O *Speculum maius* não é, contudo, uma mera coleção de citações. Preside-o uma ordem enciclopédico-sistemática e pretende ser um "espelho do mundo". A influência exercida pelo *Speculum* de Vicente de Beauvais foi considerável, alcançando inclusive os começos do século XVII.

➲ Edição do *Speculum naturale et doctrinale*, em Estrasburgo, 1473. — Edição do *Speculum triplex*, em Nurembergue, 1486. As quatro partes *(Speculum quadruplex)* foram publicadas em Veneza em 1484, depois em 1494 e 1591. A última edição feita da obra completa é a de 1624 em Douai. — Edição do *De institutione etc.*, em 1476. Em 1481 se publicou em Basiléia um volume contendo esta última citada obra de Vicente de Beauvais e alguns outros escritos seus (*Tractatus de gratia Dei, Liber de laudibus Virginis gloriosae, Consolatio pro morte amici etc.*).

Ver: J. B. Bourgeat, *Étude sur V. de B., théologien, philosophe, encyclopédiste*, 1856. — R. Friedrich, *V. von B. als Kompilator und Philosoph*, 1928. — Astrik L. Gabriel, *The Educational Ideas of Vicent of B.*, 1956. — R. B. Tobin, "V. of B. on the Education of Women", *Journal of the History of Ideas*, 35 (1974), 485-489. — Joseph M. McCarthy, *Humanistic Emphases in the Educational Thought of V. of B.*, 1976. — S. Lusignan, *Préface au* Speculum maius *de V. de B. Réfraction et diffraction*, 1979. — R. B. Tobin, *V. of B.'s* De eruditione filiorum nobilium. The Education of Women, 1984. — Referências em Prantl, *Geschichte*, III, 77-85; Duhem, *Système*, III, 346-348; Thorndyke, *A History of Magic*, II, 457-476. ⊂

VICO, GIAMBATTISTA (1668-1744). Nascido em Nápoles. De 1686 a 1695 viveu em Vatolla como preceptor privado. Em 1699 foi nomeado professor de retórica na Universidade de Nápoles, e em 1723 ocupou uma cátedra de Direito na mesma Universidade. Em 1734 foi nomeado historiador régio.

Os dados acima dão uma pálida idéia da atividade e dos estudos de Vico; ambos se caracterizam pela avidez unida à desordem e pelo interesse de encontrar um novo modo de conhecimento humano, uma "nova ciência". Vico elaborou sua doutrina na esteira de uma oposição ao cartesianismo e ao modo de conhecimento da "razão física", contra a qual sublinhou que o homem só pode entender as coisas que ele mesmo faz. A Natureza — ao contrário da matemática ou da história — pode ser, assim, pensada, mas não entendida; só Deus pode compreender tudo porque fez tudo. A redução da verdade ao fato, a igualdade do *verum* e do *factum* faz, em contrapartida, com que o homem possa conhecer e entender a história, que é sua própria realidade (ver Verum ipsum factum). Mas se a história pode ser entendida é porque há um ponto de referência ao qual se reduz o acontecer histórico concreto, a história eterna ideal de acordo com a qual transcorrem as histórias particulares. Estas histórias particulares participam da eterna e ideal história em virtude da intervenção da Providência, que impede que haja uma desordem na história, isto é, que impede que cada uma das histórias saia do leito que a história ideal demarcou. Este leito consiste na invariável repetição de três idades sucessivas: a idade divina (teocrática, sacerdotal), a idade heróica (arbitrária, violenta), a idade humana (razoável, moderada). Cada uma das três etapas tem uma unidade de estilo, uma perfeita correspondência de todas as suas manifestações, desde a forma de governo até a forma de expressão. Mas o fato de cada nação percorrer o ciclo das três idades não significa para Vico que ela fique esgotada uma vez terminada a etapa humana. A história é, por conseguinte, no entender de Vico, um contínuo renascimento dos povos, uma série interminável de cursos e recursos mediante os quais se manifesta sempre com a mesma inexorável necessidade o ciclo das três idades. Tal atitude, bastante surpreendente numa época em que o cartesianismo foi algo mais que uma filosofia entre outras, faz do pensamento de Vico uma antecipação que só muito posteriormente foi reconhecida. A rigor, Vico nega ao cartesianismo, como representante capital do modo de filosofar da razão física, que a mera clareza e distinção possa chegar ao fundo do real, pois o real parece ser justamente todo o contrário do claro e distinto. Vico antecipa deste modo os temas essenciais do romantismo e do descobrimento do histórico, que ele interpreta ainda como manifestação de uma infinitamente complexa "natureza humana". Mas Vico não se detém diante do reconhecimento de que a realidade, e em particular a realidade histórica, não é suscetível de uma compreensão clara e distinta; o que Vico pretende fazer é justamente a ordenação desse aparente caos do acontecer histórico e humano. O platonismo se insinua assim nesta ordenação de uma história que transcorre num tempo, mas que participa do eterno. Ou, como Vico expressa mais precisamente, o objetivo primordial de sua nova ciência é erigir "uma história ideal eterna, descrita segundo a idéia da Providência, segundo a qual decorrem nos tempos todas as histórias particulares das nações em suas aparições, progressos, estados, decadências e fins" (*Ciência Nova*, livro V, Conclusão).

➲ Principais obras: *De antiquissima Italiorum sapientia*, 1710. — *De universi iuris principio et fine uno*, 1720. — *Liber alter, qui est de constantia jurisprudentis*, 1721. — *Principî di una scienza nuova d'intorno alla commune natura delle nozioni*, 1725 (a 2ª edição, inteiramente reelaborada, é de 1730, e a terceira de 1744).

Edição de obras: *Opere di G. V.*, ed. Giuseppe Ferrari, 6 vols., 1852-1854. — *Opere di G. V.*, ed. Fausto Nicolini, 8 vols., 1914-1944 [F. Nicolini também preparou uma ed. de *Opere* em 1 vol., 1953]. — *Tutte le opere*, ed. Francisco Flora, a partir de 1957. — *Vico. Selected Writings*, ed. e trad. de L. Pompa, Cambridge, 1982.

Em português: *A ciência nova*, 1999.

F. Nicolini escreveu um amplo *Commentario storico alla seconda Scienza Nuova*, 2 vols., 1949-1950.

Biografia: H. P. Adams, *The Life and Writings of G. V.*, 1935. — *Vie de G. V. écrite par lui-même. Lettres. La méthode des études de notre temps*, intr., trad. e notas por A. Pons, Paris, 1981.

Bibliografia: B. Croce, *Bibliografia Vichiana*, 1911 (com vários suplementos; o último, VII, de 1940); reed. aum. e reelab. por F. Nicolini, 2 vols., 1946-1947. — R. Crease, *V. in English: A Bibliography of Writings by and about G. V. (1668-1744)*, 1978 (é o primeiro vol. da série *Vichian Studies*). — G. Tagliacozzo, D. P. Verene, V. Rumble, *A Bibliography of Vico in English (1884-1984)*, 1986.

Concordância: Aldo Duro, *Concordanze e indici di frequenza del* Principî di una sicenza nuova [de 1725], 1981.

Ver: Carlo Cantoni, *V.*, 1867. — K. Werner, *Über G. V. als Geschichtsphilosoph und Begründer der neueren italienischen Philosophie*, 1877. — Id., *V. als Philosoph und gelehrter Forscher*, 1879, reimp., 1963. — A. Piccolorusso, *G. V. e la scienza nuova*, 1878. — R. Flint, *V.*, 1884. — G. Rossi, *Il pensiero di G. B. V. intorno alla natura della lingua e all'ufficio delle lettere*, 1901. — Francesco Cosentini, *La teoria gnoseologica e la cosmologica nel* De antiquissima Italiorum sapientia *di G. B. V.*, 1904. — Otto Klemm, *G. B. V. als Geschichtsphilosoph und Völkerpsycholog*, 1906. — B. Croce, *La filosofia di G. B. V.*, 1911. — G. Gentile, *Studi Vichiani*, 1914. — M. Cochry, *Les grandes lignes de la philosophie historique et juridique de V.*, 1923. — Richard Peters, *Der Aufbau der Weltgeschichte bei G. V.*, 1929. — Emilio Chiochetti, *La filosofia di G. B. V.*, 1935. — Lorenzo Giusso, *La filosofia di G. B. V. e l'età barocca*, 1943. — J. Chaix-Ruy, *Vie de J. B. V.*, 1945. — Id., *La formation de la pensée philosophique de J. B. V.*, 1946. — Franco Amerio, *Introduzione allo studio di G. B. V.*, 1947. — VV.AA., *V. y Herder: Homenaje en el segundo centenario*, 1948 [Universidade de Buenos Aires]. — Enzo Paci, *Ingens Sylva. Saggio sulla filosofia di G. B. V.*, 1949. — G. Villa, *La filosofia del mito secondo G. B. V.*, 1949. — F. Nicolini, *La religiosità di G. V.*, 1949. — A. R. Caponigri, *Time and Idea: The Theory of History in G. Vico*, 1953. — R. Sabarini, *Il tempo in G. B. V.*, 1954. — G. Uscatescu, *V. y el mundo histórico*, 1956. — Alfonsina Albini Grimaldi, *The Universal Humanity of G. B. V.*, 1958. — Angela Maris Jacobelli Isoldi, *G. B. V. La vita e le opere*, 1960. — N. Badaloni, *Introduzione a G. B. V.*, 1961. — Luigi Bellofiore, *La dottrina della Providenza in G. B. V.*, 1962. — Ambroglio Giacomo Manno, *Lo storicismo di G. B. V.*, 1965. — Fausto Nicolini, *V. storico*, 1967. — R. Ceñal, I. Berlin et al., *G. V.: An International Symposium*, 1969, ed. Giorgio Tagliacozzo e Hayden V. White. — R. Manson, *The Theory of Knowledge of G. V.*, 1970. — Leon Pompa, *V.: A Study of the "New Science"*, 1975; 2ª ed., 1990. — Ferdinand Fellmann, *Das Vico-Axiom. Der Mensch macht die Geschichte*, 1976. — G. Fasso, D. R. Kelley et al., *G. Vico's Science of Humanity*, 1976, ed. Giorgio Tagliacozzo e D. P. Verenne. — Isaiah Berlin, *V. and Herder: Two Studies in the Philosophy of History*, 1976. — G. Tagliacozzo, M. Mooney, D. P. Verene, eds., *Vico and Contemporary Thought*, 1976. — *Id.*, ed., *V.: Past and Present*, 1981.

— D. P. Verene, *Vico's Science of Imagination*, 1981. — R. W. Schmidt, *Die Geschichtsphilosophie G. V.s.*, 1982. — G. Tagliacozzo, ed., *Vico and Marx: Affinities and Contrasts*, 1983. — N. Badaloni, *Introduzione a V.*, 1984. — P. Burke, *V.*, 1985. — S. Otto, H. Viechtbauer, eds., *Sachkommentar zu G. V.s* Liber Metaphysicus, 1985. — M. Mooney, *V. in the Tradition of Rhetoric*, 1985. — D. P. Verene, ed., *Vico and Joyce*, 1987. — G. K. Mainberger, *Rhetorica II. Spiegelungen des Geistes: Sprachfiguren bei Vico und Levi-Strauss*, 1988. — G. Bedani, *Vico Revisited: Orthodoxy, Naturalism and Science in the* Scienza Nuova, 1989. — S. Otto, *G. V.*, 1989. — K. Löwith, *Gott, Mensch und Welt. G. B. V. und Paul Valéry*, 1986, ed. H. Ritter. — L. Pompa, *Human Nature and Historical Knowledge: Hume, Hegel and Vico*, 1990. — J. Milbank, *The Religious Dimension in the Thought of G. V., 1668-1744*, vol. I: *The Early Metaphysics*, 1991.

Desde 1971 se publica um *Bolletino del Centro di Studi Vichiani*, com sede em Salerno. Também se publica a série *Collana di Studi Vichiani*, assim como os *New Vico Studies*, desde 1983, ed. por G. Tagliacozzo e D. P. Verene. — O *Institute for Vico Studies* (Nova York) edita, desde 1980, *Corsi e Ricorsi*, revista consagrada a V. e a problemas no campo da filosofia e das humanidades. O mesmo Instituto continua publicando, em suplementos anuais, uma bibliografia viquiana. Ͼ

VICTORINO, CAIO MÁRIO [Caius Marius Victorinus] († ca. 380). Chamado "o Africano", manifestou primeiramente hostilidade ao cristianismo, contra o qual polemizou durante sua permanência em Roma (aproximadamente 340). Por volta de 355 se converteu ao cristianismo. Pelo uso que fez de textos neoplatônicos, especialmente de Porfírio e Plotino (cujas obras traduziu, cf. *infra*), Victorino é considerado freqüentemente como um dos chamados "neoplatônicos cristãos". Devemos a Victorino traduções do *Peri hermeneias (De interpretatione)*, de Aristóteles; da *Isagoge* e vários outras obras de Porfírio; das *Enéadas*, de Plotino. Também lhe devemos comentários ao *De inventione*, de Cícero, e um número considerável de escritos lógicos, retóricos e teológicos. Entre as obras lógicas figurava um tratado sobre as definições — *De definitionibus* — e um sobre os silogismos hipotéticos — *De syllogismis hypotheticis*. Os escritos teológicos de Victorino são três tratados contra Ário, três comentários às Epístolas de S. Paulo e três hinos sobre a Trindade.

A importância de Victorino reside em sua transmissão à Idade Média de partes consideráveis da tradição clássica, assim como de termos chaves do vocabulário lógico e teológico. Junto com Boécio e Marciano Capella, Victorino é, portanto, um dos elos entre a filosofia antiga e a medieval. Victorino parece ter exercido influência sobre a doutrina agostiniana da predestinação.

O comentário de Victorino ao *De inventione*, de Cícero, é fundamental para a compreensão da história medieval da retórica.

Ͼ A tradução do *Peri hermeneias* foi perdida. Também se perdeu uma tradução e comentário que Victorino fez das *Categorias*. O comentário a Cícero *(Explanatio in Rhetoricam Ciceronis)* foi publicado por Halm em *Rhetores Latini Minores* (1863), pp. 155-304. Os fragmentos lógicos da tradução do *Isagoge* de Porfírio (fragmentos conservados em Boécio) foram publicados por P. Monceaux em *Mélanges Havet* (1909), pp. 290-310. — Ver também a edição de textos de Stangl em *Mario-Victoriana* (1888), pp. 17-47 e a de Keil em *Gramm. latini*, pp. 1-184. — Escritos teológicos (incluindo apócrifos) em Migne, *PL* VIII, 999-1310. — Ed. crítica de estudos teológicos sobre a Trindade: I. ed. Paul Henry, int., trad. e notas por Pierre Hadot. II. Comentário por P. Hadot, 1960. [Contém: *Candidi Arriani ad Marium Victorinum Rhetorem de generatione divina; Marii Victorini Rhetoris urbis Romae ad Candidum Arrianum; Candidi Arriani epistola ad Marium Victorinum Rhetorem; De Trinitate contra Arium; De Homoousio recipienda; Hymni I, II, III.*]

Ver: G. Koffmane, *De Mario Victorino philosopho christiano*, 1880 (tese). — G. Geiger, *Marius Victorinus, ein neuplatonischer Philosoph*, 2 vols., 1887-1889. — R. Schmid, *M. V. und die Entwicklung der abendländischen Metaphysik*, 1932 [em 1931 foram publicados os três primeiros capítulos da parte II desta obra em separata, com o título: *Die Entwicklung der abendländischen Willensmetaphysik von Plotin bis Augustin*]. — A. H. Travis, "M. V.: A Biographical Note", *Harvard Theological Review*, 36 (1934), 83-90. — Pierre Hadot, "M. V. et Alcuin", *Archives* (1954), pp. 5-12. — *Id.*, "Cancellatus Respectus", *Archivum Latinitatis Medii Aevi* (1954), pp. 277-282. — *Id.*, "Un vocabulaire raisonné de Marius Victorinus Afer", *Studia Patristica*, vol. I, 1 (1957), pp. 194-208. — Pierre Hadot, *Porphyre et V.*, 2 vols., 1968. — M. T. Clark, "The Earliest Philosophy of the Living God, M. V.", *Proceedings. American Catholic Philsophical Association*, 41 (1967), 87-93. — P. Hadot, *M. V*, 1971. — M. T. Clark, "The Psychology of M. V.", *Augustin Studies*, 5 (1974), 149-166. — *Id.*, "A Neoplatonic Commentary on Christian Trinity: M. V.", em D. J. O'Meara, ed., *Neoplatonism and Christian Thought*, 1982, pp. 24-33. — M. Beuchot, "La distinción entre esencia y existencia en la Alta Edad Media: M. Victorino, Severino Doecio, Gilberto Porretano y Hugo de San Victor", *Revista de Filosofía* (México), 18 (1985), 203-318. — G. A. Piemonte, *"Vita in omnia pervenit:* El vitalismo eriugeniano y la influencia de M. V.", *Pat. Med.*, 1ª parte: 7 (1986), 3-48; 2ª parte: 8 (1987), 3-38. Ͼ

VIDA. Muitos filósofos antigos fizeram a distinção entre a vida como vida "orgânica", entendida também como o princípio vital ou "vitalidade", e a vida como a maneira em que vive o homem. À primeira chamaram ζωή; à segunda Βίος.

A vida orgânica, ζωή, não era entendida apenas como a existência biológica. Na medida em que é "animada", a Natureza é "viva" e, neste sentido, é "orgânica". Dentro da vida orgânica, entendida neste amplo sentido, se acha o ímpeto, θυμός, e também a alma, ψυχή, como princípio do movimento de cada ser vivo.

A vida como modo humano de ser era principalmente a vida "prática". Esta incluía também a vida "moral", entendida como o viver de acordo com os melhores costumes e normas de convívio social. O termo Βίος pode estender-se até incluir a "vida teórica", Βίος θεωρετικός, entendida como a mais alta forma de viver.

A despeito da mencionada distinção, os filósofos antigos não separavam, como se fez depois, a vida biológica da vida "mental". "A vida", escreveu Aristóteles, "é aquilo pelo qual um ser se nutre, cresce e perece por si mesmo" (*De anima*, II, 1, 412 a, 10-20). O estudo da vida não pertence, de acordo com isso, à física nem à história natural, mas à "psicologia". Mas, ao mesmo tempo, a psicologia não era, como para nós, uma ciência de uma certa realidade ou de certos comportamentos, mas o saber acerca do que é forma e princípio de realidade nos seres vivos. Por isso, desde o primeiro instante a vida aparece sob dois aspectos: é vida do corpo — de um corpo mais "psíquico" que o puramente material — e é vida da alma — de uma alma mais "corporal" que o puro espírito. Por isso a alma, escreve Aristóteles, é "o primeiro grau de atualidade de um corpo natural que possui em si, potencialmente, a vida". A vida é, em suma, algo que oscila entre uma "alma" e um "corpo" e, além disso, o que torna possível criar o âmbito dentro do qual se dá a unidade de ambos os "extremos".

A noção de "vida" experimenta, especialmente em certas tendências, um processo de "interiorização": já em Plotino a vida "ascende" para o espiritual. Nos neoplatônicos sucessores de Plotino isto é ainda mais evidente. Recolhendo algumas insinuações de Platão, segundo o qual a vida caracteriza *também* o Uno, Plotino fala de uma relação entre o Uno, a vida e o *nous*. E em Proclo a Vida já é o segundo termo (o Uno, a Vida, o Nous) de uma tríade, correspondente à segunda hipóstase. "Todas as coisas que participam da Inteligência", escreve Proclo, "são precedidas pela Inteligência não participada. As que participam da Vida são precedidas pela Vida, e as que participam do Ser são precedidas pelo Ser. Destes três princípios não participados, o Ser é anterior à Vida, e a Vida é anterior à Inteligência" (*Institutio Theologica*, prop. 101). O que participa da Inteligência participa, pois, da Vida, mas não inversamente já que existem, diz Proclo, muitas coisas vivas, mas vazias de conhecimento. "Tudo o que vive", continua dizendo Proclo, "tem movimento próprio por causa da vida primária" (prop. 102). E "todas as coisas estão em todas as coisas, mas em cada uma segundo sua própria natureza. Pois no Ser há Vida e Inteligência; na Vida, Ser e Inteligência, na Inteligência, Ser e Vida. Mas cada um destes existe sobre um nível, intelectualmente; sobre outro, vitalmente; sobre o terceiro, existencialmente" (prop. 103). A Vida é aqui decididamente hipostasiada de modo que se pode falar inclusive de uma "Vida primária". O mesmo, e em maior abundância, ocorre com os últimos neoplatônicos. A Vida como *dynamis* foi em Porfírio, em Jâmblico, em Siriano, o segundo termo de uma tríade situada entre o Ser e a Inteligência. Num sentido semelhante se expressou o Pseudo-Dionísio. E algo análogo tinham enunciado os sistemas do gnosticismo, especialmente quando falaram da Vida como algo gerado, junto com o *Logos*, pela conjunção da Verdade e da Inteligência. Do ponto de vista terminológico, temos aqui a Vida como una, ao contrário do sentido antigo e quase puramente orgânico-vivente deste vocábulo. O uso do termo nos escritos do Novo Testamento se move num horizonte que, embora inevitavelmente diferente, se aproxima mais dos pressupostos anteriormente enunciados que dos que correspondem às primeiras fases da concepção grega da vida. A vida é entendida muitas vezes como vida eterna, como "vida do espírito" e do "corpo espiritual". Pois quando a Vida ressuscita finalmente, reaparece não só o espírito, πνεῦμα, como também, após prévia purificação, a carne, σάρξ. O Caminho, a Verdade e a Vida são as hipóstases do Logos no qual estava a Vida "como a verdadeira Luz que ilumina a todos os homens" (Jo 1,9). E numa passagem de São Paulo (Hb 4,12), diz-se explicitamente que o logos é vivente: ζωή γὰρ ὁ λόγος. A vida pode ser, assim, não só o princípio de todo o vivente, mas o que salva o vivente da aniquilação e da morte.

Durante a Idade Média persistiu esse sentido hipostático de 'Vida', mas, especialmente sob a influência de Aristóteles, voltou-se a considerar a noção de "vida" de um ponto de vista orgânico — entendido num sentido bastante amplo. Santo Tomás afirma que chamamos "viver" àquilo que possui por si mesmo um movimento ou suas correspondentes operações (cf. *De veritate*, IV, 8). Vida é o que se pode mover por si mesmo, isto é, a substância à qual convém, segundo sua natureza, mover-se a si mesma (*S. theol.* I, q. XVIII, arts. 1, 2). A vida orgânica é freqüentemente concebida como a vida entendida "em ato segundo" ao contrário da atividade da alma, que é vida entendida "em ato primeiro".

No Renascimento se desenvolveu o conceito de "vida" num sentido muito amplo, correspondendo à idéia de um princípio que move todas as realidades, e inclusive o mundo inteiro concebido, como já o fora pelos estóicos e alguns neoplatônicos, como "um grande animal" ou "grande organismo". Vida orgânica e vida psíquica foram com freqüência identificadas. Desenvolveram-se numerosas correntes panvitalistas e ao mesmo tempo panpsiquistas.

Essas correntes perderam influência quando, com Descartes, se passou a fazer a distinção entre o pensamento e a extensão. Os seres vivos não têm outras propriedades senão as propriedades mecânicas. O "vitalismo" (VER) foi posto de lado em grande parte em prol do mecanicismo. Falou-se por isso da "concepção mecanicista da vida" como concepção predominante na época moderna, desenvolvida não só por dualistas — para os quais há, por um lado, o "mentalismo" da substância pensante e, por outro, o "mecanicismo" da substância extensa —, mas também por materialistas — que procuraram reduzir todos os fenômenos vitais a fenômenos físicos, e especialmente mecânicos. Max Scheler descreveu — e, ao mesmo tempo, criticou — essa concepção moderna mecanicista da vida. Para a época moderna a partir de Descartes, afirma Scheler, a vida já não é um "fenômeno primário", mas apenas um complexo de processos mecânicos e psíquicos. "Na concepção mecanicista da vida", escreve Scheler, "o ser vivo é concebido sob a imagem de uma 'máquina'; sua 'organização' é considerada como uma soma de instrumentos úteis, que só se diferenciam por seu grau dos produzidos artificialmente. Se isso fosse exato, a vida já não poderia ter, naturalmente, nenhum *valor* substantivo, diferente dos valores utilitários, isto é, da soma dos valores utilitários que correspondem a estes 'órgãos'; e a idéia de uma técnica vital substantiva, diferente em princípio da técnica mecânica, resultaria absurda, já que exigiria o desenvolvimento de faculdades opostas às que servem para a técnica mecânica. Paralelamente a isso vai o princípio — triunfante na biologia moderna a ponto de já parecer evidente — de que todas as exteriorizações, movimentos e ações do ser vivo, assim como os órgãos e mecanismos enervadores, só se desenvolvem e transmitem, na medida em que são 'úteis', isto é, na medida em que têm um certo valor para a conservação da máquina humana" (*El resentimiento en la moral*, 1938, p. 213). Essa descrição e valoração — negativa — da "concepção moderna" (mecanicista) da vida (orgânica) foi às vezes resumida nos seguintes traços: 1) O conjunto vivo é uma soma de suas partes, 2) o órgão é representável em forma de instrumento fabricado com o inerte, 3) os processos de crescimento e desenvolvimento se reduzem a tendências de conservação; 4) o organismo corporal não é sustentáculo de fenômenos vitais, mas a vida é uma propriedade das matérias e forças que compõem o organismo.

Embora, como se indicou, as concepções mecanicistas tenham desembocado nas concepções "vitalistas", isso não aconteceu com o radicalismo que Scheler descreve, nem teve as desastrosas conseqüências que ele proclama. Por um lado, houve numerosas investigações biológicas. Floresceu também a chamada "história natural", com importantes trabalhos de classificação de animais e plantas. Por outro lado, houve filósofos que, como os platônicos de Cambridge e Leibniz, propuseram e desenvolveram sistemas conceituais diferentes do mecanicismo, ou não completamente subordinados a ele. Por fim, a filosofia natural de autores como Schelling, Oken, Steffens, Baader e outros exibiu fortes traços "organicistas". Alguns desses desenvolvimentos — como ocorre com o último mencionado — tiveram para a filosofia e, na medida em que a alcançaram, para a ciência, as desastrosas conseqüências que Scheler atribui a um suposto império completo do mecanicismo. Procuraram substituir o mecanicismo por um duvidoso vitalismo especulativo. Outros, como os trabalhos biológicos e as investigações de "história natural", foram levados a cabo sem por isso prejudicar o desenvolvimento do mecanicismo e do corpuscularismo. Não é seguro que se produzisse, como Whitehead proclamou e lamentou, uma "bifurcação da Natureza".

No século XIX abundaram as correntes filosóficas e científicas, que procuraram entender, ou inclusive definir, "a vida" em termos gerais. Isso ocorre com Spencer quando escreve que a vida é "a combinação definida de mudanças heterogêneas, ao mesmo tempo simultâneas e sucessivas, em correspondência com coexistências e seqüências exteriores" (*Principles of Biology*, 1888, Parte I, cap. IV). Outras correntes buscaram explicar os fenômenos vitais mediante processos físico-químicos. Neste sentido se reafirmou o mecanicismo. Mas tanto no século XIX quanto no XX foram numerosas as discussões entre vitalismo (VER) e mecanicismo (VER) quanto à natureza dos fenômenos orgânicos. Além disso, um bom número de filósofos se ocupou de explorar as características da noção de "vida".

Esta noção foi tomada em tão diversos sentidos que a expressão 'a vida' é ambígua. Em termos gerais, predominaram dois sentidos básicos: o da vida como vida orgânica (ou vida biológica) e o da vida como vida humana. Como se pode ver pelas opiniões resenhadas a seguir, não é sempre claro o que cada filósofo quer dar a entender quando usa expressões como 'vida', 'vital' ou outras análogas.

Nietzsche falou da "vida" usando freqüentemente uma linguagem biológica (ou biologista), mas com tendência a centrar o conceito de vida na vida humana. Em todo caso, o que importava para Nietzsche era "valorar" ou "revalorar" a vida, chegando até a máxima expressão de "vitalidade": a vontade de poder (VER). Há, segundo Nietzsche, uma vida ascendente e uma vida descendente; a primeira tem um valor positivo e permite realizar a transvaloração (VER), que por outro lado é justificada pela "própria vida". Schopenhauer entendeu o universo inteiro como uma corrente: a corrente da vida, com sua dor inerente que conduz ao desejo de sua própria aniquilação. Para Bergson, a vida é coextensiva à consciência.

Embora vida e matéria se oponham, como se opõem a liberdade e a necessidade, a vida encontra um meio de reconciliar essa oposição, porque "a vida é precisamente a liberdade que se insere na necessidade e a atrai em seu proveito". A vida é irredutível à quantidade, ao esquema, à medida. A evolução criadora é o desenvolvimento da vida em suas infinitas possibilidades, transbordando tudo o que não é senão resíduo da liberdade pura e da criação. A própria inteligência mecanizadora é um resultado da vida, que tende, por meio do mecanismo dos conceitos, a dominar pragmaticamente a realidade. Scheler distingue o psíquico, o vital e o espiritual, que formam três ordens da existência humana dispostas hierarquicamente: devem-se reconhecer os valores vitais e admitir que são diferentes dos espirituais, mas ao mesmo tempo é preciso admitir que os últimos são superiores aos primeiros. Em todo caso, o vital é para Scheler, seguindo nisto a Nietzsche, uma realidade ascendente, um valor irredutível à utilidade, aos valores do agradável e desagradável. Whitehead declara defender uma doutrina segundo a qual "nem a natureza física nem a vida psíquica podem ser entendidas, a menos que as fundemos como fatores essenciais na composição de coisas 'realmente reais' cujas interconexões e caracteres individuais constituem o universo" ("Philosophy of Life", em Dagobert D. Runes, ed., *Twenty Century Philosophy*, 1943, p. 142).

As filosofias precedentes às vezes são caracterizadas, ou classificadas, como "filosofias da vida"; incluem temas de filosofia orgânica, mas também, e às vezes sobretudo, uma teoria dos valores. Embora ocasionalmente rocem as questões levantadas nas disputas entre mecanicistas e vitalistas, são de tipo diferente das reflexões sobre a vida como objeto das ciências biológicas, do tipo das que encontramos por exemplo em Erwin Schrödinger quando afirma que a dificuldade, senão a impossibilidade, de reduzir os fenômenos biológicos a um determinismo mecanicista se deve principalmente a dois fatos: o de o gene conter um número relativamente escasso de átomos para poder ser submetido às leis estatísticas das estruturas físico-químicas, e a possuir um alto grau de estabilidade. Por isso, diz Schrödinger, enquanto a ordem da físico-química é "a ordem da desordem" (de natureza estatística), a ordem da biologia é "a ordem da ordem" (de natureza dinâmica) (*What is Life?*, 1946; 2ª ed., 1956).

Há outras correntes filosóficas, freqüentemente agrupadas sob o rótulo "filosofia da vida", que entendem 'vida' em sentidos às vezes semelhantes a alguns dos mencionados e às vezes muito diferentes. Um exemplo é o de Dilthey, que tenta superar por meio de uma "filosofia da vida" o relativismo a que parecem conduzir as diferentes concepções do mundo. Subjacente a estas concepções está a vida mesma, a atitude que ela adota diante do mundo e diante de si mesma. A vida é, segundo Dilthey, o tema capital da filosofia. Para Simmel a vida é uma passagem necessária para chegar a uma interpretação do ser. Heidegger, que tem presentes estas formas de *Lebensphilosophie*, indica, contudo, que Simmel nota a diferença que se percebe de algum modo já em Dilthey: a diferença que há entre o aspecto biológico-ontológico e o aspecto ontológico-existenciário.

Em muitos casos a vida é entendida como "vida humana", mas se dá a 'vida' um sentido metafísico que não se encontra nas ciências humanas. Para Ortega y Gasset, a idéia da vida, especialmente como "minha vida", aspira a superar o nível em que se moviam as anteriores concepções acerca da vida e tende a fazer dela o objeto metafísico por excelência. Segundo Ortega y Gasset, viver é encontrar-se no mundo, achar-se envolvido e aprisionado pelas coisas enquanto circunstâncias, mas a vida humana não é somente este achar-se entre as coisas como uma delas, mas saber-se vivendo. Daí que, sendo o viver um ver-se viver, a vida humana já é um filosofar, isto é, algo que a vida faz no caminho empreendido para chegar a ser si mesma. A inserção da filosofia e do pensamento na vida não é, pois, algo que acontece em virtude de uma suposta consubstancialidade da vida com a razão, mas o resultado de uma experiência da vida. Esta é algo anterior e prévio ao biológico e também ao psíquico, circunstâncias que se encontram na vida humana. A vida não é nenhuma substância; é atividade pura. Não tem uma natureza como as coisas que já estão feitas, mas tem de se fazer constantemente a si mesma. Por esse motivo, a vida é escolha. Nesta escolha inevitável se encontra o fundamento da preocupação, do ser da vida como afazer, de sua projeção ao futuro. A vida também é, no fundo, como a Existência de Heidegger, tempo, mas é um tempo que só analogicamente tem a ver com o tempo do mundo, das coisas, das circunstâncias. Por isso a vida nunca é algo determinado e fixo num momento do tempo, mas consiste neste contínuo fazer-se, nesta marcha rumo ao que ela mesma é, rumo à realização de seu programa, isto é, de sua mesmidade.

Segundo alguns autores (por exemplo, Georg Misch, na *op. cit.* na bibliografia), a chamada "filosofia da vida" *(Lebensphilosophie)*, tal como elaborada por Dilthey, mas também por outros autores — como Simmel, Ortega y Gasset, Scheler etc. —, é uma corrente diferente tanto da fenomenologia (que, por outro lado, pode ter-lhe emprestado valioso auxílio, como aconteceu com Scheler) como, e sobretudo, do existencialismo e de toda filosofia da existência. Pode-se concluir inclusive que em certos aspectos a filosofia da vida alcança estratos mais básicos que a filosofia da existência (esta é a opinião de Julián Marías em relação ao "raciovitalismo" de Ortega y Gasset). Segundo outros autores (por exemplo, Otto Friedrich Bollnow), a filosofia da vida pode ser considerada como uma preparação para a filosofia da existência e para o existencialismo. "A problemática analítico-existenciária desenvolvida por Heidegger e sua escola", escreve Bollnow em *Die Lebensphilosophie*, 1958, p. I [Verständliche Wissenschaft, 16], "com a clara elaboração dos conceitos, parece mais apropriada [para alcançar os fins propostos] e apreender com maior agudeza o que a filosofia da vida havia deixado mergulhado numa certa falta de clareza conceitual".

Resumindo os diversos aspectos com que se apresentou o tema da vida à consideração filosófica, temos: (I) A vida como entidade biológica, tratada pela ciência e pela metafísica do orgânico; (II) A vida como vida prática ou como existência moral, tema da ética; (III) A vida como o objeto metafísico por excelência; como aquela realidade que propriamente não é nem vale, pois constitui o dado primário e radical em cujo âmbito se encontram o valer e todas as espécies do ser.

➲ Conceito e natureza da vida (especialmente no sentido biológico): Xavier Bichat, *Recherches physiologiques sur la vie et la mort*, 4ª ed., 1822. — Claude Bernard, *Phénomènes physiques et métaphysiques de la vie*, 1875. — Id., *Histoire des théories de la vie*, 1876. — Alfons Bilharz, *Die Lehre vom Leben*, 1902. — F. Bonatelli, *Il concetto della vita*, 1904. — A. Stöhr, *Der Begriff des Lebens*, 1910. — W. Roux, *Das Wesen des Lebens*, 1915. — Ludwig von Bertalanffy, *Das Gefüge des Lebens*, 1937. — Id., *Das biologische Weltbild (I. Die Stellung des Lebens in Natur und Wissenschaft*, 1949). — J. Boyer, *Esquisse d'une définition de la vie*, 1939. — Erwin Schrödinger, *op. cit. supra*. — Maurice Vernet, *Le problème de la vie*, 1947. — L. Bounore, *L'autonomie de l'être vivant. Essai sur les formes organiques et psychologiques de l'activité vitale*, 1949. — Armin Müller, *Die Grundkategorien des Lebendingen*, 1954. — Paul Häberlin, *Leben und Lebensform. Prolegomena zu einer universalen Biologie*, 1957. — H. Jonas, *The Phenomenon of Life: Toward a Philosophical Biology*, 1966. — M. A. Simon, *The Matter of Life: Philosophical Problems of Biology*, 1971. — E. Lehmann, *Bio-Logik. Grundideen der modernen Lebenslehre*, 1976. — J. Harris, *The Value of Life: An Introduction to Medical Ethics*, 1985. — M. Eigen, *Stufen zum Leben. Die frühe Evolution im Visier der Molekularbiologie*, 1987.

Filosofia da vida (tanto em sentido biologista como culturalista, espiritualista ou inclusive existencial): G. M. Bertini, *Idea di una filosofia della vita*, 2 vols., 1850 (I, 2ª ed., 1932). — E. von Hartmann, *Das Problem des Lebens. Biologische Studien*, 1906. — Georg Simmel, *Lebensanschauung*, 1918. — Heinrich Rickert, *Die Philosophie des Lebens*, 1920 (crítica das "filosofias da vida" contemporâneas). — Von Bonsart, *Die Lebenslehren der Gegenwart*, 1924. — R. Collin, *Physique et métaphysique de la vie: esquisse d'une interprétation synthétique des phénomènes vitaux*, 1925. — Bruno Bauch, *Philosophie des Lebens und Philosophie der Werte*, 1927. — Edgar Dacqué, *Das Leben als Symbol*, 1928. — Georg Misch, *Lebensphilosophie und Phänomenologie. Eine Auseinandersetzung der Diltheyschen Richtung mit Heidegger und Husserl*, 1930. — G. Wolff, *Leben und Erkennen. Vorarbeiten zu einer biologischen Philosophie*, 1933. — José Ortega y Gasset, "Guillermo Dilthey y la idea de la vida", *Revista de Occidente*, nº 125 (1933), 197-214; 241-272; nº 127 (1934), 87-116 (reimp. em *O. C.*, VI). — J. Henning, *Lebensbegriff und Lebenskategorie. Studien zur Geschichte und Theorie der geisteswissenschaftlichen Begriffsbildung mit besonderer Berücksichtigung W. Diltheys*, 1934. — Ugo Redano, *Prime linee di una filosofia della vita*, 1936. — R. Junge, *System der Lebensphilosophie*, 2 vols., 1937. — A. D. Cardone, *Il divenire e l'uomo*, 1944. — Jules Carles, *Unité et Vie. Esquisse d'une biosophie*, 1946. — José María Roig Gironella, *Filosofía y vida*, 1946. — J. Zaragüeta, *Filosofía y vida*, I *(La vida mental)*, 1950; 2ª ed., 1957; II *(Problemas y métodos)*, 1952; III, 1954. — J. M. Terán, *La idea de la vida en el pensamiento español: la metafísica de la razón vital como arte de vida y salvación*, 1953. — O. N. Derisi, *Filosofía y vida*, 1955. — Ver também as obras de Nietzsche, Bergson, Dilthey, Whitehead, *passim*. — K. Romanos, *Heimkehr: Henri Bergsons lebensphilosophische Ansätze zur Heilung von erstarrtem Leben*, 1988. — D. W. Brock, *Life and Death: Philosophical Essays in Biomedical Ethics*, 1993.

Ontologia da vida: K. E. Range, *Die Kategorien des Lebendigen*, 1928. — H. Plessner, *Die Stufen des Organischen und der Mensch*, 1928. — R. Woltereck, *Ontologie des Lebendigen*, 1940. — Nicolai Hartmann, *Philosophie der Natur*, 1950, e *Teleologisches Denken*, 1951.

Sentido da vida: Rudolf Eucken, *Der Sinn und Wert des Lebens*, 1908. — F. Müller-Lyer, *Der Sinn des Lebens und die Wissenschaft*, 1910. — Johannes Hessen, *Der Sinn des Lebens*, 1933. — David Baumgardt, *Der Kampf um den Lebenssinn unter den Vorläufern der modernen Ethik*, 1933. — Robert Reininger, *Wertphilosophie und Ethik. Die Frage nach dem Sinn des Lebens als Grundlage einer Wertordnung*, 1939. — V. Fazio Allmayer, *Il significato della vita*, 1955. — José M. Robert y Candau, *El sentido último de la vida*, 1958. — Hans Reiner, *Der Sinn unseres Daseins*, 1960. — K. Britton, *Philosophy and the Meaning of Life*, 1969. — H. A. Tonne, *The Human Dilemma:Finding Meaning in Life*, 1980. — E. D. Klemke, *The Meaning of Life*, 1981. — I. Singer, *Meaning in Life: The Creation of Value*, 1992. — M. K. Munitz, *Does Life Have a Meaning?*, 1993.

Experiência da vida: J. Marías, P. Laín Entralgo, J. L. L. Aranguren *et al., Experiencia de la vida*, 1960.

"Formas de vida" em sentido psicológico: E. Spranger, *Lebensformen*, 1914. — P. Helwig, *Dramaturgie des*

menschlichen Lebens, 1958. — R. Bergler, *Psychologie stereotyper Systeme*, 1966. — A. Baruzzi, *Alternative Lebensform?*, 1985.
Lógica das ciências da vida: Fritz Michael Lehmann, *Logik und System der Lebenswissenschaften*, 1935. — R. G. Colodny, ed., *Logic, Laws, and Life: Some Philosophical Complications*, 1977. — V. S. Yanovsky, *Medicine, Science and Life*, 1978. — Ver também bibliografia de BIOLOGIA.
Conceito da vida em diferentes épocas, autores e correntes: Rudolf Eucken, *Die Lebensanschauungen der grossen Denker. Entwicklungsgeschichte des Lebensproblems der Menschheit von Platon bis zur Gegenwart*, 1890. — Giuseppe Modugno, *Il concetto della vita nella filosofia greca*, 1907. — H. Regnell, *Ancient Views on the Nature of Life*, 1968. — H. Morin, *Der Begriff des Lebens im "Timaios" Platons unter Berücksichtigung seiner früheren Philosophie*, 1965. — Grigorios Ph. Kostaras, *Der Begriff des Lebens bei Plotin*, 1969. — G. Gruber, Ζωή. *Wesen, Stufen und Mitteilung des wahren Lebens bei Origenes*, 1962. — C. Fleury, *L'idée johannique de la vie*, 1905 (tese). — M. Grabmann, *Die Idee des Lebens in der Theologie des hl. Thomas*, 1922. — Sylvain Zac, *L'idée de vie dans la philosophie de Spinoza*, 1936. — Marie-Noëlle Dumas, *La pensée de la vie chez Leibniz*, 1976. — Wolfgang H. Schrader, *Empirisches und absolutes Ich. Zur Geschichte des Begriffs Leben in der Philosophie J. G. Fichtes*, 1972. — Pierre Trotignon, *L'idée de vie chez Bergson et la critique de la métaphysique*, 1968. — Ph. Lersch, *Lebensphilosophie der Gegenwart*, 1932. — Emilio Estiu, *De la vida a la existencia en la filosofía contemporánea*, 1964 (e as obras antes citadas sobre alguns autores contemporâneos de H. Rickert, G. Misch, J. Henning etc.). — R. Piepmeier, *Aporien des Lebensbegriffs seit Oetinger*, 1978. — A. Nehamas, *Nietzsche: Life as Literature*, 1985. — K. Campbell, *A Stoic Philosophy of Life*, 1986. — A. Kenny, *Aristotle on the Perfect Life*, 1992. — D. F. Krell, *Daimon Life: Heidegger and Life-Philosophy*, 1992. — J. C. Rothman, *Aristotle's Eudaemonia, Terminal Illness, and the Question of Life Support*, 1993. ℂ

VIENA (CÍRCULO DE). O chamado "Círculo de Viena" — de cuja origem e desenvolvimento tratamos *infra* — apresentou várias características. A mais conhecida — ou a que despertou maior condenação entre alguns de seus adversários — foi a resoluta oposição a toda "especulação" e a toda "metafísica" e, portanto, a grande parte da filosofia, e especificamente da filosofia alemã (ou em língua alemã) da época. Dentro das tendências especulativas figuravam não somente o idealismo como também diversas correntes filosóficas que procuravam distinguir ciências naturais e ciências culturais ou ciências naturais e ciências do espírito. Contra todos os "descarrilamentos filosóficos", os fundadores do Círculo aspiraram a constituir uma "filosofia científica" e, especialmente, como indicou Otto Neurath (*Le développement du Cercle de Vienne etc.*, p. 11), a constituição de "uma linguagem científica que, evitando todo pseudoproblema, permitirá enunciar prognoses e formular as condições de seu controle por meio de enunciados de observação". O labor filosófico tinha de ser um trabalho coletivo, análogo ao que ocorria nas ciências positivas. Os que aderiram ao Círculo de Viena aspiraram a desenvolver um positivismo (VER), não um positivismo como o do século XIX, mas um no qual a lógica desempenhasse um papel importante, na linha de Frege-Peano-Russell-Whitehead, e em particular de acordo com as bases assentadas nos *Principia Mathematica*, de Whitehead-Russell. Por conseguinte, junto ao empirismo se desenvolveu no Círculo de Viena o que se pode chamar "logicismo" (em sentido técnico); por isso os "vienenses" foram "positivistas lógicos" e oportunamente "empiristas lógicos". Embora os componentes do Círculo diferissem entre si em certos pontos, todos eles coincidiam na necessidade de edificar a mencionada filosofia científica e a "concepção científica do mundo" (*wissenschaftliche Weltanschauung*). Estes e outros ideais do Círculo de Viena estavam enlaçados com algumas tendências anteriores. De um modo geral, os membros do Círculo consideraram como seus antecessores os filósofos de uma longa tradição empirista e nominalista, que vai de Ockham a Russell. Dentro desta tradição Hume desempenha um papel capital, pelo menos na medida em que Hume procurou eliminar todos os raciocínios (todas as "proposições") que não fossem ou "raciocínios abstratos relativos a quantidade e número" ou "raciocínios experimentais relativos a fatos ou à experiência". Hume representou um ideal para os membros do Círculo por sua eliminação de todas as proposições que não pertencessem ou à lógica ou às ciências experimentais (e, em geral, às ciências baseadas em observações e descrições de fatos). Além disso, foi importante no desenvolvimento histórico do Círculo de Viena a consciência que tinham seus membros de pertencerem a um "círculo cultural" diferente do círculo cultural propriamente alemão; era o círculo cultural que abarcava os países que compunham o antigo império austro-húngaro e possivelmente partes da Polônia. Dentro deste "círculo cultural" se haviam desenvolvido correntes filosóficas antiidealistas e antiespeculativas do tipo das representadas por Bolzano, Brentano, Marty, Meinong, Höfler e outros autores. Mas sobretudo se havia desenvolvido uma filosofia como a de Ernst Mach (VER), que se converteu no mentor do Círculo e a cuja memória se dedicou a chamada *Ernst Mach Verein*. Devemos incluir também como precedentes bastante imediatos do Círculo de Viena certas correntes pragmatistas e convencionalistas como as representadas por Poincaré, Duhem e outros autores. A tudo isso deve ser acrescentada a influência exercida pelos novos conceitos físicos, especialmente a partir de Einstein. Em todas essas correntes encontramos, em proporções diversas, o empirismo, o "logicismo", o convencionalismo e a tendência antimetafísica e antiespeculativa.

A origem mais imediata do Círculo foi a seguinte. Segundo Philipp Frank (VER), por volta de 1910 começou a surgir em Viena um movimento que considerava a filosofia positivista de Mach como muito importante para a vida intelectual, mas que ao mesmo tempo não ignorava os defeitos básicos dessa filosofia (especialmente a escassa atenção prestada à lógica e às matemáticas e a atenção excessiva prestada à análise das sensações). A tal grupo pertenciam, além de Frank, Otto Neurath (VER) e Hans Hahn (VER). Tentaram, diz Frank, completar primeiro Mach com Poincaré e Duhem, assim como relacionar o pensamento de Mach com as investigações lógicas de Couturat, Schröder, Hilbert etc. Nisso influiu a seguir o pensamento físico de Boltzmann e, sobretudo, o de Einstein. Ainda não se havia descoberto a importância do pragmatismo norte-americano e "ainda" eram vistas favoravelmente algumas idéias de Hans Driesch (e, em parte, de Hugo Dingler). Mas o grupo começou a apresentar uma figura reconhecível somente quando Hahn chamou a atenção (por volta de 1920) para a importância do *Tractatus logico-philosophicus* de Wittgenstein (o qual se manteve fora, quase desdenhosamente, do Círculo), e proclamou que a reconstrução positivista devia realizar-se mediante o estudo de Wittgenstein e dos *Principia Mathematica* de Whitehead-Russell. Ao ocupar Moritz Schlick a cátedra de filosofia da ciência em Viena e ao chegar também Carnap a Viena, formou-se definitivamente o Círculo, cujas teses foram elaboradas principalmente por Carnap, Neurath e Hahn. Logo se incorporaram outros pensadores e cientistas: R. von Mises, K. Menger, Kurt Gödel, E. Schrödinger — consagrados principalmente à física e à matemática — alternaram com economistas como J. Schumpeter, com juristas como Hans Kelsen — cujo formalismo desembocou no puro "neutralismo jurídico" de Gustav Radbruch — e com sociólogos como E. Silzel. O Círculo começou a funcionar como tal em 1929 (por ocasião do Congresso para a Epistemologia das Ciências Exatas, que incluía o grupo de Viena e o de Berlim, junto com o Congresso de matemáticos e físicos alemães, em Praga) sob a presidência de Moritz Schlick. Outros grupos já se haviam incorporado a seus trabalhos ou começaram a manter estreitas relações com o Círculo. É o caso sobretudo do chamado grupo de Berlim, formado por Hans Reichenbach — que, no entanto, se separou bem depressa das teses mais radicais de Viena —, Kurt Grelling, Rudolf von Mises, Walter Dubislav — agrupados na "Associação de filosofia empírica" — e em seguida C. G. Hempel (VER). É também o caso de alguns fi-

lósofos norte-americanos que foram a Viena travar contato com Schlick e Carnap, tais como W. van Quine, Ernest Nagel e Charles W. Morris, o qual se interessou pela relação do Círculo com o pragmatismo. Também Herbert Feigl se incorporou ao grupo e difundiu a expressão "positivismo lógico" para suas teses capitais. Por fim, iniciaram relações estreitas com o Círculo de Viena tanto o chamado Círculo de Varsóvia (VER) — que compreende vários dos que mais impulsionaram a nova lógica e iniciaram, inclusive, como Leśniewski, o estudo semântico: Tarski, Twardowski, Łukasiewicz, Kotarbiński etc. —, como o movimento analítico britânico (A. J. Ayer, R. B. Braithwaite, J. T. Wisdom, F. P. Ramsey etc.) e pensadores franceses tais como Louis Rougier, Marcel Boll, o General Vouillemin, o lógico escandinavo J. Jørgensen, os grupos de Uppsala e Oslo etc. Em vista do crescimento do Círculo, decidiu-se convocar um Congresso especial, o Congresso para a Ciência Unificada, segundo a designação de Neurath. A conferência preliminar para este congresso, celebrada em Praga (1934), revelou a aproximação do Círculo de Viena e do positivismo lógico ao qual Morris chamou o positivismo biológico dos pragmatistas; tentou-se unir as duas correntes propondo-se a fórmula de "empirismo lógico", adotada sobretudo nos Estados Unidos, onde as idéias do Círculo se encontraram com tradições análogas já muito desenvolvidas: trabalhos lógicos de Peirce, elaboração do pragmatismo conceitualista (C. I. Lewis), da semiótica (Morris), da lógica formal, do operacionalismo (VER) etc. Para os Estados Unidos se transferiram vários dos antigos membros do Círculo ou dos grupos afins. Assim, Hans Reichenbach (Los Angeles), Rudolf Carnap (Chicago, depois Califórnia), Kurt Gödel (Princeton), Alfred Tarski (Berkeley, Califórnia) e outros influenciaram o pensamento contemporâneo norte-americano ao mesmo tempo em que receberam dele múltiplas incitações para o prosseguimento de um trabalho tanto lógico como semântico, de tal modo que se pode falar de um entrecruzamento de influências que já torna difícil delimitar as orientações estritas do Círculo de Viena. Por isso se pode dizer que ele ficou fundido com orientações de tipo mais amplo; o chamado empirismo científico tentou, com efeito, ser a reunião de todas as teses centrais e mais importantes dos antigos grupos, com o que o Círculo chegou a ser dissolvido como *grupo*, de modo que o folheto programático *Wissenschaftliche Weltanschauung. Der Wiener Kreis*, publicado em 1929, já não representou senão uma primeira série de posições. Estas continuaram a se elaborar sobretudo na revista *Erkenntnis* (vols. 1-8, 1930-1940), no *Journal of Unified Science* (iniciado em 1939), na *Encyclopedia of Unified Science*, especialmente a partir do momento em que muitos dos membros do movimento se refugiaram nos Estados Unidos. Além disso, desde quase os seus começos o Círculo havia revelado interesses diversos que, embora não estritamente contraditórios, eram pelo menos divergentes. Assim, enquanto alguns, como Hahn e em parte Schlick, trabalharam sobretudo nos temas desenvolvidos pela lógica nova e se ocupavam de questões sobre a teoria do conhecimento, da significação e da verificação, outros, como Carnap, Neurath, Gödel e em parte Frank, se orientavam para esse trabalho na lógica e na semiótica que pareceu logo alcançar o primado. Para esses últimos, de fato, tratava-se sobretudo dos problemas de unificação de ciências e de campos científicos, do simbolismo lógico-matemático, da análise lógica das proposições, da teoria da "constituição", da formação de uma sintaxe lógica da linguagem, da solução de antinomias, do desenvolvimento da ciência etc. Em todo caso, a tendência geral dos membros do grupo foi o abandono gradual das tendências mais radicalmente empiristas. Em vários verbetes da presente obra nos referimos a diversas questões tratadas pelos membros do Círculo de Viena ou filósofos de tendências afins (ver ANALÍTICO E SINTÉTICO; PROTOCOLARES [ENUNCIADOS]; VERIFICAÇÃO); neles podemos ver algumas das correntes que ganharam terreno dentro do Círculo. Mais informação a respeito se encontrará nos verbetes EMPIRISMO; NEOPOSITIVISMO; POSITIVISMO.

Durante alguns anos se considerou que o Círculo de Viena havia passado à história e que fora desalojado por outros modos de Análise (VER), especialmente pela análise da linguagem corrente praticada pelos filósofos do grupo de Oxford (VER). Contudo, falou-se de uma "reaparição do Círculo de Viena" em várias publicações, especialmente a *Erkenntnislehre* (1961) de Victor Kraft (VER) e o *Festschrift. Probleme der Wissenschaftstheorie* (1961, em honra de Kraft e com colaborações de H. Schleichert, W. Stegmüller, R. Freundlich, B. Juhos, E. Topitsch e outros autores). Em vários dos artigos contidos nesse volume se determina a posição dos "neopositivistas vienenses" acerca dos desenvolvimentos dos últimos anos, especialmente com respeito às várias correntes da "análise lingüística". Os "neo-positivistas" consideram que em tais correntes houve "desvios" rumo à metafísica, a qual é energicamente rejeitada por considerar-se suas proposições como "fórmulas vazias" *(Leerformeln)* (Topitsch).

Por outro lado, a "reaparição do Círculo de Viena" nos autores e trabalhos anteriormente citados deve ser tomada com certa circunspecção. Entre os autores mencionados, apenas Victor Kraft pode ser considerado bastante fiel às orientações clássicas do Círculo de Viena ou das tendências identificadas com tal Círculo ou procedentes dele: positivismo lógico ou empirismo lógico, neopositivismo etc. Alguns, como Wolfgang Stegmüller, são mais "positivistas" que a maior parte de autores que é comum agrupar sob o nome de "filosofia analítica" e, em todo caso, parecem "neopositivistas", ou "neo-neopositivistas" comparados com os cultores da filosofia da linguagem corrente. Contudo, as tarefas que levam a cabo se afastam em muitos pontos das realizadas pelos que trabalharam dentro do Círculo de Viena. O mesmo, e com mais razão, se pode dizer dos que contribuíram para lançar uma nova etapa da revista *Erkenntnis*. Interrompida sua publicação, com o volume 8, em 1940, ela foi retomada com o vol. 9, nº 1, em 1975, sob o nome de *Erkenntnis: An International Journal of Analytic Philosophy*, e com a direção de Carl G. Hempel, Wolfgang Stegmüller e Wilhelm K. Essler. Fizeram parte do conselho editorial, entre outros, Alfred A. Ayer, Yehoshua Bar-Hillel, Donald Davidson, Herbert Feigl, Bas C. van Fraassen, Nelson Goodman, Adolf Grünbaum, Jaakko Hintikka, Henry Hiz, Richard V. Jeffrey, Stephan Körner, Thomas S. Kuhn, Hilary Putnam, Wesley C. Salmon, Joseph Sneed, Erik Etenius, Patrick Suppes, Raimo Tuomela. Um dos propósitos explícitos da revista é não tentar "fazer história por segunda vez", ressuscitando o Círculo de Viena (e o de Berlim), tarefa declarada impossível depois de trinta e cinco anos de publicação do último volume da primeira *Erkenntnis*. Reconhece-se que as discussões filosóficas havidas depois da segunda guerra mundial levaram a grandes progressos com respeito às posições originais do Círculo de Viena e de todo positivismo lógico ou neopositivismo. Assim, a reaparição de *Erkenntnis* encaixa-se melhor no quadro dos trabalhos realizados na chamada "filosofia analítica", ainda que no ramo desta filosofia se tenha mostrado especial interesse por questões lógicas, metodológicas e metacientíficas, que já haviam ocupado os "vienenses". Entre os nomes que figuram na direção e promoção da revista há alguns que, como Hempel, haviam seguido as orientações neopositivistas, mas as refinaram consideravelmente, e outros que, como Joseph Sneed e Wolfgang Stegmüller, foram ainda mais longe neste particular. A característica mais comum dos trabalhos da nova *Erkenntnis* é o interesse por questões suscitadas na construção de teorias científicas e pela formalização. No vocabulário algumas vezes adotado entre os filósofos analíticos, trata-se na maior parte dos casos de "conceitualistas" e "construcionistas", mais que de "lingüistas" (da linguagem corrente).

➔ Ver: Otto Neurath, R. Carnap, Hans Hahn, *Wissenschaftliche Weltanschauung. Der Wiener Kreis*, 1929. — Eino Kaila, *Der logistische Neupositivismus. Eine kritische Studie*, 1930. — Otto Neurath, *Le développement du Cercle de Vienne et l'avenir de l'empirisme logique*, 1935. — Vouillemin, *La logique de la science et l'école de Vienne*, 1935. — Julius Rudolph Weinberg, *An Examination of Logical Positivism*, 1936. — C. W. Morris, *Logical Positivism, Pragmatism and Scientific Empirism*,

1937. — Delfim Santos, *Situação valorativa do positivismo*, 1938. — Rudolf von Mises, *Kleines Lehrbuch des Positivismus. Einführung in die empiristische Wissenschaftauffassung*, 1939 (trad. ingl. rev.: *Positivism*, 1951). — Philipp Frank, *Between Physics and Philosophy*, 1941. — Id., *Modern Science and Its Philosophy*, 1949. — Antonio Caso, *Positivismo, neopositivismo y fenomenología*, 1941. — Warner Arms Vick, *Metaphysics and the New Logic*, 1942 (tese) [especialmente sobre Carnap, Neurath, Morris]. — Herbert Feigl, "Logical Empiricism" (em *Twenty Century Philosophy*, ed. Dagobert D. Runes, 1943). — Hans A. Lindemann, "El 'Círculo de Viena' y la filosofía científica", *Minerva* [Buenos Aires], 1, nº 2 (1944), 123-151. — W. F. Zuurdeeg, *A Research for the Consequences of the Vienna Circle Philosophy for Ethics*, 1946 (tese). — E. E. Beth, "Eenheid der wetenschap", *Algemeen Nederlands Tijdschrift voor wijsbegeerte psychologie*, 41 (1949), 249-256. — Victor Kraft, *Der Wiener Kreis. Der Ursprung des Neupositivismus. Ein Kapitel der jüngsten Philosophiegeschichte*, 1950; 2ª ed., 1968. — W. Brünning, *Der Gesetzbegriff im Positivismus der Wiener Schule*, 1954. — J. A. L. Taljaard, *F. Brentano as wysgeer, 'n Bydrae tot die kennis van die neopositivisme*, 1955 (tese). — Friedrich Waismann, *Ludwig Wittgenstein und der Wiener Kreis*, 1967, ed. B. F. McGuiness. — H. Schleichert, *Logischer Empirismus. Der Wiener Kreis*, 1975. — P. Achinstein, S. Barker, eds., *Legacy of Logical Positivism: Studies in the Philosophy of Science*, 1969. — E. Kaiser, *Neopositivistische Philosophie im 20. Jh.*, 1979. — M. Porta, *El positivismo lógico. El Círculo de Viena*, 1983. — E. Runggaldier, *Carnap's Early Conventionalism: An Inquiry into the Historical Background of the Vienna Circle*, 1984. — P. M. S. Hacker, G. P. Baker, *Frege, Wittgenstein and the Vienna Circle*, 1986. — R. Cirera Duocastella, *Carnap i el Cercle de Viena. Empirisme i Sintaxi Lògica*, 1990. — R. Haller, *Neopositivismus. Eine historische Einführung in die Philosophie des Wiener Kreises*, 1993 (com breves biografias dos membros e associados do Círculo, pp. 253-261, e com uma abundante bibliografia, pp. 263-291).

Ver, também, a bibliografia nos verbetes ANÁLISE, EMPIRISMO, POSITIVISMO, VARSÓVIA (CÍRCULO DE), e outros relacionados com conceitos desenvolvidos no Círculo de Viena (FISICALISMO, PROTOCOLARES [ENUNCIADOS], SINTAXE, VERIFICAÇÃO etc.), referentes a autores pertencentes ao Círculo (CARNAP, SCHLICK), afins a ele (REICHENBACH) ou que lhe serviram de inspiração (RUSSELL, WITTGENSTEIN).

Ver igualmente a coleção da revista *Erkenntnis* (desde 1930), continuada pelo *Journal of Unified Science*, e as monografias da *International Encyclopaedia of Unified Science* (ed. O. Neurath, R. Carnap, C. W. Morris). G. Schnitzler, *Zur 'Philosophie' des Wiener Kreises*, 1980, examina os conceitos neopositivistas fundamentais usados na revista *Erkenntnis*. — Ver também a coleção *Schriften zur wissenschaftlichen Weltanschauung*, ed. P. Frank e M. Schlick, onde foram publicadas várias das obras mais significativas do Círculo (de Schlick, Carnap, Neurath, Frank, Popper [que se considerou como um crítico do Círculo], von Mises etc.) e as Atas do *Congrès International de philosophie scientifique* (1936) publicadas por Hermann, Paris, 8 vols.

Começou-se a publicar uma "Vienna Circle Collection", em 30 vols., 1973 ss., com textos em trad. inglesa e com notas de Neurath, Schachter, Mach, Reichenbach, Boltzmann, Carnap, Schlick, Kraft, Menger, Feigl, Hahn, Grelling, Kaila, Waismann etc., assim como correspondência, estudos sobre estes autores e atas de congressos, constituindo deste modo um *Corpus* geral do Círculo de Viena. A Coleção é dirigida por Robert S. Cohen, Brian McGuiness e Henk L. Mulder. C

VIERKANDT, ALFRED. Ver DILTHEY, WILHELM.

VIGNAUX, PAUL. Ver NEOTOMISMO.

VIJÑANAVĀDĀ. Ver BUDISMO; FILOSOFIA INDIANA.

VILLARI, PASQUALE. Ver ARDIGÒ, ROBERTO.

VILLORO, LUIS (1922). Nascido em Barcelona, de pais mexicanos, ensinou na Universidade Nacional Autônoma do México, da cidade do México, e na Universidade Autônoma Metropolitana, na mesma cidade.

Villoro fez parte do grupo "Hipérion", que tentava pôr em estreita relação a reflexão filosófica com a análise da cultura e das atitudes do mexicano. Em todos os integrantes deste grupo se fazia notar a influência da fenomenologia do existencialismo francês e do marxismo.

Da época do "Hipérion" provêm as obras mais importantes de Villoro sobre a história intelectual do México. Villoro propôs novos métodos para compreender as ideologias. Segundo eles, as ideologias podem ser explicadas a partir de atitudes históricas, não expressas naquelas, mas que lhes dão sentido. Estas atitudes implícitas, freqüentemente inconscientes, permitem ligar as doutrinas sustentadas à situação histórica real correspondente.

Villoro trabalhou também, e cada vez mais nos últimos anos, na elucidação de problemas do significado e das condições de conhecimento. Para tanto não inscreve seu pensamento em nenhuma escola filosófica particular. Villoro concebe a filosofia como um exercício permanente de crítica radical, reagindo contra a idéia da filosofia enquanto construção de sistemas de pensamento. Por isso ele se baseia, em seus últimos ensaios, nas correntes de pensamento mais críticas: por um lado, o marxismo; pelo outro, a fenomenologia numa primeira etapa, e a filosofia analítica posteriormente.

Os problemas concernentes aos limites da linguagem significativa, às formas das crenças e às condições do saber são três das áreas às quais Villoro dedicou grande atenção. Ultimamente tem trabalhado na noção de ideologia e conceitos afins com o propósito de lançar luz sobre os fundamentos das opiniões não científicas, principalmente das crenças sociais e políticas.

➲ Obras: *Los grandes momentos del indigenismo en México*, 1950. — *El proceso ideológico de la revolución de Independencia*, 1953. — *Páginas filosóficas*, 1962. — *La idea y el ente en la filosofía de Descartes*, 1963. — *Estudios sobre Husserl*, 1975. — *Creer, saber, conocer*, 1982.

Entre os artigos filosóficos de L. V. destacam-se: "El hombre y su sentido", *Cuadernos americanos*, 1 (1959); "La crítica del positivismo lógico a la metafísica", *Dianoia* (1961), 215-235; "De la distinción entre 'estar cierto' y 'saber'", *Crítica*, 9 (1969), 33-58; "Conocer y saber", *ibid.*, 10 (1970), 75-95; "El concepto de ideología", *Plural*, 31 (1974); "Lo indecible en el Tractatus", *Crítica*, 19 (1975), 5-39; "El *Tractatus* desenmascarado (réplica a Margain)", *Crítica*, 19 (1975), 105-114; "Definiciones y conocimiento *a priori* en Kant", *Revista Latinoamericana de Filosofía*, 10 (1984), 99-110; "Respuesta: Díaz Estévez's *Del saber y la sabiduría*", *ibid.*, 13 (1987), 213-218; "Sobre el conocimiento tecnológico", *ibid.* (1990), 131-148; "Sobre justificación y verdad: respuesta a Leon Olive", *Crítica* (1990), 73-92.

Ver: I. Cabrera, J. Díaz Estévez, "Del saber y la sabiduría", *Revista Latinoamericana de Filosofía*, 13 91987), 195-212. ➲

VÍNCULO. Este termo desempenha um papel na história da filosofia, sobretudo pela teoria leibniziana do vínculo substancial *(vinculum substantiale)*. O jesuíta Des Bosses havia exposto a Leibniz, numa carta datada do mês de setembro de 1709, o problema de como se poderia manter o dogma da presença real de Cristo na Eucaristia numa concepção puramente fenomenalista da matéria. Uma série de cartas foram trocadas a este respeito entre Des Bosses e o filósofo (1709-1716; cf. Gerhardt, II, 388 ss.; também VI, 595). Em uma dessas cartas (5 de fevereiro de 1712, Gerhardt, II, 438), Leibniz perfilou suas opiniões sobre o assunto, mas sob uma formulação generalizada do problema da relação entre substâncias simples para a formação de um composto substancial. Segundo Leibniz, há várias formas de relação (tais como a coexistência e a ação recíproca), mas há, além disso, uma "relação real mais perfeita" entre as substâncias pela qual de várias substâncias surge uma substância nova. Essa relação mais perfeita — que não é uma simples derivação das relações reais primárias, mas algo que acrescenta uma nova substancialidade ao composto — se chama *vínculo substancial*, e sua fonte última são o entendimento e a vontade divinas.

Foram dadas várias interpretações desta teoria. Alguns autores (como K. M. Kahle) consideram que ela é acidental dentro do sistema de Leibniz. Outros (como K. Fischer) não encontram explicação para ela. Outros (como J. E. Erdmann) duvidam que tenha uma significação precisa. Outros (como Herbart) assinalam que foi forjada principalmente para resolver questões relativas ao contínuo (uma opinião que retomaremos ao final do presente verbete como expressando uma parte das intenções de Leibniz). Outros (como E. Rösler) sustentam que se trata unicamente de uma hipótese suscitada por várias dificuldades teológicas, útil para se chegar a uma visão mais clara da natureza dos organismos segundo uma concepção realista do mundo. Alguns autores, em contrapartida, sustentam que a teoria leibniziana do vínculo substancial é uma pedra angular no edifício intelectual do filósofo. Entre os que assim pensam se destacaram Maurice Blondel e A. Boehm. Resenharemos com algum detalhe seus comentários a respeito.

Maurice Blondel considerou que a tese do *vinculum substantiale* não era somente um compromisso gratuito para solucionar as dificuldades levantadas pelo dogma da transubstanciação: sem ela não se entenderia o "realismo superior" ao qual, segundo Blondel, tendeu Leibniz com o fim de contemplar os problemas suscitados pelo idealismo. A. Boehm coincide com Blondel na importância da tese, mas nega que a interpretação de Blondel se ajuste à verdade histórica. Em primeiro lugar, Leibniz recolheu essa doutrina de outros filósofos: os metafísicos escolásticos dos séculos XVI e XVII, especialmente os pensadores jesuítas espanhóis (Suárez, Pereira) e os redatores do curso conimbricense (ver CONIMBRICENSES). O próprio Leibniz reconheceu isso ao indicar (carta a Des Bosses de 13 de janeiro de 1716; cf. Gerhardt, II, 511) que sua doutrina da substância composta era a mesma sustentada pela escola peripatética. Mas esta influência não significa um abandono do idealismo. Mostra, antes (como indicamos no artigo citado na bibliografia), que havia na escolástica dos *neoterici* traços fundamentalmente "modernos" envoltos num vocabulário tradicional. Quanto aos motivos que Leibniz tinha para adotá-la, assemelham-se sensivelmente aos que haviam impulsionado os escolásticos. Conforme indica Boehm, a doutrina escolástica do *vinculum* tem seu ponto de partida na questão que se coloca quando se quer saber se além da matéria, da forma e do composto ou elemento concreto (os ingredientes que Aristóteles mencionara na famosa passagem de *Met.*, Λ 3, 1070 a 9 ss.), há uma realidade distinta que confira ao todo uma unidade substancial. O problema tinha sido estudado sob o título *De unione* e, conforme declara Galitius (um capuchinho, autor de uma *Summa totius Philosophiae Aristotelicae ad mentem sancti Bonaventurae* [Roma, 1635]), fora completamente elucidado por São Boaventura sob o título *De compositione*. São Boaventura afirmara a existência de uma *dispositio* diferente dos elementos componentes. A essa tese se opuseram certos filósofos que, como os cajetanistas, consideravam a causa formal como elemento unificador do composto, assim como vários pensadores nominalistas, que concebiam o composto por simples justaposição dos *componibilia*. Ora, a maioria dos filósofos escolásticos dos séculos XVI e XVII seguiram neste ponto uma doutrina mais parecida com a de São Boaventura, porquanto explicaram a união substancial mediante a ação de um *vinculum* de natureza autônoma. De acordo com Boehm, o problema do papel desempenhado pelo *vinculum* foi tratado sob os dois aspectos do *totum* essencial (ou composição essencial do corpo) e do *totum* integral (ou composição dimensiva do corpo). O primeiro problema implicava a discussão de questões relativas à natureza do todo (VER) e da relação entre ele e as partes ou, para usar o vocabulário escolástico, o problema do tipo de *distinctio* que devia ser estabelecida entre eles. A maior parte dos escolásticos do final do século XVI e do início do século XVII admitiram que a *unio* era um "terceiro elemento intrínseco" da substância composta, embora diferissem no que diz respeito à natureza da mesma. O segundo problema implicava a questão dos *vincula* no contínuo e da "união continuativa", que tão decisiva importância adquiriu na especulação de Leibniz. Este tentou combinar com sua monadologia algumas das teses acerca da indivisibilidade sustentadas por vários escolásticos. Isso representava admitir um vínculo de natureza ao mesmo tempo substancial e dinâmica em oposição às concepções mais tradicionais (que o concebiam estaticamente) ou às concepções mecanicistas modernas (que o suprimiam inteiramente ou o reduziam a uma justaposição dos elementos integrantes). Assim, as mônadas que intervinham no composto substancial não eram para Leibniz simples partes, mas tampouco ingredientes, e sim, seguindo o vocabulário escolástico, *requisita*.

➲ Os principais textos de Leibniz sobre o assunto se encontram nos volumes e páginas da edição de Gerhardt referidos no texto e em vários manuscritos da Biblioteca Real de Hannover. Para a escolástica do século XVII ver principalmente: Suárez, *Disp.*, XI, XV e XXXVI. — Benedictus Pererius, *De communibus omnium rerum naturalium principiis et affectionibus libri XV* (Colônia, 1609), liv. vii. — P. Fonseca, *In Met. Arist., lib. IV*, cap. ii, 5. — Conimbricenses, *In Phys. Arist. Lib.*, I, c. ix. — Murcia, *Selecta circa octo libros Physicorum Aristotelis* (Ingolstadt, 1621), super primum librum, disp. ii, q. 3. — As referências de K. Fischer en *Leibniz*, 1902, de J. E. Erdmann em *Ges. der neueren Philosophie*, III; a opinião de Herbart em *Allgemeine Metaphysik*, I (estas e outras interpretações resenhadas em Rösler, *art. cit., infra*, 448-449).

Ver: K. M. Kahle, *Leibnizens Vinculum substantiale*, 1839. — Maurice Blondel, *De vinculo substantiale et de substantia composita apud Leibnitium*, 1893 (tese complementar). Trad. fr., com introdução de Claude Troisfontaines: *Le lien substantiel et la substance composée d'après Leibniz*, 1972. Blondel publicou, em 1930, como 2ª ed. de sua tese, a obra: *Une énigme historique: le "Vinculum substantiale" d'après Leibniz et l'ébauche d'un réalisme supérieur*, mas a tese de 1893 e esta "2ª edição" diferem em muitos aspectos. — E. Rösler, "Leibniz und das Vinculum substantiale", *Archiv für Geschichte der Philosophie*, 27, N. F., 20 (1914), 449-456. — A. Boehm, *Le "Vinculum substantiale" chez Leibniz. Ses origines historiques*, 1938.

Nosso artigo é: "Suarez and Modern Philosophy", *Journal of the History of Ideas*, 14 (1953), 528-543, trad. pelo autor: "Suárez y la filosofía moderna", *Notas y Estudios de filosofía*, 2 (1951), 269-294, reproduzido em J. Ferrater Mora, *Cuestiones disputadas*, 1955, pp. 151-177. ⌖

VINET, ALEXANDRE. Ver SABATIER, AUGUSTE.

VIÑAS, MIGUEL. Ver SUÁREZ, FRANCISCO.

VIOLÊNCIA. Aristóteles distinguia os movimentos naturais e os movimentos violentos. Quando uma pedra se desprende de um telhado e cai ao solo, o movimento da pedra é natural: vai "para baixo". Quando se queima um monte de folhas e a fumaça sobe, o movimento é natural: vai para cima. Em contrapartida, quando se lança uma pedra com a mão, o movimento da pedra é violento. Nos movimentos naturais, as coisas tendem a ocupar os "lugares" que lhes correspondem, e por isso são chamados "naturais". Nos movimentos violentos, as coisas deixam de seguir seu movimento natural, mas não podem seguir assim indefinidamente. No caso da pedra, segundo Aristóteles, quando se esgota o impulso que se lhe imprimiu ao lançá-la e que se transmitiu, diminuindo gradativamente, através das camadas do ar, ela volta a cair ao solo, isto é, a seu lugar natural.

A noção de violência foi usada também, e sobretudo, para referir-se a atos executados por seres humanos, tanto em suas relações interpessoais como, e sobretudo, em suas relações sociais. A partir do momento em que se constitui uma comunidade humana e em particular a partir do momento em que se constitui um Estado, com um aparato de governo, aparece o fenômeno da violência, exercida pelos que detêm o poder: "Uma história implacavelmente realista mostra ou parece mostrar que a violência se encontra na própria origem do poder do Estado, que é inseparável dele. Em que se diferenciam 'violência' e 'poder'? No começo, na implantação de todo Regime, o poder é pura e simplesmente — visto da situação anterior — violência. Mas o regime, uma vez estabelecido, se autolegitima. Com isso a violência nua, primária, elementar deixa de ser exercida, pois o poder legitimado se considera purificado de violência" (José Luis Aranguren, "Sobre la evitabilidad o inevitabilidad de la violencia", *El futuro de la Universidad y otras polémicas*, 1973, p. 144). Isso não quer dizer, continua mostrando Aranguren, que a violência desapareceu de todo: o que ocorre é que ela ficou "atrás", "esquecida", de modo que "a autolegitimada violência de cada dia aparece, pura e simplesmente, como *enforcement* da Lei, como *defesa* da ordem pública" (*op. cit.*, p. 145).

A justificação ou falta de justificação, inevitabilidade ou evitabilidade, da violência foram temas abundantemente discutidos. É improvável que uma doutrina política ou social e sobretudo uma moral sustentem que a violência é justificável por si mesma; ela é considerada justificável, ou inevitável, apenas para manter uma ordem considerada legítima e, "em teoria" pelo menos, pacífica e não violenta. Inclusive quando se defende a necessidade de uma revolução permanente, que pode acarretar o uso freqüente, ou até constante, da violência, a justificação de tal revolução não é a violência usada, mas sim que o caráter permanente da revolução torna impossível todo acúmulo de privilégios e todo injusto "congelamento" social. A violência é então um meio e não um fim. Assim o entendeu Georges Sorel, cujas *Réflexions sur la violence* (1908) chegaram a ser um livro clássico na matéria. Mas, por outro lado, encontra-se em Sorel uma espécie de "fascinação pela violência" que corresponde a um temperamento que considera atraentes o dinamismo e a mudança por si mesmos. Essa "fascinação pela violência" repercutiu em grupos autoritários que encontraram na violência uma satisfação psicológica: a satisfação do poder. Observou-se que houve ou há relações entre violência política e violência sexual, mas a violência política pode ser de duas classes opostas: ou completamente autoritária ou completamente niilista. Do ponto de vista sexual, essas duas classes de violência parecem combinar-se no sadomasoquismo.

A atitude favorável à violência em certos grupos políticos que são conhecidos justamente como violentos não é sempre, porém, uma fascinação pela violência do tipo aludido acima. Assim, a "ação direta" dos anarquistas, ou dos anarco-sindicalistas, pode acarretar violência, mas a idéia diretriz dessa ação não é a violência em si mesma, mas a proclamada necessidade para os trabalhadores de intervirem "diretamente" sem aparatos intermediários, como os órgãos do Estado ou os partidos políticos.

A oposição a toda violência se expressa na "política da não-violência" ou "política de não-resistência", tal como a apregoou Gandhi e tal como foi apregoada em vários movimentos de "desobediência civil" passiva. A adoção dessa política pode ter vários motivos: a repugnância ante toda violência, seja qual for; a idéia de que a violência gera sempre mais violência e de que empregar a violência contra movimentos violentos é sucumbir à violência contra a qual se prega; a idéia de que a não-violência ou não-resistência são, ao fim e ao cabo, os procedimentos mais eficazes para conseguir os fins buscados, ou transformar a sociedade e o homem rumo a um estado de paz.

Na maior parte dos casos, discutiu-se se há ou não limites para o emprego da violência. Essa discussão gira freqüentemente em torno do problema de se (e até que ponto) a violência é justificável e de se há ou não uma "violência justa" tal como se disse que há, ou pode haver, uma "guerra justa". O problema da guerra pode ser considerado como um aspecto do problema da violência.

Estudou-se também a questão da violência em seu emprego pessoal, isto é, no uso da violência de uma pessoa para com outra. Atos como matar, ferir ou, simplesmente, causar dano são atos violentos, mas abordou-se o problema de se, em certas condições — especificáveis de modo geral ou analisáveis unicamente como casos particulares —, é permitido ou não usar meios violentos do tipo indicado. Distinguiu-se entre o uso da violência como pura força com o propósito único de causar dano (o que se considera inaceitável) e o uso da violência em defesa pessoal (o que alguns consideram aceitável e outros podem considerar inaceitável em todos os casos).

Cabe falar não só de graus de violência, e de graus de justificação da violência, mas também de classes de violência; por exemplo: violência física, econômica, ideológica, mental, intelectual etc.

Alguns filósofos consideraram que na linguagem corrente há termos que expressam violência, ou atos de violência, ou que podem ser usados para expressar esses atos. Sherman M. Stanage ("Violatives: Modes and Themes of Violence", no livro de John O'Neill, Robert Audi *et al.*, *Reason and Violence, Philosophical Investigations*, 1974, ed. Sherman M. Stanage) falou a esse respeito de "violativos" ("termos violativos"), por analogia com (e à imitação de) termos "executivos [performativos]" e, especialmente, "veriditivos", "comissivos", "condutivos", "expositivos" etc., de procedência austiniana. Os "violativos" podem expressar violência destrutiva ou construtiva, mas um mesmo termo pode ser violativo destrutivo e violativo construtivo. O termo 'desobedecer' é um violativo destrutivo para um poder estabelecido, e construtivo para os que pregam a desobediência civil, pelo menos em certos casos. 'Encarcerar' e até 'condenar à morte' (e, conseqüentemente, 'matar') é um violativo destrutivo para os que se opõem ao regime carcerário e à pena de morte e construtivo para os que consideram que executar tais atos constitui uma defesa de uma ordem estabelecida, considerada legítima.

◐ No livro mencionado de Aranguren há outros dois artigos sobre a violência: "Sobre la legitimidad o ilegitimidad de la violencia" e "El cristiano y la violencia". — Ver também: M. Merleau-Ponty, *Humanisme et terreur*, 1947. — Víctor Massuh, *La libertad y la violencia*, 1968; 2ª ed., 1984. — Raymond Aron, *Histoire et dialectique de la violence (Critique de la raison historique, I)*, 1973. — Yves-Alain Michaud, *La violence*, 1973. — John O'Neill, Robert Audi *et al., Reason and Violence: Philosophical Investigations*, 1974, ed. Sherman M. Stanage. — G. Boas, J. Murphy *et al., Violence and Aggression in the History of Ideas*, 1974, ed. Philip P. Wiener e John Fischer. — Eduardo Baselga e Soledad Urquijo, *Sociología y violencia*, 1974. — François Laplantine, *La philosophie et la violence*, 1976. — Hannah Arendt, "On Violence", incluído no volume da autora intitulado *Crises of the Republic*, 1976 (outros trabalhos neste volume: "Lying in Politics", "Civil Disobedience", "Thoughts on Politics and Revolution"). — Ted Honderich, *Political Violence: A Philosophical Analysis of Terrorism*, 1976. — J. Harris, *Violence and Responsibility*, 1979. — T. Honderich, *Violence for Equality: Inquiries in Political Philosophy*, 1980. — S. Cotta *et al.*, "Violencia", em *Escritos de Filosofia*, Academia Nacional de Ciencias (Buenos Aires), 2 cadernos, ano V, 1982. — C. Navarte, *Nihilismo y violencia*, 1982. — W. Borman, *Gandhi and Non-Violence*, 1986. — P. Hoffman, *Doubt, Time, Violence*, 1987. — S. G. Comesana, *Mujer, Poder y Violencia*, 1991. — A. J. McKenna, *Violence and Difference: Girard, Derrida, and Desconstruction*, 1992. ◑

VIQUEIRA, JUAN VICENTE. Ver KRAUSISMO.

VIRASORO, MIGUEL ÁNGEL (1900-1966). Nascido em Santa Fe, Argentina, ensinou na Universidade de Buenos Aires até 1955 e depois em Córdoba, Bahía Blanca e Mendoza. Desenvolveu uma filosofia que aspira a ser uma síntese entre a dialética hegeliana e o existencialismo. Virasoro "dialetiza" a fenomenologia e o existencialismo partindo da intuição da existência como realidade finita. "Mas na mesma experiência radical em que a existência se apreende e define como *finitude*, ela se reconhece também, de modo igualmente imediato e absoluto, como ansiedade *infinita*" (*La libertad etc.* [cf. bibliografia], p. 211). Esse contraste leva a existência a um desenvolvimento dialético de caráter existencial; a existência se transcende em seu reconhecimento do objetivo e, em geral, de toda transcendência, mas não pode levar a cabo este movimento de autotranscendência sem negar-se e reafirmar-se dialeticamente. Virasoro descobre em sua análise da dialética da existência certo número de categorias existenciais concretas; a primeira delas é "a ansiedade", que, ao contrário da angústia, que só expressa o momento negativo, "inclui seu momento positivo ou de tensão ao ser, como fome e sede de existência, impulso imanente e processo invariável de autocriação" (*op. cit.*, p. 224). A existência é ansiedade, ao contrário do Ser, que é "saciedade"; a existência emerge do nada "optando" pelo ser. Esta "opção do ser" da existência é o que caracteriza a liberdade como impulso de autocriação; a rigor, "o ser e o nada são os dois momentos interiores da liberdade entre os quais [a existência] deve realizar sua decisão, que é decisão autocriadora de si mesma, ou renúncia auto-aniquiladora" (*op. cit.*, p. 231).

◐ Obras: *Una teoria del yo como cultura*, 1928. — *La lógica de Hegel*, 1932. — *La libertad, la existencia y el ser*, 1942. — *Existencia y mundo*, 1954. — *Para una nueva ideal del hombre y de la antropología filosófica*, 1963. — *La intuición metafísica: Ensayo de fundamentación de la metafísica como ciencia estricta*, 1965. — Entre os artigos de V. destacamos: "Existencia y dialéctica", em *Actas del Primer Congreso Nacional de Filosofía* (Mendoza, 1950), pp. 607-610. — "El problema originario", *Cuadernos de Filosofía*, 5 (1951), 40-62. — "Mi filosofía", *Philosophia* [Mendoza], 9 (1952), 5-21. — "Existencialismo dialéctico", *Humanitas* [Tucumán], 4 (1958), 1347. — "El ser como impulso y autocreación", *Philosophia*, nº 24 (1961), 44-58. — "Advenimiento del super-hombre", *Humanitas*, 9 (1961), 29-46.

Ver: Alberto Caturelli, "De mi correspondencia com M. A. V.", *Cuyo*, 3 (1967), 157-162. — Eduardo Nieto Arteta, "La libertad, la existencia y la dialéctica: En torno a la filosofía de M. A. V.", *Universidad* [Santa Fe], 18 (1945), 81-162. — A. Fornari, "M. A. V. y la fundación metafísico-histórica de la subjetividad como legado para la filosofía argentina", *Stromata*, 40 (1984), 135-160. ◑

VIRASORO, RAFAEL (1906). Foi professor nas Universidades de Buenos Aires e do Litoral, desenvolveu, na Argentina, um pensamento de tipo personalista, influenciado, entre outros autores, por Scheler e por alguns existencialistas. Segundo Rafael Virasoro, o fundamento dos valores é o que chama "vocação", a qual, embora individual, é também pessoal e determina o próprio ser como "o que devo ser". Mas as preferências expressas na vocação não são simplesmente subjetivas; para que haja preferências (ou rejeições) é preciso que elas se apliquem a valores que transcendem o sujeito. Esta transcendência se efetua, é claro, mediante o amor — amor ao próximo e amor a Deus, como raiz de toda comunidade pessoal. A comunhão, por outro lado, não elimina a solidão radical da pessoa, a qual é essencialmente uma realidade finita que se sente livre e, portanto, fundamentalmente insatisfeita. Na experiência desta insatisfação, de caráter ontológico, a pessoa vai além de si mesma e trata de afirmar-se na eternidade

por meio da sobrevivência da pessoa inteira, a qual inclui também o corpo "como aparência da alma".
⊃ Obras: *Envejecimiento y muerte*, 1939. — *La ética de Scheler*, 1941. — *Vocación y moralidad*, 1949. — *Ensayos sobre el hombre y sus problemas*, 1955. — *Existencialismo y moral: Heidegger y Sartre*, 1957. — Também: "Soledad y comunicación", *Humanitas* [Tucumán], 3 (1957), 43-53. — "Dios, hombre y mundo en la filosofía de Martin Buber", *Universidad* [Santa Fe], nº 38 (1958) [separata, 1959]. — "Nota sobre Scheler, a propósito de dos libros", *Cuadernos de Filosofía*, 9 (1970), 105-113. ⊂

VIRTUALITER. Ver FORMALITER.

VIRTUDE significa "força" (*virtus*, ἀρετή), "poder", de onde "poder de uma coisa", "eficácia". Neste sentido, certos autores afirmaram que uma coisa faz dormir por possuir uma *virtus dormitiva*. Já desde muito cedo a virtude foi entendida no sentido do hábito ou maneira de ser de uma coisa, hábito que se torna possível por haver previamente nela uma potencialidade ou capacidade de ser de um modo determinado. Assim, em Aristóteles, que assinala, porém, "que não basta contentar-se com dizer que a virtude é hábito ou modo de ser, mas deve-se dizer também de forma específica qual é esta maneira de ser" (*Eth. Nic.*, II, 6, 1106 a, 14-5). Ora, definida do modo mais geral, a virtude é, no tocante a uma coisa, aquilo que completa a boa disposição da mesma, aquilo que a aperfeiçoa; em outros termos, a virtude de uma coisa é, propriamente falando, seu bem, mas não um bem geral e supremo, mas o bem próprio e intransferível. Virtude, poder-se-ia se dizer, é aquilo que faz cada coisa ser o que é. Tal noção de virtude é prontamente transferida para o homem; virtude é então o poder propriamente humano na medida em que se confunde com o valor, a coragem, o ânimo. A virtude é o que caracteriza o homem, e as definições da virtude relacionam-se em tal caso àquilo que elas consideram o caráter específico do ser humano. Esse caráter está expresso, segundo Aristóteles, pelo justo meio; é-se virtuoso quando se permanece entre o mais e o menos, na devida proporção ou na moderação prudente: "A virtude", escreve Aristóteles, "é um hábito, uma qualidade que depende de nossa vontade, consistindo neste meio que faz relação conosco e que está regulado pela razão na forma em que o regularia o verdadeiro sábio. A virtude é um meio entre dois vícios" (*Eth. Nic.*, II, 6, 1107 a 1-5). A virtude diz respeito a todas as atividades humanas e não só às chamadas "morais".

Platão falou das virtudes em vários diálogos — por exemplo, no *Láquis* e no *Cármides*. Em algumas ocasiões falou das seguintes virtudes: prudência, temperança, fortaleza, justiça e santidade. Em *Rep. IV*, 427 E apresentou as que posteriormente foram chamadas "quatro virtudes cardeais" ou "principais". Uma Cidade-Estado *(pólis)* bem organizada tem de ser prudente, σοφή, esforçada, ἀνδρεῖα, moderada (ou temperada), σώφρων, e justa, δικαία. As quatro virtudes correspondentes são a prudência, φρόνεσις, a fortaleza, ἀνδρεία, a moderação (ou temperança), σωφροσύνη, e a justiça, δικαιοσύνη. Platão usou o termo σοφία, *sofia*, que às vezes se traduz por 'sabedoria', às vezes por 'sabedoria prática' e às vezes por 'prudência' (*Rep.* IV, 429 A). A palavra σοφία no contexto da doutrina do Estado (Estado-Cidade) tem também o sentido que se atribuiu a φρόνεσις, *phronesis*. Este último termo é traduzido habitualmente por 'prudência' (*Rep.*, IV, 433 B-C). Quanto à fortaleza, tem o sentido de 'coragem moral'. A justiça é equiparável às vezes à temperança, mas apenas quando se trata de uma atitude pessoal ou individual (cf. *Cármides* 161 B); na pólis é preciso distingui-las. Ver também JUSTIÇA; PRUDÊNCIA; TEMPERANÇA.

Como nenhuma das citadas virtudes é específica, no sentido de aplicar-se somente a determinada atividade humana ou até a determinado tipo de atividades humanas, e como, por outro lado, não parece que se possa praticar nenhuma dessas virtudes sem o auxílio ou, pelo menos, a concorrência de outras, falou-se freqüentemente da "unidade das (quatro) virtudes" platônicas. No entanto, parece que uma virtude como a prudência tem certo predomínio sobre outras na medida em que, pelo menos, é a virtude indispensável para o governante, e parece também que a justiça desempenha um papel capital na medida em que representa a harmonia. Neste último caso, a justiça é a conjunção das virtudes.

Aristóteles distinguiu virtudes "éticas" (também chamadas "morais") e virtudes "dianoéticas" (também chamadas "intelectuais") (ver DIANOÉTICO). Segundo Aristóteles, "a virtude dianoética deve sua origem e desenvolvimento à instrução, razão pela qual requer experiência e tempo, enquanto a virtude ética procede do hábito; o nome *ethiké* é formado por uma leve variação introduzida na palavra *éthos* [hábito]. Resulta daí que nenhuma das virtudes morais se origina em nós por natureza, pois nada do que existe por natureza pode formar um hábito contrário à sua natureza" (*Eth. Nic.*, II, I, 1103 a 14-20). A distinção entre virtudes éticas e dianoéticas não aparece sempre como radical; a prudência, enquanto sabedoria prática, é considerada por alguns autores como uma virtude ética.

Plotino distinguiu as virtudes chamadas civis (que seriam, em linguagem aristotélica, sensivelmente parecidas com as éticas), como a temperança e a justiça, e as virtudes purificadoras ou catárticas, isto é, aquelas que, guiando-nos em nosso comportamento racional, nos permitem tornar-nos semelhantes aos deuses (*Enn.*, III, vi, 2). Além disso, as virtudes podem ser consideradas ou como intelectuais ou como não intelectuais: as primeiras procedem da alma como realidade separada; as segundas, em contrapartida, derivam do hábito (*ibid.*, I, ii). Porfírio distingue quatro classes de virtudes: políticas ou civis; catárticas; orientadas para o *nous* e virtudes do *nous* ou paradigmáticas. Jâmblico admite uma quinta classe, ainda mais elevada que a das virtudes paradigmáticas: as virtudes hieráticas. O usual na Antiguidade, de resto, não é só forjar um conceito da virtude, mas também, e muito especialmente, manifestar concretamente as virtudes e os atos necessários para que se realizem. Este foi um dos temas fundamentais das diversas escolas socráticas (e uma das preocupações centrais dos estóicos). A racionalidade da virtude, sua possibilidade de ser ensinada, conduziu a uma contínua classificação e reclassificação das virtudes, assim como a uma incessante equiparação da virtude com o ato de seguir determinado caminho: o que a natureza traçava, o que era determinado pela faculdade esforçada (*ex viro virtus*, dizia Cícero) que conduzia, por sua vez, a uma natureza perfeita. A virtude também era defendida pelos estóicos como a perfeição ou fim de cada coisa, podendo ser algo teórico ou não teórico. Diógenes Laércio (VII, 90 ss.) refere-se detalhadamente às classificações estóicas das virtudes. Panécio dividia as virtudes primariamente em duas classes: teóricas e práticas. Outros estóicos dividiam-nas em lógicas, físicas e éticas. Na escola de Possidônio, falava-se de quatro virtudes fundamentais (coincidentes com as platônicas). Cleantes, Crisipo, Antipáter e seus seguidores admitiam mais de quatro virtudes. Apolófanes (cf. von Arnim, I, 90) considerava que existe uma única virtude: φρόνησις, sabedoria prática. Segundo Diógenes Laércio parece haver sempre entre as virtudes, dentro da concepção estóica, algumas virtudes primárias e outras secundárias ou subordinadas. As primeiras são quase sempre as quatro virtudes platônicas. A elas devem ser acrescentadas certas virtudes particulares, tais como a magnanimidade, μεγαλοψυχία, a continência, ἐγκράτεια, a paciência, καρτερία, a presença de ânimo, ἀγχίνοια, o bom conselho, εὐβουλία.

Na Idade Média surgiram vários trabalhos sobre a natureza e sobre as classes das virtudes, tanto por parte de teólogos e filósofos árabes e judeus como cristãos. Alguns autores tenderam a elaborar uma doutrina "psicológica" da virtude, isto é, a derivar o caráter que pode ter a virtude e os diferentes tipos de virtudes da natureza da alma. Segundo Sherif (*op. cit.* na bibliografia, p. 24), Algazel falou em suas duas mais importantes obras éticas, *O Critério* e *A Renovação*, das quatro virtudes cardeais como "as mães do caráter". Tanto as virtudes como o bom caráter indicam o estado das faculdades corporais "quando estão subordinadas à faculdade prática da alma humana" (Sherif, p. 29).

Santo Agostinho deu uma definição da virtude que se tornou célebre: a virtude é a "ordem do amor": *ordo est amoris* (*De civ. Dei*, XV, 22). Pode-se dizer então: *Diliges et quod vis fac* (*In Epist. Joan. ad Parthos*, VII, 8; *Opera omnia*, 35, col. 2033, cit. por É. Gilson, *Introduction à l'étude de Saint Augustin*, 3ª ed., 1949, p. 182), "Ama e faze o que quiseres", porque quem ama possui a virtude. Este ponto, contudo, necessita de esclarecimento. Na obra antes citada, Gilson sublinha que a noção agostiniana do amor é análoga à noção aristotélica de lugar (VER); os corpos ou elementos naturais têm um lugar natural para o qual se dirigem por acordo próprio. De modo similar, em cada alma há "um peso que a arrasta constantemente, que a move continuamente a buscar o lugar natural de seu repouso: é o amor" (*op. cit.*, p. 174). Assim, o amor é para Santo Agostinho inerente à natureza do homem. O problema é que este amor pode dirigir-se para qualquer classe de objeto. "A vontade reta", escreveu Agostinho, "é, por conseguinte, um amor bem dirigido, e a vontade torta é um amor mal dirigido (...) Ora, estas noções (amor, alegria, temor e tristeza) são más se o amor é mau; boas, se é bom" (*De civ. Dei*, XIV, 7). Não é que o amor — ou quaisquer outros "movimentos" — seja, por si mesmo, mau, ou sequer que o objeto para o qual se dirige seja inerentemente mau. "A defecção da vontade é má porque é contrária à ordem da Natureza, e é um abandono do que tem ser supremo em favor do que tem menos ser. Pois a avareza não é uma falta inerente ao ouro, mas se encontra no homem que ama o ouro excessivamente em detrimento da justiça, que deveria ser tida em muito maior estima que o ouro" (*op. cit.*, XII, 8). Gilson indica que não só a mais alta virtude é o mais alto amor, mas que todas as virtudes podem ser reduzidas ao amor. Assim, a temperança é "um amor que se reserva por inteiro ao que ama; a fortaleza é o amor que suporta tudo facilmente em prol do que ama; a justiça não é mais do que o amor que só serve ao objeto amado e domina, por conseguinte, todo o resto; a prudência é o amor em seu discernimento sagaz entre o que favorece e o que a estorva" (*op. cit.*, pp. 176-177). No amor perfeito do fim supremo, além disso, não há discórdia nem desigualdade entre virtudes: temperança, fortaleza, justiça e prudência são respectivamente entrega total a Deus, sofrimento por amor de Deus, serviço a Deus, discernimento entre o que liga a Deus e o que separa de Deus. O amor ao Bem supremo é a caridade. Isso explica que as virtudes cardeais citadas se encaminhem para as virtudes teologais — fé, esperança e caridade. Deparamo-nos aqui com a chamada "virtude infusa", *virtus infusa*. Neste sentido, Santo Agostinho definiu a virtude como "uma boa qualidade da mente mediante a qual vivemos retamente, qualidade da qual ninguém pode abusar e que se produz às vezes em nós sem nossa intervenção" (*De libero arbitrio*, II, 8).

Santo Tomás examinou minuciosamente o problema da natureza da virtude, as classes de virtudes e as relações entre as virtudes. A idéia geral de virtude é a de uma boa qualidade da alma, uma disposição sólida e firme da parte racional do homem. Segundo sua origem etimológica, 'virtude' designa uma "capacidade". Esta pode ser ativa ou passiva, universal ou particular, cognoscitiva ou operativa. Em todos os casos, a virtude tem um caráter "habitual", isto é, é um "hábito" (VER). Santo Tomás segue simultaneamente a Santo Agostinho e a Aristóteles. Como gênero próximo, a virtude é um hábito; como diferença específica, um bom hábito; como sujeito, é-o de nossas almas; como o que a distingue do vício, é algo mediante o qual vivemos retamente; como diferença de outros hábitos (que, como ocorre com a opinião, podem conduzir tanto ao bem como ao mal), ninguém pode abusar da virtude; na medida em que às vezes é infundida, Deus a produz em nós sem nossa intervenção. Todos esses traços, salvo o último, são próprios de todas as virtudes, isto é, tanto das virtudes infusas como das adquiridas (cf. *S. theol.*, I-IIa, q. LIV, a 3 e II-IIa, q. XXIII, a 1). As virtudes infusas têm todos esses traços mais o último mencionado.

No que diz respeito à classificação das virtudes, é capital a distinção entre virtudes adquiridas e virtudes infusas. O termo 'adquirido' indica de que virtude se trata; é uma virtude que não está em nós, pois é objeto de aprendizagem. A virtude infusa é a que Deus dá à alma e não é adquirida. A virtude sobrenatural é uma virtude cujo princípio é a graça e cujo fim é o destino sobrenatural da alma. No que tange às virtudes adquiridas (não infusas), Santo Tomás segue Platão e fala de quatro virtudes cardeais ou "principais", e examina se cada uma delas implica ou não as outras. Em *S. theol.*, I-IIa, q. LXI, 4, Santo Tomás se refere à opinião de São Gregório sobre a mútua implicação das virtudes e declara que as quatro virtudes se encontram mutuamente implicadas porquanto se qualificam uma à outra, "transbordando-se". Mas observa que cada uma das virtudes cardeais é determinada a uma matéria e que se trata de hábitos distintos que se diferenciam entre si por seus vários efeitos. De todos os modos, as qualidades da prudência transbordam, segundo Santo Tomás, para as outras na medida em que as outras são dirigidas pela prudência.

Uma classe importante de virtude são as "virtudes teologais" — fé, esperança e caridade — já mencionadas antes. Segundo Santo Tomás (*S. theol.*, I-IIa, q. LXII, a 1), estas virtudes são as que encaminham para uma felicidade sobrenatural. Uma vez que esta felicidade "ultrapassa os poderes da natureza humana", é necessário para o homem receber de Deus "alguns princípios adicionais", isto é, as virtudes teologais. Estas virtudes nos encaminham para Deus, são infundidas em nós por Deus e são dadas a conhecer somente por meio da revelação divina. Uma virtude teologal é definida como um bom hábito infuso cujo objeto imediato é Deus.

As virtudes podem ser classificadas de outras maneiras muito diversas. As virtudes cardeais podem ser, como em Aristóteles, éticas (morais) e dianoéticas (intelectuais). Existem, além disso, virtudes completas e incoadas, ativas e contemplativas e, é claro, as já mencionadas infusas e adquiridas. Cabe falar também de virtudes políticas ou civis, virtudes purificadoras, purgatórias e catárticas.

A doutrina platônica das quatro virtudes cardeais estava tão difundida na Idade Média que freqüentemente foi objeto de iconografia. O símbolo da prudência, *prudentia*, costumava ser um livro; o da justiça, *iustitia*, uma espada — que ainda aparece na figura da Justiça com os olhos vendados e uma balança na mão —, o da fortaleza, *vis* ou *fortitudo*, um escudo; o da temperança, *temperantia* ou *moderatio*, rédeas.

Na época moderna a concepção da virtude e a classificação de virtudes seguem os passos da Antiguidade e da Idade Média. Contudo, há dois aspectos importantes na idéia de virtude que foram especialmente cultivados na época moderna. Por um lado, deve-se levar em conta o sentido de 'virtude', *virtù*, em Maquiavel. A *virtù* maquiavélica parece muito pouco "virtuosa" no sentido tradicional, mas conserva traços de prudência sagaz e de consciente *fortitudo*. Por outro lado, discutiram-se muito na época moderna as questões relativas ao caráter subjetivo (ou individual) e social das virtudes.

Continuou sendo muito comum na época moderna associar "virtude" com "hábito". Trata-se de um hábito, ou disposição, de agir conforme a intenção moral. Supõe-se que é preciso vencer os obstáculos que se opõem a este agir (e a esta intenção). A virtude é concebida também como o ânimo e coragem de agir bem ou, segundo dizia Kant, como a fortaleza moral no cumprimento do dever. A obra de Kant citada como *Metafísica dos costumes (Metaphysik der Sitten)*, diferente da *Fundamentação da metafísica dos costumes (Grundlegung zur Metaphysik der Sitten)*, compõe-se de duas partes: a primeira parte se intitula *Metaphysische Anfangsgründe der Rechtslehre (Princípios metafísicos da doutrina do Direito)* e a segunda se intitula *Metaphysische Anfangsgründe der Tugendlehre (Princípios metafísicos da doutrina das virtudes)*. A doutrina do Direito, ou doutrina do justo, investiga o princípio das ações humanas externas, e compreende o Direito privado e o Direito público. A doutrina das virtudes investiga o princípio das ações humanas internas. A doutrina das virtudes *(Tugendlehre)* é ética, chamada antigamente "doutrina dos costumes" *(Sittenlehre)* ou *philosophia moralis* e também "doutrina dos deveres" *(Pflichten)* (*Metaphysik der Sitten*, ed. K. Vorlander, 379). A "doutrina das virtudes" é "a doutrina geral dos deveres na parte que submete a leis não a liberdade externa, mas a interna" (*op. cit.*, 380). Kant trata da virtude como uma "fortaleza moral", ao contrário da ausência de virtude, que é uma "fraqueza moral". Enquanto doutrina dos deveres, a doutrina das virtudes trata dos deveres do homem para consigo mesmo (para com o próprio sujeito e para com os demais homens) e para com os seres não humanos (infra-humanos e super-humanos). Enquanto ética, a doutrina das virtudes é uma doutrina elementar ou básica (dogmática, casuística) ou uma doutrina do método (didática, ascética) (op. cit., 412).

Kant destacou, entre as virtudes, a fortaleza e a prudência. Vários autores se opuseram às idéias kantianas denunciando seu caráter excessivamente "rígido", e especialmente sua dependência da noção de "dever", e também seus traços demasiado "individualistas". Assim, por exemplo, Schiller observou no conceito kantiano de virtude a falta do elemento da espontaneidade. Nietzsche, com espírito diverso, criticou o "moralismo" kantiano e, em geral, toda "pequena moral", e sublinhou o sentido original, e mais "forte", de 'virtude', virtus, como potência. Outros autores assinalaram que não há, a rigor, virtudes individuais ou pessoais, mas apenas sociais.

Discutiu-se freqüentemente a possível relação entre virtude (exercício das virtudes) e felicidade. Como já ocorreu nas escolas antigas, perguntou-se se a virtude pode conduzir à felicidade ou se é independente dela em princípio, se se é feliz porque se é virtuoso ou se se pode ser virtuoso sem ser feliz. A solução para o problema depende em grande parte do sentido que se dê a "felicidade". Se se define 'feliz' como "consciente de que se pratica a virtude", a virtude e a felicidade poderão ser identificadas. Se se define 'feliz' de outro modo, pode haver ou não coincidência entre virtude e felicidade. Também continua a se discutir se a virtude é um bem por si mesma ou se é um caminho para alcançar o bem — seja este o que for. É característico dos pensadores que se ocupam hoje com detalhe do problema da virtude e das virtudes lançar mão de descrições psicológicas, fenomenológicas e caracterológicas; isso ocorre, por exemplo, com a obra de V. Jankélévitch a que nos referimos na bibliografia.

➲ Ver: Vladimir Jankélévitch, Traité des vertus, 1949; nova ed., 3 vols., 1972 (I, Le sérieux de l'intention; II, Les vertus et l'amour; III, L'innocence et la méchanceté). — Antonio Gómez Robledo, Ensayo sobre las virtudes intelectuales, 1957. — Otto Friedrich Bollnow, Wesen und Wandel der Tugenden, 1958. — Josef Pieper, Das Viergespann, Klugheit, Gerechtigkeit, Tapferkeit, Mass, 1964. — P. T. Geach, The Virtues, 1977. — P. Foot, Virtues and Vices, and Other Essays in Moral Philosophy, 1978. — J. D. Wallace, Virtues and Vices, 1978. — A. MacIntyre, After Virtue: A Study in Moral Theory, 1981; 2ª ed., ampl., 1984. — M. Slote, Goods and Virtues, 1983. — N. J. Dent, The Moral Psychology of the Virtues, 1984. — G. C. Meiländer, The Theory and Practice of Virtue, 1984. — C. H. Sommers, Vice and Virtue in Everyday Life: Introductory Readings in Ethics, 1985. — M. A. Weinstein, Finite Perfection: Reflections on Virtue, 1985. — J. G. A. Pocock, Virtue, Commerce, and History: Essays on Political Thought and History, Chiefly in the Eighteenth Century, 1985. — V. Kuic, ed., The Definition of Moral Virtue, 1986. — J. Halberstam, ed., Virtues and Values, 1988. — J. A. Jacobs, Virtue and Self-Knowledge, 1988. — B. Arnold, The Pursuit of Virtue: The Union of Moral Psychology and Ethics, 1989. — M. Slote, From Morality to Virtue, 1992. — J. Montmarquet, Epistemic Virtue and Doxastic Responsibility, 1993.

Sobre o conceito de virtude em vários autores e correntes: A. Carramiñana Pérez, "Breve análisis de una virtud homérica: la areté Δωρῶ σὺν ὀλίγῳ", Homenatge a Josep Alsina, 1969, pp. 19-33. — Jörg Kube, TEXNH und APETH. Sophistisches und platonisches Tugendwissen, 1968. — R. Simiterre, La théorie socratique de la vertu-science selon les "Mémorables" de Xénophon, 1938. — H. van Lieshout, La théorie platonicienne de la vertu, 1926. — H. J. Krämer, Arete bei Platon und Aristoteles. Zum Wesen und zur Geschichte der Platonischen Ontologie, 1959 [refere-se também ao pensamento de Platão e Aristóteles em geral]. — J. L. Gárfer, "La esencia de la felicidad y el concepto de virtud en Cicerón", Humanidades [Santander], 51 (1958), 97-115. — O. Zockler, Die Tugendlehre des Christentums, 1904. — Mohamed Ahmed Sherif, Ghazali's Theory of Virtue, 1975. — Rose Emmanuella Brennan, Intellectual Virtues according to the Philosophy of St. Thomas, 1957. — G. Bullet, Vertus morales infuses et vertus morales acquises selon Saint Thomas d'Aquin, 1958. — Alfred G. Scharwath, Tradition, Aufbau und Fortbildung der Tugendlehre Franz Brentano innerhalb seines gesamten philosophischen Schaffens, 1967. — D. A. Hyland, The Virtue of Philosophy: An Interpretation of Plato's Charmides, 1981. — L. H. Yearley, Mencius and Aquinas: Theories of Virtue and Conceptions of Courage, 1990. — S. A. White, Sovereign Virtue: Aristotle on the Relation Between Happiness and Prosperity, 1992. — J. Wetzel, Augustine and the Limits of Virtue, 1992.

Bibliografia: W. A. Galston, "Virtue: A Brief Bibliography", Nomos, 34 (1992), 387-389. ℂ

VISCHER, FRIEDRICH THEODOR (1807-1887).

Nascido em Ludwigsburg, Vischer teve uma ativa vida intelectual, relacionando-se com muitas personalidades de sua época, intervindo em numerosas polêmicas filosóficas e literárias, e dedicando-se a atividades políticas. Em 1844 foi nomeado professor em Tübingen, mas um ano depois teve de se demitir por ser considerado "irreligioso" e "antipatriota". De 1855 a 1866 ensinou em Zurique, e de 1866 a 1877 em Tübingen.

Vischer partiu do hegelianismo ortodoxo, que tentou aplicar à ciência da estética. A doutrina estética de Vischer se apresentou antes de tudo como um grandioso e completo sistema em cujo rígido quadro eram resolvidos todos os problemas; o pressuposto fundamental dessa doutrina era a concepção do belo como uma das formas da Idéia. Contudo, já nas explicações que dava de seus princípios, Vischer antecipou sua tendência a separar-se de Hegel e a substituir a orientação metafísica por uma orientação psicológica. A insistência de Vischer na luta da Idéia contra o império do acaso e sua proposição de que no reino estético o acaso é organizado em formas belas contribuíram também para a evolução de seu pensamento rumo ao exame dos problemas estéticos desde um ponto de vista empírico-psicológico. Importantes foram, na posterior reflexão estética de Vischer, os conceitos de expressão e do que posteriormente foi a doutrina da endopatia.

➲ Principais obras: *Aesthetik oder Wissenschaft des Schönen*, 6 vols., 1847-1858; 2ª ed., por R. Vischer, 1922-1923, reimp. 1972 *(Estética ou ciência do belo)*. — *Über das Verhältnis von Inhalt und Form in der Kunst*, 1858 *(Sobre a relação entre conteúdo e forma na arte)*. — *Antwort auf Entgegnungen ästhetischer Formalisten*, 1858 *(Resposta a réplicas de formalistas estéticos)*. — *Der Krieg und die Künste*, 1872 *(A guerra e as artes)*. — *Vorträge für das deutsche Volk,* ed. R. Vischer (Série 1: *Das Schöne und die Kunst, zur Einführung in die Aesthetik*, 1898. Série 2: *Shakespeare-Vorträge,* 6 vols., 1899-1905) *(Conferências para o povo alemão.* 1: *O belo e a arte, introdução à estética.* 2: *Conferências sobre Shakespeare). — Briefe aus Italien,* 1907 *(Cartas da Itália).*

Ver: H. Glockner, *F. Th. V. und das 19. Jahrh.*, 1932. — Willi Oelmüller, *F. Th. V. und das Problem der nachhegelschen Ästhetik*, 1959. — W. J. Brazill, *The Young Hegelians*, 1970. — W. Göbel, *F. T. V. Grundzüge seiner Metaphysik und Ästhetik*, 1983. — H. Schlaffer, ed., *F. T. V.,* 1987. ☙

VISCIÊNCIA. Luis Abad Carretero (ver INSTANTE; ORTEGA Y GASSET [JOSÉ]) introduziu o termo 'visciência' como composto de *vis* (= "poder", "força" etc.) e *scientia* (= "conhecimento"). 'Visciência' equivale, portanto, a "força e conhecimento", isto é, "vigor para captar, para apoderar-se das situações vitais por meio do sentido". "Deste modo a palavra 'visciência' participaria de impulso e ao mesmo tempo de sentido. É uma expressão correlativa ao *conceito volitivo*" *(Vida y sentido,* 1960, p. 270). Segundo o autor, "não se deve confundir 'visciência' com 'consciência'; enquanto 'visciência' não se opõe a nada, talvez a inatual, sendo por si criadora de realidade e sentido em conivência com fenômenos intimamente ligados com o viver 'atual' do sujeito; em contrapartida, a subconsciência tem uma estreitíssima relação com o passado" *(loc. cit.).*

Luis Abad Carretero sublinha que a visciência, como saber acumulado pelo sujeito no decorrer de sua vida, constitui o fundo do qual surge o sentido como elemento básico e onipresente em todos os atos humanos. A visciência não é um elemento simples, mas um conjunto ou amálgama de elementos díspares e até heterogêneos. Esses elementos estão unificados por serem os depositários das "funções básicas do querer em suas relações com a vida" *(Aparición de la visciencia,* 1963, p. 56). A visciência é o foco de toda iniciativa; em termos do "eu", o "eu" da visciência é um "eu sentidológico" ou eu ativo, ao contrário do "eu cognoscente", que é passivo e que se limita a preparar a ação. "É o eu da visciência que dá sentido do ato que fazemos em relação com os demais" *(op. cit.,* p. 81).

VITAL DU FOUR [de Furno] *(ca.* 1260-1327). Nascido em Bazas, nas proximidades de Bordeaux, estudou em Paris, ingressou na Ordem franciscana e ensinou em Toulouse. Em 1321 foi sagrado bispo de Albano. Seguindo Mateo de Acquasparta (VER) e dentro da tradição boaventuriana, Vital du Four sustenta que a alma se conhece a si mesma e que pode conhecer também o indivíduo. No entanto, essência e existência podem distinguir-se, pelo menos intencionalmente, no indivíduo. Vital du Four segue também algumas das idéias do essencialismo de Avicena.

➲ Seus *Quodlibeta (Quodlibeta Tria)* foram editados por F. Delorme, 1947. Entre as *Quaestiones disputatae* (publicadas por F. Delorme em *Archives d'histoire doctrinale et littéraire du moyen âge,* 1927, pp. 157-337) figura um *De rerum omnium principio* que durante algum tempo foi atribuído a Duns Scot.

Ver: F. Delorme, "L'oeuvre scolastique de V. du F.", *La France franciscaine,* 1926, pp. 421-471. — M. Alonso, "El 'Liber de unitate et uno'", *Pensamiento* (1956), 76-202. — J. E. Lynch, "The Knowledge of Singular Things According to V. de F.", *Franciscan Studies,* 29 (1969), 271-301. — *Id., The Theory of Knowledge of V. du F.,* 1972. ☙

VITALISMO. Toda admissão de um "princípio vital", de uma "força vital" irredutível aos processos físico-químicos dos organismos, é chamada "vitalismo". Mas este termo às vezes adquiriu um significado mais amplo. Pode-se qualificar também de vitalismo a concepção organológica típica da maior parte das doutrinas filosóficas gregas. Neste caso, 'vitalismo' designa uma concepção do mundo segundo a qual todo ser pode ser concebido por analogia com os seres vivos. Segundo esta concepção, enquanto o material se aproxima do espiritual no sentido de ser considerado como algo "animado", o espiritual se aproxima do material no sentido de ser considerado como algo "corpóreo". Em algumas filosofias do Renascimento — com as de van Helmont ou Paracelso —, essa tendência vitalista parece evidente. Tal vitalismo é, por conseguinte, um vitalismo animista. Na época contemporânea, em contrapartida, 'vitalismo' — ou melhor dizendo, 'neovitalismo' — designa, antes, uma particular tendência da biologia e da filosofia biológica. De acordo com a mesma, reconhece-se no orgânico algo "entelequial", "irredutível", "dominante", de natureza "psicóide". Esse "princípio vital" possui, segundo alguns, força suficiente para determinar a forma e comportamento dos organismos. Segundo outros, em compensação, trata-se simplesmente de um princípio capaz de dirigir, determinar ou suspender os movimentos orgânicos.

As formas de vitalismo são diversas. Segundo S. Toulmin e G. J. Goodfield (*The Architecture of Matter*, 1962), há quatro tipos de vitalismo: 1) doutrinas segundo as quais há um princípio vital, não corporal, no corpo orgânico; exemplos são o "archeus" de van Helmont e o "anima" de Stahl; 2) doutrinas segundo as quais há leis especiais que regulam os fenômenos vitais; 3) doutrinas segundo as quais há constituintes não químicos nos corpos orgânicos, tais como os "espíritos animais" de Descartes e o "suco nerval" de Borelli; 4) doutrinas segundo as quais há uma força vital diferente de forças do tipo da afinidade química ou da eletricidade.

Embora as diferenças nos tipos de vitalismo não sejam tão consideráveis entre os autores contemporâneos qualificados, com justiça ou não, de vitalistas, as variedades do vitalismo contemporâneo, ou neovitalismo, são grandes. Esse vitalismo foi defendido por autores como Johannes Reinke (1849-1931), Jacob von Uexküll (VER), e especialmente Hans Driesch (VER), considerado como o chefe da escola neovitalista. Foi defendido também, com menos radicalismo que os autores antes citados, por biólogos como J. B. S. Haldane (nascido em 1892), E. S. Russell (nasc. em 1887) e Ludwig von Bertalanffy (VER). Alguns destes autores não aceitaram a qualificação de "vitalistas" e preferiram termos como "biologismo", "biologia organísmica", "organicismo", para caracterizar suas doutrinas.

Os autores plenamente vitalistas rejeitam toda possibilidade de "redução" (VER) do orgânico ao inorgânico. Não negam que haja relações, às vezes muito estreitas, entre o orgânico e o inorgânico, mas indicam que o primeiro manifesta "princípios", "modos de ser", "propriedades" diferentes por sua natureza dos últimos. Os autores "biologistas" ou "organicistas" admitem que grande parte dos processos orgânicos podem ser explicados por meio de processos inorgânicos, mas isso apenas porque previamente se rejeitou toda identificação do inorgânico com o "mecânico". Desta última opinião participam alguns físicos, como Schrödinger, cujas idéias a respeito resenhamos no verbete VIDA. Também participa dela P. Jordan. Segundo este autor, a concepção mecanicista-materialista do universo foi arruinada pela física atual; a biologia em uso deve ser substituída por uma "biologia quântica". Os seres vivos são, segundo Jordan, sistemas microfísicos e não macrofísicos, e por isso não podem ser regidos pelo tipo de causalidade predominante na física "clássica". Mas como os seres vivos são macroscópicos em suas dimensões, é preciso admitir a existência de um mecanismo que inclua a "acausalidade microfísica". Conforme resume Octavio R. Foz Gazulla ("La física en vísperas de mitad de siglo", *Arbor* nº 45-46 [1949], p. 18), Jordan postula a ação amplificadora de certos centros biológicos que recolham os estímulos microfísicos e os traduzam numa escola macrofísica.

Um neovitalismo que recorda em parte o vitalismo espiritualista leibniziano foi proposto por Paul Häberlin em sua obra *Leben und Lebensform. Prolegomena zu einer universalen Biologie* (1957). Häberlin proclama que o orgânico não pode ser reduzido ao inorgânico, e prefere propor que o inorgânico deve ser compreendido em função do conceito de "vida". Pode-se falar, assim, no seu entender, de "formas de vida" inorgânica, orgânica e humana, cada uma delas caracterizada por uma propriedade dominante: a experiência do eu (e a intencionalidade) na forma de vida humana; a idéia de organização nos organismos biológicos; a ausência desta idéia nas entidades inorgânicas. Häberlin parece considerar estes "graus de vida" como "graus de positividade" e, ao fim e ao cabo, de "realidade", desde a "ínfima realidade" do inorgânico até a máxima realidade do humano.

Às diversas formas de vitalismo, neovitalismo, biologismo, organicismo etc. se opuseram as tendências mecanicistas, mas também outras que denunciam a falta de fundamento — seja nos fatos, seja nos conceitos — de toda concepção "vitalista". Assim, Henry Margenau (*The Nature of Physical Reality* [1950], p. 92) indica que embora o vitalismo possa oferecer um conhecimento mais adequado dos fenômenos biológicos, ele tem o grave inconveniente de afirmar "a autonomia e não extensibilidade das construções explicativas biológicas". Quer dizer que a construção explicativa oferecida pelo vitalismo fica confinada a um campo muito limitado e não se "estende" — nem, em princípio, pode "estender-se" — a outras zonas da realidade.

Numa análise dos problemas implicados na disputa entre partidários da explicação mecanicista e os que defendem a biologia organísmica ou organicista, Ernest Nagel destacou certos pontos dos quais mencionamos os seguintes:

(I) Se consideramos o emergentismo (ver EMERGENTE) dos biólogos organísmicos como uma teoria aplicável à estrutura das ciências, observaremos que ele pode ser entendido de dois modos: (i) indicação das condições de definibilidade de termos da linguagem de uma ciência mediante os termos da linguagem de outra ciência; (ii) indicação das condições de derivabilidade dos enunciados de uma ciência a partir dos enunciados de outra ciência. Embora a biologia não tenha levado a cabo nem essa definibilidade nem essa derivabilidade, isso não garante que a biologia seja em princípio irredutível à físico-química.

(II) A tese organísmica sublinha que os organismos vivos estão organizados hierarquicamente. Mas (i) a organização é própria também de certas entidades chamadas inorgânicas sem por isso ter de assumir, para com estas, teses organísmicas, e (ii) pode-se levar a cabo condições de definibilidade sem se cumprir as condições de derivabilidade.

(III) A tese organísmica indica que o "todo" biológico não é "soma" de suas partes. Mas o vocábulo 'soma' é ambíguo. Quando se esclarece seu sentido, percebe-se que (i) no comportamento de certas entidades não biológicas o todo não é tampouco explicável mediante a soma de suas partes, e que (ii) embora um todo dado possa não ser uma soma de suas partes relativamente a uma teoria, pode sê-lo relativamente a outra teoria.

Nagel conclui que os biólogos organísmicos não conseguem mostrar por que em princípio se devem rejeitar as explicações mecanicistas, mas observa que sua posição é heuristicamente valiosa na medida em que sublinha que "a explicação dos processos biológicos em termos físicos-químicos não é uma condição necessária para o estudo fecundo de tais processos".

Em seu protesto contra os que qualificavam unilateralmente de "vitalista" a sua filosofia, esquecendo que nela se rejeitava por igual o "vitalismo" — pelo menos entendido como tal — e o "racionalismo" — enquanto abuso da razão —, Ortega y Gasset ofereceu várias definições do termo 'vitalismo' que permitem compreender sua ambigüidade. Em primeiro lugar, o vitalismo pode ser aplicado à ciência biológica e significar "toda teoria biológica que considera os fenômenos orgânicos irredutíveis aos princípios físico-químicos". Esse vitalismo biológico pode ser: *a)* a afirmação de um princípio ou força vital especial (Driesch), ou *b)* o propósito de estudar os fenômenos biológicos atendo-se a suas peculiaridades e usando os métodos pertinentes a elas ("biologismo" de Hertwig). Em segundo lugar, o vitalismo pode ser aplicado à filosofia e significar: 1) uma teoria do conhecimento que o concebe como processo biológico (empiriocriticismo de Avenarius, filosofia de Mach, pragmatismo); 2) uma filosofia que rejeita a razão como modo superior de conhecimento e afirma a possibilidade de um conhecimento direto da realidade última, a qual é "vivida" imediatamente (Bergson); 3) uma filosofia "que não aceita outro modo de conhecimento teó-rico senão o racional, mas considera forçoso situar no centro do sistema ideológico o problema da vida, que é o problema mesmo do sujeito pensante deste sistema". Esta terceira acepção do "vitalismo" filosófico seria a única que Ortega y Gasset aceitaria caso se decidisse a adotar um termo que rejeita como de duvidosa capacidade para "denominar toda uma tendência filosófica".

⊃ Ver: Buetschli, *Mechanismus und Vitalismus*, 1901. — Gustav Wolff, *Mechanismus und Vitalismus*, 1902. — K. C. Schneider, *Vitalismus*, 1903. — Hans Driesch, *Der Vitalismus als Geschichte und Lehre*, 1905. — Id., *Geschichte des Vitalismus*, 1922 (cf. as outras obras de Driesch na bibliografia do verbete consagrado a este filósofo). — K. Braeuning, *Mechanismus und Vitalismus in der Biologie der 19. Jahrhunderts*, 1907. — Victor Weizsäcker, "Neovitalismus", *Logos*, 2 (1911-1912), 113-124. — E. S. Russell, *Form and Function: a Contribution to the Theory of Animal Morphology*, 1916. — Id., *The Directiveness of Organic Activities*, 1945. — S. Tietze, *Vitalismus oder Mechanismus?*, 1922. — José Ortega y Gasset, "Ni vitalismo ni racionalismo", *Revista de Occidente*, 2, nº 6 (1924), 1-16, reimp. em *O. C.*, III. — L. van Bertalanffy, "Eine mnemonische Lebenstheorie als Mittelung zwischen Mechanismus und Vitalismus", em *Biologia generalis*, 3 (1927). — Id., *Kritische Theorie der Formbildung*, 1928. — Id., *Theoretische Biologie*, 1932. — Id., *Das Gefüge des Lebens*, 1937. — Id., *Das biologische Weltbild (I. Die Stellung des Lebens in Natur und Wissenschaft)*, 1949. — Id., *Problems of Life: an Evaluation of Modern Biological Thought*, 1952. — Heinrich Maier, *Die mechanistische Naturbetrachtung und die "vitalistische" Kausalität*, 1928. — C. E. M. Joad, *The Future of Life: A Theory of Vitalism*, 1928. — J. B. S. Haldane, *The Philosophical Basis of Biology*, 1930. — Id., *The Philosophy of a Biologist*, 1936. — Id., *What is Life?*, 1947. — Eugen Bleuler, *Mechanismus, Vitalismus, Mnemnismus*, 1931. — VV.AA., *Das Lebensproblem*, 1931, ed. Driesch e Woltereck. — F. Alverdes, *Leben als Sinnverwirklichung*, 1936. — L. R. Wheeler, *Vitalism: Its History and Validity*, 1939. — Ernest Nagel, "Mechanistic Explanation and Organismic Biology", *Philosophy and Phenomenological Research*, 11 (1950-1951), 327-338, reed. no livro do autor: *The Structure of Science: Problems in the Logic of Scientific Explanation*, 1961. — Id., "Teleology Revisited: The Dewey Lectures 1977", *Journal of Philosophy*, 74 (1977), 261-301. — Cusimano Caleca, *Vitalismo e Spiritualismo*, 1956. — Walter M. Elsasser, *Atom and Organism: A New Approach to Theoretical Biology*, 1966. — S. Lukashevich, *Konstantin Leontev (1831-1891): A Study in Russian "Heroic Vitalism"*, 1967. — J. L. Salvan, *The Scandalous Ghost: Sartre's Existentialism as Related to Vitalism, Humanism, Mysticism, Marxism*, 1967. — R.

Haller, G. *Wolff und sein Beitrag zum Vitalismus*, 1968. — H. Rehder, *Denkschritte im Vitalismus*, 1988. ᕲ

VITORIA, FRANCISCO DE [Francisco de Arcaya y Compludo] (*ca.* 1492-1546). Nascido, segundo alguns, em Vitoria e, segundo outros, em Burgos. Depois de estudar em Burgos e de ingressar na Ordem dos Pregadores, Vitoria se mudou para Paris, em cuja Universidade continuou seus estudos. Em 1526 obteve a cátedra de *prima* de teologia em Salamanca. Francisco de Vitoria se distinguiu por suas conferências *(relectiones)* de teologia e de Direito; no que toca ao Direito, é considerado um dos fundadores — senão o fundador — do Direito internacional. Suas conferências teológicas abarcaram, de resto, não apenas temas teológicos, mas muitos outros de interesse filosófico — ou, melhor dizendo, teológico-filosófico —, uma vez que não havia na mente de Vitoria separação entre ambas as disciplinas. Especialmente importantes são as análises empreendidas por Vitoria acerca dos problemas que o confronto da tese da onipotência de Deus com a opinião de que as coisas possuem certas essências naturais e invariáveis levanta. A solução dada por Vitoria à questão segue o espírito do tomismo, mas se manifesta no teólogo espanhol especial preocupação com as questões de "direito", inclusive em problemas em princípio não jurídicos. Tal preocupação se revela mais amplamente em suas conferências propriamente jurídicas sobre o poder civil, eclesiástico, papal e conciliar, sobre o matrimônio e particularmente sobre a licitude ou ilicitude das guerras e sobre o tratamento dado aos índios — principal fundamento da celebridade do autor. Vitoria estabelece quais são os direitos dos índios em seus próprios territórios. Isso obriga a um estudo paralelo acerca das causas que podem justificar as guerras. Característica do pensamento de Vitoria a respeito é uma constante moderação e uma incessante preocupação em convencer os governantes de que somente são permissíveis as ações fundadas em lei, uma lei que deve conciliar o divino e o natural e não deve jamais basear-se na mera arbitrariedade.

↪ As *Relectiones theologicae* foram impressas em Lyon em 1557 e, depois de terem sido cuidadosamente corrigidas, em Salamanca, no ano de 1565 [3ª ed., Ingolstadt, 1580, baseada nas duas anteriores; última ed. antiga, Madrid, 1765]. Títulos das *Relectiones: De potestate civili* (pronunciadas em 1528), *De homicidio* (em 1530), *De potestate Ecclesiae* (em 1532), *De potestate papae et concilii* (em 1534), *De augmento et diminutione charitatis* (em 1535), *De simonia* (em 1536), *De temperantia* (em 1537 e 1538), *De matrimonio* (em 1539), *De indiis et de jure belli* (em 1539; nova ed., trad. esp.: *Relectio de indiis o libertad de los indios*, 1967; *Relectio de iure belli o paz dinámica*, 1981), *De arte magica* (em 1540).

Edição crítica: *Relecciones teológicas. Edición crítica con facsímil de códices, versión castellana, notas e introducción*, de Luis G. Alonso Getino, Madrid, 3 vols., I, 1933; II, 1934; III, 1936 [Biblioteca de tomistas españoles, 9-11]. — Outra edição crítica das *Relecciones* por Teófilo Urdanoz, com trad. esp. e int., 1960 [Biblioteca de Autores Cristianos, 198]. — Publicação das lições de F. de Vitoria consistentes em comentários à *Secunda Secundae* de Santo Tomás, por V. Beltrán de Heredia, Salamanca, 5 vols., 1932-1935 [Biblioteca de teólogos españoles, 2-6]. — Seleção de textos de filosofia jurídica por A. Truyol Serra: *Los principios de Derecho público en F. de Vitoria*, 1946.

Bibliografia: R. C. González, *F. de V.: Estudio bibliográfico*, 1946.

Ver: Luis G. Alonso Getino, *El maestro Fr. F. de Vitoria y el renacimiento filosófico-teológico del siglo XVI*, 1914. — Id., *El maestro Fray F. de Vitoria. Su vida, su doctrina e influencia*, 1930. — A. Barcia Trelles, *F. de Vitoria, fundador del Derecho internacional moderno*, 1928. — R. G. Villoslada, *La universidad de París durante los estudios de F. de Vitoria*, 1938. — V. Beltrán de Heredia, *F. de Vitoria*, 1939. — M. Solana, *História de la filosofía española: Época del Renacimiento (siglo XVI)*, t. III, 1941, pp. 43-89. — Stephen Reidy, *Civil Authority according to F. de Vitoria*, 1959. — Venancio Diego Carro, *La "Communitas orbis" y las rutas del Derecho internacional según F. de Vitoria*, 1962. — Bernice Hamilton, *Political Thought in Sixteenth Century Spain: A Study of the Political Ideas of Vitoria, de Soto, Suárez, and Molina*, 1964. — Carlos G. Noreña, *Studies in Spanish Renaissance Thought*, 1975, cap. II. — R. S. Hartigan, "F. de Vitoria and Civilian Immunity", *Political Theory*, 1 (1973), 79-91. — M. Rodríguez Molinero, "Legitimación del derecho, emanado del poder, según los maestros de la Escuela de Salamanca", *Anales. Cátedra Francisco Suárez*, 16 (1976), 111-128. ᕲ

VITORINOS. Os mestres do mosteiro de Saint Victor (Sanct Victor), nas proximidades de Paris, foram chamados, principalmente durante o século XII, de vitorinos. Guilherme de Champeaux já vivera e ensinara em Saint Victor. Mas este foco de especulação mística e teológica, um dos principais da Idade Média, alcançou um grande florescimento somente com a presença de Hugo de São Vítor, Ricardo de São Vítor e também, embora em menor proporção, Godofredo de São Vítor, aos quais dedicamos verbetes especiais.

Esses nomes não esgotam a série dos chamados "Vitorinos". Aos citados podemos acrescentar Gualtério de São Vítor, que, aliás, se opôs à *Fons philosophiae,* de Godofredo, em seu *Contra quatuor laberynthos Francie* (ed. em P. Glorieux, *Archives d'histoire doctrinale et littéraire du moyen âge*, XIX [1953], 187-335), o que indica que não há acordo entre todos os chamados "Vitorinos". Ora, costuma-se destacar entre os vitorinos os dois primeiros antes mencionados, isto é, Hugo de São Vítor e Ricardo de São Vítor, chamados "Vitorinos" por antonomásia. Seu caráter comum é a tendência mística. Contudo, ao passo que antes se sublinhava quase unicamente esta tendência e embora se supusesse que os mestres de Saint Victor se opunham radicalmente a toda especulação teológica e inclusive à dialética, hoje se reconhece que sua orientação mística não excluía, mas, ao contrário, implicava o uso dos meios racionais e também das ciências chamadas profanas desde que se admitisse sua subordinação de princípio à tarefa essencial da alma: a ascensão rumo à contemplação e o treinamento ou "ascese" correspondente para chegar a ela. Como assinala Gilson, que defende esta interpretação, "seria inexato resumir os teólogos de Saint-Victor mediante o simples epíteto de místicos: em suas vastas e amplas sínteses eles sabem reservar um posto a cada uma das atividades espirituais do homem, de modo que tanto o filósofo como o teólogo e o místico têm seu lugar correspondente" (*La philosophie au moyen âge*, 3ª ed., 1947, p. 307).

⊃ Ver: Fourier Bonnard, *Histoire de l'abbaye royale et de l'ordre des chanoines réguliers de St. Victor de Paris*, 2 vols., s.d. — V. Cilento, *Il metodo e la dottrina del "Microcosmus" di Godoffredo di S. Vittore*, 1959. — Francesco Lazzari, *Il contemptus mundi nella scuola di S. Vittore*, 1965. — M. D. Chenu, "Civilisation urbaine et théologie; l'École de Saint-Victor au XIIe siècle", *Annales ESC*, 29 (1974). ℂ

VIVÊNCIA. O termo 'vivência' foi proposto por Ortega y Gasset em 1913 (*O. C.* I, 257, nota) como tradução do vocábulo alemão *Erlebnis*. "Em frases como 'viver a vida', 'viver as coisas', o verbo 'viver' adquire um sentido curioso", escreve Ortega. "Sem deixar seu valor de depoente, ele toma uma forma transitiva, significando o gênero de relação imediata em que entra ou pode entrar o sujeito com certas objetividades. Pois bem, como chamar a cada atualização desta relação? Eu não encontro outra palavra senão 'vivência'. Tudo aquilo que chega com tal imediatez a meu *eu* que passa a fazer parte dele é uma vivência".

A história do uso de *Erlebnis* parece começar com Dilthey, mas há, segundo Karol Sauerland (*op. cit. infra*, cap. I, 1), uma "pré-história" deste uso. Em *Wahrheit und Methode* (2ª ed., 1965, pp. 56 ss.), Hans-Georg Gadamer dá uma pré-história de *Erlebnis* ("Zur Wortgeschichte von 'Erlebnis'"), indicando que Hegel já usara *Erlebnis* numa carta de 1827 (*Briefe*, ed. J. Hoffmeister, III, 179, a expressão é: *meine ganze Erlebnis*). Sauerland menciona — agradecendo o dado ao lexicólogo Bahr — um texto anterior de Hegel (K. W. Ferber, *Blicke auf Sachsen*, 1814) em que se emprega *Erlebnis* numa forma neutra *(das Erlebnis)*. Há outros usos em Ludwig Tieck, Jacob Grimm e alguns autores antes de meados do século XIX quase todos no sentido de "aventura" enquanto "coisa vivida". Com Alexander Jung (*Charaktere*, 1848), *Erlebnis* parece adquirir um significado mais "profundo" e "filosófico", similar ao de uma compreensão (profunda) de uma obra (especialmente uma obra literária). Este uso persistiu em vários autores até encontrar seu emprego mais conhecido em Dilthey.

Gadamer indica (*op. cit.*, p. 60) que, em sua biografia de Schleiermacher, Dilthey confere já um sentido preciso a *Erlebnis* (vivência). Mas apenas posteriormente Dilthey elaborou com suficiente pormenor a noção de vivência. Segundo Dilthey, a vivência é algo revelado no "complexo anímico dado na experiência interna"; é um modo de a realidade existir *para* um certo sujeito. A vivência não é, pois, algo dado; somos nós que penetramos no interior dela, que a possuímos de uma maneira imediata, podendo até dizer que ela e nós somos a mesma coisa (*Ges. Schriften*, V, 237-240. Também, *G. S.*, VI, 97, 99 e sobretudo VI, 314. Ver também *Das Erlebnis und die Dichtung* [1907], 1924, 300 ss.). Por isso a vivência é uma realidade que não pode ser definida simplesmente por meio de um *Innewerden*. "A vivência", escreve Dilthey, "é um ser qualitativo: uma realidade que não pode ser definida pela captação interior, mas que alcança também o que não se possui indiscriminadamente (...) A vivência de algo exterior ou de um mundo exterior se encontra diante de mim de uma forma análoga àquilo que não é captado e que só pode ser inferido" (*G. S.*, VII, 230).

Na fenomenologia, definida precisamente por Husserl como uma descrição das essências que se apresentam nas vivências puras, ou, melhor dizendo, como uma ideologia descritiva das vivências puras, o fluxo do vivido ou corrente pura do vivido é anterior à esfera psicológica, anterior ao físico e ao psíquico, que se encontram no fluxo vivencial. As vivências, entendidas como "unidades de vivência e de sentido", devem ser descritas e compreendidas, mas não explicadas mediante processos analíticos ou sintéticos, pois são verdadeiramente unidades e não apenas agregados de elementos simples. A vivência é efetivamente "vivida", isto é, experimentada como uma unidade dentro da qual se inserem os elementos que a análise decompõe, mas a vida psíquica não é constituída unicamente por vivências sucessivas, mas estas e os elementos simples, junto com as apreensões, se entrecruzam continuamente. Por outro lado, as vivências se "decompõem", por assim dizer, em vivências particulares e subordinadas, que podem interromper-se no curso temporal sem deixar de pertencer a uma mesma vivência mais ampla e fundamental. Assim, por exemplo, pode ocorrer inclusive uma vivência que se repete ao longo de toda uma vida e à qual se incorporam múltiplos elementos, aumentando-a e enriquecendo-a, junto com outras vivências que penetram na anterior, mas que pertencem a unidades distintas. Por vivências no mais amplo sentido do termo, diz Husserl, entendemos "tudo o que encontramos no fluxo do vivido e, portanto, não só as vivências intencionais, as cogitações atuais e potenciais, tomadas em sua inteira concreção, como também as que se apresentam como momentos reais neste fluxo e suas partes concretas" (*Ideen*, § 36).

Seguidores de Dilthey, como Hermann Nohl, elaboraram, e usaram freqüentemente, a noção de vivência. O mesmo ocorreu com George Simmel. Mais recentemente, Walter Benjamin distinguiu vivência *(Erlebnis)* como um acontecimento [subjetivo] "pontual" e súbito, e experiência *(Erfahrung)* como um suceder mais contínuo e ligado a uma tradição. Hoje tende-se a usar 'vivência' em vários sentidos, mas em quase todos eles predomina a dimensão de "imediatez". Seja pessoal, interpessoal ou "coletiva", seja estritamente subjetiva ou amplamente "histórica", entende-se a vivência como um contato no qual o que possui a vivência possui ao mesmo tempo o objeto da vivência, de modo que "vivência de" e "objeto de vivência" se encontram fundidos. Isto não quer dizer, porém, que a vivência não permita a compreensão; pelo contrário, supõe-se que a compreensão (assim como a interpretação), ao contrário da explicação ou da indiferença, é assunto de vivências, está fundado em vivências ou tem raízes em vivências.

⊃ Além dos textos de Dilthey e Husserl citados, ver: Arthur Liebert, *Das Problem der Geltung*, 1914 (especialmente pp. 24-95). — H. Ruin, *Erlebnis und Wissen*, 1921. — Von Mutius, *Gedanke und Erlebnis*, 1922. — M. von der Groeben, *Konstruktive Psychologie und Erlebnis. Studien zur Logik der diltheyschen Kritik an der erklärenden Psychologie*, 1934. — Ernest Mally, *Erlebnis und Wirklichkeit. Einleitung zur Philosophie der natürlichen Weltauffassung*, 1935. — W. Erxleben, *Erlebnis, Verstehen und geschichtliche Wahrheit. Untersuchungen über die geschichtliche Stellung von W. Diltheys Grundlegung der Geistewissenschaften*, 1937. — Alfred Loewenstein, *Das Erlebnis. Der Mensch zwischen Wirklichkeit und Idee*, 1962. — Theodor Conrad, *Zur Wesenslehre des psychischen Lebens und Erlebens*, 1968. — Karol Sauerland, *Diltheys Erlebnisbegriff. Entstehung, Glanzzeit und Verkummerung eines literaturhistorischen Begriffs*, 1972. — R. Reininger, ed., *Philosophie des Erlebens*, 1976. — W. Mansch, *Wirklichkeit und Erlebnis*, 1987.

Ver também a bibliografia do verbete COMPREENSÃO. ⊃

VIVES, JUAN LUIS (1492-1540). Nascido em Valencia, passou grande parte da vida fora da Espanha, na Inglaterra, na França e nos Países Baixos. Já de início se manifestou radicalmente contrário à sofística em que havia degenerado a dialética em alguns casos. Tal sofística, que Vives encontrou sobretudo em alguns lógicos espanhóis que ensinavam em Paris — Luis Núñez Coronel, Gaspar Lax, Fernando de Encinas — não era para ele mais que a inadmissível confusão da lógica com a metafísica. Para evitá-la é preciso estabelecer uma separação entre a metafísica como saber do verdadeiramente real, e a lógica como saber do formal, pois do formal não se pode derivar, é claro, nenhuma das realidades tradicionais admitidas. O chamado antiaristotelismo de Vives não tinha outro fundamento senão a necessidade de reforma das artes, que se aplicava também, e muito especialmente, ao estudo da Natureza; na realidade, Vives combatia não a fidelidade ao pensamento de Aristóteles, a quem seguia particularmente nas questões metafísicas, mas o abuso de Aristóteles, o recurso ao filósofo para o apoio de quaisquer afirmações. Por isso opunha ao aristotelismo habitual em seu tempo o aristotelismo verdadeiro, o do próprio Aristóteles, que se dedicou à observação e ao experimento apoiados na razão. Segundo Vives, o que se deve fazer antes de tudo para evitar os erros a que conduz o predomínio da dialética e o abandono da observação direta da natureza é uma crítica do saber, isto é, uma crítica do alcance e limites de todas as disciplinas, que estabeleça sua legitimidade e o campo de sua aplicação. Influenciado outrossim pelo platonismo e pelo estoicismo, especialmente na ética, também se manifestava em Vives o típico ecletismo que correspondia a uma certa parte do pensamento espanhol, e também à atitude renascentista. A exigência de observação direta ou imediata se manifesta, sobretudo, na obra de Vives sobre a alma; sem negar a decisiva importância de um tratamento metafísico da alma, ele propunha a investigação de suas propriedades, de suas manifestações e reações, como base de um saber real dos processos anímicos, que abarcasse não somente as partes superiores espirituais, mas também a necessária vinculação ao corpo. A filosofia de Vives é assim, como assinalou Menéndez y Pelayo, uma filosofia crítica, mas também uma filosofia eclética: antiaristotelismo na dialética, aristotelismo na metafísica, estoicismo e platonismo na ética, naturalismo na física, experimentalismo e racionalismo na ciência da alma, tudo isso presidido pela mais sincera crença cristã, se unem num conjunto em que a harmonia da "atitude vital" predomina sobre a "mera" coerência formal.

⊃ Principais obras: *Sapiens* (1512). — *Jesu Christi triumphus* (1514). — *De initiis sects et laudibus philosophiae* (1518). — *Liber in Pseudo Dialecticos* (1519). — *Satellitium animi* (1524). — *De disciplinis, libri XX* (1531), compreendendo, em sua primeira parte, os sete livros *De causis corruptarum artium;* na segunda, os cinco livros *De tradendis disciplinis*, e sendo usual incluir na terceira parte, nas antigas edições, certo número de escritos variados: *De prima philosophia, De censura veri, De instrumento probabilitatis* etc. — Às citadas obras devem-se acrescentar: *De institutione feminae christianae* (1523); *Introductio ad sapientiam* (1524); *De concordia et discordia in humano genere* (1529); *De ratione dicendi* (1533), *De anima et vita* (1538), *Exercitatio linguae latinae* (1538); *De veritate fidei christianae* (1543).

Edição de obras: Basiléia, 1545, 1560; Bruges, 1553; Leyden, 1555; Valencia 1782-1790 (com a *Vita Vivis* de Gregorio Mayáns); Madrid, 1948 ss.; reimp., 1953. — Ed. crítica de *In Pseudodialecticos*, com trad. inglesa e comentário por C. Fantazzi, 1979 [Studies in Medieval and Reformation Thought, 27]. — J. Ijsewijn, A. Fritsen, eds., *Selected Works of J. L. Vives: Early Writings*, 1991.

Correspondência: *Epistolario de J. L. V.*, ed. crítica por José Jiménez Delgado, 1978.

Ver: F. A. Lange, verbete "Vives" na *Enzyklopädie des gesamten Erziehung- und Unterrichtswesens*, ed. K. A. Schmid, t. IX, 776-851. — B. Pade, *Die Affektenlehre des J. L. V.*, 1894 (tese). — G. Hoppe, *Die Psychologie des J. L. V.*, 1902. — A. Bonilla y San Martín, *L. V. y la filosofía del Renacimiento*, 3 volumes, 1903. — Th. Kater, *J. L. V. und seine Stellung zu Aristoteles*, 1908. — Tomás Carreras y Artau, *La concepción jurídica de J. L. V.*, 1910. — F. Watson, "J. L. V.: A Scholar of the Renaissance", *Transactions of the Royal Society of Literature*, N. S., 1921. — J. Parmentier, *V.*, 1923. — W. A. Daly, *The Educational Psychology of J. L. V.*, 1924. — Paul Graf, *L. V. als Apologet*, 1932. — F. Almela y Vives, *J. L. V.*, 1936. — José Ortega y Gasset, "Vives" (três artigos de 1940 publicados em *La Nación*), *O. C.*, vol. V, e "J. L. V. y su mundo" (conferência inédita de 1940 em Buenos Aires), *O. C.*, vol. IX. — Mariano Puigdollers Oliver, *La filosofía española de L. V.*, 1940. — VV.AA., *V. humaniste*, 1941. — Juan Estelrich, *V.*, 1941. — Marcial Solana, *História de la filosofía española: Época del Renacimiento (Siglo XVI)*, 1941, pp. 33-208. — Joaquín Xirau, *El pensamiento vivo de J. L. V.*, 1945. — Juan B. Gomis, *Criterio social de L. V.*, 1946. — Fermín de Urmeneta, *La doctrina psicológica y pedagógica de L. V.*, 1949. — Mario Sancipriano, *Il pensiero psicologico e morale di G. L. V.*, 1958. — C. Vasoli, "J. L. V. e un programma umanistico di riforma della logica", *Atti e Memorie dell'Accademia toscana di scienze e lettere 'La Colombaria'*, 25 (N. S. 11) (1960-1961), 217-263. — Id., "G. L. V. e la polemica antiscolastica nello 'In pseudodialecticos'", *Miscelânea de estudos a Joachim de Carvalho*, 7 (1961), 679-687. — Bernardo G. Monsegú, *La filosofía del humanismo de J. L. V.*, 1961. — R. P. Adams, *The Better Part of Valor: More, Erasmus, Colet, and Vives on Humanism, War, and Peace; 1496-1535*, 1962. — Victor Sanz, *Vigencia actual de J. L. V.*, 1967. — Carlos G. Noreña, *J. L. V.*, 1970. — Alain Guy, *V. ou l'humanisme engagé*, 1972 (com textos e bibliografia). — C. G. Noreña, *Studies in Spanish Renaissance Thought*, 1975. — VV.AA., *Homenaje a J. L. V. en VI Congreso Internacional de Estudios Clásicos* (Madrid, 2/6-VII-1974), 1977. — M. Sancipriano, *G. L. V. Uomo e natura nel Rinascimento*, 1977. — E. Hidalgo Serna, "'Ingenium' and Rhetoric in the Work of Vives", *Philosophy and Rhetoric*, 16 (1983), 228-241. — E. González, "Humanistas contra escolásticos: repaso de un capítulo de la correspondencia de Vives y Erasmo", *Dianoia*, 29 (1983), 135-161. — A. Bongiovanni, "Per una storia della storiografia filosofica nel primo rinascimento", *Rivista di Filosofia Neo-Scolastica*, 78 (1986), 577-594. — J. Nubiola, "J. L. V. y C. S. Peirce", *Anuario Filosófico*, 26 (1) (1993), 155-166. **C**

VOCAÇÃO. No verbete Consciência moral (VER), indicamos que Heidegger analisou tal consciência por meio da noção de vocação *(Ruf)*. Na análise desta noção, Heidegger faz uso do sentido etimológico de *Ruf*; trata-se, com efeito, no seu entender, de um *chamado*, resultado de chamar *(rufen)* no curso do qual a Existência (VER) dirige a "palavra" a si mesma. Igual ou análogo sentido está patente no termo de origem latina 'vocação'. A vocação é o resultado de uma *vox*, e esta é a ação e o efeito de um *vocare*, ou chamar. Prescindiremos aqui da explicação de outros termos utilizados por Heidegger e agrupados em torno da noção de *Ruf* ou vocação — por exemplo, *Anruf, Aufruf, Rückruf*. Para traduzi-los, José Gaos tomou como base o termo 'vocar', dando como resultado 'invocação' para *Anruf*, 'avocação' para *Aufruf*, 'retrovocação' para *Rückruf*. O único que nos interessa agora é destacar que a noção heideggeriana de vocação é fundamental na filosofia expressa em *Ser e tempo*, uma vez que a vocação é identificada com o chamado do Cuidado. E como este é o ser da Existência, a vocação do cuidado ou Existência pode ser considerada como a vocação ou chamado da Existência.

O problema suscitado pelo conceito heideggeriano de vocação é o da função que ela desempenha no ato da decisão existencial. É plausível supor que se trata de um chamado à Existência perdida entre as coisas com o fim de que volte sobre si mesma. Mas o que tal Existência encontra em si mesma ao seguir a invocação da vocação é assunto muito debatido. Duas possibilidades se oferecem: uma é o nada (VER) no qual a Existência está suspensa; outra é a plenitude de ser desta mesma Existência. As duas possibilidades não são sempre incompatíveis, especialmente quando se supõe que "o puro ser e o puro nada são o mesmo". Contudo, parece indubitável que há uma certa *orientação* para uma ou outra possibilidade, correspondendo a uma distinta interpretação da idéia de Existência (pelo menos enquanto existência humana). Para comprová-lo podemos comparar a concepção antes esboçada de Heidegger com a que Ortega ofereceu sobre a vocação. Ortega apresenta, com efeito, a vida humana como um viver com suas circunstâncias, as quais podem impedir ou podem contribuir para que a vida se realize a si mesma, isto é, seja fiel ao "eu insubornável". Este "eu" é justamente a vocação, que é estritamente individual e intransferível. Por isso Ortega analisa a vida humana não em termos de "caráter", mas em termos de vocação ou de destino pessoal. Isto imprime às ações humanas um selo que as torna sempre decisivas e, portanto, impede que possam ser consideradas como meramente simbólicas. A vocação é, assim, o fundo da vida humana e pode ser identificada com a *tarefa* estritamente pessoal da mesma. Ao sermos fiéis à vocação, somos, segundo Ortega, fiéias à nossa própria vida, e por isso a vocação designa a mesmidade e autenticidade de cada ser humano. Pelo mesmo motivo, a vocação, o chamado ou o destino equivalem ao desígnio ou programa vital no curso do qual a vida chega a ser o que "autenticamente é".

VOGT, JOHANN GUSTAV. Ver Torvelinho.

VOGT, KARL (1817-1895). Nascido em Genebra. Professor de zoologia na Universidade de Giessen (1847-1849), foi eleito deputado na Assembléia Nacional alemã (1848). A partir de 1852 foi professor de zoologia e geologia na Universidade de Genebra. Colaborador do naturalista suíço-norte-americano Louis Agassiz (1807-1873), Vogt foi ardente partidário do darwinismo e zeloso defensor do materialismo, com posições semelhantes às adotadas por Ernst Haeckel e Du Boys Reymond. Vogt cunhou fórmulas radicais que se popularizaram grandemente, e que suscitaram também grandes oposições, como a de que "a relação entre os pensamentos e o cérebro é como a relação entre a biles e o fígado ou a urina e os rins". A famosa expressão 'fé de carvoeiro' *(Köhlerglaube)* ou fé meramente simplista foi usada por Vogt em sua polêmica contra o fisiólogo Rudolf Wagner (1805-1864), que escreveu contra Vogt e os materialistas *Menschenschöpfung und Seelensubstanz* (1854) *(Criação humana e substância anímica)*, prosseguida com *Der Kampf um die Seele vom Standpunkt der Wissenschaft* (1857) *(A luta pela alma do ponto de vista da ciência)*.

Karl Marx escreveu um ensaio, *Herr Vogt (O Senhor Vogt)* contra o tipo de materialismo mecanicista e, em última análise, pequeno-burguês defendido por Vogt e outros materialistas alemães da época. Não se deve confundir Karl Vogt com Gustav Vogt (nascido em 1843), também materialista e monista no sentido de Ernst Haeckel e defensor de uma teoria picnótica da matéria em sua obra *Der absolute Monismus. Eine mechanistische Weltanschauung des pyknotischen Substanzbegriffes,* 1912 *(O monismo absoluto. Uma concepção cósmica mecanicista do conceito picnótico de substância)*, que foi precedida pela "síntese" monista *Der Realmonismus. Eine naturwissenschaftliche Weltanschauung mit besonderer Berücksichtigung des Geistes und Lebensproblems*, 1908 *(O monismo real. Concepção científico-natural do mundo, com especial consideração do problema do espírito e da vida).*

➲ Principais obras de K. Vogt: *Physiologische Briefe,* 2 vols., 1845-1846 *(Cartas fisiológicas).* — *Untersuchungen über Tierstaaten,* 1851 *(Investigações sobre os estados dos animais).* — *Natürliche Geschichte der Schöpfung des Weltalls,* 1852; 2ª ed., 1848 *(História natural da criação do mundo).* — *Köhlerglaube und Wissenschaft. Eine Streitschrift gegen Rudolf Wagner,* 1851 *(Fé de carvoeiro e ciência. Polêmica contra R. W.).* — *Vorlesung über den Menschen, seine Stellung in der Schöpfung und in der Geschichte der Erde,* 1863 *(Lições sobre o homem, seu lugar na criação e na história da Terra).* — *Die Mikrocephalen oder Affenmenschen,* 1866 *(Os microcéfalos ou homens-macacos).* — *Aus meinem Leben,* 1896 *(Da minha vida).*

Ver: William Vogt, *La vie d'un homme: C. V.*, 1896. — Johannes Jung, *K. Vogts Weltanschauung,* 1915. — Hermann Mistelli, *C. V.,* 1938 [Schweizer Studien zur Geschichtswissenschaft, XIX, 1]. — F. Gregory, *Scientific Materialism in Nineteenth Century Germany,* 1977. ☾

VOLKELT, JOHANNES (1848-1930). Nascido em Lipnik (Polônia). Estudou em Viena, Iena e Leipzig e se "habilitou" em Iena em 1879. Foi "professor extraordinário" em Iena (1879-1883), professor titular em Basiléia (1883-1889), em Würzburg (1889-1894) e em Leipzig (a partir de 1894).

Volkelt se orientou no começo pela filosofia hegeliana, mas o estudo de Kant logo o conduziu ao que chama um "transubjetivismo subjetivista", como orientação metafísica fundada numa rigorosa análise gnosiológica. Esta análise, desenvolvida ao longo de linhas criticistas, ocupou desde então seu interesse filosófico. O exame da relação entre a experiência e o pensamento, e sobretudo seus trabalhos acerca da certeza, pertencem a este período. A solução do problema parecia consistir a princípio em admitir todas as conseqüências de um imanentismo radical. Mas este imanentismo e positivismo da consciência individual levavam a tais dificuldades e, em particular, a um tal niilismo na questão da certeza do conhecimento que Volkelt se viu obrigado a introduzir a noção do "transubjetivo mínimo" e, sobretudo, a admitir um dualismo no pensamento na medida em que seus enunciados pretendem ser válidos. Ora, esta validez não é a simples validez lógica. Menos ainda pode sê-lo se se tem em mente, segundo Volkelt, que a mesma validez lógica requer para ser entendida um fundamento de certeza que somente podem dar os pressupostos desde os quais ela é pensada. Daí a ampliação das idéias de Volkelt, primeiro a questões psicológicas, em seguida a problemas estéticos e, finalmente, a uma análise fenomenológica e metafísica da consciência e de sua constituição transcendental, análise que incluiu, por fim, um exame do problema do tempo e outro da questão da individualidade. O exame das estruturas da certeza e das estruturas de sua validez — incluindo a chamada certeza intuitiva ou supralógica — desembocou, assim, numa construção metafísica, na qual o problema do tempo e do princípio de individuação representavam os principais fundamentos. Volkelt chegou a sustentar que "a realidade é a auto-realização do valor absoluto", o qual tem de ser compreendido como algo afim ao amor ou, melhor dizendo, análogo ao amor. Isto já havia sido antecipado pela afirmação de que, ao lado das evidências ou certezas subjetivas imediatas, há a certeza de uma verdade transubjetiva, constituída pelos "eus" alheios e pelo "mundo externo". Essa realidade, que é objeto simultaneamente de evidência e de crença, constitui também o conjunto das objetividades que dão forma e sentido ao mundo. A gnosiologia contém, pois, uma "metafísica necessária". Pois a metafísica não é neste caso um "sonho desejado", mas é o fundamento último da forma constitutiva do real e da objetividade.

➲ Principais obras: *Pantheismus und Individualismus im System Spinozas*, 1871 (tese). — *Das Unbewusste und der Pessimismus*, 1873 *(O Inconsciente e o pessimismo)*. — *Die Traumphantasie*, 1875 *(A fantasia do sonho)*. — *I. Kants Erkenntnistheorie in ihren Grundprinzipien analysiert*, 1889 *(A teoria do conhecimento de I. Kant analisada em seus princípios fundamentais)*. — *Erfahrung und Denken, kritische Grundlegung der Erkenntnistheorie*, 1886 *(Experiência e pensamento, fundamentação crítica da teoria do conhecimento)*. — *Vorträge zur Einführung in die Philosophie der Gegenwart*, 1892 *(Conferências para a introdução à filosofia atual)*. — *Ästhetische Zeitfragen*, 1895 *(Questões estéticas da época)*. — *Ästhetik des Tragischen*, 1897; 2ª ed., 1906; 3ª ed., 1917 *(Estética do trágico)*. — *A. Schopenhauer. Seine Persönlichkeit, seine Lehre, sein Glaube*, 1900 *(A. Schopenhauer. Sua personalidade, sua doutrina, sua crença)*. — *System der Ästhetik*, 3 vols. (I, 1905; II, 1910; III, 1914); 2ª ed., 1925-1927. — *Die Quellen der menschlichen Gewissheit*, 1906 *(As fontes da certeza humana)*. — *Zwischen Dichtung und Philosophie. Gesammelte Aufsätze*, 1909 *(Entre a poesia e a filosofia. Ensaios reunidos)*. — *Kunst und Volkserziehung*, 1912 *(Arte e educação popular)*. — *Gewissheit und Wahrheit. Untersuchung der Geltungsfragen als Grundlage der Erkenntnistheorie*, 1918 *(Certeza e verdade. Pesquisa das questões relativas à validez como fundamento da teoria do conhecimento)*. — *Die Gefühlsgewissheit. Eine erkenntnistheoretische Untersuchung*, 1922 *(A certeza afetiva. Pesquisa gnosiológica)*. — *Phänomenologie und Metaphysik der Zeit*, 1925 *(Fenomenologia e metafísica do tempo)*. — *Das Problem der Individualität*, 1928.

Depoimento em *Die deutsche Philosophie der Gegenwart in Selbstdarstellungen*, I, 1921, e em *Deutsche systematische Philosophie nach ihren Gestaltern*, I, 1931.

Ver: C. Cesca, *Il transsoggetivismo del Volkelt*, 1887. — O. Hallesby, *Johannes Volkelts Erkenntnistheorie. Darstellung und Kritik*, 1909. — W. Wirth, *Grundfragen der Ästhetik im Anschluss an die Theorie J. Volkelts*, 1926. — F. Krueger, *J. V.*, 1930. — V. M. Ames, "Volkelt's Saving Humor", *Philosophical Review*, 53 (1944), 295-301. — T. Neumann, *Gewissheit und Skepsis. Untersuchungen zur Philosophie J. Volkelts*, 1978. **C**

VOLKMANN, WILHELM FRIDOLIN. Ver HERBART, JOHANN FRIEDRICH.

VOLKSGEIST, Ver ESPÍRITO DO POVO.

VOLPE, GALVANO DELLA (1895-1968). Nascido em Ímola (Itália), foi professor na Universidade de Messina a partir de 1939. Della Volpe percorreu um complexo itinerário filosófico. Começou com uma crítica ao atualismo italiano dentro de sua própria tradição histórica; isso o levou a um exame do idealismo alemão e do próprio Kant. O estudo de Kant o levou a um exame das noções de experiência e crença em Hume, autor que representava, na opinião de Della Volpe, uma linha de pensamento que não era propriamente "absorvida" por Hegel. Esta linha de pensamento, de tipo empirista e experimentalista, remonta a Aristóteles ou pelo menos a uma interpretação do pensamento aristotélico. As pesquisas e especulações de Della Volpe cruzaram-se posteriormente com tendências existencialistas, depuradas de todo idealismo e platonismo, e com uma crítica da estética romântica. Esses estudos histórico-críticos e a constante preocupação de encontrar um modo de pensamento que superasse o idealismo, e especificamente o idealismo hegeliano, levaram Della Volpe a descobrir no marxismo tanto uma continuação da linha empírica e realista como uma possibilidade de articular diversas tendências do pensamento contemporâneo até agora dispersas ou em conflito mútuo. Para tanto Della Volpe elaborou a lógica como uma série de princípios que regem as oposições e contradições reais. Trata-se de uma lógica não formal, mas material ou, melhor dizendo, materialista, capaz de expressar as relações de reciprocidade entre a matéria e a consciência. Junto à lógica marxista materialista, Della Volpe elaborou uma estética marxista materialista, que deve mostrar de que modo a obra de arte expressa a realidade social humana, não só ao modo de um epifenômeno desta realidade, mas também, e sobretudo, como a própria realidade esteticamente elaborada.

◘ Principais obras: *L'idealismo dell'atto e il problema delle categorie*, 1924. — *Hegel, romantico e mistico*, 1929. — *La mistica speculativa di M. Eckhart*, 1930 (nova ed. com o título *E. o della filosofia mistica*, 1950; 2ª ed., 1952). — *La filosofia dell'esperienza di D. Hume*, 2 vols., 1933-1935; 2ª ed., I, 1939. — *Critica dei principî logici*, 1940; nova ed. reformulada com o título: *Logica come scienza positiva*, 1950. — *Crisi critica dell'estetica romantica*, 1941. — *Discorso sull'ineguaglianza*, 1943. — *La libertà comunista*, 1946. — *Per la teoria di un umanismo positivo*, 1949. — *Critica del gusto*, 1963. — *Chiave della dialettica stoica*, 1964.

Edição de obras: *Opere complete*, 6 vols., Roma, 1972-1973.

Depoimento em "Schema del mio materialismo", em *La filosofia contemporanea in Italia*, 1958, pp. 195-204.

Em português: *Crítica da ideologia contemporânea*, 1974. — *Della Volpe: Sociologia*, 1980. — *Esboço de uma história do gosto*, 1989. — *A lógica como ciência da história*, 1984. — *Moral e sociedade*, 1982. — *Rousseau e Marx: a liberdade igualitária*, 1997.

Ver: C. Carbonara, *L'estetica del particolare di G. Lukács e Della Volpe*, 1961. — M. Montano, "On the Methodology of Determinate Abstraction: Essay on G. della V.", *Telos*, 6 (1971), 30-49. — M. A. Bondanese, "Galilei nell'opera di Husserl, Banfi, Della Volpe", *Giornale Critico della Filosofia Italiana*, 55 (1976), 416-455. ◘

VOLTAIRE (FRANÇOIS MARIE AROUET LE JEUNE, chamado em anagrama) (1694-1778). Nascido em Paris, estudou no colégio de jesuítas Louis le Grand, foi preso na Bastilha em 1717 por causa de uma sátira contra o Regente. De 1726 a 1729 foi exilado na Inglaterra, onde entrou em contato com as doutrinas de Locke e Newton, que influenciaram decisivamente o seu pensamento. No curso de sua longa e agitada vida, durante a qual se mesclaram as censuras, condenações e polêmicas com as mais elevadas honras nas Cortes e os maiores louvores e homenagens de reconhecimento de seu talento, morou algum tempo em Berlim, como hóspede de Frederico II, e em Genebra. Relacionado com as figuras mais representativas da ciência, da filosofia, da literatura e da política européias, sua existência e sua obra são características das tendências do Iluminismo (VER) francês e do enciclopedismo (ver ENCICLOPÉDIA). Mas a vida e o pensamento de Voltaire oferecem, talvez mais que a de qualquer outro de seu tempo, duas faces: por um lado, há confiança otimista, luta contra o mal e contra o obscurantismo, contra o preconceito e a inútil frondosidade da história. Por outro, há desesperação diante da estupidez humana e, ao lado disso, efetiva compreensão histórica dessa estupidez. As diferenças entre Voltaire e Rousseau não conseguem apagar o fato de uma coincidência mais fundamental: enquanto grande parte dos iluministas vogam numa nave otimista e dentro de um materialismo mais ou menos dissimulado, Voltaire e Rousseau rejeitam todo materialismo superficial e querem efetivamente crenças que sejam idéias claras. Ora, ao passo que Rousseau supunha que, sendo natural, o homem era naturalmente bom, Voltaire observava que a estupidez humana podia ser curada apenas com a ilustração e o saber, isto é, com a supressão do preconceito, com a atribuição de força à ilustração ou, o que é o mesmo, com a aquisição, por parte do poderoso e até do "déspota", de um caráter ilustrado. A leitura da história "como filósofo" não significa, em última análise, senão a necessidade de buscar por trás da história os escassos momentos em que se produziu a união da debilidade do espírito com a fortaleza do déspota. Momentos escassos, porque a história em conjunto não parece ser senão a manifestação do mal que há na terra. O contínuo combate de Voltaire contra todo fácil otimismo e em particular contra a teodicéia (VER) de Leibniz é o combate de um homem que quer reconhecer a existência do mal (VER), porque percebe que a razão não somente é impotente para explicá-lo, como também para suprimi-lo. Daí Voltaire tampouco ser um racionalista usual e daí, por sobre o que o separa de Rosseau, aquilo que o une a ele. O singular maniqueísmo de Voltaire não é, contudo, o maniqueísmo de quem concebe o homem como espectador desinteressado numa cósmica luta dos bons contra os maus; o que caracteriza Voltaire é o chamado contínuo à "sã razão humana" para que ela intervenha na querela e apóie os bons em seu propósito de aniquilação dos maus. Dentro deste quadro, deve-se compreender a contribuição de Voltaire à compreensão de uma história que ele aparentemente desprezava, porque queria podá-la da fábula e da lenda não obstante aproveitar-se de toda fábula e de toda lenda para poder efetivamente escrevê-la, isto é, compreendê-la. Mas a luta do bem contra o mal não é simplesmente a luta do saber contra a ignorância, da prudência contra o fanatismo. Chega um momento, com efeito, em que saber e prudência não são suficientes para aniquilar o que se mostra cada vez com maior vigor na história humana, e por isso a realidade parece cindir-se em dois grandes setores, em cada um dos quais pode haver prudência e fanatismo, saber e ignorância. O que faz falta então não é tanto o saber quanto o emprego deste saber, não é tanto a ignorância quanto o fato de conhecê-la e utilizá-la. E por isso, no âmago secreto de Voltaire, alenta-se a visão de uma luta universal — da qual ele se sente o principal representante — entre o fanatismo da verdade e o fanatismo da mentira, entre a razão reveladora de luz e a razão justificadora de trevas, entre a natureza autêntica e a natureza obscura, entre o bem eminente e o mal.

Não obstante a clareza e acuidade com que Voltaire expressa seu pensamento filosófico, é mais difícil apresentar um resumo dele do que de outros pensamentos mais complicados e completos. Isso porque, de um lado, não há em Voltaire — nem o autor tem a pretensão de possuí-lo — um sistema filosófico, e, de outro lado, porque com muita freqüência suas idéias se reduzem a "atitudes". Isso não significa, contudo, que Voltaire não tenha contribuído de um modo efetivo para o trabalho filosófico da época. Isto acontece pelo menos numa área: na filosofia da história. Além de elaborar as noções antes aludidas e mais ou menos difusas entre os pensadores do Iluminismo — progresso, despotismo ilustrado etc. —, Voltaire propôs com sua idéia do "espírito das nações" um instrumento de compreensão histórica que alcançou grande fortuna em períodos posteriores e que de um modo ou de outro encontramos no pensamento historiográfico. A tentativa de redução da complexidade dos fenômenos históricos à invariante de um espírito em torno do qual se organizam os mais diversos fatos pode, pois, ser considerada como a mais importante contribuição filosófica de nosso autor.

⊃ Principais obras filosóficas: *Lettres sur les Anglais* (Londres, 1728; Paris, 1784). — *Éléments de la philosophie de Newton* (Amsterdam, 1738; Paris, 1741). — *La métaphysique de Newton ou parallèle des sentiments de Newton et de Leibniz*, 1740. — *Essai sur les moeurs et l'esprit des nations*, 7 vols., 1756. — *Traité de la tolérance*, 1763. — *Dictionnaire philosophique*, 1767. — *Réponse au système de la nature*, 1772. — Desenvolveu temas filosóficos em estilo polêmico em seus romances (*Zadig*, 1748; *Micromégas*, 1752; *Candide*, 1759-1761; *L'Ingénu*, 1767 etc.) e em algumas poesias (*Sept discours sur l'homme*, 1738). Destacou-se também no teatro (*Oedipe*, 1718; *Brutus*, 1730; *Mérope*, 1743 etc.) e na história (*Histoire de Charles XII*, 1731; *Le siècle de Louis XIV*, 1751; *Histoire de la Russie sous Pierre le Grand*, 1763 etc.).

Edições de obras completas: Kehl (Paris), 70 vols., 1784-1789; Beuchot (Paris), 72 vols., 1834-1840; Moland (Paris), 52 vols., 1883-1885; *The Complete Works of Voltaire*, 1968 ss., ed. crítica de T. Bestermann. — *Oeuvres*, 3 vols., Paris, 1954-1957, ed. R. Pomeau. — *V.'s Notebook*, 2 vols., 1952, ed. T. Bestermann.

Correspondência: *Correspondance générale*, ed. T. Bestermann, 107 vols., 1953 ss.

Entre edições críticas de vários obras, citamos: *Lettres philosophiques*, ed. G. Lanson, 1909-1918. — *Candide*, ed. A. Morize, 1913, e René Pomeau, 1959. — *Micromégas*, ed. I. O. Wade, 1946. — *Facéties*, ed. Jean Macary, 1973 (77 panfletos, publicados anonimamente de 1750 a 1774 e reunidos pela primeira vez).

Em português: *Cândido*, 1998. — *Cartas filosóficas ou cartas de Londres, sobre os ingleses*, 1992. — *Cartas inglesas*, Os Pensadores, 1984. — *Contos*, 1983. — *Contos e novelas*, s.d. — *Deus e os homens*, 2000. — *Dicionário filosófico*, Os Pensadores, 1984. — *Elementos de filosofia de Newton*, 1996. — *O filósofo ignorante*, Os Pensadores, 1984. — *O ingênuo*, 1950. — *Memórias*, 1995. — *Romances e contos*, 1959. — *Tratado de metafísica*, Os Pensadores, 1984. — *Tratado sobre a tolerância*, 2000. — *Zadig ou o destino*, s.d.

Biografia: H. Beaume, *V. au collège, sa famille, ses études, ses premiers amis, lettres et documents inédits*, 1873. — K. Schirmacher, *V. Eine Biographie*, 1898. — *Briefwechsel Friedrich des Grossen mit Voltaire*, 3 vols., 1908-1911, ed. R. Koser e H. Droysen; vol. suplementar, 1917, ed. H. Droysen, F. Caussy e G. Berthold. Reed. de uma seleção dessas cartas: *Voltaire — F. der Grosse. Briefwechsel*, 1992, ed. H. Pleschinski. — G. Holmsten, *V. in Selbstzeugnissen und Bilddokumenten*, 1971.

Bibliografia: M. M. Barr, *A Bibliography of Writings on V., 1825-1925*, 1929. — F. A. Spear, *Quarante années d'études voltairiennes, 1926-1965*, 1968. — G. Bengesco, *V. Bibliographie de ses oeuvres*, 4 vols., 1882-1885; nova ed. de índices por J. Malcom, 1953. — Ver também as obras de Desnoiresterres, Torrey, Wade, cit. infra.

Há um Institut Voltaire, perto de Genebra, dirigido por Théodore Bestermann. Publica *Correspondance* e a revista *Studies on V. and the Eighteenth Century*.

Ver: E. Bersot, *La philosophie de V.*, 1848. — L. J. Bungener, *V. et son temps*, 2 vols., 1850. — G. Desnoiresterres, *V. et la société de son temps*, 8 vols., 1867-1876. — D. F. Strauss, *V. Sechs Vorträge*, 1870. — E. Saigey, *La physique de V.*, 1873. — G. Merten, *Das Problem der Willensfreiheit bei V. im Zusammengang seiner Philosophie historisch-genetisch betrachtet*, 1901 (tese). — J. Hahn, *Voltaires Stellung zur Frage der menschlichen Willesnfreiheit in ihrem Verhältnis zu Locke und Collins*, 1905 (tese). — Gustave Lanson, *V.*, 1906. — G. Pellissier, *V. philosophe*, 1908. — G. Grandes, *V., in seinem Verhältnis zu Friedrich dem Grossen und J. J. Rousseau*, 1909. — P. Sakmann, *Voltaires Geistesart und Gedankenwelt*, 1910. — E. Poudroie, *V. und seine Zeit*, 1910. — N. L. Torrey, *V. and the French Deists*, 1930. — Id., *The Spirit of V.*, 1938. — J. Ferrater Mora, *Cuatro visiones de la historia universal*, 1945; 2ª ed., 1955; reimp., 1958; 3ª ed. em *Obras Selectas* I, 1967 (cap. 4). — Ira O. Wade, *Studies on V.*, 1947. — Id., *The Intellectual Development of V.*, 1969. — W. Girnus, *V.*, 1947. — André Cresson, *V., sa vie, son oeuvre, sa philosophie*, 1948. — C. Rowe, *V. and the State*, 1955. — René Pomeau, *La religion de V.*, 1956. — W. S. Ljublinskij, *Voltaire-Studien* (trad. do russo), 1961. — John N. Pappas, *V. and D'Alembert*, 1962. — Alfred Owen Aldridge, *V. and the Century of Light*, 1975. — H. T. Mason, *Voltaire*, 1975. — T.

J. Schereth, *The Cosmopolitan Ideal in Enlightenment Thought: Its Form and Function in the Ideas of Franklin, Hume, and Voltaire, 1694-1790*, 1977. — P. E. Richter, I. Ricardo, *Voltaire*, 1980. — J. C. Collins, *Voltaire, Montesquieu and Rousseau in England*, 1980. — H. Baader, ed., *V.*, 1980. — W. Andrews, *Voltaire*, 1981. — R. C. Sleigh, W. H. Barber, eds., *Leibniz in France: From Arnauld to Voltaire*, 1985. — A. J. Ayer, *V.*, 1986. — P. Gay, *Voltaire's Politics: The Poet as Realist*, 1988. ⊂

VOLUNTARISMO. Eucken (*Geschichte der philosophischen Terminologie. Im Umriss dargestellt*, 1879) e Eisler (*Wörterbuch der philosophischen Begriffe*, 1912) indicam que o termo 'voluntarismo' *(Voluntarismus)* foi empregado primeiramente por Ferdinand Tönnies em seu trabalho "Studie zur Entwicklungsgeschichte Spinozas", *Vierteljahrschrift für wissenschaftliche Philosophie*, 7 (1883), 158-183, 334-364. Foi adotado por Friedrich Paulsen e difundido por Wundt, que qualificou às vezes de "voluntarismo" sua própria filosofia.

A própria tese é mais antiga que o nome. Remonta às doutrinas que se opõem à concepção, considerada racionalista, de que o bem é querido só porque é conhecido; ninguém pode querer o mal se conhece o que é o mal. Os filósofos antigos, especialmente desde Aristóteles, distinguiram a razão teórica, νοῦς θεωρητικός, e a razão prática, νοῦς πρακτικός. Não há necessariamente conflito entre esses dois tipos de "razão", já que a razão prática se baseia no conhecimento, embora seja um conhecimento distinto do estritamente teórico — o conhecimento que às vezes recebe o nome de "prudência" (VER). Mas na medida em que se acentua a diferença entre esses dois tipos de razão, e especialmente na medida em que a razão prática é desprovida de toda dimensão racional, a vontade pura e simples passa ao primeiro plano, pelo menos no que diz respeito a decisões de caráter "prático" e em seguida possivelmente em relação a todas as decisões, incluindo as que afetam princípios de caráter teórico. Deste modo emerge um voluntarismo. Este foi entendido de quatro modos, de modo similar a quatro pontos de vista adotados acerca do conceito de vontade (VER): 1) psicologicamente, o voluntarismo afirma o primado da vontade ou dos atos voluntários na natureza humana; 2) moralmente, sustenta um primado absoluto da razão prática; 3) teologicamente, destaca o conceito de vontade para caracterizar a realidade, e personalidade, divina; 4) metafisicamente, chega à elaboração daquelas que no citado verbete chamamos "metafísicas da vontade". Cabe acrescentar um ponto de vista epistemológico, que se manifesta, entre outras, na noção de William James da "vontade de crer" (VER).

Afirmou-se às vezes que a filosofia antiga foi em geral "passivista", em virtude de conceber o homem como membro da Natureza — que a reflete mediante a linguagem — ou então como membro, pelo menos possível, de um reino inteligível. Por outro lado, há na tradição cristã elementos voluntaristas.

Em todo caso, cabe falar de um voluntarismo (principalmente teológico) em São Pedro Damião, e também em Avicebron (Abengabirol), o qual faz da vontade o princípio ou a "fonte" da vida. Essa Vontade às vezes parece ser o próprio Deus, e às vezes uma hipóstase, a primeira, de Deus; em todo caso, é uma fonte que gera e regula os seres e que produz as formas, as quais penetram todos os entes, incluindo os espirituais, assim como a matéria, da qual somente Deus está desprovido. Essa Vontade introduz na processão do mundo o que no intelectualismo neoplatônico ficara excluído: a ação querida pelo próprio Deus, a explicação diríamos "causal" e não só "formal" do mundo. Fala-se também de voluntarismo para caracterizar a doutrina de Duns Scot — usualmente em contraposição ao "intelectualismo" que alguns autores consideram como característico da doutrina de Santo Tomás de Aquino. Esta caracterização do scotismo é adequada desde que não se simplifique em demasia — como não se deve tampouco simplificar em demasia o chamado "intelectualismo" tomista. Com efeito, é certo que para Duns Scot a vontade divina é idêntica à natureza divina, mas isso não significa que Deus não seja *intelligens* além de ser *volens*. É certo igualmente que para Duns Scot a vontade é uma perfeição absoluta e que há entre a vontade divina e a inteligência divina uma *distinctio ex parte rei secundum quid* (ver DISTINÇÃO). Mas o intelecto divino também é uma perfeição absoluta. O que, de qualquer modo, resulta verdadeiro é que há em Duns Scot um certo "voluntarismo" — na esfera humana não menos que na divina — porquanto ele julga freqüentemente que a vontade é uma causa total de seu próprio ato, e porquanto esta vontade — pelo menos no plano humano — tem como razão formal a liberdade. O voluntarismo transparece também, e com maior força, num autor como Jacob Böhme, o qual escreve no "primeiro ponto" de seus *Sex Puncta Theosophica* que "vemos e sentimos que todo viver é essencialista [*essentialisch*], e achamos também que consiste na vontade, pois a vontade é a atividade das essências [*das Treiben der Essentien*]".

Em quase todos os casos até agora mencionados, o voluntarismo tem um sentido mais ou menos explicitamente metafísico. Em contrapartida, o sentido moral do voluntarismo predomina em Kant. Segundo alguns comentadores (por exemplo, Richard Kröner), a doutrina kantiana inteira, incluindo sua teoria do conhecimento, pode ser resumida sob o nome de "voluntarismo ético", ao contrário, por exemplo, do voluntarismo de Schopenhauer (cf. *infra*), que pode ser resumido sob o nome de "voluntarismo metafísico". Um sentido moral traduzível ao metafísico impera em Fichte, para o qual a vontade é algo assim como "a raiz do Eu". Até aqui, porém, o voluntarismo não necessita ser irracionalista. Em contrapartida, um voluntarismo metafísico e, além disso, irracionalista se manifesta no pensamento de Schopenhauer. Na filosofia deste autor não somente aparece a Vontade em face do caráter fenomênico do intelecto, como uma "coisa em si", mas, também, tal "coisa em si" é inteiramente irracional. Um predomínio do voluntarismo psicológico se encontra, em compensação, em filósofos como Maine de Biran, mas é óbvio que passam logo ao plano metafísico, por não dizerem que este é o único que permite entender plenamente um pensamento orientado para o exame da sensação do esforço e da resistência (VER) ao esforço. Algo análogo pode ser dito da filosofia de Paulen e de Wundt, assim como da de Ward ou Bain; neles se inicia o voluntarismo como atitude psicológica que, como tal, tem raízes empíricas, mas o plano metafísico não só não está excluído, mas, ao final, aparece como o plano realmente fundante. Ao manifestar-se o psicológico como ontologicamente primário ou, se se preferir, como o único que possui um traço criador e sintético, Wundt vai inclinando-se cada vez mais para o que chama um monismo voluntarista, no qual o querer, que forja sua própria representação, e não a representação mesma, é a realidade diretamente "dada". A distinção entre o psicológico e o metafísico no voluntarismo fica deste modo, em Wundt e nos demais pensadores citados, praticamente apagada. Ora, a oposição hoje em dia já clássica entre voluntarismo e intelectualismo não significa (quando se levam em conta os três citados planos em que pode se desenvolver o primeiro) que não se possa admitir em um dos sentidos e rechaçar-se em outro. Vários psicólogos voluntaristas modernos admitem, por exemplo, o primado da vontade no plano anímico, mas rejeitam conceber a vontade como a realidade. Os voluntaristas plenamente metafísicos, como Schopenhauer, admitem a Vontade como um absoluto e ainda como elemento predominante da vida psíquica, mas negam seu primado no reconhecimento dos valores éticos. Os voluntaristas éticos podem negar ao mesmo tempo o voluntarismo psicológico e o metafísico. O que não significa que a teoria voluntarista não acarrete uma tendência a estender por assim dizer o âmbito da vontade; isto já ocorre no scotismo quando entende a citada posição como algo que expressa a dependência em que se encontra o intelecto em relação à vontade, como algo que determina a lei moral e como o que constitui a essência de Deus enquanto ser que não se pode ver limitado por nada além de sua própria vontade infinita.

Pode-se qualificar também de "voluntarista" a teoria segundo a qual o que caracteriza uma ação humana, ao contrário de um acontecimento, é que a ação humana é voluntária. Se, por exemplo, Sebastião empurra Paulo, isto é uma ação porque Sebastião empurra Paulo voluntariamente. O fato de Sebastião empurrar Paulo é, de acordo com isso, um mero acontecimento se Sebastião não executa a ação voluntariamente — por exemplo, se Sebastião empurra Paulo porque foi empurrado primeiro por Ricardo.

A teoria de referência não é necessariamente "acausalista"; alguns de seus defensores definiram 'voluntário' de um modo causal, pois consideram as ações como efeitos produzidos por atos de vontade, ou pelas intituladas "volições". Esses atos de vontade, ou "volições", são tratados então como acontecimentos. Ao mesmo tempo, os supraditos atos podem ser considerados efeitos de deliberações ou escolhas que cabe discutir se são ou não acontecimentos, ou se podem ou não traduzir-se em termos de ações humanas. Os que se opuseram ao voluntarismo na acepção indicada alegaram que ao postular a existência de atos de vontade se introduziu uma "entidade desnecessária" para a compreensão das ações, e uma ademais, que se supõe residir "dentro", ao contrário do caráter "exterior", ou publicamente manifesto, da ação.

⮕ Ver a bibliografia do verbete VONTADE, especialmente a parte que se refere à concepção da vontade em diversos autores e correntes; e também: Wilhelm Kahl, *Die Lehre vom Primat des Willens bei Augustinus, Duns Scotus und Descartes*, 1886 (tese). — R. Knauer, *Der Voluntarismus*, 1907. ⮐

VONTADE. O conceito de vontade foi tratado no curso da história da filosofia de quatro pontos de vista: 1) psicologicamente (ou antropologicamente), falou-se da vontade como de uma certa faculdade humana, como expressão de um certo tipo de ato; 2) moralmente, tratou-se da vontade em relação com os problemas da intenção e com as questões concernentes às condições requeridas para alcançar o Bem; 3) teologicamente, o conceito de vontade foi usado para caracterizar um aspecto fundamental e, segundo alguns autores, o aspecto básico da realidade, ou personalidade, divina; 4) metafisicamente, considerou-se às vezes a vontade como um princípio das realidades e como motor de toda mudança.

Embora o papel que o conceito de vontade desempenhou em muitas doutrinas morais e teológicas seja fundamental, este conceito se baseou quase sempre em considerações que chamaremos, anacronicamente, "psicológicas". Mesmo confinadas a elas, a variedade de opiniões acerca da natureza ou dos traços da "vontade" é considerável.

Enquanto muitos autores — a rigor, a maioria até o século XVIII pelo menos — conceberam a vontade como vontade humana, outros falaram dela como abreviatura de certos atos: os atos voluntários ou volições. Neste último caso, a própria palavra 'vontade' se torna suspeita, já que, se a tomamos literalmente, ela leva a reificar os atos mencionados numa espécie de "entidade". O interesse em evitar semelhante reificação explica que, tanto em textos filosóficos como psicológicos, a palavra 'vontade' se use hoje menos freqüentemente que antes, ou se use apenas como uma abreviatura mais ou menos cômoda.

Independentemente desta divergência, houve outras muitas diferenças de opinião sobre o conceito de vontade (estas diferenças surgiram especialmente entre os autores que, mesmo sem decidida intenção de "reificar" os atos voluntários, falaram sem rodeios da "vontade"). Assim, alguns deles insistiram no caráter irredutível, ou relativamente irredutível, da vontade — ou até dos atos voluntários. Fez-se então, por um lado, a distinção entre a vontade e o desejo (ou o mero impulso) e, por outro lado, entre a vontade e a inteligência ou a razão. Outros, em compensação, opinaram que a vontade sempre está em relação muito estreita com outras faculdades, ou com outros tipos de atos. Em particular foram sublinhadas as relações que há entre atos da vontade e as razões que se tem, ou que se alega, para "exercer a vontade", isto é, para querer algo. Os que insistiram no caráter irredutível da vontade tenderam a considerá-la de algum modo como irracional — em todo caso como "não racional". Os que relacionaram os atos voluntários com outros tenderam a considerar que a vontade é dirigida por "razões" ou, em todo caso, por "preferências", que podem ser objeto de deliberação. Às vezes se afirmou que o que se chama "vontade" é um elemento numa espécie de "contínuo" de "atos", que vão desde os impulsos, ou desde os instintos (em ocasiões concebidas como impulsos mecanizados e organicamente "institucionalizados") até os atos de execução, a avaliação, a deliberação, a preferência e a resolução.

Exemplos das opiniões citadas, e de muitas mais, se encontram na história da filosofia. Tanto Platão como Aristóteles tenderam a classificar as potências ou poderes da alma. Na famosa divisão tripartite da alma — que é ao mesmo tempo uma divisão tripartite da sociedade e do Estado —, Platão considerou a vontade como uma espécie de faculdade "intermediária". Ela se encontra abaixo da faculdade racional ou da razão, que dirige (ou deve dirigir) o homem (assim como a sociedade), mas acima do apetite sensível ou mero desejo. A vontade não é por si mesma uma faculdade intelectual, mas não é tampouco uma faculdade irracional. Seus atos se executam conforme a razão. Seguir os desejos não é exercer a vontade; é simplesmente estar (cegamente) dominado. Em outras palavras, o desejo, ὄρεξις, pertence à ordem do sensível, ou concupiscível, enquanto a vontade, βούλησις, pertence à ordem do intelecto. Aristóteles insistiu no caráter racional ou, se se preferir, "conforme ao racional", da vontade. É certo que a vontade tem em comum com o desejo o fato de ser um "motor", isto é, de "mover a alma", pois a vontade "apetece". Contudo, a vontade não move, como o desejo, de qualquer modo. A este respeito, os estóicos e, a rigor, quase todos os filósofos gregos, seguiram Platão e Aristóteles.

Do maior ou menor grau de importância que se atribua à vontade como "motora" depende o tipo de relação que se estabeleça entre vontade e inteligência, ou vontade e razão. O problema dessa relação foi fundamental na filosofia da Idade Média, não só por razões psicológicas, mas também teológicas. Seria absurdo supor que os pensadores cristãos iniciaram a este respeito uma corrente inteiramente nova, já que as opiniões de Platão e Aristóteles — assim como as dos neoplatônicos e, em menor medida, dos estóicos — pesaram muito na elaboração da teologia cristã. Além disso, em alguns casos, como em Santo Tomás, as doutrinas sobre a natureza da vontade estiveram assentadas em bases aristotélicas. Contudo, a nova idéia do homem — assim como a idéia do "homem novo" —, que ganha terreno com o cristianismo e que encontra expressão em grande parte da obra de Santo Agostinho, leva não poucos autores a destacar a importância e a preeminência da vontade, tanto no homem como em Deus, e a fomentar deste modo o chamado "voluntarismo", geralmente contra o chamado "intelectualismo". Do papel desempenhado por este voluntarismo dão testemunho na Idade Média autores como São Pedro Damião, Duns Scot e Guilherme de Ockham, e na época moderna, autores como Descartes. Comum a eles, pelo menos aos três últimos, é a idéia de que há na alma ações e paixões, e que entre as ações figuram os atos intelectivos, que todas as ações se encaixam na (ou inclusive se reduzem à) vontade e que, portanto, os próprios atos intelectivos são dirigidos pela vontade. Em todo caso, somente mediante um ato de vontade se pode ajuizar.

A contraposição entre a tendência a destacar a vontade e a tendência a destacar o intelecto — sem detrimento, por outro lado, da vontade — se manifesta nas opiniões encontradas em Santo Tomás e em Duns Scot. Em *S. theol.* I, q. LXXXII, Santo Tomás opina que: 1) a vontade não está submetida em nenhum de seus atos à necessidade, e isso a tal ponto que vontade e livre-arbítrio (VER) não são duas potências distintas, mas uma única potência. 2) A vontade não quer *necessariamente* tudo o que quer. 3) Embora pareça que sendo o Bem objeto formal da vontade, esta tem de ser a mais elevada das potências, o objeto do intelecto é mais nobre que o da vontade, razão pela qual o intelecto é a potência mais elevada. 4) O intelecto move a vontade, mas como fim. 5) Não se pode estabelecer uma distinção entre vontade irascível e concupiscível, como propõem alguns autores, a vontade é um apetite superior às potências irascíveis e concupiscíveis.

Seria errado concluir que Santo Tomás descarta ou despreza a vontade em favor do intelecto. Ambos são motores que agem de forma distinta: a inteligência move a vontade por meio de objetos, e a vontade se move a si mesma em razão do fim proposto. Contudo, há uma predominância do intelecto em Santo Tomás, que dá toda sua força à expressão (calcada em Aristóteles) *appetitus intellectualis* e à idéia de que não se quer nada que não se conheça previamente, *nihil volitum quin praecognitum*. Como é característico de Santo Tomás não adotar posições extremas, ele não subordina a vontade, em seu agir, ao intelecto. Este move a vontade, "porque o bem enquanto é compreendido é o objeto da vontade, e move-a como um fim", enquanto a vontade, como agente, move o intelecto (*S. theol.* I, q. LXXXIII, resp.). Contudo, o pensamento de Santo Tomás aparece como relativamente "intelectualista" comparado com o de Duns Scot. Para este, a vontade é um verdadeiro motor, que impulsiona e dirige o movimento em todo o reino das faculdades. As conseqüências desta opinião se fazem sentir não só na "psicologia" como também, e especialmente, na moral e na teologia. Neste último campo é preciso citar não só o voluntarismo scotista mas também a noção de vontade suprema de Deus que se expressa na teologia de Guilherme de Ockham. Considere-se (simplificadamente) a oposição a este respeito entre Santo Tomás e Duns Scot ou Guilherme de Ockham. Todos sustentam que o fundamento do Bem se encontra em Deus. No entanto, para Santo Tomás, Deus quer segundo o que é bom, não porque esteja subordinado a um reino inteligível do Bem, mas simplesmente porque há perfeito acordo entre o querer divino e o Bem, entre a volição da bondade e a idéia de bondade. Isto parece ser para Duns Scot, e também para Ockham, uma "redução" da onipotência de Deus — de sua infinita onipotência. Algo é bom porque Deus o quer — embora Deus só queira o que é bom. Um filósofo "voluntarista" do século XIX, Charles Secrétan (VER), definiu Deus como aquele ser que pode dizer: "Eu sou o que quero ser". O pensamento de Duns Scot e o de Guilherme de Ockham são demasiado sutis para que possam ser reduzidos a fórmulas tão simples, pois nem sequer lhes convém literalmente o qualificativo de "voluntarismo". Mas é óbvio que há neles uma tendência a destacar a predominância da vontade, psicológica, moral e teologicamente.

Xavier Zubiri (na transcrição de Alberto del Campo, "La voluntad y la libertad, según X. Zubiri", *Papeles de Son Armadans*, 22, nº 56 [1961], 276-293) opina que as posições de Santo Tomás e de Duns Scot são parciais. A inteligência, na medida em que põe o homem perante a realidade como tal, torna possível à vontade decidir-se para "concluir" as tendências (as quais são "inconclusivas"). Mas a vontade não vem, por assim dizer, "desde fora" para levar a cabo tal conclusão: a própria vontade é "tendenciosa". A vontade não é (ou não é somente) apetite racional como propunha Santo Tomás. Tampouco é livre determinação, como declarava Duns Scot. Mas não tampouco é atividade espontânea, como declararam alguns autores modernos. Apetite, determinação e ação são dimensões de um mesmo ato: o "querer". A essência da vontade é o querer. O homem não é arrastado por suas tendências, mas se encontra "diante" delas. As tendências são pretensões entre as quais pode haver preferências. Ao contrário do animal que não prefere, o homem se encontra "sobre si mesmo", e por isso não somente pode querer algo, como também querer-se a si mesmo — isto é, querer realizar-se em algo que quer. O que o homem quer é um elemento integrante de sua própria realização. Tal realização não é, contudo, uma subjetivização, como se o querido o fosse somente para um sujeito; o que se quer ao querer realizar-se por meio das realidades queridas é um bem — um bem plenário e não geral, e um bem, além disso, que pode realizar-se de mui diversas maneiras, o que possibilita a diversidade das preferências. Por outro lado, como preferir é ao mesmo tempo descartar, a essência da volição resulta ser "depor minha fruição na realidade que quero".

Tudo isso não significa que o querer não possua nenhuma dimensão "física". A natureza do homem pode modificar-se justamente porque há uma realização física do querer. O querer não deixa intacta a vida humana, mas vai constituindo-a num caráter. Não se pode querer sempre o que se quer, mas o que se "pode querer". E o que "se pode querer" pode ser cultivado até chegar-se a um "domínio de si mesmo", ou pode estreitar-se até chegar à "escravização de si mesmo". O "domínio de si", que resulta do cultivo até o máximo da possibilidade de querer, é a liberdade (VER). Esta tampouco aparece, assim, "desde fora", como uma potência metafísica (ou um postulado ético), mas surge "desde dentro", como modalidade de certos atos. Não há liberdade, mas somente atos executados livremente. A liberdade está fundada na volição; como a volição é "tendenciosa", também está fundada nas tendências, as quais não constituem um obstáculo para a liberdade, mas a condição da possibilidade desta última.

O tema da vontade em teologia, psicologia e epistemologia ocupou um lugar importante na época moderna — e, para começar, no que chamamos "a época moderna clássica", aproximadamente os séculos XVII e XVIII. Duas grandes tendências se manifestaram e se enfrentaram, dependendo do tipo de relações, ou falta de relações, que se considerou manterem entre si a vontade e o intelecto.

A primeira tendência é a dos racionalistas, incluindo os mais destacados: Descartes e Leibniz. Parece estranho colocá-los sob o mesmo teto na questão que nos ocupa, porque Descartes é decididamente voluntarista, considera que a vontade é a faculdade de assentir ou negar o juízo; a vontade é "infinita" com respeito ao intelecto, que é "finito". Além disso, Descartes enfatiza o caráter absoluto da decisão divina. Mas nada disso lhe impede relacionar a vontade com o intelecto; o que ocorre é que apenas a primeira decide, de modo que o ato intelectual é um ato da vontade — como o são, aliás, todos os atos, ou ações, ao contrário das paixões. Zubiri afirmou que o voluntarismo de Descartes é paradoxal, porque é um voluntarismo da razão. Em todo caso, Descartes pode ser ao mesmo tempo voluntarista e racionalista; em compensação, não é intelectualista.

Leibniz se opõe a Descartes com respeito ao voluntarismo, embora não com respeito ao racionalismo. Embora na filosofia leibniziana a idéia de *conatus* seja importante — como são importantes em Leibniz as noções de força e de dinamismo —, ele considera (já num escrito de 1667 sobre "um novo método para aprender e ensinar a jurisprudência") a vontade como um *conatus* "que se origina no pensamento ou que tende a algo reconhecido pelo pensamento como bom". Em suas *Animadversiones in partem generalem principiorum Cartesianorum*, de 1692 (Parte I, ad. art. 31, 35 [Gerhardt, IV, 361]), Leibniz indica, contra Descartes, que "não admite que os erros dependam mais da vontade que do intelecto. Dar crédito ao que é verdadeiro ou ao que é falso — sendo o primeiro conhecer, e o segundo errar — não é senão a consciência ou memória de certas percepções ou razões, e portanto não depende da vontade exceto enquanto possamos ser levados, por algum esquema oblíquo, ao ponto em que nos parece ver o que desejamos ver, mesmo quando sejamos efetivamente ignorantes disso". Em suma: "Só queremos o que aparece ao intelecto".

A segunda tendência é a dos empiristas, de Hobbes a Hume. Comum a eles é a idéia de que não há apetite racional. O ato voluntário é o começo da ação. Se esta resulta de uma deliberação, nem por isso fica o ato voluntário "intelectualizado"; o ato de referência continua sendo um começo que não necessita de outro passo intermediário para realizar-se por inteiro. De um certo ponto de vista, os empiristas são voluntaristas. Mas não porque considerem que a vontade, ou os atos voluntários, são predominantes, mas simplesmente porque não são nem "racionais" nem "intelectuais". Os empiristas tendem a equiparar o ato voluntário à execução da ação. Portanto, não há primeiramente um intelecto que determina o ato voluntário ou sequer um ato de vontade que atue como motor da ação. O que se chama "ação" inclui o ato voluntário, de modo que não tem sentido pensar que há um ato de vontade pura e simplesmente sem a ação correspondente.

Kant destaca o aspecto moral da vontade. Quando a vontade é autônoma (ver AUTONOMIA) e não heterônoma, quando dá origem à lei (moral) e não está subordinada a prescrições dependentes de fins alheios a ela, chama-se boa vontade (VER). Este é o sentido primário e mais importante de 'vontade'. A boa vontade possui um valor absoluto com independência dos resultados obtidos.

Em muitos casos o estudo do conceito de vontade acarretou o do conceito de liberdade (ou falta de liberdade). Se se concebe a vontade como um "motor" pode-se, em princípio, afirmar que há vontade sem que haja liberdade ou livre-arbítrio; o que se chama "vontade" pode ser, ao fim e ao cabo, um "movimento natural". O determinismo (VER) da vontade pode estar baseado, aliás, não só numa certa concepção da Natureza ou do que se qualificou de "causalidade da Natureza", mas também na idéia de que o ato voluntário é completamente determinado por "razões". Na grande maioria dos casos, os autores que procuraram ver em que consiste, e como funciona, a vontade, não admitiram o determinismo, ou deram por estabelecido que ele não existe. Kant admitia um determinismo sob forma de rigoroso encadeamento causal, no reino natural que, aliás, conhecemos apenas sob o aspecto fenomênico. Não há determinismo no reino moral ou reino dos fins morais. Nele se pode falar sem rodeios de vontade e de liberdade.

Fichte considerou que entre o idealismo e o materialismo há uma opção radical e definitiva; somente a escolha do idealismo permite admitir a liberdade — a este respeito caberia dizer, paradoxalmente, que "o idealismo é necessário". A liberdade se exerce por meio da vontade pura, a qual não somente vence os obstáculos, mas inclusive os cria para vencê-los. Assim, a vontade pura — numa acepção diferente *da* pura "boa vontade" de Kant e também da "vontade pura" na "crítica da vontade pura" de autores como Hermann Cohen — tem um sentido metafísico — ou, se se preferir, metafísico por ser moral. A filosofia de Fichte é um exemplo destacado de voluntarismo (VER).

A vontade ou, melhor dizendo, o querer, desempenha um papel fundamental no pensamento de Maine de Biran, que altera o princípio cartesiano *cogito, ergo sum* (VER), reformulando-o como *volo, ergo sum*. O querer no sentido de Maine de Biran está ligado ao chamado "sentimento do esforço". Com ele se elabora uma epistemologia chamada "realismo volitivo", da qual encontramos exemplos, elaborados independentemente de Maine de Biran, em autores tão diferentes quanto Dilthey, Peirce, Frischeisen-Köhler e Max Scheler. Baseando-se em Maine de Biran, assim como em Royer-Collard, Galluppi apresentou uma filosofia que girava em torno do que se poderia chamar "subsistência da vontade". A vontade é concebida seja como um fundo último de todas as "potências", seja como uma condição sem a qual não se pode exercer nenhuma "potência" e realizar nenhuma possibilidade.

Schopenhauer (VER) elaborou uma filosofia segundo a qual a vontade é o fundo último da realidade. A Vontade não é limitada, segundo Schopenhauer, pelas categorias de espaço, tempo e causalidade, aplicáveis apenas aos fenômenos, ao passo que a Vontade é uma realidade em si ou numênica. Encontra-se em Schopenhauer a noção da vontade de viver (VER). A Vontade se objetiva produzindo as Idéias. Para Nietzsche, a vontade é basicamente vontade de poder (VER) ou vontade de domínio. Esta vontade está ligada à transmutação de todos os valores ou transvolaração (VER).

Vários filósofos no final do século XIX e começos do XX trataram a vontade como uma noção central. Exemplos são Wundt, Lachelier e William James. Tanto a psicologia como a metafísica de Wundt são voluntaristas. Em Lachelier, a vontade chega a apresentar-se como "o princípio e o fundo oculto de tudo o que existe". Não se trata, contudo, de um "princípio" abstrato (ou "especulativo"), mas de uma realidade concreta, experimentável como uma espécie de força motriz interna. William James examina a vontade do ponto de vista psicológico e desenvolve a idéia de que a vontade está ligada a alguma representação que não é obstaculizada por nenhuma outra que lhe seja contrária. James também elaborou a noção de "vontade de crer" (VER), que tem para ele um sentido a um só tempo epistemológico e moral.

As questões relativas à vontade no pensamento filosófico das últimas décadas diferem das abordadas pelas "metafísicas da vontade" nas quais foi pródigo o século XIX. Em geral, tende-se a examinar não tanto "*a* vontade" quanto os atos volitivos ou as volições. Alguns autores consideram que o exame desses atos pressupõe levantar o problema de eles serem ou não voluntários. "O problema da vontade" está, de acordo com isso, ligado aos problemas em que intervêm os conceitos de acaso, determinação, indeterminação etc., e requer ou tomar uma posição, ou chegar a alguma conclusão a respeito do debatidíssimo problema do determinismo (VER) contra a liberdade (VER) ou o livre-arbítrio (VER). Outros autores consideram que não é necessário introduzir estas questões e que o importante é analisar as noções de ato, ação, decisão, deliberação, escolha, preferência etc. Esta análise pode levar a formular várias teorias, das quais foram destacadas duas. Segundo uma, há volições, ou atos voluntários em virtude dos quais se determina a decisão que se adote. Segundo a outra, não existem tais volições ou atos voluntários. A primeira teoria é chamada "volicionista"; a segunda, "não volicionista" — ou, em todo caso, considera-se que não depende de uma "teoria das volições" especial (cf. Richard Taylor, *Action and Purpose*, 1964, pp. 64 ss.).

➲ Conceito da vontade principalmente em sentido psicológico: J. Payot, *L'éducation de la volonté*, 1894. — G. E. Schneider, *Der menschliche Wille*, 1882. — Th. Ribot, *Les maladies de la volonté*, 1883. — R. Hamerling, *Atomistik des Willens*, 1891. — G. Tarantino, *Saggio sulla volontà*, 1897. — Türckheim, *Zur Psychologie des Willens*, 1900. — A. Pfänder, *Phänomenologie des Willens*, 1900. — F. Paulhan, *La volonté*, 1903. — Juan Zaragüeta, *Teoría psicogenética de la voluntad*, 1914. — J. Bessner, *Das menschliches Wollen*, 1915. — E. Rohracher, *Theorie des Willens auf experimenteller Grundlage*, 1931. — N. Ach, *Analyse des Willens*, 1935. — Paul Foulquié, *La volonté*, 1949. — W. Keller, *Psychologie und Philosophie des Wollens*, 1954. — Luis Beirnaert, G. Marcel, J. Ladrière et al., *Qu'est-ce que vouloir?*, 1958, ed. Luis Beirnaert. — H. Dücker, *Untersuchungen über die Ausbildung des Wollens*, 1975. — H. Arendt, *The Life of the Mind*, 1978. — J. Gosling, *Weakness of the Will*, 1990. — R. Double, *The Non-Reality of Free Will*, 1991.

Filosofias da vontade: P. Galluppi, *Filosofia della volontà*, 1841. — C. Peters, *Willenswelt und Weltwille*, 1883. — E. Myr, *Der Weltwille*, 1908. — Dietrich Heinrich Kerler, *Weltwille und Wertwille*, 1925. — M. F. Sciacca, *Teoria e pratica della volontà*, 1928. — Paul Ricoeur, *Philosophie de la volonté*, 2 vols., 1950-1960 [para detalhes, ver bibliografia de RICOEUR (PAUL)]. — A. Darbon, *Philosophie de la volonté*, 1951, ed. R. Lacroze. — Aldo Testa, *Il primato della Volontà*, 1954. — Anthony Kenny, *Action, Emotion, and Will*, 1963. — VV.AA., *Phenomenology of Will and Action*, ed. Ervin W. Straus and Richard M. Griffith, 1967 [Atas da II Lexington Conference on Pure and Applied Phenomenology, 1964]. — Roberto Assagioli, *The Act of Will*, 1974. — B. O'Shaughnessy, *The Will: A Dual Aspect Theory*, 2 vols., 1980.

A vontade pura como fundamento da ética: Hermann Schwarz, *Psychologie des Willens. Zur Grundlegung der Ethik*, 1900. — Hermann Cohen, *Ethik des reinen Willens*, 1904. — J. Trusted, *Free Will and Responsibility*, 1984. — M. Strasser, *Agency, Free Will, and Moral Responsibility*, 1992.

Lógica da vontade: Paul Lapie, *Logique de la volonté*, 1903. — Ernst Mally, *Grundgesetze des Sollens. Elemente der Logik des Willens*, 1926.

Vontade e bem: G. Amendola, *La volontà e il bene*.

Vontade e temperamento: N. Ach, *Über den Willensakt und das Temperament*, 1910.

Vontade e consciência: P. Frutiger, *Volonté et conscience*, 1920.

Vontade, pensamento, inteligência e sentimento: Theodor Lipps, *Vom Fühlen, Wollen und Denken*, 1902; 3ª ed., 1926. — Narziss Ach, *Über die Willensfreiheit und das Denken*, 1905. — R. Neumann, *Intelligenz und Wille*, 1908. — J. Payot, *Le travail intellectuel et la volonté*, 1919.

Autonomia da vontade: Pedro Rocamora Walls, *El dogma de la autonomía de la voluntad*, 1949.

A vontade em diferentes épocas, correntes e autores: A. Alexander, *Theory of the Will in the History of Philosophy*, 1898. — Vernon J. Bourke, *Will in Western Thought: An Historic-Critical Survey*, 1964. — Alfred Kastil, *Zur Lehre von der Willensfreiheit in der nikomakischen Ethik*, 1901. — André-Jean Voelke, *L'idée de volonté dans le stoïcisme*, 1973. — Ernst Benz, *Marius Victorinus und die Entwicklung der abendländischen Willensmetaphysik*, 1932 (em 1931 foram publicados separadamente, como tese de habilitação do autor, os três primeiros capítulos da Parte III da citada obra, com o título: *Die Entwicklung des abendländischen Willensbegriffs von Plotin bis Augustin*). — Carolina Willemina Zeeman, *De Plaats van de Will in de Philosophie van Plotinus*, 1946. — W. Kahl, *Die Lehre vom Primat des Willens bei Augustinus, Duns Scotus und Descartes*, 1886. — E. Lehmeyer, *Die Lehre vom Willen bei Anselm von Canterbury*, 1914. — A. Grünfeld, *Die Lehre vom göttlichen Willen bei den jüdischen Religionsphilosophen des Mittelalters von Saadja bis Maimuni*, 1909. — C. Michalski, "Le problème de la volonté à Oxford et à Paris au XIVe siècle", *Studia Philosophica*, 2 (Lemberg, 1936) 233-365. — Antonio San Cristóbal-Sebastián, *Controversias acerca de la voluntad desde 1270 a 1300 (Estudio histórico-doctrinal)*, 1958 [Santo Tomás, Enrique de Gante, Ricardo de Mediavilla *et al.*]. — Walter Hoeres, *Der Wille als reine Wilkommenheit nach Duns Scotus*, 1962. — H. Kayserling, *Die Willenstheorie bei John Locke und David Hume*, 1910 (tese). — G. Dreyfus, *La volonté selon Malebranche*, 1958. — G. M. Bugarsky, *Die Natur und der Determinismus des Willens bei Leibniz*, 1897 (tese). — E. Tegner, *Moderne Willenstheorie*, I, 1924. — Bernard Quelquejeu, *La volonté dans la philosophie de Hegel*, 1972. — A. Dihle, *The Theory of Will in Classical Antiquity*, 1982 [Sather Classical Lectures, Berkeley, 1974]. — B. Den Ouden, *Essays on Reason, Will, Creativity, and Time: Studies in the Philosophy of F. Nietzsche*, 1982. — J. G. Cox, *The Will at the Crossroads: A Reconstruction of Kant's Moral Philosophy*, 1984. — W. S. Anglin, *Free Will and the Christian Faith*, 1990. — G. Leroux, *Plotin: Traité sur la liberté et la volonté de l'Un*, 1990. — P. T. Murray, *Hegel's Philosophy of Mind and Will*, 1991. — J. Petrik, *Descartes' Theory of the Will*, 1992.

Para o problema da liberdade da vontade, ver a bibliografia de Arbítrio (Livre-); Liberdade. C

VONTADE DE CRER. William James destacou o caráter pragmático da noção de "crença" em sua idéia, ou ideal, da vontade de crer *(Will to Believe)*. De acordo com o que afirma James no ensaio "The Will to Believe", que figura como primeiro capítulo do livro *The Will to Believe, and Other Essays in Popular Philosophy* (1897), se nos propuséssemos a ser completamente racionais, não poderíamos encontrar uma base para crer: 1) que há uma verdade e 2) que "nossas mentes e a verdade são feitas uma para a outra". Estas crenças são apenas uma "apaixonada afirmação de desejo". Assim, procurar "evitar o engano" e "obter a verdade" são exigências da paixão.

Uma vez admitido que a paixão desempenha este papel, cabe perguntar-se se podemos buscar a verdade tendo a razão como único guia. William James responde que em muitos casos podemos fazê-lo. "Quando a opção entre perder a verdade e ganhá-la não é fundamental, podemos descartar a oportunidade de *ganhar a verdade*, e em qualquer caso podemos salvar-nos de qualquer oportunidade de *crer na falsidade* mediante o procedimento de não adotar nenhuma decisão, até que tenhamos uma prova objetiva. Em questões científicas, isto é o que quase sempre ocorre, e ainda ocorre quase sempre nos assuntos humanos em geral (...)"

Em alguns casos, porém, a razão sozinha é insuficiente. James defende a tese de que "nossa natureza passional não só pode, mas legalmente deve, decidir-se por uma opção [escolher ou decidir] entre proposições, desde que se trate de uma opção autêntica que, por sua natureza, não pode ser decidida sobre uma base intelectual, pois dizer em tais circunstâncias: 'Não decida nada; deixe a questão suspensa' é por si mesmo uma decisão pessoal". James se refere neste contexto à aposta (ver) de Pascal, mas mesmo que não tivesse mencionado Pascal explicitamente, poderíamos reconhecer suas pegadas inclusive no uso de termos como 'opção', 'ganhar a verdade', 'oportunidade' (ocasião, conjuntura: *chance*).

Segundo James, as questões morais e as questões religiosas não se parecem com as científicas, porquanto "não podem esperar que haja uma prova sensível". A religião, afirma James, sustenta duas coisas: 1) "As melhores coisas são as mais eternas" e 2) "Estamos em melhor situação agora se cremos que a afirmação que faz a religião é verdadeira". A decisão de crer nisso ou não deve ser, diz James, "uma opção autêntica", isto é, uma opção viva (ou vivente), importante e "forçada" ("obrigada"). "Uma opção viva é uma na qual ambas as hipóteses são vivas", escreve James. Isto significa que ambas as hipóteses aparecem à pessoa que escolhe como possibilidades reais, e estas possibilidades são medidas pelo fato de que a pessoa está disposta a agir. James admite que se a religião não é "uma possibilidade viva", seus argumentos caem por terra. A decisão religiosa é "importante" porque ganhamos "um certo bem vital" se cremos, e este é um bem que perdemos se não cremos (compare-se de novo com a aposta de Pascal). A opção de referência é também "forçada", isto é, não podemos evitar tomar uma decisão porque não há uma terceira alternativa — "não há [escreve James] possibilidade de não escolher". James conclui: "Não podemos evitar a questão permanecendo céticos e esperando que se faça mais luz porque, embora deste modo evitemos o erro *se a religião não é verdadeira*, perdemos o bem, *se é verdadeira*, e isso de um modo tão certo como se escolhêssemos positivamente não crer". Em suma: a decisão quanto às questões religiosas e morais é diferente das decisões relativas a questões acerca da natureza física. Neste último caso, as opções são "triviais" (não são "importantes"), as hipóteses entre as quais devemos escolher "não são apenas vivas" e, finalmente, "a escolha entre crer na verdade ou na falsidade é raramente forçada", isto é, não se nos impõe quase nunca.

James argumenta que se nosso intelecto fosse infalível, poderia ter algum sentido adotar a posição de esperar até que tivéssemos provas mais firmes da verdade, ou falsidade, de uma hipótese. Mas se somos realmente empiristas, acrescenta, "se cremos que em nós não batem sinos para nos avisar com certeza quando temos a verdade ao alcance da mão, parecerá ser uma ociosa fantasmagoria pregar solenemente que nosso dever é esperar que os sinos toquem". Há, diz ele, tanto perigo em aguardar como em crer. "Em qualquer caso, *agimos*, e tomamos nossas vidas na mão". Se não por outra coisa, a decisão religiosa é importante porque muda nossas vidas.

Em uma nota de rodapé, James declarou que a "crença é medida pela ação" e que a ação requerida pela hipótese religiosa é diferente da ditada pela "hipótese naturalista". Admitiu, uma vez mais, que se este pressuposto não é verdadeiro, "a fé religiosa é mera superfluidade (...) e os debates em torno de sua legitimidade são um exemplo de oca futilidade, indigno de ocupar as mentes sérias".

Em *Pragmatism, a New Name for some Old Ways of Thinking*, 1907, William James indica que os críticos do ensaio intitulado "A vontade de crer" se fixaram apenas no título e deixaram o ensaio de lado. Isso os levou a propor substituir "a vontade de crer" por "a vontade de enganar" ou "a vontade de fingir" sem que, no seu entender, mudassem, no fundo, as coisas. Mas James enfatiza que "a alternativa entre o pragmatismo e o racionalismo", na forma em que a apresenta na obra indicada no começo deste parágrafo, não é mais uma questão de teoria do conhecimento, mas "afeta a estrutura do próprio universo". Portanto, não se trata de decisões arbitrárias a tomar, por mais "perversas" que sejam (ed. de *The Works of William James. Pragmatism*, 1975, ed. Fredson Bowers e Ignas K. Skrupskelis, p. 124).

A noção de "vontade de crer" é importante no pensamento de Unamuno — que, aliás, se teria negado a aceitar que se trata de uma "noção". Entre outros *lugares*, encontra-se nos capítulos VI e IX de *El sentimiento trágico de la vida*. A vontade de crer está ligada em Unamuno à vontade (ou instinto) de viver, que é ao mesmo tempo a vontade (ou instinto) de sobreviver. Unamuno se referiu especificamente a William James, mencionando a obra *The Will to Believe* (cf. *supra*), assim como *Pragmatism, a New Name for some Old Ways of Thinking* (1907) e *The Varieties of Religious Experience: A Study in Human Nature* (1902), e manifestou simpatia pelas idéias de James, incluindo o "pragmatismo" como expressão de um "predomínio do prático". Contudo, ao contrário de James, a noção unamuniana de vontade de crer tem um aspecto "conflitivo": crer é uma reação salvadora contra a incredulidade e se alimenta desta, como a fé se alimenta da dúvida.

⊃ Ver: M. Bach, *The Will to Believe*, 1955. — R. J. O'Connell, *William James on the Courage to Believe*, 1984. — J. C. S. Wernham, *James' Will-to-Believe Doctrine: A Heretical View*, 1987. ⊂

VONTADE DE PODER. A idéia de poder *(Macht)* ou potência esteve quase sempre presente no pensamento de Nietzsche, mas ganhou terreno especialmente a partir de *Assim falou Zaratustra* (*Also sprach Zarathustra*, 1883-1891) e de *Além do bem e do mal* (*Jenseits von Gut und Böse*, 1886), culminando nos fragmentos póstumos que a irmã de Nietzsche agrupou sob o título de *A vontade de poder* (*Der Wille zur Macht*). A mais conhecida expressão é a que figura neste último título — "vontade de poder", às vezes também chamada, nas línguas românicas, "vontade de potência". Esta expressão abunda nos citados fragmentos póstumos; neles se fala da vontade de poder como conhecimento na Natureza, como sociedade e indivíduo, e como arte.

Não é fácil determinar o que Nietzsche entendia por 'vontade de poder'; é razoável pensar que entendia coisas muito diversas, embora todas pareçam ter um traço em comum: o de um ímpeto ou impulso que vai sempre "mais além", que não se detém nunca. Nietzsche considerava que a vontade de poder expressava um movimento destinado a substituir no futuro o completo niilismo (VER), mas de tal modo que pressupunha, lógica e psicologicamente, o niilismo (fragmentos de novembro de 1887 a março de 1888). Não se deve entender a vontade de poder em sentido psicológico, muito embora Nietzsche fale dela freqüentemente em termos psicológicos. A vontade de poder é, antes, algo vital, orgânico e biológico. Por isso, ao referir-se à vontade de poder no conhecimento Nietzsche destaca o valor biológico do conhecimento. A vontade de poder é entendida em função da vida. Contudo, não se equipara à vontade de viver (VER) de Schopenhauer, que Nietzsche critica justamente por reduzir-se a um tipo de realidade psicológico-vital. Nietzsche se opõe firmemente a toda concepção da vida como "adaptação de condições internas às externas" (*Wille zur Macht*, III, 683). A adaptação orgânica é meramente passiva, mas a vontade é supremamente ativa, é justamente "vontade de poder" que vai sempre do mais interno ao mais "externo", que consiste em manifestar-se e "expandir-se" sem cessar. Daí a oposição de Nietzsche ao darwinismo, que destaca a "domesticação" do homem. A vontade de poder nietzschiana ultrapassa toda atividade individual e toda aspiração à "felicidade" individual.

Nietzsche procura concentrar a noção de vontade de poder na idéia de uma força universal impulsora. Não tem simplesmente um sentido orgânico ou vital e não é tampouco uma espécie de impulso ínsito em toda matéria. De alguma maneira é uma realidade "metafísica" — ainda que de uma "metafísica do mais aquém". Nietzsche afirma que a vontade de poder é "a primitiva forma do afeto *(Affekt-Form)* da qual os demais afetos são apenas transformações" (*Wille zur Macht*, III, 688). "Toda força impulsora é vontade de poder", de modo que não há, além dela, uma força física, dinâmica ou psíquica *(loc. cit.)*. Nietzsche nega, contudo, que a vontade de poder seja uma substância de qualquer espécie. Não é tampouco um princípio ou uma lei. A vontade de poder se expressa em "quanta de força" *(Kraft-Quanta)*. É, pois, uma realidade essencialmente dinâmica. Mas não é dinâmica só porque é um devir que se contrapõe ao ser. A vontade de poder — que é, diz Nietzsche, "a essência íntima do ser" [da realidade] — não é nem ser nem devir, mas *pathos*. O que chamamos "vida" é só a forma mais conhecida do ser, e é especificamente "uma vontade para a acumulação da força" (*Wille zur Macht*, III, 689).

A noção de vontade de poder está estreitamente relacionada com a de "transmutação de todos os valores" ou "transvaloração" (VER) e com a de "eterno retorno" — ainda que esta última pareça incompatível com uma vontade de poder em contínua expansão. Nos fragmentos póstumos de Nietzsche estas três noções freqüentemente estão entrelaçadas, mas a de vontade de poder parece ter a predominância.

A vontade de poder se opõe à "vontade de verdade", da qual Nietzsche fala, pejorativa e sarcasticamente, no início de *Além do bem e do mal* (*Jenseits vom Gut und Böse*, §§ 1-4). Por que, pergunta Nietzsche, a verdade em vez da "não verdade"? Quando os filósofos falam da verdade, expressando uma "vontade de verdade", se enganam a si mesmos; ao fim e ao cabo, seu pensamento é guiado por seus "instintos". Um falso juízo, afirma Nietzsche numa de suas mais famosas passagens (*ibid.*, § 4), não constitui objeção contra ele; o importante é saber se o juízo serve ou não para manter e fomentar a vida. Se a mantém e fomenta, não importa sua verdade. Colocar-se para além do bem e do mal é o caminho rumo à vontade de poder; a menos que seja a expressão desta vontade de poder.

⊃ Ver: G. Abel, *Nietzsche. Die Dynamik der Willen zur Macht und die ewige Wiederkehr*, 1984. — G. G. Grau, *Ideologie und Wille zur Macht. Zeitgemässe Betrachtungen über Nietzsche*, 1984. — F. Decher, *Wille zum Leben-Wille zur Macht. Eine Untersuchung zu Schopenhauer und Nietzsche*, 1984. ⊂

VONTADE DE VERDADE. Pode-se falar de uma vontade de verdade que, no vocabulário de Michel Foucault, serve para distinguir no discurso o verdadeiro e o falso. A divisão que deste modo se opera no discurso, "partindo-o" e excluindo uma parte dele como inadmissível, também ocorre em outras perspectivas. Assim, há uma partição do discurso entre a sanidade ou a loucura e uma entre o simplesmente admitido e o proibido. A vontade de verdade parece distinguir-se de outras partições do discurso em que tem, ou aspira a ter, um fundamento objetivo. Com efeito, aqui não intervém, aparentemente, o poder ou as instituições sociais ou uma linha divisória tão incerta quanto a que existe entre a sanidade e a loucura, mas a verdade mesma, que se impõe, por assim dizer, por sua própria força.

Contudo, Foucault faz constar que a vontade de verdade se mascara a si mesma, a tal ponto que tendemos a ignorar que é uma "prodigiosa maquinaria destinada a excluir" (*L'ordre du discours*, 1971, p. 22). Por isso os que tentaram "pôr do avesso esta vontade de verdade e questioná-la contra a verdade ali onde a verdade trata de justificar o proibido e de definir a loucura" — como ocorre com Nietzsche, Artaud ou Georges Bataille — aparecem a alguns como "insensatos", embora, de fato, devam servir-nos de "signos", e talvez de "sinais". Com efeito, apenas o desmascaramento da vontade de verdade permite ver que se trata de uma vontade em virtude da qual se produz — se produziu já quase desde Platão — a divisão do discurso em verdadeiro e falso sem outra justificação última que esta mesma, e por si mesma "injustificada", vontade de verdade.

VONTADE DE VIVER. Em *O mundo como vontade e representação* (*Die Welt als Wille und Vorstellung*), Schopenhauer fala da vontade de viver ou vontade de vida, *Wille zum Leben*. Esta vontade é "o incessante e cego impulso" a incorporar e levar cabo o tipo de sua espécie contra todos os obstáculos. A vontade de viver é a realidade em si mesma em face da representação, o ser numênico em face do ser fenomênico. "A Vontade", escreve Schopenhauer, "é a coisa em si, o conteúdo interno, a essência do mundo. A vida, o mundo visível, o fenômeno é somente o espelho da vontade" (IV, 54). A vontade de viver não é uma especificação da Vontade (VER): vontade de viver e vontade são, segundo Schopenhauer, o mesmo.

Cabe falar da vontade de viver schopenhaueriana em sentido orgânico e "vital" ou em sentido metafísico, mas isso só porque 'orgânico-vital' e 'metafísico' (ou "em si mesmo") são termos intercambiáveis.

O indivíduo não pode fazer nada contra a vontade de viver, a força que esta tem se lhe impõe de tal modo que o viver aparece ao indivíduo como um valor. Contudo, a reflexão filosófica conduz a dar-se conta da dor da vida, do caráter incompleto e imperfeito desta. Por isso a consciência pode impor-se à tirania da vontade de viver mediante o conhecimento, a contemplação artística, a compaixão e a renúncia; melhor dizendo, conhecimento, contemplação artística, compaixão e renúncia são os passos mediante os quais se vai constituindo a consciência de que o puro viver não é o supremo bem.

A idéia de Schopenhauer da vontade de viver é semelhante em alguns aspectos à idéia de Nietzsche da vontade de poder (VER) e à idéia de Simmel segundo a qual a vida quer sempre "mais vida". Contudo, difere destas últimas porque a vida não é valorada por si mesma. A vontade de viver é irresistível; nem por isso é intrinsecamente desejável. Nietzsche se opôs à concepção de Schopenhauer por considerar que era uma generalização psicológica na qual o termo 'vontade' é uma palavra vazia. Não pode tratar-se de uma vontade de viver, afirma Nietzsche, porque "a própria vida é um caso especial da vontade de poder" (*Der Wille zur Macht*, III, 692).

VONTADE GERAL. A noção de vontade geral foi elaborada por vários filósofos dos séculos XVII e XVIII, especialmente na França (Malebranche, Montesquieu, Diderot, Rousseau). O sentido da expressão *volonté générale* difere bastante entre estes autores, principalmente entre Malebranche e os outros mencionados. Em Malebranche tal expressão se aplica a Deus, cuja vontade geral se expressa por motivo das "ocasiões" que muitos julgam ser verdadeiras causas. Em Montesquieu, Diderot e Rousseau, a expressão tem um significado político. A vontade geral se distingue das vontades particulares na medida em que é a vontade do Estado; isso pode ocorrer, indica Montesquieu, legislativamente ou executivamente.

O sentido mais conhecido, e influente, de 'vontade geral' se encontra em Rousseau, que fala de vontade geral em diversas obras e que se estende sobre ela em vários capítulos do *Contrato social*. Diderot, no verbete sobre "Direito natural" da *Enciclopédia*, indicara que a vontade geral expressa uma norma universal que se baseia no sentido da justiça e da aspiração ao bem-estar de todos os homens. Como a vontade geral se expressa nas normas sociais, nas convenções sociais e nos princípios jurídicos de todas as comunidades humanas, nem sempre se manifesta em seu estado de perfeição. Contudo, há na vontade geral uma aspiração de justiça para todos. As inclinações dos indivíduos não formam a vontade geral, mas isso não significa que tal vontade não tenha nada a ver com os indivíduos. Ocorre apenas que é neles não uma inclinação, mas um ato puro do entendimento. Há certos aspectos da idéia de vontade geral em Rousseau similares aos que apresenta Diderot, mas o primeiro difere do segundo em vários aspectos importantes, especialmente em dois. Em Rousseau a vontade geral não é a vontade de todos, nem sequer uma espécie de ato puro do entendimento comum a todos os indivíduos racionais. Não é tampouco uma vontade universal de todos os homens ou da humanidade, mas a vontade de uma comunidade determinada. Em Rousseau se trata, além disso, de uma comunidade com um número reduzido de cidadãos, com regime republicano e sem delegação de poder a nenhum monarca absoluto, ao estilo de Hobbes.

Rousseau enfatiza que a vontade geral é "a única que pode dirigir o Estado de acordo com o fim segundo o qual ele se instituiu, isto é, o bem comum" (*Contrato*, II, 1). A vontade geral protege os indivíduos contra suas próprias paixões, contra as tendências que pode ter um indivíduo a impor-se aos outros e a favorecer seus próprios interesses. Protege-os também contra os interesses particulares de qualquer minoria, e da própria maioria. Por isso a vontade geral expressa a igualdade, que é o fundamento da liberdade (*Contrato*, II, 9). Deve-se distinguir a vontade geral e qualquer vontade "unânime"; *a fortiori*, deve-se distinguir entre a vontade geral e uma vontade da maioria. É possível, com efeito, que a maioria persiga seus próprios interesses e não os interesses comuns. "O que faz a vontade geral é menos o número de votantes do que o interesse comum que os une" (*Contrato*, II, 4).

Considerou-se às vezes que a idéia de vontade geral em Rousseau é tão "geral" e "abstrata" que não tem nada a ver com os indivíduos da comunidade, de modo que se pode prescindir de consultá-los. Não é certo, já que a idéia de vontade geral em Rousseau é o contrário de uma tirania — embora seja a tirania de uma "idéia" — e o contrário de toda delegação de poder, a um indivíduo, a uma minoria ou até a uma maioria. A vontade geral é a da comunidade; é uma vontade comum na qual não há preferências por nenhum indivíduo ou grupo de indivíduos. Não é uma vontade "coletiva" ao modo de uma espécie de "alma de um povo". A vontade geral rege cidadãos concretos, cada um dos quais participa nas decisões que afetam a comunidade. Rousseau insiste na igualdade e na liberdade dos indivíduos a ponto de declarar que eles "estão obrigados a ser livres".

Os interesses particulares dos indivíduos se encontram em conflito com seus interesses "reais", que são racionais. A vontade geral, que é racional e universal, embora esteja em conflito com os interesses particulares dos indivíduos, não está, ou não está necessariamente, em conflito com seus interesses "reais", pois estes são os interesses comuns. Em outras palavras, o indivíduo está interessado realmente em que prevaleça a vontade geral.

A vontade geral, embora não seja abstrata, é "ideal" no sentido de constituir o princípio da legislação — mesmo que não seja possível deduzir dela leis específicas; a rigor, há uma possível pluralidade de legislações, todas elas conformes com a vontade geral. Cabe afirmar que a vontade geral está "incorporada" nas leis, mas isto não significa afirmar que as leis são logicamente dedutíveis da vontade geral.

Discutiu-se freqüentemente até que ponto a idéia rousseauniana da vontade geral expressa tendências que podem levar a uma concepção "totalitária". Comparou-se tal idéia com as concepções políticas de Fichte, de Hegel, de alguns filósofos idealistas do Estado (como Green e Bosanquet) e, finalmente, com pensadores políticos do século XX de inclinações nitidamente totalitárias — sejam fascistas ou comunistas — de Estado. Quando foram acentuadas as semelhanças entre a idéia rousseauniana de vontade geral e as concepções indicadas, ou mesmo algumas delas, afirmou-se que há uma diferença fundamental em duas filosofias modernas da democracia: uma é representada por Rousseau, e a outra por Locke. De acordo com isso, a primeira é "pré-totalitária" ou até "proto-totalitária", e a segunda é "liberal" e antiestatista. Ora, embora haja claras diferenças entre Rousseau e Locke, não se deve esquecer que ambos os autores partem de pressupostos comuns, e estes são os do individualismo setecentista. Em todo caso, a idéia rousseauniana de vontade geral não é impessoal.

⮕ Ver: P. Riley, *The General Will before Rousseau: the Transformation of the Divine into the Civic*, 1986. ⊂

VORLÄNDER, KARL. Ver Neokantismo.

VRIES, HUGO DE. Ver Evolução, evolucionismo.

VULLEMIN, JULES (1920). Nascido em Pierrefontaine-lès-Varans, foi professor em Clermont-Ferrand. Sucedeu na cátedra do Collège de France a M. Merleau-Ponty, de 1962 a 1991, ano em que passou a ser Professor Emérito. Vuillemin se destacou por seus estudos de filosofia da ciência moderna e pelo exame dos pressupostos e métodos da física e matemática modernas. Em seus trabalhos sobre os problemas da morte e do trabalho aproveitou elementos do pensamento "existencial" para incorporá-los a um tratamento científico dos correspondentes temas. As orientações principais do pensamento de Vuillemin podem rastrear-se na resenha que demos de suas idéias no verbete Trabalho.

⮕ Obras: *Essai sur la signification de la mort*, 1948. — *L'Être et le Travail*, 1949. — *L'héritage kantien et la révolution copernicienne*, 1954. — *Physique et métaphysique kantiennes*, 1955; 2ª ed., 1967. — *Mathématiques et Métaphysique chez Descartes*, 1960; 2ª ed., 1987. — *La philosophie de l'algèbre. Recherches sur quelques concepts et méthodes de l'algèbre moderne*, 2 vols., 1962. — *Le Miroir de Venise*, 1965. — *De la logique à la théologie: Cinq études sur Aristote*, 1967. — *Leçons sur la première philosophie de Russell*, 1968. — *Le Dieu d'Anselme et les apparences de la raison*, 1971. — *La logique et le monde sensible: Étude sur les théories contemporaines de l'abstraction*, 1971. — *Nécessité ou contingence, l'aporie de Diodore et les systèmes philosophiques*, 1984. — *What are Philosophical Systems*, 1986. — *Eléments de Poétique*, 1991. — *Trois histoires de guerre*, 1993. — *L'intuitionnisme kantien*, 1994.

Ver: B. de Clercq, "De atheïstiche arbeidsontologie van J. V.", *Tijdschrift voor filosofie*, 25 (1963), 341-410 (com resumo em francês: "L'ontologie athéïste du travail, de J. V.", 410-411). — J. Moutaux, "La classification des systèmes philosophiques de J. V.", *Cahiers philosophiques*, 46 (1991), 65-88 e 47 (1991), 55-79. — *Causality, Method and Modality. Essays in Honor of J. Vuillemin*, 1991, ed. G. G. Brittan, 1991. ⊂

W. Ver X.

WACH, JOACHIM (1898). Nascido em Chemnitz, foi "professor extraordinário" na Universidade de Leipzig (a partir de 1929). Refugiou-se depois nos Estados Unidos, fugindo do regime nazista, e ensinou na Brown University, Providence, Rhode Island. Wach se distinguiu por sua detalhada história da noção de compreensão (VER), escrita seguindo as inspirações de Dilthey. A história de Wach inclui todo o movimento histórico-metodológico do século XIX. Em seu exame dos tipos básicos de compreensão, Wach se orienta mais para a sociologia do que para a psicologia descritiva diltheyana. Importantes são em Wach os trabalhos de tipologia sociológica aplicados ao estudo da história das religiões.

⊃ Obras: *Der Erlösungsgedanke und seine Deutung*, 1922 *(A idéia de redenção e sua interpretação)*. — *Religionswissenschaftliche Prolegomena zu ihrer wissenschaftstheoretischen Grundlegung*, 1924 *(Prolegômenos científico-religiosos para sua fundamentação científico-teórica)*. — *Mahayana. Untersuchungen zur Geschichte des Buddhismus*, 1925 *(Mahayana. Investigações para a história do budismo)*. — *Die Typenlehre Trendelenburgs und ihr Einfluss auf Dilthey*, 1926 *(A doutrina dos tipos de Trendelenburg e sua influência em Dilthey)*. — *Das Verstehen. Grundzüge einer Geschichte der hermeneutischen Theorie im 19. Jahrhundert*, 3 vols., (I, 1926; II, 1929; III, 1933) *(A compreensão. Traços fundamentais de uma história da teoria hermenêutica no século XIX)*. — *Einführung in die Religionssoziologie*, 1931. (Introdução à sociologia da religião) — *Typen religiöser Anthropologie*, 1923 *(Tipos de antropologia religiosa)*. — *Das Problem des Todes in der Philosophie unserer Zeit*, 1934 *(O problema da morte na filosofia do nosso tempo)*. — *Sociology of Religion*, 1947. — *Church Domination, Sect*, 1948. — *Types of Religious Experience: Christian and Non-Christian*, 1951. — *Vergleichende Religionsforschung*, 1962, com uma intr. de J. M. Kitagawa *(Investigação comparada da religião)*.

Bibliografia: J. M. Kitagawa, "Bibliography of J. W. (1922-1955)", *Journal of Religion* (1957), 185-188.

Em português: *Sociologia da religião*, 1990.
Ver: R. Flasche, *Die Religionswissenschaft J. Wachs*, 1978. ⊂

WADHAM (GRUPO DE). Ver COMTE, AUGUSTE.

WAELHENS, ALPHONSE DE (1911-1981). Nascido em Antuérpia (Bélgica), ensinou a partir de 1942 no Instituto Superior de Filosofia da Universidade Católica de Louvain. De Waelhens contribuiu para o conhecimento da fenomenologia, de Heidegger e de Merleau-Ponty; além de sua análise e crítica dessa tendência e dos mencionados autores, devemos-lhe estudos sobre temas de caráter fenomenológico e fenomenológico-existencial tais como o corpo, o mundo, "o outro", a temporalidade, a transcendência, o ser etc. Entre suas contribuições originais destacam-se as consagradas a examinar o que se pode chamar de "a experiência filosófica", ao contrário de outro tipo de experiências. Segundo De Waelhens, há uma experiência não filosófica que a filosofia é capaz de transformar em experiência filosófica, mas isso só é possível porque a experiência não filosófica está penetrada previamente de filosofia. Esta transformação ocorre mediante um processo que se pode chamar "dialético" — do qual Hegel e Marx descobriram alguns traços muito fundamentais. Ao final do processo, o que De Waelhens chama "a não-filosofia" é "conformada" pela filosofia. Assim, pois, há uma "experiência filosófica", mas não dada diretamente à filosofia, mas, por assim dizer, "feita" e "constituída" pelo pensamento filosófico em sua transformação das demais experiências e, portanto, da "não filosofia".

⊃ Obras: *La philosophie de Martin Heidegger*, 1942; 4ª ed., 1955. — *Moderne Wijsbegeerte. I. XVI en XVII eeuw*, 1946 *(A filosofia moderna. I. Os séculos XVI e XVII)*. — *Une philosophie de l'ambiguïté: l'existentialisme de M. Merleau-Ponty*, 1951. — *Chemins et impasses de l'ontologie heideggérienne*, 1953. — *Phénoménologie et vérité*, 1953. — *Existence et signification*, 1958. — *La philosophie et les expériences naturelles*, 1961. — *La psychose: Essai d'interprétation analytique et existentiale*, 1971. — *Le duc de Saint-Simon*, 1981. — Há também, em espanhol, um breve livro de A. de

W. sobre Heidegger na coleção "Filósofos" (n° 2) que Vicente Fatone dirigia, 1956, e o prefácio à trad. esp. de *La estructura del comportamiento* (1957) intitulado, como seu livro acima mencionado, "Una filosofía de la ambigüedad".

Em português: *A psicose: ensaio de interpretação analítica e existencial,* 1980.

Ver: W. Biemel, E. Levinas *et al., Qu'est-ce que l'homme? Philosophie, psychanalyse. Hommage à A. de W. (1911-1981),* 1982. င

WAGNER DE REYNA, ALBERTO (1915). Nascido em Lima (Peru), estudou em Berlim com Nicolai Hartmann e Eduard Spranger, e em Friburgo (com Heidegger). Wagner de Reyna se distinguiu por seus esforços em destacar o que há no existencialismo de interesse para o pensamento católico. Depois de ter sido um dos primeiros a dar a conhecer a filosofia de Heidegger na América hispânica, Wagner de Reyna trabalhou em diversos temas de caráter "existencial" (a morte, o "cuidado" etc.).

➲ Obras: *La ontología fundamental de Heidegger,* 1939; 2ª ed., 1945. — *La filosofía en Iberoamérica,* 1949. — *La teoría de la verdad en Aristóteles,* 1952. — *Destino y vocación de Iberoamérica,* 1954. — *Hacia más allá de los linderos: Ensayos,* 1959. — *La historia como evocación,* 1963 [discurso de posse na Academia da Língua]. — *Analogía y evocación,* 1976. — *Pobreza y cultura. Crisis y concierto,* 1982.

Bibliografia: "Bibliografía de A. W. de R.", *Boletín del Instituto Riva-Agüero,* Lima, 3 (1984-1985; julho 1987), 411-433.

Ver: A. Salazar Bondy, *Historia de las ideas en el Perú contemporáneo,* 1967, vol. II, pp. 413-418. — D. Sobrevilla, "1880-1980: 100 años de filosofía en el Perú", em B. Podestà, ed., *Ciencias Sociales en el Perú contemporáneo. Un balance crítico,* 1978, pp. 47-49. — F. Miró Quesada, *Proyecto y realización del filosofar latinoamericano,* 1981, pp. 52-59. — A. Tauro, *Enciclopedia Ilustrada del Perú,* 1987, vol. VI, pp. 2273-2274. — D. Sobrevilla, *Repensando la tradición nacional. Estudios sobre la filosofía reciente en el Perú,* 1988, vol. I, cap. 3 ("A. W. de R."), pp. 203-259. င

WAHL, JEAN [ANDRÉ] (1888-1974). Nascido em Paris, estudou na Escola Normal Superior e na Sorbonne, seguindo também cursos de Bergson, Lévi-Bruhl e Lalande no Collège de France. Tornou-se *agrégé* de filosofia em 1910 e se doutorou em 1920. Ensinou nos Liceus de Saint-Quentin, Tours e Mans, e foi professor nas Universidades de Besançon, Nancy e Lyon. Em 1945 foi nomeado professor na Sorbonne. Deu numerosos cursos como professor visitante nos Estados Unidos, onde permaneceu quatro anos, ensinando na Universidade de Chicago, Smith College, Mount Holyoke College, New School of Social Research e Pennsylvania State College (atualmente, Pennsylvania State University).

Wahl tomou como base certos grupos de pensamento filosófico — Hegel, Kierkegaard, o neo-realismo, o existencialismo etc. — com o propósito de tornar problemáticas e, com isso, mais vivas as posições apresentadas. Os contrastes entre o mediato e o imediato, o ser e o nada, o irracional e o inteligível, o imanente e o transcendente, entre outros, são sublinhados por Wahl no quadro de uma dialética realista por meio da qual se torna patente que embora o filósofo fracasse em sua intenção de chegar até a realidade, trata-se de um fracasso necessário. De fato, trata-se na maior parte dos casos de uma dialética do filósofo mais que do próprio pensamento filosófico. Daí que a filosofia não possa ser para Wahl uma ciência, pelo menos se entendemos ciência como um conjunto de problemas que possuem certos métodos e que são suscetíveis de receber certas soluções. A filosofia é, antes, uma arte: a arte de pôr em questão a realidade e o sujeito mesmo que se pergunta por ela. A filosofia como atitude perpetuamente interrogante se faz perguntas sobre as quais é necessário, por sua vez, perguntar incessantemente. Por este motivo, a dialética de Wahl não é um método que oscile entre termos opostos e menos ainda que busque uma síntese entre eles; "a dialética", escreveu Wahl numa frase que resume toda a sua atitude, "não será plenamente dialética a menos que seja ela mesma dialetizada, isto é, a menos que a dialética, que coloca cada coisa no lugar que lhe corresponde, ocupe seu próprio lugar: um lugar intermediário entre dois termos não dialéticos".

➲ Principais obras: *Les philosophies pluralistes d'Angleterre et d'Amérique,* 1920. — *Le rôle de l'idée d'instant dans la philosophie de Descartes,* 1920; 2ª ed., 1953. — *Étude sur le "Parménide" de Platon,* 1926; 4ª ed., 1951. — *Le malheur de la conscience dans la philosophie de Hegel,* 1930; 2ª ed., 1951. — *Vers le concret,* 1932. — *Études kierkegaardiennes,* 1938; 3ª ed., 1967. — *Existence humaine et transcendance,* 1944. — *Poèmes,* 1945. — *Tableau de philosophie française,* 1946.; nova ed., 1962. — *Petite histoire de l'existentialisme,* 1947. — *Esquisse pour une philosophie de l'existence, suivie de Kafka et Kierkegaard,* 1949. — *The Philosopher's Way,* 1948. — *Poésie, pensée, perception,* 1948. — *La pensée de l'existence,* 1951. — *Traité de métaphysique,* 1953. — *Les philosophies de l'existence,* 1954; reimp., 1959. — *Vers la fin de l'ontologie: Étude sur l'Introduction dans la Métaphysique par Heidegger,* 1956. — *Existence et pensée: Entretiens sur les philosophies et sur quelques poètes de l'existence,* 1963. — *L'expérience métaphysique,* 1965. — *Cours sur l'athéisme éclairé de Dom Deschamps,* 1967.

Além disso, numerosos cursos fotolitografados na série "Cours de Sorbonne", entre os quais mencionamos: *L'ouvrage posthume de Husserl: la "Krisis",* 1957. — *Un renouvellement de la métaphysique est-il possible?,* 1957. — *Essence et phénomènes: la poésie comme*

source de philosophie, 1958. — *Husserl*, 2 vols., 1958. — *La structure du monde réel d'après Nicolai Hartmann*, 1958. — *Commentaires de la logique de Hegel*, 1959. — *La pensée de Heidegger et la poésie de Hölderlin*, 1959. — *La pensée philosophique de Nietzsche des années 1885-1888*, 1959. — *L'avant dernière pensée de Nietzsche*, 1961. — *Mots, mythes et réalité dans la philosophie de Heidegger*, 1961. — *La philosophie première, "Erste Philosophie", de Husserl*, 1961. — *Bergson*, 1965. — *La logique de Hegel comme phénoménologie*, 1965.
Em português: *As filosofias da existência*, 1962. Ver: Italo Mancini, "W.: Metafisica e sentimento", em *Filosofi esistenzialisti*, 1964, pp. 145-184. — VV.AA., "Interrogation of J. W.", dir. Newton P. Stallknecht, em Sydney e Beatrice Rome, eds., *Philosophical Interrogation*, 1964, reimp., 1970, pp. 179-200. — E. Levinas, X. Tilliette, P. Ricoeur, *J. W. et Gabriel Marcel*, 1976, apresentação de Jeanne Hersch. ↶

WAHLE, RICHARD (1857-1935). Nascido em Viena, professor a partir de 1894 em Czernowitz e de 1914 em Viena, defendeu o positivismo, sensacionismo e empiriocriticismo de Mach e Avenarius, especialmente sua negação da distância entre o físico e o psíquico, o objetivo e o subjetivo, e sua tentativa de submeter a realidade a uma consideração puramente descritiva e analítica, desprovida de todo preconceito acerca da natureza do dado. Tal como se apresenta, o dado é para Wahle unicamente um complexo de acontecimentos que apenas uma decomposição posterior apresenta como subjetivos ou objetivos, mas que, em última análise, são fatores primários últimos; pois não é apenas injustificada a suposição de que há substâncias, como inclusive parece problemático resolver o dado em séries de funções e atos. Por isso a concepção última de Wahle é mais radical que a de Mach e Avenarius e consiste fundamentalmente em fazer da sensação, unida a um processo nervoso definido, o único real de que se pode falar com sentido e que pode ser submetido a uma descrição.

↪ Principais obras: *Gehirn und Bewusstsein*, 1884 *(Cérebro e consciência)*. — *Die Verteidigung der Willensfreiheit*, 1887 *(Defesa da liberdade da vontade)*. — *Das Ganze der Philosophie und ihr Ende. Ihre Vermächtnisse an die Theologie, Physiologie, Ästhetik und Staatspädagogik*, 1894 *(O todo da filosofia e sua finalidade. Seus legados à teologia, fisiologia, estética e pedagogia do Estado)*. — *Geschichtlicher Überblick über die Entwicklung der Philosophie*, 1895 *(Mirada histórica sobre a evolução da filosofia)*. — *Über den Mechanismus des geistigen Lebens*, 1906 *(Sobre o mecanismo da vida espiritual)*. — *Die Tragikomödie der Weisheit. Die Ergebnisse und die Geschichte des Philosophierens*, 1915 *(A tragicomédia da sabedoria. Os resultados e a história do filosofar)*. — *Entstehung der Charaktere*, 1928 *(As origens dos caracteres)*. — *Grundlagen einer neuen Psychiatrie: ein Lehrbuch für Laien, Studenten und Forscher*, 1931 *(Fundamentos de uma nova psiquiatria; manual para leigos, estudantes e investigadores)*.

Ver: Sophus Hochfeld, *Die Philosophie Wahles und Johannes Rehmkes Grundwissenschaft*, 1926. — Friedrich Flinker, *Die Zerstörung des Ich. Eine kritische Darlegung der Lehre R. Wahles*, 1927. ↶

WA'IDIES. Ver Filosofia árabe.

WAISMANN, FRIEDRICH (1896-1959). Nascido em Viena. Assistente de Moritz Schlick (ver) na Universidade de Viena (1929-1936), transferiu-se para a Inglaterra, sendo *Lecturer* em Cambridge (1937-1939) e *University Reader* em Oxford (1939-1959).

Originalmente um dos membros do Círculo de Viena (ver), Waismann seguiu depois, em parte por influência, em parte por desenvolvimento próprio, as orientações do que se chamou o "último Wittgenstein". Antes de tudo, manifestou uma forte tendência convencionalista que o levou a considerar que a matemática está "fundada" em convenções — o que quer dizer que não está fundada em nada, mas em prévios usos verbais. As próprias "entidades matemáticas", como os números, são concebíveis, embora não estritamente definíveis, como famílias de conceitos. Em oposição ao fenomenismo, Waismann destacou que os termos usados para nomear um feixe de dados sensíveis carecem de contornos definidos, razão pela qual a verificação (ver) em termos fenomenistas é em princípio impossível. Waismann chama de "caráter aberto" o traço básico de todo termo que se trata de verificar empiricamente. Por este motivo, Waismann rejeita que qualquer enunciado empírico nunca seja completamente verificável.

Embora tenha praticado o que se chamou "análise da linguagem corrente", Waismann se opôs a todo intento de classificar definitivamente os usos lingüísticos ou a toda pretensão de eliminar demasiado facilmente as "questões filosóficas". A linguagem é, para Waismann, o ponto de partida filosófico, mas a filosofia não tem por que confiar cegamente na linguagem. A filosofia é fundamentalmene uma atitude "interrogante"; não há problemas filosóficos que possam solucionar-se com maior ou menor dificuldade, mas apenas questões (perguntas) filosóficas cuja "solução" consiste em deixar claro o que se pergunta. Mas a atitude filosófica não consiste simplesmente, para Waismann, em dissipar a névoa. Justamente por ter levado a extremos o convencionalismo lingüístico, por um lado, e o "problematicismo" filosófico, por outro, Waismann pôde dizer que a filosofia é fundamentalmente uma "visão". "O essencial à filosofia é o irromper numa visão *mais profunda*" — a qual, de resto, não pode ser demonstrada. A filosofia se distingue da lógica, porque esta nos "constrange", ao passo que aquela nos "liberta", fazendo-nos passar de uma visão a outra visão.

◐ Principais escritos: "Logische Analyse des Wahrscheinlichkeitsbegriffs", *Erkenntnis*, 1 (1930-1931), 228-248 ("Análise lógica do conceito de probabilidade"). — "Über den Begriff der Identität", *ibid.*, 6 (1936), 56-64 ("Sobre o conceito de identidade"). — *Einführung in das mathematische Denken*, 1936 *(Introdução ao pensamento matemático)*. — "Ist die Logik eine deduktive Theorie?", *Erkenntnis*, 7 (1937-1938), 274-281 ("A lógica é uma teoria dedutiva?"). — "The Relevance of Psychology to Logic", *Proceedings of the Aristotelian Society*, Suppl. Vol. 17 (1938), 54-68, reimp. em H. Feigl e W. Sellars, eds., *Readings in Philosophical Analysis*, 1949. — "Verifiability", *Proceedings of the Aristotelian Society*, Suppl. Vol. 19 (1945), 119-150, reimp. en A. Flew, ed. *Logic and Language*, First series, 1952. — "Are there alternative logics?", *Proceedings of the Arist. Soc.*, N. S., 46 (1945-1946), 77-104. — "The Many-Level Structure of Language", *Synthèse*, 1 (1946), 211-219. — "Analytic-Synthetic", I-VI, *Analysis*, 10 (1949-1950), 25-40; 11 (1950-1951), 25-38, 49-61, 115-124; 13 (1952-1953), 1-14, 73-89. — "Language Strata", em A. Flew, ed., *Logic and Language*. Second series, 1953, pp. 11-31. — "How I See Philosophy", em H. D. Lewis, ed., *Contemporary British Philosophy*, Third Series, 1956, reimp. em A. J. Ayer, ed., *Logical Positivism*, 1959, pp. 345-380. — "The Decline and Fall of Causality", em A. C. Crombie, ed., *Turning Points in Physics*, 1959, pp. 84-154.

Obras póstumas: *The Principles of Linguistic Philosophy*, 1965, ed. Ron Harré. — *Wittgenstein und der Wiener Kreis*, 1967, ed. Brian McGuiness. — *How I See Philosophy*, 1968, ed. Ron Harré (inclui vários dos artigos cit. *supra*). — *Was ist logische Analyse? Gesammelte Aufsätze*, 1973, ed. Gerd H. Reitzig (com bibliografia de e sobre W., pp. 177-184). — *Philosophical Papers*, 1976, ed. Brian McGuiness (inclui todos os seus ensaios alemães em trad. ingl. e vários trabalhos em inglês inéditos, além de uma bibliografia de W.). — *Logik, Sprache, Philosophie*, 1976, ed. Gordon P. Baker e Brian McGuiness, com a colaboração de Joachim Schulte. — *Lectures on the Philosophy of Mathematics*, 1982, ed. W. Grassl. — *Wille und Motiv. Zwei Abhandlungen über Ethik und Handlungstheorie*, 1983, ed. J. Schulte.

Bibliografia: J. Schulte, "Der Waismann-Nachlass: Überblick, Katalog, Bibliographie", *Zeitschrift für Philosophische Forschung*, 33 (1979), 108-140.

Ver: Stuart Hampshire, *F. W. 1896-1959*, 1961 [Dawes Hicks British Academy Lectures, 1960]. — A. B. Levinson, "Waismann on Proof and Philosophic Argument", *Mind*, 73 (1964), 111-116. — K. Wallace, "W. on Open Texture", *Journal of Thought*, 7 (1972), 39-45. — J. Schulte, "Bedeutung und Verifikation: Schlick, W. und Wittgenstein", *Grazer Philosophical Studies*, 16/17 (1982), 241-184. — J. O. de Almeida, "W., Ramsey, Wittgenstein e o axioma da redutibilidade", *Cadernos de História, Filosofia e Ciência*, 3/2 (1) (1992), 5-48. ◐

WAITZ, THEODOR (1821-1864). Nascido em Gotha, foi professor "extraordinário" (1848-1862) e professor titular (a partir de 1862) na Universidade de Marburgo. Discípulo de Herbart (VER), considerou a psicologia como o fundamento da filosofia. Ao mesmo tempo, a psicologia devia ser estudada em seus fundamentos fisiológicos. Waitz se interessou pelo estudo da "psicologia dos povos" e especialmente pela antropologia dos povos primitivos, pois considerava que esta antropologia podia oferecer dados e idéias essenciais para o desenvolvimento da sociologia. Foi, assim, um dos primeiros a se ocupar de questões de antropologia cultural. Distinguiu-se também por seus estudos sobre questões éticas e pedagógicas. Entre suas pesquisas de história da filosofia destaca-se sua edição do *Organon* de Aristóteles.

◐ Principais obras: *Grundlegung der Psychologie nebst einer Anwendung auf das Seelenleben der Tiere*, 1846; 2ª ed., 1877 *(Fundamentação da psicologia junto com uma aplicação à vida psíquica dos animais)*. — *Lehrbuch der Psychologie als Naturwissenschaft*, 1849 *(Manual de psicologia como ciência natural)*. — *Allgemeine Pädagogik*, 1852; 4ª ed., org. Otto Willmann, 1898; nova ed. por O. Gebhard, 1910. — *Reform des Unterrichts*, 1851 *(Reforma da instrução [pública])*. — *Anthropologie der Naturvölker*, 6 vols., 1859-1871 *(Antropologia dos povos primitivos)*. Esta extensa obra se compõe dos seguintes volumes: I: *Über die Einheit des Menschengeschlechts und den Naturzustand des Menschen*, 1959; 2ª ed., por Georg Gerland, 1877; II: *Die Negervölker und ihre Verwandten*, 1862; III-IV: *Die Amerikaner*, 1862-1864; V: *Die Malaien*, ed. Georg Gerland, 1865; VI, 1870-1871.

Ver: O. Gebhard, *Th. Waitz pädagogische Grundanschauungen*, 1906 (tese). — Adolf Lemmer, *Der Begriff des Gemütes bei Th. W. und Rudolf Hildebrand*, 1917 (tese). ◐

WAJSBERG, MORDECHAJ. Ver VARSÓVIA (CÍRCULO DE).

WALKER, LESLIE J. Ver NEOTOMISMO.

WALLACE, ALFRED RUSSEL (1823-1913). Nascido em Usk (Montmouthshire, Inglaterra), é conhecido por sua formulação, ao mesmo tempo que Darwin (VER), da teoria da evolução (VER). Wallace se formou na leitura de Malthus e Charles Lyell e realizou detalhados estudos entomológicos. Suas viagens pela bacia do Amazonas e pelo arquipélago malaio resultaram em várias contribuições científicas, especialmente no campo da biogeografia e, dentro desta, da zoogeografia. Cabe mencionar a respeito a chamada "linha de Wallace", que separa a fauna numa região do sul do Pacífico. As numerosas observações biogeográficas realizadas por Wallace levaram-no à convicção de que as espécies mudam por seleção natural. A comunicação de Wallace "Sobre a tendência das variedades a se desviarem indefinidamente do tipo original", de 1858, foi enviada pelo autor a Darwin, que reconheceu nela suas próprias idéias, elaboradas bastante antes. Wallace e Darwin apresentaram uma conferência conjunta sobre a questão em 1º de julho de 1858. Depois da publicação por Darwin da *Origem das espécies* (1859), os pontos de vista de Darwin e Wallace, embora igualmente a favor do evolucionismo, mudaram em vários aspectos. Por um lado, Wallace insistiu na seleção natural como fator principal, senão único, das variações das espécies, enquanto Darwin introduziu outros fatores. Deste ponto de vista, Wallace se separou do darwinismo "clássico". Por outro lado, Wallace sustentava que, ao surgir o homem, já não se deve falar de seleção natural, porque os poderes mentais se regem por outras leis. Wallace chegou inclusive a supor que a mente é suprema, uma vez que pode dirigir as outras forças naturais. Deste modo Wallace passou de uma espécie de evolucionismo "naturalista" a um espiritualismo, que o levou inclusive à chamada "investigação psíquica" ou parapsicologia.

➲ O título original da comunicação citada de 1858 é: "On The Tendency of Varieties to Depart Indefinitely from the Original Type". — Outros escritos: *The Malay Archipelago*, 1869. — *Contributions to the Theory of Natural Selection*, 1870. — *On the Geographical Distribution of Animals*, 2 vols., 1876. — *Tropical Nature*, 1878. — *Darwinism: An Exposition of the Theory of Natural Selection*, 1889. — *Man's Place in the Universe*, 1903. — *My Life: A Record of Events and Opinions*, 1905. — *The World of Life*, 1910. — *Social Environment and Moral Progress*, 1913.

Biografia: J. Marchant, *A. R. W.: Letters and Reminiscences*, 1916 (com bibliografia).

Em português: *Viagem ao arquipélago malaio*, s.d. — *Viagens pelos rios Amazonas e Negro*, 1979.

Ver: L. T. Hogben, *A. R. W.*, 1918. — Wilma Beryl George, *Biologist Philosopher: A Study of the Life and Writings of A. R. W*, 1964. — F. M. Turner, *Between Science and Religion: The Reaction to Scientific Naturalism in Late Victorian England*, 1974. — W. C. Heffernan, "The Singularity of our Inhabitated World: William Whewell versus A. R. W. in Dissent", *Journal of the History of Ideas*, 39 (1978), 81-100. — G. Jones, *Social Darwinism and English Thought*, 1980. — S. A. Kleiner, "Darwin's and Wallace's Revolutionary Research Programme", *British Journal for the Philosophy of Science*, 36 (1985), 367-392. ➲

WALLACE, WILLIAM (1844-1897). Nascido em Cupar (Fife). *Fellow* do Merton College, em Oxford, sucedeu a Green (VER) em sua cátedra de filosofia moral em Oxford. Wallace se distinguiu por seus trabalhos de interpretação de Hegel, de cuja *Enciclopédia* traduziu algumas partes. Segundo Wallace, a "filosofia transcendental" é a única que pode levar à compreensão do fundamento de toda experiência. Com efeito, todas as experiências têm raízes numa experiência transcendental básica cujos dois caracteres fundamentais são o fato de ser absoluta e de ser incondicionada, de modo que todas as demais experiências, que são relativas e condicionadas, dependem da experiência básica. Wallace trabalhou também em questões éticas e teológicas no âmbito de sua "filosofia transcendental".

➲ Obras: *The Logic of Hegel*, 1874; 2ª ed., 2 vols., 1892-1893. — *Epicureanism*, 1880. — *The Life of Schopenhauer*, 1890. — *Lectures and Essays in Natural Theology and Ethics*, 1898 [póstuma, com introdução de Edward Caird].

Ver: Hiralal Haldar, *Neo-Hegelianism*, 1927, pp. 166-187. ➲

WALTER BURLEIGH, Burley, Burlaeus († após 1343). Chamado de *doctor planus et perspicuus*, lecionou em Paris e em Oxford. Alguns autores (Michalski) consideram-no como um dos filósofos de tendência realista e scotista que se opuseram ao nominalismo ockhamista. Outros autores (Boehner) afirmam que, ao menos no que diz respeito à lógica, Walter Burleigh foi muito além das tendências realistas. De qualquer modo, seu sistema de lógica distingue-se por seu formalismo, a ponto de a teoria silogística ser tratada como uma parte da teoria mais geral das conseqüências. Dentre outros temas lógicos tratados pelo autor figuram o dos termos, o das propriedades dos termos (suposição, ampliação e apelação, com uma consideração especial da primeira), o das proposições e o dos sofismas. Burleigh também escreveu vários comentários a Aristóteles (às *Categorias* e ao *De interpretatione, An. Post., Física, Ética*), a Porfírio (*Isagoge*), a Gilberto Porretano (*De sex principiis*), uma *Summa alphabetica problematum* (que é um compêndio do Comentário de Pedro Abano aos *Problemas* do Estagirita), vários tratados filosóficos (*De intentione et reimissione formarum, De materia et forma, De potentiis animae*) e uma história das seitas filosóficas (*De vitis et moribus philosophorum*) à qual nos referimos no verbete sobre a história da filosofia e que se baseia, entre outros autores, em Diógenes Laércio e Cícero.

➲ Edição de *De primo et ultimo instanti*, por Herman e Charlotte Shapiro, em *Archiv für Geschichte der Philosophie*, 47 (1965), 157-173. — Comentários a *An. Post.*, publ. em 1497, 1514, 1537, 1559; à *Física*, em 1482, 1491, 1501 (reimp., 1972), 1524; à *Ética*, 1481, 1500, 1521; à *Logica vetus* e a Porfírio, 1485. — Edição de *De intentione etc.*, em 1496, 1519; de *De materia et forma*, 1500. — *Summa totius logicae*, publicada em 1508. — Edição de *De puritate artis logicae*, por Ph. Boehner, 1951 (compreende a lógica das conseqüências e um estudo sobre os termos sincategoremáticos). Pelo mesmo Boehner, ed. de *De puritate artis logicae tractatus longior*, com ed. revisada do *Tractatus brevior*, 1955.

Ver: C. Michalski, *Les courants philosophiques à Paris pendant le XIVe siècle*, 1921. — L. Baudry, "Les rapports de G. d'Occam et de Walter Burleigh", *Archives d'histoire doctrinale et littéraire du moyen âge*, 9 (1934), 155-173. — S. H. Thomson, "Walter Burley's Commentary on the Politics of Aristotle", *Mélanges Auguste Pelzer*, 1947, pp. 557-578. — Philotheus Boehmer, *Medieval Logic: An Outline of Its Development from 1250 to c. 1400*, 1952, especialmente a parte III. — A. N. Prior, "On Some 'Consequentiae' in Walter Burleigh", *New Scholasticism*, 27 (1953), 433-446. — H. Shapiro, M. J. Kitely, "W. Burley's *De Relativis*", *Franciscan Studies*, 22 (1962), 155-171. — C. Martin, "W. B.", *Oxford Studies Presented to Daniel Callus* [Oxford Historical Society, N. S., 16 (1964), 194-230]. — H. Shapiro, F. Scott, "Walter Burley's Commentary on Aristotle's 'De motu animalium'", *Traditio*, 25 (1969), 171-190. — S. F. Brown, "Walter Burleigh's Treatise 'De Suppositionibus' and Its Influence on William of Ockham", *Franciscan Studies*, 32 (1972), 15-64. — A. Uña Juárez, *Contexto cultural de Walter B.*, 1978. — P. Kunze, *Satzwahrheit und sprachliche Verweisung. Walter Burleighs Lehre von der* suppositio termini *in Auseinandersetzung mit der mittelalterlichen Tradition und der Logik William's of Ockham*, 1980 (tese). — M. F. Wagner, "Supposition-Theory and the Problem of Universals", *Franciscan Studies*, 41 (1981), 385-414. **C**

WANG, HAO (1921). Nascido em Jinan (Chantung, China), professor na Universidade de Tsing Hua, em Harvard e, a partir de 1967, na Rockefeller University, de Nova York. Opôs-se ao positivismo e à filosofia lingüística, sustentando um certo "platonismo" na matemática, a qual trata, no seu entender, de símbolos. Por outro lado, Wang se opõe tanto ao reducionismo logicista como ao construtivismo finitista. Na filosofia, Wang propõe o que chama um "substancialismo factualista", pelo qual entende que a filosofia deve ocupar-se de fatos, ou em todo caso dos modos como se pode considerar os fatos em conjunto. Neste sentido, Wang parece inclinar-se para um "globalismo" no qual são sistemas inteiros de proposições os que se confrontam com a realidade. A estrutura da mente, condicionada por estruturas fisiológicas, determina nossos modos de entender a realidade, e inclusive os modos pelos quais são manejados os sistemas formais lógicos e matemáticos.

➲ Obras: *A Survey of Mathematical Logic*, 1962. — *From Mathematics to Philosophy*, 1974. — *Popular Lectures on Mathematicl Logic*, 1981. — *Beyond Analytic Philosophy*, 1985. — *Reflections on K. Gödel*, 1987. — *Computation, Logic, Philosophy: A Collection of Essays*, 1990. **C**

WARD, JAMES (1843-1925). Nascido em Hull (Yorkshire, Norte da Inglaterra). Professor a partir de 1897 na Universidade de Cambridge, Ward pertence à corrente do idealismo inglês do final do século XIX e do início do XX, mas seu idealismo não foi — como o era na época o de alguns filósofos oxfordianos — de caráter "absolutista". Ward aspirou a integrar a ciência na metafísica numa direção muito semelhante à de Lotze (VER), de quem se considerou seguidor.

Os primeiros trabalhos de Ward foram uma crítica da psicologia associacionista, à qual acusou de tratar os processos mentais por analogia com os físicos, esquecendo que tais processos se parecem mais com os biológicos. Com efeito, a vida psíquica consiste fundamentalmente, segundo Ward, em processos como os designados pelos verbos 'tender a', 'ensaiar', 'experimentar', 'aprender' etc., que não são redutíveis a mecanismo associativo.

Com base em seus trabalhos psicológicos, Ward desenvolveu uma teoria do conhecimento na qual procurava mostrar que a imagem da realidade proporcionada pela física é ao fim e ao cabo uma série de abstrações. Tomar essas abstrações como modelo da realidade, como fazem os naturalistas, é para Ward um esquecimento de que tais abstrações foram produzidas por um espírito. Mais adequado é tomar como modelos a biologia e especialmente a história, as quais tendem a uma compreensão da realidade em seu caráter concreto. As abstrações funcionam dentro dos modelos concretos e não inversamente.

À luz de considerações como as acima resenhadas, Ward rejeitou o materialismo e o naturalismo e desenvolveu uma metafísica que, conforme indicamos, não era "absolutista", mas que era de todo modo definitivamente idealista. Trata-se, como às vezes foi chamado, de um "idealismo pessoal" na medida em que destaca o valor eminente da pessoa, e sobretudo dos "propósitos" da pessoa, desde que esta seja concebida em sua relação com o mundo que a rodeia. Por sua insistência na noção de "propósito" (e na correlativa noção de "finalidade") James Ward às vezes foi chamado de "voluntarista". É certo que há neste autor uma decidida preferência por uma concepção da realidade como "aspiração", mas não se deve confundir o "voluntarismo" de Ward com o de autores como Schopenhauer.

Ward rejeitou todo dualismo, mas ao chegar ao ponto em que se devia decidir se sua teoria metafísica era monista ou pluralista, podemos observar uma série de vacilações. Por um lado, mostrou poca simpatia pelo monismo absolutista. Mas, por outro, a simpatia pelo pluralismo não o levava a uma doutrina "descontinuísta"; se a realidade é plural, é-o dentro de um "todo". A unidade deste "todo de pluralidades" é Deus, sem o qual a realidade se "dividiria" em partes irreconciliáveis entre si.

➲ Principais obras: *The Relation of Physiology to Pscyhology*, 1875. — Verbete "Psychology" na *Ency-*

clopaedia Britannica (9ª ed., 1886), publicado, ampliado e revistado, no livro: *Psychological Principles*, 1918. — *Naturalism and Agnosticism*, 2 vols., 1899. — *The Realm of Ends, or Pluralism and Theism*, 1911. — *A Study of Kant*, 1922. — *Essays in Philosophy*, 1927 (póstumo), ed. Sorley e Stout, com uma depoimento sobre o autor por Olwen Ward Campbell.

Ver: H. H. Murray, *The Philosophy of J. Ward*, 1937. — D. W. Hamlyn, "Bradley, W. and Stout", em *Historical Roots of Contemporary Psychology*, 1966, ed. B. B. Wolman. ⊂

WARRAIN, FRANCIS. Ver ARQUITETÔNICA; WROŃSKI, JOSEF MARYA HOENÉ.

WATSON, J[OHN] B[ROADUS] (1878-1958). Nascido em Greenville, South Carolina, estudou na Universidade de Chicago, onde foi "Instructor" em psicologia (1903-1908). De 1918 a 1946 foi professor de psicologia experimental e comparada na Universidade John Hopkins, de Baltimore. Watson é um dos mais destacados representantes — de fato, o fundador — do comportamentalismo (VER) *(Behaviorism)* norte-americano. Em primeiro lugar, opôs-se a toda idéia que supusesse uma diferença específica entre o comportamento animal e o comportamento humano. Em segundo lugar, opôs-se a todo método de caráter introspectivo. O único que é suscetível de investigação psicológica científica é o comportamento *(Behavior)*. As investigações psicológicas devem ser levadas a cabo em animais tanto quanto em seres humanos, pois em ambos se manifestam fenômenos similares de formação de hábitos e de relação entre os estímulos e as respostas aos estímulos. Embora discípulo de James A. Angell (1869-1949), Watson discordou deste por considerar que o funcionalismo de Angell (e de Dewey, que influenciou Watson) tinha ainda resíduos mentalistas. Os métodos usados por Watson são semelhantes aos elaborados por Bechterev e por Pavlov, mas Watson preferia a teoria dos reflexos condicionados do último à psicologia "objetiva" do primeiro, igualmente maculada, no seu entender, de mentalismo. Watson insistia sempre no papel fundamental desempenhado pelo meio ambiente e pela aprendizagem, já que os próprios traços adquiridos são explicáveis em termos de reflexos fisiológicos. No entanto, muito embora, como todo behaviorista, não confundisse simplesmente a estrutura do estímulo com a da resposta e admitisse que no curso da formação de hábitos se constituem modelos de hábito em função dos quais ocorrem respostas específicas, Watson chegou a um extremo na redução ao mínimo, quase ao desaparecimento completo, de tais modelos de hábito. Isso o levou a crer que por meio das pertinentes modificações e controle do meio ambiente de um recém-nascido este pode ser totalmente condicionado.

➲ Principais obras: *Behavior: An Introduction to Comparative Psychology*, 1914. — *Psychology from the Standpoint of a Behaviorist*, 1919. — *Behaviorism*, 1925; ed. revisada, 1930. — *The Battle of Behaviorism: an Exposition and an Exposure*, 1928 (em colaboração com William McDougall). — *The Psychological Care of Infant and Child*, 1928 (em colaboração com R. A. Watson). — *The Ways of Behaviorism*, 1928. — Além destes, numerosos artigos. Sua tese de doutorado, publicada em forma de monografia, é: *Kinesthetic and Organic Sensations: Their Role in the Reactions of the White Rat to the Maze* (tese de 1903, separata de *Psychological Review*, 8 [1907], 1-100 [Monograph Supplement 2]).

Autobiografia: "Autobiography", em C. A. Murchison, ed., *A History of Psychology in Autobiography*, vol. 3, 1936, pp. 271-281.

Ver: K. F. Schaffner, "The Watson-Crick Model and Reductionism", *British Journal for the Philosophy of Science*, 20 (1969), 325-348. — R. E. Abu Shanab, "Watsonian Behaviourism versus Logical Positivism", *Pakistan Philosophical Journal*, 12 (1974), 1-18. — A. W. Logue, "Behaviorist J. B. Watson and the Continuity of Species", *Behaviorism*, 6 (1978), 71-79. — J. M. Gondra, "Los procesos superiores del pensamiento humano en Watson", *Pensamiento*, 36 (1980), 303-338. ⊂

WATSUJI TETSURO (1889-1960). Nascido em Himeji (prefeitura de Hyogo, Japão), estudou na Universidade de Tóquio, com Raphael von Koeber — que também foi mestre de Hatano Seiichi. Em 1925 foi nomeado professor assistente de ética na Universidade de Kyoto, e passou um tempo na Alemanha, onde recebeu, entre outras, a influência de Heidegger.

Watsuji Tetsuro passou primeiro por uma fase nietzschiana e de culto à Natureza no sentido helênico. Escreveu várias obras literárias e ensaios sobre Nietzsche e Kierkegaard, bem como sobre a relação entre helenismo e cristianismo. Depois da citada época nietzschiana, consagrou-se a estudos sobre a história e cultura oriental, e em particular sobre a ética oriental.

As questões éticas ocuparam Watsuji Tetsuro quase ininterruptamente a partir de sua nomeação em Kyoto. Em sua abordagem mesclou idéias e intuições de procedência oriental, com particular atenção à tradição budista, com pensamentos filosóficos ocidentais. É característico da ética de Watson Tetsuro opor-se a todo individualismo e ser uma ética que destaca fortemente a relação entre o indivíduo e seu mundo: o próximo, a família, a nação e, em geral, o contexto cultural e até geográfico no qual se move o indivíduo. É compreensível que uma de suas principais obras de ética tenha o título "Ética como antropologia". O fundamento da moral é a vida em comunidade; a rigor, a ética é a razão da vida comunitária, isto é, a razão de estar no mundo com os outros. A comunidade é a expressão de uma negação: a negação do indivíduo, que é negada pela Vida em relação. Isso levou Watsuji Tetsuro a tendências nacionalistas que eliminou depois com a derrota do Japão, mas mesmo as citadas tendências não foram políticas mas fundadas em considerações de ética comunitária.

Um dos aspectos originais do pensamento de Watsuji Tetsuro é sua análise do "clima" — *fudo* —, que deve ser entendido não só como uma particular característica geográfica, mas também a reação diante desta característica. O "clima" é a "espacialidade" do "estar-no-mundo" heideggeriano que, segundo Watsuji Tetsuro, Heidegger não desenvolveu o bastante por sua quase exclusiva atenção à temporalidade. A região das monções, a dos desertos e a dos pastos — exemplificáveis na Índia (e no Japão), nos países árabes e na Europa ocidental — são os três grandes "climas" correspondentes a três grandes modos de vida, cada um dos quais acarreta determinada forma de comunidade e uma série de idéias morais.

⊃ Obras: *Guzo saiko*, 1918 *(A restauração dos ídolos)*. — *Nihon kodai bunka*, 1920 *(A antiga cultura japonesa)*. Revisão com o título: *Shinko kodai bunka*, 1951. — *Genshi Kiristokyo no bunkashiteki igi*, 1926 *(O significado histórico-cultural do cristianismo primitivo)*. — *Nihon seishin-shi kenkyu*, 2 vols., 1926-1934; ed. rev., 1940 *(Estudos sobre a história do espírito japonês)*. — *Genshi Bukkyo no jissen tetsugaku*, 1927 *(A filosofia prática do budismo primitivo)*. — *Ningen no gaku toshite no rinrigaku*, 1934 *(Ética como antropologia)*. — *Fudo ningengakuteki kosatsu*, 1939; 2ª ed., 1951 *(O clima. Uma consideração antropológica)*. — *Sonno shiso to sono dento. Nihon rinri shiso-shi*, I, 1943 *(A idéia de reverência para com o imperador e sua tradição. História do pensamento ético japonês)*. — *Homerus hihan*, 1946 *(Um crítico de Homero)* [escrito na juventude de W. T., mas publicado mais tarde]. — *Porisuteki ningen no rinrigaku*, 1948 *(A ética do homem na pólis)*. — *Sakoku no higeki*, 1951 *(O isolamento nacional, tragédia do Japão)*. — *Nihon rinri shiso-shi*, 2 vols., 1952 *(História do pensamento ético japonês)*.

Edição de obras completas: *Watsuji Tetsuro zenshu*, 20 vols., 1961-1963.

Ver: Gino K. Piovesana, *Recent Japanese Philosophical Thought, 1862-1962*, 1963, pp. 131-145. — J. Masiá, "El idioma japonés y la filosofía según W. T.", *Pensamiento*, 27 (1971), 59-74. — Isamu Nagami, "The Ontological Foundation in T. W.'s Philosophy: 'Ku' and Human Existence", *Philosophy East and West*, 31 (1981), 279-296. ⊂

WEBB, CLEMENT CHARLES JULIAN. Ver HEGELIANISMO.

WEBER-FECHNER (LEI DE). Em várias ocasiões durante o século XVIII e começo do XIX, observara-se que certas sensações não aumentam na mesma proporção em que aumenta o estímulo; embora se produza um aumento delas, ele é relativamente menor que o do estímulo correspondente. Mas somente o fisiólogo Ernst Heinrich Weber (1795-1878) demonstrou no tomo II do *Handwörterbuch der Physiologie*, de R. Wagner, que o chamado "patamar diferencial" relativo do estímulo, isto é, a diferença entre dois estímulos físicos aos quais correspondem as mesmas magnitudes psíquicas diferenciais, é constante e está submetido a uma lei. Esta constância varia segundo os sentidos. A formulação desta constância recebeu o nome de "Lei de Weber". Apoiando-se nela, Fechner levou a cabo várias pesquisas complementares que deram origem à chamada "Lei de Weber-Fechner" ou "Lei psicofísica". Segundo a mesma, a intensidade da sensação é igual à do logaritmo do estímulo. A fórmula fundamental usada é:

$$\delta\gamma = k \frac{d\beta}{\beta}$$

onde γ representa a intensidade da sensação, β a intensidade do estímulo e k a constante. Desta fórmula se deriva a equação γ = k (log. β - log. b), onde b representa o valor do patamar do estímulo. A fórmula elementar da lei psicofísica reza:

$$\gamma\delta t = k \log. \frac{v}{b} dt$$

onde v representa a velocidade, t o tempo e b o valor elementar do patamar. Disso resulta a fórmula para o citado patamar diferencial, que é:

$$\gamma - \gamma^1 = \log. \frac{\beta}{b} - \log. \frac{\beta^1}{b}$$

Podem ser dadas várias interpretações a esta lei, dependendo do sentido que se dê aos termos. Se se acentua o caráter fisiológico da lei, a relação estabelecida se refere à reação dos processos nervosos com respeito aos estímulos físicos. Se se acentua o caráter psicológico, a relação se refere à reação psíquica com respeito a estímulos de qualquer ordem. As opiniões sobre a exatidão e interpretações da lei foram muito divididas. Alguns autores a rejeitaram. Outros admitiram-na com restrições e somente para uma das interpretações citadas (especialmente a fisiológica). Outros a consideram como uma sólida base para uma progressiva matematização da psicologia. Outros admitiram a lei em qualquer das interpretações, mas restringindo sua validade a certos tipos de sensações, especialmente as táteis, auditivas e visuais, precisamente as mesmas às quais se referiram as pesquisas de Weber. Outros, por fim, consideraram que enquanto lei da psicofísica, a de Weber-Fechner necessita modernizar-se com o fim de evitar os inconvenientes que se encontram nela; assim, por exemplo, segundo Euryalo Cannabrava toda a psicofísica deve substituir sua lógica inadequada por uma lógica mais adequada, a qual deve ser, no seu entender, intensiva, topológica e polivalente.

➲ Explicação e formulação da lei por Fechner em *Elemente der Psychophysik*, 2 vols., 1860. Esclarecimentos pelo mesmo autor em *Revision der Hauptpunkte der Psychophysik*, 1882.
Ver: E. Hering, *Über Fechners psychophysische Gesetz*, 1875. — F. A. Müller, *Das Axiom der Psychophysik*, 1882. — A. Grotenfeld, *Das Webersche Gesetz*, 1888. — G. F. Lipps, *Grundriss der Psychophysik*, 1899; 3ª ed., 1908. — Foucauld, *La Psychophysique*, 1901. — R. Pauli, *Über psychische Gesetzmässigkeiten, insbesondere über das Webersche Gesetz*, 1920. — E. Cannabrava, "Contribuição da Lógica matemática à Mensuração dos Fatores Psíquicos", *Arquivos Brasileiros de Psicotécnica*, Ano 2, nº 3 (1950). — L. Schleglmann, "100 Jahre Psychophysik", *Psychologische Rundschau* (1961). — J. Blomberg, "Psychophysics, Sensation and Information", *Ajatus*, 33 (1971), 106-137. ⊂

WEBER, ERNST HEINRICH. Ver WEBER-FECHNER (LEI DE).

WEBER, LOUIS. Ver POSITIVISMO.

WEBER, MAX (1864-1920). Nascido em Erfurt, estudou nas Universidades de Heidelberg, Berlim e Göttingen, doutorando-se em 1889. Ensinou em Friburgo (1894-1895), em Heidelberg (1895-1897), tendo de suspender suas atividades acadêmicas por motivos de saúde. Um ano antes de sua morte começou a ensinar na Universidade de Munique.

Weber se distinguiu por seus estudos sociológicos, para os quais trouxe um vasto material de dados e grande riqueza de conceitos. Seu estudo sobre a ética protestante e o espírito do capitalismo mostrou que os fatores econômicos são fundamentais nas formações sociais, mas não determinantes; neste caso, uma estrutura econômica escorre pelo leito de certas crenças religiosas e o espírito que as anima. Embora parecesse inverter as teses de Marx, esse estudo fora concebido no complexo de problemas que Marx suscitou.

As diferenças entre o tipo de enfoque marxiano e o weberiano destacam-se mais, em contrapartida, na concepção que Max Weber elaborou das ciências sociais dentro da tradição das "ciências do espírito" e da diferença entre "ciências culturais" e "ciências naturais". Destacam-se também na insistência de Weber sobre a necessidade de fazer a distinção entre a investigação empírica dos fatos sociais e as valorações. Daí nasceu a muito discutida idéia weberiana da ciência social livre de valores *(wert-frei)*. Com esta idéia está associada sua também discutidíssima distinção entre os dois tipos de racionalidade (VER): a racionalidade dos fins (isto é, da adaptação de meios a fins) e a racionalidade do valor, ou racionalidade na valoração. Segundo Weber, os dados empíricos não podem oferecer nenhuma base para estabelecer juízos de valor. Isto não quer dizer que não se possam formular tais juízos e inclusive que não se possa apelar a dados empíricos para tal efeito. O que não se pode fazer é considerar tais dados como prova definitiva ou como premissa da qual se derivem os juízos. Dentro da já mencionada tradição das "ciências do espírito", Weber considerou que o método adequado do estudo de fenômenos sociais é a chamada "compreensão" (ver COMPREENSÃO; "VERSTEHEN"). Esta não elimina o estudo das causas. Em muitos casos, este estudo tem de preceder a compreensão, mas esta não deriva daquele.

O conhecimento da sociedade é, para Weber, um conhecimento empírico e objetivo. Não é mera descrição nem simples conceituação, mas uma mescla de ambas adequada ao tipo de objeto considerado. A conceituação inclui os que Weber chama "tipos ideais". Como se indica em Tipo Ideal (VER), tais tipos não se derivam indutivamente do material empírico, embora este material ajude na sua formação. Não denotam tampouco qualquer realidade empírica. Não são resultado de classificações. No entanto, não são tampouco meras ficções. São modelos ou construções racionais que funcionam à maneira de conceitos limites e que descrevem modos de comportamento social que ocorreriam em condições de total racionalidade.

Devemos a Weber conceitos que tiveram ampla circulação inclusive fora dos círculos sociológicos e filosóficos. Isso ocorre com o conceito de carisma como fundamento de um tipo (ideal) de autoridade. Ocorre também com o conceito de burocracia racional, conceito que Weber desenvolveu amplamente em seu estudo (ou melhor, estudos) sobre economia e sociedade, particularmente em relação ao desenvolvimento do espírito moderno.

➲ Obras: *Zur Geschichte der Handelgesellschaften im Mittelalter*, 1889 *(Para a história das corporações comerciais na Idade Média)*. — *Die römische Agrargeschichte in ihrer Bedeutung für den Staats- und Privatrecht*, 1891. — *Die Verhältnisse der Landarbeiter im ostelbischen Deutschland*, 1892 [Schriften des Vereins für Sozialpolitik, 55] *(As relações dos trabalhadores agrícolas na Alemanha a Leste do Elba)*. — *Roscher und Kies und die logischen Probleme der historischen Nationalökonomie*, 1903 *(R. e K. e os problemas lógicos da economia nacional histórica)*. — "Die protestantische Ethik und der Geist des Kapitalismus", *Archiv für sozialwissenschaft und sozialpolitik*, 20 (1904), 21 (1905) ("A ética protestante e o espírito do capitalismo"). — *Die Wirtschaftsethik der Weltreligionen*, 1915-1919 *(A ética econômica das religiões universais)*. — *Politik als Beruf* e *Wissenschaft als Beruf*, 1919 *(A política como vocação* e *A ciência como vocação)*. — Muitas das obras de Weber apreceram depois de sua morte: *Gesammelte politische Schriften*, 1921 *(Escritos políticos reunidos)*. — *Wirtschaft und Gesellschaft*, 1922; 4ª ed., por Johannes Winckelmann, 2 vols., 1956 *(Economia e sociedade)*.

— *Wirtschaftsgeschichte. Abriss der universalen Sozial- und Wirtschaftsgeschichte*, ed. S. Hellmann e M. Palyi, 1923 *(História econômica geral)*.
Edição de obras, 1921-1924: *Gesammelte Aufsätze zur Religionssoziologie*, 3 vols.; *Gesammelte Aufsätze zur Wissenschaftslehre; Gesammelte Aufsätze zur Sozial- und Wirtschaftslehre; Gesammelte Aufsätze zur Soziologie und Sozialpolitik*. — Edição de cartas: *Jugendbriefe*, ed. Marianne Weber, 1936. — A partir de 1982 a editora Mohr, de Tübingen, iniciou a publicação da *Max Weber Gesamtausgabe*, com 33 vols. previstos.
Biografias: Marianne Weber, *M. W. Ein Lebensbild*, 1926; reed., 1988. — M. Weinreich, *M. W., l'homme et le savant*, 1938. — E. Baumgarten, *M. W. Werk und Person*, 1964.
Em português: *Ciência e política; duas vocações*, 1996. — *Conceitos básicos de sociologia*, 1987. — *Conceitos sociológicos fundamentais*, 1997. — *Economia e sociedade*, vol. 1, 1994. — *Economia e sociedade*, vol. 2, 1999. — *Ensaios de sociologia*, 1982. — *A ética protestante e o espírito do capitalismo*, 1996. — *Os fundamentos racionais e sociológicos da música*, 1995. — *História agrária romana*, 1994. — *História geral da economia*, 1978. — *Max Weber: sociologia*, 1979. — *Metodologia das ciências sociais*, parte 1, 1993. — *Metodologia das ciências sociais*, parte 2, 1995. — *Parlamento e governo na Alemanha reordenada; crítica política da burocracia e da natureza dos partidos*, 1993. — *O político e o cientista*, s.d. — *A questão agrária*, 1981. — *Sobre a teoria das ciências sociais*, 1977. — *Sobre a universidade*, 1989. — *Socialismo*, 1993. — *Sociologia da burocracia*, 1978. — *Textos selecionados*, Os Pensadores, 1985.
Ver: Hans Oppenheimer, *Die Logik der soziologischen Begriffsbildung mit besonderer Berücksichtigung von M. W.*, 1925. — M. J. Grab, *Der Begriff des Rationalen in der Soziologie Max Webers*, 1927. — W. Bienfait, *Max Webers Lehre vom geschichtlichen Erkennen*, 1930 (tese). — Karl Jaspers, *M. W. deutsches Wesen im politischen Denken, im Forschen und Philosophieren*, 1932. — Alfred Schutz, *Der sinnhafte Aufbau der sozialen Welt. Einleitung in die verstehende Soziologie*, 1932; reimp. 1960 (trad. ing.: *The Phenomenology of the Social World*, 1967). — H. M. Robertson, *Aspects of the Rise of Economic Individualism: a Criticism of M. W. and His School*, 1933. — Arthur Mettler, *M. W. und die philosophische Problematik unserer Zeit*, 1934. — Alexander von Schelting, *M. Webers Wissenschaftslehre. Das logische Problem der historischen Erkenntnis. Die Grenzen der Soziologie des Wissens*, 1934. — Rudolf Lennert, *Die Religionstheorie Max Webers*, 1935. — Talcott Parsons, *The Structure of Social Action*, 1938. — C. Antoni, *Dallo storicismo alla sociologia*, 1940. — Julius Schaaf, *Geschichte und Begriff. Eine kritische Studie zur Geschichtsmethodologie von E. Troeltsch und M. W.*, 1943 (tese). — H. Dieter, *Die Einheit der Wissenschaftslehre M. Webers*, 1952. — W. Mommsen, *M. W. und die deutsche Politik*, 1959. — Reinhard Bendix, *M. W.: An Intellectual Portrait*, 1960, reimp. 1962; 2ª ed., 1966. — Walther Wegener, *Die Quellen der Wissenschaftsauffassung Max Webers und die Problematik der Werturteilsfreiheit der Nationalökonomie. Ein wissenschaftssoziologischer Beitrag*, 1962. — Günter Abramowski, *Das Geschichtsbild M. Webers. Universalgeschichte am Leitfaden des okzidentalen Rationalisierungsprozesses*, 1966. — Julien Freund, *Sociologie de M. W.*, 1966. — J. A. Prades, *La sociologie de la religion chez M. W.: Essai d'analyse et de critique de la méthode*, 1966; 2ª ed., rev., 1969. — A. Mitzman, *The Iron Cage. A Historical Interpretation of M. W.*, 1969. — Rolf E. Rogers, *M. Weber's Ideal Type Theory*, 1969. — W. G. Runciman, *A Critique of M. Weber's Philosophy of Social Science*, 1972. — M. Weyemberg, *Le volontarisme rationnel de M. W.*, 1972. — Robert Williame, *Les fondements phénoménologiques de la sociologie compréhensive: Alfred Schutz et M. W.*, 1973. — David Beetham, *M. W. and the Theory of Modern Politics*, 1974. — Thomas Burger, *M. Weber's Theory of Concept Formation: History, Laws, and Ideal Types*, 1976. — W. Hennis, *M. W. Fragestellung*, 1987. — W. Mommsen, J. Osterhammel, eds., *M. W. and His Contemporaries*, 1987. — P. Hamilton, ed., *M. W. Critical Assessments*, 8 vols., 1991.
Em 1960 se fundou o *Max-Weber-Archiv*, no Instituto de Sociologia da Universidade de Munique, transformado posteriormente em *Max Weber Arbeitsstelle*, subordinado à Academia de Ciências da Baviera com sede em Munique. **C**

WEIGEL, VALENTIN (1533-1588). Nascido em Grossenhain (outrora chamada Hain, nas proximidades de Dresden), desenvolveu, no curso de sua mística, uma metafísica do conhecimento que começa por distinguir entre o conhecimento impróprio do externo, por percepção sensível e reflexão sobre ela, e o autêntico conhecimento espiritual de Deus, que é ao mesmo tempo conhecimento de si mesmo e do mundo. Tal distinção é sobremaneira evidente quando a referimos ao conhecimento que possui o homem mergulhado no pecado e ao que possui aquele que conseguiu a salvação. Este último conhecimento é perfeito, porque foi possibilitado e, em última análise, gerado por Deus, que imprime ao homem, que permanece em estado passivo e receptivo, sua atitude cognoscitiva. Mas o caminho para chegar a este perfeito conhecimento místico é a imersão da pessoa em si mesma. Só em si a pessoa encontrará esse saber de Deus que Ele pôs em sua alma. Portanto, sua própria alma será reflexo do universo, microcosmo do macrocosmo e da totalidade. Tal conhecimento segue, assim, uma direção inversa à habitual e "natural", pois enquanto esta última vai do objeto à alma, a primeira e superior vai da alma ao objeto, impregnando-o com seu saber e, em última análise, com seu querer.

⊃ Principais obras: *Die zwei nützlichen Tractate*, 1570 *(Os dois tratados úteis)*. — *Libellus de vita beata*, 1570. — *Anleitung ur deutschen Theologie*, 1571 *(Guia para a teologia alemã)*. — *Die Verteidigungsschrift*, 1572 *(Apologia)*. — *Der Gründliche Bericht vom Glauben*, 1576 *(Comentário fundamental sobre a fé)*. — *Das Informatorium*, 1576. — *Vom Leben Christi*, 1578 *(Da vida de Cristo)*. — *Dialogus de Christianismo*, 1584. — Também: νῶθι σεαυτόν. *Erkenne dich selber, dass der Mensch sei ein Mikrokosmus*, publicado em 1615 *(Conhece-te a ti mesmo, porque o homem é um microcosmo)*. — *Vom Gesetze oder Willen Gottes (Da lei ou vontade de Deus)*. — *Vom Ort der Welt (Do lugar do mundo)*.

Edição de obras: *Sämtliche Schriften*, ed. W. E. Peuckert e W. Zeller, 36 "Lieferungen" aproximadamente, a partir de 1962. — *V. W. Ausgewählte Werke*, 1977, ed. S. Wollgast.

Ver: A. Israel, *V. Weigels Leben und Schriften*, 1889. — Hans Maier, *Der mystische Spiritualismus V. Weigels*, 1926. — A. Koyré, *V. Weigel*, 1933. — Winfried Zeller, *Die Schriften V. Weigels. Eine literarkritische Untersuchung*, 1940. — F. Lieb, *V. Ws. Kommentar zur Schöpfungsgeschichte*, 1962. — B. Goraix, *La mystique de V. W.*, 1972. — G. Wehr, *Alle Weisheit ist von Gott. Gestalten und Wirkungen christlicher Theosophie*, 1980. **c**

WEIL, SIMONE (1909-1943). Nascida em Paris, estudou filosofia na École Normale Supérieure, recebendo a *agrégation*. Mas depois de ensinar filosofia no Liceu de Roanne, e em vez de continuar uma carreira acadêmica, trabalhou como operária na fábrica Renault com o fim de conhecer a condição operária. Uma profunda crise religiosa, experimentada em 1938, levou-a ao cristianismo, mas, não querendo abjurar de sua condição de israelita, não recebeu o batismo. Ainda não terminada a Segunda Guerra Mundial, faleceu no sanatório de Ashford, na Inglaterra.

Os temas capitais de Simone Weil, expressos freqüentemente na forma de breves notas, podem ser resumidos neste seu aforismo: "Duas forças reinam no universo: a luz e a gravidade" *(la pesanteur)*. A luz é o sobrenatural, a graça; a *pesanteur* é a natureza. Não se trata, contudo, de um dualismo de tipo maniqueu, porque a luz ilumina a *pesanteur* e a atrai para si, elevando-a em sua direção. A *pesanteur* se torna, com efeito, leve por meio da caridade, que é ao mesmo tempo religiosa e humana, pois transforma as almas e a um só tempo as próprias condições de vida. A experiência religiosa não é, ou não é necessariamente, algo que somente podem viver os "grandes" ou os "intelectuais"; é algo que podem viver os humildes, os operários. O universo inteiro experimenta uma força "deífuga" — o que é necessário, pois do contrário tudo seria Deus. Mas nada, senão Deus, é Deus, e o que não é Deus se aproxima d'Ele só na medida em que se converte num nada. A luz e a graça não fazem desaparecer a baixeza e a miséria, mas as transfiguram, de modo que deixam de ser o que são sem deixar de ser.

Importantes nas meditações de Simone Weil são o que se poderia chamar "motivos gregos" contra os "motivos romanos" — o que a autora entendia como a caridade contra o poder, a experiência contra a organização, a mística contra a prática. Tais "motivos" gregos são primordialmente de caráter "místico", o que não impede, segundo a autora, que não sejam bem delineados. "A mística clara" seria uma fórmula adequada para caracterizar o modo de pensar de Simone Weil, não fosse este um pensamento que escapa de toda fórmula e toda caracterização. É um pensamento que consiste em "enraizar-se" em vez de "desprender-se", mas ao enraizar-se supõe que não perde, mas ganha, luz e claridade.

⊃ Obras: *La pesanteur et la grâce*, 1947. — *L'enracinement: prélude à une déclaration des devoirs envers l'être humain*, 1949. — *Attente de Dieu*, 1950. — *La connaissance surnaturelle*, 1950. — *Lettre à un religieux*, 1951. — *Intuitions pré-chrétiennes*, 1951. — *La source grecque*, 1953. — *Oppressions et liberté*, 1955. — *Écrits de Londres. Dernières lettres*, 1957. — *Leçons de philosophie*, 1959, ed. Anne Raynaud [no Liceu de Roanne 1933-1934]. — *Écrits historiques et politiques*, 1960 [artigos 1932-1943]. — *Pensées sans ordre concernant l'amour de Dieu*, 1962. — *Sur la science*, 1965. — *Leçons de philosophie de S. W.*, 1966. — *Cahiers I-III*, 1970-1974. — *Unterdrückung und Freiheit. Politische Schriften*, 1975 *(Opressão e liberdade. Escritos políticos)*. — *Zeugnis für das Gute. Traktate-Briefe-Aufzeichnungen*, 1976 *(A favor do bem. Tratados-Cartas-Esboços)*. — *Aufmerksamkeit für das Alltägliche*, 1987 *(Atenção ao quotidiano)*.

Todos os livros de S. W. são póstumos.

Edição de obras: *Oeuvres complètes*, Paris, 1988 ss.

Em português: *Aulas de filosofia*, 1989. — *A condição operária e outros estudos sobre a opressão*, 1996. — *A gravidade e a graça*, 1993.

Bibliografia: P. J. Little, *S. W. A Bibliography*, Londres, 1973 (suplem. I, 1979). — A. Marchetti, *Bibliografia sistematica*, Bolonha, 1977. — G. A. White, "Simone Weil's Bibliography: Some Reflections on Publishing and Criticism", em G. A. White, ed., *Simone Weil*, 1981, pp. 181-194.

Ver: Gustave Thibon, "Introduction" a *La pesanteur et la grâce*, 1948, pp. I-XXXIII. — J. M. Perrin e G. Thibon, *S. W. telle que nous l'avons connue*, 1952. — C. Rosso, *Il messaggio di S. W.*, 1953. — P. Bugnion Secrétan, *S. W. Itinéraire politique et spirituel*, 1953. — M. M. Davy, *S. W.*, 1956. — Jacques Cabaud, *L'expérience vécue de S. W.*, 1957. — M. Thiout, *Jalons sur la route de S. W.*, 2 vols., 1959 (I. *La recherche de la vérité chez S. W.*; II. *Essai de bibliographie des écrits de S. W.*). — G. Kempfner, *La philosophie mystique de S. W.*, 1960. — E. Piccard, *S. W. Essai biographique et critique, suivi d'une anthologie raisonnée des oeuvres de S. W.*, 1960. — Yves Malan, *L'enracinement de S. W. Essai d'interprétation*, 1961. — R. Hensen, *S. W. Een pelgrim naar het absolute*, 1962. — Victor-Henri Debidour, *S. W. ou la transparence*, 1963. — François Heidsieck, *S. W.*, 1965. — M.-M. Davy, *S. W.*, 1966. — Michel Narcy, *S. W. Malheur et beauté du monde*, 1967. — Miklos Vetö, *La métaphysique religieuse de S. W.*, 1971. — Simone Pétrement, *La vie de S. W.*, 1973 (com cartas e outros textos inéditos). — G. Kahn, W. Rabi, A. Janeira et al., *S. W. philosophe, historienne et mystique*, 1978, Actes du Colloque de Cerisy, 7 de julho de 1974, mais as comunicações em Aix-en-Provence, setembro de 1975, e Sainte Baume, maio de 1977. — J. Hellman, *S. W.: An Introduction to Her Thought*, 1982. — M. Vicki-Vogt, *S. W. Eine Logik des Absurden*, 1983. — H. R. Schlette, A. A. Devaux, eds., *S. W. Philosophie-Religion-Politik*, 1985. — R. Kühn, *Deuten als Entwerden*, 1989. — H. Abosch, *S. W. zur Einführung*, 1990. ⊂

WEIN, HERMANN (1912-1981). Nascido em Munique, foi *Dozent* em Berlim (1943-1947) e em Göttingen (a partir de 1947). Seguindo em grande parte a Nicolai Hartmann (VER), Wein realizou investigações de ontologia formal, com especial atenção à teoria das categorias, incluindo categorias cosmológicas e antropológicas. O método de Wein é, como o de Nicolai Hartmann, uma análise de problemas e das aporias que eles suscitam. Wein examina estruturas lógicas, ou lógico-ontológicas, subjacentes a todas as categorizações e tipificações, destacando a importância de um exame dialético que, evitando tanto o ceticismo como e ecletismo, sublinhe a relação entre concepções aparentemente incompatíveis.
➔ Principais obras: *Untersuchungen über das Problembewusstsein*, 1937 *(Investigações sobre a consciência de problema)*. — *Das Problem des Relativismus*, 1942; nova ed., 1950 *(O problema do relativismo)*. — *Zugänge zur philosophischen Kosmologie*, 1954 *(Enfoques sobre a cosmologia filosófica)*. — *Realdialektik. Von Hegelscher Dialektik zur dialektischen Anthropologie*, 1957, reimp., 1964 *(Dialética real. Da dialética hegeliana à antropologia dialética)*. — *Positives Antichristentum. Nietzsches Christusbild im Brennpunkt nachchristlicher Anthropologie*, 1962 *(Anticristianismo positivo: a visão nietzschiana de Cristo como foco da antropologia pós-cristã)*. — *Sprachphilosophie der Gegenwart. Eine Einführung in die europäische und amerikanische Sprachphilosophie des 20. Jahrhunderts*, 1963; 2ª ed., 1967 *(A filosofia da linguagem atual: uma introdução à filosofia do linguagem européia e americana do século XX)*. — *Kentaurische Philosophie. Vorträge und Abhandlungen*, 1968 *(Filosofia centáurica: conferências e tratados)*.
Ver: *Konkrete Reflexion. Festschrift für H. W. zum 60. Geburtstag*, ed. Jan M. Broekman e Kan Knopf, 1975, com "Bibliographie H. W. 1937-1972". — H. K.

A. Döll, *Ein Philosoph in Haar. Tagebuch über ein Vierteljahr in der Irrenanstalt*, 1981. ⊂

WEINHANDL, FERDINAND (1896-1973). Nascido em Judenburg (Steiermark), foi "professor extraordinário" (1927-1935) e professor titular (1935-1942) em Kiel. De 1942 a 1944 foi professor em Frankfurt am Main e de 1944 a 1946 em Graz. Weinhandl propõe um método psicológico, senão geral: a filosofia é uma filosofia analítico-estrutural *(gestaltanalytische Philosophie)*. É, pois, uma técnica — e uma ferramenta — da "forma". Seus elementos não são coisas, nem sensações, nem relações, mas esquemas, tendências, impulsos orientados para a estruturação. A filosofia deve esclarecer esses conteúdos para proceder em seguida a uma organização das estruturas. O método estrutural se converte então numa interpretação estrutural *(Gestaltdeutung)*, que implica uma transcendência estrutural *(Gestalt-Transzendenz)*. Essa interpretação se aplica a todos os problemas, mas Weinhandl trabalhou especialmente no problema da liberdade da vontade dentro da ética. Segundo Weinhandl, a aplicação do citado método permite entender o que há de verdadeiramente filosófico no método e nas idéias de Goethe, que é, no entender de Weinhandl, um filósofo tão completo quanto qualquer um dos grandes pensadores.
➔ Obras: *Über Urteilsrichtigkeit und Urteilswahrheit*, 1923 *(Sobre correção e verdade de juízo)*. — *Die Methode der Gestaltanalyse*, 1923 *(O método da análise da estrutura)*. — *Einführung in das moderne philosophische Denken*, 1925 *(Introdução ao pensamento filosófico moderno)*. — *Wege der Lebensgestaltung*, 1924 *(Modos de estruturação da vida)*. — *Person, Weltbild und Deutung*, 1926 *(Pessoa, imagem do mundo e interpretação)*. — *Die Gestaltanalyse*, 1927 *(A análise estrutural)*. — *Über das aufschliessende Symbol*, 1929 *(Sobre o símbolo revelador)*. — *Charakterdeutung auf gestaltanalytischer Grundlage*, 1931 *(A interpretação do caráter com base analítico-estrutural)*. — *Die Metaphysik Goethes*, 1932. — *Philosophie und Mythos*, 1936. — *Philosophie: Werkzeug und Waffe*, 1940 *(A filosofia: ferramenta e arma)*. — *Paracelsus und Goethe*, 1941. — *Die Philosophie des Paracelsus*, 1944. ⊂

WEININGER, OTTO (1880-1903). Nascido em Viena, onde residiu e onde, aos 23 anos de idade, se suicidou. Weininger recebeu, entre outras, a influência de Kant e de Nietzsche. Weininger se deu a conhecer sobretudo por seu livro sobre o sexo e o caráter, no qual apresentou, na esteira de uma interpretação de dados fisiológicos e psicológicos, uma metafísica dos sexos. A inferioridade feminina não é, segundo Weininger, resultado acidental da evolução da cultura, mas o resultado de uma polaridade essencial na qual o feminino representa a passividade e a contingência do masculino. Isso não significa, porém, que apenas o varão represente o pólo positivo e a fêmea apenas o pólo negativo; o masculino e o feminino são categorias últimas que podem ser aplicadas a toda a realidade. As considerações de Weininger sobre o sexo e o caráter levaram-no, além disso, a uma filosofia pessimista da cultura (pelo menos da cultura atual), assim como a uma tentativa de superação das dificuldades da civilização mediante uma acentuação do "genial".

⊃ Obras: *Geschlecht und Charakter*, 1903. — *Über die letzten Dinge*, 1907, ed. M. Rappaport *(Sobre as últimas coisas)*.

Ver: E. Lucka, *O. Weininger, der Mensch, sein Werk und seine Persönlichkeit*, 1905. — K. Dallago, *O. Weininger und sein Werk*, 1912. — P. Biró, *Die Sittlichkeitmetaphysik O. Weiningers*, 1927. — L. Thaler, *Weiningers Weltanschauung*, 1935. — D. Abrahamsen, *The Mind and Death of a Genius*, 1946. — J. Le Rider, *Le cas O. W. Racine de l'antiféminisme et de l'antisémitisme*, 1982. — A. Janik, *Essays on Wittgenstein and W.*, 1985. ⊂

WEISCHEDEL, WILHELM. Ver RESPONSABILIDADE.

WEISS, PAUL (1901). Nascido em Nova York, foi "instructor" em Harvard (1930-1931), onde estudara com Whitehead. De 1931 a 1945 ensinou no Bryn Mawr College, de 1945 a 1969 na Universidade de Yale e, a partir de 1969, é *Heffer Professor* na Catholic University of America, em Washington. Interessado primeiro na lógica e na "natureza dos sistemas" (título de sua dissertação doutoral), inclinou-se mais tarde para o tratamento de problemas metafísicos e ontológicos, fundando em 1947 a *Review of Metaphysics*, que dirigiu até 1964. Weiss se ocupou praticamente de todos os problemas filosóficos básicos, e aplicou o pensamento filosófico a áreas muito diversas, como os esportes e o cinema. Escreveu também um diário filosófico no qual expõe seu pensamento como "filosofia em processo". Sua mais importante contribuição se encontra expressa em forma sistemática em sua indagação sobre os "modos de ser". Trata-se de uma ontologia na qual são considerados em detalhe, e categorizados, os modos de ser chamados "atualidade", "idealidade", "existência" e "Deus". Weiss não estabelece nenhuma divisão formal entre ontologia e epistemologia, porque pressupõe que se implicam mutuamente. O estudo da atualidade levou Weiss a uma teoria da percepção que inclui o conhecimento não estritamente perceptivo. Formulada como uma teoria do juízo, Weiss distingue o "indicado", o "contemplado" e o "iluminado", correspondentes respectivamente ao sujeito do juízo, ao percebido como algo presente e ao que, por assim dizer, "rodeia" o presente, constituindo uma espécie de horizonte que ao mesmo tempo que transcende o juízo permite contemplá-lo. Embora influenciado pela concepção whiteheadiana das atualidades, Weiss difere de Whitehead na medida em que destaca o caráter fundamentalmente incompleto, e talvez incompletável, de toda atualidade. A atualidade é uma realidade na qual se reconciliam a substância e o processo. O estudo da idealidade equivale ao das possibilidades, que não são independentes das atualidades, mas — enquanto possibilidades reais pelo menos — funções delas. A idealidade inclui a bondade, o futuro e o princípio de perfeição. Cada um destes aspectos da idealidade tem modos de relação peculiares com a atualidade ou, melhor dizendo, com diversos tipos de atualidade. No que diz respeito à existência, Weiss distingue-a da atualidade, com a qual costumou ser confundida. A existência é apresentada como pura "vitalidade" que consiste em passar continuamente de uma posição a outra. A existência, que inclui o espaço, o tempo e a energia, abarca todas as atualidades, mas expressa ao mesmo tempo a tensão interna que constitui cada ser, o que faz com que as realidades sejam "divididas" em seu peculiar ser. A existência é um campo espacial de atualidades, é fundamento causal de idealidades e vitalidade cósmica de Deus. É uma vitalidade criadora que faz viver as atualidades e que quando se retira, por assim dizer, destas as reduz a mero fato e faz com que pertençam ao passado já cumprido. Ora, atualidade, idealidade e existência requerem o "modo de ser" chamado "Deus". Este tem características e categorias próprias, mas que ao mesmo tempo completam o bem ao qual aspiram, sem jamais consegui-lo, as atualidades e a existência. Por outro lado, Deus é o outro da atualidade, de modo que há uma espécie de conflito entre Deus e as atualidades.

O próprio Weiss indicou que seu pensamento, tanto o presente em sua obra sobre os modos do ser como o que desenvolveu em relação com as aplicações de tais modos — que inclui uma filosofia da arte, uma filosofia da história e uma filosofia da religião — pode ser considerado como uma categorização do universo. Esta categorização sofreu algumas modificações substanciais nas últimas obras de Weiss, especialmente na medida em que, sem abandonar o pluralismo metafísico, chegou a categorizar o que há em dois tipos de realidades, chamadas "atualidades" e "finalidades". As atualidades permitem explicar as aparências. As finalidades — que são substância, ser, possibilidade, existência e unidade — se articulam com as atualidades do mundo. Tanto nesta mais recente versão como nas anteriores, a especulação metafísica de Weiss pode ser considerada, segundo admite o próprio autor, como um esforço para dar uma explicação filosófica "aristotelizada" do mundo e especialmente do homem. Em todo caso, Weiss sustenta que seu sistema metafísico é um sistema aberto, e que as numerosas categorias que tem apresentado não devem ser consideradas como rigidamente estabelecidas de uma vez para sempre. A especulação sistemática categorizante não resulta então incompatível com uma "filosofia em processo" que é ao mesmo tempo uma filosofia como processo.

◐ A tese doutoral de W., *The Nature of Systems*, 1929, foi publicada antes em *The Monist*, 39 (1929), 281-319, 440-472. Entre os artigos de interesse lógico publicados por W. destacamos: "Theory of Types", *Mind*, 37 (1928), 338-348; "Two-Valued Logic — Another Approach", *Erkenntnis*, 2 (1931), 242-261; "The Metaphysics and Logic of Classes", *Monist*, 42 (1932), 112-154; "On Alternative Logics", *Philosophical Review*, 42 (1933), 520-525; "The Logic of Semantics", *Journal of Philosophy*, 39 (1942), 169-176; "Eighteen Theses in Logic", *Review of Metaphysics*, 11 (1957), 12-27. Entre seus artigos metafísicos, ou do período de "transição à metafísica": "Metaphysics: the Domain of Ignorance", *Philosophical Review*, 43 (1934), 402-446; "A Memorandum for a System of Philosophy", em H. M. Kallen e S. Hook, eds., *American Philosophy Today and Tomorrow*, 1935, pp. 488-498.

Um dos primeiros trabalhos de W. foi sua edição, em colaboração com Charles Hartshorne, dos 6 primeiros volumes (depois prosseguidos por A. W. Burks) de *The Collected Papers of Charles Sanders Peirce*, 1931-1935.

Livros: *Reality*, 1938. — *Nature and Man*, 1947. — *Man's Freedom*, 1950. — *Modes of Being*, 1958. — *Our Public Life*, 1959. — *The World of Art*, 1961. — *Nine Basic Arts*, 1961. — *History: Written and Lived*, 1962. — *Religion and Art*, 1963. — *The God We Seek*, 1964. — *The Making of Men*, 1967. — *Sport: A Philosophic Inquiry*, 1969. — *Beyond All Appearances*, 1974. — *Cinematics*, 1975 (com comentários por Robert Thom, Eric Sherman *et al.*). — *First Considerations: An Examination of Philosophical Evidence*, 1977 (com comentários por Abner Shimony, Richard T. De George *et al.*). — *You, I, and the Others*, 1980. — *Privacy*, 1983. — *Toward a Perfect State*, 1986. — *Creative Ventures*, 1992.

Em colaboração com seu filho, Jonathan Weiss: *Right and Wrong: A Philosophical Dialogue Between Father and Son*, 1967. — Ver também: "Second Thoughts on First Considerations", *Process Studies*, 10 (1980), 34-38 (entrevista, conduzida por L. S. Ford, sobre as lembranças de P. W. de seu antigo professor em Harvard, A. N. Whitehead, em princípios dos anos 30).

O "diário filosófico" ou "filosofia em processo" de W. inclui os seguintes volumes: 1 (1955-1960), 1966; 2 (1960-1964), 1966; 3 (1964), 1966; 4 (1964-1965), 1969; 5 (1965-1968), 1971; 6-7 (1968-1971), 1975; 7(2) e um apêndice (1977-1978), 1985; 8 (1978-1980), 1983; 9 (1980-1984), 1986; 10 (1984-1986), 1987; 11 (1986-1987), 1989.

Bibliografia: R. J. Getrich, em *op. cit. infra.* — T. Krettek, R. J. Getrich, "Bibliography of P. Weiss's Publications", em T. Krettek, ed., *Creativity and Common Sense*, 1987, pp. 289-304.

Ver: S. C. Rome, B. K. Rome, eds., *Philosophical Interrogations: Interrogations of Martin Buber, John Wild, Jean Wahl, Brand Blanshard, Paul Weiss, Charles Hartshorne, Paul Tillich*, 1964, reimp., 1970 (a "Interrogation of P. W.", pp. 259-317, por E. S. Haring). — Kenneth L. Schmitz, "The Modes in Process", *The Review of Metaphysics*, 21 (1967), 310-342. — Andrew J. Reck, *The New American Philosophers: An Exploration of Thought since World War II*, 1968, pp. 315-344. — R. J. Bernstein, A. J. Reck *et al.*, artigos sobre P. W. em *The Review of Metaphysics*, 25 (1972), 5-177, com resposta de P. W. (pp. 144-175) e bibliografia de suas obras preparada por Richard J. Getrich (pp. 166-171). — T. Krettek, ed., *Creativity and Common Sense: Essays in Honor of P. W.*, 1987. ◓

WEISSE, CHRISTIAN HERMANN (1801-1866). Nascido em Leipzig, foi professor a partir de 1845 na mesma cidade e representante do chamado teísmo especulativo corrente ao qual pertenceram também o filho de Fichte, Immanuel Hermann Fichte (VER) e Hermann Ulrici (VER). Weisse elaborou, em oposição a Hegel, mas sem receber a influência de nenhuma das teses da direita hegeliana, uma metafísica que tinha, antes de tudo, o propósito de transpor dois dos mais evidentes "obstáculos" da especulação hegeliana: o panteísmo e o intelectualismo abstrato. A confusão da Idéia absoluta com a divindade e a passagem das formas lógicas às reais são diferentes maneiras de ignorar a riqueza e plenitude do ser e o caráter pessoal da divindade; melhor ainda, diversas maneiras de ignorar a experiência e, sobretudo, a experiência do espírito. Somente assim é possível que a liberdade não seja uma mera noção vazia: a tendência de Weisse ao concreto e sua conseqüente oposição a toda dialética atemporal e vazia não é menos forte que sua hostilidade a toda conversão do princípio divino em um absoluto irracional, freqüentemente identificado com alguma potência da Natureza. O teísmo especulativo ou teísmo concreto que, divergindo de Hegel, se vai aproximando cada vez mais de Fichte e Schelling, funda-se numa experiência que abarca também a revelação e a história, e não numa análise que pretenda passar imediatamente do lógico ao ontológico, deixando o conceito vazio de realidade. De modo análogo a Baader e a Schelling, Weisse vê na filosofia de Hegel um formalismo impotente; o lógico absoluto é, pois, apenas uma possibilidade que, em todo caso, deve ser cumprida e não pode sê-lo senão com uma efetiva liberdade pessoal. Em resumo: o lógico e o possível são apenas o negativo e o limite, mas não o positivo mesmo. Deus não pode contradizer as formas lógicas e as leis do possível, mas isso nada diz ainda acerca da plenitude real, que a lógica se limita, por assim dizer, a demarcar. Weisse chega inclusive a uma enérgica afirmação da espacialidade e, sobretudo, da temporalidade do Absoluto; toda separação entre o mundo e o princípio divino equivale a uma negação do próprio princípio divino. Weisse, tal como Immanuel Hermann Fichte — cujas filosofias, apesar de divergências mútuas, coincidiam em muitos aspectos — destaca, contra o vazio do lógico, aquilo que o romantismo foi cada vez destacando mais, o que o próprio Hegel parecia em sua juventude ter descoberto: a existência em face da essência, a personalidade livre em face do desenvolvimento dialético, a plenitude do Absoluto, a experiência da consciência e da história. O teísmo especulativo se complementa assim necessariamente com uma teoria da liberdade e com uma doutrina da realidade entendida como conjunto de personalidades finitas que têm seu centro e seu sentido na infinita personalidade de Deus.

↪ Obras: *Über den gegenwärtigen Standpunkt der philosophischen Wissenschaften*, 1829 *(Sobre o ponto de vista atual das ciências filosóficas).* — *System der Ästhetik als Wissenschaft von der Idee der Schönheit*, 1830, reimp., 1960 *(Sistema de estética como ciência da idéia de beleza).* — *Die Idee der Gottheit*, 1833 *(A idéia da divindade).* — *Grundzüge der Metaphysik*, 1835 *(Traços fundamentais de metafísica).* — *Evangelische Geschichten*, 1833 *(Histórias evangélicas).* — *Das philosophische Problem der Gegenwart*, 1842 *(O problema filosófico do presente).* — *In welchem Sinne die deutsche Philosophie jetzt wieder an Kant sich zu orientieren hat*, 1847 *(Em que sentido a filosofia alemã atual deve reorientar-se para Kant).* — *Philosophische Dogmatik oder Philosophie des Christentums*, 3 vols., 1855-1862 *(Dogmática filosófica ou filosofia do cristianismo).* — *Die Evangelienfrage*, 1856 *(A questão evangélica).* — *Kleine Schriften zur Ästhetik Kritik*, ed. por R. Seydel, 1867, reimp., 1966 *(Escritos breves para estética e crítica estética).* — *Psychologie und Unsterblichkeitslehre*, ed. por R. Seydel, 1869 *(Psicologia e doutrina da imortalidade).*

Ver: Rudolf Seydel, *Lebensskizze und Charakteristik Weisses*, 1866. — Marie Horstmeier, *Die Idee der Persönlichkeit bei I. H. Fichte und Ch. H. Weisse*, 1930. — Franz Ludwig Greb, *Die philosophischen Anfänge Ch. H. Weisses*, 1943 (tese). ↩

WELBY, LADY VIOLA. Ver Sign<small>ÍFICA</small>.

WENTSCHER, MAX. Ver L<small>OTZE</small>, R<small>UDOLF</small> H<small>ERMANN</small>.

WENZL, ALOYS (1887-1967). Nascido em Munique, foi (1933-1938) "professor extraordinário" e a partir de 1946 professor titular na Universidade de Munique. Seu principal interesse são a ética e a filosofia natural, esta última como "metafísica da filosofia natural". Com base numa interpretação de dados científicos, Wenzl desenvolveu uma metafísica da Natureza segundo a qual toda realidade, incluindo a realidade material, possui certo grau de "interioridade" de caráter "psíquico". Além disso, toda realidade possui um grau de "liberdade", que vai desde a indeterminação dos corpúsculos materiais até a plena liberdade espiritual humana. "Liberdade", "atividade" e "realidade" são para Wenzl três aspectos de um mesmo modo de ser básico. Wenzl desenvolveu também uma "ética da liberdade" fundada na mencionada equiparação entre "liberdade" e "realidade".

↪ Principais obras: *Das Verhältnis der Einsteinschen Relativitätstheorie zur Philosophie der Gegenwart*, 1924 *(A relação entre a teoria da relatividade einsteiniana e a filosofia atual).* — *Das Leib-Seele Problem*, 1933 *(O problema corpo-alma).* — *Theorie der Begabung*, 1934 *(Teoria do talento).* — *Metaphysik der Physik von heute*, 1935 *(Metafísica da física atual).* — *Wissenschaft und Weltanschauung*, 1936; 2ª ed., 1948 *(Ciência e concepção do mundo).* — *Metaphysik der Biologie von heute*, 1938 *(Metafísica da biologia atual).* — *Philosophie als Weg*, 1939 *(A filosofia como caminho)*; 2ª ed. com o título: *Philosophie als Weg von den Grenzen der Wissenschaft an die Grenzen der Religion*, 1956. — *Seelisches Leben-Lebendiger Geist*, 1945 *(Vida psíquica-espírito vivo).* — *Die Technik als philosophisches Problem*, 1946 *(A técnica como problema filosófico).* — *Philosophie der Freiheit*, 2 vols., 1947-1949 *(Filosofia da liberdade).* — *Naturwissenschaft und Christentum*, 1948 *(Ciência da natureza e cristianismo).* — *Materie und Leben als Probleme der Naturphilosophie*, 1949 *(Matéria e vida como problemas da filosofia da Natureza).* — *Unsterblichkeit. Ihre metaphysische und anthropologische Bedeutung*, 1951 *(Imortalidade. Seu significado metafísico e antropológico).* — *Die philosophischen Grenzfragen der modernen Naturwissenschaft*, 1954; 3ª ed., 1961 *(As perguntas filosóficas fundamentais da ciência moderna da natureza).* — Também obras sobre Leibniz *(L. und die Gegenwart*, 1947) e Nietzsche *(N. Versuchung und Verhängnis*, 1947).

Ver: *Natur, Geist, Geschichte. Festschrift für A. W. zum 60. Geburtstag*, 1950. — A. Dempf, "A. W. zum 70. Geburtstag", *Philosophisches Jahrbuch* (1956), 1-4. — C. Arregui, "Cuatro filósofos contemporáneos frente al problema de la inmortalidad. H. Bergson, M. Scheler, L. Lavelle, A. W.", *Cuadernos Uruguayos de Filosofía* (1961), 109-137. — W. Strobl, "Die Bedeutung der Synthese: A. W. — Philosoph der Integration, Synthese und Ganzheit", *Akt. XIV int. Kongr. Philos.*, II, Viena (1968), 454-461. ↩

WERKMEISTER, WILLIAM HENRY. Ver P<small>ERSONALISMO</small>.

WERTHEIMER, MAX (1880-1943). Nascido em Praga, estudou nas Universidades de Praga, Berlim (com Carl Stumpf) e Würzburg (com Oswald Külpe), doutorando-se na última. Fez pesquisas nas Universidades de Berlim e Viena. De 1929 a 1933 foi "professor extraordinário" em Frankfurt am Main. Emigrou para os Estados Unidos em 1933 e foi professor na New School for Social Research, de Nova York.

Em Berlim e Viena, Wertheimer pesquisou as estruturas melódicas que o conduziram à idéia de "todo" ou "conjunto" desenvolvida pela *Gestaltpsychologie* (ver Estrutura). Empreendeu igualmente pesquisas de percepção visual e realizou um experimento — chamado "experimento Phi" — concernente à percepção de linhas em movimento em distintos intervalos temporais. Este experimento, de 1910, teve grande influência em Köhler e Koffka e no desenvolvimento da psicologia da estrutura. Embora os fenômenos da percepção parecessem constituir a base principal de tal psicologia, Wertheimer considerou que a atenção prestada à percepção se devia apenas a se poder aplicar a ela melhores técnicas de experimentação. Wertheimer examinou e experimentou muitos outros processos mentais, incluindo a psicologia do pensamento produtivo e o pensamento lógico, interessando-se pela fundamentação da matemática e pela psicologia social. Considerou também que se devia buscar uma base filosófica para explicar os resultados obtidos. Em sua obra póstuma, de 1945, estabeleceu uma distinção entre leis da lógica e leis do pensamento, e entre comportamento imitativo e atos produtores de pensamento.

➲ Principais obras: "Experimentelle Studien über das Sehen von Bewegung", *Zeitschrift für Psychologie,* 61 (1912) ("Estudos experimentais sobre a visão do movimento"). — "Untersuchungen zur Lehre von der Gestalt", *Psychologische Forschung,* 1 (1921), 3-4 (1923), 6 (1925), 9 (1927) ("Investigações para a teoria da estrutura"). — "Über Gestalttheorie", *Abhandlungen der philosophischen Akademie Erlangen,* 1925 ("Sobre teoria da estrutura"). — *Drei Abhandlungen zur Gestalttheorie,* 1925 *(Três tratados sobre a teoria da estrutura).* — *Productive Thinking,* 1945 (póstuma).

Ver: D. W. Hamlyn, *The Psychology of Perception: A Philosophical Examination of Gestalt Theory and Derivative Theories of Perception,* 1957. — V. Li Carrillo, "La 'Gestaltpsychologie' y el concepto de estrutura", *Revista Venezolana de Filosofía,* 8 (1978), 7-81. — A. Luchins, "Introduction to the Einstein-Wertheimer Correspondence", *Methodology and Science,* 12 (1979), 165-202. ᄃ

WESTERMARCK, EDWARD ALEXANDER (1862-1939).

Nascido em Helsinki, foi nomeado *maître de conférences* de sociologia na Universidade de Helsinki em 1890. De 1907 a 1910 deu conferências sobre sociologia na Universidade de Londres. Na mesma Universidade foi professor de sociologia no "semestre de Páscoa" de 1906 a 1918; entre seus discípulos se encontram Bronislaw Malinowski e Morris Ginsberg. Alternou esse ensino com o de filosofia moral (ou "filosofia prática"), em Helsinki, nos semestres de inverno de 1906 a 1918. De 1918 a 1930 alternou sua docência em Londres com atividades letivas na Academia Abo, que dirigiu de 1918 a 1921.

Westermarck, que viajou freqüentemente — e residiu, além disso, longas temporadas no Marrocos — em busca de dados sociológicos e antropológicos, é um dos precursores de algumas das formas mais difundidas de antropologia social e cultural. Na filosofia, e especialmente na metodologia, simpatizou com as idéias de autores empiristas como John Stuart Mill, e com as de autores evolucionistas, como Spencer. Sua obra sobre a história do matrimônio humano, baseada numa vasta quantidade de dados — provenientes de pesquisas próprias, questionários e informes de outros observadores —, é um estudo de sociologia comparada em que o autor procura demonstrar que as idéias sobre a promiscuidade sexual dos povos "primitivos" são meras especulações sem suficientes dados empíricos que as apóiem. Para Westermarck, o matrimônio surgiu antes de tudo de forma monogâmica, baseando-se na família — e não, como se havia suposto, a família no matrimônio. A família é necessária para a sobrevivência da espécie, já que proporciona uma indispensável proteção aos rebentos.

Filosoficamente, as concepções mais importantes de Westermarck estão desenvolvidas em seu trabalho sobre a origem e o desenvolvimento das idéias morais. Para Westermarck, a moral é assunto de sentimentos e emoções, não de juízos e razões. Não se pode admitir que haja juízos morais objetivamente válidos. A moral, antes de tudo, são os "fatos morais", que podem, e devem, ser estudados como fatos, com os métodos próprios da psicologia e da sociologia. Os juízos morais não estão fundados em razões, mas em emoções, não se lhes pode atribuir validade objetiva. Contudo, Westermarck não defende nem um "emotivismo" nem um "intuicionismo" à maneira de Moore; o que se tenta é instituir uma ética científica baseada num estudo empírico dos fenômenos da consciência moral.

A aceitação por Westermarck da noção de seleção natural no estudo dos fenômenos morais não implica uma adoção de uma ética evolucionista, que, no seu entender, é tão especulativa quanto qualquer outro sistema. De resto, a noção de seleção natural é um pressuposto que deve ser comprovado empiricamente.

A constante oposição de Westermarck a todo pretenso objetivismo, "universalismo" e normativismo em questões morais não implica que o autor defendesse um "subjetivismo" mais ou menos "arbitrário". Westermarck sublinhou que a oposição a toda pretensão de verdade universalmente válida de uma vez por todas em moral não é diferente da mesma oposição a toda pretensão de verdade universalmente válida, para sempre e de modo definitivo, em qualquer das ciências.

➲ Obras: *The History of Human Marriage,* 1891; 5ª ed., 3 vols., 1921 (em sua 1ª ed., esta obra é uma ampliação da tese doutoral de W., de 1889; sua 5ª ed. é muito revista e aumentada). — *The Origin and Development of the Moral Ideas,* 2 vols., 1906-1908; 2ª ed., 2 vols., 1924-1926. — *Marriage Ceremonies in Morocco,* 1914. — *The Belief in Spirits in Morocco,* 1920 [Acta Academiae Aboensis, Humaniora, I, 1]. — *A Short History of Marriage*, 1926 (baseada na 5ª ed. de *The History of Human Marriage*). — *Ritual and Belief in Morocco*, 2 vols., 1926. — *The Goodness of Gods*, 1926. — *Memories of My Life*, 1929. — *Wit and Wisdom in Morocco: A Study of Native Proverbs*, 1930 (com Shereef 'Abd-es-Salam el-Baqqali). — *Ethical Relativity*, 1932. — *Early Beliefs and Their Social Influence*, 1932. — *Pagan Survivals in Mohammedan Civilization*, 1933. — *Three Essays on Sex and Marriage*, 1934. — *Freuds teori om oedipuskomplex i sociologisk belysning*, 1934 *(A teoria freudiana do complexo de Édipo em consideração sociológica).* — *The Future of Marriage in Western Civilization*, 1936. — *Christianty and Morals*, 1939.

Ver: *Letters from Edward B. Tylor and Alfred Russell Wallace to E. W.*, 1940, ed. K. R. V. Vikman [Acta Academiae Aboensis, Humaniora, XIII, 7] (A. R. Wallace prefaciou *The History of Human Marriage*). Ver: Rolf H. H. Lagerborg, *E. W. och verken från hans verkstad under hans tolv sista år, 1927-1939*, 1951. — Jussi Tenkku, *Westermarck's Definition of the Concept of the Moral*, 1962 [Westermarck Society, Transactions, vol. IX, 2]. — Karl R. V. Wikman, *E. W. as Anthropologist and Sociologist* (conferência), 1962 [Westermarck Society. Transactions, vol. IX, 1]. — T. Stroup, "In Defense of Westermarck", *Journal of the History of Philosophy*, 19 (1981), 213-234. — Id., *Westermarck's Ethics*, 1982. — VV.AA., *E. W. Essays on His Life and Works*, 1982, ed. Thimoty Stroup. — Arts. de M. Ginsberg, G. H. von Wright, A. Montagu, A. Edel, T. Stroup, K. Nielsen, J. Mackie, J. Ladd, C. Lévi-Strauss, R. Fletcher, K. Brown e D. H. Dwyer no nº 34 (1982) de *Acta Philosophica Fennica.* — T. Stroup, "W.'s Ethical Methodology", em E. Bulygin, ed., *Man, Law and Modern Forms of Life*, 1985, pp. 85-95. — T. Airaksinen, "W., Mackie, Stroup, and Harrison", *ibid.*, 97-101. — G. E. Moore se refere (e responde) a críticas de W. em seus *Philosophical Studies*, 1922, pp. 332-336. **C**

WETTE, WILHELM MARTIN LEBERECHT DE.
Ver Fries, Jacob Friedrich.

WEYL, HERMANN (1885-1955). Nascido em Elmshorn foi *Privatdozent* na Universidade de Göttingen (1910-1913), professor na Eidgenössische Technische Hochschule, de Zurique (1913-1930), professor titular em Göttingen (1930-1933) e membro permanente do Institut for Advanced Study, de Princeton (1933-1955). Weyl se distinguiu por seus trabalhos em matemática e física matemática. Sua obra sobre o contínuo é uma síntese de idéias lógicas, matemáticas e filosóficas na qual se reconhece a diferença entre os contínuos matemáticos do espaço e do tempo, e a experiência subjetiva espacial e temporal. Isto, porém, não conduziu o autor a um dualismo entre um reino "ideal" e um reino "empírico".

Weyl se negou também a aceitar uma distinção radical entre um mundo "objetivo" físico e um mundo "subjetivo". Este último mundo é, enquanto mundo "transcendental", uma condição para o conhecimento do mundo objetivo físico, o qual, de resto, não é meramente fenomênico. A tendência de Weyl à "unificação" se manifesta em sua obra sobre a noção de simetria, na qual as concepções matemáticas de proporção e harmonia se combinam com idéias filosóficas e com especulações estéticas. Na física matemática devem-se a Weyl contribuições sobre a teoria quântica e a teoria da relatividade. Na última, Weyl desenvolveu uma teoria do campo unificado em que as partículas são entendidas em função de um campo contínuo que inclui os campos gravitacional e eletromagnético. É característica da obra de Weyl uma dupla tendência rumo à unificação — por exemplo, no que ele chama "o velho sonho da unidade da matéria" — e, ao mesmo tempo, rumo ao reconhecimento de aspectos múltiplos nos problemas tratados. Esses aspectos múltiplos — matemáticos, físicos, filosóficos, estéticos — se entrelaçam em uma concepção metafísica dominada pela idéia da possibilidade de uma progressiva, mas jamais acabada, penetração na natureza da realidade.

⊃ Obras: *Raum, Zeit, Materie*, 1918; 5ª ed., 1923 *(Espaço, tempo, matéria).* — *Das Kontinuum*, 1918. — *Philosophie der Mathematik und Naturwissenschaft*, 1927 (trad. ingl. rev. e aum.: *Philosophy of Mathematics and Natural Science*, 1949). — *Gruppentheorie und Quantenmechanik*, 1928 *(Teoria de conjuntos e mecânica quântica).* — *The Open World*, 1932. — *Mind and Nature*, 1934. — *The Classical Groups*, 1939. — *Algebraic Theory of Numbers*, 1940. — *Morphic Functions and Analytic Curves*, 1943. — *Symmetry*, 1952. — *The Structure and Representation of Continuous Groups*, 1955.

Ver: E. Cassari, "Le teorie predicative di H. W.", en *Questioni di filosofia della matematica*, 1964, pp. 166-182. — P. Beisswanger, "H. W. and Mathematical Texts", *Ratio*, 8 (1966), 25-45. — D. Van Dalen, "Four Letters from E. Husserl to H. W.", *Husserl Studies*, 1 (1984), 1-12. — S. Pollard, "Weyl on Sets and Abstraction", *Philosophical Studies*, 53 (1988), 131-140. **C**

WHEWELL, WILLIAM (1794-1866). Nascido em Lancaster, foi professor de filosofia em Cambridge. Em sua história e sua filosofia das ciências indutivas, que influenciaram John Stuart Mill, propôs-se descobrir, baseando-se num estudo histórico dos métodos empregados nas ciências naturais, os quadros conceituais dentro dos quais ocorrem as descobertas científicas. O *a priori* consiste principalmente, para Whewell, na conformação das sensações pela atividade da mente, que reúne os fatos no ato da coligação (VER). Essa atividade é representada pelas idéias enquanto conceitos (ou "formas") ligados às sensações. As idéias são as representações gerais que nascem à medida que se desenvolvem os conhecimentos empíricos. Deste modo o espírito formula as hipóteses; semelhante formulação é até certo ponto "livre", mas a tarefa do método científico consiste em comprovar as hipóteses mediante um procedimento eliminatório até a definitiva redução à única hipótese adequada aos fatos.

Deve-se observar que, como enfatizamos em COLIGAÇÃO, a filosofia de Whewell sobre as ciências indutivas não consiste numa série de esquemas rígidos propostos ao cientista. Pelo contrário, Whewell insiste continuamente em que a marcha da ciência deve proporcionar ao cientista os instrumentos necessários para o aperfeiçoamento de sua atividade. Como no processo da história da ciência, por outro lado, se abrem continuamente novas perspectivas que se incorporam organicamente aos métodos e descobertas anteriores, é plausível supor que há em Whewell a concepção de um processo e progresso da razão humana exemplificado pelas ciências. Podemos dizer, assim, que na base da filosofia das ciências deste autor há, como observou R. Blanché, uma teoria do crescimento orgânico da razão. Essa teoria tenta conciliar o racionalismo com a concepção "plástica" da razão humana e chega inclusive a conceber a razão humana como uma realização parcial da razão divina.

⊃ Obras: *Astronomy and General Physics considered in reference to Natural Theology*, 1834. — *History of the Inductive Sciences*, 3 vols., 1837; 2ª ed., 1847; 3ª ed., 1857. — *The Philosophy of the Inductive Sciences founded upon Their History*, 2 vols., 1840; 2ª ed., 1847; 3ª ed., 3 vols., distribuídos como segue: I. *History of Scientific Ideas, being the First Part of the Philosophy of the Inductive Sciences*, 1858; II. *Novum Organum Renovatum, being the Second Part of the Philosophy of the Inductive Sciences*, 1858; III. *On the Philosophy of Discovery*, 1860. — *Elements of Morality, including Polity*, I, 1864. — *Lectures on Systematic Morality*, I, 1846. — *Lectures on the History of Moral Philosophy in England*, 1852; 2ª ed., 1868. — *On Liberal Education in General*, 1850. — Seus *Three Papers on the Mathematical Exposition of Some Doctrines of Political Economy* (Cambridge 1829, 1831, 1850) foram publicados juntos em 1968. — *Theory of Scientific Method*, 1989, ed. R. E. Butts, é uma seleção dos trabalhos de W. W. sobre a lógica da indução e, em geral, sobre filosofia da ciência.

Ver: I. Todhunter, *W. W.: An Account of His Writings, with Selections from His Literary and Scientific Correspondence*, 2 vols., 1876. — Stair Douglas, *Life and Select Correspondence of W. W.*, 1881. — M. R. Stoll, *Whewell's Philosophy of Induction*, 1929 (tese). — R. Blanché, *Le rationalisme de W.*, 1935. — G. C. Seward, *Die theoretische Philosophie W. Whewells und der kantische Einfluss*, 1938 (tese). — S. Marcucci, *L'"idealismo" scientifico di W. W.*, 1963. — M. L. Schagrin, *W. W., Philosopher of Science*, 1966. — R. E. Butts, ed., *W. Ws Theory of Scientific Method*, 1968. — S. Cappelini, *Il "razionalismo" morale di W. W.*, 1983. ᴄ

WHITEHEAD, ALFRED NORTH (1861-1947). Nascido em Ramsgate (condado de Kent, Inglaterra), estudou no Trinity College de Cambridge e ensinou na Inglaterra (1911-1924) e nos Estados Unidos (Harvard, 1924-1947). Whitehead passou, especialmente depois de sua chegada aos Estados Unidos, da investigação lógica e matemática à filosófica (e metafísica). Influenciado por Peano, Cantor e Frege, e em colaboração com B. Russell, prosseguiu nos *Principia Mathematica* os trabalhos iniciados já em suas indagações da lógica simbólica e dos axiomas da geometria. Estes trabalhos supunham, e ao mesmo tempo fundavam, um método lógico que aspirava a superar as limitações da lógica tradicional e que não é, em última análise, alheio às concepções básicas de sua metafísica. O método ou técnica lógica que Whitehead chama "abstração extensiva" permite, com efeito, a elaboração de uma filosofia relacionista do espaço-tempo, na qual se procura evitar a noção de substância e todas as dificuldades a ela inerentes. Neste sentido, a física e a metafísica de Whitehead se complementam e não são senão duas visões, de diferentes ângulos, de uma mesma realidade. A realidade é fisicamente construída por partículas independentes que ocupam pontos do espaço-tempo, mas esta concepção é, naturalmente, demasiado abstrata para que possa ser objeto da filosofia da Natureza. Ao levar esta abstração a uma compreensão intuitiva, Whitehead chega a uma concepção organicista. O organicismo de Whitehead consiste em considerar todo fato como um organismo — dando à palavra 'fato' significado muito geral de um "sucesso" ou "acontecimento" *(event)*. Ora, o "organismo" assim entendido não é simples, mas representa a concreção de elementos que são objeto de diversas "preensões". O vocábulo 'preensão', cunhado por Whitehead, tem um duplo significado: por um lado, se refere ao aspecto "subjetivo" da apreensão; por outro, é um elemento na constituição do objeto. Esta dualidade é, contudo, aparente: a dupla significação da preensão é análoga à dupla significação do subjetivo e do objetivo, que são somente "lados" de uma realidade. "O termo 'perceber'" — escreve Whitehead — "é geralmente usado para significar uma apreensão cognoscitiva. O mesmo ocorre com o termo 'apreensão', inclusive omitindo o adjetivo 'cognoscitivo'. Emprego o termo 'preensão' para significar a apreensão não cognoscitiva; com ele entendo uma apreensão que pode ser cognoscitiva ou não". Pelas noções de preensão e de organismo, Whitehead penetra assim na metafísica, pois já não se trata de conceber os objetos do mundo e seus elementos "preendidos", mas também as puras potencialidades ou, como Whitehead as chama, os "objetos eternos". Desde estas bases o pensamento de Whitehead se desenvolve em forma de uma cosmologia, que de novo tenta substituir a substância por um elemento dinâmico, e o monismo substancialista por um pluralismo que evita as dificuldades próprias do dualismo. A metafísica de Whitehead está destinada assim à superação de todos os dualismos clássicos da metafísica. Para este fim, o relacionismo se une com o organicismo numa doutrina que, em certo sentido, lembra a de Leibniz; os elementos constitutivos do real são, com efeito, esses "eventos" que Whitehead chama "entidades atuais" ou "ocasionais" e que compreendem os aspectos subjetivo e objetivo numa unidade que não sacrifica nenhum dos caracteres correspondentes a cada um. A tese de Whitehead, segundo a qual a estrutura de todo organismo é análoga à de uma "ocasião de experiência", mostra a tendência de uma metafísica que parece inclinar-se por enquanto a um pampsiquismo, mas que não é senão a atribuição a toda realidade da "experiência" ou, melhor dizendo, que não é senão identificação da realidade com a experiência. A consciência não é assim senão uma manifestação da experiência e não, como em outras doutrinas em vários aspectos parecidas, a nota coextensiva ao real.

No entanto, seria errôneo qualificar a filosofia de Whitehead de novo subjetivismo. Pelo contrário, esse pensador rejeita todo idealismo no sentido kantiano e ainda pode ser considerado por um de seus aspectos como um neo-realista. A demonstração do realismo gnosiológico se efetua nele por meio da referência à experiência direta que tem um sujeito da eficácia causal do ambiente. Certo é que o externo parece não ter outra finalidade que a produção do subjetivo e que, se se entendem estas palavras no sentido particular que lhes dá Whitehead, o organismo tende ao sujeito. Esta gnosiologia sustenta, pois, e é ao mesmo tempo sustentada pela metafísica que parece culminar numa ontologia em que as diversas classes de realidade são definidas de acordo com a diversidade de repetições, contrastes ou uniões que as mútuas preensões das ocasiões implicam. Talvez como compensação ao empirismo radical que suporia sublinhar unicamente a experiência como forma de realidade, Whitehead estabelece três ordens do real: a primeira é constituída pela energia física; a segunda compreende o presente da experiência humana; a última, a eternidade da experiência divina. Deus e os objetos eternos não representam, porém, uma mera ordem da realidade, mas a experiência divina é concebida como um indefinido progresso que é consciente desde uma fase inicial em que não era ainda realizado. A teoria de Whitehead se completa com uma espécie de teodicéia que reverte por sua vez sobre a concepção de Deus; a efetiva existência do mal supõe que a divindade não é onipotente, mas esta negação de onipotência não é entendida — como em algumas das correntes que defendem a noção de um "Deus finito" — como mera negação de uma idéia vazia, mas como a demonstração de uma, por assim dizer, não prioridade de Deus frente à existência.

⊃ Obras: *A Treatise of Universal Algebra, with Applications*, 1898. — "On Mathematical Concepts of the Material World" *(Philosophical Transactions of the Royal Society)*, 1906. — *Principia Mathematica*, I, 1910; II, 1912; III, 1913 (em colaboração com B. Russell); 2ª ed., modificada, 1925-1927, reimp. parcial (até *56), 1962. — *An Introduction to Mathematics*, 1910; reimp., 1948. — "La théorie relationniste de l'espace", *Revue de Métaphysique et de Morale*, 23 (1916), 28-54. — *An Enquiry Concerning the Principles of Natural Knowledge*, 1919, reimp., 1955. — "Time, Space, Material: Are They the Ultimate Data of Science?", *Proc. Arist. Soc. Supp.*, 2 (1919), 44-57. — *The Concept of Nature*, 1920; reimp., 1955. — "The Idealistic Interpretation of Einstein's Theory", *Proc. Arist. Soc.*, 22 (1922), 130-134. — "The Philosophical Aspects of the Principle of Relativity", *Proc. Arist. Soc.*, 22 (1922), 215-223. — "Uniformity and Contingency", *Proc. Arist. Soc.*, 23 (1923), 1-18. — "The Principle of Simultaneity", *Proc. Arist. Soc. Supp.*, 3 (1923), 34-41. — *Science and the Modern World*, 1926; reimp., 1960. — *Religion in the Making*, 1926, reimp., 1960. — *Symbolism, Its Meaning and Effect*, 1927, reimp. 1959. — *Process and Reality: An Essay in Cosmology*, 1929, reimp., 1949; nova ed., corrigida, 1978, a cargo de D. R. Griffin e D. W. Sherburne. — *The Function of Reason*, 1929, reimp., 1958. — *The Aims of Education, and Other Essays*, 1929. — *Adventures of Ideas*, 1933. — *Nature and Life*, 1934. — *Modes of Thought*, 1938, reimp., 1958 e 1968. — *Essays in Science and Philosophy*, 1947. — R. S. Brumbaugh, ed., "Discussion upon Fundamental Principles of Education (1919)", *Process Studies*, 14 (1984), 41-43. Ver também *Whitehead's American Essays in Social Philosophy*, ed. A. H. Johnson [coletânea de escritos e *obter dicta* de W. com introdução de A. H. Johsnon], 1959. — Diálogos com Whitehead: *The Dialogues of A. N. Whitehead*, apresentados por L. Price, 1954 (diálogos mantidos durante os últimos 15 anos de vida de W., de 1932 a 1947).

Biografia: V. Lowe, "A. N. W.: A Biographical Perspective", *Process Studies*, 12 (1982), 137-147. — Id., *A. N. W.: The Man and His Work. I: 1861-1910*, 1985.

Bibliografias: "A. N. Whitehead (1861-1947): A Partial Bibliography", *Bulletin of Bibliography*, 23 (1961), 90-93. — W. E. Stokes, "A Select and Annotated Bibliography of A. N. W.", *Modern Schoolman*, 39 (1962), 135-153. — George L. Kline, "Bibliography of Writings by and about A. N. Whitehead in Languages Other than English"" em *Process and Divinity: The Hartshorne Festschrift*, 1965, ed. William R. Reese e Eugene Freeman, pp. 593-609. — G. Reeves, D. Griffin, "Bibliography of Secondary Literature on A. N. W.", *Process Studies*, 1 (1971), 2-81. — Barry A. Woodbridge, *A. N. W.: A Primary-Secondary Bibliography*, 1977.

Em português: *A ciência e o mundo moderno*, 1946. — *O conceito de natureza*, 1994. — *Os fins da educação e outros ensaios,* 1969. — *A função da razão,* 1988. — *Simbolismo: seu significado e efeito,* 1987.

Ver: Dorothy M. Emmet, *Whitehead's Philosophy of Organism,* 1932. — Jean Wahl, "La philosophie spéculative de Whitehead" (em *Vers le concret,* 1932). — N. P. Stallknecht, *Studies in the Philosophy of Creation,* 1934. — VV.AA., *Philosophical Essays for A. N. Whitehead,* 1936. — Frederick C. Ward, *Mind in Whitehead's Philosophy,* 1937. — Ravishari Das, *The Philosophy of Whitehead,* 1938; 2ª ed., aum., 1964. — E. J. Lintz, *The Unity of the Universe according to A. N. Whitehead,* 1939 (tese). — John W. Blyth, *Whitehead's Theory of Knowledge,* 1941 (tese). — V. Lowe, W. v. O. Quine et al., *The Philosophy of A. N. Whitehead,* ed. P. A. Schilpp, 1941, 2ª ed., rev., 1951. — Leo A. Foley, *A Critique of the Philosophy of Being of A. N. Whitehead in the Light of Thomistic Philosophy,* 1946 (tese). — William W. Hammerschmidt, *Whitehead's Philosophy of Time,* 1947. — Juan David García Bacca, *Nueve grandes filósofos contemporáneos y sus temas,* 1947, vol. 2, pp. 187-360. — Marc-André Béra, *A. N. Whitehead, un philosophe de l'expérience,* 1948. — Félix Cesselin, *La philosophie organique de Whitehead,* 1950. — Edward P. Shahan, *Whitehead's Theory of Experience,* 1950. — H. K. Wells, *Process and Unreality: A Criticism of Method in Whitehead's Philosophy,* 1950. — V. Lowe, Ch. Hartshorne, Allison H. Johnson, *Whitehead and the Modern World. Science, Metaphysics, and Civilization: Three Essays on the Thought of A. N. Whitehead,* 1950. — John Lighton Synge, *The Relativity Theory of A. N. Whitehead,* 1951. — Allison H. Johnson, *Whitehead's Theory of Relativity,* 1952. — Id., *Whitehead's Philosophy of Civilization,* 1958. — Ludovico Actis Perinetti, *Cosmologia e assiologia in Whitehead,* 1954. — C. Orsi, *La filosofia dell'organismo di A. N. Whitehead,* 1956. — Nathaniel Lawrence, *Whitehead's Philosophical Development: A Critical History of the Background of Process and Reality,* 1956. — Jitendra Nath Mohanty, *N. Hartmann and A. N. Whitehead: A Study in Recent Platonism,* 1957. — Ivor Leclerc, *Whitehead's Metaphysics: An Introductory Exposition,* 1958, reimp., 1975. — Id., *The Relevance of Whitehead,* 1961. — William A. Christian, *An Interpretation of Whitehead's Metaphysics,* 1959. — Wolfe Mays, *The Philosophy of Whitehead,* 1959. — Lawerence Bright, *Whitehead's Philosophy of Physics,* 1960. — Robert M. Palter, *Whitehead's Philosophy of Science,* 1960. — Donald W. Sherburne, *A Whitehedian Aesthetics: Some Implications of Whitehead's Metaphysics Speculations,* 1961. — Id., *A Key to Whitehead's "Process and Reality",* 1966. — Ruth Nanda Anshen, *A. N. Whitehead: His Reflections on Man and Nature,* 1962. — Victor Lowe, *Understanding Whitehead,* 1962. — W. E. Hocking, Victor Lowe et al., *A. N. W.: Essays on His Philosophy,* 1963, ed. George L. Kline; reimp. 1989. — Jorge Enjuto Bernal, *La filosofia de A. N. Whitehead,* 1967. — Edward Pols, *Whitehead's Metaphysics: A Critical Examination of "Process and Reality",* 1967. — Paul F. Schmidt, *Perception and Cosmology in Whitehead's Philosophy,* 1967. — A. Parmentier, *La philosophie de W. et le problème de Dieu,* 1968. — Ervin Laszlo, *La métaphysique de Whitehead: Recherche sur les prolongements anthropologiques,* 1970. — Charles Hartshorne, *Whitehead's Philosophy: Selected Essays 1935-1970,* 1972. — John W. Lango, *Whitehead's Ontology,* 1972. — J. O. Bennet, J. K. Feibleman et al., *Studies in Process Philosophy,* 2 vols., ed. Robert C. Whittemore (I. 1974; II. 1976) [Tulane Studies in Philosophy, 22, 24]. — W. Mays, *Whitehead's Philosophy of Science and Metaphysics. An Introduction to His Thought,* 1977. — F. A. Simonpietri, *Lo individual y sus relaciones internas en A. N. Whitehead,* 1977. — E. M. Kraus, *The Metaphysics of Experience: A Companion to W.s Process and Reality,* 1979. — A. L. Plamondon, *W.'s Organic Philosophy of Science,* 1979. — G. Hélal, *La philosophie comme panphysique. La philosophie des sciences de A. N. W.,* 1979. — F. B. Wallack, *The Epochal Nature of Process in W.'s Metaphysics,* 1980. — Ch. Hartshorne, P. Creighton, *W.'s View of Reality,* 1981. — R. L. Fetz, *W.: Prozessdenken und Substantzmetaphysik,* 1981. — A. H. Johnson, G. C. Henry et al., *Explorations in W.'s Philosophy,* 1983, ed. L. S. Ford e G. L. Kline. — L. S. Ford, *The Emergence of W.'s Metaphysics, 1925-1929,* 1984. — M. Code, *Order and Organism: Steps Toward a Whiteheadian Philosophy of Mathematics and the Natural Sciences,* 1985. — J. C. Lambert, *The Human Action of Forgiving: A Critical Application of the Metaphysics of A. N. W.,* 1985. — I. Leclerc et al., *Whiteheads Metaphysik der Kreativität* [Simpósio Internacional sobre W., Hamburgo, 1983], 1986, ed. F. Rapp e R. Wiehl. — J. L. Nobo, *W.s Metaphysics of Extension and Solidarity,* 1986. — I. Leclerc, *W.s Metaphysics: An Introductory Exposition,* 1986. — A. Rust, *Die organismische Kosmologie von A. N. W.,* 1987. — G. R. Lucas, *The Rehabilitation of W.: An Analytic and Historical Assessment of Process Philosophy,* 1989. — L. V. Arena, *Comprensione e creatività: la filosofia di W.,* 1989. — L. B. McHenry, *W. and Bradley: A Comparative Analysis,* 1992. — G. C. Henry, *Forms of Concrescence: A. N. W.'s Philosophy and Computer Programming Structures,* 1993.

Núms. especiais de revistas consagrados a Whitehead: *The Journal of Philosophy,* 58 (1961), 506-576; *Revue Internationale de Philosophie,* 15, nº 56-57 (1961).

Revista especializada: *Process Studies,* desde 1972, consagrada a trabalhos sobre a noção de processo, especialmente (mas não exclusivamente) em Whitehead. **C**

WHORF, BENJAMIN LEE. Ver S<small>APIR</small>-W<small>HORF</small> (T<small>ESE DE</small>).

WIENER, NORBERT (1894-1964). Nascido em Columbia (Missouri, Estados Unidos), doutorou-se em 1913 na

Universidade de Harvard, ensinando a partir de 1919 no MIT (Massachussetts Institute of Technology). Devem-se a Wiener trabalhos no campo da teoria da probabilidade, teoria dos postulados e fundamentação da matemática. É conhecido por sua contribuição à cibernética (termo cunhado por ele) ou estudo de "mensagens de controle". Surgida dos problemas levantados pela engenharia da comunicação, a cibernética é a teoria — ou conjunto de teorias — da informação (VER) e da comunicação (VER), servindo de fundamento para o desenvolvimento das calculadoras e computadores eletrônicos. Wiener considerou que há analogia, ou pelo menos paralelismo, entre as operações de tais calculadoras e computadores e a operação do organismo vivo, animal ou humano. A teoria dos autômatas é um desenvolvimento da cibernética.

◻ Principais obras: *Cybernetics, or Control and Communication in the Animal and in the Machine*, 1948; 2ª ed. 1961. — *The Human Use of Human Beings: Cybernetics and Society*, 1950. — *Non-linear Problems in Random Theory*, 1958. — *God & Golem, Inc.: A Comment on Certain Points where Cybernetics Impinges on Religion*, 1964.

Escritos autobiográficos: *Ex-Prodigy*, 1953. — *I am a Mathematician*, 1956.

Edição de obras: *Collected Works*, 1976 ss., ed. P. Masani.

Em português: *Cibernética e sociedade*, 1993. — *Cibernética ou controle e comunicação no animal e na máquina*, 1970.

Ver: G. L. Linguiti, *Machine e pensiero. Da W. alla terza cibernetica*, 1980. ◻

WILD, JOHN (1902-1972). Ensinou na Universidade de Harvard (1928-1961; a partir de 1946, como professor titular), na Northwestern University (Evanston, Illinois, 1961-1963) e em Yale (a partir de 1963). Em luta contra o que considerava um imperdoável descuido dos meios universitários filosóficos ingleses e norte-americanos, Wild incentivou o estudo do que chamou "a tradição clássica e medieval da filosofia realista" e procurou aplicar aos problemas da vida contemporânea algumas das concepções fundamentais de tal tradição. Fundou para tanto uma "Association for Realistic Philosophy" da qual foi presidente (1946-1948), e tratou de desenvolver sobretudo as implicações de uma "filosofia realista" para os problemas de filosofia social. Interessando-se a seguir pela fenomenologia e pelo existencialismo, preocupou-se em expor e interpretar o pensamento de Husserl, Heidegger e outros autores, especialmente na medida em que se aplicam ao estudo do "mundo da vida" (*Lebenswelt* [VER]), considerando que Heidegger — especialmente o "primeiro Heidegger" — contribuiu para tal estudo de modo eminente. Wild se interessou também em mostrar as analogias (assim como as diferenças) entre a análise fenomenológica e o estudo da *Lebenswelt*, por um lado, e a "filosofia da linguagem corrente", sobretudo a de Oxford, por outro lado, procurando lançar uma ponte entre atitudes filosóficas que costumam ser consideradas como fundamentalmente antagônicas.

◻ Obras: *George Berkeley: A Study of His Life and Philosophy*, 1936. — *Introduction to Realistic Philosophy*, 1948. — *Plato's Theory of Man: An Introduction to the Realistic Philosophy of Culture*, 1948, reimp., 1964. — *Plato's Modern Enemies and the Theory of Natural Law*, 1953. — *The Challenge of Existentialism*, 1955; 4ª ed., 1959. — *Human Freedom and Social Order: An Essay in Christian Philosophy*, 1959. — *Existence and the World of Freedom*, 1963 (coletânea de trabalhos). — *The Radical Empiricism of William James*, 1969.

Além disso, W. colaborou no volume ed. sob sua direção, *The Return to Reason: Essays in Realistic Philosophy*, 1953; no livro *The Concept of Man*, 1960, ed. S. Radhakrishnan e P. T. Raju, e no volume *Christianity and Existentiality*, 1963.

Ver: James M. Edie, Francis H. Parker e Calvin O. Schrag, eds., *Patterns of the Life-World: Essays in Honor of J. W.*, 1970 (com bibliografia de W., pp. 391-400). — Vários autores, "Interrogation of J. W.", dir.. Henry B. Veatch, em Sydney e Beatrice Rome, eds., *Philosophical Interrogations*, 1964, reimp., 1970, pp. 119-178. ◻

WILLE, BRUNO (1860-1928). Nascido em Magdeburgo. Interessado nas reformas sociais e no "livre-pensamento", Wille se ocupou ativamente na fundação de sociedades das quais esperava um grande progresso em tais ideais (a *Freie Volksbühne*, fundada em 1890; a *Neue Freie Volksbühne*, em 1892, o *Giordano Bruno-Bund*, em 1900). Colaborou também em 1906 na fundação da "Liga monista alemã" *(Deutscher Monistenbund)*. Influenciado em parte por Mach e outros "fenomenistas" e "imanentistas" de seu tempo, mas sobretudo por Fechner, Wille se inclinou rumo a um monismo psíquico de caráter idealista, a um "cristianismo monista" e a uma espécie de "monismo fáustico" combinado com um pampsiquismo. Wille pregava também um "anarquismo nobre" e defendia a idéia de "um mundo vivificado por uma alma", por um "eu universal" que devia constituir a base de toda moralidade humana.

◻ Obras: *Phänomenalismus bei Hobbes*, 1888 *(O fenomenalismo em Hobbes)*. — *Der Tod*, 1889 *(A morte)*. — *Das Leben ohne Gott*, 1889 *(A vida sem Deus)*. — *Die Beweise vom Dasei Gottes*, 1890 *(As demonstrações da existência de Deus)*. — *Sittliche Erziehung*, 1890 *(A educação moral)*. — *Lehrbuch für die Jügendunterweisung freier Gemeinden*, 3 vols., 1890-1891 *(Manual para a instrução da juventude das comunidades livres)*. — *Atheistische Sittlichkeit*, 1892 *(Moralidade atéia)*. — *Philosophie der Befreiung durch das reine*

Mittel, 2 vols., 1892-1894 *(Filosofia da libertação pelo meio puro)*. — *Die freie Jugend*, 1896 *(A juventude livre)*. — *Die Religion der Freude*, 1898 *(A religião da alegria)*. — *Materie nie ohne Geist*, 1900 *(A matéria, nunca sem o espírito)*. — *Die Christusmythe als monistische Weltanschauung. Ein Wort zur Verständigung zwischen Religion und Wissenschaft*, 1903 *(O mito de Cristo como concepção monista do mundo. Mensagem para a conciliação da religião e da ciência)*. — *Auferstehung*, 1904 *(Ressurreição)*. — *Das lebendige All*, 1905 *(O Todo vivente)*. — *Darwins Weltanschauung*, 1906. — *Darwins Monismus*, 1907. — *Lebensweisheiten*, 1913 *(Sabedorias da vida)*. — *Gemeinschaftsgeist und Persönlichkeit*, 1920 *(Espírito comunal e personalidade)*. — *Das Ewige und seine Masken*, 1929 *(O eterno e suas máscaras)*. — *Der Maschinenmensch und seine Erlösung*, 1930 *(O homem-máquina e sua redenção)* [póstuma]. — *Die Philosophie der Liebe*, 1930 *(A filosofia do amor)* [póstuma].

Edição de obras completas: *Gesammelte Werke*, a partir de 1930 ss.

Ver: Hans Mack, *B. W. als Philosoph*, 1913 (tese). — Id., *Das Bruno-Wille-Buch*, 1923. ᴄ

WILLMANN, OTTO (1839-1920). Nascido em Lissa (Posnânia). De 1872 a 1877 foi "professor extraordinário" e de 1877 até sua aposentadoria em 1903 professor titular na Universidade de Praga. Discípulo de Trendelenburg em Berlim e adepto primeiramente do pensamento de Herbart, Willmann manifestou interesse pelo pensamento de Aristóteles e por uma filosofia de tipo "realista", que o levou a uma posição tomista. Willmann examinou e criticou a tradição idealista por um lado e o pensamento materialista por outro, como posições unilaterais às quais opôs uma "filosofia completa": a *philosophia perennis*. Esta é, segundo Willmann, uma filosofia ao mesmo tempo realista e "organicista". Especialmente importantes foram os trabalhos de Willmann em filosofia da educação; sua "pedagogia social" afirma, contra o idealismo e o materialismo, que a pessoa do educando não é nem completamente autônoma nem completamente heterônoma, pois só deste modo é possível o processo educativo como processo social.

⊃ Principais obras: *Pädagogische Vorträge über die Hebung der geistigen Tätigkeit durch den Unterricht*, 1868; 4ª ed., 1905 *(Lições pedagógicas sobre a elevação da atividade espiritual mediante a instrução)*. — *Didaktik als Bildungslehre nach ihren Beziehungen zur Sozialforschung und zur Geschichte der Bildung dargestellt*, 2 vols., 1882-1889; 5ª ed., 1 vol., 1923. — *Geschichte des Idealismus*, 3 vols., 1894-1897; 2ª ed., 1897 *(História do idealismo)*. — *Philosophische Propädeutik*, 3 vols., 1901-1904; 2ª ed., 1905-1908; 3ª e 4ª eds., 1912. — *Die Wissenschaft vom Gesichtspunkt der katholischen Wahrheit*, 1916; 3ª ed., 1928 *(A ciência do ponto de vista da verdade católica)*. — *Grundlinien idealer Weltanschauung*, 1905 *(Linhas básicas da cosmovisão ideal)*. — *Aus der Werkstatt der philosophia perennis*, 1912 *(Da oficina da philosophia perennis)* [coletânea de ensaios].

Bibliografia: *H. Bitterlich-Willmann, O. W. Bibliographie, 1861-1966*, 1967.

Ver: Georg Greisse, *O. W. als Pädagog*, 1916 [Pädagogische Forschungen, 1]. — Hermann Pixberg, *Soziologie und Pädagogik bei W., Barth, Litt und Krieck*, 1925 (tese). — Franz Kurfess, *Zwei Pädagogen der Gegenwart: Spranger und W.*, 1928 (tese). — Wenzel Pohl, *O. W.*, 1930. — Id., *O. Willmanns religiöser Entwicklungsgang*, 1935. — F. X. Eggersdorfer, *O. W. Leben und Wirken*, 1957. — B. Hamann, *Die Grundlagen der Pädagogik O. W.s*, 1965. ᴄ

WILLY, RUDOLF (1855-1918). Nascido em Mels (cantão suíço de Saint Gallen). Escreveu uma série de obras nas quais desenvolveu as idéias fundamentais da filosofia de Avenarius (VER). Segundo Willy, todo conhecimento se baseia numa "experiência total" constituída pelo conjunto das vivências da Humanidade. O conteúdo dessa experiência é o que chamamos "mundo exterior". Esse mundo é um todo do qual se desprendem tanto o que chamamos "coisas" como o que chamamos "pessoas", isto é, "objetos" e "sujeitos", os quais são aspectos da mesma realidade primária. Tudo quanto há, afirma Willy, é "o corpo da Humanidade" enquanto "história humana viva em movimento". Com isso Willy levou às últimas conseqüências o imanentismo de Avenarius e designou seu próprio sistema como um "monismo primário" *(Primärmonismus)*.

⊃ Obras: *Die Krisis in der Psychologie*, 1899 *(A crise na psicologia)*. — *F. Nietzsche, eine Gesamtschilderung*, 1904 *(F. N. Retrato completo)*. — *Gegen die Schulweisheit. Eine Kritik der Philosophie*, 1905 *(Contra o saber acadêmico. Uma crítica da filosofia)*. — *Die Gesamterfahrung vom Gesichtspunkt des Primärmonismus*, 1908 *(A experiência total do ponto de vista do monismo primário)*. — *Ideal und Leben vom sozialen Gesichtspunkt*, 1909 *(Ideal e vida do ponto de vista social)*. — Também vários trabalhos no *Vierteljahrschrift für wissenschaftliche Philosophie:* "Bemerkungen zu Avenarius 'Kritik der reinen Erfahrung'", 16 [1892] ("Observações à 'Crítica da experiência pura' de Avenarius"); "Das erkenntnistheoretische Ich und der natürliche Weltbegriff", 18 (1894) ("O eu gnoseológico e o conceito natural do mundo"), "Der Empiriokritizismus als einzig wissenschaftlicher Standpunkt", 20 (1896) ("O empiriocriticismo como o único ponto de vista científico"). ᴄ

WILSON, JOHN COOK (1849-1915). Nascido em Nottingham (Inglaterra), estudou no Balliol College de Oxford e foi *Fellow* do Oriel College na mesma Universidade, onde foi professor de lógica de 1899 até 1915.

Cook Wilson publicou muito pouco durante a vida; seus escritos mais importantes apareceram postumamente, em 1926 (ver bibliografia), mas sua influência foi grande em vários filósofos, principalmente oxfordianos, como Prichard (VER), Joseph (VER), Ross (VER) e Price (VER). Cook Wilson reagiu contra o idealismo predominante em sua época para defender um tipo de filosofia usualmente considerado como "realista". Esta filosofia se baseia primariamente na lógica como investigação das formas de pensamento ao contrário da lógica formalista e em particular do "logicismo" de Russell, que Cook Wilson considerou infecundo, e também ao contrário da lógica do juízo propugnada pelos idealistas. A lógica como estudo das formas de pensamento tem de averiguar, segundo Cook Wilson, os diferentes atos de juízo que um único enunciado pode compreender. Aliás, todas as formas de pensamento se fundam nos atos de juízo que chamamos "apreensão", que é a forma de pensamento básica, e aquela mediante a qual se determinam formas de pensar como a opinião, a dúvida, a suposição etc.

Tanto contra o "logicismo" como contra o idealismo, Cook Wilson concedeu grande importância ao estudo da relação entre pensamento e linguagem e à análise dos modos de expressar-se na linguagem cotidiana, pois estes revelam formas de pensar que as citadas tendências descuidam ou, segundo os casos, dão por supostas sem preocupar-se em examiná-las. Um dos resultados do exame por Cook Wilson das expressões da linguagem corrente é sua recusa da lógica fundada na simples relação *sujeito-predicado*. Em todo caso, Cook Wilson salientou que tal relação não é determinada pela mera forma do juízo; é preciso saber o que se pergunta para conhecer o que se diz exatamente quando se formula um juízo que possua sujeito e predicado.

Cook Wilson examinou detalhadamente a natureza das inferências na medida em que estas dependem de relações consideradas necessárias. Embora as relações sejam relações entre universais, isso não quer dizer que haja universais em sentido platônico. Os universais, assim como, e sobretudo, a relação entre universais e particulares, permitem explicar estes, mas a relação em si é inexplicável.

Devem-se a Cook Wilson minuciosas análises de vários tipos de conhecimento e pensamento, sem necessidade de elaborar uma "teoria do conhecimento".

➲ Obras: *Aristotelian Studies*, I, 1879. — *Statement and Inference*, 2 vols., 1926.

Ver a nota biográfica de A. S. L. Farquharson na última obra mencionada; também: R. Robinson, *The Province of Logic: An Interpretation of Certain Parts of Cook Wilson's "Statement and Inference"*, 1931. — M. Ahmed, *The Theory of Judgement in the Philosophies of F. H. Bradley and J. C. W.*, 1955. — R. K. Tacelli, "Cook Wilson as Critic of Bradley", *History of Philosophical Quarterly* (1991), 199-205. ⊂

WINCKELMANN, JOHANN JOACHIM (1717-1768). Nascido em Stendal (Prússia). Estudou teologia em Halle e medicina em Iena. Em 1748 foi nomeado bibliotecário de Henrique de Bunau em Nötenitz, perto de Dresden, passando a interessar-se pelos tesouros da arte clássica conservados nos museus de Dresden. De 1755 a 1768 morou na Itália, cujos tesouros de arte clássica estudou a fundo. Seus estudos deram origem à sua *História da arte antiga* (cf. bibliografia) e a diversos outros trabalhos que exerceram grande influência e determinaram por um tempo a visão da arte antiga e da cultura antiga, assim como as idéias sobre a arte e a beleza. Vestígios dos trabalhos e das idéias de Winckelmann podem ser encontrados em Kant, Goethe, Schiller, Herder, nos irmãos Schlegel, Hegel etc., razão pela qual, embora não filósofo, Winckelmann ocupa um lugar na história da filosofia e em particular na da estética.

Os aspectos dos trabalhos de Winckelmann que interessam mais do ponto de vista filosófico são os seguintes: 1) a reação contra os estilos enfáticos, complicados, barrocos ou meramente "bonitos" (como o rococó) deu lugar a um renovado interesse pelo ideal antigo, e especialmente grego, de beleza. 2) Este ideal de beleza se baseia, segundo Winckelmann, na majestade e no repouso sereno. 3) Suprema manifestação do mesmo é a figura humana. Nesta se manifesta uma harmonia funcional, cujo eixo é uma linha elíptica funcional. 4) A harmonia funcional em questão não é determinável matematicamente em seus detalhes e variações, as quais são sempre novas e insuspeitadas. 5) Expressões, ações etc. na arte são sempre manifestações da beleza, a qual é, no fundo, alegre e serena. 6) A beleza é indefinível, mas não carece de princípios, é harmônica, mas não carece de variedade. 7) A arte não se manifesta de uma só vez, mas tem uma história e uma evolução de caráter "orgânico"; no esquema oferecido pela arte grega, começa-se com um período (ou pré-período) de completa liberdade e disponibilidade; passa-se a seguir a uma fase dura e potente, depois a uma "elevada" (ou "majestosa") e, finalmente, a uma "bela", antes de sumir-se numa decadência. Winckelmann prefere a fase "majestosa" a todas as demais. Assim, a arte tem uma história que se desenvolve à maneira de um organismo.

➲ Entre os escritos de Winckelmann figuram: *Gedanken über die Nachahmung der griechischen Werke in Malerei und Bildhauerkunst*, 3 vols., 1755. — *Anmerkungen über die Baukunst der Alten*, 1762 (Observações sobre a arquitetura dos antigos). — *Geschichte der Kunst des Altertums*, 2 vols., 1764. — *Versuch einer Allegorie*, 1766 (Ensaio de uma alegoria). — *Monumenti antichi inediti*, 2 vols., 1767-1768. — De todas estas obras há novas edições, incluindo edições críticas.

Edições de obras completas: 11 vols., 1808-1825, ed. Fernow, H. Meyer, J. Schulze; 12 vols., 1825-1829, ed. J. Eiselein. — *Briefe und Kleine Schriften*, 2 vols., 1952.

Bibliografia: H. Ruppert, ed., *W. Bibliographie*, 1942. Ver: Carl Justi, *W. und seine Zeitgenossen,* 3 vols., 1866-1873; 4ª ed., 1943. — Heinrich Segelken, *W.,* 1917. — B. Valentin, *W.,* 1931. — W. Waettzoldt, *J. J. W.,* 1940. — L. Curtius, *W. und seine Nachfolger,* 1941. — W. Schaedewaldt, *W. und Homer*, 1941. — H. G. Brietzke, *Zur Geschichte der Barockwertung von W. bis Burckhardt (1755-1855),* 1954 (tese). — F. Will, *Intelligible Beauty in Aesthetic Thought, from W. to Victor Cousin,* 1958. — W. Leppmann, *W. Ein Leben für Apoll,* 1982. — M. Käfer, *W.s hermenutische Prinzipien,* 1986. — L. Uhlig, ed., *Griechenland als Ideal. W.-Rezeption in Deutschland*, 1988. ℭ

WINDELBAND, WILHELM (1848-1915). Nascido em Potsdam, estudou em Iena, Berlim e Göttingen, "habilitando-se" para o ensino em Leipzig. Foi "professor extraordinário" de filosofia em Zurique (1876-1877) e professor titular da mesma disciplina em Friburgo (1877-1882), Estrasburgo (1882-1903) e Heidelberg (1903-1915), onde Heinrich Rickert foi seu sucessor.

Windelband foi, com Rickert, um dos grandes líderes da escola neokantiana de Baden (ver Baden [Escola de]). Embora os representantes da escola neokantiana de Marburgo já tivessem ampliado o quadro da crítica com respeito às ciências naturais, fizeram-no muito menos em relação às ciências culturais e à história. Windelband, continuado nisso por Rickert, insistiu na necessidade de proporcionar os fundamentos para a compreensão da estrutura da história e da cultura. Deste modo, Windelband seguiu o caminho traçado, entre outros, por Hegel e Lotze.

Tanto as ciências culturais e a história como as ciências naturais podem ser objeto, segundo Windelband, de exame crítico. Isso quer dizer que podem ser esquadrinhados seus fundamentos conceituais, que são ao mesmo tempo os modos como se dão os objetos de conhecimento à consciência cognoscente. Windelband considerou que há dois tipos de ciências: as ciências nomotéticas e as ciências ideográficas. As primeiras se ocupam de leis; os fatos que caem sob estas leis são considerados como indivíduos que pertencem à mesma classe. As segundas se ocupam dos indivíduos, de fenômenos particulares e de relações específicas entre estes fenômenos. As ciências nomotéticas são as ciências da Natureza (física, astronomia, química, biologia etc.). As ciências ideográficas são as ciências culturais e históricas (a historiografia, o Direito etc.). A psicologia tem, segundo Windelband, dois aspectos. Por uma parte, e em virtude de seus propósitos e estrutura conceitual, é uma ciência natural. Por outra parte, e em virtude de seu conteúdo, é uma ciência cultural.

A divisão das ciências feita por Windelband nos setores indicados não equivale a uma divisão dos objetos do conhecimento em duas distintas classes de objetos, e menos ainda em duas classes de objetos irredutíveis entre si. Trata-se fundamentalmente de uma divisão epistemológica e metodológica. Além disso, o interesse de Windelband pelas ciências culturais e históricas o fez reparar que há aspectos nestas últimas que são de interesse para as ciências naturais. Estas são de algum modo manifestações culturais. Como nos processos culturais estão incorporados valores e valorações, é preciso levá-los em conta ao chegar o momento de examinar a estrutura de todas as ciências.

Ao problema de qual é o objeto de estudo da filosofia Windelband respondeu que ela tem "por problema e campo" examinar e descobrir "os valores de validade universal". Isto não equivale a sustentar que junto aos fatos de que se ocupam as ciências, naturais e culturais, há outros fatos chamados "valores". Os valores e as valorações têm para Windelband um caráter "transcendental", no sentido kantiano desta palavra. Portanto, devem ser considerados como condições para a possibilidade do conhecimento, não apenas das ciências naturais, mas também das culturais.

Uma das obras mais conhecidas (senão a mais conhecida) de Windelband é sua *História da filosofia*, que se distingue de outras do mesmo gênero por apresentar tal história organizada em "problemas".

➲ Principais obras: *Die Lehre vom Zufall*, 1870 *(A teoria da contingência).* — *Über die Gewissheit der Erkenntnis*, 1873 *(Sobre a certeza do conhecimento).* — *Die Geschichte der neueren Philosophie*, 2 vols., 1878-1880. — *Präludien. Aufsätze und Reden zur Einführung in die Philosophie*, 1884; 9ª ed., 2 vols., 1924. — *Geschichte der abendländischen Philosophie im Altertum,* 1888; 4ª ed., 1923. — *Lehrbuch der Geschichte der Philosophie,* 1892, várias eds., a 15ª, 1957, com apêndice de Heinz Heimsoeth sobre a filosofia do século XX. — *Geschichte und Naturwissenschaft, 1894 (História e ciência natural).* — "Vom System der Kategorien" (em *Philosophische Abhandlungen Ch. Sigwart zu seinem 70. Geburtstag gewidmet),* 1900 ("Do sistema das categorias"). — *Über Wiellensfreiheit*, 1904 *(Sobre a liberdade da vontade).* — *Die Philosophie im deutschen Geistesleben des 19. Jahrhunderts,* 1909 *(A filosofia na vida espiritual alemã do século XIX).* — "Über Gleichheit und Identität" *(Sitzunsberichte der Heidelberger Akademie der Wissenschaften)*, 1910 ("Sobre igualdade e identidade"). — "Kulturphilosophie und transzendentaler Idealismus", *Logos*, 1 (1910), 186-196 ("Filosofia da cultura e idealismo transcendental"). — *Einleitung in die Philosophie*, 1914 *(Introdução à filosofia).*

Ver: Heinrich Rickert, *W. Windelband,* 1917. — A. Hoffmann, *Das Systemprogram der Philosophie der Werte. Eine Würdigung der Axiologie W. Windelbands,* 1922. — H. Schnädelbach, *Philosophie in Deutschland, 1831-1933,* 1983. — F. Gagliardi, "Filosofia e filosofia della religione in Windelband", *Sapienza*, 36 (1983),

219-225. — R. B. Oliva, *Il compito della filosofia: Saggio su Windelband*, 1990. — W. K. Schultz, "Wissenschaftsgeschichtliche Aspekte des historiographischen Ansatzes von W. W.", *Zeitschrift für philosophie Forschung*, 45 (4) (1991), 571-584. ↩

WISDOM, JOHN [ARTHUR JOHN TERENCE DIBBEN] (1904-1974). Nascido em Londres, foi *Fellow* no Trinity College, da Universidade de Cambridge, e professor de filosofia na mesma universidade. Embora muito influenciado pelo "último Wittgenstein", há diferenças entre o modo como Wittgenstein conduziu a análise da linguagem corrente e o modo como Wisdom procede. Tanto Wittgenstein como John Wisdom consideram que as proposições filosóficas mostram que quem as usa "se extraviou" nas complexidades da linguagem. Mas enquanto Wittgenstein adotava uma atitude negativa e recomendava dissolver os paradoxos gerados pelas proposições filosóficas, Wisdom indica que tais paradoxos, longe de provocar uma mera confusão, podem dar lugar a uma singular penetração. Com efeito, nas proposições filosóficas se revela algo que na linguagem corrente passa despercebido. Os paradoxos filosóficos, além de interessantes ou curiosos, são iluminadores. Isso não quer dizer que as proposições filosóficas sejam "verdadeiras". Mas significa que diante de uma proposição filosófica, e ao aspecto paradoxal que ela oferece, a atitude recomendável é ver o que é que ilumina o paradoxo, ainda que falso. Por isso a análise procede, em Wisdom, do modo: "Sim, é certo, mas por outro lado...", com o que se descobrem similaridades (e diferenças) que escapam ao exame ordinário. Assim, a linguagem filosófica esclarece na medida em que mergulha na perplexidade. Semelhanças e diferenças aparecem somente quando, depois de haver enunciado uma proposição, se assenta a proposição contrária. Isso ocorre inclusive na própria proposição em que se funda a análise de Wisdom, isto é, na proposição segundo a qual os enunciados filosóficos são recomendações verbais. Negar que sejam recomendações verbais ilumina semelhanças e diferenças nas recomendações verbais. Daí Wisdom poder escrever: "Os filósofos deveriam seguir empenhando-se em dizer o *que não se pode dizer*" (grifo nosso).

↪ Principais escritos: "Logical Constructions", I: *Mind*, 40 (1931), 188-216; II: *ibid.*, 460-475; III: *ibid.*, 41 (1932), 441-464; IV: *ibid.*, 42 (1933), 43-66; V: *ibid.*, 186-202. — *Interpretations and Analysis*, 1931. — *Problems of Mind and Matter*, 1934. — *Other Minds*, 1952. — *Philosophy and Psychoanalysis*, 1953. — *Paradox and Discovery*, 1965. — Estes vols. recolhem diversos escritos de J. W. publicados antes em revistas. — *The Metamorphosis of Metaphysics*, 1963 [Annual Philosophical Lecture. Henriette Hertz Trust. Proceedings of the British Academy, 47].

Ver: David Pole, *The Later Philosophy of Wittgenstein*, 1958 ["Epilogue: John Wisdom", pp. 103-129]. — R. Bambrough, ed., *Wisdom: Twelve Essays*, 1974. — I. Dilman, ed., *Philosophy and Life: Essays on J. W.*, 1984 (com vários textos de J. W.). ↩

WISDOM, JOHN O[ULTON]. Ver Psicanálise Intelectual.

WITASEK, STEPHAN (1870-1915). Nascido na Áustria, foi "professor extraordinário" de filosofia e psicologia na Universidade de Graz. Seguidor de Meinong e cultor da "teoria dos objetos" no sentido meinonguiano, foi um dos membros da chamada "Escola de Graz". Suas principais contribuições se deram nos campos da psicologia e da estética: destacam-se, entre as primeiras, suas pesquisas sobre a percepção de formas espaciais e sobre as percepções de qualidades.

↪ Principais obras: *Grundzüge der allgemeinen Ästhetik*, 1904 *(Traços fundamentais da estética geral)*. — *Grundlinien der Psychologie*, 1908 *(Linhas fundamentais da psicologia)*. — *Psychologie der Raumwahrnehmung des Auges*, 1910 *(Psicologia da percepção espacial do olho)*. — *Psychologische Schulversuche*, 1900 *(Ensaios escolares psicológicos)*.

Também numerosas contribuições ao *Zeitschrift für Psychologie*, destacando-se: "Beiträge zur Psychologie der Komplexionen", 14 (1897); "Über die Natur der geometrischen optischen Täuschungen", 19 (1898); "Zur psychologischen Analyse der ästhetischen Einführung", 25 (1901).

Com A. Höfler escreveu: *Physiologische oder experimentelle Psychologie*, 1898.

Ver: W. G. Stock, M. Stock, *Psychologie und Philosophie der Grazer Schule: eine Dokumentation*, 1990. ↩

WITELO (*ca.* 1230-*ca.* 1275). Nascido nas proximidades de Liegnitz, ou Legnica (Silésia Inferior), estudou em Pádua e em Viterbo teve contatos com Guilherme de Moerbeke, a quem dedicou sua *Perspectiva*. Nesta obra Witelo resume e analisa investigações óticas realizadas por vários autores, entre eles Euclides, Ptolomeu e Alhacen (965-1038). A base filosófica deste trabalho é a doutrina neoplatônica da luz (ver) tal como foi desenvolvida pelo citado Guilherme de Moerbeke, especialmente sob a influência de Proclo. Portanto, Witelo defende a doutrina da difusão por Deus de uma luz que ilumina as substâncias inteligíveis inferiores, que, por sua vez, irradiam sobre as outras substâncias inferiores a elas e assim sucessivamente. A gradação que vai do inteligível ao corporal é, assim, uma conseqüência necessária de tal difusão, que é ao mesmo tempo princípio de causalidade. Entre as investigações óticas citadas se encontra uma exposição e exame das leis da propagação da luz e de diversos fenômenos fundamentais da visão.

↪ Edições da *Perspectiva*, 1535, 1572. — Extratos da obra em C. Baeumker, *Witelo, ein Philosoph und Natur-*

forscher des XIII Jahrh., 1908 [Beiträge zur Geschichte der Philosophie des Mittelalters, III, 2]. — Texto resumido dos tratados *De natura daemonum* e *De primaria causa poenitentiae*, descobertos por A. Birkenmajer, nos "Études sur Witelo" do citado Birkenmajer publicados no *Bulletin de l'Académie des Sciences de Cracovie*, I-IV, 1918-1922.

Ver: C. Baeumker, *W., ein Philosoph und Naturforscher der 13. Jahr.*, 1908. — M. Grabmann, "Der Neuplatonismus in der deutschen Hochscholastik", *Philosophisches Jahrbuch*, 23 (1910), 38-54. — J. Burchardt, *List Witelona da Ludwika we Lwówku Slaskim*, 1979. ⊂

WITTGENSTEIN, LUDWIG [JOSEF JOHANN]

(1889-1951). Nascido em Viena, cursou engenharia em Berlim e em 1908 se dirigiu a Manchester para continuar seus estudos na área. Seu interesse pela matemática levou-o a ocupar-se dos fundamentos desta disciplina e a estudar os escritos de Russell e Frege a respeito. Tendo-se mudado para Cambridge, estudou com Russell antes da Primeira Guerra Mundial. De regresso à Áustria, foi soldado do exército austríaco durante a guerra, ao fim da qual foi feito prisioneiro na Itália. Por esta época terminara o *Tractatus logico-philosophicus* (ver bibliografia), a que logo nos referiremos. Depois da guerra renunciou à sua fortuna privada e se empregou como mestre-escola na Áustria. Em contato com os que viriam a fundar o Círculo de Viena (VER), seu *Tractatus* exerceu grande influência sobre os membros do futuro Círculo, ao qual, aliás, Wittgenstein não pertenceu. A rigor, já pouco depois de publicado o *Tractatus*, surgiram-lhe graves dúvidas acerca das idéias ali expressas. Depois de uma breve visita a Cambridge em 1925, voltou à mesma Universidade em 1929 e ali se estabeleceu, amadurecendo nessa temporada suas novas idéias, que expressou oralmente e foram conhecidas ou diretamente ou pela circulação, de mão em mão, dos chamados "Caderno azul e Caderno marrom" *(The Blue and Brown Books)* (ver bibliografia). Uma aura de mistério rodeou durante algum tempo os ensinamentos ou, melhor dizendo, os "novos ensinamentos" de Wittgenstein. Em 1939 foi nomeado professor titular em Cambridge, sucedendo na cátedra a G. E. Moore. Em 1947 renunciou à cátedra que, aliás, havia deixado durante a Segunda Guerra Mundial, quando se alistou para trabalhar como auxiliar num hospital de Londres. Quatro anos depois de sua renúncia, faleceu de câncer. Excetuando-se o *Tractatus* e um artigo de 1929, todos os escritos de Wittgenstein foram publicados postumamente.

Costuma-se distinguir dois períodos no pensamento de Wittgenstein, caracterizados sobretudo, respectivamente, pelo conteúdo do *Tractatus* e das *Philosophischen Untersuchungen (Investigações filosóficas)*; designaremos estes dois períodos com os nomes de "o primeiro Wittgenstein" e "o último Wittgenstein". Falou-se às vezes de um "período intermediário" no qual Wittgenstein desenvolveu o que se chamou "positivismo terapêutico" e também "psicanálise intelectual", mas esta atitude não foi reconhecida pelo próprio Wittgenstein e é mais apropriada ou de alguns wittgensteinianos ou de certas conseqüências da atividade intelectual de Wittgenstein, às quais, de resto, Wittgenstein se opôs vivamente. No caso de Wittgenstein, só em certa medida se pode falar de uma terapêutica: é a que consiste em extirpar o que ele chamou "superstições" (cf. *infra*). Além disso, as idéias peculiares do "último Wittgenstein" começaram a amadurecer já alguns anos depois de publicado o *Tractatus*, e talvez muito pouco depois. Ora, falar de um "primeiro Wittgenstein" e de um "último Wittgenstein" não equivale a dizer que não há nenhuma relação entre ambos. Por um lado, o "último Wittgenstein" é em grande parte compreensível como uma reação contra o "primeiro", sem o qual o "último" não teria muito sentido. Por outro lado, e sobretudo, as diferenças entre os dois Wittgenstein não impedem que haja um "modo de pensar" comum a ambos, um tipo de filosofar caracteristicamente "wittgensteiniano". Em ambos os casos, além disso, o centro da preocupação de Wittgenstein é a linguagem.

O que dissemos no verbete ATOMISMO LÓGICO pode ajudar a compreender o "primeiro Wittgenstein" — ou o Wittgenstein do *Tractatus* —, já que as idéias do "primeiro Wittgenstein" são semelhantes, ainda que não totalmente coincidentes, com as dos atomistas lógicos. Segundo Wittgenstein — nome com que designamos agora o "primeiro Wittgenstein" — o mundo é a totalidade dos fatos (ver FATO) atômicos e não das coisas, já que um fato atômico é formado justamente por "coisas" ou "entidades". Estas "coisas" ou "entidades" são nomeáveis (mediante nomes, pronomes pessoais, adjetivos demonstrativos etc.), de modo que há, de imediato, uma relação das coisas com as palavras. Como uma combinação de "coisas" é um fato atômico, uma combinação de palavras é uma proposição atômica. As proposições atômicas "representam" fatos atômicos no sentido de que as primeiras são uma representação, "quadro" ou "pintura" dos segundos; as proposições atômicas e os fatos atômicos são isomórficos (ver ISOMORFISMO); a linguagem se converte, assim, num mapa, ou espécie de mapa, da realidade. As proposições atômicas que não representam fatos atômicos carecem de significação. Quanto às combinações de proposições atômicas, elas constituem as chamadas "funções de verdade" (ver FUNÇÃO DE VERDADE; ver também TAUTOLOGIA). Wittgenstein escreve que "os *limites de minha linguagem* significam os limites do mundo" — uma tese freqüentemente acusada de conduzir a um solipsismo (VER) lingüístico. De certo que a linguagem corrente não responde à descrição antes esboçada, mas isso não se deve simplesmente ao fato de a linguagem corrente ser defeituosa; é preciso mostrar, no fundo dela, um "esqueleto lógico" que constitui sua natureza essencial. Esse esqueleto lógico é a "linguagem ideal". As proposições mediante as quais se descreve, ou se descobre, o esqueleto lógico da linguagem não são nem proposições atômicas nem funções de verdade; por isso carecem elas mesmas de significação (ou, melhor, de sentido, *Sinn*). O *Tractatus* é por isso como que um andaime que pode ser desmontado uma vez construído o edifício, como uma escada que pode ser afastada depois de ocorrida a ascensão. Wittgenstein escreve que "o que se expressa *por si mesmo* na linguagem, não *podemos* expressá-lo mediante a linguagem"; isto equivale a dizer que "o que se pode mostrar, não se pode dizer". Assim, o que se fez não foi enunciar algo sobre a linguagem e o isomorfismo da linguagem com a realidade, mas simplesmente mostrá-lo. A filosofia não pode ir mais além, e por isso a filosofia não é propriamente uma ciência, mas uma atividade, *Tätigkeit*; o que faz a filosofia não é "dizer", mas apenas "esclarecer".

O "último Wittgenstein" não tardou a achar o *Tractatus* sumamente insatisfatório, a rigor, completamente insatisfatório. Esta conclusão não foi em Wittgenstein resultado de uma nova argumentação mediante a qual mostrara que o *Tractatus* era errôneo; foi resultado de um novo modo de ver pelo qual o anterior aparecia como uma superstição. De resto, essa superstição sobre a linguagem fora produzida pela própria linguagem. Pois a linguagem gera superstições, das quais temos de *nos desfazer*. A filosofia tem agora uma missão diferente — embora também de natureza "esclarecedora" —: ela deve ajudar-nos a escapar do "enfeitiçamento de nossa inteligência mediante a linguagem". Mas só poderemos conseguir isso quando virmos claramente "a linguagem", em vez de nos iludir sobre ela procurando descobrir-lhe uma essência. Não há nada "oculto" na "linguagem"; há que abrir os olhos para ver, e descobrir, como ela funciona. Ora, a linguagem funciona em seus usos. Não cabe perguntar, portanto, pelas significações; cabe perguntar pelos usos (ver Uso). Mas esses usos são múltiplos, variados; não há propriamente linguagem, mas linguagens, e estas são "formas de vida". O que chamamos "linguagem" são "jogos de linguagem" (ver LINGUAGEM [JOGOS DE]). Um dos muitos jogos de linguagem serve para descrever. Mas há muitos outros: para perguntar, para indignar-se, para consolar etc. Não há, pois, *uma* função da linguagem como não há *uma* função de uma caixa de ferramentas. Uma ferramenta serve para martelar; outra para perfurar etc. Não há função comum das expressões da linguagem; há inumeráveis classes de expressões e de modos de usar as palavras, incluindo as mesmas palavras — ou o que parecem ser as mesmas. Não há nem sequer algo comum que seja *o* jogo de linguagem. O que há são "similaridades", "ares familiares", que se combinam, intercambiam, entrecruzam. Pensar o contrário é simplificar a linguagem e com isso gerar perplexidades, deixar-se seduzir pelo enfeitiçamento da linguagem, por determinada "visão" da linguagem, que ilusoriamente supomos ser a única, a "verdadeira". Não há nos jogos de linguagem nada oculto atrás deles; os jogos de linguagem são o uso que se faz deles, o modo como servem nas "formas de vida".

Por se terem criado demasiadas ilusões sobre a linguagem, foram suscitados o que se chamou "problemas filosóficos" e que não são de modo algum "problemas", mas "perplexidades". Ora, os problemas se resolvem, mas não as perplexidades; estas últimas só se "dissolvem". Por isso os chamados "problemas filosóficos" têm, segundo Wittgenstein, a forma: "Não sei como sair do passo". As perplexidades filosóficas não são problemas para os quais se possa encontrar uma solução descobrindo uma realidade na qual não se havia reparado. Em filosofia não há nada oculto; todos os dados do assim chamado "problema" estão à nossa mão. Mais ainda: os "problemas" em questão se referem a conceitos que, fora da filosofia, dominamos perfeitamente. Perguntar que horas são não causa perplexidade. Mas inquirir acerca da natureza do tempo nos confunde. Mudar-se para outra cidade não nos submerge em paradoxos abismais. Mas meditar sobre a natureza do espaço nos coloca num labirinto no qual não parece haver saída. E, contudo, há uma saída: é a que consiste em libertar-se da superstição de que há um labirinto. O fim da filosofia é algo assim como "sair da toca" em que nos colocou nossa tenaz incompreensão do funcionamento, ou funcionamentos, das linguagens. Tudo isso parece levar à idéia de que as questões filosóficas são absurdas e inúteis. Mas não é assim. Muitas das chamadas "questões filosóficas" têm um sentido e até um "sentido profundo". Este consiste em nos mostrar as raízes de nossa perplexidade e, sobretudo, em nos mostrar que tais raízes estão muito fortemente fincadas em nós. Ao fim e ao cabo, deve haver uma razão pela qual alguns homens se sentiram fascinados por "questões filosóficas"; a razão é que essas questões são, na verdade, "fascinantes". São, em suma, "enfeitiçadoras". E até é possível considerar tais questões, ou pelo menos algumas delas, como a conseqüência das investidas que nossa inteligência dá contra os limites da linguagem. Ao contrário do que pensava o "primeiro Wittgenstein", o "último Wittgenstein" não acreditava que as questões filosóficas não têm significação; se não a tivessem, careceriam de todo poder de "enfeitiçamento". Tampouco acreditava que as questões filosóficas fossem, ao fim e ao cabo, pura e simplesmente, "questões lingüísticas". As questões filosóficas emergem da linguagem, mas não são "questões lingüísticas": são questões acerca de realidades que nos mergulham em confusão por não sabermos como tratá-las adequadamente, por não sabermos como *ver* a "questão". Por isso a filosofia tem por missão nos fazer *ver*. A filosofia não explica nem deduz nem infere nada: "põe à vista" as perplexidades nas quais nos mergulhou a tenaz propensão a esquecer por que usamos certos conceitos, a pensar que há caracteres comuns às coisas, que há algo que se possa chamar de "realidade" etc. E por isso a filosofia é uma luta, uma "luta contra o enfeitiçamento de nossa inteligência pela linguagem".

Considerou-se às vezes que assim como o "primeiro Wittgenstein" foi "o pai do positivismo lógico", o "último Wittgenstein" foi o pai da (mal denominada) "filosofia da linguagem", especialmente tal como desenvolvida e praticada pelo "grupo de Oxford". Isso é excessivo, porque o positivismo lógico tem outras fontes além de Wittgenstein, e a "filosofia da linguagem" deve seus "modos de pensar" a outros autores além de Wittgenstein — por exemplo, a G. E. Moore, pelo menos como um "modelo". Mas não há dúvida de que a influência de Wittgenstein foi considerável sobre estas duas tendências. Além disso, influenciou mais diretamente outros autores que foram chamados propriamente "wittgensteinianos". Tal é, para dar um exemplo, o caso de John Wisdom (VER), ainda que ele tenha seguido Wittgenstein de um modo *sui generis*.

A maior parte das interpretações do pensamento de Wittgenstein, independentemente de se admitir ou não uma "divisão" deste pensamento em "fases", se baseia no papel que Wittgenstein representou em dois momentos importantes na história da filosofia analítica, centrados um na noção da linguagem ideal e o outro na noção de linguagens correntes e jogos de linguagem. Sublinhou-se por isso o que poderíamos chamar elementos "analíticos" em Wittgenstein, destacando-se a importância de Frege e Russell na formação de seu pensamento, especialmente, é claro, em sua primeira "fase". Por outro lado, reconheceu-se muitas vezes a "singularidade" de Wittgenstein e a dificuldade de encaixá-lo na filosofia analítica, por mais amplamente que esta seja concebida. Isso se fez quase sempre enfatizando certas conexões — interesse por Kierkegaard, por Schopenhauer ou por Freud — ou discutindo possíveis semelhanças — com Husserl ou com Heidegger — ou referindo-se a aspectos que ultrapassam todo quadro "analítico" — aspectos metafísicos e até místicos. De uma maneira mais sistemática e mais plenamente histórica, Toulmin e Janik (cf. bibliografia *infra*) deram uma interpretação de Wittgenstein que parece ligar-se menos a Russell e a Frege que com os pressupostos, correntes e circunstâncias da "Viena de Wittgenstein". Deste modo aparece um Wittgenstein distinto do "anglo-saxão"; as próprias idéias do *Tractatus* são então modificadas, porque a própria noção de "representação" tem um sentido diferente do que se deu "classicamente" à "pintura" e ao isomorfismo lingüístico. O próprio Wittgenstein dá margem a estas diferentes interpretações quando reconhece que "o que não se pode dizer" é mais "importante" que o que se pode dizer, e que convém delimitar o campo do "dizível" — seja numa linguagem ideal, seja em linguagens correntes — justamente porque o "indizível" — que é em muitos casos "o ético" — fica então liberado, se é que não constitui em tal caso a base para uma liberação da própria personalidade do ser humano.

⊃ O *Tractatus logico-philosophicus* foi publicado primeiro em alemão *(Logisch-philosophische Abhandlung)*, como apêndice ao último número dos *Annalen der Naturphilosophie* (1921), dirigidos por Wilhelm Ostwald. Em forma de livro, e com o título *Tractatus logico-philosophicus*, foi publicado na Inglaterra (1922), com trad. ingl. de C. K. Ogden, confrontando o original alemão, e com uma introdução de Bertrand Russell. A 2ª ed. (1933) contém algumas correções. A 6ª ed. leva um índice de Max Black. Há outra edição do texto alemão, com nova trad. ingl. por D. F. Pears e B. F. McGuiness, 1961. Publicou-se uma edição facsimilar do intitulado *Prototractatus: An Early Version of "Tractatus logico-philosophicus"*, ed. B. F. McGuiness, T. Nyberg e G. H. von Wright, 1971 (com introdução por G. H. von Wright).

Além do *Tractatus* apareceu em vida do autor seu artigo "Some Remarks on Logical Form", em *Proceedings of the Aristotelian Society*, Supp. vol. 9 (1929), 162-171.

Obras póstumas: *Philosophische Untersuchungen (Investigações filosóficas)*. O texto alemão confronta a trad. ingl. *(Philosophical Investigations)* por G. E. M. Anscombe, 1953, ed. G. E. M. Anscombe e R. Rhees. — *Remarks on the Foundations of Mathematics*, 1956, ed. G. H. von Wright, R. Rhees, G. E. M. Anscombe [materiais de 1937-1944]; ed. rev. em 1978. — *Preliminary Studies for the Philosophical Investigations, Generally Known as The Blue and Brown Books*, 1957; 2ª ed., 1960. — *Notebooks*, 1914-1916, 1961, ed. G. H. von Wright e G. E. M. Anscombe [texto alemão e trad. ingl.]; 2ª ed., corrigida, 1979. — *Philosophische Bemerkungen*, 1964, ed. Rush Rhees [texto alemão de um livro que W. escreveu com base em material recolhido em 1930]. — "Wittgenstein's Lecture on Ethics", *Philosophical Review*, 74 (1965), 3-12 [de 1929-1930] (seguido de "Notes on Talks with W.", sobre ética, por Friedrich Waismann, *ibid.*, 12-16 e "Some Developments in Wittgenstein's View of Ethics", por Rush Rhees, *ibid.*, 17-26). — *Lectures and Conversations on Aesthetics, Psychology, and Religious Beliefs*, 1966, ed. Cyril Barrett [de notas tomadas por estudantes num curso de Cambridge, 1938]. — "Bemerkungen über Frazers *The Golden Bough*", *Synthese*, 17 (1967), 233-253; reed. por R. Rhees como *Remarks on Frazer's Golden Bough*, 1979. — *Zettel*, 1967, ed. G. E. M. Anscombe e G. H. von Wright, com trad. ingl. de G. E. M. Anscombe [série de volantes ou papeletas reunidas entre 1945 e 1948]; ed. rev., 1981. — "Notes for Lectures on 'Private Experience' and 'sense Data'", *Philoso-*

phical Review, 77 (1968), 275-320 (com nota preliminar de Rush Rhees, *ibid.*, 271-275) [provavelmente escritas entre 1934 e 1936] (ed. bilíngüe inglês/francês, com trad., introd. e 2 anexos por Elisabeth Rigal, 1982). — *On Certainty*, 1969, ed. G. E. M. Anscombe e G. H. von Wright, 1969 [texto alemão e trad. ingl. por Denis Paul e G. E. M. Anscombe]. — *Philosophische Grammatik*, 1969, ed. Rush Rhees (I: *Satz. Sinn des Satzes*; II: *Über Logik und Mathematik*). — *Lectures on the Foundations of Mathematics, Cambridge, 1939*, 1976, ed. Cora-Diamond [com base em notas tomadas por R. G. Bosanquet, Norman Malcolm, Rush Rhees e Yorick Smythies]. — *Bemerkungen über die Farben / Remarks on Colour*, 1977 (original alemão e trad. inglesa por Linda L. McAlister e Margarete Schättle, ed. G. E. M. Anscombe). — *Vermischte Bemerkungen*, 1977, ed. G. H. von Wright, com a colaboração de H. Nyman (coletânea de notas de 1914 a 1951, especialmente 1945); 2ª ed., 1978; 2ª ed. corrigida e com trad. inglesa: *Culture and Value*, por P. Winch, 1980. — *Wörterbuch für Volksschulen* (1926), ed. facsimilada, 1977 *(Dicionário para as escolas primárias)*. — *Wittgenstein's Lectures. Cambridge 1932-1935*, 1979, ed. Alice Ambrose (notas de Alice Ambrose e Margaret MacDonald); reed., com um índice, 1982. — *Wittgenstein's Lectures. Cambridge, 1930-1932*, 1980, ed. D. Lee (notas de John King e Desmond Lee). — *Bemerkungen über die Philosophie der Psychologie / Remarks on the Philosophy of Psychology*, 2 vols., 1980; vol. I, trad. por G. E. M. Anscombe, ed. G. E. M. Anscombe e G. H. von Wright; vol. 2, trad. por C. G. Luckhardt e M. A. E. Aue, ed. G. H. von Wright e H. Nyman, 1982 (com materiais de 1948-1949, que recolhem e complementam os temas de *Bemerkungen über die Philosophie der Psychologie, supra*. — "Geheime Tagebücher" (original alemão e trad. catalã), *Saber* 5 e 6 (1985), 32-49; 30-59; nova ed., bilíngüe alemão/espanhol ("Diários secretos"), 1991, de W. Baum, com trad. de A. Sánchez Pascual e ensaio "Cuadernos de guerra", por I. Reguera. — *Conversations 1949-1951*, por O. K. Bouwsma, 1986, ed. e introd. J. L. Craft e R. E. Hustwit. — *Lectures on Philosophical Psychology, 1946-1947*, ed. P. T. Geach (notas de P. T. Geach, K. J. Shah e A. C. Jackson, 1988). — Sobre o *Nachlass* de W., ver G. H. von Wright, "Special Supplement: The W. Papers", *Philosophical Review*, 78 (1969), 483-503.

Correspondência: P. Engelmann, *Letters from L. W., with a Memoir*, 1967 (com trad. ingl. por L. Furtmüller). — *Briefe an Ludwig von Ficker*, 1969, ed. G. H. von Wright. — *Letters to C. K. Ogden*, 1973, ed. G. H. von Wright (com comentários a sua trad. ingl. do *Tractatus* e um apêndice de cartas por F. P. Ramsey). — *Letters to Russell, Keynes, and Moore*, 1974, ed. G. H. von Wright.

Biografia: N. Malcolm, *L. W.: A Memoir*, 1956, com "Biographical Sketch" preliminar por G. H. von Wright, 2ª ed., 1984. — B. Leitner, *Die Architektur von L. W.* — *Eine Dokumentation — Mit Auszügen aus den Familienerinnerungen von Hermine W.*, 1973. — B. McGuinness, A. Kenny et al., *W. and his Times*, 1981, ed. B. McGuinness. — R. Rhees, ed., *L. W.: Personal Recollections*, 1981 (com textos de Hermine Wittgenstein, F. Pascal, F. R. Leavis, John King, M. O'C. Drury, com uma introd. de N. Malcolm; ed. rev., com o título *Recollections of W.*, 1984. — G. Gebauer et al., *Wien Kundmangasse 19. Bauplanerische, morphologische und philosophische Aspekte des Wittgenstein-Hauses*, 1982. — S. H. C. Lennard, "Architecture as Autobiography: The Meaning of W.'s Architecture", *Humanist*, 43 (1982), 25-30. — B. McGuinness, *W.: A Life*, 2 vols., vol. 1: *Young Ludwig (1889-1921)*, 1988. — *W. Sein Leben in Bildern und Texten*, ed. M. Nedo e M. Ranchetti, prólogo de B. F. McGuinness, maquetes de W. Fleckhaus, 1983. — *W. The Terry Eagleton Script, the Derek Jarman Film*, 1993 (roteiro e comentários do filme sobre L. W.).

Bibliografia: K. T. Fann, "A W. Bibliography", *International Philosophical Quarterly*, 7 (1967), 311-339. — *Id.*, "Supplement to the Wittgenstein Bibliography", *Review International of Philosophy*, 23 (1969), 363-370. — Id., *W.'s Conception of Philosophy*, 1969. — Id., *A W. Bibliography*, 1977. — F. H. Lapointe, *L. W.: A Comprehensive Bibliography*, 1980. — V. A. e S. G. Shanker, *A W. Bibliography*, vol. 5 de *L. W.: Critical Assessments*, 1986 (6.000 títulos de livros, artigos e resenhas até começos de 1985). — G. U. Gabel, *L. W.: A Comprehensive Bibliography of International Theses and Dissertations, 1933-1985* (426 títulos de teses aceitas em universidades da Europa, América do Norte, Índia, África do Sul, Austrália e Nova Zelândia). — G. Frongia, B. McGuinness, *W. A Bibliographical Guide*, 1990. — Ver também I. Borgis, *op. cit. infra*.

Índices: G. K. Plochman e J. B. Lawson, *Terms in Their Propositional Contexts in Wittgenstein's Tractatus: An Index*, 1962 (com bibliografia crítica). — Ilona Borgis, *Index zu Wittgensteins-Bibliographie*, 1968.

Concordâncias: Max Black, *op. cit.*, *infra*. — Hans Kaal e Alastair McKinnon, eds., *Concordance to Wittgenstein's "Philosophische Untersuchungen"*, 1975.

Edição de obras: *Schriften* (só em alemão), vols. 1-7, 1960-1982, Frankfurt, Suhrkamp. — *Werkausgabe* (só em alemão), vols. 1-8, 1984, Frankfurt, Suhrkamp; nova ed., rev., 1989.

Em português: *Anotações sobre as cores*, 1997. — *Aulas e conversas sobre estética, psicologia e fé religiosa*, 1993. — *Cultura e valor*, 1996. — *Da certeza*, 1990. — *Estética, psicologia e religião*,1970. — *Fichas (Zettel)*, 1989. — *Gramática filosófica*, 2001. — *Investigações filosóficas*, 1996. — *O livro azul*, 1992. — *O livro castanho*, 1992. — *Observações filosóficas*, 2001. — *Tractatus logico-philosophicus*, 1994.

Mencionamos, por ordem cronológica de publicação, alguns escritos sobre Wittgenstein; na maioria dos casos, a data de publicação ou o título, ou ambos, indicam tratar-se primariamente do "primeiro Wittgenstein" ou do "último Wittgenstein" ou de algum aspecto de seu pensamento: J. R. Weinberg, *An Examination of Logical Positivism*, 1936. — B. A. Farrell, "An Appraisal of Therapeutic Positivism", *Mind*, N. S., 55 (1946). — J. Ferrater Mora, "W. o la destrucción", *Realidad*, nº 13 (1949), 1-12, trad. pelo autor, com algumas mudanças, "A Symbol of Troubled Times", *Philosophy and Phenomenological Research*, 14 (1953-1954), 89-96; trad. deste último em "W., símbolo de una época angustiada", *Theoria* [Madrid], nºs 7-8 (1954), 33-38; refundição dos artigos citados no princípio em "W. o la destrucción", incluído no livro *Cuestiones disputadas*, 1955, pp. 178-191, reimp. em *Obras selectas*, II, 1967, pp. 225-235. — G. N. Mathani, "Wittgensteinian Philosophy in Its General Aspects", *Philosophical Quarterly* [Amalner, Índia] 16 (1950-1951), 139-150. — Gilbert Ryle, "L. W.", *Analysis*, 12.1, N. S., 15 (1951), 1-9. — G. E. Moore, "Wittgenstein's Lectures in 1930-1933", *Mind*, N. S., 63 (1954), 1-15; 63 (1954) 289-316; 64 (1955), 1-27 (retificações em 64 [1955], 264). — G. C. M. Colombo, Introdução ao *Tractatus* (131 páginas) e trad. italiana do mesmo, 1954. — Alice Ambrose, "W. on Some Questions in the Foundations of Mathematics", *Journal of Philosophy*, 52 (1955), 197-214. — Emmanuele Riverso, "L. W. e il simbolismo logico", 1956. — Id., *Il pensiero di L. W.*, 1964, 2ª ed., rev., 1970. — David Pole, *The Later Philosophy of W.*, 1958 [epílogo sobre John Wisdom]. — James K. Feibleman, *Inside the Great Mirror: A Critical Examination of the Philosophy of Russell, W., and Their Followers*, 1958. — Erik Stenius, *Wittgenstein's "Tractatus"*, 1959, 2ª ed., 1963. — Justus Hartnack, *W. og den moderne filosofi*, 1960. — A. A. Mullin, *Philosophical Comments on the Philosophies of C. S. Peirce and L. W.*, 1961. — Alexander Maslow, *A Study in Wittgenstein's Tractatus*, 1961. — Oets K. Bouwsma, "The Blue Book", *Journal of Philosophy*, 58 (1961), 141-162, reimp. em *Philosophical Essays*, 1965, pp. 175-201. — Ernst Konrad Specht, *Die sprachphilosophischen und ontologischen Grundlagen im Spätwerk L. Wittgensteins*, 1963 (*Kantstudien*, Ergänzgunshefte 84; com blibiografia, pp. 162-175). — Max Black, *A Companion to Wittgenstein's "Tractatus"*, 1964 (com concordância alemã). — David Favrholdt, *An Interpretation and Critique of Wittgenstein's "Tractatus"*, 1964. — James P. Griffin, *Wittgenstein's Logical Atomism*, 1964. — C. A. van Peursen, *W.*, 1965. — Aldo G. Gargani, *Linguaggio ed esperienza in L. W.*, 1966. — Garth Hallet, *Wittgenstein's Definition of Meaning as Use*, 1967. — Anselm Winfried Müller, *Ontologie in Wittgensteins "Tractatus"*, 1967. — K. T. Fann, *Wittgenstein's Conception of Philosophy*, 1969. — Rush Rhees, *Discussions of W.*, 1969. — Hide Ishiguro, Rush Rhees *et al.*, *Studies in the Philosophy of L. W.*, 1969, ed. Peter Winch. — David Pears, *L. W.*, 1970. — S. Morris Engel, *Wittgenstein's Doctrine of the Tyranny of Language: An Historical and Critical Examination of His "Blue Book"*, 1971 (com introdução de Stephen Toulmin). — Martin Lang, *Wittgensteins philosophische Grammatik. Entstehung und Perspektiven eines radikalen Aufklärers*, 1971. — Henry Le Roy Finch, *W. The Early Philosophy: An Exposition of the "Tractatus"*, 1971. — Id., *W. The Later Philosophy: An Exposition of the "Logical Investigations"*, 1977. — D. Pears, D. Favrholdt *et al.*, artigos sobre o *Tractatus* em número monográfico de *Teorema*, 1972 (inclui o texto de "Notes on Logic" de W., 1913, e sua trad. esp.). — W. W. Bartley, III, *W.*, 1973 (biográfico). — Timothy Binkley, *Wittgenstein's Language*, 1973 (tese). — Ilham Dilman, *Induction and Deduction: A Study in W.*, 1973. — Allan Janik e Stephen Toulmin, *Wittgenstein's Vienna*, 1973. — Anthony Kenny, *W.*, 1972. — Jeffrey Thomas Price, *Language and Being in Wittgenstein's "Philosophical Investigations"*, 1973. — Leo Adler, *L. W. Eine existenzielle Deutung*, 1976. — Robert J. Fogelin, *W.*, 1976. — Alfonso García Suárez, *La lógica de la experiencia. W. y el problema del lenguaje privado*, 1976. — Garth Hallett, *A Companion to Wittgenstein's "Philosophical Investigations"*, 1977. — J.-M. Terricabras, *L. W. Kommentar und Interpretation*, 1978. — K. Hülser, *Wahrheitstheorie als Aussagentheorie. Untersuchungen zu Wittgensteins Tractatus*, 1979. — C. Wright, *W. on the Fondations of Mathematics*, 1980. — I. Reguera, *La miseria de la razón. El primer W.*, 1980. — G. P. Baker, P. M. S. Hacker, *An Analytical Commentary on W's Philosophical Investigations*, 2 vols., 1980 e 1985. — Id., *W. Meaning and Understanding*, 1980. — J. V. Canfield, *W. Language and World*, 1981. — G. Baker, C. Peacocke *et al. W.: To Follow a Rule*, 1981, ed. S. Holtzmann e C. Leich. — G. H. von Wright, *W.*, 1982. — S. A. Kripke, *W. on Rules and Private Language*, 1982. — J. C. Edwards, *Ethics Without Philosophy: W. and the Moral Life*, 1982. — S. Thiele, *Die Verwicklungen im Denken Wittgensteins*, 1983. — J. V. Arregui, *Acción y sentido en W.*, 1984. — M. Lazerowitz, A. Ambrose, *Essays in the Unknown W.*, 1984. — J. N. Findlay, *W.: A Critique*, 1984. — A. Kenny, *The Legacy of W.*, 1984. — J. Sádaba, *Lenguaje, magia y metafísica (El otro W.)*, 1985. — A. J. Ayer, *W.*, 1985. — W. Baum, *L. W.*, 1985. — D. Pears, *L. W.*, 1986. — R. Haller, *Questions on W.*, 1988. — R. Monk, *W. The Duty of Genius*, 1990. — M. Pecellín, I. Reguera, eds., *W. – Heidegger*, 1990 (os 15 primeiros artigos, pp. 9-182). — J. L. Prades, V. San Félix, *W.: Mundo y Lenguaje*, 1990. — *A W. Symposium. Girona, 1989*, 1993, ed. J.-M. Terricabras. — Existem também *Proceedings* dos *Symposia* internacionais dedicados a W. em Kirchberg (Áustria), desde 1977. **C**

WODHAM [Wodeham, Godam, Goddam etc.] (ADÃO)
(† 1349). Chamado *doctor solemnis*, foi um dos discípulos franciscanos de Guilherme de Ockham em Oxford e ensinou teologia primeiro Londres e depois em Oxford. Em seus comentários às *Sentenças*, comentários a Aristóteles e num prefácio à lógica de Ockham, Wodham se mostra fiel ockhamista e adversário dos teólogos que não prestam suficiente atenção à lógica, formulam proposições cuja análise mostra sua falta de significação e não esgotam todas as objeções possíveis antes de lançar uma tese. Contudo, é preciso possuir ainda mais informação sobre os ensinamentos e os manuscritos de Adão Wodham antes de se pronunciar sobre sua posição filosófica e ver se há outros elementos, além do reconhecimento do ockhamismo, em seu pensamento.

⊃ O comentário de Wodham às *Sentenças* foi publicado, com revisões de Henrique de Oyta (Henricus de Hayta), por Johannes Maior em Paris (1512). — Ed. facsimilar do Codex Paris, Bibliothèque de la Sorbonne, 193: *Lectura Oxoniensis in quatuor libros Sententiarum Petri Lombardi*, ed. W. J. Courtenay, 1978.

Ver: F. Ehrle, *Der Sentenzkommentar Peters von Candia*, 1925, pp. 96-103. — W. J. Courtenay, *A. W.: An Introduction to His Life and Writings*, 1977. — G. Nuchelmans, "A. W. on the Meaning of Declarative Sentences", *Historiographia Lingüística*, 7 (1980), 177-187. — N. Kretzmann, "A. W.'s Anti-Aristotelian Anti-Atomis", *History of Philosophy Quarterly*, 1 (1984), 381-398. — G. White, "William of Ockham and A. W.", *Heythrop Journal*, 34 (3) (1993), 296-301. ⊂

WOLFF, CHRISTIAN (1679-1754). Nascido em Breslau, professor em Halle a partir de 1706, foi destituído em 1723 por acusação de impiedade, indo para Marburgo e sendo reposto em seu cargo anterior, em 1740, por ordem de Frederico II. Seus ensinamentos e escritos influenciaram consideravelmente sua época e passaram à posteridade, e particularmente a Kant, como um corpo doutrinal designado correntemente (seguindo a proposta de Bilfinger) com o nome de "filosofia leibniz-wolffiana" ou, como hoje se diz, "racionalismo de Leibniz-Wolff".

A filosofia é para Wolff um saber "escolástico", isto é, rigorosamente organizado e baseado num exame racional dos conceitos. Este saber tem por fim proporcionar ao homem um conhecimento claro dos princípios teóricos e práticos. A análise filosófica está fundada em dois princípios: o da contradição (VER) e o da razão suficiente (VER). Estes princípios não têm apenas alcance lógico, mas também ontológico; são leis supremas às quais obedece tanto o pensamento como a realidade, tanto a matemática como as ciências reais. O método de dedução "lógico-ontológica" é indispensável se se pretende não excluir nenhum elemento fundamental na cadeia de conhecimentos. Isso não significa que todos os conhecimentos reais possam ser deduzidos integramente dos princípios citados; certos princípios, com efeito, procedem da experiência e dão lugar a conhecimentos prováveis. Mas na medida em que se pretenda um saber completo e rigoroso, é preciso referir-se às verdades necessárias, cuja contradição é absolutamente impossível.

A filosofia trata de todas as coisas possíveis — isto é, não contraditórias — e das causas e modos de sua possibilidade. Por um lado, há a filosofia teórica; por outro lado, a prática. Disciplina fundamental da filosofia teórica é a ontologia (VER) ou ciência do ser enquanto é. O princípio de contradição desempenha nela um papel central. Dele deriva o princípio de razão suficiente. A essência de um ente é constituída por suas determinações e estas proporcionam o quadro para seus modos. As determinações são constantes; os modos, ocasionais e temporais. Todo composto o é de elementos simples ou substâncias. As entidades compostas estão dispostas no espaço não como ser absoluto, mas como ordem de justaposição, e no tempo, não como ser absoluto, mas como ordem de sucessão.

A ontologia proporciona a base conceitual para a cosmologia ou estudo do mundo enquanto formado por entidades compostas; para a psicologia, que estuda (enquanto psicologia racional) as substâncias simples que se encontram em certas entidades compostas, e para a teologia (teologia natural) que tem por objeto a essência de Deus. Na cosmologia, Wolff trata das leis do movimento dos corpos, da massa e da força dos compostos enquanto são cognoscíveis *a priori*. O que se qualifica de matéria e força são produtos de elementos simples que se distinguem entre si por certas qualidades e atividades. Na psicologia, Wolff analisa as entidades simples que possuem força representativa e se manifestam nos atos do conhecer e do apetecer. As sensações são consideradas como representações obscuras; superiores a elas é o entendimento, com suas representações claras e distintas, e a razão, que é a faculdade de formular deduções e conclusões. Na teologia natural, Wolff desenvolve o argumento cosmológico e a chamada (a partir de Kant) prova ontológica (VER). A concepção de Deus segue uma tendência claramente intelectualista e a justificação do mal se atém aos elementos da teodicéia já proposta por Leibniz.

A filosofia prática se subdivide em economia e política. As normas éticas se baseiam na razão e estão centradas em torno do imperativo da perfeição, isto é, da norma segundo a qual cada homem deve contribuir para a perfeição própria e para a de seus semelhantes. Esta perfeição às vezes é definida como a conformidade com a natureza (racional), única que pode proporcionar a felicidade.

As doutrinas de Wolff foram divulgadas em grande número de cátedras alemãs durante boa parte do século XVIII. Entre os discípulos mais fiéis de Wolff se encontram: Karl Günter Ludovici, historiador do wolffismo (*Ausführlicher Entwurf einer vollständigen Historie der Wolffischen Philosophie*, 3 vols., 1735-1738, reimp., 1976; *Neueste Merckwürdigkeiten der Leibnizsch-Wolffische Weltweisheit*, 1738; reimp., 1976); Georg Bernhard Bilfinger, Ludwig Thümmig, G. Ploucquet e, sobretudo, A. G. Baumgarten (VER). Contra o racionalismo apriorista de Wolff se dirigiram Rüdiger, Crusius e Lambert (VER). A corrente wolffiana (ver LEIBNIZ-WOLFF [ESCOLA DE]) teve também importância na formação filosófica de Kant, tanto porque se tratava da filosofia acadêmica vigente em grande parte da Alemanha da época, quanto porque constituiu um de seus primeiros contatos com a filosofia — recebido através de Martin Knutzen (VER), professor em Königsberg, que, no entanto, pôs nas mãos de Kant não só as obras de Wolff como também as de Newton. Embora mais tarde tenha criticado severamente a metafísica dogmática que Wolff difundira, Kant sempre considerou que o intento de Wolff era um dos mais sólidos; fracassou por ter seguido uma direção equivocada (*KrV*, A 44-B 61), mas não se pode rejeitar ao mesmo tempo o método de Wolff e os procedimentos da crítica da razão pura se não se quer prescindir totalmente da ciência e converter "a filosofia em filodoxia" (*ibid.*, B xxxvii).

↪ Obras: *Anfangsgründe sämtlicher mathematischer Wissenschaften*, 1710 (Princípios de todas as ciências matemáticas). — *Vernüftige Gendanken von den Kräften des menschlichen Verstandes*, 1712 (Pensamentos racionais sore as forças do entendimento humano). — *Logik*, 1713. — *Vernüftige Gendanken von Gott, der Welt und der Seele des Menschen, auch allen Dingen überhaupt*, 1719 (Pensamentos racionais sobre Deus, o mundo e a alma do homem, bem como sobre todas as coisas em geral). — *Vernüftige Gendanken von der Menschen Tun und Lassen zur Beförderung über Glückseligkeit*, 1720 (Pensamentos racinais sobre as ações e as omissões do homem para o fomento de sua felicidade). — *Vernüftige Gendanken von dem gesellschaftlichen Leben der Menschen*, 1721 (Pensamentos racionais sobre a vida social dos homens). — *Vernüftige Gendanken von den Wirkungen der Natur*, 1723 (Pensamentos racionais sobre as ações da Natureza). — *Vernüftige Gendanken von den Absichten der natürlichen Dinge*, 1723 (Pensamentos racionais sobre as intenções das coisas naturais). — *Vernüftige Gendanken von den Teilen der Menschen, Tiere und Pflanzen. Gesammelte kleinere Schriften*, 6 vols., 1736-1740 (Pensamentos racionais sobre as partes dos homens, animais e plantas. Breves escritos reunidos). — A estes escritos em alemão se acrescentam as obras latinas: *Philosophia rationalis sive Logica*, 1728. — *Philosophia prima sive Ontologia*, 1730, reed. 1927, reimp. 1960 [ed. Jean École]. — *Cosmologia generalis*, 1731. — *Psychologia empirica*, 1732. — *Psychologia rationalis*, 1734. — *Theologia naturalis*, 1736-1737. — *Philosophia practica*, 1738-1739. — *Elementa matheseos universae*, 1740-1746. — *Jus naturae*, 1740-1748. — *Jus gentium*, 1750. — *Philosophia moralis sive Ethica*, 1750-1753. — *Oeconomica*, 1750. — *Ratio praelectionum in Mathesin et Philosophia universalis*. — Escritos breves: *Gesammelte kleinere Schriften*, 6 vols., 1736-1740.

Autobiografia, ed. Wuttke, 1841.

Edição de obras: *Werke*, ed. Jean École e H. W. Arndt: I. Abt., *Gesammelte deutsche Schriften*, ed. H. W. Arndt, 10 vols., 1963 ss.; II. Abt., *Gesammelte lateinische Schriften*, ed. J. École, 9 vols., 1962 ss.

Léxico: H. A. Meissner, *Philosophisches Lexicon aus Wolffs deutschen Schriften*, 1738, reimp. 1971 (cf. também o livro de J. Baumann abaixo mencionado).

Ver: F. W. Kluge, *Ch. Von Wolff, der Philosoph*, 1831. — W. Arnsberger, *Christian Wolffs Verhältnis zu Leibniz*, 1897. — J. Gelfert, *Der Pflichtbegriff bei Chr. Wolff und einigen anderen Rücksicht auf Kant. Ein Beitrag zur Geschichte der Ethik des 18. Jahrhunderts*, 1907 (tese). — J. Baumann, *Wolffsche Begriffbestimmungen. Ein Hilfsbüchlein beim Studium Kants*, 1910. — Hans Pichler, *Über Ch. Wolffs Ontologie*, 1910. — E. Kohlmeyer, *Kosmos und Kosmonomie bei Ch. Wolff. Ein Beitrag zur Geschichte der Philosophie und Theologie des Aufklärungszeitalters*, 1911. — K. Schröder, *Das Freiheitsproblem bei Leibniz in der Geschichte des Wolffianismus*, 1938 (tese). — M. Campo, *Cristiano Wolff e il razionalismo precritico*, 2 vols., 1939. — M. Wundt, *Ch. Wolff und die deutsche Aufklärung*, 1941. — John V. Burns, *Dynamism in the Cosmology of Ch. W.*, 1966. — Anton Bissinger, *Die Struktur der Gotteserkenntnis. Studien zur Philosophie Ch. Wolffs*, 1970. — Marcel Thomann, *Ch. W. et son temps (1679-1754)*, 1971. — K. Cramer, *Metaphysik des Rationalismus. Die Grundlagen von Ch. Wolffs Spinozakritik*, 1982. — W. Schneiders, ed., *C. W., 1679-1754: Interpretationen zur seiner Philosophie und deren Wirkung*, 1983. — E. Stipperger, *Freiheit und Institution bei Ch. W. (1679-1754)*, 1984. ↺

WOLFSON, HARRY A[USTRYN] (1887-1974). Nascido em Austryn, Wilno, estudou em Berlim e Harvard, sendo professor nesta última Universidade a partir de 1922 e ocupando nos últimos anos a cátedra "Nathan Littauer" de literatura e filosofia judaicas.

Wolfson se distinguiu como historiador da filosofia e da religião. Seus extensos trabalhos sobre Chasdi Crescas, Fílon, os Padres da Igreja e Spinoza, e seus numerosos trabalhos sobre muitos aspectos da filosofia medieval, cristã, judaica e islâmica, trouxeram para o estudo destes temas uma grande quantidade de dados e detalhadas análises. Contudo, as obras históricas de Wolfson não são apenas uma coleção de trabalhos eruditos de historiografia filosófica. O próprio Wolfson as viu como partes de um vasto edifício de compreensão e interpretação da estrutura e evolução de uma série de grandes sistemas filosóficos, desde Platão até Spinoza. Por outro lado, a série destes grandes sistemas deve ser entendida como uma tentativa de compreender três momentos essenciais na história do pensamento filosófico "ocidental": o pensamento grego, não baseado nas Escrituras, o pensamento fundado nas Escrituras — que inclui o cristão, o islâmico e o judaico, e do qual Fílon foi o grande iniciador — e o pensamento moderno não escriturário depois de Spinoza, o qual destruiu, segundo Wolfson, a relativa homogeneidade do pensamento filosófico-religioso escriturário cristão-judaico-muçulmano.

➲ Obras: *Cresca's Critique of Aristotle: Problems in Aristotle's Physics in Jewish and Arabic Philosophy*, 1929. — *The Philosophy of Spinoza, unfolding the Latent Processes of His Thought*, 1934. — *Philo: Foundations of Religious Philosophy in Judaism, Christianity, and Islam*, 2 vols., 1947. — *The Philosophy of the Church Fathers*, 2 vols., 1956. — *Religious Philosophy: A Group of Essays*, 1961. — *Studies in the History of Philosophy and Religion*, 2 vols., 1973-1977, ed. Isadore Twersky e George H. Williams. — *The Philosophy of the Kalam*, 1975. — *Repercussions of the Kalam in Jewish Philosophy*, 1979.

Bibliografia em *Jubilee Volumen on Occasion of His Seventy-Fifth Birthday*, 1957, 3 vols., vol. 1, pp. 39-46. — J. De Lucca, "W. on Spinoza's Use of the *More Geometrico*", *Dialogue*, 6 (1967), 89-102. — D. T. Runia, "History of Philosophy in the Grand Manner: the Achievement of H. A. Wolfson", *Philosophia Reformata*, 49 (1984), 112-133. ↺

WOODBRIDGE, FREDERICK JAMES EUGENE (1867-1940). Nascido em Windsor (Ontário, Canadá), professor de 1894 a 1902 na Universidade de Minnesota e a partir de 1902 na Universidade Columbia (Nova York), recebeu, como ele mesmo declarou, a influência principal e contínua de Aristóteles, Spinoza e Locke, que o orientaram rumo a um pensamento metafísico de caráter estruturalista e, ao mesmo tempo, analítico. A influência de Santayana definiu e impulsionou essas idéias e, sobretudo, o sentimento de caráter orgânico, incompleto, e ativo de toda realidade, assim como a intuição de que nenhuma forma de ser pode separar-se inteiramente de outra ou, melhor dizendo, situar-se em relação a outra em uma posição transcendente. Com isso Woodbridge representou, dentro da filosofia norte-americana, a passagem do que se chamou o primeiro naturalismo para a nova geração ao mesmo tempo científica e anti-reducionista; em todo caso, o naturalismo era em Woodbridge primariamente uma atitude e secundariamente uma doutrina, mas apenas um método de investigação filosófica. Daí um realismo que não deve tampouco ser considerado nem como uma posição ingênua nem como uma simples pressuposição epistemológica. O realismo é, antes, a expressão do desejo de referir-se à realidade sem cortá-la de suas naturais articulações, de ver nas coisas — como o próprio Woodbridge disse da história — algo pluralista mas não descontínuo. Por isso diz Woodbridge, no que considera como o "dogma básico da metafísica", que "enquanto as existências individuais podem ser relacionadas entre si e comparadas, a totalidade da existência não pode ser relacionada com nada ou comparada com nada" ("Confissões" em *Contemporary American Philosophy*, II, 1930, p. 420).

➲ Obras: *The Philosophy of Hobbes*, 1903. — *The Purpose of History*, 1916. — *The Realm of Mind: An Essay in Metaphysics*, 1926. — *Contrasts in Education*, 1929. — *The Son of Apollo: Themes of Plato*, 1929; reimp. 1989. — *Nature and Mind: Selected Essays*, 1937. — *An Essay on Nature*, 1940. — *Aristotle's Vision of Nature*, 1965, ed. John Herman Randall, Jr., com a colaboração de Charles H. Kahn e Harold A. Larrabee (quatro conferências dadas em 1930).

Autobiografia intelectual no art. citado, "Confessions" (*Contemporary American Philosophy*, ed. G. P. Adams e W. P. Montague, II, 1930, pp. 415-438).

Ver: Harry Todd Costello, "The Naturalism of Frederick Woodbridge", no volume *Naturalism and the Human Spirit*, 1944, ed. Y. H. Krikorian, pp. 295-318. — Cornelius F. Delaney, *Mind and Nature: A Study in the Naturalistic Philosophy of Cohen, W., and Sellars*, 1969. — Hae Soo Pyun, *Nature, Intelligibility, and Metaphysics: Studies in the Philosophy of F. J. E. W.*, 1972. — W. F. Jones, *Nature and Natural Science: The Philosophy of F. J. E. W.*, 1983. ↺

WOODGER, J. H. Ver Biologia; Hipótese.

WOOLSTON, THOMAS. Ver Livres-pensadores.

WRIGHT, CHAUNCEY (1830-1875). Nascido em Northampton (Massachusetts, Estados Unidos), estudou na Universidade de Harvard. Secretário da American Academy of Arts and Sciences de 1863 a 1870, colaborador em várias revistas *(North Atlantic Review, Atlantic Monthly, The Nation)*, membro do chamado (por Peirce) "Metaphysical Club", de Cambridge, ao qual pertenciam, além de Wright e Peirce, William James, Liver Wendell Holmes, Jr., e outros, deu cursos em Harvard (de psicologia em 1870 e de física matemática em 1874). Wright é considerado hoje como um dos fundadores do pragmatismo (ver) norte-americano. Seguindo tendências empiristas e utilitaristas, Wright consagrou a maior parte de seus trabalhos filosóficos a questões de lógica da ciência e de teoria "neutralista" segundo a qual os fenômenos não são nem físicos nem psíquicos, mas uma trama de experiência que pode se decompor, por motivos de conveniência, num aspecto "subjetivo" e num aspecto "objetivo". Influenciado por Darwin, Wright se inclinou para um "behaviorismo" e um "funcionalismo" tanto na concepção da realidade como na do conhecimento. Segundo Wright, as idéias mediante as quais explicamos a realidade são hipóteses de trabalho que têm de ser justificadas unicamente de modo experimental; o pragmatismo de Wright tende deste modo claramente para um "instrumentalismo". Sua teoria da verdade tem um aspecto pragmatista, mas se observou que quanto a isso há diferenças fundamentais entre Wright, por um lado, e James ou Peirce, por outro. A noção capital de Wirght a respeito é, antes, a verificabilidade.

➲ Principais obras: *Philosophical Discussions,* 1877, ed. Charles Eliot Norton [inclui seus principais artigos, tais como "The Genesis of Species" e "The Evolution of Self-Consciousness"]. — Ver também *Letters of Ch. W.,* 1878, ed. James Bradley Thayer. — Seleção de trabalhos em: *Philosophical Writings: Representative Selections,* 1958, ed. Edward H. Madden.

Ver: Philip P. Wiener, *Evolution and the Founders of Pragmatism,* 1949. — Edward H. Madden, *Ch. W. and the Foundation of Pragmatism,* 1963 (bibliografia completa). — *Id., id., Ch. W.,* 1964. ⊂

WRIGHT, GEORG HENRIK VON (1916). Nascido em Helsinki, Finlândia, é membro da Academia da Finlândia. Foi professor de filosofia nas universidades de Helsinki e Cambridge, e "Andrew D. White Professor at Large" na Universidade de Cornell (Ithaca, Nova York, Estados Unidos). Foi um dos autores que mais contribuíram para (e maior influência exerceram sobre) os estudos deônticos (ver DEÔNTICO). Desenvolveu primeiro uma lógica deôntica em analogia com a lógica modal proposicional, mas as dificuldades com que se deparou o levaram a estudar detalhadamente o conceito de norma e as condições para o estabelecimento de sistemas normativos. No curso de sua investigação, von Wright propôs critérios para distinguir vários tipos de normas, tais como regras, prescrições, costumes, normas técnicas, normas morais, regras ideais. Propôs também uma lógica deôntica que não fosse uma extensão da lógica modal. Para tanto elaborou uma lógica da ação, fundada numa lógica da mudança. Posteriormente, voltou à idéia de que há analogia entre lógica deôntica e lógica modal dentro do quadro de uma teoria geral da ação. Deve-se também a von Wright um estudo detalhado das variedades da bondade, em que a idéia de bondade moral aparece como uma idéia derivativa (ver BOM).

É característico do pensamento de von Wright evitar todo reducionismo. Neste sentido, ele se encontra próximo do "segundo Wittgenstein" — o que pode não ser alheio ao fato de seu interesse por este autor, cuja evolução estudou minuciosamente. Por outro lado, von Wright também procura evitar todo dualismo de noções aparentemente opostas e se esforça por encontrar os fios conceituais que as relacionam. Às vezes cunhou termos especiais com essa intenção. Isso ocorre com 'anancástico' (*anankastic*; do grego άναγκαιος = "com força, com necessidade, com urgência") para caracterizar certas proposições, certas sentenças e certos enunciados, bem como certos tipos de conexão e relação. Nas expressões anancásticas está envolvida a idéia de necessidade. Esta necessidade corresponde a normas e não à conexão causal entre fenômenos naturais, mas "a existência de uma norma é um fato". Por outro lado, embora os bens (e os valores) não sejam por si mesmos normativos, há certas "necessidades naturais" que tornam possível executar ações de acordo com normas. A "necessidade" em sentido natural e a "necessidade" em sentido normativo não parecem, pois, estar completamente afastadas entre si.

A citada tendência de von Wright se expressa em suas investigações sobre as relações entre as noções de compreensão e explicação, por um lado, e sobre a relação entre as noções de causalidade e liberdade (ou ato livre), por outro. Von Wright procurou ver em que medida as explicações em termos de ação não são redutíveis a explicações em termos causais: a compreensão de atos humanos não é comparável a uma explicação científica de fatos. No entanto, von Wright não entende a "compreensão" como uma forma de empatia; entende-a como uma categoria semântica. Embora explicação e compreensão difiram, pode-se proceder a uma análise racional de ambas. Além disso, parece necessário um diálogo entre "causalismo" e "acionismo" se se quiser evitar ou todo reducionismo ou todo dualismo.

Num estudo da noção de causalidade, von Wright estabelece uma diferença entre conceitos causais destinados a explicar processos naturais e conceitos causais aplicáveis ao domínio das ações. Esta diferença não impede que haja uma relação entre os dois mencionados conceitos. A causalidade natural tem sua origem, segundo von Wright, na experiência humana de interferências no curso de processos normais. Não é que as causas sejam, propriamente falando, ações, mas as ações podem ser, ou funcionar como, causas. A doutrina de um determinismo universal não é confirmada pela idéia de que tudo o que ocorre sucede por uma razão suficiente, mas não é negada pela idéia de que as ações são livres.

➲ Obras: *The Logical Problem of Induction,* 1941; 2ª ed., 1957. — *A Treatise on Induction and Probability,* 1951. — *An Essay in Modal Logic,* 1951. — *Logical Studies,* 1957 (inclui, entre outros, o trabalho "Deontic Logic", publicado originalmente em *Mind,* 60 [1951], 1-15, assim como o trabalho "Form and Content in Logic", publicado como folheto em 1949). — *Norm and Action: A Logical Enquiry,* 1963. — *The Varieties of Goodness,* 1963. — *The Logic of Preference: An Essay,* 1963 (versão ampliada de quatro conferências na Universidade de Edimburgo, 1962). — *An Essay in Deontic Logic and the General Theory of Action,* 1968. — *Time, Change, and Contradiction,* 1969 (Arthur Stanley Eddington Memorial Lecture, 1-9-1968). — *Explanation and Unders-*

tanding, 1971. — *Causality and Determinism*, 1974. — *Freedom and Determination*, 1980. — *Philosophical Papers*, I-III, 1983-1984 (I, *Practical Reason*, 1983; II, *Philosophic Logic*, 1983; III, *Truth, Knowledge and Modality*, 1984). — *The Tree of Knowledge*, 1993.

G. H. von Wright escreveu "A Biographical Sketch" sobre Wittgenstein no livro de Norman Malcolm, *Wittgenstein: A Memoir*, 1958, além de *Wittgenstein*, 1982. — Contribuiu também para a edição de várias obras de Wittgenstein: *Notebooks, 1914-1916* (com G. E. M. Anscombe), *On Certainty (id.)*, *Zettel (id.)*, *Prototractatus* (com B. F. McGuinness, T. Nyberg), *Remarks on the Foundations of Mathematics* (com G. E. M. Anscombe e R. Rhees), *Remarks on the Philosophy of Psychology I-II* (com G. E. M. Anscombe e H. Nyman), *Last Writings on the Philosophy of Psychology I-II* (com N. Nyman) etc.

Ver: G. E. M. Anscombe, Frank Cioffi et al., *Essays on Wittgenstein in Honour of G. H. von W.*, 1975 (com bibliografia de escritos G. H. von W.). — *The Philosophy of G. H. v. W.*, ed. L. E. Hahn e P. A. Schilpp, 1989 [The Library of Living Philosophers, vol. XIX]. ⊂

WROŃSKI, JOSEF MARYA HOENÉ [J. M. HÖNÉ-WROŃSKI] (1778-1853). Nascido na província da Posnânia (Polônia), morou na França durante grande parte de sua vida. Representante do messianismo como filosofia da história e como doutrina de salvação, tentou dar forma científica a uma concepção religiosa na qual o Absoluto como conciliação de todos os contrários não significa uma negação da eternidade de todo ser, cuja essência consiste justamente no processo de sua própria realização. No Absoluto se identificam a bondade e a verdade, que parecem encontrar-se nos pólos extremos da religião e da razão. Esta concepção religiosa não é, portanto, uma matéria de fé, mas o conteúdo de uns mistérios que a razão decifra e esclarece. Pela religião do Absoluto poderá se realizar, segundo Wroński, o sonho do messianismo, que consiste em unir todas as oposições, não somente no aspecto religioso e científico, mas também no político e social, pois o conhecimento racional da identidade de todas as oposições e o esclarecimento de todos os mistérios da fé constituem o passo decisivo para a união de todas as nações e todas as classes numa grande federação mundial.

➲ Obras: *Philosophie critique découverte par Kant*, 1803. — *Philosophie des mathématiques*, 1811. — *Philosophie de l'infini*, 1814. — *Le Sphinx*, 1818. — *Prodrome du messianisme*, 1831. — *Métapolitique messianique*, 1839. — *Messianisme ou réforme absolue du savoir humain*, 3 vols., 1847. — *Philosophie absolue de l'histoire*, 2 vols., 1852. — *Développement progressif et but final de l'Humanité*, 1861 (póstuma).

Edição de obras ao cuidado de Francis Warrain: *L'oeuvre philosophique de H. Wronski*, 3 vols.: I, 1933 *(Messianisme)*; II, 1936 *(Architectonique de l'Univers)*; III, 1938 *(Encyclopédie développée d'après la Loi de la Création)*. [Deve-se ter em conta que muitas das páginas destes volumes são comentários de Warrain sobre textos de Wronski (especialmente no vol. III). Warrain é, além disso, autor de várias obras inspiradas em Wronski; por exemplo, *L'Armature métaphysique*, 1925, reelaboração de pensamentos já expostos na *Sythèse concrète*, 1905].

Catálogo de trabalhos filosóficos de W. e de trabalhos sobre a personalidade e filosofia de W.: Boleslaw Gawecki, *W. i o Wronskim. Catalog prac filozoficznych Hoene-Wronskiego oraz literatury dolyczacej jego osoby i filozofii*, 1958. — Id., *Bibliografia Filosofii Polskiej (1831-1864)*, 1960, pp. 94-105.

Ver: S. Dickstein, *Hoené-Wronski*, 1896. — Ch. Cherfils, *Introduction à Wronski, philosophe et réformateur*, 1898. — P. Chomicz, *Hoené-Wronski*, 1929. — W. M. Kozlowski, *Hoené-Wronski et Ballanche*, 1930. — F. Gillot, *Éléments de logique appliquée d'après W., Jevons, Solvay*, 1964. — Philippe d'Arcy, *H. W.: Une philosophie de la création*, 1970. — B. J. Gawecki, "Filozofia Praktyczna J. M. Hoene Wrondkiego", *Etyka*, 9 (1971), 9-23. — J. Braun, "La metafisica dell'assoluto e J. M. Hoene Wronski", *Sapienza*, 27 (1974), 216-221. ⊂

WULF, MAURICE DE (1867-1947). Nascido em Poperinge (Bélgica). Colaborador do Cardeal Mercier (VER), De Wulf foi um dos principais representantes da chamada "Escola de Louvain" (ver LOUVAIN [ESCOLA DE]). As mais importantes contribuições de Maurice de Wulf foram seus trabalhos sobre filosofia medieval. Embora pessoalmente tenha se inclinado para o tomismo, suas investigações dos problemas, temas e figuras da filosofia medieval contribuíram grandemente para mostrar que essa filosofia foi muito mais complexa do que se tinha acreditado. Contudo, essa complexidade não significa que a filosofia medieval fosse um caos de tendências. Justamente o que caracteriza, segundo de Wulf, o pensamento medieval é que sua complexidade está, por assim dizer, "organizada" numa trama de problemas autenticamente filosóficos que vão evoluindo por motivos filosóficos, produzindo-se alternativamente sínteses e desagregações. Em suma, a filosofia medieval é para de Wulf um "organismo", desde que por "organismo" se entenda um "organismo histórico". No tocante à importância da filosofia medieval para o pensamento moderno, Maurice de Wulf deu seu assentimento à idéia de que não só tal pensamento se nutriu muito mais de filosofia medieval escolástica do que se pensara, mas que também o pensamento moderno tem ainda muito que aprender da filosofia medieval.

➲ Principais escritos: *La valeur esthétique de la moralité dans l'art*, 1892. — *Histoire de la philosophie scolastique dans les Pays-Bas et le principauté de Liège*, 1895. — *Études sur Henri de Gand*, 1895. — *Qu'est-ce que la philosophie scolastique?*, 1899. — *Histoire de la philosophie médiévale*, 1900; 6ª ed., 3 vols., 1947. — *Le traité des formes de Gilles de Lessines*, 1901. — *Introduction à la philosophie néoscolastique*, 1904. — *Études sur la vie, les oeuvres et l'influence de Godefroid de Fontaines*, 1904. — *Histoire de la philosophie en Belgique*, 1910. — *Philosophy and Civilization in the Middle Ages*, 1922. — *Initiation à la philosophie thomiste*, 1932. — *Art et beauté*, 1943. — Além disso, numerosos estudos históricos em revistas, especialmente na *Revue néoscolastique de philosophie*. — Maurice de Wulf trabalhou também em edições de textos medievais, especialmente para a série *Les Philosophes Belges* (depois chamada *Philosophes médiévaux*), que dirigiu a partir de sua fundação em 1901.

Bibliografia de escritos de M. de W. no número-homenagem da *Revue néoscolastique de Philosophie* (1934).

Ver: F. J. Von Rintelen, *Values in European Thought, vol. 1: Antiquity and Middle Ages*, 1972. ∁

WUNDT, MAX (1879-1963). Nascido em Leipzig, filho de Wilhelm Wundt, ensinou em Marburgo (1918), em Iena (1920) e a partir de 1929 em Tübingen. Consagrado a estudos histórico-filosóficos, que primeiramente se referiram ao pensamento grego e depois à filosofia do idealismo alemão e particularmente ao aspecto metafísico do kantismo, Max Wundt ofereceu em sua obra capital sobre eternidade e finitude uma ontologia do real que supunha, por sua vez, uma metafísica sistemática. Melhor ainda: trata-se de uma metafísica traduzível em termos de ontologia ou de "teoria do que é". Ora, o que é se apresenta sob duas formas. Uma delas, a mais geral, é a forma do ser enquanto ser universal. A outra é a forma do ser enquanto ser comum. Do ser geral não podemos enunciar nada, porque não nos é por princípio acessível. Do ser comum podemos enunciar, em contrapartida, suas determinações — entre as quais, de resto, está incluída a referência ao ser puro e geral. Daí que a teoria do ser geral esteja de algum modo incluída na do ser comum e vice-versa, pois o acesso a cada uma destas formas é de natureza dialética. A relação entre o possível e o real, entre o uno e o múltiplo, o eterno e o temporal, o infinito e o finito, o incondicionado condicionante e o condicionado, a essência e a existência, está compreendida, de resto, nesta dialética incessante no curso da qual o ser comum aparece como um nada diante do ser puro e geral, mas ao mesmo tempo como o único capaz de preencher este último com um conteúdo e um devir. Por isso apenas o ser puro é um ser, mas somente o ser comum possui realmente um ser. Ora, o ser puro não é simplesmente a essência do ser comum; pelo contrário, as divisões ontológicas habituais se produzem somente dentro deste último. Mas estas divisões não equivalem tampouco a uma separação entre ser e devir, entre essência e existência. A natureza dialética de todo ser torna possível, com efeito, a unidade das determinações simultaneamente opostas e complementares e com isso a unidade do finito e do eterno. Isso ocorre não só com os termos mencionados, mas também com determinações tais como o ente e a essência. E assim se produz uma dialética contínua e interminável entre todas as determinações do real e ainda entre todas as formas gerais da realidade, dialética próxima da de Hegel e tendente à concepção puramente ontológica de toda determinação categorial.

⊃ Obras: *Der Intellektualismus in der griechischen Ethik*, 1907 (*O intelectualismo na ética grega*). — *Geschichte der griechischen Ethik*, 2 vols., 1908-1911 (*História da ética grega*). — *Goethes Wilhelm Meister und die Entwicklung des modernen Lebensideals*, 1913 (*O Wilhelm Meister de Goethe e a evolução do moderno ideal de vida*). — *Platons Leben und Werk*, 1914 (*Vida e obra de Platão*). — *Griechische Weltanschauung*, 1917 (*A concepção grega do mundo*). — *Plotin*, 1919 (*Plotino*). — *Vom Geist unserer Zeit*, 1920 (*Do espírito do nosso tempo*). — *Staatsphilosophie. Ein Buch für Deutsche*, 1923 (*Filosofia do Estado. Um livro para alemães*). — *Kant als Metaphysiker. Ein Beitrag zur Geschichte der deutschen Philosophie im 18. Jahrhundert*, 1924 (*Kant como metafísico. Contribuição à história da filosofia alemã no século XVIII*). — *Die Zukunft des deutschen Staates*, 1925 (*O futuro do Estado alemão*). — *Deutsche Weltanschauung. Grundzüge völkischen Denkens*, 1926 (*Concepção alemã do mundo. Traços fundamentais do pensamento nacional popular*). — *J. G. Fichte*, 1927. — *Fichte-Forschungen*, 1929 (*Investigações fichteanas*). — *Geschichte der Metaphysik*, 1931 (*História da metafísica*). — *Ewigkeit*, 1937 (*Eternidade*). — *Die deutsche Schulmetaphysik des 17. Jahrhundertes*, 1939 (*A metafísica escolástica alemã do século XVII*). — *Die Sachlichkeit der Wissenschaft. Wissenschaft und Weisheit. Zwei Aufsätze zur Wissenschaftslehre*, 1940 (*A objetividade da ciência. Ciência e sabedoria. Dois ensaios sobre a teoria da ciência*). — *Ch. Wolff und die deutsche Aufklärung*, 1941 (*Ch. Wolff e o iluminismo alemão*). — *Die Wurzeln der deutschen Philosophie in Stamm und Rasse*, 1944 (*As raízes da filosofia alemã no tocante à herança e à raça*). — *Die deutsche Schulphilosophie im Zeitalter der Aufklärung*, 1945 (*A filosofia escolástica alemã na época do Iluminismo*). — *Hegels Logik un die moderne Physik*, 1949 (*A lógica de Hegel e a física moderna*). — *Untersuchungen zur Metaphysik des Aristoteles*, 1953 (*Investigações sobre a Metafísica de Aristóteles*). ∁

WUNDT, WILHELM (1832-1920). Nascido em Neckarau (Baden), estudou nas Universidades de Tübingen, Heidelberg e Berlim. Foi professor de filosofia em Heidelberg (1865-1874), de psicologia em Zurique (1874-1875) e de filosofia em Leipzig (1875-1910).

Wundt escreveu extensamente sobre todas as disciplinas filosóficas, bem como sobre psicologia, incluindo a chamada "psicologia dos povos". Sua obra forma um grande sistema que representa uma transição entre as tendências positivistas e materialistas e as tentativas de renovação filosófica em finais do século XIX e começos do século XX. Há no pensamento de Wundt elementos positivistas unidos a uma forte influência da tradição do idealismo alemão, especialmente seus aspectos voluntaristas. O centro do sistema se encontra na psicologia, disciplina que, no entender de Wundt, serve de ponte entre as ciências naturais e as ciências culturais ou históricas.

A importância da psicologia na obra de Wundt não quer dizer que seus pontos de vista filosóficos sejam psicologistas; nem a lógica nem a ética se reduzem para Wundt ao estudo de tipos de processos mentais.

Em boa parte, a obra de Wundt consiste numa generalização, obtida mediante induções, de resultados das ciências particulares, bem como do exame das grandes teses filosóficas. A generalização chega a seu máximo ao desenvolver-se a metafísica.

Antes de apresentar de uma forma completa seu sistema metafísico, Wundt trabalhou intensamente em psicologia, lógica e ética. A psicologia de Wundt é experimental, mas Wundt dá a 'experimental' um amplo sentido, que abarca dados fisiológicos, bem como experimentos psicológicos conduzidos no laboratório e exame de introspecções. As tendências capitais na psicologia de Wundt são o voluntarismo e o "atualismo" ou "ativismo". Wundt rejeita, em todo caso, as tendências rumo ao substancialismo dos fenômenos psíquicos. O substancialismo resulta tanto de um materialismo como de um espiritualismo, e ambas as posições são rejeitadas por Wundt, pelo menos na psicologia. No que se refere ao problema da relação corpo-alma, Wundt defende um paralelismo psicofísico. Este não nega, no seu entender, o caráter próprio dos atos mentais, mas não faz destes substâncias de caráter especial.

Embora não seja psicologista, o pensamento de Wundt leva em conta dados e resultados obtidos da psicologia ao tratar outras disciplinas filosóficas. Wundt se ocupa da lógica em sentido primariamente metodológico e epistemológico mais que formal. Mas de tal ponto de vista, não se pode negligenciar o exame dos "pensamentos". Por ser o pensamento lógico um pensar no qual se manifesta uma atividade sintética, uma apercepção ativa que não pode se deduzir simplesmente do processo das representações dadas passivamente, a lógica é uma teoria das formas do pensar sintético como fundamento indispensável de todas as ciências e, sobretudo, como base de toda metodologia científica. A lógica inclui em sua parte geral a teoria do conhecimento e em sua parte especial a metodologia científica, que Wundt tratou com minucioso detalhe. Como segunda disciplina capital da filosofia se apresenta a ética. Esta não é para Wundt uma mera ciência empírica, que se limita a descrever os fatos morais no curso do processo histórico e a relativizá-los, mas tampouco é um saber *a priori* dos valores absolutos. A fundamentação dos valores humanos morais no curso da evolução humana se vincula com uma consideração normativa, na qual a objetividade do valor depende de sua função no desenvolvimento das forças espirituais e de sua maior ou menor contribuição à concepção de uma meta ideal no desenvolvimento do espírito, de uma vida espiritual universal da qual a Humanidade seja somente uma de suas peças essenciais. Correspondendo a esta concepção ao mesmo tempo evolucionista e idealista, Wundt investiga com particular detalhe a história dos motivos morais na evolução humana, investigação intimamente relacionada com a psicologia dos povos, em que aparecem os diferentes grupos humanos em sua realização do valor espiritual.

A filosofia de Wundt fica coroada com sua metafísica, que rejeita toda intuição romântica e que pretende basear-se indutivamente nas ciências especiais, mas que não se contenta com os resultados destas porquanto parte de uma analogia do mundo com a atividade da psique. A metafísica constrói um sistema de hipóteses destinadas a satisfazer os desejos do sentimento e a necessidade de unificação pela razão dos conhecimentos particulares numa imagem coerente e completa de todo o existente. Pela experiência direta da atividade psíquica, o sujeito se apreende a si mesmo como vontade e atualidade; a forma em que se desenvolvem os processos do mundo físico, o princípio da *causa aequat effectum* não são válidos na esfera espiritual, onde a equalização é substituída pelo aumento da energia. O problema da diferença entre o físico e o psíquico se resolve metafisicamente pela primazia deste último, pela consideração do espiritual como fundamento da materialidade e substancialidade do mundo objetivo. As vontades individuais, que se influenciam reciprocamente, são apenas o caminho que conduz a uma vontade e atualidade universal, que engloba a substancialidade da matéria porque constitui seu fundamento, o princípio de sua criação. A redução do substancial ao atual no sentido do ativo constitui para Wundt a base capital da metafísica e o que permite passar da esfera metafísica à religiosa, sem que a primeira pretenda enunciar nada do que forma o conteúdo das religiões positivas, pois Deus se oferece para a metafísica unicamente como o princípio de atividade suprema, como a síntese mais geral e universal das criações das vontades particulares. A divindade como vontade suprema é, por conseguinte, a expressão racional da idéia de Deus como criador de tudo quanto há, como o fundamento de uma evolução dentro da qual ficam incluídos os processos do mundo físico, a substância material que é metafisicamente produto da atividade do espírito.

A filosofia de Wundt influenciou sobretudo em dois aspectos. Em primeiro lugar, no desenvolvimento da investigação psicológica; para fomentá-la, fundou em 1870, em Leipzig, o primeiro Laboratório de Psicologia Experimental, do qual saíram importantes trabalhos; alguns, nos *Philosophische Studien* (20 vols.), publicados a partir de 1881 e continuados no *Archiv für die gesamte Psychologische Studien* a partir de 1905. Podemos mencionar a respeito Julius Ebbinghaus (1850-1909), H. Münsterberg (VER), F. Krüger (VER), O. Külpe (VER), Emil Kraepelin (1856-1926), E. Neumann (1862-1915), Gustav Störring (1860-1946), Otto Klemm (1884-1939), Willy Hellpach (1877-1956), J. Cohn (VER) etc. — muitos dos quais se distinguiram depois por seu trabalho autônomo, seja no campo propriamente psicológico, seja dentro da filosofia. No terreno filosófico, deve-se mencionar especialmente como seguidor de Wundt, ou estimulado por sua filosofia, Friedrich Paulsen (VER), que por sua vez formou um grupo de discípulos, dependentes dele e de Wundt mais pedagógica do que doutrinalmente. Entre eles podemos mencionar Erich Adickes (VER). Também Julius Möbius (1853-1907) recebeu, junto com as de Fechner, as influências de Paulsen, que Möbius aplicou ao estudo da "patografia" ou biografia patológica das grandes personalidades. Suas teses acerca da inferioridade psíquica da mulher e a afirmação de sua "imbecilidade fisiológica" *(Über den physiologischen Schwachsinn des Weibes*, 1900) suscitaram grandes polêmicas e constituíram, dentro do presente século, o começo de uma série de investigações sobre o "papel metafísico" da feminilidade, nas quais intervieram entre outros Otto Weininger (VER), Georg Simmel (VER) e Ernst Bergmann (nascido em 1881). Quanto aos filósofos mais diretamente influenciados por Wundt, cabe citar Raoul Richter, Gottlieb Friedrich Lipps e Rudolf Eisler (VER). Richter (1871-1912, nascido em Viena, professor em Leipzig) distinguiu-se por sua investigação sobre o ceticismo na filosofia, investigação aparentemente de índole histórica, mas que tinha por finalidade a busca de uma superação das posições céticas numa concepção filosófica próxima do voluntarismo espiritualista e atualista de Wundt. Richter se consagrou também à filosofia da religião, que tratou, sob a influência de Nietzsche, no sentido de uma filosifa religiosa. G. F. Lipps (1865-1931, professor em Leipzig e em Zurique) prosseguiu as investigações psicofísicas de Fechner e se inclinou também em metafísica para concepções afins das de Wundt. Richter e Lipps se inclinaram na teoria do conhecimento para o neokantismo.

➲ Obras: *Die Lehre von der Muskelbewegung*, 1858 *(A teoria do movimento muscular)*. — *Beiträge zur Theorie der Sinneswahrnehmung*, 1862 *(Contribuições para a teoria da percepção sensível)*. — *Lehrbuch der Physiologie*, 1864 *(Manual de fisiologia)*. — *Die physikalischen Axiome*, 1866 (2ª ed.: *Prinzipien der mechanischen Naturlehre*, 1910). — *Handbuch der medizinischen Physik*, 1867 *(Manual de física médica)*. — *Untersuchungen zu Mechanik der Nerven und Nervenzentren*, 1871-1876 *(Investigações sobre a mecânica dos nervos e dos centros nervosos)*. — *Grundzüge der physiologischen Psychologie*, 1873 *(Fundamentos de psicologia fisiológica)*. — *Über die Aufgabe der Philosophie der Gegenwart*, 1874 *(Sobre a missão da filosofia na atualidade)*. — *Der Einfluss der Philosophie auf die Erfahrungswissenschaften*, 1876 *(A influência da filosofia nas ciências empíricas)*. — *Logik. Eine Untersuchung der Prinzipien der Erkenntnis und der Methoden wissenschaftlicher Forschung*, 3 vols., 1880-1883 (I. *Allgemeine Logik und Erkenntnistheorie;* II. *Logik der exakten Wissenschaften;* III. *Logik der Geisteswissenschaften)* *(Lógica. Investigação dos princípios do conhecimento e dos métodos da investigação científica. [I. Lógica geral e teoria do conhecimento; II. Lógica das ciências exatas; III. Lógica das ciências do espírito])*. — *Ethik*, 1886. — *Zur Moral der literarischen Kritik*, 1887 *(Para a moral da crítica literária)*. — *System der Philosophie.* — *Hypnotismus und Suggestion*, 1892. — *Grundriss der Psychologie*, 1896. — *Völkerpsychologie,* começada a publicar em 1900; 3ª ed., 10 vols., 1911-1920. — *Einleitung in die Philosophie*, 1900. — *G. T. Fechner*, 1901. — *Sprachgeschichte und Sprachpsychologie*, 1901 *(História e psicologia da linguagem).* — *Einleitung in die Psychologie*, 1901 *(Introdução à psicologia).* — *Naturwissenschaft und Psychologie*, 1903 *(Ciência natural e psicologia).* — *Kleine Schriften*, 2 vols., 1910-1911 *(Escritos breves).* — *Probleme der Völkerpsychologie*, 1911 *(Problemas da psicologia dos povos).* — *Sinnliche und übersinnliche Welt*, 1914 *(Mundo sensível e mundo supra-sensível).* — *Erlebtes und Erkanntes*, 1920 *(Vivido e conhecido).* — Além disso, inúmeros trabalhos de psicologia, lógica, metafísica e teoria do conhecimento, sobretudo na série dos *Philosophische Studien*, no *Archiv für die gesamte Psychologie* e nos *Psychologische Studien*.

Bibliografia: E. Wundt, *W. Ws. Werk-Bibliographie*, 1927.

Ver: E. Koenig, *W. W., Seine Philosophie und Psychologie,* 1901. — R. Eisler, *Wundts Philosophie und Psychologie,* 1902. — Gerhard Heinzelmann, *Der Begriff der Seele und die Idee der Unsterblichkeit bei W. W.,* 1910. — Xenja Bernstein, *Die Kunst nach W. W.,* 1914 (tese). — G. Pelka, *W. Wundts Aktualitätstheorie,* 1915 (tese). — Walter Resch, *Zur Psychologie des Willens bei W. W.,* 1917. — Alfred Heussner, *Einführung in W. Wundts Philosophie und Psychologie,* 1920. — Felix Krueger, *W. W.,* 1922. — W. Nef, *Die Philosophie W. W.,* 1923. — P. Peterson, *W. und seine Zeit*, 1925. — J. Steinmetz, *Das Substanzproblem bei W. W.,* 1931 (tese). — Heinrich Teut, *Volkgemeinschaft und Bildung bei W. W.,* 1940 (tese). — H. Misiak, *The Philosophical Roots of Scientific Psychology,* 1961. — E. A. Esper, *Men-*

talism and Objectivism in Linguistics: The Sources of Leonard Bloomfield's Psychology of Language, 1968. — W. Meischner, *W.W.*, 1979. — A. Arnold, *W.W.*, 1980. — D. N. Robinson, *Toward a Science of Human Nature*, 1982. — W. R. Woodward, M. G. Ash, *The Problematic Science: Psychology in Nineteenth-Century Thought*, 1982. — H. Mindess, *Makers of Psychology: The Personal Factor*, 1988. C

WÜRZBURG (ESCOLA DE). A chamada "Escola de Würzburg" é uma escola psicológica, mas as implicações filosóficas que seus trabalhos experimentais acarretaram são importantes o bastante para que ela mereça um verbete.

A Escola de Würzburg se distinguiu por suas investigações sobre a vontade e em particular sobre o processo psicológico do pensar (VER). Excetuando alguns filósofos e psicólogos que não desenvolveram suficientemente suas próprias idéias a respeito, acreditava-se até finais do século XIX que o pensar vai sempre acompanhado de imagens. Os psicólogos de Würzburg mostraram, em contrapartida, que não é este o caso. Seus trabalhos se iniciaram dentro do quadro da teoria associacionista (ver ASSOCIAÇÃO, ASSOCIACIONISMO) e, de fato, o associacionismo não esteve nunca ausente deles, pelo menos como hipótese de trabalho. Mas as modificações introduzidas na teoria associacionista foram consideráveis. Isso já pode ser notado nas pesquisas sobre a associação levadas a cabo por A. Mayer e J. Orth em 1901 e publicadas em *Zur Psychologie und Physiologie der Sinnesorgane* (26). Esses trabalhos, que constituíram o começo da atividade da escola, mostraram que existem na consciência certos processos que não podem ser incluídos em nenhuma das atividades psicológicas até então admitidas pelos filósofos e psicólogos. Tratava-se de processos sem conteúdo sensorial, que foram qualificados de *Bewusstseinslage* — ou "estados de consciência". Os trabalhos de K. Marbe (*Experimentell-psychologische Untersuchungen über das Urteil*, 1901) confirmaram os mencionados resultados. Alguns anos depois, em 1905, o psicólogo N. Ach (*Über die Willenstätigkeit und das Denken* [outros trabalhos do mesmo autor: *Über die Begriffsbildung*, 1921; *Analyse des Willens*, 1925]) orientou sua investigação sobre o processo do pensar, no qual se confirmou a ausência de elementos sensoriais. A psicologia do pensar foi desenvolvida no mesmo sentido por August Messer, especialmente em suas "Experimentell-psychologische Untersuchungen über das Denken", publicadas no *Archiv für die gesamte Psychologie* (8 [1906], 1-227) e depois em seu livro *Empfindung und Denken* (1908), que constituíram ao mesmo tempo um programa e um resumo das investigações da escola. O isolamento do processo do pensar e o uso do conceito de *Bewusstseinslage* para a investigação do mesmo foram aceitos e desenvolvidos por Karl Bühler em artigos publicados durante os anos de 1907 e 1908 no citado *Archiv* (9, 297-365 e 12, 1-23). Contribuiu para os trabalhos da escola não só como estimulador dela, mas também como sujeito que se prestou a muitas das experiências realizadas, o filósofo Oswald Külpe, que é considerado com freqüência como o fundador da escola e, em todo caso, pode ser estimado como seu "animador filosófico". As atividades da escola cessaram praticamente na segunda década deste século, mas alguns dos resultados obtidos influenciaram elaborações psicológicas posteriores. Isso ocorreu especialmente com os conceitos centrais usados pelos citados psicólogos. Antes de tudo, com o conceito de *Bewusstseinslage* (que, curiosamente, foi revivido, sem conhecimento de sua história anterior e mediante outro vocabulário, por Wittgenstein em suas últimas análises sobre o funcionamento da mente). Em seguida, com o conceito das representações *(Vorstellungen)*, entendido como o modo de percepção e reação da psique diante do mundo. Por fim, com o conceito de tarefa *(Aufgabe)* ou também tendêndica determinante, usado para selecionar as respostas do sujeito.

WUST, PETER (1884-1940). Nascido em Rissenthal (Sarre), estudou em Munique, com Oswald Külpe, e foi a partir de 1930 professor em Münster. Influenciado por Friedrich Paulsen, Clemens Baeumker e Max Scheler, Wust desenvolveu um pensamento filosófico que às vezes foi qualificado de "existencialismo católico". Tal pensamento se baseia numa prévia crítica do que Wust considerou como tendências modernas típicas: a tendência a abandonar a noção de substância em prol da de função; a tendência a identificar a realidade com o reino das coisas naturais em detrimento do reino das essências. Essas tendências conduzem, segundo Wust, a uma desintegração da metafísica. Contudo, embora o kantismo fosse grandemente responsável pela citada desintegração, dentro do próprio kantismo ou, melhor dizendo, do neokantismo surgiram, afirmava Wust, correntes que superam o "mero funcionalismo". Isso ocorreu sobretudo com Hermann Cohen. A isso devem ser acrescentados os esforços para desenvolver uma filosofia da vida, tal como ela já podia ser encontrada em Goethe, e depois em Nietzsche, Dilthey, Bergson, Spranger e outros autores. Assim se produziu o que Wust chamou "a ressurreição da metafísica". Mas esta metafísica corre o perigo de dissolver-se de novo no vitalismo e no historicismo por não prestar suficiente atenção às noções de essência, substância e forma. É necessário, pois, erigir uma metafísica que proceda a uma nova síntese da forma com o conteúdo, ao modo como tentaram semelhante síntese Simmel e Troeltsch. A base desta nova metafísica é, segundo Wust, a idéia de Deus. Esta conduz a uma "dialética do espírito" segundo a qual há os reinos da Natureza, do homem e de Deus. A Natureza é impessoal; o homem é essencialmente pessoa; Deus é uma personalidade absoluta que transcende toda personalidade particular. A dialética do espírito ocorre não na realidade mesma —

pois Deus está mais além de todo movimento dialético —, mas na alma do homem como alma individual. No curso desta dialética espiritual, o homem passa de seu estado de miséria, finitude e perda de si mesmo ao encontro com Deus no fundo da alma; dentro do abismo que é o homem se encontra, afirma Wust, a quietude e serenidade da fé. Esta, contudo, não nega a razão, mas é a única capaz de justificá-la e integrá-la.

↪ Obras: *John Stuart Mills Grundlegung der Geisteswissenchaften*, 1914 *(A fundamentação das ciências do espírito por J. S. M.)*. — *Die Oberrealschule und der moderne Geist,* 1917 *(A escola superior e o espírito moderno).* — *Die Auferstehung der Metaphysik,* 1920 *(A ressurreição da metafísica).* — *Naivität und Pietät,* 1925 *(Ingenuidade e piedade).* — *Die Rückkehr aus dem Exil,* 1926 *(O regresso do exílio).* — *Die Dialektik des Geistes,* 1928 *(A dialética do espírito).* — *Die Krisis des abendländischen Menschentums,* 1928 *(A crise da humanidade ocidental).* — *Der Mensch und die Philosophie,* 1934 *(O homem e a filosofia).* — *Ungewisheit und Wagnis,* 1937. — *Gestalten und Gedanken,* 1940 *(Formas e idéias).* — *Unterwegs zur Heimat. Briefe und Aufsätze,* 1956, ed. W. Vernekohl *(Rumo à pátria: Cartas e artigos).*

Ed. de obras: *Gesammelte Werke,* 10 vols., em 11 tomos, 1963-1969.

Ver: K. Pfleger, *Dialog mit P. W. Briefe und Aufsätze,* 1949. — W. Vernekohl, *Der Philosoph von Münster: P. W. Ein Lebensbild,* 1950. — W. T. Cleve, *P. W. Ein christlicher Existenzphilosoph unserer Tage,* 1950. — R. H. Schmidt, *P. W.,* 1954. — José Ignacio Alcorta, *P. W., filósofo espiritualista de nuestro tiempo,* 1965. — Karl Delehaye, *Christliche Anthropologie. Eine Einführung in das Denken P. Wusts,* 1967 (em colaboração com Wilfried Kuckartz). — A. López Quintás, *Pensadores cristianos contemporáneos: Haecker, Ebner, W., Przywara, Zubiri,* 1968. — F. Copleston, *On the History of Philosophy and Other Essays,* 1979. ↪

WYCLIF, JOÃO [JOHN WYCLIF, WYCLIFFE, WICLIF, WYCLEF] (ca. 1325-1384). Nascido na propriedade de Wycliffe-on-Tees, Spreswell (Yorkshire). Estudou em Oxford (residindo primeiro no Merton College e passando depois como *magister* ao Balliol College). Wyclif é considerado um dos "reformadores" ou "pré-reformadores" por sua oposição a vários aspectos importantes da tradição da Igreja, sua insistência em que a palavra revelada vai diretamente de Deus ao homem pelas Escrituras e não por meio da Igreja, assim como por sua hostilidade para com certos dogmas, como a doutrina da transubstanciação (VER). Nestes particulares Wyclif teve considerável influência sobre Lutero, assim como sobre as pregações de João Huss na Boêmia. Do ponto de vista filosófico interessa sobretudo a posição de Wyclif dentro da chamada "escola de Oxford" (ou "escolas de Oxford"). Nestas escolas havia se desenvolvido grande atividade em questões de lógica, física e teologia. As duas posições capitais na maior parte das questões eram as designadas com os nomes de *via antiqua* (os "realistas") e *via moderna* (os "nominalistas"). Às vezes Wyclif é apresentado como um dos defensores desta última *via*, mas o assunto é mais complexo, pois embora Wyclif tenha recebido a influência dos "modernos", foi também um dos que reagiram contra a *via moderna*. Com efeito, influenciado sobretudo por Roberto Grosseteste, Wyclif se opôs não apenas aos nominalistas, mas inclusive aos conceitualistas, aos realistas moderados, e também àqueles, como Duns Scot, que negaram que os universais fossem substanciais. Pelo contrário, Wyclif desenvolveu um realismo que se converteu num "ultra-realismo". Só o completo realismo é para Wyclif ortodoxo. Os universais são para Wyclif indestrutíveis; certo é que foram "criados" por Deus, mas não podem ser aniquilados, pois em tal caso se aniquilaria o ser inteligível mesmo. Aniquilar um ente com seu ser inteligível equivale, segundo Wyclif, a destruir todos os entes criados. À luz deste ultra-realismo, Wyclif negou que houvesse contingência no futuro. O tempo mesmo não tem senão uma realidade "durativa" e é um aspecto do ser universal; no fundo, pois, o tempo é "intemporal".

↪ Os escritos filosóficos mais importantes de Wyclif são sua *Summa de ente;* um tratado *De universalibus;* um tratado *De tempore;* um tratado *De ente;* um tratado *De compositione hominis;* um tratado *De ente predicamentali;* um escrito intitulado *Trialogus,* e um *Tractatus de logica.* — Entre os escritos mais propriamente teológicos destacamos: *De sacramento altaris; De intellectione Dei; De scientia Dei; De potentia.* — Escreveu também *De deis; De dominio divino; De civili dominio; De veritate Sacrae Scripturae; De pauperitate Salvatoris; Sermones* e comentários às *Sentenças.*

Entre as edições críticas de obras mencionamos: *Trialogus,* ed. G. V. Lechler, 1869; *De ente: librorum duorum excerpta,* ed. M. H. Dziewicki, 1909 [WS = Wyclif Society]; *Tractatus de logica,* 3 vols., ed. M. H. Dziewicki, 1894-1899 [WS]; *De compositione hominis,* ed. R. Beer, 1884 [WS]; *Summa de ente,* I, tr. 1 e 2, ed. S. H. Thomson, 1930; *Miscellanea Philosophica,* 2 vols., ed. M. H. Dziewicki, 1901-1902 [WS]; *Opera minora,* ed. J. Loserth, 1913.

Bibliografia: W. R. Thomson (e em parte notas de S. H. Thomson), *The Latin Writings of J. W.: An Annotated Catalog,* 1983.

Ver: G. Lechler, *Johann von Wiclif und die Vorgeschichte der Reformation,* 2 vols., 1873. — H. B. Workman, *J. W.,* 2 vols., 1926. — A. O. Gwynn, *The English Austin Friars in the Time of Wyclif,* 1940. — K. B. McFarlane, *J. Wycliffe and the Beginnings of Non-Conformity,* 1952. — J. A. Robson, *W. and the Oxford Schools: The Relation of the "Summa de Ente" to Scholastic Debates at Oxford in the Later Fourteenth Century,* 1961. — L. J. Daly, *The Political Theory of J. W.,* 1962. — J. Stacey, *J. W. and Reform,* 1964. ↪

X. A letra minúscula '*x*' é empregada na lógica quantificacional elementar como símbolo de um argumento. Assim, por exemplo, '*x*' em '*F(x)*'. A letra '*x*' é chamada por isso "letra argumento". Outras letras usadas com o mesmo propósito são '*w*', '*y*', '*z*'. Quando necessário, tais letras são usadas seguidas de acentos: '*w*'', '*x*'', '*y*'', '*z*'', '*w*''', '*x*''', '*y*''', '*z*''' etc. Na lógica quantificacional superior, as letras em questão denotam indivíduos e são chamadas "variáveis individuais". Na lógica da identidade '*x*' representa o nome de uma entidade. Na lógica das descrições, (ver DESCRIÇÃO) '$(_1 x)$' é uma abreviatura de 'o *x* tal, que'. Na lógica das classes e das relações '$\hat{x}$', e '$\hat{w}$', '$\hat{y}$', '$\hat{z}$' são chamadas "variáveis encapuzadas" e entram na composição dos chamados "abstratos" duplo e simples ou nomes de relações (diádicas) e classes, respectivamente.

Para o uso de '*x*' como *valor de R para o argumento y*, e de '*y*' como *argumento de R* no esquema relacional '*x R y*', ver FUNÇÃO.

XARRIÉ, FRANCISCO. Ver NEO-ESCOLÁSTICA.

XENÓCRATES (*ca*.396-314 a.C.). Nascido em Atenas, substituiu Espeusipo como escolarca da Academia platônica, que regeu de 339 até o seu falecimento. Como Espeusipo, Xenócrates acompanhou Platão em sua terceira viagem à Sicília. Segundo Sexto Empírico em *Adv. Math.*, VII, 16 (Diógenes Laércio, IV, 6-15, não dá nenhuma informação filosófica), deve-se a Xenócrates uma classificação do saber que, embora implicitamente presente em Platão, não foi desenvolvida senão por seu discípulo e obteve, como se sabe, grande difusão: a divisão em lógica (ou dialética), física e ética. Essa divisão é paralela a outras divisões tripartidas estabelecidas por Xenócrates e que parecem mostrar uma decidida tendência deste filósofo às classificações. Entre elas mencionamos a dos graus do saber como tal, opinião e percepção, correspondentes aos graus da verdade (verdade completa, verdade incompleta e mistura de verdade e de falsidade) e da realidade (realidade inteligível, realidade perceptível pelos sentidos e realidade mista). Xenócrates tendeu ao pitagorismo, admitindo até mesmo a interpretação da unidade e da díade como o masculino e o feminino, respectivamente, e derivando delas os números, considerados ao mesmo tempo como entidades matemáticas e como idéias. Além dessa metafísica, Xenócrates desenvolveu uma teologia segundo a qual a divindade — que é a Unidade suprema — penetra toda a realidade. Essa teologia era completada por uma demonologia — da qual encontramos numerosos exemplos em platônicos posteriores e em neoplatônicos — para a qual os astros são divindades e os elementos da terra contêm bons e maus demônios. Assim como Espeusipo, Aristóteles dirigiu uma crítica contra Xenócrates na *Metafísica* sob a forma de uma crítica ao platonismo.

↪ Xenócrates escreveu, ao que parece, um grande número de obras, especialmente sobre assuntos matemáticos e astronômicos em sentido platônico-pitagórico; por exemplo, Περὶ ἀριθμῶν θεορία; Τὰ περὶ ἀστρολογίας; Περὶ γεωμετρίας; Τὰ περὶ τὰ μαθέματα e outras citadas por Diógenes Laércio (IV, 13). Dessas obras sobraram apenas fragmentos.

Ver a esse respeito H. Diels, *Doxographi Graeci*, 1879. — F. W. A. Mullach, *Fragmenta philosophorum graecorum*, III, 1881, 51 ss. — R. Heinze, *Xenokrates. Darstellung der Lehre und Sammlung der Fragmente*, 1892.

Ver: A. Mannheimer, *Die Ideenlehre bei den Sokratikern, Xenokrates und Aristoteles*, 1875. — B. Schweitzer, *Xenokrates*, 1932. — H. Cherniss, *The Riddle of the Early Academy*, 1945, cap. II. — P. Merlan, *From Platonism to Neoplatonism*, 1953. — S. Skovgaard Jensen, *Dualism and Demonology: The Function of Demonology in Pythagorean and Platonic Thought*, 1966.

Ver também a bibliografia do verbete IDÉIA-NÚMERO. ↩

XENÓFANES, de Colofonte. *Fl*., segundo Diógenes Laércio (IX, 18), na Olimpíada 60. K. Reinhardt (cf. *infra*) considera que Xenófanes era mais jovem que Parmênides (VER) e que este foi mestre daquele. Para isso ele se baseia na idéia de que o tratado *De Meliso, Xenophane, Gorgia* é autêntico (o que não parece ser o caso).

Olof Gigon seguiu as opiniões de Reinhardt sobre esse assunto, mas Werner Jaeger se opôs a elas, seguido por quase todos os historiadores da filosofia grega. Seguimos aqui Jaeger e Guthrie, e consideramos, de acordo com este último, que a longa vida de Xenófanes se estende entre as datas *ca.* 570-*ca.* 470. De acordo com isso, Xenófanes foi contemporâneo de Pitágoras e anterior a Heráclito e Parmênides. Às vezes Xenófanes é considerado mestre de Parmênides e fundador da chamada "escola de Eléia" (ver ELEATAS). Em todo caso, parece ter sido um jônico que inspirou os eleatas, talvez ao longo de seu exílio na Sicília após a conquista persa.

Xenófanes escreveu poemas em hexâmetros e em metros elegíacos e jâmbicos. Foi autor de vários Σίλλοι ou "Paródias", tornando-se com isso precursor de Tímon (VER) de Fliunte, grande admirador seu. Também é-lhe atribuído o escrito Περὶ φύσεως, *Sobre a Natureza*. Seus sarcasmos tinham muitos objetivos: as excessivas honras outorgadas aos atletas, o luxo excessivo, as idéias pitagóricas sobre a reencarnação e, sobretudo, a idéia dos deuses tal como são representados em Hesíodo e em Homero. "Homero e Hesíodo atribuíram aos deuses todo tipo de coisa vergonhosa e reprovável entre os homens tais como cometer adultério e enganar-se mutuamente" (Diels-Kranz, 11). Discutiu-se com isso Xenócrates não atacou os próprios fundamentos das crenças religiosas gregas, mas observou-se que uma coisa são as crenças politeístas gregas e outra muito diferente são as representações "excessivamente humanas" dos deuses e particularmente de seus atos, ou supostos atos. Discutiu-se também se mediante as suas críticas Xenófanes chegou a um conceito "monoteísta" da divindade. Em todo caso, é evidente que em seus fragmentos ele se manifesta hostil a todo antropomorfismo e a todo possível teomorfismo. "Os etíopes dizem que seus deuses têm nariz chato e que são negros; os trácios, que os seus têm olhos azuis e pele vermelha" (16). "E se o gado e os cavalos ou leões tivessem mãos ou pudessem desenhar com suas mãos e fazer as coisas que os homens fazem, desenhariam deuses como cavalos e como gado" (15). A verdadeira divindade, ao contrário, não tem nenhuma forma; ao menos "um deus, o maior entre os deuses e os homens, não é de maneira alguma similar aos mortais, seja na figura, seja no pensamento" (23) [o plural 'deuses' desta citação foi interpretado de vários modos; segundo alguns, trata-se dos deuses olímpicos, subordinados ao "Grande Deus"; segundo outros, trata-se dos "elementos" da "Natureza"]. O grande Deus "moral" e imortal de que fala Xenófanes está purificado de todo contato com coisas humanas ou terrenas. Ele "está sempre no mesmo lugar, sem se mover, pois não corresponde à sua dignidade ir a diferentes lugares em distintos momentos, mas forma todas as coisas sem esforço e apenas pelo pensamento de seu espírito" (26). Não é limitado por nenhum órgão: "tudo ele vê, tudo ele pensa, tudo ele ouve" (24).

Evidentemente um dos traços capitais do pensamento de Xenófanes sobre o grande Deus é a unidade. E sendo a unidade o maior, também é o mais real. Pode-se, pois, concluir que o que é verdadeiramente é "uno" (o que é a tese fundamental dos eleatas). Esta unidade parece ser "esférica" (ver ESFERA), embora se tenha dito que pode se tratar de uma simples metáfora na qual a esfera representa a perfeição. Não fica claro se essa unidade é a de um princípio ou se Deus e o mundo formam uma unidade, que é o todo, πᾶν; neste último caso, teríamos em Xenófanes um exemplo tanto de monoteísmo como de panteísmo. Seja como for, falou-se muito cedo de Xenófanes como "um dos partidários da unidade". Isso é dito por Aristóteles (*Met.*, A 5, 986 b 10) quando se refere ao nosso filósofo como o "primeiro 'unificador' entre eles" [os pré-socráticos e, mais especificamente, os eleatas]. Em uma passagem de Simplício (*Phys.*, XXII, 26) diz-se que "segundo Xenófanes, o colofoniano mestre de Parmênides, o princípio é uno", ou "o conjunto [tudo o que é] é uno", ἕν καὶ πᾶν, não sendo limitado nem ilimitado e não estando em movimento nem em repouso.

Em fragmentos procedentes dos doxógrafos (VER), Xenófanes é apresentado expressando opiniões sobre a composição das coisas perecedouras (que são formadas, todas, por terra e água) e sobre os grandes períodos (épocas úmidas e épocas secas). Com isso pode-se concluir que Xenófanes não foi apenas um "teólogo" ou "metafísico" (com a "metafísica do Uno"), mas também "cosmogonista".

⮕ Edição de fragmentos nas coletâneas mencionadas em ELEATAS e em PRÉ-SOCRÁTICOS. Em Diels-Kranz encontram-se em 21 (11). — Ed. e comentário de M. Untersteiner, *Senofane. Testimonianze e frammenti*, 1956.

Bibliografia: L. E. Navia, *The Presocratic Philosophers: An Annotated Bibliography*, 1993.

Comentários sobre X. nos repertórios mencionados em FILOSOFIA GREGA (Zeller; Zeller-Mondolfo; W. Jaeger; Kirk & Raven; Gigon; Guthrie *et al.*). Além disso, ver: Victor Cousin, "Xénophane, fondateur de l'école d'Elée", em *Nouveaux fragments philosophiques*, 1928. — F. Kern, *Quaestionum Xenophanearum capita dua*, 1864. — Id., *Beitrag zur Darstellung der Philosophie des Xenophanes*, 1871. — J. Freudenthal, *Über die Theologie des Xenophanes*, 1886. — *Id.*, "Zur Lehre des Xenophanes", *Archiv für Geschichte der Philosophie*, I (1888), 322-347. — A. Orvieto, *Filosofia di Senofane*, 1899. — M. Levi, *Senofane e la sua filosofia*, 1904. — N. Mavrokordatos, *Der Monotheismus des Xenophanes*, 1910 (tese). — K. Reinhardt, *Parmenides und die Geschichte der griechischen Philosophie*, 1916. — D. Einhorn, *Xenophanes. Ein Beitrag zur Kritik der Grundlagen der bisherigen Philosophiegeschichte*,

1917. — K. Deichgräber, "Xenophanes περὶ φύσεως", *Rheinisches Museum*, 87 (1938), 1-31. — A. Lumpe, *Die Philosophie des Xenophanes von Kolophon*, 1952 (tese). — C. Corbato, *Study senofanei*, 1952. — Stelio Zeppi, *Senofane antiionico e presofista*, 1961. — Id., *Ricerche su Senofane e Eraclito*, 1974. — D. Babut, "Sur la 'théologie' de Xénophane", *Revue Philosophique de la France et de l'Étranger*, 99 (1974), 401-440. — J. R. Wilbur, H. J. Allen, eds., *The Worlds of the Early Greek Philosophers*, 1979. — J. L. Mena, *J. y la crisis de la objetividad griega*, 1986. ⊂

XENOFONTE (ca. 430-354 a.C.). Nascido em Atenas e considerado como um socrático, embora sem pertencer estritamente a nenhuma das escolas que portam esse nome, é importante na história da filosofia sobretudo pela apresentação da figura de Sócrates em várias de suas obras, principalmente em ʼΑπομνημονεύματα Σωκράτους, conhecida como *Memorabilia*, mas também em ʼΑπολογία Σωκράτους πρὸς τοὺς δικαστάς (*Apologia de Sócrates*), Οἰκονομικός (*Econômica*), Συμπόσιον (*Banquete*), Κύρου παιδεία (*Educação de Ciro*), Ἱερῶν (*Hiéron*) e Κυνηγετικός (*Sobre a caça*), em todas as quais encontram-se reflexões éticas e educativas de um ponto de vista socrático. O Sócrates de Xenofonte é um Sócrates muito menos atraente que o de Platão: predomina nele o senso comum, a referência constante às coisas cotidianas, o tom menor na linguagem. Muito se discutiu até que ponto essa imagem de Sócrates e das idéias socráticas é mais fiel que a de Platão, especialmente a do Platão dos diálogos de juventude e dos chamados diálogos dogmáticos. Alguns autores consideraram que o Sócrates platônico é excessivamente idealizado e que o de Xenofonte serve como um eficaz corretivo para o mesmo. Outros supuseram que havia em Xenofonte uma radical incompreensão da figura de Sócrates e, por conseguinte, de suas idéias. Em todo caso, o Sócrates de Xenofonte é uma das fontes capitais para a compreensão do filósofo e do socratismo em geral. É comum a idéia de que em muitos pontos Xenofonte se aproximou do socratismo dos cínicos, ainda que tenha sido descartada como excessiva a idéia de K. Joël segundo a qual Xenofonte teria sido um filósofo cínico na maior parte de suas obras. Além da descrição de Sócrates e do socratismo, é importante em Xenofonte a sua doutrina educativa, evidenciada na obra sobre a educação do rei Ciro; nessa doutrina é fundamental a apresentação do ideal do rei prudente, educado na filosofia e capaz não apenas de reger o seu povo, mas também de compreender os motivos de seu comportamento.

⊃ Há numerosas edições das obras de Xenofonte. Entre as edições de obras completas citamos as de A. Bornemann, R. Kuehner e L. Breitenbach, Gotha, 1838 ss.; L. Dindorf, G. Sauppe, Leipzig, 1867-1870; K. Schenkl, Berlim, 1869-1876; E. C. Marchant, 5 vols., Oxford, 1900-1920. Também são muito numerosas as edições de obras específicas.

Em português: *Ciropédia*, s.d. — *Econômico*, 1999.

Entre os filósofos e historiadores da filosofia que escreveram sobre Xenofonte figuram os mais destacados pesquisadores do pensamento antigo: L. Breitenbach, A. Croiset, F. Dümmler, L. Radermacher, M. Pohlenz, U. von Wilamowitz-Moellendorff, L. Robin, K. Praechter, W. Nestle, H. von Arnim, K. Joël, H. Maier, R. von Pöhlmann etc. Ainda hoje é útil o *Lexicon Xenophonteum*, 4 vols., 1801 ss., de F. G. Sturz. — Das muitas obras sobre X. nos limitamos a mencionar: R. Simeterre, *La théorie socratique de la vertu-science selon les Mémorables de Xénophon*, 1938. — G. Rudberg, *Sokrates bei Xenophon*, 1939. — J. Luccioni, *Les idées politiques et sociales de Xénophon*, 1948. — Id., *Xénophon et le socratisme*, 1953. — O. Gigon, *Kommentar zum ersten Buch von Xenophons "Memorabilia"*, 1953. — Leo Strauss, *On Tyranny*, 1948; ed. rev., 1963 (com um texto de A. Kojève: "Tyranny and Wisdom"). — Id., *Xenophon's Socratic Discourse: An Interpretation of the "Oeconomicus"*, 1970. — Id., *Xenophon's Socrates*, 1972. — J. K. Anderson, *Xenophon*, 1974. — W. E. Higgins, *Xenophon the Athenian: The Problem of the Individual and the Society of the Polis*, 1977. — S. W. Hirsch, *The Friendship of the Barbarians*, 1985.

Algumas obras de interpretação da figura de Sócrates (VER) também se referem a Xenofonte. ⊂

XENOPOL, ALEXANDRU DIMITRIE (1847-1920). Nascido em Iasy (Romênia). A partir de 1833 foi professor na Universidade de Iasy. Historiador e filósofo da história, Xenopol esforçou-se por mostrar os fundamentos conceituais dos quais, no seu entender, o historiador tem de se valer. Por um lado, Xenopol considerou que as ciências históricas se distinguem das naturais pelo tipo de fatos a que umas e outras se referem: "repetições" nas ciências naturais; "sucessões", nas históricas. Por outro lado, Xenopol procurou destacar que a não repetibilidade dos fatos históricos não significa necessariamente que a história careça de leis. Estas leis, contudo, são diferentes das naturais em vários aspectos importantes, entre os quais se enfatiza que enquanto as leis naturais se referem tanto às forças como aos fenômenos ou processos, as leis históricas são leis de força, de tal modo que podem determinar o tipo dos fenômenos, mas não quais fenômenos ou acontecimentos históricos vão ocorrer. Deste modo Xenopol aspirou a conciliar a legalidade com a imprevisibilidade na história.

⊃ Principais obras: *Principiile fundamentale ale istoriei*, 1891; trad. para o francês pelo autor com o título: *Les principes fondamentaux de l'histoire*, 1899; 2ª ed. com o título: *La théorie de l'histoire*, 1908. — *L'hypothèse dans l'histoire*, 1901. — *L'histoire est-elle une science?*, 1908. — Entre as obras históricas de X. destacam-se: *Les Roumains au moyen âge; une énigme historique*, 1885. — *Istoria Romanieor*, 8 vols., 1888-1893; 2ª ed., 13 vols., 1925-1931.

Ver: O. Botez, *A. X.*, 1921. — F. Saveri Varanno, *Il problema della storia in X.*, 1934. — E. Gheran-Mewes, "A. D. Xenopol — H. Rickert", *Philosophie et Logique*, 16 (1972), 183-187. — R. Pantazi, "La philosophie roumaine au XIXᵉ siècle et ses liaisons avec la philosophie européenne", *ibid.*, 19 (1975), 157-160. — L. Serban, "Remarques sur la pensée politique de A. Xenopol" (em romeno), *Revista de Filozofie*, 27 (1980), 97-103. — C. Joja, "Vérité: Modèles déductifs et modèles narratifs en histoire", *Philosophie et Logique*, 24 (1980), 267-280. — N. Gogoneata, "A. D. X. et le problème du déterminisme dans l'histoire", *ibid.*, pp. 245-252. ℭ

XIBERTA I ROQUETA, BARTOMEU MARIA

(1897-1967). Nascido em Santa Coloma de Farners (Girona), ingressou na Ordem dos Carmelitas e estudou teologia na *Gregoriana* de Roma, ensinando no Colégio Carmelitano de Estudos Superiores "Santo Alberto" da mesma cidade. Xiberta se destacou por seus estudos de história da teologia e filosofia medievais, e particularmente por seus estudos de filósofos da Ordem carmelita do século XIV. Deve-se a Xiberta o exame crítico de muitos manuscritos medievais da citada época, o melhor conhecimento de Guiu de Terrena (VER) e vários estudos de diversos aspectos do pensamento de Santo Tomás de Aquino.

➲ Principais escritos: *De Summa Theologiae Magistri Gerardi Bonoiensis*, 1923. — *De Paulo Perusino*, 1926. — *De Joanne Brammarth*, 1926. — *Les qüestions ordinàries de Godofred de Fontaine retrobades parcialment en un manuscrit de Barcelona*, 1928. — *De Osberto Anglico*, 1928. — *De scriptoribus scholasticus saeculi XIV ex Ordine Carmelitarum*, 1931. — Os escritos mais importantes de X. sobre Guiu de Terrena são: "La metafísica i psicologia del Mestre Guiu de Terrena", em *Anuari de la Societat Catalana de Filosofia* (1924). — *De magistro Guidone Terreni*, 1924. — *Guiu de Terrena, carmelità de Perpinyà*, 1932 (ver eds. de escritos de Guiu por Xiberta no verbete sobre aquele filósofo medieval). — X. escreveu também sobre João Baconthorp ("Joan Baconthorp, averroista?", em *Criterion* [Barcelona], 1927).

Ver: Facultat de Teologia de Barcelona, *Miscel·lània Bartomeu M. Xiberta*, Barcelona, 1972 (fascículo II de *Analecta Sacra Terraconensis*, 45, 1972). — *In Mansuetudine Sapientia*, miscelânea em honra de B. M. X., ed. por Redemptus M. Valabek, Roma, 1990 (com dados biográficos e bibliográficos nas pp. 11-66). ℭ

XIRAU [PALAU], JOAQUIM

(1895-1946). Nascido em Figueres, foi professor na Universidade de Barcelona — onde reuniu um grupo de discípulos: J. Calsamiglia, D. Casanovas, J. Maragall, J. Ferrater-Mora etc. — e depois na Universidade Nacional do México. Educado na Universidade, formado em seguida espiritualmente sob o magistério de Manuel B. Cossío e influenciado filosoficamente por García Morente e Ortega y Gasset, Xirau chegou à formação de uma doutrina filosófica que, seguindo a tradição do idealismo antigo e moderno, tenta, com base em experiências pessoais de filiação metafísica e religiosa, superar o intelectualismo tradicional. Com isso ele se vincula, por outro lado, às correntes contemporâneas que, desde os mais variados pressupostos, seguem uma direção comum, em particular a fenomenologia e as incitações schelerianas. Para tanto procura estabelecer uma ordem do amor (VER) destinada a resolver também a crise da relação entre ser e valor, crise que foi se agravando ao longo de toda a filosofia moderna. O conflito entre a absoluta espontaneidade do ato e a absoluta rigidez do puro ser deve-se, segundo Xirau, à aplicação da lógica intelectualista a um problema irredutível a ela. O ser nunca é exclusivamente em si nem em outro. Pelo contrário: para que algo seja propriamente é preciso que ele se encontre na confluência dessas duas formas absolutas do ente, que podem ser chamadas, alterando muitos sentidos tradicionais destas expressões, o subjetivo e o objetivo. Ser é distensão e transcendência, mas não ponto de partida nem termo absoluto do transcender; o perpétuo fluir do real deve manter uma direção, orientar seu curso segundo esquemas intemporais e eternos. "O ser concreto resulta assim da cooperação de duas eternidades: a eternidade da fluência dinâmica e intensiva, e a eternidade dos elementos imutáveis que a definem e a enquadram" (*Amor y Mundo*, 1940, p. 174). Só assim será possível chegar a uma "personalização" da realidade que escapa à consideração puramente "objetiva", carente de impulso amoroso, porque nega a intimidade e a abertura do ser ao exterior. A consideração separada do ser e do valor é solucionada na medida em que admitimos que um e outro "se dão na contradição e na confluência"; em outros termos, na medida em que supomos que nem o ser nem o valor se encontram num puro "sujeito" ou num puro "objeto", os quais não são, no fundo, senão um puro nada. A realidade é subjetiva, mas de uma subjetividade que não exclui o objetivo: "o arco sujeito-objeto", diz Xirau, "é a categoria suprema que torna possível a realidade dinâmica do ser e do valor" (*op. cit.*, p. 197).

Reine Guy *(op. cit. infra)* destacou o caráter harmônico do pensamento de Xirau, por ter ligado numa síntese válida para a época presente as tradições procedentes de Llull e Vives, os ideais educativos promulgados pelo krausismo espanhol, o humanismo socialista e o pensamento de Bergson e Scheler. Trata-se, segundo Reine Guy, de uma fenomenologia nutrida desses diversos elementos com uma metafísica do amor como centro e um conjunto de ideais destinados à reforma da sociedade por meio da educação.

⊃ Desde 1989 o *Ateneo Barcelonés* concede anualmente o Prêmio Joaquim Xirau de Ensaio.

Obras: *Las condiciones de la verdad eterna en Leibniz*, 1921. — *Rousseau y las ideas políticas modernas*, 1923. — *El sentido de la verdad*, 1927. — *Descartes y el idealismo subjetivista moderno*, 1927. — *Filosofía y biología*, 1927. — *La filosofía de los valores y el Derecho*, 1928. — *El sentido de la vida y el problema de los valores*, 1930. — *Fichte: Estudios y textos*, 1931. — *Amor y Mundo*, 1940. — *La filosofía de Husserl: una introducción a la fenomenología*, 1941. — *Lo fugaz y lo eterno*, 1942. — *Vida, pensamiento y obra de Bergson*, 1943. — *Manuel B. Cossío y la educación en España*, 1944. — *Vida y obra de Ramón Llull: Filosofía y mística*, 1946.

Edição de obras: *Obras de J. X.*, 1963 [inclui: *Amor y Mundo; Lo fugaz y lo eterno; Vida y obra de Ramón Llull*] (com bibliografia completa de escritos de R. X.). — Ed. de *Obras Selectas*, 2 vols., UNAM, 1994. — *Amor y Mundo y otros escritos*, com um texto inédito em espanhol, Barcelona, 1985. — *Pedagogía y vida*, antologia e introdução de M. Siguán, 1986.

Bibliografia: I. de Puig, "Aproximació biobibliogràfica a J. Xirau i Palau", *Annals de l'Institut d'Estudis Gironin*, 26 (1982-1983), 477-521.

Ver: Francisco Larroyo, *El romanticismo filosófico: Observaciones a la Weltanschauung de J. X.*, 1941. — José Luis Abellán, "J. X.: El sentido ontológico del amor", em *Filosofía española en América (1936-1966)*, 1966, pp. 39-55. — Reine Guy, *Axiologie et métaphysique selon J. X.: le personnalisme contemporain de l'École de Barcelone*, 1976. — Jordi Maragall, *El que passa i els que han passat*, 1985. — R. Xirau, "La filosofia de J. Xirau", introd. à ed. de *Obras Selectas*, supra. ⊂

XIRAU, RAMÓN (1924). Nascido em Barcelona, filho de Joaquim Xirau (VER), estudou em Barcelona e no México, para onde se mudou, acompanhando o pai no exílio, em 1939. Foi professor na Universidade das Américas, do México (1949-1969). A partir de 1949 foi professor e pesquisador de carreira na Faculdade de Filosofia e Letras da Universidade Nacional Autônoma do México. Em 1991 passou a ser Professor Emérito da mesma Universidade. É também membro do Colégio Nacional. Influenciado no princípio pela fenomenologia, por Bergson e Heidegger, tratou de mostrar a união entre filosofia, poesia e religião. Não se pode separar a filosofia, segundo Ramón Xirau, das expressões poéticas e religiosas porque a linguagem, tanto conceitual quanto imaginativa, procura desvelar as "questões últimas". Isso se faz freqüentemente mais mediante "sugestão" que mediante "enunciado". Os conceitos não alcançam totalmente seu objetivo, embora consigam "apresentá-lo". Para Ramón Xirau, são tão significativas as expressões emotivas (que quando são autênticas não carecem de racionalidade) quanto as conceituais (que, ao serem autênticas, não carecem de emotividade). Esta idéia da filosofia sugeriu a Ramón Xirau uma hipótese segundo a qual às épocas de grandes intuições (pré-socráticos, primeira patrística, Renascimento) sucedem épocas de grandes sínteses, nas quais se unem harmoniosamente o *logos*, o *eros* e o *mythos* (Platão, Aristóteles, Santo Agostinho, Santo Tomás, Kant e, à beira da crise, Hegel). As terceiras épocas são as de crise, em que se toma o que foi apenas parte dos grandes sistemas e se converte em absoluto (prazer totalizado em Epicuro; cisão entre fé e razão na Idade Média; morte do absoluto, ou de Deus, em nossa época). Ramón Xirau explicou, a partir dessa hipótese, os caracteres da época contemporânea, com a expressão de totalidades falazes ou ídolos (deus da História, deus do Progresso, deus da Poesia Absoluta). Em época mais recente, Xirau se interessou crescentemente pela análise da linguagem, embora considere que a filosofia analítica sem mais é inaceitável por ser "redutiva". A "salvação" deverá vir, no seu modo de ver, de uma nova conjunção da criação poética — a imaginação —, da criação filosófica — por conceitos — e do sentimento religioso.

⊃ Obras: *Método y metafísica en la filosofía de Descartes*, 1946. — *Duración y existencia*, 1947. — *Sentido de la presencia*, 1953. — *El péndulo y la espiral*, 1959. — *Comentario*, 1960. — *Introducción a la historia de la filosofía*, 1964; novas eds. aum., 1968 e 1974. — *Palabra y silencio*, 1968; 2ª ed., 1970. — *De ideas y no ideas*, 1974. — *El desarrollo y las crisis de la filosofía occidental*, 1975. — *Poesía y conocimiento*, 1979; 2ª ed., 1993, ed. J. Mortiz. — *Entre ídolos y dioses*, 1980. — *Ortega y Gasset, razón histórica, razón vital, Velázquez, Goya y otros textos*, 1983. — *El tiempo vivido. Acerca de 'estar'*, 1985. — *Ars Brevis. Epígrafes y comentarios*, 1986. — *Cuatro filósofos y lo sagrado*, 1986, ed. J. Mortiz. — *¿Más allá del nihilismo?*, 1991. — *De mística*, 1993, ed. J. Mortiz (S. João da Cruz, Mestre Eckhart, Simone Weil, Edith Stein).

Ramón Xirau publicou também obras de crítica, entre as quais figuram: *Tres poetas de la soledad*, 1959. — *Poetas de México y de España*, 1961. — *Genio y figura de Sor Juana Inés de la Cruz*, 1967. — *Octavio Paz: el sentido de la palabra*, 1970; nova ed., 1975. Também produziu poemas: *10 poemes*, 1951. — *L'espill soterrat*, 1955. — *Les platges*, 1974. — *Graons*, 1979. — *Dit i descrit*, 1982. — *Ocells*, 1984. — *Natures vives*, 1991.

Com Erich Fromm, R. X. compilou a antologia: *The Nature of Man*, 1968. Preparou também outras antologias: *Ensâios críticos e filosóficos*, 1979. — *Ramón Xirau. Antología*, 1992. — *Poemes/Poemas*, 1992 [ed. bilíngüe catalão/espanhol].

Ver: J. Maragall, *El que passa i els que han passat*, 1985. — A. Terry, *Quatre poètes catalans: Ferrater, Brossa, Gimferrer, Xirau*, 1991. ⊂

Y. Ver X.

YAJUR-VEDA. Ver VEDA.

YANG, YIN. O *I Ching* ou *Livro das Mutações* é uma das obras clássicas da cultura chinesa e exerceu grande influência. Confúcio o revisou e anotou, e o livro chegou até nós na forma que lhe deu Confúcio, de modo que freqüentemente é apresentado como um dos textos capitais do confucionismo. A idéia fundamental expressa no *I Ching* é a idéia da mudança. Tudo muda de acordo com uma lei universal, que é "o Caminho", o princípio de todas as coisas em uma, o *Tao*, o mesmo de que falou Lao-tsé e que expressa a doutrina básica do taoísmo.

A realidade única foi representada freqüentemente por um círculo metade branco, metade preto: ☯. O branco representa a luz, *yang*; o preto representa a escuridão, *yin*. Esta oposição na unidade constitui a origem de uma série de oposições, isto é, de princípios opostos embora complementares. O *Yang* representa, além da luz, o masculino, a atividade, a firmeza etc.; o *Yin* representa, além da escuridão, o feminino, a passividade, a fraqueza etc. Falou-se a esse respeito de uma "doutrina do *Yang-Yin*"; alguns seguidores da mesma estabeleceram correlações com elementos do universo (substâncias materiais, qualidades) ou com números. Outros autores conceberam o *Yang* e o *Yin* como dois elementos impalpáveis nos quais tudo está submerso. Outros destacaram os elementos de atividade e passividade respectivamente, ambos igualmente necessários para o bom equilíbrio do universo. Comparou-se a chamada "doutrina do Yang-Yin" com algumas das doutrinas gregas: "a desmesura clama pela desmesura" (Ésquilo), com o que se estabelece então o equilíbrio. Quando o *Yang* avança demais, o *Yin* intervém para equilibrá-lo, e vice-versa.

No *I Ching* a figura básica é a linha: ———, que representa uma unidade, mas há um "em cima" e um "embaixo", assim como um "direito" e um "esquerdo", de modo que com isso emergem as "oposições". Discutiu-se muito até que ponto se desenvolveu com isso uma doutrina de caráter "dualista" e até "maniqueísta". É comum, hoje, pôr de lado as interpretações explicitamente "dualistas" e acentuar o caráter "construtivo" das possíveis combinações de linhas quando se aumenta o número destas e se procede a quebrar uma linha em duas. Discute-se se a oposição *Yang-Yin* desempenha ou não um papel fundamental no *I Ching*. Por um lado, esses termos não se encontram no *I Ching*, mas em comentários ao *I Ching*. Por outro lado, a chamada "doutrina do *Yang-Yin*" parece ser menos dualista do que se pensou freqüentemente.

De todo modo, há no *I Ching*, senão oposições, pelo menos contraposições, ainda que seja o "acima" e o "abaixo". Com a figura básica da linha começam a ser possíveis toda sorte de combinações. Seis linhas paralelas ≡≡≡ constituem um hexagrama que representa "o Criador" ou "o Céu", onde há também um acima e um abaixo. Cada uma das linhas pode ser quebrada em duas, dando lugar ao duplo hexagrama ≡≡ ≡≡ que expressa "o Receptivo" ou "a Terra", também com um acima e um abaixo. Se se mantêm quebradas todas as linhas do hexagrama menos a segunda e a sexta temos ≡≡≡≡, no qual a parte superior expressa "o Abismo" ou "a Água" e a parte inferior "o Emergente" ou "o Trono". Se se mantêm quebradas todas as linhas salvo a segunda, a quarta, a quinta e a sexta, temos ≡≡≡≡, onde a parte superior expressa, uma vez mais, "o Abismo" ou "a Água" e a parte inferior "o Criador" ou "o Céu" etc. Estabelece-se toda uma classe de combinações com hexagramas e trigramas. Alguns expressam aspectos da Natureza, outros relações humanas e outros conceitos abstratos. Exemplo dos últimos é a oposição, com o hexagrama ≡≡≡≡ acompanhado dos trigramas ≡≡ e ≡≡ nos quais se "vê" a oposição: a cada linha quebrada corresponde uma linha contínua e vice-versa.

YANG-CHU foi um dos primeiros pensadores chineses que instauraram a doutrina conhecida com o nome de taoísmo (VER). Contudo, atribui-se usualmente a fundação do taoísmo a Lao-tsé por ter desenvolvido o que Yang-chu havia, ao que parece, apenas insinuado. De fato, Yang-chu parece ter recomendado simplesmente a volta do sábio — e em princípio de cada um — para si mesmo sem ainda ter proclamado, como Lao-tsé e Chuang-tsé, a existência de um princípio único, o *Tao*, desde o qual é possível justamente semelhante regresso. As doutrinas de Yang-chu foram violentamente combatidas por Mêncio (VER); de fato, atribui-se freqüentemente à oposição de Mêncio o fato de o nome de Yang-chu ficar relativamente esquecido depois da aparição de Lao-tsé e de Chuang-tsé.

YEHUDÁ HA-LEVI [Yĕhudá ben Šĕmuel ha-Levi; em árabe Abū-l-Hasan ibn al-Levī] *(ca.* 1070-1143). Nascido em Tudela, às margens do Ebro (não em Toledo, como se supunha antes), mudou-se logo para Córdoba e em seguida para Granada. Após uma viagem a Castela, regressou à Andaluzia até empreender a peregrinação à Terra Santa. Afirmou-se que morreu em Jerusalém, mas o que se sabe de certo é que passou muitos anos no Egito, especialmente no Cairo. O pensamento de Yehudá ha-Levi é interessante por duas razões: por estar na confluência das civilizações hebraica, árabe e cristã, e por representar a posição judaica ortodoxa em face das religiões cristã e muçulmana, mas também em face do pensamento filosófico-teológico de origem grega (seja platonizante, seja aristotelizante). As duas razões, embora aparentemente contrárias, são igualmente operantes. De fato, observou-se com freqüência que na doutrina ortodoxa judaica do autor se infiltraram muitos elementos das citadas religiões, bem como da filosofia, particularmente das tendências neoplatônicas tal como foram elaboradas por Algazali.

A obra principal de Yehudá ha-Levi é de caráter apologético: o chamado *O Kuzari*, ou, em seu texto árabe original, *Kitāb alhuŷŷa wal-dalīl fi nuṣr al-dīn al-ḍalīl*, isto é, *Livro da prova e do fundamento sobre a defesa da religião menosprezada,* em cinco discursos. O nome *O Kuzari* se deve ao fato de, em seu livro, o autor apresentar um rei pagão — o rei dos Kuzares — que quer conhecer a verdadeira religião e que, depois de recorrer aos filósofos (aristotélicos), aos cristãos e aos muçulmanos, só encontra a verdadeira crença nas fontes bíblicas das quais já lhe haviam falado os cristãos e muçulmanos, mas que somente um sábio judeu *ortodoxo* (Yehudá ha-Levi ataca também as seitas heréticas do judaísmo, especialmente os caraítas) lhe revela em toda a sua verdade e integridade. Dentro do quadro desta fabulação, Yehudá ha-Levi faz portanto uma apologia do judaísmo e do que ele chama "a verdadeira revelação". Ora, apesar do caráter primordialmente edificante e apologético da obra, não faltam nela, segundo antes apontamos, os conceitos teológicos e filosóficos. Isso se vê no problema do ser e dos atributos divinos, em sua explicação da Vontade de Deus — que é o Verbo de Deus — e em seu estudo da relação entre a liberdade do homem e a Providência (que o autor resolve no sentido da existência de uma harmonia). Isso se percebe, aliás, na parte mais crítica (discurso quinto), na qual muitos conceitos aristotélicos e neoplatônicos são usados com o fim de combater as interpretações então vigentes das respectivas filosofias.

⊃ Yehudá ha-Levi é autor também de muitas poesias. Entre elas é especialmente interessante para conhecer o pensamento religioso do autor o *Hino da Criação* (ou *Qedusa*), que Menéndez y Pelayo traduziu em *La ciencia española* (ed. 1931, tomo II). — *O Kuzari* foi traduzido para o hebraico por Yehudá ibn Tibbon, de Granada. Do hebraico foi traduzido para o castelhano pelo rabino Jacob Abendana *(Cuzary, traducido en la lengua santa por Yehuda Aben Tibon, y traducido el Ebrayco en español y comentado por Jacob Abendana).* Desta última tradução há uma reedição no vol. I da Colección de filósofos españoles y extranjeros: Yehudá ha-Levi, *Diálogo filosófico* (Madrid, 1910), a cargo de Bonilla e San Martín, com apêndice de M. Menéndez y Pelayo. Tradução latina de Johannes Buxtorf, com comentário de G. Brecher: Basiléia, 1660. Edição com tradução alemã por H. Jolowicz e D. Cassel: Leipzig, 1841-1853, com referências bibliográficas; 2ª ed., Cassel, 1869. Texto árabe e hebraico por H. Hirschfeld: *Das Buch Al Chazari*, Leipzig, I, 1886; II, 1887.

Ver: D. Kaufmann, *Jehuda Halevi. Versuch einer Charakteristik*, 1877. — D. Neumark, *Jehuda Halevis Philosophy in Its Principles*, 1908. — Emil Berger, *Das Problem der Erkenntnis in der Religionsphilosophie Jehuda Hallewis*, 1916. — Moses König, *Die Philosophie des Jehuda Halevi und des Abraham ibn Daud*, 1929. — M. Ventura, *Le Kalam et le Péripatétisme d'après le Kuzari*, 1934. — José María Millás y Vallicrosa, *Yĕhudá ha-Leví como poeta y apologista*, 1947. — J. L. Blau, *The Story of Jewish Philosophy*, 1962. — I. I. Efros, *Studies in Medieval Jewish Philosophy*, 1974. — S. T. Katz, *Jewish Philosophers*, 1975. — A. L. Motzkin, "On Halevi's *Kuzari* as a Platonic Dialogue", *Interpretation*, 9 (1980), 111-124. — R. Jospe, "Jewish Particularity from Ha-Levi to Kaplan: Implications for Defining Jewish Philosophy", *Forum* 46/47 (1982), 77-90. ⊄

YIN. Ver YANG, YIN.

YOGA é o nome que recebe um dos seis sistemas (ver DARŚANA) ortodoxos *(āstika)* da filosofia indiana (VER). Sua fundação é atribuída a Pantajali, sendo o texto básico o *Yoga-Sūtra,* chamado também *Pātañjala-sūtra.* O sistema foi elaborado no curso dos séculos por muitos autores: Vyāsa, Vijñāna Bhikṣu, Bhoja etc. A partir de uma certa época o sistema *Yoga* foi combinado ecleticamente com o sistema *Sānkhya*, sendo muito comum apresentá-los conjuntamente com o nome *Sānkhya-Yoga.* Aqui nos ateremos somente ao segundo.

Em muitos aspectos o sistema *Yoga* ou *o Yoga* representa o lado prático (ou de aplicação) do sistema *Sānkhya* (o que não significa primazia cronológica deste com respeito àquele). Sobre a base dos pontos capitais da escola *Sānkhya,* em particular da interpretação teísta desta escola, o sistema *Yoga* acentua a necessidade de libertação (ver MOKṢA) e elabora com grande detalhe os meios fisiológicos e psíquicos de que o sábio deve valer-se com o fim de alcançá-la. O princípio desta libertação é o desprendimento do Eu (eu espiritual e supra-empírico) em relação ao mundo externo — ao qual pertencem não só o corpo, mas também o entendimento e o eu empírico. A cessação das funções corporais, das percepções sensíveis, das operações do entendimento e da consciência do eu empírico são a condição indispensável para alcançar semelhante desprendimento, no curso do qual o eu espiritual chega a ter consciência de si e em seguida de sua vinculação ou união (*yoga*; cf. "jugo") com *puruṣa* (ver PRAKRITI e PURUṢA, SĀNKHYA), com o universal (*īśvara*) e com o sumo *Brahman*. Tudo o que torna a existência miserável ou angustiante — a dor, a preocupação com os bens e sua perda etc. — se desvanece frente ao estado de completa liberdade de nosso eu espiritual.

Dois são os aspectos tratados com mais detalhe nos manuais do *Yoga*: a descrição das funções da vida mental e a enumeração dos meios mediante os quais se alcança o *Yoga*. Quanto à primeira, nos limitaremos a destacar que há, segundo o sistema, vários níveis de vida mental, que vão desde a inquietude passando pela distração até a completa concentração (*saṁprajñāta yoga*) ou, melhor ainda, até a completa cessação de atividade mental (*asaṁprajñāta yoga*). Quanto à segunda, os tratadistas do *Yoga* distinguem várias vias para alcançar a união, conforme se siga o caminho do conhecimento, da emoção ou da ação, e assinalam que há oito meios (ou *yogañgas*): abstenção do mal, cultivo do bem, adoção de posturas corporais em repouso, treino respiratório, abstenção de atividade dos sentidos, atenção fixa, contemplação contínua e completa absorção.

Uma das manifestações contemporâneas mais influentes da filosofia *Yoga* é a proposta por Sri Aurobindo em seu chamado "*Yoga* integral".

⊃ Ver a bibliografia de FILOSOFIA INDIANA. E também: S. Dasgupta, *Yoga as Philosophy and Religion,* 1930. — Mircea Eliade, *Yoga: Essai sur les origines de la mystique indienne,* 1936; 2ª ed.: *Le Yoga: Immortalité et liberté,* 1945. — Id., *Techniques du Yoga,* s/d. — Sri Aurobindo, *Bases of Yoga,* 1936. — Id., *On Yoga,* I, 1956. — Harvey Day, *Yoga: Theory and Practice,* 1946. — Paul Masson-Oursel, *Le Yoga,* 1954. — Ernest Wood, *Yoga,* 1939. — Archie J. Bahm, *Yoga: Union with the Ultimate,* 1961. — Ismael Quiles, *Qué es el Yoga,* 1970. — G. Feuerstein, *The Philosophy of Classical Yoga,* 1980. — W. L. King, *Theravada Meditation: The Buddhist Transformation of Yoga,* 1980. — S. Panjikaram, *Ansätze zu einer ganzheitlichen Spiritualität,* 1983. — P. U. Arya, *Philosophy of Hatha Yoga,* 1985. — D. Ebert, *Physiologische Aspekte des Yoga,* 1986. — G. Feuerstein, *The Yoga-Sutra of Patanjali: A New Translation and Commentary,* 1989. — P. R. Tigunait, *Yoga on War and Peace,* 1991. ⊂

YOGĀCĀRA. Ver BUDISMO; FILOSOFIA INDIANA.

Z. Ver X.

ZABARELLA, GIACOMO [Jacobus Zabarella] (1533-1589). Nascido em Pádua, onde estudou e lecionou, a partir de 1563, ensinando lógica e, a partir de 1568, filosofia natural.

Zabarella às vezes usou as interpretações averroístas e às vezes (como na doutrina do entendimento agente) as interpretações alexandrinistas da filosofia aristotélica. Em todos os casos, considerou que esta filosofia levantara os *problemas* fundamentais para a compreensão de todas as esferas da realidade. Sublinhamos *'problemas'* porque é característico de Zabarella ter deixado abertas muitas questões dentro da mente aristotélica por um lado e no que se refere à relação entre o pensamento de Aristóteles e o cristianismo, pelo outro. Uma dessas questões é a da existência de um primeiro motor imóvel. Não é possível demonstrar de um modo completamente seguro que há um primeiro motor. Mas há um indício de demonstração: o que consiste em supor previamente a eternidade do mundo e do movimento. Por outro lado, uma vez que o movimento do céu pode ser concebido como a origem do movimento, o primeiro motor pode ser identificado com o céu. Outra das questões é a da alma. Enquanto individual, é mortal. Enquanto universal, não é mortal. Mas a imortalidade da alma universal não é propriamente falando uma persistência da alma; de fato a alma universal ou entendimento agente pode ser a própria realidade divina.

Zabarella exerceu grande influência por seus comentários a Aristóteles e também por sua exposição de problemas lógicos. Considerou a lógica como uma disciplina meramente instrumental, mas em suas investigações lógicas incluiu análises de índole epistemológica e semântica, especialmente naqueles pontos em que a lógica pode contribuir para o estudo da ciência.

As doutrinas lógicas de Zabarella foram combatidas por Francesco Piccolomini (VER). Parte dos escritos lógicos de Zabarella são uma resposta à obra de Piccolomini.

➲ A "Lógica" de Zabarella está incluída nas *Opera logica*, publicadas em 1578. Os ataques a Piccolomini contra a "Lógica" foram respondidos por Zabarella em sua *Apologia de doctrinae ordine. Liber de quarta syllogismorum figura*, publicada em 1584. — Zabarella também compôs as *Tabulae logicae* (1580) e um comentário aos *Posteriora Analytica* (1582). — Dos comentários de Zabarella a Aristóteles e escritos de filosofia natural mencionamos: *De naturalis scientiae constitutione* (1586); comentários à *Physica* (1601); ao *De anima* (1605); ao *De generatione et corruptione*, e à *Meteorologica* (1609). — Zabarella escreveu também uma série de tratados sob o nome de *De rebus naturalibus* (1590). Entre estes tratados figuram os seguintes: *De mente humana; De speciebus intelligibilibus; De ordine intelligendi*.

Há numerosas edições das *Opera logica*; além da citada de 1578 mencionamos as de 1597 (reed. Wilhelm Risse, 1966, 1982).

Ver: P. Ragnisco, *Pietro Pomponazzi. Studi storici sulla scuola bolognese e padovana*, 1868. — B. Labanca, *Sopra S. Z. Studio storico*, 1878. — P. Ragnisco, "La polemica tra Francesco Piccolomini e G. Z. nell'Università di Padova", em *Atti Istituto Veneto di scienze, lettere e arti*, 4 (1886), 1217-1252. — Id., "Una polemica di logica nell'Università di Padova, nelle scuole di B. Petrella e di G. Z.", *ibid.*, 4 (1886), 463-502. — *Id.*, "Pietro Pomponazzi e G. Z. nella questione dell'anima", *ibid.*, 5 (1887), 949-996. — F. Franceschini, *Osservazioni sulla logica di J. Z.*, 1937. — Antonio Poppi, *La dottrina della scienza in G. Z.*, 1972. — F. Bottin, "Nota sulla natura della logica in G. Zabarella", *Giornale Critico della Filosofia Italiana*, 52 (1973), 39-51. — E. Berti, "Metafisica e dialettica nel 'Commento' di G. Zabarella agli *Analitici posteriori*", *Giornale di Metafisica*, 14 (2) (1992), 225-243.

Ver também a bibliografia de PÁDUA (ESCOLA DE). ◐

ZACARIAS de Mitilene (assim chamado por ter sido bispo de Mitilene, em Lesbos) († *ca.* 550). Nascido em Majuma (porto de Gaza), estudou em Alexandria com Amônio Hermiou, comentador de Platão e Aristóteles. Em seu diálogo *Amônio ou da criação do mundo*, Zacarias defendeu — como Enéias (VER) de Gaza — a doutrina da criação do mundo por Deus contra os partidários da idéia da eternidade do mundo, e especialmente contra Proclo e contra Amônio, discípulo de Proclo. Zacarias destaca o caráter inteligível, incorruptível e eterno de Deus, mas ao mesmo tempo seu caráter criador. Deus não se limita a criar o mundo de uma única vez, mas cria-o continuamente. Zacarias usou abundantemente argumentos provenientes de Platão, de São Basílio e de São Gregório de Nissa.

➲ Edição do *Amônio* em Migne, PG, LXXXV, cols. 1011-1143 (segundo a edição de C. Barth, 1655). — Zacarias escreveu também uma *Vita Severi* [sobre Severo, amigo a quem converteu], ed. M.-A. Kugener em *Patrologia Orientalis*, II, 1, 1903 [em siríaco e trad. franc.]. — Outros escritos de Zacarias ed. J. P. N. Land, 1870.

Para obras que tratam de Z., ver a bibliografia de GAZA (ESCOLA DE). ➾

ZAMBONI, GIUSEPPE (1875-1950). Nascido em Verona, estudou na Universidade de Pádua. De 1921 a 1931 foi professor de criteriologia e gnosiologia na Università Cattolica del Sacro Cuore, de Milão. Nos cursos de 1935-1936 e 1941-1942 ensinou gnosiologia na Universidade de Pádua.

Representante do neotomismo italiano, Zamboni elaborou uma "gnosiologia pura" que deu origem a múltiplas polêmicas dentro da Escola de Milão, à qual pertencia, e que foi atacada por Gemelli e especialmente por A. Rossi e Francesco Olgiati, a ponto de Zamboni ser expulso em 1931 da Università del Sacro Cuore, onde ensinava. Zamboni considerou, de fato, que o exame do conhecimento é prévio a qualquer teoria do ser e que, por conseguinte, um estudo crítico e descritivo do conhecer, ausente de todo pressuposto metafísico, devia constituir a tarefa principal da filosofia. Ora, este estudo levou Zamboni à aceitação da possibilidade de um conhecimento imediato e, portanto, absolutamente certo sem necessidade de interposição de um juízo. O ser se converte deste modo em presença imediata. Um realismo gnosiológico fica assim fundado. Mas trata-se de um realismo que se afasta cada vez mais do ser para aproximar-se de uma realidade concreta que é, em última análise, fenômeno. Sem dúvida, Zamboni rejeitou todo fenomenismo sensualista e admitiu a percepção do ontológico no objeto por meio de um juízo mediato. Mas a fundamentação da certeza residia, em todo caso, na imediatez da presença, seja do objeto, seja do eu alheio. A gnosiologia pura de Zamboni poderia ser resumida então, conforme assinala G. van Riet, nas seguintes teses: primeira, a realidade ontológica (como os seres e as entidades, tais a substância, energia etc.) não é dada imediatamente senão no eu. Segunda, a realidade em geral (ou o "fenômeno": essência e existência, qüididade e *esserci*, com o que Zamboni entende o fato de existir, qualquer que seja a realidade "existente") é dada imediatamente para todo objeto sensível.

Terceira, a realidade ontológica do não-eu e a existência fenomênica dos objetos fisicamente ausentes, mesmo que mediatamente conhecidos, são alcançadas por conhecimentos criticamente justificáveis (G. van Riet, *L'épistémologie thomiste*, 1946, p. 417).

➲ Principais obras: *La gnoseologia dell'atto come fondamento della filosofia dell'essere, saggio di interpretazione sistematica delle dottrine gnoseologiche di S. Tommaso d'Aquino*, 1923 (2ª edição: *La gnoseologia di S. Tommaso d'Aquino*, 1934). — *Introduzione al corso di gnoseologia pura*, 1924. — *A distanza di un secolo: note esegetiche e critiche alla dottrina della conoscenza di Antonio Rosmini*, 1929. — *Studi esegetici, critici, comparativi sulla "Critica della Ragione pura"*, 1932. — *Verso la filosofia. I. Introduzione al problema della conoscenza*, 1935. — *La persona umana. Soggetto autocosciente nell'esperienza integrale*, 1940. — *Itinerario filosofico dalla propria coscienza all'esistenza di Dio*, 1946. — *La dottrina della coscienza immediata (struttura funzionale della psiche umana) e la scienza positiva fondamentale*, 1951.

Para a polêmica entre Zamboni e Olgiati, ver especialmente: *Metafisica e gnoseologia, risposta a Mons. F. Olgiati*, 1935; *Il realismo critico della gnoseologia pura. Risposta al "Caso Zamboni"*, 1936; assim como os artigos polêmicos na *Rivista di Filosofia Neoscolastica*, até 1931, e, depois, em *Criterio* e *Divus Thomas* (em particular os "Chiarimenti per la controversia sulla gnoseologia pura", publicados em *Divus Thomas*, 42 [1939]).

Ver também: A. Carlini, C. Boyer et al., *Studi sul pensiero di G. Z.*, 1957. — Demetrio da Crema, *La questione del mondo esterno nella filosofia di G. Z.*, 1965. — Giovanni Giulietti, *La filosofia del profondo in Husserl e in Z.: Uno studio comparativo*, 1965. — F. L. Marcolungo, *Scienza e filosofia in G. Z.*, 1975. — I. Bonnetti, C. Boyer e J. de Vries, artigos sobre Z. procedentes da "Giornata Zamboniana" em *Rivista di Filosofia Neoscolastica*, 68 fasc. 2 (1976). — G. Giulietti, "Un inedito zamboniano sulla dottrina dei due intelletti", *Rivista di Filosofia Neoscolastica*, 67 (1975), 442-458. — Id., "Un trattato di Mons. G. Zamboni sull'io", I (*ibid.*, 72 [1980], 681-697) e II (*ibid.*, 73 [1981], 85-110). ➾

ZAMBRANO, MARÍA (1907-1991). Nascida em Vélez-Málaga, professora auxiliar na Universidade Central e professora de filosofia depois em várias universidades da América de língua espanhola (México, Cuba, Porto Rico), recebeu a influência de Ortega y Gasset e desenvolveu de forma própria algumas de suas idéias. Entre elas mencionamos a elaboração da distinção entre idéias e crenças (ver CRENÇA) que a levou à afirmação de que há um substrato ainda mais fundamental na vida humana que o do conjunto de crenças: a esperança. Zambrano trabalhou no tema da filosofia e da poesia (ou melhor, da vida filosófica e da vida poética), destacando em que sentidos elas se opõem e se complementam; no problema da relação entre a filosofia e o cristianismo, e no problema da razão como "razão mediadora" patente, a seu ver, nos estóicos. Finalmente se consagrou ao exame do divino, não como tema sociológico, mas metafísico e, é claro, religioso: o divino pode ser descrito como um temor que embarga o homem e ao mesmo tempo o sustenta. Característico do pensamento de Zambrano, já desde suas primeiras páginas acerca do "saber da alma", é tomar o problema filosófico como algo muito diferente de um problema técnico: a filosofia é um acontecimento — e também um acontecimento radical — na vida humana, tanto mais interessante quanto resulta, ao fim e ao cabo, insuficiente para preencher a abertura total de sua esperança — uma esperança que deve ser concebida unida sempre a uma desesperação. Por isso os temas da filosofia são, afinal, para María Zambrano (para utilizar o vocabulário de Marcel), mistérios e não problemas (ver MISTÉRIO).

➲ Obras: *Horizonte del liberalismo*, 1930. — *Los intelectuales en el drama de España*, 1937; reed., 1977 e 1986. — *Filosofía y poesía*, 1939; reed. em *Obras Reunidas*, infra, e em 1987. — *Pensamiento y poesía en la vida española*, 1939. — *El pensamiento vivo de Séneca*, 1944 (antologia com introdução); reed., 1987. — *La confesión, género literario*, 1943; reed., 1988. — *La agonía de Europa*, 1945; reed., 1988. — *Hacia un saber sobre el alma*, 1950; reed., 1988. — *El hombre y lo divino*, 1955; 2ª ed., 1973; reimp., 1986. — *Persona y Democracia*, 1958; reed., 1988. — *La España de Galdós*, 1960; reed., 1982, 1989. — *España, sueño y verdad*, 1965. — *El sueño creador*, 1965; reed. em *Obras Reunidas*, infra, e em 1986. — *La tumba de Antígona*, 1967. — *Claros del bosque*, 1977. — *De la aurora*, 1986. — *Notas de un método*, 1989. — *Delirio y destino*, 1989. — *Algunos lugares de la pintura*, 1989. — *Los bienaventurados*, 1990. — *Los sueños y el tiempo*, 1992.

Edição de obras: *Obras reunidas. Primera Entrega*, 1971 (contém *El sueño creador, Filosofía y Poesía, Apuntes sobre el lenguaje y las artes, Poema y sistema, Pensamiento y poesía en la vida española, Una forma de pensamiento*). — *La razón en la sombra. Antología del pensamiento de María Zambrano*, 1993, ed. J. Moreno.

Ver: José Luis L.-Aranguren, "Los sueños de María Zambrano", *Revista de Occidente*, 2ª época, nº 35 (fevereiro de 1966), 207-212. — José Luis Abellán, "M. Z.: la 'razón poética' en marcha", em *Filosofía española en América (1936-1966)*, 1966, pp. 169-189. — J. F. Ortega Muñoz, *M. Z. o la metafísica recuperada*, 1982. — F. Savater, J. Moreno, A. Amorós et al., *El pensamiento de M. Z.*, 1983. — Ch. Maillard, *El monte Lu en lluvia y en niebla. M. Z. y lo divino*, 1990. — Id., *La creación por la metáfora. Introducción a la razón poética*, 1992. — *M. Z.: el canto del laberinto*, 1992, ed.

M. Gómez Blesa e M. F. Santiago Bolaños. — Ch. Maillard, "M. Z.: los inicios de una nueva racionalidad", no cap. "Las mujeres en la filosofía española" do vol. 3 de *Literatura femenina española*, 1994.

Foram dedicados à sua obra alguns números monográficos de revistas: "M. Z. Pensadora de la aurora", *Anthropos*, 70-71 (1987). — "Homenaje a M. Z.", *Jábega*, 65 (1989). — "M. Z.", *Philosophia Malacitana*, 1991. C

ZARAGÜETA [BENGOECHEA], JUAN (1883-1974). Nascido em Orio (Guipúzcoa). Estudou no Seminário Conciliar de Vitoria (1898-1903) e se doutorou em teologia no Seminário Pontifício de Zaragoza, doutorando-se também em Louvain e na Universidade de Madrid (1914). De 1917 a 1923 foi professor de religião e moral na Escola Superior do Magistério, de 1923 a 1947 foi catedrático na Seção de Pedagogia da Faculdade de Filosofia e Letras da Universidade de Madrid, e de 1947 até se aposentar foi catedrático de psicologia racional na Seção de Filosofia da mesma Faculdade.

Zaragüeta trabalhou em grande parte dentro das orientações da Escola de Louvain (VER), a cujo fundador dedicou, além disso, estudos muito completos, mas admitiu também, pelo menos como método, outras orientações filosóficas fecundas dentro da tradição da renovação escolástica: por exemplo, a fenomenologia. Zaragüeta fez pesquisas em todas as disciplinas filosóficas, pois considera que a filosofia deve ser tratada de um modo completo e sistemático, mas manifestou freqüente preferência pela análise dos temas psicológicos. Todos os seus trabalhos se organizaram por fim em sua obra sistemática sobre a filosofia e a vida em virtude da orientação "vital" que, a seu ver, deve possuir o pensamento filosófico. Mas diferentemente de outros autores que fazem de tal orientação a "desculpa" para penetrar imediatamente na metafísica, Zaragüeta considera necessário que os problemas metafísicos — e ainda mais a solução para eles — sejam apresentados dentro do quadro de uma prévia análise exaustiva das formas da vida mental e dos métodos usados para entendê-las. O principal método usado em tal análise é o da "reflexão especulativa", que se baseia na descrição, mas que não se detém nela, pois aspira a coordenar sistematicamente os dados obtidos. O estudo da vida mental (ou consciente) facilita, segundo Zaragüeta, o estudo dos problemas levantados pela realidade, pois esta aparece de imediato dentro do quadro da referida vida.

Nos *Veinte temas* (cf. bibliografia), Zaragüeta deu uma cifra (não sistemática) dos temas nos quais trabalhou principalmente. Destacamos: "A gênese do real na consciência humana"; "Quantidade e qualidades"; "Valores e pessoa humana"; "A liberdade"; "O pensamento e a linguagem"; "O progresso na história e na História da filosofia"; "A concepção do mundo e da vida humana".

➲ Principais obras: *Introducción general a la filosofía*, 1909. — *La sociología de M. Gabriel Tarde*, 1909 (parte de tese doutoral). — *Modernas orientaciones de la psicología experimental*, 1910. — *El problema del alma ante la psicología*, 1910. — *Teoría psico-genética de la voluntad*, 1914 (tese doutoral). — *Contribución del lenguaje a la filosofía de los valores*, 1920. — *El Cardenal Mercier: Su vida y su orientación doctrinal*, 1927. — *El concepto católico de la vida según el Cardenal Mercier*, 2 vols., 1930; 2ª ed., 1941. — *El cristianismo como doctrina de vida y como vida*, 1939. — *La intuición en la filosofía de Henri Bergson*, 1941. — *Pedagogía fundamental*, 1943; 2ª ed., 1953. — *El lenguaje y la filosofía*, 1945. — *Una introducción moderna a la filosofía escolástica*, 1946. — *Filosofía y vida (I. La vida mental*, 1950; 2ª ed., 1957; *II. Problemas y métodos*, 1952; III, 1954). (Há índice completo da obra no folheto: *Preámbulo e Índices de la obra en tres volúmenes: Filosofía y vida*, s.d. [1954], ed. completamente refundida: *Curso de filosofía*, 3 vols., 1968 [I. *Lógica*; II. *Cosmología y antropología*; III. *Ontología y ética*]). — *Vocabulario filosófico*, 1955. — *Problemática del bien común*, 1956. — *Los veinte temas que he cultivado en los cincuenta años de mi labor filosófica*, 1958. — *Estudios filosóficos*, 1963. — Em colaboração com M. García Morente: *Fundamentos de filosofía e historia de los sistemas filosóficos*, 1943 (o texto de García Morente é uma parte de suas *Lecciones preliminares de filosofía*, originalmente publicadas em 1937).

Bibliografia de suas publicações filosóficas, sociológicas, pedagógicas e religiosas em *Estudios filosóficos*, cit. *supra*, pp. 13-18. — Y. Granizo, "Bibliografia de J. Z.", *Anales de la Real Academia de las Ciencias Morales y Políticas*, vol. 28, nº 53 (1976), 290-297.

Ver: Rafael López de Munain, "Una nueva exposición de la filosofía como ciencia de la totalidad", *Verdad y vida*, 14 (1956), 203-250. ↩

ZAWIRSKI, ZYGMUNT (1882-1948). Nascido em Berezowica, estudou na Universidade de Lemberg (Lwów), com Twardowski (VER), mestre de grande número de filósofos e matemáticos poloneses contemporâneos. Zawirski é considerado membro do Círculo de Varsóvia-Lwów (ver VARSÓVIA [CÍRCULO DE]), e como um dos mais destacados que, dentro do Círculo, se interessaram especialmente por questões de lógica formal dedutiva e sintaxe. Zawirski sublinhou o valor da lógica formal para o estudo das teorias científicas, em particular as teorias físicas, procurando ver em que medida as "novas lógicas" — como a "lógica trivalente" — podem se aplicar à ciência. Entre as contribuições de Zawirski destacam-se suas investigações sobre a relação entre lógica trivalente e cálculo de probabilidades, assim como seus estudos de teoria física, sobretudo da teoria dos quanta, com base na aplicação da lógica trivalente e, em geral, da lógica polivalente (VER).

➲ Escritos: *Ilość praw kojarzenia przedstawień*, 1911 (*A quantidade dos modos de associação das representações*) [ainda muito influenciado por Twardowski]. — *O modalności sadów*, 1914 (*O juízo modal*). — *Relatywizm filozoficzne a fizyk teorja wzglednósci*, 1921 (*O relativismo filosófico e a teoria da relatividade*). — "Les logiques nouvelles et le champ de leur application", *Revue de Métaphysique et de Morale*, 39 (1932), 503-519. — "Stosunek logiki wielowartościowej do rachunku prawdopodobieństwa", *Prace Komisji Filozoficznej Poznańskiego Towarzystwa Przyjaciot Nauk*, 4 [1934], 155-240 ("Sobre a relação da lógica polivalente com o cálculo de probabilidades"; trad. alemã resumida: "Über das Verhältnis der mehrwertigen Logik zur Wahrscheinlichkeitsrechung", *Studia philosophica*, 1 [1935], 407-442). — "Über die Anwendung der mehrwertigen Logik in der empirischen Wissenschaft", *Erkenntnis*, 6 (1936), 430-435. — *L'Évolution de la notion du temps*, 1936. ↩

ZEA, LEOPOLDO (1912). Nascido na Cidade do México, professor na Universidade Autônoma Nacional do México, realizou intenso trabalho no campo da história das idéias no México (especialmente o desenvolvimento do positivismo) e na América hispânica. Esse trabalho não é, porém, somente histórico; seu sentido filosófico se destaca quando se considera que, na opinião de Zea, só se pode ter acesso à filosofia tomando clara consciência da própria situação histórica e cultural. Ao citado trabalho histórico Zea justapôs, portanto, o exame de questões tais como a consciência do México e da América em relação com o pensamento europeu, chegando à conclusão de que a missão da América consiste em contribuir para unir os campos metafísico e real para restabelecer a conexão entre a teoria e a prática, freqüentemente divorciadas durante a época moderna. Os trabalhos histórico-filosóficos de Zea — para os quais recebeu estímulos de José Gaos — levaram-no a posições próximas da filosofia existencial; o filósofo é para Zea um ser que vive numa situação concreta e determinada dentro de uma comunidade e de uma cultura e cuja existência consiste em "comprometer-se" continuamente e em adquirir, além disso, clara consciência de tal "compromisso". Só partindo desta situação e compromisso concretos de cada filósofo numa comunidade será possível, segundo Zea, descobrir o lugar que autenticamente se ocupa na comunidade de povos e na história. Os trabalhos de Zea influenciaram as idéias de pensadores mexicanos do grupo chamado *Hiperión*; mencionamos entre eles Emilio Uranga, Jorge Portilla e Luis Villoro.

➲ Obras: *El positivismo en México*, I, 1943; 2ª ed., 1953; 3ª ed., 1968. — *Apogeo y decadencia del positivismo en México*, II, 1944. — *En torno a una filosofía mexicana*, 1945. — *Esquema para una historia del pensamiento en México*, 1946. — *Ensayos sobre filosofía en la historia*, 1948. — *Dos etapas del pensamiento en Hispanoamérica: Del romanticismo al positivismo*, 1949. — *La filosofía como compromiso y otros ensayos*, 1952. — *Conciencia y posibilidad del mexicano*, 1952. — *América como conciencia*, 1953. — *La conciencia del hombre en la filosofía*, 1953. — *El Occidente y la conciencia de México*, 1953. — *La filosofía en México*, 1955. — *América en la conciencia de Europa,*1955. — *Del liberalismo a la revolución en la educación mexicana*, 1956. — *Esquema para una historia de las ideas en Iberoamérica*, 1956. — *América en la historia*, 1957; 2ª ed., 1970. — *La filosofía mexicana como filosofía sin más*, 1969. — *Dialéctica de la conciencia americana*, 1975. — *Filosofía de la historia*, 1976. — *Simón Bolívar*, 1980. — *Latinoamérica en la encrucijada de la historia*, 1981. — *Filosofía de lo Americano*, 1983. — *Discurso desde la marginación y la barbarie*, 1988. — *500 años después. Descubrimiento e identidad latinoamericana*, 1990. — *Filosofar a la altura del hombre*, 1992. — *Regreso de las Carabelas*, 1993. — *Fuentes de la Cultura Latinoamericana*, 3 vols., 1993. — *Fim de milênio: emergência de los marginados*, 2000.

Ver: Luis Abad Carretero, "La obra de L. Z.", *Cuadernos Americanos*, 14 (1955) 84-102. — Abelardo Villegas, *La filosofía de lo mexicano*, 1960, pp. 147-152. — S. Lipp, *L. Z. From Mexicanidad to a Philosophy of History*, 1980. — R. C. Reyes, "Sentido y alcances de la filosofía de L. Z.", *Dianoia*, 28 (1982), 289-307. — N. González-Caminero, "La filosofía mexicana de la liberación según L. Z.", *Revista Portuguesa de Filosofia*, 41 (1985), 161-180. — D. Sobrevilla, "La crítica de L. Z. a Augusto Salazar Bondy", *Revista Latinoamericana de Filosofía*, 16 (1) (1990), 25-45. — O. M. Schutte, "The Master-Slave Dialectic in Latin America: The Social Criticism of Z., Freire, and Roig", *Owl Minerva* (1990), 5-18. ○

ZEISING, ADOLF (1810-1876). Nascido em Ballenstedt, ensinou durante alguns anos no Gymnasium (Instituto) de Bernburg. De tendência hegeliana, Zeising se ocupou de questões estéticas, considerando a beleza como "a perfeição concebida como aparecendo" *(die als erscheinend aufgefasste Vollkommenheit).* Assim, o belo é o absoluto enquanto aparece (ou transparece). O tema central das investigações estéticas de Zeising foi seu detalhado estudo da significação da chamada "seção áurea" e das múltiplas manifestações da "seção áurea" não somente nas obras de arte, mas também na Natureza e no homem. A "seção áurea" é expressa pela seguinte proporção: dada uma linha, há um ponto que divide a linha em duas seções desiguais tais que a secção mais curta é a mais longa como a mais longa é a linha inteira. Numericamente, a "seção áurea" pode ser expressa na equação: 3 está para 5 como 5 está para 8 (soma de 3 e 5). A "seção áurea" aparece, segundo Zeising, nas obras belas arquitetônicas (por exemplo, no Partenão), na pintura, na forma humana, nas plantas, nos animais, nos cristais etc. Na proporção da "seção áurea" está o segredo da beleza, que pode ser percebida então sensivelmente e sobretudo visualmente. A proporção da "seção áurea" pode estender-se segundo a série 2: 3; 3: 5; 5: 8; 8: 13 etc. (pode também figurar-se geometricamente, formando-se, por exemplo, uma espiral). Segundo Zeising, a base da "seção áurea" consiste em mediar entre os extremos da igualdade absoluta (1: 1) e da diferença absoluta (1: 0), que é uma mediação entre a simetria completa e a completa ausência de simetria, ou entre a completa regularidade e a completa liberdade.

As teorias estéticas de Zeising, e especialmente sua doutrina das proporções e da "seção áurea", influenciaram os estudos da chamada "estética experimental" tal como foi desenvolvida por Fechner e outros autores.

⊃ Obras: *Neue Lehre von den Proportionen des menschlichen Körpers*, 1854 *(Nova doutrina das proporções do corpo humano).* — *Ästhetische Forschungen*, 1855 *(Investigações estéticas).* — *Die Metamorphosen der menschlichen Gestalt*, 1859 *(As metamorfoses da figura humana).* — *Der goldene Schnitt*, 1884 *(A secção áurea).* ○

ZEITGEIST. Ver Espírito da época.

ZELLER, EDUARD (1814-1908). Nascido em Kleinbottwar (Württemberg). Foi *Privatdozent* na Universidade de Tübingen (1840-1847), professor de teologia em Berna (1847-1849), professor em Marburgo (1849-1862), em Heidelberg (1862-1872) e em Berlim (de 1872 até 1894, data de sua aposentadoria).

Seguindo o impulso dado pelo hegelianismo ao estudo da história da filosofia, Zeller se distinguiu por sua grande obra sobre a história da filosofia grega. Na elaboração da mesma se torna patente que embora Zeller tenha aproveitado muitas das idéias histórico-filosóficas de Hegel, em particular a de conceber a história da filosofia como um desenvolvimento espiritual e não como a incessante luta entre diversas seitas, ele se afastou de seu mestre no tocante à relação entre o desenvolvimento histórico e o lógico-metafísico. Para Zeller, trata-se com efeito de dois aspectos distintos da realidade. Além de seu trabalho histórico-filosófico, Zeller se destacou por seus esforços na teoria do conhecimento, que chegou a considerar como a disciplina filosófica fundamental. Como outros hegelianos (por exemplo, Kuno Fischer), deve-se a Zeller o renovado interesse pela filosofia kantiana que surgiu na Alemanha durante o último terço do século XIX.

⊃ Obras: *Platonische Studien*, 1839; reimp., 1969. — *Die Philosophie der Griechen*, 3 vols., 1844, 1846, 1852 [reimp., 6 vols., ed. F. Lortzing, W. Nestle e E. Wellmann, 1962 ss.] (para título completo, títulos de suas partes e outras edições, ver a bibliografia de Filosofia grega; na mesma bibliografia figura a trad. e reed. de Rodolfo Mondolfo). — *Das theologische System Zwinglis*, 1853. —

Vorträge und Abhandlungen, 1865; 2ª ed., 2 vols., 1875-1877 *(Conferências e artigos;* entre eles destacam-se "Über Bedeutung und Aufgabe der Erkenntnistheorie", "Über teleologische und mechanische Naturerklärung in ihrer Anwendung auf das Weltganze", "Über die Gründe unseres Glaubens an die Realität der Aussenwelt"). — *Geschichte der deutschen Philosophie seit Leibniz*, 1872; 2ª ed., 1875 *(História da filosofia alemã desde Leibniz).* — *Staat und Kirche. Vorlesungen*, 1873 *(Estado e Igreja. Lições).* — D. F. Strauss, 1874. — *Grundriss der Geschichte der griechischen Philosophie*, 1883; 13ª ed. por W. Nestle, 1928 *(Esboço de história da filosofia grega).* — *Friedrich der Grosse als Philosoph*, 1886 *(Frederico, o Grande, como filósofo).* — *Kleine Schriften*, 3 vols., 1910-1911 *(Escritos menores).*

Há um manuscrito inédito: *Geschichte der mittelalterlichen und neueren Philosophie (História da filosofia medieval e moderna)*, de E. Z. (Tübingen, SS 1846) do qual informa Cornelio Fabro em "Ein unveröffentliches 'Geschichte der mittelalterlichen und neueren Philosophie' E. Zellers", *Archiv für Geschichte der Philosophie*, 58 (1976), 164-182.

Ver: Wilhelm Dilthey, "Aus Eduard Zellers Jugendjahren", *Deutsche Rundschau* (1897), 294-309, reimp. em *Gesammelte Schriften*, IV (1921), 433-450. — P. Rotta, *E. Z. e la storia della filosofia*, 1908. — Rodolfo Mondolfo, "E. Z. y la historia de la filosofía", *Notas y Estudios de filosofia*, 3 (1952), 369-380. — A. Labriola, *Scritti e appunti su Z. e su Spinoza*, 1959. — W. Phillipp, "Das System E. Z.s und die Existenzmetaphysik", *Zeitschrift für systematische Theologie* (1960), 285-300. — C. Cesa, "Zeller et Feuerbach", *Revue Internationale de Philosophie*, 26 (1972), 405-423. — F. Cacciapuoti, "Cinque lettere di E. Zeller a Francesco Fiorentino", *Giornale Critico della Filosofia Italiana*, 64 (1985), 248-0263. ◖

ZEN. Ver BUDISMO.

ZENÃO DE CÍTIO, de Chipre *(ca.* 335-*ca.* 264 a.C.). Discípulo do cínico Crates, do megárico Estilpão e dos acadêmicos Xenócrates e Pólemon, fundou no chamado "pórtico pintado" (Στοὰ ποικίλη) de Atenas a escola estóica, cujo caráter eclético é patente em seus começos pela variedade das citadas influências. Zenão pareceu inclinar-se mais que seus discípulos — que sistematizaram a doutrina estóica — ao cinismo. Dos livros escritos por Zenão, cujos títulos Diógenes Laércio transcreveu — *Da República, Da vida segundo a natureza, Da natureza humana, Do amor, Exortações* etc. — foram conservados apenas alguns fragmentos (cf. Arnim, *Stoicorum vetera fragmenta*, vol. I, 1905).

São considerados como discípulos de Zenão alguns dos primeiros representantes do chamado estoicismo antigo (ver ESTÓICOS): Ariston de Quios, Herilo de Cartago, Dionísio de Heráclia — que depois se afastou do estoicismo por considerar que a dor não era indiferente —, Perseu de Cítio e Cleanto de Assos. À vida de todos se refere Diógenes Laércio (VII, 160, 165, 166, 168) e do último deles se conservam fragmentos relativamentes extensos, se se considera o número de obras a ele atribuídas. Todos parecem ter escrito sobre os temas característicos do antigo estoicismo: acerca "do tempo, da arte, da opinião, da vontade, da amizade, dos deuses, da sensação, do amor, dos fins, das virtudes, dos lugares 'comuns'" etc. (cf. fragmentos em von Arnim, I, 73-137).

◖ Para as fontes do conhecimento do estoicismo antigo e, portanto, de Zenão de Cítio e seus discípulos, ver a bibliografia do verbete ESTÓICOS. Além disso, a edição de Zenão e Cleantes por A. C. Pearson, *The Fragments of Zeno and Cleanthes with Introduction and Notes* (Londres, 1891).

Ver: G. P. Weygoldt, *Zenon von Kition und seine Lehre*, 1872. — E. Wellmann, *Die Philosophie des Stoikers Zenon*, 1873. — G. J. Diehl, *Zur Ethik des Stoikers Zenon von Kition*, 1877. — H. Poppelreuter, *Die Erkenntnislehre Zenons und Kleanthes*, 1891. — H. Th. Vollenoven, *Het Nominalismus van Zeno den Stoicus*, 1903. — Theodor Gomperz, *Zur Chronologie des Stoikers Zenon*, 1903. — M. Pohlenz, "Zenon und Chrysipp", em *Nachrichten von der Gesellschaft der Wissenschaften zu Göttingen*, Phil.-hist. Klasse, 1908. — Armand Jagu, *Zenon de Citium: Son rôle dans l'établissement de la morale stoïcienne*, 1946. — Andreas Graeser, *Zenon von Kition. Positionen und Probleme*, 1975. — Harold Hunt, *A Physical Interpretation of the Universe: The Doctrines of Zeno the Stoic*, 1976. — J. Barnes, *The Presocratic Philosophers: Thales to Zeno*, vol. 1, 1978. ◖

ZENÃO DE ELÉIA *(ca.* 490-430 a.C.). Discípulo de Parmênides e criador, segundo Aristóteles, da *dialética*. Combateu os adversários da doutrina de seu mestre mediante uma série de argumentos pelos quais se reduziam ao absurdo os conceitos de multiplicidade do ser e de movimento. Segundo Zenão, não existe mais do que um único ser, porque se houvesse vários seres seu número deveria ser ao mesmo tempo finito e infinito, pois, por um lado, não há outro múltiplo que o que é dado e, por outro, cada parte é infinitamente divisível. O mesmo argumento foi aplicado por ele à magnitude. Quanto ao movimento, Zenão oferecia diversas provas para combatê-lo: primeiro, o argumento de Aquiles, segundo o qual o mais rápido dos homens, Aquiles, nunca poderá alcançar o mais lento dos animais, a tartaruga, se se der a ela numa corrida uma vantagem inicial. Pois enquanto Aquiles percorre o caminho que a tartaruga tinha avançado graças à vantagem inicial, a tartaruga terá percorrido outra porção, ainda que menor, do espaço; quando Aquiles tiver chegado a percorrer esta última porção de caminho, a tartaruga terá avançado outra porção menor, e assim a tartaruga irá levando a vantagem até em espaços infinitamente pequenos, de tal forma que Aquiles não poderá alcançá-la nun*ca*. Percorrer um número infinito de pontos parece supor, portanto, passar um tempo infinito. Logo há uma suposição de que a flecha que voa se encontra em repouso. De fato, um corpo que "se move" necessita, para deslocar-se em qualquer espaço, ter-se deslocado previamente ao longo da metade de tal espaço e ao longo da metade da metade, e assim sucessivamente até o infinito. Os argumentos de Zenão se referem principalmente ao problema da composição do infinito (VER) e como tais foram examinados repetidamente no curso da história da filosofia. O método de Zenão consistia em fazer com que o próprio adversário se visse obrigado a reconhecer a impossibilidade de admitir a tese contraditória com a antes estabelecida; deste modo se levava a cabo a prova por meio de uma redução (VER) ao absurdo (VER). (Para uma descrição e análise da aporia de Aquiles e a tartaruga, ver APORIA).

➲ Diels-Kranz, 29 (19).

Sobre os argumentos de Zenão, além dos autores contemporâneos a que nos referimos no verbete APORIA (p. ex.: Bergson, Russell, Whitehead etc.), ver: C. H. E. Lohse, *De argumentis, quibus Zeno Eleates nullum esse motum demonstraverit*, 1794. — Ch. L. Gerling, *De Zenonis Eleatici paralogismis motum spectantibus*, 1825. — C. Dunan, *Zenonis Eleatici argumenta*, 1884 (tese). — Paul Tannéry, *Pour l'histoire de la science hellène*, 1887, cap. X, pp. 247-261. — G. Frontera, *Études sur les arguments de Zénon d'Élée contre le mouvement*, 1891. — Victor Brochard, "Les arguments de Zénon d'Élée" (publicado antes na *Revue de Métaphysique et de Morale*; recolhido no volume: *Études de philosophie ancienne et de philosophie moderne*, ed. V. Delbos, 1912). — H. D. P. Lee, *Zeno of Elea*, 1936. — Ivar Segelberg, *Zenons paradoxer. En fenomenologisk studie*, 1945. — M. Schramm, *Die Bedeutung der Bewegunslehre des Aristoteles für seine beiden Lösungen der zenonischen Paradoxie*, 1962. — A. Grunbaum, *Modern Science and Zeno's Paradoxes*, 1967. — W. C. Salmon, ed., *Zeno's Paradoxes*, 1970. — R. Ferber, *Zenons Paradoxien der Bewegung und die Struktur von Raum und Zeit*, 1981. — M. Caveing, *Z. d'É. Prolégomènes aux doctrines du continu. Étude historique et critique des fragments et témoignages*, 1982. ☉

ZENÃO DE TARSO. Ver ESTÓICOS.

ZERMELO, ERNST (1871-1953). Nascido em Berlim, foi professor em Zurique (1910-1916), depois professor particular e de 1946 até sua morte professor da Universidade de Friburgo (Alemanha). Zermelo iniciou seus trabalhos matemáticos com provas de que todo conjunto (VER) pode estar bem ordenado. Zermelo apelou para as provas ao axioma da escolha (ver ESCOLHA [AXIOMA DA]). A mais importante contribuição de Zermelo foi sua axiomatização da teoria dos conjuntos — o primeiro sistema axiomático de teoria dos conjuntos — com sete axiomas: o axioma de extensionalidade (ou determinabilidade: *Bestimmtheit*), o axioma de conjuntos elementares *(Elementarmengen)*, o axioma de separação *(Aussonderung)*, o axioma do conjunto-potência *(Potenzmenge)*, o axioma de união *(Vereinigung)*, o axioma de escolha *(Auswahl)* e o axioma de infinitude ou do infinito *(Axiom des Unendlichen)*. Ao restringir ou, se se preferir, precisar consideravelmente o domínio de conjuntos em relação a Cantor, Zermelo pôde evitar os paradoxos (ver PARADOXO) que haviam levado muitos matemáticos e lógicos a descartar completamente a teoria cantoriana.

➲ Escritos: "Beweis, dass jede Menge wohlgeordnet werden kann", *Mathematische Annalen*, 59 (1904), 514-516 ("Prova de que todo conjunto pode ser bem ordenado"). — "Neuer Beweis für die Möglichkeit einer Wohlordnung", *ibid.*, 65 (1908), 107-128 ("Nova prova para a possibilidade de uma boa ordenação"). — "Untersuchungen über die Grundlagen der Mengenlehre I", *ibid.*, (1908), 261-281. — "Über die Grundlagen der Arithmetik", *Atti del IV Congresso internazionale dei matematici, Roma 6-11 Aprile 1908* [Accademia dei Lincei, Roma, 1909], vol. 2 (1908), 8-11 ("Sobre os fundamentos da aritmética"). — "Sur les ensembles finis et le principe de l'induction complète", *Acta mathematica*, 32 (1909), 183-193. — "Über den Begriff der Definitheit in der Axiomatik", *Fundamenta mathematica*, 14 (1929), 339-344 ("Sobre o conceito de definidade na axiomática"). — "Über Grenzzahlen und Mengenbereiche", *ibid.*, 16 (1930), 29-47 ("Sobre números limites e esferas de conjuntos").

Z. teve a seu cargo a publicação dos *Gesammelte Abhandlungen mathematischen und philosophischen Inhalts*, de Georg Cantor, 1932, reimp., 1962.

Ver: G. H. Moore, *Zermelo's Axiom of Choice: Its Origins, Development, and Influence*, 1982. ☉

ZIEGLER, LEOPOLD (1881-1958). Nascido em Karlsruhe, estudou em Karlsruhe, em Heidelberg e em Iena, recebendo, através de Arthur Drews, a influência de Eduard von Hartmann. Entusiasta schopenhaueriano e wagneriano, durante certo tempo Leopold Ziegler elaborou primeiro uma concepção pessimista do mundo que o conduziu a uma "metafísica do trágico" e a uma interpretação da cultura do ponto de vista dos elementos trágicos e dolorosos residentes nela. Crescentemente interessado pelos aspectos metafísico-religiosos da cultura humana e influenciado a este respeito por algumas das teses de Nicolau de Cusa e dos idealistas alemães pós-kantianos, Ziegler traçou um quadro histórico-evolutivo das "transformações dos deuses", que desembocou no ateísmo, mas num "ateísmo religioso", pois no curso do mencionado processo histórico-evolutivo se produz uma divinização e mitificação do mundo humano. A religiosidade equivale deste modo ao impulso de auto-salvação do homem quando este abandonou toda crença transcendente e compreendeu que a transcendência se encontra em si mesmo.

➲ Obras: *Zur Metaphysik des Tragischen,* 1902 *(Para a metafísica do trágico).* — *Das Wesen der Kunst,* 1904 *(A essência da arte).* — *Der abendländische Rationalismus und der Eros,* 1905 *(O racionalismo ocidental e o Eros).* — *Das Weltbild E. von Hartmanns,* 1910 *(A imagem do mundo de E. v. H.).* — *Florentinische Introduktion zu einer Philosophie der Architektur und der bildenden Künste,* 1912 *(Introdução florentina a uma filosofia da arquitetura e das belas artes).* — *Der deutsche Mensch,* 1915 *(O homem alemão).* — *Volk, Staat und Persönlichkeit,* 1917 *(Povo, Estado e personalidade).* — *Gestaltwandel der Götter,* 2 vols., 1920; 3ª ed., 1922 *(Transformações dos deuses).* — *Der ewige Buddha,* 1922 *(O Buda eterno).* — *Das Heilige Reich der Deutschen,* 2 vols., 1925 *(O Sacro Império dos alemães).* — *Dienst an der Welt,* 1925 *(Serviço ao mundo).* — *Zwischen Mensch und Wirtschaft,* 1927 *(Entre o homem e a economia).* — *Der europäische Geist,* 1930 *(O espírito europeu).* — *Überlieferung,* 1936 *(Tradição).* — *Apollons letzte Epiphanie,* 1937 *(A última epifania de Apolo).* — *Menschwerdung,* 2 vols., 1949 *(Encarnação).* — *Das Lehrgespräch von allgemeinen Menschen in sieben Abenden,* 1956 [diálogos].

Depoimento em *Die Philosophie der Gegenwart in Selbstdarstellungen,* IV, 1923.

Ed. de correspondência: *Briefe 1901-1958,* 1963.

Ver: H. Kessler *et al.,* eds., *Ursprung und Gegenwart des Bewusstseins,* 1976. — M. Schneider-Fassbaender, *L. Z. Leben und Werk dargestellt,* 1978. — E. Stein, S. Latour, E. Benz, H. Mislin, *L. Z. Eine Einführung. Stimmen zum 20. Todestag,* 1979. ¢

ZIEGLER, THEOBALD (1846-1918). Nascido em Göppingen, professor (1886-1911) na Universidade de Estrasburgo, defendeu uma concepção relativista e evolucionista da moral, cujas normas fez depender dos distintos momentos da evolução, em particular da evolução histórico-social. A isso se agrega a tendência pragmatista que consiste em definir o bem de acordo com a utilidade que podia reportar à sociedade humana. Theobald Ziegler elaborou uma teoria pedagógica baseada na citada moral evolucionista e uma filosofia da religião que, influenciada em parte por David Friedrich Strauss, tendia a considerar o sentimento como a única base possível de toda atitude e crença religiosas. A análise deste sentimento levou-o, finalmente, a fazer dele o processo psíquico básico, prévio a todo pensamento e a toda vontade.

➲ Obras: *In Sachen des Strauss'schen Buches: Der alte und der neue Glaube,* 1874 *(Sobre o livro de Strauss: A antiga e a nova fé).* — *Lehrbuch der Logik,* 1876; 2ª ed., 1881 *(Manual de lógica).* — *Republik oder Monarchie?,* 1877. — *Die Ethik der Griecher und Römer,* 1881. — *Geschichte der christlichen Ethik,* 1886; 2ª ed., 1892 *(História da ética cristã).* — *Sittliches Sein und sittliches Werden. Grundlinien eines Systems der Ethik,* 1890 *(Ser e devenir morais. Linhas fundamentais de um sistema de ética).* — *Die soziale Frage, eine sittliche Frage,* 1891; 6ª ed., 1899 *(A questão social, uma questão moral).* — *Die Fragen der Schulreform,* 1891 *(A questão da reforma escolar).* — *Religion und Religionen,* 1893. — *Das Gefühl,* 1893; 5ª ed., 1912 *(O sentimento).* — *Geschichte der Pädagogik,* 1895; 5ª ed., 1923 *(História da pedagogia).* — *Die geistigen und sozialen Strömungen des 19. Jahrhunderts,* 1899; 3ª ed., 1921 *(As correntes espirituais e sociais do século XIX).* — *Glauben und Wissen,* 1899; 2ª ed., 1900 *(Fé e saber).* — *Individualismus und Sozialismus,* 1899. — *F. Nietzsche,* 1900. — *Allgemeine Pädagogik,* 1901; 4ª ed., 1913 *(Pedagogia geral).* — *Schiller,* 1905. — *D. F. Strauss,* 1908. — *Menschen und Probleme,* 1914 *(Homens e problemas).* — *Kriegspädagogik und Zukunftpädagogik,* 1915 *(Pedagogia de guerra e pedagoia do futuro).* ¢

ZIEHEN, THEODOR [GEORG] (1862-1950). Nascido em Frankfurt, professor a partir de 1900 em Utrecht, de 1903 a 1904 em Halle, a partir de 1904 em Berlim e de 1917 a 1930 em Halle (desta vez na cátedra de filosofia), educou-se filosoficamente no fichtianismo modificado de Martin Deutinger (1815-1864) e Georg Neudecker (nasc. em 1850), mas logo se agregaram outras influências que acabaram por fazer essas primeiras bases desaparecerem. Antes de tudo, as tendências sensacionistas e céticas de Hume, que seguiu numa linha sensivelmente parecida à da filosofia da imanência de Schuppe e Schubert-Soldern, e depois o spinozismo. O problema capital de Ziehen é o problema epistemológico da transcendência, que implica, no seu entender, a eliminação tanto das hipóteses de natureza exclusivamente corporalista como dos pressupostos unilateralmente idealistas e mentalistas. Daí a formação de uma teoria psicofisiológica do conhecimento parecida com a de Mach, Avenarius e dos dois imanentistas citados, mas que Ziehen indica ter elaborado com completa independência de tais tendências. Com efeito, Ziehen não só nega a influência direta de Avenarius e de sua escola, como afirma ter chegado às suas próprias teses por meio de suas investigações psicológicas e do estudo dos grandes filósofos modernos, em particular Spinoza (cf. *Die Philosophie der Gegenwart in Selbstdarstellungen,* II, p. 230). Somente a partir desta base se pode compreender, a seu ver, sua doutrina "neutralista", na qual as partes componentes do ato do conhecimento aparecem como "reduzidas", assim como seu conceito do dado ou *gignomene.* Segundo Ziehen, o dado se decompõe em dois tipos de legalidade: a causal e a paralela. A legalidade causal é a que corresponde ao processo de excitação fisiológico-química no sistema nervoso. A legalidade paralela é a sensação qualitativa em certas excitações corticais fisiológicas, no sentido da energia específica dos sentidos. Por isso o que Ziehen chama "as partes integrantes da redução" *(Reduktionsbestandteile)*, que ainda nos começos eram comparadas com as *Dinge an sich* (Kant) e com os *objects themselves* (Locke), ficaram situadas logo mais além, ou mais aquém, da oposição psíquico-material considerada como falsa do ponto de vista do neutralismo. Também a este pressuposto se deve a idéia que Ziehen faz da lógica. Com efeito, as leis lógicas formais não são para Ziehen nem leis específicas de nosso pensar, nem tampouco leis derivadas de um terceiro reino especial pertencente ao "formal" ou à validez pura, são as leis mais gerais de todo o dado, das partes constitutivas da redução, assim como dos componentes no sentido da causalidade paralela. Em outros termos, as leis lógicas são, em última análise, leis "gignomenológicas", que regem não somente todo pensamento, mas todo o dado. Ziehen supõe que esta concepção gignomenológica neutralista da lógica e do real permitirá superar tanto o psicologismo quanto o logicismo, assim como tanto o imanentismo puro da consciência como a submissão ao objeto e à coisa em si.

⊃ Obras: *Leitfaden der physiologischen Psychologie*, 1891; 12ª ed., 1924 *(Manual de psicologia fisiológica)*. — *Psychiatrik*, 1894. — *Psychophysiologische Erkenntnistheorie*, 1898 *(Teoria psicofisiológica do conhecimento)*. — *Über die allgemeinen Beziehungen zwischen Gehirn- und Seelenleben*, 1902 *(Sobre as relações gerais entre a vida cerebral e a vida anímica)*. — *Die Geisteskrankheiten des Kindesalters*, 1902-1906 *(As doenças psíquicas da idade infantil)*. — *Das Gedächtnis*, 1908 *(A memória)*. — *Erkenntnistheorie auf psychophysiologischer und physikalischer Grundlage*, 1913 *(Teoria do conhecimento formulada psicofisiológica e fisicamente)*. — *Die Grundlagen der Psychologie*, 1915 *(Os fundamentos da psicologia)*. — *Lehrbuch der Logik auf positivistischer Grundlage, mit Berücksichtigung der Geschichte der Logik*, 1920 *(Manual de lógica sobre fundamentos positivistas, com consideração da história da lógica)*. — *Grundlage der Naturphilosophie*, 1922 *(Fundamento de filosofia natural)*. — *Vorlesungen über Ästhetik*, 1923-1925 *(Lições sobre estética)*. — *Die Grundlagen der Charakterologie*, 1930 *(Os fundamentos da caracterologia)*. — *Erkenntnislehre*, 2ª ed., I Parte, 1934; II Parte, 1939 *(Teoria do conhecimento)*. — Trad. esp. de: *Compendio de psicología fisiológica*, 2ª ed., 1920.

Depoimento em *Die Philosophie der Gegenwart in Selbstdarstellung*, t. II, 1924.

Ver: Otto Flügel, *Th. Z. und die Metaphysik*, 1913. ⊂

ZIGLIARA, TOMMASO MARIA, nascido Francisco (1833-1893). Nascido em Bonifacio (Córsega). Membro da Ordem dos Pregadores, Zigliara ensinou em Viterbo, Corbara (Córsega) e Roma. Em 1879 foi nomeado Cardeal pelo papa Leão XIII. Presidente da Academia de Santo Tomás e da Comissão editora das obras de Santo Tomás, encarregada de preparar a grande edição de obras de Santo Tomás chamada *Editio Leonina*, Zigliara exerceu influência nos meios tomistas por sua exposição e interpretação das doutrinas de Santo Tomás, e por sua crítica do que considerou como interpretações errôneas, tanto do "tradicionalismo" como do ontologismo. Segundo Zigliara, a fidelidade a Santo Tomás pode evitar cair em posições ou demasiado racionalistas ou excessivamente irracionalistas ou intuicionistas.

⊃ Obras: *Saggio sui principii del tradizionalismo*, 1865. — *Osservazioni sopra alcune interpretazioni della dottrina ideologica di S. Tommaso d'Aquino, dal professore G. C. Ubaghs*, 1870 [refere-se ao padre Gerhard Casimir Ubaghs (1800-1875), que manifestou tendências ontologistas em várias obras, por exemplo: *Essai d'idéologie ontologique*, 1860]. — *Della luce intellettuale e dell'ontologismo, secondo le dottrine dei ss. Agostino, Bonaventura e Tommaso*, 2 vols., 1871. — *Summa philosophica in usum scholarum*, 3 vols., 1876 [numerosas edições]. — *De mente Concilii Viennensis in definiendo dogmate unionis animae humanae cum corpore*, 1878.

Edição de obras: *Oeuvres philosophiques*, 3 vols., Lyon, 1880-1881.

Ver: Necrológica em *Arch. Ordinis Praedicatorum* (1893), 258-263. — O. F. Tencajoli, "Il cardinale T. M. Z.", *Mem. domenicane* (1935), 160-176. ⊂

ZIMARA, MARCO ANTONIO. Ver AVERROÍSMO.

ZINDLER, KONRAD. Ver MEINONG, ALEXIUS VON.

ZINOVIEV, A[LEKSANDR] A[LEKSANDROVITCH]. Ver POLIVALENTE.

ZOCHER, RUDOLF (1887-1976). Nascido em Grossenhain (Saxônia), estudou em Heidelberg e em Erlangen. De 1925 a 1934 foi "professor extraordinário" e a partir 1934 professor titular em Erlangen.

Zocher desenvolveu o que chamou uma "filosofia fundamental" ou "doutrina filosófica fundamental", que considera prévia a qualquer investigação filosófica, incluindo as de caráter ontológico. Em seu exame crítico da fenomenologia de Husserl em relação com a lógica de Schuppe (VER), Zocher já indicara que toda filosofia tem de partir de um ponto de vista inteiramente "imanente", único modo de evitar pressupostos nos quais recai o próprio Husserl. Na "doutrina filosófica fundamental", Zocher tenta traçar o esquema de todas as possibilidades de constituição das camadas ontológicas. A ontologia trata do "ser" e dos "entes", mas prévias a eles são para Zocher as regiões do "sentido" e da "validez", objeto da "filosofia fundamental".

● Obras: *Die objektive Geltungslogik und der Immanenzgedanke*, 1925 [Heidelberger Abhandlungen, ed. H. Rickert e E. Hoffmann] *(A lógica objetiva da validez e a idéia de imanência).* — *Husserls Phänomenologie und Schuppes Logik. Ein Beitrag zur Kritik des intuitionistischen Ontologismus in der Immanenzidee*, 1932 *(A fenomenologia de H. e a lógica de S. Contribuição à crítica do ontologismo intuicionista na idéia da imanência).* — *Geschichtsphilosophische Skizzen*, 2 vols., 1933-1934 *(Esboços histórico-filosóficos).* — *Die philosophische Grundlehre*, 1939 [Beiträge zur Philosophie und ihrer Geschichte, 6] *(A doutrina filosófica fundamental).* — *Tatwelt und Erfahrungswissen*, 1948 *(Mundo de fato e saber de experiência).* — *Philosophie in Begegnung mit Religion und Wissenschaft*, 1955 [Glauben und Wissen, 15] *(A filosofia em encontro com a religião e a ciência).* — *Kants Grundlehre*, 1956 *(A doutrina fundamental de Kant).* — Para esclarecimentos de sua "doutrina filosófica fundamental" ver seu artigo: "Zum Problem der philosophischen Grundlehre", *Philosophische Forschung*, 1 (1946).

Bibliografia completa em *Tradition und Kritik*, 1967 (livro de homenagem a R. Z.). **G**

ZÖLLNER, JOHANN KANT FRIEDRICH. Ver NEOKANTISMO.

ZUBIRI [APALÁTEGUI], XAVIER (1898-1983). Nascido em San Sebastián. Até 1936 foi professor em exercício na Universidade Central (Madrid). Em 1941 ensinou por um breve tempo na Universidade de Barcelona, mas se retirou da cátedra oficial e logo começou a expor seu pensamento, ano após ano, em cursos privados dados em Madrid.

Durante muito tempo os que não estavam familiarizados com os cursos acima indicados puderam conhecer de Zubiri unicamente os diversos trabalhos publicados em revistas de 1934 a 1942 e recolhidos em livro em 1944 *(Naturaleza, Historia, Dios)*, mais alguns trabalhos publicados em revistas. Especialmente importantes, e influentes, foram a este respeito os trabalhos de Zubiri acerca do problema de Deus e acerca da história ou "o passado humano". Zubiri examinara a dimensão na qual se coloca o problema de Deus, dimensão dada pela "ligação como possibilitação da existência enquanto tal". Quanto à história, mostrara que não é simples fato passado, nem tampouco produção atual de realidades, mas, como vimos no verbete POTÊNCIA, o "fazer um poder", que converte a história numa "quase-criação".

Em alguns dos trabalhos de referência se tornava patente o interesse de Zubiri por uma "filosofia primeira". Por exemplo, quando tratava de mostrar a necessidade de descobrir uma nova *ratio entis* — uma *ratio* prévia ao conceito e dentro da qual o próprio conceito adquirisse sentido. Para tanto, Zubiri escrevia que "não só o ser no sentido de conceito se diz de muitas maneiras, mas, antes de tudo, se diz de muitas maneiras a razão mesma do ente". Tratava-se, ao que parece, de uma progressiva constituição do âmbito mesmo do ser no curso de uma dialética das *rationes* do ente.

A publicação, em 1962, de *Sobre la esencia*, parte de uma série de "Estudios filosóficos", deu a conhecer um aspecto importante do pensamento de Zubiri, tanto no que diz respeito à sua "filosofia primeira" como a algumas das vias percorridas por sua "filosofia segunda". Estendemo-nos sobre vários aspectos do pensamento de Zubiri em diferentes verbetes da presente obra. Remetemos aos dedicados às noções de CONSTITUIÇÃO E CONSTITUTIVO; ESSÊNCIA; FORMALIZAÇÃO; HÁBITO; INDIVÍDUO; INTELIGÊNCIA; REAL E REALIDADE; SUBSTÂNCIA; SUBSTANTIVIDADE, SUBSTANTIVO; TAL, TALIDADE; TRANSCENDENTAL, TRANSCENDENTAIS. Entre estes verbetes destacamos o dedicado à noção de essência.

Zubiri procurou elucidar e apreender o que constitui formalmente a realidade, tanto em seu ser real enquanto real como em seu ser "tal". Para Zubiri a realidade é prévia ao ser; longe de ser a realidade um tipo de ser, por fundamental que se suponha, o ser se funda na realidade. O que se chama "ser" é, antes, "o momento de atualidade do real nessa respectividade que constitui transcendentalmente o mundo"; o ser, em suma, está dado "como atualidade respectiva". A realidade é, portanto e primariamente, algo "de seu"; este ser "de seu" é o transcendental simples. Só "posteriormente" pode se falar do mundo (da respectividade) como um segundo momento transcendental. Em suma: a realidade como realidade é o fundamental e primário; só secundariamente, e como momento seu, pode se falar do ser.

Isso significa — ou, melhor dizendo, pressupõe — que a realidade é o primeiro inteligível. A realidade se dá como "realidade sentida" em "impressão de realidade". E já que o inteligir apresenta as coisas reais como reais, o homem pode ser definido, ou apresentado, como "animal de realidades". Como tal "animal de realidades", ou inteligência sentinte, o homem é capaz de sentir a realidade mesma em seu formal caráter de realidade. A função primária do homem, diz Zubiri, é a de "enfrentar-se sentintemente com a realidade das coisas".

A "filosofia primeira" de Zubiri é o fundamento de toda "filosofia segunda", mas ao mesmo tempo a "filosofia segunda" apóia e complementa a "filosofia primeira". Com efeito, e para citar um único exemplo, a caracterização do homem por meio do hábito da "inteligência senciente", que torna possível compreender o sentir a realidade em seu formal caráter de realidade, é possível graças a um longo exame do comportamento de diversos níveis de "realidade". Fundamentais neste exame são noções como as de "habitual" — a que nos referimos em HÁBITO — e "formalização" (VER). (Ver também SENTIDO). Ao mesmo tempo, porções consideráveis da "filosofia segunda" — tais como as que tratam da questão da "relação corpo-alma", dos problemas da personalidade (e "personeidade"), vontade, liberdade etc. — estão estreitamente ligadas às questões centrais da filosofia primeira. A rigor, a questão da relação possível entre filosofia primeira e "filosofias segundas" constitui um dos problemas que se apresentam ao pensamento de Zubiri. Fundamental é também para este pensamento a relação possível entre uma "filosofia intermundana" e uma "filosofia transmundana".

•• Para Zubiri é, pois, fundamental o estudo da intelecção humana e dos distintos níveis a que ela é capaz de abrir-se. Zubiri culminou seus trabalhos sobre esse tema com uma grande trilogia que pôde ver publicada pouco antes de sua morte: *Inteligencia sentiente* (1980), *Inteligencia y logos* (1982), *Inteligencia y razón* (1983). Os três volumes estão dominados por três conceitos-chave: inteligência, logos e conhecimento, respectivamente. Pela inteligência se produz a "apreensão primordial" e básica, que é a captação das coisas como "reais". Isso, porém, não é mais que o primeiro passo para que o logos possa expô-las — mediante os juízos da lógica — tal como são "em realidade". Em ambos os momentos, contudo, o único que está em jogo é a "intelecção" não o "conhecimento". Nisso se equivocaram, segundo Zubiri, as filosofias anteriores, sobretudo desde Kant. E já que o estádio do logos tampouco pode ser o supremo — com isso simplesmente se logifica e formaliza a inteligência —, é importante chegar até o terceiro nível, o do autêntico conhecimento, pelo qual se chega à abertura do que são as coisas "na realidade". Só a partir daí se pode entender o sentido último da existência humana, essencialmente ligada e aberta à transcendência. É a compreensão — não meramente lógica, mas racional, isto é, experiencial — deste nível, o que possibilita que o homem viva de verdade como uma pessoa livre, ou, o que é o mesmo, que o homem "saiba estar na realidade". Porque o ser humano se moveria, segundo Zubiri, por uma permanente "vontade de verdade real", não por uma mera "vontade de verdade de idéias". ••

➲ Obras: *Ensayo de una teoría fenomenológica del juicio*, 1923 (tese). — "Sobre el problema de la filosofía", *Revista de Occidente*, 39 (1933), 51-80; 40 (1933), 83-117. — "Note sur la philosophie de la religion", *Bulletin de l'Institut Catholique de Paris*, 2ª série 28 (1937), 333-341. — *Naturaleza, Historia, Dios*, 1944; 5ª ed., aum., 1963; 9ª ed., 1987 [inclui, entre outros trabalhos, vários deles publicados antes em revistas: "Hegel y el problema metafísico" (1931); "La idea de Naturaleza: la nueva física" (1934); "Dios y la deificación en la teología paulina" (notas procedentes de um curso dado em 1934-1935); "¿Qué es el saber?" (1935); "En torno ao problema de Dios" (1935-1936); "Sócrates y la sabiduría griega" (1940); "Ciencia y realidad" (1941); "El acontecer humano: Grecia y la pervivencia del pasado filosófico" (1942); "Nuestra situación intelectual" (1942)]. — *Sobre la esencia*, 1962; 5ª ed., 1985. — *Cinco lecciones de filosofía*, 1963; 6ª ed., 1988 [sobre a idéia da filosofia em Aristóteles, Kant, Comte, Bergson e Husserl, com apêndices sobre Dilthey e Heidegger]. — "El hombre, realidad personal", *Revista de Occidente*, 2ª época, nº 1 (abril 1963), 5-29. — "El origen del hombre", *ibid.*, nº 17 (agosto 1964), 164-173. — "Notas sobre la inteligencia humana", *Asclepio*, 18-19 (1966-1967), 341-353. — "El hombre y su cuerpo", *ibid.*, 25 (1973), 3-15. — "La dimensión histórica del ser humano", *Realitas*, vol. 1 (1974), 11-69. — "El espacio", *ibid.*, 479-514. — "El problema teologal del hombre", em A. Vargas-Machuca, ed., *Teología y mundo contemporáneo. Homenaje a Karl Rahner en su 70º cumpleaños*, 1975, 55-64. — "El concepto descriptivo del tiempo", *Realitas*, vol. 2 (1976), 7-47. — "Respectividad de lo real", *ibid.*, vols. 3-4 (1979), 13-43. — *Reflexiones teológicas sobre la Eucaristía*, 1980. — *Inteligencia sentiente*, 1980; reed. 1981 e 1984 (esta última com o título *Inteligencia sentiente. I: Inteligencia y realidad*. Cita-se sempre por esta última edição). — *Inteligencia y logos*, 1982. — *Inteligencia y razón*, 1983.

Apareceram postumamente: "Dos etapas", *Revista de Occidente*, 32 (1984), 43-50. — *El hombre y Dios*, 1984; 4ª ed., 1988. — *Sobre el hombre*, 1986. — *Estructura dinámica de la realidad*, 1989. — *Sobre el sentimiento y la volición*, 1992.

Bibliografia: R. Lazcano, *Panorama bibliográfico de X. Z.*, 1993.

Ver: Julián Marías, *Filosofía española actual: Unamuno, Ortega, Morente, Z.*, 1948, pp. 133-147. — José Luis L. Aranguren, A. del Campo, Francisco Javier Conde, Dionisio Ridruejo *et al.*, *Homenaje a Z.*, 1953. — Vicente Fatone, *La existencia humana y sus filósofos*, 1953, cap. IV. — Pedro Cerezo, Jesús Arellano e Joaquín Ferrer, artigos sobre o livro *Sobre la esencia*, em *Documentación crítica iberoamericana de filosofía y ciencias afines*, año 1, nº 1 (1964), 15-109. — Ignacio Ellacuría, *Sobre la esencia, de X. Z.: Índices*, 1965. — José Ferrater Mora, "The Philosophy of X. Z.", tr. G. L. Kline, em George L. Kline, ed., *European Philosophy Today*, 1965, pp. 15-29. — Germán Marquínez Argote, *En torno a Z.*, 1965. — Paulino Garagorri, *Unamuno, Ortega, Z. en la filosofía española*, 1968 (pp. 123-168, 195-205, 226-228). — I. Ellacuría, A. López Quintás *et al.*, artigos em *Homenaje a X. Z.*, 2 vols., 1970. — I. Ellacuría, ed., *Realitas: Seminario X. Z.*, 1974. — F. Sanguinetti, *X. Z.: Pensiero filosofico e scienza moderna*, 1975. — A. Savignano, *Psicologismo e giudizio filosofico in M. Heidegger, X. Zubiri, J. Maréchal*, 1976. — C. Martínez Santamarta, *El hombre y Dios en X. Z.*, 1981. — G. Gómez Cambres, *La realidad personal. Introducción a Z.*, 1983. — A. Pintor Ramos, *Génesis y formación de la filosofía de Z.*, 2ª ed., ampliada, 1983. — J. A. Mainetti, E. T. Segura *et al.*, *Hombre y realidad*.

Homenaje a Z., 1898-1983, 1985, ed. M. L. Rovaletti. — D. Gracia, *Voluntad de verdad. Para leer a Z.*, 1986. ◐

ZUÍNGLIO, ULRICO [HULDRYCH ou ULRICH ZWINGLI] (1484-1531). Nascido em Wildhaus (domínio abacial de St. Gallen na Suíça). Seguiu a carreira eclesiástica e estudou nas Universidades de Basiléia e Viena, e de novo em Basiléia, onde recebeu a influência do humanismo liberal na época muito influente na Suíça. De 1506 a 1516 foi pároco em Glarus e capelão de tropas mercenárias na Itália, assim como pároco em Einsiedeln. A tradução do Novo Testamento grego de Erasmo, da qual teve conhecimento em 1516, exerceu grande influência em Zuínglio, que se inclinou rumo à afirmação da autoridade escriturística e da "simplicidade cristã" contra as práticas eclesiásticas. Em 1519 foi nomeado pároco em Grossemunder, a Grande Catedral de Zurique, e começou a traduzir oralmente e a expor os textos hebraico e grego das Escrituras em oposição aos que baseavam seus sermões na tradução da Vulgata. Em 1519 Zuínglio leu alguns dos escritos de Lutero, mas embora concordasse com ele na importância primordial dada às Escrituras, separou-se dele considerando que os ensinamentos de Lutero estavam muito longe do reformismo erasmiano e até se opunham a ele radicalmente. Em 1524 Zuínglio rompeu definitivamente com Roma, instaurando em Zurique a reforma protestante com o apoio do Grande Conselho de Zurique. Zuínglio se opôs tanto aos católicos como aos anabatistas e formulou, em 1525, em seu *Commentarius* (cf. bibliografia), seu sistema teológico. Uma tentativa de conciliar as doutrinas de Lutero e Zuínglio fracassou em 1529, no chamado "Colóquio de Marburgo), especialmente no tocante à interpretação da Eucaristia: enquanto Lutero defendia a "consubstanciação" (ver TRANSUBSTANCIAÇÃO), Zuínglio defendia a concepção "simbólica" ou "representativa" da Eucaristia. Zuínglio faleceu durante a *guerra* entre os cantões católicos e protestantes como capelão das forças protestantes.

Característico de Zuínglio, do ponto de vista filosófico, ou filosófico-teológico, foi sua tentativa de integrar o humanismo chamado "liberal" com a fé cristã. Encontram-se nas doutrinas de Zuínglio vestígios não só de Erasmo como também de Ficino e Pico della Mirandola, especialmente no que se refere à idéia de considerar os ensinamentos cristãos como ensinamentos universais de caráter primordialmente ético e à tese de que as verdades reveladas são ao mesmo tempo verdades racionais e universais — o que influenciou o socinianismo (VER). Na formação da teologia de Zuínglio também foram importantes as influências escolásticas, em particular as ockhamistas — embora também se encontre em Zuínglio vestígios de scotismo e tomismo. É um erro apresentar a teologia de Zuínglio como uma teologia completamente "racionalista" e "otimista", pois embora rechaçasse a insistência luterana na corrupção radical do homem, Zuínglio não considera possível escapar do fato de uma básica "miséria" humana. Mas o "talante" teológico de Zuínglio difere do de Lutero, assim como do do catolicismo, por se inclinar sempre para uma atitude "humanista" e ao mesmo tempo "reformadora", tratando de conciliá-las.

◐ A principal obra teológica de Zuínglio é seu *Commentarius de vera et falsa religione* (1525). Mas devem-se mencionar também o escrito anterior *Expositio christianae fidei* (1521), dirigido ao rei Francisco I, e o escrito posterior *Confessio tetrapolitana* (1530).

Edição de obras por Schuler-Schulthess em 8 vols., 1828-1841. — Edição em *Corpus Reformatorum,* LXXXVIII-XCVIII, 1905-1928, ed. Georg Finsler.

Bibliografia: G. Finsler, *Zwingli-Bibliographie. Verzeichnis der gedruckten Schriften von und über U. Z.,* 1897, reimp., 1963.

Biografia: O. Farner, *Uldrych Zwingli,* 3 vols., 1943-1954 (I. *Seine Jugend, Schulzeit und Studentenjahre [1484-1506];* II. *Siene Entwicklung zum Reformator [1506-1520];* III. *Seine Verkündigung und ihre ersten Früchte [1520-1525].* — Uma obra clássica sobre Z. é: R. Stählin, *H. Z., sein Leben und seine Werke nach en Quellen,* 2 vols., 1895-1897.

Ver: W. Köler, *Die Geisteswelt U. Zwinglis,* 1920. — A. Waldburger, *Der falsche und der wahre Z.,* 1932; 2ª ed., 1933. — Fritz Blanke, *U. Z.,* 1940. — R. C. Walton, *Zwingli's Theocracy,* 1967. — W. H. Neuser, *Die reformatorische Wende bei Z.,* 1977. — G. W. Locher, *Z's Thought,* 1981. — U. Gäbler, *H. Z. Eine Einführung in sein Leben und sein Werk,* 1983. — P. Winzeler, *Z. als Theologe der Befreiung,* 1986. ◐

ZUMEL, FRANCISCO (1540/1541-1607). Nascido em Palencia, ingressou em 1556 na Religião da Mercê, chegando a ser escolhido em 1593 geral da Ordem. A partir de 1570 ensinou em diversas cátedras da Universidade de Salamanca (física, a partir de 1576; filosofia moral, a partir de 1579). A orientação geral de Zumel é a tomista, com algumas idéias próprias especialmente na metafísica, na qual negou que a ação fosse a causalidade própria da causa eficiente. Mais conhecido que por suas idéias metafísicas, porém, Zumel o é pela posição adotada na controvérsia *de auxiliis;* contra o molinismo e doutrinas afins, Zumel defendeu o sistema da premoção (VER) física, com algumas variantes em relação a Báñez, que, segundo Zumel, fora demasiado longe no processo de fundamentação na vontade divina dos atos voluntários humanos.

◐ Entre as obras de Zumel mencionamos: *In primam secundae S. Thomae commentaria,* 2 vols., 1584. — *Commentaria in primam partem S. Thomae,* 1585. — *De Deo, eiusque operibus,* 2 tomos, 1585-1587. — Opúsculos teológicos recolhidos em 3 tomos: *Opuscula, Libros tres ad primam partem et ad primam secundae duos variarumque quaestionum alium continentia,* 1607. — Há

vários manuscritos de Zumel ainda inéditos na biblioteca do Vaticano.
Ver: V. Muñoz, *El influjo del entendimiento sobre la voluntad según Francisco Zumel, mercedario (1540-1607)*, 1950. — Id., *Zumel y el molinismo*, 1953 (edição do informe do P. Francisco Zumel sobre a doutrina do P. Luis de Molina, de julho de 1595). — Domingo Acquaro, *Concepto y trascendencia de lo sobrenatural en Zumel*, 1962. — E. Silva, "F. Zumel, excelente intérprete y acérrimo defensor de Santo Tomás", *Sapientia*, 35 (1980), 541-558. ↻

ZÚÑIGA, DIEGO DE, nome pelo qual foi substituído o original de Diego Arias (1536-1597/1598). Nascido em Salamanca, ingressou no Convento agostiniano de Salamanca em 1568 e ensinou na Universidade de Osuna. Embora atendo-se fundamentalmente à tradição aristotélico-escolástica, há freqüentemente em Diego de Zúñiga tendências platonizantes que se contrapõem às estritamente aristotélicas. Há também inclinações de caráter humanista, que se manifestam não somente na rejeição de certas doutrinas aristotélico-escolásticas que muitos humanistas haviam considerado inadmissíveis por causa de sua proclamada obscuridade ou falsa sutileza (por exemplo, a doutrina de que a física se ocupa do ente móvel etc.), mas também, e muito especialmente, no estilo adotado para a exposição filosófica.

⊃ Principal obra filosófica: *Philosophia prima pars, qua perfecte et eleganter quatuor scientiae Metaphysica, Dialectica, Rhetorica et Physica declarantur*, 1597. — Entre outras obras mencionamos: *De vera religione in omnes sui temporis haereticos libri tres*, 1577.
Ver: M. Solana, *Historia de la filosofía española. Época del Renacimiento (siglo XVI)*, t. III, 1941, pp. 221-260. ↻

ZURIQUE (ESCOLA DE). Em dois sentidos se pode falar de uma "Escola de Zurique": 1) Como designação da escola psicanalítica inspirada por C. G. Jung, escola que, em virtude das doutrinas de seu inspirador, bem depressa saiu do quadro da psicanálise (VER) clássica. 2) Como designação de uma escola filosófica inspirada por Ferdinand Gonseth e na qual colaboraram, entre outros, Paul Bernays, Gaston Bachelard, P. Devaux, sem por isso estarem submetidos a uma "ortodoxia" rígida, mas, antes, interpretando a escola como adoção de um método e não como aceitação de um determinado conteúdo filosófico. A Escola filosófica de Zurique às vezes é apresentada como uma tentativa de união ou conciliação de algumas teses do marxismo com outras do positivismo lógico, muito embora coubesse melhor interpretá-la, segundo seus próprios representantes assinalam (cf. *Dialectica*, Zurique, vol. I, nº 1, 1947. Editorial), como uma filosofia do transcender *(dépassement)* que, ao mesmo tempo que contradiz, conserva, ocupando uma posição mediadora — a da ciência moderna — entre as duas "místicas" opostas do puro empirismo e do puro racionalismo. Em todo caso, trata-se de uma tentativa de revalorização da dialética (VER), entendida no mais amplo sentido, como um modo de enfrentar todos os aspectos complementares e também opostos da realidade. A dialética da escola de Zurique tenta, portanto, fazer a mediação entre as exigências da ontologia das essências e as colocadas pela análise das existências, entre a concepção humanista e a concepção operativa do homem, entre os postulados da formalização e as evidências dos princípios. Cada uma destas teses é considerada como um "momento" num processo dialético em princípio interminável, pois a dialética é, no fundo, o reconhecimento do caráter essencialmente inacabado do saber e a substituição de todo princípio normativo absoluto por uma contínua "revisibilidade" dos princípios, incluindo os formais. A revista *Dialectica* (publicada em Neuchâtel a partir de 1947) expõe os pontos de vista desta "filosofia do conhecimento" da citada Escola.

QUADRO CRONOLÓGICO

Figuram neste quadro, em ordem cronológica, os nomes de todos os autores aos quais se dedicou um verbete. Para a confecção do quadro, adotamos as seguintes normas:

1) Os nomes de autores desde Tales de Mileto (*ca.* 640/30-546/45 a.C.) — os Sete Sábios formam "grupo especial" — até Eudoro de Alexandria (*fl.* 25 a.C.), inclusive, foram distribuídos em cinco grupos. Esses grupos não representam períodos bem definidos, mas permitem ver que autores estão cronologicamente mais próximos de outros dentro de certas datas.

2) Os nomes de autores desde Fílon de Alexandria (*ca.* 25 a.C. / 50 d.C.), inclusive, até nossos dias estão agrupados por séculos. Para tanto adotamos as normas seguintes:

   a) A inserção do autor num lugar está determinada pela data de nascimento.

   b) Se a data de nascimento é só aproximada (precedida por *ca.* [*circa*] ou 'cerca de', 'por volta de', 'aproximadamente'), esta foi considerada como se fosse segura.

   c) Se se conhece do autor somente o "ano de florescimento" (precedido por *fl.* [*floruit*]), considerou-se que sua data de nascimento cai trinta anos antes. Quando indicamos duas datas entre as quais tem lugar o "florescimento", adotamos a data intermediária como a que designa o *floruit*.

   d) Se se conhece do autor só a data de falecimento, considera-se que a data de nascimento cai sessenta anos antes da primeira.

   e) Se se conhece só o século no qual viveu um autor, supõe-se que o ano de seu "florescimento" é a metade do século.

   f) Se se sabe só que seu período de florescimento é um século determinado, supõe-se que o ano de florescimento é a metade do século.

   g) Os autores nascidos, ou presumivelmente nascidos, entre os anos 70 e final de um século foram incluídos no século seguinte.

Esta última norma não deve fazer esquecer que em alguns casos um autor nascido antes do ano 70 de um determinado século pode ser considerado, por sua atuação ou influência, como pertencente ao século seguinte. Para nos referirmos só aos últimos séculos, podemos comprová-lo em Francis Bacon e Galileu — nascidos antes de 1570, mas usualmente incluídos dentro do século XVII —, em Louis de Bonald, Saint-Simon, Fichte, Royer-Collard, Maine de Biran — nascidos antes de 1770, mas tratados freqüentemente como autores oitocentistas —, em Freud, Lévy-Bruhl, Simmel, Peano, Meyerson, Alexander, Husserl, Bergson, Duhem, Dilthey, Dewey, Santayana, Max Weber, Unamuno, Chestov, Croce, Driesch, Lalande, Brunschvicg etc. — nascidos antes de 1870 e quase sempre incluídos nas exposições da "filosofia do século XX". Para os efeitos do agrupamento de autores em séculos convém dar uma olhada nos últimos autores que figuram em cada grupo e levar em conta outros fatores além do cronológico.

A partir do século XVI, quando há dois ou mais autores nascidos no mesmo ano, foram ordenados alfabeticamente.

Antes de Cristo

Sete Sábios
Tales de Mileto (*ca.* 640/639-546/545)
Anaximandro (*ca.* 610-547)
Anaxímenes (*ca.* 588-524)
Xenófanes (*ca.* 570-470)
Ferécides de Tiro (meados do século VI)
Pitágoras (*fl.* 532)
Alcméon (*fl.* século VI)
Parmênides (nasc. *ca.* 540/539)
Heráclito (nasc. *ca.* 544 [*fl.* 504/501]
Hipodamo de Mileto (*fl. ca.* 480)
Anaxágoras (*ca.* 499-428)
Zenão de Eléia (*ca.* 490-430)
Empédocles (*ca.* 483/482-430)
Leucipo (*fl.* 450)
Diógenes de Apolônia (*fl.* 450)
Protágoras (*ca.* 480-410)
Crátilo (século V)
Hípias (século V)
Trasímaco (*fl.* 450)
Pródico (*fl.* 441)
Melisso (*fl.* 441)
Sócrates (470/469-399)
Demócrito (460-370)
Filolau (*fl.* fim do século V)
Antifonte (segunda geração sofistas)
Euclides de Megara (*ca.* 450-*ca.* 380)
Arquelau (*fl. ca.* 420)
Antístenes de Atenas (*ca.* 444-365)
Aristipo (nasc. *ca.* 435)
Fédon (*fl. ca.* 399)
Euclides de Alexandria (*fl.* 365)
Platão (428/427-347)
Xenofonte (*ca.* 430-354)
Górgias († 380)
Diógenes de Sinope (*ca.* 413-327)
Eudóxio de Cnido (*ca.* 408-355)
Mo-Tsé (*ca.* 468-*ca.* 376)
Espeusipo (*ca.* 407-339)
Xenócrates (*ca.* 396-314)
Heráclides Pôntico (*fl.* 360)
Aristóteles (*ca.* 384/383-322)
Eubúlides de Mileto (*fl.* 350)
Arquitas (século IV)
Yang-Chu (século IV)
Teofrasto (*ca.* 372-288)
Eudemo de Rodes (coetâneo de Teofrasto)
Mêncio (*ca.* 371-289)
Chuang-Tsé (*ca.* 369-286)
Diodoro Cronos († 307)
Pirro (*ca.* 360-270)
Aristóxeno (nasc. *ca.* 354)

Dicearco de Messina (coetâneo de Aristóxeno)
Onesícrito (*fl.* 330)
Crates de Tebas (*fl.* 326)
Estilpo de Megara (*fl.* 320)
Demétrio de Falera (*ca.* 345-283)
Epicuro (*ca.* 341-270)
Clearco (nasc. 340)
Crantor (340-290)
Menedemo de Erétria (*ca.* 340-*ca.* 265)
Zenão de Cítio (*ca.* 335-*ca.* 264)
Cleanto (331/330-233/232 ou 232/231)
Metrodoro de Lâmpsaco (*ca.* 330-*ca.* 277)
Fílon de Megara (*fl. ca.* 300)
Evêmero (*fl.* 300)
Tímon (*ca.* 320-235)
Aríston de Quios (*ca.* 320-250)
Arcesilau (*ca.* 315-*ca.* 241/240)
Pólemon (escolarca: 314-*ca.* 241/140)
Nausífanes de Téo (*fl. ca.* 300)
Estratão de Lâmpsaco (*fl.* 288/286-266)
Aristarco de Samos (*fl. ca.* 280)
Arquimedes (287-212)
Crisipo (281-208)
Lícon (*fl.* 350; escolarca: 272/268-228/225)
Menipo de Gadara (*fl.* 270)
Crates de Atenas (*fl.* 270)
Heguesias (século III)
Bíon de Boristene (*fl.* 230)
Aríston de Ceos (*fl.* 228-225)
Critolau († *ca.* 156)
Carnéades (*ca.* 214-129)
Aristóbulo (*fl.* 165)
Clitômaco (187/186-110/109)
Panécio (*ca.* 185-110/109)
Hiparco de Samos (século II)
Possidônio (*ca.* 135-50)
Fílon de Larissa (*fl.* 100)
Varrão (Marcus Terentius Varro) (116-27)
Cícero (Marcus Tullius Cicero) (106-43)
Aríston de Alexandria (século I)
Asclepíades (século I)
Crátipo (século I)
Andrônico de Rodes (*fl.* 70)
Antíoco de Ascalon (*fl.* 70)
Enesídemo (*fl.* 70)
Lucrécio (Titus Lucretius Carus) (*ca.* 96-55)
Nigídio Fígulo (Publius Nigidius Figulus) († 45)
Musônio (C. Musonius Rufus) (*fl.* 65)
Filodemo de Gadara (*fl.* 60)
Nicolau de Damasco (nasc. *ca.* 64)
Potamon (63-14 d. C.)
Eudoro de Alexandria (*fl.* 25)

Depois de Cristo

Século I

Quintiliano (Marcus Fabius Quintilianus) (*ca.* 35-*ca.* 95)
Fílon de Alexandria (*ca.* 25 a. C.-50)
Sêneca (Lúcio Aneu) (Lucius Annaeus Seneca) (*ca.* 4-65)
Paulo (São) († *ca.* 67)
Demétrio Cínico (século I)
Moderato de Gades (*fl.* século I)
Cornuto (Lucius Annaeus Cornutus) (*fl.* 66)
Díon Crisóstomo (*ca.* 40-120)
Plutarco (*ca.* 45-125)
Epicteto (*ca.* 50-138)
Arriano Flávio, discípulo de Epicteto (século I)
Severo (século I)

Século II

Demonax de Chipre (*ca.* 80-180)
Favorino (*ca.* 80-150)
Marcião (*ca.* 85-*ca.* 165)
Hiérocles Estóico (*fl. ca.* 120)
Ptolomeu (Cláudio Ptolomeu) (*fl.* 127 a 150)
Valentim (*ca.* 100-*ca.* 165)
Carpócrates (*fl. ca.* 130)
Basílides (*fl. ca.* 130)
Justino (São) (*ca.* 105-*ca.* 165)
Téon de Esmirna (século II; época do imperador Adriano [117-138])
Nicômaco de Gerasa (*fl.* 140)
Peregrino Proteu (século II)
Oinomao de Gadara (século II)
Numênio de Apaméia (século II)
Aristides (Marciano Aristides) (século II)
Diogeniano (século II)
Marco Aurélio Antonino (121-180)
Luciano de Samosata (*ca.* 125-180)
Ireneu (Santo) (*ca.* 125-*ca.* 202)
Apuleio (nasc. 125)
Galeno (130-200)
Aécio (*fl. ca.* 150)
Nicóstrato (*fl.* 160 a 170)
Ático (*fl.* 170)
Celso (*fl.* 170)
Minúcio Félix (Marcus Minucius Felix) (*fl.* 170)
Clemente (São) (*ca.* 150-*ca.* 215)
Albino (*fl.* 180)
Máximo de Tiro (*fl.* 180)
Bardesano de Edessa (154-222)
Tertuliano (Quintus Septimus Florens Tertullianus) (*ca.* 155-222)
Hipólito (Santo) (*ca.* 160-*ca.* 236)

Século III

Filostrato (Flávio) (*ca.* 170-*ca.* 249)
Alexandre de Afrodísia (*fl.* 200)
Diógenes de Enoanda (*fl.* 200)
Sexto Empírico (*fl.* 200)
Amônio Saccas (*ca.* 175-242)
Orígenes (185/186-254)
Diógenes Laércio (*fl.* 225 a 250)
Plotino (205-270)
Orígenes Neoplatônico (companheiro de Plotino)
Amélio (*fl.* 240)
Longino (*ca.* 213-273)
Aniceris (século III)
Porfírio (232/233-*ca.* 304)
Metódio († 311)
Jâmblico (*ca.* 240-325)
Lactâncio (Lucius Caecilius Firmianus Lactantius) (nasc. *ca.* 250)
Arnóbio (*ca.* 260-327)
Eusébio de Cesaréia (*ca.* 265-339/340)

Século IV

Alexandre de Licópolis (*fl. ca.* 300)
Papo (Pappus) (*fl. ca.* 300)
Teodoro de Asine (*fl.* 300)
Atanásio (Santo) (*ca.* 297-373)
Victorino (Caio Mário) († *ca.* 380)
Temístio (*ca.* 317-*ca.* 387)
Calcídio (*fl.* 350)
Crisâncio de Sardes (*fl.* 350)
Donato, Hélio (Aelius Donatus) (*fl.* 350)
Teodoro Ateu (século IV)
Gregório de Nazianzo (São) (*ca.* 329-389/390)
Basílio (São) (*ca.* 330-379)
Pseudo-Macário (atribuído a Macário do Egito) († 395)
Ambrósio (Santo) (*ca.* 340-397)
Eunápio de Sardes (nasc. *ca.* 345/346)
Máximo de Alexandria (*fl.* 380 a 390)
Agostinho (Santo) (354-430)
Hipatia († 415)
Gregório de Nissa (São) (*ca.* 355-depois de 394)

Século V

Sinésio de Cirene (*ca.* 370-415)
Salústio Neoplatônico (*ca.* 370-415)
Dionísio Aeropagita (Pseudo-Dionísio) (*ca.* fim do século IV-início do século V)
Nemésio (*fl.* 400)
Macróbio (Ambrósio Teodósio) (*fl.* 400)
Orósio (Paulo) (por volta de 415)
Hiérocles de Alexandria (*fl.* 420)
Marciano Capella (Martianus Minneus Felix Capella) (*fl.* 430)
Proclo (410-485)
Enéias (*ca.* 450-534)
Marino de Neápolis (século V; discípulo de Proclo; sucessor deste como escolarca na Academia)

QUADRO CRONOLÓGICO

Asclepiodoto de Alexandria (*fl.* 450)
Siriano (*fl. ca.* 450)
Salústio Cínico (século V)
Procópio (465-529)

Século VI

Damáscio (nasc. *ca.* 470)
Prisciano (*fl.* 500)
Estobeu (João Estobeu) (nasc. entre finais do século V e início do VI)
Leôncio de Bizâncio (*ca.* 475-542/543)
Boécio (*ca.* 480-524/525)
Cassiodoro (em 490-*ca.* 570)
Amônio Hérmias [Amônio de Hermeiou] (*fl.* 530)
Zacarias († *ca.* 550)
João Filoponos (*fl.* 530)
Olimpiodoro (século VI)
Simplício (*fl.* 527-565)
Isidoro (Santo) (*ca.* 560-635)

Século VII

Máximo Confessor (580-662)

Século VIII

Beda Venerável (672/673-735)
João Damasceno (São) (*ca.* 674/675-749)

Século IX

Fredegiso [Fredegisus, Fridugius, Fredegis] († 834)
Rabano Mauro (Hrabanus Maurus) (784-856)
Alkindi (800-873)
John Scot Erígena (*ca.* 810-877)
Henrique de Auxerre (*ca.* 841-*ca.* 876)
Remígio de Auxerre (*ca.* 841-908)
Isaac Israeli (metade do século IX-princípios do século X)

Século X

Abenmasarra (883-931)
Alfarabi († 950)
Saadia (Saadia bn Josep al Fayum) (892-943)
Gerberto de Aurillac (930-1003)
Fulberto de Chartres (*ca.* 960-1028)

Século XI

Avicena (980-1037)
Abenhazam (994-1063)
Berengário de Tours (*ca.* 998-1088)
Lanfranco [Lanfranc, Lanfrancus] (*ca.* 1005-1089)
Pedro Damião (São) (1007-1072)
Psellos (Miguel) (1018-1078)
Avicebron (Avencebrol, Abengabirol) (*ca.* 1020-1059 ou 1070)
Gaunilo [Gaunilon] († 1083)
João Ítalo (*fl. ca.* 1060)

Anselmo (Santo) (1035-1109)
Roscelino (*ca.* 1050-*ca.* 1120)
Abenalsid (1052-1127)
Anselmo de Laon († 1117)
Algazeli (Algazel) (1058-1111)
Abu Salt (1067-1134)

Século XII

Guilherme de Champeaux (1070-1121)
Adelardo de Bath (*fl.* 1100)
Bernardo de Chartres († *ca.* 1130)
Bernardo Silvestre, Bernardus Silvestris (ou de Sylvestris), Bernardo de Tours (*fl.* 1150)
Yehudá Ha-Levi (*ca.* 1070-1143)
Gilberto Porretano (1076-1154)
Avempace (fins do século XI-1138)
Abelardo (Pedro) (1079-1142)
Guilherme de Conches (1080-1145)
Guilherme de Saint-Thierry (*ca.* 1085-1148)
Abenalarif (1088-1141)
Bernardo (São) (1091-1153)
Thierry de Chartres († *ca.* 1152)
Hugo de São Vítor (1096-1141)
Pedro Lombardo (*ca.* 1100-1160)
Roberto de Melun († *ca.* 1167)
Abentofail (1110-1185)
Oton de Freising (1111-1158)
Ricardo de São Vítor († 1173)
João de Salisbury (1115/1120-1180)
João Hispano (*fl.* 1150)
Pedro de Maricourt (meados do século XII)
Domingo Gundisalvo (*fl.* 1150)
Roberto Grosseteste (*ca.* 1175-1253)
Adão de Balsham († 1181)
Clarembaud de Arras (*fl. ca.* 1155)
Averróis (1126-1198)
Raimundo de Toledo (entre 1126-1152)
Alano de Lille (*ca.* 1128-1202)
Isaac de Stella (*fl.* 1158)
Godofredo de São Vítor († 1194)
Maimônides (Moisés bn Maymun) (1135-1204)
Pedro Cantor (por volta de 1169)
Simão de Tournai († *ca.* 1203)
Joaquim de Fiore (1145-1202)
Amalrico de Bène († 1206-1207)
Abenarabi (1164-1240)

Século XIII

David de Dinant (*fl.* 1200)
Guilherme de Auxerre († 1231)
Guilherme de Auvergne (*ca.* 1180-1249)
Alexandre de Hales (*ca.* 1185-1245)
Vicente de Beauvais (*ca.* 1190-*ca.* 1264)
Rolando de Cremona (*fl.* por volta de 1229/1231)
João de La Rochelle (*ca.* 1200-1245)

Tomás de York († *ca.* 1260)
Alberto (Santo) (1206-1280)
Guilherme de Shyreswood († 1249)
Bacon, Roger (1214-1294)
Guilherme de Moerbeke (1215-1286)
João de Sicca Villa (*ca.* 1215-*ca.* 1295)
Henrique de Gand (*ca.* 1217-1293)
Pedro Hispano († 1277)
Ulrico de Estrasburgo (1220/1225-1277)
Roberto Kilwardby († 1279)
Pseudo-Grosseteste (século XIII)
Lamberto de Auxerre (*fl.* 1250)
João da Dácia (século XIII)
Boaventura (São) (1221-1274)
Guilherme de Mare († *ca.* 1285)
Tomás de Aquino (Santo) (1225-1274)
Ramon Martí (*ca.* 1220-1284)
João Pecham (*ca.* 1225-1292)
Nicolau de Amiens (meados do século XIII)
Witelo (*ca.* 1230-*ca.* 1275)
Boécio da Dácia (*fl. ca.* 1260)
Egídio de Lessines (*ca.* 1230-*ca.* 1304)
Llull [Lull], Lúlio, Raimundo (1232-1316)
Siger de Brabante (*ca.* 1235-*ca.* 1284)
Arnau de Vilanova (*ca.* 1235-1313)
Mateus de Acquasparta (*ca.* 1240-1302)
Simão de Faversham (*ca.* 1240-1306)
Ricardo de Middleton [Ricardus de Mediavilla] († entre 1300 e 1309)
João de Paris [João Quidort] († 1306)
Godofredo de Fontaines († 1306)
Egídio Romano (Gil de Roma) (*ca.* 1247-1316)
Pedro João Olivi (*ca.* 1248-1298)
Dietrich de Freiberg (*ca.* 1250-1310)
Jacob [Santiago] de Viterbo (*ca.* 1255-1308)
Pedro de Abano (1257-1315)
Eckhart (Mestre João) (*ca.* 1260-1327)
Metoquita, Teodoro (1260-1332)
Vital Du Four (*ca.* 1260-1327)
Jacob de Metz (*fl.* final do século XIII)
Nicéforo Chumno (1261-1321)
Pedro Auriol († 1322)
Dante Alighieri (1265-1321)
Francisco de Meyronnes (*ca.* 1325)
Duns Scot (John) (1266-1308)
João de Jandun († 1328)

Século XIV

Henrique de Harclay (*ca.* 1270-1317)
Tomás de Sutton (*fl. ca.* 1300)
Durand de Saint-Pourçain († 1334)
Marsílio de Pádua (*ca.* 1275-*ca.* 1343)
Sigério de Courtrai († 1341)
Guy Terrena († 1342)
Hervé de Nédellec (Hervaeus Natalis) († 1323)

Walter Burleigh († depois de 1343)
Francisco de Marchia († 1347)
Gersônides [Levi Bem Guerson] (1288-1344)
João Baconthorp († *ca.* 1348)
Holkot, Roberto († 1349)
Wodham, Adão († 1349)
Nicolau de Autrecourt († *ca.* 1350)
Tomás Bradwardine (*ca.* 1290-1349)
João Ruysbroek (1293-1381)
Suso, Henrique de (*ca.* 1295-1366)
João Buridan (*ca.* 1300-*ca.* 1358)
Tomás de Erfurt (*fl.* 1325)
Guilherme de Ockham (*ca.* 1298-*ca.* 1349)
Gregório de Rimini († 1358)
Buckingham, Tomás (*ca.* 1300-depois de 1356)
Tauler, João (*ca.* 1300-1361)
João de Mirecourt (*fl.* 1345)
Alberto da Saxônia (*ca.* 1316-1390)
Dumbleton, John [João de] (nasc. *ca.* 1320)
Nicolau de Oresme († 1382)
Wyclif, João (*ca.* 1325-1384)
Swineshead, Ricardo (por volta de 1355)
João de Ripa (*fl.* 1355)
Marsílio de Inghen (*ca.* 1330-1396)
Abenjaldun (1332-1406)
Crescas, Chasdai (1340-1410)
Eiximenis, Francesc (*ca.* 1340-1410)
Pedro de Candia (*ca.* 1340-1410)
Heytesbury [Hentisberus ou Tisberus], Guilherme (*fellow* no Merton College em 1370)
Pedro de Ailly (1350-1420)
Turmeda, Anselm (*ca.* 1352-entre 1425 e 1430)
Jacobo de Forlívio († 1413)
Blásio de Parma († 1416)
João Gerson (1363-1429)

Século XV

Hugo de Siena (*ca.* 1370-1439)
Paulo de Veneza (*ca.* 1372-1429)
Sabunde, Raimundo [Raymond] († 1436)
Albo, Josef [Yosef] (*ca.* 1380-*ca.* 1444)
João Capreolo (*ca.* 1380-1444)
João de Kastl (por volta de 1410)
Caetano de Thiene (*ca.* 1387-1465)
Plethon, Georgios Gemisthos (1389-1464)
Jorge de Trebizonda (1395-1484)
Gaza, Teodoro (*ca.* 1400-1475)
Nicolau de Cusa (1401-1464)
Bessarion (Cardeal) [Basílio Bessarion] (1395 ou 1403-1472)
Valla, Lourenço (1405-1457)
Vernia, Nicoletto (*ca.* 1420-1499)
Marliani, João († 1483)
Gabriel Biel (1425-1495)
Ficino, Marsílio (1433-1499)

QUADRO CRONOLÓGICO

Savonarola, Girolamo (1452-1498)
Leonardo da Vinci (1452-1519)
Barbaro (Hermolaus Barbarus) (1454-1493)
Reuchlin, Johannes (1455-1522)
Tartareto, Pedro (*fl.* 1480/1490)
Pomponazzi, Pietro (1462-1525)
Pico Della Mirandola, Giovanni (1463-1494)
Achillini, Alessandro (1463-1512)
Leão Hebreu (depois de 1467-1520)
Erasmo, Desidério (1467-1536)
Cajetano (Cardeal) [Tomás de Vio] (1468-1534)
Maquiavel, Nicolau [Niccolò Macchiavelli] (1469-1527)

Século XVI

Nifo, Agostino (1463-*ca.* 1546)
Casas, Bartolomé de Las (1470-1566)
Copérnico, Nicolau (1473-1543)
Ferrara, Francisco Silvestre de (1474-1528)
Morus (Santo Tomás) [Thomas More] (1478-1535)
Lutero, Martinho (1483-1546)
Zuínglio, Ulrico (1484-1531)
Agrippa de Nettesheim, Heinrich Cornelius [Henricus Cornelius] (1486-1535)
Lax, Gaspar (1487-1560)
Ginés de Sepúlveda, Juan (*ca.* 1490-1573)
Vitoria, Francisco de (*ca.* 1492-1546)
Vives, Juan Luis (1492-1540)
Paracelso (Aureolus Theophrastus ou Philippus Theophrastus Bombast von Hohenheim) (1493-1541)
Soto, Domingo de (1494-1560)
Melanchton, Philipp (1497-1560)
Aconcio, Giacomo [Aconzio, Concio; Acontius, Jacobus] (entre 1492 e 1520-*ca.* 1568)
Gómez Pereira (1500-1588?)
Cardano, Gerolamo (*ca.* 1501-1576)
Alonso de la Veracruz (1504-1584)
Telesio, Bernardino (1509-1564)
Calvino, João (1509-1564)
Cano, Melchor (*ca.* 1509-1560)
Servet, Miguel (Servetus, Serveto) (1511-1553)
Bayo, Miguel (1513-1589)
Mercado, Tomás de († 1575)
Ramée, Pierre de la [Petrus Ramus] (1515-1572)
Piccolomini, Francesco (1520-1604)
Sánchez de las Brozas, Francisco (1523-1601)
Vallés, Francisco (1524-1592)
Fox Morcillo, Sebastián (1526-1560)
Huarte de San Juan, Juan (*ca.* 1526-1588)
Cardillo de Villalpando, Gaspar (1527-1581)
Báñez, Domingo (1528-1604)
Fonseca, Pedro de (1528-1599)
Sabuco, Miguel († 1588)
Bodin, Jean (1530-1596)
Montaigne, Michel de (1533-1592)
Weigel, Valentim (1533-1588)

Zabarella, Jacobus [Giacomo] (1533-1589)
Molina, Luis de (1535-1600)
Pereira, Benito (1535-1610)
Zúñiga, Diego de (1536-1597/1598)
Zumel, Francisco (1540/1541-1607)
Charron, Pierre (1541-1603)
Bellarmino (Cardeal) [Bellarmino (São Roberto)] (1542-1621)
João da Cruz (São) (1542-1591)
Brache, Tycho (1546-1601)
Goclenius, Rudolf [Glücker] (1547-1628)
Lipsius, Justus (1547-1606)
Taurellus, Nicolaus (1547-1606)
Bruno, Giordano [Filippo] (1548-1600)
Suárez, Francisco (1548-1617)
Valencia, Gregorio de (1549-1604)
Vázquez, Gabriel (1549-1604)
Cremonini, Cesare (*ca.* 1550-1631)
Sanches, Francisco (1551-1623)
Toledo, Francisco de (1553-1596)
Du Vair, Guillaume (1556-1621)
Oña, Pedro de (1560-1626)
Bacon, Francis (1561-1626)
Galilei, Galileu (1564-1642)
Timpler, Clemens (1567/1568-1624)
Campanella, Tommaso (1568-1639)
Martini, Cornelius (1568-1621)

Século XVII

Martini, Jacobus [Jakob] (1570-1649)
Kepler, Johannes (1571-1630)
Boehme, Jakob (1575-1624)
Helmont, Johannes Baptiste van (1577-1644)
Bérigard, Claude Guillermet de (1578-1663)
Quevedo [y Villegas], Francisco de (1580-1645)
Grotius, Hugo [Huig de Groot] (1583-1648)
Herbert de Cherbury, Edward, Lord (1583-1648)
Vanini, Lucilio [Giulio Cesare] (*ca.* 1585-1619)
Jungius, Joachim (1587-1657)
Alsted, Johann Heinrich [Alstädt, Alstedius] (1588-1638)
Hobbes, Thomas (1588-1679)
Mersenne, Marin (1588-1648)
Gutke, Georg (1589-1653)
João de Santo Tomás (1589-1653)
Scheibler, Christian (1589-1653)
Arriaga, Rodrigo de (1592-1667)
Comênio (Comenius; Komensky, Jan Amos) (1592-1670)
Gassendi, Pierre (1592-1655)
Basso, Sebastião (Sébastien Basso) (nasc. final do século XVI)
Descartes, René (1596-1650)
Magnien, Jean (Joannes Chrysostomus Magnenus) (*ca.* 1600-1641)
Fermat, Pierre (1601-1665)
Gracián, Baltasar (1601-1658)

Maignan, Emmanuel (1601-1676)
Kircher, Athanasius (1602-1680)
Oviedo, Francisco de (1602-1651)
Cardoso, Isaac (1603/1604-1683)
Caramuel Lobkowicz [Caramuel de], João [Johannes] (1606-1682)
Arnauld, Antoine (1612-1694)
Henao, Gabriel de (1612-1704)
Heereboord, Andiaan (1614-1659)
More, Henry (1614-1687)
Cudworth, Ralph (1617-1688)
Culverwel, Nathanael (*ca.* 1618-*ca.* 1651)
Helmont, Franciscus Mercurius van (1618-1699)
Rohault, Jacques (1618-1672)
Thomassin, Louis (1619-1695)
Clauberg, Johannes (1622-1665)
Pascal, Blaise (1623-1662)
Geulincx, Arnold (1624-1669)
Silésio, Ângelo [Angelus Silesius] (1624-1677)
Nicole, Pierre (1625-1695)
Cordemoy, Géraud de (1626-1684)
Bossuet, Jacques-Benigne (1627-1704)
Boyle, Robert (1627-1691)
Dalgarno, George (1627-1687)
Molinos, Miguel de (1628-1696)
Huet, Pierre-Daniel (1630-1721)
Cumberland, Richard (1631-1718)
Locke, John (1632-1704)
Pufendorf, Samuel Freiherr von (1632-1694)
Régis, Pierre-Sylvain (1632-1707)
Spinoza, Benedictus de (1632-1677)
Forge, Louis de la (*fl.* 1666)
Lamy, François (1636-1711)
Malebranche, Nicolas (1638-1715)
Newton, Isaac (1642-1727)
Poiret, Pierre (1648-1719)
Leibniz, Gottfried Wilhelm (1646-1716)
Bayle, Pierre (1647-1706)
Fardella, Michelangelo (1650-1718)
Fénelon, François de Salignac de la Mothe (1651-1715)
Tschirnhausen, Ehrenfried Walter, Conde de (1651-1708)
Tosca, Tomás Vicente (1651-1723)
Bernoulli, Jakob (1654-1705)
Thomasius, Christian (1655-1728)
Tindal, Mathew (*ca.* 1656-1733)
Fontenelle, Bernard le Bovier de (1657-1757)
Norris, John (1657-1711)
Buffier, Claude (1661-1737)
Bernoulli, Johann (1667-1748)
Saccheri, Giovanni Girolamo (1667-1733)
Vico, Giambattista (1668-1744)

Século XVIII

Mandeville, Bernard de (1670-1733)
Toland, John (1670-1722)
Shaftesbury, Anthony Ashley Cooper, Conde de (1671-1713)
Rüdiger, Andreas (1673-1731)
Clarke, Samuel (1675-1729)
Collins, [John] Anthony (1676-1729)
Feijoo, Benito Jerónimo (1676-1754)
Wolff, Christian (1679-1754)
Collier, Arthur (1680-1732)
Reimarus, Hermann Samuel (1684-1768)
Berkeley, George (1685-1753)
S'gravesande, Wilhelm Jacob van (1688-1742)
Swedenborg, Emmanuel (1688-1772)
Montesquieu, Charles de Secondat, Barão de (1689-1755)
Bernoulli, Daniel (1700-1782)
Butler, Joseph (1692-1752)
Bilfinger [Bilffinger], Georg Bernhard (1693-1750)
Hutcheson, Francis (1694-1746)
Voltaire, François Marie Arouet le Jeune (1694-1778)
Johnson, Samuel (1696-1782)
Thümmig, Ludwig Philipp (1697-1728)
Maupertuis, Pierre-Louis Moreau de (1698-1759)
Edwards, Jonathan (1703-1758)
Hartley, David (1705-1757)
Buffon, Georges-Louis Leclerc, Conde de (1707-1788)
Euler, Leonhard (1707-1783)
La Mettrie [ou Lamettrie], Julien-Offroy de (1709-1751)
Reid, Thomas (1710-1796)
Boscovich, Roger Josef (1711-1787)
Formey, Jean Henri Samuel (1711-1797)
Hume, David (1711-1776)
Piquer [y Arrufat] Andrés (1711-1772)
Frederico II, o Grande (1712-1786)
Rousseau, Jean-Jacques (1712-1778)
Diderot, Denis (1713-1784)
Knutzen, Martin (1713-1751)
Genovesi [Genovese], Antonio (1713-1769)
Baumgarten, Alexander [Gottlieb] (1714-1762)
Condillac, Étienne Bonnot de (1714-1780)
Crusius, Friedrich August (1715-1775)
Helvetius, Claude Adrien (1715-1771)
Vauvenargues, Luc de Clapiers, Marquês de (1715-1747)
Ploucquet, Gottfried (1716-1790)
Alembert, Jean le Rond D' (1717-1783)
Winckelmann, Johann Joachim (1717-1768)
Gerdil, Giacinto Sigismondo [Giovanni Francesco] (1718-1802)
Meier, Georg Friedrich (1718-1777)
Bonnet, Charles (1720-1793)
Sulzer, Johann Georg (1720-1793)
Hemsterhuis, Frans (1721-1790)
Skovoroda, Gregori Savvich (1722-1794)
Holbach, Paul Henri D' [Paul Heinrich Dietrich, Barão de Holbach] (1723-1789)
Price, Richard (1723-1791)
Smith, Adam (1723-1790)

QUADRO CRONOLÓGICO

Kant, Immanuel (1724-1804)
Gerard, Alexander (1728-1795)
Lambert, Johann Heinrich (1728-1777)
Burke, Edmund (1729-1797)
Lessing, Gothold Ephraïm (1729-1781)
Mendelssohn, Moses (1729-1786)
Hamann, Johann Georg (1730-1788)
Nicolai, Christian Dietrich (1733-1811)
Priestley, Joseph (1733-1804)
Beattie, James (1735-1803)
Robinet, Jean-Baptiste-René (1735-1820)
Tetens, Johann Nikolaus (1736-1807)
Abbt, Thomas (1738-1766)
Beccaria, Cesare [Bonesana] (1738-1798)
Eberhard, Johann August (1739-1809)
Lavater, Johann Kaspar (1741-1801)
Garve, Christian (1742-1798)
Condorcet, Jean-Antoine-Nicolas Caritat, Marquês de (1743-1794)
Jacobi, Friedrich Heinrich (1743-1819)
Saint Martin, Louis Claude de (1743-1803)
Herder, Johann Gottfried (1744-1803)
Lamarck, Jean-Baptiste Pierre Antoine de Monet, Chevalier de (1744-1829)
Pestalozzi, Johann Heinrich (1746-1827)
Bentham, Jeremy (1748-1832)
Goethe, Johann Wolfgang (1749-1832)
Laplace, Pierre Simon de (1749-1827)
Radishev, Aleksandr Nikolaévitch (1749-1802)
Treschow, Niels (1751-1833)
Maistre, Joseph de (1753-1821)
Stewart, Dugald (1753-1821)
Bonald, Louis de (1754-1840)
Destutt de Tracy, Antoine Louis Claude, Conde (1754-1836)
Maimon, Salomon (1754-1800)
Godwin, Salomon (1756-1836)
Laromiguière, Pierre (1756-1837)
Cabanis, Pierre-Jean-Georges (1757-1808)
Reinhold, Karl Leonhard (1758-1823)
Schiller, Friedrich [Johann Christoph] (1759-1805)
Saint-Simon, Claude Henri de Rouvroy, Conde de (1760-1825)
Bardili, Christoph Gottfried (1761-1808)
Beck, Jakob Segismund (1761-1840)
Romagnosi, Giovanni Domenico (1761-1835)
Schulze, Gottlob Ernst (1761-1833)
Fichte, Johann Gottlieb (1762-1814)
Royer-Collard, Pierre-Paul (1763-1845)
Baader, Franz Xavier [Benedict] von (1765-1841)
Bouterwerk, Friedrich (1765-1828)
Maine de Biran, François Pierre (1766-1824)
Malthus, Thomas Robert (1766-1834)
Humboldt, Karl Wilhelm von (1767-1835)
Schleiermacher, Friedrich Ernst Daniel (1768-1834)

Século XIX

Galluppi, Pasquale (1770-1846)
Hegel, Georg Wilhelm Friedrich (1770-1831)
Krug, Wilhelm Traugott (1770-1842)
Degérando, Joseph Marie (1772-1842)
Fourier, Charles (1772-1837)
Schlegel, Friedrich von (1772-1829)
Fries, Jakob Friedrich (1773-1843)
Mill, James (1773-1836)
Steffens, Henrik (1773-1845)
Ampère, André Marie (1775-1836)
Schelling, Friedrich Wilhelm Joseph (1775-1854)
Ast, Georg Anton Friedrich (1776 [ou 1778]-1841)
Ballanche, Pierre-Simon (1776-1884)
Biberg, Nils Fredrik (1776-1827)
Herbart, Johann Friedrich (1776-1841)
Buzzetti, Vincenzo (1777-1824)
Gauss, Karl Friedrich (1777-1855)
Brown, Thomas (1778-1820)
Wroński, Josef Marya Hoené (J. M. Höené- Wroński) (1778-1853)
Oken, Lorenz (1779-1853)
Savigny, Friedrich Karl von (1779-1861)
Luz y Caballero, José de la (1780-1862)
Solger, Karl Wilhelm Ferdinand (1780-1819)
Bello, Andrés (1781-1865)
Bolzano, Bernhard (1781-1848)
Krause, Karl Christian Friedrich (1781-1832)
Lamennais (La Mennais), Félicité Robert de (1782-1854)
Testa, Alfonso (1784-1860)
Grubbe, Samuel (1786-1853)
Hamilton, William (1788-1856)
Schopenhauer, Arthur (1788-1860)
Varela [y Morales], Félix (1788-1853)
Carus, Carl Gustav (1789-1869)
Twesten, August Detlev (1789-1876)
Austin, John (1790-1856)
Faraday, Michael (1791-1867)
Baur, Ferdinand Christian (1792-1860)
Cousin, Victor (1792-1867)
Herschel, John (1792-1871)
Jouffroy, Théodore (1792-1842)
Lobachevsky, Nikolai Ivanovitch (1792-1856)
Taparelli D'Azeglio, Luigi (1792-1862)
Damiron, Jean-Philibert (1794-1862)
Chadaev, Petr Akolevich (1794-1856)
Whewell, William (1794-1866)
Carlyle, Thomas (1795-1881)
Enfantin, Barthélémy-Prosper (1796-1864)
Fichte, Immanuel Hermann (1796-1879)
Boström, Christopher Jacob (1797-1866)
Lafinur, Juan Crisóstomo (1797-1824)
Rosmini-Serbati, Antonio (1797-1855)
Beneke, Friedrich Eduard (1798-1854)
Comte, Auguste (1798-1857)

Mamiani, Terenzio (1799-1885)
Cattaneo, Carlo (1801-1869)
Cournot, Antoine Augustin (1801-1877)
Fechner, Gustav Theodor (1801-1887)
Gioberti, Vincenzo (1801-1852)
Littré, Émile (1801-1881)
Michelet, Karl Ludwig (1801-1893)
Müller, Johannes (1801-1858)
Newman, John Henry (1801-1890)
Weisse, Christian Hermann (1801-1866)
Bólyai, János (1802-1860)
Drobisch, Moritz Wilhelm (1802-1896)
Lacordaire, Jean-Baptiste (Henri-Dominique) (1802-1861)
Ruge, Arnold (1802-1880)
Emerson, Ralph Waldo (1803-1882)
Feuerbach, Ludwig [Andreas] (1804-1872)
Gratry, Alphonse (1805-1872)
Martineau, James (1805-1900)
Rosenkranz, Johann Karl Friedrich (1805-1879)
Mill, John Stuart (1806-1873)
De Morgan, Augustus (1806-1871)
Stirner, Max (1806-1856)
Ulrici, Hermann (1806-1884)
Vischer, Friedrich Theodor (1807-1887)
Ahrens, Heinrich (1808-1864)
Ferrier, James Frederick (1808-1864)
Martí d'Eixalà, Ramón (1808-1857)
Strauss, David Friedrich (1808-1874)
Darwin, Charles Robert (1809-1882)
Bauer, Bruno (1809-1882)
Donoso Cortés, Juan (1809-1853)
Proudhon, Joseph (1809-1865)
Vacherot, Étienne (1809-1897)
Balmes, Jaime Luciano (1810-1848)
Liberatore, Matteo (1810-1892)
Munguía, Clemente (1810-1868)
Zeising, Adolf (1810-1876)
Bélinskiy, Vissarion Grigorievitch (1811-1848)
Kleutgen, Joseph (1811-1883)
McCosh, James (1811-1894)
Sanseverino, Gaetano (1811-1865)
Apelt, Ernst Friedrich (1812-1859)
Herzen, Aleksandr Ivanovitch (1812-1870)
Strümpell, Ludwig (1812-1899)
Bernard, Claude (1813-1878)
Kierkegaard, Søren [Abbye] (1813-1855)
Ravaisson, Félix [Félix Ravaisson-Mollien] (1813-1900)
Tommasi, Salvatore (1813-1888)
Vera, Augusto (1813-1885)
Bakunin, Mikhail Aleksandrovitch (1814-1876)
Lequier, Jules (1814-1862)
Saisset, Émile-Edmond (1814-1863)
Sanz del Río, Julián (1814-1869)
Simon, Jules (Jules François Simon Suisse) (1814-1896)

Smetana, Augustin (1814-1851)
Zeller, Eduard (1814-1908)
Boole, George (1815-1864)
Renouvier, Charles (1815-1903)
Secrétan, Charles (1815-1895)
Stein, Lorenz Jacob von (1815-1890)
Gobineau, Arthur, Conde de (1816-1882)
Lewes, George Henry (1817-1878)
Lotze, Rudolf Hermann (1817-1881)
Spaventa, Bertrando (1817-1883)
Vogt, Karl (1817-1895)
Bain, Alexander (1818-1903)
Du Bois Reymond, Émile (1818-1896)
Marx, Karl (1818-1883)
Rey y Heredia, José María (1818-1861)
Czolbe, Heinrich (1819-1873)
Tiberghien, Guillaume (1819-1901)
Barreda, Gabino (1820-1881)
Engels, Friedrich (1820-1895)
Llorens i Barba, Francisco Javier [Francesc Xavier] (1820-1872)
Mansel, Henry Longueville (1820-1871)
Prantl, Karl (1820-1888)
Spencer, Herbert (1820-1903)
Stirling, James Hutchison (1820-1909)
Tyndall, John (1820-1893)
Frohschammer, Jakob (1821-1893)
Helmholtz, Hermann [Ludwig Ferdinand] von (1821-1894)
Nyblaeus, Axel (1821-1899)
Opzoomer, Cornelis Willard (1821-1892)
Waitz, Theodor (1821-1864)
Moleschott, Jakob (1822-1893)
Ritschl, Albrecht (1822-1889)
Janet, Paul (1823-1899)
Laffitte, Pierre (1823-1903)
Renan, Ernest [Joseph] (1823-1892)
Stallo, John Bernhard (1823-1900)
Steinthal, Heymann [Heinrich] (1823-1899)
Wallace, Alfred Russel (1823-1913)
Büchner, Ludwig (1824-1899)
Fischer, Kuno (1824-1907)
Lazarus, Moritz (1824-1903)
Sahlin, Carl Ynge (1824-1917)
Charcot, Jean-Martin (1825-1893)
Huxley, Thomas Henry (1825-1895)
Lassalle, Ferdinand (1825-1864)
Brokmeyer, Henry C. (1826-1906)
Caro, Elme-Marie (1826-1887)
Ferri, Luigi (1826-1895)
Riemann, Georg Friedrich Bernhard (1826-1866)
Ueberweg, Friedrich (1826-1871)
Ardigò, Roberto (1828-1920)
Dietzgen, Joseph (1828-1888)
Lange, Friedrich Albert (1828-1875)

QUADRO CRONOLÓGICO

Ritschl, Albrecht (1828-1889)
Taine, Hyppolite A. (1828-1893)
Chernishevskiy, Nikolai Gavrilovich (1828-1889)
Chicherin, Boris Nikolaievitch (1828-1904)
Tolstoi, Conde Lev Nikolaievitch (1828-1910)
Laurie, Simon Sommerville (1829-1909)
Nishi, Amane (1829-1897)
Bahnsen, Julius (1830-1881)
Bonatelli, Francesco (1830-1911)
Sigwart, Christoph (1830-1904)
Wright, Chauncey (1830-1875)
Dedekind, Julius Wilhelm Richard (1831-1916)
González y Díaz-Tuñón, Ceferino (1831-1894)
Kozlov, Aleksey Aleksandrovitch (1831-1900)
Maxwell, James Clerk (1831-1879)
Carroll, Lewis (1832-1898)
Gomperz, Theodor (1832-1898)
Lachelier, Jules (1832-1918)
Stephen, Leslie (1832-1904)
Wundt, Wilhelm (1832-1920)
Dilthey, Wilhelm (1833-1911)
Dühring, Eugen Karl (1833-1921)
Zigliara, Tommaso Maria (1833-1893)
Fiorentino, Francesco (1834-1894)
Haeckel, Ernst (1834-1919)
Howison, George Holmes (1834-1916)
Usener, Hermann (1834-1905)
Venn, John (1834-1923)
Caird, Edward (1835-1908)
Harris, William Torrey (1835-1909)
Jevons, William Stanley (1835-1882)
Lombroso, Cesare (1835-1909)
Class, Gustav (1836-1908)
Green, Thomas Hill (1836-1882)
Schuppe [Ernst Julius], Wilhelm (1836-1913)
Gutberlet, Constantin (1837-1928)
Hagemann, Johann Georg (1837-1903)
Laas, Ernst (1837-1885)
Spir, African (1837-1890)
Brentano, Franz (1838-1917)
Fouilée, Alfred (1838-1916)
Mach, Ernst (1838-1916)
Sidgwick, Henry (1838-1900)
Barreto, Tobias (1839-1889)
Bergmann, Julius (Friedrich-Wilhelm-Eduard) (1839-1904)
Giner de los Ríos, Francisco (1839-1915)
Hodgson, Shadworth Holloway (1839-1912)
Ollé-Laprune, Léon (1839-1898)
Peirce, C[harles] S[anders] (1839-1914)
Ribot, Théodule [Armand] (1839-1916)
Sabatier, Auguste (1839-1901)
Willmann, Otto (1839-1920)
Liebmann, Otto (1840-1912)
Pisarév, Dmitri Ivanovitch (1840-1868)

Mainländer, Philipp (1841-1876)
Schröder, Ernst (1841-1902)
Breuer, Josef (1842-1925)
Cohen, Hermann (1842-1918)
Fiske, John (1842-1901)
Flügel, Otto (1842-1914)
Hartmann, Eduard [Karl Robert] von (1842-1906)
James, William (1842-1910)
Kropotkin, Pedro [Piotr Alekseievitch] (1842-1921)
Avenarius, Richard (1843-1896)
Høffding, Harald (1843-1931)
Labriola, Antonio (1843-1904)
Tarde, Gabriel (1843-1904)
Ward, James (1843-1925)
Boltzmann, Ludwig (1844-1906)
Espinas, Alfred [Victor] (1844-1922)
Nietzsche, Friedrich (1844-1900)
Riehl, Alois (1844-1924)
Urráburu, José (1844-1904)
Wallace, William (1844-1897)
Boutroux, Émile (1845-1921)
Bowne, Borden Parker (1845-1910)
Cantor, Georg (1845-1918)
Clifford, William Kingdon (1845-1879)
Deussen, Paul (1845-1919)
Böhm [Boehm], Károly [Karl] (1846-1911)
Bradley, Francis Herbert (1846-1924)
Conta, Basilius (1846-1882)
Eucken, Rudolf (1846-1926)
Marković, Svetozar (1846-1875)
Paulsen, Friedrich (1846-1908)
Ziegler, Theobald (1846-1918)
Marty, Anton (1847-1914)
Sorel, Georges (1847-1922)
Xenopol, Alexandru Dimitrie (1847-1920)
Balfour, Arthur James (1848-1930)
Bosanquet, Bernard (1848-1923)
Diels, Hermann (1848-1922)
Frege, Gottlob (1848-1925)
Lasswitz, Kurd (1848-1910)
Pareto, Vilfredo (1848-1923)
Read, Carveth (1848-1931)
Rehmke, Johannes (1848-1930)
Romanes, George John (1848-1894)
Stumpf, Carl (1848-1936)
Volkelt, Johannes (1848-1930)
Windelband, Wilhelm (1848-1915)
Deústua, Alejandro Octavio (1849-1945)
Jodl, Friedrich (1849-1914)
Mauthner, Fritz (1849-1914)
Pavlov, Ivan Petrovitch (1849-1936)
Varona, Enrique José (1849-1933)
Wilson, John Cook (1849-1915)
Bernstein, Eduard (1850-1932)
Ebbinghaus, Hermann (1850-1909)

Gourd, Jean-Jacques (1850-1909)
Jellinek, Georg (1850-1911)
Masaryk,Tomaš Garrige (1850-1937)
Schell, Hermann (1850-1906)
Sidgwick, Alfred (1850-1943)
Varisco, Bernardino (1850-1933)
Erdmann, Benno (1851-1921)
Harnack, Adolf von (1851-1930)
Lagneau, Jules (1851-1894)
Lipps, Theodor (1851-1914)
Mercier, Désiré [Félicien François Joseph] (1851-1926)
Adamson, Robert (1852-1909)
Carus, Paul (1852-1919)
Hügel, Barão Friedrich von (1852-1925)
Morgan, C[onwy] Lloyd (1852-1936)
Runze, Georg (1852-1922)
Schubert-Soldern, Richard von (1852-1935)
Vaihinger, Hans (1825-1933)
Höfler, Alois (1853-1922)
Meinong, Alexius [von] (1853-1920)
Ostwald, Wilhelm (1853-1932)
Soloviev, Vladimir (1853-1900)
Bolland, G[erardus] J[ohannes] P[etrus] J[osephus] (1854-1922)
Guastella, Cosmo (1854-1922)
Guyau, Jean-Marie (1854-1888)
Jerusalem, Wilhelm (1854-1923)
Kautsky, Karl Johann (1854-1938)
Kerschensteiner, Georg [Michael] (1854-1932)
Natorp, Paul Gerhard (1854-1924)
Poincaré, Henri (1854-1912)
Turró, Ramón (1854-1926)
Lopatin, Lev Mikhailovitch (1855-1920)
Royce, Josiah (1855-1916)
Tönnies, Ferdinand (1855-1936)
Willy, Rudolf (1855-1918)
Ferri, Enrico (1856-1929)
Freud, Sigmund (1856-1939)
Hamelin, Octave (1856-1907)
Hannequin, Arthur (1856-1905)
Menéndez y Pelayo, Marcelino (1856-1912)
Plekhanov, Georgii Valentinovitch (1856-1918)
Stammler, Rudolf (1856-1938)
Binet, Alfred (1857-1911)
Carr, Herbert Wildon (1857-1931)
Chiapelli, Alessandro (1857-1931)
Hertz, Heinrich Rudolf (1857-1894)
Heymans, Gerardus (1857-1930)
Lévy-Bruhl, Lucien (1857-1939)
Loisy, Alfred (1857-1940)
Pearson, Karl (1857-1936)
Saussure, Ferdinand de (1857-1913)
Stein, Karl Heinrich von (1857-1887)
Veblen, Thornstein (1857-1929)
Wahle, Richard (1857-1935)

Durkheim, Émile (1858-1917)
Goblot, Edmond (1858-1935)
Mosca, Gaetano (1858-1941)
Milhaud, Gaston (1858-1918)
Peano, Giuseppe (1858-1932)
Plancks, Max [Karl Ernst Ludwig] (1858-1947)
Simmel, Georg (1858-1918)
Alexander, Samuel (1859-1938)
Bergson, Henri (1859-1941)
Dewey, John (1859-1952)
Ehrenfels, Christian, Freiherr von [Barão de] (1859-1932)
Gardeil, Ambroise (1859-1931)
Husserl, Edmund (1859-1938)
Janet, Pierre (1859-1947)
Martinak, Eduard (1859-1943)
Meyerson, Émile (1859-1933)
Palágyi, Menyhért [Melchior] (1859-1924)
Payot, Jules (1859-1940)
Hensel, Paul (1859-1940)
Korn, Alejandro (1860-1936)
Laberthonniére, Lucien (1860-1932)
Stout, George Frederick (1860-1944)
Wille, Bruno (1860-1928)
Baldwin, James Mark (1861-1934)
Blondel, Maurice (1861-1949)
Burali Forti, Cesare (1861-1931)
Duhem, Pierre (1861-1916)
Groos, Karl (1861-1945)
Rauh, Frédéric (1861-1909)
Steiner, Rudolf (1861-1925)
Tyrrell, George (1861-1909)
Whitehead, Alfred North (1861-1947)
Brunner, Constantin (1862-1937)
Dumas, Georges (1862-1946)
Farias Brito, Raimundo (1862-1917)
Hilbert, David (1862-1943)
Külpe, Oswald (1862-1915)
Larsson, Hans (1862-1944)
Lasson, Georg (1862-1932)
Meinecke, Friedrich (1862-1954)
Petzoldt, Joseph (1862-1929)
Westermarck, Edward Alexander (1862-1939)
Ziehen, Theodor (1862-1950)
Cornelius, Hans (1863-1947)
Gredt, Joseph August (1863-1940)
Kreibig, Josep Clemens (1863-1917)
Lutosławski, Wincenty (1863-1954)
Mead, George Herbert (1863-1916)
Münsterberg, Hugo (1863-1916)
Rickert, Heinrich (1863-1936)
Santayana, George (1863-1952)
Sertillanges, A[ntoine]-D[almace] [Gilbert] (1863-1948)
Sombart, Werner (1863-1941)
Vailati, Giovanni (1863-1909)

QUADRO CRONOLÓGICO

Verworn, Max (1863-1921)
Hobhouse, Leonard Trelawney (1864-1929)
Joël, Karl (1864-1934)
Schiller, F[erdinand] C[anning] S[cott] (1864-1937)
Schwarz, Hermann (1864-1951)
Uexküll, Jakob von (1864-1944)
Unamuno [y Jugo], Miguel de (1864-1936)
Weber, Max (1864-1920)
Baumgartner, Matthias (1865-1933)
Liljequist, Per Efraim (1865-1941)
Troeltsch, Ernst (1865-1923)
Adickes, Erich (1866-1928)
Bierens de Haan, J[ohannes] D[iderik] (1866-1943)
Breysig, Kurt (1866-1940)
Chéstov, Lév Isakovitch (1866-1938)
Croce, Benedetto (1866-1952)
Dyroff, Adolf (1866-1943)
Ludowici, August (nasc. em 1866)
McTaggart, John McTaggart Ellis (1866-1925)
Tarozzi, Giuseppe (1866-1958)
Twardowski, Kazimierz (1866-1938)
Dessoir, Max (1867-1947)
Driesch, Hans (1867-1941)
Joseph, H[orace] W[illiam] B[rindley] (1867-1943)
Lalande, André (1867-1963)
Mannoury, Gerrit (1867-1956)
Maier, Heinrich (1867-1933)
Messer, August [Wilhelm] (1867-1937)
Titchener, E[duard] B[radford] (1867-1927)
Woodbridge, Frederik James Eugene (1867-1940)
Wulf, Maurice de (1867-1947)
Akselrod, Lubov Isaakovna (1868-1946)
Chávez, Ezequiel A. (1868-1946)
Couturat, Louis (1868-1914)
Hägerström, Axel (1868-1939)
Joachim, Harold Henry (1868-1938)
Marchesini, Giovanni (1868-1931)
Pastore, Annibale (1868-1956)
Rădulescu-Motru, Constantin (1868-1954)
Tonquédec, Joseph de (1868-1962)
Amor Ruibal, Ángel (1869-1930)
Boodin, John Elof (1869-1950)
Bunschvicg, Léon (1869-1944)
Cohn, Jonas (1869-1947)
Geyser, Joseph (1869-1948)
Görland, Albert (1869-1952)
Mittasch, Alwin (1869-1937)
Reininger, Robert (1869-1955)
Taylor, A[lfred] E[dward] (1869-1945)

Século XX

Adler, Alfred (1870-1937)
Bouglé, Célestin (1870-1940)
Le Roy, Édouard (1870-1954)
Lenin, Vladimir Ilitch (1870-1924)

Lossky, Nikolai Onofrevitch (1870-1965)
Nishida, Kitaro (1870-1945)
Pfänder, Alexander (1870-1941)
Rignano, Eugenio (1870-1930)
Witasek, Stephan (1870-1915)
Bulgakov, Sergei Nikolaievitch (1871-1944)
Luxemburg, Rosa (1871-1919)
McDougall, William (1871-1938)
Martinetti, Piero (1871-1943)
Molina, Enrique (1871-1956)
Prichard, H[arold] A[rthur] (1871-1947)
Rensi, Giuseppe (1871-1941)
Stern, William (1871-1938)
Vaz Ferreira, Carlos (1871-1958)
Zermelo, Ernst (1871-1953)
Aurobindo, Gnosh Sri (1872-1950)
Klages, Ludwig (1872-1956)
Kraus, Oskar (1872-1942)
Lessing, Theodór (1872-1933)
Russell, Bertrand (1872-1970)
Adler, Max (1873-1937)
Bogdanov, A. [Aleksandr Aleksandrovitch Malinovski] (1873-1928)
Eisler, Rudolf (1873-1926)
Ermatinger, Emil (1873-1953)
Gomperz, Heinrich (1873-1944)
Hocking, William Ernest (1873-1966)
Holt, E[dwin] B[issell] (1873-1946)
Lovejoy, A[rthur] O[ncken] (1873-1962)
Montague, William Pepperell (1873-1953)
Moore, G[eorge] E[dward] (1873-1958)
Orestano, Francesco (1873-1945)
Rey, Abel (1873-1940)
Singer, Jr., Edgar Arthur (1873-1955)
Urban, Wilbur Marshall (1873-1952)
Bazarov, Valdimir Aleksandrovitch (1874-1939)
Berdiaev, Nikolai Aleksandrovitch (1874-1948)
Cassirer, Ernst (1874-1945)
Kastil, Alfred (1874-1950)
Krueger, Felix (1874-1948)
Maeztu, Ramiro de (1874-1936)
Pradines, Maurice (1874-1958)
Reymond, Arnold (1874-1958)
Scheler, Max [Ferdinand] (1874-1928)
Bhattacharya, K[rishna] C[handra] (1875-1949)
Gentile, Giovanni (1875-1944)
Grabmann, Martin (1875-1949)
Hönigswald, Richard (1875-1947)
Jung, Carl Gustav (1875-1961)
Lask, Emil (1875-1915)
Petronijevií, Branislav (1875-1954)
Schweitzer, Albert (1875-1965)
Sheldon, W[ilmon] H[enry] (1875-1981)
Zamboni, Giuseppe (1875-1950)
Bréhier, Émile (1876-1952)

Pauler, Akós von (1876-1933)
Perry, Ralph Barton (1876-1957)
Bauch, Bruno (1877-1942)
Carabellese, Pantaleo (1877-1948)
Frank, Sémén Ludvigovitch (1877-1950)
Garrigou-Lagrange, Réginald (1877-1964)
Hatano Seichi (1877-1950)
Ingenieros, José (1877-1925)
Mondolfo, Rodolfo (1877-1976)
Ross, W[illiam] D[avid] (1877-1971)
Buber, Martin (1878-1965)
Carlini, Armando (1878-1959)
Frischeien-Köhler, Max (1878-1923)
Gemelli, Agostino (1878-1959)
Goldstein, Kurt (1878-1965)
Höberlin, Paul (1878-1960)
Liebert, Arthur (1878-1946)
Löwenheim, Leopold (1878-1957)
Łukasiewicz, Jan (1878-1956)
Maréchal, Joseph (1878-1944)
Misch, Georg (1878-1965)
Radbruch, Gustav (1878-1949)
Rousselot, Pierre (1878-1915)
Serra Hunter, Jaume (1878-1943)
Spann, Othmar (1878-1950)
Vecchio, Giorgio del (1878-1970)
Watson, J[ohn] B[roadus] (1878-1958)
Bühler, Karl (1879-1963)
Dupréel, Eugène (1879-1967)
Einstein, Albert (1879-1955)
Hahn, Hans (1879-1934)
Mally, Ernst (1879-1944)
Müller, Aloys (1879-1952)
Nohl, Hermann (1879-1960)
Wundt, Max (1879-1963)
Cohen, Morris Raphael (1880-1947)
Geiger, Mortiz (1880-1973)
Grisebach, Eberhard (1880-1945)
Groethuysen, Berhard (1880-1946)
Keyserling, Hermann Alexander Graf von [Conde de] (1880-1946)
Kraft, Victor (1880-1975)
Litt, Theodor (1880-1962)
Masnovo, Amato (1880-1955)
Rougès, Alberto (1880-1945)
Sellars, Roy Wood (1880-1973)
Spengler, Oswald (1880-1936)
Weininger, Otto (1880-1903)
Wertheimer, Max (1880-1943)
Aliotta, Antonio (1881-1964)
Binswanger, Ludwig (1881-1966)
Brouwer, L[uitzen] E[gbertus] J[an] (1881-1966)
Buonaiuti, Ernesto (1881-1946)
Déborin, Abram Moiseevitch (1881-1963)
Dingler, Hugo (1881-1954)
Ducasse, C[urt] J[ohn] (1881-1969)
Jacoby, Günter (1881-1969)
Jaeger, Werner (1881-1961)
Kelsen, Hans (1881-1973)
Nabert, Jean (1881-1960)
Piéron, Henri (1881-1964)
Teilhard de Chardin, Pierre (1881-1955)
Ziegler, Leopold (1881-1958)
Becher, Erich (1882-1929)
Bridgman, P[ercy] W[illiams] (1882-1961)
Chevalier, Jacques (1882-1962)
Eddington, A[rthur] S[tanley] (1882-1944)
Hartmann, Nicolai (1882-1950)
Le Senne (1882-1954)
Maritain, Jacques (1882-1973)
Müller-Freienfals, Richard (1882-1949)
Neurath, Otto (1882-1945)
Ors, Eugenio D' (1882-1954)
Pichler, Hans (1882-1958)
Schlick, Mortiz (1882-1936)
Spranger, Eduard (1882-1963)
Vasconcelos, José (1882-1959)
Zawirski, Zygmunt (1882-1948)
Belaünde [y Díez Canseco], Víctor Andrés (1883-1955)
Caso, Antonio (1883-1946)
Coimbra, Leonardo (188301936)
Frank, Erich (1883-1949)
Jaspers, Karl (1883-1969)
Keynes, John Maynard (1883-1946)
Lavelle, Louis (1883-1951)
Lewis, C[larence] I[rving] (1883-1964)
Mises, Richard von (1883-1953)
Ortega y Gasset, José (1883-1955)
Reinach, Adolf (1883-1917)
Spaier, Albert (1883-1934)
Zaragüeta [Bengoechea], Juan (1883-1974)
Bachelard, Gaston (1884-1962)
Brightman, Edgard Sheffield (1884-1952)
Bultmann, Rudolf [Karl] (1884-1976)
Chwistek, Leon (1884-1944)
Frank, Philipp (1884-1966)
Gilson, Étienne (1884-1978)
Haering, Theodor L. (1884-1964)
Kroner, Richard (1884-1974)
Mahnke, Dietrich (1884-1939)
Phalén, Adolf Krister (1884-1931)
Scholz, Heinrich (1884-1956)
Tegen, Carl Einar Zakarias Johansson (1884-1965)
Wust, Peter (1884-1940)
Bloch, Ernst (1885-1977)
Bohr, Niels [Henrik David] (1885-1962)
Guardini, Romano (1885-1968)
Lukács, György [Georg] (1885-1971)
Stebbing, L[izzie] S[usan] (1885-1943)
Tanabe, Hajime (1885-1962)

Weyl, Hermann (1885-1955)
Alberini, Coriano (1886-1960)
Banfi, Antonio (1886-1957)
Barth, Karl (1886-1968)
Beck, Maximilian (1886-1950)
Decoster, Paul (1886-1939)
Heimsoeth, Heinz (1886-1939)
Koffka, Kurt (1886-1941)
Kotarbinski, Tadeusz (1886-1981)
Lefniewski, Stanislaw (1886-1939)
Olgiati, Francesco (1886-1962)
Roland-Gosselin, M.-D. (1886-1962)
Rosenzweig, Franz (1886-1929)
Tillich, Paul (1886-1965)
Becker, Oscar (1887-1964)
Broad, C[harlie] D[unbar] (1887-1971)
Dasgupta, Surendranath (1887-1952)
Freyer, Hans (1887-1969)
Gogarten, Friedrich (1887-1967)
Huxley, Julian S[orrell] (1887-1975)
Köhler, Wolfgang (1887-1967)
Laird, John (1887-1946)
Michelstaedter, Carlo (1887-1910)
Schrödinger, Erwin (1887-1961)
Skolem, Thoralf (1887-1963)
Wenzl, Aloys (1887-1967)
Wolfson, H[arry] A[ustryn] (1887-1974)
Zocher, Rudolf (1887-1976)
Bernays, Paul (1888-1977)
Bukharin, Nikolai Ivanovitch (1888-1937)
Conrad-Martius, Hedwig (1888-1966)
García Morente, Manuel (1888-1942)
Kretschmer, Ernst (1888-1964)
Radhakrishnan, Sarvepalli (1888-1975)
Rothacker, Erich (1888-1965)
Ruggiero, Guido de (1888-1948)
Schmitt, Carl (1888-1985)
Steinbüchel, Theodor (1888-1949)
Wahl, Jean [André] (1888-1974)
Brunner, Emil (1889-1966)
Collingwood, R[obin] G[eorge] (1889-1943)
Feys, Robert (1889-1961)
Galli, Gallo (1889-1974)
Heidegger, Martin (1889-1976)
Heinemann, Fritz (1889-1970)
Hessen, Johannes (1889-1971)
Korsch, Karl (1889-1961)
Lipps, Hans (1889-1942)
Marcel, Gabriel (1889-1972)
Przywara, Erich (1889-1972)
Rougier, Louis (nasc. 1889)
Watsuji, Tetsuro (1889-1960)
Wittgenstein, Ludwig [Josef Johann] (1889-1951)
Ajdukiewicz, Kazimierz (1890-1963)
Betti, Emilio (1890-1968)
Gonseth, Ferdinand (1890-1975)
Hering, Jean (1890-1966)
Hildebrand, Dietrich von (1890-1978)
Kaila, Eino [Sakari] (1890-1958)
Leisegang, Hans (1890-1951)
Lewin, Kurt (1890-1947)
Boas, George (1891-1980)
Carnap, Rudolf (1891-1970)
Dempf, Alois (1891-1982)
Gramsci, Antonio (1891-1937)
Guéroult, Martial [Joseph-André] (1891-1976)
Kaufmann, Fritz (1891-1958)
Lazzarini, Renato (1891-1974)
Pepper, S[tephen] C[oburn] (1891-1972)
Polanyi, Micahel (1891-1976)
Reichenbach, Hans (1891-1953)
Romero, Francisco (1891-1962)
Stefanini, Luigi (1891-1956)
Stein, Edith (1891-1942)
Benjamin, Walter (1892-1942)
Blanshard, Brand (nasc. 1892)
Carvalho, Joaquim de (1892-1958)
Delgado, Honorio (nasc. 1892)
Heyde, Johannes Erich (nasc. 1892)
Koyré, Alexandre (1892-1964)
Niebuhr, Reinhold (1892-1971)
Plessner, Helmuth (1892-1985)
Ibérico y Rodríguez, Mariano (nasc. 1893)
Ingarden, Roman (1893-1970)
Mannheim, Karl (1893-1947)
Nicod, Jean (1893-1924)
Northrop, F[ilmer] S[tuart] C[uckow] (nasc. 1893)
Asmus, Valentin Ferdinandovitch (nasc. 1894)
Astrada, Carlos (1894-1970)
Gurvitch, [Georgik Davidovich] Georges (1894-1965)
Guzzo, Augusto (1894-1986)
Jørgensen, Jørgen (1894-1969)
Wiener, Norbert (1894-1964)
Horkheimer, Max (1895-1973)
Kaufmann, Felix (1895-1949)
La Via, Vincenzo (nasc. 1895)
Langer, S[usanne] K[atharine] (nasc. 1895)
Mazzantini, Carlo (1895-1971)
Raeymaeker, Louis de (1895-1970)
Volpe, Galvano Della (1895-1969)
Xirau [i Palau], Joaquim (1895-1946)
Ackermann, Wilhelm (1896-1962)
Berger, Gaston (1896-1960)
Glockner, Hermann (1896-1979)
Piaget, Jean (1896-1980)
Reiner, Hans (1896-1991)
Spirito, Ugo (1896-1979)
Waismann, Friedrich (1896-1959)
Weinhandl, Ferdinand (1896-1973)
Aall, Anathon (1897-1943)
Hartshorne, Charles (nasc. 1897)

Löwith, Karl (1897-1973)
Post, Emil L. (1897-1954)
Ramos, Samuel (1897-1959)
Reich, Wilhelm (1897-1959)
Xiberta i Roqueta, Bartomeu Maria (1897-1967)
Blanché, Robert (1898-1975)
Gouhier, Henri (nasc. 1898)
Heyting, Arend (nasc. 1898)
Marcuse, Herbert (1898-1979)
Rintelen, Fritz-Joachim von (1898-1979)
Vakradzé, Konstantin Spiridonovitch (nasc. 1898)
Wach, Joachim (nasc. 1898)
Zubiri [Apalátegui], Xavier (1898-1983)
Price, H[enry] H[abberley] (1899-1985)
Randall, Jr., John Herman (1899-1980)
Schutz, Alfred (1899-1959)
Toynbee, Arnold J[oseph] (1899-1975)
Braithwaite, R[ichard] B[evan] (nasc. 1900)
Castelli, Enrico (Enrico Castelli-Gattinara di Zubiena) (1900-1977)
Curry, H[askell] B[ooks] (1900-1982)
Fromm, Erich (1900-1980)
Gadamer, Hans-Georg (nasc. 1900)
Giacon, Carlo (1900-1984)
Gaos, José (1900-1969)
Ryle, Gilbert (1900-1976)
Virasoro, Miguel Ángel (1900-1966)
Abbagnano, Nicola (1901-1990)
Bertalanffy, Ludwig von (1901-1972)
Brandenstein, Béla von (1901-1989)
Farber, Marvin (1901-1980)
García Bacca, Juan David (1901-1992)
Gurwitsch, Aron (1901-1973)
Heisenberg, Werner (1901-1976)
Juhos, Béla (1901-1971)
Lacan, Jacques (1901-1981)
Landsberg, Paul Ludwig (1901-1944)
Lefèbvre, Henri (nasc. 1901)
Morris, Charles (1901-1979)
Nagel, Ernest (nasc. 1901)
Petzäll, Åke (1901-1957)
Weiss, Paul (nasc. 1901)
Battaglia, Felice (1902-1977)
Bocheński, Josef [I. M.] (nasc. 1902)
Feigl, Herbert (1902-1988)
Gabriel, Leo (nasc. 1902)
Hook, Sidney (1902-1989)
Kojève, Alexandre (1902-1968)
Landgrebe, Ludwig (1902-1991)
Marc-Wogau, Konrad (nasc. 1902)
Popper, Karl R[aymund] (1902-1994)
Ruyer, Raymond (nasc. 1902)
Tarski, Alfred (1902-1983)
Vassallo, Ángel (1902-1978)
Wild, John (1902-1972)

Adorno, Theodor W[iesengrund] (1903-1969)
Bollnow, Otto Friedrich (1903-1991)
Cavaillès, Jean (1903-1944)
Church, Alonzo (nasc. 1903)
Fatone, Vicente (1903-1962)
Findlay, J[ohn] N[iemayer] (1903-1987)
Jankélévich, Vladimir (1903-1985)
Kedrov, Bonifatiy Mikhailovitch (nasc. 1903)
Neuman, John [Janos] von (1903-1957)
Ramsey, F[rank] P[lumpton] (1903-1930)
Recaséns Siches, Luis (1903-1977)
Simon, Yves Robert (1903-1961)
Calogero, Guido (1904-1986)
Carbonara, Cleto (nasc. 1904)
Feibleman, James [Kern] (nasc. 1904)
Gehlen, Arnold (1904-1976)
Pieper, Josef (nasc. 1904)
Rahner, Karl (1904-1984)
Robles, Oswaldo (1904-1969)
Skinner, B[urrhus] F[rederick] (1904-1990)
Spiegelberg, Herbert (1904-1990)
Wisdom, John [Arthur Jon Terence Dibben] (1904-1974)
Fink, Eugen (1905-1975)
Hempel, Carl G[ustav] (nasc. 1905)
Levinas, Emmanuel (nasc. 1905)
Maier, Anneliese (1905-1971)
Mounier, Emmanuel (1905-1950)
Nédoncelle, Maurice (1905-1976)
Sartre, Jean-Paul (1905-1980)
Alquié, Ferdinand (nasc. 1906)
Bergmann, Gustav (1906-1987)
Gödel, Karl (1906-1978)
Goodman, Nelson (nasc. 1906)
Lombardi, Franco (nasc. 1906)
Ottaviano, Carmelo (nasc. 1906)
Virasoro, Rafael (nasc. 1906)
Hyppolite, Jean (1907-1968)
Llambías de Azevedo, Juan (1907-1972)
Nicol, Eduardo (1907-1990)
Santos, Delfim (1907-1966)
Zambrano, María (1907-1991)
Beauvoir, Simone de (1908-1986)
Beth, E[vert] W[ilem] (1908-1964)
Cannabrava, Euryalo (1908-1981)
García Máynez, Eduardo (nasc. 1908)
Hedenius, Per Avid Ingemar (1908-1982)
Herbrand, Jacques (1908-1931)
Laín Entralgo, Pedro (nasc. 1908)
Lévi-Strauss, Claude (nasc. 1908)
Merleau-Ponty, Maurice (1908-1961)
Quine, Willard Van Orman (nasc. 1908)
Sciacca, Michele Federico (1908-1975)
Stevenson, C[harles] L[eslie] (1908-1979)
Aranguren, José L[uis] L[ópez] (nasc. 1909)
Black, Max (nasc. 1909)

QUADRO CRONOLÓGICO

Gentzen, Gerhard (1909-1945)
Weil, Simone (1909-1943)
Dufrenne, Mikel (nasc. 1910)
Frondizi, Rizieri (nasc. 1910)
Hartmann, Robert S. (1910-1973)
Polin, Raymon (nasc. 1910)
Sánchez Reulet, Aníbal (nasc. 1910)
Austin, J[ohn] L[angshaw] (1911-1960)
Fabro, Cornelio (nasc. 1911)
McLuhan, Marshall (1911-1980)
Paci, Enzo (1911-1976)
Reale, Miguel (nasc. 1910)
Waelhens, Alphonse de (1911-1981)
Ardao, Arturo (nasc. 1912)
Ferrater Mora, José (1912-1991)
Gusdorf, Georges (nasc. 1912)
Larroyo, Francisco (1912)
Naess, Arne [Dekke Eide] (nasc. 1912)
Perelman, Chaïm (1912-1984)
Sellars, Wilfrid (1912-1989)
Wein, Hermann (1912-1981)
Zea, Leopoldo (nasc. 1912)
Camus, Albert (1913-1960)
Echeverría, José [Rafael] (nasc. 1913)
Goldmann, Lucien (1913-1970)
Ricoeur, Paul (nasc. 1913)
Schaff, Adam (nasc. 1913)
Thévenaz, Pierre (1913-1955)
Buchler, Justus (1914-1992)
Hampshire, Stuart (nasc. 1914)
Marías, Julián (nasc. 1914)
Barthes, Roland (1915-1980)
Bruner, Jerome [Seymour] (nasc. 1915)
Lorenzen, Paul (1915-1994)
Prior, A[rthur] N[orman] (1915-1969)
Sánchez Vázquez, Adolfo (nasc. 1915)
Wagner de Reyna, Alberto (nasc. 1915)
Chisholm, R[oderick] M[ilton] (nasc. 1916)
Pedro, Raymundo (nasc. 1916)
Wright, Georg Henrik von (nasc. 1916)
Bohm, David (nasc. 1917)
Davidson, Donald (nasc. 1917)
Mackie, John Leslie (1917-1981)
Althusser, Louis (1918-1990)
Ayer, A[lfred] J[ulius] (1918-1989)
Gortari, Eli de (nasc. 1918)
Miró Quesada, Francisco (nasc. 1918)
Pareyson, Luigi (1918-1991)
Bunge, Mario (nasc. 1919)
Hare, R[ichard] M[ervin] (nasc. 1919)
Strawson, P[eter] F[rederick] (nasc. 1919)

Duméry, Henry (nasc. 1920)
Smart, J[ohn] J[amieson] C[arswell] (nasc. 1920)
Albert, Hans (nasc. 1921)
Morin, Edgar (nasc. 1921)
Rawls, John (nasc. 1921)
Wang, Hao (nasc. 1921)
Apel, Karl-Otto (nasc. 1922)
Castilla del Pino, Carlos (nasc. 1922)
Fougeyrollas, Pierre (nasc. 1922)
Henry, Michel (nasc. 1922)
Kuhn, Thomas S. (nasc. 1922)
Lakatos, Imre (1922-1974)
Montero Moliner, Fernando (nasc. 1922)
Villoro, Luis (nasc. 1922)
Stegmüller, Wolfgang (1923-1991)
Bueno, Gustavo (nasc. 1924)
Castañeda, Héctor-Neri (nasc. 1924)
Feyerabend, Paul K. (1924-1994)
Hanson, N[orwood] R[ussell] (1924-1967)
Hesse, Mary B[renda] (nasc. 1924)
Xirau, Ramón (nasc. 1924)
Axelos, Kostas (nasc. 1925)
Dummett, Micahel [Anthony Eardley] (nasc. 1925)
Garrido [Jiménez], Manuel (nasc. 1925)
Mayz Vallenilla, Ernesto (nasc. 1925)
París [Amador], Carlos (nasc. 1925)
Sacristán, Manuel (1925-1985)
Salmerón, Fernando (nasc. 1925)
Sánchez Mazas, Miguel (nasc. 1925)
Foucault, Michel (1926-1984)
Kosík, Karel (nasc. 1926)
García Calvo, Agustín (nasc. 1926)
Putnam, Hilary (nasc. 1926)
Salazar Bondy, Augusto (1926-1974)
Sánchez de Zavala, Víctor (nasc. 1926)
Kolakowski, Leszek (nasc. 1927)
Lledó [Íñigo], Emilio (nasc. 1927)
Chomsky, Noam (nasc. 1928)
Rescher, Nicholas (nasc. 1928)
Habermas, Jürgen (nasc. 1929)
Hintikka, [Kaarlo] Jaako [Juhani] (nasc. 1929)
Derrida, Jacques (nasc. 1930)
Montague, Richard (1930-1971)
Tugendhat, Ernst (nasc. 1930)
Dworkin, Ronald Myles (nasc. 1931)
Rorty, Richard (nasc. 1931)
Eco, Umberto (nasc. 1932)
Laszlo, Ervin (nasc. 1932)
Searle, John (nasc. 1932)
Sneed, Joseph D. (nasc. 1938)
Kripke, Saul A[ron] (nasc. 1940)

Edições Loyola

editoração impressão acabamento
Rua 1822 nº 341 – Ipiranga
04216-000 São Paulo, SP
T 55 11 3385 8500/8501, 2063 4275
www.loyola.com.br